Die grosse Schule des Kochens

DIE GROSSE SCHULE DES KOCHENS

Zutaten – Techniken – Rezepte

ANNE WILLAN

École de cuisine La Varenne, Paris

Christian Verlag

Aus dem Englischen übertragen von Cornell Ehrhardt (S. 12–255)
und Karin Hirschmann (S. 258–514)
Redaktion: Christine Westphal
Korrektur und Register: Martina Schlagenhaufer
Herstellung: Dieter Lidl
Umschlaggestaltung: Hans Graupner & Partner
Satz: Fotosatz Völkl, Germering

Ein Dorling Kindersley Buch

Technische Fotografie: Jerry Young
Fotos der Rezepte: Martin Brigdale
Fotos der Zutaten: Anthony Johnson und Robert Phillips
Illustrationen: Fiona Bell Curry (S. 200–207)
und John Hutchinson (Diagramme)
Art Director: Jacquie Gulliver

Der Christian Verlag dankt folgenden Personen für fachliche Beratung und redaktionelle Unterstützung:

Otto Widl; Brigitte Milkau, Irmgard Perkounigg
und Florentine Schwabbauer

Druck und Bindearbeiten: Arnoldo Mondadori, Verona
Printed in Italy

ISBN-3-88472-188-7

La Varenne

Anne Willans Dank für die Konzeption und Planung des Buches gilt Jonathan Clowes und Jill Norman. Bei der Produktion wurde sie von einer Vielzahl kenntnisreicher Mitarbeiter unterstützt. Den nachstehend aufgeführten Personen gebührt Dank und Anerkennung:

Chefredakteurin: Amanda Phillips Manheim
Redaktionsberatung: Mark Cherniavsky, Henry Grossi, Barbara Wheaton
Redaktionsassistentinnen: Laura Garrett, Martha Holmberg
Recherchen und redaktionelle Unterstützung durch Caroline Allen, Jane Bradley, Suzanne McLees, Eileen O'Hara, Margaret Smalec und Laura Estrin Washburn
Beratung in ernährungswissenschaftlichen Fragen: Carol Gvozdich
Rezeptentwicklung und Versuchsküche: Henry Grossi, Randall Price

Für Recherchen und für den Entwurf einzelner Kapitel bedankt sich Anne Willan herzlich bei den folgenden Personen:

Henry Grossi: Kräuter, Gewürze und Aromazutaten; Fonds und Suppen; Teigwaren/Pasta; Küchengeräte
Faye Levy: Fette und Öle; Zucker und Schokolade
Amanda Phillips Manheim: Gemüse; Getreide und Hülsenfrüchte; Früchte und Nüsse
Steve Raichlen: Mehle, Brote und dünnflüssige Teige
Lyn Stallworth und Martha Holmberg: Konservieren und Einfrieren
Barbara Kafka: Autorin des Kapitels »Mikrowellen-Küche«

Die Küchentechniken wurden von Claude Vauguet, Erster Küchenchef der École de cuisine La Varenne, Paris und Burgund, demonstriert, assistiert von Chef-Pâtissier Laurent Terrasson.

Für fachliche Beratung gilt Anne Willans Dank vor allem Geoff Palmer und Jon Rowley, außerdem Shirley Corriher, Elisabeth Evans, Judith Hill und Susan Stuck sowie Nahum Waxman für Kochbuchrecherchen und Beratung.

Inhalt

1

Fette und Öle 96

2

Fisch 110

Meeresfrüchte 152

Geflügel und Federwild 174

Fleisch und Wurstwaren 194

3

Gemüse 258

Speisepilze 304

Getreide und Hülsenfrüchte 314

1

KRÄUTER, GEWÜRZE UND AROMAZUTATEN

Kräuter, Gewürze und andere aromatische Substanzen werden zwar selten als Grundzutaten betrachtet, doch sind sie für eine erfolgreiche Zubereitung von Speisen unerläßlich – ohne Würzmittel wäre unser Essen überaus langweilig. Einige Aromazutaten gleichen Salz und Pfeffer, und man verwendet sie in stark konzentrierter Form. Sie betonen und verstärken das Aroma anderer Zutaten, verfügen aber über keinen ausgeprägten Eigengeschmack. Andere, wie Safran, Wein und Rosenwasser, verleihen den Speisen durch ihr eigenes kräftiges Aroma Geschmack. Es ist wichtig, daß man Aromazutaten sparsam und zurückhaltend dosiert, denn zu viele Kräuter oder Gewürze können ein schlechteres Ergebnis erzielen als zu wenige.

Als Kräuter bezeichnet man all jene grünen Blattpflanzen, die frisch oder getrocknet verzehrt und in gemäßigten Klimazonen angebaut werden können. Bei Gewürzen hingegen handelt es sich um die getrockneten und mitunter auch gemahlenen Samen, Wurzeln, Stengel oder Rinden tropischer Pflanzen. Auf zahlreiche Kräuter und Gewürze treffen diese groben Unterscheidungskriterien allerdings nicht zu, und einige Pflanzen, wie beispielsweise Koriander, dienen sowohl als Küchenkraut wie auch als Gewürz.

Die Kunst des Würzens

In vielen Rezepten tauchen Begriffe wie »abschmecken« oder »nach Geschmack würzen« auf. In der Regel ist damit gemeint, daß man eine zubereitete Speise kostet und nach Belieben mit Salz und Pfeffer nachwürzt. Die Anweisung gilt allerdings auch bei der Verwendung von Zucker sowie für alle sonstigen Kräuter, Gewürze oder Aromazutaten, die das betreffende Rezept enthält. Da der Geschmack der Zutaten wie auch die Intensität der Würzmittel variieren kann, ist eine exakte Mengenangabe nicht möglich. Wie stark ein Gericht gewürzt wird, ist letztlich immer eine persönliche Entscheidung, die von eigenen Vorlieben abhängt und davon, wie empfindlich unsere Geschmacksnerven reagieren. (Süß-sauer nehmen wir im vorderen Bereich der Zunge wahr, sauer-salzig an der Seite und bitter im hinteren Bereich.)

Ein guter Koch kostet seine Speisen nicht erst, wenn sie fertig sind, sondern bereits während der Zubereitung. Werden Würzmittel ausschließlich am Ende der Garzeit zugegeben, verbinden sich ihre Aromen unter Umständen nicht mehr mit denen der übrigen Zutaten und dominieren dann den Geschmack. In manchen Fällen ist es allerdings durchaus angebracht, erst im letzten Moment ein bestimmtes Würzmittel großzügig hinzuzufügen, um seine Wirkung voll zur Geltung zu bringen. Dies trifft beispielsweise auf Madeira zu, den man dunklen Saucen stets kurz vor dem Servieren zugibt. Einige Würzmittel – speziell gemahlener Pfeffer und bestimmte zarte Kräuter, wie Minze und Gartenkerbel – büßen ihren Geschmack weitgehend ein, wenn sie zu lange erhitzt werden.

Manche Speisen muß man generell kräftiger würzen als andere. Saucen und Füllungen, die zumeist mit weniger geschmacksintensiven Nahrungsmitteln kombiniert werden, erfordern beispielsweise mehr Würze als eine eigenständige Suppe. Feiner, gedämpfter Fisch braucht weniger Gewürz als ein deftiger Rindfleischeintopf. Kalte Gerichte muß man immer stärker würzen als heiße – geeiste Speisen besonders kräftig. Wenn der Geschmack eines Gerichts intensiviert werden soll, läßt sich das Aroma der übrigen Zutaten häufig am besten durch eine zusätzliche Prise Salz betonen. In ähnlicher Weise kann ein Teelöffel Zucker das Aroma von Früchten und Süßspeisen hervorheben. Mit etwas Zucker läßt sich auch der Geschmack von pikanten Salaten, Gemüsen und Fleischeintöpfen abrunden.

Bei einem Essen mit mehreren Gängen sollten die Speisen mit feinem Aroma vor Gerichten mit dominanterem Geschmack serviert werden. Aus diesem Grund reicht man Fleisch üblicherweise nach Fisch und Käse sowie Süßspeisen am Ende der Menüfolge.

KRÄUTER

Aufgrund des milden Klimas wachsen zahlreiche Kräuter in Südeuropa als Wildpflanzen – in den nördlichen Breiten werden sie gezogen. Zur Zeit der Kolonisation nahmen Siedler auch Kräuter mit in die Neue Welt, um sie dort anzubauen und als Heilpflanzen und in der Küche, aber auch zum Färben von Textilien zu verwenden. Dennoch verbindet man auch heute noch die meisten Kräuter jeweils mit der charakteristischen Küche bestimmter Länder. So denkt man bei Rosmarin wohl am ehesten an gegrillte oder im Ofen gegarte Fleischspeisen aus Italien, bei *rigani* (Bezeichnung für verschiedene Oregano-Arten) an griechische Lammgerichte und bei Dill hauptsächlich an skandinavische Zubereitungsweisen von Fisch und Gemüse. Heutzutage sind die meisten Kräuter überall erhältlich, und nur wenige bleiben einzelnen Ländern oder Regionen vorbehalten. Und einige, wie Thymian, Petersilie und Lorbeerblatt, sind praktisch international geworden. Darüber hinaus gibt es Kräuter, die ein fester Bestandteil bestimmter Gerichte sind, wie zum Beispiel bei der englischen Kombination von Lammbraten und Minzsauce oder Huhn mit Estragon. Kräuter verhalten sich wie alle Blattpflanzen: Sie treiben im Frühjahr aus, wachsen während der Sommermonate heran, blühen und bilden dann Samen. Küchenkräuter, wie Thymian, Minze und Rosmarin, sind ausdauernde Pflanzen, die sich Jahr für Jahr aus dem gleichen Wurzelstock entwickeln. Andere, wie beispielsweise Basilikum, Bohnenkraut und Koriander, sind einjährig und müssen jedes Jahr neu aus Samen gezogen werden. Einige wenige Kräuter gehören zu den zweijährigen Pflanzen. Zu ihnen zählt unter anderem die Petersilie, die man aber dennoch besser einjährig zieht, da ihre Blätter im zweiten Jahr weniger geschmacksintensiv sind.

Frische Kräuter auswählen

Die meisten Kräuter sind kurz vor der Blüte am besten. Für jeden Kräutergärtner ist dieser Zeitpunkt jedoch besonders kritisch, da sich die gesamte Energie der Pflanze – zum Nachteil der Blätter – auf das Hervorbringen von Blüten verlagert. Um dies zu vermeiden, kneifen Gärtner häufig die Blütenknospen heraus, so daß die Pflanze gezwungen ist, weiterhin Blätter auszubilden. Alle Kräuter pflückt man am besten frisch während der Sommermonate. Die beliebtesten Sorten sind heute jedoch das ganze Jahr hindurch erhältlich – sie werden in Gewächshäusern kultiviert oder aus Gegenden mit mildem Klima importiert. Was den Geschmack anbelangt, haben Kräuter, die im Freien wachsen, die beste Qualität. Viele lassen sich aber auch erfolgreich im Haus ziehen, insbesondere niedrige Kräuter mit buschigem Wuchs und solche, die leicht in hängenden Körben zu kultivieren sind.

Beim Einkauf frischer Küchenkräuter wählt man einwandfreie Zweige aus, die intensiv – aber nicht modrig – riechen. Kräutersträußchen mit vertrockneten Enden, verfärbten Blättern oder verwelkten Stengeln sollte man nicht kaufen. Wenn man das Sträußchen schüttelt, dürfen die Blätter nicht abfallen, speziell bei Kräutern mit verholzten Stengeln, wie Thymian und Rosmarin.

Frische Kräuter aufbewahren

Frische Kräuter mit kurzen Stengeln steckt man in einen unverschlossenen Gefrierbeutel oder wickelt sie in feuchtes Küchenkrepp und bewahrt sie im Kühlschrank auf. Dort halten sie sich etwa eine Woche. Kräuter mit längeren Stengeln können wie Schnittblumen behandelt werden: Man stellt sie in ein kleines Gefäß mit Wasser und bewahrt sie bei Raumtemperatur oder (mit einem übergestülpten Gefrierbeutel) im Kühlschrank auf. Kräuter mit intakten Wurzeln sind am allerbesten – man wickelt die Wurzeln in feuchtes Küchenkrepp, steckt die Pflanze in einen Gefrierbeutel, so daß die Blätter herausschauen, und legt sie in den Kühlschrank.

Kochen mit frischen Kräutern

Bei allen Kräutern ist der Geschmack am ausgeprägtesten, wenn sie nicht erhitzt werden. Pürierte frische Kräuter bilden die Grundlage verschiedener grüner Saucen (S. 64), für andere kalte Saucen finden gehackte frische Kräuter Verwendung. Ganze Blättchen kann man für Salate und zum Garnieren nehmen.

Nicht alle Kräuter reagieren in gleicher Weise auf den Kochprozeß: Kräuter mit zarten Blättern, wie Petersilie und Estragon, deren ätherische Öle durch Erhitzen rasch verfliegen, werden stets am Ende der Garzeit zugegeben. Weniger empfindliche Kräuter, beispielsweise Thymian und Rosmarin, profitieren von langen Garzeiten, da sie ihr Aroma nur langsam an die Speisen abgeben. Um ein besonders kräftiges Aroma zu erzielen, kann man während des Garens auch die Stengel hinzufügen und sie dann vor dem Servieren herausnehmen. Da die Geschmacksintensität von Kräutern abhängig ist von Anbaubedingungen und Verpackung, muß die in Rezepten angegebene Menge eventuell verändert werden.

Je nachdem, ob man die Blätter eines Küchenkrauts grob zerschneidet, hackt oder zu einer Paste verreibt, kann das Aroma sehr unterschiedlich sein. Wenn man Kräuter zu Chiffonade schneidet (S. 259), werden die ätherischen Öle nicht freigesetzt. Beim Hacken werden Blätter zarter Küchenkräuter zerquetscht, was auf weniger empfindliche Arten jedoch kaum Einfluß hat. Wenn man Kräuter aber im Mörser zerreibt oder in der Küchenmaschine hackt, werden hierdurch die ätherischen Öle freigesetzt, und die Intensität des Aromas nimmt zu. Dies ist besonders dann von Bedeutung, wenn man – wie bei *pesto* (S. 17) – Kräuter roh verwendet.

Frische Kräuter konservieren

Küchenkräuter sollte man stets dann konservieren, wenn sie ihre größte Geschmacksintensität entfaltet haben – bei den meisten Kräutern ist dieser Zeitpunkt kurz vor der Blüte erreicht. Wer selbst Kräuter im Garten zieht, pflückt sie am besten vormittags, wenn der Tau verdunstet ist und sich die ätherischen Öle erwärmt haben.

Die älteste Methode zum Konservieren von Kräutern ist das Trocknen, das modernste Verfahren das Einfrieren. Darüber hinaus lassen sie sich auch in Form von Kräuteressig haltbar machen (S. 41). Großblättrige Kräuter, wie Salbei, kann man zur Aufbewahrung in einem Glasgefäß mit Speiseöl bedecken oder lagenweise mit grobem Salz einschichten. So bleiben sie monatelang frisch, und man gewinnt zusätzlich ein aromatisches Öl oder Salz.

FRISCHE KRÄUTER HACKEN

Es gibt verschiedene Möglichkeiten, frische Kräuter zu hacken. Man kann dazu eine Küchenmaschine, ein großes Küchenmesser (S. 504) oder ein Wiegemesser (ital. *mezzaluna*) benutzen. Als Garnierung können Kräuter auch zu Chiffonade geschnitten werden (S. 259).

Verwendung einer Küchenmaschine Die Blättchen von den Stengeln abzupfen und in die Küchenmaschine geben. Mit einigen Momentschaltungen die Kräuter – wie gewünscht – grob oder fein hacken; dabei darauf achten, daß sie nicht versehentlich püriert werden.

Verwendung eines Küchenmessers

Die Blätter von den Stengeln zupfen und übereinander auf ein Schneidebrett legen. Die Kräuter kleinschneiden, dabei die Spitze der Messerklinge mit der Hand auf das Brett drücken und den Griff auf und ab bewegen. Die Kräuter auf diese Weise grob oder fein hacken.
Hinweis Das Messer muß scharf sein, andernfalls werden die Blätter nicht gehackt, sondern nur zerdrückt.

Verwendung eines Wiegemessers

1 Das Messer hin- und herwiegen, dabei nur leicht anheben und nach und nach über das Brett bewegen.

2 Die Kräuter auf diese Weise hacken, bis die gewünschte Struktur – grob oder fein – erreicht ist.

Getrocknete Kräuter kaufen und aufbewahren

Getrocknete Kräuter sollten eine kräftige Farbe haben und nicht ausgeblichen sein. Ganze Blätter sind gehackten Kräutern in Glasgefäßen vorzuziehen. Zur Aufbewahrung stellt man sie in fest verschlossenen Behältern an einen kühlen, trockenen und dunklen Ort. Da getrocknete Kräuter mit der Zeit ihr Aroma einbüßen, sollte man sie innerhalb eines Jahres aufbrauchen. Die Würzkraft der meisten getrockneten Küchenkräuter ist, auf die Menge bezogen, etwa doppelt so stark wie bei frischen. Zarte Kräuter hingegen, wie Basilikum, verlieren durch Trocknen an Intensität und werden daher am besten frisch verwendet.

Kräuter trocknen

Das Trocknen von Kräutern ist eine einfache Angelegenheit, wenn ein gut belüfteter, trockener, warmer Ort zur Verfügung steht – beispielsweise ein Gartenschuppen oder eine Veranda. Der Platz soll hell sein, ohne daß die Kräuter direkt von der Sonne beschienen werden, da sie hierdurch Aroma und Farbe einbüßen. Zum Trocknen bindet man die Kräuter zu Sträußchen zusammen und hängt sie kopfüber auf. Damit sie nicht staubig werden, kann man eine Papiertüte mit Luftlöchern versehen und darüberstülpen. Nach etwa einer Woche sollten die Kräuter vollständig getrocknet sein, und man kann sie entweder als Sträußchen oder in luftdicht verschlossenen Behältern aufbewahren.

KRÄUTERMISCHUNGEN

Für Gerichte mit langer Garzeit wird häufig ein *bouquet garni* benötigt, zu dem in jedem Fall ein Zweig Thymian, ein Stengel Petersilie und ein Lorbeerblatt gehören. Die Kräuter werden zu einem Sträußchen gebunden oder in ein Mulltuch gewickelt. Mitunter fügt man zur Verstärkung des Aromas etwas Porreegrün oder eine Stange Bleichsellerie hinzu. In Südfrankreich ist als Zugabe auch Schale von Bitterorangen sehr beliebt. Ein *bouquet garni* kann man aus getrockneten Kräutern zusammenstellen oder fertig kaufen, am besten ist es allerdings aus frischen Zutaten.

Drei spezielle Kombinationen frischer Kräuter findet man besonders häufig in der Küche. *Fines herbes* sind eine Mischung aus Gartenkerbel, Schnittlauch und Estragon. Sie werden roh verwendet oder am Ende der Garzeit hinzugefügt und somit nur leicht erhitzt. Nach Belieben kann man die Mischung durch Petersilie ergänzen oder auch anstelle von getrockneten *fines herbes* ausschließlich frische Petersilie nehmen. Die zweite klassische Kräutermischung ist *persillade*, die sich aus feingehackten Petersilienblättchen sowie Knoblauch oder Schalotten zusammensetzt und häufig für sautiertes Fleisch und Gemüse verwendet wird. Damit sie ihren frischen Geschmack nicht verliert, darf auch sie nur leicht erhitzt werden. Die Mailänder *gremolata*, zu der Zitrusschale gehört, schloß ursprünglich Salbei und Rosmarin ein, beschränkt sich heute aber in den meisten Fällen auf Zitronenschale, Knoblauch und Petersilie.

Zu den beliebten getrockneten Kräutern gehören die *herbes de Provence*, eine handelsübliche Mischung aus Thymian, Bohnenkraut und einem Küchenkraut mit Anisaroma, wie etwa Fenchel, die zusätzlich auch Salbei, Rosmarin und Lorbeerblatt enthalten kann. Kräutermischungen für Geflügel setzen sich aus gemahlenem Rosmarin, Salbei, Oregano und schwarzem Pfeffer zusammen. Getrocknete Würzmischungen für Salate haben eine ähnliche Zusammensetzung.

LAUCH

Mit Knoblauch, Schalotten und verschiedenen Zwiebelarten schließt die Familie der Liliengewächse einige unserer bekanntesten Aromazutaten ein. Schnittlauch, das einzige wirkliche Küchenkraut dieser Familie, hat einen zarten »grünen« Geschmack und ist milder als die übrigen Lauchsorten.

Einige von ihnen kann man in kleinen Mengen dennoch wie Kräuter verwenden. So läßt sich Schnittlauch durch das Grün von Frühlingszwiebeln ersetzen; aufgrund des ausgeprägteren Zwiebelgeschmacks sollte man jedoch nur kleine Mengen nehmen. Die blaßgrünen inneren Blätter von jungem zartem Porree kann man hacken und roh zu Salaten verwenden, meist werden sie jedoch wie Schalotten gegart. Schlangenlauch – auch Rocambole oder Rockenbolle genannt (*Allium scorodoprasum*) – hat malvenfarbige Blüten und entwickelt eßbare Knollen, deren Geschmack mildem Knoblauch ähnelt. Er wird allerdings nur selten angebaut.

ZUR INFORMATION
Saison *Knoblauch, Schalotte:* Sommer bis Herbst. *Schnittlauch* Frühjahr bis Herbst.
Beim Einkauf beachten *Knoblauch, Schalotten* Feste Knollen, wenig trockene Haut. *Schnittlauch* Leuchtend-grüne, frische Halme.
Bemerkung *Knoblauch, Schalotten* Werden durch Bräunen bitter. *Schnittlauch* Zum Schneiden eine Schere benutzen, damit die Halme nicht zerdrückt werden.
Aufbewahrung *Knoblauch* 2–3 Monate. *Schalotten* 1 Monat. *Schnittlauch* Frisch: im Kühlschrank 5 Tage; tiefgefroren: 6 Monate; gefriergetrocknet in Gläsern: 1 Jahr.

Knoblauch

Bekannt für seinen Geruch und sein unvergleichliches Aroma, ist Knoblauch in vielen Landesküchen, insbesondere im Mittelmeerraum und in Asien, unentbehrlich. Die drei Hauptarten – mit weißer, violetter oder roter Haut – reichen im Geschmack von mild bis scharf. Riesen-Knoblauch ist besonders mild und sollte als Gemüse zubereitet werden.

Der kulinarische Wert von Knoblauch liegt in seiner Würzkraft – sparsam verwendet, unterstreicht er andere Aromen. Für mediterrane Saucen, wie *aïoli* (S. 63) und *skorthalia* (unten), braucht man schon größere Mengen. Roh ist Knoblauch am wirkungsvollsten in Salatsaucen und Marinaden. Nach langer Garzeit wird er milder und nimmt einen süßlichen Geschmack an. Beim Braten muß Knoblauch behutsam, aber rasch gegart werden, da er schnell verbrennt und dann eine beißende Schärfe bekommt. Um ein mildes Knoblaucharoma zu erzielen, kann man ganze Zehen in Butter oder Öl leicht bräunen und wieder herausnehmen, bevor die anderen Zutaten hinzugefügt werden.

Knoblauchsauce
Skorthalia

Diese griechische Knoblauchsauce wird üblicherweise zu pochiertem oder gebratenem Fisch, aber auch zu geschmortem Gemüse oder *fritters* gereicht.

Ergibt 375 ml
2 Scheiben Weißbrot
125 ml Rotweinessig
6 Knoblauchzehen, geschält
30 g Mandelblättchen
2–3 EL Öl (nach Belieben)
250 ml Olivenöl
Salz und Pfeffer

Die Rinde vom Weißbrot abschneiden, die Scheiben 10 Minuten im Essig weichen lassen. Das Brot gründlich ausdrücken und im Mixer oder in der Küchenmaschine zusammen mit Knoblauch und Mandeln durcharbeiten. (Bei Verwendung eines Mixers bei laufendem Gerät 2–3 EL Öl hinzufügen.) Nach und nach das Olivenöl dazugeben und die Mischung durcharbeiten, bis sie glatt ist. Die Sauce mit Salz und Pfeffer abschmecken.

Schalotten

Schalotten schmecken wie eine Mischung aus Zwiebel und Knoblauch und sind ein wichtiger Bestandteil der französischen Küche. Ganze Schalotten kann man wie Gemüse zubereiten (S. 289), in den meisten Fällen werden sie jedoch gehackt und roh für Salatsaucen und Marinaden oder gegart zur Aromatisierung von Gerichten und Saucen, wie *beurre blanc* (S. 62), verwendet. Im Gegensatz zu Zwiebeln sollte man Schalotten niemals bräunen, da sie sonst bitter schmecken.

Schnittlauch

Die Halme des Schnittlauchs sind der nützlichste Teil der Pflanze, obwohl auch die violetten Blüten als eßbare Garnierung oder in Salaten verwendet werden können. Schnittlauch läßt sich im Haus ziehen und steht dann bei Bedarf stets frisch zur Verfügung. Er schmeckt feiner als andere Lauchsorten, und man kann ihn roh verzehren oder einem Gericht gegen Ende der Garzeit zugeben. Damit die Halme nicht zerdrückt werden, hackt man Schnittlauch nicht, sondern schneidet ihn mit einer Schere oder einem scharfen Messer. Blanchierte Halme lassen sich zum Zusammenbinden kleiner Gemüsebündel benutzen. Schnittlauchröllchen nimmt man zum Garnieren von Cremesuppen und fügt sie Salaten, Omeletts und Kartoffelgerichten hinzu.

Chinesischer Schnittlauch, den man in gleicher Weise verwendet, hat flache Halme und einen leichten Knoblauchgeschmack. In der chinesischen Küche werden die Blüten unter Rühren in der Pfanne gebraten und die Halme blanchiert zu Schweinefleischklößchen gereicht.

KNOBLAUCH HACKEN

Knoblauch wird am besten gehackt; wenn man ihn in einer Knoblauchpresse zerdrückt, kann sein Geschmack zu kräftig werden.

1 Um die Knoblauchzehen voneinander zu trennen, mit den Händen auf die Knolle drücken oder einzeln mit den Fingern lösen.

2 Zum Zerdrücken einer Zehe ein großes Messer flach darauflegen und auf die Klinge schlagen.

3 Die Haut entfernen und die Knoblauchzehe mit dem Messer hacken.

SCHALOTTEN SCHNEIDEN

Obwohl Schalotten kleiner als Zwiebeln sind, werden sie auf gleiche Weise geschnitten.

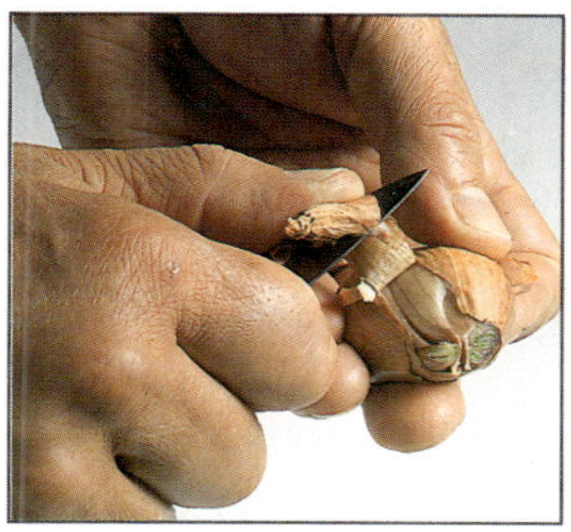

1 Die einzelnen Zwiebeln gegebenenfalls an den Wurzeln voneinander trennen. Die Haut abziehen und die Schalotten mit der flachen Seite nach unten auf ein Schneidebrett legen.

2 Die Schalotte festhalten und mit einem großen Küchenmesser zum Wurzelansatz hin waagerecht einschneiden, jedoch nicht vollständig durchtrennen.

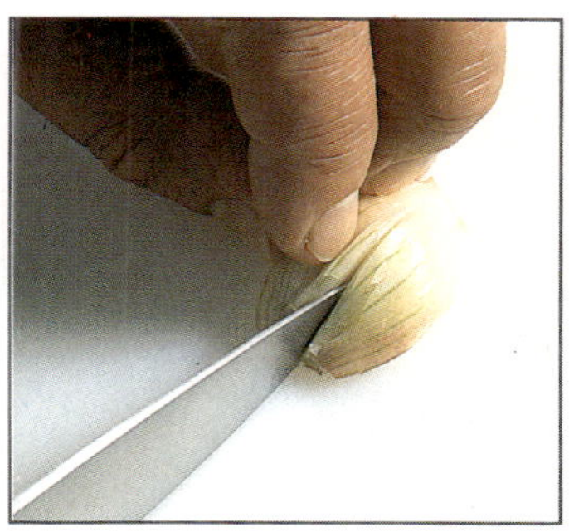

3 Die Schalotte nun senkrecht einschneiden, ebenfalls nicht am Wurzelansatz durchtrennen.

4 Die Schalotte quer würfeln. Wurzelenden zur Aromatisierung einer Brühe verwenden.

ZARTE KRÄUTER

Es gibt fünf häufig verwendete Küchenkräuter, die sich durch ihre zarten weichen Blätter auszeichnen: Petersilie, Gartenkerbel, Estragon, Minze und Basilikum. Am aromatischsten sind sie frisch gepflückt. Man muß behutsam mit ihnen umgehen, damit ihre Blättchen nicht zerdrückt werden. Insbesondere die Blätter von Estragon, Basilikum und Minze sind recht empfindlich und werden daher am besten nur grob gehackt. Zarte Küchenkräuter werden oft roh verzehrt und allenfalls leicht erhitzt. Bei längeren Garzeiten können die Stengel zur Aromatisierung der Speisen dienen, die Blätter fügt man dann erst kurz vor dem Servieren hinzu. In getrockneter Form haben einige dieser Kräuter eine eher enttäuschende Wirkung, da ihnen das frische Aroma fehlt. Minze und Petersilie besitzen ein besonders ausgeprägtes Aroma und daher werden häufig allein verwendet.

ZUR INFORMATION
Saison Frühjahr bis Spätherbst.
Beim Einkauf beachten Buschig gewachsene , einwandfreie Blätter; kräftiges Aroma; gut geformte Stengel und Blätter.
Bemerkung Jungpflanzen und Zimmerkulturen sind weniger geschmacksintensiv; die Blätter werden rasch welk und sind leicht zu beschädigen.
Aufbewahrung Frisch: im Kühlschrank 2–5 Tage; tiefgefroren: 6 Monate; getrocknet: 1 Jahr.

Petersilie

Die allgegenwärtige Petersilie, reich an Vitaminen und Mineralstoffen, nimmt man hauptsächlich zum Garnieren. Um Saucen und Gratins damit zu bestreuen, wird Petersilie gewöhnlich recht fein gehackt. Ganze Zweige passen zu gegrilltem oder im Ofen gebratenem Fleisch, in Öl ausgebacken eignet sich Petersilie ausgezeichnet zu Kurzgebratenem. Für ein *bouquet garni* ist Petersilie unerläßlich; gehackte Blättchen werden zusammen mit Knoblauch oder Schalotten für französische *persillade* und italienische *gremolata* (S. 14) verwendet.

Die überall bekannte krause Petersilie wird von vielen Köchen bevorzugt, da sie im Kühlschrank lange frisch bleibt, hübsch aussieht und sich leicht hacken läßt. Glatte Petersilie ist weniger bitter und hat ein volleres Aroma. Man verwendet sie häufig in Verbindung mit Knoblauch und Olivenöl für Schmorgerichte, Eintöpfe, Kurzgebratenes und Nudelspeisen. Darüber hinaus gibt es noch zwei weitere Arten: Mailänder Petersilie, die ihrer Stengel wegen gezogen wird, und Wurzelpetersilie. Beide bereitet man wie Gemüse zu.

Poleiminze
Mentha pulegium

Gartenkerbel
Anthriscus cerefolium

Echte Pfefferminze
Mentha piperita

Apfelminze
Mentha rotundifolia

Grüne Minze
Mentha spicata

Pimpinelle
Poterium sanguisorba

Estragon
Artemisia dracunculus

Borretsch
Borago officinalis

Glatte Petersilie
Petroselinum

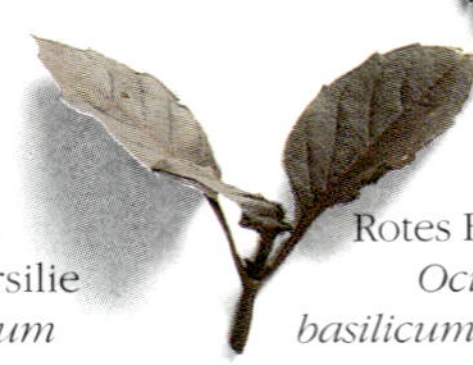

Rotes Basilikum
Ocimum basilicum purpureum

Basilikum
Ocimum basilicum

Krause Petersilie
Petroselinum crispum

Gartenkerbel

Gartenkerbel ist Bestandteil der klassischen *fines herbes*-Mischung (S. 14), wird jedoch mitunter auch durch Petersilie ersetzt. Im Aussehen unterscheidet er sich von dieser durch seine hellgrünen gefiederten Blätter. Kerbel nimmt man wie Petersilie zum Garnieren – er welkt allerdings rasch. Die zarten Blättchen können blanchiert auf Cremesuppen und *consommés* oder gehackt über Buttersaucen gestreut werden. Kerbel, sagt man, verstärkt das Aroma anderer Kräuter. Sein süßlicher Eigengeschmack, der an Anis erinnert, kommt bei rohem Kerbel am besten zur Geltung, so daß man ihn heißen Gerichten erst unmittelbar vor dem Servieren hinzufügt.

Estragon

Estragon gehört zur traditionellen *fines herbes*-Mischung (S. 14) und wird frisch, getrocknet und eingelegt angeboten. Am besten verwendet man frischen Estragon, denn sein leicht süßes, würziges Aroma ist dann am ausgeprägtesten. Getrocknet hat er wenig Geschmack und Aroma, so daß in Essig eingelegter frischen Estragon besser ersetzt. Je nach Boden und Klima kann der Geschmack beträchtlich variieren. Am besten ist französischer Estragon – eine wichtige Zutat für *sauce béarnaise* (S. 61) und *sauce rémoulade* (S. 63), die ausgezeichnet zu vielen Eier- und Kartoffelgerichten sowie zu Huhn passen. Russischer Estragon läßt sich in kalten Klimazonen leichter kultivieren, ist als Küchenkraut jedoch minderwertig.

Minze

Die am häufigsten zum Kochen verwendete Minze ist Grüne Minze. Sie zählt sicherlich zu den vielseitigsten Küchenkräutern und taucht, angefangen bei Salaten aus dem Mittleren Osten bis hin zu amerikanischen Cocktails, in vielen Rezepten auf.

Die Blätter der Pfefferminze finden in der Küche nur selten Verwendung, doch nimmt man für die Zubereitung von Süßigkeiten und als medizinischen Aromastoff Pfefferminzöl. Minze mit fruchtigem Geschmack, wie beispielsweise Apfelminze, wird in Getränken und Obstsalaten verwendet. Poleiminze, die etwas bitter schmeckt, hat leuchtend-grüne Blätter und duftet stark nach Pfefferminz. Sie war früher in Kräuterteemischungen und zur Aromatisierung von Blutwurst überaus beliebt.

Basilikum

Basilikum, dessen Name sich von dem griechischen Wort *basilikon* ableitet, das »königlich« bedeutet, hat in einigen Kulturkreisen einen beinahe mystischen Ruf. Neben dem bekannten grünen Basilikum gibt es auch rote Arten sowie Zwerg- oder Buschbasilikum mit kleinen grünen Blättchen. Alle drei Arten haben einen kräftigen, pfeffrigen Geschmack; andere duften nach Zitrone, Anis oder Zimt.

Basilikum paßt hervorragend zu Tomaten und ist für viele Speisen auf Tomaten-Basis unerläßlich. Einen der besten Verwendungszwecke für Basilikum stellt die italienische *pesto*-Sauce dar. Basilikumblätter können in Salaten oder zum Garnieren verwendet werden; zerrieben oder gehackt sind sie ein wichtiges Würzmittel für Suppen, Getreide- und Reisgerichte; fette Fleischgerichte macht Basilikum leichter verdaulich.

Borretsch und Pimpinelle

Ebenfalls erwähnenswert sind Borretsch und Pimpinelle. Beide verfügen über einen erfrischenden, gurkenähnlichen Geschmack und eignen sich somit gut als Zutat für Sommer-Bowlen. Borretschblätter sollten jung gepflückt werden, bevor ihre charakteristischen Härchen zu dick sind. Die Blätter und Blüten lassen sich in grünen Salaten anstelle von Gurke verwenden, als Dekoration gefrorener Desserts kann man die hübschen blauen Blüten kandieren (S. 475). Borretsch harmoniert gut mit Schaltieren, und die Stengel können (insbesondere, wenn sie groß sind) geschält und wie Bleichsellerie zubereitet werden. Pimpinelle verleiht Garnierungen, Kräuterbutter und Weichkäse einen nussigen Geschmack. Junge Blätter kann man in Salaten verwenden oder über Gemüse streuen, ältere Blätter sind häufig etwas ledrig.

PESTO ZUBEREITEN

Pesto ist eine klassische italienische Sauce, die aus Genua stammt und für Pasta, Nudelsalate oder als Würze verwendet wird. Ihr südfranzösisches Pendant, *pistou* (ohne Pinienkerne), wird in Gemüsesuppen eingerührt. Zur Aufbewahrung füllt man die Sauce in ein Glasgefäß und bedeckt sie mit etwas Olivenöl. Fest verschlossen hält sie sich dann im Kühlschrank wenigstens eine Woche. *Pesto* läßt sich auch ausgezeichnet einfrieren, ohne daß die Sauce an Geschmack oder Farbe verliert.

Ergibt 450 ml

45 g Basilikumblätter, trockengetupft
6 Knoblauchzehen, geschält
40 g Pinienkerne
125 g Parmesan, gerieben
175 ml Olivenöl
Salz und Pfeffer

Küchenmaschine oder Mörser

Verwendung einer Küchenmaschine
Basilikum, Knoblauch, Pinienkerne und Parmesan zusammen mit 2–3 EL Olivenöl pürieren. Bei eingeschaltetem Gerät langsam das restliche Öl dazugießen, so daß die Sauce emulgiert. Mit Salz und Pfeffer abschmecken.

1 Verwendung eines Mörsers Das Basilikum hacken und mit Knoblauch, Pinienkernen und Parmesan in den Mörser geben.

2 Die Zutaten mit dem Stößel zerreiben, bis sie gründlich vermischt sind und die Masse glatt ist.

3 Nach und nach das Olivenöl unterarbeiten, so daß eine glatte Sauce entsteht.

4 Die Sauce vor dem Servieren mit Salz und Pfeffer abschmecken.

ROBUSTE KRÄUTER

Thymian, Bohnenkraut, Lorbeerblatt, Rosmarin, Salbei, Oregano und Majoran kann man als robuste Kräuter bezeichnen, denn ihre festen Blätter sind gegen winterliche Kälte, sengende Sonne und auch den heißen Kochtopf recht unempfindlich. Ihr Geschmack unterscheidet sich je nach den Wachstumsbedingungen – die aromatischsten Sorten wachsen im Mittelmeerraum. Als immergrüne Pflanzen sind Lorbeerbäume, Thymian und Rosmarin in milden Klimazonen dekorative Gartengewächse, die gleichzeitig die beliebten Küchenkräuter liefern. Kräftig im Aroma und herzhaft im Geschmack, werden all diese Kräuter gegart, denn roh schmecken sie häufig ziemlich streng. In getrockneter Form ist ihr Geschmack weicher und intensiver. Thymian und Lorbeerblatt verwendet man in der europäischen Küche häufig gemeinsam, und oft werden sie mit Petersilie zu einem *bouquet garni* (S. 14) ergänzt. Um einen ausgeprägten Kräutergeschmack zu erzielen, können mehrere dieser Kräuter gemischt werden, wie beispielsweise bei *herbes de Provence* (S. 14) – einer der wenigen Fälle, wo man Bohnenkraut und Rosmarin mit einigen anderen Kräutern kombiniert.

ZUR INFORMATION
Saison Spätes Frühjahr bis Herbst.
Beim Einkauf beachten Keine trockenen, verwelkten Blätter; intensiver, aber nicht bitterer Geruch.
Bemerkung Blätter von nicht ganz frischen Kräutern sind hart und sollten vor dem Servieren entfernt werden; Kräuter mit kräftigem Eigengeschmack überdecken leicht feinere Aromen.
Aufbewahrung Frisch: im Kühlschrank 1 Woche; tiefgefroren: 1 Jahr; getrocknet: 1 Jahr.

Thymian

Mit seinem pikanten Geschmack, der den Gaumen angenehm reizt, ist Thymian – der mit dem Majoran verwandt ist – überaus beliebt und für viele klassische Brühen, Saucen, Schmor- und Eintopfgerichte unentbehrlich. Ganze Thymianzweige verwendet man frisch oder getrocknet und nimmt sie vor dem Servieren wieder heraus. Mit getrockneten, zerriebenen Blättchen wird während des Kochens gewürzt, wobei zu berücksichtigen ist, daß getrockneter Thymian die dreifache Würzkraft von frischem besitzt. Es gibt viele Thymianarten, die häufig miteinander verwechselt werden. Neben dem Gemeinen Thymian benutzt man in der Küche auch Feldthymian, Kümmelthymian und Zitronenthymian. Ein Ersatz für Thymian ist der nordafrikanische Satar *(zatar)*, der allerdings erheblich strenger schmeckt.

Lorbeerblatt *Laurus nobilis*

Winter-Bohnenkraut *Satureia montana*

Sommer-Bohnenkraut *Satureia hortensis*

Roter Salbei *Salvia officinalis purpurea*

Goldgelber Salbei *Salvia officinalis aurea*

Echter Salbei *Salvia officinalis*

Muskatellersalbei *Salvia sclarea*

Gemeiner Thymian *Thymus vulgaris*

Feldthymian *Thymus serpyllum*

Zitronenthymian *Thymus citriodorus*

Goldgelber Majoran und Oregano *O. ›Aureum‹ und O. vulgare*

Rosmarin *Rosmarinus officinalis*

Bohnenkraut

Bohnenkraut hat größere Blätter als Thymian, ähnelt ihm jedoch im Geschmack, wenngleich es etwas bitterer ist. Es gibt eine Reihe von Arten, zum Kochen nimmt man aber vor allem das Sommer-Bohnenkraut, eine einjährige Pflanze, und das Winter-Bohnenkraut, ein kleiner ausdauernder Strauch, der sich auch als Zimmerpflanze ziehen läßt. Sommer-Bohnenkraut ist süßer und wird häufiger verwendet als Winter-Bohnenkraut. Beide Arten schmecken pfeffriger als Thymian und passen deshalb gut zu herzhaftem Gemüse, wie Kraut und Rosenkohl. Sommer-Bohnenkraut ist in Deutschland, Frankreich und der Schweiz das klassische Gewürz für dicke Bohnen. Beide Arten können auch als Würze für Füllungen und Würste dienen.

Lorbeerblatt

Den Status, den Lorbeer einst einnahm, verdeutlicht sein lateinischer Name, *Laurus nobilis:* Aus Lorbeer wurde der römische Siegerkranz geflochten.

Da frische Lorbeerblätter bitter schmekken können, nimmt man zum Kochen gewöhnlich getrocknete. Bei den meisten Rezepten werden zu Beginn der Garzeit mehrere Lorbeerblätter hinzugefügt, die man dann vor dem Servieren wieder herausnimmt. Füllungen kann man mit gemahlenen Lorbeerblättern würzen, ansonsten sind ganze Blätter die bessere Wahl.

Bei Meeresfrüchten mit kurzer Garzeit oder bei Schweinefleischspießen (zwischen die einzelnen Stücke gesteckt) kann man Lorbeerblätter verwenden – die Speisen nehmen dann ein feines, nicht zu starkes Lorbeeraroma an.

Lorbeerblätter darf man nicht mit Kirschlorbeer (*Prunus laurocerasus*) verwechseln, dessen Blätter ähnlich aussehen, jedoch dunkler sind, kein Aroma haben und nach Bittermandeln schmecken (Kirschlorbeer ist giftig!).

Rosmarin-Zitronen-Sorbet

Dieses außergewöhnliche und erfrischende Sorbet ist sehr leicht und sollte innerhalb von zwei Tagen verzehrt werden. Je nach Geschmack und Verwendung (als Vorspeise oder als Dessert) können Zucker- und Zitronenmenge verändert werden.

6 Portionen
1,25 l Wasser
250 g feiner Zucker
Abgeriebene Schale und Saft von
2 unbehandelten Zitronen
15 g frische Rosmarinzweige

Eismaschine (S. 509) oder flacher Tiefkühlbehälter

1 Wasser und Zucker in einem Topf mittlerer Größe erhitzen, bis sich der Zucker aufgelöst hat, dann 2–3 Minuten kräftig kochen lassen. Den Sirup in zwei Portionen teilen. In eine Portion die Zitronenschale geben und alles bei sehr niedriger Temperatur etwa 10 Minuten köcheln lassen. Den Zitronensaft dazugießen und den Sirup abkühlen lassen.
2 Den verbliebenen Sirup mit Rosmarin zum Kochen bringen, die Hitze reduzieren und 10–15 Minuten durchziehen lassen. Diesen Sirup durch ein Sieb zu dem Zitronensirup gießen. Die Mischung kalt stellen und dann in einer Eismaschine fest werden lassen. Oder den Sirup in einen flachen Tiefkühlbehälter füllen und für 1–2 Stunden in das Gefriergerät stellen, bis das Sorbet fest zu werden beginnt. Die Masse kräftig durchschlagen und zurück in das Tiefkühlfach geben. Eine halbe Stunde vor dem Servieren das Sorbet im Kühlschrank antauen lassen.

Rosmarin

Rosmarin gedeiht am besten in Ländern mit mildem Klima, wie etwa in Südeuropa und Teilen Nordamerikas. Im Mittelmeerraum wächst dieser immergrüne Strauch mit seinen lavendelblauen Blüten wild an Berghängen (sein Name bedeutet »Tau des Meeres«). Rosmarin ist sehr aromatisch und sollte nur in kleinen Mengen verwendet werden, da er einen strengen Kampfergeschmack haben kann. Frische Rosmarinblättchen sind zart, lassen sich leicht hacken und harmonieren ausgezeichnet mit den sonstigen Zutaten vieler Gerichte. Getrockneter Rosmarin kann brüchig und hart sein: Kräftige Zweige lassen sich an Fleisch, das im Ofen gegart wird, festbinden oder in Geflügel stecken, sind vor dem Servieren aber wieder zu entfernen. Wenn man beim Grillen von Fleisch oder Fisch mit einem frischen Rosmarinzweig Öl auf das Grillgut streicht, nimmt es einen Hauch von Rosmarinaroma an. Rosmarin ist besonders in der italienischen Küche beliebt, beispielsweise für *pasta e fagioli* (Suppe mit Pasta und Bohnen) und Lammbraten. Gern verwendet man ihn auch zur Aromatisierung von Öl und Essig.

Salbei

Salbei ist ein traditionelles Würzmittel für Füllungen und Würste. Er eignet sich ausgezeichnet für *kebab* (Fleischspieße), man kann Bratenfleisch damit spicken, ihn unter die Haut von Geflügel stecken, das im Ofen gegart wird, aber auch Eintöpfe und Kurzgebratenes damit verfeinern. Frische Blätter schmecken feiner und süßer als getrocknete und werden in Mittelitalien zum Aromatisieren von Pasta-Saucen in Butter gebraten. Salbeiblätter sind unverzichtbar für italienische Kalbsschnitzel, *saltimbocca*. Wenn ein Rezept gemahlenen Salbei erfordert, kann man getrocknete Blätter einfach zerreiben. Neben dem gewöhnlichen Echten Salbei werden in der Küche auch andere Arten verwendet, wie Ananassalbei, mit einem säuerlich fruchtigen Geschmack, und Lavendelsalbei, der seinen Namen der Farbe seiner Blüten verdankt. Farbige Arten und Varietäten sind im allgemeinen weniger aromatisch. Ein möglicher Ersatz für Echten Salbei ist frischer oder getrockneter Muskatellersalbei, dessen große Blätter überaus aromatisch sind. Man findet ihn gelegentlich in einigen Reformhäusern und Kräuterläden.

Oregano und Majoran

Im Garten kann man diese beiden Kräuter nur schwer voneinander unterscheiden, und auch beim Kochen sind sie austauschbar – Oregano ist wilder Majoran –, wenngleich Majoran häufig milder ist als der pfeffrige Oregano. Oregano wird vor allem in der italienischen Küche für Pasta-Saucen und Gemüsegerichte aus Auberginen, Tomaten und Zucchini, auf Pizza sowie in Fleischeintöpfen aus Süditalien verwendet. Mit Majoran würzt man zahlreiche Gerichte aus Skandinavien, Deutschland, Österreich und dem Südwesten der Vereinigten Staaten. In Salaten finden beide Kräuter oft frisch Verwendung (Oregano ist bei uns allerdings seltener frisch erhältlich als Majoran); getrocknet sollte man sie Eintöpfen und Saucen schon frühzeitig zufügen. *Rigani,* ein Sammelbegriff für verschiedene wildwachsende Oregano-Arten, taucht oft in griechischen Rezepten auf. Suppenmajoran gedeiht gut in kälteren Klimazonen, kann jedoch etwas bitter sein. Mexikanischer Oregano und der wilde Oregano aus dem Westen der USA sind nicht mit dem echten Oregano verwandt, schmecken jedoch ähnlich.

Salat von gemischten Kräutern

Für diesen Salat wurden altbekannte Kräuter gewählt, aus denen man bereits im 16. Jahrhundert Salate zubereitete.

Verschiedene frische Kräuter:

Portulak
Liebstöckelblätter
Estragon
Fenchelblüten
Rote Bete-Blätter
Schnittlauchblüten
Veilchenblüten
Krause Endivie (Frisée)
Vinaigrette (S. 64)

1 Alle Kräuter waschen und putzen.
2 Die größeren Blätter in eine Schüssel legen und die restlichen Kräuter darauf arrangieren.
3 Die Vinaigrette zubereiten und über die Kräuter gießen. Die Salatsauce kann auch getrennt gereicht werden.

SELTENE KRÄUTER

Im Jahr 1597 fügte John Gerard seinem Kräuterbuch *The Herball or Generall Historie of Plantes* 1800 Holzschnitte verschiedener Kräuter bei; spätere Ausgaben enthielten beinahe 3000 Einträge. Wie alle alten Kräuterbücher umfaßt auch Gerards Werk zahlreiche Pflanzen, die wir heute als Gemüse oder Früchte klassifizieren. Die Bedeutung solcher Bücher ergab sich vor allem aus dem medizinischen Stellenwert von Kräutern, und der Glaube an ihre heilende oder angeblich magische Wirkung hat sich bis in unsere Tage gehalten, wenngleich viele von ihnen aus unseren modernen Küchen verschwunden sind. Mit weißem Andorn, den man wegen seines mentholähnlichen Aromas heute für Halspastillen und Hustensirup verwendet, wurden früher Saucen, Eintöpfe und Salate gewürzt. Der knackige Portulak, der leicht nach Essig schmeckt, wird wieder – wie einst – für Salate genommen und mitunter auch sauer eingelegt (S. 489). In der Tudor-Zeit waren in England Sumpfnelkenwurzeln, deren Geschmack an Gewürznelken erinnert, ein beliebtes Würzmittel. Balsamkraut, das man in Großbritannien als Bierwürze für Ale verwendet, eignet sich für eine Reihe pikanter Gerichte, kann jedoch recht bitter sein. Beinwell hat, wie Borretsch, ein gurkenähnliches Aroma. Er macht sich gut in Getränken sowie Salaten und läßt sich außerdem hervorragend in Fett ausbacken. Stein- oder Honigklee hat zarte Blättchen, die besser getrocknet als frisch verwendet werden. Er verfügt über das honigsüße Aroma von Klee und Heu und wirkt erfrischend in Landweinen. Ebenfalls an Heu erinnert Waldmeister, der heute nur noch für Maibowle und ähnliche Getränke benutzt wird. Bittere Kräuter, wie Enzian und Raute, nimmt man zum Aromatisieren von Schnaps und Likör, aber nur selten zum Kochen.

Hinweis Es ist nicht zu empfehlen, in freier Natur Wildkräuter zu sammeln, da sie leicht mit ähnlich aussehenden Giftpflanzen verwechselt werden können.

KRÄUTER MIT ZITRONENAROMA

Verschiedene Kräuter zeichnen sich durch ihr an Zitrone erinnerndes Aroma aus. Neben den unten beschriebenen Pflanzen gibt es auch Varietäten anderer Küchenkräuter, wie beispielsweise von Thymian, Basilikum und Minze (S. 17–18), die Zitronenaroma besitzen. Für alle diese Kräuter kann man ersatzweise Zitronenschale nehmen, doch ist der Geschmack dann schärfer.

Zitronenmelisse wird seit alters her wegen ihrer gesundheitsfördernden Eigenschaften geschätzt. Man kann die Blätter hakken und roh für Salate oder zum Aromatisieren von Mayonnaise, hellem Fleisch und in weißen Saucen für Fischgerichte verwenden. Zitronenmelisse war früher ein beliebtes Würzmittel für nordeuropäische Aalgerichte und wird auch heute noch für Füllungen, Marinaden und Chutneys genommen. Getrocknete Zitronenmelisse bekommt man in Kräuterläden. Sauerampfer (S. 272) ist ähnlich im Geschmack, jedoch säuerlicher. Man kann ihn für Obstsalate, Gelees, Puddings und Fruchtgetränke verwenden.

Zitronengras gehört zur Familie der Süßgräser und hat eine knollige Wurzel. Es enthält Citral, eines der ätherischen Öle, die auch in der Zitronenschale vorhanden sind. Die Pflanze ist eine beliebte Zutat in der Küche Südostasiens, wo man sie Fischsuppen, geschmorten Fleischgerichten und Eintöpfen beigibt. Bei uns erhält man frisches oder getrocknetes Zitronengras in Geschäften, die asiatische Lebensmittel führen. Zum Kochen wird Zitronengras üblicherweise in gut 2 cm lange Stücke geschnitten und vor dem Servieren wieder aus dem Gericht herausgenommen. Gehackt lassen sich die Halme in Salaten verwenden, aus dem Grün kann man Kräutertees zubereiten (unten).

Am kräftigsten ist das Zitronenaroma von Verbene, die früher ein beliebter Duftstofflieferant für Kosmetika war. Die Pflanze stammt aus Südamerika, wird heute jedoch auch in Europa kultiviert und kann als Ersatz für Zitronengras genommen werden. Darüber hinaus verwendet man Verbene für Süßspeisen, Obstsalate und Kräutertees, doch braucht man nur geringe Mengen, da die Pflanze ein überaus starkes Aroma hat.

KRÄUTER- UND GEWÜRZTEES

Schon lange bevor der schwarze Tee in Europa seinen Einzug hielt, tranken die Menschen gesunde und wohlschmeckende Kräutertees. Sie wurden zubereitet, indem man Kräuter und Gewürze mit kochendem Wasser übergoß oder einige Minuten mitkochte, bevor man sie im heißen Wasser ziehen ließ. Selbst wenn die meisten von uns nicht mehr unbedingt auf ihre heilende Wirkung vertrauen, werden Tees aus Salbei, Majoran, Borretsch, Bohnenkraut, Thymian und Rosmarin auch heute noch gern getrunken. Tees aus Zitronenmelisse und Minze sind ebenfalls sehr beliebt. Aus den getrockneten Blättern von Verbene, in Frankreich als *verveine* bekannt, läßt sich ein Aufguß bereiten, der beruhigend wirkt und als Lebertonikum geschätzt wird.

Auch aus Hagebutten sowie den Blütenblättern von Rosen, Kamille- und Holunderblüten werden Teeaufgüsse zubereitet. Aromatische Tees lassen sich aus Gewürzen, wie Ingwer, Nelke, Muskat und Zimt, bereiten.

Für einen Teeaufguß überbrüht man zwei Eßlöffel frische oder einen Eßlöffel getrocknete Kräuter mit 250 ml kochendem Wasser, läßt das Ganze einige Minuten ziehen und gießt den Tee dann durch ein Sieb.

Rechts: Tee-Aufgüsse aus Borretsch, Rosmarin und Zimt.

BLÄTTER UND SAMEN ALS WÜRZMITTEL

Einige Pflanzen zählen sowohl zu den Küchenkräutern wie auch zu den Gewürzen, denn man verwendet ihre Blätter ebenso wie ihre Samen oder Früchte. Dies trifft für die hier gezeigten Pflanzen zu und auch für Anis, Fenchel und Süßdolde (Aniskerbel; S. 24). Im allgemeinen sind die Blättchen so zart, daß man sie am besten roh verzehrt oder für Gerichte verwendet, die nur leicht erhitzt werden. Bei den Samen ist eine längere Garzeit erforderlich, damit sie ihr Aroma entfalten. Koriander ist ein Sonderfall, denn der Geschmack der Blätter unterscheidet sich erheblich von dem der Samen.

ZUR INFORMATION
Saison *Blätter, Zweige* Spätes Frühjahr bis Sommer. *Samen* Spätsommer.
Beim Einkauf beachten *Blätter, Zweige* Buschiger Wuchs; aromatischer Duft, wenn zerrieben. *Samen* Aromatischer Duft.
Bemerkung Der Geschmack, insbesondere von Samen, kann sehr dominant sein.
Aufbewahrung *Blätter, Zweige, frische Samen* Im Kühlschrank 2–5 Tage; tiefgefroren: 6 Monate. *Getrocknete Samen* 1 Jahr.

Dill

Das Dillkraut stammt aus Südeuropa, wächst heute aber überall. Da sein Aroma besonders gut zu Gurken paßt, nennt man es manchmal auch Gurkenkraut. Die fedrigen Dillzweige sind in der griechischen Küche beliebt und verleihen Speisen einen würzigen, herben Geschmack. In Skandinavien werden das Grün wie auch die Samen als Würzmittel verwendet. Zum Garnieren oder in Marinaden, wie beispielsweise für schwedischen *graved lax* (S. 488), werden die Blättchen ganz belassen. Gehackt nimmt man sie für kalte Saucen, Salate und Suppen, wie etwa *borschtsch*. Dillsamen sind kräftiger im Geschmack und dienen zum Würzen von Broten, Pickles und Kartoffelsalat sowie zum Aromatisieren von Spirituosen. Auch Suppen und Eintöpfen, die eine lange Garzeit erfordern, kann man Dillsamen zufügen, da sie ihr Aroma nur langsam entfalten.

Engelwurz

Engelwurz oder Angelika – früher häufig als Heilpflanze in Bauerngärten gezogen – wird wegen des süßen Geschmacks der gezackten Blätter, Wurzeln und Samen geschätzt, obwohl zumeist nur die sellerieähnlichen Stengel im Handel angeboten werden. Junge, kandierte Stengel sind eine hübsche, leuchtendgrüne Verzierung für Süßspeisen. Angelikasamen dienen als Aromastoff für Wermut, verschiedene Getränke auf Anis-Basis und Gin. Die Blätter kann man als Gemüse kochen oder gehackt zum Würzen verwenden.

Koriander

Koriander, mitunter auch chinesische Petersilie genannt, wird in den Vereinigten Staaten häufig mit seinem mexikanischen Namen, *cilantro*, bezeichnet. Die Samen, die ein zartes, zitrusartiges Aroma haben und selbst lange Garzeiten überstehen, werden in Europa für Gebäck, Kuchen und Gemüsegerichte sowie in indischen Gewürzmischungen verwendet. Im Gegensatz dazu schmecken die Blätter säuerlich-scharf. Wie alle anderen zarten Kräuter sollten auch Korianderblätter erst am Ende der Garzeit zugefügt oder kurz vor dem Servieren über die Speisen gestreut werden, da ihr Aroma beim Erhitzen verlorengeht. In der lateinamerikanischen, südwestamerikanischen und südostasiatischen Küche wird starker Gebrauch von Korianderblättern gemacht – in Saucen, Bohnen- oder Fleischgerichten sowie Salaten, häufig auch in Verbindung mit Chillies. In Teilen Asiens würzt man Currygerichte, die eine verhältnismäßig lange Garzeit haben, mit gemahlenen Korianderwurzeln.

Sellerie

Sellerie ist eine vielseitige Pflanze. Die Stengel werden als Salat oder Gemüse zubereitet, die Blätter dienen als Küchenkraut und die Samen als Gewürz. Sellerieblätter sind zart, aber pfeffrig im Geschmack und sollten sparsam in Suppen, Füllungen und Getreidegerichten verwendet werden. Selleriesamen nimmt man für Füllungen, Pickles und Salatsaucen. Selleriesalz ist ein Würzmittel, das aus zerstoßenen Selleriesamen und Kochsalz besteht.

Liebstöckel

Dieses Kraut verfügt über ein ungewöhnliches Aroma, das an eine Mischung aus Sellerie, Moschus und Zitrone erinnert. Da Liebstöckel recht intensiv schmeckt, sollte man ihn sparsam dosieren. Die Blätter kann man roh in Salaten verzehren oder gekocht – insbesondere in Suppen – verwenden. Die Stengel lassen sich wie Sellerie zubereiten, können aber auch wie Engelwurz kandiert werden; die Samen nimmt man zum Backen. Liebstöckel läßt sich leicht ziehen.

Bockshornklee

Als wichtiges Gewürz indischer Gerichte spielt Bockshornklee in der westlichen Küche nur eine untergeordnete Rolle. Geröstet und gemahlen sind die Samen häufig Bestandteil von Currypulver. Ihr Geschmack ist nußartig und leicht bitter. In Indien runden die Blätter mit ihrem bitteren Aroma Currygerichte ab. Bockshornklee läßt sich einfach ziehen, und die Samen keimen gut (S. 327).

GEWÜRZE

Von alters her gehören Gewürze zu den teuersten und begehrtesten Kochzutaten. Die bekanntesten Gewürze stammen aus den Tropen – Sri Lanka, Ostindien und anderen fernen Ländern –, nur wenige sind in Europa und Amerika beheimatet. Ursprünglich schätzte man Gewürze vor allem deshalb, weil sie die Haltbarkeit und den Geschmack von Nahrungsmitteln verbesserten. Einfache Wurzelgemüse ließen sich durch die Farbe und das Aroma von Gewürzen verfeinern und verbessern.

Heutzutage schätzt man besonders das Aroma von Gewürzen. Viele Gerichte, wie etwa *risotto alla milanese* (S. 25), und selbstverständlich zahlreiche asiatische Speisen zeichnen sich durch ein spezielles Gewürz oder eine besondere Gewürzmischung aus. Einige Gewürze, wie zum Beispiel Safran und Paprika, nimmt man hauptsächlich ihrer Farbe wegen. Als Konservierungsmittel spielen Gewürze heute kaum noch eine Rolle.

Im wesentlichen unterscheidet man in Frucht- und Samengewürze (wie Pfeffer, Paprika, Kümmel), Blütengewürze (Safran, Nelken), Rindengewürze (Zimt), Blattgewürze (etwa Majoran, Bohnenkraut) sowie Wurzel- und Zwiebelgewürze (Ingwer, Knoblauch).

Gewürze kaufen und aufbewahren

Im Gegensatz zu Kräutern halten sich die meisten Gewürze gut und verlieren ihr Aroma nur langsam. Nach Möglichkeit sollte man sie als ganze Samen kaufen und diese nach Bedarf selbst mahlen. Der Kauf großer Mengen zahlt sich selten aus – Gewürze, die ihre Farbe oder ihr Aroma eingebüßt haben, sind wertlos. Das Aroma ist der beste Indikator für Qualität. Packungen, die auch Stengel oder Blätter enthalten, meidet man am besten; Staub und Verunreinigungen zeugen von unsachgemäßer Verarbeitung oder von Alter. Gewürze sollten in fest verschlossenen Behältern bei Raumtemperatur aufbewahrt und nicht direktem Sonnenlicht ausgesetzt werden. Richtig gelagert, halten sich die meisten ganzen Gewürze wenigstens ein Jahr, gemahlene Gewürze etwa sechs Monate.

Mit Gewürzen kochen

Die meisten Gewürze werden gleich zu Beginn der Garzeit hinzugefügt, damit sie ihr Aroma entfalten können. Fleisch, das geschmort oder im Ofen gegart werden soll, kann man mit gemahlenen Gewürzen einreiben. Für Pickles, Eingemachtes und Gerichte mit langer Garzeit eignen sich ganze Gewürze am besten – in gemahlener Form können einige Gewürze bei langen Kochzeiten bitter werden. Wenn man ganze Gewürze in ein Mullsäckchen oder ein Tee-Ei legt, lassen sie sich leicht wieder aus den Speisen herausnehmen. Beeren, wie Piment oder Wacholderbeeren, kann man zerdrücken oder zerstoßen, damit sie mehr Aroma abgeben; andere Gewürze muß man rösten. Bei zahlreichen indischen Gerichten werden ganze Gewürze häufig kurz angebraten, bevor sie zu den übrigen Zutaten kommen. Westliche Speisen gewinnen ebenfalls an Geschmack, wenn man die Gewürze zunächst anwärmt oder röstet. Das muß allerdings bei sehr schwacher Hitze erfolgen, da Gewürze leicht verbrennen.

Gewürze rösten

Indische Köche behaupten, daß rohe Gewürze unverdaulich sind, und somit ist für sie das Rösten und Mahlen der für die Zubereitung des Mittagsmahles benötigten frischen Gewürze eine allmorgendliche Zeremonie.

Die Gewürze röstet man in einer kleinen schweren Pfanne bei niedriger Temperatur, rührt sie während des Erhitzens durch oder schwenkt sie behutsam in der Pfanne, bis sie leicht duften und ein wenig weißer Rauch aufsteigt. Die Pfanne ist dann sofort von der Kochstelle zu nehmen, die Gewürze gibt man in einen Mörser und läßt sie abkühlen, bevor man sie mahlt (rechts).

Fenchel mit Lammfleisch und Koriander

Das moschusähnliche Orangenaroma der Koriandersamen paßt hervorragend zum Anisgeschmack des Fenchels. Als Beilage *couscous* (S. 320) oder Reis servieren.

4 Portionen

750 g Gemüsefenchel	Salz und Pfeffer
2 EL Öl	500 ml Französische Tomatensauce (S. 65)
500 g Lammhack	3–4 EL gehackte Petersilie (sowie etwas Petersilie zum Garnieren)
3 Knoblauchzehen, gehackt	
1 EL gemahlene Koriandersamen	

1 Den Fenchel putzen (S. 299) und längs in etwa 5 mm dicke Scheiben schneiden. In einem großen Topf Salzwasser zum Kochen bringen, den Fenchel hineingeben und ihn 10–15 Minuten garen, bis er fast weich ist.

Dann das Gemüse abgießen. Den Backofen auf 175 °C/Gas Stufe 2–3 vorheizen.

2 Das Öl in einer Pfanne erhitzen, dann Lammfleisch, Knoblauch, Koriander, Salz und Pfeffer dazugeben. Das Lammhack unter ständigem Rühren etwa 5 Minuten anbraten, bis es gebräunt und auseinandergefallen ist. Die Pfanne von der Kochstelle nehmen. Tomatensauce und Petersilie unterrühren und abschmecken.

3 Die Hälfte der Lammfleischsauce in eine flache, gebutterte Auflaufform füllen. Das Fenchelgemüse darauf verteilen und es mit der restlichen Fleischsauce bedecken. Die Form mit Alufolie abdecken und für 35–45 Minuten in den vorgeheizten Backofen schieben, bis der Fenchel gar ist. Das Gericht mit Petersilie bestreuen und heiß oder mit Raumtemperatur servieren.

Gewürze zerstoßen oder mahlen

Gewürze lassen sich von Hand in einem Mörser oder einer kleinen Schüssel zerstoßen. Kaffee- oder Gewürzmühlen (S. 506) sparen Zeit, dürfen dann jedoch nur noch zu diesem Zweck verwendet werden. Zum groben Mahlen oder Zerstoßen von Gewürzen gibt man diese in einen festen Briefumschlag und zerdrückt sie mit Hilfe eines schweren Topfes.

SAMENGEWÜRZE

Einige Pflanzen werden vorwiegend der Samen wegen gezogen, ihre anderen Teile haben keine oder nur geringe Bedeutung in der Küche.

ZUR INFORMATION
Beim Einkauf beachten *Kümmel, Sesam, Mohn* Fest, aber nicht zu trocken. *Kreuzkümmel* Aromatisch.
Bemerkung Samen werden bei warmer Lagerung ranzig.
Aufbewahrung Luftdicht verschlossen, an einem kühlen, trockenen Ort 1 Jahr.

Kümmel

Für viele Gerichte, die aus Deutschland oder Österreich stammen, ist Kümmel ein wichtiges Gewürz, da er fette Speisen bekömmlicher macht. Man nimmt ihn auch gern für Brote, denen er Struktur und Geschmack verleiht, und zum Würzen von Gemüse, wie etwa Sauerkraut, und Fleisch. Die Samen brauchen eine lange Garzeit, damit sie weich werden und ihr Aroma entfalten.

Kreuzkümmel

Obwohl Kreuzkümmel manchmal mit normalem Kümmel verwechselt wird, ist sein erdiger, aromatischer Duft doch ziemlich charakteristisch. Weißer Kreuzkümmel findet eher in Asien Verwendung, läßt sich aber auch als Ersatz für den westlichen braunen Kreuzkümmel nehmen. Schwarzer Kreuzkümmel schmeckt pfeffriger als weißer oder brauner. Kreuzkümmel kommt gewöhnlich gemahlen in den Handel und ist häufig Bestandteil von Gewürzmischungen, wie Curry- oder Chilipulver. Er ist ein wichtiges Gewürz für nordafrikanische Speisen, etwa *couscous* (S. 320), und wird auch oft im Mittleren Osten, in Südwestamerika sowie in der kreolischen Küche verwendet.

Sesam

Sesam, geschätzt wegen seines Öls (S. 103), schmeckt von allen Samengewürzen am nußartigsten. Ganze weiße (geschälte) Samenkörner streut man auf Brote, Brötchen und Kekse, wo sie während des Backens bräunen. Rohe Samen werden zu *tahin* zerrieben, einer Paste aus dem Mittleren Osten, die man zum Aromatisieren von *hummus* und anderen kalten Pürees verwendet. Aus gerösteten, gemahlenen Samen wird eine dunklere Sesampaste hergestellt, die man für kalte Gerichte nimmt. Sesam kommt auch in der armenischen, türkischen und griechischen Küche häufig vor, insbesondere bei Backwaren und Süßspeisen, wie zum Beispiel *halva*. Mitunter finden auch schwarze Sesamkörner Verwendung, doch ist ihr Geschmack weniger ausgeprägt.

Mohn

Der einzige Mohn mit eßbaren Samen ist der Schlafmohn, aus dessen Samenkapseln Opium gewonnen wird – die Samen selbst enthalten kein Opium. Am bekanntesten sind blaugraue Mohnsamen, doch gibt es auch eine hellgelbe Art *(khus-khus)*, die aus Indien stammt, wo man sie hauptsächlich zum Andicken von Currysaucen benutzt. In Deutschland, Österreich und anderen Teilen Europas verwendet man für Kuchen und Gebäck gemahlenen Mohn. (Zu Öl aus Mohnsamen s. S. 103.)

GEWÜRZE MIT ANISAROMA

Der für so viele Speisen typische Anis- oder Süßholzgeschmack läßt sich durch eine Reihe von Kräutern und Gewürzen erzielen – neben Anis, Sternanis und Süßholz beispielsweise auch durch Fenchel.

Von der Anispflanze verwendet man vor allem die winzigen, ovalen Samen, zum Beispiel für Springerle und anderes Gebäck, in Süßspeisen oder schwedischem Roggenbrot. Die Blätter, die denen des Dills ähnlich sehen, kann man für Salate und als Garnierung nehmen. In Frankreich streut man kurz vor dem Servieren vielfach Anisblätter über junges Gemüse.

Für Anisgetränke, wie Pastis, verwendet man Sternanis, ein wichtiges Gewürz der asiatischen Küche, das ganz und gemahlen erhältlich ist. Sternanis ist Bestandteil des Fünfgewürzpulvers (S. 27) und erfreut sich bei modernen Köchen großer Beliebtheit als Gewürz für Fisch- und Schaltiereintöpfe. Wegen seines kräftigen Aromas sollte Sternanis sparsam dosiert werden, da er sonst bitter vorschmeckt.

Fenchelsamen, aus denen auch der Gemüsefenchel gezüchtet wird (S. 298), sind ein angemessener Ersatz für Anis. Ihr Geschmack ähnelt dem von Anis und Sternanis, und man verwendet die Samen auch in gleicher Weise, speziell zum Würzen von Gemüse und Würsten, wie bei der italienischen Salamisorte *finocchiona*. In Südfrankreich werden Fenchelsamen und getrocknete Stengel häufig mit Fisch gegart. In Italien nimmt man frisches oder getrocknetes Fenchelgrün als Würze für Schweinefleisch oder Spanferkel. Fenchel eignet sich auch als Aromazutat für Füllungen und Saucen.

Süßholzwurzel wird in Getränken verwendet oder einfach gekaut, damit sie ihr Aroma abgibt. Im Handel sind hauptsächlich getrocknete Wurzelstücke oder der eingedickte Saft von Süßholz erhältlich. In China schätzt man Süßholz sowohl als Medizin wie auch als Würzmittel für Fleischgerichte. In der westlichen Welt beschränkt sich seine Verwendung auf Süßwaren und Getränke.

Die Süßdolde, deren Geschmack leicht an Sellerie und Anis erinnert, muß man als Wildpflanze sammeln oder selbst ziehen, da sie nicht im Handel angeboten wird. Alle Pflanzenteile können in der Küche Verwendung finden: Wurzeln, Blätter, die grünen Früchte und die Samen. Die farnähnlichen Blätter und die Wurzeln kann man kochen und als Salat mit Essig und Öl anmachen. Die großen grünen Früchte lassen sich ebenfalls auf diese Weise zubereiten. Die dunkelbraunen Samen können beim Backen und für Desserts als Ersatz für Anis dienen.

NATÜRLICHE FARBSTOFFE

Die Narben des im Herbst blühenden Safrankrokusses sind das teuerste Gewürz der Welt. Tausende von Blüten werden benötigt, um 500 g getrocknete Safranfäden zu erhalten, die Speisen die charakteristische gelbe Farbe verleihen. Glücklicherweise ist Safran so kräftig, daß man nur sehr geringe Mengen davon braucht; bei reichlicher Dosierung wird das blumige, leicht bittere Aroma zu intensiv. Am besten kommt Safran allein zur Geltung, und man sollte ihn nicht mit aromastarken Kräutern und Gewürzen kombinieren – in Fischsuppen und Eintöpfen harmoniert er allerdings gut mit Fenchel. Safranfäden werden durch lange Garzeiten nicht beeinträchtigt. Wo eine gleichmäßige Farbe wichtig ist, fügt man sie den Speisen schon frühzeitig hinzu. Bei Gerichten, die reichlich Flüssigkeit enthalten, zerreibt man die Fäden leicht zwischen den Fingern und gibt den Safran dann direkt in den Topf. Für trockenere Speisen sollte man die Safranfäden oder das Pulver zunächst in etwas heißem Wasser oder einer anderen Flüssigkeit einweichen. Safran ist unentbehrlich für *paella, risotto alla milanese* und die provenzalische Fischsuppe *bouillabaisse.*

Safran läßt sich durch verschiedene andere Färbemittel ersetzen, von denen jedoch nur Kurkuma über einen ausgeprägten Eigengeschmack verfügt. Kurkuma ist in Gewürzmischungen, etwa Currypulver, enthalten und verleiht dem britischen Senfgemüse *piccalilli* sowie *chow chow*-Pickles, amerikanischem gelbem Senf und vielen asiatischen Gerichten die leuchtend-gelbe Farbe. Darüber hinaus lassen sich Speisen auch mit Ringelblumen und Färberdistel gelb färben, oder mit Anattosamen (Orleansamen), die von einem ostindischen Strauch stammen und deren Farbstoff ohne Geschmack ist. Grün läßt sich durch Spinat und anderes grünes Blattgemüse erreichen, Gelborange durch Möhren, Violettrot durch rote Bete, Braun durch Zwiebelschalen und Schwarz mit der Tinte von Kalmaren (S. 170). Handelsübliche Lebensmittelfarben sind fast ausschließlich synthetisch. Grenadine allerdings, die man für Desserts, zum Färben von Cocktails und kandierter Zitrusschale verwendet, wird aus Granatäpfeln hergestellt. Cochenille, das man aus exotischen Insekten gewinnt, färbt Zuckerglasuren für Kuchen und Gebäck leuchtend-rosa.

Ringelblume

Anatto

Safranfäden

Safranpulver

Kurkuma

PIMENT

Piment – neben Chillies das einzige Gewürz, das aus der westlichen Hemisphäre stammt – ist auch unter dem Namen Allgewürz bekannt, denn schon Kolumbus hielt den Geschmack für eine Mischung aus Gewürznelken, Zimt und Muskat. Die Beeren werden grün gepflückt und dann getrocknet, wodurch sie ihre charakteristische rotbraune Farbe bekommen. Piment kann man ganz oder gemahlen kaufen. Da er hauptsächlich aus Jamaika importiert wird, nennt man ihn mitunter auch Jamaikapfeffer. Piment nimmt man zum Würzen von Fleischgerichten, Eintöpfen, als Einmachgewürz und für Gebäck. Häufig findet er zusammen mit Zimt und Gewürznelken Verwendung.

Risotto alla milanese

Für dieses Gericht sind Farbe und Aroma von Safran unverzichtbar. Risotto wird traditionell mit italienischem Rundkornreis zubereitet.

6 Portionen

1,5 l Kalbsfond (S. 44) (gegebenenfalls etwas mehr)
250 g Butter
1 kleine Zwiebel, feingehackt
60 g Rindermark, grobgehackt (S. 235)
350 g Arborio-Reis (S. 317) oder anderer Rundkornreis
125 ml trockener Weißwein
1 große Prise Safranfäden
Salz und Pfeffer
125 g Parmesan, grobgerieben

1 Den Kalbsfond zum Kochen bringen, dann die Hitze reduzieren, so daß er nur noch leise köchelt. In einem flachen Topf 45 g Butter zerlassen. Zwiebeln und Rindermark leicht anschwitzen, bis die Zwiebeln weich sind. Den Reis hinzufügen und 1 Minute leicht anrösten; dabei ständig mit einem Holzlöffel rühren.

2 Bei mittlerer Temperatur langsam den Wein und ein Drittel der heißen Kalbsbrühe dazugießen. Die Hitze reduzieren und alles etwa 5 Minuten köcheln lassen, bis der Reis die Flüssigkeit aufgenommen hat. Ein weiteres Drittel Brühe hinzufügen und den Reis unter gelegentlichem Rühren 10–12 Minuten garen. In der Zwischenzeit die Safranfäden im restlichen Kalbsfond einweichen. Wenn der Reis die Flüssigkeit aufgenommen hat, die verbliebene Brühe dazugießen. Mit Salz und Pfeffer würzen. Das Ganze unter gelegentlichem Rühren weitere 20 Minuten köcheln lassen. Der Reis muß gar, aber körnig sein und die Mischung geschmeidig, aber fest genug, um nicht auseinanderzufließen. Wenn der Reis bereits trocken wird, bevor er gar ist, zusätzlich etwas Brühe hinzufügen und die Garzeit verlängern.

3 Den Topf von der Kochstelle nehmen. Die restliche Butter und den Parmesan mit einer Gabel untermischen. Sofort servieren.

WOHLRIECHENDE GEWÜRZE

Die hier beschriebenen Gewürze zeichnen sich durch ihren Wohlgeruch und ihr süßes Aroma aus und werden ausgiebig in der Küche des Mittleren Ostens, Nordafrikas und Indiens verwendet. Im Mittelalter waren Gewürze in Europa ein Zeichen von Wohlstand und stellten einen wirtschaftlichen Anreiz zur Erforschung der Welt dar. In der westlichen Kochkunst bedient man sich dieser Gewürze heute hauptsächlich für süße oder sauer eingelegte Speisen, wie sie für die nordeuropäische Küche typisch sind, und für die modernen pikanten Gerichte, die sich an der neuzeitlichen asiatischen Küche orientieren.

ZUR INFORMATION

Beim Einkauf beachten *Ganze Gewürze* Intensiver Geruch, wenn zerstoßen oder gerieben. *Gemahlene Gewürze* Kräftiges Aroma.
Bemerkung *Gemahlene Gewürze* Büßen Würzkraft ein, wenn sie nicht in fest verschlossenen Behältern aufbewahrt werden; bekommen einen beißenden Geschmack, wenn sie anbrennen.
Aufbewahrung In luftdicht verschlossenem Behälter, an einem dunklen, kühlen Ort. *Ganze Gewürze* 1 Jahr. *Gemahlene Gewürze* 6 Monate.

Muskatnuß und Muskatblüte

Muskatnuß und Muskatblüte sind Bestandteile der Frucht eines tropischen Baumes, der in Südostasien beheimatet ist – die beiden Hauptexportländer sind heute Indonesien und Grenada. Wenn die reife Frucht aufbricht, gibt sie den walnußgroßen Fruchtkern – die Muskatnuß – frei, der von einem orangeroten Samenmantel umgeben ist. Dieser kommt getrocknet, ganz oder gemahlen, als Muskatblüte oder Macis in den Handel. Am besten kauft man ganze Muskatnüsse, denn sie behalten ihr Aroma jahrelang, und reibt sie nach Bedarf selbst. Muskatnuß und Muskatblüte sind ähnlich im Geschmack, wobei Muskatblüte süßer und feiner schmeckt. Muskatnuß wird häufig über Saucen auf Milchbasis, über Aufläufe und Pasteten gerieben. Man verwendet sie außerdem für Terrinen, Hackfleischgerichte, Spinat und Kürbis. Ohne Muskat schmecken Gewürzkuchen und das englische Frühstücksgebäck *muffins* nur selten wirklich gut. Beim Kochen sollten beide Gewürze den Speisen schon frühzeitig zugefügt werden, damit ihr Aroma milder wird.

Zimt

Das einzige Rindengewürz, das in der modernen Küche Verwendung findet, stammt vom Zimtbaum. In Europa ist echter Ceylon-Zimt (Stangenzimt) am gebräuchlichsten, während in Nordamerika oft Cassia als Zimt verkauft wird, obwohl ihr Geschmack schärfer ist. In beiden Fällen handelt es sich um getrocknete, zusammengerollte Rindenstücke, Cassiarinde ist allerdings dunkler und wird in flachen Stücken verkauft.

Der süße, nußartige Geschmack von Ceylon-Zimt bleibt auch erhalten, wenn man ihn mahlt und mit anderen Gewürzen mischt. Gemahlener Zimt wird zum Backen verwendet. Man kann ihn über Pudding streuen oder für Apfelkuchen nehmen. Mit Butter ist er das traditionelle Gewürz für *baked squash* (gebackener Kürbis), und in Nordafrika würzt man Rind- und Lammfleischeintöpfe mit Zimt. In Deutschland verwendet man ihn für Biersuppe, in griechischen Gerichten, wie zum Beispiel *pastitsio*-Fleischpasteten, gehört er ebenfalls zu den Würzzutaten. Ganze Zimtstangen läßt man für süße Saucen und gewürzte Getränke häufig in Flüssigkeit ziehen und nimmt sie auch für Pickles und Chutneys. Vor dem Servieren werden die Zimtstangen gewöhnlich entfernt.

Kardamom

Sogenannter »grüner« Kardamom, dessen Fruchtkapseln beim Trocknen mitunter weiß gebleicht werden, ist in der westlichen Welt am bekanntesten. Die skandinavische Küche macht ausgiebigen Gebrauch von Kardamom, speziell in Plunderteiggebäck. Der mildere schwarze Kardamom hat erheblich größere Fruchtkapseln und wird indischen Fleisch- und Gemüsegerichten sowie Pickles hinzugefügt. Obwohl sein Aroma kräftig ist, harmoniert Kardamom gut mit Fruchtspeisen und Kompotten; türkischem Kaffee verleiht er einen unvergleichlichen Duft. Am besten kauft man ganze Fruchtkapseln, denn das Aroma der Samen verfliegt sonst rasch.

Gewürznelken

Schärfer im Geschmack als Zimt, werden Gewürznelken doch in recht ähnlicher Weise verwendet. Es handelt sich dabei um die winzigen getrockneten Blütenknospen des Nelkenbaumes, die gepflückt werden, bevor sie sich öffnen. Nelkenbäume wachsen zu einer stattlichen Größe heran und gedeihen in äquatorialen Breitengraden. Die besten Gewürznelken wachsen nahe des Ozeans – das Hauptanbaugebiet ist heute die Insel Sansibar, obwohl der Nelkenbaum ursprünglich aus Südostasien stammt. Die kleinen nagelförmigen Gewürznelken eignen sich hervorragend zum Spicken von Fleisch und Gemüse. Nelken verwendet man für deftige Gerichte, wie Brühen und Eintöpfe. Häufig steckt man sie beim Kochen auch in eine Zwiebel, so daß sie sich später wieder leicht herausnehmen lassen. Ganze und gemahlene Nelken nimmt man für Desserts, insbesondere wenn sie Äpfel enthalten. Indische Köche verwenden sie in Pilaw, einem Reisgericht, Schmorgerichten, Tomatensauce und zum Aromatisieren von Speiseöl. Nelken sollte man sparsam dosieren, da ihr Aroma sehr intensiv ist. Nelkenöl enthält ein mildes Narkotikum und wird noch immer zur Linderung von Zahnschmerzen eingesetzt.

Wacholderbeeren

Wacholder ist in den nördlichen Klimazonen beheimatet. Man kann seine Beeren frisch oder getrocknet als Würzmittel verwenden. Reife Wacholderbeeren sind blau. Bestens bekannt als Geschmacksträger von Gin, Genever und Schinkenhäger, verwendet man Wacholderbeeren in der Küche hauptsächlich für Wildgerichte und herzhafte Gemüse sowie zum Räuchern von Schinken. Der Geschmack von frischen Wacholderbeeren ist weniger streng als der von getrockneten.

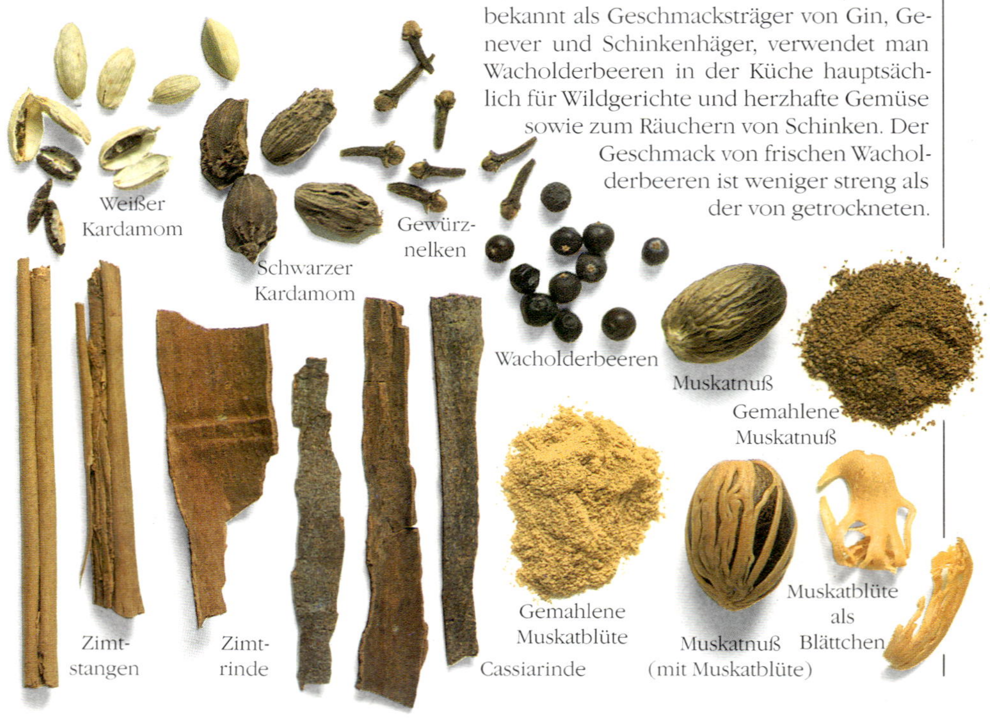

Flämische Gewürzplätzchen

Speculaas

Spekulatius ist ein beliebtes Gebäck auch in Deutschland und den Niederlanden. Zum Formen legt man den Teig vor dem Backen für einige Zeit in den Kühlschrank und schneidet ihn dann in rechteckige Scheiben. Eine andere Möglichkeit ist es, kleine Kugeln zu formen und diese mit einem Glas auszurollen.

Ergibt 40–50 Plätzchen

150 g Mehl
½ TL gemahlener Ingwer
½ TL gemahlener Piment
¼ TL gemahlener Zimt
½ TL Backpulver
125 g Butter
100 g hellbrauner Zucker
20 g Mandelblättchen

1 Mehl, Gewürze und Backpulver auf ein Stück Papier sieben. In einer Schüssel Butter und Zucker schaumig rühren. Das Mehl in drei Partien hinzufügen und jeweils gründlich unterarbeiten. Falls der Teig zu trokken ist, 1–2 EL Wasser dazugeben. Den Teig zu einer Kugel formen.

2 Den Teig auf einem leicht bemehlten Brett glattkneten und anschließend zu einem etwa 15 x 7 x 2 cm großen Quader formen. Den Teig einwickeln und für wenigstens 2 Stunden in den Kühlschrank legen.

3 Den Backofen auf 200 °C/Gas Stufe 3–4 vorheizen. Zwei Backbleche mit Alufolie auslegen und die Folie mit Butter einfetten. Den Teig mit einem scharfen Messer in möglichst dünne Scheiben schneiden und diese auf die Alufolie legen. Das Gebäck kann auch mit einem Glas ausgerollt oder mit der Gabel flachgedrückt werden (S. 387). Auf jedes Plätzchen einige Mandelblättchen legen und leicht andrücken. Die Kekse 5–7 Minuten backen, bis sie goldbraun sind. Die Spekulatius zum Abkühlen auf Kuchengitter legen.

Spekulatius-Figuren Den Teig auf der leicht bemehlten Arbeitsfläche etwa 5 mm dick ausrollen und mit einem entsprechenden Keksausstecher Figuren ausstechen. Zum Verzieren statt Mandelblättchen Korinthen oder Rosinen nehmen.

GEWÜRZMISCHUNGEN

Wie bei Kräutern gibt es auch bei Gewürzen verschiedene traditionelle Mischungen, die man fertig kaufen kann. Currypulver wurde von den Briten in Indien erfunden – als Imitation der zahllosen Gewürzmischungen, die indische Köche selbst zusammenstellen. Abgepacktes Currypulver heute unterscheidet sich von indischen Gewürzkompositionen dadurch, daß Kardamom fehlt, während Bockshornklee, Senfsamen und Kurkuma hinzugekommen sind. Obwohl nicht authentisch in ihrer Rezeptur, sind mit Hilfe von Currypulver eine ganze Reihe pikanter Eintöpfe und Saucen entstanden, die zum festen Bestandteil westlicher Kochkunst geworden sind. Es gibt jedoch keine Standardmischung; Currypulver wird in unterschiedlichen Schärfegraden angeboten, die jeweils von der verwendeten Menge an Chilipfeffer abhängen. Currypulver paßt hervorragend zu Eiern, Fisch, Huhn und Lamm.

Eine sehr viel ältere indische Gewürzmischung ist *garam masala*, die – geröstet und gemahlen – einer Speise gegen Ende der Garzeit zugegeben wird. Traditionell enthält sie Kardamom, Gewürznelke, Zimt, schwarzen Pfeffer und eventuell Muskatnuß. Die Version aus dem Pundschab beinhaltet Koriander und Kreuzkümmel und ähnelt eher den bei uns angebotenen Mischungen. Indische Köche stellen ihr *garam masala* gewöhnlich nach eigenem Geschmack zusammen, doch gibt es auf dem Basar auch fertige Mischungen zu kaufen.

Quatre épices ist die französische Bezeichnung für eine Mischung aus vier gemahlenen Gewürzen – üblicherweise Zimt, Nelke, Muskatnuß und Pfeffer –, die hauptsächlich für Fleisch- und Wurstwaren verwendet wird. Der Anteil der einzelnen Gewürze variiert je nach Geschmack, und Piment (S. 25) ist ein möglicher Ersatz. Die Chinesen haben ein Fünfgewürzpulver, das fünf bis sieben gemahlene Gewürze enthält, zu denen Zimt, Anispfeffer, Ingwer und Sternanis gehören. Fünfgewürz nimmt man zum Marinieren und zum Würzen von geschmortem Fleisch; seit geraumer Zeit findet es im Westen auch beim Braten und Grillen Verwendung.

Amerikanisches Chilipulver darf man nicht mit den pulverisierten oder gemahlenen Chillies des Cayennepfeffers (S. 28) verwechseln. Die amerikanische Version ist eine Gewürzmischung, die neben Kreuzkümmel häufig auch Oregano enthält und für Fleischeintöpfe und mexikanische Chiligerichte verwendet wird. Andere regional typische Gewürzkompositionen schließen pfeffrige Mischungen ein, ebenso ein scharfes Schaltiergewürz, das Cayennepfeffer und Lorbeerblatt beinhaltet.

Es gibt eine Reihe von Gewürzmischungen, die zum Einmachen oder Marinieren von Gemüse verwendet werden. Obwohl das Mengenverhältnis variieren kann, basieren solche Zusammenstellungen gewöhnlich auf schwarzem Pfeffer und unterschiedlichen Kombinationen von getrockneten Chilischoten, Senfkörnern, Piment, Gewürznelken, getrocknetem Ingwer, Muskatblüte und Koriandersamen. Zum Einmachen beläßt man die Gewürze ganz, damit die Flüssigkeit klar bleibt.

Chinesisches Fünfgewürzpulver

Garam masala

SCHARFE GEWÜRZE

Jedes Land verwendet irgendein scharfes Gewürz, das den Gaumen reizen und den Appetit anregen soll – sei es nun als Würze bei Tisch, wie Pfeffer oder Senf, oder als Zutat beim Kochen. In heißen Ländern sind Chilischoten ihrer intensiven Schärfe wegen beliebt, die sich mit keiner noch so großen Menge an Pfeffer erzielen läßt, während in gemäßigten Klimazonen würzige Wurzeln und Samen, wie Meerrettich oder Senf, bevorzugt werden.

ZUR INFORMATION

Beim Einkauf beachten *Frische Chillies* Fest; gleichmäßige Färbung. *Getrocknete ganze Chillies* Gute Farbe; nicht zerbrochen. *Gemahlene Chillies, Cayenne, Paprika* Gleichmäßige Farbe; gutes Aroma.

Im Handel Chillies werden im Handel meist unterschiedslos als Peperoni angeboten, frisch ebenso wie als Dosenware. Spezielle Sorten sind jedoch – in der Regel als Naßkonserven – über bei uns ansässige mexikanische Import-Export-Gesellschaften zu beziehen.

Bemerkung Bei allen frischen, getrockneten oder gemahlenen Chillies sind Geschmack und Schärfe sehr unterschiedlich; deshalb stets nur geringe Mengen zugeben, das Gericht kosten und eventuell nachwürzen.

Aufbewahrung *Frische Chillies* Im Kühlschrank 1 Woche. *Getrocknete Chillies, Cayenne* 1 Jahr. *Paprika* In einem luftdicht verschlossenen Behälter 6 Monate, im Kühlschrank noch länger.

Chillies

Zur *Capsicum*-Familie gehören Dutzende von Paprika- und Chilisorten. Die milden Paprikaschoten werden als Gemüse zubereitet (S. 279). Die schärferen Arten, Gewürzpaprika, nennt man gewöhnlich Chilischoten, Chillies oder Pfefferschoten und nimmt sie zum Würzen von Speisen. Im Geschmack reichen frische und getrocknete Chillies von pikant bis brennend-scharf, in der Farbe von Grün bis Dunkelrot.

Im Gegensatz zu Lateinamerika, wo die *Capsicum*-Gewächse beheimatet sind, unterscheidet man andernorts selten zwischen verschiedenen Chilisorten. Hinsichtlich ihrer Verwendung in der Küche lassen sie sich in drei Kategorien unterteilen: frische grüne, frische reife und getrocknete Chillies. Zu den frischen grünen gehören die scharfen, rundlichen *jalapeño*-Chillies sowie die dünneren *rajiao*-Chillies aus Sichuan. Frische reife Chilischoten reichen in der Schärfe von den süßen Bananen-Chillies bis den höllisch scharfen Tabasco-Chillies. Gehackte frische Chilischoten kann man roh in Saucen und Marinaden (S. 41) verwenden oder zusammen mit den Speisen garen, damit ihr Aroma weicher wird. Doch ob nun roh oder gegart, ihre Schärfe durchdringt alle anderen Zutaten gleichermaßen. Wenn man Chillies allzu großzügig dosiert, läßt sich ihre Schärfe kaum mildern. Angebrannte Chilischoten verströmen einen beißenden Geruch.

Generell gilt, je kleiner die Chillies, desto schärfer sind sie auch. Im Zweifelsfall kostet man am besten ein winziges Stück, bevor man eine Speise damit würzt. Ist die Schote zu scharf, entfernt man die Samen und Rippen, denn dies sind die schärfsten Teile. Ein mildes Chili-Aroma läßt sich erzielen, indem man eine ganze Schote in heißem Öl bräunt, sie anschließend wieder entfernt und nur das Öl zum Kochen verwendet. Eine andere Möglichkeit besteht darin, eine ganze Schote in etwas Flüssigkeit köcheln zu lassen und sie herauszunehmen, wenn der gewünschte Schärfegrad erreicht ist. Nach dem Hantieren mit Chillies – gleichgültig, ob es sich um getrocknete oder frische handelt – sollte man sich die Hände waschen und auch alle Flächen gründlich säubern, die mit den Pfefferschoten in Berührung gekommen sind. Die ätherischen Öle können zu Reizungen der Haut führen. Darüber hinaus durchdringen sie unter Umständen Nahrungsmittel, die unabgedeckt in der Nähe stehen.

Zerstoßene getrocknete rote Pfefferschoten – ein beliebtes Würzmittel in der italoamerikanischen Küche – sind etwas milder als frische Chillies. Sie stellen eine wichtige Zutat für scharfe italienische Würste dar und werden außerdem zur Herstellung von Chili-Öl (S. 103) und für Pickles verwendet. Unter Chilipulver versteht man auf beiden Seiten des Atlantiks etwas völlig anderes: In Nord- und Südamerika ist es eine Mischung aus gemahlenen Kräutern und Gewürzen (S. 27); in Europa bezeichnet man damit getrocknete Chilischoten, die grober als Cayennepfeffer vermahlen sind.

Cayennepfeffer

Cayennepfeffer wird aus einer extrem scharfen Art roter Chilischoten gewonnen und unterscheidet sich von anderen Chilipulvern durch seine feinere Struktur. Sein Name leitet sich möglicherweise von Cayenne ab, der Hauptstadt Französisch-Guayanas, die lange ein florierender Umschlagplatz für Gewürze war. Wahrscheinlicher ist jedoch, daß die Bezeichnung von dem südamerikanischen Tupi-Wort *cyinha* kommt. Das ursprüngliche Herstellungsverfahren für Cayennepfeffer bestand darin, die von Samen und Mittelteil befreiten Schoten zusammen mit etwas Mehl und Salz zu einer Paste zu verreiben. Diese wurde in kleinen Fladen getrocknet, anschließend leicht geröstet und dann zu sehr feinem Pulver gemahlen. Cayennepfeffer gehört zu den Grundgewürzen der westlichen Küche und wird mitunter auch im Streuer auf den Tisch gestellt. Butter- und Sahnesaucen sowie zahlreiche Eierspeisen werden häufig mit einer Prise Cayennepfeffer gewürzt. Er hat eine natürliche Affinität zu Schaltieren, und man nimmt ihn deshalb zum Abrunden einer *bisque* (Schaltiersuppe) und von Saucen, wie *sauce Nantua* (S. 55).

Paprika

Gewürzpaprika wird aus den europäischen *Capsicum*-Arten hergestellt. Für zahlreiche ungarische Gerichte ist Paprika unerläßlich, darüber hinaus wird er auch viel in Spanien benutzt. Paprika unterscheidet sich doch stark von seinen feurigen Chili-Verwandten – zum einen sind die Schoten selbst sehr viel milder, zum anderen werden vor dem Mahlen auch häufig die Samen und die Mittelteile entfernt. Paprika erkennt man sofort an der goldroten Farbe, die er Speisen verleiht; er zeichnet sich durch einen milden, süßen Geschmack aus und weniger durch Schärfe. Der aromatischste Paprika kommt aus Ungarn, wo er in verschiedenen Schärfegraden – von mild bis sehr scharf – hergestellt wird. Viele sehen in ihm lediglich eine leuchtendrote Garnierung für Suppen, Eier, Saucen und Reisgerichte, doch ist Paprika hochwertiger Qualität für Gerichte wie Gulasch ein unverzichtbares Gewürz; bei spanischer *romesco*-Sauce (rechts) dient er häufig als Ersatz für Nora-Schoten. Wenn man Speisen vor dem Anbraten mit Paprika würzt, ist Vorsicht geboten, denn er verbrennt leicht und schmeckt dann bitter.

FRISCHE CHILLIES VORBEREITEN

Für ein sehr scharfes Gericht den Stielansatz abbrechen und die Chilischote unter kaltem Wasser abwaschen. Für ein milderes Aroma die Samen entfernen.

1 Zum Entfernen der Samen die Schote mit einem kleinen, scharfen Messer längs halbieren.

2 Die Samen herausschaben und die fleischigen weißen »Rippen« wegschneiden.

Getrocknete Chillies vorbereiten Das Stielende mit der Schere abschneiden und die Samen aus der Schote herausschütteln. Werden getrocknete Chillies als Ersatz für frische verwendet, die Schoten in eine Schüssel legen und mit warmem Wasser oder warmer Milch übergießen. Innerhalb von etwa 30 Minuten sollten sie aufgequollen sein. Die Flüssigkeit abgießen.

Pikante Saucen

Scharf gewürzte Saucen verleihen Speisen eine pikante Note. Abgebildet sind im Uhrzeigersinn, links unten beginnend: Meerrettichsauce, karibische Chilisauce, und *romesco*-Sauce.

Meerrettichsauce Ergibt 250 ml. Paßt zu heißem oder kaltem Roastbeef, Würsten und Räucherfisch. Zur Zubereitung 3 EL geriebenen frischen Meerrettich mit 1 EL Essig, Salz und Pfeffer verrühren; 125 ml Crème double unterziehen. Nach Geschmack würzen.

Karibische Chilisauce Ergibt 375 ml. Sparsam für Fisch und Fleisch, insbesondere Schwein, verwenden. Für die Sauce 2 feingehackte Zwiebeln, 3 EL Schnittlauchröllchen, 2 feingehackte Knoblauchzehen und 1 feingehackte frische grüne Chilischote (nach Belieben etwas mehr) vermischen. Die Zutaten mit 125 ml kochendem Wasser übergießen und 1 Stunde stehenlassen. Dann 3 EL Limettensaft unterrühren und die Sauce mit Pfeffer und Salz abschmecken.

***Romesco*-Sauce** Ergibt 500 ml. Für Fisch, im Ofen gegartes oder frittiertes Gemüse, gegrilltes Fleisch und Pasta. Wird häufig zusammen mit Knoblauch-Mayonnaise (S. 63) gereicht. Für die Sauce 4 getrocknete Nora-Schoten oder Chillies ohne Samen für 30 Minuten in kaltes Wasser legen und dann abtropfen lassen. 1 EL Olivenöl erhitzen, die Pfanne von der Kochstelle nehmen und die Chillies dazugeben. Nach 2 Sekunden das Öl abgießen. 1 Scheibe Brot in 1 EL Öl goldbraun rösten. Brot und Chillies zusammen mit jeweils 20 g gerösteten Mandeln und gerösteten Haselnüssen sowie 2 gehackten Knoblauchzehen in der Küchenmaschine pürieren. In einem Topf 250 g abgezogene, entkernte und gehackte Tomaten unter häufigem Rühren zu einem steifen Püree eindikken, mit in die Küchenmaschine geben und alles nochmals pürieren. Bei laufendem Gerät 125 ml Olivenöl dazugießen. 2 EL Rotweinessig hinzufügen und die Sauce mit Salz und Pfeffer abschmecken.

Pfeffer

Je nach Herkunft kann Pfeffer mild oder beißend scharf sein, doch handelt es sich bei schwarzem, weißem und grünem Pfeffer – die bekanntesten Sorten – stets um die Beeren des gleichen Strauchs. Für schwarzen Pfeffer werden die unreifen Beeren getrocknet, wodurch sie sich dunkel färben. Um weißen Pfeffer zu erhalten, der etwas weniger aromatisch ist, nimmt man reife Beeren, entfernt die Fruchtschale und läßt die Beeren trocknen. Manchmal werden auch die Hüllen schwarzer Pfefferkörner durch Polieren entfernt, und sie kommen dann als weißer Pfeffer in den Handel, doch ist diese Praxis irreführend, und der Geschmack entspricht nicht dem von echtem weißem Pfeffer.

Einige Gerichte, wie etwa *steak au poivre* (Frankreich) und *pollo alla diavola* (Italien), sind ohne schwarzen Pfeffer undenkbar. Weißen Pfeffer nimmt man hauptsächlich für helle Speisen, in denen schwarze Sprenkel unschön aussehen würden. Gemahlener Pfeffer verliert mit der Zeit sein Aroma, so daß man am besten ganze – weiße oder schwarze – Pfefferkörner kauft und sie nach Bedarf selbst mit der Pfeffermühle mahlt. Bei Rezepten mit langen Garzeiten, beispielsweise für Brühen oder Eintöpfe, sollte man ganze Pfefferkörner verwenden, da gemahlener Pfeffer sein Aroma verliert, wenn er mehrere Stunden mitgekocht wird.

Grüne Pfefferkörner sind die unreifen Beeren des Pfefferstrauchs. Ihr Grundaroma gleicht dem von getrockneten Pfefferkörnern, doch haben sie außerdem einen scharfen, beinahe beißenden Geschmack, der gut mit gehaltvollen Speisen, wie etwa Ente, harmoniert und auch ausgezeichnet zu Butter- und Sahnesaucen paßt. Sparsam dosiert, rundet grüner Pfeffer Fisch und Salate von Schaltieren ab. Für grünen Pfeffer braucht man keine Pfeffermühle. Eingelegte Körner werden abgespült und kommen dann direkt in die entsprechende Sauce; gefriergetrockneten grünen Pfeffer zerstößt man vor der Verwendung in einer Schüssel oder einem Mörser.

Rosa Pfefferkörner sind die Beeren eines kleinen, in Südamerika beheimateten Strauches. Mit ihrem leicht pikanten Geschmack stellen sie eine dekorative Alternative zu grünem Pfeffer dar, können aber auch zusammen mit diesem verwendet werden. Anispfeffer, auch Sichuan-Pfeffer genannt, besteht aus den getrockneten Beeren eines orientalischen Strauches oder kleinen Baumes. Er ist eher aromatisch als pfeffrig, und man verwendet ihn in China für viele pikante Gerichte. Um seinen starken Duft freizusetzen, wird Anispfeffer vor dem Zerstoßen in einer schweren Pfanne trocken angeröstet (S. 23).

Weißer Pfeffer

Schwarzer Pfeffer

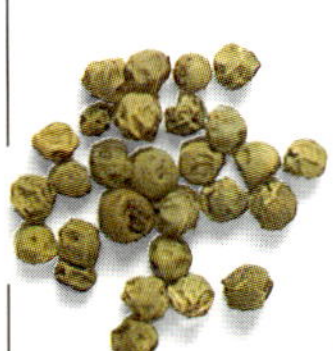
Getrockneter grüner Pfeffer

Eingelegter grüner Pfeffer

Sichuan-Pfeffer (Anispfeffer)

Rosa Pfefferkörner

ZUR INFORMATION

Beim Einkauf beachten *Pfefferkörner, schwarz und weiß* Nicht zerdrückt; gutes Aroma. *Gemahlener Pfeffer, schwarz und weiß* Aromatisch. *Grüne Pfefferkörner* Nicht zerdrückt. *Sichuan-Pfefferkörner* Nicht zerdrückt; ohne Stiele oder Blätter.

Bemerkung *Gemahlener Pfeffer, schwarz und weiß* Wird nach langer Garzeit bitter. *Grüne Pfefferkörner* Schmecken in großen Mengen sauer.

Aufbewahrung *Schwarze, weiße, rosa, Sichuan-Pfefferkörner* Gut verschlossen, unbegrenzt; gemahlen: 3 Monate. *Grüner Pfeffer* Eingelegt, ungeöffnet: 1 Jahr; geöffnet: 1 Woche.

Ingwer

Von allen scharfen Gewürzpflanzen ist Ingwer vermutlich am vielseitigsten, denn seine Wurzelstöcke werden frisch, getrocknet und gemahlen, eingelegt oder kandiert verwendet. In Asien und dem Mittleren Osten ist Ingwer seit langem ein wichtiges Würzmittel, und auch in Südeuropa war er schon vor der Römerzeit verbreitet. In der westlichen Küche taucht frischer Ingwer vergleichsweise spät auf – getrocknet oder kandiert kennt man ihn aber auch hier schon seit Jahrhunderten und verwendet ihn traditionell für Ingwerkuchen und -plätzchen. Moderne Köche schätzen frischen Ingwer mittlerweile als Würze für Fisch und Schaltiere sowie für Geflügel und Fleisch von kräftigem Geschmack. Feingeriebenen frischen Ingwer oder Ingwersaft verwendet man in Marinaden und Dip-Saucen oder bei der Herstellung von Getränken wie Ginger Ale. Hauchdünne Julienne-Streifen – über Speisen gestreut – sind eine hübsche Garnierung.

Zum Backen kann man feingeriebene frische Ingwerwurzel nehmen, doch eignet sich für diesen Zweck getrockneter, gemahlener Ingwer in der Regel besser. Eingelegter rosa Ingwer ist scharf und pfeffrig im Geschmack. Er wird – geschält und in Scheiben geschnitten – zum Würzen von Gerichten verwendet, vor dem Servieren jedoch wieder herausgenommen. Zerdrückt und gehackt kann man ihn in den Speisen belassen, wodurch er jedoch einen stärkeren Effekt auf den Gaumen hat.

Konservierter Ingwer, ob in Sirup eingelegt oder kandiert, war früher als eigenständige Süßigkeit beliebt, wird heute aber zumeist als Würzmittel beim Backen oder für Desserts, wie Eiscreme, verwendet. Da in Sirup eingelegter Ingwer weich und kandierter von einer dicken Zuckerschicht umschlossen ist, sind sie in Rezepten nicht gegeneinander austauschbar. Junge, zarte Seitensprossen (Schößlinge) sind am hochwertigsten. Ebenfalls erhältlich, bei uns jedoch weniger häufig, ist getrocknete Ingwerwurzel (geschält oder ungeschält), die zerdrückt werden muß, damit sie ihr Aroma freigibt.

Frischer Merrettich

Kandierter Ingwer

Getrockneter Ingwer

Frische Ingwerwurzel

Chinesischer eingelegter Ingwer

Mit Süßholz aromatisierter Ingwer

ZUR INFORMATION

Beim Einkauf beachten Frisch: dünne, nicht ausgetrocknete Haut; festes Fleisch; gemahlen: aromatisch.

Bemerkung Wenn frischer Ingwer holzig ist, muß er fein gehackt werden.

Aufbewahrung Frisch: im Kühlschrank 2 Wochen; in Sirup eingelegt: 6 Monate; kandiert: unbegrenzt.

FRISCHEN INGWER VORBEREITEN

Frischer Ingwer wird wie Gemüse oder dünnschaliges Obst geschält und anschließend in Scheiben geschnitten, gehackt oder geraspelt.

1 Die Ingwerwurzel mit einem scharfen Messer schälen.

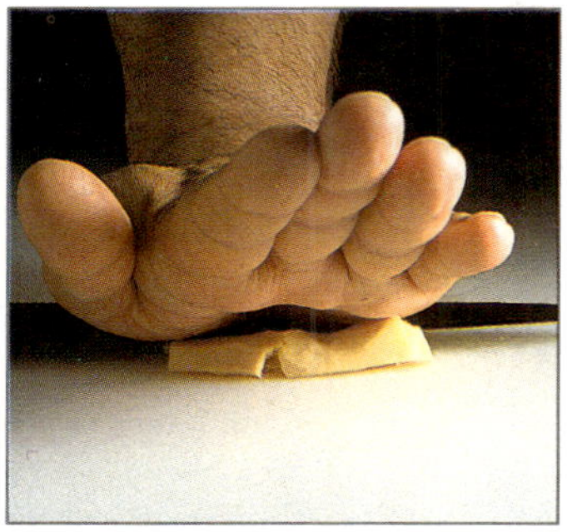

2 Den Ingwer vor dem Hacken mit einem Messer zerdrücken.

3 Zerdrückter, zerfaserter Ingwer läßt sich einfacher hacken.

4 Den Ingwer nach Belieben grob oder fein hacken.

Hinweis Wenn für ein Rezept Ingwersaft benötigt wird, drückt man feingeraspelten Ingwer in einer Knoblauchpresse aus.

Meerrettich

Meerrettich – die dicke, etwa 20 cm lange Pfahlwurzel der Meerrettichstaude, ursprünglich in Südosteuropa und Westasien beheimatet – ist in nördlichen Ländern sehr beliebt und wird auch bei uns schon lange angebaut. Frisch geschälter, geriebener Meerrettich riecht und schmeckt so beißend scharf, daß die Augen zu tränen beginnen. Nach dem Reiben verfliegt die Schärfe jedoch rasch, und man sollte ihn deshalb sofort verbrauchen oder in Essig einlegen. Frische Meerrettichwurzeln sind während des Winterhalbjahres erhältlich. Geriebener Meerrettich, in Tuben oder Gläsern ganzjährig im Handel, wird hauptsächlich zu Fleisch – insbesondere Rind – gereicht, aber auch zu Räucherfisch und geschmacksintensiven Gemüsen serviert. Für eine schnelle kalte Sauce kann man ihn mit saurer Sahne oder Mayonnaise verrühren, und selbst zum Würzen einer warmen Sauce ist er geeignet. Außerdem paßt Meerrettich gut in Saucen, die Essig oder Sahne enthalten, sowie zu roten Beten. Meerrettich sollte allenfalls leicht erhitzt werden, da er sonst sein Aroma verliert.

Wasabi, der grüne asiatische Meerrettich, ist im Westen als Würze für japanische Gerichte bekannt geworden. Botanisch gesehen ist er nicht mit unserem Meerrettich verwandt und schmeckt auch aromatischer. In Japan, wo die Wurzeln frisch verkauft werden, zählt er zu den kräftigsten Würzmitteln, die man dort verwendet. Bei uns bekommt man Wasabi als Pulver oder Paste.

ZUR INFORMATION

Beim Einkauf beachten Saubere, einwandfreie Wurzeln, die fest und nicht ausgetrocknet sind.

Bemerkung Das Aroma verfliegt nach dem Reiben rasch.

Aufbewahrung In Essig eingelegt: etwa 6 Monate.

Speisesenf

Senf wird überall auf der Welt verwendet und kann aus den Samen drei verschiedener Pflanzen hergestellt werden. Schwarze Senfsamen, die man für die besten hält, sind am schärfsten und waren bis zum Zweiten Weltkrieg die Grundlage für alle europäischen Senfsorten. Da sich schwarzer Senf jedoch nicht maschinell ernten läßt, wurde er in der Folgezeit durch die milderen braunen Senfkörner verdrängt, die von einer sehr viel kleineren Pflanze stammen. Dieser Senf wird heute in Europa am häufigsten verarbeitet. Die dritte Art sind die besonders milden gelben oder weißen Senfkörner, aus denen die meisten amerikanischen Senfsorten hergestellt werden.

Ganze Senfkörner benutzt man in Pickles und Relishes, in Marinaden und Chutneys sowie in der indischen Küche. Zu Pulver gemahlen, muß Senf mit Wasser verrührt werden, damit er seine Schärfe entfalten kann. Salz und Essig verhindern dies und dürfen deshalb erst später hinzugefügt werden. Aus diesem Grund schmeckt auch eine Sauce, die Essig oder Zitronensaft enthält (wie etwa Mayonnaise), milder, wenn man sie statt mit fertigem Tafelsenf mit Senfpulver würzt.

Eine der bekanntesten Senf-Spezialitäten ist Dijon-Senf. Senf, der unter diesem Namen verkauft werden darf, muß spezielle Kriterien erfüllen. Seine Zubereitung erfolgt nach einem strengen Rezept mit gemahlenen schwarzen Senfkörnern, Salz und Gewürzen sowie mit Sauermost (S. 40), Wein oder Essig. Bei abweichender Herstellung darf ein Senf nur die Bezeichnung »nach Dijon-Art« tragen. Dijon-Senf paßt hervorragend zu Steaks, kaltem und warmem Fleisch, Geflügel sowie Eintöpfen und wird zum Würzen von Saucen und Vinaigrette (S. 64) verwendet. Der dunkelste französische Senf ist der Bordeaux-Senf, der auch die Samenhüllen der Senfkörner enthält.

Deutsche Senfsorten sind gewöhnlich glatt und können dunkel oder süß sein. Bayerischer Senf paßt am besten zu leichtem Fleisch, der würzigere Düsseldorfer Senf zu Wurst, Sauerkraut und geräuchertem Fleisch. In Dänemark wird *fiskesennep* (Fischsenf) aus grobgemahlenen Senfkörnern als Würze für weiße Sauce verkauft, die man zu Fisch reicht.

Englischer und chinesischer Senf ist häufig kräftiger und schärfer als andere Sorten. Er wird als Pulver verkauft, das man mit etwas Wasser anrührt und zu Roastbeef, Würstchen, Käse und fritierten asiatischen Frühlingsrollen reicht. Die beiden beliebtesten amerikanischen Senfsorten sind der dunkle Deli-Senf, der unserem deutschen Senf ähnelt, und der hellgelbe Ballpark, der mit Essig aromatisiert und mit Kurkuma gefärbt ist. Man ißt ihn zu Hot dogs, Hamburgern und heißen Brezeln. Außer traditionellen Senfsorten, die mit Kräutern, Gewürzen oder grünem Pfeffer aromatisiert sind, erfreuen sich neue Kreationen, mit Zutaten wie Whisky, Honig und Wein, zunehmender Beliebtheit. Alle Senfsorten kann man zu kaltem Fleisch, Sauerkraut und Kurzgebratenem reichen. Wenn zum Kochen tafelfertiger Senf verwendet wird, wie beispielsweise bei allen Rezepten mit dem Zusatz *»dijonnaise«*, gibt man ihn am Ende der Garzeit zu, da Senf bitter wird, wenn man ihn kochen läßt.

Senfpulver

ZUR INFORMATION

Beim Einkauf beachten *Senfkörner* Keine Verunreinigungen (Staub oder Stengel). *Senfpulver* Würziger Geschmack.

Bemerkung Senf wird bitter, wenn man ihn kocht.

Aufbewahrung *Senfkörner* In verschlossenem Behälter 1 Jahr. *Senfpulver* 6 Monate. *Tafelfertiger Speisesenf* 1 Jahr.

Gelbe Senfkörner

Schwarze Senfkörner

AROMAZUTATEN

Von allen Würzmitteln spielt Salz zweifellos die wichtigste Rolle. In vielen Teilen der Erde übernehmen Saucen auf Sojabasis die gleiche Funktion. Auch Sardellenpaste, Fleischextrakte und scharfe Würzsaucen (S. 35) verleihen Speisen einen salzigen Geschmack. Extrakte und Essenzen, Wein, Spirituosen, Bier und Cidre, Liköre, Essig und Marinaden sind als Aromazutaten ebenfalls von Bedeutung.

Salz

Der richtige Gebrauch von Salz gehört zu den Kennzeichen eines guten Kochs. Salz wird gewöhnlich zu Beginn der Garzeit zugegeben – aber mit Bedacht; fügt man am Ende der Garzeit zuviel davon hinzu, schmeckt es vor. Bei Suppen und Saucen, die gekocht werden, um das Aroma zu konzentrieren, verstärkt sich der Salzgeschmack mit zunehmender Reduzierung der Flüssigkeit. Salzige Zutaten, wie Speck und Käse, muß der Koch beim Würzen ebenfalls berücksichtigen, denn sie salzen das Gericht indirekt. Für versalzene Speisen gibt es selten ein probates Gegenmittel. Unter Umständen läßt sich der Salzgeschmack durch die Zugabe von Sahne, Milch, Reis oder Kartoffeln abmildern. Eine versalzene Suppe oder Sauce kann kurz vor dem Servieren mit Milch oder Wasser verdünnt und anschließend mit Pfeilwurzelmehl oder Maisstärke (S. 59) wieder angedickt werden. Stark versalzene Gerichte lassen sich jedoch nicht verbessern.

Für Brote und viele andere Backwaren ist Salz im Grunde unentbehrlich, und es verbessert durchaus auch den Geschmack von Kuchen, indem es ihre Süße betont. Darüber hinaus wird Salz mitunter verwendet, um Flüssigkeit aus Nahrungsmitteln herauszuziehen, beispielsweise wenn man Fleisch zum Konservieren in Salzlake einlegt (S. 488). Wäßrige Gemüse, zum Beispiel Salatgurken, bestreut man mit Salz, damit sie Flüssigkeit verlieren und weicher werden; andere, wie Auberginen, werden eingesalzen, um Bitterstoffe zu entfernen (S. 261). Speziell bei dunklem Fleisch sollte man die Schnittflächen niemals vor dem Garen salzen, da die Oberfläche des Fleisches sonst zu feucht ist und nicht bräunt.

Kochsalz wird entweder durch bergmännischen Abbau unterirdischer Salzlager, durch Eindampfen natürlicher Sole aus Brunnen oder Quellen oder aus Meerwasser gewonnen. Bei Speise- oder Tafelsalz, das am häufigsten im Handel angeboten wird, handelt es sich um besonders fein gemahlenes Kochsalz. Aus gesundheitlichen Gründen wird Kochsalz häufig mit Jod angereichert, für eine bessere Rieselfähigkeit gibt man Calciumkarbonat zu. Flache Salzkristalle, die sich hervorragend zum Bestreuen von Brezeln und Crackern eignen, werden hauptsächlich von der Lebensmittelindustrie verarbeitet. Salz mit Kristallen, die an Schneeflocken erinnern, ist sehr fein und weich und löst sich sofort auf. Man verwendet es zur Herstellung von Gewürz- und Kräutermischungen, findet es aber mitunter auch in den Regalen von Supermärkten. Koscheres Salz, das in den USA weit verbreitet ist, wird zu großen unregelmäßigen Kristallen raffiniert. Es ist weniger salzig als normales Tafelsalz, nicht jodiert und auch frei von sonstigen Zusätzen. Viele Köche schätzen es vor allem, weil sich die großen Kristalle leicht mit den Fingern greifen lassen.

Meersalz

Maldon-Salz*

Fermentierte schwarze Bohnen

Glutamat

Tafelsalz

Steinsalz

* Salz, das in der Maldon-Bay in Essex/England gewonnen wird.

Meersalz, das in flachen Sammelbecken durch die Verdunstung des Meerwassers entsteht und das viele für gesünder als normales Kochsalz halten, wird gewöhnlich in ähnlicher Weise raffiniert. Französisches *gros sel* ist völlig naturbelassen, hat eine leicht graue Färbung und einen charakteristischen Geschmack.

Grob zerkleinerte Steinsalzbrocken nimmt man häufig bei der Herstellung von Eiscreme, um die Temperatur des Eiswassers in einer handbetriebenen Eismaschine (S. 509) zu senken, oder zum Servieren lebend-frischer Muscheln. Blocksalz ist raffiniertes Steinsalz, das in Formen gegossen, gemahlen und zum Einlegen oder Pökeln von Fleisch genommen wird. Pökelsalz (Natriumnitrit) wird zu diesem Zweck allerdings meist bevorzugt, da es ausgesprochen fein ist, sich rasch auflöst und keine Zusätze enthält, durch die die Lake trüb werden könnte.

Gewürzsalze, die mit Selleriesamen, getrockneten Zwiebeln oder Knoblauch versetzt sind, werden von manchen Köchen sehr geschätzt, doch verliert sich ihr Aroma bei zu langer Lagerung. Sesamsalz wird mit einem hohen Anteil an gerösteten Sesamkörnern hergestellt und als Aromazutat wie zum Bestreuen von Speisen verwendet. In der Küchenmaschine oder im Mörser selbst zubereitete Gewürzsalze sind normalerweise hochwertiger als fertig gekaufte.

Kristallisierte Zitronensäure sieht Salz zwar recht ähnlich, hat mit Salz aber nicht das geringste zu tun; sie verleiht verschiedenen jüdischen Gerichten und Speisen aus dem Mittleren Osten eine gewisse Säure. Salzersatzstoffe und leichte Salze, die häufig Kalium und mitunter auch Natriumchlorid (Kochsalz) beinhalten, sind ebenfalls erhältlich und für diejenigen gedacht, die ihren Salzkonsum aus gesundheitlichen Gründen einschränken müssen. Andere Zutaten, die Speisen Schärfe verleihen und somit die benötigte Salzmenge reduzieren, sind Zitrone und Essig.

ZUR INFORMATION

Bemerkung Da die Würzkraft je nach Sorte variiert, sollte man Salz vor der Verwendung kosten; feuchtes Salz klumpt, die Behälter müssen deshalb luftdicht verschlossen sein. Durch das Hinzufügen einiger Reiskörner bleibt Salz rieselfähig.

Aufbewahrung In einem luftdicht verschlossenen Behälter unbegrenzt.

Sojasauce und andere salzige Aromazutaten

Sojasauce, die man aufgrund ihres salzigen Geschmacks seit Jahrhunderten in Asien verwendet, tauchte in Europa erstmals vor 300 Jahren als Bestandteil anderer Würzsaucen auf. Heute wird sie auch bei uns als eigenständige Sauce verkauft und zählt zweifellos zu den beliebtesten Würzsaucen der Welt. Die Herstellung – das Fermentieren einer gesalzenen und mit einem *Aspergillus*-Schimmelpilz geimpften Mischung aus gegarten Sojabohnen und Weizen – erfolgt im allgemeinen industriell. Der Geschmack der fertigen Sauce hängt jeweils vom Mengenverhältnis zwischen Sojabohnen und Weizen ab. Sojasauce guter Qualität läßt man sechs Monate bis zwei Jahre reifen, damit sie ihr Aroma voll entfalten kann. Wenn die Flüssigkeit aus den Fässern abgefiltert wird, ist das Ergebnis eine verhältnismäßig helle Sauce. Die Rückstände können ausgepreßt werden, wodurch man eine dickere Flüssigkeit gewinnt, die üblicherweise als dunkle Sojasauce bezeichnet wird.

Die vielen verschiedenen Sorten japanischer, chinesischer und indonesischer Sojasauce zeigen feine Unterschiede auf. Helle japanische Sojasauce schmeckt salziger als dunkle, da sie jedoch dünnflüssig und klar ist, verfärben Marinaden oder *tempura*-Dips nicht. Dunkle japanische Sojasauce hat einen volleren Geschmack, kann aber in größeren Mengen verwendet werden, da sie weniger salzig ist. Sie verleiht Saucen eine schöne Farbe und wird gern zu *sushi* gereicht.

Hinweis Die Bezeichnung *shoyu* (jap. für Sojasauce) tragen auch einige Sojasaucen, die außerhalb Asiens hergestellt werden.

Helle chinesische Sojasauce sieht wie helle japanische Sojasauce aus, schmeckt aber etwas anders und wird am besten dann verwendet, wenn nur ein Hauch von Sojageschmack gewünscht ist. Dunkle chinesische Sojasauce hat einen kräftigen, ziemlich salzigen Geschmack und enthält als Süß- und Farbstoff zusätzlich Karamel. Man sollte sie für deftige Gerichte nehmen, die eine pikante Würze, aber wenig zusätzliche Flüssigkeit benötigen. Schwarze chinesische Sojasauce, die dickflüssigste und dunkelste aller Sojasaucen, ist mit schwarzem Zuckersirup versetzt. Sie wird zum Würzen kalter Speisen verwendet und für Gerichte, die ein Maximum an Aroma bei einem Minimum an Flüssigkeit erfordern. Indonesische Sojasauce ist dunkel und entweder sehr salzig oder ziemlich süß.

Eine andere beliebte Sojasauce ist *tamari,* die als Nebenprodukt bei der Miso-Herstellung (unten) entsteht. *Tamari* enthält wenig oder keinen Weizen und ist deshalb praktisch glutenfrei. Es kann überaus salzig sein und wird am besten sparsam für Marinaden oder Dip-Saucen verwendet. Künstliche Sojasaucen werden aus hydrolysiertem Soja-Eiweiß hergestellt, künstlich eingefärbt und mit Karamel und Glukose aromatisiert.

Die Würzpaste Miso ist ein asiatisches Produkt, das sowohl zum Kochen wie auch als Würze bei Tisch verwendet wird. Es gibt verschiedene Sorten, die durch das Fermentieren von Sojabohnen, Mehl, Salz und Wasser hergestellt werden. Wie Sojasauce ist auch Miso ziemlich salzig und sollte sparsam für Brühen, Suppen und Aufläufe oder als Grundlage für Salatsaucen verwendet werden.

Fermentierte schwarze Bohnen sind ein Würzmittel in der traditionellen Kochkunst Chinas, aber auch Zutat in einigen modernen westlichen Gerichten. Zur Herstellung werden fermentierte Sojabohnen mit Salz, Ingwer und anderen Gewürzen vermischt. Vor der Verwendung in Saucen sollte man die Bohnen mit Wasser abspülen.

Über Glutamat, das als Geschmacksverstärker dient (außer bei Eier- und Süßspeisen), gehen die Meinungen auseinander, da es allergische Reaktionen hervorrufen kann. Es entsteht unter anderem aus Weizenkleber sowie als Nebenprodukt bei der Herstellung von Sojasauce und wird in China sehr häufig benutzt. Glutamat besitzt keinen Eigengeschmack, stimuliert jedoch die Geschmacksknospen, so daß feinere Aromen besser wahrgenommen werden. Man findet es in vielen Fertigprodukten und abgepackten Gewürzmischungen.

ZUR INFORMATION
Bemerkung Sparsam dosieren, da Speisen sonst zu salzig werden.
Aufbewahrung *Sojasauce* Bei Raumtemperatur 6 Monate; im Kühlschrank unbegrenzt; wird mit der Zeit dunkler und konzentrierter. *Miso, fermentierte schwarze Bohnen* Im Kühlschrank unbegrenzt.
Verwendung In Marinaden, Suppen, Eintöpfen, Saucen zum Begießen, für Kurzgebratenes und gedämpfte Speisen. *Sojasauce* Zu allen Nahrungsmitteln, die Salz erfordern, wie Fisch, Schaltiere, Huhn, Ente, Rind, Lamm, Schwein, Pilze, Tofu. *Fermentierte schwarze Bohnen* Zu Jakobsmuscheln, Garnelen, Seezunge, Lachs, Huhn, Rind, Schwein, Broccoli, Blumenkohl.

Fleisch- und Hefe-Extrakt

In Gläsern erhältliche Fleisch- und Hefe-Extrakte können Speisen ebenfalls ein salziges Aroma verleihen. Fleischextrakte werden nach einem einfachen Verfahren hergestellt, das der deutsche Chemiker Justus von Liebig bereits vor weit über hundert Jahren erfand: Zerkleinertes Rindfleisch wird mit Wasser auf 70 °C erhitzt, wobei das Eiweiß gerinnt. Dann wird das Fett abgeschöpft und die Brühe zu einer pastenartigen Konsistenz eingedampft. Hefe-Extrakte sind eine Mischung aus Salz und Bierhefe, die bei der Herstellung von Bier und Spirituosen entsteht. Fleisch- und Hefe-Extrakte nimmt man für Suppen und Saucen zur Intensivierung des Geschmacks. In Großbritannien und Australien verwendet man sie häufig als Brotaufstrich und schätzt sie ihrer gesundheitlichen Vorzüge wegen.

Sardellen- oder Anchovispaste und asiatische Fischsaucen

Sardellen- oder Anchovispaste, die aus pürierten Sardellenfilets hergestellt wird, verleiht deftigen Tomaten- oder Fischsaucen sowie Salat-Dressings einen salzigen Geschmack und paßt auch ausgezeichnet zu Lammbraten. Vermutlich ist sie ein Abkömmling des römischen *garum* – einer Sauce, die durch das Fermentieren von kleinen Fischen, wie Sprotten, Makrelen und Sardellen, in Fässern hergestellt wurde.

Asiatische Fischsaucen entstehen durch einen ähnlichen Gärungsprozeß. Die bekanntesten sind *nam pla* aus Thailand, *nuoc mam* aus Vietnam und *bagoong* von den Philippinen. Aus der thailändischen und vietnamesischen Küche, wo sie pikanten Meeresfrüchten, Kokos-Curry-Gerichten, Fischfonds und Suppen eine salzige Note geben, sind sie kaum wegzudenken. Zusammen mit Essig eignen sie sich gut für Saucen, die man zu fritierten Speisen reicht. Austernsauce ist eine dickflüssige, hellbraune Sauce, die aus dem Konzentrat von Austern, Weizen, Maisstärke und Reis gewonnen wird. Mit ihrem salzigen, leicht süßen, fleischigen Geschmack verwendet man sie für viele chinesische Gerichte.

Vietnamesische Garnelen-Spieße

Diese im Ofen gegarten Spieße bestehen aus saftigen ganzen Garnelen und einem glatten Garnelenpüree, das mit asiatischer Fischsauce gewürzt wird.

Ergibt 8 Spieße
500 g große rohe Garnelen
32 ganze Garnelen (für die Spieße)
1 EL Mehl
1 Prise Backpulver
1 Ei, verschlagen
1 Knoblauchzehe, zerdrückt
1½ EL Sojasauce
1½ TL Fischsauce *(nuoc mam)*
½ TL Zucker oder Honig
3 TL Pflanzenöl
Salz und Pfeffer
4 EL Sesamsamen
2 EL Semmelbrösel

Zum Servieren
Soja- und Chilisauce

8 lange Metallspieße, eingeölt

1 Die Garnelen schälen und den Darm entfernen (S. 160). Sie dann gut abspülen und mit Küchenkrepp trockentupfen.
2 Die geschälten Garnelen zusammen mit Mehl, Backpulver, Ei, Knoblauch, Sojasauce, Fischsauce, Zucker und 1½ TL Öl in die Küchenmaschine geben. Mit Salz und Pfeffer würzen. Das Ganze pürieren und anschließend auf einem Teller zugedeckt für wenigstens 1 Stunde in den Kühlschrank stellen, bis die Masse fest ist.
3 Sesamsamen und Semmelbrösel auf einem Backblech vermischen. Das Garnelenpüree in 24 gleiche Portionen teilen und jede in der Sesammischung wälzen, so daß kleine Kugeln entstehen.
4 Auf jeden der eingeölten Spieße abwechselnd jeweils 4 ganze Garnelen sowie 3 Garnelenbällchen stecken.
5 Ein Backblech leicht einölen, die Spieße darauflegen und sorgfältig mit Öl bestreichen. Das Blech bei 200 °C/Gas Stufe 3–4 für 10–12 Minuten in den Ofen schieben, bis die Garnelen rosa sind und sich die Garnelenbällchen fest anfühlen. Die Spieße sofort servieren. Sojasauce und eine scharfe Chilisauce dazu reichen (S. 35).

Oliven

Der Olivenbaum, dessen Lebensdauer sich in Jahrhunderten bemißt, gehört zu den wertvollsten Speiseöllieferanten. Im Mittelmeerraum gilt der Besitz eines Olivenhains als ein Zeichen von Wohlstand, und der Olivenzweig ist auf der ganzen Welt ein Symbol für den Frieden.

Oliven werden schwarz und reif oder grün und unreif eingelegt. Öl hingegen wird nur aus reifen Oliven gepreßt (S. 100). Da selbst reife, frisch gepflückte Oliven bitter und ungenießbar sind, müssen sie für mehrere Monate in Öl, Wasser, Salzlake oder Salz oder für einige Tage in Lauge, Holzasche oder Ätznatron eingelegt werden. In Südfrankreich beispielsweise läßt man schwarze Oliven in der Sonne trocknen, in Kalabrien und auf Sizilien werden grüne Oliven leicht zerdrückt und in Öl eingelegt. Die meisten grünen Oliven auf dem Weltmarkt kommen aus Spanien – häufig entsteint und gefüllt mit Anchovis, Mandeln, Kapern, Zwiebel, Sellerie oder Pimiento (die klassische Garnierung für einen Martini-Cocktail). Die Griechen, die neben den Italienern zu den größten Olivenproduzenten der Welt gehören, exportieren sowohl grüne wie auch schwarze Oliven, von denen die in Salzlake eingelegten schwarzvioletten *kalamatas* besonders beliebt sind. Französische Oliven sind klein und werden in vielen Formen angeboten: die bräunliche *niçoise* ist winzig und gewöhnlich mit Stengel in einem Kräuteraufguß eingelegt, *picholine* ist größer, grün und recht salzig, und die runzlige, leicht bittere schwarze Olive aus Nyons wird trocken in Salz eingelegt, dann mit Öl eingerieben oder in Salzlake konserviert.

Italien, berühmt für sein Olivenöl, produziert sowohl große wie auch kleine, in der Regel schwarze Oliven: die leicht säuerliche *liguria*, die salzige *lugano*, die milde *ponentine* und die trockene, runzlige *gaeta*. Kaliforniens bekannteste Olive ist die knackige *sevillano*, eine grüne Olive, die gewöhnlich als ganze Frucht oder mit aufgeplatzter Haut in Salz eingelegt wird. Andere kalifornische Oliven schließen trocken in Salz konservierte Oliven nach Nyons-Art ein sowie festfleischige Oliven nach griechischer Art und schwarze, in Lauge eingelegte Oliven, die gewöhnlich als Dosenware angeboten werden.

In vielen Fällen ist es wünschenswert, die im Rezept angegebene Olivensorte zu verwenden. So erfordert beispielsweise die provenzalische Dip-Sauce *tapenade* (rechts), die mit pürierten schwarzen Oliven zubereitet wird, eigentlich das pikante Aroma von *niçoise*-Oliven. Diese Oliven sind ebenfalls erforderlich für den gleichnamigen Salat mit grünen Bohnen und Thunfisch. Meist verwendet man jedoch eine beliebige schwarze Olivensorte. Italienische Oliven eignen sich am besten als Belag für Pizza, und grüne Oliven verleihen geschmorten Fleischgerichten ein angenehmes Aroma. Oliven kann man zu Fisch und Fleisch reichen, und sie passen auch gut in leichte Salate oder Eintopfgerichte. In Öl oder Essig eingelegte Oliven können bei Raumtemperatur aufbewahrt werden, angebrochene Dosen oder Gläser sollte man jedoch in den Kühlschrank stellen.

Kapern

Kapern sind die eingelegten Blütenknospen des Kapernstrauches *(Capparis spinosa)*. Sie werden niemals roh verzehrt, sondern stets in Salz oder Essig eingelegt. Die Größe variiert, wobei die größten Kapern den kräftigsten und die kleinsten den feinsten Geschmack haben. Beim Einkauf von Kapern sollte man darauf achten, daß die Flüssigkeit klar und nur wenig oder kein Bodensatz vorhanden ist. Mitunter werden auch die Knospen von Ringelblumen oder Brunnenkresse eingelegt und als Kapern verkauft.

Der säuerliche Geschmack von Kapern paßt gut zu gehaltvollem Fleisch und Fisch, speziell auch zu Zunge, Leber und Thunfisch. Unverzichtbar sind sie für *sauce ravigote* (S. 64) und *sauce rémoulade* (S. 63). Kapernsauce wird traditionell zu kaltem und warmem Fleisch, vor allem Lamm oder Hammel, gereicht. Darüber hinaus verwendet man Kapern in Salaten von Schaltieren sowie für gefüllte Tomaten und Paprikaschoten. Durch Erhitzen verstärkt sich ihr Aroma, insbesondere ihre Salzigkeit.

Tapenade

Tapenade ist ein kräftig gewürztes Püree aus der Provence, das man zu hartgekochten Eiern, rohem Gemüse oder Teigwaren serviert, aber auch als Brotaufstrich verwendet.

Ergibt 250 ml

150 g entsteinte schwarze Oliven
8 Sardellenfilets
60 g Kapern, abgetropft
5 Knoblauchzehen, geschält
125 ml Olivenöl
Frisch gemahlener schwarzer Pfeffer

Oliven, Sardellen, Kapern und Knoblauch in die Küchenmaschine geben. Bei laufendem Gerät nach und nach das Öl hinzufügen. Das Ganze nach Belieben zu einer grob- oder feinpürierten Masse verarbeiten. Oder die Zutaten in einem Mörser zerreiben und nach und nach das Olivenöl unterarbeiten. Mit Pfeffer abschmecken. *Tapenade* hält sich, fest verschlossen, im Kühlschrank bis zu drei Tagen.

WÜRZSAUCEN

Während einige der im Handel angebotenen Würzsaucen lediglich schlechte Nachahmungen selbstgemachter Saucen und Chutneys sind, stellen andere wirkliche Spezialitäten dar, die sich nicht imitieren lassen. Worcestershire-Sauce (Worcestersauce) aus Großbritannien enthält beispielsweise eine ganze Palette von Zutaten – Pilz-Ketchup, Walnuß-Ketchup, Sojasauce, Tamarinde, Sherry, Weinbrand, Essig, Schweineleber, Cayennepfeffer, schwarzen Pfeffer, Koriander, Muskatblüte, Anchovis, Schalotten, Knoblauch und Karamel. Viele tafelfertige Würzsaucen tauchten erstmals im späten 19. Jahrhundert auf, als die Lebensmittelindustrie ihren Anfang nahm.

Worcestershire-, Brown- und Barbecue-Sauce

Über die Entstehung der Worcestershire-Sauce wird erzählt, daß die Würzsauce erstmals von den beiden Drogisten Lea und Perrin im Auftrag eines ehemaligen britischen Offiziers zubereitet wurde, der das Rezept aus Indien mitgebracht hatte. Vom Ergebnis wenig angetan, ließ der Kunde die Sauce bei den Drogisten zurück, wo sie in Vergessenheit geriet. Jahre später kam sie dann beim Aufräumen des Kellers wieder zum Vorschein. Lea und Perrin kosteten die nunmehr gereifte Sauce – und fanden sie überaus köstlich. Sie perfektionierten das Rezept und entwickelten eine kommerzielle Zubereitungsmethode. Und schon bald erfreute sich ihr Produkt als Würze bei Tisch allergrößter Beliebtheit.

Klassische Worcestershire-Sauce ist dünnflüssig und dunkelbraun, schmeckt scharf und hat einen sichtbaren Bodensatz. Als Grundlage dienen Sojasauce und Essig, doch enthält die Sauce darüber hinaus noch eine ganze Reihe exotischer Zutaten, deren genaue Zusammensetzung ein streng gehütetes Firmengeheimnis ist. Außer als Würze bei Tisch verwendet man Worcestershire-Sauce zum Verfeinern von Saucen und einiger Fisch- und Fleischgerichte. Man sollte sie nur tropfenweise verwenden.

Brown-Saucen, eine andere Art tafelfertiger Würzsaucen, wird in Großbritannien und den USA hergestellt und in die ganze Welt exportiert. Die Zutaten für diese scharfen braunen Würzsaucen sind zahlreich und unterschiedlich. Gewöhnlich beinhalten sie Früchte, wie Äpfel, Rosinen oder Orangen, für die Süße, Essig für die Schärfe und Gewürze, die von Zimt bis Cayennepfeffer reichen, für die pikante Geschmacksnote. Exotische Zutaten, wie Tamarinde und Mango, können den vielschichtigen Geschmack zusätzlich abrunden. Aufgrund ihrer Schärfe passen solche Würzsaucen ausgezeichnet zu dunklem Fleisch. Man kann sie vor dem Garen unter durchgedrehtes Fleisch mischen oder nach dem Grillen darübergießen, aber auch Suppen, Eintopfgerichte sowie heiße und kalte Saucen damit würzen. Leichtere Versionen, die mit Weißwein zubereitet sind – wie die bei uns beliebte Cumberland-Sauce, die gern zur Aromatisierung von Federwild genommen wird –, verwendet man für Geflügel, helles Fleisch, Fisch und Ragouts.

Handelsübliche Barbecue-Saucen sind selbstgemachten recht ähnlich (S. 65), enthalten üblicherweise jedoch mehr Salz, Zucker und Essig. Man kann Grillgut vorher darin wälzen oder das Fleisch während des Garens mit Barbecue-Sauce bestreichen. Damit ein schöner, dicker Überzug entsteht, wird die Sauce mehrmals mit dem Pinsel aufgetragen.

ZUR INFORMATION

Bemerkung Der charakteristische Geschmack dominiert leicht andere Aromen.

Aufbewahrung *Worcestershire-, Brown-Sauce* Fest verschlossen, unbegrenzt. *Barbecue-Sauce* Im Kühlschrank unbegrenzt.

Verwendung *Worcestershire-, Brown-Sauce* In Saucen, Salat-Dressings, Suppen, Eintöpfen, Cocktails, Dip-Saucen, Mayonnaise; zu Käse, Eiern, Schaltieren, Fisch, Fleisch, Tomaten. *Barbecue-Sauce* Zum Bestreichen; als Würzsauce bei Tisch; zu gegrilltem Huhn, Rind, Schwein.

Ketchup

Obwohl man bei Ketchup zumeist nur an die bekannten, mit Essig zubereiteten Tomatensaucen denkt, leitet sich das Wort vermutlich aus dem malaiischen *ketjap* ab – der Lake, in der man Fisch einlegt. Während in Asien auch heute noch Ketchups auf der Grundlage von Fisch und Schaltieren weit verbreitet sind, verwendet man im Westen eher solche aus Früchten, Gemüse, Nüssen und Pilzen. Alle Ketchups enthalten Salz sowie Gewürze und häufig auch Essig und Zucker.

Tomaten-Ketchup läßt sich problemlos selbst herstellen, doch bevorzugen die meisten den Geschmack von Fertigprodukten. Industrieller Ketchup ähnelt einer glatten Tomatensauce, ist stark gewürzt und enthält häufig auch einen Hauch von Gewürznelke, Zimt, Piment und Cayennepfeffer.

Pilz-Ketchup ist in Großbritannien auch heute noch als separate Würzsauce und zum Kochen beliebt. Diese braune Pilzsauce ist das Produkt einer überaus wirkungsvollen Konservierungsmethode für die riesigen Mengen an Wiesenchampignons, die überall wuchsen – man extrahierte die aromatische Flüssigkeit durch Salzen und Kochen der Pilze und fügte dann zum Aromatisieren und Konservieren Gewürze hinzu.

ZUR INFORMATION

Bemerkung Trocknet ein und verfärbt sich, wenn nicht fest verschlossen; wird im Laufe der Zeit dunkler und verliert an Geschmack. *Tomaten-Ketchup* Kann sauer oder wäßrig sein.

Im Handel Pilz-Ketchup ist bei uns selten erhältlich.

Aufbewahrung Im Kühlschrank unbegrenzt; bei Raumtemperatur 3–4 Monate.

Verwendung In Saucen, Salaten, Eintopfgerichten; als separate Würze.

Scharfe Saucen und Relishes

Chillies oder scharfe rote Pfefferschoten (S. 28) sind der Hauptbestandteil industriell hergestellter scharfer Saucen und Relishes. Einige scharfe Saucen basieren auf einer dicken Chilipaste, andere sind infolge langer Fermentierung dünnflüssiger. Beide Sorten nimmt man zum Würzen bei Tisch, verwendet sie aber auch beim Kochen zur Aromatisierung von Saucen, Suppen und Eintöpfen. Die bekannteste Chilisauce ist die amerikanische Tabasco-Sauce, die in Louisiana produziert wird, ihren Namen aber einem mexikanischen Bundesstaat verdankt. Zur Herstellung läßt man frische gemahlene und gesalzene Chillies bis zu drei Jahren reifen. Anschließend wird die Flüssigkeit extrahiert, mit destilliertem Essig vermischt und in Flaschen abgefüllt.

Weitere dünnflüssige scharfe Saucen gibt es in anderen südlichen Teilen Amerikas. Sie heben den Geschmack von Suppen und Eintöpfen, sind unentbehrlich für kreolische Gerichte, wie *gumbo* (S. 49), und eignen sich für Rührei, sahnige Dip-Saucen und mexikanische *guacamole*.

Dickere, pürierte Chilisaucen, die häufig Knoblauch enthalten, findet man hauptsächlich in Asien. *Sambals* aus Indonesien – die schärfsten Saucen der Welt – werden aus gemahlenen Chillies und verschiedenen Gewürzen hergestellt und in Currygerichten, Fleischeintöpfen und für Gemüse verwendet. Bei uns sind verschiedene Sorten erhältlich, darunter auch eine milde, vielseitig verwendbare, eine mit Zukker und eine speziell für *nasi goreng*. In Nordafrika gehört *harissa* – eine höllisch scharfe Würzpaste aus roten Pfefferschoten – in jede Küche. Sie besteht aus Olivenöl, Chillies, Knoblauch, Koriander, Kreuzkümmel und bis zu 20 weiteren Gewürzen, wird zum Würzen bei Tisch genommen und ist unverzichtbar für *couscous* (S. 320).

ZUR INFORMATION

Bemerkung *Saucen* Durch Einfluß von Licht und Wärme verblaßt die Farbe; nach etwa 6 Monaten nimmt die Würzkraft ab, und der Essiggeschmack wird dominant.

Aufbewahrung *Saucen* Bei Raumtemperatur unbegrenzt. *Pasten* Im Kühlschrank unbegrenzt.

Verwendung *Saucen* In Suppen, Saucen, *gumbo*, Schaltiereintöpfen. *Pasten* In Gerichten aus Asien und dem Mittleren Osten; als Würze bei Tisch.

ESSENZEN UND EXTRAKTE

Ätherische Öle oder Essenzen sind flüchtige, doch ausgesprochen geschmacksintensive Substanzen, die aus aromatischen Zutaten wie Früchten, Pflanzen oder Gewürzen destilliert werden. Theoretisch sollten Extrakte schwächer sein als Essenzen, da man sie aus ätherischen Ölen oder Essenzen gewinnt, die zuvor verdünnt wurden, gewöhnlich mit Alkohol. In der Praxis allerdings verfügen viele Extrakte über eine vergleichbare Intensität wie Essenzen, mitunter sind sie sogar stärker. Extrakte und Essenzen müssen demzufolge stets mit Sorgfalt dosiert werden. Im allgemeinen rechnet man auf 500 ml Flüssigkeit beziehungsweise 500 g an Nahrungsmitteln zwei bis drei Tropfen Essenz oder einen Teelöffel Extrakt, je nach Rezept kann die benötigte Menge auch größer sein. Da Essenzen und Extrakte beim Erhitzen weitgehend verfliegen, gibt man sie nach Ende der Garzeit zu – vorzugsweise, wenn die Speisen bereits abgekühlt sind. In der Lebensmittelindustrie finden heute ungefähr 2000 verschiedene Essenzen als Aromastoffe Verwendung. Die meisten werden auf chemischem Wege erzeugt, damit eine absolute Einheitlichkeit in der Struktur und ein stark konzentriertes Aroma gewährleistet sind.

Von allen Essenzen und Extrakten wird Vanille weitaus am häufigsten verwendet, gefolgt von Mandelessenz. Bei einfachem Gebäck lassen sich gemahlene Mandeln durch mit Mandelessenz aromatisierten Grieß ersetzen. Weitere Essenzen, die häufig in der Küche Verwendung finden, sind Zimt, Nelke, Zitronenöl und Grüne Minze; zu den synthetischen Produkten gehören beispielsweise Kokos-, Zitronen-, Orangen- und Rumaroma. Extrakte und Essenzen werden meist mit süßen Speisen in Verbindung gebracht, doch können sie auch pikante Gerichte verfeinern. Vanille paßt zum Beispiel ausgezeichnet zu Hummer und Kokosextrakt gut zu Currygerichten mit Lammfleisch. Bei uns sind Essenzen als Backaromen und Backöle im Handel, wobei man natürliche, naturidentische und künstliche Aromastoffe unterscheidet. Extrakte sind ebenfalls erhältlich.

ZUR INFORMATION

Bemerkung Schmecken bei zu reichlicher Dosierung vor; verfliegen unter Hitzeeinwirkung und bei langer Lagerung.
Aufbewahrung Bei Raumtemperatur unbegrenzt. *Blütenwässer* An einem dunklen Ort 6 Monate.
Verwendung In Backwaren, süßen Saucen, Sirups, Eiscremes, Sorbets, Cremespeisen, Kuchenglasuren, Likören, asiatischen Currygerichten, Fleischaufläufen.

Blütenwässer

Extrakte, die aus Blüten gewonnen werden, sind besonders in Mittelmeerländern, Indien und dem Mittleren Osten beliebt. Da ihr Aroma sehr intensiv ist, müssen sie sparsam dosiert werden. In Ägypten werden zerriebene Veilchenblüten mit Zucker zu Sirup gekocht und zur Aromatisierung von Süßspeisen verwendet. Orangenblütenwasser nimmt man für Gebäck, Cremes und Marmeladen. Rosenöl, das gewöhnlich zu Rosenwasser verdünnt wird, benutzt man für Sorbets, Süßwaren, pikante Aufläufe mit Huhn und für Currygerichte. Da alle diese Aromastoffe extrem flüchtig sind, sollte man sie kühl und dunkel lagern.

Blanc-manger mit Orangenblütenwasser

In Frankreich ist diese weiße Mandelsulz seit dem Mittelalter ein beliebtes Dessert.

6–8 Portionen
500 ml Milch
150 g Mandeln, geschält und gemahlen
1½ TL (10 g) Gelatine
100 g feiner Zucker
2 TL Orangenblütenwasser
375 ml Crème double, leicht verschlagen

Zum Servieren
Himbeer- oder Aprikosensauce (S. 66)

Puddingform (1,5 l Fassungsvermögen)

1 In einem Topf mittlerer Größe die Milch zusammen mit den gemahlenen Mandeln aufkochen und dann 10 Minuten an einem warmen Ort stehenlassen. Die Mandelmilch anschließend durch ein Sieb gießen und die gesamte Flüssigkeit aus den Mandeln herauspressen.
2 Die Gelatine auflösen (S. 431) und mit dem Zucker unter die heiße Mandelmilch rühren. Die Mischung in eine Schüssel umfüllen und unter gelegentlichem Rühren abkühlen lassen. Die Masse mit Orangenblütenwasser aromatisieren und sie dann auf Eis kühlen, bis sie fest zu werden beginnt.
3 Nun die Crème double unterziehen. Die Masse in die Form füllen und für wenigstens 2 Stunden kalt stellen, damit sie fest wird. Die Mandelsulz stürzen und mit Himbeer- oder Aprikosensauce servieren.

Vanille

Vanille ist für Süßspeisen ebenso unverzichtbar wie Salz für pikante Gerichte. Vanilleschoten wachsen an einer tropischen Kletterorchidee – die in Mexiko beheimatet ist – und werden gepflückt, solange sie noch gelb und unreif sind. Nach einer Vorbehandlung mit heißem Wasser oder Wasserdampf, die eine Fermentierung bewirkt, läßt man sie in der Sonne trocknen und dann über Nacht in luftdicht verschlossenen Behältern »schwitzen«. Dieser Vorgang wird über einen Zeitraum von vier Wochen wiederholt – bis das Vanillin freigesetzt wird und die Schoten ihre bekannte schwarze Farbe annehmen. Natürliches Vanillin ist auch in anderen Pflanzen vorhanden, etwa im Spargel, dem es sein charakteristisches Aroma verleiht. Die im Handel angebotene Vanille stammt größtenteils aus Madagaskar, obwohl die Pflanzen auch in anderen warmen Klimazonen gedeihen, wie zum Beispiel auf den Westindischen Inseln, auf Tahiti und in Mexiko.

Ganze Vanilleschoten haben das stärkste Aroma, sind jedoch teuer, da die Pflanzen von Hand bestäubt werden müssen. Vanille wird deshalb in der Küche zumeist in Form einer Essenz oder eines Extrakts verwendet. Die in Europa übliche Vanille-Essenz ist so konzentriert, daß schon wenige Tropfen ausreichen. Vanille-Extrakt, den man in den Vereinigten Staaten verwendet, ist milder und kann teelöffelweise zugegeben werden. Beide werden durch Destillation aus ganzen Vanilleschoten gewonnen. Um selbst einen Extrakt herzustellen, kann man Vanilleschoten mit Alkohol ansetzen.

Zu feinem Pulver vermahlene Vanille ist für Backwaren besser geeignet als Extrakte oder Essenzen, da ihr Aroma beim Erhitzen nicht verlorengeht. Wenn man ein oder zwei Vanilleschoten in einem luftdicht verschlossenen Gefäß zusammen mit Zucker aufbewahrt, erhält man Vanillezucker. Man kann ihn anstelle von normalem Zucker verwenden, um Speisen einen Hauch von Vanille-Aroma zu verleihen. Künstliches Vanillin ist preiswert und wird häufig als Ersatz für Vanille-Essenz genommen, doch fehlt ihm – bei aller Intensität – das unvergleichliche Aroma echter Vanille.

ZUR INFORMATION
Aufbewahrung Bei Raumtemperatur unbegrenzt.
Verwendung In Backwaren, Füllungen, süßen Saucen, Puddings, Eiscremes, Getränken, Sirups, Charlotten, Cremes, Likören, Obstsalaten.

GANZE VANILLESCHOTEN VERWENDEN

Mit Vanilleschoten läßt sich jede heiße Flüssigkeit – etwa Milch, Zuckersirup oder der Saft pochierter Früchte – aromatisieren. Anschließend kann man die Schoten abspülen, trocknen und erneut verwenden.

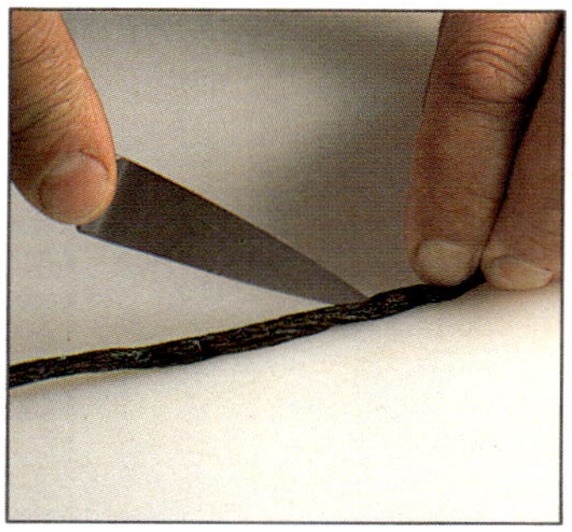

1 Die Vanilleschote mit einem scharfen Messer längs aufschneiden und je nach gewünschter Geschmacksintensität für 20–30 Minuten in heiße Flüssigkeit legen.

2 Für ein kräftigeres Aroma danach das Fruchtmark herausschaben und in die Flüssigkeit geben. Das Ganze weitere 10 Minuten durchziehen lassen.

KAFFEE UND TEE

Als Aromazutaten spielen Kaffee und Tee eine begrenzte, aber wichtige Rolle. Bei einigen mit Kaffee aromatisierten Speisen taucht im Rezept der Begriff »Mokka« auf, der sich ursprünglich nur auf den Kaffee bezog, der am Roten Meer wuchs. Mokka kann auch eine Kombination von Kaffee und Schokolade bedeuten, und in vielen Rezepten, die Schokolade erfordern, ist Kaffee ein zufriedenstellender Ersatz.

Das Aroma von Kaffee hängt vom Röstverfahren ab – als Aromazutat ist dunkel gerösteter Kaffee am besten geeignet. Gelegentlich läßt man zur Aromatisierung von Speisen gemahlenen Kaffee oder Kaffeebohnen in Flüssigkeit, insbesondere Milch, ziehen. Meist verwendet man aber sehr starken, aufgebrühten Kaffee. Um eine einfache Kaffee-Essenz herzustellen, übergießt man Instant-Kaffee mit der gleichen Menge kochendem Wasser, läßt die Mischung abkühlen und einen Tag durchziehen. Anschließend wird die Essenz durch ein Sieb gegossen und kann dann bis zu zwei Wochen aufbewahrt werden. Eine andere Möglichkeit ist es, frisch aufgebrühten Kaffee so lange einzukochen, bis er dickflüssig wird – auch diese Essenz hält sich bis zu zwei Wochen. Die Qualität und die Intensität industriell hergestellter Kaffee-Essenzen ist unterschiedlich.

Tee hat eine ehrwürdige Geschichte als Aromazutat und war im 18. Jahrhundert in Cremes und Füllungen beliebt. Heute schätzt man ihn in Sorbets, wo er häufig mit Limette oder Zitrone kombiniert wird. Grünen Tee benötigt man zur Zubereitung japanischer *soba*-Nudeln (S. 328), und auch in asiatischen Desserts findet er sich häufig. Schwarze fermentierte Tees sind kräftiger in der Farbe und voller im Geschmack; sie eignen sich gut für Früchtebrot. Rauchigen Earl Grey und Lapsang Souchong oder feine Kräutertees, wie zum Beispiel Jasmintee, kann man für leichte Desserts und Eiscreme verwenden. Tee findet sich sogar in Rezepten für pikante Gerichte, denen er eine angenehm bittere Geschmacksnote verleiht.

ZUR INFORMATION
Bemerkung Die Intensität von Essenzen ist unterschiedlich, deshalb nach Geschmack bemessen.
Aufbewahrung Selbstgemachte Essenzen: fest verschlossen 2 Wochen.
Verwendung *Kaffee* In Eiscreme, Gebäck, Kuchen, Desserts, Füllungen, Glasuren, Cremes, Saucen. *Tee* In Eiscreme, Kuchen, Desserts, Füllungen.

Gewürzkuchen mit Kaffee und Walnüssen

Diesen Kuchen kann man nachmittags zu Tee oder Kaffee reichen oder zusammen mit Chantilly-Sahne (S. 70) als Nachspeise servieren.

Ergibt einen kleinen Kuchen

250 g Mehl
2 TL Backpulver
½ TL gemahlener Piment
½ TL Zimt
1 Prise geriebene Muskatnuß
1 Prise Salz
125 g Butter
250 g Zucker
2 Eier
150 ml starker Kaffee
180 g Walnußkerne, feingehackt

Kuchenform (20 cm Durchmesser)

1 Die Kuchenform einfetten und den Boden mit Pergamentpapier auslegen. Das Papier einfetten und mit Mehl bestäuben. Den Backofen auf 175 °C/Gas Stufe 2–3 vorheizen. Mehl, Backpulver, Gewürze und Salz durchsieben.
2 Butter und Zucker schaumig rühren (S. 398). Die Eier nacheinander gründlich unterschlagen. Die Mehlmischung in drei Portionen, abwechselnd mit dem Kaffee, mit der Eiermischung verrühren. Zum Schluß die Walnüsse unterheben. Den Teig in die vorbereitete Backform füllen.
3 Den Kuchen 40–45 Minuten backen, bis er leicht gebräunt ist und kein Teig mehr an einem in der Mitte hineingestochenen Holzspießchen haftenbleibt. Den Gewürzkuchen vor dem Servieren auf einem Kuchengitter auskühlen lassen.

SPIRITUOSEN UND WEINE IN DER KÜCHE

Einige Weine und Nahrungsmittel harmonieren besonders gut miteinander: Madeira paßt hervorragend zu Zunge und Schinken, Rotwein zu Erdbeeren, Cognac zu Schokolade. Kombinationen bestimmter alkoholischer Getränke und Nahrungsmittel sind häufig das Ergebnis einer gemeinsamen Herkunft: Kirschwasser wird aus Kirschen gebrannt und auch dazu serviert, Calvados, ein Apfelbranntwein, wird zu Äpfeln gereicht.

Rot- und Weißweine finden auf allen Gebieten der Kochkunst Verwendung. Sie verleihen Suppen, Eintöpfen und Saucen Fülle, können den Geschmack einer Brühe heben, eignen sich zum Ablöschen und auch zur Aromatisierung verschiedenster Desserts. Weinbrand und andere Spirituosen eröffnen zusätzliche Möglichkeiten, und die meisten von ihnen lassen sich sowohl für pikante wie auch süße Speisen verwenden. Südweine verfeinern Saucen und Suppen, gehaltvolle Fleischgerichte und Desserts auf besonders elegante Weise. Als herzhafte Alternativen passen Bier und trockener Cidre am besten zu pikanten Speisen – deftigen Eintöpfen, Schmorgerichten oder Ausbackteig, der von ihrem Kohlensäuregehalt profitiert. Liköre nimmt man für Speisen, die am Ende eines Menüs serviert werden.

Flambieren

Wenn man Spirituosen oder Liköre erhitzt, verdampft Alkohol und kann entzündet werden. Die Flamme röstet die Speise, fördert das Bräunen und – sofern Zucker enthalten ist – das Karamelisieren. Darüber hinaus wirkt das Flambieren bei Tisch stets ausgesprochen festlich. Liköre versetzt man zum Flambieren meist mit hochprozentigen Spirituosen, bei entsprechendem Alkoholgehalt (mindestens 40% Vol.) können sie jedoch auch allein verwendet werden. Damit der Alkohol nicht von den Speisen absorbiert wird, bevor man ihn entzündet, ist es am besten, die Spirituosen zuvor getrennt zu erwärmen.

Crêpes Suzette (Rezept S. 367) Sicherstellen, daß die Crêpes sehr heiß sind. Den Alkohol in einem kleinen Topf oder in einer Schöpfkelle leicht erhitzen, dann vorsichtig entzünden. Die Crêpes rasch mit dem brennenden Alkohol übergießen, so daß sie gleichmäßig davon überzogen werden – nach Möglichkeit sollte dies auf einer Kochstelle erfolgen. (Ist die Speise nicht heiß genug, verlöschen die Flammen sofort.) Abwarten, bis die Flammen von selbst ausgehen – dies zeigt an, daß der Alkohol verbrannt ist.

Spirituosen

Spirituosen unterscheiden sich von Weinen durch ihren hohen Alkoholgehalt. Schon wenige Eßlöffel davon, die man zu Beginn der Garzeit hinzufügt, geben einer Speise Fülle und Aroma. Alternativ lassen sich Gerichte auch erst kurz vor dem Servieren mit einem Schuß Alkohol verfeinern. Spirituosen können außerdem eine konservierende Wirkung haben, zum Beispiel bei Terrinen und Weihnachtskuchen, die lange aufbewahrt werden.

Der aus Wein destillierte Weinbrand verfügt über einen ausgeprägten, aber dennoch anpassungsfähigen Geschmack, der gut zu vielen pikanten und süßen Speisen paßt und häufig mit Wein kombiniert wird. Die bekanntesten Weinbrände sind französischer Cognac und Armagnac. Französischer Marc und sein italienisches Pendant Grappa werden beide aus dem Trester von Weintrauben oder anderen Früchten destilliert und schmecken deshalb strenger.

Obstbranntweine, manchmal auch als *eaux de vie* (Lebenswässer) bezeichnet, werden nicht aus Wein, sondern aus dem Saft von Früchten destilliert. Apple Brandy (Apfelbranntwein) oder Applejack (Apfelgeist) stellt man aus Apfelsaft her, Calvados aus Cidre. Alle haben die Schärfe von Marc und passen ausgezeichnet zu Schweinefleisch, Nieren und Leber. Calvados wird für typische Gerichte der Normandie verwendet, wie etwa Schweinekoteletts mit Calvados, Äpfeln und Sahne (S. 228).

Andere Obstbranntweine gewinnt man aus Birnen, Himbeeren, Mirabellen und Zwetschgen und selbst aus Hagebutten. Maraschino, der aus Maraska-Sauerkirschen hergestellt wird, schmeckt süß und parfümiert, während Kirschwasser über einen Hauch von Bittermandelaroma verfügt und für einige Desserts unverzichtbar ist. Da Obstbranntweine hochprozentig sind, nimmt man sie häufig zum Flambieren; manchmal werden sie mitgekocht, wie bei Ente oder Gans mit Mirabellen und Zwetschgenwasser sowie bei flambierten Obst-Desserts. Man sollte diese starken, farblosen Spirituosen nicht mit Likören verwechseln, die weniger Alkohol enthalten, süßer und oft auch gefärbt sind.

Whisky, ein Getreidebranntwein, ist ebenso vollmundig wie Weinbrand, schmeckt dabei aber rauchig. In der Küche ist er weniger vielseitig als Weinbrand, paßt jedoch gut zu Fisch, Rindfleisch und gehaltvollen Desserts. Beim Anbraten von Fleisch läßt er sich wie Weinbrand zum Ablöschen nehmen. Außerdem verwendet man ihn zum Verfeinern einer Reihe anderer Speisen, angefangen bei Wildpasteten bis hin zu Weihnachtskuchen.

Gin und seine nordeuropäischen Verwandten, wie etwa Genever, haben vergleichsweise wenig Aroma und finden daher in der Küche nur geringe Verwendung. Sie sind die natürlichen Verbündeten von Wacholderbeeren, denen sie auch ihr Grundaroma verdanken. Wodka – aus Korn oder Kartoffeln destilliert und dann über Holzkohle gefiltert – nimmt man mitunter für Eiscreme und Sorbets, um die Bildung von Zuckerkristallen zu verzögern. Darüber hinaus kann Wodka als Grundlage für Extrakte dienen. Andere klare Schnäpse, wie Aquavit aus Skandinavien und Tequila aus Mexiko, werden gelegentlich in Saucen und Marinaden verwendet.

Rum paßt mit seinem leicht süßen Geschmack hervorragend zu Früchten und verleiht Desserts, wie russischer Rum-*baba,* ein unverwechselbares Aroma. Brauner Rum wird wegen seines volleren Aromas in der Küche bevorzugt und eignet sich ausgezeichnet zum Flambieren von Obst.

ZUR INFORMATION

Bemerkung Verdunsten durch langes Stehen; strenger Geschmack bei zu reichlicher Dosierung.

Verwendung In Schmorgerichten, Eintöpfen, Saucen, Pasteten und Terrinen, Kuchen, Füllungen, Soufflés, Cremespeisen, Charlotten; für Kompott; zum Flambieren.

Weine

Wein kann Saucen, Schmorgerichten und Eintöpfen ein einzigartiges Aroma verleihen. Damit die fertigen Speisen einen vollen und weichen Geschmack aufweisen, muß der Wein stets beträchtlich reduziert werden – Rotwein um die Hälfte, Weißwein sogar noch mehr –, bis der Alkohol verdampft und der Wein konzentriert wird. Dieser Vorgang kann während des Garprozesses stattfinden, etwa beim Schmoren von Fleisch. Bei anderen Gelegenheiten wird der Wein für sich reduziert, beispielsweise wenn man den Bratensatz eines Steaks mit Rotwein ablöscht oder die Wein-Essig-Basis für eine weiße Buttersauce (S. 62) zubereitet. Wein sollte stets in Maßen verwendet werden, damit er andere Aromen nicht überdeckt.

Wenn ein Wein zum Trinken gut genug ist, kann man ihn auch zum Kochen nehmen, denn seine Grundmerkmale übertragen sich auf das fertige Gericht – ein hervorragender Jahrgangswein wäre im Kochtopf aber dennoch pure Verschwendung. Moussierende Weine können lediglich ihr Aroma beisteuern, die Gasbläschen gehen beim Kochen innerhalb kürzester Zeit verloren. Nur in Sorbets bleibt ein gewisses Prickeln erhalten.

Rotweine ergeben eine größere Geschmacksfülle als Weißweine. Sie harmonieren am besten mit dunklem Fleisch und Wild, insbesondere bei Braten und gehaltvollen Saucen. Zu Kalb und Huhn paßt sowohl Rotwein wie auch Weißwein. Für Fisch braucht man einen durchgegorenen Wein, für sahnige Speisen und Saucen nimmt man einen leichten, trockenen. Manche Köche bevorzugen Rotwein zu beinahe allen Gerichten, einschließlich Fisch und Eiern. Süße oder fruchtige Weißweine eignen sich am besten für Desserts sowie für Saucen, die zu Schweinefleisch, Ente oder Nieren gereicht werden und einen Hauch von Süße gut vertragen. Roséweine verwendet man selten zum Kochen, da ihnen die Säure von Weißwein ebenso wie die Vollmundigkeit eines guten roten Weines fehlt.

Es harmonieren durchaus nicht alle Zutaten mit Wein. Salzige Nahrungsmittel überdecken sein Aroma gänzlich, und Geräuchertes profitiert nur von ausgesprochen trockenen Weinen. Bei allen Gerichten mit hohem Essiggehalt und ebenso bei Speisen mit ausgeprägtem Zitrusaroma, beispielsweise von Grapefruit, kommt Wein häufig kaum zur Geltung und schmeckt flach. Wein paßt auch nicht gut zu Spargel und Artischocken – weder zum Kochen noch als Tischgetränk. Schokoladenspeisen schmecken besser mit Rum, Obstbranntwein oder Likör als mit Wein.

ZUR INFORMATION

Bemerkung Bei sauren Weinen schmecken Saucen streng, bei fruchtigen können sie schwer werden; nicht reduzierter Wein schmeckt herb; wird Wein in Aluminiumtöpfen gekocht, bekommt er einen metallischen Beigeschmack.

Verwendung In Marinaden, *court bouillon,* Saucen, Schmorgerichten, Eintöpfen, Obstkompotten, Sorbets.

Südweine

Als Südweine bezeichnet man Weine, denen zusätzlich Alkohol, gewöhnlich in Form von Branntwein, zugegeben wurde. Selbst wenn sie weniger vielseitig als Weine sind, wäre doch ein Dutzend klassischer Gerichte ohne sie undenkbar. Gute Qualität ist wichtig, denn Südweine werden normalerweise am Ende der Garzeit hinzugefügt. Gewöhnlich reichen schon geringe Mengen aus, da man den Alkohol nicht (wie bei Weinen) verdampfen läßt.

Es gibt viele Sorten Sherry, die im Geschmack von trocken bis süß reichen. Süßer Sherry wird für Desserts, wie *trifle,* genommen, trockeneren *fino* verwendet man in braunen Saucen und Ragouts, hier speziell bei Wild. Ein Schuß Sherry ist die klassische Verfeinerung für Kraftbrühe. Ganz trockener Sherry kann in manchen Speisen zu streng schmecken.

Roter Portwein kann jung und fruchtig *(ruby)* oder abgelagert sein *(tawny),* so daß er über mehr Bukett und Körper verfügt. Portwein harmoniert gut mit Innereien, wie Nieren und Bries, und ist bei vielen pikanten Speisen eine Alternative zu süßem Sherry. Weißer Portwein ist ein guter Ersatz für lieblichen Weißwein.

In der italienischen Küche wird häufig Marsala, dessen volles Aroma an süßen alten Sherry erinnert, zum Ablöschen des Bratensatzes von Kalbs- und Putenschnitzeln sowie als Aromazutat zu Trüffeln und Wildgerichten verwendet. Marsala ist auch die klassische Grundlage für die Nachspeise *zabaione* (S. 438). Außerhalb Italiens nimmt man anstelle von Marsala häufig Madeira zum Kochen. Madeira hat ein rauchiges, karamelartiges Aroma und kann trocken oder süß sein. Er rundet Rotwein- und Weißweinsaucen ab und paßt gut zu Schwein, Kalb und Innereien. Spanischer Málaga (aus Andalusien) ist ein Südwein, der als Ersatz für süßen Sherry oder Madeira dienen kann.

ZUR INFORMATION

Bemerkung Sparsam verwenden; durch Kochen kann ein bitterer Nachgeschmack entstehen.

Verwendung In Schmorgerichten, Saucen, Suppen, Desserts, Kuchen; zum Ablöschen von Bratensatz.

Liköre

Bei Likören handelt es sich um gesüßte Spirituosen, die mit Früchten, Nüssen oder einer Mischung aus Kräutern und Gewürzen aromatisiert sind. Ihr Alkoholgehalt hält sich normalerweise in Grenzen, einige können jedoch auch recht stark sein, wie zum Beispiel Anislikör. Da die meisten Liköre süß sind, finden sie für Desserts mit Sahne, Obst und Schokolade Verwendung. Sie eignen sich ausgezeichnet zum Mazerieren von Früchten (S. 451) und als Aromazutat für alle Arten von süßen Füllungen. Liköre nimmt man häufig, um das jeweilige Fruchtaroma zu betonen – ein Sorbet aus schwarzen Johannisbeeren übergießt man beispielsweise oft mit *crème de cassis.* Sie können aber auch einen Kontrast darstellen, etwa wenn man eine Sauce mit Orangenlikör zu Erdbeeren oder Himbeeren serviert. Die meisten Liköre sind für pikante Gerichte zu süß, gelegentlich tauchen sie jedoch in Rezepten, wie Ente mit Orange und Grand Marnier, auf. Liköre mit Anisaroma sind wichtig für einige Muschelgerichte, wie Jakobsmuscheln mit Pernod. Liköre mit geringem Alkoholgehalt werden zum Flambieren gewöhnlich mit hochprozentigen Spirituosen gemischt, stärkere Anisliköre brennen auch allein und sind in Mittelmeerländern zu gegrilltem Fisch beliebt.

ZUR INFORMATION

Bemerkung Verfliegen durch Erhitzen oder langes Stehen; bei zu reichlicher Dosierung kann der Geschmack zu süß sein.

Verwendung In Sahne-Desserts, Füllungen, Cremespeisen, Soufflés; für einige pikante Saucen; zum Mazerieren von Früchten.

Bier und Cidre

Bier und trockener Cidre sind Alternativen zu Wein, spielen in der Küche aber eher eine untergeordnete Rolle. Selbst wenn sie durch langes Kochen reduziert werden, erreichen sie nicht die Vollmundigkeit von Wein.

In herzhaften, landschaftstypischen Eintopfgerichten Zentraleuropas wird anstelle von Brühe oder Wasser oft Bier verwendet. Leichte, untergärige Biere sind zum Kochen am besten geeignet – starke Sorten können das Aroma der anderen Zutaten überdecken. Biersuppen, die normalerweise mit Brot oder Mehl gebunden und häufig mit Zimt und braunem Zucker gewürzt werden, sind besonders in Deutschland und Dänemark beliebt. Bierteig nimmt man gern zum Fritieren (S. 105), da er einen leichten, knusprigen Überzug bildet.

Trockener Cidre verleiht Speisen eine leichte, trockene Geschmacksnote mit einem Hauch von Apfelaroma. In der Normandie und der Bretagne verwendet man ihn für Fischeintöpfe und Saucen, in Nordspanien für Fisch in Apfelweinsauce. Mit Cidre kann man auch gut einen im Ofen gebackenen Schinken begießen. Süßere Sorten nimmt man häufig für Desserts.

ZUR INFORMATION

Bemerkung Der Geschmack von schweren oder süßen Sorten kann sehr dominant sein.

Verwendung In Suppen, Eintöpfen, Schmorgerichten, Saucen, Desserts, Ausbackteig.

ANGOSTURA BITTER

Bitterextrakte haben eine alkoholische Grundlage und sind mit der Schale von Zitrusfrüchten, Aloe, Beifuß, Enzian, Chinin oder anderen bitteren pflanzlichen Substanzen aromatisiert. Obwohl man sie hauptsächlich in Likören, Aperitifs, Digestifs und Cocktails verwendet, lassen sich auch Obstsalate (insbesondere solche mit Orangen), Saucen für Fisch, Huhn und Schweinefleisch damit verfeinern. Der bekannteste Bitter ist wohl Angostura von den Westindischen Inseln, andere Marken kommen aus den Niederlanden, Italien und Frankreich.

ESSIG

Wie so viele kulinarische Entdeckungen ist auch Essig vermutlich das Ergebnis eines Mißgeschicks, denn im Grunde ist er nichts anderes als sauer gewordener Wein. Essig ist eine der vielseitigsten Aromazutaten, unerläßlich für Salate, süß-saure Gerichte sowie zum Einlegen und Konservieren von Nahrungsmitteln. Er stellt aber auch eine wichtige Zutat für Saucen, Suppen und Eintöpfe, Mayonnaise und Marinaden dar. In kleinen Mengen eignet er sich gut zum Ablöschen von Bratensatz und für die Zubereitung des *jus* (Fleischsaft) von gehaltvollen Zutaten, wie Ente oder *foie gras* (Gänseleber). Selbst in einigen Rezepten für Süßspeisen, Gebäck und Kuchen taucht mitunter Essig auf.

Da es so viele verschiedene Essigsorten gibt, ist es wichtig, sich ergänzende Aromen miteinander zu kombinieren. Am anpassungsfähigsten ist Weinessig (rechts), der aus weißem oder rotem Wein hergestellt wird. Cidre-Essig hat ein mildes, leicht süßes Apfelaroma, kann jedoch trüb sein, wenn er nicht gefiltert wurde. Er eignet sich gut für Obstsalat-Dressings und ist auch für Eingemachtes (S. 489) von Bedeutung. Chinesischer oder japanischer Reisessig ist in der Regel mild und hat einen geringen Säuregehalt. Es gibt besonders milde weiße Sorten, süße rote und stark süße violettschwarze. Reisessig paßt gut zu Salaten, speziell zu solchen aus rohem Gemüse, wie Weißkohl und Möhren, und eignet sich hervorragend zum Marinieren von Fisch und Hühnerfleisch. Malzessig wird aus Bier gewonnen und hat einen sehr ausgeprägten Geschmack. Zur Herstellung werden Gerstenmalz und Bier fermentiert, so daß ein »Rohessig« entsteht, den man dann reifen läßt. Normalerweise wird er durch die Zugabe von Karamel dunkelbraun gefärbt. In Großbritannien ist Malzessig eine beliebte Würze zu gebratenem Fisch und Pommes frites. Außerdem wird er zum Konservieren und für Saucen verwendet, die man zu kaltem Fleisch reicht.

Branntweinessig nimmt man für Sauerkonserven, bei denen ein klarer Aufguß wichtig ist. Destillierter Essig ist besonders kräftig und sauer und eignet sich daher zur Konservierung stark wasserhaltiger Gemüse. Am stärksten ist Essigessenz, die durch Verdünnung 100prozentiger Essigsäure auf 80 Prozent Säuregehalt hergestellt wird. Essigessenz ätzt sehr stark und darf nur mit größter Vorsicht verwendet werden. In jedem Fall muß sie für den Küchengebrauch auf einen Säuregehalt von fünf bis zehn Prozent verdünnt werden. Essigessenz mit einem Säureanteil von 15,5 bis 25 Prozent wird auch chemisch hergestellt, ist jedoch ebenfalls nur stark verdünnt zu verwenden.

Gewürzessig erfreut sich heute wieder großer Beliebtheit. Er wird mit Hilfe von Kräutern, Obst oder Blüten hergestellt, und man verwendet ihn in Buttersaucen, Salat-Dressings oder zum Mazerieren von Früchten. Am gebräuchlichsten ist vermutlich Estragonessig. Er harmoniert gut mit Schaltieren und Huhn und eignet sich für alle Arten von Salaten, insbesondere solche mit Kartoffeln. Rosmarinessig paßt gut zu Lammeintöpfen, Heidelbeeressig zu Gemüsesalaten, und Rosenessig kann einer Vinaigrette für knackigen grünen Salat eine besondere Note verleihen. All diese Essigsorten kann man leicht selbst herstellen (rechte Seite).

Sauermost, der Saft unreifer Früchte – gewöhnlich von Äpfeln oder Trauben –, war früher, als es noch nicht überall Zitronensaft gab, ein beliebtes Säuerungsmittel. Wenngleich es sich nicht um Essig handelt, da Sauermost unvergoren ist, wird er heute noch bei der industriellen Senfherstellung und in der Küche des Mittleren Ostens verwendet.

ZUR INFORMATION
Gebräuchliche Sorten Branntwein-, Rotwein-, Weißwein-, Balsam-, Cidre-, Reis-, Malz-, destillierter Essig. *Kräuteressig* Basilikum, Lorbeer, Knoblauch, Rosmarin, Estragon, Thymian, Schalotten, Oregano, Dill. *Obstessig* Himbeer, Zitrone, Erdbeer, Heidelbeer, Kiwi, schwarze Johannisbeere.

Bemerkung Durch langes Stehen kann Essig trüb werden, was sich jedoch nicht auf den Geschmack auswirkt; zum Klären durch eine Filtertüte gießen; der Säuregehalt milder Essigsorten kann zum Einlegen von Pickles zu niedrig sein.

Verwendung In Salaten von Obst und Gemüse; für Sauerkonserven, Saucen; als Würze bei Tisch.

Reiner Weinessig

Reiner oder echter Weinessig wird nur aus rotem oder weißem Wein hergestellt. Die besten Sorten werden nach dem Orléans-Verfahren gewonnen, bei dem man Wein in Eichenfässer füllt und wartet, bis sich die Essigkultur gebildet hat. Diese »Essigmutter« – ein Film von Hefezellen und Bakterien, der beim Gärprozeß entsteht – ist der Schlüssel bei der Zubereitung von Weinessig. Man kann sie von einem Essighersteller oder als Fertigprodukt beziehen, statt dessen aber auch den Wein mit unpasteurisiertem Essig ansetzen. Der sich bildende Essig sinkt nach unten, so daß man ihn am Boden des Fasses abzapfen kann, während oben frischer Wein nachgefüllt wird. Für dieses Verfahren eignen sich die verschiedensten jungen oder alten Weine – von Champagne-Weinen (die nicht moussieren) über Qualitätsweine bis hin zu Südweinen, wie Sherry.

Balsamessig *(aceto balsamico)* ist ein italienischer Rotweinessig, der zwischen drei und zwölf Jahren in Holzfässern reift. Er hat einen schweren, beinahe süßen Geschmack. Der beste Balsamessig kommt aus Modena und ist sehr teuer. Ihn kann man fast wie einen Likör behandeln und zum Aromatisieren frischer Beerenfrüchte verwenden. Jüngere, industriell hergestellte Sorten verleihen Salaten allenfalls einen Hauch des wahren Aromas von Balsamessig.

Weinessig herstellen

Für Rotweinessig eine Flasche Rotwein in einen weithalsigen Krug von 2 l Fassungsvermögen gießen und mit Essigkultur impfen oder 175 ml handelsüblichen Rotweinessig hinzufügen. Den Krug mit einem doppelt gelegten Mulltuch verschließen und etwa einen Monat an einem warmen Platz stehenlassen. Für Weinessig zur Hälfte Weißwein und Wasser nehmen und das Ganze wenigstens drei Monate stehenlassen. Dann kosten, ob sich der Wein in Essig verwandelt hat. Ist dies der Fall, den Essig abfiltern. Die Essigkultur kann man wiederverwenden, muß sie jedoch mit Wein feucht halten, da sie sonst abstirbt.

Weißweinessig mit Estragon

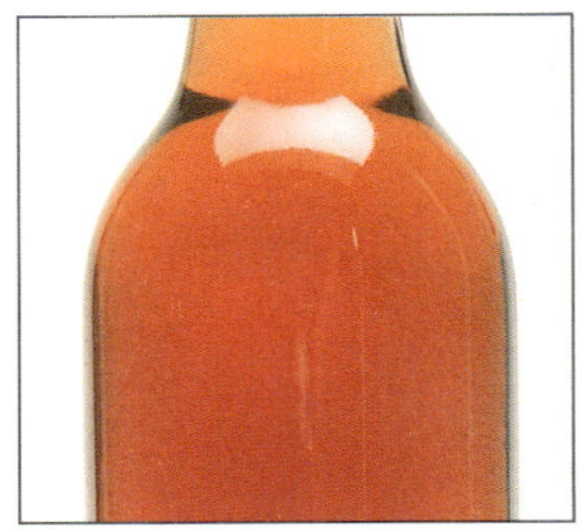

Rotweinessig

Essig mit Obst aromatisieren

Essig, der mit weichen Früchten oder Beeren aromatisiert ist, paßt ausgezeichnet zu Gemüsen. Wenn man sauren Früchten vor dem Erhitzen etwas Zucker hinzufügt, wird ihr Geschmack milder.

Für 1 – 1,25 l Essig gibt man 500 g Beeren oder andere reife, weiche Früchte sowie 750 ml Reis- oder Weißweinessig in ein geeignetes sterilisiertes Gefäß. Den Essig an einem kühlen Platz wenigstens zwei Wochen stehenlassen und während dieser Zeit gelegentlich schütteln oder umrühren. Wenn der Essig das Aroma der Früchte gut angenommen hat, wird er durch ein Mulltuch oder Filtertüten gegossen. Das Obst gründlich ausdrücken, um möglichst viel Saft zu erhalten. Dann 45 – 60 g Zucker dazugeben, den Essig erhitzen und 5 – 10 Minuten köcheln lassen. Den Essig durch ein Sieb in sterilisierte Flaschen füllen. Die Flaschen mit Kronverschlüssen oder neuen Korken verschließen. Kühl lagern – steht der Essig zu warm, kann er zu gären beginnen, und der Korken wird herausgedrückt.

Hinweis Wenn sich erneut ein Bodensatz bildet, so ist dies nicht von Bedeutung; man kann den Essig aber auch noch einmal filtern.

KRÄUTERESSIG HERSTELLEN

Zum Ansetzen von Kräuteressig eignen sich Weißwein-, Rotwein- und Cidre-Essig gut. Die Kräuter – beispielsweise Basilikum, Dill, Estragon und Thymian – vorher leicht zerdrücken.

1 Etwa 60 g frische, leicht zerdrückte Kräuter oder einige ganze oder zerdrückte Knoblauchzehen in eine hitzebeständige, sterilisierte Flasche (S. 493) geben. 500 ml Essig zum Kochen bringen. (Heißer Essig setzt das Aroma der Kräuter besser frei.) Den Essig in die Flasche gießen und verschließen. Die Kräuter wenigstens 2 Wochen im Essig ziehen lassen, die Flasche gelegentlich schütteln.

2 Den Essig durch ein Mulltuch oder Filtertüten in eine andere sterilisierte Flasche umfüllen. Es sieht hübsch aus, wenn man zuvor einen frischen Kräuterzweig in die Flasche steckt. Die Flasche verkorken und an einem kühlen, dunklen Ort aufbewahren.

MARINADEN

Eine Marinade (oder Beize) ist eine stark aromatisierte Flüssigkeit, in der man Nahrungsmittel vor dem Garen einlegt, damit sie Aroma annehmen, nicht austrocknen und mürbe werden. Marinaden enthalten in der Regel ein Säuerungsmittel, wie etwa Wein, Essig, Limetten- oder Zitronensaft, sowie Kräuter, Gewürze und ein wenig Öl. Zum Grillen muß der Ölanteil wenigstens 25 Prozent betragen.

Es gibt zwei Grundarten von Marinaden: die kalt und die heiß zubereiteten. Kalt zubereitete Marinaden nimmt man für vergleichsweise mürbe Nahrungsmittel, wie zum Beispiel Fisch oder Huhn, die nur eine kurze Marinierzeit erfordern. Mitunter werden solche Beizen auch zum »Garen« der Speisen verwendet. Alle Zutaten werden einfach nur miteinander vermischt und über die Speisen gegossen. Normalerweise handelt es sich dabei um Weißwein, Limetten- oder Zitronensaft, Öl, Kräuter, Pfeffer und Zwiebeln. Kalt zubereitete Marinaden, die Rotwein enthalten, nimmt man manchmal, um dunkles Fleisch vor dem Grillen zu marinieren. Würzsaucen, wie Sojasauce, oder Fruchtsäfte können ebenfalls Verwendung finden. In der Küche des Mittleren Ostens dient Joghurt als Grundlage kalt zubereiteter Marinaden; seine aktiven Enzyme wirken als Zartmacher. Mit heiß zubereiteten Marinaden, wie etwa Rotweinmarinade, erreicht man ein kräftigeres Aroma. Solche Beizen sind am besten für Rindfleisch und Wild geeignet.

Je länger Nahrungsmittel mariniert werden, desto mehr Aroma nehmen sie auf. Sie sollten vollständig von der Marinade bedeckt sein und gewendet werden. Kleine Fleischstücke erfordern eine kürzere Marinierzeit als große. Bei Raumtemperatur entfalten sich die Aromen doppelt so schnell wie im Kühlschrank. **Hinweis** Da Marinaden meist eine Säure enthalten, sollte man für sie keine Metallgefäße benutzen, es sei denn solche aus Edelstahl.

Die marinierten Nahrungsmittel läßt man vor dem Garen abtropfen und tupft sie gründlich mit Küchenkrepp trocken, da sie sonst nicht bräunen, sondern lediglich in der überschüssigen Flüssigkeit schmoren. Bei langen Marinierzeiten sammelt sich eine beträchtliche Menge Saft in der Marinade an. Man nimmt sie dann häufig zum Verfeinern des fertigen Gerichts oder zur Zubereitung der Sauce.

Trockene Marinaden stellen eine dritte Kategorie dar. Es handelt sich dabei um Kräuter- und Gewürzmischungen, mit denen man die Nahrungsmittel einreibt. Auf diese Weise marinierte Speisen kann man sauer einlegen (S. 489) oder – mit Öl oder zerlassener Butter bestrichen – grillen oder in einer Terrine mitbacken.

ZUR INFORMATION

Marinierzeiten *Kalt zubereitete Marinade* Halb so lange wie heiß zubereitete. *Heiß zubereitete Marinade* Wild, Fleisch, Geflügel am Stück: 1–3 Tage; ganzer Fisch, Wild-, Fleisch-, Geflügelstücke: 1–2 Tage. *Trockenmarinade* Wild, dunkles Fleisch: 1 Tag; helles Fleisch, Geflügel: 6 Stunden; Fisch: 2–3 Stunden.
Bemerkung Heiß zubereitete Marinaden abkühlen lassen; bei langen Marinierzeiten können die Nahrungsmittel zu mürbe werden.
Verwendung *Rotwein* Dunkles Fleisch, Wild, gehaltvoller Fisch, Geflügel. *Weißwein* Weißfleischiger Fisch, Geflügel, Schaltiere. *Sojasauce* Zum Grillen von dunklem Fleisch, Geflügel, Fisch. *Fruchtsaft* Schaltiere, Fisch, Geflügel.

Rotweinmarinade

Diese Marinade reicht für etwa 2,5 kg Fleisch oder Geflügel aus.

Ergibt etwa 1 l

1 Möhre, in Scheiben geschnitten
2 Zwiebeln, in Scheiben geschnitten
1 Stange Bleichsellerie, in Scheiben geschnitten
125 ml Olivenöl
725 ml Rotwein
125 ml Rotweinessig
1 *bouquet garni*
12 Wacholderbeeren
12 ganze Pfefferkörner

1 In einem Topf Möhren-, Zwiebel- und Selleriescheiben in der Hälfte des Öls andünsten.
2 Wein, Essig, *bouquet garni,* Wacholderbeeren und Pfefferkörner hinzufügen und alles zum Kochen bringen. 15–20 Minuten köcheln lassen, bis das Gemüse weich ist. Das restliche Öl unterrühren und die Marinade abkühlen lassen.
3 Das Fleisch in eine tiefe Schüssel legen und mit der Marinade übergießen, so daß es vollständig bedeckt ist. Die Schüssel in den Kühlschrank stellen.

Rezepte für Marinaden

Kalt zubereitete Marinade Die gleichen Zutaten wie für die heiß zubereitete Marinade (oben) in einer großen Schüssel vermischen. Das Fleisch hineinlegen, so daß es vollständig von der Flüssigkeit bedeckt ist, und bis zu 2 Tagen marinieren. Eine kalt zubereitete, konzentrierte Marinade für die gleiche Menge Kalbfleisch kann zubereitet werden, indem man Rotwein und Rotweinessig durch jeweils 150 ml Cognac und Madeira ersetzt.
Trockenmarinade 4 gehackte Knoblauchzehen, 1 TL getrockneten Thymian, 1 zerstoßenes Lorbeerblatt, 6 zerstoßene schwarze Pfefferkörner und 2 EL grobes Salz vermischen. 1 kg Schweine-, Kalb-, Enten- oder Hühnerfleisch damit einreiben und für 1 Stunde in den Kühlschrank stellen. Die Marinade vor dem Garen abschaben.

Fonds und Suppen

Fonds und Suppen sind kulinarische Verwandte, keineswegs jedoch Zwillinge. Fonds bilden die Grundlage für andere Speisen, bei Suppen handelt es sich um eigenständige Gerichte, die für jeden Gang eines Menüs geeignet sind. Ein Fond – die Basis für viele Suppen, Saucen und Eintöpfe – wird aus Wasser, Knochen, aromatischen Gemüsen und Gewürzen gekocht. Am vielseitigsten verwendbar ist Kalbsfond, an zweiter Stelle stehen Rinder- und Hühnerfond. Fischfond (franz. *fumet de poisson*) bildet aufgrund des besonderen Charakters von Fisch und der speziellen Gareigenschaften eine eigene Kategorie.

Der am häufigsten in der heimischen Küche verwendete Fond ist strenggenommen kein Fond, sondern die Brühe, die als Nebenprodukt beim Pochieren von Fleisch oder Geflügel entsteht. Der französische Begriff für Fleischbrühe ist *bouillon*. Bei *court bouillon* handelt es sich um einen Sud aus Wasser und aromatisierenden Zutaten (S. 44), den man zum Garen von zartem Fleisch und Fisch nimmt. Gemüsefond ist besonders leicht, zählt allerdings nicht zu den klassischen Fonds.

Es gibt viele verschiedene Arten von Suppen: Einige basieren auf Fleischbrühe und sind geklärt (S. 46), wie beispielsweise eine Kraftbrühe *(consommé)*, bei anderen handelt es sich um pürierte Suppen, die mit Gemüse oder einem stärkereichen Nahrungsmittel, etwa Reis, angedickt werden. Fischsuppen verdienen eine gesonderte Betrachtung, während *bisques*, die man gewöhnlich aus Schaltieren zubereitet, in die Kategorie der Püreesuppen fallen. Eine weitere Gruppe, die Samtsuppen und Cremesuppen umfaßt, wird mit Mehl angedickt. Bei den meisten selbstgemachten und regionaltypischen Suppen handelt es sich um Bouillons beziehungsweise Fleischbrühen, die – wie viele kalte Suppen auch – häufig mit Brot zubereitet werden. Kaltschalen (S. 450), die man als ersten oder letzten Gang eines Menüs reicht, sind in Osteuropa, Deutschland und Skandinavien beliebt.

Die Merkmale einer guten Suppe hängen jeweils von ihrer Art ab, doch gibt es einige generelle Regeln, die fast immer zutreffen: Jede Suppe sollte ihrer Art entsprechen, was bedeutet, daß eine klare Suppe auch wirklich klar ist, eine Cremesuppe vollkommen glatt und eine *bisque* den Charakter ihrer Hauptzutat zur Geltung bringt. Eine Suppe ist keine Sauce, sondern ein eigenständiges Gericht. Sie sollte deshalb nicht zu stark gewürzt sein, damit man auch größere Mengen davon verzehren kann. Das Aroma der Hauptzutaten darf jedoch selbst bei großzügiger Zugabe von Butter und Sahne nicht verlorengehen. Darüber hinaus sollten auch mit Stärke gebundene Püreesuppen nicht so dickflüssig sein, daß sie einen Löffelrücken überziehen (S. 266).

Eine letzte Überlegung gilt dem Fettgehalt von Suppen. Eine Anreicherung mit Butter kann unmittelbar vor dem Servieren erfolgen, so daß die Butter schmilzt, ohne sich zu trennen und einen sichtbaren Fettfilm zu hinterlassen. Bei herzhaften Suppen auf Bouillon-Basis hingegen sollten kleine »Fettaugen« an der Oberfläche schwimmen, die anzeigen, daß es sich um ein gehaltvolles Gericht handelt. (Weitere Möglichkeiten der Anreicherung s. S. 50.)

Fonds und Suppen würzen

Fonds sollte man stets maßvoll würzen, damit sich die Aromen des fertigen Gerichts voll entwickeln können. Die meisten Köche fügen kein Salz hinzu, da der Fond beim Einkochen der Flüssigkeit konzentriert und somit ausreichend salzig wird. Im übrigen sind ganze Pfefferkörner gemahlenem Pfeffer vorzuziehen, da dieser nach langen Garzeiten bitter schmecken kann.

Suppen würzt man während des Kochens, wobei aber nicht vergessen werden darf, daß noch Flüssigkeit verdampft. Kurz vor dem Servieren schmeckt man sie dann nochmals ab und berücksichtigt dabei, daß eine Suppe generell weniger kräftig gewürzt sein sollte als eine Sauce. Gekochte Suppen, die kalt serviert werden, schmeckt man heiß ab und nach dem Erkalten noch einmal, da die Intensität der Gewürze beim Abkühlen nachläßt. (Zum Einfrieren von Suppen s. S. 496.)

Fonds und Brühen abschäumen

Gute Fonds und Brühen sind klar. Um dies zu erreichen, läßt man die Flüssigkeit nur leise köcheln – Fonds und Brühen, die länger als ein oder zwei Minuten kräftig kochen, werden trüb. Schaum, der während der Garzeit nach oben steigt, wird immer wieder abgeschöpft.

1 Mit einer kleinen Schöpfkelle oder einem Suppenlöffel möglichst viel Schaum abschöpfen. Flüssigkeit, die dabei verlorengeht, kann durch Wasser ersetzt werden.

2 Während der Fond oder die Brühe köchelt, gelegentlich kaltes Wasser nachgießen. Sobald die Flüssigkeit wieder zu kochen beginnt, steigt erneut Schaum nach oben, der ebenfalls abgeschöpft werden sollte.

Fonds und Brühen entfetten

Fett ist der Feind aller klaren Fonds und Brühen. Wenn sie zur Zubereitung von *consommé* (S. 46) oder Aspik (S. 253) vorgesehen sind – wo es vorzugsweise auf eine klare Konsistenz ankommt –, sollte das Fett besonders sorgfältig mit Schöpfkelle oder Suppenlöffel und mit Küchenkrepp entfernt werden.

Kalte Fonds oder Brühen
Fond oder Brühe abkühlen lassen und anschließend in den Kühlschrank stellen. Das Fett wird beim Erkalten der Flüssigkeit fest und läßt sich dann bequem mit Schaumlöffel oder Schöpfkelle abheben.

Heiße Fonds oder Suppen
Wenn die Zeit knapp ist, zunächst mit einer kleinen Schöpfkelle möglichst viel Fett abschöpfen, dann ein Stück Küchenkrepp über die Flüssigkeit ziehen, um das restliche Fett zu entfernen.

FONDS UND SUPPEN ABSIEBEN

Zum Durchsieben benutzt man am besten ein Spitzsieb (S. 506) und eine Schöpfkelle, so daß die Flüssigkeit an der Spitze des Siebes abläuft. Bei Verwendung eines normalen Rundsiebes spritzt die Flüssigkeit leicht.

Das Sieb über einen Topf halten und die Flüssigkeit mit den festen Bestandteilen hineinschöpfen. Mit der Schöpfkelle leicht auf den Rand des Siebes klopfen, um das Ablaufen der Flüssigkeit zu beschleunigen. Mit dem Rücken der Kelle die Flüssigkeit aus den Rückständen herausdrükken, diese aber nicht durch das Sieb pressen.

Suppen servieren

Im Idealfall sollte die Art der Suppenschüssel auf den Charakter der Suppe abgestimmt sein. Eine *consommé* verlangt nach einer schlichten, flachen Porzellanschüssel, damit die klare, funkelnde Flüssigkeit optimal zur Geltung kommt. Suppen auf Bouillon-Basis werden dagegen am besten in bauchigen Terrinen oder rustikalen Keramikschüsseln aufgetragen, die sich auch für Brotsuppen eignen, die teilweise im Backofen gegart werden. Ob Creme- und Püreesuppen hübscher in schlichten oder farbenfrohen Schüsseln wirken, ist eine Frage des persönlichen Geschmacks.

Garnierungen können ein übriges bewirken: Ein Löffel Sahne, darübergestreute Kräuter oder einzelne kleine Zutaten, wie eine Garnele oder ein Stück Tomate, geben dem Ganzen zusätzlich Farbe und Geschmack. Heiße Suppen sollten wirklich heiß aufgetragen werden, und kalte Suppen tatsächlich kalt sein, wenngleich durch übermäßiges Kühlen das Aroma leiden kann.

Beilagen und Einlagen für Suppen

Kleingebäck, wie etwa Käsestangen, kann man getrennt dazu reichen. Reis, Nudeln oder Spätzle (S. 339) dienen als Suppeneinlage. Kleine Brandteigkrapfen (S. 376) kommen erst unmittelbar vor dem Servieren in die Suppe, damit sie knusprig bleiben. Die einfachste – aber wohl auch am häufigsten mißbrauchte – Suppeneinlage stellen *croûtons* dar. Richtig zubereitet, sind sie eine Bereicherung für die verschiedensten Suppen, von rustikalen Fischsuppen und Bouillon-Suppen bis hin zu samtigen *bisques*. Traditionell handelt es sich bei *croûtons* um geröstete Brotwürfel, doch kann man auch einfach in Würfel geschnittenen Toast nehmen. Eine andere Möglichkeit sind *croûtes* – im Backofen geröstete Scheiben von französischem Weißbrot. Mit einer Knoblauchzehe eingerieben, passen sie hervorragend zu Fischsuppen, wie *bouillabaisse* oder *aïgo-saou* (S. 48). Für die schnelle Küche bieten sich winzige Cracker als Alternative an. Eine ausgezeichnete Beilage für fast jede Suppe ist knuspriges Brot.

Helle und dunkle Fonds

Traditionell – und etwas ungenau – werden Fonds nach ihrer Farbe unterschieden. Heller oder weißer Fond ist eher blaß goldgelb, und die Färbung dunklen oder braunen Fonds tendiert lediglich zu Braun. Vermutlich resultieren die Bezeichnungen aus der Behandlung der Zutaten, die für einen dunklen Fond gebräunt werden, für einen hellen Fond jedoch hell bleiben, was zu einem recht unterschiedlichen Geschmack führt. Überdies werden helle Fonds mit Fleisch und Geflügel zubereitet, während dunkle Fonds ausschließlich auf Fleisch basieren. In beiden Fällen ist geschmackliche Neutralität der Schlüssel zum Erfolg – ein guter Fond verstärkt und hebt andere Aromen, schmeckt aber niemals vor.

Kalb, Rind und Huhn sind ausgezeichnete Grundlagen, und auch mit Wildknochen lassen sich vorzügliche Fonds zubereiten. Lamm, Schwein und fettes Geflügel, wie etwa Ente oder Gans, hingegen haben einen zu starken Eigengeschmack. Zwiebeln, Porree, Möhren und Sellerie dienen als Aromaten, müssen aber stets maßvoll verwendet werden. Geeignete Kräuter zum Aromatisieren von Fond sind Thymian, Lorbeerblatt und Petersilie, die man zu einem *bouquet garni* zusammenbindet. Nach Belieben kann man zusätzlich auch ein oder zwei Knoblauchzehen hinzufügen. Tomaten oder Tomatenmark verleihen dunklen Fonds Farbe und Aroma.

Für einen Fond braucht man keine erstklassigen Zutaten, doch sollte der Suppentopf auch nicht der Resteverwertung dienen. Glücklicherweise haben die preiswerteren, nicht ganz so zarten Fleischstücke, wie etwa Beinscheiben, auch den meisten Geschmack. Heutzutage verwenden viele Köche wenig oder gar kein Fleisch für ihre Fonds, sondern lediglich Knochen (S. 235). Fleischfonds basieren gewöhnlich auf Kalbfleisch, bei dunklen Fonds gibt man mitunter auch Rindfleisch dazu. Für Hühnerfonds kann man Karkasse (Gerippe) nehmen oder auch ein ganzes Huhn kochen und das Fleisch anderweitig verwenden. Bei vielen Gerichten kann Fond durch Bouillon ersetzt werden, für feine Saucen ist ihr Geschmack jedoch zu kräftig.

Ein guter Fond enthält viel Gelatine, die sich durch das Erhitzen von Kollagenen bildet – diese Eiweißstoffe finden sich in allen Muskeln und Knochen, insbesondere in denen junger Tiere. Durch das lange Köcheln werden die Kollagene freigesetzt und in Gelatine verwandelt. Es ist wichtig, Knochen in kleine Stücke zu hacken (S. 235), bevor sie in den Suppentopf kommen, damit sie möglichst viel Kollagen und Geschmack abgeben.

ZUR INFORMATION
Richtiger Gargrad Volles und konzentriertes Aroma; Hühnerknochen sollten auseinanderfallen.
Bemerkung Zu langes kräftiges Kochen vor dem Absieben läßt Fonds trüb werden; mit Eiweiß klären (S. 46).
Aufbewahrung Im Kühlschrank 2–3 Tage; nach 3 Tagen aufkochen und 10 Minuten köcheln lassen, dann wieder kühl stellen.

Heller Kalbsfond

Ergibt 2–3 l
2–2,5 kg Kalbsknochen, vom Metzger in Stücke gehackt
2 Zwiebeln, geviertelt
2 Möhren, geviertelt
2 Stangen Bleichsellerie, in 5 cm lange Stücke geschnitten
1 großes *bouquet garni*
10 Pfefferkörner
1 Knoblauchzehe, geschält
3–4 l Wasser
Suppentopf (nicht aus Aluminium)

1 Die Knochen mit Wasser bedecken, zum Kochen bringen und dann 5 Minuten köcheln lassen. Abgießen und abspülen.
2 Knochen und Gemüse in den Suppentopf geben. *Bouquet garni,* Pfefferkörner, Knoblauch und Wasser hinzufügen. Alles langsam zum Kochen bringen, dabei immer wieder den Schaum abschöpfen. Den Fond 4–5 Stunden köcheln lassen, dabei gelegentlich abschäumen.
Hinweis Der Fond muß sehr langsam reduziert werden, damit er nicht trüb wird.
3 Den Fond durch ein Sieb gießen und abschmecken. Ist der Geschmack noch nicht intensiv genug, die Flüssigkeit weiter reduzieren. Zum Schluß das Fett entfernen (S. 42).

Hühnerfond Die Hälfte der Kalbsknochen (oben) durch 1,5 kg Hühnerklein oder durch ein ganzes Huhn ersetzen. Den Fond 3–4 Stunden köcheln lassen. Ein ganzes Huhn nach 1¼–1½ Stunden herausnehmen, wenn die Hühnerschenkel weich sind – zur Probe ein Holzspießchen hineinstechen.
Wildfond Die Hälfte der Kalbsknochen durch 1,5 kg Wildknochen oder weniger zartes Federwild ersetzen.
Dunkler Kalbsfond 2–2,5 kg Kalbsknochen in eine Fettpfanne legen und im Backofen bei 230 °C/Gas Stufe 5 unter gelegentlichem Wenden 30–40 Minuten anrösten, bis sie gut gebräunt sind. Das Gemüse hinzufügen und alles weitere 15–20 Minuten bräunen. Durch gründliches Bräunen bekommt der Fond Geschmack und Farbe. Für zusätzliche Farbe ½ Zwiebel auf einer Elektroplatte oder über einer Gasflamme dunkel anrösten. Knochen, Gemüse und Zwiebel in den Suppentopf geben. Das Fett weggießen und die Fettpfanne anschließend mit 500 ml Wasser ablöschen (S. 513). Die Flüssigkeit mit in den Topf gießen und den Fond, wie oben beschrieben, kochen. Knoblauch, 1 gehackte Tomate oder 1 EL Tomatenpüree, *bouquet garni* und Pfefferkörner dazugeben.
Dunkler Fond Nach dem Rezept für dunklen Kalbsfond vorgehen, die Hälfte der Kalbsknochen jedoch durch 1,5 kg Rinderknochen ersetzen.
Rinderfond Die Kalbsknochen im Rezept für dunklen Kalbsfond durch 1,5 kg Rinderknochen ersetzen.

Fischfond

Die Zubereitung von Fischfond *(fumet de poisson)* erfordert Fingerspitzengefühl. Um ein Maximum an Aroma zu erzielen, dürfen Fischgräten nicht länger als 20 Minuten ausgekocht werden, da der Fond sonst einen bitteren Geschmack annehmen kann.

Für Fonds eignen sich Gräten, Köpfe und Schwänze von mageren Weißfischen, insbesondere von Plattfischen, wie Seezunge, Glattbutt, Scholle, Rotzunge, Flunder, und Weichflossern, wie Wittling, Seehecht, Schellfisch, oder anderen im Geschmack milden Fischen. Verzichten sollte man auf fetten Fisch, wie Makrele, da er den Fond ölig machen kann. Köpfe und Panzer von Krebstieren hingegen verleihen Fischfonds eine wundervolle Süße.

Als Aromazutaten nimmt man bei Fischfonds Zwiebeln oder Schalotten – Möhren sind zu süß. Um die Garzeit zu verkürzen, können die Zwiebeln in Butter angedünstet werden, bevor man das Wasser hinzufügt. Soll der Fond als Basis für Aspik oder *consommé* dienen, ist dies jedoch nicht ratsam, da er durch das Fett trüb werden kann.

ZUR INFORMATION
Richtiger Gargrad Starkes, konzentriertes Aroma.
Bemerkung Fond wird bei zu langer Garzeit bitter; für einen klaren, hellen Fischfond von gutem Geschmack die Gräten gründlich abwaschen und Kiemen herausschneiden.
Aufbewahrung Im Kühlschrank 2 Tage.

Fischfond

Ergibt etwa 1 l
15 g Butter
4 Schalotten oder 1 mittelgroße Zwiebel, feingehackt
750 g Fischgräten, in Stücke gehackt
250 ml Weißwein oder Saft von ½ Zitrone (nach Belieben)
1 l Wasser
10 Pfefferkörner
1 großes *bouquet garni*
Suppentopf (nicht aus Aluminium)

1 In einem großen Suppentopf die Butter zerlassen und die Schalotten 7–10 Minuten dünsten, bis sie weich, aber nicht gebräunt sind.
2 Fischgräten, Wasser, Pfefferkörner und *bouquet garni* hinzufügen. Alles langsam zum Kochen bringen und dabei mehrmals den Schaum abschöpfen. Dann ohne Deckel 20 Minuten köcheln lassen. Den Fond durch ein Sieb gießen und abkühlen lassen.

Gemüsefond

Obwohl Gemüsefond eine gute Grundlage für viele Suppen darstellt, gehört er nicht zu den klassischen Fonds – sein Geschmack ist oft zu markant und nicht fein genug. Aus diesem Grund existiert auch kein klassisches Rezept für Gemüsefond. Die besten Resultate erzielt man durch eine Vielfalt an Zutaten, doch darf keine davon den Geschmack der anderen überdecken. Ein guter Fond läßt sich aus 500 g gehacktem Gemüse auf 1 l Wasser zubereiten. Der fertige Fond wird dann durchgesiebt, das Gemüse wirft man weg. Mit Kohl erreicht man ein volleres Aroma, Möhren und Pastinaken geben dem Ganzen eine gewisse Süße. Porree und Knoblauch sind – maßvoll verwendet – ebenfalls gute Ergänzungen. Da ein blasser Gemüsefond meist wenig verlockend aussieht, kann man ihm durch angeröstete Zwiebelhälften und etwas Tomate Farbe verleihen. Auf diese Weise lassen sich dunkle Gemüsefonds bereiten, die man zum Beispiel für eine vegetarische *minestrone* anstelle von Fleischbrühe nehmen kann.
Hinweis Die Garflüssigkeit von Gemüsen ist kein angemessener Ersatz für einen Gemüsefond, denn bei richtiger Zubereitung gibt das Gemüse sein Aroma nicht an die Flüssigkeit ab, so daß diese als Fond zu schwach ist.

COURT BOUILLON

Court bouillon ist weder ein Fond noch eine Bouillon im eigentlichen Sinne, sondern ein aromatischer Sud, den man ausschließlich zum Blanchieren oder Pochieren von zartem Fleisch, Fisch, Innereien, wie Hirn oder Bries, sowie Gemüsen verwendet. In fertigen Speisen taucht ein solcher Sud selten auf. Für ein gutes Aroma muß eine *court bouillon* reichlich Zitronensaft, Wein oder Essig enthalten und kräftig gewürzt sein. Das französische Wort *court* bedeutet »kurz« und bezieht sich auf die verhältnismäßig kurze Zubereitungszeit des Suds.

Court bouillon (Grundrezept)

Ergibt 1 l
1 l Wasser
1 Möhre, in Scheiben geschnitten
1 kleine Zwiebel, in Scheiben geschnitten
1 *bouquet garni*
6 Pfefferkörner
1 TL Salz
250 ml trockener Weißwein *oder* 75 ml Essig *oder* 60 ml Zitronensaft
Großer Topf (nicht aus Aluminium)

1 Alle Zutaten in den Topf geben und bei aufgelegtem Deckel zum Kochen bringen. Den Deckel abnehmen und alles 20–30 Minuten köcheln lassen.
2 Die fertige *court bouillon* muß vor der Verwendung nicht unbedingt abgesiebt werden.

Suppen auf Bouillon-Basis

Bouillons sind besonders einfach in der Zubereitung, denn in der Regel braucht man dazu nur alle Zutaten gemeinsam im Suppentopf köcheln zu lassen. Alternativ können sie auch mit einer Auswahl getrennt gegarter Zutaten angereichert werden. Suppen auf Bouillon-Basis sind im allgemeinen recht nahrhaft und enthalten Zutaten wie Kartoffeln, Teigwaren, Hülsenfrüchte oder Getreide. Typische Beispiele sind die Leberknödelsuppe aus der bayerisch-österreichischen Küche und die italienische *zuppa pavese,* bei der man in die Suppentassen je ein rohes Ei auf geröstete Brotscheiben gibt und dann kochendheiße Hühnerbouillon darübergießt. Eine Suppe der einfachsten Art ist *stracciatella,* die ebenfalls aus Italien stammt und lediglich mit verquirltem Ei, einer Prise Muskat und eventuell etwas abgeriebener Zitronenschale zubereitet wird. Ähnliches gilt für Hühnersuppe auf jüdische Art mit Matzeklößchen sowie für chinesische Eiersuppe, die nur aus Bouillon und Ei besteht. Andere asiatische Suppen auf Bouillon-Basis werden mit Gewürzen wie Chilipfeffer oder mit dem exotischeren Zitronengras (S. 21) verfeinert.

Gemüsesuppen – mit oder ohne Fleisch – erfordern schon etwas mehr Aufwand: Man schneidet die Zutaten in Stücke ungefähr gleicher Größe, fügt Flüssigkeit hinzu und läßt alles köcheln, bis die festen Bestandteile weich sind und die Brühe einen kräftigen Geschmack hat. Häufig nimmt man als Flüssigkeit einfach kaltes Wasser, da die übrigen Zutaten ihr Aroma während der Garzeit an sie abgeben.

Bei anspruchsvolleren Versionen solcher Suppen gibt man die einzelnen Zutaten entsprechend ihren speziellen Gareigenschaften hinzu, so daß alle zur gleichen Zeit fertig gegart sind. Dies ist besonders wichtig, wenn zarte, rasch garende Zutaten, beispielsweise grüne Bohnen, in den gleichen Topf kommen wie langsam garende Zutaten, etwa getrocknete Bohnen.

Für eine Bouillon kann man die unterschiedlichsten Fleischsorten verwenden: Geräuchertes Fleisch hebt das Aroma, und Innereien sind ein Merkmal zahlreicher regionaltypischer Gerichte. Wie bei den meisten Suppen ergeben auch hier die nicht so zarten Stücke, wie etwa Kutteln, die eine lange Garzeit erfordern, den besten Geschmack.

Bei einer genügenden Vielfalt an Zutaten und ausreichend großen Portionen können Suppen auf Bouillon-Basis durchaus vollständige Mahlzeiten darstellen. Beispiele hierfür sind *minestrone di verdura* (rechts), *waterzooi* aus Flandern – eine Fisch- oder Kalbfleisch/Huhn-Suppe mit viel Butter – sowie *cock a leekie* (Hühnersuppe mit Porree) aus Schottland und der osteuropäische *borschtsch* mit Rindfleisch und roten Beten – seit jeher ein nahrhafter Schutz gegen winterliche Kälte.

ZUR INFORMATION

Portionen *Vorspeise* 250 ml. *Hauptgericht* 250–500 ml.

Bemerkung Teigwaren und Reis getrennt kochen, da die Suppe sonst trüb werden kann.

Aufwärmen Im Topf auf dem Herd; zarte Zutaten bei der Zubereitung nicht vollständig garen, damit sie wieder erhitzt werden können; frische Kräuter erst kurz vor dem Servieren hinzufügen.

Aufbewahrung Im Kühlschrank 2 Tage.

Verfeinerungen Sherry oder Madeira; Zitrone (für klare Suppen); Wein (für Kalb und Huhn Rotwein, für Fisch Weißwein); Bier (für Kohl- und Gemüsesuppen).

Einlagen *Croûtes* (gegebenenfalls mit Knoblauch eingerieben); geriebener Parmesan oder Gruyère.

Garnierung Frische Kräuter.

Typische Suppen *Avgolemono* (Reis, Zitrone, Eier; Griechenland); Bier, Zucker, Eigelb (Deutschland); Kaninchen, Schinken, Zwiebeln, Tomaten (Australien); Ochsenschwanz, Möhren, weiße Rüben (Frankreich); *harira* (Huhn, Vermicelli, Kichererbsen, Gewürze; Marokko); *barszcz* (getrocknete Steinpilze, Brühe, rote Bete; Polen); *caldo verde* (Kohl, Wurst, Kartoffeln; Portugal); *rassolnik* (Sauerampfer, Spinat, Nieren, saure Sahne; UdSSR); dicke Bohnen, Schinken, *chorizos,* Safran (Spanien); *soupe au pistou* (getrocknete Bohnen, Gemüse, Teigwaren, *pistou;* Frankreich); *krupnik* (Rindfleisch, Gemüse, Graupen, saure Sahne; Polen); Hühnerbouillon mit Matzeklößchen (jüdisch); *Scotch broth* (Hammel, Möhren, weiße Rüben, Porree, Graupen; Schottland).

Minestrone di verdura

Diese berühmte Gemüsesuppe ißt man in Norditalien auch im Sommer. Sie wird dann am Morgen zubereitet und bleibt bis zum Mittagessen bei Raumtemperatur stehen.

8 Portionen

150 g getrocknete weiße Bohnen
4 EL Olivenöl
2 Möhren, gewürfelt
2 Zwiebeln, gewürfelt
4 Stangen Bleichsellerie, in Scheiben geschnitten
3 l Hühner- oder Gemüsefond
1 Lorbeerblatt
2 Stangen Porree, in Scheiben geschnitten
12 grüne Bohnen, in gut 1 cm lange Stücke geschnitten
1 Knoblauchzehe, zerdrückt
Salz und Pfeffer
1 kleiner Blumenkohl, in Röschen geteilt
90 g kurze Hohlnudeln
2 Zucchini, in gut 1 cm dicke Scheiben geschnitten
3 Tomaten, abgezogen, entkernt und gehackt
2 EL gehacktes frisches Basilikum oder gehackte frische Petersilie

Zum Servieren

150 g Parmesan, gerieben

1 Die Bohnen einweichen (S. 322), dann mit Wasser bedeckt etwa 2 Stunden köcheln lassen, bis sie weich sind. Die Bohnen von der Kochstelle nehmen und bis zur Verwendung in der Garflüssigkeit beiseite stellen.

2 In einem großen Topf das Öl erhitzen und Möhren, Zwiebeln und Sellerie darin leicht anbräunen. Fond, Lorbeerblatt und weiße Bohnen zusammen mit ihrer Garflüssigkeit hinzufügen und alles zum Kochen bringen. Dann Porree, grüne Bohnen, Knoblauch, Salz und Pfeffer dazugeben. Mit aufgelegtem Deckel 5 Minuten leise köcheln lassen, Blumenkohlröschen und Nudeln hinzufügen und alles noch etwa 10 Minuten garen, bis die Nudeln *al dente* sind (S. 333).

3 Zucchini und Tomaten hinzufügen und etwa 5 Minuten köcheln lassen, bis sie gerade weich sind. Das Lorbeerblatt herausnehmen. Basilikum oder Petersilie unterrühren. Die Suppe zusammen mit dem Parmesan servieren.

Minestrone alla fiorentina Für diese Variante der *minestrone di verdura* 1 gehackte Zwiebel, 1 zerdrückte Knoblauchzehe und 1 in kleine Stücke geschnittene Scheibe rohen Schinken in 2 EL Olivenöl sautieren. 1 in Scheiben geschnittene Stange Porree, 1 kleinen grobgehackten Weißkohl, 375 g eingeweichte getrocknete weiße Bohnen hinzufügen und so viel Bouillon aufgießen, daß alles bedeckt ist. Die Suppe 20–30 Minuten köcheln lassen, bis das Gemüse weich ist. Ein Viertel des Gemüses pürieren und zurück in die Suppe geben. 1 TL gehackten frischen Rosmarin dazugeben und die Suppe weitere 5 Minuten leise kochen lassen. Mit geröstetem Pumpernickel servieren.

Consommé (Kraftbrühe)

Die *consommé* ist die anspruchsvollste unter den Suppen auf Brühebasis. Für ihre Zubereitung kocht man Kalbs-, Rinder- oder Hühnerfond ein, seltener auch Wild- oder Fischfond, und klärt ihn anschließend, so daß eine helle Flüssigkeit entsteht. Doch ihre Transparenz ist trügerisch, denn eine gute *consommé* hat Kraft – ein berauschendes Aroma und einen intensiven Geschmack, der weder fad oder dünn noch salzig oder schwer ist.

Der Klärprozeß ist einfach. Aromatischer, fettfreier Fond wird – während man mit dem Schneebesen Eiweiß unterrührt – langsam zum Kochen gebracht. Das Eiweiß stockt, steigt als grauweißer Schaum nach oben und bildet einen Filter. Dann läßt man die *consommé* etwa eine Stunde köcheln, damit alle Schwebstoffe vom Eiweiß eingebunden werden und sich die Flüssigkeit klärt.

Da das Eiweiß dem Fond während des Klärprozesses auch Aroma entzieht, fügt man zusätzlich feingehackte Gemüse sowie durchgedrehtes Rindfleisch, Fisch oder Huhn hinzu. (Das in rotem Fleisch enthaltene Blut verstärkt das Aroma und wirkt gleichzeitig als Klärmittel.) Das Verhältnis von Fleisch und Brühe sollte etwa 1:5 betragen. Für eine *consommé double* (doppelte Kraftbrühe) wird die doppelte Menge Fleisch oder Fisch verwendet – einmal für die Bereitung des Fonds und dann zum Klären der *consommé*, so daß Fleisch und Brühe im Verhältnis 2:5 stehen.

Zur geschmacklichen Vollendung kann man kurz vor dem Servieren oder während des Klärprozesses Madeira oder Sherry hinzufügen. Solche Zutaten dürfen allerdings nicht mehr als »das Tüpfelchen auf dem i« sein. Eine gute *consommé* ist klar und hell. Rinderkraftbrühen sollten dunkler als Kraftbrühen aus Geflügel oder Fisch sein.

Aufgrund ihres Gelatinegehalts ist eine heiße *consommé* sehr glatt und dickt gekühlt zu einem Gelee ein. Im Idealfall wird die Grundbrühe mit so vielen Knochen zubereitet, daß die *consommé* von selbst geliert, aber man kann während des Klärens auch Gelatine zugeben, damit die *consommé* fest wird.

Suppeneinlagen fügt man erst unmittelbar vor dem Servieren hinzu, damit die Kraftbrühe nicht trüb wird – ein Eßlöffel pro Portion reicht aus. Die Zutaten sollten dabei nicht größer sein als eine Erbse, wenngleich zu einigen klassischen Kraftbrühen auch ganze pochierte Eier oder *quenelles* (S. 146) gehören. Gut geeignet sind gehackte Kräuter, Teigwaren und Eierstich.

ZUR INFORMATION

Portion 175 ml.
Bemerkung Fond, der fade schmeckt, vor dem Klären reduzieren; bei blasser Farbe während des Klärens Tomate hinzufügen; wenn nach dem Klären noch trüb, den Klärprozeß mit 1–2 Eiweiß wiederholen, 5–10 Minuten köcheln lassen, dann durchsieben.
Aufwärmen Im Topf auf dem Herd, aber nicht kochen lassen.
Aufbewahrung Im Kühlschrank 2 Tage. Beim Einfrieren wird Kraftbrühe trüb.
Einlagen Klößchen *(quenelles)*; dünne, in Streifen geschnittene Pfannkuchen; in feine Streifen geschnittenes Räucherfleisch; Gemüse-Julienne; Teigwaren; gehackte Kräuter; Gemüse-*brunoise* (S. 259).
Beilagen Käsegebäck oder anderes Kleingebäck.

KRAFTBRÜHE AUS RINDFLEISCH ODER GEFLÜGEL

Ergibt etwa 1 l

Für Rinderkraftbrühe
375 g Rinderhesse ohne Knochen, Fett entfernt, durchgedreht

Für Geflügelkraftbrühe
375 g Hühnerklein oder Hühnerfleisch (ohne Haut), in Stücke geschnitten

2 Möhren, Grün von 2 Porreestangen, 2 Stangen Bleichsellerie, feingehackt
2 Tomaten, grobgehackt
3 Eiweiß, schaumig geschlagen (gegebenenfalls etwas mehr)
1,5 l aromatischer, fettfreier Fond (S. 42)
Salz und Pfeffer

Hinweis Eiweiß und Aromazutaten müssen vor dem Erhitzen gründlich mit dem Fond vermischt werden, damit sie sich nicht voneinander trennen.

1 In einer großen Schüssel das Rind- oder Hühnerfleisch mit dem Gemüse und dem Eiweiß mischen. Den Fond leicht erhitzen und abschmecken. Dann unter die Fleisch-Gemüse-Masse rühren und die Mischung in den Topf geben. Alles langsam zum Kochen bringen und wenigstens 10 Minuten kräftig durchrühren.

2 Sobald die Flüssigkeit schaumig ist, nicht mehr rühren. Wenn der Fond kocht, bildet sich oben eine Klärschicht, die als Filter wirkt. Die Temperatur reduzieren und mit einer Schöpfkelle die Filterschicht am Rand öffnen, damit ein Loch entsteht und die *consommé* brodeln kann, ohne daß die Klärschicht zerstört wird.

3 Die Brühe 30–40 Minuten leicht kochen lassen, damit Fleisch und Gemüse ihr Aroma abgeben und sich die Brühe klärt. Am Ende der Garzeit bildet das Klärfleischgemisch eine feste Schicht, und die Suppe ist klar.

4 Ein Sieb mit einem feuchten Küchentuch auslegen und über eine saubere Schüssel halten. Die Kraftbrühe hineinschöpfen und dabei die Filterschicht zerteilen. Die *consommé* abkühlen lassen.

Gelierte *consommé*

Damit eine *consommé* kalt als Gelee serviert werden kann, muß sie den richtigen Gelatinegehalt aufweisen. Dazu die Gelatine in etwas heißer Kraftbrühe auflösen und das Ganze wieder zur Suppe gießen. Auf 1 l Kraftbrühe rechnet man ungefähr 7 g Gelatine – zuviel Gelatine macht die Suppe schwer.

Um zu prüfen, ob die *consommé* fest wird, einen Eßlöffel Kraftbrühe auf einen Teller geben und für etwa 15 Minuten in den Kühlschrank stellen. *Consommé*-Gelee sollte auf der Zunge zergehen.

ZUR INFORMATION (Fortsetzung)
Aufbewahrung Im Kühlschrank 3 Tage.
Einlagen Gehackte Nüsse; Frühlingszwiebeln; Grieben (S. 229); knuspriger Speck.
Beilage Geriebener Käse.
Typische Suppen Knoblauch, Eier, Brot (Spanien); Kohl, Käse, Brot (Frankreich); Bouillon, Brot (Italien); Äpfel, Brot, Fond (Deutschland); Schwarzbrot, Fond (Frankreich); *à l'oignon* (Frankreich); *ago blanco* (Knoblauch, Mandeln, Brot, Weintrauben; Spanien); Brot, Butter, Porree, Fond (Frankreich); Mangold, Kohl, Kartoffeln, Brot (Italien); Käse, Bouillon, Brot (Italien); Erbsen, Zwiebeln, Bouillon, Brot (Italien).

EIERSTICH ROYALE

Eierstich wird mit Fisch-, Geflügel- oder Fleischfond zubereitet und als Suppeneinlage verwendet. Zum Garen füllt man ihn in eine kleine Form. Nach dem Abkühlen schneidet man den Eierstich zunächst in Scheiben und anschließend mit einem Messer oder mit Garnierausstechern (S. 505) in kleine dekorative Formen. Die Eiersticheinlage kurz vor dem Servieren in die heiße *consommé* geben.

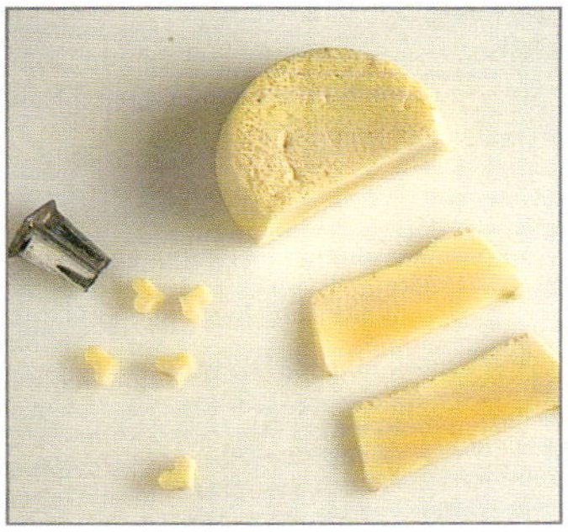

Zubereitung 1 Ei und 3 Eigelb gründlich mit 150 ml *consommé* verrühren. Die Mischung würzen und in eine ausgebutterte Form füllen. Schaum gegebenenfalls abschöpfen. Die Form ins Wasserbad stellen und den Eierstich bei 175 °C/Gas Stufe 2–3 etwa 20 Minuten im Backofen garen, bis er fest geworden ist. Den Eierstich kalt stellen, dann in etwa 5 mm dicke Scheiben und diese in kleine dekorative Figuren schneiden.

Brotsuppen

Suppen, bei denen Brot eine der Hauptzutaten darstellt – und nicht als Beilage gereicht wird –, findet man auch heute noch in ländlichen Gegenden. Für die Zubereitung solcher Suppen übergießt man altbakkene Brotreste oder Brötchen mit Bouillon und läßt das Ganze köcheln, bis das Brot aufgequollen und weich ist. Nach dieser Methode werden beispielsweise französische Zwiebelsuppe und spanische Knoblauchsuppe zubereitet. Als Verfeinerung kann man auch in eine fertige Bouillon etwas trockenes Brot einrühren, so daß es sich auflöst und die Suppe bindet – auf diese Weise erhält sie eine überraschend leichte Konsistenz. Zum Binden einer *bisque* nimmt man häufig frische Brotkrumen; sie werden während des Garens hinzugefügt.

Zu den typischen Brotsuppen gehören *gazpacho* mit Gurke, Paprika und Tomate sowie *ribollita* aus der Toskana mit Kohl, Bohnen und anderen Gemüsen. Die Rezepte lassen der eigenen Phantasie viel Spielraum, wie etwa bei der französischen *garbure béarnaise,* die gehackte oder pürierte Gemüse enthalten kann. Ein Teil des pürierten Gemüses wird auf Knoblauch-*croûtes* gestrichen, die man in die Suppe gibt.

ZUR INFORMATION
Portionen *Vorspeise* 175–250 ml. *Hauptgericht* 250–500 ml.
Bemerkung Stets eine kräftige Aromazutat verwenden, da die Suppe sonst fad schmecken kann.
Aufwärmen Im Topf auf dem Herd.

Französische Zwiebelsuppe

Diese *soupe à l'oignon* ist eine berühmte Spezialität vieler Bistros. Für eine gute Zwiebelsuppe ist am wichtigsten die Verwendung aromatischer, gelber Haushaltszwiebeln. Als Variante kann man statt Gruyère auch Parmesan nehmen.

6 Portionen
60 g Butter
1 kg gelbe Zwiebeln, in dünne Scheiben geschnitten
1,25 l Kalbsfond
Salz und Pfeffer
1 mittelgroßes französisches Weißbrot (S. 353), in gut 1 cm dicke Scheiben geschnitten
175 g Gruyère oder Parmesan, gerieben
30 g Butter, zerlassen

6 feuerfeste Suppentassen

1 In einem großen Topf 60 g Butter zerlassen und die Zwiebeln sehr behutsam 15–20 Minuten garen, bis sie tief goldbraun sind. Den Fond, Salz und Pfeffer dazugeben, alles 10–15 Minuten köcheln lassen und abschmecken.

2 Den Backofen auf 150 °C/Gas Stufe 1 vorheizen und das Brot rösten, bis es trocken und leicht gebräunt ist (15–20 Minuten). Die Suppe auf dem Herd wieder erhitzen. Jeweils 2 oder 3 Scheiben Brot in die vorgewärmten Suppentassen legen und die heiße Suppe darübergießen. Dick mit geriebenem Käse bestreuen, die zerlassene Butter darüberträufeln und alles goldbraun überbacken. Sofort servieren.

Aïgo-saou

Diese provenzalische Suppe läßt sich mit nur einer Fischsorte oder auch mit mehreren verschiedenen Arten zubereiten. (Die Fische sollten mit Kopf gewogen werden.) Fisch und Suppe können als getrennte Gänge oder zusammen in einer Terrine gereicht werden.

8 Portionen

2–2,5 kg weißfleischiger Fisch (S. 138), gesäubert und in Steaks geschnitten, Köpfe und Gräten für den Fond zurückbehalten
3 EL Olivenöl
4 Knoblauchzehen, gehackt
2 Zwiebeln, in Scheiben geschnitten
1 l Fischfond (S. 44)
500 g Kartoffeln, in dünne Scheiben geschnitten
250 g Tomaten, abgezogen, entkernt und gehackt
1 großes *bouquet garni*
1 Streifen unbehandelte Orangenschale
2 große Bund Fenchelgrün oder 1 TL getrocknete Fenchelsamen
Salz und Pfeffer

Zum Servieren

2 EL gehackte Petersilie
Croûtes (S. 352)
Sauce rouille (S. 63)

1 Die Fischsteaks 1 Stunde bei Raumtemperatur in Olivenöl und Knoblauch einlegen, dann herausnehmen und die Marinade in einen großen Topf gießen.

2 Die Marinade erhitzen, die Zwiebeln hinzufügen und dünsten, bis sie weich, aber nicht gebräunt sind. Fischfond, Kartoffeln, Tomaten, *bouquet garni,* Orangenschale, Fenchel, Salz und Pfeffer dazugeben. Zum Kochen bringen, dann unter gelegentlichem Abschäumen etwa 30 Minuten köcheln lassen, bis alle Zutaten weich sind. Die Suppe abschmecken, Orangenschale und Fenchel herausnehmen.

3 Die Fischsteaks hinzufügen und etwa 6–8 Minuten garen, bis sich das Fleisch leicht auseinanderzupfen läßt.

Hinweis Nachdem der Fisch hinzugefügt wurde, muß die Flüssigkeit weiterkochen, damit sich das Öl nicht abscheidet.

4 Den Fisch herausheben, Gräten und Haut entfernen, dann auf einer vorgewärmten Servierplatte anrichten. Die Suppe in eine Terrine gießen. Gehackte Petersilie über Fisch und Suppe streuen. Mit *croûtes* und *sauce rouille* servieren.

Suppen von Fisch und Schaltieren

Aus Meeresfrüchten lassen sich wunderbare, herzhafte Suppen zubereiten, die man als Hauptgang oder komplette Mahlzeit auf den Tisch bringen kann. In einer typischen Fischsuppe finden sich verschiedene weißfleischige Fischarten, wie Kabeljau, Seehecht, Schellfisch, Heilbutt, Brassen, Flußbarsch, Seeteufel oder Knurrhahn, ferner ein fetter Fisch, wie Aal oder Makrele. Darüber hinaus werden solche Suppen häufig mit Muscheln verfeinert. Jede Fischsuppe schmeckt zwar um so besser, je größer die Vielfalt der Zutaten ist, doch ist der derzeitige Trend, traditionelle Rezepte durch teure Schaltiere anzureichern, leicht übertrieben.

Viele der heute so geschätzten Spezialitäten, wie etwa *cacciucco alla livornese* aus der Toskana, in die mindestens fünf verschiedene Fischarten gehören, nahmen ihren Anfang als Gerichte zur Resteverwertung – alles, wofür der Fischer keine Käufer fand, kam in den Suppentopf, und die Familie aß dann die schmackhaftesten, wenn auch nicht die feinsten Reste des Tagesfangs. Das bekannte *chowder* aus Neu-England wird nach dem gleichen Prinzip zubereitet; sein Name leitet sich von dem französischen Wort für Kessel, *chaudière,* ab. *Chowders* sind herzhafte, eintopfähnliche Suppen aus einer Vielzahl von Zutaten, zu denen gewöhnlich auch Milch gehört. Anspruchsloser und einfacher in der Zubereitung sind all jene Fischsuppen, die man fälschlicherweise als Eintöpfe bezeichnet. Hierzu gehören das bekannte *Maryland oyster stew,* für das man Austern (oder gedämpfte Miesmuscheln) in gewürzter Milch oder Sahne pochiert.

In den meisten Küstenregionen haben einfallsreiche Köche auch Rezepte für verschiedene kleine Krebse erdacht. Trotz des geringen Fleischgehalts sind sie sehr schmackhaft und eignen sich hervorragend zur Zubereitung pikanter Bouillons. Oft fügt man Gemüse, wie Tomaten, Kartoffeln und Zucchini, hinzu, die mit einer Vielzahl von Kräutern und Gewürzen verfeinert werden.

Da Fisch von zarter Konsistenz ist, erfordern viele Suppen eine behutsame, schrittweise Zubereitung, wobei festfleischiger Fisch zuerst in den Topf kommt und dort zunächst vorgegart wird. Rasch garende Schaltiere, wie Mies- oder Jakobsmuscheln, kann man getrennt pochieren und kurz vor dem Servieren zusammen mit ihrer Garflüssigkeit hinzufügen. Viele empfinden Fischgräten als unangenehm, doch wirkt sich die Verwendung von Fischfilets negativ auf den herzhaften Charakter der Fischsuppen aus. Ein Kompromiß, den man bei der französischen *bouillabaisse* eingeht, ist es, zunächst mit Gräten und Fischabschnitten eine Bouillon zuzubereiten, in der anschließend Gemüse und Fischfilets gegart werden.

Wie *poule au pot* (S. 182) ergeben Suppen wie *bouillabaisse* und *aïgo-saou* (links) häufig eine Mahlzeit mit zwei Gängen – die Bouillon serviert man als Vorspeise, den Fisch als Hauptgericht. In Südfrankreich reicht man zu Fischsuppen oft Saucen, zum Beispiel *aïoli* oder *sauce rouille* (S. 63), die für eine pikante Note sorgen und damit den Charakter der Suppe verändern. Ein Merkmal dieser Suppen ist, daß man die Bouillon kräftig kochen und nicht nur köcheln läßt, damit sie leicht eindickt.

ZUR INFORMATION

Portionen *Vorspeise* 250 ml. *Hauptgericht* 250–500 ml.

Bemerkung Um ein Übergaren zu vermeiden, den Fisch so in den Topf schichten, daß die fleischfesteste Sorte unten liegt. Den Fisch nicht vollständig garen, da er in der heißen Brühe noch weitergart.

Aufwärmen Im Topf auf dem Herd; zarten Fisch erst kurz vor dem Servieren hinzufügen.

Aufbewahrung Im Kühlschrank 2 Tage.

Verfeinerungen Trockener Weißwein; scharfe Chilisauce; Butter; Chili-Öl.

Beilagen *Croûtes,* eventuell mit Knoblauch; Salzgebäck (wie zu Austern); *aïoli* (Knoblauch-Mayonnaise); *sauce rouille* (scharfe rote Chilisauce).

Garnierungen Kleine Schaltiere; Zitrone; gehackte grüne Paprika.

Typische Suppen *Sopa de camarones* (Garnelen, Kartoffeln, Tomaten, Mais; Spanien); Kichererbsen, gesalzener Kabeljau, Spinat (Spanien); *brodetto* (Bouillon mit Weißfisch, Muscheln, Aal, Kalmar; Italien);

ZUR INFORMATION (Fortsetzung) *conch chowder* (Seeschnecken, gepökeltes Schweinefleisch, Tomaten, Kartoffeln, Reis, Milch; Karibik); *New England chowder* (Muscheln, gepökeltes Schweinefleisch, Kartoffeln, Sahne; USA); *bouillabaisse* (Fisch, Gemüse, *sauce rouille;* Frankreich); *bourride* (Fisch, *aïoli;* Frankreich); *partan bree* (Crabmeat, Anchovis, Reis; Schottland); *cullen skink* (geräucherter Schellfisch, Kartoffeln; Schottland); Austern, Zitrone, Anchovis (Australien); *shorbet el samak* (mit Minze und Zimt; Türkei).

Bisque

Eine *bisque* ist ein cremiges Püree, das die Essenz einer Zutat in einer kräftigen, aromatischen Suppe konzentriert. Am bekanntesten sind traditionelle *bisques* aus Schaltieren, doch eignen sich auch Wild, Geflügel und geschmacksintensive Gemüse als Basis.

Die klassische Zubereitungsmethode für eine *bisque* ist sehr ausgeklügelt, um zu erreichen, daß sich die Aromen optimal entfalten können. Häufig wird die Hauptzutat sautiert oder dem Feuer ausgesetzt, vor allem wenn man lebende Krustentiere verwendet. Hinzu kommen Fischfond und Aromaten sowie Reis zum Andicken. Wenn alle Zutaten gar sind, wird die *bisque* püriert. Früher machte man dies in einem Mörser, heute benutzt man die Küchenmaschine. Dann streicht man die *bisque* durch ein Sieb, gibt sie zurück in den Topf und läßt sie leise kochen, damit die Aromen verschmelzen. Besonders gewissenhafte Köche gießen die Suppe dann nochmals durch ein sehr feines Spitzsieb (S. 506), bevor sie mit Sahne angereichert wird, wodurch sie ihre charakteristische samtige Konsistenz erhält. Das Würzen einer *bisque* ist für das Gelingen oft entscheidend. Eine Spur von Cayennepfeffer dient als Unterlage für den kräftigen Geschmack. Bei einigen Rezepten wird zur abschließenden Verfeinerung noch Schaltierbutter (S. 155) hinzugefügt. Als *bisques* bezeichnet man mitunter auch Cremesuppen aus Schaltieren oder Gemüsen, etwa aus Krebsen oder Tomaten, doch werden diese nicht nach dem klassischen Verfahren zubereitet.

ZUR INFORMATION

Portion 175 ml.
Bemerkung Falls die Suppe nicht glatt ist, im Mixer oder in der Küchenmaschine pürieren oder durch ein Sieb streichen; wäßrige Suppe einkochen, dünne mit Pfeilwurzelmehl andicken.
Aufwärmen Im Topf auf dem Herd, dann Sahne hinzufügen.
Aufbewahrung Im Kühlschrank 2 Tage.
Beilage *Croûtons.*
Garnierungen Gehackte Schaltiere oder andere Hauptzutaten; 1 EL Crème double, geschlagene Sahne oder Crème fraîche; kleine ganze Schaltiere.
Typische Suppen Hummer oder Langusten (Frankreich); Flußkrebse (Frankreich); Artischocken und Krebse (USA); Austern und Muscheln (USA); Tomaten (USA).

GUMBOS

Gumbos, der Stolz von Louisiana, verdanken ihren Namen dem afrikanischen Wort für Okra – die Zutat, die der Suppe ihre charakteristische dicke Konsistenz verleiht. Viele *gumbos* basieren auf Mehlschwitze, doch hat der Begriff »Mehlschwitze« in den kreolischen und akadischen Gemeinden Louisianas eine neue Bedeutung bekommen, denn Mehl und Fett werden hier so lange erhitzt, daß sie fast anbrennen.

Gumbos sind ebenso Suppen wie Eintöpfe und verfügen über vielschichtige, ausgeprägte Aromen. Huhn kann mit Schinken kombiniert werden, grüne Paprika mit Austern, Garnelen mit Austern, Okra, Knoblauch, Zwiebeln oder Ente mit Wurst. Grüne *gumbo* wird aus Spinat und den Blättern von roten Beten, weißen Rüben, Senf und jungem Kohl zubereitet. Gewöhnlich reicht man als Beilage gekochten oder gedämpften Reis zusammen mit hefefreiem Brot (S. 359) und *sauce rouille* (S. 63).

Bisque von Garnelen

Die besten Garnelen für eine *bisque* sind Nordseegarnelen – was inzwischen, angesichts der Verschmutzung des Meeres, leider so nicht immer gilt –, doch können auch andere Arten verwendet werden, vorzugsweise mit Kopf.

6 Portionen
75 g Butter
30 g Möhren, gewürfelt
30 g Zwiebeln, gewürfelt
1 *bouquet garni*
750 g rohe Garnelen
125 ml Weißwein
30 ml Weinbrand
1,25 l Kalbsfond
30 g Reis
Salz und Pfeffer
Schaltierbutter (S. 155)
2 EL Sherry oder Madeira
3 EL Crème double
1 Prise Cayennepfeffer

Zum Servieren
12–18 gegarte kleine Garnelen, geschält
Croûtons

1 In einem großen Topf 15 g Butter zerlassen. Möhren, Zwiebeln und *bouquet garni* hinzufügen. Den Deckel auflegen und die Zutaten bei schwacher Hitze 5–7 Minuten garen. Die Garnelen dazugeben und 2–3 Minuten unter Rühren garen. Wein und Weinbrand angießen und 2 Minuten einkochen. Dann 250 ml Fond hinzufügen, alles 3–5 Minuten köcheln lassen. Die Garnelen herausnehmen und schälen – die Schalen aufheben –, bei großen Garnelen den Darm entfernen (S. 160).

2 Die Garnelen wieder in die Wein-Gemüse-Mischung geben und den restlichen Fond sowie den Reis hinzufügen; abschmecken. Die Suppe zugedeckt 15–20 Minuten köcheln lassen. Aus der verbliebenen Butter und den Garnelenschalen eine Schaltierbutter zubereiten (S. 155).

3 Das *bouquet garni* herausnehmen und wegwerfen. Die *bisque* pürieren und dann durch ein Sieb streichen.

4 Die *bisque* wieder zum Kochen bringen, Sherry und Crème double hinzufügen und alles 2 Minuten köcheln lassen. Den Topf von der Kochstelle nehmen und die Schaltierbutter stückchenweise in die Suppe einrühren. Nach Geschmack würzen, Cayennepfeffer dazugeben und die *bisque* mit den kleinen gegarten Garnelen anrichten. Die *croûtons* getrennt reichen.

Püreesuppen

Das Geheimnis einer guten Püreesuppe liegt im gründlichen Garen, damit sich die stärkehaltigen Zutaten – Wurzelgemüse und getrocknete Bohnen, die der Suppe Fülle verleihen – gut vermischen. Bei einigen Püreesuppen, wie etwa Linsen- oder Kartoffelsuppe, enthält die Hauptzutat selbst genügend Stärke, um die Suppe zu binden, bei anderen müssen zusätzlich Kartoffeln oder Reis hinzugefügt werden.

Die Konsistenz solcher Suppen variiert je nach den verwendeten Zutaten und der Püriermethode. Mit einem Passiersieb erreicht man eine grobe Struktur, in der Küchenmaschine eine mittelfeine. Und wenn man einen Mixer benutzt oder die Suppe durch ein feines Sieb streicht, wird sie vollkommen glatt.

Zu den klassischen Püreesuppen gehören beispielsweise *potage Crécy* (Möhren mit Reis) und *potage Saint-Germain* (Splittererbsen mit Schinken). In der Provence werden auch Fischsuppen püriert, und in Italien streichen manche Köche ihre *minestrone* durch ein Passiersieb. Darüber hinaus gibt es auch verschiedene Suppen, bei denen man zum Binden der Brühe einen Teil der Zutaten püriert, den Rest jedoch in Stücken beläßt. Als Grundlage solcher Suppen dienen häufig Wurzelgemüse oder Mais. Es gab Zeiten, da erfreuten sich auch pürierte Geflügel-, Fleisch- oder Wildsuppen großer Beliebtheit. Von ihnen ist heute wohl die *potage à la reine* am bekanntesten, eine gehaltvolle Suppe, die auf Hühnerfond basiert.

ZUR INFORMATION
Portion 175 ml.
Bemerkung Falls die Suppe zu dickflüssig ist, mit Wasser oder Milch verdünnen; falls zu dünn, mit Pfeilwurzelmehl oder Maisstärke binden (S. 59); falls fasrig oder nicht glatt, durch ein Sieb streichen.
Aufwärmen Im Topf auf dem Herd; Sahne, Eigelb und frische Kräuter erst kurz vor dem Servieren hinzufügen.
Aufbewahrung Im Kühlschrank 2 Tage.
Verfeinerungen Sahne; Butter; Kräuterbutter.
Beilagen *Croûtons;* gewürfeltes Räucherfleisch; gewürfelter und gebratener Speck; Grieben (S. 229).
Garnierungen 1 EL Crème fraîche oder saure Sahne; gehackte hartgekochte Eier; Wurstscheiben; dünne Zitronenscheiben; Kräuter-Chiffonade; geröstete Nüsse; Mexikanische Tomatensauce (S. 65).
Typische Suppen *Crécy* (Möhren, gewöhnlich mit Reis); *Dubarry* (Blumenkohl); *Palestine* (Topinambur); *Ésaü* (Linsen, Reis); *Parmentier* (Kartoffeln); *fréneuse* (weiße Rüben); *Saint-Germain* (Splittererbsen); *soissonaise* (weiße Bohnen, Brunnenkresse, Kartoffeln, Tomatensauce, Milch; alle Frankreich); Kürbis, Muskat (USA; Frankreich); Mais, gepökeltes Schweinefleisch, Zwiebeln, Kartoffeln, Sahne (USA); *puré de garbanzos* (Kichererbsen; Spanien).

SUPPEN VERFEINERN

In letzter Minute hinzugefügte Zutaten können den Charakter einer Suppe verbessern. Geschmacksintensive Aromaten, wie Kräuter, Wein und Gewürze, werden direkt in die Suppe eingerührt (s. auch ZUR INFORMATION/Verfeinerungen, S. 45, 48, 51).

Sahne (für Cremesuppen und *bisques*) Crème double oder Crème fraîche unmittelbar vor dem Servieren in die Suppe rühren oder, als Alternative, geschlagene Sahne mit Kräutern, Kaviar oder Räucherfisch unterheben.

Eigelb und Sahne (für Samtsuppen) oder **Eigelb** (für Bouillon und Brotsuppen) Eigelb und – sofern verwendet – Crème double oder Crème fraîche verquirlen. Eine große Kelle heiße Suppe unterrühren und die Mischung unter die Suppe rühren. Die Suppe unter Rühren behutsam erhitzen, bis sie dickflüssig wird. Sie darf nicht kochen!

Ganze Eier (für Bouillon-Suppen) Eier verquirlen und aus einiger Höhe in die köchelnde Suppe einlaufen lassen, so daß sich dünne Fäden bilden.

Butter, Kräuter- und Schaltierbutter (für Püreesuppen und *bisques*) Kleine Stücke fester Butter unmittelbar vor dem Servieren hinzufügen; die Butter sollte schmelzen, ohne sich zu trennen.

Suppe von schwarzen Bohnen

Die klassische Beilage zu dieser Bohnensuppe ist Maisbrot.

4–6 Portionen

500 g getrocknete schwarze Bohnen
1 EL Öl
2 Möhren, gehackt
1 Zwiebel, gehackt
2 Stangen Bleichsellerie, gehackt
1,5 l Wasser
500 g geräucherte Schweinshachse
1 *bouquet garni*
2 Knoblauchzehen, gehackt
Salz und Pfeffer
3 EL Sherry oder Madeira
1 EL Senfpulver
¼ TL Cayennepfeffer
Saft von ½ Zitrone

Zum Garnieren

Zitronenscheiben
Hartgekochte Eier, in Scheiben geschnitten
Saure Sahne (nach Belieben)

1 Die Bohnen einweichen (S. 322), dann abtropfen lassen.
2 In einem großen Topf das Öl erhitzen. Möhren-, Zwiebel- und Selleriestücke hinzufügen und bei mittlerer Hitze 5–7 Minuten sautieren, bis

sie leicht gebräunt sind. Wasser, Bohnen, Schweinshachse, *bouquet garni*, Knoblauch, Salz und Pfeffer dazugeben. Zum Kochen bringen, dann mit aufgelegtem Deckel etwa 2 Stunden köcheln lassen, bis Bohnen und Fleisch weich sind. Gegebenenfalls noch Wasser angießen.
3 Die Schweinshachse herausnehmen, das Fleisch von den Knochen lösen, würfeln und beiseite stellen. Das *bouquet garni* entfernen. Die Suppe durch ein Passiersieb oder ein normales Küchensieb streichen beziehungsweise in der Küchenmaschine oder dem Mixer pürieren. Falls sie zu dickflüssig ist, etwas Wasser hinzufügen.
4 Kurz vor dem Servieren Schweinefleisch, Sherry, Senfpulver, Cayennepfeffer und Zitronensaft zur Suppe geben. Zum Kochen bringen und abschmecken. Die Suppe in eine Terrine oder Suppentassen füllen und mit der Garnitur anrichten.

Suppe von weißen Bohnen *(potage soissonaise)* Die schwarzen Bohnen durch 500 g weiße Bohnen ersetzen. Schweinshachse und Knoblauch weglassen. Die Zutaten 1 Stunde köcheln lassen, bis das Gemüse weich ist. Dann pürieren (S. 266) und mit hellem Fond (S. 44) verdünnen. Keinen Zitronensaft, Sherry oder Madeira verwenden.

Linsensuppe Die schwarzen Bohnen durch Linsen ersetzen. 1 Stunde köcheln lassen. Zitronensaft, Sherry oder Madeira weglassen.

Splittererbsensuppe *(potage Saint-Germain)* Anstelle der schwarzen Bohnen 500 g eingeweichte Splittererbsen verwenden. Zwiebel, Möhren und Knoblauch weglassen. Die Suppe 1 Stunde köcheln lassen. Keinen Zitronensaft, Sherry oder Madeira zugeben.

Cremesuppen

Für Cremesuppen werden häufig die gleichen Zutaten wie für Püreesuppen verwendet, doch sind sie gehaltvoller, glatter und von feinerer Konsistenz. Die Grundzutaten, wie etwa Kopfsalat oder Spargel, sind meist leichter. Cremesuppen werden mit Mehl angedickt, das man in Form von Mehlschwitze, Mehlbutter *(beurre manié,* S. 59) oder gelegentlich auch einfach nur mit Wasser angerührt hinzufügt. In jedem Fall muß die Suppe jedoch anschließend gut durchgekocht werden, damit sie nicht nach Mehl schmeckt.

Gemüse, wie Zwiebeln, können in Butter weich gedünstet werden, bevor man das Mehl dazugibt. Zartere Gemüse, wie Champignons, werden direkt in der Suppe gegart. Da sich Cremesuppen durch ihre Glätte auszeichnen, ist die richtige Konsistenz von besonderer Wichtigkeit. Am glattesten werden Cremesuppen, wenn man sie im Mixer püriert oder durch ein Rundsieb streicht, da sich die Zutaten hier gleichzeitig auch gut miteinander verbinden.

ZUR INFORMATION
Portion 175 ml.
Bemerkung Um ein Gerinnen zu verhindern, säurehaltige Zutaten gründlich garen und die Suppe nicht kochen lassen.
Aufwärmen Im Topf auf dem Herd, dann Sahne oder Crème fraîche hinzufügen.
Aufbewahrung Im Kühlschrank 2 Tage.
Verfeinerungen Sahne oder Crème fraîche; Butter; Eigelb.
Beilagen *Croûtons;* Brandteigkrapfen; Sesam-Cracker.
Garnierungen Gehackte oder in feine Streifen geschnittene Kräuter; Crème double: gehackte Stücke der Hauptzutat.
Typische Suppen Krebse, Sherry (Süden der USA); Huhn, Kohlrabi (Ungarn); Pute, Haselnüsse (USA); Hummer (Australien); *potaje de col* (Kohl; Spanien); geräucherter Schellfisch (Schottland); Cheddar (Kanada); Frühlingssuppe (Möhren, Porree, Spinat, Rettich; Schweden); Spargel (Großbritannien); Petersilie (Großbritannien); Kerbel (Frankreich).

Kalte Suppen

Kalte gelierte *consommé* hat schon lange ihren festen Platz auf dem Buffettisch, doch das Repertoire an kalten Suppen ist in letzter Zeit sehr viel umfangreicher geworden und umfaßt mittlerweile auch Püreesuppen, Cremesuppen und Bouillons. Typisches Beispiel für eine Suppe, die heiß wie kalt serviert werden kann, ist *borschtsch.*

Beim Erkalten verändert sich nicht nur die Konsistenz einer Suppe, sondern auch ihr Geschmack. Eine kalte Suppe sollte niemals dünn sein und schmeckt oft am besten, wenn sie zum Gießen schon fast zu dick ist. Die meisten Suppen werden beim Abkühlen ohnehin dicker (durch Zugaben von Eigelb oder Butter können sie allerdings zu fest werden). Typisches Beispiel für eine kalte Suppe ist die spanische *gazpacho* aus pürierten Gurken, Tomaten, Paprikaschoten und Knoblauch. Es gibt Dutzende von Varianten, von denen viele unmittelbar vor dem Servieren mit kaltem Wasser oder Eis verdünnt werden.

Bei gekühlten Suppen spielt das Würzen eine entscheidende Rolle. Wurde die Suppe im voraus zubereitet, schmeckt man sie kurz vor dem Servieren noch einmal ab und fügt gegebenenfalls noch Kräuter, Gewürze oder Zitronensaft hinzu.

ZUR INFORMATION
Portion 175 ml.
Bemerkung Falls zu dünnflüssig, eingeweichte Brotkrumen oder pürierte Zutaten (Tomate) hinzufügen.
Aufbewahrung Abgedeckt, im Kühlschrank 2 Tage.
Verfeinerungen Rote Chilisauce *(sauce rouille);* Saft von Zitrusfrüchten.
Beilagen Cracker; Käsestangen.
Garnierungen Gewürfelte Zutaten; Kräuter; Zitronenscheiben.
Typische Suppen *Tarator* (Gurke, Walnüsse, Joghurt; Bulgarien); *borschtsch* (Rindfleisch, rote Beten, saure Sahne; UdSSR); Brotfrucht, Zwiebeln, Sahne (Spanien); *botwinja* (Spinat, Sauerampfer, Kräuter, Weißwein; UdSSR); *tarbana gorbasi* (Tomaten, Pfeffer, Joghurt; Türkei); Linsen, Tomaten, Basilikum, Rettich, Frühlingszwiebeln (USA); *gazpacho* (Gurke, Tomaten, Paprika, Knoblauch, Brot; Spanien).

Gekühlte Spinat-Avocado-Suppe

Etwas Zitronen- oder Limettensaft – kurz vor dem Servieren hinzugefügt – hebt den Geschmack dieser erfrischenden kalten Suppe. Spinat-Avocado-Suppe sollte nicht länger als 24 Stunden im Kühlschrank stehen, da sie sich sonst verfärbt.

8 Portionen
500 g Spinat
60 g Butter
Salz und Pfeffer
1 Prise frisch geriebene Muskatnuß
3 EL Mehl
500 ml Milch
500 ml Hühnerfond
250 ml Crème fraîche oder Crème double
2 reife Avocados
1 Spritzer Tabasco-Sauce
Saft von 2 Limetten oder Zitronen

Zum Garnieren
Petersilien- oder Korianderzweige

1 Den Spinat entstielen und die Blätter mehrmals gründlich in frischem Wasser waschen. Mit etwas Wasser in einen großen Topf geben und den Deckel fest auflegen. Den Spinat etwa 5 Minuten garen, bis er zusammengefallen ist, dabei einmal durchrühren. Den Spinat gut abtropfen und abkühlen lassen. Die Flüssigkeit mit den Händen herausdrücken und den Spinat hacken.
2 In einem schweren Topf die Butter zerlassen. Spinat, Salz, Pfeffer und Muskat hinzufügen, dann nacheinander Mehl, Milch und Fond unterrühren. Alles zum Kochen bringen und den Deckel auflegen. Unter gelegentlichem Rühren 10 Minuten köcheln lassen. Die Hälfte der Crème fraîche hineinrühren und die Suppe nach Geschmack würzen.
3 Die Suppe abkühlen lassen, dann pürieren und in eine Schüssel gießen. Die Avocados schälen und in Stücke schneiden, die Steine wegwerfen (S. 470). Das Fruchtfleisch zusammen mit ein oder zwei Kellen Suppe pürieren und diese Mischung in die Suppe rühren. Die Suppe mit Klarsichtfolie luftdicht abdecken und für wenigstens 2 Stunden in den Kühlschrank stellen.
4 Die Suppe kurz vor dem Servieren mit Tabasco und Limettensaft abschmecken, dann in Suppentassen füllen. Je 1 EL Crème fraîche daraufgeben und leicht unterrühren. Mit Petersilie garnieren.

SAUCEN

Die Franzosen sind es, denen wir die Grammatik der Saucen und damit die Definitionen der verschiedenen Grundsaucen verdanken, die in der internationalen Küchensprache üblich sind. Gemäß ihren Hauptzutaten lassen sich Saucen in einzelne Familien unterteilen. Dabei wird jede Familie durch eine Grundsauce oder – wie die Franzosen sagen – *sauce mère* bestimmt, für die es eine Standardmethode der Zubereitung gibt. Abwandlungen erreicht man jeweils durch das Hinzufügen von Zutaten, wie Wein, Schalotten, Champignons, Sahne, Käse, Kräuter oder Knoblauch. Den Kern des Systems bilden die gekochten hellen und dunklen Saucen, die auf einer Einbrenne (auch Mehlschwitze oder *roux* genannt) aus Mehl und Butter basieren oder für die man, wie bei der braunen Grundsauce, ein anderes Bindemittel, etwa Pfeilwurzel- oder Kartoffelmehl, verwendet. Schwieriger in der Zubereitung, aber ebenso grundlegend sind die aufgeschlagenen warmen Saucen, wie *hollandaise* und *béarnaise*, sowie die Hauptstütze der gerührten kalten Saucen, die Mayonnaise.

Es sind durchaus nicht alle guten Saucen französischen Ursprungs. Definiert werden Saucen als angedickte Flüssigkeiten, die Speisen harmonisch ergänzen. Und so gehören Bratensaucen, Barbecue-Saucen und Salat-Dressings ebenso dazu wie brotgebundene Saucen, Nuß-, Tomaten- sowie pikante und herzhafte Fruchtsaucen. Sie alle finden sich in diesem Kapitel – unberücksichtigt blieben lediglich solche Saucen, die integraler Bestandteil bestimmter Speisen sind, beispielsweise Saucen, die beim Schmoren entstehen. Manche Saucen, etwa Ketchup und Senf, werden heute vorwiegend als Würzmittel verwendet und sind demzufolge in dem Kapitel über Kräuter, Gewürze und Aromazutaten (S. 12) abgehandelt.

Ebenfalls aufgeführt sind einige süße Saucen, zum Beispiel Weinschaumsauce *(sabayon)*, Vanille- und Karamelsauce; weitere finden sich in den Kapiteln über Früchte (S. 446) und Schokolade (S. 411).

GRUNDLAGEN EINER GUTEN SAUCE

Ob dünn oder dick, hell oder dunkel und unabhängig von ihren Grundzutaten sollte eine gute Sauce folgende Merkmale aufweisen: Sie muß die für sie charakteristische Beschaffenheit haben – Mayonnaise ist fettig, *sabayon* schaumig, braune Kraftsauce *(demi-glace)* glänzt. Die Aromen – mild oder pikant – müssen genau bis zum richtigen Grad konzentriert sein, um die Speise harmonisch zu vervollständigen. Auch farblich soll das Gericht von der Sauce profitieren: Lachs-*mousseline* richtet man zum Beispiel mit weißer Buttersauce an, Nieren mit einer gelben Senfsauce.

Gleichermaßen wichtig ist die Konsistenz. Saucen auf der Grundlage von *sauce velouté* (Samtsauce) und weiße Buttersaucen sollten die Speisen mit einem leichten Schleier überziehen, dunkle Saucen durchscheinend sein, damit sie dem Fleisch einen gewissen Glanz verleihen. Einige Saucen sind in ihrer Konsistenz wie Öl und enthalten kein zusätzliches Bindemittel. Nur weiße Saucen, aufgeschlagene Saucen, wie *hollandaise* und *béarnaise*, einige Pasta-Saucen und spezielle süße Saucen sind zum Überziehen von Speisen dick genug. Doch auch dann muß man Form und Farbe der Nahrungsmittel noch erkennen können. Eine Sauce darf niemals klebrig sein – selbst dann nicht, wenn sie zum Binden von Soufflés oder zum Anreichern eines Gratins aus stark wasserhaltigen Gemüsen vorgesehen ist. Saucen, die kalt serviert werden sollen, müssen dicker sein als heiße.

Saucen würzen

Den letzten und entscheidenden Pfiff erhält eine perfekte Sauce beim Abschmecken. Eine ausgewogene Sauce strebt nach einem raffinierten Gleichgewicht vieler Zutaten, wobei keine dominieren darf. Auch die Speisen, zu denen man sie reicht, wollen berücksichtigt sein, damit ihr Geschmack von der Sauce nicht überdeckt, sondern optimal ergänzt wird.

Der Ursprung des Wortes »Sauce« liegt im lateinischen *salsa*, was salzig bedeutet und ihre Rolle zur Geschmacksbetonung einer Speise unterstreicht. Aus diesem Grund sollte eine Sauce für sich allein zu kräftig und zu aromaintensiv sein, um sie in größeren Mengen verzehren zu können. Wenn eine Sauce noch reduziert wird, würzt man nur leicht, da sich die Aromen beim Einkochen der Flüssigkeit verstärken. Die Frage genereller Richtlinien für das Würzen hat Hermann Senn bereits 1915 in seinem *Buch der Saucen* treffend zusammengefaßt: »Es ist überaus schwierig, eine präzise Anweisung zum Würzen zu geben ... Nur Erfahrung kann es den Koch lehren.«

EINE SAUCE DURCHSCHLAGEN

Durch kräftiges Rühren mit dem Schneebesen wird eine Sauce nicht nur glatt, sondern läßt sich auch bei stärkerer Hitze garen, so daß sich weniger schnell Klümpchen bilden. Außerdem ist das Risiko geringer, daß die Sauce anbrennt.

Den größten Effekt erzielt man, wenn der Schneebesen in Form einer Acht von den Seiten des Topfes und über die Mitte bewegt wird. Auf diese Weise spritzt auch keine Sauce heraus. Den Schneebesen dabei von Zeit zu Zeit kreisförmig über den Topfboden ziehen, um sicherzustellen, daß kein Bereich ausgelassen wurde.

Saucen reduzieren

Bei zahlreichen Saucen ist der Schlüssel zum Gelingen das Reduzieren – das Garen bei starker Hitze, damit Flüssigkeit verdampft und sich das Aroma konzentriert, während die Sauce gleichzeitig die richtige Konsistenz erhält. Das Reduzieren spielt für viele klassische französische Saucen eine entscheidende Rolle, insbesondere für *velouté*-Saucen, die mit Brühe oder Fond zubereitet werden. Generell gilt: Je länger eine Sauce köchelt, desto feiner und raffinierter wird sie im Geschmack. Bei offenem Topf geht das Verdampfen und Einkochen der Flüssigkeit schneller vonstatten.

Um eine Sauce zu reduzieren, läßt man sie leise köcheln (sie darf nicht sprudelnd kochen, da sie sonst trüb wird). Je nach den verwendeten Zutaten kann das Reduzieren zwischen drei Minuten und einer Stunde oder länger dauern. Die kürzeste Garzeit erfordern *béchamel*-Saucen, für die 3–5 Minuten ausreichen. Eine *velouté*-Sauce sollte mindestens 15–30 Minuten köcheln, während eine gute dunkle Sauce eine Stunde und mehr braucht. Für Buttersaucen wird die Grundlage aus Wein, Fond oder Garflüssigkeit zu einer Glace eingekocht.

EINE SAUCE ABSIEBEN

Saucen werden abgesiebt, um feste Bestandteile zu entfernen und damit sich die flüssigen Zutaten besser miteinander verbinden. (Am besten benutzt man dazu ein feines Spitzsieb.) Wird eine Sauce allerdings püriert, bleiben alle Zutaten in der Sauce. Beim Durchsieben gilt: Je feiner das Sieb, um so glatter und glänzender wird die Sauce.

Das Sieb über einen Topf halten und etwas Sauce hineinschöpfen. Die Kelle mit kurzen, kräftigen Bewegungen nach unten gegen das Sieb stoßen, um möglichst viel Aromastoffe aus den festen Bestandteilen herauszupressen.

EINE SAUCE MIT BUTTER ANREICHERN

Wenn man einer Sauce unmittelbar vor dem Servieren kleine Stücke kalter Butter zugibt, bekommt sie Glanz, Bindung und einen frischen Buttergeschmack.

Für eine angedickte Sauce (*sauce velouté* oder braune Sauce)

Den Topf von der Kochstelle nehmen und die Butter hineingeben. Die Butter nicht einrühren, sondern den Topf kräftig schwenken, so daß die Butter schmilzt und von der Sauce aufgenommen wird.

Für eine Sauce auf Glace-Basis (Buttersauce)

Den Topf abkühlen lassen, bis er sich gerade noch heiß anfühlt. Die Butter stückchenweise hinzufügen und gründlich unterschlagen. Den Topf in kurzen Abständen auf die Kochstelle setzen, damit die Sauce eindickt.

Saucen servieren

Es gibt drei Möglichkeiten, eine Sauce zu servieren: Man kann Speisen damit nappieren (unten) oder die Sauce auf eine Platte schöpfen und die Speisen darauf anrichten; Salat-Dressings und Bratensaucen können getrennt in einer Saucière oder Schüssel aufgetragen werden. Moderne Küchenchefs verwenden mitunter zwei Saucen unterschiedlicher Farbe und ziehen dekorative Muster hinein. Knusprige Zutaten, wie *fleurons* oder *croûtes*, dürfen nicht mit Sauce überzogen werden, da sie sonst aufweichen.

SPEISEN NAPPIEREN

Eine Sauce zum Überziehen muß ausreichend dick sein, um nicht von der Speise herunterzufließen, darf andererseits aber auch nicht so beschaffen sein, daß sie die Konturen und die Farbe der nappierten Nahrungsmittel völlig überdeckt.

Zur Überprüfung der Konsistenz einen Holzlöffel in die Sauce tauchen und wieder herausziehen. Die Sauce sollte leicht am Löffel haften und eine saubere Spur hinterlassen, wenn man mit dem Finger quer über den Löffel fährt.

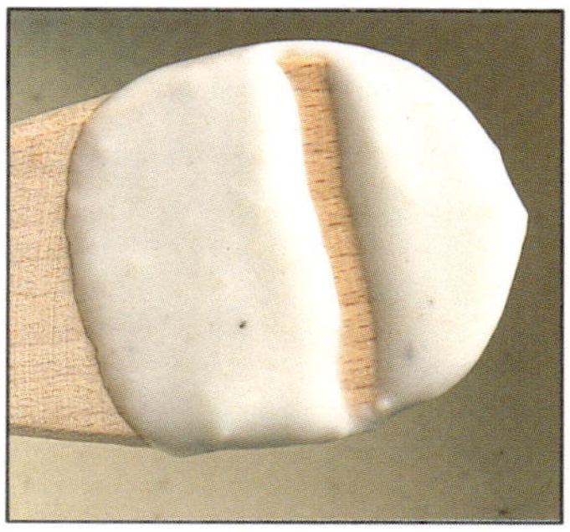

Die Kelle zu sich hin neigen und nach hinten über die Speisen ziehen. *Sabayon* und weiße Saucen werden oft noch unter dem Grill gebräunt, Buttersaucen und Eiercremes würden hierdurch jedoch gerinnen.

HELLE SAUCEN

Helle Saucen lassen sich in zwei Kategorien unterteilen: Saucen vom Typ *béchamel*, die mit Milch aufgegossen werden, und *velouté*- oder Samtsaucen, für die man Fisch-, Geflügel- oder Kalbsfond verwendet. Beide Saucen-Typen basieren auf einer hellen Einbrenne aus Butter und Mehl (S. 56).

Von allen Saucen bieten helle die vielseitigsten Verwendungsmöglichkeiten. Man nimmt sie zum Binden von Soufflés, Kroketten und Beignets, als Grundlage für Gratins, zum Eindicken von Suppen, hauptsächlich aber zum Nappieren von Speisen (S. 53). Ein Grund für diese Vielseitigkeit ist, daß sie für zahlreiche Aromazutaten – von Wein und Kräutern bis hin zu Curry und Kapern – eine neutrale Unterlage darstellen.

ZUR INFORMATION
Portion 3–4 EL (45–60 ml).
Bemerkung Wenn sich Klümpchen bilden, die Sauce durch ein Sieb streichen.
Aufwärmen Im Topf auf dem Herd; gegebenenfalls mit Flüssigkeit verdünnen.
Aufbewahrung Im Kühlschrank 2 Tage; tiefgefroren: 1 Jahr.

DAMIT SICH AUF HELLEN SAUCEN KEINE HAUT BILDET

Ein Stück Butter über die Oberfläche der warmen Sauce ziehen, so daß sie schmilzt und einen dünnen Fettfilm bildet.

Béchamel

Eine einfache *béchamel* kann man lediglich mit Salz, Pfeffer und Muskat würzen, doch wird die Sauce bedeutend schmackhafter, wenn man die Milch zunächst mit etwas Zwiebel, Lorbeerblatt und Pfefferkörnern aufkocht und durchziehen läßt. Das Garen der Sauce ist wichtig, damit sie nicht nach Mehl schmeckt. Früher war es allgemein üblich, sie eine halbe Stunde oder länger köcheln zu lassen. Da sie hierbei aber leicht ansetzt, beschränken sich die meisten Köche heute auf eine Garzeit von nur zwei oder drei Minuten.

Béchamel ist die einzige Sauce, die bewußt in unterschiedlicher Konsistenz hergestellt wird, indem man das Verhältnis von Mehl und Butter zu Milch verändert. Dünne *béchamel* nimmt man als Grundlage für Suppen und andere Saucen, dicke *béchamel* zum Binden und *béchamel* mittlerer Konsistenz zum Nappieren von Eiern, Huhn, Fisch und Gemüse.

Das folgende Rezept ergibt eine *béchamel* von mittlerer Konsistenz.

Sauce béchamel

Ergibt 250 ml
250 ml Milch
20 g Butter
20 g Mehl
1 Prise frisch geriebene Muskatnuß (gegebenenfalls etwas mehr)
Salz und weißer Pfeffer

Aromazutaten (nach Belieben)
1 Scheibe Zwiebel
1 kleines Lorbeerblatt
½ TL Pfefferkörner

1 Gegebenenfalls die Aromazutaten zusammen mit der Milch aufkochen und bei geschlossenem Deckel 10 Minuten durchziehen lassen. Für eine einfache *béchamel* die Milch ohne die Aromazutaten zum Kochen bringen.

2 Für die Einbrenne die Butter in einem schweren Topf zerlassen. Das Mehl unterrühren und etwa 1 Minute anschwitzen, bis die Mischung schäumt. Den Topf von der Kochstelle nehmen und leicht abkühlen lassen. Die Milch durch ein Sieb dazugießen, die Sauce dabei ständig mit dem Schneebesen durchschlagen.

3 Den Topf zurück auf die Kochstelle setzen und die Sauce zum Kochen bringen – sie dabei ständig durchschlagen, bis sie dick wird.

4 Mit Muskat, Salz und Pfeffer abschmekken und weitere 2 Minuten köcheln lassen.

Dünne *béchamel* Butter- und Mehlmenge des Grundrezepts auf jeweils 15 g reduzieren.

Dicke *béchamel* Butter- und Mehlmenge des Grundrezepts auf jeweils 30 g erhöhen.

Käsesauce *(sauce Mornay)* Zu Eiern, Fisch, Geflügel, hellem Fleisch, Gemüse. 250 ml dünne *béchamel* zubereiten. Den Topf von der Kochstelle nehmen und 1 Eigelb (nach Belieben) und 4 EL geriebenen Parmesan oder Gruyère unterschlagen. Wenn gewünscht, die Sauce zusätzlich mit 1 TL Dijon-Senf würzen. Die Sauce nicht wieder erhitzen, da der Käse sonst Fäden zieht. Für Gratins, die später aufgewärmt werden sollen, die Sauce ohne Eigelb zubereiten.

Sahnesauce Zu Eiern, Fisch, Geflügel, Gemüse. 60 ml Crème fraîche oder Crème double zu 250 ml *béchamel* hinzufügen und alles unter häufigem Rühren köcheln lassen, bis die gewünschte Konsistenz erreicht ist. Nach Geschmack würzen.

Champignonsauce Zu Fisch, Geflügel, Kalb. 60 g blättrig geschnittene Champignons in einem kleinen Topf zusammen mit 1–2 EL Wasser, 1 Spritzer Zitronensaft, Salz und Pfeffer erhitzen. Die Mischung mit Küchenkrepp abtupfen, um das Fett zu entfernen, und die Pilze 4–5 Minuten dünsten, bis sie weich sind. 250 ml dicke *béchamel* hinzufügen, die Sauce zum Kochen bringen und abschmecken.

Zwiebelsauce *(sauce Soubise)* Zu Eiern, Kalb, Lamm. In einem schweren Topf 15 g Butter zerlassen, 2 gehackte mittelgroße Zwiebeln, Salz und Pfeffer dazugeben. Mit Küchenkrepp abtupfen, um überschüssiges Fett zu entfernen, den Deckel auflegen und alles 15–20 Minuten behutsam garen, bis die Zwiebeln weich, aber nicht braun sind. Die Zwiebeln in 250 ml dicke *béchamel* einrühren und die Sauce durch ein feines Sieb streichen. Danach wieder erhitzen und zum Schluß abschmecken.

Tomatensauce *(sauce aurore)* Zu Eiern, Fisch, Geflügel, Kalb. Mit dem Schneebesen 2–3 TL Tomatenpüree unter 250 ml dünne *béchamel* rühren. Die Sauce nach Geschmack würzen.

Currysauce *(sauce indienne)* Zu Eiern, Fisch, Gemüse. 1 feingehackte Zwiebel in 30 g Butter sautieren. 1 EL Currypulver sowie 1 abgezogene, entkernte und gehackte Tomate unterrühren und alles unter Rühren 2–3 Minuten behutsam garen. 500 ml dünne *béchamel* hinzufügen und auf 375 ml einkochen lassen. Die Sauce absieben und nach Geschmack würzen.

Austernsauce *(sauce Escoffier)* Zu gegrillten Steaks. 2–3 EL Austernflüssigkeit mit 2 Eigelb verquirlen. 250 ml *béchamel* mittlerer Konsistenz unterrühren. Die Sauce unter Rühren erhitzen, bis sie leicht eindickt, dann von der Kochstelle nehmen. 4 pochierte und gehackte Austern unterrühren. Mit Cayennepfeffer abschmecken.

Velouté

Für eine gute *velouté* – eine samtige, gehaltvolle Sauce – ist die Qualität des Fonds von entscheidender Bedeutung. Häufig nimmt man dazu die Flüssigkeit, in der die Hauptzutat der Speise gegart wurde, wie etwa bei pochiertem Fisch oder Hühner-*blanquette* (S. 512). Für andere Speisen wird der Fond separat zubereitet.

Obwohl die *velouté* wie eine *béchamel* auf einer Einbrenne basiert, erfolgt die Zubereitung nach einer anderen Methode. Man gibt zu Beginn der Garzeit mehr Flüssigkeit zu, so daß die Sauce zunächst recht dünn ist. Durch behutsames Köcheln – bis zu einer Stunde – konzentriert sich das Aroma, die Stärken im Mehl werden umgewandelt, und die Sauce erhält ihre charakteristische samtige Beschaffenheit.

Die Sauce sollte während der Garzeit gelegentlich durchgerührt werden, damit sie nicht ansetzt. Ebenso wichtig ist es, immer wieder den Schaum abzuschöpfen, und zum Klären der Sauce (unten) kann weiterer Fond zugegeben werden. Falls die Sauce am Ende der Garzeit noch zu dünn ist, kann man sie durch kräftiges Kochen weiter reduzieren. Läßt man die Sauce am Anfang zu rasch garen, bilden sich Klümpchen. Am Ende der Garzeit wird eine *velouté* häufig mit Sahne angereichert und mit einem Spritzer Zitronensaft abgeschmeckt. Zum Verfeinern und Andicken kann man sie auch mit Eigelb und Sahne legieren (S. 59).

Neben den klassischen Ableitungen der *sauce velouté* führten phantasievolle Beigaben, wie etwa Safran oder pürierter Spinat, zu einigen der innovativsten Saucen der modernen Kochkunst. *Velouté* serviert man zu Fisch, Geflügel, Kalb und Gemüse.

Sauce velouté
(Weiße Grundsauce)

Ergibt etwa 250 ml
375 ml heller Kalbs-, Hühner- oder Fischfond (S. 44)
20 g Butter
20 g Mehl
Salz und Pfeffer

Aromazutaten (nach Belieben)
60 ml Crème fraîche oder Crème double
1 Spritzer Zitronensaft

1 Den Fond zum Kochen bringen. In der Zwischenzeit die Butter in einem schweren Topf zerlassen. Das Mehl unterrühren und 1–2 Minuten anschwitzen, bis die Einbrenne schäumt und strohgelb ist.
2 Den Topf von der Kochstelle nehmen, etwas abkühlen lassen, dann mit dem Schneebesen drei Viertel des Fonds unterrühren. Die Sauce zum Kochen bringen und dabei kräftig durchrühren, bis sie dick wird. Die Sauce nur leicht würzen, da sich die Aromen beim Garen noch konzentrieren.
3 Die Sauce unter gelegentlichem Rühren bis zu 1 Stunde, wenigstens aber 15 Minuten leise kochen lassen. Dabei von Zeit zu Zeit etwas kalte Flüssigkeit zum Klären der Sauce (unten) hinzufügen. Um eine sehr feine *velouté* zu erhalten, die Sauce bei schwacher Hitze mehrere Stunden köcheln lassen. Ist sie zu dünn, die Flüssigkeit bei starker Hitze bis zur gewünschten Konsistenz einkochen lassen.
4 Gegebenenfalls die Sahne hinzufügen und die Sauce nochmals kochen lassen. Streicht man sie anschließend durch ein feines Sieb, bekommt sie einen schönen Glanz. Die *velouté* nach Belieben mit Zitronensaft abschmecken.

Champignonsauce *(sauce allemande)* Zu Kalb, Gemüse. 250 ml *velouté* mit Kalbsfond zubereiten und während des Garens 60 g gehackte Champignons dazugeben. Die Sauce absieben, 1 Eigelb unterschlagen, dann kurz aufwallen lassen. Den Topf vom Herd nehmen und die Sauce mit 15 g Butter anreichern (S. 53). Mit Zitronensaft und Muskat abschmecken.

Zitronen-Petersilien-Sauce *(sauce poulette)* Zu Geflügel, Kalb, Bries, Hirn, Gemüse. Nach obenstehendem Rezept eine Champignonsauce zubereiten. 1 EL gehackte Petersilie unterrühren und die Sauce nach Geschmack würzen.

Geflügelrahmsauce *(sauce suprême)* Zu Geflügel. 250 ml *velouté* mit Hühnerfond zubereiten und während des Garens 60 g gehackte Champignons hinzufügen. Die Sauce durch ein Sieb streichen und 60 ml Crème fraîche oder Crème double unterschlagen. Weiterköcheln lassen, bis die gewünschte Konsistenz erreicht ist, dann mit Zitronensaft, Salz und Pfeffer abschmecken. Die Sauce vom Herd nehmen und zur Verfeinerung (S. 53) stückchenweise 15–30 g kalte Butter einschwenken.

Tomatensauce *(sauce aurore)* Zu Eiern, Fisch, Geflügel, Kalb. Mit dem Schneebesen 2–3 EL Tomatenpüree unter 250 ml *velouté* rühren. Die Sauce nach Geschmack mit Salz und Pfeffer würzen.

Ei-Zitronen-Sauce *(avgolemono)* Zu Fisch, Fleisch, Gemüse. 250 ml Fisch-, Hühner- oder Kalbsfond zum Kochen bringen. 3 Eigelb und den Saft von 1 Zitrone gut verquirlen. Den kochenden Fond unter kräftigem Rühren zur Eigelb-Zitronen-Mischung gießen. Die Sauce zurück in den Topf füllen und unter ständigem Rühren behutsam erhitzen, bis sie leicht eindickt.
Hinweis Die Sauce darf nicht kochen, da sie sonst gerinnt.

Hummersauce *(sauce cardinale)* Zu Weißfisch, Fisch-Mousse. Die Kardinal-Sauce verdankt ihren Namen dem roten Hummerrogen, dessen Farbe an die Soutane eines Kardinals erinnert. 500 ml – mit Fischfond zubereitete – *velouté* zusammen mit 250 ml Fischfond auf etwa 500 ml reduzieren. 250 ml Crème fraîche oder Crème double hinzufügen und alles wiederum auf 500 ml einkochen lassen. Die Sauce von der Kochstelle nehmen und mit 75 g Hummerbutter (S. 155) aufschlagen. Mit Cayennepfeffer, Salz und Pfeffer abschmecken.

Krebssauce *(sauce Nantua)* Aus Köpfen und Panzern von 750 g Krebsen 500 ml Fischfond kochen und damit eine *velouté* zubereiten. (Die *velouté* kann durch eine *béchamel* ersetzt werden.)

SAUCEN AUF FOND-BASIS KLÄREN

Langes behutsames Köcheln ist für Saucen auf Fond-Basis wichtig, damit Unreinheiten, Trüb- und Schwebstoffe nach oben steigen und abgeschöpft werden können. Am Ende der Garzeit sollte die Sauce beinahe durchscheinend sein.

Damit der Schaum zur Oberfläche steigt, die Sauce während des Garens gelegentlich von der Kochstelle nehmen und zwei bis drei Eßlöffel kalten Fond oder kaltes Wasser dazugeben. Den Schaum mit einer Suppenkelle oder einem Löffel abschöpfen und dabei möglichst wenig Sauce mit abnehmen (rechts eine *velouté*).

Alternativ kann man den Topf auch zur Hälfte von der Kochstelle ziehen und mit einem Schaumlöffel die Unreinheiten abschöpfen, die auf der kühleren Seite des Topfes nach oben steigen.

CHAUDFROID-SAUCE

Chaudfroid-Sauce basiert auf Saucen, die man normalerweise heiß (franz. *chaud*) serviert, und wird zum Überziehen von kaltem (franz. *froid*) Fleisch und Fisch verwendet. Für eine Chaudfroid-Sauce vermischt man die jeweilige Grundsauce (*béchamel, velouté* oder dunkle Sauce) mit Aspik, so daß sie nach dem Erkalten zu einem cremigen Gelee wird.

Die Sauce verleiht Speisen Aroma, stellt aber vor allem einen glatten, dezenten Untergrund für Garnierungen aus Tomate, Trüffeln, hartgekochtem Ei, Porree und Kräutern dar. Gewöhnlich überzieht man die von der Chaudfroid-Sauce eingehüllten Speisen zusätzlich mit klarem Aspik.

Weiße Chaudfroid-Sauce Zum Überziehen von Eiern, Fisch, Huhn, Kalbfleisch. 500 ml dünne *béchamel* oder *velouté*, die mit Kalbs-, Hühner- oder Fischfond zubereitet wurde, zusammen mit 125 ml Crème fraîche oder Crème double leise kochen lassen, bis die Flüssigkeit auf die Hälfte reduziert ist. 250 ml Aspik (S. 253) der gleichen Geschmacksrichtung unterrühren. ½ EL Gelatine einweichen (S. 431), bei niedriger Temperatur auflösen und unter die Sauce rühren. Die Sauce anschließend abkühlen lassen und die vorgesehenen Speisen damit überziehen.

Tomaten-Chaudfroid-Sauce Zum Überziehen von Eiern, Fisch, Huhn. Der *béchamel* oder *velouté* in obenstehendem Rezept 4–5 EL Tomatenpüree zugeben.

Braune Chaudfroid-Sauce Zum Überziehen von Rindfleisch, Wild. Die helle Grundsauce im Rezept für weiße Chaudfroid-Sauce durch braune Sauce oder *sauce espagnole*, die mit dunklem Kalbsfond zubereitet wurde (rechte Seite), ersetzen. Der fertigen Sauce 1–2 TL Fleisch-Glace zugeben.

ROTWEINSAUCE

Die Gastronomie kennt Rotweinsaucen in zahlreichen Varianten aus unterschiedlichen Regionen. Das Rezept für diese Sauce stammt aus dem Burgund. Entgegen der Tradition, Weißwein für helle Zutaten zu verwenden, wird sie zu pochierten Eiern, Fisch und Hirn serviert. Häufig wird der Wein für die Sauce zuvor zum Pochieren der Speise genommen. Zubereitung der Rotweinsauce: Je 1 EL Zwiebel-, Möhren- und Bleichselleriewürfel in 30 g Butter weich dünsten. Eine Flasche (750 ml) roten Burgunder sowie 500 ml Kalbsfond hinzufügen und langsam auf die Hälfte reduzieren. Die Sauce mit Mehlbutter binden und mit Speckstreifen, Champignons und eingelegten Perlzwiebeln garnieren.

Einbrenne

Eine Einbrenne – auch als Mehlschwitze oder *roux* bekannt – ist eine Mischung aus gleichen Teilen Mehl und Fett (gewöhnlich Butter oder Öl), die man zum Binden von *béchamel-, velouté-* und dunklen Saucen nimmt. Für eine *béchamel* erhitzt man Butter in einem schweren Topf, bis sie schäumt, und schlägt dann Mehl darunter. Wenn die Mischung zu schäumen beginnt, fügt man die Milch hinzu. Für eine *velouté* wird die Mehlschwitze länger gegart – einige Köche bevorzugen eine strohgelbe Farbe (franz. *blond*) –, bevor der Fond dazukommt. Für eine *sauce espagnole* muß die Einbrenne so lange gegart werden, bis sie rostbraun geworden ist, was der Sauce Farbe und Geschmack verleiht.

Durch das Garen der Einbrenne – vor der Zugabe von Flüssigkeit – erfolgt eine Umwandlung von Kohlenhydraten, so daß sich in der Sauce weniger schnell Klümpchen bilden. Einbrenne sollte bei mittlerer Temperatur zubereitet werden und erfordert ständige Aufmerksamkeit. Die Garzeit beträgt für eine weiße Einbrenne 1 Minute, für eine hellgelbe 2–3 Minuten und für eine braune etwa 5 Minuten. Letztere kann auch 20 Minuten oder länger bei 230 °C/Gas Stufe 5 im Backofen geröstet werden.

Wenngleich unterschiedliche Auffassungen darüber herrschen, ob die Flüssigkeit zum Aufgießen der Einbrenne heiß oder kühl sein soll, kann man aus Zeitgründen heiße Flüssigkeit nehmen. Gibt man einer sehr heißen Einbrenne kochende Flüssigkeit zu, dickt die Sauce so rasch ein, daß sich Klümpchen bilden. Ist die Flüssigkeit andererseits zu kalt, muß man die Sauce unnötig lange durchrühren, während sie zum Kochen gebracht wird.

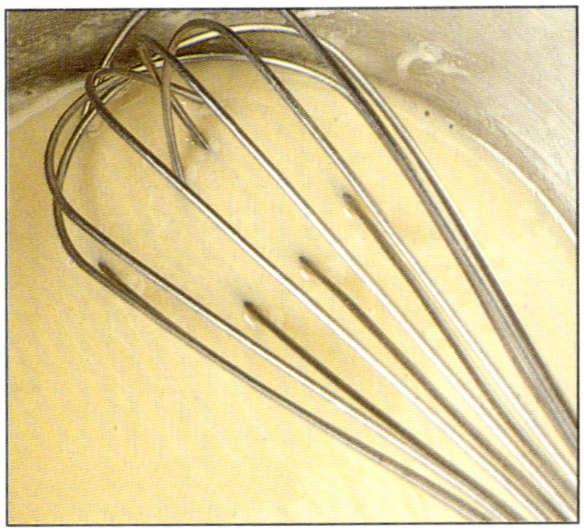

Weiße Einbrenne für helle Saucen *(béchamel* oder *velouté)* wird nur 1 Minute gegart.

Wird die Einbrenne 2–3 Minuten gegart, beginnt das Mehl bereits leicht zu bräunen.

Für eine braune Einbrenne wird das Mehl gründlich angeröstet, bis es dunkelbraun ist und über die Aromafülle verfügt, die für *sauce espagnole* (rechte Seite) erforderlich ist.

DUNKLE SAUCEN

Sauce espagnole, der Ursprung der braunen Sauce, war einst der Stolz der französischen Küche. Der Name stammt aus dem 18. Jahrhundert, als der feinste Schinken – unentbehrliche Zutat für eine *espagnole* – aus Spanien kam. Die Zubereitung der Sauce dauerte damals zwei bis drei Tage. Zunächst wurde die Einbrenne langsam gebräunt, damit sich das Aroma entfaltete, dann fügte man einen kräftigen braunen Fond hinzu, dessen Zubereitung allein schon einen ganzen Tag in Anspruch nahm, und gab gleichzeitig Kalbfleisch, Schinken, Geflügel oder Federwild dazu.

Inzwischen verzichten die meisten Köche auf die Einbrenne und binden ihre braune Grundsauce statt dessen mit Pfeilwurzel- oder Kartoffelmehl, so daß eine leichtere Sauce entsteht und sich das lange Garen erübrigt. Dennoch wird die auf klassische Art zubereitete *sauce espagnole* auch heute noch als interessantere Alternative zu brauner Grundsauce genommen. Je dunkler der verwendete Fond, desto kräftiger wird das Aroma einer braunen Sauce. Kalbsfond ist vor allem für Geflügel und helles Fleisch geeignet, während ein dunkler Kalbs- oder Rinderfond besser zu Lamm, Rind und Wild paßt.

Braune Grundsauce (S. 58) und *sauce espagnole* werden durch Anreichern mit Butter (S. 53) verfeinert sowie durch das Hinzufügen von Aromazutaten, beispielsweise Wein, Zwiebeln, Senf oder Kräuter. Häufig reduziert man diese Zutaten zuvor zu einer konzentrierten Essenz.

ZUR INFORMATION
Portion 3–4 EL (45–60 ml).
Bemerkung Braune Sauce, die zu konzentriert und leicht bitter schmeckt, mit Fond oder Wasser verdünnen; bei zu säuerlichem Geschmack empfiehlt es sich, einige Späne Bitterschokolade hinzufügen.
Aufwärmen Im Topf auf dem Herd.
Aufbewahrung Im Kühlschrank 3 Tage; tiefgefroren: 1 Jahr.

Espagnole

Für eine feine *sauce espagnole* muß die Mehlschwitze vorsichtig, aber gründlich gegart werden, damit sie bräunt, ohne zu verbrennen. Der Fond muß einen vollen Geschmack und einen hohen Gelatinegehalt haben. Die Sauce wird auf die Hälfte ihres ursprünglichen Volumens reduziert und dabei abgeschäumt, damit sie sich klärt (S. 55). Zunächst schmeckt eine *espagnole* etwas streng. Mit zunehmender Garzeit wird sie jedoch weicher und dunkler und »nimmt allmählich den brillanten Glanz an, der das Auge erfreut« – wie der große Küchenmeister des 19. Jahrhunderts, Antonin Carême, bemerkte.

Sauce espagnole (Braune Grundsauce)

Ergibt etwa 500 ml
3 EL Öl
60 g geräucherter Schinkenspeck oder roher Schinken, gewürfelt
½ Zwiebel, gewürfelt
½ Möhre, gewürfelt
30 g Mehl
1 l dunkler Kalbsfond (S. 44)
1 *bouquet garni*
1 Tomate, geviertelt
2 TL Tomatenpüree
Salz und Pfeffer

1 Das Öl in einem schweren Topf erhitzen und den Schinken darin auslassen. Zwiebel- und Möhrenwürfel hinzufügen und sautieren, bis sie weich sind.
2 Das Mehl dazugeben und etwa 5 Minuten unter Rühren behutsam anrösten, bis die Einbrenne eine kräftige, dunkelbraune Farbe angenommen hat.
3 Den Fond zum Kochen bringen. Die Einbrenne vom Feuer nehmen und leicht abkühlen lassen. Dann drei Viertel des Fonds unterschlagen und die Sauce unter kräftigem Rühren kochen lassen, bis sie dick wird.
4 *Bouquet garni,* Tomate und Tomatenpüree hinzufügen. Die Sauce im offenen Topf sehr behutsam 3–4 Stunden köcheln lassen. Dabei gelegentlich umrühren und – insbesondere zu Beginn der Garzeit – häufig abschäumen. Zum Klären der Sauce den verbliebenen Fond während des Garens dazugeben und gründlich abschäumen.
5 Wenn die Sauce auf die Hälfte reduziert ist, Glanz und einen konzentrierten Geschmack bekommen hat, wird sie abgesiebt (S. 53). Die *espagnole* mit Salz und Pfeffer abschmecken.

GLACE UND FLEISCHSAFT

Fleisch-Glace *(glace de viande)* Hierzu kocht man hellen oder dunklen Kalbsfond so stark ein, daß er die für eine Glace charakteristische sirupartige Konsistenz bekommt. Fleisch-Glace wird beim Erkalten vollkommen fest und hält sich dann im Kühlschrank mehrere Monate. Gut 1 l Fond ergibt etwa 250 ml Glace. Ein Eßlöffel Glace reicht zur geschmacklichen Abrundung einer *demi-glace* oder einer Madeira-Sauce (S. 58) völlig aus, kann aber auch zu einem dunklen Fond von nußartigem Geschmack verdünnt werden.
Hühner-Glace und **Fisch-Glace** Die Zubereitung erfolgt wie bei einer Fleisch-Glace, jedoch mit Hühner- beziehungsweise Fischfond.
Fleischsaft *(jus)* *Jus* wird aus in Stücke gehauenen Fleischknochen zubereitet und liegt in der Konsistenz zwischen Fond und Glace. Die Knochen werden in etwas Öl zusammen mit Zwiebel und Möhre auf dem Herd oder im sehr heißen Backofen gebräunt und gründlich gegart. Den Bratensatz löscht man mit dunklem Fond ab und läßt alles zu einer Glace einkochen. Für ein Maximum an Aroma wird dieser Vorgang mehrmals wiederholt. Dann gießt man Fond auf, so daß die Knochen bedeckt sind, und läßt den Fleischsaft unter häufigem Abschäumen köcheln, bis er auf die Hälfte reduziert ist. Zum Schluß wird er abgesiebt. Ein solcher Fleischsaft kann anstelle von Fond für dunkle Saucen oder als Grundlage für Buttersaucen verwendet werden. Im Kühlschrank hält er sich eine Woche, tiefgefroren bis zu einem Jahr.

BRATENSAUCE

Bratensauce macht man aus dem aromatischen Saft, der beim Braten von Fleisch austritt und sich am Boden der Pfanne oder des Bräters festsetzt. Für dunkles Fleisch sollten Bratensaucen dunkelbraun sein, für helles Fleisch und Geflügel goldgelb. Zur Geschmacksabrundung kann man beim Garen des Bratens einige Zwiebel- und Möhrenviertel sowie Knochen mit in den Bräter legen. Wenn der Bratsatz anzubrennen droht, etwas Fond oder Wasser hinzufügen. Ist der Bratsatz am Ende der Garzeit nicht ausreichend dunkel, wird er etwas stärker als eine Glace reduziert, bis er karamelisiert. Dies verleiht ihm Farbe und Geschmack.

Bratensauce kann dick oder dünn und zusätzlich aromatisiert sein. Für eine nicht gebundene Bratensauce wird das gesamte Fett abgeschöpft und weggegossen. (Wenn Butter zum Braten verwendet wurde, nehmen manche Köche das aromatische Fett gern für andere Speisen.) Den entfetteten Bratsatz mit Fond, Wein oder Wasser – oder einer Mischung aus Wein und Fond – ablöschen (S. 513). Die Sauce reduzieren, absieben und nach Geschmack würzen.

Für eine gebundene Bratensauce etwa 30 g (2 EL) Fett in der Pfanne oder im Bräter belassen, 1–2 EL Mehl einrühren und gründlich anrösten – das Bräunen ist der Schlüssel für eine gute gebundene Bratensauce; Perfektionisten lehnen die Verwendung von Färbemitteln, wie etwa Zuckercouleur (in Wasser aufgelöster Karamel), strikt ab. Fond, Wein oder Wasser aufgießen und die Sauce reduzieren, bis sie eindickt. Die Konsistenz ist eine Frage des persönlichen Geschmacks – Bratensauce kann dünn oder dick sein. Zur Verfeinerung kann man süße oder saure Sahne nehmen und sogar Kaffee, wie dies in Amerika bei Saucen für Schinken oder in Schweden für Lammbraten geschieht.

Braune Grundsauce

Nichts ist einfacher herzustellen als eine braune Grundsauce, die mit Fond zubereitet und kurz vor dem Servieren mit Pfeilwurzel- oder Kartoffelmehl gebunden wird (rechte Seite). Für ein gelungenes Ergebnis muß der Fond jedoch stark konzentriert und reich an Gelatine von Fleischknochen sein. Eine zu kräftige braune Sauce kann einfach mit Wasser verdünnt werden.

Gewöhnlich wird eine braune Grundsauce nicht wie eine *espagnole* oder eine *velouté* nach dem Binden reduziert, sondern bereits vorher. Das hat den Vorteil, daß der Fond nicht so leicht ansetzt und die Sauce beim Garen weniger Aufmerksamkeit erfordert als eine *espagnole.*

Braune Grundsauce

Ergibt 250 ml

250 ml dunkler Kalbs- oder Rinderfond (S. 44)
2 TL Pfeilwurzel- oder Kartoffelmehl
2 EL Madeira oder kaltes Wasser
1–2 TL Tomatenpüree (nach Belieben)
Salz und Pfeffer

1 Den Fond in einem Topf zum Kochen bringen und kosten. Wenn es ihm an geschmacklicher Fülle fehlt, die Flüssigkeit entsprechend einkochen. Pfeilwurzel- oder Kartoffelmehl mit Madeira oder Wasser in einer Tasse anrühren.

2 So viel angerührte Speisestärke unter den kochenden Fond schlagen, daß er die gewünschte Konsistenz erhält – er dickt sofort ein. Gegebenenfalls etwas Tomatenpüree unterrühren, um der Sauce Farbe zu verleihen. Die Sauce durch ein Sieb streichen und abschmecken.

Abwandlungen

Alle folgenden Varianten der braunen Grundsauce können mit *sauce espagnole* (S. 57) zubereitet werden.

Braune Kraftsauce *(sauce demi-glace)* Eine sehr gehaltvolle dunkle Sauce, die zu Fleisch gereicht oder als Grundlage für andere Saucen verwendet wird. 2 EL gehackte Champignons, 1 TL Tomatenpüree, 2 EL dunklen Kalbsfond und 2 EL Madeira zu 250 ml *sauce espagnole* dazugeben. Unter häufigem Abschäumen auf 250 ml reduzieren. Die Flüssigkeit absieben und 15 g Fleisch-Glace (S. 57) unterschlagen. Die Sauce mit 15 g Butter anreichern (S. 53) und abschmecken.

Bitterorangensauce *(sauce bigarade)* Zu Ente. Die unbehandelte Schale von 1 Bitterorange in feine Streifen schneiden, 2 Minuten blanchieren und zum Abtropfen beiseite stellen. In 15 g Butter 1 gehackte Schalotte weich dünsten. 175 ml Rotwein und den Saft der Bitterorange hinzufügen und alles auf 125 ml reduzieren. Dann 500 ml braune Sauce sowie 1 EL rotes Johannisbeergelee dazugeben. Die Sauce aufkochen und absieben. Die blanchierte Orangenschale dazugeben und die Sauce kosten. Bei Verwendung einer süßen Orange die Sauce mit Zitronensaft abschmecken.

Teufelssauce *(sauce diable)* Zu Braten, gegrilltem Fleisch, Kaninchen. 60 ml Weißwein mit 60 ml Weißweinessig, 1 feingehackten Schalotte und 1 TL Tomatenpüree auf etwa 45 ml Flüssigkeit reduzieren. Dann 250 ml braune Sauce unterrühren und alles zum Kochen bringen. Den Topf vom Feuer nehmen, 1 Messerspitze Cayennepfeffer hinzufügen und abschmecken. Die Sauce nicht wieder zum Kochen bringen.

Madeira-Sauce *(sauce madère)* Zu Innereien, Rinderfilet, Kalb, Schinken. 250 ml braune Sauce nach Belieben mit 1 TL Fleisch-Glace verfeinern und dann mit etwa 2 EL Madeira abschmecken.

Jägersauce *(sauce chasseur)* Zu Innereien, gegrilltem oder gebratenem Huhn, Kaninchen. In 15 g Butter 2 feingehackte Schalotten sautieren, bis sie weich, aber nicht braun sind. 125 g blättrig geschnittene Champignons dazugeben und weich dünsten. Dann 250 ml Weißwein angießen und auf etwa 75 ml reduzieren. 250 ml braune Sauce sowie 125 ml Tomatensauce (ersatzweise 2 EL Tomatenpüree) unterrühren und alles kurz aufwallen lassen. Die Sauce von der Kochstelle nehmen und mit 30 g Butter anreichern. 1 EL gehackte Petersilie und nach Belieben 2 TL gehackten Estragon unterziehen.

Rotweinsauce mit Rindermark *(sauce bordelaise)* Zu Rindersteaks, insbesondere Entrecôte. 125 ml Rotwein zusammen mit 1 feingehackten Schalotte auf etwa 2 EL Flüssigkeit reduzieren. 250 ml braune Sauce und etwas frisch gemahlenen schwarzen Pfeffer unterrühren. Zum Kochen bringen und absieben. Die Sauce neben dem Feuer mit 15 g Butter anreichern. Mit einem heißen Messer das Mark aus einem Rindermarkknochen herauslösen (S. 235). Das Mark in Scheiben schneiden, 1–2 Minuten pochieren, dann abtropfen lassen und in die Sauce geben. Die Sauce mit Salz und Pfeffer abschmecken.

Dunkle Tomatensauce *(sauce bretonne)* Zu Lamm, insbesondere mit weißen Bohnen. In 15 g Butter ½ feingehackte Zwiebel weich dünsten. Mit 125 ml Weißwein ablöschen und auf die Hälfte einkochen lassen. 250 ml braune Sauce, 250 ml Französische Tomatensauce (S. 65) oder 2 EL Tomatenpüree sowie 1 zerdrückte Knoblauchzehe hinzufügen. Die Sauce 8–10 Minuten köcheln lassen, dann 2 TL gehackte Petersilie dazugeben und nach Geschmack würzen.

Dunkle Sauce mit Senf, Essig und Zwiebel *(sauce Robert)* Eine traditionsreiche Sauce zu Schweinefleisch. In 15 g Butter ½ gehackte Zwiebel weich dünsten. 75 ml Weißwein und 3 EL Weißweinessig hinzufügen. Das Ganze auf 2 EL Flüssigkeit einkochen. Dann 250 ml braune Sauce unterrühren und alles schwach zum Kochen bringen.

Die Sauce von der Kochstelle nehmen und 2 TL Dijon-Senf unterrühren (die Sauce darf nicht wieder kochen).

Pfeffersauce *(sauce poivrade)* Zu Ente, Schwein und Wild. 500 ml braune Sauce aus der Schmorflüssigkeit und/oder Wildmarinade zubereiten. Je 2 EL Zwiebel-, Möhren- und Bleichselleriewürfel in 2 EL Öl sautieren. Mit 250 ml Weißwein ablöschen, ein *bouquet garni* dazugeben und die Flüssigkeit auf 125 ml reduzieren. 500 ml braune Sauce hinzufügen und alles unter häufigem Abschäumen 10–15 Minuten köcheln lassen. Die Sauce absieben, dann 1 EL rotes Johannisbeergelee und 60 ml Crème double unterschlagen. Mit frisch gemahlenem schwarzem Pfeffer abschmecken.

Trüffelsauce *(sauce Périgueux)* Zu Eiern, Rinderfilet, Tournedos, Kalb. Den Saft von 1 kleinen Dose Trüffeln zu 250 ml brauner Sauce geben. Wenn die Sauce schwach kocht, die in Würfel geschnittenen Trüffeln und 1 EL Madeira hinzufügen. Die Sauce mit 30 g Butter anreichern (S. 53) und nach Geschmack würzen.

Dunkle Sauce mit Essiggurken *(sauce charcutière)* Zu gegrilltem und gebratenem Schweinefleisch. 75 ml Weißwein zusammen mit 1 feingehackten Schalotte auf etwa 1 EL Flüssigkeit reduzieren. 2 Gewürzgurken in feine Streifen schneiden und zusammen mit 250 ml brauner Sauce zur Schalotte geben. Die Sauce nach Geschmack würzen.

Saucen vor dem Servieren binden

Grundsätzlich gehört zu jeder Sauce eine Zutat, mit der sie angedickt wird. Einige Bindemittel kann man kurz vor dem Servieren einrühren.

Pfeilwurzel- oder Kartoffelmehl

Es wird zum Binden von brauner Grundsauce sowie für Saucen genommen, die aus der Garflüssigkeit der betreffenden Speisen zubereitet werden. Man gibt das Stärkemehl am Ende der Garzeit zu, da es seine Wirkung verliert, wenn es länger als zwei oder drei Minuten köchelt. Saucen auf der Grundlage von Einbrenne können, falls sie zu dünn sind, kurz vor dem Servieren mit einem Teelöffel Pfeilwurzel- oder Kartoffelmehl eingedickt werden.

Je 500 ml Flüssigkeit 2–3 TL Pfeilwurzel- oder Kartoffelmehl mit 2–3 EL kalter Flüssigkeit (Wasser oder Fond) verrühren. So viel angerührte Speisestärke unter die kochende Sauce schlagen, daß diese etwas eindickt; die gebundene Sauce soll leicht und sirupartig sein.

Maisstärke

Maisstärke wird häufig zum Andicken süßer Saucen sowie als Bindemittel in der asiatischen Küche verwendet und den Speisen in gleicher Weise wie Pfeilwurzel- oder Kartoffelmehl zugegeben. Mit Maisstärke gebundene Saucen sind klebriger, und man kann sie länger garen, ohne daß sie wieder dünn werden.

Eigelb und Sahne

Sie werden zum Verfeinern und Binden von *velouté,* gelegentlich auch von *béchamel,* verwendet. Die Mischung ist kurz vor dem Servieren unter die Sauce zu ziehen, da sie gerinnen kann, wenn man die legierte Sauce zu lange erhitzt oder aufwärmt. Eine *liaison* aus einem Eigelb und ein bis zwei Eßlöffeln Sahne reicht für bis zu 500 ml Sauce.

1 Die Sauce zum Kochen bringen. In einer Schüssel Eigelb und Sahne verquirlen und mit etwas heißer Sauce vermischen.

2 Die *liaison* neben dem Feuer unter die restliche Sauce rühren. Den Topf zurück auf die Kochstelle setzen und die Sauce unter kräftigem Rühren leicht eindicken lassen. Falls die Sauce kein Mehl enthält, darf sie nicht kochen, da sie sonst gerinnt. Saucen auf der Grundlage von Mehlschwitze nach dem Legieren kurz aufwallen lassen. Die Sauce so rasch wie möglich servieren.

Mehlbutter (*beurre manié*)

Hierbei handelt es sich um mit Mehl verknetete Butter, die man einer Sauce in kleinen Stücken zugibt. Obwohl dies, anders als bei einer Mehlschwitze, am Ende der Garzeit geschieht, verleiht Mehlbutter den Saucen eine ähnlich volle Konsistenz. Zum Binden von 250 ml Sauce benötigt man 30 g Mehlbutter, für 500 ml Sauce 45 g. Durch die Zugabe von Mehlbutter kann man auch die Beschaffenheit und den Geschmack einer mittelmäßigen Sauce verbessern.

Die Butter mit einer Gabel oder einem Schneebesen schaumig schlagen und die gleiche Menge Mehl unterarbeiten. Kleine Stücke Mehlbutter in die Sauce geben und kräftig unterrühren. Die Butter schmilzt und verteilt dabei das Mehl gleichmäßig in der Flüssigkeit, die sofort eindickt. Stückchenweise weitere Mehlbutter hinzufügen, bis die Sauce die gewünschte Konsistenz hat.

Blut oder Leber

Diese Zutaten geben dunklen Saucen, insbesondere solchen zu Wild, Fülle und Farbe. In einigen Ländern wird zusammen mit dem Wildbret gelegentlich auch ein Behälter mit frischem Blut verkauft, häufig nimmt man ersatzweise aber auch Schweineblut. Um Blut einige Tage aufzubewahren, vermischt man es mit ein oder zwei Eßlöffeln Essig, damit es nicht gerinnt, und stellt es luftdicht verschlossen in den Kühlschrank. Anstelle von Blut kann man feingehackte rohe Leber oder *foie gras* (Gänseleber) verwenden. Mit Blut oder Leber gebundene Saucen dürfen nicht wieder stark erhitzt werden, da sie sonst gerinnen.

Die Sauce zum Kochen bringen. Die Leber hacken oder die *foie gras* durch ein Sieb streichen. Blut, Leber oder *foie gras* mit einigen Eßlöffeln heißer Sauce verrühren. Diese Mischung neben dem Feuer unter die übrige Sauce schlagen. Die Sauce behutsam erhitzen, bis sie leicht eindickt – sie darf nicht kochen, da sie anderenfalls gerinnt. Die Sauce absieben und servieren.

AUFGESCHLAGENE SAUCEN

In dem Bemühen um leichte Saucen haben sich Gourmet-Köche verstärkt den aufgeschlagenen Saucen zugewandt, deren Hauptzutat Butter ist.

Im Mittelpunkt stehen hierbei vor allem zwei Saucen, bei denen Eigelb und Butter innig zu einer Emulsion vermischt werden – die Holländische Sauce *(sauce hollandaise)*, die man mit Zitronensaft aromatisiert, und die Béarner Sauce *(sauce béarnaise)*, die man mit Essig, Schalotten und Estragon zubereitet.

Die dritte grundlegende Sauce dieser Art, die weiße Buttersauce *(beurre blanc)*, enthält kein Eigelb. Sie ist dünnflüssiger und trennt sich leichter als *hollandaise* oder *béarnaise*.

Die Qualität aller drei Saucen beruht auf der Verwendung bester frischer Butter. Für die glattere *hollandaise* nimmt man geklärte Butter.

Aufgeschlagene Saucen sind dafür bekannt, daß sie leicht gerinnen, und der Schlüssel zum Gelingen ist das Herstellen und Erhalten der Emulsion. Zu Beginn sollte die Butter sehr langsam zur Eigelbmasse hinzugefügt werden, bis die Sauce dick wird – dies zeigt an, daß die Emulgierung eingesetzt hat. Wird die Sauce zu stark erhitzt oder läßt man sie zu lange stehen, trennen sich die Bestandteile wieder voneinander. Bei der Zubereitung aufgeschlagener Saucen darf der Topfboden stets nur handwarm sein, da das Eigelb sonst fest wird und die Sauce gerinnt.

Hollandaise wie auch *béarnaise* werden warm serviert. *Hollandaise* reicht man als eigenständige Sauce oder fügt sie in kleinen Mengen einer *béchamel* oder *velouté* zum Nappieren von hellem Fleisch oder Fisch hinzu. Weiße Buttersauce sollte beim Servieren – man reicht sie zu Fisch- und Gemüse-Terrinen – kaum mehr als lauwarm sein.

Hollandaise

Die zuverlässigste Methode für eine *hollandaise* ist es, einen Eierschaum aus Eigelb und Wasser (ein Eßlöffel pro Eigelb) herzustellen. Dies kann direkt auf der Kochstelle oder im Wasserbad geschehen. Der Vorgang sollte wenigstens drei Minuten dauern, damit der Eierschaum locker, aber von dichter Beschaffenheit ist. Der Eierschaum wirkt als Stabilisator, so daß zerlassene Butter hinzugefügt werden kann, ohne daß sich die Sauce wieder trennt. Andere Verfahren der Zubereitung, zum Beispiel durch Erhitzen von Eigelb und kalter Butter im Wasserbad, dauern länger und erfordern ausreichend Erfahrung.

Früher war es üblich, eine *hollandaise* mit reduziertem Essig zu würzen, heute nimmt man in der Regel Zitronensaft. *Hollandaise* – mit oder ohne zusätzliche Aromazutaten – serviert man zu pochiertem Fisch, Eiern und Gemüse. Übriggebliebene *hollandaise* oder *béarnaise* hält sich abgedeckt bis zu zwei Tagen im Kühlschrank.

Sauce bâtarde (unechte Buttersauce), hier als Abwandlung der Holländischen Sauce aufgeführt, ist in Wirklichkeit keine *hollandaise*, sondern basiert auf einer Einbrenne, die mit Eigelb und Sahne legiert und mit Butter verfeinert wird. Sie läßt sich länger warm halten als eine echte *hollandaise*, und ihre Zutaten sind preiswerter.

ZUR INFORMATION

Portion 2–3 EL (30–45 ml).

Bemerkung Falls die Sauce gerinnt, neben der Kochstelle rasch einen Eiswürfel unterrühren, bis sie wieder glatt ist. Gelingt dies nicht, aus 2 Eigelb und Wasser einen neuen Eierschaum herstellen, dann nach und nach die geronnene Sauce unterarbeiten. Wurde die Sauce zu stark erhitzt und das Eigelb ist fest geworden, ist sie unbrauchbar. Man kann dann allenfalls die Eimasse absieben und die Butter wiederverwenden.

Aufwärmen Nicht empfehlenswert.

Aufbewahrung Im lauwarmen Wasserbad (*bain-marie*, S. 510) bis zu 30 Minuten.

SAUCE HOLLANDAISE ZUBEREITEN

Zur Zubereitung einer *hollandaise* benötigt man einen schweren Topf, damit sich die Hitze gleichmäßig verteilt und ein dichter Eierschaum entsteht; Kochgeschirr aus Kupfer (S. 510) ist ideal. Der Topfboden darf nicht zu heiß werden, da das Eigelb sonst gerinnt.

Ergibt 250 ml

175 g Butter
3 EL (45 ml) Wasser
3 Eigelb
Salz und weißer Pfeffer
Saft von ½ Zitrone
(oder nach Geschmack)

Kochtopf (nicht aus Aluminium)

1 Die Butter zerlassen und den Schaum mit einem Löffel abschöpfen. Die geklärte Butter abkühlen lassen.

2 In einem kleinen schweren Topf Wasser und Eigelb mit etwas Salz und Pfeffer 30 Sekunden kräftig durchschlagen, bis die Masse hellgelb und gründlich vermischt ist.

SAUCEN MIT DER KÜCHENMASCHINE AUFSCHLAGEN

Mit Hilfe einer Küchenmaschine aufgeschlagene Saucen sind meist dünner und weniger schaumig, doch kann man auf diese Weise eine geronnene Sauce wieder glattrühren.

Hollandaise Zutaten siehe Grundrezept. Wasser, Eigelb, Salz, Pfeffer und Zitronensaft 10 Sekunden (Mixer: niedrige Geschwindigkeit) verschlagen. Bei laufendem Gerät die heiße Butter langsam in dünnem Strahl dazugießen, bis die Sauce emulgiert und schaumig wird.

Béarnaise Arbeitsschritte 1 und 2 wie im Grundrezept. Die Flüssigkeit durch ein Sieb in die Rührschüssel oder den Mixer gießen. Eigelb, Salz und Pfeffer hinzufügen und alles 10 Sekunden (Mixer: niedrige Geschwindigkeit) verschlagen. Die heiße Butter bei laufendem Gerät langsam in dünnem Strahl dazugeben, bis die Sauce emulgiert. Estragon und Petersilie hinzufügen.

Mayonnaise Zutaten siehe Grundrezept (S. 63). Eigelb, Salz und Pfeffer, Essig oder Zitronensaft, Senf (falls verwendet) und 3 EL Öl 10 Sekunden (Mixer: niedrige Geschwindigkeit) verschlagen. Bei laufendem Gerät das restliche Öl in dünnem Strahl langsam dazugießen.

Abwandlungen

Malteser Sauce *(sauce maltaise)* Zu Gemüse, insbesondere Spargel. Die unbehandelte Schale einer halben Blutorange in feine Streifen schneiden, 2 Minuten in kochendem Wasser blanchieren, dann abtropfen lassen. 250 ml *hollandaise* mit Blutorangensaft abschmecken und die Orangenschale unterrühren. Ist die Orange süß, zusätzlich etwas Zitronensaft dazugeben.

Portweinsauce *(sauce divine)* Zu Spargel, Artischocken. 250 ml *hollandaise* mit Zitronensaft aufschlagen und mit Portwein abschmecken.

3 Die Masse bei schwacher Hitze etwa 3 Minuten durchschlagen, bis der Eierschaum so viel Stand hat, daß er 5 Sekunden seine Form hält.

4 Den Topf vom Feuer nehmen und die lauwarme Butter unterschlagen, dabei die Butter zunächst nur tropfenweise, dann in einem dünnen Strahl hinzufügen. Am Boden abgesetzten Schaum im Topf belassen.

5 Den Zitronensaft unterrühren und die Sauce abschmecken. Eine *hollandaise* sollte leicht vom Löffel ablaufen. Ist sie zu dick, kann man sie mit etwas Wasser oder Zitronensaft verdünnen.

Chantilly-Sauce *(sauce mousseline)* Zu Fisch, Huhn, Bries, Gemüse. 60 ml steifgeschlagene Crème fraîche oder Crème double unter 250 ml *hollandaise* heben. Mit Salz und Pfeffer abschmecken und sofort servieren.
Senfsauce *(sauce moutarde)* Zu Eiern, Fisch. 250 ml *hollandaise* mit etwa 2 TL Dijon-Senf abschmecken.
Hollandaise mit nußbrauner Butter *(sauce noisette)* Zu Eiern, Gemüse, pikanten Soufflés. Bei der Zubereitung der *hollandaise* braune Butter (S. 98) verwenden.
Unechte Buttersauce *(sauce bâtarde)* Zu pochiertem Fisch, Gemüse. Ergibt 450 ml Sauce. 250 ml Wasser zum Kochen bringen. In einem schweren Topf 20 g Butter erhitzen, bis sie schäumt. Neben der Kochstelle 20 g Mehl einrühren, dann das kochende Wasser unterschlagen – die Sauce dickt sofort ein. Die Sauce mit 1 Eigelb legieren und mit 90 g kalter Butter anreichern (S. 53). Mit Zitronensaft oder Essig (oder Kapern bei pochiertem Fisch), Salz und Pfeffer abschmecken. Die Sauce im Wasserbad warm halten.
Béarnaise mit Tomate *(sauce Choron)* Zu Eiern, Fisch, Steaks. Anstelle von Estragon 1½ EL Tomatenpüree unter 250 ml *sauce béarnaise* rühren.
Foyot-Sauce *(sauce foyot)* Zu gegrilltem Fleisch. 250 ml *béarnaise* mit aufgelöster Fleisch-Glace vermischen.

Béarnaise

Béarner Sauce ist eine dickflüssigere Version der *sauce hollandaise,* schmeckt jedoch sehr viel pikanter. Für eine *béarnaise* werden die Eigelb mit einer Reduktion aus Estragonessig, Weißwein, Pfefferkörnern und Schalotten zu einem dicken Eierschaum und anschließend – wie bei der *hollandaise* – mit zerlassener Butter aufgeschlagen.

Die Sauce paßt zu herzhaften Speisen, wie Steaks, Lammfleisch und Lachs vom Grill. (Weitere Hinweise s. ZUR INFORMATION, linke Seite.)

Sauce béarnaise

Ergibt 250 ml
175 g Butter
45 ml Weißweinessig
3 EL trockener Weißwein
10 Pfefferkörner, zerstoßen
3 Schalotten, feingehackt
1 EL gehackter frischer Estragon
oder in Essig eingelegte Estragonblätter
3 Eigelb
Salz und Cayennepfeffer
1 EL gehackter frischer Kerbel
oder gehackte frische Petersilie

Kochtopf (nicht aus Aluminium)

Vorgehensweise wie bei der Zubereitung einer *hollandaise.*
1 Die Butter zerlassen und zum Abkühlen beiseite stellen.
2 Essig, Wein, Pfeffer, Schalotten und Estragon auf die Menge von 1 EL einkochen lassen. 1 EL Wasser dazugeben, um die Reduktion abzukühlen.
3 Eigelb und Gewürze leicht unterschlagen und die Masse dann bei schwacher Hitze etwa 4 Minuten aufschlagen, bis sie schaumig ist.
4 Neben der Kochstelle die lauwarme Butter unterschlagen, bis die Sauce dick wird. Sie dann durch ein Sieb streichen und die Kräuter unterziehen. Warm servieren.

Weiße Buttersauce

Der Ursprung der inzwischen auf der ganzen Welt verbreiteten und beliebten weißen Buttersauce (franz. *beurre blanc)* liegt im Tal der Loire, wo man sie aus der exzellenten örtlichen Butter und Muscadet-Wein zubereitet. Die vier Grundzutaten dieser überaus vielseitigen Sauce sind Weißwein, Essig, Schalotten und Butter, wobei die ersten drei Bestandteile zu einer Glace eingekocht und dann mit Butter aufgeschlagen werden (S. 53).

Kräftiges Rühren mit dem Schneebesen ist von entscheidender Bedeutung für das Gelingen, vor allem bei der ersten Zugabe von Butter. Der Topf darf in keinem Stadium mehr als warm sein; die Butter soll lediglich geschmeidig werden und eine Emulsion bilden, nicht aber völlig schmelzen. Das Aufschlagen nimmt nur wenige Minuten in Anspruch, so daß man die Sauce unmittelbar vor dem Servieren zubereiten kann. Selbst wenn man sie nur kurze Zeit warm hält, können sich ihre Bestandteile wieder voneinander trennen.

Bei weißer Buttersauce wirken die Eiweißstoffe in der Butter, die Molke, als Emulgator. Deshalb gerinnt die Sauce auch weniger schnell, wenn man sich eines alten Tricks bedient und der Glace einen Eßlöffel Sahne (und damit zusätzlich Eiweißstoffe) hinzufügt, bevor man sie mit Butter aufschlägt. Der Buttergeschmack der Sauce leidet durch die Zugabe von Sahne allerdings ein wenig. Als weitere Vorsichtsmaßnahme kann man die fertige Buttersauce rasch unter kräftigem Rühren erhitzen, bis sie gerade zum Kochen kommt. Durch die starke Hitze wird die Emulsion stabiler. **Hinweis** Die Emulsion muß vollständig hergestellt sein, bevor die Sauce stark erhitzt wird.

Es gibt einige Abwandlungen der weißen Buttersauce, wie etwa *beurre rouge,* und *beurre fondu,* die mit Rotwein zubereitet wird. Überdies hat die Sauce auch viele Köche zu eigenen phantasievollen Kreationen inspiriert. Bei den meisten dieser Saucen wird Garflüssigkeit – sei es von Fisch, Geflügel oder Fleisch – zu einer Glace reduziert und dann mit Butter aufgeschlagen. Die Reduktion kann nach Belieben auch Wein enthalten und die Glace vor dem Aufschlagen mit Sahne angereichert werden. Weiße Buttersauce reicht man gewöhnlich zu pochiertem oder gegrilltem Fisch sowie zu Fisch- und Gemüse-Terrinen.

ZUR INFORMATION
Portion 2–3 EL (30–45 ml).
Bemerkung Geronnene Sauce läßt sich nicht wieder glattrühren.
Aufwärmen Die Sauce kann nicht aufgewärmt werden.
Aufbewahrung Maximal 15 Minuten auf einem Gitterrost über einem Topf mit warmem Wasser.

Weiße Buttersauce

Beurre blanc

Ergibt 250 ml
3 EL Weißweinessig
3 EL trockener Weißwein
2 Schalotten, feingehackt
1 EL Crème fraîche
oder Crème double
(nach Belieben)
250 g eiskalte Butter, gewürfelt
Salz und weißer Pfeffer

1 In einem kleinen Topf Essig, Wein und Schalotten zu einer Glace reduzieren. Gegebenenfalls die Sahne hinzufügen und alles erneut zu einer Glace einkochen.
2 Die Sauce mit Butter aufschlagen (S. 53), dann unter kräftigem Rühren gerade zum Kochen bringen.
3 Die Sauce absieben (S. 53) oder die Schalotten darin belassen. Nach Geschmack mit Salz und Pfeffer würzen.

Buttersauce mit Kräutern *(beurre blanc aux herbes)* Zu Eiern, pochiertem Fisch, Gemüse-Mousse, pikanten Soufflés. 2 EL gehackte Kräuter (Estragon, Schnittlauch, Basilikum etc.) unter 250 ml weiße Buttersauce rühren.
Rote Buttersauce *(beurre rouge)* Zu Fisch, Bries, Kalb. Die Sauce anstelle von Weißwein und Essig mit 90 ml Rotwein zubereiten. Nach Belieben die Farbe der fertigen Sauce durch etwa 1 TL Tomatenpüree verstärken.
Buttersauce mit Weißwein Zu Fisch, Geflügel, hellem Fleisch. Die Menge an Weißwein im Grundrezept für weiße Buttersauce auf 125 ml erhöhen und den Essig durch 125 ml hellen Kalbsfond oder die entsprechende Menge Garflüssigkeit von Fisch, Geflügel oder Fleisch ersetzen.
Sauce aus geklärter Butter *(beurre fondu)* Zu Fisch, Gemüse. Weißwein und Essig im Grundrezept durch 1 EL Wasser und eiskalte durch weiche Butter ersetzen. Die Sauce nach dem Aufschlagen nicht zum Kochen bringen.

Mayonnaise

Mayonnaise ist eine kalt aufgeschlagene Sauce auf der Grundlage von Eigelb. Wenn bei der Herstellung Fehler gemacht werden, fällt die Mayonnaise in ihre Grundbestandteile – Öl, Ei und Essig oder Zitronensaft – auseinander. Entscheidend für ein gutes Gelingen ist, daß alle Zutaten Raumtemperatur haben oder geringfügig wärmer sind. In einer kalten Schüssel oder mit Eiern aus dem Kühlschrank läßt sich keine Mayonnaise rühren.

Das Emulgieren muß direkt zu Beginn erfolgen, indem tropfenweise Öl unter die Eigelbmischung geschlagen wird. Ist die Emulsion erreicht, kann das restliche Öl in einem dünnen Strahl hinzugefügt werden.

Mayonnaise muß ausreichend Stand haben, damit sie sich zum Binden von Salaten, wie Kartoffelsalat oder Gemüse-*macédoine* (S. 268), verwenden läßt oder man sie zu kalten Speisen, etwa Fisch, Huhn oder hartgekochten Eiern, reichen kann. Zum Nappieren von Speisen wird die Mayonnaise mit ein oder zwei Eßlöffeln Wasser verdünnt, wodurch sie in der Farbe heller wird.

Was das Mengenverhältnis der Zutaten betrifft, rechnet man in der Regel etwa ein Eigelb je 175 ml Öl. Nimmt man zuwenig Öl, wird die Mayonnaise dünn und schmeckt nach Ei, gibt man zuviel dazu, gerinnt sie unter Umständen. Bei der Verwendung von Pflanzenöl schmeckt Mayonnaise delikat, durch Walnuß oder Haselnußöl bekommt sie ein nussiges Aroma, und natives Olivenöl verleiht ihr eine besondere Geschmacksfülle. Als Säuerungsmittel dient Essig (die Menge hängt von seiner Schärfe ab), doch ist Zitronensaft eine beliebte Alternative.

Mayonnaise wird besonders als Salatsauce geschätzt, kann aber auch zu Fisch, Geflügel, Fleisch und Gemüse serviert werden. Außer der klassischen Knoblauch-Mayonnaise und der Grünen Sauce gibt es noch zahlreiche andere Abwandlungen. So fügen beispielsweise die Amerikaner mitunter ein Püree von roten und grünen Paprikaschoten hinzu und die Israelis eine pürierte Avocado. In Nordeuropa reicht man eine Apfelkren-Mayonnaise zu gekochtem Rindfleisch sowie zu Hering und serviert gelegentlich auch Bananen-Mayonnaise zu kaltem Geflügel.

ZUR INFORMATION
Portion 2–3 EL (30–45 ml).
Bemerkung Wenn die Mayonnaise nicht dick wird, einige Tropfen kochendes Wasser unterschlagen; wenn sie sich trennt, die geronnene Mischung tropfenweise unter 1 TL Essig, 1 TL Dijon-Senf – oder ein weiteres Eigelb – schlagen, bis alles emulgiert, dann wie gewohnt fortfahren; zu stark verdünnte Mayonnaise läuft leicht von Speisen mit glatter Oberfläche, etwa Eiern, herunter.
Aufbewahrung Im Kühlschrank maximal 1 Woche, da sich rohes Eigelb nicht länger hält; bei Raumtemperatur aufrühren.

MAYONNAISE ZUBEREITEN

Das Würzen der Mayonnaise hängt von der aromatischen Beschaffenheit des Öls und des Essigs ab, die man verwendet. Senf unterstützt das Emulgieren.

Ergibt 375 ml
2 Eigelb
Salz und weißer Pfeffer
2 EL Weißweinessig
oder 1 EL Zitronensaft
(gegebenenfalls mehr)
1 TL Dijon-Senf (nach Belieben)
300 ml Erdnuß- oder Olivenöl (200 ml genügen)

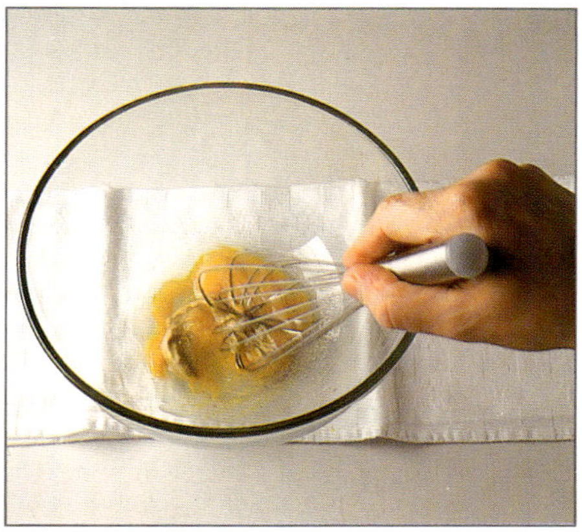

1 In einer kleinen Schüssel die Eigelb zusammen mit etwas Salz, Pfeffer, der Hälfte des Essigs und gegebenenfalls dem Senf verschlagen, bis die Mischung dick wird. Dies dauert etwa 1 Minute; alle Zutaten müssen Raumtemperatur haben. Die Schüssel stellt man am besten auf ein Geschirrtuch, damit sie beim Rühren nicht wegrutscht.

2 Unter kräftigem Rühren tropfenweise das Öl hinzufügen. Wenn etwa 2 EL Öl untergeschlagen sind, sollte die Mischung bereits recht dick sein. Das verbliebene Öl nun unter ständigem Rühren eßlöffelweise oder langsam in dünnem Strahl zugeben. Dann den restlichen Essig einrühren und die Mayonnaise mit Senf (nach Belieben), Salz und Pfeffer abschmecken.

3 Die Konsistenz überprüfen: Die Mayonnaise sollte dick und glänzend sein und gerade ihre Form behalten, wenn man sie vom Schneebesen abfallen läßt.

Knoblauch-Mayonnaise *(aïoli)* Zu Eiern, Fischsuppen, Fisch Gemüse. Den Senf im Grundrezept durch 5–6 Knoblauchzehen ersetzen, die man mit ½ TL grobem Salz zu einer Paste verreibt.

Chantilly-Mayonnaise Zu Gemüsesalaten. 75 ml steifgeschlagene Crème double unter 375 ml Mayonnaise heben und nach Geschmack würzen.

Grüne Sauce Zu Eiern, Fisch, Gemüse. 125 g Spinat, Brunnenkresse oder glatte Petersilie (oder eine Mischung aller drei) blanchieren, abgießen und unter kaltem Wasser abschrecken. Die Flüssigkeit mit den Händen herausdrücken. Spinat und Kräuter fein hacken und unter 375 ml Mayonnaise mischen oder mit ihr pürieren. Nach Geschmack würzen.

Pikante Mayonnaise *(sauce Gribiche)* Zu kaltem Fisch, Kalbskopf, Eisbein. Die rohen Eigelb im Grundrezept durch 3 hartgekochte Eigelb ersetzen und die Ölmenge um 4 EL (60 ml) erhöhen. Zum Schluß 3 in feine Streifen geschnittene hartgekochte Eiweiß, 1 EL gehackte Cornichons, 1 EL gehackte Kapern und 2 EL gehackte gemischte Kräuter unterrühren. Mit Dijon-Senf, Salz und Pfeffer abschmecken.

Russische Mayonnaise Zu Eiern, Fisch, Schaltieren, kaltem Fleisch, Gemüse, grünem Salat. Dieses Dressing enthielt ursprünglich Kaviar, was den Namen erklärt. Unter 375 ml Mayonnaise 60 ml Tomaten-Ketchup, 4 EL gehackte Cornichons, 1 gehackte Schalotte, 1 TL geriebenen Meerrettich sowie einige Tropfen Tabasco-Sauce rühren. Nach Geschmack würzen. Das amerikanische, inzwischen jedoch überall bekannte *Thousand-Islands-Dressing* ist eine ähnlich pikante Salatsauce. Dazu werden feingehackte Paprikaschoten unter eine leichte Mayonnaise gerührt, die mit Chilisauce abgeschmeckt wird.

Remouladensauce *(sauce rémoulade)* Zu Eiern, gebackenem Fisch, kaltem Fleisch, Gemüse. 375 ml Mayonnaise mit 2 TL Dijon-Senf, 3 EL gehackten Kapern, 3 EL gehackten Cornichons, 3 EL gehackter Petersilie, 1 EL gehacktem Estragon und 4 gehackten Sardellenfilets gründlich verrühren und abschmecken.

Rote Chilisauce *(sauce rouille)* Zu Eiern, Fischsuppen, Fischeintöpfen. In einem Mörser ½ gehackte rote Chilischote sowie 5–6 Knoblauchzehen zerreiben, dann mit Eigelb, Salz und Pfeffer vermischen – Essig und Senf weglassen. Die Masse mit Olivenöl aufschlagen. 2–3 EL Tomatenpüree unterrühren und nach Geschmack würzen; für ein kräftigeres Aroma mit Cayennepfeffer abschmecken. Die Sauce kann sofort serviert werden.

Skandinavische Senfsauce Zu *graved lax* (S. 488), Lachs, gebackenem Schinken, kaltem Fleisch. Die Grundzutaten für Mayonnaise durch 2 EL braunen Zucker und 3 EL Senf ergänzen. 3 EL gehackten Dill unterrühren. Nach Geschmack würzen.

Tatarensauce *(sauce tartare)* Zu Eiern, fritiertem Fisch. Unter 375 ml Mayonnaise 3 gehackte hartgekochte Eiweiß, 1 EL gehackte Kapern, 1 EL gehackte Cornichons, 1 feingehackte Schalotte, 1 EL gehackte Petersilie und 2 TL gehackten Kerbel oder Estragon rühren.

Böhmische Mayonnaise Die fertige Mayonnaise mit dicker *sauce béchamel* (S. 54) verrühren und den Geschmack mit Estragonessig und Senf betonen.

Tomaten-Mayonnaise Zu Eiern, Fisch, Gemüse. 375 ml Mayonnaise gründlich mit 1–2 EL Tomatenpüree verrühren.

Grüne Salatsauce *(Green Goddess Dressing)* Zu Fisch, Schaltieren (s. auch S. 157). Unter 375 ml Mayonnaise, 1 gehackte Knoblauchzehe, 4 gehackte Sardellenfilets, 4 EL gehackte Petersilie und 125 ml saure Sahne rühren. Mit Zitronensaft, Essig, Salz und Pfeffer abschmecken.

Vinaigrette

Der Geschmack einer Vinaigrette ist abhängig von der Ausgewogenheit ihrer wenigen Zutaten – Öl, Essig, Dijon-Senf, Salz und Pfeffer. Das klassische Mengenverhältnis beträgt 3 Teile Öl auf 1 Teil Essig. Wird Zitronensaft anstelle von Essig verwendet, nimmt man 1 Teil Zitronensaft auf 4–5 Teile Öl. Die Menge an Senf hängt von dessen Würzkraft ab, im allgemeinen rechnet man jedoch 1 Teelöffel Senf auf 4 Eßlöffel Salatsauce.

Abwandlungen der *sauce vinaigrette* erreicht man durch die Verwendung verschiedener Öle (S. 96), etwa Erdnußöl oder Olivenöl, und Essigsorten (S. 40), beispielsweise Rotweinessig oder Himbeeressig. Auch durch die Wahl des Senfs kann man den Geschmack der Vinaigrette variieren.

Durch gehackte frische Kräuter, die man unmittelbar vor dem Servieren unterrührt, läßt sich eine Vinaigrette verfeinern. Feingehackte Schalotten eignen sich für Dressings, die zu Fleisch und Wurzelgemüsen gereicht werden. Knoblauch sollte man in Maßen verwenden – meist genügt es, die Salatschüssel mit einer durchgeschnittenen Knoblauchzehe auszureiben.

Hinweis Unter *French dressing* versteht man in Europa im allgemeinen eine Vinaigrette, in Amerika hingegen ist dies die Handelsbezeichnung für eine dickflüssige, mit Tomaten aromatisierte Salatsauce. *Italian dressing* nennt sich in den USA eine Vinaigrette mit Kräutern und roter Paprika.

ZUR INFORMATION

Portionen 2–3 EL (30–45 ml), für grünen Salat weniger.

Bemerkung Falls zu ölig, Essig und Gewürze hinzufügen; wenn zu sauer, Salz und mehr Öl dazugeben.

Aufbewahrung Bei Raumtemperatur 1 Woche; vor der Verwendung aufschlagen und Aromazutaten hinzufügen.

Sauce vinaigrette

Ergibt 125 ml

2 EL Essig oder 1½ EL Zitronensaft
Salz und Pfeffer
2 TL Dijon-Senf (nach Belieben)
6 EL Öl

1 In einer kleinen Schüssel den Essig mit Salz, Pfeffer und gegebenenfalls Senf verrühren.

2 Nach und nach das Öl dazugeben und alles zu einer Emulsion verschlagen.

Hinweis Wenn sich die Zutaten wieder voneinander trennen, die Vinaigrette nochmals kräftig durchschlagen.

Kräuter-Vinaigrette Zu Nudel-, Kartoffel-, grünem Salat. 250 ml Vinaigrette mit Balsamessig (S. 40) zubereiten und 3 EL gehackte frische Kräuter unterrühren.

Norwegische Sauce *(sauce norvégienne)* Zu Fisch, Krusten- und Schaltieren. 250 ml Vinaigrette mit gehackten gekochten Eiern und gehackten Sardellenfilets vermischen.

Fischersauce *(sauce pêcheur)* Zu Fisch, Krusten- und Schaltieren. Gehacktes Krabbenfleisch oder Krabbenpüree unter 250 ml Vinaigrette rühren.

Ravigote *(sauce ravigote)* Zu heißem gekochtem Rindfleisch, Huhn, Eisbein, Kalbskopf, kaltem Wurzelgemüse. Unter 250 ml Vinaigrette 1 EL gehackte Kapern, 1 EL gehackte Schalotten und 2 EL gehackte Kräuter (Estragon, Minze, Basilikum, Dill) rühren.

Vinaigrette mit Obstessig Zu kaltem Huhn, Salaten von Innereien, grünem Salat. Je 2 EL Crème fraîche oder saure Sahne und Obstessig (S. 40) unter 125 ml Vinaigrette mischen.

Weitere Salatsaucen

Aus Nordeuropa und den USA kommen Salatsaucen, die nicht auf Öl, sondern auf Milch oder Sahne basieren. Generelle Aussagen zu diesen Dressings lassen sich kaum treffen, da die Saucen von Land zu Land verschieden sind – einige werden mit Essig oder Zitronensaft zubereitet und enthalten dann häufig auch scharfen Senf, und viele werden mit Zucker gesüßt. Gekochte Salat-Dressings bindet man gewöhnlich mit Mehl oder Eigelb; bei anderen Saucen handelt es sich um Emulsionen, die an eine verfeinerte Vinaigrette erinnern und bei denen das Emulgieren durch die Wirkung von Säure auf Milch unterstützt wird.

Zwei typische Beispiele für gebundene Salatsaucen sind das unter Hitze zubereitete Dressing aus Amerika und englische *salad cream*, die beide häufig anstelle von Mayonnaise verwendet werden.

Gekochtes Dressing In einem schweren Topf 20 g Mehl, 1 TL Senfpulver, 15 g Zucker, 1 Messerspitze Cayennepfeffer und 2 Eigelb vermischen. Dann 20 g zerlassene Butter, 175 ml Milch und 4 EL Wein- oder Malzessig unterrühren. Die Zutaten bei niedriger Temperatur unter kräftigem Rühren erhitzen, bis eine dickflüssige, glatte Sauce entstanden ist. Die Salatsauce mit Salz und Pfeffer würzen und kalt servieren.

Salatcreme *(salad cream)* 2 hartgekochte Eigelb durch ein Sieb in eine Schüssel streichen. 1 rohes Eigelb und 1 TL Wasser untermischen. Dann unter ständigem Rühren langsam 125 ml Crème double hinzufügen. Mit Salz und Pfeffer sowie 1 EL Zitronensaft oder aromatisiertem Essig (S. 40) nach Geschmack würzen.

Mit Brot gebundene Saucen

Durch Brot werden ungekochte Saucen leicht und geschmeidig. Man kann frische Brotkrumen verwenden (Semmelbrösel machen die Sauce körnig) oder Brotscheiben in Flüssigkeit einweichen, ausdrücken und zu einer Paste verreiben. Das Pürieren der Sauce im Mixer oder in der Küchenmaschine ist einfacher als mit Hilfe eines Mörsers. Gekochte brotgebundene Saucen sind delikat und erstaunlich glatt; man kann sie in gleicher Weise reduzieren wie Saucen auf der Basis von Einbrenne (S. 56).

ZUR INFORMATION

Portion 2–3 EL (30–45 ml).

Bemerkung Wenn man die Sauce zu lange in der Küchenmaschine durcharbeitet, kann sie klebrig werden.

Aufbewahrung Abhängig jeweils von den übrigen Zutaten.

Italienische grüne Sauce *(salsa verde)* Zu heißem und kaltem gekochtem Fleisch und Fisch. Ergibt 375 ml. Die Rinde von 2 Scheiben Weißbrot abschneiden und das Brot 10 Minuten in 125 ml Rotweinessig ein-

weichen. Es dann ausdrücken und im Mixer oder in der Küchenmaschine zusammen mit 1 großen Bund (45 g) Petersilie, 3 EL Kapern, 4 Knoblauchzehen sowie 4 Sardellenfilets pürieren. (Bei Verwendung eines Mixers zusätzlich 2–3 EL Olivenöl dazugeben.) Bei laufendem Motor nach und nach 150 ml Olivenöl zugießen. Nach Geschmack würzen.

Englische Brotsauce Zu gebratenem Huhn, Pute und Wildgeflügel. Ergibt 250 ml. 250 ml Milch mit 1 Scheibe Zwiebel, 2 Nelken, 1 Lorbeerblatt, ½ TL Pfefferkörnern und 1 Stück Muskatblüte bei schwacher Hitze 10 Minuten durchziehen lassen. Die Milch absieben, zum Kochen bringen und 30 g frische Brotkrumen dazugeben. Unter ständigem Rühren 2 Minuten garen, dann stückchenweise 30 g Butter einrühren. Nach Geschmack würzen.

Tomatensaucen

Tomaten, eine vielseitige Grundlage für Saucen, passen gut zu einer ganzen Reihe von Fisch-, Geflügel-, Fleisch- und Gemüsegerichten.

Die Qualität der Saucen hängt von der Verwendung wirklich reifer Tomaten ab, die selbstverständlich nicht immer zur Verfügung stehen. Tiefrote, an der Pflanze gereifte Tomaten können allein verwendet werden, sind die Tomaten jedoch noch hell und farblos, sollte man zusätzlich ein oder zwei Löffel Tomatenmark dazugeben oder Tomaten aus der Dose nehmen. Ein oder zwei gehackte sonnengetrocknete Tomaten sorgen für ein intensives Aroma.

Der Grundcharakter einer Tomatensauce wird entscheidend von der Länge der Garzeit bestimmt. Durch leichtes Kochen erhält man eine feine *coulis,* während durch langes Köcheln eine dunkle Sauce mit vollem Aroma entsteht. Darüber hinaus gibt es auch frische Tomatensaucen, bei denen die Früchte roh bleiben.

ZUR INFORMATION
Portion 3–5 EL (45–75 ml).
Bemerkung Falls die Sauce zu blaß ist, Tomatenmark dazugeben; wenn säuerlich im Geschmack, 1 Prise Zucker hinzufügen.
Aufwärmen Im Topf auf dem Herd.
Aufbewahrung *Ungekochte Saucen* Möglichst sofort servieren, allenfalls 8 Stunden im Kühlschrank aufbewahren. *Gekochte Saucen* Im Kühlschrank bis zu 3 Tagen; tiefgefroren: 2 Monate.

Ungekochte Tomatensaucen

Ungekochte Tomatensaucen werden am besten sofort nach der Zubereitung serviert, da frisch geschnittene Tomaten, wie alle Früchte, empfindlich sind.

Frische Tomatensauce Zu Fisch-Mousse, Gemüse. Ergibt 250 ml. 500 g abgezogene, entkernte und feingehackte Tomaten leicht würzen und 30 Minuten in einem Durchschlag stehenlassen, damit überschüssige Flüssigkeit abtropft. Sie dann mit 2 EL gehackten frischen Kräutern (etwa Petersilie oder Basilikum), dem Saft von ½ Zitrone sowie 1 Prise Zucker vermischen und nach Geschmack würzen. Die Sauce gekühlt servieren.
Italienische Tomatensauce *(sugo di pomodoro fresco)* Zu heißen Teigwaren. Ergibt 375 ml. 500 g abgezogene, entkernte und gehackte Tomaten mit 2–3 gehackten Frühlingszwiebeln, 1 zerdrückten Knoblauchzehe, 2 EL gehacktem Basilikum oder Oregano und 2–3 EL Olivenöl vermischen und abschmecken.
Mexikanische Tomatensauce *(salsa cruda)* Zu mexikanischen Gerichten, als Garnierung für Suppen. Ergibt 375 ml. Unter 500 g abgezogene, entkernte und gehackte Tomaten 1 feingehackte kleine Zwiebel, 1 entkernte und gehackte frische grüne Chilischote, 3 EL gehackten frischen Koriander sowie Salz und Pfeffer mischen. Weitere Chillies dazugeben und abschmecken. Nach Belieben kann etwas Limetten- oder Orangensaft hinzugefügt werden.

Gekochte Tomatensaucen

Je nach Ursprungsland verwendet man für die Saucen Butter oder Olivenöl; bei der Flüssigkeit kann es sich um Fond oder Wein handeln. Zwiebel und Kräuter sind als Aromazutaten üblich.

Französische Tomatensauce Zu Eiern, Gemüse, zur Verfeinerung anderer Saucen. Ergibt 500 ml. Je 1 feingehackte Zwiebel und Möhre in 30 g Butter weich dünsten, dann 30 g Mehl unterrühren. Wenn die Mischung schäumt, 375 ml hellen Kalbsfond (S. 44) un-

terrühren und alles zum Kochen bringen. 1 kg abgezogene, entkernte und gehackte Tomaten, 1 zerdrückte Knoblauchzehe, 1 *bouquet garni* sowie Salz und Pfeffer hinzufügen. Die Sauce im offenen Topf unter häufigem Rühren 1 Stunde köcheln lassen, bis sie dunkel und dick geworden ist. Sie dann absieben (S. 53) und nach Geschmack würzen.
Italienische Tomatensauce *(salsa napoletana)* Zu Teigwaren, Gemüse. Ergibt 375 ml. In 4–5 EL Olivenöl 3 mittelgroße gehackte Zwiebeln, 1 feingehackte Möhre, 2 feingehackte Stangen Bleichsellerie und 60 g Speck weich dünsten. 175 ml Rotwein oder trockenen Weißwein dazugießen und auf die Hälfte reduzieren. Dann 1 kg abgezogene, entkernte und gehackte Tomaten, ½ TL getrockneten Thymian oder Oregano, Salz und Pfeffer dazugeben. Die Sauce unter häufigem Rühren 30–40 Minuten köcheln lassen, bis sie dickflüssig geworden ist. Nach Belieben 2–3 EL gehackte frische Kräuter, etwa Basilikum oder Oregano, hinzufügen.

Barbecue-Saucen

Bei Barbecue-Saucen denken die meisten wohl am ehesten an all die im Handel angebotenen stark gewürzten Fertigsaucen auf Tomaten-Basis. Selbstgemachte Grill-Saucen sind jedoch erheblich vielseitiger. Eine Mischung auf der Grundlage von Sojasauce mit einer Prise Zucker paßt ausgezeichnet zu Schinken und Schweinefleisch, insbesondere zu *spareribs.* Joghurt harmoniert naturgemäß gut mit Lamm, Olivenöl und Zitrone mit Fisch.

Eine Barbecue-Sauce ist hauptsächlich dazu gedacht, Fleisch, Geflügel und Fisch während des Garens damit zu bestreichen, so daß die Speisen nicht austrocknen und Geschmack bekommen. Kräftige Aromazutaten, zum Beispiel Senf, Chillies und Zitrone, sind für Barbecue-Saucen gut geeignet, und auch süß-saure Mischungen erfreuen sich großer Beliebtheit, da Zucker die Krustenbildung fördert. Der wichtigste Gesichtspunkt ist die Konsistenz – Barbecue-Saucen müssen so dickflüssig sein, daß sie am Grillgut haftenbleiben und nicht auf die Holzkohle tropfen.

ZUR INFORMATION
Portionen 2–3 EL (30–45 ml); auf 500 g Fleisch rechnet man, je nach Größe der Fleischstücke, 125–250 ml Barbecue-Sauce.
Bemerkung Die Grillhitze beständig kontrollieren, damit die Sauce nicht verbrennt; das ist besonders wichtig bei zuckerhaltigen Barbecue-Saucen.
Aufbewahrung Im Kühlschrank 1 Woche.

Amerikanische Barbecue-Sauce Zu Huhn, Schwein, *spareribs,* Rind. Ergibt 500 ml. 1 gehackte Zwiebel in 2 EL Öl weich dünsten. Dann 1 kg abgezogene, entkernte und gehackte Tomaten, 3 gehackte Knoblauchzehen, 60 g braunen Zucker, 4 EL Malzessig, 2 EL Worcestershire-Sauce, 1 EL Tomatenpüree, 1 EL Currypulver und 1 TL Selleriesamen dazugeben. Die Sauce etwa 30 Minuten unter gelegentlichem Rühren köcheln lassen, bis sie ausreichend dickflüssig ist. Nach Geschmack mit Salz und Pfeffer würzen.
Soja-Barbecue-Sauce Zu Huhn, Schweinekoteletts, *spareribs,* Steaks. Ergibt 250 ml. 60 g braunen Zucker, 4 EL Sherry, 4 EL Sojasauce, 4 EL Wasser, Saft von 1 Zitrone und 1 EL feingehackten frischen Ingwer erhitzen, bis sich der Zucker aufgelöst hat. Die Sauce etwa 5 Minuten unter Rühren garen, bis sie die gewünschte dickflüssige Konsistenz hat. Von der Kochstelle nehmen und 4 EL Öl unterschlagen.
Senf-Barbecue-Sauce Zu Fisch, Huhn. Ergibt 175 ml. 4 EL Weißwein, 2 EL Olivenöl, 4 EL Senfpulver gründlich mit 2 EL Honig sowie Salz und Pfeffer verschlagen, bis die Sauce leicht eindickt und eine Emulsion entstanden ist.

Nuß-Saucen

Es gibt zwei Möglichkeiten, Nüsse in Saucen zu verwenden: entweder als Bindemittel oder in Form von Nußmilch (S. 477). Ihre Wirkung als Bindemittel hängt jeweils von der Art ihrer Behandlung ab.

Ganz gleich, wie fein man sie hackt, verleihen Nüsse einer Sauce immer eine grobe Beschaffenheit. Für eine glatte Sauce muß man sie in einem Mörser zerreiben (gewöhnlich zusammen mit anderen Zutaten) oder im Mixer beziehungsweise in der Küchenmaschine pürieren.

Die Rezepte sind charakteristisch für bestimmte Regionen der Welt. Mandelsaucen findet man in Teilen Indiens und im Mittelmeerraum, Kokossaucen in Asien und in der Karibik, Walnußsaucen hingegen sind in Südeuropa, Südostasien, einigen Teilen Afrikas und im Süden der Vereinigten Staaten beliebt.

ZUR INFORMATION
Portion 3–4 EL (45–60 ml).
Bemerkung Falls sich die Sauce trennt oder zu grob ist, 1 EL davon glatt pürieren und dann nach und nach die restliche Sauce unterschlagen.
Aufbewahrung Im Kühlschrank 1 Woche; tiefgefroren: 6 Monate.

Walnußsauce *(salsa di noci)* Zu Teigwaren, gebratenem Huhn. Ergibt 375 ml. 60 g Walnußkerne, 45–60 g Petersilie (ohne Stiele), 3–4 TL unbehandelte Zitronenschale, Saft von ½ Zitrone, Salz und Pfeffer zu einer glatten Paste verreiben oder pürieren. Nach und nach 125 g Olivenöl unterarbeiten – sobald die Sauce zu emulgieren beginnt und dick wird, kann das Öl etwas rascher hinzugefügt werden. Nach Geschmack würzen.

Asiatische Erdnußsauce *(bumbu satay)* Zu Fleisch-, Geflügelspießen. Ergibt 500 ml. 100 g ungeröstete Erdnußkerne in 1½ EL Erdnußöl 8–10 Minuten unter ständigem Rühren bräunen. Zusammen mit ½ gehackten Zwiebel, 1 Knoblauchzehe, 1 TL Fenchelsamen und ½ TL getrockneten roten Chillies in der Küchenmaschine oder einem Mörser zu einer glatten Paste verarbeiten. 2 TL Ingwerpulver, je 1 TL gemahlenen Kreuzkümmel und braunen Zucker sowie 1½ EL Zitronensaft hinzufügen. Nach und nach etwa 375 ml Kokosmilch (S. 477) unterschlagen – die Sauce soll einen Löffel überziehen. Sie dann 2 Minuten köcheln lassen und abschmecken.

Türkische *taratoor*-Sauce Zu gekochtem Gemüse, kaltem Huhn, Meeresfrüchten. 2 Scheiben Weißbrot (ohne Rinde) in Wasser einweichen und anschließend gut ausdrücken. Das Brot zerkrümeln und 125 g gemahlene Walnüsse oder Haselnüsse sowie 2–3 zerdrückte Knoblauchzehen dazugeben. Nach und nach 150 ml Olivenöl und 4 EL Weinessig unterschlagen. Nach Geschmack mit Salz und Pfeffer würzen.

Würzige Fruchtsaucen

Die meisten Fruchtsaucen bestehen aus nicht viel mehr als gesüßtem Fruchtmus, denn es sind die Früchte allein, die ihnen das charakteristische Aroma verleihen – eine Apfelsauce aus Golden Delicious unterscheidet sich im Geschmack recht stark von einer Apfelsauce aus Granny Smith.

Da solche Fruchtsaucen eher als Würze dienen, sind sie gewöhnlich ziemlich dickflüssig und werden kalt gereicht. (Zu Chutneys s. S. 489.)

Apfelsauce Kalt oder warm servieren zu Schwein, Ente, Gans. Ergibt 250 ml. 500 g ungeschälte Äpfel vierteln und die Kerngehäuse entfernen. Die Äpfel mit 125 ml Wasser im geschlossenen Topf zu Mus kochen; dabei gelegentlich umrühren. Das Mus sorgfältig durch ein Sieb streichen, um Apfelstückchen und Schale zu entfernen, dann unter Rühren einkochen lassen. Zum Schluß 30–35 g Zukker sowie 60 g Butter unter die Apfelsauce rühren.

Cranberry-Sauce Zu Pute. Ergibt 250 ml. 500 g Moosbeeren in 250 ml Wasser 4–5 Minuten kochen lassen, bis sie aufplatzen. Den Topf von der Kochstelle nehmen und nach Geschmack etwa 200 g Zucker unter die Früchte rühren. Die Sauce abkühlen lassen.

Cumberland-Sauce Zu kaltem Schinken, Zunge, Wild, Schweinefleischpasteten und Fleisch-Terrinen. Ergibt 500 ml. Die unbehandelte Schale von jeweils 1 Orange und Zitrone in feine Streifen schneiden, 2 Minuten blanchieren und abtropfen lassen. 300 g rotes Johannisbeergelee erhitzen, bis es flüssig wird. Den Saft von Orange und Zitrone, 4 EL Portwein, je ½ TL gemahlenen Ingwer und Senfpulver unterrühren und alles etwa 2–3 Minuten köcheln lassen. Die Zitrusschale dazugeben, die Sauce abkühlen lassen und abschmecken.

Pflaumensauce Heiß oder warm servieren zu Schwein, Schinken. Ergibt 250 ml. Eine pikantere Version, die für asiatische Geflügel- und Fleischgerichte verwendet wird, enthält außerdem Soja- und Chilisauce. 500 g halbierte, entsteinte Pflaumen, 250 ml trockenen Weißwein und 1 EL Cidre-Essig im geschlossenen Topf köcheln lassen, bis die Pflaumen weich sind. Durch ein Sieb gießen und mit 2–3 EL Honig zu einer dickflüssigen Sauce einkochen.

Süße Fruchtsaucen

Bei diesen Saucen handelt es sich nicht einfach nur um süßere Versionen der Fruchtsaucen, die man zu Fleisch serviert. In der Regel sind sie dünnflüssiger, und man nimmt sie zum Überziehen von Speisen oder reicht sie zu Desserts.

Viele dieser süßen Saucen basieren naturgemäß auf Marmelade oder Gelee, andere wiederum werden aus einem einfachen Fruchtpüree zubereitet, durchgesiebt und mitunter auch gesüßt. Darüber hinaus lassen sie sich mit Obstbränden oder Zitronensaft (der ein Verfärben verhindert) weiter verfeinern. Weiche Früchte, wie Beeren, Kiwis, Kakis und gekochter Rhabarber, ergeben besonders gute Saucen.
Hinweis Einige Früchte – zum Beispiel Pfirsiche – verfärben sich rasch, so daß die Sauce unmittelbar nach der Zubereitung serviert werden sollte.

Gelbe oder rote Fruchtsauce Heiß oder kalt servieren zu gedämpftem Pudding, Kuchen, Charlotten. Ergibt 250 ml. 150 g Aprikosenmarmelade oder eine beliebige rote Marmelade mit 250 ml Wasser und 2 Streifen unbehandelter Zitronenschale erhitzen, bis die Marmelade flüssig ist. Bei wenig ausgeprägtem Geschmack noch mehr Marmelade dazugeben. Alles 5 Minuten köcheln lassen, dann absieben. Ist die Sauce zu dünnflüssig, 1 TL Pfeilwurzelmehl, das mit 1 EL Wasser angerührt wurde, hinzufügen. Die Sauce unter kräftigem Rühren erhitzen, bis sie eindickt.

Himbeersauce *(sauce Melba)* Kalt servieren zu Eiscreme, Mousse, Charlotten, Brandteigkrapfen. Ergibt 250 ml. 250 g frische oder tiefgefrorene Himbeeren (aufgetaut und abgetropft) mit 1–2 EL Kirschwasser oder Himbeergeist im Mixer oder in der Küchenmaschine pürieren. Die Sauce durch ein Sieb streichen, um die Samen zu entfernen, dann mit Puderzucker abschmecken. Gut gekühlt servieren.

Eiercreme

Für eine dünne Eiercreme nimmt man gewöhnlich 5 Eigelb auf 500 ml Milch – durch zusätzliche Eigelb wird die Creme gehaltvoller. Das klassische Rezept sieht keine Speisestärke vor, doch erhält man durch die Zugabe von 1 Teelöffel Maisstärke auf ökonomische Weise eine dickere Sauce. Außerdem braucht man auf diese Art weniger Eier, und die Sauce gerinnt nicht so schnell. Abwandlungen sind durchaus möglich, doch darf man dabei nie vergessen, daß säuerliche Zutaten, etwa Orangensaft, die Milch gerinnen lassen.

Nach dem Aufschlagen von Eigelb und Zucker muß die Sauce auf der Kochstelle mit einem Holzlöffel durchgerührt werden, damit sie eine cremige, schaumige Konsistenz bekommt. Behutsames Garen ist von entscheidender Bedeutung für das Gelingen, und manche Köche bevorzugen deshalb für die Zubereitung das Wasserbad. (Zu Eiercremes s. auch S. 94.)

ZUR INFORMATION
Portion 4–6 EL (60–90 ml).
Bemerkung Eine geronnene Sauce durch ein Sieb in eine kalte Schüssel gießen. Im Mixer kann die Sauce wieder glattgerührt werden, jedoch nur, wenn sie nicht übergart wurde.
Aufbewahrung Im Kühlschrank 2 Tage.

Vanillesauce – Englische Creme

Crème anglaise

Englische Creme serviert man zu Kompott, Kuchen, heißen Soufflés und Charlotten oder nimmt sie als Grundlage für andere Saucen, Eiscreme oder Bayerische Creme (S. 432). Die Sauce kann heiß oder kalt gereicht werden.

Ergibt 500 ml
500 ml Milch
1 Vanilleschote, längs aufgeschnitten, oder einige Tropfen Vanille-Essenz
5 Eigelb
60 g Zucker

1 Die Milch aufkochen. Gegebenenfalls die Vanilleschote 10 Minuten in der Milch ziehen lassen. (Die Schote abspülen und für eine weitere Verwendung aufheben.)
2 Eigelb und Zucker 3–4 Minuten aufschlagen, bis die Masse dick und schaumig ist, dann die heiße Milch einrühren.
3 Die Eiercreme zurück in den Topf füllen und – unter ständigem Rühren mit einem Holzlöffel – behutsam erhitzen, bis sie dick wird. Wenn man mit dem Finger über den Löffel fährt, muß eine deutliche Spur zurückbleiben. **Hinweis** Die Sauce nicht übergaren oder zum Kochen bringen, da sie sonst gerinnt.

4 Die Sauce sofort vom Herd nehmen und in eine kalte Schüssel gießen. Gegebenenfalls die Vanille-Essenz hinzufügen. Die Schüssel fest abdecken, damit sich beim Abkühlen keine Haut auf der Sauce bildet.

Englische Creme mit Schokolade Für Charlotten; als Basis für Bayerische Creme, Eiscreme. Der mit einer Vanilleschote aromatisierten Milch 60–90 g gehackte Zartbitterschokolade hinzufügen.
Englische Creme mit Kaffee Für Kuchen; als Basis für Bayerische Creme, Eiscreme. Der mit einer Vanilleschote aromatisierten Milch 2–3 TL Instant-Kaffeepulver hinzufügen.
Englische Creme mit Schnaps Für pochierte Früchte, Frucht-Charlotten. Die fertige Creme mit 2–3 EL Schnaps, zum Beispiel Kirschwasser oder Rum, verfeinern.

Eiercreme mit Orangenlikör Für Bayerische Creme, Frucht-Charlotten. Die Milch statt mit Vanille mit der abgeriebenen Schale von 1 unbehandelten Orange aromatisieren. Die fertige Creme mit 2 EL Orangenlikör verfeinern.

Weitere süße Saucen

Abgesehen von Fruchtsaucen beschränkt sich die Auswahl an süßen Saucen im allgemeinen auf Schokoladensaucen (S. 425) in verschiedenen Varianten und die im folgenden aufgeführten Rezepte.

Butterscotch-Sauce Zu Eiscreme, Pudding. Ergibt 250 ml. 90 g Butter zerlassen, 200 g dunkelbraunen Zucker sowie 2 EL *golden syrup* (englischer goldgelber Sirup, ersatzweise Maissirup) dazugeben und alles behutsam erhitzen, bis sich der Zucker ganz aufgelöst hat. 75 ml Crème double unterrühren und die Sauce anschließend kurz aufwallen lassen.
Karamelsauce Kalt servieren zu Orangenscheiben, Mousse, Pudding. Ergibt 250 ml. Den Karamel aus 150 g Zucker und 75 ml Wasser zubereiten (S. 418). Neben der Kochstelle 175 ml warmes Wasser hinzufügen.
Hinweis Heißer Karamel spritzt leicht, daher genügend Abstand halten.
Englische *brandy-butter* Gekühlt servieren zu *Christmas pudding.* 90 g Butter schaumig rühren. 75 g Zucker unterschlagen, bis die Masse geschmeidig und locker ist. Die abgeriebene Schale von 1 unbehandelten Zitrone und 2–3 EL Rum oder Weinbrand unterrühren.

SABAYON

Süße Weinschaumsauce hat ihren Ursprung in der italienischen Nachspeise *zabaione,* die man aus aufgeschlagenem Eigelb, Zukker und Marsala bereitet. Die Franzosen haben daraus eine Sauce gemacht, die häufig mit lieblichem Weißwein oder Madeira aromatisiert wird. *Sabayon* reicht man separat zu Pudding und Kuchen oder begießt Früchte damit und gratiniert das Ganze anschließend.
Süße *sabayon* Pro Eigelb nimmt man 15 g Zucker und 2 EL Flüssigkeit (lieblicher Weißwein, Madeira, Marsala, Sherry, Grand Marnier, Orangen- oder Zitronensaft). Die Zutaten in einer großen Schüssel kräftig verrühren, dann über einem Topf mit heißem Wasser wenigstens 5 Minuten aufschlagen, bis eine schaumige Sauce entstanden ist, die bandförmig vom Schneebesen abläuft (S. 394). (Wenn die Sauce zu heiß wird, bilden sich Klümpchen.) Die *sabayon* warm servieren.

Pikante *sabayon* Sie wird wie eine *hollandaise* zubereitet, indem man Eigelb und stark reduzierten Fisch- oder Kalbsfond auf der Kochstelle schaumig rührt und die Sauce anschließend mit Butter anreichert (S. 53).

Milch, Käse und Eier

Wesentlicher Bestandteil der westlichen Küche sind Molkereiprodukte und Eier. Milch ist nicht nur die Basis vieler Suppen und Saucen, sondern auch die Grundlage von Milchreis, Crêpes, zahlreichen Puddings und Eiercremes. Man braucht sie für Brote, Pfannkuchen und für Nachspeisen, wie Bayerische Creme und Eis. Sie gehört zu den morgendlichen Corn-flakes und dient uns zum Beispiel in Form von Milch-Shakes oder heißer Schokolade als Getränk.

Sahne ist ein beinahe ebenso wichtiges Produkt. Man reicht sie zu frischem Obst und Kuchen, nimmt sie zum Verfeinern zahlreicher kalter Nachspeisen, und viele möchten sie auch im Kaffee nicht missen. Sauermilchprodukte, wie Joghurt, sind weniger vielseitig, aber dennoch nützlich bei der Zubereitung von Saucen, kalten Suppen, Salat-Dressings und Gemüsegerichten.

Käse stellt ein eigenständiges Nahrungsmittel dar. In Verbindung mit Brot und Wein gehört er zu jedem gelungenen Picknick; zusammen mit anderen Zutaten findet man ihn als Würzmittel, Aromazutat, als Auflage oder gehaltvolle Füllung, wie beispielsweise bei Käsekuchen und Teigtaschen.

Eier sind wie Milch eine Grundzutat. Geschlagene Eier bilden die Basis für viele Kuchen, süße Schaumspeisen und andere Desserts. Eigelb wirkt in zwei der bekanntesten Saucen – *hollandaise* und Mayonnaise – als Stabilisator und gibt Vanillesaucen ihre samtige Beschaffenheit. Eischnee ist für Baisers, *petits fours* und andere Kreationen der Pâtisserie unerläßlich.

MILCH UND SAHNE

Milch ist eines der wichtigsten Grundnahrungsmittel. Für Säuglinge reicht Muttermilch als Ernährung völlig aus, und Kuhmilch bietet selbst Erwachsenen viele wichtige Nährstoffe, wie beispielsweise Calcium. Sahne wird aus den Fettbestandteilen der Milch gewonnen und enthält einen hohen Anteil an Milchfett, den man gewöhnlich als »Fettgehalt« bezeichnet. Früher, als es noch keine Zentrifugen gab, mit denen sich Sahne und Milch voneinander trennen lassen, blieb die Milch einfach einige Zeit stehen, und man schöpfte dann den nach oben gestiegenen Rahm ab. Bei der Butterherstellung wird Sahne oder Milch so lange geschlagen, bis sich die winzigen Fettkügelchen zusammenballen; die zurückbleibende Flüssigkeit ist die Buttermilch.

Milch und Sahne einkaufen und aufbewahren

In den meisten Ländern sind der Fettgehalt, das Haltbarkeitsdatum und eventuelle Vitamin-Anreicherungen von Milch oder Sahne auf der Verpackung angegeben. Außerdem sollte man auf möglicherweise vorhandene Stabilisatoren und Konservierungsstoffe achten, die Auswirkungen auf bestimmte Prozesse, etwa das Schlagen von Sahne, haben können. Die Farbe ist kein Qualitätsanzeiger, denn sie variiert je nach Rasse und Ernährung der Kühe. Milch und Sahne sollte man in undurchsichtigen Behältern im Kühlschrank aufbewahren, da durch Lichteinwirkung die B-Vitamine zerstört werden.

Pflanzlicher Ersatz für Milch und Sahne

Als pflanzlicher Ersatz für Kuhmilch dient vor allem Sojamilch, die aus Sojabohnen und Wasser erzeugt wird. Wenngleich sie einen nußartigen, etwas aufdringlichen Geschmack besitzt, kann man sie beim Kochen ohne weiteres anstelle von Kuhmilch nehmen. Andere »Pflanzenmilch« schließt Emulsionen ein, die aus stark ölhaltigen Nüssen, wie etwa Mandeln oder Kokosnüssen, gewonnen werden; Kokosmilch findet sehr häufig in der indischen Küche Verwendung. Als vegetarische Alternative zu Kaffeesahne ist nahezu pflanzlicher Kaffeeweißer erhältlich, der aus Glukosesirup, pflanzlichen Fetten und Milcheiweiß hergestellt wird. Man bekommt ihn als Pulver sowie in flüssiger Form. Der Vorteil all dieser Ersatzstoffe ist, daß sie nicht im Kühlschrank aufbewahrt werden müssen, kein Fett enthalten und seltener als Kuhmilch zu allergischen Reaktionen führen. Zusammen mit entsprechendem Fleisch eignen sie sich auch in der jüdischen Küche für die Zubereitung koscherer Mahlzeiten. Alles in allem fehlt ihnen aber der angenehme Geschmack von Milch und die Fülle von Sahne.

Mit Milch und Sahne kochen

Die meisten Rezepte erfordern frische Milch oder Sahne. Da beide leicht anbrennen, erhitzt man sie am besten bei mittleren Temperaturen. Sollen Milch oder Sahne zum Kochen gebracht werden, spült man den Topf sicherheitshalber zunächst mit Wasser aus und rührt dann von Zeit zu Zeit um. Viele Köche warnen davor, daß Sahne gerinnt, wenn man sie kochen läßt, doch enthält sehr frische Sahne kaum Milchsäure und kann deshalb gefahrlos aufgekocht und reduziert werden. Crème double oder mit Stabilisatoren versetzte Sahne gerinnt weniger schnell als einfache Sahne. Um die Frische zu prüfen, werden Milch oder Sahne in vielen Rezepten zuerst aufgekocht (S. 514), da sie – falls sie sauer geworden sind – beim Erhitzen gerinnen. Milch und Sahne kann man einfrieren und aufgetaut zum Kochen verwenden, aufgetaute Sahne läßt sich jedoch nur schlecht steif schlagen.

Ein Gerinnen oder Sauerwerden von Milch oder Sahne läßt sich nicht wieder rückgängig machen. Es wird durch in der Luft vorhandene Milchsäurebakterien verursacht, die den Milchzucker (Lactose) der Milch oder Sahne in Milchsäure verwandeln. Im Kühlschrank geht dieser Prozeß langsam vonstatten und macht sich dann lediglich als leicht säuerlicher Geschmack bemerkbar. Hat sich hingegen eine nennenswerte Menge an Milchsäure gebildet oder fügt man eine Säure, wie Zitronensaft, hinzu, gerinnen Milch oder Sahne und werden sauer. Je höher die Temperatur, desto rascher tritt dies ein. Auch durch Rennin – ein Enzym, das als Labferment oder Lab bekannt ist und bei der Käseherstellung Verwendung findet (S. 73) – kann das Gerinnen gefördert werden. Rennin ist von Natur aus im Labmagen säugender Kälber vorhanden, wird heute jedoch auch synthetisch hergestellt.

In manchen Rezepten wird das Gerinnen von Milch oder Sahne bewußt herbeigeführt. So kann eine Vinaigrette (S. 64) mit Sahne verfeinert werden, die durch den Essig eindickt. Für Brote und Kuchen, bei denen Natron als Backtriebmittel dient, können Milch wie auch Sahne mit Hilfe von Zitronensaft zum Gerinnen gebracht werden: 250 ml Milch oder Sahne beginnen innerhalb von fünf Minuten zu gerinnen, wenn man ihnen einen Eßlöffel Zitronensaft hinzufügt.

Milch

In der westlichen Welt verwenden die meisten Köche Kuhmilch. Ziegen- und Schafmilch, die reich an Fett und Eiweiß sind, dienen mitunter als Getränk, werden aber vor allem zu Käse verarbeitet. Milch von Wasserbüffeln hat den höchsten Fettgehalt und eignet sich besonders gut zur Käseherstellung. Stutenmilch enthält viel Zucker und ist in Osteuropa für fermentierte Milchgetränke beliebt.

Kuhmilch besteht aus etwa 87 % Wasser, 3,5 % Eiweiß (hauptsächlich Kasein) und rund 5 % Kohlenhydraten (Lactose). Der Fettgehalt der Milch ist je nach Rasse und Fütterung der Tiere unterschiedlich und kann zwischen 3,5 % und 4 % betragen. In den meisten Ländern ist der Verkauf von Rohmilch – Milch, die direkt von der Kuh kommt und abgesehen vom Filtern völlig unbehandelt ist – gesetzlich verboten, da sie gefährliche Krankheitserreger, wie beispielsweise Tuberkulose-Bakterien, enthalten kann. Bei uns darf Rohmilch von Erzeugerhöfen direkt verkauft werden; die Betriebe unterliegen strengster Kontrolle und müssen höchste Hygienebedingungen erfüllen. Vorzugsmilch – ebenfalls Rohmilch – kommt verpackt in den Handel, muß jedoch innerhalb von 24 Stunden den Verbraucher erreichen, da sie nur kurze Zeit haltbar ist. Roh- und Vorzugsmilch müssen für Säuglinge und Kleinkinder abgekocht werden, wobei sie einen Teil der Wertstoffe verlieren. Um Bakterien und andere schädliche Keime abzutöten, wird Milch daher vor dem Verkauf pasteurisiert, das heißt für kurze Zeit auf 62 °C bis 74 °C erhitzt und anschließend auf 4 °C bis 5 °C gekühlt. Dem Pasteurisieren folgt zumeist das Homogenisieren, wodurch sich das Fett gleichmäßig in der Milch verteilt und dann nicht mehr als Rahm an der Oberfläche absetzt.

In Europa und den USA werden außerdem große Mengen an ultrahocherhitzter Milch verkauft. Diese sogenannte H-Milch ist in sterilen Packungen abgefüllt und kann ungeöffnet bei Raumtemperatur bis zu drei Monaten, mindestens jedoch sechs Wochen aufbewahrt werden. Die Milch wird in der Molkerei in geschlossenen Behältern für wenige Sekunden auf 135 °C bis 150 °C erhitzt und danach sofort abgekühlt. Durch dieses Verfahren geht viel von ihrem Geschmack verloren, so daß H-Milch als Getränk weniger empfehlenswert ist und am besten nur zum Kochen genommen wird. Hier läßt sie sich wie normale Milch verwenden.

In Anbetracht des Cholesteringehalts tierischer Fette erfreut sich fettarme (teilentrahmte) Milch zunehmender Beliebtheit. Ihr Fettgehalt beträgt 1,5 % bis 1,8 %. Magermilch (entrahmte Milch) enthält noch weniger Fett, höchstens 0,3 %; die exakten Werte sind von Land zu Land verschieden und können sogar bei Null liegen. Da beim Pasteurisieren auch die fettlöslichen Vitamine A und D zerstört werden, gibt es mittlerweile in einigen Ländern Milchsorten, die zum Ausgleich mit diesen Vitaminen angereichert werden. Solche Milch kann zusätzlich Calcium enthalten.

Die in der Milch vorhandene Lactose (Milchzucker) führt bei manchen Erwachsenen zu schweren Verdauungsstörungen. Diese Reaktion wird durch einen Mangel an Lactase-Enzym bedingt, das den Milchzucker im Verdauungstrakt Erwachsener aufspaltet. Um dies auszugleichen, gibt es in einigen Ländern Milch, die zusätzlich Lactase-Enzym enthält und etwas süßer als normale Milch schmeckt. Eine Alternative hierzu ist mit *Lactobacillus acidophilus* angereicherte Milch, bei der die zugesetzten Bakterien für einen Abbau der Lactose sorgen. Natriumarme Milch ist für Menschen wichtig, die sich salzfrei ernähren müssen. Alle diese Milchsorten schmecken ähnlich wie normale Milch und können in gleicher Weise zum Trinken und Kochen verwendet werden.

Kondensmilch ist in verschiedenen Fettstufen sowie gezuckert im Handel. Bei der Herstellung wird der Milch Wasser entzogen, so daß sie über einen hohen Anteil an Milchtrockenmasse verfügt. Die hierzu notwendigen hohen Temperaturen führen dazu, daß die Milch »gekocht« schmeckt. In einigen Ländern wird Kondensmilch vor allem im Kaffee geschätzt, doch läßt sie sich auch wie frische süße Sahne aufschlagen. Gesüßte Kondensmilch ist ebenfalls in unterschiedlichen Fettstufen erhältlich, wobei der typische Kondensmilch-Geschmack durch Zucker oder Glucose vollständig überdeckt sein kann. Beim Kochen braucht man Kondensmilch zum Beispiel für lateinamerikanische *flans*.

Trockenmilch, in Form von Pulver oder Granulat erhältlich, ist eine fast wasserfreie Milch, die aus Voll- wie aus Magermilch hergestellt wird. Vor der Verwendung rührt man sie einfach mit Wasser an und erhält dann eine Milch, die etwas dünner ist als Frischmilch. Trockenmilch kann in den meisten Rezepten als Ersatz für frische Milch dienen. Professionelle Bäcker setzen sie Brotteigen zu, damit das Brot eine schöne braune Kruste bekommt und länger frisch bleibt. Auch in der industriellen Käse- und Joghurt-Herstellung spielt Trockenmilch eine große Rolle.

ZUR INFORMATION

Nährstoffgehalt pro 100 g. *Vollmilch* 267 kJ/64 kcal; 3,5 g Protein; 3,5 g Fett; 4,8 g Kohlenhydrate; 11 mg Cholesterin; 48 mg Natrium; *fettarm* 195 kJ/47 kcal; 3,4 g Protein; 1,5 g Fett; 4,9 g Kohlenhydrate; 5 mg Cholesterin; 49 mg Natrium. *Magermilch* 147 kJ/35 kcal; 3,5 g Protein; 0,1 g Fett; 4,9 g Kohlenhydrate; kein Cholesterin; 50 mg Natrium. *Vollmilch, ultrahocherhitzt (H-Milch)* 267 kJ/64 kcal; 3,3 g Protein; 3,5 g Fett; 4,8 g Kohlenhydrate; 11 mg Cholesterin; 48 mg Natrium.

Bemerkung Unpasteurisierte und pasteurisierte Milch wird schnell sauer, wenn nicht im Kühlschrank aufbewahrt; nimmt offen im Kühlschrank andere Aromen an; gerinnt bei der Zugabe von Säuerungsmitteln. H-Milch schmeckt nach einiger Zeit abgestanden; zum Trinken nicht empfehlenswert.

Aufbewahrung *Pasteurisiert, ungeöffnet* Im Kühlschrank 5 Tage; *geöffnet* Im Kühlschrank 3–4 Tage; tiefgefroren: 3 Monate (nur zum Kochen zu verwenden). *H-Milch, ungeöffnet* Bei Raumtemperatur 2–3 Monate; *geöffnet* Im Kühlschrank 3–4 Tage.

Sahne

Zwei charakteristische Merkmale von Sahne sind für den Koch von Bedeutung: der Geschmack (süß, sauer oder nussig) und der Fettgehalt. Die im Handel angebotene Sahne – volkstümlich als »süße Sahne« bezeichnet – ist pasteurisiert oder ultrahocherhitzt, so daß alle gesundheitsschädlichen Bakterien und Enzyme zerstört sind und die Sahne in Geruch und Geschmack mild bleibt. Pasteurisierte Sahne kann außerdem homogenisiert sein, wodurch sie glatter, aber beim Schlagen nur ungenügend standfest wird.

Der Fettgehalt der Sahne – er wird durch den Anteil an entrahmter Milch bestimmt, den man der Sahne beimischt – bestimmt ihre Nahrhaftigkeit und ihr Verhalten beim Schlagen. Die gehaltvollsten Sahnesorten können bis zu 60 % Fett enthalten. Crème double, deren Fettgehalt zwischen 40 % und 48 % liegt, läßt sich hervorragend schlagen und zum Verfeinern unterschiedlichster gekochter Speisen verwenden. Schlagsahne ist etwas leichter, ihr Fettgehalt beträgt mindestens 30 %; Schlagsahne »extra« enthält mindestens 36 % Fett. Kaffeesahne (Kondenssahne), die auch als Trinksahne im Handel angeboten wird, gibt es in drei Fettstufen – 10 %, 12 % und 15 %. Sie läßt sich nicht steif schlagen.

Wenn man unpasteurisierte Sahne stehenläßt, entwickelt sie einen vollen, leicht säuerlichen Geschmack, der mit der Zeit weicher und ausgeprägter wird: Dies ist Crème fraîche, die Standardsahne in Frankreich. Bei dem heute üblichen Herstellungsverfahren wird allerdings pasteurisierte Sahne verwendet, der man Milchsäurebakterien zusetzt. Crème fraîche hat einen Fettgehalt von 30 % bis 40 % und ist als Aromazutat für Suppen, Saucen und pikante Speisen, insbesondere solche mit Fisch, auch bei uns so wichtig geworden, daß man sie mittlerweile überall zu kaufen bekommt.

Wie schon der Name besagt, hat englische *clotted cream* (geronnene Sahne) eine völlig andere Beschaffenheit als sonstige Sahnearten. Bei der Herstellung läßt man unpasteurisierte Sahne stehen, bis der Rahm nach oben steigt, erhitzt sie dann und schöpft die eingedickte Sahne ab. Vor dem Verkauf wird die Sahne pasteurisiert.

Sahnig-gelb, mit einer Konsistenz, die an Butter erinnert, und einem Fettgehalt von über 55%, ist *clotted cream* vor allem in Großbritannien beliebt, wo sie zu *scones* mit Erdbeermarmelade serviert und gern zu frischem oder pochiertem Obst gereicht wird. Bei uns ist sie kaum erhältlich, jedoch gut durch Crème double zu ersetzen.

ZUR INFORMATION

Nährstoffgehalt pro 100 g. *Schlagsahne, extra (36% Fett)* 1446 kJ/346 kcal; 2 g Protein; 36 g Fett; 3 g Kohlenhydrate; 124 mg Cholesterin; 32 mg Natrium. *Schlagsahne (30% Fett)* 1291 kJ/309 kcal; 2,4 g Protein; 31,7 g Fett; 3,4 g Kohlenhydrate; 109 mg Cholesterin; 34 mg Natrium. *Crème fraîche (40% Fett)* 1582 kJ/378 kcal; 2 g Protein; 40 g Fett; 2,5 g Kohlenhydrate; 131 mg Cholesterin; 39 mg Natrium. *Kaffeesahne (10% Fett)* 516 kJ/123 kcal; 3 g Protein; 10 g Fett; 4 g Kohlenhydrate; 34 mg Cholesterin; 40 mg Natrium.

Bemerkung Gerinnt durch säurehaltige Zutaten; trennt sich, wenn zu warm oder zu lange geschlagen; durch Einfrieren verändert sich die Struktur, nicht aber der Geschmack.

Aufbewahrung Alle Sahneprodukte müssen im Kühlschrank aufbewahrt werden; ungeöffnet sind sie etwa 5 Tage, geöffnet 3–4 Tage haltbar. Ultrahocherhitzte Sahne hält sich ohne Kühlung etwa 6 Wochen, sterilisierte bis zu 1 Jahr. Tiefgefrorene Sahne läßt sich nach dem Auftauen nicht steif schlagen. Crème fraîche hält sich etwa 3 Wochen, tiefgefroren 3 Monate (läßt sich nach dem Auftauen nicht steif schlagen).

Selbstgemachte Crème fraîche

Um Crème fraîche selbst herzustellen, vermischt man Crème double oder Sahne mit Buttermilch, saurer Sahne oder Joghurt und ersetzt dadurch die beim Pasteurisieren zerstörten Milchsäurebakterien. Aus diesem Grund zählt Crème fraîche auch zu den Sauermilchprodukten, doch im Gegensatz zu den übrigen Erzeugnissen dieser Art trennt sie sich beim Kochen nicht. Je höher der Fettgehalt der Sahne, desto besser: Buttermilch ist saurer Sahne vorzuziehen, und beide sind für Crème fraîche besser geeignet als Joghurt.

Pro 500 ml Crème double oder Sahne (vorzugsweise pasteurisiert, aber keinesfalls ultrahocherhitzt) nimmt man 250 ml Buttermilch, saure Sahne oder Joghurt. Das Ganze wird dann in einem Topf verrührt und behutsam auf 30 °C erhitzt, so daß die Mischung nicht ganz handwarm ist. Die angesäuerte Sahne in ein anderes Gefäß füllen, nicht vollständig abdecken und in einem warmen Raum sechs bis acht Stunden – oder bis sie dick wird und leicht nussig schmeckt – stehenlassen. (An einem heißen Tag dickt die Sahne schneller ein.) Die Sahne durchrühren, den Behälter verschließen und noch für einige Zeit in den Kühlschrank stellen, damit der Geschmack intensiver und die Crème fraîche dicker wird. Für eine neue Portion anstelle von Buttermilch, saurer Sahne oder Joghurt als »Starter« 250 ml der selbstgemachten Crème fraîche nehmen.

SAHNE SCHLAGEN

Crème double und Schlagsahne lassen sich bis auf das Doppelte ihres Volumens aufschlagen und bleiben dann für mehrere Stunden steif. Die Schüssel, den Schneebesen und die flüssige Sahne kühlt man vor, die geschlagene Sahne kommt ebenfalls in den Kühlschrank. Sahne mit weniger als 35% Fettgehalt kann beim Schlagen ausflocken, bevor sie steif wird. Sahne mit sehr hohem Fettgehalt wird bedeutend eher steif, wodurch sich die Gefahr erheblich verringert, daß man sie zu Butter schlägt.

1 Die Sahne in eine Schüssel gießen und schlagen, bis sie steif zu werden beginnt. **Leicht geschlagene Sahne** Es bleiben weiche Spitzen stehen, wenn man den Schneebesen herauszieht.

2 Steifgeschlagene Sahne Die Sahne weiterschlagen, bis feste Spitzen stehenbleiben und der Schneebesen deutliche Spuren in der Sahne hinterläßt.

Hinweis Wenn man Sahne zu lange schlägt, wird sie zu Butter. Kurz bevor dies geschieht, sieht die Sahne bereits körnig aus und nimmt eine hellgelbe Farbe an.

CHANTILLY-SAHNE

Chantilly-Sahne ist mit Zucker, Vanille oder Weinbrand aromatisierte Schlagsahne. Man verwendet sie für Bayerische Creme und Charlotten (S. 432), als einfache Füllung für *vacherins* (S. 437) und andere Baiser-Desserts oder für Feingebäck, wie Schillerlocken oder Windbeutel. Chantilly-Sahne kann man auch zu frischen oder pochierten Früchten reichen. Sie wird häufig mit Hilfe einer Sterntülle (S. 507) zu dekorativen Rosetten und Mustern gespritzt.

Für 250 ml Sahne 1–2 EL Kristall- oder Puderzucker und ½ TL Vanille-Extrakt (oder gegebenenfalls Vanillezucker, S. 37) oder 1 TL Weinbrand nehmen. Die Sahne so lange schlagen, bis sie steif wird, dann Zucker und Aromazutaten hinzufügen und alles etwa 1 Minute weiterschlagen, bis die Sahne wieder steif ist. Zum Auflockern kann etwas Eischnee untergehoben werden – pro 250 ml Sahne rechnet man 1 steifgeschlagenes Eiweiß.

Hinweis Mit Eischnee aufgelockerte Sahne fällt leichter in sich zusammen und muß deshalb innerhalb von zwei Stunden verbraucht werden.

Crème brûlée

Crème brûlée ist eine mit knusprigem Karamel überzogene Vanillecreme und als Dessert sehr beliebt.

4 Portionen
500 ml Crème double
1 Vanilleschote, längs aufgeschnitten,
oder ½ TL Vanille-Essenz (oder Vanillezucker, S. 37)
5 Eigelb
100 g Zucker

4 feuerfeste Förmchen (je 175 ml Fassungsvermögen)

1 Den Backofen auf 200 °C/Gas Stufe 3–4 vorheizen. Die Crème double aufkochen; falls verwendet, die Vanilleschote hineinlegen und im ge-

schlossenen Topf 10 Minuten ziehen lassen. Das Eigelb mit 2 EL Zucker verschlagen, bis es leicht schaumig ist. Die heiße Sahne und gegebenenfalls die Vanille-Essenz unterrühren. Die Eiercreme durch ein Sieb in die Förmchen gießen. (Die Vanilleschote für einen anderen Verwendungszweck aufbewahren.)

2 Die Förmchen ins kalte Wasserbad stellen und die Vanillecreme 15–18 Minuten im Ofen garen, bis sich an der Oberfläche eine Haut bildet; die Creme darunter soll flüssig bleiben. Die Förmchen dann für wenigstens 4 Stunden in den Kühlschrank stellen.

3 Zum Servieren Den Grill vorheizen. Jede Portion Vanillecreme mit 1½ EL Zucker bestreuen. Die Förmchen für 2–3 Minuten so dicht wie möglich unter den Grill setzen, bis der Zucker flüssig geworden und karamelisiert ist. Die Creme darf dabei nicht zum Kochen kommen, da sonst die Zuckerschicht zerstört wird. Sobald der Karamel abgekühlt ist, bildet er einen knusprigen Überzug. Die *crème brûlée* innerhalb von 2–3 Stunden servieren, damit die Karamelschicht nicht aufweicht.

Crème brûlée mit Himbeeren Vor dem Einfüllen der Vanillecreme in jedes Förmchen einige frische Himbeeren geben.

Saure Sahne, Joghurt und Buttermilch

Eine Reihe von Molkereiprodukten wird mit Bakterien geimpft, durch die sich die Lactose der Milch oder Sahne in Milchsäure verwandelt. Abhängig von den verwendeten Bakterienkulturen sowie dem Fett- und Säuregehalt, wird aus der Milch oder Sahne dann entweder saure Sahne oder Joghurt oder Buttermilch. Da solche Sauermilchprodukte beim Erhitzen leicht gerinnen, sollte man sie niemals kochen – gewöhnlich werden sie den Speisen erst gegen Ende der Garzeit hinzugefügt. Bei kommerziellen Erzeugnissen bleiben die Bakterienkulturen nicht immer aktiv. Will man also selbst Crème fraîche, Joghurt oder Käse herstellen, ist darauf zu achten, daß es sich um »aktive« oder »Lebendkulturen« handelt.

Der Fettgehalt der im Handel angebotenen sauren Sahnen liegt zwischen 10% und 30%; bei der Herstellung wird pasteurisierte Sahne mit Milchsäurebakterien versetzt. Saure Sahne hat zwar eine ähnliche Konsistenz wie Crème fraîche, kann diese in Rezepten aber nicht ersetzen, da sie schärfer schmeckt und weniger geschmeidig ist. Saure Sahne ist besonders in Ost- und Mitteleuropa beliebt, wo man sie nicht nur für Kuchen, Füllungen, Klöße und Saucen verwendet, sondern auch zu Suppen, wie *borschtsch*, und herzhaften Gerichten, wie Rotkohl-Rouladen (S. 276), reicht. Die von der russischen Küche inspirierte *sauce Smitane* (Smetana-Sauce), die meist zu Wild serviert wird, ist ebenfalls typisch. Es handelt sich dabei um eine braune Sauce, die kurz vor dem Servieren mit saurer Sahne verschlagen wird. Zu Obst-Desserts sind Saucen mit saurer Sahne, Zucker und Vanille beliebt. Die Säure von Sauermilchprodukten macht Brote und Käsekuchen, bei denen saure Sahne häufig eine Hauptzutat darstellt, lockerer.

Joghurt ist fermentierte Voll-, fettarme oder entrahmte Milch – es gibt ihn daher in den verschiedenen Fettstufen der Milch (S. 69) – und kann dick- oder dünnflüssig sein; Kondensmilch ergibt einen stärker konzentrierten Joghurt. Gewöhnlich ist Joghurt homogenisiert. Den charakteristischen Geschmack und seine Beschaffenheit erhält er durch spezielle Milchsäurekulturen. Bei den meisten handelsüblichen Joghurtsorten sind diese Kulturen noch aktiv, was dann auch auf der Verpackung angegeben ist. Frucht-Joghurt wird vor dem Verkauf mitunter erhitzt, so daß die Bakterien inaktiv werden. Zusätze, wie Bindemittel, Aroma- und Konservierungsstoffe, müssen auf der Verpakkung gekennzeichnet sein.

Vollmilch-Joghurt kann in Geschmack und Konsistenz sehr differieren. Joghurt nach griechischer Art ist fest und geschmeidig und wird mitunter auch aus Schafmilch hergestellt. Joghurt von Ziegenmilch ist voller und pikanter als Joghurt aus Kuhmilch. In Griechenland und dem Mittleren Osten findet man ihn überall, in Europa und den USA wird er zumeist nur in Reformhäusern oder Naturkostläden verkauft. Abgesehen von Käse ist Joghurt das einzige Molkereiprodukt, für das häufig auch Ziegenmilch verwendet wird. In der Küche läßt er sich wie Joghurt aus Kuhmilch verarbeiten.

Eine ganze Reihe heißer und kalter Suppen basiert auf Joghurt. Joghurt und saure Sahne sind auch Grundlagen zahlreicher Saucen, wie der österreichischen Schnittlauchsauce. Im Mittleren Osten und in Asien reicht man Joghurt oft als Beilage zu heißen Currys und marinierten Salaten. Aufgrund seiner Eigenschaft als Zartmacher eignet sich Joghurt gut zum Marinieren von Lammfleisch oder Geflügel.

Natürliche, sogenannte »Reine Buttermilch« ist die Flüssigkeit, die bei der Butterherstellung zurückbleibt. Sie besitzt die Nährstoffe der Milch, hat jedoch kaum noch Fett (bis 1%). Bei der kommerziellen Erzeugung hingegen wird entrahmte Milch mit einer Bakterienkultur geimpft. Beide Arten schmecken säuerlich, doch ist reine Buttermilch dickflüssiger und vollmundiger, die kommerzielle Version glatter. Darüber hinaus wird auch Trockenbuttermilch angeboten, die man vor der Verwendung mit Wasser anrührt; sie ist dünner als frische Buttermilch. Sodabroten, Pfannkuchen und Plätzchen gibt Buttermilch nicht nur Geschmack, sondern ihre Säure reagiert auch mit dem Natron, so daß Gasbläschen entstehen, die den Teig aufgehen lassen. Buttermilch findet man in skandinavischen Suppen, und auch Salat-Dressings profitieren von ihrem säuerlichen Aroma.

Buttermilch und Joghurt sind die Basis für verschiedene erfrischende Getränke. Einige davon sind alkoholischer Natur und vor allem in Skandinavien und dem Mittleren Osten beliebt. Dazu gehören beispielsweise *kaelder* aus Norwegen und *kefir* aus dem Mittleren Osten. Im Orient wird *kefir* aus Kamelmilch bereitet. In der Sowjetunion – der Heimat des *kefir* – macht man *kumyß* aus Stutenmilch. Er ist *kefir* vergleichbar, nur etwas alkoholreicher und eiweißärmer. Mittlerweile gehört *kefir* auch bei uns – besonders bei denjenigen, die auf eine gesunde Ernährung achten – zu den beliebtesten Sauermilchprodukten. Er wird aus Kuhmilch hergestellt, der man (statt Milchsäurebakterien) *kefir*-Pilze zusetzt, die neben der Säuerung eine leichte Gärung bewirken. Dadurch entwickelt sich in geringen Mengen Alkohol (unter 0,1 %), was *kefir* seine spritzige Frische verleiht. *kefir* ist in verschiedenen Fettstufen erhältlich. Sauermilcherzeugnisse gelten als gesundheits- und verdauungsfördernd.

ZUR INFORMATION

Nährstoffgehalt pro 100 g. *Saure Sahne (10 % Fett)* 490 kJ/117 kcal; 3 g Protein; 10 g Fett; 4 g Kohlenhydrate; 33 mg Cholesterin; 58 mg Natrium. *Vollmilch-Joghurt (3,5 % Fett)* 391 kJ/94 kcal; 3 g Protein; 3 g Fett; 13 g Kohlenhydrate; 10 mg Cholesterin; 40 mg Natrium. *Fettarmer Joghurt (1,5 % Fett)* 182 kJ/44 kcal; 3 g Protein; 1,5 g Fett; 4 g Kohlenhydrate; 5 mg Cholesterin; 49 mg Natrium. *Magermilch-Joghurt* 133 kJ/32 kcal; 4 g Protein; 0,1 g Fett; 4 g Kohlenhydrate; kein Cholesterin; 50 mg Natrium. *Buttermilch* 144 kJ/35 kcal; 3 g Protein; 0,5 g Fett; 4 g Kohlenhydrate; 4 mg Cholesterin; 57 mg Natrium.

Bemerkung Gerinnen bei zu starkem Erhitzen; Geschmack wird mit der Zeit säuerlicher.

Aufbewahrung *Saure Sahne* Im Kühlschrank 3 Wochen. *Joghurt, Buttermilch* Im Kühlschrank 2 Wochen. Natur-Joghurt hält sich besser als Frucht-Joghurt. *Alle Sauermilchprodukte* Tiefgefroren: 6 Wochen; können beim Auftauen jedoch gerinnen.

Typische Gerichte *Saure Sahne Govia Dina Stroganow* (Rinderfilet mit Zwiebeln; UdSSR); *köttbullar* (Fleischbällchen in Sauce; Schweden); geschmorte Rinderzunge mit Sauerrahm (Deutschland); gefüllter Kalbsbraten mit Sauce (Österreich). *Joghurt* Gekühlte Fruchtsuppe (USA); *terebiye* (eiskalte Sauce; Türkei); Kuchen mit Zitrone (Griechenland). *Buttermilch Okroschka* (Suppe mit Gurken; UdSSR); mit Brombeeren (Deutschland); *angel biscuits* (USA); *ranch salad dressing* (USA).

Selbstgemachter Joghurt

Selbstgemachter Joghurt ist frischer und deshalb milder als im Handel angebotene Sorten. Geschmack und Beschaffenheit variieren je nach Fettgehalt der Milch, verwendeter Starterkultur und der Zeit, die der Joghurt braucht, um fest zu werden. Pasteurisierte Milch ist ultrahocherhitzter vorzuziehen. Für 500 ml Joghurt bringt man 500 ml Milch schwach zum Kochen und läßt sie dann auf 38 °C bis 46 °C abkühlen. Zum Messen der Temperatur ein Milch-Thermometer (S. 503) nehmen. Außerhalb dieses Temperaturbereichs bleiben die Bakterien inaktiv. Die abgekühlte Milch mit 2 EL Joghurt (Lebendkultur) vermischen, in zwei Gläser mit je 250 ml Fassungsvermögen füllen und abdecken. Die Mischung zum Warmhalten (etwa 24–29 °C) in ein Handtuch wickeln oder bei eingeschalteter Betriebsleuchte in den Backofen stellen. Nach sechs bis acht Stunden – wenn der Joghurt fest geworden ist – die gewünschten Aromazutaten unterrühren. Den Joghurt vor dem Verzehr für zwölf Stunden in den Kühlschrank stellen.

Hinweis Elektrische Joghurtbereiter halten eine konstante Temperatur, so daß der Joghurt eine gleichmäßigere Struktur bekommt.

Gegrilltes Huhn in Joghurt-Sauce

In diesem Rezept nach orientalischer Art wird Joghurt zunächst als Zartmacher für das Hühnerfleisch und dann als Bindemittel für die Sauce verwendet. Als Beilage eignet sich *couscous* (S. 320).

3–4 Portionen

1 Jungmasthuhn (etwa 2 kg), in 8 Stücke zerlegt (S. 176)
500 ml Joghurt
1 Zwiebel, gehackt
2 EL Öl
2 Knoblauchzehen, zerdrückt
2 EL gemahlener Koriandersamen
125 ml saure Sahne
Salz und Pfeffer
2 EL gehackter frischer Koriander

1 Das Hühnerfleisch in 250 ml Joghurt wenden, um es damit zu überziehen, dann zum Marinieren 3–4 Stunden abgedeckt in den Kühlschrank stellen.

2 Den Grill vorheizen. Den Joghurt mit einem Pinsel von dem Hühnerfleisch abstreichen. Das Geflügel mit Küchenkrepp trockentupfen und dann in 7,5–10 cm Abstand unter der Grillvorrichtung garen, bis es gut gebräunt ist und kein rötlicher Saft mehr austritt, wenn man mit einer Fleischgabel hineinsticht. Die Grillzeit beträgt 15–20 Minuten. Die Stücke zwischendurch einmal wenden.

3 In der Zwischenzeit die Zwiebel im Öl anbraten, bis sie weich und leicht gebräunt ist. Knoblauch und gemahlenen Koriander dazugeben und alles unter ständigem Rühren bei mittlerer Hitze garen. Das Ganze zusammen mit dem verbliebenen Joghurt in der Küchenmaschine oder dem Mixer pürieren, dann die saure Sahne hinzufügen. Mit Salz und Pfeffer würzen. Den frischen Koriander unterrühren. Die Sauce in einem kleinen Topf behutsam erhitzen, abschmecken und warm halten. Damit die Sauce nicht gerinnt, darf sie nicht zum Kochen kommen.

4 Das gegrillte Hühnerfleisch auf einer Servierplatte anrichten und mit der Joghurtsauce überziehen. Das Gericht kann heiß oder mit Raumtemperatur serviert werden.

KÄSE

Für den Gourmet ist Käse das abwechslungsreichste und verlockendste Nahrungsmittel. Hinsichtlich der Sortenvielfalt nimmt französischer Käse einen der obersten Ränge ein, doch haben auch viele andere Länder ein reichhaltiges Angebot vorzuweisen. Dank der unterschiedlichen Milcharten – Vollmilch oder fettarme Milch, Milch von Kühen, Ziegen oder Schafen – sowie vielfältiger Methoden der Herstellung und Reifung werden weltweit Tausende verschiedene Käsesorten produziert. Die meisten von ihnen verzehren wir, so wie sie sind, zu Brot, Crackern oder Obst, doch sind einige Sorten auch zum Kochen unentbehrlich.

Käse entsteht, wenn man Milch oder Sahne (S. 68) zum Gerinnen bringt. Im einfachsten Fall geschieht dies auf ganz natürliche Weise durch das Entstehen von Milchsäure in der Milch (oder Sahne). Bei der Käseherstellung wird Milch heute zumeist durch das Hinzufügen von Lab-Enzymen zum Gerinnen gebracht – man spricht in diesem Zusammenhang auch vom »Dicklegen« der Milch. Feuchtigkeit und Säuregehalt sind ebenfalls für das gewünschte Ergebnis bestimmend. Mit welcher Geschwindigkeit, zu welchem Zeitpunkt und bei welcher Temperatur die Gerinnung stattfindet, wie fein die entstandenen Käsekörner aufgebrochen werden und welche Form der Käse erhält – all dies wirkt sich auf das Endprodukt aus. Einige Käsesorten, etwa Ricotta, läßt man nur abtropfen, andere werden gepreßt und zuvor mitunter auch erhitzt, wie das beispielsweise bei Gruyère der Fall ist.

Die bedeutendste Rolle spielen die Bakterienkulturen, die jedem Käse seinen besonderen Charakter verleihen. Frischkäse, der keinen Reifeprozeß durchläuft, hat einen milden Geschmack, da die Bakterien kaum Zeit haben, sich zu entwickeln. Bei manchen Sorten dringen die Bakterien von außen in den Käse ein und bilden an der Oberfläche einen pelzigen Schimmelbelag, wie etwa bei einem Brie. Bei anderen entsteht eine Rinde, und es sind innere Organismen, die für das Aroma sorgen und häufig auch zur Bildung von Löchern führen, wie zum Beispiel beim Emmentaler oder beim Samsø. Um Blauschimmelkäse, etwa Roquefort, herzustellen, gibt man der Käsemasse eine Starterkultur zu und durchsticht die Laibe mehrmals mit Spießen, um das Bakterienwachstum zu fördern – die blaue Äderung ist das Ergebnis der sich vermehrenden Schimmelkultur.

Der Reifeprozeß unter sorgfältig kontrollierten Bedingungen ist ebenfalls für die Qualität eines feinen Käses von großer Bedeutung. Der beste Frischkäse kommt innerhalb von ein oder zwei Tagen nach Herstellung in den Handel. Weichkäse, wie Camembert, reift unter Umständen nur ein bis zwei Wochen. Damit sich individuelle Geschmacksnoten entwickeln können, sind jedoch drei bis sechs Wochen Reifezeit nötig. Blauschimmelkäse, wie Roquefort oder Stilton, brauchen drei bis sechs Monate, während es ein ganzes Jahr dauert, bis Hartkäse, wie Gruyère oder Parmesan, ihr volles nußartiges Aroma erlangen. Bestimmte Käsesorten, etwa Gouda, werden in unterschiedlichen Reifestadien verkauft – von mildem Schnittkäse bis zu ausgereiftem, sehr salzigem Hartkäse. Je älter und geschmacksintensiver ein Käse ist, desto geringere Mengen braucht man zum Kochen. Um das Aroma zu verstärken, wird bei einigen Sorten, beispielsweise französischem Munster und belgischem Limburger, die Rinde während der Reifung mit Bier, Wein und Wasser oder mit Salzlake abgewaschen. Form und Größe eines Käses wirken sich ebenfalls auf den Reifeprozeß aus. Miniaturausgaben von traditionell großen Käselaiben, wie etwa Cheddar, reifen niemals zu dem gleichen vollen Aroma heran.

Ursprünglich wurde jeder Käse aus Rohmilch gemacht, heute nimmt man oft pasteurisierte Milch, insbesondere für weicheren Käse, der anfälliger für schädliche Bakterien ist. Die meisten Schnittkäse erster Qualität und auch viele Hartkäse werden aber nach wie vor aus Rohmilch hergestellt; in einem Emmentaler aus pasteurisierter Milch bilden sich beispielsweise keine Löcher.

Am uninteressantesten sind zweifellos Schmelzkäse und andere Käsezubereitungen, die mit Stabilisatoren versetzt und somit beinahe unbegrenzt haltbar sind. Spezieller Diätkäse mit niedrigem Salz- oder Fettgehalt ist ebenfalls erhältlich. Ein anderes beliebtes Produkt ist Räucherkäse, der entweder auf natürliche Weise – über einem Holzfeuer – geräuchert oder mit flüssigem Räucheraroma behandelt wird.

Salz ist das allgemein übliche Würzmittel für Käse. Kräuter, wie Salbei oder Petersilie, sorgen für Farbe und zusätzliches Aroma. Auch Pfeffer, Dillsamen oder Kümmel, Wein oder gar weiße Trüffeln dienen als Würze.

Kleine Käse aus Ziegen- oder Kuhmilch werden häufig in Asche gewälzt; ähnlicher Herkunft ist auch der dunkle Streifen in französischem Morbier. Andere Überzüge, die dem Käse zusätzlich Geschmack verleihen, schließen Weinblätter, Paprika, Traubenkerne, Nüsse und Pfefferkörner ein.

Käse auswählen

Jeder Käse hat seine individuellen Merkmale, doch lassen sich einige Verallgemeinerungen treffen. Ein Käse aus Rohmilch wird immer besser sein als einer aus pasteurisierter Milch. Weichkäse aus Rohmilch bekommt man allerdings nur selten, da sein Verkauf aus gesundheitlichen Gründen in vielen Ländern Beschränkungen unterliegt. Käse von kleinen Käsereien ist fast immer von besserer Qualität als industrielle Massenware.

Für den wahren Kenner ist der Geruch bei der Auswahl eines Käses beinahe ebenso wichtig wie das Aussehen. Frischkäse soll süßlich, eventuell leicht lakig riechen. Käse mit hohem Fettgehalt, etwa Brillat-Savarin, und die meisten Weichkäse sollen ein mildes Aroma haben, wenngleich es unter ihnen auch einige recht pikante Sorten gibt, wie beispielsweise Pont l'Évêque. Harter, gereifter Käse sollte so riechen, wie er schmeckt, nach einer erdigen Würze.

Es sind die sogenannten Schmierekäse (nicht zu verwechseln mit Schmierkäse), wie zum Beispiel Limburger, die ihre Anwesenheit schon von weitem kundtun – der französische Name eines dieser Käse lautet *vieux puant*, was soviel wie »alter Stinker« bedeutet. Dennoch darf kein Käse so scharf oder überreif sein, daß er nach Ammoniak riecht. Fehlendes Aroma ist ebenfalls ein schlechtes Zeichen: Geruchloser Käse kann zu stark gekühlt oder tiefgefroren gewesen sein und schmeckt fade.

Die Käserinde ist ein weiterer Qualitätsanzeiger. Während des Reifeprozesses muß ein Käse atmen können. Käse mit synthetischer Rinde, die der Optik wegen oft auch noch eingefärbt ist, schmeckt selten wirklich gut. Bei Hartkäsen und den meisten Blauschimmelkäsen soll die Rinde fest oder sogar krustig sein. Bei Weichkäse zeigt eine trockene Rinde dagegen an, daß er alt ist. Am schlimmsten ist es, wenn ein weißer Weichkäse, zum Beispiel ein Brie, schon eine leichte Orangefärbung an der Oberfläche aufweist – er wird kaum noch genießbar sein. Bei aufgeschnittenem Käse gibt die Farbe keinen Hinweis auf die Qualität, da diese weitgehend vom Gehalt der verwendeten Milch und dem Herstellungsverfahren abhängt. Einigen Käsesorten werden auch Farbstoffe zugesetzt, meist in Form natürlicher Färbemittel, wie beispielsweise Carotin.

Ein ganzer Käselaib ist besser als ein in Stücke geschnittener, vor allem, wenn die Stücke in Klarsichtfolie verpackt wurden. Ausgetrocknete Ränder wie auch feuchte, »schwitzende« Stellen oder ein Schimmelbelag an den Schnittflächen sind ein schlechtes Zeichen.

Hinweis Schimmel an Käse ist nicht schädlich, kann aber das Aroma entscheidend beeinträchtigen; den betreffenden Bereich kann man 1–2 cm tief wegschneiden.

Käse aufbewahren

Die meisten Käsesorten kommen jeweils in ihrem Reifestadium in den Handel und sollten deshalb so aufbewahrt werden, daß sie nicht weiterreifen. Angeschnittener Käse muß so bald wie möglich verzehrt werden; zum Aufbewahren verpackt man ihn locker; feuchte Sorten, die rasch austrocknen, werden fester eingewickelt. Frischkäse kommt in einem luftdicht verschlossenen Behälter in den Kühlschrank. Einen ganzen Hartkäse schlägt man in ein leicht feuchtes Tuch ein, einzelne Stücke locker in Klarsichtfolie.

Im Idealfall bewahrt man Käse nicht im Kühlschrank, sondern an einem kühlen, feuchten Ort bei etwa 10 °C auf. Andererseits halten sich Hart- und Blauschimmelkäse jedoch im Kühlschrank etwa eine Woche beinahe unverändert. Geriebenen Hartkäse kann man ebenfalls eine Woche im Kühlschrank aufbewahren, doch wird er durch Feuchtigkeit verhältnismäßig schnell schimmelig. Nach dem Anschneiden verlieren delikate Weichkäse innerhalb von zwölf Stunden einen Großteil ihres Aromas, so daß man sie dann noch höchstens drei Tage im Kühlschrank aufbewahren sollte. Käse kann maximal einen Monat eingefroren werden, doch büßt er dadurch seinen Geschmack weitgehend ein; Käse aus der Tiefkühltruhe nimmt man am besten nur zum Kochen.

Käse reiben

Mit Hilfe einer Küchenreibe läßt sich Käse grob oder fein reiben, in einer Käsemühle wird er fein gerieben. In der Küchenmaschine verwendet man für eine gleichmäßige Struktur den feinen oder groben Einsatz. Käse vor dem Reiben kalt stellen, damit er nicht zerkrümelt.

Kalte Käsegerichte

Käse wird zumeist ungegart verzehrt, sei es in Salaten, auf Sandwiches oder als Teil einer Käseplatte, in dieser Form ist er auch Zutat in Salat-Dressings. Der besondere Geschmack mancher Salate beruht auf geriebenem Parmesan, während man für zahlreiche andere Salate in feine Streifen geschnittenen Käse nimmt. Zerkrümelter Roquefort paßt ausgezeichnet zu Kohl und einem Vinaigrette-Dressing, grobgeraspelter Gruyère zu Champignons, Zitrone und Walnußöl.

MIT KÄSE KOCHEN

Gekochte Speisen, die mit Käse zubereitet werden, spielen eine wichtige Rolle im Repertoire des Kochs. Gegarter Käse hat vier Verwendungsformen: als Aromazutat, als Füllung, als Belag und als Grundlage für einige Nachspeisen. **Hinweis** Käse ist oft recht salzig. Wird er zusammen mit anderen Zutaten verwendet, sollte man die Speisen immer erst kosten, bevor man weiteres Salz hinzufügt.

Beim Kochen hat Käse einen Nachteil: Wird er zu stark erhitzt, gerinnt das Eiweiß und trennt sich vom Fett – der Käse zieht Fäden. Eine mit geriebenem Käse verfeinerte Sauce wird deshalb nur leicht erhitzt, bis der Käse geschmolzen ist. Käsesaucen dürfen niemals kräftig kochen und sollten auch nicht aufgewärmt werden. Wenn ein Käsebelag Fäden zieht und Fetttropfen aufweist, hat man ihn zu kräftig gebräunt. Harter, ausgereifter Käse verträgt höhere Temperaturen als weicher, was ein Grund dafür ist, daß Parmesan, Gruyère und ähnliche Käsesorten so wertvoll in der Küche sind. Für das berühmte Käsefondue der Schweizer muß man gut gereiften Käse nehmen.

Käse als Aromazutat

Mit seinem intensiven, nußartigen, aber nicht scharfen Aroma ist alter Parmesan der feinste aller Käse. Gerieben wird er häufig als Würze bei Tisch gereicht, speziell zu italienischer Pasta und Risotto sowie zu Fisch- und Gemüsesuppen. Parmesan und der mit ihm verwandte Pecorino lösen sich beim Erhitzen mehr auf als daß sie schmelzen; so besteht kaum Gefahr, daß sich Fäden bilden – es sei denn, man läßt den Käse sprudelnd kochen. Gruyère ist als Aromazutat beinahe ebenso nützlich: Er hat einen höheren Fettgehalt, verleiht den Speisen demzufolge Fülle und schmilzt leichter als Parmesan. In Frankreich, wo er Gruyère de Comté heißt, ist er der Favorit für Saucen, Soufflés und Käsegebäck. Anstelle von Gruyère werden häufig auch Cheddar und vergleichbare englische Käsesorten verwendet, doch müssen sie dann trocken sein; ist der Käse feucht, kann sich das Fett beim Erhitzen absondern. Ziegenkäse verfügt zwar nicht über das volle Aroma eines Hartkäses, doch verleiht er gegarten Speisen seine eigene besondere Note, zum Beispiel der norwegische Gjetost, den man für Saucen zu Wild nimmt. Auch Blauschimmelkäse wird als Aromazutat verwendet, häufig in hellen Saucen oder Salat-Dressings.

Käse als Belag

Als Belag muß Käse zufriedenstellend schmelzen und eine appetitlich braune Farbe bekommen. Die Möglichkeiten beginnen bei sehr weichem, cremigem Käse, wie Mozzarella – ein Käse, den man fast ausschließlich der Struktur wegen verwendet. Weniger üblich, aber dennoch als Belag geeignet, sind Weichkäse, wie Bel Paese, Saint-Paulin oder Brie, die auch für zusätzliches Aroma sorgen. (Einige dieser Käsesorten schmelzen nur dann zufriedenstellend, wenn man sie in ganz dünne Scheiben schneidet.) Hartkäse, wie Gruyère, verhalten sich etwas anders. Sie müssen gerieben werden und bilden nach dem Bräunen häufig eine Kruste, wie sie beispielsweise für eine französische Zwiebelsuppe typisch ist oder bei Gratins, die mit einer *béchamel* überzogen sind. Gruyère ist der klassische Käse für *croque-monsieur*, das überbackene französische Sandwich mit Schinken. Cheddar oder reifer Caerphilly werden gewöhnlich für *Welsh rarebit* (Würzbissen mit Käse) verwendet. Weicher Ziegenkäse schmilzt und bräunt gut und ist für Pizza oder auf gerösteten *croûtes (chèvre chaude)* beliebt, die man zu einem grünen Salat oder einer Gemüsesuppe reicht.

Käse als Füllung

Als Füllung eignet sich fast jeder Käse. Weichkäse wird in Scheiben geschnitten, in Teig gehüllt oder mit Gemüse, etwa Auberginen oder Kartoffeln, geschichtet. Er kann sogar den Hauptbestandteil einer Füllung ausmachen: Mit Spinat oder Basilikum vermischter Ricotta wird zum Füllen italienischer Pasta genommen, Strudelteig läßt sich mit Feta und gehackten Frühlingszwiebeln füllen. Auch Kombinationen von zwei oder sogar drei verschiedenen Käsesorten sind beliebt, zum Beispiel bei mit Ricotta und Parmesan gefüllten Ravioli in Gorgonzola-Sauce. Käsekroketten (S. 107) sind eine weitere Möglichkeit; dicke Käsesauce, Mozzarella, Gruyère oder Cheddar sind beliebte Grundlagen für Speck- und Käse-Quiches; Blauschimmelkäse steuert eine pikante Note bei.

Käse als Dessert

Als Nachspeise wird Käse ausnahmslos mit Zucker kombiniert, so daß man einen milden Käse nehmen muß – gewöhnlich Frischkäse. Im einfachsten Fall verrührt man Frischkäse mit Zucker und einer Aromazutat, etwa Vanille, und reicht ihn zu frischem oder pochiertem Obst. Zum Auflockern kann man Schlagsahne oder Eischnee unterheben, was sich besonders bei handelsüblichem Frischkäse empfiehlt, der Stabilisatoren enthält. Frischkäse taucht in zahlreichen regionaltypischen Nachspeisen auf. Einige Beispiele sind zu kleinen Herzen geformter Frischkäse, *cœur à la crème* (S. 76) aus Frankreich, sowie italienische *cassata alla siciliana,* ein mit Ricotta, kandierten Früchten und Schokolade gefüllter Biskuitkuchen, oder *tiramisù* aus frischem Mascarpone, Biskuit und Kakaopulver. *Pashka* ist zu einer Pyramide geformter Frischkäse mit Zucker und kandierter Orangenschale und wird in der Sowjetunion vor allem zu Ostern gegessen. Käsekuchen (S. 403) und Käsetörtchen bilden eine kulinarische Welt für sich.

Eine Käseplatte zusammenstellen

Es versteht sich von selbst, daß man für Käseplatten nur Käse auswählt, der seinen optimalen Reifegrad erlangt hat, und ihn nicht nur des eindrucksvollen Namens wegen kauft. Eine ausgewogene Zusammenstellung einiger weniger Käsesorten guter Qualität ist besser als eine große Vielfalt. Eine einfache Vorgehensweise ist es, einen Hartkäse, einen Blauschimmelkäse sowie ein oder zwei Weichkäse zu nehmen, Frischkäse (S. 76) gehört gewöhnlich nicht dazu, da er zu feucht ist. Farbe, Struktur und vor allem unterschiedliche Aromen sollten bei der Auswahl der Sorten Berücksichtigung finden. Käseplatten mit mehreren verschiedenen Ziegenkäsen sind ebenfalls beliebt.

Ein Holzbrett ist praktisch, um Käse in Scheiben zu schneiden. Darüber hinaus gibt es auch flache Korbtabletts, die speziell zur Präsentation von Käse gedacht sind. Unter den Käse legt man dann Papierservietten oder – noch besser – Weinblätter (ersatzweise verwendete Blätter aus dem Garten sollten flach und nicht bitter sein). Alle Käsesorten werden etwas kühler als mit Raumtemperatur serviert. Zum Garnieren der Käseplatte kann man Weintrauben nehmen, Nüsse oder Bleichsellerie reicht man am besten getrennt.

Die unverzichtbare Beilage zu Käse ist frisches Brot, das je nach den eigenen Vorlieben knusprig, hell, dunkel oder mürbe sein kann. Weizenvollkornbrot mit Walnüssen schmeckt besonders köstlich. Eine andere Möglichkeit sind würzige Kekse oder Cracker, wie man sie gern in den USA und Großbritannien serviert, wo zu Käse auch leicht gesüßte Kekse aus Vollkornmehl sehr beliebt sind. Butter sollte man nur zu Hartkäse oder Blauschimmelkäse reichen, Weichkäse verfügen von sich aus über genügend Fülle.

Das Entfernen der Käserinde überläßt man am besten den Gästen, denn ob man Käse mit oder ohne Rinde ißt, bleibt Ansichtssache. Bei frischen oder milden Käsesorten und allen Ziegenkäsen kann die Rinde recht wohlschmeckend sein, doch je älter der Käse, desto unangenehmer schmeckt die Rinde; bei sehr kräftigen Käsesorten ist sie ungenießbar.

Der Käse muß sorgfältig aufgeschnitten werden, damit die Käseplatte nicht schon nach kurzer Zeit unordentlich aussieht. Ein keilförmiges Stück Käse schneidet man in schmale Keile, so daß jede Portion etwas Rinde einschließt und bei Blauschimmelkäsen auch einen Teil der reifen Mitte. Kleine runde oder viereckige Käse werden wie Kuchen aufgeschnitten, Stangenkäse wie Brot.

Große ganze Käselaibe, wie Cheddar oder Stilton, sind etwas schwieriger zu servieren. Von einem runden Laib schneidet man zunächst einen Deckel ab und teilt den Käse dann in Scheiben mit jeweils etwas Rinde. Stilton und andere Blauschimmelkäse lassen sich auch mit einem Löffel aushöhlen, so daß der verbleibende Käse von der Rinde geschützt wird.

ZIEGEN-, SCHAF- UND BÜFFELKÄSE

Die weitaus meisten Käsesorten werden aus Kuhmilch hergestellt, doch nimmt man für einige berühmte Sorten auch die Milch von anderen Tieren. Der würzige, leicht säuerliche Geschmack von Ziegenkäse (franz. *chèvre*) ist unverkennbar. Im Gegensatz zu fast allen anderen Käsen kann man ihn in vier oder fünf Reifestadien genießen. Junger Ziegenkäse ist weich und streichfähig. Mit zunehmendem Alter bekommt er eine kreideähnliche Beschaffenheit, weist aber niemals die cremige Konsistenz bestimmter Käse aus Kuhmilch auf. Ziegenkäse wird meist nur in kleinen Mengen produziert und häufig örtlich vermarktet, so daß es nur wenige gut bekannte Sorten gibt, wie beispielsweise Chabichou und Crottin de Chavignol. Lange Zeit eine Domäne Norwegens, Frankreichs und des Mittelmeerraumes, wird Ziegenkäse heute auch in Deutschland (in Schleswig-Holstein) Großbritannien, Nordamerika und Australien hergestellt.

Mit einem mittleren Fettgehalt ist Schafkäse meist angenehm im Geschmack, wenngleich auch weniger nuanciert als ein Käse aus Kuhmilch – bemerkenswerte Ausnahmen sind Roquefort, verschiedene Sorten aus den französischen Pyrenäen und schottischer Lenark Blue. Echter Roquefort reift in Höhlen, die oberhalb des gleichnamigen französischen Dorfes gelegen sind. Italienischer Pecorino ähnelt dem Parmesan, wird jedoch aus Schafmilch hergestellt und ist in verschiedenen Reifegraden – von weich bis hart – erhältlich. Griechischer Feta ist ein krümeliger Lake-Käse, der jedoch nach längerer Reifezeit trokken und recht salzig wird.

Büffelmilch ist am besten als Grundlage für feinste Mozzarella bekannt, stellt aber auch das Ausgangsprodukt für Provola, Provolone und Scamorza dar. Da Büffelmilch leider sehr rar ist, werden diese traditionellen Käsesorten heute größtenteils – wie inzwischen auch einige Schaf- und Ziegenkäsesorten – aus Kuhmilch hergestellt, wodurch ihnen allerdings die Fülle und das pikante Aroma der Urformen verlorengeht.

ZUR INFORMATION

Typischer Ziegenkäse Cabrales (Spanien); Bouton de Culotte; Pyrenäenkäse; Bûcheron; Banon; Sainte-Maure, Crottin de Chavignol; Chabichou; Valençay (alle Frankreich); Brenza (Ungarn, Rumänien); Gjetost (Skandinavien). *Auch aus Kuhmilch* Olivet; Saint-Marcellin (beide Frankreich).

Typischer Schafkäse Pecorino; Canestrato (beide Italien); Broccio (Korsika, Frankreich); Roquefort (Frankreich); Queijo do Alentejo (Portugal); Manchego (Spanien); Feta (Griechenland); Kascaval (Bulgarien); Liptauer (Ungarn).

Typischer Büffelkäse Manteche (sehr fetter Butterkäse); Provatura; Mozzarella; Provola; Provolone; Scamorza (alle Italien).

Bemerkung: Einige Käsesorten werden in ihren Ursprungsländern sowohl aus Ziegen- wie auch aus Schafmilch hergestellt.

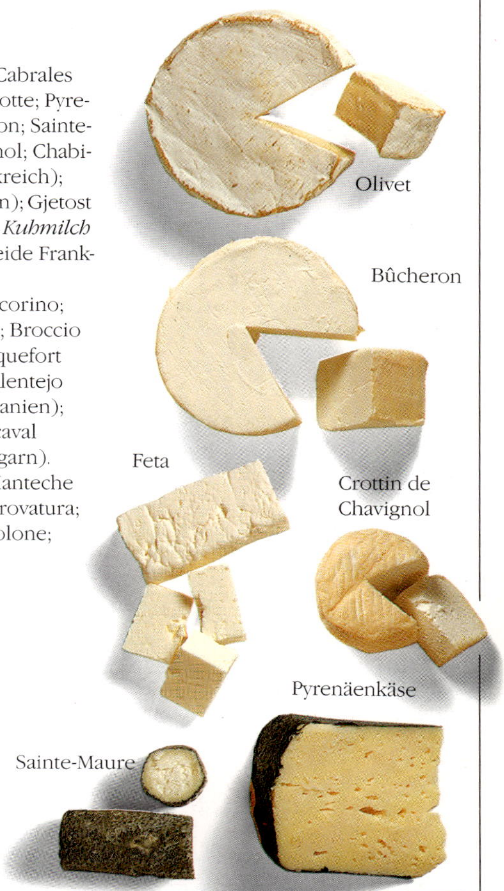

Frischkäse

Die entscheidenden Elemente eines Frischkäses sind der erfrischende Geschmack und die lockere Beschaffenheit. Jedes Land hat seinen Favoriten, und die Palette reicht von amerikanischem Cottage cheese (Hüttenkäse) bis hin zu englischem Cream cheese (Doppelrahmkäse), italienischem Ricotta und französischem Fromage frais (Fromage blanc ist ähnlich, aber glatter). Zahlreiche andere Frischkäse sind beinahe ebenso bekannt. Manche sind cremig und haben einen verhältnismäßig hohen Fettgehalt, wie beispielsweise Mascarpone aus Italien und Petit Suisse aus Frankreich. Zu den Frischkäsen gehört auch der Speisequark, der bei uns in verschiedenen Fettstufen angeboten wird. Schichtkäse ist eine Sonderform des Speisequarks. Er besteht aus mehreren erkennbaren Schichten mit jeweils unterschiedlichem Fettgehalt und schmeckt kerniger als Quark.

Obwohl fast alle Frischkäsesorten aus Kuhmilch hergestellt werden, ist ihr Feuchtigkeits- und Fettgehalt doch recht unterschiedlich, so daß man sie in Kochrezepten nicht immer ohne weiteres gegeneinander austauschen kann.

Frischkäse kann so glatt wie Joghurt, so körnig wie Hüttenkäse oder so geschmeidig wie Doppelrahmkäse sein. Der Fettgehalt variiert, und häufig sind einzelne Sorten in verschiedenen Fettstufen erhältlich. Kleine örtliche Molkereien erzeugen mitunter ihre eigenen Versionen, die dann häufig weniger Stabilisatoren enthalten als Frischkäse aus Großbetrieben. Die meisten Frischkäse sind so weich, daß man einen Löffel für sie braucht. Wenn mit zunehmender Reifezeit Feuchtigkeit verdunstet, werden sie fester.

Frischkäse wird selten allein serviert. Für einen würzigen Salat kann man ihn mit gehackten Frühlingszwiebeln, Tomaten, Nüssen oder Kräutern mischen und zu Kopfsalat reichen. Die Franzosen beenden eine Mahlzeit oft mit Frischkäse, der mit gehacktem Knoblauch und Petersilie bestreut ist – eine hausgemachte Version beliebter Markenprodukte, wie etwa Boursin. Ähnliche Käsezubereitungen mit Pfeffer oder Kreuzkümmel sind ebenfalls erhältlich. Frischkäse ist eine Hauptzutat für viele Brotaufstriche und Dip-Saucen, wie beispielsweise Doppelrahmkäse mit Krabben oder Ricotta mit Spinat. Für frische Obstsalate nimmt man hingegen häufig körnigen Frischkäse. Auch für eine ganze Reihe von Nachspeisen braucht man Frischkäse, zum Beispiel für pochierte Birnen mit Mascarpone, der mit Portwein aromatisiert wird.

Hüttenkäse — Speisequark — Doppelrahmkäse

ZUR INFORMATION

Beim Einkauf beachten Süßes Aroma, helle Farbe; feucht, aber nicht wäßrig.
Portion 75–125 g.
Nährstoffgehalt pro 100 g. *Doppelrahmkäse (60 % Fett i. Tr.)* 1375 kJ/329 kcal; 11 g Protein; 31 g Fett; keine Kohlenhydrate; 103 mg Cholesterin; 375 mg Natrium. *Speisequark (40 % Fett i. Tr.)* 670 kJ/160 kcal; 11 g Protein; 11 g Fett; 3 g Kohlenhydrate; 37 mg Cholesterin; 34 mg Natrium. *Cottage cheese (Hüttenkäse) aus Vollmilch (20 % Fett i. Tr.)* 428 kJ/102 kcal; 12 g Protein; 5 g Fett; 3 g Kohlenhydrate; kein Cholesterin; 230 mg Natrium. *Schichtkäse (10 % Fett i. Tr.)* 356 kJ/85 kcal; 12 g Protein; 2 g Fett; 4 g Kohlenhydrate; 8 mg Cholesterin; 39 mg Natrium. (Die Kennzeichnung »% Fett i. Tr.« bezieht sich auf den Fettgehalt in der Trockenmasse – also nach Abzug des Wassers –, so daß der absolute Fettgehalt des Produktes immer niedriger ist.)
Bemerkung Frischkäse minderer Qualität ist säurereich.
Aufbewahrung Je nach Sorte im Kühlschrank 2–7 Tage (fest abgedeckt). Nicht einfrieren.
Typischer Frischkäse Scamorza; Ricotta; Mascarpone; Mozzarella (alle Italien); Fromage blanc; Petit Suisse; Boursin; Demi-sel (alle Frankreich); Cottage cheese (Großbritannien, USA); Quark (Deutschland, Österreich).
Typische Gerichte Quarkauflauf (Deutschland); Käsekipferln (Deutschland, Österreich); Frühlingsquark (Deutschland, Österreich); *cornet au fromage* (süße oder pikante Blätterteigpasteten mit Käse; Frankreich); *pandorato alla crema di formaggio* (gebratenes Brot mit Frischkäse; Italien); *malfatti di ricotta* (Käseklößchen; Italien); *cannoli* (Früchte-Rollen mit Ricotta; Italien); Liptauer (Brotaufstrich mit Anchovis, Paprika; Ungarn); *empanadas de queso* (mit Käse gefüllte gebackene Teigtaschen; Mexiko).

CŒUR À LA CRÈME AUS FRISCHKÄSE ZUBEREITEN

Für dieses Dessert kann man jeden glatten Frischkäse nehmen. Der Geschmack variiert je nach Käsesorte und der verwendeten Menge an Sahne.

Cœur à la crème wird am besten zwei Tage im voraus zubereitet.

4 Portionen
500 g Frischkäse
250 ml Crème double
3 Eiweiß

Zum Servieren
500 g frische Erdbeeren oder Himbeeren
Zucker oder Vanillezucker (S. 37)

Herzförmige, mit Löchern versehene Form (750 ml Fassungsvermögen) oder 4 kleine entsprechende Förmchen

1 Jedes Förmchen mit einem Stück Mull auskleiden (dies ist zwar nicht unbedingt nötig, doch bekommt die Nachspeise dann eine hübsche Oberflächenstruktur). In einer großen Schüssel Frischkäse und Sahne glattrühren; falls erforderlich etwas mehr Sahne hinzufügen, damit der Frischkäse leicht vom Löffel fällt. In einer zweiten Schüssel das Eiweiß steif schlagen. Den Eischnee nach und nach unter die Frischkäse-Sahne-Mischung heben.

2 Die Mischung in die große Form oder die Förmchen füllen, auf ein Tablett stellen und abdekken. Den Käse bis zu 36 Stunden, mindestens aber 8 Stunden im Kühlschrank abtropfen lassen.

3 Etwa 1–2 Stunden vor dem Servieren die Erdbeeren entstielen oder die Himbeeren verlesen. 6–8 ganze Früchte zum Garnieren zurückbehalten. Die Käseherzen auf Teller stürzen.

4 Das Dessert mit den Früchten garnieren und bis zum Servieren in den Kühlschrank stellen. Die verbliebenen Früchte mit 1–2 TL Zucker bestreuen und bis zum Servieren Saft ziehen lassen.

RICOTTA ZUBEREITEN

Frischen Ricotta braucht man für viele italienische Gerichte, wo er ein gutes Bindemittel für Pasta-Füllungen darstellt. Gereift und gepreßt ist er ein beliebter Tischkäse. Die Qualität des fertigen Käses hängt weitgehend von der verwendeten Milch ab.

1 Joghurt oder saure Sahne mit 2 l Vollmilch und 250 ml Buttermilch vermischen. (Die Sauermilchprodukte müssen Lebendkulturen enthalten.) Alles zum Kochen bringen und unter ständigem Rühren 2–5 Minuten köcheln lassen, bis die Milch gerinnt.

2 Ein großes Sieb so mit einem Musselintuch auslegen, daß es an den Seiten überhängt. Die geronnene Milch hineingießen.

3 Das Tuch zusammenbinden und über eine Schüssel hängen. Die Masse etwa 1 Stunde abtropfen lassen, bis sie fest ist.

4 Den Ricotta aus dem Tuch nehmen. Er kann sofort verwendet oder bis zu 3 Tagen im Kühlschrank aufbewahrt werden.

Weichkäse und halbfeste Schnittkäse

Der beste Kochkäse ist frische Mozzarella. Es gibt sie in zwei Versionen: die immer seltener erhältliche aus Büffelmilch und Mozzarella aus Kuhmilch. Beide haben einen hohen Fettgehalt (mindestens 44 % i. Tr.) und werden gewöhnlich nur für Salate oder als Tischkäse genommen. Ältere, kommerziell erzeugte Mozzarella ist mild, schmilzt jedoch auf Pizza und überbackener Pasta zu einem saftigen, leicht Fäden ziehenden Belag. Mozzarella kann man auch in Scheiben schneiden, mit Semmelbröseln panieren und fritieren *(mozzarella impanata)* oder in einer *carrozza* (ital. = Kutsche) aus Brotscheiben knusprig braten. Ein anderer Käse, der gut schmilzt, ist der Schweizer Raclette.

Es gibt eine Vielzahl sahniger Weichkäse, die sich wie Mozzarella aufschneiden lassen. Als typische Beispiele wären italienischer Bel Paese, französischer Port-Salut und dänischer oder italienischer Fontina zu nennen, doch findet man noch Dutzende anderer Sorten. Sie sind ein willkommener Bestandteil von Käseplatten und eignen sich beim Kochen als Belag oder Füllung.

Von allen Tischkäsen werden Weichkäse am meisten geschätzt. Einige Sorten, wie Harzer, Vacherin und Époisses, die zu den Schmierekäsen zählen, können recht scharf sein. Sie werden mit zunehmender Reife weicher; am besten schmecken sie, wenn sie beim Anschneiden ein wenig zerlaufen, nur läßt sich dieses Reifestadium schwer exakt abpassen. Beim Erhitzen geht viel von ihrem Aroma verloren, doch kann man sie in Saucen oder für fritierte Speisen verwenden.

Hinweis Schmierekäse ist halbfester Käse, der mit speziellen Schimmelkulturen besprüht oder eingerieben wird, aus denen sich an der Oberfläche Rot- oder Gelbschmiere bildet, die dem Käse einen pikanten Geschmack verleiht.

ZUR INFORMATION

Beim Einkauf beachten Feste, aber nicht trockene Rinde, weiche Mitte. *Mozzarella* Weiß, weich und feucht. *Brie, Weichkäse* Aromatisch; Rinde weiß oder cremefarben, nicht gerissen oder orangefarben; soll sich beim Eindrücken weich anfühlen und beim Anschneiden ein wenig zerlaufen.

Portion 90–125 g.

Nährstoffgehalt pro 100 g. *Mozzarella aus Kuh-Vollmilch (44 % Fett i. Tr.)* 1180 kJ/281 kcal; 19 g Protein; 22 g Fett; 2 g Kohlenhydrate; 78 mg Cholesterin; 373 mg Natrium. *Harzer* 528 kJ/126 kcal; 30 mg Protein; 0,7 g Fett; keine Kohlenhydrate; 7 mg Cholesterin; 1520 mg Natrium. *Brie (50 % Fett i. Tr.)* 1429 kJ/342 kcal; 22 g Protein; 28 g Fett; keine Kohlenhydrate; 100 mg Cholesterin; 1170 mg Natrium. (Die Natrium-Werte können, je nach Salzzusatz, differieren. – Zu »% Fett i. Tr.« s. ZUR INFORMATION, S. 76.)

Bemerkung Sehr milder Geschmack, speziell bei weiterverarbeiteten Produkten. *Mozzarella* Zäh, wenn zu alt. *Brie, Weichkäse* Sehr mild und fest, wenn nicht ausgereift; scharf, wenn überreif.

Aufbewahrung *Weichkäse, halbfester Schnittkäse aus pasteurisierter Milch* Im Kühlschrank 1 Woche; *aus Rohmilch* Im Kühlschrank 3 Tage. *Frische Mozzarella aus pasteurisierter Milch oder Rohmilch* Im Kühlschrank, in Salzlake 2–3 Tage. *Brie, Weichkäse aus pasteurisierter Milch* Im Kühlschrank 3 Tage; *aus Rohmilch* An einem kühlen Ort 24 Stunden.

Typischer Weichkäse und halbfester Schnittkäse Harzer (Deutschland); Limburger; Hervé (beide Belgien); Esrom (Dänemark); Raclette (Schweiz); Munster, Neufchâtel; Morbier; Brie; Camembert; Saint-Paulin; Pont l'Évêque; Maroilles; Reblochon; Saint-Nectaire; Vacherin; Époisses; Livarot; Port-Salut (alle Frankreich); Bel Paese; Fontina (beide Italien); Monterey Jack; Liederkranz; Wisconsin brick (alle USA).

Typische Gerichte *Omelette au fromage* (Frankreich); *Lasagne al forno* (mit Bel Paese, Mozzarella; Italien); *fonduta* (Fondue mit Fontina; Italien); Käsespätzle mit Röstzwiebeln (Deutschland); Brie in Strudelteig (USA).

Blauschimmelkäse

Die cremige, mitunter auch krümelige Beschaffenheit und das pikante, häufig dominante Aroma von Blauschimmelkäsen passen ebenso zu frischem Brot wie zu Bleichsellerie oder einer Handvoll Nüssen. Man kann sie zerkrümelt für Salate oder auf Pizza verwenden oder für eine Dip-Sauce mit Sahne vermischen.

Blauschimmelkäse eignen sich zum Füllen von Teigwaren oder zum Aromatisieren eines Soufflés. Die festeren Sorten – Stilton, Danablu, Roquefort, Fourme d'Ambert, Bleu d'Auvergne und Blauschimmel-Versionen englischer Hartkäse, wie Wensleydale – lassen sich alle problemlos unter weiße Saucen rühren. Die weicheren, cremigeren Sorten, wie Gorgonzola und Bleu de Bresse, nimmt man überwiegend für Käseplatten, doch wird Gorgonzola auch häufig zusammen mit anderen Käsen, die leicht schmelzen, für glatte, cremige Pasta-Saucen verwendet.

Es wäre ketzerisch zu behaupten, daß alle Blauschimmelkäse gleich schmecken, doch ist ihnen ein reizvolles würziges Aroma gemein, das sie zum Teil dem Edelschimmel verdanken, der sie entlang ihrer natürlichen Maserung durchzieht. In manche Blauschimmelkäse werden kleine Löcher gestoßen, um das gewünschte Wachstum der Schimmelpilze zu fördern. Sorten mit kräftigem Aroma können in Rezepten gegeneinander ausgetauscht werden. Ihr Geschmack darf allerdings niemals zur bloßen Salzigkeit verkommen sein – ein häufiger Fehler bei minderwertigen Blauschimmelkäsen. Da das Salz durch Erhitzen noch stärker zur Geltung kommt, sollte man jeden Käse zuerst kosten, bevor man ihn einem heißen Gericht in großen Mengen hinzufügt.

ZUR INFORMATION

Beim Einkauf beachten Rinde fest, aber nicht gerissen; feucht, aber nicht wäßrig; Geruch würzig, aber nicht beißend; im Innern cremig, nicht verfärbt, gut von Blauschimmel durchzogen.

Portion 60–90 g.

Nährstoffgehalt pro 100 g. *Roquefort (50%–60% Fett i. Tr.)* 1550 kJ/369 kcal; 22 g Protein; 31 g Fett; 2 g Kohlenhydrate; 90 mg Cholesterin; 1809 mg Natrium. *Stilton (48% Fett i. Tr.)* 1705 kJ/406 kcal; 23 g Protein; 35 g Fett; 0,1 g Kohlenhydrate; 120 mg Cholesterin; 1000 mg Natrium. (Zu »% Fett i. Tr.« s. ZUR INFORMATION, S. 76.)

Bemerkung Käse minderer Qualität kann salzig sein; zu alter Blauschimmelkäse kann bitter schmecken oder Maden haben.

Aufbewahrung *Aus Rohmilch* Im Kühlschrank 1 Woche. *Aus pasteurisierter Milch* Im Kühlschrank 2 Wochen.

Typischer Blauschimmelkäse Bluefort (Kanada); Blue Dorset, Stilton (beide Großbritannien); Gorgonzola; Dolcelatte; Castelmagno (alle Italien); Roquefort; Bleu de Bresse; Bleu d'Auvergne (alle Frankreich); Mycella; Danablu (beide Dänemark); Bavaria Blue (Deutschland); Cebrero (Spanien).

Typische Gerichte *Galettes au Roquefort* (Käse-Crêpes; Frankreich); *focaccia al Gorgonzola* (heißes Fladenbrot mit Käsebelag; Italien); gebratene Birnen mit Brunnenkresse, Stilton (Großbritannien).

Dolcelatte

Bleu de Bresse

Gorgonzola

Stilton

Roquefort

Danablu

Kalbsschnitzel mit Stilton

Als Beilage zu diesen Schnitzeln eignen sich in Scheiben geschnittene Pellkartoffeln und Maronenpüree ausgezeichnet.

Anstelle von Stilton kann man auch einen anderen Blauschimmelkäse verwenden.

4 Portionen

750 g Kalbsschnitzel
60 g Mehl, mit Salz und Pfeffer gewürzt
45 g Butter
125 ml trockener Weißwein
125 ml Crème double
100 g Stilton, zerkrümelt
Salz und Pfeffer

1 Die Kalbsschnitzel klopfen (S. 195) und im gewürzten Mehl wenden. Überschüssiges Mehl abschütteln.

2 Die Schnitzel in zwei Arbeitsgängen jeweils in der Hälfte der Butter 2–3 Minuten auf beiden Seiten braun braten. Das Fleisch warm halten, bis die Sauce fertig ist.

3 Den Bratsatz in der Pfanne mit Weißwein ablöschen und lösen. Crème double hinzufügen und 1–2 Minuten kochen lassen. Dann den zerkrümelten Käse dazugeben und bei schwacher Hitze unter kräftigem Rühren schmelzen lassen.

4 Die Sauce durchsieben, mit Salz und Pfeffer abschmecken und wieder leicht erhitzen.

5 Die Kalbsschnitzel mit Beilagen – Maronenpüree, Kartoffeln oder verschiedenen Gemüsen nach eigener Wahl – und der Käsesauce auf vier Tellern anrichten.

Schnittkäse und Hartkäse

Hartkäse haben die längste Reifezeit. Ihr Aroma ist daher intensiv, ihr Geschmack kräftig. Manche lassen sich gerade noch schneiden, andere werden gebrochen oder gerieben. Viele Länder produzieren einen für sie typischen Hart- oder Schnittkäse, seien es englischer oder amerikanischer Cheddar, holländischer Gouda, französischer Gruyère de Comté, italienischer Pecorino, spanischer Roncal oder Schweizer Emmentaler. Für Salate wird solcher Käse in Würfel geschnitten, zum Würzen von Saucen oder Omeletts gerieben und auf Hamburgern oder in Sandwiches zum Schmelzen gebracht. In den Niederlanden und in Skandinavien reicht man zum Frühstück neben Brot, geräuchertem Fleisch oder Fisch auch stets Käse.

Wenn Käse für eine Sauce, ein Gratin oder eine Suppe gerieben werden soll, ist gute Qualität besonders wichtig. Parmesan und Gruyère (Greyerzer) sind hierfür mit Abstand am besten geeignet, zum einen weil ihr konzentriertes Aroma für eine außerordentliche Geschmacksfülle sorgt, zum anderen weil sie trocken genug sind, um auch bei hohen Temperaturen kaum Fäden zu ziehen. Bei der Herstellung dieser beiden Hartkäse wird der Käsebruch vor dem Pressen und Formen erhitzt. Echter Greyerzer oder Gruyère, so benannt nach dem gleichnamigen Ort, kommt aus der Westschweiz, sein französisches Gegenstück heißt Gruyère de Comté. Darüber hinaus gibt es verschiedene andere regionaltypische Sorten, etwa Beaufort und Appenzeller, die auf ähnliche Weise hergestellt werden.

Parmesan, der zu einer Gruppe von Käsen gehört, die man in Italien *grana* nennt, sollte aus der Gegend von Parma stammen – der beste trägt auf der Rinde die eingeprägte Bezeichnung »Parmigiano-Reggiano«. Pecorino, ebenfalls ein Mitglied der *grana*-Familie, umfaßt unter anderem den Pecorino Romano, der mitunter als Ersatz für Parmesan dient. Cheddar und die übrigen britischen Hartkäse weisen häufig einen hohen Fettgehalt auf.

Hartkäse sind als Tischkäse ebenso unentbehrlich wie in der Küche. Die Sortenvielfalt ist groß und umfaßt beispielsweise auch italienischen Provolone und Caciocavallo sowie englische Sorten, etwa Wensleydale und Double Gloucester. (Der Begriff *double* bedeutet, daß der Käse mit Morgen- und Abendmilch hergestellt wird und deshalb länger haltbar ist.) In Frankreich haben eine Reihe von Bergkäsen (aus Savoyen und der Dauphiné), oft *tommes* genannt, ein kräftiges Aroma.

Bei einem Hartkäse läßt sich die enge Verbindung zwischen Alter und Qualität nicht ignorieren. Selbst der feinste Hartkäse, der mit äußerster Sorgfalt aus Rohmilch hergestellt wurde, schmeckt fade, wenn er nicht ausreichend reift. Doch die Lagerzeit in der Käserei kostet Geld, so daß beispielsweise ein alter Parmesan recht teuer ist.

ZUR INFORMATION

Beim Einkauf beachten Trockene Rinde (keinen Käse ohne Rinde oder mit künstlicher Rinde kaufen); Schnittflächen fest und nicht ausgetrocknet, aber auch nicht feucht; nußartiges Aroma.

Portion 90–125 g.

Nährstoffgehalt pro 100 g. *Cheddar (50% Fett i. Tr.)* 1638 kJ/391 kcal; 25 g Protein; 33 g Fett; 1 g Kohlenhydrate; 100 mg Cholesterin; 675 mg Natrium. *Edamer, Gouda (je 45% Fett i. Tr.)* 1495 kJ/356 kcal; 26 g Protein; 29 g Fett; 2 g Kohlenhydrate; 95/114 mg Cholesterin; 654/869 mg Natrium. *Gruyère (45% Fett i. Tr.)* 1735 kJ/413 kcal; 30 g Protein; 32 g Fett; keine Kohlenhydrate; 110 mg Cholesterin; 336 mg Natrium. *Parmesan (35% Fett i. Tr.)* 1567 kJ/375 kcal; 36 g Protein; 26 g Fett; 3 g Kohlenhydrate; 68 mg Cholesterin; 704 mg Natrium. (Die Natrium-Werte können, je nach Salzzusatz, differieren. – Zu »% Fett i. Tr.« s. ZUR INFORMATION, S. 76.)

Bemerkung Wenn nicht ausgereift, weich und fader Geschmack; Hartkäse wird ranzig, wenn man ihn bei hohen Temperaturen lagert; kräftige Sorten können den Geschmack anderer Zutaten überdecken. Die englischen Sorten Cheddar und Cheshire werden bei uns häufig unter der Handelsbezeichnung »Chester« angeboten.

Aufbewahrung An einem kühlen Ort oder im Kühlschrank 2 Wochen.

Typischer Schnitt- und Hartkäse Cheddar (Großbritannien, Kanada); Cheshire; Wensleydale; Caerphilly; Sage Derby; Double Gloucester (alle Großbritannien); Edamer; Gouda (beide Holland); Emmentaler; Gruyère/Greyerzer; Sbrinz (alle Schweiz); Cantal; Beaufort; Gruyère de Comté (alle Frankreich); Bagoss/Bagozzo; Parmesan; Pecorino; Provolone; Caciocavallo (alle Italien); San Simón (Spanien); Jarlsberg (Norwegen); Samsø (Dänemark).

Typische Gerichte *Kaasbolletjes* (Edamer- und Gouda-Häppchen; Dänemark) *caws podi/Welsh rarebit* (überbackener Caerphilly auf Toast; Wales/Großbritannien); Cheddar-Suppe (Großbritannien); *gougère* (Brandteigkrapfen, mit Käse gewürzt; Frankreich); *gnocchi alla romana* (Grießklößchen, mit Parmesan und Sahne; Italien); *pecorino con fave frische* (frische dicke Bohnen mit Pecorino; Italien); Waadtländer Käseauflauf (Soufflé mit Emmentaler, geröstetem Brot; Schweiz).

KÄSE DER DOPPELRAHMSTUFE

Käse dieser Art werden vor allem ihrer Nahrhaftigkeit wegen geschätzt. Zum Kochen verwendet man sie kaum, außer vielleicht – als Doppelrahm-Frischkäse – für Füllungen oder Brotaufstriche. Die meisten Käse der Doppelrahmstufe kommen aus Frankreich, ihr Fettgehalt liegt zwischen 60% und 85%. Mit ihrer weichen weißen Rinde ähneln sie im Aussehen dem Brie. Je nach Alter und Sorte ist ihr Inneres weich und cremig oder fest, weiß oder hellgelb. Käse der Doppelrahmstufe sollten feucht sein, eine helle Farbe haben und süß oder pikant riechen; minderwertiger oder alter Käse kann eine kreideähnliche Struktur aufweisen. Doppelrahmkäse ist niemals so cremig wie ein reifer vollfetter Brie; man schätzt hingegen vor allem seine köstliche Fülle, die ein guter Kontrast zu anderen Tischkäsen ist. Typische französische Doppelrahmkäse sind Explorateur und Brillat-Savarin.

EIER

Zum Verzehr eignen sich die Eier einer ganzen Reihe von Vögeln, doch verwendet man in der Küche vor allem Hühnereier, deren Güte- und Gewichtsklassen klar definiert sind (rechte Seite). Das Thema Frische, das früher häufig ein Problem war, hat in Anbetracht unserer modernen Transportmöglichkeiten an Bedeutung verloren. Heutzutage steht eher die Erzeugung der Eier im Mittelpunkt des Interesses. Die Massenproduktion von Eiern in Legebatterien ist inzwischen bei den Verbrauchern höchst umstritten, so daß zunehmend Eier von Hühnern aus Bodenhaltung angeboten werden.

Ein Ei zu kochen gehört zur ersten Lektion jedes Anfängers am Küchenherd, der gleich darauf die Unterweisung in der Zubereitung pochierter Eier und Rühreier folgt. Spiegeleier und fritierte Eier können Bestandteil eines Frühstücks oder eine schnelle Zwischenmahlzeit sein. Im Backofen gegarte Eier, *en cocottes* in feuerfesten Porzellannäpfchen oder *sur le plat* in kleinen Gratin-Formen, haben ihren Ruf als »Krankenkost« schon lange verloren, und Omeletts eröffnen vielfältige Möglichkeiten süßer und pikanter Speisen regionaltypischer Ausprägung. Eier sind darüber hinaus die Grundlage für pikante und süße Eiercremes, Pfannkuchen und Crêpes, und ohne sie wäre auch eine der berühmtesten kulinarischen Kreationen – das Soufflé – undenkbar.

Außer ihrer Rolle als Grundzutat übernehmen Eier beim Kochen noch ein Dutzend anderer Funktionen. Wenn Eiweiß erhitzt wird, macht es eine Mischung fest, durch Eigelb wird sie glatt, gehaltvoll und leicht angedickt. Eier sind zum Verfeinern von Suppen und Saucen wichtig wie auch zum Binden von Füllungen und Pürees. Im Ofen gegarte Eiercremes werden durch das Eiweiß fest, während ihnen das Eigelb Fülle verleiht. Eiweiß nimmt man auch zum Klären des Fonds für Kraftbrühe oder Aspik (S. 46). Mit etwas Wasser verschlagenes Ei oder Eigelb ergibt eine wunderbare Glasur für Brote und Gebäck. In ähnlicher Weise wirkt Ei – allein oder mit ein oder zwei Eßlöffeln Wasser oder Öl verschlagen – als Bindemittel für Überzüge von Nahrungsmitteln, die fritiert werden sollen.

Welchen Platz Eier innerhalb einer Mahlzeit einnehmen, ist von Region zu Region sehr verschieden. In Nordeuropa und Nordamerika findet man gekochte oder gebratene Eier auf dem Frühstückstisch. Fast überall reicht man nahrhafte Eierspeisen, wie pochierte Eier mit Sauce oder Omeletts, als Hauptgang eines leichten Mittag- oder Abendessens oder zum beliebten amerikanischen Brunch. Soufflés, Eier *en cocottes* und pochierte Eier in klassischen Saucen, wie *hollandaise* (S. 60), sind in Frankreich die typische Eröffnung eines großen Menüs. Eine andere beliebte Vorspeise sind Eier in Aspik. In ländlichen Gegenden, insbesondere in Spanien und Portugal, kann ein einfaches oder ein gefülltes Omelett der Auftakt zu einem herzhaften Mittagessen sein. Und auch am Ende einer Mahlzeit haben Eier ihren Platz – in Gestalt süßer Soufflés, Eiercremes, Crêpes oder Weinschaumsauce.

Eier auswählen

Das Aroma eines sehr frischen Eies ist unverkennbar, doch läßt sich kaum ein Geschmacksunterschied feststellen zwischen einem Ei, das wenige Tage, und einem, das einige Wochen im Kühlschrank gelegen hat. Dennoch tritt aufgrund der porösen Schale im Laufe der Zeit ein Feuchtigkeitsverlust ein – das Eiweiß verliert seine Spannkraft und wird wäßrig. Je älter das Ei, desto flacher und weniger kugelig ist der Dotter. Bei einem sehr frischen Ei hingegen sieht das Eiweiß wolkig aus und hängt dicht am Eigelb. In vielen Ländern wird zur Frischekontrolle das Abpackdatum auf die Eierkartons aufgedruckt. Die Frische läßt sich auch überprüfen, indem man ein Ei in ein Gefäß mit Wasser legt – je älter das Ei, um so größer die Luftkammer: Sinkt das Ei zu Boden und bleibt auf der Seite liegen, ist es sehr frisch; richtet es sich jedoch mit dem stumpfen Ende senkrecht auf, ist es zwei oder drei Wochen alt; ein Ei, das direkt an der Wasseroberfläche schwimmt, kann mehrere Monate alt sein, und man sollte es wegwerfen. Eier mit gesprungener Schale – selbst solche mit feinen Haarrissen – werden in den Legefarmen üblicherweise mit Hilfe von Durchleuchtungsgeräten aussortiert, damit eine einheitliche Lagerfähigkeit der Eier gewährleistet ist.

Sehr frische Eier eignen sich am besten zum Pochieren (S. 85), da sie ihre Form behalten. Beim Schlagen von Eischnee läßt sich allerdings ein größeres Volumen erzielen, wenn die Eier wenigstens einige Tage alt sind. Ein goldgelber Dotter schmeckt nicht zwangsläufig besser, verleiht Saucen und Kuchen aber eine schöne Farbe; die Farbe des Dotters hängt vom Futter der Hennen ab, während die Farbe der Schale – weiß oder braun – bedingt wird durch die Rasse der Legehennen. Die meisten Europäer greifen lieber zu »ländlich« braunen Eiern. Braune Eierschalen sind weniger porös als weiße, so daß die Eier eventuell etwas länger frisch bleiben. Die beiden Fäden – oder Hagelschnüre –, die durch das Eiweiß verlaufen, sind harmlos und verankern lediglich den Dotter an der Schale. Blutspuren im Eigelb oder braune Stellen im Eiweiß sind zwar unansehnlich, haben aber ansonsten keine Bedeutung – man entfernt sie mit Hilfe der aufgeschlagenen Eierschale. Es versteht sich, daß die Gesundheitsbehörden für die Produktion von Eiern strenge Vorschriften erlassen haben und deren Einhaltung kontrollieren.

Eier aufbewahren

Eier sollen an einem sehr kühlen Ort oder im Kühlschrank aufbewahrt werden, und zwar mit dem spitzeren Ende nach unten, damit sich der Dotter in der Mitte des Eies und die Luftkammer oben befindet. Um den Feuchtigkeitsverlust und das Eindringen fremder Aromen durch die poröse Schale zu minimieren, deckt man die Eier ab oder beläßt sie im Karton. Die Aufbewahrungsdauer hängt davon ab, wie frisch die Eier beim Kauf waren – drei Wochen sind in der Regel das Maximum. Aufgeschlagene Eier müssen abgedeckt in den Kühlschrank gestellt werden. Eigelb trocknet rasch aus, so daß man es mit ein bis zwei Eßlöffeln Wasser bedeckt und das Gefäß fest verschließt. Da sich bei Eiern ohne Schale im Eigelb – selbst im Kühlschrank – schnell Bakterien entwickeln können, sollte man Gerichte oder Saucen, die rohes Eigelb enthalten, wie etwa Mayonnaise, nicht länger als zwei Tage aufbewahren. Ganze Eier ohne Schale verbraucht man am besten innerhalb von zwei Tagen; Eiweiß hält sich bis zu zwei Wochen.

Eier können (ohne Schale) für etwa vier Monate eingefroren werden, als Eimasse oder getrennt in Eiweiß und Eigelb. Aufgetaut lassen sie sich dann zur Zubereitung süßer oder pikanter Gerichte verwenden. Pasteurisierte und dehydrierte Eier (Trockenpulver) sind zwar praktisch, frischen Eiern aber in Geschmack und Struktur unterlegen. Sie finden in vielen kommerziellen Erzeugnissen Verwendung. Der Trocknungsvorgang hat wenig oder keine Nährstoffverluste zur Folge.

Nährwertstoffe von Eiern

Eier sind ein ausgezeichneter Lieferant von Protein – ein Ei enthält etwa 15% des täglichen Eiweißbedarfs eines Erwachsenen – sowie Vitamine und erhebliche Mengen an Eisen. Sie haben wenig Kalorien, doch führt ihr hoher Cholesteringehalt dazu, daß der Verzehr aus gesundheitlichen Gründen mitunter eingeschränkt werden muß.

Nährwertstoffe eines Hühnereies von 58 g Gewicht (6 g Schalenanteil) 351 kJ/84 kcal; 7 g Protein; 6 g Fett; 0,3 g Kohlenhydrate; 314 mg Cholesterin; 66 mg Natrium; 30 mg Calcium; 115 mg Phosphor; 1,4 mg Eisen; 0,1 mg Vitamin A; 0,4 mg Vitamin E; 0,07 mg Vitamin B_1 (Thiamin); 0,18 mg Vitamin B_2 (Riboflavin).

Güte- und Gewichtsklassen von Eiern

In den meisten Ländern der westlichen Welt werden Eier in Güte- und Gewichtsklassen unterteilt.

Güteklassen *Handelsklasse A* Hochwertige, frische Eier mit sauberer, unverletzter Schale und einer Luftkammerhöhe von maximal 6 mm. Im Handel werden fast nur Eier dieser Güteklasse angeboten. *Handelsklasse B* Eier »zweiter Wahl« mit einer Luftkammerhöhe bis zu 9 mm; die Schale kann verunreinigt sein. Eier dieser Handelsklasse tragen einen roten Stempel. *Handelsklasse C* Eier dieser Güteklasse kommen nicht in den Handel.

Gewichtsklassen *Klasse 1* Eier ab 70 g und mehr. *Klasse 2* Eier unter 70 g bis 65 g. *Klasse 3* Eier unter 65 g bis 60 g. *Klasse 4* Eier unter 60 g bis 55 g. *Klasse 5* Eier unter 55 g bis 50 g. *Klasse 6* Eier unter 50 g bis 45 g. *Klasse 7* Eier unter 45 g.

Zum Kochen und Backen verwendet man in der Regel Eier der Güteklasse A sowie der Gewichtsklassen 3 und 4 (etwa 60 g). Das Eiweiß macht etwas mehr als die Hälfte des Volumens eines Eies aus, der Anteil des Eigelbs liegt bei etwa 30%, die Schale nimmt rund 10% in Anspruch. Werden Eier nach Volumen abgemessen, kann man davon ausgehen, daß ein Gefäß von 250 ml Fassungsvermögen vier bis fünf 60 g schwere Eier, 6–7 Eiweiß oder 12–14 Eigelb faßt.

Portionen

Die Anzahl der Eier pro Portion hängt stark von der Garmethode ab sowie von dem Stellenwert, den die Eier innerhalb der Mahlzeit einnehmen. Als Vorspeise kann ein gekochtes oder pochiertes Ei zusammen mit einer reichhaltigen Garnitur durchaus genügen. Für den Hauptgang sind ein oder zwei gekochte oder *en cocottes* gebackene Eier angemessen, weniger als zwei Spiegeleier hingegen etwas karg. Für ein Omelett oder für Rührei sind zwei Eier pro Portion das Minimum – am besten rechnet man drei. Für ein Soufflé sollte man pro Person ein Eigelb und eineinhalb Eiweiß nehmen.

Eier in der Küche

Eier sind überaus temperaturempfindlich und sollten in vielen Fällen nicht direkt aus dem Kühlschrank verwendet werden. So erzielt man beispielsweise beim Schlagen von ganzen Eiern oder Eiweiß ein größeres Volumen, wenn sie leicht warm sind. Sehr kaltes Eigelb läßt Mayonnaise gerinnen, da die Emulsion bei niedrigen Temperaturen weniger stabil ist. Eier, insbesondere Eigelb, sollte man niemals direkt in eine heiße Mischung geben; statt dessen wird ein wenig der heißen Mischung unter das Eigelb gerührt, um es etwas anzuwärmen (S. 50). Exakte Garzeiten sind wichtig, denn schon ein oder zwei Sekunden Unterschied können dazu führen, daß ein Ei nicht zart und saftig, sondern zäh und trocken wird. Wenn man sie im heißen Kochgeschirr beläßt oder auf stark vorgewärmten Tellern anrichtet, garen Eier nach. Angebrannte Eier nehmen einen unangenehmen, verkohlten Geschmack an und werden zäh. Außer bei der Zubereitung von Omeletts, die kurz bei lebhafter Hitze gebraten werden, sollte man Eier stets bei milder Hitze garen.

Salz und Eier

Salz »lockert« das Protein im Eiweiß, so daß es sich leichter vermischen und steif schlagen läßt. Dies kann man sich auch zunutze machen, wenn zum Überglänzen von Speisen eine dünnflüssige Mischung aus Eiweiß und Eigelb benötigt wird. Bei der Zubereitung von Rührei hingegen sollte man Salz erst ein oder zwei Minuten vor dem Garen zu der Eimischung hinzufügen, da sie sonst wäßrig wird. Pochierte Eier fließen auseinander, wenn man sie in Salzwasser gart, und gebackene Eier sehen fleckig aus, wenn sie vor dem Garen mit Salz bestreut werden. Um dies zu verhindern, kommen die Gewürze in den Förmchen unter das Ei.

EIER TRENNEN

Eier lassen sich am besten mit Hilfe der aufgeschlagenen Schale trennen; es gibt für diesen Zweck jedoch auch Eitrenner.

1 Das Ei an seiner breitesten Stelle am Schüsselrand oder an einer anderen scharfen Kante aufschlagen. Die Schale mit den Daumen aufbrechen und einen Teil des Eiweiß über den Schalenrand in die Schüssel gleiten lassen.

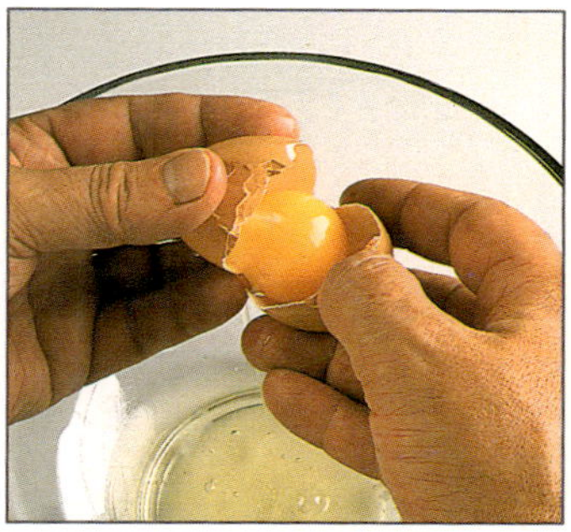

2 Den Dotter immer wieder von einer Schalenhälfte in die andere gleiten lassen, um das restliche Eiweiß vom Eigelb zu trennen. **Hinweis** Eigelb, das in das Eiweiß gelangt, kann man mit einer Schalenhälfte herausfischen.

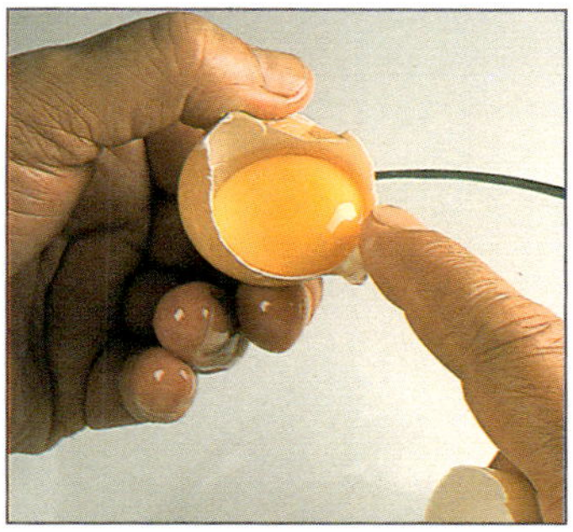

3 Die Hagelschnüre am Rand der Eierschale mit der Fingerspitze entfernen.

GANZE EIER UND EIGELB SCHAUMIG RÜHREN

Ganze Eier können zusammen mit anderen Zutaten über einem Wasserbad oder bei sehr schwacher Hitze schaumig gerührt werden. Durch die Zugabe von Zucker wird die Mischung stabiler und bildet so die Grundlage für viele Kuchen; speziell bei Schaumspeisen fügt man zur Aromatisierung auch Saft von Zitrusfrüchten und Liköre hinzu. Eigelb läßt sich ebenfalls zusammen mit anderen Zutaten schaumig rühren, zum Beispiel mit Wasser, wie bei einer *hollandaise* (S. 60), oder mit Zucker, wie bei Kuchen (S. 394).

Wenn man ganze Eier für süße Speisen schaumig schlägt, wird die Mischung durch etwas Zucker dick und cremig.

EISCHNEE SCHLAGEN

Eiweiß läßt sich bis zum Achtfachen seines ursprünglichen Volumens aufschlagen, insbesondere wenn man eine Kupferschüssel (S. 505) und einen Schneebesen benutzt. Das Eiweiß reagiert mit dem Kupfer, so daß ein stabiler Eischnee mit dichter Struktur und einem Maximum an Volumen entsteht; ein Schneebesen läßt sich problemlos in einer Kreisbewegung führen. Eine gute Alternative ist ein elektrisches Handrührgerät mit Quirlen und eine Metallschüssel.

Damit sich Eiweiß schlagen läßt, muß es vollkommen frei von Eigelb, Fett oder Wasser sein, was ebenso für die Schüssel und den Schneebesen gilt. Eiweiß, das eingefroren war, läßt sich gut steif schlagen. Eine kleine Prise Salz oder Weinstein, die man gleich zu Beginn hinzufügt, ist dabei durchaus hilfreich. Durch Zucker wird Eischnee insgesamt stabiler, doch darf man ihn erst zugeben, wenn das Eiweiß schon etwas steif ist.

Der Eischnee ist fertig, sobald Spitzen stehenbleiben, wenn man den Schneebesen herausnimmt. Schlägt man Eiweiß zu lange, trennt es sich und wird körnig – ein solcher Eischnee läßt sich schlecht unterheben und fällt beim Vermischen mit anderen Zutaten leicht in sich zusammen. Wird der Eischnee in einer Kupferschüssel geschlagen, ist diese Gefahr in der Regel gering, bei der Verwendung eines elektrischen oder handbetriebenen Rührgeräts geschieht dies hingegen gelegentlich.

Falls sich der Eischnee trennt, fügt man auf jeweils vier Eiweiß ein frisches ungeschlagenes Eiweiß hinzu und schlägt die Masse etwa 30 Sekunden weiter auf, bis der Eischnee glatt ist. Einfacher Eischnee sollte innerhalb weniger Minuten weiterverarbeitet werden, Baiser-Masse (S. 435) kann man vor dem Backen ohne weiteres 10–15 Minuten stehenlassen.

Bevor man eine Kupferschüssel benutzt, muß die Innenseite mit ein oder zwei Eßlöffeln Salz und einer aufgeschnittenen Zitrone (oder ein oder zwei Eßlöffeln Essig) ausgerieben werden, um alle Spuren von giftigem Kupfercarbonat zu beseitigen, das sich möglicherweise gebildet hat. Das gesäuberte Kupfer muß leuchten und einen leichten Rosaschimmer haben. Die Schüssel vor der Verwendung ausspülen und trockenreiben; man kann sie ein bis zwei Stunden im voraus reinigen, aber nicht früher.

1 Eischnee in einer Kupferschüssel schlagen Das Eiweiß zu Beginn langsam schlagen und den Schneebesen zunächst nur am Boden der Schüssel bewegen. Ihn dann kreisförmig nach oben führen, um möglichst viel Luft unterzuschlagen.

2 Wenn das Eiweiß schaumig wird, die Kreisbewegung auf die gesamte Schüssel ausdehnen und den Schneebesen mit größtmöglicher Geschwindigkeit führen – ihn dabei noch immer kreisförmig nach oben aus der Masse herausziehen. Nicht eher mit dem Schlagen aufhören, bis das Eiweiß steif geworden ist.

3 Wenn der Eischnee ziemlich steif ist, den Schneebesen in großen Kreisen so schnell wie möglich hindurchziehen, so daß er im Eischnee bleibt und Kontakt zur Schüssel hat. Hierdurch wird der Eischnee steifer und »dichter«.

4 Bei richtig geschlagenem Eischnee ist die Masse glatt, und es bleiben flache Spitzen stehen, wenn man den Schneebesen herauszieht.

Hinweis Schlägt man Eiweiß zu lange, wird es körnig.

Eischnee in der Küchenmaschine schlagen Bei niedriger Geschwindigkeit beginnen und sie dann nach und nach erhöhen.

EISCHNEE UNTERHEBEN

Einfacher Eischnee ist die leichteste aller Zutaten und läßt sich deshalb am schwersten unter andere Mischungen ziehen; er muß sehr behutsam untergehoben werden. Baiser-Masse wird fester als einfacher Eischnee. Eiweiß für süße Speisen sollte man daher stets etwas Zucker beigeben. Je leichter die Grundmischung, desto einfacher läßt sich der Eischnee unterheben; schwere Mischungen lockert man zunächst mit einem Teil des Eischnees auf, bevor man den Rest unterhebt. Damit eine schwerere Mischung nicht zum Boden der Schüssel sinkt, gibt man sie oben auf den Eischnee.

1 Das Eiweiß steif schlagen (bei süßen Speisen Zucker hinzufügen, so daß eine Baiser-Masse entsteht (S. 435). Die Grundmischung (hier Spinat) sorgfältig mit etwa einem Viertel des Eischnees auflockern. Diese Mischung oben auf den restlichen Eischnee geben.

2 *Oben:* Mit einem Metallöffel oder einem Gummispatel von der Schüsselmitte aus die Grundmischung unter den Eischnee heben. Die Schüssel dabei beständig drehen.

Rechts: Die fertige Mischung sollte leicht und locker, Eischnee und Spinat aber gleichmäßig miteinander vermischt sein.

Eier servieren

Ein gekochtes oder pochiertes Ei verlangt geradezu nach einem Hauch von Sauce, sei es *béchamel,* Käsesauce, *velouté,* Buttersauce oder gar dunkle Sauce. Für Eiersalate ist Mayonnaise die beste Wahl, häufig zusammen mit etwas Tomate, Kräutern oder einer Scheibe schwarzer Trüffel. Omeletts können mit ihrer Aromazutat garniert werden oder rundum mit ein wenig Sauce. Viele Eierspeisen profitieren von einer eßbaren Unterlage, beispielsweise einem Teigschälchen oder einer Scheibe gebratenem oder geröstetem Brot. Leichtere Alternativen sind ein Spinatbett, Tomatenscheiben oder Artischockenböden. In Scheiben geschnittene hartgekochte Eier verleihen kalten Speisen, wie Spinatsalat oder Fisch-Mousse, einen farblichen Reiz; durch ein Sieb gestrichenes Eigelb ist eine hübsche Garnierung.

Gekochte Eier

Eigentlich ist die Bezeichnung »gekochtes Ei« falsch, denn Eier sollten immer nur leise köcheln, niemals aber sprudelnd kochen – zum einen, damit die Schale nicht platzt, zum anderen, damit das Eiweiß nicht zäh wird. Die Eier sollen gut mit Wasser bedeckt sein, und – um die Garzeit genau abmessen zu können – erst hineingelegt werden, wenn das Wasser bereits siedet. Man kann sie auch in kaltem Wasser aufsetzen und die Zeit nehmen, wenn das Wasser zu kochen beginnt, oder in kochendes Wasser legen und bei ausgeschalteter Kochstelle gar ziehen lassen. Durch letztere Methode bekommt man ein weichgekochtes Ei mit einem besonders zarten Eiweiß. Damit die Schale nicht platzt, sollten die Eier vor dem Kochen Raumtemperatur haben; ein oder zwei Eßlöffel Essig verhindern ein Auslaufen, falls Risse in der Schale vorhanden sind. Manche Köche plädieren dafür, die Eierschale mit einem Eierpieker anzustechen.

Gekochte Eier bereitet man in drei verschiedenen Garstufen zu: weichgekocht (weiches Eiweiß und weiches Eigelb), *mollet* beziehungsweise wachsweich (festes Eiweiß und weiches Eigelb) und hartgekocht. Ein weichgekochtes Ei, bei dem das Eiweiß genau den eigenen Vorstellungen entspricht, also noch flüssig oder schon leicht fest ist, läßt sich durch exakte Garzeiten erreichen. Für wachsweiche Eier muß das Eiweiß gerade so fest sein, daß es das flüssige Eigelb zusammenhält. **Hinweis** Bei sehr frischen Eiern sind die Garzeiten etwas länger als bei Eiern, die mindestens eine Woche alt sind.

Weichgekochte Eier werden oft im Eierbecher serviert, man kann sie aber auch mit einem Löffel aus der Schale nehmen und warmen Speisen hinzufügen, zu denen man Toast reicht. Eier *mollet,* die in der Mitte noch weich sind, erinnern an pochierte Eier und werden in vielen Rezepten auch wie diese verwendet. Wegen ihrer glatten Oberfläche gibt man ihnen bei Aspik-Gerichten sowie als Garnitur den Vorzug. Auf *croûtes* oder Kalbsschnitzeln bleiben hingegen pochierte Eier besser liegen.

Ein ganzes hartgekochtes Ei wird längs halbiert oder in Scheiben geschnitten. Häufig streicht man das Eigelb auch durch ein Sieb, um es unter eine cremige Füllmasse zu mischen, die dann in das Eiweiß gespritzt wird. Wenn hartgekochte Eier heiß serviert werden sollen, kann man sie in Scheiben schneiden und mit einer *béchamel* oder einer Käsesauce und anderen pikanten Zutaten überbacken.

Oben: Ei *mollet* (links) und hartgekochtes Ei (rechts).
Unten: Halbiertes Ei *mollet* (links) und halbiertes hartgekochtes Ei (rechts).

ZUR INFORMATION

Portion 1–2 Eier.
Garzeiten (für Eier mit Raumtemperatur, die in siedendes Wasser gelegt werden). *Weichgekocht* 3–4 Minuten. *Wachsweich* 5–6 Minuten. *Hartgekocht* 8–10 Minuten.
Richtiger Gargrad *Weichgekocht* Eiweiß weich oder fest, Eigelb weich. *Wachsweich* Eiweiß fest, Eigelb weich. *Hartgekocht* Eiweiß und Eigelb fest.
Bemerkung *Hartgekocht* Bei zu langer Garzeit wird das Eiweiß zäh, das Eigelb bekommt einen dunklen Rand; bei zu langer Lagerung im Kühlschrank wird das Eiweiß zäh; von nassen Eiern fließt Sauce wieder herunter.
Aufbewahrung *Weichgekocht* Stets sofort verzehren. *Wachsweich, hartgekocht, jeweils ungeschält* Im Kühlschrank 4 Tage; *geschält* In kaltem Wasser, im Kühlschrank 2 Tage.
Aufwärmen *Wachsweich, hartgekocht* 3–5 Minuten in heißes Wasser legen, dann abgießen.
Typische Gerichte *Weichgekocht* *Œufs cressonière* (auf Toast mit Brunnenkressepüree, Sahnesauce; Frankreich). *Wachsweich* *Eggs cobb* (mit Maismehl-Pfannkuchen; USA); *œufs à la bruxelloise* (mit geschmortem Chicorée, Sahnesauce; Belgien). *Hartgekocht* Tiroler Eierspeise (überbacken, mit Anchovis, Kartoffeln, Gewürzen; Österreich).

GEKOCHTE EIER SCHÄLEN

Sehr frische hartgekochte und wachsweiche Eier lassen sich mitunter nur schlecht schälen. Bei legefrischen Eiern hängt das äußere Häutchen oft am Eiweiß fest, so daß sich die Schale schwer entfernen läßt. Durch sofortiges Abschrecken der Eier in kaltem Wasser löst sich die Schale besser, was ebenso der Fall ist, wenn man die Eier unter fließendem kaltem Wasser schält. Bei wachsweichen Eiern muß die Schale sehr behutsam entfernt werden.

Das Ei rundum aufklopfen, damit die Schale überall reißt. Die Eierschale zusammen mit dem dünnen Häutchen unter fließendem kaltem Wasser entfernen. Das Ei mit Küchenkrepp trockentupfen.

EXOTISCHE EIER

Einige Vogeleier schätzen Gourmets ebenso ihres Aussehens wie ihres Geschmacks wegen. Wachteleier werden häufig gekocht – in siedendem Wasser sind sie nach 5 Minuten hartgekocht – und ungeschält zum Garnieren verwendet, damit ihre gesprenkelte Schale zur Geltung kommt. Üblicherweise reicht man zum Würzen normales oder mit anderen Gewürzen vermischtes Salz. Wachteleier kann man auch mit kleinen Garnelen oder Wildpilzen *sur le plat* backen (S. 87) oder als Suppeneinlage verwenden. Im Feinkosthandel angebotene Rebhuhn- und Fasaneneier sind ebenfalls eine Delikatesse. Am anderen Ende der Größenskala steht das riesige Straußenei, das für zehn Personen reicht, bei uns aber kaum im Handel ist.

Enten-, Gänse- und Puteneier kann man zwar kaum als exotisch bezeichnen, doch begegnet man auch ihnen nur selten außerhalb von Bauernhöfen. Im Geschmack sind sie Hühnereiern recht ähnlich und können wie diese verwendet werden, wenngleich Enten- und Gänseeier gehaltvoller sind. Da ihre Größe nicht dem 60-g-Standard-Ei entspricht, nimmt man sie vor allem für Gerichte, bei denen es nicht auf exakt abgemessene Zutaten ankommt.

Eier mit Curry-Mayonnaise und Reissalat

Das Eigelb hartgekochter Eier kann man durch ein Sieb streichen und mit anderen Zutaten vermischen oder für eine Garnitur verwenden, die an die Blüten von Mimosen erinnert.

4–6 Portionen
8 Eier
1 Zwiebel, feingehackt
1 EL Öl
1 EL Currypulver
375 ml Mayonnaise (S. 62)
Salz und Pfeffer

Für den Reissalat
200 g Reis
125 ml Vinaigrette (S. 64)
40 g Rosinen
40 g getrocknete Aprikosen, gehackt
75 g Walnußkerne, grobgehackt
1 Bund Brunnenkresse (zum Garnieren)

1 Die Eier hart kochen, schälen und in kaltem Wasser abkühlen lassen. Für die Curry-Mayonnaise die Zwiebel im Öl dünsten, bis sie weich, aber nicht gebräunt ist. Das Currypulver hinzufügen und alles unter Rühren 2 Minuten garen. Die Mischung abkühlen lassen, dann unter die Mayonnaise mischen. Die Curry-Mayonnaise durch ein Sieb streichen und abschmecken.

2 Für den Reissalat Den Reis in Salzwasser kochen (S. 318) und abtropfen lassen. Den warmen Reis mit der Vinaigrette, Rosinen, Aprikosen und Walnüssen vermischen. Den Salat nach dem Abkühlen abschmecken.

3 Den Reissalat in der Mitte einer runden flachen Schale anrichten. Sechs Eier dekorativ auf den Reissalat legen. Die Eier können auch längs halbiert und mit den Schnittflächen auf den Salat gelegt werden. Die Eier mit der Curry-Mayonnaise überziehen.

4 Das Eigelb der beiden restlichen Eier durch ein Sieb streichen und auf den mit Mayonnaise überzogenen Eiern verteilen. Das Eiweiß hacken und zwischen die Eier streuen. Den Salat mit Brunnenkresse garnieren und innerhalb kurzer Zeit servieren.

Abwandlungen

Eier mit Kräuter-Mayonnaise Zur Mayonnaise (Grundrezept S. 62) 3 TL gehackte frische Kräuter (etwa Dill, Petersilie, Basilikum oder Estragon) hinzufügen. Die Vinaigrette anstelle von Essig mit Zitronensaft zubereiten und die Rosinen und Aprikosen durch gehackte Frühlingszwiebeln ersetzen.

Eier mit *orzo*-Salat Tomaten-Mayonnaise (S. 63) verwenden. Anstelle von Reissalat einen *orzo*-Salat zubereiten. Dazu 200 g *orzo* (reiskornähnliche Nudeln, S. 329) oder andere kleine Nudeln kochen, die Vinaigrette wie im Hauptrezept zubereiten. Statt der getrockneten Früchte und Walnußkerne 60 g geröstete Pinienkerne und 3 EL gehacktes frisches Basilikum hinzufügen.

Pochierte Eier

Pochierte Eier, auch als »verlorene Eier« bekannt, läßt man ohne Schale in leise siedendem Wasser gar ziehen, so daß das Eiweiß eben fest genug ist, um das noch flüssige Eigelb zu umschließen. Zu Beginn der Garzeit soll das Wasser sprudelnd kochen, damit das Ei seine ovale Form behält und nicht auseinanderfließt; in einem Arbeitsgang kann man bis zu sechs Eier hineingeben. Dann reduziert man die Temperatur und läßt das Ei gar ziehen. Je frischer das Ei, desto besser hält das Eiweiß zusammen und um so appetitlicher sieht es nach dem Pochieren aus; bei älteren Eiern löst sich das Eiweiß fast vollständig vom Dotter und breitet sich nach allen Richtungen aus. Wenn man etwas Essig in das Wasser gibt, zieht das Eiweiß sich generell besser zusammen, und das pochierte Ei behält seine Form. Zum Pochieren von Eiern werden im Handel auch spezielle Topfeinsätze angeboten, doch lehnen wahre Köche solche Vorrichtungen ab, da das Ei bei dieser Zubereitungsmethode nicht im Wasser schwimmt, sondern im Grunde nur gedämpft wird.

Ein pochiertes Ei ist weich und feucht. Zum Frühstück reicht man es gern einfach nur auf gebuttertem Toast, manchmal zusätzlich mit etwas Räucherfisch oder einem kleinen Steak. Pochierte Eier spielen auch in aufwendigeren Gerichten eine Rolle, wie beispielsweise in Eier *à la reine* – pochierte Eier in Pastetchen mit Hühnerfleisch, *foie gras* (Gänseleber), Trüffeln und *sauce velouté*. Mitunter nimmt man zum Pochieren von Eiern auch Fond oder Wein und verwendet diesen dann als Grundlage einer Sauce – ein bekanntes Beispiel hierfür sind Eier in Rotweinsauce (S. 56). Pochierte Eier mit einer Scheibe Schinken oder ein bis zwei Löffeln gewürfeltem Gemüse sind die traditionellen Komponenten für Eier in Aspik.

ZUR INFORMATION

Portion 1 – 2 Eier.
Garzeiten 3½ – 4½ Minuten.
Richtiger Gargrad Eiweiß fest und Eigelb weich, wenn man mit dem Finger auf das Ei drückt.
Bemerkung Eigelb läuft leicht aus, wenn das Eiweiß nicht hinreichend fest ist.
Aufwärmen 3 – 5 Minuten in heißes Wasser legen, dann abtropfen lassen.
Aufbewahrung Mit kaltem Wasser bedeckt, im Kühlschrank 2 Tage.
Typische Gerichte Verlorene Eier in Senfsauce (Deutschland); mit Knollensellerie, Käse, Schinken (Skandinavien); *œufs Parmentier* (in einer ausgehöhlten Ofen-Kartoffel mit Sahnesauce; Frankreich); *œufs noyés* (auf gebutterten *croûtons* in Zwiebel-Fenchel-Suppe; Frankreich); auf einem Bett von sautierten Zwiebeln, Tomaten, Paprika, Zucchini (Spanien); pochiert, in Tomatensauce (Italien); *à la florentine* (mit Rahmspinat, Käsesauce; USA).

EIER POCHIEREN

Eine Pfanne, die sich etwa 7,5 cm hoch mit Wasser füllen läßt, ist zum Pochieren am besten geeignet. Fügt man dem Wasser Essig hinzu – 3 EL pro 1 l Wasser –, fließt das Eiweiß weniger leicht auseinander. (Salz greift das Eiweiß an und sollte deshalb nicht verwendet werden.)

1 Das Wasser zum Kochen bringen. Ein Ei aufschlagen und dort, wo das Wasser am meisten sprudelt, hineingleiten lassen, damit das Eiweiß sofort stockt und das Eigelb nicht herausfließt. In einer ausreichend großen Pfanne können bis zu sechs Eier gleichzeitig pochiert werden.

2 Die Hitze so weit reduzieren, daß das Wasser gerade nicht mehr siedet, und die Eier etwa 4 Minuten gar ziehen lassen. Zur Garprobe ein Ei mit einer Schaumkelle herausheben und mit dem Finger daraufdrücken: Das Eiweiß soll fest sein, das Eigelb noch weich.

3 Die Eier herausnehmen. Ausgefranstes Eiweiß abschneiden. Die Eier in Wasser legen – wenn man sie heiß servieren will, in warmes Wasser, für Salat in kaltes – und später auf Küchenkrepp abtropfen lassen.

Verlorene Eier Clamart

Die Stadt Clamart, heute ein Vorort von Paris, war einst berühmt für ihre grünen Erbsen, die Bestandteil nicht nur dieses Gerichts sind, sondern auch Hauptzutat anderer delikater Speisen *à la Clamart*.

4 Portionen
4 frische Eier
250 ml *sauce hollandaise* (S. 60)
4 gekochte Artischockenböden (S. 302)
30 g Butter
150 g gekochte grüne Erbsen
6 Zweige frische Minze

1 Die Eier pochieren und in warmes Wasser legen. Die *hollandaise* zubereiten und im Wasserbad warm halten. Die Artischockenböden mit der Hälfte der Butter in Alufolie wickeln und bei 175 °C/Gas Stufe 2–3 für 15 Minuten – bis sie sehr heiß sind – in den Backofen legen. In einem Topf die verbliebene Butter zerlassen, dann Erbsen und zwei Minzzweige hinzufügen; die restlichen vier Zweige Minze zum Garnieren beiseite legen. Die Erbsen bei niedriger Temperatur erwärmen.

2 Die Artischockenböden auf vier Teller verteilen und mit Erbsen füllen. Die pochierten Eier auf Küchenkrepp abtropfen lassen und dann auf die Erbsen setzen. Die Eier mit *hollandaise* überziehen, so daß ein Teil der Erbsen und Artischocken sichtbar bleibt. Jede Portion mit einem Minzzweig garnieren. Sofort servieren.

Abwandlungen

Eier Sardou Anstelle der Erbsen 500 g Rahmspinat, mit Muskat gewürzt, verwenden. Die Minze weglassen.
Eier Benedict Die Artischockenböden durch Toast oder geröstete englische *muffins* und die Erbsen durch gebratenen Schinken ersetzen. Die Minze weglassen.
Eier New Orleans Anstelle von Artischocken und Erbsen 500 g Crabmeat verwenden. Das Krabbenfleisch in 90 g Butter sautieren und mit Salz, Pfeffer sowie Weinbrand abschmecken. Die Minze weglassen und die Eier mit Paprika bestreuen.

Rühreier

Gute Rühreier sind durchaus nicht so einfach herzustellen, wie man immer glaubt. Ihre Zubereitung erfordert Geduld, denn man muß sie bei sehr schwacher Hitze mindestens fünf Minuten unter Rühren garen, damit sie schön locker und cremig werden. Manche Köche verwenden ein Wasserbad, um eine niedrige, gleichmäßige Temperatur zu gewährleisten. Normalerweise werden Rühreier vor dem Braten lediglich mit einer Prise Salz und Pfeffer gewürzt. Bei sehr frischen Eiern kann man auch einen Eßlöffel Sahne oder Wasser auf je zwei Eier unterrühren; ältere Eier werden hierdurch allerdings wäßrig. Rühreier können sehr weich oder verhältnismäßig fest sein, nur trocken dürfen sie niemals werden. Falls dies eintritt, kann man rasch ein oder zwei Eßlöffel Butter oder Sahne unterrühren.

Der feine Geschmack von Rührei ist der ideale Hintergrund für Kräuter, geräucherten Lachs oder anderen Fisch, Spargel oder Schinken. Kräuter gibt man direkt in die rohe Eimasse; nahrhaftere Zutaten werden gehackt und untergerührt, wenn die Eier zu stocken beginnen. Rühreier mit frischen Trüffeln oder Kaviar und saurer Sahne sind ein kulinarischer Hochgenuß. Alle Aromazutaten müssen jedoch sparsam dosiert werden, denn die Eier sollen stets im Geschmack dominieren. Wie pochierte Eier profitiert auch Rührei, wenn es auf *tartelettes* (Törtchen) oder auf *croûtes* serviert wird. *Scotch woodcock*, eine Spezialität aus Großbritannien, ist ein mit Sardellen gewürztes Rührei auf Toast, das man am Ende einer Mahlzeit reicht.

ZUR INFORMATION
Portion 2–3 Eier.
Garzeit 5–8 Minuten.
Richtiger Gargrad Leicht gestockt, cremig-locker.
Bemerkung Bei zu raschem oder langem Garen wird Rührei körnig und klumpig; die Eier vom Feuer nehmen, kurz bevor der gewünschte Gargrad erreicht ist, denn sie garen in der heißen Pfanne noch nach.

Typische Gerichte Mit Kalbshirn (Deutschland); *œufs à la bonne-femme* (mit Speck auf Toast; Frankreich); mit Räucherlachs, Dill (USA); mit Sahne, Curry (Großbritannien); *bacalhau e ovos* (mit Stockfisch, Kartoffeln, schwarzen Oliven; Portugal); *revuelto de langostino y espinacas* (mit Garnelen, Spinat; Spanien).

EINGELEGTE EIER

Eingelegte Eier, die in einer Marinade aus Essig, Piment, Knoblauch und Ingwer auf der Theke stehen, haben in New Yorker Feinkostläden und westenglischen Gasthäusern Tradition. Sie sind ein beliebter Imbiß oder eine pikante Beilage zu kaltem Fleisch und Salaten. Bei uns werden Soleier – hartgekochte Eier, angeknickt und mindestens 24 Stunden in starker Salzlösung konserviert – gern zu einem kühlen Bier gegessen. Auch in Asien schätzt man eingelegte Eier: Tee-Eier entstehen, wenn man die Schale der Eier nach dem Kochen rundherum leicht anschlägt und sie dann in einem Aufguß aus Wasser, Teeblättern und Sternanis köcheln läßt, wodurch das Eiweiß eine zarte braunweiße Marmorierung erhält. Für geräucherte Eier werden gekochte Eier mariniert und dann in einem Wok über brennenden Teeblättern geräuchert. Legt man Enteneier für einen Monat in Salzlake ein, nimmt ihre Schale eine bläuliche Farbe an, das Eiweiß wird dünn und salzig, das Eigelb fest und goldgelb. Eine besondere Delikatesse sind die »Tausendjährigen Eier« der Chinesen. In Wirklichkeit werden die Eier aber nur für hundert Tage in einer Mischung aus Kalk, Pinienasche, Tee und Salz in der Erde vergraben, bis sie dunkel und etwas fest sind und einen pikanten, käseartigen Geschmack angenommen haben. »Tausendjährige Eier« serviert man in Scheiben geschnitten, damit ihr grünes und schwarzes Innenleben sichtbar ist. Mit frischem Ingwer reicht man sie bei festlichen Mahlzeiten als Vorspeise. Für das traditionelle »Drei-Eier-Gericht« vermischt man sie mit in Salz konservierten Enteneiern und frischen Eiern.

RÜHREI ZUBEREITEN

Die Eier vor dem Garen mit Salz und Pfeffer würzen – falls gewünscht, Sahne oder Wasser hinzufügen – und dann eine Minute gründlich verschlagen.

1 In einer schweren Pfanne pro Ei etwa 30 g Butter zerlassen. Die Pfanne nach Belieben in ein Wasserbad stellen. Die verschlagenen Eier in die Pfanne gießen und – unter ständigem Rühren mit einem Holzspatel – sehr behutsam garen. Die Eimasse stockt zuerst am Pfannenboden.

2 Die gestockte Eimasse mit dem Spatel vom Pfannenboden schieben, damit sie sich mit dem noch flüssigen Ei vermischt.

3 Sobald die Eimasse auch an den Seiten der Pfanne zu stocken beginnt, wird sie wie zuvor mit dem Spatel gelöst.

4 Wenn die Eier cremig, aber noch etwas dünner als gewünscht sind, die Pfanne vom Herd nehmen. Weiterrühren, bis die richtige Konsistenz erreicht ist. Die Rühreier dann sofort servieren.

Gebackene Eier

Eine der einfachsten Garmethoden für Eier ist es, sie in hübschen kleinen Förmchen zu backen, die speziell für diesen Zweck gedacht sind. Ein Ei *en cocotte* gart man in einem Porzellannäpfchen, das hoch genug ist, um das Ei vor direkter Hitze zu schützen. Ein Ei *sur le plat* wird traditionell in einer kleinen Gratin-Form mit halbrunden Griffen gebacken, doch ist – mit Ausnahme von Aluminiumgeschirr – auch jede andere flache feuerfeste Form geeignet.

Im einfachsten Fall werden gebackene Eier nur mit Salz und Pfeffer gewürzt – beides streut man in die gebutterten Förmchen, bevor die Eier hineinkommen, damit ihre Oberfläche nicht fleckig wird. Um dem Ganzen mehr Gehalt zu verleihen, kann man zusätzlich ein oder zwei Eßlöffel Sahne daraufgeben. Und auch ein Eßlöffel gehackte frische Kräuter, etwas Schinken, Zwiebeln mit *croûtons* oder geräucherter Fisch, den man auf dem Boden des Förmchens verteilt, ist nicht verkehrt.

Eier *en cocottes* werden im Wasserbad auf dem Herd oder im Backofen gegart. Unabgedeckt und ohne Sahne bekommen die Eier oben eine glatte, glänzende Haut. Soll sich keine Haut bilden, kann man die Förmchen locker mit Alufolie abdecken.

Eier *sur le plat* können ebenfalls ohne weitere Beilagen zubereitet werden, doch schließen sie üblicherweise wenigstens eine Scheibe Speck oder einige in Butter angebratene Champignons mit ein. Darüber hinaus kann man auch gegarte Garnelen oder Hühnerlebern in die Form streuen oder diese mit einem farbenfrohen Gemüsebett versehen, etwa aus Spinat oder Paprika, die nach baskischer Art mit Schinken und Knoblauch gegart wurden. Mit einer reichhaltigen Garnitur stellen Eier *sur le plat* eine komplette Hauptmahlzeit dar. Da sie nicht im Wasserbad gegart werden, sind sie fester als Eier *en cocottes*. Um ein Austrocknen zu verhindern, kann man sie beim Backen leicht mit Alufolie abdecken.

ZUR INFORMATION

Portion 1–2 Eier.
Garzeiten *En cocotte* Auf dem Herd oder bei 190 °C/Gas Stufe 3 im Backofen: 5–6 Minuten. *Sur le plat* Bei 190 °C/Gas Stufe 3 im Backofen: 8–12 Minuten.
Richtiger Gargrad Eiweiß ist fest, Eigelb noch weich.
Bemerkung Die Eier, kurz bevor sie fertig sind, vom Herd oder aus dem Ofen nehmen, da sie im heißen Förmchen noch weitergaren.

Typische Gerichte *En cocotte* Mit Brunnenkresse (Großbritannien); *ovos â portuguesa* (gebacken auf einer Unterlage aus Tomaten, Gewürzen, Brotkrumen; Portugal); *œufs en cocottes au jus* (mit gebundenem Kalbs-*jus*; Frankreich); mit Anchovis (Skandinavien). *Sur le plat* Eigelb, überzogen mit verschlagenem Eiweiß, Käse, Gewürzen (Spanien); *œufs au diable* (mit Sahne, Cayennepfeffer; Frankreich).

EIER EN COCOTTES ZUBEREITEN

Je nach gewünschter Portionsgröße gibt es Porzellannäpfchen für ein oder zwei Eier.

1 Die Förmchen ausbuttern, Salz und Pfeffer hineinstreuen und die gewünschten Aromazutaten darin verteilen. Die Eier hineinschlagen. Nach Belieben jeweils 1 EL Sahne hinzufügen und die Förmchen locker mit Alufolie abdecken. Die Porzellannäpfchen in ein Wasserbad stellen und das Wasser auf dem Herd zum Kochen bringen.

2 Die Eier 5–6 Minuten auf dem Herd oder bei 190 °C/Gas Stufe 3 im Backofen garen, bis das Eiweiß gerade fest, das Eigelb aber noch sehr weich ist. Zur Überprüfung des Gargrads das Förmchen leicht schütteln. Die Eier garen noch 1–2 Minuten im heißen Förmchen nach.

EIER SUR LE PLAT ZUBEREITEN

Eier *sur le plat* kann man in einzelnen Förmchen oder in einer großen Form backen; bei Porzellan und Glas verteilt sich die Hitze gut, so daß die Eier langsam und gleichmäßig garen, doch sind auch emaillierte Gußpfännchen sehr beliebt. Bei Portionsförmchen wird die Garnierung ringförmig verteilt, und die Eier kommen jeweils in die Mitte. Verwendet man eine große Form, setzt man die Eier in gleichmäßigem Abstand auf die übrigen Zutaten.

Die Garzeiten sind je nach Art des Kochgeschirrs und der Zutatenmenge für die Garnitur recht unterschiedlich.

1 *Rechts:* Die Förmchen ausbuttern, Salz und Pfeffer hineinstreuen und die Garnierung darin verteilen. Die Garnitur von der Mitte an den Rand schieben und ein Ei in die Mulde schlagen. Nach Belieben Sahne hinzufügen und die Förmchen locker mit Alufolie abdecken.

2 Die Eier bei 190 °C/Gas Stufe 3 für 8–12 Minuten in den Backofen schieben, bis das Eiweiß fest, das Eigelb aber noch weich ist.

Gebratene Eier

In der Pfanne gebratene Eier bedürfen keiner langen Vorrede, da sie in jeder Küche ihren besonderen Stellenwert haben. Als kleiner Imbiß überaus beliebt sind behutsam in Butter, Schmalz oder Olivenöl gebratene Spiegeleier, bei denen das Eigelb noch feucht, das Eiweiß jedoch fest und auf der Unterseite leicht gebräunt ist. Spiegeleier kann man auf einer oder auf beiden Seiten braten. Werden die Eier während des Bratens mit heißem Fett begossen, gart das Eiweiß gleichmäßiger, doch wird dabei auch das Eigelb fest und verliert seine helle Farbe. Damit die Eier nicht festbraten, eine beschichtete oder eine gut gepflegte Pfanne (rechte Seite) verwenden.

Seltener werden Eier schwimmend in heißem Fett gebraten. Obwohl sie dabei nicht im eigentlichen Sinne fritiert werden – man verwendet weniger Öl –, bezeichnet man diese Garmethode trotzdem als Fritieren, denn die Eier behalten ihre ovale Form, werden an der Oberfläche knusprig braun, bleiben aber in der Mitte weich. Im Aussehen ist ein solches Ei gefälliger als ein in der Pfanne gebratenes, vorausgesetzt, die Eier sind so frisch, daß das Eiweiß den Dotter gleichmäßig umschließt. Manche Köche vergleichen die Konsistenz von fritiertem Eiweiß allerdings mit Gummi. Auch die Zubereitungstechnik birgt ihre Risiken, denn das Eiweiß muß mit einem Holzlöffel über das Eigelb geklappt werden, wobei die Gefahr besteht, daß heißes Fett aus der Pfanne spritzt.

Gebratene Eier sind die angestammten Partner von Schinken, Würstchen und Speck, ganz zu schweigen von Pommes frites. Ein Spiegelei auf einem Steak ist das traditionelle Frühstück der Rancher im Westen Amerikas. Wie pochierte Eier harmonieren auch gebratene Eier gut mit brauner Butter. Den Gourmet-Status erreicht ein Spiegelei als Krönung eines »Holstein-Schnitzels« (Kalbsschnitzel natur mit Sardellen und Kapern) oder *à l'andalouse* auf gebratenen Auberginenscheiben mit Tomatensauce. Gebratene Eier sind zusammen mit Krebsschwänzen und *croûtons* Bestandteil der klassischen Garnitur für »Huhn Marengo«.

ZUR INFORMATION

Portion 1–2 Eier.

Richtiger Gargrad Eiweiß fest, Eigelb noch weich.

Bemerkung Durch zu langes Garen wird das Eiweiß zäh, verbrennt und bekommt einen metallischen Geschmack; wenn nicht absolut frisch, fließt das Eiweiß auseinander (vor allem bei fritierten Eiern kritisch).

Typische Gerichte *Spiegeleier* Mit Schinken (Deutschland); mit Spinat (Deutschland); *bacon and eggs* (mit gegrilltem Frühstücksspeck; Großbritannien); *eggs in a nest* (gebraten in einer Scheibe Brot; USA); *œufs à cheval* (»zu Pferde« – mit Würstchen auf Steak; Frankreich); *œufs à l'admiral* (auf Ragout von Champignons und Krebsschwänzchen; Frankreich); *œufs à la provençale* (mit Tomaten, gebratenen Auberginen; Frankreich); *huevos fritos al ajillo* (mit Knoblauch, Paprika, Spanien); *asparagi alla fiorentina* (mit Spargel, Käse; Italien); *uova alla salsa di gambera* (mit Garnelen, Pinienkernsauce; Italien). *Fritierte Eier Œufs à l'alsacienne* (auf Sauerkraut; Frankreich); *œufs à l'américaine* (mit gebratenem Schinken, Tomatensauce; Frankreich); mit Parmesan (Italien).

EIER FRITIEREN

Zum Fritieren müssen sehr frische Eier verwendet werden, damit das Eiweiß nicht im Öl auseinanderfließt.

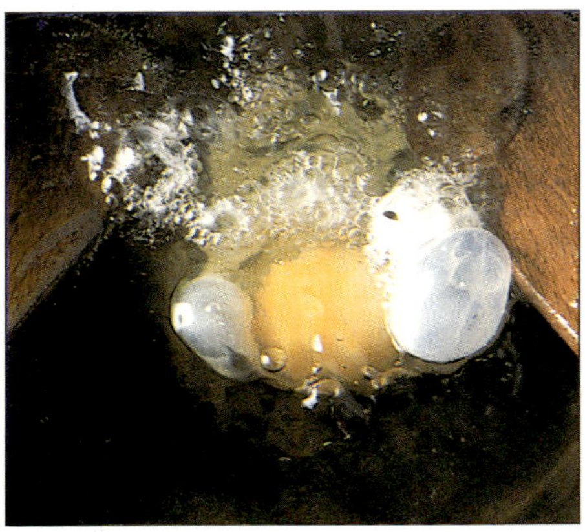

1 Eine kleine Bratpfanne etwa 2 cm hoch mit Öl füllen und erhitzen. Die Temperatur mit einem Würfel Brot überprüfen – das Brot muß nach 30 Sekunden gebräunt sein. Aus einer Tasse ein aufgeschlagenes Ei in die Pfanne gleiten lassen. Sofort das Eiweiß mit zwei Holzspateln über das Eigelb schlagen.

2 Wenn das Eigelb rundum von gegartem Eiweiß umschlossen ist, das Ei 30–60 Sekunden fritieren, bis das Eiweiß fest, das Eigelb aber noch weich ist.

3 Sobald das Eiweiß außen knusprig und braun ist, das Ei mit zwei Spateln oder einer Schaumkelle herausnehmen und auf Küchenkrepp abtropfen lassen.

SPIEGELEIER BRATEN

Wenn sich das Eiweiß ungleichmäßig in der Pfanne verteilt, können die Spiegeleier nach dem Braten ausgestochen werden.

1 In einer Pfanne pro Ei 1–2 EL Fett erhitzen, bis es heiß ist, aber noch nicht raucht. Bis zu 3 Eier nacheinander aus einer Tasse oder einen kleinen Schüssel in die Pfanne gleiten lassen.

2 Die Eier bei mittlerer Temperatur braten – nach Belieben mit Fett begießen –, bis das Eiweiß fest, das Eigelb aber noch weich ist. Die Unterseite soll leicht gebräunt und knusprig sein.

3 Falls gewünscht, die Eier wenden und sie kurz auf der anderen Seite bräunen. Beim Wenden behutsam vorgehen, damit das Eigelb nicht beschädigt wird. Für ein festeres Eigelb die Garzeit um einige Sekunden verlängern.

Omeletts

Es gibt drei Arten von Omeletts: gerollte, flache und Schaumomeletts. Am bekanntesten ist das gerollte Omelett, das häufig lediglich aus Eiern, Salz und Pfeffer zubereitet wird. Einige feingehackte Kräuter oder etwas geriebener Käse können eine willkommene Beigabe sein. Andere Aromazutaten schließen Schinken, sautierte Champignons oder Meeresfrüchte ein. Eine gehaltvollere Füllung, etwa einen Löffel *ratatouille* oder sautierten Spinat, kann man hinzufügen, kurz bevor das Omelett zusammengerollt wird. Unabhängig von der Art der Füllung sollen aber stets die Eier im Geschmack dominieren.

Das gilt nicht für flache Omeletts. Hier wirken die Eier als Bindemittel für großzügige Mengen herzhafter Zutaten, wie etwa Zwiebeln, gewürfelte Kartoffeln oder *croûtons* (S. 352), Schinken, Paprika und Tomaten. Gelegentlich fügt man auch etwas Knoblauch und aromatische Kräuter, wie Thymian oder Majoran, hinzu. Während gerollte Omeletts eine typisch französische Vorliebe sind, ist die flache Version in vielen Ländern der Erde zu finden – in Spanien und Mexiko als *tortilla*, in Italien als *frittata*, wenn auch hier die Garmethode eine andere ist (die Eier werden ohne Rühren bei sehr schwacher Hitze gegart, so daß sie sich langsam aufblähen und eine lockere, feuchte Masse entsteht). Flache Omeletts (S. 90) schneidet man zum Servieren gewöhnlich wie einen runden Kuchen auf, doch gibt es auch raffiniertere Rezepte, bei denen mehrere flache Omeletts mit einer Füllung oder Sauce übereinandergeschichtet werden. Man findet Rezepte, bei denen bis zu zehn – im Geschmack unterschiedliche – Omeletts aufeinandergestapelt und in einer Form überbacken werden.

Schaumomeletts *(omelettes soufflées)*, die in der Regel süß sind, nehmen einen Platz zwischen flachem Omelett und Soufflé (S. 92) ein. Man trennt die Eier, schlägt das Eiweiß steif und das Eigelb schaumig und hebt dann beides untereinander. Gewöhnlich werden Eiweiß und Eigelb mit Zucker aufgeschlagen. Das fertige Omelett kann man mit Marmelade oder Früchten füllen. Häufig wird es anschließend auch noch flambiert. Pikante Schaumomeletts, die seltener sind, werden in gleicher Weise zubereitet, enthalten aber keine süßen Zutaten.

Asiatische Omeletts bieten Varianten. Japanische Köche benutzen spezielle rechteckige Pfannen, um Omeletts zuzubereiten, die säuberlich aufgerollt, gefüllt und in Scheiben geschnitten werden; in Stückchen zerzupft dienen sie als Suppeneinlage.

Die erste wichtige Voraussetzung für gelungene Omeletts ist eine gut gepflegte Pfanne (unten). Beschichtete Pfannen sind ebenfalls geeignet. Auch die Größe der Pfanne ist von Bedeutung: Eine kleine Pfanne von 18 cm Durchmesser reicht für ein Omelett aus zwei bis drei Eiern für eine Person, eine 23 cm große Pfanne ist für ein Omelett aus vier bis fünf Eiern für zwei Personen richtig. Kleine Omeletts sind am besten – ein Omelett aus mehr als acht Eiern zuzubereiten, für das man eine Pfanne von 28 cm Durchmesser benötigt, ist unmöglich.

Die meisten Köche verschlagen die Eier für gerollte oder flache Omeletts, bis sie gut vermischt und leicht schaumig sind. Gewürze, insbesondere Salz, sollte man erst unmittelbar vor dem Garen hinzufügen, damit die Eier nicht wäßrig werden.

Gerollte und flache Omeletts werden bei lebhafter, aber nicht zu heftiger Hitze gegart, so daß die Garzeit nicht mehr als ein oder zwei Minuten beträgt. Das Omelett soll dann auf der Unterseite leicht gebräunt, oben jedoch noch etwas flüssig oder soeben gestockt sein. Ein gerolltes Omelett wird nun mit einer schnellen Drehung, bei der es auf den Teller gleitet, in Dritteln zusammengeklappt. Ein flaches Omelett hingegen wird gewendet und auch auf der anderen Seite gebräunt.

Hinweis Schaumomeletts müssen langsamer gegart werden, da sie aufgrund des hohen Zuckergehalts leicht anbrennen.

Eine Pfanne richtig pflegen

Den Pfannenboden etwa 1,5 cm hoch mit Öl sowie einer reichlichen Handvoll grobem Salz bedecken. Die Pfanne über Nacht stehenlassen, dann behutsam auf dem Herd oder im Backofen erhitzen, bis das Öl sehr heiß ist und beinahe raucht. Die Pfanne abkühlen lassen, bis sie fast lauwarm ist, dann das Öl mit dem Salz weggießen und die Pfanne trockenreiben. Eine so behandelte Pfanne sollte niemals abgewaschen, sondern lediglich mit einem Tuch ausgerieben werden, solange sie noch warm ist.

ZUR INFORMATION

Portion 2–3 Eier.

Richtiger Gargrad *Gerollt* Cremig oder gerade fest. *Flach* Leicht gebräunt und fest. *Schaumomelett* Schaumig-locker und gebräunt.

Garzeiten *Gerollt* 30–90 Sekunden. *Flach* 3–4 Minuten. *Schaumomelett* 5–8 Minuten.

Aufbewahrung *Heiß* Sofort servieren. *Kalt* Bei Raumtemperatur 6 Stunden.

Bemerkung Zäh, wenn zu rasch gegart; Eimasse stockt, ohne zu bräunen, wenn zu langsam gegart; trokken, wenn zu lange gegart; Schaumomelett schrumpft.

Typische Gerichte *Gerollt* Mit Schinken, Kartoffeln, Käse (Großbritannien); Königin-Omelett (mit Huhn, Champignons in Rahmsauce; Deutschland); *aux fines herbes* (Frankreich); *à la fermière* (mit Schinken, Möhren, Sellerie; Frankreich). *Flach Uova alla romana* (mit Bohnen, Zwiebeln, Kräutern; Italien); mit Zwiebeln, Thunfisch, Tomate (Spanien). *Schaumomelett* Mit Rum flambiert (Frankreich); *santé* (mit Champignons, Schnittlauch, Petersilie, Tomatensauce; Frankreich); mit Haselnüssen (Deutschland); mit Hüttenkäse, Zitrone und Obstkompott (Tschechoslowakei).

EIN GEROLLTES OMELETT ZUBEREITEN

Aromazutaten fügt man beim Verschlagen der Eier hinzu; eine warme Füllung wird vor dem Zusammenrollen auf das Omelett gegeben.

1 Unmittelbar vor dem Garen die Eier mit etwas Salz und Pfeffer verschlagen, bis sie leicht schaumig sind.

2 Die Butter (30 g für 2 Eier) erhitzen, bis sie gerade braun wird. Die Eier hinzufügen und mit der flachen Seite einer Gabel einige Sekunden heftig umrühren, bis sie zu stocken beginnen.

3 Die am Rand gestockte Eimasse in die Mitte ziehen, die Pfanne dabei schräg halten, damit das noch flüssige Ei zum Rand fließt. Den Vorgang wiederholen, bis das Omelett durchgehend leicht gestockt ist.

4 Nun nicht mehr rühren und das Omelett auf der Unterseite bräunen lassen. Das Omelett garen, bis an der Oberfläche die gewünschte Festigkeit – noch etwas flüssig oder eben gestockt – erreicht ist. Die Füllung auf das Omelett geben und einen vorgewärmten Teller bereithalten.

5 Um das Omelett zu falten, die Pfanne etwas kippen. Mit der Hand kurz und kräftig gegen den Pfannengriff schlagen, so daß das obere Drittel des Omeletts umklappt, oder es mit einer Gabel umfalten.

6 Das Omelett nun so aus der Pfanne gleiten lassen – indem man diese fast senkrecht hält –, daß es sich dabei aufrollt und mit der offenen Seite nach unten sowie in Drittel gefaltet auf den Teller rutscht. Das Omelett an den Seiten begradigen und es dann mit zerlassener Butter bestreichen. Nach Belieben etwas zurückbehaltene Füllung darüberschöpfen und sofort servieren.

EIN FLACHES OMELETT ZUBEREITEN

Ein flaches Omelett ähnelt einem dicken Eierpfannkuchen. Man kann es in keilförmig geschnittenen Stücken servieren.

1 Wie bei einem gerollten Omelett (links) Eier und Gewürze verschlagen, Aromazutaten unterrühren. Butter zerlassen und die Mischung in die Pfanne gießen.

2 Die Eimasse behutsam durchrühren, bis sie zu stocken beginnt. Das Omelett am Rand mit der Gabel hochheben, damit die flüssige Eimasse nach unten läuft.

3 Das Omelett unter gelegentlichem Rühren 30–45 Sekunden weitergaren, bis es auf der Oberseite beinahe fest ist. Es dann, ohne zu rühren, 20–30 Sekunden auf der Unterseite bräunen lassen.

4 Die Pfanne vom Herd nehmen, einen hitzebeständigen Teller darauflegen und das Omelett umdrehen.

5 Das Omelett vom Teller wieder zurück in die Pfanne gleiten lassen und die andere Seite bräunen.

Füllungen für gerollte Omeletts

Für ein gerolltes Omelett aus 2–3 Eiern, das in einer 18 cm großen Pfanne zubereitet wird:

Omelett mit Cheddar und Speck 60 g gewürfelten, knusprig gebratenen Speck sowie 30 g geriebenen Cheddar hinzufügen.

Omelett mit Käse und Tomate 2 EL abgezogene, entkernte und gehackte Tomaten, 30 g geriebenen Hartkäse sowie 1 EL gehackte Frühlingszwiebeln dazugeben.

Omelett mit Räucherlachs 30 g gehackten Räucherlachs, 2 EL saure Sahne und 1 TL gehackten frischen Dill hinzufügen.

Omelett Waldorf 60 g kleingeschnittene Hühnerlebern und 1 gehackte Schalotte in 15 g Butter sautieren. 3 große Champignons in Scheiben schneiden und in 15 g Butter anbraten.

Kreolisches Omelett 3 in Scheiben geschnittene große Champignons, 2 EL gewürfelte grüne Paprika und 3 EL abgezogene, entkernte und gehackte Tomaten in 1 EL Öl braten, bis die Paprikastückchen weich sind und überschüssige Flüssigkeit verdampft ist. Das Ganze mit je einem Spritzer Tabasco- und Worcestershire-Sauce würzen.

Zutaten für flache Omeletts

Für ein flaches Omelett aus 4–5 Eiern, das in einer 23 cm großen Pfanne zubereitet wird:

Bauern-Omelett 125 g gewürfelten Speck braun braten. 2 gewürfelte mittelgroße Kartoffeln dazugeben und alles unter gelegentlichem Rühren garen. Pfeffer und 2 EL gehackte Petersilie hinzufügen.

Spanisches Omelett 1 Zwiebel in dünne Scheiben schneiden und in 2 EL Olivenöl weich braten. 75 g in Streifen geschnittene rote oder grüne Paprika, Salz, Pfeffer und 2 gehackte Knoblauchzehen dazugeben. Alles unter Rühren garen, bis die Paprikastreifen weich sind. 1 abgezogene, entkernte und gehackte Tomate hinzufügen und die überschüssige Flüssigkeit verdampfen lassen.

Omelett mit Garnelen und Avocado 125 g Garnelen (geschält, den Darm entfernt, grobgehackt) in 30 g Butter 1–2 Minuten sautieren, bis sie Farbe annehmen. Ein Viertel einer Avocado, in Würfel geschnitten, dazugeben und unter Rühren behutsam erwärmen. Mit Salz, Pfeffer und gehacktem Koriander würzen.

EIN SCHAUMOMELETT ZUBEREITEN

Ein Schaumomelett kann vollständig auf dem Herd gegart werden oder teilweise im Backofen. (**Hinweis** Ein Schaumomelett ist schnell übergart und fällt leicht zusammen.) Den Backofen gegebenenfalls auf 175 °C/Gas Stufe 2–3 vorheizen. Die Eier trennen und das Eigelb mit Zucker schaumig schlagen, bis es bandartig vom Schneebesen läuft (S. 394). Das Eiweiß mit Zucker (pro Eiweiß 1 EL) steif schlagen. Den Eischnee so behutsam wie möglich unter die Eigelbmischung heben.

1 In einer Pfanne die Butter (15 g auf 2 Eier) erhitzen, bis sie schäumt. Die Eimasse hineingießen und bei schwacher Hitze ohne umzurühren garen, bis das Omelett am Rand aufzugehen beginnt.

2 Bei Benutzung des Backofens das Omelett nun noch etwa 5 Minuten im vorgeheizten Ofen garen, bis es schön aufgegangen und leicht gebräunt ist; das Omelett kann auch auf dem Herd fertig garen, doch wird die Oberseite dann nicht braun.

3 Die Füllung, zum Beispiel erwärmte Marmelade, auf die Mitte des Omeletts schöpfen. Die Füllung verteilt sich gleichmäßiger, wenn das Schaumomelett zum Servieren zusammengefaltet wird.

4 *Oben:* Das Omelett mit Hilfe einer Gabel in Dritteln übereinanderklappen, es – falls gewünscht – flambieren (S. 38) und mit Puderzucker bestreuen.

5 Das Schaumomelett sofort servieren.

Füllungen für Schaumomeletts

Für ein Schaumomelett aus 4 Eiern, das in einer 23 cm großen Pfanne zubereitet wird:

Schaumomelett mit Marmelade 3–4 EL Erdbeer- oder Himbeermarmelade mit 1 EL Kirschwasser oder Zitronensaft erhitzen.

Schaumomelett *à la normande* Apfelscheiben in Butter und 2 EL Zucker sautieren. Mit Calvados flambieren. 2 EL Sahne hinzufügen.

Soufflés

Ein luftiges, goldbraunes Soufflé, das sich in offensichtlicher Mißachtung der Schwerkraft hoch über den Rand seiner Form erhebt, ist für jeden Koch ein Triumph seiner Kunst. Ein Soufflé wird zubereitet, indem man eine geschmacksintensive Sauce oder ein Püree unter steif geschlagenes Eiweiß hebt – der Eischnee dehnt sich im heißen Ofen aus und gibt dem Ganzen eine aufsehenerregende Höhe. Drei Punkte sind ausschlaggebend: eine Soufflé-Grundlage der richtigen Konsistenz, steifer Eischnee und das behutsame Unterheben dieser beiden Bestandteile, damit ein Maximum an Volumen und Luftigkeit erhalten bleibt (S. 83). Um eine lockere Beschaffenheit zu garantieren, nimmt man für die meisten Soufflés ein bis zwei Drittel mehr Eiweiß als Eigelb; das Volumen des Eischnees sollte mindestens doppelt so groß sein wie das der Grundmischung. Wenn der Eischnee unter die Grundmischung gehoben wird, nimmt das Volumen ab, wird aber wieder größer, sobald das Soufflé im heißen Backofen aufgeht. Im Ofen sollte ein Soufflé wenigstens um die Hälfte höher werden – im Idealfall wird es das Doppelte seines ursprünglichen Volumens erreichen.

Für pikante Soufflés ist die Grundlage gewöhnlich eine *sauce béchamel* oder *velouté* (S. 54), doch verwendet man gelegentlich auch ein ungebundenes Fisch- oder Gemüsepüree. Die Soufflé-Grundlage muß gut gewürzt, sogar überwürzt sein, weil später noch reichlich Eischnee untergehoben wird. Der Nahrhaftigkeit wegen fügt man der Grundmischung fast immer Eigelb hinzu. Ihre Konsistenz sollte anschließend so beschaffen sein, daß die Masse leicht vom Löffel fällt. Ist die Grundmischung zu dick, geht das Soufflé nicht richtig auf; ist sie jedoch zu dünn, drückt sie Luft aus dem Eischnee heraus, statt sich mit ihm zu verbinden.

Die meisten süßen Soufflés basieren auf Konditorcreme, die ebenfalls mit einer Aromazutat oder einem Fruchtpüree vermischt wird. Nur sehr wenige Soufflés lassen sich ohne Mehl zubereiten, Schokoladen- und Zitronen-Soufflés sind die wichtigsten Beispiele. Selbst feuchte, schwere Zutaten, wie Fisch, Gemüse und Früchtepürees, müssen mit Stärke gebunden werden.

Die beste optische Wirkung eines Soufflés erzielt man, wenn die Schaummasse beim Einfüllen bis etwa 1 cm unter den Rand der Auflaufform reicht, um nach dem Backen hoch über sie hinauszuragen. Manche Köche wickeln eine Papiermanschette um die Form, damit die Soufflé-Masse an den Seiten nicht herunterläuft, doch ist diese Vorsichtsmaßnahme nicht unbedingt nötig. Auch Befürchtungen, daß das Soufflé im Backofen nicht aufgeht, sind zumeist unbegründet: Wenn man das Eiweiß sorgfältig aufschlägt und richtig unterhebt, wird ein Soufflé bei jeder Temperatur locker und luftig.

Zum Backen des Soufflés stellt man die Auflaufform im Ofen möglichst weit nach unten, damit die Schaummasse genügend Platz zum Aufgehen hat. Wenn man die Backofentür während der Backzeit öffnet, um die Form für ein gleichmäßiges Garen zu drehen, fällt das Soufflé nicht gleich zusammen – Zugluft ist allerdings unbedingt zu vermeiden. Die endgültige Konsistenz eines Soufflés wird durch die Backtemperatur bestimmt. Bei einer hohen Temperatur (von 200 °C/Gas Stufe 3–4 oder darüber) geht ein Soufflé rasch auf, die Oberfläche wird knusprig braun, die Masse im Inneren bekommt eine ähnliche Konsistenz wie eine Sauce. Schwerere Fisch- und Gemüse-Soufflés werden gewöhnlich länger bei 175 °C/Gas Stufe 2–3 gebacken, so daß sie durch und durch gar sind. Nach dem Vermischen der Zutaten kann ein Soufflé noch ein oder zwei Stunden im Kühlschrank stehen, ist es jedoch erst einmal gebacken, muß es sofort serviert werden. Bei Raumtemperatur fällt es nach drei bis fünf Minuten zusammen.

Die meisten Soufflés erfordern keine Beilage, doch profitieren festere pikante Soufflés von ein oder zwei Löffeln geeigneter Sauce: Curry-*velouté* paßt beispielsweise gut zu Fisch, *hollandaise* oder Tomatensauce zu Gemüse. Um ihr Volumen so vorteilhaft wie möglich zur Geltung zu bringen, werden die meisten Soufflés in der Backform serviert. Kleine Ausführungen kann man auch auf Teller stürzen und mit einer entsprechenden Sauce anrichten. Festere Fisch- und Gemü-

EIN SOUFFLÉ ZUBEREITEN

Die klassische Soufflé-Form (S. 511) ist der Schlüssel für ein gutes Gelingen, wenngleich man auch mit jeder anderen feuerfesten Auflaufform – mit geradem hohem Rand – gute Ergebnisse erzielen kann. Die Form sollte sorgfältig ausgebuttert werden, speziell an der Wandung; mitunter streut man sie auch mit Semmelbröseln, Käse oder (für ein süßes Soufflé) mit Zucker aus.

1 Die süße oder pikante Grundmischung zubereiten; sie muß kräftig gewürzt sein, damit der milde Geschmack des später untergehobenen Eischnees ausgeglichen wird. (Fisch-Soufflé, rechte Seite; Orangen-Soufflé, S. 460).

2 Die Aromazutaten für das Soufflé (hier Spinatpüree) mit der Grundsauce sorgfältig vermischen.

3 Nach und nach das Eigelb hinzufügen und gut unterrühren. In diesem Stadium soll die Grundmischung so beschaffen sein, daß sie leicht vom Löffel fällt.

4 Das Eiweiß steif schlagen. Ein Viertel des Eischnees unter die Grundmischung heben, um sie aufzulockern.

semischungen, bei denen es sich oft eher um eine Mousse als um ein Soufflé handelt, lassen sich leichter aus der Form nehmen. Solche Soufflés kann man sogar im voraus zubereiten und dann – wie *quenelles* (S. 146) – in einer Sauce im heißen Ofen aufbacken.

Eine andere köstliche Variante des Soufflés besteht darin, die Schaummasse wie für eine Biskuitrolle flach auf ein mit Backpapier ausgelegtes Backblech zu streichen. Die Soufflé-Masse wird kurz abgebacken, so daß sie feucht bleibt, dann mit einer Sauce oder Füllung aufgerollt und heiß oder mit Raumtemperatur serviert. Kalte Soufflés *(soufflés froids)* sind im Grunde gar keine Soufflés, sondern cremige Mischungen, die mit Eischnee aufgelockert und in kleine Auflaufformen mit hohen Papiermanschetten gefüllt werden. Wenn die Manschette nach dem Erstarren der Masse abgenommen wird, sieht das Ganze wie ein heißes, schön aufgegangenes Soufflé aus.

ZUR INFORMATION

Portionen Ein Soufflé von 6 Eiweiß ergibt 4–6 Portionen.
Garzeiten (Soufflé von 4 Eiweiß) *Innen weich* Bei 190 °C/Gas Stufe 3: 12–15 Minuten. *Durchgebacken* Bei 175 °C/Gas Stufe 2–3: 20–25 Minuten.
Richtiger Gargrad Aufgegangen und braun. *Innen weich* Oberfläche konkav; Mitte wackelt, wenn man leicht an der Form rüttelt. *Durchgebacken* Oberfläche flach; Mitte wackelt nicht, wenn man leicht an der Form rüttelt.
Bemerkung Wenn das Eiweiß zu lange geschlagen wird, geht das Soufflé nicht auf; durch zu langes Garen schrumpft die Masse; wird das Soufflé nicht sofort serviert, fällt es in sich zusammen.
Typische Gerichte *Pikant* Mit Kartoffeln, Schinken, Sahne (Spanien); *aux fruits de mer* (mit pürierten Garnelen, Hummer; Frankreich); Soufflé-Roulade mit Spinat (Frankreich); mit Käse (Deutschland); *budino di ricotta* (Quarkpudding aus Ricotta mit kandierten Früchten Italien). *Süß* Kastanienkoch (Österreich); mit Erdbeeren (Großbritannien); mit Bitterschokolade, Eiercreme (USA); mit Himbeeren, Crème fraîche (USA). *Auflauf* Heißes Vanille-Soufflé (Frankreich) *à la normande* (mit Äpfeln, Calvados; Frankreich); heißes Schokoladen-Soufflé (USA).

5 Diese Mischung unter den verbliebenen Eischnee heben. Die Schaummasse muß locker und gut vermischt sein.

6 Die Soufflé-Masse in die vorbereitete Auflaufform füllen. Soll das Soufflé eine hübsche Haube bekommen, fährt man – bevor es in den Ofen kommt – mit dem Daumen am Rand der Form entlang, so daß eine Rinne entsteht.

Fisch-Soufflé

Geräucherter Fisch verleiht dem Soufflé eine angenehme Schärfe, doch kann statt dessen auch jeder andere gegarte aromatische Fisch verwendet werden.

4–6 Portionen
250 ml *sauce béchamel* (S. 54)
4 Eigelb
375 g gegarter frischer oder geräucherter Fisch, zerpflückt
2–3 EL Kaffeesahne
6 Eiweiß
Salz und Pfeffer

Soufflé-Form oder eine andere feuerfeste Form (1,5 l Fassungsvermögen)

1 Die *béchamel* zubereiten und die Eigelb einzeln unterschlagen. Die Mischung bei schwacher Hitze 1–2 Minuten unter ständigem Rühren garen, bis die Sauce leicht eindickt. Den Topf vom Feuer nehmen und den Fisch unterrühren. Das Ganze 1–2 Minuten glattrühren. Dann die Sahne unterrühren, so daß die Masse leicht vom Löffel fällt. Die Grundmischung kräftig mit Salz und Pfeffer würzen, um den milden Geschmack des Eischnees auszugleichen. Mit einem Stück Butter über die Oberfläche streichen, damit sich keine Haut bildet.
2 Den Backofen auf 175 °C/Gas Stufe 2–3 vorheizen und die Soufflé-Form ausbuttern. Das Eiweiß steif schlagen (S. 82). Die Fischmasse unter Rühren behutsam erwärmen, bis sie sich heiß anfühlt. Ein Viertel des Eischnees unter die Fischmasse rühren und diese Mischung dann unter den verbliebenen Eischnee heben.
3 Die Soufflé-Masse in die vorbereitete Auflaufform füllen und mit einem Metallspatel glattstreichen. Mit dem Daumen am Rand der Form eine kleine Rinne drücken (Arbeitsschritt 6, links).
4 Die Form 20–25 Minuten in den vorgeheizten Backofen stellen, bis das Soufflé aufgegangen und durchgebacken ist. Sofort servieren.

Abwandlungen

Käse-Soufflé Fisch und Sahne weglassen. Der *béchamel* 1 EL Dijon-Senf hinzufügen sowie 60 g geriebenen Gruyère oder Parmesan (abzüglich 1 EL zum Bestreuen des Soufflés, bevor es in den Ofen kommt). Das Soufflé 15–18 Minuten bei 200 °C/Gas Stufe 3–4 backen, bis es aufgegangen, in der Mitte aber noch weich ist. Sofort servieren.
Champignon-Soufflé Fisch und Sahne weglassen. Eine *duxelles* (S. 306) aus 375 g Champignons, 15 g Butter, 1 feingehackten Zwiebel, Salz, Pfeffer und 2 EL Petersilie zubereiten und in die *béchamel* rühren. Das Soufflé 15–20 Minuten bei 200 °C/Gas Stufe 3–4 backen, bis es aufgegangen, in der Mitte aber noch weich ist.

Pikante und süße Eiercremes

Die glatte, cremige Beschaffenheit einer gelungenen Eiercreme macht die Hälfte ihres Charmes aus – ganz gleich ob man die Creme im Backofen fest werden läßt oder sie als Sauce auf dem Herd zubereitet (S. 67). Vanille oder Muskat sind als Aromazutaten ausreichend, doch kann Eiercreme ebenso den Hintergrund für süßen Karamel darstellen oder auch für pikante Mischungen, etwa bei einer *quiche lorraine* mit Schinken und Käse. Darüber hinaus dient sie mitunter als Bindemittel, beispielsweise bei würzigen Gemüse-Terrinen, wie Spinat-Timbalen (S. 274), und bei Desserts, wie englischem Brotpudding. Und auch als Auflage läßt sie sich verwenden – etwa bei elsässischen Obsttörtchen, die mit einigen Löffeln Eigelb und Sahne zubereitet werden.

Für eine Eiercreme rechnet man üblicherweise drei Eier auf 500 ml Milch. Gehaltvoller wird die Creme, wenn man ein ganzes Ei durch zwei Eigelb und einen Teil oder die gesamte Menge an Milch durch Sahne ersetzt. Eiercreme dickt bei Temperaturen zwischen 82 °C und 88 °C ein, wobei eine milde, gleichmäßige Hitze wichtig ist. Gart man eine Eiercreme zu rasch, fehlt ihr später ein Großteil der gewünschten geschmeidigen Fülle. Werden Eiercremes zu stark erhitzt, gerinnen sie unabänderlich – Saucen werden dünn und körnig, bei gebackenen Cremes sondert sich Flüssigkeit ab, und das Ganze fällt zusehends in sich zusammen.

Um eine gleichmäßige Hitze zu gewährleisten, werden einfache Eiercremes stets im Wasserbad gegart. (Bei einer Quiche schützt der Teig die Füllung.) Eine Eiercreme muß man vom Herd oder aus dem Wasserbad nehmen, sobald sie gar ist, oder besser noch etwas eher, da sie in ihrer eigenen Hitze weitergart. Taucht man den Topf in kaltes Wasser, wird der Garprozeß sofort unterbrochen. Pasteten und pikante Eiercremes können heiß serviert werden, man sollte sie aber dennoch ein wenig abkühlen lassen, damit sie weniger fragil sind. Gebackene Eiercremes serviert man kalt, zum Stürzen müssen sie im Kühlschrank vollständig auskühlen und fest werden.

Eiercreme findet in Quiches und Pasteten mit cremigen Füllungen Verwendung. Bei einer echten Quiche ist die Eiercreme mindestens ebenso wichtig wie die Aromazutaten und der Garant für eine verlokkend goldbraune Oberfläche. Das Mengenverhältnis der Zutaten kann dem für klassische gebackene Eiercremes entsprechen, doch wird häufig ein Teil der Milch durch Sahne und das Eiweiß durch Eigelb ersetzt, so daß die Mischung geschmeidiger und voller wird. Geschmacksintensive Zutaten – Schinken, Käse, Kräuter, Anchovis oder Räucherfisch – verwendet man in vergleichsweise kleinen Mengen. Gemüse und andere milde Zutaten kommen dagegen erst in größeren Mengen wirkungsvoll zur Geltung. Für eine *flamiche* nach flämischer Art nimmt man Brotteig anstelle von Mürbeteig und Eiercreme als Füllung.

Pikante Eiercremes werden auch ohne Teigboden zubereitet und beispielsweise zusammen mit Gemüse in kleinen Förmchen gebakken und dann gestürzt mit Sauce serviert oder als Beilage zu Fleisch, Geflügel oder Fisch gereicht. Wenn man Fisch oder andere Zutaten hinzufügt oder das Gemüse nicht püriert, sondern grob hackt, erhält man eine Terrine (S. 267).

Süßspeisen mit Eiercreme sind einfach, glatt und sättigend, wie zum Beispiel englische *custard tart* mit einem Hauch von Zimt und Muskatblüte. Die bekannteste süße Eiercreme ist wohl die Karamelcreme, mitunter auch *flan* genannt, die man in verschiedenen Landesküchen findet. Der Begriff *flan* hat unterschiedliche Bedeutungen, er schließt auch süße und pikante Pasteten oder Aufläufe mit ein, die nicht zwingend mit Eiercreme zubereitet werden.

Ein anderes beliebtes Dessert sind die französischen *petits pots à la crème* (Cremetöpfchen), bestehend aus Vanille-, Kaffee-, Karamel- oder Schokoladencremes, die nur mit Eigelb angedickt sind und in kleinen Porzellantöpfchen mit Deckeln gebacken werden, was beim Servieren immer für eine kleine Überraschung sorgt. Am gehaltvollsten von allen Eiercreme-Desserts ist *crème brûlée* (S. 71) mit einer knusprigen Karamelkruste. Nach klassischer Art wird diese Eiercreme ausschließlich mit Vanille aromatisiert, doch kann man auch Likör oder Obst hinzufügen.

Dünnflüssige Eiercreme nimmt man bei Desserts häufig zum Einweichen anderer Zutaten. *French toast* beispielsweise ist nichts anderes als in Eiercreme eingeweichtes trockenes Weißbrot, das in Butter gebraten und mit Zucker bestreut wird. Beim englischen Brotpudding verfährt man nach dem gleichen Prinzip: In Scheiben geschnittenes Weißbrot wird mit Butter bestrichen, zusammen mit frischen oder getrockneten Früchten in eine Form geschichtet und vor dem Backen mit einfacher oder gewürzter Eiercreme übergossen (S. 364).

ZUR INFORMATION

Portionen Eine Quiche mit Eiercreme oder eine einfache Eiercreme aus 500 ml Milch ergibt 4 Portionen.
Garzeiten *Quiche* Backen bei 190 °C/Gas Stufe 3: 25–35 Minuten. *Einfache Eiercreme* Backen bei 190 °C/Gas Stufe 3 im Wasserbad im Ofen: 40–50 Minuten.
Richtiger Gargrad *Quiche* In der Mitte gerade fest, an der Oberfläche gebräunt. *Einfache Eiercreme* Fest, wenn man leicht daran rüttelt und ein in der Mitte hineingesteckter Spieß sauber bleibt.
Bemerkung *Einfache Eiercreme* Gerinnt bei zu raschem oder zu langem Garen.
Aufbewahrung *Quiche* Im Kühlschrank 1 Tag; bei niedriger Temperatur 10–15 Minuten im Ofen erhitzen. *Einfache Eiercreme* Im Kühlschrank 2 Tage; bei niedriger Temperatur 10–15 Minuten im Ofen erhitzen.
Typische Gerichte *Pikant Double-crusted bacon and egg pie* (mit Speck; Großbritannien); *quiche au fromage* (mit Zwiebeln, Käse; Schweiz); mit püriertem Spargel (Frankreich); Kalbfleisch-Timbalen (Frankreich); *pancetta* (Speck, Porree auf Hefeteigboden; Italien). *Süß Norfolk Pudding* (mit Äpfeln; Großbritannien); *flan à la norvégienne* (mit Aprikosenmarmelade, Schlagsahne, Schokoladenspänen; Frankreich); Zimt-Eiercreme (Italien).

Quiches und pikante Pasteten

Damit der Teigboden schön knusprig wird, kann man ihn zuerst blindbacken (S. 375) oder die Backform auf ein im Ofen vorgeheiztes Backblech stellen.

Käse-*flamiche* Ergibt 6 Portionen. Eine 25 cm große Backform mit einfachem Brotteig (S. 353) auskleiden und 250 g in Scheiben geschnittenen kräftigen, sahnigen Weichkäse darauflegen. Eine Mischung aus 1 Ei, 1 Eigelb und 125 ml Crème double mit Salz, Pfeffer und geriebener Muskatnuß würzen und über den Käse gießen. Den Teig 20–30 Minuten gehen lassen. Bei 200 °C/Gas Stufe 3–4 etwa 45–55 Minuten im Ofen backen, bis der Teig gebräunt und die Füllung fest geworden ist.
Porree-*flamiche* 500 g Porree putzen, waschen und in feine Scheiben schneiden. Den Porree in 30 g Butter mit Salz und Pfeffer 15–20 Minuten dünsten, so daß er sehr weich, aber nicht gebräunt wird. Den Käse im Rezept für Käse-flamiche durch den Porree ersetzen.
Quiche à la lorraine Ergibt 4–6 Portionen. Einen 25 cm großen Teigboden zunächst blindbacken (S. 375). Dann 125 g gebratenen gewürfelten Speck und 60 g in dünne Scheiben geschnittenen Gruyère darauf verteilen. Eine Mischung aus 2 Eiern, 2 Eigelb, 250 ml Milch und 125 ml Crème double zubereiten und mit Pfeffer, geriebener Muskatnuß sowie etwas Salz würzen. Speck und Käse damit übergießen. Die Quiche bei 190 °C/Gas Stufe 3 etwa 25–30 Minuten im Ofen bakken, bis die Füllung gebräunt und eben fest ist.
Elsässische Zwiebel-Quiche 500 g in feine Scheiben geschnittene Zwiebeln mit Salz und Pfeffer würzen und in 30 g Gänseschmalz oder Butter 20–30 Minuten dünsten, so daß sie sehr weich, aber nicht gebräunt werden. Speck und Käse im Rezept für *quiche lorraine* durch die Zwiebeln ersetzen.
Spinat-Feta-Pastete 1 kg frischen Spinat waschen und die Stiele entfernen. Den Spinat kochen, dann abtropfen lassen. Die überschüssige Flüssigkeit herausdrücken und den Spinat fein hacken. Die Zwiebeln im Rezept für elsässische Zwiebel-Quiche durch den Spinat und 60 g zerkrümelten Feta ersetzen.

KARAMELCREME IN PORTIONSFÖRMCHEN ZUBEREITEN

Statt in eine große Form (Rezept unten) kann man die Karamelcreme auch in kleine Porzellannäpfchen füllen. Die unten angegebene Menge ergibt vier Einzelportionen.

Zur Abwandlung des Grundrezepts läßt man den Karamel weg und würzt die Eiercreme nach Geschmack mit geriebener Muskatnuß, Zimt oder Zitronenschale. Soll die Creme mit Alkohol, zum Beispiel Rum, aromatisiert werden, nur 425 ml Milch verwenden. Für eine Eiercreme mit Nußaroma läßt man die Milch mit feingemahlenen Nüssen durchziehen (S. 477). Die Milch absieben, bevor die Eier hinzugefügt werden.

1 Den Karamel kochen, vom Herd nehmen und warten, bis er zur Ruhe gekommen ist. Den heißen Karamel in die Förmchen gießen und sie sofort drehen, um den Karamel gleichmäßig auf dem Boden und an den Seiten zu verteilen. Der Karamel erstarrt sofort.

2 Die Eiercreme zubereiten (Rezept unten) und in die Förmchen schöpfen. Die Porzellannäpfchen in ein Wasserbad stellen und das Wasser auf dem Herd zum Kochen bringen.

3 Die Eiercreme im Wasserbad 20–25 Minuten im Ofen backen, bis sie gerade fest ist und ein in der Mitte hineingestochener Spieß sauber bleibt.

Karamelcreme

Crème caramel

Die gebackene Eiercreme wird hier von einer Karamelsauce umgeben. Bei der Zubereitung von Karamelcreme ist darauf zu achten, daß der Karamel ziemlich dunkel wird, damit das fertige Dessert nicht zu süß schmeckt.

4 Portionen

Karamel aus 4 EL (60 ml) Wasser und 100 g Zucker
500 ml Milch
1 Vanilleschote, längs aufgeschnitten,
oder 1½ TL Vanille-Essenz
60 g Zucker
2 Eier
2 Eigelb

Soufflé-Form oder eine andere feuerfeste Form (1 l Fassungsvermögen)

1 Den Karamel kochen (S. 418) und die Form damit ausgießen. Der Karamel erstarrt sofort. Den Backofen auf 175 °C/Gas Stufe 2–3 vorheizen und ein Wasserbad vorbereiten (S. 510).

2 Für die Eiercreme Die Milch zusammen mit der Vanilleschote – sofern verwendet – zum Kochen bringen, vom Herd nehmen und zugedeckt 10–15 Minuten ziehen lassen. Den Zucker dazugeben und rühren, bis er sich aufgelöst hat. In der Zwischenzeit Eier und Eigelb verschlagen. Die heiße Milch unterrühren und das Ganze etwas abkühlen lassen. Gegebenenfalls nun die Vanille-Essenz hinzufügen. Die Eiermischung durch ein Sieb in die vorbereitete Form gießen.

3 Die Form im Wasserbad für 40–50 Minuten in den Backofen schieben, bis die Eiercreme soeben fest geworden ist und ein in der Mitte hineingestochenes Messer sauber bleibt. Die Karamelsauce mehrere Stunden kalt stellen.

4 Kurz vor dem Servieren mit einem Messer am Rand der Form entlangfahren. Die Karamelsauce auf einen tiefen Teller stürzen: Der Karamel hat sich zu einer sirupartigen Sauce aufgelöst.

Fette und Öle

Zusammen mit Wasser, Kohlenhydraten und Proteinen sind Fette die Hauptbestandteile unserer Nahrung. Sie lassen sich sowohl aus Schlachttieren wie auch aus bestimmten Früchten, Nüssen oder Pflanzensamen gewinnen. Alle tierischen Fette, wie etwa Schweineschmalz, Rindertalg und Hühnerfett, werden aus Fettgewebe gewonnen, während das Ausgangsprodukt für Butter in der Regel Kuhmilch ist. Margarine wird gewöhnlich aus Pflanzenölen hergestellt, was ebenso für Backfette gilt, wenngleich diese auch kleine Mengen an tierischem Fett enthalten können. Speiseöle lassen sich in zwei Gruppen unterteilen: universell verwendbare Öle, die sich gut zum Braten und für Salate eignen, und aromatische Öle, die beispielsweise aus Nüssen gewonnen werden und über einen ausgeprägten Eigengeschmack verfügen. Olivenöl ist so vielgestaltig, daß es einer gesonderten Betrachtung bedarf. Darüber hinaus gibt es noch Speiseöle, die mit Kräutern und Gewürzen aromatisiert sind, sowie Öle, die man aus exotischen Pflanzen, wie Avocado, gewinnt.

Die Wahl eines bestimmten Fettes oder Öles läßt in vielen Fällen unmittelbar auf die Herkunft eines Gerichtes schließen. Olivenöl bringt man zum Beispiel mit den Mittelmeerländern und dem Mittleren Osten in Verbindung, Sesamöl mit Asien. Und die verschiedenen Regionalküchen Frankreichs unterscheiden sich unter anderem dadurch, ob Butter, Gänseschmalz, Schweineschmalz oder Olivenöl verwendet wird. Die Inder nehmen zum Kochen, je nach Landesteil, *ghee* (S. 98), Kokos- oder Sesamöl. In Schweineschmalz gebratene Zwiebeln sind für die Kochkunst Mitteleuropas typisch, und Hühnerfett findet sich in den dort zubereiteten jüdischen Gerichten. Palmöl wird für Rezepte aus Afrika und den afrikanisch geprägten Regionen Lateinamerikas gebraucht.

Die Struktur von Fetten und Ölen

Als »Fette« werden in der Küchensprache Substanzen bezeichnet, die bei Raumtemperatur fest sind, beispielsweise Butter, Margarine, Backfett und Schweineschmalz. Der Begriff »Öl« bezieht sich auf solche, die unter normalen Bedingungen flüssig sind (Ausnahmen bilden Kokos- und Palmöl, die halbfest bleiben). Ernährungswissenschaftler zählen allerdings alle Öle zu den Fetten und richten ihr Augenmerk vor allem darauf, ob die vorhandenen Fettsäuren gesättigt, einfach ungesättigt oder mehrfach ungesättigt (essentiell) sind. Im wesentlichen beschreiben diese Begriffe unterschiedliche Arten der Molekularstruktur, wobei eine gesättigte Fettsäure die größte und eine mehrfach ungesättigte Fettsäure die geringste Anzahl an Wasserstoffmolekülen aufweist – einfach ungesättigte Fettsäuren liegen dazwischen.

Fette mit gesättigten Fettsäuren sind bei Raumtemperatur normalerweise fest – Butter ist ein typisches Beispiel. Sie halten sich gut, denn sie oxidieren weniger schnell als viele ungesättigte Fettsäuren, die rasch einen ranzigen Geruch und Geschmack annehmen. Gesättigte Fettsäuren sind jedoch als Mitverursacher von Herzerkrankungen bekannt, da sie zu einem erhöhten Cholesterinspiegel führen können. Mehrfach ungesättigte Fettsäuren werden als verhältnismäßig gesund angesehen, einfach ungesättigte Fettsäuren hält man für unschädlich.

Im allgemeinen enthalten tierische Fette jeweils etwa zur Hälfte gesättigte und ungesättigte Fettsäuren, während viele Pflanzenöle einen höheren Anteil an mehrfach ungesättigten Fettsäuren aufweisen. Durch das Raffinieren von Fetten und Ölen – zur Verbesserung der Haltbarkeit und zur Veränderung der Viskosität (Zähflüssigkeit) – werden diese Unterschiede allerdings häufig verwischt. So erfolgt bei der Herstellung von Margarine oft eine künstliche Sättigung der Öle – ein Prozeß, den man als »Härten« bezeichnet. Zahlreiche handelsübliche Fette und Öle werden außerdem verschnitten, damit sie gesünder und vielseitiger verwendbar sind.

ANTEIL DER FETTSÄUREN IN FETTEN UND ÖLEN

FETTE (Fettsäure in Gramm pro 100 g)	*gesättigt*	*einfach ungesättigt*	*mehrfach ungesättigt*	
ENTE	33,2	49,3	12,9	
GANS	27,7	56,7	11,0	
RIND	49,8	41,8	5,0	
SCHWEIN	39,2	45,1	11,2	
(Butter, Margarine s. S. 98, 99)				
ÖLE (Fettsäure in Gramm pro 100 ml; Anteil Linolsäure in Klammern)				
BAUMWOLLSAATÖL	25,9	17,8	51,9	(52%)
DISTELÖL (SAFLORÖL)	9,1	12,1	74,5	(78%)
ERDNUSSÖL	16,9	46,2	32,0	(20–38%)
HASELNUSSÖL	7,4	78,0	10,2	
KOKOSÖL	86,5	5,8	1,8	
MAISKEIMÖL	12,7	24,2	58,7	(52%)
OLIVENÖL	13,5	73,7	8,4	(9%)
PALMÖL	49,3	37,0	9,3	
RAPSÖL (RÜBÖL)	5,6	62,4	27,7	
SESAMÖL	14,2	39,7	41,7	(44%)
SOJA-ÖL	14,4	23,3	57,9	(56%)
SONNENBLUMENÖL	10,3	19,5	65,7	(63%)
TRAUBENKERNÖL	9,6	16,1	69,9	
WALNUSSÖL	9,1	22,8	63,3	

FESTE FETTE ABMESSEN

Feste Fette wiegt man am besten ab. Speziell bei Backfetten kann das Abmessen jedoch auch mit Hilfe der Verdrängungsmethode nach Volumen erfolgen.

Um 500 g Fett abzumessen, zunächst 500 ml kaltes Wasser in einen durchsichtigen Meßbecher füllen. Nun so viel Fett hinzufügen, daß der Wasserspiegel bis zur 1-Liter-Markierung reicht. Das Wasser dann weggießen.

Fette und Öle in der Küche

Fette und Öle verleihen Speisen, die andernfalls vielleicht zu trocken wären, Fülle und Glätte und sorgen für geschmackliche Varianten. Für den Koch ist nicht nur das Aroma der Fette und Öle wichtig, sondern ebenso ihr Verhalten beim Erhitzen, denn dies gibt den Ausschlag beim Sautieren, Fritieren, Braten, Pfannenbraten, Backen sowie bei der Zubereitung von Teigen und Saucen. Da sich Fette und Öle stark erhitzen lassen, werden Nahrungsmittel knuspriger als bei jeder anderen Garmethode und bekommen auch ein intensiveres Aroma.

Beim Backen machen Fette und Öle den Teig saftig und verbessern die Haltbarkeit des Kuchens. Aromatisierte Öle sind entscheidende Zutaten für Salatsaucen. Erdnußöl beispielsweise schmeckt in einem Dressing angenehm leicht, während Olivenöl ein unverkennbar volles Aroma hat. Maiskeim- und Sonnenblumenöl verfügen über keinen ausgeprägten Eigengeschmack, doch schon kleine Mengen von Nußölen (speziell Walnußöl) oder gewürzten Ölen, wie etwa Chili-Öl, steuern eine individuelle Note bei.

Zum Grillen werden Speisen häufig mit Öl bestrichen, und der Effekt kann je nach gewählter Ölsorte neutral oder kraftvoll sein. Bei heißen Gerichten kann etwas Öl an die Stelle einer Sauce treten – Olivenöl mit gehackten Kräutern paßt zum Beispiel ausgezeichnet zu pochiertem Fisch. Selbst Fette, die mehr oder weniger geschmacksneutral sind, haben jeweils ihre eigene typische Konsistenz und Wirkung in einer Sauce oder einem Teig. Bei vielen Gerichten ist die Verwendung des richtigen Fettes von entscheidender Bedeutung, bei anderen Rezepten kann der Koch die Wahl selbst treffen.

Tierische Fette

Es gibt zwei Möglichkeiten, tierische Fette in der Küche zu verwenden: als direkt vom Fleisch abgeschnittenes oder als ausgelassenes Fett. Nicht ausgelassenes Schweinefett hat den meisten Geschmack und wird vor allem in Fleisch- und Wurstwaren verarbeitet, wo man zum Beispiel die Formen für Terrinen häufig mit fettem Speck auskleidet oder diesen zum Bardieren von Braten oder Geflügel nimmt. Gehackter Rindertalg findet in englischem *steak and kidney pudding* und einigen Backteigen Verwendung, spielt jedoch im übrigen in der Küche kaum noch eine Rolle. Lammfett, das allerdings einen strengen Geschmack haben kann, verwendet man in gleicher Weise. In Großbritannien nimmt man das Bratfett von Fleisch als Fett für Bratkartoffeln, in Osteuropa zum Sautieren von Zwiebeln.

Schweineschmalz, das man problemlos selbst auslassen kann (rechts), ist wahrscheinlich das bekannteste tierische Fett in der Küche. Selbstgemachtes wie auch unraffiniertes gekauftes Schweineschmalz – Bleichen und Raffinieren ist bei uns nicht erlaubt – hat eine weiche Textur und einen ausgeprägten Geschmack. Es ist verhältnismäßig preiswert und findet in Mittel- und Osteuropa, im Norden und Südwesten Frankreichs sowie in Spanien und Mexiko reichlich Verwendung. In anderen Ländern nimmt man es zum Sautieren und Braten, für Schmalzgebäck sowie für Pastetenteige – speziell bei würzigen Fleischpasteten (S. 243), denen es Knusprigkeit verleiht. Für Schmalzkuchen vermischt man Brotteig mit Schweineschmalz, Zucker und Zimt. Beliebt ist Schweineschmalz auch als Aufstrich für dunkle Brote – als Flomenschmalz, das aus dem besonders feinen Bauchwandfett des Schweins gewonnen wird, und als Griebenschmalz, das man aus Flomen und frischem Rückenspeck häufig nach regionalen Hausmacherrezepten herstellt.

Hühnerfett hat eine weichere Konsistenz als andere tierische Fette und wird viel in Osteuropa und in der jüdischen Küche verwendet, zum Beispiel für gehackte Hühnerlebern mit Matze-Bällchen. Es läßt sich relativ stark erhitzen, ohne zu verbrennen, und eignet sich demzufolge gut zum Braten. Enten- und Gänseschmalz ist in Südfrankreich und Ungarn beliebt und stellt eine feinere Alternative zu Schweineschmalz dar. Mit Kräutern und Knoblauch aromatisiert, kann man all diese Fette anstelle von Butter servieren, etwa zu Brot oder in Eintöpfen. Gänseschmalz wird auch in einigen Strudelteigen verwendet.

ZUR INFORMATION

Beim Einkauf beachten *Frisch* Weiße oder helle Farbe, frischer Geruch, keine angetrockneten Ränder. *Ausgelassen* Blasse Farbe, kein Bodensatz.

Nährstoffgehalt pro 100 g. *Alle* Keine Kohlenhydrate. *Schweineschmalz* 3756 kJ/898 kcal; 0,1 g Protein; 99,7 g Fett; 86 mg Cholesterin; 1 mg Natrium. *Rindertalg* 3747 kJ/872 kcal; 0,8 g Protein; 96,5 g Fett; 107 mg Cholesterin; 11 mg Natrium. *Gänseschmalz* 3747 kJ/896 kcal; kein Protein; 99,5 g Fett; 100 mg Cholesterin; kein Natrium.

Aufbewahrung Schlachtfette sollen dunkel, kühl und trocken gelagert werden; Griebenschmalz muß bald verbraucht werden. *Frisch* Im Kühlschrank 2 Wochen; tiefgefroren: 6 Monate. *Ausgelassen* Im Kühlschrank 1 Monat; tiefgefroren: 1 Jahr.

FETT AUSLASSEN

Fett sollte bei schwacher Hitze ausgelassen (geschmolzen) werden, was bis zu drei Stunden dauern kann. Die knusprigen Grieben, die nach dem Absieben zurückbleiben, können zum Verzehr gewürzt werden. Für etwa 250 ml ausgelassenes Fett:

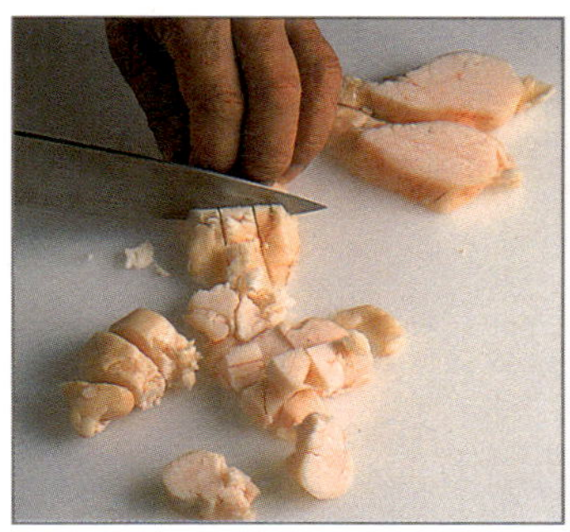

1 500 g Fett grob hacken. Fett von Geflügel in Stücke, die Haut in etwa 2,5 cm große Quadrate schneiden.

2 Das Fett zusammen mit 75 ml Wasser bei niedriger Temperatur erhitzen, bis es geschmolzen und das Wasser verdampft ist.

3 Das leicht abgekühlte Fett durch ein Spitzsieb in Gläser füllen. Das Schmalz im Kühlschrank oder an einem kühlen Platz aufbewahren.

Butter

Molkereibutter besteht zu etwa 80 % aus Fett und zu 20 % aus Wasser und Molke (Milchbestandteile, die sich beim Dicklegen absondern) – nach den bei uns geltenden Vorschriften muß Butter 82 % Fett und darf maximal 16 % Wasser enthalten. Es ist das Milcheiweiß in der Molke, das Butter rasch verderben läßt und zusammen mit dem Milchzucker (Lactose) verbrennt, wenn man Butter zu stark erhitzt. In der westlichen Welt wird Butter vorwiegend aus Kuhmilch hergestellt, in anderen Ländern ist jedoch auch Butter aus der Milch von Wasserbüffeln, Yaks, Ziegen oder Schafen erhältlich.

Die Qualität von Butter hängt weitgehend von der zur Herstellung verwendeten Sahne ab, deren Güte wiederum je nach Jahreszeit und Fütterung der Tiere variiert. Die Farbe reicht von Blaß- bis Tiefgelb, doch werden vor allem gesalzener Butter gelegentlich auch Farbstoffe zugesetzt (oft Anatto, S. 25), damit sie stets gleich aussieht. Manchmal läßt man die Sahne reifen oder setzt ihr Milchhefe zu, damit die Butter ein angenehm säuerliches und nußartiges Aroma bekommt. Aus gesundheitlichen Gründen ist Butter zumeist pasteurisiert, was bedeutet, daß die zur Herstellung verwendete Milch kurz erhitzt wurde, um alle schädlichen Bakterien abzutöten. In manchen Ländern ist auch Butter aus Rohmilch erhältlich. Sie hat einen besseren Geschmack, hält sich aber nicht lange. In vielen Ländern wird Butter in Handelsklassen unterteilt (rechts).

Ungesalzene Butter wird aus frischer Sahne hergestellt und deshalb auch als Süßrahmbutter bezeichnet. Sie eignet sich besonders gut für feines Gebäck, Kuchen und Glasuren, bei denen schon eine kleine Prise Salz vorschmecken würde. Gesalzene Butter ist meist Süßrahmbutter, die gesalzen wurde. In der Regel liegt ihr Salzgehalt zwischen 1,5 % und 3 %. Landbutter, die häufig stark gesalzen ist und über einen kräftigen, beinahe käseartigen Geschmack verfügt, wird direkt beim Milchbauern hergestellt und verkauft und gehört nicht mehr zu den Handelsklassen.

Ein modernes Produkt aus Butter oder Sahne ist das kalorienärmere Milchhalbfett, das nur bis zu 42 % Milchfett enthält. Aufgrund seines hohen Wassergehalts eignet es sich nicht zum Backen und Braten (was auf der Packung vermerkt sein muß).

Um braune Butter zu erhalten, die dank ihres nussigen Aromas auch Nußbutter (franz. *beurre noisette*) heißt, läßt man Butter ganz bewußt bräunen. Dunkelbraune Butter *(beurre noir)* entsteht, wenn man Butter so lange erhitzt, bis sie dunkelbraun, fast schwarz ist.

Butter ist das wertvollste Fett zum Backen, denn sie sorgt für Substanz und eine unverwechselbare Geschmacksfülle. Für gelungene Ergebnisse ist es wichtig, daß man stets Butter der im Rezept angegebenen Konsistenz – hart, weich oder zerlassen – verwendet.

Landbutter

Butter kann geklärt werden, um das Fett von Wasser und Eiweiß zu befreien, so daß das zurückbleibende reine Fett nicht verbrennt oder bitter wird. Butterschmalz (Butterfett) ist geklärte Butter und läßt sich demzufolge erheblich stärker erhitzen als normale Butter. Es eignet sich gut zum Sautieren. Schaumig geschlagene Butter kann man mit verschiedenen Aromazutaten würzen (rechte Seite). Pikante Buttermischungen sind beliebte Beigaben zu Fleisch, Fisch und Gemüse; süße Buttermischungen enthalten Zucker und Aromazutaten, wie Vanille oder Likör.

Ungesalzene Butter

Gesalzene Butter

ZUR INFORMATION

Handelsklassen Die Klassifizierung erfolgt durch ein amtliches Punktesystem (25 Punkte als höchste Qualitätsstufe): *Deutsche Markenbutter* (mindestens 20 Punkte); *Deutsche Molkereibutter* (mindestes 15 Punkte); *Deutsche Kochbutter* (mindestens 5 Punkte). Import-Butter wird entsprechend bewertet, gekennzeichnet und vermarktet.

Beim Einkauf beachten Kühl und fest, trockene Verpackung; bei lose verkaufter Butter frisches, unverfälschtes Aroma; Farbintensität ist kein Qualitätsmerkmal, Farbe sollte jedoch einheitlich sein.

Nährstoffgehalt pro 100 g. *Butter* 3153 kJ/754 kcal; 0,7 g Protein; 83,2 g Fett (davon 3 g mehrfach ungesättigte Fettsäuren); 0,7 g Kohlenhydrate; 240 mg Cholesterin; 5 mg Natrium *(ungesalzen)*; 828 mg Natrium *(gesalzen)*. *Milchhalbfett* 1610 kJ/385 kcal; 5 g Protein; 41 g Fett (davon 1,2 g mehrfach ungesättigte Fettsäuren); 0,3 g Kohlenhydrate; 113 mg Cholesterin; 10 mg Natrium. *Butterschmalz* 3752 kJ/897 kcal; 0,3 g Protein; 99,5 g Fett (davon 3,7 g mehrfach ungesättigte Fettsäuren); keine Kohlenhydrate; 340 mg Cholesterin; kein Natrium.

Aufbewahrung *Butter und Milchhalbfett* Im Kühlschrank 2 Wochen (gesalzene Butter hält sich länger als ungesalzene); tiefgefroren: 2 Monate. *Butterschmalz* Ungekühlt mehrere Wochen, bei Kühlung Jahre. *Buttermischungen* Im Kühlschrank 2 Tage; tiefgefroren: 1 Monat.

BRAUNE UND DUNKELBRAUNE BUTTER ZUBEREITEN

Das Karamelisieren der in der Molke vorhandenen Milcheiweißstoffe und des Milchzuckers gibt brauner und dunkelbrauner Butter eine besondere Farbe sowie Aroma und Geschmack.

Braune Butter *(beurre noisette;* Abb. unten) Zu Fisch und Gemüse. In einer Pfanne 125 g Butter behutsam erhitzen, bis sie goldbraun ist und ein nussiges Aroma hat. Dann sofort vom Feuer nehmen, 1–3 EL Zitronensaft und 2 EL gehackte Petersilie (nach Belieben) hinzufügen. Die Speisen mit der braunen Butter begießen, solange sie noch schäumt.

Dunkelbraune Butter *(beurre noir)* Zu pochiertem Rochen, Hirn und einigen Eierspeisen. Wie für braune Butter verfahren, die Garzeit jedoch etwas verlängern. Die Butter vom Herd nehmen, 2 EL Kapern hinzufügen und dann über die Speise gießen. Die Pfanne mit 3–4 EL Rotwein- oder Weißweinessig ablöschen (S. 513) und diese Flüssigkeit ebenfalls über die Speise gießen.

GHEE

Ghee, eine Art Butterschmalz, ist das bevorzugte Kochfett in Indien und zahlreichen arabischen Ländern: Man läßt Butter köcheln, bis die Feuchtigkeit verdampft ist, was zu einem kräftigen, süßen Aroma führt. *Ghee* wird sowohl aus Büffel- wie aus Kuhmilch gemacht und ist auch als Fertigprodukt erhältlich. Häufig werden noch Aromazutaten hinzugefügt – in Indien können dies Lorbeerblätter, Kreuzkümmel, Nelken, frischer Ingwer, Kurkuma, Pfefferkörner oder Chillies sein; in arabischen Ländern verwendet man häufig Kräuter, wie Oregano oder Thymian. Es gibt auch vegetarisches *ghee*, das aus gehärteten Pflanzenölen hergestellt wird.

Ghee läßt sich gut durch Butterschmalz (links) ersetzen.

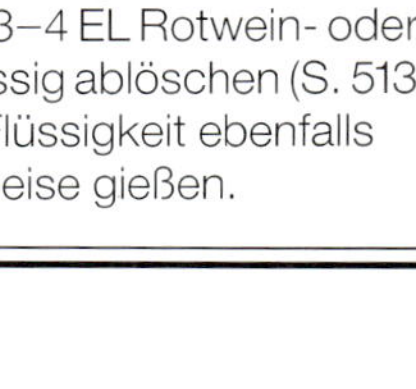

BUTTER KLÄREN

Man läßt die Butter schmelzen, bis sie sich allmählich in drei Schichten trennt: eine dünne obere Schaumschicht, eine dicke gelbe Mittelschicht – dies ist das reine Butterfett – und einen milchig-weißen Bodensatz. Die obere wie auch die untere Schicht enthalten Wasser, Milcheiweiß sowie Kohlenhydrate und müssen entfernt werden.

Hinweis Geklärte Butter wird vor allem zum Sautieren verwendet.

1 Die Butter in einem kleinen Topf bei schwacher Hitze flüssig werden lassen. Den Schaum von der Oberfläche abschöpfen.

2 Das Butterfett dann langsam in eine Schüssel gießen, so daß der milchige Bodensatz im Topf zurückbleibt. ODER: Die zerlassene Butter abgedeckt im Kühlschrank fest werden lassen. Dann die dünne obere Schicht entfernen und die geklärte Butter vom Bodensatz lösen.

BUTTERMISCHUNGEN

Buttermischungen schmecken köstlich zu heißen pikanten oder süßen Speisen. Man kann sie auch zerlassen und Suppen oder Saucen kurz vor dem Servieren damit anreichern.

1 Die Butter schaumig rühren und die Zutaten (hier Petersilie und Zitronensaft) untermischen.

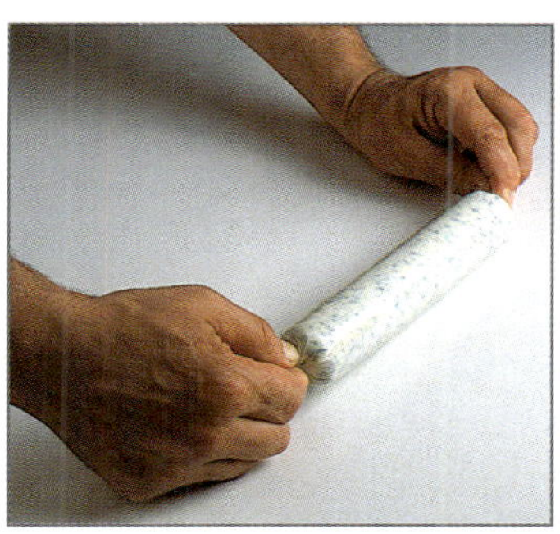

2 Die Buttermischung auf heiße Speisen geben oder in Klarsichtfolie rollen und fest werden lassen.

Süße und pikante Buttermischungen

Sardellenbutter Zu gegrilltem Fisch und Fleisch, kalten Vorspeisen, Canapés. 125 g Butter mit 2 EL zerdrückten Sardellenfilets, 1 EL Zitronensaft und schwarzem Pfeffer schaumig rühren.

Senfbutter Zu gegrillten Steaks, Fisch, Nieren, Leber, Saucen. 125 g Butter mit 2 EL Senf (nach Dijon-Art) sowie Salz und Pfeffer schaumig rühren.

Petersilienbutter *(beurre maître d'hôtel)* Zu gegrilltem Fleisch und Fisch, paniertem Fisch, Gemüse. 125 g Butter mit 2 EL gehackter Petersilie, 1 EL Zitronensaft, Salz und Pfeffer schaumig rühren.

Kräuterbutter *(beurre aux fines herbes)* Zu gegrilltem Fleisch, Geflügel und Fisch, Gemüse, Suppen, Saucen. Wie oben, anstelle der Petersilie jedoch je 1 EL gehackten Estragon, Kerbel und Schnittlauch nehmen.

Orangenbutter Für *crêpes Suzette* (S. 367). 125 g Butter mit 1 EL Puderzucker, 1 EL durchgesiebtem Orangensaft, 1 EL abgeriebener unbehandelter Orangenschale und 1 TL Orangenlikör schaumig rühren.

Honigbutter Zu *muffins,* Broten, Pfannkuchen, süßen Crêpes. 125 g Butter mit 2 EL Honig schaumig rühren.

Margarine

Als die Margarine im 19. Jahrhundert entwickelt wurde, waren tierische Fette – Rindertalg und manchmal auch Walfischtran – die Ausgangsprodukte, doch mittlerweile wird Margarine fast ausschließlich aus pflanzlichen Ölen hergestellt. Margarine besteht heute zu etwa 85 % aus Öl, dem Farb- und Aromastoffe, Salz und Konservierungsmittel sowie mitunter auch Milchprodukte zugefügt werden. Während einige Sorten reich an mehrfach ungesättigten Fettsäuren sind, gibt es andere mit einem verhältnismäßig hohen Anteil an gesättigten Fettsäuren, weil die Margarine zur Verbesserung der Haltbarkeit und der Streichfähigkeit gehärtet wurde. Je fester eine Margarine bei Raumtemperatur ist, desto mehr gesättigte Fettsäuren enthält sie in der Regel.

Margarine ist weltweit das am häufigsten verwendete Fett. Sie kostet weniger als Butter, läßt sich aber wie diese verwenden. Kuchen und Gebäck, die ihren Geschmack und ihre Struktur von Butter beziehen, schmecken allerdings nicht ganz so gut, wenn man bei der Zubereitung Margarine nimmt. Beim Braten hat Margarine einen höheren Rauchpunkt (S. 104) als Butter, doch fehlt ihr das feine Aroma. Halbfettmargarine – die nur halb soviel Kalorien und gesättigte Fettsäuren, aber mehr Wasser enthält – eignet sich nicht zum Braten, Backen und Kochen.

ZUR INFORMATION

Beim Einkauf beachten Inhaltsstoffe auf der Verpackung überprüfen, insbesondere wenn man die Margarine zum Kochen verwenden will. Diät-Margarine sollte nicht erhitzt werden, damit die wertvollen mehrfach ungesättigten Fettsäuren erhalten bleiben.

Nährstoffgehalt pro 100 g. *Margarine (Standard)* 3023 kJ/722kcal; 0,2 g Protein; 80 g Fett (davon 25,5 g mehrfach ungesättigte Fettsäuren); 0,4 g Kohlenhydrate; 7 mg Cholesterin; 101 mg Natrium. *Halbfettmargarine* 1540 kJ/368 kcal; 1,6 g Protein; 40 g Fett (davon 17,5 g mehrfach ungesättigte Fettsäuren); 0,4 g Kohlenhydrate; 4 mg Cholesterin; kein Natrium. *Diät-Margarine* 3019 kJ/722 kcal; 0,2 g Protein; 80 g Fett (davon 46,7 g mehrfach ungesättigte Fettsäuren); 0,2 g Kohlenhydrate; 1 mg Cholesterin; 39 mg Natrium.

Bemerkung Nimmt leicht fremde Gerüche an, deshalb nicht zusammen mit stark riechenden Zutaten aufbewahren.

Aufbewahrung Im Kühlschrank 4 Wochen; tiefgefroren: 9 Monate (weniger, falls Milchprodukte enthalten sind).

Feste Margarine

Soft-Margarine

Holländische Butterkekse

Für diese Plätzchen aus den Niederlanden sollte nur Butter bester Qualität verwendet werden. Da der Teig rasch zu fest wird, deckt man die Schüssel bis zum Formen der Kekse mit einem feuchten Tuch ab.

Ergibt 50 Stück
250 g Butter
100 g feiner Zucker
½ TL Vanille-Essenz
(oder Vanillezucker, S. 37)
3 Eigelb
375 g Mehl

Zum Verzieren
50 ganze blanchierte Mandeln
1 Eiweiß, leicht verschlagen
30–45 g feiner Zucker

2 Backbleche

1 Den Backofen auf 175 °C/Gas Stufe 2–3 vorheizen und zwei Backbleche einfetten. Die Butter schaumig rühren, dann den Zucker dazugeben

und weiterschlagen, bis die Masse weich und locker ist. Die Vanille-Essenz unterrühren. Die drei Eigelb abwechselnd mit dem Mehl einzeln unterrühren. Der Teig soll weich, aber nicht klebrig sein; gegebenenfalls noch etwas Mehl zugeben. Den Teig in der Schüssel zu einer Kugel formen.

2 Walnußgroße Teigstücke zwischen den Handflächen zu Kugeln rollen und mit etwa 2,5 cm Abstand auf die Backbleche setzen. In der Mitte je eine Mandel aufdrücken. Die Kekse mit Eiweiß bestreichen und leicht mit Zucker bestreuen.

3 Die Kekse 18–22 Minuten – bis sie leicht gebräunt sind – im Ofen backen; zum Abkühlen auf Kuchengitter legen. Die Butterkekse halten sich – lagenweise durch Pergamentpapier getrennt – in einem luftdicht verschlossenen Behälter bis zu 1 Woche.

BACKFETT

Backfett hat wenig oder keinen Eigengeschmack und kann anstelle anderer Fette zum Braten und Fritieren genommen werden; ein Pastetenboden wird beispielsweise mit Backfett blättriger als mit Schweineschmalz. Einige Markenprodukte haben einen hohen Schmelz- und Rauchpunkt und eignen sich gut zum Fritieren.

Backfett wird gewöhnlich aus pflanzlichen Ölen hergestellt, kann mitunter jedoch auch tierische Fette beinhalten. Es hat einen hohen Anteil an ungesättigten Fettsäuren (die genauen Werte stehen auf der Verpackung) und wird daher künstlich gehärtet. Backfett hält sich bei Raumtemperatur bis zu einem Jahr.

ÖLE

Speiseöle werden in der Regel aus Nüssen, Körnern und Früchten gewonnen. Sie unterscheiden sich erheblich voneinander, und jedes Öl weist in Farbe, Geschmack, Geruch und Kocheigenschaften seine eigenen Besonderheiten und Qualitäten auf. Die hochwertigsten reinen Öle werden jeweils aus einer einzigen Nuß-, Körner- oder Fruchtart gewonnen.

Öle mit der Bezeichnung »Salatöl«, »Speiseöl«, »Tafelöl« oder »Pflanzenöl« sind Mischungen aus verschiedenen Pflanzenölen. Sie sind preiswert, geschmacksneutral und hitzebeständig. Aufgrund ihres hohen Rauchpunktes (S. 104) eignen sie sich gut zum Kochen, Backen und Fritieren.

Die meisten Speiseöle nimmt man zum Braten oder als Aromazutat, doch werden auch einige milde Öle hergestellt, die bei der industriellen Produktion anderer Nahrungsmittel Verwendung finden – beispielsweise Palmkern- und Palmöl (die aus den Früchten der Ölpalme gewonnen werden) und Baumwollsaatöl. Diese Öle haben kaum Eigengeschmack, so daß man sie häufig mit anderen Ölen mischt oder zur Herstellung von Margarine, Backfett, tafelfertigen Salat-Dressings und anderen Fertigprodukten verwendet. Auch Kokosöl wird auf diese Weise verarbeitet, am häufigsten bei der Herstellung von Pflanzenmargarine und Backfetten.

Das hochwertigste Öl stammt jeweils aus der ersten Pressung der Nüsse, Früchte oder Körner, die bei niedriger Temperatur erfolgt – ein Gesichtspunkt, der vor allem bei Olivenöl besonders wichtig ist. Bei den folgenden Pressungen werden die Temperaturen jeweils stufenweise erhöht, und es entstehen Öle, die raffiniert werden müssen, um Trübstoffe, unangenehme Gerüche und freie Fettsäuren zu entfernen. Das Raffinieren beeinträchtigt zwar nicht die wertvollen mehrfach ungesättigten Fettsäuren, kann aber den Geschmack derart neutralisieren, daß das fertige Produkt gänzlich seinen Charakter verloren hat. Raffinierte Öle haben allerdings den Vorteil, daß sie länger haltbar sind als unraffinierte.

Luft, Wärme und Licht lassen Öl oxidieren und ranzig werden, so daß man feinere Öle an einem kühlen Ort in einem luftdicht verschlossenen, lichtundurchlässigen Behälter oder in einer Flasche aus dunklem Glas aufbewahren sollte. Um die Oxidation aufzuhalten, kann man eine große Menge Öl auch in mehrere kleine Flaschen umfüllen. Bei warmer Umgebung stellt man Öl am besten in den Kühlschrank. Mitunter wird es dann zwar trüb oder sogar fest, doch nimmt es bei Raumtemperatur wieder seinen ursprünglichen Zustand an. Viele Köche stellen Nußöle generell in den Kühlschrank, da diese besonders schnell ranzig werden.

Olivenöl

Einer der Reize von Olivenöl ist die Vielfalt an Sorten, die sich nicht nur aus unterschiedlichen Ernte- und Preßmethoden ergibt, sondern auch aufgrund verschiedener Olivenarten und der jeweiligen Wachstumsbedingungen. Öl aus vollreifen Oliven hat einen feinen, süßen Geschmack und eine goldgelbe Farbe. Preßt man halbreife Oliven, wie dies häufig in Italien geschieht, schmeckt das Öl schärfer und ist grünlich gefärbt (einige grüne Olivenöle sind allerdings voll und fruchtig).

Viele Kenner vertreten die Auffassung, daß die besten Olivenöle aus Italien und der Provence kommen, doch werden auch die kräftigen aromatischen Öle aus Griechenland, Portugal und Spanien sehr geschätzt. Andere bedeutende Erzeugerländer sind Tunesien, Marokko und die Türkei.

Am Verfahren der Ölgewinnung hat sich im Laufe der Jahrhunderte nur wenig geändert. Die zerdrückten Oliven kommen samt Stein zwischen schwere gefaltete Matten und werden ausgepreßt, was heutzutage in der Regel mit Hilfe hydraulischer Pressen geschieht. Das Öl wird dann in Tanks gepumpt, wo sich die Trübstoffe absetzen, und anschließend – gereinigt und gefiltert – abgefüllt. Die Rückstände der ersten Pressung können aufgemahlen und nochmals gepreßt werden. Durch diese Nachpressungen werden jedoch Substanzen freigesetzt, die dem Olivenöl einen strengen Geschmack geben und eine Raffinierung notwendig machen.

Das qualitativ hochwertigste Olivenöl ist das unraffinierte Öl der ersten Pressung, das ohne Wärmebehandlung und ohne chemische Behandlung aus besten Oliven gewonnen und im Handel früher als »kaltgepreßtes«, jetzt aufgrund neuer Verordnungen als »Natives Olivenöl extra« angeboten wird.

Die nächsten Qualitätsstufen »fein« und »mittelfein« bezeichnen naturreines Olivenöl der nachfolgenden Pressungen. Auch diese Öle werden nur gereinigt und gefiltert, aber nicht raffiniert.

Spanisches natives Olivenöl extra

Griechisches natives Olivenöl extra

»Raffiniertes Olivenöl« ist warmgepreßtes Olivenöl, daß infolge zu vieler freier Fettsäuren raffiniert wurde. Die Etikettierungen »Olivenöl« und »Reines Olivenöl« verweisen auf Mischungen aus nativem und raffiniertem Olivenöl. Das »Jungfernöl« (»olio vergine«) der ersten Pressung ist von erlesenem Geschmack und von zartem, hellem Grün. Die nachfolgenden Pressungen haben ein intensiveres Grün und ein kräftigeres Aroma.

Bei der Auswahl von Olivenöl ergibt sich die geeignetste Sorte jeweils aus dem beabsichtigten Verwendungszweck. Das besondere Aroma hochwertiger Olivenöle kommt am besten zur Geltung, wenn man es kalt verwendet, beispielsweise bei der Zubereitung des italienischen *pesto* (S. 17) oder der französischen *anchoiade,* einer Paste aus Anchovis, Knoblauch und Olivenöl, die man auf knusprigen Toast streicht oder als Dip-Sauce für Gemüse serviert. In Italien und vielen anderen Mittelmeerländern reicht man vollmundiges Olivenöl als Würze bei Tisch zu Suppen, Salaten, Gemüse und Pasta. Marinaden für Fleisch profitieren von einem kräftigen, körperreichen Olivenöl, bei Fisch und Gemüse hingegen sollte man zum Marinieren ein leichteres Öl nehmen.

Pasta und Olivenöl passen von Natur aus gut zusammen, und je voller das Aroma, desto besser harmoniert das Öl mit einfachen Teigwaren. Vereinzelt findet Olivenöl auch in Kuchen und Gebäck Verwendung, wie etwa beim traditionellen Olivenöl-Kuchen aus der Provence, für den ein mildes Olivenöl am besten ist. Ein leichtes Olivenöl eignet sich sowohl zum Sautieren wie auch zum Braten.

ZUR INFORMATION

Beim Einkauf beachten Die Farbe zeigt die Art des Olivenöls an (Herkunft, Pressung).

Nährstoffgehalt pro 100 g. 3713 kJ/ 884 kcal; kein Protein; 100 g Fett; keine Kohlenhydrate; kein Cholesterin; kein Natrium (s. auch Tabelle S. 96).

Bemerkung Wird im Kühlschrank trüb, bei Raumtemperatur jedoch wieder klar.

Aufbewahrung An einem kühlen, dunklen Ort 6–12 Monate; angebrochene Flaschen in den Kühlschrank stellen oder in kleinere Behälter umfüllen.

Dip-Sauce aus Olivenöl, Anchovis und Knoblauch

Bagna cauda

Italienische *bagna cauda* wird traditionell in einer flachen Steingutschale zubereitet und bei Tisch auf einem Rechaud warm gehalten.

8 Portionen

120 g in Öl eingelegte Anchovis-Filets
4–6 Knoblauchzehen, zerdrückt
250 ml Olivenöl
Schwarzer Pfeffer

Kleine feuerfeste Steingutschüssel und Rechaud (S. 510)

Gemüse zum Dippen

Blattstiele von Kardonen
Bleichsellerie, Möhren, Zucchini
Frühlingszwiebeln
Broccoliröschen
Streifen von grüner und roter Paprika
Radieschen

1 Das Gemüse waschen und gegebenenfalls putzen (das Dippen ist einfacher, wenn die Stiele nicht entfernt werden). Das Gemüse auf einem Tablett oder in einer Schüssel anrichten. Die Anchovis-Filets abspülen, um überschüssiges Salz zu entfernen, und mit Knoblauch sowie etwas Olivenöl zu einer glatten Paste verarbeiten. Das restliche Olivenöl unterrühren und mit schwarzem Pfeffer abschmecken.

2 Die Dip-Sauce 10 Minuten sehr behutsam erhitzen, aber nicht zu heiß werden lassen. Sie dann in die Steingutschale füllen und auf dem Rechaud warm halten. Das Gemüse getrennt dazu reichen.

Speiseöle für jeden Zweck

Das ideale Allzweck-Öl ist hell in der Farbe, leicht im Geschmack und ebensogut zum Braten wie zur Zubereitung von Salatsaucen geeignet. Viele solcher Öle werden unter Handelsnamen verkauft – ein genauer Blick auf das Etikett gibt Aufschluß über den Nährstoffgehalt und die Art der enthaltenen Fettsäuren.

Maiskeimöl, das vor allem in Nordamerika beliebt ist, hat eine charakteristische goldgelbe Farbe und ist eines der wenigen Öle, die nicht aus Samen oder Nüssen gewonnen werden, sondern aus dem Keim des Maiskorns. Manche Köche mögen den etwas strengen Geschmack nicht und nehmen Maiskeimöl deshalb nur zum Braten oder Backen. In Europa und weiten Teilen Asiens ist Raps- oder Rüböl ein gängiges Speiseöl. Es hat einen unaufdringlichen Geschmack und ist in der Küche recht vielseitig verwendbar. Neue Pflanzenzüchtungen liefern heute ein Rapsöl, das arm an Erucasäure ist, die in größeren Mengen als gesundheitsschädlich gilt. Goldgelbes Distel- oder Safloröl (gewonnen aus den Samen der Färberdistel) und blaßgelbes Sonnenblumenöl werden von den Ernährungswissenschaftlern empfohlen, da sie reich an mehrfach ungesättigten Fettsäuren sind. Distelöl ist so stark ungesättigt, daß es im Kühlschrank nicht trüb wird. Beide Öle eignen sich gut zum Braten, und ihr milder Geschmack bestimmt sie zu idealen Salatölen.

Erdnußöl, das manchmal auch unter seinem französischen Namen, *huile d'arachide*, angeboten wird, verträgt relativ hohe Temperaturen und ist deshalb eine gute Wahl für alle Formen des Bratens. Das leichte Nußaroma wird von vielen Köchen überaus geschätzt. Europäisches Erdnußöl ist mild und unaufdringlich, amerikanische Sorten hingegen haben ein stark ausgeprägtes Aroma, das sich in Dressings und beim Braten deutlich bemerkbar macht. Asiatisches Erdnußöl ist noch dunkler und kräftiger im Geschmack. Soja-Öl, das traditionelle Öl der asiatischen Küche, erfreut sich auch bei uns zunehmender Beliebtheit und ist in vielen Ländern das billigste Allzweck-Öl. Es läßt sich stark erhitzen und ist reich an mehrfach ungesättigten Fettsäuren (S. 96). Der Geschmack ist mild, wenngleich es auch einige Sorten mit einem etwas fischigen Aroma gibt. Palmöl wird aus dem Fruchtfleisch von Palmfrüchten gepreßt, hat eine orangerote Farbe und ein angenehm nussiges Aroma, wird aber schnell ranzig.

Maiskeimöl

Erdnußöl

Sonnenblumenöl

ZUR INFORMATION
Nährstoffgehalt pro 100 g. Durchschnittlich: 3713 kJ/884 kcal; kein Protein; 99,8 g Fett; keine Kohlenhydrate; kein Cholesterin; kein Natrium.
Bemerkung Wird ranzig, wenn zu lange gelagert; Öl minderer Qualität schmeckt säuerlich.
Aufbewahrung In fest verschlossenen Behältern, an einem kühlen, dunklen Ort 6–12 Monate.

Salat mit gerösteten Walnüssen und Roquefort

Gute Walnüsse wachsen in der französischen Region Aveyron, die auch die Heimat des Roquefort ist. Der schmackhafte Salat, zu dem man geröstete Brotscheiben serviert, eignet sich auch gut als leichte Hauptmahlzeit.

4 Portionen
125 g halbierte Walnußkerne
1 EL Walnußöl
Salz und Pfeffer
Croûtes (S. 352) aus 12 dünnen Scheiben Stangenweißbrot, in 4–6 EL Pflanzenöl gebraten
1 Kopf Römischer Salat, gewaschen und trockengeschleudert
1 Bund Brunnenkresse, gewaschen, trockengeschleudert, Stengel entfernt
60 g Roquefort oder anderer krümeliger Blauschimmelkäse
Vinaigrette (S. 64) aus 3 EL Apfelessig, 2 TL Dijon-Senf, Salz, frisch gemahlenem Pfeffer, 6 EL Walnußöl

1 Den Backofen auf 250 °C/Gas Stufe 6 vorheizen. Die Walnußkerne im Walnußöl schwenken und mit Salz und Pfeffer bestreuen. Die Nüsse auf einem Backblech verteilen und 5 Minuten im Ofen rösten, dann abkühlen lassen. Die *croûtes* zubereiten.
2 Die Salatblätter auf vier großen Tellern anrichten und die Brunnenkresse gleichmäßig darauf verteilen. Den Roquefort zerkrümeln, mit den Walnußkernen vermischen und über den Salat streuen. Die Vinaigrette darüberschöpfen und die *croûtes* an den Tellerrand legen. Den Salat sofort servieren.

DIÄT-ÖLE

Das wichtigste Kriterium für Diät-Öle ist ihr Gehalt an Linolsäure (mindestens 70%) und an Vitaminen. Zu den wertvollsten Ölen gehören Leinöl – das vorwiegend kalt gepreßt wird und einen würzigen Geschmack besitzt – und Weizenkeimöl mit seinem hohen Gehalt an Vitamin E und an Vitaminen der B-Gruppe. Auch Distelöl (links) eignet sich für Diät-Zwecke und wird daher bei der Herstellung von hochwertiger Diät-Margarine verarbeitet. Diät-Öle können ebenso aus mehreren Pflanzenölen bestehen, über die das Etikett informiert.

Aromatische Öle

Öle mit ausgeprägtem Eigengeschmack nimmt man vor allem als Aromazutat. Sie verfeinern eine Reihe von Speisen, grüne Salate ebenso wie pfannengerührtes Gemüse und Fleischgerichte. Schon kleine Mengen haben große Wirkung; mitunter mischt man daher solche Öle auch mit geschmacksneutraleren Sorten.

Nußöle, herausragend in Aroma und Geschmack, sind teuer. (Bei preiswerten Produkten ist ein genauer Blick auf das Etikett angebracht, denn zumeist handelt es sich dabei um verschnittene Öle.) Mit seinem duftigen Aroma wird Walnußöl vor allem in Frankreich zum Anmachen grüner Salate geschätzt. Haselnußöl, dessen Aroma an geröstete Nüsse erinnert, paßt ebenfalls am besten zu feinen Salaten. Amerikanisches Pekannußöl ist wenig bekannt, zeichnet sich jedoch durch seinen milden Geschmack und seine helle Farbe aus. Süßes, aromatisches Mandelöl wird traditionell zum Ausreiben der Formen für Desserts und Süßigkeiten verwendet sowie zum Einölen der Marmorplatte bei der Herstellung von Zuckerwerk. Manche Köche geben es auch gern an Salatsaucen und nehmen es für Kuchen und Nachspeisen. In Indien wird *ghee* (S. 98) manchmal mit Mandelöl aromatisiert. Die meisten Nußöle werden sehr rasch ranzig und halten sich am längsten im Kühlschrank. Man fügt sie Speisen gegen Ende der Garzeit hinzu, damit sie nicht zu stark erhitzt werden.

Sesamöl ist als Aromazutat sehr beliebt und wird auf verschiedene Weise erzeugt. Chinesisches oder japanisches Sesamöl gewinnt man aus gerösteten Sesamkörnern, die dem Öl eine bernsteingelbe Farbe und ein kräftiges Aroma verleihen. Sesamöl wird sparsam als Würzmittel in Salaten und für pfannengerührte Speisen verwendet. Europäisches Sesamöl aus ungerösteten Samen ist hellgelb. Es schmeckt weniger kräftig und kann großzügiger zum Kochen und für Salate genommen werden. Sesamöle aus Indien und dem Mittleren Osten haben eine goldgelbe Farbe. Obwohl sie leichter als chinesische Sorten sind, schmecken sie dennoch sehr aromatisch und können stark erhitzt werden. Als Fritier-Öl für *tempura* (S. 105) verwenden die Japaner eine Mischung aus Sesam- und anderem Pflanzenöl. Schwarzes chinesisches Sesamöl, das aus schwarzen Sesamkörnern gewonnen wird, verwendet man für chinesische Zuckerwaren und als Aromazutat beim Backen.

Feines Traubenkernöl nimmt man häufig für Salate. Es eignet sich auch zum Braten, doch kann der Geschmack etwas streng sein, so daß manche Köche es lieber mit anderen Ölen mischen.

ZUR INFORMATION

Beim Einkauf beachten Klare, leuchtende Farbe.

Nährstoffgehalt pro 100 g. Durchschnittlich: 3713 kJ/884 kcal; kein Protein; 99,8 g Fett; keine Kohlenhydrate; kein Cholesterin; kein Natrium.

Bemerkung Die Öle werden sehr schnell ranzig; Geschmack kann dann widerlich oder bitter sein.

Aufbewahrung Am besten im Kühlschrank.

EXOTISCHE ÖLE

Avocado-Öl wird aus dem Fruchtfleisch von Avocados gewonnen. Sein milder Geschmack kommt am besten in Salaten zur Geltung und beim Sautieren von Gemüse, Meeresfrüchten oder Hühnerfleisch. Senföl, aus Senfsamen gepreßt, findet besonders in der indischen Küche Verwendung, speziell bei fritierten Gerichten aus dem Norden und Nordwesten Indiens. Um den überaus strengen Geschmack und Geruch von Senföl abzumildern, erhitzt man das Öl bis zum Rauchpunkt (S. 104) und läßt es vor der Verwendung wieder abkühlen.

Mohnöl wird entweder aus weißen oder aus blauen Mohnsamen gepreßt. Es hat eine helle Farbe, wenig Eigengeschmack und taucht in der Küche Nordfrankreichs unter der Bezeichnung *huile blanche* auf.

ÖLE MIT KRÄUTERN ODER GEWÜRZEN

Mit Kräutern oder Gewürzen aromatisierte Öle nimmt man eher zum Würzen von Marinaden und Salatsaucen als zum Kochen. Einerseits geht durch Erhitzen ihr besonderes Aroma weitgehend verloren, andererseits ist ihr Geschmack häufig so kräftig, daß schon wenige Tropfen eine Speise vollständig durchdringen. Den idealen Hintergrund für eine feine Kräutermischung bieten leichte Speiseöle, wie Sonnenblumen- oder Distelöl. Beliebte Kräuter zum Aromatisieren von Ölen sind Estragon, Basilikum, Knoblauch, Fenchel, Minze, Majoran, Thymian, Rosmarin und Bohnenkraut, die am häufigsten verwendeten Gewürze sind Ingwer und Chillies.

Chinesisches oder japanisches Chili-Öl wird aus Sesam- oder anderem Pflanzenöl hergestellt, das man zusammen mit getrockneten roten Chillies erhitzt. Es kann höllisch scharf sein und wird sparsam in Dressings sowie Dip- und Barbecue-Saucen verwendet. Die Chinesen bereiten noch andere aromatisierte Öle zu, beispielsweise mit Ingwer, Frühlingszwiebeln und Anispfeffer (S. 30). Weniger pfeffrig, aber gleichermaßen farbenfroh ist Paprika-Öl, mit dem Speisen aus Mitteleuropa und der Türkei beträufelt werden.

Selbstgemachte wie auch handelsübliche Öle dieser Art erfreuen sich immer größerer Beliebtheit. Knoblauch – auch zuerst in Pflanzenöl sautierter Knoblauch – wird allein oder zusammen mit verschiedenen Kräutern und Gewürzen gern zum Aromatisieren von Olivenöl genommen. Getrocknete Pilze, etwa Steinpilze, und weiße oder schwarze Pfefferkörner sind ebenfalls eine gute Wahl.

Kräuteröl ansetzen Eine Flasche zur Hälfte mit frischen Kräutern füllen – beispielsweise Basilikum, Thymian, Rosmarin. Olivenöl aufgießen, die Flasche verschließen und alles 1–2 Wochen durchziehen lassen. Kräuterblättchen absieben; ganze Stengel sehen hübsch aus und können in der Flasche bleiben. Das Öl an einem kühlen Ort aufbewahren.

FRITIEREN

Da Fette und Öle zum Garen bei hohen Temperaturen verwendet werden, ist ihr Verhalten beim Erhitzen wesentlich. Der wichtigste Temperaturgrad ist der »Rauchpunkt«, bei dem das Fett zu rauchen beginnt und einen scharfen Geruch annimmt. Bei Temperaturen über dem jeweiligen Rauchpunkt verändert sich die Struktur des Fettes, was einen unangenehmen Geschmack zur Folge hat; es sollte dann nicht wiederverwendet werden, auch nicht bei niedrigeren Temperaturen. Der Rauchpunkt tierischer Fette liegt bei etwa 190 °C, während manche Pflanzenöle Temperaturen von bis zu 200 °C und mehr vertragen. Exakte Werte für den Rauchpunkt lassen sich nur schwer angeben. Bei Fetten hängt er davon ab, wie das Fett raffiniert wurde und welchen Feuchtigkeitsgehalt es aufweist, speziell bei Butter. Reine Pflanzenöle können von Ernte zu Ernte sowie von Pressung zu Pressung verschieden sein, während der Rauchpunkt von Tafelölen je nach Mischung und Herstellungsmethode variiert. Viele dieser Öle haben einen erstaunlich niedrigen Rauchpunkt, da sie Emulgatoren und Konservierungsstoffe enthalten.

Bei Fetten, die man zum Fritieren nehmen will, muß der Rauchpunkt ein gutes Stück über der im Rezept angegebenen Fritiertemperatur liegen; häufig verwendet man Erdnuß- oder Maiskeimöl, die verhältnismäßig geschmacksneutral sind und einen hohen Rauchpunkt von etwa 220 °C haben; Distel- und Soja-Öl sind gute Alternativen. Ursprünglich wurde zum Fritieren ausgelassenes Rinderfett genommen. Es läßt sich sehr stark erhitzen, ohne zu verbrennen, enthält allerdings viel Cholesterin.

Die Temperatur sollte beim Fritieren niemals unter 170 °C sinken, außer für rohe Teige, die bei Temperaturen zwischen 160 °C und 190 °C fritiert werden. Rohen Fisch sowie rohes Fleisch und Geflügel, Kroketten und Beignets fritiert man bei 175 °C bis 190 °C, die meisten Gemüse bei 190 °C. Um die Temperatur des Öls exakt messen zu können, hängt man ein Fett-Thermometer (S. 503) so in den Topf, daß es den Boden nicht berührt. Die Temperatur läßt sich aber auch mit einem Würfel Weißbrot überprüfen: Ist das Brot nach einer Minute goldbraun, hat das Öl etwa 175 °C; bei 190 °C bräunt es in 40 Sekunden, bei 195 °C in weniger als 20 Sekunden.

Bei der Verwendung von festen Pflanzenfetten darf die Fritier-Temperatur 180 °C nicht übersteigen. Bereits verwendetes Fett sollte man verbrauchen und nicht mit frischem auffüllen.

Hinweis Fett entzündet sich leicht, wenn es zu stark erhitzt wird (Sicherheitsmaßnahmen s. rechte Seite).

PANADE AUS MEHL, EI UND SEMMELBRÖSELN

Bevor empfindliche Nahrungsmittel, wie Fischfilets, Kalbsschnitzel, Kroketten und weiches Gemüse, fritiert oder in der Pfanne gebraten werden, sollte man sie panieren.

Dazu nimmt man Mehl, Ei und Semmelbrösel oder statt Semmelbrösel auch zerkrümelte Kekse und Cracker, die mit Mehl aufgelokkert werden können.

Zum Panieren auf einem Teller 60 g Mehl mit ½ TL Salz, 1 Prise Pfeffer und nach Belieben anderen Gewürzen mischen. Auf einem zweiten Teller 1 Ei, 1 TL Öl oder Wasser und 1 Prise Salz verschlagen.

1 Die Lebensmittelstücke im gewürzten Mehl wälzen, so daß sie völlig bedeckt sind.

2 Sie anschließend durch das verschlagene Ei ziehen; überschüssiges Ei abtropfen lassen.

3 Die Stücke in den Semmelbröseln wenden, bis sie gleichmäßig paniert sind, dann auf einem weiteren Teller oder auf Papier ablegen. Stellt man panierte Speisen unabgedeckt für 1–2 Stunden in den Kühlschrank, trocknet die Panade und wird beim Braten noch knuspriger.

Zutaten zum Fritieren

Beim Fritieren sollen Speisen eine knusprige Oberfläche bekommen, innen aber saftig bleiben. Viele Nahrungsmittel lassen sich fritieren – haben sie eine weiche, kräftige Struktur, die mit der knusprigen Außenseite kontrastiert (zum Beispiel Jakobsmuscheln und Auberginen), um so besser. Fisch, Hühnerfleisch und Gemüse, speziell Kartoffeln, schmecken fritiert besonders köstlich. Überaus beliebt sind auch die verschiedensten fritierten Kroketten und Beignets, und ausgebakkene ganze Früchte sowie Krapfen werden auf der ganzen Welt gern als Dessert gereicht.

Die Ölmenge ist besonders wichtig – der Topf muß immer so viel Öl enthalten, daß die Speisen wenigstens 2 cm hoch davon bedeckt sind. Die Zutaten dürfen nicht zu kalt sein und müssen in kleinen Portionen in das Öl gegeben werden, damit die Temperatur des Öls nicht abfällt. Gewöhnlich werden nur kleine Stücke fritiert, damit die Außenseite nicht bräunt, bevor das Innere heiß ist. Wie überall gibt es jedoch auch hier Ausnahmen – die Chinesen beispielsweise fritieren ganze Fische. Manche Speisen, wie etwa Pommes frites, werden zweimal fritiert: zuerst bei niedriger Temperatur, damit sie garen, und dann bei höherer Temperatur, damit sie knusprig werden.

Stärkereiche Nahrungsmittel, etwa Kartoffeln, kann man ohne Überzug fritieren, die meisten anderen Zutaten brauchen jedoch einen Schutz vor dem heißen Fett. Ein solcher Überzug verhindert auch, daß das Öl die Speisen durchdringt, dabei ihren Geschmack annimmt und sich dann nicht wiederverwenden läßt.

Eine Panade (links) bietet den besten Schutz, während sich ein Ausbackteig (rechte Seite) gut für weniger zarte Speisen eignet. Kleine Stücke, beispielsweise in Streifen geschnittenen Fisch, kann man vor dem Fritieren einfach in Mehl wälzen. Maismehl und Hafermehl sind beliebte Alternativen.

Bei richtiger Vorgehensweise nimmt das Fett wenig oder keinen Geschmack oder Geruch der fritierten Speisen an und kann dann mehrmals verwendet werden. Hierbei ist allerdings zu beachten, daß der Rauchpunkt von Mal zu Mal niedriger wird.

Nach dem Fritieren läßt man das heiße Fett abkühlen, gießt es durch ein Mulltuch in ein sauberes Gefäß und deckt es ab. Setzen sich Verunreinigungen ab, verwendet man nur die obere Fettschicht weiter. Rohe Kartoffelscheiben, die man im gebrauchten Öl gart, haben eine reinigende Wirkung. Öl, das dunkel und dickflüssig geworden ist oder streng riecht, wirft man weg. Beim Fritieren von Fisch nimmt das Öl fast immer Fischgeruch an.

SPEISEN FRITIEREN

Vor dem Fritieren die nötigen Sicherheitsmaßnahmen (rechts) treffen und kontrollieren, ob das Öl die richtige Temperatur hat (linke Seite). Einen Drahtkorb benutzen, damit die fritierten Speisen problemlos aus dem Topf gehoben werden können. Die fertigen Stücke bei niedriger Temperatur im Backofen warm halten, aber nicht abdecken.

1 Die Speisen behutsam in das heiße Öl gleiten lassen, damit es nicht spritzt; darauf achten, daß die Panade nicht beschädigt wird.

2 Wenn das Öl um das Fritiergut brodelt, den Drahtkorb anheben und prüfen, ob der Überzug schon goldbraun geworden ist.

Dauphine-Kartoffeln
Pommes dauphine

Nach Volumen gemessen benötigt man doppelt soviel Kartoffelmasse wie Brandteig (S. 376).

8 Portionen
Kartoffelpüree aus 750 g Kartoffeln, 45 g Butter, Salz, Pfeffer, Muskatnuß und 75 ml warmer Milch
Brandteig aus 60 g Mehl, 125 ml Wasser, ¼ TL Salz, 60 g Butter und 3 Eiern
Fett zum Fritieren

1 Das Kartoffelpüree bei niedriger Temperatur mit einem Holzlöffel kräftig durchrühren, bis es locker und flaumig ist. Den Brandteig zubereiten und unter das Püree schlagen. Das Fett auf 175 °C erhitzen.
2 Sechs walnußgroße Portionen Kartoffelmasse in das Fett geben.
3 Die Kartoffelbällchen 4–5 Minuten goldgelb fritieren; sie dabei drehen, damit sie gleichmäßig bräunen.
4 Die Dauphine-Kartoffeln auf Küchenkrepp abtropfen lassen; im Backofen bei 175 °C/Gas Stufe 2–3 und geöffneter Tür warm halten, während die restliche Kartoffelmasse fritiert wird.
Hinweis Beim Warmhalten darauf achten, daß sich die Dauphine-Kartoffeln nicht berühren, da sie sonst nicht knusprig bleiben.

Sicherheitsmaßnahmen beim Fritieren

Zu stark erhitztes Fett entzündet sich leicht, und heißes Fett kann schlimme Verbrennungen hervorrufen. Damit verschüttetes Fett nicht auf die Kochstelle gelangen kann und dann Feuer fängt, einen Topf benutzen, der die Herdplatte vollständig abdeckt. Auch muß ein Topf die richtige Form haben, damit kein Fett herausspritzt (S. 510). Den Topf stets nur zu einem Drittel füllen und die Griffe zur Seite drehen, damit er nicht umgestoßen werden kann. Da Wasser explosionsartig verdampft, wenn es mit heißem Fett in Berührung kommt, sollte das Fritiergut so trocken wie möglich sein. Die Speisen immer langsam in das Fett eintauchen – einen Drahtkorb benutzen, der sich problemlos wieder herausnehmen läßt. Alle Fettspritzer sofort wegwischen und darauf achten, daß die Außenseite des Topfes fettfrei bleibt.
Hinweis Falls das Fett im Topf Feuer fängt, die Kochstelle abschalten und einen Deckel, ein Backblech oder eine schwere Decke auf den Topf legen, um die Flammen zu ersticken. Den Topf keinesfalls bewegen und niemals Wasser zum Löschen nehmen. Sich ausbreitende Flammen mit einem Feuerlöscher oder Natron ersticken.

Ausbackteig

Ein Ausbackteig ist eine dickflüssige, aber gießbare Mischung, die als Bindemittel gewöhnlich Eier enthält und der Mehl oder eine andere Stärke Fülle verleiht. Man nimmt solche Teige zum Überziehen von Speisen, damit sie vor der Hitze des Fritierfettes geschützt sind. Wasser macht einen Ausbackteig leicht, durch Milch wird er geschmeidig und bräunt rascher. Bier hingegen ist in würzigen Ausbackteigen beliebt, denn es sorgt für zusätzlichen Geschmack und macht den Teig luftiglocker. Ausbackteige enthalten mitunter auch Backtriebmittel – bei deftigen Versionen für Fisch und Gemüse kann dies sogar Hefe sein. Ein wenig Öl oder zerlassene Butter reichert Ausbackteige an und verhindert, daß sie am Topf festbacken. Salz und Pfeffer sind die üblichen Gewürze, doch kann man auch Aromazutaten, wie Chillies, oder bei süßen Teigen auch Likör hinzufügen. Zucker sollte nur in geringen Mengen verwendet werden, da er im heißen Fett leicht verbrennt, was ebenso für empfindliche Zutaten, wie Kräuter, gilt.

Hefe- oder Bierteige sind geeignet für Fischfilets, ganze Champignons und andere rohe Zutaten, die verhältnismäßig lange fritiert werden müssen. Für zartere Nahrungsmittel, wie Garnelen, Gemüsestäbchen oder vorgegarte Zutaten, sollte der Ausbackteig dünner sein. Japanischer *tempura*-Teig (unten) ist der leichteste von allen.

ZUR INFORMATION
Portion Ein Teig aus 125 g Mehl reicht zum Überziehen von etwa 375 g Fritiergut.
Richtiger Gargrad Knusprig.
Bemerkung Zu dicker Teig ist schwer; zu dünner Teig läuft von den Speisen ab; zu lange geschlagener Teig wird beim Garen zäh.
Aufbewahrung Im Kühlschrank 1 Tag.

Rezepte für in Ausbackteig fritierte Gerichte

Zwiebelringe Ergibt 4–6 Portionen. 4 große Zwiebeln in 5 mm dicke Ringe schneiden (S. 290) und 1–2 Stunden in Eiswasser legen. In eine Schüssel 125 g Mehl und je 1 TL Salz und Natron sieben. In die Mitte eine Mulde drücken. 1 Ei und 250 ml Buttermilch verschlagen, die Hälfte davon in die Mehlmulde gießen und die Masse mit dem Schneebesen glattrühren, dann nach und nach die restliche Flüssigkeit unterarbeiten. Die Zwiebelringe aus dem Wasser nehmen, trockentupfen, durch den Teig ziehen und bei 190 °C goldgelb ausbacken. Die Zwiebelringe auf Küchenkrepp abtropfen lassen.
Garnelen-*tempura* Ergibt 4 Portionen. 750 g große Garnelen schälen, die Schwanzenden jedoch nicht entfernen. 1 Ei und 250 ml Wasser verschlagen. 150 g Mehl oder Reismehl dazugeben und kurz durchschlagen – es dürfen noch Klümpchen vorhanden sein, denn der Teig wird bei zu langem Durcharbeiten schwer. Die Garnelen durch den Teig ziehen, bei 190 °C fritieren, bis sie goldgelb sind, dann auf Küchenkrepp abtropfen lassen. Mit Sojasauce servieren.

SPEISEN ZUM FRITIEREN MIT TEIG ÜBERZIEHEN

Feste Nahrungsmittel, wie Obststücke, Broccoli- oder Blumenkohlröschen und Zucchinischeiben, werden vor dem Fritieren am besten mit Ausbackteig überzogen. Schaltiere, besonders Garnelen, eignen sich ebenfalls hervorragend für diese Zubereitungsart.

1 Das Fritiergut (hier Apfelringe) in den Ausbackteig tauchen, so daß es vollständig davon überzogen wird. Es dann aus dem Teig nehmen, überschüssigen Teig in die Schüssel abtropfen und das Fritiergut behutsam in das heiße Öl gleiten lassen.

2 Das Fritiergut in kleinen Partien ausbacken, damit die Temperatur des Öls nicht absinkt. Obststücke 3–4 Minuten fritieren, bis sie knusprig und braun sind, dann auf Küchenkrepp abtropfen lassen und im Backofen bei geöffneter Tür warm halten.

Obst in Bierteig

Bierteig ist ein knuspriger Ausbackteig für Obst, etwa Apfelringe und Bananenscheiben, und Gemüse.

4 Portionen
500 g geschältes Obst, wie Apfel- oder Ananasringe, Birnen- oder Pfirsichstücke oder Bananenscheiben
125 g Mehl
1 Prise Salz
125 ml Bier
(gegebenenfalls etwas mehr)
1 Ei
2 Eiweiß
30 g feiner Zucker
1 EL Öl
Öl zum Fritieren

Zum Bestreuen
Puderzucker

Zum Servieren
Gelbe oder rote Fruchtsauce (S. 66) oder Honig

1 Für den Ausbackteig Mehl und Salz in eine Schüssel sieben und in die Mitte eine Mulde drücken. Die Hälfte des Biers zusammen mit dem ganzen Ei dazugeben, nach und nach das Mehl unterarbeiten, so daß eine glatte Masse entsteht. Fügt man in diesem Stadium zuviel Flüssigkeit hinzu, bilden sich Klümpchen. Das restliche Bier unterrühren und die Schüssel abdecken. Den Teig 30–60 Minuten ruhenlassen, damit das Mehl quellen kann und der Teig dickflüssiger wird.

2 Falls nötig, den Teig mit etwas Bier verdünnen. Die Eiweiß steif schlagen, den Zucker hinzufügen und 30 Sekunden weiterschlagen, bis der Eischnee glänzt. Den Eischnee unter den Bierteig heben. Das Öl auf 190 °C erhitzen.

3 Die Obststücke mit Teig überziehen und fritieren. Die fertigen Stücke auf einem mit Küchenkrepp ausgelegten Backblech bei geöffneter Tür im Ofen warm halten, während das restliche Obst fritiert wird. Das ausgebackene Obst mit Puderzucker bestreuen und so bald wie möglich mit Fruchtsauce oder Honig servieren.

Ausgebackenes Gemüse Den Zucker weglassen und das Obst durch Zwiebelringe, Zucchini- oder Auberginenstäbchen, kleine ganze Champignons, Broccoli- oder Blumenkohlröschen ersetzen. Mit Tomatensauce (S. 65) servieren.

SPEISEN SAUTIEREN UND PFANNENBRATEN

Beim Sautieren werden Speisen unter Schwenken rasch in Fett angebraten oder auch gar gebraten. Wichtig ist eine lebhafte Hitze, damit die Nahrungsmittel goldbraun und ein wenig knusprig werden. Am besten benutzt man zum Sautieren eine flache Bratpfanne mit schrägen Seiten, so daß sich die Zutaten problemlos schwenken und durchrühren lassen und nicht dichtgedrängt liegen. Im Gegensatz zu fritierten Speisen läßt man sautierte Zutaten nicht auf Küchenkrepp abtropfen, sondern serviert sie so, wie sie aus der Pfanne kommen.

Nur Butter gibt sautierten Speisen ihre charakteristische goldbraune Farbe und ein wirklich volles Aroma, doch kann man ersatzweise auch Margarine oder Pflanzenöl nehmen. Für die Alltagsküche ist ein preiswertes, raffiniertes Speiseöl mit mildem Aroma am besten geeignet, vorausgesetzt, es verträgt verhältnismäßig hohe Temperaturen, wie Distel- und Maiskeimöl. Tierische Fette, wie Schweineschmalz, Speck, Gänse- und Hühnerfett, schätzt man ihres Aromas wegen vor allem zum Garen milder Zutaten, wie Kartoffeln. Zum Sautieren nimmt man gerade so viel Fett, daß es frei unter den Speisen zirkulieren kann; zuviel Fett führt dazu, daß die Nahrungsmittel fritiert werden.

Ist das Fett nicht ausreichend heiß, bräunen die Speisen nicht und bleiben nicht saftig. Die Temperatur des Fettes überprüft man zunächst an einer einzelnen Zutat, bevor man den Rest in die Pfanne gibt: Das Fett soll lebhaft brodeln. Zum Sautieren müssen die Zutaten vollkommen trocken sein, da sich sonst eine Dampfschicht zwischen ihnen und dem Fett bildet, was verhindert, daß die Speisen bräunen.

Eine ähnliche Garmethode wie das Sautieren ist das Pfannenbraten, mit dem Unterschied, daß die Speisen nur kurzgebraten werden. Beim Braten in der Pfanne ist die Hitze normalerweise intensiver als beim Sautieren. Je nach Art der Speisen verwendet man als Bratfett Butter, Öl oder tierisches Fett. Den Bratsatz, der in der Pfanne zurückbleibt, kann man als Grundlage einer Sauce verwenden. Fettreiche Nahrungsmittel, wie Speck und Wurst, werden ohne die Zugabe von Fett in der Pfanne geröstet oder gebraten. Dieser Garmethode bedient man sich auch bei der Zubereitung fettarmer Diät-Kost. Die Speisen werden dabei in einer kalten – häufig auch beschichteten – Pfanne auf die Kochstelle gesetzt, und ausgebratenes Fett wird abgegossen. Eine andere Variante des Sautierens ist es, in die Pfanne gut 1 cm hoch Fett zu füllen und die Speisen darin auszubacken. Diese Methode wird häufig bei paniertem Fisch, hellem Fleisch, kleinen Teigtaschen oder Kroketten angewendet, die nicht nur oben und unten, sondern auch an den Seiten bräunen sollen. Derart gegarte Speisen sollte man, wenn nötig, auf Küchenkrepp abtropfen lassen.

Bemehlte und sautierte Seezungenfilets »Müllerin-Art«

Pikante Kroketten und Beignets

Eine Reihe kleiner Köstlichkeiten wird aus pikanten Mischungen – etwa mit Hummer oder Champignons, Maronen oder Käse – zubereitet, die von Teig oder Panade umhüllt sind und ausgebacken oder gebraten werden. Mitunter werden die rohen Zutaten in Stücke oder Stäbchen geschnitten und in Teig ausgebacken, weitaus häufiger werden sie jedoch gegart und gehackt, anschließend mit geschmacksintensiven Zutaten, wie Schinken, Anchovis oder Chillies, vermischt und eventuell noch mit einer dicken Sauce gebunden.

Der kulinarische Reiz von Kroketten ist der Kontrast zwischen knuspriger Außenseite und zarter Mitte. Eine gehaltvolle dunkle oder helle Sauce dient zum Binden der Füllung. Die Mischung wird zu kleinen Rollen oder runden Häppchen geformt und vor dem Fritieren paniert. Je cremiger die Mischung, desto köstlicher schmecken die fertigen Kroketten, um so schwieriger ist aber auch das Formen – die Mischung muß vorgekühlt und so behutsam wie möglich behandelt werden. Fleisch- oder Fischkroketten serviert man gewöhnlich als Vorspeise, während Gemüsekroketten, etwa aus Kartoffeln, Maronen oder Linsen, ausgezeichnete Beilagen zu Rindfleisch und Wild abgeben. In Frankreich sind *subrics*, kleine in Butter gebratene Plätzchen oder Klößchen, eine beliebte Vorspeise.

Als Beignets oder Krapfen bezeichnet man alle kleinen Leckerbissen, die knusprig fritiert werden. Sie können zum Beispiel aus mit Champignons aromatisiertem Brandteig bestehen oder auch aus geriebenem Parmesan, der mit Ei und Mehl gebunden wird. In den meisten Fällen sind sie allerdings mit Ausbackteig umhüllt (S. 105). Meeresfrüchte oder Gemüse sind als Füllung sehr beliebt, wie etwa bei *fritto misto* aus Italien.

Hinweis Für Beignets muß eine Füllung aus gehackten Zutaten fester sein als für Kroketten, da der flüssige Ausbackteig die Masse nicht so gut zusammenhält wie eine Panade.

Andere Umhüllungen, speziell Pastetenteig, kann man zur Zubereitung fritierter Teigtaschen verwenden. Französische *rissoles* werden zu kleinen dreieckigen oder halbmondförmigen Teigtaschen geformt und ausgebacken. Die Füllung muß kräftig gewürzt sein: Hackfleisch mit Worcestershire- oder Tabasco-Sauce oder mit Schnittlauch vermischter Käse sind beliebte Füllungen. Andere schmackhafte Teigtaschen sind indische *samosas* – gewürzte Kartoffeln oder Hackfleisch in einer Teighülle – sowie pikante Pastetchen aus dem Mittleren Osten.

Der chinesischen Küche verdanken wir ebenfalls eine Reihe delikater Vorspeisen. Kleine, mit Krabbenfleisch und Frühlingszwiebeln gefüllte *won-tans* sind bei uns heute ebenso bekannt wie Frühlingsrollen. Die hauchdünnen Teighüllen dieser goldgelb und knusprig ausgebackenen Köstlichkeiten basieren auf Reis- oder Weizenmehl. Es gibt sie fertig zu kaufen.

ZUR INFORMATION

Portionen *Kroketten, rissoles, Frühlingsrollen* 1–3 Stück. *Beignets, won-tans* 2–5 Stück.

Garzeiten Fritieren: 2–4 Minuten; in der Pfanne ausbacken: 2–4 Minuten (je Seite).

Richtiger Gargrad Knusprig und goldgelb.

Bemerkung Kroketten und Beignets weichen bei zu langsamem Fritieren auf; zu weiche Füllungen lassen sich schwer formen; Teigtaschen platzen auf bei zuviel Füllmasse oder zu langem Fritieren.

Aufbewahrung Sofort servieren; *samosas* können im Kühlschrank aufbewahrt werden.

Beilagen Frische oder gekochte Tomatensaucen (S. 65); Tatarensauce (S. 63); Remouladensauce (S. 63); pikante Saucen (S. 29); scharfe Fischsauce (für asiatische Gerichte).

Typische Gerichte *Kroketten* Huhn, Champignons (USA); Kartoffeln (Deutschland); *croquettes à la dieppoise* (Muscheln, Garnelen, Champignons; Frankreich); Huhn, Reis, hartgekochte Eier (Indien). *Beignets* Genfer Käse-Beignets (Schweiz); *de cervelle* (Hirn; Frankreich); Mais, grüne Chillies (USA). *Teigtaschen* Fisch-*rissoles* (Portugal); Kohltäschchen (Österreich); *won-tans* mit Garnelen (China).

Camembert-Kroketten

Französische oder italienische Tomatensauce (S. 65) und fritierte Petersilie sind ausgezeichnete Beilagen zu diesen Käsekroketten.

Ergibt 30 Stück
500 g Camembert
Dicke *sauce béchamel* (S. 64) aus 60 g Butter, 60 g Mehl, 500 ml Milch, Salz und Pfeffer
3 Eigelb
1 TL Dijon-Senf
1 Prise Cayennepfeffer
1 Prise Muskat
Salz und weißer Pfeffer

Zum Panieren
60 g Mehl, mit Salz und Pfeffer gewürzt
2 Eier, mit ½ TL Salz und 1 EL Öl verschlagen
100 g Semmelbrösel
Pflanzenöl zum Fritieren

Quadratische Backform (20 cm Seitenlänge)

1 Die Backform mit etwas Butter einfetten. Die Rinde vom Käse abschneiden und wegwerfen. Den verbliebenen Käse – es sollten noch etwa 250 g sein – grob hacken.

2 Die *béchamel* zubereiten und den Käse sowie die Eigelb hinzufügen. Die Mischung unter ständigem Rühren etwa 2 Minuten köcheln lassen, bis sie glatt und dick ist, aber noch vom Löffel läuft. Sie darf nicht kochen, da der Käse sonst Fäden zieht.

3 Den Topf vom Herd nehmen, Senf, Cayennepfeffer und Muskat unterrühren. Mit Salz und Pfeffer abschmecken. Die Käsemischung in die Backform gießen und für wenigstens 2 Stunden in den Kühlschrank stellen, damit sie fest wird.

4 Die Backform für einen kurzen Moment erhitzen, damit sich die Käsemasse löst.

5 Die Käsemasse auf die bemehlte Arbeitsfläche stürzen und in etwa 2 × 6 cm große Stangen schneiden. Die Stangen mit dem gewürzten Mehl, Ei und Semmelbröseln panieren.

6 Das Pflanzenöl auf 190 °C erhitzen; die Temperatur mit einem Fett-Thermometer (S. 503) kontrollieren. Die Kroketten partienweise 1–2 Minuten fritieren, bis sie goldbraun geworden sind, dann auf Küchenkrepp abtropfen lassen.

7 Die fertigen Kroketten bei 175 °C/Gas Stufe 2–3 im Backofen warm halten, während der Rest fritiert wird; die Backofentür einen Spaltbreit offenlassen.

2

Fisch

Einerseits ist Fisch das lohnendste aller Nahrungsmittel, andererseits stellt er aufgrund der gebotenen Sorgfalt bei der Zubereitung zugleich die größte Herausforderung für den Koch dar. Die verschiedensten Arten von Fisch eignen sich trefflich für beinahe jede erdenkliche Garmethode, und mit ihrer Zubereitung ist eine Vielzahl kreativer Küchentechniken verbunden.

Moderne Kühltransporte ermöglichen, daß Frischfisch jederzeit verfügbar ist. Als Verbraucher profitieren wir außerdem von den grundsätzlich verbesserten Techniken der Weiterverarbeitung an Bord der Fischereifahrzeuge. Fisch, der gefrostet wird, verändert zwar seine Struktur, doch nimmt er dabei zumeist weniger Schaden als durch die sonst natürlich einsetzende Bakterienvermehrung. Wenn fachkundig behandelter Fisch fangfrisch und bei richtiger Temperatur eingefroren, anschließend sachgemäß gelagert und an den Handel geliefert wird, sind in der Regel nur geringe Qualitätseinbußen zu verzeichnen. Die Verarbeitung zu Fischkonserven ist eine erfolgreiche Alternative, speziell bei fettreichen Fischen, wie etwa Lachs, Thunfisch, Sardellen und Sardinen.

Revolutioniert wurde die Fischindustrie auch durch die kommerzielle Fischzucht. Der Weltbedarf an Speisefischen läßt sich nicht mehr allein durch den Fang auf See decken, insbesondere da die Fischbestände einiger Regionen nahezu erschöpft oder durch die Verschmutzung der Meere stark geschädigt sind. Die Forellenzucht ist bereits zur Selbstverständlichkeit geworden, eine Neuerung jüngerer Zeit stellt die kontrollierte Aufzucht von Atlantischen Lachsen dar, und in den Vereinigten Staaten ist das Fishfarming von Welsen zu einem großen Erfolg geworden. Das Zugeständnis, das wir als Verbraucher an das gestiegene Angebot von Fischen aus Zuchtstationen zu machen haben, ist eine größere Standardisierung. Bei wildlebenden Fischen können Geschmack und Beschaffenheit des Fleisches stark variieren, die Qualität von Zuchtfischen hingegen ist weitaus konstanter, erreicht aber selten die Vortrefflichkeit der feinsten Wildexemplare.

Das wichtigste für den Koch ist es, die Unterschiede der einzelnen Fischarten hinsichtlich Geschmack, Struktur und Körperbau zu kennen. Ein Fisch mit fettem, gehaltvollem Fleisch, etwa Makrele oder Hering, differiert von einem weißfleischigen Fisch, beispielsweise Seehecht, so stark wie eine Ente von einem Huhn. Die Beschaffenheit des Fleisches ist ein weiterer bedeutsamer Faktor: Das grobe Fleisch des Kabeljaus unterscheidet sich merklich von der feinen Struktur der Seezunge, und keinen dieser beiden Fische könnte man mit der Festigkeit von Hai oder der Zartheit von Wittling verwechseln. Thunfisch, Schwertfisch und andere sehr große Fische kommen meist in größeren Stücken oder in Form von Steaks in den Handel und erinnern dann im Aussehen oft mehr an Fleisch als an Fisch. Fische mit einem knorpeligen Skelett und ohne Quergräten, wie etwa Hai, erfordern andere Methoden der Zubereitung als beispielsweise ein Maifisch, der nur aus Gräten zu bestehen scheint, wenn man ihn nicht richtig zerlegt. Plattfische, wie Steinbutt oder Seezunge, und Fische mit gedrungenem Körper, etwa Brassen, werden besser filetiert als in Steaks geschnitten. Kleine Fische, wie Heringe und Forellen, werden häufig nicht entgrätet und ganz gegart, während man größere Fische, etwa Lachse, am Stück, als Filets oder Steaks kaufen kann.

Dieses Kapitel enthält 14 Gruppen von Fischen, wobei die Unterteilung nach den jeweiligen Kocheigenschaften erfolgte. Als erstes werden Seezunge, Flunder und andere kleine Plattfische behandelt, die es in einer breiten Auswahl an Qualitäten und Preisklassen gibt. Noch begehrter sind Heilbutt und andere große Plattfische. Rochen (wie auch Seeteufel, Hai und Stör) werden aufgrund ihrer einzigartigen Struktur gesondert beschrieben. Die nächste Gruppe, die Thunfisch und Schwertfisch einschließt, zeichnet sich durch festes Fleisch aus.

Fische mit festem, weißem Fleisch aus Atlantik und Pazifik (Schnapper, Zackenbarsch und andere) folgen; Fische wie Wolfsbarsch und Meeräsche, deren weißes Fleisch eher etwas blättrig ist, schließen sich an. Der darauffolgende Abschnitt befaßt sich mit dorschartigen Fischen, wie Köhler und Seehecht. Hochrückige Fische mit seitlich abgeflachtem Körper, beispielsweise Brassen und Brachsenmakrelen, bilden eine weitere Kategorie für den Koch, ebenso wie Knurrhähne und andere grätenreiche Fische mit großem Kopf.

Lachse und Forellen werden gemeinsam behandelt, gefolgt von einer Vielzahl anderer Süßwasserfische. Am Schluß stehen zwei Gruppen fettreicher Fische: Die erste umfaßt Hering und Makrele (sowie kleine Fische, die gewöhnlich fritiert werden), die zweite beinhaltet den Aal und ähnlich gewachsene Fische. Darüber hinaus sind in diesem Kapitel auch Fisch-Erzeugnisse, wie Kaviar und anderer Fischrogen, aufgeführt sowie rohe Fischgerichte, wie *sushi*. Durch Trocknen, Einsalzen und Räuchern konservierter Fisch wird ebenfalls behandelt.

Abschließend noch ein Wort zu den Schwierigkeiten, die das Identifizieren von Fischen gelegentlich mit sich bringt. Neben der Tatsache, daß es Fische in allen erdenklichen Formen und Größen gibt – von winzigen Elritzen bis hin zu ein bis zwei Tonnen schweren Thunfischen –, weichen häufig auch die regional üblichen Bezeichnungen einzelner Arten stark voneinander ab. Und so ist es keine Seltenheit, daß ein und derselbe Fisch eine ganze Reihe von Namen hat.

Die Qualität von Speisefisch

Die Qualität eines Speisefisches hängt weitgehend davon ab, wie der Fisch innerhalb der ersten drei Stunden nach dem Fang behandelt wurde und ob man ihn mit einer Angel oder einem Netz gefangen hat. Bei Fischen, die mit Netzen gefangen wurden, ist ausschlaggebend, wie lange sie darin belassen worden sind – verbleiben die Fische länger in den Netzen, können sie zerdrückt werden, und ihre Körpertemperatur kann zu stark ansteigen.

Andere Faktoren, die Einfluß auf die Qualität haben, ergeben sich daraus, ob der Fisch lebend an Bord des Fangschiffes geholt und in welcher Weise er getötet und ausgenommen wurde. Darüber hinaus ist es wichtig, daß der Fisch eine fachgerechte Kühlung erfahren hat, bevor die Leichenstarre eintrat, denn er ist dann bis zu einer Woche unempfindlich gegenüber Bakterien. Fische, die sich beim Kühlen bereits in der Leichenstarre befinden, verderben rascher und haben eine schlechtere Struktur. Damit der Fisch anschließend in bester Qualität in den Handel kommt, muß der Transport vom Schiff zum Händler bei richtiger Temperatur erfolgen.

Fisch auswählen

Die Auswahl von Fisch ist nicht so einfach wie der Kauf eines Stückes Fleisch. Die Meere sind unberechenbar, und bei rauher See sinkt das Angebot – und der Preis steigt. Manche Fische wandern ab, wenn sich die Wassertemperatur verändert, so daß das Angebot trotz moderner

Transportmöglichkeiten saisonabhängig bleibt, wie dies beispielsweise bei Maifisch, Hering und anderen fetten Fischen der Fall ist. Die oberste Regel beim Fischeinkauf ist, nur solchen Fisch auszuwählen, der wirklich frisch aussieht, und sich nicht für eine Sorte zu entscheiden, von der man annimmt, daß sie eigentlich frisch sein müßte. Zum Glück läßt sich einwandfreier Fisch leicht erkennen. Bei frischem Fisch ist das Fleisch durchscheinend und hat einen angenehm süßen, niemals aber einen fischigen Geruch. Die Schuppen sind unbeschädigt und glänzen, die Augen klar und nicht eingefallen, und die Kiemen haben eine leuchtend-rote Farbe. Das Fleisch muß sich fest und elastisch anfühlen. (Während der Laichzeit, die je nach Fischart variiert, wird das Fleisch weicher und ist von weniger guter Qualität.) Fischfilets dürfen weder trocken noch verfärbt oder von Flüssigkeit umgeben sein (ein Zeichen von altem oder unsachgemäß gefrostetem Fisch). Fisch, der zur Verlängerung der Haltbarkeit einer chemischen Behandlung unterzogen wurde, weist gewöhnlich einen unnatürlichen Glanz auf und fühlt sich glitschig an.

Hinweis Steaks oder Filets halten sich weniger lange als ganze Fische, da das freiliegende Fleisch anfälliger gegen Bakterien ist. Aus diesem Grund kauft man den Fisch am besten bei einem Händler, der ihn selbst in Stücke schneidet und ihn nicht bereits portioniert angeliefert bekommt. Als Alternative nimmt man einen ganzen Fisch und schneidet ihn selbst in Portionen.

Fisch aufbewahren

Frischfisch sollte nach dem Kauf so bald wie möglich verarbeitet werden. Die Haltbarkeit hängt von der jeweiligen Art und der Qualität des Fisches ab. Sachkundig behandelter Fisch hält sich unter idealen Voraussetzungen bis zu einer Woche. Ein zuverlässiger Fischhändler ist wichtig, und beim Einkauf sollte man versuchen, Näheres über die Herkunft des Fisches zu erfahren, damit man entscheiden kann, wie lange er sich noch aufbewahren läßt.

Die Qualität bleibt nur bei richtiger Lagertemperatur erhalten. Fisch verdirbt bei 4 °C (die übliche Temperatur von Haushaltskühlschränken) doppelt so schnell wie bei 0 °C – der idealen Temperatur zum Aufbewahren von Fisch.

Ganze Fische halten sich länger, wenn sie ausgenommen sind, denn die Enzyme im Magen, die den Fisch rascher verderben lassen, sind dann nicht mehr vorhanden. Fisch, den man im häuslichen Kühlschrank aufbewahrt, sollte man fest in Klarsichtfolie wickeln und mit Eis bedecken. Das geschmolzene Eis muß jedoch ablaufen können. Portionierter Fisch sollte nicht in direkten Kontakt mit Eis kommen, da sich sonst das Fleisch verfärbt und auslaugt.

Fetter Fisch verdirbt generell am schnellsten. Wenn man zum Beispiel Sardinen und Makrelen nicht ausnimmt und bei falschen Temperaturen lagert, können sie bereits innerhalb von 48 Stunden nach dem Fang zu riechen beginnen und einen unangenehm strengen Geschmack entwickeln.

Fisch einfrieren

Das Einfrieren von Fisch in der eigenen Tiefkühltruhe sollte man nur vorsehen, wenn es sich nicht vermeiden läßt. In Haushaltsgeräten geht die Tiefkühlung langsamer vonstatten als in Industriegeräten, so daß sich Eiskristalle bilden können, die die Zellwände durchdringen und so Geschmack und Struktur beeinträchtigen. Läßt sich das Einfrieren nicht umgehen, muß das Gerät auf die niedrigste Temperatur eingestellt werden. Gehaltvoller Fisch, wie beispielsweise Lachs, und Fisch mit festem, weißem Fleisch, etwa Kabeljau, ist zum Einfrieren besser geeignet als zarte Arten, wie Wittling. (Zum Einfrieren von Fisch und Schaltieren s. S. 496.)

Tiefgefrorenen Fisch läßt man vor dem Garen am besten langsam im Kühlschrank auftauen, damit die Struktur erhalten bleibt und möglichst wenig Feuchtigkeit verlorengeht. Manche Köche ziehen es allerdings vor, Fischfilets noch gefrostet zu verarbeiten; die Garzeiten sind in diesem Fall entsprechend länger.

FRISCHFISCH IM HANDEL

Hier sind die verschiedenen Formen aufgeführt, in denen Frischfisch im Handel angeboten wird. Die Liste ist als Hilfe beim Einkauf und bei der Zubereitung von Fischgerichten gedacht.

Ganze, nicht ausgenommene Fische So, wie sie aus dem Wasser kommen.

Ausgenommene, gesäuberte Fische Kiemen und Eingeweide sind entfernt.

Küchenfertige Fische Ausgenommen, ohne Kopf, Flossen weggeschnitten, Schwanzflosse eingekürzt, häufig auch bereits geschuppt.

Portionsstücke zum Braten Große Stücke oder Schwanzstücke von großen, festfleischigen Fischen.

Steaks, Koteletts oder Tranches Senkrecht zur Mittelgräte geschnittene, 2–4 cm dicke Scheibe von großen Fischen; je nach Größe auch halbiert oder geviertelt und ohne Mittelgräte.

Filets Das von den Gräten abgelöste seitliche Fleisch, mit oder ohne Haut.

Filetstücke In Portionsstücke zerteiltes Filet großer Fische.

Doppelfilets Zwei Filets, die an der Bauch- oder Rückenseite zusammenhängen.

Escalopes Schräge, 1 cm dicke Scheiben, die aus einem großen Filet geschnitten werden.

FISCHE VORBEREITEN

Wenn man einen ganzen Fisch servieren möchte, werden vor dem Garen die Flossen abgeschnitten oder eingekürzt.

1 Mit einer kräftigen Schere die Brustflossen auf beiden Seiten des Fisches (hier eine Brasse), dann Bauch- und Afterflosse wegschneiden.

2 Die Rückenflossen ebenfalls abschneiden.

3 Die Schwanzflosse V-förmig einkürzen.

FISCHE SCHUPPEN

Fast alle Fische (hier eine Brasse) müssen vor dem Garen geschuppt werden. Nur wenige Arten, wie etwa der Lachs, haben so kleine Schuppen, daß man sie nicht zu entfernen braucht; einige, zum Beispiel Haie, haben überhaupt keine Schuppen.

Die Schuppen mit einem schräg gehaltenen Fischschupper (wie hier), einem Striegel oder einem Messer mit Wellenschliff vom Schwanz in Richtung des Kopfes von der Fischhaut schaben; dabei den Fisch häufig unter fließendem kaltem Wasser abspülen.

FISCHE DURCH DIE KIEMEN AUSNEHMEN

Kleine Plattfische und Fische, die pochiert werden sollen, bewahren ihre Form besser, wenn man sie durch die Kiemen ausnimmt (hier eine Brasse). Auch Fisch, den man in Steaks schneiden will, behält auf diese Weise seine natürliche runde Körperform.

1 Den Zeigefinger hinter die Kiemen haken und diese herausziehen (Vorsicht, sie sind scharf).

2 Mit den Fingern die Eingeweide aus dem vorderen Teil der Bauchhöhle herausziehen.

3 Einen kleinen Einschnitt an der Afteröffnung machen und die übrigen Eingeweide herausziehen.

4 Die Bauchhöhle zum Säubern gründlich von der Kiemenöffnung aus mit kaltem Wasser ausspülen.

FISCHE DURCH DIE BAUCHHÖHLE AUSNEHMEN

In den meisten Fällen nimmt man einen Fisch (hier ein Wittling) durch die Bauchhöhle aus.

1 Den Fisch auf der Unterseite aufschlitzen – nicht zu tief schneiden, damit die Eingeweide nicht verletzt werden.

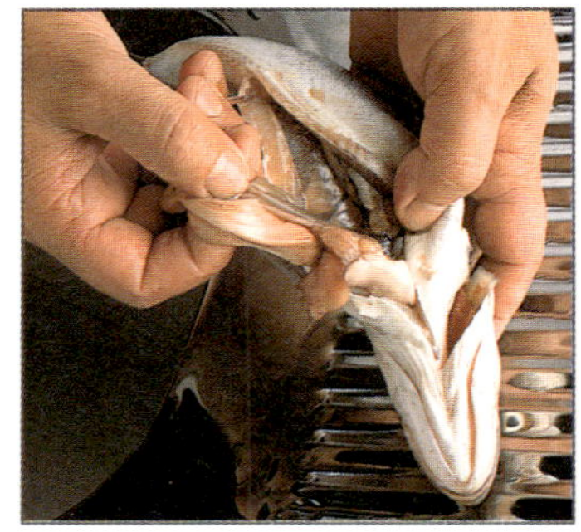

2 Die Eingeweide behutsam mit den Fingern lösen und aus der Bauchhöhle herausziehen.

3 Nun die Kiemen herausziehen. Die Bauchhöhle unter kaltem Wasser gründlich säubern.

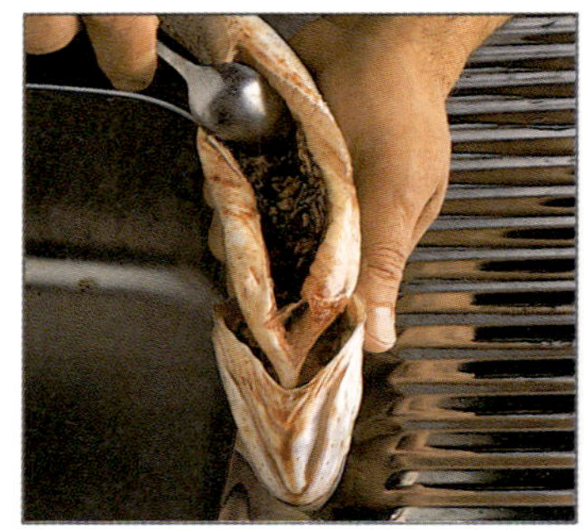

4 Mit einem kleinen Löffel die an der Wirbelsäule verlaufende Niere abschaben.

FISCHE ZISELIEREN

Damit Fische beim Grillen, Dämpfen oder im Backofen gleichmäßig garen und nicht aufplatzen, werden sie an den Seiten leicht eingeschnitten oder, wie der Fachmann es nennt, ziseliert.

Den Fisch (hier eine Brasse) auf jeder Seite drei- bis viermal schräg einschneiden. Die Einschnitte sollten etwa 1,5 cm tief sein.

RUNDFISCHE DURCH DIE BAUCHHÖHLE ENTGRÄTEN

Fische werden gewöhnlich durch die Bauchhöhle entgrätet, es sei denn, man möchte sie füllen.

Kopf und Schwanz schneidet man nicht ab, damit der Fisch beim Garen besser zusammenhält. Zum Entfernen der Gräten ein scharfes Messer mit biegsamer Klinge benutzen.

1 Den Fisch (hier eine Lachsforelle) durch die Bauchhöhle ausnehmen (links). Den Einschnitt am Bauch auf einer Seite der Mittelgräte bis zur Schwanzflosse verlängern.

2 Die Bauchhöhle aufklappen und die quer verlaufenden Gräten mit der Messerklinge vom Fleisch schneiden.

3 Den Fisch umdrehen und ihn auf der anderen Seite bis zum Schwanz einschneiden.

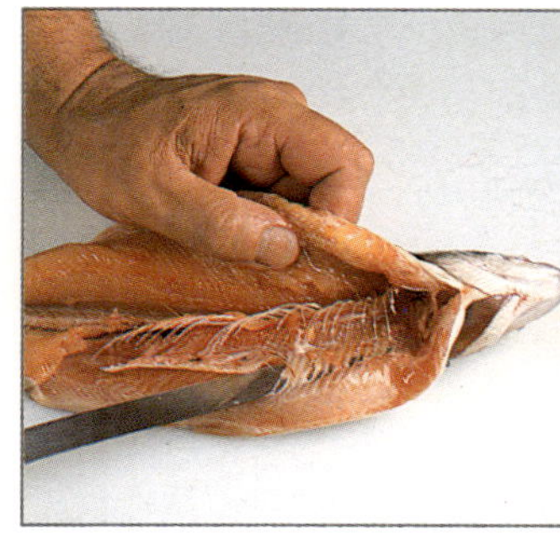

4 Die Gräten wie zuvor mit dem Messer vom Fleisch schneiden.

5 Die Mittelgräte an Kopf und Schwanz mit einer Schere durchtrennen und sie – am Kopf beginnend – zusammen mit den Bauchgräten abziehen.

Zum Garen können die entgräteten Filets spiralförmig aufgerollt werden, so daß die Haut nach innen zeigt.

Oder (die Haut nach außen) den Schwanz nach innen stecken.

RUNDFISCHE DURCH DEN RÜCKEN ENTGRÄTEN

Fische entgrätet man auch häufig durch den Rücken, damit die Bauchseite zum Füllen geschlossen bleibt. Kopf und Schwanz werden nicht abgeschnitten. Zum Entgräten ein scharfes Messer mit biegsamer Klinge verwenden.

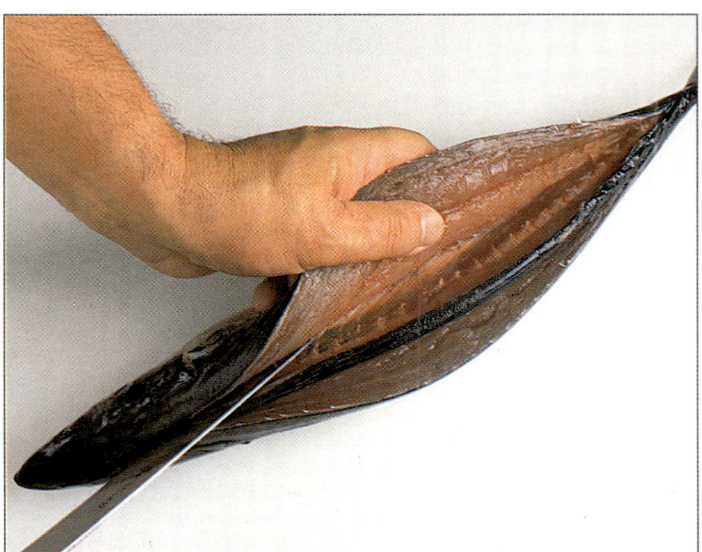

1 Den Fisch (hier eine Makrele) an beiden Seiten des Rückgrats einschneiden und das Fleisch dabei vollständig von den Gräten lösen.

2 Mit einer Schere die Mittelgräte an Kopf und Schwanz durchtrennen.

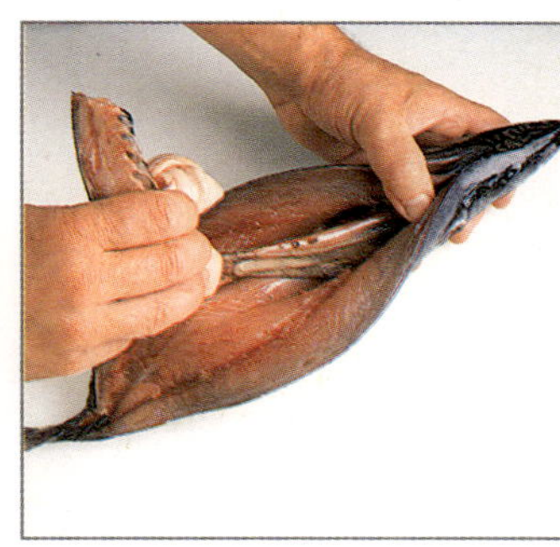

3 Die Gräten zusammen mit den Eingeweiden und den Kiemen herausziehen.

Durch den Rücken entgrätete Fische können auseinandergeklappt, mit einer Farce gefüllt und im Backofen gegart werden.

Man kann auch den Schwanz durch das Maul nach innen stekken und den Fisch ungefüllt pochieren.

PLATTFISCHE ENTGRÄTEN

Wenn Plattfische (hier eine Seezunge) gefüllt oder paniert und fritiert werden sollen, entgrätet man sie vorher. Kopf, Flossen und Eingeweide werden vor dem Entgräten entfernt. Nach Möglichkeit sollte man auch die dunkle und die weiße Haut vom Fisch abziehen.

1 Ein Messer mit biegsamer Klinge benutzen. Das Fleisch entlang der Mittelgräte einschneiden und es dann auf einer Seite von den Bauchgräten lösen; das Messer dabei fast parallel zu den Gräten halten. Bis zum Rand der Bauchgräten schneiden, das Filet jedoch nicht vollständig abtrennen. Das Filet auf der anderen Seite ebenso ablösen.

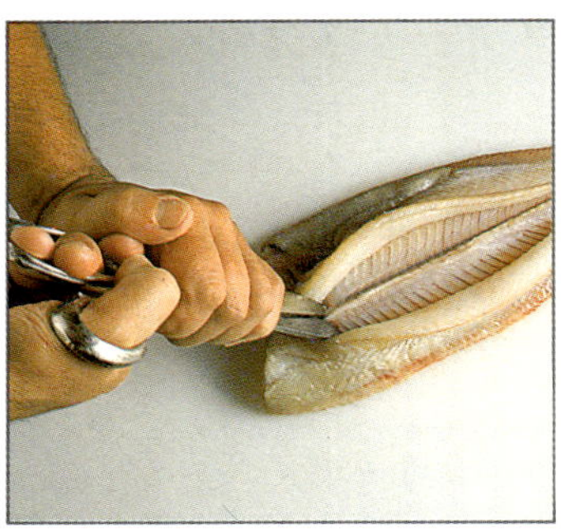

2 Die Mittelgräte mit einer Schere an Kopf und Schwanz durchtrennen; dabei darauf achten, daß das Fleisch nicht beschädigt wird.

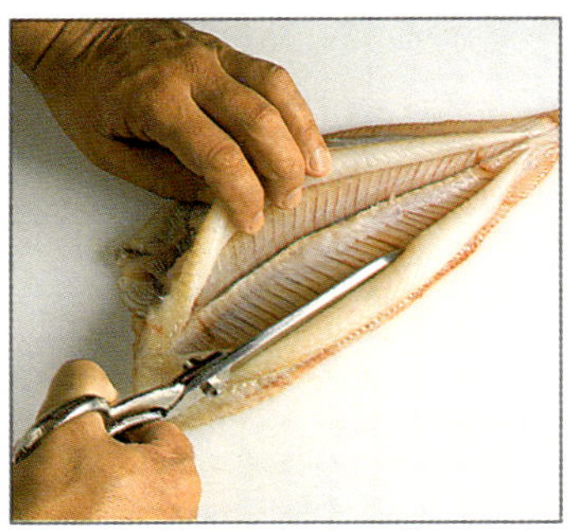

3 Das Fleisch zurückklappen und die Enden der Bauchgräten mit der Schere von den Flossengräten abschneiden. Auf der gegenüberliegenden Seite ebenso verfahren.

4 Die Mittelgräte am Schwanzende anheben und vom darunterliegenden Fleisch abziehen.

5 Den Fisch zum Garen flach hinlegen und die oberen Filetstücke zur Seite klappen.

RUNDFISCHE FILETIEREN

Aus den meisten Rundfischen (hier ein Lachs) schneidet man zwei Filets – eines von jeder Seite.

1 Auf einer Seite des Rückgrats die Haut vom Kopf bis zum Schwanz einschneiden.

2 Unmittelbar hinter dem Kopf einen Einschnitt bis zur Mittelgräte machen.

3 Das Messer flach an der Mittelgräte entlangführen und das Fleisch kontinuierlich vom Kopf bis zum Schwanz von den Gräten schneiden.

4 Das Fleisch mit einem zweiten Schnitt vollständig von den Gräten lösen und das Filet beiseite legen.

5 Den Fisch umdrehen und das zweite Filet in gleicher Weise vom Kopf zum Schwanz hin abschneiden.

PLATTFISCHE FILETIEREN

Bei Plattfischen ist die Filetiermethode davon abhängig, ob zwei breite oder vier schmale Filetstücke entstehen sollen. Bei größeren Plattfischen werden in der Regel vier Filets geschnitten.

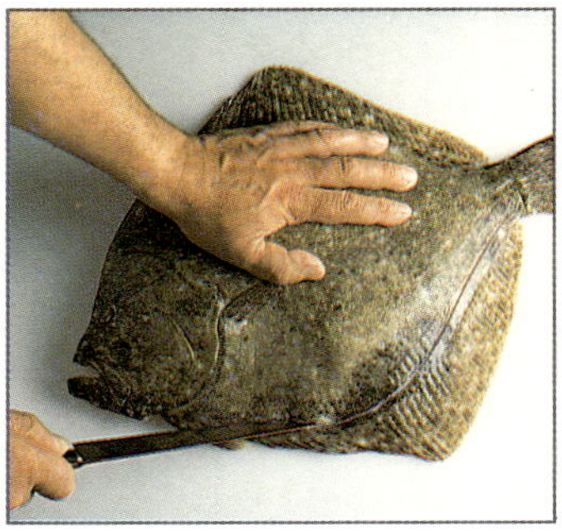

1 Für vier Filets Den Fisch (hier ein Steinbutt) am Flossensaum entlang mit der Spitze eines scharfen Messers einschneiden, um die Filets zu markieren.

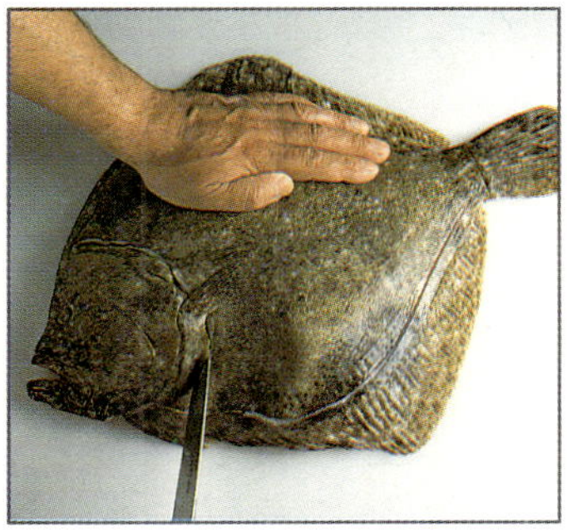

2 Den Fisch mit der Spitze des Messers unmittelbar hinter dem Kopf bis zum Knochen halbkreisförmig einschneiden.

3 Das Fleisch entlang der Mittelgräte in einer geraden Linie bis zum Rückgrat einschneiden. Das Messer so flach wie möglich halten und das Filet unmittelbar über den Gräten ablösen.

4 Weiterschneiden, bis das Filet und das Fleisch, das entlang der Flossen verläuft, in einem Stück abgelöst sind.

5 Den Fisch umdrehen und das zweite Filet in gleicher Weise von den Gräten schneiden.

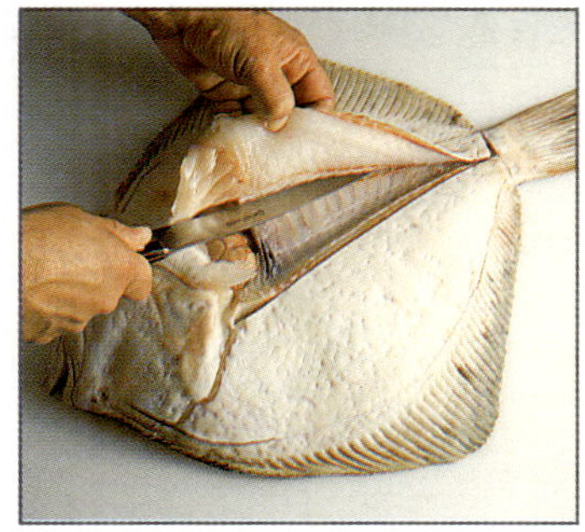

6 *Rechts:* Den Fisch auf die andere Seite legen und die Arbeitsschritte 1–5 auf der Unterseite wiederholen.

Hinweis Bei vielen Plattfischen sind die dunkleren oberen Filets dicker als die unteren.

Für zwei Filets Den Fisch hinter dem Kopf bis zum Knochen einschneiden. Das Messer vom Kopf aus an einer Seite zwischen das Fleisch und die Bauchgräten schieben und das Fleisch bis zur Mittelgräte lösen. Den Fisch drehen und auf der anderen Seite ebenso verfahren, bis die Mittelgräte erreicht ist. Das Filet abheben und den Vorgang auf der zweiten Seite wiederholen.

Fischabschnitte verwenden

Köpfe und Gräten, die beim Filetieren und Entgräten anfallen, kann man zum Kochen eines Fischfonds verwenden (S. 44). Alle Gräten und Fischabschnitte müssen geruchlos und frei von Blut sein. Heilbutt- und Seezungengräten ergeben den besten Fond. Die Gräten von fettreichen und geschmacksintensiven Fischen sollte man hingegen nicht verwenden.

Die Haut von ganzen Fischen abziehen

Die Entscheidung, ob man einen Fisch enthäutet oder nicht, hängt zum einen vom Geschmack der Öle ab, die sich unter der Haut befinden, und zum anderen davon, ob die Haut zäh oder weich, dick oder dünn ist. Zum Pochieren, Braten, Fritieren und Dämpfen wird die Fischhaut häufig entfernt, zum Grillen und Garen im Backofen nicht, da der Fisch dann weniger schnell auseinanderfällt.

Bei den meisten Fischen muß die Haut mit einem Messer abgeschnitten werden. Bei Seeteufel, Wels, Aal (S. 151) und einigen Plattfischen kann man sie vor dem Filetieren einfach abziehen – bei Plattfischen vom Schwanzende, bei anderen vom Kopfende aus.

PLATTFISCHE ENTHÄUTEN

Die einfachste Methode, um die Haut der meisten Plattfische (hier eine Seezunge) zu entfernen, ist es, sie vor dem Entgräten oder Filetieren einfach abzuziehen.

Mit der Spitze eines Messers die Haut nahe der Schwanzflosse vom Fleisch lösen. Die Haut mit Hilfe eines Tuches fest in die Hand nehmen und sie parallel zum Fleisch mit einer kräftigen Bewegung abziehen.

FISCHFILETS ENTHÄUTEN

Bei Fischfilets wird dunkle oder zähe Haut vor dem Garen häufig entfernt. Dazu benutzt man ein scharfes Messer mit biegsamer Klinge.

1 Das Filet (hier Steinbutt) mit der Hautseite nach unten und dem Schwanzende zu sich hin auf die Arbeitsfläche legen. Die Haut am Schwanzende mit einem kleinen Schnitt vom Fleisch lösen.

2 *Rechts:* Die Haut mit einer Hand festhalten (falls man abrutscht, ein Tuch zu Hilfe nehmen oder die Finger in Salz tauchen). Das Messer zwischen Haut und Fleisch ansetzen, so daß die Schneide fast parallel zur Haut verläuft. Das Fleisch von sich weg mit einer sägenden Bewegung abschneiden, die Haut dabei mit der anderen Hand straff halten.

FISCHFILETS FLACHKLOPFEN UND ZISELIEREN

Beim Garen kann sich die dünne Membran auf der enthäuteten Seite zusammenziehen, so daß sich die Filets hochwölben. Um dies zu verhindern, kann man das Fleisch flachklopfen und leicht einschneiden.

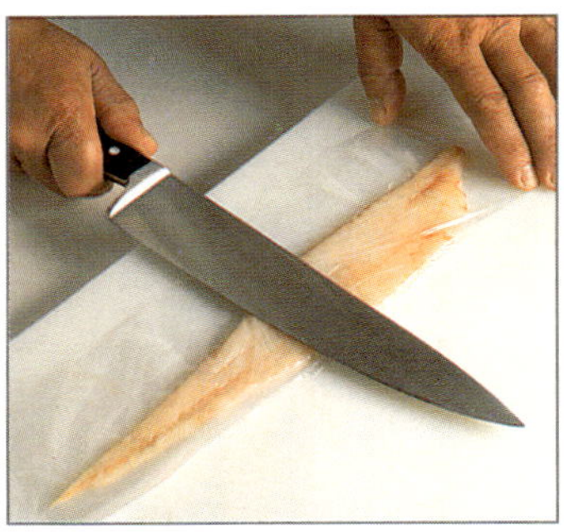

1 Das Filet (hier Seezunge) zwischen zwei Lagen Klarsichtfolie legen und leicht mit der flachen Klinge eines großen Küchenmessers klopfen.

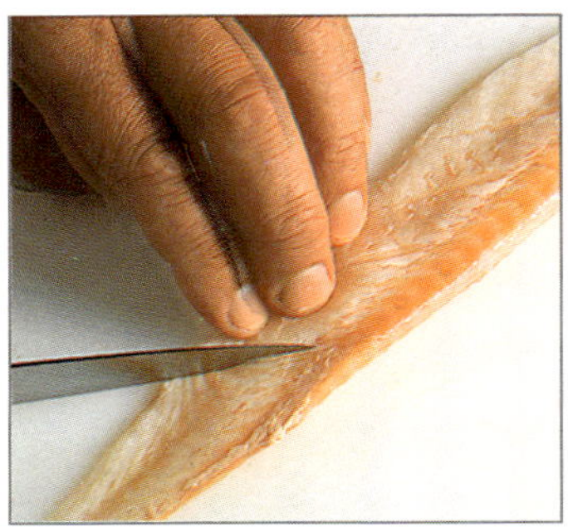

2 Das Fischfilet auf der enthäuteten Seite mit kleinen parallelen Einschnitten versehen.

EINZELNE GRÄTEN AUS FISCHFILETS ENTFERNEN

Je nach Körperbau des verwendeten Fisches müssen nach dem Filetieren (hier ein Lachsfilet) unter Umständen noch einzelne kleine Gräten entfernt werden.

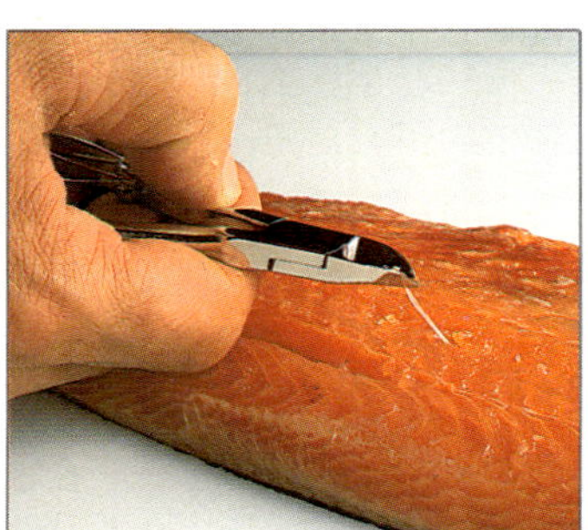

Die verbliebenen Gräten Stück für Stück mit einer Pinzette, einer Grätenzange oder zwischen dem Daumen und der Klinge eines kleinen Messers herausziehen.

FISCHFILETS ZUSAMMENLEGEN UND AUFROLLEN

Zum Pochieren oder Dämpfen kann man Fischfilets in den unterschiedlichsten Formen zusammenlegen. Aufgerollte oder gefaltete Filets können zusätzlich gefüllt werden. Wurden bei Plattfischen die oberen und unteren Filets in einem Stück abgelöst, halbiert man sie der Länge nach. Für ein ansprechendes Aussehen werden alle Fischfilets mit der Hautseite nach innen gelegt (hier vier Möglichkeiten, Seezungenfilets zu formen).

FISCHSTEAKS SCHNEIDEN

Zum Braten, Grillen, Pochieren und Garen im Backofen werden die meisten Fische ab 1 kg Gewicht in etwa 2,5 cm dicke Scheiben geschnitten. Die besten Steaks ergibt das obere Schwanzstück.

1 Den Kopf abschneiden. Den Fisch (hier ein Lachs) bis 15 cm vor die Schwanzflosse in dicke, gleichmäßige Scheiben schneiden. Bei großen Fischen benötigt man eventuell ein Küchenbeil.

2 Das Schwanzstück wird normalerweise nicht in Steaks geschnitten, sondern waagerecht halbiert, so daß zwei Filets entstehen.

FISCHSTEAKS VORBEREITEN

Wenn man das Mittelstück eines Fisches in Steaks geschnitten hat, können die Fleischlappen, die entlang der Bauchhöhle verlaufen, nach innen gesteckt werden, damit das Ganze hübscher aussieht (hier ein Lachssteak).

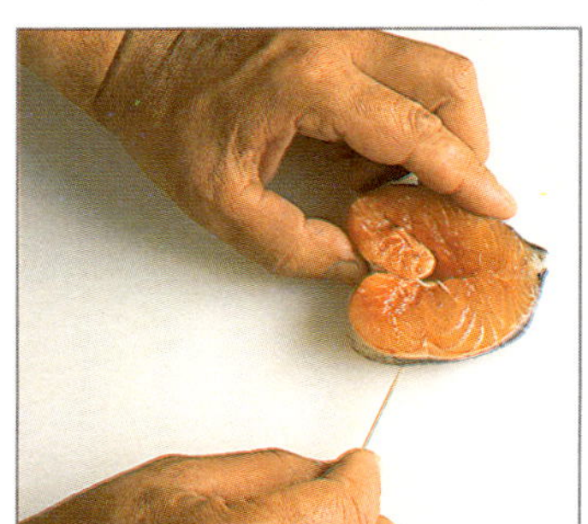

1 Mit einem kleinen Messer die Bauchgräten vom Fleisch lösen. Die Mittelgräte mit der Spitze des Messers herausschneiden und entfernen.

2 *Links:* Die beiden Fleischlappen nach innen stecken, so daß eine Herzform entsteht. Das Steak mit Küchengarn oder Zahnstochern zusammenhalten.

ESCALOPES SCHNEIDEN

Große Fischfilets kann man zum Dämpfen, Braten oder Garen im Backofen in etwa 1 cm dicke Schnitzel schneiden.

Das Fischfilet mit dem Kopfende zu sich hin auf die Arbeitsfläche legen und in Richtung des Schwanzes schräg dünne, möglichst gleichmäßige Scheiben (ohne die Haut) abschneiden.

Garzeiten für ganze Fische

Bei ganzen Fischen oder Stücken, die weniger als etwa 2,5 cm dick sind, hängt die Garzeit von der jeweiligen Garmethode ab. Werden große Fische im Backofen gegart, gegrillt, pochiert oder gedämpft, ergibt sich die Garzeit aus der Stärke des Fleisches, gemessen an der dicksten Stelle. Pro 2,5 cm rechnet man zehn Minuten. Beim Pochieren ganzer Fische wird die Zeit von dem Moment an gemessen, wo der Sud in einer Ecke des Fischkessels leicht zu sprudeln beginnt.

DEN GARGRAD VON FISCH PRÜFEN

Da kein anderes Nahrungsmittel so schnell übergart wie Fisch, ist die Garprobe besonders wichtig. Bei Filets und Escalopes, insbesondere von weißfleischigem Fisch, kann die Zeitspanne zwischen dem perfekten Gargrad und einem übergarten Fisch weniger als eine Minute betragen. Fetter Fisch verkraftet zu lange Garzeiten vergleichsweise besser als magerer Fisch. Unmittelbar bevor der richtige Gargrad erreicht ist, sitzt das Fleisch an der dicksten Stelle noch fest an den Gräten, und in der Mitte ist noch eine rohe, durchscheinende Fleischschicht von etwa 3 mm Stärke vorhanden. Genau richtig – oder *à point*, wie die Franzosen sagen – ist der Fisch (hier eine Brasse) gegart, wenn sich das Fleisch leicht mit einer Gabel zerpflücken läßt. Zu lange gegarter Fisch ist trocken und fällt beim Berühren mit der Gabel auseinander.

1 Rohe Fleischschicht, klare Augen – der Fisch ist nicht gar.

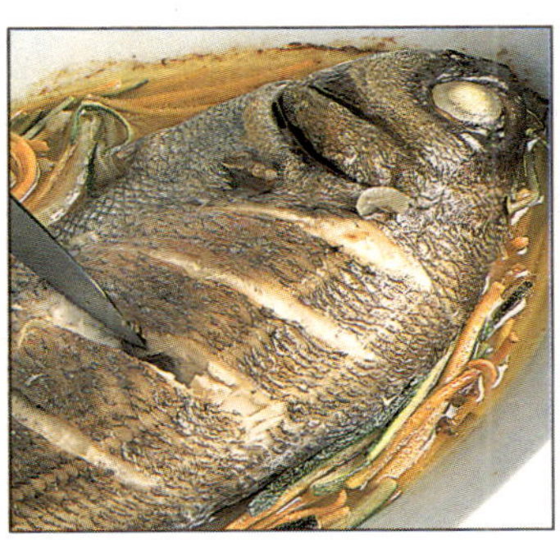

2 Blättriges Fleisch, opake Augen – der Fisch ist gar.

GEGARTE FISCHSTEAKS ENTGRÄTEN

Wenn man bei Fischsteaks (hier Kabeljau) vor dem Servieren die Gräten entfernt, lassen sie sich einfacher essen. Das Fleisch zerfällt dann allerdings in mehrere Stücke.

1 Zunächst mit einer Gabel die Haut vom Fischsteak abziehen. Die Gabel dazu senkrecht halten und drehen, so daß sich die Haut um die Gabel wickelt.

2 Dann mit der Spitze eines Messers in die Mittelgräte stechen. Das Messer drehen und die Mittelgräte zusammen mit den Bauchgräten herausziehen.

3 Die kleinen Flossengräten am Rand des Steaks entfernen. Bei größeren Fischsteaks kann das Fleisch nach dem Entgräten in vier Stücke zerlegt werden.

KLEINE GEGARTE PLATTFISCHE ENTGRÄTEN

Bei gedämpftem, gegrilltem oder nach Müllerin-Art (S. 127) gebratenem Fisch (hier Seezunge) kann man vor dem Servieren die Gräten entfernen.

1 Den Fisch auf eine Platte heben. Mit einem Löffel und einer Gabel auf beiden Seiten die Flossengräten ablösen und an den Plattenrand schieben.

2 Die Filets entlang der Mittelgräte mit dem Löffelrand lösen, sie dann abheben und auf einen zweiten Teller oder neben den Fisch legen.

3 Die Mittelgräte mit den Bauchgräten vom Fleisch abheben.

4 Zum Servieren die oberen Filets zurück auf die unteren legen.

GROSSE FISCHE NACH DEM GAREN ZERLEGEN UND ANRICHTEN

Bei allen ganzen Fischen werden – wie hier am Beispiel eines Lachses gezeigt – nach dem Garen die Gräten entfernt.

1 Soll ein pochierter Fisch kalt serviert werden, läßt man ihn in der Garflüssigkeit abkühlen, damit er saftig bleibt. Fische, die heiß aufgetragen werden, sofort nach dem Garen zerlegen.

2 Die Haut an Kopf und Schwanz sorgfältig einschneiden und dann behutsam abziehen, damit das Fleisch nicht beschädigt wird.

3 Das verbliebene dunkle, fettreiche Fleisch abschaben.

4 Alle Gräten, die entlang des Rückens verlaufen, herauslösen.

5 Den Fisch mit Hilfe des beim Garen verwendeten Papiers auf eine Servierplatte heben.

6 Das Fleisch an Kopf und Schwanz halbkreisförmig bis zur Mittelgräte durchtrennen.

7 Den Fisch entlang der Mittelgräte in zwei Filets teilen. Das eine Filet mit Löffel und Gabel lösen und zum Plattenrand schieben.

8 Das zweite obere Filet in gleicher Weise ablösen.

9 Die Mittelgräte am Kopf durchschneiden und herausziehen.

10 Die oberen Filets sorgfältig zurück an ihren Platz legen und so die ursprüngliche Form des Fisches wieder herstellen.

Fisch sautieren und in der Pfanne braten

Gut sautierter Fisch ist gleichmäßig gebräunt, außen leicht knusprig und innen wunderbar saftig. Er darf weder kleine schwarze Flecken zeigen, die auf zu starke Hitze schließen lassen, noch blaß aussehen und auseinanderfallen, was die Folge von zu langsamem Garen ist. Um das gewünschte Ergebnis zu erzielen, wird der Fisch in mit Salz und Pfeffer gewürztem Mehl (S. 104) gewälzt. In Schottland nimmt man speziell für Hering auch Hafermehl. Gelegentlich wird der Fisch zur Verbesserung seiner Struktur zunächst für ein bis zwei Stunden in Milch gelegt und anschließend auf Küchenkrepp getrocknet.

Als Bratfett eignet sich geklärte Butter (S. 99) ausgezeichnet, nicht nur wegen ihres Geschmacks, sondern auch, weil sie bei mittleren Temperaturen, die für Fisch genau das richtige sind, eine schöne goldgelbe Farbe annimmt. Ersatzweise kann man auch Öl oder eine Mischung aus Öl und Butter nehmen. In vielen Rezepten aus dem Mittelmeerraum findet Olivenöl Verwendung, das für zusätzliches Aroma sorgt und schön bräunt; andere regionaltypische Gerichte erfordern Schweineschmalz. Welches Fett man auch verwendet, zwei bis drei Eßlöffel reichen – der Fisch darf nicht im Fett schwimmen.

Bei einigen modernen Rezepten wird der Fisch fast ohne Fett in einer beschichteten Pfanne gegart – man reibt die Pfanne allenfalls mit etwas Butter aus. Für diese Methode muß man den Fisch in sehr dünne Filets oder Scheiben schneiden, damit er außen leicht geröstet wird, innen aber saftig bleibt. Fische mit festem Fleisch, zum Beispiel Lachs, Seeteufel oder Seezunge, sind dazu am besten geeignet. Eine andere Variante ist das Braten in einer schweren gußeisernen Grillpfanne (S. 511). Da der Fisch hier auf den rippenförmigen Stegen aufliegt, bekommt er ein ansprechendes braunes Grill- oder Gittermuster.

Beinahe jeder Fisch läßt sich gut sautieren, sei es im ganzen (bei kleinen Fischen) oder zu Steaks oder Filets geschnitten. Sautierter Fisch wird häufig nur mit dem Bratensaft und einem Stück Zitrone serviert. Man kann in der Pfanne anschließend auch braune Butter zubereiten oder bei Fisch *à la meunière* (S. 127) die Butter ein wenig verfeinern. Eine Sauce würde das Aroma des Fisches jedoch verfälschen. Zartem Fisch, wie Forelle, geben einige geröstete Mandelblättchen Struktur, während Speckstreifen und in Scheiben geschnittene Champignons besser zu deftigeren Arten, etwa Brassen, passen.

Zu den traditionellen Beilagen für sautierten oder pfannengebratenen Fisch gehören gedämpfte Kartoffeln und gekochtes oder gedämpftes Gemüse, wie beispielsweise Broccoli, Zucchini, Gurken oder Erbsen. Für edle Fischarten ist ein Gemüsepüree eine angemessene Alternative.

Fisch fritieren

Fritieren ist eine hervorragende Garmethode für Fisch, vor allem für weißfleischige Arten oder sehr kleine Fische, wie etwa Stinte. Das zarte Fleisch wird von einer Panade oder Ausbackteig geschützt und rasch gegart, damit das feine Aroma nicht verlorengeht. Fachgerecht zubereiteter, in frischem Öl und bei richtiger Temperatur fritierter Fisch ist eine Köstlichkeit. Leider ist das Fritieren durch minderwertigen, schlecht zubereiteten Fisch in Verruf geraten.

Manche Köche stellen den panierten Fisch vor dem Fritieren in den Kühlschrank – vorgekühlter Fisch wird im heißen Fett besonders knusprig und bleibt innen schön saftig. Eine Panade aus Mehl, Ei und Semmelbröseln schützt den Fisch vor dem heißen Fett.

Ausbackteig für Fisch kann wie bei *tempura* aus Japan von zarter Knusprigkeit sein oder einen festen Überzug bilden, wie man ihn aus den britischen *fish and chips shops* kennt. Für eine amüsante Form der Präsentation wird der Schwanz eines ganzen Fisches, etwa einer Makrele, in das Maul gesteckt (S. 113). Die Franzosen bezeichnen dies als *en colère*, was soviel wie »im Zorn« bedeutet. Der Fisch wird anschließend durch Ausbackteig gezogen und fritiert. Junge Heringe und Sprotten, die man Strömlinge nennt, und Gründlinge (*goujons*, S. 127) kann man in gewürztem Mehl wälzen, fritieren und mit einem Spritzer Zitronensaft servieren.

Als Vorspeise kann fritierter Fisch ohne weitere Zugaben oder mit einer Garnitur aus fritierter Petersilie gereicht werden. Bei einem Hauptgericht sind Pommes frites als Beilage überaus beliebt, eventuell zusammen mit etwas Weißkrautsalat. Dank seines vollen Geschmacks passen einige Spritzer Zitronensaft oder Essig ebenfalls gut zu fritiertem Fisch. In den Vereinigten Staaten schätzt man hingegen eine würzige Tomatensauce. Auch gehaltvolle pikante Saucen, zum Beispiel Tataren-Sauce (S. 63), erfreuen sich großer Beliebtheit. Zu paniertem Fisch reicht man gern Sardellenbutter oder eine andere würzige Buttermischung (S. 99).

Fisch pochieren

Die meisten Fischarten lassen sich gut pochieren – eine sanfte Garmethode, durch die der Fisch zusätzliches Aroma bekommt und schön saftig bleibt. Bei ganzen Fischen geben der Kopf und die Gräten dem Sud Geschmack, so daß eine *court bouillon* (S. 44) oder Salzwasser als Pochierflüssigkeit ausreichen; mitunter fügt man auch noch Aromazutaten, wie Anissamen oder Fenchel, hinzu. Durch die Säure einer *court bouillon* wird das Fleisch fester. Für ein intensiveres Aroma pochiert man Filets und Fischstücke am besten in Fischfond, der anschließend zur Zubereitung der Sauce oder für einen Aspiküberzug (S. 144) verwendet werden kann. Fisch läßt sich auch in Milch pochieren, wenn es den strengen Geschmack von in Salzlake eingelegten oder geräucherten Fischen zu mildern gilt.

Zum Pochieren werden Fische am besten durch die Kiemen ausgenommen, damit sich die Bauchlappen beim Garen nicht nach außen biegen. Wurde die Bauchhöhle zum Ausnehmen geöffnet, bewahren große Fische ihre Form besser, wenn man sie zum Pochieren in ein Mulltuch einschlägt. Der Fisch sieht auch dann ordentlicher aus, wenn man ihn mit dem Bauch nach unten in den Topf setzt und die Hautlappen untersteckt. Kleine Fische können in einer flachen feuerfesten Form pochiert werden, für größere benötigt man wohl eher einen Fischkessel (unten, abgebildet ist ein Lachs). Den Fisch zum Pochieren knapp mit kalter Flüssigkeit bedecken. Legt man ihn in heiße Flüssigkeit, schrumpft die Haut und reißt.

Fisch kann auf dem Herd oder bei 175 °C/Gas Stufe 2–3 im Backofen pochiert werden. Bei kleinen Fischen, Steaks und Filets wird die Zeit vom Beginn des Garens an gemessen; bei größeren Fischen hängt sie von der Dicke des Fisches ab (S. 117) und beginnt, sobald das Wasser leise köchelt. Nach dem Pochieren muß der Fisch auf Küchenkrepp oder einem Gitterrost abtropfen. Damit sich auf der Servierplatte keine Flüssigkeit ansammelt, den Fisch erst unmittelbar vor dem Servieren darauf anrichten und mit der Sauce überziehen.

Zu ganzen pochierten Fischen werden zumeist nur sehr einfache Beilagen gereicht. Als Sauce sind *hollandaise* oder weiße und rote Buttersaucen (S. 60) beliebt, als Beilagen gedämpfte kleine Kartoffeln und Gemüse, wie frische Erbsen, die zusammen mit Wildlachs Saison haben. Eine andere Möglichkeit ist es, einen pochierten Fisch nach dem Erkalten mit Aspik zu überziehen und dazu Tomaten- oder Kräutermayonnaise sowie einen Gurkensalat oder einen mit Vinaigrette angemachten Kartoffelsalat zu servieren.

Pochierte Fischsteaks und Filets kann man mit einer Vielzahl an Samt- und Buttersaucen reichen, die gewöhnlich aus der Garflüssigkeit zubereitet werden. Als Garnierung finden häufig Schaltiere Verwendung. Weiße Saucen, wie Mornay-Sauce, Champignon-, Anchovis- und Petersiliensauce, sind Alternativen. Solche gehaltvollen Saucen werden häufig zusammen mit Reis oder in neuerer Zeit auch mit Teigwaren gereicht. Weniger klassische Beilagen umfassen alle Arten von Gemüse-*coulis*, Nußsaucen und sogar Stachelbeerpüree.

Kalter pochierter Fisch ist oft die Grundlage für Vinaigrette-Salate, die durch farbenfrohe Gemüse, wie Paprikaschoten und Tomaten, belebt und mit Kräutern und Schalotten aromatisiert werden. Fischsalate mit Mayonnaise sind ebenfalls beliebt, wobei Tomaten-Mayonnaise ein hübscher Kontrast zu Weißfisch ist und grüne Mayonnaise gut zu rosafarbenem Lachs paßt.

Fisch dämpfen

Das Dämpfen von Fisch ist eine beliebte Alternative zum Pochieren, denn auch hier bleibt er schön saftig. Als Flüssigkeit kann man einfach nur Wasser nehmen, doch verleihen aromatische Gemüsebrühen, die zusätzlich Kräuter, wie Fenchel oder Dill, und Gewürze enthalten können, dem Fisch einen feineren Geschmack. Der Fisch kann auch auf ein Bett von Kräutern oder sogar Seetang in den Dämpfeinsatz gelegt werden. Da Fisch beim Dämpfen rasch gar wird, benötigt man nur eine kleine konzentrierte Menge an Fond oder Brühe, um in kurzer Zeit ein Maximum an Aroma zu erzielen. Filets, Steaks und kleine ganze Fische lassen sich gut dämpfen. Damit sie gleichmäßig garen, legt man sie nebeneinander und flach in den durchbrochenen Dämpfeinsatz (S. 510), so daß der Dampf auf direktem Wege an den Fisch gelangt. Wenn der Einsatz in den Topf gestellt wird, muß die Flüssigkeit kräftig köcheln – dann haben sich die Aromen bereits entfaltet. Der Topf wird fest mit dem Deckel geschlossen. Die Garzeiten sind beim Dämpfen von Fisch ungefähr ebensolang wie beim Pochieren, doch ist – da Dampf bekanntlich sehr heiß ist – besonders sorgfältig darauf zu achten, daß der Fisch nicht übergart wird.

Beim Dämpfen treten die speziellen Eigenschaften der verschiedenen Fischarten besonders deutlich zutage, so daß eine Zusammenstellung unterschiedlicher Fische, auch *panaché* (S. 130) genannt, sehr beliebt ist. Ein Beispiel sind kleine Filets von Seezunge, Lachs, Rotem Schnapper oder Meerbarbe und Seeteufel, die fächerförmig auf roter und weißer Buttersauce (S. 62) angerichtet werden.

Im Gegensatz zu einem Pochiersud ist die Garflüssigkeit beim Dämpfen so kräftig, daß sie sich nur selten als Grundlage einer Sauce verwenden läßt. Man kann den Fisch statt dessen aber mit einer pikanten Buttermischung reichen (S. 99). Häufig werden auch Gemüse getrennt oder zusammen mit dem Fisch gedämpft.

Fisch grillen

Die intensive Hitze beim Grillen eignet sich am besten für gehaltvolle Fische, doch können durchaus auch robustere Arten mit weißem Fleisch, wie Brasse oder Heilbutt, Verwendung finden. Ganze Fische bis 2,5 kg Gewicht lassen sich ausgezeichnet grillen; durch ihre Gräten bleiben sie saftig, und die Haut schützt das Fleisch vor der direkten Hitze. Zum Vorbereiten die Flossen wegschneiden oder stutzen, die Fische schuppen und auf beiden Seiten leicht einschneiden; Kopf und Schwanz nicht entfernen. Vollfleischige Fischfilets (mit Haut) und Steaks von 2 cm Dicke oder mehr eignen sich ebenfalls gut zum Grillen. Besonders köstlich werden sie, wenn man sie zuvor für ein bis zwei Stunden in eine Marinade aus Öl, Zitronensaft und aromatischen Kräutern, etwa Thymian oder Rosmarin, legt und während des Garens mit der Marinade begießt. Andere passende Saucen zum Begießen von Fisch sind Sojasauce und Ingwermischungen.

Der Abstand zwischen Fisch und Hitzequelle sollte 7,5–13 cm betragen – je dünner die Stücke sind, desto geringer muß er sein. Fischfilets – die weniger leicht auseinanderfallen, wenn man die Haut daran beläßt – werden zuerst auf der Schnittfläche gegart, die dann beim Anrichten nach oben gelegt wird. Dünne Filets dürfen nur auf der Schnittfläche gegrillt werden, da sie sich sonst aufwölben. Für Gartengrills gibt es spezielle aufklappbare Wendebräter, in die man ganze Fische hineinlegen kann, damit sie beim Grillen nicht auseinanderfallen. Grillroste müssen gut eingeölt werden, damit der Fisch nicht anhaftet, und der gegarte Fisch muß behutsam behandelt werden.

Der Brennstoff für einen offenen Grill will mit Bedacht gewählt sein. So kann der eigentliche Geschmack – außer vielleicht bei besonders kräftigen Fettfischen – beispielsweise durch das nachdrückliche Aroma von Holz, wie Hickory, vollkommen überdeckt werden. Im Süden Frankreichs grillt man Fische mitunter über Fenchelzweigen und flambiert sie anschließend mit Anislikör.

Pikante Buttermischungen (S. 99) sind die klassischen Beigaben zu gegrilltem Fisch, doch auch *sauce hollandaise* und andere Buttersaucen erfreuen sich großer Beliebtheit. Lachs serviert man häufig mit einer *sauce béarnaise,* und eine pikante mexikanische Tomatensauce (S. 65) paßt gut zu fleischigem Fisch, wie Thunfisch. Andere Beilagen sind gekochte oder gedämpfte Erbsen, Spargel und Broccoli sowie gefüllte Gemüse für feine Seezunge oder Steinbutt. Tomaten, Auberginen und Paprikaschoten lassen sich zusammen mit dem Fisch grillen. Am einfachsten – und vielleicht am besten – ist grüner Salat.

Fisch im Backofen garen

Das Garen im Backofen ist eine der einfachsten und reizvollsten Garmethoden für Fisch. Dazu wird der Fisch – er kann groß, klein oder in Stücke geschnitten sein – in eine geölte oder ausgebutterte flache Form gelegt und gewürzt. Als Flüssigkeit dient etwas Öl, zerlassene Butter, Zitronensaft, Wein, trockener Cidre oder Fischfond. Wie bei allen anderen Garmethoden sieht ein ganzer im Ofen gegarter Fisch am besten aus, wenn Kopf und Schwanz noch vorhanden sind. Damit der Fisch gleichmäßig gart, wird er ziseliert (S. 112).

Häufig bestreut man ihn mit Aromazutaten, wie gehacktem Knoblauch, Schalotten oder frischem Ingwer, Fischfilets zusätzlich mit Semmelbröseln für eine schöne braune Farbe. Unter den Fisch kann man Gemüse legen. Im Backofen gegarter Fisch benötigt zumeist nur wenige Beilagen. Als leichte Sauce für den Fisch und das Gemüse reicht die Garflüssigkeit aus, als weitere Beilage sind allenfalls ein Reis-Pilaw (S. 315) oder Teigwaren erforderlich.

Bei ganzen Fischen bietet sich die Bauchhöhle für eine Füllung an, selbst wenn es sich dabei lediglich um ein Kräutersträußchen handelt. Und auch zusammengelegte oder aufgerollte Fischfilets kann man füllen. Mischungen aus Kräutern, Zitrone und Semmelbröseln sind sehr beliebt. Im Mittelmeerraum schätzt man als Füllung vor allem Oliven und Anchovis, und in den Pyrenäen füllt man Forellen mit einer Schinken-Farce. An der mittleren Atlantikküste der Vereinigten Staaten werden Flundern mit Krabbenfleisch gefüllt und dann im Ofen gegart.

Unabhängig von der Größe des Fisches beträgt die Backofentemperatur in der Regel 175 °C/Gas Stufe 2–3. Damit der Fisch nicht austrocknet, kann man ihn locker mit Alufolie abdecken. In den meisten Rezepten wird hierauf jedoch verzichtet, damit der Fisch ein wenig bräunt. Das Garen im Backofen wirkt dem mitunter strengen Geschmack fetter Fische entgegen, eignet sich aber auch für zarten Fisch, der leicht zerfällt. Fisch mit sehr festem Fleisch, etwa Seeteufel, kann jedoch zäh werden, wenn man ihn während des Garens nicht reichlich mit Flüssigkeit begießt.

Fisch in Alufolie garen

Alufolie ist eine bequeme Alternative zu Pergamentpapier (rechte Seite), denn sie läßt sich problemlos in die gewünschte Form bringen und schließt den Fisch sowie alle übrigen Zutaten fest ein. Die Garzeit läßt sich allerdings schlechter abschätzen als bei Pergamentpapier, da sich Alufolie weniger leicht aufbläht und auch nicht braun wird. Alufolie kann man auch verwenden, damit Fische beim Pochieren oder Dämpfen ihre Form behalten. Da der Fisch dann nicht in direkten Kontakt mit dem Sud oder dem Dampf gerät, gart er im eigenen Saft.

FISCH IN EINER PAPIERHÜLLE GAREN

Fisch trocknet leicht aus und wird deshalb häufig in einer schützenden Hülle (franz. *en papillote*) gegart. Am einfachsten ist eine Hülle aus Pergamentpapier, die den Fisch ebenso umschließt wie die Aromazutaten – beispielsweise Kräuter, gehackten Knoblauch, Schalotten, Ingwer, blättrig geschnittene Champignons, gemischte Gemüse-Julienne von Zucchini, Möhren, Sellerie oder Paprikaschoten und Semmelbrösel, oder auch Garnelen und andere Meeresfrüchte.

Traditionell wird das Papier herzförmig zugeschnitten und zu einem kleinen Päckchen gefaltet. Im heißen Backofen garen die Zutaten im eingeschlossenen Dampf, und die Aromen verschmelzen miteinander. Der Fisch ist gar, wenn das Pergamentpapier eine braune Farbe annimmt und sich wie ein Ballon aufbläht. Die Päckchen werden sofort serviert und erst bei Tisch geöffnet, wo sie einen wundervollen Duft verströmen. Reis-Pilaw oder vorgegarte Gemüse können ebenfalls mit in die Papierhülle gegeben werden. Mit Ausnahme besonders fettreicher Arten lassen sich alle Fische gut *en papillote* garen – in der Regel nimmt man Filets oder Fischsteaks, doch eignen sich auch kleine ganze Fische (hier eine Meerbarbe).

1 Einen großen Bogen Pergamentpapier in der Mitte falten und so zuschneiden, daß sich eine Herzform ergibt, wenn man den Bogen auseinanderklappt. Die Papierhülle sollte rundum wenigstens 5 cm größer sein als der Fisch. Das Papier mit Butter bestreichen. Den Fisch würzen und mit den Aromazutaten auf die eine Hälfte des Bogens legen.

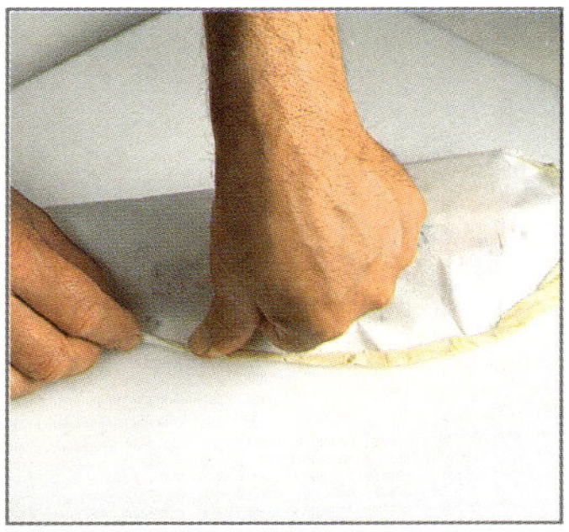

2 Die andere Seite über den Fisch legen und die Papierhülle an den Rändern mit kleinen Knicken verschließen. Die Außenseite des Päckchens mit Butter bestreichen, damit sie bräunt.

3 Das Päckchen auf ein Backblech legen und bei 175 °C/Gas Stufe 2–3 in den vorgeheizten Ofen schieben. Den Fisch je nach Größe 15–25 Minuten garen. Das Päckchen erst bei Tisch öffnen

Brassen en papillote

En papillote ist die französische Bezeichnung für das Garen in einer Hülle aus Pergamentpapier. Für dieses Rezept eignet sich Krabbenfleisch (Crabmeat) aus der Dose gut, doch muß man es verlesen, um alle Häutchen und Schalenreste zu entfernen.

4 Portionen

2 Brassen (je etwa 500 g)
500 ml Fischfond (S. 44), aus den Gräten und Köpfen der verwendeten Fische gekocht
60 g Butter
2 Zwiebeln, feingehackt
250 ml Weißwein
2 Schalotten, gehackt
1 Knoblauchzehe, gehackt
250 g gegartes Krabbenfleisch
250 g gegarte geschälte Garnelen, grobgehackt
1 Prise getrockneter Thymian
2 EL Mehl
2 Eigelb
Salz und Pfeffer
4 Lorbeerblätter

Pergamentpapier

1 Die Fische filetieren (S. 115) und enthäuten. Die Filets abwaschen und mit Küchenkrepp trockentupfen. Aus den Gräten und Köpfen den Fischfond kochen.

2 In der Hälfte der Butter die Zwiebeln sautieren, bis sie weich sind. Fischfond, Weißwein, Schalotten und Knoblauch hinzufügen und die Flüssigkeit auf 4–5 EL einkochen. Krabbenfleisch, Garnelen, Thymian und zuletzt das Mehl unterrühren. Alles 2 Minuten unter Rühren garen. Den Topf vom Herd nehmen und das Eigelb einrühren. Die Mischung mit Salz und Pfeffer abschmecken und abkühlen lassen.

3 Den Backofen auf 190 °C/Gas Stufe 3 vorheizen. Vier große Papierhüllen zuschneiden (links) und sie mit der restlichen Butter bestreichen. Die Krabbenfleischmischung jeweils auf einer Seite der Papierbogen verteilen und jeweils ein Fischfilet darauflegen. Den Fisch salzen und pfeffern und ein Lorbeerblatt hinzufügen. Die Papierhüllen verschließen und die Fischfilets 15–25 Minuten im Ofen garen, bis das Pergamentpapier braun ist und sich aufgebläht hat. Sofort servieren.

FISCH IM TEIGMANTEL BACKEN

Große und kleine ganze Fische oder Fischfilets kann man in einer Hülle aus Blätterteig oder Brioche-Teig im Ofen backen. Aromatische Fische mit festem Fleisch, wie etwa Schnapper oder Wolfsbarsch, aber auch Lachs, sind für diese Garmethode am besten geeignet. Bei Fischen mit weichem Fleisch, wie Seehecht, tritt beim Garen zuviel Flüssigkeit aus. Man kann den vorbereiteten Fisch lediglich mit Öl bestreichen, damit er nicht am Teig anbackt, oder auch zusätzlich füllen. Bei der Füllung kann es sich einfach nur um Kräuter handeln oder um eine anspruchsvollere Füllmasse, wie etwa eine *mousseline* (rechte Seite). Zum Vorbereiten die Flossen stutzen, den Fisch schuppen und ausnehmen. Kopf und Schwanz werden nicht entfernt. Blätterteig oder Brioche-Teig (S. 355) aus 500 g Mehl reicht als Hülle für einen 2,5 kg schweren Fisch (hier ein ganzer Lachs in Brioche-Teig).

1 Die Hälfte des Teigs auf etwas mehr als die Länge des Fisches ausrollen, auf ein geöltes Backblech legen und mit Öl bestreichen. Den Fisch darauflegen. Den Teig so zurechtschneiden, daß rundum ein etwa 3 cm breiter Rand stehenbleibt. Den Teigrand mit Ei bestreichen.

2 Den verbliebenen Teig ebenfalls auf etwas mehr als die Länge des Fisches ausrollen. Die Teigplatte locker um das Nudelholz wickeln und über dem Fisch abrollen. Die Teigränder zusammendrücken und auf etwa 3 cm Breite einkürzen.

3 Mit der Schere oder einer Spritzbeuteltülle »Schuppen« in den Teig kerben und am Schwanzende mit einem Messer Linien einritzen. Ein Auge, das Maul und eine Flosse ausformen. Den Teig mit Ei bestreichen. Den Fisch 30 Minuten kühl stellen.

4 Den Fisch 15–20 Minuten bei 220 °C/Gas Stufe 4–5 im Ofen backen, bis der Teig zu bräunen beginnt. Die Temperatur auf 190 °C/Gas Stufe 3 reduzieren und den Fisch weiterbacken, bis er gar ist. Die Garzeit ist von der Dicke des Fisches abhängig (S. 117).

5 Zum Servieren den Teigmantel aufschneiden und abheben. Jede Portion sollte aus einem Stück Fisch mit Teigkruste bestehen.

FISCH PÜRIEREN

Fisch bietet sich so außerordentlich gut zum Pürieren an, daß es zahlreiche Speisen gibt, die auf einem Fischpüree basieren. Hierzu gehören neben *mousselines, quenelles* (Klößchen) und Mousses auch Pasteten und Terrinen.

Die Grundlage all dieser Zubereitungen ist pürierter Fisch von kräftigem Geschmack. Die klassische Auswahl umfaßt Hecht, Wittling und Seezunge. Lachs schätzt man der Farbe wegen, vor allem für Terrinen, die aufgeschnitten werden sollen. Die pürierte Lachs-Farce wird dazu gewöhnlich lagenweise mit andersfarbigen Fischpürees und in Streifen geschnittenen Fischfilets eingeschichtet.

Je nach Rezept wird roher oder gegarter Fisch verarbeitet. Das Pürieren geht am einfachsten in der Küchenmaschine; feuchte Mischungen, die zusätzliche Flüssigkeit enthalten, können auch im Mixer püriert werden. Mit einem Rund- oder Passiersieb (S. 506) erzielt man eine besonders feine Konsistenz.

1 Den Fisch (hier Wittling) sorgfältig entgräten und die Haut entfernen. Das Fleisch in kleine Filets oder mittelgroße Stücke schneiden.

2 Den Fisch portionsweise in der Küchenmaschine pürieren und dabei, wenn nötig, jeweils von der Schüsselwandung abstreifen. Das Püree nach Belieben mit Salz und Pfeffer würzen.

Hinweis Zu lange pürierter roher Fisch wird beim Garen zäh.

3 Für eine besonders feine Konsistenz das Fischpüree durch ein Passier- oder Rundsieb streichen. Dabei werden auch alle kleinen Gräten und Hautreste entfernt.

4 Das Fischpüree, das sich an der Unterseite des Siebes ansammelt, von Zeit zu Zeit mit einem flexiblen Schaber abstreichen und in eine Rührschüssel geben.

MOUSSELINES ZUBEREITEN

Eine *mousseline* (Schaumbrötchen) besteht aus rohem püriertem Fisch, der mit Eiweiß gebunden und mit Sahne angereichert wird. Von entscheidender Bedeutung ist dabei das richtige Mengenverhältnis der Zutaten: Nimmt man zuwenig Fisch, schmecken die *mousselines* nicht, nimmt man zuviel davon, werden sie schwer. Durch zuviel Eiweiß wird die Konsistenz der Schaumbrötchen zu fest, bei zuwenig Eiweiß – oder zuviel Sahne – fallen sie beim Garen auseinander. Das übliche Mengenverhältnis ist 250 g roher Fisch auf 1 Eiweiß und 125 ml Crème double. Salz, weißer Pfeffer und etwas geriebene Muskatnuß sind gewöhnlich die einzigen Gewürze. *Mousselines* halten nicht zusammen, wenn man für ihre Zubereitung unsachgemäß gefrosteten Fisch verwendet. In der Regel wird die Masse zum Garen in feuerfeste Porzellan- oder Dariol-Förmchen (S. 508) gefüllt. Darüber hinaus kann man daraus auch *quenelles* (S. 146) formen oder sie als Füllmasse für Würste und Terrinen nehmen, wobei sie allerdings ihre Leichtigkeit einbüßt.

Mousselines werden normalerweise heiß, zusammen mit einer feinen Sauce, serviert. Stehen die Gräten des verwendeten Fisches zum Kochen eines Fonds zur Verfügung, sind Abwandlungen der *sauce velouté* (S. 55) oder eine Buttersauce, die auf einer Fisch-Glace basiert, angemessene Beigaben. Ebenfalls beliebt sind *sauce Nantua* (S. 147) oder frische Tomatensauce (S. 65).

Mousselines lassen sich auch aus rohen Krustentieren, Kalb- oder Hühnerfleisch zubereiten.

1 Die pürierten Fischfilets (hier Wittling) in die Küchenmaschine oder eine Schüssel geben, nach und nach das Eiweiß unterschlagen und alles durcharbeiten, bis die Mischung glatt und fest ist. Durch zusätzliches Kühlen wird sie steifer. Die Masse mit Salz und Pfeffer würzen.

2 *Rechts:* Die Mischung in einer Schüssel in eine größere Schüssel mit zerstoßenem Eis stellen. Dann eßlöffelweise nach und nach die Sahne unterschlagen.

3 Wenn die gesamte Sahne untergearbeitet ist, die Masse mit Salz, Pfeffer und Muskat abschmecken. **Hinweis** Die Sahne läßt sich auch in der Küchenmaschine unter das Fischpüree arbeiten, doch muß dies äußerst behutsam geschehen, da die Schaummasse sich sonst trennt.

4 Die Mischung verfügt über die richtige Konsistenz, wenn sie dick ist und Stand hat. Dazu stellt man sie im Kühlschrank 15–30 Minuten kalt. Erscheint sie anschließend noch nicht steif genug, die Masse länger kühlen (bis zu einer Stunde).

5 Die Masse in kleine gebutterte Förmchen füllen. Die Förmchen in ein Wasserbad stellen, mit Pergamentpapier abdecken und das Wasser zum Kochen bringen. Das Ganze dann für 20–30 Minuten bei 175 °C/Gas Stufe 2–3 in den Backofen schieben.

Heiße Fisch-Mousses

Heiße Mousses (Schaumbrote), die aus rohem Fisch zubereitet werden, bestehen aus einer beliebigen leichten Fischmischung. Für ihre Zubereitung sind so gut wie alle geschmacksintensiven Fische geeignet. Häufig ist eine Mousse nichts anderes als eine Masse, die mit Eigelb angereichert ist. Manchmal handelt es sich dabei auch um eine Abwandlung von *quenelles* (S. 146), die man mit Brandteig oder einer dicken weißen Sauce bindet. Damit der Fischgeschmack nicht überdeckt wird, ist ein bedachtes Würzen mit Salz, Pfeffer und milden Gewürzen, zum Beispiel Muskat, wichtig, so daß das Aroma des Fisches gut zur Geltung kommt. Heiße Schaumbrote werden in der Regel in einer Form im Wasserbad (S. 510) gegart, zum Servieren aus der Form gestürzt und mit einer Sauce, etwa *sauce Nantua* (S. 147), gereicht.

Kalte Fisch-Mousses

Kalte Schaumbrote werden aus gegartem Fisch zubereitet und eher mit geschlagener Sahne als mit Eiern aufgelockert. Um das Aroma zu heben, wird der gegarte Fisch mit *sauce béchamel, velouté* oder Mayonnaise vermischt. Damit der Eigengeschmack des Fisches zur Geltung kommt, müssen kalte Schaumbrote kräftig mit Pfeffer, Muskat, Cayennepfeffer oder Kapern gewürzt werden. Schmackhafter Fisch mit grobem Fleisch, wie Kabeljau und Zackenbarsch, eignet sich gut für eine Mousse, doch ist auch Lachs, der ein mildes Aroma hat, beliebt. Räucherfische – bescheidene geräucherte Schellfische, Makrelen und Heringe eingeschlossen – sind vermutlich die beste Grundlage. Zur farblichen Bereicherung werden sie häufig mit gehackten hartgekochten Eiern, Oliven oder grünen und roten Paprikaschoten vermischt. Soll die Mousse etwas Struktur bekommen, kann man den Fisch grob oder fein zerpflücken (Gräten und Haut sind zu entfernen). Wird hingegen eine glatte Konsistenz gewünscht, püriert man den Fisch. Gewöhnlich fügt man dem Fisch Mayonnaise oder eine Fisch-*velouté* sowie geschlagene Sahne hinzu. Beliebte Aromazutaten sind Tomatenmark und Curry. Einige Schaumbrote bleiben absichtlich weich und werden dann mit dem Löffel gegessen. In den meisten Fällen vermischt man die Masse jedoch mit Gelatine und füllt sie zum Festwerden in kleine Portionsförmchen. Besonders hübsch sieht es aus, wenn die Mousse die Form eines Fisches erhält. Eine säuerliche, erfrischende Sauce, wie Tomatensauce oder mexikanische *salsa cruda* (S. 65), und knackiger Gurkensalat sind ausgezeichnete Beilagen.

Pasteten, *rilletes* und Terrinen

Bei Fisch ist die Unterscheidung zwischen Pasteten (franz. *pâtés*) und Terrinen noch unpräziser als bei Fleisch (S. 242). Im Gegensatz zu traditionellen Fleischpasteten sind Fischpasteten nur selten mit Teig umhüllt. Der Begriff Fischpastete ist weit gefaßt und beinhaltet neben gehaltvollen, glattpürierten Mischungen auch Pasteten von groberer Struktur, die beispielsweise mit Meerrettich oder Chillies gewürzt oder mit Zitronensaft oder Essig gesäuert sein können. Im allgemeinen werden Pasteten aus gegartem Fisch zubereitet, sind weich und streichfähig. Terrinen hingegen bestehen aus rohen Fischmischungen, die man in einer Form gart, damit sie fest werden und sich in Scheiben schneiden lassen. Terrinen können heiß oder kalt serviert werden, Pasteten sind immer kalt.

Rillettes erfreuen sich in der Gastronomie zunehmender Beliebtheit. Es handelt sich dabei um eine Art Pastete, die auf fleischreichem Fisch, etwa Lachs oder Makrele, basiert. Der Fisch wird gegart, zerpflückt und mit weicher Butter verschlagen, so daß die Masse jene grobe Konsistenz erhält, die für traditionelle Schweinefleisch-*rillettes* typisch ist. Fisch-*rillettes* beinhalten häufig eine Portion Räucherfisch, etwa Aal oder Forelle, und sollten mit reichlich Zitronensaft und schwarzem Pfeffer gewürzt werden.

Terrinen sind einer Mousse recht ähnlich, müssen aber stets so fest sein, daß man sie in Scheiben schneiden kann. Aufgeschnittene Fisch-Terrinen sehen besonders appetitlich aus, wenn sie sich aus mehrfarbigen Schichten zusammensetzen, beispielsweise aus Lachs und Wolfsbarsch oder zwei weißen Fischmischungen, von der eine mit Kräutern oder Spinat aromatisiert ist. Eine Terrine kann mit farbenfrohen Zutaten, etwa roten oder grünen Paprikaschoten, durchsetzt sein oder Zwischenlagen von in Streifen geschnittenem Fisch beinhalten. Die Form läßt sich mit Fischfilets auskleiden, doch sollte man hierzu keinen Fisch verwenden, der beim Garen Flüssigkeit zieht, da die Terrine sonst womöglich auseinanderfällt.

Zum Servieren schneidet man die Terrine in großzügig bemessene Scheiben und richtet diese portionsweise mit einer farblich kontrastierenden Sauce an. Für heiße Terrinen eignen sich die gleichen Saucen wie für *mousselines;* auch cremige weiße Buttersaucen, belebt mit frischem Schnittlauch, sind beliebt. Frische Tomatensauce (S. 65) und dünnflüssige Pürees aus Kräutern und Sahne passen gut zu kalten Fisch-Terrinen. Eine andere Möglichkeit ist es, einfache oder aromatisierte Mayonnaise dazu zu reichen.

KLEINE FISCHROULADEN ZUBEREITEN

Zu den feinsten und zartesten Fischzubereitungen gehören kleine Rouladen – von den Franzosen *paupiettes* genannt –, für die man dünne Fischfilets um eine *mousseline-* oder *quenelle*-Mischung wickelt. Der Fisch kann gefüllt, aufgerollt und dann pochiert werden (S. 119). Man kann die kleinen Rouladen zum Pochieren auch fest in Pergamentpapier wickeln, so daß sie eine gleichmäßige Form bekommen. In beiden Fällen werden die *paupiettes* heiß serviert und mit einer gehaltvollen Butter- oder Samtsauce (S. 55) gereicht.

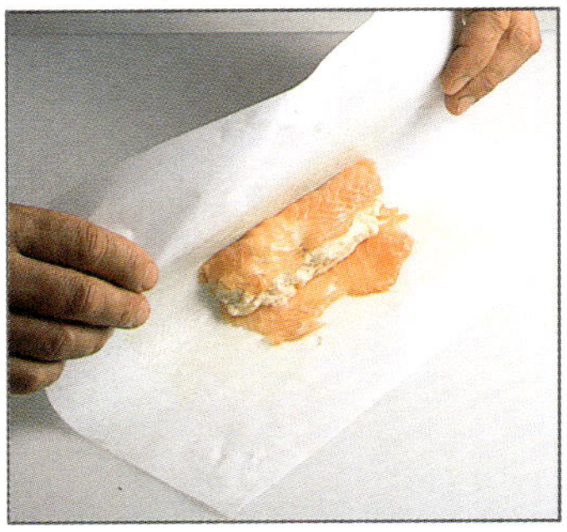

1 Dicke Fischfilets (hier Lachs) in dünne Escalopes schneiden (S. 117), dünne Filets waagerecht einschneiden und auseinanderklappen. Die Filets auf einzelne Bogen Pergamentpapier legen und sie in Längsrichtung mit jeweils 1–2 EL Farce bestreichen. Jedes Filet mit Hilfe des Papiers zu einer Roulade aufrollen, das Papier fest darumwickeln und die Enden zusammendrehen.

2 In einem flachen Topf Wasser zum Sieden bringen. Die *paupiettes* hineinlegen und 12–15 Minuten gar ziehen lassen, bis sie sich fest anfühlen. (Bei einer größeren Anzahl die *paupiettes* partieweise pochieren.)

3 Die Fischrouladen etwas abkühlen lassen, dann das Pergamentpapier entfernen. Die Röllchen zum Servieren in Scheiben schneiden.

Fisch zum Garen marinieren

Vor dem Garen wird Fisch hauptsächlich zum Verfeinern des Aromas mariniert. Bei der aus Japan stammenden Zubereitungsart *teriyaki* basiert die Marinade beispielsweise auf *mirin* (süßem Reiswein) und Sojasauce, doch sind auch scharfe Mischungen aus Knoblauch, Kräutern und Olivenöl beliebt. Enthält die Marinade Öl, trocknet der Fisch beim Grillen weniger rasch aus. Eine Marinade, die säurehaltige Zutaten, etwa Wein oder Zitrussaft, beinhaltet, macht fleischigeren Fisch, wie Thunfisch oder Hai, mürbe. Da die meisten Fischarten nach dem Garen aber ohnehin recht zart sind, ist ein Marinieren in diesem Fall nur von begrenztem Nutzen und sollte höchstens für wenige Stunden erfolgen, damit das frische Fischaroma erhalten bleibt. Wenn man milden Fisch mariniert, verwendet man ein leichtes Öl und feine Kräuter.

Ganze Fische (hier eine Brasse) werden an den Seiten eingeschnitten und zum Marinieren für 2–3 Stunden in eine Mischung aus Weißwein, Öl und rohen Zwiebelringen gelegt.

Gerichte aus rohem Fisch

Marinierter roher Fisch ist eine besondere Form der Fischzubereitung. Die Säure in der Marinade »gart« den Fisch, indem sie auf das Eiweiß einwirkt. Das Fleisch nimmt eine helle Farbe an, und die Struktur wird fester, der Fisch behält aber dennoch seinen frischen Geschmack. Zitronen- und Limettensaft sind die Hauptzutaten solcher Marinaden, werden mitunter jedoch auch durch Obstessig ersetzt. Durch einige Eßlöffel Olivenöl oder anderes Speiseöl in der Marinade bleibt der Fisch schön saftig. Würzmittel reichen von gehackten Schalotten, Frühlingszwiebeln und frischen Korianderblättern bis zu Pfefferkörnern, Kreuzkümmel, Cayennepfeffer und Chillies.

Bei allen rohen Fischgerichten ist die Frische des Fisches und der Marinade von entscheidender Bedeutung. Am besten geeignet sind geschmacksintensive Fische mit festem Fleisch, etwa Lachs oder Wolfsbarsch, die man zum Marinieren in hauchdünnen Scheiben auf einen Teller legt, fest zudeckt und für nur 15–30 Minuten vor dem Servieren durchziehen läßt. Für *seviche* aus Lateinamerika werden dünne Fischstreifen in Limetten- oder Zitronensaft, zusammen mit in Streifen geschnittenem Gemüse, wie rote Zwiebeln, Chillies und Paprikaschoten, mariniert; häufig fügt man die Gemüsestreifen auch erst nach dem Marinieren hinzu, damit sie schön knackig bleiben und ihre leuchtende Farbe behalten. In Skandinavien wird für *graved lax* (S. 488) roher Lachs mit grobem Salz und Dill gebeizt und mit dünnen Brotscheiben und Senfsauce gereicht. Zwei rohe Fischgerichte aus Japan, die sich auch in westlichen Ländern wachsender Beliebtheit erfreuen, sind *sushi* und *sashimi* (S. 134).

Hinweis Fisch, der roh verzehrt werden soll, muß absolut frisch und von einwandfreier Qualität sein. Süßwasserfische und einige Wanderfischarten, die einen Teil ihres Lebens in Süßwasser verbringen, können von Parasiten befallen sein, die Krankheiten verursachen. Rohe Fischgerichte müssen stets bis unmittelbar vor dem Servieren im Kühlschrank aufbewahrt werden.

SALATE AUS ROHEM FISCH

Lachsfilets (wie hier) eignen sich besonders gut für rohe Fischsalate, doch können auch andere festfleischige Fische verwendet werden.

Ein rohes Fischfilet in hauchdünne Scheiben schneiden und diese nebeneinander auf eine Platte legen. Jede Portion mit 1–2 EL Olivenöl und ein wenig Zitronensaft beträufeln und mit etwas Salz, Pfeffer und gehackten frischen Kräutern – zum Beispiel Estragon, Kerbel oder Schnittlauch – bestreuen. Den Fisch zum Marinieren 15–30 Minuten stehenlassen. Gekühlt servieren.

Salate aus gegartem Fisch

Um das Aroma eines kalten pochierten oder gedämpften Fisches zu akzentuieren, bedarf es lediglich einer Mayonnaise oder einer Kräuter-Vinaigrette. Kleinere Stücke von im Backofen gegartem oder gegrilltem Fisch schmecken köstlich, wenn man sie mit einer pikanten Vinaigrette übergießt und vor dem Servieren eine halbe Stunde darin ziehen läßt. Wird der gegarte Fisch zerpflückt oder in Streifen geschnitten, kann man ihn mit Meeresfrüchten, wie Miesmuscheln, Clams oder Garnelen, vermischen und knackige Gemüse, etwa Bleichsellerie, Fenchel oder sehr milde Zwiebeln, hinzufügen. Nach mediterraner Art läßt sich ein solcher Salat zusätzlich auch mit einigen schwarzen Oliven oder Kapern anreichern. Das Rezept für den berühmten *salade Niçoise* beinhaltet grüne Bohnen, Tomaten, Kartoffeln, Thunfisch und schwarze Oliven; angemacht wird er mit einer Vinaigrette. Salate dieser Art schmecken am besten, wenn man sie mit Raumtemperatur serviert. Weiter im Norden werden Fischsalate eher mit Mayonnaise angereichert oder mit Essig gesäuert. Besonders beliebt sind auch die verschiedensten Formen von Heringssalat.

Weitere Garmethoden für Fisch

Einige Garmethoden sind nur bestimmten Fischarten vorbehalten. Thunfisch beispielsweise ist so fleischig, daß er wie Kalbfleisch zubereitet und mit Rotwein und einem *mirepoix* (S. 263) geschmort werden kann. Wels, Aal und andere Fische mit festem Fleisch lassen sich gut mit Weißwein, Zwiebeln, Tomaten oder Artischocken dünsten.

Pfannengerührte Gerichte kann man ebenfalls am besten mit festfleischigem Fisch zubereiten; zarter Fisch zerfällt durch die starke Hitzeeinwirkung zu rasch. Wie bei allen pfannengerührten Speisen bieten sich auch hier asiatische Würzmittel an, etwa frischer Ingwer, Soja- oder Austernsauce; zu Zackenbarsch und Hai passen sie besonders gut. Man schneidet den Fisch in kleine Stücke gleicher Größe und gart ihn nur kurz zusammen mit Gemüsen, wie chinesischen Pilzen, Broccoli, Zuckererbsen, Spargel, Bambussprossen oder einer Mischung feiner Gemüse-Julienne.

Fisch ergibt köstliche fritierte Kroketten und schmeckt ausgezeichnet in Suppen. Für eine herzhafte Suppe wird er in Stücke geschnitten, für eine *bisque* püriert man ihn.

Fisch läßt sich im übrigen auch gut im Mikrowellengerät garen. Moderne Küchenchefs bereiten mitunter *pot au feu* von Fisch zu. Es handelt sich dabei um einen Suppentopf, für den verschiedene Fischarten – ähnlich wie bei einem *pot au feu* mit Rindfleisch – zusammen mit Gemüsen pochiert werden.

Fisch servieren

In vielen Fällen ergibt sich die Präsentation von Fisch schon aus der Garmethode. Ein gegrillter oder im Backofen gegarter Fisch beispielsweise, mit Einschnitten an den Seiten und einer knusprig-braunen

Haut, kann ohne Garnitur oder mit einigen Zitronenschnitzen und etwas Brunnenkresse bereits perfekt aussehen. Gemüse, wie Tomaten und Paprikaschoten, die zusammen mit dem Fisch gegart werden, sorgen für zusätzliche Farbtupfer.

Bei kleinen Portionsfischen sollte man die Köpfe nicht entfernen; Brust- und Rückenflossen werden jedoch abgeschnitten, und den Schwanz kürzt man V-förmig ein (S. 111). Auch hier ist außer Zitronenscheiben und einigen Kräuterstengeln kaum eine Garnierung nötig. Traditionell wird Fisch so auf dem Teller angerichtet, daß der Kopf nach links zeigt und ein Rechtshänder den Fisch somit ohne besondere Mühe zerlegen kann.

Große pochierte Fische, die man heiß oder kalt serviert, werden zerlegt (S. 118). Die klassische Art, einen heißen Fisch anzurichten, ist es, ihn mit einer weißen Serviette auf eine Silberplatte zu legen. Heutzutage nimmt man anstelle der Serviette jedoch oft Salatblätter. Die Sauce sollte getrennt gereicht werden, damit der Fisch in all seiner Pracht zur Geltung kommt.

Die Präsentation von kaltem pochiertem Fisch ist in der Regel etwas anspruchsvoller; man kann ihn beispielsweise mit einem Aspiküberzug und einer Garnierung aus gefüllten Eiern, Tomatenkörbchen und Gurkenschiffchen versehen.

Filets und Fischstücke stellen beim Anrichten ein größeres Problem dar. Hier sollte man die Farbe optimal zur Geltung bringen, wie zum Beispiel das rosa Fleisch von Lachsen oder Lachsforellen. Fisch mit leuchtend gefärbter Haut, etwa Schnapper, Meerbarbe oder Blaubarsch, kann man mit Haut garen und die Stücke dann so anrichten, daß die Hautseite nach oben zeigt. Filets können in die unterschiedlichsten Formen geschnitten oder gelegt werden (S. 116), was ebenso für entgrätete ganze Fische (S. 113) gilt.

Hinweis Legt oder schneidet man rohen Fisch in gleich große Stücke, ergeben sich einheitliche Garzeiten und beim Anrichten ein harmonisches Erscheinungsbild.

Eine Sauce ist noch immer die klassische Methode, einem einfachen Stück Fisch einen gewissen Pfiff zu geben. Das vollständige Überziehen mit Sauce ist allerdings aus der Mode gekommen. Die zeitgemäße Art ist es, den Fisch auf der Sauce anzurichten, so daß sie als Hintergrund dient.

Bei pochiertem oder gedämpftem Fisch sind farbenfrohe Gemüse-Julienne oder tourniertes Gemüse (S. 260) an die Stelle der allgegenwärtigen weißen Salzkartoffeln getreten. Auch Teighüllen, *fleurons* aus Blätterteig (S. 378) und Garnierungen aus Trüffel- oder Olivenscheiben tragen zu einer ansprechenden Präsentation bei.

Die klassische Garnitur für eine Fischplatte beinhaltet halbierte Zitronenscheiben oder eine Randeinfassung aus Garnelen. In neuerer Zeit läßt man den Plattenrand auch oftmals frei und garniert den Fisch mit Kerbel, Schnittlauch oder Dill.

GETROCKNETER, GESALZENER UND GERÄUCHERTER FISCH

Traditionelle Verfahren zur Haltbarmachung von Fisch haben einfach deshalb überlebt, weil sie so gute Ergebnisse garantieren. Die meisten Methoden verwenden Salz, dessen Qualität für den Geschmack des konservierten Fisches eine wichtige Rolle spielt. Leichtes Einsalzen ist am besten, damit der Fisch seinen typischen leicht harzigen Geschmack entfaltet, ohne unappetitlich trocken zu werden.

Am einfachsten ist es, den Fisch mit Salz zu bestreuen und an der Luft trocknen zu lassen. Jahrhundertelang war solcher Klippfisch preiswerter als jede Art von Fleisch (mit Ausnahme von Speck) und stellte deshalb einen wichtigen Bestandteil vieler Landesküchen dar. Vor dem Garen muß Klippfisch zwischen sechs Stunden und zwei Tagen in kaltem Wasser weichen, wobei das Wasser immer wieder zu erneuern ist. Er eignet sich besonders gut zur Zubereitung von Bouillon-Suppen und für Eintopfgerichte mit Gemüsen, die Salz benötigen, wie etwa Kartoffeln oder weiße Rüben. Man kann ihn auch durch Ausbackteig ziehen und fritieren.

Fette Fische, wie Heringe, eignen sich ebenfalls für eine Trockensalzung und selbstverständlich auch Sardellen (S. 147), die so verschiedenartigen Speisen wie Pizza und *bagna cauda* (S. 101) Aroma verleihen. Um ihre Salzigkeit zu verringern, kann man die Sardellen vor der Verwendung in Milch legen oder mit Wasser abspülen.

Durch Naßsalzung konservierte Fische haben ein weniger intensives Aroma und werden häufig so verzehrt, wie sie aus den Fässern kommen. Matjesheringe sind mild gesalzen. Traditionell ißt man sie im Frühjahr – mit gehackten Zwiebeln und den ersten grünen Bohnen. In Salz und Essig eingelegte Heringsfilets mit darin eingerollten Gewürzgurken und Zwiebeln sind als Rollmöpse bekannt, in Marinade und Gewürzen eingelegte Heringsfilets als Bismarckheringe. Zur Zubereitung marinierter Heringe kann man die ausgenommenen Fische in einer Marinade aus Essig und Gewürzen im Backofen garen und später kalt servieren. Normalerweise legt man Heringe in einer Marinade aus Essig, Gewürzen und Lorbeerblatt ein.

Stockfisch ist an der Luft getrockneter, ungesalzener Fisch. Für diese älteste aller Konservierungsmethoden verwendet man gewöhnlich Kabeljau oder Seehecht. In Frankreich heißt Stockfisch *morue,* in Portugal *bacalhau.* Stockfisch muß lange eingeweicht werden und kocheln, bevor man ihn essen kann. Er findet in einfachen Gerichten Verwendung, etwa in den Niederlanden als *stokvis* mit Kartoffeln, Reis, Zwiebeln und Senf. In Norwegen serviert man *lutefisk* traditionell zu Weihnachten mit gelben Erbsen und Salzkartoffeln. In Frankreich ist *brandade* eine beliebte Spezialität. Es handelt sich dabei um eine Art Stockfischpüree, das im Languedoc häufig mit Trüffeln und in der Provence mit Olivenöl und reichlich Knoblauch zubereitet wird. Der berühmte skandinavische *graved lax* (S. 488) ist mit trockenem Salz gebeizter Lachs.

Lachs wird gewöhnlich kaltgeräuchert. Bei diesem Verfahren, das von Land zu Land verschieden ist, werden die salzgaren Fische zwischen zwei Tagen und drei Wochen bei Temperaturen von 20–30 °C geräuchert. Europäischer (speziell schottischer) Räucherlachs gilt allgemein als der beste.

Heißräuchern ist ein schnelleres Verfahren, bei dem der Fisch gegart wird und gleichzeitig Aroma bekommt. Heißgeräucherte Fische, beispielsweise Aal, halten sich jedoch nicht sehr lange. An der Westküste Amerikas ist heißgeräucherter Lachs *(kippered salmon)* besonders beliebt. Im allgemeinen denkt man bei der Bezeichnung *kipper* jedoch an Heringe. Es sind dies Heringe, die vom Rücken her geöffnet, in Salzlake getaucht, getrocknet und kaltgeräuchert werden. Ein Bückling ist ein gesalzener, heißgeräucherter Hering, der zum Räuchern nicht ausgenommen wird. In Großbritannien schätzt man *bloaters* – ganze, unausgenommene Heringe, die gesalzen und nur so leicht geräuchert werden, daß sie sich gerade ein oder zwei Tage halten. Andere Fische, die geräuchert werden, sind Forellen, Sandfelchen, Sablefish (Kohlenfisch) und Flunder (eine norwegische Spezialität). Aus Schottland kommt ein bekannter geräucherter Schellfisch, *Finnan haddock.*

Viele Räucherfische werden verzehrfertig verkauft und können dann mit einem Spritzer Zitronensaft und eventuell etwas gebuttertem Toast sowie einer Meerrettich-Sahne-Sauce serviert werden. Frisch gemahlener schwarzer Pfeffer reicht für geräucherten Lachs aus, wenngleich man auch häufig Kapern, Zwiebelringe und gehackte hartgekochte Eier dazu serviert. Einige Räucherfische, etwa *kipper* und geräucherter Schellfisch, müssen vor dem Verzehr weitergegart werden – gewöhnlich in Wasser oder Milch. Man kann sie anschließend ohne weitere Zugaben essen, aber auch für Salate zerpflücken oder als Grundlage für ein heißes Soufflé, eine kalte Pastete oder eine schaumige Mousse (S. 124) verwenden.

KLEINE PLATTFISCHE

Seezunge, Flunder, Scholle

Wie alle anderen Fische schwimmen die ausgeschlüpften Plattfische zunächst aufrecht. Doch drehen sie sich dann in einem recht frühen Entwicklungsstadium zur Seite, und ein Auge wandert zur anderen Seite, wodurch die Fische ihr seltsam verzerrtes Gesicht bekommen. Abhängig von der jeweiligen Art, wandert das Auge nach links oder rechts, und man spricht dementsprechend von links- oder rechtsäugigen Fischen.

Fischhändler verstehen unter einem kleinen Plattfisch eine Flunder oder eine Seezunge. Die Handelsbezeichnungen für Plattfische sind je nach Region sehr unterschiedlich. In diesem Abschnitt sind die gebräuchlichsten Namen der wichtigsten Arten aufgeführt, doch sollte man nicht vergessen, daß es in der Nähe von Fischereihäfen häufig auch lokale Plattfische gibt, deren Namen nur in der entsprechenden Gegend geläufig sind. Ein Experte erklärte einmal: »Ob Sie es Flunder oder Seezunge nennen, hängt von Ihrem Standort, Ihren Vorurteilen und Gewohnheiten ab.«

Nur wenige kleine Plattfische sind in der Tat so charakteristisch gezeichnet, daß man sie unmittelbar identifizieren kann. Schollen haben große rote oder orangegelbe Flecken, Sandzungen braune Tupfen. Die anderen Plattfische weisen graue, beigefarbene oder braune Farbschattierungen auf.

Von allen kleinen Plattfischen wird die Seezunge am meisten geschätzt. Echte Seezungen sind in europäischen Gewässern weit verbreitet. Ihre englische Bezeichnung *Dover sole* stammt aus jenen Tagen, als ein Großteil des Fangs in Dover angelandet wurde, und drückt weniger eine Vorliebe der Fische für den Ärmelkanal aus. In der Körperform ähnelt die europäische Limande oder Rotzunge zwar der Seezunge, doch ist sie näher mit der Scholle und der Flunder verwandt.

Was den Geschmack betrifft, rangieren Winterflunder, Zungenbutt (auch Hundszunge genannt) und vielleicht noch die Pazifische Scharbe unmittelbar hinter der Seezunge. Alle haben zartes, feinstrukturiertes Fleisch und ergeben ausgezeichnete Fischfilets. Europäische Flunderarten unterscheiden sich stark von amerikanischen Flundern und sind ihnen geschmacklich unterlegen.

Die Doggerscharbe, die leicht an ihrer rauhen Haut erkennbar ist, und die nordamerikanische Sommerflunder mit ihrem weißen, festen Fleisch sind ausgezeichnete Speisefische. Schollen sind in Europa, wo man sie als Ersatz für Seezunge sowie für eine Vielzahl eigenständiger Rezepte verwendet, die mit Abstand am häufigsten verzehrten Plattfische.

Bei allen Plattfischen ist Frische von größter Wichtigkeit; einige Arten müssen innerhalb von drei oder vier Tagen in den Handel kommen. Edelfische, wie Seezungen oder Pazifische Scharben, halten sich unter idealen Bedingungen hingegen bis zu zwei Wochen. Von der Seezunge sagt man, daß ihr Geschmack ein bis zwei Tage nach dem Fang noch besser wird.

Viele dieser Plattfische wiegen nur 375–500 g und sind somit ideale Portionsfische. Man kann sie ganz in der Pfanne braten oder auch an den Seiten leicht einschneiden und im Backofen zusammen mit Petersilie, etwas Butter und Weißwein garen. Größere Fische werden normalerweise filetiert und nur selten in kleinere Stücke geschnitten. Filets kann man zum Garen beispielsweise zu dekorativen Knoten oder Röllchen formen (S. 116). Je nach Größe ergeben zwei oder drei Filets eine Portion.

Bei manchen Arten, speziell bei Seezungen, läßt sich die Haut in einem Stück vom Fisch abziehen; andere Plattfische werden nach dem Filetieren enthäutet. Für die französische *sole à la Colbert* löst man die Mittelgräte aus, paniert und fritiert den Fisch und serviert ihn mit gewürzter Butter.

Feinste Seezunge oder Flunder bietet alles, was sich ein Koch wünschen kann: festes Fleisch, nußartiges und süßes Aroma. Für Seezunge gibt es Hunderte klassischer Rezepte aus der französischen Küche. Typische Beispiele sind *sole Walewska* mit Langusten, Trüffeln und *sauce Mornay* und *sole bonne-femme* mit Weißwein, Champignons und Sahne; *sole à la meunière* (Seezunge auf Müllerin-Art), die bemehlt und in Butter sautiert wird, schätzt man überall. Seezungen oder Flundern schmecken gegrillt, gedämpft oder *en papillote* gegart (S. 121), zusammen mit Gemüsen und einer Buttersauce, ebenfalls ausgezeichnet. Auch für Fisch-Terrinen (S. 124) sind es die mit am besten geeigneten Fischarten.

Jeder Plattfisch guter Qualität läßt sich anstelle von Seezunge verwenden. Einfache Zubereitungsmethoden sind am klügsten – zum Beispiel sautierte Filets, die mit einigen Champignons oder Garnelen serviert werden, gedämpfte Filets, die mit Kräutern bestreut und mit feinstem Olivenöl beträufelt werden, oder ein ganzer gegrillter Fisch, den man einfach mit etwas Zitrone garniert.

Plattfische mit weichem Fleisch werden am besten gegrillt oder im Backofen gegart, damit sie nicht zerfallen. Zum Sautieren werden die Fische nicht entgrätet, zum Füllen und Garen im Ofen entfernt man einen Teil der Gräten.

Einige Köche ziehen es vor, Plattfische generell mit den Gräten zu garen, da sie der Meinung sind, daß nur so das Aroma und die Saftigkeit erhalten bleiben. In Großbritannien werden Schollen für *fish and chips* durch Ausbackteig gezogen und fritiert. In Belgien gilt getrocknete und gesalzene Rotzunge als Delikatesse. Die Skandinavier räuchern leicht gesalzene ganze Plattfische, speziell Schollen, die sie dann in Butter braten.

Es wäre Verschwendung, Seezunge für *mousselines* und *quenelles* zu pürieren. Andere festfleischige Plattfische, wie nordamerikanische Winterflundern und europäische Sandzungen, sind in diesem Fall die bessere Wahl.

Mit Ausnahme besonders zarter Arten können alle Plattfische gefüllt und zu *paupiettes* (S. 124) aufgerollt werden. Festere Arten kann man in Streifen schneiden, anschließend in Mehl wälzen oder durch Ausbackteig ziehen und für *goujonettes* fritieren. Der Begriff *goujonette* leitet sich vom französischen *goujon* ab, was Gründling (ein junger Süßwasserfisch) bedeutet. *Goujonettes* werden allerdings nicht mit Gründlingen zubereitet, heißen aber so, weil man das Seezungenfleisch in feine Streifen schneiden sollte, deren Größe und Form an Gründlinge erinnern.

Scholle (Goldbutt)

Rotzunge (Limande)

Seezunge

Scharbe (Kliesche)

ZUR INFORMATION
Portionen *Kleine Plattfische mit Gräten und Kopf* 375–500 g. *Ohne Kopf* 250–375 g. *Filets* 180 g.
Nährstoffgehalt pro 100 g (roh). *Seezunge* 370 kJ/88 kcal; 18 g Protein; 1 g Fett; keine Kohlenhydrate; 60 mg Cholesterin; 100 mg Natrium. *Flunder* 303 kJ/72 kcal; 17 g Protein; 1 g Fett; keine Kohlenhydrate; 50 mg Cholesterin; 92 mg Natrium. *Scholle* 316 kJ/76 kcal; 17 g Protein; 1 g Fett; keine Kohlenhydrate; 55 mg Cholesterin; 104 mg Natrium.
Garzeiten *Ganze Fische* Garen im Backofen bei 175 °C/Gas Stufe 2–3: 10–15 Minuten; grillen: 3–5 Minuten (je Seite); fritieren: 4–5 Minuten; sautieren: 3–5 Minuten (je Seite); pochieren: 10–15 Minuten; dämpfen: 10–15 Minuten. *Filets* Garen im Backofen (unabgedeckt gebacken oder in Pergamentpapier oder Alufolie): bei 175 °C/Gas Stufe 2–3: 8–10 Minuten; grillen: 4–6 Minuten (dünne Filets nicht wenden); pochieren: 8–10 Minuten; sautieren: 2–3 Minuten (je Seite): dämpfen: 8–12 Minuten. *Streifen* Fritieren: 2–3 Minuten; pochieren: 3–5 Minuten; sautieren: 2–3 Minuten; dämpfen: 3–5 Minuten; pfannenrühren: 1–2 Minuten.
Bemerkung Verlieren beim Aufbewahren an Aroma; sind leicht übergart.
Aufbewahrung *Ganze Fische* Im Kühlschrank 1–2 Tage. *Filets* Im Kühlschrank 1 Tag.
Typische Gerichte *Seezunge* Müllerin-Art (Deutschland); Filets, mit Käsesauce überbacken (Niederlande); mit Roggenbrotbröseln paniert und gebraten (Finnland); Filets mit Tomatensauce, Kapern (Italien); in Marsala pochiert (Italien); in Champagner pochiert, mit *sauce velouté* (Frankreich); *florentine* (pochiert, mit Spinat und Käsesauce; Frankreich); *portugaise* (mit Weißwein, Tomaten und Paprikaschoten, Frankreich); mit Kartoffelscheiben, in einer Sauce aus Champignons, roter Paprika, Tomaten im Ofen gegart (Spanien); gegrillt, mit Zitronenbutter (Großbritannien); im Ofen gegart, mit Garnelen und Koriander (USA). *Flunder* Gefüllt mit Krabbenfleisch (USA); im Ofen gegart, mit Petersilie und Senfsauce (Großbritannien); aufgerollt, gefüllt mit Speck, Zwiebeln, Champignons, und in Wein pochiert (Deutschland). *Scholle* Gebraten, gefüllt mit Rahmspinat, Spargel, Garnelen, Ei (UdSSR); mit Sellerie und Kräutersauce (Frankreich); gebraten, mit einem Püree aus Kartoffeln und Sauerampfer (Belgien); mit Speck (Deutschland).

Seezungenfilets mit Champignons und Tomaten

In Frankreich wird pochierter Fisch traditionell in einer Sauce serviert und mit Herzogin-Kartoffeln *(pommes duchesse)* garniert. Für dieses Rezept kann man auch Rotzunge oder Flunder verwenden, Seezunge schmeckt jedoch am besten.

6 Portionen als Vorspeise, 4 Portionen als Hauptgericht
Herzogin-Kartoffeln (S. 296), aus 750 g Kartoffeln, 45 g Butter, 3 Eigelb, Salz, Pfeffer und Muskat zubereitet
750 g Seezungen-, Rotzungen- oder feste Flunderfilets
15 g Butter
2 Schalotten, feingehackt
250 g Champignons, in dünne Scheiben geschnitten
2 Tomaten, abgezogen, entkernt und gehackt (S. 280)
Salz und weißer Pfeffer
250 ml Fischfond (S. 44)
125 ml Weißwein
Mehlbutter (S. 59), aus 3 EL Mehl und 45 g Butter zubereitet
1 EL gehackte Petersilie

Für die Liaison
2 Eigelb
60 ml Crème fraîche oder Crème double

Spritzbeutel und mittelgroße Sterntülle

1 Die Masse für die Herzogin-Kartoffeln zubereiten und mit einer mittelgroßen Sterntülle ringförmig am Rand einer feuerfesten Servierplatte aufspritzen.

2 Die Fischfilets abspülen, trockentupfen und flachklopfen. Sie dann zu einem Fächer zusammenlegen (S. 116), die Enden unterstecken oder die Filets aufrollen. Eine flache feuerfeste Form mit Butter ausstreichen. Schalotten, Champignons und Tomaten hineingeben und mit Salz und Pfeffer würzen. Die Fischfilets darauflegen, Fischfond und Weißwein darübergießen.
3 Mit gebutterter Alufolie abdecken und den Fisch 8–12 Minuten auf dem Herd pochieren, bis er sich gerade zerpflücken läßt. Die Filets herausheben und auf Küchenkrepp abtropfen lassen.
4 Garflüssigkeit und Gemüse gegebenenfalls auf 375 ml einkochen. Die Mehlbutter stückchenweise unter die heiße Flüssigkeit schlagen, bis diese ausreichend dick ist, um einen Löffelrücken leicht zu überziehen. Die Sauce abschmecken und noch 1 Minute köcheln lassen.
5 Für die Liaison In einer kleinen Schüssel Eigelb und Sahne verschlagen. Etwas Sauce unterrühren und die heiße Sauce mit dieser Mischung binden. Die Sauce unter kräftigem Rühren wieder zum Kochen bringen. Den Topf vom Herd nehmen, die Petersilie unterrühren und die Sauce nochmals abschmecken.
6 Den Grill vorheizen. Die abgetropften Fischfilets in dem Ring aus Herzogin-Kartoffeln auf der Servierplatte anrichten. Den Fisch mit Sauce überziehen und alles 3–5 Minuten unter dem Grill bräunen.

GROSSE PLATTFISCHE

Steinbutt, Glattbutt, Heilbutt, Petersfisch

Große Plattfische sind nicht sehr artenreich, aber begehrt. Ganz oben auf der Feinschmeckerliste steht der Steinbutt, ein kulinarischer Rivale der Seezunge, den manche für den feinsten aller Speisefische halten. Er wird bis zu 1 m lang und hat statt Schuppen Knochenhökker (»Steine«). Sein Aroma ist kraftvoll, und sein festes, weißes Fleisch wird beim Garen zart und saftig. Kleinere Steinbutte mit einem Gewicht von 1–1,5 kg lassen sich am besten servieren, doch verfügen die größeren Exemplare von etwa 4,5 kg über eine feinere Struktur und einen delikateren Geschmack. Charakteristisch für die Fische ist ihre eckige, fast quadratische Körperform, und es gibt spezielles Kochgeschirr, um sie zu pochieren. Der Steinbutt ist im Mittelmeer und im Nordatlantik heimisch – in Nordamerika werden allerdings mitunter auch der Schwarze Heilbutt und der Amerikanische Pfeilzahn-Heilbutt als Steinbutt vermarktet.

Der Glattbutt kommt ausschließlich in europäischen Gewässern vor. Er kann bis zu 7 kg schwer werden, wiegt in der Regel aber nur 1–1,8 kg. Sein Fleisch ähnelt dem des Steinbutts, ist aber etwas weicher. Als Unterscheidungskriterien der beiden Fische dienen die warzige Haut und die eckigere Form des Steinbutts beziehungsweise die feinen Schuppen und die ovale Form des Glattbutts.

Der Heilbutt ist der größte aller Plattfische. Er kann 300 kg schwer und 4 m lang werden, erreicht durchschnittlich jedoch nur ein Zehntel dieser Größe. Er hat eine olivgrüne Haut und festes, weißes Fleisch, das etwas trockener und milder als das vom Steinbutt sein kann. Zu den begehrten Heilbuttarten gehören der feine Atlantische oder Weiße Heilbutt, den man im Nordatlantik von New York bis nach Schottland findet, sowie der ebenso schmackhafte Pazifische Heilbutt. Der Schwarze Heilbutt, der die arktischen Gewässer zu beiden Seiten des Nordpols bewohnt, ist weniger hochwertig, da sein Fleisch häufig weich ist und wenig Geschmack hat.

Der Petersfisch oder Heringskönig zählt nicht zu den Plattfischen im eigentlichen Sinne, denn er schwimmt aufrecht, doch ist sein Körper so stark abgeflacht, daß man ihn in der Küche wie Plattfisch behandeln sollte. Er hat ein nußartiges, süßes Aroma und blättriges Fleisch und kommt auf beiden Seiten des Nordatlantiks sowie im Mittelmeer vor. Petersfische sind pittoreske Fische mit langen Stachelstrahlen an den Rückenflossen, einem großen Kopf und jeweils einem großen schwarzen Fleck auf den Flanken. Diesen beiden Flecken verdanken sie übrigens auch ihren Namen, denn der Legende nach handelt es sich dabei um den Fingerabdruck des Apostels Petrus, der einem solchen Fisch als Tribut für Christus ein Goldstück aus dem Mund gezogen haben soll.

Petersfische und kleinere Exemplare großer Plattfische können ausgenommen und im ganzen pochiert werden, wobei man die Haut für mehr Geschmacksfülle daran belassen kann. Alle diese Fische sind gelatinereich, und ihre starken Gräten eignen sich hervorragend zum Kochen eines Fischfonds. Feuchte Garmethoden passen am besten zu ihrem saftigen Fleisch, und mit *sauce hollandaise* oder weißer Buttersauce servierte ganze Fische sind das Prunkstück jeder Tafel.

Einen größeren Steinbutt, Heilbutt oder Glattbutt schneidet man gewöhnlich in dicke Steaks, die gedämpft, sautiert oder pochiert wunderbar saftig sind. Ein großer Heilbutt wird in der Regel in vier Filets geschnitten (S. 115). Petersfische und größere Plattfischarten können filetiert und wie Steaks gebraten werden.

Zu den anspruchsvolleren Zubereitungsmethoden gehört es, den Fisch zusammen mit Champignons oder Gemüse-Julienne in einer Papierhülle (S. 121) zu garen oder ihn als *paupiettes,* mit einer *mousseline* gefüllt, zu pochieren. Steinbutt und Glattbutt werden nur selten püriert, da sie hierdurch ihre feste Struktur verlieren würden, Heilbutt hingegen ergibt exzellente *mousselines.*

Petersfisch (Heringskönig)

Steinbutt

Glattbutt

Heilbutt

ZUR INFORMATION

Portionen *Mit Gräten und Kopf* 500 g. *Mit Gräten, ohne Kopf* 375 g. *Steaks, Filets* 175 g.

Nährstoffgehalt pro 100 g (roh). *Steinbutt* 344 kJ/82 kcal; 16 g Protein; 2 g Fett; keine Kohlenhydrate; kein Cholesterin; 114 mg Natrium. *Glattbutt* 382 kJ/91 kcal; 19 g Protein; 1 g Fett; keine Kohlenhydrate; 48 mg Cholesterin; 81 mg Natrium. *Heilbutt* 423 kJ/101 kcal; 21 g Protein; 2 g Fett; keine Kohlenhydrate; 50 mg Cholesterin; 67 mg Natrium. *Petersfisch* 395 kJ/94 kcal; 19 g Protein; 2 g Fett; keine Kohlenhydrate; 42 mg Cholesterin; 75 mg Natrium.

Garzeiten *Ganze Fische* Garen im Backofen bei 175 °C/Gas Stufe 2–3, pochieren: je nach Dicke (S. 117). *Steaks, Filets* Garen im Backofen (in Pergamentpapier oder Alufolie) bei 175 °C/Gas Stufe 2–3: 15–25 Minuten; grillen: 4–6 Minuten (je Seite); pochieren: 12–18 Minuten; sautieren: 3–5 Minuten (je Seite); dämpfen: 12–18 Minuten.

Bemerkung Durch große Köpfe und starke Gräten ist der Fleischanteil gering.

Aufbewahrung *Ganze Fische* Im Kühlschrank 2–3 Tage. *Steaks, Filets* Im Kühlschrank 2 Tage.

Typische Gerichte *Steinbutt* Mit Hummersauce (Großbritannien); pochiert, mit Meerrettichsauce (Großbritannien); *à l'andalouse* (mit Zwiebeln, Tomaten, Champignons und Pfefferschoten im Ofen gegart; Frankreich); auf einem Gemüsebett geröstet (Frankreich); mit *sauce hollandaise* (Niederlande). *Glattbutt* Filets mit frischen Safran-Nudeln, Spinat (Frankreich); gebraten, mit Pfifferlingen (Schweden); mit Wermut (Großbritannien). *Heilbutt* Gebratene Steaks (Skandinavien); gedämpfte Filets mit frischem Koriander und Weißwein (USA); mit Gemüse und Venusmuscheln im Ofen gegart (Spanien); mit Gemüsen im Ofen gegart (Deutschland); Suppe (Island). *Petersfisch* Mit Kräutern, Cidre, Sahne (Großbritannien); mit Käsesauce (Niederlande); *matelote de petits Saint-Pierres* (in *court bouillon* mit Wein, Schalotten und Knoblauch gedünstet; Frankreich); *Saint-Pierre à la Parmentier* (mit Kartoffeln im Ofen gegart; Frankreich); sautierte Filets in Marsala (Italien).

Panaché von gedämpftem Fisch mit Dillsauce

Der französische Begriff *panaché* bedeutet, wörtlich übersetzt, »gemischt« und wird in diesem Sinn auch in der Küchensprache verwendet. Eine Zusammenstellung kontrastierender Fische ist eine ideale Möglichkeit, um unterschiedliche Fischarten in einem Gericht zu vereinen. Man wählt dazu Fische mit verschiedenfarbiger Haut aus und dämpft sie mit der Hautseite nach oben.

4 Portionen
1 l *court bouillon* (S. 44)
300 g Filet von Rotem Schnapper oder Meerbarbe
300 g Filet von Steinbutt, Heilbutt, Glattbutt oder Petersfisch
300 g Filet von Blaufisch, Pompano oder Wittling
1 Bund frischer Dill
Salz und Pfeffer
Weiße Buttersauce (S. 62), aus 3 EL Weißweinessig, 3 EL trockenem Weißwein, 2 feingehackten Schalotten, 250 g kalter Butter, Salz und Pfeffer zubereitet

1 Die *court bouillon* in einem Topf zubereiten, zu dem ein passender Dämpfeinsatz gehört. Die Fischfilets parieren und abspülen, jede Fischart in vier Stücke schneiden. Die Dillspitzen von den Stengeln zupfen, die Stengel nicht wegwerfen. 2 EL Dillspitzen grob hacken, vier ganze Stengel zum Garnieren aufheben.

2 Die Fischfilets in den Dämpfeinsatz legen, pfeffern und salzen. Die restlichen Dillstengel in die kochende *court bouillon* geben, den Dämpfeinsatz mit dem Fisch in den Topf setzen und den Deckel auflegen. Die Fischfilets je nach Dicke 8–12 Minuten dämpfen. Ist eine Fischart schon vor den anderen gar, wird sie herausgenommen.

3 Die Buttersauce zubereiten. Den gehackten Dill unterrühren, die Sauce abschmecken und auf einem Gitterrost über einem Topf mit heißem Wasser warm halten.

4 Wenn der Fisch gar ist, die Sauce auf vier vorgewärmte Teller schöpfen und die Filets – mit der Hautseite nach oben – fächerförmig darauf anrichten. Mit Dillstengeln garnieren und sofort servieren.

Rochen

Rochen gehören zu den schönsten Fischen, die es gibt. Mit ihren segelartigen Flügeln und ihrer enormen Größe – der größte Rochen, der Riesenmanta, kann zwei Tonnen wiegen – erinnern sie eher an fliegende Untertassen als an Fische und können bis zu zwei Meter hoch aus dem Wasser springen. Sie kommen in fast allen Meeren vor.

Rochen zählen zu den Knorpelfischen, haben also im Gegensatz zu den meisten anderen Fischen keine Gräten, sondern ein knorpeliges Skelett.

Die eßbaren Teile sind die als Flügel bezeichneten vergrößerten Brustflossen. Sie bestehen aus durchscheinenden Knorpelstäben, die von langen schmalen Fleischstreifen dichter Struktur umgeben sind. Die Haut ist dick; die Unterseite hat eine graue oder weiße Färbung, die gesprenkelte Haut der Oberseite reicht von Braun bis Grau und Schwarz. Im Geschmack, sagt man, erinnern Rochen an Krabbenfleisch oder Kammuscheln, was möglicherweise daran liegt, daß sie sich von Schal- und Krustentieren ernähren.

Die größte wirtschaftliche Bedeutung hat der Nagel- oder Keulenrochen. Darüber hinaus werden auch Stern-, Glatt- und Spitzrochen vermarktet.

Rochenflügel werden je nach Größe ganz oder in Stücken verkauft. Um den Schleim zu entfernen, muß die Haut gründlich mit Wasser und Salz oder Essig gesäubert werden. Zum Sautieren wird die Haut weggeschnitten. Riecht das Fleisch nach Ammoniak, weicht man es in Wasser ein.

Um einer möglicherweise klebrigen Struktur entgegenzuwirken, wird das Fleisch häufig in einer *court bouillon* mit Essig pochiert. Nach dem Pochieren läßt sich die Haut mühelos abziehen, und das Fleisch kann vom knorpeligen Skelett abgehoben werden. Dunkelbraune Butter (*beurre noir*, S. 98) ist die klassische Beigabe. Rochenfleisch kann auch in Mehl gewälzt und in Butter oder Olivenöl sautiert werden. Die Briten servieren Rochenfrikassee mit Sahne und Wein. Im Gegensatz zu den meisten anderen Speisefischen verbessern sich bei Rochen mit zunehmendem Alter Geschmack und Struktur. Im Kühlschrank halten sie sich bis zu drei Tagen.

ZUR INFORMATION

Portion *Rochenflügel* 375–500 g.
Nährstoffgehalt pro 100 g (roh). 445 kJ/106 kcal; 22 g Protein; 2 g Fett; keine Kohlenhydrate; 45 mg Cholesterin; 90 mg Natrium.
Garzeiten Garen im Backofen bei 175 °C/Gas Stufe 2–3: 15–25 Minuten; pochieren: 12–18 Minuten; sautieren: 4–6 Minuten (je Seite).
Bemerkung Struktur klebrig, wenn nicht durchgegart.
Aufbewahrung Im Kühlschrank 1–3 Tage.
Typische Gerichte *Raie en salade, sauce raifort* (kalter pochierter Rochen mit Meerrettich-Mayonnaise; Frankreich); *raie au cidre et aux pommes* (mit Cidre, Äpfeln; Frankreich); im Backofen mit Tomaten, Safran, Knoblauch, Zwiebeln und Mandeln gegart (Spanien); sautiert mit Kapern, mit Garnelensauce serviert (Großbritannien); mit Chutney in einer Teighülle gebacken (Großbritannien); eingelegter Rochen (Dänemark).

Nagelrochen (Keulenrochen)

KAVIAR UND ANDERER FISCHROGEN

Als Kaviar bezeichnet man Fischeier, die mit Salz konserviert und aromatisiert sind. Er wird vor allem aus dem Rogen von Stören produziert. Störe sind auf der nördlichen Erdhalbkugel beheimatet, und im Prinzip kann man überall dort, wo es geeignete Störarten gibt, Kaviar herstellen. Dank des Stör-Vorkommens im Kaspischen Meer und den einmündenden Flußarmen war die Kaviarproduktion bis vor kurzem ein russisches und iranisches Monopol. Doch mittlerweile hat man auch recht erfolgreich damit begonnen, im Nordwesten Amerikas und in China Kaviar herzustellen. Die Gewinnung von Kaviar ist ein langsamer Prozeß, denn ein weiblicher Stör muß 15–20 Jahre alt sein, bevor sich der Rogen zu Kaviar verarbeiten läßt. Darüber hinaus bestehen von Fisch zu Fisch und von Art zu Art große Unterschiede in der Qualität des Rogens.

Kaviar trägt gewöhnlich die Bezeichnung *malossol*, der russische Begriff für »wenig gesalzen«, sowie die Angabe der Störart, von der er stammt. Die größten Kaviarkörner, die eine graue Farbe haben, liefert der Beluga-Stör; dunkler und kleiner, doch von feinem Geschmack, sind die Eier des Sevruga-Störs, die häufigste Kaviarsorte. Der feinkörnige Sterlet-Kaviar ist sehr selten und sollte nicht mit dem goldbraunen Osietra-Kaviar verwechselt werden. Preiswerterer, aber schmackhafter gepreßter Kaviar wird aus beschädigten oder zu kleinen Kaviarkörnern hergestellt und bleibt länger frisch als die ganzkörnigen, unpasteurisierten Sorten.

Der Grund für den hohen Preis von echtem Kaviar ist teilweise darin zu suchen, daß die Verarbeitung rasch und mit äußerster Sorgfalt erfolgen muß. Luftdicht verpackt hält sich Kaviar bei streng kontrollierter Lagertemperatur bestenfalls sechs Monate. Die Haltbarkeit läßt sich durch Pasteurisieren enorm verlängern, doch wirkt sich dies negativ auf den Geschmack aus. Frischer Kaviar sollte im Kühlschrank aufbewahrt und angebrochene Ware innerhalb von zwei bis drei Tagen verzehrt werden. Vakuumverpackter, pasteurisierter Kaviar hält sich ungeöffnet an einem kühlen, trockenen Ort bis zu sechs Monaten, nach dem Öffnen bis zu einer Woche im Kühlschrank. Kaviar darf niemals eingefroren werden, aufgrund des Salzgehalts kann man ihn jedoch bei –3 °C lagern.

Beliebte Alternativen zu echtem Kaviar, die in gleicher Weise wie Störrogen verarbeitet werden, sind Keta-Kaviar, der aus dem Rogen verschiedener Lachse gewonnen wird, und Forellen-Kaviar. Der billigste und populärste Kaviar-Ersatz ist Seehasenrogen, der bei uns auch als »Deutscher Kaviar« im Handel angeboten wird. Seehasenrogen wird rot oder schwarz eingefärbt, was den Nachteil hat, daß die verwendeten pflanzlichen Färbemittel beim Vermischen mit anderen Zutaten auslaufen. Am besten ist leicht gesalzener Seehasenrogen, der häufig aus Skandinavien stammt. Auch von vielen anderen Fischen werden der Fischrogen (die Eier weiblicher Tiere) und die Fischmilch (das Sperma männlicher Tiere) sehr geschätzt – beides wird häufig in Butter sautiert und auf Toast serviert. Fischrogen entnimmt man zum Beispiel bei Maifischen oder Meeräschen, wobei letzterer für *bottarga* – eine Spezialität aus dem Mittelmeerraum – gesalzen und gepreßt wird. Man serviert den Rogen in dünne Scheiben geschnitten auf Toast und mit einem Spritzer Zitronensaft oder in Streifen geschnitten in einem Bohnensalat, dem er eine pikante Note verleiht. Früher wurde er mit Olivenöl und eingeweichtem Weißbrot zu einer Paste vermischt, dem griechischen *taramo*, da er mittlerweile jedoch knapp und teuer geworden ist, nimmt man heute statt dessen geräucherten Dorschrogen. Rogen von Thunfisch und Dorsch (oft auch geräuchert) sowie von Karpfen und Hering sind ebenfalls sehr beliebt, und auch Makrelen-, Wels- und Heringsmilch findet in der Küche Verwendung.

Haifisch und Stör

Da Haifische und Störe über ein Knorpelskelett verfügen, lassen sie sich zur Verwendung in der Küche leicht portionieren. Von den zahlreichen Haifischarten, die man überall auf der Welt findet, dienen nur etwa ein Dutzend als Speisefische. In Europa ist vor allem Dornhai von wirtschaftlicher Bedeutung, der auch als Seeaal gehandelt wird und dessen geräucherte Bauchlappen als »Schillerlocken« erhältlich sind. Die meisten Dornhaie wiegen unter 4,5 kg und ergeben dicke Fischtranchen, die meist in Ausbackteig fritiert werden. Verschiedene Arten von Dornhaien kommen im Atlantik wie auch im Pazifik vor. Alle haben helles Fleisch und erinnern in Geschmack und Struktur an Schwertfisch. In vielen Ländern erfreut sich der Heringshai großer Beliebtheit, der auch als Seestör oder Kalbfisch (sein Fleisch ist fest und ähnelt Kalbfleisch) vermarktet wird. Ein naher Verwandter, der Makrelenhai, ist im Nordpazifik beheimatet. In den Vereinigten Staaten und in Japan ist auch der Blauhai überaus beliebt, der sich vom Makrelenhai durch sein besonders weißes Fleisch unterscheidet, in Europa aber wenig geschätzt wird und daher kaum erhältlich ist.

Abhängig von der jeweiligen Art und davon, ob der Fisch beim Fang ausgeblutet ist, reicht die Farbe des Fleisches im allgemeinen von Weiß oder Beige bis zu Blaßrosa. Haifischfleisch von tiefroter Farbe ist nicht zu empfehlen, da der Fisch unsachgemäß behandelt wurde. Das Fleisch bestimmter Haie, etwa von Makrelen- und Fuchshai, weist hingegen selbst bei richtiger Behandlung dunkelrote Stellen auf, bei denen es sich um Blutnetze handelt. Sie sollten immer entfernt werden, da sie aufgrund der beim Verdauungsvorgang entstehenden großen Menge an Histamin zu Allergien führen können. Haifischfleisch wird beim Garen heller.

Haie scheiden Exkrete durch die Haut ab, so daß sie wenige Tage nach dem Fang nach Ammoniak riechen können. Dieser Geruch läßt sich mildern, wenn man das Fleisch eine Zeitlang in Milch oder Essigwasser legt. Große Haifische werden gewöhnlich in Steaks geschnitten. Bei allen Haien sollte die rauhe, schuppenlose Haut entfernt werden, da sie beim Garen meist erheblich schrumpft und das Fleisch auseinanderreißt.

Haifischfleisch schmeckt in einer pikanten Sauce geschmort – etwa spanischer *romesco*-Sauce (S. 29) – ausgezeichnet. Eine weitere Möglichkeit ist es, Haifisch zu grillen, entweder als Steaks oder in Würfel geschnitten, die auf Spieße gesteckt und reichlich mit Öl und Kräutern oder einer Mischung aus asiatischem Wein, Ingwer und Kokosnußmilch bestrichen werden. Im Gegensatz zu fast allen anderen Fischen behält Haifischfleisch bei pfannengerührten Speisen seine Form. Das Fleisch einiger Arten kann beim Garen etwas trocken werden, doch läßt sich dem entgegenwirken, indem man große Steaks mit Speck oder Sardellenfilets bardiert. Die Haut und andere Teile bestimmter Haifischarten sind überaus wertvoll: Die Haut wird zu Chagrinleder gegerbt, die Flossen werden eingelegt, gesalzen oder getrocknet und zur Zubereitung von Suppen verwendet. Ein leichter, aus Haifischflossen gekochter, gelatinereicher Fond dient als Grundlage für Suppen mit Hühner- oder Schweinefleisch oder anderen Einlagen.

Mit seinen eigenartigen, prähistorisch anmutenden Knochenschilden und seinem als Kaviar (S. 131) geschätzten Rogen erregt der Stör allgemeine Neugier. Früher waren Störe weitverbreitete Speisefische, und infolge nachdrücklicher Schutzmaßnahmen regenerieren sich die Bestände im Pazifik heute langsam wieder. Die Nachfrage nach frischem und geräuchertem Stör ist derzeit sehr groß.

Wie Lachse sind auch einige Störarten Wanderfische, die ihr Leben teilweise in Süßwasser und teilweise in Salzwasser verbringen; andere Störe leben ständig im Süß- oder Brackwasser. Vom Standpunkt des Kochs aus betrachtet steht der Stör mit seinem festen, weißen Fleisch gleichrangig neben Haifisch, Thunfisch und Schwertfisch. Stör war die ursprüngliche Inspiration für die berühmte russische Fischpastete *kulebiaka* (franz. *coulibiac*), für die man lagenweise Störfleisch, *duxelles* (S. 306), Buchweizen und hartgekochte Eier in Brioche-, Hefe- oder Blätterteig hüllt. In der Sowjetunion wird das Rückenmark des Störs, das wie ein gelatineartiges Band aussieht, getrocknet, zerkleinert und zum Binden der Zutaten verwendet – man nennt dieses Produkt *vesiga*. Heute wird *kulebiaka* anstelle von Stör häufig mit Lachs zubereitet. Kleine Störe kann man ganz pochieren, größere Fische werden gewöhnlich zu Steaks geschnitten und in der Pfanne gebraten oder über Holzkohle gegrillt.

ZUR INFORMATION

Portionen *Mit Gräten, ohne Kopf* 250–375 g. *Steaks, Filets* 250 g.
Nährstoffgehalt pro 100 g (roh). *Haifisch* 546 kJ/130 kcal; 21 g Protein; 5 g Fett; keine Kohlenhydrate; 51 mg Cholesterin; 79 mg Natrium. *Stör* 441 kJ/105 kcal; 16 g Protein; 4 g Fett; keine Kohlenhydrate.
Garzeiten *Steaks, Filets* Garen im Backofen (unabgedeckt gebacken oder in Pergamentpapier oder Alufolie) bei 175 °C/Gas Stufe 2–3: 15–25 Minuten; schmoren: 20–30 Minuten; grillen: 4–6 Minuten (je Seite); fritieren: 3–5 Minuten; pochieren: 12–18 Minuten; sautieren: 4–6 Minuten (je Seite); pfannenrühren: 1–2 Minuten.
Bemerkung Knorpelige Textur, wenn nicht ausreichend gegart.
Aufbewahrung *Ganze Fische* Im Kühlschrank 2–3 Tage. *Steaks, Filets* Im Kühlschrank 1–2 Tage.
Typische Gerichte *Haifisch* Gegrillte Spieße (USA); über Holzkohle gegrillt (USA); Pastete mit Tomaten, Knoblauch (USA); pfannengerührter Makrelenhai (USA); Haifischflossensuppe mit Krabbenfleisch (China). *Stör* Escalopes, auf dem Rost gebraten, mit brauner Butter (USA); mariniert und geschmort (Frankreich); Fischwurst (Ungarn); in Kirschsauce im Ofen gegart (UdSSR); gebraten mit Pflaumenkompott (UdSSR); gegrillt mit Olivenöl, Zitrone (Rumänien); in Tomate und Wodka gegart, kalt serviert (Rumänien).

FLEISCHIGE FISCHE

Thunfisch, Schwertfisch, Marlin

Thunfische findet man weltweit in warmen Gewässern. Als Speisefisch wird ein halbes Dutzend Arten von unterschiedlicher Größe vermarktet. Große Thunfische fängt man mit Angeln, Harpunen oder Netzen. Der Gewöhnliche oder Rote Thunfisch hat eine bläuliche Färbung und kann mehr als eine Tonne wiegen. Die festfleischigen, dunkelroten Steaks eines solchen Fisches würden für wenigstens 1000 Personen reichen. Am anderen Ende der Skala steht der kleine Echte Bonito von etwa 4,5 kg Gewicht, dessen Fleisch fast ebenso dunkel ist. Er ist auch als Gestreifter Thun oder unter seinem hawaiischen Namen *aku* bekannt.

Der Weiße Thun, den man auch Germon oder Albacore nennt, hat als einziger Thunfisch weißes Fleisch und wird deshalb für Konserven am meisten geschätzt. Er eignet sich auch hervorragend zum Braten und Grillen. In den Vereinigten Staaten darf nur Weißer Thun als »weißfleischiger Thunfisch« bezeichnet werden, alle anderen Arten sind als »heller« Thunfisch zu kennzeichnen. Zu den Thunfischen, die dieses hellere Fleisch liefern, gehört der etwa 180 kg schwere Großaugen-Thunfisch, den man in Japan besonders für *sashimi* schätzt. Bei Frischfisch gilt der kleinere Gelbflossen-Thunfisch (hawaiisch *ahi*) als der feinste. Zusammen mit dem Echten Bonito bildet er den Hauptanteil des Thunfischfangs, wenngleich an manchen Orten durchaus auch andere Arten frisch angeboten werden.

Dank des gut funktionierenden Lufttransportes ist frischer Thunfisch heute vielerorts erhältlich. Wie alle fettreichen Fische sollte auch Thun, speziell die dunkleren Arten, so frisch wie möglich verzehrt werden. Thunfische sind warmblütig und müssen auf See fachgerecht behandelt werden; übermäßige Anstrengungen der Fische während des Fangs führen zum Ansteigen ihrer Körpertemperatur und zum »Verbrennen« des Fleisches. Das Zerlegen großer Arten, etwa Roten und Gelbflossen-Thunfischen, erfordert größte Sorgfalt: Das Fleisch muß gut gekühlt werden und ist so empfindlich, daß man schon mit den bloßen Händen Druckstellen verursachen kann. Da Thunfische sehr groß sind, hat das Fleisch je nach Körperpartie unterschiedliche Qualität: Das Bauchfleisch, der fettreichste Teil des Roten Thunfisches, wird von den Japanern für eine Art *sashimi* geschätzt, die *toro* heißt. Am magersten ist das rote Fleisch entlang des Rückgrats. Mit Ausnahme von Thunfischsteaks wird die Haut generell vor dem Garen entfernt.

Wie der Thunfisch ist auch der Schwertfisch seit dem Altertum eine Verlockung für jeden Fischer, und der lange, schwertförmige Fortsatz am Oberkiefer taucht bereits in Mosaiken römischer Zeit auf. Dieses Schwert ist eine wirkliche Waffe, und es liegt noch nicht allzu lange zurück, daß Holzschiffe gegen Beschädigung durch Schwertfische versichert wurden. Überall auf der Welt findet sich dieselbe Schwertfischart, wobei sich die geringfügigen Unterschiede (hauptsächlich in der Größe) stets aus dem betreffenden Lebensraum ergeben. Schwertfische werden von großen, wurmähnlichen Parasiten befallen, die unschön, aber harmlos sind. Eine nicht zu unterschätzende Gefahr besteht darin, daß das Fleisch großer Schwertfische verhältnismäßig viel Quecksilber enthalten kann und somit – in großen Mengen verzehrt – giftig ist.

Mit seinem spitzen Oberkieferfortsatz ähnelt der Marlin (auch Speerfisch genannt) im Aussehen dem Schwertfisch, ist jedoch gedrungener und muskulöser. Als Speisefisch spielt er eine immer größere Rolle. Es gibt vier Arten: Der Weiße und der Blaue Marlin sind im Atlantik beheimatet; der Gestreifte und der Schwarze Marlin, den man vor allem in Japan für *sashimi* (S. 134) und zur Zubereitung von Fischwürsten schätzt, leben im Pazifik. Wie bei Thunfischen reicht die Farbe des Fleisches, je nach Art, von Beige bis Rotbraun. Seltener und noch eindrucksvoller als Schwertfische und Marline sind die Fächerfische, deren stark verlängerte Rückenflossenstrahlen mit den Fossenhäuten ein großes Segel bilden. Frischer Fächerfisch schmeckt nicht so gut wie Marlin.

Das Fleisch von frischem Thunfisch oder Schwertfisch wird häufig mit Kalbfleisch verglichen. Vereinzelt kommen kleine ganze Thunfische auf den Markt, doch werden sie – ebenso wie Schwertfisch – weitaus häufiger in Form dicker, saftiger Steaks angeboten. Arten mit dunklem Fleisch, wie der Rote Thunfisch oder der Echte Bonito, können einen strengen Geschmack haben, selbst wenn sie ganz frisch sind. Viele Köche ziehen es deshalb vor, sie vor dem Garen über Nacht in leicht gesalzenes Wasser zu legen, was sich auch für weißfleischigen Thunfisch empfiehlt.

Mit Olivenöl und Kräutern im Küchengrill gegart, schmecken alle diese Fische besonders köstlich. Dank ihrer festen, fleischigen Textur sind sie ebenso eine gute Wahl für den Gartengrill, wobei man sie zuvor mit Knoblauch und Sojasauce marinieren kann. Alle schmecken auch gedämpft, zusammen mit gedünstetem Gemüse und einer Buttersauce, ausgezeichnet. Gleichfalls verlockend ist Schwertfisch, der nach türkischer Art mit Oliven, Frühlingszwiebeln und Dill im Backofen gegart wird. Gedünsteter Thunfisch zählt zu den klassischen Fischgerichten, und manche Köche gehen sogar so weit, daß sie den Fisch wie beim Schmoren von Rindfleisch mit Speck bardieren. In Griechenland wird Thunfisch auch mit Tomatensauce, Petersilie und Brotkrumen im Backofen gegart, in der Provence fügt man Kopfsalat, Tomaten und Knoblauch hinzu, während man in der Karibik Thunfisch häufig zusammen mit Kokosnuß und Gewürzen schmort. Die zarte, aber nicht weiche Struktur von rohem Thunfischfleisch ist ideal, um es ganz frisch in Scheiben zu schneiden und mit Zitronen- oder Limettensaft, Olivenöl und einem Hauch von Cayennepfeffer zu marinieren.

Roter Thunfisch

ZUR INFORMATION

Portionen *Mit Gräten, ohne Kopf* 375 g. *Steaks, Filets* 250 g.

Nährstoffgehalt pro 100 g (roh). *Thunfisch* 605 kJ/144 kcal; 23 g Protein; 5 g Fett; keine Kohlenhydrate; 38 mg Cholesterin; 39 mg Natrium. *Schwertfisch, Marlin* 508 kJ/121 kcal; 20 g Protein; 4 g Fett; keine Kohlenhydrate; 39 mg Cholesterin; 90 mg Natrium.

Garzeiten *Ganze Fische, große Stücke* Garen im Backofen bei 175 °C/Gas Stufe 2–3: je nach Dicke (S. 117). *Steaks, Filets* Garen im Backofen bei 175 °C/Gas Stufe 2–3: 20–30 Minuten; grillen: 5–7 Minuten (je Seite); marinieren (zum Rohverzehr): 1–2 Stunden; pochieren: 15–20 Minuten; sautieren: 4–6 Minuten (je Seite); dämpfen: 15–20 Minuten; schmoren: 20–30 Minuten; pfannenrühren: 1–2 Minuten.

Bemerkung *Thunfisch* Strenger Geschmack, wenn alt; wird bei zu langem Garen zäh. *Schwertfisch* Wird durch zu langes Garen trocken.

Aufbewahrung *Ganze Fische* Im Kühlschrank 2–3 Tage. *Steaks, Filets* Im Kühlschrank 1–2 Tage.

Typische Gerichte *Thunfisch* Roh mit Fenchel in Vinaigrette (Frankreich); mit Sardellen bardiert und geschmort (Frankreich); in der Pfanne gebraten, mit Tomaten, Oliven, Knoblauch (Frankreich); *tonno alla livornese* (in Scheiben angebraten, dann mit Tomaten und Knoblauch geschmort; Italien); gegrillte Spieße mit frischem Salbei (Italien); geschmort mit Kartoffeln, Paprikaschoten, Tomaten (Spanien); marinierte, sautierte Steaks (Portugal); Thunfisch-Tatar (roh mit Zwiebeln, Kapern, Cornichons; USA). *Schwertfisch* Mit Tomaten im Backofen gegart (Türkei); mit Frühlingszwiebeln im Ofen gegart (Mexiko); mit Sojasauce mariniert und gegrillt (USA); aufgerollte Filets, gefüllt mit Käse, Kräutern, Zwiebeln (Italien). *Marlin* Gegrillt, mit Ingwersauce (USA); geräuchert, mit Rührei und Schnittlauch (Kuba).

SUSHI UND SASHIMI

Die Begriffe *sushi* und *sashimi* bezeichnen zwei traditionelle japanische Zubereitungsmethoden für rohen Fisch. Beide Speisen sind heute auch in der westlichen Welt überaus beliebt, vor allem in Nordamerika. *Sushi* heißen kleine Leckerbissen, die aus Reisröllchen und Fisch oder anderen Meeresfrüchten zubereitet, mit Essig gewürzt und mit etwas Wasabi (japanischem Meerrettich, S. 31) gereicht werden. Es gibt zahlreiche Abwandlungen von *sushi,* beispielsweise *bo-sushi* (mit Seetang) und *hosu-maki* (mit Gurken und Thunfisch); als blaßrosa Garnierung und als Gaumenreiz zwischen den einzelnen Happen wird stets eingelegter Ingwer serviert. Zum Dippen werden Sojasauce und Wasabi gereicht. *Sashimi* ist in dünne Scheiben geschnittener roher Fisch. Als Beilage dienen oftmals gewürzter Reis und eine Auswahl eingelegter Gemüse, doch kann der Fisch auch mit dünnen Scheiben eines japanischen Omeletts serviert werden.

Alle diese Zubereitungen erfordern Sorgfalt und Können – es ist faszinierend, einem *sushi*-Koch bei der Arbeit mit den scharfen Messern zuzusehen. Der Reis muß klebrig, darf aber nicht zu weich sein, der Fisch muß richtig geschnitten und fest um den Reis gewickelt werden. Bestimmte Arten von *sushi,* wie etwa Röllchen aus Fisch, Reis und Nori-Blättern (getrockneter Seetang), lassen sich auch ohne Schwierigkeiten in der häuslichen Küche zubereiten.

In jedem Fall muß der für *sushi* oder *sashimi* verwendete Fisch äußerst frisch sein – am besten ist er noch nicht länger als 24 Stunden aus dem Wasser. Tiefgefrorener Fisch ist für solche Zubereitungen ungeeignet, da er beim Auftauen Saft verliert und weicher wird. Nicht alle Fischarten haben die zum Schneiden erforderliche Struktur. Haifisch und Schwertfisch sind beispielsweise zu knorpelig, andere, etwa Weakfish oder Weißer Seebarsch, wiederum so zart, daß sie leicht auseinanderfallen. Manche schmekken roh fade, wie das bei Kabeljau der Fall ist, manche zu streng, wie beispielsweise Blaubarsch. Fische, die sich leicht filetieren lassen und keine kleinen Gräten haben, sind die beste Wahl: Thunfisch *(maguro),* Flunder *(hirame),* Yellowtail *(hamachi* oder *buri),* Tintenfisch *(ika),* Meerbrasse *(tai);* Graubarsch *(suzuki),* Lachs *(sake)* sowie Lachsrogen *(ikura).* Einige *sushi*-Zubereitungen verwenden auch gegarten oder eingelegten Fisch, einschließlich gegarter Garnelen *(ebi),* marinierter Makrele *(saba)* und gegrilltem oder geräuchertem Aal *(unagi).* Es wäre unklug, die Grenzen dieser schmalen Auswahl zu überschreiten, da zahlreiche Süßwasser- und Meeresfische von schädlichen Parasiten befallen sein können.

Thunfisch mit Fenchel und Champignons

Für dieses Rezept, das aus Italien stammt, sind heller wie auch dunkler Thunfisch gleichermaßen gut geeignet. Eine ausgezeichnete Beilage sind italienische Muschelnudeln.

4 Portionen
3 EL Olivenöl
15 g Butter
1 Zwiebel, feingewürfelt
1 Möhre, feingewürfelt
1 Knoblauchzehe, feingehackt
2 Sardellenfilets, feingehackt
3 Fenchelknollen, geputzt und in Scheiben geschnitten
1 EL gehackte Petersilie
1 Lorbeerblatt
4 EL trockener Wermut
1 kg Thunfischsteaks (je 2 cm dick)
Salz und Pfeffer
125 ml Kalbsfond (S. 44)
1 EL Anislikör

Für die Champignons
3 EL Olivenöl
1 Knoblauchzehe, feingehackt
250 g Champignons, in sehr dünne Scheiben geschnitten
1 EL gehackte Petersilie

1 Öl und Butter in einer Sautierpfanne erhitzen. Zwiebeln und Möhren hinzufügen und 2–3 Minuten behutsam garen, bis sie weich, aber noch nicht gebräunt sind. Knoblauch und Sardellen dazugeben und 1 Minute unter Rühren garen. Fenchel, Petersilie, Lorbeerblatt und Wermut hinzufügen und alles 8–10 Minuten köcheln lassen, bis der Fenchel weich ist.

2 Die Thunfischsteaks auf beiden Seiten pfeffern und salzen. Sie dann auf das Gemüse in der Pfanne legen und mit dem Fond übergießen. Den Deckel auflegen und den Fisch 5–7 Minuten bei mittelstarker Hitze garen. Den Fisch umdrehen und noch etwa 5 Minuten garen, bis er sich fast zerpflücken läßt.
3 In der Zwischenzeit das Olivenöl erhitzen und den Knoblauch 30 Sekunden braten. Die Champignons dazugeben und 3–5 Minuten bei starker Hitze garen, bis die Flüssigkeit verdampft ist. Dann die Petersilie hinzufügen.
4 Wenn der Thunfisch fast gar ist, die Champignons daraufgeben und das Ganze noch 1–2 Minuten garen, bis sich der Fisch mühelos zerpflücken läßt. Das Lorbeerblatt herausnehmen, den Anislikör über den Fisch gießen und den Fenchel abschmecken. Die Thunfischsteaks im Kochgeschirr servieren oder zusammen mit Fenchel und Pilzen auf einer Servierplatte anrichten.

Seeteufel

Seeteufel sind häßliche Fische mit einem breiten, großen Kopf und vorstehendem Unterkiefer, doch ist ihr ausgezeichnetes Fleisch mehr als ein Ausgleich für ihr beunruhigendes Aussehen. Das Fleisch ist fest und von mildem, süßem Geschmack. In Südeuropa wird Seeteufel schon seit langem als Speisefisch geschätzt. Er ist im Mittelmeer und auf beiden Seiten des Atlantiks beheimatet. Durchschnittlich beträgt sein Gewicht 4,5 kg. Das Schwanzstück, der für den Koch interessanteste Teil, besteht aus einer knorpeligen Mittelgräte und zwei Filets.

Seeteufel läßt sich einfach zubereiten, denn er hat keine Gräten, aber festes Fleisch, das nicht so rasch übergart. Als »Hummer des armen Mannes« kann man ihn auch ersatzweise in Rezepten verarbeiten, die Hummer vorsehen. Traditionell gehört Seeteufel in die französische Fischsuppe *bouillabaisse* sowie in spanische *paella,* hat aber auch seinen Platz in modernen Gerichten, wie etwa Ravioli mit Seeteufel und Garnelen in Safran-Sahne-Sauce.

ZUR INFORMATION

Portionen *Am Stück* 250 g. *Filets* 175 g.

Nährstoffgehalt pro 100 g (roh). 319 kJ/76 kcal; 14 g Protein; 2 g Fett; keine Kohlenhydrate; 46 mg Cholesterin; 18 mg Natrium.

Garzeiten Garen im Backofen bei 175 °C/Gas Stufe 2–3: 8–10 Minuten; pochieren: 5–10 Minuten; sautieren: 4–6 Minuten (je Seite).

Bemerkung Nur zart, wenn durch und durch gar, schrumpft mehr zusammen als der meiste andere Fisch.

Aufbewahrung Im Kühlschrank 1–2 Tage.

Typische Gerichte *Lotte à l'américaine* (in Knoblauch-Tomaten-Sauce; Frankreich); *cotriade* (Fischragout; Bretagne, Frankreich); mit Kammuscheln, Teigwaren (USA); sautiert, mit Basilikum, Fenchel (USA).

Seeteufel

SEETEUFEL FILETIEREN

Das Schwanzstück des Seeteufels läßt sich leicht filetieren und ergibt zwei dicke grätenlose Stücke. Die dunkle, zähe Haut wird gewöhnlich schon vor dem Verkauf entfernt, so daß man nur noch ein dünnes Häutchen wegschneiden muß.

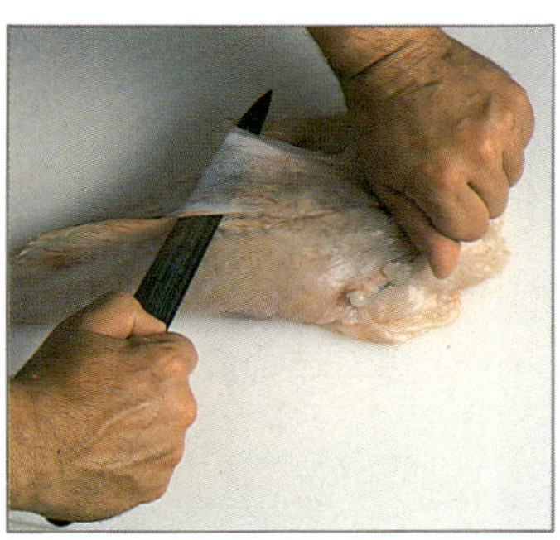

1 Mit einem Filetiermesser die dünne Haut an der Außenseite wegschneiden.

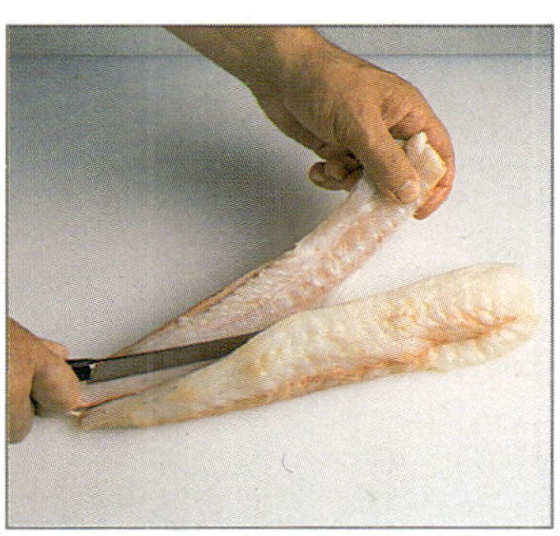

2 Das Fleisch jeweils entlang der Mittelgräte an beiden Seiten durchschneiden.

Seeteufel-Escalopes mit Limetten-Ingwer-Sauce

Diese feine, mit Limette und Ingwer gewürzte Buttersauce paßt auch gut zu anderen weißfleischigen Fischen, wie beispielsweise Seezunge oder Pompano.

4 Portionen
- 1 kg Seeteufel am Stück
- 500 ml Fischfond (S. 44), aus der Mittelgräte gekocht
- Salz und Pfeffer
- 1 Prise getrockneter Thymian
- Saft von 1 Zitrone
- 1 EL Oliven- oder Pflanzenöl
- Schale von 2 unbehandelten Zitronen, in Julienne-Streifen geschnitten (S. 460)
- 1 EL Butter
- 4 Frühlingszwiebeln, in dünne Scheiben geschnitten (einschließlich etwas Grün)
- 125 ml Weißwein
- 500 g frische grüne *fettuccine* (S. 330), gekocht (als Beilage)

Für die Sauce
- 4 EL Crème double
- 250 g kalte Butter, in Stücke geschnitten
- Saft von 3 Limetten
- 1 EL geriebener frischer Ingwer
- 2 EL gehackte Petersilie

1 Den Seeteufel filetieren und die Mittelgräte zur Zubereitung des Fonds verwenden. Die Seeteufelfilets in Escalopes schneiden (S. 117). Den Fisch zum Marinieren für 1 Stunde in Salz und Pfeffer, Thymian, Zitronensaft und Öl einlegen.

2 Die Zitronenschale 3–4 Minuten in kochendem Wasser blanchieren, dann abgießen und mit kaltem Wasser abspülen.

3 Die Butter in einer Pfanne zerlassen, die Frühlingszwiebeln hinzufügen und behutsam garen, bis sie weich sind. Seeteufel, Fischfond und Weißwein dazugeben. Den Fisch 1–2 Minuten köcheln lassen, bis das Fleisch gerade nicht mehr glasig ist.

4 Den Fisch herausnehmen und abgedeckt warm halten. Die *fettuccine* kochen und warm stellen. In der Zwischenzeit die Sauce zubereiten. Dazu die Garflüssigkeit zu einer Glace (S. 52) einkochen. Die Sahne hinzufügen und das Ganze auf etwa 2 EL reduzieren. Die Sauce mit Butter anreichern (S. 53). Zitronenschale, Limettensaft, Ingwer und Petersilie unterrühren. Die Sauce abschmecken.

5 Fisch und Nudeln auf Portionstellern anrichten und die Sauce über den Fisch schöpfen.

FISCHE MIT FESTEM WEISSEM FLEISCH

Schnapper, Zackenbarsch, Sägebauch, Goldmakrele

Diese verschiedenartige Gruppe von Fischen bietet saftiges, festes Fleisch von ausgezeichnetem Geschmack. Die Größe der einzelnen Fischarten ist recht unterschiedlich – viele sind klein genug, um ganz gegart zu werden, die größeren unter ihnen bekommt man als Filets oder Steaks zu kaufen.

Schnapper haben einen prallen Körper, leuchtende Augen, große Flossen und eine farbenfrohe Haut. Durch die Größe des Kopfes und die kräftigen Gräten ist der Fleischanteil jedoch recht gering. Dank ihres festen, saftigen, weißen Fleisches werden der Rote Schnapper und sein Ebenbild, der Silk Snapper, als Speisefische im allgemeinen am meisten geschätzt. Andere wohlschmeckende Schnapper sind Gray oder Mangrove Snapper, Yellowtail, Muttonfish und der kleine rote Lane Snapper. Diese Arten kommen in subtropischen Gewässern des Atlantiks und im Golf von Mexiko vor, doch gibt es auch Schnapper im Südpazifik und in der Gegend von Hawaii. Ihr Gewicht reicht von 1–4,5 kg, durchschnittlich sind Schnapper jedoch etwa 2,5 kg schwer. Rote Schnapper sind so gefragt, daß häufig andere Fische mit roter Haut als solche vermarktet werden – hierzu gehören zum Beispiel Rotbarsche und verschiedene Felsenfische (Rockfishes) aus dem Pazifik (S. 142), die als enthäutete Filets in den Handel kommen. Rote Schnapper kauft man deshalb – wenn bei uns überhaupt erhältlich, was selten der Fall ist – am besten stets mit Haut, damit man sicher sein kann, daß es sich auch tatsächlich um solche handelt.

Für den Koch ist der Zackenbarsch oder Grouper dem Schnapper recht ähnlich. In den warmen Zonen der Weltmeere findet man ein Dutzend verschiedene Arten, doch haben sie nur wenig von der Farbbrillanz der Schnapper und tendieren eher zu Grau oder Braun. Viele Grouper-Arten sind 1–1,8 kg schwer, aber es gibt auch solche mit einem Gewicht von mehreren hundert Pfund. Je größer allerdings der Fisch, desto grober ist seine Struktur, und so hat der größte Teil des angelandeten Fangs eine maßvollere Größe von etwa 23 kg. Verbreitete Arten sind der Nassau-Zackenbarsch, der Schwarze Zackenbarsch und der Braunrote Zackenbarsch, der geschmacklich zu den besten zählt. Der Riesenzackenbarsch, der bis zu 320 kg wiegen kann, ist der größte aller Zackenbarsche. Er kommt in den warmen Gewässern am Golf von Mexiko sowie entlang der südamerikanischen Küste bis nach Brasilien vor. Um ihr ansprechendes Erscheinungsbild zur Geltung zu bringen, werden Schnapper und Zackenbarsche – nach dem Stutzen der Flossen (S. 111) – häufig ganz auf einem Gemüsebett, beispielsweise aus in Scheiben geschnittenen Zwiebeln, Fenchelknollen, Tomaten, Paprikaschoten, Auberginen oder Avocados, gegart. Ganze Rote Schnapper kann man dämpfen, so daß die intensive Färbung der Haut erhalten bleibt, und dann entweder nach klassischer Art mit einer Buttersauce servieren oder, wie in Asien, mit einer pikanten Dip-Sauce. Kleine Fische werden häufig ganz gegrillt oder in Butter sautiert und mit Limettensaft beträufelt – ein traditionelles Frühstücksgericht in Florida. Auch filetiert werden die roten Schnapperarten zum Grillen oder Dämpfen im allgemeinen nicht enthäutet. Grouper wird oft durch Ausbackteig gezogen und fritiert oder mit robusten Kräutern, etwa Rosmarin, über Holzkohle gegrillt. Die preiswerteren, farblich weniger eindrucksvollen Schnapperarten eignen sich gut für Schmorgerichte, die man kräftig mit Safran oder Chillies würzen sollte. Blaubarsche oder Blaufische sind fettreicher als Schnapper und deshalb besser als diese zum Grillen geeignet.

Der Sägebauch, ein leuchtend-orange gefärbter Tiefseefisch aus dem Pazifik, erinnert in Geschmack und Struktur an den Schnapper. Wenngleich er bei den meisten Verbrauchern westlicher Länder noch unbekannt ist, zählt er zu den wichtigsten Exportfischen Neuseelands. Zunächst wurde er als Schnapper vermarktet, hat sich aber dank seines aromatischen, blaßgelben Fleisches in der Zwischenzeit seinen eigenen guten Namen gemacht.

Ein anderer Fisch, der sich wachsender Beliebtheit erfreut, ist die Große Goldmakrele, die in warmen Gewässern des Pazifiks und Westatlantiks und im Mittelmeer vorkommt. Das Gewicht dieser wie Gold und Juwelen schillernden Fische liegt zwischen 2,3 kg und 18 kg. Exemplare über 7 kg schmecken am besten. Nach dem Fang verblassen die herrlichen Farben der Goldmakrele jedoch schon bald. Es empfiehlt sich, den Fisch vor dem Garen zu marinieren (Zitronen- oder Limettensaft mit Öl und Knoblauch sind gut geeignet), da das Fleisch schnell gar und trocken wird. Garmethoden, die Flüssigkeit mit einschließen, wie etwa Dünsten, eignen sich am besten, wenngleich man Goldmakrelen auch kurz fritieren kann. Gegart hat das rosafarbene, blättrige Fleisch ein mildes, beinahe süßes Aroma.

Roter Schnapper (Red Snapper)

Zackenbarsch (Grouper)

ZUR INFORMATION

Portionen *Mit Gräten und Kopf* 500 g. *Mit Gräten, ohne Kopf* 375 g. *Steaks, Filets* 180 g.

Nährstoffgehalt pro 100 g (roh). *Schnapper* 420 kJ/100 kcal; 21 g Protein; 1 g Fett; keine Kohlenhydrate; 37 mg Cholesterin; 64 mg Natrium. *Zackenbarsch* 386 kJ/92 kcal; 19 g Protein; 1 g Fett; keine Kohlenhydrate; 37 mg Cholesterin; 53 mg Natrium. *Sägebauch* 529 kJ/126 kcal; 15 g Protein; 7 g Fett; keine Kohlenhydrate; 20 mg Cholesterin; 63 mg Natrium. *Goldmakrele* 751 kJ/180 kcal; 19 g Protein; 12 g Fett; keine Kohlenhydrate; 70 mg Cholesterin; 95 mg Natrium.

Garzeiten *Große ganze Fische* Garen im Backofen, pochieren, dämpfen: je nach Dicke (S. 117). *Kleine ganze Fische* Garen im Backofen bei 175 °C/Gas Stufe 2–3: 15–25 Minuten; grillen: 5–7 Minuten (je Seite); pochieren: 15–25 Minuten; sautieren: 5–7 Minuten (je Seite); dämpfen: 15–25 Minuten. *Steaks, Filets* Garen im Backofen (unabgedeckt gebacken oder in Pergamentpapier oder Alufolie) bei 175 °C/Gas Stufe 2–3: 12–18 Minuten; grillen: 3–5 Minuten (je Seite); fritieren: 3–5 Minuten; pochieren: 10–15 Minuten; sautieren: 3–5 Minuten (je Seite); dämpfen: 10–15 Minuten.

Bemerkung Arten mit weicherem Fleisch fallen leicht auseinander.

Aufbewahrung *Ganze Fische* Im Kühlschrank 1–2 Tage. *Steaks, Filets* Im Kühlschrank 1 Tag.

Typische Gerichte *Schnapper* Mit Wein, Kräutern im Backofen gegart (USA); *en papillote* mit Möhren, Käse (USA); sautiert mit Oliven, Speck (USA); mit Koriander, Chillies im Ofen gegart (Mexiko); in der Kasserolle mit Tomaten, Chillies (Mexiko); in Butter gebraten, mit Zitronensaft (Australien). *Zackenbarsch* Gegrillt mit Oregano, Knoblauch, Orange (Mexiko); mit Austernfüllung im Ofen gegart (USA). *Sägebauch* Im Ofen gegart, mit Zitronensaft und schwarzem Pfeffer (USA). *Goldmakrele* Gegrillt mit Limettensaft, Olivenöl (USA); gegrillt mit Zitrone, Wermut (Hawaii, USA); geschmort mit Sherry und Pilzen (Hawaii, USA); gebraten mit Oliven (Italien).

Marinierter Roter Schnapper

Escabeche

Dieses Gericht aus der Karibik hat seinen Ursprung in der spanischen Methode, Fisch und Fleisch einzulegen.

8 Portionen

2 kg Schnapperfilets (oder Filets von einem anderen Fisch mit festem weißem Fleisch)
250 ml sowie 1 EL Olivenöl
80 ml Rotweinessig
1 mittelgroße Zwiebel, gehackt
2 Knoblauchzehen, gehackt
Schale von je 1 unbehandelten Orange und Zitrone
15 g Petersilie
1 EL Paprikapulver
¼ TL Cayennepfeffer
Salz und Pfeffer
4 Lorbeerblätter

1 Die Fischfilets in etwa 7 cm große Stücke von etwa 2,5 cm Dicke schneiden. Eine Bratpfanne mit 1 EL Olivenöl ausstreichen und bei sehr

schwacher Hitze erwärmen. Die Fischstücke nebeneinander in die Pfanne legen, so daß sie den Rand nicht berühren. **Hinweis** Ist die Pfanne zu klein, den Fisch in zwei Partien garen und die erste Partie abkühlen lassen, während die zweite gegart wird.

2 Den Deckel fest auflegen und den Fisch etwa 10 Minuten bei niedriger Temperatur garen, bis die Stücke auf der Unterseite opak werden. Die Stücke wenden, den Deckel wieder auflegen und den Fisch weitere 8–10 Minuten garen, bis er fest ist. Die Filetstücke aus der Pfanne nehmen und abkühlen lassen.

3 Für die Marinade 250 ml Öl, Rotweinessig, Zwiebeln, Knoblauch, Orangen- und Zitronenschale, Petersilie, Paprika und Cayennepfeffer im Mixer oder in der Küchenmaschine durcharbeiten, bis die festen Bestandteile feingehackt und alle Zutaten gründlich vermischt sind. Mit Salz und Pfeffer abschmecken.

4 Die Hälfte der Marinade in eine Servierschale gießen. Die Fischstücke nebeneinander darauflegen und die Lorbeerblätter hinzufügen. Den Fisch mit der restlichen Marinade übergießen, fest abdecken und bis zu 24 Stunden – wenigstens aber für 8 Stunden – in den Kühlschrank stellen. Die Lorbeerblätter zum Servieren entfernen.

FISCHE MIT BLÄTTRIGEM WEISSEM FLEISCH

Barsch, Meeräsche, Meerbarbe, Umberfisch

Barsch ist eine sehr allgemeine Bezeichnung für viele verschiedene, nicht miteinander verwandte Salz- und Süßwasserfische, die auf beiden Seiten des Atlantiks und Pazifiks anzutreffen sind. Gemeinsame Merkmale der Seebarsche sind ihr feines, festes Fleisch und ihre Färbung, die von Blaugrau bis Schwarz reicht. Je nach Art leben sie im Meer oder nahe der Küste, und viele von ihnen sind Wanderfische, die im Winter in wärmere Gewässer ziehen.

Vom kulinarischen Standpunkt aus bevorzugt man in Europa den Wolfs- oder Seebarsch, während man in Amerika zweifellos den an der dortigen Ostküste vorkommenden Striped Bass am meisten schätzt. Zu den farbenprächtigsten Fischen, die es gibt, gehört der Blaue Ziegelfisch aus der Familie der Ziegelbarsche. Er ist im nordwestlichen Atlantik beheimatet, hat einen blaugrünen Rücken und gelbe Punkte, die nach unten zu dem hellrosafarbenen Bauch verlaufen.

Meeräschen erinnern mit ihren sanften Augen und dem freundlichen Gesichtsausdruck an Forellen. In der Färbung liegen sie mit ihren verschiedenen gefleckten, gestreiften oder einfarbigen und mitunter auch gelblichen Grautönen allerdings näher bei den Barschen. Sie leben in allen Küstenregionen gemäßigter und tropischer Zonen. Das Fleisch von Meeräschen, das auf vielerlei Weise zubereitet werden kann, ist wohlschmeckend, feinstrukturiert und hat ein mildes Aroma, kann manchmal aber auch etwas ölig sein. Besonders beliebt sind Meeräschen in der mediterranen Küche; auch ihr Rogen gilt dort als Delikatesse.

Meerbarben, die vor allem im Mittelmeer leben, sind kleine, schmackhafte Fische mit einer leuchtend-roten Haut. Zur gleichen Familie gehört auch der in Nordamerika geschätzte Nördliche Ziegenfisch, der beinahe ebenso köstlich schmeckt. Besonders begehrte Speisefische sind die Streifenbarben, denen man den Spitznamen »Schnepfen des Meeres« gegeben hat – zum einen wohl aufgrund ihres Geschmacks, zum anderen weil sie keine Galle haben und wie Schnepfen häufig unausgenommen gegrillt oder gebraten werden. Man gart sie allgemein unausgenommen im ganzen – sie sind grätenarm – und immer mit Haut.

Meeräsche

Meerbarbe

Drum und Croaker sind Umberfische, die man überall an der nordwestlichen Atlantikküste findet und die in Größe und Aussehen dem Seebarsch ähneln. Mit Hilfe ihrer Schwimmblase und bestimmter Muskeln können alle Umberfische laute Töne erzeugen, was sich auch in ihren lautmalerischen englischen Namen widerspiegelt. Von den Drums haben nur wenige Arten eine gastronomische Bedeutung, da ihr Fleisch meist recht grob und ohne viel Geschmack ist. Kleine Drums bis etwa 4,5 kg, wie beispielsweise der Spot (Zebra-Umberfisch) und der Black Drum (Schwarzer Umberfisch), können allerdings recht schmackhaft sein. Wie bei vielen anderen Fischen von mildem Aroma ist auch hier Frische und fachgerechte Handhabung äußerst wichtig.

Der bekannteste und schmackhafteste Umberfisch aus dem Westatlantik ist der Rote Umberfisch (Redfish, Red Drum oder Channel Bass). Er läßt sich pochieren oder im Backofen garen. Aufgrund der großen Nachfrage sind Rote Umberfische so rar geworden, daß häufig der Black Drum (Schwarzer Umberfisch) als Ersatz dienen muß. Auch der Weakfish *(Cynoscion regalis)* zählt zu den besseren Umberfischen. Zur gleichen Familie gehören außerdem der Weiße Seebarsch (White

Ziegelbarsch

Weakfish

Striped Bass

Wolfsbarsch (Seebarsch)

Black Drum (Schwarzer Umberfisch)

ZUR INFORMATION

Portionen *Mit Gräten und Kopf* 500 g. *Mit Gräten, ohne Kopf* 375 g. *Steaks, Filets* 180 g.

Nährstoffgehalt pro 100 g (roh). *Seebarsch* 407 kJ/97 kcal; 18 g Protein; 2 g Fett; keine Kohlenhydrate; 80 mg Cholesterin; 69 mg Natrium. *Meeräsche, Meerbarbe* 491 kJ/117 kcal; 19 g Protein; 4 g Fett; keine Kohlenhydrate; 49 mg Cholesterin; 65 mg Natrium. *Roter Umberfisch* 378 kJ/90 kcal; 19 g Protein; 1 g Fett; keine Kohlenhydrate; 50 mg Cholesterin; 75 mg Natrium. *Croaker* 437 kJ/104 kcal; 18 g Protein; 3 g Fett; keine Kohlenhydrate; 61 mg Cholesterin; 56 mg Natrium.

Garzeiten *Große ganze Fische* Garen im Backofen, grillen, pochieren, dämpfen: je nach Dicke (S. 117). *Kleine ganze Fische* Garen im Backofen bei 175 °C/Gas Stufe 2–3: 15–25 Minuten; grillen: 5–7 Minuten (je Seite); pochieren: 15–25 Minuten; sautieren: 5–7 Minuten (je Seite); dämpfen: 15–25 Minuten. *Steaks, Filets* Garen im Backofen (unabgedeckt gebacken oder in Pergamentpapier oder Alufolie) bei 175 °C/Gas Stufe 2–3: 12–18 Minuten; grillen: 3–5 Minuten (je Seite); fritieren: 3–5 Minuten; pochieren: 10–15 Minuten; sautieren: 3–5 Minuten (je Seite); dämpfen: 10–15 Minuten.

Bemerkung Durch verschmutzte Gewässer wird der Geschmack von Barsch beeinträchtigt. Filets von Umberfischen verlieren ihr Aroma, wenn sie aufbewahrt werden, und fallen beim Garen leicht auseinander.

Aufbewahrung *Ganze Fische* Im Kühlschrank 2–3 Tage; *Steaks, Filets* Im Kühlschrank 1 Tag.

Typische Gerichte *Seebarsch* Geschmort mit Kaisergranat, Artischocken (Frankreich); *bar aux herbes en chemise* (mit Spinat und Kräutern gefüllt, in Salatblätter gewickelt, in Weißwein pochiert; Frankreich); mariniert mit Basilikum, frischem Koriander (USA); in Mandelsauce im Ofen gegart (Spanien). *Meeräsche, Meerbarbe* Mariniert, gegrillt mit Fenchel (Frankreich); mit Kartoffeln, Safran im Ofen gegart (Frankreich); gegrillt mit Orangen (Portugal); mit Champignons im Ofen gegart (Großbritannien); mit Speck, Salbei (Großbritannien); mit Rosinen, Pinienkernen und Gewürzen gefüllt, in Tomatensauce im Ofen gegart (Armenien). *Roter Umberfisch* Gebraten, mit Pekannuß-Buttersauce (USA); *creole* (mit pikanter Sauce, hartgekochten Eiern, Speck; USA).

Seabass) sowie der Gefleckte Umberfisch. Der einzige Umberfisch aus dem Ostatlantik ist der Adlerfisch, der auch im Mittelmeer vorkommt und besonders in Frankreich sehr geschätzt wird, wo er *maigre* (»magerer Fisch«) heißt. Ein weiterer begehrter Speisefisch ist der Kingfish aus der Familie der Umberfische.

Wie die Familie Drums gehört auch die Gruppe der Croaker aus dem Westatlantik zu den Umberfischen, in der Küche sind sie jedoch leider weniger bemerkenswert als die Drums. Die meisten Croaker sind klein und haben weiches Fleisch; am besten brät man sie mit Gräten in der Pfanne. Ein ähnlicher kleiner Fisch ist der Spot oder Zebra-Umberfisch. Alle Umberfische sind für Saugwürmer anfällig, die beim Garen getötet werden, doch sollte man keinen Fisch dieser Familie roh verzehren.

Wolfsbarsch, Striped Bass und Meerbarben kommen – liebevoll gegrillt und auf einem Bett aus Seetang angerichtet – in den feinsten Restaurants auf den Tisch. Ihre Filets können mit Buttersauce und jungem Gemüse serviert werden. Andere Barscharten eignen sich ebenfalls ausgezeichnet für diese Art der Zubereitung. Ein ganzer pochierter Barsch, der kalt oder heiß mit angemessenen Beilagen gereicht wird, ist ein wahrer Genuß.

Frische Meeräschen und die besten Arten der Umberfische verdienen das gleiche Maß an Aufmerksamkeit. Das Grillen kleiner ganzer Fische ist besonders empfehlenswert, speziell wenn sie zuvor mariniert wurden. Kleine Fische lassen sich auch gut in Schweineschmalz braten oder in Butter sautieren und werden dann mit Zitrone gereicht. Man kann sie ganz, als Filets oder Steaks mit reichlich Kräutern und Gewürzen im Backofen garen und auf Gemüse anrichten. Sie haben auch ihren Platz in Eintopfgerichten und *chowders*, die häufig großzügig mit roter Chilisauce gewürzt werden, um das Aroma des Fisches zu betonen.

DORSCHARTIGE FISCHE

Kabeljau, Schellfisch, Seehecht, Seelachs

Zusammen mit anderen dorschartigen Fischen machen Kabeljau, Schellfisch, Seehecht und Seelachs beinahe die Hälfte des weltweiten Fischfangs aus. Sie ähneln sich in vielen Punkten – alle haben ein mildes Aroma und festes, leicht blättriges Fleisch.

Kabeljau – vor der Geschlechtsreife heißt er Dorsch – hatte schon im Mittelalter seinen festen Platz in der Küche und ist auch heute noch der wichtigste Speisefisch in Europa und Nordamerika. Das erstaunlich große Kabeljau-Vorkommen war einer der Gründe für die rasche Kolonisation Neu-Englands. Nach und nach sind die Bestände immer mehr zurückgegangen, und der meiste Kabeljau wird heute im nördlichen Atlantik vor Grönland und Neufundland sowie im Nordpazifik gefangen. Die Schiffe kommen aus allen Himmelsrichtungen, und der Wettbewerb um den Fang ist heftig.

Für den nordamerikanischen und europäischen Markt stellt der sandbraune Atlantik-Kabeljau die wichtigste Art dar. Pazifik-Dorsch, der sich für den Koch nicht vom atlantischen Kabeljau unterscheidet, wird in die Sowjetunion und nach Japan exportiert und heute im Beringmeer vorwiegend für den amerikanischen Markt gefangen. Früher wurden große Atlantik-Dorsche von mehr als 45 kg Gewicht angelandet, mittlerweile werden jedoch alle über 12 kg wegen des Artenschutzes nicht mehr gefangen.

Das reiche Vorkommen ist nur einer der Gründe für die Beliebtheit von Kabeljau. Mit seinem vollen Aroma und den dicken, etwas blättrigen weißen Filets ist Kabeljau in der Küche sehr anpassungsfähig. Jeder kennt ihn wohl in Form von Backfisch oder Fischstäbchen, die als Fast Food an Imbißbuden feilgeboten werden. Doch sollte man das daraus resultierende Vorurteil aufgeben, denn sorgfältig zubereitet, mit einem Spritzer Zitronensaft, Pommes frites und einer selbstgemachten Tatarensauce (S. 63) serviert, kann Kabeljau ein kulinarisches Vergnügen sein. Diese herzhafte, bodenständige Zubereitungsart paßt genau zu seiner deftigen Saftigkeit.

Kabeljau läßt sich hervorragend backen, grillen, sautieren oder dämpfen und kann mit einer gehaltvollen oder pikanten Sauce, beispielsweise einer Sardellensauce oder einer mexikanischen Tomatensauce (S. 65), gereicht werden. Man kann ihn ganz oder in Stücken im Ofen garen – nach mediterraner Art mit Oliven und Knoblauch oder wie die Portugiesen mit Tomaten, Anchovis, Knoblauch und Koriander. Skandinavische Rezepte kombinieren Kabeljau häufig mit Dill und reichen ihn mit Salzkartoffeln. Anspruchsvolle Saucen auf Weinbasis wären bei Kabeljau eine Verschwendung – am besten schmeckt er mit einer einfachen Sahne- oder Käsesauce. Pilze, speziell Shiitake (S. 308) und Steinpilze (S. 311), beleben den Geschmack von Kabeljau wunderbar. Durch Pochieren kann das ohnehin schon feuchte Fleisch durchweichen. Als besonders schmackhaft gilt das Schwanzstück.

Eingesalzener und getrockneter Kabeljau (S. 126) ist ebenfalls beliebt. Kabeljauleber liefert den vitaminreichen Lebertran. Kabeljaurogen wird frisch, geräuchert oder eingesalzen (S. 131) verzehrt. Bei einem traditionellen Gericht aus Belgien wird frischer Kabeljaurogen in ein Mulltuch gewickelt, damit er seine Form behält, dann blanchiert, in Scheiben geschnitten, gebraten und auf Toast gereicht. Die Bäckchen von Kabeljau schmecken süß und werden separat verkauft. Gleiches gilt für Kabeljauzunge, die in Butter sautiert ausgezeichnet schmeckt.

Der Kabeljau hat mehrere wichtige Verwandte. Als erster wäre hier der Schellfisch zu nennen, den man an einem schwarzen Fleck hinter den Kiemen erkennen kann. Er ist kleiner und weniger häufig als der Kabeljau und kommt im Nordatlantik und in der Arktis, vom Golf von Biskaya bis nach Neu-England vor. Manche Köche behaupten, daß das Fleisch von Schellfisch etwas weicher sei als das von Kabeljau. In England ist Schellfisch besonders beliebt als Räucherfisch. Frisch kommt er bei uns als »Angelschellfisch« in den Handel.

Vom kulinarischen Standpunkt aus betrachtet, sind Seehecht und Wittling (Merlan), die vom Nordatlantik bis zum Schwarzen Meer vorkommen, dem Kabeljau unterlegen. Beide haben weiches Fleisch und einen angenehmen, unaufdringlichen Geschmack. Je nach Art reicht ihre Färbung von Schieferblau bis Dunkelblau und Silber. Seehechte sind größer als Wittlinge – die gewöhnlich mit einem Gewicht von unter 500 g in den Handel kommen – und können bis zu 12 kg wiegen, wenngleich der Durchschnitt eher bei 1 kg liegt.

Seehecht und Wittling werden am besten leicht gedämpft oder pochiert, damit sie nicht auseinanderfallen. Wegen ihres weichen Fleisches, das sich leicht pürieren läßt, sind diese Fische häufig die Grundlage für *quenelles* (S. 146) und *mousselines* (S. 123), müssen dann jedoch mit kräftigen Zutaten, beispielsweise geschmacksintensivem Fisch und Meeresfrüchten oder aromatischen Gemüsen, etwa Sauerampfer, kombiniert werden.

Eine weitere Dorschart von wirtschaftlicher Bedeutung ist der Köhler, besser unter dem Namen Seelachs bekannt, der sowohl im Nordatlantik wie auch im Pazifik vorkommt. Im Geschmack ähnelt er dem Seehecht, hat aber eine grobere Struktur und graues Fleisch, das allerdings beim Garen heller wird.

Andere Fische, die man mit der Dorsch-Familie in Verbindung bringt, sind der Lumb, der im Nordatlantik lebt, und die Seequappe, die im nordwestlichen Atlantik und im Mittelmeer vorkommt. Beide erinnern an Seehecht, was ebenso für den Leng gilt, der im nordöstlichen Atlantik beheimatet ist.

Es gibt auch einen Dorschfisch, der im Süßwasser lebt und den man auf beiden Seiten des Atlantiks findet – die Quappe, auch als Rutte oder Trüsche bekannt. Die Quappe lebt gewöhnlich in tiefen Gewässern, speziell in Seen. Sie hat festes weißes Fleisch, ist jedoch etwas fettreicher als Kabeljau. Zum Garen wird der Fisch am besten in Scheiben geschnitten und wie Kabeljausteaks zubereitet.

ZUR INFORMATION

Portionen *Mit Gräten und Kopf* 375–500 g. *Mit Gräten, ohne Kopf* 250 g. *Steaks, Filets* 180 g.

Nährstoffgehalt pro 100 g (roh). *Kabeljau* 285 kJ/68 kcal; 17 g Protein; kein Fett; keine Kohlenhydrate; 30 mg Cholesterin; 85 mg Natrium. *Schellfisch* 303 kJ/73 kcal; 18 g Protein; kein Fett; keine Kohlenhydrate; 60 mg Cholesterin; 118 mg Natrium. *Seehecht* 322 kJ/77 kcal; 18 g Protein; kein Fett; keine Kohlenhydrate; 67 mg Cholesterin; 101 mg Natrium. *Seelachs* 336 kJ/80 kcal; 19 g Protein; 1 g Fett; keine Kohlenhydrate; 33 mg Cholesterin; 81 mg Natrium.

Garzeiten *Große ganze Fische* Garen im Backofen bei 175 °C/Gas Stufe 2–3, grillen, pochieren, dämpfen: je nach Dicke (S. 117). *Kleine ganze Fische* Garen im Backofen bei 175 °C/Gas Stufe 2–3: 15–25 Minuten; grillen: 5–7 Minuten (je Seite); fritieren: 5–7 Minuten; pochieren: 15–25 Minuten; sautieren: 5–7 Minuten (je Seite); dämpfen: 15–25 Minuten. *Steaks, Filets* Garen im Backofen (unabgedeckt gebacken oder in Pergamentpapier oder Alufolie) bei 175 °C/Gas Stufe 2–3: 12–18 Minuten; grillen: 3–5 Minuten (je Seite); fritieren: 3–5 Minuten; pochieren: 10–15 Minuten; sautieren: 3–5 Minuten (je Seite); dämpfen: 10–15 Minuten.

Bemerkung Fleisch kann bei unsachgemäßer Zubereitung oder zu langem Garen auseinanderfallen.

Aufbewahrung *Ganze Fische* Im Kühlschrank 2–3 Tage. *Steaks oder Filets* Im Kühlschrank 1 Tag.

Typische Gerichte *Kabeljau* Mit Kartoffelpüree und *sauce Mornay* (Frankreich); *fiskepudding* (gebakkener Pudding; Norwegen); pochiert, in Petersiliensauce (Großbritannien); mit Wacholderbutter (Deutschland). *Schellfisch* Im Ofen gegart, mit Nudeln, Käse (USA); im Ofen gegart, mit Champignons in pikanter Sauce (Deutschland). *Seelachs* Fritierte Filets mit Chilibutter (USA); mit Käse überbacken (Norwegen). *Wittling* Kohl, gefüllt mit Wittling-*mousseline* (Frankreich); mit Kartoffeln in Sahnesauce im Ofen gegart (Portugal).

Schellfisch

Seehecht

Seequappe

Wittling

Kabeljau

Pastete mit Kabeljau, Garnelen und Meerfenchel

Wenn Meerfenchel (S. 283) nicht erhältlich ist, kann man ersatzweise grüne Bohnen oder Spargel verwenden.

8 Portionen

Blätterteig oder Halbblätterteig (S. 381) aus 250 g Mehl	60 g Butter
500 ml Sahne	30 g Mehl
Schale von 1 unbehandelten Zitrone	Salz, Pfeffer und Muskat
250 g Meerfenchel	1 kg enthäutetes Kabeljaufilet
1 kleine Zwiebel, feingehackt	250 g geschälte gegarte Garnelen
	1 Ei, verschlagen (zum Bestreichen)

1 Den Blätterteig herstellen und 30 Minuten kalt stellen. Sahne und Zitronenschale in einem kleinen Topf aufkochen, vom Herd nehmen und 10–15 Minuten durchziehen lassen. Den Meerfenchel waschen, die Wurzeln abschneiden. Das Gemüse 2 Minuten in kochendem Salzwasser blanchieren, dann abgießen.

2 Die Zwiebel in der Butter weich dünsten. Das Mehl hinzufügen und 2–3 Minuten anrösten. Die Einbrenne von der Kochstelle nehmen und die Sahne durch ein Sieb dazugießen. Alles zum Kochen bringen und rühren, bis die Sauce eindickt. Mit Salz, Pfeffer und Muskat abschmekken. Die Sauce noch 1–2 Minuten köcheln lassen und dann zum Abkühlen beiseite stellen.

3 Den Blätterteig halbieren. Die eine Hälfte ausrollen und eine Teigplatte von 30 cm Durchmesser ausschneiden. Den verbliebenen Blätterteig ebenfalls ausrollen und eine etwa 36 cm große, runde Teigplatte ausschneiden. Die Abschnitte später für die Verzierung verwenden.

4 Die Kabeljaufilets in Stücke schneiden. Kabeljau und Garnelen zur Sauce geben und nochmals abschmecken. Ein Backblech leicht mit Wasser befeuchten und die kleinere Teigplatte darauflegen. Den Meerfenchel in der Mitte der Teigplatte verteilen und die Fischmischung darüberschöpfen. Den Teigrand mit Ei bestreichen und die zweite Teigplatte daraufsetzen. Die Ränder wellenförmig zusammendrücken. Die Teigreste in Streifen schneiden. Die Pastete mit verschlagenem Ei bestreichen, die Teigstreifen gitterförmig darauf anordnen und nochmals mit Ei bestreichen. Kleine Schlitze in den Teigdeckel schneiden, damit Dampf entweichen kann. Den Backofen auf 230 °C/Gas Stufe 5 vorheizen. Die Pastete 15 Minuten in den Kühlschrank stellen.

5 In den vorgeheizten Backofen schieben. Nach etwa 15 Minuten, wenn der Teig zu bräunen beginnt, die Temperatur auf 175 °C/Gas Stufe 2–3 reduzieren und die Pastete noch 20–25 Minuten backen. Sie ist fertig, wenn der Teig goldbraun ist und sich ein in die Mitte eingestochener Spieß heiß anfühlt. In Stücke teilen und sofort heiß servieren.

FISCHE MIT SEITLICH ABGEFLACHTEM KÖRPER

Pompano und andere Jacks, Meerbrasse

Jacks und Meerbrassen haben eine ähnliche Körperform – oval, mit markanten Flossen und einem breiten Y-förmigen Schwanz. Die meisten dieser Fische leben in tropischen oder warmen Gewässern. Das Fleisch ist in der Regel fest, im Geschmack jedoch recht unterschiedlich und reicht von der leichten Zartheit hochwertiger Meerbrassen bis zum kräftigen Aroma einiger Jack-Arten. Auf den ersten Blick könnte man auch den Gotteslachs für eine Brasse halten, doch handelt es sich um einen Glanzfisch, der ein durchschnittliches Gewicht von etwa 45 kg erreicht. Sein ausgezeichnetes Fleisch ist rosa und voller Aroma. Verschiedene Arten findet man überall auf der Welt.

Die einzelnen Jack-Arten unterscheiden sich relativ stark voneinander. Die meisten haben die für Fische aus warmen Gewässern typischen kräftigen Gräten und weiches Fleisch, doch sind einige von ihnen, wie etwa Pompano, mit ihrem süßen, weißen Fleisch sehr reizvoll. Die glänzende, glatte, silbrige Haut des Pompano ist unverkennbar. Ein ähnlich aussehender Fisch ist der Permit, der jedoch etwas groberes und trockeneres Fleisch hat und auch erheblich schwerer wird – im Gegensatz zum Pompano, der im allgemeinen etwa 1 kg wiegt, erreicht der Permit ein Gewicht von bis zu 23 kg. Ein weiterer ähnlicher Fisch ist die Gabelmakrele oder der Bläuel. Da echter Pompano den höchsten Preis erzielt, werden all diese Fische häufig unter dieser Bezeichnung vermarktet.

Bastardmakrele

Brachsenmakrele (Pomfret)

Zahnbrasse

Pompano

Wie die Jacks gehört auch die Bastardmakrele zur Familie der Stachelmakrelen. Oberflächlich betrachtet erinnert ihr dunkelgrüner Rücken zwar an eine Makrele, doch hat die Bastardmakrele weniger Geschmack. Die meisten anderen Jacks, speziell der Blaue Jack oder Blue Runner sowie der Jack Crevalle, unterscheiden sich kaum voneinander. Die Körperform eines Runners ist torpedoähnlicher als die gedrungene ovale Form der meisten Jacks. Ebenfalls zur Familie der Stachelmakrelen gehören die Bernstein- oder Gelbschwanzmakrelen, von denen die kleineren Exemplare vorzuziehen sind, da größere Fische einen strengen Geschmack haben können. Blaue Jacks und Bernsteinmakrelen lassen sich gut räuchern und werden aufgrund ihres gehaltvollen Fleisches gern für *sashimi* (S. 134) genommen. Gelbschwanzmakrelen sollten nicht roh verzehrt werden.

Allein im Mittelmeer gibt es mehr als 20 verschiedene Meerbrassenarten, und andernorts findet man noch Dutzende weitere. Bekannt für ihr süßes Aroma sind der japanische Rote Tai oder Akadei, der Goldstriemen oder Ulvenfresser sowie die Goldbrasse und die Zahnbrasse. Ebenso lohnenswert sind der Graubarsch oder Seekarpfen und die Streifen- oder Brandbrasse, die man auch Seekarausche nennt.

Beliebte Meerbrassen in den Vereinigten Staaten sind der Scup und der ausgezeichnete schwarzgestreifte Schafskopf (Sheepshead). Andere Fische mit ovalem, hochrückigem Körper sind die Brachsenmakrelen, deren Fleisch hellrosa ist und an Rochen erinnert, sowie Butterfische und Silberne Pampel (Silver Pomfrets).

Meerbrassen und Jacks wiegen zumeist unter 1 kg, so daß man sie gewöhnlich im ganzen – mit Gräten – als Portionsfische gart. Bernsteinmakrelen lassen sich gut grillen, weißfleischigere Arten, wie Goldbrasse und Pompano, werden jedoch traditionell im Ofen gebraten. Eine einfache Art der Zubereitung ist es, die Fische nach Mittelmeerart mit einer farbenfrohen Mischung aus Tomaten, roten und grünen Paprikaschoten und Auberginen zu umlegen oder sie mit Brotkrumen oder *kasha* (S. 320) und Zwiebeln zu füllen, sie anschließend in saurer Sahne zu dünsten und im Ofen zu überbacken.

Mit ihrem delikaten Fleisch lassen sich große Meerbrassen und Jacks ausgezeichnet filetieren und grillen oder in Butter sautieren. Bei zahlreichen beliebten Gerichten werden die Fischfilets auf einem Gemüsebett im Ofen gegart, wozu man sie auch in Pergamentpapier wikkeln kann (S. 121). Die Päckchen können mit einer Mischung aus Krabbenfleisch und Garnelen oder auch Austern oder Champignons und einem dicken Stück Fischfilet gefüllt werden.

ZUR INFORMATION

Portionen *Mit Gräten und Kopf* 500 g. *Mit Gräten, ohne Kopf* 250 g. *Filets* 180 g.

Nährstoffgehalt pro 100 g (roh). *Pompano* 689 kJ/164 kcal; 18 g Protein; 9 g Fett; keine Kohlenhydrate; 50 mg Cholesterin; 65 mg Natrium. *Jack* 668 kJ/159 kcal; 19 g Protein; 9 g Fett; keine Kohlenhydrate; 52 mg Natrium. *Meerbrasse* 441 kJ/105 kcal; 19 g Protein; 3 g Fett; keine Kohlenhydrate.

Garzeiten *Große ganze Fische* Garen im Backofen bei 175 °C/Gas Stufe 2–3, dämpfen: je nach Dicke (S. 117). *Kleine ganze Fische* Garen im Backofen bei 175 °C/Gas Stufe 2–3: 15–25 Minuten; grillen: 5–7 Minuten (je Seite); dämpfen: 20 Minuten. *Filets* Garen im Backofen (unabgedeckt) bei 175 °C/Gas Stufe 2–3: 12–18 Minuten; grillen: 3–5 Minuten (je Seite); pochieren: 10–15 Minuten; sautieren: 3–5 Minuten (je Seite); dämpfen: 10–15 Minuten.

Bemerkung Strenger Geschmack, wenn nicht mehr ganz frisch; Fleisch fällt bei zu langem Garen leicht auseinander.

Aufbewahrung *Ganze Fische* Im Kühlschrank 2 Tage. *Filets* Im Kühlschrank 1 Tag.

Typische Gerichte *Pompano* Filets in Rotwein, im Ofen gegart (USA). *Jack* Mit Äpfeln, Rosinen gefüllt, mit Senfsauce im Ofen gegart (Großbritannien). *Meerbrasse* Mit Porree und Fenchel gefüllt (Frankreich); mit Meerrettich, Äpfeln (UdSSR); mit Knoblauch im Ofen gegart (Jugoslawien); mit Zitrone und Kapern im Ofen gegart (USA).

Roter Tai

Meerbrassen auf mediterrane Art

Als Abwandlung des Rezeptes kann man der Paprika auch andere Gemüse, wie Zucchini, Auberginen oder Champignons, hinzufügen. Der Fisch kann heiß oder mit Raumtemperatur serviert werden.

6–8 Portionen
1 große oder 2 kleinere Meerbrassen (zusammen etwa 2 kg)
125 ml Olivenöl
2 Zwiebeln, in Scheiben geschnitten
2 rote Paprikaschoten, Kerne und Rippen entfernt, in Ringe geschnitten
2 grüne Paprikaschoten, Kerne und Rippen entfernt, in Ringe geschnitten
2 gelbe Paprikaschoten, Kerne und Rippen entfernt, in Ringe geschnitten
500 g Tomaten, abgezogen, entkernt und gehackt
75 g schwarze Oliven
8 Sardellenfilets, gehackt
2 Knoblauchzehen, zerdrückt
Salz und Pfeffer
6–8 Zweige frischer Thymian
Saft von 1 Zitrone

1 Die Fischflossen wegschneiden oder einkürzen. Den Fisch schuppen und ausnehmen (S. 111, 112), dann abspülen, trockentupfen und auf beiden Seiten leicht einschneiden (S. 112).

2 Den Backofen auf 175 °C/Gas Stufe 2–3 vorheizen. In einer großen feuerfesten Form oder in einer Pfanne 2 EL Öl erhitzen und die Zwiebeln anbraten, bis sie gebräunt sind. Paprika, Tomaten, Oliven, Sardellen, Knoblauch, Salz und Pfeffer hinzufügen und das Kochgeschirr vom Herd nehmen.

3 Den Fisch auf das Gemüse legen und in jeden Einschnitt einen Thymianzweig stecken. Das verbliebene Öl darübergießen, den Fisch pfeffern, salzen und mit Zitronensaft beträufeln.

4 Den Fisch unabgedeckt 30–35 Minuten – unter gelegentlichem Begießen – im Backofen garen, bis er sich gerade leicht zerpflücken läßt. Bei zwei kleineren Fischen verkürzt sich die Garzeit auf 20–25 Minuten.

5 Den Fisch auf einer Servierplatte anrichten und warm stellen. Das Gemüse auf dem Herd weitergaren, bis die gesamte Flüssigkeit verdampft und das Gemüse weich ist. Das Gemüse nach Geschmack würzen und den Fisch damit umlegen.

GRÄTENREICHE FISCHE

Knurrhahn, Drachenkopf, Felsenfisch

Fische, die wenig Fleisch haben, eignen sich oftmals besonders gut für Suppen oder Eintöpfe. Für solche Gerichte sind die großen Köpfe und starken Gräten durchaus von Vorteil, da die Gräten das Fleisch während der langen Garzeiten zusammenhalten und man die Fischköpfe zum Kochen des Fonds verwenden kann.

Typische Beispiele sind die auffälligen Knurrhähne, eine Gruppe von Fischen, die über kräftige Gräten und gut entwickelte, wedelartige Flossen verfügen. Ein Großteil des Aromas ist in den Gräten konzentriert. Viele Knurrhähne leben im Nordatlantik und im Mittelmeer. Namen wie Grauer Knurrhahn, Glänzender Knurrhahn, Panzerfisch oder Gestreifter Knurrhahn lassen Rückschlüsse auf ihr unterschiedliches Aussehen zu; auch der rosarote Pfeifenknurrhahn gehört zu dieser Fisch-Familie. Am wichtigsten ist der Rote Knurrhahn, den es auch an der nordamerikanischen Küste gibt. Er kann bis zu 70 cm lang werden und hat weißes Fleisch, das im Herbst besonders wohlschmekkend ist. Ganze Rote Knurrhähne lassen sich gut grillen, Filets kann man sautieren oder fritieren.

Hinweis Die französischen Bezeichnungen *rouget grondin* für Knurrhahn und *rouget* für Meerbarbe (S. 137), einem bedeutend hochwertigeren Speisefisch, führen häufig zu Verwechslungen. Doch auch das Fleisch von Knurrhähnen ist fest und schmackhaft, wenngleich ein wenig trocken. Am besten reicht man es daher mit einer Sauce.

Seeskorpione sind im gesamten Nordatlantik sowie im Pazifik verbreitet, und es gibt auch einige Süßwasserarten. Ihr Fleisch ist allerdings enttäuschend mild. Trotz ihres wenig ansprechenden Aussehens sind Drachenköpfe, auch Skorpionfische genannt, eine weitaus bessere Wahl. Zu dieser Familie gehört unter anderem der Große Rote Drachenkopf (franz. *rascasse rouge*), der eigentlich in jede *bouillabaisse* gehört; ersatzweise wird hierfür allerdings auch oft der Braune Drachenkopf genommen. Beide haben festes, weißes Fleisch und lassen sich wie Meerbrassen ausgezeichnet im Backofen garen. Auch das im gesamten Atlantik vorkommende Blaumaul gehört zur Familie der Drachenköpfe.

Eine andere wichtige Zutat für eine *bouillabaisse* ist das Petermännchen, eine von mehreren Fischarten mit Giftstacheln. Es lebt im Ostatlantik und im Mittelmeer. In den Handel kommt der meist 20–30 cm lange Fisch gewöhnlich ohne Kopf und Rückenflosse (in der die Giftstacheln sitzen). Sein Fleisch ist zwar ein wenig trocken, jedoch sehr wohlschmeckend.

Eine *bouillabaisse* ist auch ein ehrenwertes Ende für die verschiedenen Arten von Lippfischen, die weißfleischig und zart sind und sich gut zum Grillen oder für eine Suppe eignen. Ihren Namen verdanken sie den wulstig-aufgeworfenen Lippen. Die Lippfische sind im Mittelmeer und an der Westküste Europas zu Hause sowie in den Tangregionen in allen Meeren der tropischen und gemäßigten Zonen.

Felsenfische bilden eine große und vielfältige Familie, die man hauptsächlich entlang der amerikanischen Küsten findet. Einige Mitglieder sehen dem Roten Schnapper recht ähnlich, sind ihm aber geschmacklich unterlegen. Die Beschaffenheit des Fleisches von Felsenfischen reicht von verhältnismäßig fest bis sehr weich. Aus diesem Grund nimmt man sie am besten zur Zubereitung einer Suppe. Der Gelbschwanz-Felsenfisch (Yellowtail rockfish) hat weniger Geschmack, der Boccaccio ist weicher als der Rote Schnapper; andere verbreitete Arten sind enttäuschend.

Fliegende Fische gibt es in allen tropischen Gewässern, doch ist ihr Anblick weitaus aufregender als ihr Geschmack. Der in Nordatlantik beheimatete Seehase wiederum sieht noch nicht einmal attraktiv aus, und sein eigentlicher Wert ist sein Rogen, der zu Kaviar-Ersatz (S. 131) verarbeitet wird. In nördlichen Ländern kommt er oft geräuchert in den Handel.

Ein kurioses Aussehen haben auch die kleinen Kugelfische, die man in warmen Küstengewässern des Nordostatlantiks findet. In Gefahrensituationen pumpen sie sich wie Frösche auf. Aus dem Schwanzstück lassen sich zwei kleine, zarte Filets schneiden. Die Haut ist von stacheligen Schuppen überzogen. Da die Innereien tödliche Gifte enthalten, dürfen Kugelfische, wie beispielsweise der japanische Fugu, nur von dazu autorisierten Köchen zubereitet werden.

Alle diese Fische benötigen Aromazutaten, wie Kräuter, Tomaten, Safran, Fenchel, Knoblauch und Zwiebeln. Für die meisten Fischsuppen bereitet man sie wie folgt vor: Nach dem Ausnehmen werden die Flossen abgeschnitten oder eingekürzt, dann schuppt man die Fische und spült sie gründlich ab. Je nach Rezept wird der Fisch anschließend filetiert oder in große Stücke oder Steaks geschnitten, wobei man der Form und des Geschmackes wegen die Gräten nicht entfernt. Durch ein- bis zweistündiges Marinieren bekommt der Fisch mehr Aroma, und auch die säuerliche Note von Zitronensaft oder Weißwein, eventuell mit einem zusätzlichen Spritzer Chili- oder Worcestershire-Sauce, macht sich positiv bemerkbar.

Für viele Fischsuppen (S. 48) wird aus den Gräten und Köpfen ein Fond gekocht, den man zum Garen des Fisches verwendet, wodurch sich sein Aroma weiter verstärkt.

Gelbschwanz-Felsenfisch

Drachenkopf (Skorpionfisch)

Knurrhahn

ZUR INFORMATION

Portionen *Mit Gräten und Kopf* 500–625 g. *Mit Gräten, ohne Kopf* 375 g. *Filets* 180 g.

Nährstoffgehalt pro 100 g (roh). *Drachenkopf* 395 kJ/94 kcal; 19 g Protein; 2 g Fett; keine Kohlenhydrate; 35 mg Cholesterin; 60 mg Natrium. *Felsenfisch* 395 kJ/94 kcal; 19 g Protein; 2 g Fett; keine Kohlenhydrate; 35 mg Cholesterin; 60 mg Natrium.

Garzeiten *Ganze Fische* Garen im Backofen bei 175 °C/Gas Stufe 2–3, grillen: je nach Dicke (S. 117). *Filets* Grillen: 3–5 Minuten (je Seite); sautieren: 3–5 Minuten (je Seite); in Suppen 7–12 Minuten köcheln lassen.

Bemerkung Geschmack etwas fade, deshalb reichlich Würzmittel verwenden; Fleisch fällt leicht auseinander.

Aufbewahrung *Ganze Fische* Im Kühlschrank 1–2 Tage. *Filets* Im Kühlschrank 1 Tag.

Typische Gerichte *Knurrhahn* Geschmort mit Knoblauch, Zwiebeln (Frankreich); mit Champignons und Wurstbrät gefüllt, in Cidre im Ofen gegart (Frankreich); gebraten und eingelegt (Italien); mit Mandelsauce (Türkei). *Drachenkopf* Gebraten, mit Tomaten und Mandeln (Spanien); mit Zwiebeln, Tomaten und Anchovis (Frankreich). *Felsenfisch* Mit Tomaten, Oliven, Kapern und Chillies im Ofen gegart (Mexiko). Fischsuppen (S. 48).

LACHS UND FORELLE

Pazifischer Lachs, Atlantischer Lachs, Lachsforelle, Regenbogenforelle

Pazifischer Lachs

Atlantischer Lachs

Lachsforelle

Regenbogenforelle

Auf den ersten Blick scheinen Lachs und Forelle recht verschieden zu sein, doch gleichen sich die erforderlichen Vorbereitungsmethoden. Beide Fische verfügen über ein ähnliches Skelett, haben kleine Flossen und eine dünne Haut mit winzigen Schuppen. Lachse wie auch Forellen werden heute mit Erfolg gezüchtet, der in seinen Auswirkungen inzwischen jedoch nicht unumstritten ist.

Die einzigartigen Qualitäten der Lachse bedürfen kaum näherer Erläuterung. Die eindrucksvolle Größe, das leuchtend-rosafarbene Fleisch und der köstliche Geschmack haben dem Lachs die Auszeichnung »König der Fische« eingebracht. Lachse sind Wanderfische, das heißt, sie werden in Flüssen, im Süßwasser also, geboren, ziehen dann weit hinaus ins Meer, wo sie zwischen ein bis sechs Jahre leben, bevor sie zu ihrem Geburtsplatz zurückkehren, um zu laichen und – im Fall des Pazifischen Lachses – zu sterben. Wildlachse waren früher in den meisten nördlichen Flüssen mit gemäßigten Temperaturen heimisch, doch sind die Bestände aufgrund zunehmender Gewässerverschmutzung stark zurückgegangen. Schutzmaßnahmen und Fischzucht haben jedoch dazu beigetragen, daß Lachse weiterhin in ausreichender Menge angeboten werden.

Es gibt zwei Gruppen von Lachsen: den Pazifischen Lachs mit sechs sehr verschiedenen Arten und den Atlantischen Lachs. Alle haben ein ähnliches Aussehen – es sind stattliche Fische mit glatter, silbriger Haut und einem kleinen Kopf. Ihre Färbung reicht von Grau bis Braun und Dunkelblau, manchmal mit roten oder schwarzen Sprenkeln. Die größten von ihnen können bis zu 45 kg wiegen, doch sind die meisten sehr viel kleiner. Der beste Pazifische Lachs, der Königslachs, ist größer und gehaltvoller als der Atlantische Lachs und hat einen ausgeprägteren Geschmack.

Andere Pazifik-Lachse sind der Blaurückenlachs, der über kräftiges, dunkelrotes Fleisch verfügt und früher oft zu Konserven verarbeitet wurde, heute aber auch frisch gefragt ist. Der Silber- oder Coho-Lachs hat helles, aromatisches Fleisch, während der Buckellachs eine feine Struktur und einen milden Geschmack aufweist; er verdirbt rasch und wird deshalb gewöhnlich als Dosenware verarbeitet. Der grobstrukturierte Keta-Lachs hat den niedrigsten Fettgehalt; sein orangefarbener Rogen wird als Keta-Kaviar geschätzt. Eine weitere Art, der Masu-Lachs, kommt ausschließlich im asiatischen Pazifik vor.

Die besten Wildlachse werden mit der Angel gefangen, entweder im Meer oder wenn sie zum Ablaichen flußaufwärts ziehen. In Kanada, Norwegen, Schottland, Irland, den Vereinigten Staaten, Chile und Neuseeland züchtet man verschiedene Lachsarten im großen Stil. Farmlachse bieten den Vorteil konstanter Qualität und ständiger Verfügbarkeit, eine Herausforderung für die Fischzüchter bleibt es allerdings weiterhin, den Geschmack und die Beschaffenheit des Wildlachses zu erreichen.

Bei der Europäischen Forelle unterscheidet man je nach ihrer Lebensweise drei Typen: die Meer- oder Lachsforelle, die Seeforelle und die Bachforelle. Die Lachsforelle zieht durch den gesamten Nordatlantik und ist darüber hinaus auch in einigen größeren Binnengewässern heimisch. Ihr normalerweise rosafarbenes Fleisch ist so fest wie das der Forelle und hat einen milden Geschmack, der an Lachs erinnert. Manche Feinschmecker ziehen sie daher beiden Arten vor. Lachsforellen wiegen durchschnittlich 2–2,5 kg, wobei die kleineren Fische das meiste Aroma aufweisen. Ein Verwandter der Forellen ist der Wandersaibling, den man in arktischen Gewässern des Atlantiks und Pazifiks findet sowie in weiter südlich gelegenen Binnenseen, wie beispielsweise dem Lake Windermere in England und dem Lac Annecy in Frankreich. Die meisten Arten wiegen nur einige Pfund, und ihr Fleisch reicht in der Farbe von Weiß bis Rosa.

Andere Forellenarten können sowohl im Süßwasser wie auch im Salzwasser leben. Am bekanntesten ist die Regenbogenforelle, die ihren Namen ihrer schön gefärbten, braungetupften Haut verdankt. Süßwasser-Regenbogenforellen wiegen über 1 kg. An der pazifischen Ostküste hingegen zieht die Regenbogenforelle auch ins Meer und wird dann Stahlkopfforelle (Steelhead Trout) genannt. Stahlkopfforellen haben schmackhaftes, rosafarbenes Fleisch und können bis zu 23 kg schwer werden. Frisch wie auch geräuchert sind sie ausgezeichnet, und ihr Kaviar (S. 131) hat einen guten Ruf.

Zu den zahlreichen, von Sportanglern gefangenen Fischen gehört auch die rosagefleckte Saiblingsart Dolly Varden, die im nördlichen Pazifik heimisch ist. Der rostrot getupfte Bachsaibling lebt ausschließlich in Binnengewässern. Seeforellen, die in Alpenseen sowie in Seen im Norden Amerikas und Kanadas vorkommen, sind große Fische und fettreicher als die meisten anderen Forellen. Sie werden häufig geräuchert, schmecken aber auch als Frischfisch ausgezeichnet. Mit der Forelle verwandt ist die Äsche, ein Süßwasserfisch, den man in Europa und in Nordamerika findet.

Da Forellen bei Sportanglern besonders beliebt sind, hat man die Fische von einem Kontinent zum anderen verfrachtet. So war beispielsweise das ursprüngliche Verbreitungsgebiet der Regenbogenforelle ausschließlich der Ostpazifik, heute findet man sie in ganz Europa und Nordamerika.

Der Geschmack und die Farbe von Lachsen, Forellen und Lachsforellen werden von ihrem Lebensraum und ihrer Ernährung beeinflußt. Sowohl bei wildlebenden wie auch bei gezüchteten Forellen oder Lachsen wird die Rosafärbung des Fleisches durch eine Reaktion der Farbpigmente der Fische mit denen bestimmter Krustentiere verursacht. Solche Krustentiere finden sich in Süß- oder Salzwasser, das einen hohen Gehalt an Kreide oder Kalkstein aufweist. Der Grad der Rosafärbung ist von den Ernährungsgewohnheiten der Fische abhängig und davon, wie lange sie in den entsprechenden Gewässern gelebt haben. Eine Forelle, beispielsweise, die sich ausschließlich von Insektenlarven ernährt, hat weißes Fleisch. Bei Zuchtfischen kann die Farbe des Fleisches durch eine kontrollierte Fütterung beeinflußt werden.

Für die Zubereitung von Lachsen und Forellen sind die Möglichkeiten beinahe unbegrenzt. Das saftige Fleisch bietet sich zum Pochieren oder Dämpfen an und kann dann mit einer Buttersauce gereicht werden. Der ausgeprägte Geschmack von Lachs kommt auch mit einer *sauce béarnaise* noch gut zur Geltung, während eine weiße Buttersauce am besten zu Forelle paßt. Bei der berühmten französischen *truite au bleu* (Forelle blau) handelt es sich um eine unmittelbar vor der Zubereitung getötete Regenbogenforelle, die man kurz in Essig taucht, damit sich die Haut blau färbt, und anschließend in *court bouillon* gar ziehen läßt.

Fangfrische Forellen, mit einer Scheibe Speck im Freien gebraten, sind eine besondere Köstlichkeit. Mit einer solchen Gaumenfreude können sich allenfalls noch in Butter sautierte und mit Mandelblättchen oder Kräutern und Zitrone garnierte Forellen messen. Lachssteaks lassen sich ausgezeichnet grillen, während man ganze Lachse oder Forellen der Länge nach spalten und (nach Art der Indianer) flach auf einem Holzbrett vor einem offenen Feuer braten kann. Beide Fische lassen sich auch – nach Belieben auf einem Gemüsebett – in Pergamentpapier oder Alufolie gewickelt im Backofen garen. Große Lachsfilets werden häufig in Escalopes geschnitten (S. 117) und gebraten oder gedämpft.

Ein ganzer pochierter Lachs ist ein königlicher Genuß, ganz gleich, ob man ihn heiß mit einer *sauce hollandaise* serviert oder kalt in Aspik (unten). Wenn kein passender Fischkessel zum Pochieren zur Verfügung steht, kann man den ganzen Fisch auch fest in Alufolie wikkeln und im Ofen garen. Lachs ist einer der wenigen Fische, die sich gut in einem Fischfond mit Weißwein oder Rotwein schmoren lassen. Aus der Garflüssigkeit erhält man eine köstliche Sauce, wenn man sie mit Mehlbutter (S. 59) bindet.

Lachs und Forelle ergeben exzellente Pasteten, Terrinen und *mousselines*, wozu man sie häufig mit einer Portion Räucherfisch vermischt. Bei der Verwendung von Lachs bekommt das Ganze zusätzlich eine hübsche rosa Farbe. Roher, gebeizter Lachs (S. 125) schmeckt ebenfalls ausgezeichnet. Ein Grund für seine Beliebtheit ist, daß sich Lachs außergewöhnlich gut einsalzen und räuchern läßt (S. 488). Der Rogen verschiedener Lachsarten ist ein akzeptabler Ersatz für echten Stör-Kaviar (S. 131).

ZUR INFORMATION

Portionen *Mit Gräten und Kopf* 375 g. *Mit Gräten, ohne Kopf* 250 g. *Steaks oder Filets* 180 g.

Nährstoffgehalt pro 100 g (roh). *Pazifischer Lachs* 756 kJ/180 kcal; 20 g Protein; 10 g Fett; keine Kohlenhydrate; 66 mg Cholesterin; 47 mg Natrium. *Atlantischer Lachs* 596 kJ/142 kcal; 20 g Protein; 6 g Fett; keine Kohlenhydrate; 55 mg Cholesterin; 44 mg Natrium. *Regenbogenforelle* 496 kJ/118 kcal; 21 g Protein; 3 g Fett; keine Kohlenhydrate; 57 mg Cholesterin; 27 mg Natrium. *Lachsforelle* 622 kJ/148 kcal; 21 g Protein; 7 g Fett; keine Kohlenhydrate; 58 mg Cholesterin; 52 mg Natrium.

Garzeiten *Große ganze Fische* Garen im Backofen bei 175 °C/Gas Stufe 2–3, schmoren, pochieren, dämpfen: je nach Dicke (S. 117). *Kleine ganze Fische* Garen im Backofen bei 175 °C/Gas Stufe 2–3: 12–18 Minuten; grillen: 5–7 Minuten (je Seite); pochieren: 12–18 Minuten; braten, sautieren: 5–7 Minuten. *Steaks, Filets* Garen im Backofen (unabgedeckt gebacken oder in Pergamentpapier oder Alufolie) bei 175 °C/Gas Stufe 2–3: 12–18 Minuten; grillen: 3–5 Minuten (je Seite); marinieren (zum Rohverzehr): 1–2 Stunden; pochieren: 10–15 Minuten; sautieren: 3–5 Minuten (je Seite); dämpfen: 10–15 Minuten.

Bemerkung Forellen verlieren rasch an Geschmack, wenn sie aufbewahrt werden. Bei manchen Lachsen kann das dunkle Fleisch unter der Haut streng schmecken und sollte deshalb nach dem Garen abgeschabt werden.

Aufbewahrung *Ganze Lachse* Im Kühlschrank 2–3 Tage. *Lachssteaks, -filets* Im Kühlschrank 2 Tage. *Ganze Forellen, Filets* Im Kühlschrank 1–2 Tage.

Typische Gerichte *Lachs* Pochiert in Weißwein und Butter (Schottland); Steaks mit *sauce hollandaise* (Frankreich); roh, mariniert mit frischem Ingwer, Kräutern (Frankreich); sautiert mit Weißwein und Schalotten (Frankreich); gegrillt (Skandinavien); warmer Salat mit Ingwer-Soja-Dressing (USA); Filets *en papillote* mit frischem Dill (USA); über Holzkohle gegart, mit Zitronensaft (USA); Lachsscheiben, mit *kasha*, gehackten Eiern und Champignons aufgeschichtet, in Hefeteig (UdSSR). *Forelle* Müllerin-Art (Deutschland); pochiert in Wein, mit Champignons und Butter verfeinert (Schweiz); kalt in Orangenmarinade (Italien); gefüllt mit Wildpilzen (Frankreich); mariniert und gebraten (Norwegen); pochiert in Bier, Weißwein, Kräutern, Meerrettich (Großbritannien); mit Speck gefüllt, in der Pfanne gebraten (USA).

Pochierter Lachs in Aspik

Auch andere fleischige Rundfische, wie etwa Wolfsbarsch, Kabeljau oder Seehecht, lassen sich in Aspik servieren, doch ist keiner so eindrucksvoll wie der rosafleischige Lachs.

8–10 Portionen

1 Lachs (etwa 3 kg), Flossen gestutzt, geschuppt und ausgenommen (S. 111)
4–5 l Fischfond (S. 44)
2 l Aspik (S. 253), mit Lachsfond zubereitet
2 mittelgroße unbehandelte Salatgurken
8–10 mittelgroße gegarte und geschälte Garnelen
Tomaten-, Kräuter- und Chantilly-Mayonnaise (S. 63)
Salz

Fischkessel (S. 510)

1 Den Lachs im Fischfond pochieren (S. 119) und darin abkühlen lassen, bis er noch lauwarm ist, dann abtropfen lassen und die Haut abziehen (S. 118). Den Fond aufbewahren. Den Lachs auf einem Gitter über einer Tropfschale in den Kühlschrank stellen, bis er gut durchgekühlt ist. Aspik aus dem Fischfond zubereiten.
2 Die Gurken streifig schälen (S. 283), in dünne Scheiben schneiden, mit Salz bestreuen und 30 Minuten stehenlassen.
3 Das Salz von den Gurken spülen und sie gründlich abtropfen lassen. Die Gurkenscheiben schuppenförmig auf den Fisch legen und die Garnelen aufrecht gegen den Rücken des Fisches setzen. Den Lachs nochmals kalt stellen.
4 Den Lachs mit zwei bis drei Schichten Aspik überziehen (S. 253) und ihn nach jedem Überzug kühl stellen. Verbliebenen Aspik im Kühlschrank fest werden lassen und in dekorative Formen schneiden.
5 Den Lachs auf eine Platte heben und mit den Aspikstückchen garnieren. Die drei Sorten Mayonnaise getrennt reichen.

SÜSSWASSERFISCHE

Karpfen, Hecht, Wels, Renke, Barsch

Infolge von Überfischung und zunehmender Gewässerverschmutzung sind die Bestände an Süßwasserfischen drastisch zurückgegangen. Und trotz eingeleiteter Schutzmaßnahmen wird wohl auch weiterhin der größte Teil des Angebotes aus Zuchtfischen bestehen, die eine verhältnismäßig konstante, handliche Größe haben und von zuverlässiger, wenngleich auch weniger bemerkenswerter Qualität sind. Da sich die Umweltgifte überwiegend in der Haut und der darunterliegenden dünnen Fettschicht ansammeln, ist es eine vernünftige Vorsichtsmaßnahme, die Haut und das Fett von wildlebenden Süßwasserfischen vor dem Verzehr zu entfernen.

Allen Süßwasserfischen ist ein milder, delikater Geschmack gemein. Ihr Fleisch kann von grober oder feiner Struktur sein. Einfache Garmethoden, wie Pochieren, Dämpfen und Sautieren in Butter, werden ihnen am besten gerecht.

Karpfenfische, zu denen übrigens auch der Goldfisch gehört, werden schon seit langer Zeit als Speisefische gezüchtet. Der in Europa und Nordamerika am häufigsten vorkommende gewöhnliche Karpfen hat große Gräten, einen plumpen Körper und erreicht ein Gewicht von bis zu 2,5 kg. Sein Fleisch ist relativ grobstrukturiert, doch schmeckt es mit etwas Glück angenehm süß; die Qualität hängt stärker als bei den meisten anderen Fischen vom Lebensraum ab. So schmekken zum Beispiel Karpfen, die ihr Leben in schlammigen Gewässern verbracht haben, nicht besonders gut. Dies ist einer der Gründe, weshalb Karpfen, die in sauberem Wasser gezüchtet werden, besser sein können als manche Wildexemplare.

Eine Gruppe von Fischen, die Ähnlichkeit mit dem Karpfen hat, ist die nordamerikanische Familie der Sucker oder Sauger. Die besten von ihnen sind der Buffalofish, der um die 1,4–1,8 kg wiegt, und der kleinere White Sucker, der trotz seines Namens eine feinschuppige olivgrüne Haut hat. Der Süßwasser-Sheepshead ist perlmuttgrau, hat mitunter eine eiförmige Körperform und normalerweise – wie Karpfen und Sauger – grobes Fleisch. Die Tatsache, daß Sheepshead auch eine Brassenart (S. 140) sowie einen Lippfisch bezeichnet, führt häufig zu Verwechslungen.

Alle diese Fische, die oft etwas fade und blättrig sind, lassen sich gut samt Gräten im Backofen oder in einer Sauce garen. Das milde Aroma von Karpfen verbindet sich angenehm mit süßen Zutaten, wie etwa bei *carpe à la jutlandaise* (auf jütländische Art), den man mit Rosinen in Bier köcheln läßt.

Als Raubfisch läßt sich der Hecht leicht an seinen spitzen, sägeartigen Zähnen und dem blauschwarzen, gefleckten Körper erkennen. Hechte findet man in ganz Europa und Nordamerika, und große Mengen werden von Kanada nach Europa exportiert. Neben der Hechtart, die auch bei uns heimisch ist, sind in Nordamerika unter anderem noch der Grashecht und die Muskellunge verbreitet.

Hechtfleisch ist süß, von feiner Struktur und wohl das beste aller Süßwasserfische. Der einzige Nachteil – speziell bei kleineren Exemplaren – ist das Netzwerk feiner, haarähnlicher Gräten, und es ist fast unmöglich, sie zu entfernen. Die klassische Lösung des Problems ist es, das Fleisch zu pürieren und für Fischklößchen, wie etwa französische *quenelles* (S. 148), zu verwenden.

Auch der Zander ist ein Raubfisch und – was seinen Wert als Speisefisch betrifft – dem Hecht recht ähnlich. Der Zander – ursprünglich in Osteuropa beheimatet, inzwischen jedoch in vielen Ländern verbreitet – bevorzugt größere stehende Gewässer, jagt seine Beute aber im Gegensatz zum Hecht, der ruhige, pflanzenreiche Uferzonen liebt, im freien Wasser. Er eignet sich gut zum Füllen.

Welse oder Waller sind leicht an ihren Bartfäden zu erkennen. Sie verfügen wie der Hecht über süßes, weißes Fleisch. Ihr Gewicht liegt in der Regel zwischen 500 g und 9 kg, doch erreichen einige Arten auch 270 kg. Im Süden Amerikas ist der Wels ein überaus beliebter Speisefisch und wird dort häufig mit Maismehl paniert und in Butter gebraten.

Renken, Felchen oder Maränen bilden eine vielfältige Fischfamilie – ein Teil ihrer Mitglieder lebt ständig in Flüssen oder Seen, andere sind Wanderfische. Sehr begehrt ist die Große Bodenrenke, Sandfelchen oder Große Maräne der Great Lakes, wobei die größten Fänge aus den Flüssen und Seen Kanadas kommen. Nahe mit ihr verwandt ist die dunkelfleischige Amerikanische Kleine Maräne. Europa hat seine eigenen Renkenarten, die besonders in der Sowjetunion sehr zahlreich sind. Renken sind angenehm im Geschmack, etwas blättrig und gehaltvoller als die meisten anderen weißfleischigen Fische, so daß sie sich hervorragend zum Räuchern eignen. Ganze Fische schmekken pochiert sehr gut, während Filets besonders köstlich sind, wenn man sie leicht in Butter sautiert und mit einigen frischen Kräutern serviert.

Als Barsche bezeichnet man die verschiedensten Süß- und Salzwasserfische, wobei es sich bei den Echten Barschen um Süßwasserfische handelt. Der in Europa beheimatete Flußbarsch wird bis zu 1 kg schwer und hat festes weißes Fleisch, das sehr schmackhaft ist. Kleine Exemplare werden meist gebraten und häufig entgrätet als Doppelfilets angeboten.

Die nordamerikanischen Sonnenfische oder Sonnenbarsche sind dem Flußbarsch sehr ähnlich. Am bekanntesten von allen sind Black Crappie, White Crappie und Rock Bass. Fangfrisch schmecken alle diese Fische ausgezeichnet. Ihre zarte Süße kommt gut mit *beurre blanc* (S. 62) und Zutaten wie Kräutern, Butter und Zitrusfrüchten zur Geltung. Ein ebenso gelungenes Ergebnis erzielt man durch einen dünnen Überzug aus Weizen- oder Maismehl und kurzes Sautieren in Butter, wobei der Fisch zusätzlich mit einigen Mandelblättchen oder einem Spritzer Zitronen- oder Limettensaft verfeinert werden kann.

Hecht

Karpfen

Barsch

Wels

ZUR INFORMATION

Portionen *Mit Gräten und Kopf* 500 g. *Mit Gräten, ohne Kopf* 250–375 g. *Filets* 180 g.

Nährstoffgehalt pro 100 g (roh). *Karpfen* 482 kJ/115 kcal; 18 g Protein; 5 g Fett; keine Kohlenhydrate; 66 mg Cholesterin; 46 mg Natrium. *Wels* 487 kJ/116 kcal; 18 g Protein; 4 g Fett; keine Kohlenhydrate; 58 mg Cholesterin; 63 mg Natrium. *Renke* 418 kJ/100 kcal; 18 g Protein; keine Kohlenhydrate; 60 mg Cholesterin; 36 mg Natrium. *Hecht* 342 kJ/82 kcal; 19 g Protein; 1 g Fett; keine Kohlenhydrate; 39 mg Cholesterin; 63 mg Natrium. *Barsch* 338 kJ/81 kcal; 18 g Protein; 1 g Fett; keine Kohlenhydrate; 90 mg Cholesterin; 47 mg Natrium.

Garzeiten *Große ganze Fische* Garen im Backofen bei 175 °C/Gas Stufe 2–3, pochieren, dämpfen: je

ZUR INFORMATION (Fortsetzung) nach Dicke (S. 117). *Kleine ganze Fische* Garen im Backofen bei 175 °C/ Gas Stufe 2–3: 15–25 Minuten; grillen: 5–7 Minuten (je Seite); pochieren: 15–25 Minuten; sautieren: 5–7 Minuten (je Seite). *Filets* Grillen: 3–5 Minuten (je Seite); fritieren: 2–3 Minuten; pochieren, dämpfen: 8–12 Minuten; sautieren: 2–3 Minuten (je Seite).
Aufbewahrung *Ganze Fische* Im Kühlschrank 1–2 Tage. *Filets* Im Kühlschrank 1 Tag.
Typische Gerichte *Karpfen* In Rotweinsauce mit Weintrauben, Speck (Frankreich); mit Rogen gefüllt, im Ofen gegart (Großbritannien); in Bier im Ofen gegart (Deutschland); blau, mit zerlassener Butter (Deutschland); mit Paprika und saurer Sahne im Ofen gegart (Ungarn). *Wels* Pochiert, mit *sauce hollandaise* (USA). *Renke* Sautiert, mit Weißwein und Trockenpflaumen im Ofen gegart (Frankreich); *waterzooi* (Fischragout, Belgien); gegrillt (Deutschland); in saurer Sahne im Ofen gegart (Skandinavien). *Hecht* Geschmort, mit Weißwein, Sahne, Champignons (Frankreich); gefüllt mit Champignons, Brotkrumen, Anchovis, Speck (Großbritannien); pochiert in Meerrettichsahne (Ungarn); auf dem Rost gebratener Glasaugenzander mit Chili-Butter (USA); mit saurer Sahne (UdSSR).

QUENELLES ZUBEREITEN

Quenelles werden aus püriertem rohem Fisch (oder hellem Fleisch oder Geflügel), ganzen Eiern oder Eiweiß sowie Sahne zubereitet, dürfen jedoch nicht mit Schaumbrötchen (*mousselines*, S. 123) verwechselt werden. *Quenelles* erfordern stets ein Bindemittel, sei es in Form einer Panade aus Butter, Wasser und Mehl oder eines Brandteigs, der einen hohen Ei-Anteil hat, damit die Mischung beim Garen aufgeht und locker wird.

Im Gegensatz zu *mousselines* werden *quenelles* nie in einem Förmchen gegart, sondern direkt im Wasser pochiert; gelegentlich gart man sie auch im Backofen. Traditionell werden die gegarten *quenelles* dann mit einer Sauce überzogen, im Ofen überbacken und heiß serviert. Beliebte Saucen sind *sauce Nantua*, die mit Flußkrebsen zubereitet wird (rechte Seite), und *sauce cardinal* mit Hummer. Eine modernere Zubereitungsmethode ist es, die *quenelles* erst kurz vor dem Servieren zu pochieren und auf einer Buttersauce zu reichen. Kleine *quenelles* können auch als Suppeneinlage dienen. Der Fisch wird püriert, wozu man nach Belieben die Küchenmaschine benutzen kann. Für eine besonders feine Struktur sollte man das Püree anschließend noch durch ein Rundsieb streichen, was sich vor allem bei grätenreichen Fischen, wie Hecht, empfiehlt.

1 Den pürierten Fisch in eine Schüssel geben und diese in eine zweite Schüssel mit Eis setzen (durch das Kühlen wird die Mischung fester). Das Eiweiß schaumig schlagen und nach und nach unter das Fischpüree arbeiten. (Dies kann auch in der Küchenmaschine erfolgen.)

2 Je nach Rezept einen Brandteig (S. 376) oder eine Panade zubereiten. Die Masse gegebenenfalls auf einem Teller abkühlen lassen und sie dann nach und nach unter die Fischmischung schlagen.

Hinweis Eiweiß und Brandteig kann man mit Hilfe der Küchenmaschine unterrühren, doch muß die Masse dann gut gekühlt werden.

3 Nach und nach die Sahne untermischen und die Klößchenmasse anschließend mit Salz, Pfeffer und Muskat abschmekken. Durch das Salz wird die Mischung fester. In der Zwischenzeit Fischfond oder Salzwasser in einem großen flachen Topf zum Kochen bringen.

4 Zwei Eßlöffel in den Fond tauchen und dann einen Löffel Klößchenmasse abstechen.

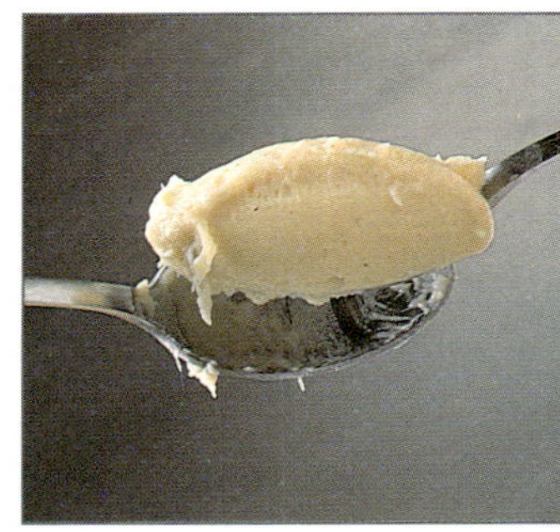

5 Die Fischmasse mit Hilfe der beiden Löffel zu ovalen Klößchen formen.

6 Das erste Klößchen probeweise 2–3 Minuten pochieren. Wenn es auseinanderfällt, ein zusätzliches Eiweiß unter die Masse schlagen und nochmals gründlich durchkühlen lassen. Die *quenelles* je nach Größe 8–15 Minuten pochieren, bis sie sich fest anfühlen, kurz abtropfen lassen und noch warm mit einer Sauce servieren (rechte Seite).

Quenelles mit sauce Nantua

Die Flüsse und Seen in der Gegend von Nantua sind für ihre ausgezeichneten Flußkrebse bekannt, die die Grundlage dieser klassischen Sauce bilden.

6–8 Portionen als Hauptgericht

2 kg Hecht, Flossen gestutzt (S. 111)
Brandteig (S. 376), aus 125 ml Wasser, ½ TL Salz, 45 g Butter, 60 g Mehl und 2 Eiern zubereitet
6–7 Eiweiß
500 ml Crème fraîche oder Crème double (S. 70)
1 Prise Muskat
Salz und Pfeffer

Für die Sauce

180 g Butter
1 Zwiebel, feingehackt
1 Möhre, feingehackt
1 kg Flußkrebse
2 EL Weinbrand
125 ml Weißwein
1 l Fischfond, aus Köpfen und Gräten vom Hecht gekocht (S. 44)
1 *bouquet garni*
45 g Mehl
500 ml Crème fraîche oder Crème double
1 TL Tomatenmark (nach Belieben)
1 Prise Cayennepfeffer

1 Den Fisch filetieren (S. 114) und die Haut entfernen. Die Filets abspülen und trockentupfen. Aus Köpfen und Gräten 1 l Fond kochen. Den Brandteig zubereiten.

2 Die Klößchenmasse (links) aus Hechtfleisch, Eiweiß, Brandteig und Crème fraîche zubereiten und mit Salz, Pfeffer und Muskat abschmekken. Die *quenelles* formen und pochieren. Sie anschließend auf ein gebuttertes Backblech legen und mit gebutterter Alufolie abdecken.

3 Für die Sauce Ein Viertel der Butter in einem großen flachen Topf zerlassen. Zwiebel und Möhre hinzufügen und sautieren, bis sie weich sind. Die Flußkrebse dazugeben und bei starker Hitze etwa 2 Minuten sautieren, bis sie sich rot färben; die Krebse dabei immer wieder durchheben. Den Weinbrand dazugießen und anzünden (Flambieren, S. 38). Weißwein, Fischfond, *bouquet garni*, Salz und Pfeffer hinzufügen und alles 8–10 Minuten köcheln lassen, bis sich die Flußkrebse leuchtendrot färben. Die Krebse herausheben, das Fleisch auslösen und den Darm entfernen (S. 162). Die Krebsschalen zusammen mit etwas Garflüssigkeit in der Küchenmaschine oder nach und nach im Mixer fein hacken. Sie anschließend zurück in den Topf geben und noch 10 Minuten köcheln lassen. Die Mischung durch ein Sieb gießen und die gesamte Flüssigkeit aus der Masse herausdrücken. Von der verbliebenen Butter 3 EL zurückstellen, den Rest in einem Topf zerlassen, das Mehl unterrühren. Sobald das Mehl schäumt, die Garflüssigkeit der Krebse unterrühren und die Sauce zum Kochen bringen; dabei ständig rühren, bis die Sauce eindickt. Die Sauce 10–15 Minuten – oder bis sie gerade einen Löffel überzieht – köcheln lassen. Crème fraîche hinzufügen und das Ganze kurz aufwallen lassen. Ist die Sauce blaß, ein wenig Tomatenmark unterrühren. Mit etwas Cayennepfeffer würzen und abschmecken.

4 In der Zwischenzeit die *quenelles* 8–12 Minuten im vorgeheizten Backofen bei 200 °C/Gas Stufe 3–4 erhitzen.

5 Die Hechtklößchen auf 6–8 Portionstellern anrichten, die Sauce darüberschöpfen und mit Flußkrebsschwänzen garnieren. Sofort servieren – *quenelles* müssen heiß sein.

FETTFISCHE

Hering, Sardine, Alse, Makrele, Blaufisch

Das jeweilige Aroma verschiedener fetter Fischarten ist sehr charakteristisch – niemand würde den Geschmack von Hering mit dem von Makrele verwechseln. Ihr Fleisch ist weich und blättrig, und die meisten wiegen unter 2,5 kg; nur einige größere Arten erreichen 4,5 kg. Man findet sie in allen Weltmeeren, manche sind gehaltvoller und fetter als andere – ein oder zwei Makrelenarten, beispielsweise, können recht fest und weiß sein. Ungeachtet dieser Unterschiede ist ihre Verarbeitung in der Küche die gleiche.

Am verbreitetsten ist der Hering, ein Fisch, der in Ländern wie Norwegen und Dänemark jahrhundertelang die wirtschaftliche Grundlage der dortigen Fischereiwirtschaft darstellte. Durch Überfischung waren die Heringsbestände bis vor wenigen Jahren jedoch derart zurückgegangen, daß Schutzbestimmungen erlassen werden mußten, die auch Wirkung zeigten. Wie schon in früheren Zeiten wird Hering auch heute weitaus öfter eingelegt (grüner Hering, Brathering), gesalzen (Salzhering) oder geräuchert (Bückling) verzehrt als frisch. Heringsrogen, in Butter sautiert oder im Ofen gegart, ist ebenso beliebt wie das Fleisch.

Bei Heringen unterscheidet man zwei Arten: den Atlantischen Hering und den Pazifischen Hering. Der Fettgehalt der Fische ist je nach Jahreszeit verschieden. Das Fleisch eines ausgewachsenen Herings, der im Herbst oder im frühen Winter gefangen wird, ist sehr viel gehaltvoller als nach dem Ablaichen im Frühjahr.

Nahe Verwandte sind die Pilchards, von denen die meisten als Ölsardinen in Konservendosen enden. Sardinen nennt man junge Pilchards bis zu einer Länge von ungefähr 16 cm. Als Kronsardinen (oder Kronsild) kommen hingegen kleine, mit Zwiebeln und Gewürzen in Essig eingelegte Heringe oder Sprotten in den Handel, die ausgenommen, aber nicht entgrätet sind.

Ein anderer kleiner fetter Fisch ist der Stint, der so groß wie ein kleiner Hering werden kann und genau wie dieser gegart wird. Stinte sind in Küstengewässern und tiefen Binnenseen überall auf der Welt zu finden, und es gibt Süß- und Salzwasserarten. Sie haben einen gurkenähnlichen Geschmack.

Die Sardelle (Anchovis), ein weiterer fettreicher kleiner Fisch – er wird höchstens bis zu 20 cm lang –, hat ein charakteristisches Aroma, das am besten zur Geltung kommt, wenn der Fisch eingesalzen und als Würzmittel verwendet wird. Doch auch frische Sardellen schmekken gebraten oder gebacken recht gut. Die Färbung dieser Fische reicht von Blau bis Grau oder Schwarz, und alle haben einen silbrigen Glanz.

Alsen oder Maifische sind eher golden – eine angemessene Farbe für die am meisten geschätzten Mitglieder der Heringsfamilie. Ihr feinstrukturiertes Fleisch ist delikat und aufgrund der kurzen Fangzeiten sehr begehrt: Alsen werden gefangen, wenn sie flußaufwärts zu ihren Laichplätzen ziehen. Ihr ursprüngliches Verbreitungsgebiet war ausschließlich der nordwestliche Atlantik, doch hat man sie auch erfolgreich im Nordostpazifik ausgesetzt. Die europäischen Alsenarten sind weniger schmackhaft als ihre amerikanischen Verwandten. Alsenrogen ist eine besondere Delikatesse und oftmals beliebter als der grätenreiche Fisch, von dem er stammt.

Der Shad ist eine größere, dickere Heringsart, die im Mittelmeer, im Atlantik und Pazifik vorkommt. Er wird wie Hering zubereitet.

Von der überaus fruchtbaren Makrelenfamilie gibt es ein Dutzend verschiedener Arten, für die gehaltvolles Fleisch von feiner Struktur typisch ist. Die Atlantische Makrele gehört zu den kleineren Arten und wiegt unter 2,5 kg, die große Königsmakrele hingegen kann bis zu 45 kg schwer werden. Als Spanische Makrele wird in Europa die kleine, fettreiche Makrele bezeichnet, während ihre amerikanische Verwandte magerer und größer ist und zwischen 1 kg und 1,5 kg wiegt. Das Fleisch des Cero *(Scomberomorus regalis)* ist weißer, das der Fregattenmakrele hingegen so dunkel, daß es häufig mit Thunfisch verglichen wird. Die Bastardmakrele (S. 140) wiederum gehört zur Familie der Stachelmakrelen. Mit ihrer irisierenden Haut, deren Färbung von Blaugrün bis Gold reicht, und ihrer streifenförmigen Rückenzeichnung sind Makrelen leicht zu identifizieren.

Der Wahoo (von den Hawaiianern auch *ono* genannt, was soviel wie »süß« bedeutet) ist mit seinem weißen Fleisch ein ausgezeichneter Speisefisch. Er kommt im Golf von Mexiko und im Pazifik vor und wiegt durchschnittlich 15 kg oder mehr.

Der Blaufisch oder Blaubarsch – ein guter Grillfisch – ist kleiner und erreicht selten mehr als 7 kg Gewicht. Er ist an der westatlantischen Küste stark verbreitet, sein Fleisch ist weich und dunkel wie das der Makrele und von angenehmem Geschmack, der bei ausgewachsenen Fischen intensiver wird. Dem Wahoo ähnelt in Geschmack und Struktur der Barrakuda.

Der elegante, stahlblaue Bonito sieht wie ein Thunfisch aus, doch erinnert sein Fleisch eher an eine Makrele. Die eine oder andere Art findet man überall auf der Welt in warmen Gewässern, und in der Regel wiegen sie weniger als 4,5 kg. Der Gestreifte oder Echte Bonito (S. 133) hingegen ist ein echter Thunfisch.

Bei vielen fettreichen Fischen bereitet das komplizierte Netzwerk feiner Gräten Probleme bei der Zubereitung. Im schlimmsten Fall, wie etwa bei Alsen, muß sie ein Fachmann entfernen. Aus diesem Grund werden Alsen gewöhnlich als küchenfertige Filets verkauft. Die feinen Gräten von Heringen und, mit Einschränkungen, auch die von Makrelen sind zwar nicht weniger lästig, doch lassen sie sich mit etwas Sorgfalt aus dem rohen Fisch herausschneiden oder nach dem Garen zusammen mit der Mittelgräte abziehen. Kleine weiche Fische kann man entgräten, indem man die Mittelgräte mit den Fingern löst (rechte Seite). Die Haut von fetten Fischen wird zum Garen normalerweise nicht entfernt, da sie das Fleisch zusammenhält. Sie kann jedoch einen strengen Geschmack haben und wird deshalb nicht gegessen.

Absolute Frische und eine sorgfältige Behandlung, die das sofortige Ausnehmen und Kühlen einschließt, sind die Grundvoraussetzungen bei allen fettreichen Fischen. Das Fett oxidiert rasch und wird schnell ranzig, was – selbst bei tiefgefrorenen Fischen – zu einem beißenden Geschmack und strengem Geruch führt. Gelbe Stellen, insbesondere am Bauch, sind ein schlechtes Zeichen. Darüber hinaus können sich durch unzureichendes Kühlen bei bestimmten fetten Fischen Histamine im Fleisch bilden, die unter Umständen allergische Reaktionen verursachen. Bei sachgemäßer Handhabung können diese Fische jedoch eine wahre Delikatesse sein. Man denke nur an die knusprigen gegrillten Sardinen, die man am Mittelmeer zusammen mit einem Glas Wein genießt. Die Portugiesen lieben sie besonders und servieren die auf dem Rost gebratenen Fische häufig zwischen zwei Scheiben *broa*, einem Maisbrot. Auch die ersten jungen Heringe, die mildgesalzen und entgrätet als Matjesheringe mit Zwiebeln und einem Glas Schnaps im Frühjahr auf holländischen Straßen angeboten werden, sollte man sich nicht entgehen lassen. Eine auf einem Holzbrett vor einem offenen Feuer geröstete Alse oder eine mit der Angel gefangene und kurz über Holzkohle gegrillte Makrele sind ebenfalls einen Versuch wert.

Viele fettreiche Fische schmecken auch in der Pfanne gebraten köstlich, da ihr Aroma hierbei eingeschlossen und ein Teil des unter der Haut sitzenden Fettes herausgebraten wird. Als Beilage reicht man am besten Salzkartoffeln, ein Stück Zitrone oder eine scharfe Senfsauce. Die kleinsten unter den fetten Fischen können auch fritiert werden.

Gehaltvolle Fische sind darüber hinaus ideal zum Grillen geeignet. Man würzt sie dazu lediglich mit Salz, Pfeffer und eventuell einem aromatischen Küchenkraut, wie Thymian. Auf diese Weise lassen sich gut verhältnismäßig große Fische garen, da das Fleisch aufgrund der fetthaltigen Haut schön saftig bleibt. Passende Beilagen sind im Ofen gegarte Kartoffeln, gegrillte Tomaten sowie einige Kräuter oder etwas Sardellenbutter für den Fisch selbst. Sowohl große wie auch Portionsfische können zusammen mit einfachen Zutaten im Backofen gegart werden. Alse und Hering belegt man dabei gern mit dünnen Speckscheiben.

Shad

Blaufisch

Makrele

Sardinen

Hering

Amerikanische Makrele

Bonito

Eine andere Möglichkeit ist es, die Fülle fettreicher Fische mit säuerlichen Zutaten auszugleichen – ein beliebtes Verfahren in Skandinavien. Heringe und Makrelen lassen sich mit Gemüsen und reichlich Essig im Ofen garen, so daß der Fisch mild gesäuert wird. Der Fisch kann vor dem Braten auch leicht eingesalzen und nach skandinavischer Art mit Preiselbeeren serviert oder gebraten und dann mit Kräutern in Essig eingelegt werden. Ein internationaler Klassiker ist Hering in saurer Sahne.

Die Struktur stellt beim Garen gehaltvoller Fische kein Problem dar, denn obwohl das Fleisch zart ist, behält es seine Form gut. Der eigentliche Nachteil dieser Fische ist ihr strenger oder zu intensiver Geschmack. Garmethoden wie Dämpfen und Pochieren, die dazu gedacht sind, zarte Aromen zu betonen, sollte man demzufolge nicht anwenden. Ebensowenig eignen sich fettreiche Fische zur Zubereitung von Suppen, wenngleich man für bestimmte Fischragouts – etwa *cotriade* aus der Bretagne – eine Mischung von weißen und fetten Fischen verwendet und geräucherte Fettfische durchaus auch einen Platz in cremigen *chowders* haben.

ZUR INFORMATION
Portionen *Mit Gräten und Kopf* 375 g. *Mit Gräten, ohne Kopf* 250 g. *Steaks, Filets* 180 g.
Nährstoffgehalt pro 100 g (roh). *Hering* 842 kJ/ 201 kcal; 17 g Protein; 15 g Fett; keine Kohlenhydrate; 85 mg Cholesterin; 117 mg Natrium. *Sardine* 520 kJ/124 kcal; 19 g Protein; 5 g Fett; keine Kohlenhydrate; 52 mg Cholesterin; 100 mg Natrium. *Alse* 827 kJ/197 kcal; 17 g Protein; 14 g Fett; keine Kohlenhydrate; 80 mg Cholesterin; 52 mg Natrium. *Makrele* 751 kJ/180 kcal; 19 g Protein; 12 g Fett; keine Kohlenhydrate; 70 mg Cholesterin; 95 mg Natrium. *Blaufisch* 521 kJ/124 kcal; 20 g Protein; 4 g Fett; keine Kohlenhydrate; 59 mg Cholesterin; 60 mg Natrium.
Garzeiten *Große ganze Fische* Garen im Backofen bei 175 °C/Gas Stufe 2–3, grillen: je nach Dicke (S. 117). *Kleine ganze Fische* Garen im Backofen bei 175 °C/Gas Stufe 2–3: 15–25 Minuten; grillen, braten: 5–7 Minuten (je Seite). *Steaks, Filets* Grillen, braten: 3–5 Minuten (je Seite); pochieren (mit Essig): 12–20 Minuten; in Ragouts: 8–12 Minuten köcheln lassen.
Bemerkung Strenger Geschmack, wenn Fische nicht fangfrisch.
Aufbewahrung *Ganze Fische, Steaks, Filets* Im Kühlschrank 1 Tag.
Typische Gerichte *Hering* Im Ofen gegart mit Kartoffeln, Salbei, Zwiebeln (Wales); *Yorkshire herring pie* (Großbritannien); eingelegt (Deutschland, Finnland); Salat mit Dillsauce (Deutschland, USA). *Sardinen* Salat mit Kartoffeln, Tomaten, Kräutern, mit Vinaigrette angemacht (Frankreich); gegrillt (Italien, Griechenland). *Alse* Mit Rogen in Sahnesauce (USA); getrocknet, zwischen Lorbeerblättern gepreßt, dann gebraten (Italien). *Makrele* Pochiert, mit Stachelbeersauce (Großbritannien); gebraten und eingelegt (Schottland). *Blaufisch* Gegrillt, mit Kapern, Zwiebeln (USA).

KLEINE FETTFISCHE ENTGRÄTEN

Kleine fette Fische, wie Sardinen oder Sprotten, sind so weich, daß man die Gräten mit den Fingern entfernen kann.

1 Den Kopf des Fisches (hier eine Sardine) abkneifen und mit den Kiemen wegwerfen.

2 Die Bauchhöhle mit dem Finger öffnen und die Eingeweide herauslösen.

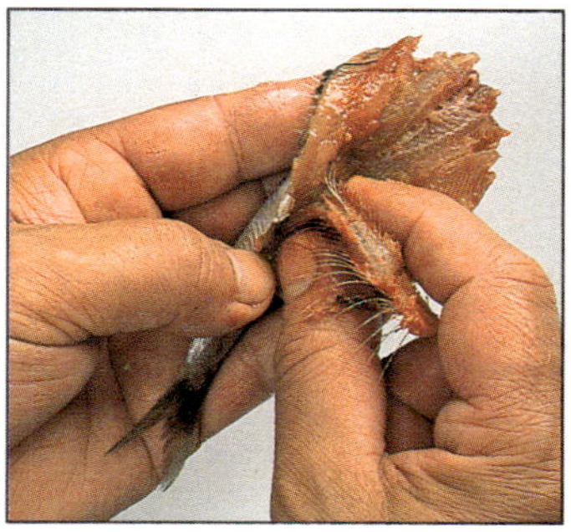

3 Den Fisch flach auseinanderklappen. Die Mittelgräte, am Kopfende beginnend, mit den Fingern lösen, herausziehen und am Schwanzende abbrechen. Den ausgenommenen, entgräteten Fisch abspülen und vor dem Backen oder Braten abtropfen lassen.

Eingelegter Brathering

Für dieses skandinavische Rezept kann man auch kleine Makrelen nehmen. Der Bratfisch kann heiß oder kalt serviert werden.

4 Portionen
4 Heringe (je etwa 375 g), Flossen gestutzt, geschuppt und ausgenommen (S. 112)
Salz und Pfeffer
2 Eier, verschlagen
180 g Semmelbrösel
60 g Butter
60 ml Öl

Für die Marinade
375 ml Essig
100 g Zucker
2 EL Pimentkörner
3 Lorbeerblätter
1 kleine Zwiebel, in dünne Scheiben geschnitten
Einige Zweige Dill oder Petersilie

1 **Für die Marinade** Essig, Zucker, Piment, Lorbeerblätter und Zwiebel erhitzen, bis sich der Zucker aufgelöst hat. Die Marinade 5 Minuten köcheln lassen, dann zum Abkühlen beiseite stellen.
2 Die Heringe durch den Bauch ausnehmen, Kopf und Schwanz nicht abtrennen. Die Fische abspülen, mit Küchenkrepp trockentupfen, dann salzen und pfeffern. Jeden Hering zu einem Fächer zusammenklappen und den Schwanz durch das Maul stecken (S. 113). Die Fische in Ei wenden und mit Semmelbröseln panieren.
3 Butter und Öl in einer Bratpfanne erhitzen, bis die Butter schäumt. Die Fische mit der Schwanzseite nach oben hineinlegen und 3–5 Minuten kräftig braten, bis sie gebräunt sind. Sie dann wenden und auf der zweiten Seite bräunen.
4 Die gebratenen Heringe auf Küchenkrepp abtropfen lassen und anschließend in einer flachen Servierschale anrichten. Den Dill in die Marinade geben und den Fisch damit übergießen. Die Bratheringe abdekken und für wenigstens 3 Stunden oder über Nacht in den Kühlschrank stellen. Den marinierten Fisch mit Kartoffelsalat reichen oder als Teil einer Schwedenplatte servieren.

FISCHE MIT LANGGESTRECKTEM KÖRPER

Aal, Hornhecht, Neunauge

Aale werden schon seit Jahrhunderten gefangen, doch bis vor kurzem war ihr Lebenszyklus ein Geheimnis. Junge Aale von 5–7 cm Länge (man bezeichnet sie als Glasaale, da sie fast durchsichtig sind) tauchen im Frühjahr in riesigen Schwärmen an den Flußmündungen auf, um flußaufwärts zu schwimmen. Hier wachsen sie heran, nehmen zunächst eine gelbliche Farbe an und werden dann silberfarben. Nach mehreren Jahren ziehen sie zurück ins Meer, um abzulaichen. Ihre Laichplätze waren lange Zeit unbekannt, bis zu Beginn unseres Jahrhunderts der Nachweis gelang, daß atlantische Aale von Europa und Amerika aus in die Sargassosee zurückkehren.

Aale werden kommerziell entweder als Jungaale oder als geschlechtsreife Fische gefangen, wenn sie zum Ablaichen zurück ins Meer ziehen. Halbwüchsige Aale, die man in Reusen oder mit der Angel in Flüssen fängt, schmecken nur dann gut, wenn sie bereits Fett angesetzt haben.

Der Europäische Flußaal wird etwa 1 m lang (der Amerikanische Flußaal ist kleiner); der Japanische und der Australische Aal sind in Geschmack und Aussehen recht ähnlich. Das Fleisch ist fest, gehaltvoll und fettreich, und der ausgeprägte, aber feine Geschmack wird von Kennern sehr geschätzt. In Japan ist gegrillter Aal, der zuvor mariniert und gedämpft wurde, ein beliebtes Gericht. Aale zählen durchaus nicht überall zu den begehrten Speisefischen, da manche ihre schlangenförmige Körperform abstoßend finden. So wird ein großer Teil der nordamerikanischen Fänge vorwiegend in die Niederlande und nach Skandinavien exportiert, wo Aalgerichte zur traditionellen Landesküche gehören.

Meeraal wird in Europa verkauft, nicht aber in Nordamerika. Meeraale sind erheblich größer als Flußaale. Ihr Fleisch, das sich stark von dem der Flußaale unterscheidet und allgemein weniger geschätzt wird, ist am besten, wenn man es aus dem vorderen Bereich und der Mitte schneidet.

Die bösartige Muräne, die in warmen Gewässern lebt, und der schlammig schmeckende Sandaal haben kaum eine kulinarische Bedeutung, wenngleich sich ganz junge Sandaale gut fritieren lassen. Aalmutter ist ein Küstenfisch der Nord- und Ostsee, der als Jungfisch an den Glasaal erinnert. Er hat schmackhaftes Fleisch.

Auch Hornhechte haben einen langen, aalähnlichen Körper und verfügen über markante lange, spitze Kiefer, zeichnen sich aber vor allem durch ihre grünen Gräten aus. Ihr festes Fleisch ist weiß und sehr aromatisch, kann jedoch trocken sein und wird deshalb am besten in Flüssigkeit gegart, also zum Beispiel pochiert. Hornhechte gibt es im Nordostatlantik, im Mittelmeer und in australischen Gewässern. Ganz ähnlich sehen auch die in Nordamerika beheimateten Knochenhechte aus, bei denen es sich jedoch um Süßwasserfische mit weichem Fleisch handelt. Ein kleinerer Verwandter der Hornhechte ist der Atlantische Makrelenhecht, der im Nordatlantik lebt. Fische mit noch beziehungsreicheren Namen sind der Haarschwanz oder Degenfisch, den man im westlichen Atlantik und im Pazifik findet, sowie der im Ostatlantik beheimatete Strumpfbandfisch. Ihr Fleisch ähnelt dem der Hornhechte.

Eine besondere Kuriosität sind die Neunaugen, die zwar wie Aale aussehen, aber nicht zur Klasse der Fische, sondern zur ältesten Wirbeltiergruppe der Erdgeschichte gehören – den Kieferlosen. Früher waren Neunaugen geschätzte Leckerbissen, heute werden sie nur selten verzehrt, wenngleich sie in Lettland und Estland, in Portugal, Spanien und der Gegend von Bordeaux noch recht begehrt sind.

All diese langgestreckten Fische lassen sich mühelos entgräten, und die langen, fleischigen Filets werden häufig gegrillt. Fische mit weißerem Fleisch, wie etwa Hornhechte, schmecken ausgezeichnet, wenn man sie pochiert oder sautiert. Eine andere Möglichkeit ist es, sie für Suppen oder Eintöpfe quer in dicke Steaks zu schneiden, wie beispielsweise für den mit reichlich Kräutern zubereiteten *anguille au vert* (Aal grün) oder für *matelote* aus dem Loire-Tal, ein Ragout, das mit jungen Zwiebeln, Champignons, Weißwein und viel Sahne zubereitet wird.

Aale sind gelatinereiche Fische. Wenn man sie in einer *court bouillon* mit Essig (S. 44) pochiert und dann abkühlen läßt, dickt die Flüssigkeit zu einem zarten Gelee ein. Aal ist häufig Bestandteil gemischter Fischsuppen, und die Gräten ergeben einen ausgezeichneten Fond. Die meisten Aale werden allerdings geräuchert. Mit einem Spritzer Zitronensaft oder einem Löffel Meerrettichsauce sind sie dann vielleicht das köstlichste aller Aalgerichte.

Glasaale sind so winzig, daß man sie nur ein oder zwei Minuten garen sollte. Sie können wie Strömlinge fritiert werden (unten), rasch mit etwas Knoblauch und Chili in Olivenöl sautiert oder leicht in der Pfanne gebraten und dann mit Eiern als Omelett zubereitet werden.

ZUR INFORMATION

Portionen *Mit Gräten und Kopf* 375 g. *Mit Gräten, ohne Kopf* 250 g. *Steaks, Filets* 180 g.

Nährstoffgehalt pro 100 g (roh). *Aal* 1174 kJ/281 kcal; 15 g Protein; 25 g Fett; keine Kohlenhydrate; 142 mg Cholesterin; 65 mg Natrium. *Hornhecht* 441 kJ/105 kcal; 19 g Protein; 14 g Fett; keine Kohlenhydrate; 70 mg Cholesterin; 90 mg Natrium.

Garzeiten *Steaks* Grillen: 2–4 Minuten (je Seite); pochieren: 8–12 Minuten. *Filets* Grillen: 2–3 Minuten (je Seite); pochieren: 5–7 Minuten; sautieren: 2–3 Minuten (je Seite).

Bemerkung Strenger Geschmack, wenn nicht ganz frisch.

Aufbewahrung *Ganze Fische, Filets* Im Kühlschrank 1 Tag.

Typische Gerichte *Aal* Pastete (Großbritannien); gebraten, mit Sahnekartoffeln (Dänemark); gebraten, mit Kapern und eingelegten Rüben (Skandinavien); am Spieß gebraten (Italien); *anguille Médocaire* (geschmort mit Rotwein; Frankreich); *anguille à l'oseille* (gegrillt, mit Sauerampfersauce; Frankreich); Hamburger Aalsuppe (Deutschland).

Aal

STRÖMLINGE ZUBEREITEN

Unter Strömlingen versteht man junge Heringe und Sprotten, die im Atlantik und im Mittelmeer zu finden sind. Die Fische sind so klein, daß man sie nicht ausnehmen oder putzen muß, sondern ganz verzehren kann. Gewöhnlich werden sie in Mehl gewälzt und fritiert, bis sie knusprig und goldbraun sind.

Auch andere junge Fische, etwa Glasaale, Sardellen, Stinte und selbst winzige Seezungen, lassen sich auf diese Weise zubereiten – vorausgesetzt, ihre Gräten sind ganz zart.

Junge fritierte Fische findet man in vielen Landesküchen. Das aus England stammende Gericht *whitebait* beispielsweise umfaßte zur Zeit seiner Entstehung – gegen Ende des 18. Jahrhunderts – wenigstens ein halbes Dutzend verschiedener Fischarten. Die Franzosen fritieren *goujons* (S. 127), die Holländer verschiedene Arten von Süßwasserfischen, die sie *witvis* nennen, und die Italiener bereiten den berühmten *fritto misto di pesce* zu.

Strömlinge und andere junge Fische fritieren

Die Fische abspülen und mit Küchenkrepp trockentupfen. Die Köpfe daran belassen und die Fische auch nicht ausnehmen. Die Fische in Mehl wenden und überschüssiges Mehl abschütteln. In einer hohen Bratpfanne reichlich Öl auf etwa 190 °C erhitzen und die Fische 1–2 Minuten fritieren, bis sie goldbraun und schön knusprig sind. Mit Salz und Pfeffer würzen und sofort mit fritierter Petersilie und Zitrone servieren.

AAL ENTHÄUTEN

Große Aale werden enthäutet, kleine Aale lediglich mit Salz abgerieben. Nach dem Abziehen der Haut sollten Aale so bald wie möglich gegart werden. (Rohes Aalblut ist giftig!)

1 Den Aal direkt hinter dem Kopf festhalten, dabei ein Tuch zu Hilfe nehmen, damit die Hand nicht abrutscht. Mit einem spitzen Messer den Aal auf der Bauchseite unterhalb des Kopfes etwa 2 cm tief einschneiden.

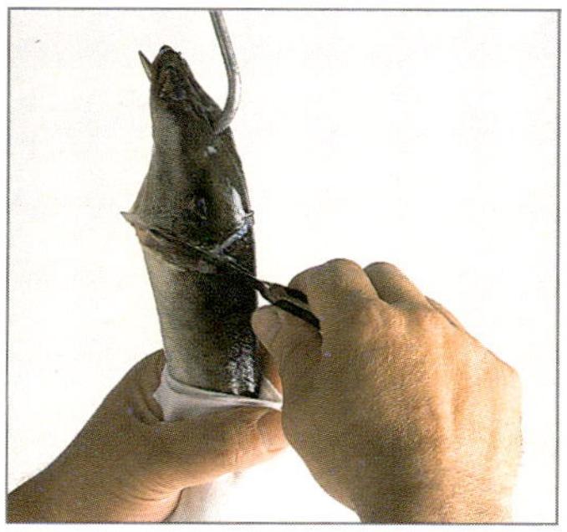

2 Einen Haken durch die Kiemen stechen und den Aal an eine sicher befestigte Stange hängen oder mit einer Schnur um den Hals festbinden. Die Haut unmittelbar hinter dem Kopf rundum einschneiden.

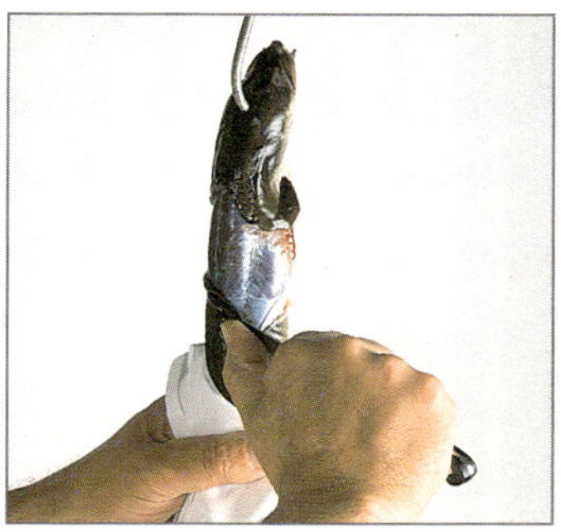

3 Die Haut an der Bauchseite mit Hilfe des Messers ein Stück zum Schwanzende hin abziehen.

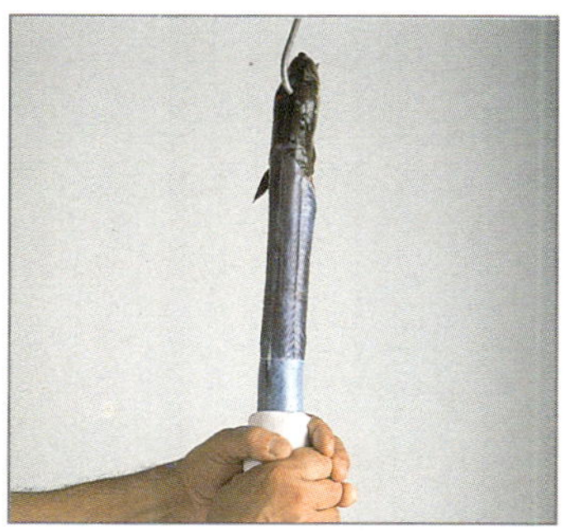

4 Die Haut mit einem kräftigen Ruck zum Schwanz hin völlig abziehen.

Hinweis Aal läßt sich direkt nach dem Schlachten leichter enthäuten.

AAL FILETIEREN

Im Gegensatz zu den meisten anderen Fischen sollte ein Aal vor dem Filetieren enthäutet werden, da sich die zähe Haut schlecht von den Filets lösen läßt.

1 Den enthäuteten Aal mit der Seite flach auf ein Schneidebrett legen. Das Fleisch unmittelbar hinter dem Kopf mit einem scharfen Messer einschneiden oder den Kopf ganz abschneiden.

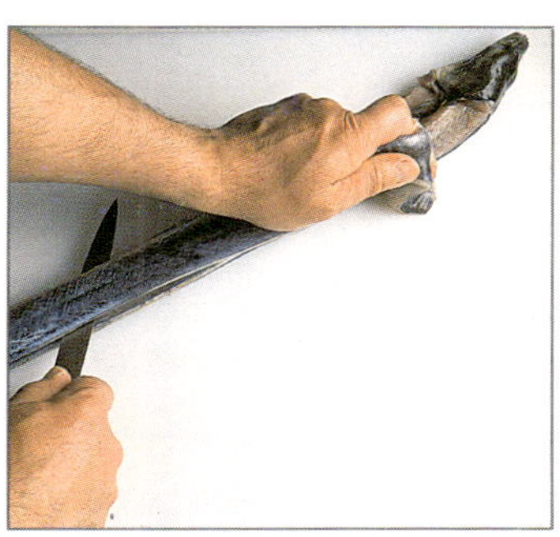

2 Ein Messer mit biegsamer Klinge am Kopfende ansetzen und das Filet von der Mittelgräte losschneiden. Den Vorgang auf der anderen Seite wiederholen, um das zweite Filet abzulösen.

Aal oder Makrele auf asiatische Art

Dieses Rezept eignet sich für alle fetten Fische. Fische mit weicherem Fleisch, wie Hering oder Makrele, sollten mit Haut filetiert werden.

4 Portionen
750 g enthäutete Aalfilets oder Makrelenfilets mit Haut
Salz

Für die Marinade
175 ml Reiswein oder Sherry
4 EL dunkle Sojasauce
100 g dunkelbrauner Zucker
1 rote Chilischote, geputzt und in dünne Ringe geschnitten
2 Frühlingszwiebeln, in Scheiben geschnitten

1 In einem Topf mit Dämpfeinsatz Salzwasser zum Kochen bringen. Die Fischfilets in den Dämpfeinsatz legen, über das kochende Wasser setzen und den Deckel auflegen. Den Fisch dämpfen, bis er an der Außenseite blättrig, in der Mitte aber noch durchscheinend ist – bei Aal dauert dies 4–5 Minuten, bei Makrele 2–3 Minuten. Die Fischfilets abkühlen lassen.

2 Für die Marinade Reiswein, Sojasauce und Zucker erhitzen, bis sich der Zucker auflöst. Die Marinade abkühlen lassen, dann Chili und Frühlingszwiebeln hinzufügen. Die Fischfilets in eine flache Form legen und mit der Marinade übergießen. Abdecken und bei Raumtemperatur 1–2 Stunden stehenlassen.

3 Den Garten- oder Küchengrill vorheizen. Den Fisch abtropfen lassen und mit Küchenkrepp trockentupfen. Die Filets mit 5–7 cm Abstand zur Hitzequelle 3–5 Minuten grillen, bis sie braun sind; sie zwischendurch mehrmals begießen. Aalfilets auf beiden Seiten, bei Hering oder Makrele nur die hautlose Seite bräunen.

MEERESFRÜCHTE

Für die Verwendung in der Küche lassen sich Meeresfrüchte in drei Gruppen unterteilen: Krustentiere, Schaltiere und Tintenfische. Für den Koch haben sie zumindest eines gemeinsam: Frische ist so bedeutsam, daß die Tiere in vielen Ländern lebend verkauft werden.

Krustentiere haben ein festes, gegliedertes Außenskelett. Während die Tiere wachsen, werfen sie mehrmals ihren chitin- und kalkhaltigen Panzer ab. Hummer werden von allen Krustentieren am meisten geschätzt, dicht gefolgt von Krabben, verschiedenen Garnelenarten und Flußkrebsen.

Zu den Schaltieren gehören Muscheln und Schnecken – die einen mit einem zweiteiligen, die anderen mit einem einfachen, oft spiralförmig gewundenen Gehäuse, das sich während des Wachstums der Tiere vergrößert. In der Küche finden vor allem Weinberg- und Achatschnecken Verwendung; andere Arten, wie etwa Abalonen, Flügel- und Wellhornschnecken, werden häufig leider außer acht gelassen. Muscheln hingegen sind insgesamt beliebt, denn sie umfassen so begehrte Delikatessen wie Austern, Miesmuscheln, Jakobsmuscheln und Venusmuscheln.

Als Tintenfische bezeichnet man verschiedene Arten von Kopffüßlern – namentlich Kalmar, Sepia und Krake. In der zoologischen Systematik zählen sie ebenso wie Muscheln und Schnecken zu den Weichtieren. Die meisten Kopffüßler haben im Inneren ihres Körpers eine zurückgebildete Kalkschale, die man Schulp nennt. Kopffüßler haben hinsichtlich ihrer Kocheigenschaften mit Krusten- und Schaltieren vieles gemeinsam. Dies trifft ebenso auf eine ganze Anzahl exotischer Meeres- und Landtiere zu, wie beispielsweise Frösche, die ebenfalls in diesem Kapitel behandelt werden.

Meeresfrüchte sautieren

Schal- und Krustentiere werden vor dem Sautieren gewöhnlich aus ihren Schalen oder Panzern herausgelöst (Tintenfische werden gründlich gesäubert). Das Fleisch kann roh oder gegart sein und wird zum Sautieren in gleich große Stücke geschnitten. Das Sautieren nimmt nur sehr wenig Zeit in Anspruch – zwei bis drei Minuten je Seite sind, außer bei großen Kammuscheln oder Riesengarnelen, ausreichend. Austern sind nach zwei bis drei Minuten gar. Bereits gegartes Fleisch wird noch kürzer sautiert – gerade so lange, daß die Stücke durch und durch warm und leicht gebräunt werden.

Damit Meeresfrüchte ihr Aroma entfalten und Farbe bekommen, werden sie – außer für deftige regionaltypische Spezialitäten – am besten in Butter sautiert. Zuvor kann man sie noch in gewürztem Mehl wälzen, doch bleiben sie in der Regel so, wie sie sind, und werden auch nur leicht gewürzt, damit ihr volles, süßes Aroma optimal zur Geltung kommt. Beliebte Beigaben sind Schalotten, Knoblauch, Kräuter, Tomaten, Schinken, Champignons, Paprikaschoten und Sahne. Bei Krustentieren hebt eine Messerspitze Cayenne- oder Chilipfeffer das Aroma.

Weitere Garmethoden für Meeresfrüchte

Meeresfrüchte unterscheiden sich so stark voneinander, daß die geeigneten Garmethoden von Art zu Art variieren. Oft werden verschiedene Meeresfrüchte nach dem Garen miteinander kombiniert, beispielsweise für ein Gratin oder als Füllung für Crêpes. Sie eignen sich ausgezeichnet für *bisques* und *chowders* (S. 48) sowie für *quenelles, mousselines* und Terrinen (S. 146).

KRUSTENTIERE

Krustentiere sind die Grundlage für einige der feinsten Speisen. Die meisten Krustentiere nehmen beim Garen eine helle oder leuchtendrosa Farbe an, und ihr Fleisch ist bemerkenswert fest und süß.

Krustentiere aufbewahren

Krustentiere müssen immer ganz frisch sein. Bei Tieren, die man gegart kauft, ist die Frische mitunter fragwürdig, und es besteht darüber hinaus die Gefahr, daß sie zu lange gegart wurden. Am besten kauft man deshalb lebende Krustentiere – vorzugsweise von einem Händler, der sie in Seewasserbassins hält. Und je lebhafter sie sich bewegen, desto besser. Zu Hause kann man sie dann noch für kurze Zeit in einer gut isolierten Kiste mit feuchtem Seetang oder in einem Korb, bedeckt mit nassem Zeitungspapier, aufbewahren.

Krustentiere kochen

Krustentiere kocht man in einem großen, hohen Topf, so daß sie ausreichend von Salzwasser bedeckt sind. Pro 500 g rechnet man wenigstens 1 l Wasser und einen Eßlöffel Salz (mit einer Mindestmenge von 2 l Wasser) oder nimmt statt dessen eine klassische *court bouillon* (S. 44). Als Aromazutaten kann man Wein, Essig, Zitronensaft, Lorbeerblatt, Dillstengel, Petersilienstengel, Zwiebelringe, Pfefferkörner, Cayennepfeffer, scharfe rote Chillies oder Tabasco hinzufügen.

Das Wasser mit den Aromazutaten zum Kochen bringen und fünf Minuten köcheln lassen. Die Temperatur erhöhen und – wenn das Wasser sprudelnd kocht – die Meeresfrüchte mit dem Kopf voraus hineingeben (lebende Krustentiere sterben innerhalb weniger Sekunden). Leise köcheln lassen – die Garzeit von dem Moment an messen, in dem die Tiere in das kochende Wasser getaucht werden. Die Meeresfrüchte nach beendeter Garzeit sofort abgießen und abkühlen lassen. Kleine Hummer, Scampi und Flußkrebse können *à la nage* serviert werden, was bedeutet, daß man sie mit der auf die Hälfte eingekochten Garflüssigkeit reicht. Die Salzmenge in diesem Fall um die Hälfte oder ein Drittel reduzieren.

Krustentiere dämpfen

Dämpfen ist besonders für kleine Krustentiere eine zuverlässige Garmethode, da sie so schön saftig bleiben. Einen großen, flachen Topf gut 1 cm hoch mit Wasser füllen (bei Hummern etwa 2,5 cm) und zusammen mit etwas Wein, Essig und Gewürzen, wie Pfefferkörnern, Dill, Lorbeerblatt, Fenchel, Sternanis und Safran, zum Kochen bringen. Alles fünf Minuten köcheln lassen. Die Krustentiere mit gleichmäßigem Abstand in einen Dämpfeinsatz legen und über die siedende Flüssigkeit stellen. Den Deckel auflegen. Große Krustentiere, wie Hummer und Krabben, sind gar, wenn sich die Panzer rot färben – nach fünf bis zehn Minuten –, kleine nach drei bis fünf Minuten. Muscheln dämpft man, bis sie sich geöffnet haben. Die Meeresfrüchte mit Buttersauce (S. 62) oder zerlassener Butter servieren.

Krustentiere grillen

Da Krustentiere beim Grillen rasch austrocknen, müssen sie während des Garens häufig mit Marinade, Öl oder zerlassener Butter bestrichen werden. Sie profitieren generell, wenn man sie nach dem Säubern ein bis zwei Stunden mariniert und erst dann gart. Hummer werden zum Grillen längs halbiert, Scampi- oder Flußkrebsschwänze steckt man, geschält oder ungeschält, auf Spieße. Die Krustentiere mit zerlassener Butter oder Öl beträufeln, mit Gewürzen und gehackten Kräutern bestreuen oder mit Marinade (S. 41) bestreichen; sie dann 5–7 cm unterhalb der Grillvorrichtung garen und dabei einmal wenden. Die Krustentiere sind fertig, wenn das Fleisch fest und nicht mehr durchscheinend ist. Gegrillte Krustentiere mit einer Buttersauce (S. 62) oder mit Olivenöl beträufelt servieren.

Weitere Garmethoden für Krustentiere

Aus Krustentieren kann man ausgezeichnete Suppen, insbesondere *bisques* (S. 48), zubereiten. Ein Maximum an Aroma läßt sich erzielen, wenn man die Panzer oder Schalen auskocht oder Schaltierbutter (S. 155) daraus macht. Bestimmte Garmethoden eignen sich für spezielle Arten von Krustentieren besonders gut. Kaisergranat und Garnelen werden beispielsweise häufig in Teig ausgebacken oder sautiert. Krabbenfleisch kann man zu kleinen Häppchen formen und dann zusammen mit Butter, Gewürzen und einer Sauce überbacken oder als Füllung verwenden. Hummer läßt sich nicht nur grillen, sondern auch im Backofen garen. Die größte Vielfalt an Hummergerichten bietet das ausgelöste Fleisch – Gratins, pfannengerührte Speisen und klassische Zubereitungen der französischen Küche, wie etwa *homard Thermidor*, oder die amerikanische Kreation *lobster Newburgh* mit Sahne und Weinsauce sind nur einige Beispiele.

An der Ostküste der Vereinigten Staaten sind »Blue crab feasts« jeden Sommer ein traditionelles Ereignis. Dazu werden gekochte Krabben, gedämpfte Clams und Maiskolben zusammen mit zerlassener Butter und Essig (zum Dippen) serviert. Ein anderer amerikanischer Favorit ist ein kalter Krabbensalat mit Russischer Mayonnaise (S. 63) und gemischtem Blattgemüse – ein Gericht, das sich im übrigen auch mit allen anderen Krustentieren zubereiten läßt.

Krustentiere servieren

Meeresfrüchte sind naturgemäß überaus dekorative Zutaten. Die Farbe eines Hummers wie auch sein komplexer Körperbau sind überaus effektvoll, und selbst die bescheidene Garnele wirkt durch ihre zierlichen Fühler und den geschwungenen Schwanz sehr attraktiv. Längs halbierte Hummerpanzer sind stets ein ansprechender Behälter für kalte oder heiße Hummerfüllungen. Kleinere Krustentiere, wie Garnelen und Flußkrebse – vorzugsweise mit Kopf –, zieren jedes Fischgericht. In Salaten sehen Meeresfrüchte nicht nur hübsch aus, sondern verleihen dem Ganzen auch zusätzlichen Geschmack.

Hummer, Langusten, Bärenkrebse

Der König aller Meeresfrüchte ist unbestritten der Hummer, dessen blauschwarzer Panzer beim Garen eine leuchtend-rote Farbe annimmt. Es gibt zwei eng miteinander verwandte Hummerarten, die im Nordatlantik und im Mittelmeer vorkommen – der Amerikanische und der Europäische Hummer. Der Amerikanische Hummer zeichnet sich durch größere, fleischigere Scheren und einen breiteren Schwanz aus. In anderen Regionen der Erde herrscht die weniger farbenfrohe, meist braunrosa gefärbte Languste vor (nicht zu verwechseln mit *langoustine*, S. 160). In europäischen Gewässern wird die Europäische Languste, auch Stachelhummer genannt, gefischt. Die Bärenkrebse haben einen flachen, breiten Körper und enthalten weniger Fleisch als Langusten. Man findet sie im Mittelmeer sowie an der Atlantikküste Europas und Nordamerikas. Zur Familie der Bärenkrebse gehört auch der Asiatische Bärenkrebs *(Thenus)*.

Das Fleisch von Hummern ist etwas süßer und zarter als das von Langusten. Beide können 4,5 kg und mehr wiegen, doch kommen üblicherweise Tiere zwischen 500 g und 1,5 kg in den Handel – Exemplare zwischen 500 g und 800 g gelten als am schmackhaftesten. Bärenkrebse sind kleiner, gedrungener und wiegen durchschnittlich 250 g. Ihr Fleisch ist weiß, fest und sehr delikat; sie werden wie Hummer zubereitet. Zum Schutz vor Überfischung dürfen in vielen Ländern nur Hummer oder Langusten mit einer bestimmten Mindestgröße beziehungsweise einem Mindestgewicht von 375–500 g gefangen werden.

ZUR INFORMATION

Saison *Aus Zuchtbetrieben* Das ganze Jahr über. *Wild* Angebot, speziell von Hummer, geht während der Wintermonate zurück.

Im Handel *Hummer, Langusten* Lebend-frisch versandt; tiefgefroren; Fleisch in Dosen.

Beim Einkauf beachten *Frisch* Tiere müssen noch leben und sollen sich lebhaft bewegen. Der Schwanz muß gekrümmt sein. *Gegart* Soll schwer sein; ein nach unten eingeklappter Schwanz zeigt an, daß das Tier noch gelebt hat, als es gekocht wurde (manche Köche bestehen allerdings darauf, daß der Schwanz festgebunden wird, damit er beim Garen gerade bleibt). Weibliche Tiere haben einen breiteren Schwanz und zwei biegsame Fühler zwischen Körper und Schwanz; bei männlichen Tieren sind diese Fühler starr.

Portionen *Ganze Tiere* 500–750 g (wird eine gehaltvolle Sauce dazu gereicht, kann die Menge halbiert werden). *Rohes oder gegartes Fleisch* 180 g.

Nährstoffgehalt pro 100 g (roh). 338 kJ/81 kcal; 16 g Protein; 2 g Fett; 1 g Kohlenhydrate; 182 mg Cholesterin; 270 mg Natrium.

Garzeiten *Mit Panzer* Grillen: längs halbiert, je nach Größe 6–10 Minuten; kochen: 5 Minuten für die ersten 500 g und jeweils 3 Minuten pro weitere 500 g; dämpfen: 8 Minuten für die ersten 500 g und jeweils 4 Minuten pro weitere 500 g.

Richtiger Gargrad Panzer färbt sich leuchtend-rot.

Bemerkung Bereits vor dem Kochen verendete Tiere dürfen in keinem Fall gekocht, schon gar nicht verzehrt werden, da sie eine Eiweißvergiftung hervorrufen.

Aufbewahrung *Lebend* Feuchtgehalten, an einem kühlen Ort 12–18 Stunden. *Gegart, mit Panzer* Im Kühlschrank 2 Tage; tiefgefroren: 6 Monate. *Gegart, ohne Panzer* Im Kühlschrank 2 Tage; tiefgefroren: 2 Monate.

Typische Gerichte Salat mit Ananas (Australien); *fritters* (Großbritannien); gegrillt mit zerlassener Butter (USA); *Newburgh* (mit Sahnesauce; USA); *lobster stew* (Neu-England, USA); *bisque* (Frankreich); *Thermidor* (Sahnesauce, Senf, geriebener Käse; Frankreich); *navarin d'homard* (mit Gemüse, Weißwein; Frankreich); *à la bordelaise* (mit Weißweinsauce; Frankreich); *à l'américaine* (mit Tomaten, Knoblauch, Weinbrand; Frankreich); mit Weinbrand, Senf (Italien); mit Tomaten, Kokosmilch (Brasilien); *clambake* (Hummer, Mais und Clams, traditionell im Erdofen am Strand gebacken; USA); *langosta con pollo* (mit Huhn, Tomaten, Haselnüssen und Schokolade; Spanien).

Languste (Stachelhummer)

Hummer

HUMMER TÖTEN UND ZERLEGEN

Das Töten eines Hummers ist zwar ein ungeliebtes Thema, doch kommt man nicht umhin, sich damit auseinanderzusetzen, denn nur lebend-frische Tiere gewährleisten beste Qualität.

1 In vielen Ländern werden Hummer mit einem gezielten Messerstich in den Kopf getötet, wobei das Messer an der kreuzförmigen Markierung in der Mitte des Kopfes angesetzt wird.

Hinweis Bei uns ist diese Methode verboten. Selbst wenn das Rezept die Verarbeitung von rohem Hummerfleisch vorsieht, muß der Hummer immer erst – mit dem Kopf voraus – in sprudelnd kochendes Wasser getaucht werden, wo er innerhalb weniger Sekunden stirbt. Damit das Fleisch nicht zu stark gart, den Hummer nach höchstens 2 Minuten aus dem kochenden Wasser herausnehmen.

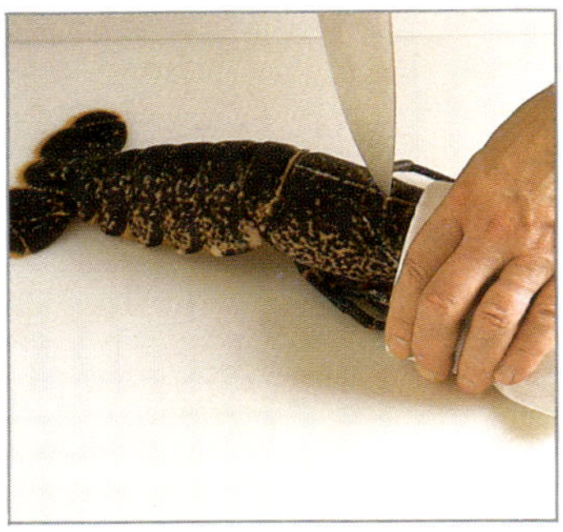

2 Den getöteten Hummer abtropfen lassen und ihn zum Zerteilen auf ein Brett legen. Den Hummer mit einem Tuch festhalten und den vorderen Teil bis zum Schwanzansatz mit einem großen Messer entlang der Mittelnaht durchtrennen.

3 *Oben:* Scheren und Beine an beiden Seiten des Körpers mit dem Messer abtrennen.

4 *Rechts:* Den Hummer am Kopf festhalten und den Schwanz quer in Medaillons (S. 157) schneiden.

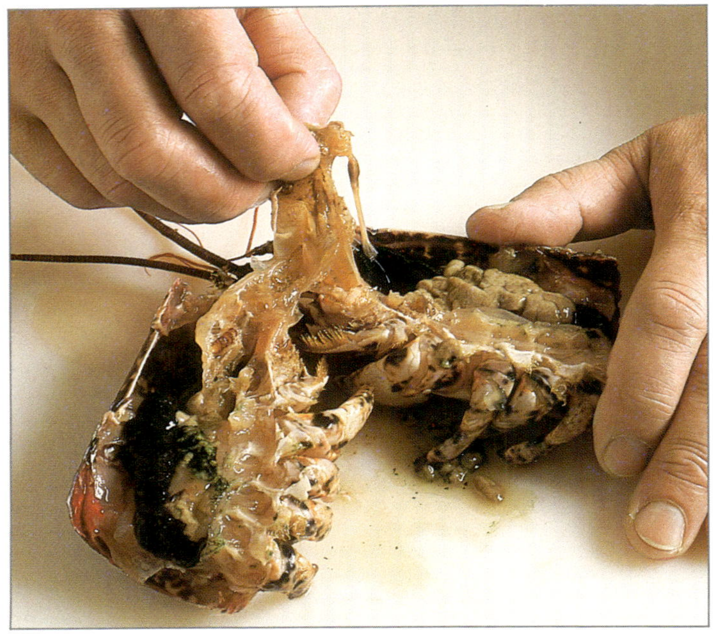

5 *Oben:* Im Kopfteil den Magensack entfernen und wegwerfen. Die grünliche Hummerleber und eventuell vorhandenes Corail – roh ist es schwarz – mit einem Löffel herauslösen und zur Zubereitung einer Suppe oder Sauce zurückstellen. Die Flüssigkeit, die aus dem Hummer austritt, ebenfalls aufbewahren.

6 *Rechts:* Die Scheren mit dem Messerrücken aufbrechen. Körper und Beine lassen sich auskochen, werden aber normalerweise nicht serviert.
Hinweis Den Darm nach dem Garen entfernen.

ODER *(links):*
Den Hummer der Länge nach halbieren. Den Darm entfernen, den Körper säubern und die Scheren wie oben gezeigt aufbrechen.

UNGEGARTER HUMMER

GEKOCHTE LANGUSTE ZERLEGEN

Gegarte Krustentiere kann man fest abgedeckt für 24 Stunden im Kühlschrank aufbewahren.

Das Fleisch von gekochten Langusten oder Langustenschwänzen wird wie unten beschrieben ausgelöst.

1 Die Languste in beide Hände nehmen und den Schwanz mit einer Drehbewegung vom Körper trennen, so daß das Schwanzfleisch in einem Stück bleibt.

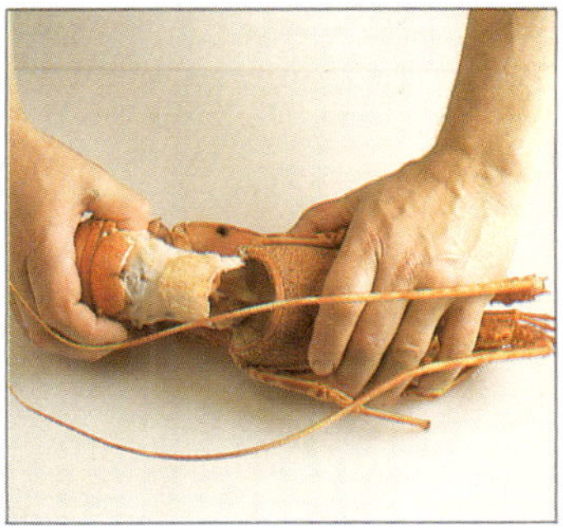

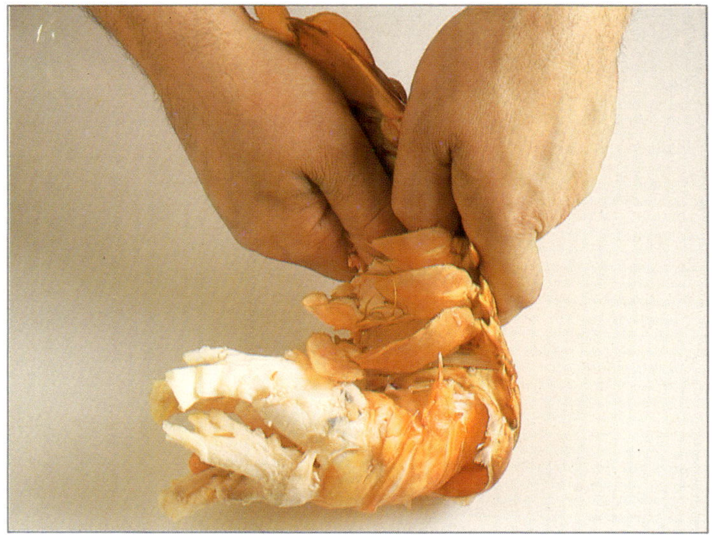

2 *Oben:* Den dünnen Panzer auf der Unterseite mit einer Küchenschere an beiden Seiten durchtrennen.

3 *Rechts:* Mit den Fingern an den Seiten auf den Panzer drükken, um das Fleisch zu lockern.

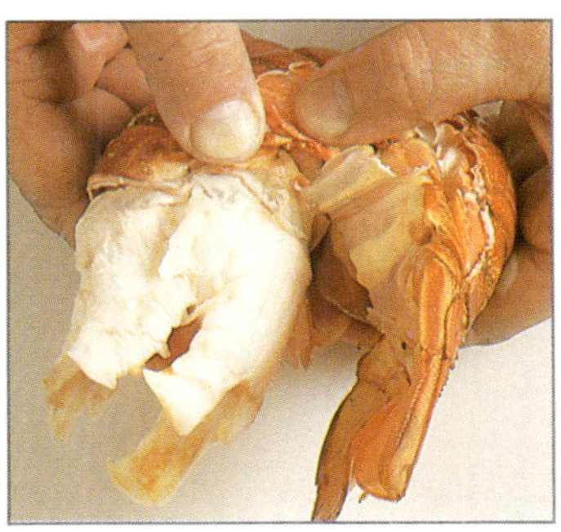

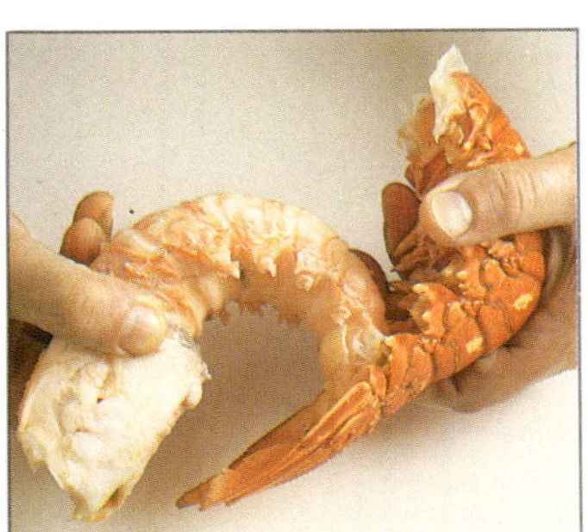

4 *Links:* Den Panzer mit den Händen abziehen und das Schwanzfleisch in einem Stück herauslösen.

ODER *(oben):*
Das hintere Schwanzende abschneiden und das Fleisch nach vorne aus dem Panzer drücken.

5 Den Darmteil wegschneiden.

6 *Rechts:* Das Schwanzfleisch je nach Größe in Medaillons schneiden oder ganz belassen. Zum Schluß das Fleisch aus den Scheren und Beinen herauslösen.

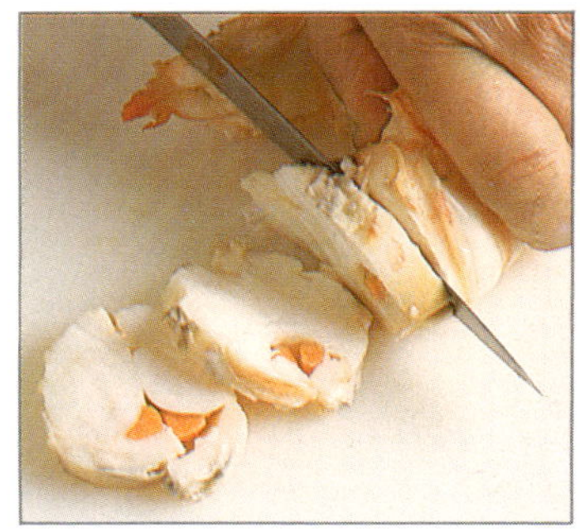

Schaltierbutter zubereiten

Schaltierbutter verleiht klassischen *bisques* oder Saucen, wie *sauce Nantua* (S. 55), Aroma und Geschmack. Zur Zubereitung in einem Mörser 250 g Krabben- oder Hummerpanzer, Schalen und Köpfe von Garnelen oder Krebsen zusammen mit 75 g Butter zerstoßen. Verarbeitet man keine Krabben- oder Hummerpanzer, die sehr hart sind, kann auch die Küchenmaschine verwendet werden. Für die weitere Zubereitung gibt es zwei Möglichkeiten: Bei der ersten entsteht eine feine Schaltierbutter, die man als Beilage servieren kann, bei der zweiten ergibt sich eine geschmacksintensivere Buttermischung, mit der Suppen und Saucen angereichert werden können.

Erste Methode: Die Mischung durch ein Sieb streichen, um die Butter und den Schaltiersaft von den zerstoßenen festen Teilen zu trennen. Zweite Methode: Die Mischung zusammen mit 250 ml Wasser in einem Topf erhitzen. Das Ganze unter gelegentlichem Rühren noch weitere 15 Minuten behutsam erhitzen. Die Mischung durch ein Sieb in eine Schüssel gießen und abkühlen lassen. Die Butter wird dabei fest, und das Wasser kann abgegossen werden.

HUMMERFLEISCH AUSLÖSEN

Das ausgelöste Hummerfleisch kann im Panzer serviert werden, wobei man das Fleisch aus den Scheren auf dem Schwanzfleisch anrichtet. Wird das Fleisch heiß serviert, zieht man gewöhnlich eine Sauce darunter; zu kaltem Hummerfleisch reicht man Mayonnaise oder ein Dressing.

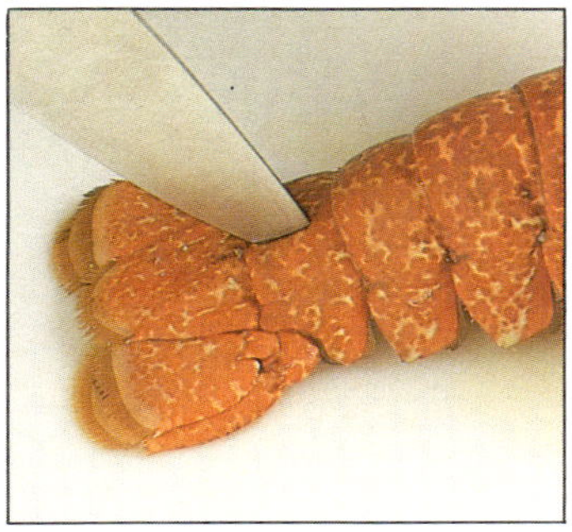

1 Das Schwanzende mit einem großen Messer einstechen und den Hummer anheben, damit die Garflüssigkeit herausläuft. Wurde der Hummer gekocht, enthält er vermutlich viel überschüssige Flüssigkeit.

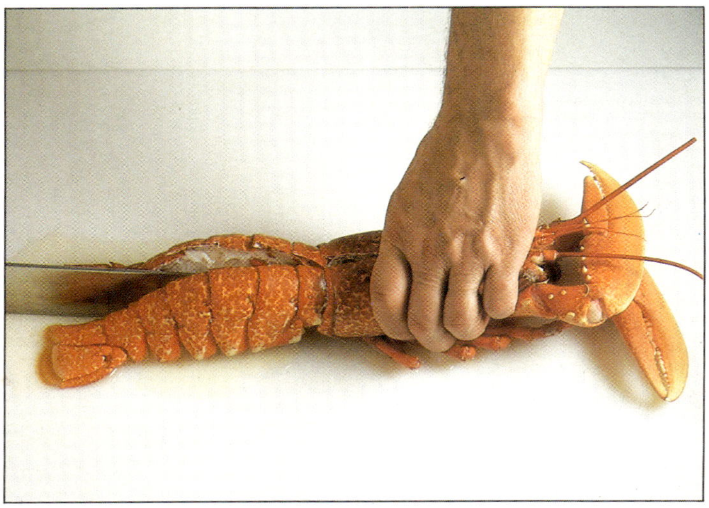

2 Den Hummer mit der Bauchseite nach unten auf ein Brett legen. Ihn mit einer Hand festhalten und an der kreuzförmigen Markierung des Kopfes einstechen. Den Schwanz der Länge nach durchtrennen.

3 Den Hummer zu sich hin drehen und das Kopfstück längs halbieren, so daß der Hummer in der Mitte auseinanderfällt.

4 Den Magensack entfernen und wegwerfen. Das übrige Fleisch ist eßbar. Hierzu gehören die grünliche Hummerleber und – bei weiblichen Tieren – das rote Corail.

5 Den Darm vom Schwanzfleisch ziehen und wegwerfen. Scheren und Beine abdrehen.

6 *Rechts:* Die Scheren an zwei oder drei Stellen mit dem Messerrücken oder einem Nußknacker aufbrechen, ohne das Fleisch zu zerdrücken.

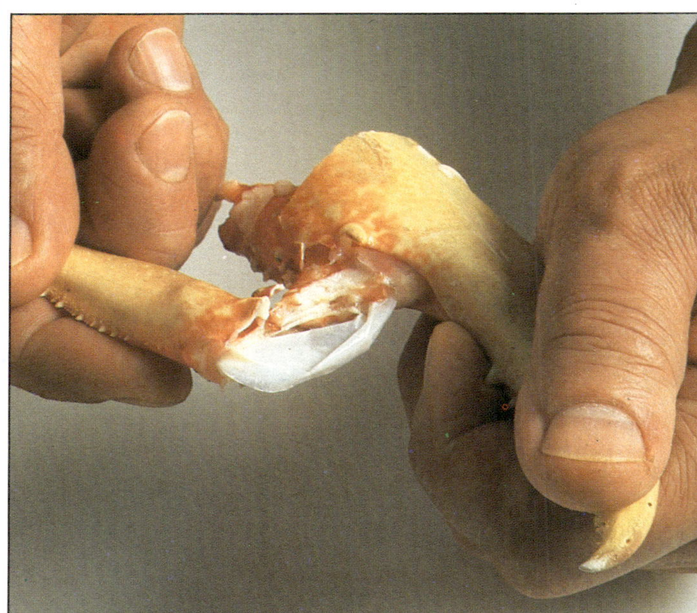

7 *Oben:* Die kleinere Zange mitsamt dem Knorpelblatt von der Schere abziehen.

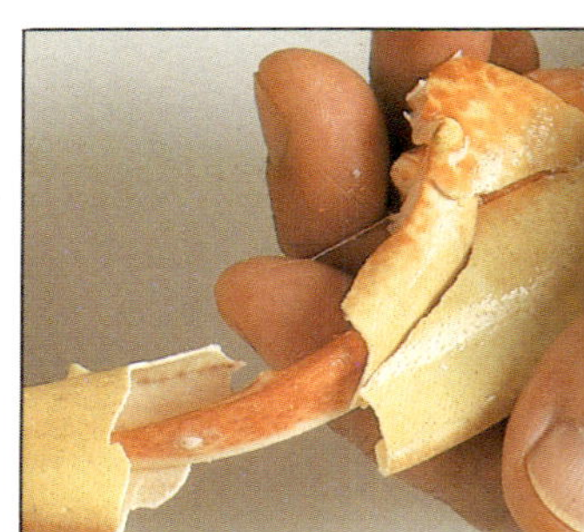

8 *Rechts:* Das Scherenfleisch in einem Stück vorsichtig herauslösen.

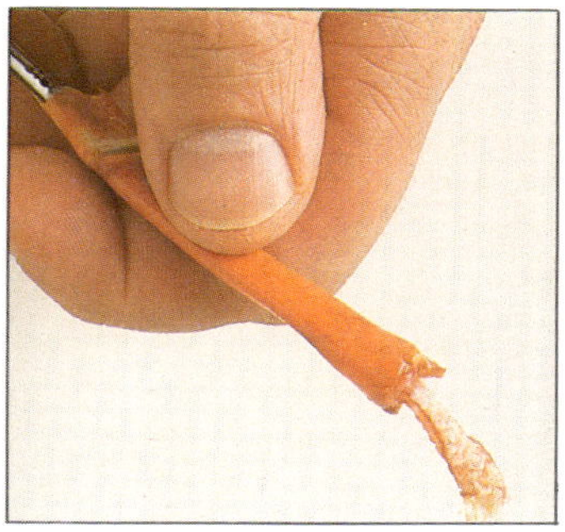

9 Bei einem großen Hummer mit einem Spießchen das Fleisch aus den Beinen herausschieben. Die Beine von kleinen Tieren zum Garnieren nehmen.

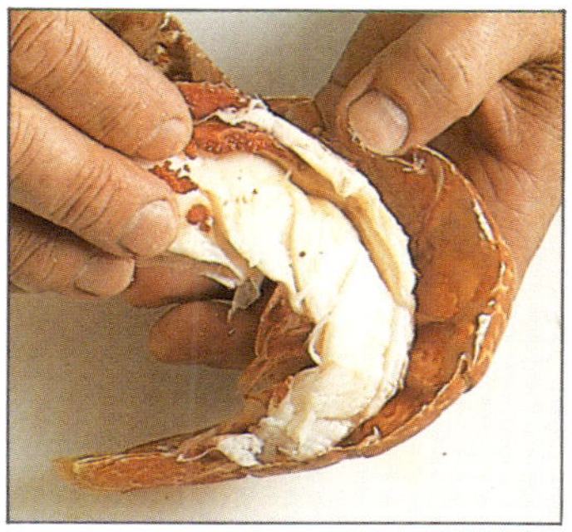

10 Das Schwanzfleisch in einem Stück vorsichtig aus dem Panzer heben.

11 Das Schwanzfleisch mit einem scharfen Messer in Stücke schneiden und bis zum Anrichten beiseite stellen.

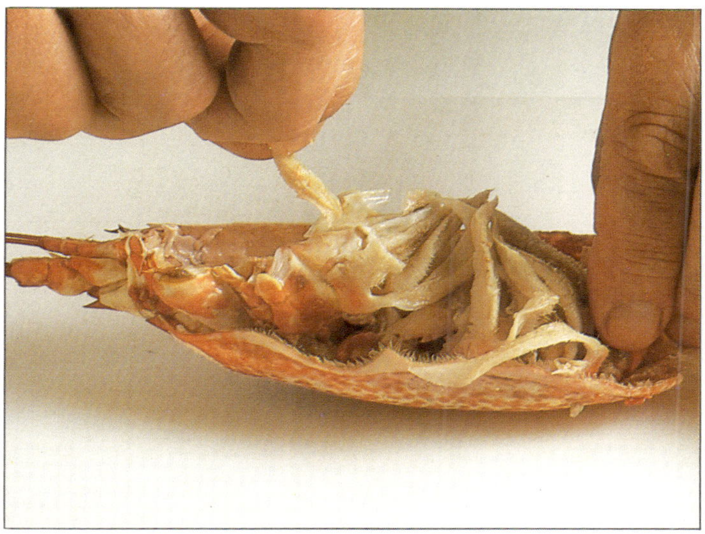

12 *Oben:* Die Kiemen an der Unterseite des Panzers entfernen und wegwerfen.

13 Zum Servieren das kleingeschnittene Schwanzfleisch im Hummerpanzer anrichten und das Scherenfleisch darauflegen.

Gekochtes Hummerfleisch mit Sauce anrichten

Den Hummer halbieren und säubern (linke Seite). Scherenfleisch, Corail und Leber mit etwas Sauce vermischen, im vorderen Panzerteil anrichten und mit dem Fleisch der kleinen Scherenzangen garnieren. Das Schwanzfleisch herauslösen, etwas Sauce in den Schwanzpanzer schöpfen, das Fleisch mit der abgerundeten Seite nach oben darauflegen und mit Sauce überziehen.

Hummersalat Green Goddess

Das *Green Goddess Dressing* wurde in den zwanziger Jahren im Palace Hotel, San Francisco, zu Ehren eines gleichnamigen Theaterstücks kreiert.

4 Portionen
1 großer Hummer (etwa 1,5 kg)
375 ml *Green Goddess Dressing* (S. 63)
375 g gemischter grüner Salat (Rauke, Kopfsalat, krause Endivie)

Zum Garnieren (nach Belieben)
4 Tomatenröschen (S. 283)
2 Zitronen, in Scheiben geschnitten

1 Das Dressing zubereiten. Den Hummer kochen (S. 152) und dann das Fleisch herauslösen (Arbeitsschritte 1–12, links). Das Schwanzfleisch in Medaillons schneiden. Schwanz- und Scherenfleisch sowie die Hummerbeine beiseite stellen. Das restliche Hummerfleisch grob hacken und mit 3–4 EL Dressing vermischen.
2 Den grünen Salat auf vier Tellern anrichten, das Hummerfleisch in die Mitte geben und die Medaillons daraufsetzen. Mit dem Scherenfleisch garnieren und die Hummerbeine zickzackförmig an den Tellerrand legen. Etwas Dressing auf den Salat schöpfen, so daß das Hummerfleisch noch sichtbar bleibt. Jede Portion nach Belieben mit einem Tomatenröschen und Zitronenscheiben garnieren. Das restliche Dressing getrennt reichen.

Krabben

Die große Familie der Krabben, die man überall auf der Welt antrifft, hat mindestens zwölf eßbare Vertreter vorzuweisen. Zur Verwendung in der Küche lassen sie sich in zwei Gruppen unterteilen: Krabben mit großem Körper, bei denen das meiste Fleisch im Körper sitzt, und langbeinige Krabben, bei denen sich das Fleisch vor allem in den Beinen und Scheren befindet. Krabben mit großem Körper, die an das Symbol für das Tierkreiszeichen des Krebses erinnern, sind in der Küche am bekanntesten. Ihre Körpergröße, die je nach Alter und Art stark variiert, kann bis zu 25 cm betragen. Je größer die Tiere sind, um so besser läßt sich das Fleisch aus dem Panzer herauslösen. Da die meisten Krabben braun oder rosafarben sind, lassen sich nordamerikanische Blaukrabben und grüne Strandkrabben aus Europa oder den USA leicht identifizieren. Wie bei anderen Krabben auch, nimmt ihr Panzer beim Garen eine rote Farbe an. Von bestimmten Krabbenarten, wie etwa der Großen Steinkrabbe Floridas und der australischen Mangrovenkrabbe, wird nur das Scherenfleisch verzehrt. Aus diesem Grund brechen die Fischer häufig nur die Scheren von den gefangenen Tieren ab und werfen die Krabben dann zurück ins Meer, wo ihnen die Scheren im Laufe der Zeit wieder nachwachsen.

Die Japanische Riesenkrabbe kann mit gestreckten Beinen 2 m messen. Die langbeinige Schneekrabbe, die man im Nordpazifik findet, ist etwa halb so groß. Gedämpft oder mit Butter gegrillt sind ihre Beine eine Delikatesse. Die meisten langbeinigen Krabben wiegen jedoch weniger als 1 kg und werden am besten für eine Suppe verwendet, da der Fleischanteil gering ist.

Ein selten angebotener Hochgenuß ist der kuriose Einsiedlerkrebs, der in leeren Schneckengehäusen lebt. Ebenso außergewöhnlich ist die Landkrabbe, die in selbstgegrabenen Erdlöchern wohnt. Während die Karibische und die Gemeine Landkrabbe eßbar sind, trifft dies für andere Arten nicht zu. Der winzige Muschelwächter, der sich in Muscheln einnistet und bei dem es sich um eine weichhäutige Krabbe handelt, bietet einen »kernigen« Kontrast zum weichen Fleisch der Wirtsmuschel.

ZUR INFORMATION

Verbreitete Krabbenarten mit großem Körper Blaukrabbe (Atlantik, Mittelmeer); Kalifornischer Taschenkrebs (Pazifik); Taschenkrebs (Atlantik, Mittelmeer); Gewöhnliche Strandkrabbe (Atlantik, Mittelmeer); Maskenkrabbe (Mittelmeer); Tropische und Karibische Landkrabbe (Atlantik, Karibik); Mangrovenkrabbe (Pazifik); Felsenkrabbe (Atlantik); Große Steinkrabbe (Nordamerika); Ladykrabbe (Atlantik).

Verbreitete langbeinige Krabbenarten Schneekrabbe/Nordische Eismeerkrabbe (Nordatlantik, Nordpazifik); Große Seespinne/Teufelskrabbe (Atlantik, Mittelmeer); Königskrabbe/Kamtschatkakrabbe (Nordpazifik); Chilekrabbe/Langostino (Atlantik).

Saison *Warme Gewässer* Das ganze Jahr über. *Andernorts* Spätes Frühjahr bis Herbst.

Beim Einkauf beachten *Lebend* Kräftige Beinbewegungen.

DAS FLEISCH AUS TASCHENKREBSEN UND KRABBEN HERAUSLÖSEN

Der Körperbau fleischiger Krabben und Krebse ist zwar von Art zu Art verschieden, doch gleichen sich die wichtigsten Teile.

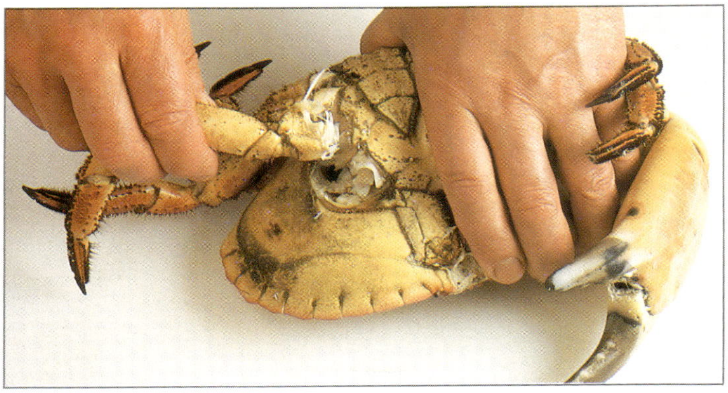

1 Die gekochte Krabbe mit der Bauchseite nach oben auf die Arbeitsfläche legen. Scheren und Beine in einer Drehbewegung abbrechen.

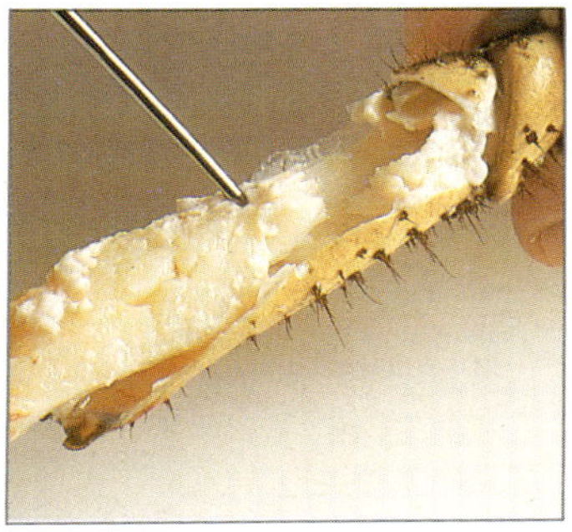

2 Um das Beinfleisch herauszulösen, die Schale auf beiden Seiten aufschneiden und das Fleisch herausheben.

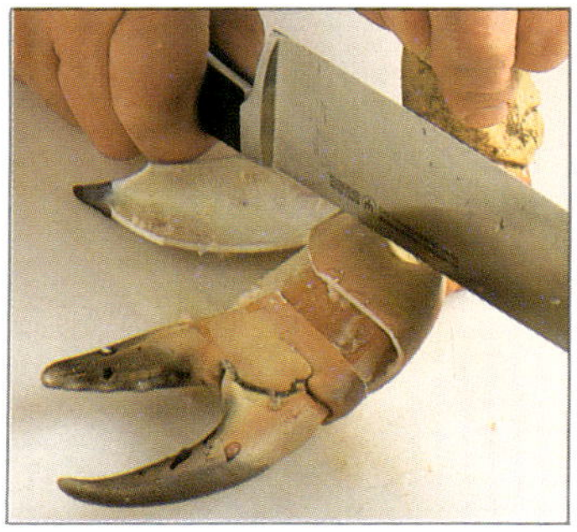

3 Die Scheren aufbrechen; dabei das Fleisch nicht zerdrücken. Das flache Knorpelblatt entfernen und das Fleisch herausziehen.

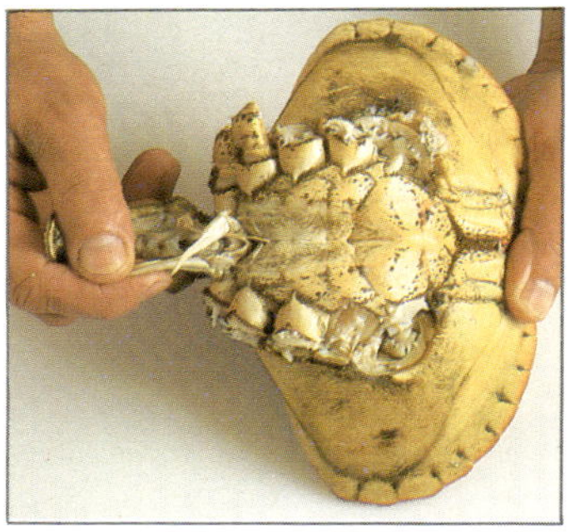

4 Zum Öffnen des Körpers die Schwanzplatte auf der Unterseite zunächst anheben, sie dann mit einer Drehbewegung entfernen und wegwerfen.

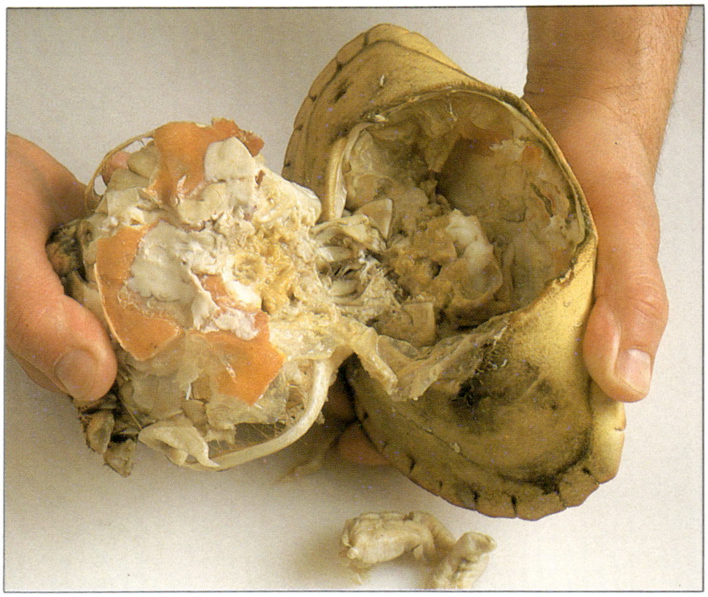

5 Mit den Händen das Mittelstück des Panzers am Schwanzende aufbrechen und auseinanderziehen. (Bei einigen Krabbenarten, wie Blaukrabben, läßt sich die Unterschale mit Hilfe des Schwanzes vom Fleisch abziehen.) Den Körper aus der Schale herausheben.

Gekocht Sollten schwer in der Hand liegen. Weibliche Tiere haben eine breitere Schwanzplatte, unter der sich das Corail befindet.
Portion 125 g Krabbenfleisch (der Fleischanteil einer ganzen Krabbe variiert je nach Art und Größe).
Nährstoffgehalt pro 100 g (roh). 391 kJ/93 kcal; 17 g Protein; 2 g Fett; 1 g Kohlenhydrate; 76 mg Cholesterin; 260 mg Natrium.
Garzeiten *Ganze Krabben* Kochen: 5–6 Minuten pro 500 g; dämpfen: 8–10 Minuten pro 500 g. *Große Krabbenbeine* Garen im Backofen bei 180 °C/Gas Stufe 2–3: 15–25 Minuten; grillen: 4–6 Minuten; kochen: 4–6 Minuten. *Ganze langbeinige Krabben* 15–30 Minuten in Suppe köcheln lassen.
Richtiger Gargrad Panzer färben sich leuchtend-rot.
Aufbewahrung *Lebend* Feuchtgehalten, an einem kühlen Ort 1–2 Tage. *Gekocht, mit Panzer* Im Kühlschrank 1–2 Tage; tiefgefroren: 3 Monate. *Krabbenfleisch/Crabmeat* Im Kühlschrank 3 Tage; tiefgefroren: 1 Monat.
Typische Gerichte *Devilled* (USA, Großbritannien); *Louis* (kalter Salat mit Chilisauce, Meerrettich und Mayonnaise; USA); *granchi alla sestese* (Taschenkrebse mit Kräuterbutter; Italien); Krabbenfleisch-Soufflé (Frankreich); mit Reis, Tomaten, Safran (Frankeich); Seespinne in Tomatensauce, Sherry, Weinbrand (Spanien); Mousse mit Curry (Großbritannien).

Blaukrabbe

Taschenkrebs

Seespinne

Lebend gekaufte Krabben töten

In der westlichen Küche werden Krabben vor der Verarbeitung in sprudelnd kochendem Wasser getötet (S. 152).

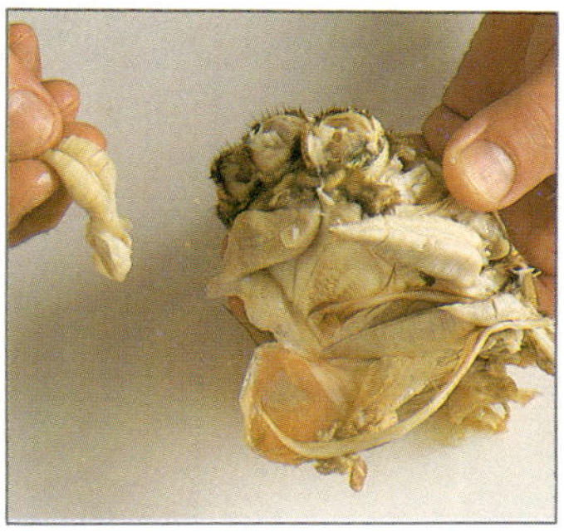
6 Die weichen Kiemen an den Seiten des Krabbenkörpers entfernen und wegwerfen.

7 Den Körper mit den Händen auseinanderbrechen oder in Stücke schneiden.

8 Das Fleisch mit einer Hummergabel oder einem Spieß herauslösen; alle kleinen Knorpelstücke wegwerfen.

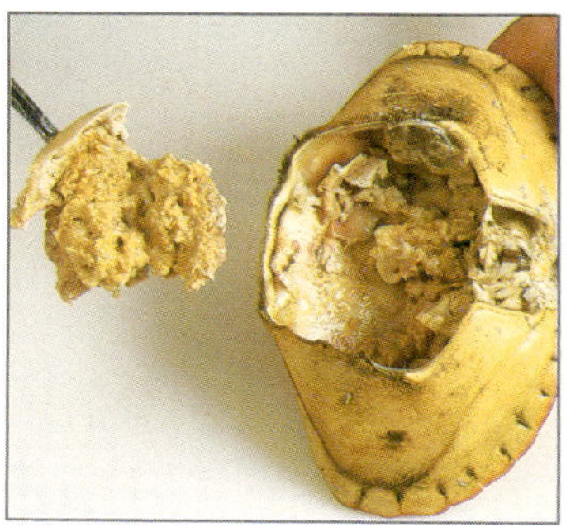
9 *Links:* Mit einem Löffel das weiche Fleisch aus der Schale heben. Den Magensack wegwerfen. Bei weiblichen Tieren auch den korallenfarbenen Rogen herauslösen.

10 Soll das Krabbenfleisch im Panzer serviert werden, den Panzer entlang der geschwungenen Naht rundum einschneiden und ausbrechen; gut auswaschen.

Gegartes Krabbenfleisch anrichten

Unabhängig davon, ob das gegarte Krabbenfleisch frisch, tiefgefroren oder konserviert ist, sollte es stets verlesen werden, um alle Knorpel- oder Schalenstücke zu entfernen. Um das gegarte Krabbenfleisch kalt zu servieren, das weiße Fleisch auf einer Seite in die Panzerschale füllen. Das braune Fleisch mit etwas Mayonnaise vermischen und danebensetzen. Zum Garnieren gehackte Petersilie, gehacktes Eiweiß und durch ein Sieb gestrichenes Eigelb verwenden, das ausgelöste Scherenfleisch obenauf legen. Dazu Mayonnaise reichen.

SOFTSHELL CRABS

An der Ostküste der USA und in der Gegend um Venedig sind Softshell Crabs eine Spezialität. Es handelt sich dabei um kleine Blaukrabben oder Strandkrabben, die während ihrer Häutung gefangen werden. Nachdem Schwanz, Kiemen und Augen entfernt wurden, kann man sie in Butter braten, fritieren oder grillen. Die Krabben sind lebend sowie tiefgefroren erhältlich.

Garnelen und Kaisergranat (Scampi)

Die Bezeichnungen dieser besonders beliebten Krustentiere sind recht uneinheitlich. Übereinstimmung scheint darüber zu herrschen, daß es sich bei den kleinsten Garnelen, deren Länge kaum mehr als etwa 2,5 cm beträgt, um Shrimps handelt. Winzige Sägegarnelen oder Pink Shrimps sind auf der ganzen Welt bekannt und in Skandinavien ebenso eine Delikatesse wie in der San Francisco Bay. Nordseegarnelen, auch Granat genannt, sind klein und grau. Sie schmecken pikant, beinahe würzig, und werden auch in Großbritannien und Nordfrankreich sehr geschätzt. Der Arbeitsaufwand beim Fangen und Schälen solch kleiner Leckerbissen führt dazu, daß sie teuer sind. Am besten kommen sie in Salaten, zusammen mit einfachem Brot und Butter oder in einer glatten *bisque* zur Geltung.

Garnelen mittlerer Größe (5–15 cm) heißen in Nordamerika Shrimps, andernorts nennt man sie Prawns. Wenngleich es weltweit die verschiedensten Arten in einer reichen Farbpalette gibt, haben doch alle festes, süßes Fleisch. Das wichtigste ist Frische; unsachgemäß behandelte oder zu lange aufbewahrte Garnelen verderben rasch, so daß man fragwürdige Ware besser erst gar nicht verzehrt. Mittelgroße Garnelen bilden die Grundlage eines Seafood-Menüs, werden für Prawn-Cocktails und Spieße verwendet, aber auch fritiert oder mit einer Sauce überbacken serviert. Auf 500 g kommen je nach Größe zwischen 25 und 50 Stück. Sie sind weniger zart als kleine Garnelen und müssen mit Bedacht gegart und gewürzt werden, damit ihr Geschmack nicht zu dominant wird.

Bei Riesengarnelen, die auch unter ihrer spanischen Bezeichnung, *gambas,* angeboten werden, kommen auf 500 g weniger als zehn Stück (abhängig davon, ob die Köpfe mitgewogen werden). Garnelen dieser Größe (17–23 cm) entwickeln ein besonderes Aroma, und manche Arten verfügen über einen ausgeprägt salzigen Geschmack. Die riesigen Tiger Prawns (Bären- oder Schiffskielgarnelen) sind Favoriten auf dem Holzkohlengrill oder einem kalten Buffet.

Kaisergranat (20–25 cm Länge) wird häufig mit der Riesengarnele verwechselt, obwohl er zur Hummerfamilie gehört und lange Scheren hat. Im Handel wird er auch unter den Bezeichnungen Scampi, Tiefseekrebs, Tiefseehummer oder – in Frankreich – *langoustine* angeboten. Was die Beschaffenheit und den Geschmack betrifft, ist Kaisergranat zarter als große Garnelen.

ZUR INFORMATION

Verbreitete mittelgroße Garnelen White Shrimp/Geißelgarnele (Atlantik); Sägegarnele und Nordseegarnele (europäische Gewässer); Furchengarnele (Atlantik, Mittelmeer); Royal Red Shrimp (Golf von Mexiko); Amerikanische Sandgarnele (Nordpazifik).

Verbreitete Riesengarnelen Coon-stripe (US-Pazifik); Giant Tiger Prawn/Bären- oder Schiffskielgarnele (Pazifik); Kuruma Prawn/Radgarnele (Pazifik); Side-stripe Shrimp (US-Pazifik).

Saison Das ganze Jahr über.

Beim Einkauf beachten *Roh oder gekocht, mit oder ohne Schale* Feucht und angenehmer Geruch; verdorbene Garnelen riechen nach Chlor.

Portionen *Geschält, roh oder gekocht* 125 g. *Ungeschält, mit Kopf* 180 g. *Ganzer Kaisergranat* 6–12 Stück.

Nährstoffgehalt pro 100 g (roh). 378 kJ/90 kcal; 19 g Protein; 1 g Fett; 1 g Kohlenhydrate; 166 mg Cholesterin; 64 mg Natrium.

Garzeiten *Kleine Garnelen, mit Schale* Kochen: 1–2 Minuten; dämpfen: 3–4 Minuten. *Mittelgroße Garnelen* Garen im Backofen bei 175 °C/Gas Stufe 2–3: 15–20 Minuten; grillen: 2–3 Minuten (je Seite); marinieren: bis zu 6 Stunden; fritieren: 2–3 Minuten; sautieren, pfannenbraten: 3–5 Minuten (ohne Schale); pfannenrühren: 2–4 Minuten (ohne Schale); kochen: 3–5 Minuten; dämpfen: 5–7 Minuten. *Riesengarnelen* Garen im Backofen bei 175 °C/Gas Stufe 2–3: 15–25 Minuten; grillen: 3–5 Minuten (je Seite); marinieren: bis zu 12 Stunden vor dem Garen; sautieren, pfannenbraten: 5–7 Minuten (ohne Schale); kochen: 5–8 Minuten; dämpfen 6–8 Minuten.

Richtiger Gargrad *Kleine Garnelen* Fühlen sich fest an. *Mittelgroße Garnelen* Fühlen sich fest an, dunkelrosa. *Kaisergranat* Leuchtendrosa.

Aufbewahrung *Roh, mit Schale* Im Kühlschrank 2 Tage; tiefgefroren: 6 Monate. *Gegart, mit oder ohne Schale* Im Kühlschrank 2 Tage; tiefgefroren: 1 Monat.

Typische Gerichte *Prawns with cocktail sauce* (Großbritannien); fritierte Scampi (Großbritannien); *shrimp gumbo* (Okra-Eintopf; Süden der USA); *shrimps Creole* (mit Tomate, Bleichsellerie, Wein, Chilisauce; Süden der USA); Shrimps mit Erbsen und Dill (Finnland); *risotto di gamberi* (mit Reis und Weißwein; Italien); Scampi *provençale* (Frankreich); mit Knoblauch, grünen Chillies (Spanien); *paella* (Spanien).

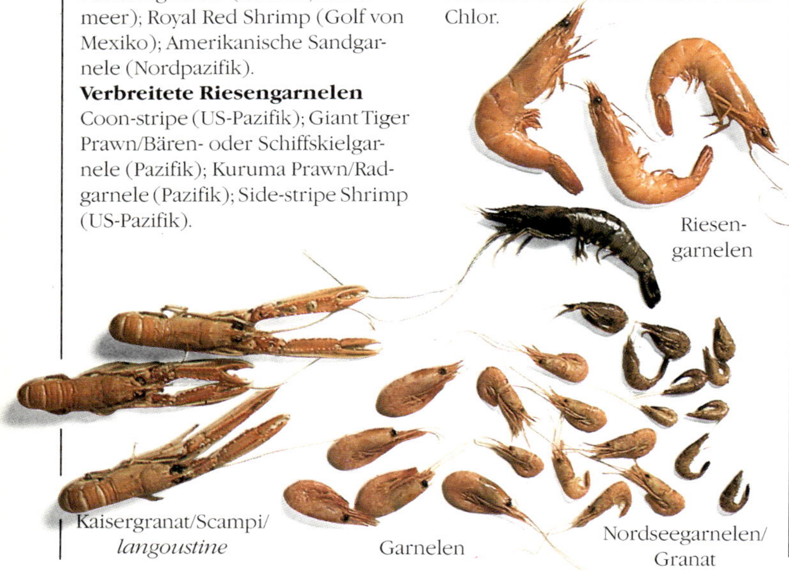

Riesengarnelen

Kaisergranat/Scampi/*langoustine*

Garnelen

Nordseegarnelen/Granat

GARNELEN SCHÄLEN

Kleine Garnelen Die Köpfe wegwerfen und die Schalen mit den Fingern entfernen. **Riesengarnelen** Mit einer Schere die Unterschale auf beiden Seiten aufschneiden und abziehen, um an das Fleisch zu gelangen. Schalen und Köpfe können zur Zubereitung von Schaltierbutter (S. 155) verwendet werden.

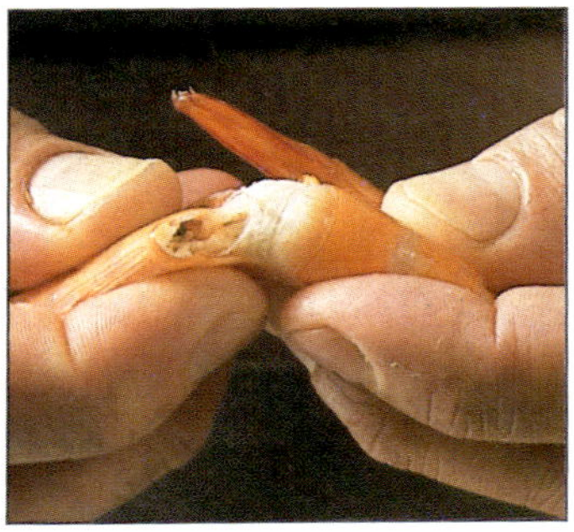

1 Große Garnelen Den Kopf vom Körper abziehen, ohne das Schwanzfleisch zu beschädigen.

2 Die Schale mit den Fingern entfernen, das Schwanzende nach Belieben daran belassen.

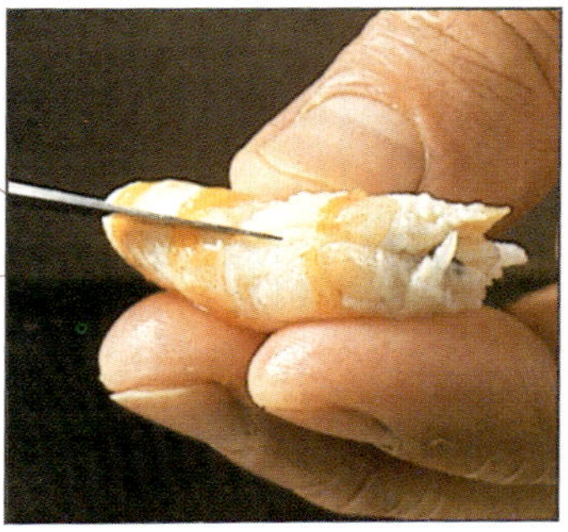

3 Einen flachen Einschnitt am Rücken der Garnele machen.

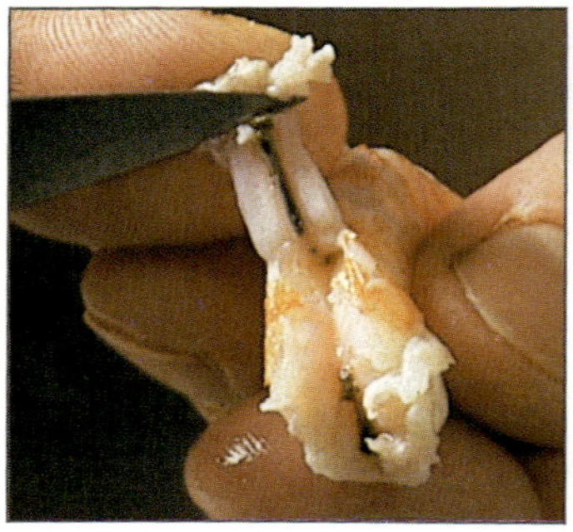

4 Den dunklen Darm, der am Rücken verläuft, abziehen.

Kaisergranat ausbrechen

Das Schwanzfleisch wird wie bei Garnelen ausgelöst. Bei großen Exemplaren sitzt auch in den Scheren und im Körper eßbares Fleisch.

Garnelen und Jakobsmuscheln am Spieß

Auf die Spieße kann man zusätzlich auch verschiedene Gemüse, etwa kleine Champignonköpfe, Kirschtomaten und Zwiebel- oder Paprikastücke, stecken.

4 Portionen

375 g große rohe Garnelen
375 g mittelgroße Jakobsmuscheln
250 ml Weißwein
2 EL Öl
1 EL gehackter frischer Estragon
1 EL gehackte frische Kräuter (Thymian, Oregano, Petersilie)
75 g Butter, zerlassen
Frisch gemahlener schwarzer Pfeffer
Paprikapulver
Reis-Pilaw (S. 315)
Zitronenscheiben

4 Spieße

1 Die Garnelen schälen und den Darm entfernen, die Muscheln öffnen und das weiße Fleisch herauslösen. In einer Schüssel Wein, Öl und Kräuter vermischen, Garnelen und Muscheln hinzufügen und gründlich darin wenden. Die Schüssel abdecken und die Meeresfrüchte zum Marinieren für 2–4 Stunden in den Kühlschrank stellen.

2 Den Grill vorheizen. Die Meeresfrüchte abtropfen lassen, dann auf die Spieße stecken, mit zerlassener Butter bestreichen und mit schwarzem Pfeffer sowie Paprika bestreuen.

3 Die Meeresfrüchte etwa 7 cm unterhalb der Grillvorrichtung garen, bis sie nach 6–8 Minuten nicht mehr durchsichtig sind; die Spieße während der Garzeit einmal wenden und mehrmals mit Butter bestreichen.

4 Die Spieße auf dem Reis anrichten und mit Zitrone garnieren.

Große Garnelen und Scampi zum Garen vorbereiten

Wenn man das Fleisch großer Garnelen und Scampi vor dem Garen einschneidet, ergibt sich eine hübsche Schmetterlingsform. Die Krustentiere zunächst schälen und dann am Rücken etwa bis zur halben Tiefe längs einschneiden. Den dunklen Darm entfernen und das Garnelen- oder Scampifleisch zum Garen auseinanderklappen.

Flußkrebse

Flußkrebse stellen eine Ausnahme unter den Krustentieren dar, denn sie leben im Süßwasser. Sie sehen wie kleine Hummer aus und sind mit Ausnahme von Afrika überall auf der Welt zu finden. Flußkrebse werden besonders in Skandinavien, Osteuropa, Frankreich, am nordwestlichen Pazifik und in Australien, wo sie den Spitznamen »yabbies« haben, sehr geschätzt.

Die meisten Süßwasserkrebse wiegen durchschnittlich 150 g und sind etwa 15 cm lang, in Australien gibt es allerdings auch erheblich größere Arten, die so groß wie ein Hummer sein können.

Am schmackhaftesten sind die Bachkrebse, weniger wertvoll die in Osteuropa vorkommenden Sumpfkrebse.

ZUR INFORMATION

Verbreitete Arten von Süßwasserkrebsen Louisiana-Flußkrebs (Süden der USA); Signalkrebs (Nordamerika); Galizier-, Teich- oder Sumpfkrebs (Osteuropa); Tafel- oder Edelkrebs (Westeuropa); »yabby« (Australien); Australkrebs/Marron (Australien).
Im Handel Lebend-frisch; Schwänze tiefgefroren und in Dosen.
Beim Einkauf beachten Die Krebse müssen sich kräftig bewegen.
Portionen *Ganze Krebse* 250 g oder 6–8 Stück. *Ausgelöstes Krebsfleisch* 125 g.
Nährstoffgehalt pro 100 g (roh). 270 kJ/65 kcal; 15 g Protein; 1 g Fett; 1 g Kohlenhydrate; 158 mg Cholesterin; 253 mg Natrium.
Garzeiten *Mit Panzer* Kochen: 6–8 Minuten; *Schwänze* Grillen: 3–5 Minuten; dämpfen: 10–14 Minuten.
Richtiger Gargrad Panzer färbt sich rot, Fleisch ist opak.
Aufbewahrung *Lebend* Feuchtgehalten, an einem kühlen Ort 12 Stunden. *Gegarte ganze Krebse* Im Kühlschrank 24 Stunden; tiefgefroren: 2 Monate. *Gegartes Krebsfleisch* Im Kühlschrank 2 Tage; tiefgefroren: 1 Monat.
Typische Gerichte *Étouffée* (Eintopf mit Knoblauch, Petersilie, Schalotten; Louisiana, USA); in *court bouillon* mit Dill (Skandinavien); *à la cardinale* (in Sahnesauce mit Cognac, Weißwein, Gewürzen; Frankreich); *bisque* (Frankreich); *écrevisses au gratin* (mit Sahne und Weißwein oder Cognac, überbacken; Frankreich); mit Safran, Paprika, Tomaten, Wein (Rumänien).

Flußkrebse, roh (links) und gegart (unten)

Infolge der Gewässerverschmutzung sind Süßwasserkrebse trotz ursprünglich reichen Vorkommens in der freien Natur bei uns fast ausgestorben, so daß sie importiert werden müssen – vor allem aus Griechenland, der Türkei und Osteuropa.

Krebse kann man auf verschiedene Weise zubereiten. Wenn man sie zu lange kocht, wird ihr Fleisch zäh.

Hinweis Als Krebse werden nur Süßwasserkrebse mit langen Schwänzen bezeichnet; Krebse des Meeres mit kurzen Schwänzen klassifiziert man als Krabben.

DAS FLEISCH GEKOCHTER KREBSE AUSLÖSEN

Werden die Flußkrebse ganz serviert, das Fleisch bei Tisch wie unten beschrieben auslösen. Saft und Corail lassen sich aus den Panzern heraussaugen. Flußkrebse werden häufig *à la nage* serviert, das heißt in *court bouillon* oder der eingekochten Garflüssigkeit (S. 152).

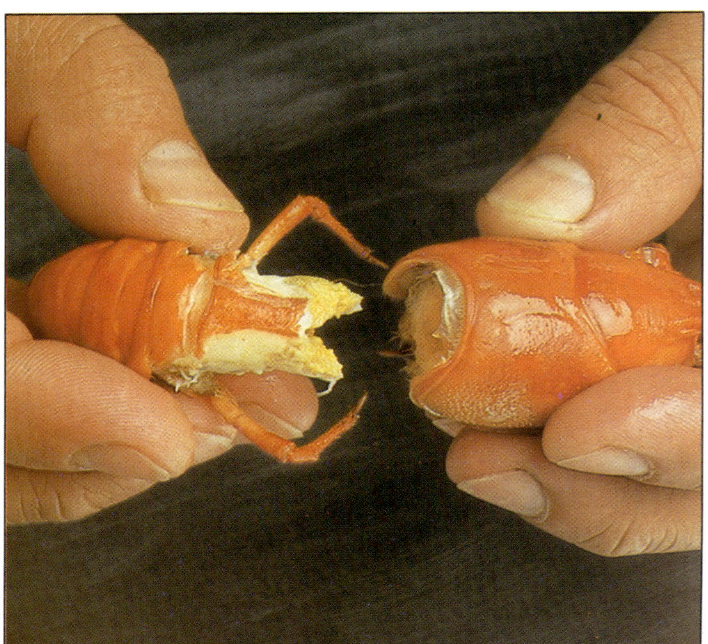

1 Den Krebsschwanz mit einer drehenden Bewegung vom Körper abziehen, so daß das Schwanzfleisch unbeschädigt bleibt.

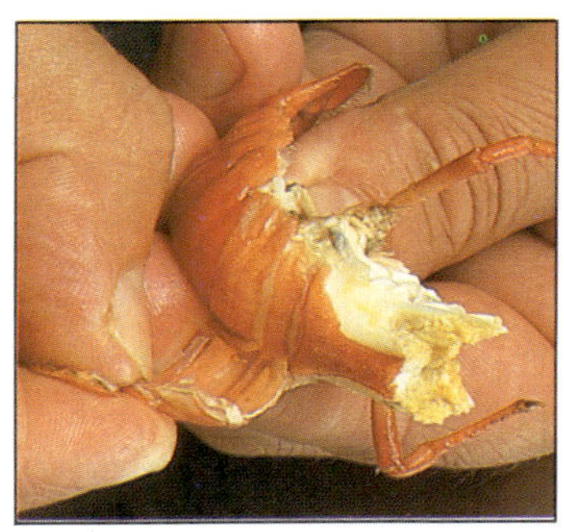

2 Das obere Panzerstück mit den Fingern entfernen.

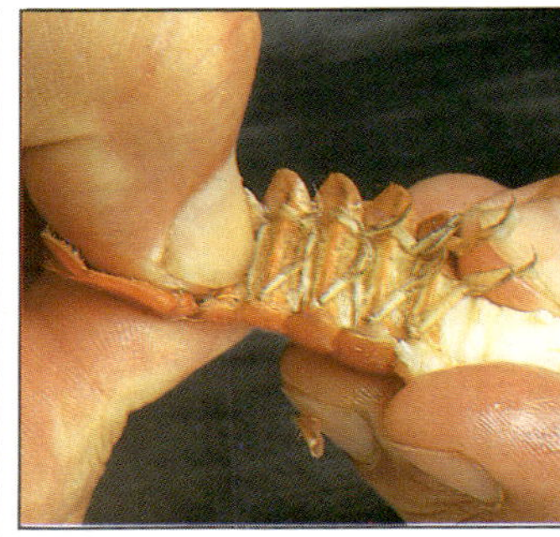

3 Den Krebs umdrehen und auf das Schwanzende drücken.

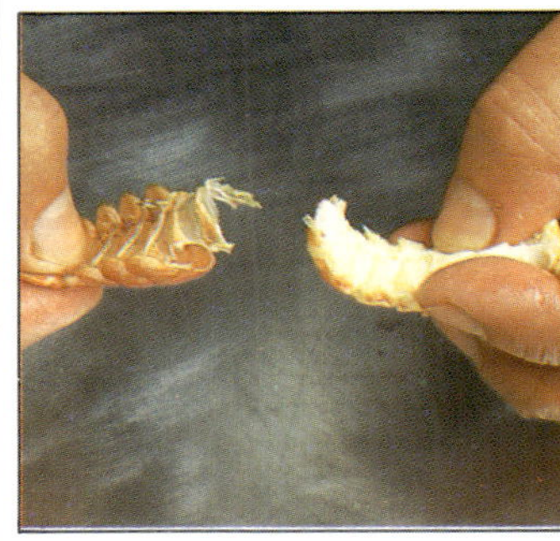

4 Das Schwanzfleisch vorsichtig in einem Stück herausziehen.

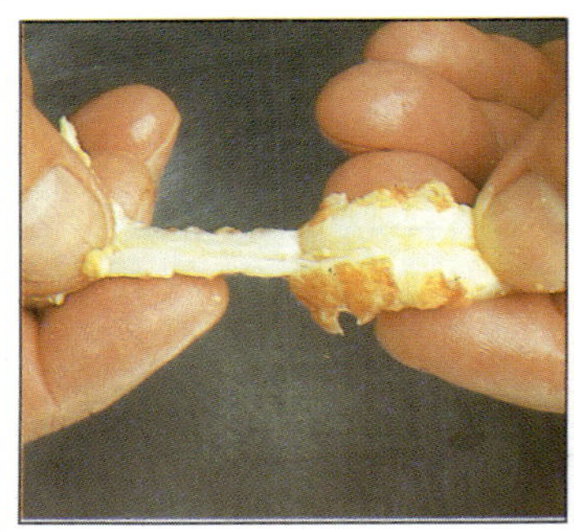

5 Den Darm auf der Rückenseite entfernen.

6 Soll das Fleisch weiterverarbeitet werden, den Brustpanzer aufbrechen, das gelbe Fett sowie gegebenenfalls das rote Corail für die Sauce verwenden.

HEUSCHRECKENKREBS

Eine Kuriosität unter den Krustentieren ist der europäische Heuschrecken- oder Fangschreckenkrebs *(Squilla mantis)*, den man in Italien und Spanien schätzt.

Er hat – wie alle räuberischen Maulfüßerkrebse – kräftige Fangbeine und erinnert deshalb an die Gottesanbeterin. Heuschreckenkrebse werden etwa 18 cm lang; man kann sie wie Garnelen garen und zubereiten.

SCHAL- UND WEICHTIERE

Schaltiere gibt es in den unterschiedlichsten Formen und Größen, und sie zählen – wie Tintenfische (S. 170) und Frösche (S. 172) – zu den Weichtieren (Mollusken). Dazu gehören die Schnecken, die ein einteiliges, häufig spiralförmig gewundenes Gehäuse aufweisen, und die Muscheln mit einem zweiteiligen Gehäuse. Unabhängig davon, ob man sie roh oder gegart servieren möchte, müssen Weichtiere, die man in der Schale kauft, noch leben. Schnecken müssen sich bei Berührung in ihr Gehäuse zurückziehen, bei Muscheln die Schalen fest geschlossen sein. Alle Schaltiere – ob mit oder ohne Gehäuse – sollten angenehm nach Meerwasser riechen.

Hinweis Schaltiere sollte man niemals selbst in der freien Natur sammeln, wenn Zweifel hinsichtlich der Sauberkeit des Wassers bestehen; sie sind anfällig gegen Wasserverschmutzungen und können Krankheiten wie Hepatitis übertragen. Auch die Massenvermehrung von Dinoflagellaten – algenartigen Einzellern im Plankton, die am »Meeresleuchten« beteiligt sind – kann Vergiftungen bei Schaltieren hervorrufen; entsprechende Warnungen sind zu beachten. Solche Erkrankungen der Schaltiere lassen sich nicht beseitigen, indem man diese in sauberem Wasser wässert.

Schaltiere aufbewahren und säubern

An einem kühlen Ort, in ein feuchtes Tuch eingeschlagen, bleiben fangfrische Schaltiere je nach Art 24 Stunden oder länger am Leben. Zur Vorbereitung werden die Schalen unter fließendem kaltem Wasser abgebürstet, wobei man Seetang, Entenmuscheln und Seepocken entfernt. Tiere mit zerbrochenen Schalen und alle, die sich beim Daraufklopfen nicht schließen, wegwerfen. Schaltiere, an denen Sand haftet, zum Reinigen für zwei bis drei Stunden in einen Eimer mit Meerwasser oder Salzwasser (pro 1 l Wasser eine Handvoll Salz) legen. Läßt man sie länger im Wasser, das Wasser wechseln, da die Schaltiere sonst an Sauerstoffmangel sterben. Manche Köche fügen dem Wasser ein oder zwei Eßlöffel Mehl oder Kleie hinzu, damit das Fleisch vor dem Garen schön prall wird.

1 Austern, 2 Miesmuschel, 3 Herzmuschel, 4–6 Venusmuscheln (Clams), 7 Jakobsmuschel

Schaltiere servieren

Am naheliegendsten ist es, Schaltiere in ihren geöffneten Schalen zu servieren. Jakobsmuscheln sehen so hübsch aus, daß man alle möglichen Fisch- und Schaltiergerichte darin reicht. Bei Flügelschnecken, Abalonen und Weinbergschnecken ginge sicherlich ein Teil ihres Reizes verloren, würde man sie ohne Gehäuse servieren.

SCHNECKEN

Schnecken sind gleichermaßen eine gastronomische Kuriosität wie eine kulinarische Delikatesse. Da sich lebende Schnecken nur schlecht aus ihren Gehäusen lösen lassen, müssen alle zuvor überbrüht oder gegart werden. Die kleinsten von ihnen, die glänzend schwarzen Strandschnecken schmecken angenehm nach Jod, erfordern beim Essen allerdings viel Geduld.

Wellhornschnecken werden bis zu 15 cm lang und enthalten eine gute Portion an gehaltvollem Fleisch. Auch andere Hornschnecken, deren Fleisch sich leicht aus dem langen, spitz zulaufenden Gehäuse auslösen läßt, und Kreiselschnecken, wie die Turbanschnecke, sind eßbar. Südeuropäische Stachelschnecken finden in der Küche ebenfalls Verwendung, dienten früher jedoch vor allem der Purpurerzeugung. An felsigen Küsten sind Napfschnecken ein gewohnter Anblick. Beide Schneckenarten kann man roh verzehren, sie werden allerdings kaum vermarktet, da sie häufig zäh sind.

Breitere kulinarische Möglichkeiten bieten die beiden größten Schneckenarten – Flügelschnecken und Abalonen (auch Meerohren genannt), die man hauptsächlich im Südpazifik, im Mittelmeer sowie an den Küsten von Nord- und Südamerika findet. Wie bei allen anderen Schaltieren auch, ist das Hauptproblem ihr zähes Fleisch. Es wird deshalb nach dem Herauslösen weichgeklopft und darf entweder nur ganz leicht gegart werden oder aber lange und langsam. Der Geschmack, speziell von Abalonen, ist delikat und erinnert an den von Venusmuscheln. Große Wellhornschnecken können in gleicher Weise wie Flügelschnecken und Abalonen vorbereitet und gegart werden.

ZUR INFORMATION

Saison Das ganze Jahr über.

Im Handel *Strand-, Wellhornschnecken* An der Küste frisch. *Abalonen* In Dosen.

Beim Einkauf beachten Alle Arten sollten angenehm riechen. *Strand-, Wellhorn-, Flügelschnecken* Operculum (Fußdeckel) fest verschlossen oder Tiere ziehen sich bei Berührung in ihr Gehäuse zurück. *Abalonen* Dunkler Saum am Schalenrand muß sich bei Berührung nach innen ziehen.

Portionen *Kleine Schnecken* 500 g ergeben etwa 90 g Fleisch. *Abalonen, Flügelschnecken* 1–2 Stück.

Nährstoffgehalt pro 100 g (roh). 412 kJ/98 kcal; 17 g Protein; 1 g Fett; 5 g Kohlenhydrate; 111 mg Cholesterin; 206 mg Natrium.

Garzeiten *Kleine Schnecken* Kochen: 10–30 Minuten (je nach Größe), ausgelöst in Salaten verwenden; in Suppe köcheln: 5–10 Minuten. *Abalonen, Flügelschnecken* Fleisch hacken und für eine Suppe köcheln: 2–3 Stunden; marinieren: 1–2 Stunden vor dem Garen; schmoren: 1–1½ Stunden; fritieren: 1–2 Minuten; sautieren, pfannenbraten: 2 Minuten (je Seite).

Richtiger Gargrad Fleisch elastisch, aber weich.

Bemerkung Abalonen und Flügelschnecken übergaren sehr leicht.

Aufbewahrung *Lebend-frisch* Feuchtgehalten, an einem kühlen Ort 24–36 Stunden (je nach Größe). *Roh, ohne Gehäuse* Im Kühlschrank 24 Stunden. *Gegart* Im Kühlschrank 2 Tage.

ABALONENFLEISCH AUSLÖSEN UND SÄUBERN

Das Fleisch von Abalonen muß vor dem Garen weichgeklopft werden, da es sonst zäh bleibt.

1 Mit einem Löffel am Rand des Gehäuses entlangfahren und den Löffel zwischen Fleisch und Schale schieben.

2 Den Muskel mit einer kräftigen Bewegung abtrennen – den Löffel dazu mit der gewölbten Seite nach oben halten.

3 Die Eingeweide mit einem kleinen Messer abschneiden und wegwerfen.

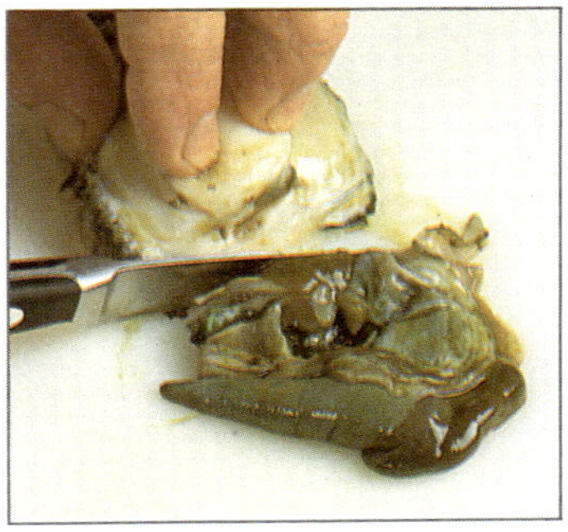

4 Den dunklen Rand vom Fleisch schneiden. Das Fleisch abspülen und dabei den schwarzen Schleim abbürsten.

5 Das Schneckenfleisch in zwei oder drei Scheiben schneiden, zwischen Klarsichtfolie legen und weichklopfen.
ODER: Das Fleisch der Länge nach einschneiden, auseinanderklappen und flachklopfen.

Flügelschnecken vorbereiten

Die Schnecken überbrühen und das Schneckengehäuse an der dritten oberen Spiralwindung mit einem Hammer aufklopfen. Ein dünnes Messer schräg nach oben hineinschieben und den Muskel vom Gehäuse abtrennen. Den »Fuß« der Schnecke am festen Saum fassen und die Schnecke aus dem Gehäuse herausziehen. Den Verschlußdeckel (Operculum) entfernen. Die weichen Eingeweide sowie die Augen wegschneiden, dann mit den Fingern die Haut vom Fleisch abziehen. Das Schneckenfleisch quer zur Faser in etwa 1,5 cm dicke Scheiben schneiden und diese 30–60 Sekunden klopfen, damit sie weich werden. Alternativ das Fleisch längs einschneiden und flachklopfen.

Kleine Schnecken pochieren und auslösen

Kleine Schnecken, wie Wellhorn- und Strandschnecken, können in Salzwasser (1 EL Salz pro 1 l Wasser) pochiert werden. Zusätzlich kann man auch Aromazutaten, wie Zwiebeln, aromatische Kräuter, Pfefferkörner, Piment, Koriander und getrocknete Chillies, hinzufügen. Eine *court bouillon* (S. 44) ist als Pochierflüssigkeit ebenfalls geeignet. Die Flüssigkeit zum Kochen bringen, die Schnecken hineingeben – sie müssen vollständig mit Flüssigkeit bedeckt sein –, den Deckel auflegen und die Schnecken gar ziehen lassen. Die Garzeit hängt von der jeweiligen Schneckenart ab. Die Schnecken in der Flüssigkeit abkühlen lassen – gegebenenfalls verbleiben sie auch zur Aufbewahrung darin. Um das Fleisch auszulösen, den Verschlußdeckel (Operculum) entfernen und die Schnecken behutsam mit einer Nadel, einem Spieß oder einer kleinen Gabel aus dem Gehäuse herausziehen; das Gehäuse dabei drehen, damit das Fleisch in einem Stück bleibt.

Kleine Schnecken werden häufig mit Gehäuse serviert, als Teil einer kalten Meeresfrüchte-Platte oder für sich allein. Die Schnecken in eine Schüssel geben oder auf einer Servierplatte anrichten. Um das Fleisch bei Tisch auslösen und essen zu können, benötigt man ein Schneckenbesteck, geeignete Spießchen oder kleine Gabeln. Als Beilage Mayonnaise und mit gehackten Schalotten vermischten Essig reichen.

Weitere Garmethoden für Schnecken

Ausgelöste Schnecken ergeben gute Suppen oder *chowders*, doch darf das Fleisch nicht zu lange gegart werden. Gegartes Schneckenfleisch schmeckt ausgezeichnet mit einer Vinaigrette, der man gehackte Zwiebeln, Paprikaschoten, Walnüsse oder Bleichsellerie hinzufügt. Abalonen und Flügelschnecken kann man wie Jakobsmuscheln in Zitrusmarinade einlegen, grillen, wie Steaks in Öl oder Butter sautieren oder für *fritters* hacken oder durch den Fleischwolf drehen. Am besten sind vermutlich all die vielen Eintöpfe mit Flügelschnecken und Abalonen, die ein bis zwei Stunden auf dem Herd garen; einige von ihnen haben ihren Ursprung in der Karibik, andere kommen aus Kalifornien oder Australien.

Achat- und Weinbergschnecken

Bestens bekannt in der Küche sind Landschnecken, die schon zu Zeiten der Römer in Schneckengärten gezüchtet wurden. Heute hält man in modernen Zuchtbetrieben pro 200 Quadratmeter bis zu einer Million Schnecken, die mit Kohl, Weizen oder Hafer gemästet werden. Die am häufigsten gezüchteten Arten sind die Weinbergschnecke, die aus Afrika stammende Achat- oder Riesenschnecke sowie die schmackhafte Gesprenkelte Weinbergschnecke (franz. *petit gris*). Viele andere Arten sind ebenfalls eßbar, und speziell im Mittelmeerraum ist es ein beliebter Zeitvertreib, nach einem Regenschauer Schnecken zu sammeln. Da das Vorbereiten von Wildschnecken recht mühsam ist, greifen die meisten Köche jedoch auf bereits gesäuberte und in *court bouillon* (S. 44) vorgekochte Schnecken zurück. Diese Weiterverarbeitung erfolgt zumeist in Frankreich, mit Schnecken, die in Osteuropa, China oder Taiwan gezüchtet wurden.

ZUR INFORMATION

Saison *Wild* Frühjahr bis Anfang Winter. *Aus Zuchtbetrieben* Das ganze Jahr über.

Im Handel Tiefgefroren und in Dosen, selten lebend-frisch.

Beim Einkauf beachten Tiere sollen sich bei Berührung in ihr Gehäuse zurückziehen (Ausnahmen bilden Schnecken im Winterschlaf, die sich vor den ersten Frösten eingedeckelt haben).

Portion 6 große oder bis zu 12 kleinere Schnecken.

Nährstoffgehalt pro 100 g (roh). 378 kJ/90 kcal; 10 g Protein; 4 g Fett; 4 g Kohlenhydrate.

Garzeiten *Mit Gehäuse* (Nach dem Pochieren) garen im Backofen bei 230 °C/Gas Stufe 5: 5–7 Minuten; (mit Butter) grillen: 5–7 Minuten; braten, rösten über Holzkohle: 8–12 Minuten. *Ohne Gehäuse* In Suppe oder Sauce köcheln: 10–15 Minuten.

Richtiger Gargrad Fest, aber weich.

Aufbewahrung *Lebend* Feuchtgehalten, an einem kühlen Ort 1–2 Wochen. *Gegart* Im Kühlschrank 3 Tage.

Typische Gerichte *Escargots à la bourguignonne* (mit Fond, Kräuterbutter in einer speziellen Pfanne im Ofen fertiggegart; Frankreich); gebraten (Frankreich); *lumache alla milanese* (in Knoblauchbutter; Italien).

Weinbergschnecke

Gesprenkelte Weinbergschnecke *(Petit gris)*

Wildschnecken säubern und vorbereiten

Um die Schnecken von giftigen Kräutern und Pestiziden zu reinigen, stellt man sie in einer gut belüfteten Kiste für eine Woche ins Freie und besprüht sie regelmäßig mit Wasser. Während der letzten beiden Tage werden die Schnecken mit Salatblättern oder etwas Weizen- oder Maismehl gefüttert. Schnecken im Winterschlaf bedürfen dieser Reinigung nicht. Sie graben sich in den Boden ein, insbesondere an Weinstöcken, und sollten zwei bis drei Wochen nach Beginn ihres Winterschlafes ausgegraben werden. Den Kalkdeckel, mit dem sie sich verschlossen haben, entfernen. Die Schnecken in Essigwasser reinigen – Exemplare, die dabei nicht aus ihrem Gehäuse kommen, wegwerfen – und etwa zehn Minuten überbrühen, dann aus dem Gehäuse ziehen und in kaltem Wasser abkühlen. Nach dem Entfernen der Eingeweide die Schnecken mit grobem Salz bestreuen (2 EL für je 12 Schnecken) und 10–15 Minuten stehenlassen, bis der Schleim sich auflöst und als Schaum austritt. Die Schnecken gründlich mit kaltem Wasser waschen.

Wildschnecken pochieren und auslösen

Die Schnecken in *court bouillon* (S. 44) zwei bis drei Stunden köcheln lassen, bis sie weich sind. (Alternativ die Schnecken 10–15 Minuten vorkochen, das Fleisch aus dem Gehäuse lösen und noch zwei bis drei Stunden garen.) Um das Fleisch auszulösen, die Schnecken abgießen und sie dann mit einem Spießchen oder einer kleinen Gabel aus dem Gehäuse ziehen; das Schneckenhaus dabei drehen. Den Verschlußdeckel (Operculum) entfernen und den weichen Magen an der Spitze des Fleisches wegschneiden. Die Schneckengehäuse waschen und als Behälter für die zubereiteten Schnecken verwenden.

Garmethoden für Achat- und Weinbergschnecken

Häufig werden die Schnecken zusammen mit aromatisierter Butter wieder in ihre hübschen Gehäuse gefüllt und dann in speziellen Schneckenpfännchen (S. 511) im Backofen oder Grill erhitzt. Schnekken im Gehäuse können nach dem Überbrühen auch auf dem Holzkohlengrill gegart oder nach dem Pochieren in einem großen Topf serviert werden. Als Beilage reicht man dann Knoblauch-Mayonnaise oder eine pikante Sauce. Aufgrund ihrer dunklen Farbe wirken Schnecken optisch am besten, wenn man sie mit Tomaten und Kräutern auf grünem Salat anrichtet.

Schneckenbutter zubereiten

Für 24 große Schnecken: 250 g Butter schaumig rühren, dann 1 feingehackte Schalotte, 1 feingehackte Knoblauchzehe, 2 EL feingehackte Petersilie sowie 2 EL Weißwein untermischen. Mit Salz und Pfeffer abschmecken. (Die Schneckenbutter kann auch in der Küchenmaschine zubereitet werden.) In jedes Schneckengehäuse etwas Butter füllen, die Schnecken hineinstecken und die Gehäuse mit der verbliebenen Kräuterbutter zustreichen. Die Schnecken in Schneckenpfannen oder auf feuerfeste Teller mit Steinsalz setzen und bei 230 °C/Gas Stufe 5 für 5–7 Minuten in den Backofen schieben.

MUSCHELN

Von allen Meeresfrüchten bieten Muscheln wohl die vielfältigsten Zubereitungsmöglichkeiten. Austern sind begehrte Delikatessen, und aufgrund ihrer außerordentlichen Frische halten es manche Feinschmecker für ein Sakrileg, sie überhaupt zu garen. Das süße Fleisch der Jakobsmuscheln wird überall geschätzt, sei es nun roh und mariniert oder auf unterschiedlichste Weise gegart. Bei Miesmuschel und Venusmuschel gehen die Meinungen auseinander – Nordeuropäer bevorzugen Miesmuscheln, Nordamerikaner hingegen Venusmuscheln.

Muscheln gratinieren

Muscheln lassen sich ausgezeichnet im Grill überbacken. Dazu die Muscheln dämpfen, damit sie sich öffnen, das Fleisch herauslösen und abtropfen lassen. Die Schalen gründlich mit einer Bürste säubern. Jeweils in eine Schalenhälfte einen Löffel Aromazutaten oder Sauce geben, das Fleisch darauflegen und die Muscheln in Schneckenpfannen (S. 511) setzen oder auf feuerfeste Teller, die reichlich mit Steinsalz bedeckt sind. Das Muschelfleisch mit einer Sauce oder einer aromatischen Buttermischung überziehen und gratinieren, so daß der Überzug bräunt, das Muschelfleisch jedoch nicht zu stark gegart wird. (Bei einigen Rezepten erfolgt das Gratinieren nicht im Grill, sondern im sehr heißen Backofen.) Überbackene Muscheln sofort dampfendheiß servieren. Beliebte Aromazutaten sind Schnecken- und Kräuterbutter für Mies- und Venusmuscheln, Champagnersauce für Austern (S. 167) und weiße oder rote Buttersauce (S. 62) für Jakobsmuscheln.

Muscheln fritieren

Schaltiere mit zartem Fleisch, wie Austern, Jakobsmuscheln und Venusmuscheln, lassen sich hervorragend fritieren. Die Muscheln durch Dämpfen öffnen und gründlich abtropfen lassen. Das Muschelfleisch dann durch einen Ausbackteig ziehen oder mit Mehl, Ei und Semmelbröseln panieren (S. 104). Das Öl auf 190 °C erhitzen. Die Muscheln zwei bis vier Minuten goldbraun fritieren, abtropfen lassen und mit Tatarensauce (S. 63) oder Zitrone servieren.

Weitere Garmethoden

Alle Muscheln schmecken köstlich, wenn man sie in Suppen oder Eintöpfen mitköcheln läßt, denen sie ein wunderbares Aroma verleihen. Jedem Koch kommen dabei sofort die köstlichen *chowders* aus Neu-England und die gemischten Fischsuppen aus der Bretagne, Portugal und Italien in den Sinn. Miesmuscheln und Venusmuscheln, die man in ihren Schalen beläßt, verbessern sowohl das Aussehen wie auch den Geschmack von Gerichten, etwa von *paella* oder Fischsuppen. Jakobsmuscheln schmecken gut, wenn sie mit Knoblauch oder aromatischen Kräutern, beispielsweise Estragon, in Butter sautiert oder gebraten werden. Übermäßiges Garen – die große Gefahr bei allen Muscheln – ist kaum ein Problem, wenn man die Muscheln dämpft und in einer Sauce serviert, die auf dem Muschelsaft basiert. Große Muscheln können enthäutet und roh für japanische *sushi* oder *sashimi* verwendet werden. Miesmuscheln sind von ausgeprägtem Geschmack und intensiver Farbe – zusammen mit ihrem Saft geben sie anderen Meeresfrüchten eine charakteristische salzige Note.

Austern

Im Gegensatz zu anderen Schaltieren hängt der Geschmack einer Auster weniger von ihrer jeweiligen Art als vielmehr von ihrem Lebensraum ab.

Von den beiden Hauptarten der heute in Europa gezüchteten Austern wird die flache, beinahe runde Europäische Auster am meisten geschätzt. Diese feinen Austern, die man gewöhnlich roh verzehrt, werden nach ihren Herkunftsorten und -regionen unterschieden und benannt – zum Beispiel Colchester und Whitestable (England), Belon, Marenne, Gravette d'Arcachon und Bouzigue (Frankreich), Imperial (Niederlande) oder Holsteiner (Deutschland). Die verschiedenen Bezeichnungen für ein und dieselbe Austernart mögen verwirrend erscheinen, haben aber durchaus ihren Sinn. So übertrifft zum Beispiel die sonst weniger geschätzte Pazifische Felsenauster, wenn sie in bevorzugten Gewässern aufwächst, die französischen Marennes im Geschmack.

Die zweite Austernart ist die Portugiesische Auster oder Felsenauster, die ursprünglich aus dem Pazifik stammt. Sie ist länger und knorriger als die Europäische Auster, und ihre untere Schalenhälfte ist stärker gewölbt, weshalb sie in Großbritannien auch als *cupped oyster* und in Frankreich als *huître creuse* bezeichnet wird. Da sie aufgrund der kalten europäischen Gewässer in Laboratorien vermehrt wird, kommt sie oft ganzjährig in den Handel. Zum Kochen ist diese preiswertere Austernart wohl die beste Wahl.

In den Vereinigten Staaten ist die Amerikanische Auster unter regionalen Bezeichnungen, wie Virginia, Blue Point, Cape Cod und Indian River, bekannt. In der Chesapeake Bay und im Golf von Mexiko werden auch heute noch wilde Austern gefischt. Weitere Austernarten sind die Pazifische Felsenauster oder Japanische Auster (eine auch in Europa gezüchtete Art) sowie die Westamerikanische Auster.

Austern werden in ganz Europa, den USA und in Australien gezüchtet, wobei man durch die unterschiedlichsten Methoden sicherstellt, daß sie geschützt und oberhalb des schlammigen Meeresbodens heranwachsen können; das Ergebnis sind saubere Austern mit frischem Geschmack, die sich gut vermarkten lassen.

Austern werden zum Verkauf sorgfältig nach Größe und Gewicht sortiert, wobei die jeweilige Gewichtsklasse durch Nullen bezeichnet wird: 00 = 73–77 g, 000 = 83–87 g, 0000 = 93–97 g, 00000 = 103–107 g, 000000 = 113 g und mehr.

Wenn man Austern roh serviert, treten feine Geschmacksunterschiede deutlich zutage. Sollen sie jedoch gegart werden, ist der wichtigste Gesichtspunkt ihre Größe. Zum Gratinieren wählt man am besten Austern mit gewölbter Schale.

ZUR INFORMATION

Saison Traditionell die kühleren Monate mit »r« (September bis April); heute oft ganzjährig frisch im Handel, Austern können im Sommer jedoch wäßrig sein, da sie in dieser Zeit ablaichen.

Beim Einkauf beachten Schalen fest geschlossen; Herkunft von besonderer Wichtigkeit; Größe bestimmt den Preis.

Portionen 6–12 lebendfrische Austern; 24 ausgelöste Austern mittlerer Größe ergeben etwa 375 ml/3–4 Portionen.

Nährstoffgehalt pro 100 g. 196 kJ/47 kcal; 9 g Protein; 2 g Fett, 2 g Kohlenhydrate; 260 mg Cholesterin; 289 mg Natrium.

Garzeiten *In der Schalenhälfte* Roh servieren oder 4–5 Minuten bei 220 °C/Gas Stufe 4–5 im Ofen überbacken. *Ausgelöstes Austernfleisch* Garen im Backofen bei 180 °C/Gas Stufe 2–3: 10–15 Minuten; fritieren: 1–2 Minuten; in Suppen köcheln: 1–2 Minuten.

Portugiesische Auster/ Felsenauster

Europäische Auster/ Flache Auster

Richtiger Gargrad Ränder leicht nach oben gewellt, Mitte noch weich.

Aufbewahrung *Lebend, in der Schale* An einem kühlen Ort 1–2 Wochen. *Rohes Austernfleisch, mit Muschelflüssigkeit* Im Kühlschrank 3 Tage. *Gegart* Im Kühlschrank 2 Tage.

Typische Gerichte Mit Blattgemüse, Kräutern, Käsesauce (USA); *scalloped* (überbacken; USA); *angels on horseback* (mit Speck umhüllt, am Spieß auf dem Rost gebraten; Großbritannien); fritiert mit Teufelssauce (Großbritannien); mit Palmherzen (Brasilien); Kroketten (Südamerika); in Limettensaft mariniert (Guatemala); *vol-au-vent d'huîtres* (mit Krebsen, Champignons, Trüffeln in Blätterteig; Frankreich); *Dubarry* (in ausgehöhlter, gebackener Kartoffel, mit Sahnesauce, Parmesan überbacken; Frankreich); *ostriche alla veneziana* (mit Zitronensaft, Kaviar; Italien).

Pazifische Felsenauster/ Japanische Auster

Amerikanische Auster

AUSTERN ÖFFNEN

Die Austern unter fließendem kaltem Wasser abbürsten, aber nicht in Wasser legen, und auf einem Tuch trocknen lassen.

1 Um sich nicht an der rauhen Schale zu verletzen, die Auster mit einem doppelt gefalteten feuchten Küchentuch halten. Die Auster mit der gewölbten Seite nach unten in die Handfläche legen und festhalten. Einen speziellen Austernbrecher oder ein kurzes, kräftiges Messer am Scharnier zwischen die Schalen schieben und diese mit einer kräftigen Drehbewegung öffnen.

2 Den Schließmuskel entlang der Schalenränder lösen und die obere Schalenhälfte wegwerfen. Den Muskel am Scharnier lockern und die Auster in der Schalenhälfte servieren oder aus dem unteren Schalenteil lösen und zur weiteren Verarbeitung zusammen mit der Muschelflüssigkeit in eine Schüssel geben. **Hinweis** Frische Austern sollten nicht auf Eis serviert, sondern bei etwa 10 °C verzehrt werden.

Austern in Champagnersauce

Bei dieser Abwandlung der *sauce hollandaise* (S. 60) wird zusammen mit dem Eigelb auch Austernflüssigkeit untergeschlagen, was der üppigen Sauce zusätzliches Aroma verleiht.

4 Portionen
24 Austern
180 g Butter
375 ml Champagner oder trockener Sekt
4 Schalotten, sehr fein gehackt
4 Eigelb
Salz und Pfeffer
Etwas Zitronensaft

Schwerer Topf (nicht aus Aluminium)

1 Die Austern öffnen (linke Seite) und das Fleisch mit der Austernflüssigkeit in eine Schüssel geben. Die Austernschalen säubern und flach auf

vier feuerfeste Teller mit reichlich Steinsalz – damit sie nicht umkippen – setzen. Das Austernfleisch abtropfen lassen (die Flüssigkeit auffangen) und zurück in die Schalen legen.

2 Für die Sauce Die Butter zerlassen, den Schaum von der Oberfläche abschöpfen und die Butter abkühlen lassen, bis sie noch handwarm ist. 60 ml Champagner beiseite stellen und in der Zwischenzeit den übrigen Champagner zusammen mit den Schalotten in einem schweren Topf auf 2–3 EL einkochen. Etwas abkühlen lassen, dann das Eigelb und die Austernflüssigkeit unterschlagen. Die Mischung auf und neben der Kochstelle 3–4 Minuten kräftig durchrühren, bis sie schaumig ist und bandförmig vom Schneebesen abläuft.

3 Den Topf ganz vom Herd nehmen und nach und nach die warme Butter unterschlagen; den milchig-weißen Bodensatz der Butter zurücklassen. **Hinweis** Wenn die Butter zu heiß ist oder zu rasch hinzugefügt wird, gerinnt die Sauce.

4 Die Sauce mit Salz, Pfeffer und Zitronensaft abschmecken. Sie kann bis zu 30 Minuten im Wasserbad (S. 510) warm gehalten werden.

5 Den Grill vorheizen. Kurz vor dem Servieren den zurückbehaltenen Champagner in die Sauce rühren und die Austern damit überziehen. Die Austern 3–5 Minuten goldgelb gratinieren und sofort servieren.

Jakobsmuscheln

Bei diesen Muscheln denkt man an die Geburt der Aphrodite, die in der Schale einer Jakobsmuschel an Land gelangte, und an die Pilger des Apostel Jakobus, die solche Muschelschalen als Erkennungszeichen trugen. Die Schalen der Jakobsmuscheln können sehr hell sein und beigefarbene Streifen haben, aber auch gelb, orange, rosa und violett schimmern. Zum Servieren sind die gerippten unteren Schalenhälften ein hübscher Behälter für das Muschelfleisch. In den Vereinigten Staaten wird gewöhnlich nur der runde weiße Schließmuskel, die sogenannte »Nuß«, gegessen, in anderen Ländern gilt auch der halbmondförmige Rogensack als Delikatesse.

Der Schließmuskel kleiner Jakobsmuscheln hat einen Durchmesser von etwa 1 cm, bei sehr großen Muschelarten kann er bis zu 15 cm groß sein. Die meisten Arten sind jedoch von mittlerer Größe, so daß fünf bis sechs Muscheln pro Person ausreichen. Das Fleisch kleiner Jakobsmuscheln beläßt man am besten ganz, bei größeren schneidet man es in 1 cm dicke Scheiben. Jakobsmuscheln sind mild und zart und werden häufig zusammen mit Butter oder Sahne gegart.

ZUR INFORMATION
Verbreitete kleine Jakobsmuscheln Bay Scallop (Atlantik, Pazifik); Nordamerikanische Jakobsmuschel/Calico Scallop (Atlantik); Isländische Jakobsmuschel (Atlantik, Nordwestpazifik); Queen Princess Scallop (Atlantik); Kleine Pilgermuschel/Reisemantel (Ostatlantik, Mittelmeer).
Verbreitete mittelgroße und große Jakobsmuscheln Große Pilgermuschel (Atlantik); Pilger- oder Jakobspilgermuschel (Westeuropa, Mittelmeer); Giant Rock Scallop (Pazifikküste, Kanada, Mexiko); Rock Scallop (Atlantik); Sea Scallop/Atlantischer Tiefwasser-Scallop (Atlantik).
Saison Herbst bis Frühjahr. *Westeuropa* Hauptsaison im Winter; andernorts je nach Art unterschiedlich.
Im Handel An der Küste frisch, sonst tiefgefroren und in Dosen.
Beim Einkauf beachten Milder, angenehmer Geruch zeigt Frische an.
Portion *Mittelgroße Jakobsmuscheln* 5–6 Stück. *Muschelfleisch* 125–180 g.
Nährstoffgehalt pro 100 g (roh). 365 kJ/87 kcal; 16 g Protein; 1 g Fett; 3 g Kohlenhydrate; 36 mg Cholesterin; 87 mg Natrium.
Garzeiten *Mittelgroße Jakobsmuscheln* Garen im Backofen bei 220 °C/Gas Stufe 4–5: 6–8 Minuten; grillen: 1–2 Minuten (je Seite); marinieren: 2–6 Stunden (wenn die Muscheln roh serviert werden sollen); fritieren: 1–2 Minuten; pochieren: 1–2 Minuten; sautieren: 2 Minuten. *Kleine Jakobsmuscheln, in Scheiben geschnittenes Muschelfleisch* Alle genannten Garzeiten halbieren.
Richtiger Gargrad Fleisch opak, aber in der Mitte noch leicht durchscheinend.
Bemerkung Zäh, wenn zu lange gegart.
Aufbewahrung *Roh, ohne Schale* Im Kühlschrank 24 Stunden. *Gegart* Im Kühlschrank 2 Tage.
Typische Gerichte Mit Schalotten, Cranberries (USA); in Blätterteig, mit Ingwersauce (USA); fritierte Bay Scallops mit Tatarensauce (USA); *seviche* (mariniert; Südamerika); mit säuerlicher Fruchtsauce (Großbritannien); *terrine de coquilles St.-Jacques aux légumes* (mit Gemüse, Frankreich); *à la parisienne* (mit Champignons, in Weinsauce; Frankreich).

Kleine Pilgermuschel/Reisemantel

Große Jakobsmuschel

Jakobsmuscheln marinieren

Kleine und mittelgroße Jakobsmuscheln sind ausreichend zart, um mariniert und roh serviert zu werden. Mittelgroße und große Muscheln waagerecht in Scheiben schneiden, kleine ganz belassen; der Rogensack kann ebenfalls mariniert werden. Das Muschelfleisch mit Zitronen- oder Limettensaft (1 EL pro 60 g) beträufeln und gründlich durchheben. Durch den Zitrussaft werden die Muscheln leicht »gegart«. Andere mögliche Aromazutaten sind: abgeriebene Zitronen- oder Limettenschale, feingehackte Schalotten, Frühlingszwiebeln, Knoblauch, Ingwer, Paprikaschoten oder Chillies. Die Marinierzeit beträgt zwei bis sechs Stunden. Kräuter und Gewürze kurz vor dem Servieren hinzufügen. Die Muscheln mit etwas Öl beträufeln und mit Kräutern oder Zitrusfrüchten garnieren.

JAKOBSMUSCHELN ÖFFNEN UND VORBEREITEN

Um die gewölbte Schalenhälfte als Behälter verwenden zu können, sie zunächst gründlich mit einer Bürste säubern und dann fünf Minuten in kochendes Wasser legen.

1 Die Muscheln gründlich von Schmutz reinigen. Mit der flachen Seite nach oben fest in die Hand nehmen. Einen Austernbrecher oder ein kurzes, kräftiges Messer zwischen die Schalenhälften schieben und am Rand der flachen Schale entlangfahren.

2 Den Muskel durchtrennen und die obere Schalenhälfte wegwerfen. Das Muschelfleisch von der unteren Schalenhälfte lösen und in Wasser legen.

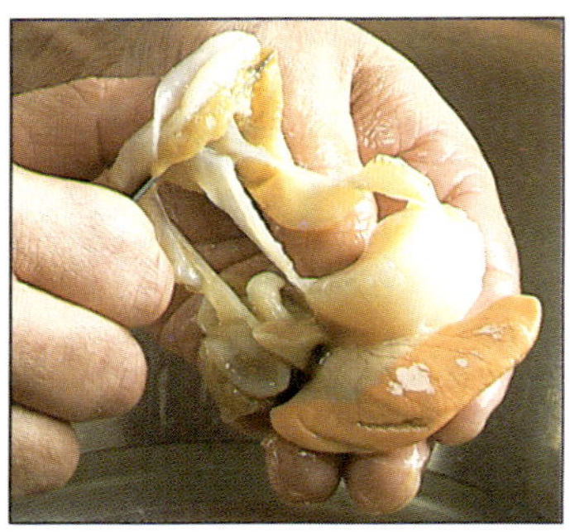

3 Den grauen Rand sowie die dunklen Teile entfernen und wegwerfen. Muskelfleisch und Rogen gründlich waschen.

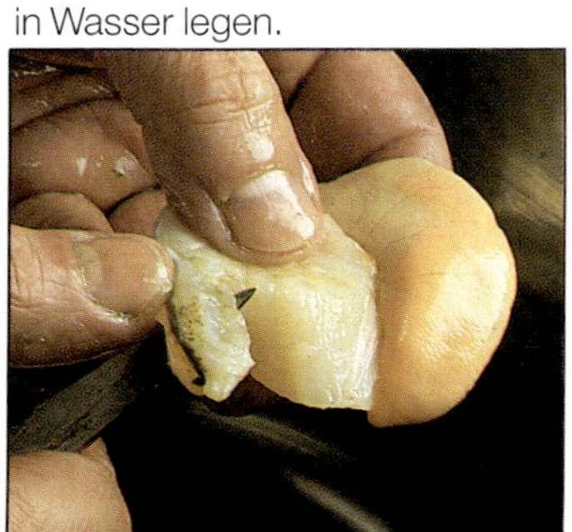

4 Den kleinen halbmondförmigen Muskel vom Fleisch abschneiden, da er ungenießbar ist.

5 Das Muskelfleisch – sofern es das Rezept verlangt – in Scheiben schneiden.

Venusmuscheln und Herzmuscheln

Venusmuscheln kommen zwar überall auf der Welt vor, werden aber besonders in den Vereinigten Staaten geschätzt, wo man sie als Clams bezeichnet.

Bei Köchen sehr beliebt ist die Große Sandklaffmuschel – auch Sandmuschel, Strandauster oder Softshell Clam genannt. Steck- oder Klaffmuscheln sind niemals ganz geschlossen, da sie sich in den Meeresboden eingraben und deshalb über ein Siphonalrohr verfügen, durch das sie atmen und ihre Nahrung aufnehmen. Man findet sie in vielen Teilen der Welt – an der nordwestlichen Atlantikküste von North Carolina sowie im Nordostatlantik, vom Weißen Meer bis nach Frankreich, wo sie auch gezüchtet werden. Ein Dutzend oder mehr ergeben eine ausreichend große Portion.

Hartschalige Venusmuscheln gibt es in den unterschiedlichsten Formen und Größen. Ihr Fleisch ist gewöhnlich beige oder cremefarben, manchmal mit rotem Corail, und die Farbe der Schalen reicht von Weiß und Violett bis zu Gelb und Rot. Im Geschmack sind sie meist salziger und intensiver als Softshell Clams, und die Gefahr des Übergarens ist größer. Kleine hartschalige Muscheln werden häufig roh in der geöffneten Schale serviert (S. 169). Große Schwertmuscheln oder Horse Clams, die mehr als 500 g wiegen können, werden am besten gehackt und für Suppen oder zur Zubereitung von *fritters* verwendet.

Eine der größten Muscheln an der amerikanischen Pazifikküste ist die Geoduck. Ihr Fang ist zum sportlichen Freizeitvergnügen geworden, denn die Muschel muß aus dem Boden ausgegraben werden, und ihre Siphonen können immerhin bis zu 1,5 m lang sein.

Die Familie der Herzmuscheln umfaßt zahlreiche unterschiedliche Arten, die sich durch rauhe oder gefurchte und stark gewölbte Schalen auszeichnen, die wie ein Herz aussehen. Beim Kochen sind sie wie Venusmuscheln zu behandeln. Zum Fang von Venus- und Herzmuscheln gibt es Spezialschiffe, auf denen die Muscheln auch bereits von Sand gereinigt werden.

ZUR INFORMATION

Verbreitete hartschalige Venusmuscheln Schmetterlingsmuschel (Mittelmeer, Atlantik); Butter/Washington Clam (Atlantik, Pazifik); Teppichmuschel (Atlantik, Pazifik, Mittelmeer); Geoduck (Pazifik); Horse Clam (Pazifik); Littleneck (Pazifik); Quahog-Muschel (Atlantik, Pazifik); Rauhe Venusmuschel (Mittelmeer).

Verbreitete Herzmuscheln Giant Atlantic Cockle (Atlantik); Gemeine Herzmuschel (Atlantik, Mittelmeer); Samtmuschel (Tropen).

Saison Je nach Art und Region verschieden.

Im Handel An der Küste frisch.

Beim Einkauf beachten Muschelfleisch soll angenehm riechen. *Hartschalige Muscheln* Fest geschlossen. *Softshell Clams* Leicht geöffnet; Siphon zwischen den Schalen zieht sich bei Berührung zurück.

Portionen 1 kg kleine oder mittelgroße Clams; ausgelöst ergibt dies 180 g Fleisch und Muschelflüssigkeit für 2 Portionen Suppe.

Nährstoffgehalt pro 100 g. 252 kJ/60 kcal; 9 g Protein; 1 g Fett; 3 g Koh-

lenhydrate; 60 mg Cholesterin; 56 mg Natrium.
Garzeiten *Mit Schale* Dämpfen: 5–8 Minuten. *Roh, in geöffneter Schale* Gratinieren im Backofen bei 230 °C/Gas Stufe 5: 4–6 Minuten; grillen: 3–4 Minuten. *Muschelfleisch* Fritieren: 1–2 Minuten. *Gehacktes Muschelfleisch* Braten (in Beignets): 1–2 Minuten; in Suppen, Saucen köcheln: 1–2 Minuten.
Richtiger Gargrad Ränder fest, Mitte weich.
Aufbewahrung *Lebend, in der Schale* An einem kühlen Ort 24–36 Stunden. *Rohes Muschelfleisch mit Flüssigkeit* Im Kühlschrank 3 Tage. *Gegart* Im Kühlschrank 2 Tage.
Typische Gerichte *Venus- und Herzmuscheln New England clam chowder* (USA); roh, mit grünem Pfeffer, Zwiebeln (USA); gegrillt mit Speck, Knoblauch, grünem Pfeffer (USA); Herzmuscheln mit Essig (Großbritannien); gefüllte Teppichmuscheln (Frankreich); *spaghetti alla vongole* (Italien); gedämpft mit Brot (Niederlande).

VENUSMUSCHELN ÖFFNEN

Venusmuscheln, vor allem kleine Exemplare, werden häufig roh in der Schale serviert. Zunächst die Muscheln sorgfältig verlesen und allen Schmutz von den Schalen spülen.

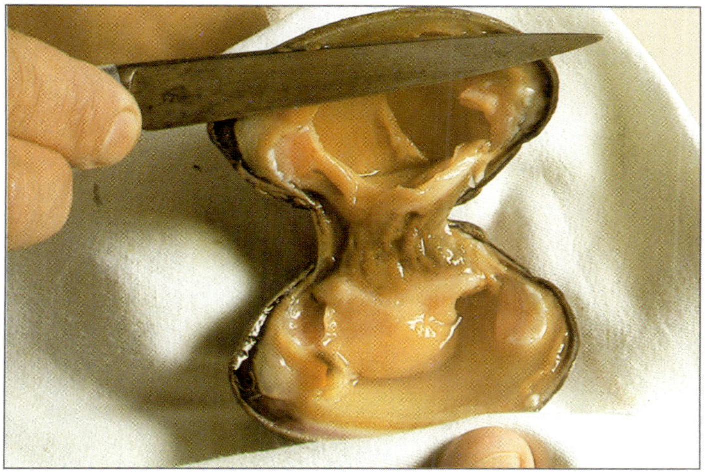

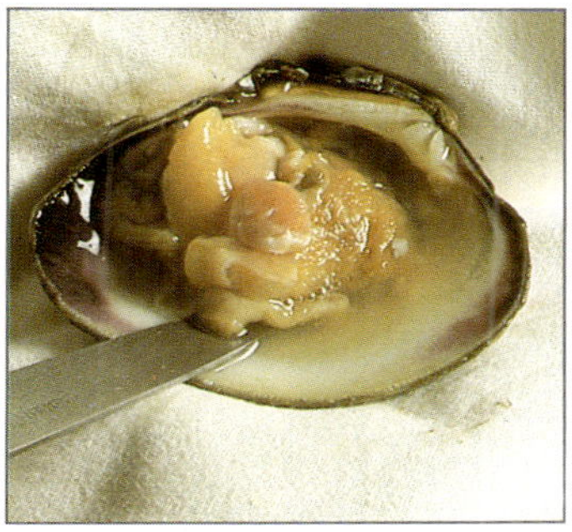

1 Die Muschel mit einem Tuch fest in die Hand nehmen und die Messerklinge zwischen die Schalenhälften schieben. Die Schalen auseinanderdrücken. Den Schließmuskel durchtrennen und die obere Schale wegwerfen.

2 Das Fleisch mit dem Messer von der unteren Schale lösen und mit der Muschelflüssigkeit in eine Schüssel gleiten lassen.

Venusmuscheln in der geöffneten Schale servieren

Die Muscheln wie oben beschrieben öffnen und die obere Schalenhälfte wegwerfen. Das abgelöste Fleisch in der unteren Schale belassen und die Muschel auf Steinsalz setzen. Dazu Essig und gehackte Zwiebeln oder Zitronensaft, Tabasco-Sauce oder eine Tomaten-Cocktail-Sauce reichen.

Venusmuscheln garen

Kleine Clams werden wie andere Muscheln vorbereitet und gegart (S. 165). Die Muscheln in kochendem Wasser dämpfen (S. 170), damit sie sich öffnen, abtropfen lassen und die Eingeweide entfernen. Das Fleisch einschneiden, flachklopfen und sautieren oder für eine Suppe oder *fritters* hacken.

Miesmuscheln

Miesmuscheln, die auf der ganzen Welt vorkommen, gibt es in einer Reihe von Farben, doch haben die meisten blauschwarze, spitz zulaufende Gehäuse und creme- oder orangefarbenes Fleisch. Miesmuscheln werden häufig an Pfählen oder Tauen gezüchtet, die bei Ebbe freiliegen. Die Byssusfäden, die »Bärte«, mit denen sich die Muscheln festheften, müssen beim Säubern entfernt werden – man spricht in diesem Zusammenhang von »entbarten«.

Hinweis Miesmuscheln sind sehr anfällig gegen Wasserverschmutzungen, so daß es sich nicht empfiehlt, sie selbst am Strand zu sammeln.

Miesmuscheln werden üblicherweise gegart verzehrt, wenngleich man bestimmte Arten, wie etwa die Stein- oder Meerdattel, durchaus roh essen kann. Kleine Miesmuscheln werden gedämpft, größere Exemplare kann man grillen oder füllen und überbacken.

ZUR INFORMATION
Verbreitete kleine Miesmuscheln Miesmuschel/Pfahlmuschel (Atlantik); Stein- oder Meerdattel (Mittelmeer); Grüne Miesmuschel (Asien).
Verbreitete große Miesmuscheln Bartmuschel (Atlantik, Pazifik).
Saison Je nach Art und Region unterschiedlich.
Im Handel Frisch; in Dosen und Gläsern.
Beim Einkauf beachten Muscheln müssen fest geschlossen sein oder sich beim Daraufklopfen schließen. Angenehmer Geruch und nicht sandig.
Portion 1 kg mittelgroße Miesmuscheln ergeben 175 g Muschelfleisch.
Nährstoffgehalt pro 100 g (roh). 213 kJ/51 kcal; 10 g Protein; 2 g Fett; 5 g Kohlenhydrate; 150 mg Cholesterin; 290 mg Natrium.
Garzeiten *Lebend-frisch, in der Schale* Dämpfen: 5–7 Minuten. *Gedämpft, in der Schalenhälfte* Im Ofen bei 220 °C/Gas Stufe 4–5 überbacken: 3–5 Minuten; grillen: 2–3 Minuten. *Ausgelöstes Muschelfleisch* Leicht in Flüssigkeit erhitzen.
Richtiger Gargrad Ränder wellen sich, Mitte weich.
Aufbewahrung *Roh in der Schale* Feuchtgehalten, an einem kühlen Ort 1 Tag. *Gegart, mit Muschelflüssigkeit* Im Kühlschrank 2 Tage.

Miesmuscheln

MIESMUSCHELN SÄUBERN UND ÖFFNEN

Die Miesmuscheln zunächst unter fließendem kaltem Wasser einzeln abbürsten (S. 163); nur geschlossene Muscheln verwenden.
Hinweis Bei uns werden lebend-frische Muscheln meist nicht aufgebrochen, sondern durch Dämpfen geöffnet (nächste Seite).

1 Vor dem Garen die Muscheln mit einem kleinen Messer entbarten. Die Schalen aufbrechen.

2 Da die Muscheln hierdurch sterben, müssen sie unverzüglich verzehrt oder gegart werden.

Miesmuscheln und Venusmuscheln dämpfen

Nach dem Säubern und Entbarten werden Mies- und Venusmuscheln zumeist gedämpft, um die Schalen zu öffnen und gleichzeitig das Muschelfleisch zu garen. Dazu etwa 250 ml Flüssigkeit, beispielsweise Weißwein, Fischfond, *court bouillon* oder Wasser, mit Aromazutaten, wie etwa feingehackten Zwiebeln, Knoblauchzehen, Bleichsellerie, aromatischen Kräutern und Safran, aber ohne Salz, in einem sehr großen Topf zum Kochen bringen. 4 kg Muscheln in den kochenden Sud schütten, den Deckel fest auflegen und die Muscheln bei starker Hitze etwa fünf Minuten garen, bis sie sich gerade geöffnet haben; sie während dieser Zeit gelegentlich durchschütteln und durchheben. Alle Muscheln, die nach dem Dämpfen noch geschlossen sind, wegwerfen. Die Garflüssigkeit abschmecken und durch ein Sieb gießen, um Sand zu entfernen. Gegarte Muscheln können in den Schalen zusammen mit der Garflüssigkeit serviert werden.

MIESMUSCHELN IN DER GEÖFFNETEN SCHALE SERVIEREN

Nach dem Dämpfen können die Miesmuscheln jeweils in einer Schalenhälfte auf einer großen Platte angerichtet werden.

Die Miesmuscheln dämpfen, damit sie sich öffnen. Eine Schalenhälfte wegwerfen, das Muschelfleisch von der anderen Schale lösen und den gummiartigen Rand abziehen.

KALMAR, TINTENFISCH UND KRAKE (OCTOPUS)

Kalmare sind die am häufigsten angebotenen eßbaren Mitglieder der Cephalopoden-Familie, zu der auch noch andere Kopffüßler, wie Tintenfisch (Sepia) und Krake (Octopus), gehören. Weltweit gibt es in tropischen und warmen Gewässern Hunderte verschiedene Arten, doch werden in der Regel nur wenige davon in der Küche verwendet.

Viele Cephalopoden (wörtlich: »Kopf mit Fuß«) haben im Inneren einen Schulp, bei dem es sich um einen zurückgebildeten Schalenrest handelt – bei Kalmaren ist dies ein schwertförmiges Chitinblatt, bei Tintenfischen eine ovale Kalkschale. Kraken hingegen haben überhaupt keine Schale mehr. Kalmare hält man im allgemeinen für süßer und zarter als Tintenfische, während man im Mittelmeerraum und in Asien Kraken besonders schätzt.

Junge Kalmare mit Tentakeln von nur etwa 3 cm Länge schmecken köstlich, wenn man sie im ganzen zubereitet. Bei größeren Tieren eignet sich der Körpermantel ideal zum Füllen, während die Fangarme in Stücke geschnitten werden. Den Mantel kann man nach Belieben auch in Ringe schneiden. Bei Kraken oder sehr großen Kalmaren muß das Fleisch geklopft werden, damit es mürbe wird – in manchen Ländern schlagen die Fischer die fangfrischen Kraken deshalb gegen Felsen oder Steine.

Rasches Garen bei starker Hitze oder langes, langsames Garen ist die Regel bei der Zubereitung von Kopffüßlern. Mit der Tinte (die zum Abwehren von Angreifern verspritzt wird) kann man die Sauce einfärben und verfeinern. Beim Säubern der Tiere muß man darauf achten, daß der Tintenbeutel nicht beschädigt wird; tiefgefrorene oder bereits gesäuberte Kalmare enthalten keine Tinte mehr. In den meisten Rezepten lassen sich die verschiedenen Kopffüßler gegeneinander austauschen, Kraken erfordern allerdings eine längere Garzeit.

ZUR INFORMATION

Verbreitete Kalmare Gemeiner Kalmar (Mittelmeer, Atlantik); Pfeilkalmar (Mittelmeer, Ostatlantik); Kurzflossenkalmar (Atlantik); Zwergkalmar (Atlantik).
Gemeiner Tintenfisch Mittelmeer, Atlantik.
Verbreitete Kraken Langarmiger Krake (Atlantik, Pazifik, Indischer Ozean, Mittelmeer, Golf von Mexiko); Zirrenkrake (Mittelmeer).
Saison Das ganze Jahr über.
Im Handel An der Küste frisch, sonst tiefgefroren und in Dosen.
Beim Einkauf beachten Angenehmer Geruch, feuchtes Fleisch.
Portion 180 g gesäubertes Fleisch oder 2–3 kleine Kalmare.
Nährstoffgehalt pro 100 g (roh). 365 kJ/87 kcal; 13 g Protein; 1 g Fett; 6 g Kohlenhydrate; 200 g Cholesterin; 238 mg Natrium.
Garzeiten *Sehr kleine Kalmare, Tintenfische* Fritieren: 3–4 Minuten; pochieren: 5–7 Minuten. *Kalmar- oder Tintenfischstücke* Garen im Backofen bei 175 °C/Gas Stufe 2–3: 30–60 Minuten; über Holzkohle grillen: 2 Minuten (je Seite); fritieren: 2–3 Minuten; pochieren: 2–3 Minuten; sautieren: 1–2 Minuten (je Seite). *Krakenstücke* Pochieren: bis zu 45 Minuten; schmoren: bis zu 2 Stunden.
Richtiger Gargrad Ziemlich weich.
Aufbewahrung *Gesäubert, roh oder gegart* Im Kühlschrank 2 Tage; tiefgefroren: 3 Monate.
Typische Gerichte Sautierter Kalmar (USA); *calamares en su tinta* (geschmorter Kalmar in eigener Tinte und Wein; Spanien); *octapodi maratho krasato* (mit Fenchel in Wein; Griechenland); *riso con calamaretti* (Reis mit kleinen Tintenfischen; Italien); *polpi affogati* (Krake mit Gemüse im eigenen Saft; Italien).

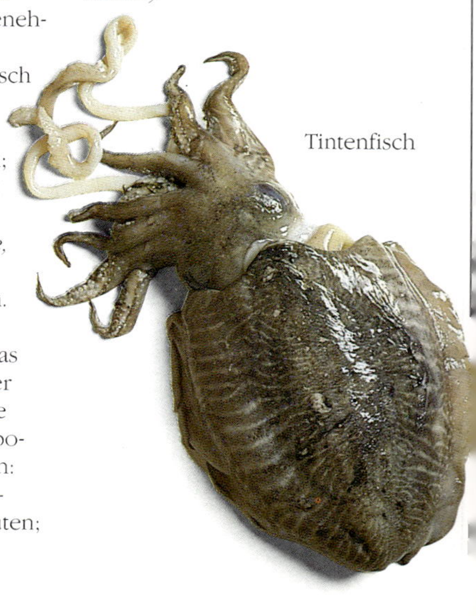

Tintenfisch

KALMAR UND TINTENFISCH VORBEREITEN

Nach dem Säubern können Mantel, Flossen und Fangarme gehackt, in Stücke geschnitten oder ganz belassen werden.

1 Über einer Schale (zum Auffangen der Tinte) den Kopf und die Tentakel behutsam aus dem Körpermantel herausziehen. Den Tintenbeutel aufstechen, damit die Tinte in die Schale läuft. **Hinweis** Die Tinte kann später zur Verfeinerung des Gerichts verwendet werden (S. 173).

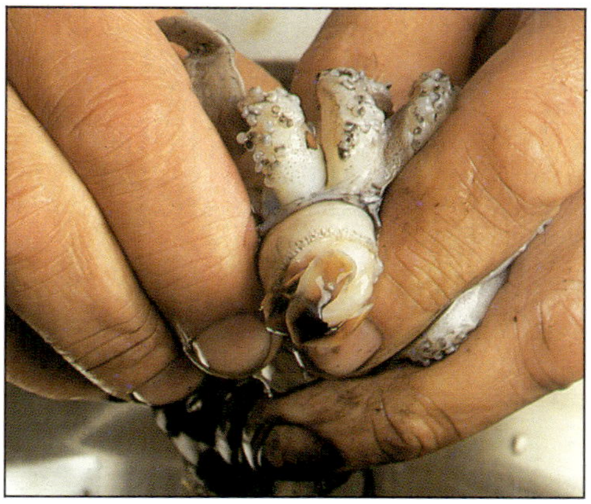

2 Die Fangarme öffnen, um die Kauwerkzeuge freizulegen. Die Kauwerkzeuge herausdrücken, abschneiden und wegwerfen. Die Tentakel vom Kopf und den Eingeweiden abtrennen. Kopf und Eingeweide ebenfalls wegwerfen.

3 Säubern eines Kalmarmantels
Den Schulp herausziehen und wegwerfen.

4 Säubern eines Tintenfischmantels
Die Kalkschale herausdrücken.

5 Die violett gefleckte Haut vom Mantel und den Flossen abziehen. Das Fleisch gründlich waschen und den Mantel dabei umstülpen, um auch an die Innenseite zu gelangen.

Krake

Kalmar

6 Die Flossen vom Körper schneiden. Mantel, Flossen und Fangarme können nun je nach Rezept gehackt, in Stücke geschnitten oder ganz belassen werden.

KRAKE VORBEREITEN

Kraken und große Kalmare müssen geklopft oder 30–40 Minuten in *court bouillon* vorgegart werden, damit das Fleisch mürbe wird.

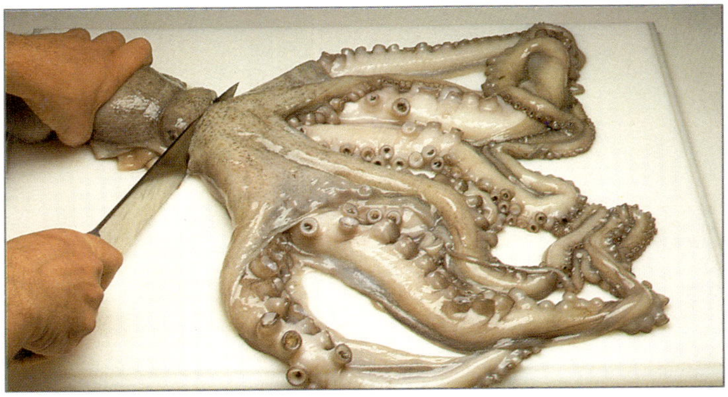

1 Mit einem großen, scharfen Messer den Körper des gesäuberten Kraken von den Fangarmen schneiden.

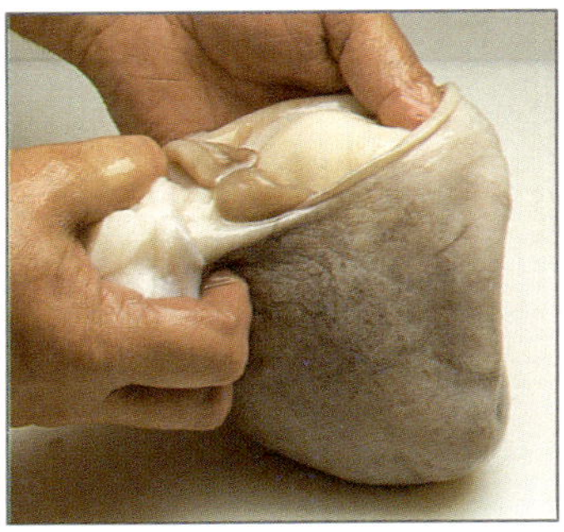

2 Den Körperbeutel auseinanderziehen.

3 Den Beutel durch die Öffnung am Kopf umstülpen.

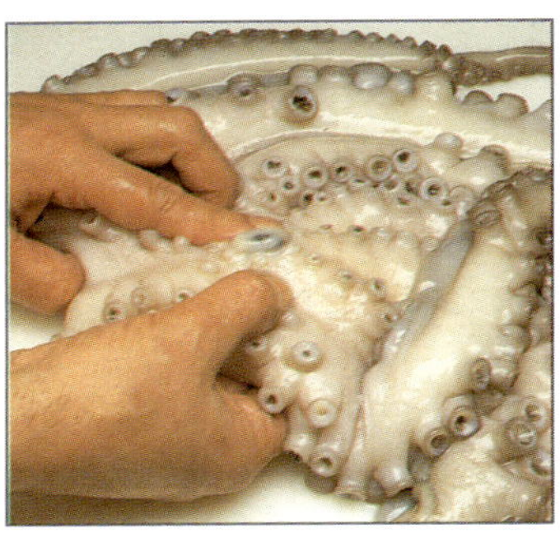

4 Augen und Eingeweide wegschneiden, dann die harten Kauwerkzeuge lokalisieren.

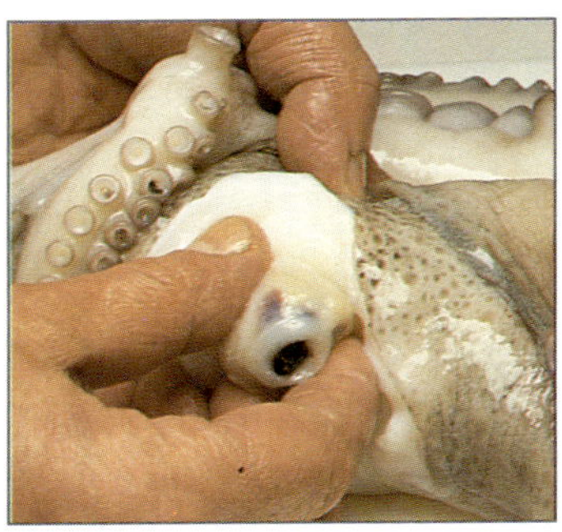

5 Die Kauwerkzeuge zur anderen Seite durchdrücken und abschneiden.

6 Die Haut vom Körperbeutel und den Fangarmen abziehen.

7 *Rechts:* Den Kraken gegebenenfalls 2 Minuten vorkochen, damit sich die Haut besser abziehen läßt. Das Fleisch anschließend einige Minuten weichklopfen.

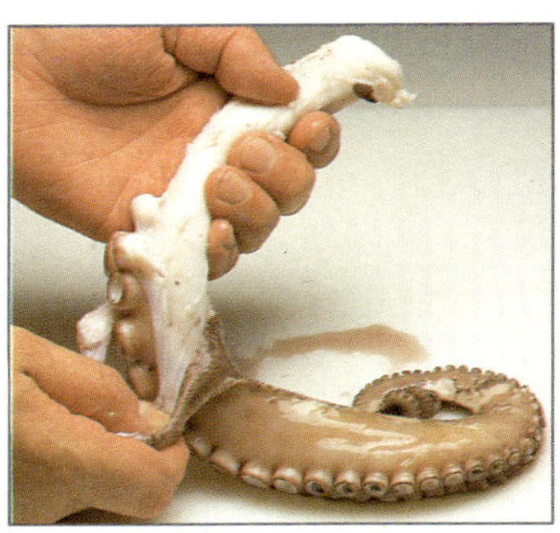

FRÖSCHE

Als Amphibien kann man Frösche in der Küche entweder als Fisch oder als Fleisch betrachten. Frösche aus der freien Natur kommen kaum auf den Tisch, da man die Tiere heute im großen Stil züchtet. Gefüllte ganze Frösche waren einmal eine italienische Spezialität, heutzutage werden jedoch nur die Hinterbeine gegessen, die – von einem kurzen Stück Rückgrat zusammengehalten – paarweise angeboten werden. Weibliche Tiere sind größer als männliche, doch hat die Größe bei handelsüblichen Froschschenkeln wenig Einfluß auf die Qualität, da bei der Zucht generell großer Wert auf Zartheit des Fleisches gelegt wird. Da Froschschenkel rasch austrocknen, muß man sie zum Aufbewahren abdecken; vor dem Garen können sie in Milch gelegt werden.

ZUR INFORMATION

Verbreitete Froscharten Amerikanischer Ochsenfrosch; Grasfrosch (Europa); Leopardfrosch (Nordamerika).
Saison *Aus Zuchtbetrieben* Das ganze Jahr über.
Im Handel Frisch, tiefgefroren und in Dosen.
Beim Einkauf beachten Feucht, prall und leicht rosa.
Portion 2 große oder 6 kleine Paar Froschschenkel (180 g).
Nährstoffgehalt pro 100 g (roh). 307 kJ/73 kcal; 16 g Protein; kein Fett, keine Kohlenhydrate; 50 mg Cholesterin; 87 mg Natrium.
Garzeiten Garen im Backofen bei 190 °C/Gas Stufe 3: 5–8 Minuten; schmoren: 10–15 Minuten; grillen (auf Spießen): 2–3 Minuten; fritieren: 2–3 Minuten; pochieren (zum Servieren in Sauce): 3–5 Minuten; sautieren: 1–2 Minuten (je Seite).
Richtiger Gargrad Weich.
Aufbewahrung *Frisch oder gegart* Im Kühlschrank 2 Tage.

Froschschenkel

Typische Gerichte *Cuisses de grenouilles à la poulette* (in Weißwein und Champignonfond, bestreut mit Petersilie; Frankreich); *à la provençale* (sautiert mit Knoblauch, Tomaten; Frankreich); Frikassee (Frankreich); *coscie di rane dorate* (in Ausbackteig; Italien).

KALMAR UND TINTENFISCH FÜLLEN

Die Kalmare oder Tintenfische säubern und vorbereiten, den Körperbeutel ganz belassen. Das restliche gesäuberte Fleisch kann gehackt und für die Füllmasse verwendet werden.

1 Die Füllmasse locker einfüllen (Rezept rechte Seite). Die Füllung vergrößert ihr Volumen beim Garen und füllt den Mantel dann vollständig aus.

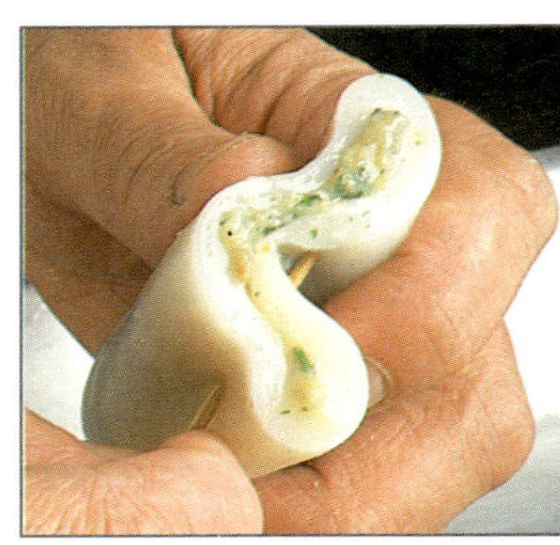

2 Den Mantel mit Garn zunähen oder mit Zahnstochern verschließen und wie im Rezept angegeben garen.

Gefüllter Kalmar in eigener Tinte

Wurden die Kalmare vom Fischhändler gesäubert, so daß keine Tintenbeutel mehr vorhanden sind, läßt sich die Sauce auch ohne Tinte zubereiten. Man kann ihr Kapern, Fenchel, Bleichsellerie oder Paprikaschoten hinzufügen.

4 Portionen

1,5 kg Kalmare
(etwa 1 kg, wenn gesäubert)
2 EL Olivenöl
1 kg Tomaten, abgezogen, entkernt und gehackt
2 Knoblauchzehen, zerdrückt
1 *bouquet garni*
2–3 EL gehackter frischer Oregano oder gehacktes frisches Basilikum

Für die Füllung

1 Zwiebel, gehackt
2 Knoblauchzehen, gehackt
2 EL Olivenöl
2 EL gehackte frische Petersilie
6 schwarze Oliven, entsteint und gehackt
30 g frische Weißbrotkrumen
Salz und Pfeffer

1 Die Kalmare vorbereiten (S. 171) und die Tintenbeutel für die Zubereitung der Sauce aufbewahren.

2 Für die Füllung Fangarme und Flossen hacken. Zwiebel und Knoblauch im Olivenöl dünsten, bis sie weich, aber noch nicht gebräunt sind. Das gehackte Kalmarfleisch, Petersilie, Oliven und Brotkrumen unterrühren. Mit Salz und Pfeffer würzen. Die Mäntel der Kalmare mit dieser Mischung füllen (linke Seite).

3 Das Olivenöl in einer Pfanne oder einem flachen Topf erhitzen. Tomaten, Knoblauch, *bouquet garni,* Salz und Pfeffer hinzufügen und alles unter Rühren 2–3 Minuten köcheln lassen.

4 Die gefüllten Kalmare dazugeben, die Tomatensauce darüberschöpfen und den Deckel auflegen. Die Kalmare unter gelegentlichem Rühren 30–40 Minuten – oder bis sie sehr weich sind – leise köcheln lassen. Falls die Sauce zu stark einkocht, zwischendurch etwas Wasser angießen.

5 Die Kalmare herausheben und beiseite stellen. Die Tinte mit etwas Wasser vermischen und 2–3 EL Sauce hinzufügen. Diese Mischung unter die übrige Sauce rühren, Oregano oder Basilikum dazugeben und alles 10 Minuten köcheln lassen. Das *bouquet garni* herausnehmen und die Sauce abschmecken. Die gefüllten Kalmare in Scheiben schneiden. Die Sauce auf eine Platte oder einzelne Teller schöpfen und die Kalmarscheiben darauf anrichten.

Kalmar oder Tintenfisch über Holzkohle garen

Das enthäutete Fleisch in Streifen von etwa 4 cm Breite und 12 cm Länge schneiden. Die Streifen auf beiden Seiten mehrmals mit einem scharfen Messer diagonal einritzen und flach auf Spieße stecken, indem man den Spieß wie eine Nadel durch das Fleisch führt. Die Fleischstreifen mit Öl und Zitronensaft beträufeln, mit Salz, Pfeffer und anderen Gewürzen, wie etwa getrockneten roten Chillies, Thymian oder gemahlenen Anissamen, bestreuen und zum Marinieren 30 Minuten bis zwei Stunden stehenlassen – die Spieße dabei gelegentlich wenden. Dann bei starker Hitze zwei Minuten auf jeder Seite grillen, bis das Fleisch weich ist.

Weitere Garmethoden

Kalmare sind besonders in Südeuropa und am Mittelmeer beliebt, wo man gern stark gewürzte Suppen und Eintöpfe ißt. In der Karibik schätzt man Krakeneintopf, der mit roter Chilisauce gewürzt ist. Die Mäntel von Kalmaren werden häufig mit den gehackten Fangarmen gefüllt oder der Länge nach aufgeschnitten, weichgeklopft und gegrillt oder sautiert. Kopffüßler werden auch in *court bouillon* (S. 44) pochiert, dann in Streifen geschnitten und mit Olivenöl, Zitronensaft und Kräutern als Salat serviert. Kalmar- oder Tintenfischstreifen kann man fritieren; ganze kleine Tintenfische gelten als besondere Delikatesse.

EXOTISCHE MEERESFRÜCHTE

Seeigel, die wie schwarze Nadelkissen aussehen, sind eine unvermutete Köstlichkeit, die man besonders in Frankreich und Japan schätzt. Der leuchtend-orangefarbene Rogen wird roh verzehrt oder in *sushi* (S. 134) verarbeitet, kann aber auch Fischsaucen und Soufflées eine salzige Fülle verleihen. Obwohl es weit über 500 Seeigelarten gibt, sind die zum Verzehr geeigneten rar und teuer. Seeigel werden an den nordamerikanischen und europäischen Küsten vom Spätsommer bis zum Frühjahr gefangen. Zur Vorbereitung hält man sie mit einem dikken Tuch fest und öffnet die Unterseite rundum mit einer Schere. Dann werden die Eingeweide herausgeschüttelt (der Rogen hängt an den Seiten der Schale). Zusammen mit anderen rohen Meeresfrüchten werden Seeigel mit einem Spritzer Zitronensaft gegessen und bei Tisch mit einem Teelöffel ausgelöst. Das Fleisch kann auch als Füllung für Omeletts oder als Aromazutat für Suppen oder Saucen dienen.

Es gibt drei eßbare Arten von Entenmuscheln, die, wie die Seepokken, zu den Rankenfüßlern gehören. Violette Entenmuscheln aus dem Mittelmeer werden roh und in gleicher Weise wie Seeigel verzehrt. Große Entenmuscheln sind in Portugal und Spanien beliebt, haben einen langen Stiel und werden gewöhnlich wie Softshell Clams gedämpft. In Südamerika schätzt man große Pazifische Entenmuscheln, die man dämpft und mit Butter verzehrt. Selten auf der Speisekarte, doch häufig auf dem Meeresboden, sind Seeanemonen zu finden, die weltweit in einer Vielfalt an Farben, Formen und Größen wachsen. Viele von ihnen sind eßbar und brauchen nur gründlich gewaschen zu werden, bevor man sie zur Zubereitung einer Suppe köcheln läßt.

Seegurken werden häufig getrocknet in asiatischen Lebensmittelgeschäften angeboten. Sie müssen besonders sorgfältig gesäubert werden, da sie sonst nicht genügend aufquellen und die Garflüssigkeit aufsaugen. Wenn man sie mehrere Stunden gegart hat, bekommen Seegurken eine eigentümliche gelatineartige Beschaffenheit, die an Quallen erinnert. Quallen werden ebenfalls getrocknet verkauft und für ähnliche asiatische Gerichte verwendet.

Schildkrötenfleisch wird in Europa kaum noch gegessen. Das Fleisch der riesigen Suppenschildkröten betrachtete man lange Zeit als große Delikatesse, was dazu führte, daß die Tiere beinahe vollständig ausgerottet wurden. Inzwischen ist der Schildkrötenfang aufgrund des Abkommens über den Schutz gefährdeter Arten freilebender Tiere verboten.

Geflügel und Federwild

Strenggenommen umfaßt der Begriff Geflügel all jenes domestizierte Federvieh, das man auf dem Bauernhof vorfindet – Hühner, Enten, Gänse, Puten und Perlhühner. Dank moderner gewerblicher Aufzuchtmethoden gehört mittlerweile aber noch eine Reihe anderer Vögel dazu, etwa Stubenküken und Wildgeflügel, wie Fasane, Tauben, Rebhühner und Wachteln. Auch Federwild ist in diesem Kapitel mit eingeschlossen, beispielsweise Moorschneehühner, Schnepfen, Wildenten und Wildgänse.

Geflügel ist als Nahrungsmittel so beliebt, daß es in vielen verschiedenen Formen – im ganzen oder in Teilen, mit und ohne Knochen – vermarktet wird und in den meisten Fällen bereits küchenfertig in den Handel kommt. Da man in vielen Gegenden aber auch noch freilaufendes Hausgeflügel und Federwild bekommt, beschreibt dieses Kapitel alle Einzelheiten der Verarbeitung – vom Rupfen und Ausnehmen bis zum Zerlegen, Entbeinen und Tranchieren.

Geflügel auswählen

Die Art und Weise, wie Geflügel aufgezogen wird, ist von großer Bedeutung. Gutes Futter (vorzugsweise Körner) und genügend Auslauf im Freien sind für den Geschmack ausschlaggebend. Geflügel aus Freilandhaltung findet man heute aber leider nur selten. Solche Tiere kann man anhand der verhältnismäßig dicken Fettschicht unter der Haut, an ihrem festen Fleisch, der starken Hornhaut an den Füßen und nicht zuletzt am hohen Preis erkennen. Bei jungen Tieren ist das Ende des Brustbeins knorpelig und biegsam.

Geflügel aus dem Supermarkt zeichnet sich vor allem durch Uniformität aus, doch gibt es auch hier einige Grundregeln: Die Haut soll hell und nicht ausgetrocknet sein – die gelbliche Farbe einiger Hühner zeigt lediglich an, daß sie gelbes Futter bekommen haben. Insbesondere bei Puten und Gänsen sollte man auf eine gut ausgebildete Brustpartie mit vollem Fleischansatz achten. Frisches Geflügel ist tiefgekühltem vorzuziehen, wenngleich die Vögel wenig Schaden nehmen, wenn sie schockgefroren und richtig gelagert werden.

Geflügel aufbewahren

Schlachtfrisches Geflügel sollte vor dem Aufbewahren ausgenommen werden. Bei küchenfertigen Tieren entfernt man den Plastikbeutel, der den Hals und die Innereien enthält. Kleine Vögel kann man locker abgedeckt bis zu zwei Tagen im Kühlschrank aufbewahren, Gänse und Puten bis zu vier Tagen. Tiefgefrorenes und aufgetautes Geflügel verarbeitet man am besten innerhalb von zwei Tagen. (Informationen zum Einfrieren und Auftauen von Geflügel s. S. 495).

Hinweis Geflügel ist besonders anfällig für Salmonellenverseuchung, die zu einer Lebensmittelvergiftung führt. Man muß es deshalb gut gekühlt aufbewahren und sollte Küchengerätschaften und Hände nach dem Hantieren mit rohem Geflügel gründlich waschen. Tiefgefrorenes Geflügel muß vollständig auftauen, bevor es gegart wird. Alle Vögel sollten vor dem Garen auf Raumtemperatur gebracht werden, und man sollte sie auch nur locker oder gar nicht füllen, damit sie vollständig von der Hitze durchdrungen und die Salmonellen abgetötet werden.

Geflügel säubern

Rohes Geflügel sollte vor dem Garen unter fließendem Wasser abgespült werden. Nach dem Abtropfen mit Küchenkrepp trockentupfen.

Geflügel absengen und ausnehmen

Bei nicht ausgenommenem Geflügel müssen unter Umständen auch noch einzelne Federchen oder Kiele mit einer Pinzette herausgezogen werden.

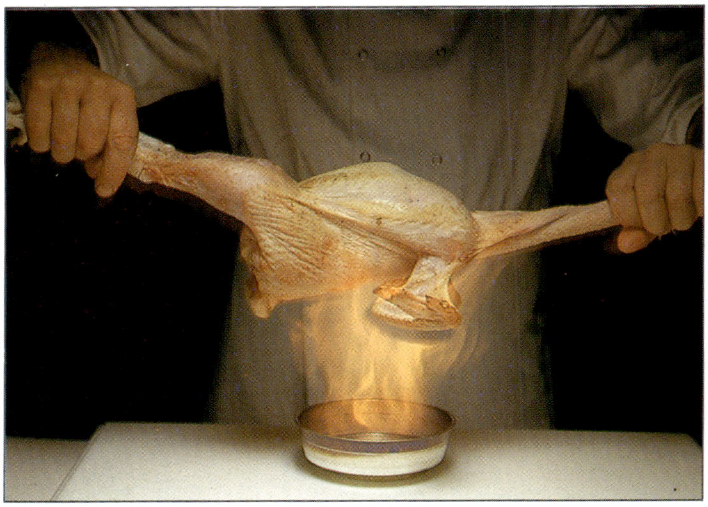

1 Das Geflügel über eine offene Flamme (Gas oder Spiritus) halten, um die Flaumfedern abzusengen; den Vogel dabei drehen, damit die Haut nicht verbrennt und reißt.

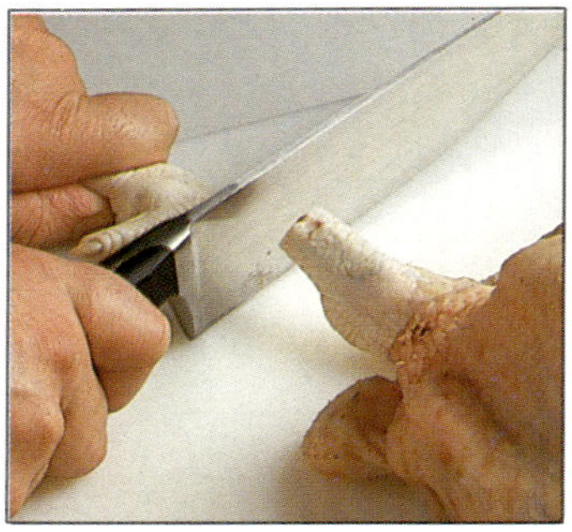

2 Den Vogel auf ein Brett legen und die Füße etwa 2,5 cm unterhalb des ersten Gelenks mit einem großen Messer oder einem Küchenbeil abhacken. (Die Füße können gesäubert und zur Zubereitung eines Fonds verwendet werden).

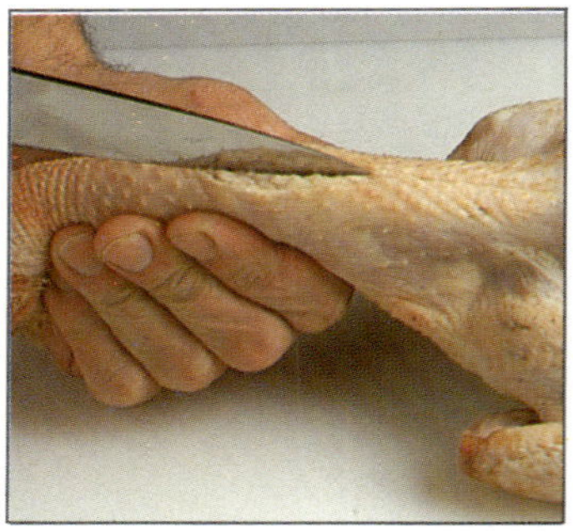

3 Das Tier umdrehen, die Haut am Hals straff gegen die Wirbel ziehen und längs einschneiden.

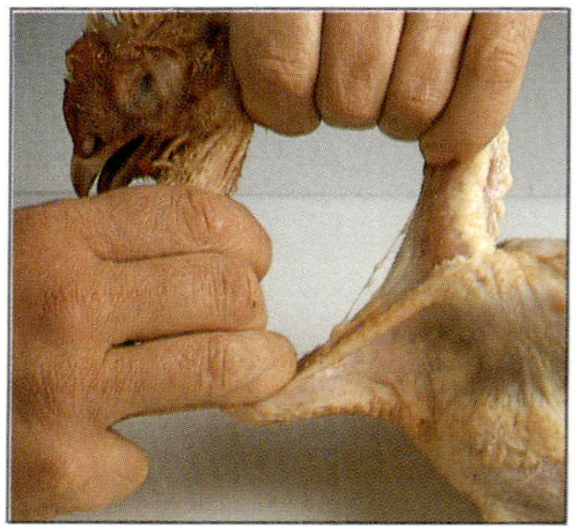

4 Den Hals mit einer Hand festhalten und mit der anderen die Haut abziehen.

5 Den Vogel herumdrehen und den Hals – ohne die Haut – möglichst dicht am Körper abtrennen. (Gegebenenfalls mit einem großen Messer den Kopf abhacken und wegwerfen.) Das Tier mit der Brust nach unten legen, dann die Röhren von der Halshaut abziehen und wegschneiden.

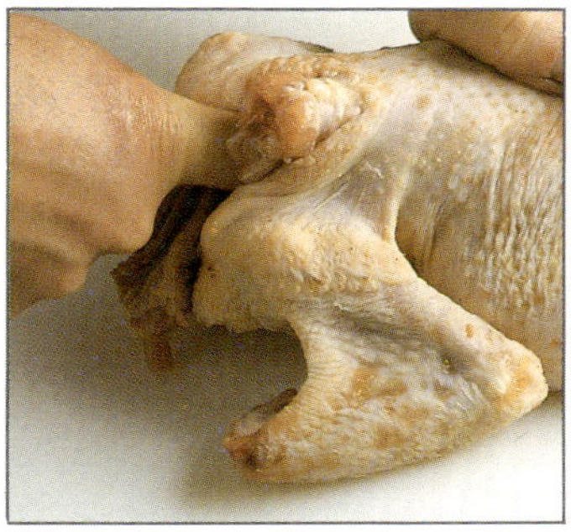

6 Am Halsende den Zeigefinger in die Bauchhöhle schieben, um die Lunge und andere Eingeweide zu lösen.

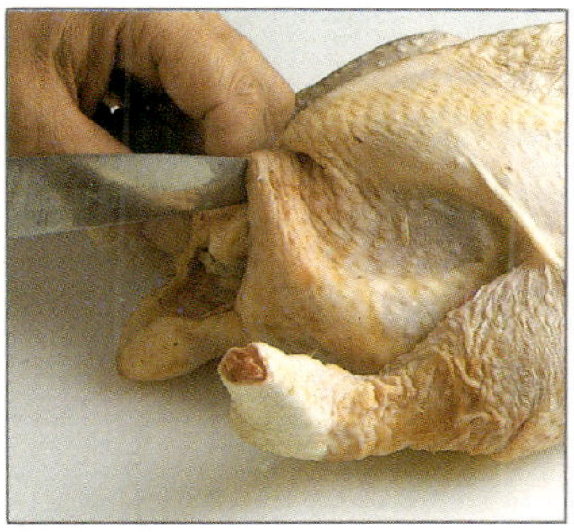

7 Den Vogel umdrehen. Die Öffnung am Schwanzende vergrößern und wiederum mit dem Finger die Innereien lösen.

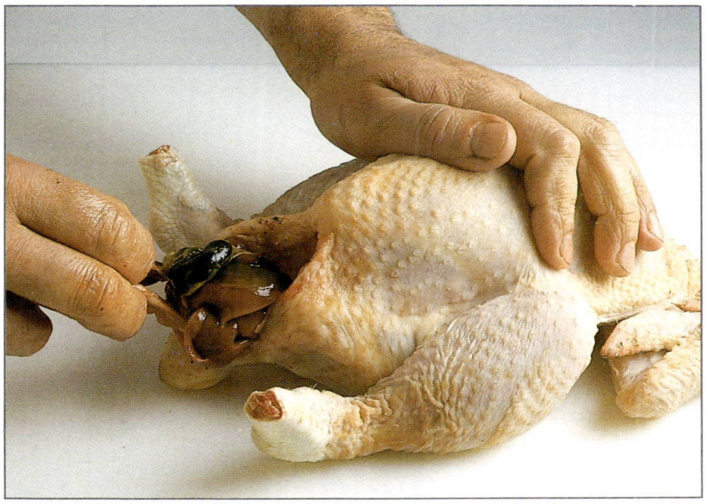

8 Die zusammenhängenden Innereien behutsam herausziehen und darauf achten, daß die grüne Gallenblase, die an der Leber sitzt, nicht verletzt wird. Die bittere Gallenflüssigkeit kann das Fleisch ungenießbar machen. Die Bauchhöhle säubern. Die Innereien bestehen aus Lunge, Herz, Leber, Galle, Magen und Darm. Lunge und Gedärme wegwerfen, die Galle von der Leber schneiden und ebenfalls wegwerfen.

Hinweis Herz, Leber, Magen und Hals können zerkleinert und zur Zubereitung einer Füllung oder eines Fonds verwendet werden. Vor dem Garen sollte man sie unter kaltem Wasser abspülen und säubern. Den Magen schneidet man an der schmalen Seite auf und zieht die feste, gelbliche Innenhaut ab; sie wird weggeworfen. (Zur Verwendung von Geflügelklein s. S. 189.)

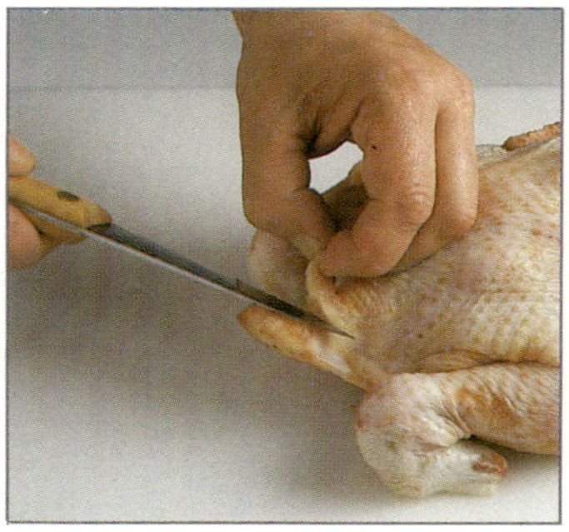

9 Den Vogel mit der Brustseite nach unten legen und die Fettdrüsen am Bürzel wegschneiden.

10 Mit Hilfe eines Wetzstahls oder einer Zange die zähen Sehnen aus den Beinen ziehen (S. 190). Die Flügelspitzen stutzen. Den Vogel gegebenenfalls außen säubern.

GEFLÜGEL HALBIEREN

Beim Zerlegen von Geflügel hängt die Anzahl der Stücke weitgehend vom jeweiligen Gewicht ab. Geflügel, das zwischen 700 g und 1150 g wiegt (Brathähnchen), kann vor oder nach dem Garen einfach halbiert werden.

1 Das Hähnchen mit dem Rücken nach unten auf ein Brett legen. Mit einem Messer dicht am Brustbein entlangfahren, um das Fleisch zu lösen.

2 *Oben:* Mit einer Geflügelschere das Hähnchen auf einer Seite des Brustbeins durchschneiden.

3 Das Hähnchen umdrehen und es auf beiden Seiten des Rückenknochens durchschneiden. Den Rückenknochen wegwerfen. Nach dem Garen die Unterschenkel und die Flügelspitzen stutzen.

GEFLÜGEL ZERLEGEN

Großes Geflügel kann je nach Gewicht in vier, sechs oder acht Stücke zerlegt werden. Da dunkles Fleisch langsamer gar wird als helles, sollte man die Schenkel in kleinere Stücke schneiden als die Brust.

Zerlegen in vier Stücke

Für rohes oder gegartes Geflügel von 1,2 kg bis 1,5 kg Gewicht.

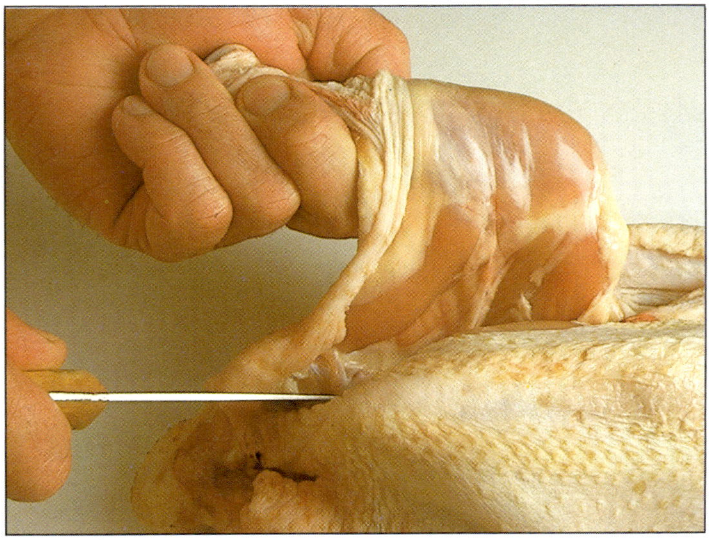

1 Zum Abtrennen der Keulen Die Haut zwischen Schenkel und Brust mit einem Messer oder einer Geflügelschere durchtrennen.

2 Das ovale Fleischstück am Rückenknochen mit der Messerspitze lokalisieren und es so auslösen, daß es noch am Oberschenkelgelenk sitzt.

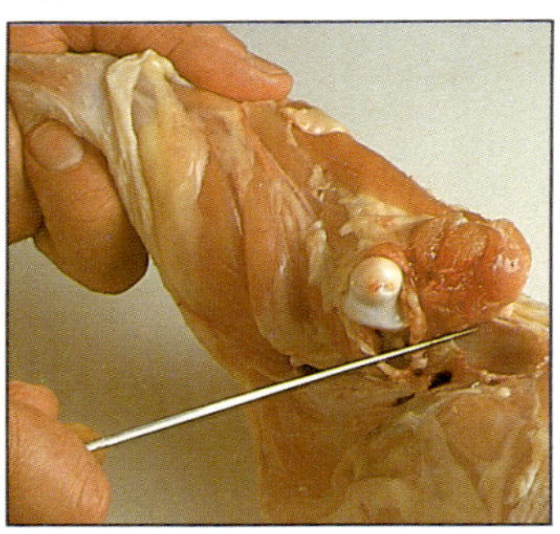

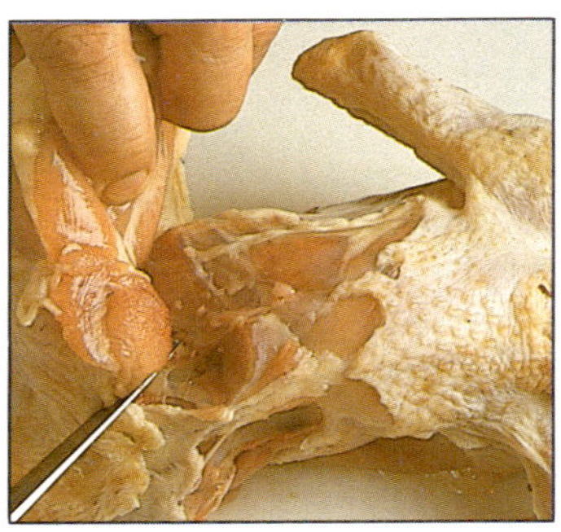

3 Den Schenkel mit einer Drehbewegung kräftig nach außen biegen, damit der Oberschenkelknochen aus der Gelenkpfanne springt. Die Keule zusammen mit dem Fleischstück abtrennen.

4 Den Vogel herumdrehen und den anderen Schenkel in gleicher Weise abtrennen.

5 Die Flügelspitzen abschneiden und wegwerfen.

6 Zum Abtrennen der Brust Den Vogel auf den Rükken legen. Mit dem Messer das Brustfleisch dicht am Brustbein entlang bis zum Knochen einschneiden. Dann das Brustbein mit dem Messer oder der Geflügelschere durchtrennen.

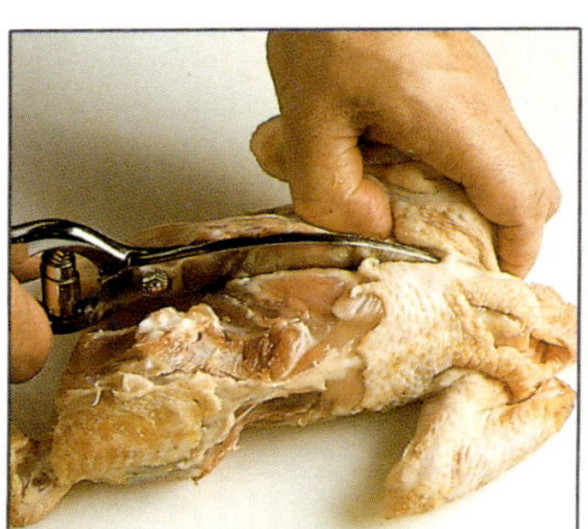

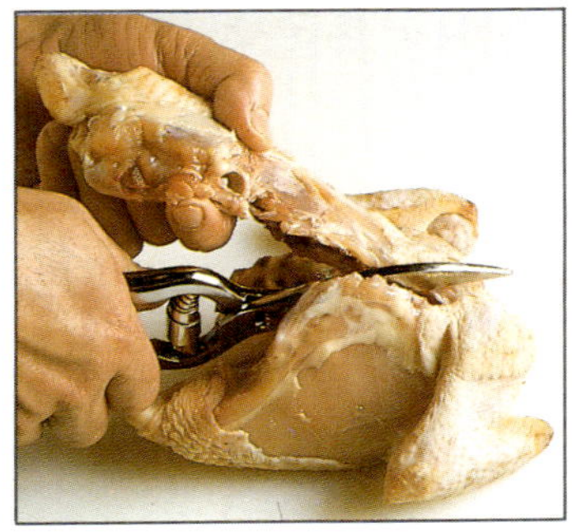

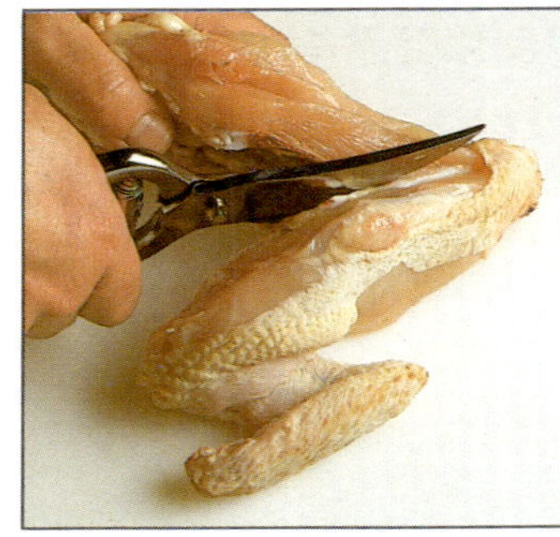

7 Den Vogel herumdrehen, die Rippen mit dem Rückenknochen von der Brust in einem Stück abschneiden; die Flügel bleiben an der Brust. Bei gegartem Geflügel den Rückenknochen wegwerfen.

8 Die Brust mit dem Messer oder der Geflügelschere in der Mitte durchschneiden.

9 Überstehende Knochen an der Brust, den Unterschenkeln und Flügeln nach dem Garen wegschneiden.

Zerlegen in sechs oder acht Stücke

Für rohes oder gegartes Geflügel von 1,5 kg bis 1,8 kg Gewicht.

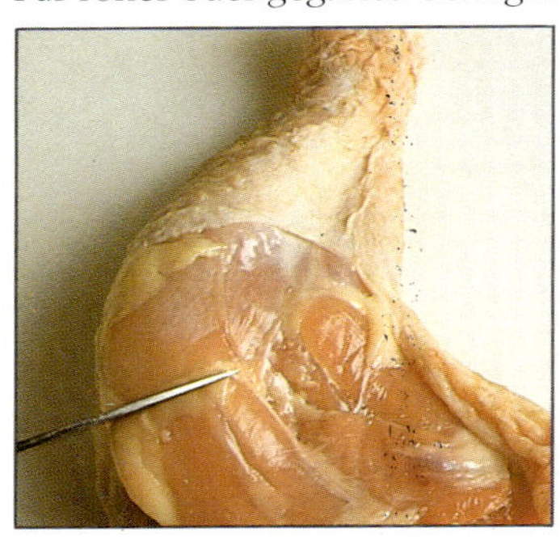

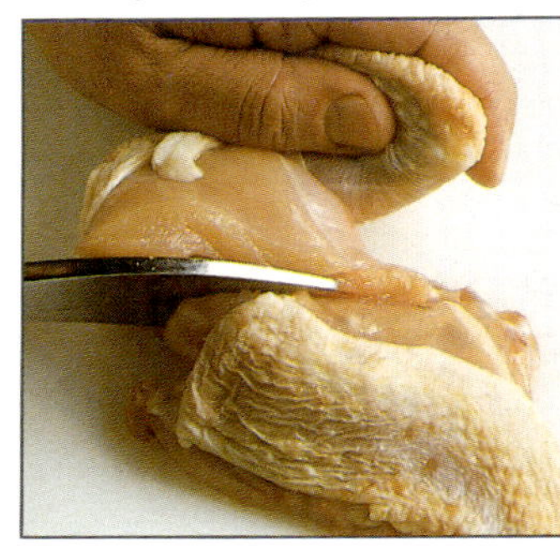

10 Für sechs Stücke Den Vogel in vier Stücke zerlegen (oben). Die Keulen am Gelenk zwischen Ober- und Unterschenkel halbieren, dabei die weiße Fettschicht auf der Unterseite als Anhaltspunkt nehmen.

11 Für acht Stücke Jedes Bruststück mit dem Messer oder der Geflügelschere schräg halbieren und dabei so durch Brust und Rippen schneiden, daß jeweils eine Portion zusammen mit dem Flügel abgetrennt wird.

GANZES GEFLÜGEL ENTBEINEN

Einen Vogel mit unverletzter Haut auswählen, damit sie ihrem Zweck als Hülle für die Füllung gerecht wird.

Geflügel (hier eine Ente) läßt sich teilweise entbeinen, wobei man die Schenkel- und Flügelknochen an ihrem Platz beläßt. Dies ist die übliche Praxis bei kleinem Geflügel und für Präsentationen mit Chaudfroid-Saucen (S. 56).

Teilweises Entbeinen

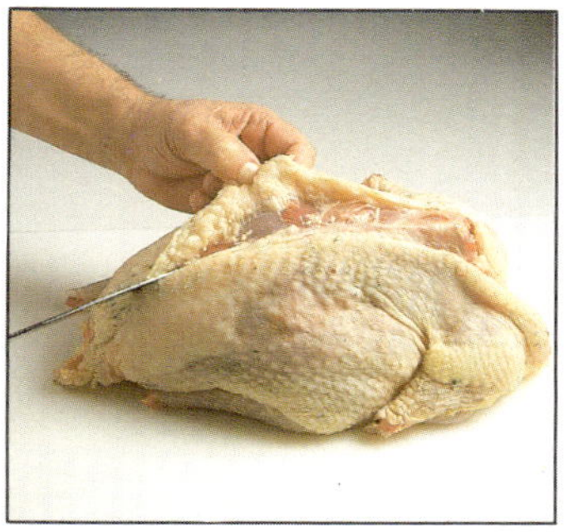

1 Mit einem Ausbeinmesser die Flügelspitze und den Mittelteil wegschneiden, so daß der größte Flügelknochen zurückbleibt. Den Vogel mit der Brust nach unten legen und die Haut entlang des Rückgrats vom Hals bis zum Bürzel durchtrennen. Das Gabelbein herausschneiden.

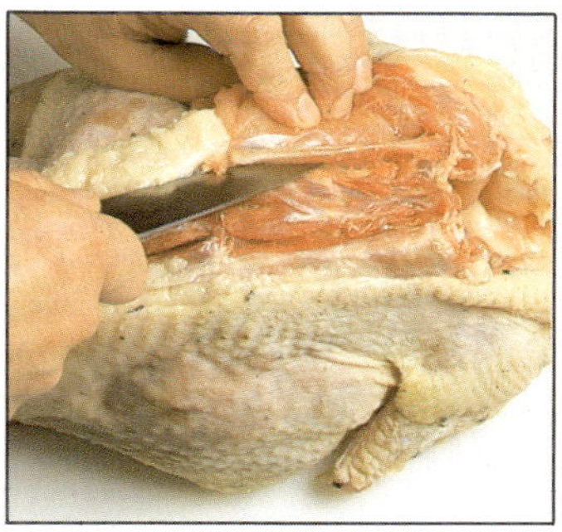

2 Fleisch und Haut behutsam vom Knochengerüst wegziehen und mit gleichmäßigen, kurzen Schnitten von der Karkasse lösen. Das Fleisch und die Haut nach jedem Schnitt mit den Fingern weiter von der Karkasse ziehen.

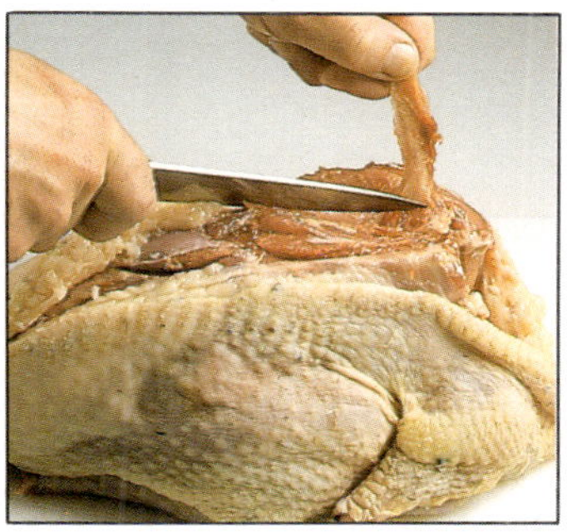

3 Das Fleisch vom säbelförmigen Knochen nahe dem Flügel ablösen und den Knochen entfernen.

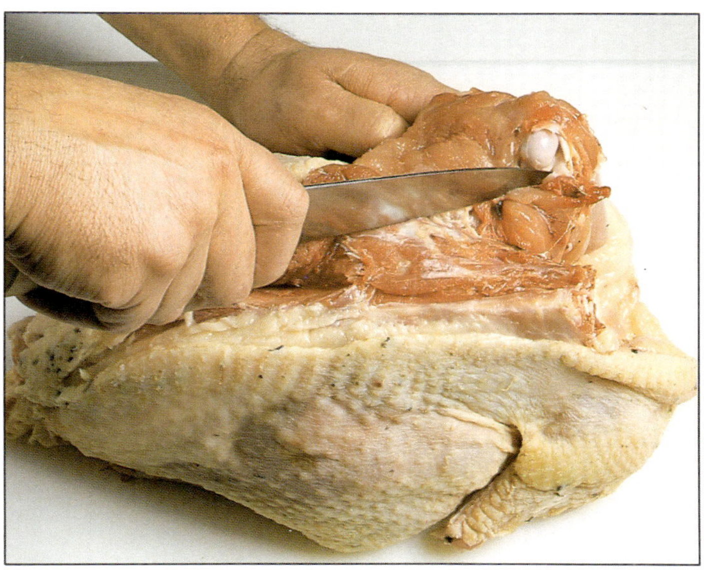

4 Wenn man die Kugelgelenke der Flügel und Oberschenkel erreicht hat, die Gelenke durchtrennen, so daß Flügel und Schenkel vom Rumpf gelöst werden, aber mit der Haut verbunden bleiben.

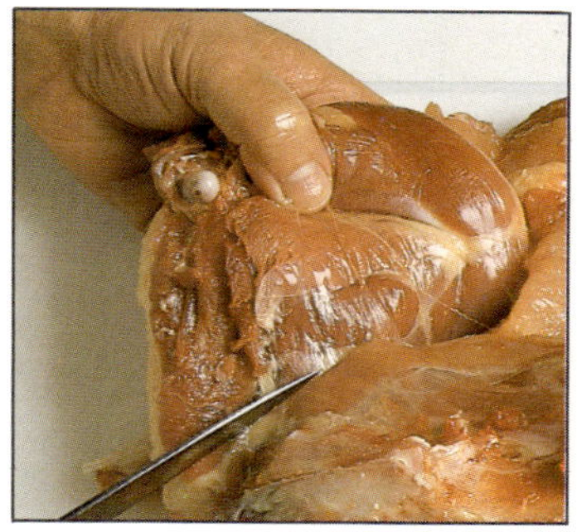

5 Das Brustfleisch weiter vom Knochen ablösen, bis der Grat des Brustbeins erreicht ist, an dem Haut und Knochen aufeinandertreffen. Den Vogel herumdrehen und auf der anderen Seite ebenso verfahren. Zum Schluß ist das gesamte Fleisch von den Knochen abgelöst, und die Haut hängt nur noch am Grat des Brustbeins fest.

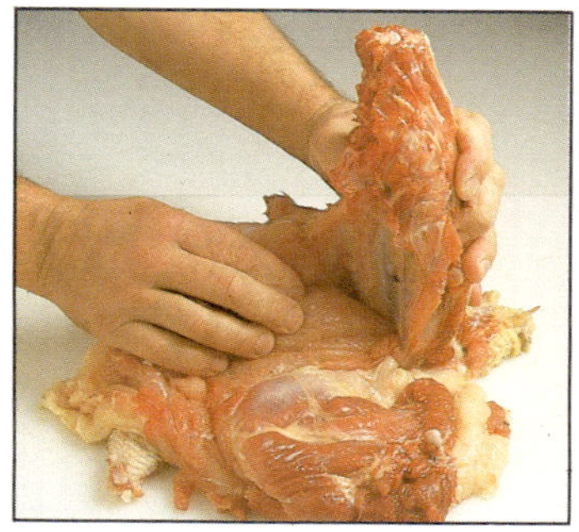

6 *Oben:* Brustbein und Karkasse behutsam vom Fleisch abziehen (die Haut reißt leicht). Die Karkasse und andere Knochen können zur Zubereitung eines Fonds verwendet werden.

7 Das teilweise entbeinte Geflügel (oben), bei dem die Schenkel- und Flügelknochen noch vorhanden sind, kann nun gefüllt werden.

Vollständiges Entbeinen

Geflügel wird zum Füllen und Aufrollen vollständig entbeint. Zunächst teilweise entbeinen (links), dann wie folgt weiterverfahren.

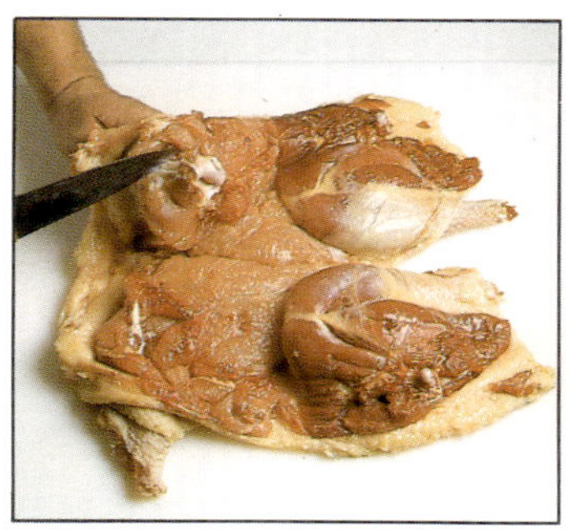

8 Den Flügelknochen von außen in die Hand nehmen, die Sehnen durchtrennen und das Fleisch vom Knochen schaben. Den Knochen herausziehen und ihn dabei mit dem Messer freischneiden.

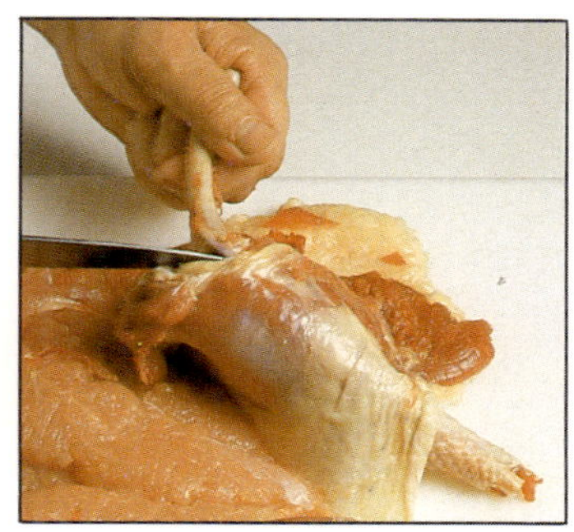

9 Das innere Ende des Schenkelknochens festhalten und die Sehnen zwischen Fleisch und Knochen durchschneiden. Das Fleisch mit dem Messer vom Knochen schaben; dazu das Messer vom Ende des Knochens aus wie beim Anspitzen eines Bleistifts bewegen. Den Knochen von der Haut freischneiden. Verbliebene Sehnen herausschneiden.

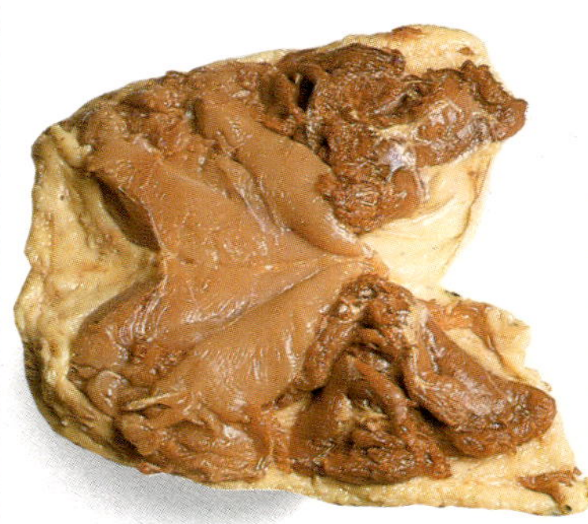

10 Auf der anderen Seite ebenso verfahren, dann die Schenkel- und Flügelhaut nach außen drücken. Das entbeinte Geflügel auf ein Brett legen; fast überall sitzt an der Haut Fleisch.

BRUSTFLEISCH ENTBEINEN

Geflügelbrust wird als Ganzes verkauft oder entlang des Brustbeins durchgeschnitten und als Brusthälften angeboten.

Bei Verwendung ganzer Bruststücke

1 Das Bruststück mit der Hautseite nach oben auf ein Brett legen. Mit dem Handballen kräftig auf das Brustbein drücken, damit es bricht. Nach Belieben die Haut abziehen.

2 Das Gabelbein herausschneiden, dann das Fleisch mit dem Messer vollständig vom Brustbein lösen.

3 Die Brust mit der Knochenseite nach oben legen. Das Fleisch von den Rippen schaben und die Rippenknochen herausschneiden.

4 *Rechts:* Die Sehne in der Mitte jeder Brusthälfte sauber mit dem Messer lösen und herausziehen. Falls sich das innere Filetstück gelöst hat, es wieder an seinen Platz legen. Dann alle Häutchen und überschüssiges Fett entfernen.

Bei Verwendung einzelner Brusthälften

Die Haut nach Belieben abziehen. Die Stücke mit der Knochenseite nach oben legen und die Knochen mit dem Messer auslösen. Sehnen, Fett und Häutchen wie oben entfernen.

GEFLÜGEL NACH DER »UMSTÜLPMETHODE« ENTBEINEN

Auf diese Weise entbeintes Geflügel läßt sich gut füllen, denn Haut und Fleisch bleiben an einem Stück. Die Methode eignet sich für große Vögel, etwa Pute und Ente (wie hier), ist bei kleinen Tieren jedoch schwierig.

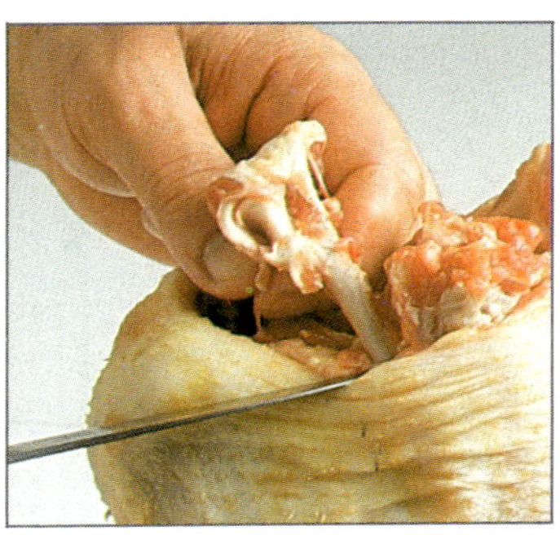

1 *Rechts:* Die Haut am Hals zurückschieben und das Gabelbein herausschneiden. Das Flügelgelenk ertasten. Mit kurzen, kräftigen Messerschnitten und unter Zuhilfenahme der Finger das Brustfleisch und die Haut von einer Seite der Karkasse abschneiden beziehungsweise abziehen. Das Messer dicht am Knochen führen, damit die Haut nicht verletzt wird.

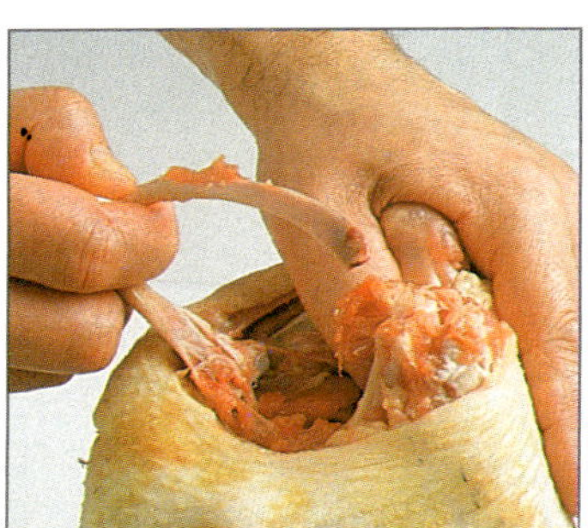

2 *Links:* Den säbelförmigen Knochen lokalisieren und herausziehen. Sich mit dem Messer weiter vorarbeiten, bis das Flügelgelenk erreicht ist, und es durchtrennen. Auf der anderen Seite ebenso verfahren. Den Vogel mit dem Rückenknochen nach oben hinlegen. Die Haut liegt nun auf dem Rückgrat und reißt leicht.

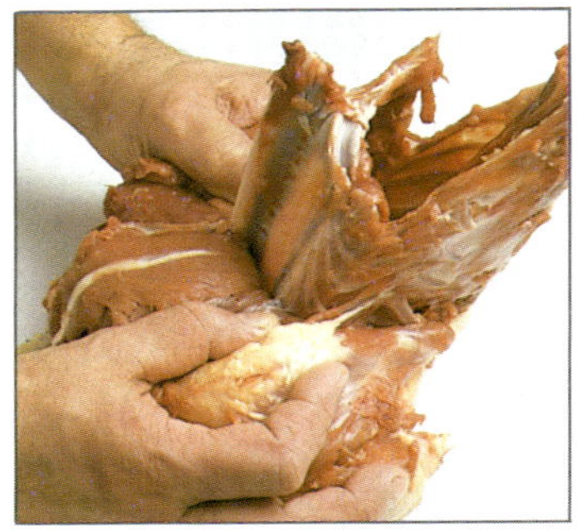

3 Fleisch und Haut vorsichtig von der Karkasse abziehen.

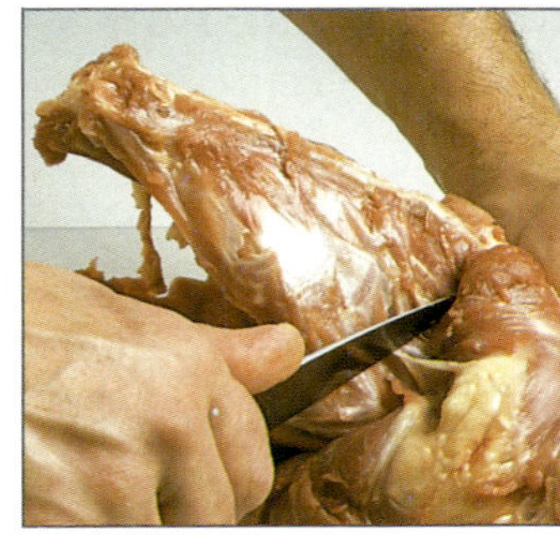

4 Das Fleisch in Richtung des Bürzels weiter mit dem Messer von den Knochen lösen, die Karkasse dabei von einer Seite zur anderen drehen.

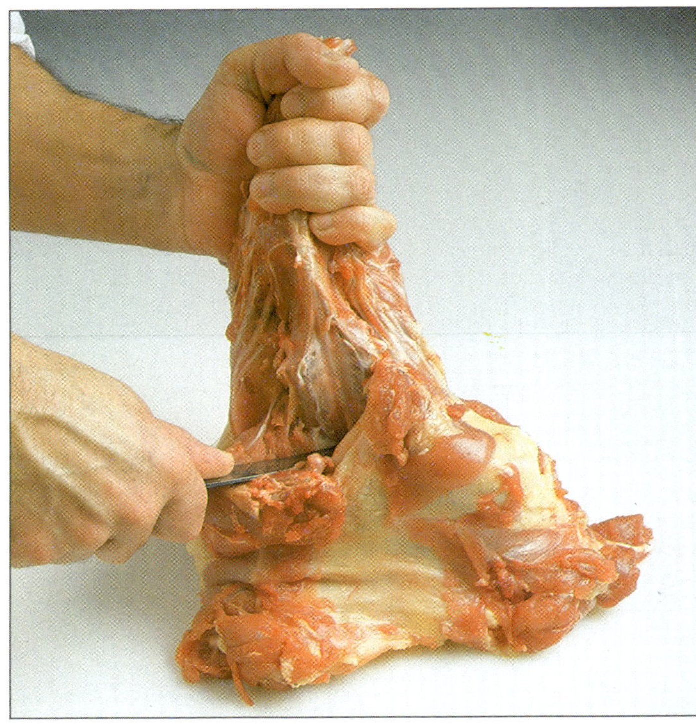

5 Wenn die Schenkel erreicht sind, die Gelenke durchtrennen, die Knochen jedoch am Fleisch und der Haut sitzen lassen.

6 Weiterschneiden, bis die Karkasse vom Fleisch getrennt und nur noch am Brustbein mit der Haut verbunden ist.

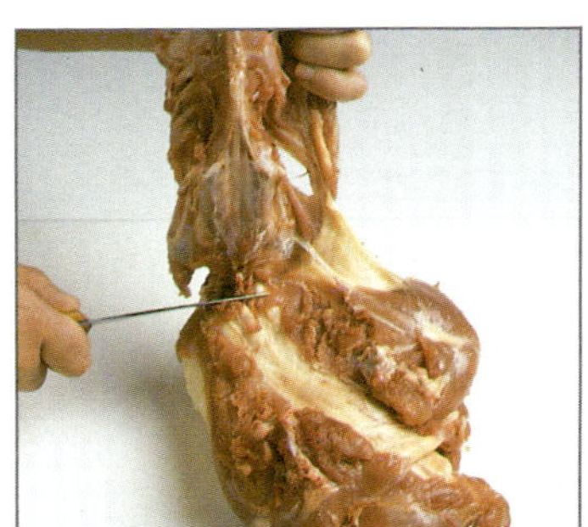

7 Brustbein und Karkasse vom Fleisch abziehen. Nach Belieben können noch die Schenkelknochen ausgelöst werden (S. 177).

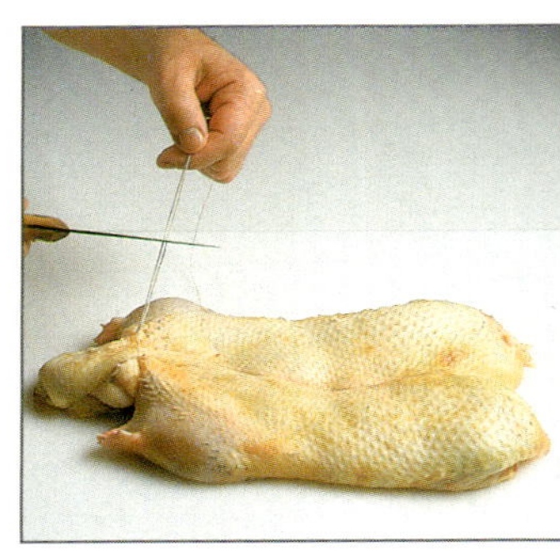

8 Das entbeinte Geflügel umstülpen. Die Haut am Bürzel wegschneiden und das Schwanzende zubinden.

Geflügel füllen

Eine gewürzte Füllung (S. 364) gibt nicht nur zusätzlichen Geschmack, sondern sorgt auch dafür, daß das Geflügel eine schöne volle Form bekommt. Vögel mit hellem Fleisch sind am besten geeignet, denn bei anderem Geflügel, wie Ente oder Gans, besteht die Gefahr, daß sich die Füllung beim Garen mit Fett vollsaugt. Als Grundlage der Füllmasse verwendet man häufig kohlenhydratreiche Zutaten, wie Getreide, Brotkrumen oder Reis. Maronenfüllungen sind für Puten und Wildgeflügel beliebt, während kleine Vögel, etwa Wachteln oder Tauben, am besten mit einer Farce schmecken, die auf Kalb- oder Schweinefleisch basiert; im Osten der Vereinigten Staaten schätzt man eine Austernfüllung für Gans und Truthahn. Die verwendeten Aromazutaten sollen das Geflügel ergänzen: Früchte, wie Äpfel, getrocknete Pflaumen oder Aprikosen, passen gut zu Ente und Gans, Zitrone und Kräuter zu Vögeln mit hellem Fleisch; Zwiebeln heben den Geschmack der meisten Füllungen, Nüsse verleihen ihnen Struktur.

Kleine Vögel unter 1,2 kg werden häufig entbeint, damit sie sich besser füllen lassen (S. 177). Bei der Füllung handelt es sich gewöhnlich um eine Farce mit Kalbfleisch, Schinken oder Schweinefleisch. Pro 500 g Geflügel rechnet man in etwa 175 g Füllmasse. Die Mischung wird nur locker eingefüllt, damit sie beim Garen ein wenig aufquellen kann. Bei großen Vögeln kann man am Halsende eine zweite Füllung verwenden (S. 186). Geeignete Kombinationen sind beispielsweise eine Salbei-Zwiebel-Mischung zusammen mit einer zweiten Füllung aus Schweinefleisch und Maronen oder eine Wildreis-Füllung zusammen mit einer Mischung aus Bleichsellerie, Aprikosen und Walnüssen. Um die Nackenhaut an ihrem Platz zu halten, wird das Geflügel dressiert. Die Garzeit bei kleinen gefüllten Vögeln um eine halbe Stunde, bei großen bis zu einer Stunde verlängern.

Hinweis Geflügel nicht länger als drei Stunden im voraus füllen; ist die Füllung warm, muß das Geflügel sofort gegart werden.

GEFLÜGEL DRESSIEREN

Das Dressieren verhindert nicht nur, daß die Füllung herausquillt, sondern sorgt auch dafür, daß der Vogel eine gleichmäßige Form erhält, was das Tranchieren erleichtert, und beim Garen kein Schenkel oder Flügel absteht. Beim Dressieren von Enten und Gänsen müssen die Schenkel sorgfältig unter die Brust gesteckt werden, damit die Vögel flach im Topf liegen. (Zu Geflügel unter 500 g Gewicht s. S. 193.)

1 Das Geflügel ausnehmen (S. 174). Bei küchenfertigen Tieren den Beutel mit dem Geflügelklein aus der Bauchhöhle entfernen. Alle Fettpolster am Bürzel aus der Bauchhöhle herausziehen. Küchengarn in die Dressiernadel fädeln.

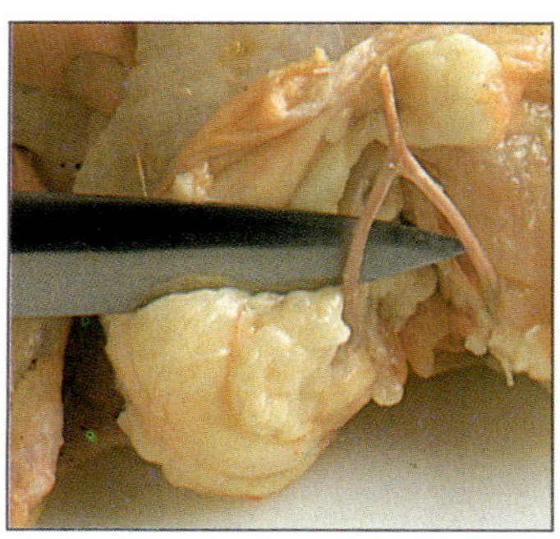

2 Damit sich die Brust später in ordentliche Scheiben schneiden läßt, das Gabelbein entfernen. Dazu die Haut am Hals zurückklappen und das Gabelbein herausschneiden. Vorhandenes Fett vollständig entfernen.

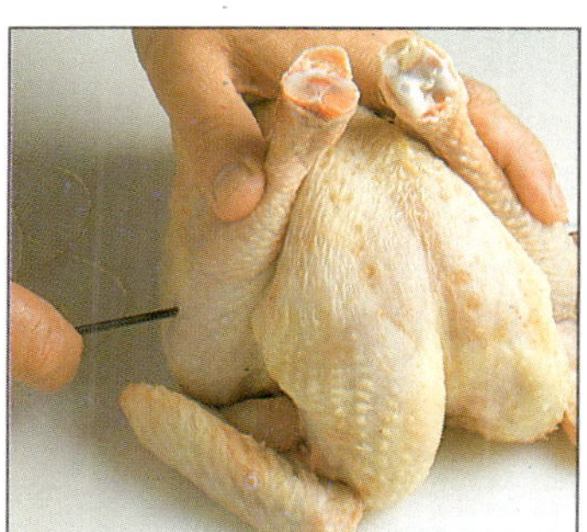

3 Den Vogel mit der Brust nach oben legen. Die Schenkel fest nach hinten und nach unten drükken. Die Dressiernadel am Kniegelenk einstechen und so durch den Vogel schieben, daß sie am anderen Kniegelenk wieder austritt.

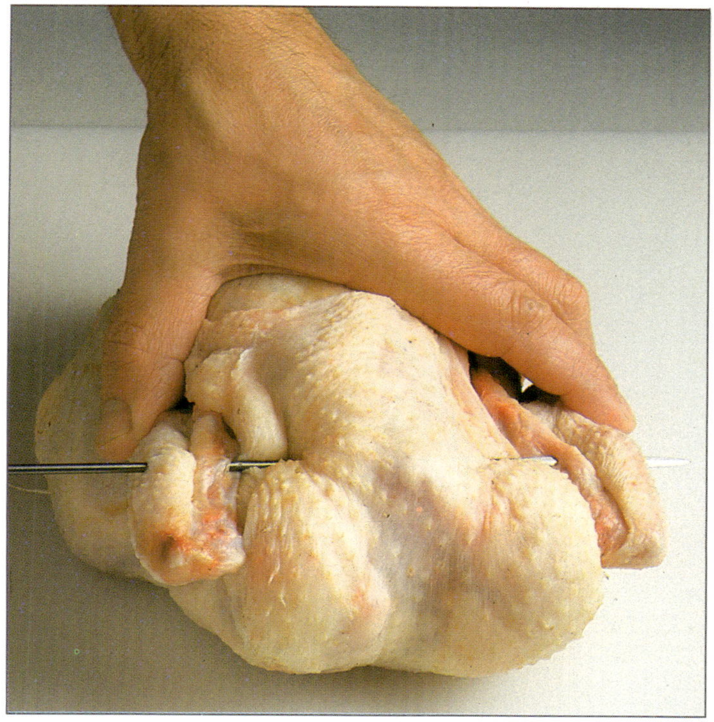

4 Den Vogel auf die Brustseite legen und die Flügelspitzen, sofern sie nicht abgeschnitten wurden, unter das zweite Gelenk stecken. Die Nakkenhaut über die Halsöffnung ziehen und die Nadel durch beide Teile eines Flügels sowie in die Nackenhaut stechen. Die Nadel unter dem Rückenknochen bis zur anderen Seite durchschieben. Nun den zweiten Flügel, in gleicher Weise wie den ersten, an beiden Flügelknochen durchstechen und die Nadel an der anderen Seite herausziehen.

5 Den Vogel auf die Seite legen und die Enden des Küchengarns (von Schenkel und Flügel) festziehen und zusammenknoten.

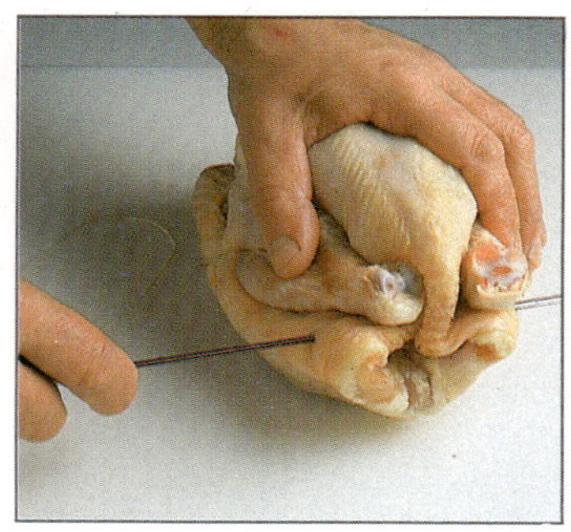

6 Das Schwanzende nach innen stecken und die obere Haut über die Öffnung ziehen. Die Nadel durch die Haut stechen.

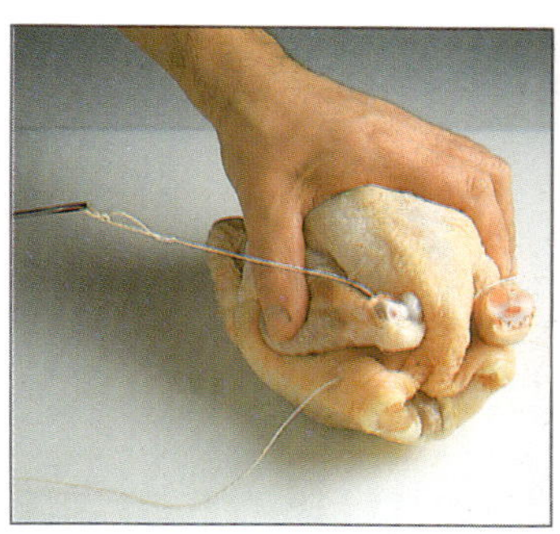

7 Das Garn unter dem Brustbein durchführen und jeweils um die Unterschenkel schlingen.

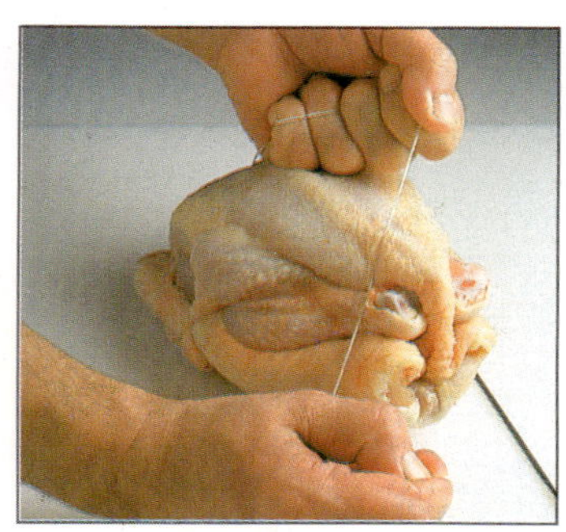

8 Die Enden fest zusammenbinden. Der Vogel sollte nun flach auf dem Brett liegen.

GEFLÜGEL ENTHÄUTEN

Geflügelhaut, die in einem Stück abgezogen wird, läßt sich als Hülle für eine Füllung verwenden. Das Fleisch wird separat verarbeitet.

1 Die Flügelspitzen wegschneiden und die Unterschenkel stutzen. Die Haut entlang des Rückgrats vom Kopf bis zum Bürzel durchtrennen.

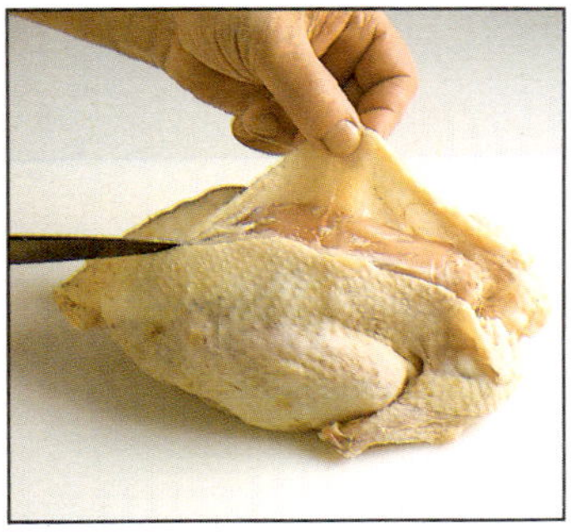

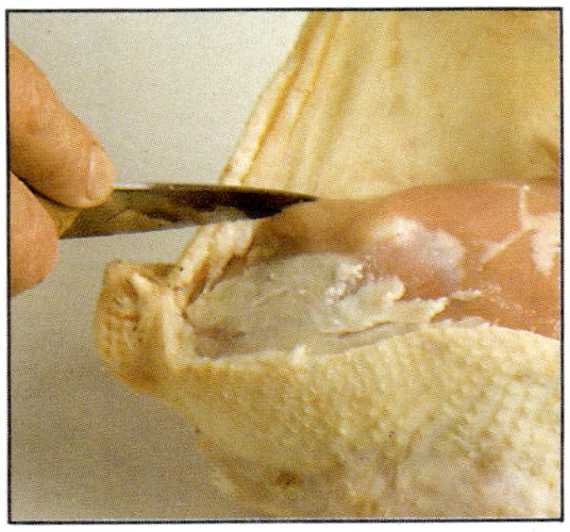

2 Die Haut von einer Seite des Vogels ablösen und wegziehen.

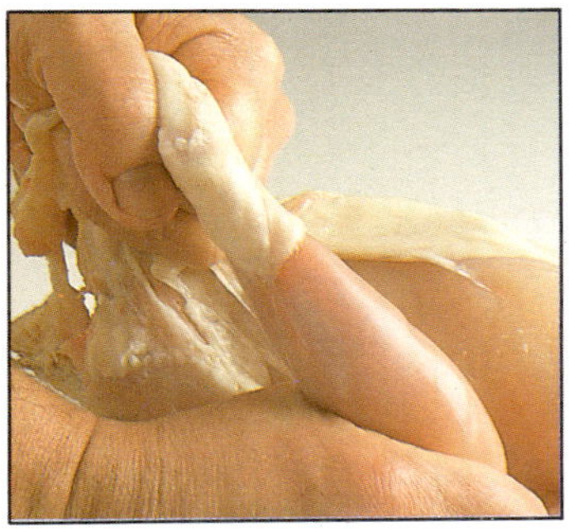

3 Die Haut von Schenkel und Flügel zum Abziehen umstülpen.

4 Die Haut weiter bis zum Brustbein ablösen. Den Vorgang auf der anderen Seite wiederholen. Die Haut vorsichtig von der Karkasse abziehen. Dann das Fleisch auslösen. Die Haut kann anstelle von Speck zum Auskleiden einer Terrine oder als Hülle für eine Galantine (S. 255) verwendet werden.

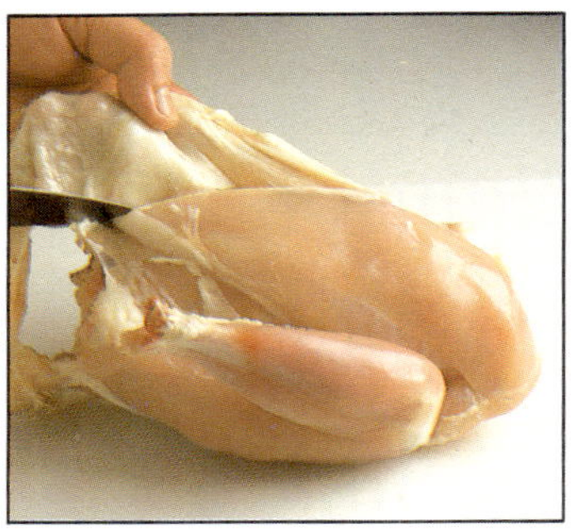

ODER: Das Geflügel auch entlang des Rückgrats entbeinen; dabei Haut und Fleisch zusammen ablösen und anschließend das Fleisch von der Haut schneiden.

Geflügel und Federwild marinieren

Da Geflügelfleisch recht zart ist, mag ein Marinieren unnötig erscheinen, doch verleihen Beizen einem Gericht auch zusätzliches Aroma. Helle Marinaden, die auf Weißwein und reichlich Gewürzen basieren, eignen sich ideal für helles Geflügelfleisch, während man für Ente und Gans die traditionelleren Rotweinmarinaden nehmen kann. Auch Barbecue-Saucen werden mitunter verwendet, selbst ein kurzes Einlegen in Olivenöl, Zitronensaft und Kräutern kann sich günstig auswirken. Das Geflügel sollte häufig in der Marinade gewendet werden.

Bei Wildgeflügel kommen Marinaden besonders gut zur Geltung. Schmorgerichte und Ragouts von Vögeln mit dunklem Fleisch, wie etwa Moorschneehühner und Wachteln, erhalten ein unvergleichliches Aroma, wenn sie von einer konzentrierten – heiß zubereiteten – Marinade aus Rotwein und Kräutern durchdrungen sind. Es sollte so viel Marinade vorhanden sein, daß die Geflügelteile oder ganze kleine Vögel in einer hohen Schüssel vollständig damit bedeckt sind. Die Marinade wird später zum Begießen oder zur Zubereitung einer Sauce verwendet.

GEFLÜGEL EN CRAPAUDINE

Kleine Vögel kann man zum schnellen Garen im Grill aufschneiden, auseinanderklappen und flachdrücken. Die Franzosen nennen diese Garmethode *en crapaudine,* denn mit etwas Phantasie erinnert das so vorbereitete Geflügel an eine Kröte (franz. *crapaud*).

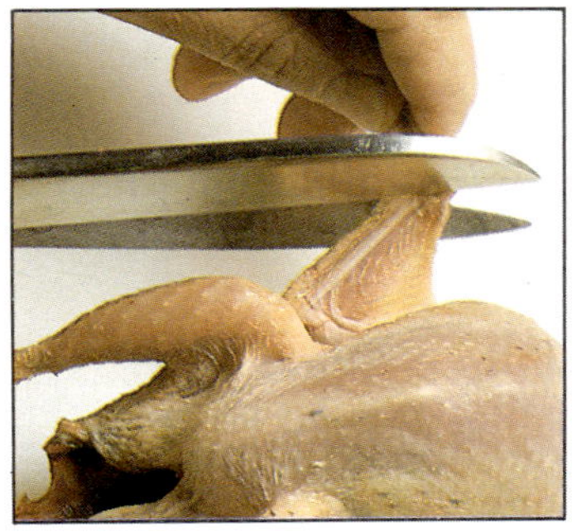

1 Die Flügelspitzen mit einer Geflügelschere oder einem Messer am Gelenk abschneiden.

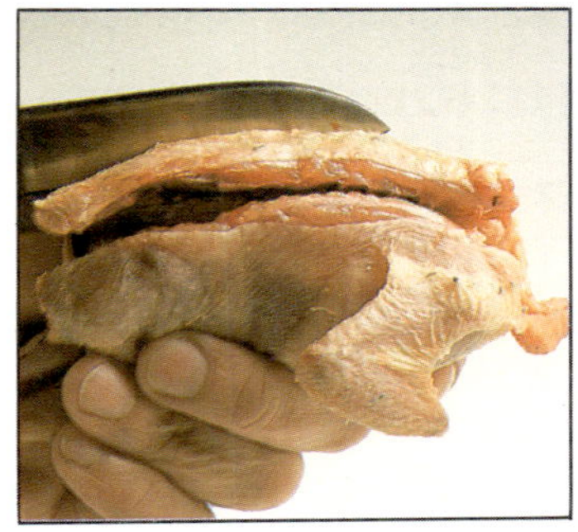

2 Den Vogel mit der Brust nach unten in die Hand nehmen. Den Rückenknochen an beiden Seiten mit der Geflügelschere wegschneiden und entfernen.

3 Die Innenseite des Vogels säubern. Die Haut stutzen. Den Vogel auseinanderbiegen und das Gabelbein entfernen oder in der Mitte durchbrechen.

4 Den Vogel mit der Brustseite nach oben und mit nach innen gedrehten Schenkeln hinlegen. Mit dem Handballen kräftig auf das Brustbein drücken, damit es bricht und das Geflügel flachgedrückt wird.

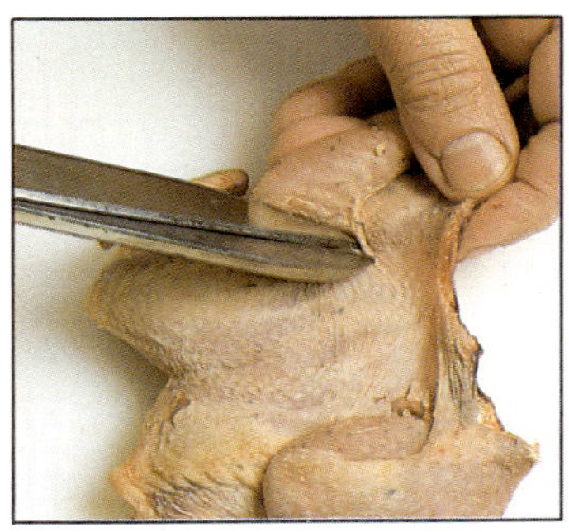

5 Die Haut zwischen Schenkel und Brustbein ein wenig einschneiden und den Unterschenkel in die Öffnung stecken.

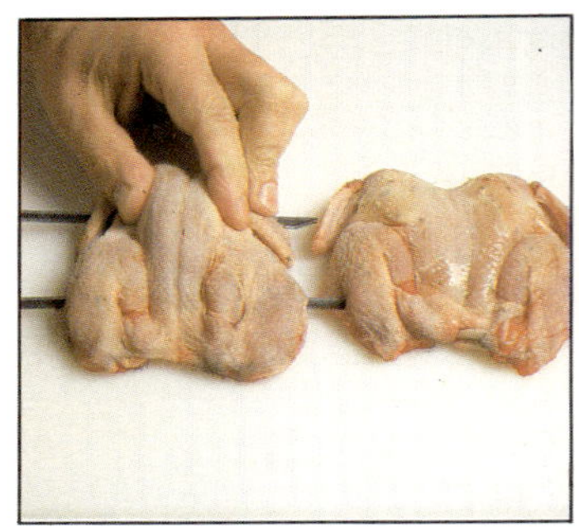

6 Zwei Spieße durch die Vögel stecken, damit Flügel und Schenkel flach liegenbleiben.

BACKOFEN-TEMPERATUREN UND GARZEITEN

Stubenküken	200 °C/ Gas Stufe 3–4	25–40 Minuten
Perlhuhn	200 °C/ Gas Stufe 3–4	15 Minuten pro 500 g + 15 Minuten
Huhn	200 °C/ Gas Stufe 3–4	18 Minuten pro 500 g + 18 Minuten
Kapaun	190 °C/ Gas Stufe 3	25 Minuten pro 500 g
Pute unter 4,5 kg 4,5 bis 6,5 kg über 6,5 kg	180 °C/ Gas Stufe 2–3	20 Minuten pro 500 g + 20 Minuten 18 Minuten pro 500 g 16 Minuten pro 500 g

Geflügel im Backofen braten

Die französische Methode, Geflügel bei recht hohen Temperaturen im Backofen zu braten, ist wohl die erfolgreichste. Einige Köche bevorzugen niedrigere Temperaturen, doch schmort das Geflügel dann häufig lediglich im eigenen Saft. Große Vögel kann man nach der Hälfte der Garzeit locker mit Alufolie abdecken, damit das Fleisch saftig bleibt und die Haut nicht verbrennt.

Das Geflügel – mit oder ohne Füllung – dressieren und würzen. Die Haut nach Belieben mit etwas Butter bestreichen – das Geflügel wird hierdurch gehaltvoller und bekommt eine schöne goldbraune Farbe. Eine andere Möglichkeit ist es, die Brusthaut mit den Fingern anzuheben und das Fleisch mit weicher Butter zu bestreichen.

Wildgeflügel, das wenig eigenes Fett enthält, wird häufig mit Speck bardiert (S. 193). In die Bauchhöhle der Vögel kann man Kräuter, etwa Rosmarin, Thymian oder Estragon, oder Gewürze, wie Wacholderbeeren (für Federwild), stecken, doch dient das Braten im Backofen in der Hauptsache dazu, daß Geflügel sein eigenes Aroma optimal entfaltet.

Den Vogel in einen Bräter, in dem er gerade Platz hat, auf die Seite legen und während des Bratens alle 10–15 Minuten begießen. Damit das Geflügel gleichmäßig gart, wird es nach etwa einem Viertel der Gesamtzeit auf die andere Seite gelegt und zum Schluß auf den Rücken. Bei kleinem Geflügel bleibt die Temperatur während der gesamten Garzeit gleichmäßig hoch, größere Vögel bräunt man hingegen zunächst bei starker Hitze und gart sie anschließend langsamer bei niedrigerer Temperatur. (Sehr große Vögel sind zum Umdrehen zu schwer.) Fettreiches Geflügel, wie Ente und Gans, erfordert lange Garzeiten, damit möglichst viel Fett ausgebraten und die Haut schön knusprig wird. Starke Hitze ist empfehlenswert, und die Haut sollte leicht eingestochen werden, damit das Fett austreten kann, das Fleisch aber saftig bleibt.

Beginnen Fett oder Bratensaft während langer Garzeiten anzubrennen, einige Eßlöffel Wasser oder Brühe hinzufügen. Nach dem Braten das Dressiergarn entfernen, das Geflügel locker mit Alufolie abdecken und je nach Größe 10–15 Minuten ruhenlassen, damit sich der Saft vor dem Tranchieren wieder gleichmäßig verteilt. In der Zwischenzeit die Bratensauce zubereiten (S. 57).

Die Beilagen zu gebratenem Geflügel sind von Nation zu Nation recht unterschiedlich. Bei Huhn oder Pute entscheiden sich die meisten Köche für sautierte oder pürierte Kartoffeln – in Großbritannien sind im Ofen gebratene Kartoffeln üblich – und reichen dazu grünes Gemüse, etwa Zucchini. Wildgeflügel wird häufig mit Kartoffelküchlein oder Stroh-Kartoffeln (S. 296) serviert. Orangen, Pfirsiche, Kirschen und Äpfel sind traditionelle Beilagen zu Ente, im Winter treten Trockenfrüchte an ihre Stelle; junge Ente reicht man im Frühjahr mit grünen Erbsen, im Herbst mit Apfelsauce und weißen Rüben. In Schweden wird Gänsebraten oft mit Äpfeln und Pflaumen serviert, in Deutschland mit einer Bratwurst-Farce, Äpfeln und Maronen sowie Sauerkraut und Kartoffelklößen. Der amerikanische Brauch, Preiselbeerkompott zum festlichen Truthahn zu reichen, wird mittlerweile auch in Europa aufgegriffen. Maronen, pürierte weiße Rüben und Sellerie sowie Rotkohl passen zu jeder Art von Herbstgeflügel – zu Pute und Gans ebenso wie zu Federwild.

Geflügel am Spieß braten

Für Geflügel, das an einem sich drehenden Spieß gebraten wird, gelten die gleichen Grundsätze wie beim Braten im Backofen. Je kleiner der Vogel allerdings ist, desto geringer muß der Abstand zur Hitzequelle sein. Darauf achten, daß das Gewicht gleichmäßig verteilt ist, damit sich der Vogel nicht vom Spieß löst. Das Geflügel braucht wenig oder gar nicht begossen zu werden, da es durch die Drehbewegung im eigenen Saft gart. Nach Belieben kann man es jedoch mit Butter oder einer Barbecue-Sauce (S. 65) bestreichen. Das Braten am Spieß eignet sich besonders gut für fettes Geflügel, wie Ente, wo das Fett unter der Haut ausgebraten werden muß und nur wenig Bratensaft zur Zubereitung einer Sauce entsteht.

Geflügel im Backofen schmoren

Bei Geflügel gibt es für das Schmoren im Backofen keine genauen Richtlinien. Grundsätzlich werden die Vögel zwar im geschlossenen Topf gegart, doch mit welchen Zutaten und wie dies vonstatten geht, bleibt dem Koch selbst überlassen. Häufig wird das Geflügel in Butter angebraten und dann im eigenen Saft zusammen mit Gemüse, wie Zwiebeln, kleinen Kartoffeln und Möhren, gegart.

Ein wichtiger Gesichtspunkt ist die Größe des Topfes, die so gewählt werden sollte, daß die Zutaten nicht dichtgedrängt liegen. Auf diese Weise gegartes Geflügel schmeckt wie ein köstlicher Geflügelbraten, läßt sich im Gegensatz dazu aber gut aufwärmen. Eine Abwandlung dieser Garmethode ist die Verwendung eines Römertopfes (den Tontopf zuvor wässern).

Einfache Würzmittel, wie Kräuter, Zitrone und Olivenöl, können hinzugefügt werden, damit sie ihr Aroma an den Bratensaft des Geflügels abgeben. Eine ähnliche Wirkung läßt sich erzielen, wenn man den Vogel (zusammen mit den Gewürzen) fest in Alufolie wickelt und im Backofen gart. Eine Alternative ist der Folien-Bratschlauch. Da er jedoch leicht porös ist, bräunt und trocknet das Geflügel hier stärker aus als in Alufolie.

Geflügel schmoren

Als Garmethode für weniger zartes, aromatisches Fleisch eignet sich das Schmoren ideal für Suppenhühner, ausgewachsene Gänse und Puten sowie für altes Federwild, wie beispielsweise Fasane. In der Regel beläßt man die Vögel im ganzen, sehr großes Geflügel kann jedoch auch in Stücke geteilt werden. Bei alten Tieren ist das Marinieren entscheidend, damit das Fleisch mürbe wird und zusätzliches Aroma annimmt. Das Geflügel wird angebraten, bevor man eine reichhaltige Mischung aus Wein, Fond, Knoblauch, Schalotten, Kräutern und gewürfeltem Röstgemüse (*mirepoix*, S. 263) dazugibt. Nach dem Absieben fügt man der Sauce weitere Zutaten hinzu, damit das Schmorgericht seinen individuellen Charakter erhält.

In der Normandie nimmt man bei geschmortem Huhn zum Aromatisieren und Andicken der Sauce Äpfel, Calvados und Sahne, in Flandern mitunter Bier. Aus Deutschland stammen Schmorgerichte mit Speck und Sauerkraut, eine norwegische Variante beinhaltet Frischkäse und Sahne. Bei Geflügel mit weißem Fleisch sollte der Fond hell sein, und häufig wird Weißwein verwendet. Statt das Geflügel anzubraten, kann man es auch *à blanc* schmoren. Man gart es dazu leicht in Butter, bis es eine weiße Farbe angenommen hat, und läßt es dann zusammen mit Gemüsen köcheln, so daß eine delikate cremige Sauce entsteht. Da bereits das Schmorgericht viele verschiedene Zutaten enthält, sollten die dazu gereichten Beilagen eher schlicht sein. Am besten passen einfache, stärkehaltige Nahrungsmittel, wie Teigwaren, gekochter Reis, Reis-Pilaw (S. 315), Salzkartoffeln oder Kartoffelpüree.

Geflügelragouts

Geflügelragouts sind eine andere Form von Schmorgerichten, die auf dem Herd oder im Backofen zubereitet werden können. Das Geflügel wird in Stücke zerlegt, damit es vollständig von Flüssigkeit bedeckt ist. Diese Garmethode eignet sich ausgezeichnet für ausgewachsene Vögel, wie etwa bei *coq au vin,* doch kann man selbstverständlich auch junges Geflügel verwenden. Für Ragouts nimmt man kein Röstgemüse (S. 263), sondern fügt langsam garende Gemüse, etwa weiße Rüben und Möhren, oder Früchte, wie getrocknete Aprikosen oder Pflaumen, hinzu. Rasch garende Zutaten, wie Paprikaschoten oder Champignons, kommen erst nach der Hälfte der Garzeit mit in den Topf. Ungewöhnliche Zutaten – zum Beispiel Meerfenchel oder salzige Meeresfrüchte, wie Miesmuscheln und Garnelen – können ebenfalls Verwendung finden. Helle Ragouts mit Weißwein und Sahne bezeichnet man als Frikassee. Das kräftigste aller Ragouts ist *poulet au sang,* das mit Blut gebunden wird und dadurch eine samtartig schwarze Farbe erhält.

Geflügel-Sauté zubereiten

Geflügel ist die ideale Hauptzutat für ein Sauté. In Stücke geschnitten gart das saftige, zarte Fleisch junger Vögel mit etwas Butter oder Olivenöl im eigenen Saft, so daß sich das sonst häufig kaum wahrnehmbare Aroma entwickeln und konzentrieren kann. Aromatische Gemüse, wie Schalotten, Zwiebeln oder Porree, die man frühzeitig dazugibt, durchdringen mit ihrem Aroma das Fleisch, und bis kurz vor Beendigung der Garzeit sollte wenig oder gar keine Flüssigkeit hinzugefügt werden. Wenn man beispielsweise Ente als Sauté zubereitet, scheidet sich das unter der Haut sitzende Fett durch gründliches Garen ab, so daß man es abschöpfen und weggießen kann. Nachdem dies geschehen ist, bietet sich eine beinahe grenzenlose Auswahl weiterer Zutaten und Garnierungen – Gemüse, Kräuter, Gewürze, Obst, Meeresfrüchte, Rot- oder Weißwein, Fond und mitunter auch Sahne, die dem Ganzen Fülle gibt. Die Sauce sollte bei Geflügel-Sautés, dem neuen Stil der Kochkunst entsprechend, immer hell und konzentriert sein; häufig ist noch nicht einmal ein Bindemittel erforderlich.

Wegen der geringen Saucenmenge können die Beilagen zu Geflügel-Sautés vielfältiger sein und neben Teigwaren und Reis beispielsweise noch Gemüse beinhalten, wenngleich die Auswahl von den bereits verwendeten Zutaten abhängt. Kleine gebratene Kartoffeln oder Kartoffelküchlein schmecken ebenso köstlich wie Maronen oder Wurzelgemüse, etwa Möhren und Sellerie.

Geflügel pochieren

Pochieren ist eine gute Garmethode für ausgewachsene Vögel, insbesondere für solche mit hellem Fleisch, da es dabei schön mürbe wird und der austretende Saft eine vorzügliche Sauce ergibt. Bei gefülltem Geflügel muß die Bauchhöhle beim Dressieren sorgfältig verschlossen werden, damit die Füllmasse nicht herausquillt. Alte Vögel sollte man zunächst blanchieren, damit sie sauber und weißer werden, bei jungem Geflügel oder bei Vögeln mit dunklem Fleisch bedarf es keiner besonderen Vorbereitung.

Beim Pochieren von Geflügel ist es üblich, das Gemüse zusammen mit dem Vogel zu garen – alle gängigen Rezepte sind mit dem klassischen *poule au pot* verwandt. Auch Gemüse, wie Champignons, Kohl oder weiße Rüben, kann man hinzufügen, und durch Speck oder Würstchen wird das Gericht gehaltvoller. Aromazutaten, wie Wein oder Essig, und Gewürze, wie Safran oder Sternanis (für Ente), können während des Garens dazugegeben werden. Wird eine Sauce zubereitet, sind Reis-Pilaw (S. 315) oder Teigwaren klassische Beilagen.

Geflügelteile, gewöhnlich Hühner- oder Putenbrust, lassen sich ebenfalls in Brühe im Backofen pochieren, doch entsteht dabei ein milderes Aroma als bei ganzem Geflügel. Das Fleisch pochierter Vögel kann man auch für Sandwiches oder Salate verwenden und die Garflüssigkeit für Saucen, beispielsweise eine *velouté*, oder Suppen aufbewahren.

Poule au pot

Ein solches Huhn im Topf stellt eine komplette Mahlzeit dar. Die Pochierflüssigkeit wird als Suppe serviert und das gefüllte Huhn anschließend mit Gemüse gereicht.

8 Portionen

1 großes Suppenhuhn
1 Zwiebel, mit 2 Nelken gespickt
1 großes *bouquet garni*
1 TL schwarze Pfefferkörner
1 Stange Bleichsellerie, in Stücke geschnitten
1 Zimtstange
1 EL Salz
5 l Wasser (gegebenenfalls mehr)

Für die Füllung

4 Scheiben trockenes Weißbrot
250 ml Milch
15 g Butter
½ Zwiebel, gehackt
Hühnerleber und -herz
250 g roher oder gekochter Schinken, durch den Fleischwolf gedreht
1 Knoblauchzehe, gehackt
4 EL gehackte Petersilie
1 Prise Muskat
Salz und Pfeffer
1 Ei, verschlagen

Für die Gemüse-Garnierung

750 g mittelgroße Möhren, geputzt
1 kg Porree, geputzt und längs halbiert
500 g kleine weiße Rüben

Zum Servieren

125 g Fadennudeln
oder Stangenweißbrot, schräg in Scheiben geschnitten

Dressiernadel und Küchengarn

1 Für die Füllung Das Brot 10 Minuten in der Milch einweichen, dann ausdrücken und zerpflücken. Die Butter zerlassen und die Zwiebel braten, bis sie weich ist. Hühnerleber und -herz hinzufügen und 1–2 Minuten sautieren, bis sie gebräunt, in der Mitte aber noch rosa sind. Die Innereien etwas abkühlen lassen und dann hacken. Brotkrumen, Schinken, Knoblauch und Petersilie unterrühren und mit Muskat, Salz und Pfeffer würzen. Die Füllmasse mit dem verschlagenen Ei binden.

2 Das Huhn füllen und dressieren (S. 179). Zwiebel, *bouquet garni*, Pfefferkörner, Bleichsellerie und Zimstange in ein Mulltuch binden. Das Huhn zusammen mit dem Mullsäckchen und dem Salz in einen Topf geben und mit Wasser bedecken. Das Ganze unter häufigem Abschäumen langsam zum Kochen bringen, dann bei offenem Topf 1 Stunde köcheln lassen; während dieser Zeit gelegentlich den Schaum abschöpfen.

3 Für die Garnierung Möhren und Porree bündeln und mit den weißen Rüben in den Topf geben. Alles eine weitere Stunde – oder bis Huhn und Gemüse weich sind – köcheln lassen. Gegebenenfalls Wasser aufgießen, damit das Huhn immer bedeckt ist.

4 Das Huhn auf ein Brett legen und das Küchengarn entfernen. Die Garflüssigkeit einkochen, bis sie ein kräftiges Aroma hat. Das Huhn tranchieren (S. 185) und zusammen mit der Füllung auf einer Platte anrichten. Das Hühnerfleisch mit dem Gemüse umlegen, die Platte mit Alufolie bedecken und bis zum Servieren warm halten.

5 Wenn die Brühe mit Nudeln serviert wird, kurz vor dem Servieren etwa 1 l Brühe in einen Topf füllen und die Nudeln 5 Minuten – oder bis sie gar sind – kochen. Wird statt dessen Weißbrot gereicht, die Brotscheiben 10–15 Minuten bei 180 °C/Gas Stufe 2–3 im Backofen rösten.

6 Das Mullsäckchen aus der Brühe nehmen und wegwerfen, das Fett so gut wie möglich abschöpfen (S. 42). Die Nudeln in die Brühe geben oder das geröstete Weißbrot in die Suppenterrine legen und mit der Brühe übergießen.

Geflügel grillen

Das Grillen von Geflügel ist eine zweischneidige Angelegenheit. Einerseits entwickelt sich dabei ein unvergleichliches Aroma, andererseits trocknet das zarte Fleisch aufgrund der intensiven Hitze rasch aus, und insbesondere Hühnerbrust reagiert darauf recht empfindlich. Das Geflügel sollte deshalb in verhältnismäßig große Stücke geschnitten werden, wobei man möglichst viel Knochen daran beläßt, damit sich die Hitze verteilt – kleine Vögel *en crapaudine* (S. 180) eignen sich besonders gut. Um dem Austrocknen entgegenzuwirken, kann man das Fleisch marinieren oder es mit zerlassener Butter, Öl und Aromazutaten oder mit einer Barbecue-Sauce nach amerikanischer Art (S. 65) bestreichen. Auch eine griechische Marinade aus Joghurt und Oregano oder eine asiatische aus Sojasauce, Reiswein und Chillies ist köstlich.

Beilagen – wie Champignons, Tomaten, in Scheiben geschnittene Auberginen oder Zucchini – werden häufig zusammen mit dem Geflügel gegrillt. Über Holzkohle lassen sich auch Kartoffeln garen, und wird ein Küchengrill verwendet, reicht man gebratene Streichholz-Kartoffeln (S. 296) zum Grillgeflügel. In Frankreich wird Geflügel häufig mit Kräuterbutter oder pikanter brauner Sauce gegrillt.

Geflügel sautieren und pfannenbraten

Mit Ausnahme von Hühner- und Entenbrust (S. 188) sowie aus Putenbrust geschnittenen Schnitzeln sind die meisten Geflügelteile zum Sautieren oder Braten in der Pfanne zu groß. Hühner- und Putenfleisch bleibt mit und ohne Überzug aus gewürztem Mehl saftig und aromatisch, wenn man es in Butter bräunt – das Ergebnis erinnert an ein Kalbsschnitzel. Entenbrust braucht kein Mehl und läßt sich in wenig Fett in der Pfanne braten. Damit das unter der Haut sitzende Fett ausgebraten wird, muß man die Entenbrust auf der Hautseite besonders gründlich garen.

Pfannengerührte Geflügelgerichte

Der Schlüssel für gelungene Geflügelgerichte dieser Art ist das sorgfältige Schneiden des entbeinten Fleisches. Alle Stücke – seien es Scheiben, Würfel oder Streifen – müssen die gleiche Größe haben, damit sie gleichmäßig garen und saftig bleiben.

Der Charakter pfannengerührter Gerichte wird von den Würzzutaten bestimmt, und bei Geflügel ist die Auswahl recht groß. Am besten beginnt man mit Frühlingszwiebeln, Knoblauch, frischem Ingwer und Schalotten, fügt ein wenig Essig, Zitronensaft oder Sojasauce, Sternanis, der hervorragend zu Ente paßt, oder Anispfeffer (S. 30), der die ideale Ergänzung für Hühnerfleisch ist, hinzu. Die verwendete Ölsorte – Sesam-, Erdnuß- oder Maiskeimöl – trägt ebenfalls zur individuellen Note bei, was gleichermaßen für eine Handvoll Nüsse oder Kokosnuß gilt. Auch Wurzelgemüse, wie Möhren und Sellerie, sowie grüne Gemüse, wie Bohnen, Broccoli, Kohl, Paprikaschoten und Zucchini, sind als Beigabe gut geeignet. Zu einem typisch asiatischen Gericht dieser Art gehören zum Beispiel Bambussprossen, Bohnenkeime und Wolkenohren.

Weitere Garmethoden

Mit seinem dunklen und hellen Fleisch gibt es kaum eine Garmethode, die sich nicht für Geflügel anbietet. Hühner- und Putenbrust läßt sich im Ofen *en papillote* garen (S. 121). Die Bruststücke werden dazu mit Kräutern und Knoblauch, rasch garenden Gemüsen, wie Frühlingszwiebeln, Schalotten oder Porree, ein oder zwei Löffeln Wein, einem Stich Butter und einer Scheibe Zitrone in Pergamentpapier oder Alufolie gewickelt. Gedämpftes Geflügel ist noch einfacher in der Zubereitung und verhältnismäßig fettarm, muß allerdings kräftig gewürzt werden, damit es nicht fade schmeckt. Am anderen Ende der Kalorientabelle stehen fritierte Hähnchen.

Rohes helles Geflügelfleisch läßt sich zu *quenelles* (S. 146) und *mousselines* (S. 123), zu Klößchen für Suppen oder Saucen verarbeiten. Ente, Gans und Federwild ergeben zusammen mit allen Arten von Geflügelleber (am feinsten ist die legendäre *foie gras*) hervorragende Terrinen.

Gegartes Geflügel findet in einer Vielzahl klassischer Rezepte Verwendung, etwa bei Geflügelkroketten oder verschiedenen Füllungen. Die Franzosen füllen beispielsweise Crêpes mit Geflügelcreme, während die Italiener Cannelloni und Ravioli damit zubereiten. In Mexiko werden würzige Geflügelmischungen von *tortillas* (aus Mais- oder Weizenmehl) umhüllt, und in Asien verbergen sich in fritierten Teigtaschen alle Arten von Geflügelmischungen.

Gegartes Geflügel wird auch gern für Salate genommen – ein typisch amerikanisches Beispiel ist Hühnersalat mit Bleichsellerie, Trauben, Walnüssen und Mayonnaise – sowie für dreistöckige Sandwiches mit Putenfleisch, Tomate, Kopfsalat, Speck und Mayonnaise. Die Franzosen essen kaltes Geflügel am liebsten nur mit Mayonnaise, während die Briten oft Chutneys und Pickles dazu reichen.

Bei Geflügelpasteten hat beinahe jedes Land seine eigene Tradition der Zubereitung. In Frankreich beispielsweise backt man Huhn *en croûte* oder nimmt es für Blätterteigpasteten, wie *vol-au-vents* und *bouchées* (S. 380). In Großbritannien gibt es die verschiedensten *pies* mit Federwild, Huhn oder Pute. Osteuropa ist für *piroschki* (S. 374) berühmt, Lateinamerika für *empanadas*, während man überall in den USA *chicken pot pie* findet.

Ganze Hähnchen kann man auch in einem hohen Topf rundum mit Salz bedecken und dann im Backofen garen – eine Methode, bei der das Fleisch wunderbar saftig und die Haut knusprig und goldgelb wird. (Zur Verwendung von Geflügelklein s. S. 189.)

Geflügel servieren

Ein Bund Brunnenkresse oder einige Kartoffeln sind als Garnierung für einen goldbraunen Geflügelbraten ausreichend, und über einen mit Gemüse geschmorten Vogel braucht man in den meisten Fällen nur ein wenig Petersilie zu streuen. Die volle Brust eines Hähnchens oder Kapauns, eventuell mit Trüffelscheiben unter der Haut, kommt hingegen durch eine cremige *sauce velouté* (S. 55) besonders gut zur Geltung.

Ein kaltes Buffet ist ohne Geflügel kaum denkbar – Puten- oder Hühner-Galantinen, gefüllt mit einer Farce aus Kalbfleisch, Champignons oder Schinken, haben hier ebenso ihren Platz wie mit Orangenscheiben angerichtete und von Aspik überzogene Entenbrust. Prachtvolle Effekte lassen sich auch erzielen, wenn man Geflügel nach dem Tranchieren wieder in seiner ursprünglichen Form zusammensetzt, es mit einer hellen oder dunklen Chaudfroid-Sauce (S. 56) überzieht, das Ganze mit gefülltem Gemüse umlegt und mit einem Schachbrettmuster oder Blütengirlanden aus Eiweiß, Trüffeln, Tomaten und Porree garniert.

Die wirkungsvolle Präsentation von Geflügelstücken will ebenfalls gelernt sein. Da das Fleisch beim Garen schrumpft, werden Teile der Gelenke und Rippen sichtbar, die man vor dem Servieren wegschneiden sollte. Das Geflügel kann dann auf Portionstellern mit einer hübschen Gemüsegarnierung angerichtet oder auf einer großen Platte aufgetragen werden. In diesem Fall ordnet man die Stücke am besten fächerförmig an, wobei man die Keulen nach außen und das Brustfleisch nach innen legt. Ein durchdachtes Arrangement ist auch bei Aspikgerichten wichtig. Bei Rezepten mit rustikaler Note kann man die Geflügelteile zwanglos übereinanderlegen und die Sauce oder die Garnierung einfach darüberschöpfen.

Ausgelöstes Brustfleisch wird häufig schräg in gleichmäßige Scheiben geschnitten und fächerförmig auf dem Teller arrangiert, so daß ein ansprechender Rahmen für die Obst- oder Gemüsegarnierung entsteht; dabei wird das Fleisch fast immer auf der Sauce angerichtet und nicht damit überzogen. Einige Rezepte legen eine bestimmte Form der Präsentation von sich aus nahe – fritierte Hähnchen sollte man beispielsweise in einem Korb servieren, amerikanische Geflügelpasteten in einer hohen Form. Mit Geflügel gefüllte Teigwaren oder *tortillas* erfordern selten eine Garnierung.

Huhn

Kein anderes Geflügel ist in so vielen unterschiedlichen Größen erhältlich wie Hühner. Stubenküken oder *poussins* wiegen ungefähr 300 g und ergeben eine Portion. Hähnchen (franz. *poulets*), bei denen es sich um etwa sieben Wochen alte Tiere handelt, sind zwischen 700 g und 1150 g schwer und reichen für zwei bis drei Personen. Junghühner, Fleischhühner oder Poularden haben ein Alter von acht bis zehn Wochen, wiegen bratfertig 1150 g bis 1,5 kg und ergeben drei bis vier Portionen. Jungmasthähne sind meist zwischen acht und neun Wochen alt, haben ein Mindestgewicht von 1,7–1,8 kg und reichen in der Regel für vier bis fünf Personen. Suppenhühner sind etwa 15 bis 18 Monate alte Legehennen mit einem Gewicht von 1,2–2 kg, was vier bis sechs Portionen ergibt. Außer ganzen Hühnern werden im Handel auch Hühnerteile, wie Schenkel, Flügel oder Bruststücke mit und ohne Knochen, angeboten.

Im allgemeinen gilt: je größer der Vogel, desto besser sein Aroma. (Bei Geflügel aus Massentierhaltung trifft diese Regel allerdings nicht immer zu.) Mit zunehmender Reife bildet sich sowohl unter der Haut wie auch im Fleisch Fett, wodurch das gegarte Geflügel zarter wird. Kauft man zum Braten ein großes Huhn von 2 kg Gewicht oder mehr, muß man darauf achten, daß es nicht zu alt ist. Suppenhühner haben recht zähes Fleisch, das erst nach längerem Kochen oder Schmoren weich wird. Hingegen ist der volle Geschmack eines Suppenhuhns die ideale Grundlage für eine kräftige Sauce.

Als Kapaun bezeichnet man einen kastrierten Hahn, der nicht älter als acht Monate ist, bis zu 4,5 kg wiegen kann und aufgrund seiner besonderen Mästung über eine beeindruckende Menge an weißem Brustfleisch verfügt. Kapaun ist eine Delikatesse, kann allerdings etwas fade schmecken, wenn man ihn nicht mit Bedacht würzt. Wahre Kenner schätzen das Aroma alter Hähne, die außer auf ländlichen Wochenmärkten jedoch nur selten angeboten werden. Ihr Fleisch ist zäh und muß sowohl mariniert werden wie auch stundenlang köcheln. Der Geschmack erinnert an den von Federwild.

Von allen Fleischwaren ist das Huhn der Triumph moderner Massenproduktion, doch kann dies ebensogut Mittelmäßigkeit bedeuten. Fehlendes Aroma läßt sich durch Marinieren des Fleisches, sorgfältiges Würzen und reichliches Hinzufügen von Aromazutaten in etwa ausgleichen.

Die Qualität des Geflügels wird unter Umständen auch von der Behandlung der Schlachttiere beeinflußt: Bestimmte Reinigungsprozesse erfolgen mit kochendheißem Wasser, was sich auf die Haut der Vögel und damit auch auf den Geschmack auswirkt. Die meisten Länder verfügen über staatlich festgelegte Kontrollverfahren und Handelsklassen, doch ist dies nicht zwangsläufig auch eine Garantie für beste Qualität. Hühner aus Freilandhaltung sind allemal ihren höheren Preis wert. Solch erstklassiges Geflügel gibt es in vielen europäischen Ländern, wobei die französischen Bresse-Hühner vermutlich die bekanntesten und die besten sind.

Zu Geflügel mit hellem Fleisch, das wie Huhn gegart wird, gehören außerdem die kleinen nordamerikanischen Rock Cornish-Hennen, bei denen es sich um eine Kreuzung von Plymouth Rock-Hennen mit Cornish-Hähnen handelt. In Europa ist auch das Perlhuhn beliebt, ein Vogel mit magerem, dunklem Fleisch und einem Gewicht bis etwa 1 kg, der vor dem Garen häufig bardiert wird (S. 193) und im Geschmack an Fasan erinnert.

Perlhuhn

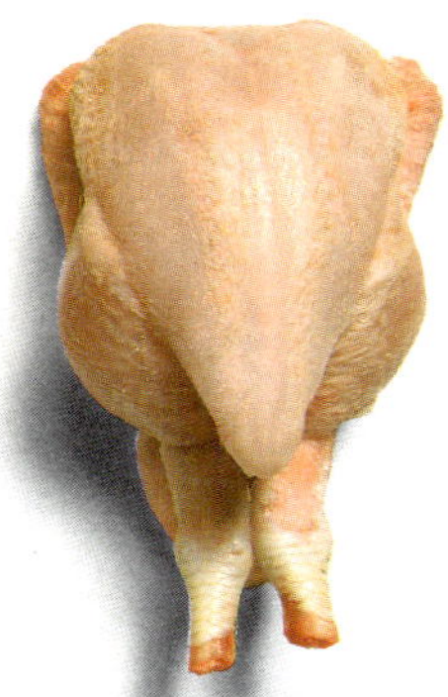

Stubenküken

Hähnchen

Suppenhuhn

Poularde

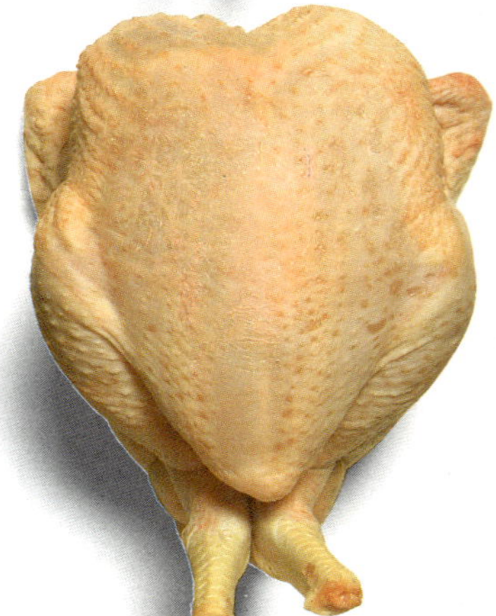

Kapaun

ZUR INFORMATION

Saison Das ganze Jahr über.

Im Handel Verpacktes Geflügel wird, je nach Qualität, in den Handelsklassen A, B und C angeboten.

Beim Einkauf beachten *Ganze Hühner* Wenig Feuchtigkeit, unbeschädigte Haut ohne dunkle Stellen, vollfleischige Brust, biegsamer Brustbeinfortsatz, frischer Geruch. *Hühnerteile* Wenig Feuchtigkeit, frischer Geruch.

Portionen 375–500 g. *Entbeintes Fleisch* 125 g.

Nährstoffgehalt pro 100 g (roh, ohne Haut). *Huhn* 500 kJ/119 kcal; 21 g Protein; 3 g Fett; keine Kohlenhydrate; 70 mg Cholesterin; 77 mg Natrium. *Perlhuhn* 462 kJ/110 kcal; 21 g Protein; 3 g Fett; keine Kohlenhydrate; 63 mg Cholesterin; 69 mg Natrium.

Garzeiten *Ganze Hühner* Schmoren im Backofen bei 180 °C/Gas Stufe 2–3: 15–20 Minuten pro 500 g (je nach Alter); braten im Backofen s. S. 181; pochieren: 12–20 Minuten pro 500 g (je nach Alter). *Hühnerteile* Garen im Backofen bei 180 °C/ Gas Stufe 2–3: 25–35 Minuten; schmoren im Backofen bei 180 °C/ Gas Stufe 2–3: 30–90 Minuten (je nach Alter); braten im Backofen s. S. 181; grillen über Holzkohle: 15–20 Minuten; grillen: 20–25 Minuten (je nach Alter); als Sauté: 25–40 Minuten. *Hühnerbrust* Sautieren: 5–7 Minuten; dämpfen: 12–15 Minuten; pfannenrühren: 1–2 Minuten.

Richtiger Gargrad *Ganze Hühner* Aus der Bauchhöhle tritt klarer Saft aus, wenn das Huhn mit einer Tranchiergabel angehoben wird; bei pochierten Hühnern muß klarer Saft austreten, wenn man in den Oberschenkel sticht. *Hühnerteile* Fleisch fällt beim Hineinstechen von der Tranchiergabel.

Typische Gerichte *Coq au vin* (in einer Sauce mit Zwiebeln, Pilzen, Speck, Wein; Frankreich); *à la chasseur* (in einer Sauce mit Champignons, Tomate, Weißwein; Frankreich); *Marengo* (mit Champignons, Tomaten, Flußkrebsen, fritiertem Ei; Frankreich); *cacciatore* (mit Wein, Tomaten, grüner Paprika; Italien); Bouillon mit Reis, Zitrone (Griechenland); mit Auberginenpüree (Türkei); *hindle wakes* (mit Senfsauce und einer Füllung aus Früchten; Großbritannien); *Kiew* (fritierte Hühnerbrust, gefüllt mit Kräuter-/ Knoblauchbutter; UdSSR).

SUPRÊME VOM HUHN SCHNEIDEN

Bei Geflügel versteht man unter Suprême die abgelöste, von der Haut befreite Brust mit dem Flügelknochen. Häufig wird sie mit einer Geflügelrahmsauce (*sauce suprême,* S. 55) gereicht, kann aber auch mit Spargel, *foie gras* (Gänseleber) oder Trüffeln serviert werden.

1 Die Hühnerschenkel mit einem Messer abtrennen. Die Haut vom Brustfleisch abziehen, gegebenenfalls ein Messer zu Hilfe nehmen. Das Gabelbein lokalisieren und herausschneiden.

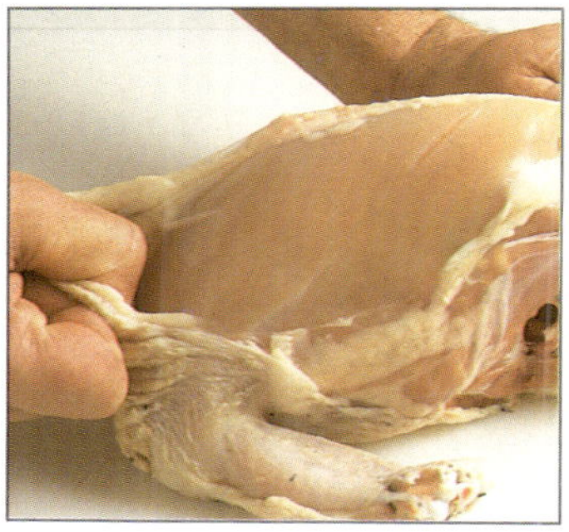

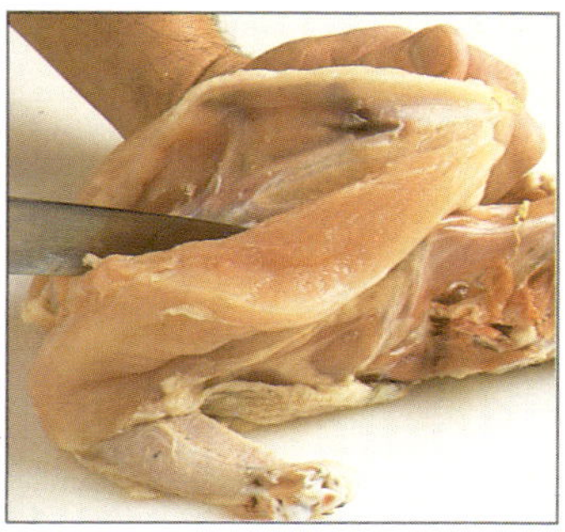

2 Das Brustfleisch auf einer Seite des Brustbeins vom Knochen schneiden.

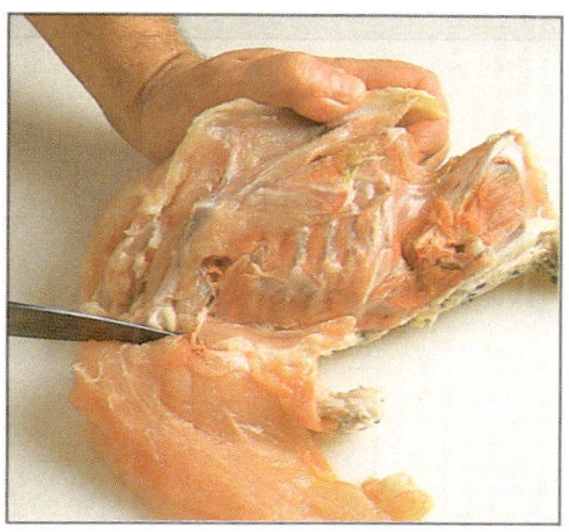

3 Das Brustfleisch mit dem Messer bis zum Flügelgelenk ablösen.

4 Die Flügelgelenke durchschneiden, um Brustfleisch und Flügelknochen vom Rumpf zu trennen. Die Flügelknochen am ersten Gelenk stutzen. Fett, Häutchen und Sehnen vom Brustfleisch entfernen (S. 178).

5 *Rechts:* Das Fleisch vom Flügelknochen mit dem Messer abschaben und das Knochenende zurückschneiden (unten).

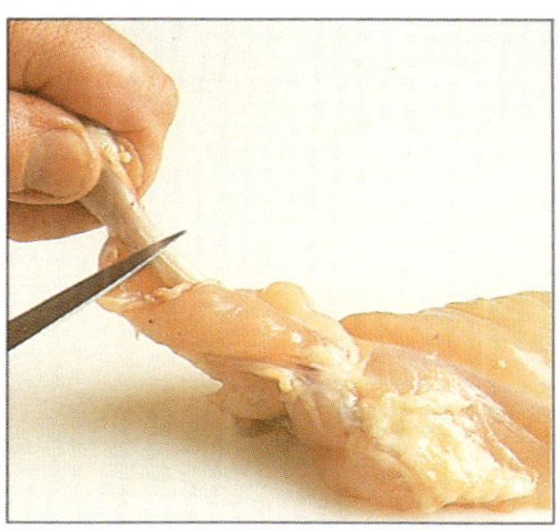

Hühnerfleisch fritieren

Hühner sind das einzige Geflügel, das häufig auch fritiert wird. Die Stücke sollten dazu klein und von gleicher Größe sein – oft werden nur Flügel oder Unterschenkel genommen. Ausbackteig oder eine Panade aus Ei und Semmelbröseln läßt sich verwenden. Im Süden der Vereinigten Staaten nimmt man zum Panieren Milch anstelle von Ei und statt Semmelbrösel eine Mischung aus Weizen- und Maismehl, wodurch eine besonders trockene, knusprige Oberfläche entsteht. Als Fritierfett kann Öl oder Schweineschmalz dienen. Mais, Grilltomaten, Klößchen oder *scones* sind klassische Beilagen, die zusammen mit gebundener Bratensauce (S. 57) gereicht werden.

HUHN TRANCHIEREN

Ein Huhn wird so tranchiert, daß jede Portion weißes wie auch dunkles Fleisch umfaßt, wozu man das Oberschenkelfleisch gegebenenfalls in Scheiben schneidet. Kleine Hähnchen werden halbiert oder geviertelt. Bei großen Vögeln über 2 kg wie folgt verfahren.

1 Das gegarte Geflügel an einem warmen Platz 10 Minuten ruhenlassen, dann das Dressiergarn entfernen. Das Hähnchen mit dem Rücken auf ein Schneidebrett legen. Die Haut zwischen Schenkel und Brust durchtrennen (rechts). Den Vogel auf die Seite drehen. Behutsam um das ovale Fleischstück (S. 176) herumschneiden, so daß es mit dem Oberschenkel verbunden bleibt.

2 Die Tranchiergabel in den Oberschenkel stechen und ihn hin und her bewegen, damit das Gelenk bricht.

3 *Oben:* Das Gelenk mit dem Messer vollständig durchtrennen und den Schenkel zusammen mit dem ovalen Fleischstück vom Rumpf ablösen.

4 Den Schenkel entlang der weißen Fettschicht am Gelenk halbieren.

5 Das Gabelbein, sofern es nicht schon vor dem Garen entfernt wurde, herausschneiden.

6 Oberhalb der Flügelgelenke jeweils waagerecht durch den Brustknochen schneiden.

7 Das Brustfleisch parallel zum Brustkorb in Scheiben schneiden. Die Flügel abtrennen.

Pute

Obwohl die Vielfalt bei Puten geringer ist als bei Hühnern, reicht ihr Gewicht doch von etwa 3 kg bis zu 18 kg bei sehr großen Tieren. Überwiegend sind sie zart genug, um gebraten werden zu können. Ihr Alter läßt sich schwer feststellen, doch werden die meisten Puten, die man im Supermarkt erhält, mit ungefähr neun Monaten geschlachtet. Ältere Vögel sind zum Braten zu zäh und müssen deshalb langsam in siedender Flüssigkeit gegart werden. Die weiblichen Tiere wiegen selten mehr als 7,5 kg und werden aufgrund ihrer vollfleischigen Brust meist bevorzugt.

Im Gegensatz zu früher, als man Puten nur zu festlichen Anlässen servierte, sind sie heute ganzjährig im Handel und werden auch in Teilen oder als bratfertiger Rollbraten ohne Knochen angeboten. Entbeinte Putenbrust kann am Stück oder in Scheiben geschnitten als preiswerter Ersatz für Kalbsschnitzel dienen. Ebenfalls küchenfertig erhältlich sind abgepackte Unterschenkel, ganze Keulen und Flügel. Da sie in der Regel größer als Hühnerteile sind, erfordern sie selbstverständlich längere Garzeiten. Truthühner aus Freilandhaltung sind eine lohnende Alternative zur Einheitspute aus dem Supermarkt, selbst wenn es etwas Mühe kostet, sie zu bekommen. Wie Hühner aus Freilandhaltung haben solche Puten Auslauf im Freien und werden mit Körnern gefüttert.

ZUR INFORMATION

Saison Das ganze Jahr über; Hauptsaison: Spätherbst.

Im Handel Ganze Puten kommen bei uns in der Regel als Babyputen in den Handel; sie wurden 9–13 Wochen gemästet und wiegen 2–6 kg. In Langmast (22–24 Wochen) gemästete Tiere erreichen ein Gewicht von rund 15 kg; sie kommen nur in Teilstücken in den Handel.

Beim Einkauf beachten *Ganze Puten* Wenig Feuchtigkeit, unbeschädigte Haut ohne dunkle Stellen, vollfleischige Brust. *Putenteile* Wenig Feuchtigkeit, kein Geruch.

Portionen 500 g (bei Puten über 5,5 kg Gewicht reichen 375 g). *Entbeintes Fleisch* 125 g.

Nährstoffgehalt pro 100 g (roh, ohne Haut). 500 kJ/119 kcal; 22 g Protein; 3 g Fett; keine Kohlenhydrate; 65 mg Cholesterin; 70 mg Natrium.

Garzeiten *Ganze Puten* (Garzeit pro 500 g bei großen Tieren verkürzen). *Putenrollbraten* Schmoren im Backofen bei 180 °C/Gas Stufe 2–3: 12–15 Minuten pro 500 g; braten im Backofen s. S. 181; pochieren: 10–12 Minuten pro 500 g. *Putenteile* Schmoren im Backofen bei 180 °C/Gas Stufe 2–3: 1–2 Stunden; braten im Backofen bei 175 °C/Gas Stufe 2–3: 25–35 Minuten; grillen: 20–25 Minuten; pochieren: 20–30 Minuten; als Sauté: 25–35 Minuten. *Scheiben* Pochieren: 10–15 Minuten; sautieren: 5–8 Minuten; dämpfen: 10–15 Minuten; pfannenrühren: 5–8 Minuten.

Richtiger Gargrad *Ganze Puten* Es tritt klarer Saft aus, wenn man in den Oberschenkel sticht. *Putenteile* Fleisch fällt beim Hineinstechen von der Tranchiergabel. *Scheiben* Saft bildet Tropfen an der Oberfläche.

Typische Gerichte Suppe (USA); mit Bataten, Äpfeln (USA); Braten mit Früchtefüllung (Großbritannien); Putenbraten mit Petersilien-Zitronen-Füllung (Großbritannien); *turkey neck pudding* (Großbritannien);

mit Knoblauch, Pfeffer, Zwiebeln und Essig marinierter Braten (Brasilien); geschmort mit Rotwein, Essig, Oliven, Kapern, Kartoffeln, Erbsen (Karibik); in *mole poblano*-Sauce (mit Schokolade, Nüssen, Chillies; Mexiko); mit Maronenfüllung (Frankreich); mit Granatäpfeln (Italien); mit Bohnen, Sellerie (Deutschland).

Putenbrust entbeinen

Putenbrust wird üblicherweise entlang des Brustbeins in Hälften geteilt. (Zum Ablösen vom Knochen s. S. 178.)

PUTENSCHNITZEL SCHNEIDEN

Die Putenbrust zunächst entbeinen (S. 178) und die Haut abziehen. Die Schnitzel wie Kalbsschnitzel zubereiten.

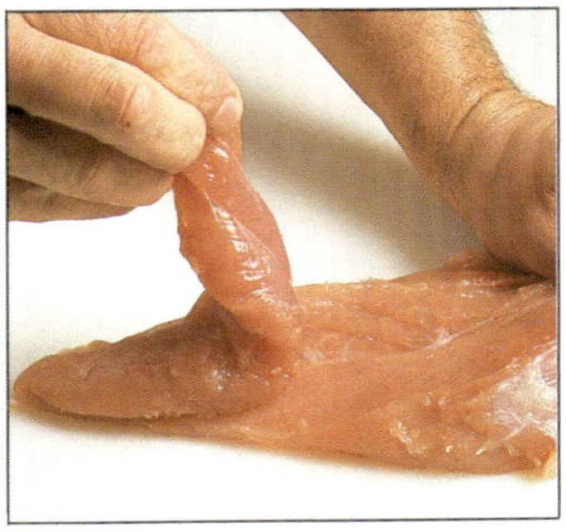

1 Das Filetstück entfernen und getrennt garen.

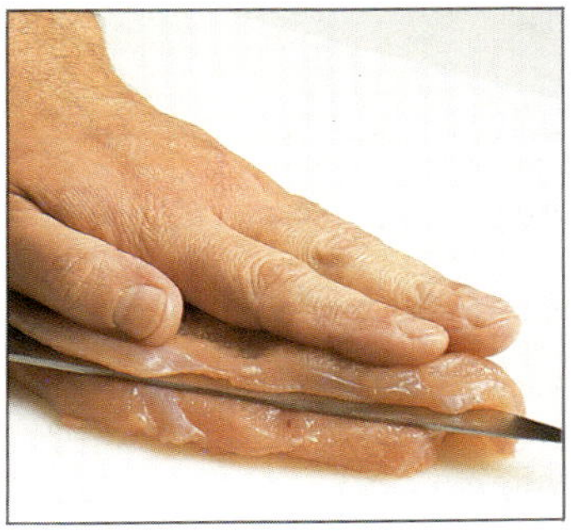

2 Vom Brustfleisch schräg eine dünne Scheibe abschneiden.

3 Auf diese Weise 3–5 dünne Scheiben schneiden und sie einzeln zwischen Pergamentpapier oder Klarsichtfolie legen.

4 Jede Scheibe – wie bei Kalbsschnitzeln (S. 218) – behutsam auf etwa 1 cm Dicke klopfen.

GEFLÜGEL AM HALSENDE FÜLLEN

Bei großen Vögeln werden häufig zwei verschiedene Füllmassen verwendet – eine füllt man in die Bauchhöhle, die andere unter den Hautlappen am Hals.

1 Das Gabelbein entfernen. Die Halshaut zurückziehen und die Farce in die Öffnung füllen.

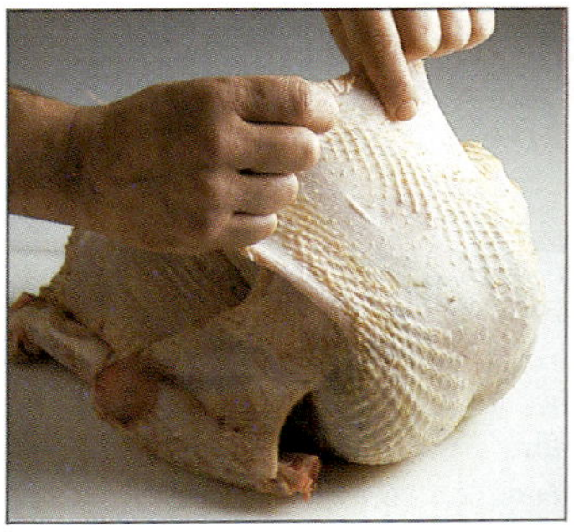

2 Von der Brustseite aus die Halshaut vor dem Dressieren (S. 179) über die Füllung ziehen.

Putenschnitzel mit Gemüse-Julienne

Das hier verwendete Gemüse kann beispielsweise auch durch Champignons oder Frühlingszwiebeln ersetzt werden, und anstelle von Kartoffeln kann man ebenso ein Maronenpüree oder Spinat zu den Putenschnitzeln reichen.

4 Portionen

750 g entbeinte Putenbrust
2 Stangen Porree (nur die weißen Teile), in Julienne-Streifen geschnitten
2 Möhren, 1 weiße Rübe, 1 Zucchini, 3 Stangen Bleichsellerie, jeweils in Julienne-Streifen geschnitten
Salz und Pfeffer
1 EL Öl
30 g Butter

Für die Sauce

250 ml Weißwein
500 ml Crème fraîche oder Crème double
1 EL Dijon-Senf (oder nach Geschmack)

Zum Servieren

500 g Bataten (Süßkartoffeln) oder Kartoffelpüree (S. 296)

1 Die Putenbrust in Schnitzel schneiden. In einem Topf mit passendem Dämpfeinsatz Salzwasser zum Kochen bringen. Das Gemüse mit Salz und Pfeffer in den Dämpfeinsatz geben. Den Deckel auflegen und das Gemüse 4–6 Minuten dämpfen, bis es gar, aber noch knackig ist.
2 Das Öl und die Hälfte der Butter in einer Bratpfanne erhitzen. Die Putenschnitzel salzen und pfeffern. Die Hälfte der Schnitzel 2–3 Minuten sautieren, bis sie leicht gebräunt sind. Sie dann wenden und auf der anderen Seite bräunen. Die Schnitzel aus der Pfanne nehmen und warm stellen. Die restlichen Schnitzel in der verbliebenen Butter sautieren.
3 Für die Sauce Das Fett aus der Pfanne weggießen. Mit Weißwein ablöschen, zum Kochen bringen, den Bratensatz unter Rühren lösen und alles zu einer Glace (S. 57) reduzieren. Crème fraîche hinzufügen und 3–5 Minuten kochen lassen, bis die Sauce leicht eingedickt ist. Die Pfanne vom Herd nehmen und den Senf unterrühren. Die Sauce abschmecken, gegebenenfalls noch etwas Senf dazugeben, dann die Gemüsestreifen unterrühren.
4 Die Putenschnitzel auf einer Seite der Servierplatte oder der Portionsteller anrichten, mit der Sauce und den Gemüsestreifen überziehen und das Kartoffelpüree auf der anderen Seite anrichten.

PUTE TRANCHIEREN

Einen Putenbraten kann man in der Küche tranchieren und das Brustfleisch zum Servieren zurück an seinen ursprünglichen Platz legen. Kleine Puten sollte man wie in Hähnchen zerlegen (S. 185). Große Puten über 4,5 kg werden wie folgt tranchiert.

1 Den Putenbraten 10–15 Minuten an einem warmen Platz ruhenlassen, dann das Dressiergarn entfernen.

2 Auf einer Seite den Flügel am zweiten Gelenk abtrennen. Die Haut zwischen Schenkel und Brust durchschneiden. Mit einem scharfen Messer schräg Scheiben von der Brust schneiden.

3 *Rechts:* Am Flügelgelenk einen waagerechten Einschnitt machen, um das Tranchieren zu vereinfachen und schöne große Fleischscheiben zu erhalten.

4 Das Brustfleisch (einschließlich Füllung) parallel zum Brustkorb schräg in Scheiben abschneiden, dazu am Schenkelende beginnen und in Richtung der Bauchhöhle weiterschneiden. Den Vorgang auf der anderen Seite wiederholen.

5 Den Schenkel zum Abtrennen mit der Tranchiergabel nach außen biegen, das Gelenk mit dem Messer lokalisieren und durchtrennen.

6 Das Oberschenkelfleisch parallel zum Knochen scheibenweise abschneiden. Den Schenkel am Gelenk halbieren.

7 Das Fleisch vom Unterschenkel parallel zum Knochen in Scheiben abschneiden. Mit der zweiten Keule ebenso verfahren.

Ente

Das Fleisch einer Ente ist je nach Rasse sehr unterschiedlich, was gleichermaßen für die jeweils beste Garmethode gilt. Einige Arten, speziell die amerikanische Long Island-, die Peking- sowie die britische Aylesbury-Ente, verfügen über gehaltvolles Fleisch und eine größere Menge Fett unter der Haut. Dieses Fett muß durch gründliches Garen weitgehend entfernt werden.

Barberie- und Moschus-Enten sowie die in Frankreich beliebte Nantaiser Ente sind weniger fett. Die Barberie-Ente – eine Kreuzung von Hausente und wildem Erpel – ist verhältnismäßig groß und hat viel festes Brustfleisch. Nantaiser Enten sind kleiner, zarter und überaus wohlschmeckend.

Eine französische Besonderheit sind Rouennaiser Enten, deren Geschmack und Struktur an Wildgeflügel erinnert. Die Tiere werden nicht in der sonst üblichen Weise geschlachtet, sondern erstickt, damit das Blut im Körper bleibt, weshalb man sie in der Küchensprache auch als Blutenten bezeichnet.

Bis zu welchem Grad eine Ente gegart werden sollte, darüber gehen die Meinungen auseinander. Viele Feinschmecker bestehen darauf, daß das Brustfleisch noch rosa ist, was sich allerdings bei fetteren Rassen kaum erreichen läßt, da die Schenkel stets durchgebraten sein sollen. Bei einem Entenbraten ist es deshalb gängige Praxis, zunächst das noch nicht ganz durchgebratene Brustfleisch zu servieren und die Schenkel anschließend gar zu braten oder zu grillen.

Enten sind kein ökonomisches Geflügel, denn im Verhältnis zum Fleisch ist der Knochenanteil groß. Eine Ente von ungefähr 1,8 kg reicht gerade für zwei Personen, für vier Portionen muß sie schon 2,5 kg wiegen. Lediglich Barberie-Enten von 4,5 kg oder andere Rassen, die eine ähnliche Größe erreichen, ergeben sechs bis acht Portionen. Frühmastenten (franz. *canette* oder *caneton*) werden im Alter von sieben bis acht Wochen geschlachtet, während eine junge Mastente bis zu sechs Monate alt sein kann. Da Enten nur selten zur Eierproduktion gehalten werden, sind kaum ältere Tiere im Handel.

Weniger zarte, fette Enten kann man schmoren, am besten ist es aber, die Schenkel als *confit* einzumachen (S. 486), das Begleitprodukt zu *foie gras*. Im verbleibenden Fett lassen sich wundervolle Bratkartoffeln zubereiten. Das Brustfleisch wird vom Knochen abgelöst, wie Steaks mit grünen Pfefferkörnern, schwarzen Johannisbeeren oder gebratenem Knoblauch zubereitet und medium serviert.

ZUR INFORMATION

Saison *Jungenten* Frühjahr. *Ältere Tiere* Das ganze Jahr über.
Im Handel Jungmastenten (7–8 Wochen alt, 1,6–1,8 kg), junge Enten (etwa 6 Monate alt, 1,8–2,2 kg) und Enten (über 1 Jahr alt, 2–2,2 kg).
Beim Einkauf beachten Helle Haut, vollfleischig, aber nicht zu fett, wenig Feuchtigkeit.
Portionen *Ganze Enten* 625 bis 750 g; 2–3 Stücke (etwa 500 g). *Entbeintes Fleisch* 125 g.
Nährstoffgehalt pro 100 g (roh, ohne Haut). 554 kJ/132 kcal; 18 g Protein; 6 g Fett; keine Kohlenhydrate; 77 mg Cholesterin; 74 mg Natrium.
Garzeiten *Ganze Enten* Schmoren im Backofen bei 180 °C/Gas Stufe 2–3: 20–25 Minuten pro 500 g; braten im Backofen s. S. 181. *Ententeile* Schmoren im Backofen bei 180 °C/Gas Stufe 2–3: 1–1½ Stunden; grillen: 25–35 Minuten; als Sauté: 45–60 Minuten. *Brust* Grillen, sautieren: 4–7 Minuten; pfannenrühren: 2–3 Minuten.

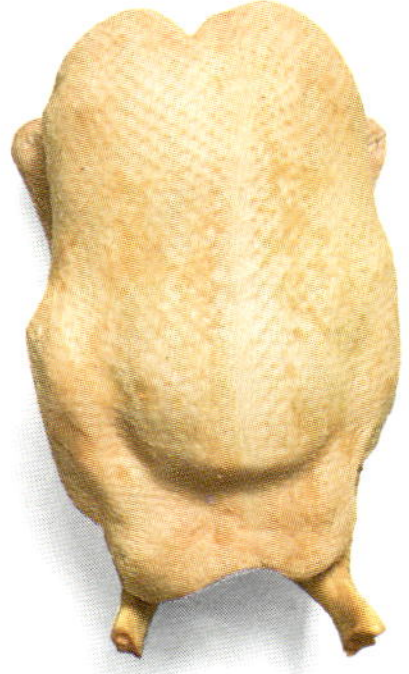

Richtiger Gargrad *Ganze Enten* Nicht ganz durchgebraten: Beim Einstechen der Brust tritt rosa Saft aus. Durchgebraten: Beim Anheben mit der Tranchiergabel läuft klarer Saft aus der Bauchhöhle. *Ententeile* Fleisch fällt beim Hineinstechen von der Tranchiergabel.
Typische Gerichte Süß-saure Suppe (Deutschland); mit Äpfeln, Rotkohl (Deutschland); süß-sauer mit Kirschen (Frankreich); mit weißen Rüben (Frankreich); *cassoulet* (mit weißen Bohnen, Speck, Brühwurst im Ofen geschmort; Frankreich); mit Oliven (Italien); *pasticcio* (mit Schinken im Teigmantel; Italien); mit Sauerkraut (Jugoslawien); mit Gurken (Rumänien); mit Bananen (Portugal); geschmort mit Reis (Portugal); mit Oliven in Sherry-Sauce (Spanien); Jungente mit Wein (Lateinamerika); mit Rum (Karibik); warmer Salat (USA); mit Wildpflaumen (USA); mit Zitrusmarmelade (Australien); mit Granatapfel-Sauce und Walnüssen (Mittlerer Osten); Peking-Ente (mit Mandarin-Pfannkuchen; China).

Entenbrust entbeinen

Man schneidet zunächst die Schenkel ab und geht dann wie beim Entbeinen von Putenbrust vor (S. 178). Wegen des kräftigen Geschmacks beläßt man die Haut häufig am Brustfleisch, sollte sie aber am Rand sauber zurückschneiden.

ENTE TRANCHIEREN

Kleine Enten kann man halbieren oder in Viertel schneiden. Größere Enten werden häufig in zwei Gängen serviert – das Brustfleisch nicht ganz, die Schenkel ganz durchgebraten. Zieht man es jedoch vor, daß das gesamte Fleisch durch und durch gar ist, kann man beides zusammen auftragen.

Zum Tranchieren ein scharfes Messer mit langer, biegsamer Klinge nehmen.

1 Die Ente mit der Tranchiergabel festhalten und die Haut zwischen Schenkeln und Rumpf durchtrennen. Die Schenkel mit dem Messer nach außen drücken, um an das Brustfleisch zu gelangen. Die Schenkel nicht abschneiden.

2 Kurz oberhalb des Flügelgelenks durch das Brustfleisch bis zum Knochen einen waagerechten Einschnitt machen. Wurde das Gabelbein vor dem Garen nicht entfernt, es nun herausschneiden.

3 Die Entenbrust parallel zum Brustkorb in langen dünnen Streifen (franz. *aiguillettes*) abschneiden.

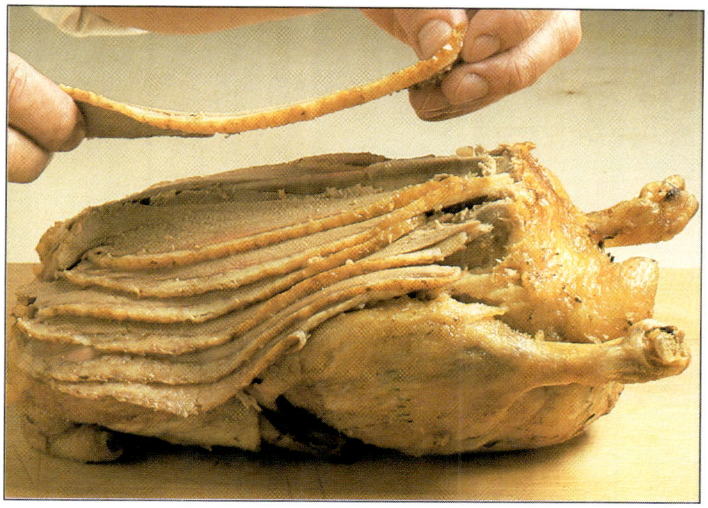

4 Das Brustfleisch für den ersten Gang zurück auf die Karkasse legen. Entenflügel enthalten kein Fleisch und werden meist nicht serviert.

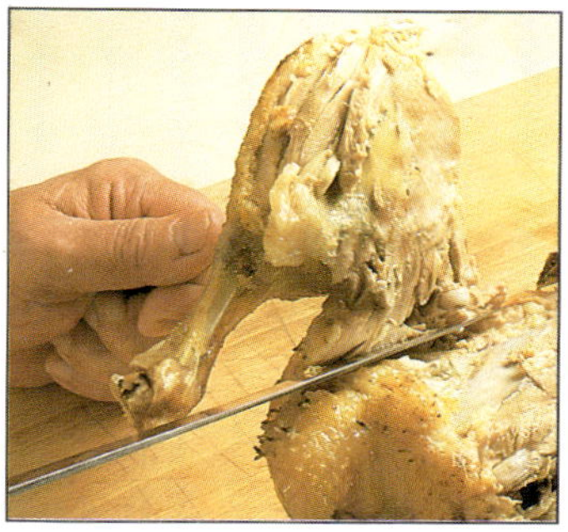

5 Zum Abtrennen der Schenkel die Ente auf die Seite drehen und die Tranchiergabel in den Oberschenkel stechen. Die Keule nach außen biegen, damit das Gelenk bricht, und sie dann ablösen. Den Vorgang am zweiten Schenkel wiederholen. Sind die Schenkel noch nicht durchgebraten, werden sie fertiggegart und anschließend am Gelenk durchgeschnitten (S. 176).

GEFLÜGELKLEIN

Geflügel hat nicht nur reichlich Fleisch, sondern auch verschiedene Extrastücke für den Suppentopf. Insbesondere eine rohe Karkasse ergibt eine wunderbare Brühe, wenngleich auch Suppen, die mit bereits gegarten Knochen zubereitet werden, nicht zu verachten sind. Das Fett ausgewachsener Vögel kann man auslassen (S. 76) und zum Kochen nehmen; Hühnerfett wird in der jüdischen Küche geschätzt, während die Franzosen, speziell im Südwesten, zum Braten und zur Zubereitung von Pasteten auf Gänseschmalz schwören.

Beim Kauf küchenfertiger Vögel sollte man darauf achten, daß der Hals und die Innereien vorhanden sind: Geflügelhälse kommen in den Suppentopf, Mägen und Herzen können geräuchert oder *en confit* eingemacht und für Salate oder traditionelle Kasserollen verwendet werden. Selbst die gelatinehaltigen Füße kann man mit in den Suppentopf geben. Die einst als Aphrodisiakum geschätzten Hahnenkämme waren Bestandteil der prachtvollen Leckerbissen, die in der Renaissance-Zeit serviert wurden und bei denen es sich um eine Reihe kleiner Köstlichkeiten handelte. Hahnenkämme müssen zwei bis drei Stunden köcheln, bis sie weich sind.

Sauber parierte Geflügelleber schmeckt von allen Geflügelabschnitten am besten. Sie sollte weder eine dunkle Farbe haben oder stark riechen, noch von der Galle grünlich eingefärbt sein. Geflügelleber verleiht Terrinen ein kräftiges Aroma und läßt sich zur Zubereitung von *pâté* verwenden, wird durch zu langes Garen jedoch trocken und körnig. Die Leber von Wildgeflügel kann man in Butter sautieren, hacken und auf *croûtes* servieren. Große Lebern, speziell von Ente und Gans, können gegrillt oder in Butter sautiert und auf Toast gereicht werden. Geflügelleber läßt sich auch für die Füllung verwenden oder kann gehackt in einer Suppe mitköcheln.

Enten-Ragout mit Birnen und Orange

Brauner Reis, Wildreis oder Bulgur sind ausgezeichnete Beilagen zu diesem Gericht.

4 Portionen
1 große Ente (etwa 2,2 kg)
1 EL Öl
15 g Butter
Salz und Pfeffer
1 unbehandelte Orange
3 Birnen, geschält, geviertelt und mit Zitrone abgerieben
30 g brauner Zucker
4 EL Weißweinessig
250 ml braune Grundsauce (S. 58)
3 EL Grand Marnier oder anderer Orangenlikör

Für den Fond
Rückenknochen, Flügelspitzen, Hals und Innereien der Ente
1 El Öl
1 Zwiebel, in Scheiben geschnitten
1 *bouquet garni*
1 TL Tomatenmark
500 ml Wasser

1 Die Ente in sechs Stücke teilen (S. 176). **Für den Fond** Rückenknochen, Flügel, Hals und Innereien in Stücke hacken und im heißen Öl 10–15 Minuten bräunen. Die Zwiebel dazugeben und ebenfalls bräunen. Das Fett weggießen, die übrigen Zutaten hinzufügen und würzen.

Alles 45–60 Minuten köcheln lassen, bis der Fond auf 250 ml eingekocht ist. Den Fond absieben.

2 In der Zwischenzeit das Öl und die Butter in einer Pfanne erhitzen und die Ententeile mit Salz und Pfeffer würzen. Die Schenkelstücke auf der Hautseite 5 Minuten anbraten. Die Brust hinzufügen und auf beiden Seiten 10–15 Minuten sautieren, bis sie gebräunt ist.

3 Die Temperatur reduzieren, den Deckel auflegen und alles weitere 15–25 Minuten garen; das Entenfleisch von Zeit zu Zeit wenden.

4 In der Zwischenzeit die Orange schälen und die Schale in Julienne-Streifen schneiden (S. 259); 2 Minuten blanchieren, abgießen und mit kaltem Wasser abspülen. Die weiße pelzige Haut von der Orange entfernen und das Fruchtfleisch in Scheiben schneiden.

5 Wenn die Ente fast gar ist, das Fett abgießen. Die Birnen hinzufügen, den Deckel auflegen und alles behutsam bei schwacher Hitze sautieren, bis die Entenstücke weich und die Birnen gar, aber noch fest sind.

6 Entenfleisch und Birnen herausnehmen und das Fett abgießen. Zucker und Essig in die Pfanne geben und langsam auf die Hälfte reduzieren. Braune Sauce, Fond und Grand Marnier hinzufügen und alles zum Kochen bringen. Die Ententeile zurück in die Pfanne legen und 10–15 Minuten köcheln lassen, dann herausnehmen und warm halten. Die Birnen wieder in die Pfanne geben und behutsam erhitzen.

7 Zum Servieren das Entenfleisch mit der Sauce beschöpfen und mit dem Obst und der Orangenschale garnieren.

Gans

Gänse sind eher ein Luxus auf dem Geflügelhof, denn sie brauchen zur Erzeugung der gleichen Fleischmenge erheblich mehr Futter als jedes andere Geflügel. Ihre Größe ist je nach Rasse und Geschlecht unterschiedlich – weibliche Tiere erreichen nur zwei Drittel des Gewichts eines Ganters. Eine ausgewachsene Gans zum Braten wiegt im allgemeinen zwischen 3,5 kg und 5 kg und reicht für sechs bis acht Personen. Obwohl die Zucht gewerblich erfolgt, stammen viele Gänse noch aus Freilandhaltung und werden im Alter von acht oder neun Monaten geschlachtet. Die Qualität variiert stärker als bei jedem anderen Hausgeflügel. Eine blasse, fettige Haut und eine vollfleischige Brust sind wichtige Merkmale exzellenter Gänse; das Fleisch alter Tiere ist sehr zäh. Fettpolster in der Bauchhöhle müssen vor dem Garen sorgfältig entfernt werden. Gänseschmalz ist eine Delikatesse, ebenso wie die Leber – vor allem, wenn die Gänse zur Erzeugung der berühmten Stopfleber *(foie gras)* mit Mais gemästet wurden.

Gänse werden fast immer im ganzen gebraten, obwohl sie sich auch ausgezeichnet schmoren lassen. Sie sind noch gehaltvoller, wildähnlicher und fetter als Enten, so daß ein besonders gründliches Garen nötig ist, damit das unter der Haut sitzende Fett vollständig ausgebraten wird. In Stücke zerlegt, kann man Gänse gut schmoren – zusammen mit Zwiebeln, Knoblauch, Sauerkraut und den gleichen Früchten, die auch zu Ente passen. Besonders köstlich schmeckt eingemachtes Gänsefleisch *(confit d'oie)*, das man traditionell aus Gänsen zubereitet, die für Stopflebern gemästet wurden. Durch langes, langsames Garen wird das Fleisch mürbe und entfaltet ein besonders kräftiges Aroma. Eingemachtes Gänsefleisch kann man braten, bis die Haut knusprig ist, und dann mit in Gänseschmalz gebratenen Kartoffeln servieren. Eine andere Möglichkeit ist es, Suppen, im Ofen gegarte Gemüsegerichte und den berühmten französischen Bohneneintopf *cassoulet* damit zu aromatisieren.

ZUR INFORMATION

Saison Das ganze Jahr über; Hauptsaison: Spätherbst.

Im Handel Frühmastgänse (bis 5 Monate alt, 3–4 kg), junge Gänse (bis 9 Monate alt, 4–6 kg), Hafermastgänse (etwa 1 Jahr alt, auf der Weide gehalten und kurze Zeit gemästet, 5–6 kg).

Beim Einkauf beachten Helle Haut, volle Brustpartie, wenig Feuchtigkeit, Rückenknochen biegsam.

Portionen *Ganze Gänse* 750 g. *Gänseteile* 250 g.

Nährstoffgehalt pro 100 g (roh, ohne Haut). 672 kJ/161 kcal; 23 g Protein; 7 g Fett; keine Kohlenhydrate; 84 mg Cholesterin; 87 mg Natrium.

Garzeiten *Ganze Gänse* Schmoren im Backofen bei 180 °C/Gas Stufe 2–3: 15 Minuten pro 500 g; braten im Backofen s. S. 181. *Gänseteile* Schmoren im Backofen bei 180 °C/Gas Stufe 2–3: 1–2 Stunden (je nach Alter).

Richtiger Gargrad *Ganze Gänse* Beim Hineinstechen mit einer Gabel tritt klarer Saft aus. *Gänseteile* Fleisch fällt beim Hineinstechen von der Tranchiergabel.

Typische Gerichte Mit Salbei-Zwiebel-Füllung (Großbritannien); mit Bratwurstfüllung, Sauerkraut, Kartoffelklößen (Deutschland); sauer eingelegt (Deutschland); *tagliatelle* mit eingemachter Gänsesauce (Italien); geschmort mit Wurst, Maronen (Italien); mit Birnen (Spanien); mit Walnußfüllung (Sowjetunion); mit Bohnen (Ungarn).

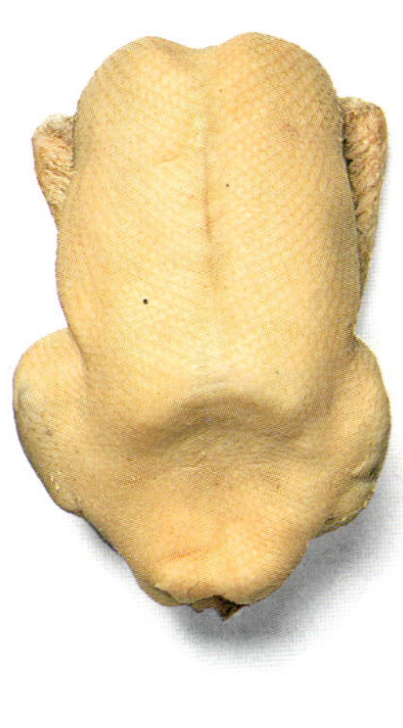

Gans tranchieren

Gänse werden wie Enten tranchiert (S. 188). Das Brustfleisch ist sehr viel zarter als die Keulen, die selbst nach gründlichem Garen recht zäh sein können.

STOPFLEBER (FOIE GRAS)

Foie gras, die vergrößerte Fettleber gestopfter Gänse oder Enten, wird seit alters her als Delikatesse betrachtet. Von den Römern weiß man, daß sie Gänse mit Feigen stopften, damit deren Leber das Drei- bis Vierfache ihrer ursprünglichen Größe annahm; heutzutage erzielt man den gleichen Effekt mit Mais. Die Kunst der Stopfleberzubereitung schreibt man elsässischen Juden zu, die Gänse zu Wurstwaren verarbeiteten, da ihnen der Verzehr von Schweinefleisch bekanntlich verboten ist. Viele Fettlebern, die heute zur Erzeugung der von Frankreich exportierten Terrinen und Pasteten Verwendung finden, stammen aus Israel, Ungarn oder dem Elsaß. In Deutschland ist das Nudeln von Gänsen oder Enten verboten.

Die Meinungen sind geteilt, ob Entenstopfleber mit ihrem weinartigen Aroma oder Gänsestopfleber, die etwas gehaltvoller und milder ist, besser schmeckt. In jedem Fall ist eine *foie gras* guter Qualität jedoch fest. Die Farbe stellt kein Qualitätsmerkmal dar und kann von Rosa bis Ockergelb variieren. Rohe Stopflebern bestehen aus zwei Lappen. Alle Spuren der grünlichen Galle werden weggeschnitten, dann zieht man die beiden Lappen mit den Fingern auseinander, schneidet jeden der Länge nach auf und zieht die Adern heraus.

Zum Garen in einer Terrine kann man die Leber zunächst in eine Marinade aus Portwein, Salz, Pfeffer, Gewürzen und etwas Weinbrand legen. Richtiges Würzen und langsames Garen der Stopfleber ist von entscheidender Bedeutung. Wird die Leber in einer Terrine im Ofen gegart oder, in ein Tuch eingeschlagen, in einem Zylinder pochiert, schmilzt sie im wörtlichen Sinne dahin, wenn die Gartemperatur 90 °C übersteigt. Da die Gefahr eines Mißerfolgs in der Tat sehr groß ist, überlassen die meisten *foie gras*-Enthusiasten die Aufgabe des Garens lieber einem professionellen Koch.

Gegarte Stopfleber ist als Konserve im Handel – frisch (stets rosa in der Mitte) ist sie hierzulande nur sehr selten erhältlich. Konservierte *foie gras* wird immer bei hohen Temperaturen sterilisiert und hat – anders als frische Ware – eine einheitliche Farbe und Struktur. Für *foie gras* in Brioche-Teig oder für eine Sauce braucht man ein kompaktes Stück Stopfleber. Preiswerter ist pürierte Stopfleber (in Dosen erhältlich), die sich beim Erhitzen allerdings auflöst.

Der Inbegriff des kulinarischen Luxus ist frische, in dünne Scheiben geschnittene und für wenige Sekunden in Butter sautierte *foie gras*. Früchte, wie Weintrauben und Johannisbeeren, sind ausgezeichnete Ergänzungen, und die Pfanne wird häufig mit Cognac, Madeira und Obstessig abgelöscht. Serviert wird die Leber auf grünen Bohnen oder Salat, mit Wildpilzen oder Flußkrebsen und einem Glas Sauternes.

SEHNEN BEI GEFLÜGEL UND FEDERWILD ENTFERNEN

Puten, Gänse, ausgewachsene Enten, Hühner und Federwild haben kräftige Sehnen in den Beinen, die entfernt werden müssen. Die Sehnen verlaufen entlang der Knochen und lassen sich mit Hilfe einer Zange oder eines Wetzstahls herausziehen.

Die Haut an den Füßen mit einem scharfen Messer einschneiden und die Sehnen lokalisieren. Einen Wetzstahl unter den Sehnen durchschieben und drehen, damit sie sich lösen. Den Wetzstahl weiterdrehen, bis die Sehnen vollständig aus dem Fleisch herausgezogen sind. Die Füße abschneiden.

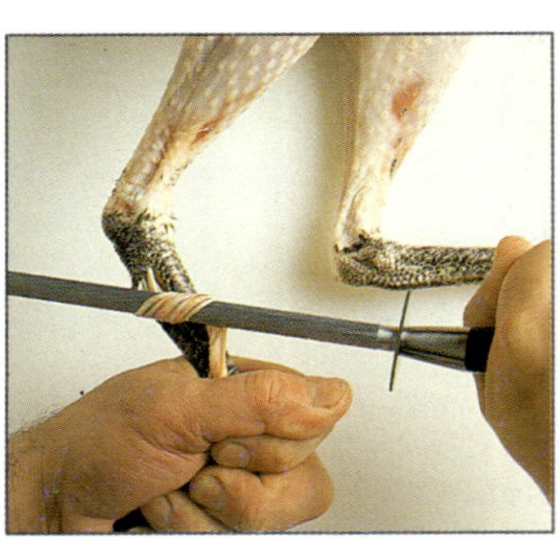

FEDERWILD

Wildgeflügel hat in der Küche nicht mehr den gleichen Stellenwert wie früher. Die Jagdsaison für Federwild wird immer kürzer, die Ausbeute ist gering und der Preis entsprechend hoch. Wildgeflügel wird heute jedoch in großer Zahl – und stetig steigender Vielfalt – gewerblich aufgezogen. Einige Arten, wie beispielsweise Fasane, Rebhühner, Wachteln und Tauben, bekommt man fast das ganze Jahr über in Wildhandlungen.

Die Krönung des Wildgeflügels, das Schottische Moorschneehuhn, ist zu scheu, um erfolgreich gezüchtet zu werden. Zur Familie der Rauhfußhühner gehören in Europa auch das Alpenschneehuhn, das Auerhuhn, das Haselhuhn und das Birkhuhn. Kulinarisch betrachtet sind sie dem Moorschneehuhn allerdings unterlegen. Von Auer- und Birkhuhn, die vom Aussterben bedroht sind, dürfen nur noch die Hähne gejagt werden. Das Fleisch des Auerhahns hat einen sehr ausgeprägten Geschmack und muß vor der Zubereitung mariniert werden. Das Haselhuhn besitzt zartes, schmackhaftes Fleisch, das allerdings etwas trocken ist, so daß man es bardieren muß. In Nordamerika findet man unter anderem das Beifußhuhn und das Präriehuhn. Alle leben in nördlichen Breiten in den Bergen.

Der Fasan, der in der Regel für zwei Personen reicht, hat ein mildes Aroma, doch wird im allgemeinen das kleinere Rebhuhn (franz. *perdreau* für junge Tiere, *perdrix* für ältere) mehr geschätzt.

Zuchttauben sind ebenfalls eine Delikatesse. Mit ihrem kräftigen, dunklen Fleisch eignen sie sich gut zum Braten und für Rezepte, bei denen das Brustfleisch innen noch nicht durchgebraten ist und in dünne Scheiben geschnitten mit einer Sauce serviert wird. Wildtauben sind allerdings häufig zäh sowie streng im Geschmack und eignen sich besser für Pasteten.

Wachteln, die kleinsten unter den Wildhühnern, sind eine wohlschmeckende, preiswertere Alternative zu Tauben. Man kann sie braten oder schmoren, und auch über Holzkohle gegrillt schmecken sie köstlich. Andere kleine Wildvögel sind selten und lassen sich auch schlecht jagen, viele von ihnen sind bei uns zudem geschützt. Man kann sie *en crapaudine* (S. 180) am Spieß grillen oder im Backofen braten (S. 181).

Wildenten, beispielsweise Stock- und Krickenten – im Handel meist als Flugenten bezeichnet –, und Wildgänse, deren Gewicht von weniger als 500 g bis zu 4,5 kg reicht, können im Geschmack sehr unterschiedlich sein. Wie immer in der Küche spielen die Größe und das Alter eine wichtigere Rolle als die jeweilige Art. Wildenten und Wildgänse sind gehaltvoller als entsprechendes Hausgeflügel und lassen sich ausgezeichnet braten. Tiere, die in Küstennähe leben, können jedoch unangenehm nach Fisch schmecken.

Wildgeflügel wird oft mit gebratenen Stroh-Kartoffeln (S. 296) oder Kartoffelküchlein, in Frankreich mitunter auf mit Leberpastete bestrichenen *croûtes* serviert. Aus dem Bratensaft von Wildgeflügel lassen sich leckere Saucen zubereiten, die man mit Früchten süßen kann. In skandinavischen Ländern reicht man zu Federwild häufig ein Kompott aus Heidel- oder Preiselbeeren.

ZUR INFORMATION

Saison *Aus Zuchtbetrieben* Das ganze Jahr über. *Wild* Je nach Art und Herkunft, Spätsommer bis Frühjahr.
Im Handel Wachtel, Fasan, Rebhuhn und Wildente sind küchenfertig auch tiefgefroren erhältlich.
Portionen *Ganze Vögel* 375–500 g. *Teile* 250–375 g.
Nährstoffgehalt pro 100 g (roh, ohne Haut). *Fasan* 559 kJ/ 133 kcal; 24 g Protein; 4 g Fett; keine Kohlenhydrate; 66 mg Cholesterin; 37 mg Natrium. *Wachtel* 563 kJ/134 kcal; 22 g Protein; 5 g Fett; keine Kohlenhydrate; 70 mg Cholesterin; 51 mg Natrium.
Garzeiten Alle Zeitangaben sind von Alter und Größe des Vogels abhängig. *Ganze Vögel* Schmoren im Backofen bei 180 °C/Gas Stufe 2–3: 30 Minuten bis 3 Stunden; braten im Backofen s. S. 192; grillen *en crapaudine* (S. 180): 8–15 Minuten; als Sauté: 15–45 Minuten. *Teile* Schmoren im Backofen: 30 Minuten bis 2 Stunden; grillen: 8–15 Minuten; als Sauté: 15–45 Minuten.
Richtiger Gargrad *Ganze Vögel* Nicht ganz durchgebraten: Beim Anheben oder Hineinstechen mit einer Tranchiergabel tritt rosafarbener Saft aus. Durchgebraten: Fleisch fällt beim Hineinstechen von der Tranchiergabel.
Typische Gerichte *Rebhuhn* Mit Maronen, Kohl (Großbritannien); im Backofen geschmort (Dänemark); mit Wurst, Trüffeln, Marsala, Zitrone (Italien); in Portwein mariniert, mit Entenleberpastete gefüllt (Portugal); *en chartreuse* (Kartäusergericht mit Gemüse; Frankreich). *Fasan* Mit Bohnen (USA); mit Mais-Dressing (USA); in Strudelteig (Griechenland); sautiert mit Zitrone (Frankreich). *Moorschneehuhn* Gebraten mit Weintrauben (Großbritannien); Pastete (Großbritannien).

ZUR INFORMATION (Fortsetzung): **Verbreitete Arten**

Großes Wildgeflügel (2,7 bis 4,5 kg). Wildtruthahn (USA, Zentralamerika); Auerhuhn/Waldhuhn (Europa); Nordamerikanisches Steppenhuhn/Beifußhuhn (USA). *Gänse* Graugans, Kanadagans, Kurzschnabelgans, Schneegans, Ringelgans (Nördliche Breiten).

Mittelgroßes Wildgeflügel (500 g bis 2,7 kg). *Rauhfußhühner* Moorschneehuhn, Haselhuhn (Europa); Haselhuhn, Präriehuhn, Tannen-Waldhuhn (USA); Birkhuhn (USA, Nordeuropa). *Fasane* Jagdfasan (Europa, USA); Silberfasan, Goldfasan (Europa); Chinesischer Ringfasan, Englischer Ringfasan (USA). *Enten* Stockente (Europa, USA); Riesentafelente, Rotkopfente (USA); Spießente (Europa); Blauflügelente (Amerika, Europa); Brautente, Bergente, Löffelente (Europa, USA); Pfeifente (Europa).

Kleines Wildgeflügel (bis 500 g). Krickente (Amerika, Europa); Waldschnepfe, Kiebitzregenpfeifer, Kiebitz (Europa); Nordamerikanische Waldschnepfe, Amerikanisches Alpenschneehuhn (USA); Bekassine, Moorschneehuhn, Goldregenpfeifer (USA, Nordeuropa). *Rebhühner* Rebhuhn (Europa); Rothuhn (Großbritannien, Frankreich). *Tauben* Ringeltaube, Felsentaube, Hohltaube, Turteltaube (Europa); Weißflügel-Turteltaube, Schuppenhalstaube (Europa, USA). *Wachteln* Europäische Wachtel (Europa).

Wildgeflügel auswählen

Das Alter eines Wildvogels ist für den Koch von entscheidender Bedeutung. Alte Tiere (bei den meisten Arten sechs Monate oder älter) müssen lange in reichlich Flüssigkeit garen. Leider ist die Altersbestimmung bei Wildgeflügel nicht ganz einfach: Am besten achtet man auf weiches, pralles Brustfleisch und überprüft, ob die Füße nicht zu stark vernarbt und schwielig sind. Den Vogel am unteren Teil des Schnabels hochheben – bei jungen Tieren bricht er. Bei männlichen Tieren deuten kurze Sporen auf ein geringes Alter hin, was ebenso für einen biegsamen Brustbeinfortsatz bei beiden Geschlechtern gilt. Bei jungen Fasanen und Rebhühnern läuft die letzte große Feder spitz zu, während sie bei älteren Vögeln abgerundet ist. Bei Wildenten und Wildgänsen lassen sich die Schwimmhäute junger Tiere leicht einreißen. Tiere, die durch den Abschuß stark in Mitleidenschaft gezogen wurden, kauft man am besten nicht.

Der Geschmack von gezüchtetem Federwild erreicht zwar niemals die Intensität freilebender Vögel, doch liegt der große Vorteil darin, daß Zuchttiere immer vollfleischig und zart sind.

Federwild abhängen lassen

Damit das Fleisch mürbe wird und sich das Aroma entfaltet, läßt man Wildvögel vor dem Rupfen und Säubern an einem kühlen, luftigen Ort abhängen. Es herrschen unterschiedliche Auffassungen darüber, wie lange beziehungsweise ob man die Tiere überhaupt abhängen lassen sollte. Die Zeit wird vor allem vom Wetter bestimmt und bis zu einem gewissen Grad auch von der Geflügelart. Bei kühlem, trockenem Wetter kann man Wildenten zwei bis drei Tage, Moorschneehühner bis zu zehn Tagen, Rebhühner bis zu zwei Wochen und Fasane drei Wochen abhängen lassen. Wildgänse brauchen wenigstens drei Wochen, Tauben hingegen erfordern kein Abhängen. Bei warmer und feuchter Witterung genügen für jede Wildgeflügelart zwei bis drei Tage.

Garmethoden für Wildgeflügel

Man sollte die Vögel nicht vollständig durchgebraten servieren, so daß das Brustfleisch noch rosa und schön saftig ist; die Schenkel sind immer etwas zäh. Bestehen Zweifel hinsichtlich des Alters, empfiehlt es sich, den Vogel zu schmoren. Zum Braten sollte Wildgeflügel bardiert werden. Auch durch Marinieren wird zähes Fleisch mürber.

Ein rühmliches Ende für einen alten Vogel ist eine Wildpastete. Häufig handelt es sich dabei einfach um eine Art Eintopf, bei dem man das Fleisch, die Aromazutaten und die Sauce mit einem Teigdeckel versieht und alles gart, bis das Fleisch weich ist. Zur Zubereitung einer *pâté en croûte* oder einer hohen englischen Pastete mit Teigdeckel kann das Fleisch entbeint und mit einer Farce vermischt werden.

BACKOFEN-TEMPERATUREN UND GARZEITEN

Kleines Wildgeflügel	230 °C/Gas Stufe 5	15–30 Minuten
Ente und mittelgroßes Wildgeflügel	200 °C/ Gas Stufe 3–4	15 Minuten pro 500 g (nicht ganz durchgebraten) 20 Minuten pro 500 g (durchgebraten)
Großes Wildgeflügel	220 °C/ Gas Stufe 4–5	12 Minuten pro 500 g (nicht ganz durchgebraten) 15 Minuten pro 500 g (durchgebraten)

Wachteln am Spieß mit Pfeffermarinade

Dieses Gericht kann auch mit Täubchen zubereitet werden, die über Holzkohle gegrillt gleichermaßen köstlich schmecken.

8 Portionen als Vorspeise, 4 Portionen als Hauptgericht

8 Wachteln, Hals und Innereien entfernt
125 ml Olivenöl
3 EL Zitronensaft
1 TL zerstoßene Pfefferkörner
½–1 TL Paprikapulver (nach Belieben)
Salz

16 lange Spieße

1 Die Wachteln aufschneiden, flachdrücken (S. 180) und jeweils zwei gemeinsam auf zwei Spieße stecken; die Spieße dabei durch die Flügel und die Schenkel schieben, damit die Wachteln flach liegenbleiben.
2 Olivenöl, Zitronensaft, Pfefferkörner und gegebenenfalls Paprika gründlich miteinander verrühren. Die Wachteln auf ein Tablett legen und mit der Marinade übergießen. Die Marinade mit dem Pinsel gleichmäßig verteilen. Die Wachteln abdecken und bei Raumtemperatur bis zu 3 Stunden marinieren; sie während dieser Zeit gelegentlich wenden.
3 Die Holzkohle entzünden oder den Grill vorheizen. Die Wachteln leicht salzen und (5–7 cm über der Glut beziehungsweise unter der Hitzequelle) 5–6 Minuten grillen, bis sie gebräunt sind. Die Wachteln umdrehen und auf der anderen Seite bräunen. Sie sollen in der Mitte rosa und saftig sein.
4 Die Spieße herausziehen. Wachteln sehr heiß servieren.

KLEINE VÖGEL BARDIEREN UND BINDEN

Kleine Vögel braucht man einfach nur mit Küchengarn zu binden. Wird das Geflügel mit fettem Speck bardiert, trocknet es beim Garen nicht aus.

1 Flügel und Halshaut nach unten stecken. Bürzel und Schenkel zusammenbinden.

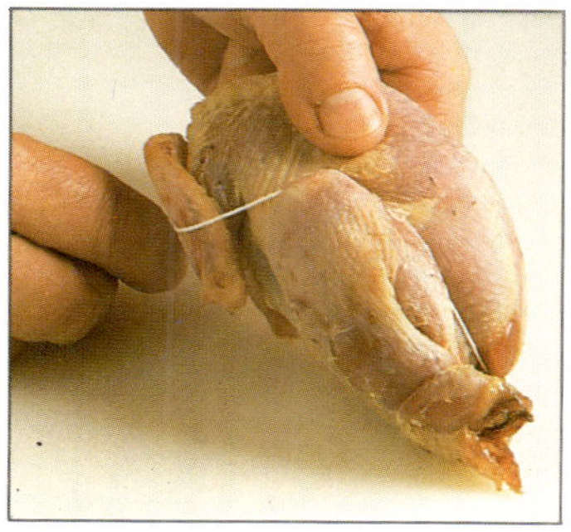

2 Die Schnurenden an den Seiten entlangziehen und um die Schenkel schlingen.

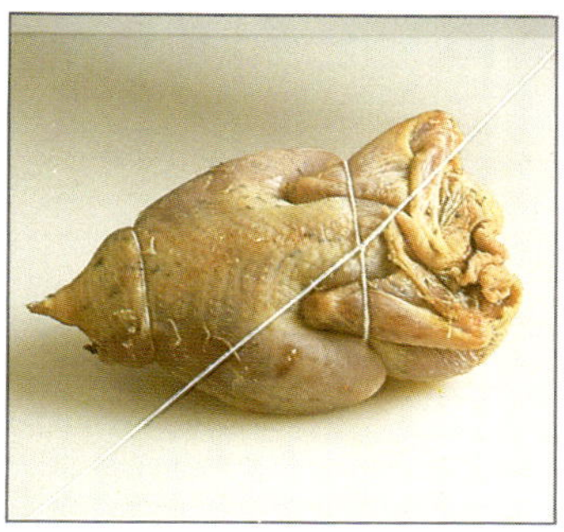

3 Das Garn nach unten ziehen und auf der Rückenseite verknoten, um die Flügel festzubinden.

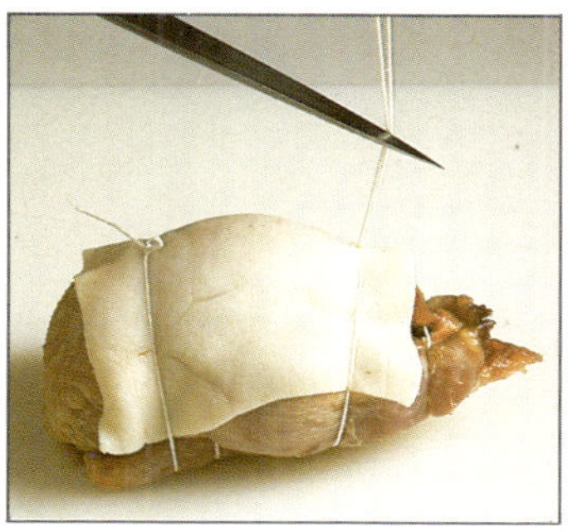

4 Den Speck zum Bardieren darüberlegen und mit Küchengarn festbinden.

EXOTISCHE WILDVÖGEL

Seit alters her haben exotische Vögel die Phantasie der Köche angeregt. Auf der Speisenfolge mittelalterlicher Banketts finden sich zahlreiche Vögel, die heute unter gesetzlichem Schutz stehen. Die Hauptattraktion war häufig ein Pfau oder ein Schwan (jeweils im Gefieder), den eine schöne junge Frau von hohem Rang feierlich auftrug. Um diese beeindruckende Präsentation zu ermöglichen, zog der Koch das Federkleid des Vogels zusammen mit der Haut ab, garte die eßbaren Teile und setzte das Tier mit Hilfe von Drahtgestellen wieder lebensecht zusammen.

Singvögel, wie Lerchen, Drosseln und Grasmücken, sind in Südeuropa noch immer begehrte Leckerbissen, speziell in Italien, Spanien und Südfrankreich. Der Ortolan wird besonders geschätzt – früher ging er den Fängern zu Tausenden in die Netze, heute gibt es ihn immer seltener. Solche kleinen Vögel werden in der Regel mit Speck und Weinblättern umwickelt und gebraten, für ein kräftiges Aroma häufig mitsamt den Innereien. Sie sollten »durch den Ofen fliegen«, damit das Fleisch blutig bleibt, können aber auch am Spieß gebraten werden. Kopf und Schnabel werden nicht entfernt.

Kleine Vögel können entbeint und beispielsweise mit *foie gras* und Trüffeln gefüllt oder in einer Terrine mit Fleisch-Farce kombiniert werden. Lerchenpasteten waren einst die Spezialität von Pithiviers und Chartres, Städte im weiten, ebenen Weizenanbaugebiet westlich von Paris. Heute, wo Lerchen gesetzlich unter Schutz stehen, verwendet man statt dessen oft Enten.

GEFLÜGEL RUPFEN

Zunächst die Hände mit Wasser befeuchten. Wer sich das mühevolle Rupfen der Federn ersparen möchte, kann sie mitsamt der Haut abziehen, doch verliert das Geflügel dann viel Saft beim Garen. Ohne Haut kann das Fleisch geschmort, nicht aber gebraten werden.

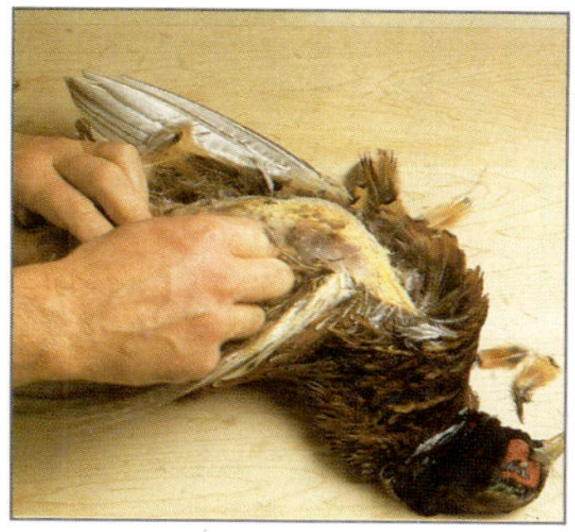

1 Mit dem Rupfen der Federn an der Brust beginnen und zum Hals hin arbeiten. Die Federn energisch, aber nicht ruckartig in Wuchsrichtung herausziehen, damit die Haut nicht reißt.

Hinweis Lassen sich die Federn nur schlecht entfernen, Wasser zum Kochen bringen, den Topf vom Herd nehmen und den Vogel kurz hineintauchen. Den Vogel nach dem Rupfen sofort garen.

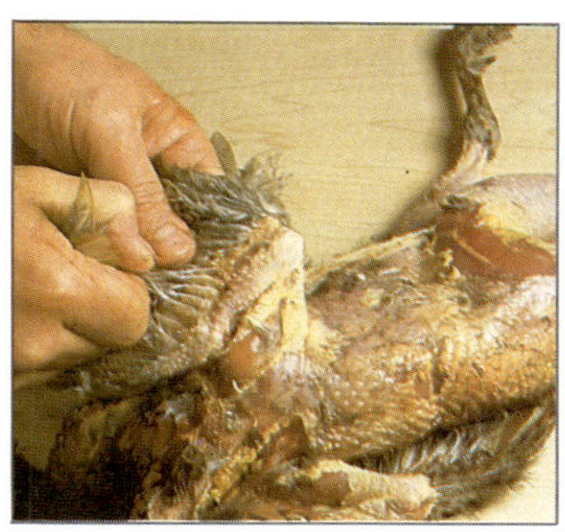

2 Den Vogel herumdrehen und mit dem Rupfen in Richtung der Schwanzfedern fortfahren.

3 *Links:* Den Vogel mit der Brustseite nach unten legen und die Federn am Rücken entfernen. Die Flügel nach außen ziehen und die Flügelfedern rupfen.

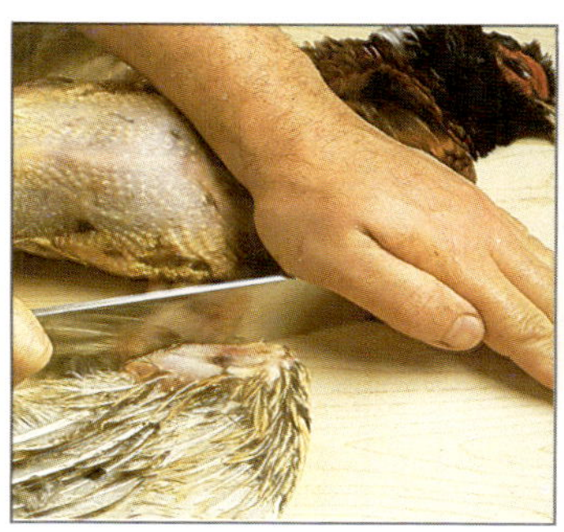

4 Die Flügelspitzen einschließlich der Federn mit einem scharfen Messer abtrennen.

5 Zum Schluß die Schwanzfedern herausziehen und alle Stoppeln mit einer Pinzette entfernen.

Fleisch und Wurstwaren

Neben Geflügel werden im allgemeinen nur drei Tierarten zur Fleischerzeugung gehalten – Rinder, Schafe und Schweine. Der Fleischertrag variiert von Land zu Land und selbst von Region zu Region recht stark, insbesondere bei Rindern. Ein Grund hierfür ist, daß der Körperbau der Tiere jeweils von der Rasse abhängt, was deutlich wird, wenn man beispielsweise das kräftige Fleisch der stämmigen Aberdeen-Angus-Rinder aus Schottland mit dem mageren Fleisch der großen Charolais-Rinder aus Frankreich vergleicht. Aber auch die Ernährung spielt eine wichtige Rolle, denn sie beeinflußt sowohl das Wachstum als auch die Qualität des Fleisches. Jedes Futtermittel, sei es Mais, Getreide oder Grünfutter, gibt dem Fleisch einen anderen Geschmack, der überdies auch durch den Einsatz von Mitteln zur Wachstumsförderung beeinflußt sein kann. Die Fütterung von wachstumsfördernden Zusätzen ist bei uns allerdings verboten und unterliegt der Überwachung durch neutrale Prüfstellen.

Ebenso wichtig für den Umgang mit Fleisch in der Küche ist die Arbeit der Metzger. So wird zum Beispiel eine Rinderhälfte in den verschiedenen Ländern auf unterschiedliche Art und Weise zerlegt. In Großbritannien versteht man beispielsweise unter Porterhouse und Rumpsteak völlig andere Fleischstücke als in den Vereinigten Staaten. Bei Kalb-, Lamm- und Schweinefleisch ist die Terminologie weniger verwirrend, doch werden auch hier die Schlachttiere unterschiedlich, je nach landesüblichem Fleischschnitt, zerlegt.

In diesem Kapitel werden zahlreiche Schnittechniken am Beispiel von Lammfleisch demonstriert, denn die Stücke sind kompakt und werden häufig auch in der häuslichen Küche präpariert.

Was wir als Fleisch bezeichnen, sind rote fleischige Muskeln. Je stärker ein Muskel beansprucht wird, desto zäher ist er. Zartes Fleisch stammt demzufolge von jungen Tieren und weniger aktiven Körperpartien, wie etwa dem Hinterviertel, dem Lendenstück und vor allem dem Filet (das von den Rippen geschützt und so gut wie gar nicht bewegt wird). Jugend und Untätigkeit sind für sich genommen allerdings noch keine entscheidenden Qualitätsmerkmale – Fleisch, das noch nicht ausgereift ist, kann fade schmecken, und auch das Filet sowie andere inaktive Muskelpartien haben zumeist weniger Aroma als fester strukturierte Stücke.

In Europa werden Schlachttiere entlang der Muskeln und Knochen zerlegt, und man folgt dabei den Körperkonturen. Der Einsatz elektrischer Sägen führt zwar zu geraderen Stücken, doch schneiden die Sägen quer zur Fleischfaser. Derart zerteiltes Fleisch schrumpft beim Garen, fällt an den natürlichen Verbindungsstellen auseinander, und zumeist geht auch mehr Saft verloren.

Nationale Vorlieben haben ebenfalls Einfluß auf den Fleischhandel. Die Franzosen, beispielsweise, essen Schmor- und Eintopfgerichte genausogern wie gebratenes oder gegrilltes Fleisch. Da man für Eintöpfe und Schmorgerichte ausgereiftes, festes Fleisch benötigt, das sein Aroma während langer Garzeiten entfaltet, werden französische Rinder so gehalten, daß sie mageres Fleisch von dichter Struktur liefern und nicht über jene Fettmaserungen verfügen, die dem Fleisch schottischer oder texanischer Rinder Zartheit verleihen. Dies erklärt auch, weshalb die Briten französische Braten für viel zu mager halten und die Franzosen denken, daß es englischen Ragouts an der nötigen Fülle fehle. Auch die Größe der Fleischportionen ist in einzelnen Ländern unterschiedlich. Bei asiatischen Gerichten nimmt man häufig nur eine kleine Menge in Streifen geschnittenes Fleisch, um eine Auswahl von Gemüsen geschmacklich zu bereichern, in Amerika hingegen serviert man ein riesiges Steak von 375 g vielleicht nur zusammen mit dem Bratensaft.

Abhängen von Fleisch

Fleisch läßt man abhängen, damit es an Aroma gewinnt und die Muskelfasern von Enzymen aufgebrochen werden, wodurch das Fleisch besser verdaulich und mürbe wird. Üblicherweise erfolgt das Abhängen in einer gut belüfteten, feuchten Umgebung bei Temperaturen von 1–3 °C. Für Rindfleisch ist die Dauer des Reifungsprozesses unterschiedlich. Das Vorderviertel hängt man drei bis vier Tage ab, die Keule eineinhalb bis zwei Wochen und die Lende sowie das Filet sogar zwei bis zweieinhalb Wochen. Schweinefleisch läßt man ein bis zwei Tage abhängen. Kalbfleisch und Lammfleisch – von Natur aus zart – profitieren kaum von einem solchen Reifeprozeß; man läßt beide lediglich einen Tag auskühlen.

Hinweis Gemäß den jüdischen Ernährungsvorschriften ist das Abhängen von Fleisch verboten. Abgehangenes Fleisch kann demzufolge nicht als »koscher« verkauft werden.

Man hat auch eine schnellere, feuchte Reifungsmethode entwickelt, bei der man das Fleisch zunächst in Kunststoffolie wickelt. Hierdurch wird es zarter, doch kann der Geschmack darunter leiden. In vielen Ländern, vor allem in den Vereinigten Staaten, wo ökonomische Interessen häufig dazu führen, daß Fleisch praktisch direkt vom Feld auf den Tisch kommt, gibt es gut abgehangenes Fleisch ausschließlich in Spezialitäten-Metzgereien. Wenn man Fleisch im häuslichen Kühlschrank lagert, verbessert sich die Qualität leider nicht.

Fleisch aufbewahren

Zu Hause sollte man Fleisch locker in Klarsichtfolie wickeln und im kältesten Bereich des Kühlschrankes aufbewahren. Innereien, Hackfleisch und Stücke, wie Kalbsschnitzel, werden am besten innerhalb eines Tages verzehrt. Koteletts, Steaks und kleine Fleischstücke kann man zwei bis drei Tage aufbewahren, große Braten bis zu fünf Tagen. Dunkles Fleisch hält sich generell besser als helles und mageres Fleisch besser als fettes, da das Fett zuerst ranzig wird.

Unangenehmer Geruch, eine schmierige Oberfläche und grünliche Färbung zeigen an, daß das Fleisch bei zu hohen Temperaturen oder zu lange gelagert wurde und sich Bakterien entwickelt haben. Schäden, wie eine Verhärtung der Fasern, die durch das rasche Herunterkühlen der Schlachtkörper entstehen, sind weniger leicht zu erkennen, obwohl eine blasse Farbe und eine nasse Verpackung erste Hinweise liefern. (Zu Einfrieren s. S. 495.)

Fleisch einkaufen

Bei der Auswahl von Fleisch gilt es einige generelle Regeln zu beachten. Die Schlachtkörper müssen fachgerecht zerlegt sein (ein guter Metzger folgt den Konturen der Muskeln und Knochen), kleine Stücke sollen die gleiche Dicke oder Größe haben, damit einheitliche Garzeiten ermöglicht werden. Das Fleisch sollte entsehnt sein, aber noch über so viel Fett verfügen, daß es nicht austrocknet. Außer in Frankreich und in Deutschland findet man in Fleischereien selten entbeinte und gebundene Bratenstücke.

Die Marmorierung (S. 208) ist ausschlaggebend für den Geschmack und die Zartheit des Fleisches bei ausgewachsenen Tieren. Bei Kälbern und Milchlämmern ist das Fleisch kaum marmoriert, bei älteren Lämmern, Hammeln und bis zu einem gewissen Grad auch Schweinen sollte das Fleisch jedoch von Fettadern durchzogen sein. Bei Rindfleisch ist die Marmorierung ein eindeutiges Qualitätsmerkmal. Das zarteste Fleisch liefern angeblich die japanischen Kobe-Rinder, die auf besondere Art gemästet und zusätzlich massiert werden.

Die Farbe des Fleisches sollte klar, aber nicht leuchtend sein; eine leicht ins Graue gehende Färbung ist ein schlechtes Zeichen. Gelbes Fett läßt auf hohes Alter schließen (außer bei bestimmten Rinderrassen, wie etwa britischen Jersey- und Guernsey-Rindern). Trockene Ränder deuten auf einen unerwünschten Feuchtigkeitsverlust hin.

Die Kennzeichnung von Fleisch

Viele Länder haben Systeme zur Kennzeichnung und Klassifizierung von Fleisch entwickelt, doch sind diese – im Gegensatz zur üblicherweise obligatorischen Fleischbeschau – in den meisten Fällen freiwillig. Bei uns ist durch die Handelsklassen-Verordnung vorgeschrieben, daß Rind-, Kalb- und Schweinefleisch nur nach den gesetzlichen Handelsklassen zum Verkauf angeboten und verkauft werden darf. Das Klassifizierungssystem beruht auf zwei Ordnungsgrößen, der sogenannten Kategorie (Geschlecht, Reifegrad, Gewicht) und der Handelsklasse, die die Fleischigkeit (Fleischigkeitsklasse) und den Umfang des Fettgewebes (Fettgewebeklasse) charakterisiert.

FLEISCH KLOPFEN UND EINSCHNEIDEN

Die gewerbliche Anwendung von Zartmachern durch pflanzliche Enzyme – Papain, einem Enzym aus dem Milchsaft unreifer Papayas, und Bromelin, aus Ananas gewonnen – ist bei uns verboten. Dieses Verfahren mag zwar zur besseren Kaubarkeit von zähem Fleisch beitragen, doch wird es dadurch schwammig und verliert an Geschmack. Durch Marinieren wird Fleisch – speziell dickere Stücke – lediglich an der Oberfläche mürbe. Um die Fasern aufzubrechen, klopft man dünne Stücke, wie Kalbsschnitzel, oder schneidet sie leicht mit einem Messer ein.

Das Fleisch zwischen Klarsichtfolie oder Pergamentpapier legen und mit einem Fleischklopfer, einem Nudelholz oder der flachen Seite eines schweren Küchenmessers klopfen.

ODER: Das Fleisch leicht mit einem scharfen Messer gitterförmig einschneiden (Metzger haben dazu ein spezielles Werkzeug, den Steaker, der aber heutzutage in Deutschland kaum mehr verwendet wird).

FLEISCH PARIEREN UND SCHNEIDEN

Selbst wenn das Fleisch bereits vom Metzger pariert wurde, muß man es vor dem Zubereiten noch sorgfältiger zurechtschneiden.

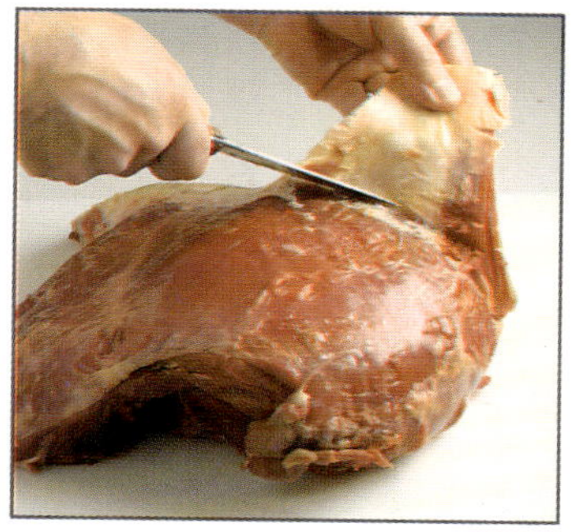

1 Zum Sautieren und Schmoren Das Fleisch soll so mager wie möglich sein. Sichtbares Fett mit einem scharfen Messer abschneiden.

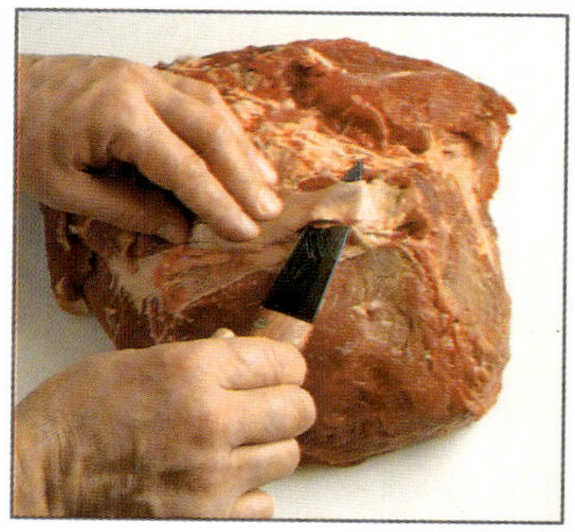

2 Alle Sehnen mit der Messerspitze vom Fleisch lösen und dann wegschneiden.

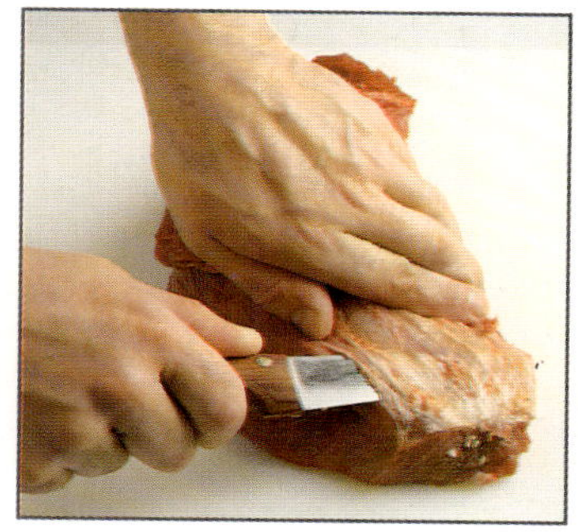

3 Das feste Bindegewebe wegschneiden. Wird das Fleisch geschmort, braucht man diese Haut nicht zu entfernen, da sie sich bei längerem Garen auflöst.

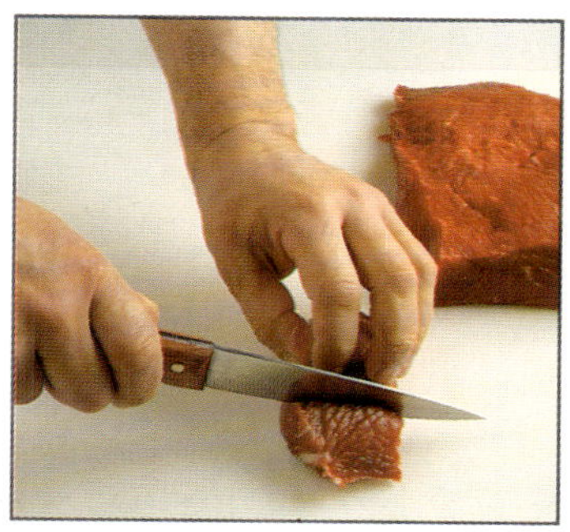

4 Alle Fleischteile, die nur lose durch ein Häutchen miteinander verbunden sind, voneinander trennen. Das Fleisch dann quer zur Faser in 4 cm große Würfel schneiden.

Zum Grillen Das Fett bis auf eine 5 mm dicke Schicht wegschneiden.

Für einen Braten Das gesamte Fett entfernen und das Fleisch mit Speck bardieren (S. 196).

FLEISCH MARINIEREN

Marinieren hebt das Aroma von Fleisch. Marinaden können auf Wein basieren oder auch nur eine Mischung aus Öl, Kräutern und Essig sein (S. 41). Bei langen Marinierzeiten wird dem Fleisch Saft entzogen, weshalb man die Marinade zum Kochen verwenden sollte.

Rind und Wild, die dunkelsten und derbsten Fleischsorten, müssen für ein bis drei Tage in eine kräftige, heiß zubereitete Marinade eingelegt werden. Bei Schaffleisch ist die Wahl der Marinade vom Alter der Tiere abhängig: Für Lamm sollte sie leicht sein und Kräuter enthalten, für Hammel kräftig gewürzt. Zu Schweinefleisch passen süße, saure sowie pikante Aromazutaten. Für Rippenstücke nimmt man mitunter eine Barbecue-Sauce (S. 65) zum Marinieren wie auch zum Begießen. Kalbfleisch und Innereien sollte man höchstens für ein bis zwei Stunden marinieren, da sonst Fleischsaft verlorengeht.

FLEISCH BARDIEREN UND BINDEN

In der europäischen Küche werden Kalbfleisch, Rinderfilet, Rindfleisch zum Schmoren und andere Fleischstücke, die von Natur aus mager sind, häufig mit dünnen Speckscheiben bardiert. Der Speck zergeht beim Garen und sorgt dafür, daß das Fleisch nicht austrocknet. Bevor das Fleisch mit Speck umwickelt wird, kann man es mit Kräutern und Gewürzen bestreuen. Salzen sollte man das Fleisch erst nach dem Bardieren, da ihm das Salz sonst Saft entzieht. Anstelle von fettem grünem Speck läßt sich auch durchwachsener geräucherter Speck verwenden; doch ist zu beachten, daß er salziger ist. Vor dem Servieren werden alle verbliebenen Speckreste entfernt. Bardiertes Fleisch bekommt keine braune Kruste.

Ausgelöste Fleischstücke werden häufig in Form gebunden. Für einen Rollbraten verwendet man ein langes Stück Küchengarn und schlingt es mehrmals um das Fleisch. Damit der Braten eine möglichst gleichmäßige Form erhält, werden dickere Partien fester und dünnere lockerer gebunden. Bei langen Stücken, etwa einem Rinderfilet, sollte die Schnur auch in Längsrichtung verlaufen, damit sich das Fleisch beim Garen weder zur Seite noch nach oben biegen kann.

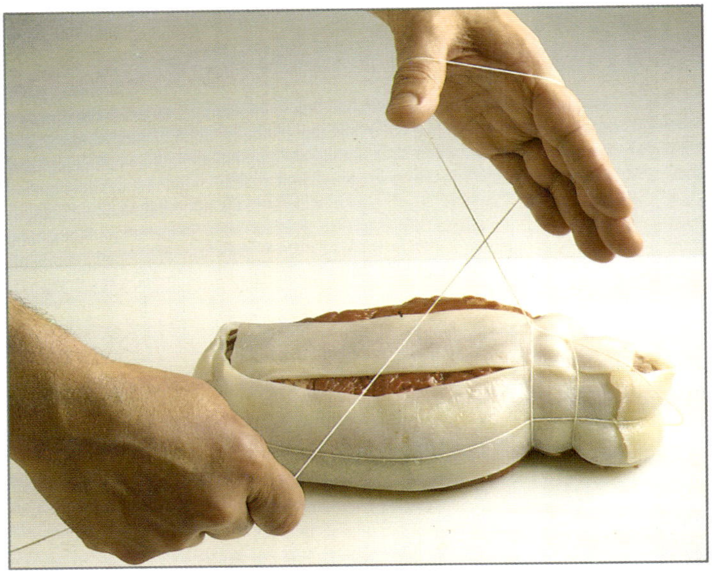

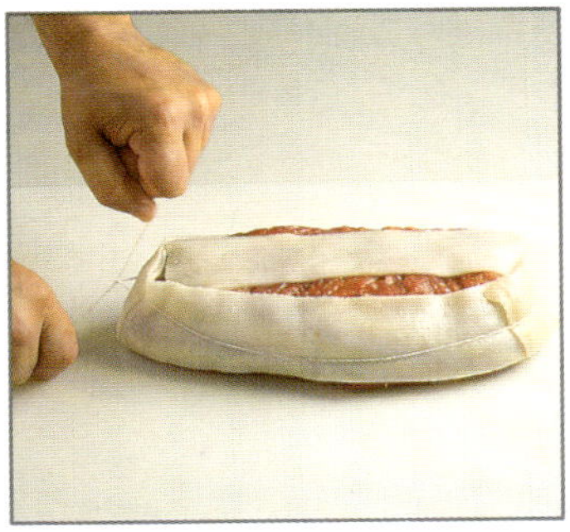

1 Zum Bardieren Das Fleisch mit Pfeffer und Kräutern würzen und es dann rundum der Länge nach mit dünnen Speckstreifen umwickeln.

2 Zum Binden Ein Stück Küchengarn in Längsrichtung um das Fleisch binden, damit der Speck nicht verrutschen kann.

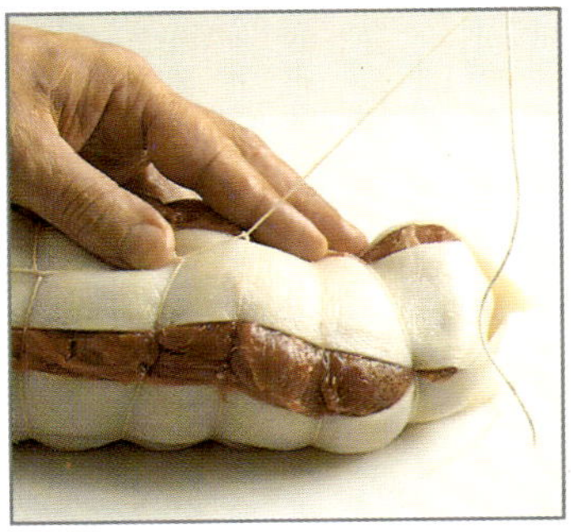

3 *Oben:* Ein langes Stück Küchengarn nehmen und ein Ende um das Fleisch binden. Das Garn um die Hand schlingen, die Schlaufe um das Fleisch legen und festziehen. Den Vorgang über die gesamte Länge wiederholen.

4 Den Braten herumdrehen und die Schnur fortlaufend um jede Schlaufe schlingen. Das Ende mit einem Knoten befestigen.

FLEISCH SPICKEN

Damit mageres Fleisch zusätzlich Aroma bekommt und nicht austrocknet, kann man mit Hilfe eines kannelierten Spickstabs (franz. *lardoire*, S. 503) in Streifen geschnittenen fetten Speck hindurchziehen. Der Speck kann zuvor in einer Mischung aus Weinbrand, gehacktem Knoblauch, Schalotten und Kräutern durchziehen. Anstelle von Speck läßt sich auch Pökelzunge verwenden. Wenn das Fleisch zum Servieren in Scheiben geschnitten wird, ergibt sich durch den Speck ein hübsches Muster. Man kann auch eine Spicknadel mit einer Klammer am Ende (franz. *piqué*, S. 503) benutzen und dicht unter der Oberfläche kurze Speckstreifen durch das Fleisch ziehen (durchwachsener Speck ist hierfür zu weich). Diese Art des Spickens ist heute weniger verbreitet, da moderne Zucht- und Reifungsverfahren zartes Fleisch garantieren.

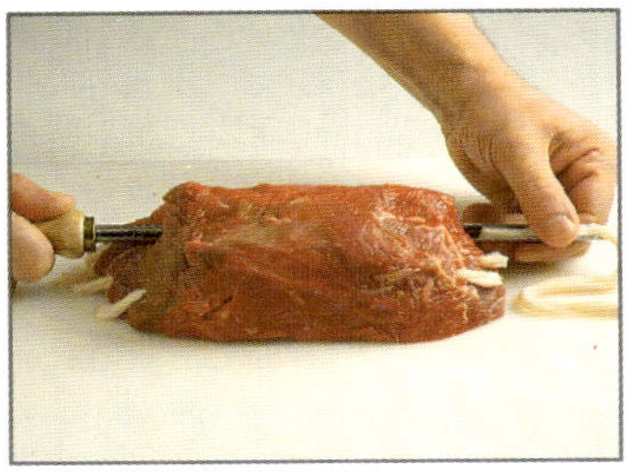

1 Im Inneren spicken Den Spickstab in Richtung der Faser durch das Fleisch stechen, einen Speckstreifen in den Spickstab geben und diesen mit dem Speck durch das Fleisch ziehen.

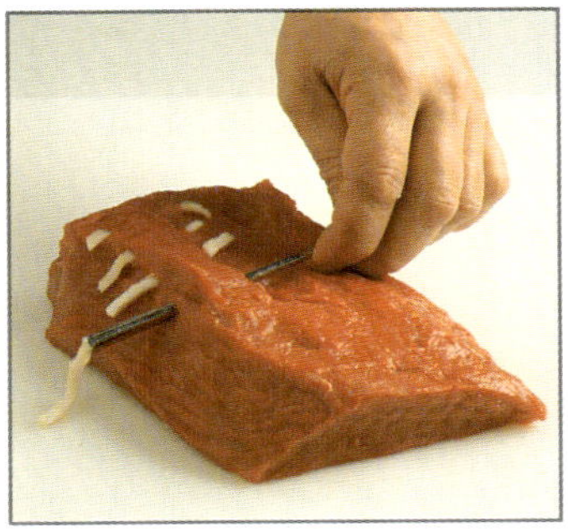

2 An der Oberfläche spicken Mit einer Spicknadel kurze Speckstreifen etwa 1 cm unter der Oberfläche durchziehen.

Fleisch entbeinen

Vor dem Entbeinen von Fleisch sollte man zunächst die Anatomie des betreffenden Stückes studieren und während der Arbeit die Knochen mit den Fingern ertasten. Auch sollte man von Anfang an das gewünschte Ergebnis vor Augen haben: Möchte man eine Tasche zum Füllen oder einen Rollbraten, oder will man das Fleisch einfach nur auslösen, um es anschließend in Stücke zu schneiden? Ein spezielles Ausbeinmesser (S. 504) ist recht nützlich – sei es eines mit schmaler Klinge, wie man es in den Vereinigten Staaten bevorzugt, oder eines mit breiterer Klinge, wie es die Franzosen benutzen.

Durch das Herausschneiden der Knochen ergibt sich häufig eine Tasche für eine Füllung. Muß die Tasche vergrößert werden, versucht man, den Schnitt so anzubringen, daß das Fleisch auf beiden Seiten die gleiche Stärke bekommt. Nach dem Entbeinen werden Knorpel, Sehnen und Fett weggeschnitten.

Fleisch blanchieren

Um Fleisch zu blanchieren, legt man es in einen großen Topf mit kaltem Wasser, bringt das Wasser langsam zum Kochen und läßt die Stücke je nach Größe fünf bis zehn Minuten köcheln. Innereien wie Bries und Hirn werden hierdurch fester. Blanchieren ist ebenfalls ein wirkungsvolles Verfahren, um das Säubern von Bries und Kalbsknochen zu erleichtern. Fleisch für so delikate Gerichte wie *blanquettes* und Frikassees wird blanchiert, damit es heller wird. Durch Blanchieren lassen sich auch intensive Aromen abmildern, insbesondere der Geschmack von Salz (zum Beispiel bei Schinken oder Speck); in diesem Falle darf selbstverständlich nicht gesalzen werden.

Während des Blanchierens muß der nach oben steigende Schaum mit einem Löffel aus Metall abgeschöpft werden. Wenn das Fleisch lange genug geköchelt hat, spült man es mit kaltem Wasser ab.

Fleischragouts zubereiten

Die Garmethode für ein Fleischragout ist ganz ähnlich wie bei einem Schmorgericht. Für ein dunkles Ragout brät man das Fleisch an und läßt es dann zusammen mit verschiedenen Aromazutaten in Flüssigkeit köcheln. Im Unterschied zu Schmorgerichten muß das Fleisch jedoch mit Flüssigkeit bedeckt sein. Das Fleisch für ein Ragout wird sorgfältig pariert, also von Fett und Sehnen befreit, bevor man es in gleich große Würfel schneidet. Fleisch, das lange Garzeiten erfordert, etwa Rindfleisch, kann in bis zu 5 cm große Stücke geschnitten werden, Kalbfleisch und zartere Stücke vom Schwein oder Lamm werden gewöhnlich in kleinere Würfel geschnitten, da sie rascher gar sind.

Für helle Ragouts, wie Kalbsblankett (franz. *blanquette de veau*), oder ein Frikassee mit Schweinefleisch läßt man das Fleisch, ohne es anzubraten, in heller Flüssigkeit, etwa Weißwein, hellem Kalbsfond oder Wasser, köcheln. Von heller Farbe sollen auch die Aromazutaten sein – Zwiebeln, Champignons und Porree beispielsweise. Die Garflüssigkeit heller Ragouts muß sorgfältig reduziert werden (S. 52), damit sie nicht fade schmecken.

Normalerweise wird ein Ragout unmittelbar nach dem Anbraten des Fleisches mit Mehl angedickt. Speziell helle Ragouts kann man jedoch auch am Ende der Garzeit mit Mehlbutter (franz. *beurre manié*) oder Pfeilwurzelmehl sowie Sahne oder Eigelb binden. Mitunter fügt man auch pürierte Gemüse hinzu, damit das Ragout mehr Fülle bekommt. Bei jedem Ragout sollte die Konsistenz voll und üppig sein.

Jede Nation hat ihre eigenen Ragouts und Eintöpfe: Aus Frankreich stammt *navarin* mit Lammfleisch und jungem Gemüse, aus England *haricot of mutton* mit getrockneten Bohnen, Ungarn ist die Heimat von Rindergulasch (*gulyás*, S. 212) mit Zwiebeln, Paprika und Kümmel. Als Beilage für Ragouts sind häufig nur Salzkartoffeln, Nudeln oder Reis erforderlich.

Fleisch pochieren

Außer für einige klassische Gerichte – wie den spanischen Eintopf *olla podrida*, den italienischen Fleischtopf *bollito misto*, den französischen Suppentopf *pot au feu* und zahlreiche regionale Abwandlungen – wird Fleisch nur sehr selten pochiert. Die Bouillon, die beim Garen entsteht, reicht man im allgemeinen als ersten Gang, das Fleisch und das Gemüse als Hauptgericht.

Grundsätzlich sollte man für diese Art von Gerichten eine Auswahl verschiedener Fleischstücke verwenden – einige mit Knochen für den Geschmack, andere mit viel Knorpel, damit die Bouillon gelatinereich wird. Kalbsknochen, Kalbs- oder Schweinsfüße und Abschnitte vom Kopf können ebenfalls hinzugefügt werden sowie wenigstens ein mageres Stück Fleisch, das zum Servieren in Scheiben geschnitten werden kann. Für den berühmten französischen Suppentopf *petite marmite* braucht man neben Fleisch auch ein Suppenhuhn.

Bei pochierten Fleischgerichten ist es wichtig, die einzelnen Hauptzutaten zum richtigen Zeitpunkt in die Garflüssigkeit zu geben, damit sich die Aromen entfalten und verbinden, aber nichts zerkocht. Bei der Pochierflüssigkeit kann es sich um Wasser handeln – mit oder ohne Salz – oder Fond, zusammen mit Kräutern und Gewürzen, wie Pfefferkörnern und Nelken. Gemüse, wie Möhren, Zwiebeln, Bleichsellerie und Porree, verleihen der Bouillon Aroma – der Einfachheit halber werden sie häufig mit Küchengarn zusammengebunden oder in Mullsäckchen gesteckt. Das Pochieren in ungesalzenem Wasser ist eine bevorzugte Garmethode für Pökelfleisch, das dabei eine charakteristische weiche Konsistenz bekommt. Die Bouillon ist in diesem Fall jedoch meist zu salzig, um verzehrt zu werden.

Der Begriff *boiled* (gekocht) bei Gerichten wie *New England boiled dinner* aus Amerika oder *boiled mutton* aus Großbritannien ist strenggenommen falsch, denn die Zutaten sollen nicht kochen, sondern lediglich bei einer Temperatur von 70–98 °C gar ziehen, damit das Fleisch nicht zäh wird und das Gemüse nicht zerfällt. Pochiertes Fleisch wird oft in einer Marinade aus Öl, Essig und Kräutern serviert und als Hauptbestandteil eines kalten Salates verwendet.

Fleisch grillen

Zum Grillen eignen sich nur die zartesten, gut mit Fett marmorierten Fleischstücke. Durch einen Fettrand bleibt das Fleisch schön saftig, vorhandenes Bindegewebe muß jedoch vollständig entfernt werden, da es bei hohen Temperaturen hart und zäh wird. Rindersteaks und Lammkoteletts sind die besten Stücke für den Grill. Schweinekoteletts muß man in Abständen mit Fett begießen, und Kalbfleisch trocknet aus, wenn es nicht immer wieder mit Butter oder Öl bestrichen wird. Das Fleisch sollte nicht dicker als 5 cm sein; dickere Stücke, wie Chateaubriand, kann man zunächst grillen und anschließend im Backofen fertiggaren.

Das Grillen soll rasch vonstatten gehen: Rindfleisch und Lamm muß auf beiden Seiten schnell angebraten werden. Ist es dann noch nicht gar, vergrößert man den Abstand des Grillrosts zur Hitzequelle. Schweine- und Kalbfleisch werden zur besseren Verdaulichkeit langsamer gegart, müssen des Aromas wegen jedoch gut gebräunt sein. Zum Wenden benutzt man besser eine Grillzange als eine Gabel, damit das Fleisch nicht angestochen wird und wertvoller Saft nicht verlorengeht.

Sorgfältiges Würzen ist für Grillfleisch besonders wichtig. Man kann das Fleisch vorab marinieren (S. 195) oder mit geklärter Butter (S. 99) oder Öl bestreichen und mit Kräutern und Pfeffer würzen. Gesalzen wird das Fleisch erst im letzten Moment, da es sonst Saft verliert und nicht richtig bräunt. Manche Köche salzen das Fleisch erst nach dem Garen.

Weniger saftiges Fleisch profitiert, wenn man es beim Grillen mit einer Barbecue-Sauce (S. 65) bestreicht. Im einfachsten Fall reicht auch ein ständiges Bestreichen mit Öl und Zitronensaft aus, damit es nicht austrocknet. In Würfel geschnittenes Fleisch kann man mit Speck, Zwiebeln, Paprikaschoten und Kirschtomaten auf Spieße stekken. In dieser Form lassen sich selbst magere Schweinelende und Lammkeule gut grillen.

Wenn das Grillfleisch nicht mit einer Barbecue-Sauce bestrichen wurde, sollte man es mit etwas Kräuterbutter (S. 99) oder einem Löffel Sauce servieren. Beliebte Saucen zu Rind und Lamm sind Trüffel-, Madeira-, Teufelssauce (franz. *sauce diable*, S. 58) und *béarnaise* (S. 61). Gut zu Schweinefleisch paßt eine Sauce mit Senf, Essig und Zwiebeln (*sauce Robert*, S. 58), und zu Kalbfleisch eine Sardellensauce. Zu den klassischen Garnituren und Beilagen gehören frische Brunnenkresse, gegrilltes Gemüse, wie etwa Tomaten, Champignons, Auberginen und Paprikaschoten, sowie Streichholz- oder Strohkartoffeln (S. 296). Andere, ausgefallenere Möglichkeiten sind Getreidegerichte wie *kasha*, Bulgur und *couscous* (S. 320). Mexikanische *tortillas* und Bohnen sind besonders beliebte Beilagen in den Vereinigten Staaten.

GRILLZEITEN

Die in Minuten angegebenen Grillzeiten beziehen sich auf jeweils 500 g Fleisch, das in 2,5 cm dicke Steaks geschnitten und auf Raumtemperatur gebracht wurde.

Stück	*blutig*	*rosa*	*durchgebraten*
Filet	4	5–7	
Porterhouse-, T-Bone-Steak	6–7	9–12	12–15
Lendensteak	6–7	12–14	16–20
Ausgelöstes Rippenstück, Hüfte	5–6	7–10	10–12
Bauchlappen	4–5	6–7	8–9
Brust	wird am besten bei sehr niedriger Temperatur durchgebraten (etwa 1 Stunde pro 500 g)		
Kalbs- oder Schweinekotelett	am besten durchgegebraten, aber saftig		10–12

DEN GARGRAD VON GEGRILLTEM ODER KURZGEBRATENEM FLEISCH ÜBERPRÜFEN

Die Garzeit hängt selbstverständlich immer von der Temperatur des Grills sowie dem Abstand zwischen Fleisch und Hitzequelle ab. Zum Überprüfen des Gargrads drückt man mit dem Finger auf das Fleisch.

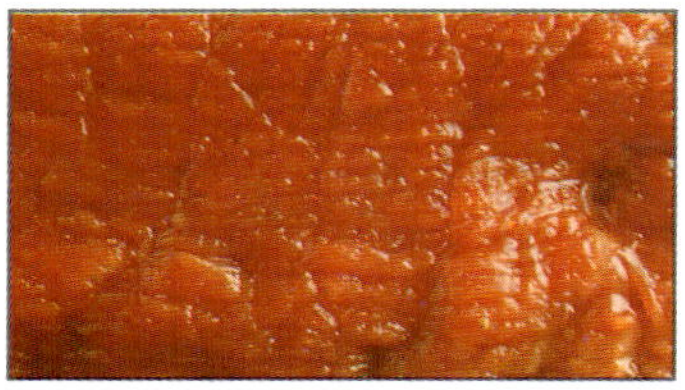

Blau (eng. *very rare;* franz. *bleu*) Fleisch auf beiden Seiten kräftig anbraten. Beim Daraufdrücken ist kein Widerstand spürbar. Das angeschnittene Fleisch ist innen noch roh. Für Steaks und einige Stücke von Wild.

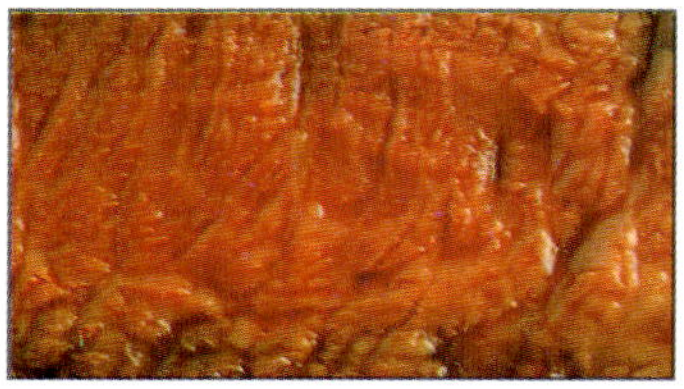

Blutig (engl. *rare;* franz. *saignant*) Das Fleisch wenden, sobald Blutstropfen an der Oberfläche sichtbar werden. Die zweite Seite bräunen. Das Fleisch fühlt sich elastisch an und ist innen rosa mit einem blutigen Kern.

Rosa (engl. *medium;* franz. *à point*) Das Fleisch wenden, wenn Tropfen von Fleischsaft an der Oberfläche sichtbar sind. Beim Daraufdrücken ist ein Widerstand spürbar. Das angeschnittene Fleisch ist in der Mitte rosa.

Durchgebraten (engl. *well-done;* franz. *bien cuit*) Das Fleisch wenden, wenn Fleischsaft austritt, und braten, bis es sich fest anfühlt. Das Fleisch hat keinen rosa Kern mehr.

Fleisch-Sauté zubereiten

Da ein Sauté hauptsächlich im eigenen Saft gart, beschränken sich die geeigneten Fleischstücke auf Kalbsschnitzel, Kalbs- oder Schweinekoteletts, Schweinefilet, Kaninchen und die verschiedensten Innereien, die ohnehin zart sind und keine zusätzliche Flüssigkeit benötigen. Aus einigen der zarteren Stücke vom Kalb oder Lamm, die man sonst zum Schmoren nimmt, läßt sich ebenfalls ein Sauté zubereiten.

Für welches Fleisch man sich auch entscheidet, es muß in gleich große Stücke geschnitten werden, die man salzt und pfeffert, häufig auch mit etwas Mehl bestäubt und eventuell mit ein wenig Piment würzt. Das Fleisch wird dann behutsam angebraten, normalerweise in Butter. Der Bräunungsgrad bestimmt den Geschmack: dunkles Fleisch sollte gut gebräunt sein, helles Fleisch kann goldbraun gebraten oder in Butter erhitzt werden, bis es weiß und fest ist.

Während des Sautierens soll jedes Fleischstück Kontakt zum Pfannenboden haben und die Pfanne abgedeckt sein. Ausgebratenes Fett gießt man ab, bevor Gemüse und andere Zutaten hinzugefügt werden.

Gemüse, wie Champignons, frische (nicht eingelegte) Perlzwiebeln, Tomaten, Möhren oder Zucchini, sind die besten Garnierungen. Weitere Möglichkeiten bieten Schinken oder Speck (ausgelassen und leicht gebräunt), Oliven und Trockenobst. Flambieren mit Weinbrand, Marc oder Calvados gibt der Sache Pfiff, die Pfanne wird anschließend mit etwas Fond oder Wein abgelöscht. Kräftige Zutaten, wie Rotwein und dunkler Fond, passen am besten zu einem dunklen Sauté, hellere zu einem weißen Sauté, das Fleisch darf jedoch keinesfalls in Flüssigkeit schwimmen.

Zu den klassischen Kombinationen für ein Fleisch-Sauté gehören Kalbskoteletts mit Senf *(à la dijonnaise)*, Lammkoteletts mit Knoblauch und Schalotten, Schweinefilet mit Apfel und Kaninchen mit Trokkenpflaumen (S. 239). Als Beilage reichen gewöhnlich kleine gebratene Kartoffeln oder gekochter Reis aus.

Kurzgebratenes und sautiertes Fleisch

Im allgemeinen ist Kurzbraten eine Alternative zum Grillen. Es eignen sich die gleichen Fleischstücke, und auch die Beilagen sind ähnlich. Man benutzt eine schwere Pfanne und nimmt nur so viel Fett, daß das Fleisch nicht anbrät. Gewöhnlich wird Öl verwendet, da es nicht so leicht verbrennt, doch kann man für mehr Aroma und Farbe Butter hinzufügen. In einer Grillpfanne wird das Fleisch über dem Fett geröstet und bekommt ein hübsches Grillmuster.

Beim Sautieren ist die Hitze weniger stark als beim Kurzbraten. Fleisch wie Kalbsschnitzel oder runde Lammnüßchen (franz. *noisettes*), die beim Grillen oder Kurzbraten austrocknen, können erfolgreich sautiert werden, wobei man zumeist Butter verwendet. Diese Garmethode darf jedoch nicht mit der Zubereitung eines Fleisch-Sautés (oben) verwechselt werden.

Der Vorteil von kurzgebratenem oder sautiertem Fleisch ist, daß man eine einfache Bratensauce (S. 57) oder andere Sauce zubereiten kann, indem man den Bratensatz mit Wein oder Fond ablöscht und mit Knoblauch, Schalotten oder Kräutern aromatisiert. Durch etwas Mehl wird die Bratensauce dicker. Eine gehaltvollere Sauce erzielt man durch die Zugabe von Sahne oder Butter.

Fleisch im Backofen braten

Für einen Braten sollte man nur das feste Fleisch wählen, sowohl von der Qualität wie auch vom Stück her. Man läßt zunächst das Fleisch auf Raumtemperatur kommen, damit es gleichmäßig gart. Kleinere Braten sollten bei höheren Temperaturen gegart werden als große und dunkles Fleisch bei höheren Temperaturen als helles.

Es gibt Argumente für und wider das Ausbeinen eines Bratens. Mit Knochen bleibt das Fleisch saftiger und schrumpft weniger zusammen, ausgelöste Stücke wiederum garen gleichmäßiger, lassen sich gut in Scheiben schneiden und können gefüllt werden. Bratenfleisch, das von Natur aus mager ist, kann man bardieren (S. 196). Die Franzosen spicken Lammbraten häufig mit Knoblauch, während viele Amerikaner ihren Rinderbraten mit Senf bestreichen. Mitunter wird das Fleisch auch mit Kräutern oder gewürzten Bröseln überzogen. Zum Begießen von Schweinebraten und Schinken nimmt man oft süße Mischungen, wie beispielsweise Apfelsaft und Honig. Häufiges Begießen ist wichtig, damit das Fleisch nicht austrocknet, selbst wenn es bardiert ist oder eine natürliche Fettschicht aufweist. Das verwendete Kochgeschirr muß die richtige Größe für den Braten haben: Ist es zu groß, verbrennt der Bratensaft, ist es zu klein oder zu hoch, wird das Fleisch gedämpft.

In den meisten Fällen wird das Fleisch zunächst auf dem Herd in etwas Öl angebraten. Zum Aromatisieren der Bratensauce und damit das Fleisch nicht in Fett und eigenem Saft liegt, gibt man je eine in Viertel geschnittene Zwiebel und Möhre sowie eventuell vorhandene Knochen unter den Braten. Eine andere Möglichkeit ist es, den Braten auf einen Rost zu legen. Falls der Bratensaft anzubrennen beginnt, etwas Fond oder Wasser angießen und die Flüssigkeit ergänzen, wenn sie verdampft. Dies sollte allerdings erst gegen Ende der Garzeit erfolgen, damit das Fleisch nicht gedämpft wird.

Manche Köche ziehen es vor, einen Braten zunächst für zehn bis zwölf Minuten bei 230 °C/Gas Stufe 5 im Ofen zu garen, damit er eine knusprige Kruste bekommt, und die Temperatur dann für den Rest der Garzeit auf 175 °C/Gas Stufe 2–3 herunterzuschalten. So wird auch in diesem Kapitel in der Regel verfahren. Andere Köche braten das Fleisch durchgängig bei niedrigerer Temperatur, damit es weniger schrumpft und gleichmäßig durchgegart wird. Wenn man dieses Verfahren, einem aktuellen Trend folgend, allerdings übertreibt, birgt dies Gefahren in sich, denn sehr niedrige Temperaturen fördern die Entwicklung von Bakterien.

Puristen bestehen darauf, daß ein richtiger Braten nur am Spieß über einem offenen Feuer zubereitet werden kann, da das Fleisch dann niemals im eigenen Saft schmort und eine köstliche Kruste bekommt. Temperatur und Garzeit lassen sich hierbei jedoch nur schlecht kontrollieren, und mageres Fleisch kann trocken werden.

Meerrettichsauce, Senf sowie gekochte und gebratene Wurzelgemüse sind die traditionellen angelsächsischen Beilagen zu Rindfleisch. Die Briten servieren als besondere Spezialität Minzesauce oder rotes Johannisbeergelee zu Lamm. In Paris reicht man zu einem Lammbraten häufig weiße Bohnen, grüne oder Flageolet-Bohnen. Die britische Vorliebe für Apfelsauce zu Schweinefleisch hat ihr Pendant in Frankreich und Skandinavien in frischem oder getrocknetem Obst, wie beispielsweise Pflaumen, die man zu Schweinefleisch und Schinken reicht. Kartoffeln – im Ofen gebacken, in Butter gebraten oder in Sahne im Ofen gratiniert – sind eine beliebte Beilage zu jeder Art von Braten.

Den Gargrad eines Bratens überprüfen

Ungefähre Garzeiten lassen sich aus der Fleischart und dem Gewicht ermitteln. Da die exakte Garzeit jeweils von der Form des Fleischstükkes abhängt, sind die Zeitangaben in nebenstehender Tabelle nur als Anhaltswerte zu verstehen. Am zuverlässigsten ist es, wenn der Gargrad mit einem Fleischthermometer überprüft wird, das man in die Mitte des Bratens (nicht in der Nähe von Knochen) sticht. Ersatzweise kann ein Spieß die gleiche Funktion übernehmen: Fühlt er sich nach dem Herausziehen warm an, ist das Fleisch noch blutig; ist er heiß, ist das Fleisch durchgebraten.

Kenner mögen Rindfleisch am liebsten blutig oder rosa und essen auch Lammfleisch rosa. Kalbfleisch und Schweinefleisch wird üblicherweise gebraten, bis es durch, aber noch saftig ist.

Hinweis Wegen der eingeschlossenen Hitze garen große Braten nach dem Herausnehmen aus dem Ofen noch bis zu zehn Minuten weiter.

Einen Braten aufschneiden

Je nach Größe muß der fertige Braten vor dem Aufschneiden 5–15 Minuten ruhen, damit sich der Fleischsaft gleichmäßig verteilt. Zum Schneiden benutzt man ein Messer mit kurzer oder langer Klinge und eine Fleischgabel (S. 503). Damit das Fleisch keinen Saft verliert, stützt man den Braten mit der flachen Seite der Fleischgabel ab und sticht nicht hinein.

Schnittechniken sind je nach Land und Fleischstück verschieden. Im allgemeinen schneidet man das Fleisch jedoch quer zur Faser in gleichmäßige Scheiben. Je zarter das Fleisch, desto dicker können die Scheiben sein. (Zum Tranchieren s. Fleischarten.)

Fleisch schmoren

Fleisch, insbesondere Rind, ist die ideale Grundlage für ein Schmorgericht, da sich während langer Garzeiten vielschichtige Aromen entwikkeln und verbinden. Weniger zarte Stücke mit viel Aroma, aber wenig Fett bleiben schön saftig, Knorpel hingegen verleiht der Sauce eine sirupartige Beschaffenheit. Im allgemeinen werden ganze Teilstücke verwendet. Sanfte Hitze ist wichtig, damit sich festes Bindegewebe auflöst; läßt man das Fleisch in einer Garflüssigkeit kochen, wird es unangenehm hart. Damit die Sauce nicht am Topfboden ansetzt, stets einen schweren Schmortopf mit festschließendem Deckel benutzen.

Magere Fleischstücke werden zum Schmoren häufig bardiert (S. 196) und anschließend gebunden, damit sie gleichmäßig garen. Mariniertes Fleisch sorgfältig trockentupfen, damit es gut bräunt. Durch langsames Bräunen karamelisiert der Fleischsaft bis weit unter die Oberfläche des Fleisches, wodurch die Sauce mehr Aroma bekommt. Röstgemüse (*mirepoix* und *battuto*, S. 263) aus Zwiebeln, Möhren und Sellerie zubereitet und das Gemüse bei großen Braten in große Stücke schneiden, da die Garzeit drei Stunden oder mehr betragen kann. Zusammen mit dem Gemüse werden auch häufig einige Speckstreifen (S. 249) hinzugefügt. Als nächstes Rotwein oder Weißwein angießen und ihn einige Minuten kochen lassen, damit sein Geschmack milder wird. Dann Fond und Gewürze hinzufügen. Der Braten darf nicht von Flüssigkeit bedeckt sein.

Nun ist der Zeitpunkt gekommen, an dem Aromazutaten, die von Kräutern bis Tomatenmark reichen, dazugegeben werden. Bei einem richtigen Schmorbraten siebt man all diese Zutaten zusammen mit dem Röstgemüse nach drei Vierteln der Garzeit ab. Die Sauce wird entfettet und dann zu einer konzentrierten Essenz aus Fleisch und Gemüse eingekocht (s. Glace und Fleischsaft, S. 57). Dann können weitere Zutaten hinzugefügt werden. Die abschließende Garzeit ist vom jeweiligen Rezept abhängig. Der fertige Schmorbraten soll sehr weich und mürbe sein, wenn man mit einer Fleischgabel hineinsticht.

In Amerika findet man Schmorbraten häufig als sogenannten *pot roast*, der mit Senf, Muskat oder Zimt gewürzt und ohne Röstgemüse zubereitet wird. Bei allen Schmorgerichten ist das Fleisch aufgewärmt mürber; die besten Beilagen sind Kartoffeln, Nudeln, Bohnen oder Reis, da sie Sauce aufnehmen, oder Maronen und Kohl.

GARZEITEN FÜR BRATEN

Fleisch	*Minuten pro 500 g*	*Innentemperatur (Fleischthermometer)*
RIND und LAMM	12–15	(50 °C) blutig
	15–18	(60 °C) rosa
	18–20	(70 °C) durchgebraten
GANZES RINDER-FILET	4– 6	(50 °C) blutig
	7–10	(60 °C) rosa
KALB	15–20	(70 °C) am besten durchgebraten
SCHWEIN	20–25	(75 °C) am besten durchgebraten
WILD	10–15	(65 °C) rosa

Hinweis Ein ganzes Rinderfilet wird durchgängig bei 230 °C/Gas Stufe 5 gebraten.

Die Zeiten sind für Fleisch berechnet, das Raumtemperatur hat und zunächst 15 Minuten bei 230 °C/Gas Stufe 5 und anschließend bei 175 °C/Gas Stufe 2–3 gebraten wird. Braten von mehr als 3,5 kg Gewicht profitieren, wenn man sie nach der hohen Anfangstemperatur langsam bei 160 °C/Gas Stufe 2 weitergart. Den Braten aus dem Ofen nehmen, wenn das Fleischthermometer die gewünschte Temperatur anzeigt.

Fleisch füllen

Viele Fleischgerichte erfordern herzhafte Füllungen (S. 364), die einen geschmacklichen Kontrast bieten. Füllungen basieren häufig auf Fleisch: Gehacktes Schweinefleisch oder Wurstbrät ist deftig und gehaltvoll, Kalbfleisch eher delikat. Wenn man Stücke wie Kalbsbrust entbeint, kann man die Abschnitte durch den Fleischwolf drehen und zur Füllmasse geben. Oder man bereitet daraus eine mit Ei und Brotkrumen gebundene Farce zum Füllen des Fleisches.

Füllmassen für Fleisch benötigen reichlich Pfeffer und Gewürze, Aromazutaten, wie Zwiebeln und Knoblauch, sowie aromatische Kräuter, wie Thymian und Salbei. Gehackte Gemüse, wie rote Paprikaschoten oder Möhren, sorgen für Farbe oder Struktur, Brotkrumen machen die Füllung locker, Reis oder Bulgur geben ihr Substanz. Trokkenfrüchte und Nüsse passen zu Schweinefleisch. Kalb und Lamm schmecken gut mit Füllungen aus Schinken, Sardellen, Auberginen und Spinat. Und selbst Meeresfrüchte können Verwendung finden – in Australien und Neuseeland, beispielsweise, ist das klassische *carpetbag steak* mit Austern gefüllt.

Rindfleisch (deutscher Schnitt)

Hier ist der deutsche Schnitt von Rindfleisch gezeigt. Die abgebildeten Teilstücke sind entsprechend numeriert.

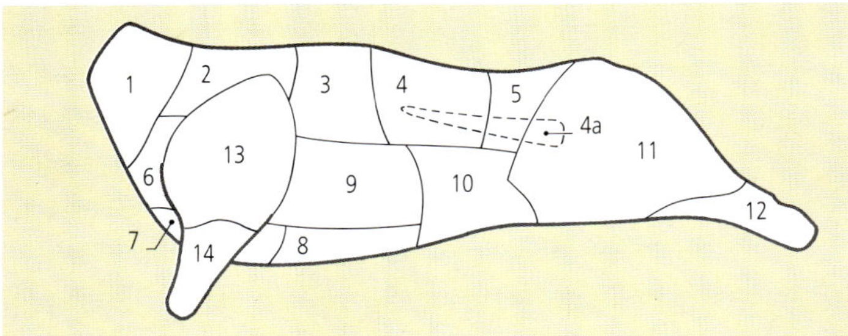

Kugel (Nuß) [11]

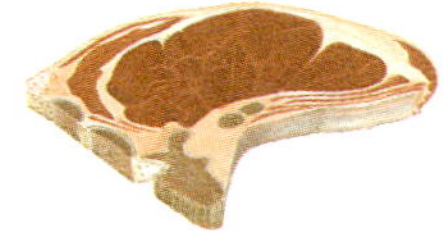

Rinderkotelett [4]

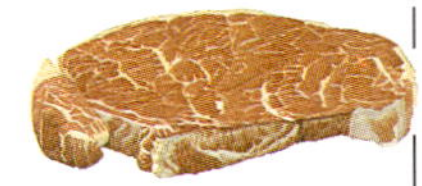

Rumpsteak [4]

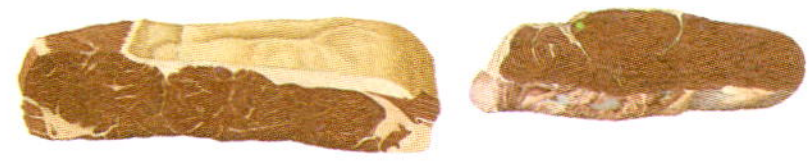

Roastbeef [4]

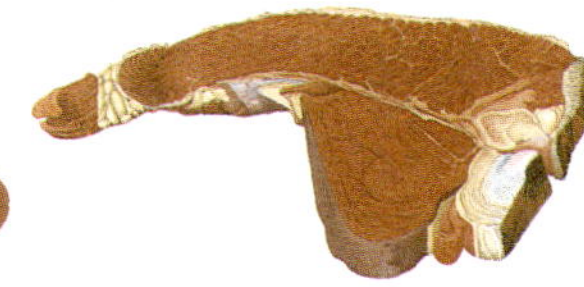

Porterhouse [4]

Nacken [1]

Kamm [1]

Filet [5a]

Bauchlappen (Dünnung) [10]

Schwanzrolle [11]

Querrippe [9]

Hüfte [5]

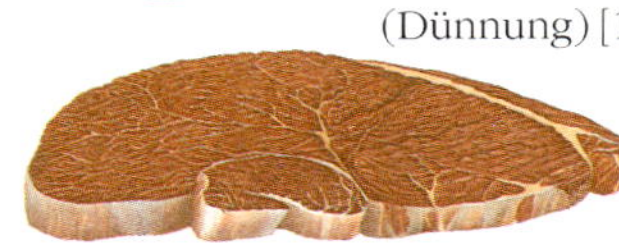

Hüftsteak [5]

Unterschale [11]

Brust [8]

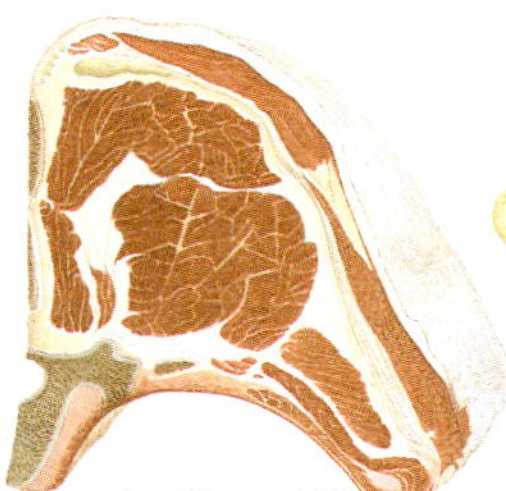

Hohe Rippe [3]

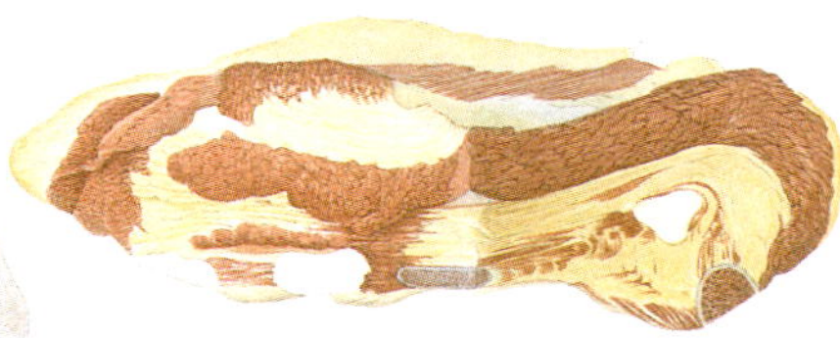

Brust [7]

Roulade [11] (aus der Oberschale)

Dicker Bug [13]

Suppenrolle [7]

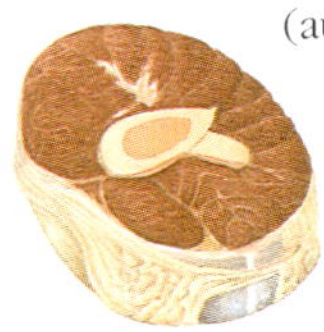

Beinscheibe [14] (von der Vorderhesse)

Beinscheibe [12] (von der Hinterhesse)

NÄHRSTOFFGEHALT VON RINDFLEISCH (pro 100 g, roh)

Teilstück	*kJ/kcal*	*Protein (g)*	*Fett (g)*	*Kohlenhydrate (g)*	*Cholesterin (mg)*	*Natrium (mg)*
Filet	487/116	19	5	0	70	54
Schulter, Brust	639/153	20	7	0	63	72
Rippe, Dünnung	706/169	20	9	0	55	65
Lendenstück	729/174	21	10	0	120	74
Keule	619/148	22	7	0	120	80
Hesse	535/128	22	4	0	39	63
Rinderhack (mager)	904/216	26	14	0	75	63
Rinderhack (normal)	1296/310	17	26	0	85	68

Rindfleisch (französischer Schnitt)

Hier ist der französische Schnitt von Rindfleisch gezeigt. Die abgebildeten Teilstücke sind entsprechend numeriert.

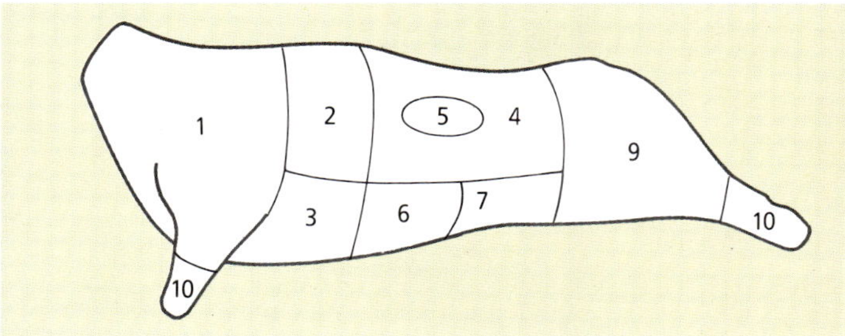

Filet [5]

Bavette [7]

Flanchet [7]

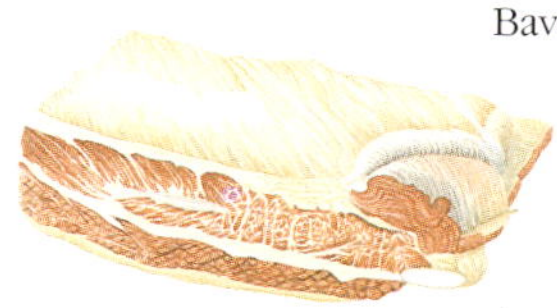
Tendron [6]

Onglet [7]

Rumsteck [9]

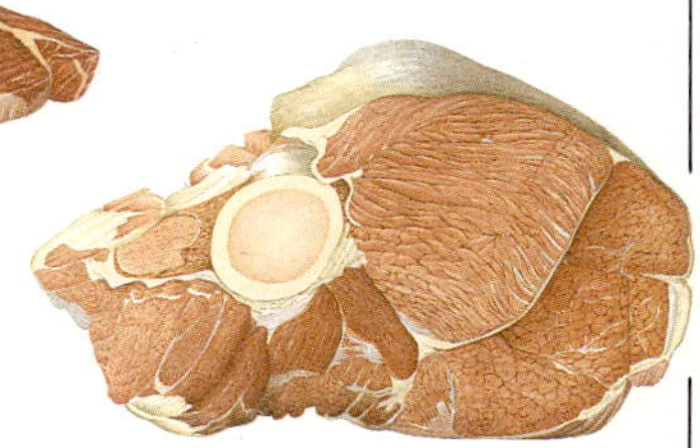
Tende de tranche [9]

Bifteck de jumeau [1]

Collier [1]

Basses côtes [1]

Tende de tranche roulée [9]

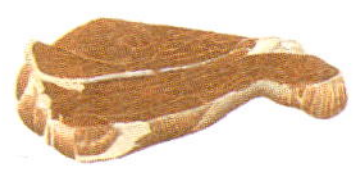
Entrecôte [2]

Macreuse [1]

Plat de côtes couvertes [2]

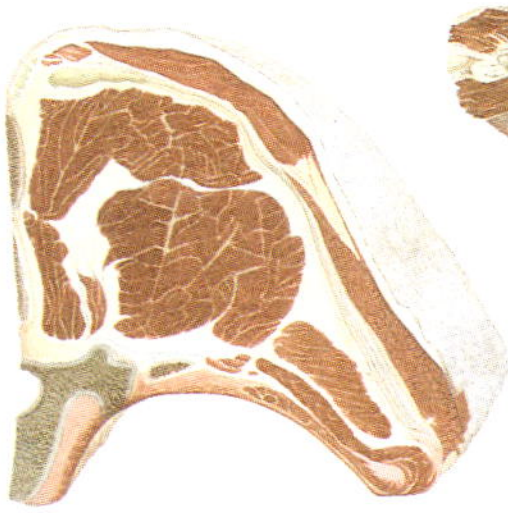
Côte de bœuf [2]

Aiguillette [9]

Viande ficelée [9]

Gîte avant [10]

Poitrine [3]

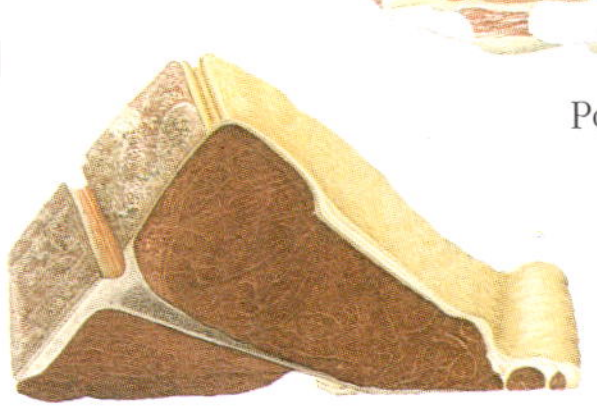
Faux-filet [4]

Faux-filet [4]

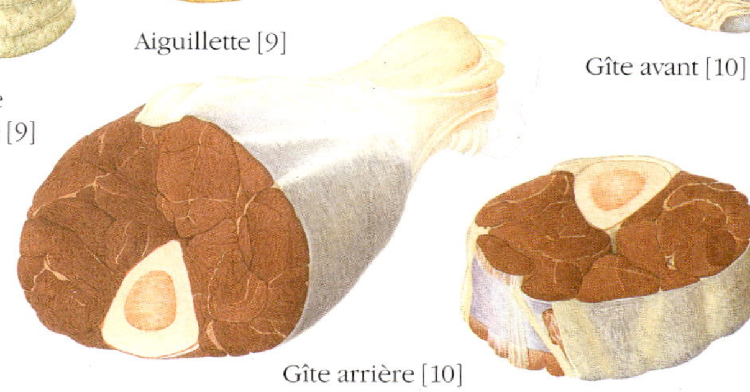
Gîte arrière [10]

GARMETHODEN FÜR RINDFLEISCH

Schmoren Dicker Bug; Falsches Filet (aus der Schulter); Kugel (Nuß); Oberschale; Querrippe; Rouladen (aus der Unterschale); Schwanzstück (mit Schwanzrolle).

Braten im Backofen Dicker Bug; Filet; Hohe Rippe; Hüfte mit Hüftdeckel; Kugel; Lende; Oberschale; Roastbeef; Schwanzstück.

Grillen Bauchlappen; Filet; alle Steak-Varianten.

Sautieren/Kurzbraten Filet; Hohe Rippe; alle Steak-Varianten.

Über Holzkohle Bauchlappen; alle Steak-Varianten.

Marinieren Brust; Bugschaufel; Hüftdeckel; Kammsteak; Oberschale; Unterschale.

Pfannenrühren (Geschnetzeltes oder kleine Würfel) Beinscheibe; Kamm; alle anderen Stücke, die für Braten, Grillen oder Garen über Holzkohle geeignet sind.

Kochen und Pochieren Bauchlappen; Beinscheibe; Brust; Bugschaufelstück; Hohe Rippe; Nacken; Querrippe.

Füllen Bugdeckel; Filet; Kamm; Kugel; Oberschale; Querrippe; Unterschale.

Als Ragout (jeweils in Würfeln) Beinscheibe; Brust; Kamm; Keule; Nacken.

Für Hackfleisch Nacken; Schulter.

Kalbfleisch (deutscher Schnitt)

Hier ist der deutsche Schnitt von Kalbfleisch gezeigt. Die abgebildeten Teilstücke sind entsprechend numeriert.

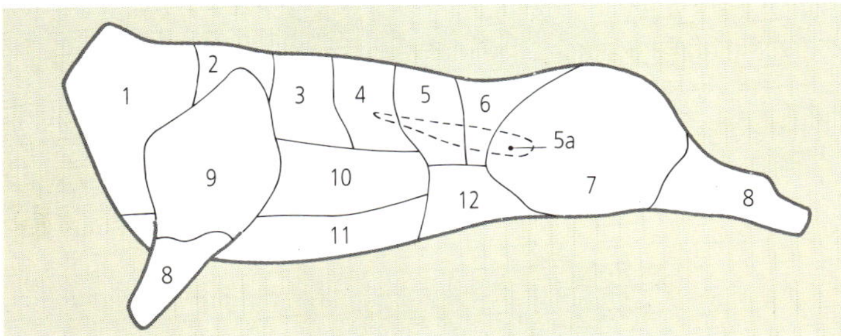

Querrippe [10]

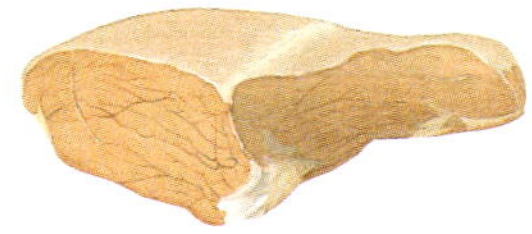
Unterschale [7]

Filet [5a]

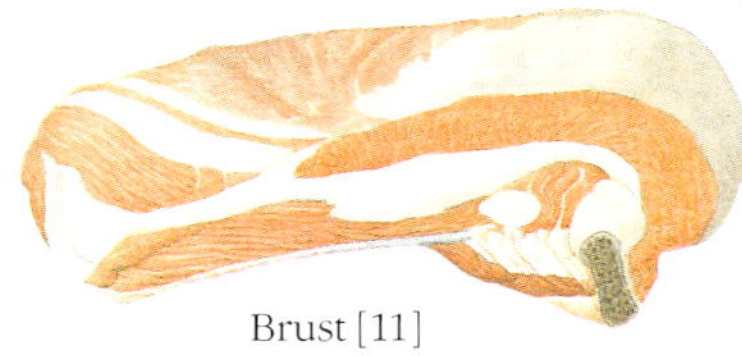
Brust [11]

Kalbskopf

Nacken [1]

Bauchlappen [12]

Hüfte [6]

Medaillon [5a]

Kammstück [1]

Schnitzel [7]

Oberschale [7]

Ganze Schulter [9]

Rückenstück [5]

Kalbsfuß

Kotelett [4]

Kotelett-Mittelstück [3]

Nuß [7]

Hinterhachse [8]

Osso buco [8]

GARMETHODEN FÜR KALBFLEISCH

Schmoren Brust; Hachse; Kamm; Schulter.
Braten im Backofen Brust; Filet; Hachse; Hüfte; Kamm; Kugel; Oberschale; Rücken; Schulter.
Grillen Hüft- und Filetsteaks; Koteletts; Osso buco.
Sautieren/Kurzbraten Koteletts; Medaillons; Schnitzel.
Pfannenrühren (Geschnetzelt oder in kleinen Würfeln) Filet; Hüfte, Rücken.
Als Ragout (in Würfel geschnitten) Nacken.
Kochen und Pochieren Bauchlappen (gerollt); Brust; Hachse; Querrippe.
Füllen Bauchlappen, Brust.

Osso buco

In Italien bezeichnet man als *osso buco* sowohl ein bestimmtes Fleischstück – die Kalbshachse – wie auch ein bekanntes Schmorgericht mit Kalbshachsen. Die Hachsen werden immer in runde Scheiben geschnitten, *ossi buchi* genannt, die einen Durchmesser von etwa 9 cm und eine Stärke von 4,5 cm haben und stets ein Stück Markknochen enthalten. Die besten *ossi buchi* stammen aus der Keule. Jede Beinscheibe wird mit Küchengarn in Form gebunden, bevor man sie langsam schmort, was bis zu zwei Stunden dauern kann. *Osso buco* wird immer großzügig mit *gremolata* (S. 14) gewürzt. Das gegarte Mark löst jeder selbst bei Tisch aus den Knochen heraus. *Risotto alla milanese* (S. 25) ist eine beliebte Beilage.

Kalbfleisch (französischer Schnitt)

Hier ist der französische Schnitt von Kalbfleisch gezeigt. Die abgebildeten Teilstücke sind entsprechend numeriert.

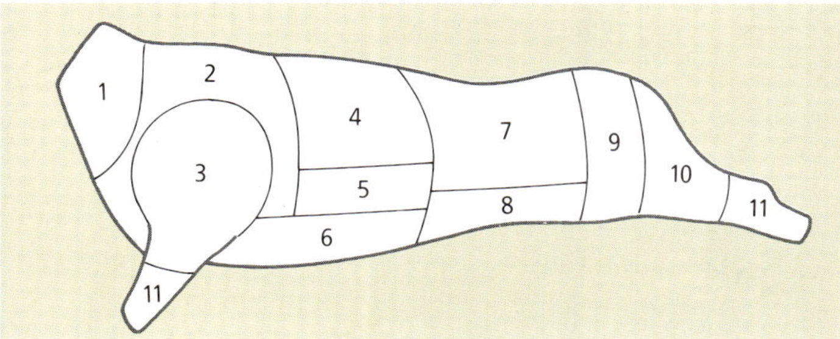

Tendron [8]

Haut de côtes [5]

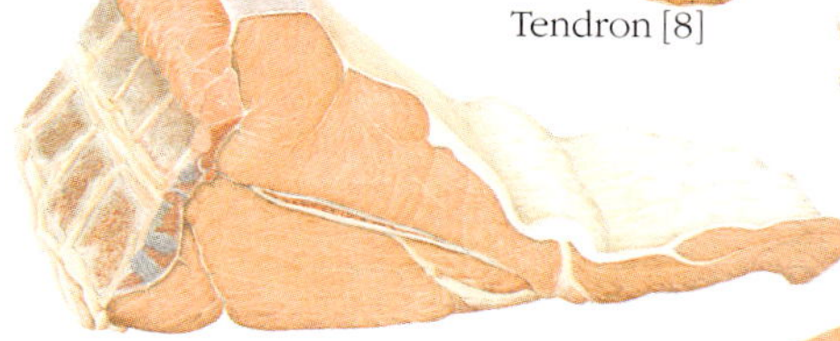
Longe [7]

Côtelette [7]

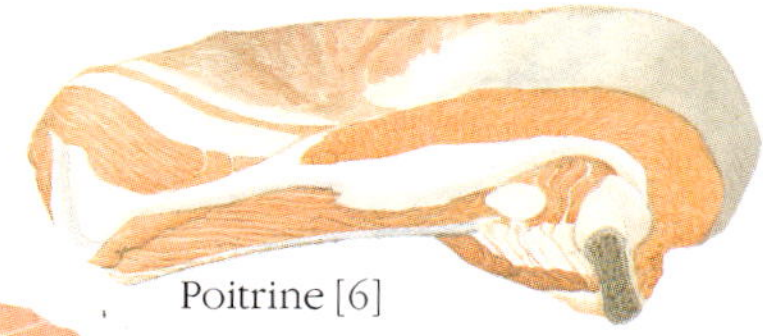
Poitrine [6]

Collet [1]

Tête de veau [1]

Médaillon [7]

Flanchet [8]

Quasi [9]

Côtes découvertes [2]

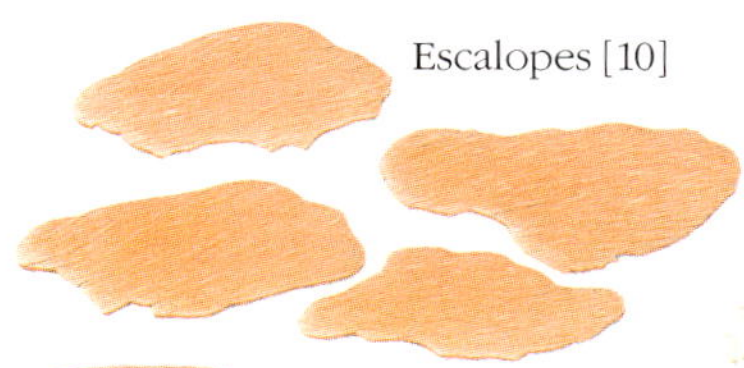
Escalopes [10]

Noix [10]

Épaule [3]

Sousnoix [10]

Pied de veau [11]

Côtelette [4]

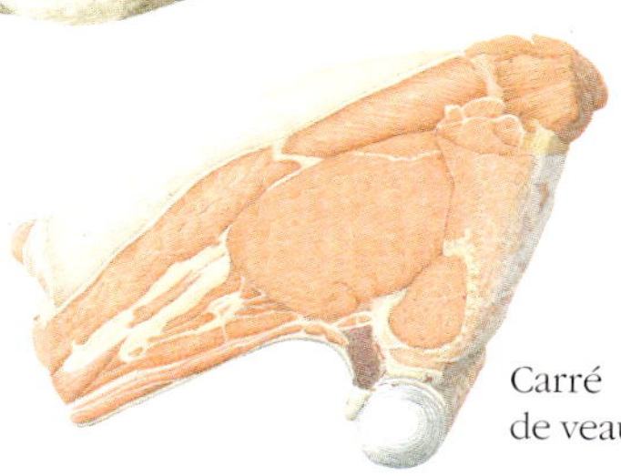
Carré de veau [7]

Noix pâtissière [10]

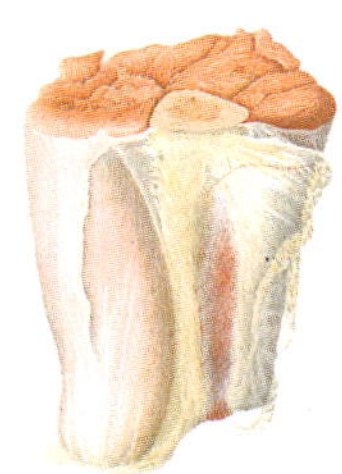
Jarret [11]

Osso buco [11]

NÄHRSTOFFGEHALT VON KALBFLEISCH (pro 100 g, roh)

Teilstück	*kJ/kcal*	*Protein (g)*	*Fett (g)*	*Kohlenhydrate (g)*	*Cholesterin (mg)*	*Natrium (mg)*
Schulter	468/112	20	3	0	85	89
Nacken	485/116	20	4	0	88	94
Rücken	497/119	20	4	0	76	86
Bauchlappen, Hüfte	464/111	20	3	0	76	77
Keule	407/ 97	21	2	0	90	86
Rippen, Brust	514/123	20	4	0	80	91

Lammfleisch (deutscher Schnitt)

Hier ist der deutsche Schnitt vom Lammfleisch gezeigt.
Die abgebildeten Teilstücke sind entsprechend numeriert.

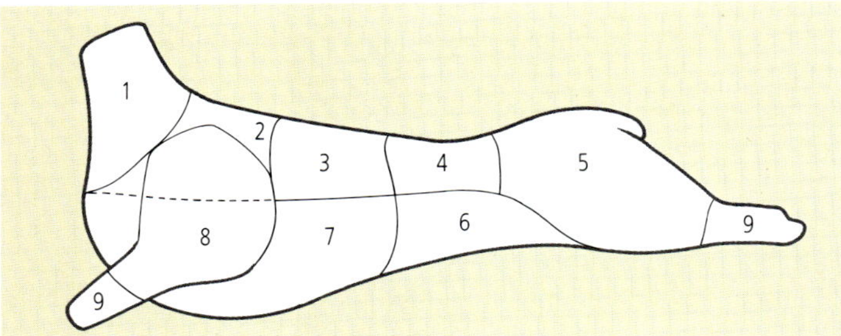

Rippenstück [3]

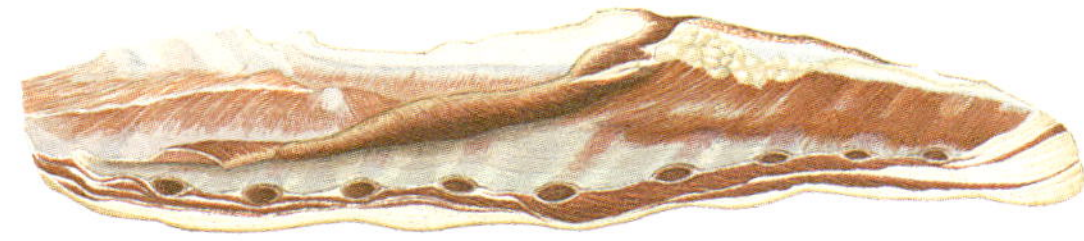
Brust [7]

Bauchlappen [6]

Sattel [4]

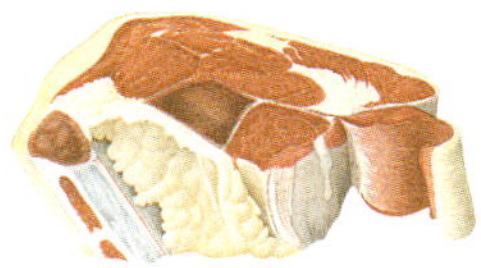
Hüftstück [5]

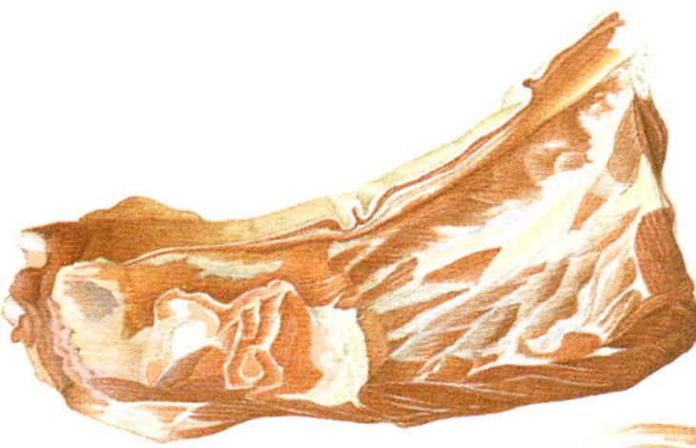
Nacken [1:2]

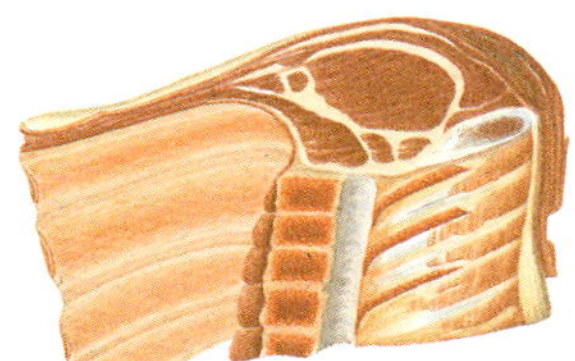
Karree [3:4]

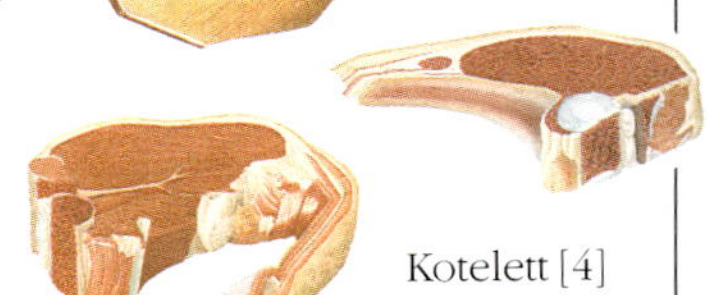
Kotelett [4]

Chop aus der Keule [5]

Schulter [8]

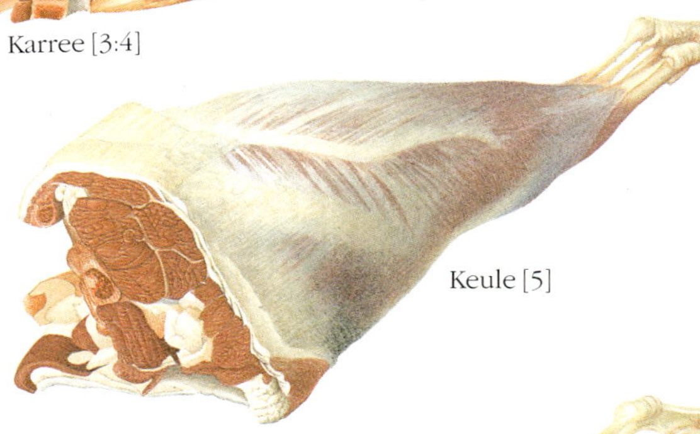
Keule [5]

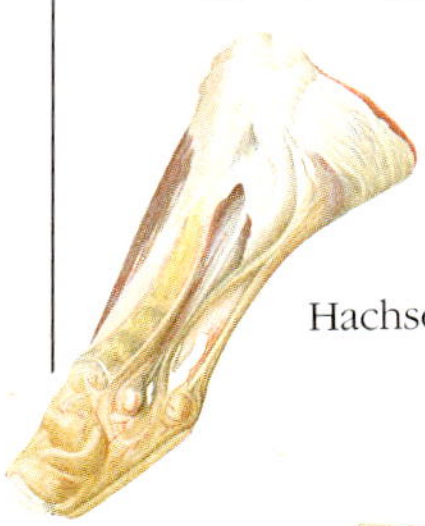
Hachse [9]

Schulterstück [8]

Schulter ohne Knochen [8]

Stielkotelett [3]

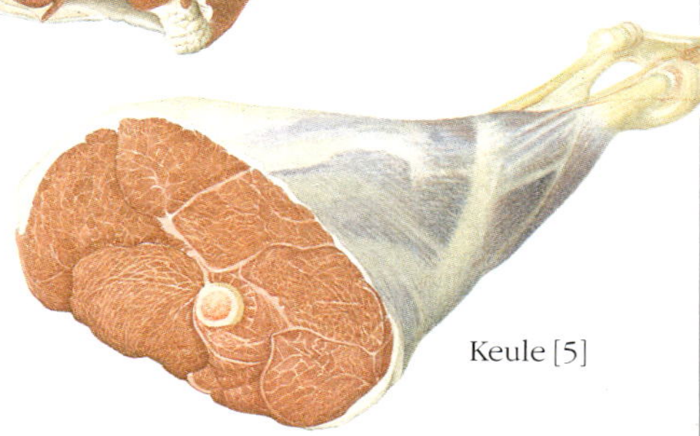
Keule [5]

GARMETHODEN FÜR LAMMFLEISCH

Schmoren Brust, Hachse; Nacken; Schulter.

Braten im Backofen Keule; Schulter; Rücken (Sattel).

Grillen Koteletts; Scheiben aus der Keule (1–2 cm dick).

Sautieren/Kurzbraten Koteletts; Scheiben aus der Keule.

Kochen und Pochieren Bauchlappen; Brust; Hachse; Nacken; Schulter.

Als Ragout Brust; Nacken.

Lammgerichte aus dem Mittleren Osten

Für die Küche des Mittleren Ostens ist die Verwendung von Lamm- und Hammelfleisch charakteristisch. *Doner kebab* ist eine marinierte, entbeinte Lammkeule, die an einem aufrechten Spieß gebraten wird. Das Fleisch wird scheibchenweise abgeschnitten und häufig mit *pita*-Brot gereicht.

Jedes Land im Mittleren Osten hat seine bevorzugte Version von *kofta* – Hackfleisch, das mit Zwiebeln, Piment, Koriander oder Kreuzkümmel vermischt und zu Bällchen, Röllchen oder dergleichen geformt wird. Das syrische und libanesische Nationalgericht ist *kibbeh* – eine Mischung aus Lammhackfleisch, zerstoßenem Weizen oder Bulgur, die zu einer Paste zerrieben und roh, fritiert oder gegrillt gegessen wird.

Lammfleisch (französischer Schnitt)

Hier ist der französische Schnitt vom Lammfleisch gezeigt. Die abgebildeten Teilstücke sind entsprechend numeriert.

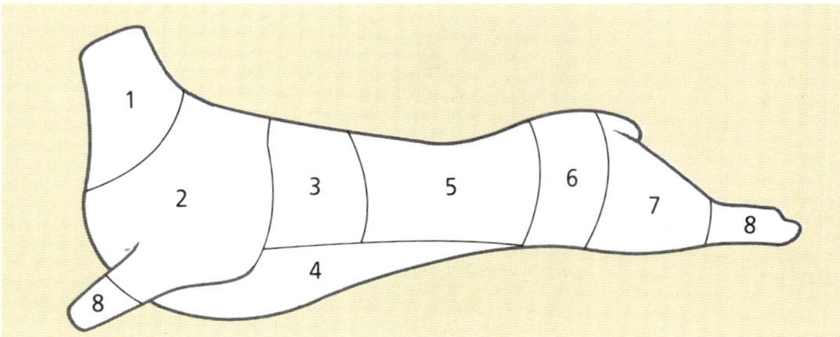

Filet roulé [5]

Côte [5]

Selle de gigot [7]

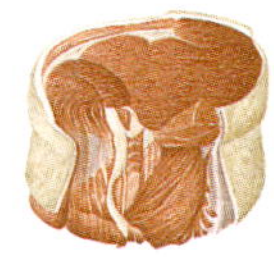

Noisette [6]

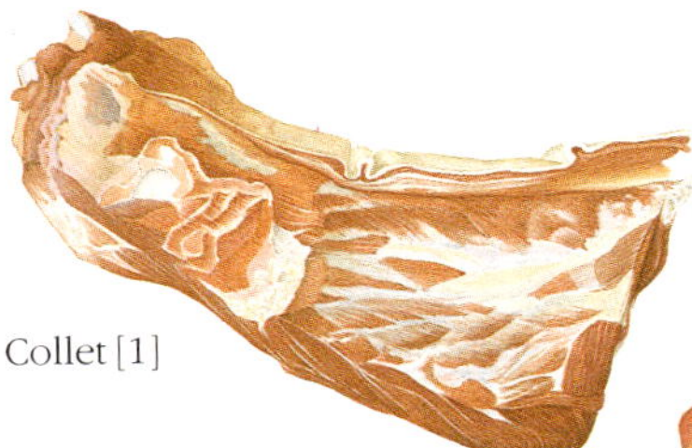

Collet [1]

Épaule [2]

Selle [6]

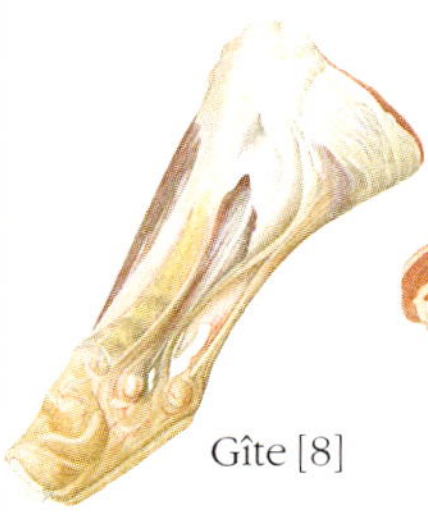

Gîte [8]

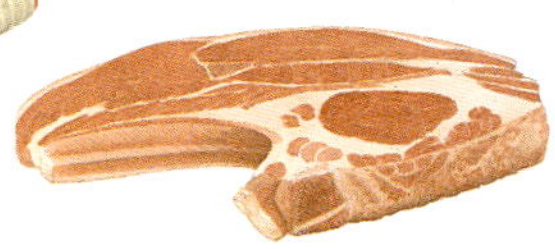

Côte dans l'épaule [2]

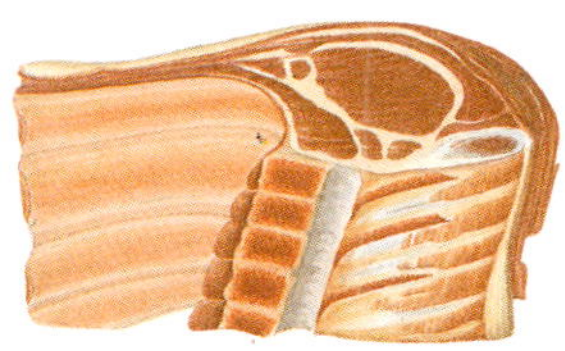

Carré [3]

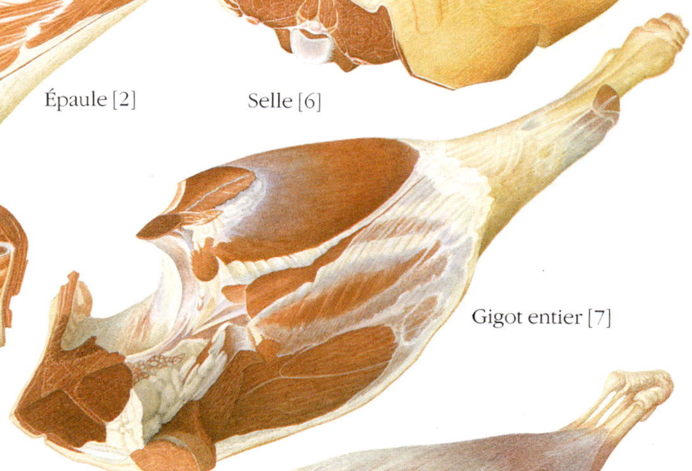

Gigot entier [7]

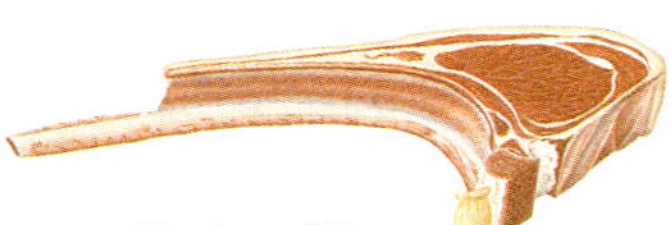

Côtelette [3]

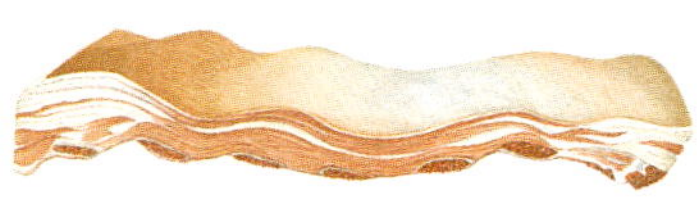

Haut de côtelette [4]

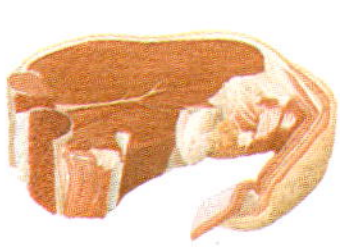

Côte [5]

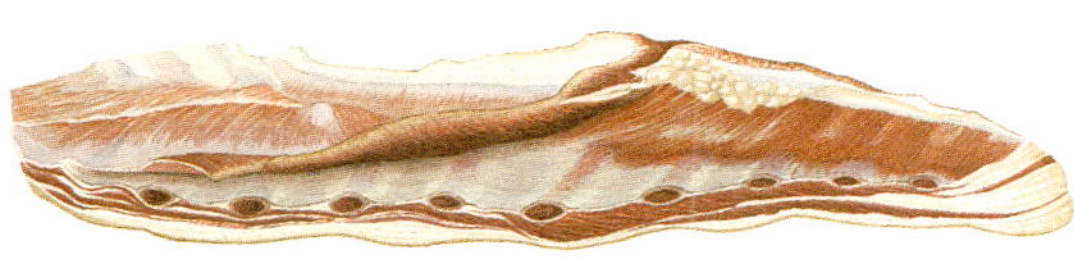

Poitrine [4]

Gigot raccourci [7]

NÄHRSTOFFGEHALT VON LAMMFLEISCH (pro 100 g, roh)

Teilstück	*kJ/kcal*	*Protein (g)*	*Fett (g)*	*Kohlenhydrate (g)*	*Cholesterin (mg)*	*Natrium (mg)*
Schulter	523/125	20	5	0	67	81
Nacken	581/139	19	7	0	67	72
Kotelettstück	635/152	20	8	0	66	78
Lendenstück	810/194	19	13	0	67	72
Keule	979/234	18	18	0	70	78
Brust/Hachse	464/111	21	3	0	69	94

Schweinefleisch (deutscher Schnitt)

Hier ist der deutsche Schnitt von Schweinefleisch gezeigt. Die abgebildeten Teilstücke sind entsprechend numeriert.

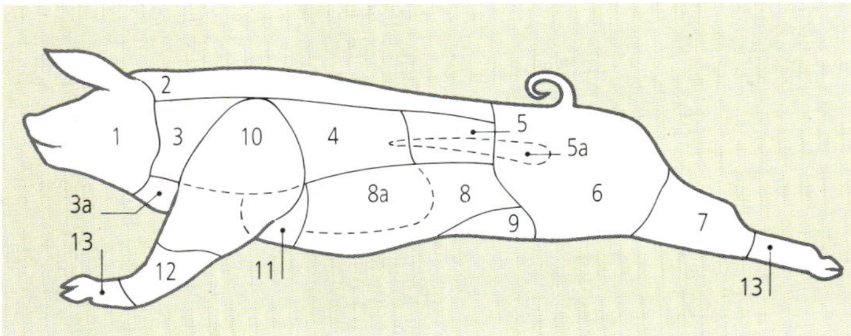

Schweinskopf [1]

Schweinerücken [4]

Unterschale [6]

Eisbein [7]

Oberschale [6]

Nacken [3]

Noisette [5]

Dicke Rippe (Brustspitze) [3a]

Stiel-kotelett [4]

Filet-kotelett [5]

Kotelett-stück [4]

Filet [5a]

Hüfte [6]

Sparerib [8a]

Sparerib [8a]

Schulter (mit Schwarte) [10]

Bauch [8]

Nuß [6]

Schweinsfuß [13]

GARMETHODEN FÜR SCHWEINEFLEISCH

Schmoren Bauch; Brust (Dicke Rippe); Rippen; Hachse; Schulter.
Braten im Backofen Filet; Hüfte; Kugel (Nuß); Kotelettstück; Kronenbraten; Nacken; Oberschale; Unterschale; Schulter; Kopf (bei Spanferkel).
Grillen Nackenkoteletts; Filetscheiben *(filet mignon);* Filetkoteletts; gewürfeltes Filet (auf Spieße gesteckt); in Scheiben geschnittener Bauch; Spareribs.
Sautieren/Kurzbraten Filetkoteletts; Filetscheiben *(filet mignon);* Nackenkoteletts; Schnitzel aus Oberschale, Unterschale, Hüfte, Kugel.
Pfannenrühren Geschnetzeltes von fleischigen Stücken, die sich zum Braten oder Grillen eignen.
Kochen und Pochieren Bauch; Brust; Eisbein; Nacken.
Als Ragout Stücke vom Nacken; entbeintes und in Würfel geschnittenes Fleisch von der Keule.

NÄHRSTOFFGEHALT VON SCHWEINEFLEISCH (pro 100 g, roh)

Teilstück	*kJ/kcal*	*Protein (g)*	*Fett (g)*	*Kohlenhydrate (g)*	*Cholesterin (mg)*	*Natrium (mg)*
Schulter	1132/271	19	22	0	67	76
Rücken	652/156	21	8	0	60	64
Keule/Schinken	1145/274	17	23	0	85	72
Bauch	1609/385	14	37	0	72	59
Rippen	1195/286	17	24	0	78	76

Schweinefleisch (französischer Schnitt)

Hier ist der französische Schnitt von Schweinefleisch gezeigt. Die abgebildeten Teilstücke sind entsprechend numeriert.

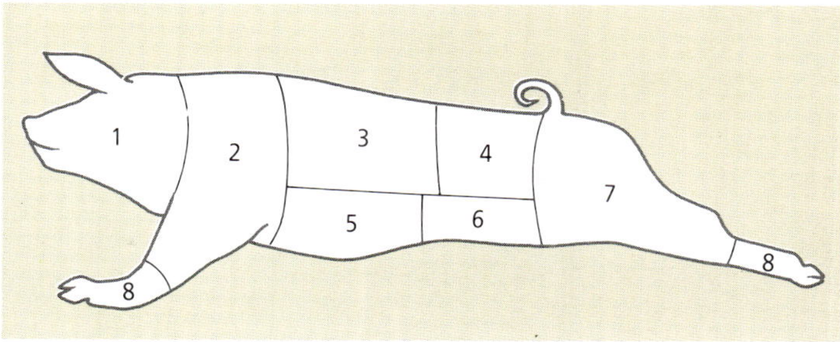

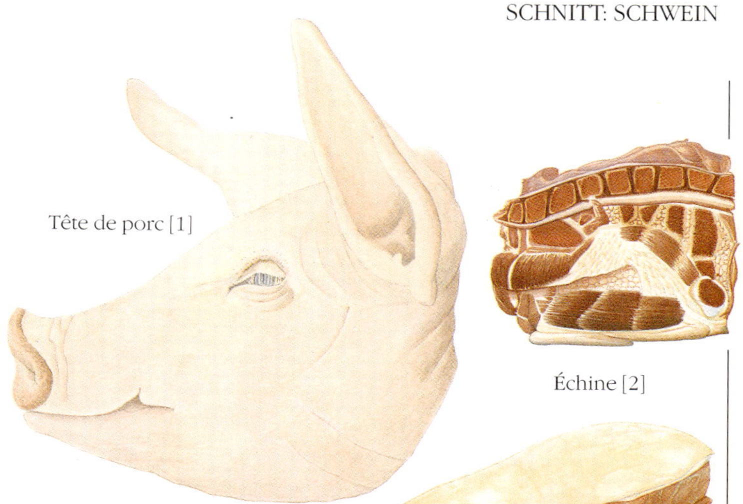

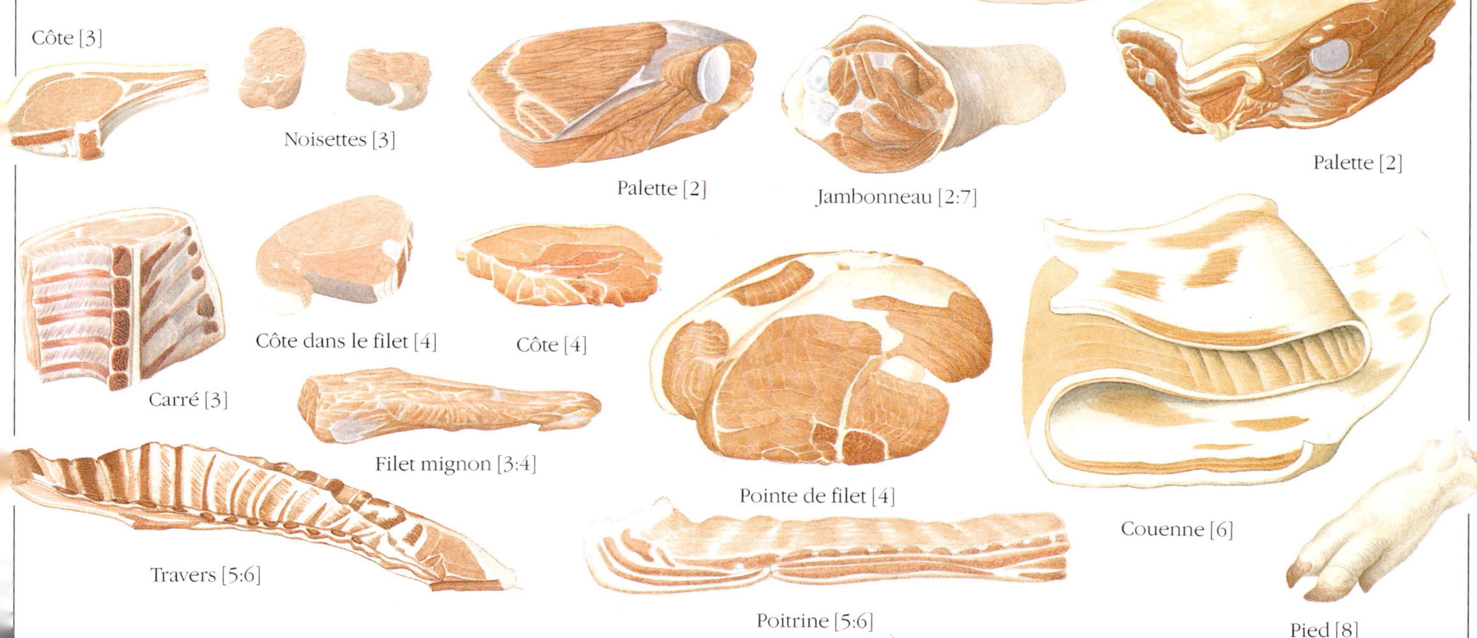

VERSCHIEDENE TEILSTÜCKE UND KNOCHEN

Darmbein Teil des Beckenknochens, der Rückgrat und Hüfte verbindet. Da er quer verläuft, verursacht dieser Knochen Probleme beim Entbeinen und Tranchieren und sollte deshalb entfernt werden.
Rückenknochen Teil der Wirbelsäule, der Rippen und Wirbel miteinander verbindet. Um das Entbeinen oder Tranchieren zu erleichtern, sollte der Knochen vom Metzger entfernt oder zumindest teilweise abgetrennt werden.
Kammstück Ein großes Teilstück vom Vorderviertel, genauer: der hintere Teil vom Nacken; bezieht sich gewöhnlich auf Rind. Wird unterschiedlich zerlegt.
Schnitzel (franz. *escalope*) Eine dünne, knochenlose Fleischscheibe, gewöhnlich aus der Keule, beim Schwein aber auch aus Rükken und Schulter.
Filet mignon Filetspitzen. Filet und *filet mignon* werden häufig in Scheiben geschnitten.
Lendenstück Fleischstück, das am Rückgrat verläuft und Rippen sowie mitunter auch Wirbel mit einschließt.
Medaillon oder Noisette Eine kleine runde Fleischscheibe ohne Knochen, die gewöhnlich zwischen 5 mm und 1,5 cm dick ist (*noisette* ist das französische Wort für Nuß).

MESSER SCHÄRFEN

Damit Messer scharf bleiben, ist zweierlei nötig: gelegentliches Abziehen der Klinge auf dem Schleifstein und regelmäßiges Schärfen am Wetzstahl. Eine stumpfe Klinge sollte an einem Karborundstein abgezogen oder geschliffen werden. Ein langer Wetzstahl dient zum Glätten der Klinge nach dem Abziehen sowie zum Schärfen des Messers während des Gebrauchs.

1 Eine Messerklinge abziehen Beide Seiten der Klinge jeweils leicht abgewinkelt über den Schleifstein ziehen.

2 Eine Messerklinge schärfen Im Winkel von 20 Grad zum Wetzstahl beide Seiten kräftig daran entlangziehen.

Weitere Garmethoden für Fleisch

In der Küche westlicher Länder wird Fleisch, das fritiert werden soll, meist erst durch den Fleischwolf gedreht und in Bröseln gewälzt, da selbst zarte Stücke aufgrund der intensiven Hitze sofort zäh würden. Fritieren in Ausbackteig ist eher für das japanische *tempura* oder süßsaure Gerichte aus China typisch. Die asiatische Küche ist vor allem in Form von pfannengerührten Gerichten in den Westen vorgedrungen. Für pfannengerührte Speisen, für die das Fleisch hauchdünn und peinlich genau geschnitten werden muß, eignen sich Stücke wie Kammsteak, Schweine- oder Lammschulter, die sonst bei derartig hohen Temperaturen zäh würden. Häufig werden die dünnen Fleischstreifen vor dem Garen mariniert, beispielsweise in Sojasauce, Reiswein oder Reisweinessig. Beliebte Aromazutaten sind zum Beispiel gehackter frischer Ingwer, Frühlingszwiebeln oder Sichuan-Pfeffer. Mitunter wird das Fleisch zum Vorgaren auch pochiert.

Auch für Fleischreste gibt es leckere Verwendungsmöglichkeiten – man kann Kroketten daraus zubereiten (S. 107), das Fleisch wie bei *shepherd's pie* aus Großbritannien mit Kartoffeln überbacken oder es für eines der zahllosen Haschees nehmen, die zu beiden Seiten des Atlantiks zubereitet werden. Wenn man übriggebliebenes Fleisch kalt servieren möchte, kann man es ein bis zwei Stunden in einer Vinaigrette durchziehen lassen und dann zusammen mit gehackten Pickles, Kapern und Kräutern auf grünem Salat oder einem Salat aus gegarten Wurzelgemüsen anrichten. Gekochtes Rindfleisch ergibt einen vorzüglichen Salat, den man mit einer scharfen roten Sauce *(sauce rouille)* oder *sauce Gribiche* (S. 63), Kopfsalat und Tomaten serviert.

Fleisch anrichten

Die Präsentation von Fleisch steht in engem Zusammenhang mit der Garmethode. Große Braten, wie etwa Roastbeef, ein *baron* vom Lamm (Rücken und Hinterkeulen in einem Stück) oder Spanferkel, werden seit jeher knusprig braun und im ganzen serviert. Wie auch bei kleineren Braten, etwa einer Lammkeule, wird das Fleisch häufig bereits in der Küche tranchiert und wieder auf die Knochen gelegt, damit sich die Gäste selbst bedienen können. Die Garnierung – gefüllte Tomaten, im Ofen gebratene Kartoffeln, Rosenkohl – wird rund um das Fleisch angerichtet. Zu Kalbsbraten ist eine Auswahl glasierter Gemüse, wie Möhren, grüne Bohnen, Zwiebeln, Zuckererbsen, sehr beliebt. Wird der Braten erst bei Tisch aufgeschnitten, kann eine reichhaltige Garnierung stören, so daß man die Dekoration auf etwas frische Brunnenkresse beschränken sollte und das Gemüse am besten getrennt reicht. Gerichte mit rohem Fleisch sollen nicht vergessen werden, zum Beispiel hauchdünnes, mit Vinaigrette beträufeltes *carpaccio* oder Tatar, das mit gehackten Zwiebeln, einem Eigelb, Sardellen und Kapern angerichtet wird.

Bei ausgelösten Braten, Schmorbraten und *pot au feu* wird das Fleisch in der Küche in Scheiben geschnitten, in der Mitte der Servierplatte angerichtet und auf beiden Seiten mit Gemüse umlegt. Kleinere Stücke, wie Steaks oder Koteletts, kann man so auf einer Platte anrichten, daß sie sich überlappen und die obenliegenden Knochen nach außen zeigen.

Für gegrilltes oder kurzgebratenes Fleisch ist Brunnenkresse eine beliebte Garnierung; zu Fleisch mit Sauce wird gehackte Petersilie verwendet. Wie bei einem Braten sollten Gemüsebeilagen auch hier als Garnierung auf der Servierplatte angerichtet werden. Einzelportionen von Fleisch und Beilagen werden immer beliebter, insbesondere bei Nieren, Fleischspießen oder Koteletts, die an sich schon dekorativ aussehen. Das Anrichten von Fleisch auf einzelnen Tellern vereinfacht das Servieren und sieht ansprechend aus, doch erreicht man damit niemals die Pracht einer großen Fleischplatte.

Kaltes Fleisch für ein Buffet ist eine *tour de force*. Unübertroffene Bravourstücke sind Roastbeef, Schinken in funkelnd weißer Chaudfroid-Sauce (S. 56), Pasteten und Terrinen mit schillernden Aspiküberzügen, die von Garnierungen, wie Tomatenkörbchen und gefüllten Salatgurken und Artischockenböden, eingerahmt werden.

Wichtige Begriffe zum Thema Fleisch

Da das Vokabular zum Thema Fleisch verwirrend sein kann, sind hier einige Begriffe definiert, die in diesem Kapitel verwendet werden.

Bindegewebe hält Muskeln zusammen. Es gibt verschiedene Arten von Bindegewebe, doch enthält jede Kollagen und Elastin. Bindegewebe ist durchscheinend und wird auch als Haut oder Sehnen bezeichnet. Je mehr Bindegewebe Fleisch enthält, desto weniger zart ist es.

Kollagen ist ein Eiweißstoff, der sich in Knochen, Haut, Sehnen, Muskeln und Bindegewebe findet und beim Garen in Flüssigkeit freigesetzt wird. Wenn man Fleisch in heißer Flüssigkeit gart, löst sich das Kollagen auf und verwandelt sich in Gelatine. Säuerliche Zutaten wie Wein unterstützen diesen Umwandlungsprozeß.

Elastin ist eine zäh-elastische Substanz, die in den Wänden der Blutgefäße und den Ligamenten vorkommt. Bei älteren Tieren verwandelt sich Kollagen zu Elastin, das sich durch Hitzeeinwirkung weder auflöst noch weich wird.

Knorpel ist eine Art Bindegewebe, das Venen, Arterien und Knochen umgibt und in weniger hochwertigen Fleischstücken zu finden ist.

Fett ist in fast allen Muskelgeweben vorhanden. (Tierische Fette s. S. 97.)

Muskeln sind Bündel langer Fasern, die durch Bindegewebe zusammengehalten werden. Wenn das Tier wächst und sich bewegt, werden die Zellen größer und die Muskeln zäher. Weniger stark beanspruchte Muskeln sind zarter als stark belastete.

Faser Die Struktur der Muskelfasern und die Art ihrer Anordnung bestimmen, ob die Fleischfasern fein oder grob sind.

Marmorierung bezieht sich auf Muskeln, die von feinsten Fettadern durchzogen sind. Eine starke Marmorierung läßt sich leicht erkennen, doch ist generell jedes Fleisch bis zu einem gewissen Grad marmoriert. Je stärker die Marmorierung, desto zarter das Fleisch.

FESTTAGSBRATEN UND NICHT ALLTÄGLICHES FLEISCH

In vielen Ländern sind ganze gebratene Ferkel, Lämmer und Ziegen ein traditioneller Leckerbissen im Frühjahr. Spanferkel sind ein vielgeschätzter Festtagsschmaus – das saftige Fleisch ist von Fett und einer Schwarte umgeben, die braun und knusprig wird, wenn man den Braten am Spieß oder in einem großen Bräter im Backofen brät. Als Füllung eignen sich die gleichen Mischungen wie bei Schweinefleisch. Milchlämmer sind vor allem in Italien, Griechenland und dem Mittleren Osten beliebt, wo sie mit Knoblauch, Kreuzkümmel, Kardamom und schwarzem Pfeffer am Spieß gebraten oder in einer Sauce aus Rosmarin und Essig oder Minze und Tomaten geschmort werden. Auch junge Ziegen sind eine Delikatesse, die man schon im Mittelalter kannte und für Festlichkeiten im Frühjahr mit Salbei, süßem Wein und Piment zubereitete. Noch heute sind sie in Frankreich beliebt, wo man sie als weißes Ragout oder über einem offenen Feuer mit Kräutern zubereitet.

Für viele Leute ist der Gedanke, Pferdefleisch zu essen, abstoßend. In den Vereinigten Staaten, beispielsweise, dient es ausschließlich als Haustiernahrung, und auch die Deutschen können sich damit nicht anfreunden. In Frankreich und Belgien hingegen, wo es selbst in kleinen Städten einen Pferdemetzger gibt, hält man es für überaus schmackhaft, und die Nachfrage ist groß, obgleich es so teuer wie Rindfleisch ist. Pferdefleisch wird wie Rindfleisch zerlegt und ist von ähnlicher Struktur, hat aber weniger Fett, einen niedrigeren Cholesteringehalt und eine verräterische Süße. Pferdefleisch wurde zu Zeiten Napoleons populär und gehörte später zu jedem Bankett, wo man es *à la mode* servierte oder die Lende und das Filet mit Salat reichte.

RINDFLEISCH

Von allen Fleischsorten bietet Rindfleisch dem Koch die größte Vielfalt und Herausforderung. Das alte englische Pfarrhaus-Liedchen »heiß am Sonntag, kalt am Montag, Haschee am Dienstag, Gehacktes am Mittwoch, mit Curry am Donnerstag, Bouillon am Freitag« ist nur der Anfang der Geschichte. Für jede nur erdenkliche Garmethode gibt es geeignete Stücke vom Rind, nicht zu vergessen Rindfleisch, das durch Pökeln haltbar gemacht wird (S. 488).

Die Qualität von Rindfleisch ist stärker als bei jedem anderen Fleisch von Alter, Rasse und Fütterung der Tiere abhängig. Das meiste Rindfleisch stammt von Mastochsen (junge kastrierte männliche Tiere), die gewöhnlich im Alter von 18 Monaten geschlachtet werden, wenn sie ein Gewicht von 225–270 kg haben, wovon etwa 30 % Fett und 16 % Knochen sind. Einige europäische Rassen sind reine Fleischrinder, bei den meisten handelt es sich jedoch um Mischrassen zur Fleisch- und Milcherzeugung. In Europa wird auch das Fleisch von Färsen (junge weibliche Tiere), Kühen und Bullen verkauft, doch ist es weniger hochwertig als das von Ochsen. Das Fleisch von Kühen und Bullen wird in Deutschland in der Regel zu Wurst verarbeitet.

Die Rasse wirkt sich sowohl auf die Größe des Schlachtkörpers wie auch auf das Fleisch aus, das fett oder mager, fein- oder grobfaserig sein kann. Besonders gutes Rindfleisch liefern zum Beispiel schottische Aberdeen-Angus-Rinder, italienische Chianina-Rinder und texanische Santa-Gertrudis-Rinder. Was die Fütterung betrifft, so bekommen amerikanische Rinder Mais, während europäische Bauern Getreide oder Gras verfüttern.
Grundsätzlich stammen die weniger begehrten und zäheren Fleischstücke aus den Körperbereichen der Tiere, die am meisten bewegt werden – das sind die untere Beinpartie (Hesse), Schulter, Bauchlappen (Dünnung), Nacken und Schwanz. Die besten und zartesten Stücke kommen vom Hinterviertel und den Rippen des Vorderviertels. Bei sachgemäßem Vorgehen wird die Qualität des Fleisches durch kommerzielles Tiefkühlen kaum beeinträchtigt.

Die Bezeichnungen der Teilstücke sind recht verwirrend, nicht nur weil die gleichen Namen in verschiedenen Ländern (oder selbst Regionen) unterschiedliche Teile bezeichnen, sondern auch, weil die Schlachtkörper nicht nach einem international verbindlichen Standard zerlegt werden. Im folgenden wird das Rind in acht Abschnitte unterteilt; auf die einzelnen Teilstücke wird innerhalb jedes Segments eingegangen.

SEGMENTE DES SCHLACHTKÖRPERS

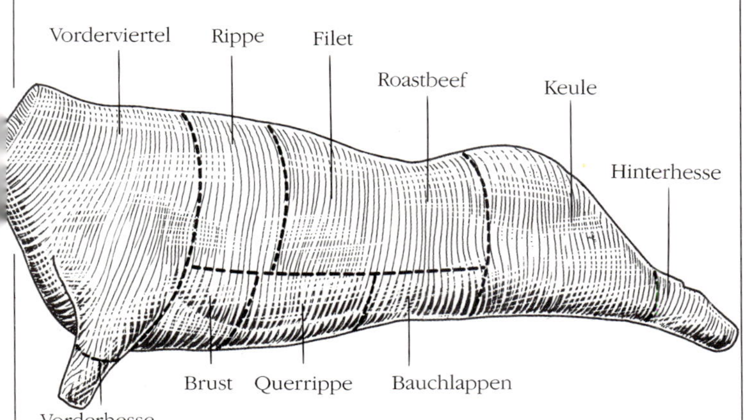

Ein Ochse läßt sich in acht Segmente unterteilen, von denen jedes bestimmte Gareigenschaften aufweist. Diese Segmente sind nicht immer mit den handelsüblichen Teilstücken identisch (S. 200).

ZUR INFORMATION

Saison Ganzjährig.

Beim Einkauf beachten Fleisch soll dunkelrot, feucht und gut von weißem Fett durchzogen sein; gelbes Fett läßt auf alte Tiere schließen, kann jedoch auch ein Zeichen von Weidehaltung sein; nach dem Anschneiden ist Rindfleisch purpurrot, wird an der Luft jedoch schnell heller. Um unnötige Ausgaben zu vermeiden, sollte man darauf achten, daß das Fleisch vom Metzger gründlich pariert ist.

Nährstoffgehalt s. Rindfleisch, S. 200.

Bistecca cacciatora (Steak mit Tomaten, Fenchel und Marsala; Italien)

Garzeiten Bei weniger zartem Fleisch sind die Garzeiten weitgehend vom jeweiligen Teilstück abhängig. *Ganze Stücke* Schmoren: 25–35 Minuten pro 500 g bei 175 °C/Gas Stufe 2–3; marinieren: 2–3 Tage; braten im Backofen (S. 199). *Steaks, Rippen* Garen im Backofen: 1–2 Stunden bei 175 °C/Gas Stufe 2–3; grillen (S. 197); schmoren: 1½–2½ Stunden bei 175 °C/Gas Stufe 2–3; als Sauté: ¾–1 Stunde; marinieren: 1–2 Tage; kurzbraten oder sautieren (S. 198); kochen: 1½–2½ Stunden; pfannenrühren: 1–2 Minuten. *Gewürfelt* Schmoren: 1½–2 Stunden bei 175 °C/Gas Stufe 2–3; als Sauté: ¾–1 Stunde; kochen: 1½–2½ Stunden. *Rinderhack* s. Hackfleisch, S. 214, und Hamburger, S. 213.

Richtiger Gargrad *Ganze Stücke* Braten sind innen noch blutig, wenn das Fleischthermometer 50 °C anzeigt, rosa bei 60 °C und durchgebraten bei 70 °C. *Steaks* Grillen oder kurzbraten (S. 198).

Aufbewahrung *Große oder kleine Stücke* Im Kühlschrank (lose eingewickelt) 3–5 Tage; im Gefriergerät 1 Jahr. *Rinderhack* Im Kühlschrank 2 Tage; tiefgefroren: 2 Monate.

Typische Gerichte *Beef Wellington* (ganzes Rinderfilet mit Gänseleberpüree in Blätterteig; Großbritannien); *tournedos Henri IV* (mit Artischockenböden und *sauce béarnaise;* Frankreich); *tournedos Rossini* (mit Scheiben von Gänseleber, Trüffeln und Madeira-Sauce; Frankreich); Sauerbraten (marinierter Schmorbraten; Deutschland); *estofado a la catalana* (Schmorbraten mit Rotwein, weißen Bohnen und Gemüse; Spanien); Schmorbraten, gespickt mit Mandeln und Speck (Mexiko); Schmorbraten mit Trokkenpflaumen, Oliven und Champignons (USA); *New England boiled dinner* (Eintopf mit Rinderpökelfleisch; USA); Roastbeef, gebratene Kartoffeln und Yorkshire-Pudding (Großbritannien); *rôti de bœuf à la flamande* (Braten mit Senf und Pfeffer; Frankreich); *pieczen huzarska* (entbeinte Blume mit einer Füllung aus Zwiebeln, Ei, Wodka und Brot; Polen); *rib roast in red wine* (Rippenbraten in Rotwein mit Gemüse; Australien); *matambre* (marinierte Riesenroulade gefüllt mit Gemüsen und hartgekochten Eiern; Argentinien); *Sussex stewed steak* (geschmortes Steak mit Pilzen, Ketchup, Stout-Bier und Portwein; Großbritannien); *finken* (Kasserolle mit Kartoffelpüree, Äpfeln und Muskat; Finnland); *tzimmes* (Rinderragout mit Möhren, Süßkartoffeln, Honig und Trockenpflaumen oder anderem Dörrobst; jüdisch); *bœuf à la bourguignonne* (geschmort, mit Rotwein, Champignons, Zwiebeln, Knoblauch und Speck; Frankreich); *Stroganow* (Rinderfilet mit saurer Sahne, Zwiebeln und Champignons; UdSSR); *steak Diana* (mit Worcestershire-Sauce und Zwiebeln; USA); *steak tartare* (Beefhacksteaks mit Eigelb, Kapern und Gewürzen; Frankreich); *steak au poivre* (mit zerstoßenem Pfeffer; Frankreich); *devilled short* (mit Senfsauce; USA).

Rippenbraten, mit Gemüse in Rotwein geschmort (Australien)

Filet

Zweifelsfrei handelt es sich beim Filet um das feinste Stück vom Rind. Es ist das einzige Stück, das sich von Land zu Land kaum unterscheidet, außer vielleicht in der Größe. Das Filet liegt unter den Rückenknochen, und da der Muskelstrang nicht beansprucht wird, ist das Fleisch wunderbar zart, wenngleich ihm die Geschmacksfülle der aktiveren Muskelpartien fehlen kann. Rinderfilet läßt sich im ganzen als Braten zubereiten oder in Tournedos und kleine *filet mignon* -Steaks schneiden. Aus dem Mittelstück wird das Chateaubriand, ein doppeltes Filetsteak, geschnitten, das eine Portion für zwei Personen ergibt.

Rinderfilet verlangt nach den extravaganten Beilagen im Repertoire des Koches: eine dunkle Sauce, verfeinert mit Gänseleber oder Trüffeln, oder eine etwas bescheidenere Madeira-Sauce (S. 58). Stets beliebt ist *filet en croûte* oder Rinderfilet *Wellington,* für das die Lende zusammen mit Gänseleber oder *duxelles* (S. 306) in Blätterteig oder Brioche-Teig gewickelt wird. Gefüllte Artischockenböden, junges Gemüse, kleine gebratene Kartoffeln sind weitere Bereicherungen.

RINDERFILET PARIEREN

Unpariert wiegt ein Rinderfilet zwischen 3,2 kg und 4 kg, doch verliert es durch das Entfernen von Haut, Fett und Sehnen etwa ein Drittel seines Gewichtes.

1 Anhaftendes Fett vom Fleisch abziehen und wegschneiden.

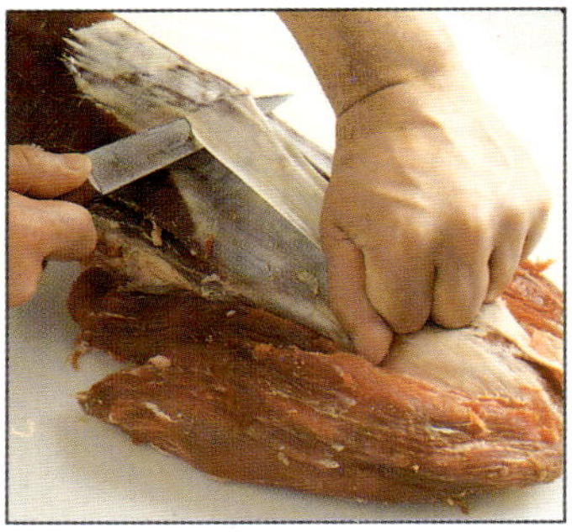

2 *Rechts:* Den Muskelstrang, der seitlich am eigentlichen Filet verläuft, abschneiden. Dieser Muskel ist zäh, kann aber nach dem Parieren geschmort oder zu Hackfleisch verarbeitet werden.

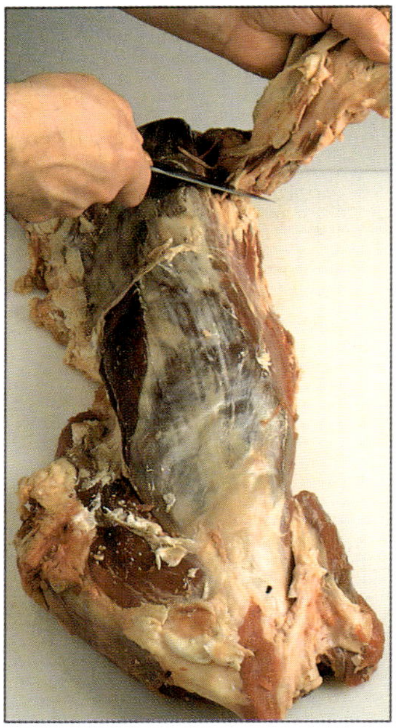

3 *Oben:* Das feste weiße Bindegewebe, von dem das Fleisch umgeben ist, straffziehen, mit einem kleinen Messer einritzen, abziehen und dann wegschneiden, so daß nur das rote zarte Fleisch zurückbleibt.

4 Um ein ganzes Rinderfilet zu braten, das schmale Ende nach unten stecken, damit das Fleisch gleichmäßig gart, oder 10–13 cm der Filetspitze abschneiden. Filetspitzen kann man für Spieße oder Gerichte wie Filet *Stroganow* verwenden. ODER: Das Rinderfilet in Steaks schneiden (rechts, oben).

Filetbraten Das Rinderfilet mit Pfeffer und Gewürzen bestreuen, dann bardieren und binden (S. 196).
Tournedos Aus Spitze oder Kopf des Filets 3–4 Scheiben von 4 cm Dicke schneiden und bardieren.
Chateaubriand Aus dem Mittelstück des Filets ein 12 cm langes Stück schneiden. (Ersatzweise wird manchmal der Filetkopf verwendet, er ist dem Mittelstück jedoch unterlegen.)
Filetsteaks Das restliche Fleisch in 2–2,5 cm dicke Scheiben schneiden. Auch das Mittelstück kann zu Filetsteaks geschnitten werden.

Ein ganzes Rinderfilet braten

In einem Bräter etwas Öl erhitzen und das Fleisch anbraten. Es dann bei 250 °C/Gas Stufe 5 für 25–35 Minuten in den Ofen schieben und alle acht bis zehn Minuten wenden. Soll der Filetbraten innen noch blutig sein, muß das Fleischthermometer 50 °C anzeigen, wünscht man es rosa, soll die Innentemperatur 60 °C betragen. Den Braten vor dem Aufschneiden ruhenlassen.

Ein Chateaubriand zubereiten

Das Fleisch salzen, pfeffern und mit zerlassener Butter bestreichen. Es dann auf jeder Seite acht bis zehn Minuten grillen, bis es gut gebräunt ist; das Fleisch dabei gelegentlich mit Fett begießen. Das Chateaubriand anschließend noch bei 250 °C/Gas Stufe 5 für etwa zehn Minuten in den Backofen schieben. Soll es innen blutig sein, muß es sich beim Daraufdrücken weich anfühlen (50 °C Innentemperatur). Fühlt es sich elastisch an (60 °C Innentemperatur), ist es innen rosa. Das Chateaubriand fünf Minuten ruhenlassen. Das Fleisch zum Servieren schräg in 1 cm dicke Scheiben schneiden.

Vorderviertel

Das Vorderviertel ist ein großer Abschnitt, der 45 kg oder mehr wiegen kann. Es umfaßt den Nacken, vier bis fünf Rippen, die hinter der Schulter liegen, die Schulter und das Vorderbein. Das gesamte Fleisch ist weniger zart, sparsam marmoriert und enthält reichlich Bindegewebe. Aus dem Vorderviertel werden ein halbes Dutzend Teilstücke geschnitten, die alle gute Schmorbraten ergeben. Durch die Lage der Knochen wird das Tranchieren erschwert, so daß man das Fleisch zum Garen am besten entbeint und bindet. Dieser Abschnitt liefert auch gutes Kochfleisch, beispielsweise für *pot au feu* oder für den in Süddeutschland und Österreich so beliebten Tafelspitz. Um ihn richtig zuzubereiten, ist es wichtig, daß das Fleischstück nicht pariert wird – nur so geht es beim Kochen richtig auf, wobei die Sehnen und Häute eine große Rolle spielen. Ebenso wichtig wie die Qualität des Fleisches ist das richtige Ansetzen von guter Rinderbrühe. Das Originalrezept aus Wien sieht als Beilage eine Schnittlauchsauce vor.

Schulter und Nacken werden häufig zu Hackfleisch verarbeitet, speziell in den Vereinigten Staaten, wo eine große Nachfrage nach Hamburgern besteht. Eine Entschädigung für die gewisse Zäheit des Fleisches ist der volle Geschmack. Einige Stücke, zum Beispiel die obere Hesse, kann man als Steaks mit Knochen auch gut in Scheiben schneiden; außerdem bietet das Vorderviertel auch einige fleischige Rippen (Brustkern). Wie bei den meisten Stücken, die nicht ganz so zart sind, verbessern sich auch hier Struktur und Geschmack, wenn man das Fleisch vor dem Schmoren mariniert.

ZUR INFORMATION
Portion *Mit Knochen* 375 g. *Ohne Knochen* 250 g.
Deutscher Schnitt Nacken; Fehlrippe; Schulter (Bug); Abgedecktes Leiterstück; Brustkern; Vorderhesse.
Französischer Schnitt *Ganze Teilstücke* Plat de côtes découvertes; paleron; macreuse; gîte oder jarret; crosse. *Stücke oder gewürfelt* Collier, plat de côtes découvertes; macreuse; gîte oder jarret.

Rippe

Viele Köche halten das Rippenstück, das vier bis sieben Rippen umfaßt und im ganzen oder in zwei oder drei Teilstücken gegart werden kann, für das feinste Bratenfleisch. Die hinteren Rippen, die einen großen mageren Kern enthalten, sind zwar hochwertiger als die vorderen Rippen nahe des Nackens, wo der Muskelstrang geteilt ist, doch ist das Fleisch insgesamt von bester Qualität. Rippenstücke werden am besten mit Knochen gegart, damit das Fleisch schön saftig bleibt. Sie sehen appetitlich aus und ergeben vorzügliche, große, magere Steaks, die man in Frankreich als *entrecôte* bezeichnet. In der französischen Küche kennt man für dieses Rippenstück die verschiedensten Zubereitungsarten, wobei die bekannteste *entrecôte bordelaise* sein dürfte. Werden die Rippen eingekürzt, erhält man Querrippe (franz. *plat de côtes couvertes*) zum Schmoren. Wegen der Rippenknochen erfordert das Tranchieren eines Rippenbratens eine spezielle Technik (rechts).

ZUR INFORMATION
Portion *Mit Knochen* 375 g. *Ohne Knochen* 250 g.
Deutscher Schnitt Hohe Rippe; Querrippe.
Französischer Schnitt *Ganzes Teilstück* Côte. *Kleinere Stücke* Entrecôte; plat de côtes couvertes.

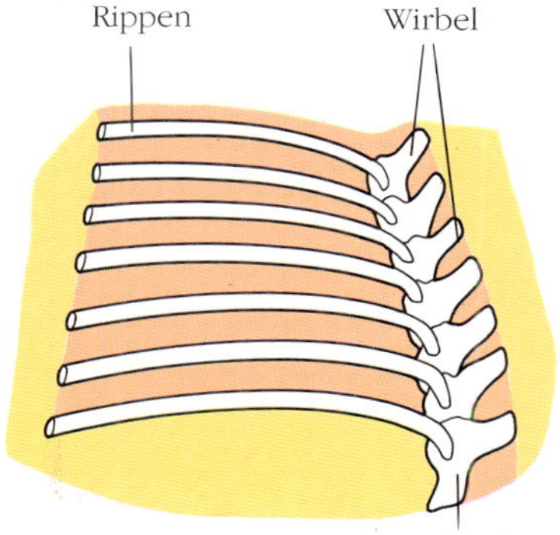

RIPPENBRATEN TRANCHIEREN

Um das Aufschneiden des Bratens zu vereinfachen, sollte der Rückenknochen am Rippenansatz bereits vom Metzger entfernt werden.

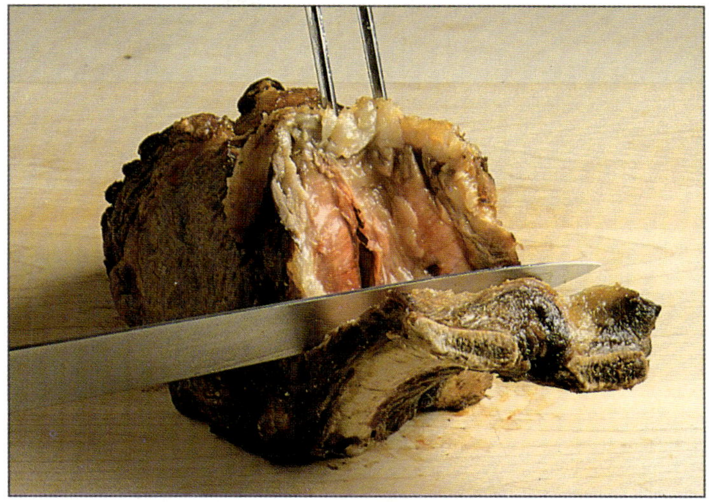

Braten mit 2–3 Rippen

1 Das Rippenstück mit einer Fleischgabel aufrecht halten und die Rippenknochen am Ansatz wegschneiden.

2 Das Fleisch auf die Seite legen und quer zur Faser schräg in Scheiben schneiden, die nach Belieben dick oder dünn sein können.

Braten mit 4–7 Rippen

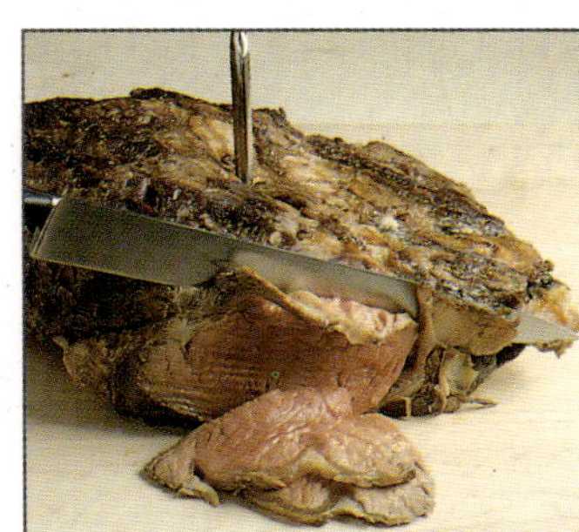

1 Den Braten mit einer Fleischgabel festhalten und an den Rippen entlangschneiden, um sie vollständig zu entfernen.

2 Das Fleisch mit der entbeinten Seite nach unten auf ein Brett legen und senkrecht in dicke oder dünne Scheiben schneiden.

Ungarisches Gulasch
Gulyás

Dieses Gulasch gehört zu den Gerichten, die fast überall auf der Welt bekannt sind. Da der Eintopf Kartoffeln enthält, sind keine weiteren Beilagen erforderlich.

4 Portionen
1 EL Öl
50 g geräucherter Speck, in Streifen geschnitten (S. 249)
750 g Zwiebeln, gehackt
2 EL Paprikapulver
750 g mageres Rindfleisch zum Schmoren
2 Knoblauchzehen
¼ TL Kümmel
500 ml Wasser
2 Tomaten, abgezogen, entkernt und gehackt
1 grüne Paprikaschote, entkernt und die Rippen entfernt, in Streifen geschnitten
500 g Kartoffeln, geschält und in 2,5 cm große Würfel geschnitten
4–6 kleine rote scharfe Pfefferschoten, geputzt (nach Belieben)
Salz und frisch gemahlener schwarzer Pfeffer

1 Den Backofen auf 175 °C/Gas Stufe 2–3 vorheizen. Das Öl in einem Schmortopf erhitzen. Den Speck anbraten, bis er leicht gebräunt und das Fett ausgebraten ist. Die Zwiebeln hinzufügen und den Deckel auflegen. Die Zwiebeln bei sehr schwacher Hitze unter häufigem Rühren wenigstens 20 Minuten dünsten, bis sie sehr weich und glasig sind. Das Paprikapulver unterrühren und alles 2 Minuten weitergaren.

2 In der Zwischenzeit das Rindfleisch parieren und in 4 cm große Würfel schneiden. Die Knoblauchzehen zusammen mit dem Kümmel fein hacken. Rindfleisch, Knoblauch und so viel Wasser in den Topf geben, daß das Fleisch nicht völlig bedeckt ist. Zu diesem Zeitpunkt sind keine weiteren Gewürze notwendig. Den Deckel auflegen und das Ganze für 1½–2 Stunden in den Ofen schieben, bis das Fleisch weich ist. Falls die Zwiebeln anlegen, mehr Wasser dazugießen.

3 Tomaten, Paprikaschote, Kartoffeln und – falls verwendet – die Pfefferschoten hinzufügen. Mit Salz und nach Belieben mit schwarzem Pfeffer abschmecken. Den Deckel wieder auflegen und alles noch 20–30 Minuten garen, bis die Kartoffeln gar und die Fleischstücke sehr weich sind. Den Eintopf nochmals abschmecken; er sollte dick und kräftig sein.

Abwandlungen

Debrecziner *gulyás* Zum Rinder-*gulyás* geschälte, in Scheiben geschnittene oder halbierte Debrecziner geben.

Esterházy Rahm-*gulyás* Mit einer gedünsteten Julienne von Karotten, Sellerie und Petersilienwurzel sowie Kapern und Erbsen angereichert.

Marha *gulyás* *Gulyás* aus Fleisch, Herz, Leber und Euter vom Rind, mit Paprika, Majoran und Kümmel gewürzt. Unmittelbar vor dem Servieren fügt man *csipetke* – eine Art Spätzle aus dünn ausgerolltem Nudelteig, in Salzwasser gekocht – hinzu.

Szegediner *gulyás* Schweinefleischwürfel – nach Belieben gemischt mit Rindfleischwürfeln – mit Zwiebeln und Paprikapulver anschmoren und mit Fond aufgießen; mit Sauerkraut gar dünsten. Saure Sahne getrennt dazu reichen.

Zigeuner-*gulyás* *Gulyás* mit Rind-, Kalb- und Schweinefleisch, angebratenem Speck, saurer Sahne und Kartoffeln.

Roastbeef (Lende)

Das Roastbeef, das von den Rippen bis fast zum Ende des Rückens verläuft, liefert viele ausgezeichnete Stücke. Unter dem Roastbeef liegt das Filet.

In den Vereinigten Staaten nimmt man das gesamte Roastbeef fast ausschließlich für Steaks, angefangen beim T-Bone-Steak, das ein kleines Filetstück beinhaltet, bis zum Porterhouse-Steak, bei dem der Filetanteil größer ist, und schließlich dem Sirloin-Steak. Ein Sirloin-Steak ist groß und reicht bei einer Dicke von 2,5 cm für zwei bis drei Personen. In Deutschland wird das Filet in der Regel herausgetrennt, das restliche Fleisch entbeint und als Braten (Roastbeef) verwendet oder zu knochenfreien Steaks geschnitten. Das Fleisch der Lende verändert sich in seiner Struktur, je weiter man zum Ende des Rückens kommt. Der Teil an den Rippen ergibt Hochrippensteaks, aus dem flachen Mittelteil schneidet man Entrecôtes und aus dem hinteren Stück Rumpsteaks.

ZUR INFORMATION

Portion *Mit Knochen* 375–500 g. *Ohne Knochen* 250 g.

Deutscher Schnitt *Im ganzen* Roastbeef. *Steaks* Hochrippensteak, Entrecôte, Rumpsteak.

Französischer Schnitt *Im ganzen* Contre-filet oder faux-filet. *Steaks* Contre-filet oder faux-filet.

GULYÁS

Sowohl das Urrezept für dieses Gericht wie seine Bezeichnung stammen aus Ungarn – *gulyás hús* ist, wörtlich übersetzt, »das Fleisch des Rinderhirten«. Die Geschichte des *gulyás* ist eng verknüpft mit der des Paprika, den türkische Krieger und bulgarische Bauern nach Ungarn brachten. So mancher *gulyás*-Kenner rät dazu, den Paprika – damit er nicht zu stark erhitzt wird – erst hinzuzufügen, nachdem die Zwiebeln mit Flüssigkeit abgelöscht wurden. Man kann auch zwei Sorten Paprika verwenden, einen schärferen zum Würzen des Gerichts und einen milden, um ihm eine schöne rote Farbe zu verleihen. In Ungarn selbst verwendet man nicht nur Rindfleisch, sondern auch Kalb- und Schweinefleisch, manchmal sogar Lamm. Die Ungarn bezeichnen dieses Gericht auch nicht als *gulyás* – so nennt man eine Suppe –, sondern als *pörkölt*. Mit saurer Sahne verfeinert (besonders für Geflügel und Fisch), wird es zu *paprikás*.

Keule

Die Keule vom Rind liefert ausgezeichnetes Fleisch, das wenig Knochen oder Bindegewebe aufweist, mager, kräftig im Geschmack und auch zart ist, wenn es langsam in feuchter Hitze gegart wird. Das Fleisch besteht aus fünf Muskeln, die quer oder entlang des Bindegewebes zerteilt werden können. Der jeweilige Fleischschnitt hat kaum Einfluß auf die geeigneten Garmethoden. Bestimmte Stücke, etwa Oberschale und Kugel, können im Ofen gebraten werden. Als Steaks zum Grillen sind diese Stücke jedoch nicht geeignet, da sie zu zäh sind.

Das Einlegen in eine Marinade wirkt sich positiv aus, wie auch gitterförmige Einschnitte (S. 195). Bratenstücke aus der Keule schmecken kalt und in hauchdünne Scheiben geschnitten ganz vorzüglich. Ein *steamship roast* (USA) umfaßt die gesamte Keule, wiegt etwa 36 kg und wird üblicherweise zu festlichen Anlässen serviert.

Fleisch aus der Rinderkeule schmeckt immer dann am besten, wenn es zusammen mit vielen Aromazutaten langsam geschmort wird, damit eine kräftige Sauce entsteht. Oberschale und Unterschale kann man auch in dünne Scheiben schneiden und daraus Rouladen zubereiten oder zu erstklassigem Tatar verarbeiten. Die weniger zarten Stücke der Keule, etwa Unterschale, werden häufig eingesalzen oder gepökelt.

Die Hüfte kann in Steaks geschnitten werden (Hüftsteak) oder findet – in etwa 5 cm große Würfel geschnitten – Verwendung in Gulasch oder Eintopfgerichten. Die Hesse (franz. *jarret* oder *gîte*) wird immer von der Keule abgetrennt und separat zubereitet. Rinderhesse kann mit Knochen geschmort oder ohne Knochen für Fonds oder Kraftbrühen verwendet werden.

ZUR INFORMATION
Portion *Mit Knochen* 375–500 g. *Ohne Knochen* 250 g.
Deutscher Schnitt Hüfte; Oberschale; Unterschale; Kugel (Nuß); Schwanzrolle.
Französischer Schnitt *Ganze Stücke* Aiguillette, aiguillette baronne; tranche grasse; gîte à la noix. *Steaks* Rumsteck.

Bauchlappen

Die Unterbauchwand enthält zähes, faseriges Fleisch sowie reichlich Fett und Bindegewebe. In den meisten Fällen muß das Fleisch gründlich pariert werden. Es läßt sich gut schmoren oder kochen. Im Unterschied zu den USA wird es in Deutschland nicht zu Hackfleisch verarbeitet, weil es für zu fett erachtet wird.

ZUR INFORMATION
Portion 250 g.
Deutscher Schnitt Bauchlappen
Französischer Schnitt *Gewürfelt oder als Hackfleisch* Flanchet; bavette.

Brust

Rinderbrust setzt sich aus dem Brustkern und der Flachen Brust (Nachbrust) zusammen. Der Brustkern enthält den Brustbeinknochen, die Nachbrust ist meist magerer und hat weniger Knochen. Das Fleisch ist fest und faserig. Gekocht schmeckt es gut, insbesondere mit einer würzigen Sauce.

Rinderbrust ist auch ein preiswertes Stück für einfache Gerichte wie *pot au feu;* Nachbrust kann auch geschmort werden. Rinderbrust muß man lange bei feuchter Hitze garen, damit sie weich wird. Häufig wird sie auch in eine milde Pökelsalzlösung eingelegt (*corned beef*, S. 488). In den Vereinigten Staaten ist Rinderbrust das beliebteste Stück für *pastrami*.

ZUR INFORMATION
Portion 250 g.
Deutscher Schnitt Brustkern; Flache Brust; Suppenrolle (entbeinte, gerollte Brust).
Französischer Schnitt Milieu de poitrine; gros bout de poitrine.

Hesse

Das Fleisch der Rinderhesse ist von allen Stücken am härtesten, aber mager und sehr schmackhaft. Mit Knochen wird Rinderhesse zum Kochen von Suppen verwendet, das ausgelöste und durchgedrehte Fleisch nimmt man zum Klären von Kraftbrühe und Aspik. Außerdem kann man das Fleisch in Würfel schneiden und Gulasch (aus der Wade) daraus kochen.

Beinknochen (franz. *crosse*) werden für Rinderfond verwendet, weil sie viel Kollagen enthalten. Eine Hinterhesse ist fleischiger als eine Vorderhesse.

ZUR INFORMATION
Portion *Mit Knochen* 375 g. *Ohne Knochen* 175–250 g.
Deutscher Schnitt Beinscheibe. *In Würfeln* Gulasch aus der Wade.
Französischer Schnitt Crosse; gîte oder jarret.

HAMBURGER

Hamburger sind mittlerweile rund um die Welt bekannt und beliebt. Doch selbst wer Hamburger von einem der spezialisierten Restaurants als *fast food* – also eines Feinschmeckers nicht würdig – ablehnt, wird oft begeisterter Anhänger, wenn er in den Genuß eines hausgemachten Exemplars kommt. Die Zubereitung zu Hause hat zudem den Vorteil, daß man den unverzichtbaren Fleischklops je nach Vorliebe mit allen erdenklichen Zutaten kombinieren kann. Die Herstellung eines guten Hamburgers ist ganz einfach: Alles, was man braucht, sind 175–250 g grob durchgedrehtes Rinderhack, das je nach Geschmack mehr oder weniger mager sein kann. Man kann das Hackfleisch so belassen, wie es ist, aber auch feingehackte Aromazutaten, wie Kräuter, Kapern und Zwiebeln, untermischen. Einige Kenner fügen noch einen Löffel Worcestershire-Sauce oder Brown-Sauce (S. 35) hinzu. »Streckmittel«, wie Brötchen oder Brösel, sind nicht erlaubt. Das Rindfleisch behutsam zu einer Kugel und dann zu einem 2,5–4 cm dicken Hamburger formen. Den Hamburger mit Salz und Pfeffer bestreuen und ihn auf beiden Seiten insgesamt vier bis zwölf Minuten grillen oder braten, bis der gewünschte Gargrad erreicht ist; bei starker Hitze wird er knusprig-braun.

Manche mögen Hamburger am liebsten, die nur mit Salz und Pfeffer und eventuell einigen getrockneten Kräutern gewürzt sind. Für die meisten Hamburger-Anhänger kommen die wichtigsten Zutaten jedoch am Schluß: in dicke Scheiben geschnittene Tomaten und Zwiebeln, Pickles und Kopfsalatblätter.

Man kann Hamburger auch mit einer Scheibe Speck, Chillies, Avocadoscheiben oder Champignons belegen und mit den verschiedensten Saucen würzen; mit einer Scheibe Käse, die man leicht erwärmt, wird er zum Cheeseburger. Hamburger, die mit *sauce béarnaise* (S. 61) serviert werden, oder gegrillte und mit Barbecue-Sauce bestrichene Hamburger sind zur Zeit besonders in Mode. Zu Hamburgern reicht man Senf, Ketchup, Mayonnaise, *piccalilli* und andere Relishes. Hamburger-Brötchen gibt es aus Weizen- oder Weizenvollkornmehl, mit Sesam, Mohn oder Zwiebeln. Die Schnittflächen sollten vor dem Belegen leicht angeröstet werden.

KALBFLEISCH

Kalbfleisch stammt von jungen Rindern, die sechs bis acht Monate alt und nicht schwerer als 90–110 kg sind. Gutes, zartes, rosa Fleisch liefern Kälber, die nicht mit Getreide, sondern mit Milch gemästet wurden. In diesem Fall sind die Schlachttiere zumeist drei Monate alt, da ältere Kälber in der Regel bereits beginnen, Gras zu fressen. Das Fleisch von Tieren, die sich von Gras ernähren, ist dunkler, grobfaseriger und verfügt weder über die geschmackliche Fülle von Rindfleisch noch über die Zartheit von mit Milch gemästeten Kälbern. Fleisch von Kälbern, die nicht artgerecht aufgezogen und mit Wachstumshormonen (in einigen Ländern und auch bei uns verboten) behandelt wurden, kann der Verbraucher im Grunde nicht erkennen, so daß ein zuverlässiger Lieferant wichtig ist.

Da die Tiere jung und klein sind, unterscheidet sich das Fleisch der einzelnen Körperpartien weniger stark als bei anderen Tieren. Die meisten Stücke sind zart und lassen sich auf vielfältige Weise garen, da sich ihr Bindegewebe noch nicht verfestigt hat. Aufgrund des geringen Fettanteils und des hohen Feuchtigkeitsgehalts kann Kalbfleisch jedoch zäh werden, wenn man es einfriert. Darüber hinaus ist zu beachten, daß das Gewebe von geschnittenem Kalbfleisch leicht schrumpft, obwohl fachgerechtes Zerlegen garantiert, daß möglichst wenige Fasern durchtrennt werden.

Kalbfleisch sollte man nicht einfach als eine Jugendform von Rindfleisch betrachten – der Charakter der beiden Fleischsorten ist vollkommen verschieden. Ebenso wie Hühnerfleisch harmoniert Kalbfleisch mit Aromen, die so unterschiedlich sein können wie Kapern, Thunfisch und Wildpilze. In vielen Rezepten sind Kalb- und Hühnerfleisch gegeneinander austauschbar.

Trotz seiner Zartheit ist Kalbfleisch zum Garen bei hohen Temperaturen nicht gut geeignet, denn es hat wenig natürliches Fett. Das Braten im Backofen oder Grillen muß behutsam und bei relativ niedrigen Temperaturen erfolgen (Tabelle S. 199). Oftmals ist es der bessere Weg, das Kalbfleisch zu schmoren oder bei schwacher Hitze in reichlich Flüssigkeit köcheln zu lassen. Bardieren oder Spicken (S. 196) ist ebenfalls nützlich; mariniert wird Kalbfleisch allenfalls für ein oder zwei Stunden (S. 195).

Kalbsfond dickt zu einem festen Gelee ein und ist die Grundlage für zahlreiche feine, glänzende Saucen. Fleischeintöpfen fügt man häufig Kalbsfüße hinzu, damit die Sauce mehr Gehalt bekommt – das Kollagen in Bindegewebe und Knochen löst sich bei feuchter Hitze zu Gelatine auf.

SEGMENTE DES SCHLACHTKÖRPERS

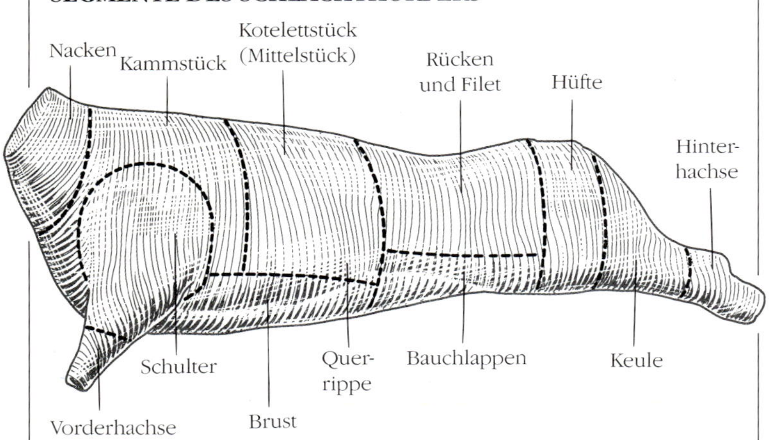

Ein Kalb läßt sich in elf Segmente unterteilen, von denen jedes bestimmte Gareigenschaften aufweist. Diese Segmente sind nicht immer mit den handelsüblichen Teilstücken identisch (S. 202).

ZUR INFORMATION

Saison Ganzjährig; am besten in den Sommermonaten.

Beim Einkauf beachten Hellrosa Fleisch mit feiner Faser; wenig Fett, doch auf glänzende Häutchen und Bindegewebe achten; Knochen sollen weiß oder rosa sein; rötliches oder graues Fleisch oder solches mit trockenen oder braunen Stellen nicht kaufen; nasse Verpackung zeigt an, daß das Fleisch eingefroren war.

Garzeiten *Ganze Stücke* Schmoren im Backofen: 25 Minuten pro 500 g bei 175 °C/Gas Stufe 2–3; braten im Backofen (S. 199). *Koteletts, Rippenstücke* Braten im Backofen: ¾–1 Stunde bei 175 °C/Gas Stufe 2–3; schmoren im Backofen: 1–1½ Stunden bei 175 °C/Gas Stufe 2–3; grillen (S. 197); marinieren: 1–2 Stunden; kurzbraten oder sautieren (S. 198); kochen: 1–1½ Stunden. *Gewürfelt* Schmoren im Backofen: 1–1½ Stunden bei 175 °C/Gas Stufe 2–3; als Sauté: ¾–1 Stunde; kochen: 1–1½ Stunden.

Scaloppine ai carciofi (Escalopes mit Artischockenböden; Italien)

Richtiger Gargrad Braten sollen eine Innentemperatur von 70 °C haben. *Stücke, Würfel* Grillen oder braten, bis ein Widerstand beim Daraufdrücken spürbar ist und Safttropfen an der Oberfläche stehen.

Aufbewahrung *Ganze Stücke* Im Kühlschrank 2–3 Tage; tiefgefroren: 6 Monate. *Schnitzel, Hackfleisch* Im Kühlschrank 1–2 Tage; tiefgefroren: 3 Monate.

HACKFLEISCH

Dank der Vielseitigkeit und des niedrigen Preises ist es kein Wunder, daß sich Hackfleisch vom Rind, Lamm, Schwein und Kalb so großer Beliebtheit erfreut. Amerikanische Hamburger, italienische Bolognese-Sauce, *chili* aus Texas und Frikadellen sind nur einige Beispiele für Rezepte mit Hackfleisch, das ebenso als Füllung für Gemüse, in Füllungen mit Kräutern, Eiern und Bröseln sowie für Hackbraten verwendet wird. Im Mittleren Osten vermischt man Hackfleisch mit Weizenschrot, um Füllungen oder gebratene Speisen zuzubereiten, etwa Lamm-*kibbeh,* für das kräftig gewürztes Hackfleisch mit gebratenem Hackfleisch vermischt und mit Pinienkernen gespickt wird. Fleischbällchen gibt es in vielfältiger Gestalt: in Italien als *polpettine,* serviert mit einer Weißwein-Kapern-Sauce, in Deutschland als Königsberger Klopse, die in weißer Sauce, vermischt mit Zitronensaft, gehackten Sardellen und Kapern, gereicht werden. Die Qualität von Hackfleisch hängt vor allem davon ab, aus welchem Teil des Tieres es stammt. Stücke von der Rinderkeule sind mager und können beim Garen mit starker Hitze austrocknen. Fehlrippe und andere Stücke vom Vorderviertel sind durchwachsener und haben mehr Geschmack. Preiswertes Hackfleisch vom Nacken enthält zumeist mehr Bindegewebe und ist dadurch oft zäher und härter. Bei anderen Fleischsorten spielen die für das Hackfleisch verwendeten Stücke eine geringere Rolle. Je frischer das Hackfleisch, desto besser; nach Möglichkeit kauft man ein ganzes Stück Fleisch und läßt es vom Metzger durch den Fleischwolf drehen oder verarbeitet es selbst zu Hackfleisch. Hackfleisch ist nur sehr begrenzt haltbar und sollte selbst im Kühlschrank nicht länger als maximal zwei Tage aufbewahrt werden. Gut verpackt, hält es sich im Tiefkühlgerät bis zu zwei Monate.

Schnelles, grobes Zerkleinern ist in den meisten Fällen am besten, denn das Fleisch wird beim Durchdrehen leicht heiß und zerdrückt. Für eine Fleisch-Farce, Klößchen oder glatte Pasteten muß die Struktur allerdings sehr fein sein. Ein handbetriebener oder elektrischer Fleischwolf gewährleistet zufriedenstellende Ergebnisse – der Grad der Feinheit läßt sich durch die Verwendung verschiedener Scheiben bestimmen. Beste Ergebnisse erzielt man, indem das Fleisch mit einem großen Küchenmesser von Hand gehackt wird. Das Fleisch dazu erst in Würfel schneiden und dann fein oder grob hacken.

ZUR INFORMATION (Fortsetzung)
Typische Gerichte Holsteiner Schnitzel (in Butter gebraten, mit Spiegelei belegt und Sardellenfilets sowie Räucherlachs garniert; Deutschland); *parmigiana* (paniertes Schnitzel mit Parmesankäse, in Olivenöl gebraten und mit Tomatensauce serviert; Italien); Wiener Schnitzel (paniertes Schnitzel; Österreich); Paprikaschnitzel (paniertes Schnitzel mit Paprika; Österreich); *escalopes a la zíngara* (Schnitzel mit einer gebratenen Schinkenscheibe und Sherrysauce serviert; Spanien); *jägarschnitzel* (durchgedrehtes Schnitzel mit Champignon-Sauce; Schweden); *scaloppine di vitello alla Marsala* (Schnitzel mit Marsala; Italien); *saltimbocca* (mit Salbeiblättern und Schinken belegte Schnitzel; Italien); *ternera con Coñac* (Schnitzel, sautiert mit Oliven und Weinbrand; Spanien); *Clementine* (paniertes Schnitzel mit Speck, Zitrone, Kapern und Wein; Australien); Schnitzel mit Sahne, Calvados und Äpfeln (Frankreich); *selle de veau Orloff* (Kalbsrücken mit Gänseleber und Champignons; Frankreich); Schulterbraten mit Brotfüllung (Großbritannien); *involtini* (kleine Röllchen mit Schinken und Käse; Italien); Kalbsbrust, gefüllt mit Reis, Erbsen und Champignons (Niederlande); gefüllte Kalbsbrust Wiener Art (Österreich, Deutschland); *osso buco* (geschmorte Kalbshachse mit Tomaten; Italien); geschmorte Kalbshachse mit Maisgrieß (USA); Steak mit Schinken und Bataten (Süden der USA); *paupiettes de veau Valentino* (Kalbfleischröllchen, mit Spargel gefüllt und mit Tomatensauce serviert; Frankreich); *klopsiki cielece w sosie koper kowym* (Kalbfleischfrikadellen mit Petersiliensauce; Polen); *alla valdostana* (dünne Koteletts, gefüllt mit Fontina und Trüffeln; Italien); *blanquette de veau* (Ragout mit Champignons und Zwiebeln in Sahnesauce; Frankreich).

Schulter (franz. *épaule*)

Kalbsschulter ist nicht so leicht zu erkennen wie Lammschulter (S. 221), da die Hachsen entfernt sind. Das Schulterstück wird am Schultergelenk abgetrennt und häufig entbeint, um als Rollbraten verwendet oder gefüllt zu werden. Da eine ganze Schulter mit Knochen bis zu 9 kg wiegt, wird sie gewöhnlich in verschiedene Bratenstücke zerlegt.

Portion *Mit Knochen* 375 g.
Ohne Knochen 250 g.

Kammstück (franz. *côtelettes découvertes*)

Deutsche Metzger entbeinen dieses Stück gewöhnlich und machen Rollbraten daraus; doch kann es auch in Koteletts oder in Würfel für Gulasch geschnitten werden. Das Fleisch ist von eher durchschnittlicher Qualität und besser zum Schmoren als zum Braten oder Grillen geeignet.

Portion *Mit Knochen* 375 g.
Ohne Knochen 250 g.

Ein Kammstück entbeinen

Das Kammstück wird wie der Kalbsrücken entbeint (S. 216), hat jedoch kein Filetfleisch. Am oberen Ende des Stückes muß das Messer um die Nackenknochen herumgeführt werden.

Gefüllte Kalbsbrust

Die Kalbsbrust kann heiß oder kalt serviert werden. Reicht man sie heiß, dient die Schmorflüssigkeit als Sauce, die gut zu glasierten Möhren und Zwiebeln paßt. Wird die gefüllte Kalbsbrust kalt serviert, sollte man die Sauce zum Gelieren kalt stellen und das Gelee als Garnierung in Würfel hacken. Kartoffelsalat ist eine gute Beilage.

6–8 Portionen
1,5–2 kg Kalbsbrust
2 hartgekochte Eier, in Scheiben geschnitten
60 g gekochter Schinken, in feine Streifen geschnitten
1 EL Öl
30 g Butter
1 Zwiebel, in Viertel geschnitten
1 Möhre, in Viertel geschnitten
1 Stange Bleichsellerie, in große Stücke geschnitten
250 ml Weißwein
1 l Kalbsfond (gegebenenfalls etwas mehr)
1 Knoblauchzehe, zerdrückt
1 *bouquet garni*

Für die Füllung
1 Zwiebel, feingehackt
30 g Butter
500 g mageres Kalbfleisch, durch den Fleischwolf gedreht
60 g frische Weißbrotkrumen
2 Knoblauchzehen, feingehackt
Abgeriebene Schale von 1 unbehandelten Zitrone
2 EL gehackte Petersilie
1 Prise Muskat
Salz und Pfeffer
2 Eier, verschlagen

1 Für die Füllung Die Zwiebel in der Butter weich dünsten. Dann zusammen mit den Brotkrumen, Knoblauch, Zitronenschale, Petersilie, Muskat, Salz und Pfeffer unter das durchgedrehte Kalbfleisch mischen. Die verschlagenen Eier unterarbeiten und die Füllmasse 1–2 Minuten kräftig durchrühren, bis sie sich von den Schüsselwandungen löst. Eine kleine Menge braten und kosten, ob die Füllmasse richtig gewürzt ist.
2 Die Kalbsbrust entbeinen und auseinanderklappen (s. Rollbraten, S. 217). Die Knochen beiseite stellen. Das Fleisch mit der Fettseite nach unten legen und würzen. Die Füllmasse so darauf verteilen, daß ein 2,5 cm breiter Rand frei bleibt. Mit den hartgekochten Eiern belegen und die Schinkenstreifen daraufstreuen. Die Kalbsbrust zusammenrollen und binden (S. 196). Den Backofen auf 175 °C/Gas Stufe 2–3 vorheizen.
3 Die gefüllte Kalbsbrust in einem Schmortopf in Öl und Butter anbraten, dann herausnehmen und das Fett bis auf 2 EL abgießen. Das Gemüse hinzufügen und 5–7 Minuten behutsam garen, bis es weich ist. Die Kalbsknochen in den Topf geben und das Fleisch darauflegen. Wein, Fond, Knoblauch, *bouquet garni* sowie Salz und Pfeffer dazugeben.
4 Den Deckel auflegen und alles auf dem Herd zum Kochen bringen. Die Kalbsbrust dann 2–2½ Stunden im Backofen schmoren, bis das Fleisch weich ist. Während der Garzeit jeweils weiteren Fond angießen, wenn die Flüssigkeit verdampft ist. Das Fleisch herausnehmen, die Garflüssigkeit durch ein Sieb in einen Topf gießen und das Fett abschöpfen. Die Flüssigkeit gegebenenfalls einkochen lassen. Nach Geschmack würzen. Das Küchengarn vor dem Aufschneiden der Kalbsbrust entfernen.

Nacken (franz. *collet*)

Ein längliches Stück, das Knochen und Sehnen enthält. Nackenfleisch muß gründlich pariert werden und wird gewöhnlich scheibenweise verkauft. Man kann es auch ausbeinen und für Eintöpfe in Würfel schneiden.

Portion *Mit Knochen* 500 g.
Ohne Knochen 175–250 g.

Rippenstück Kotelett-Mittelstück (franz. *carré*)

Ein mageres Stück, das mit und ohne Knochen einen ausgezeichneten Braten ergibt. Das Karree liefert auch die besten Kalbskoteletts, wobei der Rückenknochen und die Rippenspitzen vom Metzger entfernt werden. Die freiliegenden Knochenenden vor dem Garen sorgfältig abschaben. Für einen Braten, der zu einer Krone gebunden werden soll, nimmt man ein Stück mit sieben oder acht Rippen aus der Mitte und dem Rücken. Beim Binden geht man ähnlich wie bei Lammfleisch vor (S. 223). Ein solcher Kalbsbraten schmeckt auch ausgezeichnet mit einer Schweinefleischfüllung.

Portion *Mit Knochen* 375 g.
Ohne Knochen 250 g.

Kotelettstücke entbeinen

Rippenstücke werden wie Kalbsrücken entbeint (unten), doch ist bei ihnen kein Filet vorhanden.

Rücken Nierenstück (franz. *longe*)

Kalbsrücken ist ein besonders mageres Stück. Unter dem Rückgrat liegt das Filet, das in den meisten Fällen ausgelöst und in 1,5–2 cm dicke Scheiben, sogenannte Medaillons, geschnitten wird. Kalbsrükken wird meist entbeint, da er sich sonst nur schwer tranchieren läßt. Vor oder nach dem Entbeinen kann er auch zu Koteletts geschnitten werden. Kalbssattel ist das doppelte Rückenstück, wird gewöhnlich nicht entbeint und wie Lammsattel aufgeschnitten (S. 219).

Portion *Mit Knochen* 375 g.
Ohne Knochen 250 g.

KALBSRÜCKEN ENTBEINEN

Ausgelöster Kalbsrücken ergibt ausgezeichnete Bratenstücke, kann aber auch in Steaks geschnitten werden.

1 Das Fleisch mit der Fettseite nach unten auf ein Brett legen und die langen Rippenknochen mit einem Ausbeinmesser freilegen.

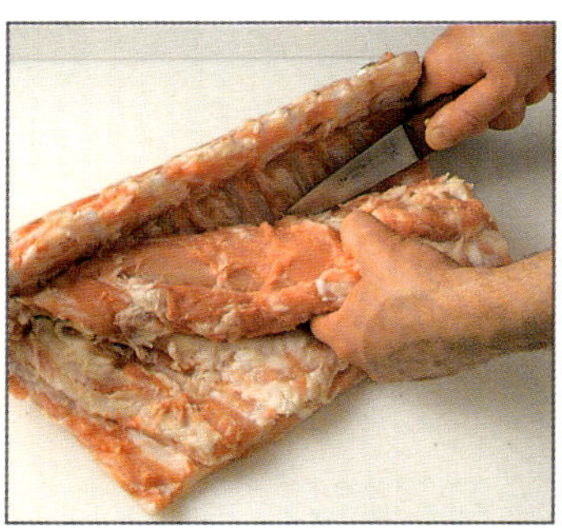

2 Das Kalbsfilet in einem Stück vom Rückgrat lösen. Es kann in Medaillons geschnitten werden.

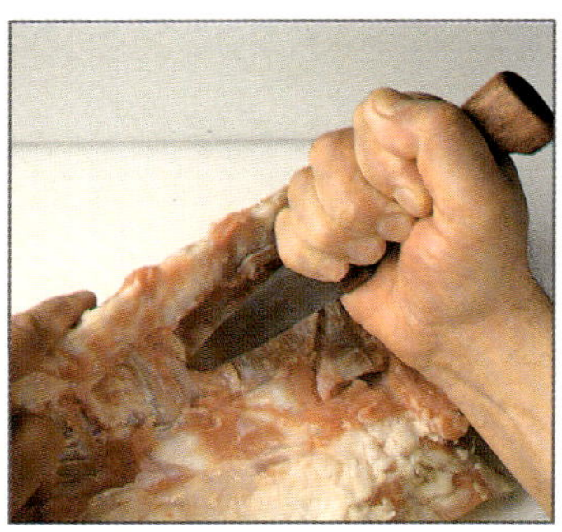

3 Mit der Spitze des Messers die Umrisse der Wirbelknochen nachfahren. Das Fleisch zwischen den Knochen losschneiden, um das Fleisch am Stück abtrennen zu können.

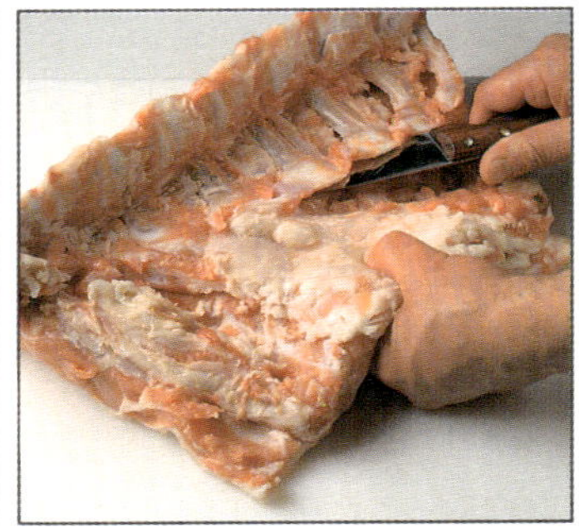

4 Unter die Knochen fahren, damit das Rückgrat in einem Stück weggeschnitten werden kann.

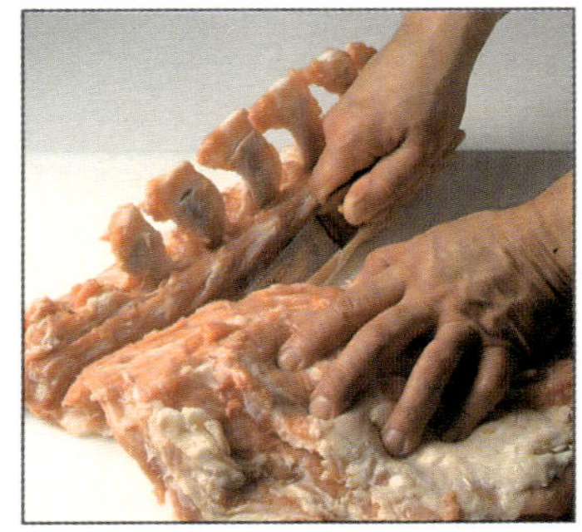

5 Das Rückgrat abtrennen und das Fett vom Fleisch wegschneiden.

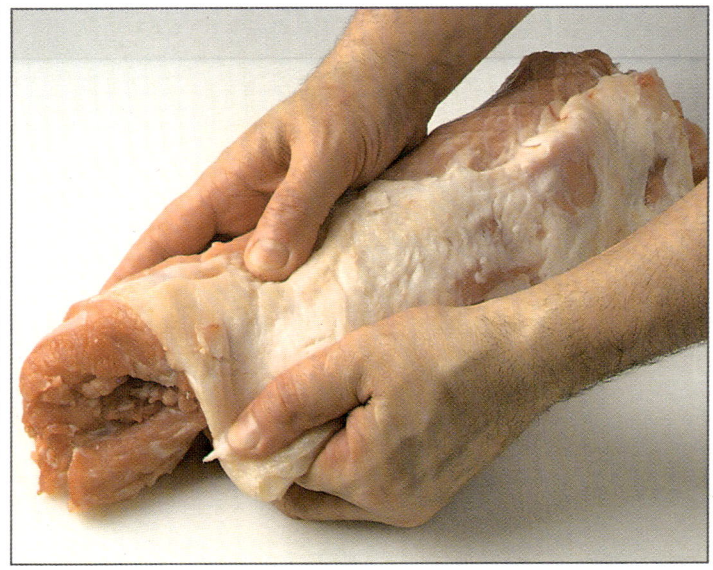

6 *Oben:* Den Flankenabschnitt auf 7,5 cm einkürzen und das Fleisch sorgfältig so aufrollen, daß das Fett nach außen zeigt.

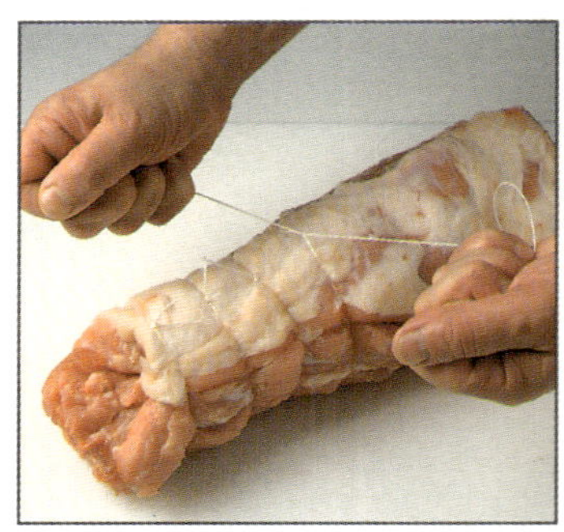

7 *Rechts:* Den entbeinten Kalbsrücken alle 2,5 cm mit Küchengarn zusammenbinden. Das Fleisch kann zwischen den Schnüren in knochenlose Koteletts geschnitten werden.

Kalbssattel vorbereiten

Siehe Lammsattel vorbereiten (S. 219).

Hüfte (franz. *quasi, culotte*)

Die Bezeichnungen für diesen Teil des Hinterviertels hängen davon ab, wie der Metzger es zerlegt. In Großbritannien und mitunter auch in den Vereinigten Staaten macht man einen diagonalen Schnitt, um ein kompaktes Bratenstück abzutrennen. Alternativ kann der Schnitt in diesen Ländern auch gerade nach unten zum Bauch führen. In Frankreich gibt es noch ein kleines Stück, *culotte* genannt, das vom Ende des Rückgrats stammt und einen Teil der Keule mit einschließt. Alle diese Stücke werden am besten als Rollbraten zubereitet, geschmort oder in Scheiben geschnitten.

Portion *Mit Knochen* 375 g.
Ohne Knochen 250 g.

Keule (franz. *cuisseau*)

Die Keule besteht aus drei Hauptmuskeln und liefert exzellente Bratenstücke. Die Oberschale (franz. *noix*) liegt im Inneren der Keule. An der Außenseite ist die Unterschale (franz. *sousnoix*), ein weniger zartes, groberes Stück. Das dritte Stück ist die Kugel oder Nuß (franz. *noix pâtissière*) aus dem unteren Bereich der Keule, die ebenso wie die Oberschale sehr zart ist. Alle diese Stücke haben keine Knochen und sollten zum Braten bardiert und gebunden werden.

Aus der Keule lassen sich auch Schnitzel schneiden (S. 218). Bei uns dürfen Kalbsschnitzel lediglich aus Nuß oder Oberschale stammen. In den Vereinigten Staaten wird die Kalbskeule mitunter auch quer geteilt, so daß verschiedene Bratenstücke mit Knochen sowie Steaks entstehen, doch ist diese Zerlegweise weniger zu empfehlen, da das Fleisch meist stark schrumpft.

Portion *Mit Knochen* 375–500 g. *Ohne Knochen* 250 g.

Bauchlappen (franz. *flanchet*)

Bei der Flanke handelt es sich um die Unterbauchwand. Es ist ein dünnes, fleischiges Stück mit viel Bindegewebe, aber ohne Knochen, das gründlich pariert werden muß. Die Flanke kann zum Schmoren – nach Belieben mit einer Füllung – aufgerollt und gebunden oder für Eintopfgerichte in Würfel geschnitten werden.

Im Handel wird dieses von den Rippen gelöste Bauchfleisch meist gerollt angeboten. Manchmal enthält es eine Füllung – ein preiswerter Braten.

Portion *Ohne Knochen* 250 g.

Brust (franz. *poitrine*)

Dieses Stück enthält das Brustbein sowie Rippen, von denen einige mehr knorpelig als knochig sind. Kalbsbrust hat reichlich Fett und Bindegewebe und ist deshalb ein gehaltvolles Stück zum Schmoren oder für weiße Ragouts, wie *blanquette*.

Portion *Mit Knochen* 500 g. *Ohne Knochen* 250 g.

KALBSBRUST ENTBEINEN

Kalbsbrust kann man teilweise entbeinen (die Rippen werden in diesem Fall nicht entfernt) und dann als Braten füllen oder in Streifen schneiden. Alternativ werden auch die Rippen entfernt, und man rollt und füllt das Fleisch oder schneidet es in Würfel.

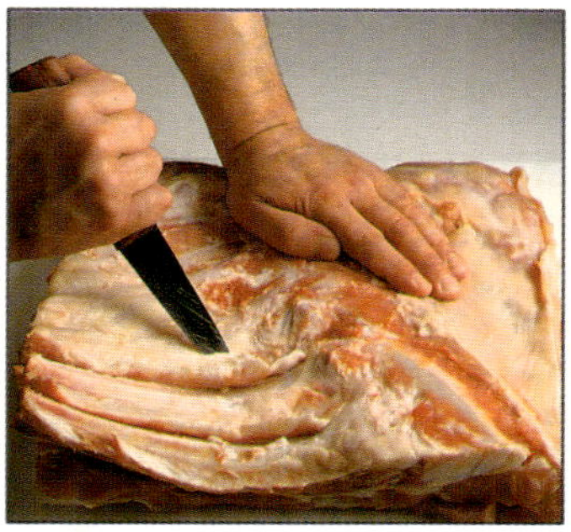

1 Zum Entfernen der Rippen das Fleisch mit der Knochenseite nach oben legen. Mit der Messerspitze an den Umrissen der Rippen entlangschneiden.

2 Mit der stumpfen Seite eines schweren Messers oder Küchenbeils kräftig zwischen jede Rippe klopfen, um das Fleisch von den Knochen zu lösen.

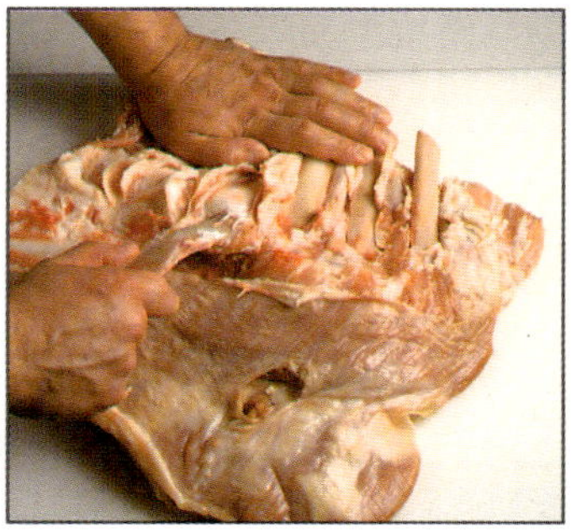

3 Den Knorpel zwischen Rippen und Brustbein durchschneiden und die Knochen Stück für Stück entfernen.

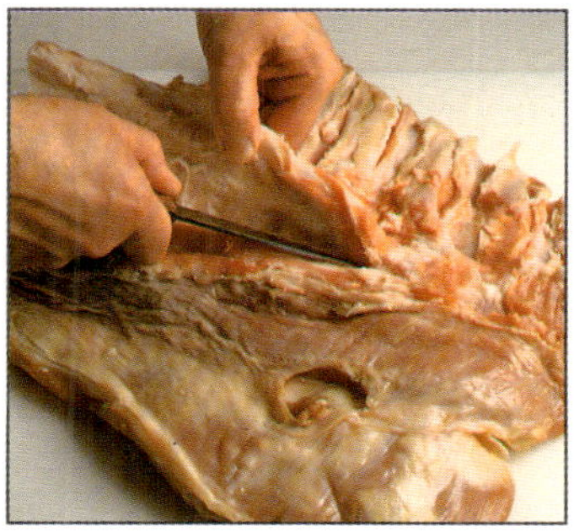

4 Rund um das Brustbein schneiden, das Messer dicht am Knochen führen; den Knochen vollständig freischneiden.

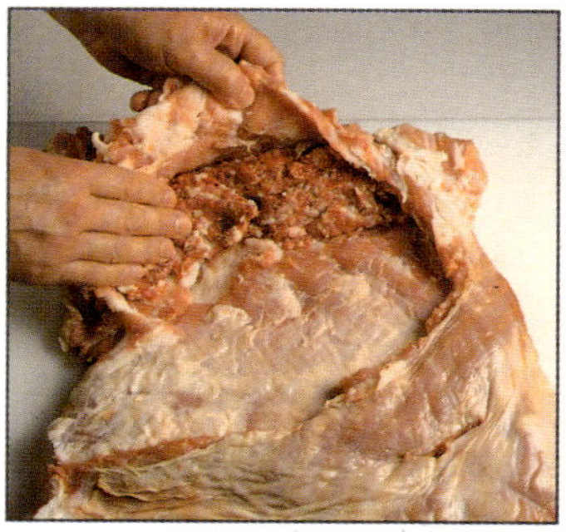

5 Für einen gefüllten Braten Von dort aus, wo sich das Brustbein befunden hat, auf beiden Seiten eine tiefe Tasche in das Fleisch schneiden. In jede Tasche Füllmasse hineindrücken, so daß das Fleisch schön prall wird.

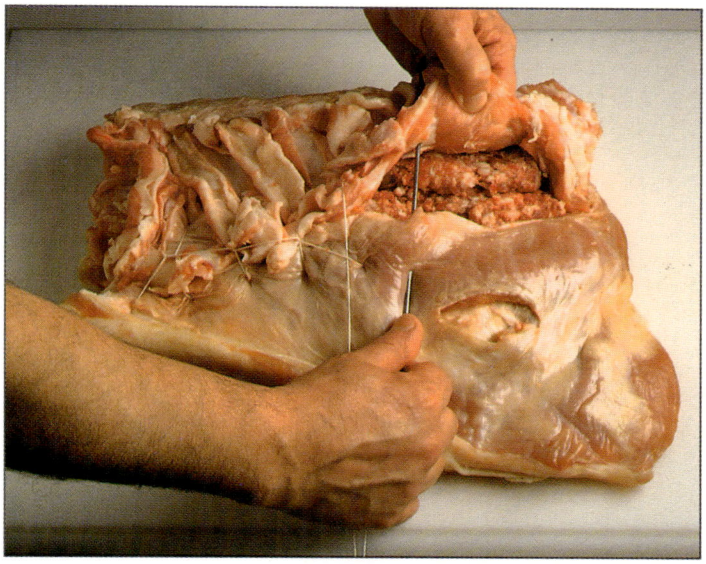

6 Die Ränder des Brustfleisches mit einer Dressiernadel und Küchengarn zusammennähen.

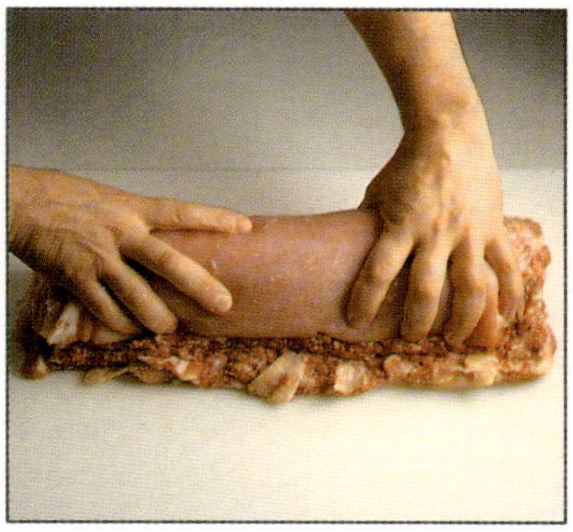

Für einen Rollbraten Die Kalbsbrust an beiden Seiten einschneiden und flach auseinanderklappen. Die Füllmasse in Längsrichtung auf dem Fleisch verteilen und es dann aufrollen und binden (S. 196), so daß ein langer dünner Rollbraten entsteht.

Querrippe (franz. *haut de côtes*)

Ein schmaler Abschnitt vom Brustkorb mit Rippen und einem hohen Anteil an Bindegewebe. Die Knochen lassen sich problemlos herauslösen.

Das verbleibende Fleisch ist dem Brustfleisch ähnlich und wird in gleicher Weise gegart. Häufig hängt dieser Abschnitt auch am Bruststück, wodurch sich dessen Größe fast verdoppelt.

Portion *Mit Knochen* 500 g.
Ohne Knochen 250 g.

Kalbshachse (franz. *jarret*)

Speziell die Hinterhachsen sind im oberen Bereich recht fleischig. Kalbshachse ist ein schmackhaftes Stück zum Schmoren, beispielsweise in Wein, und wird – zu dicken Scheiben geschnitten – für das italienische Gericht *osso buco* verwendet. Man kann sie auch grillen, wie man sie vor allem in Süddeutschland liebt. Das untere Ende der Hachsen (franz. *crosse*) wird gewöhnlich abgeschnitten und zur Zubereitung von Fonds oder Suppen genommen.

Portion *Mit Knochen* 375–500 g.
Ohne Knochen 250 g.

Kalbsschnitzel

Bei Kalbfleisch ist die Nachfrage nach Schnitzeln (ital. *scaloppine*, franz. *escalope*) besonders groß. Ein gutes Kalbsschnitzel stammt von einem mit Milch gemästeten Kalb, hat eine rosa Farbe und ist quer zur Fleischfaser geschnitten, damit es zart ist. Die besten Kalbsschnitzel liefern Nuß und Oberschale. Schnitzel verderben rasch und werden am besten innerhalb eines Tages verzehrt.

Gute Kalbsschnitzel sind außergewöhnlich vielseitig. Man kann sie in Mehl wenden oder panieren und in Butter braten. Sie eignen sich gut zum Füllen, sei es in Form von *cordon bleu* oder Kalbfleischröllchen (franz. *paupiettes*).

Weniger zarte Schnitzel werden am besten kurz in einer Sauce gegart oder als Sauté zubereitet. Kalbsschnitzel können gedämpft, *en papillote* (bestrichen mit *duxelles*) in Alufolie gegart oder für pfannengerührte Gerichte in feine Streifen geschnitten werden. Unabhängig von der Methode sollte das Fleisch nur kurz gegart werden, damit es nicht austrocknet.

Kalbsschnitzel sind zwar nicht billig, aber sehr ergiebig – 125 bis 175 g reichen als Portion für eine Person aus, und es gibt keinen Abfall. Schweinefilet, das mitunter für kleinere und dünnere *scaloppine* Verwendung findet, kann ein schmackhafter Ersatz für Kalbfleisch sein. So ist das berühmte Wiener Schnitzel inzwischen häufig ein Schweineschnitzel.

KALBSSCHNITZEL SCHNEIDEN

Die Dicke eines Kalbsschnitzels kann zwischen 3 mm und 1 cm liegen, doch sollte es mindestens 12 cm breit sein.

Fett und alle Häutchen vom Fleisch abschneiden. Das Fleisch schräg und quer zur Faser in möglichst große Scheiben schneiden. Die Schnitzel zwischen zwei Stücke Pergamentpapier oder Klarsichtfolie legen und mit einem Nudelholz flachklopfen, damit das Fleisch mürbe wird (s. Putenschnitzel schneiden, S. 186).

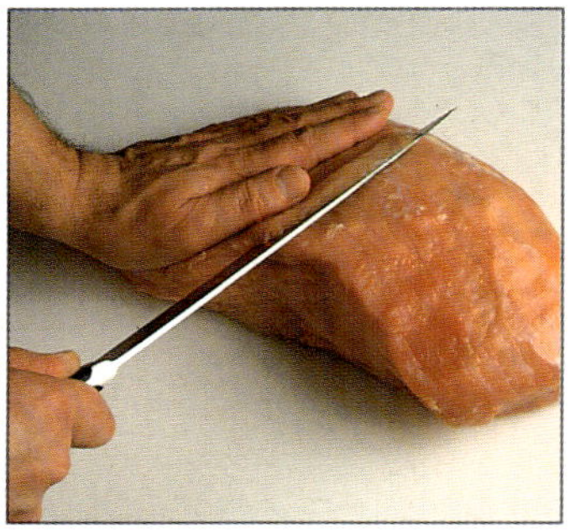

LAMMFLEISCH

Kleiner als Rind und Schwein, wiegt ein ausgewachsenes Lamm im Alter von etwa acht Monaten selten mehr als 52 kg. Das Fleisch ist so zart, daß beinahe alle Stücke gebraten werden können, selbst wenn das Tier voll entwickelt ist. Schafe werden in vielen Wachstumsstadien verzehrt, angefangen bei Milchlämmern, die höchstens drei Monate alt sind. Häufig brät man sie im ganzen oder zerlegt sie lediglich in große Stücke. Das meiste Lammfleisch auf dem internationalen Markt stammt von Milch- oder Osterlämmern, die im Alter von drei bis sechs Monaten geschlachtet werden. Schafe bis zu einem Alter von einem Jahr gelten als Lämmer. Schaffleisch von Tieren, die über zwei Jahre alt sind, wird nur selten im Handel angeboten; damit es zart wird, sollte man es schmoren.

Der Geschmack des Fleisches hängt vom Futter der Tiere ab, so daß Lämmer, die auf Salzmarschen oder auf Bergwiesen mit Wildkräuterwuchs aufwachsen, besondere Delikatessen sind. Je älter das Tier, desto kräftiger der Geschmack: Osterlamm ist mild und leicht pikant, Milchlamm hat eine gewisse Süße und Hammelfleisch einen ausgeprägten Eigengeschmack. Wenn Lammfleisch aufgewärmt wird oder die äußere Haut (Balg) nicht vollständig entfernt ist, kann es unangenehm streng schmecken. Lamm- und Hammelfleisch kann ohne große Qualitätseinbußen kommerziell gefrostet werden; der Hauptanteil des Marktangebotes besteht in der Tat aus neuseeländischem Lammfleisch, das für den Export tiefgefroren wurde. Die Größe der Teilstücke variiert sehr stark – die Keule eines Osterlamms ist naturgemäß kleiner als die eines sechs Monate alten Tieres. Die im folgenden angegebenen Portionsgrößen sind als Durchschnittswerte zu verstehen.

SEGMENTE DES SCHLACHTKÖRPERS

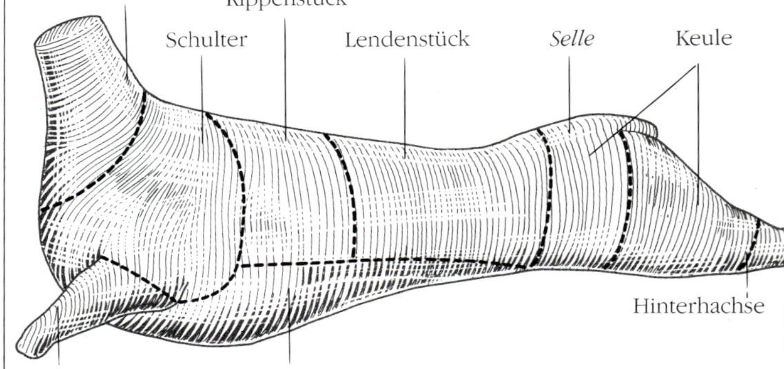

Ein Lamm läßt sich in acht Segmente unterteilen, von denen jedes bestimmte Gareigenschaften aufweist. Diese Segmente sind nicht immer mit den handelsüblichen Teilstücken identisch (S. 204).

ZUR INFORMATION

Saison *Milchlamm* Frühwinter bis Frühjahr. *Mastlamm* Frühjahr bis Herbst. *Hammel* Ganzjährig.
Beim Einkauf beachten *Milchlamm* Knochen sehr klein, Fleisch hellrosa und feucht, ähnlich wie Kalbfleisch. *Mastlamm* Weißes Fett, gut marmoriert, Fleisch dunkelrosa, nicht rot. *Hammel* Fett gelblich, nicht trocken, Fleisch dunkel und von feiner Struktur, gut marmoriert.
Nährstoffgehalt s. Lammfleisch, S. 205.
Garzeiten *Ganze Stücke* Schmoren im Backofen: 20 Minuten pro 500 g bei 175 °C/Gas Stufe 2–3; marinieren: 1–2 Tage; braten (S. 199). *Koteletts, Steaks* Im Backofen garen: 45–60 Minuten bei 175 °C/Gas Stufe 2–3 (durchgebraten); grillen (S. 197); schmoren im Backofen: 1¼–1¾ Stunden bei 175 °C/Gas Stufe 2–3; marinieren: 12–24 Stunden; kurzbraten oder sautieren (S. 198); pfannenrühren: 1–2 Minuten. *Gewürfelt* Schmoren im Backofen:

1¼ – 1¾ Stunden bei 175 °C/Gas Stufe 2 – 3; als Sauté: ¼ – 1 Stunde.
Richtiger Gargrad *Ganze Stücke* Braten: Bei einer Innentemperatur von 50 °C ist das Fleisch innen noch blutig, bei 60 °C rosa und bei 70 °C durchgebraten. *Koteletts, Steaks* Grillen und kurzbraten: Wenn das Fleisch innen noch rosa ist, fühlt es sich beim Daraufdrücken elastisch an, soll es durchgebraten sein, muß es sich fest anfühlen.
Aufbewahrung *Große und kleine Stücke* Im Kühlschrank 2 – 4 Tage, tiefgefroren: 9 Monate. *Hackfleisch* Im Kühlschrank 1 – 2 Tage, tiefgefroren: 3 Monate.
Typische Gerichte *Gigot d'agneau à la bretonne* (Lammkeule mit weißen Bohnen; Frankreich); gebratene Lammkeule mit Minzesauce (Großbritannien); Schulter mit Sauerrahmsauce (Skandinavien); *Northumbrian duck* (entbeinte und gefüllte Schulter, die im Aussehen an Ente erinnert; Großbritannien); *à la printanière* (mit Frühlingsgemüse; Frankreich); *Lancashire hot pot* (Eintopf mit Nieren und Austern Großbritannien).

Lendenstück (franz. *côte*)

Das Lendenstück, das häufig in Chops unterteilt wird, besteht aus dem mageren Muskelstrang, der entlang des Rückgrats verläuft, sowie – im Hinterviertel – dem Filet, das unter dem charakteristischen T-förmigen Knochen liegt. Englische *chump chops* umfassen mitunter auch die Nieren. In Frankreich schließt das Lendenstück bis zu 13 Wirbelknochen mit ein. Das Lendenstück kann mit den Knochen gegart oder als Braten entbeint werden. Lammsattel ist das doppelte, am Rückgrat verbundene Lendenstück. In Deutschland, den Vereinigten Staaten und in Großbritannien wird der Sattel manchmal zu Schmetterlings-Chops geschnitten. Ein *baron,* der traditionelle Festtagsbraten, besteht aus dem ganzen Hinterviertel, das heißt dem Sattel und beiden Keulen. (Zum Entbeinen eines Lendenstücks s. Kalbsrücken entbeinen, S. 216.)

Portion *Mit Knochen* 375 – 500 g.
Ohne Knochen 250 g.

Selle (franz.)

Ein schmales Stück vom Rücken, wie man es hauptsächlich in Frankreich schneidet. In Deutschland wird dieses Stück im allgemeinen zwischen Rücken und Keule aufgeteilt. In Frankreich ist *selle* der klassische Sattelbraten – eines der prächtigsten Stücke von allen. Nach dem Entbeinen und Binden können aus dem Fleisch *noisettes* (oder Medaillons) geschnitten werden. (Zum Entbeinen s. Ein Filetkotelettstück entbeinen, S. 227.)

Portion *Mit Knochen* 375 g.
Ohne Knochen 250 g.

LAMMSATTEL VORBEREITEN

Zum Entbeinen einen kurzen Sattel verwenden, der manchmal mit Nieren verkauft wird. Lammsattel kann auch mit Knochen gebraten werden.

1 Das Fleisch mit der Hautseite nach oben auf ein Brett legen, so daß die Bauchlappen flach nach außen liegen. Die Bauchlappen auf 15 cm einkürzen und das Fett bis auf eine dünne Schicht wegschneiden.

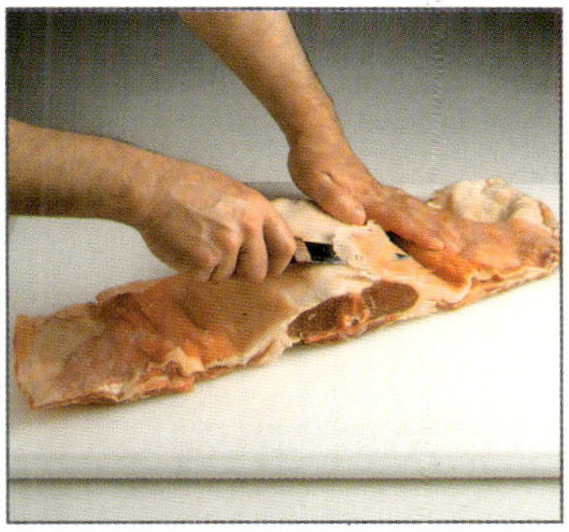

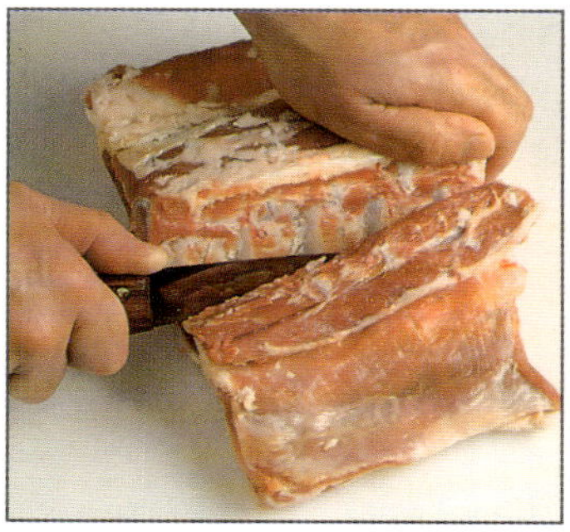

2 Das Messer am Rückgrat entlangführen und das Filet vom Knochen lösen, es aber nicht von der Haut abtrennen.

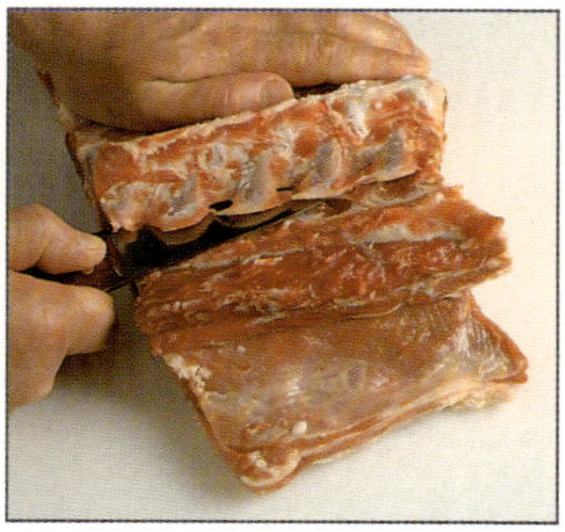

3 Das Messer unter die Wirbelenden schieben und sie vom Fleisch losschneiden. Wenn der Grat der Wirbelsäule erreicht ist, nicht weiterschneiden.

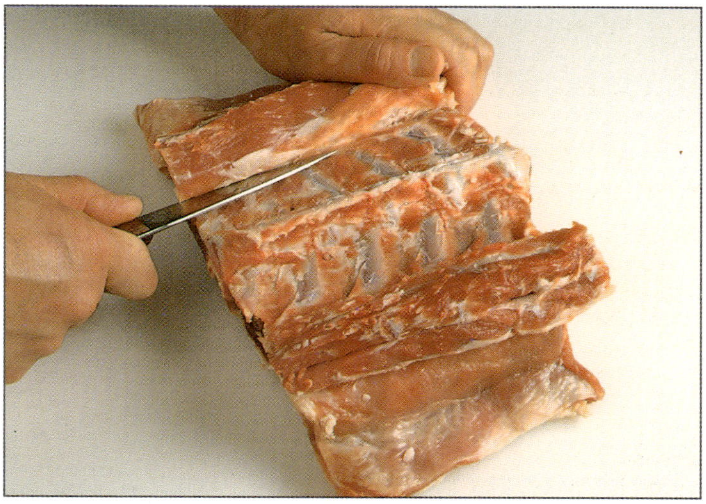

4 Das Ganze auf der anderen Seite wiederholen. Das Fleisch unter dem Rückgrat vom Knochen schaben, ohne die Haut zu verletzen.

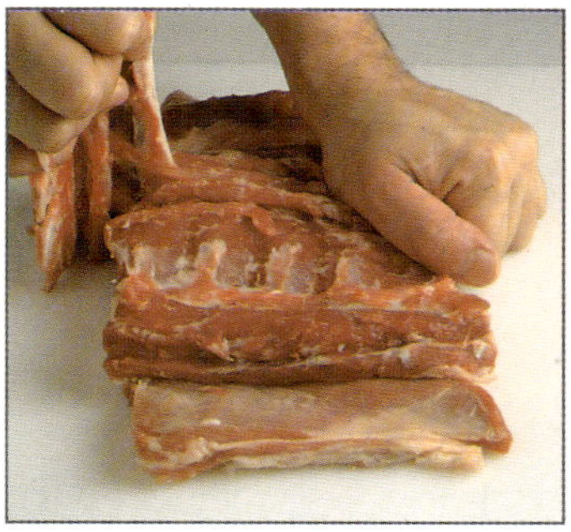

5 Nach unten drücken und den Rückenknochen herausziehen.

6 Die Bauchlappen um das Filet und das Kernfleisch rollen.

7 *Rechts:* Den Sattel zum Schluß mit Küchengarn in Form binden.

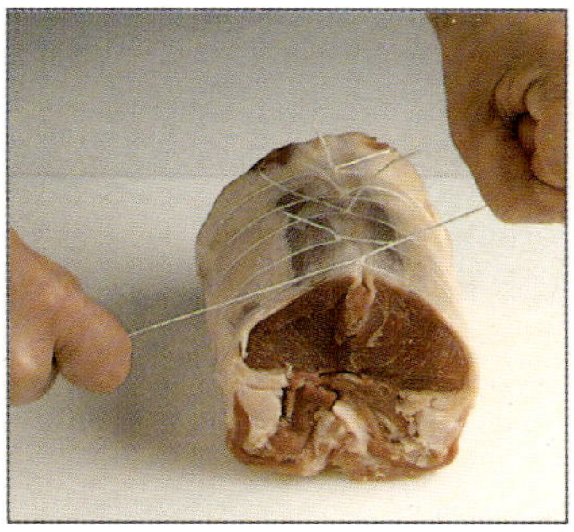

Hinweis Beim Tranchieren eines Lammsattels, der nicht entbeint ist, geht man wie beim Aufschneiden eines Rehrückens vor (S. 238). Jede Portion soll Scheiben vom Filet sowie ein Stück des knusprigen Fettes der Bauchlappen umfassen.

LAMMNÜSSCHEN (NOISETTES) VORBEREITEN

Noisettes sind 2 cm dicke Scheiben, die aus dem entbeinten Lendenstück oder Sattel (unten) geschnitten werden. Es ergeben sich sechs bis acht Nüßchen, die für drei bis vier Personen reichen. Zum Vorbereiten der *noisettes* gibt es zwei Methoden.

Methode 1

1 Den Lammsattel entbeinen (S. 219, Arbeitsschritte 1–5).

2 *Rechts:* Das ausgelöste Fleisch in der Mitte durchschneiden und jeweils die Bauchlappen um das Fleisch wickeln.

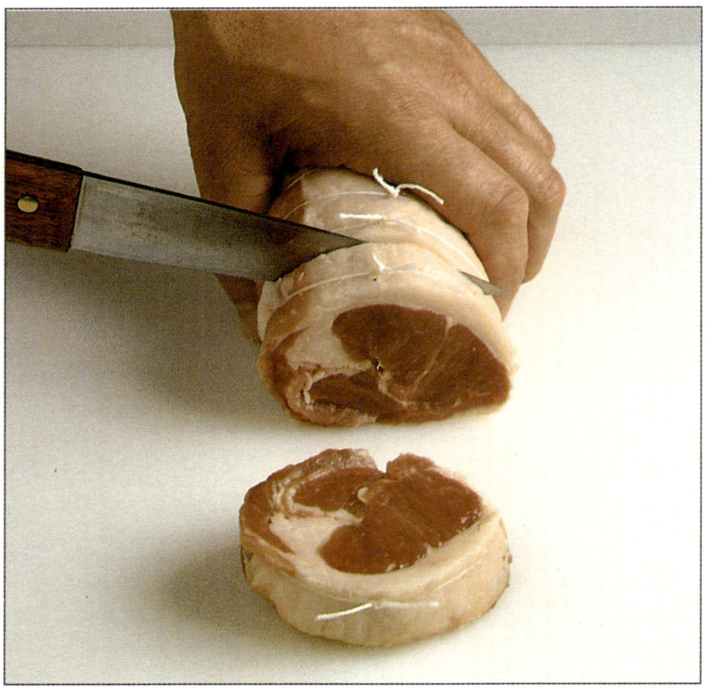

3 Das Fleisch alle 2 cm mit Küchengarn zusammenbinden. Die *noisettes* zwischen den Schnüren schneiden. Jedes Lammnüßchen vor dem Garen mit der flachen Seite eines schweren Messers leicht klopfen.

Methode 2

1 Hierbei entstehen kleinere, magerere *noisettes.* Den Sattel entbeinen (S. 219, Arbeitsschritte 1–5).

2 *Rechts:* Den Bauchlappen wegschneiden, so daß nur der magere Muskelstrang verbleibt. Ein Teil des Fettes vom Fleisch entfernen und die Sehne am Rand wegschneiden.

Hinweis Manche Köche schneiden das gesamte Fett weg.

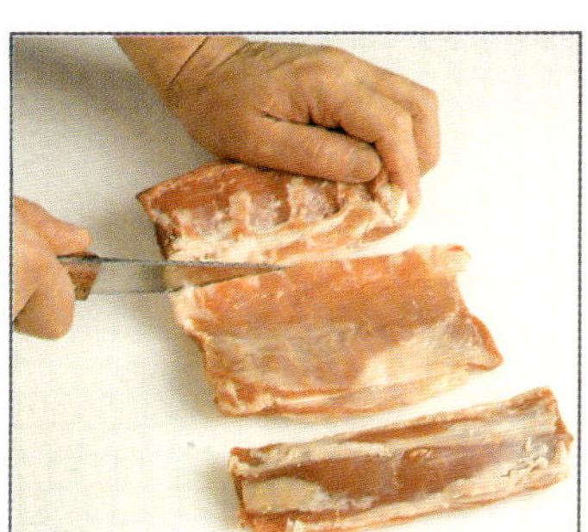

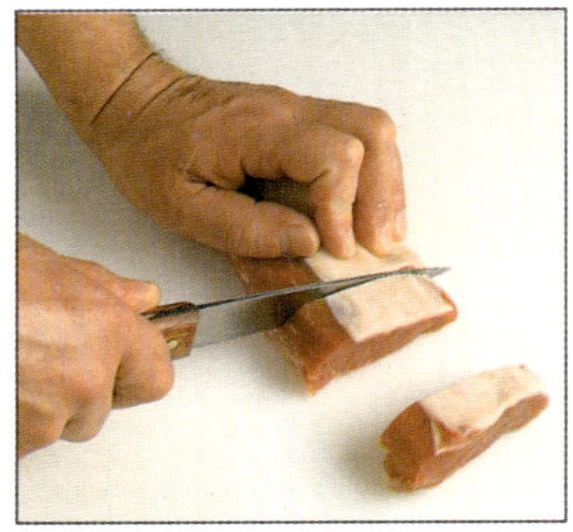

3 Das Fleisch in 2,5 cm dicke Scheiben schneiden.

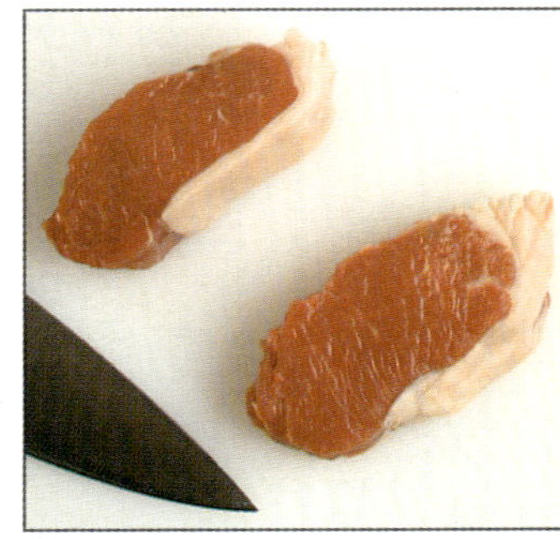

4 Die Nüßchen mit einem schweren Messer leicht klopfen.

Brust (franz. *poitrine*)

Dies ist die vordere Hälfte des Bauches, die vom Rippenstück nach unten verläuft. Die Brust umfaßt etwa ein Dutzend Rippenknochen, von denen einige eher knorpelig als knochig sind. Die Knochen können entfernt und das Fleisch sollte gründlich von Fett und Knorpel befreit werden. Häufig schneidet man in Lammbrust eine Tasche zum Füllen.

Mit oder ohne Knochen läßt sich die Brust in einzelne Rippchen oder zum Schmoren in Streifen schneiden. Eine *épigramme* sind verschiedene Stücke vom Lamm, meist Brust und Koteletts, die paniert und in Butter gebraten oder gegrillt zusammen mit beliebigen Beilagen serviert werden. Sie wurde im 18. Jahrhundert in Frankreich kreiert, ist heute jedoch nur selten auf Speisekarten zu finden. Beim Braten im Ofen oder Schmoren muß Lammbrust durchgegart werden, damit sich das Bindegewebe auflöst und das Fleisch zart wird.

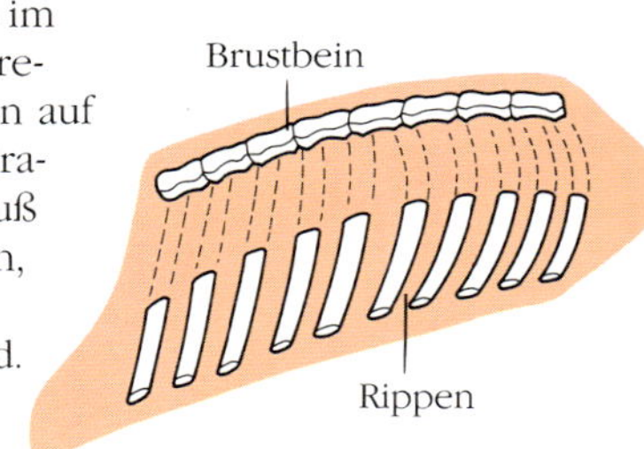

Portion *Mit Knochen* 375–500 g. *Ohne Knochen* 250 g.

LAMMBRUST ENTBEINEN

In eine entbeinte Lammbrust kann man eine Tasche zum Füllen schneiden und den Braten zum Garen zunähen.

Alternativ kann das Fleisch gerollt und gebunden oder für ein Ragout in Streifen geschnitten werden.

1 Die Lammbrust mit der Fettseite nach oben auf ein Arbeitsbrett legen. Die Haut abschneiden und dann das Fett bis auf eine dünne Schicht entfernen.

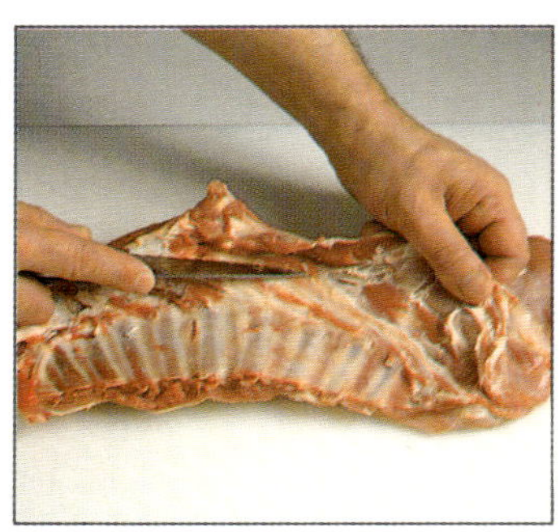

2 Das Fleisch herumdrehen. Den Fleischlappen, der die Knochen entlang verläuft, anheben und das Fleisch mit einem Messer lösen, ohne es abzutrennen.

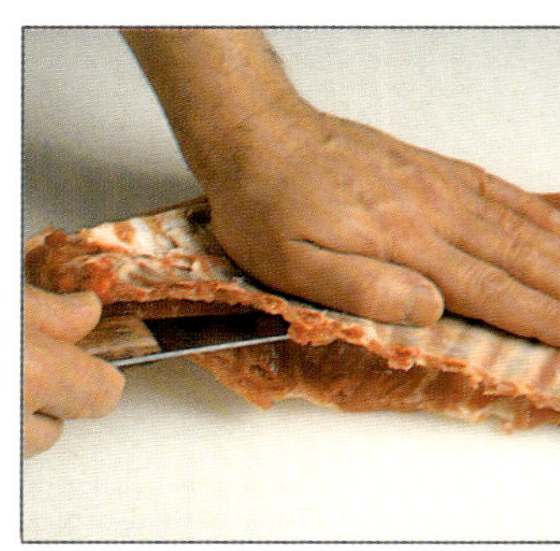

3 Am Ende der Rippenknochen entlangschneiden, bis die Knochen abgetrennt sind; das Fleisch so von den Knochen schaben, daß es in einem Stück bleibt.

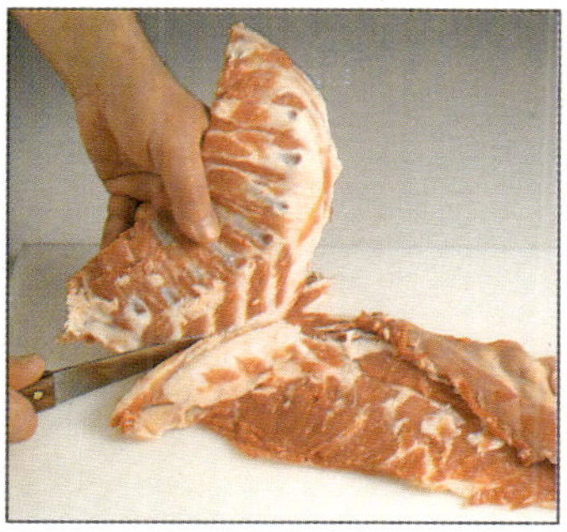

4 *Rechts:* Die Knochen entfernen und wegwerfen. Das Fleisch parieren, dabei die dünne Schicht Bindegewebe und überschüssiges Fett wegschneiden.

Hinweis Um eine Tasche zum Füllen zu schneiden, das Fleisch auf der Brustbeinseite einschneiden und die Hand dabei flach auf das Fleisch legen, um das Messer zu führen.

Schulter (franz. *épaule*)

Das Fleisch ist von Fett durchwachsen und aromatisch. In Deutschland und Frankreich umfaßt dieses Stück nur das Schulterblatt und das Vorderbein, während in Großbritannien und den Vereinigten Staaten auch Rippenknochen mit eingeschlossen sein können. In hiesigen Geschäften gelangt die Schulter im Stück mit Knochen oder völlig entbeint zum Verkauf. Entbeint kann sie gerollt oder gefüllt werden.

Portion *Mit Knochen* 375 g.
Ohne Knochen 250 g.

LAMMSCHULTER ENTBEINEN

Durch das Auslösen der Knochen entsteht eine Tasche zum Füllen. Das Fleisch kann nach dem Entbeinen auch – mit oder ohne Füllung – aufgerollt werden. Die Position der drei Schulterknochen ist davon abhängig, von welcher Körperseite das Stück stammt. In einigen Ländern wird das Ende des Unterschenkelknochens bereits vom Metzger entfernt.

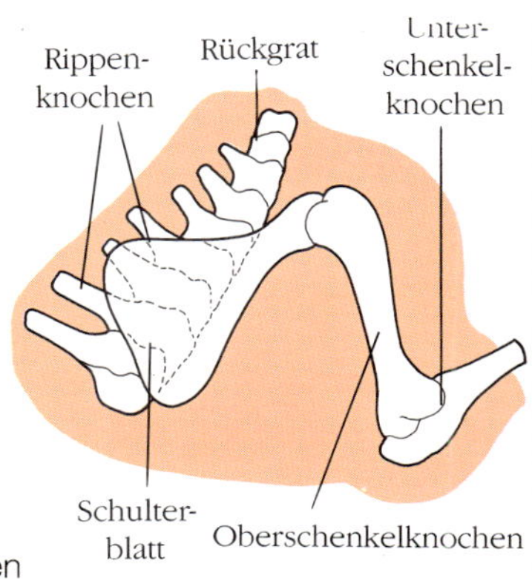

1 Die Lammschulter mit der Fleischseite nach oben auf ein Brett legen. Falls Rippen- und Rückenknochen vorhanden sind, um sie herumschneiden, bis das Schultergelenk lokalisiert ist. Das Gelenk durchtrennen und die Knochen entfernen.

2 Die Schulter mit der Fettseite nach oben legen, die Haut abziehen und – wo nötig – mit dem Messer wegschneiden. Das Fett bis auf eine 5 mm dicke Schicht abschneiden.

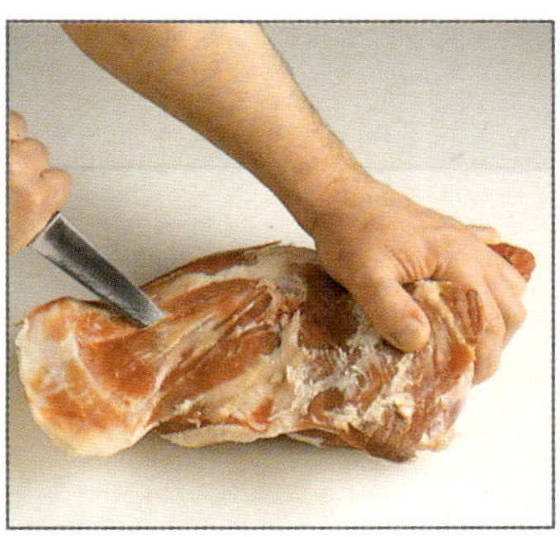

3 Die Schulter umdrehen und vom Beginn des Schulterblatts bis zur Mitte des äußeren Schulterblattrands einschneiden. Mit der Messerspitze das Schulterblatt freilegen.

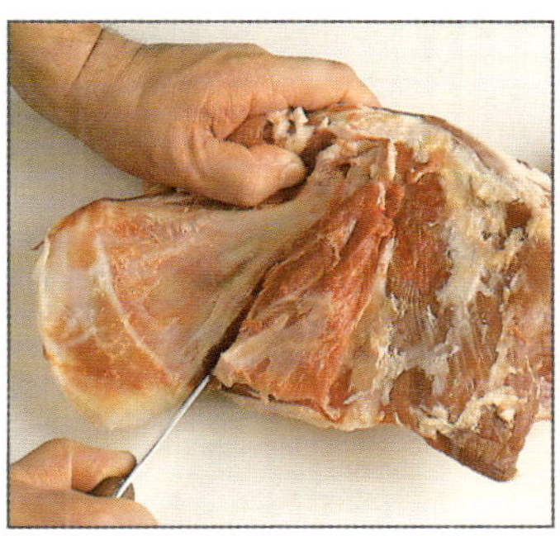

4 Das Fleisch vom Schulterblatt abschaben und vollständig bis zum Gelenk lösen.

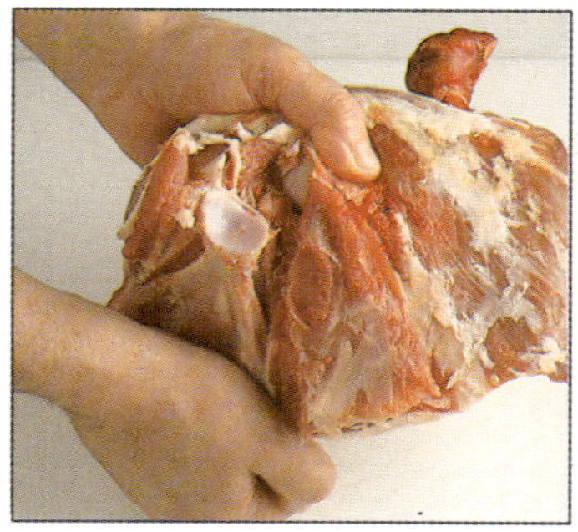

5 Das Gelenk durchtrennen, um das Schulterblatt entfernen zu können.

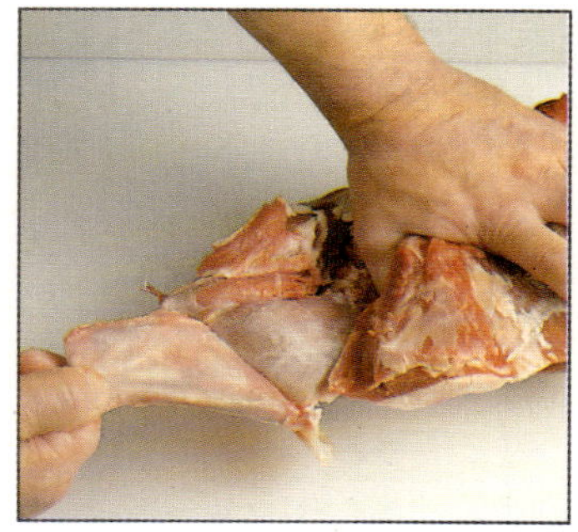

6 Das Fleisch festhalten und das Schulterblatt mit einer kräftigen Bewegung davon abziehen.

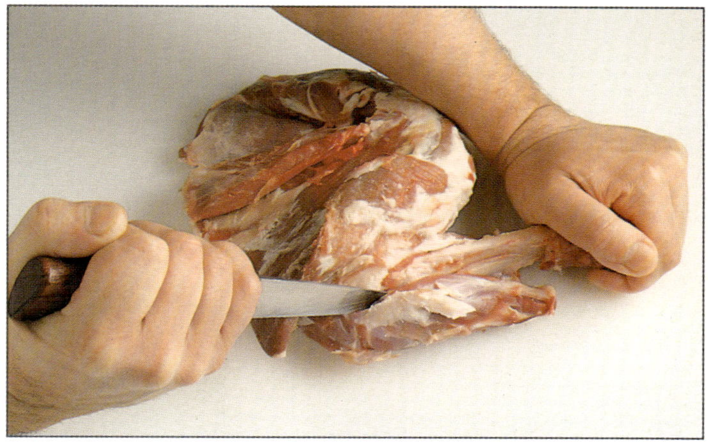

7 Die Schulter herumdrehen und das Fleisch am Unterschenkel losschneiden. Das Fleisch vom Knochen schaben.

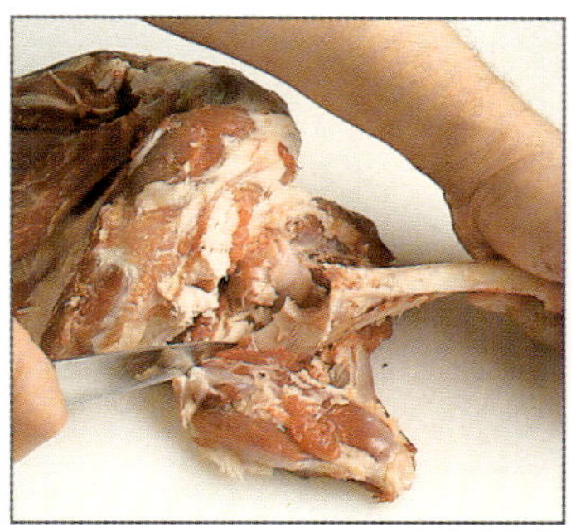

8 Mit der Spitze des Messers das Gelenk zwischen Unter- und Oberschenkelknochen lokalisieren und durchtrennen. Den Knochen entfernen und wegwerfen.

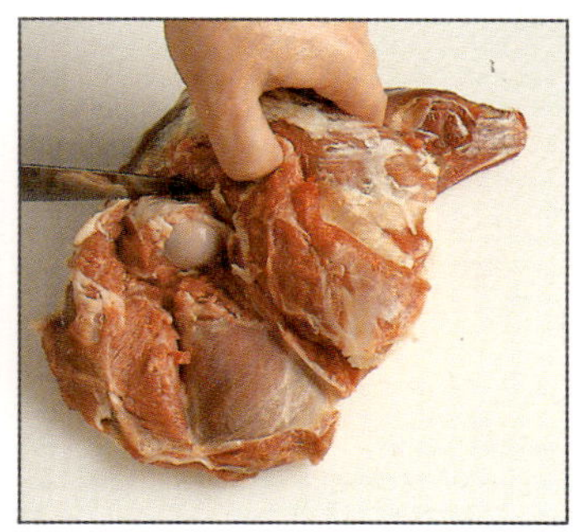

9 Um den Oberschenkelknochen zu entfernen, die Sehnen an beiden Enden des Knochens durchschneiden. Das Fleisch von den freiliegenden Knochenenden aus nach und nach vorsichtig vom Knochen abschaben, bis er sich herausziehen läßt.

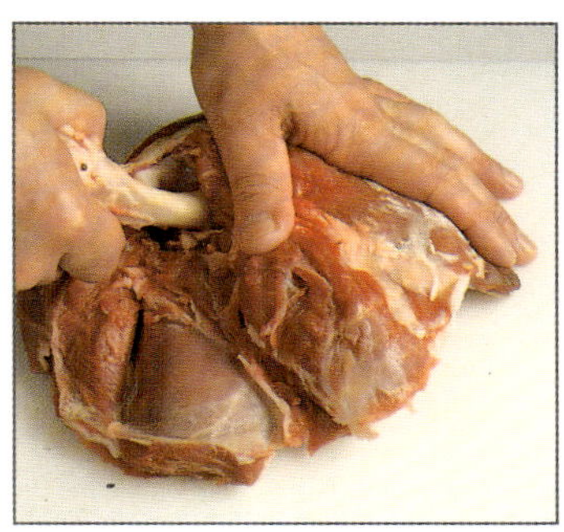

10 Den Knochen am dickeren Ende festhalten und herausziehen. Der im Fleisch entstandene Hohlraum läßt sich zum Füllen mit dem Messer vergrößern. Das parierte Fleisch kann auch für ein Ragout kleingeschnitten werden.

Nacken (franz. *collet*)

Dieses Stück ist in allen Ländern ähnlich. Nacken ist kräftig im Geschmack, aber relativ zäh, und besteht aus Wirbelknochen, die von magerem Fleisch und Bindegewebe umgeben sind. Nacken wird im ganzen mit Knochen oder aber entbeint und gerollt verkauft. Außerdem sind Scheiben vom gerollten Nacken erhältlich. Lammnacken ist ein ausgezeichnetes Stück für Eintöpfe, Ragouts und Suppen.

Portion *Mit Knochen* 375 g.
Ohne Knochen 250 g.

Rippenstück Stielkotelettstück (franz. *carré*)

Das vordere Rippenstück umfaßt sieben bis neun Rippen. Im ganzen gebraten, ergibt es einen kleinen Braten mit magerem Fleisch. Entsprechend vorbereitete Kotelettstücke kann man zu einer Krone oder zu einem sogenannten Spalier mit ineinandergreifenden Rippenenden binden (rechte Seite). Koteletts aus diesem Stück sind besonders gut.

Portion *Mit Knochen* 375–500 g.

EIN RIPPENSTÜCK PORTIONIEREN

Ein Kotelettstück oder ein Rippenbraten kann in Chops geschnitten und einfach mit einer Gemüsebeilage serviert werden.

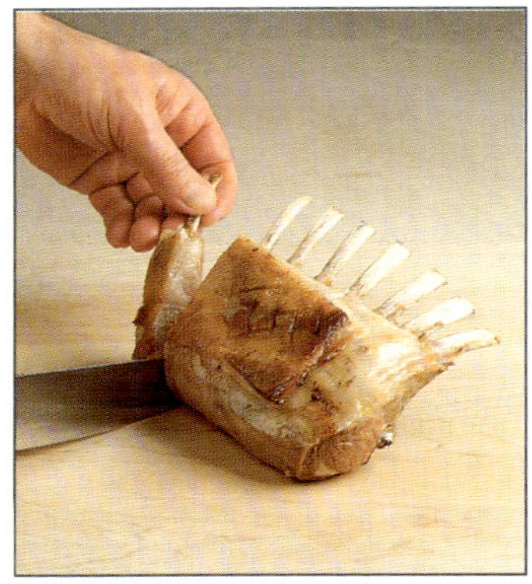

1 Das Kotelettstück mit den Rippen nach oben auf ein Schneidebrett legen. Das Fleisch zwischen jeder Rippe oder zwischen jeder zweiten Rippe durchschneiden.

2 Die Koteletts so auf einer Platte anrichten, daß die Rippen nach oben zeigen. Nach Belieben Papiermanschetten verwenden.

EIN RIPPENSTÜCK VORBEREITEN

Rippenstücke müssen immer sorgfältig pariert werden, ganz gleich, ob man sie im ganzen braten oder zu Koteletts schneiden will. In manchen Ländern wird der Rückenknochen, der die Rippen zusammenhält, bereits vom Metzger entfernt. Ist dieser Knochen noch vorhanden, hackt man ihn ab, bevor man mit der Vorbereitung des Kotelettstücks beginnt. Ein einzelnes Kotelettstück reicht für zwei bis drei Personen. Zum Braten beläßt man das Rippenstück im ganzen. Eine dekorative Spielerei ist ein Kronenbraten oder ein »Spalier«, wobei man je zwei Kotelettstücke benötigt. Für Koteletts das Rippenstück zwischen den Knochen in gleichmäßige Scheiben schneiden.

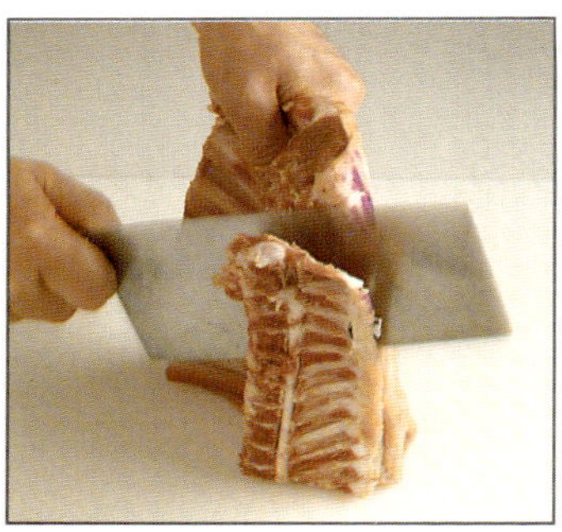

1 Das Rippenstück aufrecht hinstellen und den Rückenknochen mit kräftigen Hieben abtrennen.

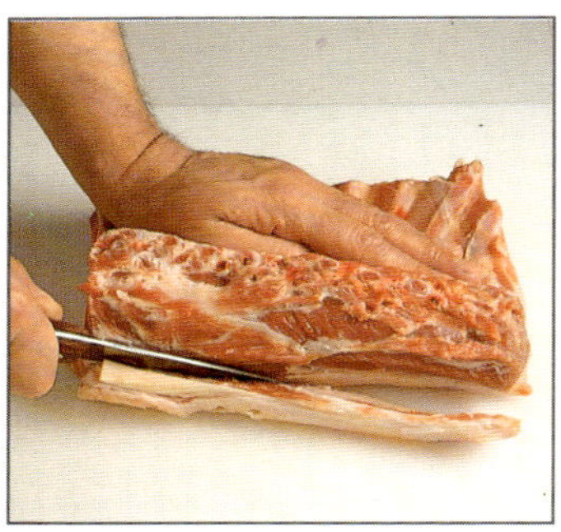

2 Mit den Rippen nach oben legen und die an den Rippen verlaufende Sehne wegschneiden.

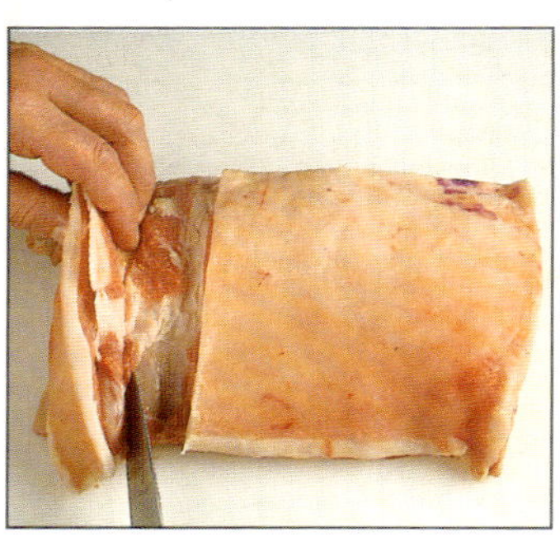

3 Das kleine Knorpelstück wegschneiden; die dünne Hautschicht über dem Fett abziehen.

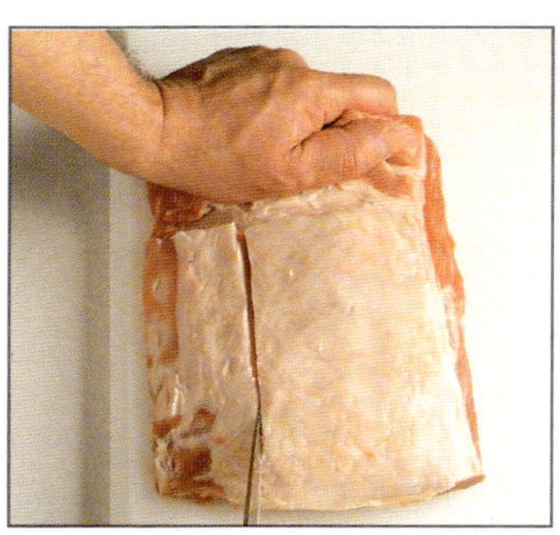

4 Etwa 5 cm von den Rippenenden entfernt Fett und Fleisch bis zu den Rippen einschneiden.

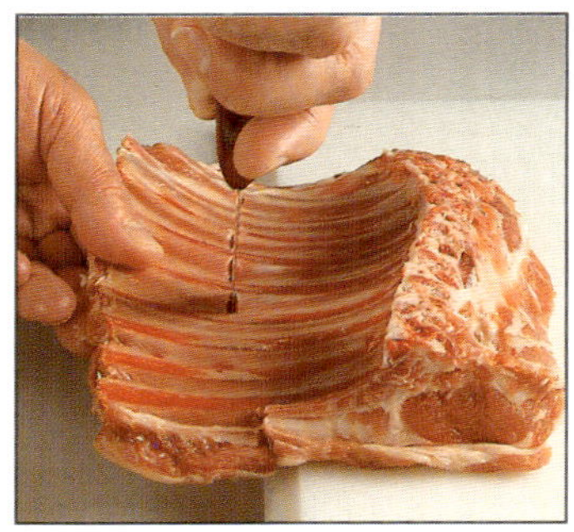

5 Das Kotelettstück umdrehen und über den Rand des Brettes ragen lassen. Das Fleisch zwischen den Knochen ebenfalls auf der gleichen Höhe, etwa 5 cm von den Rippenenden entfernt, mit einem scharfen Messer durchtrennen.

6 Das Fleisch zwischen den Rippen herausschneiden und die Knochen sorgfältig mit dem Messer sauber schaben.

7 *Rechts:* Das Rippenstück herumdrehen und die Fleisch- und Fettschicht wegschneiden. Die Knochen sauber abschaben und alle Hautreste sorgfältig entfernen. Die Knochenenden gegebenenfalls einkürzen.

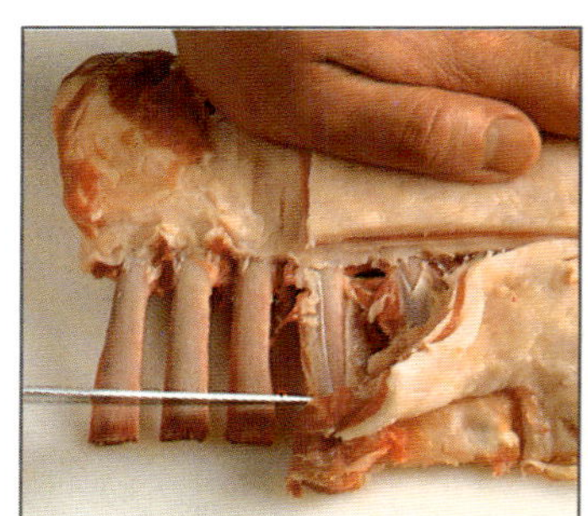

RIPPENSTÜCKE IN FORM BINDEN

Zwei Kotelettstücke lassen sich zu einer Krone oder einem Spalier binden. Beide Braten reichen gewöhnlich für sechs Personen.

Spalier (unten) besteht aus zwei Rippenstücken, die Rücken an Rükken und mit dem Fett nach außen zusammengebunden werden. Die Kotelettstücke so auf ein Brett stellen, daß die Rippen ineinandergreifen. Damit der Braten zusammenhält, die Stränge, wie unten gezeigt, mit Küchengarn binden. Die Rippenenden während des Bratens mit Alufolie umwickeln, damit sie nicht verbrennen. Zum Tranchieren das Küchengarn entfernen und das Fleisch zwischen den Rippen durchschneiden.

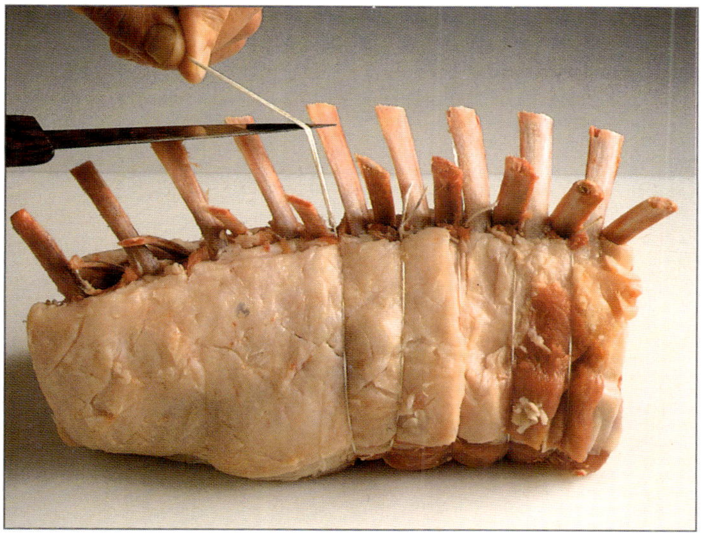

Ein **Kronenbraten** (unten), der aus zwei Kotelettstücken gebunden wird, eignet sich ideal zum Füllen. Damit das Fleisch gleichmäßig gart, ist es am besten, den Braten und die Füllung getrennt zuzubereiten und die Lammkrone erst vor dem Servieren zu füllen.

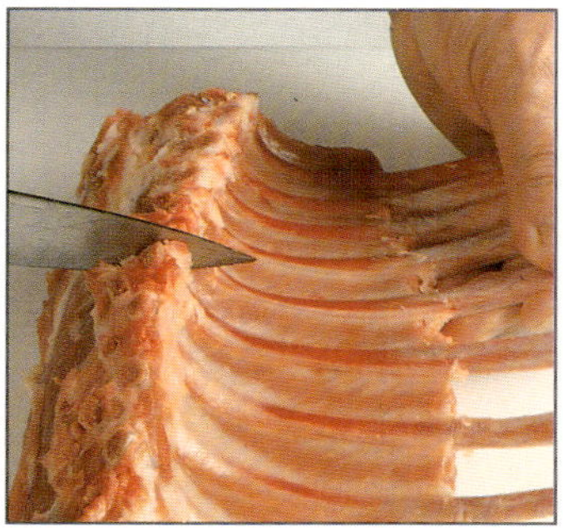

1 Zwei Kotelettstücke vorbereiten. Die dünne Haut zwischen den Rippen einschneiden, damit sich die Stücke biegen lassen.

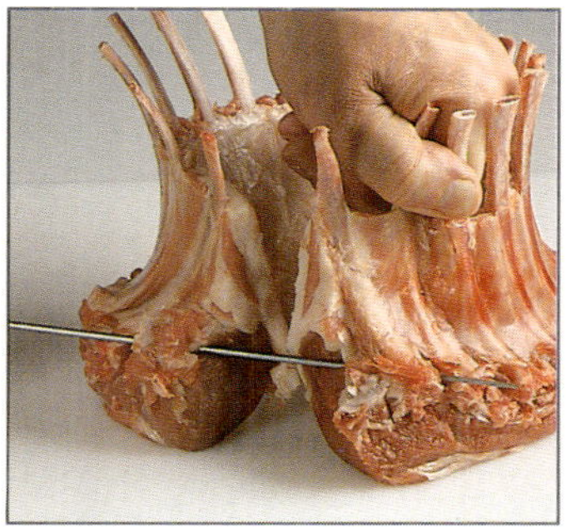

2 Die beiden Stücke gegeneinanderstellen und zu einem Kreis biegen, so daß die Rippen nach außen zeigen. Auf der Rippenseite mit Hilfe einer Dressiernadel und Küchengarn die Enden zusammennähen.

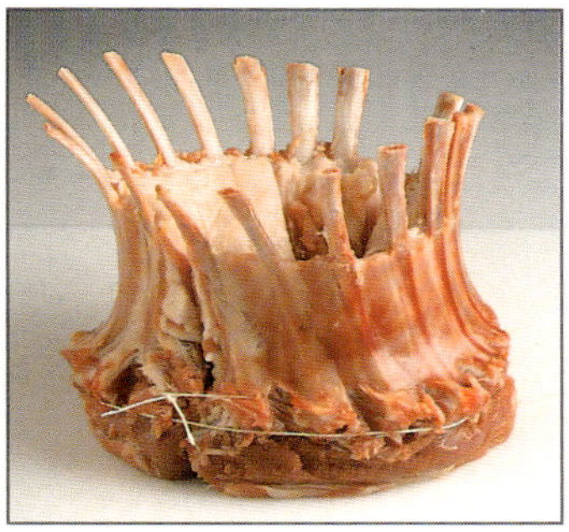

3 *Links:* Ein Stück Küchengarn um die Lammkrone schlingen, damit sie ihre Form behält. Zum Tranchieren das Küchengarn entfernen und das Fleisch zwischen den Rippen durchschneiden.

Gefüllte Lammkrone

Anstelle von Reis-Pilaw kann die Lammkrone auch mit einem Bulgur-Pilaw oder glasiertem Gemüse gefüllt werden.

6 Portionen

2 parierte Kotelettstücke vom Lamm (je 750 g bis 1 kg)
2 Knoblauchzehen, in Stifte geschnitten
1–2 EL Olivenöl
Salz und Pfeffer
1 EL getrockneter Rosmarin
Reis-Pilaw aus 300 g Reis, 2 EL Öl, 1 Zwiebel, 750 ml hellem Kalbsfond oder Wasser, Salz und Pfeffer, 75 g Rosinen, 75 g Pinienkernen (Zubereitung wie Pilaw mit Rosinen und Pistazien, S. 315)

Für die Bratensauce

250 ml Weißwein
250 ml Kalbsfond

Zum Garnieren

14–16 Papiermanschetten (nach Belieben)
1 Bund Brunnenkresse

1 Den Backofen auf 200 °C/Gas Stufe 3–4 vorheizen. Die Kotelettstücke zu einem Kronenbraten binden. Das Fleisch einstechen und mit Knoblauch spicken. Die Lammkrone in einen Bräter stellen, das Öl darüberträufeln und mit Salz, Pfeffer und Rosmarin würzen. Den Braten in den Backofen schieben – nach 30–35 Minuten, wenn das Fleischthermometer 50 °C anzeigt, ist das Fleisch innen noch blutig, nach 40–45 Minuten (60 °C Innentemperatur) ist es rosa. In der Zwischenzeit den Pilaw zubereiten und warm stellen.

2 Den fertigen Kronenbraten auf eine Servierplatte heben und warm halten, während die Bratensauce zubereitet wird. Möglichst viel Fett aus dem Bräter abschöpfen, dann den Wein hinzufügen. Auf die Hälfte reduzieren und dabei den Bratensatz loskochen. Den Fond dazugießen, zum Kochen bringen und die Sauce absieben. Die Sauce abschmecken.

3 Das Küchengarn entfernen und die Lammkrone mit dem Reis-Pilaw füllen. Papiermanschetten auf die Knochen stecken und den Braten mit Brunnenkresse garnieren. Die Bratensauce getrennt reichen.

Keule (franz. *gigot*)

Die Keule liefert viel mageres Fleisch und ist vermutlich das beliebteste Stück vom Lamm. In Deutschland, den Vereinigten Staaten und in Großbritannien gehört zur Keule häufig ein Stück des Rückens, so daß der Anteil an magerem Fleisch noch größer ist. Eine andere Möglichkeit ist es, die Keule quer in zwei kleinere Bratenstücke zu teilen. Das obere Keulenende kann man auch in Steaks (mit Knochen) oder in *escalopes* (ohne Knochen) schneiden und das festere Hachsenende für Ragouts oder Eintöpfe verwenden.

Portion *Mit Knochen* 375–500 g.
Ohne Knochen 250 g.

LAMMKEULE ENTBEINEN

Lammkeule wird entbeint, damit man das Fleisch – mit oder ohne Füllung – zu einem Braten binden oder flach auseinanderklappen kann. Um das Tranchieren einer Lammkeule zu erleichtern, sollte man auf jeden Fall den Beckenknochen entfernen. Das wulstige Ende des Unterschenkelknochens kann ebenfalls bis auf ein Griffstück eingekürzt werden.

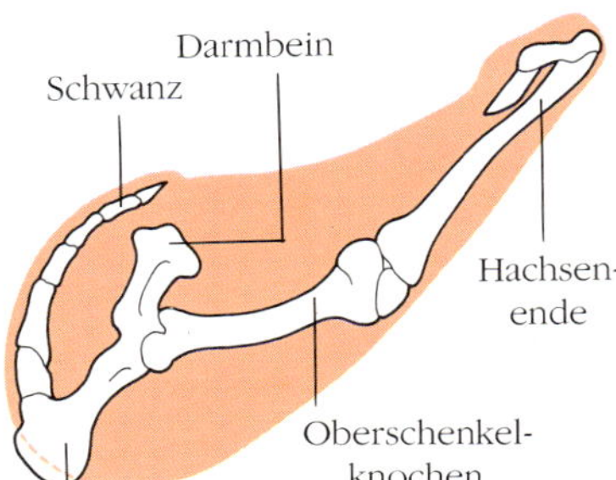

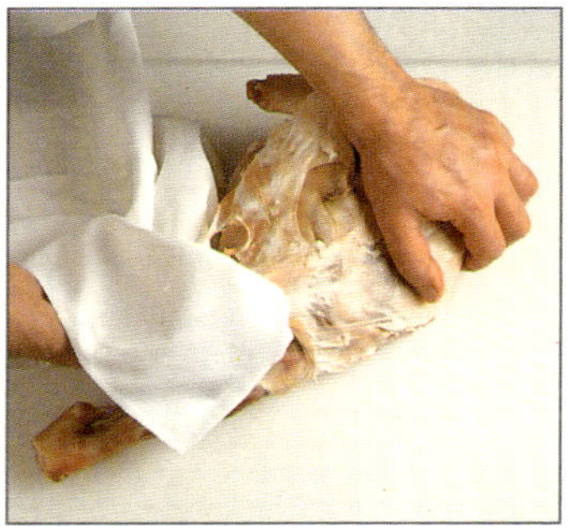

1 Das Gelenk mit der Hand abstützen. Die Haut abziehen (mit einem Tuch hat man unter Umständen einen besseren Griff) und sie – wo nötig – mit einem Messer losschneiden. Das gesamte Fett vom Fleisch entfernen.

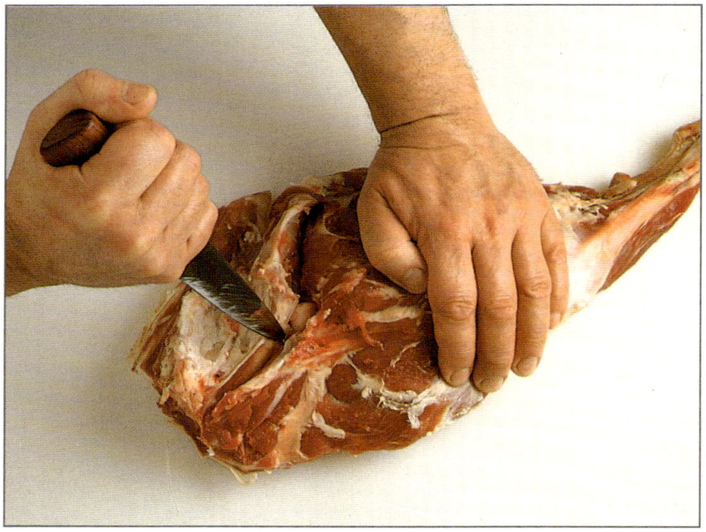

2 Der Beckenknochen setzt sich aus dem Darmbein und dem Hüftbein zusammen. Er verläuft winklig zum Oberschenkelknochen und ist durch ein Kugelgelenk mit ihm verbunden. Um ihn zu entfernen, die Keule mit dem Beckenknochen nach oben legen. Die Umrisse des Knochens am oberen Ende der Keule mit einem scharfen Messer freilegen.

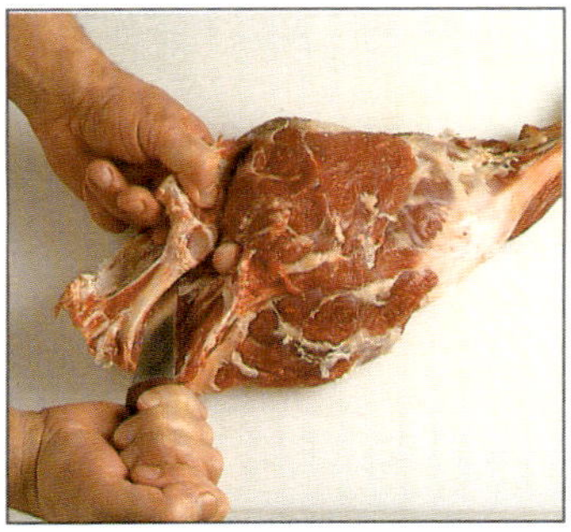

3 Tiefer um den Beckenknochen herumschneiden, ihn am Gelenk freilegen und die Sehnen durchtrennen, die ihn mit dem Oberschenkelknochen verbinden. Den Knochen auslösen.

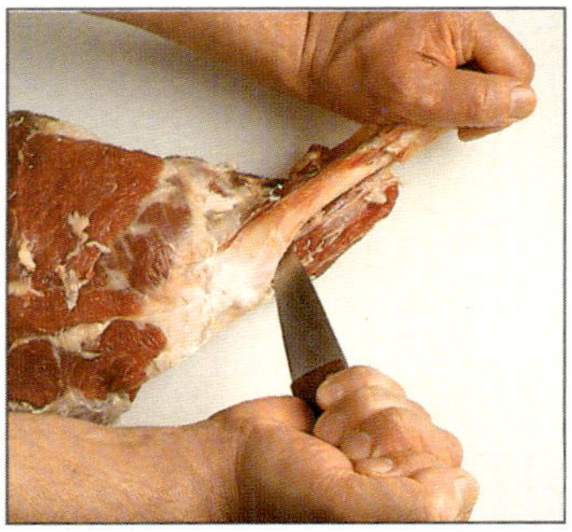

4 Den Unterschenkelknochen am äußeren Ende der Keule festhalten und alle Sehnen an der Basis des Knochens durchschneiden. Das Fleisch in einem Stück vom Knochen ablösen.

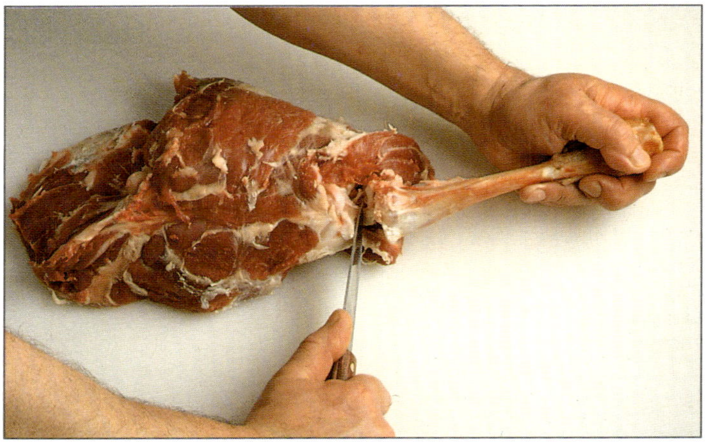

5 Das Kniegelenk lokalisieren – es befindet sich dort, wo der Unterschenkelknochen mit dem Mittelknochen verbunden ist. Die Sehnen am Gelenk durchtrennen und den Unterschenkelknochen entfernen.

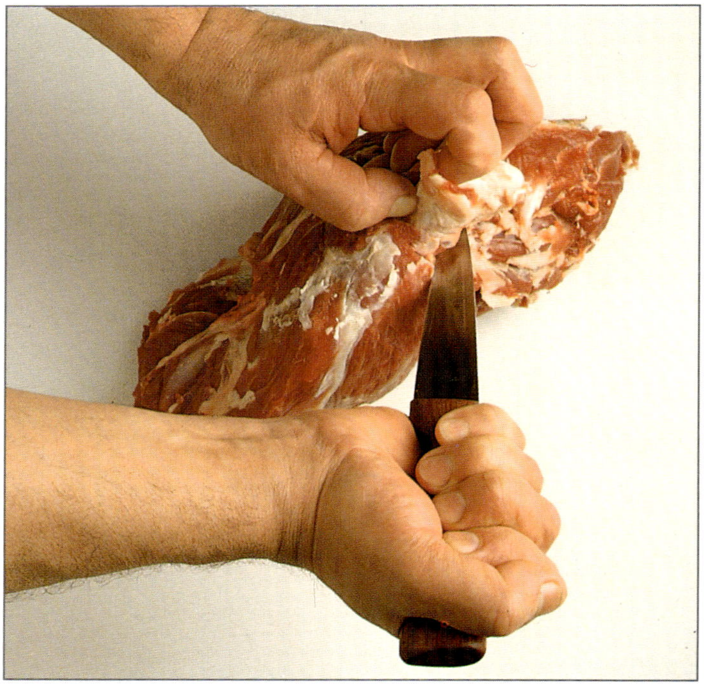

6 Nun ist nur noch der Oberschenkelknochen in der Mitte der Keule vorhanden, von dem das Fleisch von beiden Enden aus abgelöst wird.

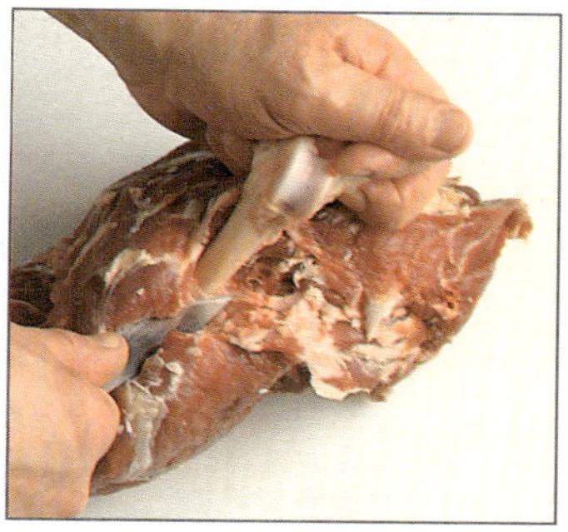

7 Das Fleisch vom Knochen schneiden und abschaben und ihn dabei Stück für Stück herauslösen.

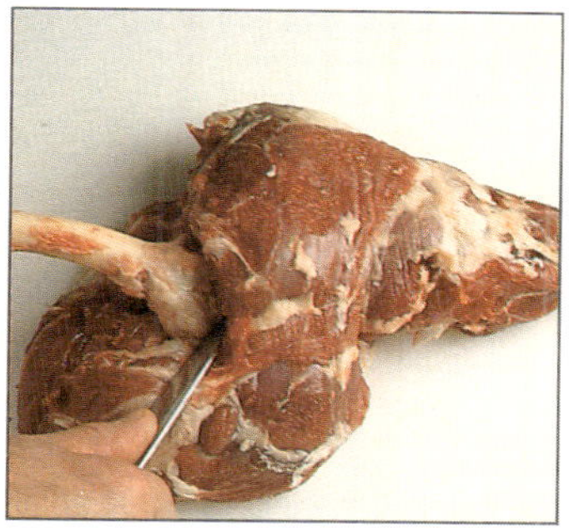

8 Den Knochen mit einer Drehbewegung herausziehen. Alle Sehnen mit einem kleinen Messer vom Fleisch abschneiden.

EINE LAMMKEULE ZUM GRILLEN VORBEREITEN

Zum Grillen wird Lammkeule, insbesondere wenn sie klein ist, entbeint (linke Seite), eingeschnitten und flach auseinandergeklappt.

1 Die Messerklinge waagerecht halten und den Hohlraum, der durch den ausgelösten Mittelknochen entstanden ist, etwas auf-, aber nicht durchschneiden. Den Fleischlappen – wie die Seite eines Buches – nach außen umschlagen und das Fleisch flachdrücken.

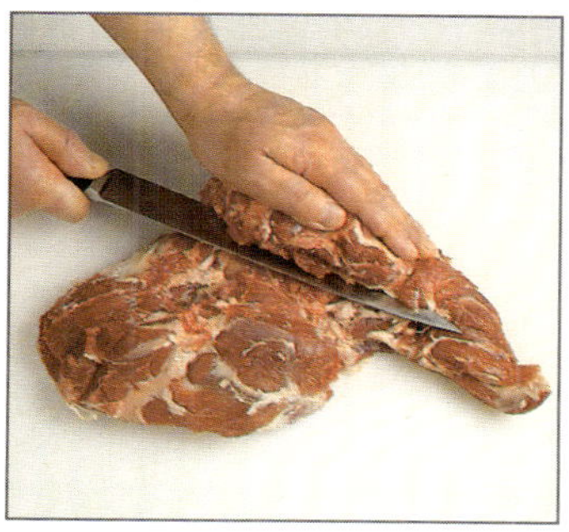

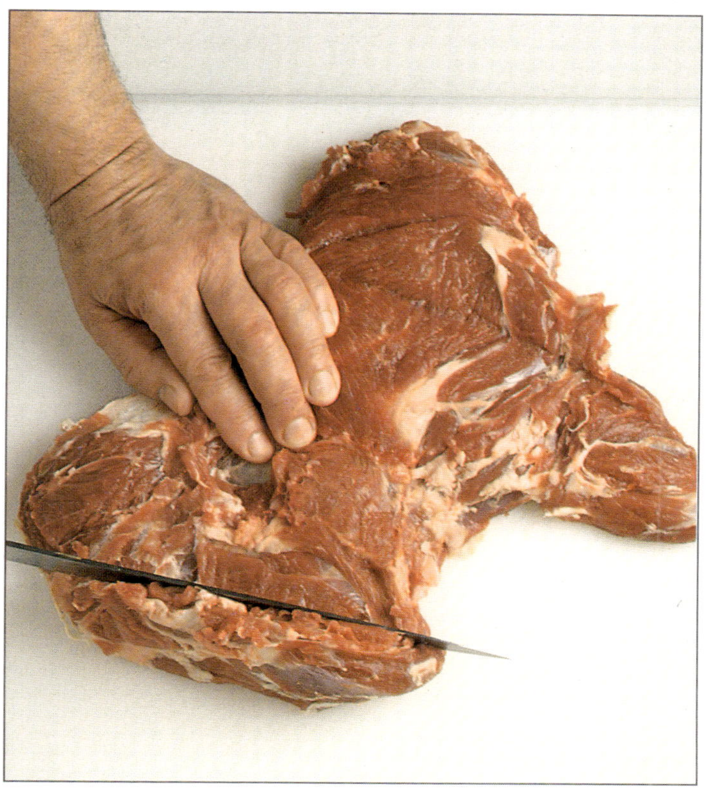

2 Den dicken Muskelstrang von der Mitte aus waagerecht einschneiden, damit sich das Fleisch auch hier flach nach außen klappen läßt.

EINE LAMMKEULE TRANCHIEREN

Es gibt verschiedene Möglichkeiten, eine Lammkeule zum Servieren aufzuschneiden. Den Beckenknochen gegebenenfalls vor dem Garen entfernen (linke Seite, Arbeitsschritte 2 und 3). Die Fleischscheiben sollen etwa 5 mm dick sein.

Methode 1 Hierbei entstehen große Fleischscheiben, die zum Knochen hin zunehmend blutig sind.

1 Die Keule so am unteren Ende festhalten, daß der abgerundete Muskel nach oben zeigt. In Längsrichtung Scheiben abschneiden.

2 Die Keule herumdrehen und mit der Schnittfläche flach auf das Brett legen. Auf dieser Seite ebenfalls waagerechte Fleischscheiben abschneiden. Als letztes das noch vorhandene Fleisch in Scheiben schneiden.

Methode 2 Eine Lammkeule läßt sich auch wie ein Schinken aufschneiden (S. 252). Bei dieser Methode ist das durchgebratene und das blutige Fleisch gleichmäßiger verteilt, denn jede Scheibe beinhaltet etwas knusprige Kruste sowie Fleisch aus der Mitte.

Lammhachse (franz. *gîte*)

In Frankreich und den Vereinigten Staaten ist Lammhachse ein beliebtes, preiswertes Stück für deftige Eintöpfe und Ragouts. Die Hinter- oder Vorderhachse ist das Stück, das übrigbleibt, wenn die Keule oder die Schulter für Chops und Steaks aufgeschnitten wird. Insbesondere die Vorderhachse ist trotz des zähen Bindegewebes sehr schmackhaft. Lammhachse kann entbeint und für Ragouts verwendet, zu Hackfleisch verarbeitet oder wie Kalbshachse (S. 218) geschmort werden.

Portion *Mit Knochen* 500 g.

SCHWEINEFLEISCH

Kein Fleisch ist in Deutschland so beliebt und gleichzeitig so umstritten wie das vom Schwein. Der hohe Bedarf an Schweinefleisch und die in den letzten Jahren ständig gestiegene Nachfrage nach ganz und gar mageren Stücken führten zur Züchtung von schnellwüchsigen Magerschweinen. Dies hatte negative Folgen für die Verbraucher, vor allem für die Feinschmecker unter ihnen. Denn Geschmack und Qualität des Fleisches solcher Schweine ist nicht vom Besten: Es ist blaß, weich und läßt beim Braten Wasser, das heißt, es schrumpft zusammen und wird trocken und hart. Deshalb sollte man sich beim Einkauf beraten lassen und Stücke wählen, die eine kräftige rosa Farbe haben, gut durchwachsen und deren Anschnittflächen relativ trocken sind.

Von allen Tieren, die wir essen, ist das Schwein besonders ökonomisch, denn es liefert im Vergleich zu den Futterkosten mehr eßbares Fleisch als jedes andere Haustier. Praktisch ist jeder Teil des Schlachtkörpers zum Verzehr geeignet.

Bei einem »Speckschwein«, das man wegen der fetten Flanken züchtet, wird mehr als die Hälfte des Fleisches zu Schinken, Speck und den verschiedensten Wurstwaren verarbeitet. Hingegen haben die schlanken Mastschweine 50% weniger Fett, aber mehr Rippen und somit mehr Koteletts.

Schweine werden in der Regel im Alter von etwa acht Monaten geschlachtet, wenn sie ein Schlachtgewicht von 68–73 kg haben. Bereits nach 48 Stunden sind sie ausreichend abgehangen, und ihr Fleisch ist saftig, zart und rosarot. Es ist ermutigend, daß das Konservieren von Schweinefleisch durch Pökeln, Räuchern und Lufttrocknen trotz moderner Tiefkühltechniken noch immer eine unangefochtene Stellung einnimmt. Die Keulen vom Schwein, die zu den feinsten Bratenstükken gehören, werden häufig zu rohem oder gekochtem Schinken verarbeitet. Aber auch die fetteren Bauchstücke, die Hachsen und selbst die Backen lassen sich gut pökeln und räuchern.

Da alle Stücke verhältnismäßig zart sind, besteht keine Notwendigkeit für eine formale, detaillierte Güteklassifizierung wie bei Rindfleisch. Trotz der Fettschichten trocknet Schweinefleisch leicht aus, da es mehr von Fett umgeben als marmoriert ist. Aus diesem Grund eignet sich Schweinefleisch gut zum Schmoren und Kochen; beim Braten und Grillen sollte es relativ langsam gegart und häufig mit der Garflüssigkeit begossen werden.

SEGMENTE DES SCHLACHTKÖRPERS

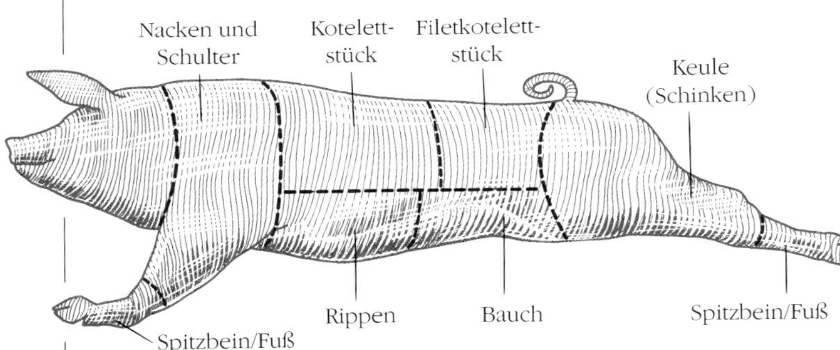

Ein Schwein kann in fünf Segmente unterteilt werden, die nicht immer mit den handelsüblichen Teilstücken identisch sind (S. 206).

ZUR INFORMATION

Saison Ganzjährig.

Beim Einkauf beachten Farbe tiefrosa, nicht blaß, grau oder rot; weißes oder cremefarbenes Fett; die Anschnittflächen des Fleisches sollten relativ trocken sein; nasse Verpakkung Zeichen für unsachgemäße Behandlung.

Nährstoffgehalt s. Schweinefleisch, S. 206.

Garzeiten *Ganze Stücke* Schmoren im Backofen: 25 Minuten pro 500 g bei 175 °C/Gas Stufe 2–3; braten (S. 199). *Karree* Garen im Backofen: 1–1½ Stunden bei 175 °C/Gas Stufe 2–3. *Koteletts* Grillen (S. 197); marinieren: 1 Tag; kurzbraten oder sautieren (S. 198); als Sauté: ¼–1 Stunde. *Gewürfelt* Schmoren im Backofen: 1 Stunde bei 175 °C/Gas Stufe 2–3; kochen: 1–1½ Stunden; pfannenrühren: 2–3 Minuten.

Richtiger Gargrad *Ganze Stücke* Innentemperatur mindestens 75 °C.

Aufbewahrung *Große oder kleine Stücke* Im Kühlschrank 2–4 Tage; tiefgefroren: 9 Monate. *Hackfleisch* Im Kühlschrank 1–2 Tage; tiefgefroren: 3 Monate.

Typische Gerichte Schulterbraten mit Backäpfeln (Großbritannien); *épaule braisée aux marrons* (geschmorte Schulter, gefüllt mit Maronen; Frankreich); *pork olives* (gerolltes Schweinefilet, mit Salbei und Zwiebeln gefüllt; Großbritannien); *carré braisé Niçoise* (geschmortes Karree mit Wermut und Zitronenschale; Frankreich); gebratenes Karree, mit Salbei und Zwiebeln gefüllt (USA); Karree mit Maisbrotfüllung (USA); *lombo di maiale al forno* (mit Knoblauch gebratenes Karree; Italien); *lombo di maiale al prosciutto* (gegrilltes Karree mit Schinken; Italien); *lomo de cerdo al Jerez* (gebratenes Karree mit Sherry; Spanien); gebratenes Karree mit Orangenmarmelade, Weinbrand, Zitrone und Ingwer (Australien); Schlesisches Himmelreich (Rauchfleisch, mit Dörrobst gekocht; schlesische Spezialität); Kasseler Rippchen mit Sauerkraut (Deutschland); *costolette di maiale al finocchio* (geschmorte Koteletts mit Weißwein und Fenchelsamen; Italien); Jungfernbraten mit Rahmsauce (Österreich); Koteletts mit Aprikosensauce (Australien); *goo lo yuk* (süß-saures Schweinefleisch; China); *lomo de puerco en pulque* (Schweinefleisch, mariniert und mit Zwiebeln, Chillies, Nelken, Zimt, Pfeffer, Kreuzkümmel, Knoblauch und Essig geschmort; Mexiko); *daube de porc aux bélangères* (geschmort mit Auberginen und Piment; Karibik); *arista alla fiorentina* (Schweinebraten am Spieß mit Knoblauch, Rosmarin und Nelken; Italien); *pork and apple stew* (Ragout mit Schweinefleisch und Äpfeln; Irland); Pökelrippchen mit dikken Bohnen (Deutschland); Spareribs mit Äpfeln, Trockenpflaumen und braunem Zucker (USA); gegrillte Spareribs mit einer Sauce aus Senf, Tomate und Ahornsirup (USA); *székelygulyás* (Schweinegulasch mit Sauerkraut; Ungarn); Schweinefrikassee mit Zwiebeln, Schweineblut und Sahne (Schweiz); *noisettes de porc aux pruneaux* (Schweinefilet mit Backpflaumen; Frankreich); *veprova pecere* (gebraten mit Kümmel; Tschechoslowakei). Schweinefleisch harmoniert auch gut mit: Rosmarin, Thymian, Salbei, Honig, Trockenobst, Pflaumen, roten Johannisbeeren, Preiselbeeren, Pickles, Chutney, Senf, Rot- und Weißkohl, Salzkartoffeln, gedünstetem Chicorée, Möhren, Bier.

Nacken und Schulter (franz. *épaule*)

Ein großes Teilstück, das zwei Beinknochen sowie das Schulterblatt enthält und gewöhnlich in mehrere Stücke geteilt wird. Die Bruststpitze (Dicke Rippe) ist ein hauptsächlich hinter der eigentlichen Schulter liegendes Stück. Das Fleisch ist ziemlich grobfaserig und ähnelt dem der Schulter. Der fleischige, mit Fett durchwachsene Nacken eignet sich zum Braten oder Schmoren oder wird in Koteletts unterteilt.

Der untere Teil der Schulter, das Eisbein (franz. *jambonneau*), ist etwas grobfaseriger. In den Vereinigten Staaten und in Großbritannien schneiden die Metzger Haspel von der Vorderhachse. Als letztes kommen die Schweinsfüße (franz. *pieds*).

Schulterfleisch ist saftig, von Fett und einer dünnen Schicht Bindegewebe durchwachsen. Schweineschulter ergibt einen preiswerten Braten mit oder ohne Schwarte, der für so manchen Geschmack allerdings zu fett ist. Die obere Partie kann man im Ofen braten, Stücke nahe des Beins hingegen sind manchmal zäh und werden deshalb besser geschmort. Um das Tranchieren zu vereinfachen, wird die Schulter häufig entbeint und aufgerollt.

Beinfleisch kann ausgelöst und für Gulasch und Eintopfgerichte kleingeschnitten oder für Wurstbrät durch den Fleischwolf gedreht werden.

Kotelettstück (franz. *carré*)

Das Karree vom Schwein ist im Verhältnis größer als bei jedem anderen Schlachttier, da Schweine mehr Rippen haben. Deutschlands Schweine können heute 16 statt der früheren 12 Rippen aufweisen. Das Karree wird in zwei Abschnitte unterteilt: das Kotelett- und das Filetkotelettstück (franz. *carré* und *pointe de filet*). Beide Stücke ergeben mit oder ohne Knochen einen hervorragenden Braten, müssen nur sorgfältig pariert werden. Sie werden bei uns oft gepökelt und normalerweise für Gerichte mit geschmortem Sauerkraut verwendet. Gerne werden gepökelte Koteletts (Kasseler Rippchen) auch kalt verzehrt.

Das Fleisch vom vorderen Kotelettstück besteht aus einem einzelnen Muskelstrang. Will man es entbeinen, so geht man wie beim Entbeinen von Kalbsrücken vor (S. 216). Zwei Karreestücke ohne Rückenknochen, die zu einer Krone gebunden werden, sehen besonders dekorativ aus. Man formt und bindet sie genauso wie eine Lammkrone (S. 223).

Das Fleisch vom Filetkotelettstück schmeckt nussiger als das vom vorderen Kotelettstück. Unter dem Rückenknochen liegt das zarte, magere Filet, das bis zu 500 g wiegen kann. Ein Schweinefilet eignet sich ideal zum Braten oder Schmoren, wird zum Grillen oder Kurzbraten aber auch in etwa 1,5 cm dicke Scheiben, sogenannte *filets mignons*, oder in dünne Scheiben als Ersatz für Kalbsschnitzel geschnitten. Für Spieße und Fondues würfelt man es.

Beide Kotelettstücke werden häufig in Koteletts geschnitten, die sich ausgezeichnet grillen, kurzbraten oder auch schmoren lassen. Ausgelöste Kotelettstücke schneidet man auch zu Schmetterlingssteaks. Filet- oder Lummerkoteletts (franz. *côtes de filet*) enthalten, wie der Name schon sagt, ein Stück des darunterliegenden Filets.

Portion *Mit Knochen* 375–500 g.
Ohne Knochen 250 g.

KOTELETTS SCHNEIDEN

Den Rückenknochen mit einem Küchenbeil zwischen den Rippen durchhacken.

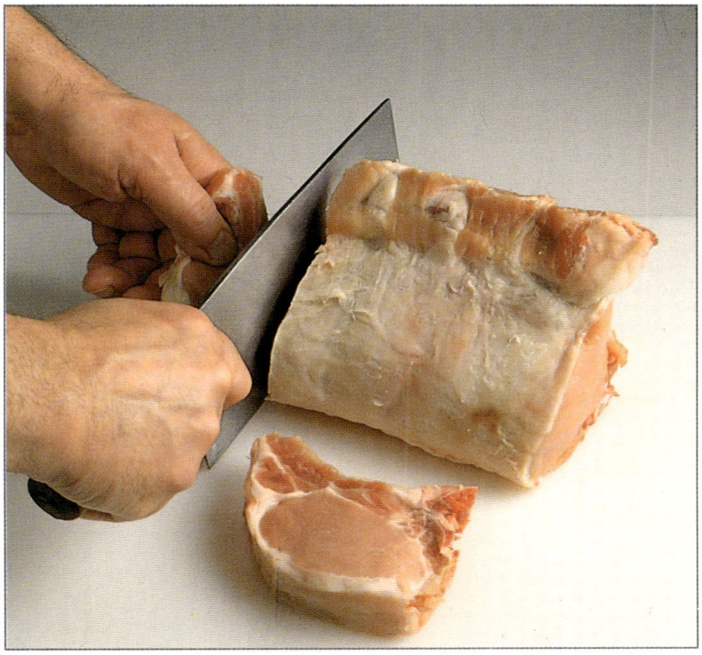

Überschüssiges Fett wegschneiden – ein Rand von bis zu 1,5 cm kann stehenbleiben, damit das Fleisch beim Garen nicht austrocknet.

EIN FILETKOTELETTSTÜCK ENTBEINEN

Falls der Beckenknochen vom Metzger noch nicht herauspräpariert wurde, muß zunächst dieser sowie das Rückgrat entfernt werden. Das Filet, das zarteste Stück vom Schwein, liegt unter dem Rückenknochen. Nachdem es herausgelöst ist, kann man es separat zubereiten und beispielsweise in Medaillons oder Würfel schneiden. Die Knochen können zum Kochen einer Brühe verwendet werden.

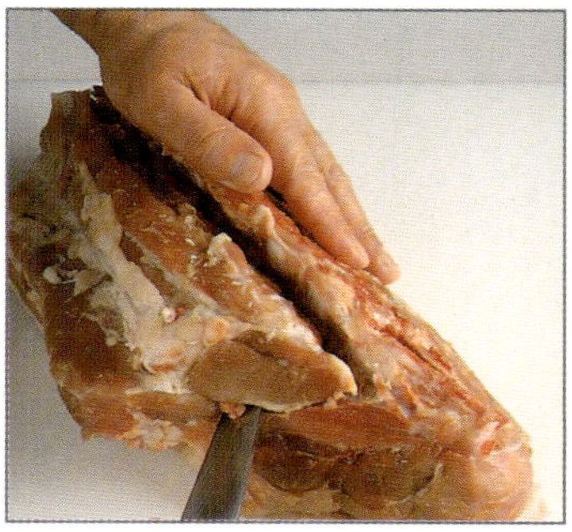

1 Das Filet vom Rückgrat losschneiden.

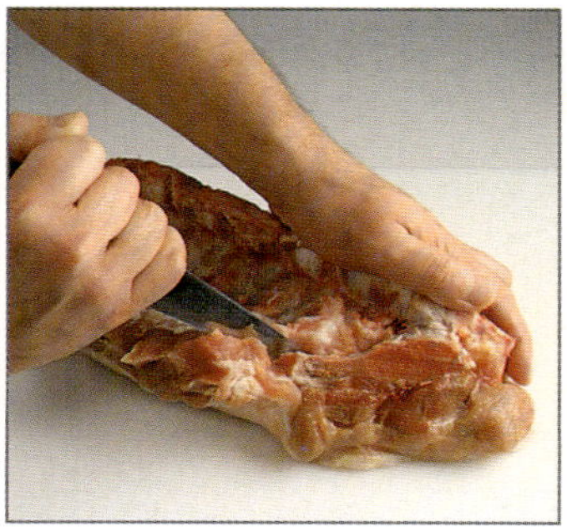

2 Den Beckenknochen mit dem Messer freischneiden.

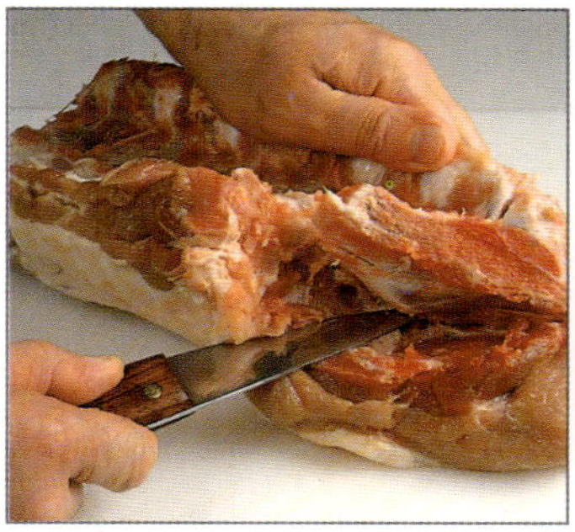

3 Den Beckenknochen rundum lösen, ohne ihn zu entfernen.

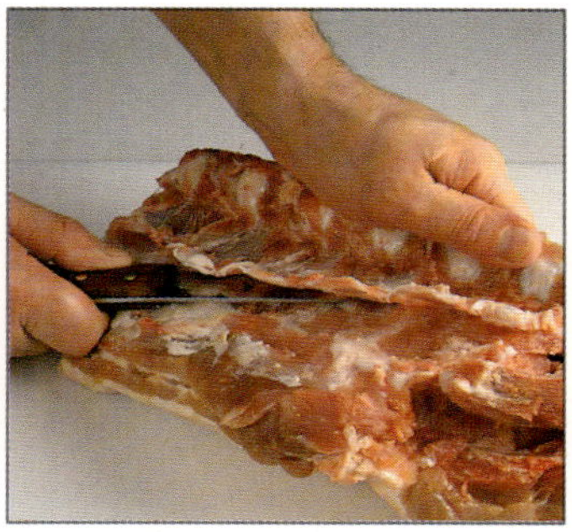

4 Unter den Wirbeln die Knochen gründlich sauberschaben.

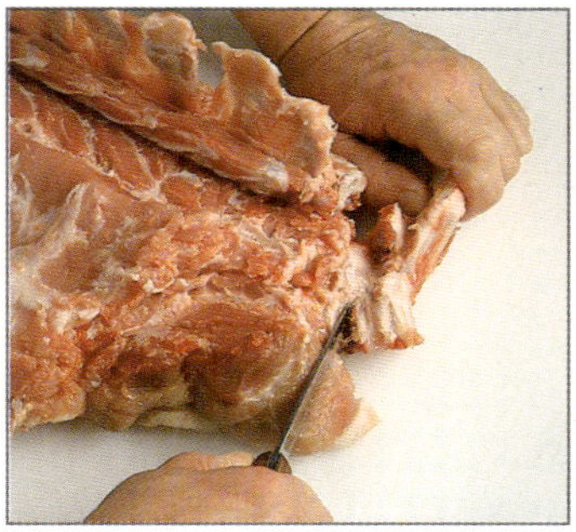

5 Den Beckenknochen anheben und entfernen.

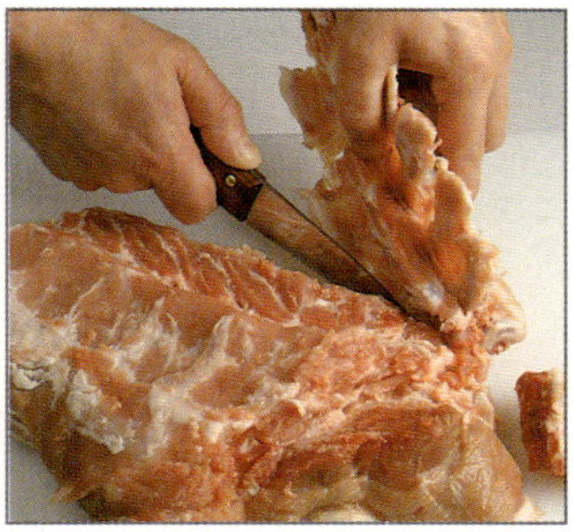

6 Rückenknochen und Rippen zusammen abheben.

7 Das Fett bis auf eine Schicht von 5 mm wegschneiden. Das Fleisch zu einem Rollbraten binden oder in 1,5 cm dicke Scheiben schneiden.

Bauch (franz. *poitrine*)

Schweinebauch wird sehr oft zu geräuchertem Speck verarbeitet. Frischer Schweinebauch kann pariert, aufgerollt und gekocht werden. Er wird gebraten, gegrillt oder auch für Eintöpfe und Ragouts verwendet, die daneben mageres Fleisch enthalten, so daß der Schweinebauch einen Kontrast in Geschmack und Struktur bietet.

Portion *Ohne Knochen* 125–175 g.

Keule Schinken (franz. *jambon*)

Die Schweinekeule ist fleischig und mager und enthält wenig Bindegewebe. Die äußere Fettschicht kann je nach Züchtung dick oder dünn sein.

Das gesamte Fleisch der Keule ist zart und saftig und von daher ein ausgezeichnetes Stück zum Braten. In Frankreich werden Schweinekeulen ausnahmslos gepökelt, geräuchert oder luftgetrocknet und heißen *jambon*, also Schinken.

Eine ganze Keule wiegt zwischen 5 kg und 10 kg und wird bei uns in Oberschale, Unterschale, Nuß und Hüfte zerlegt. Alle vier Teilstücke ergeben zarte, magere Schnitzel.

Portion *Mit Knochen* 375–500 g.
Ohne Knochen 250 g.

Eine Schweinekeule tranchieren

Manchmal ist noch ein Stück des Darmbeins an der Keule vorhanden, das man vor dem Garen entfernen sollte. Beim Aufschneiden wie bei einem gekochten Schinken vorgehen (S. 252).

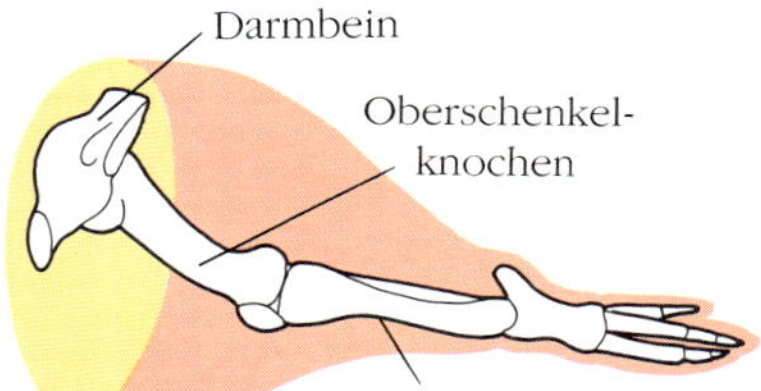

Rippchen Spareribs (franz. *plat de côtes*)

Schweinerippchen ißt man überall gern, obwohl sie nirgendwo auf der Welt so beliebt sind wie in den Vereinigten Staaten. Spareribs sollten aus der Brust geschnitten sein, doch ist die Nachfrage in den USA so groß, daß man sie dort auch aus der Schulter und dem Kotelettstück schneidet. Diesen Rippen fehlt jedoch die nussige Fülle der Brustrippen. Das Bruststück hat eine dreieckige Form, wobei das breite Ende mit den längeren Knochen fleischiger ist. Als Portion rechnet man 500 g Spareribs pro Person.

Rippchen werden traditionell auf dem Holzkohlegrill gegart, doch muß dies langsam und unter häufigem Begießen erfolgen, damit das Fett ausbrät und das Fleisch weich wird. Das sicherste ist es, die Rippen etwa 30 Minuten vorzukochen, bis sie gerade weich sind, oder sie etwa 45 Minuten bei 175 °C/Gas Stufe 2–3 im Ofen zu garen. Anschließend werden sie zum Grillen in Stücke geschnitten.

Zu gegrillten Spareribs serviert man traditionell eine besondere Barbecue-Sauce. Jede Region der Vereinigten Staaten hat ihre eigenen Rezepte: Die meisten basieren auf Tomaten (Saucen, S. 65), manche sind würzig und andere scharf. Auch süß-saure asiatische Kombinationen mit Sojasauce, Honig, Ingwer und scharfem Senf sind beliebt. Bei uns werden Spareribs vor allem bei Garten- und Grillfesten zubereitet, wo man grüne Salate und Brot dazu reicht.

Schweinekoteletts mit Äpfeln und Sahne

Dieses Gericht aus der Normandie vereint all die Zutaten, für die die Region bekannt ist – Äpfel, Sahne und Calvados.

4 Portionen
4 dicke Stielkoteletts vom Schwein (1,2–1,4 kg)
Salz und Pfeffer
1 EL Öl
20 g Butter
2 Zwiebeln, in Scheiben geschnitten
2 säuerliche Äpfel, geschält, entkernt und in Scheiben geschnitten
3 EL Calvados
1 EL Mehl
375 ml Kalbsfond (gegebenenfalls auch mehr)
1 Prise Muskat
175 ml Crème fraîche oder Crème double

Für die Garnierung
30 g Butter
2 feste Tafeläpfel, ungeschält, Kerngehäuse entfernt, in 1 cm dicke Scheiben geschnitten
2 EL Zucker

1 Die Koteletts salzen und pfeffern. Öl und Butter in einer Pfanne erhitzen und die Koteletts bei mittlerer Temperatur auf beiden Seiten anbraten. Das Fleisch herausnehmen, die Zwiebeln in die Pfanne geben und dünsten, bis sie weich, aber noch nicht gebräunt sind. Die geschälten Äpfel hinzufügen und alles bei recht starker Hitze weitergaren, bis Zwiebeln und Äpfel goldbraun sind.
2 Die Koteletts zurück in die Pfanne legen, mit Calvados begießen und flambieren (S. 38). Das Mehl einrühren, den Fond dazugeben, mit Muskat würzen und alles zum Kochen bringen. Den Deckel auflegen und die Koteletts 45–60 Minuten auf dem Herd köcheln lassen oder bei 175 °C/Gas Stufe 2–3 in den Backofen schieben, bis sie gar sind. Wenn die Sauce während dieser Zeit zu stark eindickt, weiteren Fond unterrühren.
3 Für die Garnierung Die Butter in einer Pfanne erhitzen. Jeweils eine Seite der Apfelringe in Zucker tauchen. Die Äpfel mit der Zuckerseite nach unten in die Pfanne legen und bei starker Hitze 4–5 Minuten – oder bis der Zucker karamelisiert – garen. Den restlichen Zucker über die Äpfel streuen, die Ringe herumdrehen und auf der zweiten Seite bräunen.
4 Die Koteletts auf einer Servierplatte oder auf Portionstellern anrichten und warm halten. Die Sauce durch ein Sieb streichen und die Flüssigkeit aus Äpfeln und Zwiebeln herausdrücken. Crème fraîche oder Crème double unterrühren und alles erneut zum Kochen bringen. Die Sauce nötigenfalls einkochen. Nach Geschmack würzen.
5 Die Sauce über die Koteletts geben, mit Apfelringen garnieren.

INNEREIEN

In der Küche versteht man unter Innereien die eßbaren inneren Organe von Schlachttieren. Außer Leber und Nieren gehören auch weniger bekannte Leckerbissen wie Bries und Hirn sowie deftigere Teile wie Zunge und Kutteln dazu. Neben Innereien umfaßt dieser Abschnitt noch andere Schlachtteile wie Kopf, Schwanz, Füße, Ohren und Backen.

Leber ist als Gericht überall akzeptiert, bei Nieren und Bries hingegen gehen die Landesmeinungen schon stark auseinander. Das kulinarische Interesse an anderen Arten von Innereien ist vielerorts noch geringer – in Großbritannien und Amerika, beispielsweise, halten die meisten Menschen Gerichte wie *Lancashire tripe and onions* (Kutteln und Zwiebeln) und *Texas mountain oysters* (Kalbshoden) lediglich für regionale Exzentrizitäten.

Innereien auswählen und aufbewahren

Innereien erfordern eine behutsame Behandlung und müssen frisch sein. Sie verderben schneller als Fleisch, und die meisten Teile dürfen nach dem Schlachten allenfalls noch zwei bis drei Tage aufbewahrt werden. Frische Innereien sind feucht, glänzen und weisen keine trokkenen Stellen auf; eine grünliche Färbung, schleimige Oberfläche oder strenger Geruch sind allesamt Gefahrenzeichen. Kutteln, Backen und Ohren lassen sich gut einfrieren, Bries muß zuvor blanchiert werden. Dunkle Innereien wie Leber und Nieren sind weniger gut zum Einfrieren geeignet.

Innereien blanchieren

Zarte Innereien, etwa Bries, Hirn und Kutteln, muß man vor dem Garen blanchieren, damit sich die Struktur festigt und sie sich leichter säubern lassen (s. Bries vorbereiten, S. 232). Die Innereien zunächst gründlich unter kaltem Wasser abspülen und anschließend in einen großen Topf mit kaltem Wasser legen. Das Wasser langsam zum Kochen bringen und den dabei aufsteigenden Schaum abschöpfen. Die Innereien einige Minuten köcheln lassen, dann abgießen und gut abspülen.

Innereien pochieren

Viele Innereien, insbesondere Zunge und Teile des Magens (sowie Kopfabschnitte) eignen sich gut zum Pochieren, weil sie durch langsames Garziehen schön zart werden. Hirn wiederum wird behutsam pochiert, damit es fest bleibt. Als Pochierflüssigkeit kann Salzwasser dienen, doch gibt man im allgemeinen einer *court bouillon* (S. 44) den Vorzug, da die Stücke durch den darin enthaltenen Essig, Zitronensaft oder Wein weicher werden. Kräuter und Pfeffer geben zusätzliches Aroma.

Wenn die ursprüngliche *court bouillon* nicht zu stark gewürzt war, kann man sie nach dem Pochieren absieben, einkochen und zum Servieren über das Fleisch schöpfen – etwa bei Kalbskopf. Innereien, wie Zunge, können pochiert und anschließend mit etwas Flüssigkeit im Ofen fertiggegart werden. Durch häufiges Begießen entsteht dabei eine glänzende Glace, doch läßt sich die Garflüssigkeit auch zur Zubereitung einer *sauce velouté* (S. 55) verwenden.

Alternativ läßt man die Innereien nach dem Pochieren abtropfen und gießt die Garflüssigkeit weg. Kalbskopf und Hirn kann man mit einer säuerlichen *sauce ravigote* (S. 64) reichen, Schweinsfüße können nach dem Pochieren mit Semmelbröseln bestreut und gegrillt werden. Lamm- und Kalbsfüße schmecken gut, wenn man sie in einer gehaltvollen *sauce poulette* (S. 55) mit Zitrone und Petersilie serviert. Pochierte Zunge läßt man abtropfen und serviert sie heiß mit Madeira-Sauce, pikanter Teufelssauce *(sauce diable)* oder *sauce charcutière* (S. 58). Oder man preßt sie in eine Form und serviert sie kalt und in Scheiben geschnitten.

KOPF, FÜSSE UND SCHWANZ

Obwohl sich ihre kulinarische Wertschätzung in Grenzen hält, bieten die Extremitäten von Schlachttieren eine Fülle interessanter Zubereitungsmöglichkeiten. Kalbs-, Schweins- oder Lammkopf kann man in *court bouillon* garen und das ausgelöste, kleingeschnittene Fleisch zu Sülze verarbeiten, oder man serviert den pochierten oder im Backofen gegarten Kopf im ganzen. Ein ganzer Schweinskopf findet sich manchmal als Schaustück auf einem kalten Büfett – früher war es zumeist der Kopf eines Keilers.

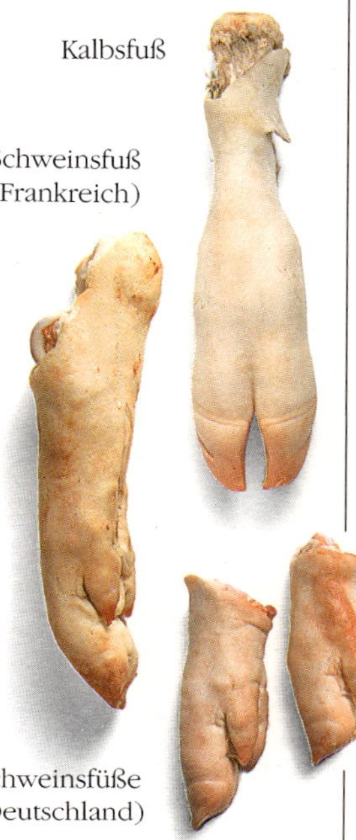

Kalbsfuß

Schweinsfuß (Frankreich)

Schweinsfüße (Deutschland)

Bestimmte Teile des Kopfes sind wahre Delikatessen. Kalbs- oder Schweineohren profitieren, wenn man sie nach dem Blanchieren ausgiebig pochiert oder schmort. Man kann sie anschließend noch mit Semmelbröseln bestreuen und grillen oder backen, damit sie schön knusprig werden. So zubereitet, können sie auch als Schale für eine Farce aus Champignons oder Wurstbrät dienen.

Rinderbacken, die lange Garzeiten benötigen, um weich zu werden, verwendet man häufig zur Zubereitung von Sülze oder pikanten Pasteten. Schweinebacken werden manchmal gepökelt, gekocht und mit geschmortem Grünkohl oder auch kalt wie Schinken gegessen.

Kuh-Euter wird in den Vereinigten Staaten kaum verzehrt, ist jedoch in Frankreich und auch in Deutschland, wo es normalerweise bereits vom Metzger vorbereitet und gegart wird, scheibenweise erhältlich. Die Euterscheiben können, goldbraun gebraten, mit Gemüse serviert werden.

Schweineschwarte (franz. *couenne*), die reich an Gelatine ist, eignet sich gut zum Mitgaren für Fonds und Schmorgerichte. Eine andere Möglichkeit ist es, die Schwarte in Streifen zu schneiden und knusprig auszubacken.

Auch die Füße (franz. *pieds*) von Schlachttieren finden in der Küche Verwendung. Sie sind ein hervorragender Lieferant von schmackhafter Gelatine, die man zum Eindicken und Verfeinern von Suppen und Eintöpfen nehmen kann. Schweinsfüße können auch der Länge nach gespalten, in *court bouillon* gegart, dann mit Semmelbröseln paniert und gebraten oder gegrillt werden. Häufig reicht man dazu eine kräftige Sauce, wie Senfsauce oder Vinaigrette. Kalbsfüße fügt man gewöhnlich anderen Speisen hinzu, Lammfüße hingegen schmecken als eigenes Gericht köstlich in einer Sauce.

Am beliebtesten von allen Extremitäten der Schlachttiere ist vermutlich der fleischige Ochsenschwanz, der ideal ist für herzhafte Eintöpfe und für die bekannte Ochsenschwanzsuppe ausgekocht wird. Ochsenschwanz kann auch entbeint, gefüllt und geschmort werden. Schweineschwänze passen in Eintöpfe und Suppen. Bei allen Schlachttieren sollte man das Fett von den Schwänzen abschneiden und diese dann entbeinen oder zwischen den Wirbeln in Stücke teilen. Die Schwanzspitze kann zum Kochen eines Fonds verwendet werden.

Ochsenschwanz

Schmoren und andere Garmethoden

Schmoren konzentriert und hebt Aromen und eignet sich für robustere Arten von Innereien, wie Zunge, Herz, Leber und Nieren. Wichtig ist, daß das Schmoren bei gleichmäßig niedriger Temperatur erfolgt. Damit die Innereien keinen Saft verlieren, beläßt man sie gewöhnlich am Stück. Weiche Innereien wie Nieren und Leber haben den richtigen Gargrad, wenn sie in der Mitte rosa und noch feucht sind, andere werden erst nach ausgiebigem Schmoren weich. Rotwein, Madeira, Marsala und Portwein gibt man zu, um das Aroma eines Schmorgerichtes zu verfeinern. Gegen Ende der Garzeit kann man als Garnierung kleine Zwiebeln, Champignons, Trüffeln und Speck hinzufügen. Obst, wie Orangen, Himbeeren, rote Johannisbeeren oder Rosinen, verleiht der Sauce ein fruchtiges Aroma, zu Innereien, wie Bries, passen eher leichtere Zutaten, wie Weißwein.

Gehaltvolle, weiche Innereien, wie Nieren und Leber, schmecken ausgezeichnet, wenn man sie in Scheiben schneidet und in Butter sautiert; in Mehl gewälzt, werden sie schön knusprig. Nieren lassen sich ausgezeichnet grillen, andere Innereien hingegen trocknen dabei leicht aus. Zu den klassischen Favoriten gehört paniertes oder fritiertes Hirn oder Bries, das mit Tatarensauce (S. 63) oder Tomatensauce (S. 65) serviert werden kann.

Innereien anrichten

Innereien werden zum Anrichten gewöhnlich aufgeschnitten. Bries, Zunge und Leber schneidet man schräg in dünne, Hirn in dicke Scheiben. Eine gehaltvolle braune Sauce (S. 57) oder eine Buttersauce (S. 62) – farblich belebt durch frische Kräuter – und Gemüse, wie Möhren oder Zucchini, sind gängige Beilagen. Eine ganze Zunge kann auch mit Aspik überzogen werden (S. 254).

Nieren in Madeira

Die Nieren vorbereiten (rechte Seite). Die ideale Beilage sind knusprige Bratkartoffeln.

4 Portionen
2–3 Kalbsnieren oder
8–10 Lammnieren (750 g bis 1 kg)
30 g Butter
250 g Champignons, blättrig geschnitten
Salz und Pfeffer
1 El Öl
7 EL (100 ml) Madeira
250 ml brauner Kalbsfond (S. 43)
125 g eiskalte Butter, in Stücke geschnitten (für die Sauce)

Zum Garnieren
1 EL gehackte Petersilie

1 Die Nieren vorbereiten; Lammnieren ganz belassen, Kalbsnieren in der Mitte durchschneiden.
2 Die Hälfte der Butter in einer Pfanne zerlassen. Die Champignons hinzufügen, salzen und pfeffern und 5–7 Minuten sautieren, bis sie weich sind und die Flüssigkeit verdampft ist. Die Pilze warm stellen.
3 Öl und restliche Butter in einer großen Pfanne erhitzen, bis die Butter schäumt. Die Nieren dazugeben und bei mittlerer Temperatur sautieren – Lammnieren 2–3 Minuten, Kalbsnieren 5–6 Minuten. Die Nieren wenden und auf der zweiten Seite sautieren – Lammnieren brauchen insgesamt 5–6 Minuten, Kalbsnieren 10–12 Minuten.
4 Die Hälfte des Madeira dazugießen, die Nieren flambieren (S. 38) und anschließend auf ein Arbeitsbrett legen.
5 Den Bratensatz mit dem Fond ablöschen und die Flüssigkeit zu einer Glace einkochen. Den verbliebenen Madeira hinzufügen und alles 30 Sekunden köcheln lassen. Die Pfanne vom Herd nehmen und die Sauce mit kalter Butter anreichern (S. 53). Nach Geschmack würzen.
6 Kalbsnieren in Scheiben schneiden, Lammnieren halbieren und mit den Schnittflächen nach oben auf vier Portionstellern anrichten. Die Champignons auf die Teller geben, die Sauce über die Nieren schöpfen und die gehackte Petersilie darüberstreuen. Sofort servieren.

Leber

Leber von jungen Tieren ist mild und zart, wobei man zum Grillen, Sautieren und Braten am besten Kalbsleber wählt. Eine ganze Kalbsleber wiegt etwa 1,5 kg und besteht aus einem großen Stück sowie einem kleineren anhängenden Lappen; die Leber anderer Tiere kann mehrere Lappen haben. Lammleber ist etwas trockener und nicht ganz so zart, läßt sich aber ebenfalls gut sautieren. Ein großes Stück Kalbs- oder Lammleber von 500 g oder mehr schmeckt geschmort ausgezeichnet. Schweineleber hat einen kräftigen Geschmack, der am besten in Pasteten und Terrinen zur Geltung kommt. Rinderleber, die wie Schweineleber sehr preiswert ist, sollte man zusammen mit aromatischen Zutaten schmoren, um ihren ausgeprägten Geschmack auszugleichen.

ZUR INFORMATION
Beim Einkauf beachten Frischer, angenehmer Geruch; Leber von jungen Tieren ist bräunlich-rosa, die von erwachsenen Tieren dunkler.
Portion 125–175 g.
Nährstoffgehalt pro 100 g Kalbsleber. 543 kJ/130 kcal; 20 g Protein; 4 g Fett; 4 g Kohlenhydrate; 360 mg Cholesterin; 87 mg Natrium.
Garzeiten *Am Stück* Garen im Backofen oder schmoren: 12–15 Minuten pro 500 g bei 175 °C/Gas Stufe 2–3. *Scheiben* Grillen: 5–8 Minuten; braten oder sautieren: 5–8 Minuten.
Richtiger Gargrad In der Mitte rosa. *Am Stück* Fleischthermometer zeigt 60 °C Innentemperatur an. *Scheiben* Spürbarer Widerstand beim Daraufdrücken; Safttropfen an der Oberfläche.
Bemerkung Leber wird hart, wenn man sie zu lange gart.
Aufbewahrung *Am Stück* Im Kühlschrank 2 Tage. *Scheiben* Im Kühlschrank 1 Tag.
Typische Gerichte *Foie de veau grillée à la moutarde* (gegrillte Kalbsleber mit Senf; Frankreich); gegrillt mit Marsala (Großbritannien); mit Speck und Zwiebeln (Großbritannien); *fegato alla salvia* (mit Tomaten, Knoblauch und Salbei; Italien); *foie m'chermel en sauce* (mariniert mit eingelegten Zitronen und grünen Oliven; Marokko); geschmort mit Birne und Speck (Skandinavien); geröstet und gefüllt mit Petersilie und Eiern (Frankreich).

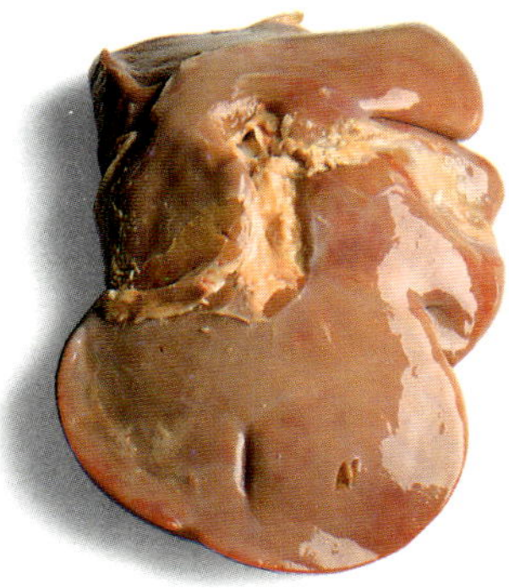

Kalbsleber

LEBER VORBEREITEN

Um den kräftigen Geschmack abzumildern, kann man Leber in Milch legen. Leber sollte jedoch nicht blanchiert werden, da sie hart würde.

1 Beim Vorbereiten einer ganzen Leber zunächst die einzelnen Lappen voneinander trennen. Sichtbare Sehnen, Adern und Bindegewebe wegschneiden.

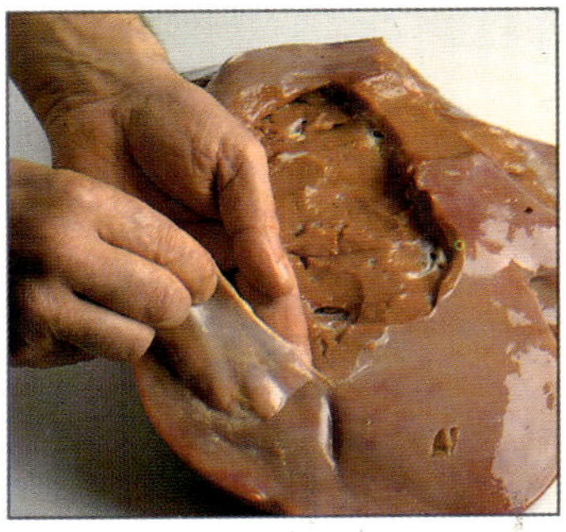

2 Die äußere Haut mit den Fingern abziehen.

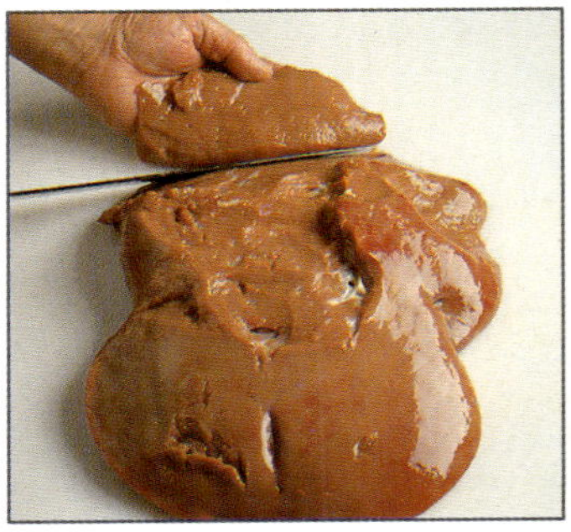

3 Die Leber nach Belieben schräg in dünne Scheiben schneiden. Alle inneren Adern entfernen.

Nieren

Zum Grillen oder für ein Sauté in dunkler Weinsauce wählt man am besten Kalbsnieren. Von ähnlich guter Qualität sind die bohnenförmigen Lammnieren – ihr Geschmack ist lediglich etwas weniger voll. Schweine- und Rindernieren, die oftmals mit anderen Zutaten kombiniert werden, wie beispielsweise beim britischen *steak and kidney pie*, eignen sich gut zum Schmoren, wobei eine wunderbar gehaltvolle Sauce entsteht.

ZUR INFORMATION

Beim Einkauf beachten Frischer Geruch, kein Ammoniakgeruch. *Kalbsnieren* Farbe tiefrosa oder beigebraun, nicht rot. *Lammnieren* Tiefrosa Farbe, nicht rot. *Schweine- oder Rindernieren* Farbe braunrot, nicht schwarz.

Portionen *Kalbsnieren* 1 Niere. *Lammnieren* 1½–2 Nieren. *Schweine- oder Rindernieren* 125–175 g.

Nährstoffgehalt pro 100 g Kalbsnieren. 534 kJ/128 kcal; 17 g Protein; 6 g Fett; 1 g Kohlenhydrate; 380 mg Cholesterin; 200 mg Natrium.

Garzeiten *Ganze Kalbs- oder Lammnieren* Schmoren im Backofen: 30–45 Minuten bei 175 °C/Gas Stufe 2–3; braten im Backofen: 5 Minuten bei 230 °C/Gas Stufe 5, dann 30–40 Minuten pro 500 g bei 190 °C/Gas Stufe 3; als Sauté: 15–20 Minuten. *Kleingeschnittene Kalbs- oder Lammnieren* Grillen: 6–8 Minuten; sautieren: 6–8 Minuten. *Kleingeschnittene Schweine- oder Rindernieren* Schmoren im Backofen: 1–1½ Stunden bei 175 °C/Gas Stufe 2–3.

Richtiger Gargrad *Ganze Nieren* Beim Hineinstechen tritt rosa Saft aus. *Stücke* Kalbs- und Lammnieren sollen in der Mitte rosa sein, Schweine- und Rindernieren durchgegart und sehr weich.

Bemerkung Unsachgemäß behandelte oder verdorbene Nieren riechen nach Ammoniak.

Aufbewahrung Im Kühlschrank 1 Tag.

Lammniere

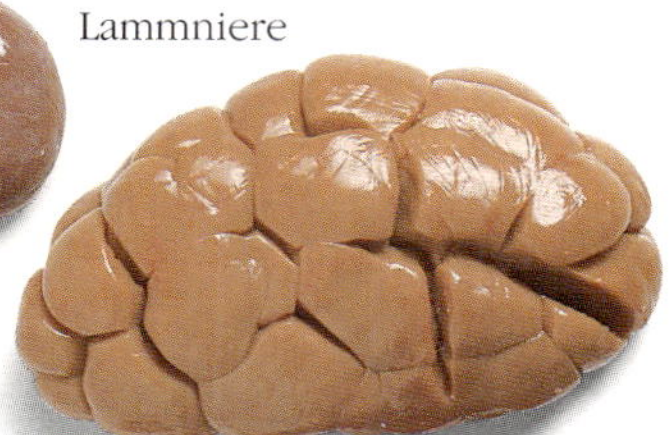

Kalbsnieren

KALBSNIEREN VORBEREITEN

Nieren kommen manchmal mit ihrem Fettmantel in den Handel. Kalbs- und Lammnieren werden mitunter mit diesem Nierentalg gebraten.

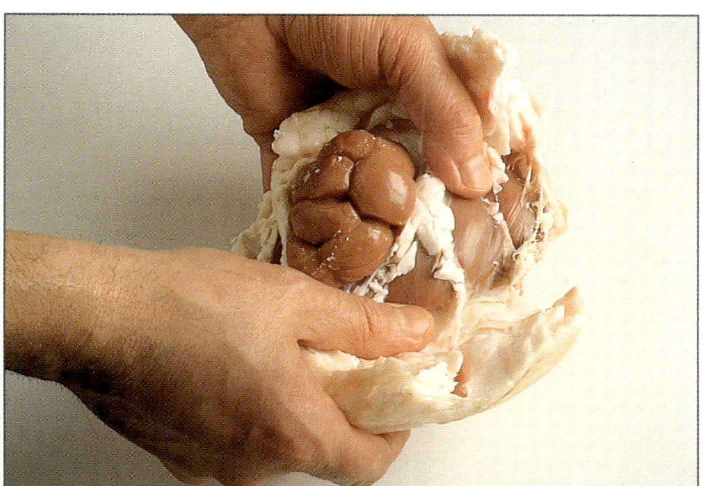

1 Ist der Nierentalg noch vorhanden, das Fett dort, wo es an der Niere festgewachsen ist, abschneiden und es dann abziehen.

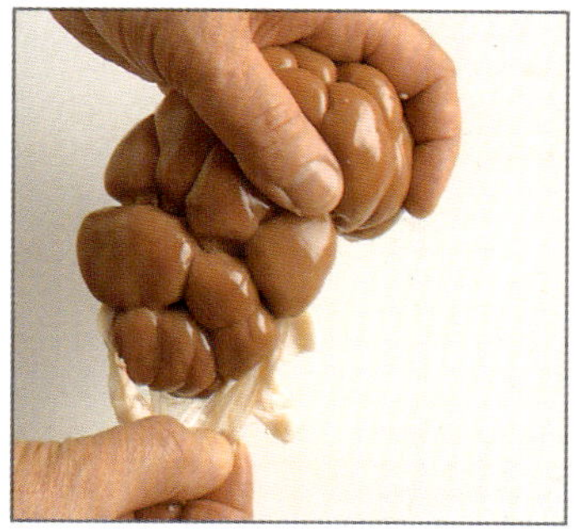

2 Die dünne Außenhaut abziehen und wegwerfen.

3 Die Harnwege herausschneiden, ohne die Niere zu verletzen.

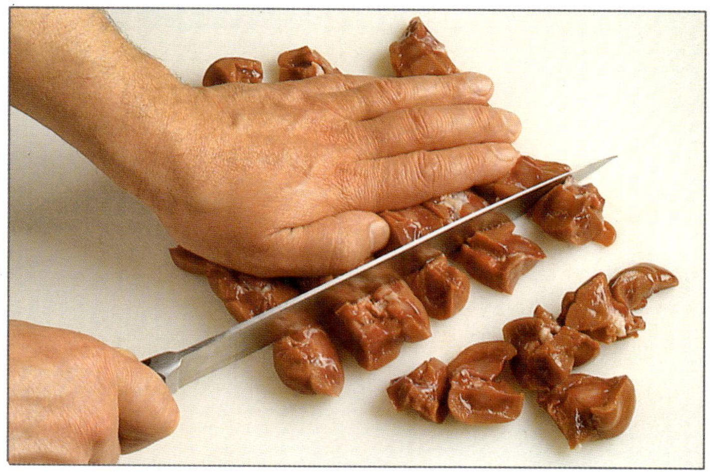

4 Kalbs-, Schweine- und Rindernieren werden zum Garen in Würfel geschnitten. (Zuvor sicherstellen, daß alle Harnwege entfernt wurden.)

LAMMNIEREN VORBEREITEN

Um den Fettmantel zu entfernen, wie bei Kalbsnieren beschrieben vorgehen.

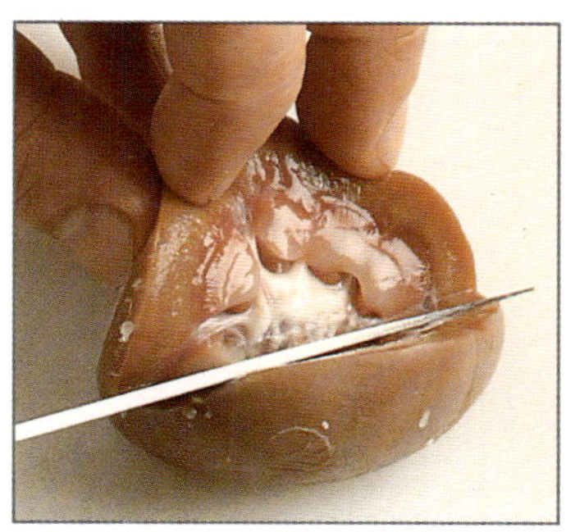

1 Die Niere an der abgerundeten Seite der Länge nach einschneiden.

2 Die dünne Außenhaut abziehen und vom Kern losschneiden. Den kleinen festen Kern nicht entfernen.

3 *Links:* Die Nieren zum Grillen wie ein Schmetterlingssteak auseinanderklappen.

Hinweis Die Nieren müssen unter Umständen auf Spießchen gesteckt werden, damit sie sich beim Garen nicht aufwölben.

Bries

Als Bries bezeichnet man die Thymusdrüsen junger Kälber oder Lämmer. Sobald die Tiere geschlechtsreif sind, bilden sich die Thymusdrüsen zurück. Bries besteht aus einem runden Teil, der sogenannten Nuß, die sich in gleichmäßige Scheiben schneiden läßt, sowie einem weniger kompakten, länglichen Fortsatz. Im Handel findet man in der Regel Bries vom Kalb. Damit das Bries schön weiß wird, muß man es vor dem Garprozeß wässern. Dann wird es in mehreren Etappen zubereitet: Zunächst wird es blanchiert, dann geschmort oder in *court bouillon* – mitunter auch in Milch – pochiert. Nach dem Blanchieren wird Bries gepreßt.

ZUR INFORMATION

Beim Einkauf beachten Kompakte Struktur; Farbe fast weiß oder blaßrosa; keine dunklen Verfärbungen.
Portion 200 g (Nuß).
Nährstoffgehalt pro 100 g Kalbsbries. 416 kJ/99 kcal; 18 g Protein; 4 g Fett; keine Kohlenhydrate; 250 mg Cholesterin; 87 mg Natrium.
Garzeiten *Am Stück* Schmoren im Backofen: 30–40 Minuten bei 175 °C/Gas Stufe 2–3; pochieren: 20–30 Minuten. *Scheiben oder Stücke* Grillen: 6–8 Minuten; fritieren: 3–4 Minuten; sautieren: 3–5 Minuten.
Richtiger Gargrad Weich; Bindegewebe hat sich aufgelöst.
Bemerkung Zäh, wenn nicht ausreichend oder zu lange gegart; fällt auseinander, wenn zuviel Haut entfernt wurde.
Aufbewahrung *Frisch* Im Kühlschrank 1 Tag. *Blanchiert* Im Kühlschrank 2 Tage.
Typische Gerichte *Mollejas a la pollensina* (mit Speck und Zwiebeln; Spanien); *ris de veau forestière* (Kalbsbries mit Schalotten, Weißwein und Steinpilzen; Frankreich); *animelle di vitello* (Kalbsbries, in Butter gebraten und mit Marsala parfümiert; Italien). – Bries harmoniert auch gut mit: Weißwein, Madeira, Wermut, Champignons, Trüffeln, Bleichsellerie.

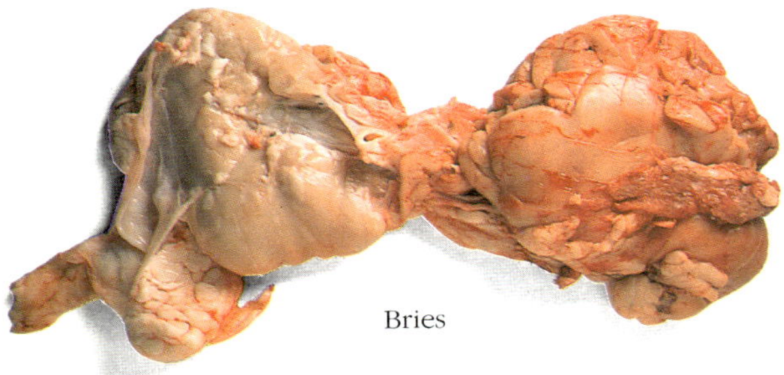

Bries

BRIES VORBEREITEN

Bries ist leichtverderblich und sollte gewässert und vorgegart werden, insbesondere wenn man es nicht sofort verarbeitet.

1 Das Bries zum Säubern für mindestens 2 Stunden in kaltes Wasser legen. Alle verfärbten Stellen wegschneiden. Bries zum Blanchieren in reichlich kaltes Wasser, das stark gesalzen wurde, legen und zum Kochen bringen. Kalbsbries 5 Minuten, Lammbries 3 Minuten köcheln lassen, dann abgießen.

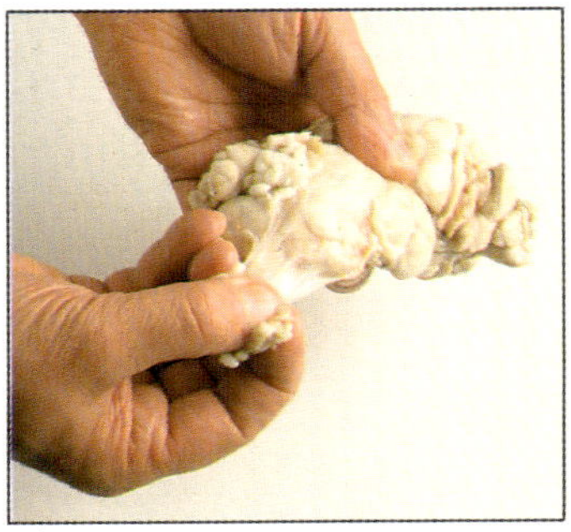

2 Alle sehnigen Partien sorgfältig entfernen und die Haut abziehen. (Das geht am besten, solange das Bries noch nicht vollständig abgekühlt ist.)

Hinweis Ein Teil des Bindegewebes löst sich beim Garen auf, deshalb gerade so viel davon entfernen, daß das Bries nicht auseinanderfällt.

Sautiertes Kalbsbries mit Gemüse

Statt Sellerie kann man auch andere Wurzelgemüse, beispielsweise Topinamburs oder Schwarzwurzeln, verwenden.

4 Portionen
750 g Kalbsbries
1 l *court bouillon* (S. 44)
60 g Mehl, gewürzt mit ½ TL Salz und ¼ TL Pfeffer
60 g Butter

Für das Gemüse
500 g Möhren
375 g weiße Rübchen
500 g Knollensellerie
500 g frische Perlzwiebeln, abgezogen (ersatzweise Schalotten)
250 g geräucherter Bauchspeck, in Streifen geschnitten
2 TL Zucker
1 Prise Muskat
Salz und Pfeffer
30 g Butter

1 Das Bries wässern, blanchieren und säubern (links). Dann 20–25 Minuten in *court bouillon* pochieren. Das Bries abgießen, zwischen zwei runde Holzbrettchen legen, mit einem 1-kg-Gewicht beschweren und in den Kühlschrank stellen.
2 Möhren, weiße Rüben und Sellerie tournieren (S. 260), so daß das Gemüse die gleiche Größe wie die Perlzwiebeln hat. Die Speckstreifen in einer Pfanne etwa 5 Minuten braten, bis sie zu bräunen beginnen. Den Speck herausnehmen und Möhren, weiße Rüben, Sellerie und Zwiebeln in die Pfanne geben. Das Gemüse mit Wasser bedecken und mit Zucker, Muskat, Salz und Pfeffer würzen. Alles ohne Deckel zum Kochen bringen und bei hoher Temperatur etwa 15 Minuten garen, bis das Gemüse weich und die Flüssigkeit zu einer dicken, sirupartigen Glace eingekocht ist. Dabei gelegentlich umrühren und durchschwenken. Den Speck hinzufügen. Abschmecken.
3 Das Bries mit einem kleinen scharfen Messer schräg in 1 cm dicke Scheiben schneiden (rechte Seite) und die Scheiben im gewürzten Mehl wenden. Die 60 g Butter in einer großen Pfanne bei mittlerer Temperatur erhitzen und die Briesscheiben auf jeder Seite etwa 2 Minuten sautieren, bis sie goldbraun sind. Das gebratene Bries auf vorgewärmten Tellern anrichten.
4 Das Gemüse wieder erhitzen und in der restlichen Butter schwenken, damit es schön glänzt. Das Gemüse als Beilage zum Bries reichen.

BRIES PRESSEN UND IN SCHEIBEN SCHNEIDEN

Nach dem Blanchieren sollte man Bries pressen, damit es bei der weiteren Zubereitung seine Form behält.

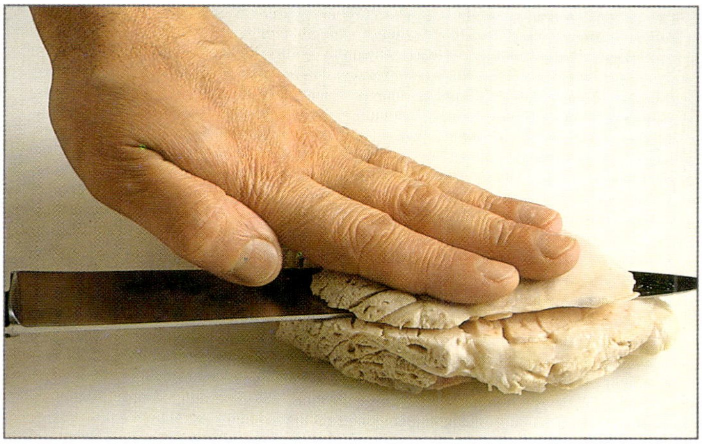

Das Bries zwischen zwei runde Holzbrettchen legen, mit einem Gewicht beschweren und für etwa 2 Stunden – oder bis es fest ist – in den Kühlschrank stellen. Das Bries vor dem Garen schräg in 1 cm dicke Scheiben schneiden.

Hirn

Hirn (in Norddeutschland auch Brägen genannt) hat eine weichere und zartere Struktur als Bries. Kalbshirn ist am besten, gefolgt von Lamm-, Schweine- und Rinderhirn. Hirn ist vitaminreich, aber auch reich an Cholesterin. Es wird zumeist nur in einer *court bouillon* (S. 44) mit einem Schuß Essig pochiert. Man kann Hirn auch schmoren oder in Rotwein garen, aus dem man anschließend eine Rotweinsauce (S. 56) zubereitet.

Hirn wird häufig eher seiner Struktur als des Geschmacks wegen geschätzt und eignet sich für viele Rezepte, wie pochiertes Hirn in brauner Butter mit Kapern, kann aber auch nach dem Pochieren paniert und fritiert werden. Gegartes Hirn kann man zum Verfeinern von Füllungen verwenden, zum Eindicken von Saucen pürieren oder mit Gemüse schmoren.

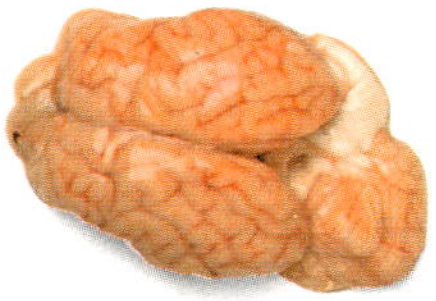

Lammhirn

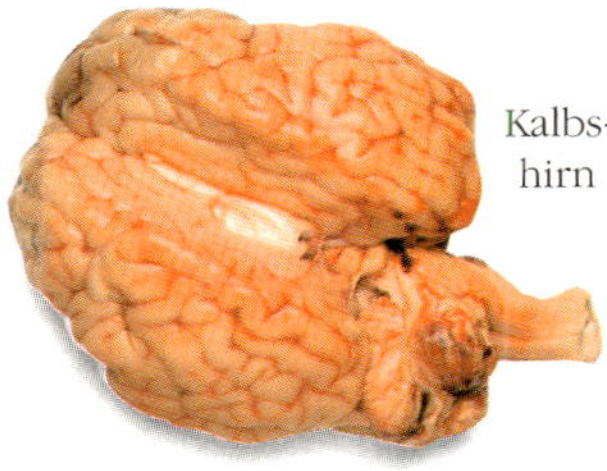

Kalbshirn

ZUR INFORMATION

Beim Einkauf beachten Kompakt; weiße Farbe, wenig Blut oder Verfärbungen; frischer Geruch.
Portion 1–2 Hälften/90–125 g.
Nährstoffgehalt pro 100 g Lammhirn. 525 kJ/125 kcal; 10 g Protein; 9 g Fett; 1 g Kohlenhydrate; 2200 mg Cholesterin; 150 mg Natrium.
Garzeiten *Am Stück* Schmoren im Backofen: 15–20 Minuten bei 175 °C/Gas Stufe 2–3; pochieren: 15–20 Minuten. *Scheiben oder Stücke* Fritieren: 2–3 Minuten; sautieren: 3–4 Minuten.
Richtiger Gargrad Fest, in der Mitte nicht durchsichtig.
Bemerkung Fällt bei zu raschem Garen oft auseinander.
Aufbewahrung Im Kühlschrank 1 Tag.
Typische Gerichte *Fritte alla fiorentina* (mariniert, paniert, gebraten und mit Spinat serviert; Italien); *al burro negro* (mit schwarzer Butter; Italien). – Hirn harmoniert auch gut mit: Kartoffelpüree, Eiern, Tomaten, Weißwein, Sahne, Oliven, Sardellen.

HIRN VORBEREITEN

Hirn muß nicht blanchiert, aber gründlich gesäubert werden. Die beiden Hälften kann man in Scheiben schneiden oder ganz belassen.

Das Hirn zwei- bis dreimal unter fließendem kaltem Wasser abspülen, um Blut und verfärbte Häutchen zu entfernen, und es dann für etwa 1–2 Stunden in kaltes Wasser legen.

Herz

Da es sich bei dem Herzen eines Tieres um einen stark beanspruchten Muskel handelt, ist es meist weniger zart und wird deshalb am besten mit reichlich Gemüse geschmort. Herz läßt sich auch im Ofen braten – nach Belieben mit Brotkrumen und Kräutern oder mit Wurstbrät gefüllt.

Kalbs- und Lammherzen sind am besten; Rinderherz ist größer, braucht unter Umständen drei bis vier Stunden, damit es weich wird, und sollte in reichlich Flüssigkeit gegart werden. Herzen von jüngeren Tieren erfordern eine Garzeit von zwei bis drei Stunden.

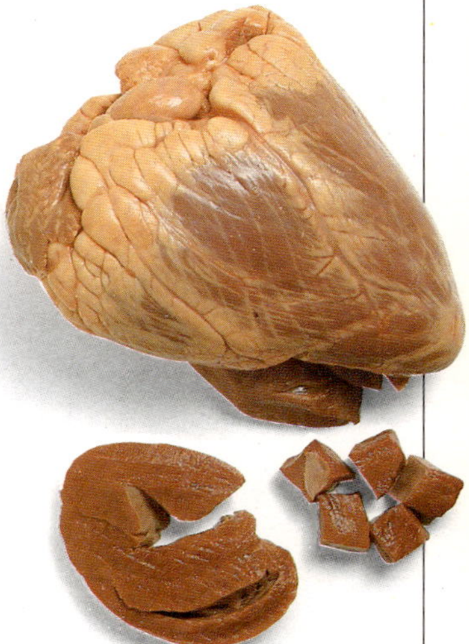

Rinderherz

ZUR INFORMATION

Beim Einkauf beachten Kräftige Farbe, nicht hellrot oder braun; frischer Geruch.
Portion 1 Lammherz/175 g.
Nährstoffgehalt pro 100 g Lammherz. 661 kJ/158 kcal; 17 g Protein; 10 g Fett; 1 mg Kohlenhydrate; 140 mg Cholesterin; 118 mg Natrium.
Garzeiten *Ganzes Schweine-, Lamm- oder Kalbsherz* Schmoren (mit Füllung): 2–3 Stunden. *Kleingeschnitten* Sautieren: 5–7 Minuten. *Rinderherz* Schmoren: 4 Stunden.
Bemerkung Hart, wenn zu rasch oder nicht ausreichend lange gegart.
Aufbewahrung Im Kühlschrank 1–2 Tage; tiefgefroren: 3 Monate.
Typische Gerichte *Cœur de bœuf bourgeoise* (Eintopf mit Kräutern und Weißwein; Frankreich); *cœur de veau farci braisé* (Kalbsherz, gefüllt mit Wurstbrät, in Schweinenetz gewickelt und geschmort; Frankreich); gefülltes Kalbsherz (in Weißwein mariniert, mit Kalbfleisch-Schinken-Farce gefüllt; Deutschland); *cœur de veau en casserole à la bonne femme* (Kalbsherz, sautiert mit kleinen Zwiebeln, Kartoffeln und Speck; Frankreich).

HERZ VORBEREITEN

Lammherz reicht als Portion für eine Person, Schweine- oder Kalbsherz für zwei Personen, Rinderherz für vier.

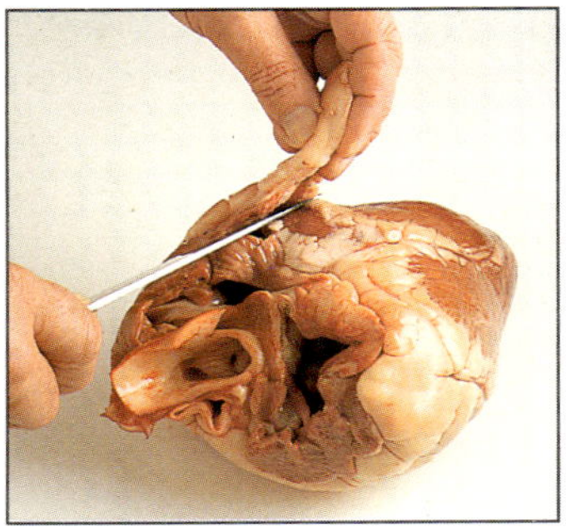

1 Das Fett mit einem scharfen Messer abschneiden und das Herz gründlich abspülen.

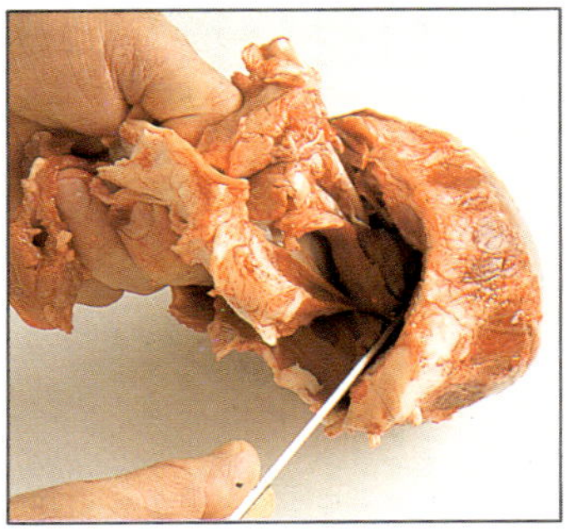

2 Die Arterien und das faserige Gewebe herausschneiden.

Zunge

Die Zunge aller großen Schlachttiere schmeckt gut, doch ist Rinderzunge besonders köstlich. Rinderzunge wiegt bis zu 2,3 kg, Kalbszunge etwa die Hälfte davon, Schweine- und Lammzunge ungefähr 180 g. Rinderzunge wird häufig gepökelt oder geräuchert, was ihr zusätzlich Aroma verleiht, und läßt sich gut einfrieren. Bei manchen Tieren ist die Zunge ziemlich rauh, und die Haut hat schwarze Stellen, was allerdings kein schlechtes Zeichen ist.

Zunge wird in den meisten Fällen in *court bouillon* (S. 44) pochiert; Kalbs-, Schweine- und Lammzunge kann blanchiert und anschließend geschmort werden. Der kräftige Geschmack einer heiß servierten Zunge kann durch eine vollmundige braune Sauce, eine geschmacksintensive Fruchtsauce oder Gemüse, wie Spinat oder Sauerkraut, betont werden. Kalte gepreßte Zunge wird in Scheiben geschnitten, mit Aspik überzogen und mit gehackter Petersilie und hartgekochten Eiern garniert oder einfach mit Chutney gereicht.

ZUR INFORMATION

Beim Einkauf beachten Feucht mit klarer rosa oder rötlicher Farbe.
Portion 150–175 g.
Nährstoffgehalt pro 100 g Rinderzunge: 873 kJ/209 kcal; 16 g Protein; 16 g Fett; 1 g Kohlenhydrate; 108 mg Cholesterin; 100 mg Natrium.
Garzeiten *Am Stück* Pochieren: 45–60 Minuten pro 500 g; schmoren im Backofen: 45–60 Minuten pro 500 g bei 175 °C/Gas Stufe 2–3. *Pochierte Zunge (am Stück oder in Scheiben)* Garen im Backofen: 20–30 Minuten bei 175 °C/Gas Stufe 2–3.
Richtiger Gargrad Weich; Knochen an der Zungenwurzel lösen sich vom Fleisch.
Bemerkung Zäh, wenn nicht ausreichend gegart.
Aufbewahrung Im Kühlschrank 2–3 Tage; tiefgefroren: 6 Monate.
Typische Gerichte Salat mit gewürfeltem Gemüse (Deutschland); mit Champignonsauce (Finnland); gepökelt, in Mandelsauce (Spanien); *au gratin* (Skandinavien); mit Apfelwein (Großbritannien); süß-sauer (USA); mit Rotwein, Zitrone und Mandelsauce (Polen); mit Weinbrand und Korinthen (Italien); gegrillt in *sauce diable* (Cayennepfeffer, Schalotten, Pfeffer; Frankreich).
– Zunge harmoniert auch gut mit: Speck, Linsen, Rosmarin, Thymian, Knoblauch, Fenchel, Sardellen, Senf.

Rinderzunge

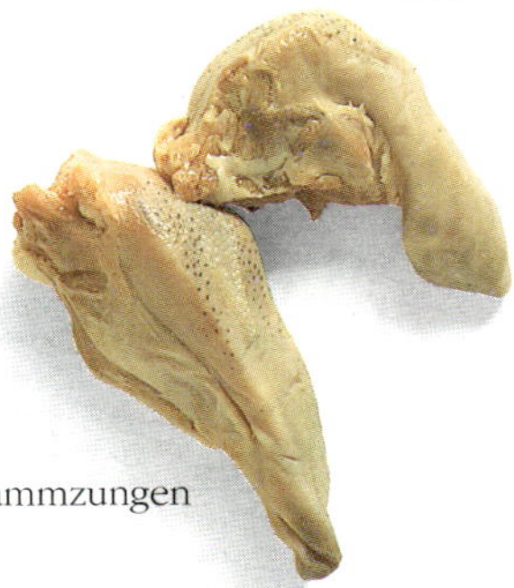

Lammzungen

Eine gegarte Zunge in Form pressen

Rinderzungen werden einzeln gepreßt, kleinere Zungen kann man zu mehreren umeinanderwickeln. Die Spitze der Zunge um die Wurzel herumlegen. Die Zunge in eine Spezialpresse geben oder in den kleinstmöglichen Topf und mit einem Teller sowie einem Gewicht beschweren.

EINE GEGARTE ZUNGE VORBEREITEN UND AUFSCHNEIDEN

Zunge kann man in *court bouillon* pochieren, bis sie ganz weich ist, oder zehn Minuten blanchieren und anschließend schmoren.

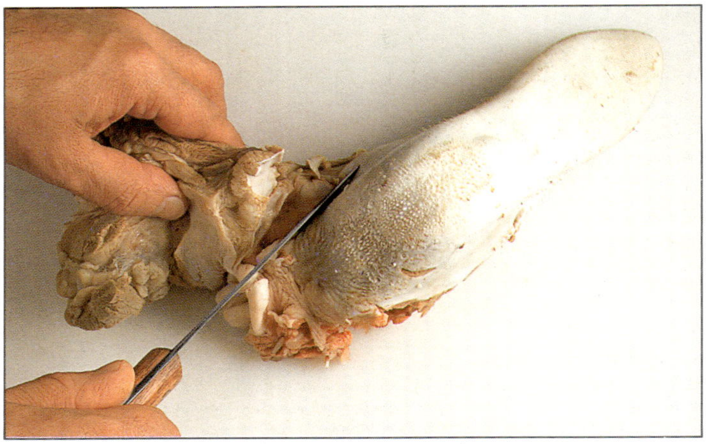

1 Die Zunge nach dem Garen in der Flüssigkeit abkühlen lassen, bis sie noch lauwarm ist. Die Knochen an der Wurzel wegschneiden.

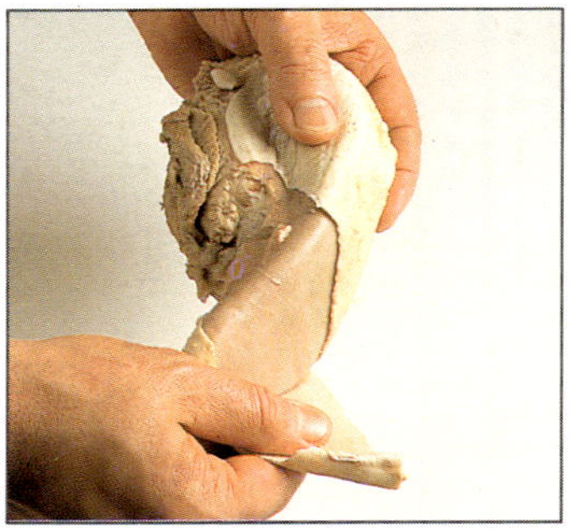

2 An der Zungenspitze einen kleinen Einschnitt machen und die Haut mit den Händen oder einem kleinen Messer abziehen.

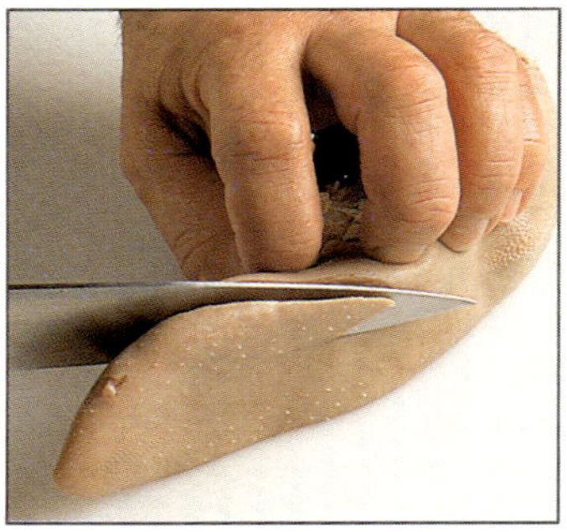

3 Die Zunge auf ein Brett legen und, an der Spitze beginnend, in große schräge Scheiben schneiden. Jede Portion sollte einige Scheiben vom zarten Ansatz und einige von der festeren Zungenspitze beinhalten.

4 Die Zunge so aufschneiden, daß möglichst große Scheiben entstehen. Die in Scheiben geschnittene Zunge kann kalt serviert, aber auch im Ofen oder in einer passenden Sauce wieder erhitzt werden.

Kutteln

Kutteln sind das Magengewebe von Wiederkäuern, gewöhnlich Rindern. Der erste Magen liefert die glatten Kutteln, der zweite die zelligen Kutteln, die zarter sind. Kutteln werden vorgegart verkauft und müssen sauber und weiß sein. Man legt sie zunächst für fünf bis zehn Minuten in kaltes Wasser, spült sie anschließend gründlich ab und schneidet sie in Streifen oder 5 cm große Quadrate. Die Kutteln dann ein bis zwei Stunden pochieren, bis sie weich sind, abgießen und mit Zwiebeln sautieren oder mit Semmelbröseln panieren und fritieren; Teufelssauce (*sauce diable*, S. 58) paßt gut dazu. Eine andere Möglichkeit sind geschmorte Kutteln, wie etwa *tripes à la mode de Caen* mit Gemüse und Calvados.

Glatte Kutteln

Zellige Kutteln

ZUR INFORMATION

Beim Einkauf beachten Weiße Farbe; feucht; frischer Geruch.
Portion 175–250 g.
Nährstoffgehalt pro 100 g. 412 kJ/ 98 kcal; 15 g Protein; 4 g Fett; keine Kohlenhydrate; 95 mg Cholesterin; 46 mg Natrium.
Garzeiten 10–15 Minuten blanchieren, abschrecken, dann 3–4 Stunden bei 175 °C/Gas Stufe 2–3 im Backofen garen oder schmoren; blanchieren und 10–12 Minuten fritieren oder sautieren.
Bemerkung Hart, wenn nicht ausreichend gegart; strenger Geschmack, wenn alt.
Aufbewahrung Im Kühlschrank 1–2 Tage; (blanchiert) tiefgefroren: 3 Monate.

Typische Gerichte *Trippa verde* (in grüner Sauce; Italien); *Philadelphia pepperpot soup* (mit Kalbshesse; USA); *Tripas a la andaluza* (Eintopf mit Zwiebeln, Schinken und Tomaten; Spanien).

Andere Innereien

In der Küche äußerst wertvoll ist die aus feinem Fettgewebe bestehende Eingeweidehaut des Bauchfells, das Netz (franz. *crépine*). Schweinenetz wird am häufigsten verkauft und oft zum Auskleiden von Terrinen-Formen oder als Hülle für Pastetchen und Würste verwendet. Als Wursthülle (S. 248) nimmt man auch oft Därme, insbesondere von Schweinen.

Andere, weniger zarte, aber eßbare Innereien sind Lunge, Milz und Gekröse (Bauchmembranen), das manchmal wie Kutteln zubereitet wird.

Schweinenetz

Knochen

Mit Knochen bleibt Fleisch beim Garen saftiger und schrumpft weniger zusammen. Die Knochen junger Tiere, speziell von Kälbern, enthalten eine erhebliche Menge an Kollagen, das sich während des Garens auflöst, zu Gelatine wird und somit Eintöpfe und Suppen verfeinert. Die Knochen älterer Tiere verfügen über weniger Kollagen, geben aber mehr Geschmack. Kalbsknochen sind die Grundlage für einen hellen Fond, dessen mildes Aroma zu allen Fleischsorten und zu Geflügel paßt. Rinderknochen schätzt man bei der Zubereitung von Kraftbrühen und eines braunen Fonds für dunkles Fleisch und Wild. Der Geschmack von Lammknochen ist intensiver und nur für Lammgerichte und Suppen wie *Scotch broth* geeignet, während man Schweineknochen, die wenig Kollagen enthalten, nur zusammen mit Schweinefleisch gart oder für Saucen zu Schweinefleischgerichten verwendet. Knochen von gekochtem Schinken geben herzhaften Speisen Aroma, insbesondere solchen mit Bohnen. Beim Braten oder Schmoren sollte man alle ausgelösten Knochen in Stücke hacken und zusammen mit dem Fleisch garen, damit die Sauce mehr Aroma bekommt.

Knochen von der Hesse liefern die meiste Gelatine, und man sollte sie vom Metzger in zwei oder drei Stücke hacken lassen. Das in den Röhrenknochen enthaltene Knochenmark verleiht Fonds und Suppen einen kräftigen Geschmack. Knochenmark enthält viel Fett, ist aber auch nährstoffreich. Bei Gerichten wie *osso buco* (S. 202) aus Italien verbleibt das Mark in den Knochen und wird mit dem Fleisch verzehrt. Das Knochenmark kann auch aus den gesäuberten Knochen herausgelöst werden (unten).

KNOCHENMARK HERAUSLÖSEN

Die Markknochen vom Metzger in etwa 7 cm lange Stücke hacken lassen. Die Knochen 1–2 Minuten in Salzwasser pochieren, das Mark herausdrücken und in Scheiben schneiden. Oder die Knochen spalten und das Mark herauslösen (unten).

1 *Oben:* Den Knochen mit einem Küchenbeil oder einem großen Messer abstützen und dann kräftig mit einem schweren Hackmesser daraufschlagen, damit er bricht.

2 Die Knochenstücke entfernen und das Mark mit den Fingern herausdrücken. Das Mark in schmale Scheiben schneiden und 1–2 Minuten in Salzwasser pochieren.

HAARWILD

Das Fleisch der meisten großen Wildtiere, früher ein Hauptnahrungsmittel, wird heute fast nur noch zu festlichen Anlässen verzehrt und ist lediglich auf den Speisekarten teurer Restaurants zu finden. Das Angebot an Haarwild umfaßt gewöhnlich Reh, Hirsch und Wildschwein. Auch das Fleisch anderer großer Tiere, wie Bär, Elch und Büffel, ist eßbar, wird jedoch kaum vermarktet.

Hase und Kaninchen gehören in Europa – besonders in Frankreich und Spanien – zu den alltäglichen Nahrungsmitteln, und man bekommt sie selbst in Supermärkten. In den meisten Fällen handelt es sich bei den Kaninchen jedoch um Zuchtkaninchen; Wildkaninchen werden heute nur noch selten angeboten.

Die Jagdsaison ist vom Gesetzgeber auf bestimmte Zeiten beschränkt. In den Vereinigten Staaten ist der Verkauf von Wildbret aus freier Natur sogar verboten, so daß es sich bei dem dortigen Marktangebot entweder um Zuchtwild oder um tiefgefrorene Importware handelt.

Hinweis Nur in wenigen Ländern unterliegt einheimisches frisches Wild strengen Hygiene-Untersuchungen. Tiere, die Anzeichen von Verletzungen oder Krankheiten aufweisen oder unfachmännisch erlegt wurden, sollte man deshalb nicht kaufen.

Abhängen von Haarwild

Wie Wildgeflügel läßt man auch Haarwild häufig an einem kühlen, luftigen Platz abhängen, damit das Fleisch an Aroma gewinnt und mürbe wird. Nach dem Ausweiden sollte das nicht abgezogene Tier an den Füßen aufgehängt werden. Je dunkler das Fleisch des Tieres, desto mehr reift es. Hase, beispielsweise, entwickelt ein volles, reifes Aroma, während Stallkaninchen von einem solchen Reifungsprozeß nicht profitieren. Bei kaltem, trockenem Wetter kann man große Tiere, wie Hirsche, zwei bis drei Wochen abhängen lassen, für kleinere reicht eine Woche aus. Bei warmer oder feuchter Witterung läßt man das Wild nur halb so lange abhängen und achtet auf Gefahrenzeichen, wie Grünschimmer und strengen Geruch.

Haarwild beizen

Das Einlegen von Wild in eine Beize trägt dazu bei, daß das Fleisch älterer Tiere mürbe und strenger Wildgeschmack abgemildert wird. Die derzeitigen kulinarischen Trends in Frankreich favorisieren Wildbret, das so gut wie gar nicht gebeizt ist, während man das Fleisch für traditionellere Rezepte meist mehrere Tage in einer Beize durchziehen läßt. Die klassische Beize für dunkles Wildfleisch ist eine heiß zubereitete Rotweinmarinade (S. 41), während man Frischlinge (junge Wildschweine) und Kaninchen in einer leichteren, kalt zubereiteten Marinade einlegen kann.

Wildbraten

Beim Braten von Wild sind all jene Mittel gefragt, die dem Koch für die Zubereitung von weniger zartem Fleisch zur Verfügung stehen. Nach dem Beizen sollte man die Bratenstücke spicken oder bardieren (S. 196) und zusammen mit harmonierenden Würzmitteln, etwa Wacholderbeeren zu Reh und Hirsch oder Thymian und Rosmarin zu Kaninchen, garen. Gewürze, wie Koriander und Piment, passen gut zu Hase und anderem kräftigen Wildbret. Das Fleisch wird während der ersten halben Stunde bei 200 °C/Gas Stufe 3–4 gegart, dann schaltet man die Temperatur auf 175 °C/Gas Stufe 2–3 herunter. Den Braten häufig begießen und mit Alufolie abdecken, wenn er auszutrocknen droht. Viele Wildliebhaber bevorzugen das Fleisch innen blutig – ein fragwürdiger Genuß, der aus gesundheitlichen Gründen nicht zu empfehlen ist, da nur hohe Temperaturen bis zum Fleischkern eventuelle Krankheitserreger vernichten können. Bei 10–15 Minuten Garzeit pro 500 g ist das Fleisch innen noch blutig; für rosa gebratenes Fleisch rechnet man zwei bis drei Minuten mehr. Bei einem blutigen Braten tritt rosafarbener Saft aus, wenn man mit einer Fleischgabel hineinsticht (50 °C Innentemperatur). Zeigt das Fleischthermometer 65 °C an, ist der Braten innen rosa. Wenn man Wildbret lieber durchgebraten ißt oder das Tier schon älter war, sollte man das Fleisch nicht braten, sondern stets schmoren. Wildschwein und Bärenfleisch werden immer durchgebraten serviert.

Ein Wildbraten kann mit einer einfachen Bratensauce oder einer der klassischen dunklen Wildsaucen, beispielsweise *poivrade* (Pfeffersauce, S. 58), serviert werden. Geeignete Beilagen sind Rotkraut, ein Püree aus Maronen, Knollensellerie oder Linsen, Spätzle (S. 339), Nudeln, Salz- oder Stroh-Kartoffeln. Auf einen Hauch von Süße wird selten verzichtet, sei es in Form von rotem Johannisbeergelee in der Sauce oder Äpfeln im Rotkraut, sautiertem Obst als Garnierung, Heidel- oder Preiselbeeren.

Weitere Garmethoden für Haarwild

Es gibt noch verschiedene andere Möglichkeiten, Wildfleisch zu garen. Zarte Stücke, etwa Filet, Lendensteaks vom Rücken, Schnitzel aus der Reh- oder Wildschweinkeule, kann man kurzbraten und in einer leichten Weinsauce servieren, die aus dem Bratensatz bereitet wird.

Für sonstige Stücke und das gesamte Fleisch älterer Tiere ist Schmoren die beste Wahl – eine altbewährte und erfolgreiche Methode zum Garen von weniger zartem Wild. Beliebte Schmorgerichte sind winterliche Eintöpfe mit Kaninchen und Linsen, Hasenpfeffer oder aromatische Ragouts, für die man das Fleisch mehrere Tage in eine Beize einlegt und dann in einer Sauce, eventuell zusammen mit Orangenschale, Rosinen oder Backpflaumen, köcheln läßt. Das traditionelle französische Gericht *civet* ist ein Wildragout mit kleinen Zwiebeln, Speckstreifen und Champignons in einer mit dem Blut des Tieres angedickten Rotweinsauce.

Ein Kompromiß zwischen Braten und Schmoren ist die Zubereitung von Wild-Sautés. Das Fleisch von älteren Wildtieren läßt sich für eine Terrine (S. 242) oder eine klassische Wildpastete mit Weinbrand oder Portwein verwenden. Preiswerte Stücke, insbesondere von Reh und Hirsch, kann man durch den Fleischwolf drehen und zu Hamburgern oder *Texas game chili* verarbeiten.

Reh und Hirsch

Zu den in Europa verbreiteten Wildarten gehören das zarte kleine Reh, das robuste Rotwild sowie das Damwild, dessen Fleisch zarter und schmackhafter ist als das des Rothirschs. Der Geschmack von Reh und Hirsch reicht von mild bis pikant, je nachdem, ob und für wie lange das Fleisch abgehangen wurde. Es erinnert an sehr mageres Lammfleisch. Das Fleisch von Rehen und Hirschen, die in Gattern gehalten wurden, schmeckt unter Umständen weniger pikant als das von Tieren aus freier Natur, ist dafür aber zarter. Ein Großteil des in Europa und den Vereinigten Staaten verzehrten Wildbrets stammt von schottischen Rothirschen, die aus Neuseeland importiert werden.

Wie bei allen Wildtieren hängt auch bei Reh und Hirsch die Qualität vom Alter der Tiere ab: Am besten ist das Fleisch ausgewachsener Tiere im Alter von 18–24 Monaten. Sehr jungen Tieren kann es an Aroma fehlen, während das Fleisch alter Tiere recht zäh ist. Da das Fleisch von gezüchteten Rehen und Hirschen magerer ist als jedes andere dunkle Fleisch und einen überraschend niedrigen Cholesteringehalt aufweist, wird es vermutlich schon bald zu einem wertvollen kommerziellen Produkt werden.

Rehe und Hirsche werden ähnlich wie Schafe zerlegt. Der Rücken ist zum Braten am besten geeignet, entweder in der Mitte geteilt oder als zusammenhängendes Sattelstück. Aus dem entbeinten Rücken werden Filetsteaks oder Medaillons zum Sautieren geschnitten. Das Fleisch der Keule ist mager und wird leicht trocken, so daß man es am besten schmort. Schulter, Nacken und Brust werden am besten für Ragouts in Stücke geschnitten.

ZUR INFORMATION

Saison Je nach Art und Alter Sommer, Herbst oder Winter.

Beim Einkauf beachten Das Fleisch von jungen Tieren hat eine klare rote Farbe, eine feine Struktur und weißes Fett; alte Tiere sind an Narben und abgenutzten Füßen zu erkennen.

Portionen *Mit Knochen* 375–500 g. *Ohne Knochen* 250 g.

Nährstoffgehalt pro 100 g (roh). 529 kJ/126 kcal; 21 g Protein; 3 g Fett; keine Kohlenhydrate; 86 mg Cholesterin; 51 mg Natrium.

Garzeiten Die exakte Garzeit ist stets vom Alter der Tiere abhängig. *Große Stücke* Schmoren: 20 Minuten pro 500 g; marinieren: 2–3 Tage; braten im Ofen (S. 199). *Steaks* Kurzbraten oder sautieren: 6–10 Minuten; als Sauté: 30–60 Minuten. *Kleine Stücke* Schmoren: 1½–3 Stunden.

Richtiger Gargrad *Schmoren* Beim Hineinstechen mit einer Gabel weich. *Braten im Backofen* Am besten innen noch rosa (65 °C Innentemperatur) oder durchgegart (70 °C Innentemperatur). *Kurzbraten* Beim Daraufdrücken leichter Widerstand spürbar.

Aufbewahrung *Große und kleine Stücke* Im Kühlschrank 1–2 Tage; tiefgefroren: 6–9 Monate.

Typische Gerichte *Escalope de chevreuil aux olives* (mit Wild-Farce gefüllte Rehroulade in Madeirasauce und mit Oliven geschmort; Frankreich); Braten mit Kirschen; (Großbritannien); geschmorte Steaks (Finnland); *ragoût de chevreuil chasseur* (Ragout mit Zwiebeln, Champignons und Weißwein; Frankreich); *chili* (USA); Koteletts mit Champignons und Trockenobst; (Frankreich); *épaule de chevreuil farcie* (gefüllte Schulter; Frankreich); Hackbraten mit Morcheln (Schweden); gebratener Rehrücken mit saurer Sahne, Wacholder und rotem Johannisbeergelee (Deutschland). – Reh und Hirsch harmonieren auch gut mit: Früchten (speziell Beerenobst), Wacholder, aromatischen Kräutern, Kreuzkümmel, Piment, Zimt, schwarzem Pfeffer, Maronen, Knollensellerie, Rotwein, Portwein.

Schulter entbeinen oder Rehrücken vorbereiten

Wie bei Lammfleisch vorgehen (S. 221) und sorgfältig das Fett sowie die bläuliche Haut (Bindegewebe), die das Fleisch überzieht, entfernen.

EINE WILDKEULE TRANCHIEREN

Reh- und Hirschfleisch wird gewöhnlich leicht rosa gebraten und in großen dünnen Scheiben serviert.

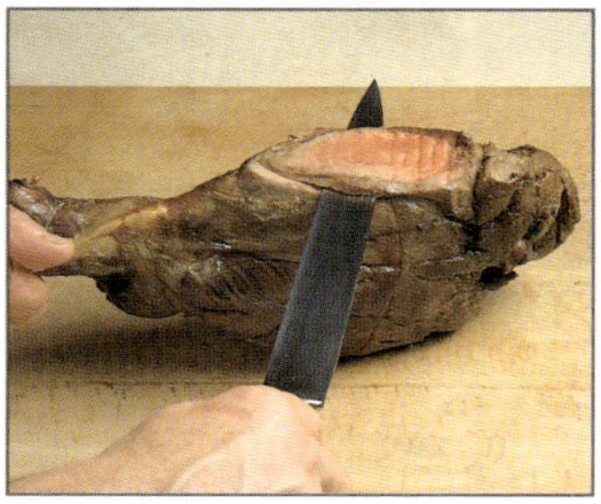

1 Vom abgerundeten Muskel in Längsrichtung ein oder zwei Scheiben Fleisch abschneiden, damit die Keule eine gerade Auflagefläche erhält.

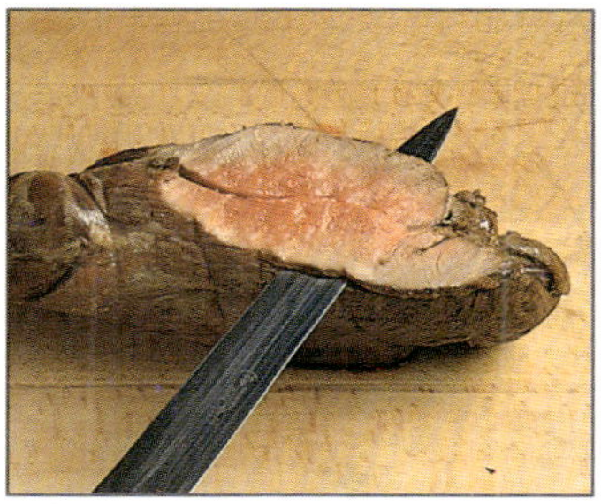

2 Die Keule umdrehen und fest auf das Brett legen. Von oben waagerechte Scheiben abschneiden, bis der Knochen erreicht ist.

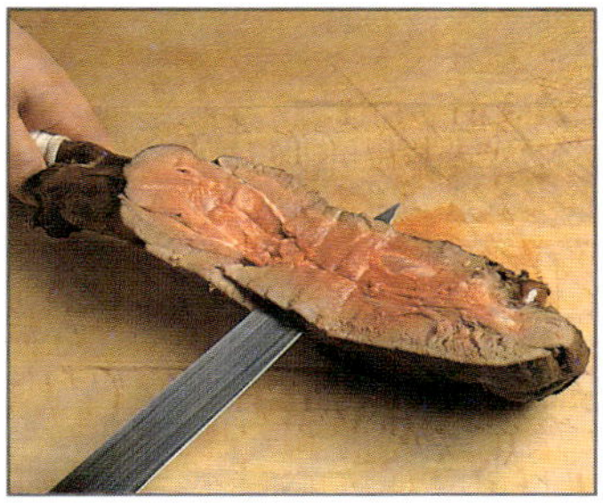

3 Die Keule erneut umdrehen und Scheiben abschneiden.

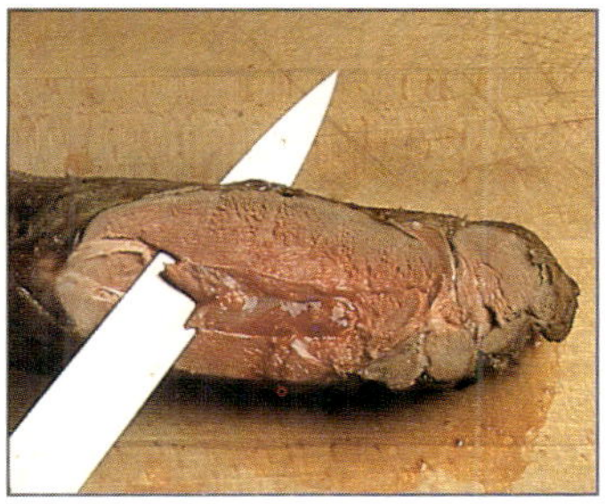

4 Dann das Fleisch an den Seiten in Scheiben schneiden.

Wildbret mit Wildpilzen

Je älter das Tier ist und je kräftiger das Aroma sein soll, desto länger muß das Fleisch mariniert werden (maximal drei Tage). Spätzle (S. 339) sind eine ausgezeichnete Beilage zu diesem Festtagsbraten.

10–12 Portionen

Rotweinmarinade (doppelte Menge, S. 41)
3,2–3,5 kg Keule oder Sattel vom Reh oder Hirsch
125 g Speck, in Streifen geschnitten
50 g (3 EL) Schweineschmalz oder Öl
250 ml Kalbsfond (S. 44)
250 ml saure Sahne
Salz und Pfeffer
1 EL gehackte Petersilie
500 g frische Wildpilze, geputzt, oder 60 g getrocknete Wildpilze, eingeweicht und abgetropft
125 g Champignons, geviertelt
50 g Butter
750 ml Preiselbeersauce (Cranberry-Sauce, S. 66)

Spicknadel

1 Die Marinade zubereiten und abkühlen lassen. Das Fleisch mit dem Speck spicken (S. 249), in eine tiefe Schüssel legen und mit der Marinade übergießen – es soll zur Hälfte bedeckt sein. Zugedeckt 1–3 Tage in den Kühlschrank stellen; das Fleisch währenddessen mehrmals wenden.

2 Den Backofen auf 200 °C/Gas Stufe 3–4 vorheizen. Das Fleisch abtropfen lassen und mit Küchenkrepp trockentupfen. Die Marinade durch ein Sieb gießen und beiseite stellen. Schmalz oder Öl in einem Bräter erhitzen, das Fleisch hineinlegen und mit dem heißen Fett begießen. 250 ml Marinade und die Hälfte des Fonds dazugießen. Den Bräter in den Ofen schieben – wird das Fleisch blutig gewünscht, beträgt die Garzeit 1¼–1½ Stunden, soll es durchgebraten sein, 1¾–2 Stunden. Den Braten häufig begießen und gegebenenfalls weitere Marinade hinzufügen, wenn zuviel Flüssigkeit verdampft. Die restliche Marinade auf 250 ml einkochen.

3 Den Wildbraten auf einer Servierplatte warm halten. Das Fett aus dem Bräter abschöpfen und den Bratensaft zu einer Glace einkochen (S. 57). Die reduzierte Marinade und den restlichen Fond dazugießen und die Flüssigkeit auf etwa 250 ml einkochen. Die saure Sahne unterrühren und die Sauce leicht erhitzen. Abschmecken und mit Petersilie bestreuen.

4 Die Pilze in der Butter sautieren, würzen und auf der Platte mit dem Fleisch anrichten. Sahnesauce und Preiselbeersauce getrennt reichen.

EIN SATTELSTÜCK MIT KNOCHEN TRANCHIEREN

Reh- oder Hirschsattel wird auf die gleiche Weise wie Lammsattel vorbereitet (S. 219), es sind allerdings keine Bauchlappen vorhanden.

1 Das Fleisch in Längsrichtung vom Rückenknochen losschneiden; das Messer dabei dicht am Knochen führen.

2 Das Messer leicht schräg halten und die erste Scheibe schneiden. Für die folgenden Scheiben das Messer jeweils etwas mehr abwinkeln, bis die letzte Scheibe waagerecht und parallel zum Knochen geschnitten ist.

3 Die Scheiben ganz vom Knochen lösen. Das Sattelstück drehen und das Fleisch auf der anderen Seite in gleicher Weise abschneiden.

4 Den Sattel umdrehen und die beiden Filetstücke entlang des Rückenknochens herauslösen.

5 Jede Portion soll Scheiben vom Rückenfleisch und eine kleine Scheibe Filet enthalten.

Wildschwein

Das Fleisch vom Wildschwein (franz. *sanglier*) ist magerer, kräftiger und voller im Geschmack als Schweinefleisch. Die schwergewichtigen Tiere gibt es noch in ganz Europa, Asien, Nordafrika und Nordamerika; das kleinere Pekari ist in Südamerika und im Südwesten der Vereinigten Staaten beheimatet.

Ein Frischling (franz. *marcassin*) bis zu einem Alter von sechs Monaten ist eine ganz besondere Delikatesse. Ausgewachsene Tiere schmecken am besten mit ein bis zwei Jahren. Mit zunehmendem Alter wird das Fleisch zäher und schwerer verdaulich; zudem bildet sich eine deutliche Fettschicht, die vom Fachmann vor dem Zerlegen abgetragen wird. Dem Prinzip nach wird Wildschwein in die gleichen Stücke zerlegt wie Reh oder Hirsch. Da das Fleisch aber saftiger ist, ergeben die Keulen und Stücke vom Rücken ausgezeichnete Braten.

ZUR INFORMATION

Saison Ganzjährig. Keiler Sommer bis Ende Januar.

Beim Einkauf beachten *Frischlinge* Feuchtes rosafarbenes Fleisch, kleine Knochen. *Ausgewachsene Tiere* Tiefrotes Fleisch mit etwas Fett.

Portionen *Mit Knochen* 375–500 g. *Ohne Knochen* 250 g.

Nährstoffgehalt pro 100 g (roh). 475 kJ/113 kcal; 21 g Protein; 8 g Fett; keine Kohlenhydrate; andere Werte ohne Bedeutung.

Garzeiten s. Reh und Hirsch, S. 237.

Richtiger Gargrad *Schmoren* Fleisch ist beim Hineinstechen mit einer Gabel weich. *Braten im Backofen* Durchgebraten servieren (75 °C Innentemperatur).

Aufbewahrung s. Reh und Hirsch, S. 237.

Typische Gerichte Gefüllter Braten mit Maronen (Großbritannien); Keule mit Artischocken und Spargelköpfen (Italien); gegrillte Rippchen mit Honig und Essig (USA); *filet de marcassin au cidre* (Frischlingsfilet in Cidre; Frankreich); Ragout vom Wildschwein (mit gehackten Zwiebeln in Rotwein gedünstet; Deutschland); mit Gemüse geschmorte Brust (Ungarn); geschmorte Schulter mit Wacholder (Frankreich).

Andere große Wildtiere

Einige Wildtiere, wie Ren, Karibu, Elch oder Wapiti, werden in der Küche wie Reh und Hirsch behandelt. Der europäische Elch ist dem nordamerikanischen Elch, dem größten Hirsch der Welt, sehr ähnlich. In einigen Bergregionen Europas sind auch noch Gemsen heimisch. Antilope, speziell Gazelle, schmeckt ebenfalls ausgezeichnet. Bisons sind geschützt, werden aber heute in den USA auf Farmen gezüchtet; Bisonsteaks sind besonders beliebt. Das Fleisch schmeckt wie eine Mischung aus Wild und Rind, was ebenso für die amerikanische Kreuzung *beefalo* gilt, die es nur in den Vereinigten Staaten gibt. Wasserbüffel, auch heute noch vielerorts geschätzte Arbeitstiere, werden in Asien verzehrt. Das Fleisch wird wie Rindfleisch zubereitet, ist aber weniger zart. Bärenfleisch hat einen moschusartigen Geschmack und muß lange gebeizt werden. In der Sowjetunion gilt Bärentatze als besondere Delikatesse. Das Fleisch der großen nordamerikanischen Dickhornschafe und der kleineren europäischen Mufflons ist Schaffleisch sehr ähnlich.

EXOTISCHE REPTILIEN

Exzentrische Gourmets finden zunehmend Gefallen an gezüchteten Reptilien, wie Alligator, Krokodil und Schlange. Das Schwanzfleisch von Alligatoren und Krokodilen ißt man gerne im Süden der Vereinigten Staaten, in Südamerika und Afrika, wo es als Ragout zubereitet oder in Butter sautiert wird. Das Fleisch von gezüchteten Alligatoren, das manche mit Hummer vergleichen, wird gewöhnlich geschmort oder in Scheiben geschnitten und fritiert. Schlangenfleisch, das einige Leute für ein Aphrodisiakum halten, findet man in Afrika, Südamerika und Asien auf der Speisekarte. Die Franzosen essen gelegentlich Ringelnattern, die sie in gleicher Weise wie Aal zubereiten.

Kaninchen und Hase

Wie andere Wildtiere ist auch Wildkaninchen mager und muß während des Garens feucht gehalten werden. Man kann das Fleisch marinieren und anschließend in einer der gehaltvollen dunklen Wildsaucen köcheln lassen. Darüber hinaus eignet sich Wildkaninchen auch gut für eine Terrine. Als Braten sollte man nur entbeintes und bardiertes Kaninchenfleisch zubereiten.

Das Fleisch von Stallkaninchen hingegen ist hell und zart und erinnert stark an Hühnerfleisch. Es schmeckt ausgezeichnet, wenn man es in Stücke teilt und mit Kräutern im Ofen schmort oder wie Huhn mit Zutaten wie Paprika, Tomaten und saurer Sahne sautiert.

Der Feldhase stammt aus Europa, sein nordamerikanisches Pendant ist der Eselhase mit extrem langen Ohren. Feldhasen haben dunkles, wildartiges Fleisch und können nicht in Gefangenschaft gehalten werden. Zu Hase passen alle klassischen Wildbeizen und blutgebundenen Saucen. Am besten schmecken Hasenrücken und die ausgelösten Filets.

ZUR INFORMATION

Saison *Kaninchen* Das ganze Jahr über. *Hase* Oktober bis Mitte Januar.

Beim Einkauf beachten *Kaninchen* Helles, feuchtes Fleisch, weiße Knochen. *Hase* Junge Tiere haben weiche Ohren und eine schmale Scharte in der Lippe.

Portionen Kaninchen wiegen 1,2–2 kg und ergeben 2–3 Portionen; Hasen haben ein Gewicht von 2,7–3,6 kg und ergeben 6–8 Portionen.

Nährstoffgehalt pro 100 g (roh). *Alle* Keine Kohlenhydrate. *Stallkaninchen und Hase* 680 kJ/162 kcal; 21 g Protein; 8 g Fett; 61 mg Cholesterin; 41 mg Natrium. *Wildkaninchen* 972 kJ/135 kcal; 21 g Protein; 5 g Fett; 89 mg Cholesterin; 50 mg Natrium.

Aufbewahrung Im Kühlschrank 1–2 Tage; tiefgefroren: 6–9 Monate.

Garzeiten *Ganzes entbeintes Kaninchen* Schmoren im Backofen: 1½ Stunden bei 175 °C/Gas Stufe 2–3. *Stücke* Im Backofen braten oder schmoren: 1–1½ Stunden bei 175 °C/Gas Stufe 2–3; marinieren: 1–2 Tage; als Sauté: 45–60 Minuten. *Ganzer Hase* Schmoren im Backofen: je nach Alter 1½–2 Stunden bei 175 °C/Gas Stufe 2–3; braten im Backofen: bei 200 °C/Gas Stufe 3–4 (Hasenrücken 30–35 Minuten). *Stücke* Je nach Alter etwa 2 Stunden bei 175 °C/Gas Stufe 2–3; marinieren: 2–3 Tage.

Richtiger Gargrad *Ganzes Kaninchen* Sehr weich. Soll das Fleisch rosa sein, darf beim Hineinstechen kein rosafarbener Saft mehr austreten (65 °C Innentemperatur). *Geschmorter ganzer Hase oder Stücke* Sehr weich.

Typische Gerichte *Kaninchen* Braten mit Kräutern (Frankreich); mit Senfsauce (Frankreich); *conejo en pepitoria* (in Ei-Zitronen-Sauce; Spanien); Rücken mit Marsala (Italien); fritiert mit Sahnesauce (Joghurt, saure Sahne, Kräuter; Australien). *Hase* Hasenpfeffer (geschmort mit Wein, Zwiebeln, Blutsauce; Großbritannien); *lepre in agrodolce* (mit Pinienkernen, Sultaninen und Schokolade; Italien); *râble de lièvre à la Piron* (Hasenrücken mit Trauben in Weinsauce; Frankreich); Hasenbraten; (Deutschland). – Kaninchen und Hase harmonieren auch gut mit: Karotten, Zucchini, Tomaten, Äpfeln, Weinbrand, Wildpilzen.

Stallkaninchen

Wildkaninchen

Feldhase

Kaninchen mit Backpflaumen

Kaninchen und Backpflaumen sind eine klassische Kombination, die in zahlreichen Rezepten zu finden ist. Gekochte neue Kartoffeln oder Nudeln passen gut als Beilage.

4 Portionen

1 Kaninchen (etwa 1 kg), in Stücke geteilt (S. 240)
175 g Backpflaumen
1 EL Öl
15 g Butter
2 EL Mehl
250 ml Rotwein
250 ml Kalbsfond
1 Knoblauchzehe, zerdrückt
Salz und Pfeffer
1 EL gehackte Petersilie (zum Bestreuen)

Für die Rotweinmarinade

1 Zwiebel, grobgehackt
1 Möhre, grobgehackt
1 großes *bouquet garni*
6 Pfefferkörner, leicht zerstoßen
125 ml Rotwein
1 EL Öl

1 Zum Marinieren Die Kaninchenteile mit der gehackten Zwiebel und Möhre sowie dem *bouquet garni* in einer hohen Schüssel einschichten. Den Pfeffer hinzufügen und alles mit Wein und Öl übergießen. Die Schüssel zudecken und für 12–24 Stunden in den Kühlschrank stellen; die Kaninchenteile während dieser Zeit gelegentlich wenden.

2 Die Backpflaumen mit kochendem Wasser übergießen und weichen lassen, bis das Wasser abgekühlt ist. Das Kaninchenfleisch aus der Marinade nehmen und trockentupfen. Die Marinade aufbewahren. Öl und Butter in einer Schmorpfanne erhitzen und die Kaninchenteile auf allen Seiten anbraten.

3 Das Fleisch herausnehmen. Zwiebel und Möhre aus der Marinade in die Pfanne geben und leicht sautieren, bis sie weich sind. Das Mehl hinzufügen und unter Rühren rösten, bis es braun wird. Die Marinierflüssigkeit, Knoblauch, Salz und Pfeffer unterrühren und das Kaninchenfleisch zurück in die Pfanne legen.

4 Den Deckel auflegen und alles 25 Minuten auf dem Herd oder bei 175 °C/Gas Stufe 2–3 im Backofen köcheln lassen. Das Kaninchenfleisch in eine andere Schmorpfanne legen. Die Sauce durch ein Sieb darübergießen und die Flüssigkeit gründlich aus dem Gemüse herausdrücken. Das Einweichwasser der Backpflaumen abgießen und diese zum Fleisch in die Pfanne geben. Den Deckel auflegen und alles noch 10–15 Minuten – oder bis das Fleisch und die Pflaumen weich sind – garen.

5 Das Kaninchenfleisch zusammen mit den Pflaumen auf einer Servierplatte anrichten. Die Sauce – wenn nötig – einkochen, bis sie einen Löffel überzieht. Abschmecken und über das Fleisch schöpfen. Mit Petersilie bestreuen und servieren.

KANINCHEN ODER HASE ENTBEINEN

Entbeinte Kaninchen oder Hasen können gefüllt und im Backofen gebraten werden. Die Hinterläufe kann man so belassen, wie sie sind.

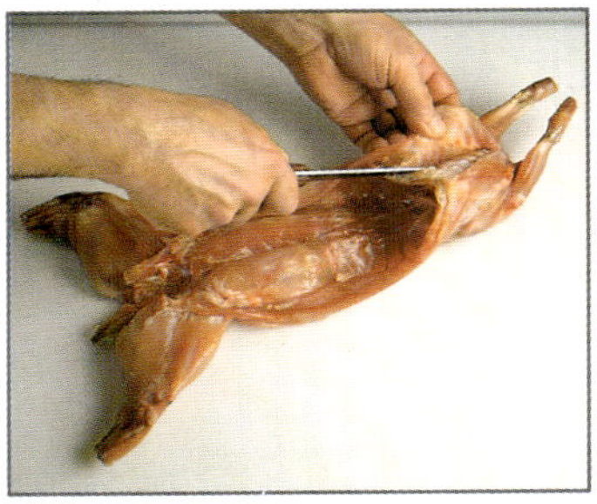

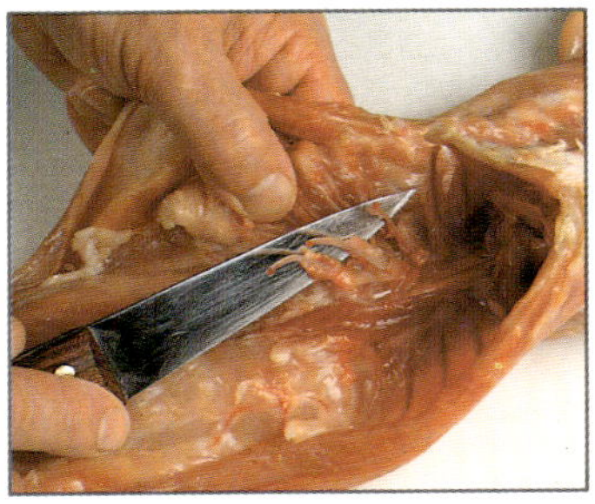

1 Den Kopf abschneiden und wegwerfen. Das Tier mit den Hinterläufen zu sich hin auf den Rükken legen und den Brustkorb der Länge nach durchtrennen.

2 Auf einer Seite an den Rippen entlangschneiden, dabei jede Rippe anheben und das Fleisch abschaben.

3 Das Fleisch vom Rückenknochen losschneiden und abschaben, bis die dünne Haut unter dem Rückgrat erreicht ist.

4 Den Beckenknochen mit den Händen durchbrechen, damit die Hinterläufe flach liegen. **Hinweis** In den meisten Fällen wird der Knochen beim Säubern durchtrennt.

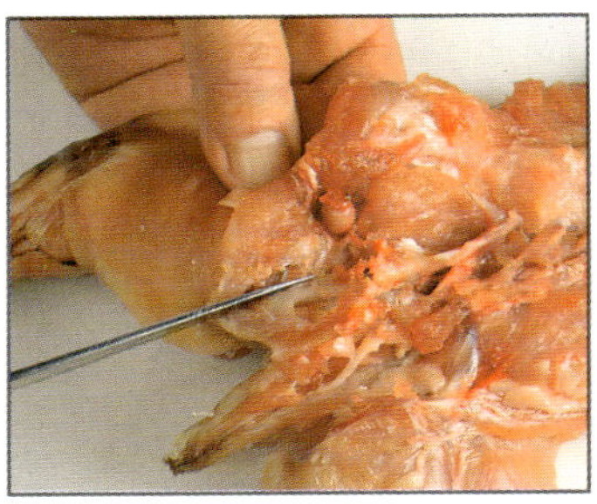

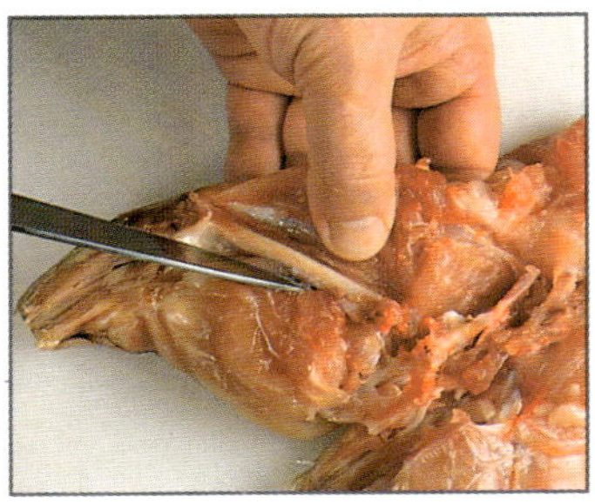

5 Unter dem Schwanzknochen einen Einschnitt machen und den Beckenknochen nach oben ziehen, um ihn zu lockern.

6 Den Oberschenkelknochen vom Hüftgelenk trennen, den Beinknochen freilegen und herausziehen.

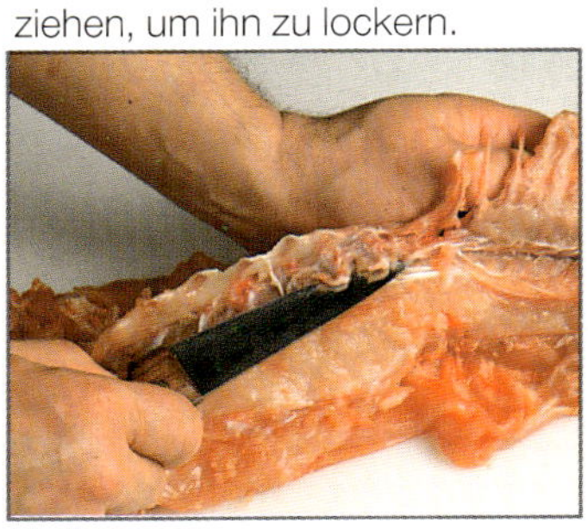

7 Das Rückgrat vom Fleisch lösen, aber nicht entfernen. Arbeitsschritte 2–7 auf der anderen Seite wiederholen. Dann die Schultergelenke durchtrennen.

8 Das Schulterblatt und die Vorderläufe entfernen.

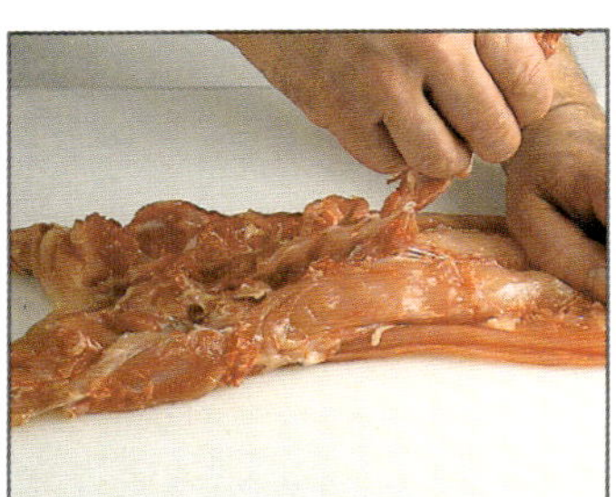

9 Brustkorbknochen und Rückgrat vom Fleisch losschneiden und in einem Stück abziehen. Die Knochen zum Kochen eines Fonds verwenden.

KANINCHEN ODER HASE ZERTEILEN

Den Rücken kann man im ganzen braten oder – in zwei bis drei Stücke geteilt – zusammen mit den Läufen schmoren. Dabei ist zu beachten, daß die Hinterläufe eine längere Garzeit als die übrigen Teile benötigen. Damit der Rücken nicht trocken wird, sollte man ihn zehn Minuten später zum Ragout geben. Im ganzen gebratene Kaninchen oder Hasen lassen sich vor dem Servieren in Stücke teilen. Alle Hautlappen, die Enden der Vorderläufe und vorstehende Knochen wegschneiden. Das Kaninchen oder den Hasen dann mit einem Küchenbeil quer in drei Teile hacken: Hinterläufe, Rücken sowie Vorderläufe einschließlich Brustkorb. Die Hinterläufe in der Mitte voneinander trennen; den Rückenknochen einkürzen.

Den vorderen Teil in zwei Stücke hacken, um die Vorderläufe abzutrennen. **Für sechs oder sieben Stücke** Den Rücken je nach Größe quer in zwei oder drei Stücke teilen. **Für acht oder neun Stücke** Die Hinterläufe am Kniegelenk durchtrennen.

EXOTISCHE KLEINE WILDTIERE

Nur wenige Wildtiere spielen in der Küche weltweit eine Rolle, doch ist eine erstaunlich große Zahl regional von Bedeutung. Nagetiere, einschließlich Grauhörnchen, sind traditionelle Zutaten für *Brunswick stew*, ein Eintopfgericht der amerikanischen Kolonisten, mit Tomaten, Okraschoten, Maiskörnern, Lima-Bohnen und Paprikaschoten. Sowohl Bisamratten, die man im Osten der Vereinigten Staaten findet, wie auch die in Südamerika beheimateten Meerschweinchen werden zum Verzehr gezüchtet und über Holzkohle gegrillt oder als Frikassee zubereitet. Das stämmige Murmeltier kann 12 kg wiegen und hat kräftiges Fleisch. Alle diese Tiere erinnern im Geschmack an Kaninchen und werden auch in ähnlicher Weise gebraten oder geschmort. Kleine fleischfressende Tiere, wie Dachse, wurden früher als ländlicher Festtagsschmaus am Spieß gebraten. Heutzutage verzehrt man Dachse nur selten, und in vielen europäischen Ländern gehören sie zu den geschützten Tierarten. In den Vereinigten Staaten werden Waschbären – halb Haustier, halb Plage – manchmal mit Kräutern, Zwiebeln, Trokkenfrüchten und Nüssen gefüllt. Im Süden der USA brät man gelegentlich auch gefülltes Opossum.

Gürteltier, das während der Depression in Amerika als »Schwein des armen Mannes« galt, wird auch heute noch von Texas bis hinunter nach Südamerika zubereitet. Man füllt es mit Kräutern und backt es im eigenen Panzer oder verarbeitet es zu pikanten Würsten. Tiere mit Stacheln, wie Igel und Stachelschwein, wurden zur Zubereitung in Ton gerollt und gebacken, so daß sich die Stacheln anschließend mitsamt dem Ton entfernen ließen.

Hinweis Einer der Gründe, weshalb kleine Wildtiere selten verzehrt werden, ist die Tatsache, daß sie Krankheiten übertragen können. Eine zuverlässige Bezugsquelle ist demzufolge überaus wichtig, wenn man sie selbst zubereiten möchte.

WURSTWAREN

Das französische Wort für Wurstwaren, *charcuterie*, ist aus *chair cuite* entstanden, was »gekochtes Fleisch« bedeutet. In den meisten europäischen Städten sind Wursttheken ein gewohnter Anblick, während man Wurstwaren in anderen Ländern lediglich am Delikatessenstand großer Lebensmittelmärkte findet. Gewöhnlich konzentriert sich das Angebot auf Erzeugnisse aus Schweinefleisch, einschließlich französischer Spezialitäten. Dazu gehören Pasteten *(pâtés)* und Terrinen, die von einfacher pürierter Leber bis zu feinen Kalbfleischpasteten, pikanten Zubereitungen mit Haselnüssen oder Pfefferkörnern und den verschiedensten gefüllten und mit Aspik überzogenen *galantines* und *ballotines* reichen.

Schinken, Speck, Würste und Pökelfleisch sind die Haupterzeugnisse an Wurstwaren und weltweit in unzähligen Ausführungen anzutreffen. Ursprünglich umfaßte *charcuterie* ausschließlich Schweinefleischprodukte der unterschiedlichsten Form, doch gehören mittlerweile auch Pasteten mit Wild, Kalb oder Schwein und Schinken sowie *pâtés en croûte* dazu. Angeboten werden außerdem Fisch- und Gemüse-Terrinen, *mousselines*, die berühmte *foie gras* (S. 190) und sogar fertige Salate.

Terrinen und Pasteten

Genaugenommen unterscheiden sich Pasteten und Terrinen durch die Garmethode: Pasteten werden in Teig gebacken, Terrinen (franz. *terre* bedeutet Erde) in speziellen Porzellan- oder Keramikformen (S. 511) gegart.

Im Laufe der Zeit hat man dieser Unterscheidung weniger Beachtung geschenkt und die Definitionen weiter gefaßt. So heißen glatte, gehaltvolle Mischungen auch dann noch Pasteten oder *pâtés*, wenn an die Stelle des Teigmantels eine Terrinen- oder Kastenform tritt; Leberpastete ist ein typisches Beispiel. Die Bezeichnung *pâté* bezieht sich außerdem auf Mischungen, die im Ofen gegart oder in der Pfanne sautiert und anschließend püriert werden.

Pasteten und Terrinen basieren auf einer Masse aus zerkleinertem Fleisch, auch Farce genannt, deren Struktur von samtig glatt bis grob reichen kann. Die Farce wird gewürzt und im Ofen gegart, in der Regel bis sie so fest ist, daß sie sich zum Servieren aus der Form nehmen läßt. Man kann sie auch in Schichten einfüllen, zum Beispiel mit in Streifen geschnittenem Kalbfleisch, Schinken oder Wild; das Fleisch wird zuvor häufig in Wein oder Weinbrand eingelegt. Mehr Gehalt bekommt die Farce durch Leberstückchen, zusätzliche Farbtupfer durch Pistazien, Trüffeln oder blanchierte rote oder grüne Paprika. Eier kann man zum Binden der Mischung hinzufügen, durch Brotkrumen wird sie lockerer.

Die wichtigste Zutat für Pasteten und Terrinen ist Schweinefleisch, das man wegen seines Aromas und des schmackhaften Fettes schätzt. Das klassische Mengenverhältnis für eine Farce beträgt 500 g mageres Schweinefleisch (oder eine Mischung aus Schweine- und Kalbfleisch), 1 kg Kalb-, Wild- oder Geflügelfleisch sowie 750 g durchgedrehter ungeräucherter fetter Speck. Der verhältnismäßig große Fettanteil ist nötig, damit die Farce nicht trocken wird. Anstelle von Kalbfleisch kann man auch Hühner- oder Putenfleisch verarbeiten; als Ersatz für Schweinefleisch in einem Rezept ist Geflügel allerdings zu trocken.

Das Fleisch für Pasteten und Terrinen wird je nach gewünschter Struktur gewöhnlich ein- oder zweimal durch die grobe oder feine Scheibe des Fleischwolfes gedreht. In der Küchenmaschine wird das Fleisch eher zerdrückt und bekommt eine gummiartige Konsistenz, doch hat auch der Fleischwolf einen Nachteil – durch die Reibung wird das Fleisch erhitzt, und Perfektionisten hacken es deshalb von Hand.

Zum Würzen einer Pastete oder Terrine nimmt an pro 1 kg Fleisch zweieinhalb Teelöffel Salz und einen knappen Teelöffel Pfeffer, wobei die Mengen je nach Fleischsorte variieren können. Gewürze, wie Muskat, Piment, Ingwer und Nelke, geben zusätzliches Aroma, ebenso ein Schuß Alkohol, wie Weinbrand oder Madeira, Kräuter, feingehackter Knoblauch, sautierte Zwiebeln oder Schalotten sind weitere gern verwendete Zutaten. Zum Abschmecken brät man ein kleines Stück der Farce in der Pfanne und probiert es. Beim Abschmecken ist zu beachten, daß Speisen, die kalt serviert werden, kräftiger gewürzt sein müssen als heiße. Die gewählten Gewürze sollen sich harmonisch ergänzen, und keines darf vorschmecken.

ZUR INFORMATION

Portion *Als Vorspeise* 60–125 g (je nach Gehalt).

Garzeiten *In Terrinen-Form* Im Wasserbad im Backofen: 25–35 Minuten pro 500 g bei 175 °C/Gas Stufe 2–3 (bei Metallformen ist die Garzeit kürzer als bei Keramik). *In Teig* 15 Minuten bei 220 °C/Gas Stufe 4–5, dann auf 175 °C/Gas Stufe 2–3 herunterschalten und weitere 20–30 Minuten pro 500 g im Backofen garen.

Richtiger Gargrad Ein in der Mitte hineingestochener Spieß fühlt sich nach 30 Sekunden heiß an; das Fleischthermometer zeigt 75 °C Innentemperatur an; das Fleisch ist gar, wenn die Flüssigkeit am Rand brodelt und klar ist (eine Rosafärbung bei Handelsware entsteht durch die Verwendung von Konservierungsstoffen).

Bemerkung Fader Geschmack, wenn nicht ausreichend gewürzt; trocken, wenn nicht genügend Speck oder Fett verwendet wird; Farce schrumpft und verliert Saft, wenn sie zu lange gegart wird.

Aufbewahrung Die Aromen verschmelzen mit der Zeit. *Fleisch* Bis zu 4 Tagen. Ganze Fleisch-Terrinen können bis zu 10 Tage aufbewahrt werden, wenn man die Oberfläche mit einer Schicht Schweineschmalz versiegelt; sobald sie angeschnitten sind, sollten sie innerhalb von 1 Tag verzehrt werden; in Scheiben geschnittene Fleisch-Terrinen verfärben sich innerhalb von 1 Stunde, wenn sie nicht fest abgedeckt werden; Mischungen mit hohem Fettanteil, etwa *rillettes* (mit Schweine- oder Gänsefleisch), lassen sich gut einfrieren. *Fisch und Gemüse* Für wenigstens 1 Tag in den Kühlschrank stellen; maximal 2 Tage.

Beilagen *Fleisch* Gewürzgurken, Oliven, eingelegte Zwiebeln. *Wild* Cumberland-Sauce (S. 66).

Typische Gerichte *Pasteten Pâté de canard* (Ente, Schweinefilet, Pilze und Gin; Frankreich); Leber mit Speck, Trüffeln, Oregano und Nelken (Niederlande); Leber mit Sherry, Zitrone und Speck (Österreich); Leber mit Weinbrand und Petersilie (Italien); Rebhuhn mit Trüffeln und Sherry (Spanien); Leberkäse (Deutschland); Leber mit Anchovis (Schweden); Leber mit Speck und Anchovis (Dänemark); heiße Kalbsleberpastete mit Schweine- und Kalbfleisch (Frankreich); Entenleber-Mousse (Frankreich); *pâté de foie gras* (Gänsestopfleber in Brioche-Teig; Frankreich); *pâté de gibier* (Wildfleisch mit Kräutern; Frankreich). *Terrinen* Reh mit Wacholder (Deutschland); würzige Hasen-Terrine (mit Zitrone, Pastinaken, Essig und Kapern; Ungarn); Kaninchen mit Backpflaumen (Frankreich); Gans mit Waldpilzen (Polen); Kalb und Schinken mit Zimt und Speck (Spanien); *Whitby polony* (mageres Rindfleisch mit Schinken, Muskatblüte und Cayennepfeffer; Großbritannien); *foie gras en terrine* (Gänse- oder Entenstopfleber mit Trüffeln; Frankreich); *potted goose* (Großbritannien).

Terrinen und Pasteten anrichten

Streichfähige Pasteten und *rillettes* werden oft in dem zum Garen verwendeten Steinguttopf serviert; alternativ kann man sie in kleine Förmchen umfüllen oder die einzelnen Portionen löffelweise oder zu Rosetten gespritzt auf grünem Salat anrichten.

Festere Pasteten und Terrinen kann man aus der Form herausnehmen und zum Servieren in Scheiben schneiden. Stark gekühlt, schmecken die meisten Pasteten fade, so daß man sie am besten mit Raumtemperatur serviert.

Viele Terrinen sehen dekorativ aus, insbesondere wenn sie geschichtet sind und farbenfrohe Zutaten, wie Pistazien oder Paprikaschoten, enthalten. Luxus-Pasteten, wie eine *foie gras*, kann man mit Aspikwürfeln (S. 253) garnieren, zu bodenständigeren Terrinen passen Oliven und Pickles besser. Gehaltvolle Pasteten sollte man mit pikanten Kräckern oder Toast reichen, zu Fleisch-Terrinen paßt Stangenweißbrot am besten.

Terrinen

Es gibt viele Arten von Terrinen-Formen: Alle sollen einen dicht schließenden Deckel haben, der während des Garens oft noch mit einem Teig aus Mehl und Wasser abgedichtet wird.

Damit die Terrinen-Füllung saftig bleibt, wird die Form stets mit Fett ausgelegt. Gewöhnlich nimmt man dazu in dünne, möglichst großflächige Scheiben geschnittenen ungeräucherten fetten Speck, kann aber auch Schweinenetz (S. 235) verwenden, wodurch ein hübsches Gittermuster entsteht. Durchwachsener Speck, der häufigste Ersatz für ungeräucherten fetten Speck, sieht aufgrund der Streifen hübsch aus, hat jedoch einen ausgeprägten Eigengeschmack, der das Aroma einer zarten Farce überdecken kann; bei der Verwendung von durchwachsenem Speck sollte man die Salzmenge zum Würzen der Farce reduzieren. Bei Geflügel-Terrinen läßt sich die Form gut mit der fetten Haut von Ente oder Gans auskleiden.

Die Farce kann einfach in die Terrinen-Form gefüllt und im Backofen gegart werden, was sich besonders bei sehr groben Füllungen empfiehlt. Eine andere Möglichkeit ist es, die Farce lagenweise einzufüllen, beispielsweise abwechselnd mit Streifen von Speck, Schinken, Kalbfleisch oder Wild, die das Gesamtaroma unterstreichen.

Terrinen werden gewöhnlich im Wasserbad (S. 510) gegart, damit sich die Hitze gleichmäßig verteilt; Ausnahmen sind rustikale Terrinen, die zwar ebenfalls im Wasserbad gegart werden, aber ohne Deckel in den Ofen kommen. Nach dem Garen läßt man die Terrine abkühlen und preßt sie anschließend etwas, damit sie eine kompakte Struktur bekommt und sich problemlos in Scheiben schneiden läßt.

EINE TERRINE ZUBEREITEN

Wer keine Terrinen-Form besitzt, kann den Boden einer Kastenform mit einem langen Streifen Speck auslegen.

1 Zum Auskleiden der Terrinen-Form Die Speckscheiben passend schneiden und die Seiten der Form damit auskleiden. Wird die Terrine zum Servieren gestürzt, ein Lorbeerblatt und einige Kräuterzweige auf den Boden der Form legen und ein Gitter aus Speckstreifen darüberlegen.

2 Die Farce einfüllen **Hinweis** Die Form bis zum Rand füllen, denn die Farce verliert beim Garen an Volumen. Die Farce mit einer passend geschnittenen Speckscheibe bedecken, damit die Oberfläche nicht trocken wird.

Für den Teig zum Abdichten der Form 250–375 ml Wasser in 200 g Mehl einrühren und zu einem Teig verarbeiten.

3 *Rechts:* Den Teig zu einer langen dünnen Rolle formen und den Spalt zwischen Deckel und Schüsselrand versiegeln, damit möglichst wenig Dampf entweicht.

4 Die Terrine im Wasserbad garen (s. Rezept) und abkühlen lassen. Sobald sie nur noch lauwarm ist, den Deckel abnehmen und die Farce mit einem 500-g-Gewicht beschweren. Die Terrine in den Kühlschrank stellen und zum Servieren aus der Form stürzen.

Terrine auf ländliche Art

Terrine de campagne

Die klassische Beilage zu rustikalen Terrinen sind *cornichons*, doch schmeckt dazu auch ein säuerliches Frucht-Chutney (S. 489).

8 Portionen

250 g ungeräucherter fetter Speck, in dünne, großflächige Scheiben geschnitten
15 g Butter
1 Zwiebel, gehackt
500 g Schweinefleisch (halb Fett, halb schieres Fleisch), durchgedreht
250 g Kalbfleisch, durchgedreht
250 g Hühnerlebern, durchgedreht
2 Knoblauchzehen, feingehackt
1/4 TL gemahlener Piment
1 Prise gemahlene Nelken
1 Prise gemahlene Muskatnuß
2 Eier, verschlagen
2 EL Weinbrand
Je 1 EL Salz und Pfeffer
250 g gekochter Schinken in dicken Scheiben, in Streifen geschnitten
1 Lorbeerblatt
1 Thymianzweig
Teig zum Abdichten der Form (unten links, nach Belieben)

Terrinen- oder Kastenform (2 l Fassungsvermögen)

1 Die Form mit Speck auskleiden, einige Scheiben beiseite stellen. Den Backofen auf 175 °C/Gas-Stufe 2–3 vorheizen.

2 Für die Farce Die Butter in einer kleinen Pfanne zerlassen und die Zwiebeln langsam dünsten, bis sie weich, aber noch nicht gebräunt sind. Die Zwiebeln und alle übrigen Zutaten – mit Ausnahme des Schinkens, der Kräuter und des Teigs – vermischen. Alles kräftig mit einem Holzlöffel durcharbeiten, damit sich die Gewürze gleichmäßig verteilen. Ein kleines Stück Farce braten und kosten – es muß recht würzig schmecken. Die Masse 2–3 Minuten kräftig durchrühren, damit sie zusammenhält.

3 Ein Drittel der Farce in die ausgekleidete Terrinen-Form füllen. Darauf die Hälfte des gekochten Schinkens verteilen und diesen mit einem weiteren Drittel der Farce bedecken. Den restlichen Schinken und anschließend die verbliebene Farce daraufgeben. Mit dem zurückbehaltenen Speck bedecken und mit Lorbeerblatt und Thymian garnieren. Die Form verschließen und mit Teig abdichten. Bei Verwendung einer Kastenform den Speck in Streifen schneiden, gitterförmig auf die Farce legen und die Form nicht abdecken.

4 Die Terrine im Wasserbad (S. 510) für 1 1/4 – 1 1/2 Stunden in den Backofen stellen, bis sie gar ist. **Hinweis** Das Wasser soll sieden; Wasser auffüllen, wenn zuviel verdampft.

5 Die Terrine abkühlen lassen und beschweren (links). Sie sollte dann mindestens 3 Tage durchziehen, damit die Aromen verschmelzen.

Pasteten

Gehaltvolle, glatte Pasteten basieren häufig auf Leber und Zutaten wie Kalbfleisch, die ihnen Substanz verleihen. Pasteten zeichnen sich oft durch außergewöhnliche Aromazutaten aus: Wildpilze zu Schweinefleisch, Wacholderbeeren zu Wild oder Apfel zu Hühnerleber. Feuchte Zutaten müssen allerdings sparsam dosiert werden, da die Pastete sonst zu weich wird und sich nicht gut hält.

Neben klassischen Pasteten gibt es noch eine Reihe von Abwandlungen, wie beispielsweise *rillettes*. Für ihre Zubereitung wird fettes Fleisch (zum Beispiel Schweinebrust) mit etwas Wasser, Salz und Pfeffer in einem irdenen Topf im Backofen gegart, bis das Fleisch auseinanderfällt. Nach dem Abkühlen wird das Fleisch zerpflückt und mit ausgelassenem Schmalz vermischt, wodurch sich die typische grobe Konsistenz ergibt. (Zu Fisch-*rillettes* s. S. 124.)

Potted meats sind eine britische Spezialität. Man nimmt dazu kräftiges Fleisch, wie Schinken oder Zunge, gart es langsam mit Butter oder Schweineschmalz und Gewürzen im Ofen, püriert es anschließend und füllt es in ein Steingutgefäß. Meeresfrüchte und gehaltvollen Fisch, wie Lachs, kann man in gleicher Weise zubereiten.

Für glatte Pasteten muß die Farce stets püriert werden. Leber und bereits gegartes Fleisch lassen sich gut in der Küchenmaschine pürieren. Ein Trommelsieb (franz. *tamis*, S. 506) und ein Stößel garantieren eine besonders feine Struktur von Leberpasteten und *mousselines*. Gute Ergebnisse lassen sich auch mit einem Passiersieb erzielen.

Fleisch-Pies und Pasteten im Teigmantel

Das Backen von Speisen in einer Teighülle ist ein altbewährtes Verfahren, damit Fleischsaft nicht verlorengeht und zartes Fleisch vor direkter Hitze geschützt wird. Britische *raised pies*, üblicherweise mit Fleisch oder Wild, werden mit einem gebrühten Pastetenteig (S. 244) geformt. Für elegante *pâtés en croûte* umhüllt man Fleisch- oder Fisch-Farcen mit Blätterteig, Brioche-Teig oder *pâte à pâté* (Pasteten-Mürbeteig, S. 373). Pastetenteig muß unempfindlich sein, damit er langen Garzeiten standhält und nicht durchweicht.

ZUR INFORMATION

Portionen Eine Pastete von 10 × 25 cm Größe ergibt 8–10 Portionen.

Typische Pastetenform Ovale oder rechteckige Form zum seitlichen Öffnen.

Vorbereiten der Pastetenform Einfetten.

Garzeiten *Große Pies oder Pasteten* 30 Minuten bei 200 °C/Gas Stufe 3–4, dann auf 175 °C/Gas Stufe 2–3 herunterschalten und die Pastete je nach Rezept noch 1–2 Stunden backen. *Kleine Pies oder Pasteten* 30 Minuten bei 200 °C/Gas Stufe 3–4, dann auf 190 °C/Gas Stufe 3 herunterschalten und weitere 15–35 Minuten backen.

Richtiger Gargrad Teighülle braun; das Fleischthermometer zeigt 75 °C Innentemperatur an.

Bemerkung Die Zutaten verlieren während des Garens an Volumen und sollten deshalb nicht zu locker eingefüllt werden; ist die Teighülle nicht gut verschlossen, tritt Flüssigkeit aus; Teig, der zu stark bräunt, mit Alufolie abdecken.

Aufbewahrung *Ungegart* Im Kühlschrank 12 Stunden. *Gegart* Im Kühlschrank 3 Tage; tiefgefroren: 1 Monat.

Typische Gerichte *Raised pies* Wild (Großbritannien); Fasan (Großbritannien); Schweinefleisch (Großbritannien); Huhn und Schinken (Großbritannien). *Pasteten im Teigmantel* Lachs mit Reis und *duxelles* (UdSSR); *pâté d'Alsace* (mit Wein, Madeira und Schalotten; Elsaß/Frankreich); Hasenpastete (Österreich); Entenpastete mit Oliven (Frankreich).

Britische *raised pies*

Die klassische Hülle für britische *raised pies* ist ein gebrühter Pastetenteig (S. 244), der sich wie Töpferton formen läßt und zu einer kompakten, standfesten Hülle wird; das bekannteste Beispiel für seine Verwendung ist *British pork pie* (Schweinefleischpastete). Zum Auskleiden von Pastetenformen nimmt man weichere Teige, die Franzosen meist *pâte à pâté* (S. 373), die Briten einen Teig mit gehacktem Rindertalg.

EINE PASTETENFORM AUSKLEIDEN

Speziell in England nimmt man als Pastetenteig häufig einen gebrühten Teig (S. 244), der sich nach dem Abkühlen gut formen läßt.

1 Eine Pastetenform – bei einer Form ohne Boden zusätzlich ein Backblech – einfetten. Drei Viertel des Teigs zu einem Kreis ausrollen, in der Mitte dicker als am Rand.

2 Den Teig großzügig mit Mehl bestäuben und zu einem Halbkreis zusammenlegen.

3 Den dickeren Teil flach zu einer Teigtasche ausrollen.

4 Die Teigtasche behutsam mit den Händen öffnen.

5 Die Teigtasche in die Form legen und am Rand überhängen lassen. Den Teig sorgfältig gegen den Boden und die Seiten der Form drücken und darauf achten, daß keine Falten entstehen. Die Pastete füllen (Rezept S. 244).

6 Den Teig einkürzen, so daß noch ein etwa 1,5 cm breiter Streifen übersteht. Diesen nach innen auf die Füllung klappen und mit Eiglasur (S. 385) bestreichen. Den verbliebenen Teig ausrollen und als Deckel auf die Pastete legen. Die Teigränder fest gegeneinanderdrücken.

7 Überstehenden Teig wegschneiden. Am Rand der Form ein dekoratives Muster in den Teig drücken. Die Pastete mit Eiglasur bestreichen.

8 Ein Loch in den Teig stechen und als Abzug eine Spritztülle aus Metall oder ein Röhrchen aus Alufolie hineinstecken, damit Dampf entweichen kann. Die Pastete verzieren (S. 373).

Kalbfleisch-Schinken-Pastete

Cumberland-Sauce (S. 66) und Kartoffelsalat sind ausgezeichnete Beilagen zu dieser Pastete. Um nach dem gleichen Rezept eine Wildpastete zuzubereiten, braucht man nur den Schinken durch Reh- oder Fasanenfleisch zu ersetzen.

8–10 Portionen
750 g Kalbsschulter ohne Knochen, durchgedreht
375 g magerer roher Schinken oder ungeräucherter Frühstücksspeck, durchgedreht
Abgeriebene Schale von ½ unbehandelten Zitrone
1 TL getrockneter Thymian
1 TL getrockneter Salbei
¼ TL gemahlene Muskatnuß
Salz und Pfeffer
4 hartgekochte Eier
Eiglasur (S. 385)
250 ml gelierter Kalbsfond (S. 44, gegebenenfalls etwas mehr)

Für den gebrühten Pastetenteig
500 g Mehl
2 TL Salz
175 g Schweineschmalz
250 ml Wasser (gegebenenfalls etwas mehr)

Ovale oder rechteckige Pastetenform (10 × 25 cm)

1 Für die Farce Kalbfleisch und Schinken mit Zitronenschale und Gewürzen vermischen. Eine kleine Portion davon braten und kosten – die Farce muß recht würzig schmecken. Gegebenenfalls noch etwas nachwürzen.

2 Für den Pastetenteig Mehl und Salz in eine Schüssel sieben und eine Mulde in die Mitte drücken. Schweineschmalz und Wasser in einem Topf erhitzen, bis das Schmalz flüssig und sehr heiß ist. Die heiße Flüssigkeit in die Mulde im Mehl gießen, dabei kräftig mit einem Holzlöffel rühren und nach und nach das Mehl unterarbeiten, so daß ein glatter Teig entsteht. Erscheint der Teig zu trocken, etwas mehr heißes Wasser hinzufügen. Den Teig zu einer Kugel formen. Die Schüssel über einen Topf mit heißem Wasser setzen und mit einem feuchten Tuch abdecken. Den Teig 5 Minuten ruhenlassen, damit er so weit abkühlt, daß er weiterverarbeitet werden kann.

3 Den Backofen auf 200 °C/Gas Stufe 3–4 vorheizen. Die Pastetenform einfetten (sowie ein Backblech, wenn es sich um eine Form ohne Boden handelt). Ein Viertel des Teigs für den Deckel beiseite stellen, den Rest zu einer Teigtasche ausrollen (S. 243). Damit die fertige Pastete ansprechend aussieht, beim Auskleiden der Form möglichst keine Falten in den Teig drücken und darauf achten, daß er beim Einfüllen der Farce nicht reißt. Die Hälfte der Farce in die Form füllen. Die Eier in der Mitte hintereinander darauflegen und mit der restlichen Farce bedecken.

4 Für den Teigdeckel Die Teigränder nach innen falten und mit Eiglasur bestreichen. Den zurückbehaltenen Teig ausrollen und über die Füllung legen. Die Ränder mit einem Messer oder einer Schere einkürzen und dann fest zusammendrücken (S. 243). Den Teigdeckel mit Eiglasur bestreichen. Zwei Löcher in den Deckel stechen und als Dampfabzug Röhrchen aus Alufolie hineinstecken. Die Teigabschnitte ausrollen, zu einer Rose formen (S. 373) und die Pastete damit dekorieren. Die Pastete für 15 Minuten in den Kühlschrank stellen.

5 Die Pastete 30 Minuten bei 200 °C/Gas Stufe 3–4 backen, die Temperatur dann auf 175 °C/Gas Stufe 2–3 herunterschalten und die Pastete noch 1–1½ Stunden garen. Falls der Teig zu rasch bräunt, ein Stück Alufolie über die Pastete legen.

6 Die Pastete 5–10 Minuten stehenlassen, dann die Form öffnen und entfernen. Die abgekühlte Pastete für 6–8 Stunden oder über Nacht in den Kühlschrank stellen. Wenn die Pastete gut durchgekühlt ist, den gelierten Kalbsfond erhitzen und durch die Abzuglöcher in die Pastete gießen, um den Hohlraum zwischen der Farce und dem Teigdeckel zu füllen. Die Pastete kalt stellen und servieren, wenn der Fond fest geworden ist.

Pasteten im Teigmantel *(pâtés en croûte)*

Die Füllungen für *pâtés en croûte* unterscheiden sich kaum von denen für Terrinen. Zu den eleganten Teighüllen paßt aber Kalbfleisch, Schinken oder Wild besser als einfaches Schweinefleisch. Häufig wird die Farce zusammen mit Fleischstreifen eingeschichtet. Nach dem Abkühlen der Pastete gießt man in den während des Backvorgangs entstandenen Hohlraum zwischen Teigmantel und Farce Kalbs- oder Geflügelfond.

Teige für *pâtés en croûte* müssen elastisch und fest genug sein, daß sie ihre Form behalten. Am gehaltvollsten ist Blätterteig, der für besondere Füllungen reserviert ist, während sich Brioche-Teig ideal für feuchtere Mischungen eignet. *Pâte à pâté* (Pasteten-Mürbeteig, S. 373), eine Abwandlung von *pâte brisée* mit ganzen Eiern anstelle von Eigelb, läßt sich problemlos verarbeiten. Wenn die Füllung Schweinefleisch enthält, nimmt man für den Teig statt Butter häufig Schweineschmalz.

Wie andere Fleischpasteten können auch *pâtés en croûte* kalt serviert werden, doch schmecken sie heiß ebenso köstlich – insbesondere wenn es sich um kleine französische Pastetchen *(petits pantins)* handelt.

GROSSE PASTETEN IM TEIGMANTEL

Nach der hier gezeigten Methode kann man auch bei der Zubereitung von Rinderfilet *Wellington* oder einer russischen *kulebiaka* (S. 132) vorgehen. Die Pastete läßt sich – wie hier – mit Teigstreifen verzieren oder auch mit Teigblättern oder einer Teigrose (S. 373).

1 Den Teig etwa 5 mm dünn ausrollen. Zwei 35 cm lange Streifen schneiden – einen von 10 cm und einen von 20 cm Breite. Den schmaleren Streifen auf ein gefettetes Backblech legen.

2 Die Füllung gleichmäßig auf diesem Teigstreifen verteilen und am Rand gut 1 cm frei lassen. Die Teigränder nach oben ziehen und mit Ei bestreichen. Den breiten Teigstreifen locker um ein Nudelholz wickeln und über der Füllung abrollen. Die Teigränder der beiden Streifen mit den Fingern fest zusammendrücken. Überstehenden Teig mit einem kleinen scharfen Messer wegschneiden.

3 Die Teigabschnitte auf der bemehlten Arbeitsfläche ausrollen und in 1 cm breite Streifen schneiden. Die Teigstreifen schräg über die Pastete legen. Als Abschluß einen langen Teigstreifen am unteren Rand um die Pastete herumziehen.

4 Mit einem scharfen Messer zwei Löcher in die Oberseite der Pastete schneiden und jeweils ein Folienröllchen hineinstecken, damit Dampf abziehen kann. Die Pastete bedeckt für 30–60 Minuten in den Kühlschrank stellen, bis sie fest ist.

KLEINE PASTETEN IM TEIGMANTEL

Kleine Pasteten mit einer Fleisch- oder Fischfüllung werden wie ein Paket in Teig eingewickelt.

1 Den Teig etwa 5 mm dünn ausrollen und in Quadrate von 15 cm Seitenlänge schneiden. Jeweils einen gehäuften Löffel Farce in die Mitte setzen. An jeder Ecke ein kleines Quadrat herausschneiden.

2 Mit Eiglasur bestreichen und alle vier Seiten nach innen falten, um die Füllung einzuschließen.

3 Die Pastete umdrehen, so daß die Naht unten ist, mit Eiglasur bestreichen und dekorieren.

Wildpastete

Man kann die Pastete heiß mit glasierten Maronen und einer Pfeffersauce (S. 58) servieren oder kalt mit Zwiebelgemüse (S. 291) reichen.

10–12 Portionen als Hauptgericht
Sauerrahm-Mürbeteig (S. 373)
250 g gekochter Schinken
750 g Reh-, Fasanen- oder anderes Wildfleisch ohne Knochen
2 EL Weißwein
3 EL Weinbrand
Eiglasur (S. 385)

Für die Farce
1 kg Schweinefleisch (Fett und schieres Fleisch zu gleichen Teilen)
125 g Hühnerleber, feingehackt
2 Eier, verschlagen
2 TL gemahlener Piment
1 TL gemahlene Muskatnuß
1 TL Salz (gegebenenfalls etwas mehr)
1 TL gemahlener Pfeffer (gegebenenfalls etwas mehr)

1 Den Teig herstellen und für 30 Minuten in den Kühlschrank stellen.
2 Den Schinken und die Hälfte des Wildfleisches in 1 cm breite Streifen, den Rest in Stücke schneiden. Die Fleischstreifen in einer flachen Schüssel mit dem Weißwein und der Hälfte des Weinbrandes übergießen. Zum Marinieren für 30 Minuten bedeckt beiseite stellen.

3 Für die Farce Das Schweinefleisch und das in Stücke geschnittene Wildbret durch die feinste Scheibe des Fleischwolfes drehen und in eine Schüssel geben. Den verbliebenen Weinbrand und alle übrigen Zutaten für die Farce hinzufügen. Die Marinade, in der Wild- und Schinkenstreifen eingelegt wurden, zur Füllmasse gießen. Die Farce mit einem Holzlöffel 2–3 Minuten kräftig durchrühren, bis sie sich von der Schüsselwandung löst. Ein kleines Stück Farce braten und kosten – die Füllung muß recht würzig schmecken.
4 Um die Pastete zu formen Den Teig halbieren und beide Stücke zu einem Rechteck ausrollen. Die Farce in drei Portionen teilen. Eine Portion in Längsrichtung auf einer der Teigplatten verteilen. Die Farce mit der Hälfte der marinierten Fleischstreifen belegen und eine weitere Portion Füllmasse daraufgeben. Die restlichen Fleischstreifen verteilen und mit der verbliebenen Farce bedecken. Die Fleischmasse mit den Händen zu einem dicken rechteckigen Strang formen. Sie mit dem zweiten Teigrechteck bedecken; die Pastete verzieren und mit Eiglasur bestreichen.
5 Die Pastete zugedeckt für 30–60 Minuten in den Kühlschrank stellen. Den Backofen auf 200 °C/Gas Stufe 3–4 vorheizen.
6 Die Pastete 15–20 Minuten backen, bis der Teig zu bräunen beginnt. Die Backofentemperatur auf 175 °C/Gas Stufe 2–3 herunterschalten und die Pastete noch etwa 1¼ Stunden backen, bis der richtige Gargrad erreicht ist (S. 243).
7 Die Wildpastete vor dem Servieren 5 Minuten auf dem Backblech abkühlen lassen.

Würste

Die Deutschen sind Spitzenreiter in der Herstellung und im Verzehr von Wurstwaren (42% des gesamten Fleischverbrauchs). Prinzipiell läßt sich jede Fleischmischung, die in eine Hülle (traditionell die Därme von Schlachttieren) gefüllt wird, als Wurst bezeichnen. In der Praxis ist die Grundlage der meisten Würste Schweinefleisch. Für einige Sorten wird auch Rind, Kalb oder Geflügel verarbeitet; Wild kann ein kräftiges Aroma beisteuern. Französische Crépinettes, die in Schweinenetz eingehüllt werden, sind strenggenommen keine Würste, werden aber als solche behandelt.

Würste haben in vielen Ländern eine lange Tradition, denn sie bieten die Möglichkeit, Fleisch ohne Kühlung für eine gewisse Zeit haltbar zu machen. Theoretisch kann man alle Würste selbst herstellen, in der Praxis verfügen allerdings nur wenige Haushalte über die erforderliche Ausrüstung zum Räuchern oder entsprechend kühle, trokkene Räumlichkeiten, die zum Trocknen von Würsten nötig sind. Einige Frischwurstsorten schmecken hausgemacht jedoch ganz vorzüglich.

Zusätze zum Strecken der Wurstmasse – solche pflanzlicher Herkunft (Mehl, Grütze, Soja etc.) sowie Milcherzeugnisse oder Eier – sind in Deutschland verboten. Nur für bestimmte regionale Spezialitäten gibt es Ausnahmebestimmungen; so sind für Pfälzer Saumagen beispielsweise Kartoffeln zugelassen oder Grütze für Bremer Pinkel (auch Grützwurst genannt). Normalerweise enthält Wurst neben der Hauptzutat Fleisch auch Würzmittel, gewöhnlich Kräuter, wie Salbei und Thymian, Gewürze, wie scharfe rote Pfefferschoten (vor allem in spanischer Chorizo), dekorative Elemente, wie Pistazien, Oliven, und das unverzichtbare Salz. Für frische Würste werden dünne Därme genommen, damit die Hitze rasch zur Mitte vordringen kann. Da frische Würste rohe Zutaten enthalten können, sind sie nur recht begrenzt haltbar. Durch Räuchern, Trocknen, Brühen oder Kochen läßt sich die Haltbarkeit verlängern.

Bei uns werden die etwa 1500 im Handel erhältlichen Wurstsorten in drei Hauptgruppen eingeteilt, die sich nach Herstellung unterscheiden: Brühwürste, Kochwürste und Rohwürste.

Die Gruppe der Brühwürste ist die umfangreichste. Brühwürste werden aus rohem Fleisch und Speck zubereitet. Ob aus Schweine-, Kalb- oder Rindfleisch hergestellt, stets wird die Wurstmasse im sogenannten Kutter zerkleinert und zusammen mit den Würzzutaten und gestoßenem Eis zu einem mehr oder weniger feinen Brät verarbeitet. Für einige Sorten werden grobzerkleinerte Fleisch- oder Speckstückchen zugegeben. Nachdem das Brät in Därme abgefüllt wurde, werden die Würste bei 70–75 °C gebrüht, was ihnen die richtige Konsistenz verleiht. Zudem bekommen sie dadurch ihre Schnittfestigkeit. Bei manchen Sorten, wie Knacker oder Wiener, schließt sich dem Brühen eine leichte Räucherung an.

Die zweite Hauptgruppe sind Rohwürste, die zur Haltbarmachung nicht gegart, sondern gepökelt, getrocknet und meist zusätzlich geräuchert werden. Man unterscheidet streichfähige und schnittfeste Rohwürste; neben dem Grad der Zerkleinerung von rohem Fleisch und Speck spielen dabei vor allem die verwendeten Würzzutaten eine bedeutende Rolle. Für die klassische Teewurst, zum Beispiel, wird der Speck bereits vor der Herstellung der Wurst geräuchert. Alle Rohwürste müssen nach dem Abfüllen der Masse in Därme in klimatisierten Räumen reifen. Während dieses Prozesses entfaltet sich das herrliche Aroma, und die Wurst verliert durch Trocknung an Gewicht. Obwohl diese Würste nicht gegart werden müssen, findet man manche Sorten – namentlich italienische Peperoni und eine getrocknete Version von Chorizo – auch in heißen Gerichten, wie Pizza, und herzhaften Eintöpfen. Neben Chorizo und Peperoni dominieren noch zwei getrocknete Wurstarten dieses Feld: Cervelat ist ein internationaler Begriff für milde, halbtrockene Dauerwurst aus meist feinstzerkleinertem Speck, Schweine- und Rindfleisch. In den meisten Ländern gibt es eine Version mit Kräutern, aromatischen Gewürze, wie Koriandersamen und eventuell Knoblauch. Würste nach Salami-Art – die zweite Gruppe – sind trockener und kräftiger gewürzt; da sie bis zu sechs Monaten getrocknet sein können, sind sie härter. Salami besteht in der Regel aus Schweinefleisch und mehr oder weniger großen Rindfleischanteilen. Oftmals fügt man noch Wein hinzu, durch den die Wurst einen unverwechselbaren Geschmack bekommt.

Zur Gruppe der Kochwürste gehören alle Sorten, die aus vorgebrühten oder vorgekochten Fleischteilen, Innereien, Speck und Schwarten hergestellt werden. Leber und Blut werden dann jeweils frisch hinzugefügt. Nach dem Abfüllen in Därme werden diese Würste noch einmal gekocht. Aus geschmacklichen Gründen und für eine längere Haltbarkeit werden einige Sorten, nachdem sie abgekühlt sind, noch einige Stunden bei etwa 18 °C kaltgeräuchert. Die drei Hauptarten von Kochwürsten sind Leberwurst, Blutwurst und Sülzwurstprodukte (Sülzen, Preßsack etc.).

ZUR INFORMATION

Würste aus ungegartem Brät *Merguez* (Grillwurst aus Schweinefleisch, gewürzt mit Paprika und Chillies; Nordafrika, Frankreich); *chipolata* (kleine Schweinswürstchen mit Speck und Reis, gewürzt mit Koriander, Pimiento, Muskat, Thymian, Cayenne- und weißem Pfeffer; Italien); *luganeghe* (frische Schweinswurst, die nach Länge verkauft wird, Italien); *chorizo* (Schweinefleisch, Pimiento, verschiedene Gewürze, Spanien, Mexiko); *crépinette* (gewürztes und in Schweinenetz gewickeltes Fleischbrät, Frankreich); *cumberland* (Schweinefleisch mit schwarzem Pfeffer und Kräutern, in langen Därmen, Großbritannien).

Kochwürste *Andouilette* (Kutteln und Gekröse, Frankreich); *black pudding* (Blutwurst, Großbritannien); Blut- und Leberwurst (Deutschland); *morcilla* (Blutwurst, Spanien); *boudin blanc* (halbgar, Mischung aus Schweine-, Kalb-, Hühner- und Kaninchenfleisch, Frankreich); Preßsack (Blut- oder Sülzwurst, Bayern); Pinkel (geräuchert, Mischung aus Speck, Grütze, Flomen und Zwiebeln (Norddeutschland); *Cambridge* (halbgar, Mischung aus Schweinefleisch und Reis, gewürzt mit Salbei, Cayenne, Muskatblüte, Muskat und Pfeffer, Großbritannien); *kaszanka* (Schweineleber, Lunge und Blut, gebunden mit Buchweizen, Polen); *cotechino* (Schweinefleisch, Speck, Weißwein und Knoblauch, Italien); *kielbasa* (mit Gewürzen und Knoblauch, Polen); *salsiccie* (kleine Schweinswurst nach Bauernart, Italien); *zampone* (Schweinefleisch-Farce mit Speck, Pökelzunge und Pistazien, in einen entbeinten Schweinefuß gefüllt, Italien); *andouille* (große Schweinswurst mit Kutteln und Gekröse, manchmal geräuchert, Frankreich).

Brühwürste *Bologna* (mild, glatt, leicht geräuchert, gewöhnlich aus Schweine- und Rindfleisch, kann aber auch aus Kalb-, Hühner- oder Putenfleisch gemacht werden, Italien, USA); Weißwurst (Jungrindfleisch, Fleisch vom Kalbskopf, Speck, Bayern); Knackwurst (kaltgeräucherte Wurst aus Schweinefleisch und Speck, gewürzt mit Knoblauch, Deutschland); Frankfurter/Wiener (Schweinefleisch und Speck, feingekuttert und geräuchert; Deutschland, Österreich, USA).

Rohwürste Alpenklubер (luftgetrocknet, Schweinfleisch, Rindfleisch und Speck; Schweiz); Kaminwurzn (luftgetrocknet und geräuchert; Südtirol); *butifarra* (Schweinefleischwurst mit Wein und Gewürzen, Spanien); Landjäger (geräuchert, Rindfleisch sowie etwas Schweinebauch mit Kümmel und Knoblauch, Schweiz, Deutschland); *linguica* (mit Knoblauch, Portugal); *peperoni* (grobgehacktes Schweine- und Rindfleisch, gewürzt mit Pfefferschoten, Fenchel und Gewürzen, Italien); Salami (gewürzte Wurst aus rohem Rind- oder Schweinefleisch, häufig mit Knoblauch und Pfeffer, Italien).

Beim Einkauf beachten *Frisch* Feucht, rosa, nicht grau, angenehmer Geruch, keine trockenen Ränder. *Gegart* Feucht und frischer Geruch. *Luftgetrocknet* Fest, aber nicht zu trocken, je nach Vorliebe.

Portionen *Frisch* 175–250 g. *Gegart, luftgetrocknet* 90–125 g.

Garzeiten Die exakten Garzeiten sind vom Durchmesser und der Wurstsorte abhängig. Im Backofen: 10–20 Minuten bei 175 °C/Gas Stufe 2–3; grillen, braten oder sautieren: 6–10 Minuten; kochen: 10–15 Minuten; schmoren: 30–45 Minuten.

Richtiger Gargrad Weich, in der Mitte nicht mehr rosa; ein hineingestochener Spieß fühlt sich nach 30 Sekunden heiß an.

Bemerkung Frische Würste platzen bei zu raschem Garen; trocknen leicht aus, deshalb gut begießen; werden ranzig, wenn zu lange aufbewahrt oder zu warm gelagert.

Aufbewahrung Die genaue Zeit ist von der jeweiligen Wurstsorte abhängig. *Frisch* Im Kühlschrank bis zu 2 Tagen; tiefgefroren maximal 3 Monate. *Halbgar* Im Kühlschrank 1 Woche. *Gar* Im Kühlschrank bis zu 2 Wochen. *Luftgetrocknet* An einem kühlen, luftigen Platz unbegrenzt.

Typische Gerichte Mit warmem Kartoffelsalat (Frankreich); *bollito misto* (mit gekochtem Fleisch; Italien); Himmel und Erde (Apfelmus und Kartoffelbrei mit Blutwurst; Deutschland); Bratwurst (Deutschland); *saucisses à la languedocienne* (Toulouser Würste mit Knoblauch und Tomate; Frankreich); *lecsó* (Speck, Reis und Debrecziner Würstchen; Ungarn); *choucroute garni* (Sauerkraut mit Wurst, Kasseler und Rauchfleisch; Frankreich); *fabada asturiana* (Eintopf mit Würsten und weißen Bohnen; Spanien); mit Bohnen und Basilikum (Frankreich); *kielbasa* und Kohl (Polen); *bigos polski* (Eintopf nach Jägerart, mit Champignons, Sauerkraut, Kohl und Schweinefleisch; Polen); Grünkohl mit Pinkel (Norddeutschland); Würste mit Reis, Leber und Rosinen (Finnland); *toad in the hole* (in Ausbackteig; Großbritannien); gebackene Wurst-Pfannkuchen (Skandinavien); Wurstsalat (Fleischwurst in Scheiben und Zwiebelringe, eingelegt in Essig und Öl; Deutschland); *mixed grill* (gegrillte Würstchen mit Nieren, Champignons, Lamm-Chops, Filetsteak und Tomate; Großbritannien); *Scotch eggs* (hartgekochte Eier, mit Wurstbrät eingehüllt, paniert und gebraten; Schottland); *zuppa di lenticchie* (mit Linsen, Italien); mit Porree (Schweiz).

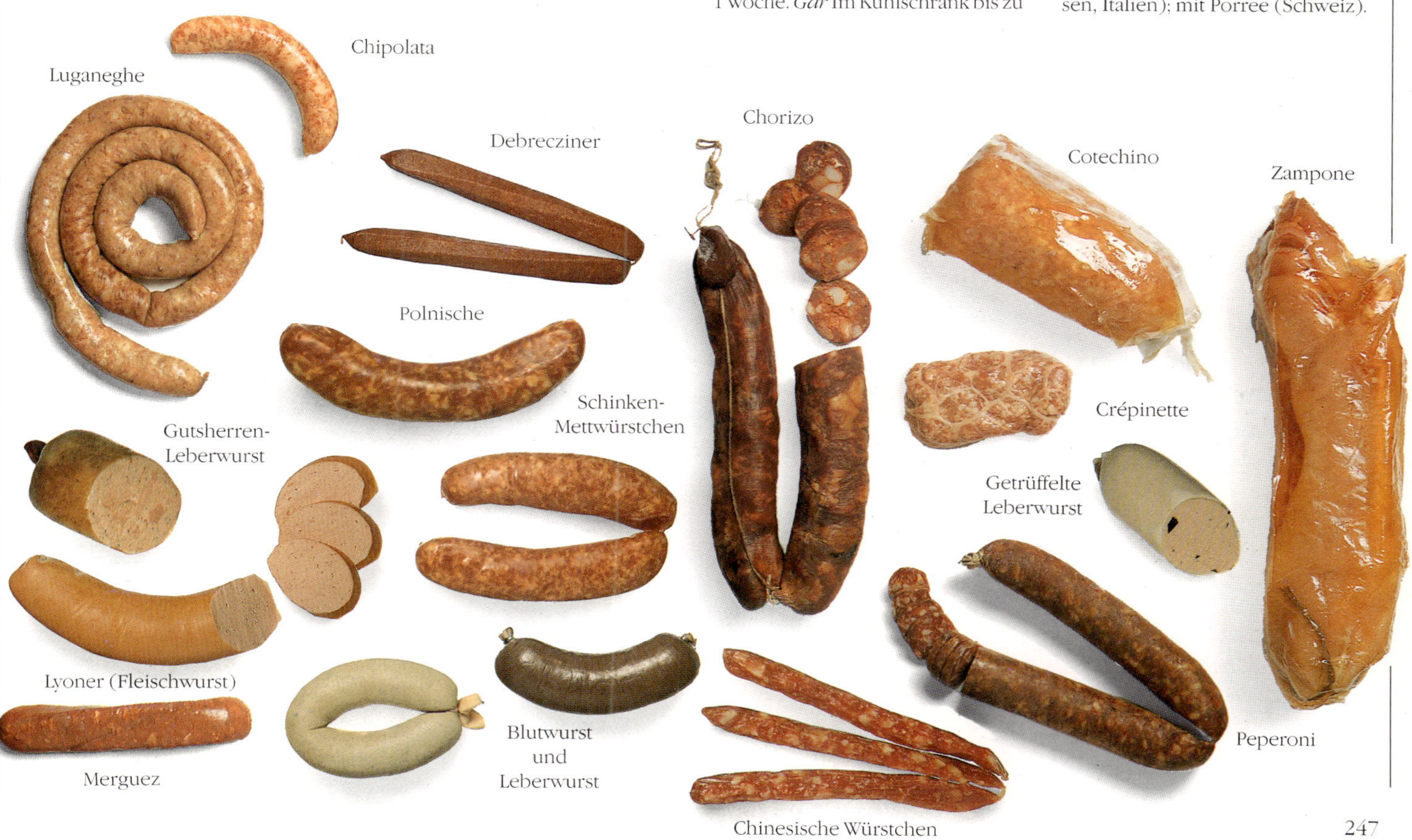

Wurstdärme

Bei Wurstdärmen reicht die Größe von dünnen Schweinedärmen von 1,5 cm Durchmesser bis zu großen Rinderdärmen von 7,5–10 cm Durchmesser, und jede Wurst benötigt eine bestimmte Darmweite. Die Franzosen unterscheiden zwischen kleinen Würsten oder *saucisses* und großen *saucissons*. Wurstdärme werden vor dem Verkauf gründlich gereinigt und sind frisch, eingesalzen oder tiefgefroren erhältlich. Kunstdärme werden häufig für frische Würste genommen. Als Wursthülle kann auch die Blase von Schlachttieren dienen.

Pikante Schweinswürste nach spanischer Art

Diese pikanten Würste (span. *chorizo*) werden nicht nur allein serviert, sondern bereichern häufig auch Suppen, Eintöpfe oder Gerichte wie *paella* (S. 317).

Ergibt 12 mittelgroße Würste
1,5 kg durchwachsenes Schweinefleisch ohne Knochen
250 g frischer Rückenspeck ohne Schwarte
6 Knoblauchzehen, zerdrückt
125 ml Rotwein
60 g Paprikapulver, edelsüß
2 TL zerstoßene getrocknete rote Pfefferschoten
2 TL Salz
1 TL gemahlener Koriandersamen
½ TL gemahlener Kreuzkümmel
½ TL gemahlener schwarzer Pfeffer

Wurstdarm (mittlere Weite)

1 Das Schweinefleisch durch die grobe Scheibe des Fleischwolfes drehen und in eine große Schüssel füllen. Den Speck in 5 mm große Würfel schneiden und dazugeben. Knoblauch, Wein, Gewürze und Salz hinzufügen und alles 1–2 Minuten kräftig durcharbeiten, damit die Wurstmasse zusammenhält. Ein kleines Stück braten und kosten – die Mischung gegebenenfalls nachwürzen.
2 Die Wurstmasse in Därme füllen und 10 cm lange Würste abdrehen (rechts). Die Würste einwickeln und für 1–2 Tage in den Kühlschrank legen, damit die Aromen verschmelzen.
3 Die Würste anstechen, damit sie nicht platzen, und dann 5–7 Minuten auf jeder Seite grillen oder in etwas Öl braten, bis sie braun sind.

EINEN WURSTDARM FÜLLEN

Wurstdärme vor der Verwendung für 1–2 Stunden in kaltes Wasser legen, dann abtropfen lassen, aber nicht trockentupfen.

1 Um den Wurstdarm zu säubern und zu öffnen, ein Ende über einen Wasserhahn ziehen und kaltes Wasser durchlaufen lassen. Den Wurstdarm auf den Stutzen eines Trichters schieben, bis nur noch ein kurzes Stück herunterhängt. Das Darmende mit Küchengarn zubinden.

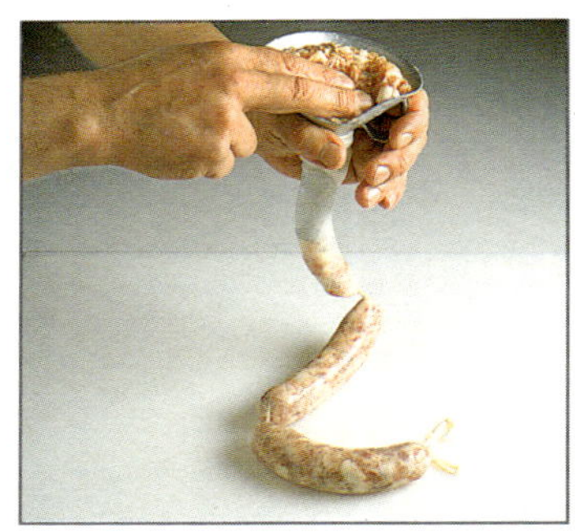

2 Die Wurstmasse durch den Trichter in den Darm drücken und in regelmäßigen Abständen Würste abdrehen. Das Ende zubinden. Den Darm nicht zu prall füllen, da die Würste sonst beim Garen platzen.

Genueser Salami
Jesu de Lyon
Ungarische Salami
Neapolitanische Salami
Mailänder Salami
Finocchiona

Bierschinken
Leberpastete
Mortadella
Französische Kräutersalami
Chorizo
Cervelatwurst
Kräutersalami
Bierwurst

Speck und gepökeltes Schweinefleisch

Es gibt vier Methoden zum Pökeln von Speck und Schweinefleisch: das Schnellspritzverfahren (Injektion von Lake), die Naßpökelung (Lake), die Trockenpökelung (nur Salz oder Salzmischung) und eine Kombination von Trocken- und Naßpökelung. Nach dem Einsalzen kann das Fleisch noch geräuchert werden.

Frühstücksspeck wird in der Regel aus dem durchwachsenen Bauchfleisch vom Schwein hergestellt. In Großbritannien heißt er *streaky bacon*, in den Vereinigten Staaten *bacon* und in Frankreich *lard*. Bauchspeck kann nur gepökelt oder gepökelt und geräuchert sein. Ungeräucherten Speck bezeichnet man auch als grünen Speck. Der meiste Speck in den Vereinigten Staaten ist geräuchert. Speck wird gewöhnlich mit Schwarte (franz. *couenne*) verkauft, die man vor dem Garen abschneidet und in Fonds und Eintöpfen zum Eindicken der Sauce mitkochen kann.

Französischer Speck ist am fleischigsten. Man kann ihn in Streifen schneiden (rechts) und in Schmorgerichten, Ragouts und Eintöpfen mitgaren; gebraten ist er zäh. In Großbritannien wird in dünne Scheiben geschnittener Frühstücksspeck gebraten, bis er leicht knusprig ist, in den Vereinigten Staaten hingegen serviert man ihn gewöhnlich ganz kroß. Zum Bardieren kann man anstelle von fettem Speck auch durchwachsenen, nicht zu stark gesalzenen Speck nehmen.

Auch andere Stücke vom Schwein werden gepökelt und geräuchert. In Großbritannien versteht man unter *gammon* das Hinterviertel vom Schwein, das in einem Stück gepökelt wird. In Nordamerika heißt das gepökelte Kernfleisch des Kotelettstücks, das Kasseler also, *canadian bacon* (franz. *bacon*), das es auch geräuchert und mit Knochen gibt. In Großbritannien gehört das Rückenfleisch mit zum Rückenspeck *(back bacon)*.

Pökelfleisch ist von Land zu Land unterschiedlich. In Frankreich wird Schweinebauch bis zu einem Monat in Lake gepökelt und als *petit salé* bezeichnet. Man verwendet das Fleisch für herzhafte Suppen, gart es zusammen mit Kohl, Linsen oder getrockneten Bohnen. Britisches Pökelfleisch *(salt pork)* ist ähnlich, während man in den Vereinigten Staaten darunter gewöhnlich trockengepökelten Rückenspeck versteht.

ZUR INFORMATION

Beim Einkauf beachten *Bauchspeck* Weißes Fett, Fleisch von klarer rosa Farbe, wenig Feuchtigkeit. *Mageres Pökelfleisch* Blasses Fett, keine trockenen Ränder. *Fettes Pökelfleisch* Blasse Farbe, feste Struktur.

Portionen *Fett* 90–125 g. *Mager* 125–175 g.

Nährstoffgehalt pro 100 g. *Roher Speck (fett oder durchwachsen)* 2793 kJ/665 kcal; 8 g Protein; 69 g Fett; 1 g Kohlenhydrate; 685 mg Natrium; 53 mg Cholesterin.

Garzeiten *Bauchspeck am Stück* Wie Schinken im Backofen garen oder kochen (S. 251). *Mageres Pökelfleisch* Wie Schinken kochen. *In Scheiben geschnittener Speck* Im Backofen braten: 8–12 Minuten bei 175 °C/Gas Stufe 2–3; grillen oder in der Pfanne braten: 4–8 Minuten.

Richtiger Gargrad *Speck oder Pökelfleisch am Stück (mager)* Weich; ein hineingestochener Spieß fühlt sich nach 30 Sekunden heiß an. *In Scheiben geschnittener Speck* Fleisch ist dunkelrosa, das Fett nach Belieben weich oder knusprig gebraten.

Aufbewahrung *Stark gepökelt* 1–2 Monate an kühlem trockenem Platz. *Mild gepökelt* Im Kühlschrank 1 Woche.

Typische Gerichte *Quiche lorraine* (Speckkuchen; Frankreich); Speckpfannkuchen mit Ei (Dänemark); Pie mit Kartoffeln (Großbritannien); Specktörtchen (Deutschland); mit Scholle (Deutschland); geschmort mit Birnen (Schweiz); *fidget pie* (Lagen von Speck, Zwiebeln und Äpfeln; Großbritannien); Fleisch mit Speckfüllung und Backpflaumen (Australien); mit Paprikaschoten oder dicken Bohnen im Ofen gegart (Italien); Specksuppe (Belgien); Pfannkuchen (Schweden, Belgien, Niederlande).

SPECK IN STREIFEN SCHNEIDEN

Speckstreifen (franz. *lardon*) oder -würfel benötigt man für eine ganze Reihe von Speisen.

Die Schwarte abschneiden und den Speck anschließend in 5 mm dicke Scheiben schneiden. Zwei Scheiben übereinanderlegen. Den Speck quer in Streifen und dann nach Belieben in Würfel schneiden.

Geräuchert

Ungeräuchert

Frühstücksspeck

Schwarzgeräuchert

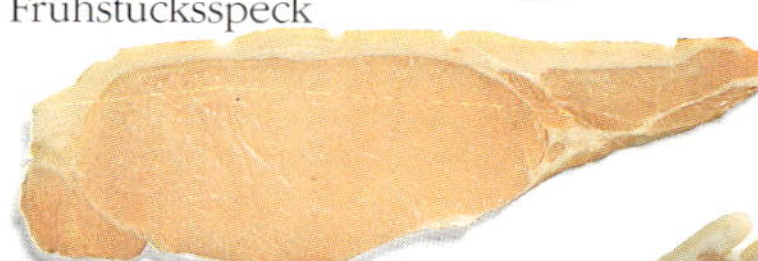

Tiroler Speck (naßgepökelt)

American green (USA)

Englischer Frühstücksspeck (naßgepökelt)

Kasseler

Bauchspeck (Großbritannien)

Bauchspeck (USA)

Geräucherter Bauchspeck

Pancetta (Italien)

Salt pork (Großbritannien)

Petit salé (Frankreich)

Oczek (Polen)

Schinken

Als Schinken bezeichnet man sowohl das frische Fleisch der Keule vom Schwein als auch das Produkt, das durch Trocknen, Pökeln und Kochen oder Pökeln und Räuchern daraus hergestellt wird. Trockengepökelte Schinken haben das beste Aroma und sind am zartesten. Andere Schinken werden direkt in Lake getaucht, also naßgepökelt, oder hintereinander nach beiden Methoden gepökelt. Die Pökeldauer kann bis zu zwei Monaten betragen. Deshalb wenden Metzger oft das Schnellspritzverfahren an – in verschiedene Stellen des Fleisches wird mit einem speziellen Gerät Lake eingespritzt – und erhalten innerhalb von drei bis vier Tagen fertig durchgepökelten Schinken. Das zum Pökeln verwendete Salz wird gewöhnlich mit Zucker vermischt sowie einer Auswahl von Gewürzen – vor allem Pfeffer – und Natriumnitrit, das dem Fleisch eine künstliche rosa Farbe gibt und die Entwicklung von Mikroorganismen hemmt. Aus gesundheitlichen Gründen ist die Anwendung des traditionellen Pökelmittels, Salpeter (Kaliumnitrat) mit Natriumnitrat, in Deutschland nur für große Rohschinken gestattet, da sich das Nitrit sonst zersetzen kann.

Der Geschmack eines Schinkens wird stark durch die Fütterung der Schweine beeinflußt: Wer Glück und einen zuverlässigen Lieferanten hat, kann Fleisch von Schweinen aus Freilandhaltung erwerben und genießen. Daneben hängt das Aroma des Schinkens von der Art ab, wie er gepökelt, geräuchert oder getrocknet wurde. Hier gibt es einige Spezialrezepte. Zum Pökeln verwendet man in einigen Regionen beispielsweise Wacholderbeeren, Kümmel oder Koriandersamen, und danach kann der Schinken über Buchenholz, Wacholderzweigen oder Heidekraut geräuchert werden, was ihm einen jeweils typischen Rauchgeschmack verleiht. Dann läßt man ihn zwischen drei Monaten und zwei Jahren reifen. Die Umgebung muß kühl und trocken sein; viele berühmte Schinken stammen aus Bergregionen.

Ein ganzer Land- oder Bauernschinken wiegt bis zu 10 kg. Kleine und mittelgroße Schinken bis zu einem Gewicht von 6,5 kg sind meist weniger fett. Manche Schinken, etwa der berühmte Parmaschinken und San Daniele aus Italien sowie Bayonne-Schinken aus Frankreich, werden roh verzehrt und in dünnen Scheiben (rechte Seite) häufig mit frischem Obst, wie Melone oder Feigen, oder zartem Gemüse, wie Spargel, serviert. Viele rohe Schinken müssen vor dem Servieren jedoch geköchelt werden. In Scheiben geschnittenen rohen Schinken muß man unter Umständen in kochendem Wasser blanchieren, damit er etwas von seinem Salzgeschmack verliert.

Einige Schinken werden vorgegart verkauft. Man kann sie so servieren, wie sie sind, oder weitergaren und heiß oder kalt essen. Die Salzigkeit eines einfachen gekochten Schinkens wird gut durch süße Beilagen, wie Frucht-Chutney und Apfelsauce, ergänzt. Die Franzosen bereiten gekochten Schinken häufig mit Sahne und Äpfeln in Cidre zu, während man in Mitteleuropa Schinken in Brotteig schätzt; mitunter wird der Schinken zum Servieren vorgeschnitten und mit einer Kräuter- oder Spinatfüllung angerichtet.

Hinweis Rohe oder gekochte Schinken werden sowohl im ganzen verkauft, wie auch halbiert oder in Scheiben geschnitten. Wenn es sich um einen knochenlosen Schinken handelt, ist das Aufschneiden einfach, doch haben solche Schinken weniger Aroma. In vielen Ländern muß die Menge an Wasser, die in einen gekochten Schinken gespritzt wurde, um das Gewicht zu erhöhen, auf der Verpackung angegeben werden.

Wegen der großen Nachfrage werden auch verschiedene andere Stücke vom Schwein, etwa Schulter (Vorderschinken) oder Eisbein (franz. *jambonneau*), zu Schinken verarbeitet, doch fehlt ihnen das typisch süße, nussige Aroma eines Hinterschinkens.

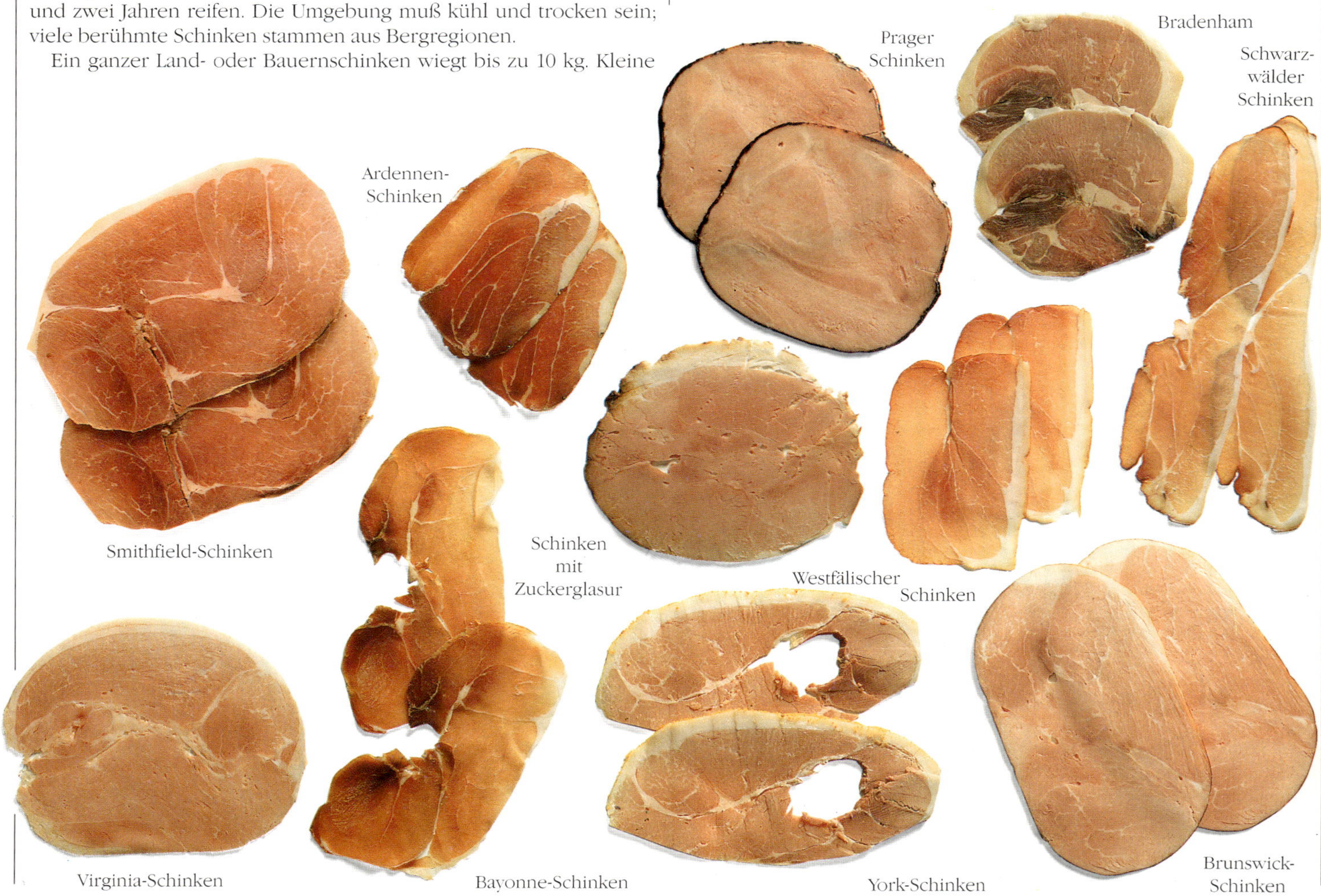

ZUR INFORMATION

Bekannter roher Schinken Ardennen-Schinken (Belgien); *Bayonne* (luftgetrocknet, Baskenland, Frankreich); *capocollo* (Schweineschulter, in Wein und Muskat eingelegt, Italien); *culatello* luftgetrocknet, Italien); *Irish* (trockengepökelt, über Torf geräuchert, Irland); *jambon de pays* (Bauernschinken, Frankreich); *Kentucky* (über Apfel-, Sassafras- oder Hickory-Holz geräuchert und 10–24 Monate gereift, USA); *prosciutto crudo/prosciutto di Parma* (etwa 15 Monate gereift, Italien); *prosciutto di San Daniele* (kräftiger in Farbe und Geschmack als Parmaschinken, Italien); *Serrano* (in Wein eingelegt, luftgetrocknet, mit Öl und Paprika eingerieben, Italien); *presunto* (geräuchert, Portugal); Westfälischer Schinken (Deutschland); *prosciutto Veneto* (feines Aroma und süßer Geschmack, Italien); *Cumbria* (luftgetrocknet, Großbritannien); *jamón de Trevélez* (luftgetrockneter Bergschinken, Las Alpujarras/Spanien).

Bekannter gekochter Schinken *Bradenham* (süß, mild gepökelt, schwarze Haut, Großbritannien); *jambon de campagne* (Bauernschinken, Frankreich); *jambon de Paris* (leicht gepökelt, Frankreich); *Pennsylvania Dutch* (in Gewürzessig eingelegt, über Apfel- und Hickory-Holz geräuchert, USA); Prager Schinken (in Lake gepökelt, über Buchenholz geräuchert, Tschechoslowakei); *Smithfield* (mit Pfefferkruste, über Hickory-Holz geräuchert, USA); *Wiltshire* (wie Speck gepökelt, mild, Großbritannien); *York* (mild, klassischer Schinken, Frankreich, Großbritannien).

Beim Einkauf beachten Festes Fleisch, weder zu trocken noch zu feucht (je nach Sorte); Fett je nach Vorliebe; ein Spieß, den man nahe des Knochens in den Schinken sticht, soll angenehm süß riechen; Feuchtigkeit bei Handelsware zeigt an, daß Wasser in den Schinken gespritzt wurde.

Portionen *Mit Knochen* 250–375 g. *Ohne Knochen* 175–250 g.

Nährstoffgehalt pro 100 g. *Roher Schinken* 680 kJ/162 kcal; 2 g Kohlenhydrate; 18 g Protein; 8 g Fett; 53 mg Cholesterin; 685 mg Natrium.

Garzeiten *Ganze rohe Schinken, 1350–2250 g* Kochen: 30 Minuten pro 500 g; *2250–4500 g* Kochen: 20 Minuten pro 500 g zuzüglich 20 Minuten; *über 4500 g* Kochen: 15–18 Minuten pro 500 g, weniger bei größeren Schinken. *Ganze gekochte Schinken* Garen im Backofen: 10 Minuten pro 500 g bei 175 °C/Gas Stufe 2–3. *Schinkensteaks* Garen im Backofen: 20–30 Minuten bei 175 °C/Gas Stufe 2–3; grillen, kurzbraten oder sautieren: 6–10 Minuten.

Richtiger Gargrad Weich beim Hineinstechen; das Fleischthermometer zeigt 75 °C Innentemperatur an.

Bemerkung Falls zu salzig, Schinken blanchieren; kann trocken sein, wenn zu dick geschnitten; überschüssiges Fett erst nach dem Garen wegschneiden.

Aufbewahrung *Ganzer roher Bauernschinken* An einen kühlen trockenen Platz hängen, Haltbarkeit von der Herstellungsart abhängig. *Ganzer gekochter Schinken* Im Kühlschrank 10 Tage. *Scheiben* Im Kühlschrank 3 Tage; tiefgefroren 1 Monat.

Typische Gerichte Glasiert mit braunem Zucker, Apfelsaft, Ingwersirup, eingelegtem Ingwer und Senf (Australien); glasiert mit Ahornsirup, in Rosinensauce (USA); *jambon d'York braisé au Madère* (York-Schinken, in Madeira geschmort; Frankreich); in Cider (Großbritannien); *jambon à la crème de Saulieu* (in Champignon-Sahne-Sauce; Frankreich); *sformato prosciutto* (Soufflé; Italien); *perna de porco a moda do Norte* (eingesalzener Schinken, im ganzen gebraten, mit Olivenöl und Wein; Portugal); *bouchées aux jambon* (gefüllte Blätterteigpastetchen; Frankreich); in Brotteig gebacken (Deutschland); Gratin mit Chicorée (Belgien); Holsteiner Schinkenklöße (Deutschland); Steaks mit Mandeln (Schweiz); in Senfsauce gebacken (Frankreich); *fruity gammon* (mit Hackfleisch und Orangen; Großbritannien, Australien); Weinblätter, gefüllt mit Schinken (Spanien).

San Daniele

Serrano

Coppa

Parma

ROHEN SCHINKEN IN SCHEIBEN SCHNEIDEN

Ist ein Schinken angeschnitten, so muß die Schnittfläche bedeckt werden (mit einem Mulltuch), damit der Schinken nicht austrocknet.

Einen ganzen Knochenschinken am besten in einer Halterung – wie in Restaurants üblich – festklemmen, so daß sich das Fleisch längs in Scheiben schneiden läßt. Einen knochenlosen Schinken flach auf das Brett legen. Schwarte, trockene Ränder sowie den größten Teil des Fettes wegschneiden. Den Schinken mit einem langen Messer in möglichst dünne Scheiben schneiden.

Einen rohen Schinken kochen

Unabhängig davon, ob er anschließend noch geschmort oder überbacken und heiß oder kalt serviert werden soll, läßt man einen rohen eingesalzenen Schinken zunächst kurz in Wasser weichen und kocht ihn dann. In Frankreich sind gepökelte Schinken oft sehr salzig, und man muß sie 12–24 Stunden in kaltes Wasser legen und das Wasser mehrmals wechseln. Den Schinken anschließend in einen großen Topf legen und mit frischem Wasser bedecken. Das Wasser zum Kochen bringen und den Schinken unter gelegentlichem Abschäumen 30 Minuten köcheln lassen. Das Wasser kosten – schmeckt es sehr salzig, wird es weggegossen, und man setzt den Schinken wieder mit frischem Wasser auf (die Gesamtgarzeit verkürzt sich in diesem Fall um 30 Minuten). Würzmittel, wie Zwiebel, Apfel, Wein, Cidre, Lorbeerblatt, Pfefferkörner, Pimentkörner und Nelken, hinzufügen. Den Deckel auflegen und den Schinken köcheln lassen, bis er gar ist. Den gegarten Schinken in der Flüssigkeit abkühlen lassen, dann herausnehmen und abtropfen lassen. Die Schwarte abziehen und das Fett bis auf eine etwa 1 cm dicke Schicht wegschneiden.

Einen Schinken mit Überzug zubereiten

Ein bereits gekochter Schinken wird häufig mit einem Überzug versehen und im Ofen gegart, damit er an Aroma gewinnt. Es gibt zwei verschiedene Arten von Überzügen. Am häufigsten werden flüssige, sirupartige Glasuren verwendet. Typische Beispiele sind Apfelsaft mit Honig, Ahornsirup und Sojasauce mit braunem Zucker und Sherry. Der Schinken muß ständig damit bestrichen werden, und es ist darauf zu achten, daß die Glasur nicht am Topfboden anbrennt. Gegen Ende der Garzeit brät Fett aus und reichert die Glasur an. Die Oberfläche des Schinkens wird häufig eingeritzt, damit die Glasur in das Fleisch einziehen kann.

Die zweite Art von Überzug ist eine knusprige Kruste, zum Beispiel Semmelbrösel vermischt mit Petersilie und Senf oder kleingeschnittene Ananas mit braunem Zucker; der letztgenannte Belag fällt leicht herunter, so daß man beim Begießen des Schinkens besonders vorsichtig sein muß. Um bereits gekochten Schinken mit einer Glasur oder einer Kruste zu versehen, wird er für 20 Minuten bei 220 °C/Gas Stufe 4–5 gebacken.

GEKOCHTEN SCHINKEN AUFSCHNEIDEN

Man benötigt ein Messer mit langer Klinge. Überschüssiges Fett, trockene oder verfärbte Stellen wegschneiden. Der Schinken kann auch wie Lammkeule aufgeschnitten werden (S. 225).

1 Becken- und Hüftknochen mit einem Ausbeinmesser bis zum Hüftgelenk freischneiden. Das Gelenk durchtrennen und die Knochen entfernen.

2 Den Schinken auf ein Brett stellen und so am Beinknochen festhalten, daß die abgerundete Seite nach unten zeigt. Von der Seite 3–4 Scheiben abschneiden, damit man den Schinken auf die Anschnittfläche stellen kann.

3 Den Schinken am unteren Ende mit einem langen Messer senkrecht bis zum Knochen einschneiden. Dann jeweils bis zum Knochen keilförmige Scheiben von etwa 5 mm Dicke abschneiden.

4 Nach den ersten paar Scheiben das Messer jeweils etwas stärker abwinkeln, damit die Scheiben nach und nach größer werden. Das Fleisch unterhalb des Knochens wird gewöhnlich später abgeschnitten. Zum Servieren kann man die Scheiben auf einer Platte anrichten oder sie in ihrer ursprünglichen Form zurück auf den Knochen legen.

Weiteres konserviertes Fleisch

Zu der Zeit als es noch keine Kühlschränke gab und Fleisch ein Luxusartikel war, gab es vielfältige Konservierungsmethoden. Eine Familie deckte ihren Fleischbedarf für mehrere Monate unter Umständen mit einem einzigen Tier. Fleisch wird auch heute noch konserviert, einerseits der Abwechslung wegen, andererseits weil wir den besonderen Geschmack schätzen. Manche Spezialitäten sind Hinterlassenschaften aus jenen Tagen, als Fleisch das Überleben sicherte, wie zum Beispiel *biltong* aus Afrika. Es handelt sich dabei um luftgetrocknete und geräucherte Fleischstreifen von Rind, Büffel, Schalenwild, Antilope oder sogar Strauß. Die Indianer in Amerika stellten *pemmican* her, indem sie luftgetrocknetes Wildfleisch pulverisierten und mit zerlassenem Fett und bitteren Beeren zu kleinen Kuchen formten. Weitere Beispiele sind luftgetrocknete *dendang* aus Südostasien sowie *tasajo* aus Südamerika und *chalona* (getrocknetes Schaffleisch) aus Peru. Die Lateinamerikaner und Spanier schätzen gepökelte und anschließend luftgetrocknete *carne cecina*. In den Vereinigten Staaten sind in der Sonne getrocknete Rindfleischstreifen, sie heißen *beef jerky* (abgeleitet von dem spanisch-amerikanischen Wort *charqui*), auch heute noch ein beliebter Imbiß. Bei feuchten klimatischen Bedingungen muß das Fleisch vor dem Trocknen meist eingesalzen oder in Lake gepökelt werden.

Beef jerky

Biltong

Zum Konservieren kann das Fleisch trocken- oder naßgepökelt werden. Für amerikanisches *corned beef*, beispielsweise, wird Rinderbrust über mehrere Wochen regelmäßig mit Salz, gehackten Gemüsen, Kräutern und Gewürzen eingerieben, dann eingeweicht und gekocht oder gegrillt. Auf amerikanischen Sandwiches häufig zu finden ist *pastrami*, mageres Rindfleisch, das trockengepökelt, gut gepfeffert und geräuchert ist. *Chipped beef* wird ähnlich behandelt und anschließend leicht geräuchert und luftgetrocknet. Obwohl Räuchern eher bei Schweine- und Wildfleisch üblich ist, wird auch gepökeltes Rindfleisch mitunter auf diese Weise haltbar gemacht, wobei man es wiederholt mit Melasse oder Zucker behandelt, damit es durch das Salz nicht hart wird. Fleisch kann man auch in Lake pökeln – Kutteln werden beispielsweise gekocht und in Essig und Salzlösung, gewürzt mit Nelken, Piment, Muskatblüte, Zimt, Chilies und Pfeffer, eingelegt.

Gepökeltes Rindfleisch

Bresaola

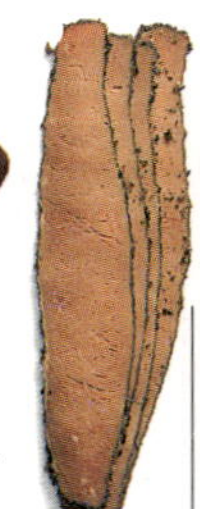

Pastrami

Amerikanisches *corned beef*

In den italienischen und Schweizer Alpen ist Rindfleisch die Basis für so manche Delikatesse. *Bresaola* aus Itaien ist luftgetrocknetes Rinderfilet, das zwei Monate reift und dann in dünnen Scheiben roh mit Olivenöl, Zitronensaft und Petersilie als Vorspeise serviert wird. Das Schweizer Pendant ist Bündnerfleisch. Man wählt dafür besonders zartes, mageres Rindfleisch aus der Lende oder Keule und pökelt es in einer Lake aus Salz, Pfeffer, Wacholderbeeren und Alpenkräutern. Anschließend wird es drei bis sechs Monate getrocknet. Bündnerfleisch ist eine beliebte »Brotzeit«; man serviert es in hauchdünn geschnittenen Scheiben mit Brot und Butter und einem Glas trockenen Schweizer Weißweins (zum Beispiel Fendant).

Aspik

Aspik, auch Gelee genannt, wird aus geklärtem Fond zubereitet und oft mit Madeira, Port etc. parfümiert. Als erstes bringt man ihn wohl mit großen Festtafeln und Buffets in Verbindung, doch spielt er auch bei der Fleisch- und Wurstwarenherstellung eine wichtige Rolle. Geklärter Aspik läßt sich verwenden, um kalten Geflügelbraten oder *galantines* und *ballotines* (S. 255) einen schillernden und schützenden Überzug zu geben. Man kann ihn auch zusammen mit anderen Zutaten lagenweise in kleine Förmchen füllen, wie beispielsweise bei pochierten Eiern in Gelee, die mit einer Scheibe Schinken und einem Stück Trüffel zubereitet werden. Für raffinierte Aspikgerichte wird gegartes Gemüse in den Formen zu vielschichtigen Mustern angeordnet, mitunter auch mit Schinken und Hühnerfleisch. Jede Geleeschicht muß fest werden, bevor man die nächste hinzufügt. Zum Garnieren von Canapés und Salatplatten kann man Aspik auch in dekorative Formen und Figuren schneiden. Darüber hinaus läßt er sich bei pikanten Schaumbroten anstelle von einfacher Gelatine verwenden. Für zahlreiche Gerichte nach bäuerlicher Art, für die man keinen geklärten Aspik benötigt, verwendet man die eingekochte Garflüssigkeit.

Geklärter Aspik wird in gleicher Weise wie Kraftbrühe zubereitet, indem man Kalbs-, Hühner- oder Fischfond klärt. Die Konsistenz ist wichtig, da der fertige Aspik bei Raumtemperatur vollständig gelieren muß. Der Gelatinegehalt des Fonds wird vor dem Klären getestet, damit man weiß, ob zusätzliche Gelatine erforderlich ist und gegebenenfalls wie viel. Der Aspik gewinnt an Aroma, wenn man dem Fond außer dem zum Klären nötigen Eiweiß noch durchgedrehtes mageres Rindfleisch oder Geflügel sowie gehackte Gemüse hinzufügt und alles zusammen köcheln läßt. Ideal ist ein heller, kristallklarer Aspik, doch je dunkler das Gelee, desto weniger fallen verbliebene Trübstoffe auf – was einige Köche dazu veranlaßt, Aspik auf Rotweinbasis zu verwenden, da die Farbe alle Trübstoffe überdeckt.

Das Arbeiten mit geklärtem Aspik ist eine Kunst für sich. Die Hauptattraktion – ein ganzer Lachs, ein Schinken oder auch ein Putenbraten – wird häufig mit Blüten oder geometrischen Mustern aus Gemüsegarnierungen, Trüffeln und hartgekochtem Eiweiß dekoriert. Mit dünnen Gurkenscheiben lassen sich Fischschuppen nachahmen, während Geflügel oft mit einer Chaudfroid-Sauce (S. 56) überzogen wird. Für eine klassische Präsentation nimmt man eine große Platte, überzieht den Boden mit einer dünnen Geleeschicht und arrangiert am Rand Halbkreise und Dreiecke aus Aspik.

ZUR INFORMATION
Portion 45–60 ml.
Bemerkung Durch Fett im Fond wird Aspik trüb; bei zu geringem Gelatinegehalt wird er nicht fest; hat er zuviel Gelatine, ist er unangenehm dick und gummiartig.
Aufbewahrung *Mit Aspik überzogenes Geflügel und Fleisch* Im Kühlschrank 2 Tage. *Mit Aspik überzogener Fisch* Im Kühlschrank 1 Tag. *Aspikgerichte mit Geflügel- und Fleisch* Im Kühlschrank 5 Tage. *Aspikgerichte mit Fisch und Eiern* Im Kühlschrank 2 Tage. Nicht einfrieren, da Aspik dann kristallisiert.
Typische Gerichte Huhn in Gelee (Großbritannien); Putenbrust, mit Sherry-Aspik überzogen (USA); mariniertes Fleisch in Marsala-Aspik (Italien); Aal in Gelee (Norddeutschland); Wildkaninchen in Gelee (Frankreich); *oeufs en gelée* (Eier in Aspik; Frankreich); Gänsekeule in Sauer (Norddeutschland); Wildgeflügel in Aspik (Schweden); Schweinefleisch-Aspik (Ungarn); Wild in Gelee (Schottland).

Aspikgerichte anrichten

Am besten kommt Aspik zur Geltung, wenn man zum Anrichten eine flache Platte aus Edelstahl oder Silber nimmt, die das Licht reflektiert. Den Boden der Servierplatte überzieht man zunächst mit einer dünnen Schicht Aspik und läßt das Gelee vor dem Anrichten der Speisen fest werden. Der Plattenrand wird mit kleinen Halbmonden oder Dreiecken aus Aspik verziert. Restlichen Aspik fein hacken und rundum an den Plattenrand spritzen oder grobgehackt auf der Platte verteilen. Die Speise kurz vor dem Servieren aus dem Kühlschrank nehmen, damit der Aspik ein wenig weich wird.

Dem Fond Gelatine zusetzen

Ohne die Zugabe von Gelatine wird geklärter Aspik nur selten richtig fest. Wichtig ist, daß man nicht zuviel hinzufügt, da der Aspik sonst eine gummiähnliche Konsistenz bekommt. Um zu testen, wieviel Gelatine benötigt wird, einen Löffel ungeklärten Fond auf einen Teller geben und im Kühlschrank kalt werden lassen. Geliert er nur leicht, pro 500 ml Fond 7 g Gelatine in kaltem Wasser einweichen (S. 431). Geliert der Fond gar nicht, die Menge an Gelatine verdoppeln. Den Fond wie für eine *consommé* (S. 46) klären: Den Fond 30–40 Minuten köcheln lassen, dann die Gelatine durch die Öffnung in der Filterschicht dazugießen. Anschließend wie üblich weiterverfahren.

SPEISEN MIT ASPIK ÜBERZIEHEN

Alle Speisen und Dekorationen, die man mit Aspik überziehen möchte, sollen trocken und gut vorgekühlt sein. Mehrere dünne Überzüge halten besser und sind gleichmäßiger als eine dicke Schicht.

1 Etwa 250 ml flüssigen Aspik in eine Metallschlüssel gießen und auf Eis setzen. Behutsam rühren, bis der Aspik sehr kalt ist, sirupartig wird und zu gelieren beginnt.

Hinweis Nicht zu kräftig rühren, damit sich keine Blasen bilden.

2 Die Speisen auf ein Gitter legen und über eine Tropfschale stellen. Mit einem Pinsel oder Löffel rasch eine dünne Schicht Aspik auf die kalten Speisen streichen. Weiteren Aspik schmelzen, wiederum kühlen, bis er zu gelieren beginnt, und die Speisen nochmals überziehen. Den Vorgang nach Bedarf noch ein- oder zweimal wiederholen.

ASPIK IN DEKORATIVE FORMEN SCHNEIDEN

Garnierungen aus Aspik, etwa Blüten, Halbmonde oder Dreiecke, schneidet man aus gut gekühltem Aspik. Man verwendet dazu entsprechende Ausstechförmchen.

Eine dicke Schicht durchgekühlten Aspik auf ein feuchtes Tuch oder Pergamentpapier stürzen. Den Aspik mit einem großen Messer zunächst in 1 cm dicke Scheiben und dann mit Aspik- oder Keksausstechern oder einem kleinen Messer in dekorative Formen schneiden.

ASPIK HACKEN

Gehackter Aspik ist eine Dekoration, die sich einfach herstellen läßt. Wichtig ist, daß man ein feuchtes Messer benutzt.

1 Den Aspik in eine gut angefeuchtete flache Form gießen und im Kühlschrank fest werden lassen. Das Gelee auf feuchtes Pergamentpapier stürzen.

2 Mit einem großen angefeuchteten Messer den Aspik zunächst in Streifen, dann in kleine Würfel schneiden und anschließend grob hacken; darauf achten, daß er dabei nicht zerdrückt wird. Den Aspik auch nicht zu fein hacken, da größere Stücke stärker das Licht reflektieren.

Hinweis Aspik nicht mit den Händen berühren – er wird sonst trüb.

Aspikgerichte mit geklärtem Gelee

Das Auskleiden und Füllen einer Form mit geklärtem Aspik ist ähnlich wie das Überziehen von Speisen. Das gewählte Gefäß sollte nicht zu hoch und so geformt sein, daß sich der fertige Aspik problemlos stürzen läßt. Eine Form mit abgeschrägten Seiten, beispielsweise eine Charlotten-Formen (S. 508), ist gut geeignet. Formen aus Metall sind gute Wärmeleiter und deshalb ideal, denn der Aspik geliert darin rasch und läßt sich sauber stürzen. Damit die fertige Speise hübsch aussieht, beginnt man mit einer großzügigen Schicht Gelee an den Seiten und auf dem Boden der Form.

Wenn die erste Aspikschicht fest geworden ist, können die verschiedensten Zutaten in die Form gelegt werden. Beliebt sind vor allem farbenfrohe, in Scheiben geschnittene Gemüse, wie ungeschälte Zucchini, Radieschen oder Möhren. Mitunter werden auch die Seiten verziert, wofür man gern Eiweiß, Trüffeln, Spargel oder zu Stäbchen geschnittene Möhren nimmt, die aufrecht in die Form gestellt und mit einer weiteren Schicht Aspik an ihrem Platz gehalten werden.

Der Rest der Form wird dann lagenweise mit gegarten Zutaten und Aspik gefüllt, wobei die einzelnen Schichten nicht stärker als 2,5 cm sein sollten. Schinken und Zunge sind wirkungsvoll, durch wässrige Zutaten, etwa Tomaten, wird der Aspik hingegen nicht fest. Rote Beten färben aus und sind deshalb ebenfalls ungeeignet. Zutaten mit unregelmäßiger Form und blasser Farbe, beispielsweise kleingeschnittene Hühnerbrust, gekochtes Rindfleisch oder Leberpastete, sollten von anderen Zutaten eingerahmt werden. Schwere Zutaten legt man beim Einfüllen am besten in die oberen Schichten, damit sie sich nach dem Stürzen unten befinden. Mit der letzten Aspikschicht werden alle Zutaten vollständig bedeckt. Beim Füllen der Form ist es wichtig, ein ausgewogenes Verhältnis zwischen Aspik und sonstigen Zutaten zu erzielen – zuviel Aspik wirkt übersättigend.

ASPIKSPEISEN ZUBEREITEN

1 Die Charlotten-Form auf Eis setzen. 250 ml Aspik hineingießen und bis zum Gelierpunkt kühlen. Die Form drehen, um die Seiten zu überziehen. Das restliche Gelee herausgießen. Für eine gute optische Wirkung sollte die gesamte Form mit einer gleichmäßigen Aspikschicht von wenigstens 5 mm Stärke überzogen sein. Die Form auf Eis setzen, bis der Aspik fest geworden ist.

2 *Links:* Auf den gelierten Aspik sorgfältig geschnittene Zutaten legen und diese mit einer zweiten Schicht Aspik bedecken. An einem kühlen Platz fest werden lassen.

3 Wenn der Aspik fest geworden ist, eine Lage Füllmasse (hier eine Schinken-Mousse) spiralförmig in die Form spritzen oder gleichmäßig verstreichen.

4 Mit einer Schöpfkelle kalten Aspik an den Seiten der Form einfüllen, um Zwischenräume auszufüllen. Zum Gelieren wieder kalt stellen.

5 Die Arbeitsschritte 3 und 4 wiederholen, bis die Form gefüllt ist; die Schinken-Mousse vollständig mit Aspik bedecken. Die Form für 2 Stunden – oder bis der Aspik fest ist – kalt stellen.

6 Die Form in den Händen drehen, damit der Aspik durch die Körperwärme etwas weich wird. Den Inhalt behutsam am Rand mit den Fingerspitzen von der Form lösen. Einen Teller auf die Form legen, beides zusammen umdrehen und den Aspik mit einer kräftigen Seitwärtsbewegung aus der Form stürzen.

UNGEKLÄRTER ASPIK

Es werden durchaus nicht alle Aspikgerichte mit geklärtem Gelee zubereitet. Viele ländlich rustikale Speisen bereitet man mit gelatinereichem Fleisch zu, etwa Rinderhesse, Schweins- oder Kalbskopf, und fügt häufig auch einen Schweins- oder Kalbsfuß sowie ein Stück Schwarte hinzu. Nach dem Garen wird die Flüssigkeit einfach eingekocht, bis sie zu einem festen Gelee erstarrt, und mit dem gehackten oder zerpflückten Fleisch vermischt. Ein typisches Beispiel ist Schweinskopfsülze (franz. *fromage de tête*). Anspruchsvollere Gerichte entstehen, wenn man Fleisch und Flüssigkeit lagenweise einfüllt, wie bei *bœuf à la mode en gelée,* für das geschmortes Rindfleisch in Scheiben geschnitten und mit Möhren, Zwiebeln, grünen Bohnen und Garflüssigkeit in eine Form geschichtet wird.

Der Begriff Aspik bezieht sich mitunter auch auf Salate, die mit Gelatine in Förmchen gefüllt werden und mit oder ohne Fond zubereitet sein können. In den Vereinigten Staaten sind solche Salate als Vorspeise oder leichte Hauptmahlzeit beliebt. Es gibt viele verschiedene Zusammenstellungen – von grünen Trauben mit frischer Minze bis zu deftigen Mischungen aus Tomaten, Knoblauch und Wein. Aspiksalate werden häufig in dekorative Formen gefüllt und mit Brunnenkresse oder gegartem Gemüse garniert.

Galantine und Ballotine

Galantines und *ballotines* sind Rollpasteten, die man aus entbeintem und gefülltem Geflügel oder Fleisch zubereitet, wobei das Fleisch samt Haut eine Hülle um exquisite Farcen bildet. Eine Galantine wird aufgerollt (damit sie sich mühelos in Scheiben schneiden läßt), dann in ein Tuch gewickelt und in Brühe pochiert. Man serviert sie immer kalt, häufig auch mit Aspik überzogen. Hühner- und Puten-Galantinen haben oft eine Kalbfleisch- oder Schinkenfüllung, während Schweinefleischfüllungen eher für gehaltvolleres Fleisch verwendet werden.

Eine *ballotine* kann aufgerollt oder wie ein Kissen (franz. *ballot* bedeutet Ballen) geformt werden; sie wird in Fond pochiert oder geschmort und heiß in einer Sauce serviert, die aus der Garflüssigkeit zubereitet wird, oder kalt in Aspik gereicht. Einzelne kleine *ballotines* kann man aus entbeinten Geflügelkeulen zubereiten.

ZUR INFORMATION

Portionen *Vorspeise* 60–120 g. *Hauptgericht* 175–250 g.

Garzeiten Pochieren: 20 Minuten pro 500 g; schmoren im Backofen: 30 Minuten pro 500 g bei 175 °C/Gas Stufe 2–3.

Richtiger Gargrad Ein in der Mitte hineingestochener Spieß fühlt sich nach 30 Sekunden heiß an; das Fleischthermometer zeigt 75 °C Innentemperatur an.

Bemerkung Platzen bei zu raschem Garen; trocken, wenn zu lange gegart.

Aufbewahrung Im Kühlschrank 3 Tage.

Typische Gerichte *Galantines* Ente mit Aprikosen (Belgien); Fisch und Spargel (Frankreich); Thunfischrolle (Spanien); Pute mit Sherry und Trüffeln (Spanien); Kapaun und Champignons (Frankreich); Fasan oder Taube (Frankreich); Schweinefleisch (Italien); Schinken und Speck (Großbritannien). *Ballotines* Junge Ente (Frankreich); *à la Régence* (Huhn, gefüllt mit Hühner-Moussee und Artischocken; Frankreich); mit Schweinefleischfüllung (Frankreich); *de dinde Clamart* (Pute, gefüllt mit *mousselines* und garniert mit Erbsen, Artischocken und Pariser Kartoffeln; Frankreich).

Galantine und Ballotine anrichten

In Scheiben geschnitten, weist eine Galantine oder eine kalte *ballotine* ein hübsches Mosaik aus Fleisch und Füllung, Nüssen, Oliven, Schinken- oder Speckstücken und manchmal auch Trüffeln auf. Die Scheiben legt man flach auf eine Servierplatte, so daß sie sich kaum überlappen. Die klassische Dekoration ist ein Aspiküberzug; gelegentlich wird auch ein Teil der Galantine nicht aufgeschnitten und mit Chaudfroid-Sauce (S. 56) überzogen. Garnierungen, wie gefüllte Tomaten, geben zusätzlich Farbe, sind aber nicht obligatorisch, da Rollpasteten an sich schon farbenfroh aussehen.

Wenn eine *ballotine* heiß serviert wird, ist sie im Grunde nichts anderes als ein gefüllter Rollbraten. Üblicherweise wird zusammen mit der *ballotine* eine großzügig bemessene Gemüsegarnitur gegart und die Schmorflüssigkeit als Sauce gereicht.

Puten-Galantine

Bei einer Galantine sollte die Dekoration einfach sein, damit die Musterung der Füllung gut zur Geltung kommt. Ein dünner Aspiküberzug verhindert das Austrocknen und gibt der Galantine einen schönen Glanz.

16–18 Portionen als Vorspeise oder leichtes Hauptgericht

1 Pute (etwa 3 kg)
250 g Kochschinken in dicken Scheiben, in Streifen geschnitten
250 g gegarte Zunge in dicken Scheiben, in Streifen geschnitten
125 ml Sherry
Salz und Pfeffer
250 g Hühnerlebern, einschließlich der Putenleber
1 Kalbs- oder Schweinsfuß, längs halbiert und blanchiert (S. 229)
2 l Kalbs- oder Hühnerfond (S. 44)
2 l Aspik, zubereitet aus der Garflüssigkeit der Pute (S. 253)

Für die Füllung

250 g Schweinefleisch, durch den Fleischwolf gedreht
250 g Kalbfleisch, durch den Fleischwolf gedreht
125 g ungeräucherter fetter Speck, durch den Fleischwolf gedreht
1 Zwiebel, gehackt
15 g Butter
60 g Pistazien, blanchiert
1 TL gemahlener Piment
1 Knoblauchzehe, zerdrückt
125 ml Weißwein
1 Ei, verschlagen

1 Die Pute entbeinen, die Knochen nicht wegwerfen. Die Haut behutsam vom Fleisch ablösen, so daß sie am Stück bleibt (S. 178). Das Brustfleisch in Streifen schneiden und diese mit dem Schinken, der Zunge, der Hälfte des Sherrys, Salz und Pfeffer vermischen. Zum Marinieren 30–60 Minuten stehenlassen.

2 Für die Füllung Das übrige Putenfleisch, das Schweine- und Kalbfleisch sowie den Speck durch die feine Scheibe des Fleischwolfes drehen. Die Zwiebeln in Butter weich dünsten, aber nicht bräunen. Den Sherry von den marinierten Fleischstreifen abgießen. Zwiebeln, Pistazien, Piment, Knoblauch, Weißwein, Ei und abgegossenen Sherry zum durchgedrehten Fleisch geben. Mit Salz und Pfeffer würzen und alles gründlich mit einem Holzlöffel vermengen. Ein kleines Stück Füllmasse sautieren und kosten – die Farce muß kräftig gewürzt sein. Füllmasse und Fleischstreifen wiegen. Fleischstreifen hinzufügen oder wegnehmen, bis Fleisch und Füllung das gleiche Gewicht haben.

3 Die Putenhaut mit der Innenseite nach oben auf einem Brett ausbreiten. Die Haut der Schenkel und Flügel über die Öffnungen legen, damit keine Löcher vorhanden sind. Ein Drittel der Füllmasse auf der Haut zu einem 7,5 cm breiten, 25 cm langen Rechteck formen. Die Hälfte der Fleischstreifen längs darauflegen.

4 Die Hälfte der verbliebenen Füllung auf dem Fleisch verteilen. Die Hühnerlebern und die restlichen Fleischstreifen darauflegen. Das Ganze mit der übrigen Füllmasse bedecken und zu einer Rolle formen. Die Rolle in die Putenhaut wickeln.

5 Die Galantine fest in ein Küchentuch einrollen. **Hinweis** Es ist wichtig, daß das Küchentuch straff gezogen wird, da sich alle Falten auf der Galantine abdrücken. Beide Enden mit Küchengarn zubinden und dabei die Füllung fest zusammenpressen.

6 Die Galantine zusammen mit den Putenknochen, dem Kalbs- oder Schweinsfuß sowie dem verbliebenen Sherry in einen großen Topf geben und mit Kalbs- oder Hühnerfond bedecken. Die Rollpastete 1½–2 Stunden – oder bis sie gar ist – in leicht köchelnder Flüssigkeit pochieren. Die Galantine abkühlen lassen, dann abgießen – die Pochierflüssigkeit auffangen. Da das Küchentuch nun recht locker sitzt, wird das Küchengarn entfernt und die Galantine wieder so fest wie möglich eingewickelt und erneut zugebunden. Ein Brett mit einem Gewicht darauflegen und die Galantine über Nacht im Kühlschrank pressen. Aus der aufgefangenen Pochierflüssigkeit Aspik zubereiten.

7 Die Galantine aus dem Tuch wickeln und in 1 cm dicke Scheiben schneiden. Die Scheiben auf ein Gitter legen, über eine Tropfschale stellen, gründlich vorkühlen und mit dünnen Schichten Aspik überziehen.

8 Die Scheiben auf einer – mit Aspik überzogenen – Servierplatte anrichten und mit Aspik dekorieren. Die Galantine locker mit Klarsichtfolie einschlagen und bis zum Servieren – maximal für 24 Stunden – in den Kühlschrank stellen. Eine Galantine wird kalt serviert.

3

GEMÜSE

Heutzutage spielt Gemüse bei fast jeder Mahlzeit eine wichtige Rolle. Unsere derzeitige Begeisterung für frische und hochwertige landwirtschaftliche Erzeugnisse kam jedoch erst in den fünfziger Jahren auf. Und so hat die Fülle und Vielfalt der auf lokalen Märkten angebotenen Gemüse in den letzten Jahren viele neue Gerichte – entweder als Beilage zu Fleisch und Fisch oder als kompletten Hauptgang – hervorgebracht.

Noch bis vor wenigen Generationen war das Gemüse-Angebot durch die Jahreszeiten streng begrenzt. Die wenigsten konnten sich Frühgemüse leisten oder den Marktpreis für seltene importierte Agrarprodukte zahlen. Das reichhaltige Angebot, aus dem man heute wählen kann, ist das Ergebnis moderner Anbaumethoden, experimenteller Genetik und verbesserter Transportbedingungen. Ständig werden neue Arten und Hybriden selektiert und entwickelt, und der Konsument sieht sich inzwischen einer Fülle von Erzeugnissen gegenüber, deren einheitliche Größe, Farbe und Lagerfähigkeit leider oft auf Kosten des Geschmacks geht – was inzwischen zu erheblicher Unzufriedenheit bei den Verbrauchern geführt hat.

Erntefrische Gemüse kommen ohne viel Würze aus; meist reichen Salz und Pfeffer, ein Spritzer Zitronensaft oder eine Handvoll Kräuter. Manche Gemüse, ob allein oder in Kombination mit anderen Gemüsen – zum Beispiel Zwiebeln und Tomaten – entfalten beim Kochen ihr ganzes Aroma und verleihen bestimmten Gerichten eine ganz besondere geschmackliche Note.

Gemüse sind von Natur aus vitamin- und nährstoffreich, enthalten kaum Fett und kein Cholesterin. Je nach Wetter, Bodenbedingungen und Gemüsesorte ergeben sich jedoch Abweichungen im Nährstoffgehalt und in der Qualität.

Gemüse auswählen

Kühlwagen beliefern die Supermärkte ständig mit frischen landwirtschaftlichen Produkten. Mitten im Winter wird Frischgemüse aus den wärmeren Regionen der südlichen Halbkugel in den hohen Norden verschifft. Dank moderner Konservierungsmethoden und besserer Lagerfähigkeit von leicht verderblichen Gemüsen kann man heute auf ein reichhaltiges Angebot von heimischen wie exotischen Arten zurückgreifen.

Jedes einzelne Gemüse weist bestimmte Qualitätsmerkmale auf, doch im allgemeinen wird Frische von knackig-saftigen Blättern und leuchtenden Farben bestimmt. Gemüse, die nicht mehr ganz frisch sind, erkennt man an braunen Flecken, welken Blättern und schlaffem Fruchtfleisch. Es sollte immer nur einwandfreies Gemüse ohne Druckstellen und Erfrierungen verwendet werden. Je jünger und kleiner das Gemüse, desto zarter und frischer ist es, wenngleich unausgereifte Gemüse oft nicht so saftig sind und leicht bitter schmecken. Auf manchen Märkten werden heute auch »Baby«-Gemüse angeboten: winzige Zucchini, kirschgroße Kürbisgewächse und fingerlange Maiskolben. Bei vielen handelt es sich um zwergwüchsige Sorten, während andere einfach frühzeitig geerntet werden und somit nicht das volle Aroma oder die Saftigkeit der ausgereiften Gemüse besitzen. Kleine Kürbisgewächse sind allerdings ausnahmslos knackig-saftig und aromatischer als ältere Exemplare.

Bestimmte Sorten von Tomaten, Kopfsalat und Gurken werden in Hydrokultur gezogen, einem Anbau ohne Erde, bei dem die Wurzeln in einer Nährlösung stehen. Diese Gemüse sehen zwar hübsch aus, aber geschmacklich können sie es mit den herkömmlich kultivierten Gemüsen nicht aufnehmen.

Gemüse aufbewahren

Wurzelgemüse und frostharte Winterkürbisse halten sich am besten bei einer kühlen Raumtemperatur um 16 °C. Das Kraut der Wurzelgemüse wird abgeschnitten, damit sich die Säfte nicht in den Blättern sammeln. Blattgemüse und weiche Gemüse, wie Gurken, lagert man am besten unten im Kühlschrank im Gemüsefach, locker in Klarsichtfolie oder in ein Tuch gewickelt (luftdichte Verpackung fördert den Bakterienbefall).

Gemüse werden erst kurz vor der Zubereitung gewaschen, da Feuchtigkeit die Fäulnis beschleunigt und die Vitamine auslaugt. Verschiedene Gemüse werden möglichst immer separat gelagert und nicht in der Nähe von Früchten, da diese ein Gas verströmen, das beispielsweise Möhren bitter schmecken läßt. Zwiebeln lassen Kartoffeln schneller faulen und verderben Milchprodukte.

Gemüse schälen

Gemüse, die viel Wasser aufnehmen, zum Beispiel Kartoffeln, werden oft ungeschält gekocht oder gedämpft, damit die unter der Schale befindlichen Vitamine erhalten bleiben. Rote Beten bluten nicht aus, wenn sie mit Schale gekocht werden. Gewachste Gemüse, wie Gurken und Paprikaschoten, sollten vor der Zubereitung stets geschält werden, am besten mit einem kleinen Schälmesser. Paprikaschoten werden in der Regel geflämmt, um ihre Haut zu lösen (S. 281), Tomaten überbrüht und dann abgezogen, Auberginen und Gemüsekürbisse zunächst im Ofen gebacken, damit man das gegarte Fruchtfleisch aus den Schalen heben kann.

Hinweis Viele Pestizide sammeln sich in und unter der Schale der Gemüse und lassen sich nicht ohne weiteres abwaschen. Durch Schälen wird das Vergiftungsrisiko möglichst gering gehalten.

Gemüse von Hand schneiden

Sorgfältig zerkleinertes Gemüse gart nicht nur gleichmäßig, es sieht außerdem hübsch aus. Voraussetzung sind jedoch hochwertige, scharfe Messer. Je nach Sorte ist ein großes oder kleines Hack- oder Wiegemesser zu verwenden. Wichtig ist auch die richtige Handhabung des Messers. Man umfaßt den Messergriff fest mit der einen Hand und hält mit der anderen das Gemüse. Die Fingerspitzen sind dabei nach innen gebogen, und die Knöchel führen das Messer.

Küchengeräte erleichtern die Zerkleinerung ungemein. Am effektivsten und gängigsten sind der manuelle Gemüsehobel (S. 505), der Gemüse perfekt aufschneidet, und die Küchenmaschine, die mangelnde Präzision durch Schnelligkeit und leichte Bedienung ausgleicht. Mit ihrer Vielzahl an Messern und Einsatzscheiben (zum Schneiden, Schnitzeln, Reiben und Raspeln) kann die Küchenmaschine Zucchini raspeln, Zwiebeln hacken oder Karotten mühelos in feine Julienne-Streifen schneiden. Mit einem Schnitzelmesser verwandelt sich das Gemüse jedoch leicht in eine breiige Masse.

Gemüse in Scheiben schneiden

Zuerst wird das Gemüse geschält und geputzt. Damit es fest auf dem Arbeitsbrett aufliegt, schneidet man zunächst der Länge nach an der Unterseite einen dünnen Streifen ab oder halbiert das Gemüse längs, um es dann in gleichmäßige Scheiben zu schneiden. Mit jedem Schnitt bewegt sich die Hand ein Stück zurück und führt so die Messerklinge. Größere, schönere Scheiben entstehen, wenn das Messer diagonal angesetzt wird.

GEMÜSE IN JULIENNE-STREIFEN SCHNEIDEN

Julienne-Streifen – feinstreifig geschnittenes Gemüse in Streichholzgröße – haben eine kurze Garzeit und eignen sich zudem als hübsche Garnierung für viele Gerichte. Farbige Gemüse-Julienne von Möhren, Porree und weißen Rüben werden oft zur Dekoration verwendet.

1 Das Gemüse schälen und durch einen Längsschnitt eine gerade Auflagefläche schaffen.

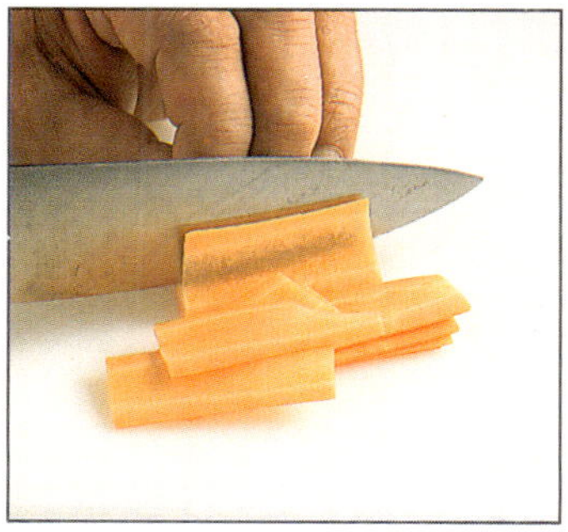

2 Das Gemüse quer in etwa 5 cm lange Stücke, dann längs in dünne Scheiben schneiden.

3 Die Scheiben aufeinanderlegen und der Länge nach in dünne Streifen schneiden. Für sehr dünne Streifen sollte die Messerspitze beim Schneiden nicht gehoben werden.

ZU CHIFFONADE SCHNEIDEN

In Streifen geschnittenes Blattgemüse, wie Kohl, Spinat und Kopfsalat, wird als Chiffonade bezeichnet. Auch großblättrige Kräuter, zum Beispiel Basilikum, werden auf diese Weise in »Lappen« geschnitten.

1 Die Blätter aufeinanderlegen (hier Salatblätter) und eng zusammenrollen.

2 Die aufgerollten Blätter je nach Verwendungszweck in feine oder breitere Streifen schneiden.

GEMÜSE WÜRFELN

Gewürfeltes Gemüse wird als Grundlage für Schmorgerichte *(braise)* und Aufläufe, als würzende Zutat (*mirepoix*, S. 263), roh oder gegart in Gemüsesalaten oder Suppen und als Einlage (*brunoise*, unten) für eine *consommé* verwendet.

1 Das Gemüse putzen und zu einem rechteckigen Block schneiden. Die Abschnitte für Suppen oder Pürees aufbewahren. Das Gemüse längs in dicke oder dünne Scheiben schneiden.

2 Die Scheiben aufeinanderlegen und in Streifen von gleicher Stärke schneiden.

3 Die Streifen aufschichten und quer in gleichmäßige Würfel der gewünschten Größe schneiden.

GEMÜSE ZUSCHNEIDEN

»Geschnitztes« Gemüse ist ein Bestandteil der klassischen französischen Küche. Es hat den Vorteil, daß es gleichmäßig gart und zudem appetitlich aussieht. Die abgeschnittenen Gemüsestückchen werden als Suppeneinlage verwendet.

1 Runde Gemüse (hier weiße Rüben) Das Gemüse je nach Größe vierteln oder achteln. Gegebenenfalls jedes Stück längs halbieren.

2 Längliche Gemüse (hier Zucchini) Das Gemüse in etwa 5 cm große Abschnitte teilen, gegebenenfalls jedes Stück längs halbieren.

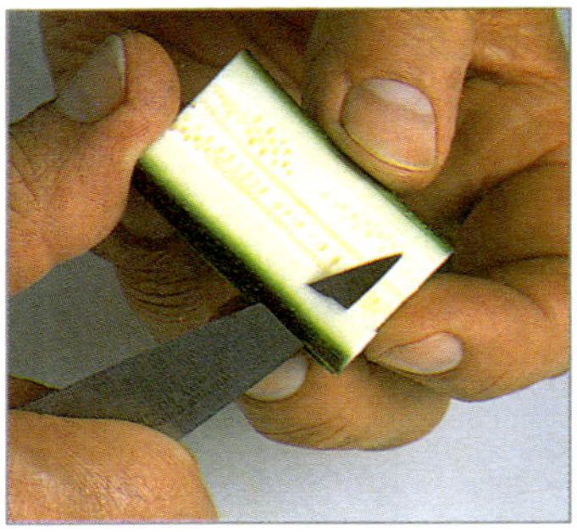

3 Jedes Gemüsestück mit einem kleinen Schälmesser abrunden.

4 Das Messer oben ansetzen und mit einer raschen Bewegung bogenförmig nach unten ziehen. Nach jedem Schnitt das Gemüse leicht drehen.

5 Die fertigen Gemüsestückchen sollten eine einheitliche Größe und Form aufweisen. Als dekorativer Farbtupfer kann etwas Schale stehenbleiben.

GEMÜSE IM ROLLSCHNITT ZERTEILEN

Bei dieser asiatischen Zerkleinerungsmethode – viele Köche im Westen haben sie bereits übernommen – erhält man gleichmäßig geformte Stücke mit größtmöglicher Oberfläche. Längliche Gemüse, wie Möhren und Pastinaken, eignen sich hierfür am besten.

Das geschälte, geputzte Gemüse mit einer Hand festhalten und die Spitze schräg abschneiden. Dann das Gemüse jeweils um eine Vierteldrehung rollen und nach jeder Drehung diagonal schneiden, so daß keilförmige Stücke entstehen.

Gemüse ausstechen

Mit einem Kugelausstecher (S. 505) läßt sich das Fruchtfleisch von Wurzelgemüsen und Kürbisgewächsen in dekorativen Bällchen oder eiförmig ausstechen. Auf diese Weise wird ihre gleichmäßige Garung und Bräunung ermöglicht. Die Größen variieren von erbs- bis walnußgroß, je nach Verwendungszweck.

Gemüse blanchieren und vorkochen

Gemüse werden vor ihrer eigentlichen Zubereitung oft mit siedendem Wasser übergossen oder kurz in siedendes Wasser getaucht. Kohl bekommt durch Blanchieren einen milderen Geschmack. Auch scharfe Zwiebeln und die leicht bitteren Auberginen werden durch Abwällen bekömmlicher. Blanchieren macht Wurzelgemüse weicher, verhindert das Verfärben von blassen Gemüsen, wie Topinambur, stabilisiert die grüne Farbe von Blattgemüsen und erleichtert das Enthäuten von Tomaten.

Das jeweilige Verfahren richtet sich nach der Garmethode der Gemüse. Blattgemüse und Tomaten werden in siedendes Wasser getaucht, Wurzelgemüse hingegen in kaltem Wasser aufgesetzt, wobei die Blanchierzeit genommen wird, sobald das Wasser den Siedepunkt erreicht hat. Verschiedene Gemüse sollten stets getrennt blanchiert werden, wenngleich ähnliche Sorten für ein und dasselbe Gericht gleichzeitig gebrüht werden können.

Zum Blanchieren füllt man einen großen Topf mit Wasser und fügt gegebenenfalls, je nach Rezept, Salz hinzu. Das Blanchiergut wird entweder zusammen mit dem Wasser kalt aufgesetzt oder in bereits kochendes Wasser gegeben, das danach so schnell wie möglich wieder zum Sieden kommen muß. Die Blanchierzeit orientiert sich am Siedepunkt, wobei zarte Blattgemüse, wie Kopfsalat, nur eine Minute, Möhren hingegen bis zu fünf Minuten benötigen.

Beim Vorgaren (oder halbgar Kochen) handelt es sich um den gleichen Vorgang auf lediglich höherer Stufe. Harte Gemüse, wie Sellerie, werden in der Regel vorgekocht, damit man die weitere Zubereitung besser kontrollieren kann. Gemüse, das fritiert werden soll, wird oft vorgekocht, damit es innen gar ist, sobald es außen goldgelb und knusprig wird. Das Blanchieren und Vorkochen kann vor der eigentlichen Zubereitung der Gemüse erfolgen, das Gemüse läßt sich dann bis zu 24 Stunden im Kühlschrank aufbewahren.

ENTWÄSSERN MIT SALZ

Bestimmte Lebensmittel, meist Gemüse, wie Auberginen, Gurken oder Koloquinten (eine Art Bittergurke, S. 288), werden vor der Zubereitung entwässert (franz. *dégorger*), um ihre Bitterstoffe zu absorbieren. Wenn man Gemüsen das Wasser entzieht, werden sie außerdem fester und behalten bei der weiteren Zubereitung besser ihre Form.

1 Das Gemüse mit einem großen scharfen Messer in Scheiben oder Stücke schneiden, auf einem flachen Teller ausbreiten und gleichmäßig mit Salz bestreuen.

2 Nach 15–30 Minuten hat das Gemüse Wasser gezogen. Die Gemüsestücke in ein Sieb geben, gründlich abspülen und trockentupfen.

Das Verfärben von Gemüse verhindern

Gemüse, die sich leicht verfärben, zum Beispiel Sellerie, Schwarzwurzeln und Artischockenböden, werden in einem *blanc* (unten) oder mit einer gesäuerten Flüssigkeit gegart. Das zuvor mit einem Messer aus rostfreiem Stahl zerkleinerte Gemüse sollte bis zur Weiterverarbeitung in gesäuertes Wasser eingelegt werden.

1 Zubereitung eines *blanc* (Mehlsud) Salzwasser in einem Topf zum Kochen bringen. 1 EL Mehl mit 3 EL kaltem Wasser – pro 1 l Salzwasser – zu einer weichen Paste verrühren. Die Paste in das kochende Wasser rühren und pro Liter Wasser den Saft von ½ Zitrone hinzufügen. Das Gemüse hineingeben und garen.

2 Gesäuertes Wasser In 1 l kaltes Wasser den Saft von 2 Zitronen geben. Das garfertige Gemüse bis zur Zubereitung in das Zitronenwasser legen, so daß es bedeckt ist.

Den richtigen Gargrad von Gemüse bestimmen

In manchen Ländern, vor allem in China und in den Vereinigten Staaten, wird Gemüse nur kurz gegart, damit es knackig-frisch und bißfest *(al dente)* bleibt. In Europa bevorzugt man das vollere Aroma weichgegarter Gemüse, das allerdings weniger Textur aufweist. Mit einer Gabel oder der Spitze eines Messers kann man testen, ob das Gemüse zart und weich ist. Blattgemüse wird welk, sobald es gar ist. Im Zweifelsfall sollte man den Gargrad des Gemüses durch Kosten feststellen, da es schnell übergart.

Gemüse kochen

Gekochte Gemüse sind vielseitig verwendbar: ohne weitere Zubereitung, in Butter sautiert oder mit einer Sauce gebunden, als Püree (S. 266) wie auch als warme oder kalte Zutat in einem Salat. Es ist Bestandteil von Crêpes, Pasteten und pikanten Pies, Grundlage vieler Soufflés, Suppen und Stews sowie unerläßliche Zutat von französischen *(pot au feu)* und amerikanischen Gemüse-Eintöpfen. Aus Gemüse lassen sich außerdem köstliche Salate – sei es als Beilage oder als Hauptgericht – zaubern, beispielsweise mit Kartoffeln, grünen Bohnen oder roten Beten, die mit einer Vinaigrette oder Mayonnaise angemacht werden.

Größte Bedeutung kommen Garmethode und Garzeit der Gemüse zu. Blattgemüse werden schnell gar, Wurzelgemüse hingegen müssen langsam vor sich hin köcheln. Die Garzeit wird auf ein Minimum reduziert, wenn man Blattgemüse in reichlich kochendes Salzwasser gibt. Es behält dann weitgehend Farbe, Konsistenz und Geschmack. Blattgemüse sollten stets im offenen Topf gegart werden, damit leichtflüchtige Säuren entweichen können, die im geschlossenen Topf eine Verfärbung der Lebensmittel bewirken würden. Wurzelgemüse haben eine lange Garzeit. Man setzt sie kalt in reichlich Wasser auf und bringt es langsam zum Kochen.

Hinweis Spargel und Artischocken nicht in einem Topf aus Aluminium kochen, da sie sich nicht nur verfärben, sondern auch einen metallischen Geschmack annehmen.

Nichts ist köstlicher als gegartes Frühgemüse, das man kurz vor dem Servieren in etwas Butter schwenkt und mit frisch gehackten Kräutern würzt. Reiferes Gemüse wird mit Knoblauch oder gehackten Nüssen aromatisiert oder mit einer Sahne- oder Käsesauce überzogen und anschließend im Ofen gratiniert (S. 264). Die Briten haben eine Vorliebe für Frühkartoffeln und Erbsen mit Minze, die Italiener sautieren Broccoli und Blumenkohl gern in Olivenöl, Knoblauch und Kräutern mit etwas gehackter Chilischote, während in Deutschland und Nordeuropa braune Specksauce über weißen Rüben, Kartoffeln oder Möhren beliebt ist.

Gemüse abschrecken

Nach dem Kochen wird Blattgemüse meist abgegossen und unter kaltem Wasser abgeschreckt, damit Farbe, Konsistenz und Aroma erhalten bleiben.

Um zarte Gemüse nicht durch den Wasserstrahl zu beschädigen, taucht man sie in eine Schüssel mit kaltem Wasser und siebt sie anschließend ab. Danach kann man sie in Butter oder Öl sautieren oder überbacken. Wurzelgemüse, das nach dem Garen aufbewahrt oder zu kalten Salaten verarbeitet werden soll, kann man ebenfalls mit kaltem Wasser abschrecken.

Gemüse dämpfen

Wenn man Gemüse im Wasserdampf gart, bleiben sie unversehrt und werden dennoch zart. Für diese Garmethode eignen sich fast alle Gemüse. Durch Dämpfen bleiben mehr Nähr- und Geschmacksstoffe im Gemüse erhalten als bei herkömmlichen Kochverfahren. Allerdings wird Dampf so heiß, daß die Gemüse leicht übergart werden. Auch verliert Blattgemüse beim Dämpfen schnell seine Farbe. Gemüse wie Blumenkohl und weiße Rüben sollte man nicht dämpfen, da ihr ausgeprägter Geschmack nur durch Kochen in ausreichendem Maße gemildert wird.

Zum Dämpfen verwendet man am besten einen Siebeinsatz aus Metall oder Bambus oder einen zusammenklappbaren Einsatz (S. 511), der in einen großen Topf gestellt wird. Erst wenn das Wasser sprudelnd kocht, wird das Gargut eingefüllt und der Topf mit dem Deckel verschlossen. Eine dünn ausgelegte Gemüseschicht garantiert ein gleichmäßiges Garen. Der Boden des Dampfeinsatzes sollte sich etwa 2–3 cm über der Wasseroberfläche befinden. Da das Gemüse nicht mit Wasser in Berührung kommt, benötigt es eine längere Garzeit als beim Kochen.

Gemüse sautieren und pfannenbraten

Fast alle Gemüse lassen sich gut sautieren in wenig Fett, entweder ohne weitere Beigaben oder mit aromatisierenden Zutaten, wie gehackten Schalotten, Knoblauch, Speck oder Kräutern. Gewürzt wird mit Salz und Pfeffer, Cayennepfeffer oder anderen Gewürzen, vielleicht auch mit einem Hauch Anchovis. Von einiger Bedeutung beim Sautieren und Braten ist das verwendete Fett: Butter verfeinert viele Gemüse, während Olivenöl Auberginen, Bohnen, Zucchini und Gemüsemischungen mit Tomaten aromatischer macht. In bestimmten Regionen bevorzugt man Schweineschmalz, das sich vor allem für herzhafte Blattgemüse, Kohl und Kartoffeln eignet.

Sautierte oder in der Pfanne gebratene Gemüse sollten außen goldgelb und leicht knusprig, innen jedoch saftig sein. Bei der Zubereitung von Gemüsemischungen müssen Gemüse mit längerer Garzeit, wie Kartoffeln und Wurzelgemüse, vor allen anderen Sorten in die Pfanne gegeben und gebraten werden. Während Gemüse mit wäßrigem Fruchtfleisch relativ wenig Hitze und gerade nur so viel Fett benötigen, daß die Flüssigkeit rasch verdampft, sollten solche mit fester Struktur, zum Beispiel Blumenkohl und Sellerie, vor dem Sautieren vorgegart werden. Auch Reste vom Vortag kann man sautieren, wofür das britische Gericht *bubble and squeak,* gestampfte Kartoffeln und Kohl mit goldbrauner Kruste, ein gelungenes Beispiel ist.

Gemüse dünsten

Gedünstete Gemüse werden im geschlossenen Topf mit wenig Fett im eigenen Saft auf sehr kleiner Flamme gegart, ohne zu bräunen. In der Regel werden sie schwach gesalzen und gepfeffert. Bevor man den Deckel aufsetzt, legt man Pergamentpapier über das Gemüse. Gedünstetes Gemüse nimmt man als Einlage für aromatische Füllungen und für Quiches.

Eine ähnliche Garmethode ist in Schottland als »stoving« oder »anschwitzen« bekannt. Sie eignet sich besonders gut für Frühkartoffeln und gleichmäßig zerkleinerte Topinamburs, die dann leicht angebakken werden und so eine goldbraune Kruste bekommen.

Gemüse pfannenrühren

Werden Gemüse nach dieser traditionellen chinesischen Methode gegart, bleiben sie knackig-frisch und behalten ihre Farbe. Pfannenrühren oder »unter Rühren braten« erfordert Schnelligkeit und volle Aufmerksamkeit. Deshalb sollten alle Zutaten garfertig bereitliegen. Alle Gemüse müssen in gleichmäßige, mundgerechte Stücke geschnitten werden. Bei hoher Temperatur werden sie dann im Wok rasch gegart und dabei ständig bewegt, damit sie nicht anbrennen. Längliche Gemüsesorten werden schräg in Scheiben geschnitten oder im Rollschnitt (S. 260) zerkleinert, kurze, runde Gemüse in dünne Scheiben geschnitten. Durch Rollschnitt haben Gemüsestücke die größtmögliche Oberfläche, was sich beim Pfannenrühren vorteilhaft auswirkt. Besonders geeignet ist diese Zerkleinerungsmethode für Möhren und weißen Rettich, die eine längere Garzeit benötigen.

Zum Pfannenrühren nimmt man am besten ein leichtes Erdnußoder geschmacksneutrales Allzwecköl (wie Sonnenblumenöl) und aromatisiert dann das fertige Gericht mit einigen Tropfen eines geschmacksintensiven Öls, etwa mit Sesamöl. Beim Pfannenrühren wird nur so viel Öl verwendet, daß der Pfannenboden bedeckt ist. Man kann das Öl mit Knoblauch, Chillies, Ingwer oder Frühlingszwiebeln geschmacklich verfeinern und die Aromaten herausnehmen, bevor man die Gemüse hineingibt. Wäßrige Gemüse, wie Zucchini und Spinat, kann man auch ohne Öl garen – dieses Verfahren wird als »Trokkenbraten« bezeichnet. Zu den besten pfannengerührten Gemüsemischungen zählen Kohl mit winzigen Maiskolben und Zuckererbsen *(mangetout)* oder Spargel mit Möhren und Broccoli. Hauchdünn geschnittenes Fleisch oder Schaltiere passen gut dazu. Als flüssige Zutat eignet sich etwas Wein, Sherry oder eine chinesische Sauce aus Soja, schwarzen Bohnen oder Austern, die kurz vor dem Servieren mit Maisstärke angedickt wird.

Pfannengerührtes Gemüse

Fast jedes pfannengerührte knackig-frische Gemüse ist eine exzellente Beilage zu Grilladen. In diesem Rezept werden Broccoli und Blumenkohl verwendet.

4 Portionen

250 g Blumenkohl, in Röschen geteilt
250 g Broccoli, in Röschen geteilt
3–4 EL Erdnußöl
2–3 dünne Scheiben frischer Ingwer
1 Frühlingszwiebel, in dünne Scheiben geschnitten
2 mittelgroße Möhren, diagonal in etwa 3 mm dünne Scheiben geschnitten
Salz und Pfeffer
1 EL Weißweinessig
1 TL Sesamöl

Wok und Metallspatel

1 Die Gemüseröschen in 5 mm dünne Scheiben schneiden. In einem Wok das Erdnußöl erhitzen und den Ingwer 30–60 Sekunden bei starker Hitze unter Rühren braten, bis er gebräunt ist; dann herausnehmen. Zwiebel und Möhren dazugeben und etwa 1 Minute unter Rühren braten. Den Blumenkohl hinzufügen und alles wiederum 1 Minute unter Rühren braten. Zuletzt den Broccoli dazugeben, die Gemüsemischung mit Salz und Pfeffer würzen und das Ganze 1–2 Minuten unter Rühren braten.

2 Den Essig unterrühren, das Gemüse zugedeckt 3–5 Minuten auf kleiner Flamme weitergaren, bis es weich ist. Das Sesamöl darüberträufeln, das Gemüse mit Salz und Pfeffer abschmecken und sofort servieren.

Gemüse fritieren

Kartoffeln (S. 296) sind das wohl beliebteste Fritiergemüse. Wer denkt nicht dabei an die dünnen, knusprigen Pommes frites aus Frankreich, an die amerikanischen Varianten, die genauso knusprig, aber größer sind, und an die britischen *chips*, die stets mit gebratenem Fisch gegessen werden. Jedoch auch viele andere Gemüse sind zum Fritieren bestens geeignet, auch wenn sie nicht ganz so vielseitig sind: Zwiebeln, streichholzgroße Zucchinistifte, Auberginenstreifen, Broccoliröschen, in Scheiben geschnittene Pastinaken und Bataten mit knuspriger Kruste sind eine geschmackliche und appetitanregende Bereicherung für jedes Gericht. Fritierte gemischte Gemüse, *fritto misto* oder *tempura* im Ausbackteig, ergeben eine köstliche Vorspeise.

Gehackte oder pürierte Gemüse können auch als Kroketten fritiert werden. Je zarter das Gemüse, um so stärker muß allerdings das Bindemittel sein. Kartoffelpüree beispielsweise ist gut geeignet, um Möhren, Pilze, Broccoli und Spinat zusammenzuhalten. Überaus beliebt sind aber auch Kroketten aus reinem Kartoffelpüree. Nach Belieben kann man Käse und sogar gehacktes Fleisch oder Huhn dazugeben.

Beim Fritieren (S. 104) kommt es darauf an, daß die Feuchtigkeit im Inneren des Garguts erhalten bleibt und sich außen eine rösche Kruste bildet. Die meisten Gemüse benötigen eine Schutzhülle aus Ausbackteig oder Panade. Ein Fritierteig mit Kräutern oder abgeriebener unbehandelter Zitronenschale paßt vorzüglich zu Pilzen, jungen Artischocken oder Okra. Die Gemüsestücke müssen gänzlich von Ausbackteig oder Panade überzogen sein. Stärkehaltige Wurzel- und Knollengemüse können auch ohne Umhüllung fritiert werden. Gemüse, die sich leicht verfärben, werden mit Zitrone abgerieben, bevor sie paniert oder durch den Ausbackteig gezogen werden. Marinierte Gemüse müssen vor dem Fritieren sorgfältig trockengetupft werden.

Das Gemüse ist gar, wenn es eine goldbraune Farbe angenommen hat und innen zart ist. Es muß sofort serviert werden, weil die Kruste später wieder weich wird. Dazu reicht man Tomatensauce (S. 65), Tatarensauce (S. 63) oder scharf gewürztes Frucht-Chutney.

Gemüse schmoren (braisieren)

Schmoren (franz. *braiser*) ist die ideale Garmethode für geschmacksintensivere Gemüse, wie Fenchel, Kardonen (spanische Artischokken), Kohl und Sellerie, die von einer schwachen, gleichmäßigen Hitze profitieren, weil sich dabei ihre Aromastoffe voll entfalten können. Im Stück oder zerkleinert werden die Gemüse in etwas Butter oder Öl angebraten, meist zusammen mit einem *mirepoix* aus gewürfeltem Gemüse (rechts) oder mit einer Schicht Zwiebel- oder Porreescheiben, die man auf dem Topf- oder Pfannenboden auslegt – weniger klassische Varianten verzichten auf dieses Würzgemüse. Nach dem Anbraten kann etwas Flüssigkeit – Wasser, Brühe, Wein oder auch Tomatensauce – hinzugegeben werden. Gemüse, die beim Garen viel Wasser ziehen, zum Beispiel Chicorée, kommen ganz ohne Flüssigkeit aus. Eine Abdeckung aus Alufolie oder Pergamentpapier sorgt dafür, daß die Flüssigkeit nicht verdampft und das Gemüse seine leuchtende Farbe behält. Läßt man das Gemüse etwa eine halbe Stunde auf dem Herd oder im Ofen leicht köcheln, reduziert sich die Flüssigkeit zu einem sirupähnlichen Fond.

Aromatische Kräuter, Knoblauch oder Speck geben dem Schmorgut eine besondere Note. Ein wenig Zucker mindert den Säuregrad von Tomaten und Artischocken. Die Franzosen bevorzugen einfache Schmorgerichte, wie zum Beispiel geschmorten Kopfsalat in Hühnerbrühe oder geschmorten Kohl mit Äpfeln und Cidre *(à la normande)*. Die Portugiesen mögen ganze Zwiebeln, die sie mit Lorbeerblatt und Petersilie in Rinderbrühe schmoren, während die Italiener gern Artischocken in Wasser, Olivenöl, Knoblauch und Minze braisieren und geschmorten Sellerie mit Saucen auf Tomaten-Basis zubereiten. Geschmortes Gemüse ist eine gute Ergänzung zu fettem Fleisch, Rotkohl paßt vorzüglich zu Wildgerichten, Weißkohl bildet ein Gegengewicht zu ausgeprägtem Wurstgeschmack, während mildere Schmorgemüse, wie Fenchel, Kardonen und Sellerie, mit Huhn und Kalb harmonieren.

GEMÜSE GLACIEREN

Wurzelgemüse mit leicht süßlichem Geschmack, wie Möhren, weiße Rüben und Zwiebeln, bekommen durch Glacieren ein besonders appetitliches Aussehen. Manchmal wird etwas Zucker hinzugefügt. Junge, zarte Gemüse bleiben ganz, größere werden zerkleinert: entweder zugeschnitten oder geformt (S. 260), als Kugeln ausgestochen oder in gleich große Stücke geschnitten. Nach der klassischen Methode wird das Gemüse vollständig in der Flüssigkeit gegart, die – stark reduziert – zum Überglänzen verwendet wird. Es kann aber auch vorher blanchiert, anschließend gegart und dann glaciert werden.

1 Die rohen Gemüse in einen Topf geben. Auf 500 g Gemüse rechnet man 30–45 g Butter und nach Belieben 1 TL Zucker. Salzen, pfeffern und mit so viel Wasser oder leichter Brühe aufgießen, daß die Gemüse gerade bedeckt sind.

2 Zum Kochen bringen und anschließend leicht köcheln lassen, bis die Flüssigkeit fast verdampft ist. Sollten die Gemüse noch nicht gar sein, etwas Wasser hinzufügen und weiterköcheln lassen. Mit dem stark eingekochten Fond die Gemüse durch Schwenken überglänzen. **Hinweis** Die einzelnen Gemüsesorten sollten immer getrennt glaciert und dann erst vermengt werden.

3 Den Topf von der Kochstelle nehmen, das Gemüse abschmecken und gehackte frische Kräuter, wie Petersilie oder Minze, dazugeben. Nach Belieben mit Butter verfeinern.

MIREPOIX UND BATTUTO

Bei vielen Schmorgerichten, Saucen und Eintöpfen wirkt Gemüse geschmacksverstärkend. Das französische *mirepoix* ist eine Gemüsemischung aus jeweils 2 Teilen gewürfelten Möhren und Zwiebeln und 1 Teil Sellerie, manchmal kommt noch etwas in Butter gedünsteter Porree hinzu. Ein *mirepoix* ist wesentlicher Bestandteil von Schmorgerichten sowie dunklen Saucen und intensiviert beispielsweise den Geschmack von Bratensaucen. Es wird zu Beginn des Garvorgangs hinzugefügt, so daß die Gemüse ihr volles Aroma entfalten können. Vor dem Servieren wird das Röstgemüse stets abgesiebt. Die Größe der Gemüsestückchen hängt ab von der Garzeit der Hauptzutaten, für eine *sauce espagnole* (S. 57) etwa nimmt man sehr klein gewürfeltes Gemüse, für Fleischgerichte, die mindestens drei Stunden im Ofen schmoren, größere Gemüsewürfel.

Dem *mirepoix* entspricht in Italien der *battuto* mit ähnlicher Zusammenstellung: Zwiebeln, Möhren und Sellerie, meist aromatisiert mit Petersilie und Knoblauch. Das klassische Rezept sieht außerdem Speck vor, der heute jedoch oft durch Olivenöl ersetzt wird. Wenn ein *battuto* angebraten wird, bevor man die anderen Zutaten hinzufügt, spricht man von einem *soffrito*. *Battuto* wie *soffrito* sind integraler Bestandteil des fertigen Gerichts und werden daher nicht vor dem Servieren abgesiebt.

Gemüse im Backofen garen

Im Ofen gegarte Gemüse gibt es in allerlei Variationen: Man kann sie mit Schale backen, in einer Kasserolle mit oder ohne Sauce aufschichten, mit Fleisch oder anderen Gemüsen füllen und natürlich auch gratinieren, was zu den beliebtesten Garmethoden zählt. Gemüse mit einem hohen Wasseranteil, wie Kartoffeln und Auberginen, eignen sich vorzüglich zum Backen, denn sie behalten trotz der langen Garzeit ihre Form und benötigen keine zusätzliche Flüssigkeit. Gemüse mit geringem Wassergehalt, zum Beispiel Kohl, kann zwar gebacken werden, gart aber schneller und ist weicher, wenn er zuvor blanchiert wird.

Gebackene Kartoffeln mit ihrer knusprigen Schale und dem weichen Innenleben schmecken köstlich mit Butter, saurer Sahne oder Bratensauce. Kartoffeln und ganze ungeschälte Wurzelgemüse werden vor dem Backen eingestochen, damit der Dampf beim Garen entweichen kann. Eine Ausnahme bilden hier rote Beten, die ausbluten würden, wenn man sie vorher einsticht. Andere großfruchtige Gemüse, etwa Winterkürbis, benötigen kaum Vorbereitung, da sie unzerkleinert, halbiert oder in Stücken – mit Butterflöckchen, Kräutern, Semmelbröseln oder braunem Zucker bestreut – gebacken werden können. Zartere kleine Wurzel- und Fruchtgemüse, wie Tomaten, backt man mit oder ohne Haut, lediglich mit etwas Butter sowie einigen Kräutern und Gewürzen.

Fruchtgemüse, wie Auberginen, Tomaten und Paprika, sowie einige Kürbisarten, zum Beispiel Zucchini, werden oft zusammen in einem Topf gebacken. Manchmal kommen noch Kräuter und Knoblauch dazu wie bei der provenzalischen *ratatouille*. Aus Zentralspanien stammt der *pisto manchego*, der Zucchini, grüne Paprikaschoten und Tomaten vereinigt, zuweilen auch noch Speck oder Kartoffeln enthält. Ungeachtet der Herkunft der Rezepte sollte man die Gemüse in gleichmäßige Stücke schneiden und abgedeckt backen, damit die Feuchtigkeit nicht verdampft.

Gebackenes Gemüse ist auch eine beliebte Vorspeise und eine gute Beilage zu Hauptgerichten, kann sogar – durch gehaltvolle, herzhafte Zutaten ergänzt – als eigenständiges Hauptgericht serviert werden. In diese Kategorie gehören die deutschen Gemüse-Aufläufe, die mit Eiern gebunden werden, die französischen *tians* mit Eiern und Käse sowie italienische Pasta, die abwechselnd mit Auberginen und Tomatensauce aufgeschichtet und dann mit Mozzarella und Parmesan überbacken wird. Ebenfalls reicht man häufig Gemüse-Soufflés, sahnige Quiches und pikante Torten mit einer Gemüse-Käse-Füllung als Vor- oder Hauptspeise.

Gemüse gratinieren (überbacken)

Das französische Verb *gratiner* bedeutet, ein fertiges Gericht (mit Käse bestreut) im Backofen überbacken, bis eine braune Kruste entsteht. Gratins sind so beliebt, daß flache Backformen mit einer größtmöglichen Oberfläche für eine optimale Krustenbildung oft als Gratin-Pfannen bezeichnet werden. Typische Gemüse-Gratins werden mit Blumenkohl oder Wurzelgemüsen, wie weißen Rüben oder Möhren, zubereitet. Die gegarten Gemüse überzieht man mit einer Käsesauce oder *sauce béchamel* – auch Tomatensauce ist dazu geeignet – und bestreut sie mit geriebenem Käse, Semmelbröseln oder gehackten Nüssen. Das Gratin kann im Ofen überbacken oder zum Bräunen kurz unter den vorgeheizten Grill geschoben werden, bis sich eine goldbraune Kruste bildet. Soll die Oberschicht glatt und schmelzend bleiben, läßt man den Käse weg.

Auch Gemüse mit langer Garzeit, beispielsweise Kartoffeln und Winterkürbis, eignen sich zum Überbacken. Die Kunst besteht darin, die Gemüse behutsam zu garen, ohne die Oberfläche zu verbrennen. Dazu benötigt man eine tiefere Backform. Das wohl berühmteste Gratin dieser Art ist der *gratin dauphinois* – Kartoffeln, in Sahne mit einem Hauch Knoblauch, mit Käse überbacken.

Hinweis Wurzelgemüse brauchen länger, wenn sie in einer säurehaltigen Sauce, insbesondere auf Tomaten-Basis, gegart werden. In solchen Fällen empfiehlt sich ein Vorgaren.

Gratins – etwa die flämische Chicorée-Spezialität, bei der die Chicorée-Stauden mit Schinken umwickelt, *sauce béchamel* übergossen und Käse bestreut werden – serviert man als Vorspeise wie als Hauptgericht. In einer einfacheren Zubereitung passen sie vorzüglich zu gebratenem oder gegrilltem Fleisch und Geflügel.

Sommerkürbis und Spinat kommen ohne Sauce aus. Diese stark wasserhaltigen Gemüse werden einfach dick mit Semmelbröseln bestreut, auf die man einige Butterflöckchen oder etwas Olivenöl gibt. Beim Überbacken im Ofen bildet sich dann eine goldbraune Kruste.

Gemüse grillen

Gemüse, die unter dem Grill gegart werden, muß man vorher mit Fett bepinseln, damit sie innen saftig bleiben und unter der starken Hitze nicht austrocknen. Dazu verwendet man meist Öl, zu Pilzen paßt jedoch am besten Butter. Gemischte gegrillte Gemüse, mit duftenden Kräutern gewürzt, sind eine köstliche Vorspeise; man reicht dazu eine würzige Tomatensauce oder eine gehaltvolle Nußsauce, wie *taratoor*-Sauce (S. 66). In der Regel serviert man gegrillte Gemüse jedoch als Beilagen zu anderen Gerichten, etwa zu Steaks oder Bratwurst. Vor allem bei Barbecues erfreuen sie sich daher großer Beliebtheit. Zusammen mit Fleisch, Huhn oder *spareribs* werden sie auf dem Rost gegart, und aromatische Hölzer, wie Apfel und Hickory, statt einfacher Holzkohle verleihen dem Grillgut einen intensiveren Geschmack. Würzige Kräuter, etwa Rosmarin und Thymian, verfeinern das Aroma. Zum Grillen bepinselt man die Gemüse mit reichlich Öl, damit sie nicht aneinanderhaften. Aromatisches Oliven- oder Sesamöl sorgt für eine besondere Würze. Man kann die Gemüse auch bereits vor dem Grillen in einer Mischung aus Öl und Zitronensaft oder Sojasauce und scharfen Gewürzen marinieren. Das Grillgut darf der Glut nie zu nahe kommen und muß während des Garens immer wieder mit Öl bepinselt werden.

Großfruchtige Gemüse, wie Auberginen, sollten zum Grillen in gleich große Scheiben geschnitten oder halbiert und eingeschnitten werden. Man legt sie mit der Schnittfläche auf den Rost, grillt sie kurz an, wendet sie dann und stellt den Grill anschließend etwas höher. Der richtige Gargrad ist erreicht, wenn die Gemüse weich sind. Eine saubere, appetitliche Zubereitung ermöglicht das Garen auf Spießen, auf die man Gemüsestücke von gleicher Größe steckt. Sie befeuchten sich gegenseitig, und die Schale erfüllt hier eine Schutzfunktion, weshalb die Gemüse in der Regel nicht geschält werden. Paprikaschoten und Tomaten kann man nach dem Grillen abziehen. Halbierte Tomaten, Paprika, Zwiebeln und Auberginen sind vorzügliche Grillgemüse, die – eingeölt und leicht gewürzt – direkt auf den Grill gelegt werden können. Gemüse mit einer längeren Garzeit, zum Beispiel Kartoffeln, sollten vorher blanchiert werden, damit sie während des Grillens nicht verkohlen oder austrocknen.

Zusätzlichen Schutz vor der starken Hitze bietet Alufolie, obwohl die darin eingewickelten Gemüse eher dämpfen als grillen. In Folie eingewickelte Gemüse können zum Garen auch direkt in die Glut gelegt werden. Maiskolben mit Butter, die amerikanische Sommer-Spezialität, präsentieren sich in eigener Verpackung: Die »Seide« wird entfernt, die Maishülse bleibt als Schutz gegen die Hitze erhalten, außerdem fängt sie Fett und Gewürze auf.

Gemüse farcieren (füllen)

Viele Gemüse, so auch grüne und rote Paprikaschoten, Tomaten und Kürbisgewächse, sind für Füllungen wie geschaffen. Entsprechende Rezepte kennt man daher überall auf der Welt. Doch auch Wurzelgemüse, wie Kartoffeln, Kohlrabi und weiße Rüben, können ausgehöhlt und farciert werden. Feste Kohlblätter sind ideale Umhüllungen für Füllmischungen, auch Artischockenböden und Pilzköpfe werden gern gefüllt. Gefüllte Auberginen oder Zwiebeln sind eine Spezialität des Mittleren Ostens. In der Regel wird die Farce im Gemüse gebacken oder gegrillt, nur junges, zartes Gemüse oder Gemüsepüree wird getrennt gegart und erst kurz vor dem Servieren eingehüllt.

Das ausgeschabte Fruchtfleisch der jeweiligen Gemüse dient oft als Basis für die Füllung, die man mit Zwiebel, Knoblauch, Oliven, Sellerie, Anchovis, Kapern, abgeriebener Zitronenschale oder gehackten Chilischoten aromatisiert und mit einer *béchamel* oder mit Semmelbröseln bindet. Die türkische Spezialität *imam bayildi* – Auberginen mit einer Füllung aus Zwiebeln, Tomaten, Knoblauch und reichlich Olivenöl – ist dafür ein gutes Beispiel.

Gefüllte Gemüse werden gern als Vorspeisen oder Beilagen gereicht. Artischockenherzen mit Erbsenfüllung, Pilze (gefüllte Shiitake, S. 309) oder ausgehöhlte weiße Rüben mit Möhrenpüree sind traditionelle Begleiter von Kalbsbraten.

Gehaltvollere Gerichte werden mit einer Fleisch-Farce zubereitet, zum Beispiel Markkürbis mit Schinken und Semmelbröseln, beliebt besonders in England, oder die in Frankreich und Mitteleuropa weit verbreiteten Kohlgerichte mit Schweinehack. Ein eigenständiges Hauptgericht bilden Paprika oder gebackene Kartoffeln mit einer Fisch- oder Fleisch-Farce in Sauce oder mit einer Gemüsefarce. Italienischer Herkunft ist ein Rezept mit grünen Paprikaschoten, die, gefüllt mit *prosciutto* (Schinken), Parmesan und Reis, in Brühe gegart werden. Amerikanische Köche füllen Eichelkürbisse mit Sahnezwiebeln und einer würzigen Fleisch-Farce.

Zum Backen wird das Gemüse randvoll gefüllt, jedoch nicht zu prall, weil es sonst beim Garen auseinanderbricht. Paprikaschoten dürfen noch bißfest sein, während Auberginen butterweich am besten schmecken. Zu beachten sind die unterschiedlichen Garzeiten von Füllung und Gemüseform. Gegebenenfalls muß die Farce oder das Gemüse vorgegart werden, das gilt besonders für die großen Winterkürbisse.

WEINBLÄTTER FÜLLEN

Frische Blätter müssen vor dem Füllen blanchiert werden. Die gefüllten Blätter werden etwa zwei Stunden in einer Mischung aus Olivenöl, Zitronensaft und Wasser weichgekocht und anschließend abgesiebt.

1 Die Füllung – hier Reis, geröstete Pinienkerne, Zwiebeln, Rosinen – auf ein blanchiertes oder abgespültes Weinblatt setzen.

2 Das Blatt von den Seiten zur Mitte hin über die Füllung falten und zusammenrollen.

Die kleinen Rollen (oben) werden als Vorspeise oder als Beilage zu einem Hauptgericht gereicht.

KOCHEN MIT BLÄTTERN

Weinblätter spielen in den Küchen des östlichen Mittelmeerraums eine besondere Rolle. Die nur in den Sommermonaten dort frisch angebotenen Blätter werden das ganze Jahr über konserviert in Öl oder Lake und vakuumverpackt angeboten. Die meisten Weinblätter kommen aus Griechenland, wenngleich kalifornische angeblich zarter sind. Frische, junge Blätter werden vor der Weiterverarbeitung gewaschen und gedämpft oder blanchiert, eingelegte Blätter gewässert.

Griechische *dolmades* sind Weinblätter mit einer Füllung aus Reis, Dill und Zitrone. Sie werden kalt mit Zitronensaft oder warm mit *avgolemono*-Sauce (S. 55) gereicht. Bei der türkischen Spezialität *dolmas* haben die Weinblätter eine Füllung aus Reis und gehacktem Hammelfleisch, das mit Rosinen und Nüssen gemischt wird. Das libanesische Gericht *mashi* ist mit Minze gewürzt und wird mit einer Joghurtsauce gereicht. In einigen Teilen Frankreichs werden Käsereste gebacken und in Weinblätter gewickelt; man reicht dazu Bauernbrot. Auch kleines Federwild und Fische erhalten eine Hülle aus Weinblättern, damit sie beim Garen saftig bleiben. Die Blätter verwendet man als Untergrund einer Obst- oder Käseplatte, oder man schneidet sie in Streifen und fügt sie Salaten hinzu.

Andere größere Blätter dienen vornehmlich als Umhüllung für Speisen, die auf diese Weise beim Garen saftig bleiben und vor zu großer Hitze geschützt sind; die Blätter werden in der Regel nicht mitgegessen. In Lateinamerika und Südostasien sind Bananenblätter eine beliebte Hülle für Fisch und Huhn, aber auch Beilage zu süß-sauren Fleischgerichten. Als klassische Verpackung für den französischen Frischkäse Banon werden Kastanienblätter benutzt, wenngleich man heute schon oft Papier in Blattform zum Einwickeln verwendet. In China dienen Lotosblätter als bevorzugte Hülle.

In Lateinamerika nimmt man die papierartigen Hüllblätter des Mais zum Einwickeln. Die getrockneten hellbraunen Blätter müssen ein bis zwei Stunden in heißem Wasser weichen, bevor man die Speisen zum Dämpfen oder Grillen darin einwickeln kann. Die typisch mexikanischen *tamales* werden mit einer Mischung aus *masa harina* (S. 343) und Fleisch, Geflügel oder Käse gefüllt und mit Chillies gewürzt.

Gemüse pürieren

Die äußerst vielseitigen Gemüsepürees sind Grundlage von Gemüsepasteten in der Form, Mousses, Terrinen und Soufflés, von Saucen und Suppen und sogar von Süßspeisen, etwa amerikanischem Kürbis- oder deutschem Möhrenkuchen. Sie sind auch eine dekorative Beilage, besonders wenn verschiedene Pürees in unterschiedlichen Farben zusammen auf einer Servierplatte angerichtet werden. Sie dienen als Unterlage für Hauptgerichte, wie Fisch, in Scheiben geschnittenes Fleisch oder pochierte Eier, und werden als Füllung für Pasteten oder andere Gemüse verwendet.

Gemüsepürees erfreuen sich in jüngster Zeit wieder großer Beliebtheit. Das ist nicht zuletzt auf den zunehmenden Gebrauch von Küchenmaschinen zurückzuführen die das mühsame und zeitaufwendige Pürieren von Hand abgelöst haben. Die meisten Pürees werden aus gekochten, gedämpften oder gebackenen Gemüsen zubereitet, die man nach dem Garen zu einem feinen Brei zerdrückt, zerstampft oder durch ein Sieb streicht und anschließend mit Butter und Sahne verfeinert. Es empfiehlt sich, die Gemüse etwas länger als gewöhnlich zu garen, damit sie auch wirklich weich sind, wenn man sie zu Püree verarbeitet. Gemüse, die viel Feuchtigkeit aufsaugen, wie Auberginen, werden am besten gebacken, weil das Püree sonst zu wäßrig gerät. Um die Farbe heller Gemüse zu erhalten, läßt man sie in Milch oder einem Mehl-Zitronen-*blanc* (S. 261) bei niedriger Hitze köcheln. Als Beilage sollte ein Gemüsepüree die Konsistenz von weicher Eiscreme haben und leicht vom Löffel fallen. Gemüse mit einem geringen Stärkeanteil, etwa grüne Bohnen oder weiße Rüben, werden mit Kartoffeln, getrockneten Bohnen oder Reis gemischt, damit sie einen weichen, doch festen Brei ergeben.

Die Funktion eines Bindemittels erfüllt auch steifgeschlagenes Eiweiß, das unter das heiße Püree gehoben wird, wobei der Eischnee das Püree außerdem locker macht. So entsteht eine heiße Gemüse-Mousse, die auch noch geschlagene Sahne enthalten kann; die Sahne sollte erst ganz zum Schluß untergezogen werden. Diese Zubereitungsvariante eignet sich besonders gut für Tomaten-, Salat- oder Spinatpürees.

Ein Püree oder eine Mousse verlangen reichlich Würze: Salz und Pfeffer, eventuell frische Kräuter, Gewürze oder eine Prise Cayennepfeffer. Das klassische Gewürz für Spinat und Blumenkohl ist Muskat, zu Möhren und Bataten paßt Zimt, zu Erbsen Minze und zu roten Beten Piment. Gern verwendet wird auch Zitronen- oder Orangensaft oder ein wenig Likör. Für Fenchel wählt man einen Likör mit Anisgeschmack. Auch Früchte können mitgekocht und püriert werden, so paßt Apfel zum Beispiel ausgezeichnet zu Kohl.

Sahne mildert den Geschmack und macht das Püree weicher, säurehaltigen Gemüsen, wie Sauerampfer, nimmt sie die Schärfe. Frische Butter, zerlassen unter das Püree gerührt, verleiht ihm ein unnachahmliches Aroma. Butter und Sahne werden immer erst kurz vor dem Servieren dazugegeben, da Pürees schnell an Geschmack verlieren.

Zum Pürieren von Suppen und Saucen entfernt man die festen Bestandteile aus der Flüssigkeit, siebt sie ab und püriert sie getrennt. Anschließend wird das Püree mit der Flüssigkeit entsprechend verdünnt.

Hinweis Pürees, die Kartoffeln, Maronen oder getrocknete Bohnen enthalten, werden bereits nach halbstündigem Warmhalten unansehnlich und durch Erwärmen oft pappig. Pürierte Gemüse mit einem geringen Stärkeanteil, etwa Spinat, können im Wasserbad (S. 510) ein bis zwei Stunden warm gehalten werden.

GEMÜSEPÜREE ZUBEREITEN

Das gebräuchlichste Küchengerät zum Pürieren ist die elektrische Küchenmaschine, denn sie zerkleinert die meisten Gemüse zu einem einheitlichen weichen Brei, dessen Konsistenz sich für viele Pürees, Terrinen und Timbalen (Becherpasteten) eignet. Für stärkehaltige Gemüse sollte man die Küchenmaschine jedoch nicht benutzen, da sich beispielsweise Kartoffeln schnell in eine klebrige, breiige Masse verwandeln. Der Mixer empfiehlt sich für Fruchtgemüse, wie Auberginen, da er sehr fein püriert, für festere Gemüse ist er ungeeignet. Keines der beiden Küchengeräte zerkleinert Fasern, deshalb müssen faserige Gemüse nach dem Pürieren noch passiert werden.

Ein **Trommelsieb** empfiehlt sich zum Passieren von faserigen Gemüsen und Gemüse in Schalen, zum Beispiel Sellerie oder (wie hier) Erbsen. Mit einem großen Holzstößel preßt man das weiche Gemüse durch das Maschengeflecht und schabt dann das Püree von der Siebunterseite. Ein Rundsieb mit Holzlöffel ist ebenfalls zum Passieren geeignet.

1 Ein **Passiergerät** ist praktisch bei Wurzelgemüsen und Paprika (wie hier). Durch Drehen der Kurbel wird der Siebinhalt durch gelochte Metalleinsätze gepreßt.

2 Mit einem **Teigschaber** oder einem Spatel wird das pürierte Gemüse von der Unterseite des Passiergerätes in eine Schüssel geschabt.

3 Eine **Küchenmaschine** zerkleinert Gemüse ohne Stärke-Anteile, zum Beispiel Möhren oder Spinat, zu einem feinen Püree von gleichmäßiger Konsistenz.

4 Ein **Stampfer** zerkleinert stärkehaltige Gemüse, wie Kartoffeln, die kaum faserig sind. Kleine Gemüsemengen werden nach und nach zu Brei zerdrückt.

Warme Gemüse in der Form

Für die Zubereitung in der Form verwendet man meist püriertes Gemüse – entweder von nur einer Gemüsesorte oder in Schichten mit einem anderen Püree, aber auch vermischt mit gewürfelten, geraspelten oder in Scheiben geschnittenen Gemüsen. Meistens wird das Püree mit Eiern oder einer *sauce béchamel,* gelegentlich auch mit Semmelbröseln oder einer *mousseline* aus Fleisch oder Fisch gebunden. Die fertigen Gerichte tragen häufig den Namen der Form, in der diese Pasteten ohne Teighülle gegart werden: Gemüse-Timbalen, die als »Überraschung« oft einen Champignon oder ein Artischockenherz in der Mitte enthalten, werden in Timbalen, kleinen Becherformen (S. 511), Gemüse-Terrinen – die meist aufwendiger sind und erst aufgeschnitten ihre dekorative Farbigkeit offenbaren – in Terrinen, großen Pastetenformen, zubereitet.

Fast alle pürierten Gemüse mit einem ausgeprägten Aroma kann man in der Form zubereiten, etwas schwieriger wird es bei stärkehaltigen Gemüsen, wie Kartoffeln und Bohnen. Grobgehackte Gemüse oder Schinken und Anchovis geben dem Püree mehr Konsistenz und dienen als Geschmacksverstärker. Für geschichtete Terrinen verwendet man Pürees in kontrastierenden Farben, etwa von Spinat, Möhren oder Bataten mit Sellerie oder weißen Rüben. Noch aufwendigere Terrinen werden mit Mischungen unterschiedlicher Konsistenz und einer Auswahl gekochter Gemüse zubereitet. Wer es etwas festlicher liebt, legt die Form mit blanchierten Spinat-, Salat- oder Kohlblättern aus. Die lebhafte Farbkomposition kommt aber nur zur Geltung, wenn die Terrine in Scheiben geschnitten wird. Eine Ausfütterung kann sich unter Umständen als hilfreich beim Stürzen aus der Form erweisen.

In der Form zubereitete Gemüse werden im Wasserbad (*bain-marie,* S. 510) gegart. Größere Terrinen sind etwas problematisch in der Zubereitung, da viele Gemüse beim Garen Flüssigkeit absondern und damit die Formbildung und das spätere Aufschneiden erschweren. Wäßrige Gemüse, wie Zucchini, sollten deshalb vor dem Einfüllen in die Terrine gebacken oder kurz angebraten werden, damit ihr Wassergehalt möglichst gering ist. Warme Gemüse-Terrinen werden nach der gleichen Methode gegart wie Fleisch-Terrinen (S. 241). (Zu Timbalen s. S. 274.)

Ein oder zwei Scheiben einer Gemüse-Terrine oder kleine Timbalen bilden einen gelungenen Auftakt für jedes Menü. Man reicht dazu Tomatensauce (S. 65) oder *beurre blanc* (S. 62). Becherpasteten, jeweils aus Möhren, Pastinaken oder Bataten, sind eine vorzügliche Beilage zu Rind- und Schweinefleisch, delikate Spargel-Timbalen eine gute Ergänzung zu Fisch, Maispasteten schmecken vorzüglich zu Wild, und Spinat-Timbalen (S. 274) passen zu fast allen Gerichten.

Kalte Gemüse in der Form

Die meisten gegarten Gemüse-Terrinen kann man sowohl kalt wie auch heiß servieren, einige werden sogar aus rohem Gemüse, etwa Gurken, zubereitet. Am beliebtesten sind geschichtete kalte Terrinen, die auf Kopfsalat mit Mayonnaise oder einer frischen Tomatensauce angerichtet werden. Eine kalte Gemüse-Mousse oder ein Püree kann man auch mit geschlagener Sahne oder mit Schichten einer *mousseline* aus Fleisch oder Fisch anreichern. In Wasser oder Hühnerfond aufgelöste Gelatine festigt die Mousse und gibt ihr etwas Form. Eine beliebte Variante sind Aspiks, geschichtete Gemüse, die in pikantem oder ungeklärtem Gelee eingelegt sind. Geklärtes, kristallklares Gelee wird als funkelnder Hintergrund für appetitlich angerichtete Speisen oder einfach als dünner Überzug für eine Gemüse-Mousse verwendet.

Wie andere kalte Mousses werden Gemüsemischungen oft in Ring- oder Kastenformen gefüllt, nach dem Erstarren gestürzt und mit hartgekochten Eiern, Tomatenscheiben, Brunnenkresse oder Mayonnaise-Tupfen garniert. Die Mousse-Mischung selbst kann man mit dem Spritzbeutel ebenfalls in Röschen spritzen oder in ausgehöhlte Tomaten, Zucchinihälften oder Gurkenschiffchen füllen.

Kalte Gemüse-Terrine

Fast alle gegarten Gemüse sind für eine Terrine geeignet, vorausgesetzt, sie enthalten nicht zuviel Feuchtigkeit. Die Gemüsestücke sollte man nicht zu dicht auslegen, da die Eiercreme dann nicht in die Zwischenräume dringen kann.

10 – 12 Portionen

500 g Möhren, längs in Scheiben geschnitten
250 g grüne Bohnen
2 rote Paprikaschoten, abgezogen, entkernt und in Streifen geschnitten
500 g Porree (nur die weißen Teile), gehackt
375 g kleine Champignons, in Scheiben geschnitten
30 g Butter
250 g Gruyère, gerieben
750 ml Crème double
9 Eigelb
½ TL frisch geriebene Muskatnuß
Salz und Pfeffer
7 g Gelatine, in kaltem Wasser eingeweicht (S. 431)

Zum Servieren

Frische Tomatensauce (S. 65)

Pastetenform (2,5 l Fassungsvermögen)

1 Den Ofen auf 160 °C/Gas Stufe 1 – 2 vorheizen und ein Wasserbad (S. 510) vorbereiten.

2 Möhren, grüne Bohnen und Paprika getrennt jeweils 3 – 5 Minuten in kochendem Salzwasser garen; absieben und trockentupfen. Dann Porree in Salzwasser 8 – 10 Minuten kochen, absieben und trocknen.

3 Die Champignons in der Butter etwa 2 – 3 Minuten braten, bis sie weich sind und die Flüssigkeit verdampft ist. Mit Salz und Pfeffer abschmecken, abtropfen lassen und auf Küchenkrepp legen.

4 Die Form buttern. Schichtweise Paprika, Lauch, Möhren, Bohnen und Champignons einfüllen. Die einzelnen Schichten mit geriebenem Käse bestreuen.

5 Crème double, Eigelb, Muskat, Salz und Pfeffer in einer Schüssel aufschlagen. Die Gelatine vorsichtig erhitzen, bis sie sich aufgelöst hat, und unter die Eiercreme mischen. Die Mischung über die Gemüse gießen.

6 Die Terrine zugedeckt in das Wasserbad stellen und das Wasser zum Köcheln bringen. In den vorgeheizten Ofen schieben und garen, bis sie sich an den Rändern verfestigt hat, in der Mitte aber noch weich ist. Nach etwa 1¾ – 2 Stunden aus dem Ofen nehmen und abkühlen lassen. 1 Tag, mindestens jedoch 4 Stunden, kühl stellen.

7 Die Terrine auf eine Servierplatte stürzen und in etwa 1,5 cm dicke Scheiben schneiden. Mit frischer Tomatensauce servieren.

KOCHEN MIT BLÜTEN

Viele Blüten sind eßbar und zudem sehr dekorativ. Blüten mit großen Blütenblättern, zum Beispiel Zucchiniblüten, kann man einlegen, delikat mit Fleisch oder Käse füllen oder in einem leichten Ausbackteig fritieren. Das gilt auch für die Blüten der Kapuzinerkresse. Die zarten Blütenblätter von Rosen und Holunder lassen sich in Marmeladen und Gelees verarbeiten, in Zuckersirup eingelegte Rosen- und Veilchenblüten sind eine beliebte Tortendekoration, und stark duftende Blüten, etwa von Lavendel und Orange, sind traditionelle Aromastoffe in der Küche des Mittleren Ostens, während weiße Lilien hauptsächlich in asiatischen Gerichten verwendet werden. Manche Blüten streut man gern über fertige Speisen oder mischt sie unter Frischkäse und grüne Salate. Mit größeren Blüten, wie Lilienblüten, dekoriert man klare Suppen oder Bowlen und garniert damit auch Braten. Bestimmte Aromen passen ausgezeichnet zu Blüten: Meeresgemüse und leichte Geflügelsalate harmonieren gut mit Löwenzahn (S. 272), während Salbei, Kapuzinerkresse und Ringelblume *(Calendula)* zu Käse passen. Schnittlauch und Majoran werden oft über Eierspeisen gestreut.

Hinweis Viele Blüten sind giftig. Man sollte daher nur solche verwenden, von denen man mit Sicherheit weiß, daß sie zum Verzehr geeignet sind.

Zucchiniblüte

Kapuzinerkresse

Weitere Garmethoden für Gemüse

Neben den oben beschriebenen Garmethoden gibt es noch viele andere Arten der Gemüsezubereitung, die später behandelt werden. Gemüse ist Hauptbestandteil unzähliger Suppen, wie in der italienischen *minestrone* oder der spanischen *gazpacho*. Auch raffinierte Saucen basieren auf Gemüse, zum Beispiel *sauce Soubise* (auf Zwiebeln) und Jägersauce (auf Pilzen und Tomaten).

Gemüse spielen außerdem in vielen Eierspeisen eine wichtige Rolle, sei es als Füllungen für Quiches oder in Mischungen für Soufflés und pikante Flans. Hauptsächlich werden dazu Spinat, Zucchini, Pilze und Spargel verwendet. Dünne Omeletts mit gehackten Paprikaschoten, Zucchini, Spinat und Zwiebeln kennt man im südlichen und nördlichen Europa und selbst im Mittleren Osten. Die hauchdünnen feinen Crêpes enthalten einfache Füllungen mit Käse, Porree, Zwiebeln oder Spinat oder aufwendigere Gemüsemischungen, wie *ratatouille* oder Currys.

Beliebte Snacks sind pikante, mit Gemüse gefüllte oder aromatisierte Teigtaschen, zum Beispiel die russischen *pelmeni*, die griechische Spinat-Spezialität *spanokopitas* und die spanischen Kartoffel-*empanadas*. Klöße werden in Mitteleuropa oft aus Kartoffeln zubereitet und manchmal mit Pilzen gefüllt. Gemüsemischungen, mit Knoblauch und Olivenöl aromatisiert, bilden die oberste Schicht italienischer Pasta-Gerichte, während würzig-scharfe asiatische Mischungen häufig zu Nudel- und Reisgerichten gehören.

Gemüse unterstreichen den Geschmack von Schmorgerichten und Eintöpfen mit Fleisch und Geflügel. Knoblauch, Schalotten, Frühlingszwiebeln und Porree sind ebensowenig wegzudenken aus westlichen Küchen wie die gewöhnlichen Haushaltszwiebeln. Möhren und Tomaten sind unerläßliche aromatische Beigaben, Kartoffeln und Wurzelgemüse fungieren als Binde- und Dickungsmittel für sämige Saucen, Paprika- und Chilischoten sind wichtige Würzmittel.

GEMÜSESALATE

Salate können aus einer Vielzahl von rohen Gemüsen zubereitet werden. Zu Rohkostsalaten aus frischen, geputzten Gemüsen der Saison kann man Chilisauce (S. 63) oder *bagna cauda* (S. 101) – eine italienische Dip-Sauce – reichen. Vollreife Tomaten werden mit Olivenöl und Zitronensaft, Sellerie-Julienne mit Senf-Mayonnaise zubereitet. Vielseitiger zu verwenden sind gekochte Gemüse, die mit einer Vinaigrette oder Mayonnaise angemacht werden. Sie sind auch die Basis für herzhafte Salate, wie *salade niçoise* mit Thunfisch und Oliven.

Bei Gemüsesalaten ist die Textur ausschlaggebend. Rohe Gemüse müssen knackig-frisch sein, während man festes, hartes Gemüse vorher blanchiert. Gegartes Gemüse sollte man bißfest kochen, dann abschrecken und gründlich abtropfen lassen. Feste Gemüse wie Zwiebeln, ob roh oder gekocht, profitieren von einem ein- bis zweistündigen Marinieren, liegen sie jedoch länger als zwölf Stunden in der Marinade, verlieren sie an Geschmack und werden sauer. Salat-Dressings und Mayonnaise sollten erst unmittelbar vor dem Servieren mit den Zutaten vermischt werden, mit Ausnahme von Vinaigrette (unten), mit der man warme Gemüse anmacht. Gemüsesalate sollten zugedeckt im Kühlschrank aufbewahrt werden. Da sich die Geschmacksstoffe bei Raumtemperatur jedoch besser entfalten, nimmt man den Salat am besten eine halbe Stunde vor dem Servieren aus dem Kühlschrank.

Vinaigrette-Salat 4 Portionen. 500 g Gemüse (Porree, Spargel, grüne Bohnen, Kartoffeln oder Wurzelgemüse) weich garen. Das Gemüse abtropfen lassen und noch warm mit 125 ml Vinaigrette (S. 64) mischen.

Gemüse-*macédoine* 6 Portionen. 2 mittelgroße Möhren und 1 mittelgroße weiße Rübe in 1 cm große Würfel schneiden. In Salzwasser bei schwacher Hitze 5–7 Minuten garen und dann absieben. 250 g geschälte frische Erbsen 7–12 Minuten in kochendem Salzwasser weich kochen, absieben und abschrecken. 175 g grüne Bohnen in mundgerechte Stücke schneiden und 3–5 Minuten in kochendem Salzwasser garen, ebenfalls absieben und abschrecken. Die Gemüse mit 4 EL Vinaigrette (S. 64) anmachen, 25 ml Mayonnaise (S. 63) dazugeben und mit Salz und Pfeffer abschmecken.

Coleslaw 8 Portionen. 500 g Weißkohl und 3 mittelgroße Möhren raspeln. Mit einer Sauce aus 250 ml Mayonnaise, 1 TL Rotweinessig, 1 TL Dijon-Senf, 1 TL Selleriesamen sowie Salz und Pfeffer anmachen. 1–2 Stunden kalt stellen.

Gemüse anrichten

Gemüse sind aufgrund ihrer ansprechenden Formen und lebhaften Farben ein dekorativer Blickfang. Ein eher unscheinbares Gericht läßt sich optisch aufwerten, indem man es beispielsweise mit glacierten Möhren oder einem Bündel grüner Bohnen – zusammengehalten von einem Streifen Porree – garniert. Besonders bei modernen Tellerdekorationen liegt der Akzent auf der ästhetischen Zusammenstellung verschiedener marktfrischer Gemüse, die sorgfältig in Form geschnitten wurden.

Eine traditionellere Garnitur für größere Platten mit gebratenem Fleisch und Geflügel besteht aus verschiedenen gefüllten Gemüsen. Als Füllungen eignen sich kleinere Gemüsesorten, wie Erbsen, ein Gemüsepüree oder würzige Kräuter mit Zitrone. Wichtig ist ein farblicher Kontrast, der sofort ins Auge fällt. Püriertes Gemüse kann man auch mit dem Spritzbeutel in Rosetten spritzen. Üblicherweise verwendet man dazu vor allem Kartoffelpüree, aber auch pürierte Möhren, Bataten, weiße Rüben und sogar grüne Bohnen lassen sich auf diese Weise dekorativ nutzen.

Bei Gemüsesalaten spielt der optische Eindruck eine noch größere Rolle. Schon der Anblick knackiger Blätter in einem frischen grünen Salat oder die gelungene Farbzusammenstellung eines Salats aus gegarten Gemüsen ist ein Genuß.

SALATGEMÜSE

Kopfsalat, Zichorienarten, Rauke, Feldsalat

Salat wird auf der ganzen Welt schon seit Jahrhunderten angebaut. Auf unseren Märkten sind nur wenige Standardsorten erhältlich, doch in Sämereien ist die Auswahl vielfältiger.

Feldsalat (Rapunzel)

Brunnenkresse

Gartenkresse

Am verbreitetsten ist Kopfsalat, bei dem man vornehmlich zwei Hauptarten unterscheidet: Krachsalat und Butter- oder grünen Salat. Krachsalat, auch Eis- oder Eisbergsalat genannt, ist eine kalifornische Züchtung, die bei uns zunehmend beliebter wird. Seine Blätter sind zu einem festen Kopf zusammengewachsen und relativ geschmacklos, aber sehr knackig und daher besonders geeignet als Belag für Sandwiches und mexikanische *tacos*. Das gelbliche Salatherz schmeckt manchmal etwas bitter. Die festen Blätter sind wie geschaffen als Schalen für Salate oder Saucen und auch als Hüllen für asiatische Gerichte aus dem Wok.

Die Bezeichnung »Buttersalat« umfaßt eine ganze Reihe von Salatpflanzen mit weichen, zarten Blättern von fast butterähnlichem Geschmack. Dieser Salattyp bildet einen kleinen Kopf aus, der zarter und lockerer ist als der von Eisbergsalat. Bei manchen Buttersalaten sind die hellen Herzblätter recht fest und knackig, während die dunkleren Außenblätter mehr Geschmack haben. Wenn sie in Nährlösungen (Hydrokultur) gezogen wurden, werden die Wurzeln in der Regel nicht entfernt. Buttersalate passen gut zu grünen Salaten mit leichtem Bittergeschmack.

Römischer Salat ist eine Variante des Kopfsalates mit spatelförmigen, aufrechten Blättern. Er wird auch als Cos- oder Bindesalat bezeichnet und stammt ursprünglich von der griechischen Insel Kos. Römischer Salat verbindet knackige Frische mit mildem Salatgeschmack. Er paßt gut zu dem intensiven Aroma von Anchovis und Parmesan.

Der Eichblattsalat zählt zu den Pflücksalaten und ist eine relativ neue Züchtung. Er bildet keinen festen Kopf, sondern Büschel, was den Vorteil hat, daß jeweils nur die gewünschte Blattmenge abgeerntet werden kann, ohne die Salatpflanze zu beschädigen. Die Blätter der braunrötlichen Sorten bringen Farbe in gemischte Blattsalate. Eichblattsalat, der auch Garen recht gut verträgt, wird häufig dem Eisbergsalat vorgezogen.

Grüner Salat wird in der Regel nur aus Kopfsalat zubereitet und mit einer einfachen Vinaigrette angemacht. Doch auch als Gemüse ist Kopfsalat sehr geschätzt: feingehackt in Suppen oder gegart mit Erbsen *à la française*. Köstlich schmeckt er, wenn er mit etwas Speck und Zwiebeln angedünstet wird. Mit blanchierten Salatblättern kann man Fisch oder leichte Füllungen umhüllen.

Die Chicorée-Bezeichnungen stiften allerlei Verwirrung. Was die Briten unter Chicorée verstehen, heißt in den Vereinigten Staaten Brüsseler Endivie, während die Salatpflanze, die Briten und Amerikaner als krause Endivie kennen, in Frankreich *chicorée frisée* heißt. Was Franzosen, Italiener und Deutsche Eskariol nennen, wird in den Vereinigten Staaten als glatte Endivie und in Großbritannien als holländische Endivie bezeichnet.

Hinweis Die Zichorie, die als bitterer Zusatz in gemahlenem Kaffee verwendet wird, stammt von der gerösteten Wurzel einer Zichorienart, die nicht als Gemüse verzehrt wird.

Chicorée (franz. *endive belge*) hat einen länglich-ovalen, festen, zartgelben Blattkopf. Die grünen Triebe werden über dem Wurzelhals abgeschnitten und die Wurzeln in spezielle Treibhäuser verpflanzt, wo sie von Tageslicht abgeschirmt werden, um im Dunkeln den neuen blaßgelben Trieb auszubilden. Zum Verkauf werden die Blattsprossen oft in dunkelblaues Papier gewickelt, damit sie sich nicht verfärben und zu bitter werden. Im Rohzustand ist der Chicorée knackig-frisch und schmeckt angenehm bitter. Er wird daher gern für Salate verwendet, deren Zutaten, zum Beispiel Brunnenkresse oder Avocado, geschmacklich stark variieren. Die Blätter werden schräg geschnitten oder zum Dippen einzeln vom Blattkopf gelöst. Gedünsteter Chicorée ist eine köstliche Beilage zu Fleisch und Geflügel und schmeckt vorzüglich als Gratin mit einer Käsesauce. Damit Chicorée genießbar ist, muß man den Kern, der bitterer ist als die übrige Pflanze, keilförmig herausschneiden. Wegen seines charakteristischen, leicht bitteren Geschmacks paßt er ausgezeichnet zu Wildbret.

Andere Zichorienarten bestechen durch ihre farbenfrohen, festen Blätter und eignen sich gut für Salate und Gemüsegerichte. Die reizvollste Salatpflanze aus dieser Familie ist wohl der Frisée (krause Endivie) mit den wie aus zarten Spitzen gewirkten Blättern in Grün, Weiß und Gelb oder Rot (Lollo rosso). Eskariol, der auch als glatte Endivie bezeichnet wird, hat ebenfalls einen weitgeöffneten Kopf, aber nur leicht gekrauste breite, dunkelgrüne Blätter. Er ist sehr bißfest und fällt nicht so rasch zusammen. Frisée und Eskariol werden auf ähnliche Weise zubereitet.

Rotblättrige Chicorée-Sorten, wie der Radicchio mit festem, kleinem Kopf oder länglichen Blättern, werden hauptsächlich in Italien angebaut, erfreuen sich aber mittlerweile auch hierzulande großer Beliebtheit wegen ihrer rot-weiß marmorierten Blätter, die aromatisch bitter schmecken. Sie erinnern an kleine Kohlköpfe und können als dekorative Behältnisse verwendet werden. Da sie auch im gegarten Zustand ihre attraktive Färbung behalten, werden sie gern für Platten mit gegrillten Gemüsen genommen.

Im südlichen Europa, vor allem in Italien, findet man auf Wochenmärkten mindestens ein Dutzend weitere Chicorée-Sorten. Sehr beliebt ist hier der italienische *puntarelle*- oder Spargel-Chicorée mit seinen schmalen, an den Rändern gezackten Blättern und den langen weißen Stielen.

Die Rauke – eine im Mittelmeerraum sehr verbreitete Salatpflanze – ähnelt im Geschmack dem Löwenzahn (S. 272), besitzt aber die Textur von grünem Salat. Die langen, lanzenförmigen Blätter haben einen pikant-würzigen bis bitteren Geschmack, Koriander vergleichbar. Sie schmecken vorzüglich in Mischungen mit anderen Salatgemüsen oder mit einer heißen Specksauce. Püriert mit Parmesan und Pinienkernen, ergeben sie eine ausgezeichnete Sauce, die – wie *pesto* (S. 17) – zu Fleisch, Fisch oder Nudelgerichten gereicht wird.

Feldsalat, auch Ackersalat oder Rapunzel genannt, ist strenggenommen kein Salat, da die Pflanze zu den Baldriangewächsen gehört. Er ist unempfindlich gegen Frost und wird daher vorwiegend als Herbst- und Wintersalat gezogen. Die weichen Blätter mit dem mild-würzigen Geschmack zergehen wie Butter auf der Zunge. Die Pflänzchen werden unzerteilt serviert, angemacht mit einer leichten Vinaigrette. Feldsalat ist ein willkommener Ausgleich für etwas streng schmeckende Salatpflanzen, sein klassischer Begleiter ist rote Bete.

Chicorée

Rauke

ZUR INFORMATION

Saison *Kopfsalat* Frühjahr bis Winter. *Chicorée* Winter bis Sommer. *Zichorienarten* Frühsommer.

Im Handel *Puntarelle* bekommt man in italienischen Läden.

Beim Einkauf beachten Frischer Geruch, knackige grüne Blätter. *Eisbergsalat* Zartgrüne Köpfe, geben auf Druck etwas nach. *Grüner Salat* Zarte Blätter; wohlgeformtes Herz. *Römischer Salat* Dunkelgrüne Blätter in dichten, länglichen Köpfen. *Chicorée* Blaßgelbe, feste Blattköpfe. *Zichorienarten* Schwere Köpfe; blasses Herz. *Radicchio* Wohlgeformtes Herz. *Rauke* Lange Blätter. *Feldsalat* Zarte grüne Blätter.

Vorbereitung Welke, verfärbte Blätter entfernen; gründlich waschen, gegebenenfalls das Wasser mehrmals erneuern; gut abtropfen lassen.

Portionen 500 g rohes Salatgemüse ergeben 4–5 Portionen. Gegart rechnet man 1 große Chicorée-Staude pro Person, roh reicht die halbe Menge.

Nährstoffgehalt pro 100 g (roh). *Alle* Kein Fett, kein Cholesterin. *Kopfsalat (Römischer Salat)* 67 kJ/16 kcal; 2 g Protein; 2 g Kohlenhydrate; 8 mg Natrium. *Chicorée* 71 kJ/17 kcal; 1 g Protein; 3 g Kohlenhydrate; 22 mg Natrium. *Zichorienarten (Eskariol)* 84 kJ/20 kcal; 2 g Protein; 4 g Kohlenhydrate; 14 mg Natrium. *Rauke* 97 kJ/23 kcal; 3 g Protein; 3 g Kohlenhydrate; Spuren von Natrium. *Feldsalat* 181 kJ/43 kcal; 4 g Protein; 7 g Kohlenhydrate; Spuren von Natrium.

Garzeiten *Kopfsalat* Blanchieren: 1–2 Minuten; dünsten, schmoren bei 175 °C: 30–45 Minuten; dämpfen: 4–7 Minuten. *Chicorée* Backen bei 175 °C/Gas Stufe 2–3: 20–30 Minuten; dünsten, schmoren: 15–20 Minuten; grillen: 15–20 Minuten. *Zichorienarten* Blanchieren: 2–3 Minuten; dünsten, schmoren: 30–45 Minuten; dämpfen: 8–10 Minuten. *Radicchio* Blanchieren: 1 Minute; dünsten, schmoren: 30–45 Minuten; grillen: 5–7 Minuten; (gehackt) sautieren, pfannenrühren: 3–5 Minuten; dämpfen: 5–8 Minuten.

Richtiger Gargrad Je nach Garmethode. Bei sautierten und pfannengerührten Gerichten sollten die Blätter noch knackig sein, bei den anderen Garmethoden weich.

Bemerkung *Kopfsalat* Wird braun, wenn er mit reifendem Obst in Berührung kommt. *Chicorée* Welkt schnell, wenn er feucht liegt; wird in Eiswasser wieder fest und knackig. *Rauke, Feldsalat* Gründlich waschen, da sandig.

Aufbewahrung Je zarter die Sorte, desto weniger lagerfähig; lose in ein feuchtes Küchentuch geschlagen, im Kühlschrank; nicht einfrieren. *Eisbergsalat, Chicorée* 1–2 Wochen. *Römischer Salat* 3–5 Tage. *Zichorienarten* 5–7 Tage. *Grüner Salat, Eichblattsalat, Radicchio, Rauke* 2–3 Tage. *Feldsalat* 2 Tage.

Typische Gerichte *Kopfsalat* Geschmort mit Markknochen (Frankreich); *Chicorée Gestoofde andijvie* (mit Sahnesauce; Niederlande); Eintopf mit Lamm (Belgien); *Mornay* (gedünstet in Käsesauce; Frankreich); *à la milanaise* (mit Parmesan, Nußbutter; Frankreich). *Zichorienarten* Eskariol und Reissuppe (Italien); sautierter Radicchio mit Pilzen, Fenchel (Großbritannien); fritierter Radicchio (Italien). *Rauke* Salat mit Hummer (USA). *Feldsalat Salade d'hiver* (mit roten Beten, Walnüssen; Frankreich). – Salatgemüse harmonieren auch mit: Birnen, Zitrusfrüchten, Senf, Ziegenkäse, Huhn, Avocado, Nüssen, Kartoffeln, Walnüssen, Zitrone, roten Beten.

KRESSE

Kresse ist eine beliebte Garnierung für viele kalte und warme Gerichte. Stengel und Blätter gibt man gern an Suppen, Salate und Saucen oder bereitet sie wie Spinat zu. Die pikant-würzig, fast senfähnlich schmeckende Brunnenkresse ist in allen gemäßigten Klimazonen verbreitet. An Flußläufen wächst sie wild, doch wegen der möglichen Verunreinigungen des Wassers greift man besser auf kommerziell gezogene Brunnenkresse zurück, die der wildwachsenden geschmacklich nicht nachsteht. Brunnenkresse ist leicht verderblich und wird schnell gelb. Deshalb sollte sie eisgekühlt aufbewahrt werden. Andere Kresse-Arten, die in der Küche Verwendung finden, sind Winterkresse (Barbarakraut) und Bittere Kresse, winterharte, wildwachsende Pflanzen mit krausen, dunkelgrünen Blättern. Sie können anstelle von Brunnenkresse verwendet werden und vertragen sich gut mit anderen Bitterpflanzen im Salat. Gartenkresse, etwas milder im Geschmack als Brunnenkresse, wird gleichfalls in Salaten und als Garnitur verwendet. Die Anzucht aus Samen gelingt relativ leicht auf feuchtem Löschpapier.

EISBERGSALAT-HERZEN HERAUSLÖSEN

Eisbergsalat läßt sich leichter zerteilen, wenn man vorher das Herz herauslöst.

1 Den Salatkopf festhalten und die Strunkseite kräftig auf der Arbeitsfläche aufschlagen, damit sich das Herz lockert. Das Herz herausdrehen, gegebenenfalls mit einem Messer nachhelfen.

2 Den Salatkopf unter fließendes kaltes Wasser halten, damit sich die Blätter lösen.

GRÜNER SALAT

Das Prinzip der Ausgewogenheit von Farbe, Struktur und Geschmack trifft in der Küche ganz besonders auf grüne Salate zu. Ob ein grüner Salat nur aus Kopfsalat oder aus gemischten Blattsalaten besteht, er sollte stets mit einer passenden Salatsauce angemacht sein; andere Zutaten dürfen nicht zu stark vorschmecken. Jede Salatmischung hat einen speziellen Geschmack und eine eigene Struktur. Für warme Salatsaucen sind feste Blattgemüse, wie Löwenzahn oder Chicorée, besonders geeignet, da sie nicht so schnell zusammenfallen. Kalt angemachte Salate kann man gut mit anderen Gemüsen mischen; Kräuter verleihen ihnen einen würzigen Geschmack.

Bei der Zubereitung von Kopfsalat löst man die großen Blätter vom Strunk oder zerpflückt sie vorsichtig mit der Hand. Mit einem Messer würde man die zarten Blätter zu leicht beschädigen. Anschließend wäscht man die Blätter gründlich in lauwarmem oder kaltem Wasser, trocknet sie in einer Salatschleuder oder tupft sie mit Küchenkrepp trocken. Nasse Blätter verwässern die Salatsauce, und der Salat verliert seine knackige Frische. Saftreiche Gemüse, wie Tomaten oder rote Beten, die ausbluten, werden ganz zum Schluß untergemischt.

Erst durch das Dressing erhält der Salat seine besondere Note. Zu einem grünen Salat paßt am besten eine leichte Vinaigrette (S. 64). Das Grundrezept – ob mit würzigem Senf, gehackten Schalotten oder Frühlingszwiebeln, aromatisiertem Essig oder speziellem Öl – läßt viele Varianten zu. Grüne Salate darf man jedoch erst kurz vor dem Servieren mit der Salatsauce mischen, da die Blätter sonst weich werden und zusammenfallen (besonders dann, wenn die Sauce warm ist).

Wer Knoblauch mag, reibt eine Holzschüssel mit einer aufgeschnittenen Knoblauchzehe aus oder gibt eine zerdrückte Zehe in die Sauce. Die Franzosen präparieren ein Stück Brotkruste mit Knoblauch, »vergraben« es in dem vorbereiteten Salat und nehmen es vor dem Servieren wieder heraus. Grüner Salat wird in Frankreich nach dem Hauptgang gereicht – er soll den Gaumen auf den Käse und das Dessert vorbereiten. In den Vereinigten Staaten sind grüne Salate meist der Auftakt eines Menüs. Man ißt sie außerdem zwischen dem *hors-d'œuvre* und dem Hauptgang. In Großbritannien ist Salat häufig eine Beilage zu kalten Hauptgerichten, in Italien hingegen zu Fisch- und Fleischgerichten. Grüne Salate, die mit anderen Gemüsen oder Meeresfrüchten zubereitet sind, werden meist als Vorspeise serviert.

Der einfache grüne Salat kennt mittlerweile viele neue Varianten: zum Beispiel den amerikanischen Chef-Salat mit feinstreifig geschnittenem Schinken, Truthahn und Käse; Löwenzahnblätter (S. 272) mit warmer Specksauce; getoastete Ziegenkäse-*croûtes* auf krauser Endivie; Salatblätter mit frischer Gänseleber; Kalbsbries oder geräucherte Entenbrust, in dünne Scheiben geschnitten und angemacht mit Walnußöl und Himbeeressig; Rauke mit Birnen und Walnüssen sowie einem Dressing mit Balsamessig.

Warmer Hühnerleber-Salat

Dies ist ein typisches Beispiel für die in den zwanziger und dreißiger Jahren überaus beliebten Salate, die zu Beginn eines Menüs gereicht wurden. Viele dieser Rezepte sind von modernen Küchenchefs wiederentdeckt worden.

4 Portionen

250 g krause Endivie oder Eskariol
250 g Hühnerlebern
Salz und Pfeffer
70 ml Öl
(gegebenenfalls etwas mehr)
125 g durchwachsener Speck, in Streifen geschnitten (S. 249)
4 dicke Scheiben französisches Weißbrot, gewürfelt
3 Schalotten, feingehackt
1 Knoblauchzehe, feingehackt
1 EL Himbeeressig oder anderen Obstessig
1 EL frischer Schnittlauch

1 Die Salatblätter waschen, trockenschleudern und in eine Salatschüssel geben. Die Hühnerlebern enthäuten und in jeweils zwei bis drei Stücke schneiden. Mit Salz und Pfeffer würzen.

2 In einer Pfanne 1 EL Öl erhitzen und die Speckstreifen darin bräunen; zu dem Salat geben. In der Pfanne sollten etwa 60 ml (4 EL) Fett verbleiben, gegebenenfalls etwas Öl hinzufügen. Die Brotwürfel unter Rühren goldbraun rösten und ebenfalls in den Salat geben.

3 Das restliche Öl in die Pfanne gießen und die Leber 2–3 Minuten scharf anbraten, bis sie außen braun, innen aber noch zartrosa ist. Zusammen mit dem Fett an den Salat geben und alles vorsichtig mischen.

4 Schalotten und Knoblauch in der Pfanne 1 Minute glasig dünsten. Mit Essig ablöschen und unter Rühren garen, bis die Flüssigkeit zur Hälfte eingekocht ist. Unter den Salat mischen, damit die Blätter weich werden. Mit Schnittlauch bestreuen und sofort servieren.

BLATTGEMÜSE

Spinat, Wildkohl, Grünkohl, Löwenzahn, Sauerampfer

Die Geschmackspalette der Blattgemüse reicht von der milden Würze der Rote Bete-Blätter bis zur fast zitronenartigen Schärfe des Sauerampfers. Zubereitungsart und Verwendung sind jedoch für die meisten die gleiche. Jung und zart haben viele einen angenehm scharfen Geschmack. Man ißt sie entweder roh oder leicht gegart. Ältere Blätter, besonders das grüne Kraut der Rüben, sind oft hart und wegen ihrer ausgeprägten Schärfe fast ungenießbar.

Den säuerlichen oder bitteren Geschmack kann man durch Blanchieren (S. 260) oder durch Zugabe von Sahne etwas mildern. Die meisten Blattgemüse verlangen reichlich Butter, wenngleich viele Köche statt dessen Schweineschmalz, ausgelassenen Speck oder Olivenöl verwenden. Würzige Gemüse eignen sich für Suppen auf Fond-Basis, Winter-Eintöpfe und – mit Getreide oder Reis vermischt – für pikante Füllungen. Blattgemüse wird immer nach Gewicht bemessen, da es beim Garen mindestens die Hälfte seines Volumens verliert.

Der Spinat mit seinen dunkelgrünen, pfeilförmigen Blättern, ob glatt oder leicht gekraust, ist das am vielseitigsten zu verwendende Blattgemüse. Der im Handel erhältliche Spinat wurde speziell auf Transport- und Lagerfähigkeit hin gezüchtet und ist oft würziger und fester als Spinat aus dem eigenen Garten. Im Zusammenhang mit Spinat wird immer wieder auf den hohen Vitamin- und Eisengehalt verwiesen, doch dieser Ruf ist nur zum Teil gerechtfertigt, da gegarter Spinat nur noch geringe Spuren von Eisen enthält.

Im Gegensatz zu vielen anderen Blattgemüsen wird Spinat roh wie gekocht gleichermaßen gern verzehrt. Das gilt besonders für die USA, wo er als deftiger Salat, oft zusammen mit Blauschimmelkäse oder Speck, angemacht wird. In Europa wird Spinat in der Regel gekocht oder gedämpft. In vielerlei Gerichten deutet die französische Bezeichnung *à la florentine* auf eine Zubereitung mit Spinat hin. Spinat paßt zu deftigen wie zu delikaten Speisen, ebensogut zu Fisch und Fleisch und natürlich zu Eiern. Es gibt in der Tat nur wenige Nahrungsmittel, mit denen er sich nicht verträgt. Gegarter Spinat mit Muskat und Zitrone ergibt eine ausgezeichnete Füllung für Crêpes, Soufflés, Omeletts und Nudelgerichte, besonders in Verbindung mit Weichkäse oder Sahnesaucen.

Spanischer Spinat, der bei uns Melde heißt, ist ein spinatähnliches Gemüse mit grünen, roten oder gelben, leicht gekrausten Blättern, die sich ausgezeichnet als Spinat-Ersatz eignen. Mittlerweile sind auch asiatische Spinatsorten im Handel.

Amerikanischer Wildkohl oder Wilder Strauchkohl gehört zur Kohl-Familie und ist wahrscheinlich einer ihrer ältesten Vertreter. Er hat breite Blätter, bildet kein Herz aus und schmeckt relativ streng. Wildkohlblätter sind vor allem in den Südstaaten der USA sehr beliebt. Dort werden sie in Suppen und Eintöpfen gekocht oder geschmort als Beilage zu gepökeltem Schweinefleisch oder Schinken gereicht. Die dunkelgrünen Blätter sind wesentlich fester als gewöhnliche Kohlblätter und fallen auch bei langen Garzeiten kaum zusammen. Bei Frühkohl handelt es sich um einen jungen Kohl, dessen Blätter wie Blattgemüse zubereitet werden.

Grünkohl ist ebenfalls ein alter Verwandter aus der Familie der Kohlgemüse. Er ist strenger im Geschmack und fester als Wildkohl und benötigt daher eine längere Garzeit. In Schottland wird er gehackt und mit Kartoffeln oder Getreide serviert, während man ihn in weiten Teilen Europas grob vernachlässigt. In den USA ist Grünkohl ein klassischer Begleiter zu herzhaften Südstaaten-Speisen, wie getrockneten Bohnen, Maisbrot und geräuchertem Schinken.

Die Bezeichnung Blattsenf bezieht sich auf eine Reihe unterschiedlicher Blattgemüse, die allesamt einen ausgeprägten, scharfen Geschmack haben. Sie sind größtenteils relativ zart und haben rauhe grüne Blätter und lange Stiele. Als Regel gilt: je größer das Blatt, um so schärfer das Gemüse. Der in Asien, Italien und im Süden der USA beliebte Blattsenf ist in vielen Fällen austauschbar mit Wildkohl. Ältere Blätter gibt man am besten in Eintopf- und Schmorgerichte. Junge, zarte Blätter werden sparsam an Salat gegeben oder gehackt zum Garnieren für Suppen verwendet.

Auch der scharf schmeckende Rübstiel (Stielmus) ist eine Blattsenfart. Im Gegensatz zum Kraut der roten Bete, das oft mitsamt der Knolle angeboten wird, muß Rübstiel geerntet werden, bevor sich die Rübe voll ausgebildet hat. Die Schärfe von Rübstiel kann durch Blanchieren gemildert werden. Er eignet sich besonders für gebackene Gerichte oder Füllungen, wird in manchen Gegenden jedoch gern als Eintopf zubereitet.

Die meisten Gärtner sehen im Löwenzahn nur ein Unkraut, doch die Pflanze wird auch kultiviert oder wildwachsend geerntet. Pflückt man Löwenzahnblätter in der freien Natur, sollten nur die jungen, zarten Triebe vor der ersten Blüte verwendet werden (die leuchtenden gelben Blüten sind übrigens auch zum Verzehr geeignet). Die Pflanze wird im ganzen geerntet, nur die Wurzel schneidet man knapp unter dem Blattansatz ab, so daß die Blätter als »Strauß« stehenbleiben. Am besten schmeckt Löwenzahn, wenn er mit heißen Speckwürfeln angemacht wird und leicht zusammengefallen ist. Man kann die Blätter aber auch roh einem gemischten Salat hinzufügen, der mit einer cremigen Senfsauce angemacht wird.

Sauerampfer ist das Kraut mit dem ausgeprägtesten säuerlichen Geschmack. Hervorgerufen wird er durch den Gehalt an Oxalsäure in den langen, pfeilförmigen Blättern, die an Spinat erinnern. In den USA wird Sauerampfer in kleinen Mengen vornehmlich als Würzkraut für Salate oder andere Gerichte verwendet, in Europa hingegen ist er stärker verbreitet. Er wird gekocht und dient als Basis für Pürees, Suppen, Füllungen und Saucen. Selbst wenn die Blätter ohne Flüssigkeit erhitzt werden, zerfallen sie innerhalb kurzer Zeit zu einem Püree, das mit reichlich Butter oder Sahne ein eigenständiges Gericht ergibt. Sauerampfer läßt sich gut mit Spinat kombinieren.

ZUR INFORMATION

Saison *Spinat* Spätes Frühjahr bis Anfang November. *Rote Bete-Kraut* Sommer. *Wildkohl, Grünkohl* Herbst bis Frühling. *Löwenzahn, Blattsenf, Rübstiel, Frühkohl* Winter bis zeitiges Frühjahr. *Sauerampfer* Frühling bis Sommer.

Im Handel Amerikanischer Wildkohl ist bei uns nicht erhältlich. Blattsenf – ebenfalls selten zu finden – ist durch Rübstiel zu ersetzen.

Beim Einkauf beachten Nur junge Pflanzen mit kleinen, zarten Blättern kaufen, feste, knackig-frische Ware bevorzugen; keine welken, trockenen oder gelblichen Blätter nehmen; holzige Stengel sind ein Zeichen für Alter.

Vorbereitung Gründlich waschen, das Wasser dabei öfter erneuern; gut abtropfen lassen.

Portionen *Spinat, Sauerampfer* 1–1,5 kg Rohware ergibt gegart 500 g/3 Portionen. *Rote Bete-Kraut, Wildkohl, Blattsenf, Rübstiel, Löwenzahn, Frühkohl* 1 kg ergibt gegart 750 g/4 Portionen. *Grünkohl* 750 g ergeben gegart etwa 625 g/4 Portionen.

Nährstoffgehalt pro 100 g (roh). *Alle* Kein Fett, kein Cholesterin. *Spinat* 92 kJ/22 kcal; 3 g Protein; 4 g Kohlenhydrate; 70 mg Natrium. *Rote Bete-Kraut* 80 kJ/19 kcal; 2 g Protein; 4 g Kohlenhydrate; 201 mg Natrium. *Wildkohl* 80 kJ/19 kcal; 2 g Protein; 4 g Kohlenhydrate; 28 mg Natrium. *Grünkohl* 210 kJ/50 kcal; 3 g Protein; 10 g Kohlenhydrate; 43 mg Natrium. *Löwenzahn* 189 kJ/45 kcal; 3 g Protein; 9 g Kohlenhydrate; 76 mg Natrium. *Blattsenf* 109 kJ/26 kcal; 3 g Protein; 5 g Kohlenhydrate; 25 mg Natrium. *Rübstiel* 113 kJ/27 kcal; 2 g Protein; 6 g Kohlenhydrate; 40 mg Natrium. *Sauerampfer* 118 kJ/28 kcal; 2 g Protein; 6 g Kohlenhydrate; 5 mg Natrium.

Garzeiten *Spinat, Sauerampfer, junge oder gehackte Blattgemüse* Je nach Sorte. Backen in Sauce bei 175 °C/Gas Stufe 2–3: 20–30 Minuten; blanchieren: 2–3 Minuten; sautieren, dämpfen: 3–5 Minuten; pfannenrühren: 1–2 Minuten. *Andere Blattgemüse* Blanchieren: 5–8 Minuten; kochen 5–7 Minuten; dünsten, schmoren 30–45 Minuten; sautieren: 5–10 Minuten; dämpfen: 10–12 Minuten.

Richtiger Gargrad Junge Blätter, wenn sie zusammenfallen, harte, sobald sie weich und zart sind.

Bemerkung Sandig, wenn unzureichend gewaschen; Farb- und Geschmacksverlust, wenn nach dem Kochen nicht gründlich abgesiebt oder mit zuviel Flüssigkeit geschmort oder gedünstet; beim Dämpfen kann sich ein bitterer Nachgeschmack entwickeln; breiig und geschmacklos bei Übergaren.

Aufbewahrung Lose eingeschlagen, im Kühlschrank bis zu 5 Tagen; zarte Blätter welken rascher; (blanchiert) tiefgefroren: 6 Monate.

Typische Gerichte *Spinat* Sautiert in Olivenöl mit Pinienkernen (Italien); Suppe (Italien); *à la crème* (mit Sahne; Deutschland, Frankreich); *tian d'épinards* (Gratin mit Käsesauce; Frankreich); *espinacas con anchoas* (sautiert mit Anchovis; Südamerika); Auflauf mit Pilzen (USA); *spinazie* (mit Eiern; Niederlande); Suppe mit Joghurt (Türkei); mit Backpflaumen (Marokko); Törtchen mit Walnüssen (Ägypten). *Rote Bete-Kraut* Gekocht, dann gebuttert (USA). *Wildkohl Pot likker* (mit Schinken; USA); Füllung mit Maisbrot (USA). *Grünkohl* Mit Pinkel (mit geräucherter Grützwurst; Deutschland). *Löwenzahn* Frischer Salat mit Frühlingszwiebeln (USA); *salade de pissenlits aux champignons et à l'œuf poché* (Salat mit Champignons, pochierten Eiern; Frankreich). *Blattsenf* Gekocht mit Schweinshachse (USA); *gumbo* (mit Nelken, Piment, Schinken; USA). *Rübstiel* Gekocht mit Schweinebacke (USA); Eintopf mit Speck (Deutschland). – Blattgemüse harmonieren auch mit: Nüssen, Käse, getrockneten Bohnen, Getreide, Sahne, Schweinefleisch, Schinken, Fisch, Huhn, grünen Salaten, Innereien, Gewürzen, Zitronensaft, Essig.

BLATTRIPPEN ENTFERNEN

Bei vielen Blattgemüsen, vor allem bei Rote Bete-Kraut, Spinat und Grünkohl, sollte man die Blattrippen vor dem Garen entfernen.

Mit einer Hand das Blatt (hier Spinat) in der Mitte zusammenfalten, so daß die Blattrippe außen liegt. Mit der freien Hand die Rippe vom Blatt trennen.

SPINAT KOCHEN

Spinat kann man auf zweierlei Weise vorbereiten: Entweder man blanchiert ihn in kochendem Salzwasser oder setzt ihn mit wenig Wasser auf und läßt ihn zusammenfallen. In beiden Fällen muß man ihn nach dem Garen gut abtropfen lassen und ausdrücken.

1 Spinat blanchieren In einem großen Topf Salzwasser zum Kochen bringen. Den gewaschenen, von groben Rippen befreiten Spinat in kleinen Mengen dazugeben und mit einem Löffel jeweils ganz unter Wasser tauchen. Das Wasser wieder zum Kochen bringen und den Spinat 1–2 Minuten blanchieren, bis die Blätter weich sind.

2 Spinat zusammenfallen lassen Spinatblätter in einen Topf mit wenig Wasser (etwa 1,5 cm Füllhöhe) geben und bedeckt bei starker Hitze garen, bis die Blätter beginnen zusammenzufallen. Umrühren, den Topf wieder verschließen und den Spinat 1–2 Minuten weitergaren, bis er ganz in sich zusammengefallen und weich ist.

3 Spinat ausdrücken Blanchierten oder gegarten Spinat in einem Sieb abtropfen und abkühlen lassen (nicht mit kaltem Wasser abschrecken); dann portionsweise mit den Händen ausdrücken.

SPINAT-TIMBALEN ZUBEREITEN

Ob als Vorspeise oder als Beilage zu gegrilltem Fisch oder gebratenem Fleisch – diese Becherpasteten sind eine farbige Bereicherung für jedes Menü.

10 Portionen

Weiße Buttersauce (S. 62)
1,5 kg frischer Spinat
60 g Butter
250 ml Crème double
4 Eier
2 Eigelb
Salz und Pfeffer
1 Prise frisch geriebene Muskatnuß
1 Prise Cayennepfeffer

10 Timbalen oder Auflaufförmchen (je 75 ml Fassungsvermögen)

1 Die Buttersauce zubereiten und beiseite stellen. Den Ofen auf 190 °C/Gas Stufe 3 vorheizen. Die Förmchen buttern.

2 Den Spinat gründlich waschen und die Rippen herauslösen. Etwa 30 große Blätter in siedendem Salzwasser 30 Sekunden blanchieren. Die Blätter mit einem Schaumlöffel herausnehmen und in Eiswasser abschrekken. Vorsichtig auf Küchenkrepp ausbreiten. Mit den Blättern die Förmchen so auslegen, daß sie am Rand überhängen (links).

3 Den restlichen Spinat garen (S. 273). Zusammen mit eventuell übriggebliebenen blanchierten Blättern in der Küchenmaschine pürieren oder mit einem großen Messer fein hacken. Die Butter in einem Topf zerlassen und den Spinat darin 2–3 Minuten dünsten, bis alle Flüssigkeit verdampft ist. Die Sahne unterrühren und 1 Minute dünsten. Abkühlen lassen.

4 Eier und Eigelb mit dem Spinat vermischen und mit Salz, Pfeffer, Muskat und Cayennepfeffer abschmecken.

5 Die Mischung in die Förmchen füllen und die überhängenden Blätter über die Füllung schlagen. Alle Formen mit einem Stück gebutterter Alufolie bedecken und ins Wasserbad (S. 510) stellen. Das Wasser auf dem Herd zum Kochen bringen, dann den Topf in den vorgeheizten Ofen schieben und die Timbalen etwa 12–15 Minuten garen. Sie sind gar, wenn sich die Oberfläche fest anfühlt und bei der Garprobe keine Füllung mehr an einem vorsichtig jeweils in der Mitte eingestochenen Spieß hängenbleibt.

6 Die Sauce erhitzen. Die Timbalen mit einem Messer vorsichtig vom Rand lösen, auf eine Servierplatte stürzen und mit der Sauce umgeben.

KOHLGEMÜSE

Kohl, Rosenkohl

Der winterharte Kohl ist eine der ältesten Gemüsearten und vielseitig zu verwenden. Er taucht in vielen regionalen Gerichten auf: als deutsches Sauerkraut, in Verbindung mit Corned beef bei den Iren, als Suppentopf *(potée)* in Frankreich und in zahlreichen, auf mannigfaltige Weise zubereiteten europäischen Kohlsuppen. Ein ganzer Kohlkopf, gefüllt mit Hackfleisch, Schinken und Brotkrumen oder Reis, ist ein beliebtes bäuerliches Gericht, während einzelne Kohlblätter gern als Hülle von Füllungen verwendet werden.

Alle Kohlsorten gehören zur Gemüsegattung *Brassica.* Bei manchen bilden die Blätter nur einen lockeren Verbund, bei anderen Arten feste, dichte Köpfe, die rund, abgeflacht, spitz oder oval geformt, glatt oder kraus sind. Die Skala der Farben reicht von Gelblichgrün bis Tiefrot. Beim Zerkleinern mancher Kohlarten wird ein streng riechendes Senföl freigesetzt. Es löst sich beim Garen auf, kann aber auch durch Blanchieren gemildert werden. Kohlgeruch kann bisweilen recht penetrant sein; ein Stück Brot, eine Walnuß oder ein Petersiliensträußchen, ins Kochwasser gegeben, leisten hier Abhilfe. Kohl sollte stets bißfest gekocht werden. Durch Übergaren wird er matschig und nimmt schnell einen unangenehm strengen Geschmack an.

Das am häufigsten angebaute Kohlgemüse in Europa ist Weißkohl. Oft kommt er, von den dunklen, harten Außenblättern befreit, als fester, weißlich-grüner Kopf mit dichtem Herzen auf den Markt. Um den intensiven Kohlgeschmack zu mildern, wird Weißkohl meist vor der weiteren Verarbeitung blanchiert. Mit einem Spritzer Zitronensaft oder Essig im Kochwasser behält er seine blasse Farbe. Seiner Verwendung sind keine Grenzen gesetzt: Roh und gehobelt oder geraspelt nimmt man ihn für Salate, Suppen sowie Eintöpfe und auch zum Sautieren. Der geviertelte Kopf, vom Strunk befreit, kann ebensogut geschmort wie auch gekocht oder gedämpft werden. Ein Großteil wird zu Sauerkraut verarbeitet. Dazu hobelt man den Weißkohl, bestreut ihn lagenweise mit Salz und überläßt ihn im Sauerkrauttopf der Gärung. Das Einsalzen diente ursprünglich der Konservierung. Ob Sauerkraut vor der weiteren Verwendung gewaschen werden sollte, darüber gehen die Meinungen auseinander. Die meisten Köche stimmen jedoch darin überein, daß der Geschmack von Sauerkraut nach langer Garzeit am besten zur Geltung kommt, wie in *choucroute garnie* (mit Schweinefleisch) aus dem Elsaß oder in den zahlreichen deutschen Sauerkrautgerichten.

Rotkohl, der durch seine attraktive Färbung besticht, bildet wie der einfache Weißkohl feste runde bis ovale Köpfe aus, ist aber etwas süßlicher im Geschmack und beansprucht eine längere Garzeit. Aus diesem Grund ist er geradezu prädestiniert für Suppen und Eintöpfe, die lange und langsam kochen müssen. Damit er in Salaten seine Farbe behält, mischt man zwei oder drei Eßlöffel Essig unter den geraspelten Rotkohl oder spült die Kohlblätter vorher mit kochendem Wasser und Essig ab. Aus dem gleichen Grund sollte er stets mit einer säurehaltigen Zutat, etwa mit einem Apfel oder etwas Wein, gekocht werden. Gedünsteter Rotkohl, insbesondere die süß-saure deutsche Variante mit Essig und braunem Zucker, ist eine beliebte Beilage zu Bratwurst, Wild sowie fettem Enten- oder Schweinebraten.

Wirsingkohl hat einen blaßgrünen Kopf mit dunklen, blaugrünen Außenblättern. Da er weniger fest als Weißkohl, jedoch knackig ist und einen feinen Geschmack besitzt, kann man ihn roh essen, dünsten und für Füllungen verwenden. Die Köpfe eignen sich auch als Behältnisse für Party-Dips und Salate und wirken sehr dekorativ. Zunehmend populärer werden bei uns asiatische Kohlarten, wie Chinakohl, ein Kohlgemüse mit geschlossenem, keulenförmigem Kopf, dessen Blätter mit den verdickten Mittelrippen vom Strunk abgebrochen werden. Er hat saftige Blätter und einen milden Senfgeschmack. Äußerlich ähnelt er dem gedrungeneren Nappa-Kohl, der bei uns noch weniger bekannt ist. Alle asiatischen Kohlarten sind vorzüglich geeignet für Suppen, pfannengerührte Gerichte, Pickles und Salate.

Rosenkohl wurde in Belgien gezüchtet und wird deshalb vielerorts nach seiner Herkunft benannt: In Frankreich heißt er *choux de Bruxelles*, in England *Brussels sprouts* und auch bei uns Brüsseler Kohl. Rosenkohl entwickelt seine Blattknospen in Form kleiner, fester Röschen, die Kohlköpfen ähneln. Die Röschen wachsen traubenartig an einem hochragenden, dicken Pflanzenstiel in den Achseln der Stengelblätter. Im Gegensatz zu gewöhnlichem Kohl wird Rosenkohl fast ausschließlich gegart verzehrt, in der Regel gekocht oder gedämpft; man kann die Röschen auch halbieren oder vierteln und anschließend sautieren oder pfannenrühren. Rosenkohl wird »pur« serviert, lediglich mit einem Stich Butter verfeinert oder – wie in Deutschland – in einer braunen Sauce mit Speck oder Zwiebeln. In seiner Heimat Belgien bereitet man Rosenkohl mit geriebenem Käse und Muskat zu, er schmeckt jedoch auch gut in Kombination mit glacierten Maronen.

ZUR INFORMATION

Saison *Kohl* Mehrere Weiß- und Rotkohlsorten das ganze Jahr über. *Wirsingkohl* Vorzugsweise von Herbst bis Frühjahr. *Rosenkohl* Herbst bis Frühjahr.

Beim Einkauf beachten *Kohl* Knackig-frische Blätter; leuchtende Farben; keine braunen oder beschädigten Stellen oder verfärbte Rippen; frischer Blatt- und Rotkohl sollte fest und schwer, nicht aufgeplustert sein; nach langer Lagerung kräuseln sich die Blätter am Strunk. *Rosenkohl* Kleine feste, geschlossene Köpfchen; leuchtend hellgrün; keine welken Blätter; alter, überlagerter Rosenkohl riecht streng.

Vorbereitung *Kohl* Strunk und Außenblätter entfernen; in kaltem Salzwasser waschen. *Rosenkohl* Die äußeren Blätter entfernen und die Strünke etwas zurückschneiden; zur Verkürzung der Garzeit die Röschen kreuzweise einschneiden.

Portionen *Kohl* Je nach Sorte. 1 kg Weißkohl ergibt 6–8 Portionen. *Rosenkohl* 500 g geputzter Rosenkohl ergeben 4–6 Portionen.

Nährstoffgehalt pro 100 g (roh). *Alle* Kein Fett, kein Cholesterin. *Weißkohl* 101 kJ/24 kcal; 1 g Protein; 5 g Kohlenhydrate; 18 mg Natrium. *Rotkohl* 113 kJ/27 kcal; 1 g Protein; 6 g Kohlenhydrate; 11 mg Natrium. *Wirsingkohl* 113 kJ/27 kcal; 2 g Protein; 6 g Kohlenhydrate; 28 mg Natrium. *Chinakohl* 67 kJ/16 kcal; 1 g Protein; 3 g Kohlenhydrate; 9 mg Natrium. *Rosenkohl* 181 kJ/43 kcal; 3 g Protein; 9 g Kohlenhydrate; 25 mg Natrium.

Garzeiten *Kohl, feinstreifig geschnitten, geraspelt* Schmoren, backen, bei 175 °C/Gas Stufe 2–3: 20–40 Minuten; kochen, sautieren, pfannenbraten: 5–7 Minuten; dämpfen: 5–10 Minuten; pfannenrühren: 3–5 Minuten. *Kohl, geviertelt* Schmoren, backen bei 175 °C/Gas Stufe 2–3: 45–60 Minuten; kochen: 10–15 Minuten; dämpfen: 6–9 Minuten. *Kohl, ganzer Kopf, gefüllt* Köcheln: 45–60 Minuten. *Kohlblätter, gefüllt* Köcheln: 25–45 Minuten; dämpfen: 20–40 Minuten. *Rosenkohl* (Blanchiert) schmoren, backen in Sauce bei 175 °C/Gas Stufe 2–3: 30–40 Minuten; kochen: 5–10 Minuten; dämpfen: 10–15 Minuten.

Richtiger Gargrad *Kohl* Bißfest. *Rosenkohl* Weich (Garprobe mit einem Messer).

Bemerkung *Kohl* Durch Erhitzen bekommt Kohl einen strengen und leicht säuerlichen Geschmack. *Rotkohl* Verfärbt sich rasch, deshalb stets mit rostfreiem Messer schneiden. *Chinakohl* ältere Strünke schmecken oft bitter.

Aufbewahrung *Kohl* Feste Köpfe mit enganliegenden Blättern sind besser lagerfähig als blättrige Sorten; im Kühlschrank 5–10 Tage; nicht einfrieren. *Rosenkohl* Im Kühlschrank 3–4 Tage; mit zunehmendem Alter geschmacksintensiver; (blanchiert) tiegefroren: 1 Jahr.

Typische Gerichte *Kohl Ratza* (mit geschmorter Ente; Rumänien); *piroschki s' kapusstoi* (gefüllte Hefeteigpasteten; UdSSR); *coleslaw* (Krautsalat; USA); *stamppot met spek* (gekocht mit Kartoffeln, Speck; Niederlande); Kohlrouladen (mit Hackfleisch gefüllte Weißkohlblätter; Deutschland); *col con tomate* (mit Tomatensauce; Italien); Bayerisches Weißkraut (mit Kümmel, Knödeln; Deutschland); süß-sauer (Deutschland); Eisbein mit Sauerkraut (Deutschland); sautierter Rotkohl mit Zucker, Cidre, Essig, rotem Johannisbeergelee (Niederlande) *chou rouge flamande* (geschmorter Rotkohl mit Äpfeln, Honig, Speck; Belgien); Rotkohl mit Äpfeln (Deutschland). *Rosenkohl Choux de Bruxelles gratinés* (Gratin mit Käse, *béchamel*-Sauce, Semmelbröseln; Frankreich). – Kohlgemüse harmonieren auch mit: Möhren, saurer Sahne, Zwiebeln, Kichererbsen, Lorbeerblatt, Kartoffeln, Speck, Schweinefleisch (Kohl); Wild, Butter, Pfeffer, Kürbisgewächsen, Tomaten, Rindfleisch, Champignons, Knoblauch (Rosenkohl).

Früh-Wirsingkohl

Chinakohl

Nappa-Kohl

Runder Weißkohl

Rotkohl

Wirsingkohl

Rosenkohl

Winter-Weißkohl

KOHL FEINSTREIFIG SCHNEIDEN

Der harte Strunk muß immer entfernt werden, damit die Blätter gleichmäßig garen.

1 Den Kohlkopf halbieren. Am Strunk keilförmig einschneiden und den Strunk entfernen. ODER: Den Kohlkopf vierteln und den Strunk abschneiden.

2 Quer in sehr schmale Streifen schneiden, anschließend alle dikken Rippen aussortieren. Lose Blätter zusammenrollen und zu Chiffonade schneiden (S. 259).

EINEN KOHLKOPF FÜLLEN

Die Blätter von weißen und von nicht zu festen roten Kohlsorten kann man einzeln ablösen, blanchieren und anschließend wieder zusammensetzen, um sie mit Hackfleisch, Kräutern und Gemüse zu füllen. Den gefüllten Kohl läßt man, zusammengehalten durch ein Tuch, leise köcheln, bis die Füllung fest geworden ist.

1 Den geputzten Kohlkopf in einen großen Topf mit siedendem Salzwasser geben. Mit zwei Eßlöffeln die äußeren Blattschichten vorsichtig ablösen, sobald sie weich werden. Die Blätter mit kaltem Wasser abschrecken (S. 261) und die dicken Mittelrippen herausschneiden. Den restlichen Kohl vom Strunk befreien und feinstreifig schneiden, wenn er unter die Füllung gemischt werden soll.

2 Einen Durchschlag mit einem Küchentuch auslegen; dann mit den Kohlblättern so auskleiden, daß die Blätter überlappen.

3 Die Füllung in die Mitte geben und die Blattränder darüberschlagen, so daß die Füllung vollkommen eingeschlossen ist.

4 *Rechts:* Das Tuch fest zubinden. Den Kohl in kochendem Wasser 45–60 Minuten köcheln lassen. Die Füllung ist gar, wenn ein eingestochener Spieß beim Herausziehen heiß ist.

5 Den Kohl abtropfen lassen und das Tuch entfernen. Den Kohl auf eine Servierplatte heben (Strunkseite nach unten), in Scheiben schneiden und servieren.

Rotkohl-Rouladen

Kohlrouladen sind eine vorzügliche Beilage zu Schweinefleisch oder Wild, mit einer Haube aus saurer Sahne und Schnittlauch auch eine köstliche Vorspeise. Ebenfalls als Hülle für Füllungen geeignet sind die kräftigen Blätter von Mangold und Spinat.

Ergibt 12 Rouladen

1 Rotkohl (etwa 1 kg)
125 ml Rotweinessig
Salz und Pfeffer
250 g fetter Speck, in Streifen geschnitten (S. 249)
1 mittelgroße Zwiebel, gehackt
750 g Kochäpfel, geschält, entkernt und gehackt
6 entsteinte Backpflaumen, gehackt
1 Prise gemahlener Zimt
¼ TL gemahlene Nelken
3 EL rotes Johannisbeergelee
30 g frische Brotkrumen
2 Eier, geschlagen
250 ml Kalbsfond (S. 44)

1 Den Kohlkopf in kochendes Salzwasser geben, damit sich die Blätter besser lösen. 2 EL Essig hinzufügen, um ihre Farbe zu erhalten. Den Kohl herausnehmen, abtropfen lassen und 12 Außenblätter ablösen. Den Kohl abkühlen lassen.
2 Den Strunk entfernen, den Kohlkopf vierteln und dann in feine Streifen schneiden. Den verbleibenden Essig – 2 EL zurückbehalten – unterrühren sowie mit Salz und Pfeffer würzen. Den Speck in einer großen Kasserolle auslassen.
3 Die Zwiebel dazugeben und glasig braten. Den feingeschnittenen Kohl, Äpfel, Backpflaumen, Zimt, Nelken und Johannisbeergelee hinzufügen. Den Topf verschließen und alles bei mittlerer Hitze unter gelegentlichem Rühren 35–45 Minuten köcheln lassen, bis der Kohl zart, aber noch bißfest ist.
4 Den Ofen auf 175 °C/Gas Stufe 2–3 vorheizen. Die Kohlmischung mit einem Schaumlöffel aus der Kasserolle nehmen und abkühlen lassen. Mit Brotkrumen und Eiern vermengen und mit Salz und Pfeffer abschmecken.
5 Auf die abgelösten Außenblätter jeweils 2–3 Löffel der Füllung geben. Die Seiten etwas einschlagen und die Blätter aufrollen. Die Rouladen dicht beieinander in eine flache, feuerfeste Form setzen, mit dem Fond und 2 EL Essig begießen; mit Alufolie abdecken.
6 Die Rouladen 25–30 Minuten im Ofen schmoren lassen. Sie sind gar, wenn ein hineingestochener Spieß beim Herausziehen heiß ist. Die Rouladen abtropfen lassen, mit etwas Schmorfond begießen und heiß servieren.

Broccoli und Blumenkohl

Broccoli und Blumenkohl, die beide zur großen Familie der Kohlgemüse gehören, sehen mit ihren fleischig verdickten Blütenständen sehr attraktiv aus. Broccoli stammt aus Italien, wo vornehmlich eine Art mit langen Stielen und dichten kleinen violetten, weißen oder grünen Röschen kultiviert wird. Eine in den USA sehr beliebte Sorte ist der grüne Broccoli (Calabrese), der mit seinem kompakten Blütenkopf dem Blumenkohl gleicht. Chinesischer Broccoli hat einen langen, dünnen Blütenstengel, ovale, blaugrüne Blätter und weiße Blüten. Mit europäischen Arten hat er wenig gemein. In den asiatischen Ländern wird er sehr scharf gewürzt und mit mild schmeckenden Speisen kombiniert, die seinen scharfen Geschmack gut ausgleichen.

Cime di rapa – gelegentlich auch Sprossenbroccoli genannt – sind eine italienische Kohl-Delikatesse, vor allem, wenn man sie mit gutem Olivenöl und etwas Knoblauch sautiert. Die kleinen dünnen Blattbüschel haben einen angenehmen (manchmal auch leicht bitteren) Kohlgeschmack, und selbst die Blattstiele sind eßbar, wenn man sie schält. *Cime di rapa* schmecken bitter, wenn sie überkocht werden; sie sind gar, wenn sie wie Spinat zusammenfallen.

Der im östlichen Mittelmeerraum beheimatete Blumenkohl ist bei uns schon länger verbreitet als der Broccoli. Am bekanntesten und von den Gärtnern hochgeschätzt sind die schneeweißen oder gelben Sorten, es gibt aber auch grüne und violette Varietäten. (Leider verwandeln sich die violetten beim Kochen in grüne Röschen.)

Blumenkohl wird in der Regel in Röschen geteilt, damit sich der harte Strunk besser entfernen läßt. Broccoli wird auf die gleiche Weise vorbereitet, allerdings läßt man seine Stengel, die mitgegessen werden, zu einem großen Teil stehen. Da beide Gemüse leicht übergart werden, sollte man sie nur bißfest kochen oder dämpfen. Rezepte für Blumenkohl und Broccoli sind austauschbar, apart ist auch eine Kombination aus beiden Gemüsen. Blumenkohl und Broccoli werden meist allein serviert, aber auch püriert oder nappiert. Sie sind eine gute Basis für Suppen und Soufflés und eignen sich ausgezeichnet für Gratins, Quiches und andere überbackene Speisen.

ZUR INFORMATION

Saison *Broccoli* Herbst bis Frühjahr. *Cime di rapa* Frühjahr, Sommer. *Blumenkohl* Frühsommer und Spätherbst.

Im Handel *Cime di rapa* ist – unter dieser Bezeichnung – in italienischen Läden erhältlich. Chinesischen Broccoli bekommt man in Asia-Läden; er läßt sich durch gängigen Broccoli ersetzen.

Beim Einkauf beachten Die Größe der Köpfe sagt nichts über die Qualität aus. *Broccoli* Kräftige, feste Stengel, frische Blätter; Sprossen mit gelben Blütenknospen meiden. Fester Strunk, dichter, dunkelgrüner Kopf. *Cime di rapa* Dunkelgrüne Blätter, kräftiger Stengel; welke Blätter oder schlaffe Blattstiele meiden. *Blumenkohl* Frischer Duft, fester Kopf; braune Stellen, lose Röschen oder schlaffe Blätter meiden.

Vorbereitung In warmem Salzwasser waschen.

Portionen *Broccoli, Blumenkohl* 500 g ergeben 3–4 Portionen. *Cime di rapa* 500 g ergeben 4–6 Portionen.

Nährstoffgehalt pro 100 g (roh). *Alle* Kein Fett, kein Cholesterin. *Broccoli* 118 kJ/28 kcal; 3 g Protein; 5 g Kohlenhydrate; 27 mg Natrium. *Blumenkohl* 101 kJ/24 kcal; 2 g Protein; 5 g Kohlenhydrate; 15 mg Natrium.

Garzeiten *Broccoli, Blumenkohl, jeweils Röschen und Stiele* Backen in Sauce bei 175 °C/Gas Stufe 2–3: 30–35 Minuten; blanchieren: 3–5 Minuten; kochen: 7–10 Minuten; (zerteilt) sautieren: 4–5 Minuten; dämpfen: 15–20 Minuten. *Nur Röschen* Blanchieren: 3–5 Minuten; kochen: 5–8 Minuten; fritieren in Ausbackteig: 3–5 Minuten; dämpfen: 5–8 Minuten; pfannenrühren: 5–6 Minuten. *Cime di rapa* Blanchieren: 3–5 Minuten; dünsten: 5–10 Minuten; sautieren: 2–3 Minuten; dämpfen: 4–7 Minuten; schmoren: 10–20 Minuten. *Blumenkohl, ganzer Kopf* Blanchieren: 8–10 Minuten; kochen, dämpfen: 12–20 Minuten.

Richtiger Gargrad *Broccoli, Blumenkohl* Zart, aber noch bißfest (Garprobe mit dem Messer). *Cime di rapa* Wenn die Blätter zusammenfallen.

Bemerkung *Broccoli* Die Röschen garen rascher als die Stiele, deshalb dicke Stiele schälen und feine enthäuten. *Blumenkohl* Zum Kochen oder Dämpfen ein Lorbeerblatt ins Würzwasser geben; das mildert den Kohlgeruch.

Aufbewahrung *Broccoli, Cime di rapa* Lose eingeschlagen, im Kühlschrank 2–5 Tage; (blanchiert) tiefgefroren: 6–12 Monate. *Blumenkohl* Lose eingeschlagen, im Kühlschrank 2–4 Tage; leicht wäßrig, wenn tiefgefroren.

Typische Gerichte *Broccoli Alla romana* (sautiert in Olivenöl, dann gedünstet in Wein; Italien); *à la crème* (mit Sahnesauce; Frankreich); *polonaise* (mit hartgekochten Eiern, brauner Butter; Frankreich); *al burro e formaggio* (mit Butter, Käse; Italien). *Blumenkohl Cavolfiore stracciato* (gekocht, dann gebraten in Olivenöl mit Knoblauch; Italien); *blom kal med agg* (gekocht, mit Eiersauce; Schweden); mit zerlassener Butter, Semmelbröseln (Deutschland); gefüllt mit Hackfleisch (Deutschland); *rakott karfiol* (im Ofen gebacken mit Schinken, saurer Sahne; Ungarn). – Broccoli und Blumenkohl harmonieren auch mit: Muskat, Dill, Oliven, Zitronensaft, Speck, Anchovis, Weißwein (Broccoli); getrockneten Bohnen, Kichererbsen, Nudelgerichten, Schweinefleisch, Wild, Kürbisgewächsen, Huhn *(cime di rapa);* Tomaten, Rindfleisch, Zwiebeln, schwarzer oder brauner Butter (Blumenkohl).

Broccoli

Blumenkohl

BROCCOLI VORBEREITEN

Geschälte Broccolistiele kann man zusammen mit den Röschen für eine Suppe verwenden oder zum Garnieren in Julienne-Streifen schneiden. Durch Schälen und Zerteilen wird ein gleichmäßiges Garen erreicht.

1 Röschen mit Stielen Die Stengel an der Basis einkürzen und alle harten Blätter entfernen.

2 Mit einem Schälmesser die harte Außenhaut vom Stielende bis zu den Röschen abziehen.

3 *Links:* Zerteilen, indem man jeden Stiel zwei- bis dreimal längs durchschneidet.

4 In Röschen teilen Die Stiele auf ein Arbeitsbrett legen und die Röschen an den Verästelungen trennen. Alle überstehenden Stiele wegbrechen.

BLUMENKOHL VORBEREITEN

Blumenkohl läßt sich als ganzer Kopf oder in Röschen geteilt garen, die man dann wieder zusammensetzen kann.

1 Die äußeren Blätter entfernen und den Strunk bis nahe an die Röschen abschneiden.

2 Mit einem Schälmesser das Herz herauslösen.

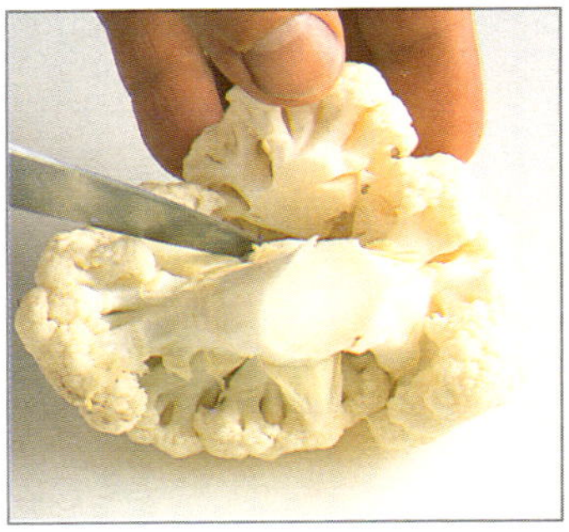

3 In Röschen teilen Den Blumenkohl auseinanderbrechen, die Röschen vom Strunk trennen.

4 Wieder zur Blumenkohlform zusammensetzen Die gegarten Röschen mit den Stielen nach innen in einer gebutterten Schüssel auslegen. Die restlichen Röschen in die Mitte füllen, mit einem Teller leicht andrücken und 5 Minuten warm stellen.

5 *Rechts:* Die Blumenkohlröschen vorsichtig auf eine Servierplatte stürzen.

FRUCHTGEMÜSE

Tomate, Aubergine, Paprika

Botanisch betrachtet zählen Tomaten, Auberginen und Paprika zwar zu den Früchten, in der Küche werden sie jedoch wie Gemüse behandelt. Alle drei Fruchtgemüse werden besonders in mediterranen Gerichten verwendet, denen sie Farbe und Aroma verleihen. Tomate, Aubergine und Paprika weisen ähnliche Kocheigenschaften auf: Alle können Hauptzutat eines Gerichts sein oder ausgeprägtere Aromen, wie Anchovis und Knoblauch, geschmacklich unterstützen. Sie sind zudem ideale Behältnisse für Füllungen jeglicher Art.

Die Tomate ist aus unserer Küche nicht mehr wegzudenken. Noch jahrhundertelang nach ihrer Einführung aus der Neuen Welt galt sie als giftig und war in Europa bis zum 19. Jahrhundert wenig beliebt. Heute gibt es viele Sorten in unterschiedlichen Formen von rund bis länglich, die farblich von Grün oder Gelb bis hin zum vertrauten Rot variieren und größenmäßig von der prallen Fleischtomate bis zur winzigen Kirschtomate reichen.

Die Süße oder Säure einer Tomate hängt vornehmlich von der Sorte ab. Die länglichen Eiertomaten sind besonders fleischig und lassen sich gut zu Suppen und Saucen verarbeiten. Die wohlbekannten runden Tomaten sind relativ saftig, haben eine dickere Haut und lassen sich daher gut in Scheiben schneiden, füllen und garen. In Italien nimmt man für Salate oft ganz feste Tomaten, die noch nicht ausgereift sind und wenig Saft haben. Safttomaten hingegen werden hauptsächlich für die Konservenindustrie angebaut und kommen nur selten in den Handel.

Grüne Tomaten sind keine spezielle Züchtung, sondern unreife rote Tomaten, die gewöhnlich gegen Ende der Saison gepflückt werden. (Sie sind nicht mit Tomatillos, S. 303, zu verwechseln.) Sie schmecken köstlich als Pickles, in einer würzigen Sauce oder – in Scheiben geschnitten – paniert und gebraten. Gelbe Tomaten sind eine Neuzüchtung. Sie werden wegen der Farbe wie auch wegen ihrer Süße und ihres geringen Säuregehalts angebaut. Man verwendet sie gern für Salate oder zum Einmachen.

Reife Tomaten sind druckempfindlich und faulen leicht. Deshalb wird ein Großteil der auf dem Markt erhältlichen Ware im unreifen Zustand – also noch grün und fest – geerntet. Die grünen Tomaten werden zunächst kühl gelagert und können dann in speziellen Wärmekammern nachreifen, bis sie sich rot gefärbt haben. Leider mangelt es ihnen am süß-würzigen Tomatengeschmack, der für die sonnengereiften Früchte an der Staude typisch ist. In Hydrokultur gezogene Tomaten sind zwar wohlgeformt und farbenprächtig, aber meist auch nicht sehr geschmacksintensiv. Der Geschmack der Tomaten ist außerdem von der Garzeit abhängig. Wenn sie frisch zubereitet oder nur leicht gegart werden (S. 65), bleibt ihr delikates Aroma weitgehend erhalten. Backt man sie etwa eine Stunde im Ofen, bis sie zerfallen, sind sie süß und saftig, während sie nach einer Kochzeit von etwa zwei Stunden eine ausgeprägte Würze entwickeln.

Die Aubergine gehört derselben botanischen Familie an wie die Tomate. Sie stammt vermutlich aus Asien und ist mittlerweile im gesamten europäischen Raum und in Nordamerika verbreitet. Die meisten Auberginen haben eine dunkelviolette Schale. Manche erreichen die Größe und Form einer Kantalupe, andere sind kleiner und länglicher. Es gibt auch weiße, grüne, lavendelfarbene und hellbraune Sorten, bisweilen mit dickerer Schale und festerem Fruchtfleisch. Der Reiz der Aubergine liegt in ihrem zart-schmelzenden Fleisch und in der leuchtenden Farbe ihrer Schale, die in der Regel mitgegart wird. Für Gerichte, in denen die Farbe keine Rolle spielt, entfernt man die harte Schale der Frucht. Rohe Auberginen sind nur eingelegt genießbar.

Auberginen enthalten zuweilen einen bitteren Saft. Besonders die ausgereiften Früchte – man erkennt sie beim Aufschneiden an den gutentwickelten Samenkernen – sind davon betroffen. Salzen (S. 261) ist nicht zwingend notwendig, entwässert die Auberginen aber und entzieht ihnen somit die Bitterstoffe. Außerdem wird dadurch verhindert, daß die Früchte beim Braten zuviel Fett aufsaugen.

Hinweis Bei asiatischen Auberginensorten trifft man höchst selten auf bittere Exemplare.

Paprikaschoten sind zwar mit der scharfen Chilischote (S. 28) verwandt, zählen jedoch zu den wesentlich milderen Vertretern der *Capsicum*-Familie. Die weitverbreitete Gemüsepaprika wächst in den Farben Grün, Rot, Gelb, Orange und Dunkelviolett. Alle Paprikaschoten sind zunächst grün und färben sich erst mit zunehmender Reife, so daß es nicht überrascht, daß grüne Schoten längst nicht so süß schmekken wie vollreife. Einige Paprikasorten erinnern in ihrer länglichen Form an Chilischoten, etwa die europäischen Peperoni oder die amerikanische Gewürzpaprika *cubanelle*, eine grünlich-gelbe oder rote fleischige Frucht. Die spindelförmigen *pimientos (pimiento* ist das spanische Wort für Paprika) werden auf beiden Seiten des Atlantiks in großen Mengen angebaut und vor allem zu Konserven verarbeitet. *Pimientos* sind leuchtend orangefarben und von süßem Geschmack. Andere rote Paprikasorten werden ebenfalls unter der Bezeichnung *pimientos* eingedost. Gemüsepaprika sind nicht nur von reizvoller Farbigkeit, sondern auch aromatisch: Die grünen Paprikaschoten schmekken bittersüß bis würzig, die roten, gelben und orangefarbenen sind süßlicher. Besonders beliebt ist die Frucht in den Balkanländern und in Ungarn, wo man sie frisch ißt oder süß-sauer (Tomatenpaprika) einlegt sowie in vielen traditionellen Gerichten verwendet.

Unter den getrockneten und als Gewürz verwendeten Chilischoten gibt es auch einige, die so mild sind, daß man sie roh als Gemüse zubereiten kann. Dazu gehören die amerikanischen Anaheim-, die gelben Bananen- und die mexikanischen *poblano*-Chillies, die häufig mit Käse gefüllt und fritiert werden. *Pasilla*-Chillies sind zwar schärfer im Geschmack, werden aber dennoch bisweilen als Gemüse gegessen. Sie alle können anstelle von Gemüsepaprika verwendet werden, insbesondere in Kasserollen, Saucen und Eiergerichten, sollten jedoch immer vorsichtig dosiert und vorher in bezug auf ihre Schärfe getestet werden. Auch andere Sorten, wie *jalapeño*-Chillies, kann man geröstet, geschält und gefüllt als feurige Beilage zu Fleisch reichen. Sie sind jedoch kein Ersatz für Gemüsepaprika.

Die internationale Küche kennt eine Vielzahl von Rezepten für Tomaten, Auberginen und Paprikaschoten, die mit Zwiebeln, Knoblauch, würzigen Kräutern, beispielsweise Thymian, und vor allem Olivenöl harmonieren und in dieser Zusammenstellung als *ratatouille* berühmt sind. Köstlich ist auch eine Mischung aus sautierten oder pfannengerührten Paprikaschoten und Auberginen. Rote Paprika schmekken angenehm süß, wenn man sie grillt oder röstet und anschließend abzieht. Nicht minder exzellent schmecken sie in einer Marinade aus Olivenöl und Knoblauch, eventuell verfeinert mit Anchovis, getrockneten Tomaten und Kapern. Die Italiener bereiten dünne Auberginenscheiben oft auf diese Weise zu. Dickere Scheiben werden meist gebacken.

Alle drei Fruchtgemüse lassen sich im Ofen backen, allerdings sollte man sie im Auge behalten, damit sie nicht übergaren. In vielen Rezepten wird eine große Aubergine nach dem Backen halbiert und ausgeschabt. Das Fruchtfleisch mischt man dann mit Zwiebeln, Tomaten und Knoblauch oder – wie in Südfrankreich – mit Anchovis und Brotkrumen und gibt es als Füllung in die Schalenhälften zurück. Paprikaschoten füllt man gern mit einer Mischung aus gekochtem Reis, Tomaten und Hackfleisch. Große Tomaten werden entkernt und gefüllt. Sie sind – ob roh oder gebacken, heiß oder kalt serviert – eine köstliche Vorspeise oder Beilage.

ZUR INFORMATION

Saison *Tomate* Sommer bis Anfang Herbst. *Aubergine* Hochsommer bis Anfang Herbst. *Paprika* Hochsommer bis Anfang Herbst.

Im Handel Zu Chillies s. S. 28.

Beim Einkauf beachten *Tomate* Kräftige Farbe; feste Früchte; glatte Haut ohne vernarbte Risse. *Aubergine* Glänzende Schale; keine braunen Flecken oder weichen Druckstellen; fest und schwer, weiche, leichte Früchte meiden. *Paprika* Leuchtende Farben; festes Fruchtfleisch ohne Druckstellen.

Vorbereitung Waschen und Stielansatz entfernen; schälen beziehungsweise abziehen, wenn gewachst oder wenn es das Rezept verlangt.

Portionen *Tomate, roh* 750 g ergeben 4 Portionen; *Tomate, gegart* 1,8 kg ergeben 4 Portionen. *Aubergine* 750 g ergeben 4 Portionen. *Paprika* 500 g ergeben 4 Portionen.

Nährstoffgehalt pro 100 g (roh). *Alle* Kein Fett, kein Cholesterin. *Tomate* 80 kJ/19 kcal; 1 g Protein; 4 g Kohlenhydrate; 8 mg Natrium. *Aubergine* 109 kJ/26 kcal; 1 g Protein; 6 g Kohlenhydrate; 4 mg Natrium. *Paprika* 105 kJ/25 kcal; 1 g Protein; 5 g Kohlenhydrate; 3 mg Natrium.

Garzeiten *Tomate, ganze Frucht* Backen mit und ohne Füllung bei 175 °C/Gas Stufe 2–3: 10–20 Minuten; blanchieren: 10–25 Sekunden. *Tomate, halbiert* Backen bei 175 °C/Gas Stufe 2–3: 10–15 Minuten; grillen mit der Schnittfläche nach oben: 5–8 Minuten; sautieren mit der Schnittfläche nach unten: 5–7 Minuten. *Tomate, gehackt* Sautieren: 5–10 Minuten; köcheln: 5–45 Minuten, je nach Vewendung. *Aubergine, ganze Frucht* Backen bei 175 °C/Gas Stufe 2–3: 10–25 Minuten. *Aubergine, halbiert* Backen mit oder ohne Füllung bei 175 °C/Gas Stufe 2–3: 15–35 Minuten; grillen mit der Schnittfläche nach oben: 7–12 Minuten; sautieren mit der Schnittfläche nach unten: 5–8 Minuten. *Aubergine, Scheiben und Würfel* Backen bei 175 °C/Gas Stufe 2–3: 15–20 Minuten; schmoren: 10–15 Minuten; pfannenrühren: 3–5 Minuten. *Paprika, ganze Frucht* Backen mit Füllung bei 175 °C/Gas Stufe 2–3: 20–30 Minuten. *Paprika, halbiert* Backen bei 200 °C/Gas Stufe 3–4: 10–15 Minuten; grillen: 3–6 Minuten je Seite; dämpfen: 5–8 Minuten. *Paprika, Ringe und Streifen* Blanchieren: 1–2 Minuten; fritieren in Ausbackteig: 3–5 Minuten; sautieren: 3–6 Minuten; schmoren: 10–15 Minuten; pfannenrühren: 3–5 Minuten.

Richtiger Gargrad Weich; für manche Gerichte müssen Tomaten zu einem Püree einkochen.

Violette Paprika

Gewürzpaprika *cubanelle*

Aubergine

Gelbe Gewürzpaprika

Grüne Paprika

Rote und gelbe Paprika

ZUR INFORMATION (Fortsetzung)

Bemerkung *Tomate* Eventuell stark säurehaltig, wenn die Frucht nicht am Strauch gereift ist; nimmt beim Garen im Aluminiumtopf einen metallischen Geschmack an. *Aubergine* Verfärbt sich nach dem Schneiden, wenn sie zu lange an der Luft liegt; daher rasch zubereiten oder mit Zitronensaft beträufeln; überreife Früchte schmecken bitter.

Paprika Manche Gemüsepaprika-Sorten sind bitter; Chilischoten sind bisweilen sehr scharf und rufen Reizungen an Haut und Augen hervor (S. 28).

Aufbewahrung *Tomate* Reift bei Raumtemperatur nach; reife Früchte: im Kühlschrank 2–3 Tage; bei Raumtemperatur servieren.

Aubergine Lose eingeschlagen, im Kühlschrank 2–3 Tage; (blanchiert oder gedämpft) tiefgefroren: 6–8 Monate. *Paprika* Lose eingeschlagen, im Kühlschrank 2–3 Tage; wäßrig, wenn tiefgefroren.

Typische Gerichte *Tomate* Mit frischer Mozzarella, Basilikum (Italien); *farcies à la provençale* (gefüllt mit Zwiebeln, Anchovis; Frankreich); *gestegten tomaten* (gebraten mit Brotkrumen; Niederlande); *e capperi* (Salat mit Kapern; Italien); *soupe à la tomate fraîche aux feuilles de basilic* (frische Tomatensuppe mit Basilikum; Frankreich); *fritters* (USA); Cremesuppe (USA); Chutney (Großbritannien). *Aubergine Escalivida* (gebraten, mariniert; Italien); gebakken, mit Tomaten zerdrückt, kalt serviert (UdSSR); mit Paprika püriert (Bulgarien); *aubergine farci* (gefüllt mit Anchovis, Tomaten, Oliven; Frankreich); *kahrmus* (Püree; Marokko); *moussaka* (mit Lammhack; Griechenland). *Paprika Lesco* (Eintopf; Ungarn); *poivrons farcis à la bordelaise* (gefüllt mit Reis, Knoblauch, Zwiebeln, Pinienkernen, im Ofen gebacken; Frankreich); *yesil biberli salca* (Sauce mit Senf, Zitronensaft; Türkei); *peperonata* (sautiert mit Tomaten, Zwiebeln; Italien); *pisto* (geschmort mit Tomaten, Zucchini; Spanien); Western-Omelett (USA). – Tomaten, Auberginen und Paprika harmonieren auch mit: Knoblauch, Lorbeerblatt, Thymian, Oregano, Käse, Rind, Huhn, Kalb, Fisch (Tomate); Champignons, Käse, Schinken, Sahne, Minze, Kümmel, Oregano, Nudelgerichten (Aubergine); Knoblauch, Rosmarin, Majoran, Bratwurst (Paprika).

TOMATEN ABZIEHEN, ENTKERNEN UND HACKEN

Für viele Suppen, Eintopfgerichte und Saucen werden die Tomaten abgezogen, entkernt und gehackt. Soll die Mischung passiert werden, reicht es, wenn man die Tomaten fein hackt.

Zum Backen und Füllen werden ungeschälte Früchte verwendet. Man schneidet einen Deckel ab und drückt Kerne sowie Flüssigkeit vorsichtig heraus.

1 Tomaten abziehen Wasser in einem großen Topf zum Kochen bringen. Mit einem Schälmesser den Fruchtansatz der Tomaten herausschneiden.

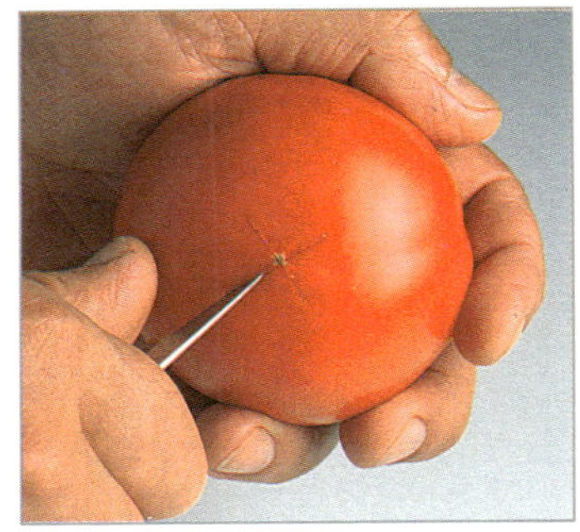

2 Die Tomaten auf der Oberseite kreuzweise einritzen.

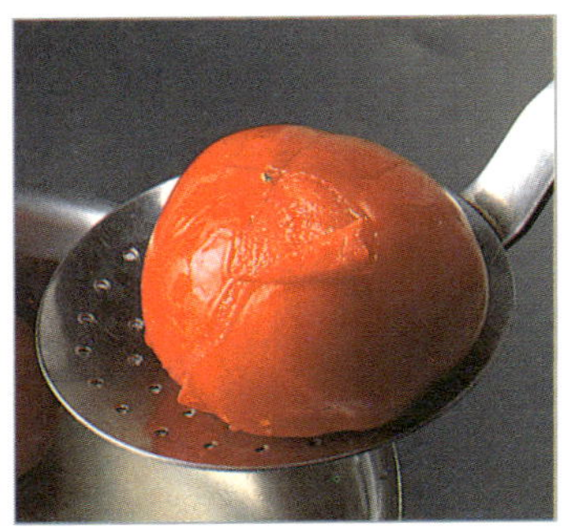

3 Die Tomaten 8–15 Sekunden (je nach Reifegrad) ins kochende Wasser tauchen. Wenn sich die eingeritzte Haut kräuselt, läßt sie sich leicht abziehen.

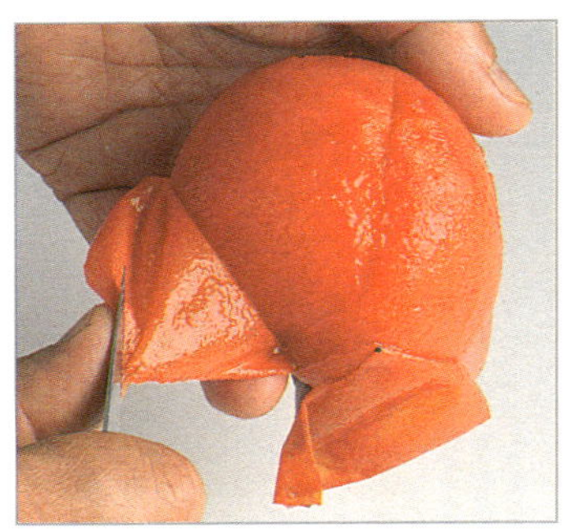

4 Die Tomaten etwas abkühlen lassen und die Haut abziehen.

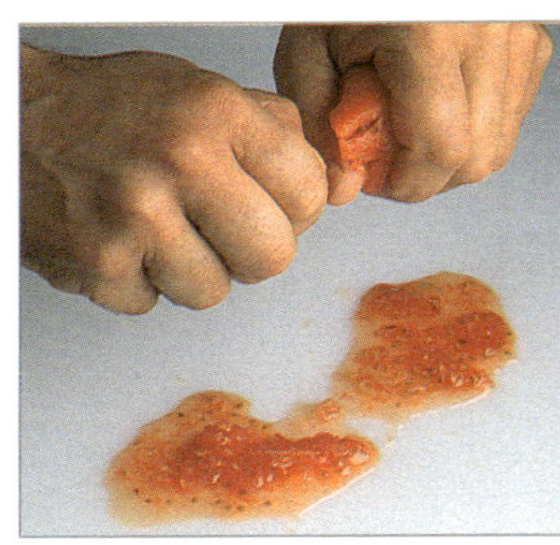

5 Tomaten entkernen Die Früchte quer durchschneiden, dann Kerne und Flüssigkeit herausdrücken. Den Rest mit einem Messer ausschaben.

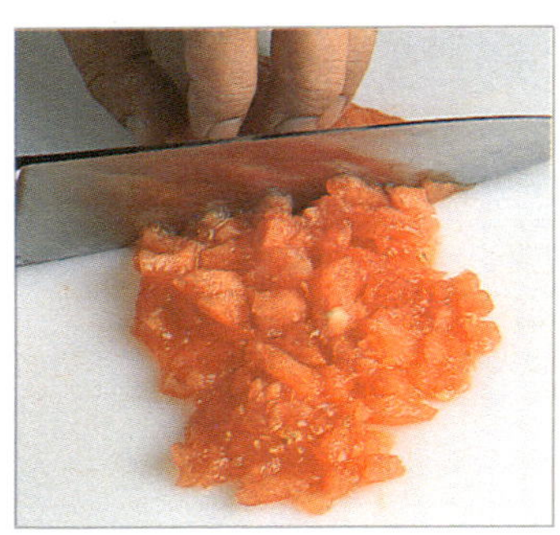

6 Tomaten hacken Mit einem großen Küchenmesser die Tomatenhälften in Scheiben schneiden und diese dann grob hacken.

Ersatz für frische Tomaten

Die überaus beliebten Früchte kommen nicht nur frisch, sondern auch in unterschiedlicher Verarbeitung auf den Markt. In den Wintermonaten haben Dosentomaten, ob als ganze Frucht oder in Stücken, wesentlich mehr Aroma als jede frische Ware und sind deshalb zum Kochen gut geeignet. Etwas konzentrierter ist Tomatensauce, gefolgt von Tomatenpüree in Dosen und Tomatenmark, das einfach, doppelt und dreifach konzentriert erhältlich ist. Tomatenpüree kann man durch Tomatenmark ersetzen, das mit der gleichen Menge Wasser verdünnt wird. Sonnengetrocknete Tomaten sind Eiertomaten, die – wie der Name sagt – an der Sonne getrocknet werden, bis sie eine ledrige Konsistenz haben. Sie sind trocken oder eingelegt in Olivenöl erhältlich und haben ein sehr ausgeprägtes Aroma. Schon ein bis zwei sonnengetrocknete Tomaten verleihen einem Gericht den typischen Tomatengeschmack. Das Aroma der Trockenware wird noch intensiver, wenn man die getrockneten Tomaten eine halbe Stunde vor der Verwendung in warmem Wasser einweicht.

AUBERGINEN HALBIEREN UND EINSCHNEIDEN

Auberginen sollten vor dem Entwässern (S. 261) und Backen eingeschnitten werden, damit sie gleichmäßig garen.

1 Mit einem großen Küchenmesser die Auberginen der Länge nach halbieren und den Stielansatz entfernen.

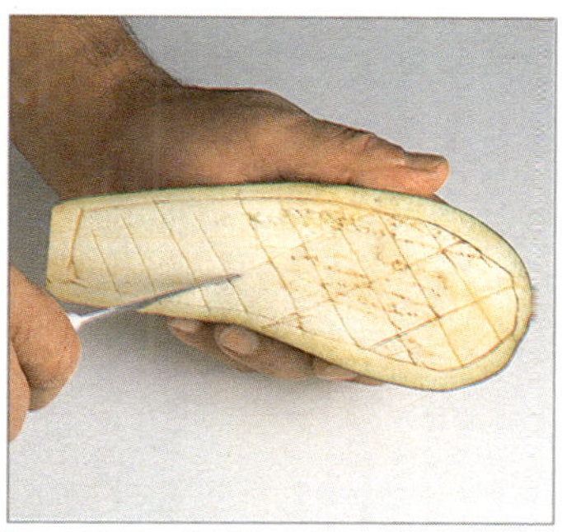

2 Mit der Spitze eines Schälmessers das Fruchtfleisch rundum – etwa 1 cm vom Rand entfernt – einschneiden, anschließend den inneren Teil kreuzweise tief einkerben.

PAPRIKA GRILLEN UND ENTHÄUTEN

Auch grüne Paprikaschoten lassen sich enthäuten. Da ihre Haut jedoch sehr dünn ist, verzichtet man meist darauf. In der Regel werden nur die dickschaligeren roten, gelben und violetten Früchte abgezogen.

1 Die Paprika 10–12 Minuten unter dem Grill rösten, bis die Schale schwarz ist und Blasen wirft.
ODER: Die Schoten aufspießen und so lange über eine Gasflamme halten, bis die Schale angekohlt ist.

2 Die Paprika mit einem feuchten Tuch bedecken oder in eine Plastiktüte legen und abkühlen lassen. Durch die Dampfeinwirkung läßt sich die Haut leicht abziehen.

3 *Rechts:* Die Haut mit einem Schälmesser abziehen und die Schoten unter fließendem Wasser abspülen.

PAPRIKA PUTZEN UND ZERKLEINERN

Paprikaschoten werden entweder vor dem Putzen enthäutet oder erst geputzt, halbiert und dann unter dem Grill geröstet.

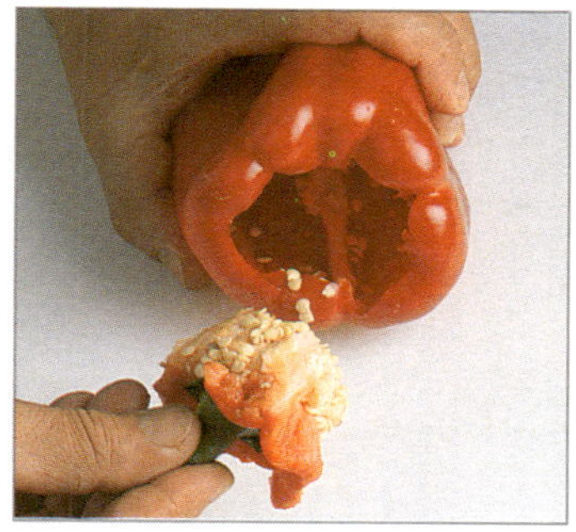

1 Den Stielansatz rundum einschneiden und herausdrehen.

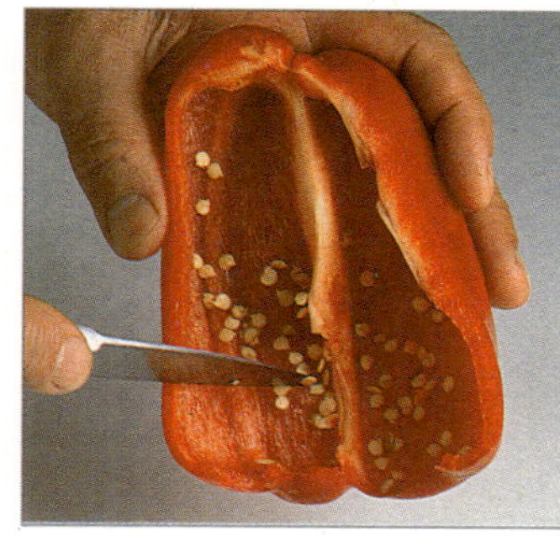

2 Die Schote längs halbieren, die restlichen Kerne entfernen.

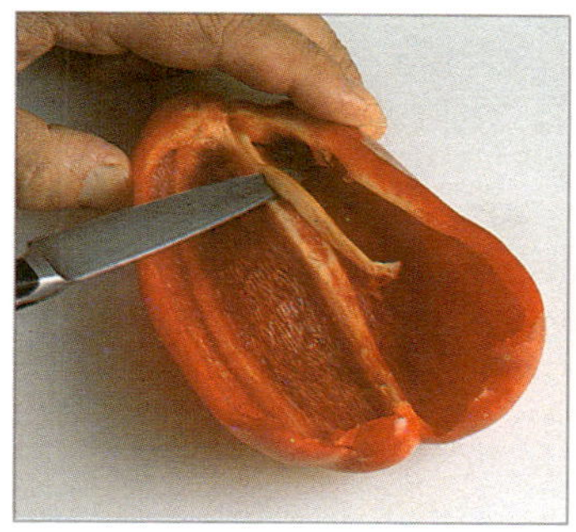

3 Die weißlichen Rippen an der Innenseite herausschneiden.

4 Die Paprikahälften mit der Schnittfläche nach unten auf ein Arbeitsbrett legen und mit der Hand flachdrücken. Mit einem großen Küchenmesser längs in schmale Streifen schneiden.

5 Schoten aushöhlen Den Stielansatz abschneiden, Samen und Rippen herausschaben.

6 In Ringe schneiden Die Schoten aushöhlen und dann vorsichtig in Ringe schneiden.

Paprikaschoten füllen

Ausgehöhlte Gemüsepaprika sind das ideale Gemüse für Füllungen und haben genau die richtige Größe für eine Portion. Beliebte Füllungen sind Pilaws aus Reis, Weizenschrot oder *couscous* (S. 315), deren milder Geschmack im Kontrast zu der saftigen Süße der Schoten steht. Die ausgehöhlten Paprika werden locker mit der Farce gefüllt und dicht nebeneinander in eine gefettete feuerfeste Form gesetzt, damit sie nicht umfallen. Man backt sie – mit gebutterter Alufolie abgedeckt – im Ofen bei 175 °C/Gas Stufe 2–3 etwa 25–35 Minuten. Dann sollten die Schoten weich sein, aber nicht auseinanderfallen.

Gurke

Gurken gibt es in allen Variationen: lange, schlanke europäische, gedrungene amerikanische oder warzige asiatische Sorten. Die Schale kann glatt oder gerippt, dunkelgrün oder blaßgelb sein. Man unterscheidet gewöhnlich Salat- und Gemüse- sowie Einlegegurken. Die zu Salaten und Gemüse verarbeiteten Früchte haben oft eine dunkelgrüne Schale, blasses Fruchtfleisch und spitze Enden. Es gibt sie aber auch rundlich und von gelber Farbe mit gelblichem Fruchtfleisch, das köstlich schmeckt, wenn man es mit Essig anmacht. Am meisten schätzt man die europäischen Salatgurken mit dem knackig-frischen Fleisch, das kaum Kerne enthält. Die armenische oder türkische Sorte gehört, botanisch gesehen, zwar zu den Melonen, nach Aussehen und Geschmack jedoch zu den Gurken.

Einlegegurken sind kleiner als Salat- und Gemüsegurken und deutlich an den winzigen weißen oder schwarzen Warzen zu erkennen. Am bekanntesten sind die französischen *cornichons* (sehr kleine Gewürzgurken), die amerikanischen Dillgurken und die englischen Gewürz- oder Essiggurken, die ihren Namen dem jeweiligen Gewürzzusatz verdanken. Einlegegurken haben eine blassere Farbe als Salat- und Gemüsegurken und schmecken roh manchmal bitter. Da sie in der Regel nicht gewachst werden, bevor sie in den Handel kommen, trocknen sie rasch aus. (Für die Zubereitung von Einlegegurken s. Saure Gurken in Essig, S. 490.)

Der kühle, erfrischende Geschmack von rohen Gurken kommt in vielen Rezepten voll zur Geltung, so zum Beispiel in der wohl berühmtesten kalten Suppe, der spanischen *gazpacho,* aber auch in Salaten mit Joghurt-Dressing und als Belag von Sandwiches, die in England zum Tee gereicht werden. Gurken vertragen eine leichte Essigmarinade und dazu vielleicht ein paar Scheiben Gemüsezwiebel, können jedoch auch Bestandteil warmer Gerichte sein, zum Beispiel als Salat *à la Doria* – gedünstete Gurken mit Minze als Beilage zu Lammbraten oder Lachs – oder gebacken mit Schinken und Sahne, wie in Flandern beliebt. Rohe Gurken eignen sich darüber hinaus gut zum Füllen. Sie werden einfach der Länge nach halbiert, ausgehöhlt, mit würzigem Hackfleisch gefüllt und im Ofen geschmort oder geschält, ausgehöhlt und als Gurkenkörbchen zur Garnierung (S. 283) verwendet.

ZUR INFORMATION

Saison Sommer.

Beim Einkauf beachten Makellose feste Früchte ohne Druckstellen; aufgeblähte Früchte sind oft überreif, schmecken bitter und enthalten zu viele Kerne.

Vorbereitung Waschen; gewachste Schalen, am Glanz zu erkennen, schälen; ungewachste Schalen entweder schälen oder mit einem Dekoriermesser (S. 505) streifig abschälen.

Portionen 500 g in Scheiben geschnittene rohe Gurken ergeben 4 Portionen.

Nährstoffgehalt pro 100 g (roh): 54 kJ/13 kcal; 1 g Protein; kein Fett; 3 g Kohlenhydrate; 2 mg Natrium; kein Cholesterin.

Garzeiten Blanchieren: 1–2 Minuten. *Halbiert* Kochen: 7–10 Minuten; dämpfen: 15–20 Minuten. *Geviertelt* Kochen: 5–6 Minuten; dämpfen: 10–15 Minuten. *Stücke* Kochen: 3–5 Minuten; dämpfen: 10–15 Minuten; sautieren: 3–5 Minuten; pfannenrühren: 2–3 Minuten.

Richtiger Gargrad Zart, aber bißfest (S. 261).

Bemerkung Manchmal etwas bitter (Geschmacksprobe); fällt bei großer Kälte zusammen.

Aufbewahrung *Ganz* Lose eingeschlagen, im Kühlschrank 3–5 Tage. *Angeschnitten* Schnittende in Wasser tauchen; nicht einfrieren.

Typische Gerichte *Malossol'nye ogourziy* (gesalzen; UdSSR); *augurkesalat* (mit Essig, Dill; Niederlande); Cremesuppe (USA); *tsatsiki* (fein gehackt, mit Knoblauch, Joghurt; Griechenland); fritiert in Ausbackteig mit Ingwer (Australien); *toureto* (Salat mit Brot; Israel); *à la Poulette* (in Sahne; Frankreich). – Gurken harmonieren auch mit: Zwiebeln, Tomaten, Feta, Koriander, Oliven, Minze, saurer Sahne, Paprika, Meeresfrüchten, Fisch, Zitronensaft.

GURKENSTIFTE UND -HALBMONDE SCHNEIDEN

Hat man die Gurken der Länge nach halbiert und entkernt, kann man sie zu dekorativen Halbmonden oder in Streifen und anschließend in Stifte schneiden.

1 Stifte Die Gurke schälen, längs halbieren und nach Belieben die Kerne mit einem Teelöffel herausschaben. Die Hälften erst in lange Streifen und dann quer in Stifte schneiden.

2 Halbmonde Die Gurke wie für Gurkenkörbchen (rechte Seite) streifig schälen, der Länge nach halbieren und nach Belieben entkernen. Die Hälften in dünne Scheiben schneiden.

Zur Dekoration die Gurkenscheiben fächerartig auslegen.

GURKENKÖRBCHEN HERSTELLEN

Ausgehöhlte Gurkenstücke ergeben dekorative Körbchen zum Füllen, die entweder roh oder gegart serviert werden. Besonders köstlich ist eine Füllung aus Pilzen oder Meeresfrüchten.

1 Die Gurke streifig abschälen. Gewachste Gurken komplett schälen.

2 Die Gurke in etwa 4 cm lange Stücke schneiden. Mit einem Kugelausstecher tief aushöhlen.

Okra

Okras, auch *gumbos* oder *ladyfinger* genannt, sind lange sechskantige, fleischige Schoten mit kleinen runden Samen. Gedämpft, eingelegt oder in einem Maismehl-Ausbackteig fritiert (eine südamerikanische Spezialität) bleiben sie schön saftig. Ihr leicht erdiger Geschmack paßt gut zu würzigen Saucen. In Indien werden Okraschoten zusammen mit anderen Gemüsen als Curry zubereitet, in der Karibik dünstet man sie in einer Kokosnußsauce, und in Griechenland werden sie mit Zitronensaft und Tomaten geschmort. Beliebt sind sie auch in der Türkei, wo sie im Sommer in großen Mengen auf den Märkten zu finden sind und – auf Schnüre gereiht – für den Winter getrocknet werden.

Okras enthalten eine klebrige Flüssigkeit. Wenn man die Okras zerkleinert und entsprechend lange kocht, wirkt diese gallertartige Masse wie Speisestärke. Um zu verhindern, daß der Saft beim Kochen ausläuft und die Schoten glitschig werden, darf man sie bei der Vorbereitung nicht verletzen. Die Zugabe von Tomaten und anderen säurehaltigen Zutaten schafft ebenfalls Abhilfe.

ZUR INFORMATION
Saison Sommer.
Im Handel Meist in Dosen, eingelegt oder getrocknet.
Beim Einkauf beachten Nur kleine, hellgrüne Schoten von höchstens 10 cm Länge wählen; knackige Frische mit dem Fingernagel prüfen.
Portionen 500 g ergeben 4 Portionen.
Vorbereitung Waschen und den Stiel dicht an der Kappe abschneiden.
Nährstoffgehalt pro 100 g (roh): 158 kJ/38 kcal; 2 g Protein; kein Fett; 8 g Kohlenhydrate; 8 mg Natrium; kein Cholesterin.
Garzeiten Backen in Sauce bei 175 °C/Gas Stufe 2–3: etwa 40–50 Minuten; blanchieren: 1–2 Minuten; sautieren, fritieren: 3–5 Minuten; köcheln, schmoren: 30–60 Minuten; dämpfen: 8–15 Minuten.
Richtiger Gargrad Gerade weich.
Bemerkung Klebrig, wenn übergart.
Aufbewahrung Luftdicht verpackt, im Kühlschrank 2–3 Tage; tiefgefroren: 6 Monate.
Typische Gerichte Geschmort mit Tomaten (Griechenland); *gumbo* (Eintopf mit Gemüse, Huhn oder Schinken; USA); *yahni* (Eintopf mit Lamm; Griechenland); fritiert (USA).
– Okras harmonieren auch mit: Wurst, Reis, Mais, Zwiebeln, Chillies.

Okra

GEMÜSE-GARNIERUNGEN

Frische Gemüse schmecken nicht nur köstlich, sie erfreuen auch das Auge. Einfache Garnierungsideen sind oft am wirkungsvollsten, zum Beispiel ein knackig-frisches Sträußchen aus dunkelgrüner Brunnenkresse oder farbige Gemüse-Julienne.

Von der Mitte aus im Uhrzeigersinn Tomatenröschen, Gurken- und Möhrenblüten, Radieschenblumen, Frühlingszwiebellocken, Gurkenwellen, mit einem blanchierten Porreestreifen zusammengehaltene Möhrenbündel.

MEERESGEMÜSE

Die meisten Meeresgemüse haben einen hohen Mineralstoff- und Vitamingehalt und werden in Reformhäusern, Naturkost- und Asia-Läden geführt.

Meerfenchel und Queller sind sowohl an atlantischen wie auch an pazifischen Küsten beheimatet und in England und Frankreich regional sehr verbreitet. *Herbe de St. Pierre,* wie Meerfenchel in Frankreich heißt, wächst wild an Felsen und Klippen. Queller (oder Glaskraut) gedeiht auf dem fruchtbaren Marschland in Küstennähe. Meerfenchel wie auch Queller werden als Gemüse zubereitet. Gekocht oder gedämpft schmecken sie am besten. Meist serviert man sie, ähnlich wie Spargel, nur mit Butter oder als Beilage zu Fisch, Meeresfrüchten und Geflügel. Blanchierte Pflanzen können eingelegt oder unter einen Salat gemischt werden.

Auch viele Algen sind zum Verzehr geeignet. Der in Irland beheimatete *carragheen* oder Perltang ist ein hochkonzentrierter Gelatine-Ersatz, der zum Andicken von Puddings und Gelees verwendet wird. Vor dem Gebrauch läßt man diese Rotalge in einer Flüssigkeit – in der Regel Milch – bei schwacher Hitze köcheln und anschließend abkühlen. In der Verwendung Perltang vergleichbar ist die purpurrote, blättrige Dulse. Aus asiatischer Rotalge gewinnt man das sehr effiziente Geliermittel Agar-Agar.

Laver (oder Meerlattich) ist ein hellgrüner Seetang, der in Japan und auf den Britischen Inseln, insbesondere in Wales, sehr beliebt ist. Wenn man ihn in Wasser dünstet, erhält man ein spinatähnliches Püree, das traditionell mit Hafermehl vermischt und in Küchlein als *laver*-Brot gebraten wird. Japanischer Laver dient als eßbare Hülle, während man in China purpurroten Laver trocknet und als Suppenwürze verwendet. Japanischer Seetang, wie der breitblättrige Kombu, die süßliche Arame und das hauchdünne Nori, sind beliebte Suppeneinlagen und zarte Hüllen für *sushi* (S. 134). Geröstet und zerrieben werden sie als Würzmittel verwendet.

Queller

SAMENGEMÜSE
Hülsenfrüchte und Gemüsemais

Bohnen und Erbsen zählen zur Familie der Hülsenfrüchtler (Leguminosen), jenen Gemüsepflanzen, die mehrere Samen in einer zweisäumigen Fruchthülse oder Schote ausbilden. Hülsenfrüchte werden auf allen Kontinenten angebaut. Während manche weltweit bekannt sind, wie beispielsweise die grünen Erbsen, gibt es andere, die nur regionale Bedeutung haben. Ungeachtet ihrer Herkunft werden die meisten Erbsen- und Bohnensorten auf ähnliche Weise zubereitet, ein Umstand, der dem Koch sehr gelegen kommt. Bohnen und Erbsen unterscheidet man im wesentlichen in drei Kategorien: Sorten, die jung, also im unreifen Zustand, mitsamt Hülse oder Schote zubereitet werden; enthülste Erbsen und Bohnen, die an der Pflanze ausreifen und ohne Hülse verarbeitet werden; getrocknete Erbsen und Bohnen (S. 323–326). Gemüsemais wird in der Küche ähnlich wie Erbsen und Bohnen verarbeitet, obwohl er botanisch betrachtet kein Hülsenfruchtgemüse ist.

Grüne Bohnen werden jung und zart mit der Hülse verzehrt und sollten sich leicht in mundgerechte Stücke brechen lassen. Oft muß man zuerst den Faden an der Schotenunterseite abziehen, neuerdings gibt es aber auch fadenlose Sorten. Zu den grünen Bohnen zählt die amerikanische grüne Brechbohne, hochgeschätzt wegen ihrer saftigen, fleischigen Hülse, und die zartgelbe bis blaßgrüne Wachsbohne. Die Stangenbohne, auch Feuer- oder Prunkbohne genannt, hat eine flache, dünnwandige Hülse, die rosafarbene Bohnenkerne enthält.

Die französischen Prinzeßbohnen *(haricots verts)* sind wegen ihrer kleinen, dünnen Schoten und ihres feinen Aromas begehrt. Die zarten, fadenlosen Hülsen werden nicht gebrochen, man schneidet lediglich Spitze und Stielansatz ab. Die superdünnen chinesischen Bohnen entwickeln sich zu wahren Riesen von bis zu einem Meter Länge. Die botanisch eher der Erbse zuzuordnende Bohne ist mit der Zuckererbse *(mangetout)* und der Augenbohne verwandt. Sie behält auch kleingeschnitten und fritiert oder pfannengerührt ihre Form. Gelegentlich läßt man die Bohnenkerne ausreifen, um sie zu trocknen.

Grüne Bohnen werden in der Regel gekocht oder gedämpft und anschließend in Butter oder Olivenöl, eventuell unter Beigabe von Zitronensaft, Petersilie, Nüssen, sautierten Zwiebeln oder geriebenem Käse, zubereitet. In Griechenland dünstet man grüne Bohnen mit Tomaten und Kreuzkümmel, in asiatischen Ländern läßt man sie in Kokosmilch köcheln, und in Deutschland ißt man sie zu Speck und Birnen. In den USA werden grüne Bohnen mit Schinken in der Pfanne gebraten, während die Franzosen sie manchmal pürieren. Grüne Bohnen schmecken auch ausgezeichnet als Salat oder sauer eingemacht (milchsäurevergoren).

Reife Bohnen werden fast immer getrocknet. Nur wenige Sorten, zum Beispiel die zartgrünen Lima-Bohnen, sind für den Frischmarkt gedacht. Lima-Bohnen kombiniert man gern mit scharfen Gewürzen, Wurst oder Schinken. Dicke Bohnen, auch Puff- oder Saubohnen genannt, sind besonders im europäischen Raum und im Mittleren Osten beliebt, wo sie zu den ältesten Kulturpflanzen gehören. Ihr etwas käseartiger Geschmack paßt gut zu Suppen und Pürees. Besonders köstlich sind die jungen, grünen Bohnenkerne, wenn sie – gedämpft oder in Butter sautiert – zu fettem Geflügelbraten, wie Ente oder Gans, serviert werden. (**Hinweis** Die Hülse der dicken Bohnen kann gelegentlich allergische Reaktionen hervorrufen.) Auch die blaßgrünen französischen Flageolet-Bohnen kommen frisch und getrocknet auf den Markt.

In den Südstaaten der USA schätzt man die Augenbohnen als unentbehrliche Zutat in Gerichten mit Reis und Schinken oder Speck. In Südamerika und auf den Westindischen Inseln sind es die kleinen gelben Straucherbsen (S. 324), die sich großer Beliebtheit erfreuen. Sie werden vor allem für Suppen und Reisgerichte verwendet.

Nach der ersten Ernte der jungen grünen Erbsen, die auch mit roten oder violetten Schoten gezüchtet werden, läßt der Sommer nicht mehr lange auf sich warten. Die feinsten Erbsen sind die französischen *petits pois* – eine spezielle Züchtung –, die auch nach dem Pflücken noch süß schmecken. Sie werden hauptsächlich zu Konserven verarbeitet. Generell kann man sagen, daß Erbsen klein und zart am besten schmecken. Leider verlieren die meisten Palerbsen gleich nach dem Pflücken an Geschmack. Zwangsläufig bieten daher frische Erbsen vom Wochenmarkt keinen kulinarischen Hochgenuß, um so beliebter sind hingegen Tiefkühlware und Naßkonserven.

Bei frischen Erbsen reicht kurzes Kochen oder Dämpfen. Da starke Aromen ihre Süße überdecken, sollten Erbsen nur mit Kräutern und delikaten Zutaten, wie Champignons, Kopfsalat oder Perlzwiebeln, zubereitet werden. Blanchierte oder leicht gedünstete frische Erbsen passen ausgezeichnet in eine Gemüse-*macédoine* (S. 268). Reife Erbsen werden am besten mit Schinken, Speck oder Knoblauch gar gedünstet, püriert oder zu Suppen verarbeitet.

Im Gegensatz zu Bohnen ißt man die meisten Erbsen ausgepalt; Ausnahmen bilden Zuckererbse (oder Kaiserschote) und Zuckermarkerbse. Die Zuckererbse wird treffend auch als *mangetout* bezeichnet: Man verzehrt sie samt Schote. Diese ebenfalls in Asien beliebte Erbsensorte wird gepflückt, wenn die Samen noch kaum ausgebildet sind und sich gerade unter der zarten, flachen und durchscheinenden Schale abzeichnen. Sie schmecken vorzüglich roh oder kurz pfannengerührt, nicht minder köstlich sind sie sautiert oder gedämpft. Dazu passen milde Gewürze oder ein Stich Butter.

Zuckermarkerbsen sind ausgereifte Erbsen mit einer knackigen, fadenlosen Schote, die so zart bleibt, daß die Erbsen nach dem Garen auch unausgepalt serviert werden können. Am besten gart man sie rasch in wenig Salzwasser und reicht sie als Beilage zu leichten Fleischgerichten. Rohe Zucker- und Zuckermarkerbsen sind vorzügliche Salatzutaten.

Bereits lange vor der Entdeckung der Neuen Welt wurde in Mexiko hellgelber und cremefarbener Mais angebaut. Der weiße Gemüsemais ist zwar älter, weiter verbreitet ist jedoch der gelbe Mais mit dem

höheren Vitamin-A-Gehalt. Die Maiskörner sitzen dichtgedrängt auf der Spindel des Kolbens und sind von papierartigen Hüllblättern umgeben. Allein in den USA werden heute über 200 Maissorten angebaut. Größenmäßig variieren sie von winzigen, jungen Maiskölbchen bis hin zu den großen, mehrfarbigen Kolben des Ziermais. Wie Erbsen enthalten auch die meisten Maissorten Zucker, der sich bald nach der Ernte der Kolben in Stärke umwandelt. Frische ist daher oberstes Gebot, wenngleich die Umwandlung in Stärke bei einigen Neuzüchtungen inzwischen langsamer vonstatten geht.

Nach der traditionellen Zubereitungsart wird der von Deckblättern und »Seide«, den Narbenfäden, befreite Maiskolben gekocht und mit dem Kolben serviert. Man kann ihn aber auch blanchieren, dann die Blätter wieder fest um den gebutterten Kolben wickeln und auf dem Rost grillen. Dazu reicht man feurige Chili- oder würzige Kräuterbutter. Die meisten Mais-Rezepte sind amerikanischen Ursprungs: Rohe Maiskörner werden vom Kolben getrennt und in Sahne gegart; gekochte Maiskörner, vom Kolben abgeschabt, gibt man an Salate; mit Reis vermischt oder püriert, sind sie Basis für *fritters*, Timbalen oder frischen *corn chowder*. Ausgereifte Körner lassen sich vorzüglich in einer Sahne- oder Tomatensauce weich garen. Sie werden auch gern zu süßen Relishes verarbeitet oder eingelegt (s. auch S. 319).

ZUR INFORMATION

Saison *Grüne Bohnen, Bohnen zum Palen, Gartenerbsen* Frühsommer. *Mais* Sommer.

Im Handel Lima-Bohnen sind bei uns als Dosenware oder getrocknet im Handel. Augenbohnen bekommt man ebenfalls getrocknet.

Beim Einkauf beachten *Grüne Bohnen* Leuchtende Farbe; knackige Hülse; keine weichen Stellen; bei großen Samen ist die Hülse hart und zäh. *Bohnen zum Palen* Pralle, saftige Hülse ohne braune Streifen; kleine, saftige Kerne. *Gartenerbsen* Pralle, feste Schoten; kleine, tiefgrüne Erbsen ohne Runzeln. *Zucker-, Zuckermarkerbsen* Knackig-saftige Schoten. *Mais* Frische, grüne Deckblätter, feuchte »Seide«; keine Anzeichen von Wurmbefall; Kerne an der Spitze nicht voll ausgebildet, alle anderen klein und dicht gedrängt rund um die Spindel.

Vorbereitung *Grüne Bohnen, Zucker-, Zuckermarkerbsen* Waschen, Spitze und Stielansatz abschneiden und abfädeln (S. 286). *Bohnen zum Palen, Gartenerbsen* Waschen nach dem Auspalen (S. 286). *Mais* Hüllblätter und Narbenfäden entfernen (S. 286).

Portionen *Grüne Bohnen, Zucker-, Zuckermarkerbsen* 500 g ergeben 4 Portionen. *Bohnen zum Palen, Gartenerbsen* 500 g ergeben 2 Portionen. *Mais* 1–2 Kolben pro Person; 2 Kolben ergeben 200 g.

Nährstoffgehalt pro 100 g (roh). *Alle* Kein Fett, kein Cholesterin. *Grüne Bohnen* 130 kJ/31 kcal; 2 g Protein; 7 g Kohlenhydrate; 6 mg Natrium. *Bohnen zum Palen (dicke Bohnen)* 301 kJ/72 kcal; 6 g Protein; 12 g Kohlenhydrate; 50 mg Natrium. *Gartenerbsen* 339 kJ/81 kcal; 5 g Protein; 14 g Kohlenhydrate; 5 mg Natrium. *Zucker-, Zuckermarkerbsen* 176 kJ/42 kcal; 3 g Protein; 8 g Kohlenhydrate; 4 mg Natrium. *Mais* 359 kJ/86 kcal; 3 g Protein; 19 g Kohlenhydrate; 80 mg Natrium.

Garzeiten Je nach Alter. *Alle* Blanchieren: 2–3 Minuten. *Grüne Bohnen, Zucker-, Zuckermarkerbsen* Dünsten, backen bei 175 °C/Gas Stufe 2–3: 20–40 Minuten; kochen, dämpfen: 5–12 Minuten; sautieren: 3–6 Minuten; pfannenrühren: 2–4 Minuten. *Bohnen zum Palen* Köcheln, schmoren bei 175 °C/Gas Stufe 2–3: 25–45 Minuten. *Gartenerbsen* Kochen: 5–10 Minuten. *Mais, Kolben* Kochen: 4–7 Minuten; grillen mit Blättern oder in Alufolie bei 175 °C/Gas Stufe 2–3: 20–30 Minuten; dämpfen: 6–10 Minuten. *Mais, Körner* Dünsten, backen bei 175 °C/Gas Stufe 2–3: 30–40 Minuten; sautieren: 3–5 Minuten; köcheln: 8–15 Minuten.

Richtiger Gargrad *Grüne Bohnen, Zucker-, Zuckermarkerbsen* Weich, aber bißfest (S. 261). *Bohnen zum Palen, Gartenerbsen, Mais* Weich und zart.

Bemerkung *Alle* Hart und mehlig, wenn überreif oder zu lange gelagert. *Grüne Bohnen* Hart, sobald sich die Bohnenkerne ausbilden. *Zucker-, Zuckermarkerbsen* Matschig und klebrig, wenn übergart. *Mais* Bei zu raschem Garen oder Kochen mit Salz werden die Kerne hart.

Aufbewahrung *Grüne Bohnen* In Folie luftdicht verpackt, im Kühlschrank 2–3 Tage; (blanchiert) tiefgefroren: 6–12 Monate. *Zucker-, Zuckermarkerbsen* Im Kühlschrank 4–5 Tage; (blanchiert) tiefgefroren: 9–12 Monate. *Bohnen zum Palen, Gartenerbsen* In Folie verpackt, im Kühlschrank 4–5 Tage; (blanchiert) tiefgefroren: 6 Monate. *Mais* Möglichst innerhalb von 24 Stunden verzehren. *Mais, Kolben* Mit Blättern, im Kühlschrank über Nacht; (blanchiert) tiefgefroren: 1 Jahr; *Mais, Körner* (blanchiert) tiefgefroren: 3 Monate.

Typische Gerichte *Grüne Bohnen* Prinzeßbohnen in Sahne (Frankreich); *judia verdes barcena* (mit geräuchertem Schinken; Spanien); *fasoulia* (gedünstet in Tomatensauce; Griechenland); *zoldbab leves* (Suppe mit Zitronensaft, Dill; Ungarn). *Bohnen zum Palen Habas con jamón* (Lima-Bohnen, sautiert mit Schinken; Spanien); dicke Bohnen mit Speck (Deutschland); *piyazi* (Salat mit Gemüse, Zitronensaft; Türkei). *Gartenerbsen Risi e bisi* (mit Reis; Italien); *erwtensoep* (Suppe; Belgien); *petits pois au jambon* (mit Schinken; Frankreich); Püree mit Eiern, Sahne (Österreich); mit Wasserkastanien, Pilzen (USA); mit Frühkartoffeln in Sahne (USA); *menestra de quisantes* (Eintopf; Spanien); mit Petersiliensauce (Großbritannien). *Zuckererbsen* Mit Möhren, Minze (USA). *Mais Corn creole* (Relish mit grüner Paprika, Tomaten; USA); *fiatal tejszines kukorica* (in Sahne; Ungarn); *sopa d'elote* (Suppe; Mexiko).

Zuckererbsen und grüne Bohnen abfädeln

Zuckererbsen und verschiedene Sorten von grünen Bohnen müssen vor der Weiterverarbeitung abgefädelt werden. Dazu schneidet man Spitze und Stielansatz der Hülse ab und zieht dabei jeweils auf einer Seite den Faden mit ab.

STANGENBOHNEN »SCHNIBBELN«

Stangenbohnen müssen vor der Weiterverarbeitung abgefädelt werden.

1 Die Bohne zwischen Zeigefinger und Daumen halten, einen schmalen Streifen abschneiden.

2 Die Bohne in gleich große Stücke »schnibbeln«.

BOHNEN UND ERBSEN PALEN

Bohnen und Erbsen sollten erst kurz vor der Zubereitung enthülst werden, damit sie nicht austrocknen; andernfalls legt man sie vor der Weiterverarbeitung in kaltes Wasser.

Die Hülse zwischen zwei Fingern halten und durch Druck auf die Naht öffnen. Mit dem Daumen die Kerne herausdrücken.

DICKE BOHNEN ENTHÄUTEN

Junge dicke Bohnen haben eine zarte, weiche Schale und werden deshalb ungeschält gekocht. Bei reiferen Bohnenkernen ist die Schale zu hart. Sie müssen vor dem Kochen enthäutet werden.

Die Bohnenschale der Länge nach aufschlitzen. Das gegenüberliegende Ende der Schale zusammenpressen und das Fruchtfleisch herausdrücken.

MAIS ENTHÜLSEN

Ganz gleich, ob Mais als Kolben oder als Körner serviert wird, vor dem Garen müssen zuerst die Hüllblätter und die Narbenfäden – die »Seide« – entfernt werden.

Die papierartigen Maishülsenblätter vorsichtig nach unten ziehen. Die Blätter und den Stielansatz abbrechen oder abschneiden und die Narbenfäden entfernen.

MAISKÖRNER VOM KOLBEN TRENNEN

Man kann die Körner ganz vom Kolben schneiden oder nur das saftige Fruchtfleisch herauslösen, wobei man die Häutchen stehenläßt.

1 Körner abschneiden Den Kolben am Stielende festhalten und auf einem Arbeitsbrett abstützen. Mit einem scharfen Messer von oben nach unten am Kolben entlangschneiden; dabei möglichst viele Körner abtrennen. Rund um den Kolben bleibt eine dünne Schicht Fruchtfleisch stehen.

2 Fruchtfleisch aus den Körnern herauslösen Mit einem kleinen Messer die Körnerreihen nacheinander aufschneiden.

3 Das Fruchtfleisch mit dem Messerrücken abschaben; Fruchtfleisch und Milch auffangen und in einem Eintopf verwenden.

KÜRBISGEWÄCHSE

Zucchini, Markkürbis, Winterkürbis, Eichelkürbis

Die Familie der Kürbisgewächse umfaßt mehr als 800 Arten und ist auf dem amerikanischen Kontinent beheimatet. Kürbisse werden in vielen verschiedenen Farben, Formen und Größen angebaut, wenngleich man in der Küche nur grob unterscheidet in Sommerkürbisse (die Sorten mit weicher Schale) und Winterkürbisse (die Sorten mit harter Schale). Die weichschaligen Sommerkürbisse werden in der Regel unreif geerntet. Stellvertretend für alle Sommerkürbisse seien die kleinen Zucchini mit ihrem milden, nußartigen Geschmack genannt. Ihr Fruchtfleisch ist so zart, daß man sie auch roh essen kann. Zucchini werden inzwischen weltweit angebaut. Am besten schmekken sie, wenn sie bis zu 15 cm lang sind. In Italien und Frankreich werden Zucchiniblüten gern gefüllt oder in Ausbackteig fritiert. Zu den amerikanischen Sommerkürbissen zählen die gelben oder grünen Krummhals- und Geradhalskürbisse, die blaßgrünen Patty Pans und die dickeren gekerbten Pastetenkürbisse.

Auf den Britischen Inseln ist der Gemüse- oder Markkürbis sehr verbreitet. Es handelt sich bei dieser Frucht um eine ausgereiftere Form der Zucchini. Der birnenförmige Chayote ist in Mittelamerika und am Pazifik wohlbekannt; er benötigt allerdings eine längere Garzeit als die übrigen Sommerkürbisse.

Was ihre jeweilige Verarbeitung in der Küche angeht, so unterscheiden sich Sommerkürbisse kaum voneinander. Alle haben einen angenehm milden Geschmack, und wenn man sie übergart, zerfallen sie zu einer breiigen Masse. Zur Geschmacksverbesserung und Formerhaltung werden sie deshalb oft in der Schale gegart. Größere Sorten, wie der Markkürbis, eignen sich hervorragend zum Füllen und Backen. Als Farce wird gern eine Kräuter- oder Fleischmasse genommen. Kleine Kürbisse werden gekocht oder gedämpft und anschließend mit Butter gereicht oder mit anderen weichen Gemüsen, zum Beispiel Tomaten, sautiert. Man kann sie auch gut raspeln und zu *fritters* verarbeiten, allerdings müssen sie dann erst gesalzen und entwässert (S. 261) werden. Sommerkürbisse mit festem Fruchtfleisch schmecken vorzüglich in Gemüse-*macédoine* (S. 268) oder als Pickles. Rohe Zucchini und Geradhalskürbisse werden oft in Stifte geschnitten und mit Dip-Saucen serviert.

Der wohl bekannteste Winterkürbis ist der Gartenkürbis – auch »gelber Zentner« genannt –, hartschalig und duftend, mit leicht faserigem Fruchtfleisch und großen Kernen. Winterkürbisse sind rund, manchmal auch etwas kubisch geformt, haben eine blaß- bis leuchtend-orangefarbene Schale und noch dunkleres Fruchtfleisch. Pürierter Winterkürbis ist Basis einer gehaltvollen Suppe und wird auch als Gemüsebeilage gereicht. Nach alter nordamerikanischer Tradition wird im Herbst eine Kürbistorte, *pumpkin pie,* gebacken.

Nordamerika ist auch die Heimat einer ganzen Reihe anderer Winterkürbisse. Hier gedeihen der keulenförmige Birnenkürbis, der Eichelkürbis, der warzige Hubbard, der Turban- und der Butterblumenkürbis. Der leuchtend-gelbe Spaghettikürbis hat faseriges Fruchtfleisch, das gekocht wie Spaghetti aussieht.

Winterkürbisse werden erst geerntet, wenn sie voll ausgereift sind. Die Schale ist dann dick und hart, häufig auch gerippt, und das Fleisch ist fest und zum Rohverzehr nicht geeignet. Die voll ausgebildeten Kerne müssen vor dem Garen herausgekratzt werden. Da auch die Schale ungenießbar ist, werden Winterkürbisse immer – vor oder nach dem Garen – geschält. Kleinere Kürbisse halbiert man gern, würzt sie, manchmal mit braunem Zucker, und backt sie in der Schale mit Butterflöckchen. Geschälter und in Schnitze geteilter Kürbis schmeckt ausgezeichnet, wenn er gedämpft, sautiert oder an Suppen und Eintöpfe gegeben wird. Die meisten Winterkürbisse lassen sich gut pürieren und ergeben somit eine vorzügliche Grundlage für Suppen und süße Kuchenfüllungen.

ZUR INFORMATION

Saison *Sommerkürbis* Spätfrühling bis Anfang Herbst. *Winterkürbis* Herbst.

Im Handel Kürbisse aus einheimischer Ernte sind im Frühherbst erhältlich, in den Wintermonaten ist Importware aus südlichen Ländern auf dem Markt. Chinesische Wintermelone bekommt man in guten Asia-Läden (importiert aus Holland); sie läßt sich gegebenenfalls durch Gartenkürbis ersetzen.

Beim Einkauf beachten *Sommerkürbis* Dünne, unversehrte Schale; feste Früchte ohne Druckstellen und Flecken; je größer die Frucht, um so weniger Geschmack. *Winterkürbis* Hartschalig, fest und schwer.

Vorbereitung *Sommerkürbis* Waschen, Stielansatz entfernen; nur schälen, wenn im Rezept ausdrücklich verlangt. *Winterkürbis* Halbieren oder in Scheiben schneiden, entkernen und schälen (S. 288).

Portionen *Sommer- und Winterkürbis* 500 g Kürbis ergeben gegart 4 Portionen.

Nährstoffgehalt pro 100 g (roh). *Alle* Kein Fett, kein Cholesterin. *Sommerkürbis* 84 kJ/20 kcal; 1 g Protein; 4 g Kohlenhydrate; 2 mg Natrium. *Winterkürbis* 155 kJ/37 kcal; 1 g Protein; 9 g Kohlenhydrate; 4 mg Natrium.

Garzeiten *Sommerkürbis, ganz oder halbiert, gefüllt* Backen bei 175 °C/Gas Stufe 2–3: 20–30 Minuten. *Stücke, Schnitze* Backen bei 175 °C/Gas Stufe 2–3: 10–15 Minuten; blanchieren: 1–2 Minuten; kochen, dämpfen: 5–10 Minuten; fritieren: 2–3 Minuten; sautieren: 3–5 Minuten; köcheln, dünsten: 8–15 Minuten; pfannenrühren: 2–3 Minuten. *Winterkürbis, halbiert* Backen bei 175 °C/Gas Stufe 2–3: 25–35 Minuten; blanchieren: 2–3 Minuten; kochen, dämpfen: 8–15 Minuten; fritieren: 2–3 Minuten; sautieren: 3–5 Minuten.

Richtiger Gargrad Weich und zart, aber noch fest.

Bemerkung *Sommerkürbis* Wenn überreif, weich und ohne Aroma; bei Übergaren weich und wäßrig. *Winterkürbis* Wenn überreif, strohig und faserig.

Aufbewahrung *Sommerkürbis* Lose eingeschlagen, im Kühlschrank 2–3 Tage; zum Einfrieren wenig geeignet. *Winterkürbis* An einem kühlen, trockenen Ort 1–2 Wochen.

Typische Gerichte *Sommerkürbis Tortino di zucchine* (mit weißer Sauce; Italien). *Winterkürbis Pumpkin pie* (Kürbistorte; USA).

MARKKÜRBIS VORBEREITEN

Diese Methode ist für Markkürbisse und andere große Sommerkürbisse mit harten Kernen geeignet.

1 Den Stielansatz entfernen und den Kürbis in dicke Scheiben schneiden.

2 Vor dem Garen die Kerne mit einem Teelöffel entfernen.

ZUCCHINI-SCHIFFCHEN VORBEREITEN

Zucchini sind ideale Behälter für würzige Füllungen, beispielsweise aus Semmelbröseln, Zwiebeln und Anchovis oder aus Schweinehack mit Zwiebeln, Petersilie und Speck.

1 Das obere Drittel der Zucchini der Länge nach abschneiden oder die Frucht längs halbieren.

2 *Rechts:* Mit einem kleinen Messer – etwa 5 mm vom Rand entfernt – rundum das Fruchtfleisch tief einschneiden.

3 Mit einem Teelöffel Mark und Kerne so weit herausnehmen, daß am Boden noch eine etwa 5 mm dicke Schicht Fruchtfleisch stehenbleibt. Das ausgelöste Mark für die Füllung des Zucchini-Schiffchens verwerten.

WINTERKÜRBIS VORBEREITEN

Vor dem Schälen und Entkernen werden Winterkürbisse in handliche Stücke zerteilt.

1 Den Kürbis zunächst halbieren. Mit einem großen Löffel Kerne und anhängende bittere Fasern herausschaben und wegwerfen.

2 Den Kürbis in kleinere Schnitze teilen und mit einem scharfen Messer das Fruchtfleisch von der Schale schneiden.

WEITERE KÜRBISGEWÄCHSE

Neben den Sommer- und Winterkürbissen gibt es noch andere Vertreter aus der Familie der Kürbisgewächse, wie die Koloquinte oder Bittergurke, die im tropischen Indien beheimatet ist, aber auch in anderen warmen Regionen kultiviert wird. Äußerlich ähnelt die Koloquinte mit ihrer hellgrünen, warzigen Schale unserer Gurke, ihr blasses Fruchtfleisch mit den großen, braunen Kernen erinnert jedoch eher an die Aubergine. Vor der Weiterverarbeitung muß die Frucht entwässert und eventuell noch blanchiert werden, damit sie ihren bitteren Saft verliert (S. 261). Als Garmethoden empfehlen sich das Sautieren oder Pfannenrühren unter Beigabe von scharfen Gewürzen oder das Dünsten in einer würzigen Sauce. Die kleinere und stachelbewehrte Sorte der Bittergurke wird auf gleiche Weise zubereitet. Eine asiatische Spezialität ist die haltbare Chinesische Wintermelone, die eine glattere Schale aufweist und rundlicher ist. Das Fruchtfleisch besitzt zwar kaum Eigengeschmack, aber entkernt und ausgehöhlt ist diese Frucht ein ideales Serviergefäß für Suppen und Eintöpfe.

Alle Kürbisgewächse schmecken am besten, wenn sie jung und unreif geerntet werden, denn später entwickeln sie ein zunehmend bitteres Aroma. Erwähnt seien an dieser Stelle noch der lange, gewundene Schlangenkürbis, der Flaschenkürbis und der Schwammkürbis (Luffa), der wie eine kantige Gurke geformt ist. Ihr Fruchtfleisch ist relativ geschmacksneutral und nimmt andere Aromen gut auf. Kürbisgewächse mit festerem Fruchtfleisch werden oft gedämpft und als Beilage zu Fleischgerichten gereicht.

ZWIEBELGEMÜSE

Zwiebeln und ihre Verwandten – Porree oder Lauch, Frühlingszwiebeln, Schalotten und Knoblauch – gibt es in vielen verschiedenen Sorten, wildwachsend und kultiviert, und sie alle sind als würzende Zutat (S. 14) wie auch als Gemüse aus der Küche nicht mehr wegzudenken. Ihre Farbe, Größe, Konsistenz und Schärfe hängen weitgehend von der Bodenbeschaffenheit und den Wachstumsbedingungen ab und nicht zuletzt auch von der jeweiligen botanischen Art. In der Regel gilt: je gemäßigter das Klima, desto milder und süßer die Zwiebel.

Durch Blanchieren verlieren Zwiebeln weitgehend ihre Säure und werden milder im Geschmack. Milch- und Sahnemischungen, die blanchierte Zwiebeln enthalten, gerinnen nicht so schnell. Zwiebeln sollten stets vorsichtig in Butter oder Öl angebraten werden; glasig gedünstet schmecken sie süß und mild. Brät man sie aber zu rasch an, bräunen sie sehr schnell nach, und bei zu hoher Temperatur werden sie schwarz und bekommen einen bitteren Geschmack.

Nach der Ernte werden die Zwiebelknollen zum Trocknen ausgelegt, bis ihre äußeren Schalen papierartig rascheln. Am gebräuchlichsten sind bei uns die runden oder länglichen gelben Haushalts- oder Küchenzwiebeln mit bräunlicher Schale. Sie lassen sich gut lagern, und da sie in der Regel den schärfsten Geschmack haben, sind sie eine ausgezeichnete Würze für herzhafte Gerichte, wie die flämische *carbonnade* oder die französische Zwiebelsuppe. Langsam gegart erreichen sie am besten ihr würzig-süßliches Aroma. Große weiße Zwiebeln sind milder als gelbe.

Größer und verhaltener im Geschmack als Haushaltszwiebeln sind die gelben oder weißen Gemüsezwiebeln, die häufig nach ihrem Herkunftsort benannt werden. Kultiviert man diese Gemüsezwiebeln in anderen Regionen, schmecken sie oft genauso stechend-scharf wie gewöhnliche Haushaltszwiebeln. Gemüsezwiebeln ißt man gern roh auf Hamburgern, Sandwiches und in Salaten. Sie eignen sich auch gut zum Füllen oder zum Grillen auf dem Rost und nicht zuletzt für den berühmten Zwiebelkuchen. Rote Zwiebeln gehören zu den Gewürzzwiebeln und schmecken je nach Sorte süß oder scharf. Die runden werden oft als spanische rote Zwiebeln und die länglichen als italienische rote Zwiebeln bezeichnet. Wegen ihrer attraktiven Farbe gibt man sie gern roh an Salate.

Perlzwiebeln, auch Silberzwiebeln genannt, sind haselnußgroß und werden bereits geerntet, wenn sie einen Durchmesser von höchstens 2,5 cm haben. Kochzwiebeln – wie sie in England bevorzugt als Gemüse in Wasser gegart werden – sind ähnlich, nur etwas größer. Frisch geerntete Perlzwiebeln schmecken so mild wie Frühlingszwiebeln; erst beim Trocknen entwickeln sie ein intensiveres Aroma. Sie werden häufig als Garnierung für Fleischeintöpfe und Schmorgerichte oder in marinierten Salaten und Pickles verwendet.

Die lange, schlanke Frühlingszwiebel, auch Lauchzwiebel genannt, ist die kaum entwickelte Knolle der gelben Zwiebel, die wegen ihres feinen Geschmacks in unterschiedlichen Größen angebaut wird. Frühlingszwiebeln vertragen keine langen Garzeiten, sind aber ein hübscher Kontrast zu zarten, süßlich schmeckenden Gemüsen, die rasch im Wok zubereitet werden. Baumzwiebeln, auch Ägyptische Zwiebeln genannt. bilden winzige Knollen auf hohen, grünen Stielen aus. Sie können wie Frühlingszwiebeln verwendet werden, sind jedoch wesentlich schärfer und schmecken vorzüglich, wenn sie in Essig eingelegt sind.

Porree oder Lauch ist der mildeste Vertreter der großen Zwiebel-Familie und ein sehr beliebtes Gemüse im gesamten europäischen Raum. Der lange weiße Schaft von Sommerporree oder Frühlauch wird für Rohkost-Salate in dünne Scheiben geschnitten, doch in der Regel wird Porree gekocht und mit einer Vinaigrette (S. 64) oder einer *béchamel*-Sauce (S. 54) angemacht oder in Kalbsfond gegart. Porree verwendet man gern zusammen mit anderen Gemüsen als Suppen- und Brühenwürze oder – in Julienne-Streifen geschnitten – als Garnitur. Eine vorzügliche Beilage zu gegrilltem Fleisch oder Fisch ist junger, zarter Babylauch, mit Olivenöl bepinselt.

Schalotten und Knoblauch spielen in der Küche eine Doppelrolle. Sie sind zugleich Gemüse und Gewürz (S. 14). Trotz ihres ähnlichen Aussehens unterscheiden sich Schalotten grundlegend von Zwiebeln. Schalotten sind eine Zwiebelart, die mehrere kleine Zehen unter einer Hülle zusammenfaßt. Die einzelnen Zehen erinnern an etwas mißgestaltete Perlzwiebeln, schmecken aber aromatischer und feiner als gewöhnliche Zwiebeln. Ganze Schalotten werden manchmal geröstet und auch als Ersatz für Perlzwiebeln genommen.

Wie die Schalotte besteht auch der Knoblauch aus mehreren Tochterzwiebeln (Zehen), die von einer gemeinsamen Hülle umgeben sind. Der Knoblauch mit seinem durchdringend scharfen Geruch und Geschmack wird vornehmlich zum Würzen verwendet. Werden ganze Knoblauchzehen geröstet, entwickeln sie ein süßliches, nussiges Aroma und schmecken erstaunlich mild. Ganz vorzüglich sind sie püriert oder in einer Sauce. Zu gebratenem Fleisch oder Geflügel reicht man zuweilen ganze Knoblauchzwiebeln, aus deren Zehen dann das weiche Fleisch herausgeschabt wird. Knoblauchsuppe schätzt man in Mexiko und im Mittelmeerraum. In den asiatischen Ländern werden ganze Knoblauchzehen gern eingelegt.

ZUR INFORMATION

Saison *Haushaltszwiebel, rote Zwiebel, Perlzwiebel* Sommer. *Gemüsezwiebel* Herbst. *Frühlingszwiebel, Schalotte, Knoblauch* Sommer bis Winter. *Porree* Sommer.

Im Handel Frische Perlzwiebeln – die nicht überall erhältlich sind – kann man durch Schalotten ersetzen. Kochzwiebeln sind eine britische Spezialität; man kann statt dessen Haushalts- oder Gemüsezwiebeln verwenden.

Beim Einkauf beachten *Zwiebel, Schalotte* Fest, ohne grüne Spitzen; trockene Schalen; keine schwarzen oder weichen Stellen. *Frühlingszwiebel, Porree* Leuchtend-grünes Laub, feste Stangen; keine welken oder fauligen Außenblätter.

Vorbereitung *Zwiebel* (S. 290–291). *Schalotte, Knoblauch* Schälen, Stengelansatz und Wurzel abschneiden (S. 15). *Porree* (S. 290).

Portionen *Zwiebel* 500 g gehackt ergeben 3–4 Portionen. *Perlzwiebel* 500 g entsprechen etwa 20 Zwiebeln und ergeben 3–4 Portionen. *Frühlingszwiebel, Schalotte* 2–3 pro Person. *Porree* 1 kg ergibt gegart 4 Portionen.

Nährstoffgehalt pro 100 g (roh). *Alle* Kein Fett, kein Cholesterin. *Haushaltszwiebel, rote Zwiebel, Perlzwiebel* 143 kJ/34 kcal; 1 g Protein; 7 g Kohlenhydrate; 2 mg Natrium. *Porree* 256 kJ/61 kcal; 2 g Protein; 14 g Kohlenhydrate; 20 mg Natrium.

Garzeiten *Haushaltszwiebel, Gemüsezwiebel, rote Zwiebel, ganz* Je nach Größe. Schmoren, backen bei 190 °C/Gas Stufe 3: 60–90 Minuten; blanchieren: 2–3 Minuten; kochen: 10–20 Minuten. *Scheiben* Blanchieren: 1–2 Minuten; grillen: je Seite 3–5 Minuten; fritieren: 2–3 Minuten; sautieren: 3–5 Minuten; pfannenrühren: 2–3 Minuten; dünsten: 20–25 Minuten. *Perlzwiebel, Schalotte* Schmoren, backen bei 175 °C/Gas Stufe 2–3: 20–30 Minuten; blanchieren: 1–2 Minuten; kochen: 10–15 Minuten; sautieren (glacieren): 10–15 Minuten. *Frühlingszwie-*

Gelbe Haushalts- oder Küchenzwiebel

Rote Zwiebel

Perlzwiebel

Weiße Zwiebel

Frühlingszwiebel

ZUR INFORMATION (Fortsetzung) *bel* Dämpfen: 8–12 Minuten; pfannenrühren: 1–2 Minuten. *Porree, ganz und eingeschnitten* Schmoren bei 175 °C: 20–30 Minuten; blanchieren: 2–3 Minuten; kochen: 10–15 Minuten; grillen: 5–7 Minuten; dämpfen: 12–15 Minuten. *Ringe* Blanchieren: 1–2 Minuten; sautieren: 3–5 Minuten; köcheln: 10–15 Minuten; dämpfen: 10–12 Minuten; pfannenrühren: 2–3 Minuten; dünsten: 20–25 Minuten.

Richtiger Gargrad *Ganze Zwiebel (außer Frühlingszwiebel)* Weich (Garprobe mit dem Messer), aber trotzdem die Form behaltend. *In Scheiben oder gehackt* Weich und leicht zusammengefallen.

Bemerkung Separat aufbewahren, da der intensive Zwiebelgeruch leicht von anderen Lebensmitteln aufgenommen wird; Zwiebeln schmecken bitter, wenn sie während der Lagerung gekeimt haben. Gemüsezwiebeln werden mit zunehmendem Alter schärfer. *Zwiebel* Hände mit Essig oder Zitronensaft einreiben, um den Zwiebelgeruch zu vertreiben; die schwefelhaltigen ätherischen Öle brennen in den Augen, deshalb Zwiebeln unter kaltem Wasser schälen; ganz vorsichtig in der Küchenmaschine zerkleinern, da Zwiebeln leicht matschen. *Porree* Wenn übergart, weich und glitschig; sandig, wenn nicht gründlich ausgewaschen; wenn überreif, sind die Stangen in der Mitte hart oder ausgetrocknet.

Aufbewahrung *Haushaltszwiebel, Perlzwiebel, Schalotte, Knoblauch (nach dem Trocknen)* An einem kühlen, trockenen und luftigen Ort 1–2 Monate. *Gehackt* Im Kühlschrank 1 Tag; tiefgefroren: 3 Monate (zur Verwendung in gegarten Gerichten). *Gemüsezwiebel, rote Zwiebel* An einem kühlen, trockenen Ort 1–2 Wochen. *Gehackt* Im Kühlschrank 1 Tag; Geschmacksverluste, wenn tiefgefroren. *Frühlingszwiebel* Lose eingeschlagen, im Kühlschrank 2–3 Tage; nicht einfrieren. *Porree* An einem kühlen, trockenen Ort 1–2 Wochen; tiefgefroren: 3 Monate.

Typische Gerichte *Haushaltszwiebel Cebollas con garbanzos* (gedünstet mit Tomatensauce, Kichererbsen; Spanien); mit Kalbsleber, Äpfeln (Deutschland); Zwiebelkuchen (Frankreich); *sciule pieune* (gefüllt mit Makronen, Brotkrumen, Käse, Gewürzen, Sultaninen; Italien); *marmelade d'oignons* (Mus; Frankreich); Farce mit Salbei für Geflügel (Großbritannien); *soupe à l'oignon* (Suppe mit Käse, *croûtes;* Frankreich); Zwiebelwähe (Schweiz); *oignons farcis* (gefüllt, dann im Ofen gebacken; Frankreich); *gevulde wien* (gefüllt mit Champignons, Käse; Niederlande). *Gemüsezwiebel, rote Zwiebel* Ringe, fritiert in Ausbackteig (USA); *cebollas encurtidas* (eingelegte Ringe; Mexiko); Salat mit Thunfisch (Italien); mit Essig, Minze (Iran). *Perlzwiebel* Gebacken mit Pekannüssen, Paprika (USA); Sauce zu geschmortem Schweinefleisch (USA). *Frühlingszwiebel Stelk* (mit Kartoffelbrei; Irland); mit pfannengerührten Garnelen (USA); sautiert mit grünen Tomaten (USA). *Porree À la vinaigrette* (in Essig, Öl; Frankreich); Torte mit Speck (Wales); *prasa con tomate* (gekocht in Tomatensauce; Spanien); *frittata de prasa* (mit Kartoffeln, Käse; Italien); *vichyssoise* (kalte, cremige Kartoffelsuppe; USA); Mousse (mit Fisch; Frankreich); *cock a leekie* (Hühnersuppe mit Backpflaumen; Schottland). *Schalotte À la vinaigrette* (in Essig, Öl; Frankreich). *Knoblauch* Suppe (Spanien); geröstete ganze Zehen (Frankreich); *poulet aux cinquante gousses d'ail* (Brathähnchen mit 50 Knoblauchzehen; Frankreich); *skorthalia* (Sauce; Griechenland).
– Zwiebelgemüse harmonieren auch mit: Blattgemüsen, Nudelgerichten, Chillies, Kreuzkümmel, Fleischgerichten (gelbe Haushaltszwiebel); Tomaten, Fisch, Chillies, Avocado, Gurke, Hering (Gemüsezwiebel, rote Zwiebel); süß-sauer eingelegtem Gemüse, Möhren, Kartoffeln, Bratensauce, Rindfleisch, gedünstetem Obst, Erbsen (Perlzwiebel); Butter, Schweinefleisch, Zuckererbsen, Sommerkürbissen, Ingwer, grünen Paprika, Sojasauce, Wurst (Frühlingszwiebel); Kalbfleisch, Schinken, Käse, Basilikum, Salbei (Porree).

Porree

Kochzwiebel

PORREE WASCHEN

Porreestangen, besonders bei Freiland-Porree, sind meist sehr sandig. Deshalb sollten sie vor dem Garen gründlich gereinigt werden.

1 Die Blattspitzen abschneiden; je nach Rezept etwas Grün stehenlassen oder den grünen Teil ganz entfernen. Die äußeren Blätter ablösen und die Wurzelverdikkung abschneiden. Die Porreestangen vom grünen Ende her ein- oder zweimal bis fast zur Wurzel spalten.

2 Die Stangen in kaltem Wasser gründlich auswaschen und durch Schütteln den Sand herausspülen. Zur Weiterverarbeitung die Stangenteile wieder zusammenlegen.

ZWIEBELN IN SCHEIBEN SCHNEIDEN

Je nach Verwendung werden Zwiebeln in dicke oder dünne Scheiben geschnitten. Zwiebelscheiben gibt man an Suppen, Eintöpfe und viele Salate oder nimmt sie zum Garnieren. Andere Rezepte wiederum verlangen feingewürfelte oder feingehackte Zwiebeln.

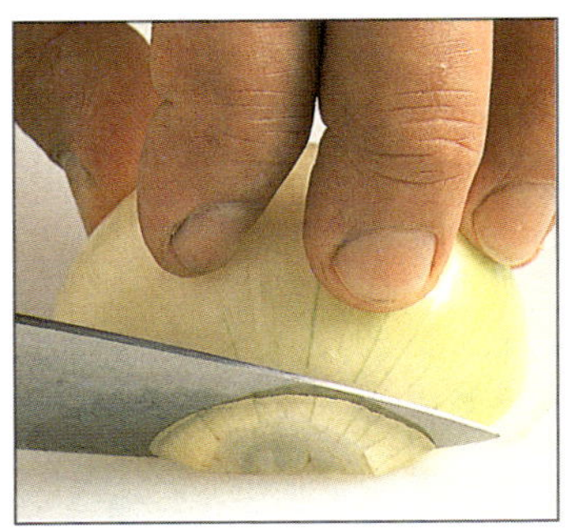

1 Die Zwiebel schälen und den Stengelansatz entfernen; dann halbieren und das Wurzelende abschneiden.

2 Die Zwiebel festhalten und quer in Scheiben der gewünschten Stärke schneiden. Die Finger dienen dem Messer als Führung.

ZWIEBELN IN RINGE SCHNEIDEN

Zum Grillen und Backen oder für die Verwendung als Belag von Hamburgern und Sandwiches werden Zwiebeln in Ringe geschnitten.

Eine große Zwiebel schälen, dann Wurzelende und Stengelansatz abschneiden. Die Zwiebel mit einer Hand fest auf das Arbeitsbrett drücken und in Scheiben der gewünschten Stärke schneiden. Die Scheiben zerfallen in einzelne Ringe, wenn man leicht gegen die Mitte drückt.

ZWIEBELN WÜRFELN UND HACKEN

Die Zwiebel wird zuerst in Scheiben und dann in gleichmäßige Würfel geschnitten oder gegebenenfalls noch feiner gehackt. Die Stärke der ursprünglichen Scheiben bestimmt die Würfelgröße.

1 Die Zwiebel schälen und nur den Stengelansatz entfernen; die Wurzel hält die Zwiebel beim Schneiden zusammen. Halbieren und eine Hälfte mit der Schnittfläche nach unten auf ein Arbeitsbrett legen.

2 Mit einem Hackmesser die Zwiebelhälfte waagerecht bis zur Wurzel ein-, aber nicht ganz durchschneiden.

3 Dann in Längsrichtung bis zur Wurzel mehrmals jeweils senkrecht ein-, aber ebenfalls nicht durchschneiden.

4 Schließlich mit senkrechten Querschnitten die Zwiebel würfeln, dabei die Schneide des Messers mit den gebogenen Fingern führen.

5 Für noch kleinere Zwiebelstückchen die Würfel hacken. Die Spitze des langen Hackmessers bleibt dabei – gehalten mit einer Hand – auf dem Schneidebrett, während das Messer auf und ab bewegt wird.

Zwiebelgemüse mit Rosinen

Diese Gemüsebeilage aus Perlzwiebeln schmeckt heiß köstlich zu Schweinebraten und Wild. Zu Pasteten und Terrinen wird sie bei Raumtemperatur gereicht.

4–6 Portionen

500 g Perlzwiebeln oder Schalotten, geschält und geputzt (unten)
300 ml Wasser
4 EL Weinessig (gegebenenfalls etwas mehr)
3 EL Olivenöl
45 g Zucker (gegebenenfalls etwas mehr)
3 EL Tomatenpüree
75 g Rosinen
1 *bouquet garni*
Salz und Pfeffer

1 Alle Zutaten außer Salz und Pfeffer in einen Topf geben und zum Kochen bringen. Die Hitze reduzieren und bei offenem Topf köcheln lassen, bis die Zwiebeln sehr weich sind (etwa 45 Minuten). Die Flüssigkeit sollte weitgehend verdampft sein, so daß der Topfinhalt feucht ist, aber nicht in der Flüssigkeit schwimmt.
2 Mit Salz und Pfeffer abschmecken; das *bouquet garni* entfernen. Das Gemüse heiß oder bei Raumtemperatur servieren.

Perlzwiebeln schälen

Große Mengen an Perlzwiebeln oder Schalotten lassen sich am besten schälen, wenn man sie für 5–10 Sekunden in einem großen Topf blanchiert. Anschließend werden die Zwiebelchen abgesiebt und mit kaltem Wasser abgeschreckt. Stengelansatz und Wurzel schneidet man jeweils ab, die Haut läßt sich mit den Fingern abstreifen.

WURZEL- UND KNOLLENGEMÜSE

Möhre, Weiße Rübe, Pastinake, Rote Bete, Schwarzwurzel, Rettich

Die große Familie der Gemüse, die unter der Erde wachsen, umfaßt Wurzelgemüse – wie Möhren, weiße Rüben, Pastinaken, Schwarz- und Haferwurzeln, Rettiche – und Knollengemüse, wie Topinamburs und Kartoffeln, die vielseitigsten von allen (S. 294); zu den etwas exotischeren Gemüsen dieser Art zählt der Taro. Die meisten Wurzel- und Knollengemüse sind untereinander austauschbar und kommen ohne Kühllagerung aus. Allerdings besteht ein großer Unterschied zwischen Gemüsen aus neuer Ernte, die meist klein, jung und zart geerntet werden, und sogenanntem Lagergemüse, das größer und ausgereifter ist.

Wurzel- und Knollengemüse müssen immer so gekocht werden, daß sie gerade gar sind, aber nicht zerfallen. Man setzt sie deshalb in kaltem Wasser auf und läßt sie leicht köcheln, im Gegensatz zu Blattgemüse, das in sprudelndem Wasser gegart wird. Als Alternative empfiehlt sich Dämpfen; damit die Gemüse gleichmäßig garen, müssen sie jedoch in gleich große Stücke geschnitten werden. Da sich manche Wurzel- und Knollengemüse nach dem Zerteilen verfärben – so auch Topinambur, Knollensellerie und Schwarzwurzel –, legt man sie während der Verarbeitung in Essig- oder Zitronenwasser. Zum Dämpfen sind sie daher ungeeignet.

Wurzel- und Knollengemüse lassen sich gut pürieren. Pürees reicht man als Beilage oder verwendet sie als Basis für Suppen, Soufflés und Gemüse-Terrinen. Die Gemüse werden zunächst weich gekocht und dann gut abgesiebt. Außer bei Möhren sollte man bei allen Gemüsen Kartoffeln mitkochen, da sie mit ihrem hohen Stärkeanteil für Festigkeit sorgen. Wurzel- und Knollengemüse eignen sich ebenso für Gratins wie für Schmor- und Eintopfgerichte. Man kann sie sautieren, pfannenrühren oder raspeln und für *fritters* verwenden. Außerdem sind sie Bestandteil vieler Suppen. Große, feste Wurzelgemüse, wie weiße Rüben, kann man aushöhlen und füllen, während man andere, zum Beispiel Pastinaken, in einer leichten Panade oder in Ausbackteig fritiert. Zum Grillen sind sie weniger geeignet, da sie bei starker Hitze schnell austrocknen. Für junge Wurzel- und Knollengemüse empfiehlt sich Dämpfen oder Glacieren, wodurch ihr süßliches Aroma noch stärker hervortritt. Sie zu pürieren ist weniger empfehlenswert.

Die ursprünglichen Möhrensorten waren rot, violett und schwarz. Erst im 17. Jahrhundert kam durch eine holländische Züchtung die bekannte orangefarbene Möhre auf. In den USA werden heute auch weiße Möhren angebaut. Speisemöhren sind entweder kurz, rundlich und gedrungen – sie werden dann als Karotten bezeichnet – oder länglich und kegel- bis walzenförmig. Geschmacklich unterscheiden sich die einzelnen Sorten kaum, wenngleich die kleinen Frühmöhren gegenüber den großen, ausgereiften Möhren einen höheren Zuckergehalt und saftigeres Fruchtfleisch besitzen. Der süße Möhrengeschmack verträgt sich mit fast allen Zutaten. Möhren haben den Vorteil, daß sie selbst bei langen Garzeiten nicht zerfallen. Deswegen gibt man sie gern an Suppen und Eintöpfe, denen sie Farbe und Geschmack verleihen. Möhren sind ein unverzichtbarer Bestandteil in Gemüse-Julienne und in gemischten gegarten Salaten. Kleine Karotten, die man kochen und als Beilage verwenden will, sollten so geputzt werden, daß noch etwas farblich kontrastierendes Grün stehenbleibt. Größere Möhren wirken am dekorativsten, wenn man sie im Rollschnitt zerkleinert oder olivenförmig zurechtschneidet (S. 260). Möhren kann man kochen, dämpfen oder in Alufolie wickeln und dann im Ofen backen. Schwenkt man die gegarten Möhren zum Schluß kurz in Butter, sehen sie besonders appetitlich aus.

In enger verwandtschaftlicher Beziehung zur Möhre steht die Pastinake, die noch süßer im Aroma ist und roh leicht nussig schmeckt. Pastinaken gibt es als länglichen, möhrenähnlichen Typ und als rundliche, gedrungene Variante. Sie haben einen unverkennbaren Geschmack (eine Mischung aus Möhre und Sellerie), der sich gut mit eingesalzenen oder geräucherten Lebensmitteln verträgt, eine Zusammenstellung, die besonders in Deutschland und in den skandinavischen Ländern beliebt ist. Pastinaken werden in Suppen und Eintöpfen gekocht, in Butter oder Öl gebraten oder mit Sahne und Butter zu einem Püree verarbeitet.

Weiße Rüben gehören zur Kohl-Familie, auch wenn ihr Aussehen so gar nicht an Kohl erinnert. Obwohl die weltweit angebauten Speiserübensorten in Form und Farbe stark differieren, weisen sie geschmacklich kaum Unterschiede auf. Der beißende Geschmack roher weißer Rüben verschwindet, wenn man sie glaciert (S. 263) oder kocht und anschließend mit Sahne, Butter und einer Prise Zucker püriert. Rohe Rüben kann man auch raspeln und einsalzen wie Sauerkraut. Rüben harmonieren mit Federwild und Pute ebenso wie mit fettem Fleisch.

Die gelbfleischigen Kohl- oder Steckrüben werden oft mit den weißen Rüben verwechselt. Sie gehören jedoch einer anderen Art

an, die zum Teil vom Wildkohl und zum Teil von der wilden Speiserübe abstammt und ein ausgeprägtes kohlähnliches Aroma aufweist. Die Kohlrübe ist größer, am Stielansatz breiter und hat eine etwas rauhere, gelblich-violette Schale. Zubereitet wird sie wie die weiße Rübe, wenngleich sie eine längere Garzeit benötigt. Kohlrüben lassen sich gut pürieren und zu pikanten Puddings oder Pies verarbeiten.

Kohlrabi schmecken ähnlich wie weiße Rüben. Der eßbare Teil des Kohlrabi ist eine Scheinknolle – nämlich die rundliche Verdickung des Stielansatzes der Blätter –, die oberhalb des Erdreichs wächst. Die Blätter kann man wie Spinat zubereiten, meist werden sie aber schon vor dem Verkauf entfernt. Kohlrabi, ob blaßgrün, blau oder weiß, wird am besten mit der Schale gedämpft, anschließend geschält und mit Zitronensaft, Butter und Petersilie serviert. Kohlrabi schmecken ausgezeichnet gratiniert oder mit einer Käsesauce und können in vielen Rezepten durch weiße Rüben ersetzt werden.

Die rote Bete oder rote Rübe ist ein beliebtes Gemüse in Mittel- und Osteuropa, wo man ein Dutzend Varianten der Suppenspezialität *borschtsch* kennt. Die meisten roten Beten sind klein und rund, haben eine dünne, rötlichbraune Schale und schmecken angenehm süß. Erst kürzlich gelang auch die Züchtung einer goldgelben Sorte. Wird die Schale der roten Beten vor dem Kochen verletzt, scheiden die Rüben den roten Farbstoff Betanin aus; sie bluten aus. Meistens wird rote Bete im Ofen gebacken, gedämpft oder in der Schale mitsamt Wurzeln und Blattansätzen gekocht. Selbst nach dem Garen färbt zerkleinerte rote Bete noch auf andere Lebensmittel ab. Dieser Effekt ist bei manchen Suppen und Salaten aber durchaus erwünscht.

Der Knollensellerie ist eine große, knorrige Wurzel mit dicker Schale, die vor dem Kochen abgeschält werden muß. Das häßliche Äußere des Sellerie täuscht, denn im Inneren verbirgt sich ein frisches, würziges Fruchtfleisch, das im Geschmack an den zarteren und saftigen Bleichsellerie erinnert, der derselben Familie angehört. Für Salate wird roher Knollensellerie in feine Julienne-Streifen geschnitten und meist mit einem Dressing angemacht, das Senf enthalten kann, wie zum Beispiel der französische *céleri rémoulade*. Etwas milder schmeckt Sellerie, wenn er in einer Suppe gekocht oder in einer dunklen Sauce gegart wird. In Schmorgerichten und gemischten Gemüsegarnituren kann Sellerie als Ersatz für weiße Rüben verwendet werden, wenngleich er mit seinem intensiven Geschmack leicht alle anderen Zutaten dominiert.

Jicama ist die Knolle einer Pflanze, die auch Bohnen hervorbringt. Die Mexikaner unterscheiden zwischen milchigen und wäßrigen Sorten, die jedoch auf dieselbe Art zubereitet werden. Jicama sollte saftig und knackig sein und eine dünne hellbraune Schale aufweisen. Überalterte Knollen erkennt man an ihren dicken Schalen. Jicama wird oft roh mit Limonensaft und Chilischoten verzehrt. In einem pfannengerührten Gericht kann man sie auch durch Wasserkastanien ersetzen.

Topinambur – auch Erdbirne, Erdartischocke oder Jerusalemer Artischocke genannt – ist in der Tat eine seltsame kleine Knolle. Botanisch gesehen ein Verwandter der Sonnenblume, ist Topinambur ein in Nordamerika beheimatetes Knollengemüse. Die runzligen, knorrigen Wurzeln lassen sich – ob roh oder gekocht – nur mühsam schälen, rohe angeschnittene Knollen verfärben sich zudem schnell. Im östlichen Mittelmeerraum werden Topinamburs wie Kartoffeln verarbeitet. Fritiert ergeben sie die köstlichsten Chips. Der nussige Geschmack von Topinambur, dem von Artischocken vergleichbar, kommt am besten durch Kochen oder Dämpfen zur Geltung. Man kann die Knollen aber auch in Scheiben schneiden und in einer Sauce garen oder mit Dill oder Thymian in Butter anbraten. Besonders süß schmecken die Knollen, wenn man sie mit Fleisch brät oder püriert.

Hafer- und Schwarzwurzel sind eng verwandt. Beide haben lange, dünne Wurzeln, die stets erdig und schwer zu säubern sind. Die Haferwurzel hat eine helle Schale und wird wegen ihres Geschmacks auch Austernpflanze genannt, die Schwarzwurzel besitzt eine schwarzbraune Rinde. Wenn die geschälten Wurzeln der Luft ausgesetzt sind, verfärben sie sich. Ein aromatischer, herb-würziger Geschmack ist jedoch beiden gemein. Die im südlichen Europa beheimateten Wurzeln werden nach einem beliebten italienischen Rezept zuerst gekocht und anschließend mit Zitronensaft und Olivenöl angemacht.

Die kleinsten und schärfsten aller Wurzelgemüse sind die leuchtend-roten oder weißen Radieschen, die jung und zart geerntet und roh in Salaten verzehrt werden. Radieschen können je nach Sorte klein und kugelig sein oder länglich-oval, manche rot-weiß, andere wiederum lavendelfarben oder blaßgrün. Bei den Rettichen unterscheidet man Sommer- und Winterrettich. In Deutschland am verbreitetsten ist der weiße Sommerrettich, der in Bayern – als »Radi« – zu kunstvollen Spiralen aufgeschnitten wird. Die dunkelschaligen Rettichsorten schmecken schärfer als die farbigen. Zu den Winterrettichen zählt der weiße asiatische Daikon-Rettich, der bis zu 30 cm lang wird und inzwischen auch bei uns erhältlich ist. Man kann ihn dämpfen, aber auch in Essig eingelegt oder roh in dünne Scheiben geschnitten schmeckt Daikon-Rettich vorzüglich. Die scharfen Wurzeln ergeben einen ausgezeichneten Salat und werden oft als Beilage zu japanischen *sushi* (S. 134) gereicht. Rettiche können wie weiße Rüben gekocht werden.

ZUR INFORMATION

Saison *Möhre, Kohlrabi, rote Bete* Sommer bis Herbst. *Weiße Rübe, Pastinake, Kohlrübe* Herbst. *Knollensellerie* Spätsommer (Lagersellerie: ab Oktober). *Topinambur, Schwarz-/Haferwurzel* Frühwinter bis Frühjahr. *Radieschen, Rettich* Frühjahr, Sommer.

Im Handel Jicama ist bei uns nicht erhältlich, kann jedoch gut durch weiße Rüben oder milden Rettich (mit etwas Zucker) ersetzt werden.

Beim Einkauf beachten Lose Ware ist besser als abgepackte; die Wurzeln sollen fest und schwer sein; weiches, beschädigtes Fleisch und trockene Stellen meiden; werden die Wurzeln mit Grün verkauft, sollten die Blätter nicht welk sein.

Vorbereitung Anhaftende Erde abbürsten, waschen und abtropfen lassen; Stielansatz und Wurzelende abschneiden; dünne Schalen mit einem Kartoffelschäler abschälen, dickere mit einem kleinen Küchenmesser; junge, zarte Gemüse nur gründlich abbürsten. Nach dem Schälen in kaltes Wasser legen, Essig oder Zitronensaft zufügen. *Rote Bete* Nicht vor dem Garen schälen. *Topinambur* Gegart leichter zu schälen. *Möhre, Pastinake* Größere Exemplare vierteln und holzige Teile entfernen.

Portionen 500 g ergeben 3–4 Portionen. *Rettich* 500 g ergeben 6 Portionen.

Nährstoffgehalt pro 100 g (roh). *Alle* Kein Fett, kein Cholesterin. *Möhre* 180 kJ/43 kcal; 1 g Protein; 10 g Kohlenhydrate; 35 mg Natrium. *Weiße Rübe* 113 kJ/27 kcal; 1 g Protein; 6 g Kohlenhydrate; 67 mg Natrium. *Pastinake* 315 kJ/75 kcal; 1 g Protein; 18 g Kohlenhydrate; 10 mg Natrium. *Kohlrübe* 151 kJ/36 kcal; 1 g Protein; 8 g Kohlenhydrate; 20 mg Natrium. *Kohlrabi* 113 kJ/27 kcal; 2 g Protein; 6 g Kohlenhydrate; 20 mg Natrium. *Rote Bete* 185 kJ/44 kcal; 1 g Protein; 10 g Kohlenhydrate; 72 mg Natrium. *Knollensellerie* 164 kJ/39 kcal; 2 g Protein; 9 g Kohlenhydrate; 100 mg Natrium. *Jicama* 172 kJ/41 kcal; 1 g Protein; 9 g Kohlenhydrate; 6 mg Natrium. *Topinambur* 319 kJ/76 kcal; 2 g Protein; 17 g Kohlenhydrate; 4 mg Natrium. *Schwarz-/Haferwurzel* 344 kJ/82 kcal; 3 g Protein; 19 g Kohlenhydrate; 20 mg Natrium. *Rettich* 71 kJ/17 kcal; 1 g Protein; 4 g Kohlenhydrate; 24 mg Natrium.

Garzeiten Je nach Wurzel- oder Knollengröße. Für 2,5 cm große Stücke oder dicke Scheiben: *Möhre, Pastinake, Knollensellerie* Schmoren, backen bei 175 °C/Gas Stufe 2–3: 45–60 Minuten; blanchieren: 4–5 Minuten; kochen: 10–15 Minuten; fritieren: 2–3 Minuten (außer Möhren); sautieren: 5–7 Minuten; dämpfen: 12–18 Minuten; dünsten: 45–60 Minuten; pfannenrühren: 2–3 Minuten. *Weiße Rübe, Kohlrübe, Kohlrabi, Topinambur, Schwarz-/Haferwurzel* Schmoren, backen bei 175 °C/Gas Stufe 2–3: 30–45 Minuten; blanchieren: 4–5 Minuten; kochen: 8–12 Minuten; sautieren: 5–7 Minuten; dämpfen: 10–15 Minuten; dünsten: 45–60 Minuten; pfannenrühren: 2–3 Minuten; fritieren (nur Topinambur): 2–3 Minuten. *Rote Bete, ganz* Backen bei 150 °C/Gas Stufe 1: 60–90 Minuten; kochen, dämpfen: 30–60 Minuten. *Rettich, ganz* Glacieren (S. 263), dämpfen: 5–15 Minuten; sautieren, pfannenrühren: 5–10 Minuten.

Richtiger Gargrad Weich (Garprobe mit dem Messer). *Rote Bete* Weich; Schale läßt sich abstreifen.

Bemerkung *Möhre, Pastinake* Ausgereifte Wurzeln haben holzige Teile. *Kohlrübe, Knollensellerie, Schwarz-/Haferwurzel* Ausgereifte Exemplare sind faserig. *Weiße Rübe, Rettich* Ausgereifte Wurzeln schmekken oft bitter. *Rote Bete* Blutet aus, wenn die Schale verletzt wird, deshalb vorsichtig handhaben und erst nach dem Garen zerteilen.

Aufbewahrung *Alle* Die oberen Blatteile vor der Lagerung entfernen; zugedeckt an einem kühlen, dunklen und trockenen Ort oder im Kühlschrank 1–3 Wochen; nicht einfrieren. *Möhre* Wird bitter, wenn sie in der Nähe von Äpfeln gelagert wird.

Typische Gerichte *Möhre* Suppe mit Kerbel (USA); Kuchen mit Mandeln (Italien); Salat mit Rosinen (USA); kandiert (mit braunem Zukker, Zimt; USA); *carottes à la Vichy* (glaciert; Frankreich). *Pastinake* Gebraten (Großbritannien); *timbales de panais* (Becherpastete; Frankreich). *Knollensellerie* Püree (Österreich); *céleri-rave sauté* (gestiftelt, mit geschmolzenem Käse; Frankreich). *Weiße Rübe* Püriert mit Muskat, Butter (USA); *broccoletti strascinati* (gedünstete Blätter mit Knoblauch; Italien); gekocht, dann in Butter geschwenkt (USA); Cremesuppe (Frankreich). *Kohlrübe Haggis* (gestampft, mit Kalbs- oder Hammelmagen, Herz, Lunge, Leber, Nierenfett, Hafermehl; Schottland); gebacken, mit Honig (USA). *Kohlrabi à l'aneth* (blanchiert, mit Dill-Sahne-Sauce; Frankreich); gefüllt (Deutschland). *Rote Bete* Salat mit Walnüssen (UdSSR); *red flannel hash* (mit Schweinefleisch, Kartoffeln, Corned beef; USA); *rodbedesalat* (gewürfelt, mit Apfel, Meerrettich; Dänemark); *borschtsch* (Suppe mit Zwiebeln, saurer Sahne; UdSSR); *chlodnik* (kalte Suppe mit Garnelen, Polen); *betteraves au four à la crème de citron* (gebacken, mit Zitronensahne; Frankreich). *Topinambur* Relish mit grüner Paprika, Zwiebeln (USA); *topinambours en daube* (geschmort; Frankreich). *Schwarz-/Haferwurzel* Sautiert mit Kräutern (Frankreich); *salsifis à la crème* (mit Parmesan, Butter, Knoblauch; Frankreich); gedünstet in Butter (Deutschland).

Kartoffel

Die Kartoffel zählt weltweit zu den Grundnahrungsmitteln. Es ist daher nicht möglich, hier ihre vielfältigen Formen lückenlos aufzuzählen. Die in fast allen Klimazonen winterharte Kartoffelknolle hat eine bewegte Geschichte. Sie gelangte zwar schon Ende des 16. Jahrhunderts aus der Neuen Welt nach Europa, brauchte aber etwa 200 Jahre, bis sie auch bei uns wirklich heimisch wurde. Von den vielen Dutzend Kartoffelsorten werden heute nur relativ wenige überregional angebaut und vermarktet.

Botanisch betrachtet ist die Kartoffel eine stark entwickelte unterirdische Sproßverdickung oder Knolle der Kartoffelpflanze, in der Energie in Form von Stärke gespeichert ist. Bei Temperaturen um den Gefrierpunkt wandelt sich die Stärke in Zucker um, und die Kartoffel verfärbt sich schwarz. Daher sollten Kartoffeln nie im Kühlschrank aufbewahrt werden; die beste Lagertemperatur liegt bei 4 °C bis maximal 8 °C. Beim Kochen fungiert die Stärke als Binde- oder Dickungsmittel, beim Fritieren hingegen verhindert sie, daß Kartoffeln knusprig werden. So sollte man zerkleinerten Kartoffeln zuerst durch Einlegen in Wasser die Stärke entziehen und sie dann gründlich abtrocknen.

In der Küche werden Kartoffeln vornehmlich in drei Typen unterschieden: die festkochenden, die vorwiegend festkochenden und die mehligkochenden Sorten. Die festkochenden Sorten enthalten viel Feuchtigkeit, sind stärkearm und dünnschalig. Da sie beim Garen ihre feste Struktur behalten, eignen sie sich am besten für Gratins und Salate sowie zum Braten. Vorwiegend festkochende Kartoffeln sind von mittlerer Festigkeit, was sie vor allem als Beilage für Gerichte mit Saucen prädestiniert. Mehligkochende Knollen haben einen höheren Stärkegehalt. Sie werden durch das Kochen sehr weich und lassen sich besonders gut pürieren. Ideal sind sie daher für Suppen, Eintöpfe, Klöße und Knödel und zum Backen in Alufolie. Bei anderen Garmethoden trocknen mehlige Kartoffeln häufig aus und zerfallen. Feste Kartoffeln benötigen eine längere Garzeit als mehlige Sorten. Sie alle können jedoch fritiert werden.

Die Kocheigenschaften einer Kartoffel sind abhängig von der Reifezeit. Mit zunehmender Reife und Lagerung erhöht sich der Stärkegehalt. Ab Anfang Juni kommen die sogenannten Frühkartoffeln, noch ganz jung, frisch vom Feld auf den Markt. Sie sind mild im Geschmack und von fester Struktur. Am besten schmecken sie, wenn sie in der Schale gekocht und ungepellt mit Butter und gehackten Kräutern, wie Minze oder Petersilie, serviert werden. Junge Kartoffeln sind leider teuer und leicht verderblich; man kann sie daher nicht lagern. Mittelfrühe Sorten sind ab Mitte August im Handel. Sie eignen sich als Pellkartoffeln, für Salate und zum Grillen in Alufolie. Mittelspäte bis sehr späte Sorten werden von Mitte September bis Ende Oktober geerntet. Sie können für die Vorratshaltung eingekellert werden.

Jedes Land bevorzugt bestimmte Kartoffelsorten. In Deutschland, wo die Kartoffel zu den wichtigsten Grundnahrungsmitteln zählt – laut Statistik ißt jeder Deutsche jährlich zwei Zentner –, ist das Kartoffelangebot besonders vielfältig (s. ZUR INFORMATION /Im Handel). Auch in einigen nordeuropäischen Ländern besitzt die Kartoffel einen hohen Stellenwert.

Kartoffeln lassen sich auf vielerlei Weise zubereiten. Man kann sie als ganze Knollen im Ofen oder in glühender Holzasche backen oder geviertelt, gewürfelt, gerieben oder in Scheiben geschnitten verarbeiten. Man kann sie schälen oder ungeschält garen, denn die Schale enthält Aroma- und Nährstoffe. Für gehaltvolle Saucen und Eintöpfe, die viel Flüssigkeit aufsaugen, verwendet man in der Regel gekochte oder gedämpfte Kartoffeln. Als Beilage zu gebratenem oder gegrilltem Fleisch werden geschälte Kartoffeln fritiert oder geröstet.

Aufwendige Kartoffelgerichte, wie Gratins und Kartoffelpuffer (Reibekuchen), werden gern als Auftakt eines Menüs gereicht, vor allem in Verbindung mit Wurzelgemüsen, etwa weißen Rüben, oder auch mit Gemüsen aus der Zwiebel-Familie. Die Kartoffelsuppe heißt in Frankreich oft *soupe Parmentier*, so benannt nach dem Wissenschaftler und Gelehrten Antoine Auguste Parmentier, der die Franzosen letztendlich von der Schmackhaftigkeit der Kartoffel überzeugte. Es gibt zwar viele Varianten der Kartoffelsuppe, aber am häufigsten findet man auf französischen Speisekarten die *vichyssoise* aus Kartoffeln und Porree, die meist kalt serviert wird. Pürierte Kartoffeln (S. 296) sind ein wesentlicher Bestandteil von Soufflés, sogar von manchen Brotsorten und werden auch gern mit anderen pürierten Gemüsen gemischt.

Die Batate oder Süßkartoffel, die oft mit der Yamswurzel verwechselt wird, entstammt einer anderen botanischen Familie. Sie ist die Knolle eines amerikanischen Windengewächses, der Knollenwinde, und sieht der Kartoffel sehr ähnlich, ist aber dickschaliger. Ihr knackiges Fleisch zerfällt beim Kochen zu einem weichen Brei. Die süßen Bataten sind entweder orange-, weiß- oder gelbfleischig und schmecken nach Kastanien. Manche Sorten haben ein trockenes, mehliges Fleisch und eine hellbraune Schale, andere wiederum sind saftig und rötlichbraun. Bataten sind zum Kochen, Backen und Pürieren weitaus besser geeignet als zum Braten in der Pfanne. Fritiert sind sie eine schmackhafte Alternative zu Pommes frites. Um die natürliche Süße des Gemüses zu unterstreichen, gibt man oft Zucker oder Honig und süße Gewürze dazu. Ein traditionelles Gericht anläßlich der amerikanischen Thanksgiving-Feierlichkeiten sind Bataten, die mit Orangensaft und braunem Zucker »kandiert« werden. Das süße Batatenfleisch ergibt außerdem ein köstliches Püree für süße und pikante Pies, Puddings und Brote.

Die echte Yamswurzel ist meist größer als die Batate (es wird von über 1,80 Meter langen Exemplaren berichtet), kann aber wie die Süßkartoffel zubereitet werden. Ihr weißes bis dunkelorangefarbenes, auch rotes bis tiefrotes Fleisch ist jedoch nicht ganz so süß wie das der Batate. Die Yamswurzel ist zwar asiatischen Ursprungs, wird aber mittlerweile auch im Süden der USA sowie in Afrika, Südamerika und einigen Teilen Europas angebaut.

ZUR INFORMATION

Saison *Frühkartoffel* Juni bis Mitte August. *Mittelfrühe Kartoffel* Mitte August bis Mitte September. *Mittelspäte bis sehr späte Kartoffel* Ab Mitte September. *Batate, Yamswurzel* Herbst, Winter.

Im Handel *Frühe Sorte, festkochend* Sieglinde (nicht lagerfähig); *vorwiegend festkochend* Gloria, Hela (ab Mitte September bis folgendes Frühjahr lagerfähig), Saskia. *Mittelfrühe Sorte, festkochend* Hansa, Nicola; *vorwiegend festkochend* Clivia, Désirée, Grandifloria, Granola, Grata; *mehligkochend* Bintje (mehlig-festkochend, universell verwendbar), Irmgard (bayerische Züchtung, besonders geeignet für Knödel und Klöße). *Mittelspäte bis späte Sorte, mehligkochend* Datura, Maritta. – Rote Kartoffeln sind bei uns sehr selten auf dem Markt.

Beim Einkauf beachten *Kartoffel* Feste, schwere Knollen ohne Druckstellen und ohne Grün- und Schwarzfärbung; keine gekeimten Knollen; bereits gewaschene Kartoffeln sind nur begrenzt lagerfähig. *Frühkartoffel* Die Schale sollte sich leicht mit den Fingern abreiben lassen. *Batate, Yamswurzel* Feste Knollen ohne Faulstellen.

Vorbereitung Erde abbürsten, Knollen waschen und abtropfen lassen; Augen ausstechen; mit Kartoffelschäler schälen; verfärbte Stellen unbedingt wegschneiden; nach dem Schälen in kaltes Wasser legen oder erst nach dem Garen schälen.

Portionen 1 kg ergibt 4–6 Portionen.

Nährstoffgehalt pro 100 g (roh). *Alle* Kein Fett, kein Cholesterin. *Kartoffel* 332 kJ/79 kcal; 2 g Protein; 18 g Kohlenhydrate; 6 mg Natrium. *Batate* 441 kJ/105 kcal; 2 g Protein; 24 g Kohlenhydrate; 13 mg Natrium. *Yamswurzel* 496 kJ/118 kcal; 2 g Protein; 28 g Kohlenhydrate; 9 mg Natrium.

Garzeiten *Festkochende und vorwiegend festkochende Kartoffel, kleine, ganze Knollen (etwa 2,5 cm Durchmesser), Stücke, dicke Scheiben:* Blanchieren: 3–5 Minuten; kochen, dämpfen: 12–18 Minuten; schmoren, dünsten: 20–30 Minuten; sautieren: 8–15 Minuten. *Mehligkochende Kartoffel, Batate, Yamswurzel, ganze Knolle* Backen bei 190 °C/Gas Stufe 3: 45–60 Minuten; kochen: 20–30 Minuten. *Stücke* Backen bei 190 °C/Gas Stufe 3: 20–30 Minuten; kochen, dämpfen: 10–15 Minuten; schmoren, dünsten: 20–30 Minuten; fritieren (S. 296); sautieren: 5–10 Minuten.

Richtiger Gargrad Weich (Garprobe mit dem Messer).

Bemerkung *Kartoffel* Verfärbt sich, wenn sie geschält der Luft ausgesetzt ist; verliert Stärke, wenn sie länger als 1–2 Stunden im Wasser liegt.

Aufbewahrung *Kartoffel* In kühlen, dunklen und trockenen Räumen 2–3 Wochen, nicht im Kühlschrank aufbewahren, nicht einfrieren; Lichteinwirkung fördert Grünfärbung (Bildung von gesundheitsschädlichem Solanin); faulen, wenn sie in der Nähe von Zwiebeln gelagert werden. *Batate, Yamswurzel* In kühlen, dunklen und trockenen Räumen 7–10 Tage; nicht im Kühlschrank aufbewahren, nicht einfrieren.

Typische Gerichte *Kartoffel Latkes* (Pfannkuchen; jüdisch); Klöße (Deutschland); gebraten mit Äpfeln (Deutschland); Kartoffelpuffer (Deutschland); Tiroler Gröstl (gebraten mit Zwiebeln und Rindfleisch; Österreich); Rösti (geraspelte Pellkartoffeln als Fladen gebraten; Schweiz); Hammeleintopf (Irland); *twice-baked potatoes* (gebacken, ausgehöhlt, püriert, dann wieder in die Schale gefüllt; USA); Brot (Irland); *gratin dauphinois* (Auflauf mit Sahne, Käse, Knoblauch; Frankreich); Salat (warm oder kalt; Deutschland); *gnocchi alla romana* Nocken mit Tomatensauce, Käse; Italien). *Batate, Yamswurzel* Bataten-Pie (USA); Yamswurzel-Salat (gekocht, gewürfelt, mit grüner Paprika, Sellerie, Ei; Westafrika); gekocht, dann gebacken mit braunem Zucker, Gewürzen (USA); *yam foufou* (gekocht, dann püriert; Afrika). – Kartoffeln und Bataten harmonieren mit: Petersilie, Minze, Dill, Estragon, Fenchel, Schnittlauch, Paprika, saurer Sahne, Crème fraîche, Mais, Rindfleisch, getrockneten Bohnen, würzigen Blattgemüsen (Kartoffel); Schweinefleisch, Schinken, Geflügel, Rüben, Speck, Zimt, Honig, Kokosnuß, Zitrussäften, Muskat, Sherry (Batate).

Kartoffeln pürieren

Kartoffelpüree oder Kartoffelbrei wird oft als Beilage zu Fleisch oder Fisch gereicht. Ungedeckte pikante Torten bekommen häufig eine »Haube« aus Kartoffelpüree, und auch als gespritzte Speisengarnitur (Herzogin-Kartoffeln) wird das Püree gern verwendet. Pürierte Kartoffeln dienen ebenfalls zum Binden von Kroketten sowie von Fisch- und Gemüsekuchen. Kartoffelpüree kann von unterschiedlicher Textur sein: Man kann es als feste, steife Masse mit Kartoffelstückchen zubereiten, aber auch sahnig und locker, indem man reichlich Butter und heiße Milch oder Crème double unterrührt.

Für Kartoffelpüree werden die Kartoffeln zuerst geschält und gekocht. Anschließend läßt man sie gründlich abtropfen und dann bei schwacher Hitze etwa zwei Minuten auf dem Herd alle Restflüssigkeit verdampfen. Für ein grobes Püree reicht es, die Kartoffeln mit einem Kartoffelstampfer zu zerkleinern. Ist eine feinere Konsistenz erwünscht, streicht man die Kartoffeln durch ein Trommelsieb oder dreht sie durch eine Gemüsemühle. (**Hinweis** Kartoffeln nie in der Küchenmaschine oder im Mixer pürieren, da hierbei Stärke freigesetzt und das Püree klebrig wird.) Bei schwacher Hitze die heiße Milch unter ständigem Rühren an die Kartoffelmasse geben. Pro 750 g Kartoffeln rechnet man 250 ml Milch. Durch die Hitze dehnen sich die Stärkekörner aus und lassen das Püree sämig und locker werden. Zum Schluß rührt man mindestens 30–90 g Butter unter und schmeckt das Püree mit Salz und Pfeffer ab. Je nach Rezept oder Belieben kann es fest bis sahnig-fließend sein.

Herzogin-Kartoffeln *(pommes duchesse)* Nachdem man die Butter in die Kartoffelmasse gerührt hat, nimmt man das Püree vom Herd und mischt drei Eigelb darunter. Keine Milch zugeben. Die Kartoffelmasse durch eine Sterntülle in Rosetten oder anderen dekorativen Formen auf eine feuerfeste Platte spritzen, mit Eigelb bestreichen und im Ofen goldgelb backen.

Kartoffeln fritieren

Vor dem Fritieren kann man die Kartoffeln auf unterschiedlichste Weise zerkleinern, wichtig ist jedoch, daß die Kartoffelstücke jeweils gleich groß und gleich dick sind. Die kleingeschnittenen Kartoffeln werden in Wasser gelegt, damit sie sich nicht verfärben und damit ein Teil der Stärke austritt. Dann läßt man sie abtropfen und tupft sie gründlich trocken. Pommes frites und alle dickeren Kartoffelstäbchen gelingen am besten, wenn man sie in zwei Phasen fritiert; zunächst bei niedriger Temperatur, bis sie weich sind, und anschließend in heißem Öl, bis sie braun und knusprig sind. Feingeschnittene Kartoffeln, wie etwa *gaufrettes*-Kartoffeln, werden nur einmal in sehr heißem Fett fritiert und nach dem Fritieren mit Küchenkrepp trockengetupft.

Gibt man zu viele Kartoffelstückchen gleichzeitig in den Topf, sinkt die Temperatur, was zur Folge hat, daß die Kartoffeln das Fett aufnehmen und nicht knusprig werden. Während des Garens sollte man sie gelegentlich bewegen, damit sie nicht aneinanderhaften. Da größere Stücke nach zweimaligem Fritieren schnell weich und pappig werden, sollte man sie sofort servieren. Dünnere Kartoffelstäbchen, die nur einmal fritiert worden sind, kann man ein bis zwei Stunden knusprig halten. Fritierte Kartoffeln bestreut man erst kurz vor dem Anrichten mit feinem Salz, weil sie sonst zu matschig werden.

Stroh-Kartoffeln *(pommes paille)* Die Kartoffeln begradigen, dann in möglichst dünne Scheiben und anschließend in feine Streifen von etwa 7 cm Länge schneiden. Bei 190 °C 2–3 Minuten fritieren, bis die Streifen goldgelb sind. Die amerikanischen »Schnürsenkel«-Kartoffeln sind den Stroh-Kartoffeln sehr ähnlich, nur etwas länger.

Streichholz-Kartoffeln *(pommes allumettes)* Die Kartoffeln begradigen und in etwa 3 mm schmale Julienne-Streifen von etwa 6 cm Länge schneiden. Die Streifen einmal bei 190 °C 3–4 Minuten goldgelb fritieren.

Pommes frites *(pommes frites* oder *pommes mignonnettes)* Die Kartoffeln begradigen und in etwa 5 mm dicke Stäbchen von etwa 7 cm Länge schneiden. Die Stäbchen zuerst bei 160 °C 5–6 Minuten fritieren, bis sie weich, aber noch nicht gebräunt sind. Herausnehmen, abtropfen und abkühlen lassen. Das Öl auf 190 °C erhitzen und die Stäbchen noch einmal 1–2 Minuten fritieren, bis sie braun und knusprig sind.

Kartoffelstäbchen oder ***Pont-Neuf*-Kartoffeln *(pommes Pont-Neuf)*** Die Kartoffeln begradigen und in etwa 1 cm breite Stäbchen von etwa 7 cm Länge schneiden. Wie Pommes frites fritieren.

Waffel-Kartoffeln *(pommes gaufrettes)* Mit einem Gemüsehobel (unten) geriefelte Scheiben schneiden, dabei die Kartoffeln nach jedem Schnitt um 90 Grad drehen, so daß die Scheiben ein gitterförmiges Muster erhalten. Bei 190 °C 2–3 Minuten goldgelb fritieren.

Chips Mit dem Gemüsehobel oder einem großen, scharfen Messer die Kartoffeln in hauchdünne Scheiben schneiden. Wie Waffel-Kartoffeln fritieren.

Polster-Kartoffeln *(pommes soufflées)* Die Kartoffeln 3 x 5 cm groß zuschneiden und mit dem Gemüsehobel längs in möglichst gleichmäßige, etwa 3 mm dünne Scheiben schneiden. Bei 175 °C fritieren, bis die Scheiben weich, aber noch nicht gebräunt sind. Während der 4- bis 5minütigen Fritierzeit öfter umrühren, damit die Scheiben nicht aneinanderhaften. Abtropfen und abkühlen lassen. Dann bei 195 °C weitere 1–2 Minuten fritieren, bis sie braun sind – aber immer nur wenige Kartoffelscheiben gleichzeitig in das Öl geben, da sie sich sofort aufblähen.

MIT EINEM GEMÜSEHOBEL ARBEITEN

Der Gemüsehobel (S. 505) besitzt ein verstellbares Messer zum Raspeln oder Schneiden von hauchdünnen Gemüsescheiben und ist sehr praktisch zum Zerkleinern von Kartoffeln.

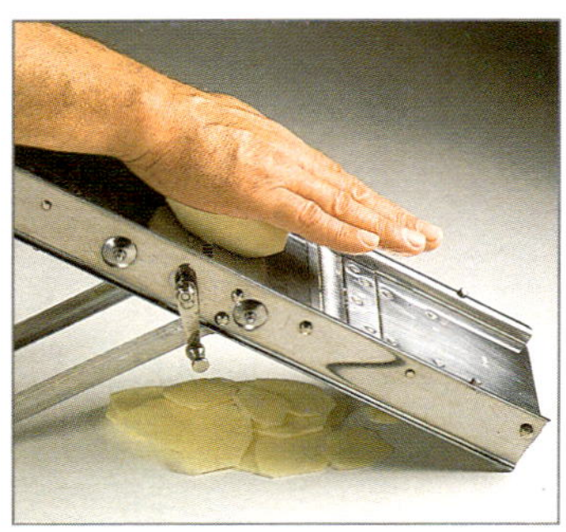

1 Für gleichmäßige Scheiben das Gemüse über dem auf die gewünschte Scheibenstärke eingestellten Messer hin- und herbewegen.

2 Für ein gitterförmiges Muster das gezackte Messer verwenden und nach jedem Schnitt das Gemüse drehen.

KARTOFFEL-KÖRBCHEN HERSTELLEN

Für Kartoffelkörbchen werden rohe Kartoffelscheiben, für Kartoffelnester (franz. *nids d'oiseau*) rohe Stroh-Kartoffeln verwendet. Die rohen Kartoffeln nicht in Wasser legen, da die Stärke als Bindemittel benötigt wird. Körbchen oder Nester lassen sich auch aus Wurzelgemüsen, wie Knollensellerie, zubereiten.

1 Die Kartoffeln schälen und in Scheiben schneiden, möglichst mit einem Gemüsehobel *(links)*. Die Kartoffelscheiben gründlich mit Küchenkrepp trockentupfen.

2 Zwei unterschiedlich große Drahtkellen verwenden und das größere Körbchen mit Kartoffelscheiben gut überlappend auslegen.

3 Die Kartoffelscheiben mit der kleineren Drahtkelle festdrücken und in das heiße Fett (175 °C) tauchen; 3–4 Minuten fritieren, bis die Kartoffeln zu bräunen beginnen.

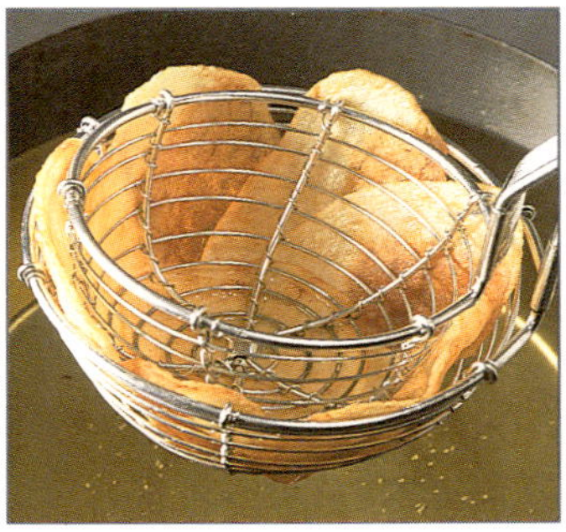

4 Das Kartoffelkörbchen vorsichtig mit einem Messer aus der Form lösen.

5 Das Kartoffelkörbchen wieder in das heiße Fett tauchen und 1–2 Minuten goldgelb fritieren.

6 Die fertigen Körbchen kann man als Garnitur verwenden und mit Stroh-Kartoffeln oder Gemüsestückchen füllen.

Peruanisches Kartoffelpüree

Dieses Kartoffelgericht (span. *papas con limone*) ist eine vorzügliche Beilage zu Rinderschmorbraten. Man kann es auch als eigenständiges Gericht servieren – dann reicht man es mit gekochten Garnelen oder hartgekochten Eiern.

4 Portionen

2 mittelgroße Bataten, geschält und in etwa 2 cm dicke Scheiben geschnitten
1 kg mehligkochende Kartoffeln, geschält und in Stücke geschnitten
1 Zwiebel, gehackt
1 *jalapeño*- oder andere frische Chilischote, geputzt, entkernt und feingehackt
½ TL zerstoßene getrocknete Chillies (oder nach Geschmack)
4 EL Zitronensaft (oder nach Geschmack)
4 EL Olivenöl
Salz und Pfeffer
75 g schwarze Oliven
125 g milder Cheddar oder anderer milder Hartkäse, gewürfelt

1 Bataten und Kartoffeln jeweils separat in kaltem Salzwasser aufsetzen und zugedeckt zum Kochen bringen; in 15–20 Minuten weich kochen. Abgießen und die Bataten warm stellen.

2 Die Kartoffeln wieder in den Topf geben und mit einem Kartoffelstampfer pürieren. Zwiebel, frische und getrocknete Chili, Zitronensaft und Olivenöl unterrühren; mit Salz und Pfeffer abschmecken. Das Kartoffelpüree in eine Schüssel geben, mit Oliven und Käsewürfeln dekorieren und rundum mit den Bataten belegen. Heiß oder bei Raumtemperatur servieren.

STENGELGEMÜSE
Spargel, Bleichsellerie, Fenchel, Mangold, Kardone

Stengelgemüse haben eine knackig-saftige Frische und entwickeln beim Kochen ein angenehmes Aroma. Zu dieser Gemüsekategorie gehören Spargel, Meerkohl und Bleichsellerie. Sie werden schon seit Jahrhunderten kultiviert; ihre wildwachsenden Verwandten schmecken leicht bitter. Da sich manche Stengel schnell verfärben, sollten sie in gesäuertem Wasser aufbewahrt und gegart werden.

Der Spargel gilt als Frühlingsbote. Eßbar ist der junge Trieb oder Sproß, der je nach Sorte und Anbauweise Farbabstufungen von Weiß über Grün bis Violett aufweist. Deutsche und Belgier mögen am liebsten dicke, blaßgelbe oder weiße Spargelstangen, die aus hügelartigen Beeten gestochen werden, bevor die Köpfe aus der Erde herauswachsen. Briten, Italiener und Franzosen hingegen bevorzugen in der Regel grünen oder violetten Spargel, der sich im Sonnenlicht verfärbt hat. Den dünneren grünen Spargelstangen gibt man wegen ihres würzigen Geschmacks meist den Vorzug. Grüner Spargel ist im allgemeinen preiswerter, weil er leichter zu ernten ist. Alle Spargelsorten werden entweder gekocht oder gedämpft. Da die Spargelspitzen sehr empfindlich sind, werden die gebündelten Spargelstangen meistens aufrecht in kochendes Wasser gestellt, so daß die Köpfe noch aus dem Wasser ragen. Andere Köche dämpfen lieber die ganzen Stangen. Ob Kochen oder Dämpfen, bei beiden Garmethoden muß es schnell gehen, damit Form und Aroma erhalten bleiben.

Warmer Spargel wird oft nur mit zerlassener Butter oder einer gehaltvollen Buttersauce (S. 62) serviert. Speziell für Spargel wurde die Malteser Sauce erfunden (S. 60), eine *sauce hollandaise* mit Blutorangensaft und etwas abgeriebener Orangenschale. In Deutschland ißt man Spargel gern mit gerösteten Semmelbröseln. Kalten Spargel macht man entweder nur mit Olivenöl und Zitrone an oder mit einer Vinaigrette, die mit gehackten hartgekochten Eiern und Petersilie verfeinert wurde. Pürierter Spargel verleiht cremigen Suppen, Soufflés und Timbalen ein delikates Aroma. Außerdem sind Spargelstangen eine beliebte Garnitur für kurzgebratenes Fleisch oder Geflügel. Zum Pfannenrühren und Sautieren sollten die Stangen stets diagonal in Stücke geschnitten werden.

Bleichsellerie, auch als Stangen- oder Staudensellerie bekannt, wird als selbständiges Gemüse gereicht, zur Aromatisierung von Suppen und als *mirepoix* (S. 263) verwendet oder *à la Demidow* – mit Möhren, weißen Rüben, Zwiebeln und Geflügel oder Wildgeflügel – zubereitet. Der weiße Bleichsellerie schmeckt angenehm mild und süßlich. Die nordeuropäischen Sorten, die meist zu Konserven verarbeitet werden, sind gelblich.

Sellerie wird am besten in wenig Flüssigkeit gedünstet oder als Gratin in einer Sauce gegart. Gedämpfter oder gekochter Bleichsellerie schmeckt relativ fade. Bei den äußeren Stangen muß man vor dem Garen die gröbsten Fasern abziehen; das Herz hingegen ist zart und weich und braucht nur geputzt zu werden. Bleichsellerie ist ein beliebtes Rohkost-Gemüse, das man auch gern zu Dip-Saucen serviert. Man kann die Stangen mit Frischkäse füllen oder hacken und als knakkig-frische Zutat für Salate und Sandwich-Füllungen verwenden.

Der Gemüse- oder Knollenfenchel sieht aus wie ein verdicktes Sellerieherz, unterscheidet sich aber von Sellerie durch seinen frischen, würzigen Anisgeschmack, wenngleich sein fedriges Grün an Dill erinnert. Das Grün wird in der Regel vor dem Kochen entfernt. Für Salat schneidet man rohen Fenchel in Scheiben, Schnitze oder Stäbchen oder serviert ihn mit Parmesan oder Ziegenkäse und einem trockenen Marsala. In Scheiben geschnittener und blanchierter Fenchel wird oft mit einer Vinaigrette angemacht. Man kann ihn mit gerösteten Semmelbröseln bestreuen und braten oder zusammen mit Frühlingsgemüse sautieren. Fenchel bildet außerdem eine aromatische Grundlage für Suppen und Eintöpfe, vor allem in Verbindung mit Fisch oder geschmortem Kalbfleisch.

Schnittmangold – ein direkter Verwandter der roten Bete – ist eine Gemüsespezialität, die ebenso wegen ihrer Blätter wie der fleischigen weißen oder rötlichen Blattstengel wegen kultiviert wird. Die Pflanze ist im Mittelmeerraum beheimatet. Mangold kann man, wenn er jung und zart ist, roh mitsamt den Blattstielen verzehren, die geschmacklich an rote Bete erinnern und deshalb gut mit Obst und Zucker harmonieren. In der Regel gart man ihn jedoch mit Olivenöl, Knoblauch und Orange. Die Blätter schmecken etwas würziger als Spinat und können wie Blattgemüse (S. 272) zubereitet werden. Der weißstielige Pak-choi, eine chinesische Kohlart, die Mangold äußerlich ähnelt, hat fleischige weiße Blattstiele und zarte grüne Blätter. Der Stiel- oder Rippenmangold besitzt, wie der Schnittmangold, kräftige Blätter mit einer breiten weißen Mittelrippe. Die Blätter kann man wie Spinat, die Mittelrippen wie Spargel zubereiten. Der Meerkohl – ein Verwandter des Mangold – hat saftige Blattstiele und ein nussiges Aroma. Er wird wie Mangold zubereitet, wenngleich er wie zerzauster Bleichsellerie aussieht. Beide Gemüse schmecken vorzüglich roh in Salaten oder, kurz blanchiert, mit geschmolzener Butter. Alle obengenannten Gemüse eignen sich gut als Zutat in Suppen und pfannengerührten Gerichten, als Essiggemüse und als Salat.

Zu den im Mittelmeerraum beliebten Gemüsen zählt auch die Kardone (Karde), eine distelähnliche Pflanze, die mit der Artischocke eng verwandt ist und dieser geschmacklich in nichts nachsteht. Kardonen, auch spanische Artischocken genannt, haben stachelige Außenblätter, die von den silbrig-weißen Blattstielen entfernt werden, bevor sie in den Handel kommen. Vor der Zubereitung muß man vorsichtig die groben Fasern von den äußeren Blattstielen abziehen und kann dann das Gemüse wie Bleichsellerie oder Fenchel behandeln. Kardonen schmecken am besten geschmort oder sautiert in Butter oder Sahne. Das schmackhafte Gemüse harmoniert mit allen Fleischgerichten, besonders mit Rindfleisch. Zarte Blattstiele können auch roh verzehrt werden; dazu serviert man eine italienische *bagna cauda* (S. 101).

ZUR INFORMATION

Saison *Spargel* Frühjahr. *Bleichsellerie* Spätsommer bis Herbst. *Fenchel* Sommer bis Herbst. *Mangold* Sommer bis Winter. *Kardone* Spätherbst. *Meerkohl* Frühjahr, Herbst.

Beim Einkauf beachten Angeschnittene Stangen an-, aber nicht ausgetrocknet. *Spargel* Gerade, fleischige, gleichmäßig dicke Stangen mit fest geschlossenen Köpfen; dicke Stangen sind weicher und zarter als dünne. *Bleichsellerie* Knackig-frische Stengel mit blasser Färbung ohne braune Flecken. *Fenchel* Makellose weiße oder blaßgrüne Knollen ohne braune Faulstellen; Blätter frisch und leuchtend grün. *Mangold, Meerkohl* Feste weiße Blattstiele, frische dunkelgrüne Blätter. *Kardone* Dunkelgrüne Blätter, silbergraue zarte Blattstiele mit kleiner Wurzel.

Vorbereitung Gründlich unter fließendem kaltem Wasser waschen, Blattstiele abbürsten.

Portionen *Spargel, Mangold, Meerkohl, Kardone* 1 kg ergibt 4 Portionen. *Bleichsellerie, Fenchel* 500 g ergeben 4 Portionen.

Nährstoffgehalt pro 100 g (roh). *Alle* Kein Fett, kein Cholesterin. *Spargel* 92 kJ/22 kcal; 3 g Protein; 4 g Kohlenhydrate; 2 mg Natrium. *Bleichsellerie* 70 kJ/16 kcal; 1 g Protein; 4 g Kohlenhydrate; 88 mg Natrium. *Fenchel* 70 kJ/16 kcal; 1 g Protein; 4 g Kohlenhydrate; 88 mg Natrium. *Mangold* 80 kJ/19 kcal; 2 g Protein; 4 g Kohlenhydrate; 213 mg Natrium. *Kardone* 84 kJ/20 kcal; 1 g Protein; 5 g Kohlenhydrate; 170 mg Natrium.

Garzeiten *Spargel, grün* Blanchieren: 2–3 Minuten; kochen: 7–12 Minuten; fritieren in Ausbackteig: 4–5 Minuten; sautieren: 3–4 Minuten; köcheln in Suppe: 10–15 Minuten; dämpfen: 4–5 Minuten; pfannenrühren: 2–3 Minuten. *Spargel, weiß* Jeweils doppelte Garzeit von grünem Spargel. *Bleichsellerie, Fenchel, Mangoldstiele* Schmoren bei 175 °C: 20–30 Minuten; blanchieren: 2–3 Minuten; sautieren: 3–5 Minuten; köcheln in Suppe: 15–20 Minuten; dämpfen 8–15 Minuten; pfannenrühren: 3–5 Minuten. *Mangoldblätter* Kochen, dämpfen: 5–8 Minuten. *Kardone* Blanchieren: 8–10 Minuten; kochen: 12–15 Minuten; dünsten: 20–30 Minuten; dämpfen: 15–20 Minuten.

Richtiger Gargrad Weich mit leichtem Biß.

Bemerkung *Spargel* Spitzen garen schneller als Stangen. *Bleichsellerie, Fenchel* Welken in feuchter Umgebung; welkes Gemüse wird in Eiswasser wieder knakkig. *Mangold, Kardone* Blattstiele dunkeln beim Garen nach, deshalb in gesäuertem Wasser blanchieren; verfärben sich beim Garen in Aluminiumtöpfen.

Aufbewahrung *Alle* In feuchtes Tuch einschlagen oder angeschnittene Stangen ins Wasser stellen; nicht roh einfrieren. *Spargel* Im Kühlschrank 1–2 Tage; (blanchiert) tiefgefroren: 9 Monate. *Bleichsellerie, Fenchel, Kardone* Im Kühlschrank 1–2 Wochen; (blanchiert) tiefgefroren: 6 Monate. *Mangold, Meerkohl* Im Kühlschrank 2–3 Tage; (blanchiert) tiefgefroren: 1 Jahr.

Typische Gerichte *Spargel* Kalt serviert mit Olivenöl (Frankreich); mit Parmesan (Italien); mit zerlassener Butter (Deutschland); mit Schinken (USA). *Sellerie* Geschmort (Frankreich); gekocht mit Kartoffeln, Mandeln (Spanien); *minestra di sedano e riso* (Sellerie-Reis-Suppe; Italien). *Fenchel* Salat mit Rettich, Orange (Italien); mit Käsesauce (Frankreich). *Mangold* Blätter, gefüllt mit Safranreis, Rosinen, Walnüssen (Großbritannien); *all' agro* (gekocht mit Olivenöl, Zitronensaft; Italien). *Kardone* In Zwiebel-Sahne-Sauce (Großbritannien); *sformato di cardoni* (sautiert, mit *béchamel*-Sauce nappiert; Italien).

SPARGEL VORBEREITEN

Weißen Spargel muß man immer großzügig schälen, weil er eine dicke, holzige Schale hat, grünen Spargel hingegen nur am unteren Ende. Spargel sollte man erst kurz vor dem Garen vorbereiten, da er schnell austrocknet.

1 Mit einem Kartoffel- oder Spargelschäler jede Stange von oben nach unten dünn abschälen.

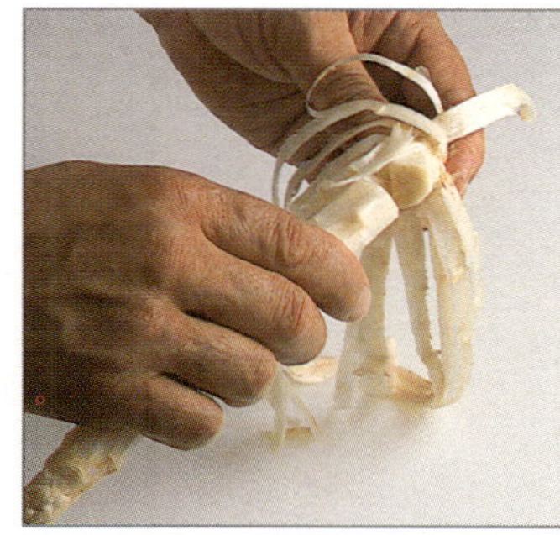

2 Das holzige Ende zusammen mit der Schale abbrechen.

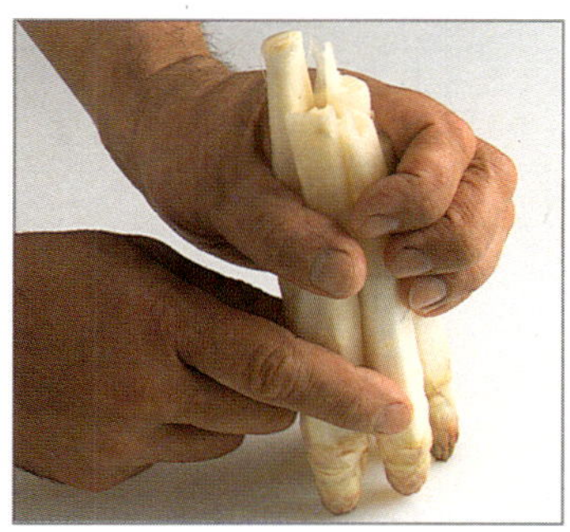

3 Die Stangen mit einer Hand umfassen und auf gleiche Länge schneiden.

4 Die Stangen portionsweise mit Küchengarn umwickeln, da gebündelter Spargel leichter zu handhaben ist.

BLATTSTIELE VORBEREITEN

Die äußeren Blattstiele von Sellerie, Fenchel, Mangold und Kardonen müssen in Längsrichtung abgezogen werden.

1 Die harten Außenblätter und die holzigen äußeren Blattstiele entfernen. Stiel- und Wurzelende abschneiden.

2 Bei der Zubereitung von Blattstielen die Blätter abtrennen und anderweitig verwerten.

3 Auf der Stielaußenseite alle groben Fasern von unten nach oben mit dem Schäler abziehen.

ODER: Stielende, äußere Stiele oder Blätter abschneiden. Den Stiel halb durchschneiden und die Fasern zum Wurzelende hin abziehen.

Spargel auf polnische Art

Wenn Spargel mit einer Sauce übergossen oder mit anderen Zutaten bestreut wird, sollten die Spargelspitzen frei bleiben. Die Sauce paßt auch gut zu gekochtem Blumenkohl (in Röschen oder als ganzer Kopf serviert).

4 Portionen
1 kg Spargel
1 hartgekochtes Ei, gehackt
125 g Butter
45 g frische Weißbrotkrumen
2 EL gehackte frische Petersilie
1 EL Schnittlauch

1 Den Spargel schälen und die Endstücke abschneiden. Die Stangen in vier gleiche Portionen teilen und jeweils bündeln (S. 299). Den gebündelten Spargel in kochendes Salzwasser geben und 6–8 Minuten garen, bis die Stangen weich, aber noch fest sind. Abtropfen lassen, auf einer Servierplatte anrichten und das Küchengarn vorsichtig entfernen. Mit Ei bestreuen, mit Alufolie abdecken und warm stellen.

2 Die Butter in einer Pfanne zerlassen, die Weißbrotkrumen dazugeben und 5–7 Minuten unter ständigem Rühren goldbraun rösten. Die Pfanne vom Herd nehmen, Petersilie und Schnittlauch hinzufügen. (Etwas zurücktreten, da die Butter spritzt.) Rasch vermischen und die Sauce über die Spargelstangen, nicht aber über die Spitzen gießen. Sofort servieren.

Artischocke

Die Artischocke ist der Blütenstand einer eßbaren Distelart, die bereits seit vielen hundert Jahren angebaut wird. Hinter den äußeren, meist holzigen und stacheligen Schuppenblättern und den fleischigen Blütenhüllblättern verbirgt sich der eßbare Blütenboden. Artischokken werden gewöhnlich als ganze Blütenköpfe weich gekocht oder gedämpft. Die Schuppenblätter zupft man eins nach dem anderen ab und lutscht sie aus. Wenn man an den Boden gelangt, entfernt man das »Heu« – die Blüte, die blauviolett blüht, wenn sie zur Entfaltung kommt. Ist der schalenförmige Boden freigelegt, kann man auch diese Delikatesse verzehren. Heiße Artischocken werden gern mit zerlassener Kräuterbutter oder Buttersauce angerichtet, zu kalten Artischokken paßt am besten eine Vinaigrette oder eine Mayonnaise. Man kann auch von rohen Artischocken die Blätter abschneiden und die Böden kochen, anschließend das »Heu« entfernen, die Böden füllen und als edle Garnierung zu gegrilltem Fleisch reichen oder die Böden wie Champignons *à la grecque* zubereiten (S. 307).

Die Italiener, denen wir die Züchtung der heutigen Artischocke verdanken, verwenden vorzugsweise ganz kleine, zarte Artischocken, deren Blätter und »Heu« noch so weich sind, daß man sie roh essen kann. Man reicht sie, in Scheiben geschnitten, mit einem Dip aus Salz und Olivenöl. Für römische *carciofi alla giudea* werden sie ausgebakken oder fritiert. Junge Artischocken sind als Artischockenherzen in Dosen erhältlich.

ZUR INFORMATION

Saison Mai bis November (beste Zeit: Mitte August bis Mitte Oktober).

Beim Einkauf beachten Feste grüne Blütenköpfe ohne braune Flecken oder trockene Stellen, bei überreifen Artischocken stehen die Schuppenblätter ab; die Bodengröße wird vom Durchmesser des Bodens, nicht von der Größe des Blütenkopfes bestimmt. *Junge Artischocken* Kleine, zarte Blätter und weicher Stiel.

Vorbereitung Etwa 1 Stunde in warmes Salzwasser legen.

Portionen *Ganze Artischocke oder gefüllter Boden* 1 Portion. *Junge Artischocke, Boden* 2–3 pro Person.

Nährstoffgehalt pro 100 g (roh). 214 kJ/51 kcal; 3 g Protein; kein Fett; 12 g Kohlenhydrate; 80 mg Natrium; kein Cholesterin.

Garzeiten Je nach Größe. (Blanchiert) schmoren bei 180 °C: 45–60 Minuten; kochen: 20–40 Minuten; (mit dem Kopf nach unten) dämpfen: 25–35 Minuten. *Junge Artischocke* Blanchieren: 5–10 Minuten; kochen: 20–25 Minuten; schmoren, dünsten bei 180 °C: 30–45 Minuten; fritieren: 5–7 Minuten. *Boden* Schmoren, dünsten bei 180 °C: 20–30 Minuten; pochieren: 20–30 Minuten; dämpfen: 15–20 Minuten.

Richtiger Gargrad *Ganze Artischocke* Blätter lassen sich leicht abzupfen. *Boden* Weich.

Bemerkung *Ganze Artischocke* Wird schwarz, wenn sie beim Garen nicht vollständig mit Wasser bedeckt ist, deshalb mit einem feuerfesten Teller beschweren oder ein feuchtes Tuch auf das Wasser legen. *Boden* Verfärbt sich, wenn er angeschnitten an der Luft liegt; mit Zitronensaft einreiben und in gesäuertes Wasser legen, anschließend im *blanc* garen.

Aufbewahrung Lose eingeschlagen, im Kühlschrank 4–5 Tage; gegarte Böden, tiefgefroren: 6–8 Monate.

Typische Gerichte Böden, gefüllt mit Champignons und Käse (Frankreich); *à la vinaigrette* (Frankreich); *artichauds à la Barigoule* (gefüllt mit *duxelles,* Speck; Frankreich); Sahnepüree (Frankreich); *carciofi alla romana* (gedämpft mit Knoblauch und Minze; Italien); gefüllt mit Mortadella, Käse und Brotkrumen (Italien); Frikassee (Italien); mit dicken Bohnen (Griechenland); Eintopf mit Pinienkernen (Spanien).

Runde Artischocke

Spitze Artischocke

GANZE ARTISCHOCKEN VORBEREITEN UND GAREN

Zu Artischocken reicht man die Sauce entweder getrennt oder gibt sie in den umgekehrt eingesetzten Blätterkelch.

1 Den Stiel unmittelbar unter dem Blütenkopf abbrechen, so daß alle Fasern herausgezogen werden. Den Boden mit einem Messer begradigen und die Schnittfläche sofort mit Zitronensaft einreiben.

2 Die stacheligen Blattspitzen mit einer Schere einkürzen.

3 Mit einem großen Messer das obere Drittel des Blütenkopfes parallel zur Basis abschneiden.

4 In einem großen Topf Salzwasser zum Kochen bringen und die Artischocken einlegen. Mit einem feuerfesten Teller beschweren oder ein feuchtes Tuch darüberlegen, damit sie ganz im Wasser liegen.

5 Etwa 35–45 Minuten köcheln lassen, bis sich ein Herzblatt leicht ablösen läßt. Die Artischocken mit dem Kopf nach unten – damit alles Wasser aus den Blättern laufen kann – abtropfen und abkühlen lassen.

6 *Oben:* Den Blätterkelch in der Mitte mit einer Hand fassen, mit einer schnellen Bewegung herausdrehen und aufbewahren.

7 *Links:* Mit einem Teelöffel sehr vorsichtig das »Heu« herausschaben.

8 Den Blätterkelch auf den Artischockenboden setzen und zum Servieren mit einer Vinaigrette oder einer anderen passenden Sauce, beispielsweise Mayonnaise, füllen.

Artischocken mit Pinienkernen

Diese köstlichen spanischen *alcachojas con pinones* werden als Vorspeise oder als Beilage zu Lamm gereicht.

8 Portionen
8 große frische Artischockenböden, geviertelt
4 EL Olivenöl
250 g geräucherter Speck (S. 249), in Streifen geschnitten
4 große Zwiebeln, in dünne Scheiben geschnitten
6 Knoblauchzehen, gehackt
625 ml Kalbs- oder Hühnerfond (S. 44) (gegebenenfalls etwas mehr)
125 ml Weißwein
Salz und Pfeffer
Saft von ½ Zitrone (oder nach Geschmack)
60 g Pinienkerne, geröstet

1 Die Artischockenviertel in kochendem Salzwasser 5–8 Minuten blanchieren und abtropfen lassen. Das Olivenöl in einer tiefen Pfanne erhitzen, die Speckstreifen dazugeben und bei schwacher Hitze unter ständigem Rühren 6–7 Minuten braten, bis das Fett austritt. Die Zwiebeln hinzufügen und auf kleiner Flamme garen, bis sie sehr weich sind und zu bräunen beginnen. Knoblauch, Fond, Wein, Salz und Pfeffer unterrühren und die Artischockenviertel dazugeben.

2 Die Flüssigkeit zum Kochen bringen, dann die Hitze reduzieren und die Mischung bei geschlossenem Deckel 20–30 Minuten köcheln lassen, bis die Artischocken weich sind und der Fond fast eingekocht ist. Wird der Pfanneninhalt zu trocken, beim Garen noch etwas Flüssigkeit zugießen. Die Mischung etwas abkühlen lassen, mit Zitronensaft und Pinienkernen vermischen und abschmecken. Bei Raumtemperatur servieren.

ARTISCHOCKENBÖDEN VORBEREITEN UND GAREN

Nur große Artischockenböden sind zum Füllen geeignet, kleinere werden zerteilt und bei schwacher Hitze in Sauce gegart.

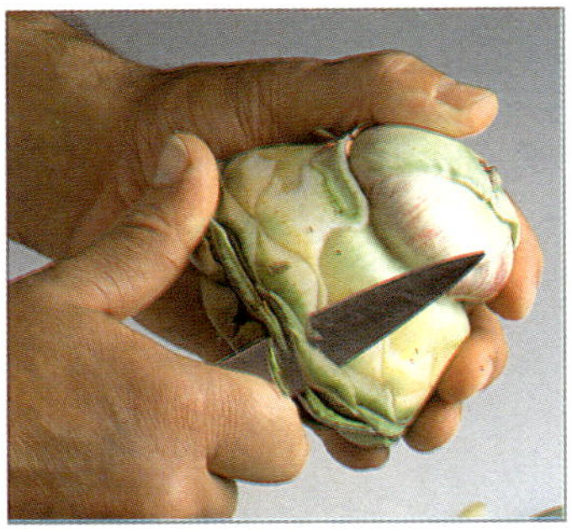

1 Den Stiel der Artischocke abbrechen. Mit einem sehr scharfen Messer die unteren Blätter wegschneiden oder abbrechen, die oberen einkürzen, so daß nur noch ein weicher Blätterkegel zurückbleibt.

2 Alle grünen Teile am Boden abschneiden. Den weichen Kegel bis zum »Heu« abtrennen. Die Schnittfläche des Bodens mit Zitrone einreiben, damit er sich nicht verfärbt.

3 *Links:* Den Boden gleichmäßig rund schneiden, an der Basis leicht abflachen und den oberen Rand abschrägen. Die Schnittflächen wieder mit Zitrone einreiben und die garfertigen Böden in kaltes gesäuertes Wasser legen.

4 Ganze Böden Einen *blanc* (S. 261) vorbereiten. Die Böden in das kochende Wasser gleiten lassen und beschweren.

5 *Oben:* Die Artischockenböden 15–20 Minuten köcheln lassen, bis sie weich sind (Garprobe mit dem Messer), dann abtropfen lassen. Das »Heu« mit einem Teelöffel herausnehmen.

Zerkleinerte Böden Die Böden vierteln und aus jedem Stück das »Heu« mit einem Messer herausschneiden. Nach Rezept garen.

EXOTISCHE GEMÜSE

Auch bei uns kommen immer mehr unbekannte Gemüse auf den Markt, importiert aus fernen Ländern, wo sie oft zu den Grundnahrungsmitteln gehören, wie zum Beispiel der asiatische Taro, auch Kolokasie genannt, mit seinem hohen Stärkegehalt. Taro, der heute auch in der Karibik und in Afrika angebaut wird, bildet Knollen aus, die die Größe einer Kohlrübe erreichen können. Unter der braunen, rauhen Schale mit den ringförmigen Narben verbirgt sich weiches, weißes Fleisch. Taro-Knollen werden entweder gekocht, fritiert oder püriert und als *fritters* zubereitet. Sie sollten stets sehr heiß serviert werden, da sie beim Abkühlen fest und speckig werden. Geschmacklich erinnert Taro an Eßkastanie und Kartoffel, so daß er sich als Beilage zu fettem Fleisch wie auch zu scharfen Chillies und süßer Kokosnuß empfiehlt. Die langgestielten Blätter kann man wie Blattgemüse (S. 272) zubereiten (roh sind sie giftig!).

Aus der tropischen Maniok- oder Cassavawurzel wird Tapioka, eine Speisestärke, gewonnen. Der Maniok wächst vorwiegend in Lateinamerika, wird heute aber auch in Afrika und im Fernen Osten angebaut. Da die bitteren Sorten das giftige Linamarin enthalten, muß Maniok immer gekocht werden. Aufgrund ihres hohen Stärkegehalts ist die Maniokwurzel ein ideales Dickungsmittel für Eintöpfe, Brote und Klöße. Maniok (span. *yuca*) ist nicht zu verwechseln mit der im Südwesten der USA beheimateten Yucca-Pflanze, die ebenfalls als Gemüse zubereitet wird. Zur Familie der Seerosen gehört die in Südasien verbreitete und als heilig geltende Lotosblume, die einen kräftigen Wurzelstock besitzt. Unter der unansehnlichen Schale verbirgt sich saftigfrisches Fleisch. Lotoswurzel erhält man frisch und konserviert. In dünne Scheiben geschnitten, wird sie an Pfannengerichte oder Salate gegeben.

Die Große Klette, eine hohe Pflanze aus der Gattung der Korbblütler, hat lange, dünne Wurzeln mit einer rauhen Schale. Sie wird vorwiegend in Japan angebaut, wächst in Europa und Nordamerika aber auch wild. Ihr blaßgraues Fleisch schmeckt etwas bitter und verfärbt sich wie das so vieler Wurzeln, wenn sie angeschnitten an der Luft liegen. Die Wurzel schneidet man in Scheiben oder große Stücke, die man an Suppen und Eintöpfe gibt. Wurzelpetersilie ist eine Petersilien-Abart, die in Europa wegen ihrer fleischigen grauweißen Wurzel angebaut wird; geschmacklich wird sie häufig mit Sellerie verglichen. Im allgemeinen bereitet man sie als eigenständiges Gemüse zu, verwendet sie aber auch als Würze für Suppen und Eintöpfe. Der Knollenziest (Stachys) ist eine spiralförmige Ausläuferknolle, die im Aussehen an Topinambur erinnert, aber viel delikater schmeckt. Er ist vorwiegend in den Ländern des Fernen Ostens und in Europa verbreitet, wo ihn vor allem die Franzosen als *crosne de Japon* züchten. Die kleinen Knollen gart man entweder ungeschält oder reibt vorher mit grobem Salz die Schale ab. Asiatische Wasserkastanien sind die Knollen einer schilfartigen Wasserpflanze, die in sumpfigen Feldern kultiviert wird. Die stärkereichen Knollen haben eine harte, braune Schale und weißes, nußartig festes Fleisch von leicht süßlichem Geschmack. Frische Knollen ißt man in Asien auch roh, bei uns sind sie nur als Konserve erhältlich. Roh sind sie eine beliebte Salatzutat, gekocht ergeben sie ein wohlschmeckendes, fast knuspriges Gemüse. In asiatischen Ländern werden sie auch zu Mehl verarbeitet, das man ähnlich wie Maismehl verwendet. Die Brotfrucht (Jackfrucht) ist die kopfgroße Scheinfrucht des Brotbaumes, der auf den Westindischen Inseln, in Lateinamerika, Asien und Afrika weit verbreitet ist. Brotfrüchte sind stärkehaltig. Sie schmecken auch vorzüglich in sämigen Suppen oder kleingeschnitten und fritiert wie Pommes frites. Vollreife Brotfrüchte haben cremiges, gelbes Fleisch und eine grüne Schale, die vor der weiteren Zubereitung entfernt werden sollte. Ihre Samen sind reich an Öl und können geröstet werden.

Aus Mexiko und dem Südwesten Amerikas stammen die Tomatillos. Der Tomatillo erreicht Kirsch- bis Pflaumengröße und kommt meist in unreifem Zustand, blaßgrün und sauer, in den Handel. Die vollreife Frucht ist von leuchtendgelber Farbe, manchmal auch mit einer Nuance ins Violette. Tomatillos sind die Hauptzutat des *mole verde,* das zu vielen mexikanischen Gerichten gereicht wird. Man kann sie aber auch roh an Salate geben oder in deftigen Suppen und Eintöpfen kochen. Tomatillos lassen sich gut durch jeweils die halbe Menge grüner Tomaten ersetzen. Eng verwandt mit dem Tomatillo – und von einer ebensolchen pergamentähnlichen Schale umgeben – ist die Erdkirsche oder Erdbeertomate, die in Amerika und in einigen Teilen Europas zu finden ist. Die geschmacklich zwischen Tomate und Erdbeere einzuordnende Frucht ist eine köstliche Zutat in Saucen, Relishes und pikanten Marmeladen.

Der Feigenkaktus bringt ebenfalls eine eßbare Frucht hervor, die Kaktusfeige. Sie hat die Form einer hühnereigroßen Beere, deren stachelige Außenhaut ein lockeres, beinahe wäßriges Fruchtfleisch umgibt, das dem der Okras vergleichbar ist. Vor der Zubereitung muß man die Haut entfernen und die Frucht entkernen. Kaktusfeigen sind von Sommer bis Winter bei uns erhältlich. Sie werden entweder gekocht, gedämpft oder in Butter oder Olivenöl angebraten. Man kann sie auch roh essen oder einmachen.

Frische Palmherzen sind ein relativ seltenes Gemüse. Erntefrisch kann man sie nur in der Karibik genießen, wo diese tropische Palme beheimatet ist; Palmherzen werden jedoch konserviert und exportiert, so daß sie auch bei uns in Dosen erhältlich sind. Palmherzen werden gehackt zu *fritters* verarbeitet oder als Salat angemacht. Bambussprossen sind die Schößlinge verschiedener Bambusarten. Sie wachsen aus dem Boden heraus und werden geerntet, wenn sie etwa 15 cm lang sind. Ausgereifte Sprossen sind von einer harten Blattscheide umgeben, die man entfernen muß. Im übrigen werden sie wie Spargel zubereitet und oft an pfannengerührte Gerichte gegeben. Bambussprossen sind vornehmlich als Konserven erhältlich.

Ein ganz gewöhnliches Blattgemüse wird selten auf dem Markt angeboten: die Brennessel. Die jungen grünen Blätter sind eine kulinarische Köstlichkeit. Sie schmecken leicht säuerlich wie Sauerampfer und werden am besten wie Spinat zubereitet, sind aber auch in Suppen oder als Salatzutat überraschend würzig.

Maniok

Tomatillo

Brenn-nessel

Bambussprossen

Wasserkastanie

Taro

Brotfrucht

Lotos-wurzel

SPEISEPILZE

Pilze genießen auf der ganzen Welt hohes Ansehen. Angeblich hat Ludwig XIII. noch auf seinem Sterbebett die ersten Morcheln der Saison zum Trocknen aufgefädelt, und im 19. Jahrhundert heißt es von der Witwe des japanischen Kaisers, daß sie stundenlang in den Kiefernwäldern nach Matsutake-Pilzen suchte. Das Sammeln von Pilzen – jahrhundertelang meist aus finanzieller Not – ist heute in vielen mitteleuropäischen Ländern eine beliebte Freizeitbeschäftigung.

Die Anfänge der Pilzkultur liegen im Frankreich des 17. Jahrhunderts, doch es waren noch viele Versuche notwendig, bis es den Forschern am Pasteur-Institut um 1890 erstmals gelang, Sporen zum Keimen zu bringen und ein steriles Pilzmyzel – das Fadengeflecht, auf dem Pilze wachsen – herzustellen. Und so kommt es, daß noch heute die meisten Pilzkulturen, abgeschirmt von Besuchern, unter streng kontrollierten Bedingungen auf einem sterilen Nährboden heranwachsen, in den Myzelbrut eingesetzt wurde.

Weltweit gibt es schätzungsweise etwa 40 000 verschiedene Pilzarten. Sie alle gehören zur Familie der Echten Pilze *(Fungi)*, die auch Schimmel- und Hefepilze einschließt. Was wir als Pilze bezeichnen, sind die meist oberirdischen Fruchtkörper des mit seinem Myzel den Boden durchwuchernden Pilzorganismus. Daß sie auf geheimnisvolle Weise über Nacht aus dem Boden »schießen«, liegt in äußeren Faktoren begründet. Meist sind es hohe Feuchtigkeit und Wärme, die die Pilze ihre Fruchtkörper hervorbringen lassen. Da Pilze keinen Zucker umwandeln können, entziehen sie ihn anderen höheren Pflanzen. Das erklärt auch die Symbiose mancher Pilzarten mit Eiche oder Ulme.

Die bis auf wertvolles Eiweiß relativ nährstoffarmen Pilze (nur einige wenige Arten sind reich an Vitamin A oder D) werden wegen ihres erdigen Geschmacks und ihrer zähen Konsistenz als schmackhafte Zutat geschätzt. Begehrte Pilzarten werden hoch gehandelt, doch haben sie meist ein so ausgeprägtes Aroma, daß schon einige wenige zum Würzen reichen. So kann bereits eine einzige Trüffel einen ganzen Korb mit Eiern innerhalb von wenigen Stunden mit ihrem starken Duft durchdringen.

Kultur- und Wildpilze

Eine Unterscheidung in Kultur- und Wildpilze wird immer schwieriger. Die hier vorgenommene Einteilung in drei Gruppen erweist sich jedoch in der Küche als praktisch. Zur ersten Kategorie zählt der Zuchtchampignon, der relativ preiswert ist und ganzjährig in den Handel kommt. Die zweite Gruppe umfaßt die kleine, aber zunehmende Zahl der wildwachsenden Pilzarten, die mittlerweile kultiviert werden und frisch oder getrocknet erhältlich sind. Zur dritten Kategorie gehören die schon fast legendären Pilze – Morcheln, Pfifferlinge und Steinpilze –, die sich einer erfolgreichen Züchtung noch immer widersetzen und deshalb in Wald und Flur gesammelt werden müssen. Hinsichtlich Vor- und Zubereitung sind sich die Pilze dieser drei Gruppen jedoch sehr ähnlich.

Hinweis Da Speisepilze oft mit ähnlich aussehenden Pilzen verwechselt werden, die schwere Vergiftungen oder gar den Tod herbeiführen können, sollte man unter keinen Umständen selbstgesammelte Pilze ohne Überprüfung eines Pilzkenners verzehren. Wildpilze derselben Sorte können je nach Standort äußerlich sehr differieren, so daß es auch nicht ausreicht, Speisepilze nach Schautafeln und Pilzratgebern zu sammeln.

Pilze auswählen und aufbewahren

Frische Pilze sollten fest, aber saftig sein und keine feuchten Stellen aufweisen. Trockene Stielenden deuten darauf hin, daß die Pilze schon mehrere Tage lagern. Pilze mit einem kräftigen Geruch zeugen von Frische, wenngleich manche Arten fast geruchlos sind.

Die in der freien Natur gesammelten Pilze sind unterschiedlich groß und reif und oft mit Laub, Nadeln oder Erde behaftet. Zuchtpilze der gleichen Art sind meist sauberer und von einheitlicher Größe. Um festzustellen, ob ein Pilz frei von Maden ist, bricht man den Stiel vom Hut ab oder schneidet den Pilz auf. Vereinzelte Maden sind unschädlich, und die befallenen Stellen lassen sich leicht mit einem Messer herausschneiden.

Zuchtchampignons sollten weiße bis rosa-beigefarbene oder hellbraune Hüte ohne Anzeichen von Verfärbung haben. Bei reifen Champignons öffnet sich der Kopf, und an der Unterseite werden fleischigrosafarbene bis schokoladenbraune Lamellen sichtbar.

Werden Pilze zu feucht gelagert, verderben sie schnell. Deshalb sollte man sie nie in Plastikfolie wickeln, sondern in ein feuchtes Tuch einschlagen oder in einer Papiertüte mit Luftlöchern im Kühlschrank aufbewahren. So bleiben sie drei bis vier Tage frisch. Pilze werden immer erst kurz vor der Verwendung gesäubert und geputzt.

Pilze säubern und putzen

Zuerst beseitigt man grobe Verschmutzungen und schneidet die Stiele glatt; bei manchen Wildpilzen ist der Stiel holzig und wird ganz entfernt. Anschließend reinigt man die Pilze mit einer weichen Bürste oder einem feuchten Tuch. Sind sie sehr sandig, taucht man sie kurz in eine Schüssel mit kaltem Wasser und spült den Sand durch Schütteln heraus. Dann nimmt man die Pilze aus dem Wasser und läßt sie in einem Sieb abtropfen. Da sie schnell Flüssigkeit aufsaugen, darf man sie nicht zu lange im Wasser liegenlassen, Champignons höchstens 30–60 Sekunden. Pilzarten mit breiten Lamellen oder zerklüfteten Hüten, insbesondere Morcheln, müssen dagegen bis zu fünf Minuten zum Säubern eingeweicht werden. Wie der Anisegerling (Schafegerling, Schafchampignon) haben manche Pilzarten einen so dickhäutigen Hut, daß man ihn abschälen sollte.

Pilze zubereiten

Pilze sollten generell nicht roh verzehrt werden, da sie Substanzen enthalten, die zu ernsthaften Vergiftungen führen können und die erst durch Erhitzen zerstört werden. Selbst bei Zuchtchampignons wurden chemische Verbindungen gefunden, die möglicherweise krebserregend sein können.

Die meisten Pilze, Zuchtchampignons eingeschlossen, sondern beim Garen reichlich Flüssigkeit ab, die aber während des Garvorgangs verdampft. Am Ende bleiben nur die weichen und beträchtlich geschrumpften Pilze zurück. Manche Pilzarten, vor allem Steinpilze, Pfifferlinge und Austernseitlinge, sind so wasserhaltig, daß sie während des Garens schleimig werden. Man brät sie deshalb zuerst in wenig Öl scharf an, siebt sie dann ab und brät sie ein zweites Mal. Andere Pilze, so auch der Semmelstoppelpilz und der Schwefelporling, sind nicht so saftreich und sollten bei schwacher Hitze und möglichst geschlossenem Topf langsam gegart werden. Wenn man sie in Kochgeschirr aus Aluminium zubereitet, können sie einen metallischen Geschmack annehmen und sich verfärben.

PILZE HACKEN

Champignons und andere Pilze sind oft unterschiedlich groß. Damit sie gleichmäßig garen, sollten sie in gleich große Stückchen geschnitten werden. Hacken kann man die Pilze auf zweierlei Art: von Hand oder mit der Küchenmaschine.

1 Beim manuellen Zerkleinern den Pilz am Stiel festhalten und in dünne Scheiben schneiden.

2 Die Scheiben aufeinanderlegen und quer in Stifte schneiden.

3 Die Stifte hacken. Während die Messerspitze auf dem Arbeitsbrett bleibt (die Handfläche drückt sie nach unten), wird der Messergriff auf und ab bewegt.

ODER: Mit zwei Messern arbeiten. Die beiden Messer im Griff gleichzeitig auf und ab bewegen und mit der Handfläche die Spitzen nach unten drücken. Die gehackten Pilze sollten durchweg feinkrümelig sein.

Champignons und feste Wildpilze lassen sich zeitsparend in einer Küchenmaschine hacken. Ein sogenannter Impuls- oder Momentschalter, der den Antrieb nur für die Dauer der Betätigung einschaltet, bewahrt die Pilze zwar vor übermäßiger Zerkleinerung, dennoch werden sie immer etwas matschiger als manuell feingehackte. *Links:* Von Hand gehackte Pilze. *Rechts:* In der Küchenmaschine zerkleinerte Pilze.

PILZE IN SCHEIBEN SCHNEIDEN

Für manche Gerichte werden nur die Pilzkappen in Scheiben geschnitten, während die Stiele anderweitig Verwendung finden. Pilze mit Stielansatz ergeben eine dekorative »Baum«-Form.

Den Stiel bis zum Hut einkürzen. Den Pilz mit dem verbleibenden Stielrest auf ein Arbeitsbrett setzen und senkrecht durch Hut und Stiel in dünne Scheiben schneiden. ODER: Die Pilze mit der Küchenmaschine in Scheiben schneiden. Dazu eine Schneidscheibe einlegen und die Pilze liegend in die Einfüllöffnung schichten. Die meisten Pilzarten, außer Champignons, sind für dieses Verfahren jedoch zu fest oder zu zart.

Pilze sautieren

Die meisten Köche bevorzugen Butter zum Sautieren von Pilzen, aber auch Pflanzen- oder Olivenöl ist dazu geeignet. In manchen regionalen Rezepten wird ausdrücklich Walnuß- oder Haselnußöl verlangt. Ausgelassener Speck paßt besonders gut zu fleischigen Wildpilzen, wie Shiitake. Die Speckstreifen können zusammen mit den Pilzen serviert werden. Als Richtlinie gilt im allgemeinen: 500 g sautierte Pilze ergeben vier bis fünf Portionen.

In einer flachen Pfanne 30–45 g Butter erhitzen, bis sie schaumig ist (oder 2–3 EL Öl, bis es sehr heiß ist). Nach Belieben eine gehackte kleine Zwiebel oder gehackte Schalotten dazugeben und weich dünsten. 500 g Pilze, in Scheiben oder Stücke geschnitten, hinzufügen, salzen und Gewürze beigeben, zum Beispiel Knoblauch, Thymian, Muskat oder Koriander. Eine klassische Begleitung zu fast allen Pilzarten ist eine feingehackte *persillade* (S. 16).

Die Pilze unter ständigem Rühren scharf anbraten, bis die Flüssigkeit verdampft ist und die Pilze weich sind (die Garzeit richtet sich nach Art und Alter der Pilze). Feste, trockene Pilze müssen langsamer und bei geschlossenem Deckel gegart werden. An die fertigen Pilze einen Eßlöffel frische Kräuter geben, wie Estragon oder Schnittlauch, und abschmecken.

Pilze schmoren

Zunächst wie beim Sautieren vorgehen. Sobald die Pilze fast gar sind, zwei bis drei Eßlöffel Madeira oder Wein sowie etwa 250 ml Fond oder Sahne dazugeben. Den Deckel aufsetzen und die Pilze weitere 10–15 Minuten bei schwacher Hitze köcheln lassen, bis sie sehr weich sind und sich alle Aromastoffe verbunden haben. Ist die Sauce zu dünn, sie mit einem Teelöffel Pfeilwurzelmehl, das man mit einem Eßlöffel kaltem Wasser anrührt, eindicken. Die Pilze auf Toast servieren oder als Beilage zur Fleisch oder Wild reichen.

Duxelles zubereiten

Feingehackte Zucht- oder Wiesenchampignons werden oft als *duxelles,* eine Art trockenes Püree, zubereitet und dann zum Verfeinern von Füllungen und Suppen verwendet.

Dazu 500 g Pilze fein hacken. In einer Sautier- oder tiefen Bratpfanne 15 g Butter zerlassen und 30–45 g gehackte Zwiebel oder Schalotte darin glasig dünsten. Die Pilzmasse hinzufügen, mit Salz und Pfeffer sowie nach Belieben mit einer gehackten Knoblauchzehe würzen. Die Masse unter Rühren so lange bei starker Hitze garen, bis die Flüssigkeit verdampft und die Mischung ziemlich trocken ist (die Garzeit hängt davon ab, wieviel Flüssigkeit die Pilze enthalten; für Champignons rechnet man durchschnittlich 20–30 Minuten). Einen Eßlöffel gehackte Petersilie unter die fertige Mischung rühren und mit Salz und Pfeffer abschmecken.

Getrocknete Pilze verwenden

Pilze zu trocknen, ist die beste Art, sie haltbar zu machen. Manche Köche ziehen getrocknete Morcheln, Steinpilze, Shiitake und Matsutake sogar Frischpilzen vor, weil sie aromatischer sind. Wolkenohren, die fast ausschließlich getrocknet in den Handel kommen und kaum eigenes Aroma haben, werden hauptsächlich wegen ihrer gallertartigen Konsistenz verwendet. Getrocknete chinesische Pilze sind außerordentlich aromatisch; in der Regel handelt es sich hierbei um Shiitake oder Mu-err.

Zur Aufbereitung werden getrocknete Pilze für etwa 30–60 Minuten, je nach Größe der Pilzstücke, in lauwarmem Wasser eingeweicht. Gelegentlich schütteln, damit sich der Sand löst. Anschließend werden sie abgesiebt, mit Küchenkrepp trockengetupft und geputzt (die Einweichflüssigkeit kann gefiltert für Suppen und Saucen weiterverwendet werden). Nach dem Quellen sind die Pilze wie Frischpilze zuzubereiten, allerdings kann sich die Garzeit etwas verlängern. 30 g Trockenpilze entsprechen 250–300 g frischen Pilzen. (Wie man Pilze selbst trocknet s. S. 485.)

ZUCHTCHAMPIGNON

Der weiße Zuchtchampignon wird in dunklen Kellern, häufig auch in stillgelegten Kohlegruben gezogen. Deutschland, Holland und Frankreich sind die Haupterzeugerländer. Aus den Steinbrüchen von Carrière-sur-Bois stammt die berühmteste Züchtung, der Champignon de Paris.

Die Vorzüge des Zuchtchampignons gegenüber dem Feld- oder Wiesenchampignon sind beträchtlich: Er ist nicht madig – so daß man kaum Abfall hat – und weitgehend frei von Schadstoffen aus der Umwelt. Aufgrund einiger weiterer guter Eigenschaften ist er in der Küche die wohl beliebteste Pilzart und Bestandteil einer Vielzahl unterschiedlichster Gerichte. Er ist so saftig, daß ihm die hohen Temperaturen beim Grillen, Fritieren und Pfannenrühren nichts anhaben können, und hat gleichwohl so festes Fleisch, daß er auch bei langem Kochen und Schmoren noch seine Textur behält. Ganze Pilze haben eine angenehm fleischige Konsistenz, während in Scheiben geschnittene Champignons sehr dekorativ aussehen; gehackt und zu *duxelles* verarbeitet, verfeinern sie mit ihrem Aroma Füllungen und Suppen. Champignons kann man auch in Essig einlegen. Zu konzentrierten Saucen oder zu Pulver verarbeitet, ergeben sie eine wertvolle Würze. Der einzige Schönheitsfehler des Champignons ist seine leicht graubraune Farbe. Dem kann man jedoch dadurch entgegenwirken, daß man ihn mit Zitronensaft (*à blanc,* S. 308) gart oder die Kappe mit Zitrone einreibt.

Zuchtchampignons kommen in drei verschiedenen Größen auf den Markt: als kleine, junge, kugelrunde Pilze mit geschlossenen Köpfen, in der Standardgröße mit leicht geöffneter und noch gewölbter Kappe zum Füllen, und als ältere Exemplare mit flachem, weitgeöffnetem Hut. Ein ausgereifter Pilz ist wesentlich schmackhafter als ein junger mit geschlossenem Kopf.

Der Cremechampignon oder Braune Egerling ist eine Neuzüchtung. Sein Hut hat die Farbe von hellem Milchkakao. Auch er behält beim Kochen gut die Form.

ZUR INFORMATION
Agaricus bisporus
Vorkommen Weltweit.
Saison Das ganze Jahr über.
Beim Einkauf beachten Saftiges Fleisch, weiße oder hellbraune Kappen ohne Verfärbung.
Portion 90–125 g.
Nährstoffgehalt pro 100 g. 92 kJ/22 kcal; 2,7 g Protein; 0,3 g Fett; 3 g Kohlenhydrate; 12 mg Natrium; kein Cholesterin.
Garzeiten Backen bei 180 °C/Gas Stufe 2–3: 10–15 Minuten; grillen: 3–4 Minuten; fritieren (ganz): 3–4 Minuten; sautieren: 3–5 Minuten; schmoren (ganz): 10–15 Minuten; köcheln in Suppen, Saucen: 10–15 Minuten; pfannenrühren: 1–2 Minuten; (gefüllt) grillen: etwa 5 Minuten; (gefüllt) backen bei 180 °C/Gas Stufe 2–3: 15–20 Minuten.
Richtiger Gargrad Weich.
Typische Gerichte Blätterteigpastete (Frankreich); *sauce forestière* (mit Sherry; Frankreich); *funghi alla parmigiana* (gefüllt mit Semmelbröseln, Parmesan, Knoblauch, Kräutern; Italien); sautiert mit Knoblauch, Petersilie (Italien); Küchlein (Skandinavien); gegrillt (USA); *poacher's pie* (mit Kaninchen; Großbritannien); Cremesuppe (Großbritannien); süß-sauer eingelegt mit Rosmarin (Deutschland); mit Spinatfüllung (Deutschland); Pilzklöße (Österreich); Sauce mit Schalotten (Belgien); gefüllte Weinblätter (Bulgarien); Pudding (Ungarn, Tschechoslowakei); als Schnitzel, mit Kohl (UdSSR). – Champignons harmonieren auch mit: Eiern, Käse, Artischokken, Zucchini, Kartoffeln, Spinat, Kalb, Huhn, Rind, Ente, Wild, Madeira, Wein, Knoblauch, Thymian, Oregano, Basilikum, Paprika.

CHAMPIGNONS IN WÜRFEL SCHNEIDEN

Möglichst größere Pilze verwenden, da sie sich besser würfeln lassen. Ein mittelgroßes oder großes Küchenmesser ist zum Zerkleinern am besten geeignet.

1 Den Stiel bis zum Hut einkürzen. Den Hut (für große Würfel) in dicke oder (für mittelgroße Würfel) in etwas dünnere Scheiben schneiden.

2 Die Scheiben aufeinanderlegen und quer in dicke oder mittelgroße Stäbchen schneiden.

3 *Rechts:* Die Stäbchen zusammenlegen und quer in Würfel schneiden.

CHAMPIGNONS IN JULIENNE-STREIFEN SCHNEIDEN

Champignon-Julienne wird zumeist mit farbenfrohen Gemüsen, etwa Möhren oder Porree, gemischt. Wie beim Würfeln ist zum Schneiden ein mittelgroßes oder großes Küchenmesser zu verwenden.

1 *Oben:* Den Champignon festhalten und den Hut bis zu den Lamellen in dünne Scheiben schneiden; das untere Ende anderweitig verwenden.

2 *Rechts:* Die Scheiben aufeinanderlegen und der Länge nach in dünne Streifen schneiden. Im Gegensatz zu Gemüse-Julienne sind die Streifen unterschiedlich in der Länge.

Champignons à la grecque

Diese beliebte Vorspeise wird oft zusammen mit anderen Gemüsen gereicht, zum Beispiel mit Perlzwiebeln und Artischocken, die auf die gleiche Weise zubereitet werden.

4 Portionen
750 g kleine Champignons
3 EL Olivenöl
18–20 Perlzwiebeln (oder Schalotten), geschält
125 ml Weißwein
300 ml Kalbsfond (S. 44) oder Wasser
250 g Tomaten, abgezogen, entkernt und grob gehackt
1 EL Tomatenmark
Saft von ½ Zitrone (gegebenenfalls etwas mehr)
1 EL Pfefferkörner
2 EL Koriandersamen
1 großes *bouquet garni*
Salz und Pfeffer

1 Die Champignons gegebenenfalls waschen und putzen. Große Pilze vierteln. In einer Pfanne oder einem flachen Topf das Öl erhitzen, die Zwiebeln hinzufügen und 2–3 Minuten sautieren, bis sie leicht gebräunt sind. Die restlichen Zutaten (bis auf die Pilze) dazugeben und zum Kochen bringen.
2 Die Champignons hinzufügen und bei starker Hitze 15–20 Minuten sprudelnd kochen, bis die Pilze weich sind und die Flüssigkeit zu einer sämigen Sauce eingekocht ist. **Hinweis** Durch das Kochen bilden Öl und Fond eine Emulsion, so daß die Sauce leicht angedickt wird.
3 Die Champignons etwas abkühlen lassen und das *bouquet garni* entfernen. Mit Salz und Pfeffer abschmecken, gegebenenfalls mit Zitronensaft nachwürzen. Die Pilze in der Flüssigkeit erkalten lassen (mindestens 12 Stunden) und gut gekühlt servieren.

CHAMPIGNONS TOURNIEREN

Zum Tournieren – abgeleitet von *tourner*, der französischen Bezeichnung für das Zuschneiden von Gemüse – benötigt man ganz frische, weiße Champignons und ein kleines Küchenmesser.

Das Tournieren der Köpfe erfordert eine gewisse Geschicklichkeit, denn Finger und Messer müssen nach dem Prinzip einer Drehbank arbeiten.

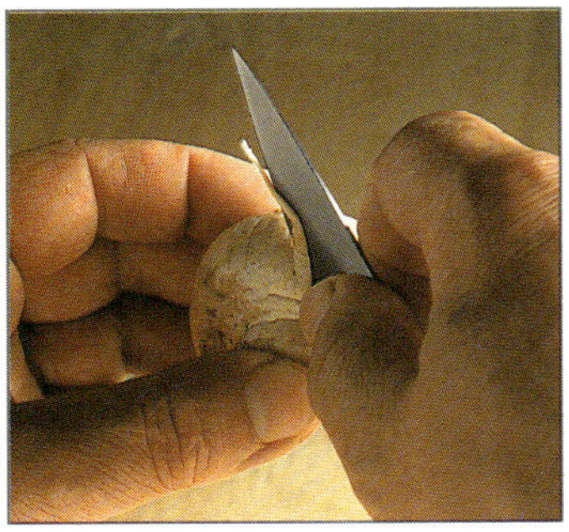

1 Die Schneide eines kleinen Schälmessers leicht im Winkel zur Hutmitte des Champignons halten. Von der Mitte bis zum Hutrand einen dünnen bogenförmigen Streifen herausschneiden.

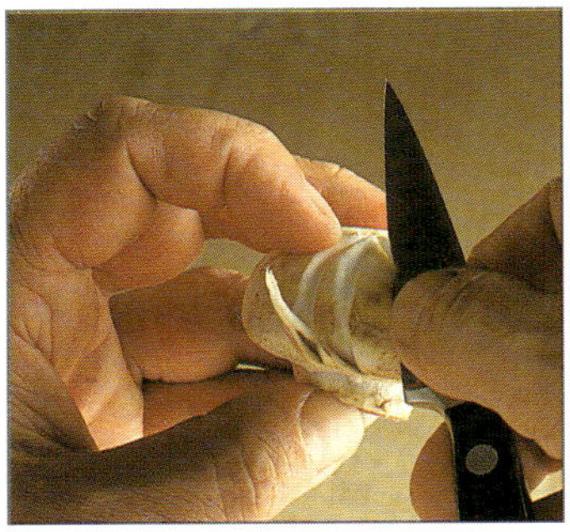

2 Weitere Streifen herausschneiden und dabei den Pilz drehen. Anschließend den Stiel am Hutansatz abtrennen.

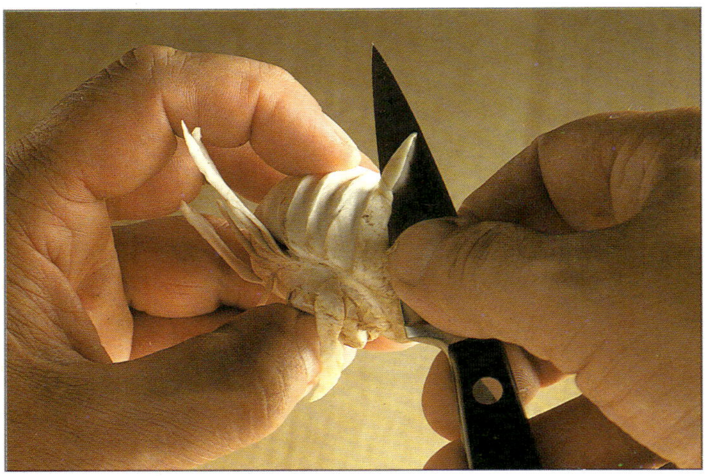

3 Rhythmisch weiterdrehen, bis der Hut rundherum gleichmäßig eingekerbt ist. Die Streifen abschneiden.

4 Mit der Messerspitze einen fünf- oder sechseckigen Stern in die Hutmitte kerben. Damit das hübsche Muster gut sichtbar bleibt, werden die tournierten Champignons *à blanc* gekocht oder mit Zitrone eingerieben.

Champignons *à blanc* zubereiten

Damit die Champignons weiß bleiben, werden sie in Zitrone gegart: 500 g Champignons säubern und je nach Rezept ganz lassen, in Scheiben schneiden oder vierteln. Die Pilze zusammen mit dem Saft einer halben Zitrone in einen flachen Topf geben, mit Salz und Pfeffer würzen und mit etwas Wasser aufgießen, so daß sie gerade bedeckt sind. Bei starker Hitze drei bis fünf Minuten sprudelnd kochen, bis sich am Topfrand Wassertropfen bilden und die Pilze weich sind. Die Kochflüssigkeit zum Würzen von Saucen und Fonds aufbewahren.

KULTURPILZE

Dank moderner Methoden ist es heute möglich, bestimmte Speisepilze, die bisher nur wild wuchsen, zu kultivieren. Und wie es scheint, sind Wildpilze erst dann begehrt – man denke nur an den Austernseitling in den USA –, wenn ein findiger Züchter die Pilzkultur in großem Stil betreibt.

Man erkennt solche Pilze an ihrem sauberen Aussehen und ihrer relativ einheitlichen Größe. Doch wie so viele Züchtungen im landwirtschaftlichen Bereich sind auch diese Pilze den wildwachsenden Exemplaren nicht ganz ebenbürtig. Sie sind milder im Geschmack und blasser in der Farbe.

Shiitake

Der vorzugsweise auf den Stämmen abgestorbener Laubbäume kultivierte Shiitake (*shiia* ist eine fernöstliche Kastanienart) ist im Westen noch wenig bekannt. Mit seinem fleischähnlichen, erdigen Geschmack und seiner zähen, festen Konsistenz gilt dieser Baumpilz als besondere Köstlichkeit.

Wegen seines weitgeöffneten, flachen Hutes eignet er sich ideal zum Füllen. Auch geschmort, in Butter sautiert und zu Fleisch oder Geflügel, insbesondere zu Wild, schmeckt er ausgezeichnet. Im Hinblick auf seine ostasiatische Herkunft wird er gern für pfannengerührte Gerichte verwendet oder – mit reichlich Öl bepinselt – gegrillt. Shiitake ergeben außerdem eine vorzügliche Suppe. Die Baumpilze werden in den USA kultiviert und sind mittlerweile auch in einigen europäischen Ländern frisch erhältlich. (Bei uns gibt es Zuchtbetriebe, von denen man die Pilzbrut samt Gebrauchsanweisung für den Anbau beziehen kann.) Meistens kommen Shiitake jedoch getrocknet als China-Pilze auf den Markt.

ZUR INFORMATION
Lentinus edodes
Andere Bezeichnungen Tongku, China-Pilz.
Vorkommen Asien, USA, Niederlande.
Saison *In Kultur* Vorzugsweise im Frühjahr und Herbst. *Wildwachsend* Frühjahr und Herbst.
Beim Einkauf beachten Saftig, fleischig.
Portion 85–125 g.
Nährstoffgehalt Kalorienarm, reich an Vitamin B und Ballaststoffen.
Garzeiten Backen bei 180 °C/Gas Stufe 2–3: 15–20 Minuten; grillen: 5–7 Minuten; sautieren: 5–7 Minuten; pfannenrühren: 3–5 Minuten; köcheln in Suppen, Eintöpfen: 15–20 Minuten.
Richtiger Gargrad Weich, aber gallertartig.
Bemerkung Getrocknete Shiitake müssen vor der Verwendung etwa 20 Minuten in warmem Wasser eingeweicht werden.
Typische Gerichte Gegrillt mit Olivenöl (USA); gefüllt mit Krabbenpaste (China); mit Huhn (Japan); Relish mit Sake und dunkler Sojasauce (Japan). – Shiitake harmonieren auch mit: Schinken, Speck.

Austernseitling

Wildwachsende Austernseitlinge sind in großen Mengen auf verrottenden Baumstümpfen oder -stämmen zu finden und lassen sich auch leicht kultivieren. Die als »Austern des Waldes« bezeichneten Speisepilze haben tatsächlich eine gewisse Ähnlichkeit mit blassen Austernschalen, und ihr mild-würziger Geschmack erinnert entfernt an Meeresfrüchte. Das saftige Fleisch ist ziemlich wasserhaltig, deshalb werden die Pilze vorzugsweise gebacken, gegrillt oder geschmort. Die unzerteilten Hüte kann man panieren und fritieren. Selbst nach langem Garen behalten Austernseitlinge ihre feste Konsistenz.

ZUR INFORMATION
Pleurotus ostreatus
Andere Bezeichnungen Buchenschwamm, Drehling, Kalbfleischpilz, Musvielpilz, Oyster, Silberauster.

Vorkommen Europa, Nordamerika, Asien, Australien.
Saison *In Kultur* Das ganze Jahr über. *Wildwachsend* Herbst bis zeitiges Frühjahr.
Beim Einkauf oder Sammeln beachten Glatte, schiefergraue Hüte ohne dunkle oder feuchte Stellen.
Portion 50–85 g.
Nährstoffgehalt Reich an Vitamin B.
Garzeiten Backen bei 180 °C/Gas Stufe 2–3: 10–15 Minuten; grillen: 3–5 Minuten; fritieren: 2–3 Minuten; sautieren: 3–5 Minuten; schmoren: 10–15 Minuten.
Richtiger Gargrad Weich, aber noch gallertartig-fest.
Typische Gerichte Gegrillt (Deutschland; Japan); im Teigmantel (Deutschland); in Sahnesauce (Großbritannien).

Wolkenohr

Die relativ geschmacklosen Wolkenohren werden in der fernöstlichen Küche vor allem wegen ihrer bizarren Form und der an Seetang erinnernden faltigen, gekräuselten Beschaffenheit geschätzt. Man sagt, daß sie ein langes Leben bescheren und vor Herzerkrankungen schützen. Der zumeist getrocknet angebotene Pilz gehört zu den sogenannten »Klammer«-Pilzen, die simsartig an alten Baumstämmen vorstehen. Die in China beliebten Wolkenohren werden als kontrastierende Zutat gern pfannengerührten Gerichten beigegeben. Entfernt verwandt mit dem chinesischen Baumpilz ist das amerikanische und europäische Judasohr *(Auricularia auricula-judae)*, das häufig an Holunderstämmen anzutreffen ist.

ZUR INFORMATION
Auricularia polytricha
Andere Bezeichnungen Baumohr, chinesische Morchel, Mu-err, Holzohr.
Vorkommen Asien, USA.
Saison Das ganze Jahr über.

Getrocknete und nach dem Einweichen gequollene Wolkenohren

Im Handel Getrocknet.
Portion 50–85 g.
Nährstoffgehalt Kalorien- und natriumarm.
Garzeiten Dämpfen: 10–15 Minuten; schmoren: 10–15 Minuten; pfannenrühren: 3–5 Minuten.
Richtiger Gargrad Weich und leicht knackig.
Bemerkung Getrocknete Wolkenohren müssen vor der Verwendung etwa 30 Minuten in warmem Wasser eingeweicht werden, wobei das Wasser mehrmals zu erneuern ist.
Typische Gerichte Süße Suppe mit Litchis (Malaysia); pfannengerührt mit Schweinefleisch, Nudeln (China). – Wolkenohren harmonieren auch mit: Zuckererbsen, Meeresfrüchten, Bambussprossen.

Samtfußrübling

Man denkt beim kultivierten Samtfußrübling eher an eine Garnierung als an einen vollwertigen Speisepilz. Sein zerbrechliches Äußeres täuscht, denn er ist relativ fest und knackig. Mit ihrem milden, zitronenartigen Aroma schmecken die Pilze ganz ausgezeichnet in Salaten; als Zutat in Suppen oder Brühen sollten sie nur kurz gegart werden. Wildwachsende Exemplare haben mit den cremeweißen Kulturpilzen äußerlich nicht viel gemein. Ihre klebrigen Hüte sind honiggelb bis lebhaft rostgelb.

Hinweis Samtfußrüblinge lassen sich gut durch Stockschwämmchen *(Kuehneromyces mutabilis)* ersetzen, die in der Küche ohnehin sehr viel häufiger verwendet werden.

ZUR INFORMATION
Flammulina velutipes
Andere Bezeichnung Winterrübling.
Vorkommen *In Kultur* Japan, Malaysia, USA (Kalifornien). *Wildwachsend* Europa, Nordamerika.

Saison *In Kultur* Das ganze Jahr über. *Wildwachsend* Spätherbst bis Frühjahr.
Beim Einkauf oder Sammeln beachten Fest und knackig.
Portion 25–30 g.
Nährstoffgehalt Reich an Vitamin D und Ballaststoffen.
Garzeiten Köcheln in Suppen: 1 Minute; backen bei 180 °C/Gas Stufe 2–3: 5 Minuten; dämpfen: 3–5 Minuten.
Richtiger Gargrad Zart, aber noch fest.

Gefüllte Shiitake

Alle großen Pilze, auch die Wiesenchampignons mit ihren dunklen, dünnen Lamellen, sind bestens zum Füllen geeignet und können für dieses Gericht verwendet werden.

4 Portionen
350 g mittelgroße oder große Shiitake (8–10 Stück)
60 g Butter
1 Zwiebel, feingehackt
1 EL Zitronensaft
125 g gekochter Schinken, gehackt
60 g frische Weißbrotkrumen
2 EL gehackte frische Petersilie
Salz (nach Belieben) und Pfeffer

1 Den Backofen auf 180 °C/Gas Stufe 2–3 vorheizen. Die Pilzhüte von den Stielen trennen. Zwei Hüte und die Stiele (holzige Enden entfernen) hacken. Die Butter zerlassen und die Zwiebel darin glasig dünsten. Die gehackten Pilze mit dem Zitronensaft dazugeben und unter gelegentlichem Rühren 3–5 Minuten dünsten.
2 Wenn die Flüssigkeit verdampft ist, die Hitze reduzieren; Schinken, Weißbrotkrumen und Petersilie hinzufügen und mit Pfeffer abschmekken. Die Shiitake-Hüte mit der Masse füllen und in eine gebutterte feuerfeste Form setzen.
3 Die Pilze im Ofen 10–15 Minuten backen, bis sie weich sind.

WILDPILZE

Der in Europa und Nordamerika wildwachsende Wiesenchampignon oder Egerling *(Agaricus campestris)* – ein naher Verwandter des Zuchtchampignons – ist vom Spätsommer bis in den Herbst vor allem auf Wiesen und Weiden zu finden. Seine zunächst rosafarbenen Lamellen dunkeln allmählich nach, bis sie zuletzt dunkelbraun, ja fast schwarz sind. Im Geschmack ist der Wiesenchampignon aromatischer als der Zuchtchampignon. Zu den verwandten Arten des Wiesenchampignons zählen der Anisegerling *(Agaricus arvensis)*, der ähnlich aussieht, nur größer wird, und der Waldchampignon oder Waldegerling *(Agaricus silvaticus)*, der im Anschnitt eine intensive rote Fleischverfärbung aufweist. (**Hinweis** Unter den Champignonarten befindet sich ein Giftpilz, der Karbolegerling. Man erkennt ihn an seinem tintigen Geruch. Der Anschnitt verfärbt sich chromgelb.)

Wenn heute auf der Speisekarte von »Wildpilzen« die Rede ist, dann sind in der Regel die selteneren Züchtungen von Speisepilzen gemeint. Diese meist sehr teuren Pilze lassen sich glücklicherweise gut mit gewöhnlichen Zuchtchampignons mischen.

Hinweis Bei vielen Speisepilzen besteht Verwechslungsgefahr mit giftigen oder todbringenden Pilzen. Deshalb ist es notwendig, stets alle in Wald und Flur gesammelten Pilze von einem Experten prüfen zu lassen. Außerdem sei daran erinnert, daß Wildpilze – aufgrund des Atomunfalls 1986 in der Sowjetunion – derzeit immer noch radioaktiv belastet sind.

Speisemorchel

Die Morchel zählt neben der Trüffel zu den begehrtesten Edelpilzen. Unter Feinschmeckern wird sie wegen ihres angenehm würzigen Geschmacks nicht selten den Trüffeln mit ihrem schweren moschusartigen Aroma vorgezogen. Wer einmal einen Morchel-Standort entdeckt hat, der bewahrt darüber Stillschweigen und kehrt Jahr für Jahr dorthin zurück, um die Pilze zu ernten. Der Hut der Morchel hat eine Tarnfarbe und ist daher nicht leicht zu erkennen. Zudem ist die Morchel-Saison recht kurz; meist dauert sie nur knapp einen Monat. Zum Glück läßt sich dieser wertvolle Pilz gut trocknen (S. 484). Mit ihrem rundlichen bis eiförmigen Hut, der wabenartige Gruben oder Kammern aufweist, und dem hohlen Stiel unterscheidet sich die Morchel beträchtlich von anderen Speisepilzen; je nach Art ist der Hut hellockerfarben bis hellbraun. **Hinweis** Dennoch ist vor einer Verwechslung mit der giftigen Frühlingslorchel zu warnen, die zur gleichen Zeit wächst und eine gewisse Ähnlichkeit mit der Speisemorchel hat.

Morcheln dürsten nach Sahne und saugen sie wie ein Schwamm auf. Man kann sie aber auch gut in einer leichten Brühe garen. Schon wenige Morcheln genügen zur Aromatisierung einer Speise.

ZUR INFORMATION
Morchella esculenta (Speisemorchel)
Morchella elata (Hohe Morchel)
Morchella conica (Spitzmorchel)
Andere Bezeichnungen Rundmorchel, Maurich (für Speisemorchel).
Vorkommen Europa, Nordamerika.
Saison Spätes Frühjahr bis Anfang Sommer (3–4 Wochen).
Beim Einkauf oder Sammeln beachten Angenehm würziger Duft; saubere, nicht ausgetrocknete Hüte.
Portion 50–85 g.
Nährstoffgehalt Reich an Vitamin D und Ballaststoffen.
Garzeiten Backen in Sauce: 15–20 Minuten; anbraten: 5–7 Minuten; köcheln in Suppen, Schmorgerichten, Saucen: 15–20 Minuten.
Richtiger Gargrad Weich und zart.
Typische Gerichte Mit Huhn, *vin jaune* (Frankreich); mit Wildreis (USA); in Sahne (Skandinavien); mit Rinderfilet (Großbritannien).

Getrocknete Morchel

Morcheln säubern

Da sich in dem wabenartigen Hut von frischen Morcheln leicht Sand festsetzt, müssen die Pilze vor der Zubereitung gründlich gereinigt werden.

Morcheln in Sahne

Dieses gehaltvolle Pilzgericht wird als Vorspeise oder als Beilage zu gebratenem Huhn oder Kalb gereicht.

4 Portionen
350 g frische Morcheln
oder 45 g getrocknete Morcheln
45 g Butter
Salz und Pfeffer
1 EL Madeira oder Sherry
250 ml Kaffeesahne
250 ml Crème fraîche (S. 70)
oder Crème double
2 TL Pfeilwurzelmehl, mit 2–3 EL kaltem Wasser angerührt
(nach Belieben)

Zum Servieren
Getoastetes Weißbrot

1 Frische Morcheln gründlich säubern, getrocknete in Wasser einweichen, waschen, absieben und das Einweichwasser aufheben.
2 Die Butter in einem Topf zerlassen, die Morcheln dazugeben und mit Salz und Pfeffer würzen. Unter Rühren 2–3 Minuten sautieren.
3 Madeira zugießen und (gegebenenfalls) mit dem Einweichwasser der Trockenpilze, Kaffeesahne und Crème fraîche auffüllen. Zum Kochen bringen und zugedeckt leise köcheln lassen, bis die Morcheln weich sind und die Flüssigkeit eingedickt ist. Für frische Morcheln rechnet man 8–12 Minuten, für getrocknete 15–20 Minuten.
4 Die Sauce mit Salz und Pfeffer abschmecken. Ist sie zu dünnflüssig, das Pfeilwurzelmehl unterrühren und kurz aufkochen lassen. Die Morcheln auf Toast anrichten oder den Toast getrennt dazu reichen.

Steinpilz

Der Steinpilz *(Boletus edulis)* ist ein wahrhaft königlicher Pilz, der in der Gastronomie gleich nach Trüffel und Morchel rangiert. Er gehört zur großen Familie der Röhrenpilze mit knolligen bis walzenförmigen Stielen und dickfleischigen Hüten. An der Hutunterseite befindet sich – anstelle von Lamellen – ein dickes Polster aus winzig kleinen Röhren. Steinpilze haben einen edlen, nußartigen Geschmack und riechen angenehm nach den Waldbäumen, in deren Nähe sie wachsen. Junge Steinpilze sind zu bevorzugen, da die Pilze im Alter schwammig-weich und schmierig werden.

Steinpilze sind immer erdfarben. Die Hutoberseite ist meist rötlichbraun, der Stiel weißlich und die Röhrenschicht weiß oder gelblich. Unter den zahlreichen Steinpilzarten gibt es einige, die angenehm würzig, andere hingegen, die relativ fade schmecken, und einige wenige sogar, die gallebitter (Gallenröhrling), aber dennoch ungefährlich sind. Da das Fleisch der frischen Steinpilze oft weich und wäßrig ist, ziehen manche Köche die getrockneten vor, nicht zuletzt auch deshalb, weil frische Pilze häufig von Maden befallen sind.

Alle Steinpilzarten werden auf die gleiche Weise zubereitet, bis auf diejenigen mit klebrigen Hüten, die geschält und getrocknet oder als Würzmittel zu Pulver vermahlen werden. Wenn die Röhrenschicht zu weich erscheint, schabt man sie mit einem Löffel vom Hutfleisch ab. Steinpilze schmecken ausgezeichnet, wenn sie mit Knoblauch und Schalotten sautiert oder in Wein langsam geschmort werden. Gefüllte Steinpilze passen vorzüglich zu Wildgerichten. In der Pfanne gebraten, ziehen die schmackhaften Pilze oft viel Wasser. Diese Flüssigkeit kann man entweder abgießen und für Fonds oder Suppen aufbewahren oder bei großer Hitze möglichst schnell verkochen lassen.

ZUR INFORMATION
Boletus edulis
Andere Bezeichnungen Herrenpilz, Herrling, Doberling, Pilzling, Steinkopf.
Vorkommen Europa, Nordamerika, Nordafrika, Australien.
Saison Sommer bis Herbst.
Beim Einkauf oder Sammeln beachten Dickfleischig und fest; Hut auf Madenbefall untersuchen.
Bemerkung Getrocknete Steinpilze sind auch als *porcini* im Handel.
Portion 85–125 g.
Nährstoffgehalt Reich an Vitamin D.
Garzeiten Backen bei 180 °C/Gas Stufe 2–3: 15–20 Minuten; grillen, sautieren: 5–7 Minuten; köcheln in Suppen, Geschmortem: 20–30 Minuten; pfannenrühren: 3–4 Minuten.
Richtiger Gargrad Weich und zart.
Typische Gerichte In Sahne (Deutschland); mit Entrecôte (Frankreich); mit Knoblauch, Semmelbröseln, Petersilie (Frankreich); mit Lammnieren (Italien).

Parasol (Riesenschirmling)

Der Parasol oder Riesenschirmling wächst auf Weideland wie auch im Wald, wenngleich er Sandboden bevorzugt. In den USA und in Europa erreicht der auffällige Pilz stattliche Höhen. Er ist leicht zu erkennen an seinem braunschuppigen Hut und der Manschette um den Stiel, die man verschieben kann. Das Fleisch ist weich und weiß, der Stiel allerdings zäh und ledrig. Am wohlschmeckendsten sind die kleinen, jungen Parasolpilze, deren Hut noch geschlossen ist, wohingegen große Hüte sich gefüllt als wahre Leckerbissen erweisen. Sie sollten möglichst nur mit einem Tuch gesäubert werden.

ZUR INFORMATION
Macrolepiota procera
Andere Bezeichnungen Recheschirmpilz, Eulchen, Schulmeisterpilz, Schiebling.
Vorkommen Mitteleuropa, Nordamerika.
Saison Sommer bis Herbst.
Beim Einkauf oder Sammeln beachten Fest, aber nicht lederartig und nicht verholzt.
Portion 85–125 g.
Garzeiten Grillen, sautieren: 3–5 Minuten; (gefüllt) backen bei 180 °C/Gas Stufe 2–3: 20–30 Minuten.
Richtiger Gargrad Weich und zart.
Typische Gerichte Gebraten (Skandinavien); mit Salbei in Sahne (Deutschland).

Semmelstoppelpilz

Der in lichten Wäldern zu findende Pilz mit der trockenen, fast samtigen Huthaut und dem brüchigen Fleisch hat an der Hutunterseite statt Lamellen winzige weiße Stacheln. Semmelstoppelpilze riechen angenehm, sind mild im Geschmack und können wie Champignons zubereitet werden. Am besten blanchiert man sie kurz, da sie sonst etwas säuerlich schmecken. Besonders eignen sie sich zum Einlegen in Öl und zum Trocknen.

ZUR INFORMATION
Hydnum repandum
Andere Bezeichnungen Semmelpilz, Woazrecherl.
Vorkommen Europa, Nordamerika.
Saison Spätsommer bis Herbst.
Beim Einkauf oder Sammeln beachten Saftig; keine ausgetrockneten Stiele.
Portion 85–125 g.
Garzeiten Grillen, sautieren: 3–5 Minuten; dünsten, schmoren: 10–15 Minuten.
Richtiger Gargrad Weich.
Typische Gerichte Gebraten mit Speck, Zwiebeln (Deutschland); in saurer Sahne (Deutschland); gebraten in Butter (USA).

Schopftintling

Der Schopftintling ist ein stattlicher weißer Pilz mit geschlossenem Hut, der sich bei älteren Exemplaren glockenförmig geöffnet und tintenschwarz präsentiert. Der Pilz sollte daher jung geerntet werden, noch bevor sich der Hut ausbreitet und verfärbt. Geerntete Pilze müssen innerhalb kürzester Zeit zubereitet werden. Da sie im Geschmack an Spargel erinnern, kann man sie nach fast allen klassischen Spargel-Rezepten zubereiten. **Hinweis** Der Verzehr des engverwandten Faltentintlings *(Coprinus atramentarius)* führt bei jeglichem Alkoholgenuß vor, während und zwei bis drei Tage nach der Mahlzeit zu ernsten Vergiftungserscheinungen.

ZUR INFORMATION
Coprinus comatus
Andere Bezeichnungen Porzellantintling, Spargelpilz.
Vorkommen Europa, Nordamerika.
Saison Frühsommer bis Spätherbst.
Beim Einkauf oder Sammeln beachten Junge, kleine Pilze; weiße Hüte.
Portion 50–85 g.
Garzeiten Grillen: 2–3 Minuten; köcheln: 8–12 Minuten.
Richtiger Gargrad Weich.
Typische Gerichte Mit Spargel, *sauce hollandaise* (Deutschland).

Matsutake und Violetter Ritterling

Der Matsutake, der höchstgeschätzte Pilz Japans, ist ein Verwandter des europäischen Ritterlings. Wegen seines überaus intensiven Aromas und seiner fleischigen Textur gilt er als der beste aller Röhrlinge. Da er manchen Köchen zu kräftig im Geschmack ist, mischen sie ihn mit milderen Arten. Man kann diesen aromatischen Pilz dämpfen, in Sojasauce marinieren und grillen, Eintöpfe, Eierspeisen und Füllungen damit würzen. Sein milderer Verwandter, der Violette Ritterling, wächst auf humusreichen Waldböden in Europa und Nordamerika. Allerdings ist der Violette Ritterling selten im Handel erhältlich, obwohl man ihn züchten kann. Roh ist er giftig. Er sollte blanchiert und mindestens 20 Minuten gegart werden.

ZUR INFORMATION
Armillaria ponderosa (Matsutake)
Lepista nuda (Violetter Ritterling)
Vorkommen *Matsutake* Japan, Nordwestamerika. *Violetter Ritterling* Europa, Nordamerika.
Saison Spätsommer bis Winter.
Beim Einkauf oder Sammeln beachten Fest, fleischig, aromatisch.
Portion 90–125 g.
Garzeiten Grillen: 3–5 Minuten; dämpfen: 8–10 Minuten; dünsten, schmoren: 15–20 Minuten.
Richtiger Gargrad Weich, aber etwas gummiartig.
Im Handel Matsutake ist konserviert in einigen Asia-Läden erhältlich.
Typische Gerichte Gegrillt mit Sojasauce, Wein (Japan); in Sahne (USA).

Violetter Ritterling

Schwefelporling und Klapperschwamm

Der Schwefelporling bildet zitronengelb bis orangegelb gefärbte Hüte aus, die zu mehreren dachziegelartig an Baumstämmen und -stümpfen wachsen. Ein einziger Pilz kann bis zu 9 kg wiegen. Die reifen Hüte kocht man als Würze in Suppen mit, doch allenfalls ganz junge, saftige Pilze eignen sich für andere Zubereitungsarten. Man kann sie durch Ausbackteig ziehen und fritieren, sie schmecken aber ebenso gebraten, pfannengerührt oder geschmort in einer gehaltvollen Sauce. Zu den Porlingen zählt auch der Klapperschwamm oder Laubporling, der sich vor allem auf den Stümpfen von Laubbäumen ausbreitet. Er ist braungrau, und seine Hüte sind etwas kleiner als die des Schwefelporlings, dafür zahlreicher. Charakteristisch ist sein leichter Bittergeschmack. Man kann ihn wie Schwefelporling zubereiten, doch findet er in unserer Küche nur relativ selten Verwendung.

ZUR INFORMATION
Polyporus sulphureus (Schwefelporling)
Grifola frondosa (Klapperschwamm oder Laubporling)
Vorkommen *Schwefelporling* USA. *Klapperschwamm* Europa.
Saison Spätes Frühjahr und Herbst.
Beim Einkauf oder Sammeln beachten Saftige, gummiartige Hüte, nicht verholzt; nur junge Exemplare.
Portion 85–125 g.
Garzeiten Fritieren in Ausbackteig: 2–3 Minuten; sautieren: 7–10 Minuten; köcheln in Suppen: 20–30 Minuten; pfannenrühren: 3–4 Minuten.
Richtiger Gargrad Saftig und ziemlich weich.
Typische Gerichte Sautiert mit Pute (Großbritannien); knusprig fritiert (USA); in Sahnesauce mit Kräutern (USA); Cremesuppe (Japan).

Schwefelporling

Pfifferling und Totentrompete

Die an ihrer trichterförmigen Gestalt leicht zu erkennenden dottergelben Pfifferlinge sind geschätzte Speisepilze mit einem milden, leicht pfeffrigen Geschmack und einem würzigen, aprikosenähnlichen Duft. Sie sind fester als viele andere Pilze, fast nie madig und sehr haltbar, da sie nur langsam austrocknen. Mit dem Pfifferling verwandt ist die blauviolette, fast schwarze Totentrompete – beide gehören zu den Leistenpilzen –, die als Ersatz für Trüffeln verwendet wird. Pfifferling wie Totentrompete sind etwas zähfleischig und daher schwer verdaulich.

Da sich gerade Pfifferlinge leicht voll Wasser saugen, sollten sie stets trocken aufbewahrt und nur mit einem Tuch oder einer trockenen Bürste gesäubert werden. Beim Garen ziehen sie reichlich Saft, so daß es sich empfiehlt, die Flüssigkeit zwischendurch abzugießen.

Pfifferlinge sind vielseitig verwendbar. Sie eignen sich nicht nur zum Backen, Grillen und Pfannenrühren, sondern auch zum Dünsten oder Schmoren und für Suppen. Einfache Zubereitungsarten, wie backen, sautieren oder in Sahne dünsten, sind häufig die besten. Pfifferlinge und Totentrompeten lassen sich gut trocknen, vor allem die Totentrompete entfaltet erst getrocknet ihr unvergleichliches Aroma.

ZUR INFORMATION
Cantharellus cibarius (Pfifferling)
Craterellus cornucopioides (Totentrompete)
Andere Bezeichnungen Eierschwamm, Rehling (für Pfifferling); Herbsttrompete, Füllhorn (für Totentrompete).
Vorkommen Europa, Nordamerika, Asien, Australien.
Saison *Pfifferling* Frühsommer und Herbst. *Totentrompete* Spätsommer bis Spätherbst.
Beim Einkauf oder Sammeln beachten Große, saftige trompeten- oder trichterförmige Hüte von kräftiger Färbung; Stielenden dürfen nicht trocken sein.
Portion 50–85 g.
Nährstoffgehalt Reich an Vitamin A und D.
Garzeiten Backen bei 180 °C/Gas Stufe 2–3: 10–15 Minuten; grillen: 3–5 Minuten; sautieren: 3–5 Minuten; köcheln in Suppen: 15–20 Minuten.
Richtiger Gargrad Weich, aber etwas gummiartig.
Typische Gerichte Mit Speck, Petersilie (Deutschland); sautiert in Butter mit Knoblauch, Petersilie (Frankreich); *à la crème* (in Sahne; Frankreich); mit Rührei (Frankreich).

Totentrompete

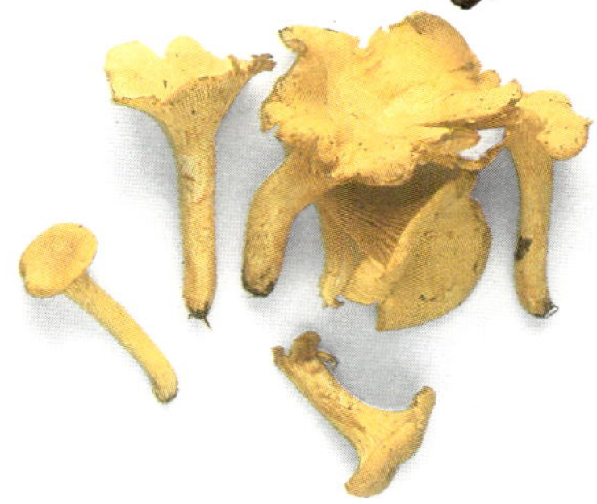

Pfifferling

Bovist

Zur artenreichen Familie der Staubpilze zählen die Boviste, die in ganz Europa und Nordamerika zu finden sind, wo sie auf Wiesen und Weiden, manchmal auch auf grasigen Waldlichtungen wachsen. Boviste haben kugelige oder birnenförmige Fruchtkörper, die nicht in Stiel und Hut gegliedert sind. Ihre weißliche Außenhülle ist entweder glatt oder mit kegelförmigen Warzen bedeckt. Boviste müssen jung, solange das Fleisch innen reinweiß und glatt ist, verzehrt werden, weil es bei der Reife zu einem graubraunen Pulver zerfällt. Die milden Boviste schmecken gebraten besonders gut. **Hinweis** Junge Fliegen- und Knollenblätterpilze – beide Pilzarten sind sehr beziehungsweise tödlich giftig –, mit denen der junge Bovist verwechselt werden könnte, zeigen einen Ansatz von Hut- oder Blattbildung, was durch einen Längsschnitt festzustellen ist.

ZUR INFORMATION
Lycoperdon perlatum (Flaschenbovist)
Vorkommen Europa, Nordamerika.
Saison August, September.
Beim Einkauf oder Sammeln beachten Weiße oder hellgraue Fruchtkörper; glatt und fest.
Portion 85–125 g.
Garzeiten Grillen, sautieren: 2–3 Minuten (je Seite); (in Scheiben geschnitten) fritieren: 2–3 Minuten.
Richtiger Gargrad Weich und zart.
Typische Gerichte Auflauf mit Käse (USA); als Steak (paniert; Deutschland, Skandinavien). – Boviste harmonieren auch mit: anderen Speisepilzen, Tomaten, Sahne, dunkler Sojasauce, Sesamöl.

Weitere Speisepilze

Der in Nadelwäldern vorkommende orangerote **Edelreizker** sowie seine cremefarbenen und grünlichen Verwandten, wie der **Fichtenreizker,** schmecken am besten gebraten oder geschmort. Der auf Laubholzstümpfen wachsende blutrote **Leberreischling** (Leber- oder Fleischpilz) hat weichfaseriges Fleisch, das man quer zur Faserrichtung in Scheiben schneidet, dann in Salzwasser einweicht und anschließend wie den Steinpilz (S. 311) zubereitet. Der Pilz findet in unserer Küche jedoch kaum Verwendung. Meist gesellig in Ringen und Reihen wächst der **Feld-** oder **Nelkenschwindling,** der jedoch nicht mit giftigen Trichterlingen verwechselt werden darf. Er ist sehr zart und schmeckt am besten gebraten sowie in Nudel- oder Eiergerichten (die zähen Stiele werden nicht verwertet). Diese kleinen Pilze lassen sich besonders gut trocknen (S. 485). Der wohlschmeckende, fleischige **Kaiserling,** der nur in sehr warmen Gebieten wächst (zum Beispiel am Kaiserstuhl) – Verwechslungsgefahr mit dem sehr giftigen Fliegenpilz! –, und der häufig anzutreffende **Hallimasch** dürfen, wie eigentlich alle Pilze, niemals roh verzehrt werden. Diese Pilze passen gut zu Nudelgerichten und werden im übrigen wie Pfifferlinge zubereitet. Bei uns besonders beliebt sind der aromatische **Maronenröhrling,** der sich für fast alle Zubereitungsarten eignet, und der wohlschmeckende **Perlpilz,** der jedoch nur von Kennern gesammelt werden sollte, da er leicht mit einigen Giftpilzen zu verwechseln ist. Auch einige Arten des **Täubling** sind begehrte Speisepilze. Sie lassen sich auf vielfältige Weise delikat zubereiten. Der junge Frauentäubling und der Grünliche Täubling können mit dem tödlich giftigen Grünen Knollenblätterpilz verwechselt werden. Deshalb sollten Anfänger auf das Sammeln dieser beiden Arten verzichten.

Hallimasch

Leberreischling

Nelkenschwindling

Edelreizker

Trüffeln

Die seltsam aussehenden Trüffeln sind seit Jahrhunderten von einer geheimnisvollen Aura umgeben. Unter ihrer rauhen, ledrigen Haut verbirgt sich pechschwarzes Fruchtfleisch, eine Farbe, die sonst kein Lebensmittel aufweist. Was den Geschmack betrifft, so reicht eine einzige kleine, frische Trüffel aus, um ein ganzes Gericht nachhaltig zu aromatisieren. Die meisten Trüffeln sind nur walnußgroß, vereinzelt gibt es aber auch bis zu 12 cm große Riesen, die gut und gerne 500 g auf die Waage bringen. Das größte Rätsel ist und bleibt jedoch die Vermehrung der Trüffeln. Sie wachsen unterirdisch an den Wurzeln bestimmter Eichenarten heran, scheinen sich aber ihren Standort ganz willkürlich zu wählen.

Zur Erntezeit spüren Trüffelsucher die erlesenen Pilze nach alter Tradition mit speziell abgerichteten Hunden oder Schweinen im Waldhumus auf. Unter den zahlreichen Trüffelarten gilt die schwarze Edeltrüffel aus dem südfranzösischen Périgord als die beste. Spickt man Geflügel mit Streifen der schwarzen Trüffel, so geht deren unvergleichliches Aroma auf das ganze Fleisch über. Die starke Würzkraft der Trüffeln kommt auch in einer Füllung oder einer Kraftsauce (*demi-glace,* S. 58) voll zur Geltung, wenngleich die größte Delikatesse eine ganze Trüffel ist (oder gleich mehrere).

Die wegen ihres scharfen, ausgeprägt pfeffrigen Aromas geschätzten weißen Trüffeln aus dem norditalienischen Piemont werden frisch geraspelt und zur Verfeinerung an Salate oder Pasta-Gerichte gegeben. Überhaupt schmecken alle Trüffeln frisch am besten, wenn man sie in hauchdünne Scheiben schneidet, mit Walnußöl anmacht oder über ein Käsefondue streut.

Frische Trüffeln verlieren in weniger als einer Woche an Aroma und Geschmack, können aber konserviert werden: Die Trüffeln zuerst gründlich bürsten und anschließend dünn schälen. Die aromareichen Schalen können kleingehackt zum Würzen von Saucen verwendet werden. Die geschälten Trüffeln in einen kleinen Topf geben und mit Brandy oder Madeira aufgießen. Zugedeckt 30–60 Minuten garen. Die Trüffeln in ein Glas füllen, die Kochflüssigkeit dazugießen und ein bis zwei Monate im Kühlschrank aufbewahren. Oder eine frische Trüffel in trockenen Reis legen und bis zu zwei Wochen kühl stellen. Die Kochflüssigkeit oder den Reis zum Würzen verwenden. Trüffeln lassen sich auch einfrieren (S. 495).

Konservierte Trüffeln schrumpfen auf die Hälfte ihrer ursprünglichen Größe und büßen auch einen Großteil ihres Aromas ein. Nach dem Öffnen der Dosen sollten die konservierten Trüffeln zur Aufbewahrung in ein Glas mit Schraubverschluß umgefüllt und mit leichtem Olivenöl oder Madeira bedeckt werden. Da sie mit der Zeit aufhellen, sollten sie innerhalb eines Monats verbraucht werden.

ZUR INFORMATION
Tuber melanosporum
(schwarze Périgord-Trüffel)
Tuber magnatum
(weiße Piemont-Trüffel)
Vorkommen *Schwarze Trüffel* Frankreich. *Weiße Trüffel* Norditalien.
Saison Spätherbst bis Winter.
Beim Einkauf beachten Feste Ware; unverwechselbares, starkes Aroma. *Schwarze Trüffel* Sehr dunkel. *Weiße Trüffel* Keine Verfärbungen.
Im Handel Trüffeln sind bei uns nur konserviert erhältlich.
Portion 25–50 g.
Garzeiten Backen in Teig bei 200 °C/Gas Stufe 3–4: 30–40 Minuten; dünsten: 45–60 Minuten; sautieren: 2–3 Minuten; köcheln: 10–15 Minuten.

Richtiger Gargrad Etwas gummiartig, fast knusprig.
Typische Gerichte Suppe (Frankreich); *sauce Périgueux* (Frankreich); gebacken in Teig (Frankreich); über Selleriesalat (Italien); über Käsefondue (Italien); Fasan, gespickt (Italien); über Risotto (Italien); in Wein (Deutschland).

GETREIDE UND HÜLSENFRÜCHTE

Seit Jahrtausenden gehören Getreide und Hülsenfrüchte zu den Grundnahrungsmitteln der in gemäßigten, arktischen und tropischen Zonen lebenden Menschen. Weizen, Mais und Reis liefern in den fleischarmen Regionen einen hochwertigen Ersatz für tierisches Eiweiß. Hülsenfrüchte, vor allem getrocknete Erbsen und Bohnen, haben einen ähnlich hohen gesundheitlichen Wert – sie sind reich an Kohlenhydraten, Ballast- und Mineralstoffen. Lebenswichtig sind diese Nahrungsmittel auch deshalb, weil sie, im vollreifen Zustand getrocknet, über Monate hinweg lagerfähig sind und somit einen idealen Wintervorrat darstellen.

In den letzten Jahrzehnten konnte dank intensiver Forschungsarbeiten auf dem landwirtschaftlichen Sektor die Getreide- und Hülsenfruchtproduktion maßgeblich verbessert werden. Es wurden Tausende von neuen Hybriden mit erhöhter Lagerfähigkeit und besseren Kocheigenschaften entwickelt, und nicht zuletzt konnte auch der Nährstoffgehalt gesteigert werden.

In vielen Teilen der Erde machen Getreideprodukte einen Großteil der täglichen Nahrung aus. Ihre jeweilige Verwendung konzentriert sich oft auf bestimmte Länder oder Erdteile. So finden wir den Reis vornehmlich in asiatischen Ländern, das Maismehl in Italien und Südamerika und den Buchweizen in Osteuropa. Bei den Hülsenfrüchten sind die nationalen Geschmäcker ähnlich verschieden. Während man gewöhnlich für die amerikanischen *baked beans* eine bestimmte Sorte von weißen Bohnen nimmt, findet eine andere Sorte in der italienischen *minestrone* Verwendung. Da regionale Zubereitungsarten mittlerweile aber über die Landesgrenzen hinausgehen, kommen viele Getreide- und Hülsenfruchtgerichte international zu Ansehen, zumal das Verständnis für die Zusammenhänge von Ernährung und Gesundheit gewachsen ist. Waren Getreide und Hülsenfrüchte einst nur aus deftigen europäischen Gerichten bekannt, so werden sie heute vermehrt unter frische Gemüsesalate gemischt oder als Beilage zu Fleisch und Fisch gereicht.

GETREIDE

Botanisch betrachtet sind Getreidekörner die Früchte grasartiger Getreidepflanzen aus der Familie der *Graminaceae*. Von den annähernd 8000 Getreidearten werden nur einige wenige, kaum ein Dutzend, in der Küche verarbeitet.

Die meisten Getreidekörner sind von harten, dünnen, saftarmen Blättchen (Spelzen) umschlossen, die nach der Ernte entfernt werden. Der Kornkörper selbst besteht im wesentlichen aus drei Teilen: aus den Randschichten, die wiederum unterteilt sind in Fruchtschale, Samenschale und Aleuronschicht – dieser ballastreiche Schutzmantel wird auch als Kleie bezeichnet –, dem fetthaltigen Keimling oder Samen für eine neue Pflanze und einem protein- und stärkehaltigen Mehlkörper, der den Samen mit Nährstoffen versorgt. Zur Herstellung von weißem Auszugs- oder Weißmehl (S. 342) wird nur der Mehlkörper verarbeitet.

Zur Erntezeit ist ein Getreidekorn stark ausgetrocknet. Es wird erst genießbar, nachdem es gekocht ist und sich wieder voll Wasser gesogen hat. Zum Kochen nimmt man gewöhnlich Wasser, für würzige Gerichte kann auch Fleisch- oder Hühnerfond verwendet werden. Getreide wird weicher, wenn man es langsam in Milch gart. Dieser Methode bedient man sich bei heißen Frühstücksgerichten, wie dem englischen *porridge*, und bei Dessert-Puddings.

Getreide auswählen

Getreide sollte möglichst frisch sein und deshalb dort gekauft werden, wo sich die angebotenen Waren relativ schnell umschlagen. Frisches Getreide ist trocken und eher prall als runzelig und von heller, gleichmäßiger Farbe. Der Geruch variiert je nach Getreideart; Getreide sollte aber nie sauer oder muffig riechen. Trotz ordnungsgemäßer Behandlung wird Vollkorngetreide leicht von Getreidekäfern (Mehlwürmern) befallen, die ihre Eier noch auf dem Feld auf den Körnern ablegen und ausschlüpfen, sobald sie sich in luftdicht verschlossenen Behältern wähnen. Wenngleich es sich bei diesen Schädlingen um eine unerwünschte, unappetitliche Erscheinung handelt, sind die Eier dieser Getreidekäfer doch harmlos und stellen für den Menschen kein gesundheitliches Risiko dar.

Getreide aufbewahren

Zum Schutz vor Feuchtigkeit und Insekten wird Getreide am besten in luftdicht verschlossenen Behältern an einem kühlen, trockenen Ort aufbewahrt. Vollkorngetreide, ob bearbeitet oder nicht, enthält noch den fettreichen Keim, der schnell ranzig wird, sobald er Wärme, Luft und Feuchtigkeit ausgesetzt ist. Je nach Typ ist es bis zu vier Monaten im Kühlschrank haltbar. Polierte Körner (S. 316) halten sich bei Raumtemperatur bis zu einem Jahr. Die Lagerzeit für geschrotetes und anderweitig bearbeitetes Getreide sowie Flocken richtet sich nach der Art der Verarbeitung und hängt auch davon ab, ob der Keim entfernt wurde, da eventuelle Fettreste des Keims die Lagerfähigkeit beeinträchtigen.

Vor dem Kochen sollte Getreide, vor allem Vollkorngetreide, kalt abgespült werden, damit sich Schmutzpartikel und Staub lösen.

Getreide kochen

Getreide kocht man im allgemeinen in Wasser. Wer es aromatischer mag, verwendet eine leichte Brühe. Damit die beim Garen produzierte Stärke herausgelöst wird (besonders bei poliertem oder geschrotetem Getreide), ist reichlich Flüssigkeit vonnöten; man rechnet etwa die vierfache Menge des Getreides. Die Garzeit richtet sich nach Getreidetyp, Alter und vorausgegangener Verarbeitung (s. jeweilige Getreideart). Wenn man einen Eßlöffel Butter oder Öl in die Flüssigkeit gibt, kocht sie nicht über, und eine Zitronenscheibe im Kochwasser dient der Farberhaltung von weißem Reis.

Das Wasser zum Kochen bringen. Das Getreide langsam einstreuen, damit der Kochvorgang nicht unterbrochen wird, einmal umrühren und anschließend unbedeckt sprudelnd kochen lassen, damit sich die Körner verteilen. Nur gelegentlich umrühren, da die Körner sonst klebrig werden. Vollkorngetreide wird bißfest gekocht, zum Abtropfen in ein Sieb gegeben und mit heißem Wasser abgespült, um die Stärke zu entfernen. Anschließend mindestens fünf Minuten abtropfen lassen, damit es locker ist.

Gegartes Getreide kann man wie folgt aufwärmen: Das bereits gegarte Getreide in eine gefettete Auflaufform geben und mit gebutterter Alufolie abdecken. Bei 175 °C/Gas Stufe 2–3 im Ofen backen, bis das Getreide sehr heiß ist.

Getreide dämpfen

In einem großen, flachen Topf Wasser oder eine andere Flüssigkeit zum Kochen bringen. Das Getreide auf einem Trommelsieb (S. 506), dem Einsatz des *couscous*-Topfes (S. 511) oder einem mit Käseleinen ausgelegten Dämpfeinsatz ausbreiten und in den Topf stellen. Zugedeckt bißfest dämpfen. Fünf Minuten ruhenlassen, dann umrühren.

GETREIDE NACH DER ABSORPTIONSMETHODE KOCHEN

Bei der Absorptionsmethode läßt man das Getreide, ohne umzurühren, so lange köcheln, bis alle Flüssigkeit verdampft ist. Dieses Verfahren wird gern bei ganzen oder geschroteten Körnern angewendet. Das fertig gegarte Getreide sollte locker und körnig sein; die Körner dürfen nicht zusammenkleben.

1 Getreide und Wasser oder Brühe im Verhältnis 1:2 abmessen. Nach Belieben das Getreide 2–3 Minuten in etwas Öl (1–2 EL Öl je 200 g Getreide) leicht anrösten und dabei gänzlich mit Fett überziehen. Die entsprechende Flüssigkeitsmenge zugießen und mit Salz und Pfeffer würzen. ODER: Wasser oder Brühe zum Kochen bringen und das Getreide langsam einstreuen, ohne es vorher anzubraten.

2 Den Topf abdecken und das Getreide zum Kochen bringen. Die Hitze reduzieren und die Körner, ohne sie umzurühren, köcheln lassen. Wenn die Flüssigkeit verdampft ist, sollten die Körner bißfest sein. Sind sie zu feucht, noch weiterköcheln lassen, sind sie hingegen zu fest, etwas Flüssigkeit zugießen. Das gegarte Getreide fünf Minuten ruhenlassen und abschmecken.

Pilaw-Rezepte

Pilaw aus braunem Reis mit Champignons Zu Fleisch, Geflügel. Ergibt 6 Portionen. 30 g Butter in einer Pfanne zerlassen und 125 g in Scheiben geschnittene frische Champignons 2–3 Minuten darin anbraten. In einer schweren Kasserolle 45 g Butter zerlassen und 2 gehackte mittelgroße Zwiebeln und 125 g gewürfelten mageren Speck sautieren, bis die Zwiebeln weich, aber noch nicht gebräunt sind. 300 g braunen Langkornreis dazugeben und etwa 2 Minuten unter Rühren rösten, bis die Körner glasig sind und die Butter aufgesogen haben. Die Champignons hinzufügen, mit Salz und Pfeffer würzen und mit 500 ml heißem Kalbs- oder Rinderfond aufgießen. Zum Kochen bringen, den Topf verschließen und die Hitze reduzieren. Etwa 45 Minuten köcheln lassen, bis der Reis weich ist. 10 Minuten stehenlassen, dann mit einer Gabel auflockern, mit Salz und Pfeffer abschmecken und sofort servieren.

Pilaw mit Rosinen und Pistazien Zu Fleisch, Geflügel, Fisch. Ergibt 6 Portionen. 85 g geschälte Pistazien 1 Minute blanchieren, abtropfen lassen und halbieren. In einer schweren Kasserolle 30 g Butter zerlassen und 1 feingehackte kleine Zwiebel goldbraun braten. 300 g weißen Langkornreis einstreuen und 2 Minuten unter Rühren braten, bis die Körner hellgelb und glasig sind und die Butter aufgenommen haben. Mit 500 ml Hühnerbrühe aufgießen und mit Salz und Pfeffer würzen. Zum Kochen bringen, den Topf verschließen und die Hitze reduzieren. So lange köcheln lassen, bis alle Flüssigkeit verdampft und der Reis weich ist (nach etwa 20 Minuten). 10 Minuten ruhenlassen, dann die Pistazien, 100 g Rosinen und 30 g Butter unterrühren. Mit Salz und Pfeffer abschmecken und servieren.

GETREIDE NACH DER IMMERSIONSMETHODE KOCHEN

Nach Anweisung vieler Rezepte wird das Getreide in die köchelnde Flüssigkeit eingestreut und so lange gerührt, bis es von weicher, cremiger Konsistenz ist. Nach dieser Methode – die daher auch als Rührmethode bezeichnet wird – werden die italienische *polenta* (S. 319), einige *gnocchi*-Gerichte sowie die amerikanische Grütze und das schottische Hafermehl-*porridge* zubereitet. Wasser, Milch und leichte Brühe sind die gängigsten Kochflüssigkeiten.

Das Getreide wird nach und nach in die kochende Flüssigkeit eingestreut, wobei das Verhältnis von Getreide und Flüssigkeit etwa 1:4 beträgt. Das Garen erfolgt bei ständigem Köcheln, bis das Getreide bißfest oder nach Belieben dick, cremig und weich ist. Süße Puddings werden erst zu diesem Zeitpunkt gesüßt, da das Getreide andernfalls schnell anbrennt.

In Abwandlung dieser Methode verwendet man zunächst nur einen Teil der Flüssigkeit und gibt den Rest nach und nach während des Kochens hinzu.

Eine andere Möglichkeit ist das Garen im Wasserbad unter gelegentlichem Umrühren. Dieses Verfahren ist vor allem für geschmeidige Mischungen, etwa Reiscreme, geeignet. Auch Hafermehl-*porridge* kann auf diese Weise zubereitet werden.

1 Getreide oder Mehl (hier Maismehl) nach und nach in das kochende Wasser einstreuen, damit die Temperatur konstant bleibt und nicht absinkt.

2 Unter ständigem Rühren weiterkochen, bis eine dicke Masse entsteht, die aber noch weich und cremig genug ist, um vom Löffel zu fallen.

GETREIDEPUDDINGS

Getreidepuddings werden meist mit Milch oder Sahne zubereitet und bei ganz schwacher Hitze im Ofen gebacken, damit das Getreide quellen und dabei möglichst viel Flüssigkeit aufnehmen kann. 200 g Getreide können bis zu 1,5 l Flüssigkeit absorbieren.

Es gibt zwar auch pikante Getreidepuddings, weitaus häufiger sind jedoch die süßen Puddings, für die man Zucker, Vanille, Gewürze und Trockenobst verwendet. Als typisch gelten hier der britische Reispudding mit Rosinen und der nordamerikanische Pudding aus Maismehl und Melasse.

Für die Zubereitung eines Getreidepuddings wird das Getreide mit einem Viertel bis der Hälfte der Flüssigkeitsmenge in einer gebutterten Backform verrührt und anschließend in der abgedeckten Form im Ofen bei 150 °C/Gas Stufe 1 gebacken, bis die Flüssigkeit absorbiert ist. Gelegentlich umrühren. Zucker und Aromastoffe mit etwas Flüssigkeit zugeben und weitergaren. Die restliche Flüssigkeit nach und nach während des Garens zugießen, bis das Getreide sehr cremig und weich ist. Damit Milchpuddings eine braune Kruste bekommen, entfernt man vor Ende der Garzeit die Abdeckung. Man kann den Pudding heiß oder warm servieren und Sahne dazu reichen.

Den richtigen Gargrad von Getreide feststellen

Garzeit und Quellfähigkeit hängen nicht nur von der jeweiligen Getreidesorte ab, sondern werden auch von Alter und Trocknungsgrad des jeweiligen Getreides bestimmt. Die meisten Vollkorngetreide sollten bißfest gekocht werden, so daß sie außen zwar weich sind, aber trotzdem noch ein wenig Biß haben. Vollkorngetreide bleibt auch nach längerem Garen etwas fester als polierte Körner. Wird Getreide nach der Absorptionsmethode (S. 315) zubereitet, kann man mit bloßem Auge erkennen, wann es gar ist. Normalerweise ist dies der Fall, wenn alle Flüssigkeit absorbiert ist. Manche Körner platzen auf, wenn sie völlig durchgekocht werden, so zum Beispiel Wildreis. Die meisten sollten jedoch ihre Form behalten, und deshalb ist Aufplatzen ein Zeichen für Übergaren.

Um festzustellen, ob das Getreide den richtigen Gargrad erreicht hat, zerbeißt man entweder einige Körner oder zerdrückt ein Korn zwischen Finger und Daumen. Für Pilaw oder Risotto sollten die Körner weich sein, aber trotzdem noch ihre Form behalten. Nur für Desserts, zum Beispiel Reispudding, werden die Körner so lange gekocht, bis sie auseinanderfallen.

Getreide auflockern

Nach dem Kochen, Dämpfen oder Backen läßt man das Getreide etwa fünf Minuten zugedeckt im Topf abkühlen, damit sich die Körner etwas zusammenziehen können. Anschließend rührt man das Getreide vorsichtig, ohne es zu zerdrücken, mit einer Gabel um.

Gegarte Getreidegerichte

Die weiche, zarte Konsistenz und der milde Geschmack sind die großen Vorzüge von Getreide. Deshalb verträgt es sich auch so gut mit delikaten und würzigen Aromaten, wie dem edlen Safran, dem erdigen Aroma von Kreuzkümmel und Koriandersamen, dem frischen Geschmack von Zitrone oder Sojasauce, mit Kräutern, wie Minze und Basilikum, und sogar mit Melasse. Gekocht, gedämpft oder als Pilaw zubereitet, wird Getreide als Beilage gereicht oder unter würzige Gemüsesalate oder unter Trockenobst gemischt. Aus gekochtem Getreide lassen sich auch viele pikante Aufläufe mit Gemüse zubereiten.

Getreide eignet sich besonders gut für Füllungen aller Art: Hirse harmoniert mit Schweinefleisch, Bulgur (eine Art Weizenschrot) mit Lammfleisch, während Reis gern für Geflügelfüllungen verwendet wird. Geschrotetes Getreide, mit Eiern, Nüssen oder Käse gebunden, läßt sich gut zu Kroketten (S. 107) formen. Ein in Norditalien traditionelles Gericht ist die aus Maismehl hergestellte *polenta*, die meist mit einer gehaltvollen Tomaten-, Käse- oder Weinsauce überzogen wird. Andere Getreidearten, zum Beispiel Wildreis und Buchweizen, sind nicht ganz so vielseitig verwendbar. Sie schmecken am besten für sich allein oder als Beilage zu fettem Federwild oder Fleisch.

Die Vorbehandlung von Getreide

Die meisten Getreide sind schwer verdaulich, wenn sie nicht in irgendeiner Form bearbeitet werden. Manchmal wird nur die harte Hülse entfernt, manchmal erfolgt eine Vorbehandlung, einfach um den Garvorgang zu beschleunigen. Am wenigsten bearbeitet wird Vollkorngetreide: Bei bespelzten Körnern entfernt man lediglich die Spelzen und läßt die Körner im übrigen völlig intakt, so daß sie ihr nussiges Aroma behalten. Vollkorngetreide ist in Naturkostläden, Reformhäusern, Feinkostgeschäften oder Mühlen erhältlich und nährstoffreicher als bearbeitetes Getreide. In der Regel benötigt es längere Garzeiten. Für Getreideschrot wird das ganze Korn in Stahl- oder Steinmahlwerken grob zerkleinert. Bulgur wird erst gekocht, dann getrocknet und geschrotet. Vermahlt man Getreide feiner, entsteht – je nach Ausmahlungsgrad – Mehl in verschiedenen Feinheitsgraden (S. 342).

Getreide, dessen Keim und Randschichten entfernt wurden, so daß nur der Mehlkörper übrigbleibt, wird als geperltes oder poliertes Getreide bezeichnet. Die gängigsten Beispiele dafür sind Perlgraupen, die sehr kleinen, kugelig geschliffenen Körner der Gerste, und geschliffener und polierter weißer Reis. Für Getreideflocken preßt man die vollen Körner zwischen Walzen zu Flocken. Diese Flocken sind einfacher zuzubereiten und leichter verdaulich. Zur Verkürzung der Garzeit werden Flocken manchmal auch geröstet oder gedämpft. Sie enthalten im Prinzip ebenso viele Nährstoffe wie das volle Korn. Die meisten Produkte werden jedoch aus Getreidekörnern hergestellt, bei denen zuvor der Keim und die Randschichten entfernt wurden und die somit einen geringeren Nährwert haben.

Die zumeist als Frühstücksgetreide oder Snacks verkauften gepufften Getreide werden aus dem vollen Korn hergestellt, das gekocht, gedarrt und anschließend unter hohem Druck erhitzt wird, bis sich der Mehlkörper aufbläht und porös wird.

Bei gemälztem Getreide wird die Stärke durch Fermentation in Zukker umgewandelt. Gemälzte Getreide, vor allem Gerste und Roggen, dienen hauptsächlich zur Herstellung von Bier und Spirituosen sowie von Malzsirup (aus Gerste oder Gerste und Mais). Getreidesirup wird nach einem ähnlichen Verfahren produziert. Beide Siruparten werden wie andere flüssige Süßungsmittel (S. 413) verwendet.

WILDREIS

Wildreis ist genaugenommen kein Reis, sondern der Samen eines Wassergrases, das im seenreichen amerikanischen Bundesstaat Minnesota beheimatet ist; eine sehr ähnliche Grasart ist auch in Asien vertreten. Früher wurde der wilde Reis von den nordamerikanischen Indianern geerntet. Das immer noch wildwachsende Gras wird heute aber zunehmend kultiviert, vor allem in Kalifornien. Die langen, dunklen Wildreiskörner sind von einer harten Samenschale umschlossen, die beim Kochen aufspringt und einen blassen Kern freigibt. Der echte wilde Reis bleibt etwas zäh und hat ein ausgeprägtes, erdiges Aroma. Die Kulturformen sind nicht so geschmacksintensiv, dafür aber preiswerter. Die Körner sind meist rundlicher und heller als die der wildwachsenden Pflanze.

Wildreis paßt ausgezeichnet zu Geflügel, besonders zu Federwild, wie Ente, und zu Schaltieren. Er wird als Beilage serviert, aber ebenso gern mit Nüssen, Speck, Blattgemüse, Wildpilzen, Trocken- oder Frischobst gemischt. Wildreis kann man auch zu Mehl vermahlen, mit dem man dann einfache Brotteige verfeinert. Pfannkuchen und Waffeln lassen sich ebenfalls daraus zubereiten.

Wildreis ist sehr ergiebig. Etwa 150 g roher Wildreis ergeben gekocht rund 700 g, etwa fünf bis sechs Portionen. Beim Kochen beträgt die Garzeit 40 Minuten, nach der Absorptionsmethode 45–60 Minuten, und beim Dämpfen 45–50 Minuten. Übergarter Wildreis verliert seinen würzigen Duft und seine typische Körnigkeit und wird durch die freigesetzte Stärke fest und pappig. Da Wildreis teuer ist, mischt man ihn gern mit Naturreis, der auf diese Weise ein besonderes Aroma bekommt.

Wildreis

Wildreis-Pilaw Zu gebratenem Truthahn, Wild. Ergibt 6 Portionen. 60 g Butter in einem schweren Topf zerlassen und 2 gehackte mittelgroße Zwiebeln darin glasig dünsten. 200 g Wildreis dazugeben und durchrühren, bis alle Körner von Fett überzogen sind. Mit 900 ml Rinder- oder Kalbsfond aufgießen, zum Kochen bringen und den Topf verschließen. Den Reis etwa 30 Minuten köcheln lassen. 1 geputzte und gewürfelte rote Paprika und 300 g Gemüsemais dazugeben; weitere 15–30 Minuten kochen, bis die Flüsigkeit absorbiert ist und Reis wie Mais weich sind. Mit einer Gabel umrühren, mit Salz und Pfeffer abschmecken und servieren.

Paella mit Meeresfrüchten

Traditionsgemäß wird das spanische Reisgericht mit Rundkornreis zubereitet, aber auch langkörnige Sorten sind geeignet.

In einer speziellen Pfanne, die groß und flach ist, kann die Kochflüssigkeit rasch verdampfen.

8–10 Portionen

60 ml Olivenöl
3 Zwiebeln, gehackt
1 grüne und 1 rote Paprikaschote, geputzt und in Streifen geschnitten
650 g Rundkornreis
1,5 l Kalbs-, Hühnerfond oder Wasser (gegebenenfalls etwas mehr)
1 große Prise Safranfäden, in 250 ml kochendem Wasser eingeweicht
3 Knoblauchzehen, zerdrückt
Salz und Pfeffer
500 g gesäuberter Tintenfisch (S. 171), in Ringe geschnitten
500 g geräucherter Schinken, in Streifen geschnitten
500 g *chorizos* (S. 247) oder eine andere Knoblauchwurst, in Scheiben geschnitten
750 g Tomaten, abgezogen, entkernt und gehackt (S. 280)
500 g gekochte grüne Erbsen
500 g Kabeljau- oder Schellfischfilet, in Streifen geschnitten
750 g rohe Garnelen (mit Schale)
1,5 kg Mies- oder Venusmuscheln in der Schale, gewaschen und gesäubert (S. 169)

Paella-Pfanne oder flache feuerfeste Auflaufform (45 cm Durchmesser)

1 Das Öl erhitzen, Zwiebeln und Paprika dünsten, bis sie weich, aber nicht braun sind. Den Reis zugeben und unter Rühren so lange braten, bis er glasig ist. Mit Fond aufgießen sowie Safran, Knoblauch, Salz und Pfeffer hinzufügen. Die folgenden Zutaten schichtweise dazugeben: Tintenfisch, Schinken, *chorizos*, Tomaten, Erbsen und Fisch.

2 Das Ganze zum Kochen bringen und entweder auf dem Herd oder draußen auf dem Grill sprudelnd 25–30 Minuten weiterkochen lassen, bis die Flüssigkeit verdampft und der Reis weich ist. Gelegentlich umrühren, besonders zu Beginn, und gegebenenfalls noch etwas Fond zugießen, falls die Flüssigkeit verkocht ist, bevor der Reis gar ist.

3 Etwa 10 Minuten vor Ende der Garzeit Garnelen und Muscheln auf die *Paella* legen, aber nicht unterrühren. Die *paella* vor dem Servieren 5–10 Minuten bei sehr schwacher Hitze ziehen lassen.

Reis

Der im asiatischen Raum beheimatete Reis liefert für mehr als die Hälfte aller Erdbewohner die Nahrungsgrundlage und macht somit unserem Weizen starke Konkurrenz. Der frisch geerntete Rohreis, auch Paddy-Reis genannt, ist ungenießbar und wird zunächst gründlich gereinigt. Man entfernt die harten Strohhülsen, so daß die Samenschale, die noch den Keim enthält, sichtbar wird. Dieser Braun- oder Naturreis (Vollreis), den man auch als Cargo-Reis bezeichnet, kann dann weiter bearbeitet werden – was meist in den Einfuhrländern geschieht –, indem man die Samenschale, das »Silberhäutchen«, samt Keim ganz oder teilweise abschleift und das Korn zum Schluß poliert. Bei diesem Verfahren gehen Mineralstoffe und Vitamine größtenteils verloren. Es entsteht weißer Reis (Patna-Reis), der beim Kochen trocken und körnig wird. Wenn man diesen Reis auch noch vorkocht und trocknet, erhält man den sogenannten Schnellkochreis, der in drei bis fünf Minuten gar ist. Um die Nährstoffe dennoch zu erhalten, hat man in den USA das Parboiling erfunden: Paddy-Reis wird unter Druck eingeweicht, wobei die Nährstoffe in das Korn gepreßt werden. Die nun wertlose Silberhaut läßt sich ohne Verlust entfernen und das Korn anschließend schleifen und polieren.

Reis – brauner wie auch weißer Reis – wird nach Form und Größe des Korns in Langkorn-, Mittelkorn- und Kurz- oder Rundkornreis unterschieden. Langkornreis zeichnet sich durch lange, schlanke Körner aus, die vier- bis fünfmal so lang wie breit sind. Er bleibt beim Kochen körnig-locker.

Ein besonders aromatischer Langkornreis von nußartigem Geschmack ist der Basmati-Reis, der am Fuße des Himalaja angebaut wird und ein wesentlicher Bestandteil traditioneller indischer Gerichte ist. Meist läßt man ihn länger reifen, damit er noch würziger und aromatischer wird. Basmati-Reis hat lange, spitz zulaufende Körner und muß vor der Zubereitung gewaschen werden. Für asiatische Gerichte weicht man ihn oft ein, damit die Körner aufquellen und längeren Garzeiten standhalten.

Zu den aromatischen amerikanischen Sorten zählen brauner und weißer Texmati – eine texanische Züchtung mit Blickrichtung auf Basmati-Reis – und der körnig kochende Karolina-Reis, der sich besonders für Süßspeisen eignet. Texmati-Reis ist bei uns derzeit noch nicht erhältlich, aber durch den ihm überlegenen Basmati-Reis sehr gut zu ersetzen.

Mittelkornreis ist rundlicher, oft feuchter und klebriger als Langkornreis, besitzt jedoch im übrigen ähnliche Eigenschaften wie der Rundkornreis. Mittelkornreis hat bei uns in Handel und Küche so gut wie keine Bedeutung.

Beim Rundkorn- oder Milchreis sind die Körner fast ebenso breit wie lang. Rundkornreis enthält mehr Stärke als Lang- oder Mittelkornreis und wird durch Kochen ziemlich weich und klebrig. Er läßt sich gut formen und eignet sich besonders für Puddings (S. 315) und italienische Risottos. Von ausgezeichneter Qualität ist italienischer Rundkornreis, wobei der Arborio – eine spezielle Sorte mit rundlichen, großen Körnern – sich besonderer Beliebtheit erfreut, da er auch bei langen Kochzeiten nicht zu breiig wird und Saucen gut aufnimmt. Arborio-Reis ist leicht zu erkennen an dem weißen Fleck auf den Körnern.

In Japan wird zu vielen Gerichten Rundkornreis verwendet, auch für *sushi*, für die der Reis mit Reisessig (S. 40) vermischt wird. Die spanische *paella* (links) wird traditionell mit Rundkornreis zubereitet. Ein anderer asiatischer Rundkornreis ist der klebrige Glutenreis oder weiße Klebreis, der sich dekorativ formen läßt und hauptsächlich für Süßspeisen und Babynahrung, aber auch für pikante Gerichte verwendet wird.

Innerhalb der verschiedenen Reistypen sind die Sorten mehr oder weniger austauschbar. Lang- oder Mittelkornreis sollte jedoch nie durch Rundkornreis ersetzt werden. In einigen regionalen Rezepten werden ausdrücklich bestimmte Reissorten verlangt.

Jeder Reis quillt beim Kochen mindestens um das Doppelte, doch letztendlich bestimmen Sorte und Reifegrad seine Größe. Ausgereifter Reis, so wie man ihn speziell in Indien schätzt, nimmt mehr Flüssigkeit auf als jung geernteter. Mit Ausnahme von Basmati-Reis braucht Reis nicht eingeweicht zu werden, es sei denn, dies wird für eine bestimmte Garmethode ausdrücklich gefordert. Da bei allen Garmethoden Stärke freigesetzt wird, kleben die Reiskörner leicht zusammen. Wenn man statt einer breiigen eine körnig-lockere Masse wünscht, muß der Reis nach dem Kochen abgespült werden und anschließend abtropfen.

Brauner Basmati-Reis

Weißer Basmati-Reis

Brauner Langkornreis

Italienischer Rundkornreis

Weißer Texmati-Reis

Brauner Texmati-Reis

Italienischer Arborio-Reis

Glutenreis (Klebreis)

Weißer Langkornreis

Rundkornreis

ZUR INFORMATION

Portionen *Lang-, Mittelkornreis, weiß, parboiled* 200 g ergeben gekocht 850 g/4–5 Portionen. *Langkornreis, braun, Rundkornreis, braun und weiß* 200 g ergeben gekocht 550 g/3–4 Portionen.

Nährstoffgehalt pro 100 g (roh). *Alle* Kein Cholesterin. *Brauner Reis* 1512 kJ/360 kcal; 8 g Protein; 2 g Fett; 77 g Kohlenhydrate; 9 mg Natrium. *Weißer Reis* 1524 kJ/363 kcal; 7 g Protein; kein Fett; 80 g Kohlenhydrate; 5 mg Natrium.

Garzeiten *Langkornreis, braun* Kochen: 30–40 Minuten; sieden: 35–40 Minuten. *Langkornreis, weiß, parboiled* Kochen, sieden: 15–20 Minuten; dämpfen: 25–30 Minuten. *Mittelkornreis* Etwa 5 Minuten länger als Langkornreis. *Rundkornreis, braun* Doppelt so lange wie weißer Rundkornreis. *Rundkornreis, weiß* Kochen: 10–15 Minuten; sieden: 15–20 Minuten; dämpfen: 25–30 Minuten; wie *porridge* sieden: 2–3 Stunden.

Richtiger Gargrad Bißfest oder cremig, weich und breiig.

Bemerkung Weißer Reis zerkocht leicht; Mittel- und Langkornreis ist klebrig, wenn er nach dem Kochen nicht gründlich abgespült wird.

Aufbewahrung In luftdicht verschlossenen Behältern, bei Raumtemperatur 1 Jahr.

Typische Gerichte *Lang-, Mittelkornreis, weiß oder braun Kedgeree* (Ragout mit Schellfisch, Eiern; Großbritannien, Indien); *dirty rice* (mit Hühnerleber; USA); mit Spinat (Griechenland); mit Linsen (Indien); *nasi goreng* (gebraten; Indonesien). *Rundkornreis, weiß oder braun* Mit Zucker, Zimt (Deutschland); Risotto (Italien); *frittelle di riso* (Küchlein; Italien); *flan de arroz al limon* (Zitronen-Karamel-Pudding; Spanien); (mit Huhn, Trockenobst (UdSSR); mit Fleischklößchen (Mittlerer Osten); Weihnachtsgrütze (Schweden); süßer Pudding mit Safran, Nüssen (Indien); mit Adzuki-Bohnen (Japan); Kuchen (Japan).

Indischer Milchreis

Kheer

Zu besonderen Anlässen wird der Milchreis mit Nüssen und eßbarem Blattsilber angerichtet.

6 Portionen

1,5 l Milch
(gegebenenfalls etwas mehr)
75 g Rundkornreis
4 Kardamomkapseln, zerstoßen
1 Stück Stangenzimt
(etwa 2,5 cm lang)
2 ganze Nelken
75 g feiner Zucker
50 g Rosinen
45 g Mandelblättchen, geröstet
2 EL Rosenwasser

Zum Dekorieren

Gehackte Pistazien
Geröstete Mandelblättchen
Blattsilber (nach Belieben)

1 Von der Milchmenge 125 ml abmessen und beiseite stellen. Die restliche Milch in einem großen Topf zum Kochen bringen. Den Reis gründlich in einem Sieb abspülen und in die Milch streuen. Unter ständigem Rühren 15 Minuten bei sehr schwacher Hitze kochen. Die Gewürze hinzufügen und den Reis 1 Stunde leise köcheln lassen. Gelegentlich umrühren.

2 Zucker und Rosinen dazugeben und eine weitere Stunde köcheln lassen, bis die Rosinen prall sind und die Masse eindickt. Von Zeit zu Zeit umrühren. Wird der Reis zu klebrig, etwas Milch zugießen. Zum Ende der Garzeit sollte er sehr cremig sein. Gegebenenfalls mit etwas Milch verdünnen.

3 Den Topf vom Herd nehmen und den Reis in eine Schüssel füllen. Zimt und Nelken herausnehmen, Mandeln und Rosenwasser unterrühren. Kühl stellen, dann portionsweise anrichten und mit Pistazien, Mandelblättchen und eventuell mit Blattsilber bestreuen.

Weizen und Mais

Weizen ist das wichtigste Brotgetreide mit der größten Weltanbaufläche. Auch der Mais hat herausragende Bedeutung für die Ernährung großer Teile der Weltbevölkerung. Mais und Weizen werden zu Mehl und feinem Schrot sowie zu den verschiedensten Formen von Frühstücksgetreide verarbeitet. Aus Mais wird darüber hinaus Maisstärke (S. 344), Öl (S. 102) und Sirup (S. 413) gewonnen.

Weizen baut man als Sommer- und Wintergetreide an. Unterschieden wird in Hartweizen, der reich an Gluten (Klebereiweiß) ist – weshalb er die besten Backeigenschaften besitzt –, und glutenarmen Saat- oder Weichweizen.

Weizen – ganze Körner einschließlich Randschichten und Keim – wird entweder – wie Reis – nach der Absorptionsmethode (mit längerer Garzeit) oder nach der Immersionsmethode (S. 315) gegart. Gekochte Weizenkörner passen ausgezeichnet zu Fleischgerichten und lassen sich auch gut zusammen mit anderen Getreidekörnern unter Salate mischen.

Weizenschrot entsteht bei der groben Vermahlung von Weizenkörnern und enthält, mit Ausnahme des Keims, die meisten Bestandteile der Randschichten, wohingegen Vollkornschrot auch den Keim beinhaltet. Feiner oder mittelgrober Schrot wird vorzugsweise für die Brotherstellung verwendet, während grober Schrot sich am besten für Salate, Pilaws und Frühstücksmüsli eignet. Bei Weizenschrot und ganzen Körnern verkürzt sich die Garzeit, wenn sie über Nacht eingeweicht werden.

Bulgur (Burghul) ist ein geschroteter Weizen von goldgelber Farbe, der sich durch einen intensiven nußartigen Geschmack auszeichnet. Hergestellt wird Bulgur, indem man Weizenkörner zunächst kocht und trocknet, anschließend schält und dann schrotet. Einweichen genügt, um Bulgur quellen und weichen zu lassen. Man kann ihn aber auch dämpfen oder nach der Absorptionsmethode (S. 315) kochen; er gart rascher als Reis. Bulgur, der im Mittleren Osten zu den Grundnahrungsmitteln zählt, ist Basis des arabischen Salats *tabbouleh,* der mit Tomaten, Petersilie, Zitronensaft und Minze zubereitet wird. In der Türkei dient Bulgur mit gehacktem Lammfleisch und Pinienkernen als beliebte Füllung für Weinblätter. In Suppen, Aufläufen und Desserts kann Bulgur auch Reis ersetzen. Bulgur wird bei uns auch unter der Bezeichnung »Thermo-Weizengrütze« angeboten.

Hartweizengrieß wird aus dem harten, glasigen Durum-Weizen (S. 342) hergestellt, der unter den bei uns herrschenden klimatischen Bedingungen nicht gedeiht und daher aus den USA und Kanada importiert wird. Durum-Weizen hat einen besonders hohen Eiweißgehalt und den Vorzug, sich mit Wasser glatt zu verbinden. Weizengrieß wird aus Weichweizen hergestellt und häufig mit Hartweizengrieß gemischt. Aus Grieß bereitet man Milchpuddings und auch die berühmten italienischen *gnocchi* zu.

Dunst ist ein griffig-körniges Mehl, dessen Feinheitsgrad zwischen Grieß und Mehl liegt. Er wird in der Regel aus Weizen gewonnen und für Hefegebäck sowie zum Andicken von Puddings verwendet.

Zu den Weizenerzeugnissen zählen auch Weizenflocken. Dabei handelt es sich um zwischen Walzen gepreßte ganze oder geschrotete Körner. Gekeimte Weizenkörner, ob ganz oder zerkleinert, verleihen Broten ein besonders süßes Aroma. Weizenkeime, die schon in der Mühle entfernt werden (außer bei Vollkornprodukten), sind der wertvollste Bestandteil der Körner. Sie haben einen angenehm nußartigen Geschmack, der durch Rösten noch stärker zutage tritt. Weizenkeime werden meist über Joghurt oder frisches Obst gestreut oder an Brote, *muffins* und *scones* gegeben. Aufgrund ihres Fettgehalts sind sie jedoch nicht lange haltbar. Weizenkleie besteht aus den Randschichten und dem Keim des Korns und ist reich an Ballaststoffen. Sie gehört daher zu den Zutaten für helle Brote und Kekse. Man kann sie auch an Eintöpfe und gebackene Gerichte geben.

Mais wird in zwei Grundtypen unterschieden: in Gemüse- oder Zuckermais (S. 285) und Körner- oder Feldmais. Gemüsemais mit kleinen Kolben und spitzen Körnern wird als Puffmais bezeichnet. Wenn man die getrockneten Maiskörner in heißem Öl oder in der Mikrowelle erhitzt, entsteht das sogenannte Popcorn, das zumeist mit Butter oder Öl und Salz aromatisiert wird, aber auch als süße Variante mit Karamel vorzüglich schmeckt. Eine bläuliche Maissorte, die in Mexiko und im Südwesten der USA angebaut wird, ist ebenfalls eine Varietät des Gemüsemais. Sie hat einen ausgeprägt erdigen Geschmack und wird meist zu Mehl vermahlen, das man für Brot verwendet.

Körner- und Feldmais – ganze Körner sind getrocknet bei uns im Handel – ist härter und stärkehaltiger als Gemüsemais. Er dient hauptsächlich als Futtergetreide oder wird zu Maismehl und Maisstärke (S. 344), Öl und Maisgrieß verarbeitet. Maismehl ist eine beliebte Zutat für Brot- und Pfannkuchenteig. In Großbritannien wird es mit Wasser oder Milch als *porridge* gekocht, in Italien nennt man diesen Maisbrei *polenta* und in den USA *cornmeal mush. Polenta* kann auch als weiches, dickes Püree zubereitet oder mit diversen Saucen überzogen werden. Die fertige *polenta* wird oft in eine gefettete Form gefüllt, kalt gestellt, dann in Scheiben geschnitten und geröstet oder gebraten. Den amerikanischen Maisbrei *cornmeal mush* löffelt man entweder wie Pudding aus der Schüssel oder schneidet ihn wie *polenta* auf. Dazu reicht man süßen Ahornsirup. Aus Rumänien stammt ein ähnliches Gericht aus Maismehl, *mamaliga.* Dieser feste Maisbrei wird zu Eintopfgerichten und Saucen gereicht, zu Klößen verarbeitet oder gebraten. Auf den Westindischen Inseln schätzt man Puddings und Grützen aus Maismehl. Auch als Bindemittel wird Maismehl verwendet.

Aus dem entkeimten Korn des weißen oder gelben Mais wird Maisgrieß gewonnen. Dazu wird das Korn auf glatten Walzen grob oder fein geschrotet und gemahlen. Maisgrieß wird vor allem als Frühstücksgetreide gegessen.

Popcorn (Puffmais)

Maisgrieß

Weizenschrot

Ganze Weizenkörner

Grobkörniger Bulgur

Weißes Maismehl

Bläuliches Maismehl

Gelbes Maismehl

ZUR INFORMATION

Portionen *Weizenkörner* 200 g ergeben gekocht 550 g/4 Portionen. *Weizenschrot, Bulgur* 200 g ergeben gekocht 720 g/3 – 4 Portionen. *Maismehl* 100 g ergeben 700 g/4 – 5 Portionen. *Maisgrieß* 100 g ergeben 530 g/3 – 4 Portionen.

Nährstoffgehalt pro 100 g (roh). *Alle* Kein Cholesterin. *Körner, Flokken* 1428 kJ/340 kcal; 10 g Protein; 2 g Fett; 76 g Kohlenhydrate; 2 mg Natrium. *Keime* 1046 kJ/250 kcal; 27 g Protein; 11 g Fett; 47 g Kohlenhydrate; 20 mg Natrium. *Kleie* 623 kJ/149 kcal; 16 g Protein; 7 g Fett; 63 g Kohlenhydrate; 2 mg Natrium. *Bulgur* 1487 kJ/354 kcal; 11 g Protein; 2 g Fett; 76 g Kohlenhydrate; 7 mg Natrium. *Mais-Vollmehl (mit Keim)* 1392 kJ/333 kcal; 9 g Protein; 7 g Fett; 74 g Kohlenhydrate; 1 mg Natrium.

ZUR INFORMATION (Fortsetzung)

Maismehl (aus entkeimtem Mais) 1529 kJ/364 kcal; 8 g Protein; kein Fett; 78 g Kohlenhydrate; 1 mg Natrium. *Maisgrieß* 1417 kJ/339 kcal; 9 g Protein; 1 g Fett; 74 g Kohlenhydrate; 1 mg Natrium.

Garzeiten Je nach Alter der Körner und gewünschter Konsistenz. *Weizenkörner* (über Nacht eingeweicht) sieden: 50–60 Minuten. *Weizenschrot* Kochen nach der Absorptionsmethode: 15–25 Minuten; dämpfen: 20–30 Minuten. *Bulgur* Halb so lange wie Weizenschrot. *Weizenflocken* Köcheln: 15–20 Minuten. *Maismehl* köcheln (gelegentlich umrühren): 15–20 Minuten; backen bei 160 °C/Gas Stufe 1–2: 1½–2 Stunden. *Maisgrieß* Dämpfen: 30 Minuten.

Richtiger Gargrad *Weizenkörner* Bißfest oder weich. *Weizenschrot, Bulgur* Weich, körnig-locker. *Weizenflocken* Sahnig-zart. *Maisgrieß* Cremig-weich, aber noch fließend.

Bemerkung *Weizenkörner* Durch die in den Randschichten enthaltenen Säuren schwerer verdaulich. *Weizenschrot, Bulgur* Zerkocht leicht und wird klebrig. *Weizenkeime, Mais-Vollmehl* Werden ohne Kühllagerung schnell ranzig; innerhalb von 3–4 Wochen verbrauchen. Erfordert ständiges Rühren. *Polenta* Erfordert ständiges Rühren. *Grieß* Während des Kochens nicht umrühren.

Aufbewahrung *Alle* In luftdichtem Behälter, tiefgefroren: 2 Jahre. *Weizenkörner, Weizenschrot, Bulgur, Weizenflocken, Maisgrieß* Luftdicht verpackt, an einem kühlen, trockenen Ort: 1 Jahr. *Weizenkeime, Mais-Vollmehl* Im Kühlschrank 1 Monat. *Maismehl (aus entkeimtem Mais)* Bei Raumtemperatur 6 Monate.

Typische Gerichte *Weizenkörner* Pudding mit Mohnsamen, Honig (Polen); gedämpft, mit Huhn und hartgekochten Eiern (Ägypten). *Weizenschrot, Bulgur* Gurke, gefüllt mit Fleisch, Tomaten (jüdisch). *Maismehl Milhassou* (süßer Maispudding; Frankreich). *Polenta Alla piemontese* (geschichtet mit Fleisch; Italien); gebraten mit Feta (Bulgarien). *Maisgrieß* Mit Knoblauch, zerlassener Butter (USA).

COUSCOUS

Entgegen landläufiger Meinung ist *couscous* (Kuskus) keine spezielle Getreidesorte, sondern grobkörniger Grieß aus hartem Durum-Weizen (S. 328); in Nordafrika versteht man darunter jedoch auch Hirse. *Couscous* wird wie Getreide zubereitet und spielt als Beilage auch eine ähnliche Rolle. Die Bezeichnung *couscous* wird sowohl für den Grieß selbst wie auch für das fertige Gericht, eine marokkanische Spezialität, verwendet. Die traditionelle Herstellung von *couscous* braucht viel Zeit. Zuerst wird der Grieß mit Wasser befeuchtet. Dann muß der feuchte, gequollene Grieß zwischen den Handflächen leicht gerieben werden, bis das Wasser aufgesogen ist und sich Kügelchen bilden. Anschließend werden diese Kügelchen fein gesiebt, damit sie nicht aneinanderhaften. Der Grieß wird sodann in einen Dampfeinsatz gegeben und über einem Gemüse- oder Fleischeintopf in der *couscousière* (*couscous*-Topf, S. 511) im Dampf gegart. Der sehr würzige Eintopf wird oft mit Zimt und Orange oder Aprikose aromatisiert. Die Rezepte sind regional verschieden und basieren auf alten Familientraditionen. Anschließend lockert man den *couscous* mit der Gabel auf und dämpft ihn nochmals, bevor man ihn mit der brennend-scharfen Gewürzsauce *harissa* (S. 35) serviert. Dieses ursprünglich aus der nordafrikanischen Küche stammende Gericht ist leicht abgewandelt auch in Sizilien, Frankreich, dem Senegal und sogar in Brasilien bekannt.

Mittlerweile ist auch eine schneller garende, wenngleich geschmacklich indifferentere *couscous*-Sorte auf dem Markt. Dieser Grieß wird, ähnlich wie Bulgur (S. 319), lediglich in kochend-heißem Wasser eingeweicht und anschließend mit einer Gabel aufgelockert. Man reicht ihn, nur mit Butter verrührt, als Beilage zu Fleisch- oder Fischgerichten. Kalter *couscous* ist eine gute Basis für Gemüse- und Fischsalate, die mit einer säuerlichen Zitronen- oder Limonensauce angemacht sind.

Buchweizen und Hirse

Buchweizen ist, botanisch gesehen, kein Getreide, sondern die Frucht eines in der südrussischen Steppe beheimateten Knöterichgewächses, das unserem Rhabarber sehr nahesteht. Der Name leitet sich von dem niederländischen Wort *bockweit* ab, in Anlehnung an die ähnlich aussehenden Bucheckern. Die duftenden Blüten der Buchweizenpflanze liefern köstlichen Honig. In der Küche wird Buchweizen wie Getreide zubereitet und oft anstelle von Reis genommen. Die dreikantigen Buchweizensamen sind von einer harten Samenschale umgeben, die vor Verwendung entfernt werden muß.

Buchweizen kennt man vielerorts in gerösteter Form, als *kasha*. Es gibt ihn als ganze Körner (ungeröstet und geröstet), als Grütze (geschrotet), als Flocken und als Mehl. Bei gerösteten Körnern kommt der nußartige Geschmack stärker zur Geltung als bei ungerösteten. *Kasha* ist sehr beliebt in Ost- und Mitteleuropa, wo es häufig als Beilage, als Füllung für Fleisch und Wild und in Eintöpfen verwendet wird. Damit die Buchweizenkörner beim Kochen nicht aneinanderhaften, werden sie mit einem Ei vermischt, dann in einer schweren Pfanne geröstet und anschließend nach der Absorptionsmethode (S. 315) gekocht. Ungeröstete Buchweizenkörner kann man als heißes Frühstücksgetreide zubereiten oder – wie Grütze – in Füllungen verwenden. Aus Buchweizenmehl werden die bretonischen Crêpes *(galettes)* und die russischen *blinis* hergestellt.

Hirse ist ein Sammelbegriff für eine Reihe kleinkörniger Getreidearten, die in den Tropen und Subtropen beheimatet sind, aber auch in kalten Klimazonen gedeihen. In vielen Ländern der Dritten Welt, in denen die Weizen- und Reisernten nur mäßig ausfallen, zählt Hirse – die auch bei großer Dürre gedeiht – zu den Grundnahrungsmitteln. Sie wird wie andere Getreidearten gekocht und verdoppelt dabei ihr Volumen. Obwohl sie sehr weich kocht, behält sie einen leichten Biß. Ihr relativ neutraler Geschmack verträgt sich gut mit würzigen Eintöpfen und Currys. Hirse eignet sich vorzüglich als Füllmasse und wird als wohlschmeckende Zutat unter herzhafte Salate gemischt oder als Beigabe zu scharf-würzigem Grillfleisch gereicht. In Afrika und Asien wird Hirse zu Mehl vermahlen und als Fladenbrot und weicher Brei verzehrt. Einige Hirse-Arten werden noch heute in Osteuropa und Italien eigens für die Schwarzbrotherstellung angebaut. Hirse wird bei uns als geschältes ganzes Korn, gelegentlich auch als Flocken angeboten.

Die für ihren süßen Sirup bekannte Sorghum-Hirse ist in vielen Ländern die wichtigste Hirse-Art, da sie als Futtergetreide exportiert wird.

ZUR INFORMATION

Portionen *Buchweizenkörner, kasha* 200 g ergeben gekocht 800 g/4 Portionen. *Hirse* 200 g ergeben gekocht 750 g/4–6 Portionen.

Nährstoffgehalt pro 100 g (roh). *Alle* Kein Cholesterin. *Buchweizenkörner, kasha* 1407 kJ/335 kcal; 12 g Protein; 2 g Fett; 73 g Kohlenhydrate; 2 mg Natrium. *Hirse* 1373 kJ/327 kcal; 10 g Protein; 3 g Fett; 73 g Kohlenhydrate; 5 mg Natrium.

Garzeiten *Buchweizenkörner* Kochen nach der Absorptionsmethode: 15–30 Minuten (je nach Korngröße). *Kasha, Buchweizengrütze* Kochen nach der Absorptionsmethode: 10–15 Minuten. *Hirse* Kochen: 8–10 Minuten.

Richtiger Gargrad Bißfest oder weich.

Bemerkung *Kasha* Zerkocht schnell.

Aufbewahrung *Alle* Bei kühler Lagerung 1 Jahr.

Typische Gerichte *Buchweizenmehl Blinis* (Hefepfannkuchen; UdSSR); Brot (Deutschland). *Buchweizengrütze* Brei (Österreich). *Hirse* Klöße (Afrika); Teigtaschen (Indien).

Buchweizen (Grütze)

Hirse

Kasha

Gerste, Hafer und Roggen

Gerste, Hafer und Roggen, einst aus der Not heraus in Gegenden kultiviert, wo der Weizenanbau nicht möglich war, sind Getreidearten, die in manchen Landesküchen noch heute einen bedeutenden Platz einnehmen. Die dunklen Brote aus Rußland und Mitteleuropa werden meist mit Roggen gebacken, und auch Gerstenbrot hat eine lange Tradition. Gerste wird gern als nahrhafte Zutat in den nordeuropäischen und amerikanischen Wintersuppen verwendet und ist Nahrungsgrundlage im Mittleren Osten. Hafermehl und Haferflocken tauchen vornehmlich in schottischen Gerichten auf, insbesondere in der Zubereitung als Brei und als Kekse. In Form von Malz wird Gerste auch zum Bierbrauen und zur Herstellung von Spirituosen verwendet.

Bei der in Naturkostläden und Reformhäusern angebotenen Gerste handelt es sich zumeist um entspelzte Körner. Im Handel ist aber auch eine spelzfreie Sorte (eine Neuzüchtung) mit verkürzter Garzeit, die als Nackt- oder Sprießkorngerste bezeichnet wird. Rollgerste, grobe Graupen, sind die geschälten (entspelzten und polierten) Körner der Gerste. Sie werden über Nacht eingeweicht und benötigen mindestens eine Stunde Kochzeit, bis sie gar sind. Weitaus gängiger sind die kleineren, meist kugelförmigen Perlgraupen – geschliffene Gerstenkörner –, die man nicht einweichen muß und die in einer halben Stunde garen, ernährungsphysiologisch aber weniger wertvoll sind. Gerstengrütze ist geschrotetes ganzes Gerstenkorn, das in verschiedenen Ausmahlungsgraden erhältlich ist. Malz ist künstlich zum Keimen gebrachte Gerste, die anschließend gedarrt und vermahlen wird. Haferflocken, zumeist die aus dem ganzen Korn gewalzten Großblattflokken, eignen sich gut für Kekse und Brote, während die schottischen oder irischen Haferflocken, häufig von örtlichen Mühlen produziert, bevorzugt zum Backen der berühmten Haferkekse verwendet werden. Hafergrütze, das grob zerteilte Korn, kocht zu einem dicken Brei und ist als heißes Frühstücksgetreide beliebt.

Roggen wird hauptsächlich als Brotgetreide und zur Whisky-Herstellung angebaut. Das Getreide ist besonders anfällig für Mutterkorn, einen schmarotzenden Schlauchpilz, der die Blüten befällt und aus dessen Alkaloiden sich das Rauschgift LSD herstellen läßt. Ganze Roggenkörner werden gekocht oder zusammen mit anderen Getreidearten zubereitet. Roggenkörner quellen nicht so stark wie Gerste. Geschroteter Roggen wird gern als heißes Frühstücksgetreide verzehrt, während man Roggenflocken an Suppen und Aufläufe gibt und als Bindemittel für würzige Fleischfüllungen verwendet.

ZUR INFORMATION

Portionen *Gerste (entspelzt), Rollgerste, Perlgraupen* 200 g ergeben gekocht 800 g/4–6 Portionen. *Hafer, Roggen (ganze Körner)* 200 g ergeben gekocht 600 g/4 Portionen. *Haferflocken* 200 g ergeben gekocht 700 g/4 Portionen. *Hafergrütze* 200 g ergeben gekocht 600 g/3–4 Portionen. *Roggenflocken* 200 g ergeben gekocht 1200 g/5–6 Portionen.

Nährstoffgehalt pro 100 g (roh). *Alle* Kein Cholesterin. *Perlgraupen* 1266 kJ/302 kcal; 9 g Protein; 1 g Fett; 78 g Kohlenhydrate; 3 mg Natrium. *Hafer (ganze Körner, Flocken)* 1638 kJ/390 kcal; 14 g Protein; 7 g Fett; 68 g Kohlenhydrate; 8 mg Natrium. *Roggen (ganze Körner)* 1104 kJ/264 kcal; 9 g Protein; 2 g Fett; 66 g Kohlenhydrate; 40 mg Natrium.

Garzeiten *Gerste (entspelzt), Perlgraupen* Köcheln: 25–30 Minuten. *Rollgerste* (Über Nacht eingeweicht) köcheln: 1 Stunde. *Hafer, Roggen (ganze Körner)* (Über Nacht eingeweicht) köcheln: 45–60 Minuten. *Hafermehl* (Unter Rühren) köcheln: 5–10 Minuten; wie Pudding zubereiten.

Richtiger Gargrad Bißfest, cremig oder sehr weich.

Bemerkung *Alle* Ganze Körner benötigen eine lange Garzeit und sind schwer verdaulich.

Aufbewahrung *Alle* An einem kühlen, trockenen Ort 1 Jahr. *Perlgraupen* Unbegrenzt.

Typische Gerichte *Gerste* Suppe mit Fleisch, Champignons (Polen); mit Bohnen, geräuchertem Schweinefleisch (Jugoslawien); *Scotch broth* (Gemüsesuppe mit Hammelfleisch; Schottland); mit Hafer (Schottland); Salat mit Sellerie, Avocado, roten Zwiebeln (USA); Graupensuppe (Deutschland); Auflauf (Deutschland); Fladenbrot (Skandinavien); Brei (Finnland); kalter Salat mit Huhn, Avocado (Italien). *Hafer Cream crowdie* (geröstet, mit Sahne und braunem Zucker; Schottland); *bannocks* (runde Hefebrötchen; Schottland); *parkin* (Pfefferkuchen mit Sirup, Ingwer; Großbritannien); Brei mit Birnen (Dänemark); Kekse mit Rosinen (USA); *potage à l'avoine* (Suppe; Frankreich); *Roggen* Kekse (Schweden); Schinken in Brotteig (Deutschland); *raisin rye* (mit Rosinen, gehacktem Schinken; USA); *Boston brown bread* (dunkles Brot mit Melasse; USA).

Gerste

Roggen

Feines Hafermehl

Hafer

Granola Ergibt 300 g/8–10 Portionen. 100 g Haferflocken, 30 g Weizenkleie, 30 g Sonnenblumenkerne, 85 g Mandelblättchen und 40 g Sesamsamen gründlich vermengen. Die Mischung bei 200 °C/Gas Stufe 3–4 etwa 15 Minuten im Ofen rösten. 1 EL Öl, 70 g Rosinen, 10 gehackte entkernte Datteln, 6 gehackte getrocknete Feigen und 1 EL Honig dazugeben. Abfüllen, luftdicht verschließen und bis zu 3 Wochen im Kühlschrank aufbewahren. Mit Milch oder Joghurt und frischem Obst oder einem Extralöffel Honig vermischt als Müsli zum Frühstück servieren.

UNGEWÖHNLICHE GETREIDEARTEN

Quinoa (Reismelde)

Amaranth

Einige der derzeit angebauten Getreidearten gewinnen zunehmend an Bedeutung. So auch das Ende der fünfziger Jahre in Schweden gezüchtete Triticale, eine Kreuzung aus Roggen *(Secale)* und Weizen *(Triticum)*. Erste Kreuzungsversuche sollen bereits Ende des 19. Jahrhunderts in Ostdeutschland unternommen worden sein. Triticale-Körner sind länglicher und runzeliger als Weizenkörner. Sie schmecken angenehm, weisen einen hohen Eiweißgehalt auf und sind reich an Lysin, einer essentiellen Aminosäure. Die Körner können wie Weizen gekocht werden und sind gewalzt ein guter Ersatz für Haferflocken. Aufgrund seines Gehaltes an Kleber oder Gluten (S. 342) muß Triticale beim Backen von Hefebroten mit Weizen gemischt werden.

Die in den südamerikanischen Anden beheimatete und heute auch in den USA und China angebaute Quinoapflanze, auch Reismelde genannt, wird wegen ihrer vielen wertvollen Nährstoffe als »Supergetreide« gepriesen. Leider hat die Reismelde aber den Nachteil, daß die äußere Randschicht der Frucht – wie Buchweizen ist auch Quinoa kein echtes Getreidekorn – bitter schmeckende Saponine enthält, so daß sie vor dem Verzehr entfernt werden muß. Die Reismelde mit ihrem einzigartigen, grasartigen Aroma wird gern als Zutat für Fleischersatz, Brote und Teigwaren verwendet. Als Reisersatz werden die winzigen, runden Körner unzerteilt gekocht.

Einen ähnlichen Ruf als »Supergetreide« genießt Amaranth. Durch das Kochen werden die winzig kleinen Amaranthkörner mit dem etwas strengen Geschmack recht klebrig. Als körnig gekochte Beigabe oder als Grundbestandteil in Salaten ist Amaranth zu aufdringlich. Wesentlich besser paßt er zu deftigen Gemüse- und Fleischaufläufen. Man kann Amaranth auch wie *polenta* (S. 319) zubereiten und heiß servieren oder auskühlen lassen, in Scheiben schneiden, braten und mit Sirup sowie zerlassener Butter reichen.

HÜLSENFRÜCHTE

Als Hülsenfrüchte werden die in Fruchthülsen oder Schoten herangereiften und an der Luft getrockneten Samen von Bohnen, Linsen und Erbsen bezeichnet. In ihrer Bedeutung als Grundnahrungsmittel sind sie den Getreiden vergleichbar. Hülsenfrüchte sind reich an Proteinen, Kohlenhydraten sowie Mineralstoffen und ersetzen in der vegetarischen Ernährung oft das Fleisch.

Hülsenfrüchte auswählen und aufbewahren

Hülsenfrüchte sollten prall und ansehnlich sein, auch was ihre artentypische Farbe anbetrifft. Staubig wirkende Hülsenfrüchte oder Bruch sind ein Zeichen von Alter (Überlagerung), während nadelstichgroße Löcher auf Schädlingsbefall schließen lassen. Hülsenfrüchte sollten eine einheitliche Form und Größe aufweisen, damit sie gleichmäßig garen. Mit der Zeit werden sie trockener und erfordern längere Garzeiten. Je älter und trockener Hülsenfrüchte sind, um so eher zerfallen sie beim Kochen, was sich bei der Zubereitung von Pürees als vorteilhaft erweist, bei vielen Gerichten, wie gebackenen Bohnen, jedoch unerwünscht ist. Hülsenfrüchte sind relativ krankheitsresistent und werden kaum mit chemischen Pflanzenschutzmitteln behandelt. Dennoch sollten sie für die Zubereitung verlesen werden, um eventuelle Steinchen und Hülsen auszusondern. Einmal feucht gewordene Hülsenfrüchte werden sauer und fangen an zu gären.

Hülsenfrüchte einweichen

Die meisten getrockneten Hülsenfrüchte müssen vor dem Kochen in Wasser eingeweicht werden. Dadurch verkürzt sich die Garzeit, und ein Aufspalten wird weitgehend verhindert. Linsen und Splittererbsen, auch Spalterbsen genannt, sind für gewöhnlich so weich, daß sie nur kurz oder gar nicht eingeweicht werden müssen. Desgleichen wurden manche Bohnen so vorbehandelt, daß sie kein Einweichen erfordern. In der Regel weicht man Hülsenfrüchte in kaltem Wasser ein, man kann aber auch – was den Vorgang beschleunigt – die Hülsenfrüchte zum Kochen bringen und sie dann im Wasser stehenlassen. Da sie beim Quellen ihr Volumen verdoppeln, muß man sie in einem großen Topf aufsetzen. Manche Köche geben Natron in das Einweichwasser, damit die Fruchtschalen schneller weichen. Natron hinterläßt jedoch einen leicht seifigen Geschmack und macht die Hülsenfrüchte schwerer verdaulich. Für 500 g Hülsenfrüchte benötigt man 1,5–2 l Wasser (die drei- bis vierfache Menge) und läßt sie sechs bis acht Stunden oder über Nacht weichen. Alle auf der Wasseroberfläche schwimmenden Hülsenfrüchte müssen entfernt werden; das Einweichwasser wird zum Kochen mitverwendet.

Hinweis Wenn man Hülsenfrüchte in heißem Wasser einweicht, fangen sie schneller an zu gären. Besser ist es, sie mit der entsprechenden Wassermenge zum Kochen zu bringen und bei reduzierter Hitze noch etwa zwei Minuten leise köcheln zu lassen.

Hülsenfrüchte kochen

Alle Hülsenfrüchte läßt man zugedeckt und unter gelegentlichem Umrühren bei schwacher Hitze köcheln, bis sie weich sind. Wenn man sie im Ofen gart, gießt man die Flüssigkeit nach und nach zu, bis die Hülsenfrüchte die richtige Flüssigkeitsmenge aufgesogen haben. Hülsenfrüchte sollten feucht bleiben und trotzdem sämig kochen. Immer ist auf einen ausreichend großen Topf zu achten, damit sie sich ausdehnen können. Beliebte Zutaten beim Garen von Hülsenfrüchten sind aromatische Kräuter, Knoblauch, Chilischoten, Zwiebeln und Möhren. Säurehaltige Beigaben, wie Tomaten, lassen die Hülsen hart werden und sollten deshalb erst am Ende der Garzeit hinzugefügt werden.

Hinweis Hülsenfrüchte sollten zunächst bei starker Hitze gekocht werden, damit in der Schale enthaltene Giftstoffe zerstört werden. Linsen und Erbsen braucht man nur kurz zum Kochen zu bringen, während Bohnen 10 Minuten kochen müssen.

Warme Gerichte aus Hülsenfrüchten

Als beliebteste Zubereitungsart für Hülsenfrüchte, insbesondere für Bohnen, hat sich das Backen im Ofen durchgesetzt. Gute Beispiele für diese Garmethode sind unter anderem die *Boston baked beans* (Bostoner gebackene Bohnen, S. 324), die mexikanischen *frijoles de olla* mit Knoblauch und Speck sowie der berühmte französische *cassoulet* aus weißen Bohnen, entbeintem Fleisch oder Knoblauchwurst und Tomaten. In Eintopfgerichten werden Bohnen auch gern mit anderen Zutaten kombiniert, beispielsweise weiße Bohnen mit Tomaten und Minze (Griechenland) oder schwarze Bohnen mit frischem und geräuchertem Fleisch (Brasilien).

Alle Hülsenfrüchte lassen sich gut pürieren. Im Mittelmeerraum wird ein Linsenpüree mit Zitronensaft und Knoblauch gewürzt; in Indien sind *dals* aus Splittererbsen oder Linsen als Beigabe zu Currys sehr verbreitet; der im Mittleren Osten sehr beliebte *hummus* wird aus pürierten Kichererbsen mit Sesampaste, Knoblauch, Zitronensaft sowie Olivenöl zubereitet und als leichter Snack mit Pita-Brot oder diversen Salaten gereicht. In Venezuela ißt man schwarze Bohnen mit Maisbrot, und in Mexiko werden gebratene Bohnen in Öl oder etwas Kochflüssigkeit erhitzt und zu einer dicken Paste reduziert.

Zu den Suppen auf Hülsenfrucht-Basis zählen die italienische *zuppa di cannellini* mit weißen Bohnen, die deutsche Erbsensuppe, der mexikanische *tarasco* aus Pinto-Bohnen und die südamerikanische Suppe von schwarzen Bohnen (S. 50). Beliebt sind auch Kombinationen aus Hülsenfrüchten und Getreide, wie bei den mexikanischen *tortillas* mit gebratenen Bohnen und den jamaikanischen roten Bohnen mit Reis. Hülsenfrüchte können auch geröstet werden. Geröstete Sojabohnen beispielsweise sind ein beliebter Knusper-Snack im asiatischen Raum.

SOJABOHNEN

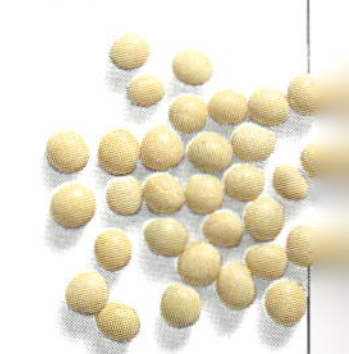

Die in Asien sehr verbreitete Sojabohne ist klein, rund und gewöhnlich schwarz oder gelb, wenngleich es auch rote und grüne Sorten gibt. Im Gegensatz zu den meisten anderen Bohnen enthält sie wertvolles Protein, hochwertiges Fett und Kohlenhydrate. Sojabohnen können getrocknet und zu Mehl vermahlen oder körnig zu Granulat oder Grieß zerkleinert werden. Durch Extraktion wird ein Allzweck-Öl gewonnen. Fermentierte Sojabohnen und Miso (S. 33) dienen als Würzpasten, während Sojasauce (S. 32) als Würzsauce vielseitige Verwendung findet. Sojamilch (S. 68) ist ein beliebtes Getränk. Ganze Sojabohnen kommen getrocknet in den Handel. Trotz längerer Garzeit ersetzen sie in vielen Gerichten weiße Bohnen.

Aus Sojabohnen werden außerdem zahlreiche, aus der asiatischen Küche übernommene Vollwertprodukte gewonnen, die auch bei uns inzwischen keine geringe Rolle spielen. Für die Herstellung von Tofu (Soja- oder Bohnenquark) werden die vorher eingeweichten Sojabohnen püriert und anschließend mit Wasser mehrmals aufgekocht. Mit dem Kochen trennen sich die Ballaststoffe von den löslichen Stoffen, die beim Auspressen als »Milch« ablaufen. Durch die Beimischung eines Gerinnungsmittels (traditionell *nigari,* ein Meersalzextrakt) verflockt die Milch, und der so entstandene Quark wird anschließend zu festen oder weichen Blöcken gepreßt. Frischer Tofu ist im Rohzustand geschmacksneutral, nimmt aber andere Aromen gut an. Tofu hält sich im Kühlschrank bis zu einer Woche, wenn man ihn mit Wasser bedeckt und das Wasser täglich wechselt. Er wird auch geräuchert und aromatisiert angeboten.

Tempeh wird aus gekochten Sojabohnen hergestellt, die nach der Impfung mit einem Schimmelpilz fermentieren und zu einem weißen, festen Kuchen zusammenwachsen, der einen angenehmen Hefegeschmack besitzt. Tempeh dient oft als Fleischersatz, da es auch gegart seine feste Konsistenz behält. Es nimmt Aromen gut an.

Bohnen

Von den unzähligen im Handel erhältlichen Sorten getrockneter Bohnenkerne sind viele mit der nierenförmigen Gartenbohne *(Phaseolus vulgaris)* verwandt. Obwohl fast jedes Land seine eigenen Sorten anbaut, gibt es bestimmte Grundtypen, die sich leicht nach Form, Farbe und Garzeit unterscheiden lassen.

Weiße Bohnen ist der Sammelbegriff für viele verschiedene Arten ausgereifter getrockneter Samen (meist von grünen Bohnen, S. 284), die alle eine weiße bis cremefarbene Hülse haben. Weltweit werden sie für Eintöpfe und Suppen verwendet oder mit Knoblauch oder Zitronensaft püriert und mit schwarzem Pfeffer oder wohlriechenden Kräutern gewürzt. Die meisten Sorten schmecken angenehm mild und kochen weich und sämig. Wegen ihrer relativ dicken Schale behalten sie auch gekocht gut ihre Form.

Perlbohnen sind die kleinsten der weißen Bohnen und werden in Frankreich für *cassoulet* und in den USA für *Boston baked beans* (S. 324) verwendet. Sie eignen sich auch gut für Salate. Da Perlbohnen beim Kochen ihre Form behalten, spielen sie für die Konservenindustrie eine große Rolle. Die weiße Garten- oder Schminkbohne ist etwas größer als die Perlbohne, im übrigen aber kaum von dieser zu unterscheiden.

Klein und weiß ist auch die Cannellini-Bohne, die in Italien weit verbreitet ist. Man verwendet sie vor allem für Salate und in Verbindung mit Nudeln.

Die elfenbeinfarbene Augenbohne *(Vigna sinensis)*, auch China-Bohne genannt, ist zwar keine echte Gartenbohne, aber ähnlich geformt und leicht erkennbar an dem typischen schwarzen oder gelblichen »Auge«. Mit ihrem angenehm milden Geschmack paßt sie zu fast allen Gerichten, die mit weißen Bohnen zubereitet werden. Trotz ihrer asiatischen Herkunft gilt sie als eine Art Kraftnahrung der amerikanischen Südstaaten. Augenbohnen kommen meist mit gepökeltem Schweinefleisch und Blattgemüse auf den Tisch. In Afrika wird diese Bohnensorte zerstampft und zu Bällchen geformt, die mit Reis serviert werden.

Unverkennbar sind auch die vornehmlich in Frankreich und Italien angebauten blaßgrünen Flageolet-Bohnen mit ihrem feinen Geschmack. Flageolet-Bohnen sind unreife Bohnenkerne, die jung und zart aus der Fruchthülse entfernt werden. Sie gelten als die delikatesten Bohnen und werden nach traditioneller Art zu Lammbraten gereicht, schmecken aber auch vorzüglich in Salaten mit einem Dressing aus Zitronensaft und Olivenöl, das zusätzlich mit Crème fraîche verfeinert werden kann. Ihr feiner, milder Geschmack wird durch starkes Würzen leicht überdeckt.

Rote Bohnen schätzt man wegen ihrer Farbe und aufgrund ihres süßlichen, der Eßkastanie ähnlichen Geschmacks. Die am weitesten verbreitete Sorte ist die Kidney-Bohne, die farblich zwischen dunklem Rosa und tiefem Burgunderrot rangiert und für das mexikanische Gericht *chili con carne* verwendet wird. Im amerikanischen Südwesten werden Kidney-Bohnen mit Chili, Käse und Koriander gebacken, während sie auf der Insel Guadeloupe mit Muscheln geschmort werden.

Die rot-braun-beige gesprenkelten Pinto- oder Wachtelbohnen (span. *pinto* = gemalt) sind zwar in Mexiko beheimatet, werden heute aber vorwiegend in den USA angebaut. Die hübsch aussehenden Bohnen sind etwas kleiner als Kidney-Bohnen, können diese aber ohne weiteres ersetzen.

Ebenfalls rötlich gesprenkelt sind die italienischen Borlotti-Bohnen, die gern mit bitteren Salaten, wie Radicchio, gemischt werden. Leider verschwinden diese Sprenkel beim Kochen. Die Bohnenkerne selbst kochen weich, fast cremig.

Im Westen wenig bekannt sind die rote oder gelbe Reisbohne, deren Name sich von ihrem reisähnlichen Geschmack ableitet, und die süßlich schmeckende Adzuki-Bohne, die in Asien ebenso als Beilage wie als Konfitüre geschätzt wird. Die in Japan als »Königin der Bohnen« bezeichnete Adzuki-Bohne ist in verschiedenen Handelsformen, auch als Paste und Mehl, erhältlich. Aus Adzuki-Bohnen kann man gut Sprossen ziehen.

Bei schwarzen Bohnen handelt es sich um lackschwarze Gartenbohnen mit weißem Kern, die gekocht süß und weich schmecken. Schwarze Bohnen, die getrocknet sehr hart sind, kochen relativ schnell weich, behalten aber trotzdem ihre Form und werden gern für Suppen und Eintöpfe verwendet. Sie eignen sich auch gut für Salate und grobe Pürees, des weiteren für Bohnenkuchen und die zunehmend beliebter werdenden würzigen Pasteten. In Mittel- und Südamerika werden schwarze Bohnen – Bestandteil vieler Nationalgerichte – etwa als *frijoles negros* zubereitet und zu gebratenen Kochbananen gereicht. Diese Bohnensorte ist nicht mit der asiatischen schwarzen Bohne zu verwechseln, bei der es sich um eine in Salz fermentierte Sojabohnenart handelt, die als Würzmittel (S. 33) dient.

ZUR INFORMATION

Portionen *Weiße Bohnen* 200 g ergeben gekocht 700 g/3–4 Portionen. *Rote Bohnen* 200 g ergeben gekocht 600 g/3–4 Portionen. *Schwarze Bohnen* 200 g ergeben gekocht 550 g/3–4 Portionen.

Nährstoffgehalt pro 100 g (roh). *Alle* Kein Cholesterin. *Weiße Bohnen* 1228 kJ/294 kcal; 22 g Protein; 2 g Fett; 61 g Kohlenhydrate; 2 mg Natrium. *Rote Bohnen* 1441 kJ/343 kcal; 23 g Protein; 2 g Fett; 62 g Kohlenhydrate; 10 mg Natrium.

Einweichzeit *Alle* Über Nacht.

Garzeiten *Alle* Je nach Alter. *Weiße Bohnen* Köcheln: 1–3 Stunden. *Augenbohnen* Köcheln: 1–2 Stunden. *Rote Bohnen* Köcheln: 1–1½ Stunden. *Pinto-, schwarze Bohnen* Köcheln: 1–1½ Stunden.

Richtiger Gargrad Weich oder sehr weich (für Püree).

Bemerkung Ältere Bohnen erfordern eine längere Garzeit. Bei Übergaren werden Bohnen breiig; bei längerem Stehen beginnen sie schnell zu gären.

Typische Gerichte *Weiße Bohnen* Mit Schweinefleisch, Knoblauch, Wurst, Tomaten (Frankreich); *garbure à la béarnaise* (Suppentopf mit Gemüse, Schweinefleisch, eingelegtem Gänsefleisch; Frankreich); mit saurer Sahne, Speck (Ungarn); Eintopf mit Kalbfleisch, Kirschen (UdSSR); *caldo gallego* (Suppe; Spanien); Eintopf mit Speck, Äpfeln (Deutschland); Suppe mit Sellerie, Möhren, Porree, Kartoffeln, Plockwurst (Deutschland); mit Speck (Niederlande); in würzig-scharfer Sauce (USA). *Rote Bohnen* Mit Rippchen, Sauerkraut, Tomaten, saurer Sahne (Ungarn); Eintopf mit Blutwurst, Pökelfleisch (Spanien); Schmortopf mit Tomaten, Reis (Kuba); Brei mit Schweinefleisch, Eiern, Wurst (Brasilien); mit Schweinefleisch (Mexiko); mit Kürbis, Mais, Tomaten (Chile); *winter succotash* (Pinto-Bohnen mit Mais; USA).

Kidney-Bohnen

Augen-Bohnen

Pinto-Bohnen

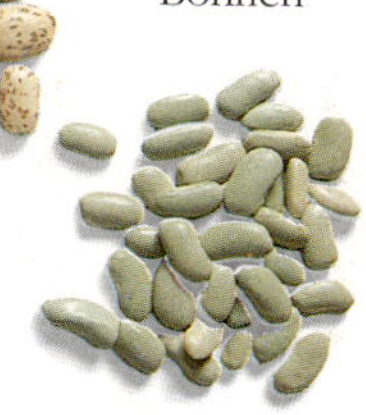

Flageolet-Bohnen (Grüne Bohnenkerne)

Adzuki-Bohnen

Weiße Bohnen

Schwarze Bohnen

Cannellini-Bohnen

Gebackene Bohnen in Rotwein

Dieses schmackhafte Gericht wird so lange im Ofen gebacken, bis die Bohnen weich und sämig sind. Damit sie sich ausdehnen können, ist ein großer Topf unerläßlich.

8 Portionen
500 g Schweinebauch oder durchwachsener Speck, Schwarte eingeschnitten
500 g Kidney-Bohnen, eingeweicht (S. 322) und abgetropft
500 ml Rotwein
1 EL Salz (oder nach Geschmack)

Tiefe Auflaufform oder schwerer Topf

1 Den Backofen auf 120 °C/Gas Stufe 1 vorheizen. Vom Schweinebauch eine Scheibe abschneiden und auf den Boden des Topfes legen. Erst die Bohnen, dann das verbliebene Stück Schweinebauch dazugeben, mit kochendem Wasser aufgießen und zugedeckt 3–4 Stunden im Ofen backen, bis die Bohnen weich sind; eventuell kochendes Wasser nachgießen.

2 Wenn die Bohnen weich sind, den Rotwein zugießen und zugedeckt 30 Minuten weitergaren. Zum Ende der Garzeit sollten die gebackenen Bohnen sämig, fast cremig sein.

3 Das Fleisch herausnehmen, in Würfel schneiden und wieder zurück in den Topf geben.

4 Vor dem Servieren die Bohnen mit Salz abschmecken.

Abwandlungen

Weiße Bohnen in Portwein Die roten Bohnen durch weiße Bohnen ersetzen und statt Rotwein 250 ml Portwein verwenden. Wie beschrieben backen, bis die Bohnen weich sind.
Bostoner gebackene Bohnen *(Boston baked beans)* Die roten Bohnen durch kleine weiße Bohnen (Perlbohnen) ersetzen sowie 60 g Melasse und 2 EL Zucker oder 125 ml Ahornsirup und ½ EL Senfpulver anstelle von Rotwein dazugeben. Etwa 8 Stunden im Ofen backen. Wenn die Flüssigkeit verkocht ist, etwas Wasser nachgießen. Sobald die Bohnen weich sind, das Fleisch herausnehmen, würfeln und wieder an die Bohnen geben. Die letzten 30 Minuten unbedeckt im Ofen backen.

UNGEWÖHNLICHE BOHNENARTEN

Mungobohnen sind im Westen hauptsächlich als Keimlinge bekannt, obwohl die Bohne selbst weltweit verzehrt wird. Die getrockneten, erbsengroßen Samen sind entweder grün, braun oder schwarz mit gelbem Kern. Die milden Mungobohnen haben eine cremige Konsistenz und werden deshalb gern püriert. Ganze Mungobohnen müssen vor dem Kochen eingeweicht werden; bei den ebenfalls im Handel erhältlichen halbierten Mungobohnen entfällt die Einweichzeit. Die asiatischen Glasnudeln werden unter anderem auch aus dem Mehl der Mungobohnen hergestellt.

Eng verwandt mit der Mungobohne ist die Urdbohne, die ebenfalls aus dem tropischen Asien stammt. Unter ihrer schwarzen Samenschale verbirgt sich ein cremefarbener Kern. Aus den zumeist geschält und halbiert angebotenen Urdbohnen – sie sind etwa halb so groß wie Erbsen – werden schmackhafte Pürees, beispielsweise gewürzt mit Ingwer und Zwiebeln, zubereitet. In Indien zerstampft man die ganzen gekochten Urdbohnen zu Brei und formt daraus Bällchen oder Pfannkuchen.

Die aus Indien stammende Helm- oder Lablab-Bohne ist mittlerweile in ganz Asien und im Mittleren Osten verbreitet, besonders aber in Ägypten. Daher wird sie auch Ägyptische Bohne genannt. Es handelt sich hierbei um den Samen einer hyazinthenähnlichen Pflanze. Die schwarzen oder weißen Bohnen besitzen eine harte Schale, die vor dem Kochen entfernt werden muß.

Die aus Afrika und der Karibik stammende Straucherbse – auch als Erbsenbohne, *pigeon-* oder Taubenerbse bekannt und in Indien *toor dal* genannt – setzt sich ganz allmählich ebenfalls im Westen durch. Bei dieser auffälligen Hülsenfrucht sitzt jeder rotgefleckte Samen in einer separaten Fruchthülse und ist ähnlich wie die Lablab-Bohne von einem Ringwulst umgeben. Straucherbsen werden gelegentlich frisch angeboten, größtenteils aber getrocknet und wegen der extrem harten Schale geschält und halbiert. Die würzigen *samosas* (Teigtaschen) aus der indischen Küche werden oft mit pürierten Straucherbsen gefüllt. In Afrika sind diese Hülsenfrüchte die Basis einer brennendscharfen Sauce, während die Jamaikaner daraus einen Eintopf mit Tomaten, Orange und scharfen Gewürzen zubereiten.

In den USA sind mittlerweile einige Bohnenarten mit reizvollen Namen auf dem Markt, die, da erntefrisch verkauft, kein Einweichen erfordern und in weniger als einer Stunde weich kochen. Da diese Bohnen weniger Stärke enthalten als herkömmliche Arten, sind sie besonders für Salate und Pürees geeignet. Zu ihnen gehören beispielsweise die braungefleckten Klapperschlangenbohnen und die violettgefleckten Feuerzungen (Feuerbohnen). Feiner im Geschmack sind die braunweiß gesprenkelten Weihnachtslimabohnen (so benannt nach der Erntezeit). Die Saison für diese frischen Hülsenfrüchte ist relativ kurz, verglichen mit der Erntezeit für Bohnen, die getrocknet in den Handel kommen.

Linsen und Erbsen

Große grüne Linsen

Rote Linsen

Braune Linsen

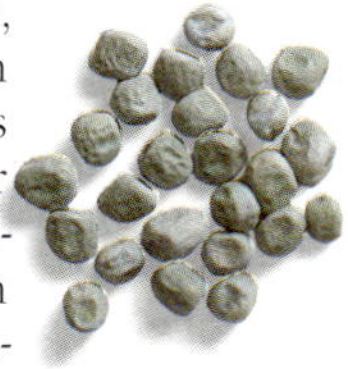
Markerbsen

Grüne Splittererbsen

Die Bezeichnungen für Trockenerbsen und Linsen variieren weltweit. Prinzipiell sind alle Linsen harte, nährstoffreiche Samen, die zum Verzehr gekocht werden müssen, während Erbsen jung relativ weich sind und erst durch Trocknung hart werden. Die Sorten und Qualitäten der Linsen werden nach Form und Farbe unterschieden. Die Farbskala der Schalen reicht von Grün bis Braun oder Orange, während die Kerne cremefarben bis gelblich-rostbraun sind. Als allgemeine Regel gilt: je kleiner die Linse, um so besser der Geschmack. Die kleinen Linsen haben einen höheren Schalenanteil, und die Schale ist Träger des typischen Aromas. Am gängigsten in Europa sind grüne und braune Linsen. Grüne Linsen sind ungeschälte Früchte; sie werden mit zunehmendem Alter braun. Auch diese braunen Linsen sind in unserer Küche sehr beliebt, zumal sie frischen grünen Linsen im Geschmack kaum nachstehen. Da Linsen sehr dünnschalig sind, kommen sie meistens als ganze Samen in den Handel. In Frankreich schätzt man die in der Gegend um Le Puy auf Vulkanboden angebauten Linsen (Puy-Linsen) wegen ihres besonderen Aromas und ihrer dunkelgrünen, marmorierten Farbe.

Im Mittleren Osten sind die roten und gelben Linsen, regional auch als *dal* bezeichnet, am verbreitetsten. (Diese Bezeichnung gilt für viele Hülsenfrüchte, auch für einige Bohnensorten sowie für die daraus zubereiteten scharf-würzigen Pürees.) Rote Linsen sind bei uns meist geschält im Handel; sie haben eine kurze Garzeit und kochen sehr schnell zu Brei.

Linsen müssen vor dem Kochen immer sorgfältig verlesen werden, da sich oft kleine Steine und Unkrautsamen darunter befinden. Einweichen ist selten erforderlich; bei geschälten Linsen verkürzt sich die Garzeit auf ein Minimum, und sie zerkochen schnell zu Brei. Ungeschälte Linsen, vor allem die grünen und braunen müssen etwas länger kochen, behalten dafür aber auch bei hohen Kochtemperaturen ihre Form. Sie schmecken köstlich in Suppen oder als gekochte Beigabe zu Fleisch und Geflügel und besonders zu Wild. In Frankreich werden sie mit schwach gepökeltem Schweinefleisch als *petit salé aux lentilles* zubereitet, während sie im asiatischen Raum meist fein bis grob püriert zu Currys und Reis gereicht werden.

Trockenerbsen sind die getrockneten Früchte der grünen und gelben Felderbsen, die nicht so süß sind wie die Gartenerbsen (S. 284). Wie Linsen gehören auch Trockenerbsen seit alters her zu den Grundnahrungsmitteln im Mittelmeerraum. Heute werden sie auch im nördlichen Europa großflächig angebaut. Zu den gängigen Sorten zählen blaue oder graue, gelbe und grüne, Pal- und Markerbsen. Ganze Trokkenerbsen müssen über Nacht vorweichen und erfordern relativ lange Garzeiten.

Splitter- oder Spalterbsen sind Erbsen, die beim Schälen in Hälften zerfallen, den Keimblättern, die von der Schale zusammengehalten werden. Spittererbsen sind hinsichtlich Koch- und Nährwert genauso gut wie die ganzen Früchte, jedoch erheblich preiswerter. Gelbe Sorten schmecken milder als grüne. Verglichen mit ganzen Trockenerbsen enthalten Splittererbsen weniger Stärke und sind etwas süßlicher. Sie müssen nicht eingeweicht werden und kochen in relativ kurzer Zeit weich.

ZUR INFORMATION

Portionen *Linsen, ganze Erbsen, Splittererbsen* 200 g ergeben gekocht etwa 600 g/4–6 Portionen.

Nährstoffgehalt pro 100 g (roh). *Alle* Kein Cholesterin. *Linsen* 1296 kJ/310 kcal; 23 g Protein; 1 g Fett; 61 g Kohlenhydrate; 4 mg Natrium. *Erbsen* 1462 kJ/348 kcal; 24 g Protein; 2 g Fett; 63 g Kohlenhydrate; 26 mg Natrium.

Einweichzeiten *Linsen, Splittererbsen* Nicht einweichen. *Ganze Erbsen* Über Nacht einweichen.

Garzeiten Je nach Typ und Alter. *Linsen, Splittererbsen* Köcheln: 1–1½ Stunden. *Ganze Erbsen* Köcheln: 1–2 Stunden.

Richtiger Gargrad Sehr weich.

Bemerkung *Linsen, Splittererbsen* Zerfallen beim Übergaren.

Typische Gerichte *Linsen* Suppe mit Gemüse, Kümmel (Österreich); mit Trockenaprikosen, Walnüssen (Deutschland); süß-sauer (Deutschland); mit geschmortem Rebhuhn (Frankreich); in Rotwein mit gerösteten Speckwürfeln gedünstet (Frankreich); *cotecchino con le lenticchie* (mit Kochwurst; Italien); Suppe mit Huhn, Gewürzen (Ägypten); mit Reis, Nudeln (Türkei); Küchlein mit Reis (Indien); mit Tamarindensamen, Ingwer, Kurkuma (Indien); Salat (USA); pikanter Pudding (Brasilien). *Erbsen* Suppe mit Schweinshachse (Österreich); Püree, bedeckt mit gerösteten Zwiebelringen (Österreich); Eintopf mit Speck (Deutschland, Großbritannien); Püree (Deutschland, Frankreich, Großbritannien); *erwtensoep* (Suppe mit Lauch, Sellerie, Kartoffeln, Wurst; Niederlande); Püree mit geräuchertem Schinken (Polen).

Würziges Linsenpüree Zu gewürzten Würsten, Currys und marinierten Braten. Ergibt 4–6 Portionen. 250 g Linsen sowie 1 mit einer Gewürznelke gespickte Zwiebel und 1 geviertelte Möhre in einen Topf geben. 750 ml Wasser zugießen und die Linsen bei milder Hitze zugedeckt 1–1½ Stunden weich kochen. Bei Bedarf etwas Wasser nachgießen. Nach der Hälfte der Garzeit mit Salz und Pfeffer würzen. Am Ende der Garzeit sollten die Linsen leicht breiig sein. In der Küchenmaschine pürieren oder durch ein Passiergerät pressen. 1 in Scheiben geschnittene Zwiebel in 30 g Butter weich dünsten; 1 feingehackte Knoblauchzehe, je 1 TL Piment und gemahlenen Koriandersamen und je ½ TL gemahlenen Kreuzkümmel und Muskatnuß dazugeben. Unter ständigem Rühren 2–3 Minuten bei milder Hitze sautieren. Die Zwiebel unter das Linsenpüree rühren und alles 1–2 Minuten gut durchkochen.

KICHERERBSEN

Für den Koch stellt sich die Kichererbse als eine Frucht zwischen Erbse und Bohne dar, obwohl sie einer ganz anderen botanischen Art angehört. Die Kichererbsen (span. *garbanzos,* ital. *ceci*) sind vor allem im Mittelmeerraum sehr beliebt, werden aber weltweit angebaut, vorwiegend jedoch in Mexiko, Spanien und den Ländern des Mittleren Ostens, wo sie zu den Grundnahrungsmitteln zählen. Inzwischen kultiviert man sie auch in einigen Gegenden Süddeutschlands. Die runzeligen, unregelmäßig rund geformten Samen sind größer als die der gewöhnlichen Erbse, und ihre Farbskala reicht von Gelb bis Rot oder Schwarz. Der Handel bietet neben getrockneten Samen auch gekochte Kichererbsen in Dosen sowie Mehl an, aus dem die würzigen indischen Pfannkuchen und Brote zubereitet werden. Getrocknete Kichererbsen erfordern ein mehrstündiges Einweichen, bevor sie ein bis zwei Stunden weich gegart werden. Anders als die meisten Bohnen und Erbsen behalten Kichererbsen beim Kochen gut ihre Form und zerfallen auch bei längeren Garzeiten nicht zu Brei. Am bekanntesten sind sie als Hauptzutat in der orientalischen Sesam-Kichererbsen-Paste *hummus.* Der kräftige nußartige Geschmack der Kichererbsen kommt auch in anderen Gerichten voll zur Geltung, so etwa in *felafel,* den fritierten Kichererbsen-Gewürz-Bällchen aus der Türkei, und in den französischen Kichererbsenküchlein, die *panisse* heißen.

Dicke Bohnen und Lima-Bohnen

Dicke Bohnen und Lima-Bohnen sind so auffällig, daß man sie mit anderen Bohnen gar nicht verwechseln kann. Beide sind groß, dickschalig und von mehliger Konsistenz. Für feinere Speisen werden sie nach dem Kochen wie Mandeln abgezogen.

Die dicke Bohne, auch Acker-, Sau-, Puff- oder Pferdebohne genannt, wird jung und zart als Frischgemüse verzehrt, kommt aber auch getrocknet – dann ist sie bräunlich und flacher – sowie als Naßkonserve in den Handel. Vor Einfuhr amerikanischer Sorten war es die meistverzehrte Bohne in Europa. Noch heute schätzt man ihre großen, runden Samen mit der hellbraunen Schale und dem cremigen Kern, der leicht mehlig schmeckt. Dicke Bohnen ergeben ein vorzügliches Püree, schmecken köstlich in der orientalischen Zubereitung mit Joghurt und harmonieren gut mit Speck und Wurst.

Eine kleinere Abart der dicken Bohnen ist im Mittleren Osten unter dem Namen *ful medames* (Ägyptische braune Bohnen) bekannt. Diese Bohnen werden mit Knoblauch, Zitronensaft, Petersilie und hartgekochten Eiern zubereitet.

Die Lima-Bohne ist ähnlich geformt wie die dicke Bohne, hat aber eine blaßgrüne Farbe und eine noch mehligere Konsistenz. Sie wird sowohl frisch wie auch getrocknet zubereitet. Butterbohnen sind große Lima-Bohnen von ähnlichem Geschmack, jedoch mit härterer Schale. Wie die dicken Bohnen schmecken sie ausgezeichnet in der Zubereitung mit kräftigen Kräutern, Knoblauch und fettem Schweinefleisch.

Hinweis Bei der Bohnenkrankheit Fabismus handelt es sich um eine schwere Anämie, die nach dem Genuß von dicken Bohnen bei Menschen auftreten kann, die besonders anfällig sind für das in rohen oder unzureichend gekochten Bohnen enthaltene Toxin.

ZUR INFORMATION

Portionen *Dicke Bohnen* 200 g ergeben gekocht 700 g/5–6 Portionen. *Lima-Bohnen* 200 g ergeben gekocht 550 g/3–4 Portionen.

Nährstoffgehalt pro 100 g (roh). *Alle* Kein Cholesterin. *Dicke Bohnen* 1294 kJ/309 kcal; 24 g Protein; 2 g Fett; 70 g Kohlenhydrate; 13 mg Natrium. *Lima-Bohnen* 1196 kJ/286 kcal; 19 g Protein; 1 g Fett; 50 g Kohlenhydrate; 20 mg Natrium.

Garzeiten *Dicke Bohnen* Köcheln: 1–2 Stunden. *Lima-Bohnen* Köcheln: 30–60 Minuten.

Richtiger Gargrad Zart und weich; zum Pürieren sehr weich.

Bemerkung Vollreife Samen haben eine dicke Schale. *Dicke Bohnen* Langes Kochen verhindert weitgehend ein Erkranken an Fabismus.

Typische Gerichte *Dicke Bohnen* Mit Speck (Deutschland); würziges Püree (Italien, Mittlerer Osten); mit Salbei (Italien); *alla romana* (mit Zwiebeln, *pancetta*, Italien); in Petersiliensauce (Großbritannien); Salat mit Minze, Tomaten (Mittlerer Osten). *Lima-Bohnen Crema de Lima* (Suppe; Südamerika); *succotash* (mit Mais, in Butter; USA); geschmort mit Knoblauch, Tomaten (Frankreich); in Tomatensauce (Griechenland).

Lima-Bohnen

Lammragout mit dicken Bohnen

In diesem mediterranen Eintopfgericht können die Artischockenböden durch in Scheiben geschnittene Topinamburs oder Möhren ersetzt werden. Auch ohne Fleisch ergibt dieses Rezept ein schmackhaftes Gericht, das heiß als Gemüsebeilage oder kalt als Salat serviert werden kann.

6–8 Portionen

2 kg Lamm- oder Hammelfleisch (Brust oder Schulter, ohne Knochen)
2 EL Olivenöl
750 g Zwiebeln, in Scheiben geschnitten
175 ml Weißwein
625 ml Kalbsfond (S. 44) oder Wasser (gegebenenfalls etwas mehr)
4–5 Knoblauchzehen, gehackt
1 *bouquet garni*
2 große Tomaten, abgezogen, entkernt und gehackt
Salz und Pfeffer
750 g getrocknete dicke Bohnen, gekocht (S. 322)
12 kleine oder 6 mittelgroße Artischockenböden (S. 302)
3–4 EL gehackte Petersilie

1 Überflüssiges Fett vom Fleisch schneiden (S. 195) und das Fleisch zerkleinern: Brust in 6–8 Portionsstücke, Schulter in etwa 5 cm große Würfel schneiden. Das Öl in einer schweren Kasserolle erhitzen und das Fleisch bei starker Hitze von allen Seiten bräunen.

2 Das Fleisch aus der Kasserolle nehmen, die Zwiebeln in den Topf geben und unter Rühren 10 Minuten weich dünsten, ohne daß sie Farbe annehmen. Weißwein und Kalbsfond hinzufügen und das Fleisch wieder in den Topf geben. Knoblauch, *bouquet garni,* Tomaten, Salz und Pfeffer dazugeben und alles zum Kochen bringen. Zugedeckt köcheln lassen (Lamm 1 Stunde, Hammel 2 Stunden).

3 Vorsichtig die vorgekochten Bohnen unterrühren. Zugedeckt 45–60 Minuten weitergaren. Die Artischockenböden 5 Minuten in kochendem Salzwasser blanchieren und abtropfen lassen; zum Fleisch geben und weitere 30 Minuten köcheln lassen oder so lange, bis Fleisch und Artischockenböden gar sind. Das *bouquet garni* herausnehmen, die Petersilie unterrühren und mit Salz und Pfeffer abschmecken.

Hinweis Beim Kochen der Bohnen reichlich Brühe oder Wasser verwenden, damit sie schön saftig bleiben und nicht breiig kochen.

Bohnensalate

Gekochte Bohnen ergeben vorzügliche Salate, können aber auch als pikante Beilage oder als deftiges Hauptgericht serviert werden. Bis auf die hartschaligen Sorten, etwa dicke Bohnen, sind fast alle Bohnen für die Salatzubereitung geeignet, da sie Dressings gut aufnehmen. Fast jedes Land hat seinen eigenen Bohnensalat oder zumindest einen, der ihm zugeschrieben wird.

Bohnensalat aus weißen Bohnen ist denkbar einfach in der Zubereitung: In Deutschland wird der Salat mit gebratenem Speck und Tomaten angerichtet, in Italien oft mit Thunfisch. Im übrigen Mittelmeerraum, besonders in Griechenland und im Mittleren Osten, läßt man weiße Bohnen häufig in einer mit Kreuzkümmel gewürzten Tomatensauce köcheln und serviert sie – abgekühlt auf Raumtemperatur – mit einer Handvoll Petersilie. Die Amerikaner haben eine Vorliebe für schwarze Bohnen, oft in Verbindung mit knackigem Gemüse, wie Paprika und roten Zwiebeln, und angemacht mit einem würzigen Zitronen- oder Limonen-Dressing.

Mexikanischer Bohnensalat Ergibt 8 Portionen. 500 g gekochte Pinto-Bohnen mit 1 entkernten und in Scheiben geschnittenen Gurke, 1 in dünne Scheiben geschnittenen mittelgroßen roten Zwiebel, 1 entkernten und gehackten *jalapeño*-Chili oder einer anderen grünen Pfefferschote und 1 TL getrocknetem Oregano mischen. 60 ml Apfel- oder Malzessig mit 75 ml Pflanzenöl verrühren, mit Salz und Pfeffer abschmecken und über die Bohnen gießen. Gut vermengen und bei Raumtemperatur servieren.

Weiße Bohnen mit Thunfisch Ergibt 4 Portionen. 500 g weiße Bohnen aus der Dose abspülen und abtropfen lassen. Mit 2 Dosen Thunfisch vorsichtig vermengen (das Thunfisch-Öl vorher abgießen). 500 g Tomaten abziehen, achteln und behutsam untermischen. Dann eine Sauce aus 4–6 EL Essig, 2 EL Tomaten-Ketchup, Sojasauce, Salz, Pfeffer und Zucker nach Geschmack über den Salat gießen und mit Schnittlauchröllchen garnieren.

Mexikanischer Bohnensalat paßt gut zu Wurst oder Rauchfleisch.

Keimlinge

In den asiatischen Ländern werden aus fast allen Samen, Getreidekörnern und Hülsenfrüchten von jeher Sprossen gezogen. Gekeimte Getreidekörner oder Hülsenfrüchte sind zudem nährstoffreicher, da während des Keimprozesses alle im Samen ruhenden Wertstoffe, wie Proteine und Stärke, aufgeschlossen werden und somit leichter verdaulich sind.

Für die Anzucht von Sprossen werden nur ganze, ungeschälte und unbehandelte Körner, Bohnen oder Samen verwendet. Weizen, Mais und Roggen kann man gut zum Keimen bringen, ebenso die meisten Bohnen. Die beliebtesten im Handel erhältlichen Keimlinge sind die Sprossen von Mungobohnen, die meist als »Bohnensprossen« angeboten werden, und die würzigen Alfalfasprossen. Sojabohnensprossen, ebenfalls relativ verbreitet, schimmeln leicht und müssen mehrmals täglich mit Wasser gespült werden. Außerdem sollten sie vor dem Verzehr kurz blanchiert werden.

Sprossen sind sehr vielseitig zu verwenden – als Garnitur und als Würzzutat in Salaten, als knackiger Sandwich-Belag oder, vermischt mit Frischkäse oder Eiern, als Füllung. In der asiatischen Küche werden Keimlinge meist nur kurz gegart und immer zum Schluß an pfannengerührte Gerichte gegeben oder mit anderen Zutaten vermischt. Keimlinge, besonders Weizenkeimlinge, sind eine wertvolle Zutat in herzhaften Broten. Für diesen Zweck sollten die Keime allerdings nicht länger als etwa 5 cm sein.

Hinweis Die Körner von Sorghum (einer Hirse-Art), die Kerne von dicken Bohnen sowie bestimmte Gemüsekerne, wie Tomatenkerne, sind für die Anzucht von Sprossen ungeeignet, da sie während des Keimprozesses Toxine entwickeln. Normales Saatgut sollte ebenfalls nicht verwendet werden, da es chemisch behandelt sein kann.

BOHNENSPROSSEN ZIEHEN

Bereits nach zwei bis drei Tagen sind die meisten Sprossen so weit, daß man sie verwenden kann; nur einige Hülsenfrüchte sowie die Samen von Alfalfa und Linsen benötigen etwa eine Woche. Zuerst werden die Samen gründlich verlesen und Steinchen, Stengel oder Fremdsamen entfernt.

1 Etwa 1 EL Samen oder 60 g Körner oder Bohnen (hier Mungobohnen) in 1 l lauwarmem Wasser über Nacht einweichen, weil dadurch die Keimung beschleunigt wird.

2 Die Bohnen abtropfen lassen und in ein großes sterilisiertes Einmachglas von mindestens 1 l Fassungsvermögen geben, mit feuchter Gaze und Gummiband verschließen und an einen warmen, hellen, jedoch nicht sonnigen Ort stellen. Bei einer Raumtemperatur um 21 °C keimen die Bohnen am besten. Die Bohnenkerne zwei- bis dreimal täglich abspülen (Sojabohnen und Kichererbsen viermal täglich) und mit frischem Wasser bedecken; die Gaze dabei nicht entfernen.

3 Sobald die Sprossen die gewünschte Größe erreicht haben, abspülen und nicht gekeimte Samen aussortieren. Die abgegossenen Sprossen können bis zu 2 Tagen im Kühlschrank aufbewahrt werden.

Teigwaren/ Pasta

Nudeln erfreuen sich weltweit großer Beliebtheit. Während man Makkaroni und Spaghetti schon seit langem in der häuslichen Küche und in Restaurants schätzt, sind die kunstvolleren und phantasiereichen Nudelformen zu einem Markenzeichen der *Nouvelle Cuisine* geworden.

Alle Teigwaren – Pasta, wie sie in Italien heißen – werden aus einem stärkereichen Teig mit oder ohne Zugabe von Eiern hergestellt. Die einfachere und wahrscheinlich ursprüngliche Form sind Teigwaren ohne Ei, die aus jeweils verschiedenen Mehlsorten, unter anderem auch aus Vollweizen- und Reismehl, hergestellt werden. Am gängigsten sind bei uns jedoch Eiernudeln. Basis der Teigwaren-Herstellung ist Durum-Weizen, der – zu Hartweizengrieß oder -mehl vermahlen und mit Wasser vermischt – einen weichen, zugleich elastischen Teig ergibt, der sich ausrollen und formen läßt.

Nach Meinung vieler Köche sind Eierteigwaren qualitativ hochwertiger. Sie schmecken am besten ganz frisch zubereitet. Für Eierteigwaren wird vorzugsweise Grieß aus weichem Weizen verwendet, aber auch eine Mischung aus Weizen- und Hartweizengrieß oder aus Weizengrieß und zu Mehl vermahlenen anderen Getreidesorten, etwa Buchweizen und Roggen, eignet sich dazu.

Teigwaren mit wie auch ohne Ei werden gewöhnlich in Wasser gekocht. Gekochte Pasta wird fast immer mit einer Sauce gereicht, manchmal auch nur mit zerlassener Butter, Olivenöl oder einem verschlagenen Ei. Serviert man sie in einer Fleisch- oder Gemüsebrühe, wird sie als *pasta in brodo* oder *pastina* bezeichnet. *Brodo*-Rezepte sehen oft *tortellini, vermicelli* und *capellini* vor. Für Lasagne werden vorgekochte Nudeln verwendet, mit Hackfleisch und Käse geschichtet und dann im Ofen gebacken. Rohen Pasta-Teig kann man vor dem Kochen füllen. Die bekanntesten gefüllten Teigtaschen sind Ravioli und *tortellini*. Ravioli oder Lasagne mit süßen Fruchtfüllungen oder in Butter und Zucker geschwenkte Nudeln werden als Dessert-Nudeln bezeichnet und tauchen wieder zunehmend in internationalen Menüs auf.

Der italienische Einfluß ist in so vielen Ländern spürbar, daß die meisten Pasta-Gerichte dort unter ihrem italienischen Namen bekannt sind. Die Praxis, Nudelgerichte als Hauptgang zu servieren, stammt allerdings nicht aus Italien, denn in einem typisch italienischen Menü wird die Pasta zwischen den *antipasti* (den appetitanregenden Vorspeisen) und dem eigentlichen Hauptgericht gereicht.

Asiatische Teigwaren gibt es in vielfältiger Form. Die meisten werden aus Weizenmehl mit oder ohne Zugabe von Eiern hergestellt und kommen sowohl frisch (in Asia-Läden) als auch getrocknet in den Handel. Andere werden aus dem Mehl von Soja- oder Mungobohnen hergestellt und zu Faden- und Glasnudeln verarbeitet, während Reismehl die Grundzutat für die in langen Strängen verkauften Reisnudeln ist. **Hinweis** Die meisten asiatischen Teigwaren können wie europäische Nudeln gekocht werden. Reis- und Glasnudeln muß man vorher einweichen.

Von den zahlreichen chinesischen und japanischen Teigwaren sind inzwischen auch hierzulande einige verbreitet, etwa die chinesischen *won-tans* und verschiedene Sorten von Eiernudeln sowie japanische Weizennudeln, etwa *u-dong*-Nudeln, die man aus reinem Weizenmehl und Wasser auch selbst herstellen kann, und *somen,* dünne weiße Nudeln aus Weizenmehl. Ebenfalls aus Japan stammen die *soba*- oder Buchweizennudeln und die Glasnudeln *harusame.*

MEHLSORTEN FÜR PASTA

(Zu den verschiedenen Mehltypen s. S. 342.)

Hartweizengrieß ergibt einen elastischen Teig, der relativ schwer auszurollen, aber leicht *al dente* (bißfest) zu kochen ist. Er wird meist für Teigwaren ohne Ei verwendet.

Weizengrieß oder **ungebleichtes Weizenmehl** ergibt einen weichen, elastischen Teig, der gut formbar ist und sich ausgezeichnet für Eierteigwaren eignet.

Vollkornmehl (Vollweizenmehl) sollte mit der gleichen Menge Weißmehl gemischt werden. Man kann es auch für Eierteigwaren verwenden.

Roggenmehl muß mit Weizenmehl gemischt werden. Es ist nicht geeignet für die Herstellung von Teigtaschen.

Buchweizenmehl muß ebenfalls mit Weizenmehl gemischt werden. Der Teig ist weich und für Eierteigwaren geeignet.

Italienische Pasta-Bezeichnungen

Die italienische Sprache ist reich an Adjektiven zur Beschreibung bestimmter Pasta-Formen: *Corta* oder *mezza* bedeutet kurz; *festonata* oder *riccia* steht für girlandenförmig; *fina* heißt dünn, *grande* groß, *grossa* dick, *liscia* glatt, *lunga* lang und *rigata* geriffelt. Sie kennt außerdem eine Vielzahl von charakterisierenden Nachsilben. So werden dünne Spaghetti als *spaghettini* bezeichnet. Weitere Diminutiva zur Beschreibung von kleinen Pasta-Formen sind *-ino, -ello* und *-etto*. Die Endsilbe *-oni* hingegen bezeichnet das genaue Gegenteil, und deshalb sind *spaghettoni* dicke Spaghetti.

Casariccia

Conchiglie (Muscheln)

Pastina

Orecchiette (Ohren)

Ruoti (Räder)

Fusilli (Spiralen)

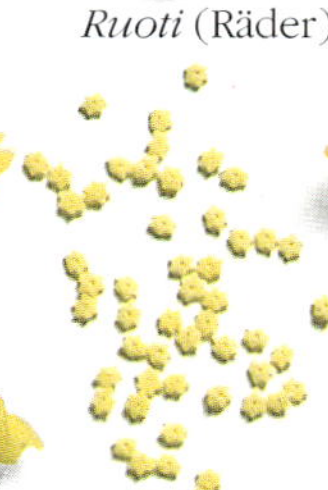
Stellini (Sternchen)

Farfalle (Schmetterlinge)

Teigwaren ohne Ei

Teigwaren ohne Ei gehören – neben Eierteigwaren – zu der großen Auswahl von vorgefertigten Lebensmitteln. Sie werden getrocknet in unzähligen Formen angeboten und sind unbegrenzt lagerfähig. Qualitativ besonders hochwertig sind Teigwaren aus Durum-Weizen beziehungsweise Hartweizengrieß, dem besten Rohstoff für Nudeln. Einfachere, allein aus Weizengrieß oder Grieß-Mehl-Mischungen hergestellte Produkte verwandeln sich beim Kochen leicht in einen klebrigen Brei. Obwohl die Teigwaren-Industrie Nudeln in allen Variationen anbietet, nehmen manche Köche dennoch alle Mühe auf sich und bereiten die Pasta frisch zu.

Die berühmtesten Nudeln sind wohl die Spaghetti, die sich aufgrund ihrer Form für die Massenproduktion besonders eignen. Darüber hinaus nehmen sie Saucen so gut auf, daß sie schon fast zu einem Synonym für Nudeln geworden sind. Zu den gängigen Pasta-Formen gehören auch die kleinen, halbrund gebogenen *lumache*, die an Schneckenhäuser erinnern, und die radförmigen *ruoti*. Wird in einem Rezept eine ganz bestimmte Nudelform verlangt, so kann man diese durchaus durch eine andere Nudel mit ähnlichen Eigenschaften ersetzen. Zu den hübschesten kleinen Formen zählen die *orecchiette*, die aussehen wie winzige Ohrmuscheln, die muschelförmigen *conchiglie*, die gern mit Olivenöl und Gemüsesauce serviert werden, oder auch die kleinen Fingerhüte, *ditalini*.

Pastina ist der Oberbegriff für die winzigen Suppennudeln – Sternchen, Buchstaben und andere kleine Formen –, die, in Butter geschwenkt, auch als Beilage zu Fleisch gereicht werden.

ZUR INFORMATION

Beim Einkauf beachten Bernsteinfarbenes Aussehen; leicht angerauhte Oberfläche; gutes Weizenaroma.

Portionen (Rohware) *Suppe* 30 g. *Vorspeise* 60–125 g (je nach Sauce und Verwendung). *Hauptgericht* 180–250 g.

Garzeiten *Frisch* Je nach Form und Dicke. *Gekocht* Backen in Sauce bei 175 °C/Gas Stufe 2–3: 20–30 Minuten; goldbraun und knusprig fritieren: 2–5 Minuten; pfannenbraten: 3–5 Minuten.

Richtiger Gargrad Backen (S. 334); kochen, dämpfen: *al dente* (S. 333); fritieren: bis sie goldbraun und knusprig sind; pfannenbraten: bis sie goldbraun sind.

Bemerkung Teigwaren kleben zusammen, wenn sie nicht gelegentlich umgerührt werden; schmecken nach Teig, wenn sie nicht lange genug gekocht werden.

Aufbewahrung *Selbst hergestellt und getrocknet* Trocken gelagert, bei Raumtemperatur: bis zu 1 Monat. *Industriell getrocknet* Unbegrenzt.

Typische Gerichte (alle Italien). *Spaghetti alla puttanesca* (mit Tomaten, Oliven, Sardellen); *spaghetti all'amatriciana* (mit *pancetta*, Tomaten, Chilischote); *spaghetti con briciolata* (mit gerösteten Brotkrumen); *spaghetti adriatico* (mit kleinen Tintenfischen); *spaghetti ad aglio e olio* (mit Knoblauch und Olivenöl); *spaghetti alla bucaniera* (mit Muscheln und Krabben); *bucatini con le sarde alla Palermitana* (mit frischen Sardinen); *linguine al tonno* (mit Thunfisch); *linguine con le lumache* (mit Schnecken); *linguine con le vongole* (mit Venusmuscheln); *vermicelli con il sugo di melanzane e peperoni* (mit Paprika, Aubergine); *vermicelli con funghi* (mit Pilzen); *vermicelli in insalata* (mit Tomaten in Marinade); *zuppa di bue con spaghettini* (in Fleischbrühe); *maccheroni con cavolfiore* (mit Blumenkohl); *rigatoni al forno con le polpettine* (mit Fleischbällchen); *lumache con patate* (mit Kartoffeln, Käse); *conchiglie con il sugo di salsiccia, panna e pomodoro* (mit Wurst, Sahne, Tomate).

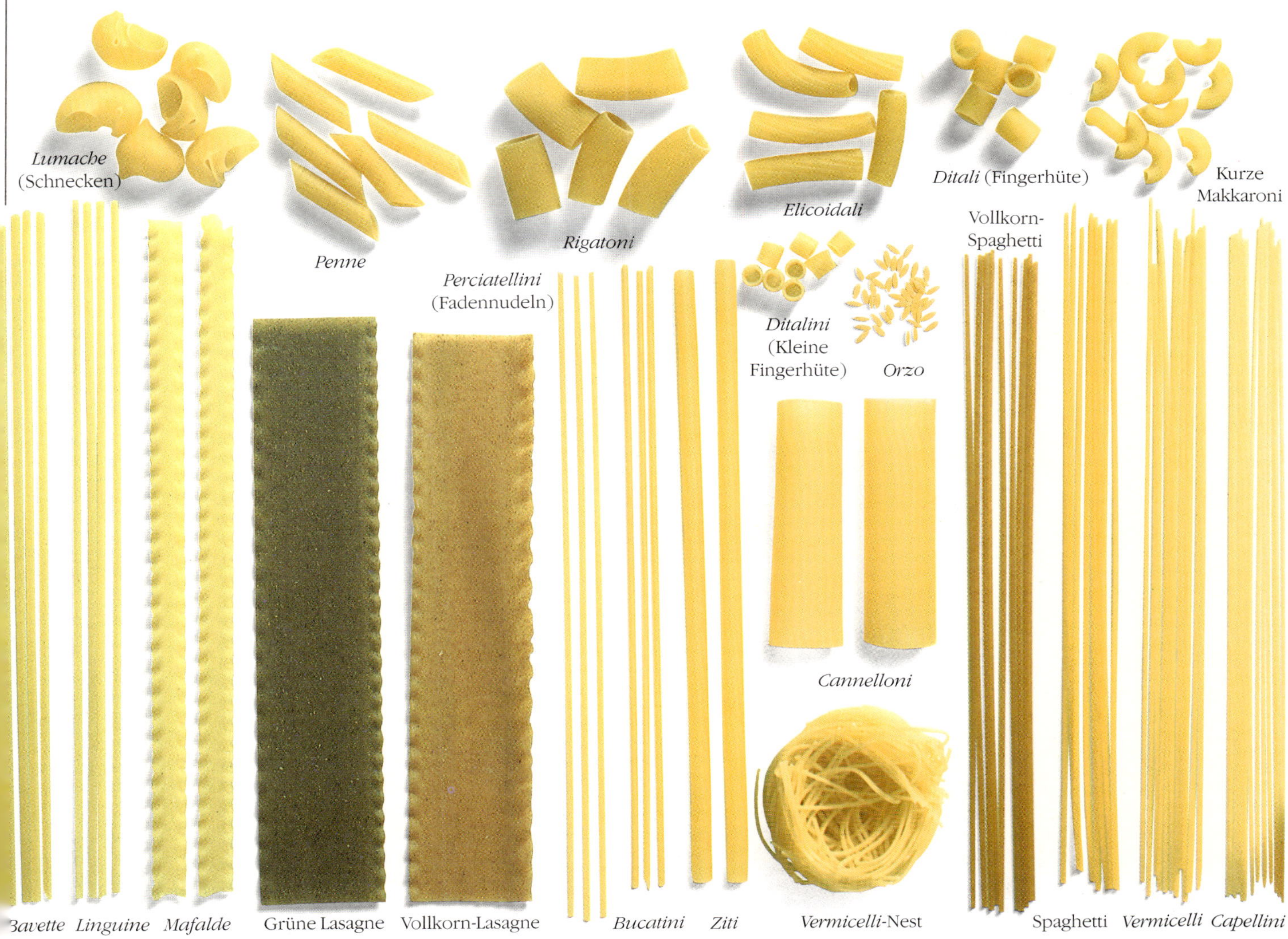

Grundteig für Nudeln ohne Ei

Nudelteig ohne Ei kann frisch zubereitet und sofort verwendet oder getrocknet werden (S. 338). Er eignet sich besonders gut für gehaltvolle Saucen, wie *ragù alla bolognese* (S. 338).

Ergibt 500 g

180 g Hartweizengrieß
125 g Mehl
1 Prise Salz
175 ml Wasser
(gegebenenfalls etwas mehr)

1 Hartweizengrieß, Mehl und Salz mischen und in die Mitte eine Vertiefung drücken. Das Wasser in die Mulde gießen und mit den Fingerspitzen das Mehl vom Rand her unterarbeiten. Falls der Teig zu trocken ist, noch etwas Wasser hinzufügen. Er sollte fest, aber nicht klebrig sein, deshalb nicht zu stark anfeuchten. Den Teig von Hand weiterkneten, bis er glatt und elastisch ist (S. 332). Eine Schüssel überstülpen und 30–60 Minuten ruhenlassen.

2 Den Teig in zwei oder drei Stücke teilen, jedes separat auf einer bemehlten Arbeitsfläche ausrollen und in die gewünschte Form schneiden. Die Nudeln vor der weiteren Verwendung mindestens 1 Stunde trocknen lassen, anschließend in kochendem Salzwasser garen.

Einfache Nudeln ohne Ei, in Butter geschwenkt

Eierteigwaren

Eierteigwaren (ital. *pasta all'uovo*) werden am besten frisch zubereitet. Sie kommen aber auch getrocknet und abgepackt als Eiernudeln in den Handel. Manche Köche behaupten, daß Eiernudeln nur richtig zubereitet werden, indem man ausschließlich Mehl und Eier verwendet. Durch die Zugabe von Öl und Salz läßt sich der Nudelteig aber leichter ausrollen, wenngleich er am Ende nicht ganz so fest ist. Für die Herstellung von Eiernudeln nimmt man normalerweise ungebleichtes Weizenmehl, da es fast unmöglich ist, Eiernudelteig aus Hartweizengrieß auf die gewünschte Stärke von etwa 1,5 mm auszurollen. Soll der Teig gefüllt werden, muß er sogar noch dünner sein. Zum Kneten, Ausrollen und Schneiden kann man auch eine handbetriebene oder elektrische Nudelmaschine benutzen. Die gängigsten Formen für Eiernudeln sind breite und schmale Bandnudeln, zum Beispiel *pappardelle, fettuccine* und *tagliatelle,* gefüllte Taschen, wie Ravioli, *agnolotti, tortellini* und *cappelletti,* sowie kleinere Formen, etwa *fusilli, spirale* und *farfalle.*

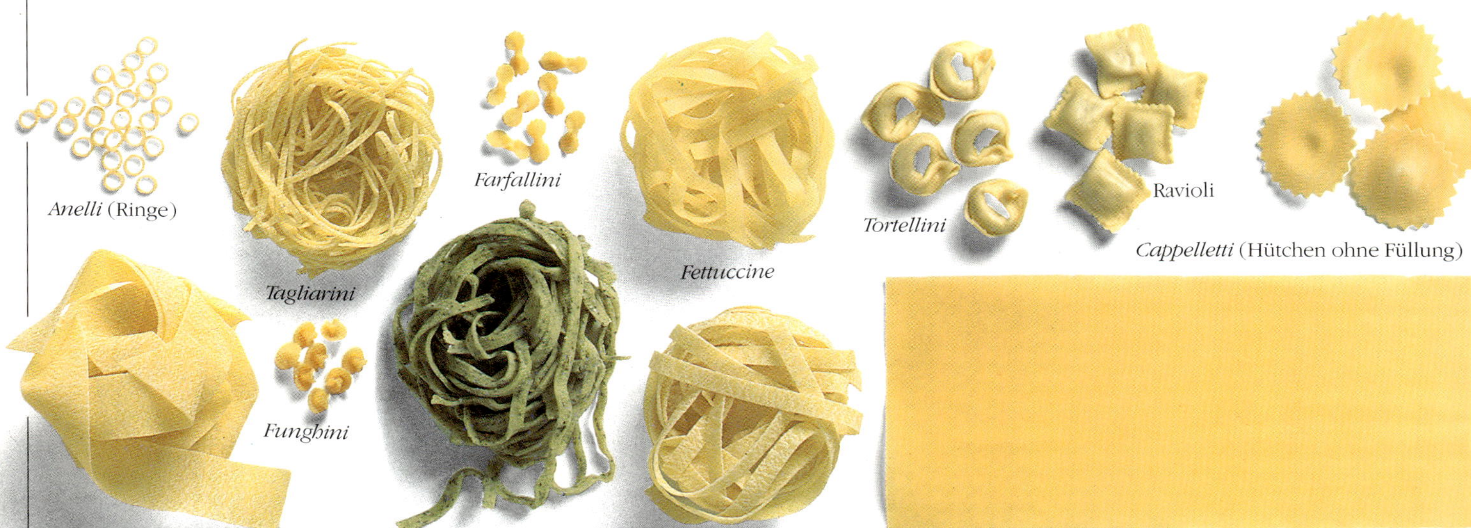

ZUR INFORMATION

Portionen *Vorspeise* 125–180 g. *Hauptgericht* 250 g.

Garzeiten Je nach Stärke und Trockengrad. *Frisch* ½–5 Minuten. *Getrocknet* 3–10 Minuten. *Gekocht* Backen in Sauce bei 175 °C/Gas Stufe 2–3: 20–30 Minuten; fritieren: 1–2 Minuten; pfannenbraten: 5 Minuten.

Richtiger Gargrad Kochen: *al dente* (S. 333); backen: bis die Sauce Blasen wirft, ein Holzstäbchen sollte sich nach dem Einstechen heiß anfühlen; pfannenbraten, fritieren: bis die Nudeln goldbraun sind.

Bemerkung Zu weicher Teig klebt und reißt leicht; zu trockener Teig krümelt; frische Teigwaren zerkochen schnell.

Aufbewahrung *Frisch, ungefüllt* Nudeln, die nicht innerhalb von 2–3 Stunden weiterverarbeitet werden, trocknen (S. 333) und 3–4 Tage kühl lagern; tiefgefroren: 2 Monate. *Frisch, gefüllt* Im Kühlschrank 1 Tag; tiefgefroren: 2 Monate.

Typische Gerichte (alle Italien). *Trenette al pesto* (mit *pesto,* Knoblauch, Pecorino); *fettuccine alla Alfredo* (mit Käse, Sahne); *fettuccine alla ciociara* (mit Hühnerklein); *fettuccine alla burina* (mit Pilzsauce, Erbsen); *fettuccine con noci* (mit Nüssen); *fettuccine con salsa di prezzemolo* (mit Petersiliensauce); *fettuccine alla burinello* (mit Krebsen, Seezungenfilets, in Weißwein-Sahne-Sauce im Ofen überbacken); *tagliatelle ai quattro formaggi* (mit vier Sorten Käse); *tagliatelle con salsa di noci* (mit Walnußsauce); *tagliatelle della duchessa (mit Hühnerleber); pappardelle con la lepre* (mit Hase, Kräutern, Wein); *lasagne mantecate* (mit Sahne und Käse überbacken).

EIERNUDELN ZUBEREITEN

Eiernudeln werden entweder ganz frisch gegessen, das heißt spätestens etwa 2–3 Stunden nach dem Ausrollen des Teigs, oder aber getrocknet und aufbewahrt (S. 333).

Die richtige Teigkonsistenz erhält man mit ungebleichtem Weizenmehl (S. 342).

Ergibt etwa 375 g
200 g ungebleichtes Weizenmehl (gegebenenfalls etwas mehr)
3 Eier, leicht verschlagen
1 EL Öl (nach Belieben)
½ TL Salz (nach Belieben)

Für grüne Nudeln (pasta verde)
250 g Spinat, Mangoldblätter oder andere Blattgemüse, gekocht, gut ausgedrückt und feingehackt oder püriert

1 Das Mehl auf die Arbeitsfläche häufen und in die Mitte eine Mulde drücken. Die Eier und nach Belieben Öl und Salz hineingeben. Durch die Zugabe von Öl wird der Teig weicher und besser formbar. Für die Zubereitung von grünen oder andersfarbigen Nudeln den Spinat oder andere natürliche Färbemittel dazugeben.

2 Mit den Fingerspitzen nach und nach das Mehl vom Rand her mit den Eiern vermengen. So viel Mehl verarbeiten, daß ein fester Teig entsteht.

3 Den Teig so lange kneten, bis er elastisch und glänzend ist und sich leicht zu einem Laib formen läßt. Mit einem Tuch bedecken und 30–60 Minuten ruhenlassen.

4 Den Teig in zwei oder drei Stücke teilen, jeweils dünn ausrollen und in die gewünschte Form schneiden. Erst kurz vor dem Servieren in kochendem Salzwasser *al dente* kochen.

Abwandlung

Buchweizennudeln Von der oben angegebenen Mehlmenge 100 g durch 100 g Buchweizenmehl ersetzen.

Eiernudeln färben

Sehr beliebt ist derzeit das Einfärben von Nudeln mittels natürlicher Zutaten, ein Verfahren, das die Italiener perfektioniert haben. Es muß allerdings gesagt werden, daß die hübsch anzusehenden Nudeln nicht unbedingt aromatischer schmecken. Da die meisten farbigen Zutaten Saft enthalten, muß während des Knetens wiederholt Mehl unter den Grundteig gearbeitet werden.

Rote Nudeln 1 EL Tomatenpüree oder 2–3 EL gekochte und pürierte Möhren oder rote Paprika mit den Eiern vermischen.

Rote Bete-Nudeln 1 EL gekochte und pürierte rote Bete an die Eier geben.

Schokoladen-Nudeln 1 EL ungesüßtes Kakaopulver unter die Eier rühren (bei dieser geringen Menge schmecken die Nudeln nicht süß).

Safran-Nudeln 1 große Prise Safranpulver an die Eier geben.

Kräuter-Nudeln 2 EL gehackte frische Petersilie oder andere Kräuter, wie Basilikum, mit den Eiern verrühren.

Nudeln mit der Maschine herstellen

Auch eine Küchenmaschine kann zur Nudelherstellung verwendet werden: Alle Zutaten – bis auf etwa 60 g Mehl – in die Rührschüssel geben und mit den Knethaken zu Teig verarbeiten. Drei bis fünf Minuten weiterkneten, bis der Teig glatt und elastisch ist; gegebenenfalls noch etwas Mehl hinzufügen. Den Teig – wie bei der Zubereitung von Hand – zugedeckt ruhenlassen. Zum Ausrollen wird meistens eine handbetriebene Nudelmaschine (S. 332) verwendet. Es gibt auch kleine Geräte, die den Teig kneten und durch austauschbare Matrizen pressen, wodurch die jeweils gewünschten Nudelformen entstehen. Diese Maschinen erleichtern zwar das mühselige Kneten und Ausrollen des Nudelteigs, aber man muß darauf achten, daß man sie den Teig nicht zu stark bearbeiten läßt, sonst wird er zu weich und zerfällt beim Garen.

NUDELSALATE

Nudelsalate gehören mittlerweile zum festen Repertoire eines jeden Kochs, denn sie sind vielseitig zu verwenden und einfach in der Zubereitung. Bescheidene Salate nur mit einem Dressing und Gemüse als Beilage sind ebenso beliebt wie aufwendigere Kompositionen mit Fisch und Fleisch.

Am besten eignen sich dazu Teigwaren ohne Ei, da sie nach dem Kochen gut ihre Form behalten. Ideal sind kurze Nudeln, wie gebogene Makkaroni, *rigatoni* und *lumache,* sowie lange dünne Formen, etwa *linguine,* die Sauce gut aufnehmen.

Für Salate spielt neben der Form auch die Konsistenz der Pasta eine große Rolle. Deshalb ist darauf zu achten, daß man sie nicht übergart. Nach dem Kochen spült man die Nudeln kurz ab, damit sich die Stärke löst, und vermengt sie – wenn sie noch warm sind – sofort mit den übrigen Zutaten und dem Dressing, so daß sie die Aromen gut aufnehmen können.

In Italien macht man Nudelsalat oft nur mit einem einfachen Dressing aus Olivenöl und frisch gepreßtem Zitronensaft an und würzt ihn anschließend pikant mit Kapern und Anchovis. Als weitere Zutaten eignen sich rohe oder gekochte Gemüse, kalter Fisch, kaltes Fleisch oder Geflügel. Die Amerikaner sind in der Zubereitung von Nudelsalaten – mit meist farbigen Nudeln – noch erfindungsreicher und vermischen sie beispielsweise mit Mayonnaise, Gemüse und Kräutern, würzigen Erdnuß- und Honig-Dressings oder scharfer Chilisauce mit Huhn und Avocado. Auch gefüllte Nudeln sind beliebt als Salat; angemacht mit einer Vinaigrette (S. 64) oder würzigem *pesto* (S. 17), ergeben sie ein leichtes sommerliches Mittagessen. Nudelsalate sollten stets im Kühlschrank aufbewahrt und leicht gekühlt oder allenfalls bei Raumtemperatur serviert werden.

PASTA-TEIG MIT DER MASCHINE KNETEN UND AUSROLLEN

Zunächst ist der Teig meist noch etwas bröselig, aber nach zwei- bis dreimaligem Ausrollen hält er gut zusammen. Man kann ihn sofort weiterverarbeiten.

1 Mit der Maschine kneten Bei größtem Walzenabstand den Teig durch die Walzen drehen.

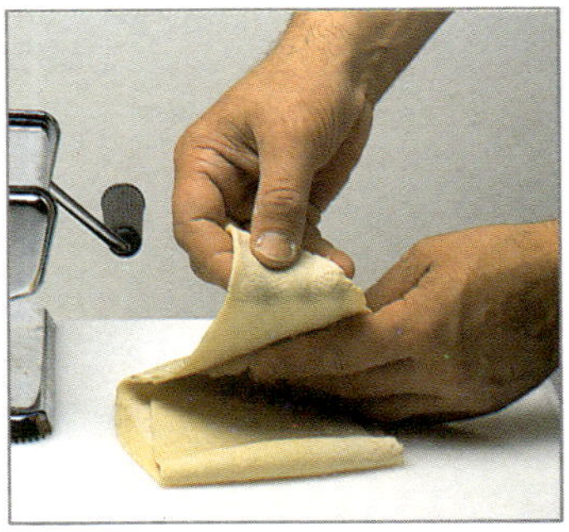

2 Den Teigstreifen so übereinanderschlagen, daß ein Quadrat aus Teigschichten entsteht.

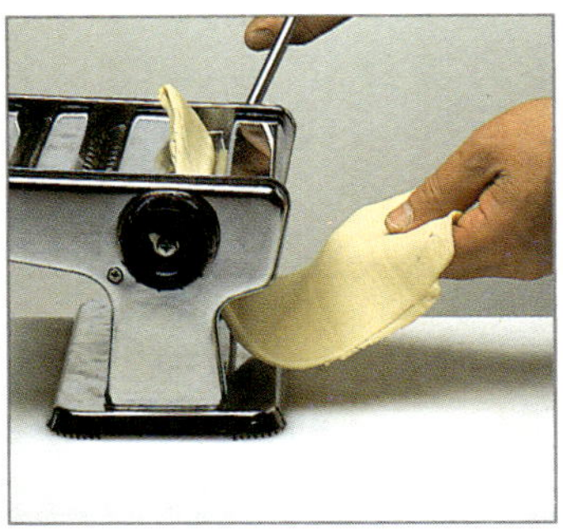

3 Den Teig mit einer offenen Seite in die Maschine geben und erneut auswalzen; den Vorgang sieben- bis achtmal wiederholen, bis der Teig elastisch, glatt und leicht glänzend ist. Falls er in den Walzen klebenbleibt oder sich an der Oberfläche wellt, vor dem Auswalzen jeweils mit etwas Mehl bestäuben.

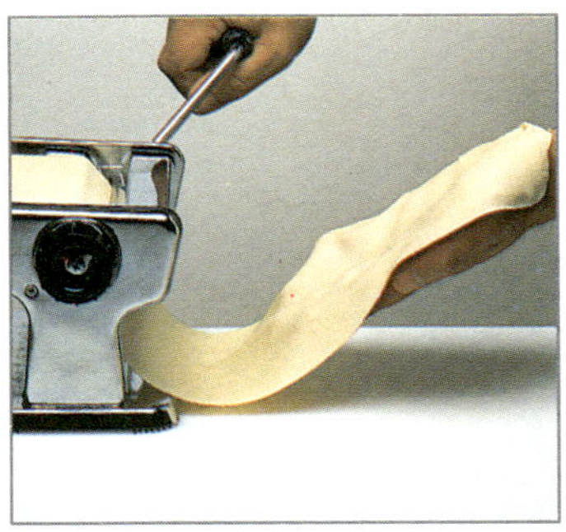

4 Mit der Maschine ausrollen Den Abstand der Walzen um eine Stufe verringern und den Teig erneut durchdrehen. Den Teig nicht mehr zusammenlegen, sondern bei immer engerer Walzeneinstellung mehrmals, bis zu der gewünschten Stärke, ausrollen. Zum Schluß sollte das Teigband etwa 1 m lang sein.

PASTA MIT DER MASCHINE SCHNEIDEN

Den Teig vor dem Schneiden über die Kante von Tisch oder Arbeitsfläche hängen und 5–10 Minuten trocknen lassen. Sobald er ledrig aussieht, kann man ihn weiterverarbeiten.

1 Die Kurbel in die Schnittwalze stecken, den Teig durchdrehen.

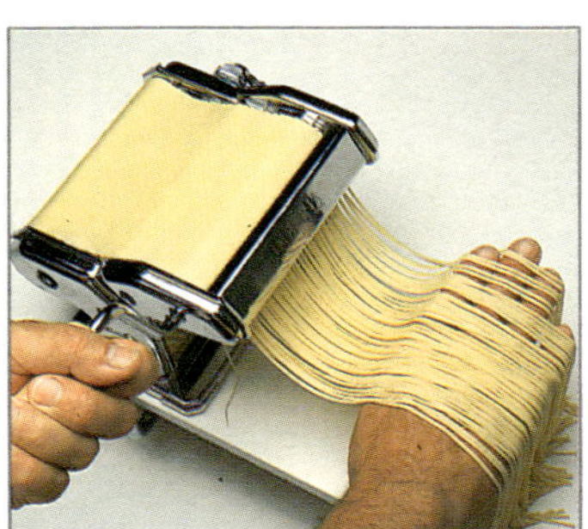

2 Die geschnittenen Nudeln mit der Hand auffangen.

PASTA-TEIG VON HAND KNETEN UND AUSROLLEN

Pasta-Teig kann man auch von Hand kneten und ausrollen – oder von Hand kneten und mit der Nudelmaschine ausrollen.

Vor dem Kneten sollte der Teig bereits ausreichend geschmeidig, wenngleich fester als Brotteig sein. Während des Knetens wird gegebenenfalls noch etwas Mehl eingearbeitet, damit der Teig fest und dennoch elastisch bleibt.

1 Von Hand kneten Die Arbeitsfläche mit Mehl bestäuben und den Teig mit dem Handballen flachdrücken, schlagen und wieder zusammendrücken.

2 Den Teig von der Arbeitsfläche aufnehmen, zu einer Kugel formen und wieder flachdrücken. Diesen Arbeitsgang mehrmals wiederholen.

3 Nach zehnminütigem Kneten sollte der Teig elastisch, glatt und leicht glänzend sein. Zur Probe mit dem Finger in den Teig drükken: Fühlt der Teig sich feucht an, noch etwas Mehl einarbeiten.

4 *Links:* Den Teig zu einer Kugel formen, eine Schüssel darüberstülpen und bei Raumtemperatur 30–60 Minuten ruhenlassen.

5 Von Hand ausrollen Die Teigkugel flachdrücken und zu einer runden Platte ausrollen.

6 Zum Schluß sollte die Teigplatte so dünn sein, daß sie fast transparent ist.

7 Will man die Teigplatte von Hand schneiden, läßt man sie über einem Besenstiel (rechte Seite), auf einem Nudelständer (S. 506) oder auf einem Küchentuch 30–60 Minuten trocknen. Die Oberfläche sollte trokken, der Teig selbst aber noch weich sein. Soll er mit der Maschine geschnitten werden (links), läßt man ihn nur 5–10 Minuten trocknen. Teig, der gefüllt und geformt werden soll, wird sofort verarbeitet.

PASTA VON HAND SCHNEIDEN

Nach dem Ausrollen wird der leicht angetrocknete Teig in handliche Stücke geschnitten und auf einem bemehlten Arbeitsbrett ausgelegt.

Cannelloni Mit einem großen Messer die Teigränder begradigen und Rechtecke von etwa 7,5 × 15 cm Größe schneiden. (**Lasagne** Den Teig in 5 cm breite Streifen schneiden.)

1 ***Fettuccine*** Die Teigplatte großzügig mit Mehl bestäuben und locker zusammenrollen.

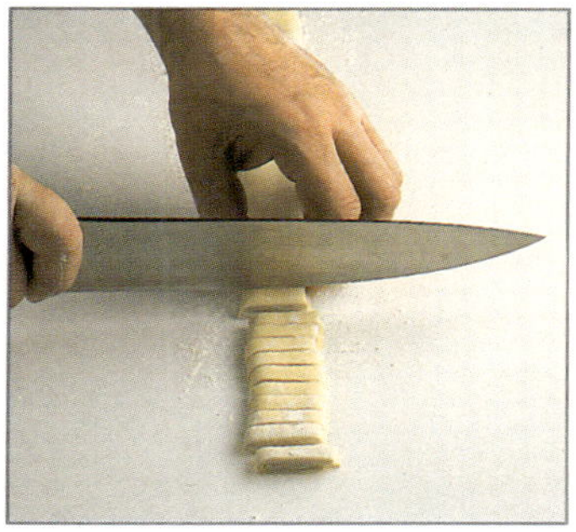

2 Die Teigrolle mit einem scharfen Messer in etwa 5 mm breite Streifen schneiden.

3 Die *fettuccine*-Streifen vorsichtig entrollen und zum Trocknen auf einem sauberen, leicht bemehlten Küchentuch ausbreiten.

Frische Nudeln trocknen und aufbewahren

Frische Nudeln müssen vollständig trocknen, wenn man sie aufbewahren will, da sie sonst Schimmel ansetzen. Man trocknet sie am besten zwei bis drei Stunden über einem Besenstiel, den man über zwei Stuhllehnen legt, oder auf einem Nudelständer (S. 506). Dünne Nudeln und Bandnudeln, wie *linguine* und *fettuccine,* läßt man zwischen zwei sauberen Küchentüchern trocknen; frisch geschnittene Nudeln kann man auch zu Nestern zusammenlegen. Getrocknete ungefüllte Nudeln gibt man in eine Dose oder Plastiktüte, bestreut sie mit Maismehl, damit sie nicht zusammenkleben, und bewahrt sie bei Raumtemperatur auf. Eiernudeln halten sich auf diese Weise drei bis vier Tage, Nudeln ohne Ei etwa einen Monat. Gefüllte Teigtaschen werden auf ein mit Maismehl bestäubtes Backblech gesetzt, ohne daß sie sich gegenseitig berühren, und lassen sich so bis zu einem Tag im Kühlschrank aufbewahren.

Nudeln kochen

Teigwaren werden grundsätzlich in reichlich Wasser gekocht. Für 500 g Nudeln benötigt man mindestens 3 l Wasser. Für jeweils weitere 250 g erhöht sich die Flüssigkeitsmenge um 1 l. Das Wasser in einem großen Topf zum Kochen bringen, etwa einen Eßlöffel Salz auf 500 g Nudeln hinzufügen und wieder aufkochen lassen. Damit die Nudeln beim Kochen nicht zusammenkleben, gießen manche Köche etwas Öl ins Kochwasser. Die Nudeln in den Topf geben und während des Kochens gelegentlich umrühren, damit sie sich nicht am Topfboden festsetzen oder zusammenkleben. Langware, wie Spaghetti, auffächern und leicht gegen den Topfboden drücken, bis sie sich biegen, und langsam ins Wasser gleiten lassen. Da frische selbstgemachte Nudeln sehr rasch garen, kann man bereits die Garprobe machen, sobald das Wasser wieder sprudelnd kocht. Dünne getrocknete Nudeln sollten nach einer Kochzeit von drei Minuten auf ihre Bißfestigkeit probiert werden. Größere getrocknete Teigwaren brauchen etwa zwölf Minuten, bis sie so eben gar sind.

Den richtigen Gargrad von Nudeln feststellen

Nudeln sollten nach dem Kochen *al dente,* also bißfest sein. Das bedeutet, daß sie gerade gar, aber innen noch fest und etwas elastisch sind. Nur durch Probieren kann man feststellen, ob die Nudeln den richtigen Gargrad erreicht haben. Sollen sie nach dem Kochen gebakken werden, dürfen sie nicht zerkochen. Wenn sie so eben gar sind, gießt man sie über einem Sieb ab und läßt sie kurz abtropfen. Zum Servieren gibt man sie in eine vorgewärmte Schüssel und vermischt sie sofort mit Butter oder einer Sauce, da sie sonst beim Abkühlen zusammenkleben. **Hinweis** Nur Nudeln, die kalt als Salat serviert oder durch Backen oder Braten aufbereitet werden, mit kaltem Wasser abschrecken. Dadurch wird ein Nachgaren verhindert.

Nudeln pfannenbraten und fritieren

Ungekochte frische und gekochte Eiernudeln, vor allem lange dünne Formen, kann man in heißem Öl in der Pfanne knusprig-braun braten und mit einer Sauce servieren. Auf diese Weise kleben die Nudelstränge nicht zusammen. Die Methode empfiehlt sich besonders für Spätzle (S. 339). Man kann gekochte Nudeln auch mit Ei vermischen und anschließend als flache Pfannkuchen in der Pfanne braten. In Italien wird gefüllte Pasta manchmal fritiert, wie zum Beispiel die mit Käse gefüllten *focaccette fritte.* Die beliebtesten fritierten oder gebratenen Nudelgerichte haben uns indes die Chinesen mit den *won-tans* und den gebratenen Eiernudeln beschert.

Gebackene Pasta

Einige Pasta-Formen haben sich als besonders geeignet zum Backen erwiesen, und speziell zu diesem Zweck bietet die Teigwaren-Industrie eine Fülle von Nudeln ohne Ei an. In Italien gehören dazu Lasagne, kurze Röhrennudeln, wie *ziti* und *penne*, sowie die großen *rigatoni* und *cannelloni*, die vor dem Backen gefüllt werden. Zuerst wird die Pasta knapp *al dente* gekocht, da sie im Backofen anschließend noch weitergart.

Hinweis Einige im Ofen gebackene Nudelgerichte werden auch mit frischem ungekochtem Nudelteig zubereitet.

Gebackene Pasta läßt sich mit einer Vielzahl von Saucen kombinieren. Lasagne wird traditionell mit der italienischen Fleischsauce, *ragù alla bolognese* (S. 338), und der französischen *sauce béchamel* (S. 54) zubereitet. Dazu schichtet man beide Füllsaucen abwechselnd mit Lasagne auf und schließt mit einer Saucenschicht ab. Für andere Gerichte werden die Nudeln mit der Sauce vermischt und anschließend mit Fleisch oder Gemüse in einer feuerfesten Form gebacken.

Zu den aufwendigeren Nudelgerichten aus dem Backofen zählen der italienische *timballo* aus Pasta, *gnocchi* oder Reis, der zusammen mit anderen Zutaten in einer hohen runden Form wie eine Pastete gebacken und anschließend gestürzt wird, und der *pasticcio*, ursprünglich eine süße Teigpastete, gefüllt mit *tagliatelle*, Makkaroni oder *tortellini* und Sauce. Mittlerweile werden jedoch alle Nudelaufläufe als *pasticcio* bezeichnet.

ZUR INFORMATION

Portionen *Vorspeise* 125 g. *Hauptgericht* 180 g.
Garzeiten Backen bei 175 °C/Gas Stufe 2–3: 30–45 Minuten.
Richtiger Gargrad Wenn die Sauce Blasen wirft und ein eingestochenes Holzstäbchen sich beim Herausziehen heiß anfühlt.
Bemerkung Damit die Nudeln nicht zusammenkleben, die feuerfeste Form buttern oder die Pasta mit Sauce überziehen. Soll sich keine Kruste bilden, die Nudeln mit einer dicken Schicht Sauce überziehen oder die Form mit Alufolie abdecken.
Aufbewahrung Im Kühlschrank 2 Tage; tiefgefroren: 3 Monate.
Typische Gerichte *Timballo con le sarde* (Makkaroni, Sardinen, Pinienkerne, Rosinen, Fenchel; Italien); *timballo di maccheroni* (Makkaroni, Schinken, Geflügelleber; Italien); *lasagne imbottite* (mit Käse, Fleisch, hartgekochten Eiern; Italien); *lasagne con funghi e prosciutto* (mit Pilzen, Schinken; Italien); *lasagne con anitra* (mit Ente; Italien); *lasagne con le verdure* (mit Gemüse; Italien); Schinkenfleckerln (Bandnudeln mit Schinken; Österreich); Makkaroni mit Käse (USA).

PASTA UND KÄSE

Die Anhänger von Nudelspezialitäten wundern sich immer wieder, daß bei so vielen italienischen Pasta-Gerichten mit Sauce der Käse fehlt. In Italien verwendet man Käse häufiger in Gerichten mit Suppennudeln *(pasta in brodo)* als bei Nudelgerichten, die mit Sauce serviert werden. In Nudelspeisen mit ausgeprägten Geschmacksrichtungen, wie mit Fisch oder Oliven, hält man ihn ohnehin für fehl am Platze.

Soll ein fertiges Nudelgericht mit Käse verfeinert werden, wählt man eine hochwertige, ausgereifte Sorte, zum Beispiel einen alten Parmesan (der beste ist der Parmigiano-Reggiano), einen leicht salzigen Pecorino oder den pikanten Asiago d'Allevio. Mozzarella, die traditionell aus Büffelmilch (würziger im Duft), heute aber auch aus Kuhmilch hergestellt wird, ist der ideale Käse zum Überbacken von Pasta, aber auch Bel Paese und Fontina, beides gehaltvolle und cremige Sorten, schmelzen gut. Für gebackene Nudeln ist der milde Ricotta zu empfehlen, besonders in der Verbindung mit frischen Kräutern und Spinat oder anderem gekochtem Gemüse. Als Saucenzutat können alle hochwertigen Käsesorten verwendet werden. Der angenehm scharfe Gorgonzola und der würzige Caciocavallo sind ebenfalls sehr beliebt, sollten aber sparsam verwendet werden (s. auch S. 73).

Lasagne mit Spinat und Ricotta

Da Nudeln beim Backen reichliche Mengen Sauce aufnehmen, muß entsprechend viel Flüssigkeit hinzugefügt werden, weil die Lasagne sonst austrocknet.

8–10 Portionen als Vorspeise, 6–8 Portionen als Hauptgericht
Frische Lasagne, hergestellt mit der doppelten Menge grünem Eiernudelteig (S. 331) *oder* getrocknete grüne Lasagne

Für die Füllung
1 kg Spinat, gekocht, ausgedrückt und feingehackt
90 g Butter
250 g Ricotta
1 Prise frisch gemahlene Muskatnuß
Salz und Pfeffer
1 l *sauce béchamel* (S. 54)
180 g Parmesan, frisch gerieben

Flache Backform (etwa 35 × 25 × 9 cm)

1 Den Backofen auf 175 °C/Gas Stufe 2–3 vorheizen und die Form einfetten. Die Lasagne-Blätter in sprudelndem Salzwasser knapp *al dente* kochen, mit kaltem Wasser abschrecken und auf Küchenkrepp abtropfen lassen.
2 Für die Füllung Den gekochten Spinat in 60 g Butter sautieren. Etwas abkühlen lassen, mit Ricotta und Muskat vermischen, mit Salz und Pfeffer abschmecken.
3 Auf dem Boden der Form 3–4 EL Füllung verstreichen. Mit Lasagne bedecken, darauf etwas Füllung verteilen und diese wieder mit einer Schicht Nudeln bedecken. Dünn mit *sauce béchamel* überziehen und mit Parmesan bestreuen.
4 Die Schichtungen wiederholen, bis die Form bis knapp unter den Rand gefüllt ist. Als letzte Schicht *sauce béchamel* darübergießen und mit dem restlichen Parmesan bestreuen; 30 g Butter als Flöckchen darauf verteilen.
5 Die Lasagne etwa 30–40 Minuten im Ofen backen, bis sich eine goldbraune Kruste bildet. Vor dem Servieren 5 Minuten abkühlen lassen.

Abwandlung

Lasagne alla bolognese Die Spinat-Ricotta-Füllung durch 1,25 l italienische Fleischsauce (S. 338) ersetzen.

Gefüllte Pasta

Für frische gefüllte Pasta kann ein Teig mit oder ohne Ei verwendet werden. Am einfachsten in der Zubereitung sind Teigtaschen, wie Ravioli oder *tortelli:* Man gibt die Füllung zwischen zwei Teigstreifen und schneidet diese dann zu kleinen Quadraten oder Kreisen. Eine andere Möglichkeit besteht darin, den Nudelteig in Vierecke oder runde Scheiben zu schneiden. Darauf wird die Füllung verteilt und der Teig entweder zu einem Dreieck zusammengefaltet oder zu einem Halbmond geformt und dann jeweils am Rand zusammengedrückt. Etwas ausgefallenere Formen sind *cappelletti,* kleine hutähnliche Gebilde, und *tortellini,* die angeblich dem Nabel der Venus nachempfunden sind. Aus China stammen die beliebten Frühlingsrollen und die *wontans,* kleine fritierte Teighüllen mit einer Füllung aus Fleisch, Geflügel, Fisch oder Gemüse, die meist mit Sojasauce serviert werden.

Eine dritte Variante stellen gefüllte Nudelteigrollen dar. Die wohl bekanntesten sind die *cannelloni,* für die gekochte Teigvierecke gefüllt, aufgerollt und anschließend im Ofen gebacken werden. Wesentlich imposanter ist der *rotolo di pasta.* Dazu rollt man eine große Teigplatte aus, verstreicht darauf eine Füllung und rollt den Teig wie eine Biskuitrolle auf. Die Rolle wickelt man in ein Tuch und läßt sie in siedendem Wasser gar ziehen. Danach wird sie in Scheiben geschnitten, die man mit Sauce überzieht und kurz im Ofen überbackt.

Die von der Teigwaren-Industrie angebotenen *cannelloni* sind bereits zu Röhren geformt und müssen nur noch gefüllt werden. Da getrocknete Nudeln schwerer sind als frische, kann die einzelne Portion kleiner ausfallen.

Mittelgroße grüne Ravioli

Cappelletti

Lunette (Halbmonde)

Kleine Ravioli

Grüne *tortellini*

Große Ravioli

Mittelgroße Ravioli

ZUR INFORMATION

Portionen *Suppe, Vorspeise* 125 g. *Hauptgericht* 180 g.

Garzeiten Kochen: 5–7 Minuten. *Teigrolle* 20 Minuten gar ziehen lassen, dann bei 200 °C/Gas Stufe 3–4 etwa 15 Minuten im Ofen backen.

Richtiger Gargrad Die Füllung ist weich, die Nudeln sind *al dente.*

Bemerkung Die Teighülle reißt, wenn zuviel Füllmasse verwendet wird oder zu viele Teigtaschen auf einmal gekocht werden; zu weichen Teig durchdringt die Füllung.

Aufbewahrung *Frisch* Im Kühlschrank 1 Tag; tiefgefroren: 1 Monat. *Gekocht* Im Kühlschrank 2 Tage; tiefgefroren: 3 Monate.

Typische Gerichte (alle Italien). *Cappelletti con pollo* (mit Huhn); *cappelletti reggiani* (mit Fleisch); *cappelletti romagnoli* (mit Quark, Käse); *agnolotti alla romana* (mit Rinderhack, Salami, Parmesan); *ravioli alla piemontese* (mit Rindfleisch, Spinat); *ravioli alla chietina (mit Käse); ravioli alla genovese* (mit Hirn, Kalbfleisch, Mangold, Eiern); *ravioli alla trentina* (mit Huhn, Ei, Semmelbröseln); *pansotti con salsa di noci alla ligure* (Nudelringe mit Walnußsauce); *cannelloni alla partenopea* (mit Ricotta, Mozzarella, Schinken); *cannelloni alla Barbaroux* (mit Kalbfleisch, *sauce béchamel*); *cannelloni alla siciliana* (mit Rindfleisch, Käse); *tortellini di erbette* (mit Kräutern); *tortellini di piccioncello* (mit Taubenfleisch); *tortellini alla panna con tartufi* (mit Sahne, Trüffeln).

GEFÜLLTE PASTA HERSTELLEN

Jede der weiter unten genannten Füllungen kann verwendet werden. Der Teig sollte möglichst dünn, nicht stärker als etwa 1,5 mm, ausgerollt werden.

1 Mit einem Teigrädchen aus der Teigplatte runde Scheiben oder Quadrate ausradeln. Für Ravioli rechnet man Quadrate von 5–7,5 cm Seitenlänge und für *tortellini* und *cappelletti* runde Scheiben von etwa 7 cm Durchmesser.

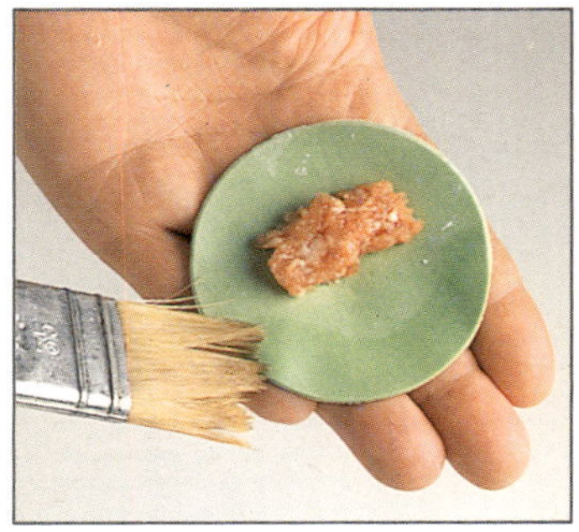

2 Auf eine Teighälfte ein wenig Füllung geben und den Rand der anderen Hälfte leicht mit Wasser befeuchten.

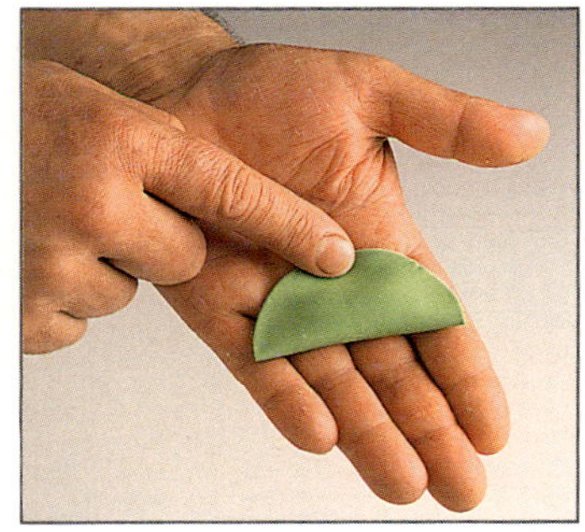

3 Die Teigscheibe auf der Handfläche zu einem Halbmond zusammenklappen und die Ränder zusammendrücken.

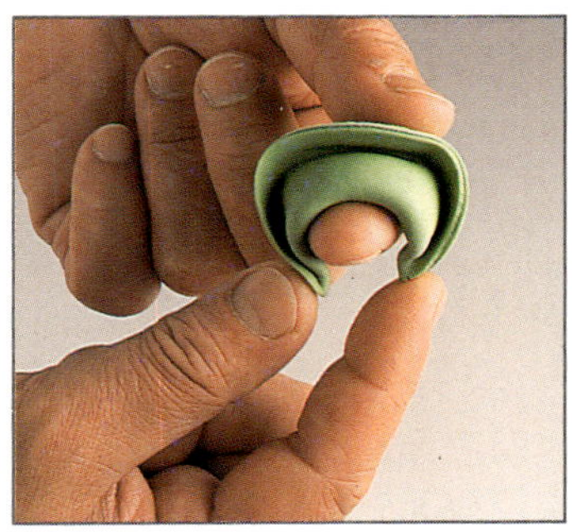

4 ***Tortellini*** und ***cappelletti*** Die Halbmonde jeweils um den Zeigefinger zu einem Ring biegen, bis sich die Enden berühren. Die Enden fest zusammendrücken.

Hinweis Die fertige Pasta zum Trocknen auf einem Küchentuch auslegen; dabei auf genügend Abstand achten, damit sie nicht zusammenklebt.

Pasta-Füllungen

Die nachfolgenden Rezepte ergeben jeweils 500 g Füllmasse, ausreichend für etwa 30 Ravioli. Gekochte Füllungen vor der Weiterverwendung auskühlen lassen.

Fleischfüllung 1 kleine Zwiebel, 2 Möhren und 1 Stange Bleichsellerie fein hacken und mit 45 g Butter in einer Pfanne sautieren. Sobald das Gemüse weich ist, 15 g eingeweichte und gehackte Trockenpilze und 500 g mageres Rinderhack dazugeben. Unter Rühren 4–5 Minuten bräunen. Mit 125 ml Marsala aufgießen und die Flüssigkeit einkochen lassen. 2 EL Tomatenpüree mit etwas Pilz-Einweichwasser verdünnen und dazugeben. Zugedeckt 1 Stunde köcheln lassen, hin und wieder umrühren. Falls die Mischung am Topfboden ansetzen sollte, noch etwas Wasser nachgießen.

Fleisch-Spinat-Füllung 60 g feingehackten Speck in 1 EL Olivenöl auslassen. 1 feingehackte kleine Zwiebel dazugeben und glasig dünsten. 150 g Kalbshack hinzufügen und 20 Minuten garen. 250 g feingehackten gekochten Spinat unterrühren. Auskühlen lassen und mit 1 geschlagenen Ei, 30 g geriebenem Parmesan, Muskat, Salz und Pfeffer vermischen.

Spinat-Ricotta-Füllung (linke Seite)

Kürbisfüllung 125 g gekochten Winter- oder Eichelkürbis pürieren und mit 60 g zerbröselten Mandelmakronen *(amaretti),* 1 Ei, 125 g geriebenem Parmesan und 30 g Semmelbröseln vermischen. Mit geriebener Muskatnuß, Salz und Pfeffer abschmecken.

GEFÜLLTE TEIGTASCHEN HERSTELLEN

Für die Teigtaschen kann man jede der umseitig aufgeführten Füllungen nehmen. Hier wird eine Spinat-Ricotta-Füllung verwendet.

1 Einen möglichst dünn ausgerollten Teigstreifen (nicht stärker als etwa 1,5 mm) zu einem gleichmäßigen Rechteck begradigen. Die Teigoberfläche mit Wasser bestreichen.

2 Im Abstand von etwa 4 cm mit dem Teelöffel oder Spritzbeutel kleine Portionen der Füllung daraufsetzen.

3 Ein zweites, gleich großes Teigrechteck darüberlegen. *Oder:* Ein Rechteck nur zur Hälfte mit Füllung besetzen und die andere Teighälfte darüberklappen.

4 Mit einer bemehlten Spritzbeuteltülle vorsichtig den Teig um die Häufchen herum andrücken (aber nicht ausstechen) oder mit dem Finger festdrücken.

5 Mit dem Teigrädchen die Ravioli jeweils zwischen den Häufchen voneinander trennen. Man kann dazu auch spezielle Pasta-Formen (S. 506) benutzen.

Frische Ravioli sollten noch am selben Tage gekocht werden.

Ravioli mit einer Füllung aus Garnelen und Ziegenkäse

Durch einige Tropfen Öl wird der Eiernudel-Grundteig so weich und elastisch, daß die Ravioli beim Kochen gut zusammenhalten.

Ergibt etwa 30 quadratische oder runde Ravioli von etwa 7 cm Seitenlänge oder Durchmesser, 4–6 Portionen

Frischer Eiernudelteig (S. 331, Mengen wie im Rezept angegeben)
500 g gekochte, aus der Schale gelöste kleine Garnelen, gehackt
60 g Ziegenkäse oder Doppelrahm-Frischkäse
4 EL gehacktes frisches Basilikum
2 EL gehackte frische Petersilie
1 TL gehackter frischer Thymian oder ½ TL getrockneter Thymian
1 EL Zitronensaft
Salz und Pfeffer

Für die Sauce

750 ml Crème double
125 g Ziegenkäse oder Doppelrahm-Frischkäse, zerkrümelt
6 EL gehacktes frisches Basilikum

1 Den Nudelteig herstellen und zugedeckt ruhenlassen.
2 Die Garnelen mit Ziegenkäse, Basilikum, Petersilie, Thymian und Zitronensaft mischen und mit Salz und Pfeffer abschmecken.
3 Für die Sauce Die Crème double in einem Topf zum Kochen bringen, die Hitze reduzieren und die Flüssigkeit auf etwa 500 ml einkochen lassen. Den Topf von der Kochstelle nehmen, den Ziegenkäse dazugeben und das Ganze zu einer glatten Masse verrühren. Basilikum unterrühren, mit Salz und Pfeffer abschmecken und beiseite stellen.
4 Den Nudelteig so dünn wie möglich ausrollen. Im Abstand von etwa 4 cm die Füllung teelöffelweise darauf verteilen. Eine zweite dünn ausgerollte Teigplatte darüberlegen und mit einem Teigrädchen den Teig in quadratische Ravioli (links) teilen.
5 Die Teigtaschen *al dente* kochen und abgießen. Die Sauce erhitzen und mit den Ravioli vermischen.

Pasta-Saucen

Pasta-Saucen kann man eßlöffelweise über gekochte Nudeln geben, mit den Nudeln vermischen, zusammen mit den Nudeln im Ofen backen (S. 334) oder getrennt dazu reichen. Eine gute Pasta-Sauce zeichnet sich durch einen vollen, aromatischen Geschmack aus. Bei gekochter Pasta sollte sie eher sparsam verwendet werden (für eine Portion rechnet man lediglich einige Eßlöffel); im Idealfall bemißt man die Menge so, daß die Nudeln von der Sauce überzogen sind, sich aber keine überschüssige Sauce am Boden der Schüssel sammelt.

Die einzelnen Grundsaucen unterscheiden sich durch die verwendeten Hauptzutaten. Zu den Saucen auf Olivenöl-Basis zählt die *briciolata.* Dazu werden Brotkrumen in reichlich Öl geröstet und anschließend mit Salz und viel schwarzem Pfeffer gewürzt. Für andere Saucen mischt man Olivenöl mit Knoblauch und Anchovis oder mit pürierten rohen Zutaten, wie Kräutern oder Nüssen. Das bekannteste Beispiel ist *pesto* (S. 17), eine Sauce aus Basilikum, Käse, Öl und Knoblauch. Dennoch ist die einfache Zubereitung von Pasta mit zerlassener Butter oder hochwertigem Olivenöl geschmacklich kaum zu überbieten.

Fettuccine alla Alfredo werden mit einer weißen Sauce (aus Milch oder Sahne und Käse) zubereitet, und das beliebte Gericht *paglia e fieno* (das seinen Namen der Assoziation von grünen und gelben Nudeln mit »Heu und Stroh« verdankt) wird oft mit einer Sauce aus Sahne, Käse, *prosciutto* (gepökelter, ungeräucherter Schinken) und Erbsen serviert. Jeder Italien-Reisende kennt die Eier-Speck-Sauce *carbonara,* die man meist zu Spaghetti reicht.

Daneben gibt es eine Vielzahl von Saucen auf Tomaten-Basis, deren einfachste Variante die *salsa napoletana* (S. 65) ist. Die wohl bekannteste heißt *ragù alla bolognese.* Diese gehaltvolle Fleischsauce enthält reichlich Tomaten und erfordert sehr langes Kochen bei milder Hitze. Andere Pasta-Saucen werden mit Wein oder Brühe unter Zugabe von Schaltieren oder Gemüse zubereitet.

Alle Grundsaucen können auch mit Schaltieren hergestellt werden. Entweder beläßt man die Meeresfrüchte in den Schalen und gart sie unter Dampf, bis sie sich öffnen, und gibt dann einen *battuto* (S. 263) aus gewürfeltem Gemüse sowie Olivenöl und Tomaten dazu, oder man sautiert ausgelöste Schaltiere mit Knoblauch und rotem Paprika in Olivenöl, löscht mit Weißwein ab und fügt nach Belieben noch Tomaten hinzu. Nach Meinung vieler italienischer Köche überdecken Butter und Sahne das typische Aroma von Schaltieren und werden deshalb in dieser Kombination nur selten verwendet. In anderen Ländern, vor allem in den USA, enthalten Saucen auf der Basis von Schaltieren oft Butter und Sahne und sind außerordentlich beliebt.

Bei den nachfolgenden handelt es sich um typische Saucen, die zusammen mit gekochten heißen Nudeln gereicht werden. Die genannten Mengen geben nur ungefähre Richtwerte und müssen nicht exakt abgemessen werden.

Olivenöl und Knoblauch *(aglio e olio)* Für 500 g Pasta, wie *cappellini oder spaghettini.* Ergibt 125 ml. 125 ml Olivenöl erhitzen und 4 feingehackte Knoblauchzehen darin anbraten, bis sie goldbraun sind. Mit Salz und Pfeffer würzen, über die gekochten Nudeln geben und gut untermischen.

Anchovis-Sauce Für 500 g Spaghetti oder *linguine.* Nach obiger Anweisung zubereiten, doch zusätzlich 4 gehackte Anchovis-Filets mit dem Knoblauch in Öl anbraten.

Eier-Speck-Sauce *(alla carbonara)* Für 500 g Spaghetti oder schmale Bandnudeln. 180 g gewürfelte *pancetta* (S. 249) oder gewürfelten durchwachsenen Speck, 1 in Scheiben geschnittene kleine Zwiebel und 1 feingehackte Knoblauchzehe in 30 g Butter sautieren, bis die Zwiebel weich ist. 60 ml Weißwein zugießen und auf 1 EL Flüssigkeit einkochen lassen. Die Pasta in reichlich Salzwasser kochen und abgießen. In einer Servierschüssel 3 Eier verschlagen und 45 g geriebenen Parmesan unterrühren. Die Speckmischung und die gekochte Pasta dazugeben und alles gründlich vermischen. Die Pasta muß sehr heiß sein, damit die Eier-Käse-Mischung abbindet. Mit 2 EL gehackter Petersilie bestreuen und servieren.

Butter-Salbei-Sauce *(burro e salvia)* Für 500 g Eiernudeln oder gefüllte Pasta. 125 g Butter in einem Topf zerlassen, 16 frische Salbeiblätter dazugeben und knusprig braten. Die Sauce durch ein Sieb passieren und mit den heißen Nudeln vermischen.

Eier-Anchovis-Sauce Für 500 g Pasta, wie *bavette.* In einer Servierschüssel 4 gehackte Anchovis-Filets, 3 Eigelb und 125 g gehackte Mozzarella gut verrühren. Mit 500 g gekochten heißen Nudeln und 75 g in Stückchen geschnittener Butter vermischen.

Gorgonzola-Sauce Für 500 g *fettuccine* oder gefüllte Pasta. 125 g zerkrümelten Gorgonzola, 125 ml Crème double und 30 g Butter auf kleiner Flamme erhitzen und glattrühren. Die Sauce mit den heißen Nudeln vermengen und 30 g geriebenen Parmesan darüberstreuen.

Alfredo-Sauce *(alla Alfredo)* Für 500 g *fettuccine.* 60 g Butter in 250 ml Crème double schmelzen. Die Nudeln kochen und abgießen, zurück in den Topf geben und mit 60 g geriebenem Parmesan vermischen, bis der Käse soeben schmilzt. Die Sahnesauce darübergießen und bei milder Hitze 1–2 Minuten unterrühren. Mit Salz und Pfeffer abschmecken.

Primavera-Sauce Für 500 g *fettuccine.* Wie Alfredo-Sauce zubereiten, doch 500 g gehacktes gekochtes Gemüse zu den heißen Nudeln geben, bevor man die Sahnesauce darübergießt.

Sauce aus Meeresfrüchten *(tutto mare)* Für 500 g Spaghetti. 60 ml Olivenöl erhitzen und je 1 gehackte Zwiebel und Möhre darin anbraten, bis sie weich sind. 125 g in Scheiben geschnittene Champignons, 2 gehackte Knoblauchzehen, Salz und Pfeffer unterrühren. Die Hitze reduzieren und alles 2–3 Minuten weitergaren, bis die Flüssigkeit verdampft ist. 60 ml Weißwein zugießen und 4–5 Minuten bei milder Hitze kochen. 2 abgezogene, entkernte und gehackte Eiertomaten

dazugeben und 5–7 Minuten köcheln lassen. 500 g ausgelöste rohe Garnelen hinzufügen und 1–2 Minuten weitergaren. 1 kg gekochte und aus der Schale gelöste Mies- oder Venusmuscheln (S. 170) mit 250 ml Muschelsud und 45 g gehackter Petersilie unterrühren. Mit Salz und Pfeffer abschmecken.

Weiße Muschelsauce *(salsa bianca alle vongole)* Für 500 g *fettuccine* oder Spaghetti. Ergibt 600 ml. In einer schweren Pfanne 2 gehackte Knoblauchzehen in 250 ml Olivenöl bräunen. 750 g unter Dampf gegarte Venusmuscheln (S. 170) mit Sud und 2 EL gehackte Petersilie dazugeben, mit Salz und Pfeffer abschmecken. Kurz aufkochen lassen und servieren.

Rote Muschelsauce *(salsa rosea alle vongole)* Für dünne Nudeln, wie *linguine*. Ergibt etwa 1 l. Wie weiße Muschelsauce zubereiten, doch zusätzlich 1 kg abgezogene, entkernte und gehackte Tomaten oder 500 g zerdrückte Tomaten aus der Dose an den gebräunten Knoblauch geben.

Italienische Fleischsauce *(ragù alla bolognese)* Für frische, getrocknete und gefüllte Pasta. Je 2 EL gehackte Zwiebeln, Möhren und Bleichsellerie in 45 ml Olivenöl und 45 g Butter weich dünsten. 500 g Rinderhack dazugeben und unter Rühren etwa 5 Minuten anbraten, bis das Fleisch seine rosa Farbe verloren hat. 250 ml Weißwein zugießen und alles bei mittlerer Hitze kochen, bis der Wein verdampft ist. Mit 125 ml Milch aufgießen, 1 Prise Muskat dazugeben und wieder so lange garen, bis die Flüssigkeit verkocht ist. 750 g abgezogene, entkernte und grobgehackte Tomaten (oder Tomaten aus der Dose mit Saft) zugeben und 3–4 Stunden bei milder Hitze köcheln lassen; von Zeit zu Zeit umrühren. Wenn sich die Sauce am Topfboden festsetzen sollte, etwas Kalbsfond, Hühnerbrühe oder Wasser zugießen. Vor dem Servieren mit Salz und Pfeffer abschmecken.

Sauce und Pasta-Form aufeinander abstimmen

Für jeden Nudeltyp gibt es eine besonders geeignete Sauce. Zu Spaghetti passen Sahne- und Tomatensaucen, die noch dünneren *vermicelli* und *linguine* lassen sich am besten mit Meeresfrüchten oder einer Sauce auf Olivenöl-Basis kombinieren. Schmale und breite Bandnudeln harmonieren mit stark gewürzten Tomatensaucen, die Knoblauch, Anchovis oder Chillies enthalten.

Getrocknete kurze Pasta, insbesondere Nudelröhrchen, wie *ziti* und *rigatoni,* und Formen, an denen die Sauce sehr gut haftet, wie *conchiglie,* eignen sich für eine Fleischsauce. Als besonders schmackhaft erweist sich die Kombination von frischen Eierbandnudeln mit italienischer Fleischsauce.

Da gefüllte Pasta ihre Würze durch die jeweilige Füllung erhält, bedarf es lediglich einer milden Sauce, etwa aus Tomaten (mit oder ohne Sahne), aus Sahne oder zerlassener Butter und Kräutern.

PASTA ALS DESSERT

Süße Nudeln als Dessert sind derzeit international in Mode gekommen. Mohnnudeln beispielsweise sind eine österreichische Spezialität, die man auch in Norditalien kennt und immer mit reichlich zerlassener Butter und Zucker serviert. Italienische süße Nudelgerichte enthalten oft Schokolade oder gesüßtes Kakaopulver, des weiteren Sultaninen, Zitronat oder Orangeat, Zimt und sogar Semmelbrösel. In Nord- und Mitteleuropa werden gebutterte Nudeln mit Nüssen und Zucker oder auch mit Zitronat vermischt. Einen süßen Nudelauflauf gibt es auch in Rußland, und in Italien werden als Dessert Törtchen mit einer Füllung aus gebutterten Nudeln, Zucker und Likör gereicht. Kulinarische Neuheiten sind mit Obst gefüllte Kakao-Pasta, süße Ravioli mit einer Sahne- oder Ricotta-Füllung in Schokoladen- oder Fruchtsauce, *fettuccine* mit püriertem Obst sowie eine Lasagne mit Obst und Nüssen oder mit Rosinen und Mandeln.

Klöße und Knödel

Klöße sind kleine, oft mit einem Triebmittel versetzte Teigstücke, die im allgemeinen in einer siedenden Flüssigkeit gar ziehen. Wie Nudeln werden auch die meisten Klöße aus einer nudelteigähnlichen Mischung unter Beigabe weiterer Zutaten hergestellt. Manche gart man im Ofen, andere brät man nach dem Garen in der Pfanne, wieder andere dämpft man als Dessert. Klöße sind entweder ungefüllt oder gefüllt und werden als Suppeneinlage serviert, in Butter geschwenkt oder mit einer Sauce überzogen und zu Fleisch, Geflügel oder Gemüse gereicht.

Gute Klöße zeichnen sich durch eine lockere Konsistenz aus, sind aber gleichwohl so fest, daß sie beim Garen nicht zerfallen. Die lokkere Textur wird durch die Hauptzutat, durch Eier oder ein Triebmittel (S. 359) erreicht.

Daneben gibt es auch stärkehaltige Kartoffelklöße, die meist mit etwas Mehl und Ei gebunden werden, wie die italienischen *gnocchi di patate,* die aus mehligkochenden Kartoffeln, Ei, Butter, Knoblauch und Parmesan hergestellt werden. Ihr spezielles Aussehen erhalten sie durch die Zinken einer Gabel, mit denen in die walnußgroßen Teigstückchen ein Gittermuster gedrückt wird. An der geriffelten Oberfläche haften dicke Saucen, wie *pesto,* oder auch zerlassene Butter besonders gut. Man kann den Kartoffelteig ebenso zu einer langen Wurst rollen, in Stückchen schneiden und diese zu Klößchen formen.

Zu den Klößen auf der Basis von Weizen (in Form von Mehl oder anderen Mahlerzeugnissen) gehören die jüdischen Matze-Bällchen, die traditionell in Hühnersuppe gegart und serviert werden. Schmackhafte Klöße lassen sich auch aus Weizen- und Maisgrieß herstellen. Als Beispiel seien hier die aus Grieß, Ei und Käse zubereiteten *gnocchi alla romana* genannt, die erst in Wasser gekocht und anschließend mit Butter und Käse im Ofen gebacken werden. Besonders beliebt sind Klöße in Mitteleuropa, vor allem in der süddeutschen und österreichischen Küche, wo man sie als Knödel bezeichnet. Sie werden auf vielfältige Weise zubereitet, als Kartoffel-, Semmel-, Speck- oder Hefeknödel. Zu den bekanntesten Spezialitäten zählen die Leberknödel, die man in einer würzigen Fleischbrühe serviert.

Aus Süddeutschland stammen auch die Spätzle, die aus einem relativ dünnen Eierteig hergestellt werden. Da sich ein solcher Teig nicht kneten läßt, werden die Spätzle direkt vom Brett in die siedende Flüssigkeit geschabt oder durch eine Spätzlepresse oder ein Spätzlesieb gedrückt.

Gleichfalls überaus beliebt sind süße Knödel, die mit gerösteten Brotwürfeln oder einer Vanillesauce serviert werden. In Mitteleuropa bereitet man sie aus Nudel-, Kartoffel-, Hefe- oder Quarkteig zu. Dazu werden kleine Teigstücke mit Obst, beispielsweise Zwetschgen, Aprikosen oder Kirschen, gefüllt und bei schwacher Hitze in Salzwasser gegart oder in Öl fritiert.

ZUR INFORMATION

Portionen Ein Teig aus 250 g Mehl ergibt 18–20 walnußgroße Klöße, 4 Portionen.

Bemerkung Trockene Klöße sind schwer; weiche Klöße zerfallen beim Garen. Zur Probe einen Kloß in die siedende Flüssigkeit geben; zerfällt er, etwas Ei oder Mehl in den Teig arbeiten.

Garzeiten Je nach Rezept. *Große Klöße, ungefüllt* 10–15 Minuten. *Kleine Klöße, ungefüllt* 7–10 Minuten. *Große oder kleine Klöße, gefüllt* 12–18 Minuten.

Richtiger Gargrad *Ungefüllte Klöße* Schwimmen an der Oberfläche. *Gefüllte Klöße* Weich.

Aufbewahrung *Rohe Klöße* Im Kühlschrank 12 Stunden; tiefgefroren: 1 Monat. *Gekochte Klöße* Im Kühlschrank 2 Tage, mit Fleisch- oder Fischanteil 1 Tag; tiefgefroren: 3 Monate.

Typische Gerichte Topfenknödel (mit Quark, saurer Sahne; Österreich); bayerische Dampfnudeln (Deutschland); Speckknödel (Deutschland, Österreich); Käsespätzle (Deutschland); *gnocchi di patate* (Italien); *gnocchi alla genovese* (mit *pesto;* Italien); Suppenklößchen (Ungarn); Kirschknödel (Polen); Fleischklöße (Dänemark); mit Fleischfüllung (jüdisch); *cloutie dumpling* (mit Trockenobst, Äpfeln, Sirup; Schottland).

KLÖSSE ZUBEREITEN

Die Form der Klöße und die geeignete Garmethode werden bedingt durch die Beschaffenheit des Teigs. Für einen weichen Teig rechnet man 125 g Mehl, 1½ TL Backpulver, ½ TL Salz und 30 g Butter. Die Zutaten werden wie bei Mürbeteig (S. 372) verarbeitet. Hinzu kommen 75 ml Milch und nach Belieben ein verschlagenes Ei.

Noch weichere Klöße erhält man, wenn man den Teig löffelweise direkt auf einen fast fertiggegarten Eintopf gibt und sie zugedeckt etwa 10 Minuten ziehen läßt. (Eventuell die Garprobe mit einem Holzstäbchen machen; wenn kein feuchter Teig daran haftet, sind die Klöße gar.) Für festere Klöße, wie *gnocchi*, etwas mehr Mehl unter den Grundteig arbeiten und diesen eßlöffelweise auf ein bemehltes Backblech setzen. Die Hände leicht mit Mehl bestäuben und mit drei Fingern eine dreiseitige Pyramide (links) formen. Oder mit bemehlten Händen aus dem Teig kleine Klöße formen. Die Klöße 20 Minuten kühl stellen und anschließend zugedeckt etwa 15 Minuten in siedender Brühe gar ziehen lassen.

Knödel-Rezepte

Bayerische Semmelknödel Als Beilage zu Braten, Gulasch, Pilzen. Ergibt 16–18 Knödel. 500 g Weißbrot oder Semmeln grob würfeln. Die Brotwürfel 5 Minuten in 125 ml Milch einweichen und quellen lassen. 1 feingehackte Zwiebel in 30 g Butter glasig dünsten und zusammen mit 2 EL gehackter frischer Petersilie unter die Brotmasse rühren. Mit Salz und Pfeffer abschmecken und 2 verschlagene Eier zum Binden untermischen. Mit zwei Eßlöffeln kleine Klöße abstechen und in einen großen Topf mit kochendem Salzwasser, kochender Suppe oder Brühe einlegen. Die Temperatur reduzieren und die Knödel 10–15 Minuten gar ziehen lassen.

Matze-Bällchen Als Einlage in Hühnersuppe. Ergibt 16–20 Bällchen. In einer Schüssel 4 Eier mit 60 g Hühnerfett verschlagen. 125 g Matzen-Mehl (zu Mehl geriebenes Brot, das lediglich aus Weizenmehl und Wasser und ohne Säuerungsmittel hergestellt wird) oder geriebenes ungesäuertes Brot und 2 EL Salz einstreuen sowie 60 ml Hühnersuppe oder Wasser zugießen. Zugedeckt 30 Minuten gehenlassen. Aus der Masse Bällchen formen. Falls der Teig zu fest ist, noch etwas Matze-Mehl unterarbeiten. Zugedeckt 12–15 Minuten in Salzwasser oder Suppe gar ziehen lassen.

Hinweis Üblicherweise läßt man Knödel oder Klöße garen, ohne den Topf zu verschließen; Klöße, die im geschlossenen Topf gar ziehen, bekommen jedoch eine weiche, lockere Textur.

SPÄTZLE ZUBEREITEN

Hausgemachte Spätzle (»kleine Spatzen«) werden vor dem Servieren in Butter geschwenkt oder in reichlich Butter oder Öl goldbraun gebraten.

6–8 Portionen
500 g Mehl
(gegebenenfalls etwas mehr)
1 TL Salz
4 Eier, verschlagen
250 ml warmes Wasser
(gegebenenfalls etwas mehr)

Zum Servieren
125 g zerlassene Butter
Salz und Pfeffer

Spätzlepresse (nach Belieben)

1 Mehl und Salz in eine Schüssel sieben. In die Mitte eine Vertiefung drücken, Eier und Wasser in die Mulde geben. Nach und nach das Mehl vom Rand her einarbeiten, bis ein glatter, weicher Teig entstanden ist. Gegebenenfalls noch etwas Mehl oder ein wenig Wasser unter den Teig arbeiten, bis er die richtige Konsistenz hat.
Hinweis Je weicher der Teig, desto lockerer werden die fertigen Spätzle. Bei Verwendung einer Spätzlepresse (S. 511) etwas mehr Wasser an den Teig geben, damit er sich leicht durch den gelochten Boden pressen läßt.

2 Salzwasser in einem großen Topf zum Kochen bringen. Den Spätzleteig in zwei oder drei Stücke teilen. Jedes Teigstück mit der Handfläche auf einem bemehlten Brett zu einer etwa 5 mm dicken Teigplatte flachdrücken.

3 Mit einem nassen Messer den Spätzleteig in hauchdünnen Streifen vom Brett direkt in das siedende Wasser schaben. Bei Verwendung einer Spätzlepresse tropfen die Spätzle durch eine Art Hobelbewegung aus dem Teigbehälter ins Wasser.

4 Die Spätzle 5–7 Minuten gar ziehen lassen. Wenn sie an die Oberfläche steigen, mit einem Schaumlöffel herausnehmen. Die fertigen Spätzle mit zerlassener Butter mischen oder in Butter goldbraun braten. Mit Salz und Pfeffer abschmecken und sofort servieren.

4

Mehle, Brote und dünnflüssige Teige

In fast allen Kulturen haben Mehl und Hefe einen gewissen symbolischen Wert. Nicht von ungefähr wird Brot als wichtigste Lebensbasis gepriesen. In der gesamten Kochkunst gibt es keinen Bereich, der auch nur annähernd so geschichts- und symbolträchtig ist wie das Einbringen des Getreides, das Vermahlen zu Mehl, das Säuern von Teig und das Aufgehen der Brote.

Mehl wird aus getrockneten und fein vermahlenen Getreidekörnern und Samen sowie gelegentlich auch aus Wurzeln und Knollen gewonnen. Weizenmehl ist mit Abstand das verbreitetste Mehl, wenngleich man in manchen Regionen Roggen- und Buchweizenmehle bevorzugt.

Dieses Kapitel gibt einen Überblick über die erstaunliche Vielfalt an Brotsorten, von denen man einige mit Hefe, andere mit Backpulver oder Natron und wieder andere ohne jedes Trieb- oder Lockerungsmittel herstellt. Anschließend werden die vielfältigen Gerichte auf Mehl- oder Brot-Basis vorgestellt, zum Beispiel Krapfen und Küchlein, Brotpuddings, *scones* und Waffeln, Crêpes und Mehlspeisen sowie Füllungen mit Brotanteil.

MEHL

Die Herstellung von Mehl aus Getreide ist ein komplexer Vorgang. Während des Mahlens wird das Getreide zerkleinert und durch Sieben in den Mehlkörper und sonstige Bestandteile getrennt. Für bestimmte Mehltypen, wie Vollkornmehl, wird das ganze Korn vermahlen, für andere Typen werden die Randschichten mit der wertvollen Kleie und der an Eiweiß, Vitaminen und Öl reiche Keimling entfernt. Der verbleibende Mehlkörper macht etwa 85 % des Gesamtkorns aus und ist der Teil, der die Stärke liefert. Aus diesem Mehlkörper wird das Weiß- oder Auszugsmehl gewonnen. Mehle, die nicht von Weizen stammen, wie Roggenmehl, werden aus dem ganzen Korn hergestellt. Zu den grob vermahlenen Mehlen zählt Maismehl.

Mehl aufbewahren

Mehl sollte immer kühl, dunkel und trocken in einem luftdicht verschlossenen Behältnis aufbewahrt werden. Durch längeres Lagern verändert sich sein Feuchtigkeits- und Fettgehalt, manchmal auch das Gewicht, und schließlich wird es ranzig. Am längsten halten sich Auszugs-, Grieß-, weißes Reis- und Stärkemehl, wie Kartoffelstärke. Sie alle sind zwischen drei und sechs Monate lagerfähig. Bei Kühllagerung sind Weißmehle mindestens ein Jahr haltbar. Vollkornmehl in den verschiedenen Ausmahlungsgraden sollte, da es noch den ölhaltigen Keim enthält, möglichst innerhalb von zwei Monaten verbraucht werden, ist aber auch nach dieser Zeit noch genießbar. Um etwaigem Ungezieferbefall vorzubeugen, empfiehlt es sich, Vollkorn- und Auszugsmehle getrennt zu lagern. Bewahrt man Vollkornmehle im Kühlschrank auf, sind sie doppelt so lange haltbar. Tiefgefroren verlängert sich die Lagerzeit auf sechs Monate. Weizenkeime gehören unbedingt in den Kühlschrank und sollten innerhalb eines Monats aufgebraucht werden. Unsachgemäß gelagerte Mehle werden nicht selten von den kleinen, allerdings unschädlichen Mehlkäfern befallen.

WEIZENMEHL

Die Gattung *Triticum* umfaßt unzählige Weizenarten mit jeweils unterschiedlichen Koch- oder Backeigenschaften. Der Aufbau eines Korns ist bei allen Getreidesorten gleich: Es besteht aus Schalen, Keim und Mehlkörper (S. 314). Vollweizen- oder Vollkornmehl wird aus dem ganzen Korn mit all seinen Bestandteilen hergestellt; Auszugsmehl enthält praktisch nur noch den Mehlkörper; Schalen und Keim wurden entfernt, weil der fettreiche Keimling das Mehl schnell ranzig werden läßt und somit seine Lagerfähigkeit erheblich verringert.

Die Backqualität eines Mehls hängt in erster Linie von seinem Proteingehalt ab. Beim Anteigen mit Wasser und unter der Einwirkung des Knetens bildet sich Kleber (unlösliches Eiweiß der Mehlproteine), wodurch der Teig seine Elastizität erhält und das von der Hefe im Teig gebildete Kohlendioxid in Form kleiner Bläschen festzuhalten vermag. Ein hartes Mehl enthält proportional mehr Protein als Stärke und hat demzufolge einen festen Kleber, der besonders für die Brot- und Teigwarenherstellung günstig ist. Bei einem weichen Mehl ist das Verhältnis von Protein und Stärke genau umgekehrt. Wegen des geringen Kleberanteils ist dieses Mehl besser für lockere Kuchen und Feingebäck geeignet.

Weizen wird heute weltweit angebaut, wobei die Qualität recht unterschiedlich ist. Während Hartweizen (S. 319) in der Regel aus Kanada und dem Norden der USA stammt, wächst Saat- oder Weichweizen vornehmlich in den gemäßigteren Zonen Westeuropas und im Süden der USA. Das härteste Mehl liefert Durum-Weizen. Es wird häufig mit anderen Mehlen gemischt, da bei ausschließlicher Verwendung von Durum-Weizenmehl der Teig wegen des hohen Kleberanteils zu elastisch wird. Hartweizengrieß wird nur aus dem Mehlkern oder Endosperm von Durum-Weizen gewonnen und dient zur Herstellung von Teigwaren (S. 328); in Brotteigen findet er normalerweise keine Verwendung.

Vollweizen- oder Vollkornmehl und Vollkornschrot besitzen alle Nährstoffe und das natürliche Aroma des vollen Getreidekorns. Sie sind daher besonders wertvoll, aufgrund ihres Fettgehalts jedoch nur begrenzt lagerfähig. Je nach Mühle und Herstellungsjahr kann das Produkt unterschiedlich ausfallen, insbesondere, wenn es in Steinmahlwerken vermahlen wird. Grahammehl – so benannt nach dem Bostoner Arzt und Gesundheitsreformer Sylvester Graham, der im 19. Jahrhundert wirkte – ist fein

vermahlener Vollkornschrot. Dabei werden die Randschichten und der Keim gesondert vermahlen und dann an das Mehl gegeben. Es hat einen besonders hohen Eiweißgehalt.

Vom Ausmahlungsgrad hängt es ab, wie viele Bestandteile des vollen Korns ein Mehl enthält – je höher der Ausmahlungsgrad, desto größer der Anteil der äußeren Randschichten, desto höher der Gehalt des Mehls an Vitaminen, Mineral- und Ballaststoffen. Der Grad der Ausmahlung wird gekennzeichnet durch den Begriff »Mehltype« in Verbindung mit einer bestimmten Zahl. Diese Typenzahl nennt den genauen Anteil der Randschichten, der gemessen wird, indem man das Mehl verbrennt und die Mineralstoffe – die als Asche zurückbleiben – wiegt. Das Gewicht der Asche in Milligramm pro 100 g Mehl ist identisch mit der Typenzahl. Je mehr Asche also zurückbleibt, desto mehr Mineralstoffe enthält das Mehl.

Weizenmehl ist in mehreren Typen erhältlich: Type 405 (Weiß- oder Auszugsmehl) ist das gängigste Haushaltsmehl. Es eignet sich für Kuchen und Feingebäck; Type 550 nimmt man beispielsweise für Brötchen, 812 für dunkleres Kleingebäck, 1050 – gleichfalls ein vielverwendetes Mehl – für Graubrot, 1200 für dunkle Weizenbrote, 1700 (Backschrot) für Schrotbrote.

Außer nach dem Ausmahlungsgrad unterscheidet man Mehle nach Feinheitsgraden, in denen das Korn gemahlen wird. Schrot als gröbste Mahlstufe enthält die meisten Bestandteile der Randschichten, nicht jedoch den Keim, Vollkornschrot beinhaltet auch den Keim. Die weiteren Feinheitsstufen reichen von Grieß über feinkörnigen Dunst bis zu Mehl als feinster Mahlstufe.

Auch einige Spezialmehle sind im Handel erhältlich, zum Beispiel Instant-Mehl, das keine Klümpchen bildet, wenn es mit Flüssigkeit in Berührung kommt, und sich daher besonders zum Andicken von Suppen und Saucen eignet, sowie eine Anzahl Fertigmehle (mit haltbaren Backzutaten) für die Herstellung von Broten, Kuchen oder sonstigen Backwaren.

In Großbritannien gibt es eine Mehlmischung, *self-raising flour* (selbstgehendes Mehl), die bereits Backpulver und Salz enthält. Die aus den Randschichten und dem Keim des Korns bestehende Kleie sowie Weizenkeime sind in unterschiedlicher Form ebenfalls erhältlich. Sie sind wertvolle Brotzusätze und geben den Broten zudem Stand. (Zu weiteren Weizenprodukten s. S. 314, 319.)

Hinweis Da die verschiedenen Mehle jeweils ganz bestimmte Eigenschaften besitzen, sind sie, besonders zu Backzwecken, nicht ohne weiteres untereinander austauschbar.

ZUR INFORMATION
Nährstoffgehalt pro 100 g. *Weizenmehl, Type 405 (Auszugsmehl)* 1419 kJ/339 kcal; 11 g Protein; 1 g Fett; 72 g Kohlenhydrate; kein Cholesterin; 2 mg Natrium. *Type 1050* 1382 kJ/330 kcal; 12 g Protein; 2 g Fett; 67 g Kohlenhydrate; kein Cholesterin; 2 mg Natrium. *Type 1700 (Vollkornmehl, Backschrot)* 1282 kJ/306 kcal; 12 g Protein; 2 g Fett; 60 g Kohlenhydrate; kein Cholesterin; 2 mg Natrium. *Keime, Kleie* s. ZUR INFORMATION, S. 319. *Roggenmehl, Type 815* 1254 kJ/300 kcal; 7 g Protein; 1 g Fett; 66 g Kohlenhydrate; kein Cholesterin; 1 mg Natrium. *Type 1150* 1234 kJ/295 kcal; 9 g Protein; 1 g Fett; 62 g Kohlenhydrate; kein Cholesterin; 1 mg Natrium. *Type 1800 (Vollkornmehl, Backschrot)* 1143 kJ/273 kcal; 11 g Protein; 1,5 g Fett; 54 g Kohlenhydrate; kein Cholesterin; 2 mg Natrium. *Mais-Vollmehl* s. ZUR INFORMATION, S. 319.

Den Kleberanteil verringern

Der Proteingehalt im Teig und somit sein Kleberanteil bestimmt die Backfähigkeit und ist von besonderer Bedeutung bei der Herstellung von Broten und feinen Backwaren. Für Hefebrotteige ist ein hoher Proteingehalt meist von Vorteil, problematisch wird es bei Hefeblätterteig, etwa für dänisches Plundergebäck oder Croissants (S. 357), da sich dieser Teig nur schwer ausrollen läßt.

Hartweizen-Mehlgemische sind trockener und griffiger als weiche Mehle. Zur Bestimmung des Proteingehalts kommt man jedoch nicht umhin, das Mehl auszuprobieren. Hartweizenmehl wird weicher durch Zugabe eines glutenfreien Mehls (wie es für Feingebäck verwendet wird) im Verhältnis 4:1. Erschwert wird die Kleberbildung im Teig auch durch eine reduzierte Mehlmenge. So haben zum Beispiel 110 g Hartweizenmehl die gleichen Klebereigenschaften wie 125 g Auszugsmehl. Werden die Zutaten gut gekühlt mit wenig Wasser möglichst rasch zu einem Teig verarbeitet, so hat dies die gleiche Wirkung zur Folge. Läßt man den Teig im Kühlschrank ruhen, verliert er ebenfalls an Elastizität.

Hinweis Säure und Fett machen das Klebereiweiß weicher. Durch die Zugabe von 1 TL Zitronensaft oder Essig oder 2 EL Öl auf 125 g Auszugsmehl läßt sich Teig für Feingebäck besser ausrollen.

WEITERE MEHLSORTEN

Neben Weizenmehl gibt es Mehle und Stärken, die aus anderen getrockneten Getreidekörnern, Samen, Nüssen und auch Wurzeln und Knollen, wie Maniok, Pfeilwurzel und Kartoffel, hergestellt werden. Wegen ihres ausgeprägten, erdigen Geschmacks sind diese Mehle in ihrer Verwendung begrenzt.

Roggen, der auch bei rauherem Klima gedeiht, ist als Brotgetreide besonders in Skandinavien und der Sowjetunion verbreitet, aber auch bei uns sehr geschätzt. Seine Inhaltsstoffe entsprechen in etwa denen des Weizens, wobei der Proteingehalt etwas niedriger und der Anteil an Mineralstoffen etwas höher liegt.

Kartoffelstärke
Buchweizenmehl
Hartweizengrieß
Gerstenmehl

Roggenmehl wird – wie Weizenmehl – in verschiedenen Ausmahlungsgraden angeboten: Type 610 ist Auszugsmehl für Feingebäck, 815 wird verwendet für helles Kleingebäck, 1150 für Graubrot, 1590 für Mischbrote (mit einem Anteil an Weizenmehl) und 1800 für Schrotbrote. Außerdem erhältlich sind die Typen 997, 1370 und 1740.

Teig aus Roggenmehl läßt sich erst backen, wenn man ihm Sauerteig, einen mit Milchsäurebakterien versetzten Teig, zusetzt (erhältlich in Bäckereien und Reformhäusern). Daher haben Roggenbrote einen kernigen, würzig-säuerlichen Geschmack; vor dem Backen bestreut man sie häufig mit Gewürzen, wobei Kümmel und Anissamen sich besonderer Beliebtheit erfreuen.

Hafermehl ist zum Brotbacken weniger geeignet, wird aber gern für die Plätzchenbäckerei verwendet. Im Handel ist Hafer vor allem in Form von Haferflocken. Sie werden hergestellt, indem man die ganzen Körner zuerst andämpft und dann zwischen Walzen zu Flocken preßt.

Das graubraune Gerstenmehl schmeckt angenehm malzig und hat eine weiche, fast cremige Konsistenz. Gibt man leicht geröstetes Gerstenmehl an den Brotteig, erhält man ein besonders schmackhaftes Brot.

Reismehl wird vorwiegend als Dickungsmittel verwendet. Die aus Reismehl hergestellten dünnen, blattartigen Oblaten dienen als Backunterlage für Konfekt und Makronen.

Das dunkle Buchweizen-Vollmehl mit dem kernigen, kräftigen Eigengeschmack wird aus den Samen einer Pflanze gewonnen, die dem Rhabarber nahesteht. Die bekannten bretonischen *galettes* und die russischen *blinis* werden aus Buchweizenmehl gebacken.

Auch Dinkel (Grünkern), vermutlich die Urform des Weizens, erfreut sich wieder zunehmender Beliebtheit.

Zu den meistverwendeten Backgetreiden gehört der Mais. Da Maismehl kein Klebereiweiß enthält, aber eine angenehm körnige Griffigkeit besitzt, läßt es sich am besten zu dünnflüssigen Teigen und Broten ohne Hefe verarbeiten. Die beste Sorte ist das zwischen Steinen vermahlene Mais-Vollmehl, das alle Bestandteile des vollen Maiskorns enthält (Maiskörner können auch naß vermahlen werden). Im Handel ist auch ein Maismehl, das aus dem geschälten, vom nährstoffreichen Keim befreiten Kern des Maiskorns hergestellt wird. Es läßt sich zwar besser lagern als Mais-Vollmehl, hat aber während der Verarbeitung einen Großteil an Struktur und Geschmack eingebüßt.

Viele amerikanische Brotsorten werden aus Maismehl gebacken, dem in der Regel Natron oder Backpulver als Teiglockerungsmittel zugesetzt wird. Maismehl ist der Hauptbestandteil von *spoon bread,* einer Art Auflauf aus Maismehl, Milch und Eiern, und von den als *hush puppies* bezeichneten fritierten Maismehl-Bällchen. Aus Mexiko stammt das feine Maismehl *masa harina,* das zur Herstellung von *tortillas* und anderen Fladenbroten (S. 363) verwendet wird.

Gelegentlich werden auch stärkehaltige Früchte zu Mehl vermahlen – zum Beispiel die Samen in den Schoten des Johannisbrotbaums zu Carob-Pulver, das im Geschmack Schokolade ähnelt, und Kichererbsen, aus deren Mehl (auch *besan*-Mehl genannt) würzige Küchlein *(pakoras)* und Brote hergestellt werden. Topinamburmehl kam in den zwanziger Jahren als wertvolle Alternative zu Vollkornmehl auf und wird noch heute zur Herstellung von Teigwaren und diversen Brotsorten verwendet. Das aus feinvermahlenen rohen Sojabohnen gewonnene Sojamehl ist reich an Proteinen. Zum Backen wird es mit anderen Mehlen vermischt und ergibt leicht süßlich schmeckendes Brot mit fester Kruste, das sich durch lange Haltbarkeit auszeichnet. Geschmacklich wertvoller, da entbittert, ist Sojamehl aus gerösteten Sojabohnen. Hirsemehl schmeckt verbacken süßlich-nussig und ergibt, vermischt mit anderen Mehlsorten, Brote mit fester, zäher Kruste und feinporiger Krume.

In Ländern, in denen früher kaum Getreide angebaut wurde, deckte vermahlenes Schalenobst häufig den Mehlbedarf. Ein typisches Beispiel ist das Mehl aus Eßkastanien (Maronen), das in Italien zur Herstellung von *pane di castagna* verwendet wird und als würzende Zutaten Rosmarin, Pinienkerne und Rosinen enthält. Damit Brote saftiger und gehaltvoller werden, gibt man an den Teig zusätzlich ein bis zwei Eßlöffel gemahlene Mandeln, Walnüsse oder Haselnüsse. Die Teigkonsistenz wird dadurch nicht verändert.

STÄRKEMEHLE

Stärke ist ein wesentlicher Bestandteil im Mehl, der zurückbleibt, wenn das Eiweiß aus dem Mehlkern herausgelöst wird. In der Küche kennt man es als feines weißes Pulver, das zum Andicken beispielsweise von Saucen verwendet wird. Es hat den Vorteil, daß es beim Kochen glasig und transparent wird. Stärke ist ein wesentlich effektiveres Dickungsmittel als Mehl. Um die gleiche Wirkung zu erzielen, benötigt man die doppelte Menge Mehl.

Die wichtigsten Stärkelieferanten für Dickungsmittel sind Getreide, vor allem Mais, sowie Wurzeln und Knollen, wie Pfeilwurzel, Kartoffel und Maniok (S. 303). Maisstärke wird für süße Saucen, Puddings und asiatische Gerichte verwendet. Pfeilwurzelmehl *(arrowroot)* dient vorrangig zum Andicken von Fruchtgelees, würzigen braunen Saucen oder Dessert-Mischungen; bei zu langem Kochen verliert es jedoch seine Bindefähigkeit. Ähnliche Verwendung findet Kartoffelstärke. Tapioka – die feinvermahlenen Wurzeln des Maniok- oder Cassavestrauches – und Sago, ein Extrakt aus dem Mark der indischen Sagopalme, werden ebenfalls zum Andicken von Saucen, Puddings und Grütze verwendet. Aus Wurzeln gewonnenes Stärkemehl ist etwas effizienter als Getreidestärke.

BROT

Brot läßt sich am besten in zwei Kategorien einteilen: in Brote mit und ohne Hefe. Groß ist die Auswahl an Hefebroten – einfaches Weißbrot, knusprige französische Baguettes, Weizenvollkornbrote und gehaltvolle Brioches. Zu den Broten, die ohne Hefe gebacken werden, zählen die sogenannten »schnellen« Brote und kuchenartigen Brötchen, wie die englischen *scones* und das amerikanische Maisbrot. Diese Brote werden mit Trieb- oder Lockerungsmitteln gebacken und sind wesentlich schneller herzustellen als Hefebrote.

Brotbacken ist ein sehr komplexer Vorgang, der sich nie ganz steuern läßt. Große Bedeutung kommt dabei dem Mehl zu, das je nach Getreideart mehr oder weniger Flüssigkeit aufnimmt. Wichtig ist in diesem Zusammenhang auch, wo und wann der Weizen geerntet, wie er vermahlen und gelagert wurde und wie es sich mit Menge und Beschaffenheit des Klebereiweiß verhält. Bei Hefebroten hängt die Teigruhe – die Zeit, in der die Hefe aktiv wird und der Teig aufgeht – wesentlich von der Raumtemperatur ab, während die Dauer des Knetens von der Mehlsorte bestimmt wird.

Brot backen und auskühlen lassen

Backen erfordert eine konstante Ofentemperatur, da die Brote sonst nicht gleichmäßig aufgehen und bräunen. Für die Backbleche oder den Rost wählt man am besten die untere Einschubleiste. Die Backformen sollten direkt auf den Rost oder das Blech gestellt werden, damit die Brote nach oben genügend Platz zum Aufgehen haben und nicht an ein höherstehendes Blech oder an die obere Begrenzung des Backraumes stoßen. Wenn man die Backformen für eine gleichmäßige Bräunung des Brotes während des Backens drehen will, so nicht eher, bis der Teig vollständig aufgegangen ist und der Bräunungsprozeß bereits begonnen hat, weil die Brote sonst zusammenfallen. Nach dem Backen sollten die Brote aus der Form oder vom Blech genommen werden und auf einem Kuchengitter auskühlen, damit der Dampf entweichen und die Kruste knusprig werden kann. Hefegebäck läßt man in der Form auskühlen, weil seine weiche Kruste sonst krümelt.

Brot aufbewahren

Alle Brote, mit Ausnahme der gehaltvollen Kuchenbrote, die ohne Hefe gebacken werden – wie Ingwerkuchen, honiggesüßte und Früchtebrote – sind mehr oder weniger zum direkten Verbrauch bestimmt, sobald sie ausgekühlt sind. Backwaren, wie Pizza und *scones,* sollten ofenfrisch gegessen werden. Hefebrote lassen sich bei milder Hitze gut im Ofen aufbacken, besonders wenn sie erst ein oder zwei Tage alt sind. Werden einfache Hefebrote feucht gelagert, fangen sie schnell an zu schimmeln. Weitaus häufiger kommt es vor, daß die Brote nach ein paar Tagen hart und trocken werden. Die fettlosen französischen Baguettes mit der lockeren großporigen Krume schmecken bereits nach wenigen Stunden altbacken.

Hinweis Trockenes Brot läßt sich zu Semmelbröseln oder Brotkrumen, *croûtons* oder *croûtes* (S. 352) verarbeiten.

Gehaltvollere Brote mit und ohne Hefe, die mit einem hohen Anteil an Fett, Eiern oder Trockenobst hergestellt werden, sind länger lagerfähig, verlieren aber mit der Zeit an Substanz und Aroma. Die Haltbarkeit von schnellen Broten ist abhängig von den verwendeten Backzutaten. Einfache Kuchenbrötchen und *scones* schmecken am besten frisch aus dem Backofen. Kuchenbrote hingegen, die mit mehreren Eiern, Zucker (oder Honig) und vor allem mit viel Fett, Früchten und Nüssen hergestellt werden, halten sich luftdicht verschlossen mindestens eine Woche. Alle selbstgebackenen Brote kann man – in einer sachgerechten Verpackung (S. 496) – auch einfrieren.

Brote glasieren und bestreuen

Fast alle Brote erhalten vor oder nach dem Backen irgendeine Verzierung. Zur Verfeinerung der Kruste kann man das Brot auf einer mit Haferflocken, Maismehl, gehackten Nüssen oder reichlich mit Mehl bestreuten Arbeitsfläche ausformen. Auch die Backformen kann man mit solchen Zutaten ausstreuen. Brote, die mit verschlagenem Ei bestrichen werden, erhalten beim Backen eine glänzende, goldbraune Oberfläche. Ist ein stärkerer Glanz erwünscht, läßt man die Glasur antrocknen und überzieht den Teig ein zweites Mal mit der Eimasse.

Brote schmecken besonders würzig, wenn man sie vor dem Backen mit Sesam- und Mohnsamen, mit grobem Salz und Mandelblättchen oder Nüssen bestreut (damit die Auflagen haftenbleiben, bestreicht man das Brot zuerst mit Ei). Soll das Brot eine süße Kruste erhalten, feuchtet man die Teigoberfläche zunächst mit Wasser, Milch oder verschlagenem Ei an und bestreut sie dann mit Zucker, besonders gut sieht grobkörniger Hagelzucker aus. Rosinenbrötchen und Kuchenbrote werden manchmal bereits vor dem Backen mit einer Zuckerlösung überzogen. Man kann aber auch eine Glasur aus Zucker, Milch, Butter und Honig herstellen und diese Mischung nach dem Backen über das noch heiße Gebäck gießen (S. 356) oder das erkaltete Kuchenbrot mit einer Puderzuckerglasur überziehen. Einige französische Hefekuchen werden nach dem Backen mit Rum- oder Kirschwassersirup getränkt und sind daher besonders saftig.

Unglasiert · Mit Wasser bestrichen · Mit Milch bestrichen · Mit Mehl bestäubt

Mit Butter bestrichen · Mit Zucker bestreut · Mit Sirup getränkt · Mit Puderzuckerguß

Mit verschlagenem Ei bestrichen · Mit Eigelb bestrichen · Mit Eiweiß bestrichen

HEFEBROTE

Der Hefegrundteig besteht aus vier Zutaten: aus Mehl, Hefe, Wasser und Salz. Nach diesem Standardrezept werden Weißbrote, französische Baguettes, Roggenbrote, Land- und Bauernbrote, Brötchen und das orientalische *pita*-Brot gebacken. (In der Toscana nimmt man aus Haltbarkeitsgründen keinerlei Salz, da es Feuchtigkeit bindet und somit den Schimmelbefall fördert.)

Einfache Teige werden oft mit Käse, Früchten, Gemüse oder süßen Zutaten, wie Schokolade oder Melasse, angereichert. Auch die britischen *crumpets*-Sauerteigfladen, die wie kleine, dicke Pfannkuchen aussehen und auf einer gußeisernen Platte gebacken werden – zählen zu den einfachen Hefegebäcken.

Für gehaltvollere Hefebrote oder Kuchenbrote verwendet man fast immer Weizenmehl und einen mehr oder weniger großen Anteil an Butter, Eiern, Sahne, Süßungsmitteln, Früchten, Nüssen, Kräutern und/oder Füllungen. Der Teig für die französische Brioche enthält so viel Eier und Butter, daß nur ganz wenig Flüssigkeit für die Verarbeitung vonnöten ist.

Für die Zubereitung von Croissants und dänischem Plundergebäck wird die Butter schichtweise in den Teig eingearbeitet, so daß die fertigen Gebäckstücke dünnen, aufeinandergelegten Blättern (wie bei Blätterteig) ähneln. Viele in Fett schwimmend ausgebackene Backwaren, etwa die knusprigen, aufgeplusterten Krapfen oder die amerikanischen *doughnuts,* werden ebenfalls mit Hefe zubereitet.

Die Herstellung von Hefebroten mag auf den ersten Blick schwierig erscheinen, ist in Wirklichkeit aber denkbar einfach, denn in ihrer Eigenschaft als Backtriebmittel lockert die Hefe den Teig und verleiht dem Backwerk den spezifischen Nußgeschmack.

Der Arbeitsablauf beim Brotbacken ist simpel: Zuerst wird die Hefe in warmem Wasser aufgelöst, dann mit dem Mehl zu Teig verrührt, den man anschließend knetet, damit sich Klebereiweiß bildet. Der Teig muß nun zugedeckt an einem warmen Ort gehen, danach wird er noch einmal kräftig durchgeknetet, damit die während des Gärprozesses entstandenen Gase entweichen können, und dann ausgeformt, glasiert und eingekerbt. Nach einer weiteren Ruhezeit – dem zweiten Aufgehen – kann man ihn backen.

Fast alle Hefebrote werden nach dieser Grundmethode zubereitet, wenn auch für Spezialitäten je nach Rezeptur Abweichungen möglich sind. Wenn Vollkornbrot mit Backpulver (S. 359) zubereitet wird, entfällt das Kneten. Das Ergebnis ist ein eher krümeliges Brot mit einer weichen Kruste.

BROTZUTATEN

Außer Mehl und Triebmittel sind es weitere Zutaten, die einem Brot seinen ganz besonderen Geschmack verleihen.

Buttermilch und saure Sahne Die Säure von Buttermilch und saurer Sahne setzt das gasförmige Kohlendioxid in Teigen mit Backpulver oder Natron frei, so daß der Teig aufgeht.

Eier Durch die Zugabe von Eiern werden vor allem schnelle Brote (ohne Hefe) lockerer und erhalten eine schöne Farbe.

Fette Butter ist dank ihres unvergleichlichen Geschmacks das bevorzugte Backfett. Als Alternative zu Butter bietet sich Margarine an, aber auch andere Backfette (gehärtete Fette und Fettmischungen) sind geeignet, da sie manchem Gebäck eine angenehm lockere Konsistenz geben. Für Brote ohne Hefe verwendet man gelegentlich Öl, da sie dadurch saftig und fest werden. Einige Eßlöffel Öl machen auch Hefeteig, vor allem Pizza-Teig, geschmeidig. Schweineschmalz oder ausgelassener Speck wird für manche regionalen Spezialitäten verwendet. Französische Baguetts (Stangenweißbrot) und mexikanische *tortillas* werden fast ohne Fett gebacken.

Milch und Milchpulver Mit Milch wird ein Brot weicher und weißer als mit Wasser. Ähnlich wirkt Trockenmilch, die man ohne zusätzliche Flüssigkeit in den Brotteig einstreuen kann.

Salz Salz gibt dem Brot einen besseren Geschmack und ist somit eine fast unverzichtbare Zutat. Für einfaches Weißbrot rechnet man einen halben (10 g) Eßlöffel Salz auf 500 g Mehl. Salz verzögert den Gärprozeß der Hefe und sollte deshalb schon vor der Hefe mit dem Mehl vermischt werden. Je mehr Salz verwendet wird, um so länger braucht der Teig zum Aufgehen.

Zucker Bereits geringe Mengen an Zucker erhöhen den Geschmack von einfachen Broten, besonders wenn diese mit Vollkornmehl oder Mehlen von anderen Getreidearten als Weizen gebacken werden. In der Regel gibt man einen Eßlöffel braunen Zucker oder Honig an den Teig. In Hefeteig wird der Zucker während des Gärprozesses in Kohlendioxid und Alkohol gespalten. Der Alkohol verflüchtigt sich während des Backens. Wenn Frischhefe mit Zucker vermischt wird, entsteht bereits nach wenigen Minuten eine weiche Paste. Trokkenhefe kann man direkt einstreuen, bevor man den Zucker zugibt. Bei Verwendung von reichlich Zucker wird die Hefe zu stark aktiviert und sollte deshalb vorher mit dem Mehl vermischt werden, damit der Gärprozeß langsam einsetzt. Süße Füllungen oder Zuckerglasuren sorgen für zusätzliche Süße bei gehaltvollen Hefebroten.

Hefe verwenden

Hefepilze sind lebende Einzeller, von denen die Wissenschaft über 400 verschiedene Arten bestimmt hat. Zum Backen wird nur eine ganz bestimmte Hefe, die sogenannte Backhefe, verwendet. Sie bewirkt eine Lockerung des Teigs durch das in feinen Bläschen entstehende gasförmige Kohlendioxid, das als Spaltprodukt des im Mehl vorhandenen Zuckers im Teig eingeschlossen ist. Während des Backens dehnen sich die Bläschen aus und treiben den Teig in die Höhe. Das Brot erhält auf diese Weise seine typisch lockere Konsistenz und seinen angenehm milden Geschmack.

Hefe kann nur in Teigen aktiv werden, die einen hohen Anteil an festem Klebereiweiß besitzen. Die Teigtemperatur wirkt sich ebenfalls auf die treibende Kraft der Hefe aus. Am besten gärt Hefe bei Temperaturen um 30 °C. Niedrige Temperaturen hemmen ihre Triebkraft, bei Temperaturen über 54 °C sterben die Hefepilze ab. Die Triebkraft der Hefe nimmt mit einer größeren Teigmenge überproportional zu, so daß bei einer Verdopplung der Zutaten nicht zwangsläufig die zweifache Hefemenge zu nehmen ist.

Hefe wird frisch als sogenannte Preß- oder Bäckerhefe und als Trockenhefe angeboten. Preß- oder Frischhefe enthält etwa 70 % Feuchtigkeit und wird entweder nach Gewicht (in Bäckereien) oder als Würfel verkauft. In Alufolie verpackt hält sich frische Backhefe im Kühlschrank bis zu zwei Wochen, eingefroren bis zu zwei Monaten. Da Backhefe einem natürlichen Alterungsprozeß unterliegt, wird sie mit der Zeit braun und verliert ihre Triebkraft. Trockenhefe, die in verschweißten Alutütchen angeboten wird, ist etwa zwei Jahre bei Raumtemperatur haltbar (Mindesthaltbarkeitsdatum beachten). 7 g Trokkenhefe entsprechen 25 g Preßhefe.

Zwischen Preß- und Trockenhefe gibt es keine nennenswerten Unterschiede, wenngleich manche Köche frische Hefe aus geschmacklichen Gründen bevorzugen. Preßhefe wird in warmem Wasser oder warmer Milch aufgelöst, Trockenhefe muß nicht angesetzt und kann gleich eingestreut werden. Bei einem Frischetest löst man Hefe in warmem Wasser auf und gibt dann einen Teelöffel Zucker dazu: Aktive Hefe wirft bereits nach fünf bis zehn Minuten Blasen und beginnt leicht zu schäumen. Enthält das Rezept keinen Zucker, setzt man die Hefe ohne Zucker an. Alle flüssigen Zutaten, einschließlich Fett, sollten erwärmt werden, bevor man sie an den Teig gibt.

Backformen vorbereiten

Reine Hefebrote ohne jeden Zusatz werden aus einem festen Teig geformt und können direkt auf dem Backblech gebacken werden, da sie gut ihre Form behalten. Wichtig ist ein stabiles, schweres Blech, das sich in der Ofenhitze nicht verbiegt. Viele Brote werden jedoch in speziellen Backformen gebacken. Am gängigsten ist die rechteckige Kastenform, beispielsweise für Toast- und Grahambrot. Hefebrote mit gehaltvollen Zutaten gehen am besten in einer engen, hochwandigen Form, etwa einer Guglhupfform, die dem Teig genügend Halt gibt. In Metallformen gebackenes Brot bekommt eine schöne goldbraune, rösche Kruste.

Da viele Teige kleben, sollte die Form immer ausgefettet werden; hilfreich sind beschichtete Formen. Schwarzlackierte Formen verkürzen die Backzeit und fördern den Bräunungsprozeß. Gehaltvolle Brote mit Backpulver werden in eine mit Pergament- oder Backpapier (S. 391) ausgekleidete Form gefüllt.

Hinweis Die Wahl der Backform hat einen entscheidenden Einfluß auf das Backverhalten und die Backzeit des Brotes. Deshalb sollte man sich an die vorgegebenen Formen und Größen halten.

HEFE ANSETZEN UND EINEN VORTEIG ZUBEREITEN

Wird Brot mit einem Vorteig zubereitet, hat es nach dem Backen eine bessere Textur.

Für Hefebrote macht man einen Vorteig aus Hefe und etwas Mehl. Die Hefe wird dafür in 3–4 EL warmem Wasser aufgelöst.

1 Die Hefe mit vorschriftsmäßig temperiertem Wasser (links) anrühren und etwa 5 Minuten stehenlassen, bis eine glatte Paste entstanden ist.

2 Vorteig zubereiten Die Hefe mit 2–3 EL Mehl zu einem weichen Brei verrühren. Zugedeckt an einem warmen Ort etwa 1 Stunde gehen lassen, bis die Mischung locker und schaumig ist.

BROTTEIG HERSTELLEN

Da Hefe am besten in einer warmen Umgebung treibt, sollten Rührschüssel und Zutaten vorgewärmt werden. Die Hände haben die ideale Wärme zum Verrühren; man kann aber auch einen Holzlöffel verwenden.

1 Das Mehl mit Salz und Zucker auf die Arbeitsfläche sieben. In die Mitte eine große Mulde drücken und die aufgelöste Hefe (Schritt 1, oben) mit den anderen flüssigen Zutaten hineingießen. ODER: Den Vorteig dazugeben. Das Mehl mit den Fingern dazumischen.

2 Nach und nach das Mehl mit beiden Händen oder mit Hilfe eines Teigschabers einarbeiten. Sollte der Teig zu sehr kleben, noch etwas Mehl zugeben.

3 Der Teig sollte jetzt weich und leicht klebrig sein. Teigreste mit dem Teigschaber oder Spatel von der Arbeitsfläche schaben.

FESTEN UND WEICHEN BROTTEIG KNETEN

Das Kneten ist der wichtigste Vorgang beim Brotbacken. Dadurch quillt das Klebereiweiß, und die von der Hefe produzierten Kohlendioxid-Bläschen verteilen sich im Teig, der auf diese Weise glatt und geschmeidig wird, so daß man ein lockeres Brot erhält. Einfacher und effektiver wird das Kneten, wenn die Bewegungen des Wegdrückens, Heranziehens und Wendens in gleichmäßigem Rhythmus erfolgen.

Feste Teige mit Vollkornmehl oder Roggen werden anders geknetet als weiche Teige aus Weizenmehl. Teige, die als weitere Zutaten Eier und Butter in großer Menge enthalten, müssen länger geknetet werden als einfache Teige, denn Zucker und Fett verzögern die Kleberbildung. Je größer der Teigkloß, desto länger der Knetvorgang; nur so erhält der Teig die richtige Konsistenz.

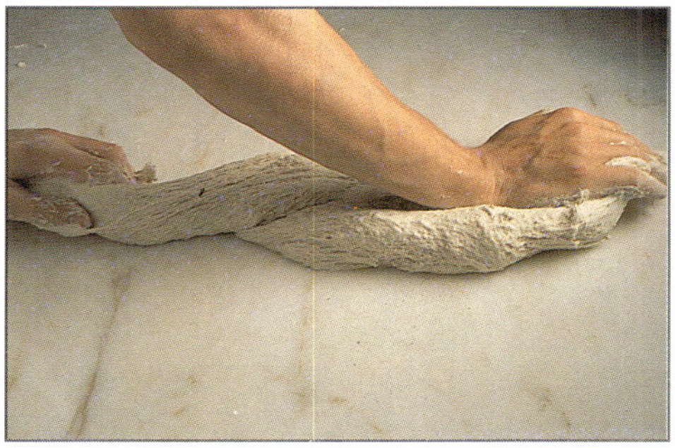

1 Fester Teig Den Teig an einem Ende mit einer Hand festhalten, die Handfläche der anderen Hand in den Teig pressen und nach außen wegdrücken.

2 Den Teig in einem Stück von der Arbeitsfläche aufnehmen, zu einer lockeren Kugel formen und um 90 Grad drehen. Den Vorgang mehrmals wiederholen und den Teig auf diese Weise 5–8 Minuten weiterkneten.

3 Nach dem Kneten sollte der Teig glatt und sehr geschmeidig sein.
Hinweis Wenn der Teig beim Kneten klebt, noch etwas Mehl einarbeiten.

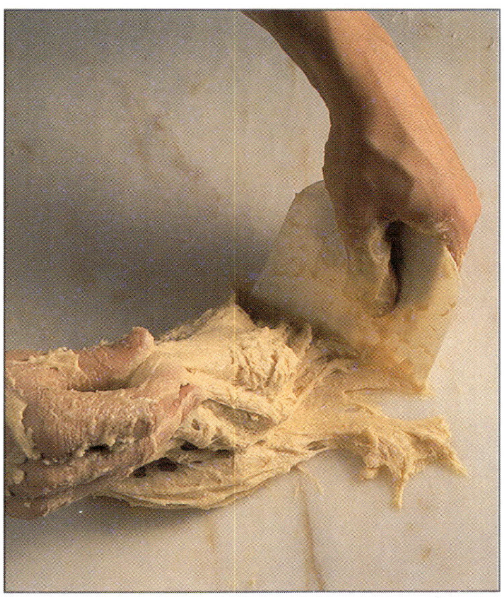

1 Weicher Teig Den Teig mit einer Hand oder mit Hilfe eines Teigschabers aufnehmen und auf die Arbeitsfläche schlagen.

2 Diesen Vorgang 5–8 Minuten wiederholen, gegebenenfalls auch etwas länger.

3 Nach dem Kneten sollte der Teig eine ebenmäßige Struktur haben und weich, elastisch und glänzend sein.

Hefeteig maschinell mischen und kneten

Bei festen und weichen Brotteigen können alle Zutaten auch mit der Küchenmaschine oder dem elektrischen Handrührgerät gemischt und geknetet werden.

Verwendung einer Küchenmaschine Die Küchenmaschine sollte mit einem Hochleistungsmotor und einem kurzen Knetwerkzeug oder einem Schlagwerk aus Metall ausgestattet sein. Zuerst die Hefe auflösen. Alle trockenen Zutaten in die Rührschüssel geben und kurz vermengen. Bei laufender Maschine die aufgelöste Hefe und die flüssigen Zutaten mit gerade so viel Flüssigkeit zugeben, daß eine zusammenhängende Teigmasse entsteht. 45 Sekunden weiterkneten, dann den Teig auf einer Arbeitsfläche von Hand fertigkneten.

Verwendung eines Handrührgeräts Einen starkmotorigen Handrührer mit Knethaken wählen. Die Hefe in der Rührschüssel auflösen. Alle flüssigen Zutaten zugeben und auf kleinster Stufe kurz mischen. Fast die gesamte Mehlmenge einstreuen und mit den Zutaten vermischen. Einige Sekunden auf niedriger Stufe kneten, eventuell noch etwas Mehl zugeben, falls der Teig zu klebrig ist. Er sollte glatt, glänzend und elastisch sein. Gegebenenfalls die Maschine zwischendurch ausschalten und den Knethaken von anhaftendem Teig befreien.

Hinweis Bei zu langem Kneten wird der Teig schlaff und verliert seine Elastizität. Daher den Teig sicherheitshalber 1–2 Minuten von Hand auf der Arbeitsfläche fertigkneten.

TEIG GEHEN LASSEN

Teig »geht« am besten an einem warmen, feuchten und zugluftfreien Ort bei einer Temperatur von etwa 30 °C. Diese optimalen Bedingungen sind zum Beispiel gegeben, wenn der Teig in einer Schüssel im Backofen steht, der auf kleinster Stufe erwärmt wird (die Temperatur muß jedoch unter 50 °C bleiben). Bei niedrigeren Temperaturen kommt der Gärprozeß nur langsam in Gang, bei höheren Temperaturen treiben die Gase den Teig zwar schneller in die Höhe, aber das fertige Brot hat dann einen leicht sauren Geschmack.

Nach dem Abschlagen (unten) läßt man den Teig oft noch ein zweites Mal gehen, vor allem dann, wenn ein proteinreiches Mehl verwendet wurde. Diese zweite Ruhezeit ist nur halb so lang wie die erste. Bleibt der Teig zu lange stehen, bilden sich auf der Teigoberfläche Blasen. Wenn diese Blasen platzen, fällt der Teig in sich zusammen. Feine Hefeteige läßt man bisweilen im Kühlschrank gehen. Das verzögert den Gärprozeß und führt zu einer gleichmäßigen Feinporigkeit.

1 Den Teig zu einer Kugel formen, in eine eingeölte Schüssel legen und darin umwenden, damit er ganz von einer dünnen Ölschicht überzogen wird. ODER: Die Teigoberfläche dick mit Mehl bestäuben. Dann die Schüssel mit einem feuchten Tuch abdekken und den Teig an einem warmen Ort gehen lassen.

2 Der Gärprozeß ist abgeschlossen, wenn der Kleber seine maximale Elastizität und der Teig etwa das Doppelte seines Volumens erreicht hat. Zur Probe mit der Fingerspitze vorsichtig, aber fest in den Teig drücken: Der Eindruck sollte sichtbar bleiben.

TEIG ABSCHLAGEN

Vor dem Ausformen wird der Teig abgeschlagen, damit die beim Aufgehen entstandenen Luftblasen entweichen können. Den Teig vorsichtig durchwirken, sonst wird er weich und elastisch.

Den Teig auf einer bemehlten Arbeitsfläche 30–60 Sekunden mit dem Handballen leicht kneten, bis er sein ursprüngliches Volumen hat.

BROTLAIBE FORMEN

Nach dem Abschlagen den Teig teilen und in Laibe formen; stets auf einer bemehlten Unterlage arbeiten. Den Teig nicht reißen, sondern nur sanft dehnen. So wenig Mehl wie möglich verwenden, damit das ausgewogene Teigmischungsverhältnis nicht verändert wird.

1 Runder Laib Den Teig zu einer lockeren Kugel formen. Die Seiten mehrmals, indem man den Teig jeweils dreht, zur Mitte hin umschlagen, bis eine feste Kugel entstanden ist.

2 Die Kugel umdrehen, so daß die glatte, gleichmäßig gerundete Oberfläche oben liegt. Man kann sie nach Belieben kreuzförmig einschneiden.

1 »Kronenbrot« Den Teig zu einer dicken Rolle formen (rechte Seite) und zu einem Ring zusammenlegen. Die Enden überlappen lassen und mit den Fingerspitzen fest zusammendrücken.

2 Den Teigring auf ein gefettetes Backblech legen und den Teig so lange gehen lassen, bis er etwa das Doppelte seines Volumens erreicht hat (etwa 45 Minuten). Mit einer Küchenschere die Teigoberfläche im Zickzack-Muster einschneiden. Sofort backen, bevor der Teig noch weiter aufgeht.

»Kronenbrot« (Brotring)

1 Kastenbrot Den Teig zu einem Oval in der Länge der Kastenform flachdrücken und zu einer Rolle formen. Die Teigenden bis auf die Länge der Brotform einschlagen.

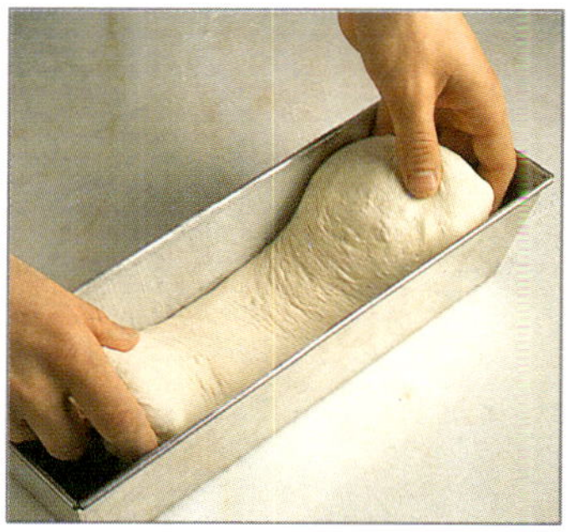

2 Die Teigrolle mit beiden Händen umdrehen, so daß die umgeschlagenen Enden unten liegen, und in die gefettete Form legen.

Cottage-Brot Ein Drittel des Teigs zu einer kleinen Kugel und den restlichen Teig zu einem runden Laib formen. Den Laib auf ein gefettetes Backblech legen, etwas flachdrücken und die kleine Teigkugel daraufsetzen. Mit dem Zeigefinger von oben mitten durch die beiden Laibe ein Loch bohren.

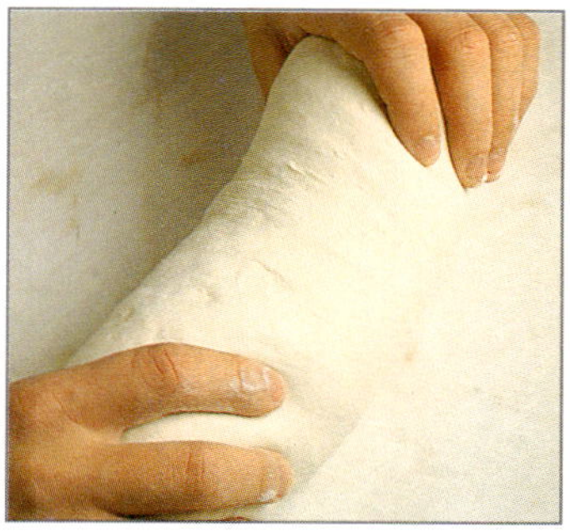

1 Baguette Den Teig zu einem Rechteck flachdrücken und daraus eine dicke Rolle formen. Mit den Handflächen flachdrücken, zu einem Rechteck auseinanderziehen und erneut rollen.

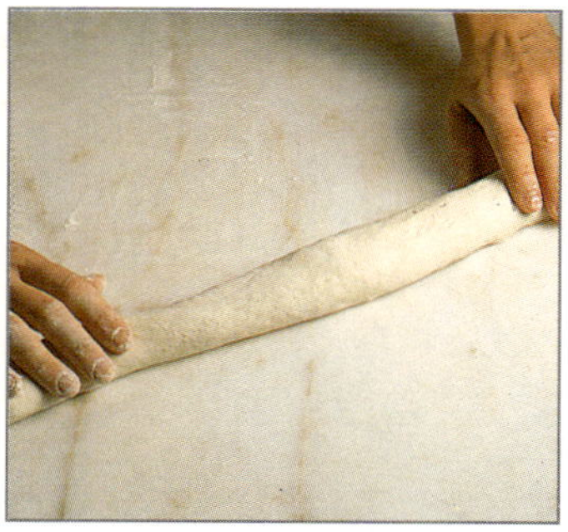

2 Mit den Handflächen die Rolle zu einer langen, dünnen Stange formen, an der Oberfläche einschneiden (S. 351) und auf ein gefettetes Backblech legen.

Die Baguette-Form bewahren Die Stangenbrote zum Aufgehen auf einem bemehlten, in Falten gelegten Tuch aufreihen.

1 Hefezopf Den Teig in drei gleich große Stücke teilen. Die Teigstücke mit den Händen zu einem langen Strang rollen, der an den Enden spitz zuläuft. Die Stränge nebeneinanderlegen und von der Mitte aus in einer Richtung zu einem Zopf flechten.

2 Die Stränge zum Ende hin etwas ziehen, damit der Zopf sich zum Ende hin verjüngt. Den Teig drehen und in die andere Richtung zu einem Zopf flechten. Die Enden flachdrücken und unter den Zopf schieben.

BRÖTCHEN FORMEN

Brötchen lassen sich aus vielen verschiedenen einfachen Teigen herstellen. Sie sind bestens geeignet, um das volle Aroma von Vollkornmehl und anderen Mehlsorten zur Geltung zu bringen.

Beim Ausformen des Teigs sollten Hände und Arbeitsfläche nur schwach bemehlt sein, da zuviel Mehl die Konsistenz verändert und den Teig zu trocken und steif werden läßt.

1 Den Teig auf einer schwach bemehlten Arbeitsfläche zu einer Rolle formen und mit einem Messer in gleichmäßige Stücke teilen. Vor dem Formen jedes Teigstück leicht abschlagen, damit die Luft entweichen kann.

2 Runde Brötchen Ein Teigstück mit der hohlen Hand in einer kreisförmigen Bewegung zu einem glatten Ball formen. Für ovale Brötchen dann den Teigball mit den Fingern entsprechend ausformen.

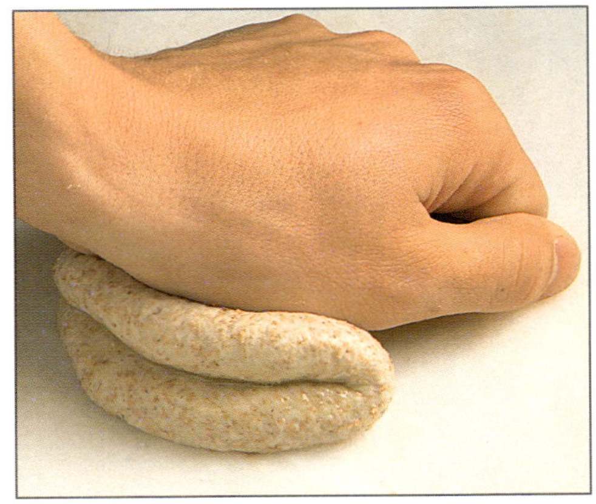

3 »Parker House«-Brötchen Ein Teigstück zu einer Kugel formen und anschließend zu einer runden, etwa 1 cm dicken Platte flachdrücken. Mit Butter bestreichen, in der Mitte falten und mit dem Handballen fest zusammendrücken.

4 Gedrehte Brötchen Ein Teigstück zu einem langen Strang ausrollen, auf die Hälfte legen und beide Stranghälften miteinander verschlingen. Auf dem Backblech die Enden fest zusammendrücken, damit sie sich nicht lösen.

5 Knoten Ein Teigstück zu einem langen Strang formen und locker zu einem Knoten schlingen.

6 Schnecken Ein Teigstück zu einem langen Strang formen und spiralförmig aufrollen. Das Ende unter die Schnecke schieben.

7 »Bäckerknoten« Ein Teigstück zu einem langen Strang ausrollen. Eine Acht formen, die Teigenden durch die Löcher schieben und leicht andrücken.

8 Kleeblatt-Brötchen Aus drei kleinen Teigstücken Kugeln formen. Die Kugeln fest aneinanderdrücken, so daß sie die Form eines Kleeblatts bilden.

PIZZA-TEIG FORMEN

Für eine Pizza verfeinert man den Brotteig (Rezept S. 353) mit zwei Eßlöffeln Olivenöl.

1 Den Teig zu einer Kugel formen und mit dem Nudelholz zu einer runden Platte ausrollen. Auf einer bemehlten Arbeitsfläche von Hand kräftig ausschlagen und dehnen, bis eine etwa 1 cm dicke Teigplatte entstanden ist.

2 Den Teig auf ein großzügig bemehltes Backblech legen und den Teigrand etwas hochdrücken. Den Belag so auf dem Teig verteilen, daß ein etwa 2 cm breiter Rand frei bleibt. Dann den Teig 10–15 Minuten gehen lassen.

3 Die Pizza ruckartig auf ein vorgeheiztes Backblech befördern. (Falls sie haftenbleibt, für etwa 5 Minuten ins Eisfach stellen.) Je nach Größe der Pizza 10–15 Minuten bei 230 °C/Gas Stufe 5 goldbraun backen.

Hinweis Hier wird ein Belag verwendet, der aus einer Dose Eiertomaten, abgetropft und gehackt, sowie zwei Eßlöffeln Olivenöl, Salz und einem Eßlöffel Tomatenmark zubereitet wurde.

Das zweite Aufgehen

Nach dem Ausformen läßt man den Hefeteig ein zweites Mal aufgehen, damit er sein Volumen verdoppeln kann und schön locker wird. Man legt ihn dazu entweder auf die Arbeitsfläche oder auf ein gefettetes Backblech. Ist eine knusprige Unterseite erwünscht, wird die Oberfläche der Unterlage vorher mit Maismehl bestäubt. Soll das Brot in der Form gebacken werden, so füllt man diese bis knapp unter den Rand. Beim zweiten Aufgehen sollte die Temperatur um etwa 32 °C liegen. Zugluft ist zu vermeiden, da der Teig sonst zusammenfällt. Häufig kann der Brotteig nicht abgedeckt werden, da ein feuchtes Tuch daran festkleben würde. Beim zweiten Aufgehen braucht die Hefe nur noch halb so lange, um den Teig in die Höhe zu treiben.

DEN TEIGLAIB EINSCHNEIDEN

Nach dem Glasieren (S. 345) und vor dem Backen werden Brotlaibe und Brötchen mit einem scharfen Messer eingeschnitten, längliche Laibe meist diagonal, runde Laibe gitterförmig. So kann sich der Teig ausdehnen, ohne zu reißen, und erhält eine hübsche Verzierung. Je tiefer der Einschnitt, um so größer wird die Brotoberfläche.

Mit einem sehr scharfen Messer, einem Skalpell oder einer Rasierklinge die Oberfläche etwa 1,5 cm tief gitterartig einschneiden.

BROT BACKEN

Hefebrot reagiert sehr empfindlich auf die Umgebung, in der es gebakken wird. Das beste Brot wird angeblich in Steinöfen gebacken. Um einen ähnlichen Effekt im eigenen Backofen zu erzielen, kann man sogenannte Brotsteine (S. 511) benutzen. Die geformten Laibe läßt man von dem mit Mehl oder Maismehl bestäubten Backblech auf den Stein gleiten.

Da sich durch Wasserdampf die schönste Kruste entwickelt, stellt man eine flache Schale mit kochendem Wasser auf den Boden des Backofens. Eine andere Möglichkeit besteht darin, das Brot, sobald es zu bräunen beginnt, mit Wasser aus einem Zerstäuber einzusprühen oder eine Handvoll Eiswürfel auf den Boden des Backofens zu werfen (Industrie-Backöfen sind mit Dampfdüsen ausgestattet).

Brot wird immer sehr heiß gebacken, damit die Hefe abstirbt und der Gärprozeß beendet wird. Während des Backens durchläuft der Teig drei Phasen: In der ersten Phase dehnen sich die Gasbläschen im Teig aus und treiben ihn ziemlich rasch in die Höhe, in der zweiten Phase verfestigt sich der Teig und wird zu Brot, in der dritten Phase setzt der Bräunungsprozeß ein, und es bildet sich eine knusprige oder weiche Kruste.

Einfache Brote ohne weitere Zusätze werden am besten bei 200–220 °C/Gas Stufe 4–5 gebacken. Diese Temperaturen reichen aus, um den Gärprozeß innerhalb kürzester Zeit zu beenden, so daß der Teig gut aufgeht. Wenn dann das Brot zu stark bräunt, wird die Temperatur reduziert und der Backvorgang fortgesetzt. Brötchen benötigen in der Regel eine größere Hitze, gehaltvolle Brote mit einem hohen Eier- und Zuckeranteil sollten hingegen bei niedrigeren Temperaturen, dafür etwas länger gebacken werden.

Die beim Backen entstehende Kruste wird wesentlich vom Teig selbst beeinflußt. Teige, die mit Eiern und Milch hergestellt werden, bekommen eine weiche, goldbraune Kruste, während Brote aus einfachen Wasserteigen, wie Baguettes, eine besonders rösche Kruste erhalten. Eine gute Krustenbildung erreicht man auch, indem man den Teig während des Backens mit Ei oder Wasser bestreicht. Durch Milch-, Sahne- und Butterüberzüge wird die Kruste weicher. Wasserdampf begünstigt die Verkrustung ebenso wie das Backen im Umluftbackofen.

Das fertiggebackene Brot läßt man unter einem Küchentuch abkühlen. Das Tuch verhindert, daß dem Brot zu schnell alle Feuchtigkeit entzogen wird, so daß die Kruste weicher wird.

GARPROBE BEI BROT

Um zu prüfen, ob ein Hefebrot durchgebacken ist, nimmt man es aus der Form und klopft auf die Unterseite: Es muß hohl klingen und ringsum eine gleichmäßige Bräunung aufweisen.

Das Brot aus der Form nehmen, umdrehen und mit den Knöcheln auf die Unterseite klopfen; das Brot müßte hohl klingen. Die Seiten sollten sich auf Druck fest und knusprig anfühlen.

Einfache Hefebrote

Ihren besonderen Geschmack und ihr typisches Aussehen erhalten einfache Hefebrote durch die verwendete Mehlsorte. Die lockersten Teige werden mit Weizenauszugsmehl (Type 405) hergestellt und zu gewöhnlichem Weißbrot, Kastenbrot, Stangenweißbrot und Pizza verbacken. Auszugsmehl wird auch gern für Brötchen verwendet. Die beim Bakken entstehende Kruste kann knusprig bis weich und goldbraun sein. Zur Abwandlung können diese einfachen Hefebrote mit Vollkornmehl oder einem Mehl aus der Vielzahl anderer Getreide (S. 343) hergestellt werden. Durch die Zugabe von Weizenschrot oder Weizenkeimen, Roggen- und Weizenflocken sowie feinen Haferflocken wird aus einem einfachen Weißbrot ein herzhafter Brotlaib, und durch Maismehl beispielsweise erhält ein Brot eine angenehm körnige Struktur. Die feste, saftige Krume, die dunkle Färbung und der süßlich-aromatische Geschmack von westfälischem Pumpernickel entsteht dadurch, daß der Brotteig aus Roggenschrot mindestens 16 Stunden bei niedriger Temperatur in geschlossenen Blechformen im Dampf gebacken wird, wobei sich ein Teil der Stärke in Zucker umwandelt.

Ungeachtet der verwendeten Mehlsorte sollten der jeweilige typische Getreidegeschmack in diesen einfachen Broten besonders zur Geltung kommen und Zutaten, wie Buttermilch, Butter, Zucker, Honig und Eier, nur sparsam verwendet werden. Pikante Ingredienzen, wie Kräuter, Gewürze und Samen, werten ein Brot ohne Zweifel auf, verhindern aber bei übermäßiger Verwendung ein Aufgehen des Teigs, vor allem, wenn es sich um

Brot in Form einer Weizenähre

Kastenbrot

Rundes Brot

schwere Zutaten, etwa geriebenen Käse, handelt. Die italienischen Bäcker sind besonders erfindungsreich, was das Brotbacken angeht, und reichern ihre *focaccia* (Fladenbrot, S. 363) mit Kräutern, gehackten Oliven und Kürbispüree an. In Mitteleuropa und Skandinavien werden die Brote gern mit Kümmel, Dill- oder Anissamen geschmacklich verfeinert. Würzige Kochwürste oder gebratene Speckwürfel geben einem Brot einen angenehm salzigen Geschmack, während Saffran gern der schönen gelben Farbe wegen verwendet wird.

Die bei einfachen Broten erwünschte gleichmäßige Textur und der ausgereifte Geschmack kommen nur durch ein langsames, beständiges Aufgehen zustande. Bei proteinarmen Mehlen kann das erste Aufgehen des Teigs vier bis fünf Stunden dauern, wenngleich zwei Stunden die Regel sind. Obwohl die Vielfalt der Brotformen (S. 348) groß ist, werden bestimmte Hefebrote ganz traditionell geformt. So ist zum Beispiel die Stangenform typisch für das französische Brot und ein runder Brotlaib bezeichnend für Bauernbrot.

ZUR INFORMATION

Menge Brotteig aus 375 g Mehl ergibt einen etwa 23 × 12 × 10 cm großen Laib.

Brotformen Im wesentlichen wird in vier Formen unterschieden: *Freigeschobene Brote* werden in runden oder ovalen Laiben im Abstand voneinander gebacken; daher die rundum feste Kruste. *Angeschobene Brote* liegen im Ofen so dicht beieinander, daß sie sich berühren; dadurch wird die Oberfläche knusprig, und die Seiten bleiben weich. *Kastenbrote* werden in Kastenformen gebacken; sie bleiben an den Seiten weich, Weizenbrote bilde jedoch auch an den Seiten eine festere Kruste. *Dampfkammerbrote* werden in geschlossenen Backröhren viele Stunden unter Dampf gesetzt, was den Vorteil hat, daß alle wärmeempfindlichen Vitamine erhalten bleiben; es bildet sich keine feste Kruste. Die Vielfalt der Formen ist bei Weizenbroten größer als bei Roggenbroten, da sich Teig aus Weizenmehl besser formen läßt.

Vorbereitung der Backformen Einfetten.

Garzeiten *Helle Brote* Backen bei 220 °C/Gas Stufe 4–5: 15 Minuten, dann bei 190 °C/Gas Stufe 3: 20–30 Minuten. *Dunkle Brote* Backen bei 220 °C/Gas Stufe 4–5: 15 Minuten, dann bei 190 °C/Gas Stufe 3: 25-30 Minuten. *Brötchen* Backen bei 230 °C/Gas Stufe 5: 12–15 Minuten.

Im Handel Das Brotangebot ist kaum überschaubar. Neben den vier Grundsorten – Weizen-, Weizenmisch-, Roggen- und Roggenmischbrot – ist eine große Zahl Varianten und Spezialitäten erhältlich.

Aufbewahrung Brot schmeckt frisch am besten; aufbewahren in luftdicht verschlossenem Behälter: 2 Tage; tiefgefroren: 6 Monate.

Glasuren/Auflagen Überzug aus Ei, Milch, Wasser, Eiweiß; Mohn-, Sesamsamen, Kümmel, Haferflocken, Maismehl.

Typische Hefebrote Bauern- oder Landbrot (Deutschland); Pumpernikkel (Deutschland); Bauernbrot (mit Buchweizen; Österreich); Haferbrot (Schottland); *limpa* (mit Orangenschale; Schweden); Pußtabrot (Weizenbrot mit Fenchel; Ungarn); *pane all'olio* (Weißbrot mit Olivenöl; Italien); *pain de campagne* (Bauernbrot; Frankreich); Weizenschrotbrot (USA).

CROÛTES, CROÛTONS UND TOAST

Croûtes und *croûtons* sind geröstete oder gebratene Brotstückchen, die als Garnitur für andere Speisen dienen. Mit *croûtes* (Krüstchen) bezeichnet man in der Regel Weißbrotscheiben von etwa 5 cm Durchmesser und etwa 3 cm Dicke, die man in Butter backt, leicht aushöhlt und beliebig füllt. Man kann sie auch mit Butter bestreichen und im Backofen rösten. Sie werden heiß serviert, häufig zu Salaten. *Croûtons,* kleine geröstete oder gebratene Brotwürfel, werden gern als Garnitur mit einer Sauce oder zu Steak und pochiertem Ei verwendet, sind aber auch eine beliebte Einlage für Creme- und Püreesuppen. Bei Melba-Toast handelt es sich um hauchdünne Brotscheiben, die sich beim Backen im Ofen an den Enden krümmen (industriell hergestellter Melba-Toast ist flach). Sie werden gern zu Dips gereicht.

Croûtes Knusprige Brötchen oder französisches Stangenbrot in etwa 3 cm dicke Scheiben schneiden. Die Brotscheiben bei 175 °C/Gas Stufe 2–3 etwa 10–15 Minuten im Ofen knusprig-braun backen oder in Butter braten. Für Knoblauch-*croûtes* reibt man das Brot mit der Schnittfläche einer Knoblauchzehe ein.

Croûtons Weißbrot in dünne Scheiben schneiden, die Krusten entfernen und die Brotscheiben in Würfel schneiden. In einer Bratpfanne so viel Öl oder eine Mischung aus Öl und Butter erhitzen, daß das Fett etwa 5 mm hoch in der Pfanne steht. Das Brot zugeben und unter ständigem Rühren bei mittlerer Hitze von allen Seiten braun braten. Auf Küchenkrepp abtropfen lassen. Zur kurzzeitigen Aufbewahrung in Alufolie verpacken und am nächsten Tag in der Folie erhitzen. Geklärte Butter (S. 99) ist ebenfalls zum Braten geeignet. Man kann die Brotscheiben auch rösten und von beiden Seiten mit zerlassener Butter bestreichen, in Würfel schneiden und die Kruste entfernen.

Melba-Toast Hauchdünne Weißbrotscheiben etwa 8–12 Minuten bei 175 °C/Gas 2–3 im Ofen backen, bis sich die Scheiben an den Enden krümmen, gleichmäßig gebräunt und knusprig sind. Oder Scheiben von mittlerer Stärke rösten, die Krusten entfernen und die Scheiben horizontal durchschneiden, die Handfläche dabei jeweils fest auf die Brotscheibe legen. Die Scheiben backen, bis sie knusprig sind.

Einfaches Weißbrot

Wenn das Brot eine besonders rösche Kruste erhalten soll, stellt man eine flache Schale mit kochendem Wasser auf den Boden des Backofens.

Ergibt 2 große Laibe oder 16–20 kleine Brötchen

25 g Preßhefe oder 7 g Trockenhefe
500 ml warmes Wasser
750 g Brotmehl (S. 343) oder Auszugsmehl (gegebenenfalls etwas mehr)
1 EL Salz
1 Ei, mit ½ TL Salz verschlagen (zum Bestreichen)

1 Die Hefe mit 3–4 EL warmem Wasser in einer kleinen Schüssel verrühren, bis sie sich vollkommen aufgelöst hat (Trockenhefe direkt mit dem Mehl vermischen). Mehl und Salz in eine vorgewärmte Rührschüssel sieben. In die Mitte eine Vertiefung drücken und das restliche warme Wasser zusammen mit der aufgelösten Hefe in die Mulde gießen. Langsam mit den Händen so viel Mehl unterarbeiten, daß ein einigermaßen fester Teig entsteht. Mit Mehl bestäuben und zugedeckt 15–20 Minuten an einem warmen Ort ruhenlassen, bis der Teig Blasen wirft.
2 Den Vorteig mit dem restlichen Mehl zu einem glatten Teig verrühren. Falls er kleben sollte, noch etwas Mehl einarbeiten. Den Teig kneten (S. 347) und anschließend 1–1½ Stunden gehen lassen.
3 Den Teig abschlagen, in Hälften teilen und zwei Laibe formen (S. 348). Die Laibe nochmals 45 Minuten gehen lassen, dann mit Ei bestreichen und auf der Oberfläche einschneiden (S. 351). Zunächst bei 220 °C/Gas Stufe 4–5 etwa 15 Minuten, danach bei 190 °C/Gas Stufe 3 weitere 20–30 Minuten im Ofen backen.

Brötchen Ergibt 16–20 kleine Brötchen. Den Teig mit den Händen zu einer langen Rolle formen und in 16–20 gleich große Stücke teilen. Jedes Teigstück zu einem Brötchen formen (S. 350). Zum Aufgehen auf ein gefettetes Backblech setzen und 15–20 Minuten ruhenlassen. Mit Ei bestreichen und bei 220 °C/Gas Stufe 4–5 etwa 12–18 Minuten backen. Die Brötchen sind durchgebacken, wenn sie beim Klopfen auf die Unterseite hohl klingen.

Rezepte für einfache Hefebrote

Vollkornbrot Ergibt 3 runde Laibe. 25 g Preßhefe in 3–4 EL lauwarmem Wasser auflösen (oder 7 g Trockenhefe direkt mit dem Mehl vermischen). 1 EL Honig unterrühren. 500 g Vollweizenmehl (steinvermahlen), 250 g Auszugsmehl und 1 EL Salz in eine große Rührschüssel sieben, und in die Mitte eine Vertiefung drücken. Die aufgelöste Hefe zusammen mit 500 ml warmem Wasser in die Mulde gießen. Langsam mit dem Mehl verrühren und zu einem glatten Teig verarbeiten, gegebenenfalls noch etwas Mehl zugeben. Einen festen Teig kneten (S. 347) und 2–3 Stunden gehen lassen. Den Teig abschlagen, in drei Stücke teilen und aus jedem Teigstück einen runden Laib formen (S. 348). Die Brotlaibe auf ein bemehltes Backblech setzen oder in gefettete runde Kuchenformen (15 cm Durchmesser) legen und die Oberfläche reichlich mit Mehl bestäuben. Nochmals 30–45 Minuten gehen lassen. Die Laibe an der Oberfläche einschneiden (S. 351) und dann 15 Minuten bei 220 °C/Gas Stufe 4–5 im Ofen backen. Die Hitze auf 190 °C/Gas Stufe 3 reduzieren und die Brote weitere 30–40 Minuten backen. Wenn sie beim Klopfen auf die Unterseite hohl klingen, sind sie durchgebacken.
Vollkornbrot mit Rosinen und Nüssen Den Teig nach obigem Rezept zubereiten und 2 TL gemahlenen Zimt mit dem Mehl vermischen. 200 g gehackte Walnüsse und 200 g Rosinen unterkneten.
Roggen-Baguettes Ergibt 2 Stangenbrote. 25 g Preßhefe in 125 ml warmem Wasser auflösen (oder 7 g Trockenhefe direkt mit dem Mehl vermischen). 500 g Roggenmehl, 500 g Vollweizenmehl und 1 EL Salz in eine große Rührschüssel sieben und in die Mitte eine Vertiefung drücken. 625 ml lauwarme Milch, die aufgelöste Hefe, 3 EL Honig und 3 EL Öl in die Mulde geben. Verrühren und mit dem Mehl zu einem glatten, weichen Teig verarbeiten. Falls der Teig kleben sollte, noch etwas Vollweizenmehl unterarbeiten. Einen festen Teig kneten (S. 347) und etwa 2 Stunden gehen lassen, bis er fast das doppelte Volumen erreicht hat. Den Teig abschlagen, in zwei Stücke teilen und zwei Baguettes formen (S. 349). Die Stangenbrote auf ein Backblech setzen, abdecken und nochmals etwa 30 Minuten gehen lassen. Bei 190 °C/Gas Stufe 3 etwa 50–60 Minuten backen. Sie sind durchgebacken, wenn sie beim Klopfen auf die Unterseite hohl klingen.

FRANZÖSISCHES BROT UND SAUERTEIG

Die einzigartige Qualität des französischen Stangenbrotes hängt von einer Reihe Faktoren ab. Ausschlaggebend ist ein relativ weiches Mehl (für viele Weißbrote wird hauptsächlich hartes Mehl verwendet), die lange Aufgehzeit mit streng kontrollierten Temperatur- und Feuchtigkeitswerten und das Backen in einer Dampfkammer. Man läßt den Teig dreimal gehen: Beim ersten Aufgehen verdreifacht er sein Volumen, beim zweiten Mal geht er zur doppelten Größe auf, und beim dritten Mal ruht er ausgeformt zu langen, schlanken Stangen. Die Standardgröße eines französischen Brotes ist eine *baguette* (wörtlich übersetzt »Stab«), die nächstdünnere Größe eine *flûte,* gefolgt von der noch dünneren *ficelle,* die gern für *croûtes* verwendet wird. Größere Brote werden ganz einfach als *pains* (Brote) bezeichnet. Keines dieser Brote bleibt länger als einige Stunden frisch. Französisches Brot wird traditionell mit einem »Starter« (franz. *levain*) oder einem Sauerteig aus Hefen und Milchsäurebakterien hergestellt, der vom letzten Brotbacken übriggeblieben ist. Man kann aber auch einen frisch angesetzten Vorteig aus Mehl, Wasser und Hefe (S. 346) verwenden.

Sauerteigbrot hat einen angenehm säuerlichen Geschmack. Ursache ist ein Starter aus Mehl und Wasser (oder Milch), dessen Mikroorganismen (Hefen und Bakterien) sich in aktivem Zustand befinden und den Teig zum Gären (Säuern) bringen. Früher kannte man Sauerteig vornehmlich in Gegenden, wo frische Hefe knapp war und wilde Sporen aus der Umgebungsluft die fortlaufende Säuerung und Gärung des Teigansatzes übernahmen. Zur Bereitung eines Sauerteigbrotes nimmt man vom Starter eine kleine Portion ab und vermischt diese mit den restlichen Zutaten. Der Teig wird dann wie andere Brotteige weiterverarbeitet. Der verbleibende Vorteig wird wieder mit Mehl und Wasser angesetzt und bis zum nächsten Brotbacken aufgehoben. Der Teig kann zusätzlich mit Roggen- oder Vollweizenmehl angereichert werden.

Sauerteig ansetzen

25 g frische Hefe in 60 ml Wasser und 1 TL Zucker auflösen (oder 7 g Trockenhefe direkt mit dem Mehl vermischen). 500 ml warmes Wasser und etwa 250 g ungebleichtes Weißmehl zugeben und verrühren, bis ein dickflüssiger Teig entsteht. Diesen Starter oder Vorteig mit einem feuchten Tuch abdecken und zum Gären an einen warmen, zugluftfreien Ort stellen. Vor der weiteren Verwendung sollte er bei Raumtemperatur drei bis fünf Tage gären. Fertiger Sauerteigansatz ist unter der Bezeichnung Natursauer und Trockensauer (Kunstsauer) im Handel erhältlich.

Bei Verwendung eines Sauerteigansatzes jeweils 25 g der im Rezept angegebenen Hefe durch 125 ml Starter ersetzen. (Wer absolut sichergehen will, ersetzt die Frischhefe nur zur Hälfte.) Bei jedem Brotbacken mindestens 250 ml Starter zurückbehalten und wieder mit der gleichen Menge Mehl und Wasser ansetzen, die vorher abgenommen wurde. Ein Sauerteigansatz sollte alle vier bis fünf Tage mit 30 g Mehl und 60 ml Wasser aufgefrischt werden.

BROTKRUMEN UND SEMMELBRÖSEL

Brotkrumen und Semmelbrösel finden in der Küche vielseitige Verwendung. Frische Brotkrumen nimmt man zum Binden von Füllungen, zum Andicken von Saucen und zum Panieren von Bratgut. Eingeweichte Brotkrumen und Semmelbrösel dienen zum Binden von Füllungen und Klößen. Fritiergut wird vor dem Fritieren in getrockneten weißen Semmelbröseln gewälzt, während Gratins und andere gebakkene Speisen der Farbe und der Knusperfrische wegen gern mit braunen Semmelbröseln bestreut werden. (Für Füllungen mit Brotanteil s. S. 364.)

Frische weiße Brotkrumen Ziemlich trockenes Weißbrot entkrusten und grob würfeln. Die Brotwürfel in der elektrischen Küchenmaschine oder im Mixer vermahlen oder mit den Fingern zerkrümeln und durchsieben. Die Brösel innerhalb von 2 Tagen verbrauchen.

Getrocknete weiße Semmelbrösel Weißbrot entkrusten und zum Trocknen warm stellen oder in den schwach geheizten Backofen legen, bis es knusprig ist. In der Küchenmaschine oder im Mixer zerkleinern oder mit einem Nudelholz zerdrücken und grob durchsieben. Als Abwandlung frische Brotkrumen im schwach geheizten Backofen dörren, ohne daß sie Farbe annehmen. Die Brösel bleiben im Schraubglas 1 Monat frisch.

Getrocknete braune Semmelbrösel Wie getrocknete weiße Semmelbrösel herstellen, doch zunächst das Brot etwa 10–15 Minuten im Backofen bei 180 °C/Gas Stufe 2–3 goldbraun rösten. Luftdicht verschlossen halten sich die Semmelbrösel bis zu 3 Monaten.

MÖGLICHE FEHLER BEIM BACKEN VON HEFEBROT

Teig unzureichend oder gar nicht aufgegangen
1 Nicht einwandfreie Hefe (zu alt, trocken, schmierig).
2 Zu heiße Flüssigkeit beim Auflösen der Hefe.
3 Zu hoher Anteil an weichem Mehl, Zucker, Salz, Fett oder Eiern.
4 Hefe kam beim Anrühren mit Salz oder zuviel Zucker in Berührung.
5 Zu schwaches oder zu intensives Kneten.
6 Zu niedrige Ofentemperatur.

Schweres Brot (Die Kruste ist häufig zu dunkel und die Form des Laibs mangelhaft.)
1 Zuviel Wasser.
2 Zu starke Teiglockerung beim ersten Aufgehen.
3 Zu kurze zweite Aufgehzeit der Teigstücke vor dem Backen.

Weiches, aufgeplustertes Brot (Die Kruste ist häufig blaß, der Laib flach und die Krume locker und hohl.)
1 Zu hoher Hefe-Anteil.
2 Zu hohe Temperatur beim Aufgehen des Teigs.
3 Zu lange zweite Aufgehzeit der geformten Teigstücke.
4 Zu niedrige Ofentemperatur.

Hefiger oder saurer Geschmack
1 Zu hoher Hefe-Anteil oder zu lange Aufgehzeit.
2 Zu rasches erstes Aufgehen.
3 Zu langsames Aufgehen.

Gehaltvolle Hefeteige

Fast alle zutatenreichen Hefeteige werden mit Weiß- oder Auszugsmehl hergestellt.

Die Grundzutaten stehen mit den Geschmacks- und Verfeinerungsaromaten in komplexer Wechselwirkung: Eier bewirken, daß der Teig besser aufgeht, und das fettreiche Eigelb erhöht die Haltbarkeit des fertigen Gebäcks; Eiweiß hingegen trocknet den Teig aus, und so wird zum Ausgleich meist Butter zugegeben. Da Butter in größeren Mengen die Aktivität des Klebers beeinträchtigt, wird schwerer, fettreicher Teig meist in mehreren Stadien hergestellt.

Zunächst knetet man den Grundteig nach allgemeiner Rezeptanweisung und arbeitet nach der Teigruhe die Butter ein. Schwere Zutaten, wie Trockenobst oder Nüsse, werden erst vor dem Ausformen unter den Teig geknetet, da sie ein gleichmäßiges Aufgehen des Teigs verhindern. Vielen zutatenreichen Teigen fügt man ein bis zwei Eßlöffel Zukker hinzu, um die Gärung zu unterstützen. Ein bekanntes Beispiel ist der Wiener Striezel, ein einfacher Milch-Eier-Teig, der meist zu einem Zopf geflochten wird.

Der feinste Hefeteig ist mit Abstand der Brioche-Teig mit seinem hohen Anteil an Butter und Eiern. Der Teig wird in Brioche-Formen gefüllt: entweder in kleine becherartige Förmchen oder in eine große, sich nach oben weitende Form mit gewellter Wandung. Man kann den Teig auch sehr gut zu kleinen oder größeren Laiben ausformen, mit weiteren Zutaten verfeinern und daraus gehaltvolle Hefebrote oder Rosinenbrötchen herstellen.

Ein einfacher Brioche-Teig kann verschiedenartig gefüllt werden: mit einer Wildpastete (S. 245), mit Würstchen oder mit Lachs, wie *coulibiac de saumon*. *Brioche mousseline* wird gewöhnlich in einer hohen, engen Zylinderform gebacken und traditionell zu *foie gras* (Gänseleber) gereicht.

Viele andere gehaltvolle Hefeteige werden mit viel Zucker gesüßt und – mit Trockenobst oder Nüssen vermischt – zu süßen Brötchen oder Kuchenbroten verarbeitet. Ein Großteil dieser Rezepte stammt aus Osteuropa, Deutschland und Skandinavien. Ein typisches Beispiel ist der Osterkranz (S. 356).

Für die französische Variante der ringförmigen *savarins* oder die in hohen, runden Formen gebackenen *babas* läßt man den Teig vollkommen aufgehen und tränkt ihn nach dem Abbacken mit Rumsirup. Bei solch feinen Backwaren ist die richtige Temperatur in allen Stadien des Teigs von großer Bedeutung.

Das fertige Gebäck präsentiert sich stets in dekorativer Form. Da diese Hefeteige wegen ihrer weichen Konsistenz auf dem Backblech auseinanderfließen würden, werden sie im allgemeinen in der Form gebacken.

Guglhupf, der als Geschmackszutat Rosinen enthält, wird in der gleichnamigen Guglhupf- oder Napfkuchenform, einer hohen Kranzform, gebacken. Damit sich diese schweren Hefeteige gut ausdehnen können, füllt man die Formen nur zu einem Drittel oder zur Hälfte und läßt den Teig dann bis zum Rand aufgehen.

ZUR INFORMATION

Menge Hefeteig aus 175 g Mehl ergibt einen etwa 23 × 12 × 10 cm großen Laib.

Typische Backformen *Brioche* Runde Brioche-Form mit gewellter Wandung. *Guglhupf* Kranzform mit gewellter Wandung. *Savarin* Glatte Ringform. *Baba* Hohe Zylinderförmchen.

Vorbereitung der Backformen Einfetten; bei sehr schweren Teigen einfetten, kalt stellen und nochmals einfetten.

Garzeiten *Laibe* Backen bei 220 °C/Gas Stufe 4–5: 15 Minuten, dann bei 190 °C/Gas Stufe 3: 10–30 Minuten. *Gehaltvolle Hefeteige* Backen bei 200 °C/Gas Stufe 3–4: 25–35 Minuten. *Süße Brötchen* Backen bei 220 °C/Gas Stufe 4–5: 15–20 Minuten.

Richtiger Gargrad Goldbraune Kruste; Garprobe mit Holzstäbchen oder Metallspieß: Es darf kein Teig haftenbleiben.

Aufbewahrung Möglichst ofenfrisch servieren; aufbewahren in luftdicht verschlossenem Behälter: 3 Tage; tiefgefroren: 6 Monate.

Glasuren Überzug aus Ei, Milch, Eiweiß, Zucker; Honigglasur; Zuckerguß.

Typisches Hefegebäck Osterbrot, garniert mit hartgekochten, gefärbten Eiern (Griechenland); *panettone* (mit Butter, kandierten Früchten; Italien); *veneziana* (süßes Festtagsbrot mit ganzen Mandeln; Italien); Hefeschnecken (Deutschland); Striezel (Österreich); *barm brack* (mit Rosinen, Zitronat, Orangeat; Irland); *hot cross buns* (Rosinenbrötchen mit kleinem Teigkreuz, wird in der Karwoche gegessen; Großbritannien); *sticky buns* (Schnecken mit Zimt, Pekannüssen, in Honig; USA); Hefezopf mit Früchten (Tschechoslowakei).

BRIOCHE-TEIG HERSTELLEN

Einen geübten Bäcker erkennt man daran, daß er den »Kopf« der Brioche so formt, daß dieser während des Backens nicht einsinkt oder verrutscht.

Ergibt 2 große Brioches

25 g Preßhefe oder 7 g Trockenhefe
2 EL warmes Wasser
375 g Mehl
(gegebenenfalls etwas mehr)
1½ TL Salz
2 TL Zucker
5–6 Eier
175 g kalte Butter
1 Ei, mit ½ TL Salz verschlagen
(zum Bestreichen)

2 Brioche-Formen (18–20 cm Durchmesser)

1 Die Hefe im warmen Wasser auflösen (S. 346) oder die Trockenhefe direkt mit dem Mehl vermischen. Das Mehl auf eine Arbeitsfläche sieben und in die Mitte eine Vertiefung drücken. Salz und Zucker an der Seite zugeben und durch einen Mehlrand von der Mulde trennen. 5 Eier aufschlagen und in die Mulde gleiten lassen.

2 Die Hefemischung zugießen und mit den Eiern vermischen, nach und nach vom Rand her Mehl, Salz und Zucker mit den Fingern unterarbeiten. Der Teig sollte weich und zähflüssig sein. Bei zu trockenem Teig das verbliebene Ei verschlagen und so viel davon unterarbeiten, bis der Teig die richtige Konsistenz hat.

3 Den Teig entweder von Hand nach der Anweisung für weiche Teige kneten (S. 347), bis er weich und glatt ist, oder die Küchenmaschine dazu benutzen. Dann den Teig in eine gleichmäßig geölte Schüssel geben und 1½–2 Stunden ruhenlassen.

4 Die kalte Butter mit einem Nudelholz flachdrücken und so lange kneten und rollen, bis sie geschmeidig ist. Dann auf den Teig legen und durch wiederholtes Zusammenpressen eine homogene Teigmasse herstellen.

5 Den Teig von einer Hand in die andere nehmen – mit allen Teigresten von der Arbeitsfläche – 3–5 Minuten walken, bis die Butter vollkommen untergearbeitet ist. Den Teig anschließend noch 1 Minute weiterkneten.

6 Die Schüssel nochmals einölen, den Teig hineingeben und zugedeckt über Nacht im Kühlschrank langsam gehen lassen. Gut gekühlt läßt sich der Teig leichter in die gewünschte Brioche-Form bringen.

BRIOCHES FORMEN

Für große und hohe Brioches den Teig halbieren, für kleine zu einer Rolle formen und in zehn gleich große Stücke teilen. Die Formen einfetten und den Teig leicht abschlagen.

1 **Große Brioches** Ein Drittel des Teigs abteilen für den »Kopf«. Beide Teigstücke zu einer Kugel formen. Mit den Fingern ein Loch in die Mitte der großen Teigkugel drücken und sie in eine große gefettete Brioche-Form legen.

2 Die kleine Kugel obenauf setzen, mit den Fingern die kleine Teigkugel vorsichtig auf den Boden der Form drücken, so daß sie fest mit der großen Kugel verbunden ist und nicht versinken oder verrutschen kann.

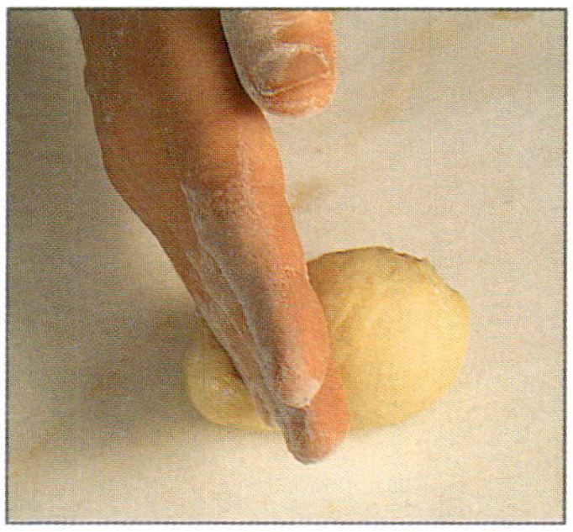

Kleine Brioches Jedes Teigstück zu einer Kugel formen, mit der Handkante einen »Kopf« rollen und zwischen den Fingern leicht zusammendrücken. Den Teig in die Form pressen, bis er den Boden berührt.

Hohe Brioches Den Teig zu einer Kugel formen und vorsichtig in die Länge ziehen. Eine große Konservendose einfetten und mit gefettetem Papier auslegen, so daß ein Papierkragen übersteht. Den Teig in die Dose drücken.

3 Den Teig so lange gehen lassen, bis er etwa das doppelte Volumen erreicht hat und die Formen fast randvoll sind (20–30 Minuten). Den Backofen auf 220 °C/Gas Stufe 4–5 vorheizen. Die Teigoberfläche mit verschlagenem Ei bestreichen und die Brioches goldbraun backen. Sie sind durchgebacken, wenn sie beim Klopfen auf die Unterseite hohl klingen. Große und hohe Brioches zuerst 15 Minuten bei 220 °C/Gas Stufe 4–5 backen, dann die Temperatur auf 190 °C/Gas Stufe 3 reduzieren und weitere 20–30 Minuten backen. Kleine Brioches 15–25 Minuten bei 220 °C/Gas Stufe 4–5 backen.

Brioche mousseline

Große Brioche — Kleine Brioches

Gefülltes Hefegebäck

Aus diesem gehaltvollen Hefeteig läßt sich einfaches wie kunstvoll geformtes Gebäck herstellen. Auch die amerikanischen *sticky buns* (Honigschnecken) werden nach diesem Rezept hergestellt.

Ergibt 1 großen Kranzkuchen oder 9 Honigschnecken
125 ml Milch
60 g Butter
25 g Preßhefe oder 7 g Trockenhefe
60 ml warmes Wasser
375 g Mehl
(gegebenenfalls etwas mehr)
¾ TL Salz
45 g Zucker
1 Ei, verschlagen

Für die Füllung
60 g Korinthen
60 g Sultaninen
2 EL gehackte glasierte Zitrusschalen
45 g brauner Zucker
½ TL gemahlener Zimt
¼ TL gemahlene Muskatnuß
Abgeriebene Schale von 1 unbehandelten Zitrone

1 Die Milch mit der Butter erhitzen, bis die Butter geschmolzen ist. Die Flüssigkeit auf Handwärme abkühlen lassen. Die Hefe im warmen Wasser auflösen (Trockenhefe direkt mit dem Mehl vermischen). Das Mehl in eine vorgewärmte Schüssel sieben, Salz und Zucker zugeben und in die Mitte eine Vertiefung drücken. Hefe, Milch und Ei in die Mulde geben. Mit der Hand vermischen und nach und nach mit dem Mehl zu einem glatten Teig verarbeiten. Falls der Teig kleben sollte, noch etwas Mehl einarbeiten.
2 Den Teig nach der Anweisung für feste Teige kneten (S. 347) und 45–60 Minuten gehen lassen. Den aufgegangenen Teig formen und füllen (unten) und nochmals 30–45 Minuten gehen lassen. Den Backofen auf 200 °C/Gas Stufe 3–4 vorheizen.
3 Den Hefeteig 25–35 Minuten goldbraun backen. Die Garprobe mit einem Metallspieß machen: Beim Herausziehen darf kein Teig daran haften. Das fertige Gebäck auf einem Kuchengitter auskühlen lassen.
Hinweis Gehaltvolles Hefegebäck vor dem Backen glasieren (Honigschnecken, Arbeitsschritt 2) oder nach dem Backen mit Zuckerguß überziehen (Osterkranz, Arbeitsschritt 4).

Abwandlungen

Wiener Striezel Den Hefeteig wie oben herstellen, aber die Zuckermenge auf 1 EL reduzieren. Den Teig zu einem Zopf formen (S. 349), auf ein gefettetes Backblech legen und gehen lassen. Mit verschlagenem Ei bestreichen und nach obiger Anweisung backen.
Streuselkuchen Für die Streusel 200 g braunen Zucker, 30 g Mehl und 4 TL gemahlenen Zimt vermischen, dann 90 g zerlassene Butter unterrühren. Auf einer bemehlten Arbeitsfläche den Hefeteig zu einem 20 × 30 cm großen Rechteck ausrollen. Die Teigplatte auf ein gefettetes Backblech legen und die Streusel darauf verteilen; einen 2 cm breiten Rand lassen. Zuerst die schmalen Seiten 5 cm breit umschlagen, dann die langen Seiten umklappen. Aufgehen lassen und nach obiger Anweisung backen.

GEFÜLLTES HEFEGEBÄCK FORMEN

Das spiralförmige Muster des Wickelkuchens kommt besonders schön beim Osterkranz und bei den Honigschnecken zur Geltung.

1 Osterkranz Den Teig auf einer bemehlten Arbeitsfläche zu einem 25 × 40 cm großen Rechteck ausrollen. Die Zutaten für die Füllung (Rezept oben) mischen und auf der Teigplatte verteilen, dabei an allen Seiten einen 2 cm breiten Rand lassen. Die Füllung mit einem Nudelholz leicht andrücken. Die Teigplatte aufrollen und die Nahtstellen gut zusammendrücken.

2 Die Teigrolle zu einem Kranz legen, so daß sich die Teigenden überlappen und gut verschlossen sind. Den Kranz auf ein gefettetes Backblech legen.

3 Den Kranz mehrmals mit einem scharfen Messer zur Mitte hin tief ein-, aber nicht ganz durchschneiden. Die Teigstücke vorsichtig auseinanderziehen und flach ausklappen, so daß das Spiralmuster sichtbar wird.

4 Den Kranz aufgehen lassen und nach Anweisung (Rezept links) backen. Den noch heißen Kuchen mit einem weichen Guß aus 60 g Puderzucker und 2–3 EL Wasser bestreichen.

1 Honigschnecken Wie für den Osterkranz eine Teigplatte mit Füllung aufrollen und die Teigrolle in neun gleich große Stücke schneiden.

2 Die Teigstücke mit der Schnittfläche nach oben in eine gefettete quadratische Backform (20 cm Seitenlänge) legen und aufgehen lassen. Für die Honigglasur 100 g Zucker, 60 ml Milch, 60 g Butter und 60 g Honig zusammen aufkochen. Die Glasur über die Hefeschnecken gießen und sofort nach Rezept (links) backen.

3 Das fertige Gebäck etwa 15 Minuten in der Form abkühlen lassen, dann auf ein Kuchengitter stürzen. Die Form noch 1–2 Minuten über den Kuchen halten, damit die Glasur heraustropfen kann.

Plunderteig

Plunderteig ist ein Hefeteig, in den zusätzlich Butter eingebettet wird. Auf diese Weise verbindet sich der feine Brioche-Teig mit der Struktur von Blätterteig, weshalb man ihn häufig auch als Hefeblätterteig bezeichnet. Die berühmtesten Backwaren aus Plunderteig sind Croissants und dänisches Plundergebäck.

Zur Herstellung von Croissants und Plundergebäck wird der Teig zu einem Rechteck ausgerollt, mit Butterscheiben belegt, zusammengefaltet und wieder ausgerollt. Dieser Arbeitsgang wird mehrmals wiederholt. Man bezeichnet ihn wie beim Blätterteig (S. 378) als »Tour«. Je nachdem, wie oft – in wie vielen Touren – der Teig ausgerollt und zusammengefaltet wird, entstehen lagenweise mehrere Fettschichten im Teig. Da die Feuchtigkeit zwischen den Fettschichten eingeschlossen ist, verdampft sie beim Backen und treibt so die einzelnen Teigschichten hoch. Im weiteren Verlauf des Backens trocknet der Teig und bekommt seine endgültige blättrige Struktur. Durch diese aufwendige Zubereitungsart und den hohen Anteil an Butter im Teig erhält Plundergebäck die extreme Leichtigkeit und den feinen Geschmack und gehört zu den unübertroffenen Köstlichkeiten.

Die blättrigen Croissants – Inbegriff des französischen Frühstücksgebäcks – erfreuen sich mittlerweile weltweit großer Beliebtheit. Diesseits und jenseits des Atlantiks findet man sie in unterschiedlichen Abwandlungen – mit süßen Füllungen, wie Marmelade oder Kompott, als Mandel-Croissants (gefüllt mit Mandelpaste) und als *pain au chocolat* in rechteckiger Form mit Schokoladenfüllung. Pikante Croissants sind mit Schinken, Käse, Spinat oder gar sonnengetrockneten Tomaten gefüllt.

Dänisches Plundergebäck (das in Dänemark *wienerbrød* heißt und damit auf seine wahre Herkunft hindeutet) wird wie Croissants zubereitet, enthält aber immer eine süße Füllung und ist häufig noch mit Zuckerguß überzogen. Beliebt sind Creme-, Mohn-, Rosinen- und Frischkäse-, auch Obst- und Mandelfüllungen. Dänisches Plundergebäck gibt es in den unterschiedlichsten Formen, etwa als Windmühlen, Schnecken, Taschen oder Halbmonde.

ZUR INFORMATION

Menge Plunderteig aus 500 g Mehl ergibt 12–16 Croissants oder Gebäckstücke.

Vorbereitung des Backblechs Einfetten.

Garzeiten *Croissants* Backen bei 220 °C/Gas Stufe 4–5: 5 Minuten, dann bei 190 °C/Gas Stufe 3: 10–12 Minuten. *Plundergebäck* Backen bei 200 °C/Gas Stufe 3–4: 10 Minuten, dann bei 175 °C/Gas Stufe 2–3: etwa 10 Minuten.

Richtiger Gargrad Knusprig und goldbraun.

Bemerkung Bei zu starker Kleberbildung im Mehl schrumpft der Teig und treibt kaum in die Höhe (zur Verringerung des Kleberanteils s. S. 343); den Teig deshalb immer gut gekühlt halten, sowenig wie möglich mit den Händen berühren und zwischen den einzelnen Touren jeweils für 20–30 Minuten in den Kühlschrank legen.

Aufbewahrung Möglichst ofenfrisch servieren; aufbewahren in luftdicht verschlossenem Behälter: 2 Tage; tiefgefroren: 6 Monate.

Glasuren Überzug aus Eiweiß und Zucker; Zuckerguß.

Typisches Plundergebäck Kipferln (Österreich, Schweiz); *kolatschen* (mit Obstfüllung; Österreich, Tschechoslowakei); *sörkifli* (salzige Halbmonde; Ungarn); mit Kräuterquark (Deutschland); mit Zitronenquark (Dänemark); *apple turnovers* (Apfeltaschen; USA).

CROISSANTS HERSTELLEN

Croissant-Teig wird wie Blätterteig (S. 378) mehrmals ausgerollt und gefaltet.

Ergibt 12–16 Croissants

500 g Mehl
(gegebenenfalls etwas mehr)
1½ TL Salz
45 g Zucker
25 g Preßhefe oder 7 g Trockenhefe
175 ml warmes Wasser
125 ml warme Milch
250 g Butter
1 Ei, mit ½ TL Salz verschlagen
(zum Bestreichen)

1 Das Mehl mit Salz und Zucker auf eine Arbeitsfläche sieben und in die Mitte eine Vertiefung drücken. Die Hefe in der Hälfte des warmen Wassers auflösen (S. 346).

2 Die Hefemischung mit der Milch und dem restlichen Wasser in die Mehlmulde gießen. Nach und nach das Mehl mit einem Spatel oder Teigschaber mit der Flüssigkeit binden, so daß ein glatter Teig entsteht; gegebenenfalls noch etwas Mehl unterarbeiten. Den Teig zu einer Kugel formen und 15 Minuten im Kühlschrank ruhenlassen.

3 Die Butter mit Mehl bestäuben, mit dem Nudelholz flachdrücken und ausrollen. Die Butterplatte zusammenklappen und wieder ausrollen; den Vorgang so lange wiederholen, bis die Butter geschmeidig ist. Die Butter zu einer quadratischen Platte von 20 cm Seitenlänge formen. Den gut gekühlten Teig zu einem Quadrat von 40 cm Seitenlänge ausrollen, die Butter in die Mitte legen und den Teig von allen Seiten darüberschlagen. Die Teigränder fest zusammendrücken, damit beim weiteren Ausrollen die Butter nicht aus dem Teigblock gedrückt wird.

4 Den Teigblock mit der eingeschlagenen Butter vorsichtig mit dem Nudelholz gleichmäßig flach ausziehen, drehen und zu einem 60 × 20 cm großen Rechteck ausrollen.

5 Den Teigstreifen von den schmaleren Seiten her so zusammenlegen, daß ein dreilagiges Teigquadrat entsteht. Die Ränder leicht mit dem Nudelholz andrücken.

6 Den Teig in zwei Touren ausrollen (S. 378), einwickeln und 20–30 Minuten in den Kühlschrank legen, bis er gut gekühlt ist. Nochmals in zwei Touren ausrollen und den Teig wieder 20–30 Minuten kühlen.

CROISSANTS FORMEN

Die Teigdreiecke vor dem Aufrollen nach Belieben mit Schinkenstückchen, Käsewürfeln oder etwas Marmelade belegen.

Oder die fertig gebackenen Croissants vollkommen auskühlen lassen, anschließend der Länge nach aufschneiden und wie gewünscht füllen. Croissants mit süßer Füllung nach Belieben mit Puderzuckerglasur überziehen (S. 406).

1 Den Teig zu einem 40 × 60 cm großen Rechteck ausrollen und längs in drei gleich breite Streifen schneiden. Aus jedem Teigstreifen mehrere gleichförmige Dreiecke schneiden.

2 Von der breiten Seite her zur Spitze hin aufrollen. Die Teigspitze unterschlagen, damit sich das Croissant beim Backen nicht entrollt, und die Enden halbmondförmig nach innen biegen.

3 Die Hörnchen auf ein gefettetes Backblech setzen und zugedeckt so lange gehen lassen, bis sie ihr Volumen fast verdoppelt haben. Anschließend mit verschlagenem Ei bestreichen.

4 Die Croissants bei 220 °C/Gas Stufe 4–5 goldbraun und knusprig backen. Die fertigen Croissants zum Abkühlen auf Kuchengitter legen.

Dänisches Plundergebäck

Damit das Gebäck gut bräunt, wird dem Teig mehr Milch zugegeben.

Ergibt 12 Gebäckstücke

400 g Mehl
(gegebenenfalls etwas mehr)
1 TL Salz
45 g Zucker
25 g Preßhefe
oder 7 g Trockenhefe
175 ml warme Milch
60 ml warmes Wasser
1 TL Vanille-Essenz
(oder Vanillezucker, S. 37)
250 g Butter
1 Ei, mit ½ TL Salz verschlagen
(zum Bestreichen)
Puderzuckerglasur
(S. 406, nach Belieben)

1 Den Teig wie für Croissants zubereiten; Vanille-Essenz an die Hefemischung und die Milch geben. Den Teig wie für Croissants ausrollen.
2 Die Teigstücke ausformen (rechts), auf ein gefettetes Backblech setzen und 30–40 Minuten gehen lassen.
3 Den Backofen auf 200 °C/Gas Stufe 3–4 vorheizen. Die gefüllten Teigstücke mit Ei bestreichen und 10 Minuten backen. Die Backofentemperatur auf 175 °C/Gas Stufe 2–3 reduzieren und die Gebäckstücke weitere 10 Minuten backen, bis sie goldbraun und knusprig sind. Die fertigen Gebäckstücke auf Kuchengitter legen und gegebenenfalls sofort mit Zuckerguß überziehen.

DÄNISCHES PLUNDERGEBÄCK FORMEN

Zu den beliebtesten Füllungen zählen Marmelade, Vanillecreme, Apfelmus oder gesüßter Frischkäse.

1 Den Teig etwa 5 mm dick ausrollen und 12 Quadrate von 10 cm Seitenlänge ausschneiden. Die Teigränder mit Ei bestreichen.

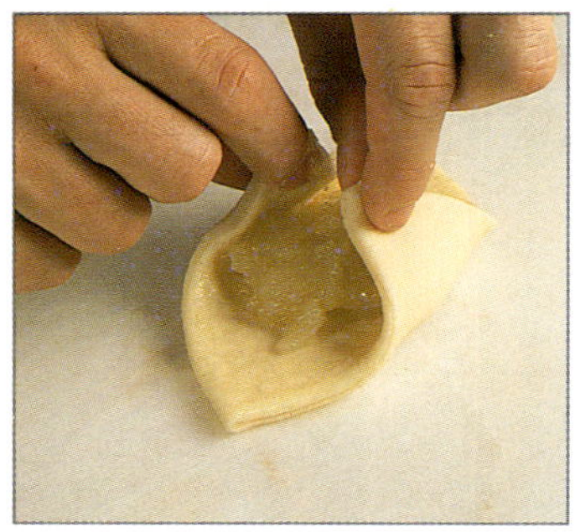

2 Kuverts 1 TL Füllung in die Mitte setzen und alle vier Ecken zur Mitte einschlagen.

3 Die Ecken mit den Fingerspitzen fest zusammendrücken, so daß ein Teigpaket entsteht.

4 Windmühlen Die Füllung in die Mitte setzen. Von jeder Ecke den Teig zur Mitte hin einschneiden.

5 Jede zweite Ecke auf die Mitte ziehen und leicht andrücken.

6 Hörnchen Den Teig in gleichförmige Dreiecke schneiden wie für Croissants. Mit einer Füllung belegen und wie Croissants aufrollen.

Hörnchen

Windmühle

BROTE OHNE HEFE

Sogenannte »schnelle Brote«, wie sie in den USA heißen, werden nicht mit Hefe, sondern mit chemischen Triebmitteln, etwa Backpulver oder Natron oder mit einer Mischung aus beidem, gelockert. Im Gegensatz zu Hefebroten, die durch das Kneten eine gleichmäßige, feste Textur erhalten, sind schnelle Brote eher weich und krümelig, vor allem, wenn es sich um süßes Gebäck handelt. Sobald dem Teig Flüssigkeit zugesetzt wird, beginnen die chemischen Trieb- oder Lokkerungsmittel Kohlendioxid freizusetzen. Das Vermischen der Zutaten darf also nicht länger als zehn Minuten dauern und sollte immer sehr vorsichtig erfolgen, damit das gasförmige Kohlendioxid nicht so schnell entweicht und die Kleberbildung im Mehl unterbunden wird. Der fertige Teig sollte eine weiche, klebrige Konsistenz haben, in Ausnahmefällen sogar dickflüssig und nicht zu glatt sein. Unter der Hitzeeinwirkung im Backofen wird die Hauptmenge des gasförmigen Kohlendioxids rasch freigesetzt, und noch bevor der Teig durchgebacken ist und sich gefestigt hat, verdoppelt er sein Volumen.

Hinweis Da der Teig in der elektrischen Küchenmaschine oder mit dem Handrührgerät zu intensiv bearbeitet wird, sollte man bei der Herstellung von schnellen Broten auf diese Hilfsmittel verzichten.

Brote ohne Hefe lassen sich im allgemeinen in zwei Gruppen unterteilen: schnelle Brote aus weichem bis mittelfestem Teig mit geringem Zuckeranteil und zumeist süße Kuchenbrote aus dickflüssigem Teig. Aus Teigen, die nicht zu weich sind, kann man die Brote »frei« formen, für dickflüssige Teige benötigt man jedoch immer eine Kasten- oder Kuchenform. Da der Teig im Backofen gewaltig in die Höhe treibt, dürfen die Backformen nur zu zwei Drittel gefüllt werden. Alle diese Brote kann man vor dem Backen mit verschlagenem Ei bestreichen. Für süße Kuchenbrote empfiehlt sich ein Zuckerguß. Schnelle Brote schmecken am besten frisch aus dem Ofen.

BACKTRIEBMITTEL

Die Verwendung von Natron und Backpulver kam erst Mitte des 19. Jahrhunderts auf. Diese Backtriebmittel sind besonders gut geeignet für dünnflüssige Teige, die das von der Hefe produzierte Kohlendioxid mangels Kleberbildung nicht aufnehmen können. Die chemischen Triebmittel nimmt man auch für glutenarme Mehle, die mit Hefe nicht gelockert werden können. Sie müssen stets vorsichtig dosiert werden, denn eine zu große Menge kann, etwa bei schokoladenhaltigen Teigen, zu Verfärbungen führen.

Natron ist die gängige Bezeichnung für Natriumhydrogencarbonat. In Verbindung mit säurehaltigen Zutaten, wie Buttermilch, Zitronensaft oder Essig, entsteht Kohlensäuregas, das den Teig zum Aufgehen bringt. Wichtig ist dabei das richtige Mischungsverhältnis von Natron und Säure im Teig: Auf etwa ½ TL Natron rechnet man 250 ml Sauermilch, Buttermilch oder Joghurt oder 1 EL Zitronensaft oder Essig. Die Triebkraft von Natron kann auch mit Weinstein aktiviert werden: Man mischt 2 Teile Natron mit 2,5 Teilen dieses pulverförmigen Salzes der Weinsäure und fügt dann Milch oder Wasser hinzu.

Backpulver ist eine vorgefertigte Mischung aus Natron und Säure (Weinstein-, Zitronen- oder Adipinsäure), die in Verbindung mit Flüssigkeit gasförmiges Kohlendioxid produziert und so ein problemloses Aufgehen des Teigs garantiert. Für 500 g Mehl nimmt man etwa 16 g Backpulver (für 125 g Mehl etwa 1 TL Backpulver).

Für Plätzchen und flache Kuchen verwendet man gelegentlich Hirschhornsalz (etwa 6 g auf 500 g Mehl), das in Glasröhrchen erhältlich und etwa sechs Monate haltbar ist. Für hohes Gebäck ist es ungeeignet, da der Geruch des Ammoniak in diesem Fall nicht entweichen kann. Auch mit Pottasche lockert man Teige auf, beispielsweise für Honig- oder Lebkuchen (etwa 6 g auf 500 g Mehl).

Einfache schnelle Brote

Amerikanische Kuchenbrötchen und britische *scones*, kleine brötchenartige Kuchen, sind Musterbeispiele für einfache schnelle Brote. Als Grundlage dient ein Teig aus Mehl und Milch oder Buttermilch, der durch Backpulver oder Natron gelockert wird. Als weitere Geschmacksstoffe kommen lediglich einige Eßlöffel Butter und etwas Salz hinzu.

Für die Herstellung von *scones* wird der Teig auf einer bemehlten Arbeitsfläche mit der Faust leicht flachgedrückt. Aus der etwa 2,5 cm starken Teigplatte sticht man dann mit einem runden Förmchen *scones* aus. Die fertigen *scones* haben eine angenehm mehlige Kruste und schmecken leicht säuerlich. Zur Abwechslung kann man sie auch mit dunklen Mehlen und Trockenobst zubereiten; die weiche und lockere Konsistenz sollte jedoch in jedem Fall erhalten bleiben. Ofenfrisch schmecken diese brötchenartigen Kuchen am besten, sie lassen sich jedoch auch einige Stunden aufbewahren oder einfrieren.

Amerikanisches Frühstücksgebäck hat eine ähnliche Textur wie die *scones*. Die »Brötchen« sehen aus wie kleine, runde Kuchen und werden meist noch warm mit Butter und Honig oder als Beilage zu anderen Speisen gereicht. Auch in der pikanten Version mit (eingebackenen) Kräutern, Käse und Schweinegrieben schmecken sie sehr gut. Man kann die noch warmen Brötchen ebenso aufschneiden und mit Schlagsahne und gezuckerten Erdbeeren füllen oder mit Bauernschinken oder geräuchertem Truthahn belegen. Der Teig wird wie für *scones* flachgeklopft oder etwa 5 mm dick ausgerollt und dann ausgestochen. Weichen bis mittelfesten Teig gibt man eßlöffelweise direkt auf das Backblech.

Zu den schnellen Broten zählt auch das berühmte irische Sodabrot. Es wird aus dem in Irland vorherrschenden glutenarmen Vollweizenmehl zubereitet und in der Form des Kreuzes auf der Oberfläche eingeschnitten, damit es gleichmäßig backt. Das traditionelle Rezept sieht kein Fett vor, lediglich Mehl, Buttermilch, Salz und Natron (engl. *soda*), damit der Mehlgeschmack voll zur Geltung kommt. Wie bei allen Vollkornbroten kann es auch beim irischen Sodabrot je nach verwendeter Mehlsorte zu Abweichungen in Geschmack und Konsistenz kommen.

ZUR INFORMATION

Menge Teig aus 250 g Mehl ergibt 6–8 *scones* oder Brötchen oder 1 Laib.

Vorbereitung des Backblechs Einfetten. *Scones* Einfetten und mit Mehl bestäuben.

Garzeiten *Laibe* Backen bei 200 °C/Gas Stufe 3–4: 25–35 Minuten. *Scones, Brötchen* Backen bei 220 °C/Gas Stufe 4–5: 12–18 Minuten.

Richtiger Gargrad *Laibe* Gebräunte Kruste. *Scones, Brötchen* Garprobe mit Holzstäbchen oder Metallspieß: Es darf kein Teig haftenbleiben.

Bemerkung Das fertige Gebäck wird fest und schwer, wenn der Teig zu trocken ist oder zu lange bearbeitet wird; es schmeckt sauer bei Verwendung von zuviel Triebmittel oder Säure.

Aufbewahrung Möglichst ofenfrisch servieren; aufbewahren in luftdicht verschlossenem Behälter: 3–4 Stunden; tiefgefroren: 3 Monate. Backfertiger Teig läßt sich einfrieren.

Glasur Überzug aus verschlagenem Ei.

Typische schnelle Brote Buttermilchbrot (Großbritannien); *shooting cake* (Rosinenbrot mit Zitronat; Großbritannien); *Isle of Man barley bread* (Großbritannien); *Cornish brown oatmeal bread* (Großbritannien); *North Riding bread* (Früchtebrot mit Mandeln; Großbritannien); *Irish sweet bread* (mit Rosinen, Ei, abgeriebener Zitronenschale; Irland); Haferbrot (Schottland); Maisstangen (USA); kreolisches Reisbrot (USA); Maisbrot mit Möhren (USA); Bananenbrot (Karibik); Blitzkuchen (Deutschland).

Korinthen-Scones

Scones schmecken am besten ganz frisch – mit Butter oder Sahne und Marmelade.

Ergibt 6–8 Scones

250 g Mehl
2 TL Zucker
1 TL Natron
½ TL Salz
60 g Backfett
30 g Korinthen
175 ml Buttermilch und 1 TL Weinstein *oder* 175 ml Milch und 2 TL Weinstein (gegebenenfalls etwas mehr Flüssigkeit)

Ausstechförmchen (etwa 6 cm Durchmesser)

1 Den Backofen auf 220 °C/Gas Stufe 4–5 vorheizen, ein Backblech einfetten und mit Mehl bestäuben. Das Mehl mit Zucker, Natron und Salz in eine Rührschüssel sieben. Mit den Fingern das Backfett einarbeiten, so daß eine grobkrümelige Masse entsteht. Die Korinthen untermischen und in die Mitte der Teigmasse eine Vertiefung drücken. Weinstein mit Buttermilch oder Milch vermischen und in die Mulde gießen. Vorsichtig zu einem weichen, klebrigen Teig verrühren.

2 Den Teig auf einer bemehlten Arbeitsfläche etwa 1 Minute leicht durchkneten und zu einer etwa 2,5 cm dicken Teigplatte flachklopfen. Mit dem Förmchen runde Plätzchen ausstechen, auf das vorbereitete Backblech legen und im Ofen etwa 15 Minuten backen, bis die *scones* leicht gebräunt sind und ein eingestochenes Stäbchen sauber bleibt.

Rezepte für einfache schnelle Brote

Irisches Sodabrot Ergibt 1 großen Laib. 500 g Weizenvollkornmehl, 1½ TL Salz und 1½ TL Natron in eine Rührschüssel sieben und in die Mitte eine Vertiefung drücken. 500 ml Buttermilch in die Mulde gießen und mit der Mehlmischung zu einem krümeligen Teig verrühren. Falls der Teig kleben sollte, noch etwas Buttermilch zugeben. Den Teig auf einer reichlich mit Mehl bestäubten Arbeitsfläche zu einem runden Laib (S. 348) formen. Auf ein gefettetes Backblech setzen, auf 5 cm Teighöhe flachdrücken und mit einem scharfen Messer ein tiefes Kreuz einschneiden. 30–35 Minuten bei 200 °C/Gas Stufe 3–4 im Ofen backen.

Maisbrotstangen Ergibt 16–18 Stangen. 125 g Mehl, 140 g Maismehl, 2 TL Zucker, 4 TL Backpulver und 1½ TL Salz in eine Rührschüssel sieben und in die Mitte eine Vertiefung drücken. 2 verschlagene Eier, 250 ml Milch und 60 g zerlassene Butter in die Mulde geben. 16–18 gußeiserne Formen für Brotstangen (S. 509) oder mittelgroße *muffin*-Formen einfetten und im Backofen auf 220 °C/Gas Stufe 4–5 vorheizen. Die heißen Formen zur Hälfte mit dem dickflüssigen Teig füllen. 10–12 Minuten backen, bis die Stangen goldbraun sind.

Backpulverbrötchen Ergibt 6–8 Brötchen. Im Rezept für Korinthen-*scones* Zucker und Korinthen weglassen, den Weinstein durch 1 EL Backpulver ersetzen. Den Teig wie oben beschrieben verarbeiten, gegebenenfalls etwas mehr Buttermilch zugießen, damit der Teig schön weich wird. Auf einer bemehlten Arbeitsfläche den Teig leicht durchkneten, auf 2 cm Teighöhe flachklopfen und mit einem runden Förmchen (5 cm Durchmesser) Brötchen ausstechen. Die Brötchen auf ein gefettetes Backblech setzen und 30 Minuten kühl stellen. Mit zerlassener Butter bestreichen und 8–10 Minuten im Ofen backen. Entweder ofenfrisch servieren oder vorher auf Raumtemperatur abkühlen lassen.

Gewürzkuchen, Kuchenbrote und süße Brötchen

Die aus einem dickflüssigen Teig zubereiteten amerikanischen *muffins,* kleine pfannkuchenartige Fladen, sind ein typisches Beispiel für süße Brötchen. Den grob vermischten Teig kann man mit einer Fülle von Geschmackszutaten verfeinern, zum Beispiel mit braunem Zukker, Honig, Gewürzen und Trockenobst. In Europa schätzt man Rosinenbrötchen, Leb- und Gewürzkuchen, angefangen bei den finnischen Pfefferkuchen (S. 401) bis hin zum französischen *pain d'épices,* eine Art Honigkuchen, der oft mit Orangeat verfeinert wird. Die Engländer sind berühmt für ihre als *buns* bekannten Kuchenbrötchen, von denen einige mit Hefe, viele aber mit gesüßten Backpulvermischungen bereitet werden, wie etwa die *rock cakes,* deren Teig so fest ist, daß die zerklüftete Oberfläche beim Backen erhalten bleibt. Der jüdische Honigkuchen (S. 413) mit Zimt und abgeriebener Orangenschale zählt ebenfalls zu den Kuchenbroten.

ZUR INFORMATION

Menge Ein Teig aus 250 g Mehl ergibt ein etwa 23 × 12 × 10 cm großes Kuchenbrot oder 8–10 *muffins.*
Typische Backformen Kastenform, quadratische Kuchenform; *muffin*-Förmchen.
Vorbereitung der Backformen Einfetten, gelegentlich mit Backpapier auslegen.
Garzeiten *Laibe* Backen bei 190 °C/Gas Stufe 3: 45–60 Minuten. *Muffins* Backen bei 220 °C/Gas Stufe 4–5: 15–20 Minuten.
Richtiger Gargrad Gebräunt, rissige Oberfläche und leicht geschrumpft. Garprobe mit Holzstäbchen oder Metallspieß: Es darf kein Teig haftenbleiben.
Bemerkung *Zu festes oder krümeliges Gebäck mit Aushöhlungen* Verwendung von zuviel Triebmittel oder zu lange Teigbereitung. *Trockenes Gebäck* Zu lange Backzeit. *Flache Oberfläche* Zu niedrige Ofenhitze. *Früchte* Früchte sinken leicht nach unten, deshalb stets gut trockentupfen und mit etwas Mehl bestäuben.
Aufbewahrung Möglichst ofenfrisch servieren; aufbewahren in luftdicht verschlossenem Behälter: 2 Tage; tiefgefroren: 3 Monate.
Glasuren/Auflagen Überzug aus Eiweiß und Zucker, verschlagenem Ei; leichter Zuckerguß; Streusel (S. 356).
Typisches Gebäck *Kuchenbrote* Rosinenbrot (Deutschland); Gewürzkuchen (Deutschland, Skandinavien); mit Rosinen, Walnüssen (USA); mit Melasse (USA); Teekuchen mit Korinthen (Großbritannien); mit Joghurt (Griechenland). *Muffins* Mit Ahornsirup (USA); mit Apfelmus (USA); *pearl muffins* (mit Vanille; USA); mit Kleie (USA).

BEUGEL UND BREZELN

Beugel (auch Bagel genannt) sind ein traditionelles jüdisches Hefegebäck in Ringform, das zuerst 15 Sekunden in kochendem Wasser gegart und anschließend im Backofen gebacken wird. Die Teigringe werden für gewöhnlich mit verschlagenem Ei bestrichen, damit sie beim Backen eine schöne goldbraune Farbe annehmen. Beugel gibt es in verschiedenen Abwandlungen. Besonders beliebt sind die Versionen mit Ei, Zimt und Rosinen. Einfacher Beugelteig wird auch gern mit Knoblauch, geraspelten Zwiebeln, Mohn- und Sesamsamen bestreut. Ein aufgeschnittenes Beugel mit Frischkäse und gesalzenem Lachs gehört zu den klassischen New Yorker Delikatessen. Das nach der polnischen Stadt Białystok benannte Hefegebäck *bialy* wird aus dem gleichen Teig wie Beugel zubereitet, vor dem Backen aber nicht in kochendes Wasser getaucht. Im Gegensatz zu dem ringförmigen Beugel hat dieses flache Brötchen in der Mitte eine leichte Vertiefung.

Die als knuspriger Snack allgemein bekannten trockenen Salzbrezeln werden aus Hefeteig zubereitet, der zu einem langen Strang ausgerollt und zu dem typischen, geschlungenen Gebilde geformt wird. Laugenbrezeln taucht man vor dem Backen in Natronlauge, wodurch sie eine glänzende Oberfläche und ihren spezifischen Geschmack erhalten. Die fertigen Brezeln sind außen fest und innen weich. Wie die harten Salzbrezeln werden sie mit grobem Salz bestreut.

Dattel-Walnuß-Brot

Dattelbrot ißt man mit Butter oder Frischkäse.

Ergibt 1 mittelgroßen Laib
250 ml Milch
100 g Zucker
60 g Butter
175 g entkernte Datteln, gehackt
125 g Auszugsmehl
125 g Vollweizenmehl
1½ TL Backpulver
½ TL Salz
1 Ei, verschlagen
60 g Walnüsse, gehackt

Kastenform (etwa 22 × 11 × 7 cm)

1 Den Backofen auf 175 °C/Gas Stufe 2–3 vorheizen. Die Kastenform ausfetten und mit Pergamentpapier auslegen. Milch, Zucker und Butter in einem Topf erhitzen, bis die Butter geschmolzen ist. Die Datteln unterrühren und die Mischung auf Handwärme abkühlen lassen.
2 Die beiden Mehlsorten mit Backpulver und Salz in einer Rührschüssel vermischen. In die Mitte eine Vertiefung drücken, die Milchmischung, das Ei und die Datteln hineingeben und alle Zutaten gut vermischen.
3 Den Teig in die Form füllen und 35–45 Minuten im Ofen backen. Mit einem Spieß die Garprobe machen. In der Form auskühlen lassen.

Rezepte für Kuchenbrote und süße Brötchen

Bananen-Walnuß-Brot Ergibt 1 großen Laib. 300 g Mehl, 2 TL Backpulver und ½ TL Salz in eine Rührschüssel sieben. In einer zweiten Schüssel 250 g Margarine schaumig rühren; 400 g Zucker, 500 g zerdrückte Bananen, 4 Eier und 150 g gehackte Walnüsse unter die Margarine rühren. Die Mehlmischung zugeben und alle Zutaten gut vermischen. Den Teig in eine gefettete, etwa 23 × 13 × 10 cm große Kastenform füllen und 45–60 Minuten bei 175 °C/Gas Stufe 2–3 im Ofen backen.

Früchte-*muffins* Ergibt 12 *muffins*. 150 g Mehl, 1 EL Backpulver, 90 g Zucker, ¼ TL Zimt, 1 Prise Muskatnuß und ½ TL Salz in einer Rührschüssel vermengen und in die Mitte eine Vertiefung drücken. 1 Ei, 125 g zerlassene Butter und 175 ml Milch schaumig schlagen und in die Teigmulde gießen. Alle Zutaten gut verrühren. 150 g Heidelbeeren, Himbeeren oder zerkleinerte Erdbeeren vorsichtig untermischen. Den dickflüssigen Teig in 12 mittelgroße, gefettete *muffin*-Formen füllen und 15–20 Minuten bei 220 °C/Gas Stufe 4–5 im Ofen backen.

FRÜCHTE-, GEMÜSE- UND NUSSBROTE

Trockenbeeren, wie Korinthen und Rosinen, werden gern mit Zitronat und Orangeat oder glasierten Zitrusschalen kombiniert und gehören zu den Grundzutaten für viele süße Brote. Bananen, frische Beeren oder Zitrusfrüchte sind eine beliebte Zutat in nordamerikanischen Kuchenbroten und -brötchen. Das fertige Gebäck reicht man oft nur mit Butter, Frischkäse oder Zitronenquark. Birnbrot ist eine Schweizer Spezialität mit getrockneten Birnen und Walnüssen, die mit Kirschwasser und schwarzem Pfeffer aromatisiert wird. In der Karibik hingegen verwendet man Kokosmark als Brotzutat.

Ein Brotteig kann auch mit diversen Gemüsen abgewandelt werden. In vielen nördlichen Ländern kennt man Kartoffelbrote, zu denen süße Geschmackszutaten, wie Orange und Schokolade, ausgezeichnet passen.

Außer Möhren, Zwiebeln, Zucchini und Kürbis sind auch Fenchel, rote Beten und Sellerie beliebte Brotzutaten. Gehackte Zwiebeln im Brotteig verändern die Konsistenz und den Geschmack des Brotes, während kurz vor Beendigung des Backvorgangs aufgestreute gerapelte Zwiebeln für eine schmackhafte Auflage sorgen. Viele Gemüsebrote lassen sich – als Alternative – mit allerlei »süßen« Gewürzen, wie Zimt, Piment und Muskat, verfeinern. In pikanten Broten finden hauptsächlich frische oder getrocknete Kräuter, auch schon mal ein Spritzer Chilisauce Verwendung.

Frische, entkernte Tomaten, Tomatensauce oder einen Eßlöffel Tomatenpüree oder Tomatenmark kann man direkt an den Brotteig geben und zur geschmacklichen Abrundung noch etwas Oregano, Rosmarin und andere geeignete Kräuter zugeben. Olivenbrote – mit Olivenöl und gehackten, reifen Oliven zubereitet – sind eine Spezialität im Mittelmeerraum.

Nüsse machen den Teig saftig und locker; sie passen geschmacklich zu süßen wie auch zu pikanten Broten. Man sollte möglichst ganze Nüsse kaufen, weil sie mehr Aroma besitzen, und sie selbst blanchieren und mahlen. Gehackte Nüsse sind eine beliebte Zutat in Kuchenbroten, die mit Bananen, Preiselbeeren, Datteln oder Kürbis bereitet werden.

Fettgebackenes

Die aus Hefe- oder Backpulverteig zubereiteten *doughnuts* sind das in Großbritannien und den USA wohl berühmteste Fettgebäck. *Doughnuts* werden warm und kalt gegessen, entweder nur mit Zucker bestreut, mit Zuckerguß oder Schokolade glasiert oder in Kokosraspeln gewälzt. Neben den in den USA so beliebten ringförmigen *doughnuts* gibt es die kugelförmigen, die eine Marmeladen- oder Cremefüllung enthalten. Am gehaltvollsten sind *doughnuts* aus Brioche-Teig. Darüber hinaus gibt es viele andere Versionen, so zum Beispiel die mexikanischen *buñuelos* mit Zucker, Anis und Zimt und die holländischen *oliebollen,* die als Geschmackszutaten abgeriebene Zitronenschale, Korinthen und geraspelte Äpfel enthalten.

Bao, eine Art Klößchen, in China als kleiner Imbiß beliebt, ist mit gegrilltem Schweinefleisch oder süßer Bohnenpaste gefüllt und wird meist fritiert. *Dal puris,* eine indische Spezialität, sind würzige Fladenbrote, die schwimmend in Öl ausgebacken werden. Meist enthalten sie eine Füllung aus gekochten Splittererbsen oder Linsen, mit Kreuzkümmel gewürzt.

Für *fritters* oder Küchlein wird der Teig knusprig gebraten oder ausgebacken. Typische Küchlein sind die amerikanischen *crullers,* die aus Hefe- oder Backpulverteig hergestellt werden und die Form von gedrehten Stäben haben. Die französischen *beignets soufflés* sind kleine Kugeln aus Brandteig (S. 376) mit einer süßen Füllung, die sich beim Ausbacken in heißem Fett aufblähen. Sie werden mit Puderzucker bestäubt und warm serviert.

Aus Brand- oder Hefeteig sind die bei uns so beliebten Krapfen oder Berliner, die in der Regel mit Marmelade, Gelee oder einer Creme gefüllt und mit Puderzucker bestäubt oder in Kristallzucker gewälzt werden. Als Faschingskrapfen, die in Österreich Wiener Krapfen heißen, kennt man sie vor allem in Süddeutschland.

Das Fritieren von Hefeteig ist relativ einfach, vorausgesetzt, Teig und Fett haben die richtige Temperatur. Das Fett sollte auf 180 °C erhitzt werden. Ist es zu heiß, verbrennt der Teig, ist es nicht heiß genug, absorbiert er zuviel Fett. Die ideale Temperatur für den Teig selbst, bevor man ihn fritiert, liegt bei 24 °C, für Backpulverteige oder Teige ohne Triebmittel reicht eine kühle Raumtemperatur. Größere Gebäckstücke sollten außen eine goldbraune Färbung aufweisen, innen aber noch weich sein, während flachere Formen durch und durch knusprig sein müssen. *Crullers* und andere phantasievolle Formen werden während des Ausbackens mehrmals gewendet, damit sie von allen Seiten gleichmäßig bräunen.

Fettgebackenes schmeckt am besten frisch. Zum Servieren bestreut man süße Krapfen und Küchlein entweder mit Puderzucker oder überzieht sie mit Honig oder Marmelade.

ZUR INFORMATION

Menge Teig aus 250 g Mehl ergibt 18–20 *doughnuts* oder große Fritters.

Garzeit Fritieren bei 180 °C: 3–4 Minuten.

Richtiger Gargrad Goldbraun. *Fritters* Knusprig.

Bemerkung Teig absorbiert zuviel Fett bei zu niedrigen und verbrennt bei zu hohen Fritiertemperaturen.

Aufbewahrung *Doughnuts* Möglichst frisch servieren; aufbewahren in luftdicht verschlossenem Behälter: 12 Stunden. *Fritters* Möglichst frisch servieren; aufbewahren in luftdicht verschlossenem Behälter: 2–3 Stunden.

Glasuren/Auflagen Puderzucker; Zuckerguß; Puderzuckerglasur (S. 406); Sacherglasur (S. 406); Fruchtsauce (S. 66); Honig.

Typisches Fettgebäck Honigkrapfen (Griechenland); Zuckerküchlein (Spanien); *malsadas* (aufgegangener, ausgebackener Teig; Portugal); *beignets* (fritierte Teigkugeln; Frankreich); *croquignolles* (fritierte »Krokantstückchen« aus Backpulverteig; Frankreich); lockere Krapfen mit Kardamom (Dänemark); dünner Hefeteig, tröpfchenweise in Öl gebakken (Finnland); Krapfen/Berliner (gefüllt mit Marmelade; Deutschland); Strauben (Spritzkuchen aus flüssigem Brandteig, schwimmend ausgebacken, mit Puderzucker bestäubt; Deutschland); Zimt-Kringel (USA); *buñuelos* (Krapfen mit Zukker, Anis und Zimt; Mexiko).

DOUGHNUTS ZUBEREITEN

Für 6–8 *doughnuts* nimmt man leicht gesüßten Hefeteig (S. 356) oder Brioche-Teig (S. 355)

1 Den Teig etwa 2,5 cm dick ausrollen und mit einem runden Förmchen (7,5 cm Durchmesser) Plätzchen ausstechen. Mit einem kleineren Förmchen jeweils ein rundes Mittelstück ausstechen, so daß 6–8 ringförmige *doughnuts* entstehen.

2 Die Teigringe auf ein Backblech setzen und 20–30 Minuten gehen lassen, bis sie ihr Volumen verdoppelt haben.

3 *Links:* Das Fett in einer hohen Pfanne oder einer Friteuse auf 180 °C erhitzen. Die *doughnuts* im Fritiereinsatz vorsichtig in das heiße Fett gleiten lassen (nicht zu viele gleichzeitig hineingeben).

4 Die *doughnuts* schwimmend im heißen Fett ausbacken, bis die Unterseite gebräunt ist, dann wenden und die Oberseite ebenso bräunen lassen (jeweils etwa 3–4 Minuten).

5 *Links:* Die *doughnuts* mit dem Einsatz aus dem Fett heben und zum Abtropfen auf Küchenkrepp legen. Vor dem Servieren mit Puderzucker bestäuben.

FLADENBROTE

Fladenbrote zählen zu den ältesten und traditionsreichsten Broten, vergleichbar den Broten ohne Hefe, die in der Jungsteinzeit auf erhitzten Steinen gebacken wurden. Manche Fladenbrote sind weich, andere knusprig, und fast alle haben die typische runde Form und einen Durchmesser von 15–30 cm. Fladen werden aus verschiedenen Mehlsorten mit und ohne Triebmittel hergestellt.

Aus dem Mittleren Osten stammt das *pita*-Brot, ein aus Weizenmehl und Hefe zubereitetes weiches, rundes Fladenbrot, das im Backofen gebacken wird, bis es sich aufbläht und braune Flecken bekommt. Die Kruste läßt sich leicht zu einer Tasche für Füllungen öffnen. Beliebte Füllungen sind die orientalischen *felafel* (Bällchen aus Kichererbsen oder dicken Bohnen) oder die Sesam-Kichererbsen-Paste *hummus*. Jüdische Matze wird traditionell aus ungebleichtem Weizenmehl (gelegentlich auch mit Ei oder Vollweizenmehl) hergestellt. Da die strengen Religionsgesetze eine Säuerung des Teigs untersagen, sind die Matzen, da ohne Triebmittel hergestellt, vollkommen flach. Skandinavische Fladenbrote – Knäckebrot aus Roggen- oder Vollweizenmehl – sind meist sehr hart und knusprig. Daneben gibt es viele andere Fladenbrote, die aus dem jeweils für die Region typischen Getreide hergestellt werden, so zum Beispiel die schottischen Haferfladen und die finnischen *perunarieska*, die man mit Gerstenmehl und Kartoffeln zubereitet.

Indien bietet eine reiche Auswahl an Fladenbroten. *Chapatis* werden aus Vollweizenmehl, *ghee* (S. 98), Salz und Wasser zubereitet und in zwei Phasen gebacken: Der Teig wird zunächst in der Pfanne gebräunt und dann auf schwacher Holzkohlenglut geröstet, wobei sich durch Dampf im Innern der Fladen feuchte Hohlräume bilden. *Parathas* sind Brotfladen, die mit Öl bepinselt, dann zusammengeklappt und aufgerollt werden, so daß der Teig beim Backen auf einer gußeisernen Platte »blättrig« wird. *Naan* ist ein lockeres Fladenbrot, das in einem traditionellen *tandoor*-Ofen gebacken wird.

Die mexikanischen *tortillas* erfreuen sich in ganz Lateinamerika großer Beliebtheit. Sie werden aus *masa harina*, dehydriertem Maismehl, oder aus Weizenmehl sowie Wasser und Salz hergestellt und mit speziellen Pressen geformt. Anschließend werden sie kurz auf einer gußeisernen Platte gebacken, damit sie flach bleiben und kaum Blasen werfen. *Tortillas* sind Grundlage vieler mexikanischer Gerichte. *Enchiladas* heißen die in Öl oder Sauce eingeweichten Mais-*tortillas*. Sie werden aufgerollt und mit Huhn, Fleisch oder Bohnen gefüllt, mit Käse bestreut und mit Chilisauce übergossen. Als *tacos* werden die auf die Hälfte gefalteten und knusprig ausgebackenen *tortillas* bezeichnet, die anschließend noch gefüllt werden. *Tostados* sind fritierte dünne *tortillas*, die meist mit Avocado und Käse serviert werden. Mais-Chips sind kleingeschnittene und fritierte Mais-*tortillas*, die als leichter Imbiß mit einer pikanten Tomatensauce (S. 65) serviert werden.

Injera ist ostafrikanischer Herkunft. Dieser große Pfannkuchen wird aus Hirsemehl und Hefe zubereitet und schmeckt daher leicht säuerlich. Er dient als Unterlage für ein Gericht wie auch als dessen Beilage. Ein kleines Stück davon benutzt man wie einen Löffel. Mandarin-Pfannkuchen werden aus Weizenmehl und Wasser hergestellt. Vor dem Servieren – zu Peking-Ente – erhitzt man sie durch Dämpfen, so daß sie weich werden.

Paratha

Pita-Brot

Mais-*tortilla*

Naan

Weizen-*tortilla*

Würziges italienisches Fladenbrot

Focaccia

Die flache *focaccia* mit der weichen Krume wird mit Öl bepinselt und mit Kräutern oder Nüssen bestreut. Der hohe Hefe-Anteil macht das Fladenbrot besonders schmackhaft und locker.

Ergibt 2 Fladenbrote (25 cm Durchmesser), 8–10 Portionen

1 kg Mehl (gegebenenfalls etwas mehr)
2 TL Pfeffer
750 ml warmes Wasser
3 EL Olivenöl
75 g Preßhefe oder 21 g Trockenhefe
Geschmackszutaten (rechts)

1 Das Mehl mit dem Pfeffer auf eine Arbeitsfläche sieben und in die Mitte eine Vertiefung drücken. Wasser und Öl in die Mehlmulde gießen, die Hefe hineinbröckeln (Trockenhefe direkt mit dem Mehl vermischen) und etwa 5 Minuten warten, bis sie sich aufgelöst hat. Mit den Fingern nach und nach das Mehl vom Rand her mit der Hefelösung vermischen, so daß eine weiche Teigmasse entsteht. Mit einem Teigschaber oder einem Metallspatel das restliche Mehl einarbeiten und den Teig zu einer Kugel formen. Der Teig sollte weich und geschmeidig sein, aber nicht kleben; gegebenenfalls noch etwas Mehl einarbeiten.

2 Die Arbeitsfläche mit Mehl bestäuben und den Teig 5–7 Minuten durchkneten, bis er glatt und elastisch ist. Den Teig in einer geölten Schüssel so lange wenden, bis er gleichmäßig mit einer Ölschicht überzogen ist. Mit einem feuchten Tuch bedecken und 1–1½ Stunden an einem warmen Ort gehen lassen, bis sich sein Volumen verdoppelt hat. In der Zwischenzeit zwei Backbleche mit Olivenöl einfetten.

3 Den Teig abschlagen und halbieren. Jede Teighälfte beliebig würzen und ausrollen (unten). Den Teig auf die Backbleche legen, mit einem feuchten Tuch abdecken und an einem warmen Ort 45–60 Minuten gehen lassen, bis er fast das doppelte Volumen erreicht hat. Der Brotteig kann bis zu 6 Stunden vor dem Backen im Kühlschrank aufbewahrt werden.

4 Den Backofen auf 200 °C/Gas Stufe 3–4 vorheizen. Die Fladen nacheinander etwa 20 Minuten backen, bis die Oberfläche goldbraun ist. Die Fladenbrote möglichst ofenfrisch servieren.

Abwandlungen

Salbeibrot *(focaccia alla salvia)* Den Teig halbieren und 60 g grobgehackte frische Salbeiblätter unter jede Teigportion kneten. Den Teig zu runden Fladen von 25 cm Durchmesser ausrollen und diese jeweils mit Olivenöl bepinseln. Vor dem Backen mit 1 EL grobem Salz bestreuen.

Wurstbrot *(focaccia alla salsiccia)* 50 g grobgehackte *peperoni* (schnittfeste pfeffrige Rohwurst; S. 247) und 1 TL Salz unter jede Teighälfte kneten. Den *focaccia*-Teig zu Fladen von 25 cm Durchmesser ausrollen, mit Olivenöl bestreichen und nach Belieben mit 2 TL gehackten getrockneten Chillies bestreuen.

Walnußbrot *(focaccia ai noci)* Den Teig halbieren und jeweils zu runden Fladen von 25 cm Durchmesser ausrollen. Einen Fladen auf ein Backblech legen, mit Walnuß- oder Olivenöl bepinseln und mit 90 g grobgehackten Walnüssen und 1 TL grobem Salz bestreuen. Den zweiten Fladen auflegen und die Teigränder gut festdrücken. Die Oberfläche mit Walnuß- oder Olivenöl bestreichen.

Füllungen mit Brotanteil

Füllungen oder Füllsel, auch als Farcen (franz. *farces*) bezeichnet, sollen den Geschmack einer anderen, meist delikateren Speise hervorheben und ergänzen. Brotkrumen und Semmelbrösel sind als Lockerungsmittel für Füllungen besonders gut geeignet, da sie sich mit fast allen Zutaten mischen lassen und diese gut binden. Reis und anderes Getreide dienen ebenfalls als Füllungszutaten, werden aber wegen ihrer körnigen Beschaffenheit oft zusätzlich mit Ei gebunden. Zahlreiche Füllungen enthalten Hackfleisch, vorzugsweise Schweinefleisch. Kalbfleisch ergibt eine sehr feine Füllung; durch seinen hohen Gehalt an Gelatine im Bindegewebe entsteht eine gehaltvolle und formfeste Farce.

Größter Bedeutung kommt dem Würzen einer Farce zu. Die Aromaten sollten den Geschmack der Hauptzutat abrunden und keinesfalls überdecken. Beliebte Würzmittel sind salzige und pikante Zutaten, wie Schinken, Anchovis, Oliven, Chilischoten und Zitronenschale, aber auch – als geschmacklicher Kontrast zu fettem Fleisch – saure Äpfel und Pflaumen. Kräuter und Gewürze, Zwiebeln, Knoblauch und Schalotten sollten stets sparsam verwendet werden. Eine überwürzte Füllung kann das ganze Gericht verderben.

Man kann eine Füllung auch separat backen; zum Füllen eignet sich gebratenes Geflügel, ausgehöhltes Gemüse sowie ausgebeintes Fleisch und entgräteter Fisch.

Hinweis Da rohes Fleisch, Geflügel und Fisch einen idealen Nährboden für Bakterien bieten, dürfen sie nicht mit warmen Farcen gefüllt werden. Die jeweiligen Lebensmittel sollten auch immer erst kurz vor dem Garen gefüllt und die Füllungen nicht zu lange im voraus zubereitet werden. Geflügel stets nur locker füllen, damit sich die Wärme gut verteilen kann.

Rezepte für Füllungen mit Brotanteil

Salbei-Zwiebel-Füllung Für Geflügel, besonders Gans. Ergibt etwa 750 g. 4 gehackte mittelgroße Zwiebeln mit Salz und Pfeffer in 45 g Butter 10–15 Minuten weich dünsten, ohne sie jedoch zu bräunen; anschließend abkühlen lassen. Dann 100 g frische Brotkrumen (S. 354), 3 EL grobgehackte frische Salbeiblätter oder 1½ EL getrockneten Salbei unterrühren. Die Mischung mit 1 verschlagenen Ei und 125 ml Fond gründlich verrühren und die Masse mit Salz und Pfeffer abschmecken.

Apfel-Zwiebel-Füllung Für Ente, Gans, Schwein, Schinken. Ergibt etwa 750 g. Aus obigem Rezept 2 Zwiebeln und den Salbei weglassen, statt dessen 2 geschälte, entkernte und grobgehackte saure Äpfel und 2 EL gehackte Petersilie zusammen mit den Brotkrumen unterrühren.

Wurst-Maronen-Füllung Für Pute, Gans, Schwein. Ergibt 1,25 kg. 1 kg frische Eßkastanien oder Maronen (S. 481) schälen und kochen oder 1 Dose Maronen (etwa 500 g) abtropfen lassen. Die Maronen grob zerkleinern. 2 gehackte Zwiebeln in 30 g Butter glasig dünsten, 500 g Wurstbrät zugeben und unter ständigem Rühren 5–8 Minuten braten, bis es krümelig und braun ist. Die Maronen mit 125 g frischen Brotkrumen (S. 354) und je 1 Prise gemahlenem Piment und frisch geriebener Muskatnuß unterrühren. Mit Salz und Pfeffer nach Geschmack würzen.

Auberginen-Spinat-Paprika-Füllung Für Lamm, Schwein, Kalb, Gemüse. Ergibt 1 l. 1 Aubergine (etwa 250 g) in etwa 1,5 cm große Würfel schneiden, mit Salz bestreuen und 15 Minuten entwässern; abspülen und gründlich trockentupfen. Die Auberginenwürfel in 2 EL Olivenöl 2–3 Minuten hellbraun sautieren. 250 g gekochten, ausgedrückten und gehackten Spinat (S. 273) und 2 abgezogene geputzte grüne oder rote Paprikaschoten, in etwa 1,5 cm große Stückchen geschnitten, unterrühren. In einer Pfanne 2 gehackte mittelgroße Zwiebeln in 2 EL Öl braun braten und mit 125 g frischen Brotkrumen (S. 354), 2 gehackten Knoblauchzehen und der abgeriebenen Schale von 1 unbehandelten Zitrone an die Gemüsemischung geben und gut verrühren. Mit Salz und Pfeffer abschmecken.

Brotpuddings

Einige der beliebtesten Desserts werden mit Brot zubereitet. Nachdem sie jahrzehntelang als Resteverwertung für altbackenes Brot einen eher abschätzigen Ruf genossen, sind Brotaufläufe nun immer häufiger auch in Restaurants zu finden, mal verfeinert mit Schokolade, mal gesüßt mit Rosinen, gewürzt mit Muskatnuß und Zimt und auch in Begleitung einer Whisky-Sauce. In New Orleans gehört der Brotpudding zu den traditionellen Desserts, und jeder Küchenchef bereitet ihn nach einem streng gehüteten Rezept zu. Das Brot sollte relativ trokken und hart sein, damit der fertige Pudding von fester, fast zäher Konsistenz ist. Brotpuddings werden warm oder gekühlt serviert. Häufig reicht man dazu eine Vanillesauce oder eine gehaltvolle Eiscreme. Eine ähnliche Zubereitung ist in den USA zum Frühstück oder Brunch sehr beliebt. Die Amerikaner nennen diese Süßspeise *french toast*, bei uns kennt man sie als »Arme Ritter« (rechte Seite). Dazu tränkt man trockene Brotscheiben mit Vanillesauce und brät oder backt sie in Butter. In Frankreich heißt diese einfache Süßspeise *pain perdu* (verlorenes Brot). »Arme Ritter« werden meist mit süßem Sirup übergossen oder mit frischem Obst oder Marmelade gereicht. Zu den Varianten zählt die Apfel-Charlotte: Man schichtet gebutterte Brotscheiben mit säuerlichem Apfelmus in eine Form und backt die Charlotte dann knusprig braun. Für den britischen Sommerpudding (S. 463) legt man eine tiefe Schüssel mit Brotscheiben aus und füllt sie auf mit frischem oder gedünstetem Obst, besonders mit Beeren der Saison. Gehaltvollere Brotpuddings bereitet man mit pikanten Zutaten.

Viele der international bekannten Auflaufpuddings werden mit Brot oder einem Getreideprodukt, etwa Grieß, zubereitet und mit Eischnee gelockert, damit sie im Backofen schön aufgehen. Da sie wesentlich kompakter sind als Soufflés, kann man sie aus der Form stürzen und warm oder kalt mit einer Sauce servieren. Typische Süßspeisen dieser Art sind der französische *pouding soufflé aux cerises* (mit Kirschen) oder der deutsche Kaffee-Auflauf (rechte Seite), der mit Mokka und Roggenbrotkrumen zubereitet wird. Gedämpfte Puddings sind eine britische Spezialität und werden meist mit Rindernierenfett zubereitet. Als Lockerungsmittel werden oft frische Brotkrumen verwendet. Beliebt sind auch Zubereitungen mit Backpulverteig. Ein gedämpfter Pudding wird in einer mit einem Tuch abgedeckten Puddingschüssel im Wasserbad gegart, entweder im Backofen oder, weitaus häufiger, auf der Herdplatte. Zum Servieren wird der saftige Pudding auf eine Platte gestürzt und meist mit einer Sauce gereicht. Die Garzeit für diese Puddings beträgt mehrere Stunden. Für die zutatenreichste Version, den *plum pudding* oder *Christmas pudding*, rechnet man bis zu sechs Stunden.

ZUR INFORMATION

Portionen 1 l Pudding ergibt, je nach Zubereitung und Verwendung, 4–8 Portionen.

Typische Formen Charlotten-, Soufflé-, Puddingform.

Vorbereitung der Formen Einfetten.

Richtiger Gargrad Ein in die Mitte eingestochener Spieß ist beim Herausziehen heiß.

Bemerkung *Gedämpfter Pudding* Wasser dringt ein, wenn der Pudding unzureichend abgedeckt ist.

Aufbewahrung Möglichst warm servieren; aufbewahren im Kühlschrank 2–3 Tage (wird beim Aufwärmen fest). *Gedämpfte Früchtepuddings* Luftdicht verschlossen, an einem kühlen Ort 1 Monat »reifen« lassen und dann erst aufwärmen.

Beilagen Vanillesauce, *sabayon*, Karamelsauce, rote Fruchtsauce (S. 66–67); Vanille-Eiscreme (S. 443).

Typische Brotpuddings Deutscher Brotpudding (in Wein eingeweichtes Brot, mit Zucker, Zimt, zerlassener Butter); schwäbischer Ofenschlupfer (mit Rosinen, Mandeln); *queen of puddings* (mit Vanillesauce, Marmelade, Baiser; Großbritannien); *poor knight's pudding* (mit Himbeeren, Zimt, Sahne; Großbritannien); *pouding à la reine* (mit Zitrone, Sahne; Frankreich); *torta di pere e pangiallo* (mit Maisbrot, Birnen, Wein, Zimt; Italien); *maglyarakas* (mit Sauerkirschen, Walnüssen, Äpfeln; Ungarn); mit Schokolade (USA); *eish es seray* (»Palast-Brot«, in Honig und Rosenwassersirup getränktes Brot mit Sahnehaube; Mittlerer Osten).

Rezepte für Brotpuddings

Brotpudding Ergibt 4 Portionen. 2 dünne gebutterte Weißbrotscheiben entrinden, in fingerbreite Streifen schneiden und damit eine gefettete Backform auslegen. Mit 45 g Korinthen oder dunklen Rosinen bestreuen und mit 2 weiteren gebutterten Weißbrotscheiben belegen, 3 Eier mit 100 g Zucker, der abgeriebenen Schale von 1 unbehandelten Zitrone, ¼ TL Muskat und 750 ml Milch schaumig schlagen. Die Eier-Milch über das Brot gießen und es 15 Minuten weichen lassen. Bei 160 °C/Gas Stufe 1–2 etwa 40–45 Minuten braun backen, bis der Pudding gestockt ist.

Kaffee-Auflauf Ergibt 6 Portionen. 60 g Butter mit 45 g Zucker cremig rühren. Nach und nach 6 Eigelb zugeben und schaumig rühren, die Eiweiß zurückbehalten. 125 g gemahlene Mandeln unterziehen. 50 g frische Roggenbrotkrumen in 125 ml starkem schwarzem Kaffee und 1 EL Instant-Kaffeepulver einweichen und dann unter die Schaummasse rühren. Die 6 Eiweiß steif schlagen, 45 g Zucker zugeben und 30 Sekunden weiterschlagen, bis der Eischnee glänzt. Den Eischnee unter die Kaffeemischung heben und die Masse in eine gebutterte Charlotten-Form (500 ml Fassungsvermögen) füllen. Ins Wasserbad (S. 510) stellen und auf dem Herd zum Kochen bringen. Anschließend 1¼–1½ Stunden im Ofen bei 175 °C/Gas Stufe 2–3 backen, bis der Pudding aufgegangen ist und ein in die Mitte eingestochener Spieß sauber bleibt. Die Form aus dem Wasserbad nehmen und 5–10 Minuten abkühlen lassen. Der Pudding dehnt sich zunächst aus, aber da er dann wieder in sich zusammensinkt, drückt man die überquellende Masse vorsichtig in die Form zurück. Den Auflauf auf eine Servierplatte stürzen und entweder warm mit Sabayon oder kalt mit Vanillesauce (S. 67) reichen.

Arme Ritter *(French toast)* Ergibt 4 Portionen. In einer flachen Schüssel 2 Eier, 750 ml Milch, ½ TL Vanille-Essenz (oder Vanillezucker, S. 37), 1 TL Zucker und ½ TL Salz gründlich miteinander vermischen. 8 Scheiben altbackenes Brot kurz in die Eier-Milch tauchen. Die feuchten Brotscheiben in 60 g Butter auf beiden Seiten goldbraun braten. Mit Zimt und Zucker bestreuen und mit Ahornsirup oder Obstkompott servieren.

EINEN PUDDING ZUM DÄMPFEN VORBEREITEN

Für gedämpfte Puddings verwendet man nach alter Tradition eine tiefe Schüssel, die mit gefaltetem Papier und einem Tuch abgedeckt ist. Die Schüssel sollte immer auf einem Einsatz stehen, damit sie nicht mit dem Wasser in Berührung kommt.

1 Eine feuerfeste Schüssel zu drei Viertel mit der Puddingmasse füllen. Ein Stück Pergamentpapier einfetten, in der Mitte falten und über die Schüssel legen.

2 Ein gefaltetes Küchentuch auf das Papier legen und rundum mit Bindfaden befestigen. Die Enden des Tuchs verknoten, damit sie nicht ins Wasser geraten.

3 Die Schüssel in das Wasserbad stellen. Den Topf verschließen und den Pudding garen. Gegebenenfalls während des Kochens etwas Wasser nachfüllen.

Gedämpfter Ingwerpudding

Der Honig auf dem Schüsselboden zieht beim Garen in den Pudding ein und hinterläßt auf dem gestürzten Pudding eine sirupartige Schicht.

8 Portionen

175 g frische Weißbrotkrumen
125 ml Milch
200 g Rindernierenfett
3 Eier
200 g Zucker
1 EL gemahlener Ingwer
125 ml Honig

Feuerfeste Schüssel (1 l Fassungsvermögen)

1 Die Schüssel einfetten und in einem Dampfkochtopf oder einem tiefen Topf reichlich Wasser zum Kochen bringen.

2 Die Brotkrumen in der Milch einweichen. Das Rindernierenfett unterrühren.

3 Die Eier mit Zucker und Ingwer verschlagen und mit den Brotkrumen mischen. Den Honig und dann die Puddingmasse in die Schüssel geben.

4 Die Schüssel abdecken (links) und den Pudding 2 Stunden dämpfen. Verdampftes Wasser regelmäßig nachfüllen. **Hinweis** Das Wasser muß ständig leise köcheln.

5 Für die Garprobe das Tuch entfernen und einen Spieß in die Mitte des Puddings stechen. Fühlt sich der Spieß beim Herausziehen heiß an, ist der Garvorgang beendet.

6 Den fertigen Pudding auf eine Servierplatte stürzen und mit Honig servieren.

Abwandlung

Gedämpfter Dattelpudding Ergibt 8 Portionen. Im obigen Rezept für Ingwerpudding den Ingwer und den Honig weglassen, statt dessen 250 g gehackte entkernte Datteln und 75 g gehackte Mandeln unter die Brotkrumen rühren. Die Puddingmasse langsam 2½–3 Stunden im Wasserbad garen. Mit *sabayon* oder Vanillesauce (S. 67) servieren.

DÜNNFLÜSSIGE TEIGE

In der einfachsten Zubereitung besteht ein dünnflüssiger Teig aus Mehl und Wasser und ist so flüssig, daß er sich gießen läßt. Eier reichern den Teig an und lockern ihn. Manche Teige enthalten auch Backpulver oder Natron. Wasser macht den Teig locker, mit Milch wird er glatter und bräunt besser. Durch einige Eßlöffel Öl oder zerlassene Butter wird er gehaltvoller und klebt nicht.

Gewürzt wird ein solcher Teig fast ausschließlich mit Salz. Süße Teige enthalten zusätzlich etwas Zucker oder Alkohol. Für pikante Teige bieten sich Chilischoten, Knoblauch, Weinbrand und andere ausgeprägte Aromen an.

Die meisten dünnflüssigen Teige werden nur so lange gerührt, bis alle Zutaten gut vermischt sind. Die mit Hefe zubereiteten Teige werden hingegen kräftig geschlagen, damit die Kleberbildung ähnlich wie beim Kneten einsetzt.

Nach dem Verrühren läßt man beide Teigarten eine Zeitlang ruhen, damit die Stärkekörner in der Flüssigkeit aufquellen können. Hefeteige sollten so lange ruhen, bis sie Blasen werfen. Teige, die mit Weizenmehl zubereitet werden, dicken beim Stehen wegen der quellenden Stärke etwas ein und müssen deshalb vor der Weiterverwendung verdünnt werden.

Aus einem einfachen dünnflüssigen Teig lassen sich unzählige süße und pikante Gerichte herstellen: Crêpes, weiche *scones,* Waffeln und eine Vielzahl traditioneller Mehlspeisen.

EINEN DÜNNFLÜSSIGEN TEIG ZUBEREITEN

Teige ohne Hefe sollten glattgeschlagen werden, wenngleich zu kräftiges Schlagen die Kleberbildung im Mehl in Gang setzt und den Teig fest werden läßt. Die Mengenangaben sind den jeweiligen Rezepten zu entnehmen.

1 Das Mehl mit dem Salz (und gegebenenfalls dem Zucker) in eine Rührschüssel sieben und in die Mitte eine Vertiefung drücken. Die aufgeschlagenen Eier in die Mehlmulde geben und mit dem Schneebesen gut verrühren.

2 Die Hälfte der Flüssigkeit langsam zugießen und mit dem Mehl zu einer glatten Paste rühren. Zuviel Flüssigkeit läßt den Teig klumpig werden.

3 Die Paste bis zur gewünschten Konsistenz mit entsprechend viel Flüssigkeit verdünnen. Für weiche Brötchen oder Küchlein und zum Binden von Zutaten benötigt man einen etwas dickeren Teig, für Crêpes hingegen einen dünnflüssigen Teig.

Crêpes

Crêpes sind von allen Zubereitungen aus dünnflüssigem Teig die berühmtesten. Sie werden entweder ohne weitere Beilagen serviert oder dienen diversen anderen köstlichen Zutaten als hauchdünne Umhüllung. Pikante Crêpes sind wie geschaffen für Füllungen jedweder Art, seien es geriebener Käse, Frischkäse, Rührei, Kalbsbries in Sauce oder gar Kaviar mit saurer Sahne. Süße Crêpes-Versionen werden mit Zucker bestreut und mit Alkohol beträufelt oder mit Marmelade oder Schokolade gefüllt und dann aufgerollt und aus der Hand gegessen. Dazu reicht man frischen Obstsalat. Man kann die Crêpes auch mit einer Füllung bestreichen, aufschichten und den Crêpes-Turm wie eine Torte aufschneiden.

Zum Flambieren werden die fertigen Crêpes zunächst in Butter und Zucker sautiert, so daß der Zucker schmilzt und karamelisiert (*crêpes Suzette,* S. 367), dann zu Dreiecken zusammengefaltet oder aufgerollt. Crêpes mit Füllung werden locker zusammengelegt und die Enden so eingeschlagen, daß ein kleines Paket entsteht, das die Franzosen als *pannequet* bezeichnen. Damit die Crêpes im Ofen nicht austrocknen, werden sie meist mit einer Sauce überzogen.

Hinweis Keine aufgeschlagenen Saucen (S. 60), Eiercremes (S. 94) oder mit Eigelb und Sahne gebundene Saucen verwenden, da sie sich beim Aufwärmen trennen.

ZUR INFORMATION

Menge Teig aus 125 g Mehl ergibt 14–16 Crêpes.
Typische Pfannen Gußeiserne oder beschichtete flache Pfanne; Crêpe-Pfanne.
Vorbereitung der Pfanne Einfetten.
Garzeit 1–2 Minuten (je Seite).
Bemerkung Zu dickflüssiger Teig ergibt feste Crêpes; bei zu dünnflüssigem Teig reißen sie. Gefahr des Anbrennens bei zu hohen Temperaturen; bei zu schwacher Hitze werden die Crêpes hart und zäh.
Aufbewahrung *Einfache Crêpes* Mit Pergamentpapier aufgeschichtet, im Kühlschrank 3 Tage; tiefgefroren: 2 Monate. *Gefüllte Crêpes* Im Kühlschrank 2 Tage; tiefgefroren: 2 Monate.
Typische Gerichte *Pannequets à la muscovite* (mit Kaviar; Frankreich); *crêpes soufflées* (mit Soufflé-Füllung; Frankreich); *crespelle di farina dolce* (aus Maronenmehl mit Ricotta, Rum; Italien); Apfelpfannkuchen (Deutschland); Palatschinken (mit süßer oder pikanter Füllung; Österreich); *flensjes* (mit Joghurt, Käse; Niederlande); *blintze* (mit Frischkäse, Zitronen; jüdisch); *tunna pannkakor* (mit pürierten Früchten als Beilage; Skandinavien); mit Curry-Huhn (Großbritannien); mit Eiscreme, Bananen, Karamelsauce (USA); *blinis* (aus Buchweizenmehl mit süßen oder pikanten Füllungen; UdSSR).

Einfache Crêpes

Für süße Crêpes kann man einen Eßlöffel Zucker an den Teig geben. Bei höheren Zuckergaben brennt der Teig leicht an.

Ergibt 14–16 Crêpes
125 g Auszugsmehl
1 Prise Salz
3 Eier
250 ml Milch (gegebenenfalls etwas mehr)
30 g zerlassene Butter
60 g geklärte Butter (S. 99, zum Ausbacken)

Gußeiserne oder beschichtete flache Pfanne (18 cm Durchmesser) oder Crêpe-Pfanne (S. 510)

1 Die Zutaten zu einem glatten Teig verrühren (links) und so viel Milch zugießen, bis er dünnflüssig ist. Den Teig 30 Minuten ruhenlassen.
2 Die Crêpes ausbacken (rechte Seite). Zum Aufbewahren mit Pergamentpapier aufschichten und luftdicht verpacken.

Abwandlungen

Vollkorn-Crêpes Das Auszugsmehl zur Hälfte durch Vollweizenmehl ersetzen.
Bretonische *galettes* Das Auszugsmehl zur Hälfte durch Buchweizenmehl ersetzen und 1 Ei weglassen.

CRÊPES AUSBACKEN

Ob die Crêpes letztendlich so hauchdünn werden, wie man es wünscht, liegt zum einen an der Konsistenz des Teigs und zum anderen an der zum Backen verwendeten Pfanne (S. 510). Butter ist das ideale Fett zum Ausbacken der Crêpes. Es geht zwar auch mit Öl oder Margarine, aber die goldbraune Farbe und den unvergleichlichen Geschmack erzielt man nur mit Butter (geklärte Butter, S. 99, verhindert ein Anbrennen). Während des Ausbackens nur dann Butter zugeben, wenn der Teig zu kleben beginnt; mit zuviel Butter werden die Crêpes fettig. Die Seite, die zuerst gebacken wird, ist die schönere und sollte zum Servieren immer oben liegen.

1 Den Teig, einen kleinen Schöpflöffel, ein Palettmesser und eine kleine Schüssel bereitstellen. 30–45 g geklärte Butter in der Pfanne erhitzen. Überschüssiges Fett in die Schüssel gießen, so daß der Pfannenboden gerade eben mit flüssiger Butter überzogen ist. Die Pfanne wieder erhitzen, einen Tropfen Teig hineingeben und abwarten, bis er spritzt.

2 Rasch eine kleine Kelle Teig in die Pfanne geben und durch Schwenken der Pfanne den Teig zu einer dünnen Schicht verlaufen lassen. Mit zuviel Teig wird die Crêpe zu dick, mit zuwenig entstehen Löcher.

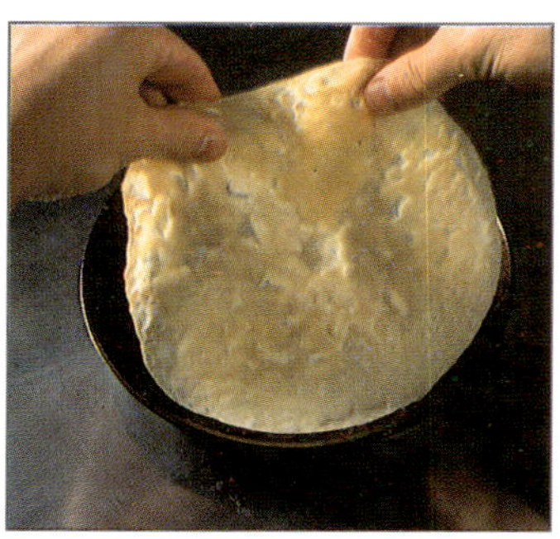

3 Die Crêpe bei mittlerer Hitze schnell ausbacken, bis die Oberfläche gestockt und die Unterseite gebräunt ist. Mit einem Palettmesser vorsichtig lösen und umdrehen.

4 ODER: Die Crêpe nach der klassischen Methode aus der Pfanne hochwerfen und dabei wenden; 30–60 Sekunden auf der anderen Seite backen. Die fertigen Crêpes auf einem Teller genau übereinanderstapeln.

Rezepte für pikante und süße Crêpes

Crêpes mit Huhn und Champignons Ergibt 6 Portionen. Mit Hühnerbrühe 750 ml *sauce velouté* (S. 55) zubereiten. 275 g in Würfel geschnittenes gekochtes Huhn und 125 g gewürfelte Champignons, in 15 g Butter sautiert, unter die Hälfte der Sauce rühren; mit Zitronensaft, Salz und Pfeffer abschmecken und die Huhn-Champignon-Mischung gleichmäßig auf 14–16 Crêpes verteilen. Die Crêpes zu *pannequets* (unten) zusammenlegen und in eine gebutterte Backform legen. 250 ml Sahne unter die restliche Sauce rühren, abschmecken und über die gefüllten Crêpes gießen. Mit 30 g geriebenem Gruyère bestreuen und 20–30 Minuten bei 175 °C/Gas Stufe 2–3 im Ofen backen, bis der Käse braun ist.

Crêpes mit Meeresfrüchten Im obigen Rezept das Hühnerfleisch durch gekochte Meeresfrüchte, wie Garnelen, Hummer, Crabmeat und Weißfisch, ersetzen. Die *velouté* mit Fischfond zubereiten, den geriebenen Käse weglassen.

***Crêpes suisses* (mit Schinken und Käse)** Ergibt 6 Portionen. 750 ml *sauce béchamel* (S. 54) zubereiten und 25 g geriebenen Gruyère zugeben, bis der Käse schmilzt. Die Sauce mit 1 TL Dijon-Senf sowie Salz und Pfeffer abschmecken. 30 g gekochten Schinken unter die Hälfte der Sauce rühren und 14–16 Crêpes damit füllen. Die Crêpes aufrollen und in eine gebutterte Backform legen. Mit der restlichen Sauce übergießen und mit 25 g geriebenem Gruyère bestreuen; unter den Grill schieben und goldgelb überbacken.

Broccoli-Crêpes Im Rezept für *crêpes suisses* den Schinken durch 250 g Broccoli ersetzen. Die gehackten Broccolistengel und die ganzen Röschen 4–5 Minuten in Salzwasser kochen. Den abgetropften Broccoli abschrecken und an die Sauce geben; weiterverarbeiten wie *crêpes suisses.*

Crêpes Suzette Ergibt 4–6 Portionen. Orangenbutter (S. 99) zubereiten und 14–16 Crêpes damit bestreichen. Die Crêpes mit der Butterseite nach unten 1–2 Minuten in der Pfanne erhitzen, zu einem Dreieck falten und am Pfannenrand ablegen. Weiterbacken; der Zucker in der Orangenbutter schmilzt, karamelisiert und glasiert die Crêpes. Die fertigen Crêpes gleichmäßig in der Pfanne verteilen und mit 3 EL Weinbrand sowie 3 EL Grand Marnier flambieren, bis die Flamme erlöscht (S. 38). Warm servieren.

Apfel-Crêpes Ergibt 4–6 Portionen. 3 in Scheiben geschnittene Äpfel in 45 g Butter sautieren, mit 45 g Zucker bestreuen und wenden, bis der Zucker karamelisiert. 14–16 Crêpes gleichmäßig mit den Apfelschnitzen füllen, aufrollen und in eine gebutterte flache Backform legen. Die Crêpes im Backofen bei 200 °C/Gas Stufe 3–4 etwa 8–10 Minuten erhitzen. Mit 60 ml Calvados oder Weinbrand flambieren (S. 38). Zum Servieren 3–4 EL geschlagene Sahne über die flambierten Crêpes geben.

Crêpes mit pochiertem Obst Ergibt 4–6 Portionen. Das Rezept für *crêpes Suzette* mit warmem, pochiertem Obst (S. 448), wie Pfirsiche, Kirschen oder Birnen, ergänzen. Dazu das Obst auf den Crêpes verteilen, die Crêpes zu Dreiecken falten und wie oben beschrieben flambieren.

Pfannkuchen, Waffeln und andere Mehlspeisen

Pfannkuchen sind flache Kuchen, die in der Pfanne oder auf einer Platte gebacken werden. Sie sind gewöhnlich dicker als Crêpes und bestehen aus einem einfachen dünnflüssigen Teig, der entweder mit Backpulver oder Natron, gelegentlich auch mit Hefe gelockert wird. Der Pfannkuchenteig läßt sich auf vielfältige Weise variieren, zum einen mit verschiedenen Mehlsorten – Maismehl und Buchweizenmehl sind besonders geeignet –, zum anderen mit stärkehaltigen Mehlen aus Kartoffeln oder Reis, die mit etwas Weizenmehl vermischt werden.

Für kleine Pfannkuchen nimmt man am besten einen relativ dickflüssigen Teig, für große Eierkuchen, die den ganzen Pfannenboden bedecken, vorzugsweise einen dünneren Teig. Damit der Teig gut aufgeht, werden Pfannkuchen bei mittlerer Hitze, am besten in Butter, ausgebacken. Sobald sich auf der Oberseite kleine Bläschen zeigen, kann der Pfannkuchen gewendet werden.

Eierkuchen können pikant oder süß sein. Zu den pikanten Versionen zählen die amerikanischen Frühstückspfannkuchen und die französischen *galettes* (aus Buchweizenmehl). Waffeln werden aus einem ähnlichen Teig hergestellt und in einem Waffeleisen mit einem meist wabenähnlich geprägten Muster gebacken (rechte Seite). Man ißt sie als einfache knusprige Toastwaffeln mit einem Klecks Marmelade oder einer Haube aus geschlagener Sahne. Häufig enthalten sie als Zutaten auch Roggenmehl, Maismehl, Kartoffeln und Nüsse. Zu den dünnen Waffeln, die meist mit Eiscreme serviert werden, zählen die herzförmigen belgischen *gaufrettes*, die italienischen *brigidini* und die schwedischen *krumkakor*. Die kleinen blütenförmigen *sockerstruvor* aus Schweden sind den Waffeln sehr ähnlich, werden aber nicht gebacken, sondern eher fritiert: Ein spezielles Eisen wird in Fett erhitzt, in den Eierkuchenteig getaucht und nochmals in das heiße Fett gehalten, bis der Teig knusprig ist.

Eine kleine Gruppe von süßen und pikanten Mehlspeisen wird im Ofen gebacken, beispielsweise *Yorkshire pudding* – die klassische Beilage zu Roastbeef, die traditionell mit Sauce gereicht wird – oder seine amerikanische Variante, *popover*. Beide werden aus einem einfachen Eierteig zubereitet, der anschließend in einer tiefen Form im sehr heißen Backofen hoch zu einem knusprig-braunen Gebilde aufgeht. Man kann den Eierteig zusätzlich mit Kräutern aromatisieren oder zusammen mit Schinken oder dünnen, rohen Bratwürstchen in der Form backen. Süße Teige kann man mit Vanille oder frischem Obst abwandeln. Bestes Beispiel ist der französische Kirschkuchen, *clafoutis*, mit Armagnac. Der Teig kann auch schichtweise als Baumkuchen gebakken werden.

ZUR INFORMATION

Menge Teig aus 250 g Mehl ergibt etwa 12 Pfannkuchen (10 cm Durchmesser), 6 große Waffeln oder eine Mehlspeise, ausreichend für 4–6 Portionen.

Typische Pfannen Gußeiserne oder beschichtete flache Pfanne; Crêpe-Pfanne; Waffeleisen; *muffin*-Form; flache Backform.

Vorbereitung der Pfanne Einfetten.

Garzeiten *Pfannkuchen* 3–5 Minuten (je Seite). *Waffel* 3–6 Minuten. *Andere Mehlspeisen* Backen bei 200 °C/Gas Stufe 3–4: 25–40 Minuten (je nach Größe).

Richtiger Gargrad *Pfannkuchen* Wenn die Oberfläche Blasen wirft, wenden und auf der anderen Seite goldgelb backen. *Waffel* Gebräunte Oberfläche; beginnt zu schrumpfen.

Bemerkung *Pfannkuchen, Waffel* Schwer und fest bei zu dickflüssigem Teig; reißt bei zu dünnem Teig (zuerst einen Probepfannkuchen bakken). Teig haftet an, wenn die Pfanne zu dünnwandig, die Ausbacktemperatur zu niedrig oder der Zuckeranteil im Teig zu hoch ist. *Andere Mehlspeisen* Gehen bei zu niedriger Ofentemperatur nicht auf; fallen bei zu kurzer Garzeit zusammen.

Aufbewahrung *Pfannkuchen* Sofort servieren. *Waffel* Innerhalb von 1–2 Stunden servieren. *Andere Mehlspeisen* Warm servieren.

Beilagen Zucker; Puderzucker, Honig; Ahornsirup; Vanille-Eiscreme; zerlassene Butter; saure Sahne; Schlagsahne; Marmelade; frisches oder pochiertes Obst; Fruchtpüree; Speck; Frischkäse.

Typische Gerichte *Pfannkuchen* Mit Einmachobst (Schweden); *tattoriblinit* (aus Buchweizenmehl; Finnland); Rahmdalken (Sauerrahm-Pfannkuchen, bestrichen mit Pflaumenmus; Österreich); Kaiserschmarrn (mit Rosinen, Rum, Vanille; Österreich); *syrniki* (mit Käse; UdSSR); mit gehackten Nüssen, Zimt (Mittlerer Osten). *Waffeln* Mit Weinbrand (Norwegen); *gaufrettes bruxelloises* (Teig mit Bier; Belgien); *pizzelle* (dünne Waffeltüten mit Sahne oder Eiscreme; Italien). *Andere Mehlspeisen Appelpannkake* (mit Äpfeln; Skandinavien); *flashpannkake* (mit Schinken; Skandinavien); *drochona* (mit Kaviar oder Obst; UdSSR); *Botham* (mit glasierten Zitrusschalen; Großbritannien); *Charleston pudding* (mit Äpfeln, Pekannüssen; USA).

Gewürzwaffeln

In den wabenähnlichen Vertiefungen einer Waffel finden allerlei Auflagen Halt: geschlagene Sahne, Honig, Ahornsirup, Marmelade, Gelee oder Eiscreme.

Ergibt 6 große Waffeln

250 g Mehl
2 TL Backpulver
½ TL Salz
1 TL Natron
1 TL gemahlener Ingwer
½ TL gemahlener Zimt
½ TL gemahlener Piment
2 TL Zucker
2 Eier
90 g zerlassene Butter
500 ml Buttermilch
(gegebenenfalls etwas mehr)

Waffeleisen (S. 511)

1 Das Mehl mit Backpulver, Natron, Ingwer, Zimt, Piment und Salz vermischen, dann die restlichen Zutaten hinzufügen und alles zu einem dünnflüssigen Teig verrühren; 30 Minuten stehenlassen, damit das Mehl quellen kann.

2 Die Waffeln im Waffeleisen backen (rechte Seite) und warm mit beliebigem Belag servieren.

Rezepte für Eierteig

Popovers Ergibt etwa 10 *popovers*. Einen dünnflüssigen Teig aus 125 g Mehl, ½ TL Salz, 2 Eiern und 250 ml Milch zubereiten und 30 Minuten ruhenlassen. Den Teig in 9–10 gefettete tiefe *muffin-*, *popover-* oder Becherförmchen gießen und 15 Minuten bei 230 °C/Gas Stufe 5 backen. Die Temperatur auf 175 °C/Gas Stufe 2–3 reduzieren und weitere 15–20 Minuten backen, bis die *popovers* braun und knusprig sind.

Yorkshire pudding Ergibt 10–12 Portionen. Einen dünnflüssigen Teig aus 125 g Mehl, 2 Eiern, 300 ml Milch, Salz und Pfeffer herstellen und 30 Minuten ruhenlassen. Je 2 TL Bratenfett oder Schweineschmalz in 10–12 *muffin-* oder Becherförmchen geben und die Förmchen in den auf 220 °C/Gas Stufe 4–5 vorgeheizten Backofen stellen, bis das Fett raucht. Den Teig auf die Förmchen verteilen und in 25–30 Minuten knusprig-braun backen.

***Clafoutis* (Kirschkuchen)** Ergibt 4–6 Portionen. 500 g süße, dunkle Herzkirschen in einer gefetteten Backform verteilen (bei der traditionellen Zubereitung werden die Kirschen nicht entsteint). Einen dünnflüssigen Teig aus 30 g Mehl, 60 g Zucker, 1 Prise Salz, 4 Eiern, 2 Eigelb und 625 ml Milch herstellen. Den Teig über die Kirschen gießen und 30 Minuten ruhenlassen. Bei 190 °C/Gas Stufe 3 etwa 40–45 Minuten im Ofen backen, bis der Teig aufgegangen und goldbraun ist. Leicht abkühlen lassen; der fertige *clafoutis* fällt etwas zusammen. Den Kuchen mit 2–3 EL Weinbrand beträufeln und mit Puderzucker bestäuben.

WAFFELN BACKEN

Eine Probewaffel backen, um die Teigbeschaffenheit zu prüfen. Ist die fertige Waffel zäh, noch etwas Flüssigkeit in den Teig geben.

1 Das Waffeleisen aufheizen und einfetten. Die untere Hälfte des Eisens zu zwei Drittel mit Teig füllen, das Waffeleisen schließen und überschüssigen Teig entfernen.

2 Die Waffel 3–4 Minuten backen, zwischenzeitlich das Eisen umdrehen. Die Waffel ist fertig, wenn sie nicht mehr dampft. Falls sich das Eisen schwer öffnen läßt, die Waffel weitere 30–60 Sekunden backen.

Backen auf einer gußeisernen Platte

Viele Backpulver- und Natronteige werden nach alter Tradition auf einer gußeisernen Platte, einer sogenannten *griddle,* gebacken, etwa die amerikanischen *scones,* die mit Buttermilch zubereiteten schottischen *girdle cakes* und das irische Sodabrot. Das Gebäck erhält eine knusprig-braune Kruste und – wenn es über dem offenen Feuer gebacken wird – einen angenehmen Rauchgeschmack. Noch aromatischer wird es, wenn man die Platte mit Schweineschmalz einfettet.

Auch Hefeteige lassen sich auf der gußeisernen Platte backen, so die britischen *crumpets* und die bei den Amerikanern beliebten »englischen« *muffins. Crumpets* – in manchen Teilen Englands heißen sie auch *pikelets* – sind kleine runde Brotfladen mit einer löcherigen Oberfläche. Der relativ weiche Teig wird, von Metallringen in Form gehalten, direkt auf der heißen Platte gebacken. *Crumpets* werden vor dem Servieren meist noch getoastet und mit Butter und Honig bestrichen. Die »englischen« *muffins* werden von beiden Seiten gebacken, vor dem Servieren mit einer Gabel aufgerissen und zusätzlich getoastet. Mit den süßen *muffins* aus Backpulver- oder Natronteig (S. 359) haben sie nichts gemein. Um zu prüfen, ob die Platte heiß genug ist, besprenkelt man sie mit ein paar Tropfen Wasser. Bei der richtigen Backtemperatur zischt das Wasser und verdampft sofort.

Hinweis Da bei uns solche gußeisernen Spezialplatten kaum erhältlich sind, verwendet man statt dessen gußeiserne oder auch beschichtete große Pfannen.

Buttermilchpfannkuchen (Flapjacks)

Die Pfannkuchen werden mit Butter, Ahornsirup oder Honig und knusprig gebratenem Speck zum Frühstück serviert.

Ergibt etwa 12 Pfannkuchen, 4 Portionen

125 g Auszugsmehl
½ TL Zucker
½ TL Salz
1 TL Natron
¾ TL Backpulver
1 Ei
30 g zerlassene Butter
250 ml Buttermilch
30–45 g zerlassene Butter (zum Backen)

Große, flache Pfanne

1 Das Mehl mit Backpulver, Natron und Salz vermischen, dann die anderen Zutaten hinzufügen und alles zu einem dünnflüssigen Teig verrühren. Den Teig mindestens 30 Minuten ruhenlassen, eventuell mit etwas Buttermilch verdünnen.

2 Die Pfanne erhitzen, mit Butter bepinseln und mit einer kleinen Schöpfkelle 2 oder 3 Teigfladen von etwa 10 cm Durchmesser in die Pfanne geben. Bei mittlerer Hitze 3–5 Minuten backen, bis die Oberfläche Bläschen wirft und die Unterseite schön braun ist. Mit einem Palettmesser wenden und auf der anderen Seite 2–3 Minuten bräunen.

3 Die restlichen Pfannkuchen auf die gleiche Weise backen und zum Warmhalten stapeln. Sofort servieren.

Abwandlungen

Heidelbeerpfannkuchen 200 g frische Heidelbeeren vor dem Backen unter den Teig rühren. Mit Ahornsirup servieren.

Vollkornpfannkuchen Das Auszugsmehl durch Vollweizenmehl ersetzen und die Pfannkuchen nach obiger Anweisung zubereiten. Mit Ahornsirup und knusprig gebratenem Speck servieren.

FEINGEBÄCK

Obwohl Mehl Hauptzutat sowohl für Brot wie für Feingebäck ist, sind die Unterschiede zwischen beiden Backwaren groß. Während Brotteig so lange geknetet wird, bis das gewünschte Klebergerüst entsteht und der Teig elastisch ist, soll bei der Herstellung von feinen Backwaren der gegenteilige Effekt erzielt werden. Große Sorgfalt wird dabei auf das Mischen der Zutaten und den anschließenden Backvorgang verwendet, damit das fertige Gebäck zugleich gehaltvoll und locker ist und eine krümelige oder blättrige Struktur aufweist. Bei manchen Teigen entstehen durch Ausrollen und Einschlagen Dutzende von Teigschichten, beim Blätterteig kommen auf diese Weise gar Hunderte von Lagen zustande.

Das klassische Feingebäck wird im wesentlichen aus drei Teigarten hergestellt: aus Mürbeteig, Blätterteig und Brandteig. Beste Beispiele für Mürbeteig sind der englische geriebene Mürbeteig *(shortcrust pastry)* und der amerikanische Pasteten- oder Auslegeteig *(pie pastry)*. Die französische *pâte brisée* (feiner Mürbeteig) und die davon abgeleitete Version *pâte sucrée* (Zuckerteig) haben eine ähnliche Zusammensetzung, werden aber anders gemischt und ergeben einen besser formbaren Teig. Der echte Blätterteig, der selbst für einen geübten Bäcker eine Herausforderung darstellt, ist nur einer von mehreren blättrigen Teigen, zu denen auch der Strudelteig (S. 382) zählt. Eine Sonderstellung nimmt der Brandteig ein, der seine lockere Konsistenz einem hohen Eieranteil verdankt.

In diesem Kapitel geht es auch um Kekse und Plätzchen. Ausgestochene und geformte Kekse und Plätzchen werden meist aus einem einfachen süßen Mürbeteig hergestellt, weichere Teige mit diversen Zutaten häufig gespritzt. Des weiteren gibt es Plätzchen aus noch dünnflüssigeren Teigen, die auf dem Backblech verlaufen, sowie in der Form gebackenes Kleingebäck, das eher kuchenartig ist. Da längst nicht alle Kekse und Plätzchen süß sind, schließt dieses Kapitel auch salziges Kleingebäck ein.

Teig für Feingebäck mischen

Feines Backwerk soll leicht und knusprig sein. Die gewünschte »mürbe« Konsistenz wird meist durch einen hohen Fettanteil erreicht, da Fett die Kleberbildung weitgehend unterbindet. Wichtig ist deshalb eine sehr kurze Verarbeitungszeit. Durch längeres Wirken des Teigs entstehen Kleberfäden, die den Teig zu elastisch machen und ein Ausrollen erschweren. Er wird brüchig und zieht sich beim Backen zusammen, so daß das fertige Gebäck hart und fest ist.

Der Teig kann ohne weiteres auch mit einem elektrischen Handrührgerät oder in jeweils kleinen Mengen mit der Küchenmaschine zubereitet werden. Allerdings ist darauf zu achten, daß er nicht überknetet wird. Durch den Einsatz einer Maschine vermeidet man außerdem zu langes Hantieren mit dem Teig, durch das die Butter weich und der Teig klebrig und fettig wird. Sobald die Knethaken die Zutaten »zusammenballen«, nimmt man den lockeren Teigkloß aus der Rührschüssel und knetet ihn mit den Handballen (S. 373). Maschinell zubereitete Teige müssen ausgiebig ruhen, damit sie ihre durch die Kleberbildung erhaltene Elastizität wieder verlieren.

Teig kühlen

Beim Blätterteig sind die Ruhepausen im Kühlschrank zwischen den einzelnen Touren (S. 379) von größter Bedeutung. Auch Mürbeteig muß nach dem Verkneten gekühlt werden. Während der Kühlzeit werden Fett und Kleber voneinander getrennt, woraus die mürbe bis knusprige Konsistenz des fertigen Gebäcks resultiert. Die Kälte bewirkt außerdem, daß der Kleber »entspannt« und das Fett wieder fest wird. Der Teig läßt sich dann gut formen und zieht sich beim Backen nicht so schnell zusammen. Zum Kühlen wickelt man den Teig fest in Klarsichtfolie oder Pergamentpapier ein und legt ihn mindestens 30 Minuten in den Kühlschrank.

ZUTATEN FÜR FEINGEBÄCK

Die jeweilige Menge der flüssigen Bestandteile, also von Wasser oder Eiern, richtet sich stets nach der Qualität des verwendeten Mehls, und diese wiederum ist abhängig von Alter, Herkunft und sogar Jahreszeit. Die trockenen Zutaten werden am besten exakt ausgewogen.

Mehl Für feine Backwaren verwendet man vorzugsweise relativ weiches Weizenmehl (S. 342), da es weniger Klebereiweiß bildet (Kleber quillt beim Anteigen mit Flüssigkeit und unter der mechanischen Einwirkung des Knetens stark auf und macht den Teig elastisch). Harte Mehle entwickeln einen festen Kleber und erschweren das Ausrollen und Ausformen des Teigs. Mürbeteig kann auch aus dem schmackhaften, wenngleich schweren Vollweizenmehl hergestellt werden, das dann aber einen Anteil gemahlene Nüsse enthalten sollte.

Fett Butter verleiht Feingebäck den unvergleichlichen Geschmack, während gehärtetes Pflanzenfett es lockerer macht. Margarine ist eine Alternative zu beiden Fettarten. Schweineschmalz, wegen seines hohen Cholesteringehalts – vor allem unter diätischen Gesichtspunkten – nur mit Vorbehalt zu verwenden, ergibt ein sehr blättriges Gebäck und eignet sich besonders gut für Fleischpasteten. Manche Spezialteige werden mit saurer Sahne oder Öl zubereitet; sie sind weniger blättrig. Zum Einfetten des Backblechs oder der Form sollte man das gleiche Fett wie für den Teig verwenden.

Ei Eigelb macht den Teig krümelig und gehaltvoll und gibt dem Gebäck eine schöne Farbe. Vollei wirkt als Bindemittel; der Teig wird glatt und läßt sich daher leichter verarbeiten. Bei Brandteig bewirken Eier eine Lockerung und ein stark vergrößertes Volumen.

Wasser Es feuchtet den Teig, macht Mürbeteig schön mürbe und produziert beim Backen Wasserdampf, wodurch Brand- und Blätterteig im Ofen in die Höhe getrieben werden. In manchen Teigen kann Wasser durch Milch ersetzt werden; es entsteht ein weicherer Teig.

Salz Eine in nur geringen Mengen verwendete, aber wichtige Geschmackszutat.

Zucker Für Dessert-Gebäck wird im allgemeinen sehr feiner Zukker (Streuzucker) verwendet; noch besser eignet sich Puderzucker wegen seiner feinen Körnung. Brauner Zucker macht das Gebäck dunkler und süßer. Gebäck mit hohem Zuckeranteil verbrennt leicht.

Triebmittel Zur Lockerung wird dem Teig gelegentlich Backpulver oder Natron zugesetzt (S. 359).

Vanille Süße Teige für feines Gebäck und Plätzchen werden häufig mit Vanille aromatisiert. Abgeriebene Zitronenschale und Gewürze, wie Zimt oder Ingwer, sind ebenfalls beliebt.

Feingebäck-Teige aufbewahren

Bis auf Brandteig, der bei Kühllagerung nur bis zu zwölf Stunden haltbar ist, können alle rohen Teige für feine Backwaren zwei bis drei Tage im Kühlschrank aufbewahrt werden. Da sich viele Teige zum Einfrieren eignen, bietet der Handel einige Sorten, vor allem Blätterteig, tiefgekühlt an; Tortenböden, gebacken aus Mürbeteig, sind ebenfalls erhältlich. Einfacher Mürbe- und Blätterteig läßt sich auch ausgerollt oder ausgeformt einfrieren. Die backfertigen Teigstücke können ohne Auftauen direkt in den Ofen geschoben werden, allerdings verlängert sich die Backzeit dann um einige Minuten.

Bei fertigem Gebäck hängt die Haltbarkeit im wesentlichen von der Füllung ab. Gehaltvolles Gebäck ohne Füllung läßt sich gut einfrieren und später wieder aufbacken. Mit Gebäck aus *pâte sucrée* wird wie mit Kleingebäck und Plätzchen (S. 386) verfahren. Tiefgefrorenes Brandteiggebäck trocknet aus und wird krümelig; luftdicht verschlossen, bleibt das fertige Gebäck zwei bis drei Tage frisch.

Teig ausrollen

Zum Ausrollen muß Feingebäck-Teig die richtige Konsistenz haben. Ist er zu weich, muß er nochmals gekühlt werden, damit das Fett wieder fest wird. Ist er zu hart, fährt man leicht mit dem Nudelholz (S. 507) darüber, bis die Butter weich und der Teig somit geschmeidig wird. Eine kalte Marmorplatte ist die ideale Arbeitsfläche zum Ausrollen. Falls eine solche nicht vorhanden ist, ist die glatte Oberfläche von Resopal noch immer einer Holzplatte vorzuziehen. Damit der Teig beim Ausrollen nicht klebt, wird die Arbeitsfläche leicht mit Mehl bestäubt. Der Teig kann auch zwischen Klarsichtfolie oder Pergamentpapier oder auf einem gut bemehlten Küchentuch ausgerollt werden.

Füllungen für Pasteten, Pies und Tortenböden

Erst durch die Füllung oder Auflage wird eine Pastete oder ein Tortenboden zu dem, was dieses Gebäck auszeichnet. Der Phantasie sind hierbei keine Grenzen gesetzt.

Beliebt sind Äpfel, in Scheiben, gehackt oder püriert. Die meisten Beerenfrüchte sehen am schönsten mit einem transparenten Guß auf einem Tortenboden aus. Frischobst, das sich leicht verfärbt, zum Beispiel Birnen und Pfirsiche, wird vor dem Belegen des fertigen Tortenbodens in Sirup pochiert (S. 448) und anschließend mit der Garflüssigkeit überzogen. Oft versteckt sich unter dem Obstbelag eine Schicht Konditorcreme (S. 384). Obsttorten werden auch mit einer Decke gebacken – die Kunst besteht in einer gleichmäßigen Oberflächenbräunung bei gleichzeitigem Durchbacken des Bodens; hier erweist sich ein vorgeheiztes Backblech als hilfreich. Wenn man das Obst nach amerikanischer Art mit etwas Maismehl vermischt, durchweicht es den Boden weniger. Die mit Teig abgedeckten Schüsselpasteten oder Pies sind eine angelsächsische Spezialität. Meist werden sie in einer ovalen Form gebacken.

Füllungen für Tortenböden und süße Pies bestehen keineswegs immer nur aus Obst. Sehr beliebt sind Nußfüllungen in diversen Zubereitungen, so zum Beispiel bei der italienischen *torta di pignoli* (mit Pinienkernen und Eiercreme), den französischen Birnentorten und der amerikanischen, (durch Melasse) dunklen Pekannuß-Pie. Zu festlichen Anlässen servieren die Briten gern *mince pies* (S. 486), während die Schweizer für ihre Torten eine Füllung aus Eiern, Zimt und Zucker bevorzugen. Die Amerikaner sind sehr einfallsreich bei der Herstellung von Pies mit Eiercreme, lockeren *chiffon pies* (Baiser-Torten) mit Gelatine und Baiser-Masse oder Schlagsahne. International beliebt sind Füllungen mit Quark.

Viele der in der Form gegarten Pasteten (S. 243) haben einen Teigmantel aus Mürbeteig (Pasteten- oder Auslegeteig) oder einer ungezuckerten *pâte brisée.* Pikante und süße Füllungen gibt es in großer Zahl. Die original französische *quiche lorraine* (Lothringer Specktorte) ist mittlerweile auf dem ganzen Erdball zu Hause. Oft wird der Tortenboden erst blindgebacken (S. 375), anschließend belegt und dann fertiggebacken.

Andere pikante Füllungen für Pies und Pasteten bestehen aus gekochtem Gemüse, Fisch oder Fleisch in *sauce velouté* oder *béchamel* oder auch nur aus ein wenig Ei oder Käse. Die diversen Füllungen werden auf einem ungezuckerten Tortenboden verteilt, eventuell mit einer Teigplatte bedeckt und im Backofen gebacken.

Mürbeteig

Mürbeteig ist der Teig, der am einfachsten herzustellen und am vielseitigsten zu verwenden ist. Die Zutaten werden so rasch wie möglich in einer Rührschüssel gemischt. Zunächst werden Mehl und Fett mit den Fingerspitzen bröselig verrieben, anschließend kommt noch Wasser hinzu und eventuell ein Eigelb, damit der Teig gehaltvoller wird. Er sollte weich sein, aber nicht kleben. Mürbeteig erhält durch ein oder zwei Touren (S. 379) eine leicht blättrige Struktur.

Die französische Version des Mürbeteigs, *pâte brisée,* wird traditionell direkt auf der Arbeitsfläche zubereitet. Man häuft die trockenen Zutaten auf und drückt in die Mitte eine Vertiefung. In diese Mehlmulde gibt man Fett (meistens Butter), Eigelb und Wasser. Die Zutaten werden nun zusammengewirkt und geknetet. *Pâte brisée* wird sehr dünn (etwa 3 mm) ausgerollt.

Die berühmteste Variante der *pâte brisée* ist die *pâte sucrée,* auch Zuckerteig genannt. Durch den hohen Zuckeranteil ändert sich die Beschaffenheit des Teigs. Er wird krümelig und sandig und deshalb auch *pâte sableuse* (Sandteig) genannt. Die italienische Version heißt *pasta frolla* und wird meist mit abgeriebener Zitronenschale aromatisiert. Der deutsche Mürbeteig wird gern mit Weinbrand, Rum oder Weißwein angereichert. Im Zucker- oder Sandteig wird das Mehl hin und wieder zur Hälfte durch gemahlene Nüsse ersetzt und zusätzlich mit Gewürzen geschmacklich abgerundet. Wegen ihrer Süße werden diese Teige besonders gern für Obsttorten und Törtchen, vor allem in Verbindung mit Beerenobst, verwendet.

ZUR INFORMATION

Mengen Mürbeteig aus 250 g Mehl und *pâte brisée* oder *pâte sucrée* aus 200 g Mehl ergeben einen Torten- oder Pie-Boden von 25 cm Durchmesser oder 6 Törtchen von 9 cm Durchmesser.

Typische Backformen Runde Pie-Form (USA); ovale, tiefe Pie-Form (Großbritannien); runde Springform mit auswechselbarem Boden (Frankreich); runde Tortenbodenform; Tortelettförmchen; Schiffchenformen (*barquettes*-Formen).

Vorbereitung der Backformen Einfetten.

Garzeiten *Ohne Füllung oder Belag* Backen eines großen Bodens bei 220 °C/Gas Stufe 4–5: 10 Minuten, dann bei 190 °C/Gas Stufe 3: 10–15 Minuten; backen von Torteletts bei 220 °C/Gas Stufe 4–5: 14–18 Minuten. *Mit Füllung oder Belag* Je nach Rezept.

Richtiger Gargrad Knusprig und goldgelb.

Bemerkung Unsachgemäß eingewickelter Teig trocknet an den Rändern aus und reißt beim Ausrollen. Elastischer Teig wurde entweder mit zu hartem Mehl hergestellt oder zu lange geknetet, deshalb den Teig angemessene Zeit ruhenlassen. Zu trockenen Teig vor dem Zusammenwirken mit etwas Wasser befeuchten; zu klebrigen Teig kühlen und später noch etwas Mehl unterarbeiten. Zieht sich der Teig im Backofen zusammen, ist er zu lange geknetet, fällt er im Ofen zusammen, ist er unzureichend gekühlt worden. Teige mit hohem Zucker- oder Nußanteil verbrennen leicht bei zu großer Ofenhitze.

Aufbewahrung *Roher Teig* Gut in Klarsichtfolie verpackt, im Kühlschrank 2 Tage; tiefgefroren: 3 Monate. *Gebackene Böden und Torteletts* Luftdicht verpackt, 2–3 Tage; tiefgefroren: 3 Monate. *Gebäck mit Füllung oder Belag* Je nach Rezept.

Aufbacken Bei niedriger Ofentemperatur; warm oder heiß servieren.

Glasuren/Auflagen Verschlagenes Ei; Aprikosenmarmelade; roter Johannisbeergelee; Zucker.

Typisches Mürbeteiggebäck *Tarte Tatin* (gestürzter Apfelkuchen; Frankreich); Ricotta-Torte (Italien); Linzer Torte (Mandelmürbeteig mit Zimt, gefüllt mit Himbeermarmelade, gitterförmig gespritzte Teigkruste; Österreich); Marillenkuchen (feiner Streuselkuchen mit frischen Aprikosen; Österreich); Kirschkuchen mit Baiser-Haube (Deutschland); Siruptorte (Großbritannien); *tartelettes aux fruits* (glasierte Obsttörtchen mit frischem Obst; Frankreich).

MÜRBETEIG HERSTELLEN

Bei der Zubereitung von einfachem geriebenem Mürbeteig (Pasteten- oder Auslegeteig) – auch als gehackter Mürbeteig bezeichnet – ist darauf zu achten, daß das Fett gut gekühlt ist, damit es während der Verarbeitung nicht schmilzt.

Ergibt einen Torten- oder Kuchenboden (25 cm Durchmesser)
250 g Mehl
¼ TL Salz
2 TL feiner Zucker
75 g kalte Butter
75 g Backfett oder Schweineschmalz
1 Eigelb (nach Belieben)
4 EL kaltes Wasser
(gegebenenfalls etwas mehr)

1 Das Mehl mit Salz und Zucker in eine Schüssel sieben. Butter und Backfett zugeben und mit zwei großen Messern in das Mehl hacken. Mehl und Fett mit den Fingerspitzen bröselig verreiben. Auf diese Weise wird Luft in geringer Menge untergearbeitet.

2 In die Krümelmasse eine Vertiefung drücken, das Wasser und gegebenenfalls das Eigelb hineingeben. Die Zutaten so rasch wie möglich mit einem großen Messer zu einer krümeligen Masse verarbeiten. Sind die Krümel zu trocken, noch 1–2 EL Wasser zugeben. Die Masse mit Handballen und Fingerspitzen zusammenschieben und leicht drücken, bis ein weicher, aber nicht klebriger Teig entstanden ist.

3 Den Teig mit beiden Händen rasch zu einem Kloß formen, fest in Klarsichtfolie wickeln und etwa 30 Minuten durchkühlen lassen, bis er fest ist. Verkneten und ausrollen wie *pâte brisée.*

Mürbeteig backen

Mürbeteig wird stets zunächst bei hoher Temperatur gebacken, damit der Teig seine Form behält; während des Backvorgangs wird die Temperatur dann reduziert. Um zu verhindern, daß Pasteten, Pies und Kuchenböden mit feuchter Füllung oder feuchtem Belag durchweichen, wird der Boden blindgebacken (S. 375), dann belegt oder gefüllt und anschließend fertiggebacken. Es empfiehlt sich, das Backblech vorzuheizen und den Boden auf einer der unteren Schienen zu backen.

Feinere Teige, wie *pâte sucrée,* werden meist vollständig gebacken und erst kurz vor dem Servieren belegt, damit der Boden schön knusprig und mürbe bleibt. Vorgebackene Böden weichen nicht so schnell durch, wenn man die Ränder mit Eiweiß bestreicht und ein paar Minuten nachbackt; das fertige Gebäck wird aprikotiert, das heißt mit Marmelade glasiert (S. 385). Saftige Obstbeläge erhalten als Unterlage eine Schicht Konditorcreme.

KRÜMELTEIGE

Böden für Obstkuchen, Käsekuchen, Baiser- und Eistorten sind schnell und einfach aus zerkrümelten Keksen und Plätzchen herzustellen. Sehr beliebt sind Schokoladenplätzchen, Vollkornkekse, Ingwerkekse und Makronen, aber auch Corn-flakes und Zwieback werden gern dazu genommen. Das Grundrezept besteht aus 225 g Krümeln, 125 g zerlassener Butter und 60 g Zucker. Um kleine Krümel von gleichmäßiger Größe zu erhalten, zerdrückt man die Kekse oder Plätzchen mit einem Nudelholz zwischen zwei Lagen Papier. Anschließend gibt man den Zucker dazu und bindet die Krümel mit der zerlassenen Butter. Dann wird die Krümelmasse in die Backform gedrückt, vor dem Füllen gut gekühlt oder abgebacken.

PÂTE BRISÉE HERSTELLEN

Beim Mischen der Zutaten erweist sich eine Teigkarte als sehr hilfreich. Ist der Teig zu trocken, wird er mit etwas Wasser befeuchtet.

Ergibt einen Torten- oder Kuchenboden (25 cm Durchmesser)
200 g Mehl
100 g kalte Butter, in kleine Stücke geschnitten
1 Eigelb
1 Prise Salz
2 TL feiner Zucker (für süßen Teig)
3 EL Wasser
(gegebenenfalls etwas mehr)

1 Das Mehl auf eine Arbeitsfläche sieben. Butter, Eigelb, Salz, Zucker und Wasser in die Mitte geben.

2 Mit den Fingerspitzen die Zutaten in der Vertiefung vermischen und nach und nach das Mehl vom Rand her in die Mitte schieben.

3 Mit den Händen das Mehl und die anderen Zutaten zusammenwirken, bis eine grobkrümelige Masse entsteht.

4 Mit dem Teigschaber den Teig zusammenschieben und leicht zu einem Teigkloß drücken; anschließend kneten (rechte Seite).

PÂTE BRISÉE UND PÂTE SUCRÉE KNETEN UND AUSROLLEN

Vor dem Ausrollen muß der Teig geknetet werden. Im Französischen heißt dieser Vorgang *fraiser*.

1 Die Arbeitsfläche leicht mit Mehl bestäuben. Damit alle Zutaten gut vermischt werden, den Teig mit dem Handballen erfassen und, gegen die Unterlage drückend, von sich wegschieben.

2 Den Teig mit einem Teigschaber aufnehmen und weiterkneten. Nach 1–2 Minuten ist der Teig so weich wie Wachs und läßt sich leicht in einem Stück von der Arbeitsfläche lösen.

3 Den Teig zu einer Kugel formen, in Klarsichtfolie wickeln und bis zur Weiterverarbeitung 30 Minuten in den Kühlschrank legen.

4 Den Teig auf einer bemehlten Arbeitsfläche zur gewünschten Form ausrollen. Zügig arbeiten, damit er nicht zu weich wird.

5 Beim Ausrollen darauf achten, daß sich die Teigplatte auf der Arbeitsfläche hin und her schieben läßt. Der Teig darf nicht kleben. Jeweils nach drei- bis viermaligem Ausrollen den Teig anheben und die Arbeitsfläche leicht mit Mehl bestäuben. **Hinweis** Wird zuviel Mehl in den Teig eingearbeitet, verändert sich das optimale Teigmischungsverhältnis.

Abwandlungen von *pâte brisée*

Pasteten-Mürbeteig *(pâte à pâté)* Für Fleisch- und Schüsselpasteten. Die Hälfte der Butter durch Schweineschmalz ersetzen und statt Eigelb Vollei dazugeben. Den Teig mit 1–2 EL Wasser besprengen.
Sauerrahm-Mürbeteig Für *kulebiaka* (S. 132), *piroschki* (S. 374) und Fleischpasteten. Das Wasser durch 2–3 EL saure Sahne ersetzen.

Pâte sucrée

Der Zucker- oder Sandteig wird wie *pâte brisée* zubereitet. Die Vanille kann man durch etwas Kirschwasser oder Weinbrand ersetzen.

Ergibt einen Torten- oder Kuchenboden (25 cm Durchmesser)
200 g Mehl (gegebenenfalls etwas mehr)
100 g kalte Butter
100 g feiner Zucker
4 Eigelb
1 Prise Salz
½ TL Vanille-Essenz (oder Vanillezucker, S. 37)

1 Das Mehl auf eine Arbeitsfläche sieben und in die Mitte eine Vertiefung drücken. Die Butter mit der Faust kurz durchkneten, damit sie etwas weicher wird, und mit den anderen Zutaten in die Mulde geben; mit den Fingerspitzen mischen.
2 Nach und nach das Mehl zur Mitte schieben und unterarbeiten, bis eine grobkrümelige Masse entsteht. Den Teig leicht zu einer Kugel zusammendrücken. Falls er klebt, noch 2–3 EL Mehl unterarbeiten.
3 Die grob vermischten Zutaten zu einem glatten Teig kneten, diesen in Klarsichtfolie wickeln und mindestens 30 Minuten kühlen.

Abwandlungen von *pâte sucrée*

***Pâte sucrée* mit Nüssen** Für Obstkuchen und Plätzchen. Das Mehl zur Hälfte durch 90 g abgezogene Mandeln, Walnüsse oder geröstete Haselnüsse (jeweils gemahlen) ersetzen. 2 Eigelb weglassen.
Italienische *pasta frolla* Für *crème frangipane* (S. 384) und Käsekuchen. Die abgeriebene Schale von 1 unbehandelten Zitrone mit der Vanille-Essenz an das Mehl geben.

EINE TEIGROSE HERSTELLEN

Teigrosen werden gern als Garnierung für Fleisch- und Wildpasteten verwendet.

1 Teigreste dünn ausrollen. Mit Mehl bestäuben und in vier 7 cm große Quadrate schneiden.

2 Die Teigquadrate übereinanderlegen und die Teigschichten zu einer Kugel formen.

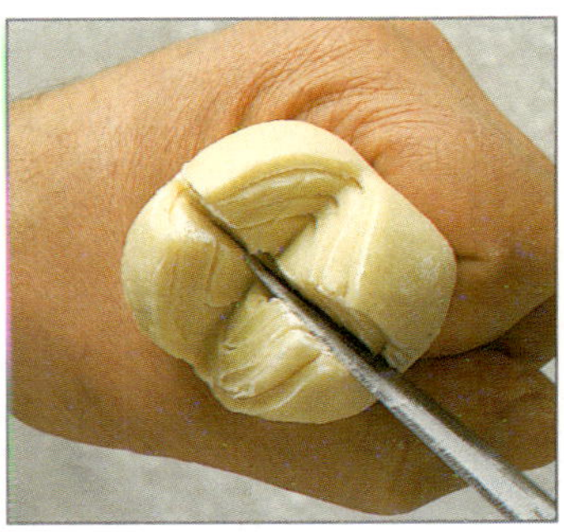

3 Die Teigkugel kreuzweise tief einschneiden.

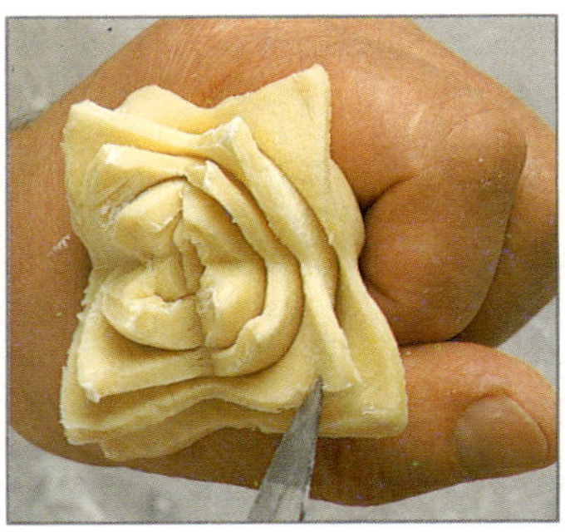

4 Zu Blütenblättern biegen und in der Mitte einkürzen.

Pikante Pies und Teigtaschen

Wenn in einem alten englischen Kinderreim die Rede ist von 24 Amseln, eingebacken in eine Pie, so ist das keineswegs nur als dichterische Freiheit zu werten. Jux-Pasteten, gefüllt mit Vögeln, lebenden Fröschen oder gar dem Hofnarren, waren die Attraktion der höfischen Bankette im Mittelalter. Eine etwas furchterregende Variante, die die Jahrhunderte überdauert hat, ist die Sterngucker-Pie aus Cornwall, bei der ganze Heringe mit den Köpfen aus der Teigdecke hervorlugen.

Die dunkle, saftige Steak- und Nieren-Pie zählt in Großbritannien zu den beliebtesten ihrer Art. Ganz besonders englisch, da viktorianisch, ist die gehaltvolle Variante mit Austern. Pies aus Halbblätterteig enthalten aber auch häufig Füllungen, die mit Wild zubereitet werden, zum Beispiel mit Fasan und Pilzen, Hasenpfeffer oder Rehragout. Daß Pasteten eine praktische transportable Mahlzeit waren, wußten damals auch die Arbeiter in den kornischen Zinnbergwerken. Die traditionelle kornische Pastete, hergestellt aus einer runden, zu einem Halbmond gefalteten Teigplatte, ergibt mit ihrer Füllung aus Fleisch, Kartoffeln und Gemüse eine vollständige, sättigende Mahlzeit. Zuweilen enthält sie noch einen kleinen Nachtisch aus Äpfeln in einem Zipfel der Teigtasche.

Fast jedes Land kennt pikante Teigtaschen. In Frankreich heißen sie *chaussons*, in Lateinamerika werden sie *empanadas* genannt und haben die Form eines Halbmondes. Der Teig wird mit Schweineschmalz zubereitet und umhüllt Füllungen aus Fisch, Fleisch, Geflügel und Gemüse. *Empanadas* werden meist schwimmend in Fett, seltener im Ofen gebacken. *Piroschki* heißen die kleinen russischen Teigtaschen mit Rindfleisch-, Kohl- und Pilzfüllung, die hauptsächlich zu Suppen gereicht werden. In der süßen Version enthalten sie Füllungen aus Mohn, Walnüssen, Honig und Äpfeln. *Piroggen* hingegen sind handtellergroße Pasteten, die häufig auch rechteckig geformt sind.

FÖRMCHEN AUSLEGEN

Tortenförmchen, ob rund oder als Schiffchen (S. 508), kann man auf unterschiedliche Weise mit Teig auskleiden. Entweder radelt man den Teig für jedes einzelne Förmchen mit einem Teigrädchen aus oder legt, wie folgt, gleich mehrere Förmchen auf einmal aus.

1 Die Förmchen einfetten und dicht nebeneinander auf ein Backblech stellen. Den Teig etwa 3 mm dünn ausrollen und um das Nudelholz wickeln. Die Teigrolle auf die Förmchen legen und vorsichtig abrollen, ohne den Teig dabei zu dehnen.

2 Den Teig mit einem bemehlten Teigball in die Förmchen drücken.

3 Mit dem Nudelholz die Teigschicht durchtrennen.

4 Mit Zeigefinger und Daumen den Teig an den Rändern hochdrücken und überschüssigen Teig entfernen.

5 Den Teigboden mehrmals mit einer Gabel einstechen, damit sich während des Backens keine Blasen bilden. Die Förmchen vor dem Backen etwa 10–15 Minuten kühl stellen, bis der Teig fest ist.

TORTELETTS BLINDBACKEN

Tortenböden oder Torteletts werden blindgebacken, wenn sie später einen rohen Belag oder eine Füllung erhalten, die nicht mehr gegart werden muß. Die Formen mit Teig auskleiden und gut durchkühlen. Den Backofen auf 220 °C/Gas Stufe 4–5 vorheizen.

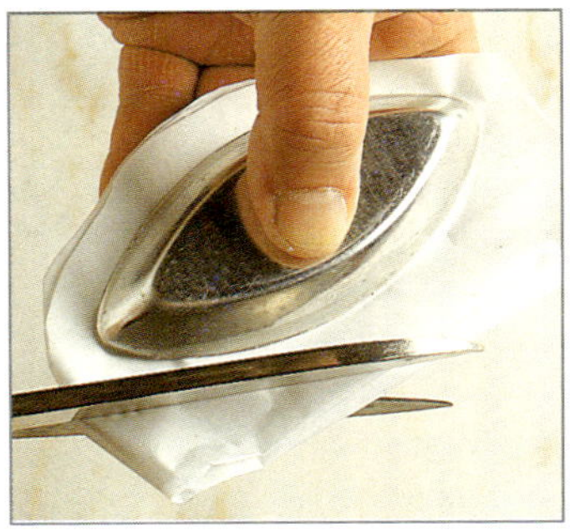

1 Ein Stück Backpapier zweimal falten, so daß ein vierlagiges Quadrat entsteht, das etwa 3 cm größer ist als die Form. Das Papier entsprechend zurechtschneiden, dabei einen etwa 1,5 cm breiten Rand stehenlassen. Jedes Teigförmchen mit dem zugeschnittenen Papier belegen.

2 Das Papier mit getrockneten Bohnen oder Reis beschweren oder ein zweites Förmchen obenaufsetzen, damit der Teig seine Form behält.

3 Die Törtchen im vorgeheizten Ofen 8–10 Minuten backen, bis sie fest sind; dann Bohnen (oder Reis) und Papier entfernen. Zum Durchbacken die Törtchen weitere 8–12 Minuten in den Ofen stellen. Die fertigen Torteletts in den Formen etwas abkühlen lassen, dann auf ein Kuchengitter setzen. Da Torteletts leicht zerbrechen, setzt man sie zum Füllen oder Belegen gern wieder in die Förmchen zurück.

EINE TORTENBODENFORM AUSLEGEN

Es empfiehlt sich, eine Springform mit auswechselbarem Boden zu verwenden, weil sich der fertige Boden dann leichter lösen läßt. Zum Blindbacken (rechts) kann man den Teig auch auf einer umgedrehten Tortenbodenform auslegen.

1 Die Form einfetten. Den Teig auf einer leicht bemehlten Arbeitsfläche zu einer runden Platte ausrollen, die rundum etwa 5 cm größer ist als die Backform.

2 *Oben:* Die Teigplatte locker um das Nudelholz legen und den Teig, ohne ihn zu dehnen, vorsichtig über der Backform abrollen, so daß die Teigränder an den Seiten überhängen.

3 Die Teigränder leicht mit einer Hand anheben und den Teig mit der anderen Hand gut am Boden andrücken.

4 Mit dem Nudelholz über die Form rollen und den überstehenden Teig durch starken Druck auf die Ränder abtrennen.

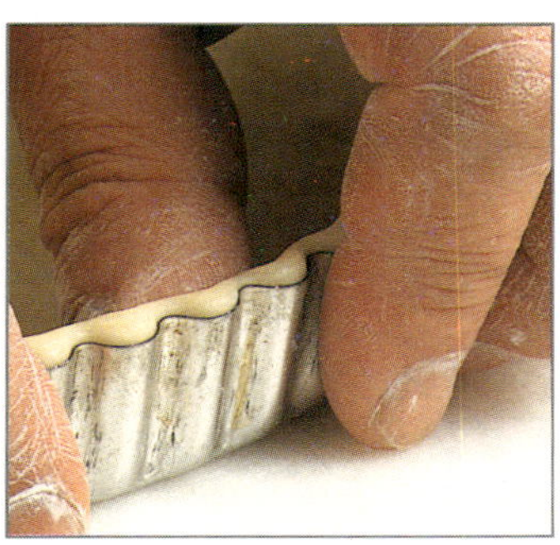

5 *Links:* Mit Zeigefinger und Daumen den Teig an den Seiten von unten gleichmäßig hochdrücken, so daß er etwas über den Rand steht.

6 Den oberen Teigrand mit Zeigefinger und Daumen begradigen und dabei nach Belieben leicht an den gewellten Rand drücken. Den Teig nicht über den Rand der Backform hinausragen lassen.

7 Den Teigboden mehrmals mit einer Gabel einstechen, damit eventuell eingearbeitete Luft beim Backen entweichen kann. Mindestens 15 Minuten kühl stellen.

EINEN TORTENBODEN BLINDBACKEN

Die Backform mit Teig auskleiden und kühl stellen. Den Backofen auf 220 °C/Gas Stufe 4–5 vorheizen. Den Teig mehrmals einstechen.

1 Ein großes quadratisches Stück Backpapier zu einem schmalen Dreieck falten. Das Dreieck an der offenen Seite so weit abschneiden, daß beim Auseinanderfalten eine Kreisfläche entsteht, deren Radius etwa 5 cm größer ist als der der Backform. Das Papier auf den Teig legen und fest gegen die Seitenränder der Backform drücken.

2 *Rechts:* Zum Beschweren des Papiers die Form zu drei Viertel mit getrockneten Bohnen oder Reis füllen.

3 Den Boden 10 Minuten im vorgeheizten Ofen backen, dann die Temperatur auf 190 °C/Gas Stufe 3 reduzieren und etwa 5 Minuten weiterbacken, bis der Boden leicht gebräunt ist. Bohnen (oder Reis) und Papier entfernen.

4 Zum Durchbacken ihn für weitere 8–10 Minuten in den Ofen stellen. In der Form abkühlen lassen, dann auf ein Kuchengitter setzen.

TEIG VERZIEREN

Ungedeckte pikante Torten kommen ohne Verzierung aus. Bei süßen Torten hingegen werden die Ränder häufig verziert.

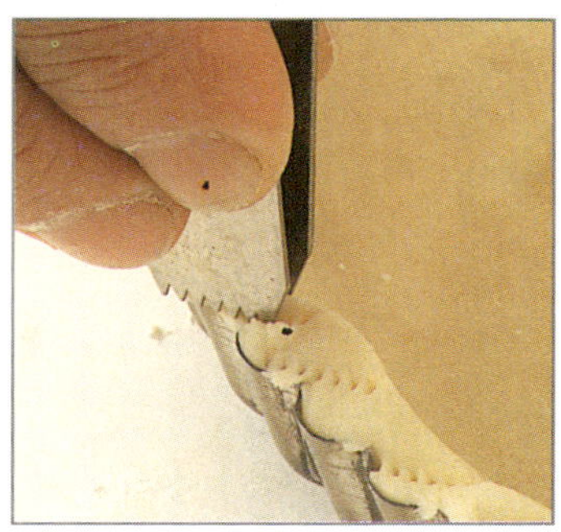

Mit einem Teigzwicker

Mit Daumen und Zeigefinger

Mit einer Gabel

Mit einem Messer

Brandteig

Brandteig (franz. *pâte à choux*) wird im Gegensatz zu anderen Teigen zweimal gegart. Die ursprüngliche Bezeichnung lautete *pâte à chaud* oder Brühteig. Zunächst bringt man Butter und Wasser in einem Topf zum Kochen, nimmt den Topf von der Kochstelle, gibt das Mehl auf einmal in die kochende Flüssigkeit und rührt kräftig. Durch die heiße Flüssigkeit bildet sich ein Teigkloß, den man etwa 30 Sekunden auf der mäßig warmen Kochstelle abbrennt. Nach dem Abbrennen nimmt man den Topf wieder vom Herd und rührt die verschlagenen Eier nach und nach unter. Der Teig sollte noch warm genug sein, um die Eier leicht gerinnen zu lassen. Die einzige Schwierigkeit bei der Herstellung von Brandteig besteht darin, die Eiermenge richtig zu bemessen. Zuerst ist die Brandmasse zäh, dann wird sie glatt und glänzend. Ab diesem Zeitpunkt rührt man die verschlagenen Eier nach und nach unter den Teig, bis er leicht vom Löffel fällt. Die Eimenge ist abhängig von der Größe der Eier, der Trockenheit des Mehls, der Menge des verdampften Wassers und von der Dauer des Abbrennens. Da Brandteig zum Ausrollen zu weich ist, wird er immer gespritzt oder eßlöffelweise auf das Backblech gesetzt.

Verglichen mit anderen Teigarten ist Brandteig vielseitig zu verwenden: Man kann ihm schwimmend in heißem Fett ausbacken, wie die französischen Brandteigkrapfen *(beignets soufflés)*, oder Klößchen abstechen und diese in kochendem Wasser gar ziehen lassen. Wird Brandteig mit der doppelten Menge Kartoffelpüree vermischt und anschließend fritiert, so erhält man knusprig-braune Dauphine-Kartoffeln (*pommes dauphine*, S. 105). In *quenelles*-Massen (S. 146) dient Brandteig als Bindemittel.

Brandteig backen

Brandteiggebäck geht während des Backens zunächst stark auf und wird dann knusprig. Damit der Teig gleichmäßig in die Höhe treibt, setzt man die Teigportionen in weitem Abstand auf das Backblech und glättet die Teigoberfläche vor dem Backen mit einer Gabel. Da sich während des Backens große Mengen Wasserdampf bilden, empfiehlt es sich, die Backofentür nach etwa 10 Minuten einen Spaltbreit zu öffnen. Auf keinen Fall die Backofentür ganz öffnen, da der Teig empfindlich auf Zugluft reagiert und zusammenfällt. **Hinweis** Windbeutel wirken oft schon durchgebacken, noch bevor sie fest sind.

ZUR INFORMATION

Menge Brandteig mit 3 Eiern ergibt 20–25 kleine Windbeutel.

Vorbereitung des Backblechs Einfetten.

Garzeiten *Windbeutel* Backen bei 200 °C/Gas Stufe 3–4: 20–25 Minuten. *Brandteigkrapfen (beignets soufflés)* Fritieren bei 190 °C/Gas Stufe 3: 3–5 Minuten. *Klößchen* Gar ziehen lassen: 8–10 Minuten.

Richtiger Gargrad *Gebäck* Goldbraun und knusprig; Krustenausbrüche braun, nicht blaß. *Fritiergut* Goldbraun und knusprig. *Klößchen* Fest.

Bemerkung Kocht das Wasser, bevor die Butter geschmolzen ist, verdampft zuviel Wasser, und das Mengenverhältnis ändert sich. Bei zuwenig Eiern geht der Teig schlecht auf; bei zu vielen Eiern läßt er sich nicht mehr formen. Bei zu kurzer Backzeit fällt das Gebäck zusammen, deshalb ein Gebäckstück aus dem Ofen nehmen und die Garprobe machen.

Aufbewahrung *Roher Brandteig* Zugedeckt, im Kühlschrank 12 Stunden; nicht einfrieren. *Fertiges Gebäck ohne Füllung* Luftdicht verpackt, 3 Tage; tiefgefroren: 1 Monat. *Fertiges Gebäck mit Füllung* 3–4 Stunden. *Fritiertes Gebäck* Sofort servieren. *Klößchen in Sauce* Im Kühlschrank 1 Tag; tiefgefroren: 3 Monate.

Aufbacken Weich gewordenes Brandteiggebäck wird bei niedriger Ofenhitze wieder knusprig.

Glasur Verschlagenes Ei.

Typisches Brandteiggebäck (Alles französischer Herkunft) Kleine Windbeutel mit pikanter Füllung oder Sauce; Profiteroles (kleine Kugeln mit Füllungen aus gesüßter Schlagsahne, Konditorcreme oder Eiscreme und Sauce); Salambôs (kleine ovale Windbeutel, mit einer beliebig aromatisierten Konditorcreme gefüllt, mit Karamel überzogen); *Paris Brest* (großer Brandteigring, gefüllt mit Sahne und Konditorcreme, bestreut mit Mandeln); *croquembouche* (kleine Windbeutel, mit Vanillecreme gefüllt, mit gebrannten Mandeln garniert).

BRANDTEIG HERSTELLEN

Windbeutel werden üblicherweise mit beliebig aromatisierten Konditorcremes – Vanille-, Kaffee- oder Schokoladencreme (S. 384) – gefüllt. Eine in Frankreich beliebte pikante Version enthält eine würzige Schinkenfüllung.

Ergibt 20–25 kleine Windbeutel
110 g Mehl
175 ml Wasser
1 Prise Salz
75 g Butter, in Stücke geschnitten
3–4 Eier, leicht verschlagen

Ergibt 30–35 kleine Windbeutel
150 g Mehl
250 ml Wasser
1 Prise Salz
100 g Butter, in Stücke geschnitten
4–5 Eier, leicht verschlagen

1 Das Mehl auf ein Stück Papier sieben. Wasser, Salz und Butter in einem Topf zum Kochen bringen. Von der Kochstelle nehmen. Das Mehl auf einmal in die kochende Flüssigkeit schütten und kräftig mit einem Holzlöffel rühren.

2 Etwa 20 Sekunden rühren, bis sich ein Mehlkloß gebildet hat, der sich vom Topfboden löst. Den Kloß bei milder Hitze 30 Sekunden unter Rühren abbrennen. Die Brandmasse von der Kochstelle nehmen und etwas abkühlen lassen.

3 Zwei Eier unterrühren, bis wieder ein Kloß entstanden ist. Die restlichen Eier nach und nach zugeben, jedesmal gut einarbeiten. Das letzte Ei in kleinen Mengen zugeben (eventuell wird es nicht ganz benötigt).

4 Der Teig hat die richtige Beschaffenheit, wenn er glatt und glänzend aussieht und weich vom Löffel fällt.

Brandteig-Abwandlung

***Gougères* (Käsegebäck)** Brandteig mit 3–4 Eiern herstellen und 50 g gewürfelten oder geriebenen Gruyère unterrühren. Die Brandmasse in kleinen Portionen auf das Backblech setzen, mit geriebenem Käse bestreuen und backen.

BRANDTEIG SPRITZEN

Für Profiteroles, Windbeutel und Éclairs wird der Teig gespritzt. Man verwendet dazu einen Spritzbeutel mit einer Lochtülle (1 cm Durchmesser). (Zum Füllen eines Spritzbeutels s. S. 406.)

1 Den gefüllten Spritzbeutel zusammendrücken, so daß der Teig aus der Tülle quillt und auf das gefettete Backblech fällt. (Hier von links nach rechts: Éclairs, Profiteroles, Salambôs und kleine Profiteroles).

2 Nach dem Bestreichen mit verschlagenem Ei die Oberfläche mit einer Gabel glätten. Die Eiglasur darf nicht auf das Backblech gelangen, weil der Teig sonst festklebt und nicht gleichmäßig aufgehen kann.

Profiteroles mit Himbeersauce

Diese Sauce aus frischen Himbeeren ist leichter und bekömmlicher als Schokoladensauce, mit der diese Süßspeise sonst serviert wird.

6–8 Portionen
(für 20–25 kleine Windbeutel, Rezept linke Seite)

Zum Glasieren
1 Ei, mit ½ TL Salz verschlagen

Für die Füllung
Konditorcreme (S. 384)
250 ml Crème double, leicht geschlagen

Zum Servieren
500 ml Himbeersauce (S. 66)

Spritzbeutel mit 1 cm breiter Lochtülle

1 Den Backofen auf 200 °C/Gas Stufe 3–4 vorheizen und zwei Backbleche einfetten. Den Brandteig herstellen und mit dem Spritzbeutel etwa 3 cm große Teighäufchen in großem Abstand auf die gefetteten Backbleche spritzen. Die Teighäufchen mit Ei bestreichen und die Oberfläche mit einer Gabel glätten. 20–25 Minuten im Ofen backen, bis die kleinen Windbeutel fest und goldbraun sind. Auf ein Kuchengitter legen und jeden Windbeutel horizontal aufschneiden. Dabei entweicht Dampf, und das Gebäck trocknet.

2 Die Konditorcreme zubereiten und auskühlen lassen; anschließend die Himbeersauce zubereiten. Die Crème double vorsichtig unter die Creme heben und die Profiteroles großzügig mit der lockeren Masse füllen. Die gefüllten Gebäckstücke auf Tellern anrichten oder in eine flache Schüssel legen.

3 Die Himbeersauce erwärmen und über die Profiteroles gießen. Sofort servieren.

Abwandlungen

Profiteroles mit Eiscreme und Schokoladensauce Die Konditorcreme durch 1 l Vanille-Eiscreme (S. 443) und die Himbeersauce durch Schokoladensauce ersetzen.

Profiteroles mit Eiscreme und Butterscotch-Sauce Die Schokoladensauce in obiger Variante durch 500 ml Butterscotch-Sauce (S. 67) ersetzen.

Blätterteig

Blätterteig (franz. *pâte feuilletée*) wird durch buchstäblich Hunderte von Fettschichten in die Höhe getrieben, die in einen Teig aus Mehl und Wasser eingelagert sind. Im Backofen schmilzt die Butter und trennt die einzelnen Teigschichten voneinander. Gleichzeitig verdampft das im Teig enthaltene Wasser und treibt die einzelnen Teigschichten auf das Drei- bis Vierfache ihres ursprünglichen Volumens. Es gibt auch schnellere Blätterteig-Versionen, wie den Halbblätterteig (S. 381), doch keine ist so leicht und luftig wie der echte Blätterteig – und keine ist so schwierig herzustellen.

Bei echtem Blätterteig enthält der Teig Mehl und Butter zu gleichen Teilen. Den Grundteig stellt man wie folgt her: Mehl auf eine Arbeitsfläche sieben, Wasser, Salz und 15–30 g Butter (manchmal auch etwas mehr) und eventuell einen Teelöffel Zitronensaft (er festigt den Kleber) zugeben. Elastizität ist des Blätterteigs Verderben, zumal sie durch das wiederholte Ausrollen noch zunimmt. Die Zutaten werden zu einem weichen, leicht klebrigen Teig vermischt. In diesen Teig wird dann das restliche Fett eingeschlagen, das zuvor mit einem Nudelholz bearbeitet wurde, damit es gut formbar ist und eine Verbindung von Teig und Fett garantiert.

Nun beginnt der alles entscheidende Arbeitsgang; das Ausrollen und Einschlagen des Teigs, als »Tour« bezeichnet. Bei jeder Tour wird das Teigstück zuerst in einer Richtung und dann in der anderen ausgerollt. Spätestens nach der zweiten Tour muß der Teigblock durchgekühlt werden, damit er sich wieder gut formen läßt. Teig, der nicht sofort weiterverarbeitet wird, gibt man vier Touren und die restlichen beiden vor dem Formen und Backen.

Bei jeder Tour entstehen lagenweise gleichmäßige Fettschichten. Zum Formen wird der Teig dann sehr dünn ausgerollt; er sollte nicht dicker sein als etwa 5 mm, weil er sonst durch sein eigenes Gewicht am Aufgehen gehindert würde. Dann wird die Teigplatte umgedreht, so daß die ungedehnte Seite oben liegt, und mit einem scharfen Messer in die gewünschte Form gebracht. Ein scharfer Schnitt ist wichtig, da sonst die Teigränder zusammenkleben, so daß der Teig nicht gleichmäßig aufgehen kann.

Die ausgeformten Teigstücke werden auf ein mit Wasser befeuchtetes Backblech gelegt und leicht angedrückt, damit sie beim Backen ihre Form behalten. Der vom Backblech aufsteigende Wasserdampf unterstützt ebenfalls das Aufgehen des Teigs.

Im Backofen trocknet der Blätterteig an der Oberfläche aus und reißt. Um dem entgegenzuwirken, ritzt man die Teigoberseite gleichmäßig ein und bestreicht sie dann mit verschlagenem Ei. Süßes Blätterteiggebäck wird zusätzlich mit Zucker bestreut, der dann im Ofen karamelisiert, oder nach dem Backen mit Fondant (S. 417) überzogen.

Der lockere und luftige Blätterteig ist eine ideale Hülle für Meeresfrüchte, Hühnerfrikassee, Schinken oder Pilze, aber auch für neuartige Zusammenstellungen, wie Spinat und Flußkrebs (oder Languste) oder Spargel mit Kerbelbutter. Blätterteig dient auch als Umhüllung für das berühmte Rinderfilet *Wellington* und für verschiedene, mit einer Farce gefüllte Pasteten (S. 244). Auch süßes Blätterteiggebäck gibt es in vielen Variationen, zum Beispiel als *mille-feuilles* (Tausendblätterkuchen), Napoleons (kleines, ovales Blätterteiggebäck mit Mandelcreme) oder als *gâteau Pithiviers,* eine mit Mandelcreme gefüllte Torte. Croissants und dänisches Plundergebäck werden ähnlich zubereitet, enthalten aber Hefe als Lockerungsmittel (S. 357, 358).

Die Reste, die beim Zuschneiden oder Ausstechen von Blätterteig entstehen, kann man für die Zubereitung von Kleingebäck verwerten. Man legt sie aneinander, ohne sie zu quetschen, rollt sie aus und stellt dann Teigtaschen, *fleurons* (kleine Blätterteiggebäcke in Halbmond- oder Dreiecksform) und andere Leckerbissen daraus her, bei denen es weniger auf die lockere Konsistenz als auf den Gehalt des Teigs ankommt. Besonders beliebt sind Schweinsohren (S. 381). Teigreste können auch zu Tortenböden oder zu Teigdecken für Fleisch- und Obst-Pies verarbeitet werden. Teigabschnitte von Halbblätterteig werden ähnlich verwertet.

ZUR INFORMATION

Mengen Blätterteig aus 250 g Mehl ergibt 6–8 *feuilletés* von 10 cm Größe (S. 381) oder einen großen *vol-au-vent* (S. 380).

Vorbereitung des Backblechs Mit Wasser befeuchten.

Garzeiten *Feuilleté* Backen bei 220 °C/Gas Stufe 4–5: 8–12 Minuten, dann bei 190 °C/Gas Stufe 3: 12–15 Minuten. *Vol-au-vent* Backen bei 220 °C/Gas Stufe 4–5: 20–25 Minuten.

Richtiger Gargrad Knusprig und goldgelb.

Bemerkung Sollte der Teig beim Ausrollen kleben, reichlich mit Mehl bestäuben und kühlen, bis er wieder fest ist. Teig, der sich zusammenzieht oder ungleichmäßig aufgeht, wurde zu lange bearbeitet. Teig, der im Backofen zerläuft, wurde unzureichend gekühlt oder bei zu niedriger Ofenhitze gebacken.

Aufbewahrung *Roher Teig* In Klarsichtfolie verpackt, im Kühlschrank 2 Tage; tiefgefroren: 3 Monate. *Fertiges Gebäck ohne Füllung* Luftdicht verpackt, 2–3 Tage; tiefgefroren: 3 Monate. *Fertiges Gebäck mit Füllung* Je nach Füllung.

Glasur/Auflage Verschlagenes Ei, Zucker.

Typisches Blätterteiggebäck *Fleurons* (Halbmonde; Frankreich); *chaussons* (Teigtaschen mit Creme- oder Obstfüllung; Frankreich); *sacristains* (Teigstäbchen mit Zucker- oder Käseauflage; Frankreich); *palmiers* (Schweinsohren, mit Zucker oder Käse bestreut; Frankreich); *gâteau mille-feuilles* (Tausendblätterkuchen aus übereinandergelegten, einzeln gebackenen Blätterteigschichten, mit Konditorcreme gefüllt, mit Puderzucker bestreut; Frankreich); Ricotta-Torte mit kandierten Früchten (Italien); *canoe di mele* (Blätterteigschiffchen mit Rumcreme und glasierten Äpfeln; Italien); Sahnehörnchen (Großbritannien); *maids of honour* (mit Mandelfüllung; Großbritannien); Tausendblätterkuchen (Deutschland); Aprikosen-Windmühlen (Deutschland).

BLÄTTERTEIG HERSTELLEN

Der echte Blätterteig benötigt sechs Touren, wobei die letzten beiden Touren vor dem Formen des Teigs gegeben werden.

Ergibt 6–8 feuilletés oder 1 großen vol-au-vent
250 g Mehl
250 g kalte Butter
¼ TL Salz
1 TL Zitronensaft
125 ml kaltes Wasser
(gegebenenfalls etwas mehr)

1 Grundteig Das Mehl auf eine Marmorplatte oder auf die Arbeitsfläche sieben und in die Mitte eine Mulde drücken.

2 Salz, Zitronensaft, Wasser und 30–45 g Butter, in kleine Stücke geschnitten, zugeben und mit den Fingerspitzen mischen.

3 Das Mehl nach und nach mit den anderen Zutaten zusammenreiben, bis die Mischung groben Bröseln ähnelt. Gegebenenfalls noch etwas Wasser zugeben.

4 Den Teig mit der Teigkarte mehrmals hacken und wenden, bis ein mittelfester Teigkloß entstanden ist. Mit dem Teig von nun an möglichst wenig hantieren.

5 *Rechts:* Die Teigoberseite mehrmals einkerben, um eine Schrumpfung zu verhindern. In Pergamentpapier einwickeln und 15 Minuten kühlen.

6 Die restliche Butter leicht mit Mehl bestäuben und mit dem Nudelholz klopfen, damit sie besser formbar wird; dann zu einem Quadrat von 15 cm Seitenlänge ausrollen.

7 Den Teig zu einem Quadrat von 30 cm Seitenlänge ausrollen, das in der Mitte etwas dicker ist als an den Rändern.

8 Das Butterquadrat in die Mitte der Teigplatte legen und den Teig darüberschlagen. Die Nahtstellen fest zusammendrücken.

9 Das Teigpaket mit der Naht nach unten auf eine bemehlte Arbeitsfläche legen, zweimal ausrollen und einschlagen (zwei Touren geben, s. rechts). Den Teig einwickeln und 15 Minuten kühlen. Dann zwei weitere Touren geben. Soll der Teig erst später verwendet werden, wickelt man ihn jetzt wieder ein und stellt ihn kühl. Vor Verwendung zwei weitere Touren geben, einwickeln und kühlen.

BLÄTTERTEIG AUSROLLEN UND ZUSAMMENLEGEN

Jedes Ausrollen und Zusammenlegen des Blätterteigs wird als »Tour« bezeichnet. In der Regel gibt man zwei Touren und stellt den Teig dann kühl.

Der Teig muß auch kühl bleiben, damit die einzelnen Teigschichten beim Ausrollen nicht zusammenkleben. Ideal ist deshalb eine kalte Marmorplatte; auf jede andere Arbeitsfläche stellt man zur Kühlung eine mit Eiswürfeln gefüllte Fettpfanne.

1 Den Teig rasch von vorne nach hinten zu einem 15 cm breiten und 45 cm langen Rechteck ausrollen. Darauf achten, daß die Teigränder gerade bleiben und die Teigplatte über der bemehlten Arbeitsfläche frei beweglich bleibt.

2 Den Teigstreifen dreifach zusammenschlagen, so daß ein Quadrat entsteht.

3 Das Teigquadrat um 90 Grad drehen, so daß die Nahtstelle links liegt. Die Ränder mit dem Nudelholz zusammendrücken. Damit ist die erste Tour abgeschlossen.

4 Diesen Arbeitsgang wiederholen, dann den Teig in Klarsichtfolie oder Pergamentpapier wickeln. Die Anzahl der Touren durch einen Fingerdruck in einer Ecke des Teigstücks vermerken.

Blätterteig backen

Blätterteig benötigt zu Beginn der Backzeit starke Hitze, denn nur so kann die eingelagerte Butter schmelzen, gleichzeitig die im Teig enthaltene Feuchtigkeit in Dampf übergehen und die einzelnen Teigschichten hochtreiben. Sobald der Teig aufgegangen ist, wird die Ofenhitze reduziert. Blätterteig läßt man am besten goldgelb bis hellbraun backen, denn durch das »Anrösten« wird das Gebäck knusprig und gewinnt an Geschmack. Allerdings besteht die Gefahr – bedingt durch die relativ starke Hitze während des gesamten Backvorgangs –, daß es an der Unterseite verbrennt. Um dies zu verhindern, schiebt man nach der Hälfte der Backzeit ein kaltes Backblech unter das heiße Blech. Für den Fall, daß das Gebäck zu stark an der Oberseite bräunt, deckt man es mit Alufolie ab. Pastetenhüllen werden oft blindgebakken (S. 375), damit sie vor dem Füllen besonders knusprig sind. Soll der Boden nicht zu stark in die Höhe treiben, sticht man ihn vor dem Backen mehrmals mit einer Gabel ein.

EINEN VOL-AU-VENT FORMEN

Ein *vol-au-vent* ist eine hohe, runde Blätterteigpastete von 15–20 cm Durchmesser, die gewöhnlich mit pikanten Ragouts aus Meeresfrüchten, Geflügel oder Fleisch gefüllt wird.

1 Den Teig etwa 5 mm dünn ausrollen. Mit Hilfe eines Topfdeckels und eines scharfen Messers eine runde Teigplatte schneiden.

2 Mit einem kleineren Deckel einen konzentrischen Kreis ausstechen, so daß ein etwa 3 cm breiter Teigring entsteht.

3 Den Teigring in der Mitte zusammenfalten und beiseite legen. Die verbliebene Teigplatte auf die Größe des Teigrings ausrollen.

4 Die große Teigplatte auf ein mit Wasser befeuchtetes Backblech legen, mit verschlagenem Ei bestreichen und die Teigmitte mehrmals einstechen. Den Teigring darüberlegen und leicht andrücken.

5 Den Außenrand mit einem Messer bogenförmig einkerben.

6 Den Ring mit Ei bestreichen und ein V-Muster einritzen.

7 Die Mitte gitterförmig einritzen. Nach dem Backen den aufgegangenen Teigboden als Deckel abheben und Teig, der nicht gegart ist, vom Deckel und im Inneren der Pastetenhülle entfernen. Die Hülle bei geringer Hitze einige Minuten im Backofen trocknen lassen.

BOUCHÉES FORMEN

Kleine Blätterteigpasteten oder *bouchées* (Mundbissen) kann man als Vorspeise servieren, größere auch als Hauptgang. Wie die *vol-au-vents* werden sie mit feingewürzten Ragouts oder Pürees gefüllt.

1 Den Teig etwa 3 mm dünn ausrollen und runde Plätzchen ausstechen (*bouchées* schrumpfen im Backofen).

2 Die Hälfte der Plätzchen mit einer etwas kleineren Form zu Ringen ausstechen. Die beim Ausstechen der Ringe entstandenen kleineren Plätzchen für Kleingebäck und Garnierungen verwenden.

3 Die Teigböden auf ein mit Wasser befeuchtetes Backblech setzen und mit Ei bestreichen. Jeweils einen Teigring aufsetzen, leicht andrükken und einkerben; die Oberseite mit Ei bestreichen und einritzen.

4 Nach dem Backen bildet der Teigboden den Deckel. Nicht gegarten Teig entfernen.

FEUILLETÉS FORMEN

Diese kleinen rechteckigen Blätterteigplätzchen sind eine einfache Alternative zu *bouchées*. Es bleiben so gut wie keine Teigreste übrig.

1 Den Teig 3 mm dünn ausrollen; 10 cm lange Rechtecke ausschneiden und mit Ei bestreichen.

2 Mit einem Messer etwa 1 cm vom Rand entfernt einen Deckel einschneiden.

3 Auf der Teigoberseite ein beliebiges Muster leicht einritzen und die Ränder mit einem Messer bogenförmig einkerben, damit der Teig besser aufgeht.

4 Nach dem Backen den Deckel abheben und Teigreste unter dem Deckel und in der Hülle entfernen. Die *feuilletés* beliebig füllen.

SCHWEINSOHREN FORMEN

Dieses flache Gebäck kann aus Blätterteigresten hergestellt werden. Teig und Arbeitsfläche bestreut man zu Beginn mit Zucker oder Puderzucker. Es empfiehlt sich, das Gebäck gegen Ende der Backzeit im Auge zu behalten, da es schnell Farbe annimmt.

1 Den Teig etwa 3 mm dünn zu einem Rechteck von 30 cm Länge ausrollen. Die Ränder begradigen, den Teig mit Zucker bestreuen.

2 Die kürzeren Seiten zur Mitte schlagen. Wieder mit Zucker bestreuen und nochmals falten, so daß vier Teiglagen entstehen.

3 Das Ganze einmal falten, so daß eine achtlagige Teigrolle entsteht.

4 Die Rolle in dünne Scheiben schneiden und auf ein befeuchtetes Backblech legen.

HALBBLÄTTERTEIG HERSTELLEN

Mit nur zwei Touren ist der Halbblätterteig – auch als Blitz- oder Schnellblätterteig bezeichnet – die schnellere Version des klassischen Blätterteigs. Er eignet sich besonders gut als Decke für gehaltvolle Torten und Pasteten. Durch das Backen erhält er eine goldgelbe, leicht blättrige Oberfläche. Der Teig wird auf einer bemehlten Arbeitsfläche ausgerollt. Wenn die Zutaten rasch verarbeitet werden, entsteht kein Klebergerüst, und der Teig braucht nach jedem Ausrollen nur eine kurze Ruhepause.

Ergibt 10–12 Gebäckstücke
250 g Mehl
¼ TL Salz
125 g Butter, in Stücke geschnitten
150 ml Wasser
60 g Backfett (oder Butter)

1 Mehl und Salz in eine Rührschüssel sieben. Die Hälfte der Butter zugeben und mit zwei Messern in das Mehl hacken, bis eine grobkrümelige Masse entsteht. Diese Masse zwischen den Fingerspitzen zu sehr feinen Bröseln zerreiben. In die Mitte eine Vertiefung drücken, das Wasser hineingießen und mit einem Messer verrühren. Ist der Teig zu trocken, noch etwas Wasser zugeben.

2 Den Teig zu einem 15 × 45 cm großen Rechteck ausrollen. Zwei Drittel der Teigplatte mit der restlichen Butter und dem Backfett belegen. Das freie Teigdrittel über das zweite Drittel mit der Hälfte der Butterstückchen schlagen.

3 Den Teig nochmals falten, so daß die Butter vollkommen von den Teigschichten umhüllt ist. Die Teigränder mit dem Nudelholz zusammendrücken. Das Teigpaket einwickeln und 15 Minuten kühl stellen.

4 Den Teig wie Blätterteig ausrollen und ihm zwei Touren geben (S. 379). Einwickeln und vor der Verwendung nochmals 15 Minuten durchkühlen lassen. **Hinweis** Halbblätterteig kann zu Schweinsohren, Käsestangen und anderem Kleingebäck verarbeitet werden. Der Teig ist gefriergeeignet; nach dem Auftauen sollte er noch einmal ausgerollt und gefaltet werden.

Strudelteig

Blättriges Feingebäck wird meist aus einem elastischen Teig hergestellt, der so dünn ausgezogen ist, daß man hindurchsehen kann. In Österreich, Deutschland und Osteuropa ist der blättrige Strudelteig mindestens so beliebt wie Blätterteig. Des weiteren gibt es im Mittelmeerraum ein halbes Dutzend blättrige Teige, von denen der griechische Phyllo-Teig der bekannteste ist.

Bei vielen Teigen für feine Backwaren ist die Kleberbildung absolut unerwünscht. Beim Strudelteig hingegen führt man sie – wie beim Nudel- und Brotteig – durch intensives Kneten bewußt herbei, damit der Teig die gewünschte Elastizität erhält.

Nach einer angemessenen Ruhezeit wird der Teig nach allen Seiten auf einem bemehlten Küchentuch hauchdünn ausgerollt und mit Fett bestrichen, meist mit zerlassener Butter, oder, wie im Mittelmeerraum, mit Öl.

Die Marokkaner stellen hauchdünne Teigblätter her, indem sie geschmeidige Teigbällchen auf eine heiße Platte drücken. Ähnlich wird auch der Teig für die chinesischen Frühlingsrollen zubereitet. Weicher, wenngleich dicker als Phyllo-Teig ist der Strudelteig. Alle drei Teigarten sind schwierig herzustellen und deshalb auch als Fertigprodukte, oft auch tiefgekühlt, im Handel (meist in griechischen oder Asia-Läden). Bei Phyllo- und Strudelteig ist ganz besonders darauf zu achten, daß er langsam und vollständig bei Raumtemperatur auftaut, weil er sonst brüchig wird. Man deckt ihn während des Auftauens mit einem feuchten Tuch ab, damit die Oberfläche nicht austrocknet.

Vor dem Backen wird der Teig für die Backform passend zurechtgeschnitten oder zu Dreiecken, kleinen oder großen Rollen geformt, wie sie für den Strudel typisch sind. Als Füllungen kommen insbesondere Trocken- und Frischobst in Betracht, des weiteren Honig und Nüsse (griechische *baklava*), Fleisch (türkischer *borek*) sowie Käse, Quark und Spinat. Die jeweiligen Gebäcke werden als Beilage zum Hauptgang, als Vorspeise oder als Dessert gereicht.

ZUR INFORMATION

Mengen Strudelteig aus 250 g Mehl ergibt mit Füllung 6–8 Portionen. 500 g Phyllo-Teig ergeben etwa 20 Gebäckstücke von 5 cm Größe.

Vorbereitung des Backblechs Einfetten.

Garzeiten *Kleingebäck* Backen bei 190 °C/Gas Stufe 3: 20–30 Minuten. *Große Gebäckstücke und Rollen* Bei 190 °C/Gas Stufe 3: 30–40 Minuten.

Richtiger Gargrad Goldbraun und knusprig; in der Mitte heiß.

Bemerkung Fester oder zu kurz gekühlter Teig reißt beim Ausziehen. Da die Teigoberfläche schnell austrocknet, muß zügig gearbeitet werden. Den Teig immer einwickeln, wenn man ihn aufbewahrt.

Aufbewahrung *Nach dem Ausformen* Im Kühlschrank 24 Stunden; tiefgefroren: 1 Monat. *Nach dem Backen* Luftdicht verpackt, 3 Tage; tiefgefroren: 3 Monate.

Typisches Strudelgebäck Apfelstrudel (Deutschland, Österreich); Topfenstrudel (Österreich); Strudel mit Sahne-Rosinen-Füllung (Italien); *retes* (mit Walnüssen, Marmelade; Ungarn); Weinstrudel (mit Weißwein, Semmelbröseln; Ungarn); fritierte Gebäckstücke mit Ei-, Fisch- oder Gemüsefüllung (Tunesien); *b'stilla* (mit Taube, Pinienkernen, Zimt; Marokko); *tiropita* (Käsegebäck; Mittlerer Osten).

Strudelteig formen

Den ausgezogenen Teig mit zerlassener Butter, flüssigem Gänsefett oder Öl bepinseln. Für Taschen: Den Teig in Quadrate von 10 cm Seitenlänge schneiden; drei Teigquadrate übereinanderlegen und etwas Füllung in die Mitte geben, dann die Ecken zusammennehmen und über der Füllung zusammendrücken. Für Dreiecke: Den Teig in 5–7 cm breite Streifen schneiden; etwas Füllung an den Rand setzen und eine Teigecke über die Füllung schlagen, so daß ein Dreieck entsteht. Für Hörnchen: Den Teig in Quadrate von 15 cm Seitenlänge schneiden; etwas Füllung an den Rand setzen und das Teigquadrat aufrollen. Die Enden halbmondförmig zur Mitte hin biegen und fest zusammendrücken.

Baklava

Dieser Strudel ist – in Rauten geschnitten – ein köstliches Kaffeegebäck. Größere Portionen ergeben einen gehaltvollen Nachtisch.

Ergibt 20–25 Gebäckstücke
1 Päckchen (500 g) Strudelteig
250 g zerlassene Butter
20–25 Gewürznelken

Für die Füllung
250 g Pistazien, feingehackt
250 g Mandeln, feingehackt
50 g feiner Zucker
1 TL gemahlener Zimt

Für den Sirup
200 g Zucker
250 ml Wasser
400 g Honig
Abgeriebene Schale und Saft von 1 unbehandelten Zitrone

Rechteckige Backform (25 × 35 cm)

1 Den Backofen auf 175 °C/Gas Stufe 2–3 vorheizen. **Für die Füllung** Pistazien und Mandeln mit Zucker und Zimt vermischen.
2 Die Backform mit zerlassener Butter bepinseln und mit einem Drittel der Teigscheiben auslegen. Die Teigoberfläche ebenfalls mit Butter bepinseln. Den Teig in die Ecken und an die Seiten der Backform drükken; die Hälfte der Füllmasse darauf verteilen. Die Füllung mit dem zweiten Drittel der Teigscheiben abdecken, diese mit Butter bestreichen und die andere Hälfte der Füllung darauf verteilen. Mit den restlichen Teigscheiben die Füllung abdecken; den Teig fest in die Ecken und an die Seiten drücken. Überstehende Teigränder abschneiden.
3 Die Teigoberseite mit zerlassener Butter bestreichen und gitterförmig etwa 1 cm tief einkerben, so daß etwa 6 cm große Rauten entstehen. In die Mitte jeder Raute eine Gewürznelke stecken. Im Ofen 1¼–1½ Stunden backen, bis die Oberseite goldbraun ist.
4 **Für den Sirup** Den Zucker mit dem Wasser erhitzen, bis er sich aufgelöst hat, den Honig zugeben und alles zum kleinen Ballen kochen (S. 415). Den Sirup abkühlen lassen, dann Zitronensaft und -schale unterrühren.
5 Den Sirup über das Gebäck gießen, sobald es aus dem Ofen kommt. Mit einem scharfen Messer durch die Füllung stechen, damit der Sirup auch die Bodenschichten erreicht. Den Strudel in der Form auskühlen lassen und auch aufbewahren, damit sich die Aromen mit der Zeit intensiv verbinden. Er hält sich bis zu 2 Wochen. Zum Servieren die Gebäckstücke an den markierten Linien ganz durchschneiden.

Teigtaschen mit einer Füllung aus Blauschimmelkäse und Garnelen

Pikante Taschen aus Strudelteig werden in der Regel als warme Vorspeise mit einem Salat gereicht. Sie können beliebig gefüllt werden, zum Beispiel mit Huhn und Spargel oder mit Spinat und Käse.

Ergibt 6 Teigtaschen
250 g gekochte Garnelen
2 EL gehackter frischer Dill
½ TL abgeriebene unbehandelte Zitronenschale
300 g Blauschimmelkäse (zum Beispiel Bavaria Blue)
Salz und schwarzer Pfeffer
6 Scheiben Strudelteig
60 g zerlassene Butter
Sesamsamen
Salatblätter, Dillzweige, Garnelen und Zitronenscheiben

1 Den Backofen auf 200 °C/Gas Stufe 3–4 vorheizen. Die Garnelen mit Dill und Zitronenschale vermischen. Den Käse entrinden und in kleine Stücke schneiden; unter die Garnelen rühren, mit Salz und Pfeffer abschmecken.
2 Die Teigscheiben jeweils mit zerlassener Butter bestreichen und die Füllung je nach Form der Teigtasche (links) darauf verteilen.
3 Die Teigtaschen mit der Nahtstelle nach unten auf ein leicht gefettetes Backblech setzen. Die Teigoberseite mit zerlassener Butter bepinseln und mit Sesamsamen bestreuen. Etwa 25 Minuten backen, bis die Taschen goldbraun und knusprig sind. Mit Salatblättern, Dill, Garnelen und Zitronenscheiben garnieren und noch warm servieren.

STRUDEL ZUBEREITEN

Strudelteig muß gründlich und kräftig geknetet werden, damit sich der Teig gut ausziehen läßt. Man kann dazu auch die Küchenmaschine benutzen.

6–8 Portionen
250 g ungebleichtes Auszugsmehl
1 Ei
175 ml warmes Wasser
½ TL Zitronensaft
1 Prise Salz
125 g zerlassene Butter
Puderzucker (zum Bestäuben)

Für die Füllung
500 g Kirschen, entsteint
100 g brauner Zucker
70 g Walnüsse, gehackt
1 TL gemahlener Zimt (nach Belieben)
Abgeriebene Schale von 1 unbehandelten Zitrone

1 Das Mehl auf ein Backbrett sieben und in die Mitte eine Mulde drükken. Ei, Wasser, Zitronensaft und Salz hineingeben und mit den Fingerspitzen gründlich vermischen. Rasch das Mehl unterarbeiten, bis eine bröselige Masse entsteht; gegebenenfalls noch etwas Wasser zugeben. Die Krümelmasse zusammenschieben und leicht zu einem relativ weichen Teigkloß drücken.

2 Die Arbeitsfläche mit Mehl bestäuben und den Teig 5–7 Minuten darauf gründlich durchkneten, schlagen und werfen, bis er geschmeidig und glänzend ist. ODER: In der Küchenmaschine alle Zutaten mit den Knethaken so lange kneten, bis der Teig glänzend ist und sich vom Schüsselrand löst. Dann den Teig unter einer Schüssel – damit er nicht austrocknet – mindestens 30 Minuten ruhenlassen. In der Zwischenzeit den Backofen auf 190 °C/Gas Stufe 3 vorheizen und ein Backblech einfetten.

3 Teig ausrollen Die Arbeitsfläche mit einem sauberen, trokkenen Tuch bedecken, etwas Mehl darüberstäuben und darauf den Teig zu einem möglichst großen Quadrat ausrollen. Mit einem feuchten Tuch bedecken und 15 Minuten ruhenlassen.

4 Mit bemehlten Händen unter den Teig fassen und von der Mitte aus über den Handrücken fortlaufend ringsum vorsichtig nach außen ziehen. Falls der Teig dabei kleine Löcher bekommt, ist das kein Unglück, da sie nach dem Aufrollen nicht mehr zu sehen sind.

5 Durch leichtes Anheben den Teig immer weiter von innen nach außen dünn ausziehen, bis eine hauchdünne, etwa 1 m^2 große Teigfläche entstanden ist.

6 Den Teig mit zerlassener Butter bestreichen. **Hinweis** Den dünn ausgezogenen Teig sofort weiterverarbeiten, da die Oberfläche rasch austrocknet.

7 Kirschen, Zucker, Walnüsse, Zitronenschale und gegebenenfalls Zimt gleichmäßig auf dem Teig verteilen.

8 Strudel aufrollen und formen Die dicken Teigränder abschneiden. Dann den Strudel mit Hilfe des Tuchs aufrollen.

9 Die Teigrolle auf das vorbereitete Backblech gleiten lassen und halbmondförmig zusammenlegen. Mit Butter bestreichen und 30–40 Minuten im Ofen backen, bis der Strudel knusprig ist.

10 Den Strudel mit Puderzucker bestäuben und sofort servieren.

Strudel-Abwandlungen

Käsestrudel Im obigen Rezept Kirschen, Walnüsse und Zimt weglassen, statt dessen für die Füllung 5–6 EL (75–90 ml) Kaffeesahne mit 375 g Frischkäse (Quark) verrühren und zuckern. 1 Ei, 70 g Rosinen und die abgeriebene Zitronenschale unterrühren.
Apfelstrudel Die Kirschen durch 1 kg geschälte, entkernte und in dünne Scheiben geschnittene Äpfel ersetzen; 75 g Rosinen zugeben.

SÜSSE FÜLLUNGEN FÜR FEINGEBÄCK

Konditorcreme oder Patisseriecreme (franz. *crème pâtissière*) ist eine spezielle Füllcreme für feine Backwaren, hergestellt aus einer Eiercreme-Masse, die mit so viel Weizenmehl (oder auch Maismehl) angedickt wird, bis sie relativ steif und fest ist und das Gebäck nicht durchweicht. Konditorcreme hält sich ein bis zwei Tage im Kühlschrank und läßt sich beliebig aromatisieren, zum Beispiel mit Schokolade und Kaffee, mit Alkohol (Likören), aber auch mit einem festeren Fruchtmark. Sie ist ebenso Basis süßer Soufflés (S. 92).

Da Konditorcreme zuweilen sehr fest und schwer ist, wird sie oft mit der gleichen Menge Buttercreme, Italienischer Baiser-Masse (zur Herstellung von *crème Chibouste*) oder geschlagener Sahne (zur Herstellung einer leichten Füllcreme) vermischt. Im Gegensatz zu leichter Buttercreme haben *crème Chibouste* und leichte Konditorcreme ein geringes Standvermögen und fallen bereits nach wenigen Stunden zusammen. Chantilly-Sahne (S. 70) ist gesüßte, mit Vanille oder anderen Geschmackszutaten (zum Beispiel Weinbrand) aromatisierte Schlagsahne, die schnell zuzubereiten ist und eine lockere Füllung ergibt. Leider bleibt sie nicht lange fest und setzt sich bereits nach ein bis zwei Stunden ab, so daß das Gebäck weich und unansehnlich wird. Kalte Mousse- und Soufflé-Massen mit Gelatine als Bindemittel (S. 431) werden ebenfalls als Füllcremes verwendet.

Crème frangipane (Mandelcreme) ist eine Mischung aus Eiern, Zukker und gemahlenen Mandeln, die im Gegensatz zu den oben genannten Cremes auf dem Tortenboden gegart wird, bis sie fest ist. Frischobst, wie Äpfel oder Birnen, können in die Creme eingebettet oder nach dem Backen als Garnitur verwendet werden.

ZUR INFORMATION

Portion 3–4 EL (45–60 ml).
Bemerkung Zu dicke Creme hat eine feste, schwere Konsistenz; zu dünne Creme weicht das Gebäck auf.
Aufbewahrung *Crème frangipane* In luftdicht verschlossenem Behälter 2–3 Tage. *Konditorcreme* Im Kühlschrank 1–2 Tage. *Füllungen mit Schlagsahne* 1–2 Stunden.
Verwendung Für Mürbeteig; Blätterteig; Halbblätterteig; Brandteig.

KONDITORCREME ZUBEREITEN

Wenn man die Oberfläche der heißen Creme mit einem Stück Butter bestreicht, bildet sich keine unansehnliche Haut.

Ergibt 625 ml
500 ml Milch
1 Vanilleschote, längs aufgeschnitten, oder 1 TL Vanille-Essenz (oder Vanillezucker, S. 37)
6 Eigelb
100 g feiner Zucker
30 g Mehl

Kleine schwere Kasserolle

1 Die Milch in der Kasserolle aufkochen, die Vanilleschote, falls verwendet, zugeben und zugedeckt bei milder Hitze 10–15 Minuten ziehen lassen. In der Zwischenzeit Eigelb und Zucker in einer Schüssel cremig schlagen (etwa 2 Minuten), dann das Mehl unterrühren.

2 Die Vanilleschote aus der Milch nehmen und für eine weitere Verwendung aufheben. Die heiße Milch durch ein Sieb langsam unter ständigem Rühren mit dem Schneebesen in die Eiermasse gießen und diese so lange schlagen, bis eine glatte, klümpchenfreie Creme entstanden ist.

3 Die Mischung in den Topf zurückgeben und erhitzen. Unter ständigem Rühren zum Kochen bringen. Bei Klümpchenbildung die Creme sofort vom Herd nehmen und so lange schlagen, bis sie wieder glatt ist.

4 Bei schwacher Hitze etwa 2 Minuten weiterschlagen, bis die Creme dickflüssig ist – ein Zeichen, daß das Mehl gar ist. (Wird die Creme nicht lange genug gekocht, schmeckt sie nach Mehl.) Die Creme in eine Schüssel gießen. Wenn keine Vanilleschote verwendet wurde, jetzt die Vanille-Essenz zugeben. Die Schüssel abdecken und die Creme auskühlen lassen.

Konditorcreme-Abwandlungen

Schokoladen- oder Kaffeecreme Für Brandteig, insbesondere für Éclairs. Für die Schokoladencreme 150 g Schokolade schmelzen und unter die Konditorcreme rühren. Für die Kaffeecreme 2 EL Instant-Kaffeepulver in der heißen Milch auflösen.
Leichte Konditorcreme Für Tortenböden, Blätterteiggebäck, Windbeutel. 250 ml geschlagene Sahne unter eine beliebig aromatisierte Konditorcreme ziehen.
Crème Chibouste Für Blätterteiggebäck. Italienische Baiser-Masse (S. 437) aus 2 Eiweiß, 100 g feinem Zucker und 2 EL Wasser herstellen und unter eine beliebig aromatisierte Konditorcreme ziehen.

Glasuren für Feingebäck

Die Glasur soll dem Gebäck in erster Linie Glanz und Farbe verleihen. Manche Glasuren werden vor, andere erst nach dem Backen aufgetragen. Eine Glasur bildet außerdem eine Schutzschicht bei Backwerk mit einer feuchten Füllung.

Teigglasuren

Für rohen Teig verwendet man am besten eine Glasur aus Vollei, das mit einer großen Prise Salz verschlagen wird. Das Salz spaltet den Eiweißkörper Albumin auf, was ein glatteres Verstreichen ermöglicht. Einen nicht so glänzenden, dafür aber goldeneren Überzug erhält man mit einer Glasur aus Eigelb, Salz und einem Eßlöffel Wasser.

Die Eiglasur wird auch dazu verwendet, den Teig zusammenzukleben und die Ränder von blättrigen Teigen sowie die Teigdecken von Pies zu versiegeln. Fließt Ei jedoch an den Seiten herunter, wirkt es wie Klebstoff und hindert den Teig am Aufgehen; das trifft besonders für Blätterteig zu. Soll die Teigoberfläche eingeritzt werden, empfiehlt es sich, die Glasur vorher aufzutragen, damit sie nicht in die Einkerbungen läuft.

Auch Läuterzucker und mit Wasser besprengter Zucker zählen zu den Glasuren, die mitgebacken werden. Beide Glasuren werden durch das Backen schön knusprig. Ist eine goldgelbe Oberfläche erwünscht, ersetzt man das Wasser durch Milch oder leicht geschlagenes Eiweiß. Die dünne Royal-Glasur (S. 408) kann man auch auf das fertige Gebäck auftragen; anschließend läßt man sie 1–2 Minuten im Backofen trocknen. Gehaltvollere Glasuren mit Honig und Nüssen werden meist für Brote und Kuchen verwendet. Da Zuckerglasuren in der Ofenhitze karamelisieren und leicht anbrennen, werden sie generell erst gegen Ende der Backzeit aufgetragen.

ZUR INFORMATION

Menge 1 verschlagenes Ei reicht zum Bestreichen von 500–1000 g Teig.
Bemerkung Zu reichlich aufgetragene Glasur tropft herunter oder weicht den Teig auf.
Verwendung *Verschlagenes Ei* Mürbeteig; Blätterteig; Brandteig; Schüssel-Pies; Kekse und Plätzchen. *Zuckerguß* Mürbeteig; Blätterteig.

Glasuren für fertiges Gebäck

Als Glasuren, die nach dem Backen aufgetragen werden, fungieren häufig Fruchtmarmeladen oder Gelees. Rotes Johannisbeergelee wird gern zum Glasieren von Torten verwendet, die mit Beeren und roten Früchten belegt sind. Alle hellen Obstsorten sollten mit Aprikosenmarmelade überzogen werden. Werden Früchte pochiert, bleibt ein Sirup zurück, der – eingekocht und mit Maismehl oder Pfeilwurzelmehl angedickt – eine gute Fruchtglasur ergibt. Trägt man diese Glasur auf einen fertigen Tortenboden auf, entsteht eine undurchlässige Schicht, die ein Durchweichen des Bodens verhindert. Eine Puderzuckerglasur (S. 406), Fondant (S. 417) oder geschmolzene Schokolade sind besonders für Blätterteig- und Brandteiggebäck geeignet. Heißer Karamel (S. 418) kann ebenfalls als Glasur verwendet werden.

ZUR INFORMATION

Menge 2–3 EL Gelee oder Marmelade pro Tortenboden.
Bemerkung Zu dick aufgetragene Glasur wirkt klumpig; zu dünn aufgetragene Glasur weicht den Boden.
Verwendung *Fruchtglasur* Mürbeteig; Blätterteig; Kekse und Plätzchen. *Zuckerguß* Mürbeteig (*pâte sucrée*); Blätterteig; Brandteig; Kekse und Plätzchen.

Glasur aus Aprikosenmarmelade

Statt Aprikosenmarmelade kann man auch eine Marmelade aus Zitrusfrüchten (zum Beispiel Orangenmarmelade) oder eine andere, zum Obstbelag passende helle Marmelade verwenden. Die Glasur sollte warm aufgetragen werden.

Ergibt 375 ml
375 g Aprikosenmarmelade
Saft von 1 Zitrone
3 EL Wasser
(gegebenenfalls etwas mehr)

Die Marmelade mit Zitronensaft und Wasser unter Rühren erhitzen, bis eine dünnflüssige Masse entsteht; die Masse durch ein Sieb streichen. Die Glasur vor der Weiterverwendung nochmals erwärmen und gegebenenfalls mit etwas Wasser verdünnen.

Fruchtglasur

Eine ausgezeichnete Glasur für Birnen, Pflaumen, Kirschen, Pfirsiche oder Aprikosen sowie alle anderen pochierten Früchte.

Ergibt 375 ml
500 ml Sirup (von pochierten Früchten, S. 448)
60 g rotes Johannisbeergelee (für rotes Obst)
oder 60 g Aprikosenmarmelade (für helles Obst)
1 EL Maismehl oder 2 EL Pfeilwurzelmehl, mit 4 EL Wasser angerührt
1 EL Kirschwasser (nach Belieben)

1 Den Sirup auf 250 ml Flüssigkeit einkochen. Gelee oder Marmelade zugeben, erhitzen und zu einer glatten Masse rühren. Mit Mais- oder Pfeilwurzelmehl andicken.
2 Den Topf von der Kochstelle nehmen und das Kirschwasser, falls verwendet, zugießen. Die Glasur warm auftragen.

Glasur aus rotem Johannisbeergelee

Die Aprikosenmarmelade im obigen Rezept durch rotes Johannisbeergelee ersetzen. Das Gelee bei schwacher Hitze unter Rühren flüssig werden lassen und noch warm verwenden.

KLEINGEBÄCK

Das englische Wort *biscuit* leitet sich von dem französischen *bis cuit* ab, was soviel wie »zweimal gebacken« bedeutet, während die amerikanischen *cookies* auf das niederländische *koekje* (kleiner Kuchen) zurückgehen. In früheren Zeiten wurden Kekse und Plätzchen zweimal gebacken und als besonders haltbares Gebäck auf lange Seereisen mitgenommen. Manche Plätzchen werden aus Mürbeteig (S. 371) hergestellt, bei dem Fett und Mehl zuerst mit den Fingerspitzen bröselig verrieben werden. Diese Krümelmasse wird anschließend reichlich gesüßt und meist noch mit Nüssen versetzt. Andere Plätzchen werden ähnlich wie Rührkuchen (S. 398) zubereitet, wenngleich die Resultate verschieden sind, da Plätzchenteig im Gegensatz zu Kuchenteig viel fester ist und beim Backen kaum aufgeht.

Zutaten für Plätzchen

Im Unterschied zu Kuchen und Torten, die oft erst durch Füllungen und Überzüge ihr typisches Aussehen erhalten, kommt es bei Plätzchen auf die Auswahl der Teigzutaten an. Viele Plätzchenteige enthalten Nüsse, Haferflocken und Trockenobst, wie Rosinen und Datteln. Butter ist die Hauptgeschmackszutat in einfachen Plätzchen, für Farbe und Süße sorgen Honig, Melasse und brauner Zucker. Viele Kekse und Plätzchen würden ohne Schokolade, Kaffee und Gewürze, wie Ingwer, Zimt oder Muskat, oder Samen, wie Sesamsamen oder Kümmel, etwas fade schmecken. Gelegentlich wird dem Teig auch Backpulver oder Natron zugesetzt, wodurch das fertige Gebäck noch mürber wird.

Plätzchenteig maschinell herstellen

Elektrische Haushaltsgeräte haben sich bei der Plätzchenherstellung bestens bewährt. Für steife, feste Teige, die intensiv geknetet werden müssen, nimmt man am besten eine Küchenmaschine oder ein Handrührgerät mit Knethaken; bei weicheren Teigen kommt man mit den Rührquirlen aus. Allerdings darf der Teig unter keinen Umständen zu lange bearbeitet werden, weil die Plätzchen sonst zu hart werden. Zur besseren Verteilung werden schwere und gehackte Zutaten von Hand untergearbeitet.

Plätzchen backen

Plätzchenbacken ist wahrlich eine Kunst. Wenn man bedenkt, daß Plätzchenteig durch den meist hohen Anteil an Zucker und Nüssen bei der starken Ofenhitze leicht verbrennt, dann ist es gar nicht so einfach, ein ganzes Blech gleich großer, schön gebräunter Plätzchen zu produzieren. Für ein gutes Backergebnis ist es notwendig, den Ofen mindestens 10–15 Minuten auf die erforderliche Temperatur vorzuheizen. Im allgemeinen gilt die mittlere Schiene als ideale Einschubhöhe für das Backblech, obwohl es bis zu einem gewissen Grad auch auf den jeweiligen Herdtyp ankommt. Wichtig ist, daß die Wärme ungehindert um das Backblech zirkulieren kann. Wenn der Teigboden zu stark bräunt, kann man ein zweites (kaltes) Blech einschieben. Es ist nicht zu empfehlen, zwei Bleche auf einmal zu backen, besser ist es, ein zweites Blech vorzubereiten, während das erste im Ofen backt, und die Plätzchen eines dritten Blechs auf einem Kuchengitter auskühlen zu lassen.

Nur selten werden Plätzchen gleichzeitig gar; meistens sind diejenigen am Rand und im hinteren Bereich früher fertig. Deshalb sollte das Backblech nach zwei Dritteln der Backzeit umgedreht werden. Sobald die Plätzchen Farbe annehmen, muß man sie im Auge behalten, da sie schnell anbrennen. Nicht selten sind einzelne Plätzchen, noch bevor der Rest gar ist, vom Backblech zu nehmen.

Plätzchen verzieren

Viele Plätzchen sind so hübsch anzusehen, daß sie ohne weitere Dekorierung auskommen, zum Beispiel Schokoladenkekse mit Nüssen und Schokoladensplittern, Mandelkipferln oder zarte Waffelröllchen (S. 388). Aus ausgerolltem Lebkuchenteig lassen sich allerlei lustige Figuren ausstechen, die anschließend mit Schokolade und Nüssen verziert werden. Gehaltvolle Teige kann man mit einem Spritzbeutel in verschiedenen phantasievollen Motiven ausformen. Einfache Plätzchen lassen sich mit einer Füllung zusammensetzen oder mit Zuckerguß überziehen.

Die fertigen Plätzchen lassen sich auf verschiedene Weise glasieren (S. 405), etwa mit Fondant, Glasuren auf Zuckerbasis (S. 417) oder mit Kuvertüren aus Schokolade. Zum Garnieren ebenfalls bestens geeignet sind Streuauflagen aus Nüssen, geraspelter Schokolade und buntem Zucker (S. 412) sowie Puderzuckerglasuren und geschmolzene Schokolade, die mit Hilfe einer Pergamenttüte (S. 407) aufgebracht wird. Man kann auch mit einem Metallspatel etwas Puderzuckerglasur auf den Keks geben und durch Drehen verlaufen lassen.

Plätzchen aufbewahren

Bei der Aufbewahrung werden knusprige Kekse und Plätzchen oft weich, während die weichen meist austrocknen. Französische *croquants* (Krokantplätzchen) werden bewußt lange gebacken, damit sie hart werden und zum Eintunken geeignet sind. Mit Ausnahme von Waffeln können alle weichen Kekse und Plätzchen kurz im Ofen aufgebakken werden.

Gehaltvolle Kekse bleiben besonders lange frisch, wenn sie in einem luftdicht verschlossenen Behälter zwischen zwei Lagen Pergamentpapier aufbewahrt werden. Aus Rollen geformtes und in Scheiben geschnittenes Kleingebäck läßt sich am besten, gut verpackt, in einer luftdicht verschlossenen Blechdose aufbewahren.

Pfeffernüsse aus Lebkuchenteig sowie anderes Gebäck mit Honig, Nüssen und Gewürzen entwickeln ihr volles Aroma erst nach dem Backen und sind monatelang haltbar. Plätzchen sind vor und nach dem Backen gefriergeeignet, obwohl viele an Geschmack einbüßen und Waffeln leicht brüchig werden.

EIN BACKBLECH VORBEREITEN

Zum Plätzchenbacken nimmt man am besten schwere Backbleche (S. 507), die sich in der Ofenhitze nicht verbiegen. Nur so ist gewährleistet, daß die Plätzchen nicht verrutschen. Zarte Plätzchen setzt man auf ein mit Backpapier ausgelegtes Backblech (das Blech vorher einfetten, damit das Papier haftenbleibt). Alufolie ist weniger geeignet, da sie die Hitze zu stark leitet. Je nach Rezeptanweisung wird das Blech eingefettet und anschließend mit Mehl bestäubt. Beschichtete Backbleche erweisen sich als äußerst praktisch bei gehaltvollen Keksen und Waffeln; sie bedürfen keinerlei Vorbereitung.

1 Das Backblech mit zerlassener Butter oder Backfett bestreichen und kühl stellen. Dann Mehl an den Rand des Blechs streuen.

2 Das Blech rütteln, bis das Mehl gleichmäßig verteilt ist.

PLÄTZCHEN VOM BLECH LÖSEN

Plätzchen aller Art sollten nach dem Backen sofort vom Blech genommen werden, zum einen, um den Backvorgang zu beenden, zum anderen, weil sie heiß noch weich sind und daher nicht so schnell zerbrechen. Wenn sie am Blech haftenbleiben, schiebt man sie noch einmal kurz in den heißen Ofen. Danach lassen sie sich leicht vom Blech lösen. Nach dem Backen nimmt man die Plätzchen mit dem Backpapier vom Blech, löst sie vom Papier und legt sie zum Abkühlen auf Kuchengitter. Direkt auf dem Blech gebackene Plätzchen löst man mit einem scharfen flexiblen Messer. Bei klebrigen Keksen gießt man etwas Wasser unter das angehobene Papier. Durch den entstehenden Wasserdampf lösen sich die Kekse und lassen sich problemlos herunternehmen.

AUSGESTOCHENES UND GEFORMTES KLEINGEBÄCK

Bei der Herstellung von Plätzchen und Keksen wird der Teig nicht auf das Backblech gestrichen, sondern ausgestochen oder geformt. Es gibt weiche und knusprige Plätzchen, dünne und dicke, hergestellt aus den unterschiedlichsten Teigarten.

Aus festen Teigen, die zum Ausrollen geeignet sind, werden mit dem Messer Quadrate oder Dreiecke geschnitten oder mit speziellen Förmchen Kreise und Figuren ausgestochen. Gehaltvolle, schwere Teige, die sich nicht ausrollen lassen, werden von Hand geformt oder mit dem Spritzbeutel und einer breiten Tülle (S. 406) gespritzt. Für sehr feste Teige nimmt man am besten eine Gebäckspritze aus Metall (S. 507), die den Teig durch gezackte Messerscheiben preßt. Für Kühlschrank-Plätzchen wird der Teig zu einem Rechteck oder zu einer Rolle geformt, kühl gestellt und bei Bedarf in Scheiben geschnitten und gebacken.

Ausgestochene und geformte Plätzchen sind in ganz Europa beliebt. Als Zutaten werden unter anderem Nüsse, Gewürze und Zitronenschale verwendet. Ausgestochene Plätzchen werden meist mit einer Royal-Glasur (S. 408), ausgeformte Plätzchen mit Zuckerguß überzogen.

ZUR INFORMATION

Mengen 500 g Teig ergeben 30–40 Plätzchen von etwa 5 cm Größe.
Vorbereitung des Backblechs *Ausgestochene Plätzchen* Einfetten. *Geformte Plätzchen* Einfetten und bemehlen.
Garzeiten Größe und Form haben Einfluß auf die Backzeit. *Ausgestochene Plätzchen* Bei 190 °C/Gas Stufe 3: 8–15 Minuten. *Geformte Plätzchen* Bei 160 °C/Gas Stufe 1–2: 10–15 Minuten.
Richtiger Gargrad *Ausgestochene Plätzchen* Fest und leicht gebräunt. *Geformte Plätzchen* Braune Ränder; die Oberseite gibt auf Druck leicht nach, der Eindruck bleibt sichtbar.
Bemerkung Zu stark bearbeiteter Teig ergibt hartes Gebäck. Plätzchen sind trocken, wenn zum Ausrollen zuviel Mehl verwendet wurde. Wenn der Teig zerfließt, etwas Mehl zugeben; zu weichen Teig gut durchkühlen lassen.
Aufbewahrung In luftdicht verschlossenem Behälter 2–5 Tage; tiefgefroren: 6 Monate.
Glasuren Fondant; Zuckerguß; Eiweiß-Spritzglasur; verschlagenes Ei.
Typisches Kleingebäck *Ausgestochene Plätzchen* Ingwerkekse (Großbritannien); *Shrewsbury biscuits* (*shortbread* – Mürbeteiggebäck – mit Korinthen; Großbritannien); Gewürzplätzchen (Skandinavien); Spitzbuben (mit Gelee zusammengesetzt; Deutschland, Österreich); Zimtsterne (Deutschland). *Geformte Plätzchen* Kardamom-Butterkekse (Dänemark); *oat biscuits* (Haferkekse; Schottland); *polvorones* (mit Haselnüssen; Spanien); Vanillekipferln (Deutschland, Österreich).

PLÄTZCHENTEIG AUSROLLEN

Der Arbeitsablauf ist der gleiche wie bei anderen Teigen für Feingebäck. Nach dem Vermischen der Zutaten wird der Teig kurz geknetet, damit er zusammenhält, und dann mindestens eine halbe Stunde gekühlt. Wenn er fest genug ist, rollt man ihn wie Mürbeteig (S. 373) aus.

1 Den gut gekühlten Teig mit reichlich Mehl oder Zucker bestreuen und zwischen Backpapier oder Klarsichtfolie legen.

2 Den Teig zuerst mit dem Nudelholz flachklopfen und dann gleichmäßig auf die erforderliche Stärke ausrollen.

3 Die obere Papierschicht abziehen. Mit einem bemehlten oder befeuchteten Förmchen oder Messer beliebige Motive ausstechen oder ausschneiden. Die Teigreste zusammendrücken und wieder ausrollen.

PLÄTZCHENTEIG FORMEN

Zuerst ein Probeplätzchen formen. Wenn der Teig zu stark klebt, ihn nochmals kühlen, bis er fest genug ist. Je nach Rezept die Hände vor dem Formen mit Wasser anfeuchten oder mit Mehl bestäuben.

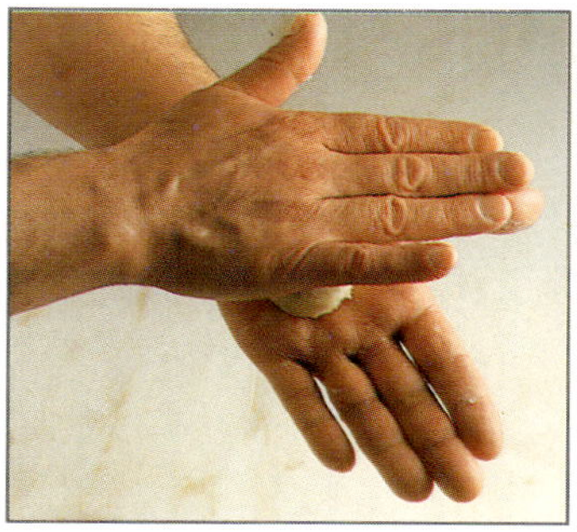

1 Den Teig zu walnußgroßen Kugeln rollen und diese in Puderzucker wälzen; mit genügend Abstand auf ein Backblech setzen.

2 Die Kugeln etwas flachdrücken – mit einer feuchten Gabel oder mit dem puderzuckerbestäubten Boden eines Trinkglases.

Plätzchen aus dünnflüssigem Teig und Waffelgebäck

Am einfachsten herzustellen sind Plätzchen, für die der Teig aufgespritzt oder mit dem Löffel auf das Backblech gesetzt wird; manchmal verstreicht man ihn noch mit einer Gabel oder einem Löffel. Da die Teigmasse beim Backen auseinanderläuft, muß man zwischen den einzelnen Plätzchen genügend Abstand lassen. Die Zubereitung des Teigs ist auch nicht schwierig: Die flüssigen Zutaten werden einfach in die trockenen Zutaten eingerührt.

Grobstrukturierte Zutaten – Haferflocken, gehackte Nüsse oder kandierte Früchte, die beim Ausrollen und Formen von Teig hinderlich sind – machen sich in dünnflüssigem Plätzchenteig besonders gut. Da die Plätzchenoberseite für Zuckerguß oder Glasur zu rauh ist, empfiehlt sich eine Streuauflage aus gehackten Nüssen oder Hagelzucker. Eine Ausnahme bilden hier die italienischen Florentiner, die auf der Unterseite mit Schokolade bestrichen werden.

Waffeln sind die zartesten aller Plätzchen und erfordern bei der Zubereitung ein gewisses Geschick. Der Teig ist extrem dünn, kaum dicker als bei Crêpes (S. 366), und ein Eßlöffel zuviel oder zuwenig Mehl oder Flüssigkeit kann bereits über Erfolg oder Mißerfolg entscheiden. Der meist sehr süße Teig enthält als Geschmackszutat oft nur Vanille, wenngleich er durch abgeriebene Orangenschale, Ingwer oder gemahlene Mandeln eine interessante Note bekommt. Manche Waffeln werden in einem speziellen Waffeleisen, viele jedoch direkt auf dem Backblech gebacken und noch warm in die typische Form gebracht. Für Waffelröllchen werden die Waffeln über einen hölzernen Kochlöffelstiel gedreht, die zarten, dachziegelförmigen *tuiles* formt man über einem Nudelholz, Waffelschälchen über einem umgestülpten Glas. Sie sind ideale Behältnisse für Mousse, Eiscreme oder Sorbet. Viele Waffeln werden zwar ohne Füllung serviert, aber nichts spricht dagegen, sie wie die köstlichen englischen *brandy snaps* mit geschlagener Sahne zu füllen.

ZUR INFORMATION

Mengen 500 ml Teig ergeben 25–30 Plätzchen von etwa 5 cm Größe oder etwa 60 Waffeln.
Vorbereitung des Backblechs Einfetten.
Garzeiten *Plätzchen* Backen bei 175 °C/Gas Stufe 2–3: 12–15 Minuten. *Waffeln* Bei 190 °C/Gas Stufe 3: 5–8 Minuten.
Richtiger Gargrad *Knusprige Plätzchen* Gleichmäßig gebräunt. *Weiche Plätzchen* An den Rändern gebräunt; die Oberfläche gibt auf Druck nach, der Eindruck bleibt sichtbar. *Waffeln* Teigränder goldbraun.
Bemerkung *Plätzchen* Wenn der Teig zu stark auseinanderläuft, noch etwas Mehl zugeben. Wenn er nicht zerfließt, die Plätzchen mit der Gabel flachdrücken oder noch 1–2 EL Flüssigkeit in den Teig geben. *Waffeln* Damit sich die Waffeln besser lösen, ein beschichtetes Blech verwenden. Bei zu festem Teig läßt sich die Waffel nach dem Backen nicht rollen; bei zu langer Backzeit bricht sie; zu dünner Teig ergibt löchrige Waffeln.
Aufbewahrung *Plätzchen* In luftdicht verschlossenem Behälter 3–5 Tage; tiefgefroren: 6 Monate. *Waffeln* In luftdicht verschlossenem Behälter 24 Stunden.
Auflagen *Plätzchen* Gehackte Nüsse; Hagelzucker; Kuvertüre.
Typisches Kleingebäck *Plätzchen* Anisplätzchen (Deutschland); Mohnplätzchen (Österreich); Kümmelplätzchen (Großbritannien); Maismehlplätzchen (Italien); *galettes aux raisins secs* (Frankreich); *hermits* (mit Honig, Muskat, Nüssen; USA); Hafer-Rosinen-Plätzchen (USA). *Waffeln* *Maple wafers* (mit Ahornsirup; USA); *brandy snaps* (mit Ingwer, Weinbrand; Großbritannien); *krumkake* (mit Kardamom; Norwegen); *tuiles aux amandes* (mit Mandeln; Frankreich); *biscotti milano* (mit Orangenschale, Schokolade; Italien).

Waffelteig

Den Backofen auf 230 °C/Gas Stufe 5 vorheizen. 4 Eiweiß leicht in einer Rührschüssel verschlagen. 150 g Mehl und 200 g Puderzucker einstreuen und alles gut vermischen. 75 g Butter, zerlassen und dann abgekühlt, und 2 EL Crème double unterrühren.

WAFFELN BACKEN UND FORMEN

Zuerst eine Probewaffel backen und formen. Wenn sie die richtige Konsistenz hat, das ganze Blech füllen.

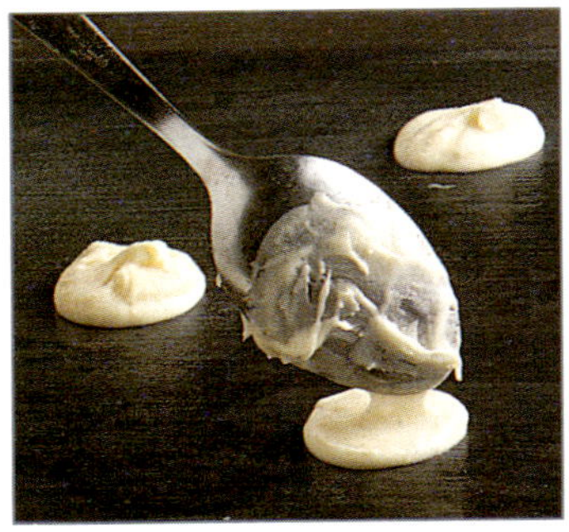

1 Das Backblech einfetten und den Teig eßlöffelweise auf das Blech setzen; Abstand halten.

2 Die Teigmasse so dünn wie möglich mit der Löffelunterseite verstreichen.

3 Die Waffeln backen, bis die Teigränder goldbraun sind. Die fertigen Waffeln rasch mit einem scharfen, dünnen Messer vom Blech lösen. Falls sie kleben, noch einmal kurz im Ofen erwärmen.

4 *Oben:* **Waffelröllchen** Die noch heißen Waffeln rasch über einen hölzernen Kochlöffelstiel drehen. Wenn sie während des Formens hart werden, nochmals kurz in den Ofen legen, bis sie wieder weich sind.

5 *Rechts:* **Waffelschalen** Die heißen Waffeln vom Backblech lösen und über den Boden eines Trinkglases legen.

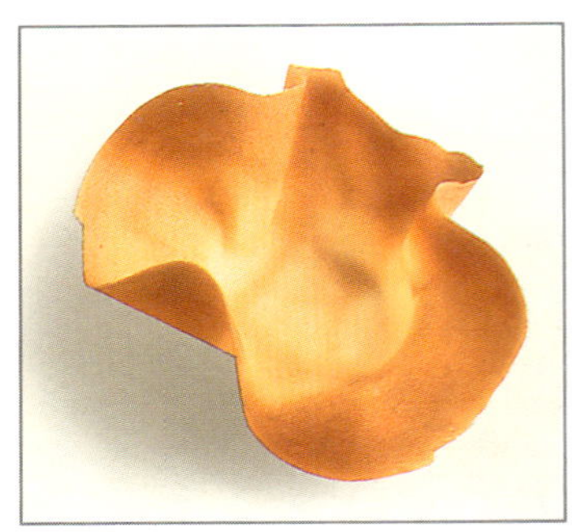

6 Ein Auflaufförmchen über jede Waffel stülpen und die Waffeln erkalten lassen. Die fertigen Schalen erst kurz vor dem Servieren füllen.

Schokoladen-Cookies

Diese Plätzchen sollten knusprig sein und müssen daher ausreichend lange gebacken werden.

Ergibt etwa 24 Plätzchen

150 g Mehl
½ TL Salz
125 g weiche Butter
75 g feiner Zucker
75 g hellbrauner Zucker
½ TL Vanille-Essenz
(oder Vanillezucker, S. 37)
1 Ei
½ TL Natron, in 1 TL heißem Wasser aufgelöst
125 g Walnüsse, gehackt
175 g Zartbitterschokolade, geraspelt

1 Den Backofen auf 190 °C/Gas Stufe 3 vorheizen. Zwei Backbleche mit Alufolie auslegen und buttern.
2 Das Mehl mit dem Salz sieben.
3 Die Butter mit dem Zucker schaumig rühren (S. 398). Vanille und Ei zugeben und alles 1 Minute kräftig verrühren; das aufgelöste Natron unterrühren. Das Mehl unter Rühren zugeben, zuletzt Walnüsse und die Schokoladenraspel untermischen.
4 Mit zwei Teelöffeln vom Teig kleine Häufchen abstechen und im Abstand von etwa 7,5 cm auf die Backbleche setzen. Die Teighäufchen mit der Unterseite eines abgespülten Teelöffels etwas flachdrücken. Die Plätzchen im vorgeheizten Backofen 10–12 Minuten backen, bis sie gleichmäßig leicht gebräunt sind.
5 Die noch warmen *cookies* vom Blech nehmen und auf einem Kuchengitter erkalten lassen.

Gebäckschnitten

Gebäckschnitten werden in rechteckigen oder quadratischen Backformen gebacken. Ihre geschmackliche Vielfalt kennt keine Grenzen – Schokolade, Nüsse, Zitrone und andere Zitrusfrüchte finden reichlich Verwendung. Der Teig ist oft so weich, daß man ihn gießen oder mit dem Teigschaber verstreichen kann, oder aber so krümelig, daß er fest in die Form gedrückt werden muß. Bei manchen Schnitten, beispielsweise bei den österreichischen Haselnußschnitten, hat die gehaltvolle Auflage eine Basis aus Mürbeteig.

Die Schnitten können in ihrer Konsistenz sehr unterschiedlich sein. Manche sind saftig (wie die amerikanischen Dattel-Nuß-Schnitten), andere fest (wie die britischen Hafer-*flapjacks*). Als Regel gilt: je dünner die Teigschicht, desto knuspriger die Schnitten. Daran orientiert sich auch die Wahl der Backform. Schnitten können ebenso aus verschiedenfarbigen Teigschichten bestehen. Es gibt sie marmoriert und tortenmäßig übereinandergesetzt, und nicht selten werden sie mit einer Glasur, mit Zuckerguß oder Buttercreme überzogen.

ZUR INFORMATION

Menge In einer etwa 25 × 40 cm großen Backform erhält man 12 Schnitten.
Typische Backformen Backblech mit hohem Rand; quadratische oder rechteckige Kuchenform.
Vorbereitung der Backformen Einfetten und mit Backpapier auslegen.
Garzeit Backen bei 190 °C/Gas Stufe 3: 12–15 Minuten (je nach Rezept).
Richtiger Gargrad Fest; an einem in die Mitte eingestochenen Stäbchen dürfen keine Teigreste bleiben.
Bemerkung Bei zu kurzer Backzeit sind die Stücke in der Mitte zu weich. Das Gebäck noch warm in Stücke schneiden, da es später leicht bricht.
Aufbewahrung Luftdicht verschlossen, 3–5 Tage; tiefgefroren: 6 Monate.
Füllungen Buttercreme; Schlagsahne; Pariser Creme.
Glasuren/Auflagen Gehackte Nüsse; Hagelzucker; bunter Streuzucker; Zuckerguß; Honigglasur; Eiweiß-Spritzglasur.
Typische Gebäckschnitten Zitronenschnitten (USA); Schokoladenriegel (mit Haferflocken, Kokosnuß; Australien); Zimt-Mandel-Schnitten (Großbritannien, Schweiz); Lebkuchen (Weihnachtsgebäck mit Honig, Nüssen, Gewürzen; Deutschland); Marzipan-Schnitten (Österreich); Schokoladen-Walnuß-Schnitten (Österreich, Ungarn); Zitronen-Kümmel-Schnitten (Italien).

Salziges Kleingebäck

Frisches salziges Kleingebäck ist bedauerlicherweise heute kaum noch erhältlich. Dabei ist die Zubereitung denkbar einfach: Ein fester, geschmeidiger Teig aus Mehl, Salz und Wasser wird so dünn wie möglich ausgerollt und auf das Backblech gelegt, dann quadratisch unterteilt und mehrmals mit der Gabel eingestochen, damit er beim Backen nicht aufgeht.

Für salzige Kekse aus Weizenmehl werden Butter und Mehl zuerst mit den Fingerspitzen verrieben, dann wird die Krümelmasse mit Wasser befeuchtet.

Bei der Verwendung von Vollkorn-, Mais- oder Hafermehl kommen als Geschmackszutaten lediglich etwas Zucker oder Honig dazu; damit der Teig zusammenhält, muß ein wenig Weizenmehl hinzugefügt werden. Gebäck aus Roggenmehl schmeckt etwas würziger, während Hafer und Hirse einen nussigen Geschmack bewirken. Weitere Geschmackszutaten – würziger Käse (wie Parmesan), grobes Salz, Kümmel, Sellerie, Sesamsamen und Gewürze – finden ebenfalls Verwendung.

ZUR INFORMATION

Menge 500 g Teig ergeben etwa 90–100 Kekse von etwa 5 cm Größe.
Vorbereitung des Backblechs Entfällt (nicht einfetten).
Garzeit Backen bei 220 °C/Gas Stufe 4–5: 5–8 Minuten.
Richtiger Gargrad Teigränder leicht gebräunt; Oberseite wirft Blasen.
Bemerkung Der Teig löst sich beim Backen vom Blech, wenn er vorher nicht richtig festgedrückt wurde; bei zu kurzer Backzeit werden die Kekse nicht knusprig.
Aufbewahrung In luftdicht verschlossenem Behälter 1–2 Monate; wenn das Gebäck nicht mehr knusprig ist, kann man es kurz im Ofen aufbacken.
Typisches salziges Kleingebäck Sesamkekse (USA); Graham-Cracker (USA); Soda-Cracker (USA); *water biscuits* (einfache Kekse; Großbritannien); Haferplätzchen (Schottland); Sahne-Cracker (Irland); *flattbrød* (Fladen aus Vollweizen- und Roggenmehl; Norwegen); Roggenkekse (Schweden); Käsestangen (Deutschland); Matze (jüdisch); *sajtos izelitö* (heiße Käseplätzchen; Ungarn); *matthi* (mit Joghurt, Liebstöckelsamen; Indien).

KUCHEN UND GLASUREN

Antonin Carême, der Großmeister der französischen Küche am Beginn des 19. Jahrhunderts, hat einmal gesagt: »Zu den schönen Künsten gehören Malerei, Bildhauerei, Dichtung, Musik und Architektur – und die Konditoreiwaren nehmen dabei den größten Raum ein.« Zweifellos haben Kuchen und Torten gewisse architektonische Elemente, wobei – wenn man so will – der Kuchen das formgebende Gerüst, die Füllung den Mörtel und die Glasur als krönender Abschluß das Dach und den Putz darstellen.

Für einen Kuchen werden nur wenige Grundzutaten benötigt: Eier, Zucker, Mehl und Fett. Durch die Variierung von Geschmackszutaten, Teigkonsistenz und Form ergeben sich jedoch viele Abwandlungen.

Es gibt drei klassische Methoden, einen Kuchen herzustellen. Die jeweilige Methode richtet sich nach der Gebäckart. Danach wird unterteilt in Kuchen aus Biskuitmassen (etwa Genueser Torte, Biskuitkuchen), Rührkuchen (wie Sandkuchen und viele englische Früchtekuchen) und Kuchen, die mit relativ viel Flüssigkeit zusammengerührt werden (zum Beispiel Gewürzkuchen, Pfefferkuchen) und denen zur Lockerung meist ein Triebmittel zugesetzt wird. Alle drei Kuchenarten können zu Torten zusammengesetzt werden. Kombinationen aus zwei Zubereitungsmethoden sind ebenfalls möglich. So wird zum Beispiel bei manchen Rührkuchen wie bei der Herstellung von Biskuitmassen Eischnee unter den Teig gehoben. In diesem Kapitel werden auch Kuchen, die ohne Mehl zubereitet werden, und Baiser-Kuchen, gehaltvolle Käsekuchen, kleine Kuchen und *petit fours* (kleines Tee- und Kaffeegebäck) behandelt.

Füllung, Glasur und Dekoration sind ein wesentlicher Bestandteil des fertigen Kuchens und erfordern etwas Zeit und Mühe. Überzüge aus Zuckerguß oder Creme muß man sehr glatt auftragen, Nüsse werden gleichmäßig gebräunt, und Rosetten aus Buttercreme sollten immer eine einheitliche Größe haben.

Kuchenformen auswählen

Die Form, in der ein Kuchen gebacken wird, hat einen erheblichen Einfluß auf die Backzeit und bestimmt letztendlich das Aussehen des fertigen Kuchens. Deshalb sollten Form und Größe der im Rezept angegebenen Kuchenformen beachtet werden. Für leicht zu beschädigende Kuchen empfiehlt sich eine Springform. Feinporiger Teig mit langer Backzeit ist in dickwandigen Formen mit schweren Böden besser aufgehoben. (Kuchen- und Backformen s. S. 509.)

Kuchenformen einfetten

Damit der Kuchen eine möglichst glatte und goldbraune Oberfläche erhält, werden Kuchenformen vor dem Einfüllen des Teigs eingefettet und/oder mit Mehl bestäubt. Wenn man die Form zusätzlich mit Pergamentpapier auslegt, läßt sich der Kuchen nach dem Backen leicht aus der Form nehmen, gleichzeitig wird eine starke Krustenbildung vermieden. Für einige Teige, etwa solche mit Eischnee, wird die Form nicht gefettet, denn der Teig soll am Rand haften. Formen mit Antihaft-Beschichtung haben sich bei feuchten Teigen gut bewährt. Das Einfetten entfällt, es sei denn, das Rezept sieht das Bestäuben der Form mit Mehl vor (rechts), oder die Form wird zusätzlich mit Papier ausgelegt.

Das Einfetten erleichtert das Lösen des fertigen Kuchens aus der Form. Das verwendete Fett sollte jedoch das gleiche sein, das man für den Teig genommen hat. Das flüssige oder weiche Fett wird mit einem Backpinsel gleichmäßig, auch in den Ecken und Rillen, aufgetragen.

EINE KUCHENFORM AUSSTREUEN

Je nach Rezept wird die Backform nach dem Einfetten zusätzlich mit Mehl bestäubt. Statt Mehl kann man auch Zucker, Semmelbrösel oder Nüsse verwenden. (Zucker brennt bei zu langer Backzeit an!)

Mehl, Zucker oder Semmelbrösel Die gefettete Form großzügig mit der jeweiligen Zutat ausstreuen, drehen und rütteln, bis die Oberfläche gleichmäßig überzogen ist. Überschüssige Mengen durch Klopfen auf die Außenseite der Form abstoßen.

Nüsse Die gefettete Form mit gehackten Nüssen ausstreuen, leicht rütteln und die Nüsse am Rand andrücken.

DEN BODEN EINER RUNDEN KUCHENFORM AUSLEGEN

Für Biskuit- und Rührkuchen wird der Boden der Form mit Pergamentpapier ausgelegt.

Methode 1
Die Kuchenform umdrehen, so daß der Boden oben liegt, und ein quadratisches Stück Pergamentpapier auflegen. Das Papier mit einer Hand festhalten, mit dem Rücken eines schweren Messers am Rand entlangfahren und dabei das überstehende Papier abtrennen. Die Form einfetten, das Papier hineinlegen und festdrücken. Das Papier ebenfalls einfetten.

Methode 2
Nach den Anweisungen zum Auslegen einer Springform vorgehen (rechte Seite).

Den Backofen vorheizen

Da die meisten Backöfen 10–15 Minuten benötigen, um die erforderliche Temperatur zu erreichen, sollten sie rechtzeitig vorgeheizt werden. Vor dem Backen die Ofenhitze mit einem Thermometer messen, denn das Backergebnis hängt von der exakt eingehaltenen Temperatur ab. Die Einschubhöhe so wählen, daß der Kuchen in halber Höhe oder etwas tiefer zu stehen kommt. Hohe Kuchen immer auf den unteren Schienen backen. Werden zwei Kuchen gleichzeitig gebacken, die Formen auf dem Rost so anordnen, daß sie nicht genau übereinanderstehen. Bei ungleichmäßiger Ofenhitze die Backformen umstellen, sobald der Teig Farbe annimmt. Damit die Wärme frei zirkulieren kann, dürfen die Ränder eines Backblechs nie weniger als etwa 2,5 cm von der Ofenwandung entfernt sein. Die Backofentür erst öffnen, wenn der Teig sich gesetzt hat und leicht gebräunt ist.

EINE SPRINGFORM AUSLEGEN

Da gehaltvolle Teige eine lange Backzeit benötigen, empfiehlt es sich, die Backform ganz mit Papier auszukleiden. Beträgt die Backzeit mehr als zwei Stunden, sollte man mehrere Lagen Papier verwenden.

1 Ein quadratisches Stück Pergamentpapier zweimal falten, so daß ein kleineres Quadrat entsteht; dann zu schmalen Dreiecken zusammenfalten. Die Spitze des gefalteten Papiers in die Mitte der umgedrehten Form legen und das äußere Ende bündig mit dem Rand abschneiden.

2 Einen zweiten Kreis schneiden. Die Backform einfetten, ein Papier auseinanderfalten und auf den Boden der Springform legen. Das Papier einfetten.

3 Einen Papierstreifen, etwas länger und breiter als der Rand, schneiden. Einen schmalen Rand knicken und diesen an mehreren Stellen einschneiden.

4 Den Papierstreifen so am Rand anlegen, daß der abgeknickte Papierrand das auf dem Boden liegende Papier überlappt. Den zweiten Papierkreis auseinanderfalten und darüberlegen; das Papier einfetten.

EINE KASTENFORM AUSLEGEN

Zum Auslegen einer Kastenform benötigt man ein rechteckiges Stück Papier, das passend zugeschnitten wird. Auf die gleiche Weise kann man auch flache quadratische oder rechteckige Backformen mit Papier auskleiden. Wenn es einmal ganz schnell gehen soll, legt man die Kastenform mit zwei einzelnen Papierstreifen aus. Vorher muß die Form jedoch stets eingefettet werden.

Methode 1

1 Ein Stück Pergamentpapier in der Größe des Bodens zuzüglich der Seiten schneiden. Das Papier entlang der Bodenlinien falzen.

2 Das Papier an den Ecken entlang der Falzungen einschneiden. Die Form einfetten, mit dem Papier auskleiden und das Papier ebenfalls einfetten.

Methode 2

1 Die Form einfetten. Einen langen Papierstreifen (15 cm länger als die Form) in der Breite der Kastenform schneiden. Die Form so damit auslegen, daß der Boden bedeckt ist und das Papier an den Schmalseiten der Form über den Rand steht. Das Papier einfetten.

2 Einen zweiten Streifen schneiden, der so breit wie die Form lang, aber 15 cm länger als die Form breit ist. Das Papier quer in die Form legen und ebenfalls einfetten.

IN ARBEITSANWEISUNGEN VERWENDETE BEGRIFFE

In Kuchenrezepten tauchen immer wieder bestimmte küchentechnische Begriffe auf:

Rühren oder verrühren bedeutet, die Zutaten mit einem Löffel oder ähnlichem Gerät in einer kreisförmigen Bewegung gründlich zu vermischen. Größere Mengen lassen sich besser mit der hohlen Hand mischen.

Fett und Zucker schaumig rühren bedeutet, aus beiden Zutaten durch Rühren eine schaumig-weiche Masse herzustellen (S. 398).

Unterheben heißt, Zutaten besonders vorsichtig zu vermengen, ohne sie zu verrühren (S. 392).

Vermengen meint eine meist rührende Bewegung, kann aber auch das einfache Mischen der Zutaten bedeuten. (Wird ein elektrischer Mixer benötigt, so wird dies im Rezept ausdrücklich angegeben.) Es ist ein Irrtum zu meinen, daß man einen Kuchenteig immer nur in ein und dieselbe Richtung rühren darf.

Schlagen (aufschlagen) bedeutet das Einarbeiten von Luft in eine flüssige oder weiche Masse, meist in Eier. Häufig wird dazu ein Schneebesen oder ein elektrisches Rührgerät verwendet.

Schaumig schlagen bedeutet, Eier und Zucker miteinander zu einer cremig-schaumigen, glatten Masse zu verschlagen, die bandartig fließt.

Kneten betrifft vorwiegend Brotteige (S. 347) und bedeutet das gründliche Mischen von Zutaten unter Druck. Es kann manuell oder maschinell ausgeführt werden.

KUCHENZUTATEN

Bei allen Kuchen hängt das Gelingen davon ab, wie genau die Rezeptanweisungen befolgt werden. Es ist riskant, die Teigmenge zu verdoppeln oder zu reduzieren. Besonders bei Kuchenteigen mit aufgeschlagenen Eiern führt dies selten zu dem erhofften Ergebnis. Auszugsmehl kann nicht einfach durch Vollkornmehl ersetzt werden. Das gleiche gilt für Honig und englischen *golden syrup* (raffinierte Melasse). Auch das im Rezept angegebene Fett läßt sich nicht beliebig austauschen.

Eier Die meisten Rezepte gehen davon aus, daß ein Ei 60 g wiegt (Gewichtsklasse 3, s. auch S. 81). Eier sollten Raumtemperatur haben, wenn man sie verarbeitet.

Zucker Zum Kuchenbacken wird im allgemeinen raffinierter Zukker (Kristallzucker) in feiner Körnung verwendet. Grobkörniger Zukker löst sich schwer auf und verursacht eine brüchige Kuchenoberfläche. Brauner Zucker färbt den Kuchen und macht ihn schwerer, während Puderzucker eine lockere Konsistenz bewirkt. Da Puderzucker aber oft mit Stärke versetzt ist, damit er nicht klebt, sollte man ihn nur verwenden, wenn es das Rezept ausdrücklich verlangt.

Salz Eine Prise Salz steigert das Aroma aller süßen Teigmischungen.

Mehl Die meisten Kuchen werden mit Weiß- oder Auszugsmehl zubereitet, weil es eine sehr lockere Konsistenz bewirkt. Mit Vollweizenmehl, Hartweizengrieß, Roggenmehl und anderen Mehlsorten erzielt man jeweils andere Backergebnisse. Für besonders feinporiges Gebäck wird Mais-, Kartoffel-, Pfeilwurzel- oder Reismehl zugegeben. Ein Gemisch aus Mehl und Backpulver, das in Großbritannien als *self-raising flour* im Handel ist, darf nicht anstelle von Auszugsmehl verwendet werden. Triebmittel, falls erforderlich, werden im Rezept immer angegeben. Mehl wiegt man am besten stets aus. Wenn es nach Volumen bemessen wird, sollte es, falls nicht anders angegeben, immer gesiebt werden. Das Sieben des Mehls ist besonders wichtig bei der Herstellung von Biskuitkuchen.

Fette Butter verleiht vielen Kuchen und Torten einen unvergleichlichen, feinen Geschmack. Wenn im Rezept nicht anders angegeben, ist »süße«, das heißt ungesalzene Butter verlangt. Ist gesalzene Butter vorgesehen, wird dies – ebenso wie eine Extra-Prise Salz – angegeben. Margarine kann zwar Butter ersetzen, bewirkt aber nicht den feinen Buttergeschmack. Backfett macht den Kuchen locker und hat keinen Eigengeschmack, während tierische Fette, wie Schweineschmalz, in einigen regionalen Rezepten Verwendung finden. Eine leichtere Variante ist Öl. In Osteuropa und Skandinavien nimmt man häufig auch saure Sahne.

Hinweis Wenn der Teig Fett enthält, wird der Kuchen besonders saftig und bleibt länger frisch.

Kuchenteig maschinell herstellen

Ein elektrisches Rührgerät leistet beim Kuchenbacken unschätzbare Dienste. Man kann damit Eier oder Eiweiß aufschlagen, Eigelb und Zucker zu einer cremigen Masse und Butter schaumig rühren. Wegen der typenabhängigen Unterschiede hinsichtlich Leistung und Geschwindigkeit sollte man sich an die Gebrauchsanleitung der Hersteller halten. Während des Rührens wird man vielleicht den Motor ab und zu abstellen müssen, um den Teig vom Schüsselrand zu schaben. Manche Geräte sind mit einem Spritzschutzdeckel samt Einfülltrichter ausgestattet. Eine Küchenmaschine ist praktisch, wenn es um die gleichmäßige Verteilung von Nüssen und Trockenobst in schweren oder gehaltvollen Teigen geht. Bei vorsichtiger Handhabung ist die Küchenmaschine auch für die Zubereitung von Rührkuchen geeignet. Alle flüssigen Zutaten werden zunächst gemischt, bevor die trockenen zugegeben werden. Feste Zutaten sollten immer zerkleinert und zum Schluß hinzugefügt werden. Sie werden auf kleinster Stufe oder durch Betätigung des Momentschalters eingerührt. Bei leichteren Teigen empfiehlt es sich, die letzten Zutaten von Hand unterzuheben, damit die Teigmasse nicht zu intensiv bearbeitet wird.

ZUTATEN UNTERHEBEN

Unterheben ist das besonders vorsichtige Vermengen luftgelockerter Massen, wie Eischnee, mit flüssigen oder weichen Zutaten. Nüsse und Vanille-Essenz werden in der Regel als erste an die Teigmasse gegeben, dann folgen Mehl und Eischnee. In Biskuitmassen (Wiener Masse) wird zerlassene Butter zuletzt untergehoben.

1 Das Mehl in ein Sieb geben. Ein Drittel der Mehlmenge auf die Schaummasse sieben und vorsichtig unterheben. Wenn die Zutaten sich verbunden haben, die Hälfte des restlichen Mehls auf die Teigmasse sieben und vorsichtig untermischen.

2 Das übrige Mehl auf die Teigmasse sieben und behutsam unterheben; dabei das am Innenrand der Rührschüssel anhaftende Mehl mit einem Teigschaber entfernen. Eischnee ebenfalls jeweils in Drittelmengen zusammen mit dem Mehl unterheben.

3 Bei Verwendung von geklärter Butter diese rasch zugeben, wenn die gesamte Mehlmenge eingearbeitet ist.

Kuchenformen mit Teig füllen

Weiche Teigmassen gießt man einfach in die vorbereitete Form, wo sie gleichmäßig verlaufen. Dann stößt man die Form ein- bis zweimal auf einer harten Fläche auf, damit größere, im Teig eingeschlossene Luftblasen entweichen können. Festere Teigmassen füllt man eßlöffelweise in die Form und verteilt sie gleichmäßig bis in die Ecken. Die Oberfläche streicht man mit einem Teigschaber glatt. Für Kuchen, die bei niedriger Ofenhitze backen, läßt man in der Mitte eine flache Mulde, da der Teig an dieser Stelle wahrscheinlich stärker aufgehen wird. Bei leichten Teigmassen, die stark in die Höhe treiben, werden die Formen nur zur Hälfte oder zu zwei Drittel gefüllt, bei allen anderen zu drei Viertel.

KUCHEN AUS DER FORM LÖSEN

Alle Kuchen müssen nach dem Backen kurz in der Form ruhen. Biskuit- und feinere Rührkuchen werden nach zwei bis drei Minuten aus der Form genommen, damit der Dampf entweichen kann. Käsekuchen läßt man in der Form erkalten, damit er nicht schrumpft oder einsinkt. Gehaltvolle Früchtekuchen bleiben in der Form besonders lange saftig. Leicht zerbrechliche Kuchen halten besser zusammen, wenn man sie auf dem Boden einer Springform auskühlen läßt.

1 Nach dem Erkalten des Kuchens mit einem spitzen Messer am Formrand entlangfahren, dabei die Schneide parallel zum Rand halten.

2 Den Kuchen auf ein Kuchengitter stürzen. Das Papier abziehen; bei gehaltvollen Kuchen, die zur Aufbewahrung bestimmt sind, das Papier nicht entfernen.

3 Damit sich bei feinen Kuchen das Muster des Kuchengitters nicht auf der Oberseite abzeichnet, ein kreisförmig ausgeschnittenes Stück Papier unter den Kuchen legen.

Den richtigen Gargrad des Kuchens bestimmen

Alle Kuchen schrumpfen am Rand ein wenig, wenn sie gar sind. Kuchen aus Biskuitmassen prüft man durch leichten Fingerdruck auf die Kuchenmitte: Wenn der Teig zurückfedert, ist er durchgebacken. Bei gerührten Kuchen und solchen, die mit viel Flüssigkeit zubereitet werden, macht man die Stäbchenprobe. Dazu sticht man ein trockenes Holzstäbchen in die Mitte ein – wenn es beim Herausziehen sauber bleibt, also keine Teigreste anhaften, ist der Kuchen gar.

Kuchen aufbewahren

Erkaltete Kuchen werden am besten lose in Klarsichtfolie gewickelt und dann in einem luftdicht verschlossenen Behälter aufbewahrt. Kuchen mit Füllungen, Überzügen und Verzierungen halten sich ohne Verpackung im Kühlschrank länger frisch. Stark fetthaltige Kuchen sind besonders saftig und bleiben dementsprechend länger frisch. Kuchen, die Frisch- oder Trockenobst, Nüsse, Schokolade, Gewürzmischungen oder Honig enthalten, werden erst saftig, wenn sie einige Tage alt sind. Das gilt auch für Kuchen mit Buttercreme-Füllungen. Kunstvolle Verzierungen werden am besten erst kurz vor dem Servieren aufgetragen, da sie meist nicht lange halten. Mit Buttercreme gefüllte Kuchen lassen sich gut einfrieren, nicht jedoch solche mit stark zuckerhaltigen Füllungen und Zuckerguß, da Zucker auskristallisiert.

Kuchen aufschneiden

Zum Aufschneiden von Kuchen verwendet man am besten ein scharfes Messer mit Wellenschliff. Buttercreme-Torten und Käsekuchen lassen sich leichter schneiden, wenn man das Messer vorher in heißes Wasser taucht. Der Handel bietet auch spezielle Kuchen- und Tortenmesser an sowie Drahtschneider, die sich zudem als sehr praktisch erweisen beim horizontalen Schneiden von mehreren Schichten.

EINEN KUCHEN HORIZONTAL IN TORTENBÖDEN SCHNEIDEN

Den Kuchen vor dem Durchschneiden auf eine Kartonunterlage setzen; das erleichtert die Handhabung.

1 Mit dem Messer die trockenen Ränder des Kuchens entfernen. Die Kartonunterlage auf die Größe der Torte zurechtschneiden.

2 Mit der Messerspitze den Kuchenrand einritzen – man kann die einzelnen Böden dann später leichter zusammensetzen.

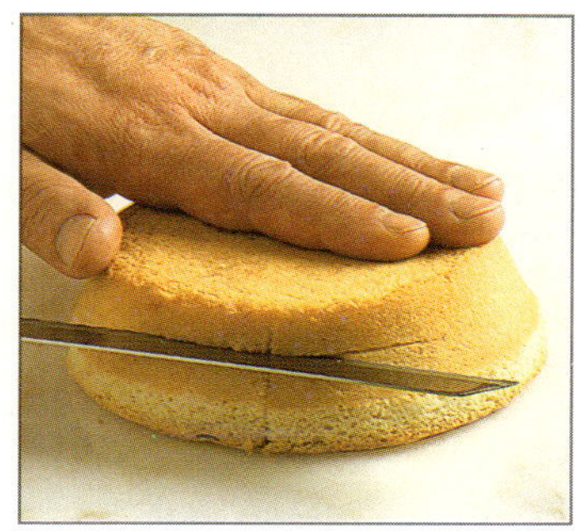

3 Den Kuchen horizontal in Schichten schneiden, dabei mit einer Hand fest auf die Oberseite drücken.

MÖGLICHE FEHLER BEIM KUCHENBACKEN

Nach welcher Methode die Zutaten auch gemischt werden, sich ergebende Probleme haben meist ein und dieselbe Ursache.

Eingesunkene Mitte

1. Zuviel Zucker; zeigt sich an stark gebräunter Randschicht und klebriger Mitte.
2. Zuviel Backpulver oder andere Triebmittel.
3. Zuviel Flüssigkeit; zeigt sich an klebriger Schicht über dem Kuchenboden.
4. Zu niedrige Ofentemperatur.
5. Teig war Zugluft ausgesetzt, bevor er sich gesetzt hat.
6. Zu kurze Backzeit; zeigt sich an klebriger Teigmitte.

Buckelbildung an der Oberseite

1. Zu starke Kleberbildung, verursacht durch zu hartes Mehl (S. 343) oder durch zu langes Rühren.
2. Zu starke Ofentemperatur.

Zu feste Konsistenz

1. Teig wurde unzureichend gerührt oder geschlagen.
2. Zuwenig Triebmittel.
3. Zuwenig Zucker.
4. Teig wurde zu lange gerührt.

Biskuitkuchen

Bei Kuchen und Torten, die aus Biskuitmasse hergestellt werden, liegt der Reiz in ihrer Einfachheit. Mit einem Handrührgerät dauert die Zubereitung eines einfachen Biskuitteigs nur fünf Minuten. Biskuitkuchen haben eine leichte, lockere Konsistenz, die durch schaumig geschlagene Eier und gesiebtes Mehl zustande kommt.

Französische Meisterkonditoren unterteilen Biskuit in zwei Hauptgruppen: in Biskuit aus ganzen Eiern, zum Beispiel den Genueser Biskuit *(pâte à biscuit génoise)*, für den die Eier ungetrennt schaumig geschlagen werden, und in Biskuit aus getrennten Eiern – Savoyer Biskuit *(pâte à biscuit de Savoie)* –, für den Eigelb und Eiweiß getrennt schaumig geschlagen werden. Die schneeweiße Teigmasse für den amerikanischen *angel cake* (Engelkuchen, S. 397) wird nur durch das zu festem Schnee geschlagene Eiweiß gelockert.

Damit die eingeschlagene Luft nicht aus der Schaummasse entweichen kann, beschränken sich die Geschmackszutaten in der Regel auf Vanille, abgeriebene Zitronenschale, Gewürze oder Orangenblütenwasser. Nach dem Backen wird der Biskuit oft mit Likör oder Zuckersirup (S. 414) getränkt. Will man den Teig zusätzlich lockern, kann man einen Teil der Mehlmenge durch Maisstärke oer Pfeilwurzelmehl ersetzen. Für einen Schokoladenbiskuit tauscht man das Mehl anteilig durch Kakaopulver aus.

Um einen Biskuitkuchen zu verzieren, reicht es schon aus, wenn man ihn mit Puderzucker besiebt oder mit einer dünnen Schicht Puderzuckerguß überzieht. Ein Biskuit kann mit Marmelade oder Zuckerguß gefüllt werden und anschließend noch einen Überzug aus Guß oder Schmelzglasur erhalten. Als einfache Verzierungen sind geröstete Nüsse, Kokosraspeln, Liebesperlen und Schokoladenspäne sehr beliebt. In vielen Teilen Europas gilt das Verzieren und Dekorieren von Biskuit als hohe Kunst.

ZUR INFORMATION

Mengen Je nach Füllung und Überzug ergibt ein einfacher Biskuit mit 3 Eiern 4 Portionen.

Typische Backformen *Genueser Biskuit, Savoyer Biskuit* Runde Backform mit geradem oder schrägem Rand; quadratische oder rechteckige Backform mit hohem Rand. *Angel cake Angel cake*-Ringform (S. 509); Ring- oder Savarin-Form.

Vorbereitung der Backform Mit Papier auslegen und einfetten; mit Mehl und Zucker (nach Belieben) ausstreuen.

Garzeiten *Biskuit mit 3 Eiern* Bakken in einer Form von 20 cm Durchmesser bei 175 °C/Gas Stufe 2–3: 20–30 Minuten. *Biskuit mit 4 Eiern* Backen in einer Form von 23–25 cm Durchmesser bei 175 °C/Gas Stufe 2–3: 30–40 Minuten.

Richtiger Gargrad Schrumpft am Rand und federt bei leichtem Druck.

Bemerkung Verbrennt leicht bei hoher Ofentemperatur; trocknet bei zu langer Backzeit aus.

Aufbewahrung Bis auf die mit Zukkerguß überzogenen Kuchen sind alle Biskuits gut gefriergeeignet. *Einfacher Biskuit* Sollte möglichst noch am gleichen Tag verzehrt werden. *Biskuit mit Butter* Luftdicht verschlossen, 2–3 Tage. *Biskuit mit Füllung und Überzug* Luftdicht verschlossen, 4–5 Tage.

Füllungen Buttercreme; gestreckte Buttercreme; Chantilly-Sahne; Mousse au chocolat; Pariser Creme; Marmelade oder Gelee; Konditorcreme.

Glasuren/Überzüge Marzipan; Buttercreme; gestreckte Buttercreme; einfache Buttercreme; Fondant; Ganache (Schokoladencreme); Zuckerguß.

Biskuit mit Butter

Genueser Biskuit kann wie einige andere Biskuitmassen – zum Beispiel Wiener Masse – mit und ohne Butter hergestellt werden. Allerdings muß das Fett ganz vorsichtig untergehoben werden, damit die Luft nicht aus der Schaummasse entweicht. Die verwendete Butter kann nach Belieben weich und cremig, geschmolzen oder auch leicht gebräunt sein. In jedem Fall muß sie jedoch erst abkühlen, bevor sie mit dem restlichen Mehl unter die Biskuitmasse gehoben wird. Man kann auch zunächst eine kleine Menge der Schaummasse mit der Butter verrühren und diese dann locker unterziehen.

EIER SCHAUMIG SCHLAGEN

Ganze Eier und Eigelb werden mit Zucker zu einer lockeren, feinporigen Schaummasse verschlagen, aus der sich zum Beispiel *sabayon* (S. 67), diverse Dessert-Cremes und auch Kuchen herstellen lassen.

Schaummasse aus ganzen Eiern Eier und Zucker in einer großen Schüssel – vorzugsweise aus Edelstahl – mit einem Schneebesen verrühren. Dann mit einem elektrischen Handrührgerät 5–7 Minuten bei mittlerer Geschwindigkeit weiterschlagen, bis die Masse bandartig von den Quirlen fließt.

Wenn man die Masse von Hand aufschlägt, die Rührschüssel über einen Topf mit heißem (nicht kochendem) Wasser stellen und die Masse mit dem Schneebesen so lange schlagen, bis sie cremig ist und bandartig vom Schneebesen fließt (sie dickt beim Abkühlen noch weiter ein). Die Schüssel vom Topf nehmen und weiterschlagen, bis die Creme erkaltet ist.

Schaummasse aus Eigelb In einer Schüssel Eigelb und Zucker 3–5 Minuten schlagen, bis eine dicke, hellgelbe Masse entsteht, die bandartig fließt. Die Schaummasse aus Eigelb ist feinporiger als die Creme, die mit ganzen Eiern hergestellt wird.

Genueser Biskuit

Die saftige und zugleich lockere Genueser Masse *(pâte à biscuit génoise)* ist der bekannteste Biskuit sowohl für einfache Kuchen wie auch für Torten mit Füllung und Überzug. Für den Genueser Biskuit – häufig auch als Feiner Biskuitteig bezeichnet – werden ganze Eier mit Zucker zu einer cremigen Schaummasse verschlagen. Zuletzt wird dann das Mehl untergehoben. Das Grundrezept sieht 30 g Zucker und 30 g Mehl auf 1 Ei vor. Nach Belieben kann die Biskuitmasse mit Butter verfeinert werden. Als zulässige Höchstmenge gilt 15 g Butter pro Ei. Damit die eingeschlagene Luft nicht entweichen kann, wird die Masse sofort abgebacken. Entsprechende Vorkehrungen – wie das Vorheizen des Backofens – sind deshalb rechtzeitig zu treffen.

ZUR INFORMATION

Typische Kuchen aus Genueser Biskuit *Handsome tipsy* (mit Weinbrand getränkt, mit Marmelade und Vanillecreme überzogen; Australien); Mandel-*génoise* (Skandinavien); mit Obst gefüllt, überzogen mit geliertem Fruchtmark; Finnland); aromatisiert mit Vanille, Mandeln oder Orange (Schweden); *julekaker* (mit kandierten Früchten; Norwegen); *pasta Maddalena* (ungefüllt; Italien); *torta Margherita* (mit Baiser-Füllung, frischem Obst, Schlagsahne; Italien); Schokoladentorte (Frankreich); *gâteau moka* (Mokkatorte mit Mokka-Buttercreme; Frankreich); *gâteau d'Isigny* (mit Buttercreme, Himbeermarmelade, Fondant-Glasur; Frankreich); *gâteau aux groseilles* (mit rotem Johannisbeergelee, überzogen mit weißem Fondant und glasierten roten Johannisbeeren; Frankreich); *cendrillon* (»Aschenputtel«, mit Mokka-Buttercreme, Haselnüssen, Mandeln; Frankreich); *praliné* (mit Krokant-Buttercreme, überzogen mit Krokant; Frankreich); Karameltorte (Zitronenbiskuit mit Chantilly-Sahne und Karamelüberzug; Frankreich); *rosace à l'orange* (mit Orangen-Buttercreme, kandierten Orangenscheiben; Frankreich); *Régence* (Schokoladenbiskuit, gefüllt mit Mousse au chocolat; Frankreich); *bûche de Noël aux marrons* (zu Weihnachten gebackene Biskuitrolle mit Maronenfüllung); Wiener Orangentorte (mit Curaçao-Buttercreme; Österreich).

Savoyer Biskuit

Savoyer Biskuit *(pâte à biscuit de Savoie)*, eigentlich der klassische Biskuit, für den Eigelb und Eiweiß getrennt aufgeschlagen werden, hat viel Ähnlichkeit mit dem Genueser Biskuit, wenngleich er ein wenig trockener und fester in der Konsistenz ist. Das hat seinen Grund häufig auch in etwas veränderten Mengenverhältnissen: Auf 1 Ei rechnet man manchmal jeweils 40 g Zucker und Mehl. Eine einfache Variante – sogenannter Wasserbiskuit – sieht auf 1 Ei zusätzlich 1 EL warmes Wasser vor. Zwar ist die Schaummasse nicht ganz so empfindlich wie der Genueser Teig, sie muß aber gleichfalls sofort im vorgeheizten Ofen gebacken werden. Die bekanntesten Beispiele für diesen klassischen Biskuit sind Biskuitrollen und Löffelbiskuits (S. 396).

Für die Biskuitmasse wird Eigelb mit Zucker cremig geschlagen; das Eiweiß schlägt man erst getrennt und dann mit etwas Zucker zu festem Schnee. Diese leichte Baiser-Masse hebt man dann in drei Portionen zusammen mit dem Mehl vorsichtig unter die Eigelbmasse, die man zum Schluß noch mit etwas flüssiger Butter anreichern kann. Es gibt auch eine Variante, bei der die Eigelbmasse direkt unter die mit Zukker aufgeschlagene Baiser-Masse gehoben wird. Sie unterscheidet sich aber nur unwesentlich von anderen Biskuitmassen.

ZUR INFORMATION

Typische Kuchen aus Savoyer Biskuit *Pan di Spagna* (»Spanisches Brot« – in Kastenform, waagerecht halbiert, mit Honig und Rum getränkt; Italien); *pastel Sant Jordi* (mit Schokoladen-Buttercreme; Spanien); Biskuitrolle mit Schokoladencreme-Füllung (Deutschland); Haselnußtorte (Deutschland); Sahnetorte (beliebig aromatisiert; Deutschland); Rehrücken (Schokoladenbiskuit, mit Mandelstiften gespickt, mit Schokoladenguß; Deutschland); Schwarzwälder Kirschtorte (Schokoladenbiskuit, Schlagsahne, Kirschen und Borkenschokolade; Deutschland); Dobos-Torte (dünne Biskuitschichten mit Kirschwasser-Schokoladen-Buttercreme, mit dünnem, hartem Karamelüberzug; Ungarn, Österreich); mit Kirschen (Österreich); *sunshine cake* (Zitronenbiskuit; USA).

Genueser Torte

Für einen Schokoladenbiskuit ersetzt man ein Fünftel der Mehlmenge durch ungesüßtes Kakaopulver und gibt noch 25 g Zucker dazu.

Ergibt eine Torte (20 cm Durchmesser)
90 g Mehl
1 Prise Salz
45 g Butter (nach Belieben)
3 Eier
90 g Zucker
¾ – 1 TL Vanille-Essenz (oder Vanillezucker, S. 37) *oder* 1 – 2 TL Orangenblütenwasser *oder* abgeriebene Schale von 1 unbehandelten Orange oder Zitrone

Ergibt eine Torte (23 cm Durchmesser)
125 g Mehl
1 Prise Salz
60 g Butter (nach Belieben)
4 Eier
135 g Zucker
¾ – 1 TL Vanille-Essenz (oder Vanillezucker, S. 37) *oder* 1 – 2 TL Orangenblütenwasser *oder* abgeriebene Schale von 1 unbehandelten Orange oder Zitrone

Runde Kuchen- oder Springform (20 cm oder 23 cm Durchmesser)

1 Die Backform einfetten und mit Mehl ausstreuen. Den Backofen auf 175 °C/Gas Stufe 2 – 3 vorheizen. Das Mehl mit dem Salz sieben. Die Butter, falls verwendet, klären (S. 99) und abkühlen lassen.

2 Eier und Zucker zu einer sehr lockeren, feinporigen Schaummasse schlagen, die bandartig vom Schneebesen fließt. Die Geschmackszutaten zugeben und weiterschlagen. Das Mehl in drei Portionen auf die Eischaummasse geben und jeweils vorsichtig unterheben. Die abgeschäumte und vorsichtig vom Bodensatz abgegossene Butter zusammen mit der letzten Portion Mehl zugeben.

3 Den Teig in die vorbereitete Form füllen und sofort backen. Die Garprobe machen (S. 393). Für einen Biskuit mit 3 Eiern rechnet man 20 – 30 Minuten, für einen mit 4 Eiern 30 – 40 Minuten. Den fertigen Biskuit 2 – 3 Minuten in der Form ruhenlassen, dann auf ein Kuchengitter setzen.

BACKEN IN HÖHENLAGEN

Da der Luftdruck mit steigender Höhe abnimmt, wird das Kuchenbakken ab 1000 m über dem Meeresspiegel zunehmend schwieriger. Rührkuchen sind davon weniger betroffen als Biskuitmassen. Für das Backen in Höhenlagen sind die folgenden Tips hilfreich.

1 Die Eier vor der Verwendung kühlen und nicht so lange schlagen.
2 Die Menge der Triebmittel reduzieren.
3 Pro 125 g Mehl zusätzlich 1 – 2 EL Flüssigkeit zugeben.
4 Die Zuckermenge um 1 – 2 EL pro 200 g verringern.
5 Die Ofentemperatur ein wenig erhöhen.

LÖFFELBISKUITS HERSTELLEN

Wird die Schaummasse für Löffelbiskuits (franz. *biscuits à la cuiller*) ganz locker gemischt, entstehen beim Backen auf der Oberfläche winzige Puderzuckerperlen.

Bei Elektroherden ohne Umluft die Backofentür während des Backens einen Spaltbreit geöffnet lassen.

Ergibt 24 Löffelbiskuits
100 g Mehl
1 Prise Salz
4 Eier, getrennt
100 g Zucker
1 TL Vanille-Essenz
(oder Vanillezucker, S. 37)
Puderzucker (zum Bestreuen)

Spritzbeutel mit 2 cm breiter Lochtülle

1 Zwei Backbleche einfetten und mit Mehl bestäuben. Parallel zur Breitseite im Abstand von 10 cm Linien in das Mehl ziehen. Den Backofen auf 175 °C/Gas Stufe 2–3 vorheizen. Das Mehl mit dem Salz sieben.

2 Die Eigelb mit zwei Drittel der Zuckermenge zu einer cremigen Masse schlagen, bis sie bandartig vom Schneebesen fließt. Die Vanille vorsichtig untermischen. Die Eiweiß zu festem Schnee schlagen, den restlichen Zucker zugeben und 30 Sekunden weiterschlagen, bis die Baiser-Masse glänzt.

3 Mit einem Teigschaber das Mehl und die Baiser-Masse in drei Portionen unter die Eigelbmischung heben. Den Teig ganz vorsichtig in einen Spritzbeutel (S. 406) füllen.

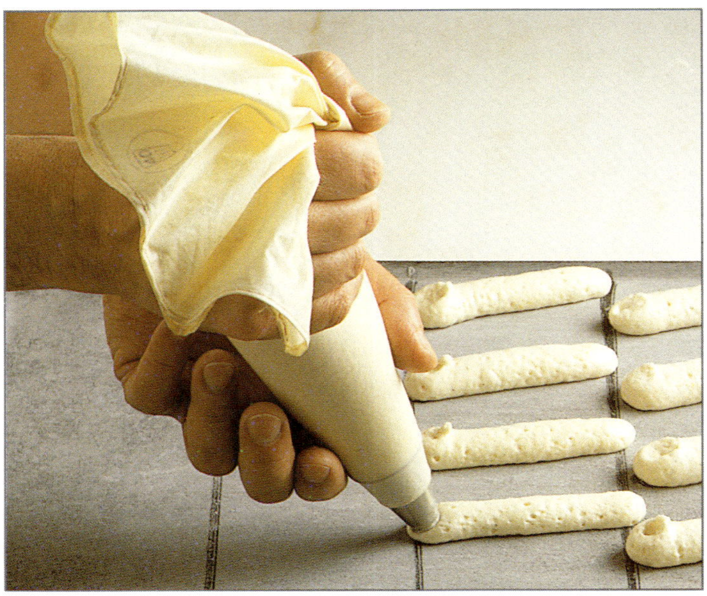

4 Mit dem Spritzbeutel etwa 12 cm lange Stränge auf die vorbereiteten Backbleche spritzen; die im Mehl markierten Linien sind als Orientierungshilfe gedacht. Die Löffelbiskuits mit Puderzucker bestäuben.

5 Die Löffelbiskuits 15–18 Minuten backen, bis sie an der Oberseite fest, innen aber noch weich sind. Zum Erkalten auf Kuchengitter legen.

Biskuitrolle

Es ist nicht verwunderlich, daß Biskuitrollen allerorten beliebt sind, denn sie präsentieren sich in hübscher Aufmachung mit diversen Füllungen aus Marmelade, Sahne oder Buttercreme und erfordern bei der Zubereitung kein allzu großes Geschick.

Für Biskuitrollen oder -rouladen stellt man eine dünne Teigplatte aus Genueser oder Savoyer Biskuitmasse (S. 395) her, die anschließend mit Füllmasse bestrichen und zusammengerollt wird. Damit das spiralförmige Muster besser zur Geltung kommt, wählt man eine Füllung, die sich farblich und geschmacklich vom Teig abhebt. Zu einer gehaltvollen Schokoladen-Biskuitrolle paßt gut eine leicht gesüßte Sahnefüllung (Chantilly-Sahne, S. 70) oder eine rosafarbene Himbeer-Buttercreme (S. 405), während eine einfache, helle Biskuitrolle mit einer roten Marmelade als Füllung sehr dekorativ wirkt. Die Franzosen lieben eine ganz besonders gehaltvolle Zubereitung, die *bûche de Noël*, eine Biskuitrolle, die nur zu Weihnachten gebacken wird. Sie besteht aus Schokoladenbiskuit, der mit Pariser Creme bestrichen wird und nach dem Zusammenrollen noch eine üppige Verzierung aus derselben Creme erhält. Die »Rinde« dieses »Baumstamms« wird durch Mokka- oder Schokoladen-Buttercreme vorgetäuscht.

Es gibt spezielle Formen (S. 509) zum Backen von dünnen Teigschichten, wie sie beispielsweise für kunstvolle Charlotten, feine Biskuitschnitten und Biskuitrouladen benötigt werden. Sie sind zwar sehr praktisch, aber man kommt auch gut ohne sie aus. Entweder füllt man den Teig in eine entsprechend große, flache Backform – eine rechteckige Form in den Maßen 25 × 35 cm reicht aus für einen Biskuitteig mit vier Eiern – oder streicht ihn auf ein entsprechend vorbereitetes Backblech. Der Teig sollte dickflüssig sein, damit er nicht vom Blech läuft. Anschließend backt man den Biskuit acht bis zehn Minuten, bis die Teigränder fest sind und die Teigplatte bei leichtem Druck trocken und elastisch wirkt. Zum Abkühlen wird die fertige Teigplatte mit einem feuchten Tuch bedeckt oder mehrmals zusammen- und wieder vorsichtig aufgerollt, dann mit Füllmasse bestrichen. Marmelade läßt sich besser verstreichen, wenn man sie vorher leicht erwärmt. Cremefüllungen sollten immer streichfähig sein.

EINE BISKUITROLLE FORMEN

Biskuitteig nicht zu lange backen, da er sonst beim Rollen bricht. Die fertige Rolle auf mit Puderzucker bestäubtes Backpapier stürzen.

1 Das Pergamentpapier abziehen. Die Teigplatte mit Hilfe des Backpapiers mehrmals zusammen- und wieder aufrollen.

2 Die Buttercreme-Füllung auf der abgekühlten und vorsichtig entrollten Teigplatte gleichmäßig verteilen.

3 Durch Anheben des Backpapiers die Teigplatte vorsichtig wieder zusammenrollen.

4 Zum Servieren beide Enden der Biskuitrolle schräg abschneiden.

Angel cake

Der »Engelkuchen« ist eine klassische amerikanische Torte von schneeweißer Farbe. Er enthält weder Eigelb noch Fett. Seine duftig-zarte Konsistenz ist vielen ein Rätsel, doch im Grunde wird er so wie alle anderen Biskuitmassen hergestellt.

Die Amerikaner verwenden für *angel cake* ein spezielles Kuchenmehl, das – bedingt durch seinen geringen Klebergehalt – ein besonders lockeres, poröses und saftiges Gebäck ergibt. Mit Auszugsmehl werden jedoch ebenso gute Ergebnisse erzielt. Den Zucker ersetzt man gern durch Puderzucker, da er sich leichter auflöst und die Teigmasse luftiger macht. Von großer Bedeutung ist das Schlagen des Eiweiß (S. 82). Sobald die Schaumbildung einsetzt, gibt man eine Prise Weinstein zu. Wenn sich steife Spitzen bilden, läßt man nach und nach den Zucker einrieseln. Es entsteht eine schnittfeste, glänzende Baiser-Masse. Allerdings darf man die Eiweißmasse nicht zu lange schlagen, weil sie sonst trocken wird und sich nur schwer mit den anderen Zutaten mischen läßt. Wenn alle Zutaten vorsichtig untergehoben sind, wird die Masse sofort abgebacken. Beim Backen und Abkühlen darf der Teig keinerlei Zugluft ausgesetzt sein. Aus diesem Grund läßt man den Engelkuchen auch immer in der umgedrehten Form erkalten. Um das Abkühlen zu beschleunigen, sind manche Formen mit Füßen versehen.

Angel cake wird vorzugsweise mit gekochter Zuckerglasur (Springglasur), schneeweiß wie der Kuchen selbst, überzogen. Manchmal erhält er auch gar keinen Überzug oder wird nur mit Puderzucker bestäubt. Das Grundrezept läßt sich beliebig variieren mit Schokolade, Kirschen, Pekannüssen und Mandeln, wenngleich solche Zutaten vom typischen Eigengeschmack des Kuchens ablenken. Man reicht ihn gern mit frischem Obst.

ZUR INFORMATION

Mengen Ein mit 12 Eiweiß hergestellter *angel cake* ergibt 8–10 Portionen.

Vorbereitung der Backform Entfällt.

Garzeit *Angel cake mit 12 Eiweiß* Backen bei 175 °C/Gas Stufe 2–3: 40–50 Minuten.

Richtiger Gargrad Schrumpft am Rand und federt bei leichtem Druck.

Bemerkung Teig geht schlecht auf, wenn die Eiweiß zu wenig oder zu lange geschlagen wurden.

Aufbewahrung *Angel cake ohne Glasur* Luftdicht verschlossen, 2–3 Tage; tiefgefroren: 2 Monate. *Angel cake mit Glasur* Luftdicht verschlossen, 1–2 Tage.

Glasuren/Überzüge Zuckerguß; Pariser Creme; *white mountain frosting.*

Angel cake – Engelkuchen

Der Engelkuchen wird in einer speziellen Ringform (S. 509) gebakken; man kann jedoch auch eine Ring- oder Savarin-Form nehmen. Die Form wird nicht gefettet, damit die lockere Schaummasse beim Aufgehen am Rand Halt findet.

8–10 Portionen

90 g Auszugsmehl
30 g Maismehl
300 g Zucker
375 ml (etwa 12) Eiweiß
1½ TL Weinstein
1 Prise Salz
1 TL Vanille-Essenz
(oder Vanillezucker, S. 37)
Puderzucker (zum Bestäuben)
oder *white mountain frosting*
(zum Überziehen, S. 410)

Angel cake-Form (S. 509) oder Ringform

1 Den Backofen auf 175 °C/Gas Stufe 2–3 vorheizen. Mehl und Maismehl sieben. Ein Drittel der Zuckermenge zugeben und nochmals durchsieben.

2 Die Eiweiß schaumig schlagen. Weinstein und Salz zugeben und die Eiweiß zu steifem Schnee schlagen. Den restlichen Zucker eßlöffelweise nach und nach unter den Eischnee schlagen und noch 30–60 Sekunden weiterschlagen, bis eine schnittfeste, glänzende Masse entstanden ist. Die Vanille untermischen.

3 Das Mehl in drei Portionen vorsichtig unterheben. Die Teigmasse in die nicht gefettete und nicht bemehlte Form füllen und 40–45 Minuten backen. Die Garprobe machen (S. 393). Den Kuchen in der umgedrehten Form auskühlen lassen, damit er nicht einsinkt. (Die umgedrehte Form auf ein Marmeladenglas stellen, damit Luft an die Kuchenoberseite gelangen kann.)

4 Den Engelkuchen kurz vor dem Servieren mit Puderzucker bestäuben oder mit *frosting* überziehen.

Rührkuchen

Damit Rührkuchen auch wirklich gelingen, muß der mit ganzen Eiern oder nur mit Eigelb hergestellte Teig ausgiebig gerührt werden. Als Regel gilt: Je länger man rührt, desto besser gerät der Kuchen. Zunächst wird Fett mit Zucker schaumig geschlagen (unten). Diese Schaummasse bildet eine solide Grundlage für Mehl und schwere Zutaten, wie gemahlene Nüsse und Trockenobst. Eier können ganz oder getrennt (nur Eigelb) in die Schaummasse gerührt werden. Das zu steifem Schnee aufgeschlagene Eiweiß wird dann zum Schluß unter den Teig gehoben. Ein Rührteig ist zwar nicht ganz so empfindlich wie Biskuitmassen, dennoch sollten Mehl und schwere Zutaten immer behutsam untergemischt werden. Die Benutzung eines elektrischen Handrührgerätes oder einer Küchenmaschine vereinfacht die Zubereitung des Teigs, denn alle Zutaten werden auf einmal in die Rührschüssel gegeben und miteinander vermischt.

Die mengenmäßige Zusammensetzung der Rührmassen ist zwar rezeptabhängig, orientiert sich aber größtenteils an den Standardmengen für einen klassischen Sandkuchen, der immer zu gleichen Teilen aus Butter, Zucker, Eiern und Mehl besteht. Viele Rührkuchen gehen besser auf, wenn sie mit Backpulver oder Natron gelockert werden. Durch die Zugabe von Milch wird der Teig weicher.

Rührkuchen werden in der Regel nicht so aufwendig gefüllt und garniert wie Biskuit. Sandkuchen kann man mit Puderzucker bestäuben oder dünn mit Zuckerglasur überziehen. Früchtekuchen kommen ohne jedwede Auflage oder Glasur aus, man dekoriert sie allenfalls zu feierlichen Anlässen, wie zu Hochzeiten und zu Weihnachten.

FETT UND ZUCKER SCHAUMIG RÜHREN

Beim intensiven Rühren löst sich der feinkörnige oder braune Zucker im Fett (im allgemeinen Butter), und es entsteht eine lockere Schaummasse – Ausgangsbasis für Rührmassen und *brandy-butter* (S. 67).

1 Die Butter raumwarm temperieren und dann mit einem Schneebesen oder einem elektrischen Handrührgerät 1–2 Minuten schaumig rühren.

2 *Rechts:* Nach und nach den Zucker einrieseln lassen und 3–5 Minuten kräftig weiterrühren, bis eine lockere Schaummasse entstanden ist, deren Volumen sich fast verdoppelt hat.

3 Durch intensives Rühren wird die Masse deutlich heller und ist schließlich so weich, daß sie leicht vom Löffel fällt.

Sandkuchen

In alten Backrezepten beruhte die mengenmäßige Zusammensetzung eines Sandkuchenteigs auf dem Maß des Eigewichts (Eischwerteig). Dazu legte man die Eier in die eine Waagschale und wog die andere Seite mit der jeweils gleichen Menge an Butter, Zucker und Mehl auf (Gleichschwer-Verhältnis). Die bekannteste Version des Sandkuchens enthält als Geschmackszutaten lediglich Vanille, Orangenblütenwasser oder abgeriebene Zitronen- oder Orangenschale. Wenn man Butter verwendet, entsteht ein gehaltvoller und dennoch feiner Kuchen, der sich in vielen Ländern großer Beliebtheit erfreut. In Frankreich heißt er *quatre quarts* und in Großbritannien *Madeira cake* (er enthält zwar keinen Madeira, wird aber mit Madeira serviert).

ZUR INFORMATION

Mengen Eischwerteig aus 4 Eiern ergibt 6–8 Portionen.
Typische Backformen Springform; Kastenform.
Vorbereitung der Backform Einfetten und mit Pergamentpapier auslegen (S. 390).
Garzeiten Backen bei 175 °C/Gas Stufe 2–3 in einer Springform (23–25 cm Durchmesser): 40–50 Minuten, in einer Kastenform (20 × 10 × 7 cm): 30–40 Minuten.
Richtiger Gargrad Schrumpft am Rand; ein in die Mitte eingestochenes Holzstäbchen bleibt sauber.
Bemerkung Die Schaummasse gerinnt bei der Eizugabe, wenn sie zu kalt ist oder nicht lange genug gerührt wurde; dem kann abgeholfen werden, indem man die Schüssel anwärmt und die Masse intensiv rührt.
Aufbewahrung Luftdicht verschlossen, 1 Woche; tiefgefroren: 2 Monate.
Glasuren/Auflagen Zuckerguß; Puderzucker.
Typische Rührkuchen Frankfurter Kranz (mit Vanille-Buttercreme gefüllt, mit Mandelkrokant dekoriert; Deutschland) Sachertorte (Schokoladenkuchen mit einer Füllung aus Aprikosenmarmelade, Schokoladenglasur; Österreich); Zitronenkuchen (Finnland); venezianische Mandeltorte (Italien); Schokoladenkuchen mit Mandelmakronen (Italien); Viktoria-Torte (mit einer Füllung aus Himbeermarmelade und Schlagsahne; Großbritannien); *bunter cake* (mit Mandeln, abgeriebener Zitronenschale, Himbeermarmelade, Mandelglasur; USA); Hafermehlkuchen (mit Gewürzen, Haferflocken; USA).

Sandkuchen

Eine französische Variante des Sandkuchens enthält frische Erdbeeren oder entsteinte Kirschen. Dieser Kuchen benötigt eine etwas längere Backzeit.

Ergibt einen Kuchen (23–25 cm Durchmesser)
250 g Mehl
1 EL Backpulver
1 Prise Salz
250 g Butter
250 g Zucker
4 Eier
1 TL Vanille-Essenz (oder Vanillezukker, S. 37) *oder* abgeriebene Schale von 1 unbehandelten Zitrone oder Orange

Für die Glasur
Zuckerglasur (S. 406) aus 100 g Puderzucker und 5–6 EL Wasser, Zitronen- oder Orangensaft
oder Puderzucker (zum Besieben)

Runde Kuchenform oder Springform (23–25 cm Durchmesser)

1 Die Backform einfetten und den Boden mit Pergamentpapier auslegen. Das Papier ebenfalls einfetten und mit Mehl und Zucker (S. 390) bestreuen. Den Backofen auf 175 °C/Gas Stufe 2–3 vorheizen. Das Mehl mit dem Backpulver und dem Salz sieben.
2 Butter und Zucker schaumig rühren (links). Die Eier jeweils einzeln einrühren. Die Geschmackszutaten untermischen. Das Mehl in drei Portionen (S. 392) unterheben und den Teig in die Form füllen.
3 Den Kuchen 45–50 Minuten backen. Die Garprobe machen (S. 393). Den fertigen Kuchen zum Erkalten auf ein Kuchengitter setzen.
4 Den Kuchen kurz vor dem Servieren entweder mit Puderzucker bestäuben oder mit Zuckerglasur überziehen.

Früchtekuchen

Rührteige bilden auch die Grundlage vieler Früchtekuchen, insbesondere jener gehaltvollen Mischungen, die zu festlichen Anlässen (als Hochzeits- oder Weihnachtskuchen) gebacken werden. Der Teig dient dabei eher als Bindemittel für andere Zutaten. Durch braunen Zucker, Alkohol und Gewürze erhalten diese Kuchen eine schöne Färbung. Daneben gibt es aber auch eine helle Variante mit Sultaninen und kandierten Ananasstücken.

Früchtekuchen werden immer schonend bei gleichbleibend niedriger Ofenhitze gebacken. Der Backvorgang kann zwei Stunden und länger dauern. Eine starke Krustenbildung läßt sich vermeiden, indem man die Backform mit mehreren Lagen Papier auskleidet. Wenn der Kuchen zu rasch Farbe annimmt, deckt man ihn lose mit Alufolie ab. Die Garprobe kann bei Früchtekuchen einige Schwierigkeiten bereiten. Bei der Stäbchenprobe (S. 393) ist das Holzstäbchen möglicherweise aufgrund des hohen Fruchtanteils feucht, aber Teigreste dürfen nicht daran haften. Um ganz sicher zu gehen, sticht man den Kuchen an mehreren Stellen ein und prüft seine Konsistenz.

Je länger man einen gehaltvollen Früchtekuchen lagert, um so saftiger wird er, vor allem wenn er mit Marzipan (S. 409) überzogen ist.

ZUR INFORMATION

Mengen Ein mit 3 Eiern hergestellter Kuchen ergibt, je nach Fruchteinlage, 8–10 Portionen.

Typische Backformen Tiefe, runde Kuchenform; Springform; Kastenform.

Vorbereitung der Backform Boden und Rand einer gefetteten Form mit 1–2 Lagen Papier auskleiden, dann das Papier einfetten (S. 390).

Garzeit Backen bei 160 °C/Gas Stufe 1–2: 1¼–2 Stunden (je nach Menge der verwendeten Zutaten).

Richtiger Gargrad Schrumpft am Rand; ein in die Mitte eingestochenes Holzstäbchen bleibt sauber.

Bemerkung Trockenfrüchte (auch Nüsse) sinken beim Backen auf den Teigboden, wenn man sie nach dem Waschen nicht gut trocknet, wenn der Teig zuviel Triebmittel enthält oder wenn die Ofenhitze zu niedrig ist.

Glasuren/Überzüge Marzipan; Fondant; Royal-Glasur.

Typische Früchtekuchen Dreikönigskuchen (mit Korinthen, Zitronat, Mandeln, Weinbrand; Großbritannien); Wimbledon-Tennis-Kuchen (heller Teig mit Zitronat, Orangeat, Zimt, glasierten Kirschen, Maraschino, mit Marzipanüberzug und Puderzuckerglasur; Großbritannien); *Simnel cake* (Teekuchen mit Korinthen, Zitronat, mit Marzipanüberzug; Großbritannien); *dundee cake* (mit Mandeln, Korinthen, Sultaninen, Rosinen, Zitronat; Schottland); *black buns* (Mürbeteig mit Korinthen, Rosinen, Mandeln, Zitronat, Gewürzen, schwarzem Pfeffer, Weinbrand; Schottland); *pestringolo* (mit Feigen, Honig; Italien); Rosinenkuchen (mit abgeriebener Zitronenschale, Rosinen; Schweden); Bischofsbrot (mit Zitronat, Mandeln, Pistazien, Feigen, Rosinen, Schokoladenstücken; Deutschland); *Kentucky bourbon* (mit Bourbon-Whisky, Muskat, Rosinen und Pekannüssen; USA); heller Früchtekuchen (mit kandierten Ananasstücken, Mandeln; USA).

Trockenobst und kandierte Früchte vorbereiten

Rosinen und Korinthen Früchte verlesen, Stiele entfernen. Mit kochendem Wasser übergießen und stehenlassen. Die lauwarmen Früchte absieben.

Kandierte Früchte Möglichst größere Fruchtstücke verwenden, da sie am aromatischsten sind. In kochend-heißem Wasser weichen lassen, bis sich die kristallisierte Zuckerschicht auflöst; dann absieben. Die Früchte grob hacken; bereits zerkleinerte Früchte einige Minuten in kochend-heißem Wasser einweichen, um überschüssigen Zucker zu lösen, und dann abgießen. Die Früchte mit Küchenkrepp trockentupfen und mit etwas Mehl (von der bereits für das Rezept abgewogenen Menge) mischen. Gern verwendet man zum Dekorieren die kandierten Blattstiele des Engelwurz; als Geschmackszutat sind sie jedoch nicht geeignet, da ihr Aroma zu ausgeprägt ist.

Früchtekuchen aufbewahren

Gehaltvolle Früchtekuchen sollten mindestens einen Monat vor dem Verzehr gebacken werden, damit sie ihr Aroma voll entfalten können. Als ausgesprochenes Dauergebäck halten sie sich bei sachgerechter Lagerung bis zu einem Jahr. Der Kuchen wird in ein mit Madeira, Sherry oder Weinbrand getränktes dünnes Baumwolltuch gewickelt und – mit einer Apfelhälfte, die die Feuchtigkeit hält – in einem luftdicht verschlossenen Behälter aufbewahrt. Es empfiehlt sich, den Kuchen von Zeit zu Zeit mit etwas Alkohol zu beträufeln.

Englischer Früchtekuchen

Mit einem Überzug aus Marzipan (S. 409) und Royal-Glasur (S. 408) wird aus diesem Kuchen ein traditioneller englischer Weihnachtskuchen. Er sollte mindestens einen Monat lagern.

Ergibt einen Kuchen (23 cm Durchmesser)

500 g Rosinen
500 g getrocknete Korinthen
250 g gehackte kandierte Orangenschalen
250 g gehackte kandierte Zitronenschalen
375 g Mehl
½ TL Salz
½ TL frisch geriebene Muskatnuß
½ TL gemahlener Piment
375 g weiche Butter
375 g brauner Zucker
6 Eier
3 EL Weinbrand

Runde Kuchenform oder Springform (23 cm Durchmesser)

1 Die Backform einfetten und mit einer doppelten Lage Pergamentpapier auslegen; das Papier ebenfalls einfetten. Den Backofen auf 150 °C/Gas Stufe 1 vorheizen. Die Trockenfrüchte nach obiger Anweisung vorbereiten. Das Mehl mit Salz, Muskat und Piment sieben.

2 Butter und Zucker schaumig rühren. Die Eier einzeln zugeben und gut verrühren. Das Mehl in zwei oder drei Portionen unterheben, zuletzt Weinbrand und Früchte zugeben und alles gut mischen.

3 Den Teig in die Form füllen und die Oberfläche glattstreichen, in die Mitte eine kleine Vertiefung drücken. Den Kuchen 2½–3 Stunden backen. Die Garprobe machen (S. 393). Falls der Kuchen zu stark bräunt, mit Alufolie abdecken. Den fertigen Kuchen in der Form auskühlen lassen, dann herausnehmen und das Papier abziehen.

Torten

Torten kann man aus Biskuit-, Rühr- oder Nußmassen zubereiten. Deutschland, Österreich und die skandinavischen Länder sind berühmt für ihre ausladenden Torten, die als Füllung Marmelade, frisches Obst der Saison und Schlagsahne enthalten.

Torten gibt es in allen Variationen, von schlicht bis prächtig. Zahlreiche Torten bestehen aus dünnen Biskuitböden (Genueser oder Savoyer Biskuit), die zuerst mit Alkohol getränkt und anschließend mit eingemachtem Obst belegt werden. Die Italiener überziehen ihre Torten gern mit Marzipan, während die Franzosen Fondant bevorzugen.

Bei der Zubereitung von Torten ist darauf zu achten, daß die einzelnen Böden samt Füllung gleichmäßig aufgeschichtet werden. Man kann die Böden entweder in der erforderlichen Anzahl einzeln backen oder einen hohen Kuchenboden herstellen, den man nach dem Backen zwei- oder dreimal waagerecht durchschneidet (S. 393).

ZUR INFORMATION

Mengen Eine Torte, deren Teigschichten mit 3 Eiern hergestellt wurden, ergibt, je nach Füllung, 6–8 Portionen.
Typische Backformen Flache Kuchenform (rund, rechteckig oder quadratisch); Springform.
Vorbereitung der Backform Einfetten und mit Pergamentpapier auslegen (S. 390).
Garzeit Backen in einer Form von 20–23 cm Durchmesser bei 175 °C/Gas Stufe 2–3: 20–25 Minuten.
Richtiger Gargrad Schrumpft am Rand; ein in die Mitte eingestochenes Holzstäbchen bleibt sauber.
Bemerkung s. Biskuitkuchen; Böden backen ungleichmäßig, wenn mehrere Formen gleichzeitig im Backofen stehen.
Aufbewahrung Luftdicht verschlossen, im Kühlschrank. *Torte ohne Füllung* 1 Woche. *Torte mit Füllung oder Glasur* 2–3 Tage.
Füllungen Buttercreme; gestreckte Buttercreme (mit Konditorcreme); Chantilly- oder Schlagsahne; Marmelade oder Gelee; Zitronen- oder Orangencreme.
Glasuren/Überzüge Buttercreme; gestreckte Buttercreme; einfache Buttercreme (S. 405); Fondant; Puderzuckerglasur; Eiweißglasur; frisches Obst und geschlagene Crème double.
Typische Torten *Othello* (mit Vanillecreme, Makronen, mit Kakaoguß; Dänemark); *marjolaine* (Nußtorte mit Schokoladen-, Vanille- und Krokantbuttercreme, garniert mit Schokoladenspänen und Puderzucker; Frankreich); *opéra* (Nußtorte mit Mokka- und Schokoladensahne, mit Schokoladenglasur; Frankreich); *vert-vert* (Pistazientorte mit Pistaziencreme; Frankreich); Chichester-Schokoladentorte (mit Honig; Großbritannien); Habsburger Torte (Nußböden, Pistazien- und Schokoladenbuttercreme; Österreich); Schokoladentorte mit Konditorcreme, Haselnüssen, mit Krokantüberzug (Deutschland).

KUCHEN AUS ANDEREN TEIGMASSEN

Kuchen werden keineswegs immer nur aus Weizenmehl hergestellt. Teigmassen mit Pfeilwurzel- oder Maismehl ergeben einen lockeren, eher trockenen Kuchen, während Roggenmehl und andere Mehlsorten dem Gebäck eine festere Konsistenz und eine jeweils typische Geschmacksrichtung geben. Kuchen mit Semmelbröseln oder Brotkrumen sind immer weich und krümelig, gleichgültig, ob die Brösel getrocknet oder frisch verwendet wurden. Die gehaltvollsten Kuchen entstammen der österreichischen und deutschen Backkunst. Sie werden häufig mit gemahlenen Nüssen und Schokolade zubereitet, manchmal auch mit einer Mischung aus beiden. Die Zutaten lassen sich nicht beliebig austauschen, wenngleich gemahlene Haselnüsse durch Mandeln und Pfeilwurzelmehl durch Kartoffelstärke ersetzt werden können. Wird der Teig ganz ohne Weizenmehl zubereitet, hat der Kuchen eine feinporige und krümelige Konsistenz. Solche Kuchen werden in den USA oft als »Torte« bezeichnet. Bei uns versteht man unter einer Torte einen feinen, meist aus mehreren Schichten bestehenden und mit einer Creme gefüllten oder mit Obst belegten runden Kuchen.

Schokoladen-Walnuß-Kuchen

Die Konsistenz dieses Kuchens, für den man kein Mehl verarbeitet, hängt davon ab, wie grob oder fein die Walnüsse gemahlen werden.

Ergibt einen Kuchen (23 cm Durchmesser)
250 g Walnußhälften
220 g Bitterschokolade
250 g Butter
4 Eier, getrennt

Zum Bestäuben
1–2 EL Puderzucker
1–2 EL Kakaopulver

Springform (23 cm Durchmesser)

1 Die Backform einfetten, den Boden mit Papier auslegen und das Papier ebenfalls einfetten. Den Backofen auf 150 °C/Gas Stufe 1 vorheizen.

2 Die Walnüsse mit der Schokolade entweder in zwei Portionen in der Küchenmaschine oder portionsweise im Mixer nach Belieben grob oder fein zerkleinern (oder mit einer Käsereibe oder einer Mandelmühle).
3 Die Butter mit zwei Drittel der Zuckermenge schaumig rühren (S. 398). Die Eigelb nach und nach einrühren, die Schokoladen-Nuß-Mischung zugeben und alles gut mischen. Die Eiweiß zu steifem Schnee schlagen, den restlichen Zucker in den Eischnee rieseln lassen und etwa 30 Sekunden weiterschlagen, bis eine schnittfeste, glänzende Masse entstanden ist. Die Baiser-Masse in drei Portionen unter die Schokoladen-Nuß-Masse heben.
4 Den Teig in die vorbereitete Backform füllen und die Oberfläche glattstreichen. 45–55 Minuten backen, bis der Kuchen am Rand etwas schrumpft und ein in die Mitte eingestochenes Holzstäbchen sauber bleibt. Den fertigen Kuchen 5–10 Minuten im Ofen abkühlen lassen. Aus dem Ofen nehmen und in der Form erkalten lassen.
5 Kurz vor dem Servieren Puderzucker und Kakao mischen und den Kuchen damit bestäuben.

Gewürz- und Honigkuchen

Da die meisten dieser Rührkuchen wenig Butter und nur ein oder zwei Eier enthalten, wird die Flüssigkeit in Form von Milch, saurer Sahne, Sirup, Honig oder Wasser hinzugefügt, wobei die flüssigen Zutaten einfach mit dem Zucker verrührt werden. Zur Lockerung verwendet man chemische Triebmittel (S. 359). In die trockenen Zutaten drückt man eine Vertiefung, gießt die abgekühlte Flüssigkeit zu und verrührt alles zu einer glatten Masse. Diese Grundregeln lassen sich zwar etwas variieren – so kann man zum Beispiel das Eiweiß zu steifem Schnee schlagen und unterheben oder Fett und Mehl mit den Fingern zu einer krümeligen Masse verreiben –, der Arbeitsablauf bleibt jedoch prinzipiell gleich.

Die Kuchen, die aus diesen Rührmassen hergestellt werden, haben viel Ähnlichkeit mit den sogenannten »schnellen« Broten (S. 359), die sich durch ihre krümelige, kuchenartige Konsistenz auszeichnen. Zutaten sind Gewürze, Trockenfrüchte und Nüsse; brauner Zucker, Honig, Maissirup oder Melasse runden das Ganze farblich und geschmacklich ab.

Die Rezepte reichen vom einfachen englischen Ingwer-Pfefferkuchen und herzhaften *parkins* mit Hafermehl bis zu skandinavischen Gewürzkuchen mit Buttermilch und saurer Sahne sowie französischem *pain d'épices.*

Die zur Weihnachtszeit vor allem bei uns so beliebten Hexenhäuschen werden aus dünnen Teigplatten mit Royal-Glasur zusammengesetzt und anschließend reich verziert. Honig- oder Lebkuchengebäck wird zwar nach regional verschiedenen Rezepten zubereitet, aber die zum Backen verwendete Gewürzmischung besteht fast immer aus Zimt, Ingwer, Muskat und Nelken. Die Franzosen fügen meist noch eine Prise Anis hinzu, während die Amerikaner die Teigmasse gern mit etwas Whisky aromatisieren.

Zu diesen Kuchen gehören beispielsweise auch die deutschen Früchtekuchen mit saurer Sahne und der köstliche italienische *panforte,* ein Pfefferkuchen mit Honig und Trockenfrüchten, während die amerikanischen *chiffon cakes* zwar auch nach den genannten Grundregeln zubereitet werden, aber Öl statt Butter enthalten und ihre lokkere Konsistenz dem hohen Anteil an Eischnee verdanken. Die meisten dieser Kuchen kommen mit einem Überzug aus einfacher Buttercreme (S. 405) oder Puderzuckerglasur (S. 406) aus.

ZUR INFORMATION

Menge Ein Kuchen aus 250 g Mehl ergibt 6–8 Portionen.

Typische Backformen Springform; Kastenform; Kuchenform (quadratisch oder rechteckig) mit hohem Rand.

Vorbereitung der Backform Einfetten und mit Pergamentpapier auslegen (S. 390).

Garzeiten Je nach Gehalt des Teigs. *Einfacher Kuchen* Backen in einer Kastenform (20 × 10 × 7 cm) bei 175 °C/Gas Stufe 2–3: 35–40 Minuten, in einer quadratischen Form (20 cm Seitenlänge): 25–35 Minuten.

Richtiger Gargrad Schrumpft am Rand; ein in die Mitte eingestochenes Holzstäbchen bleibt sauber.

Bemerkung Zäh, wenn der Teig zu lange gerührt wurde; trocken, wenn zu lange gebacken.

Aufbewahrung In luftdicht verschlossenem Behälter 1–2 Wochen; tiefgefroren: 3 Monate.

Glasur/Überzug Zuckerguß; geschlagene Sahne.

Typische Gewürz- und Honigkuchen Marmor-Teekuchen (mit Schokolade, Vanille; USA); Teufelskuchen (mit Milch, Kakao; USA); mit Äpfeln, Orangen (USA); mit Bananenpüree (USA), Mount Vernon Ingwerkuchen (USA); mit Passionsfrüchten (Australien); *porter cake* (mit Korinthen, Gewürzen, starkem Dunkelbier; Großbritannien); mit Gewürzen, Buttermilch (Finnland); Schokoladenkuchen (Schweden); toskanischer Kastanienkuchen mit Pinienkernen (Italien), Maismehl-Früchtekuchen (Italien).

Finnischer Pfefferkuchen

Dieser köstliche Pfefferkuchen wird warm mit Schlagsahne serviert und kalt, in Scheiben geschnitten, mit Butter bestrichen.

Ergibt 16 quadratische Kuchenstücke (5 cm Seitenlänge)

90 g Butter
4 EL (60 ml) Milch
125 ml saure Sahne
1 Ei
200 g brauner Zucker
175 g Mehl
1 TL Natron
2 TL gemahlener Ingwer
1 TL gemahlener Zimt
½ TL gemahlene Nelken
½ TL gemahlener Kardamom
30 g Mandeln, gehackt

Quadratische Kuchenform (20 cm Seitenlänge)

1 Die Backform einfetten, den Boden mit Pergamentpapier auslegen und das Papier ebenfalls einfetten. Den Backofen auf 175 °C/Gas Stufe 2–3 vorheizen.

2 Die Butter mit der Milch erhitzen, bis sie geschmolzen ist; auf Handwärme abkühlen lassen. Die saure Sahne unterrühren. Das Ei und den Zucker mit einem Schneebesen einrühren, bis eine glatte Masse entstanden ist.

3 Das Mehl mit Natron, Ingwer, Zimt, Nelken und Kardamom in eine Schüssel sieben, die gehackten Mandeln zugeben und alles vermengen.

4 In die Mitte der Mehlmischung eine Vertiefung drücken. Die Flüssigkeit hineingießen und mit dem Mehl zu einer glatten Masse verrühren.

5 Den Teig in die vorbereitete Form füllen, die Oberfläche glattstreichen und den Kuchen 25–35 Minuten backen. Die Garprobe mit dem Holzstäbchen machen (S. 393). Den fertigen Kuchen auf ein Kuchengitter setzen und erkalten lassen. Nach Belieben warm oder kalt servieren.

BAISER-KUCHEN

Zu den klassischen Backwaren zählen auch die Torten aus Baiser-Masse (S. 435). Die Schaummasse besteht entweder nur aus geschlagenem Eiweiß und feinem Zucker, oder sie wird mit gemahlenen Mandeln, Haselnüssen oder Pistazien gemischt. Die fertige Masse wird spiralförmig auf ein Backblech gespritzt und gebacken, die Böden bestreicht man dann mit Buttercreme oder Schlagsahne und schichtet sie zu einer Torte auf. Nach einigen Tagen ist alles gut durchgezogen, und die köstliche Torte kann serviert werden.

ZUR INFORMATION

Menge Schaumgebäck aus 4 Eiern ergibt 6–8 Portionen.
Vorbereitung des Backblechs Einfetten und bemehlen oder mit Pergamentpapier auslegen (S. 390).
Garzeit Bei 120 °C/Gas Stufe ½ etwa 1 Stunde eher trocknen als backen, dann den Ofen abschalten und das Gebäck austrocknen lassen.
Richtiger Gargrad Fest und trokken, aber ohne Färbung: erkaltetes Gebäck ist knusprig.
Bemerkung Baiser-Masse läuft während des Trocknungsprozesses auseinander, wenn sie nicht lange genug verschlagen worden ist; sie bräunt bei zu hoher Ofentemperatur.
Aufbewahrung In luftdicht verschlossenem Behälter 1–5 Tage; tiefgefroren: 3 Monate.
Füllungen Buttercreme; Schlagsahne.
Typisches Schaumgebäck *Dacquoise* (einfache Baiser- oder Mandelmasse, gefüllt mit Mokka- oder Orangen-Buttercreme; Frankreich); *japonais* (Mandelmasse, Vanille-Buttercreme, heller Krokant-Überzug; Frankreich); *turquoise* (gebräunte Mandelmasse mit Mousse au chocolat, bestreut mit Kakao und geraspelter Schokolade; Frankreich); Schneetorte (einfache Baiser-Masse, gefüllt mit Schokoladen-Sahne-Creme; Österreich); Spanische Windtorte (Baiser-Torte mit Obst- und Cremefüllung; Österreich).

BAISER-BÖDEN SPRITZEN

Am gleichmäßigsten werden die Böden, wenn die Baiser-Masse spiralförmig auf das Blech gespritzt wird.

1 Das Backblech mit Butter einfetten und mit Mehl bestäuben. Drei kreisrunde Flächen von etwa 20 cm Durchmesser aufzeichnen. Mit einem Spritzbeutel und einer etwa 1,5 cm breiten Lochtülle die Masse spiralförmig auf die markierten Kreise spritzen.

2 *Rechts:* Nach dem Backen die Böden auf ein Kuchengitter legen und erkalten lassen.

Gâteau succès

Diese Torte schmeckt am besten, wenn sie am Vortag zubereitet wird. Je nach Frische der Buttercreme hält sie sich im Kühlschrank bis zu einer Woche. Man kann die Torte statt mit dem Wort »succès« (»Erfolg«) natürlich auch mit einem anderen beziehungsreichen »Motto« verzieren.

6–8 Portionen

150 g Mandeln, abgezogen und gemahlen
2 EL (15 g) Kartoffel- oder Maisstärke
300 g Zucker
6 Eiweiß
Buttercreme (S. 405)
Puderzucker (zum Bestäuben)
60 g geröstete Mandelsplitter oder -blättchen (S. 478)

Spritzbeutel mit 1,5 cm breiter Lochtülle

1 Den Backofen auf 120 °C/Gas Stufe ½ vorheizen.
2 Für die Mandelmasse Die gemahlenen Mandeln mit der Stärke und dem Zucker – 6 EL Zucker zurückbehalten – vermengen. Die Eiweiß steif schlagen, den restlichen Zucker einstreuen und so lange schlagen, bis der Eischnee glänzt und Spitzen bildet. Die gemahlenen Mandeln in drei Portionen unter die schnittfeste Masse heben.
3 Drei Böden spiralförmig auf das vorbereitete Backblech spritzen (links). Die Böden im Ofen 40–50 Minuten backen, bis sie sich hart anfühlen. Die noch warmen Böden vorsichtig mit einem scharfen Messer vom Blech lösen und kreisrund schneiden. Zum Erkalten auf ein Kuchengitter legen. Die Buttercreme zubereiten und aromatisieren.
4 Die Teile zusammensetzen Etwa ein Viertel der Buttercrememenge auf einem der Böden verstreichen, einen zweiten Boden auflegen, wieder mit Creme bestreichen und den dritten Boden auflegen. Die restliche Buttercreme – bis auf 2–3 EL – zum Bestreichen des Deckels und der Seiten verwenden.
5 Die Oberseite der Torte dick mit Puderzucker bestäuben und die Mandeln an den Seiten rundum leicht andrücken. Eine Spritztüte aus Papier formen (S. 407), mit der zurückbehaltenen Buttercreme füllen und das jeweilige »Motto« quer über die Torte spritzen.

Käsekuchen

Die Bezeichnung »Käsekuchen« ist nicht ganz zutreffend, denn die krümelige Konsistenz ist bei Kuchen, die mit einer Käsemasse zubereitet werden, nicht gegeben. Sie können locker und duftig sein wie die italienischen und deutschen Versionen oder aber fest und gehaltvoll wie die amerikanischen *cheese cakes*. Allen gemeinsam ist jedoch die weiche, saftige Konsistenz. Durch die Zugabe von Eiern wird die Käsemasse so schwer, daß sie beim Backen kaum aufgeht. In einigen Varianten backt man die Käsemasse nicht mit, sondern bindet sie mit Gelatine.

Damit der Käse geschmacklich mit dem Zucker harmoniert, verwendet man als Grundzutat einen leichten Frischkäse, wie Quark oder Ricotta, oder auch Joghurt. Die Frischkäsesorten unterscheiden sich nach Fett- und Wassergehalt (S. 76) und im Geschmack. Deshalb sollte man sich möglichst an die im Rezept angegebene Sorte halten. (Es kann durchaus passieren, daß amerikanische Rezepte in Europa nicht gelingen, weil die hier erhältlichen Frischkäse meist ohne Stabilisatoren hergestellt werden.)

Viele Käsekuchen sind tortenähnlich, manche gedeckt, das heißt, sie haben einen Teigdeckel. Wegen der feuchten Füllung empfiehlt es sich, den Boden vorzubacken oder einen Krümelboden (S. 372) herzustellen. Rosinen sind eine beliebte Einlage, während glasierte Früchte gern zum Dekorieren verwendet werden. Der klassische amerikanische Käsekuchen wird meist mit frischen Erdbeeren oder Heidelbeeren garniert oder mit einer Sauerrahmglasur überzogen. In der Regel reicht es aber, wenn man den fertigen Käsekuchen mit Puderzucker bestäubt.

ZUR INFORMATION
Mengen Ein mit 500 g Frischkäse hergestellter Kuchen ergibt 10–12 Portionen.
Typische Backform Springform.
Vorbereitung der Backform Einfetten und mit Pergamentpapier auslegen (S. 390).
Garzeit Je nach Rezept.
Richtiger Gargrad Ein in die Mitte eingestochenes Holzstäbchen bleibt sauber.
Bemerkung Zugluft während des Backens kann zu Rissen führen; bei zu schnellem Backen und zu raschem Abkühlen sackt der Kuchen in der Mitte zusammen.
Aufbewahrung Luftdicht verpackt, im Kühlschrank 2–3 Tage; den Kuchen erst kurz vor dem Servieren garnieren.
Typische Käsekuchen *New York cheese cake* (mit Krümelboden aus Vollkornkeksen; USA); *crostata di ricotta* (mit Rosinen, Marsala; Italien); *pastiera* (mit süßer Quarkfüllung, kandierten Früchten; Italien); Topfentorte (mit in Rum eingeweichten Rosinen, Mandeln; Österreich); Topfentorte (mit Eischnee gelockert; Österreich); Käsekuchen (mit Quark, saurer Sahne; Deutschland); *curd tart* (mit Quark, Rosinen auf Mürbeteigboden; Großbritannien).

OBST- UND GEMÜSEKUCHEN

Einlagen und Auflagen aus Obst oder Gemüse geben einem Kuchen typische Geschmacksrichtungen und sorgen für Abwechslung. In Scheiben geschnittene Äpfel oder Apfelmus, Pflaumen- oder Bananenpüree, frische Beeren oder die abgeriebene Schale von Zitronen und Orangen sind nur einige Beispiele für die vielfältigen Möglichkeiten. Bei den Gemüsen sind pürierter Kürbis und geraspelte Zucchini beliebt, besonders in den Vereinigten Staaten, während in Mitteleuropa, vor allem in Deutschland und der Schweiz, Möhrenkuchen geschätzt wird. Zu den Variationen gehören der schwedische Kartoffelkuchen aus Kartoffelbrei und der amerikanische Apfel-Gewürzkuchen.

Ein fester, meist gerührter Teig gibt den feuchten Einlagen den nötigen Halt. Die knusprige, goldbraune Teigdecke wird in der Regel mit einer dünnen Schicht Aprikosenmarmelade bestrichen oder mit einer Puderzuckerglasur überzogen. In den Vereinigten Staaten garniert man einen Möhrenkuchen gern mit einer cremig-lockeren Frischkäsemasse.

Deutscher Käsekuchen

Die mächtige Füllung dieses gebackenen Käsekuchens besteht aus Eiern, Zucker, Speisequark, saurer Sahne, Rosinen und abgeriebener Zitronenschale.

Man belegt den Kuchen häufig noch mit frischem Obst, wie Erdbeeren oder mit Rum oder Rotwein getränkten Pfirsichhälften.

Ergibt einen Kuchen (23 cm Durchmesser)
Pâte sucrée (S. 373), aus 200 g Mehl zubereitet
4 Eier, getrennt
200 g Zucker
500 g Speisequark
500 g saure Sahne
20 g Maisstärke
2 TL Vanille-Essenz (oder Vanillezucker, S. 37)
2 TL abgeriebene unbehandelte Zitronenschale
1 EL Zitronensaft
90 g Rosinen

Springform (23 cm Durchmesser)

1 Die Springform einfetten, mit Teig auskleiden und kühl stellen. Den Backofen auf 200 °C/Gas Stufe 3–4 vorheizen.
2 Die Eigelb in einer Schüssel aufschlagen. Den Zucker langsam einstreuen und die Eigelbmasse schaumig rühren. Den Quark portionsweise zugeben und glattrühren. Saure Sahne, Stärke, Vanille, Zitronenschale und Zitronensaft unterrühren. Zuletzt die Rosinen unterheben.
3 Die Eiweiß zu steifem Schnee schlagen und vorsichtig unter die Quarkmasse heben.
4 Die Quarkmasse in die mit Teig ausgekleidete Form füllen; sie sollte bis an den oberen Teigrand reichen. Den Käsekuchen etwa 1 Stunde backen, bis die Oberseite leicht gebräunt und die Quarkmasse gestockt ist. **Hinweis** Beim Backen geht die Füllung etwas auf, sinkt aber beim Abkühlen wieder leicht ein und wird dann fest. Bei zu rascher Bräunung die Oberseite mit Alufolie abdecken.
5 Den fertigen Käsekuchen bei Raumtemperatur in der Form erkalten lassen. 4–6 Stunden vor dem Servieren kühl stellen.

KLEINE KUCHEN

Kleine Kuchen sind etwas Besonderes. Kein Amerikaner würde auf die Idee kommen, einen *brownie* als einfachen Schokoladenkuchen mit Nüssen zu bezeichnen oder in einem *fairy cake* (»Feenkuchen«) nur einen Biskuitkuchen in Papiermanschette zu sehen. Die Attraktivität dieser kleinen Kuchen ergibt sich zum großen Teil aus ihrer auffälligen Form, die häufig eine Garnierung verzichtbar macht, wie die englischen *rock cakes* und die französischen Madeleines hinlänglich beweisen.

Geschmack und Konsistenz müssen in einem kleinen Kuchen voll zur Geltung kommen, ganz gleich, ob es sich um eine gehaltvolle Schokoladenschnitte, einen knusprigen oder weichen Nußkuchen, einen duftig-lockeren, runden Minikuchen oder eine zarte, halbkugelförmige Baiser-Schale handelt. Dennoch sollte selbst der zerbrechlichste Minikuchen heil bleiben, wenn man ihn in die Hand nimmt. Für die Herstellung dieser kleinen Kuchen gelten die gleichen Grundregeln wie für größeres Gebäck, meist sind jedoch höhere Ofentemperaturen und kürzere Backzeiten einzuhalten. Kleine Gebäcke sollten hübsch verziert sein, dürfen aber nicht überladen wirken. Die französischen *printaniers* (»Frühlingskuchen«) erhalten zum Beispiel eine Haube aus eingefärbter Buttercreme, während kleine, runde Biskuitkuchen mit Buttercreme gefüllt und mit Schokoladenglasur überzogen werden. Eine noch schlichtere Garnierung besteht aus Puderzuckerglasur mit aufgestreuten Liebesperlen.

MADELEINES ZUBEREITEN

Madeleines werden immer bei starker Hitze gebacken, damit beim Backen die typische Wölbung auf der Oberseite entsteht. Die Unterseite der Madeleines ziert ein muschelförmiges Muster.

Ergibt 25–30 mittelgroße Madeleines
125 g Mehl
1 TL Backpulver
4 Eier
135 g feiner Zucker
1 TL Orangenblütenwasser *oder* abgeriebene Schale von 1 unbehandelten Orange oder Zitrone
125 g Butter, zerlassen

2–3 Madeleine-Formen (S. 509)

1 Mehl und Backpulver in eine Schüssel sieben. Eier und Zucker schaumig schlagen. Orangenblütenwasser oder Zitrusschale hinzufügen. Das Mehl in drei Portionen unterheben, dabei die zerlassene, abgekühlte Butter mit der letzten Mehlportion zugeben. Die Teigmasse 20–30 Minuten kühl stellen, damit die Butter sich etwas härtet und der Teig fest wird.

2 Den Backofen auf 230 °C/Gas Stufe 5 vorheizen. Die Madeleine-Formen einfetten und mit Mehl ausstreuen. Die Teigmasse mit einem großen Löffel so auf die Mulden verteilen, daß sie zu zwei Drittel gefüllt sind.

3 Die Madeleines 5 Minuten backen, dann die Temperatur auf 200 °C/Gas Stufe 3–4 reduzieren und das Gebäck weitere 5–7 Minuten backen, bis die Küchlein goldbraun sind und die typische Wölbung aufweisen.

PETITS FOURS

Die wundervollen *petits fours* – oft mehr Konfekt als Kuchen – sind sozusagen die Paradiesvögel der Backstube. Sie haben eine lebendige Farbigkeit und schmecken einfach köstlich, denn nur beste Zutaten – wie hochwertige Schokolade, knackige Nüsse und feinster Karamel – finden Verwendung.

Petits fours sind ein klassisches französisches Kleingebäck, zu dem auch hauchdünne Waffelschalen in Dachziegelform (franz. *tuiles),* Katzenzungen (franz. *langues de chat*) und kleine fondantumhüllte Biskuits (aus Genueser Biskuit, S. 395) zu zählen sind.

Nicht alle *petits fours* werden im Ofen gebacken – obwohl ihr Name (wörtlich: kleines Backwerk) das Gegenteil besagt –, so beispielsweise mit Fondant oder Karamel überzogene Früchte, Mandelkonfekt, Schokoladentrüffeln und *colettes* (Schokoladenschälchen, gefüllt mit Pariser Creme).

Die Zubereitung der *petits fours* ist relativ zeitaufwendig, und der Teig erfordert ein wachsames Auge während seiner kurzen Verweildauer im Backofen. Da *petits fours* leicht anbrennen, empfiehlt es sich, das Backblech mit Papier auszulegen und das Blech während der Backzeit herumzudrehen. *Petits fours* sollten immer eine einheitliche und mundgerechte Größe haben. Zum Verzieren ist ein Spritzbeutel meist unerläßlich.

Petits fours verlangen phantasievolle Dekorationen. Geeignet sind Überzüge und Auflagen aus Schokolade, Nüsse oder glasierte Kirschen, Garnierungen mit Buttercreme-Rosetten und Ornamente aus Royal-Glasur, die allesamt mit viel Detailliebe aufgebracht werden. Besonders hübsch sieht es aus, wenn man die *petits fours* in Papierschälchen oder in transparenten Folienkästchen serviert.

Petits fours mit Mandeln

Diese *petits fours* dürfen nicht zu lange backen, denn sie sollen innen noch schön weich sein.

Für die Zubereitung von Makronen wird die gleiche Mandelmasse verwendet, mit einer großen Lochtülle in 5 cm großen Häufchen auf das Blech gespritzt und 15–20 Minuten gebacken.

Ergibt etwa 50 petits fours
200 g Mandeln, abgezogen und gemahlen
150 g Zucker
2 Eiweiß
½ TL Vanille-Essenz (oder Vanillezucker, S. 37)
Glasierte Kirschen (zum Garnieren)

Für die Glasur
1 EL Puderzucker
2 EL Milch

Spritzbeutel mit großer Sterntülle
Kleine Papierschälchen

1 Das Backblech mit zerlassener Butter bestreichen und mit Pergamentpapier auslegen. Den Backofen auf 175 °C/Gas Stufe 2–3 vorheizen. Die gemahlenen Mandeln mit dem Zucker vermengen.
2 Die Eiweiß schaumig schlagen und mit den Mandeln zu einer steifen, aber noch spritzfähigen Masse vermischen. Die Vanille unterrühren. Mit dem Spritzbeutel etwa 2,5 cm große Rosetten, S-Formen, Herzen oder Tränen auf das Backblech spritzen und mit Kirschstückchen belegen. (Für Makronen mit der Spritztülle 5 cm große Häufchen auf das Backblech setzen und in jedes Häufchen einen Mandelstift stecken.)
3 Die *petits fours* 10–12 Minuten backen, bis sie Farbe annehmen (Makronen 15–20 Minuten backen).
4 Das Blech aus dem Ofen nehmen und etwas Wasser unter das Papier gießen (S. 387). Durch die Hitze bildet sich Wasserdampf, und das Gebäck läßt sich besser lösen.
5 **Für die Glasur** Den Puderzucker langsam mit der Milch erhitzen und die noch warmen *petits fours* damit bestreichen.
6 Zum Erkalten auf Kuchengitter setzen. Die *petits fours* in Papierschälchen servieren.

FÜLLUNGEN, GLASUREN UND ÜBERZÜGE

Füllungen, Glasuren und Überzüge sind die Krönung vieler Kuchen. Die kalorienreiche Buttercreme wird in Europa gern für Torten verwendet. Klassischer sind Glasuren von zartem Schmelz, wie zum Beispiel Fondant (S. 417), der einen spiegelglatten Untergrund für vielerlei Dekorationen bietet, seien es Nüsse, gezuckerte Blüten, Marzipanblumen oder aufgespritzte Schriftzüge. Marzipan (Mandelpaste) oder die üppige Royal-Glasur ist ebenfalls als Überzug geeignet.

Lockerer und leichter sind einfache, mit Eischnee gebundene Überzüge, die gleichzeitig als Füllmasse verwendet werden können. Gern nimmt man auch Konditorcreme (S. 384), Eiercreme oder Frischkäse als Füllung wie als Überzug. Damit die Torte gut durchziehen kann, werden Füllungen und Überzüge – mit Ausnahme von Schlagsahne und Chantilly-Sahne (S. 70) – meist schon direkt nach dem Abkühlen aufgetragen.

Füllungen und Glasuren sollen einem Kuchen Glanzlichter aufsetzen. Als Geschmacksträger wählt man kräftige, frische Aromen, denn sie verhindern, daß die fertige Torte übermäßig süß und zu mächtig wird. Farbliche Kontraste sollte man mit leichter Hand setzen und sich dabei auf dezente Pastelltöne beschränken. Abschließend kann man die Torte noch mit Nüssen, Kokosraspeln oder Schokoladenspänen dekorieren.

Buttercreme

Im allgemeinen werden für Buttercreme Eier mit Zucker im Wasserbad zu einer lockeren Schaummasse geschlagen und dann mit der schaumig gerührten Butter vermischt. Eine leichtere Variante der Buttercreme wird mit Eischnee zubereitet, eine andere Version mit Eigelb und Zuckersirup (unten). Als Aromastoffe kommen Kaffee, Schokolade, Alkohol und Fruchtmark in Frage. Wird Buttercreme mit der gleichen Menge Konditorcreme (S. 384) gemischt, entsteht eine nicht ganz so schwere Creme, die man häufig auch als gestreckte Buttercreme bezeichnet (franz. *crème mousseline*).

ZUR INFORMATION

Menge 375 g Buttercreme reicht zum Füllen und Überziehen von zweischichtigen Torten (20–23 cm Durchmesser).
Bemerkung Wird die Eimasse warm zugegeben, schmilzt die Butter; ist sie zu kalt, gerinnt sie; sie wird wieder glatt durch leichtes Erwärmen und kräftiges Rühren; die Torte kühl stellen, damit die Creme nicht schmilzt.
Aufbewahrung Im Kühlschrank 1 Woche; tiefgefroren: 3 Monate.
Verwendung Für Genueser und Savoyer Biskuit; Schichttorten; Baiser-Kuchen.

Buttercreme

Ergibt 375 g

100 g Zucker
6 EL (90 ml) Wasser
4 Eigelb
250 g Butter
½ TL Vanille-Essenz
(oder Vanillezucker, S. 37)

1 Zucker und Wasser in einer kleinen Kasserolle erhitzen, bis sich der Zucker aufgelöst hat.
2 Den Sirup kochen, bis er das Stadium erreicht, in dem er sich zu einem kleinen, weichen Ballen formen läßt – bei 115 °C auf dem Zuckerthermometer (S. 415).
3 In der Zwischenzeit die Eigelb verschlagen. Unter ständigem Rühren langsam in den heißen Sirup geben. Etwa 5 Minuten kräftig schlagen, bis die Masse erkaltet und cremig ist.
4 Die Butter schaumig rühren und nach und nach unter die erkaltete Eigelbmasse schlagen. Die Vanille unterrühren.

Abwandlungen

Weiße Buttercreme Ergibt 375 g. Den Zucker nach Anweisung kochen und die Eigelbmasse durch Italienische Baiser-Masse (S. 437) – aus 2 Eiweiß, 100 g Zucker und 4 EL Wasser – ersetzen. Die Butter schaumig rühren und nach und nach unter die abgekühlte Baiser-Masse schlagen.
Schokoladen- oder Mokka-Buttercreme 175 g gehackte Bitterschokolade im Wasserbad schmelzen oder 2 EL Instant-Kaffeepulver in 2 EL heißem Wasser auflösen. Etwas abkühlen lassen und in 375 g Buttercreme einrühren.
Orangen- oder Zitronen-Buttercreme Abgeriebene Schale von 2 unbehandelten Orangen oder Zitronen, 4 EL Orangen- oder Zitronensaft und 3 EL Grand Marnier mit 375 g Buttercreme mischen.
Krokant-Buttercreme Krokantmasse (S. 419) aus 90 g ganzen Mandeln (nicht abgezogen) und 90 g Zucker in 375 g Buttercreme einrühren.
Himbeer-Buttercreme 250 g frische Himbeeren oder aufgetaute Tiefkühl-Himbeeren pürieren, durch ein Sieb streichen und unter 375 g Buttercreme mischen.

Einfache Buttercreme

Diese Füllcreme ist eine einfache Variante der Buttercreme, für die Butter und Zucker zu jeweils gleichen Teilen schaumig gerührt werden. Mit Puderzucker wird die Creme glatter, mit Kristallzucker leicht krustig, mit braunem Zucker aromatischer. Die Geschmacksträger sind die gleichen wie für Buttercreme. Für Obst- und Gemüsekuchen kann die Butter durch Frischkäse ersetzt werden.

FÜLLCREMES AUFTRAGEN

Die Füllung sollte gut streichfähig sein, damit die Kuchenböden beim Auftragen und Verstreichen der Masse nicht reißen. Ist die Füllcreme zu dick, wird sie im Wasserbad erwärmt oder etwas verdünnt. Die Böden lassen sich besser bestreichen, wenn man sie auf eine runde Kartonunterlage setzt.

1 Den Kuchenboden zweimal waagerecht durchschneiden (S. 393). Die Schnittflächen mit Zuckersirup (S. 414) oder Likör bepinseln.

2 Die Füllcreme (hier Buttercreme) gleichmäßig bis fast an den Rand aufstreichen. Die Stärke der Schicht ist abhängig vom Gehalt der Creme.

3 Mit Hilfe des Kartons den zweiten Boden auflegen. Mit der flachen Hand rundherum leicht andrücken, um die Füllung bis an den Rand zu verteilen. Den dritten Boden als Deckel benutzen.

EINEN SPRITZBEUTEL FÜLLEN

Glatte Lochtüllen nimmt man zum Spritzen von Baiser-Massen und Brandteig, Stern-, Band- oder Blattüllen zum Dekorieren von Gebäck mit Schlagsahne und Buttercreme (wie hier).

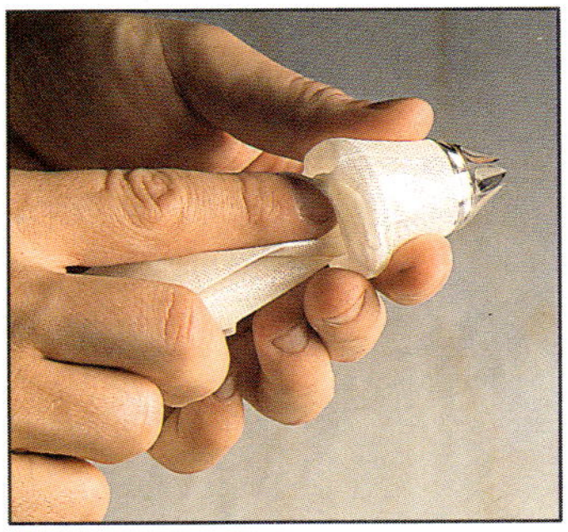

1 Eine Spritztülle in den Beutel schieben und den Stoff straff über die Tülle ziehen, damit die Füllcreme beim Spritzen nicht am Tüllenansatz herausquillt.

2 Das Beutelende über die Hand stülpen und die Füllcreme mit einer Teigkarte einfüllen, indem man sie am Rand abstreift.

3 Wenn der Beutel gefüllt ist, ihn oben zusammendrehen, damit die Luft entweicht.

4 Das zusammengedrehte Beutelende straff in einer Hand halten und mit der anderen Hand die Füllcreme leicht nach unten drücken.

Weiche Glasuren

Wenn die Rede ist von weichen Glasuren, kann sowohl ein einfacher Überzug aus Puderzucker und Wasser wie auch eine dichte, glänzende Schicht aus Fondant (S. 417) gemeint sein. Es ist wichtig, daß der Zuckermantel dünn und glatt ist, nur so zeigt er Glanz und ist noch weich genug zum Schneiden. Dies wird durch die Einhaltung der richtigen Temperatur – es dürfen sich keine groben Kristalle bilden – und durch die Zugabe von Glucose (Traubenzucker), Sirup, Weinstein oder Zitronensaft erreicht. Eine Glasur ist immer dünner als ein Guß. Glasuren werden entweder auf das fertige Gebäck aufgetragen oder mitgebacken.

ZUR INFORMATION

Menge 250 ml Guß oder 175 ml Glasur reichen zum Überziehen eines Kuchens von 23 cm Durchmesser.

Bemerkung Zu stark erhitzte Güsse werden stumpf und kristallin; sobald sie erstarrt sind, bilden sich bei unvorsichtiger Handhabung des Kuchens Risse.

Aufbewahrung Luftdicht verpackt, 1–2 Tage; nicht im Kühlschrank aufbewahren, da sich Zuckerguß auflöst und Schokolade ihren Glanz verliert.

Verwendung Für Genueser und Savoyer Biskuit; Rührkuchen; Sandkuchen; Früchtekuchen; Schichttorten.

Typische weiche Glasuren

Puderzuckerglasur Ergibt 250 ml. 200 g Puderzucker in eine Schüssel sieben. 6–7 EL (90–105 ml) Wasser mit ½ TL Vanille-Essenz (oder Vanillezucker, S. 37) unterrühren. Genügend Wasser hinzufügen, so daß eine weiche Paste entsteht. Das Wasser kann durch Zitronen- oder Orangensaft ersetzt werden.

Honigglasur Ergibt 250 ml. In einer kleinen Kasserolle 100 g Zucker, 4 EL (60 ml) Milch, 60 g Butter und 4 EL Honig langsam unter Rühren erhitzen, bis die Zutaten geschmolzen sind. Kurz aufkochen lassen und den Teig vor dem Backen damit bestreichen.

Sacherglasur Für einen Kuchen von 23 cm Durchmesser. In einer schweren Kasserolle 250 g Zucker mit 125 ml Wasser aufkochen und dann abkühlen lassen. 250 g gehackte Tafelschokolade im Wasserbad schmelzen und löffelweise in die abgekühlte Zuckerlösung einrühren. Die Masse im Wasserbad etwa 5 Minuten bei milder Hitze rühren. Von der Kochstelle nehmen und unter vorsichtigem Rühren auf die richtige Konsistenz abkühlen lassen.

VERZIERUNGEN MIT BUTTERCREME

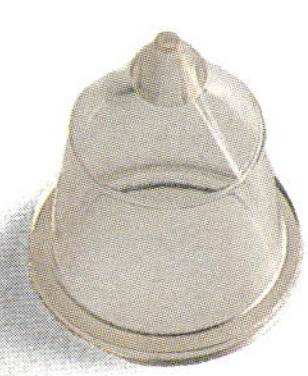

Lochtülle

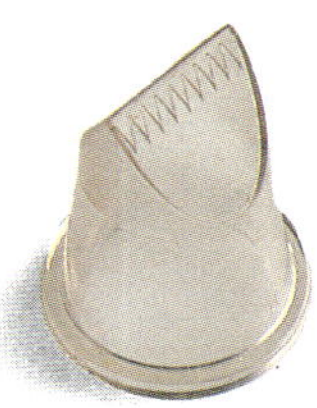

Gezackte Bandtülle

Blattülle

Sterntülle (3 mm)

Randverzierung aus versetzten Schnörkeln – mit der 3-mm-Sterntülle

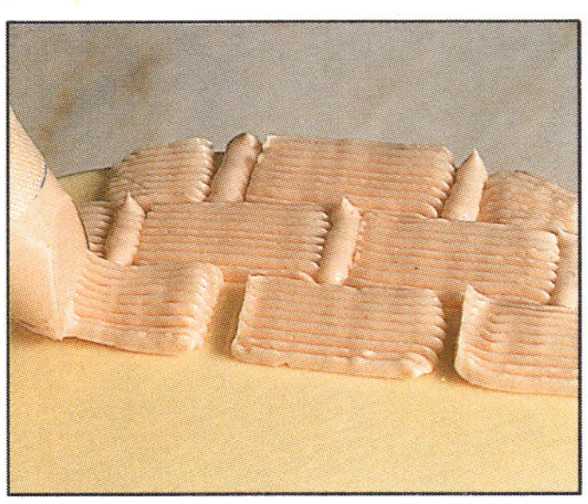

Flechtwerk – mit der gezackten Bandtülle und der Lochtülle

Blätter – mit der Blattülle

Große Rosetten – mit der 3-mm-Sterntülle

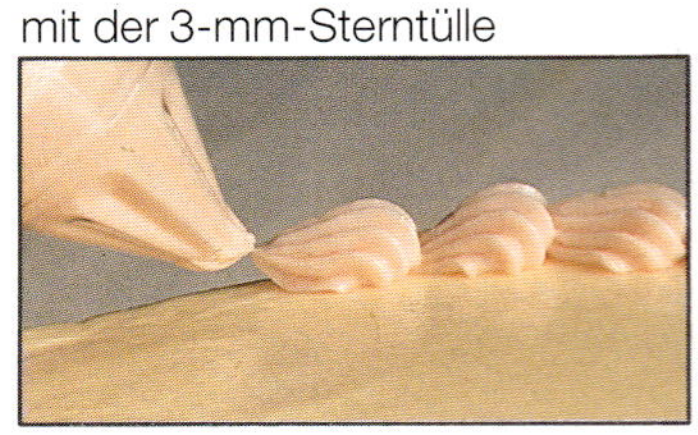

Muschel-Ornament – mit der 3-mm-Sterntülle

EINE WEICHE GLASUR AUFTRAGEN

Weiche Glasuren werden meist warm aufgetragen, damit sie am erkalteten Kuchen haftenbleiben. Ein Kuchen mit schräg abfallenden Seiten ist leichter zu überziehen als einer mit geradem Rand.

1 Den Kuchen auf ein Kuchengitter setzen und ein Tablett für heruntertropfende Glasur darunterstellen. Den Kuchen dünn mit Aprikosenglasur (S. 385) bestreichen, damit keine Krümel in den Überzug gelangen. Den aprikotierten Kuchen etwa 5 Minuten abkühlen lassen.

2 Glasur oder Guß im Wasserbad erwärmen, bis die Masse handwarm und dickflüssig ist. Bei zu flüssiger Glasur gesiebten Puderzucker unterrühren (oder Fondant, falls verwendet), zu dicke Glasur mit Wasser verdünnen (bei Fondant etwas Zuckersirup zugeben).

3 Glasur oder Guß auf den Kuchen gießen und an den Seiten herunterfließen lassen.

4 Die Oberfläche sofort mit einem Palettmesser glattstreichen.

5 Die Seiten ebenfalls glattstreichen und Lücken auffüllen. Unebenheiten mit dem in heißes Wasser getauchten Palettmesser glätten.

GLASUR MARMORIEREN

Wenn man auf eine weiße Glasur mit einer selbstgedrehten Spritztüte eine andersfarbige Glasur spritzt, entsteht ein dekoratives Muster.

1 Den Kuchen mit einer dicken Glasur überziehen und sofort eine andersfarbige Glasur spiralförmig aufspritzen.

2 Den Kuchen in acht Abschnitte einteilen; dazu die Messerspitze von der Mitte zum Rand über die farbigen Linien ziehen. Jedes Segment nochmals unterteilen; diesmal die Messerspitze vom Rand zur Mitte ziehen, so daß ein »Spinnennetz« entsteht.

3 Sobald die letzte Linie durchgezogen ist, die Messerspitze in der Kuchenmitte drehen, so daß die Glasur sich spiralförmig verteilt.

EINE SPRITZTÜTE HERSTELLEN

Wenn man verschiedene Tüllen oder verschiedenfarbige Glasuren gleichzeitig verwendet, sind Einweg-Spritztüten nützlich. Für Schriftzüge benutzt man die Papiertüte ohne Spritztülle.

1 Ein rechteckiges, 20 × 35 cm großes Stück Pergamentpapier diagonal falten und an der gefalzten Linie durchschneiden.

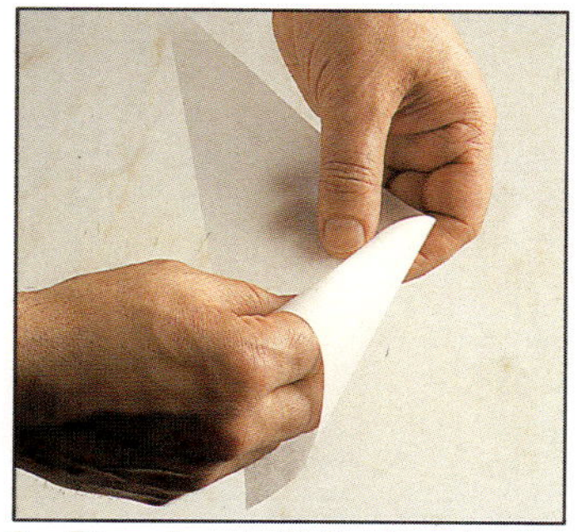

2 Die schmale Seite des einen Dreiecks über die rechtwinklige Ecke zu einer Tüte rollen.

3 Die Tüte mit einer Hand zusammenhalten und die lange Seite des Dreiecks um die Tüte legen.

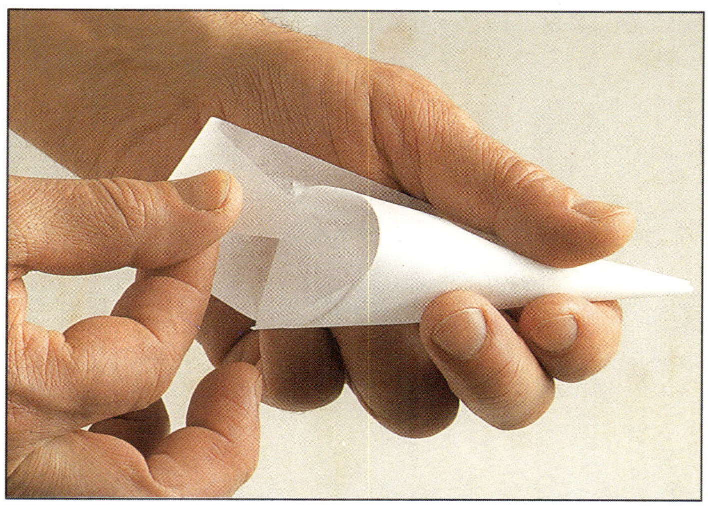

4 Die überstehende Spitze nach innen stecken, um die Tüte zu stabilisieren. Das andere Dreieck auf die gleiche Weise zur Tüte drehen.

Zum Schreiben Die Papiertüte mit 2–3 EL Glasur füllen und verschließen. Die Spitze abschneiden und die Glasur herausdrücken.

Zum Spritzen Eine größere Öffnung schneiden und eine Spritztülle hineinschieben.

Royal-Glasur

Für die Royal-Glasur – auch als Eiweiß- oder Eiweiß-Spritzglasur bezeichnet – wird Puderzucker mit Eiweiß und etwas Zitronensaft schaumig gerührt, bis eine dickflüssige, glatte Masse entsteht. Wegen ihrer »Standfestigkeit« wird diese Glasur besonders gern zum Dekorieren verwendet – zum Beispiel für Bandmuster, Rosen, Flecht- und Gitterwerk. Die Ornamente können schlicht weiß oder zart gefärbt sein, so daß sie sich von einem schneeweißen Untergrund aus Royal-Glasur abheben. Zum Spritzen steht eine große Auswahl an speziellen kleinen Tüllen (unten) zur Verfügung.

ZUR INFORMATION

Mengen 500 ml Glasur reichen zum Überziehen eines Kuchens von 23 cm Durchmesser. Zum Verzieren werden zusätzlich mindestens 250 ml benötigt.

Bemerkung Zu flüssige Glasur mit Puderzucker andicken; zu zähe Glasur mit ein paar Tropfen Wasser verdünnen; die Glasur trocknet rasch, deshalb immer mit feuchtem Tuch abdecken.

Aufbewahrung In einer mit einem feuchten Tuch abgedeckten Schüssel 12 Stunden.

Verwendung Für Kuchen aus Biskuitmassen; Früchtekuchen.

Royal-Glasur

Ergibt 500 ml

500 g Puderzucker

2 Eiweiß

1 TL Zitronensaft

Den Puderzucker sieben. Die Eiweiß zu grobblasigem Schaum schlagen. Den Puderzucker eßlöffelweise unter die Eiweißmasse schlagen. Den Zitronensaft zugeben und mindestens 8 Minuten weiterschlagen, bis die Masse so steif ist, daß sie Spitzen bildet.

Hinweis Durch langes Schlagen wird die Glasur geschmeidiger. Glasur, die längere Zeit gestanden hat, vor Gebrauch noch einmal kräftig durchschlagen. Kompliziertere Muster werden etappenweise aufgespritzt, damit die Glasur zwischendurch trocknen kann. Mit Royal-Glasur lassen sich auch gut Schriftzüge spritzen.

Schokoladen-Spritzglasur 125 g Kakaopulver mit dem Puderzucker vermischen und mit 3 Eiweiß zu einer glänzenden, steifen Masse schlagen. Nach obiger Anweisung fertigstellen.

Tauchglasur Den Puderzucker sieben, 1 TL Zitronensaft und so viel Eiweiß zugeben, daß eine dünnflüssige Glasur zum Eintauchen von Kleingebäck entsteht.

VERZIERUNGEN MIT ROYAL-GLASUR

Rosetten-Band und Sternchen – mit der 3-mm-Sterntülle

Längliche Muschel-Formen, gitterartig verbunden – mit der 4-mm-Sterntülle

Dichte Muschel-Bänder – mit der 3-mm-Sterntülle; dünne Linien – mit der feinen Lochtülle

Schillerlocken – mit der 3-mm-Sterntülle; Punkte und Linien – mit einer Spritztüte

Band aus doppelten Muscheln – mit der 4-mm-Sterntülle

Sterntülle (4 mm)

Bandtülle

Sterntülle (3 mm)

Feine Lochtülle

Rosen und Blätter – mit der Bandtülle; Stiele – mit der feinen Lochtülle

Streifen als Flechtwerk – mit der Bandtülle; Unterteilungen – mit der feinen Lochtülle

Girlanden und kleine Rosetten – mit der 3-mm-Sterntülle

Bögen, Schleifen und kleine Punkte – mit der feinen Lochtülle

Mandelpaste (Marzipan)

Die als Marzipan bekannte Mandelpaste ist dank ihrer vielseitigen Verwendung und ihrer langen Haltbarkeit eine gute Alternative zu weichen Glasuren und Buttercreme. Sie läßt sich gut ausrollen.

Mandelpaste besteht im wesentlichen aus feingemahlenen Mandeln und Zucker, die mit Eiweiß gebunden werden; die Zusammensetzung kann jedoch sehr unterschiedlich sein. Das kommerziell hergestellte Produkt ist besser formbar als selbstgemachte Mandelpaste.

Ein Überzug aus Mandelpaste benötigt einige Stunden, um fest zu werden. Nach dem Trocknen wird die Mandelmasse entweder noch mit Fondant oder einer Schokoladenglasur überzogen oder ohne Glasur im Backofen leicht überbräunt (Mandelpaste brennt leicht an!).

ZUR INFORMATION

Menge 750 g Mandelpaste reicht zum Überziehen und Verzieren eines Kuchens von 23–25 cm Durchmesser.

Bemerkung Zu feste Mandelpaste mit Wasser besprengen und so lange kneten, bis sie geschmeidig ist.

Aufbewahrung Luftdicht verschlossen, 1 Woche.

Verwendung Für Genueser und Savoyer Biskuit; Früchtekuchen.

VERZIERUNGEN MIT MANDELPASTE

Zum Verzieren werden kleine Mengen Mandelpaste so lange geknetet, bis sie weich und geschmeidig sind. Anschließend rollt man sie aus oder formt sie von Hand. Für die Feinarbeiten gibt es spezielle Modellierwerkzeuge (rechts). Zum Einfärben wird die Mandelpaste mit einigen Tropfen Lebensmittelfarbe besprengt und gut durchgearbeitet, bis die Farbe gleichmäßig verteilt ist. Man kann auch nur die Oberfläche färben.

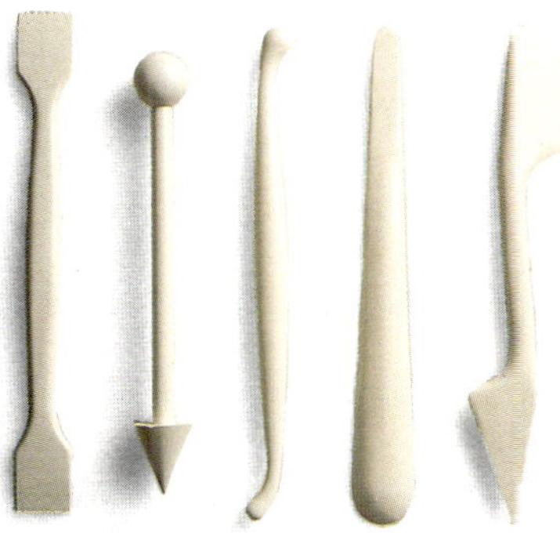

Rosen Kleine Kugeln aus Mandelpaste zu Ovalen formen und daraus von Hand Blütenblätter modellieren.

Früchte Von Hand formen, mit den Modellierwerkzeugen die Feinheiten herausarbeiten.

EINEN KUCHEN MIT MANDELPASTE ÜBERZIEHEN

Bevor der Kuchen mit Mandelpaste gedeckt wird, bestreicht man ihn mit erwärmter Aprikosenglasur (S. 385) oder überzieht ihn mit einer dünnen Schicht Buttercreme. Anschließend muß der Kuchen ein bis zwei Stunden gut durchkühlen. Zum Einfärben legt man die Mandelmasse auf eine Arbeitsfläche, beträufelt sie mit Lebensmittelfarbe und knetet sie anschließend durch, bis die Farbe gleichmäßig verteilt ist.

1 Den Kuchen auf eine runde Kartonunterlage setzen und mit Aprikosenglasur bestreichen. Die Arbeitsfläche leicht mit Puderzucker bestäuben und die Mandelpaste mit einem schweren Nudelholz zu einer dünnen Platte ausrollen. Überschüssigen Puderzucker auf der Platte mit einem Pinsel entfernen.

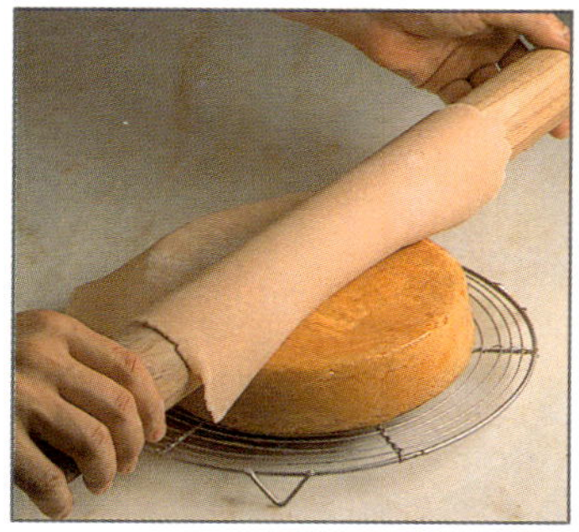

2 Die Platte vorsichtig um das Nudelholz wickeln, die Rolle anheben und über dem Kuchen vorsichtig wieder abrollen; darauf achten, daß auch die Seiten bedeckt sind.

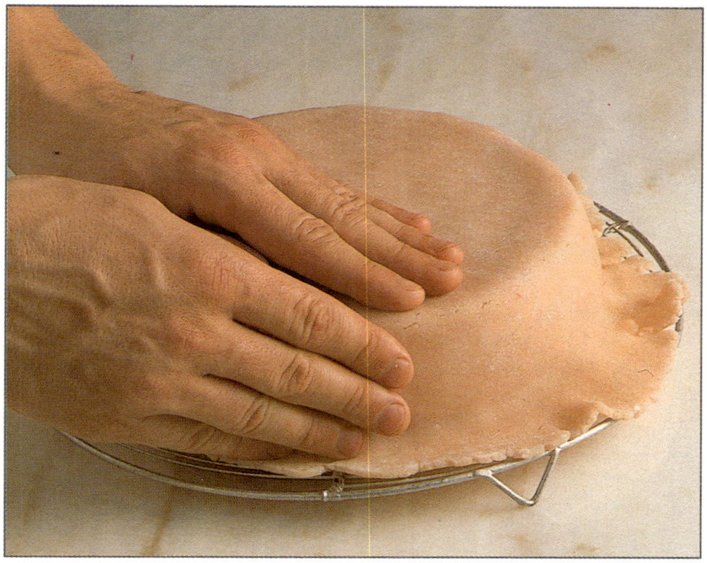

3 Die Mandelpaste überall festdrücken. Überschüssige Mandelpaste entfernen.

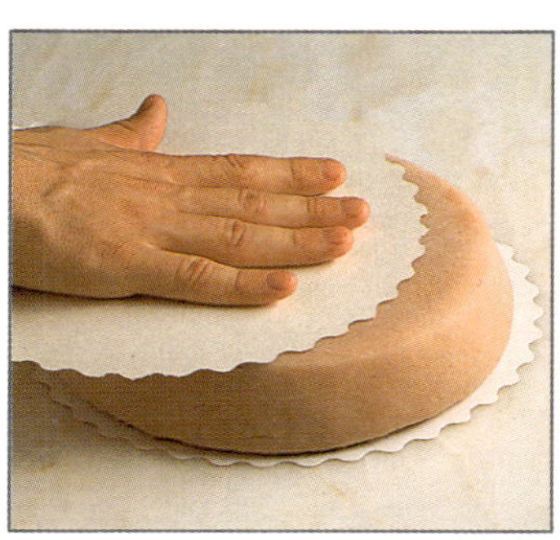

4 Die Mandelpaste durch Reiben mit einem Kartondeckel glätten.

5 Den Kuchen umdrehen und auch die Ränder glätten.

Baiser-Überzüge

Baiser-Überzüge sind locker-leichte Eischneemassen, die man in den Vereinigten Staaten treffend als *frostings* bezeichnet. Wohl am bekanntesten ist Italienische Baiser-Masse (S. 437), bei der Läuterzucker (S. 414) unter den Eischnee gehoben wird. Dieser wird dadurch fest und hält sich so zwei bis drei Tage. Die Amerikaner haben eine besondere Vorliebe für schaumige Überzüge, zu denen die gekochte Fudge-Glasur gehört, für die Schokolade mit Zucker und Milch aufgekocht wird, und die 7-Minuten-Glasur, die man in einem Doppeltopf über kochendem Wasser aufschlägt. Da diese Glasuren durch längeres Stehen hart werden, müssen sie noch warm aufgetragen werden. Die Spitzen, die an schneebedeckte Berggipfel erinnern, formt man mit einem Palettmesser durch Eindrücken und Hochziehen der Glasurmasse.

Die typische Geschmackszutat für Baiser-Überzüge ist Vanille, aber oft werden auch Rosinen oder gehackte Nüsse kurz vor dem Bestreichen der Torte untergehoben. Baiser-Masse kann man ebenso als Füllung verwenden.

ZUR INFORMATION

Menge 500 ml Baiser-Masse reichen zum Füllen und Überziehen einer zweischichtigen Torte von 23 cm Durchmesser.
Garzeit Die Zuckerlösung zum großen Ballen kochen (S. 415) – das entspricht 121 °C auf dem Zuckerthermometer; die Baiser-Masse (nur weiße) 10–15 Minuten bei 120 °C/Gas Stufe ½ im Backofen überbräunen.
Richtiger Gargrad Locker, mit steifen Spitzen.
Bemerkung Zuckerlösung, die nicht lange genug gekocht wird, ergibt eine dünnflüssige Masse. Die Baiser-Masse in einer Schüssel über heißem Wasser aufschlagen, bis sie fest ist. Kocht der Zucker zu lange, wird die Glasur zu schnell fest, dann 1–2 TL kochendes Wasser unterrühren.
Aufbewahrung Mit Baiser-Masse überzogene Torte, luftdicht verschlossen, 2–3 Tage.
Verwendung Genueser und Savoyer Biskuit; Schichttorten; *angel cake*.

FESTLICHE KUCHEN UND TORTEN

Festtagskuchen zeugen mehr als jede andere Speise von nationalen Besonderheiten. Typisch britisch sind die gehaltvollen, alkoholgetränkten Früchtekuchen, umhüllt von Mandelpaste und überzogen von einem seidig-glänzenden Gitterwerk aus schneeweißer Royal-Glasur. Als Hochzeitskuchen werden sie traditionsgemäß aufeinandertürmt. In den USA sind die mehrstöckigen Hochzeitstorten dagegen aus lockeren Biskuitböden zusammengesetzt und enthalten köstliche Füllungen aus Buttercreme, Zitronencreme mit Erdbeeren oder Schokoladencreme mit Himbeeren.

Zu Weihnachten bestehen die festlichen Kuchen meist nur aus einer Lage. *Pannetone,* der flache, gehaltvolle Kuchen mit Honig, Nüssen und kandierten Früchten, liegt zur Weihnachtszeit weltweit in allen italienischen Delikatessenläden aus. Ein typisch deutsches Weihnachtsgebäck ist der Stollen, ein länglich geformtes Gebäck aus schwerem Hefeteig mit Rosinen, Mandeln, Zitronat und Gewürzen.

Zu Ostern liebt man in Italien die *cassata,* eine Biskuittorte mit einer Füllung aus Ricotta, kandierten Früchten und Schokoladenstückchen, die mit Marzipan überzogen und mit kandierten Orangen und gehacktem Zitronat verziert wird. In Spanien heißt die Ostertorte *tarta pasiega.* Sie wird mit Rosenwasser und Honig aromatisiert.

In vielen Ländern werden die Geburtstage mit einer besonders reich verzierten und mit Kerzen geschmückten Torte gefeiert. Auch der französische *gâteau Saint-Honoré* ist etwas für solche besonderen Anlässe. Weitere Beispiele für festliche Kuchen sind der osteuropäische Hefekranz, die russische »Schwiegermutter«-Torte, bestehend aus knusprigen Walnußböden mit Buttercreme-Füllung und Schokoladenüberzug, sowie die aus den Niederlanden stammende Haarlemer Festtagstorte aus Zitronenbiskuit mit einer Füllung aus Buttercreme und einem Überzug aus Schlagsahne.

BAISER-ÜBERZÜGE AUFTRAGEN

Bei einem glatten Überzug bietet sich eine Streuauflage aus Kokosraspeln an. In Italien wird die Eischneemasse meist in Rosetten aufgespritzt und anschließend im Backofen kurz überbräunt.

1 Die Ränder und die Oberseite der Torte reichlich mit der Baiser-Masse bestreichen.

2 Mit einem Palettmesser durch schnelles Eindrücken und Hochziehen Spitzen formen.

3 Auf diese Weise die Tortenoberseite und anschließend die Ränder verzieren.

Typische Baiser-Überzüge

White mountain frosting Beim Aufkochen der Zuckerlösung für Italienische Baiser-Masse (S. 437) 1 EL *golden syrup* (ersatzweise Maissirup oder Honig) zugeben und kurz vor dem Auftragen der Masse 1 TL Vanille-Essenz (oder Vanillezucker, S. 37) unterrühren.

Baiser-Masse mit Sultaninen oder Nüssen 75 g Sultaninen oder gehackte Nüsse unter Italienische Baiser-Masse (S. 437) heben.

Amerikanische Fudge-Glasur In einem schweren Topf 60 g gehackte Bitterschokolade mit 300 g Zucker, 125 ml Milch, 60 g Butter, 1 EL *golden syrup* (ersatzweise Maissirup oder Honig) und 1 Prise Salz unter Rühren 1 Minute kochen. Erkalten lassen, dann 1 TL Vanille-Essenz (oder Vanillezucker, S. 37) hinzufügen und die Masse schlagen, bis sie fest ist.

7-Minuten-Glasur In einem Doppeltopf 150 g Zucker, 2 EL Wasser, 1 EL *golden syrup* (ersatzweise Maissirup oder Honig), 1 Prise Salz und 1 Eiweiß verrühren. Von Hand 1 Minute schlagen, dann über kochendes Wasser stellen und etwa 6 Minuten weiterschlagen, bis die Masse weiche Spitzen bildet. Von der Kochstelle nehmen und weiterschlagen, bis eine dicke, streichfähige Masse entsteht. Nach Belieben mit Vanille, Kaffee, Kokosraspeln oder Nüssen aromatisieren.

ZUCKER UND SCHOKOLADE

Unbestritten sind Zucker und Schokolade ein wesentlicher Bestandteil unserer Nahrung – Energiegrundlage allen Lebens. Sie sind Hauptzutaten in Süßwaren und Konfekt und spielen nicht zuletzt beim Kuchenbacken und in Desserts eine wichtige Rolle. Auch in flüssiger Form, als Zuckersirup, kann Zucker vielseitig verwendet werden: zum Pochieren und Kandieren von Früchten, zur Zubereitung von Glasuren und Güssen, zur Herstellung von gezogenem und geblasenem Zucker und von Fondant. Karamel – bei hoher Temperatur gekochter Zucker – verleiht beispielsweise Krokant den charakteristischen Geschmack. Süßigkeiten aus gekochtem Zuckersirup (Läuterzucker) – Toffees, Karamelbonbons und Pralinen – sind ein deutlicher Beweis für die Vielseitigkeit von Zucker.

Zucker wird aber nicht nur zum Süßen verwendet. Er dient der Konservierung von Lebensmitteln – insbesondere von Obst –, gibt Backwaren eine schöne braune Farbe und macht feines Gebäck und Brote mürber. Zucker verhindert außerdem, daß Kuchen- und Brotteige zu schnell fest werden und bewirkt dadurch ein besseres Aufgehen des Gebäcks. Des weiteren bindet Zucker Feuchtigkeit und erhöht somit die Haltbarkeit von Kuchen und anderen Backwaren.

Schokolade ist eine beliebte Geschmackszutat, etwa in Dessert-Saucen und Pariser Creme. Dank ihrer weichen, geschmeidigen Konsistenz ist sie wie geschaffen für Dekorationen und als Überzug von Kuchen, Torten, *petits fours* und einer Vielzahl anderer Süßwaren.

ZUCKER

Honig, süßes Obst und Fruchtsirupe waren die ersten bekannten Süßungsmittel. Sie werden zwar immer noch als solche verwendet, aber weitaus gebräuchlicher ist seit langem der weiße Haushaltszucker, der aus Zuckerrohr oder Zuckerrüben gewonnen wird. Rohrzucker und Rübenzucker sind geschmacklich identisch und haben die gleichen Koch- und Backeigenschaften. Zucker wird außerdem aus dem Saft bestimmter Palmenarten, von Ahornbäumen sowie aus Sorghum – einer Hirse-Art – und Gerste gewonnen.

Je nach Raffinierungsverfahren und Handelsbezeichnungen hat jedes Land seine eigenen Zuckersorten. Für die Gewinnung von Rohrzucker wird der Saft des Zuckerrohrs – der aus Wasser, Melasse und Zucker besteht – extrahiert, durch Zugabe von Kohlensäure gereinigt und zu Sirup eingedickt. Dabei bilden sich Zuckerkristalle, die nach Beendigung des Kristallisationsprozesses in einer Zentrifuge vom Sirup getrennt werden. Durch die Behandlung mit Wasser und Dampf entsteht dann der Weißzucker, der nochmals aufgelöst und kristallisiert wird. Das Endprodukt ist schneeweiße Raffinade. Die beim Zentrifugieren des auskristallisierten Zuckers anfallenden Muttersirupe werden zu braunem Zucker und Sirupen weiterverarbeitet. Rübenzucker wird aus dem Saft der in feine Schnitzel zerkleinerten Zuckerrüben auf ähnliche Weise gewonnen. Der bei uns gehandelte Zucker ist überwiegend Rübenzucker (Saccharose).

Im Normalfall sind weißer Kristallzucker und brauner Zucker austauschbar. Ein sehr dunkler brauner Zucker oder eine Sorte mit hohem Melasse-Anteil hat jedoch eine starke Färbung der Lebensmittel zur Folge und schmeckt zudem leicht bitter. In Rezepten mit hohem Zuckeranteil ist von einem Austausch abzuraten. Besonders beim Backen darf die angegebene Zuckersorte nicht beliebig ersetzt werden, da der unterschiedliche Wassergehalt in braunem und weißem Zucker das gewünschte Backergebnis in Frage stellt.

Sirupe sind dagegen mehr oder weniger austauschbar. Die Kristallzuckermenge ganz durch Sirup zu ersetzen, ist jedoch riskant, da sich durch die zugeführte Flüssigkeit das ausgewogene Mengenverhältnis der Zutaten eines Rezeptes ändert und entsprechend berücksichtigt werden muß.

Der Aufbau des Zuckers

Kristallzucker (Rohr- oder Rübenzucker) besteht zu 99,8 % aus Saccharose – einem einfachen Kohlenhydrat, das jede grüne Pflanze bei der Photosynthese bildet. Saccharose setzt sich zu gleichen Teilen aus Glucose (auch Dextrose oder Traubenzucker genannt) und Fructose (auch Laevulose oder Fruchtzucker genannt) zusammen, die zu Zukkerkristallen verbunden sind (Zweifachzucker). In Honig und Sirup kommen Traubenzucker und Fruchtzucker (beides Einfachzucker) in unterschiedlicher Zusammensetzung vor und wirken daher kristallisationshemmend. Wird demnach Kristallzucker eine andere Zuckerart als Saccharose – zum Beispiel Maissirup oder Honig – zugesetzt, bewirkt dies eine Spaltung der Zuckerkristalle und verhindert die Kristallisation. Das gleiche geschieht bei der Zugabe von Säuren, etwa Zitronensaft oder Weinstein: Saccharose wird in Glucose und Fructose gespalten. Dieser Prozeß wird als Inversion bezeichnet. Industriell hergestellter Invertzucker ist als weiße Paste – als Invertzuckercreme, früher als Kunsthonig – erhältlich. (Er kann Kristallzucker nicht gänzlich ersetzen.)

Fructose und Glucose können dazu verwendet werden, die Kristallisation des Zuckers zu hemmen. Glucose oder Traubenzucker wird als Pulver und als Komprimat angeboten. (Glukose – nicht zu verwechseln mit Glucose – ist handelsüblicher Stärkezucker.) Fructose oder Fruchtzucker, ein in süßen Früchten und Honig natürlich vorkommender Zucker, ist als feines, kristallines Pulver und als 70%iger Sirup im Handel. Er wird allerdings aus Rüben- und Rohrzucker gewonnen, da Früchte ihn nur in geringen Mengen enthalten. Kalorienbewußte Köche verwenden gern Fruchtzucker, weil er die höchste Süßkraft aller Zuckerarten hat und deshalb sparsam dosiert werden kann; er ist auch für Diabetiker geeignet. Da Hitze einen Teil seiner Süßkraft zerstört, nimmt man ihn vorwiegend für kalte Speisen, Saucen oder Obstsalate. Für gekochte Gerichte und Backwaren ist gewöhnlicher Haushaltszucker besser geeignet.

An dieser Stelle seien noch zwei andere Zuckerarten erwähnt, die jedoch in der Küche von geringerer Bedeutung sind: Maltose oder Malzzucker, ein Zwischenprodukt der Stärkespaltung, das zum Beispiel beim Keimen von Gerste entsteht, und Lactose oder Milchzucker, ein Zucker, der in allen Milchsorten vorkommt und vorwiegend von der pharmazeutischen Industrie verarbeitet wird.

Weißer Zucker

Kristallzucker ist der in deutschen Haushalten am meisten verwendete Zucker. Er ist kristallin, stark raffiniert und gut streufähig. Britischer Kristallzucker ist grobkörniger als amerikanischer und wird hauptsächlich zur Herstellung von Sirupen verwendet. In Großbritannien ist außerdem ein feinkörniger Zucker *(caster sugar)* im Handel, der für Desserts und zum Backen verwendet wird. Er entspricht in etwa dem bei uns gebräuchlichen feinen Zucker, der gelegentlich auch als Streuzucker bezeichnet wird.

Puderzucker oder Staubzucker ist fein vermahlener Kristallzucker, der auch mit einem Zusatz von Maisstärke gegen Verklumpung erhältlich ist (unter der Handelsbezeichnung »Dekorschnee«). Er wird zur Herstellung von Glasuren, zum Süßen von rohen Lebensmitteln, zum Beispiel Sahne, und zum Bestäuben von Gebäck und Süßspeisen verwendet.

Der grobkörnige Einmachzucker hat konservierende Eigenschaften, weil er das Wachstum von Schimmelpilzen verhindert. Er löst sich langsam auf. Zur Herstellung von Marmeladen und Gelees verwendet man Gelierzucker, der durch seine sehr kurze Gelierzeit Vitamine, Aroma und Farbe der Früchte bewahrt. Würfelzucker wird aus angefeuchteter Raffinade gepreßt. Man bevorzugt ihn zum Süßen von heißen Getränken.

ZUR INFORMATION

Nährstoffgehalt pro 100 g. 1680 kJ/400 kcal; kein Protein; kein Fett; 100 g Kohlenhydrate; kein Cholesterin; 2,5 mg Natrium.

Bemerkung *Puderzucker* Neigt zur Klumpenbildung bei feuchter Lagerung; er sollte jedoch, auch bei trockener Aufbewahrung, immer gesiebt werden.

Aufbewahrung In luftdicht verschlossenem Behälter unbegrenzt haltbar.

Brauner Zucker

Der ausschließlich aus Rohrzucker hergestellte braune Zucker war früher eine weniger stark raffinierte Form von Kristallzucker mit einem gewissen Prozentsatz an Melasse, die als Rückstand bei der Zuckerfabrikation übrigblieb. Heutzutage besteht brauner Zukker meist aus Kristallzucker, der nachträglich mit Melasse versetzt und somit aromatischer, feuchter und dunkler wird. Dieser braune Zucker ist als helle und dunkle Sorte im Handel. Letztere ist zwar etwas kräftiger im Geschmack, aber im Prinzip sind beide Sorten austauschbar.

Brauner Zucker, wie beispielsweise Kandisfarin, wird vorwiegend zum Backen verwendet, meist in Verbindung mit süßlichen Gewürzen, wie Zimt. Da brauner Zucker Luft einschließt, sollte er vor dem Abmessen stets zusammengepreßt werden.

Barbados- und der etwas hellere Demerara-Zucker sind feuchte braune Zuckersorten, die noch Melasse enthalten. Sie stammen aus der Karibik.

Rohzucker – das Halbfertigerzeugnis der Rohr- und Rübenzuckerfabrikation – ist wegen der möglicherweise enthaltenen Schadstoffe in vielen Ländern für den Handel verboten und nicht zum unmittelbaren Verbrauch bestimmt. Zu den erhältlichen Sorten gehört der Muscovado, ein zentrifugierter, aber nicht raffinierter Rohrzucker mit einem hohen, wenn nicht dem vollen Anteil der Melasse. Den in Indien und Südostasien beliebten groben braunen Palmzukker, den es dort als Platten oder Würfel gibt, gewinnt man aus dem Saft verschiedener Palmen. Dazu wird der gezapfte Saft aufgekocht, bis zum Auskristallisieren gerührt und dann zum Erstarren gebracht. Dieser Zucker kann durch dunkelbraunen Zucker ersetzt werden. Jagrezucker (engl. *jaggery*) ist ein grober brauner Palmzucker von leicht malzigem Geschmack, der in Indien gern für Desserts genommen wird. Der aus gemahlenen Datteln gewonnene Dattelzucker oder Dattelhonig hat Ähnlichkeit mit braunem Rohzucker und dient vorwiegend zum Bestreuen. Zum Kochen ist er weniger geeignet, da er sich nicht völlig auflöst.

ZUR INFORMATION

Nährstoffgehalt pro 100 g. *Hellbrauner, dunkelbrauner Zucker* 1575 kJ/375 kcal; kein Protein; kein Fett; 96 g Kohlenhydrate; kein Cholesterin; 48 mg Natrium.

Bemerkung Trocknet an der Luft rasch aus und klumpt; bleibt feucht und weich, wenn er in einem fest verschlossenen Behälter – mit einer Apfel- oder Zitronenscheibe – oder abgedeckt mit einem feuchten Tuch aufbewahrt wird; bereits erstarrten Zucker bei geringer Temperatur im Backofen erwärmen.

Aufbewahrung An einem kühlen, trockenen Ort in luftdicht verschlossenem Behälter unbegrenzt haltbar.

ZUCKER ZU DEKORZWECKEN

Bestimmte Zuckersorten werden zum Verzieren von Broten und Kuchen, mitunter auch zum Süßen von heißen Getränken verwendet – zum Beispiel Kandis, große weiße oder braune, unregelmäßig geformte Zukkerkristalle. Bunter Streuzucker ist Kristallzucker, der mit Lebensmittelfarbe eingefärbt wurde. Hagelzucker, eine granulierte Raffinade, wird gern zum Bestreuen von süßen Brot- und Kuchenteigen verwendet.

Honig

Honig ist ein natürliches Süßungsmittel, das schon lange vor dem Rohrzucker verwendet und geschätzt wurde. Zu den besten Sorten zählen Orangenblütenhonig, Akazienhonig und Eukalyptushonig. Die Farbe des Honigs ist je nach Blüte heller oder dunkler; als Regel gilt: je blasser der Honig, desto milder sein Geschmack. Man unterscheidet jedoch nicht nur nach Sorten (Sortenhonig), sondern auch nach der Art der Gewinnung. Bei Scheiben- und Wabenhonig befindet sich der Honig noch in den Wachswaben, die in Scheiben geschnitten portionsweise in den Handel kommen. Schleuderhonig wird durch Zentrifugieren aus den entdeckelten Waben geschleudert. Preßhonig ist Honig, der – meist mit geringer Erwärmung – aus den Waben gepreßt wird. Mischhonig ist im Gegensatz zum Sortenhonig eine Mischung aus verschiedenen Sorten.

Honig macht Gebäck nicht nur aromatischer, sondern auch fest und feucht und somit länger haltbar. Als charakteristisches, geschmacksbestimmendes Süßungsmittel taucht er in vielen Backwaren auf, aber auch Liköre, wie der Bénédictine aus der Normandie, werden mit Honig gesüßt.

ZUR INFORMATION

Nährstoffgehalt pro 100 g. 1277 kJ/304 kcal; kein Protein; kein Fett; 82 g Kohlenhydrate; kein Cholesterin; 5 mg Natrium.

Bemerkung Kristallisierten Honig im Wasserbad langsam ewärmen, bis er wieder flüssig ist.

Aufbewahrung An einem kühlen, trockenen Ort in luftdicht verschlossenem Behälter unbegrenzt haltbar; im Kühlschrank wird Honig körnig.

Jüdischer Honigkuchen

Dieser Kuchen wird traditionell zum jüdischen Neujahrsfest serviert. Er soll ein gutes neues Jahr bescheren.

Ergibt einen großen Kastenkuchen

275 g Mehl
2 TL gemahlener Zimt
1 TL Backpulver
½ TL Natron
½ TL Salz
100 g Walnüsse, grobgehackt
3 Eier
150 g dunkelbrauner Zucker
45 g Butter oder Margarine, zerlassen
300 g dunkler Honig
2 EL Instant-Kaffeepulver, in 175 ml warmem Wasser aufgelöst
2 EL abgeriebene Orangenschale

Kastenform (23 × 13 × 8 cm)

1 Den Backofen auf 175 °C/Gas Stufe 2–3 vorheizen. Die Kastenform einfetten, den Boden und die Seiten mit Pergamentpapier auslegen (S. 391).

2 Das Mehl mit Zimt, Backpulver, Natron und Salz sieben; 1 EL der Mischung mit den Walnüssen vermengen.
3 Eier und Zucker in einer Rührschüssel leicht verschlagen, dann die Butter und den Honig einrühren. Die trockenen Zutaten in drei Portionen abwechselnd mit dem Kaffee zugeben. Die Masse glattrühren und zum Schluß die abgeriebene Orangenschale und die bemehlten Walnüsse unterrühren.
4 Den Teig in die vorbereitete Backform füllen und auf der unteren Schiene etwa 1–1¾ Stunden backen. Der Kuchen ist gar, wenn an einem in die Mitte eingestochenen Stäbchen keine Teigreste haften. Falls der Kuchen beim Backen zu stark bräunt, ihn lose mit Alufolie abdecken.
5 Den fertigen Kuchen in der Form erkalten lassen, dann aus der Form nehmen und zusammen mit dem Pergamentpapier sorgfältig verpacken. Mindestens 2 Tage bis zu 1 Woche in einem luftdicht verschlossenen Behälter aufbewahren, damit der Kuchen gut durchzieht.

Handelsüblicher Sirup

Bei den im Handel erhältlichen Sirupsorten handelt es sich schlicht um Zucker in flüssiger Form, allerdings mit unterschiedlichen Geschmacksrichtungen. Alle Sirupe – mit Ausnahme von Melasse, die zu kräftig und zu bitter schmeckt – werden gern zu amerikanischen Pfannkuchen und englischem *porridge* gereicht und mindestens genauso gern für Glasuren und Desserts verwendet. Die milderen Sorten können meist gegeneinander ausgetauscht werden.

Melasse ist der sirupartige Rückstand der Zuckergewinnung aus Zuckerrohr oder Zuckerrüben. Helle Melasse – die »erste Pressung« – hat die stärkste Süßkraft; die »zweite Pressung« ist nicht ganz so süß und entsprechend dunkler; der verbleibende Rest, eine schwarze, zähe Masse von herbem Geschmack, wird als dunkle Melasse bezeichnet. Tafelsirup ist eine Mischung aus Rohrzuckersirup und heller Melasse. Der starke Eigengeschmack von Melasse paßt besonders gut zu Plätzchen, Lebkuchen, Gewürz- und Früchtekuchen. Melasse ist auch Bestandteil vieler Grillsaucen.

Zuckerrohrsaft, eingekocht zu einer zähen, goldbraunen Flüssigkeit, ergibt Rohrzuckersirup und ist geschmacklich nicht von Melasse zu unterscheiden. Die blassere, helle Sorte, *golden syrup* – der bei uns selten erhältlich ist –, wird ebenfalls aus Zuckerrohrsaft gewonnen, ist jedoch milder im Geschmack und von honigähnlicher Konsistenz.

Maissirup ist eine süße, zähe Flüssigkeit, die aus Maisstärke gewonnen und zum Süßen von Backwaren, Desserts, Süßwaren und Knabbereien verwendet wird. Heller Maissirup schmeckt wie flüssiger Zukker; die dunklere Sorte ist geschmacksintensiver durch den Zusatz von Melasse. Der typisch amerikanische Pfannkuchen-Sirup ist eine Mischung aus Mais- und Ahornsirup. Ahornsirup wird aus dem Saft des Zuckerahorns gewonnen und gilt als der teuerste Sirup. Da er sehr süß ist und einen leichten Karamelgeschmack hat, spielt er auch in der Süßwarenherstellung eine große Rolle.

Glukosesirup (Stärkesirup) ist eine raffinierte, wäßrige Lösung, deren Glucosegehalt zwischen 20 % und 70 % liegt. Der Anteil der Glucose kann durch das Herstellungsverfahren variiert und so im Hinblick auf den Verwendungszweck bestimmt werden. Glukosesirup wird für Süßwaren, Marzipan, Marmeladen und Liköre verwendet.

Bei uns im Handel hat Rübensirup (Rübenkraut) eine gewisse Bedeutung. Dabei handelt es sich um den Saft von frischen Rüben, der bei geringen Temperaturen eingedickt wird und keinerlei chemische Zusätze enthält. Rübensirup ist vor allem als Brotaufstrich beliebt.

ZUR INFORMATION
Nährstoffgehalt pro 100 g. *Alle* Kein Protein; kein Cholesterin. *Melasse* 903 kJ/215 kcal; 55 g Kohlenhydrate; 95 mg Natrium. *Rohrzuckersirup* 1113 kJ/265 kcal; 70 g Kohlenhydrate; 95 mg Natrium. *Golden syrup* 1260 kJ/300 kcal; 80 g Kohlenhydrate; 279 mg Natrium. *Maissirup* 1197 kJ/286 kcal; 75 g Kohlenhydrate; 150 mg Natrium. *Ahornsirup* 1050 kJ/250 kcal; 65 g Kohlenhydrate; 15 mg Natrium.
Bemerkung Kristallisierten Sirup ins warme Wasserbad stellen und langsam wieder verflüssigen; bei Schimmelbildung den Belag abschöpfen.
Aufbewahrung In Flaschen bei Raumtemperatur unbegrenzt haltbar. *Ahornsirup* Im Kühlschrank unbegrenzt haltbar.

ZUCKERERSATZ

Für Kalorienbewußte bietet der Handel Süßstoffe als Zuckerersatz an, von denen die meisten auch für Diabetiker geeignet sind. Saccharin ist ein Derivat des Steinkohlenteers, seine Süßkraft etwa 500mal größer als die von Rohrzucker. Es wird in flüssiger und Pulverform angeboten; in manchen Rezepten kann es den Zucker, nicht aber den Sirup ersetzen. (In großen Mengen gilt Saccharin als gesundheitsschädlich.) Der Süßstoff Aspartame besitzt die 200fache Süßkraft von gewöhnlichem Haushaltszucker und kann dementsprechend sparsam eingesetzt werden. Er läßt sich nicht erhitzen, wohl aber zum Süßen von kalten Desserts und Getränken verwenden.

ZUCKERSIRUP

Wenn man Kristallzucker mit Wasser aufkocht, erhält man Zuckersirup. Je länger der Sirup kocht, desto mehr Wasser verdampft und desto konzentrierter wird die Zuckerlösung – es entsteht Läuterzukker, der mit zunehmender Verdampfung des Wassers verschiedene Stadien erreicht (rechte Seite).

Einfacher Zuckersirup

Die Zuckerkonzentration, im Rezept meist angegeben, richtet sich stets nach der jeweiligen Verwendung (Tabelle rechts). Kommen weitere Ingredienzen hinzu, muß die Konzentration anschließend noch einmal überprüft werden.

ZUR INFORMATION

Bemerkung Der Zucker muß sich ganz aufgelöst haben, bevor man den Sirup kochen läßt, da sich sonst leicht wieder Zuckerkristalle bilden. **Aufbewahrung** *Leichter Sirup (von niedrigem spezifischem Gewicht)* Im Kühlschrank 2–3 Tage. *Mittelschwerer Sirup (von mittlerem spezifischem Gewicht)* Im Kühlschrank 8–10 Tage. *Schwerer Sirup (von hohem spezifischem Gewicht)* Im Kühlschrank 2 Wochen.

Einfachen Zuckersirup herstellen

Wasser und feinen Kristallzucker (keinen Puderzucker) in einem Topf aufsetzen und langsam erhitzen; dabei ab und zu umrühren. Bevor der Sirup aufkocht, muß sich der Zucker aufgelöst haben, da der Sirup sonst trüb wird und der Zucker anbrennen kann. Sobald sich der Zukker gelöst hat, nicht mehr rühren und die Zuckerlösung zum Kochen bringen. Der Sirup ist fertig, sobald die Oberfläche mit Bläschen bedeckt ist – in der Regel ist dieses Stadium in weniger als einer Minute erreicht. Wenn eine bestimmte Zuckerkonzentration gefordert ist, überprüft man den Zuckergehalt mit Hilfe einer Zuckerwaage (S. 503), die je nach dem spezifischen Gewicht des Sirups einsinkt. Auf einer Skala ist die Konzentration des Zuckers abzulesen; sie wird in Baumé-Graden gemessen (der französische Chemiker Baumé führte die Skala ein). Ist der Zuckergehalt zu niedrig, gibt man noch etwas konzentrierten Sirup dazu; ist die Konzentration zu hoch, wird die Lösung mit etwas Wasser verdünnt.

KONZENTRATION VON EINFACHEN ZUCKERSIRUPEN

Mengenverhältnis	*Zuckerkonzentration in °Baumé*	*Verwendung*
400 g Zucker/1 l Wasser	etwa 12–15°	Obstkompott
600 g Zucker/1 l Wasser	etwa 15°	Tränken von Biskuits
750 g Zucker/1 l Wasser	etwa 20°	Basis für Sorbets
1000 g Zucker/1 l Wasser	etwa 25°	Zubereitung von kandierten Früchten

Läuterzucker

Beim Aufkochen von Zuckersirup verdampft das Wasser, bis der Sirup schließlich den Sättigungspunkt erreicht und die Temperatur ansteigt. Mit steigenden Hitzegraden wird der Sirup zunehmend konzentrierter, weil immer mehr Wasser verdampft, und härter, wenn er erkaltet. Die einzelnen Stadien, die der Zucker dabei durchläuft, werden mit dem Zuckerthermometer, von erfahrenen Köchen auch von Hand gemessen. Bereits geringfügige Abweichungen von ein oder zwei Grad entscheiden darüber, ob der Läuterzucker nach dem Abkühlen geschmeidig und zum Beispiel für eine leichte Buttercreme zu verwenden oder ob er für eine Weiterverarbeitung zu fest ist (zu den einzelnen Stadien s. rechte Seite). Das letzte Stadium ist Karamel, wenn der eben noch bernsteinfarbene Zucker dunkelbraun wird. Karamel ist zu heiß für die Probe von Hand, aber man sollte sich auch nicht ausschließlich auf das Zuckerthermometer verlassen, sondern sich ebenso an der Färbung des Sirups orientieren (S. 418). Läuterzucker mit Zusätzen, wie Sahne oder Butter, erreicht die verschiedenen Stadien schneller, das heißt bei jeweils niedrigeren Temperaturen, als einfacher Zuckersirup. Die im Rezept angegebenen Temperaturen sollten immer eingehalten werden.

Das größte Problem beim Zuckerkochen bereitet die Kristallisation. Man kann sie jedoch verhindern, indem man dem Sirup Säure, etwa Zitronensaft, oder ein Süßungsmittel, wie Glucose (Traubenzucker), zusetzt. Was bereits bei der Herstellung von einfachem Zuckersirup zu beachten ist, gilt für Läuterzucker erst recht: Dafür sorgen, daß der Zucker gelöst ist, bevor der Sirup kocht; nicht mehr rühren, sobald der Sirup zu kochen beginnt; Zuckerkristalle, die sich während des Kochens neu bilden und sich am Topfrand absetzen, mit einem feuchten Backpinsel in den Sirup schieben, damit sie sich auflösen.

ZUR INFORMATION

Bemerkung Kochender Läuterzucker kristallisiert, wenn man ihn rührt, die Zuckerkristalle nicht vom Topfrand entfernt oder wenn der Zucker Verunreinigungen enthält. Wenn der Sirup bei zu hoher Temperatur kocht, gibt man etwas kaltes Wasser hinzu; wenn er jedoch bereits zu karamelisieren beginnt, ist eine Korrektur nicht mehr möglich. **Aufbewahrung** 1–6 Stunden, je nach Konsistenz. Erstarrter Sirup wird bei feuchter Lagerung schnell wieder weich.

LÄUTERZUCKER HERSTELLEN

Zum Zuckerkochen wird eine spezielle Stielkasserolle aus unverzinntem Kupfer (franz. ***poêlon***, S. 510) verwendet. Dieser Topf muß vor Gebrauch mit Essig und Salz gereinigt und anschließend gründlich mit Wasser ausgespült werden. (Keinen Topf aus verzinntem Kupfer verwenden, da die Beschichtung schmelzen könnte.) Man kann aber auch einen Edelstahltopf mit schwerem Boden nehmen. In jedem Fall stellt man eine Schüssel mit kaltem Wasser bereit, um den heißen Topf abzukühlen und den Kochvorgang zu beenden. Das Zuckerthermometer in eine Schüssel mit heißem Wasser hängen. Den Zucker in den Topf geben und so viel Wasser zugießen, daß der Zucker bedeckt ist.

Zucker und Wasser auf kleiner Flamme erhitzen. Der Zucker löst sich besser auf, wenn man zu Beginn hin und wieder rührt. Der sich bildende graue Schaum wird abgeschöpft. Sobald sich der Zucker gelöst hat, die Temperatur erhöhen, bis die Zuckerlösung kocht. Dann das Zuckerthermometer in die Lösung tauchen und den Zucker – ohne zu rühren – kochen, bis er die gewünschte Temperatur erreicht (rechte Seite). Da die Temperatur zum Schluß rasch ansteigt, die Hitze gegen Ende etwas reduzieren.

1 Beim Kochen die sich am Topfrand absetzenden Zuckerkristalle mit einem feuchten Backpinsel abstreifen; verbrannte Kristalle verfärben den Sirup und lassen ihn leichter kristallisieren.

2 Sobald die richtige Temperatur erreicht ist, den Topfboden in die bereitgestellte Schüssel mit kaltem Wasser tauchen, um den Kochvorgang zu beenden.

Hinweis Zucker wird sehr heiß. Bei einer Verbrennung die Wunde sofort mit kaltem Wasser behandeln und den Sirup abwaschen. Stets mit größter Vorsicht zu Werke gehen und den Topf mit dem heißen Sirup niemals in die Reichweite von Kindern gelangen lassen.

DAS KOCHSTADIUM DES SIRUPS VON HAND PRÜFEN

Die Temperatur von Läuterzucker läßt sich am einfachsten und zuverlässigsten mit einem Zuckerthermometer (S. 503) feststellen. Professionelle Köche hingegen prüfen das Stadium oft von Hand, vor allem bei geringen Mengen, die ein Zuckerthermometer nicht exakt messen kann. Die Probe von Hand kann bis zum großen Bruch durchgeführt werden. Im Karamel-Stadium (S. 418) ist dies zu gefährlich.

1 Zeigefinger und Daumen zuerst in eine mit kaltem Wasser und Eiswürfeln gefüllte Schüssel halten, dann kurz in den kochenden Sirup tauchen, ein wenig Sirup aufnehmen und sofort wieder in das Eiswasser tauchen. Den Sirup zwischen Daumen und Zeigefinger verreiben, um seine Konsistenz zu prüfen. ODER: Mit einem Teeflöffel ein wenig kochenden Sirup entnehmen und rasch in das Eiswasser tauchen. Wie beschrieben verreiben.

Stadium Schwacher Faden.
Temperatur 105 °C.
(Starker Faden: 107 °C)
Probe Zwischen Daumen und Zeigefinger läßt sich ein dünner Faden ziehen.
Verwendung Konfitüre; Süßigkeiten.

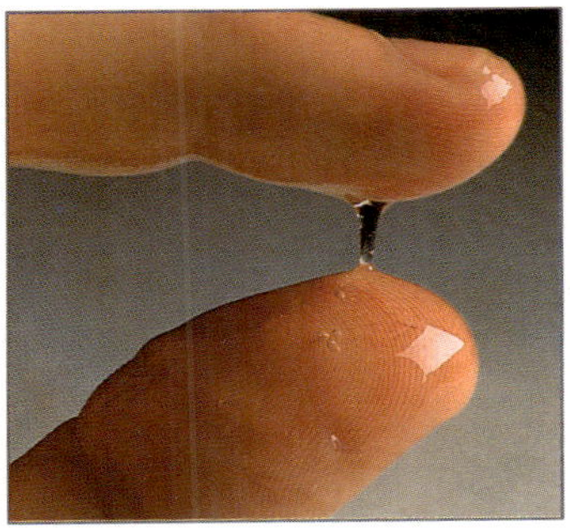

Stadium Kleiner Ballen.
Temperatur 115 °C.
Probe Der Sirup bildet eine kleine, weiche Kugel und läßt sich von den Fingern lösen.
Verwendung Fondant; Buttercreme.

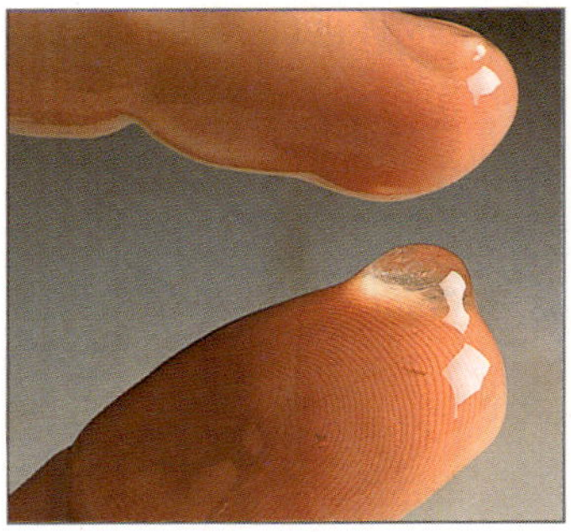

Stadium Großer Ballen.
Temperatur 121 °C.
Probe Die Kugel ist jetzt recht fest, aber geschmeidig.
Verwendung Italienische Baiser-Masse; Mandelpaste (Marzipan).

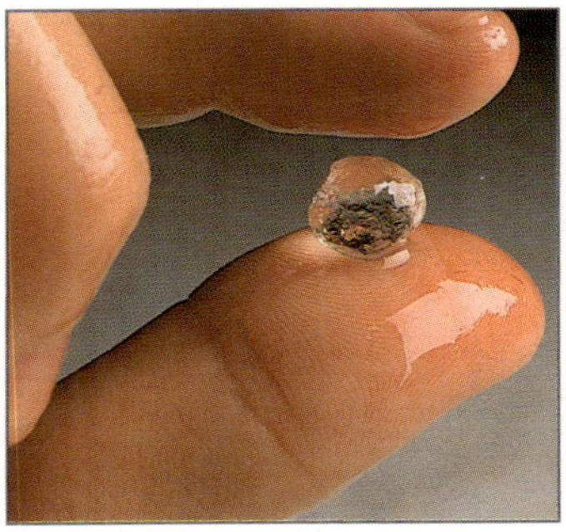

Stadium Kleiner Bruch.
Temperatur 125 °C.
Probe Der beinahe feste Zuckerfilm ist spröde und löst sich vom Finger, klebt aber an den Zähnen.
Verwendung Weicher Nougat; Karamellen, Toffee.

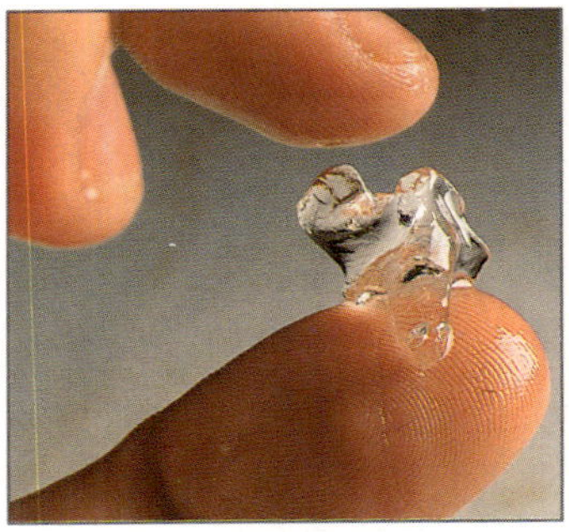

Stadium Großer Bruch.
Temperatur 144 °C.
Probe Der Zucker bricht wie Glas und klebt nicht mehr an den Zähnen.
Verwendung Gezogener und gesponnener Zucker; glasierte Früchte; Hartkaramel.

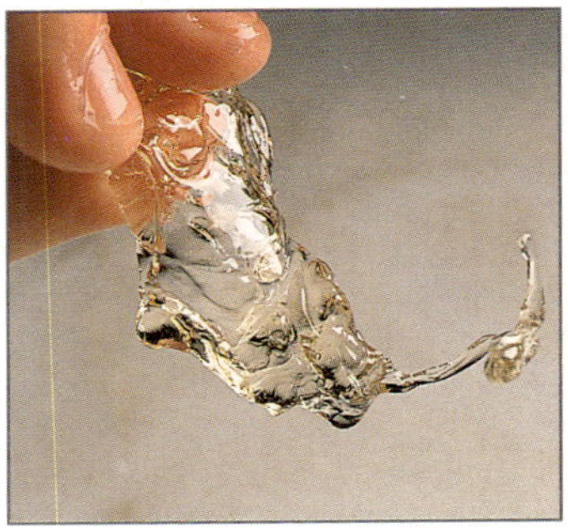

Farbtest Im Karamel-Stadium treten so hohe Temperaturen auf, daß der Zucker nicht mehr von Hand auf seine Beschaffenheit hin geprüft, sondern nach der Farbe beurteilt wird (S. 418).

GEZOGENER UND GEBLASENER ZUCKER

Kunstvolles Zuckerwerk aus gezogenem und geblasenem Zucker ist ein Glanzpunkt vieler Wettbewerbe und Ausstellungen, bei denen es um Kulinarisches geht. Einem geübten Konditor fällt es nicht schwer, aus Zucker zarte Bänder zu ziehen, Blütenblätter zu formen und – einem Glasbläser gleich – allerlei Figuren daraus herzustellen.

Für gezogenen Zucker kocht man den Zuckersirup zum großen Bruch – färbt ihn manchmal noch mit Lebensmittelfarbe – und gießt ihn dann auf eine leicht geölte Marmorplatte. Der heiße Sirup wird anschließend wiederholt vom Rand zur Mitte hin zusammengelegt und ausgezogen, bis er glänzt und so geschmeidig ist, daß er sich zu Bändern und Blüten formen läßt. Für geblasenen Zucker wird der Sirup ebenfalls zum großen Bruch gekocht und anschließend kurz durchgeknetet. Dann wird ein dünnes Blasrohr in die Zuckermasse eingeführt und Luft hineingeblasen. Der aufgeblasene Zucker kann dann von Hand ausgeformt werden. *Pastillage* ist eine nicht zum Verzehr geeignete Zuckermasse, die unter anderem Puderzucker, Maisstärke, Tragant – ein gummiartiges Bindemittel aus Pflanzensaft – und Wasser enthält. Sie wird von Konditoren gern für Verzierungen verwendet.

SÜSSIGKEITEN MIT SIRUP ODER KARAMEL ÜBERZIEHEN

Wenn man den Zucker zum großen Bruch (S. 415) oder zu hellem Karamel (S. 418) kocht, erhält man eine einfache, aber hübsche Glasur, beispielsweise für Datteln mit Marzipanfüllung, kleine Windbeutel und Früchte, wie Kirschen, Weintrauben, Orangenfilets oder Erdbeeren. Leider halten sich diese Köstlichkeiten nur drei bis vier Stunden.

Zügig arbeiten und überschüssigen Sirup in den Topf zurücklaufen lassen, damit sich beim Erstarren am Überzug keine »Nasen« bilden. Wenn der Karamel im Topf abkühlt und aushärtet, nochmals kurz erhitzen, aber nicht aufkochen lassen.

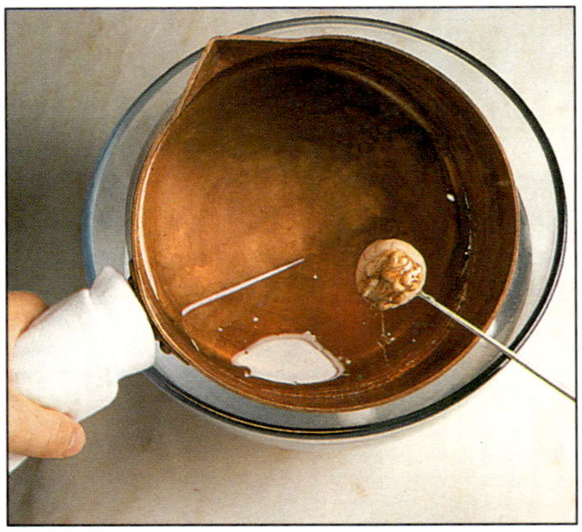

Tauchbad für Süßigkeiten Zuckersirup zum Kochen bringen (S. 414) und zum großen Bruch oder zu hellem Karamel kochen. Die zu überziehenden Süßigkeiten einzeln aufspießen und in den kochenden Sirup tauchen, herausnehmen und drehen, damit die Glasur gleichmäßig verläuft. Die glasierten Süßigkeiten mit der Messerspitze – nicht mit den Fingern – von den Spießen auf ein leicht geöltes Papier oder ein Kuchengitter streifen und an einem trockenen Ort auskühlen lassen. Die erkalteten Stückchen mit einem Palettmesser von der Unterlage lösen und zum Servieren jeweils in Papierschälchen legen.

AUS SIRUP GESPONNENEN ZUCKER HERSTELLEN

Der zu Dekorzwecken verwendete gesponnene Zucker (Zuckerwatte oder »Engelshaar«) ist ein zartes Gespinst, hergestellt aus Läuterzucker, der zu hellem Karamel gekocht wird (S. 418). Da der Erfolg des fertigen Produkts maßgeblich von der Temperatur des Sirups abhängt, empfiehlt sich der Einsatz eines Zuckerthermometers. Gesponnener Zucker wird zum Garnieren von Eiscremes, Desserts, Festtagskuchen und französischem Brandteiggebäck *(croquembouche)* verwendet. Da gesponnener Zucker leicht bricht, wird er meist zu einem luftigen Nest oder Kranz geformt. Das zarte Gespinst zerfließt bereits nach ein bis zwei Stunden.

1 Den Fußboden mit Zeitungspapier auslegen, das erleichtert später das Saubermachen. Den Zuckersirup zu hellem Karamel kochen (S. 418), dann den Topfboden in kaltes Wasser tauchen, um den Kochvorgang zu beenden. Den Topf etwa 1 Minute stehenlassen, damit die Flüssigkeit leicht eindickt. Mit der einen Hand ein Rundholz halten, in die andere einen abgeschnittenen Schneebesen oder zwei Gabeln (Rücken an Rücken) nehmen. Die Drähte des Rührbesens in den Karamel tauchen und mit ausholenden Bewegungen über dem Rundholz abschlagen, so daß sich dünne Fäden bilden. Diesen Vorgang wiederholen, bis genügend Zucker gesponnen ist.

2 *Rechts:* Den gesponnenen Zucker mit Zeigefinger und Daumen vom Holz streifen; dabei rasch und behutsam vorgehen, damit die Zuckerfäden nicht verkleben.

Hinweis Die Herstellung von gesponnenem Zucker erfordert eine gewisse Übung. Beim allerersten Versuch sollte man den Karamel etwa 5 Minuten abkühlen lassen, bevor man sich an das »Spinnen« wagt. Nach mehr als 10 Minuten härtet der Zucker jedoch allmählich wieder aus, und die daraus gesponnenen Fäden werden zu dick.

3 Den gesponnenen Zucker locker zu einem Kranz formen.

Fondant

Fondant nimmt man gern zum Füllen und Überziehen von Süßigkeiten, Kuchen und Gebäck. Er ist als Fertigprodukt in Pulverform erhältlich, man kann ihn aber auch selbst herstellen.

Für selbstgemachten Fondant wird der Zucker zum kleinen Ballen gekocht (S. 415), dann abgekühlt und von Hand mit einem Spatel zu einer weißen, teigartigen Masse durchgearbeitet (tabliert). Je nach Konsistenz ist der fertige Fondant fest, aber noch formbar, oder hart.

Zum Überziehen wird Fondant bei schwacher Hitze zu Glasur geschmolzen – daher auch die Bezeichnung Schmelzglasur – und etwas verdünnt, bis die richtige Konsistenz erreicht ist (unten). Fondant darf nicht über 37 °C erhitzt werden, da er sonst seinen Glanz verliert. Die fertige Schmelzglasur kann kurz vor der Verwendung mit Aromaten, wie Pfefferminzöl, verfeinert oder mit Lebensmittelfarbe gefärbt werden. Rührt man geschmolzene Schokolade unter die geschmeidige Masse, erhält man Schokoladen-Fondant.

ZUR INFORMATION

Bemerkung Wenn Fondant-Masse nicht erstarrt, kann dies drei Gründe haben: Entweder hat der Zuckersirup nicht ausreichend, das heißt nicht zum kleinen Ballen gekocht, oder die Masse wurde vor dem Tablieren nicht genügend abgekühlt, oder die Luftfeuchtigkeit war zu hoch. Wenn der Fondant körnig ist, wurde der Zucker zu lange gekocht; läßt er sich nicht zu einer Paste verarbeiten, ist er zu stark ausgekühlt. Wird der Fondant so hart, daß er sich nicht mehr kneten läßt, deckt man ihn 1–2 Stunden mit einer Schüssel ab, bis er wieder geschmeidig ist.

Aufbewahrung Luftdicht verpackt, im Kühlschrank unbegrenzt.

FONDANT HERSTELLEN

Die erstarrte neutrale Fondant-Masse kann man beliebig aromatisieren oder färben, und man erhält so vielseitig verwendbare Füllmassen und Glasuren.

1 400 g Zucker und 250 ml Wasser in einer schweren Kasserolle erhitzen, bis der Zucker geschmolzen ist. 2 EL Glucose (Traubenzucker) – in 2 EL Wasser aufgelöst – unterrühren. Den Zucker zum kleinen Ballen kochen (S. 415).

2 Den Sirup aus 30 cm Höhe auf eine mit Wasser benetzte Marmorplatte oder ein befeuchtetes Backblech gießen. Die flüssige Masse mit etwas Wasser besprengen, damit sich keine Kruste bildet, und 2–3 Minuten abkühlen lassen.

3 Mit einem Dreiecksspachtel aus Metall die Zuckermasse von den Seiten nach innen zusammenschlagen.
ODER: Die Zuckermasse mit den Knethaken eines elektrischen Handrührgeräts durcharbeiten.

4 Die Masse tüchtig bearbeiten, bis sie allmählich cremig und weiß wird und nach 3–5 Minuten schließlich erstarrt.

5 Jeweils kleine Stücke abbrechen und mit den Fingern zu einer weichen, geschmeidigen Masse kneten. Die einzelnen Stückchen zusammendrücken und, falls gewünscht, Aroma oder Farbe unterkneten. In einen gut schließenden Behälter geben und mindestens 1 Stunde, besser noch 1 Tag im Kühlschrank oder an einem anderen kühlen Ort gut durchziehen lassen.

FONDANT ALS GLASUR

Den fertigen Fondant mit einer kleinen Menge einfachem Zuckersirup oder Fruchtsaft im Wasserbad (S. 510) oder über schwacher Hitze erwärmen, dabei gelegentlich mit einem Holzspatel umrühren. Immer nur geringe Mengen Fondant erhitzen und die Konsistenz mit dem Spatel überprüfen. Dazu den Spatel aus dem Topf nehmen und flach halten: Er sollte dünn, aber gleichmäßig von der Schmelzglasur überzogen sein. Ist die Masse zu dickflüssig, sie mit etwas Zuckersirup verdünnen; ist sie zu dünn, noch etwas Fondant-Masse zugeben. Zum Überziehen sollte die Schmelzglasur lauwarm sein, was einer Temperatur von etwa 37 °C entspricht. Erhitzt man sie stärker, wird sie stumpf und glanzlos. Wenn man Konfekt oder Kleingebäck glasieren will, spießt man die einzelnen Stücke auf eine zweizinkige Gabel.

Kleingebäck und Süßigkeiten mit Fondant überziehen

Leicht zerbrechliche oder an der Oberfläche krümelige Gebäckstücke setzt man auf ein Palettmesser, das man dann über den Topf hält. Die warme Schmelzglasur trägt man mit einem Löffel auf. Bei sehr krümeligem Gebäck darf man überschüssige Glasur nicht in den Topf zurücktropfen lassen, weil Krümel den Schmelz der Glasur zerstören.

Karamel

Karamel bildet sich in der letzten Phase des Zuckerkochens, wenn die gesamte Flüssigkeit verdampft ist und der geschmolzene Zucker bernsteinfarben wird. Heißer Karamel ist flüssig, erstarrt aber beim Abkühlen zu einer harten, brüchigen Masse. Bei einer Temperatur um 150 °C ist Karamel hell und relativ geschmacklos. In diesem Stadium wird er – wie der zum großen Bruch gekochte Zucker (S. 415) – zum Überziehen von Konfekt oder Früchten (S. 416), Baisers oder kleinen Windbeuteln verwendet. Für gesponnenen Zucker (S. 416) und die Herstellung von Karamelkörbchen (rechts) benötigt man ebenfalls hellen Karamel.

Wird heller Karamel weitergekocht, färbt er sich bei einer Temperatur von 165 – 175 °C dunkelbraun und nimmt einen nussig-süßen Röstgeschmack an. Bei weiter steigender Temperatur wird der Karamel jedoch zunehmend bitterer und dunkler. Mit dem dunklen Karamel kann man Förmchen für Desserts ausgießen, zum Beispiel für Karamelcreme (S. 95). Erstarrt der Karamel zu rasch, bringt man ihn vorsichtig im Topf zum Schmelzen, achtet aber darauf, daß die Flüssigkeit nicht kocht. Mit Wasser verdünnt, ergibt Karamel eine einfache Sauce (rechts unten), die man zu Eiscreme und diversen Desserts reichen kann.

ZUR INFORMATION
Bemerkung Karamel verbrennt leicht und schmeckt dann sehr bitter.
Aufbewahrung *Erstarrter Karamel* In fest verschlossenem Behälter 1 Woche; weicht bei hoher Luftfeuchtigkeit rasch auf. *Sauce* Im Kühlschrank 1 Woche.

KARAMEL HERSTELLEN

Karamel läßt sich auf zweierlei Art herstellen: durch Erhitzen von Zucker ohne Wasser oder durch Kochen von Zuckersirup. Letzteres ist erfolgversprechender, denn Sirup brennt nicht so leicht an und sorgt außerdem für eine gleichmäßigere Färbung.

1 Zuckersirup karamelisieren Den Sirup rasch aufkochen, bis er am Topfrand die Farbe von Bernstein angenommen hat. Die Hitze reduzieren und weiterkochen, dabei den Topf ein- oder zweimal hin und her schwenken, so daß der Sirup gleichmäßig bräunt.

2 Den Topf, während der Sirup kocht, etwas kippen, um am Topfboden die Färbung des Karamels zu überprüfen. Die Abbildung zeigt hellen Karamel.

3 Für dunklen Karamel den Sirup weiterkochen, aber stets im Auge behalten. Sobald der Karamel zu rauchen beginnt, ist er fertig.

4 Den Topf sofort in eine Schüssel mit kaltem Wasser tauchen, um ein Weiterkochen zu verhindern.

Zucker karamelisieren

Den Zucker in einen unbeschichteten Topf mit schwerem Boden geben und an der Oberfläche glattstreichen. Bei mittlerer Temperatur erhitzen, bis der Zucker flüssig wird. Vorsichtig rühren, damit sich der Zucker gleichmäßig auflöst, dann bis zur gewünschten Färbung kochen (Arbeitsschritte 2 – 4, oben).

Hinweis Bei zu starker Hitze brennt der Zucker am Topfrand an, noch bevor er sich in der Topfmitte aufgelöst hat.

KARAMELKÖRBCHEN HERSTELLEN

Ein Karamelkörbchen ist ein glänzendes, filigranes Gebilde, in dem man Desserts hübsch anrichten kann. Es weicht jedoch bereits nach ein bis zwei Stunden auf.

1 Einen gewölbten Schüsselboden oder eine Suppenkelle außen mit Öl bepinseln. Den Zuckersirup zu hellem Karamel kochen (Arbeitsschritt 2, links) und den Topfboden kurz in kaltes Wasser tauchen, um den Kochvorgang zu beenden. Den Karamel 1–2 Minuten abkühlen lassen, bis er Fäden zieht.

2 Einen Eßlöffel in den heißen Karamel tauchen und kreuz und quer dünne Fäden über die geölte Rückseite der Kelle oder Schüssel ziehen.

3 Wenn das Körbchen fertig ist, als Abschluß einen Karamelfaden um den Rand ziehen. Das Körbchen abkühlen lassen, bis es erstarrt ist.

4 Das Karamelkörbchen durch behutsames Drehen und Schieben mit den Fingern vorsichtig aus der Form lösen und auf ein geöltes Blech setzen. Bis zum Servieren trocken und kühl aufbewahren.

Karamelsauce

Karamelsauce besteht aus einem Karamel mittlerer oder dunkler Färbung, der in Wasser aufgelöst wird. Für 250 ml Sauce zunächst einen Zuckersirup aus 200 g Zucker und 125 ml Wasser aufkochen. Diesen Sirup so lange kochen lassen, bis er karamelisiert, dann den Topf von der Kochstelle nehmen und abwarten, bis keine Blasen mehr aufsteigen. Sobald dies der Fall ist, etwas zurücktreten (Spritzgefahr!) und 125 ml Wasser zugießen. Unter Rühren den Karamel wieder erhitzen, bis er sich auflöst. Kurz aufkochen, wenn er eine sirupähnliche Konsistenz haben soll. Für eine cremige Sauce statt Wasser Sahne, für eine süß-saure Sauce Essig zugießen.

Krokant und Nougat

Der vom Konditor verwendete Krokant und Nougat ist nicht mit dem jeweils gleichnamigen Konfekt zu verwechseln, obwohl beide Produkte aus karamelisiertem Zucker und Nüssen bestehen.

Der hier beschriebene Krokant wird mit ganzen Mandeln oder Haselnüssen hergestellt und zeichnet sich durch einen wundervollen Röstgeschmack aus. Deshalb verwendet man ihn gern bei der Zubereitung von Mousses und Eiscreme. Die fertige Krokantmasse ist im Fachhandel als kompakte braune Paste erhältlich, kann aber auch leicht selbst zubereitet werden (unten). Nougat wird zum Dekorieren, als Böden für Torten und zum Auskleiden von Formen verwendet.

Der Anteil der Nüsse im Verhältnis zum Zucker richtet sich bei Krokant und Nougat nach der gewünschten Qualität und dem Verwendungszweck; er liegt zwischen der halben und der vollen Zuckermenge. Die benötigte Karamel-Grundmasse stellt man mit Läuterzukker oder karamelisiertem Zucker (linke Seite) her. Durch den Zusatz von flüssigem Traubenzucker (Glucose) wird die Kristallbildung verhindert. Bei der Herstellung von Krokant röstet man die ganzen Nußkerne oft zusammen mit dem Karamel, bei der Nougatherstellung gibt man die Nüsse erst zum Ende der Kochzeit dazu.

ZUR INFORMATION

Bemerkung *Krokant* Wird der Zukker zu stark karamelisiert, schmekken die Nußkerne bitter. *Nougat* Kühlt rasch ab und erstarrt; gegebenenfalls im Backofen bei schwacher Hitze geschmeidig machen.

Aufbewahrung *Krokant* In luftdicht verschlossenem Behälter bei Raumtemperatur mehrere Wochen; tiefgefroren: 1 Jahr. *Nougat* Nach dem Ausrollen in luftdicht verschlossenem Behälter mehrere Wochen.

KROKANT HERSTELLEN

Für Krokant wird der Zucker zusammen mit den ganzen Mandeln trokken – ohne Zugabe von Wasser – erhitzt. Damit die Nüsse ihr volles Aroma entwickeln, sollte man sie sorgfältig rösten. Mandeln und Zukker werden zu gleichen Teilen verwendet, wobei sich die jeweilige Menge beider Zutaten nach der gewünschten Krokantmenge richtet.

1 Die ganzen, nicht abgezogenen Mandel- oder Haselnußkerne mit dem Zucker in einen unverzinnten Kupfertopf oder eine schwere Kasserolle geben. Die Masse unter häufigem Rühren langsam erhitzen, bis der Zucker schmilzt. Bei schwacher Hitze unter vorsichtigem Rühren zu Karamel von mittlerer Färbung kochen – bis der Zucker eine goldbraune Farbe annimmt und die Nüsse knallen (was anzeigt, daß der Röstvorgang beendet ist).

2 Den Topf sofort vom Herd nehmen und die Masse auf eine leicht geölte Marmorplatte oder ein geöltes Backblech gießen. Vorsicht, die Masse ist sehr heiß!

3 Die Krokantmasse mit einem Holzspatel sofort verstreichen und stehenlassen, bis sie abgekühlt und erstarrt ist.

4 Den Krokant in Stücke brechen und in der Küchenmaschine, im Mixer oder einer Mühle zu feinem Pulver vermahlen.
Hinweis Bei Verwendung einer Küchenmaschine darauf achten, daß der Krokant nicht zur Paste wird.

Nougat herstellen

In der Regel wird Nougat zu gleichen Teilen aus Zucker und gehackten Mandeln oder Mandelblättchen hergestellt (die Mandeln sollten vorher angewärmt und völlig trocken sein, damit der geschmolzene Zukker nicht kristallisiert).

Kristallzucker in einem unverzinnten Kupfertopf oder einem Edelstahltopf mit schwerem Boden bei niedriger Temperatur erhitzen, 4 EL Traubenzucker (Glucose) oder 2 EL Zitronensaft auf 200 g Zucker zugeben, hin und wieder umrühren, bis der Zucker geschmolzen ist. Den Zucker unter vorsichtigem Rühren zu goldbraunem Karamel kochen. Im Ofen angewärmte, abgezogene Mandeln (gehackt oder als Blättchen) – im Verhältnis 1:2 bis 1:1 zum Zucker – unter den Karamel rühren. Die Nougatmasse bei großer Hitze 30–60 Sekunden kochen lassen, bis sie sich vom Topfrand löst. Die Masse sofort auf eine leicht geölte Marmorplatte oder ein geöltes Backblech gießen und ausrollen (unten).

NOUGAT AUSROLLEN

Da Nougat beim Erkalten hart und brüchig wird, muß man ihn ausrollen und formen, solange er noch warm ist. Am besten verarbeitet man ihn in Ofennähe, stellt zum Warmhalten eine Pfanne mit heißem Wasser unter die Arbeitsfläche und ölt diese, ebenso wie alle anderen Arbeitsgeräte, leicht ein. Reste können wiederverwendet werden.

1 Die vorbereitete Nougatmasse mit einem Palettmesser mehrmals zur Mitte hin zusammenschlagen und wieder verstreichen, damit sie geschmeidig bleibt und gleichmäßig abkühlt.

2 Die kräftig durchgearbeitete Nougatmasse hauchdünn ausrollen. (Die besten Ergebnisse liefert eine Metallrolle.) Wenn die Nougatmasse zu hart geworden ist, sie auf einem Blech im Backofen wieder erwärmen.

3 Mit einem schweren Messer den Nougat in Streifen schneiden. Bereitet das Schneiden zu große Schwierigkeiten, mit einem Nudel- oder Rollholz durch Schläge auf das Messer nachhelfen.

SCHOKOLADE

Zu den größten Entdeckungen auf dem amerikanischen Kontinent gehört zweifelsohne die Bohne des Kakaobaumes – der Grundstoff für Schokolade. Ihr zarter Schmelz und ihr Wohlgeschmack machen Schokolade zu einem Erzeugnis, das fast jeder gern mag – selbst die Götter, denn die wissenschaftliche Bezeichnung für den Kakaobaum lautet *Theobroma cacao* (Götterspeise). Hauptanbaugebiete sind heute Afrika und Südamerika.

Durch Trocknen, Rösten und Mahlen entsteht aus den fermentierten und getrockneten Kakaobohnen eine zähflüssige, ölige Masse, die sogenannte Kakaomasse, die neben anderen Bestandteilen ein gelbliches Fett enthält, die Kakaobutter.

Schokolade wird aus der flüssigen Kakaomasse hergestellt. Zutaten sind Zucker und Milch oder Sahne (in Form von Milch- oder Sahnepulver) sowie gegebenenfalls Nüsse und Aromastoffe, etwa Vanille. In einer Misch- oder Knetmaschine werden alle Zutaten zu einer feinkörnigen Masse verarbeitet. Damit die Schokoladenmasse den Feinheitsgrad erreicht, der ihr den zarten Schmelz verleiht, wird sie in einem speziellen Verfahren, das man Conchieren nennt, so lange verrührt, bis sie gießfähig ist. Erst dann kommt auch ihr hochfeines Aroma voll zur Geltung. Der Geschmack einer Schokolade hängt von mehreren Faktoren ab: im wesentlichen von der Qualität der verwendeten Kakaobohnen, dem Röstverfahren, dem Conchieren und dem Anteil an Kakaobutter.

Kakaopulver ist staubfein zermahlener Kakaokuchen, der entsteht, wenn man der Kakaomasse einen Teil der Kakaobutter durch Pressen entzieht. Je nach dem verbliebenen Gehalt an Kakaobutter wird Kakaopulver als schwach entölt (mindestens 20% Kakaobutter) oder stark entölt (mindestens 8% Kakaobutter) bezeichnet.

Gezuckertes Kakaopulver, auch Schokoladenpulver genannt, wird bei der Getränkeherstellung verwendet, etwa für Instant-Getränkepulver und Trinkschokolade. Ungezuckertes Kakaopulver nimmt man hauptsächlich zum Backen und für Süßspeisen. Dunkler und milder als andere Kakaopulver ist holländischer Kakao, der aufgrund eines besonderen Verfahrens – das 1828 von dem Holländer van Houten entwickelt wurde – sehr gut löslich ist und deshalb als hochwertiges Erzeugnis gilt. Ohne die Zugabe von Süßungsmitteln ist dieser Kakao beispielsweise bestens geeignet, um Schokoladentrüffeln darin zu wälzen (S. 429).

Tafelschokolade ist in verschiedenen Qualitäten und Geschmacksrichtungen auf dem Markt. Nach Qualitäten unterscheidet man in Schokolade, Magermilchschokolade, Milchschokolade und Sahneschokolade. Qualitätskriterien sind jeweils der Anteil an Zucker, Gesamtkakao- und Gesamtmilchtrockenmasse. Spezielle Qualitätsvorschriften gelten für sogenannte »feine«, »Vollmilch«- und »Edel«-Schokolade.

Für die Differenzierung nach Geschmacksrichtungen sind die Bestandteile und Zusätze ebenfalls maßgebend. Je höher beispielsweise der Anteil an Kakaomasse ist, desto herber ist der Schokoladengeschmack, und je mehr Kakaobutter die Schokolade enthält, desto leichter schmilzt sie.

Nach Geschmacksrichtungen wird in folgende Gruppen unterschieden: Milch-, Vollmilch- und Sahneschokolade enthalten relativ wenig Gesamtkakaotrockenmasse und schmecken daher mild und süß; Halbbitter- und Zartbitterschokolade haben einen ausgeprägten Kakaogeschmack, da der Kakao-Anteil mindestens 50% beträgt, bei Bitterschokolade – auch als »Herrenschokolade« im Handel – sogar mindestens 60%; Mokkaschokolade erhält ihren typischen Geschmack durch den Zusatz von Kaffeepulver oder Mokka-Paste. Weiße Schokolade enthält keinen Kakao, dafür mindestens 20% Kakaobutter. Trotz ihres blassen Aussehens ist sie in der Konsistenz dunkler Schokolade sehr ähnlich. Wird sie jedoch in Rezepten gegen diese ausgetauscht, ist zu bedenken, daß weiße Schokolade nicht so gut fest wird. Um diesem Nachteil zu begegnen, gibt man entweder etwas Butter hinzu oder erhöht die Schokoladenmenge.

Kuvertüre, auch als Schokoladenüberzugsmasse, Tunk- oder Tauchschokolade bezeichnet, hat einen hohen Gehalt an Kakaobutter (mindestens 31%), so daß sie leicht schmilzt und gut fließt. Man verwendet sie zum Überziehen und für Dekorationen sowie für die Herstellung selbstgemachter Pralinen. Die beste Kuvertüre stammt aus Belgien, Frankreich und der Schweiz.

Schokolade wird aber nicht nur in Blöcken und Tafeln angeboten, sondern unter anderem auch als Schokoladentröpfchen – eine beliebte Zutat für Kuchen und Plätzchen – und als Streusel oder Raspel, die gern zum Dekorieren verwendet werden.

Kakaobutter – der wertvollste Bestandteil der Kakaobohne – wird gelegentlich für die Herstellung von Konfekt und Pralinen benötigt, da sie die Kristallbildung verhindert. Kakaobutter ist in Fachgeschäften erhältlich.

Obwohl Schokolade in erster Linie eine süße Geschmackszutat ist, verfeinert sie auch pikante Speisen, zum Beispiel das mexikanische Gericht *mole poblano* – gebackener Truthahn in einer Sauce, die mit Schokolade, Nüssen, Chilischoten und anderen Gewürzen zubereitet wird. Französische Köche schmecken ihre Rotweinsaucen häufig mit Schokolade ab, und Paul Bocuse kreierte *poulet au cacao,* ein Brathähnchen, das mit einer kakaohaltigen Sauce serviert wird. Die Italiener kombinieren mit Kakao eingefärbte Nudeln zuweilen mit einer süß-sauren, mit Schokolade aromatisierten Sauce, und aus Sizilien stammt ein Kaninchen-Topf, der mit Schokolade zubereitet wird. Die Spanier kochen ebenfalls mit Schokolade, wie Gerichte mit Kalbszunge und Hummer beweisen.

Schokolade dient in der Küche auch zur farblichen Kontrastierung, etwa bei den beliebten Profiteroles (S. 377), mit Sahne oder Eiscreme gefüllten kleinen Windbeuteln, die mit Schokoladensauce übergossen werden. Kunstvollere Schokoladenverzierungen lassen sich am besten mit temperierter Schokolade (S. 422) herstellen. Dazu wird die Schokolade erwärmt und tabliert, bis die Kakaobutterkristalle aufgespalten sind und die Schokoladenmasse besonders geschmeidig und glänzend ist.

Schließlich fungiert Schokolade auch als Bindemittel für andere Ingredienzen. So ist zum Beispiel Schokoladen-Soufflé eines der wenigen Soufflés, die ohne Mehl zubereitet werden; die Soufflé-Masse verdankt ihr »Standvermögen« allein der Schokolade.

ZUR INFORMATION
Nährstoffgehalt pro 100 g. *Kakaopulver (stark entölt)* 1142 kJ/272 kcal; 24 g Protein; 12 g Fett; 17 g Kohlenhydrate; kein Cholesterin; 60 mg Natrium. *Halbbitterschokolade* 2122 kJ/507 kcal; 5 g Protein; 30 g Fett; 54 g Kohlenhydrate; kein Cholesterin; 15 mg Natrium. *Vollmilchschokolade* 2200 kJ/526 kcal; 8 g Protein; 30 g Fett; 56 g Kohlenhydrate; 2 mg Cholesterin; 95 mg Natrium. *Weiße Schokolade* 2234 kJ/532 kcal; 7 g Protein; 31 g Fett; 59 g Kohlenhydrate; Cholesterin je nach Marke; 87 mg Natrium.
Bemerkung Geringe Mengen an Wasser oder Dampf bringen geschmolzene Schokolade zum »Stokken«; bei Überhitzung neigen weiße Schokolade und Milchschokolade zu Klumpenbildung.
Verwendung Getränke, Desserts, zum Backen (Kakao); Desserts, Tauchbad, Dekor, zum Backen, Pariser Creme, Getränke, pikante Speisen (Tafelschokolade aller Geschmacksrichtungen).

Schokolade aufbewahren

Schokolade wird am besten kühl und trocken bei etwa 16 °C gelagert. Verzierungen und Garnierungen aus Schokolade können im Kühlschrank aufbewahrt und auch tiefgefroren werden. Angebrochene Schokolade am besten in Klarsicht- oder Alufolie wickeln und vor Fremdgerüchen schützen. Dunkle Schokolade und Kakao bleiben länger frisch als weiße Schokolade und Milchschokolade mit einem hohen Anteil an Milchfett.

Bei unsachgemäßer Lagerung entsteht durch austretende oder ausschwitzende Kakaobutter auf der Schokolade eine weißlich-graue Fettschicht, der »Fettreif«. Eine ähnliche Verfärbung ist der als »Zuckerreif« bezeichnete Belag, der sich bei feuchter Lagerung bildet: Infolge hoher Luftfeuchtigkeit beschlägt die Schokolade, wobei Zucker ausschmilzt und sich dann an der nun rauhen, glanzlosen Oberfläche absetzt. Dieses Phänomen tritt häufig auch auf bei Konfekt und Süßspeisen mit Schokolade, die im Kühlschrank ohne ausreichende Verpackung aufbewahrt werden. Schokolade mit Zuckerreif und Fettreif kann nur noch zum Schmelzen verwendet werden; zum Raspeln ist sie ungeeignet.

Schokolade raspeln und hacken

Zum Dekorieren sowie als Zutat in Desserts und Kuchenteigen wird Schokolade geraspelt. Im Sommer sollte sie vorher kurz gekühlt werden. Block- und Tafelschokolade teilt man zunächst in große Stücke, die man mit Pergamentpapier umwickelt, damit sie in der Hand nicht schmelzen.

Zum Hacken von Schokolade sollte man immer ein trockenes Brett und ein möglichst großes Messer verwenden. Die Küchenmaschine kann ebenfalls zum Einsatz kommen, jedoch sollten Schokolade und Schneidemesser im Sommer vor der Verarbeitung gut durchgekühlt sein. Die Schokolade wird zunächst grob zerkleinert und dann durch Betätigung des Momentschalters in der Maschine gehackt; der Vorgang sollte aber nicht zu lange dauern, weil die Schokolade sonst schmilzt und zusammenklebt.

Schokolade schmelzen

Schokolade muß ganz behutsam geschmolzen werden, da sie bei zu starker Hitze leicht anbrennt. Weiße Schokolade und Milchschokolade neigen zu Klumpenbildung. Manche Köche schmelzen Schokolade bei sehr schwacher Hitze im Backofen oder in der Mikrowelle, doch weitaus üblicher ist das Schmelzen im Wasserbad oder im Doppeltopf (S. 510). Das Gefäß mit der Schokolade darf nicht abgedeckt werden und sollte völlig trocken sein, es sei denn, das Rezept sieht die Zugabe einer Flüssigkeit vor.

Zum Schmelzen gibt man die Schokolade in eine feuerfeste Schüssel und stellt diese in einen Topf mit heißem, aber nicht siedendem Wasser, oder man setzt das Gefäß über die Topföffnung. In einem Doppeltopf steht der Topf mit der Schokolade über dem Wassertopf. Das Wasser muß heiß bleiben; wenn es abkühlt, während die Schokolade schmilzt, erneuert man es. Sobald die Schokolade zu schmelzen beginnt, muß man sie ab und zu umrühren. Soll eine Sauce zubereitet werden, kann die Schokolade bei schwacher Hitze unter Zugabe von reichlich Flüssigkeit auch direkt auf dem Herd – unter ständigem Rühren – erwärmt werden.

»Gestockte« Schokolade

Wenn Schokolade mit Wasser oder Dampf in Berührung kommt, »stockt« sie – sie wird zu einer Art Paste, die nicht schmilzt. Man kann sie wieder schmelzfähig machen, wenn man langsam und löffelweise Kakaobutter, Pflanzenfett, geklärte Butter (S. 99) oder Pflanzenöl einrührt.

Hinweis Jede dieser Zugaben verändert in einem Rezept die Mengenverhältnisse, was sich auch auf die Textur der fertigen Speise auswirkt.

Geschmolzene Schokolade mit anderen Zutaten mischen

Im Regelfall werden andere Zutaten untergemischt, solange die Schokolade noch warm und flüssig ist. Soll eine Flüssigkeit zugegeben werden, muß sie annähernd die gleiche Temperatur haben wie die Schokolade. Wenn die zugesetzte Flüssigkeit heißer ist als die verflüssigte Schokolade, kann es vorkommen, daß sich die Kakaobutter absetzt; ist sie kälter, wird die Schokolade leicht klumpig.

Mousse au chocolat

Damit die Schokoladencreme gelingt, sollte man eine qualitativ hochwertige Schokolade verwenden. Die fertige Creme muß vor dem Servieren mindestens sechs Stunden durchkühlen.

4 Portionen
175 g Zartbitterschokolade, gehackt
4 EL starker schwarzer Kaffee oder Wasser
4 Eier, getrennt
15 g Butter
1 EL Rum oder ½ TL Vanille-Essenz (oder Vanillezucker, S. 37)
45 g feiner Zucker

Zum Garnieren
Chantilly-Sahne (S. 70), mit 125 ml Crème double, 2 TL Zucker und ½ TL Vanille-Essenz (oder Vanillezucker) zubereitet
4 Schokoladenröllchen (S. 423)

Spritzbeutel mit mittelgroßer Sterntülle

1 Die Schokolade im Kaffee oder Wasser unter Rühren zum Schmelzen bringen. Bei schwacher Hitze etwas andicken lassen; die Masse muß aber noch leicht vom Löffel fallen.
2 Von der Kochstelle nehmen und die Eigelb nacheinander in die heiße Schokolade rühren und schlagen, bis eine cremige Masse entsteht. Butter und Rum (oder Vanille) unterrühren. Die Mischung auf Handwärme abkühlen lassen.
3 Die Eiweiß zu steifem Schnee schlagen, den Zucker zugeben, 30 Sekunden weiterschlagen und unter die lauwarme Schokoladenmasse ziehen. In Dessertschälchen oder Gläser füllen und kühl stellen.
4 Nicht früher als 2 Stunden vor dem Servieren Chantilly-Sahne mit Spritzbeutel und Sterntülle als große Rosette auf jede Portion spritzen; jeweils mit einem Schokoladenröllchen dekorieren.

Abwandlungen

Geeiste Mousse au chocolat 125 ml halbsteif geschlagene Sahne unter die fertige Schokoladenmasse heben. In Auflaufförmchen füllen und tiefgefrieren. Die Mousse mit Schokoladenröllchen oder holländischen Butterkeksen (S. 100) servieren.
Mousse au chocolat à l'orange Den Kaffee im Originalrezept durch 125 ml frischgepreßten Orangensaft und den Rum durch Grand Marnier oder einen anderen Orangenlikör ersetzen. Die Mousse vor dem Servieren mit Sahne-Rosetten und einem Streifen kandierter Orangenschale garnieren.

SCHOKOLADENERSATZ

Kuchen- oder Fettglasuren sind ein willkommener Ersatz für Kuvertüre. Sie haben den Vorteil, daß sie nicht temperiert werden müssen. Die festen, schokoladenähnlichen Massen werden aus Speisefetten, Zucker, Milchbestandteilen und Aromazutaten unter Zusatz von Kakaopulver hergestellt, enthalten aber keine Kakaobutter. Geschmacklich können sie mit Kuvertüre zwar nicht konkurrieren, aber sie erstarren schneller bei warmem Wetter. Sollen sie als Tauchbad verwendet werden, verflüssigt man diese Massen auf die gleiche Weise wie herkömmliche Schokolade.

Carob oder Johannisbrot wird aus der Frucht des im Mittleren Osten und in den Mittelmeerländern beheimateten Johannisbrotbaumes gewonnen. Aus ernährungsphysiologischen Gründen wird Carob oft als Schokoladenersatz verwendet, denn es enthält weniger Fett und keine stimulierenden Wirkstoffe, wie Coffein. Das süße Fruchtfleisch kommt zu feinem Pulver vermahlen (Johannisbrotmehl) in den Handel, ist aber auch in Tafeln (Carob-Schokolade) oder geröstet wie Kaffeebohnen erhältlich. Die ganze Hülse kann frisch oder getrocknet verzehrt werden. Mit Carob zubereitete Speisen sind schon rein äußerlich zu erkennen: Ihnen fehlt der schöne Glanz von sachgemäß temperierter Schokolade, leider auch der zarte Schmelz, und sie haben, verglichen mit Schokolade, eine leicht wächserne Konsistenz. Beim Backen kann Carob gut als Kakao-Ersatz verwendet werden, wenngleich es etwas anders schmeckt und auch stärker süßt.

SCHOKOLADE TEMPERIEREN

Durch Temperieren wird Schokolade besser formbar und erhält einen schönen Glanz. Kuvertüre (S. 420) wird fast immer temperiert, weil sie – bedingt durch den hohen Anteil an Kakaobutter – zu verschiedenen Fettkristallen erstarrt, wobei der Grad der Abkühlung entscheidend ist, ob die Kristalle eine stabile oder eine unstabile Modifikation annehmen. Stabile Kristalle machen die Schokolade fest und glänzend, unstabile lassen sie klebrig, streifig und unansehnlich werden. Nach dem Temperieren wird die Schokolade für die weitere Verwendung entsprechend erwärmt.

Die erste der nachfolgend genannten Methoden zum Temperieren von Schokolade ist die klassische; bei den anderen Arbeitsgängen handelt es sich um schnellere Verfahren, die besonders für kleinere Mengen geeignet sind.

Der Raum, in dem mit Schokolade gearbeitet wird, sollte etwa 21 °C warm sein. Die Temperatur der Schokolade wird auf einem Küchenthermometer abgelesen.

1 Die verflüssigte Schokolade im Wasserbad auf 45 °C erwärmen, dabei mit einem Holzspatel vorsichtig glattrühren. Hierbei darf kein Wasser (in Form von Dampf oder Wassertropfen) in die Schokolade gelangen, da sie sonst »stockt« (S. 421) und nicht mehr verarbeitet werden kann.

2 Etwa zwei Drittel der geschmolzenen Schokolade auf eine (völlig trockene) Marmorplatte oder eine gekühlte Arbeitsfläche gießen. Mit einem Palettmesser die Schokolade mindestens 3 Minuten auf der Arbeitsplatte tablieren (schnell hin und her verstreichen), bis die Masse dickbreiig ist und den Erstarrungspunkt (bei etwa 25 °C) erreicht hat.

3 Die erstarrende Schokolade abschaben und zu der restlichen – noch flüssigen – Schokolade geben. Im Wasserbad unter ständigem Rühren auf 30–32 °C (Halbbitter- und Zartbitterschokolade) oder auf 29 °C (Milchschokolade und weiße Schokolade) erwärmen. Die Schokolade ist jetzt temperiert und kann sofort verarbeitet werden.

Variante 1 Die Schokolade im Wasserbad schmelzen, dann die Schüssel in kaltes Wasser (ohne Eiswürfel) stellen. Die Schokolade unter häufigem Rühren auf 25 °C abkühlen, wieder über das heiße Wasser setzen und je nach Schokoladenart auf die erforderliche Temperatur erwärmen (Halb- und Zartbitterschokolade auf 30–32 °C; Milchschokolade und weiße Schokolade auf 29 °C).

Variante 2 Die Schokolade bis auf ein Zehntel der Gesamtmenge grob hacken und im Wasserbad schmelzen. Herausnehmen und die restliche Schokolade am Stück zugeben. So lange weiterrühren, bis die Schokolade auf die gewünschte Temperatur abgekühlt ist (s. Variante 1). Nicht aufgelöste Schokoladenreste entfernen.

Variante 3 Die Schokolade bis auf ein Viertel der Gesamtmenge grob hacken und im Wasserbad schmelzen. Herausnehmen und die restliche Schokolade in die flüssige Schokolade raspeln. Rühren bis die Masse auf die gewünschte Temperatur abgekühlt ist (s. Variante 1).

Temperierte Schokolade prüfen

Nach dem Temperieren eine kleine Menge von der Schokolade abnehmen und erstarren lassen und die restliche Schokolade unter häufigem Rühren auf der erforderlichen Temperatur halten. Wenn die Probe nach kurzer Zeit fest wird und einen matten Glanz zeigt, kann die Schokolade verarbeitet werden. Sind nach dem Erstarren graue Streifen sichtbar, muß der Vorgang wiederholt werden.

SCHOKOLADENLOCKEN UND -SPÄNE

Locken werden aus raumwarm temperierter Schokolade hergestellt; zum Schaben von Spänen sollte die Schokolade gut durchgekühlt sein.

1 Mit einem Sparschäler seitlich über den Schokoladenblock schaben.

2 Je nach Temperatur der Schokolade entstehen beim Schaben Locken oder Späne.

SCHOKOLADENRÖLLCHEN

Schokoladenröllchen sind eine beliebte Dekoration für Festtagstorten und Mousses.

1 Die temperierte oder abgekühlte geschmolzene Schokolade auf eine kühle Marmorplatte oder eine gekühlte Arbeitsfläche gießen und mit einem flexiblen Metallspatel möglichst dünn (etwa 1 mm stark) und gleichmäßig verstreichen; es dürfen keine Lücken bleiben. Zu dick aufgetragene Schokolade läßt sich nicht zu Röllchen formen.

2 Nach dem Erstarren Linien im Abstand einer Spatelbreite in die Schokoladenschicht ziehen. Den Spatel in einem Winkel von 45 Grad fest gegen die Marmorplatte drücken und langsam von sich weg schieben, wobei die Schokolade abgeschabt wird und ein Röllchen entsteht.

3 Aus der restlichen Schokolade auf die gleiche Weise Röllchen schaben. Wird die Schokolade zu warm, klebt sie am Spatel fest, kühlt sie zu schnell ab, wird sie spröde, so daß beim Abschaben nur Späne entstehen. In diesem Fall die Schokolade nochmals im Wasserbad erwärmen.

DREIECKE UND ANDERE FORMEN AUS SCHOKOLADE

Die geschmolzene und aufgestrichene Schokolade schneidet man in die gewünschte Form und läßt sie dann fest werden. Geometrische Formen (hier flache und gewölbte Dreiecke) sind am einfachsten herzustellen. Die Dekorationsstücke können im Kühlschrank über mehrere Wochen vorrätig gehalten und nach Bedarf verbraucht werden.

1 Einen 5 cm breiten Streifen Pergamentpapier schneiden. Die temperierte oder abgekühlte geschmolzene Schokolade mit dem Pinsel auftragen und gleichmäßig dünn (nicht stärker als 1 mm) verstreichen. Erstarren lassen.

2 Die Schokolade unverzüglich in die gewünschte Form schneiden; für gewölbte Formen den bestrichenen Papierstreifen über ein Rollholz legen. Die Schokolade erstarren lassen (nicht im Kühlschrank, da sie sonst schrumpft).

3 Dann den Papierstreifen vom Rollholz nehmen.

4 Die Schokoladenformen vorsichtig vom Papier lösen.

5 Die ausgeformte Schokolade zwischen Lagen von Pergamentpapier im Kühlschrank aufbewahren.

SCHOKOLADENBLÄTTER HERSTELLEN

Nur feste, frische und ungiftige Blätter mit ausgeprägten Blattadern verwenden, zum Beispiel von Rose, Zitrone oder Birkenfeige (wie hier). Den Blattstiel entsprechend lang lassen, damit man das Blatt festhalten kann. Die Blätter waschen und abtrocknen. Zum Verarbeiten nimmt man temperierte oder abgekühlte geschmolzene Schokolade.

1 Die Schokolade mit einem kleinen Backpinsel gleichmäßig auf die glänzende Blattoberseite auftragen. Den Blattstiel frei lassen. Überlaufende Schokolade mit dem Finger von Rand und Unterseite des Blattes abwischen.

2 Die Blätter auf ein Tablett oder einen Teller legen und an einem kühlen Ort fest werden lassen. Im Kühlschrank oder Eisfach völlig erstarren lassen.

3 Mit den Fingerspitzen das Blatt vorsichtig von der Schokolade ziehen, dabei nicht auf die Schokolade fassen. Das Blatt umdrehen, so daß die Blattadern sichtbar werden.

4 Die hübsch geformten Schokoladenblätter werden gern einzeln zum Garnieren von portionsweise servierten Desserts verwendet, sind aber auch ein dekorativer Blickfang, wenn sie zu mehreren angeordnet werden. Übriggebliebene Blätter kommen – durch Lagen von Pergamentpapier getrennt – in einen gut schließenden Behälter und werden im Kühlschrank aufbewahrt.

ORNAMENTE AUS SCHOKOLADE SPRITZEN

Aus Schokolade lassen sich dekorative Ornamente für Desserts und Torten auch spritzen, bei etwas Übung direkt auf das Gebäck oder Dessert. Beim ersten Versuch sollte man jedoch die Linien und Muster einer unterlegten Zeichenvorlage nachziehen (wie hier). Wenn man die Verzierungen direkt auf die Torte oder das Dessert spritzt, muß die Spritztüte beim Absetzen zwischen den einzelnen Elementen immer mit der Tülle nach oben gehalten werden, damit keine Schokolade heruntertropft und die Oberfläche verunstaltet.

1 Ein schlichtes Ornament auf ein dünnes Blatt Papier zeichnen. Ein Stück Pergamentpapier auf zwei Seiten mit Tesafilm auf der Arbeitsfläche befestigen, damit es nicht verrutscht, und die Zeichenvorlage darunterschieben.

2 Zwei oder mehrere Spritztüten drehen (S. 407). Eine Spritztüte mit temperierter oder abgekühlter geschmolzener Schokolade füllen und oben verschließen. Die restliche Schokolade warm halten, damit die zweite Spritztüte sofort gefüllt werden kann, sobald die erste leer ist.

3 Mit leichtem Druck die Schokolade aus der Spritztüte pressen und dabei die Linien der Zeichenvorlage nachziehen. Darauf achten, daß die Schokolade als feiner Faden gleichmäßig aus der Tüte fließt. Die Ornamente an einem kühlen Ort oder im Kühlschrank erkalten lassen.

4 Die erstarrten Schokoladen-Ornamente vorsichtig mit einem Palettmesser vom Papier heben und beim Dekorieren möglichst wenig mit den Fingern berühren, damit die Schokolade nicht schmilzt oder stumpf wird.

Pariser Creme

Pariser Creme ist eine der feinsten Füllcremes. Man nimmt sie zum Bestreichen und Füllen von Torten sowie als Füllmasse für Konfekt und Schokolade. Sie enthält nur zwei Zutaten: Sahne und Schokolade (nach Belieben dunkle, weiße oder Milchschokolade) im Verhältnis 1:2. Als zusätzliche Aromatisierung kann Kaffee oder Likör dienen. Die Güte der verwendeten Schokolade bestimmt die Qualität der Creme ebenso wie ihre Konsistenz, die vom Anteil an Kakaobutter abhängt. Veränderungen ergeben sich demzufolge auch, wenn man anteilig mehr Schokolade verwendet – die Creme wird fester. Weicher und feuchter hingegen wird sie durch die Zugabe von mehr Sahne. Wenn man die Masse aufschlägt, wird sie lockerer und zugleich heller, und mit Butter macht man daraus schnell eine Buttercreme.

ZUR INFORMATION

Typische Verwendung Schokoladentorte (USA); Schwarz-Weiß-Torte (Schokoladentorte mit Pariser Creme aus weißer Schokolade; USA); *délices aux clementines* (Orangentörtchen; Frankreich); *caraques* (gefüllte Butterplätzchen mit Schmelzglasur; Frankreich); *Saint-Éloi* (Schokoladenbiskuit mit Mokkacreme-Füllung; Frankreich).

Feste Pariser Creme 175 g hochwertige Schokolade hacken und in eine Schüssel geben. 75 ml Crème double mit 1 EL Butter zum Kochen bringen und über die Schokolade gießen. Die Masse glattrühren, gegebenenfalls bei schwacher Hitze erwärmen. Die Creme – ohne zu rühren – abkühlen lassen, bis sie fest ist. Sie hält sich im Kühlschrank 1 Woche, tiefgefroren 3 Monate. Vor Verwendung im handwarmen Wasserbad streichfähig machen.

Leichte Pariser Creme Die abgekühlte Creme 3–5 Minuten zu einer lockeren, luftigen Masse aufschlagen.

Schokoladensaucen

Aufgrund ihrer guten Eigenschaften als Bindemittel ist Schokolade wie geschaffen für Saucen. In der einfachsten Version einer Schokoladensauce wird die Schokolade in Wasser aufgelöst und heiß oder bei Raumtemperatur serviert. Ein Stich Butter, etwas Vanille oder Likör runden die Sauce geschmacklich ab. Gehaltvollere Saucen werden mit Sahne oder Milch zubereitet. Eine Schokoladensauce muß auf die Speise abgestimmt sein, zu der sie gereicht wird. Daher sollte beispielsweise eine Schokoladen-Fudge-Sauce – die einen hohen Zuckergehalt hat – für Eiscreme mit Bitterschokolade zubereitet werden und von so dicker Konsistenz sein , daß sie sofort erstarrt, sobald sie mit dem kalten Eis in Berührung kommt. Für Puddings und Mousses hingegen darf die Sauce dünner und auch süßer sein.

ZUR INFORMATION

Typische Verwendung *Hot fudge sundae* (Eisbecher mit Vanille-Eis, gehackten Nüssen, Schlagsahne; USA); *poires belle Hélène* (Birne Helene, pochiert, mit Vanilleeis; Frankreich); *roulade marquise* (Schokoladenbiskuit-Roulade; Frankreich); *copa el galeon* (Sandkuchen mit Sahnefüllung, Haselnüssen; Spanien); Vanillepudding (Deutschland); *Blanc-manger* (kalte Süßspeise aus Mandelmilch; Großbritannien).

Schokoladensauce Ergibt 250 ml. Bei schwacher Hitze 180 g gehackte Zartbitterschokolade in 90 ml Wasser unter Rühren schmelzen. 1 Minute kochen lassen, bis die Sauce etwas eindickt. Von der Kochstelle nehmen und 1 TL Rum oder Weinbrand einrühren. Kalt zu Mousses und Cremes reichen.

Schokoladen-Fudge-Sauce Ergibt 250 ml. 175 ml Crème double mit 3 EL *golden syrup* (ersatzweise Maissirup oder Honig) erhitzen. 150 g Zucker und 1 Prise Salz zugeben und rühren, bis sich der Zucker aufgelöst hat. 90 g gehackte Bitterschokolade zugeben. Unter Rühren etwa 20 Minuten köcheln lassen, bis die Sauce eindickt. Von der Kochstelle nehmen und 30 g Butter in Stückchen und ½ TL Vanille-Extrakt (oder Vanillezucker, S. 37) unterrühren. Heiß mit Eiscreme servieren.

Schokoladen-Kastanien-Pavé

Diese köstliche Süßspeise wird zu einem Block geformt und erinnert so an die Pflastersteine *(pavés)* der Straßen von Paris.

8 Portionen
1,5 kg frische Eßkastanien oder 750 g ungesüßte Eßkastanien aus der Dose, abgetropft
1 Vanilleschote oder 1 TL Vanille-Essenz (oder Vanillezucker, S. 37)
375 g Zartbitterschokolade, gehackt
125 ml Wasser
175 g Butter
200 g feiner Zucker
2 EL Weinbrand

Zum Servieren
Chantilly-Sahne (S. 70)

Kastenform (23 × 13 × 8 cm)
Spritzbeutel mit mittelgroßer Sterntülle

1 Die Kastenform leicht einfetten, den Boden mit Pergamentpapier auslegen und das Papier ebenfalls einfetten. Bei Verwendung von frischen Eßkastanien die Kastanien schälen (S. 481) und gegebenenfalls zusammen mit der Vanilleschote in einen Topf geben. Mit Wasser aufgießen

und zugedeckt 25–30 Minuten köcheln lassen, bis die Kastanien weich sind. (Kastanien aus der Dose brauchen nicht mehr gekocht zu werden.) Die Vanilleschote herausnehmen und die Kastanien abtropfen lassen. Die Kastanien (ob frisch oder aus der Dose) in der Küchenmaschine pürieren oder durch den Fleischwolf drehen.

2 Die Schokolade bei schwacher Hitze in 125 ml Wasser schmelzen und glattrühren. Auf Handwärme abkühlen lassen. Butter und Zucker schaumig rühren. Die abgekühlte Schokolade zugeben, anschließend das Kastanienpüree, den Weinbrand und gegebenenfalls die Vanille-Essenz einrühren und alles gut vermischen. Die Mischung in die vorbereitete Kastenform füllen, abdecken und mindestens 12 Stunden bis zu 1 Woche im Kühlschrank durchziehen lassen.

3 Zum Servieren den *pavé* auf eine Platte stürzen und das Papier abziehen. Den *pavé* in dünne Scheiben schneiden, dazu das Messer zuerst in heißes Wasser tauchen. Die Scheiben auf Desserttellern anrichten und auf jede Portion große Rosetten aus Chantilly-Sahne spritzen. Die Rosetten mit Schokolade (Blättern, Röllchen oder Spänen) dekorieren und bis zum Servieren kühl stellen.

SÜSSIGKEITEN UND PRALINEN

Lollys in leuchtenden Farben, Zuckerstangen, Karamellen, weiche, luftige Zuckerwatte – das Ausgangsprodukt für all diese Leckereien ist immer Läuterzucker. Doch damit ist das Angebot an Süßigkeiten noch längst nicht erschöpft. Da gibt es köstlich gefüllte Pralinen, umhüllt von feiner Schokolade – Pralinen mit zart-schmelzender Fondant-Masse (S. 417), Knuspermischungen mit Nüssen oder süßes Likörkonfekt. Andere Pralinenkerne bestehen aus kandierten Früchten, ganzen oder gehackten Nüssen mit Pariser Creme und aus Nußpasten. Auch Mandelpaste oder Marzipan läßt sich in beliebiger Form und Farbe als feste Füllung verwenden. Sie wird außerdem zu Marzipankonfekt verarbeitet und ebenso zum Füllen etwa von Datteln verwendet.

Schokolade ist mit Abstand der beliebteste Überzug für Konfekt. Als Alternative bietet sich Fondant an. In Schmelzglasur getauchte frische Früchte schmecken sehr delikat. Nicht ganz so haltbar sind Früchte und Marzipankonfekt mit einem Überzug aus Läuterzucker. Wird der Sirup zum großen Bruch gekocht, erhält man einen transparenten, glänzenden Überzug, kocht man ihn zu hellem Karamel, bekommt das Konfekt einen schönen goldgelben Glasurmantel (S. 416).

Süßigkeiten aus gekochten Zuckerlösungen

Bei der Herstellung solchen Zuckerwerks muß der Konditor sein ganzes Können beweisen und präzise, sauber arbeiten, denn ausschlaggebend für das Gelingen seiner Erzeugnisse ist das jeweilige Stadium des Läuterzuckers (S. 414).

Die Konsistenz ist im wesentlichen davon abhängig, bis zu welchem Grad der Zucker gekocht und inwiefern die Kristallbildung beim Erkalten kontrolliert wird. Eine wichtige Rolle spielt dabei auch das Wetter. In einem Raum mit hoher Luftfeuchtigkeit nimmt der Zucker beim Erstarren Feuchtigkeit aus der Luft auf – das fertige Produkt ist dann zu weich –, so daß er etwas länger gekocht werden muß. Auch die Kristallisation ist von Bedeutung und sollte aufmerksam beobachtet werden. In manchen Fällen wird sie sogar bewußt herbeigeführt, so etwa bei der Herstellung von Zuckermandeln. Wenn es jedoch um das Glasieren von Süßigkeiten geht, dann darf der Läuterzucker nicht wieder kristallisieren.

Für Toffeemasse (Weichkaramellen) wird Läuterzucker mit Sahne oder Butter angereichert und anschließend bis zum kleinen oder großen Bruch gekocht. Das gehaltvollste Toffee – mit dem höchsten Butteranteil – heißt Buttertoffee oder Butterscotch. Der typische Geschmack von Karamellen kommt durch den karamelisierten Milchzucker der Sahne zustande. Da die Masse während des Kochens aufgeschlagen wird, bleiben die fertigen Karamelbonbons weich und kaubar. Für die Herstellung von *taffy* (ausgezogenes Toffee) wird eine Zuckerlösung – in der Regel unter Zusatz von Stärkesirup und Butter – zum kleinen Bruch gekocht (S. 415), dann auf eine Arbeitsfläche gegossen, zu einem Zuckerstrang ausgezogen und auf Bonbongröße geschnitten.

Andere Süßigkeiten werden unter Verwendung von Eiweiß hergestellt und zeichnen sich dementsprechend durch eine lockere, luftige Konsistenz aus. Das aus dem angloamerikanischen Raum stammende Schaumgebäck *divinity* besteht aus Zucker, der zum kleinen Bruch gekocht und anschließend mit Nüssen und getrockneten oder kandierten Früchten unter Eischnee geschlagen wird. *Marshmallows* sind Schaumzuckerwaren aus gekochter Zuckerlösung oder einfachem Zuckersirup unter Mitverwendung von Eischnee und/oder Gelatine. »Türkischer Honig« wird ähnlich hergestellt. Der Zusatz von Aromastoffen, wie Rosenwasser, Kardamom oder Pfefferminz, ist üblich; auch Pistazien gehören häufig zu den Zutaten.

Die Bezeichnung Praline ist französischen Ursprungs. Mit *pralin* werden gebrannte Mandeln bezeichnet – so benannt nach dem französischen Marschall du Plessis-Praslin, dessen Koch als ihr Erfinder gilt: Geröstete Mandeln wurden einzeln mehrmals hintereinander mit einer zum kleinen Bruch gekochten Zuckerlösung überzogen. Unter der englischen Bezeichnung *praline* versteht man den aus Haselnüssen oder Mandeln und geschmolzenem, karamelisiertem Zucker hergestellten Krokant, der auch Sahne und Butter enthalten kann. Bei uns wird die Bezeichnung Praline nicht in erster Linie mit Krokant in Verbindung gebracht, sondern gilt vor allem für Schokoladenkonfekt mit harter, weicher oder flüssiger Füllung.

Mandelpaste (Marzipan) mit Datteln und Nüssen, glasiert mit gekochter Zuckerlösung

ZUR INFORMATION

Bemerkung Arbeitsanweisungen und Temperaturangaben müssen strikt befolgt werden, da der Zucker sonst nicht kristallisiert.

Aufbewahrung Lagenweise mit Pergamentpapier aufschichten und luftdicht verschließen. *Toffee, harte Zuckerwaren* Einzeln in Pergamentpapier wickeln und in luftdicht verschlossenem Behälter aufbewahren. *Karamellen* Einzeln in Cellophan- oder Pergamentpapier wickeln und im Kühlschrank aufbewahren.

Penuche

Penuche ist eine Art Weichkaramel mexikanischen Ursprungs. Vor dem Erstarren der Masse kann man Pistazien oder geröstete Haselnüsse zugeben.

Ergibt 1 kg
800 g hellbrauner Zucker
500 ml Crème double
1 Prise Salz
1 TL Vanille-Essenz
(oder Vanillezucker, S. 37)
Quadratische Form (20 cm Seitenlänge)

1 Die Form einfetten, die Seiten und den Boden mit Pergamentpapier auslegen. Zucker, Sahne und Salz in einem Topf bei mittlerer Temperatur erhitzen, dabei öfter mit einem Holzlöffel umrühren, bis der Zucker sich vollständig aufgelöst hat. Die Zuckerlösung zum Kochen bringen und bei mittlerer Hitze – ohne Rühren – zum kleinen Ballen (115 °C) kochen. Zuckerkristalle, die sich am Topfrand absetzen, mit einem angefeuchteten Backpinsel abstreifen.

2 Die Flüssigkeit auf 38 °C abkühlen lassen; sie sollte glatt und glänzend sein. In eine Schüssel gießen und die Vanille zugeben. Mit einem Holzlöffel etwa 5 Minuten kräftig rühren, bis eine dicke, cremige Masse entsteht. Die Masse in die vorbereitete Form füllen und mindestens 2 Stunden ruhenlassen, bis sie erstarrt ist, dann in etwa 2,5 cm große Quadrate schneiden und zwischen Pergamentpapier in einer gut schließenden Dose aufbewahren.

Pralinen

Zu den köstlichsten Dingen auf Erden zählt zweifelsohne eine Schachtel mit frischen Pralinen. Die Pralinenkerne für die nach dem Überzugs- oder Tauchverfahren hergestellten Pralinen bestehen größtenteils aus Schokoladenpasten, wie Pariser Creme oder italienischer *gianduia,* einer Zubereitung aus Schokolade und feingemahlenen Haselnüssen, oft mit Sahnezugaben und Mandelsplittern.

Zur Herstellung von Pralinen mit flüssigen Füllungen, wie Weinbrand und Likören, ist ein spezielles Verfahren notwendig. Bei dieser Methode wird in Metall- oder Kunststofformen vorkristallisierte Schokolade gefüllt. Nach dem Wenden der Formen fließt ein Teil der Schokolade wieder ab; in die zurückbleibenden Schalen wird die Alkohollösung gefüllt und mit Kakaobutter besprüht, damit die das Konfekt verschließende Schokoladenschicht sich verteilt und nicht einsinkt.

Beim Schicht- und Schneideverfahren werden verschiedene feste Massen – etwa Marzipan oder Nougat – übereinandergeschichtet, in mundgerechte Formen geschnitten und mit Schokolade überzogen.

Die Pralinen kann man abschließend noch mit Blattgold und -silber dekorieren, was ihnen ein luxuriöses Aussehen verleiht. Da nur winzige Mengen des feingewalzten Edelmetalls verwendet werden, sind die Pralinen unbedenklich zum Verzehr geeignet. Als schlichte Verzierung für Süßwaren und Gebäcke eignen sich ganze Mandeln, Pekannüsse, Walnüsse und Paranüsse ebenso wie frische Kirschen oder Erdbeeren, die man zur Hälfte in Schokolade taucht.

ZUR INFORMATION

Bemerkung Kleine, weiße Sprenkel auf dem Überzug sind zurückzuführen auf zu hohe Luftfeuchtigkeit bei der Verarbeitung oder Lagerung oder auf zu starke Erwärmung der Schokolade. Ein stumpfer Überzug signalisiert, daß die Schokolade nicht temperiert wurde, weil der Arbeitsraum zu warm, zu kalt oder zu feucht war. Ein Überzug platzt, wenn der Pralinenkern zu kalt war. Graue Flecken auf dem Überzug bedeuten, daß der Pralinenkern zum Tauchen zu warm war. Ein feuchter, klebriger Überzug entsteht durch zu warm verarbeitete Schokolade.

Aufbewahrung *Feste Füllungen* Kühl und trocken bei 18–20 °C gelagert: 1 Woche. *Weiche Füllungen* In Cellophan verpackt oder zwischen Pergamentpapier, im Kühlschrank 1 Woche; tiefgefroren: 1 Monat (im Kühlschrank auftauen lassen).

ÜBERZOGENE PRALINEN HERSTELLEN

Der Raum, in dem mit Schokolade gearbeitet wird, sollte trocken und kühl sein (16–18 °C); bei weichen Füllungen darf die Temperatur etwas höher liegen (um 21 °C). Weiche Füllungen sollten für die Verarbeitung kühl bis kalt sein, damit sie nicht zerlaufen, sobald sie mit der warmen Schokolade in Berührung kommen. Wenn sie jedoch zu kalt sind, wird der Überzug leicht streifig. Manche Konditoren geben weiche Füllungen lieber zweimal in das Tauchbad – das erste Mal, um den weichen Kern mit einer Schutzschicht zu umhüllen, und das zweite Mal, um eine glänzende Oberfläche zu erhalten.

Zunächst wird so viel Schokolade temperiert (S. 422), daß die Stücke bequem untergetaucht werden können. Die Schokolade im Wasserbad warm halten. Sie darf zum Überziehen weder zu dick noch zu dünn sein. Schokoladenreste können für Desserts wiederverwendet werden, sind aber zum Überziehen nicht mehr geeignet, da sie Krümel und andere Verunreinigungen enthalten.

Konditoren empfehlen zum Überziehen eine dreizinkige Pralinengabel (S. 503), aber eine gewöhnliche Haushaltsgabel mit vier Zinken erfüllt den gleichen Zweck. Manche Stücke können auch mit den Fingern gehalten werden. Alle Arbeitsutensilien zum Rühren und Tauchen müssen absolut trocken sein.

1 Mit einer Gabel arbeiten Die Konsistenz der Schokolade prüfen (S. 422). Mit Hilfe einer Gabel das zu überziehende Stück ganz in die geschmolzene, temperierte Schokolade tauchen.

2 Den Pralinenkörper mit der Gabel herausheben, ohne ihn aufzuspießen. Mit der Gabel leicht auf den Gefäßrand klopfen und überschüssige Schokolade abfließen lassen, damit keine »Nase« entsteht.

3 Die Praline behutsam von der Gabel auf die Arbeitsfläche oder auf Pergamentpapier gleiten lassen und nach Belieben mit der Pralinengabel verzieren. Hierzu mit der Gabel kurz auf den noch weichen Überzug tupfen. Man kann die Praline auch mit einer Mandel oder einem anderen Nußkern dekorieren.

4 Die Pralinen erkalten lassen. Der Schokoladenüberzug wird glänzender, wenn die Schokolade bei Raumtemperatur erstarrt. Wenn die Schokolade nach 15 Minuten noch nicht fest ist, die Pralinen in den Kühlschrank stellen. Die fertigen Pralinen in Papierschälchen setzen.

Hinweis Die Pralinen nicht mit den Fingern berühren, andernfalls entstehen unschöne Fingerabdrücke.

Mit den Fingern arbeiten Wenn eine rauhe Oberfläche erwünscht ist, den obigen Arbeitsschritten folgen, die Stücke jedoch zwischen Daumen und Zeigefinger halten und in die Schokolade tauchen.

GEFÜLLTE PRALINEN HERSTELLEN

Zur Herstellung von gefüllten Pralinen benötigt man spezielle Hohlformen (aus Kunststoff oder Metall), meist würfelförmig, oval oder rund. Die besten Ergebnisse erzielt man mit temperierter Schokolade, da sie gut fest wird und einen schönen Glanz hat. Aus der Vielzahl der weichen Füllungen bieten sich besonders Nußpasten und erwärmte Fondant-Massen an. Hier wird eine Füllung aus Pariser Creme (S. 425) verwendet.

1 Die Hohlformen mit Watte oder einem weichen Tuch auspolieren, so daß sie ganz sauber und trocken sind, und dann dünn mit geschmolzener, temperierter Schokolade (S. 422) einpinseln. Danach die Schokolade mit einer Kelle großzügig einfüllen und die Form gut aufklopfen.

2 Nach 30–60 Sekunden die Form über der Schüssel mit der restlichen Schokolade ausgießen; nach 10–15 Minuten überschüssige Schokolade an den Rändern entfernen.

3 Die Füllcreme mit dem Spritzbeutel oder einem kleinen Löffel bis fast an den Rand einfüllen, glattstreichen und mindestens 30 Minuten durchkühlen lassen, bis sie erstarrt ist.

4 Mit einer dünnen Schicht geschmolzener, temperierter Schokolade die Füllung verschließen. Die Form gut aufklopfen, damit noch vorhandene Luftblasen entweichen. Überschüssige Schokolade abstreifen und zurück in die Schüssel geben.

5 Die gefüllten Pralinen erstarren lassen. Die Form wenden und vorsichtig gegen den Boden klopfen, bis sie herausfallen. Sie sollten sich leicht lösen lassen, da sie beim Erstarren schrumpfen.

Pralinen präsentieren Farbe und Glanz von selbstgemachten Pralinen kommen am besten auf einem schlichten weißen Untergrund – zum Beispiel auf einem Porzellanteller oder einer Papierserviette – zur Geltung. Zum Verschenken legt man die Pralinen in Papierschälchen und überreicht sie in einer hübschen Schachtel.

HOHLFIGUREN AUS SCHOKOLADE HERSTELLEN

Bei Verwendung von Kuvertüre ist darauf zu achten, daß die Raumtemperatur nicht mehr als 16 °C beträgt. Alle Arbeitsmittel müssen sauber, trocken und raumwarm temperiert sein.

1 Die Hohlform mit einem weichen, trockenen Tuch säubern. Mit einem zweiten Tuch die Form innen mit zerlassener Kakaobutter einfetten.

2 Die eine Hälfte der Form 6–10 mm dick mit geschmolzener, temperierter Schokolade auspinseln. Mit der anderen Hälfte ebenso verfahren. Die Ränder säubern, damit die Formhälften beim Zusammenfügen nicht aneinanderkleben.

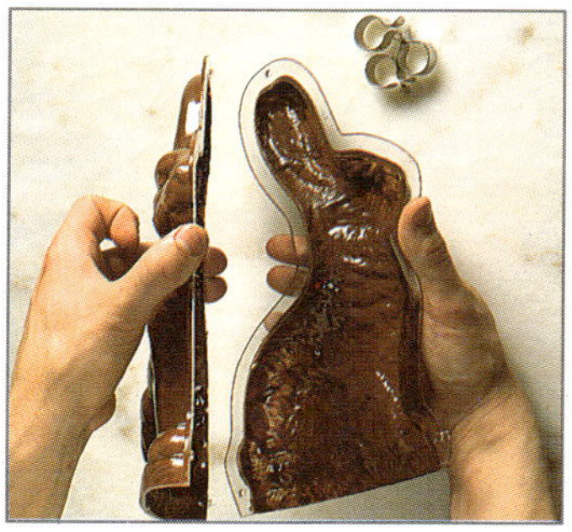

3 Die Formhälften zusammendrücken. Die Schokolade 5–10 Minuten aushärten lassen.

4 Anschließend die Schokolade bis zum Rand einfüllen und gegen den Formrand klopfen.

5 Die Form über der Schüssel mit der restlichen Schokolade ausgießen. Dabei den Formrand mit einem Holzlöffel abklopfen, damit sich die Schokolade gleichmäßig verteilt und noch vorhandene Luftblasen entweichen. Anschließend die Form zum Erkalten aufrecht auf ein Kuchengitter stellen.

6 Die Form an einem kühlen, luftigen Ort bei 12–16 °C völlig auskühlen lassen. Der Kühlvorgang dauert – je nach Dicke der Schokoladenschicht und nach Luftfeuchtigkeit – 30 Minuten bis mehrere Stunden. Die Schokolade ist erstarrt, wenn sie sich am Boden der Form löst. Die beiden Formhälften vorsichtig von der Figur lösen.

7 Ein kleines, scharfes Messer in heißes Wasser tauchen und damit über die Nahtstellen der Schokoladenfigur fahren. Sobald die Schokolade mit dem heißen Messer in Berührung kommt, beginnt sie zu schmelzen. Auf diese Weise ist eine einwandfreie Verbindung gewährleistet.

Schokoladentrüffeln

Die von Schokolade umhüllten Trüffeln werden abschließend in Kakaopulver gewälzt, damit sie den erdigen echten Trüffeln täuschend ähnlich sehen.

Ergibt etwa 24 Trüffeln
1 Portion Pariser Creme (S. 425)

Für den Überzug
125 g Zartbitterschokolade
30 g ungezuckertes Kakaopulver

1 Mit zwei Teelöffeln walnußgroße Portionen von der gut gekühlten Creme abstechen und auf Pergamentpapier setzen; zu Kugeln formen und kühl stellen.
2 Für den Überzug Die Schokolade für das Tauchbad schmelzen (S. 427). Das Kakaopulver auf ein Stück Pergamentpapier streuen. Mit den Fingern oder einer Pralinengabel die Cremebällchen in die geschmolzene Schokolade tauchen und dann auf das Kakaopulver geben. Mit Hilfe von zwei Gabeln die Trüffeln im Kakao wälzen, bis sie gleichmäßig davon überzogen sind, anschließend auf Pergamentpapier setzen. Die fertigen Trüffeln mindestens 1 Stunde bei Raumtemperatur oder im Kühlschrank aushärten lassen. Die erkalteten Schokoladentrüffeln zwischen Pergamentpapier luftdicht verschlossen aufbewahren.

Kokosnuß-Früchte-Trüffeln 3 EL gehacktes Trockenobst mit Weinbrand tränken, abtropfen lassen und unter die Creme mischen. Das Kakaopulver durch geröstete Kokosraspeln ersetzen.

KALTE DESSERTS UND EISCREMES

Einfache oder feine Cremes, kalorienarme oder üppige Desserts bilden als Nachspeise den Abschluß eines gelungenen Essens und sollten daher immer mit den übrigen Gängen einer Mahlzeit abgestimmt werden. Wichtig ist eine eindeutige Geschmacksrichtung, sei es das fein-säuerliche Aroma von Früchten oder der typische Schokoladengeschmack.

In diesem Kapitel geht es zunächst um die in Formen zubereiteten Desserts: Fruchtgelees, Bayerische Cremes, Charlotten, Mousses und kalte Soufflés. Es folgen die Baiser-Massen in ihren köstlichsten Zubereitungen: als *vacherin* oder Schneetorte – gefüllt mit Chantilly-Sahne –, als mit Eiscreme gefüllte Baiser-Schalen oder als die berühmten Schnee-Eier *(œufs à la neige)*. Zu den gefrorenen Süßspeisen zählen aromatische Fruchtsorbets, zart-schmelzende Eiscremes und phantasievolle Kreationen, wie Parfaits, Eisbomben, Eisbecher, etwa der amerikanische *sundae* und das legendäre Norwegische Eis-Omelett (S. 444). Weitere Vorschläge für Desserts enthält das Kapitel über Feingebäck (S. 370). Auch viele Kuchen und Torten sind als Nachspeise geeignet. Schaumomeletts und im Wasserbad aufgeschlagene Cremes werden ausführlich in dem Kapitel über Milch, Käse und Eier behandelt (S. 68), während die gehaltvolleren Desserts in dem Kapitel über Zucker und Schokolade (S. 411) zu finden sind.

Die Zubereitung von Desserts bezieht viele Garmethoden ein, die bereits an anderer Stelle in diesem Buch erwähnt werden. So widmet sich das Kapitel über Mehle, Brote und dünnflüssige Teige (S. 342) unter anderem auch den Waffeln, Pfannkuchen, Crêpes und Brotpuddings, und das Kapitel über Früchte und Nüsse (S. 446) bietet eine große Auswahl an Fruchtdesserts. Süße Saucen als Beigabe zu Desserts sind dem Kapitel über Saucen (S. 52) zu entnehmen.

GESTÜRZTE GELATINE-DESSERTS

Viele der so geschätzten Desserts erhalten ihre Form und »Standfestigkeit« durch die Zugabe von Gelatine. Da Gelatine die Luftbläschen in aufgeschlagenen Eiern und Sahne einzuschließen vermag, bleibt die leichte Konsistenz der Speisen erhalten. Zu wenig Gelatine oder nicht sorgfältig genug untergemischte Gelatinelösung läßt die Masse nicht richtig steif werden, so daß sie nach dem Stürzen zusammenfällt. Ein Zuviel an Gelatine – sozusagen als Vorsichtsmaßnahme – bewirkt eine gummiartige, zähe Konsistenz.

Gelatinespeisen läßt man in einer Form nach Wahl erstarren. Für einfache weiche Mischungen nimmt man vorzugsweise flache, schlichte Formen, für feine Cremes und Mousses hingegen eher hohe und Kranzformen, wie etwa die Napfkuchen- oder Guglhupfform mit gewellter Wandung (S. 509). Je komplizierter das Prägemuster, desto größer die Gefahr, daß die Gelatinespeise beim Stürzen an der Wandung hängenbleibt.

Zum Servieren erhalten die meisten gestürzten Gelatinespeisen einen Kranz aus Schlagsahne oder werden mi einer andersfarbigen Sauce umgossen. Hohe Formen garniert man mit Sahnerosetten und frischen Beeren oder gerösteten Nüssen.

ZUR INFORMATION

Portion 250 ml, bei Soufflés etwas mehr.

Typische Formen *Creme, Mousse* Hohe Form, Springform, Ringform, Guglhupfform; *moule à manqué* (Puddingform). *Charlotte* Charlotten-Form, tiefe Schüssel. *Soufflé* Soufflé-Form, Auflaufförmchen.

Vorbereitung der Form Mit kaltem Wasser ausspülen. *Soufflé-Form* Papiermanschette anbringen.

Bemerkung Wird die Gelatinelösung nicht sorgfältig genug untergemischt, zieht die Speise Fäden oder entmischt sich. Zuviel Gelatine macht das Dessert zäh und gummiartig, zu wenig läßt es nicht steif werden. Bei großer Wärme fällt die Speise in sich zusammen, bei zu starker Kühlung kristallisiert sie.

Aufbewahrung Im Kühlschrank 2 Tage. *Fruchtgelees* Im Kühlschrank 3 Tage. *Alle* Nicht einfrieren.

Beigaben Frucht-*coulis* (S. 450); mazeriertes Frischobst; pochierte Früchte; Fruchtsaucen (S. 66); Karamelsauce (S. 67); Schokoladensauce (S. 425); Chantilly-Sahne (S. 70) oder geschlagene Sahne.

GELATINE-DESSERTS STÜRZEN

Die in der Form erstarrten Gelatinespeisen müssen vorsichtig am Rand gelöst werden, bevor man sie auf eine Servierplatte stürzt – lockere Eiercreme-Massen ebenso wie Sahnedesserts.

1 Die Form vor dem Stürzen kurz in handwarmes Wasser tauchen (bis fast unter den Rand), Metallformen für 2–3 Sekunden, Keramikformen für 5–8 Sekunden. Dann den Boden abtrocknen.

2 Die Form schräg halten und die Gelatinespeise mit den Fingerspitzen vom Rand lösen, damit Luft zwischen Dessert und Form gelangen kann.

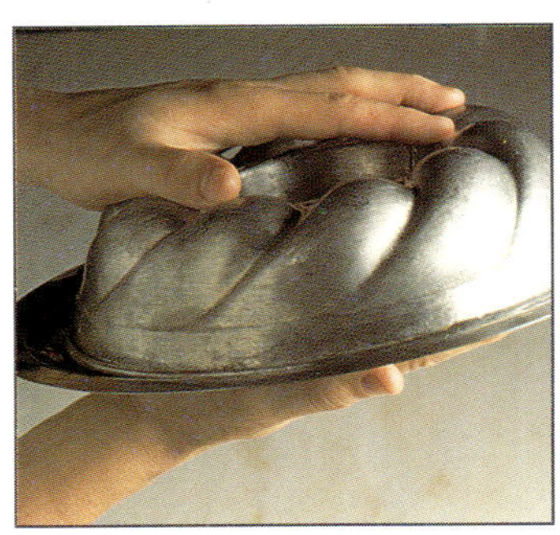

3 Die Servierplatte mit Wasser benetzen, damit die Gelatinespeise nach dem Stürzen zurechtgerückt werden kann. Die Platte auf die Form legen; beide zusammen rasch umdrehen.

4 Einmal kräftig rütteln, und das Dessert gleitet aus der Form. Löst das Dessert sich nicht, ein nasses heißes Tuch 10–20 Sekunden auf die Form legen.

GELATINE

Der Koch unterscheidet zwischen selbst hergestellter Gelatine – Gallert – und industriell produzierter. Gallert besteht aus dem tierischen Eiweißstoff Kollagen, der besonders in Kalbsfüßen reichlich vorhanden ist, und wird durch langes – bis zu acht Stunden dauerndes – Auskochen von Knorpeln, Sehnen, Knochen und Hautteilen junger Schlachttiere gewonnen. Auch Schweinsfüße, Fischgräten und Hühnerklein sind sehr ergiebig.

Industriell hergestellte Gelatine ist als Pulver und in Blattform im Handel. Beide Formen sind geschmacksneutral und einfach in der Anwendung. Blattgelatine wird in Kleinpackungen mit 6 Blatt, ausreichend für 500 ml Flüsigkeit, in verschiedenen Qualitäten angeboten. Gelatinepulver gibt es in Beuteln zu 9 g. Die Menge eines Beutels entspricht 6 Blatt Gelatine.

Gelatine benötigt man für die Zubereitung von *consommé* oder Aspik (S. 253) und zum Gelieren von Desserts, wie Gelees, süßen Sulzen und Cremes, die gestürzt werden sollen. Die erforderliche Menge richtet sich nach dem jeweiligen Rezept und – bei pikanten Speisen – nach dem bereits vorhandenen Gallertanteil. Neben den Mengenangaben spielt die Geliertemperatur eine wichtige Rolle. Gelatine erstarrt bei 20 °C.

Hinweis Einige exotische Früchte (Ananas, Kiwi, Mango, Papaya) enthalten frisch ein eiweißspaltendes Enzym, das die Gelatine wieder verflüssigt. Für Geleespeisen müssen sie deshalb vorher blanchiert werden.

Gelatine wird in einer kalten Flüssigkeit – in der Regel Wasser – aufgequollen und anschließend im Wasserbad (S. 510) gelöst. Die Masse, der die aufgelöste Gelatine zugegeben wird, darf nicht zu kalt sein, da die Gelatine sonst augenblicklich erstarrt. Um die Gelatine gleichmäßig zu verteilen, muß die Masse tüchtig gerührt werden. Erstarrende Gelatine setzt sich in schaumigen Speisen, wie Mousses, ab, so daß man beim Erkalten die Masse ab und zu umrühren muß.

Zum Kühlen wird die Schüssel (vorzugsweise eine Metallschüssel) mit der Gelatinemischung in ein mit Eisstückchen gefülltes Behältnis gestellt. Schon nach kurzer Zeit ist die Masse abgekühlt und beginnt sich zu verfestigen. Zu diesem Zeitpunkt wird die Schüssel aus dem Eis genommen, geschlagene Sahne oder Eischnee untergezogen und die Masse in die Form gefüllt. Ist die Gelatinespeise bereits vor dem Einfüllen erstarrt, wird sie noch einmal auf kleiner Flamme erwärmt.

Hinweis Zubereitungen mit Ei gerinnen, und Schlagsahne schmilzt beim Erhitzen!

Die erstarrte Gelatinespeise stellt man anschließend noch mindestens zwei Stunden in den Kühlschrank, damit sie richtig steif wird.

Hinweis Im Gefrierfach kristallisiert Gelatine und setzt sich leicht ab, deshalb ist es nicht ratsam, die Speise schnell abzukühlen. Viele Gelatinespeisen lassen sich im Kühlschrank zwei bis drei Tage vorrätig halten, werden aber mit der Zeit immer steifer. Nach mehr als zwölfstündiger Kühlzeit sollten sie eine halbe Stunde vor dem Servieren aus dem Kühlschrank genommen werden.

Neben Gelatine sind noch zwei Dickungs- und Geliermittel auf Algenbasis im Handel. *Carragheen* oder Perltang (S. 238) hat einen leichten Eigengeschmack und wird zum Beispiel für die Herstellung von *blanc-manger* (Mandelsulz) verwendet. Agar-Agar, auch japanische Gelatine oder Pflanzengelatine genannt, ist ein aus der asiatischen Küche stammendes Bindemittel mit einer stärkeren Gelierkraft als Gelatine. Beide Geliermittel sind in Naturkostläden erhältlich.

Ein von industriellen Erzeugnissen fast verdrängtes klassisches Dessert ist das selbstgemachte Fruchtgelee. Früher hat man für die Zubereitung von süßen Geleespeisen den Fruchtsaft mit Eiweiß geklärt, damit er so klar und durchscheinend wie Aspik wurde. Heutzutage macht sich kaum noch ein Koch die Mühe, frischen Fruchtsaft mit Gelatine zu binden, geschweige denn die erstarrende Flüssigkeit zu einer schaumigen Masse aufzuschlagen.

GELATINE EINWEICHEN UND AUFLÖSEN

Gelatine, ob in Pulver- oder Blattform, wird vor Gebrauch in kaltem Wasser eingeweicht. Nach dem Quellen wird die Gelatine aufgelöst, entweder bei schwacher Hitze im Wasserbad (S. 510) oder durch direktes Einrühren in eine heiße Masse.

1 Gelatine in Blattform Die Gelatineblätter in kaltem Wasser 5 Minuten weichen lassen. Die gequollenen Blätter herausnehmen, leicht ausdrücken und in einen kleinen Topf geben.

2 Gelatine in Pulverform Das Pulver pro 1 EL mit 3–4 EL kaltem Wasser in einem kleinen Topf anrühren und 5 Minuten – ohne zu rühren – quellen lassen, bis das Wasser gebunden ist.

3 Gelatine in Blatt- oder Pulverform auflösen Den Topf ins Wasserbad (S. 510) stellen und unter leichtem Rühren erwärmen (nicht kochen!), bis die Gelatine gelöst ist.

Hinweis Wird Gelatinepulver zu stark gerührt, zieht es leicht Fäden. Um zu prüfen, ob es sich ganz aufgelöst hat, etwas Gelatine auf einen Löffel geben. Es dürfen keine Körnchen mehr vorhanden sein.

Charlotten und Cremes

Zu den bekanntesten gestürzten Süßspeisen zählt sicherlich die in einer Becherform zubereitete Charlotte. Charlotten sind gehaltvolle Desserts auf der Basis von Eiercreme, Eierschaum oder Fruchtmark, zur Lockerung vermischt mit geschlagener Sahne. Als geschmackgebende Zutaten werden gern Schokolade, Krokant und säuerliche Früchte, wie Himbeeren, Orangen und Zitronen, aber auch exotische Früchte, wie Passionsfrucht und Mango, verwendet. Geringe Zusätze von hochprozentigem Alkohol – zum Beispiel von Kirschwasser oder einem süßen Likör aus Früchten – bilden die ideale Abrundung. Besonders köstlich ist eine Charlotte, die aus gleichen Teilen Butter, Zukker, Sahne und gemahlenen Mandeln zubereitet wird. Bei solch üppiger Zusammenstellung bedarf es eines Kontrasts, und deshalb werden Charlotten-Formen grundsätzlich mit Löffelbiskuits ausgelegt und von einem Biskuitrand umgeben. Die dazu verwendeten Löffelbiskuits können zusätzlich mit Läuterzucker und Likör getränkt werden. Gelegentlich werden auch frische oder glasierte Früchte verwendet, allerdings nur in geringen Mengen, da die Süßspeise sonst nicht sturzfähig ist. Für das wahrhaft königliche Dessert *charlotte royale* legt man eine hohe Schüssel mit Biskuitschnitten aus und füllt sie dann mit Creme. Wichtig ist die richtige Konsistenz der Creme: Sie sollte locker und luftig, aber so fest sein, daß sie die Form behält.

Obwohl es sich bei den meisten Charlotten um kalte Süßspeisen handelt, gibt es auch einige, die heiß serviert werden. Als Beispiel sei die berühmte gebackene Apfel-Charlotte genannt, deren knuspriger Rand aus dünnen Scheiben Brot besteht, die man mit zerlassener Butter getränkt hat. Die klassische Charlotten-Form (S. 508) wird auch für viele andere Massen verwendet, unter anderem für diverse Brotpuddings (S. 364) und den Sommerpudding mit Beerenfüllung (S. 463). Auch bei dem berühmten Kartäusergericht *(chartreuse)* kommt die Charlotten-Form zu Ehren. Die gestürzte Speise mit einer Umhüllung aus Gemüse und einer Füllung aus Ragout geht zurück auf die Kartäusermönche im Kloster La Grande Chartreuse, wo ehedem auch der berühmte Kräuterlikör hergestellt wurde.

Unter einer Creme versteht man eine Masse von besonders zarter, schaumiger Beschaffenheit, die auf der Zunge zergeht. Zutaten sind neben Vanille, Kaffee und Schokolade vor allem Früchte (zum Beispiel Himbeeren), Nüsse (zum Beispiel Pistazien) und Liköre (zum Beispiel Cointreau). Die wohl berühmtesten Cremes sind die Bayerischen Cremes (franz. *crèmes bavaroises*), die auf einer Grundcreme aus Eigelb, Zucker, Milch, Vanille und Gelatine basieren. Mit etwas Schlagsahne vermengt, wird daraus eine gehaltvolle Süßspeise von zarter Konsistenz. Die klassischen Bayerischen Cremes werden in hohe Formen gefüllt und nach dem Erstarren gestürzt. Durch die Beigabe diverser Geschmackszutaten sind viele Variationen in zarten Pastelltönen möglich. In jüngster Zeit präsentieren sich Cremes und fruchthaltige Schaumspeisen jedoch im neuen »Gewand« und werden – ähnlich wie aktuelle Charlotten-Kreationen – in eine spezielle Ringform von höchstens 5 cm Höhe oder in eine Springform gefüllt. Ein dünner Biskuitboden trägt die Creme, die als oberste Schicht eine glänzende Auflage aus frischem Fruchtgelee erhält. Die Garnierung ist betont schlicht und besteht aus einer einzelnen makellosen Frucht oder aus kunstvoll arrangierten Schokoladenblättern.

ZUR INFORMATION

Typische Desserts *Charlotte à la parisienne* (ausgelegt mit Biskuitstreifen, mit Aprikosenmarmelade bestrichen und mit Fondant glasiert; gefüllt mit Bayerischer Vanillecreme; Frankreich) mit Erdbeercreme (Frankreich); mit Kaffeecreme und Karamelsauce (Frankreich); *à la mexicaine* (mit Mokkacreme, Chantilly-Sahne; Frankreich). *Creme* Mokkacreme (Frankreich); Bayerische Creme mit Maronen und Aprikosensauce (Frankreich); *diplomate* (Diplomatencreme – Genueser Biskuit, Englische Creme mit mazerierten Früchten, nappiert mit Fruchtsauce oder *sabayon;* Frankreich); *bavarois rubané* (Bayerische Creme in drei Lagen von verschiedenem Geschmack und verschiedener Farbe: Schokolade, Vanille und Kaffee; Frankreich); *beau rivage* (Orangencreme mit rotem Johannisbeergelee; Frankreich); *marquise Alice* (Bayerische Vanillecreme, Krokant, mit Anisette getränkte, gewürfelte Löffelbiskuits, nach dem Stürzen mit Chantilly-Sahne bestrichen, mit Johannisbeergelee dekoriert, mit der Messerspitze marmoriert; Frankreich); *crema de Jerez* (Sherry-Creme; Spanien); Honigcreme (Großbritannien); Nesselrode (Bayerische Creme mit Maronenpüree, vermengt mit Schlagsahne und in Rum marinierten Korinthen und Rosinen, nappiert mit Schokoladencreme; Deutschland).

CHARLOTTEN-FORMEN AUSKLEIDEN

Eine Charlotten-Form gibt der Creme Halt und Standvermögen, und aufgrund ihrer weiten Öffnung bietet sie viel Raum für Dekorationen. Zuerst wird der Boden der Form mit Pergamentpapier ausgelegt und die Wandung eingefettet, damit die Löffelbiskuits nicht anhaften.

Eine Form mit Löffelbiskuits auskleiden

1 Zuerst 4–6 Löffelbiskuits zu »Blütenblättern« schneiden. Den Boden der Form mit diesen Blütenblättern – nicht überlappend und mit der glatten Seite nach oben – auslegen, so daß eine »Blüte« aus dicht aneinandergefügten »Einzelblättern« entsteht.

2 Für die Wandung 12–15 weitere Löffelbiskuits an den Längsseiten begradigen und die Form damit auskleiden – mit der glatten Seite der Löffelbiskuits nach innen. Die Creme einfüllen.

3 Nach dem Erstarren der Creme die überstehenden Löffelbiskuits bündig mit dem Formrand schneiden. (Für die Herstellung von Löffelbiskuits s. S. 396.)

Charlotte russe

Dieses klassische Dessert zeugt von der Beliebtheit der französischen Küche am russischen Hof im 19. Jahrhundert.

6–8 Portionen
75 ml Maraschino oder Kirschwasser
60 g gemischte kandierte Früchte, feingehackt
20–24 Löffelbiskuits (S. 396)
500 ml Englische Creme (S. 67)
10 g Gelatinepulver (oder etwa 6 Blatt)
4–5 EL Wasser
125 ml Crème double, leicht geschlagen

Zum Dekorieren
Chantilly-Sahne (S. 70)
Kleine Engelwurzblätter (nach Belieben)
4–5 glasierte Kirschen, geviertelt (nach Belieben)

Zum Servieren
Himbeersauce oder Fruchtsauce (S. 66)

Charlotten-Form (1,5 l Fassungsvermögen)
Spritzbeutel mit mittelgroßer Sterntülle

1 Die Hälfte des Maraschino unter die kandierten Früchte rühren; 30–60 Minuten durchziehen lassen. Die Form mit Löffelbiskuits auskleiden (linke Seite). Die restlichen Löffelbiskuits in Stücke schneiden und mit dem verbleibenden Maraschino beträufeln. Die Gelatine im Wasser quellen lassen (S. 431) und unter die heiße Creme rühren, bis sie völlig aufgelöst ist. Die Masse unter gelegentlichem Rühren erkalten lassen.

2 Die mazerierten kandierten Früchte unter die Creme rühren, die Schüssel in Eiswasser stellen und rühren, bis die Creme zu gelieren beginnt. Herausnehmen und die Crème double unterziehen. Die Hälfte der Creme in die ausgekleidete Form füllen, eine Lage Löffelbiskuits darauf verteilen und die restliche Creme einfüllen. Die Creme darf nicht zu flüssig sein, da die Löffelbiskuits sonst aufweichen. Die Form zugedeckt mindestens 3 Stunden in den Kühlschrank stellen, bis die Creme steif ist.

3 Die Charlotte auf einen flachen Servierteller stürzen. Die Chantilly-Sahne zubereiten, in den Spritzbeutel mit Sterntülle einfüllen und zwischen den aufgestellten Löffelbiskuits von unten nach oben Ornamentlinien spritzen; den Boden rundherum mit Sahnerosetten garnieren. Nach Belieben die Rosetten mit Engelwurzblättern und glasierten Kirschen verzieren.

4 Die Charlotte bis zum Servieren kühl stellen; Himbeer- oder Fruchtsauce getrennt dazu reichen.

Eine Form mit Biskuitschnitten auskleiden

1 Zum Auslegen eine flache Ringform aus Edelstahl und ein Backblech oder eine Springform verwenden. Eine Biskuitrolle (S. 396) mit andersfarbiger Füllung in Scheiben schneiden.

2 *Rechts:* Den Boden mit den Biskuitschnitten auslegen.

3 Den Rand mit den restlichen Schnitten auskleiden; dazu die Schnitten dicht an dicht legen.

4 Anschließend die Creme einfüllen und steif werden lassen. Zum Stürzen die Form umdrehen.

Rezepte für Charlotten und Cremes

Frucht-Charlotte Ergibt 8 Portionen. Den Boden einer Springform (23 cm Durchmesser) oder bei Verwendung einer Ringform aus Edelstahl das Backblech dünn mit Genueser Biskuit (S. 395) auslegen und den Biskuit mit 2–3 EL Zuckersirup und 2–3 EL Kirschwasser beträufeln. Den Rand der Ringform mit dünnen Schnitten einer Biskuitrolle (S. 396) auskleiden. Die Creme nach obiger Anweisung für *charlotte russe* zubereiten, lediglich die kandierten Früchte sowie den Maraschino weglassen, die Gelatinemenge auf 15 g erhöhen. Die Creme mit 500 g Fruchtpüree und 2–3 EL Kirschwasser aromatisieren. In die Form einfüllen und zum Gelieren kühl stellen. Die erstarrte Creme mit 125 ml Fruchtgelee (Halbfertigprodukt) überziehen.

***Charlotte royale* mit Schokolade** Ergibt 8 Portionen. Eine Charlotten-Form (1,5 l Fassungsvermögen) oder eine Schüssel entsprechender Größe mit Schokoladen-Biskuitschnitten (S. 396) auskleiden. Die Englische Creme mit Schokolade zubereiten (S. 67); dazu 125 g Schokolade in der Milch schmelzen und mit ½ EL Weinbrand oder Rum aromatisieren. Die kandierten Früchte weglassen; die Sahnemenge auf 250 ml erhöhen. *Sabayon* (S. 67) dazu reichen.

Bayerische Creme mit Pistazien Ergibt 6–8 Portionen. Vanillesauce (S. 67) herstellen; dafür zunächst 100 g gemahlene Pistazien in der Milch ziehen lassen und dann absieben. 10 g Gelatinepulver (etwa 6 Blatt) mit 125 ml Wasser anrühren, quellen lassen und unter die warme Creme rühren. Die Creme in Eiswasser stellen und so lange schlagen, bis sie zu gelieren beginnt. 250 ml Crème double steif schlagen und unter die Creme ziehen. Die erstarrte Creme auf eine Servierplatte stürzen und den Rand mit gehackten Pistazien bestreuen.

Kalte Mousses und Soufflés

Schaumige Cremes von leichter und lockerer Konsistenz werden als Mousses bezeichnet. Die Basis einer Mousse ist meist eine aufgeschlagene Creme aus Milch, Eiern (ganz oder getrennt) und Zucker oder auch nur ein Fruchtpüree. Erst durch die Zugabe von reichlich Sahne und/oder Eischnee wird daraus eine recht voluminöse Nachspeise. Kräftige Geschmacksträger – wie Zitrusfrüchte und säuerliche Beeren, aromatisiert mit einem Schuß Kirschwasser oder einem anderen Likör, sind wichtig als Ausgleich für die gehaltvollen Lockerungsmittel.

Kalte Soufflés haben vieles mit den Mousses gemein. Der einzige Unterschied besteht darin, daß sie nur mit Eischnee gelockert werden. Bei der Zubereitung von kalten Soufflés bedient man sich eines küchentechnischen Tricks: Damit das zarte Dessert so aussieht, als sei es – wie das heiße Soufflé – im Ofen gebacken worden, wird die Masse in eine mit einer hohen Papiermanschette versehene Soufflé-Form über den Rand hinaus eingefüllt.

Nach dem Festwerden entfernt man die Manschette, so daß die Schaummasse über dem Formrand steht – wie beim Soufflé, das sich durch die Ofenhitze aufgebläht hat. Ein kaltes Soufflé kann mit Früchten und geschlagener Sahne dekoriert werden; die Verzierung darf aber nicht zu üppig und zu schwer ausfallen, weil das zarte Gebilde sonst – wie sein Pendant aus dem Backofen – in sich zusammenfällt. Vorzugsweise bestreut man deshalb nur den Rand mit feingehackten gerösteten Mandeln, Pistazien oder Kokosraspeln. (Für die Zubereitung von geeisten Soufflés s. S. 444.)

ZUR INFORMATION

Typische Schaumspeisen *Mousse* Aprikosen-Mousse (Frankreich) Ananas-Mousse (mit Ananasstückchen, Mandelmakronen und Kirschwasser (Frankreich); Himbeer-Mousse (Frankreich); Honig-Haselnuß-Mousse (USA); Mousse aus weißer Schokolade (USA); Kürbis-Mousse mit Rum-*sabayon* (Großbritannien). *Soufflé* Erdbeer-Soufflé (Frankreich); *Milanaise* (Fruchtpüree und Sahne; Frankreich); *Nantaise* (Orangencreme, Sahne und Makronen; Frankreich); Rhabarber-Soufflé (USA); Birnen-Soufflé mit Weinbrand (Großbritannien).

Zitronen-Mousse mit Karamelsauce

Die süße Karamelsauce paßt ausgezeichnet zum säuerlichen Aroma der Zitronen-Mousse. Rosetten aus geschlagener Sahne, bestreut mit gehackten Pistazien, runden dieses köstliche Dessert ab.

6–8 Portionen
10 g Gelatinepulver (oder etwa 6 Blatt)
125 ml kaltes Wasser
3 Eier
2 Eigelb
100 g feiner Zucker
125 ml Zitronensat
Abgeriebene Schale von 2 unbehandelten Zitronen
250 ml Crème double, leicht geschlagen
Karamelsauce (S. 67)

Zum Dekorieren
Chantilly-Sahne (S. 70), aus 175 ml Crème double, 1 EL feinem Zucker und ½ TL Vanille-Essenz (oder Vanillezucker, S. 37) zubereitet
1–2 EL gehackte blanchierte Pistazien

1 Puddingform (1 l Fassungsvermögen)
Spritzbeutel mit mittelgroßer Sterntülle

1 Die Puddingform ausspülen. Die Gelatine mit dem Wasser anrühren und quellen lassen. Die ganzen Eier und die Eigelb in einer Schüssel verschlagen, nach und nach Zucker, Zitronensaft und -schale unterschlagen. Die Schüssel über einen Topf mit siedendem Wasser stellen und die Eiercreme etwa 5–8 Minuten schlagen (S. 394). Die Schüssel vom Topf nehmen und weiterschlagen, bis die Masse abgekühlt ist. Die Gelatine auflösen und unter die Zitronen-Eiercreme rühren.

2 Die Schüssel in Eiswasser stellen und vorsichtig rühren, bis die Masse zu gelieren beginnt. Aus dem Wasser nehmen und die Crème double unterziehen. Die Mousse in die vorbereitete Form füllen, abdecken und mindestens 2 Stunden kühl stellen. In der Zwischenzeit die Karamelsauce herstellen.

3 Die erstarrte Mousse auf eine Servierplatte stürzen und mit der Karamelsauce umgießen. Die Chantilly-Sahne zubereiten, in den Spritzbeutel füllen und Rosetten auf die Mousse spritzen. Die Sahnerosetten mit gehackten Pistazien bestreuen.

Abwandlungen

Orangen-Mousse Zitronensaft und -schale durch Orangensaft und -schale ersetzen. Die Crème double mit 2 EL Grand Marnier aromatisieren. Mit in Grand Marnier mazerierten Erdbeeren servieren.

Mokka-Mousse Zitronensaft und -schale durch 3 EL Instant-Kaffeepulver, aufgelöst in 70 ml heißem Wasser, ersetzen. 2–3 EL Weinbrand an die Crème double geben. Mit Schokoladensauce (S. 425) servieren.

Rezepte für kalte Mousses und Soufflés

Pflaumen-Mousse Ergibt 4 Portionen. 250 g entsteinte Backpflaumen in 500 ml starkem scharzem Tee sowie dem Saft und der Schale von 1 unbehandelten Zitrone 15–20 Minuten weich kochen. Die Backpflaumen abgießen – die Kochflüssigkeit zurückbehalten – und in der Küchenmaschien oder im Mixer (mit etwas Flüssigkeit) pürieren oder durch den Fleischwolf drehen. Etwa 150 g Zucker unterrühren. 10 g Gelatine mit 125 ml Pflaumensaft anrühren und quellen lassen. Die aufgelöste Gelatine mit 1 EL Rum in das Pflaumenpüree rühren. 125 ml leicht geschlagene Crème double und 2 steifgeschlagene Eiweiß unter die erkaltete Mousse ziehen.

Kokosnuß-Soufflé Ergibt 6–8 Portionen. Englische Creme (S. 67) aus 4 Eigelb, 150 g Zucker und 500 ml Kokosmilch (S. 477) – aber ohne Vanille – herstellen. In die noch heiße Flüssigkeit 15 g Gelatine, aufgelöst in 125 ml Wasser, rühren. Die Schüssel in Eiswasser stellen und die Masse kräftig rühren. 4 Eiweiß zu steifem Schnee schlagen. 45 g Zukker zugeben und weiterschlagen, bis der Eischnee glänzt. Sobald die Creme zu gelieren beginnt, den Eischnee unterziehen. Dann 375 ml leicht geschlagene Crème double zusammen mit 75 g gerösteten Kokosraspeln, 1 EL dunklem Rum und 1 EL Zitronensaft unterheben. Eine Soufflé-Form von 1 l Fassungsvermögen mit einer Papiermanschette versehen; die Schaummasse einfüllen und glattstreichen.

EINE MANSCHETTE ANBRINGEN

Ein kaltes Soufflé erhält seine imposante Form durch eine Manschette aus Alufolie oder Pergamentpapier. Diese Manschette wird nach dem Festwerden der Soufflé-Masse wieder entfernt.

1 Ein Stück Alufolie oder Pergamentpapier – 5 cm länger als der Umfang der Soufflé-Form – in der Mitte längs falten und so um die Form legen, daß es den Formrand um 5 cm überragt. Die Manschette mit Klebeband befestigen. Die Soufflé-Masse einfüllen und im Kühlschrank fest werden lassen.

2 Sobald das Soufflé erstarrt ist, die Manschette bündig mit der Oberkante des Soufflés abschneiden und die Oberfläche beliebig dekorieren, zum Beispiel mit Kakaopulver oder Puderzucker.

3 Kurz vor dem Servieren die Manschette vorsichtig mit einem Messer lösen. Die Form von eventuell übergelaufener Soufflé-Masse säubern.

BAISER (MERINGUE)

Baiser oder Meringue wird aus geschlagenem Eiweiß und Zucker hergestellt. Man unterscheidet im wesentlichen drei Arten von Baiser-Massen. Die einfache Baiser-Masse, zuweilen auch Schweizer Baiser-Masse genannt, ist eine kalt aufgeschlagene Mischung aus sehr steifem Eiweiß und feinem Zucker. Italienische Baiser-Masse ist etwas formbeständiger, da heißer Läuterzucker unter den steifen Eischnee geschlagen wird und somit eine Teilgarung erfolgt. Gekochte Baiser-Masse ist am stabilsten. Hierfür werden Eiweiß und Zucker bei ganz schwacher Hitze zu einer dicken Creme verschlagen. Die verschiedenen Baiser-Massen sind mehr oder weniger austauschbar, wobei einfache Baiser-Masse die luftigste ist und am schnellsten zusammenfällt.

Die Zuckermenge in einfacher und Italienischer Baiser-Masse – 50 g pro Eiweiß – mag zunächst sehr hoch erscheinen, ist aber unerläßlich für die trockene, knusprige Beschaffenheit der fertigen Baiser-Masse. Ähnlich ist das Mengenverhältnis bei gekochter Baiser-Masse, die – wie Eiweiß eigentlich generell – immer in einer Kupferschüssel aufgeschlagen werden sollte, da die Schaummasse darin besonders luftig und locker gerät. Die fertige Baiser-Masse nicht unnötig lange in der Kupferschüssel stehenlassen, da sie sich sonst verfärbt. Die Baiser-Masse ist nach dem Schlagen so steif, daß sie direkt auf das Backblech gespritzt werden kann. Formen sind deshalb überflüssig.

Baiser-Masse wird bei sehr schwacher Hitze im Ofen gebacken, eigentlich mehr getrocknet. Die Oberfläche muß hell bleiben; gegebenenfalls muß man die Ofenhitze während des Trocknens reduzieren. Die gebackene Masse hat die richtige Konsistenz, wenn sie trocken und spröde ist, sich aber mit einer Gabel noch eindrücken läßt. Das Innere darf sich schwach klebrig (wie *marshmallows*) anfühlen, unzulässig ist jedoch die »kreidige« Beschaffenheit der unter Zugabe von Stärke hergestellten Baisers, wie sie die Backwarenindustrie anbietet.

ZUR INFORMATION

Menge Baiser-Masse aus 3–4 Eiweiß ergibt 3–4 Portionen.
Vorbereitung des Backblechs Mit Pergamentpapier auslegen oder einfetten und bemehlen.
Garzeiten *Als Auflage* Bräunen im Backofen bei 175 °C/Gas Stufe 2–3: 10–15 Minuten. *Boden, Schale, Häufchen* Mehr trocknen als backen bei 120 °C/Gas Stufe ½: 45–60 Minuten.
Richtiger Gargrad *Als Auflage* Gebräunte Spitzen. *Boden, Schale* Fest und hellbeige; wird erst beim Erkalten spröde.
Bemerkung *Einfache Baiser-Masse* Durch zu langes Schlagen setzt sich Eiweiß am Schüsselboden ab; bei zu schneller oder verkürzter Trocknung schwitzt Zuckersirup aus; Baiser-Masse zerläuft, wenn sie vor dem Trocknen zu lange steht. *Italienische Baiser-Masse* Heißen Läuterzucker stets in die Mitte gießen, da er sonst am Schüsselrand erstarrt. *Gekochte Baiser-Masse* Auf ganz kleiner Flamme schlagen, da das Eiweiß sonst nicht genügend Luft aufnehmen kann und fest wird. *Auflage* Bräunung setzt rasch ein, deshalb bei sehr niedriger Ofenhitze backen. *Boden, Schale, Häufchen* Lösen sich schlecht vom Blech, deshalb möglichst Pergamentpapier verwenden. Schnelles Weich- und Feuchtwerden bei feuchter Lagerung; Nachtrocknen bei sehr schwacher Ofenhitze möglich.
Aufbewahrung *Einfache Baiser-Masse, roh* Innerhalb von 15 Minuten verwenden; *gebacken als Auflage* 3–4 Stunden. *Italienische Baiser-Masse, roh* Im Kühlschrank 2 Tage; *gebacken als Auflage* 1 Tag. *Gekochte Baiser-Masse, roh* Im Kühlschrank 1 Woche; *gebacken als Auflage* 1 Tag. *Alle, trockengebacken und spröde* In luftdicht verschlossenem Behälter 3 Wochen; tiefgefroren: 6 Monate.
Beigaben Chantilly-Sahne (S. 70); Fruchtsaucen (S. 66); Schokoladensauce (S. 425); frisches Obst, vorzugsweise Beerenfrüchte; Buttercreme (S. 405); Eiscreme.

Einfache Baiser-Masse

Für einfache Baiser-Masse werden die Eiweiß zu sehr steifem Schnee geschlagen, unter den dann ein Eßlöffel Zucker pro Eiweiß geschlagen wird, bis der Eischnee glänzt und sich kleine Spitzen bilden. Anschließend hebt man den restlichen Zucker vorsichtig unter. Durch die erste Zuckerzugabe bekommt der Eischnee Stabilität. Wird der verbleibende – und anteilmäßig höhere – Zuckerrest zu lange mit der Masse verrührt, büßt der Eischnee an Volumen ein und wird wieder flüssig. Aromaten gibt man erst ganz zum Schluß dazu.

Für die Zubereitung von *meringues Chantilly* (gefüllte Baisers) wird einfache Baiser-Masse in Häufchen auf das Backblech gespritzt, abgebacken und die Häufchen anschließend mit gesüßter Schlagsahne zusammengesetzt. Man kann die Masse auch auf Torten – wie bei der Zitronen-Baiser-Torte – verstreichen oder zu Schalen für Eiscreme verarbeiten. Durch die Zugabe von gemahlenen Mandeln oder Haselnüssen entsteht eine Makronenmasse. Gebacken zu dünnen Böden, wird diese Schaummasse mit diversen Cremes bestrichen und zu köstlichen Torten (S. 402) zusammengesetzt. *Vacherin,* auch Himalaja- oder Schneetorte genannt, ist das berühmteste Erzeugnis aus Baiser-Masse. Das »Gerüst« für den *vacherin,* bestehend aus Baiser-Boden und Seitenteilen, wird in zwei Phasen gebacken. Baiser-Masse kann man auch in Wasser oder Milch gar ziehen lassen. Bestes Beispiel sind Schnee-Eier. Die pochierten Schnee-Eier setzt man auf Englische Creme und garniert sie mit Fäden aus Karamel. Oder man pochiert die gesamte Baiser-Masse in Form eines einzigen großen Windbeutels und läßt diesen als schwimmende Insel über die Sauce gleiten.

ZUR INFORMATION

Typische Desserts Zitronen-Baiser-Torte (USA); mit Vanille-Eis und heißer Schokoladensauce (USA); *chocolate angel pie* (mit Schokoladencreme, geschlagener Sahne und Schokoladenspänen; USA); *mont blanc* (mit Kastanienpüree und geschlagener Sahne; Frankreich); *délice aux framboises* (mit Himbeeren, Buttercreme, Schokolade, Grand Marnier; Frankreich); Schaumtorte (Limonencreme mit Sahnehaube; Deutschland).

EINFACHE BAISER-MASSE ZUBEREITEN

Bestreut man die Schaummasse vor dem Backen mit Zucker, werden die Baisers besonders knusprig und glänzend.

Ergibt etwa 600 ml
4 Eiweiß, raumwarm
200 g feiner Zucker
1 TL Vanille-Essenz
(oder Vanillezucker, S. 37)

1 Die Eiweiß mit einem Schneebesen zu steifem Schnee schlagen und nach und nach 4 EL Zucker unterschlagen.

2 Etwa 30 Sekunden weiterschlagen, bis der Eischnee glänzt und sich kleine Spitzen bilden.

3 Mit einem Teigspatel den restlichen Zucker in kleinen Portionen unterheben. Mit dem letzten Zuckerrest die Vanille zugeben und 30–60 Sekunden vorsichtig weiterrühren, bis sich lange Schaumspitzen bilden.

Rezepte für einfache Baiser-Masse

Gebackene Baisers Baiser-Masse mit 4 Eiweiß ergibt 6–8 Baisers. Mit Spritzbeutel und großer Sterntülle etwa 7 cm große Rosetten auf ein gefettetes und bemehltes Backblech spritzen oder mit zwei Eßlöffeln entsprechend große Häufchen auf das vorbereitete Blech setzen. Mit Zucker bestreuen und bei 120 °C/Gas Stufe ½ etwa 45–60 Minuten mehr trocknen als backen, bis die Baisers fest und hellbeige sind. Sollen sie mit geschlagener Sahne oder Eiscreme gefüllt werden, wendet man die halbgaren Baisers, drückt sie an der Unterseite mit dem Daumen leicht ein und läßt sie dann durchtrocknen.

Schnee-Eier *(œufs à la neige)* Ergibt 4–6 Portionen. Englische Creme (S. 67) zubereiten und erkalten lassen. Eine einfache Baiser-Masse herstellen. Mit zwei Eßlöffeln ovale Häufchen abstechen und in einen großen Topf mit leicht siedendem Wasser geben. Unter einmaligem Wenden 2–3 Minuten gar ziehen lassen, bis sie fest sind. Auf Küchenkrepp abtropfen lassen. Die Englische Creme in eine flache Schüssel gießen und die Schnee-Eier auf der Sauce anrichten. Aus 100 g Zucker und 4 EL Wasser Karamel (S. 418) herstellen. Den noch heißen Karamel in dünnen Fäden kreuz und quer über die Schnee-Eier ziehen. Bis zum Servieren kühl stellen.

Italienische und gekochte Baiser-Masse

Für Italienische Baiser-Masse wird Zucker zum großen Ballen gekocht (S. 415) und dann in dünnem Strahl langsam unter den sehr steif geschlagenen Eischnee gemischt. Durch den heißen Läuterzucker wird das Eiweiß gegart und bleibt etwa zwei Tage frisch. Diese feinporige und glänzende Schaummasse wird durch das Backen recht fest, aber nicht so knusprig und locker wie einfache Baiser-Masse. Noch fester und stabiler ist gekochte Baiser-Masse. Hierfür werden Eiweiß und Zucker bei ganz schwacher Hitze im Wasserbad zu einer dicken, glatten Creme geschlagen. Das manuelle Aufschlagen ist etwas mühevoll, hat aber den Vorteil, daß die Schaummasse bis zu einer Woche und länger haltbar bleibt.

Italienische und gekochte Baiser-Massen werden ähnlich verwendet. Unter Zusatz von gemahlenen Nüssen sind sie die Basis für unzählige Portionskuchen und *petits fours*. Vor dem Abbacken kann man eine kleine Portion abnehmen und – vermischt mit Aromastoffen – als weiche Füllung verwenden. Beide Baiser-Arten lassen sich gut spritzen und sind deshalb ideal für ausgefallene Formen, wie Pilze, oder auch Schalen, die anschließend mit Früchten gefüllt werden.
Viele Konditoren halten gekochte wie auch Italienische Baiser-Masse gern vorrätig, denn sie bleiben lange frisch und lassen sich außerdem gut mit anderen Zutaten mischen, ohne daß sie an Volumen einbüßen. Unter Zusatz von Butter wird aus Italienischer Baiser-Masse eine Buttercreme-Variante (S. 405). Auch zum Süßen von geschlagener Sahne und zum Lockern von Sorbets wird die Schaummasse gern genommen. Vermengt mit geschlagener Sahne, ergibt sie eine leichte Füllung für Eisbomben. Wird sie einem Früchtepüree zugesetzt, läßt sich daraus im Backofen ein einfaches Soufflé herstellen.

ZUR INFORMATION
Typische Desserts *Saint-Cyr* (gebacken, mit gefrorener Schokoladen-Mousse; Frankreich); *rochers de neige* (Mandelmakronen; Frankreich); *brioche polonaise* (Brioche, bestrichen mit Baiser-Masse, bestreut mit Mandelblättchen; Frankreich); *gâteau napolitain* (Schichttorte aus Genueser Biskuit mit Ananas; Frankreich); Windtorte (Baiser-Böden mit Schokoladen-Mandel-Füllung; Spanien); *bombe Victoria* (Eisbombe mit Schokoladeneis, Kirschwasser, Himbeeren, überbacken; Großbritannien); Baiser-Schalen, gefüllt mit Früchten und geschlagener Sahne (USA).

GEKOCHTE BAISER-MASSE ZUBEREITEN

Die Baiser-Masse möglichst in einer Metallschüssel aufschlagen, da diese die Wärme am besten leitet. Die Schaummasse wird entweder von Hand mit dem Schneebesen oder maschinell mit einem Handrührgerät geschlagen.

Ergibt etwa 600 ml
4 Eiweiß
200 g feiner Zucker, gesiebt
1 TL Vanille-Essenz
(oder Vanillezucker, S. 37)

1 *Unten:* Eiweiß, Zucker und Vanille in eine Schüssel geben und mit dem Schneebesen oder dem elektrischen Rührgerät aufschlagen.

2 Die Schüssel über einen Topf mit siedendem Wasser stellen und die Masse 10–15 Minuten tüchtig schlagen, bis sich Schaumspitzen bilden. Vom Topf herunternehmen und so lange weiterschlagen, bis die Baiser-Masse abgekühlt ist.

ITALIENISCHE BAISER-MASSE ZUBEREITEN

Am einfachsten läßt sich diese Baiser-Masse mit einem elektrischen Handrührgerät herstellen.

Ergibt etwa 600 ml
200 g feiner Zucker
125 ml Wasser
4 Eiweiß
1 TL Vanille-Essenz
(oder Vanillezucker, S. 37)

1 Zucker und Wasser bei geringer Temperatur erhitzen, bis der Zucker sich aufgelöst hat. Den Sirup zum Kochen bringen und – ohne zu rühren – zum großen Ballen kochen (S. 415).

2 *Rechts:* In der Zwischenzeit die Eiweiß zu steifem Schnee schlagen und den heißen Läuterzucker in dünnem Strahl unter Schlagen zugeben.

3 Etwa 5 Minuten weiterschlagen, bis die Baiser-Masse abgekühlt ist. Die Vanille unterrühren. Den Läuterzucker mitten in die Eischnee-Masse gießen, da er sonst am Schüsselrand anhaftet und erstarrt.

VACHERIN ZUBEREITEN

Die Ofenhitze kontrollieren, damit die zweimal gebackene Baiser-Masse nicht zu stark bräunt. Anstelle von Erdbeeren können auch andere frische Früchte, wie Himbeeren oder Kiwis, verwendet werden.

6–8 Portionen
600 ml einfache Baiser-Masse (S. 435)
Feiner Zucker (zum Bestreuen)
600 ml Italienische Baiser-Masse
Chantilly-Sahne (S. 70), aus 500 ml Crème double, 3–4 EL feinem Zukker und 2 TL Vanille-Essenz (oder Vanillezucker, S. 37) zubereitet
500 g Erdbeeren

Zum Dekorieren
Himbeeren und Minzzweige

Spritzbeutel mit Lochtülle (1,5 cm Durchmesser) und mittelgroßer Sterntülle

1 Ein Backblech einfetten und bemehlen oder mit Pergamentpapier auslegen. Einen Kreis von 20 cm Durchmesser aufzeichnen. Den Backofen auf 120 °C/Gas Stufe ½ vorheizen. Die Baiser-Masse nach Anweisung zubereiten und in einen Spritzbeutel mit Lochtülle füllen. Die Schaummasse spiralförmig auf den markierten Kreis spritzen (keine Zwischenräume lassen). Anschließend 12–14 Stäbchen von etwa 10 cm Länge auf das Blech spritzen. Die aufgespritzten Formen mit Zucker bestreuen und 40–50 Minuten backen. Den noch warmen Baiser-Boden exakt kreisrund schneiden. Auf dem Backblech erkalten lassen.

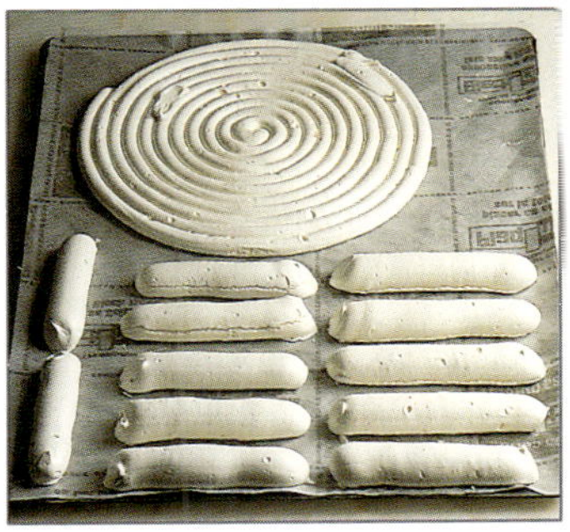

2 Die Baiser-Stäbchen auf ein Küchentuch legen, damit sie nicht splittern, und mit einem kleinen Messer an einem Ende begradigen. Die Italienische Baiser-Masse nach Anweisung zubereiten und in den Spritzbeutel mit Sterntülle füllen.

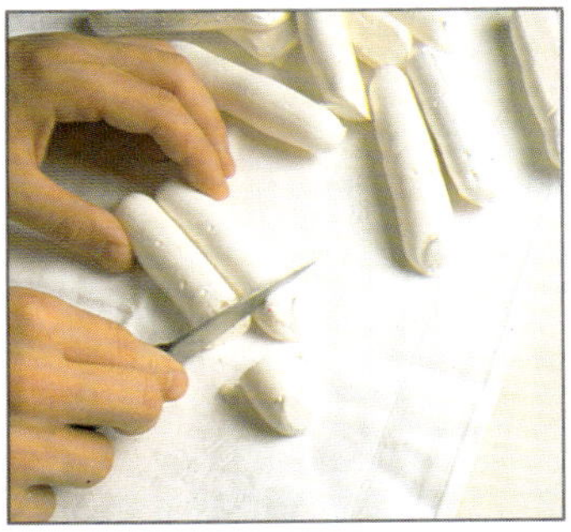

3 *Rechts:* Den Baiser-Boden auf ein mit Pergamentpapier ausgelegtes Backblech legen. Mit der Schaummasse einen dünnen Ring um den Rand spritzen und die begradigten Baiser-Stäbchen senkrecht nebeneinander – die Wölbung zeigt nach außen – in die Masse drücken. Außen mit der Baiser-Masse dekorative Ornamentlinien in die Lücken zwischen den Stäbchen spritzen.

4 Die so entstandene Ringform im vorgeheizten Ofen etwa 1 Stunde mehr trocknen als backen. Zum Erkalten auf ein Kuchengitter stellen.

5 Füllen und dekorieren Frühestens 3 Stunden vor dem Servieren die Chantilly-Sahne zubereiten. Die Hälfte der Sahne in die vorbereitete Baiser-Form füllen und mit den Erdbeeren (oder Früchten nach Wahl) belegen; 8–10 Früchte zum Garnieren zurückbehalten. Die restliche Sahne in einen Spritzbeutel mit Sterntülle füllen und Rosetten auf die Erdbeeren spritzen. Die Oberfläche mit den zurückbehaltenen Erdbeeren, den Himbeeren und den Minzzweigen dekorieren. Den fertigen *vacherin* bis zum Servieren in den Kühlschrank stellen.

Weitere kalte Desserts

Unter den geschätzten kalten Süßspeisen und Desserts gibt es viele, die auf eine lange Tradition zurückgehen. Typisches Beispiel sind die Puddings aus Eiercreme, die mit etwas Mehl, Maisstärke oder Pfeilwurzelmehl gebunden werden und entsprechend locker ausfallen. Schokolade, Kaffee und Vanille zählen noch immer zu den beliebtesten Geschmacksträgern. Manche Desserts – insbesondere solche mit Schokolade und Frischkäse – werden nach dem Erkalten so fest, daß sie sich problemlos stürzen lassen. Auch Schokolademischungen mit hohem Nußanteil oder Eßkastanien erstarren schnell, wenn sie in schlichte Schalen oder Kastenformen gefüllt werden. Als Beispiel sei hier die französische Süßspeise *pavé* (S. 425) genannt, die aus pürierten Eßkastanien und Schokolade zubereitet wird.

Als typisch britische Desserts gelten Süßspeisen wie *fool* – pürierte Früchte, mit geschlagener Sahne vermischt – sowie dicke Englische Creme mit Schlagsahne. Eine noch duftigere Variante ist der Sahnepunsch Syllabub, für den Sahne mit Zucker und Wein (oder säuerlichem Fruchtsaft) aufgeschlagen wird. Eine einfache Mousse läßt sich aus pürierten Früchten – zum Beispiel Backpflaumen oder Äpfeln – herstellen. Dafür wird das Püree mit Eischnee zu einer leicht cremigen Schaummasse aufgeschlagen. Das duftigste Dessert ist zweifelsohne die italienische *Zabaione*, für die Eigelb, Zucker und Marsala im Wasserbad zu einem bräunlichen Schaum geschlagen werden.

ZUR INFORMATION

Typische Desserts *Apricot whip* (Aprikosenpüree mit Eischnee und geschlagener Sahne; Großbritannien); *gooseberry fool* (Stachelbeerpüree mit geschlagener Sahne; Großbritannien); Apfelschnee (Apfelpüree, Zuckersirup und Eischnee; Großbritannien); *butterscotch pudding* (Karamelpudding; USA); *crème Celeste* (mit Ei gebundenes Himbeerpüree und Chantilly-Sahne; Frankreich); Erdbeerpüree mit Sahne (UdSSR); Weincreme mit Walnüssen (Bulgarien); Weincreme (Deutschland); *zuppa inglese* (Eiercreme mit Löffelbiskuits; Italien).

Rezepte für kalte Desserts

Fruit fool (Sahnespeise aus Fruchtpüree) Ergibt 6 Portionen. 500 ml Fruchtpüree durch ein Sieb streichen und mit Zucker, Zitronensaft und Kirschwasser abschmecken. 250 ml leicht geschlagene Crème double unterheben und etwa 30 Sekunden verrühren, bis eine homogene Masse entstanden ist. Die Sahnespeise in 4–6 Stielgläser füllen und kühl stellen. Kurz vor dem Servieren jede Portion mit einer einzelnen Frucht oder mit einem Minzzweig garnieren.

Trifle Ergibt 6–8 Portionen. Einen Biskuit- oder Sandkuchen von 500 g Gewicht der Länge nach in drei Scheiben schneiden, jeweils mit 2–3 EL Himbeerkonfitüre bestreichen, wieder zur ursprünglichen Kastenform zusammensetzen und in 2,5 cm große Stücke schneiden. Diese in eine große Glasschüssel geben, mit 125 ml Sherry tränken, alles gut vermengen und leicht zusammenpressen. 500 g abgetropfte, in Scheiben geschnittene pochierte Pfirsiche oder Birnen hinzufügen. Vanillesauce (S. 67) aus 750 ml Milch, 1 Vanilleschote, 6 Eigelb, 150 g Zucker und 2 EL Maisstärke herstellen, indem man die Maisstärke an die Eigelb-Zucker-Mischung gibt und die Sauce kurz aufkochen läßt, bis sie eindickt. Die Creme etwas abkühlen lassen und über die Früchte gießen. Die erkaltete Mischung abdecken und 12–24 Stunden kühl stellen, damit sie gut durchziehen kann. Kurz vor dem Servieren Chantilly-Sahne (S. 70) gitterförmig über die Creme spritzen und den Rand mit Sahnerosetten garnieren. Auf jede Rosette eine geröstete ganze Mandel setzen.

Zabaione Pro Person 1 Eigelb, 1 EL Zucker und 2 EL Marsala in einer Schüssel (möglichst aus Kupfer) verrühren. Im Wasserbad oder bei sehr schwacher Hitze vorsichtig aufschlagen, bis die Masse eindickt und aufschäumt. **Hinweis** Wird die *zabaione* zu lange geschlagen, trennt sie sich wieder. Vom Herd nehmen und 1 Minute weiterschlagen. In Gläser füllen und sofort servieren. (Nach 5–10 Minuten setzt sich die Flüssigkeit langsam wieder ab.)

Sherry-Syllabub

Der Sherry in diesem Rezept kann durch Portwein oder einen süßen Weißwein (zum Beispiel einen Sauternes) ersetzt werden.

4–6 Portionen
125 ml trockener Sherry
60 ml Weinbrand
60 ml Zitronensaft
100 g feiner Zucker
375 ml Crème double
Gemahlene Muskatnuß (zum Garnieren)

1 Sherry, Weinbrand, Zitronensaft und Zucker in einer großen Schüssel verrühren, bis der Zucker sich aufgelöst hat. Die Crème double

zugeben, die Schüssel in Eiswasser setzen und die Mischung 4–5 Minuten schlagen, bis eine cremige Masse entsteht und sich weiche Spitzen bilden.

2 Den Syllabub in Stielgläser füllen und mindestens 2 Stunden, höchstens 2 Tage kühl stellen. Kurz vor dem Servieren mit Muskatnuß bestreuen. **Hinweis** Nach längerem Stehen setzt sich am Boden etwas Flüssigkeit ab.

Abwandlung

Erdbeer-Syllabub Den Sherry durch 250 ml Püree aus frischen Erdbeeren ersetzen und zum Ausgleich der Flüssigkeit jeweils nur 2 EL Weinbrand und Zitronensaft zugeben.

SORBETS, EISCREMES UND EIS-DESSERTS

Viele Desserts kommen ganz einfach durch Gefrieren zustande. Sie lassen sich in zwei Hauptgruppen unterteilen: in Sorbets, hergestellt auf der Basis von Fruchtsäften oder Fruchtpüree, Wein oder Likör, Zukker und diversen Geschmacksstoffen, und in die gehaltvolleren Mischungen aus Eiern, Milch oder Sahne, wobei das Cremeeis mit Milch und Ei dominiert. Noch üppiger sind Parfaits, Eis-Soufflés, Eisbomben und andere gefrorene Köstlichkeiten der *grande cuisine*.

Ein gutes Sorbet ist immer glatt und geschmeidig. Diese Geschmeidigkeit resultiert aus dem kontinuierlichen Durchmischen in einer Eismaschine (S. 509). Es verhindert, daß die sich bildenden Eiskristalle an der Trommel anfrieren. Je höher der Wasseranteil, desto schneller bilden sich Eiskristalle, und desto gründlicher muß die Eismasse durchgerührt werden. Das erklärt auch, warum die Herstellung von Sorbets – vor allem solche auf der Basis von Wein oder Fruchtsäften – schwierig ist. Gehaltvolle Parfaits und Eisbomben mit einem hohen Anteil an Eiern und Sahne gefrieren auch ohne Rühren zu einer glatten, cremigen Masse.

Gute Sorbets und Eiscremes werden durch die beim Rühren eingearbeitete Luft leicht und schaumig und nehmen an Volumen zu. Für zusätzliche Lockerung in Sorbets sorgen Eischnee oder Baiser-Masse, die nach der Hälfte der Gefrierzeit zugegeben wird. Parfaits und Eisbomben werden durch geschlagene Eier und Sahne gelockert. Die Zunahme an Volumen bei industriellen Eisprodukten erfolgt größtenteils durch eingearbeitete Luft, wie man leicht feststellen kann, wenn man einmal gleiche Mengen von industriell hergestelltem und selbstgemachtem Speiseeis auswiegt.

Bei der Zubereitung von Eismassen ist zu berücksichtigen, daß sich beim Gefrieren Süße und Aromen abschwächen.

Geschmacksträger und Aromastoffe, wie Zitronensaft, Alkoholika und vor allem Zucker, müssen daher in konzentrierter Form zugesetzt werden. Früchte machen sich besonders gut in Sorbets und Eiscreme, insbesondere säuerliche Früchte, wie Passions-, Zitrusfrüchte und Beeren. Bei Eiscreme werden die Geschmacksrichtungen Vanille, Kaffee und Schokolade bevorzugt, gefolgt von nußhaltigen Mischungen, wie Krokant, und Zubereitungen mit kandierten, in Alkohol eingelegten Früchten.

Eiscreme kann auch mit Speisefarbe – jeweils schwach dosiert – eingefärbt werden. Ein zartes Grün paßt gut zu Pfefferminz- und Pistazieneis, während eine blaßrosa Färbung beispielsweise bei Beerenfrüchten die optische Wirkung unterstützt.

Die Lebensmittelindustrie bietet eine reichhaltige Auswahl an Speiseeis, wobei – je nach Frucht-, Milch- oder Sahneanteil – in Eiscreme, Einfacheiscreme, Fruchteis, Milchspeiseeis, Sahneeis und Cremeeis unterschieden wird. Für die jeweils zu verwendenden Zutaten, Mengen und Bezeichnungen gibt es gesetzliche Vorschriften. Solche Mindestanforderungen gelten nicht für Kunstspeiseeis, das künstliche Geschmacks-, Geruchs- und Farbstoffe enthalten darf.

ZUTATEN FÜR SORBETS, EISCREMES UND EIS-DESSERTS

Konsistenz und Aroma eines frostigen Desserts werden letztendlich von den verwendeten Zutaten bestimmt. So enthält jede Sorbet- oder Eismischung immer einige der nachfolgenden Ingredienzen.

Zucker Weißer oder brauner Zucker – zumeist als Sirup, in Wasser aufgelöst – macht die Eismasse geschmeidig, denn er verzögert die Bildung von Eiskristallen und hat somit eine gefrierhemmende Wirkung. Ist der Zuckergehalt zu gering, wird die Eismasse körnig; ist er zu hoch, gefriert das Eis unter Umständen überhaupt nicht.

Honig, Ahornsirup und andere Süßungsmittel Im gefrorenen Zustand verhalten sie sich wie Zuckersirup, haben jedoch eine stärkere Süßkraft als Zucker. Im Gegensatz zu Zucker können Süßstoffe oder Zuckeraustauschstoffe nicht das Gefrieren der Eismasse verhindern (s. auch S. 411).

Glucose Traubenzucker, die in allen Früchten natürlich vorkommende Zuckerart, beeinträchtigt die Kristallbildung und süßt nicht so stark wie Kristallzucker. Durch die Zugabe von geringen Mengen an Glucose oder Invertzucker (S. 411) erzielen viele Küchenchefs die gewünschte Geschmeidigkeit des Sorbets, ohne dabei die Masse zu übersüßen.

Sahne und Milch Der Milchfettgehalt (der Anteil an Sahne in Eismassen) – ist für die Eisbeschaffenheit von besonderer Bedeutung. Je höher der Milchfettgehalt, desto geschmeidiger die Eiscreme. Sahne, geschlagen oder flüssig, mit einem hohen Fettgehalt kann beim Gefrieren gerinnen, aber auch Fettkristalle bilden. Deshalb wird zumeist Milch für die Grundmasse von Eiscremes verwendet und nach der Hälfte der Gefrierzeit etwas Sahne zugesetzt. Als preisgünstige Alternative bietet sich die Verwendung von Kondens- oder Dosenmilch an, was aber immer auf Kosten des Geschmacks geht (s. auch S. 68).

Crème fraîche, Frischkäse und Joghurt Crème fraîche schmeckt angenehm delikat in Eiscreme und Eis-Desserts. Frischkäse, wie Quark, französischer *fromage frais* oder italienischer Ricotta, sorgen für Volumen und Stand. Der typische Geschmack von Joghurt bleibt auch nach dem Gefrieren erhalten. Allein oder unter Zusatz von Milch ist Joghurt deshalb eine häufig verwendete Grundlage für diverse Eiszubereitungen. Auch Tofu kann für die Eisherstellung genommen werden (s. auch S. 71).

Alkoholika Viele klassische Sorbets werden auf der Basis von Wein zubereitet, während man Eis-Desserts gern mit Likör aromatisiert. Da Alkohol jedoch die Gefriertemperatur erheblich senkt, dürfen hochprozentige Liköre oder Spirituosen nur in geringen Mengen zugesetzt werden (s. auch S. 38).

Früchte Pürierte Früchte sind eine Hauptzutat bei der Zubereitung von Sorbets und Aromaten vieler Eiscremes. Unter den Fruchtsäften spielt Zitronensaft bei der Sorbet-Herstellung eine wichtige Rolle, da seine Säure die Süße des Zuckers ausgleicht und das Sorbet fruchtiger und aromatischer macht. Beerenfrüchte kann man roh verwenden, doch die meisten anderen Früchte, wie Pfirsiche, Pflaumen und Birnen, entfalten erst beim Pochieren ihr volles Aroma. Auch exotische Früchte, wie Ananas und Kiwi, müssen vor der Verwendung pochiert werden, da sie im Rohzustand gefrierhemmende Enzyme enthalten. Breiige Früchte, wie Feigen und Stachelbeeren, werden durch den Gefrierprozeß mehlig, selbst wenn sie zuvor pochiert wurden.

Nüsse Gehackte Walnüsse, Pekannüsse oder Mandeln sorgen für Knuspervergnügen und sind klassische Zutaten in Krokant- und Karameleis. Außerdem werden sie gern als dekorative Streuauflage für Bananen-Split und andere frostige Desserts verwendet.

Maisstärke, Kartoffelstärke und andere Dickungsmittel Dikkungsmittel binden die Flüssigkeit. Die Eiscreme wird dadurch schwer, was ihre Qualität beeinträchtigt.

Eier Ganze Eier und Eigelb sind unverzichtbare Zutaten zum Andikken von Eiscremes und Eisbomben. Meistens werden die Eier – ganz oder getrennt – zusammen mit dem Zucker schaumig geschlagen. Eiweiß allein dient als zusätzliches Lockerungsmittel in Sorbets.

Hinweis Rohes Eigelb ist ein ausgezeichneter Nährboden für Bakterien, und allein durch das Gefrieren werden diese Keime nicht abgetötet. Deshalb dürfen Eismassen, die zur Aufbewahrung bestimmt sind, nur gegartes Eigelb enthalten, sei es in Form von Eiercreme oder als warm aufgeschlagene Eigelb-Zucker-Mischung.

SORBET UND EISCREME GEFRIEREN

Sorbets und alle Eiscremes – mit Ausnahme der sehr gehaltvollen Mischungen – werden besonders geschmeidig, wenn man sie in einer handbetriebenen oder elektrischen Eismaschine (S. 509) durchrührt. Die vorbereitete Eismasse wird zunächst gut gekühlt, damit der Rührvorgang nicht zu lange dauert und der Gefrierprozeß abgeschlossen ist, bevor der Rührarm zu warm wird.

1 Den Behälter höchstens zu zwei Drittel mit der Eismasse füllen, da sie sich beim Gefrieren ausdehnt. Die Dauer des Rührvorgangs – also die Zeit, in der das Eis fest wird – ist abhängig von der Menge, den Zutaten und der Temperatur der Eismasse. Nach weniger als 7–8 Minuten ständigen Rührens entsteht eine körnige Masse. Ist sie nach 30 Minuten noch nicht gefroren, stellt man den Behälter mit der Kühlflüssigkeit (wie hier) – nachdem man die Eismasse herausgenommen hat – noch einmal in das Gefriergerät. Bei Verwendung einer handbetriebenen Eismaschine wird den Eiswürfeln noch Salz zugegeben.

2 Sobald das Eis fest wird, Eischnee (bei Sorbets) oder Geschmackszutaten (bei Eiscremes) zugeben. Weiterrühren, bis das Eis gefroren ist – viele elektrische Eismaschinen schalten sich dann automatisch ab. Den Rührarm (rechts) herausnehmen. Die Eismasse von der Trommelwand schaben und zusammendrücken oder in einen gekühlten Behälter füllen und einfrieren.

ODER: Die Sorbet- oder Eiscrememasse direkt im Gefriergerät gefrieren. Dafür die Eismasse in flache Schalen füllen – möglichst Metallgefäße verwenden, da sie die Kälte besser leiten. Wenn die Masse halbgefroren ist, sie in eine gut gekühlte Schüssel geben und kräftig durchschlagen. Wieder in die Eisschalen füllen und weitergefrieren lassen. Diesen Vorgang noch ein- bis zweimal wiederholen. Nach dieser Methode wird auch die italienische *granita* oder *gramolata* hergestellt (S. 441).

Sorbet und Eiscreme aufbewahren

Sorbets und Eiscremes sollten nach dem Durchrühren noch ein bis zwei Stunden ins Gefrierfach gestellt werden, damit sich die Aromen gut verbinden. Je gehaltvoller die Mischung, desto länger kann sie aufbewahrt werden, ohne daß sich gleich wieder Eiskristalle bilden. Zukker verzögert die Bildung von Eiskristallen. Auch die in industriell hergestelltem Speiseeis verwendeten Stabilisatoren wirken gefrierhemmend. Selbstgemachtes Speiseeis auf Joghurt-Basis bleibt bis zu einer Woche haltbar. Einfache Eiscremes lassen sich bis zu einem Monat oder länger aufbewahren, während gehaltvolle Mischungen, wie Parfaits, drei Monate gelagert werden können. Leichte Sorbets schmekken am besten, wenn sie innerhalb von zwei bis drei Stunden nach der Zubereitung verzehrt werden. Damit sie nicht zuviel Geschmack einbüßen, sollte man sie nicht länger als zwei Wochen einfrieren.

Gefrorene Mischungen müssen in fest verschlossenen Behältern aufbewahrt werden, damit sie keine Fremdaromen annehmen. Da frisch zubereitetes Eis rasch auftaut, sollte man möglichst wenig damit hantieren und alle Geräte – auch Löffel – gut kühlen. Eis oder Sorbet, das länger als zwölf Stunden im Gefriergerät gestanden hat, sollte 30–60 Minuten vor dem Servieren in den Kühlschrank gestellt werden, damit es wieder cremig wird und sich mühelos formen läßt.

Sorbets, Eiscremes und Eis-Desserts servieren

Zum Überfrieren gibt man die vorgefrorene Eismasse in eine dekorative Form und stürzt sie nach dem Festwerden zum Servieren auf eine gut gekühlte Servierplatte. Gehaltvolle Eisbomben werden in schlichten Halbkugel-Formen gefroren und anschließend gestürzt. Sorbets serviert man in Stielgläsern oder in knusprigen Waffelschalen (S. 388). Ausgehöhlte Zitronen oder andere Zitrusfrüchte sind handliche Gefrierbehälter. Vor dem Servieren garniert man die eisgefüllten Fruchtschalen mit einem grünen Blatt.

Sind verschiedene Geschmacksrichtungen gefragt, kann man mit dem Eisportionierer Kugeln aus dem Eis oder Sorbet formen und in einem Sektkelch dekorativ anrichten. Oder man sticht mit zwei Eßlöffeln ovale Portionen ab, richtet sie sternförmig auf einem gekühlten Dessertteller an und umgießt sie mit farblich kontrastierender Sauce oder Frucht-*coulis* (S. 450). Zum Garnieren eignen sich in Scheiben geschnittene Früchte, dazu ein frischer Minzzweig, überzuckertes frisches Obst (S. 474) oder kandierte Veilchen. Viele geeiste Desserts – zum Beispiel eine Scheibe von einer Eisbombe oder ein Eis-Soufflé – sind auch ohne Garnierung bereits eine Augenweide und bedürfen daher keiner weiteren Dekoration.

Eine Auflage aus Puderzucker oder Kakaopulver ist eine schlichte, doch wirkungsvolle Garnierung für Parfaits und Eis-Desserts. Als Alternative bieten sich gehackte, geröstete Nüsse oder gestoßener Karamel an. Ebenso gern verwendet man Kokosraspeln, kandierte Zitrusschalen (S. 475), gehackte kandierte Früchte, geraspelte Schokolade oder dekorative Schokoladenblätter (S. 424). Rosetten aus geschlagener Sahne werden erst kurz vor dem Servieren aufgespritzt, da sie eine butterartige Konsistenz bekommen, wenn sie gefrieren. Die kunstvollste Garnierung für jegliche Art von geeisten Desserts besteht aus einem dichten Schleier gesponnenem Zucker (S. 416) oder aus einem Karamelkörbchen (S. 418), das wie ein Käfig erst »gesprengt« werden muß, bevor man von der frostigen Speise kosten kann.

Auch die Beigaben zu Eis-Desserts haben Tradition. Ein fruchtig-aromatisches Sorbet verlangt allerhöchstens einen Schuß Likör, während Eiscremes süße Saucen in allen Variationen vertragen – von Fruchtsauce über Butterscotch-Sauce bis zu Schokoladensauce. Bei gehaltvolleren Eiskreationen sind Saucen dagegen überflüssig. Diese Desserts werden lediglich mit einem knusprigen Waffelröllchen, einer Makrone oder einer fächerförmigen Eiswaffel garniert – Dekorationen, die auch gut zu einfachen Eiscremes passen.

FEHLERQUELLEN BEI DER ZUBEREITUNG VON SORBETS UND EISCREMES

Klumpenbildung

1 Grundmasse (insbesondere Fruchtpüree) wurde vor dem Gefrieren nicht glattgerührt.
2 Die Eismasse wurde beim Durchrühren nicht von der Trommelwand geschabt.

Körnige Konsistenz

1 Zu hoher Wasser- oder Alkoholanteil in der Eismasse.
2 Zucker- oder Fettgehalt zu niedrig.
3 Unzureichendes oder zu langsames Rühren.
4 Zu rasches Gefrieren oder zu niedrige Gefriertemperatur.
5 Sahnegerinnung während des Durchrührens.
6 Eisbehälter zu voll.
7 Zu lange Lagerung des fertigen Eis-Desserts.

Fader Geschmack

1 Zuwenig Zucker.
2 Bei einem Sorbet zuwenig Säure in Form von Zitronensaft.

Sorbet

Die Grundmasse eines Sorbets besteht aus Fruchtsaft, Zucker oder Zuckersirup und Aromazutaten, läßt jedoch viele Abwandlungen zu. Fruchtsorbets werden aus einer Obstart oder aus einer Mischung verschiedener Früchte zubereitet und mit einem Schuß Kirschwasser oder Likör geschmacklich abgerundet. Dem Fruchtsaft können auch gehackte Kräuter, wie Minze, oder Gewürze, wie Zimt, zugesetzt werden. Kräuter-Sorbets (S. 19) enthalten als Würze Thymian, Rosmarin oder andere frische Kräuter.

Eine kulinarische Neuheit sind die pikanten Sorbets, die entweder als aromatische Vorspeise oder als erfrischender Zwischengang serviert werden. Von Avocado bis Olive sind alle Geschmacksrichtungen vertreten, und die ausgefallensten Kreationen werden gar mit *tarama* – einer Paste aus rotem Fischrogen, eingeweichtem Weißbrot und Olivenöl – und Knoblauch oder mit geräuchertem Lachs und Kaviar zubereitet.

Enthält die Grundmasse eines Sorbets einen hochprozentigen Branntwein, wie Calvados, Marc oder Grappa – wodurch die Gefriertemperatur erheblich absinkt –, wird der Masse meist ein herbes Fruchtaroma, etwa von Äpfeln oder unreifen Trauben, zugesetzt. Wein-Sorbets schmecken am köstlichsten mit süßen Aperitifs, wie Portwein und Wermut, oder süßem Wein. Das berühmteste alkoholische Sorbet ist und bleibt das Champagner-Sorbet, das aber ebensogut auch mit einem der preiswerteren Schaum- und Perlweine zubereitet werden kann, da die prickelnden Kohlensäurebläschen nach dem Gefrieren ohnehin nicht mehr wahrzunehmen sind. Zum Servieren wird das Sorbet oft mit etwas Wein oder Sekt begossen. Ein aromatisches, seidigglänzendes Sorbet bedarf keiner aufwendigen Garnierung; ein paar überzuckerte Früchte, einige Löffel mazerierte Beeren oder Kompott sind völlig ausreichend.

Ein Sorbet und all seine Abwandlungen soll sich durch ein ausgewogenes Verhältnis von Aroma und Süße auszeichnen. Voraussetzung dafür ist die richtige Zusammenstellung der verwendeten Zutaten sowie ein feiner Gaumen beim Abschmecken der Mischung. Zu den kritischen Zutaten gehört übrigens auch der Zucker. Da der Zuckergehalt der einzelnen Fruchtsorten stark variieren kann, messen viele Küchenchefs die Dichte der Sorbet-Masse mit einem Hydrometer (S. 503). Eine Fruchtmischung sollte demnach eine Dichte von 18 anzeigen, weinhaltige Mischungen etwas weniger. Die Süße eines Sorbets richtet sich nach der Speisenfolge eines Menüs. Als erfrischender Zwischengang sollte es aromatisch und fruchtig-säuerlich, als leichtes Dessert darf es etwas stärker gesüßt sein.

Lockerer und luftiger wird ein Sorbet durch kleine Mengen Eischnee oder Italienische Baiser-Masse (S. 437), die man unterrührt, wenn die Sorbet-Mischung halbfest ist. Schon ein bis zwei Teelöffel reichen aus, um sie weich und geschmeidig zu machen und ihr Volumen zu vergrößern. Da Eiweiß jedoch den ursprünglichen Sorbet-Geschmack überdeckt, ist es heute üblich, die Sorbet-Masse dadurch aufzulockern, daß man die Zuckermenge bis zu einem Viertel durch Glucose (Traubenzucker) oder Invertzucker ersetzt.

Das Sorbet ist nicht das einzige Eis-Dessert, das auf Fruchtsirup basiert. Die italienische *granita* oder *gramolata* (franz. *granité*) ist leicht gefrorener Fruchtsaft, der während des Gefrierens wiederholt durchgerührt wird und daher die Konsistenz von groben Schneekristallen hat, die an gestoßenes Eis erinnern. (Zur Herstellung s. linke Seite.) *Granita* sollte innerhalb einer Stunde nach der Zubereitung serviert werden da sie sonst hartgefriert. Geht der Gefrierprozeß zu schnell vonstatten, setzen sich die schwereren und geschmacksintensiven Eiskristalle am Boden ab, während die wäßrigen, faden an die Oberfläche steigen.

Damit aus einem Sorbet ein *sherbet* wird – ursprünglich ein im Orient verbreitetes, eisgekühltes Getränk aus Fruchtsaft oder Wein, Wasser und Gewürzen –, ersetzt man das Wasser in einem mit Zitrusfrüchten oder anderen säuerlichen Früchten aromatisierten Sorbet durch Milch oder Sahne. Das Resultat ist ein köstliches Dessert, wenngleich ohne den vollen Geschmack von Eiscreme oder die fruchtige Frische eines klassischen Sorbets.

ZUR INFORMATION

Menge 1 l ergibt 4–6 Portionen.
Aufbewahrung *Sorbet, sherbet* Tiefgefroren: 2 Wochen. *Granita* Tiefgefroren: 15 Minuten.
Auflagen *Alle* Einige Löffel Likör oder Champagner. *Sorbet* Überzukkerte Beeren (S. 474); Garnierungen mit Schokolade (S. 423); kandierten Zitrusschalen (S. 475), Minzzweigen, kandierten Veilchen.
Beigaben *Sorbet, sherbet* Mazeriertes Frischobst, vor allem Beeren; Kompott aus frischen oder getrockneten Früchten; Waffelschalen oder -röllchen (S. 388).
Typische Desserts *Sorbet Mandarines givrées* in ausgehöhlten Mandarinen; Frankreich); *punch à la romaine* (mit Champagner; Frankreich); Zitronen-Sorbet (Frankreich); Melonen-Champagner-Sorbet (Frankreich); Wacholderbeeren-Sorbet mit Genever (Belgien); Tee-Sorbet mit Limetten (Großbritannien); *redcurrant waterice* (von roten Johannisbeeren; Großbritannien); Rosenblüten-Wassereis (Großbritannien); Ananas-Wassereis (Großbritannien); Brombeer-Wassereis (Großbritannien); grünes Apfel-Sorbet (USA); Sorbet von Wassermelonen (USA). *Granita/Granité* Von Zitronen (Italien); von Kaffee (Italien); *di fragole* (von Erdbeeren; Italien); von Rotwein mit Zimt (Frankreich); von Passionsfrucht (Frankreich); von Kaffee mit Bourbon-Whiskey (USA). *Sherbet* Orangenmilch (USA); von Minze (Großbritannien).

SORBET ODER EISCREME FORMEN

Fächer- oder sternförmig angerichtete ovale Formen von Sorbet oder Eiscreme kommen am besten auf einem farblich kontrastierenden Untergrund – Sauce, Frucht-*coulis* (S. 450) oder dekorativer Dessertteller – zur Geltung. Für größere Portionen verwendet man Eßlöffel, für kleinere Teelöffel.

Links: Die Löffel in kaltes Wasser tauchen. Einen Löffel voll Masse abnehmen und am Schüsselrand abstreichen. Mit Hilfe des zweiten Löffels die Eismasse zu einem ovalen Klößchen formen und dieses auf den vorgekühlten Dessertteller gleiten lassen.

Rechts: Arrangement von Eiscreme und Sorbet.

Himbeer-Sorbet

Bei den nachfolgenden Sorbet-Grundrezepten sind durch verschiedene Kombinationen von Zutaten und Garnierung viele Abwandlungen möglich.

Ergibt 1 l, 6–8 Portionen
500 g Himbeeren
Saft von 1 Zitrone oder
1 EL Kirschwasser
(nach Geschmack etwas mehr)
250 ml Wasser

Für den Zuckersirup
250 ml Wasser
200 g Zucker (gegebenenfalls etwas mehr)

Zum Dekorieren
Frische Himbeeren, Minzzweige oder Schokoladenblätter (S. 424)

Eismaschine oder Sorbetière (S. 509)

1 Für den Zuckersirup Wasser und Zucker in einem Topf unter Rühren erhitzen, bis der Zucker sich aufgelöst hat. Die Zuckerlösung zum Kochen bringen, 2 Minuten bei schwacher Hitze kochen, dann abkühlen lassen. Die Himbeeren pürieren und durch ein Sieb streichen; es sollten 250 ml Püree übrigbleiben. Zuckersirup, Zitronensaft oder Kirschwasser und Wasser mit dem Püree vermischen und abschmecken; gegebenenfalls noch etwas Zucker oder Zitronensaft zugeben. Die Sorbet-Masse gut durchkühlen und nochmals abschmecken.

2 Die vorbereitete Masse in eine Eismaschine geben und gefrieren. Das fertige Sorbet zum Servieren in Stielgläser füllen und dekorieren.

Abwandlungen

Zitronen-Sorbet Statt Himbeerpüree und Wasser 175 ml Zitronensaft und die abgeriebene Schale von 3 unbehandelten Zitronen verwenden. Nach dem Gefrieren das Sorbet in eisgekühlte ausgehöhlte Zitronenhälften füllen und mit der anderen Schalenhälfte abdecken.

Orangen- oder Mandarinen-Sorbet Statt Himbeerpüree und Wasser 500 ml frischen Orangen- oder Mandarinensaft verwenden. Nach dem Gefrieren die Masse in eisgekühlte Fruchtschalen füllen.

Johannisbeer-Sorbet Die Himbeeren durch schwarze Johannisbeeren ersetzen. Die Johannisbeeren in der Zuckerlösung 15–20 Minuten kochen, dann pürieren und durch ein Sieb streichen. Zum Servieren in Stielgläser füllen, mit einem Löffel Cassis übergießen und mit überzuckerten Johannisbeeren (S. 474) garnieren.

Champagner- oder Wein-Sorbet Himbeerpüree und Wasser durch 1 Flasche (750 ml) Champagner oder Wein ersetzen. Zum Servieren einige Löffel Champagner oder Wein über das Sorbet geben und mit kandierten Zitrusschalen (S. 475) garnieren.

Eiscreme

Die klassische Eiscreme auf der Basis von Eiercreme ist eine unvergleichliche Köstlichkeit. Das Grundrezept sieht 500 ml Milch, 135 g Zucker und 6–8 Eigelb sowie 250 ml Sahne vor, doch sind durch entsprechende Zusätze viele Geschmacksabwandlungen möglich. Ob die Sahne zusammen mit der Milch aufgekocht oder steifgeschlagen unter die Eigelbmischung gehoben werden soll, darüber gehen die Meinungen auseinander. Für ein besonders gehaltvolles Cremeeis kann man die Milch teilweise oder ganz durch Sahne ersetzen. Die sogenannte französische Eiscreme wird mit einem höheren Anteil an Eigelb zubereitet. Typisch italienisch und amerikanisch ist eine Eiscreme, deren Grundmasse nur Milch oder fettarme Sahne oder eine Mischung aus beiden enthält. Die mit Zucker gesüßte Grundmasse kann geschmacklich mit allen nur denkbaren Zusätzen abgewandelt werden. Ausschlaggebend für das Gelingen der Eismasse ist aber in jedem Fall höchste Qualität und Frische der Grundzutaten. Im Gegensatz zu den Eiscremes auf Eiercreme-Basis braucht die Masse vor dem Gefrieren nicht erst gegart zu werden. In vielen Fällen wird die Sahne aber vorher aufgekocht.

In Eiszubereitungen mit Joghurt oder Frischkäse kann man auf die Eiercreme als Bindemittel verzichten. Eismassen, die Fruchtpüree enthalten, können mit Gelatine gesteift werden. **Hinweis** Wird der Grundmasse ein säuerliches Fruchtpüree oder Fruchtsaft oder aber eine süße Ingredienz (wie Schokolade) zugesetzt, muß der Zuckeranteil entsprechend angeglichen werden.

Den Geschmackszutaten in Eiscremes sind keine Grenzen gesetzt. Bei industriell hergestelltem Speiseeis haben sich Zusätze wie Schokoladenstückchen (Schokoladentröpfchen oder Chocolat Chips), Nüsse und Rum-Rosinen bewährt. Die Franzosen bevorzugen Pistazie und Krokant als Aromaten, während Italiener und Deutsche Haselnußeis lieben.

Fruchteis, etwa Erdbeereis, sollte mit möglichst dickem, konzentriertem Fruchtpüree aromatisiert werden, da sonst die Eiercreme zu stark verdünnt wird. Wie für ein Sorbet müssen frische Früchte vollreif sein, damit sich ihr fruchtiges Aroma während des Gefrierprozesses nicht zu sehr abschwächt. Gegebenenfalls sind sie vor Verwendung in einer Zuckerlösung zu pochieren. **Hinweis** Stark säurehaltige Früchte können ein Gerinnen der Eiercreme bewirken. Deshalb gibt man Zitronen- oder Orangenschale nur mit wenig oder ganz ohne Flüssigkeit zu der Eismasse. Pflaumen und ähnliche Früchte müssen vor dem Pürieren erst gekocht werden.

Mit etwas Phantasie wird aus einer einfachen Eiscreme – unter Verwendung der unzähligen Saucen, Auflagen und sonstigen Beigaben und Garnierungen – eine eiskalte Köstlichkeit der *grande cuisine* oder ein bombastischer Eisbecher nach dem Vorbild amerikanischer Eisdielen. Weltbekannte Eiscreme-Spezialitäten sind der von dem französischen Küchenmeister Escoffier kreierte *pêche Melba* (Pfirsich Melba) mit Vanille-Eiscreme und *poire Belle-Hélène* (Birne Helene) mit Birnen, Schokoladensauce und Vanille-Eiscreme. Aus der Vielzahl möglicher Präsentationsformen sei noch der Bananen-Split erwähnt. Diese amerikanische Kreation besteht aus einer längs halbierten Banane mit Eiscreme-Kugeln, die mit einer heißen Fudge-Sauce und geschlagener Sahne serviert wird.

ZUR INFORMATION

Menge 1 l ergibt 4–6 Portionen.

Aufbewahrung *Eiscreme* Tiefgefroren: 1 Monat; 30 Minuten vor dem Servieren in den Kühlschrank stellen, damit das Eis wieder eine cremige Konsistenz erhält. *Joghurteis* Tiefgefroren: 3–4 Tage.

Auflagen Zerstoßener Krokant (S. 419); Nougat (S. 418); Karamel oder Toffee (S. 418); geröstete Mandelblättchen oder -splitter; geröstete feingehackte Haselnüsse; Kokosraspeln; geraspelte Schokolade oder Schokoladenstreusel; Verzierungen aus Schokolade (S. 423); Chantilly-Sahne (S. 70).

Beigaben Mazerierte oder pochierte Früchte; Waffelschälchen (S. 388); *tuiles; amaretti* (Mandelmakronen); Löffelbiskuits (S. 396); heiße Schokoladen-Fudge-Sauce (S. 425); Butterscotch-Sauce (S. 67); Karamelsauce (S. 67); Himbeersauce (S. 66).

Rezepte für Eiscreme-Desserts

Pfirsich Melba Pro Person 1 Kugel Vanille-Eiscreme in ein Kelchglas geben und 2 pochierte Pfirsichhälften zu beiden Seiten der Eiskugel anrichten. Mit 60 ml *sauce Melba* (Himbeersauce, S. 66) übergießen und mit gerösteten Mandelsplittern bestreuen. (Dieses Dessert widmete Escoffier der australischen Sängerin Nelli Melba.)

Bananen-Split Pro Person 1 geschälte Banane längs halbieren und neben 2 Kugeln Vanille-Eiscreme auf einer ovalen Glasschale anrichten. 60 ml heiße Schokoladen-Fudge-Sauce (S. 425) über das Eis und die Bananen gießen und eine Sahnerosette aufspritzen. Mit gehackten gerösteten Mandeln bestreuen und obenauf eine Maraschino-Kirsche setzen.

Coupe Chateaubriand Pro Person je 1 Kugel Vanille- und Pfirsich-Eiscreme abwechselnd mit 125 g frischen, in Scheiben geschnittenen Erdbeeren und 2 EL Brandy in ein hohes Glas schichten. Mit Sahnerosette und frischer Erdbeere garnieren.

Dusty road (»Staubige Straße«) Pro Person je 1 Kugel Schokoladen- und Mokka-Eiscreme in einer ovalen Glasschale anrichten. Mit je 60 ml Schokoladensauce (S. 425) und Butterscotch-Sauce (S. 67) begießen. Mit einer Sahnerosette garnieren und mit gerösteten Mandelsplittern und Kakaopulver bestreuen.

Oranges en surprise Ergibt 4 Portionen. Von 4 großen Navelorangen die Kappe abschneiden und das Fruchtfleisch herauslösen. Die ausgehöhlten Orangen zur Hälfte mit 125 g gemischten Früchten, in 1–2 EL Kirschwasser mazeriert, füllen. 250 ml Vanille-Eiscreme darauf verteilen. Italienische Baiser-Masse aus 100 g Zucker, 6 EL Wasser und 2 Eiweiß herstellen und als dicke Rosette auf das Vanille-Eis spritzen. 4–5 Minuten bei 230 °C/Gas Stufe 5 im Backofen überbräunen.

Vanille-Eiscreme

Dieses klassische Rezept wird mit echter Vanille zubereitet und mit einer gehaltvollen Schokoladensauce oder Schokoladen-Fudge-Sauce (S. 425) serviert.

Ergibt 1 l, 6 Portionen

Englische Creme, aus 500 ml Milch, 1 Vanilleschote, 6–8 Eigelb und 125 g feinem Zucker zubereitet
250 ml Crème double, leicht geschlagen

***Eismaschine oder Sorbetière* (S. 509)**

1 Die Englische Creme (S. 67) zubereiten und kühl stellen. Die sehr kalte Masse in die Eismaschine oder Sorbetière füllen und cremig-weich gefrieren lassen.

2 Die leicht geschlagene Crème double unterziehen und weitergefrieren, bis die Masse fest ist.

3 Den Rührarm herausnehmen. Die Eismasse in der Trommel zusammendrücken oder in einen gut gekühlten Behälter füllen, fest verschließen und ins Gefriergerät stellen. Eis, das länger als 12 Stunden im Gefriergerät aufbewahrt wurde, 30 Minuten vor dem Servieren zum Antauen in den Kühlschrank stellen.

Abwandlungen

Bananen-Eiscreme Ergibt 1,5 l. 3 Bananen schälen und mit dem Saft von 1 Orange pürieren. Nach Geschmack mit Puderzucker süßen und in die gut gekühlte Englische Creme einrühren.

Mokka-Eiscreme Ergibt 1 l. Die Creme ohne Vanille zubereiten und 3 EL Instant-Kaffeepulver in der noch heißen Masse auflösen.

Krokant-Eiscreme Die Englische Creme durchsieben und aus 150 g unblanchierten Mandeln und 150 g Zucker zubereitete Krokantmasse (S. 419) unter die Creme rühren.

Erdbeer-Eiscreme Ergibt 1,5 l. 500 g frische Erdbeeren pürieren. Die sich ergebenden 375 g Fruchtpüree mit 1–2 EL Kirschwasser oder Zitronensaft unter die durchgekühlte Creme rühren. Mit Zucker abschmecken.

Pfirsich- oder Pflaumen-Eiscreme Ergibt 2 l. 1,5 kg Pfirsiche oder Pflaumen halbieren und in einem Zuckersirup (S. 414) aus 1 l Wasser und 300 g Zucker pochieren. Die Früchte abgießen, pürieren und durch ein Sieb streichen. Es sollte 1 l Püree zurückbleiben. Das Fruchtpüree unter die durchgekühlte Creme rühren. Bei Verwendung von Pfirsichen einige Tropfen Mandelessenz (Mandelaroma), bei Verwendung von Pflaumen 1–2 EL Kirschwasser zugeben.

Schokoladen-Eiscreme 250 g (oder nach Belieben etwas mehr) gehackte Schokolade zusammen mit der geschlagenen Crème double unter die vorgefrorene Vanille-Eiscreme ziehen.

Pfefferminz-Eiscreme Die Vanille weglassen. Statt dessen etwa 1 EL Pfefferminzessenz (oder Pfefferminzaroma) und einige Tropfen grüne Speisefarbe unter die erkaltete Creme rühren. Nach Belieben gehackte Schokolade wie im obigen Rezept zugeben.

Birne Helene

Poire Belle-Hélène

Diese köstliche Eis-Spezialität kreierte Escoffier anläßlich der Uraufführung von Jacques Offenbachs Oper »Die schöne Helena«.

4 Portionen

750 ml Vanille-Eiscreme
4 ganze Birnen
Schokoladensauce (S. 425)
Zuckersirup (S. 414), aus Wasser, Zucker und Vanilleschote oder ½ TL Vanille-Essenz (oder Vanillezucker, S. 37) zubereitet

1 Die Vanille-Eiscreme zubereiten und gefrieren. Die Birnen schälen und das Kerngehäuse entfernen; den Stengelansatz stehenlassen. Den Zuckersirup herstellen und die Birnen hineingeben. Die Birnen 15–20 Minuten bei schwacher Hitze pochieren, im Sirup erkalten und dann abtropfen lassen. Die Schokoladensauce zubereiten. Die Birnen auf gekühlte Dessertteller verteilen und ein oder zwei Bällchen Eiscreme darauf anrichten. Mit der Schokoladensauce übergießen.

Eisbomben, Parfaits und Eis-Soufflés

Weitaus gehaltvoller als Eiscremes sind Eis-Desserts, die auch ohne Durchrühren zu einer weichen, geschmeidigen Masse gefrieren. Sie sind relativ einfach in der Zubereitung und werden bereits nach wenigen Stunden im Gefriergerät fest. Am bekanntesten sind die Eisbomben. Unter die Grundmischung aus Eigelb (oder ganzen Eiern) und Zucker wird in gleicher Menge geschlagene Sahne gehoben. Ist eine weiße Masse gewünscht, ersetzt man den Eigelbschaum durch Italienische Baiser-Masse (S. 437). Eine solch gehaltvolle Zusammensetzung benötigt als Ausgleich kräftige Geschmackszutaten – beispielsweise Brandy, Kirschwasser, Fruchtpüree oder sogar Anis.

Charakteristisch für eine Eisbombe ist die Halbkugelform, die zunächst mit ein oder zwei Sorten verschiedenfarbigem Cremeeis, manchmal auch mit Sorbet, ausgestrichen und dann mit der Eisbomben-Masse gefüllt wird. Wenn die gut durchgefrorene Eisbombe nach dem Stürzen wie ein Kuchen in Stücke geschnitten wird, werden die einzelnen Schichten sichtbar. Typische Eis-Kompositionen sind die französische Eisbombe *tutti-frutti* – mit einem Mantel aus Erdbeereis und einer Füllmasse aus Vanille-Eiscreme, unter die in Maraschino mazerierte kandierte Früchte gemischt wurden – und die Eisbombe Nesselrode, bei der der Mantel aus Vanille-Eiscreme und der Kern aus geschlagener Sahne und glasierten Maronen – aromatisiert mit Rosinen und Kirschwasser – besteht.

Ein Parfait basiert auf der gleichen Mischung wie die Eisbomben-Masse. Man kann es ohne weitere Zutaten in dickwandigen – gefriergeeigneten – Stielgläsern tiefgefrieren oder mit mazerierten Früchten, Makronenbröseln oder anderen Einlagen schichtweise in gefriergeeignete Formen gefüllt. Das klassische Parfait enthält als Geschmackszutat Kaffee. Andere beliebte Geschmacksträger sind Schokolade, Krokant, Ahornsirup, Liköre und pürierte Früchte.

Eine gleichermaßen köstliche Komposition sind Eis-Soufflés. Die Eismasse wird in eine Soufflé-Form oder mehrere Portionsschälchen – beides versehen mit einer den Rand überragenden Papiermanschette – bis nahe an den oberen Papierrand gefüllt und abgedeckt tiefgefroren. Die Papiermanschette wird vor dem Servieren entfernt. Damit das Eis-Soufflé tatsächlich die Luftigkeit eines heißen Soufflés hat, wird Eischnee oder Italienische Baiser-Masse vorsichtig unter die Grundmasse gehoben.

Eisbomben und ähnliche Zusammensetzungen sind so gehaltvoll, daß sie ohne Dekoration auskommen. Eine Eisbombe wird nach dem Stürzen lediglich mit Sahnetupfern umkränzt, während ein Parfait oder ein portionsweise abgefülltes Eis-Soufflé mit einer einzelnen Sahnerosette garniert wird. Ein großes Eis-Soufflé erhält eine Auflage aus Kakaopulver oder Makronenbröseln. Mit weiteren Verzierungen, wie frischen Beeren oder Schokoladenblättern, sollte man sparsam umgehen und statt dessen eine säuerliche – möglichst andersfarbige – Fruchtsauce dazu reichen.

ZUR INFORMATION

Menge 1 l ergibt 4–6 Portionen.
Aufbewahrung Tiefgefroren: 3 Monate. *Eisbombe mit Eiscreme* Tiefgefroren: 1 Monat.
Auflagen Rosetten aus Chantilly-Sahne (S. 70); überzuckerte Beeren (S. 474); Verzierungen aus Schokolade (S. 423); kandierte Zitrusschalen (S. 474); gestoßener Krokant oder Makronenbrösel; gehackte Nüsse; Minzzweige.
Beigaben Mazeriertes Frischobst; mit Brandy getränkte Früchte; Himbeersauce (S. 66); Schokoladensauce (S. 425); Karamelsauce (S. 67).
Typische Eis-Desserts *Eisbombe Grimaldi* (Vanille-Eiscreme/Schaummasse, aromatisiert mit Kümmellikör, kandierten Veilchen und Pistazien; Frankreich); *aux marrons* (Schokoladen-Eiscreme/Maronenpüree, abgeschmeckt mit Rum; Frankreich); *boule de neige* (»Schneeball«, Schokoladen-Eiscreme/Orangenmasse mit Curaçao; Frankreich). *Parfait* Schokolade-Erdbeer-Vanille (USA); Mandel-Kirsch (Großbritannien); Krokant (Frankreich). *Eis-Soufflé Au cointreau* (mit Orangensaft und Cointreau; Frankreich); Backpflaumen-Brandy (Frankreich); Karamel (Frankreich); mit Rum und Bananen (Frankreich); Schokolade-Minze (USA).

KLASSISCHE EIS-DESSERTS

Semifreddo (»halbgefroren«) Italienisches Eis-Dessert, vergleichbar mit Eiscreme, aber mit einem höheren Sahne- oder Zuckeranteil, wodurch ein Hartgefrieren der Eismasse verhindert und somit eine weiche, cremige Konsistenz erreicht wird.
Spumoni Ein in der Form zubereitetes Eis-Dessert mit einem Mantel aus Eiscreme und einer Füllung aus *semifreddo*. Erinnert an eine Eisbombe, wird aber nicht in der dafür typischen Halbkugelform hergestellt.
Cassata Die typisch italienische Version der Eisbombe. Das Innere besteht aus einer Eisbomben-Masse mit Italienischer Baiser-Masse, geschlagener Sahne und kandierten Früchten und ist von mehreren Schichten Eiscreme umgeben.
Eisbiskuit Eine Variante der aus Eigelbschaum und geschlagener Sahne bestehenden Bombenmasse unter Zusatz von Italienischer Baiser-Masse. Eisbiskuit wird in einer quadratischen oder runden Form gefroren und erhält so ein kuchenähnliches Aussehen. Die Grundmasse eignet sich auch zur Herstellung von Eis-Soufflés.
Norwegisches Eis-Omelett (franz. *omelette à la norvégienne*) Ein Biskuitboden wird mit Eiscreme bestrichen und mit einer Baiser-Masse überbacken. Bei Verwendung von Italienischer Baiser-Masse (S. 437) kann das Eis-Dessert im voraus zubereitet und tiefgefroren werden. Es wird dann erst kurz vor dem Servieren im heißen Backofen überbräunt.
Biskuit tortoni Eine italienische Eismasse aus geschlagener Sahne und Puderzucker (ohne Eier) wird mit Mandelmakronen *(amaretti)* und Cream Sherry vermischt und in Portionsschälchen oder einer Kastenform gefroren. Vor dem Servieren mit Makronenbröseln bestreuen und Aprikosensauce getrennt dazu reichen.
Eisstorte Eiscreme und Biskuitböden werden abwechselnd zu einer Schichttorte zusammengesetzt und nach dem Gefrieren in Tortenstücken serviert, oftmals mit einer heißen Schokoladen-Fudge-Sauce (S. 425). Beliebte Kompositionen sind Schokoladenbiskuit und Pfefferminz-Eis mit Schokoladenstückchen oder Vanillebiskuit und Kaffee- oder Krokant-Eiscreme.
Zuccotto Ein kuppelförmiger italienischer Eiscreme-Kuchen mit geschlagener Sahne und Schokolade, getränkt mit Likör.
Christmas ice pudding Eine gefrorene Version des berühmten *Christmas pudding*. Mit Schokolade und Maronen aromatisierte Eiercreme wird mit in Rum getränkten Trockenfrüchten und geschlagener Sahne locker vermengt. Diese Masse läßt man in einer ausgelegten Puddingform gefrieren und stürzt sie zum Servieren auf eine Platte.

Eisbomben-Masse

Auf der Basis dieser Vanillemasse sind durch Zusätze, wie Fruchtpüree, Schokolade oder Kaffee, Krokant, Nüsse und diverse Alkoholika, viele Geschmacksabwandlungen möglich.

Ergibt 500 ml
200 g feiner Zucker
125 ml Wasser
4 Eigelb
125 ml Crème double, leicht geschlagen
1 TL Vanille-Essenz (oder Vanillezucker, S. 37)

1 Zucker und Wasser in einem kleinen Topf bei schwacher Hitze gründlich verrühren, bis der Zucker sich aufgelöst hat. Den Zuckersirup bis zum kleinen Ballen kochen (S. 415). In der Zwischenzeit die Eigelb verschlagen.
2 Den heißen Läuterzucker langsam und unter ständigem Schlagen zugießen. 5 Minuten so schnell wie möglich schlagen, dann etwa 10 Minuten mit mäßiger Geschwindigkeit weiterschlagen, bis die Mischung dickcremig und erkaltet ist.
3 Die Crème double mit der Vanille unterziehen. Die Masse muß völlig erkaltet sein, da die Sahne sonst zusammenfällt und ihre leichte Konsistenz verliert.

EINE EISBOMBEN-FORM FÜLLEN UND STÜRZEN

Anstelle der charakteristischen Halbkugelform (S. 508) kann man für die Eisbombe auch eine Charlotten-Form oder eine hohe Metallschüssel verwenden.

1 Die Form über Eis oder im Gefriergerät gut kühlen. Die Vanille-Eiscreme sollte streichfähig sein. Gegebenenfalls die Eismasse zum Antauen in den Kühlschrank stellen.

2 Die gut gekühlte Form zunächst 2,5–4 cm dick mit der Eiscreme ausstreichen. Mit einem Löffel oder Metallspatel in der Mitte glätten und die Eiscreme 2–3 Stunden im Gefriergerät fest werden lassen.

3 Die Mulde mit einer andersfarbigen Eisbomben-Masse füllen und die Oberfläche glattstreichen. Anschließend die Form mit Pergamentpapier abdecken, verschließen und die Eisbombe mindestens 8 Stunden gefrieren lassen.

4 Die Form 30–60 Sekunden in kaltes Wasser tauchen. Herausnehmen und abtrocknen. Mit einem Messer die Eismasse vom Formrand lösen.

5 Eine gut gekühlte Servierplatte auf die offene Form legen, beide rasch wenden und die Form vorsichtig abheben. Sollte sich die Eisbombe nicht lösen, kurz ein heißes nasses Tuch außen auf die Form legen. Die Eisbombe in Tortenstücke schneiden.

Rezepte für Eisbomben

Eisbombe Alhambra Ergibt 6–8 Portionen. Eine Eisbombenform von 1,5 l Fassungsvermögen mit 500 ml Vanille-Eiscreme ausstreichen. 250 g Erdbeeren mit dem Saft von ½ Zitrone pürieren und süßen. Die pürierten Erdbeeren und 2 EL Kirschwasser mit 500 ml Eisbomben-Masse vermischen. In die ausgestrichene Eisbombenform füllen und gefrieren lassen. Das gut durchgefrorene Eis aus der Form stürzen und mit Rosetten aus Chantilly-Sahne und frischen ganzen Erdbeeren umkränzen. Mit einem Püree aus frischen Erdbeeren servieren.

Eisbombe Francillon Ergibt 6–8 Portionen. Eine Eisbombenform von 1 l Fassungsvermögen mit 500 ml Kaffee-Eiscreme ausstreichen. 125 g geraspelte Zartbitterschokolade und 2 EL Brandy unter 500 ml Eisbomben-Masse mischen. In die Form füllen und gefrieren. Die gut durchgefrorene Eisbombe aus der Form stürzen, mit Rosetten aus Chantilly-Sahne und mit Schokoladenblättern (S. 424) dekorieren.

Eisbombe Monselet Ergibt 6–8 Portionen. Eine Eisbombenform von 1 l Fassungsvermögen mit 500 ml Mandarinen-Sorbet ausstreichen. 60 g feingehackte kandierte Orangenschale, mazeriert in 3–4 EL Portwein, unter 500 ml Eisbomben-Masse mischen. In die Form füllen und gefrieren. Die gut durchgefrorene Eisbombe aus der Form stürzen. Rosetten aus geschlagener Sahne auf die Eisbombe spritzen und diese mit kandierten Orangenschalen bestreuen.

Rezepte für Parfaits

Kaffee-Parfait Ergibt 4 Portionen. Bei der Herstellung von Eisbomben-Masse mit dem kalt geschlagenen Eigelbschaum 1½ EL Instant-Kaffeepulver, aufgelöst in 3 EL heißem Wasser, zugeben. Die Masse mit 125 g zerbröselten und mit 2–3 EL Amaretto oder Cointreau getränkten Makronen in Parfait-Gläser füllen. Kurz vor dem Servieren jede Portion mit einer Rosette aus geschlagener Sahne und einem Minzzweig oder einer frischen Erdbeere garnieren. Ganze Makronen getrennt dazu reichen.

Schokoladen-Haselnuß-Parfait Ergibt 4 Portionen. Bei der Herstellung von Eisbomben-Masse die Eigelb durch 3 Eiweiß ersetzen. 150 g gehackte Schokolade – auf einem Teller über heißem Wasser geschmolzen – unter den Eischnee ziehen, dann 75 g grobgehackte geröstete Haselnüsse und zum Schluß die geschlagene Sahne unterheben. Die Masse in einer Eisbombenform gefrieren. Aus der Form stürzen, mit Sahnetupfern und Schokoladenblättern (S. 424) dekorieren.

Rezepte für Eis-Soufflés und Eis-Desserts

Krokant-Eis-Soufflé Ergibt 6 Portionen. Krokantmasse (S. 419) – zubereitet aus 150 g ganzen, nicht abgezogenen Mandeln und 150 g Zucker – mit dem erkalteten Eigelbschaum vermischen. Aus 3 Eiweiß und 2 EL Zucker eine leichte Baiser-Masse herstellen und mit der geschlagenen Sahne unterheben. 6 Auflaufförmchen mit einer Papiermanschette versehen und die Masse bis an den oberen Papierrand einfüllen. Zum Servieren die Eis-Soufflés mit Kakaopulver bestäuben und die Manschetten entfernen.

Himbeer-Eis-Soufflé Ergibt 6–8 Portionen. Bei der Herstellung von Eisbomben-Masse die Eigelb durch 2 Eiweiß ersetzen. 375 g Himbeeren pürieren und durch ein Sieb streichen. Zuerst das Püree, dann die geschlagene Sahne unter den Eischnee ziehen. Die Masse auf 6–8 mit einer Papiermanschette versehene Auflaufförmchen verteilen und gefrieren. Zum Servieren jede Portion mit einer Himbeere und einem Minzzweig garnieren.

Semifreddo al cioccolato Ergibt 6–8 Portionen. 500 ml Crème double leicht schlagen. 150 g Zucker unter Schlagen einrieseln lassen. Unter die nun steifgeschlagene Sahne zunächst 125 g geraspelte Zartbitterschokolade, dann 6 Eiweiß, mit 30 g Zucker zu steifem Schnee geschlagen, unterheben. Die Masse in eine Form von 2–2,5 l Fassungsvermögen füllen und im Geriergerät in etwa 6 Stunden fest werden lassen. Das gut durchgefrorene Dessert aus der Form stürzen und zum Servieren in Scheiben schneiden.

FRÜCHTE UND NÜSSE

Mit keinem anderen frischen Lebensmittel ist in jüngster Zeit so viel experimentiert worden wie mit Früchten. Von den gängigen Obstsorten werden ständig neue krankheitsresistente Sorten gezüchtet – mit dem Ziel, hohe Erträge über eine lange Ernteperiode hinweg zu erzielen und die Früchte transportgerechter und länger lagerfähig zu machen. Viele dieser neuen Früchte sind Hybriden – Kreuzungen zwischen Kultur- und Wildpflanzen –, während es sich bei anderen um in Kultur entstandene Varietäten handelt, die unter kontrollierten Bedingungen in Gewächshäusern oder Obstplantagen entwickelt wurden.

Es ist heute möglich, das Wachstum der Früchte so zu steuern, daß die gesamte Ernte in genormter Größe zu einem festgelegten Zeitpunkt für Reife kommt. Mit modernen Lagerungsmethoden werden die Früchte in einem mehr oder minder statischen Zustand gehalten, bis der Reifungsprozeß in Gang gesetzt wird, meist unter Zusatz von Äthylen, einem farblosen, schwach süßlich riechenden Gas, das als einfachster ungesättigter Kohlenwasserstoff in kleinen Mengen von Früchten produziert wird, die unter natürlichen Bedingungen heranreifen. Rein theoretisch sollten alle Früchte im genußreifen Zustand auf den Markt kommen, auch wenn sie in manchen Fällen – zum Beispiel Kernobst – schon sehr viel früher gepflückt werden.

Nichts geht über vollreife Früchte aus dem eigenen Garten, und so gelingt es dem Hobbygärtner, mit mehr oder weniger großem Aufwand – je nach Standort und Klimazone – den gewerbsmäßigen Obstbauern auszustechen. Auch Waren, die auf kleineren Wochenmärkten angeboten werden, zeichnen sich vielfach durch eine gehobene Qualität aus, denn die Früchte stammen von den Bauern der näheren Umgebung und sind am Baum oder Strauch gereift. Auch findet man dort häufig die selteneren Obstsorten, für die sich ein großflächiger Anbau nicht lohnt. Darüber hinaus differieren die einzelnen Sorten nicht nur von Ort zu Ort, sondern auch von Jahr zu Jahr.

Eine solche Fülle des Angebots ist auf großen Märkten natürlich nicht zu finden. Damit eine preisgünstige Versorgung mit Frischobst das ganze Jahr über gewährleistet ist, müssen Anbau und Reifungsprozeß sorgfältig kontrolliert werden. Man ist leicht geneigt, die Neuerungen der modernen Technik in bezug auf den Obstanbau zu verdammen, doch andererseits haben sie auch immense Vorteile gebracht. Daß viele Früchte heute ganzjährig im Handel sind, haben wir dem schnellen Kühltransport zu verdanken und nicht zuletzt einem perfekten Timing, das die Angebote der gemäßigten und tropischen Zonen berücksichtigt. Auch exotische Früchte sind heute längst keine Seltenheit mehr im Warenangebot. Noch bis vor wenigen Generationen waren Früchte ein saisonbedingter Genuß. Ihr Verderb stellte die Menschen immer wieder vor Probleme, alle Früchte – mit Ausnahme der heimischen Obstarten – waren zudem knapp und teuer. Heute dagegen quellen die Regale der Supermärkte über.

Früchte auswählen

Pflückreife und Genußreife sind zwei verschiedene Stadien im Reifungsprozeß von Früchten. Für den gewerbsmäßigen Obstbauern zählt allein die Pflückreife, denn zu diesem Zeitpunkt sind alle Umsetzungsprozesse abgeschlossen. Die meisten Früchte stehen unmittelbar vor der Genußreife, die bei Bedarf – bei grün geernteten Früchten – durch künstliche Mittel beschleunigt wird. Erst während der Reifephasen entfaltet eine Frucht den charakteristischen Geschmack und die typische Konsistenz. Eine im unreifen Zustand geerntete Frucht reift trotz schön gefärbter Schale nicht mehr richtig nach. Das ist auch ein Grund, warum die im Supermarkt so verlockend aussehenden Früchte beim Verzehr häufig enttäuschen.

Generell läßt sich sagen: Je schwerer eine Frucht in der Hand liegt, um so saftiger und wohlschmeckender ist sie. Sie sollte aromatisch duften und auf leichten Fingerdruck nachgeben. Auf keinen Fall Früchte mit Druckstellen oder beginnendem Schimmelbefall kaufen. Überreife Früchte schmecken leicht modrig und haben nicht selten Druckstellen oder braune Flecken. Das Fruchtfleisch ist dann meist dunkel und faulig. Da vollreife Früchte nur begrenzt lagerfähig sind, sollte man immer nur die jeweils benötigte Menge einkaufen.

Früchte aufbewahren

Die Haltbarkeit der Früchte ist immer abhängig vom jeweiligen Reifestadium zum Zeitpunkt des Einkaufs. Bei manchen Früchten – zum Beispiel bei Kernobst, wie Äpfeln und Birnen, und bei Orangen – tritt die Genußreife erst nach Lagerung ein, während sie bei anderen, etwa bei Trauben und Beeren, zeitlich mit der Pflückreife zusammenfällt und bereits nach wenigen Tagen zur Überreife führt. Somit sind solche Früchte nur begrenzt lagerfähig.

Ausgereifte Früchte gehören unbedingt in den Kühlschrank. Zuvor werden jedoch alle überreifen oder angefaulten Exemplare aussortiert. Vorsicht bei Beerenfrüchten – sie sind besonders schimmelanfällig. Es ist darauf zu achten, daß die Früchte nicht gedrückt oder gequetscht werden, denn Druckstellen fördern den Fäulnisprozeß.

Nicht ganz reife Früchte läßt man zu Hause bei Raumtemperatur nachreifen. Am besten gibt man die Früchte in eine braune Papiertüte, die mit einer Nadel mehrmals angestochen wird. Bei besonders festen Früchten kann man den Reifevorgang beschleunigen, indem man zu den unreifen eine vollreife Frucht legt. Da aber beispielsweise Äpfel, Nektarinen, Beeren und Birnen schneller verderben, wenn sie zu dicht beieinander liegen, sollte man sie zum Nachreifen locker ausbreiten oder, einzeln in Papier wickeln. Andere Möglichkeiten der Haltbarmachung von Früchten werden im Kapitel über Konservieren und Einfrieren (S. 484) beschrieben.

Früchte säubern

Früchte, die mit der Schale verzehrt werden, wäscht man kurz in kaltem oder warmem Wasser. Sie dürfen aber nicht zu lange gewässert werden, da Wasser den Fäulnisprozeß beschleunigt. Bei zarten Beerenfrüchten sollte man ganz auf das Waschen verzichten, es sei denn, die Früchte sind extrem sandig. Äpfel und Zitrusfrüchte werden in vielen Ländern mit einem Wachsüberzug haltbar gemacht. Bei uns ist gewachstes Obst für den Verkauf nicht zugelassen. **Hinweis** Die meisten der im Obstanbau eingesetzten Pestizide lassen sich nicht einfach abwaschen. Um das gesundheitliche Risiko möglichst gering zu halten, sollten die Früchte geschält werden.

Verfärbung verhindern

Wenn geschälte Früchte, wie Äpfel, Pfirsiche und Birnen, auch nur kurze Zeit an der Luft liegen, kommt es zu einer unerwünschten Farbveränderung, der sogenannten Bräunung, hervorgerufen durch die Reaktion bestimmter Tannine (Gerbsäuren) und Enzyme. Diese Verfärbung kann durch Säure verhindert werden. Entweder reibt man die Schnittflächen der Frucht mit einer Zitronen- oder Limettenhälfte ein oder legt die angeschnittenen Früchte in Zitronen- oder Limettenwasser. Auch das Pochieren in Zuckersirup (S. 448) dient der Farberhaltung von Früchten während der Be- und Verarbeitung. Zum Schälen und Schneiden von Früchten sollte immer ein Edelstahlmesser verwendet werden, da jedes andere Metall eine Verfärbung bewirkt. Bei Früchten, die eingefroren werden, hilft gegen das Braunwerden der Zusatz von Ascorbinsäure (Vitamin C). Alle Früchte, die sich bräunlich verfärben, sollten möglichst erst unmittelbar vor Gebrauch vorbereitet werden.

Kochen mit Früchten

Früchte sind nicht nur die Ausgangsbasis unzähliger Desserts, sie werden auch roh zu Käse oder gegart als Beilage zu Fleisch- und Geflügelgerichten serviert. Auf ihre wichtige Rolle als Geschmacksträger in fruchthaltigen Cremes, Mousses und Charlotten und nicht zuletzt in Eiscremes und Sorbets wurde bereits hingewiesen. Gebäck ist ebenfalls ein ausgezeichneter Partner für Früchte. Die Amerikaner sind berühmt für ihre *Apple pie*, die Franzosen für ihre Birnen-*feuilletés* und die Österreicher für ihre Strudel. Viele fruchthaltige Desserts – so auch Soufflés, Mehlspeisen und Crêpes – werden unter Mitverwendung von Milchprodukten und Eiern zubereitet.

Zucker und Zitronensaft haben bei Früchten den gleichen Stellenwert wie Salz und Pfeffer bei Fleisch. Schon geringe Mengen machen Frischobst fruchtiger und aromatischer, während sie in gegarten Zubereitungen für die Entfaltung des Aromas der Früchte sorgen, vor allem in Verbindung mit Gewürzen, wie Ingwer und Zimt, bei Kompotten und Pie-Füllungen. Limettensaft verstärkt den Eigengeschmack von Früchten – insbesondere bei Melonen, Mangos und Papayas. Ein Schuß Weißwein rundet das intensive Aroma von vollreifen, saftigen Früchten, wie Pfirsichen, Birnen und Beeren, ab. Auch Liköre und Obstwässer sorgen bei Früchten für eine kräftige Würze. Gelungene Kombinationen sind Pfirsiche in Brandy, Kirschen in Kirschwasser und Aprikosen in Amaretto.

Früchte backen

Eine einfache Form des Garens von Früchten ist das Backen. Größere Früchte ergeben eßbare »Backformen« für süße und pikante Füllungen. Das beste Beispiel sind Bratäpfel, aber auch Pfirsiche und Birnen eignen sich zum Füllen. Wer es etwas ausgefallener mag, verwendet Quitten und füllt sie mit einer pikanten Farce aus Lammfleisch und Eßkastanien.

Äpfel werden vom Kerngehäuse befreit und in der Schale gebacken. Bananen werden meist geschält, wenngleich man grüne Bananen in der Schale backt. Andere Früchte werden sowohl geschält wie auch entkernt oder entsteint. Zur Farberhaltung von geschälten Früchten wird das Fruchtfleisch mit Zitronensaft eingerieben.

Auch Fruchtmischungen sind ideal zum Backen. Gelungene Zusammenstellungen enthalten immer eine Auswahl an Beerenfrüchten. Gebackene Früchte werden häufig als Beilage zu Fleisch – Schweinefleisch oder Wild – serviert. Nicht selten sind sie auch Bestandteil eines Schmorgerichts mit fettem Fleisch oder Geflügel. Pflaumen sind ein ausgezeichneter Begleiter von Schweinefleisch und Schinken, während Bananen gut zu Huhn und Aprikosen zu Lamm passen.

Zum Backen setzt man die Früchte in eine flache, feuerfeste Form und backt sie bei 175 °C/Gas Stufe 2–3. Während des Garvorgangs bestreicht man sie mehrmals mit einer Mischung aus Butter, Honig, weißem oder braunem Zucker, Wein und Fruchtsäften oder Gewürzen. Pro Portion rechnet man je einen Eßlöffel Butter, Zucker und Flüssigkeit. Die Garzeiten richten sich nach den jeweiligen Früchten.

Viele gebackene Obstdesserts sind nicht viel schwieriger in der Zubereitung als einfache gebackene Früchte. Eines davon ist *fruit crumble* – ein mit Streuseln (aus Mehl, Zucker und Butter) bestreutes, überbackenes Obstdessert. Das britische Dessert *Eve's pudding* besteht aus Äpfeln, die mit einem dünnflüssigen Kuchenteig übergossen und anschließend gebacken werden. In Italien werden die Früchte oft im Wechsel mit einer süßen Brotkrumen-Mischung aufgeschichtet. Andere Länder kennen die Zubereitung mit Teig, wie zum Beispiel der französische *clafoutis* (Kirschkuchen, S. 368). Auch die Vereinigten Staaten warten mit einer Vielzahl regionaler Spezialitäten auf: Da gibt es den *buckle*, ein überbackenes Obstdessert aus Kuchenteig, Heidelbeeren und Streuseln, sowie das als *cobbler*, *slump* oder *grunt* bezeichnete Dessert, für das Obst mit einem Knödel- oder Plätzchenteig überbacken wird oder ein Gitter aus Mürbeteig erhält.

Eine neuartige Form der Zubereitung ist das Garen von Obst in einer Papierhülle – *en papillote*. Dazu werden die Früchte in dickes Pergament gewickelt, das sich durch die Ofenhitze zu einem braunen Ballon aufbläht (S. 121). Den Früchten muß kaum Flüssigkeit zugesetzt werden, da während des Garens genügend Saft austritt. Pfirsiche, Pflaumen, Erdbeeren, Bananen und Kiwis sind für diese Garmethode besonders geeignet. Bevor man die Früchte in die Papierhülle gibt, kann man sie noch kurz in Butter sautieren.

FRÜCHTE SCHÄLEN

Bei vielen rohen Früchten reicht es, wenn man sie vor der Weiterverarbeitung wäscht. Andere müssen erst geschält und ausgehöhlt werden. Festfleischige Früchte schält man streifig. Die dickeren, locker sitzenden Schalen von Zitrusfrüchten lassen sich mühelos ablösen. Weiche Früchte und alle vollreifen, saftigen Früchte müssen besonders vorsichtig behandelt werden, damit sie keine Druckstellen bekommen. Dünnschalige Früchte werden blanchiert. Anschließend läßt sich die Haut problemlos abziehen. Früchte mit saftreichem Fleisch oder Früchte mit zahlreichen kleinen Kernen werden halbiert und Fleisch und Samen einfach aus der Schale gelöffelt.

Festfleischige Früchte Die Frucht mit einer Hand umfassen und die Schale mit einem Gemüsemesser oder Sparschäler rund um den Blütenansatz, danach längs vom Stielansatz zur Mitte hin abschälen.

Hinweis Bei runden Früchten, wie Äpfeln, kann die Schale spiralförmig abgeschält werden.

Früchte mit lockerer Schale Die Frucht mit einer Hand festhalten. Mit einem Gemüsemesser die Schale vier- oder fünfmal längs einritzen. Jedes Schalenstück zwischen Daumen und Messer fassen und vorsichtig abziehen.

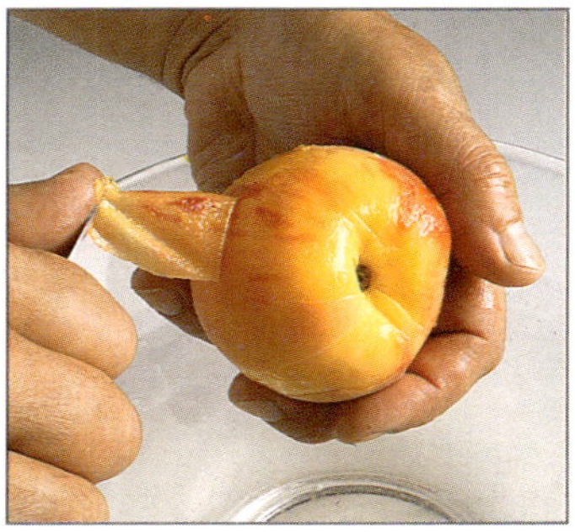

Dünnschalige Früchte Die ganzen Früchte einzeln in kochendes Wasser geben. Je nach Reifegrad 10–30 Sekunden blanchieren und anschließend sofort in Eiswasser abschrecken. Mit einem Messer die Haut am Stengelansatz lösen und vorsichtig abziehen.

FRÜCHTE POCHIEREN

Pochierte Früchte – häufig als Kompott oder gedünstetes Obst bezeichnet – sind denkbar einfach in der Zubereitung und können heiß oder kalt serviert werden. Zum Pochieren nimmt man am besten saftreiche, nicht zu reife Früchte einer festfleischigen Sorte. Zuerst werden die Früchte geschält, ausgehöhlt oder entsteint und je nach Bedarf ganz gelassen, halbiert oder kleingeschnitten (s. einzelne Obstarten). An ganzen Früchten kann man den Stengel belassen – entweder zur Dekoration oder zum Herausheben aus der heißen Zuckerlösung.

Früchte läßt man in einem einfachen Zuckersirup (S. 414) gar ziehen und pochieren. Sie sollten nach dem Pochieren so weich sein, daß sie sich leicht mit dem Löffel abstechen lassen, dürfen aber nicht zerfallen. Wichtig ist der Zuckeranteil im Wasser: Bei einer schwachen Zuckerlösung dringt der Sirup schneller in die Früchte ein, so daß sie gleichmäßig bis zur Mitte garen. Bei einer stärkeren Zuckerlösung verlängert sich die Garzeit, und die Früchte zerfallen nicht so schnell. Deshalb pochiert man ganze Früchte, wie Birnen, in einer schwachen Zuckerlösung, weiche Beeren und sehr reife Früchte dagegen in einem konzentrierten Sirup, damit sie ihre Form behalten.

Den Sirup kann man zusätzlich mit Vanille (möglichst eine ganze Schote verwenden), Zitronensaft oder Wein würzen. Auch Gewürze, wie Zimt und Nelken, werden gern genommen. In Rotwein pochierte Birnen erhalten durch ganze Pfefferkörner ein interessantes Aroma. Gegen Ende der Garzeit kann man zur Aromaverstärkung noch etwas Weinbrand oder Likör zugeben.

Pochierte Früchte werden als Dessert ohne Beigaben oder mit flüssiger oder geschlagener Sahne, mit Crème fraîche oder Englischer Creme (S. 67) serviert. Man verwendet sie auch als Tortenbelag oder als Füllung für Crêpes. Des weiteren püriert man sie für Cremes, Mousses und Eiscremes (S. 430). Kompotte aus säuerlichen Früchten werden oft als Beilage zu Fleisch, Geflügel oder Wild gereicht.

1 Die Früchte in den heißen Sirup geben und mit einem Stück Papier untertauchen.

2 Die Früchte bei milder Hitze in der Zuckerlösung langsam gar ziehen lassen. Zur Aromatisierung eine Vanilleschote zugeben.

3 Für die Garprobe eine Frucht mit dem Schaumlöffel aus der Garflüssigkeit nehmen und mit der Messerspitze einstechen. Die Garzeit ist abhängig von der verwendeten Fruchtsorte und deren Reifegrad. Die fertig pochierten Früchte sollten glasig und zart sein.

Früchte grillen

Gegrillte Früchte sind eine wohlschmeckende Alternative zu gebackenem Obst – insbesondere im Sommer, wenn ein Gartengrill zur Verfügung steht. Bananen, Ananas, Äpfel, Birnen, Feigen und Pfirsiche sind besonders geeignet für das Garen bei starker Strahlungshitze, und bei sehr großer Hitze kann man auch Grapefruits, Pflaumen und Aprikosen grillen. Das Grillgut wird in Scheiben oder Stücke geschnitten oder – als besonders appetitliche Variante – gemischt auf Spieße gesteckt und dann wie *kebab* gebraten. Werden die Früchte nicht aufgespießt, legt man sie auf einen geölten Rost oder – bei Verwendung eines Backofengrills – auf ein geöltes Backblech. Durch einen Stich Butter, etwas Zucker, Honig oder Fruchtlikör kann man sie noch verfeinern. Die Zugabe von Zitronen- oder Limonensaft betont auf dezente Weise den Fruchtgeschmack. Zimt und Ingwer – mit Maßen verwendet, da sie leicht anbrennen – sorgen für zusätzliche Würze. Je nachdem, ob Früchte besonders festfleischig oder saftreich sind, benötigen sie unterschiedliche Garzeiten, aber im allgemeinen rechnet man pro Seite drei bis fünf Minuten. Gegrillte Früchte passen ausgezeichnet zu Eiscreme, Englischer Creme oder *sabayon* (S. 67), sind aber auch eine köstliche Beilage zu Fleisch.

Früchte sautieren und karamelisieren

Um das Aroma zu verstärken, werden Früchte in Butter geschwenkt. Kirschen, Äpfel, Birnen, Pfirsiche, Ananas und Bananen sind dafür besonders geeignet, da sie nicht so schnell auseinanderfallen. Zum Sautieren werden die Früchte geschält, gegebenenfalls entkernt und in gleich große Stücke geschnitten, damit sie gleichmäßig garen. Äpfel schneidet man in Ringe, Birnen und Pfirsiche in Achtel, Ananas in Stücke und Bananen in schräge Scheiben oder halbiert sie längs. Pflaumen und Aprikosen sollte man vorher halbieren und entsteinen. Bei kleinen Früchten, wie Kirschen, reicht es, wenn man sie vor dem Sautieren entsteint und entstielt.

In Zucker gewälzte Kirschen werden in heiße Butter gegeben.

Wird das sautierte Obst als Beilage zu Fleisch gereicht, brät man zur Geschmacksintensivierung zunächst eine Zwiebel an oder schwenkt das Obst statt in Butter in ausgelassenem Speck. Pro Portion rechnet man etwa 15 g Fett. Nicht zu viele Früchte auf einmal in die Pfanne geben und anbraten, damit die Fruchtstücke nicht zu weich werden und im eigenen Saft schmoren. Nach Belieben das Obst mit etwas Zukker bestreuen und mit Salz und Pfeffer abschmecken. Je nach Fruchtart und Reifestadium fünf bis acht Minuten sautieren, bis die Früchte zart und eben gar sind. Sautierte Äpfel oder Aprikosen passen gut zu Schweinefleisch, Pfirsiche sind eine ideale Ergänzung zu Huhn, während in Butter geschwenkte Bananen eine köstliche Beilage zu würzigen Würsten und Currygerichten ergeben. Eine Version der aus der Normandie stammenden Spezialität Schweinekoteletts mit Äpfeln und Sahne (S. 228) wird mit karamelisierten, in Butter geschwenkten Äpfeln und Calvados zubereitet.

Als Dessert werden die sautierten Früchte zusätzlich mit ein bis zwei Eßlöffeln Zucker pro Portion karamelisiert. Dazu wälzt man die Früchte vor dem Anbraten in Zucker oder zuckert sie in der Pfanne und dreht sie dann mit der gezuckerten Seite nach unten. Beim Sautieren karamelisiert der Zucker, so daß die einzelnen Früchte anschließend einen goldgelben Glasurmantel haben. Die Früchte von Zeit zu Zeit mit dem Fruchtsirup begießen und aufpassen, daß der Sirup nicht am Pfannenboden ansetzt und verbrennt.

FRÜCHTE FLAMBIEREN

Für ein festliches Dessert werden die Früchte nach dem Sautieren gern mit hochprozentigem Alkohol, wie Brandy, Rum, Kirschwasser oder einem anderen Likör, flambiert. Während Brandy und Rum zu fast allen Fruchtsorten passen, bleibt Kirschwasser den Kernobstarten, wie Pflaumen, Pfirsichen und natürlich Kirschen, vorbehalten. Zur Verstärkung des Aromas und zur Farbveränderung kann den Früchten ein Fruchtlikör zugesetzt werden. Flambierte Früchte serviert man mit Löffelbiskuits oder *petits fours*. In Verbindung mit Crêpes und Eiscreme sind sie ein besonderer Hochgenuß.

1 *Rechts:* Die Früchte zunächst in Butter und Zucker sautieren, bis sie zart und karamelisiert sind. Zwischendurch die Früchte mit dem austretenden Saft begießen.

2 Den Alkohol – pro Portion etwa 1–2 EL – seitlich in die Pfanne gießen, nicht zuviel auf einmal, da sonst die Flammen beim Flambieren zu heftig hochschlagen.

3 Mit einem entzündeten Streichholz den Alkohol am Pfannenrand in Flammen setzen oder die Pfanne an eine Gasflamme neigen, bis sich der Alkohol entzündet. Die Früchte so lange mit dem brennenden Alkohol begießen, bis die Flamme fast verlöscht ist.

Hinweis Beim Flambieren Gesicht und Haare außer Reichweite der Flammen halten.

Früchte fritieren

Wegen der starken Hitzeeinwirkung beschränkt sich diese köstliche Zubereitungsmethode auf einige wenige Fruchtarten. Zum Fritieren besonders geeignet sind Äpfel, Birnen, Bananen, Aprikosen und Ananas, aber auch mit Erdbeeren und gut abgetropften Pfirsichen lassen sich gute Ergebnisse erzielen. Sehr weiche Früchte zerfallen im heißen Fett.

Die Früchte werden zunächst in gleich große Scheiben oder Stücke geschnitten, trockengetupft und dann in einen einfachen Ausbackteig (S. 105) getaucht. Zur Aromaverstärkung kann man die Früchte vorher in Brandy, Rum oder Likör einlegen. In diesem Fall muß man die Früchte gut abtropfen lassen und mit Puderzucker bestäuben, bevor man sie durch den Teig zieht. Durch die Zugabe von Wein oder Likör wird der Ausbackteig noch aromatischer. Die zu fritierenden Fruchtstücke werden drei bis fünf Minuten in 190 °C heißem Fett ausgebakken, anschließend – wie jedes andere Fritiergut – auf Küchenkrepp gelegt und, mit Puderzucker bestäubt, sofort serviert, denn die knusprige Hülle wird später wieder weich. Bananenküchlein, beispielsweise, schmecken nicht nur vorzüglich zum Dessert – sie werden auch gern als Beilage zu Huhn oder Schinken gereicht.

Fruchtpürees und Fruchtsaucen

Pürees von rohen oder gekochten Früchten sind wichtige Grundzutaten bei der Zubereitung von Sorbets, Gelatinespeisen, erfrischenden Fruchtsuppen und süßen Brotaufstrichen. In Soufflés, Mousses und Eiscremes werden Fruchtpürees zur Aromatisierung verwendet. Ein einfaches Fruchtpüree enthält nur eine Fruchtart. So ist zum Beispiel Apfelsauce (S. 66) nichts anderes als ein Püree aus gekochten, aromatisierten Äpfeln, und Himbeersauce gesüßtes Himbeerpüree (mit einem Schuß Himbeergeist). Viele frische Früchte oder aufgetaute Tiefkühl-Früchte lassen sich pürieren und zu delikaten Dessert-Saucen verarbeiten. Manche Fruchtsaucen werden speziell als Beigabe zu pikanten Gerichten gereicht. Aus Stachelbeeren läßt sich eine angenehm säuerlich schmeckende Sauce zaubern, die ausgezeichnet zu geräucherter Makrele paßt. Eine Pflaumensauce wiederum ist eine köstliche Beigabe zu gekochtem oder geräuchertem Schinken und auch in der chinesischen Küche überaus beliebt.

Coulis ist die französische Bezeichnung für ein relativ dünnflüssiges Püree (*couler* heißt »fließen«), das nach der klassischen Zubereitungsmethode durchgesiebt wird – demnach keine Kerne oder Schalen mehr enthält –, aber trotzdem noch eine gewisse Textur besitzt. Mittlerweile umfaßt dieser Begriff jegliche Art von Fruchtsaucen, gleich welcher Konsistenz. Die russische und osteuropäische Süßspeise *kisselj* wird aus Püree von Beerenobst oder aus Fruchtsaft – angedickt mit Kartoffelstärke, Pfeilwurzelmehl oder Gelatine – hergestellt und eiskalt mit Milch oder geschlagener Sahne serviert. Die weichere Variante dieses fruchtigen Desserts wird auch warm als Sauce zu pikanten Speisen gereicht. In Deutschland kennt man eine ähnliche Zubereitung, die Rote Grütze.

Fruchtsuppen

Kalte Fruchtsuppen haben in Skandinavien und Ungarn eine lange Tradition. Mittlerweile erfreuen sie sich – als erfrischender Abschluß einer Mahlzeit – auch in heutigen Menüfolgen großer Beliebtheit. Einige dieser Kaltschalen werden auf der Basis von rohen Früchten hergestellt – aus Melonen oder Pfirsichen, die besonders saftreich und aromatisch sind. Weitaus gängiger sind jedoch die Zubereitungen mit gegartem Obst. Dazu werden die Früchte kurz in einer schwachen Zuckerlösung pochiert und anschließend durchpassiert. Das Püree sollte dünnflüssig und angenehm delikat sein. Nicht selten wird es mit einem Dessertwein verfeinert. Ideal sind säuerliche Früchte, wie Sauerkirschen oder Preiselbeeren, vor allem dann, wenn die Kaltschale mit Crème double oder Crème fraîche angereichert wird. Als Würze empfiehlt sich gemahlener Zimt oder Muskat. Heiße Fruchtsuppen reicht man gewöhnlich als Auftakt eines Menüs.

Weitere Garmethoden für Früchte

Werden ganze Früchte – zum Beispiel Pflaumen, Kirschen oder Aprikosen – in Teig pochiert, erhält man die vor allem in Österreich beliebten Knödel, die meist mit Vanillesauce oder saurer Sahne serviert werden. Wenn man dazu Blätterteig nimmt und die Knödel anschließend im Ofen backt, schmecken sie noch köstlicher. In der asiatischen Küche taucht man fritierte Früchte in Zuckersirup, der bis zum großen Bruch (S. 415) gekocht wurde, und schreckt sie sofort in kaltem Wasser ab. Auf diese Weise erhalten die weichen Früchte einen knusprigen Zuckermantel.

Für ein Früchte-Fondue taucht man frisches Obst in geschmolzene Schokolade (S. 421) oder Butterscotch-Sauce (S. 67).

FRÜCHTE PÜRIEREN

Weiche Früchte werden oft roh püriert, während die festfleischigen Fruchtarten sowie alle Früchte, die sich leicht verfärben – zum Beispiel Birnen und Pfirsiche – zuerst pochiert werden müssen. Zu den wenigen Früchten, die roh wie gegart püriert werden können, gehört die Ananas. Aromatischer schmecken die Früchte, wenn sie während des Garens oder nach dem Pürieren gesüßt werden. Um ihr Aroma zu verstärken, kann man Grand Marnier, Himbeergeist, Fruchtextrakte oder Nüsse hinzufügen. Zum Pürieren werden die Früchte – falls erforderlich – geschält, entstielt, entkernt oder entsteint. Kleine Samenkerne bleiben beim Passieren im Sieb zurück.

Die Konsistenz des fertigen Pürees ist nicht unerheblich. Für die englische Süßspeise *fool* sollte das Püree noch etwas »Biß« haben, als Grundmasse eines Sorbets muß es dagegen sehr fein sein.

1 Garen Die Früchte pochieren (S. 448) und abtropfen lassen, dabei den Sirup auffangen. ODER: Die Früchte backen (S. 447) oder kleingeschnitten in wenig Wasser, gegebenenfalls (bei sehr saurem Obst) unter Zugabe von etwas Zucker, weich dünsten.

2 Grobes Püree Die rohen oder gegarten Früchte mit einem Kartoffelstampfer zerdrücken oder in einer Küchenmaschine grob zerkleinern. Gegarte Früchte, wie Rhabarber, Äpfel und Stachelbeeren, werden vorzugsweise in der Küchenmaschine zerkleinert. Solche Pürees enthalten noch alle festeren Bestandteile.

3 Mittelfeines Püree Die rohen oder gegarten Früchte portionsweise im Mixer oder gründlich in einer Küchenmaschine zerkleinern. ODER: Die Früchte durch ein weitmaschigem Sieb streichen.

4 Feines Püree Die rohen oder gegarten Früchte portionsweise mit einem Stößel oder einer Teigkarte – unter festem Druck – durch ein großes Trommelsieb streichen. ODER: Die Früchte durch ein engmaschiges Sieb streichen. Gegebenenfalls den Mixer oder die Küchenmaschine einsetzen und die gründlich zerkleinerten Früchte anschließend durch ein sehr feines Sieb streichen.

5 Das fertige Püree nach Geschmack mit feinem Zucker oder Puderzucker süßen und nach Belieben mit Likör aromatisieren. Ein zu festes Püree mit der Pochierflüssigkeit oder Wasser verdünnen.

Ungarische Kirschsuppe

Zur Zeit der Kirschernte kommt diese Sauerkirschsuppe zumeist eisgekühlt auf den Tisch. Nicht minder köstlich ist sie, wenn sie heiß als Auftakt eines herbstlichen Wild-Menüs serviert wird.

8 Portionen

1 Flasche (750 ml) trockener Weißwein
100 g feiner Zucker (oder nach Geschmack)
500 g Sauerkirschen, entsteint
Saft von 2 Zitronen
750 ml Crème fraîche oder Crème double
2 EL Kirschwasser
Gemahlener Zimt (zum Bestreuen)

1 Den Wein zusammen mit dem Zucker erhitzen. Sobald der Zucker sich aufgelöst hat, die Flüssigkeit zum Kochen bringen, die Kirschen zugeben und bei schwacher Hitze 3–5 Minuten köcheln lassen.
2 Die Suppe pürieren oder durch ein Sieb passieren. Den Zitronensaft zugeben und das Ganze abkühlen lassen. Zwei Drittel der Crème fraîche oder Crème double zusammen mit dem Kirschwasser unter die erkaltete Suppe rühren und abschmecken; gegebenenfalls noch etwas nachsüßen. Die Suppe zugedeckt gut durchkühlen lassen.
3 Die eisgekühlte Suppe in Suppenschalen füllen. Die restliche Crème fraîche oder Crème double auf die einzelnen Portionen verteilen, durch leichtes Verrühren marmorieren und mit Zimt bestreuen.

Abwandlung

Erdbeersuppe Die Sauerkirschen durch Erdbeeren ersetzen; diese aber nur 1–2 Minuten köcheln lassen. Den Zimt weglassen.

Früchte mazerieren

Mazerieren entspricht dem Marinieren: Früchte, gelegentlich auch Gemüse, läßt man in einer aromatischen Flüssigkeit einige Zeit ziehen. Dazu taucht man die Früchte in Zucker oder Zuckersirup und/oder in Alkohol. Die Früchte werden dadurch weich, nehmen gleichzeitig die Aromastoffe auf und ziehen Saft. Die besten Ergebnisse erzielt man mit weichfleischigen Früchten, wie Melonen, Pfirsichen, Mangos, und vor allem mit weichen Beerenfrüchten.

Für einen frischen Obstsalat werden verschiedene Fruchtsorten gemischt, mazeriert und anschließend gut durchgekühlt. Als Beigabe zu Eiscreme oder anderen kalten Desserts wird meist nur eine einzige Fruchtart in Weiß- oder Rotwein oder Likör mazeriert. Besonders hübsch sieht es aus, wenn mazerierte Früchte in den ausgehöhlten Fruchtschalen von Melonen oder Ananas (S. 468) oder in einer Glasschüssel angerichtet werden. Mit Wein oder Likör mazerierte Früchte werden auch oft mit geschlagener Sahne vermischt oder bedeckt; durch die in der Flüssigkeit enthaltene Säure wird die Sahne leicht angedickt. Für einen erfrischenden Sommersalat als Beigabe zu Fisch, Geflügel oder scharf gewürztem Fleisch läßt man die Früchte in einer Marinade aus Wein und frischen Kräutern oder in einer leichten Zitrusmarinade durchziehen.

Frisches Obst und Fruchtsalate zusammenstellen

Frisches Obst ist im Stadium der Vollreife besonders aromatisch und köstlich und kann im Gegensatz zu vielen anderen Lebensmitteln ohne aufwendige Behandlung oder Vorbereitung mehr oder minder direkt verzehrt werden. Deshalb sollte man nach jeder Mahlzeit einen Korb mit mehreren Obstsorten auf den Tisch stellen oder die Früchte zu einem Obstsalat verarbeiten. Obstsalate sollten mit relativ festfleischigen Früchten der Saison – unterschiedlich in Farbe, Konsistenz und Geschmack – zubereitet werden. Vorzugsweise nimmt man mindestens vier verschiedene Fruchtarten, die sich ergänzen. Pfirsiche, Birnen, Pflaumen und Weintrauben sind eine gute Zusammenstellung. Auch verschiedene Melonensorten oder eine Auswahl an Beeren- oder Zitrusfrüchten lassen sich kombinieren. Bei Melonen sollte man auf die Zugabe von säuerlichen Früchten, wie Zitronen, verzichten, da diese den mild-aromatischen Geschmack der Melonen überdecken. Die Früchte sind bei Bedarf zu schälen und werden dann in mundgerechte Stücke zerteilt. Birnen, Äpfel und Pfirsiche, deren Fruchtfleisch schnell bräunlich wird, vermischt man nach dem Zerkleinern sofort mit Zitronensaft.

Zu den klassischen Dressings für Obstsalate zählen Saucen aus Zukker, Wein und Likören oder ein leichter Zuckersirup, der mit Zitronensaft und Vanille aromatisiert wird. Honig ist eine typisch deutsche Zutat in Obstsalaten, während die Amerikaner gern Joghurt und gesüßten Sauerrahm verwenden und die Briten frische süße Sahne dazu reichen. Bei den pikanten Salatsaucen rangiert die klassische Vinaigrette an erster Stelle, gefolgt von Obst-Vinaigrette und Mayonnaise. Für Fruchtsalate empfiehlt sich eine schlichte Garnierung – eventuell eine Handvoll gehackter Nüsse, Rosinen oder Kokosraspeln.

Obstsalate werden – nach klassischer Art – meist in Dessertschalen aus Glas oder Porzellan serviert. Mittlerweile sind jedoch viele moderne Küchenchefs dazu übergegangen, die einzelnen Fruchtstücke gefällig auf Desserttellern anzurichten und daneben die Sauce zu schöpfen. Auch ausgehöhlte, eisgekühlte Fruchtschalen eignen sich hervorragend zum Anrichten von Obstsalaten. Für mehrere Portionen nimmt man eine ausgehöhlte Ananas oder eine große Melone, für Einzelportionen kleine ausgehöhlte Melonenhälften.

Frisches Obst wird für einen Salat oft mit gegarten Zutaten – Geflügel, Meeresfrüchte, Reis und anderen Getreidesorten – kombiniert. Gängige Zusammenstellungen sind Avocado und Grapefruit mit geräuchertem Lachs (S. 470), Garnelen mit Reis und Weintrauben sowie Feigen mit Ente. Durch Zwiebeln, Oliven, Sellerie und andere Gemüsesorten ergeben sich in Verbindung mit Kräutern, wie Minze und Petersilie, interessante Abwandlungen. Salate dieser Art werden zumeist auf knackigen Salatblättern angerichtet. Pikante Salate als Beilage zu Fleisch, Geflügel und Fisch enthalten zum Beispiel Aprikosen, Joghurt und Estragon oder Orangen und Rettich.

Als idealer Begleiter von Käse ist frisches Obst meist auch Bestandteil einer Käseplatte. Zu den klassischen Zusammenstellungen zählen Äpfel und Cheddar, Birnen und Blauschimmelkäse sowie Weintrauben und Frischkäse, etwa Ricotta und Ziegenkäse.

Apfel, Birne, Holzapfel und Quitte

Früher, als Früchte noch zu den Luxusgütern zählten, waren Äpfel und Birnen die einzigen Obstsorten, die sich problemlos lagern ließen und somit manchmal gut die Hälfte des Jahres zur Verfügung standen. Heute gibt es unzählige Apfel- und Birnensorten, von denen manche ein Zufallsprodukt, andere das Ergebnis intensiver Züchtungsarbeit sind und viele darunter eine lange Tradition haben, die bis auf das 18. und 19. Jahrhundert zurückgeht. Trotz dieses Sortenreichtums haben sich die Apfel-Anbauer nur auf knapp hundert Sorten spezialisiert, und von diesen wiederum sind viele nur für die betreffende Anbauregion von Bedeutung und daher nicht überall erhältlich.

Der Koch unterscheidet Äpfel und Birnen zweckmäßigerweise in Tafelobst (im Rohzustand süß und duftend) und in Wirtschafts- oder Kochobst (säurereiche Sorten). Manche Sorten werden nicht nur als Tafelobst geschätzt. Wegen ihres Säuregehalts eignen sie sich auch hervorragend zum Pochieren oder als »Würze« für eine Sauce. Sorten, die auch beim Garen weitgehend ihre Form behalten, sind ideal zum Sautieren, Pochieren oder Kuchenbacken. Breiig kochende Sorten werden dagegen gern zum Backen (zum Beispiel als Bratäpfel) und für Saucen verwendet. Zum Pochieren und Sautieren sollten die Früchte festfleischig, eventuell noch nicht ganz ausgereift sein, während sie zum Backen und Pürieren etwas weicher sein dürfen.

Reife Äpfel sind von unterschiedlicher Färbung – von Grün über Gelb bis Tiefrot –, wenngleich Äpfel einer bestimmten Sorte immer eine einheitliche Färbung aufweisen. Ob ein Apfel knackig, weich, säuerlich oder süß ist, hängt nicht nur von der jeweiligen Sorte ab, sondern auch von der Saison und der Lagerung. Der verbreitetste Tafelapfel ist der dunkelrote, leicht spitz zulaufende Red Delicious mit einem süßlichen, aber faden Geschmack. Gleich an zweiter Stelle folgt sein Namensvetter, der Golden Delicious, der als Koch- wie als Eßapfel gleichermaßen geschätzt ist. Der ursprünglich aus Australien stammende grasgrüne Granny Smith, der mittlerweile weltweit angebaut wird, ist ein idealer Tafelapfel, denn er bleibt lange knackig und saftig und übersteht auch lange Garzeiten unbeschadet.

Rohe Äpfel sind die ideale Salatzutat, zum Beispiel in einem Hühnersalat oder im sahnigen Waldorfsalat mit Sellerie und Walnüssen. Der Apfel harmoniert sowohl mit pikant-würzigen Aromen, wie Speck oder Brunnenkresse, als auch mit anderen Früchten. Überaus glücklich erweist sich die Verbindung mit Käse, zum Beispiel mit einem reifen Cheddar oder einem delikaten Camembert. Grobgeraspelt kann man rohe Äpfel an Salate, Brote, Kuchen und Pfannkuchen geben (die Äpfel unbedingt mit Zitronensaft einreiben, sonst verfärben sie sich). Verarbeitet zu Stücken, Ringen, Spalten oder Püree, sind rohe Äpfel eine weltweit beliebte Kuchenfrucht. Apfelmus würzt man meist mit Zimt oder Nelken. Sautierte Apfelringe oder -spalten werden mit Apfelbranntwein flambiert und als Beilage zu Schweinefleisch oder Ente gereicht. Zur Haltbarmachung kan man die Äpfel zu Apfelkraut verarbeiten oder die vorgekochten Früchte mit Gewürzen in Weinessig und Zucker einlegen.

Bei den Birnen wird ebenfalls in Tafelbirnen und Kochbirnen unterschieden, wenngleich manche Sorten für beide Zwecke geeignet sind. Die meisten Birnensorten sind europäischer Abstammung. Unter den Neuzüchtungen gibt es einige, die auf Kreuzungen zwischen europäischen und chinesischen Sorten zurückgehen, wobei letztere resistenter gegen Krankheiten sind. Viele der feinen Tafelbirnen tragen die Bezeichnung Butterbirne (franz. *beurré*), was auf saftiges, weiches Fruchtfleisch hindeutet. Sie sind wunderbar aromatisch und daher vornehmlich für den Rohgenuß bestimmt. In Frankreich werden die Stiele der edelsten Winterbirnensorte – der Vereinsdechantsbirne – mit rotem Wachs verschlossen, damit die Früchte während der Lagerung nicht schrumpfen. Ein halbes Dutzend Birnensorten wird als gute Kochbirnen eingestuft. Dazu gehören auch die britische Conference und die amerikanische Boscs Flaschenbirne, auch Kaiser Alexander genannt. Die kleinfrüchtige, feste Seckel läßt sich gut zu Birnenkraut (S. 493) verarbeiten.

Eine vollreife Birne serviert man einfach mit Frischkäse oder Blauschimmelkäse. Geschälte und vom Kerngehäuse befreite Birnen schmecken besonders köstlich, wenn sie zusammen mit Wein und Vanille in einer Zuckerlösung pochiert werden. Eine andere Zubereitungsform ist das Backen im Ofen. Dazu werden die entkernten Birnen mit Rosinen gefüllt und mit Honig oder Weinsirup begossen. In Butter geschwenkte Birnen schmecken vorzüglich zu Enten- oder Rehbraten; nicht minder köstlich sind sie als Dessert.

Der Holzapfel und die Quitte – verwandt mit Apfel und Birne – sind von Natur aus so sauer, daß sie in der Regel vor dem Verzehr gekocht werden müssen. Der Holzapfel, ursprünglich in Südosteuropa und in Südwestasien beheimatet, ist vermutlich der Vorfahr des Kulturapfels. Heutzutage werden die Bäume oft nur noch als Zierpflanzen kultiviert. Die Früchte selbst sind roh nicht zu genießen, eignen sich aber durch ihren hohen Pektingehalt – ob allein oder gemischt mit anderen Fruchtarten – besonders gut für Gelee (S. 490). Werden sie als ganze Früchte mit Zucker im Ofen gebacken oder mit süßen Gewürzen eingelegt, dann sind Holzäpfel eine delikate Beilage zu Wild, Schweinefleisch und Geflügel.

Bei Quitten unterscheidet man in herbe Apfelquitte und milde Birnenquitte. Das Fruchtfleisch der Quitten ist sauer und duftet intensiv. Die roh ungenießbaren Früchte entfalten erst beim Kochen ihre Aromafülle. Ihren hohen Pektingehalt macht man sich vor allem bei der Konfitüren- und Geleeherstellung zunutze (ihr Saft geliert leicht). Des weiteren werden die Früchte mit dem typischen Aroma oft püriert und zu Fleischgerichten, aber auch zu Cremespeisen serviert. Im Mittleren Osten, in Lateinamerika und in den Mittelmeerländern ist die Quitte noch heute eine hochgeschätzte Frucht.

MOSTÄPFEL UND MOSTBIRNEN

Die säuerlich-herben Mostäpfel und Mostbirnen sind eng verwandt mit den gängigen süßen Sorten, wegen ihres hohen Säuregehalts aber zum Rohessen nicht geeignet. Der Fruchtsaft wird zu trockenem Apfelwein oder Perry, einem alkoholischen Getränk aus Birnen, vergoren. Die verwendeten Apfel- und Birnensorten schätzt man besonders in den jeweiligen Anbaugebieten – in der Normandie, aus der der berühmte Cidre stammt, im Westen von England, in Nordspanien und in den kühleren Regionen der Vereinigten Staaten, wo sie mit phantasievollen Beinamen bedacht werden.

Für die Cidre- und Perry-Herstellung wird das Fruchtfleisch in breiig stückiger Form verwendet. Daraus wird der Saft abgepreßt und zum Gären in Fässer oder Tanks gefüllt. Süßer Cidre wird ausgefiltert, bevor der Zucker ganz vergoren ist, für den trockenen Cidre läßt man den Saft vollkommen vergären. Cidre wird heute nur noch selten aus einer Sorte Mostäpfel gewonnen; die meisten Produkte enthalten eine Mischung verschiedener Sorten. Sehr verbreitet ist auch der leicht moussierende Cidre, der mit Kohlensäure versetzt ist. Perry hingegen wird immer nur aus einer Sorte Mostbirnen hergestellt.

ZUR INFORMATION

Verbreitete Apfelsorten *Tafeläpfel* Red Delicious (Mittlerer Westen der USA); Golden Delicious (Atlantikküste der USA, Frankreich, Deutschland); Gala (Neuseeland); Jonathan (Nordosten der USA); Morgenduft/Rome Beauty (Mittlerer Westen der USA); McIntosh (Kanada); James Grieve (Schottland, Deutschland); Starking (Großbritannien); Sturmer Pippin (Großbritannien); Cox Orange (England, Deutschland); Blenheim/Goldrenette von Blenheim (Großbritannien); Goldparmäne/Reine des Reinettes (Deutschland, Frankreich); Reinette Franche (Frankreich); Schöner von Boskoop (Niederlande, Deutschland). *Kochäpfel* Granny Smith (Australien); Gravensteiner (Deutschland); Grimes Golden (USA); Calville (Frankreich); Grenadier (Großbritannien).

Verbreitete Birnensorten *Tafelbirnen* Vereinsdechantsbirne/Doyenné du Comice (Frankreich); Gellerts Butterbirne/Beurré Hardy (Frankreich, Niederlande); Durondeau/Tongern (Frankreich); Clapps Liebling (USA); Williams Christ (USA, England); Packham's Triumph (Australien). *Koch- und Tafelbirnen* Anjou (Frankreich); Seckel (USA); Boscs Flaschenbirne (USA); Conference (Großbritannien); Grieser Wildeman (Niederlande).

Saison Abhängig von der jeweiligen Sorte. *Apfel, Birne* Frühsommer bis Spätherbst. *Holzapfel, Quitte* Herbst bis Anfang Winter.

Im Handel Handelsklassen »Extra« (Spitzenqualität) sowie I-III. Früchte der gängigsten Handelsklasse I müssen völlig gesundes Fruchtfleisch aufweisen (leichte Schalenfehler sind erlaubt).

Beim Einkauf beachten *Apfel, Holzapfel* Gleichmäßige Färbung; feste Früchte ohne Druckstellen oder braune Flecken; rostbraune Verfärbungen sind kein Zeichen für mindere Qualität. *Birne* Stiel darf nicht fehlen; festes, leicht nachgebendes Fruchtfleisch am Stielende. *Quitte* Pralle, leuchtend-orangegelbe Färbung (selbst bei Reife noch hart).

Vorbereitung *Apfel, Birne* Mit Apfelausstecher Kerngehäuse entfernen. *Quitte, Holzapfel* Vierteln und das Kerngehäuse mit dem Messer herausschneiden. Früchte nach Belieben schälen.

Nährstoffgehalt pro 100 g (roh). *Apfel, Birne* Kein Protein; kein Fett; kein Cholesterin. *Apfel (ungeschält)* 208 kJ/50 kcal; 11 g Kohlenhydrate; 1 mg Natrium. *Birne* 193 kJ/46 kcal; 10 g Kohlenhydrate; 2 mg Natrium. *Holzapfel* 319 kJ/76 kcal; kein Protein; kein Fett; 20 g Kohlenhydrate; kein Cholesterin; 1 mg Natrium. *Quitte* 157 kJ/38 kcal; kein Protein; kein Fett; 9 g Kohlenhydrate; kein Cholesterin; 3 mg Natrium.

Garzeiten Je nach Sorte und Reifegrad. *Apfel, ganz* Backen bei 220 °C/Gas Stufe 4–5: 15–25 Minuten. *Hälften* Pochieren: 10–15 Minuten; kochen für Püree: 10–20 Minuten bei schwacher Hitze. *Scheiben* Backen bei 220 °C/Gas Stufe 4–5: 10–15 Minuten; grillen: 5–8 Minuten; fritieren: 3–4 Minuten; pochieren: 5–8 Minuten; sautieren: 5–7 Minuten. *Birne ganz* Backen bei 190 °C/Gas Stufe 3: 20–30 Minuten; pochieren: 15–20 Minuten. *Viertel* Backen bei 190 °C/Gas Stufe 3: 15–20 Minuten; pochieren: 8–12 Minuten. *Scheiben* Grillen: 5–8 Minuten; mazerieren: 2–3 Stunden; sautieren: 3–5 Minuten. *Quitte, ganz, gefüllt* Backen bei 190 °C/Gas Stufe 3: 1½–2 Stunden. *Hälften* Pochieren: 15–20 Minuten. *Scheiben* Pochieren: 10–15 Minuten; kochen für Püree: 20–40 Minuten bei schwacher Hitze.

Richtiger Gargrad Glasig, zart und weich, aber noch zusammenhaltend; weich bis breiig für Püree.

Bemerkung Alle genannten Früchte verfärben sich nach dem Anschneiden; deshalb mit Zitronensaft einreiben oder bis zur weiteren Verwendung in gesäuertes Wasser (S. 446) legen; Fruchtfleisch wird bei unsachgemäßer Lagerung, bei sehr großen oder überreifen Früchten leicht mehlig. *Birne, Quitte* Faulen leicht von innen heraus.

Aufbewahrung *Apfel, Holzapfel* Kleine Äpfel sind am besten lagerfähig; im Kühlschrank 3 Wochen; mit Zitronensaft beträufelt und/oder gezuckert oder in Zucker-/Honigsirup eingelegt, tiefgefroren: 1 Jahr. *Apfelmus* tiefgefroren: 9 Monate. *Birne* Im Kühlschrank 10 Tage; mit Zitronensaft beträufelt und gezuckert oder in Zucker-/Honigsirup eingelegt, tiefgefroren: 1 Jahr. *Quitte* In Plastikbeuteln im Kühlschrank 2 Wochen; blanchiert, geschält, ohne weitere Zusätze in Gefrierbeuteln tiefgefroren: 1 Jahr.

Typische Gerichte *Apfel* Püree mit Schweinebraten (Großbritannien); heiße Charlotte (Frankreich); Torte (Deutschland); Pfannkuchen (Deutschland); Bratäpfel (Deutschland). *Birne* Pochiert in Weißwein (Deutschland); *poires à l'Angevine* (in Rotwein; Frankreich); mit Ente (Spanien); karamelisiert (Italien); in Krabbensalat (USA). *Quitte* Pochiert mit Sahnefüllung (Osteuropa); in Honig gebacken (Großbritannien); Gelee (Großbritannien, Deutschland); *dulce de membrillo* (Paste; Spanien).

ÄPFEL, BIRNEN UND QUITTEN VORBEREITEN

Zum Backen und Pochieren bleiben Äpfel, Birnen und Quitten ganz. Das Kerngehäuse wird mit einem Apfelausstecher (S. 505) oder einem Löffel herausgelöst. Nach dem Anschneiden sollten die Früchte sofort mit Zitronensaft beträufelt werden, damit sie sich nicht verfärben.

Einen Apfel aushöhlen Den Apfel waschen und eventuell schälen. Den Apfelausstecher in den Apfel hineindrücken. Den Entkerner mitsamt dem Kerngehäuse auf der anderen Seite hinausschieben. Nach Belieben weitere Kerne und Faserteile mit einem Löffel herauskratzen und somit die Öffnung vergrößern.

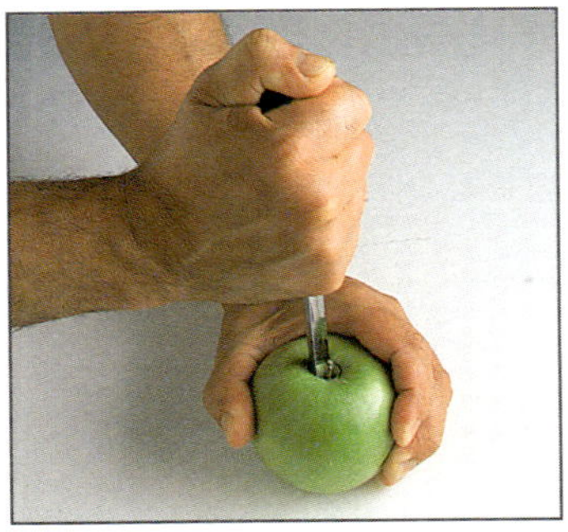

Eine Birne aushöhlen Vom Blütenansatz aus das Kerngehäuse mit einem Teelöffel oder Kugelausstecher (S. 505) herauslösen, ohne die Frucht zu beschädigen. Anschließend die Birne schälen; den Stiel nicht herausschneiden.

Apfel-, Birnen- oder Quittenhälften entkernen Bevor das Kerngehäuse entfernt werden kann, müssen Blüten- und Stielansatz herausgeschnitten werden. Bei einem Apfel entfernt man Blüten- und Stielansatz mit der Spitze eines kleinen Messers und halbiert ihn dann. Bei Birne und Quitte dreht man erst den Stiel heraus und entfernt den Blütenansatz, bevor man die Frucht halbiert.

1 Mit der Messerspitze rund um das Kerngehäuse fahren.

2 Das Kerngehäuse aus dem Fruchtfleisch herausschneiden.

Apfel-, Birnen- und Quittenviertel entkernen Die Früchte wie oben beschrieben vorbereiten und halbieren. Die Hälften noch einmal durchschneiden, die Kerne und Faserteile mit einem Messer sauber herausschneiden. Die Viertel nach Belieben in dünne Scheiben schneiden.

ÄPFEL, BIRNEN UND QUITTEN IN SCHEIBEN SCHNEIDEN

Beim Aufschneiden von Äpfeln, Birnen und Quitten kommt es darauf an, ob gleich große Spalten oder Scheiben von gleicher Stärke gewünscht sind.

Spalten Die Frucht vierteln. Jedes Viertel mit einem kleinen scharfen Messer längs – zu sich hin – in gleich große Spalten schneiden.

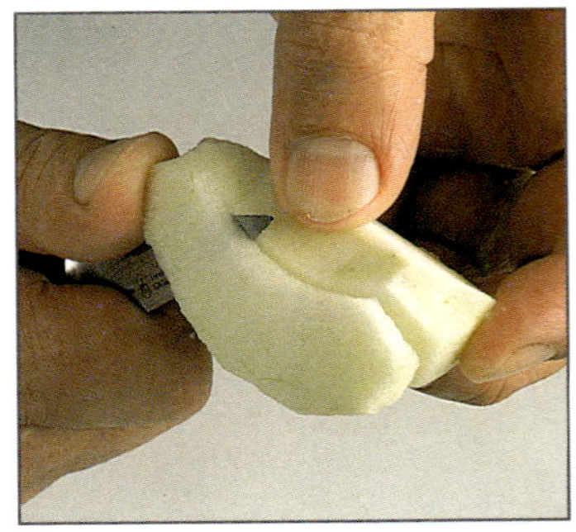

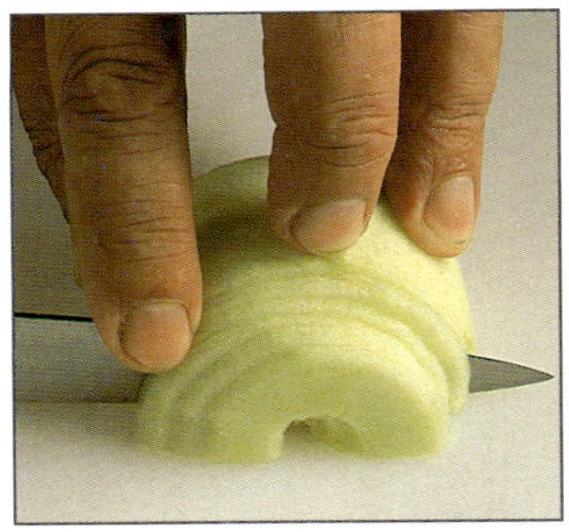

1 Scheiben Die Frucht halbieren und entkernen (links). Die Fruchthälften, jeweils mit der Schnittfläche nach unten, senkrecht in Scheiben schneiden.

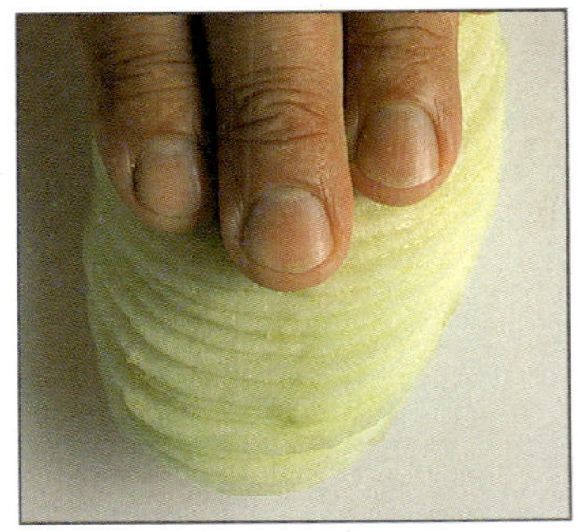

2 Die Fruchthälfte sollte nach dem Aufschneiden zusammenhalten. Nach Belieben die Scheiben leicht verschieben, so daß sie sich dekorativ überlappen.

BIRNENFÄCHER SCHNEIDEN

Zum Garnieren von Salaten oder Gebäck werden die Birnenhälften fächerförmig aufgeschnitten.

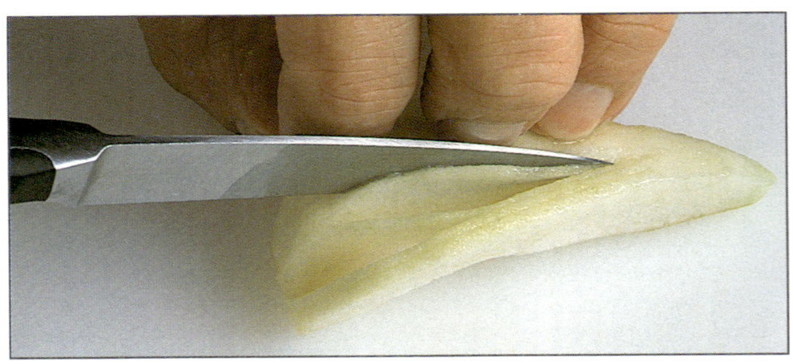

1 *Oben:* Die Birne schälen, vierteln und entkernen (links). Bis fast an den Stengelansatz mehrmals dicht nebeneinander einschneiden.

2 *Rechts:* Die Scheiben mit der Handfläche fächerförmig auseinanderschieben, so daß sie nur noch am Stengelansatz zusammengehalten werden.

Tarte Tatin

Dieser gestürzte Apfelkuchen ist mittlerweile weltberühmt. Benannt wurde er nach den beiden Schwestern Tatin, die ihn in ihrem Restaurant La Gare in Lamotte-Beuvron, südlich von Orléans, erfunden haben. Noch heute kann man dort ihren Backofen bestaunen und von der köstlichen *tarte* probieren.

Der am Boden der Form karamelisierende Zucker bildet nach dem Stürzen einen süßen Überzug, unter dem sich saftige Äpfel auf einem Mürbeteigboden verbergen.

8–10 Portionen
Pâte brisée (S. 372), aus 200 g Mehl hergestellt
175 g Butter
400 g feiner Zucker
3 kg festfleischige Äpfel, geschält, halbiert und entkernt

Zum Servieren
Crème fraîche oder Chantilly-Sahne (S. 70)

Schwere feuerfeste runde Form mit Antihaft-Beschichtung, Pie-Form oder Bratpfanne aus Kupfer (30–36 cm Durchmesser)

1 Den Mürbeteig herstellen und kühl stellen. Die Butter in der Form zerlassen und den Zucker einstreuen. Die Apfelhälften mit der Wölbung nach oben dicht nebeneinander in die Form schichten; sie sollten die Form komplett ausfüllen. Die Äpfel 15–20 Minuten auf der Herdplatte garen, bis der Zucker karamelisiert und leicht brodelt.

Hinweis Sobald die Äpfel weich werden, geben sie Saft ab. Dieser austretende Saft muß verdampft sein, bevor die Früchte karamelisieren.

2 Die Äpfel etwas auskühlen lassen. Den Backofen auf 220 °C/Gas Stufe 4–5 vorheizen. Den Teig zu einer runden Platte – etwas größer als die Form – ausrollen. Die Teigplatte auf die Äpfel legen und die Ränder innen an der Form festdrücken. Zügig arbeiten, damit die noch warmen Äpfel den Teig nicht aufweichen.

3 Die Torte 20–25 Minuten im Ofen goldbraun und knusprig backen. Danach noch 5–10 Minuten in der Form abkühlen lassen. Die Torte auf eine Kuchenplatte oder einen großen Teller stürzen (Spritzgefahr!). Sollten Apfelstücke am Boden hängenbleiben, diese vorsichtig mit einem Palettmesser lösen und auf die Torte geben. Die *tarte Tatin* warm servieren; Crème fraîche oder Chantilly-Sahne getrennt dazu reichen.

Rhabarber

Botanisch gesehen ist der rotstielige Rhabarber ein Gemüse. Doch werden die langen Rhabarberstangen in der Küche wie Obst verwendet oder zubereitet, zum Beispiel als Füllung für süße Pies, als Tortenbelag und Dessert. Da die schirmähnlichen grünen Blätter Stoffe enthalten, die gewebereizend und nierenschädigend wirken, werden sie meist entfernt, bevor die Stangen in den Handel kommen. Auch ohne große Pflege gedeiht Rhabarber prächtig in kalten und gemäßigten Klimazonen. Läßt man ihn im Herbst und Winter in Dunkelheit und Wärme neu austreiben, kann man ihn in nördlichen Ländern bereits im Januar auf den Markt bringen. Die dünnen, leuchtenden Stengel von Treibhausrhabarber sind in der Regel zarter als die großen Stangen von Freilandrhabarber. Deshalb sollten Freilandsorten vor Verwendung wie Staudensellerie (S. 299) geschält werden.

Da Rhabarber zum Rohessen zu sauer ist, wird er unter Zugabe von reichlich Zucker gebacken oder gedünstet. Man kann den Zucker auch durch Erdbeer- oder Himbeerkonfitüre ersetzen. Rhabarber ist eine vorzügliche Kuchenfrucht. Beim Garen produziert er reichlich Saft und sollte möglichst mit einem Teigdeckel versehen oder separat gekocht und anschließend als Belag für blindgebackene Tortenböden verwendet werden. Die knackigen Rhabarberstengel zerfallen schnell, so daß sie nur ganz kurz gekocht werden sollten. Für ein faserfreies Püree müssen die gegarten Rhabarberstücke in ein Passiergerät gegeben oder durch ein feinmaschiges Sieb gestrichen werden. Rhabarber macht sich ausgezeichnet in cremigen Desserts, wie Mousses. Zitrusfrüchte und süße Gewürze, wie Zimt, harmonieren gut mit seinem herb-säuerlichen Aroma. Als besonders köstliche Zusammenstellung für Konfitüre gilt Rhabarber mit kandiertem Ingwer. Etwas ungewöhnlich ist Rhabarbersauce in Kombination mit Fisch oder – wie zuweilen in Dänemark – mit Schweinefleisch.

ZUR INFORMATION

Saison Zeitiges Frühjahr bis Hochsommer (April bis Juli).

Beim Einkauf beachten Feste, saftig-fleischige Stangen von kräftiger Färbung; nicht allzu dick.

Vorbereitung Wurzelansatz und Blätter abschneiden; Stengel gut waschen und in Stücke schneiden.

Menge 500 g Rhabarber ergeben 500 ml gekochtes Püree, 3–4 Portionen.

Nährstoffgehalt pro 100 g (roh). 44 kJ/11 kcal; 1 g Protein; kein Fett; 2 g Kohlenhydrate; kein Cholesterin; 2 mg Natrium.

Garzeiten Je nach Größe der Stücke. Backen bei 175 °C/Gas Stufe 2–3: 10–20 Minuten; pochieren: 10–12 Minuten.

Bemerkung Stangen welken schnell, wenn sie bei Raumtemperatur gelagert werden. Zu sauer zum Garen ohne Zucker; zerfallen bereits nach kurzer Garzeit.

Aufbewahrung In Plastikbeuteln im Kühlschrank 5 Tage; Stücke roh und geschält oder blanchiert, in Honigsirup eingelegt, und gekochtes Püree tiefgefroren: 1 Jahr.

Typische Gerichte *Fool* (Dessert; Großbritannien); gedünstet mit Orange und Ingwer (Großbritannien); Pie mit Erdbeeren (USA); Rhabarber-Pfirsich-Kuchen mit Biskuitgitter (USA); *khoresh* (gedünstet mit Fleisch; Mittlerer Osten); Sauce zu gebackenem Huhn (USA); *granita* (Püree, kalt über gestoßenem Eis, aromatisiert mit Wein oder Likör; Italien); Püree mit roten Beten und saurer Sahne (Polen); Kompott mit saurer Sahne (Ungarn); mit Makronen und Sherry (Dänemark); Pfannkuchen (Deutschland).

STEINOBST

Pfirsich, Nektarine, Aprikose, Pflaume, Kirsche

Früchte der Gattung *Prunus* zeichnen sich durch saftiges Fruchtfleisch und eine dünne Schale aus. Als Kern haben sie einen Stein. Steinobst schmeckt nicht nur roh ganz ausgezeichnet, es bereichert unseren Küchenzettel auch in Form unzähliger Desserts und als köstliche Beilage zu Fleisch, Wild und Geflügel. Steinobst läßt sich gut trocknen (S. 484). Es wird oft in Kirschwasser oder Brandy mazeriert und auch gern zum Destillieren von Fruchtlikören und Branntweinen verwendet. Steinfrüchte sind bei Vollreife gegenüber Stoß und Druck sehr empfindlich und müssen entsprechend sorgsam behandelt werden. Aprikosenkerne, die von der harten Steinschale befreiten Samen der Aprikose, werden gelegentlich wegen des mandelähnlichen Aromas mitgekocht. Da die Kerne aller übrigen Steinfrüchte die giftige Blausäure enthalten, sollten sie in der Küche nicht verwendet werden.

Alle Pfirsichsorten haben saftiges Fruchtfleisch. Besonders beliebt sind gelbfleischige Sorten, obwohl die weißfleischigen in der Regel aromatischer schmecken. Rote »Bäckchen« sind kein Zeichen von Reife; den Reifezustand eines Pfirsichs erkennt man am Duft. Pfirsiche werden in zwei Hauptgruppen unterteilt: in härtere Pfirsiche, sogenannte »Härtlinge«, bei denen sich der Stein schlecht lösen läßt, und weichere Sorten, bei denen man den Stein leicht entfernen kann. Da Härtlinge beim Garen gut ihre Form behalten, werden sie hauptsächlich zu Konserven verarbeitet, während die gut entsteinbaren Pfirsichsorten vorwiegend zum Frischverzehr auf den Markt kommen. Ein reifer Pfirsich läßt sich durch Blanchieren (S. 447) leicht enthäuten. Zieht man die seidig-behaarte Haut nicht vor dem Garen ab, nimmt das Fruchtfleisch die Farbe der Fruchtschale an. Nicht ganz ausgereifte Pfirsiche werden durch das Garen weich. Als Garmethoden haben sich Pochieren und Backen bewährt. Pfirsichspalten werden weicher, wenn man sie in heißen Zuckersirup taucht. Rohe Früchte sind eine beliebte Zutat in gemischten Obstsalaten und pikanten Salaten mit Huhn und Meeresfrüchten. Die saftreiche Nektarine ist eine Kreuzung aus Pfirsich und Pflaume, die frisch süßer, aber weniger fruchtig als ein Pfirsich schmeckt. Auch bei den Nektarinen gibt es Sorten, die sich gut vom Stein lösen, und andere, bei denen der Kern fest am Fruchtfleisch haftet. Im Gegensatz zu Pfirsichen vertragen Nektarinen keine langen Garzeiten. Sie sind deshalb besser geeignet für kalte Desserts, Fruchtsalate und als frischer Kuchenbelag. Da die Fruchtschale der Nektarinen glatt und dünn ist, erübrigt sich das Schälen.

Die Aprikose, deren gewerbsmäßiger Anbau in China auf das Jahr 2000 v. Chr. zurückgeht, schmeckt frisch ähnlich delikat wie der Pfirsich. Doch gegart, getrocknet oder eingemacht ist die feinsäuerliche Steinfrucht ihren Konkurrenten Pfirsich und Nektarine geschmacklich überlegen. Gegarte Aprikosen finden besonders in der orientalischen Küche vielseitige Verwendung. Die getrockneten Früchte sind häufig Bestandteil von pikanten Gerichten mit Schweinefleisch, Ente und Huhn, während zum Pochieren und Backen oder Pürieren für Sauce, Eiscremes oder Sorbets frische Aprikosen besser geeignet sind. Der Konditor benötigt Aprikosenmarmelade zum Glasieren von Früchten und zum Aprikotieren von süßen Kuchen und Torten, vor allem, wenn sie Schokolade enthalten.

Keine andere Steinfrucht ist so artenreich wie die Pflaume. Die Fruchtfarben reichen von Grün über Gelb und Rot zu Dunkelblau. Die dunkelblaue Damson aus der Kultursorte der Kriechen- oder Haferpflaume schmeckt roh sauer und wird deshalb in Großbritannien nur für Kompotte oder Pies, auch zum Einkochen und zur Herstellung von *damson cheese* (einem steifen Pflaumenmus unter Zusatz von Zucker) verwendet. Die grünlichen, gelblichen oder rötlichen Renekloden (Reineclauden, Ringlotten) sind im Geschmack sehr süß und haben zartes, weiches Fruchtfleisch. Es lohnt sich allemal, nach diesen wohlschmeckenden Edelpflaumen Ausschau zu halten, denn sie sind besonders hochwertig für den Frischverzehr und auch vorzüglich als Kompott. Mirabellen, kaum mehr als kirschgroß und goldgelb, sind roh wie gekocht sehr süß und aromatisch. Sie eignen sich gut zum Einmachen und Trocknen und zur Herstellung von Likör und Mirabellengeist. Auch Obstkuchen mit Mirabellen sind ein Genuß.

Die in Europa gängige rundlich-ovale Hauspflaume mit blauvioletter Haut schmeckt süß und hat weiches, aromatisches Fruchtfleisch. Sie hat eine ausgeprägte Fruchtnaht und unterscheidet sich darin von der Zwetschge. Die länglichen Zwetschgen haben festeres Fleisch, das sich leicht vom Stein lösen läßt. Während die Hauspflaume als Tafelobst geschätzt wird, eignen sich Zwetschgen besonders zum Einmachen und Backen – bayerischer Zwetschgendatschi gilt nicht nur in Süddeutschland als Köstlichkeit. Die großfruchtigen japanischen Pflaumen haben dagegen sehr weiches, saftreiches Fruchtfleisch, das um den Stein herum oft leicht säuerlich schmeckt. Ihre Farbe tendiert zu Kirschrot, Orange und Gelb, wechselt aber nie ins Blaue oder Violette. Die als Wildfrucht gesammelte Schlehe ist im Rohzustand ungenießbar, da stark sauer, und wird deshalb zu Gelee verarbeitet oder für Branntwein oder Schlehenlikör verwendet.

Der Fruchtfarbe nach kann man Kirschen in drei Gruppen unterteilen: in schwarze Kirschen (eigentlich dunkelrot und rötlichbraun bis schwarz), weiße (die in der Regel blaßgelb sind) und Sauerkirschen. Schwarze Kirschen können sowohl süß wie sauer sein, während helle Sorten gewöhnlich süß schmecken. Bei uns werden die Kirschen in zwei Hauptgruppen unterteilt: in Süßkirschen, wobei man bei den Süßkirschen wiederum zwischen weichfleischigen, sehr mild schmeckenden Herzkirschen und festfleischigen, etwas säurereicheren Knorpelkirschen unterscheidet. Süßkirschen sind nur frisch besonders schmackhaft; gegart verlieren sie ihr würziges Aroma. Sauerkirschen hingegen sind roh kaum zu genießen, schmecken jedoch pochiert, eingemacht und zu Konfitüre verarbeitet köstlich. Die gängigsten Sauerkirschsorten sind die rotfleischige europäische Morelle, die gelbfleischige Amarelle und die etwas mildere französische Montmorency. Bastardkirschen, eine Kreuzung aus Süß- und Sauerkirsche, vereinigen in sich die Vorzüge beider Sorten: Form und Farbe werden von der Süßkirsche bestimmt, während die Sauerkirsche die Frosthärte und den sehr angenehm säuerlichen Geschmack beisteuert. Bastardkirschen spielen aufdem deutschen Markt kaum eine Rolle.

ZUR INFORMATION

Saison *Pfirsich, Nektarine* Juni bis September. *Aprikose, Pflaume, Sauerkirsche* Sommer. *Süßkirsche* Spätes Frühjahr bis Spätsommer.

Beim Einkauf beachten *Pfirsich, Nektarine* Gelbe oder gelbliche Grundfarbe; feste, aber nicht harte Früchte; wohlgeformt mit der charakteristischen Fruchtnaht; keine Früchte mit Grünstich, Druckstellen oder runzliger Haut kaufen; braune Stellen sind ein Zeichen für verdorbene Ware. Reife Nektarinen sind an der Fruchtnaht meist weicher. *Aprikose* Glatte, straffe und samtige Haut ohne Grünstich; Fruchtfleisch gibt auf leichten Druck nach. *Pflaume* Gleichmäßige Färbung; nicht zu festes Fruchtfleisch; glatte Haut. *Kirsche* Pralle Frucht mit glänzender, schön gefärbter Fruchtschale und grünem – nicht dunklem oder trokkenem – Stiel.

Vorbereitung Waschen, entstielen.

Mengen *Pfirsich, Nektarine, Aprikose, Pflaume* 500 g ergeben 2–3 Portionen. *Kirsche* 500 g ergeben entsteint etwa 375 g.

Nährstoffgehalt pro 100 g (roh). *Alle* Kein Fett; kein Cholesterin. *Pfirsich, Nektarine, Aprikose* (durchschnittlich) 181 kJ/43 kcal; 1 g Protein; 11 g Kohlenhydrate; 2 mg Natrium. *Pflaume* 213 kJ/51 kcal; 1 g Protein; 12 g Kohlenhydrate. *Kirsche* 302 kJ/72 kcal; 17 g Kohlenhydrate; 2 mg Natrium.

Garzeiten *Pfirsich, Nektarine, Hälften* Backen bei 175 °C/Gas Stufe 2–3: 15–20 Minuten; grillen: 8–10 Minuten; pochieren: 10–15 Minuten. *Spalten* In Ausbackteig fritieren: 2–3 Minuten; mazerieren: 3–6 Stunden; sautieren: 5–7 Minuten. *Aprikose, Pflaume, ganz* Pochieren: 8–15 Minuten. *Hälften* Backen bei 175 °C/Gas Stufe 2–3: 10–15 Minuten; grillen: 6–8 Minuten; mazerieren: 3–5 Stunden; pochieren: 8–15 Minuten. *Kirsche* Mazerieren: 6–12 Stunden; pochieren: 5–10 Minuten; sautieren: 4–7 Minuten.

Richtiger Gargrad Zart und weich.

Bemerkung *Pfirsich, Nektarine* Angeschnittenes Fruchtfleisch verfärbt sich (S. 446); unreif geerntete Früchte werden durch längeres Lagern welk und schrumpelig. *Aprikose, Pflaume* Nicht richtig ausgereifte Früchte schmecken mehlig, fade oder sauer.

Aufbewahrung Früchte reifen bei Raumtemperatur nach; in Plastikbeuteln im Kühlschrank 2–7 Tage. *Pfirsich, Nektarine, Aprikose* Enthäutet, gezuckert, mit Zitronensaft beträufelt oder in Zucker-/Honigsirup eingelegt, tiefgefroren: 1 Jahr. *Pflaume* Ungezuckert, gezuckert oder in Zukker-/Honigsirup eingelegt, tiefgefroren: 1 Jahr. *Kirsche (Sauerkirsche)* Mit Zitronensaft, ungezuckert oder entsteint in Zucker-/Honigsirup eingelegt, tiefgefroren: 1 Jahr.

Typische Gerichte *Pfirsich, Nektarine* Pochiert (Deutschland); *pêches cardinal* (mit Himbeeren, Kirschwasser und Mandeln; Frankreich); gefüllt mit Makronen (Italien); Sauerrahm-Pie (USA). *Aprikose* Wiener Marillenknödel (Österreich); pochiert mit Nelken und Zimt (Großbritannien); Obstkuchen mit Mandeln (Schweden); Kaltschale mit Zimt (Schweden). *Pflaume* Geleespeise; (Australien); *porc à la vogésienne* (mit Schweinefleisch; Frankreich); geschmort mit Rindfleisch und Aprikosen (jüdisch); Sauce zu Wild (Niederlande); süße Suppe mit Toast (Brasilien); Pflaumenkuchen (Deutschland); *damson cheese* (steifes Pflaumenmus; Großbritannien); *karcho* (Suppe mit Rindfleisch; UdSSR). *Kirsche* Auf Jubiläumsart (mit Eiscreme, mit Likör flambiert; USA); Pie (USA); in Portweinsauce (Großbritannien); *canard Montmorency* (mit Ente; Frankreich); *cérises au vinaigre* (in Essig eingelegt; Frankreich); *gâteau Bigarreau* (Biskuittorte mit Krokantfüllung; Frankreich); Schwarzwälder Kirschtorte (Deutschland).

Renekloden-Torte

KIRSCHEN ENTSTEINEN

Kirschen werden gewöhnlich mit einem Entsteiner (S. 505) entsteint. Leider geht dabei viel von dem kostbaren Saft verloren. Als Alternative ritzt man die Kirsche mit der Spitze eines Sparschälers ein und drückt dann vorsichtig den Stein heraus.

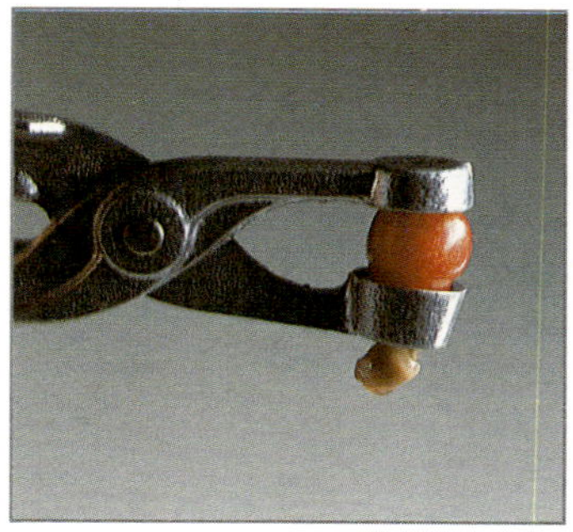

1 Die entstielte Kirsche mit der Vertiefung nach oben in den Entsteiner legen.

2 Die Griffe des Entsteiners zusammendrücken, um den Stein herauszulösen. (Nach dieser Methode können auch Oliven entsteint werden.)

PFIRSICHE, PFLAUMEN, NEKTARINEN UND APRIKOSEN HALBIEREN

Zum Grillen, als Kuchenauflage, für Pies, zum Füllen oder Backen empfiehlt es sich, die Früchte zu halbieren. Pfirsiche und Aprikosen halbiert man gleich nach dem Blanchieren und Abtropfen und zieht erst dann die Haut ab.

1 Mit einem kleinen scharfen Messer die Frucht rund um den Stein einschneiden; dabei die Fruchtnaht als Führung benutzen.

2 Die Fruchthälften gegeneinanderdrehen, damit sich der Stein löst. Falls das Fruchtfleisch am Stein haftet, mit einem Messer nachhelfen.

3 Den Stein vorsichtig herauslösen. Falls die Früchte abgezogen werden sollen, ist jetzt der richtige Zeitpunkt dafür. Zur Farberhaltung die Schnittflächen von Pfirsich und Nektarine mit Zitronensaft einreiben oder die Fruchthälften in säurehaltiges Wasser legen (S. 446).

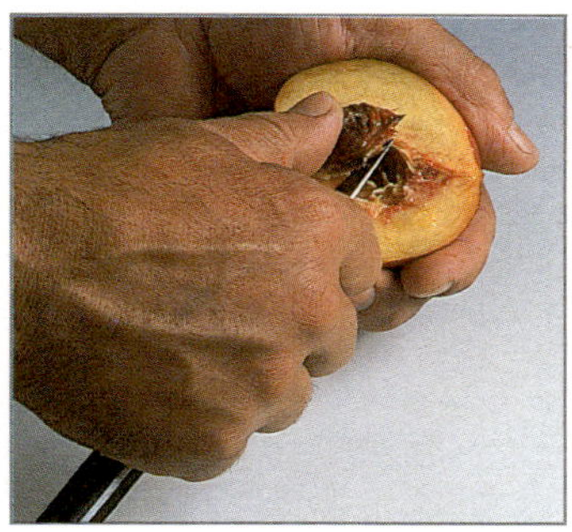

ZITRUSFRÜCHTE

Zitrone, Limette, Orange, Grapefruit, exotische Zitrusfrüchte

Zitrone, Limette, Orange, Mandarine, Tangerine und Grapefruit gehören wie die Exoten Ugli, Pampelmuse, Zitronatzitrone, Kumquat sowie die Hybriden Clementine, Tangelo, Ortanique und Limequat zur großen Gruppe der Zitrusfrüchte. Dank ihrer aromatischen Säure finden Zitrusfrüchte vielseitige Verwendung in Suppen, pikanten Schmorgerichten und Salaten und sind auch häufig der Hauptgeschmacksträger in Desserts (zum Beispiel in Soufflés und Mousses). Nicht zuletzt werden die farbenfrohen Früchte gern zum Garnieren (S. 474) verwendet.

Zitrusfrüchte sind von einer dicken Schale umgeben. Der weiße innere Teil der Fruchtschale wird als Albedo und der äußere, gefärbte als Flavedo bezeichnet; letzterer enthält das ätherische Öl und einen Großteil der Vitamine. Die in den Tropen beheimateten Zitrusfrüchte, die gelb und orangefarben in den Handel kommen, sind selbst im vollreifen Zustand grün. Erst durch die Behandlung mit Äthylengas bekommen sie ihre leuchtenden Farben. In kühleren Klimazonen wechselt die Schalenfarbe mancher Sorten bereits am Baum. Fast alle auf dem Markt erhältlichen Zitrusfrüchte werden der besseren Haltbarkeit wegen (zum Schutz gegen Austrocknen) mit Wachs behandelt.

Keine andere Zitrusfrucht ist so vielseitig wie die Zitrone, die bereits seit mehr als 2000 Jahren angebaut wird. Die wichtigsten Erzeugerländer sind heute die USA und Italien, gefolgt von Griechenland, Spanien, Argentinien und Chile. Zitronen lassen sich in zwei Hauptgruppen unterteilen. Die gewöhnlichen Zitronen, auch Sauerzitronen genannt, sind klein und relativ kernarm mit feinporiger, dünner Schale und haben mehr Saft als große Früchte mit dicker, großporiger Schale, die vorwiegend zum Würzen genommen wird. Zur zweiten Gruppe gehören die süßen Zitronen, die hierzulande aber wenig Bedeutung haben. Eine gute Zitrone ist relativ schwer für ihre Größe und duftet aromatisch. Sie gibt mehr Saft, wenn man sie vor dem Auspressen mit Druck auf einer festen Unterlage hin und her rollt.

Zitronen sind eins der meistverwendeten Würzen in der Küche: Ein Spritzer Zitronensaft rundet den Geschmack vieler pikanter und vor allem süßer Speisen ab, man denke nur an die französische Zitronen-Mousse (S. 434), das britische Zitronengelee oder die italienische *torta di limone* (Zitronentorte). Brote und *scones* werden in Großbritannien oft mit *lemon curd* serviert, einer dicken Paste aus Zitronen, Butter, Zucker und Eigelb. Zitronensaft gehört zu Fisch und Meeresfrüchten ebenso wie zu gebratenem Hähnchen und Gemüse. Ein Spritzer genügt, um den Geschmack von feinen Saucen, Suppen und Schmorgerichten abzurunden. In einer Vinaigrette oder Marinade ersetzt Zitronensaft häufig den Essig. Dünne Scheiben von rohem Fleisch oder Fisch werden durch das Einlegen in Zitronensaft zart und mürbe, wie das lateinamerikanische Gericht *seviche* (S. 125) hinreichend beweist. Zur Verwendung als Würzmittel kann man Zitronen auch in Salz und Essig konservieren, und in salzarmen Diäten kann Zitronensäure das Salz ersetzen. Zitronensaft dient außerdem der Farberhaltung von angeschnittenen Früchten und Gemüsen, die sich durch längeres Liegen an der Luft bräunlich verfärben und unansehnlich werden. Dazu reibt man das Fruchtfleisch mit einer Zitronenhälfte ein oder legt die geschälten Früchte oder Gemüse in Wasser, das mit Zitronensaft versetzt ist.

Die leuchtend-grünen Limetten werden in der Küche wie Zitronen zubereitet und verwendet, sind aber saftiger und feiner im Geschmack. Die dickschaligen Früchte der Tahiti-Limette besitzen sehr saftiges Fruchtfleisch, die sauren mexikanischen Sorten sind eher klein und haben eine dünne, glatte Schale mit einem Stich ins Gelbe. Während die Amerikaner Limettensaft gern als Geschmacksverstärker für Melonen verwenden, werden in den Tropen Papayas und Guaven obligatorisch mit einem Spritzer Limettensaft serviert. In den asiatischen Ländern werden scharfe Currygerichte gern mit dem frischen Saft dieser aromatischen Zitrusfrucht abgerundet, die auch in Mexiko als gute Würze für kalte Meeresfrüchte, Obstsalate und die mexikanische Spezialität *guacamole* (Avocado-Dip) gilt. Nicht zuletzt profitieren zahlreiche Desserts vom feinen Geschmack des Limettensafts.

Orangenbäume galten jahrhundertelang als Symbol für Reichtum und Wohlstand, und ihre Früchte avancierten zu einer der wichtigsten Exportwaren im Obstanbau. Die Pomeranze, auch Bitterorange, Bigaradie oder Sevilla-Orange genannt, gilt als Vorläufer der heutigen Orange und war bis Anfang des 19. Jahrhunderts eine Delikatesse. Die stark sauren Früchte eignen sich nicht zum unmittelbaren Verzehr, sind aber ein hochgeschätzter Geschmacksträger in Marmeladen, Süßwaren und Likör.

Süße Orangen lassen sich in drei Gruppen unterteilen. Am weitesten verbreitet ist die saftreiche Orange, eine mittelgroße, schwere Frucht mit feinporiger Schale. Zu den wichtigsten Sorten dieser Gruppe gehören die Jaffa aus Israel und die aus Spanien stammende Valencia. Die Navelorange, deren Fruchtspitze an der Schale nabelförmig aufgeworfen ist, enthält nicht ganz so viel Saft, läßt sich aber leichter schälen. Die süßen Navelorangen sind kernlos und daher ideal zum Aufschneiden und Filetieren. Nicht ganz so verbreitet, aber hochgeschätzt wegen ihres dunkelroten, kernlosen Fruchtfleisches sind die Blutorangen. Ihr Saft ist eine Hauptzutat in Malteser Sauce (S. 60). Die vorwiegend in Italien angebauten Blutorangen erinnern mit ihrem herben, würzigen Aroma an den Geschmack von Beeren.

Mandarinen sind kleine Zitrusfrüchte mit dünner, lose anhaftender Schale und süßaromatischem Fruchtfleisch. Die bekannteste Mandarinenart ist die Tangerine. Bei der japanischen Satsuma handelt es sich um eine kernarme bis kernlose Mandarine mit dünner, lederartiger – leicht grünlicher – Schale, während die aus Algerien stammende Clementine – eine Kreuzung aus Mandarine und Pomeranze – von einer großporigen, leuchtend orangeroten Schale umgeben ist und besonders süß und aromatisch schmeckt.

Zu den größten Zitrusfrüchten zählt die Grapefruit, die einen Durchmesser von bis zu 15 cm erreicht. Grapefruits sind entweder weißfleischig mit gelber Fruchtschale oder rosa- bis rotfleischig mit gelb-rötlicher Schale. Typisch für Grapefruits ist der erfrischend-herbe Geschmack, der bei kernreichen Sorten ausgeprägter ist. Deshalb werden diese Früchte hauptsächlich zur Saftherstellung verwendet. Etwas milder im Geschmack sind die kernlosen Sorten, die überwiegend für den Frischverzehr bestimmt sind. Grapefruitsaft schmeckt gut in Fruchtgelees und Sorbets, das feinsäuerliche bis herbbittere Fruchtfleisch hingegen paßt gut zu Blattgemüse, zu Avocados und Frischkäse. Ganz vorzüglich schmecken halbierte Grapefruits, die mit Honig oder Zucker gegrillt werden. Wie viele andere Zitrusfrüchte ergeben auch Grapefruits eine ausgezeichnete Marmelade. Die Fruchtschalen sind ideal zum Kandieren. Die Ugli – eine Kreuzung zwischen Grapefruit, Orange und Tangerine – sieht aus wie eine unförmige Grapefruit, ist aber wider Erwarten besonders saftig und süß. Die sonst meist roh verzehrte Frucht wird in der Karibik in der Schale gebacken und noch heiß mit Zucker verspeist.

Die größte Zitrusart ist die Pampelmuse, auch Pummelo oder Pomelo genannt. Die birnenförmige Frucht mit grünlicher, gelber oder leicht rötlicher Schale erinnert an eine große Grapefruit mit grobfaserigem, nicht ganz so saftreichem Fruchtfleisch, das säuerlich und leicht bitter schmeckt. Relativ selten im Handel ist die Zitronatzitrone, die ihrer dicken, aromatischen Schale wegen angebaut wird. Die für den Frischverzehr nicht geeignete Frucht wird zu Marmelade verarbeitet, vorwiegend aber kandiert. Um die Weihnachtszeit kommen kandierte Zitronatzitronen auf den Markt. Sie sollten feucht und klebrig sein und einen frischen, aromatischen Duft verströmen.

Die kleinste aller Zitrusfrüchte ist die pflaumengroße, orangefarbene Kumquat, erhältlich als ovale und runde Sorte. Die winzige Kumquat stammt aus dem südöstlichen China und Japan, wird aber heute vorwiegend in Brasilien angebaut. Ihr Fruchtfleisch schmeckt bittersüß, die dünne, zum Verzehr geeignete Schale dagegen würzig-süß. Roh – mitsamt Schale – sind die würzigen Früchte besonders köstlich. Man kann sie aber auch kandieren (S. 474) oder in Sirup oder Essig einlegen. Blanchierte Früchte verleihen Fleisch- und Fischsalaten ein delikates feinsäuerliches Aroma. Die Früchte – möglichst noch mit Stiel und Blättern – sind auch sehr gut zur Dekoration geeignet.

Die große Gruppe der Zitrusfrüchte umfaßt auch zahlreiche Kreuzungsprodukte, die sich durch Farb- oder Formschönheit oder durch kernlose Früchte auszeichnen. Zu erwähnen sind hier die Tangelo (Kreuzung aus Tangerine und Grapefruit), die westindische Ortanique (Kreuzung aus Süßorange und Tangerine), die Limequat (Kreuzung aus Limette und Kumquat) und die Citrangequat (Kreuzung aus Citrange und Kumquat).

ZUR INFORMATION

Saison *Zitrone* Sommer. *Limette* Das ganze Jahr über. *Pomeranze, Mandarine* Winter. *Blutorange, Ugli, Kumquat, Süßorange* Winter bis Frühjahr. *Grapefruit* Herbst bis Frühsommer.

Beim Einkauf beachten *Alle Zitrusfrüchte* Sollten sich schwer, das heißt saftreich anfühlen. *Zitrone, Limette* Gleichmäßige Färbung; keine schrumpelige Schale. *Orange, Kumquat* Feste, makellose Früchte. *Mandarine* Apfelsinenrote Färbung; lose anhaftende Schale. *Grapefruit* Glatte, dünne und nachgiebige Schale ohne Druckstellen. *Ugli* Lose anhaftende, dicke, wulstige Schale.

Vorbereitung Zum Schälen die gewachsten Früchte unter heißem Wasser abbürsten.

Mengen *Zitrone* 1 mittelgroße Frucht ergibt 3–4 EL Saft. *Limette* 1 Limette ergibt 2–3 EL Saft. *Orange* 1 mittelgroße Frucht ergibt 75–125 ml Saft. *Mandarine* 1 Frucht ergibt 75 ml Saft. *Grapefruit, Ugli* 1 Frucht ergibt 125–175 ml Saft.

Nährstoffgehalt pro 100 g (roh). *Alle Zitrusfrüchte* 1 g Protein; kein Fett; kein Cholesterin. *Zitrone* 168 kJ/40 kcal; 8 g Kohlenhydrate; 3 mg Natrium. *Limette* 126 kJ/30 kcal; 11 g Kohlenhydrate; 3 mg Natrium. *Orange* 197 kJ/47 kcal; 12 g Kohlenhydrate; 1 mg Natrium. *Grapefruit* 182 kJ/43 kcal; 10 g Kohlenhydrate; 2 mg Natrium. *Kumquat* 265 kJ/63 kcal; 16 g Kohlenhydrate; 6 mg Natrium.

Garzeiten *Alle Zitrusfrüchte Schale und Scheiben* s. S. 474–475. *Filets, Segmente* Mazerieren: 2–3 Stunden. *Grapefruit, Ugli* Grillen oder backen bei 230 °C/Gas Stufe 5: 4–6 Minuten. *Kumquat* Pochieren: 15–20 Minuten.

Bemerkung Früchte trocknen bei zu langer Lagerung aus; ältere Früchte enthalten oft viele Kerne.

Aufbewahrung *Zitrone* Im Kühlschrank 1 Monat. *Limette* Im Kühlschrank 1 Woche. *Orange* Bei Raumtemperatur 1 Woche; im Kühlschrank 1 Monat. *Mandarine* Im Kühlschrank 2–3 Wochen. *Grapefruit, Ugli, Zitronatzitrone* Bei Raumtemperatur 1 Woche; in Plastikbeuteln im Kühlschrank 2–3 Wochen. *Kumquat* Bei Raumtemperatur 2 Tage; im Kühlschrank 2–3 Wochen. *Alle Zitrusfrüchte* Schale und pelzige Fruchthaut entfernt, ungezuckert, gezuckert oder in Zucker-/Honigsirup eingelegt, tiefgefroren: 1 Jahr; für Saft ungezuckert tiefgefroren: 3 Monate.

Typische Gerichte *Zitrone Avgolemono* (Suppe mit Ei und Reis; Griechenland); Zitronentorte (Frankreich); *lemon curd* (dicke Paste aus Zitronensaft, Butter, Zucker und Eigelb; Großbritannien); *lemon meringue pie* (mit Baiser-Masse gedeckter Mürbeteig, Zitronencremefüllung; USA). *Limette Seviche* (marinierter Fisch; Südamerika). *Orange* Karamelisiert (Italien); Ente in Orangensauce (Frankreich); Huhn mit Orangensauce (Mexiko); geeist (Frankreich); Kuchen mit Ingwer (Großbritannien). *Grapefruit, Ugli* Gegrillt mit Zucker (USA); gefüllt mit Fenchel (USA). *Zitronatzitrone Riz à l'impératrice* (Reispudding mit kandierten Früchten; Frankreich). *Kumquat* Konserviert in Brandy (Australien). – Zitrusfrüchte harmonieren auch gut mit: Fisch, Meeresfrüchten, Huhn, Petersilie, Minze (Zitrone); Chilischoten, Avocado, Tequila (Limette); Rindfleisch, Frischkäse, Minze, Rosmarin, Schokolade (Orange); Blattgemüsen, Bananen, Avocado (Grapefruit, Ugli).

ZITRUSFRÜCHTE SCHÄLEN

Bei den meisten Zitrusfrüchten läßt sich die Fruchtschale, bestehend aus Flavedo (der äußeren Schale) und Albedo (dem weißen Teil) leicht ablösen. Was übrigbleibt, sind die durch dünne Häutchen getrennten Segmente. Sollen die Früchte in Spalten zerlegt oder in einen Salat geschnitten werden, müssen auch diese Häutchen entfernt werden.

Große Zitrusfrüchte *(rechts)*
Zum Schälen ein Messer mit Wellenschliff benutzen. Die Frucht zunächst an Blüten- und Stengelansatz kappen, dann die Fruchtschale mitsamt der weißen Schicht – der Rundung der Frucht folgend – abschneiden.

Kleinere Zitrusfrüchte Die Früchte wie einen Apfel spiralförmig schälen und dabei auch die weiße Schicht entfernen.

ZITRUSFRÜCHTE FILETIEREN

Für Salate und zum Garnieren verwendet man die Spalten von – möglichst kernlosen – Zitrusfrüchten filetiert.

1 *Rechts:* Schale und Fruchthaut entfernen (S. 459). Mit dem Messer zwischen die Trennhäutchen fahren und das Segment herauslösen.

2 Nacheinander die einzelnen Fruchtsegmente aus den Häutchen herauslösen; dabei die leeren Häutchen wie die Seiten eines Buches umblättern.

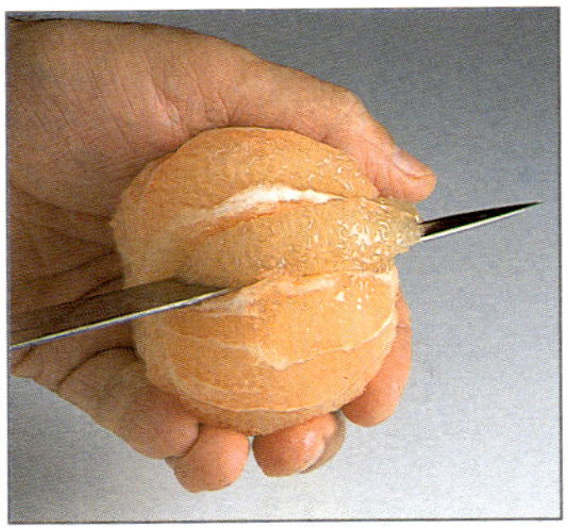

ZITRUSSCHALEN ABREIBEN

Die Schale von Zitrusfrüchten enthält ein aromatisches Öl, das den säurehaltigen Saft der Früchte geschmacklich abrundet.

Bei Verwendung einer Reibe
Die Frucht auf einer feinen Haushaltsreibe mit Druck hin- und herbewegen. Dabei nur den gefärbten Teil der Schale abreiben (die weiße Haut schmeckt bitter).

Bei Verwendung eines Zesteurs *(rechts)* Den Zesteur (S. 505) mit festem Druck über die Frucht ziehen und dabei die Schale in feinen Streifen ablösen.

Hinweis Wenn man die Zitrusfrucht mit Zuckerwürfeln abreibt, tritt das aromatische Öl ebenfalls aus und wird dann vom Zucker aufgenommen. Die zerstoßenen oder in Flüssigkeit aufgelösten Zuckerwürfel können anschließend zum Würzen verwendet werden.

SCHALEN UND JULIENNE VON ZITRUSFRÜCHTEN

Schalenstreifen von Zitrusfrüchten sind eine ideale Würze für Zuckersirup wie auch für pikante Gerichte. Die feinen Julienne-Streifen nimmt man zum Verzieren und Garnieren vor allem von Desserts; sie werden dann meist kandiert (S. 474). Wenn man die Schalenstreifen im Saft der jeweiligen Zitrusfrucht ziehen läßt, gewinnen sie noch an Aroma. Damit sie weicher werden und ihren bitteren Geschmack verlieren, blanchiert man sie ein paar Minuten und läßt sie dann abtropfen.

1 Die äußere Fruchtschale (ohne die weiße Schicht) in etwa 2 cm breiten Streifen abschälen.

2 Die Schalenstreifen übereinanderlegen und längs in 1 mm dünne Julienne schneiden.

Orangen-Soufflé

Dieses köstliche Soufflé enthält in der Mitte eine Lage aus frischen Orangenspalten; die Soufflé-Masse selbst wird mit Grand Marnier aromatisiert. Zur Abwandlung kann das Soufflé auch mit pürierten Beeren oder Bananen zubereitet werden.

4–6 Portionen
Konditorcreme (S. 384), aus 250 ml Milch, 3 Eigelb, 100 g Zucker und 30 g Mehl zubereitet
2 Orangen
70 ml Grand Marnier
5 Eiweiß
30 g feiner Zucker
Puderzucker (zum Bestäuben)

Soufflé-Form (1,5 l Fassungsvermögen)

1 Die Konditorcreme herstellen. Die Schale von 1 Orange fein abreiben und zusammen mit 3 EL (45 ml) Grand Marnier unter die Creme rühren.

2 Beide Orangen schälen und filetieren (links). Die Orangenspalten mit dem restlichen Grand Marnier beträufeln und beiseite stellen.
3 Den Backofen auf 220 °C/Gas Stufe 3–4 vorheizen. Die Soufflé-Form mit reichlich Butter ausstreichen. Die Konditorcreme bei schwacher Hitze vorsichtig erwärmen. Die Eiweiß zu steifem Schnee schlagen. Den Zucker zugeben und etwa 30 Sekunden weiterschlagen, bis der Eischnee glänzt und eine leichte Baiser-Masse entstanden ist.
4 Ein Viertel der Baiser-Masse unter die Konditorcreme rühren (durch die Wärme der Creme wird die Baiser-Masse leicht gegart). Diese Mischung behutsam unter die restliche Baiser-Masse heben.
5 Die Hälfte der Soufflé-Masse in die vorbereitete Form füllen. Die Orangenspalten darauf anordnen. Die restliche Masse darauf verteilen und die Oberfläche mit einem Palettmesser glattstreichen. Mit dem Daumen die Soufflé-Masse am Formrand etwas eindrücken, so daß sich beim Aufgehen eine Art Hut bildet. Das Soufflé in den vorgeheizten Ofen schieben und 12–15 Minuten backen, bis es sich aufgebläht und eine goldbraune Kruste bekommen hat. Das Soufflé mit Puderzucker bestäuben und sofort servieren, da es rasch zusammenfällt.

Trauben

Weintrauben werden bereits in der Bibel erwähnt und zählen somit zu den ältesten Obstarten. Ein Großteil der Trauben – die sogenannten Keltertrauben – dient der Weinherstellung oder Saftgewinnung oder wird getrocknet für Rosinen und Korinthen. Die meisten Sorten stammen von der europäischen Weinrebe *Vitis vinifera* ab. Sie kommen als blaue (rotblaue) oder gelbe Tafeltrauben in den Handel. Bei den blauen Trauben variiert die Schalenfarbe von Violett über Dunkelrot bis Schwarzrot mit blauem Schimmer. Die Schale der Trauben ist stellenweise von einem mehlartigen Reif überzogen, der als »Nebeltau« oder »Dunstfilm« bezeichnet wird. Er schlägt sich nieder, wenn Luftfeuchtigkeit verdunstet, läßt sich jedoch leicht abwaschen. Helle Trauben sind bernsteinfarben bis blaßgrün und schmecken in der Regel weniger aromatisch als dunkle Trauben. Sie haben eine dünnere Schale und festes Fruchtfleisch. Die bekanntesten Sorten sind Dattel- und Muskattraube. Die meisten Tafeltrauben enthalten Kerne, wenngleich es auch eine Reihe von kernlosen Sorten gibt. Sogenannte *slipskin*-Sorten, bei denen sich die Schale leicht vom Fruchtfleisch abziehen läßt, werden vorwiegend zu Saft und Gelee verarbeitet, spielen aber auch bei der Weinherstellung eine Rolle.

Trauben sind eine ideale Ergänzung zu vielen Lebensmitteln. Sie passen zu Fisch und Meeresfrüchten, zu hellem Fleisch, wie Huhn oder Kalb, und schmecken besonders delikat in einer cremigen Weißweinsauce. Als klassisch gilt die Zubereitung von Wachteln, die in Weinblätter gehüllt, mit Trauben garniert und mit einer Weinsauce serviert werden. Trauben harmonieren gut mit Käse der Doppelrahmstufe und Weichkäse, wie Brie. Weintrauben sind auch als Belag für Tortenböden aus Nußmassen besonders geeignet. Zum Garnieren von Desserts werden frische Weintrauben überzuckert (S. 474).

ZUR INFORMATION

Verbreitete Traubensorten *Blaue, rotblaue Trauben* Alphonse Lavallée (Europa, Israel, Südafrika); Red River (USA); Barlinka (Südafrika); Black Beauty (USA); Cardinal (USA, Südamerika, Europa, Südafrika); Frankenthaler (Belgien, Niederlande); Red Flame Seedless (USA); Gros Maroc (Großbritannien); Red Emperor (USA, Südamerika, Südafrika); Fredonia (USA); Ribier (USA). *Gelbe Trauben* Muscat (Frankreich); Almeria/Ohanes (Spanien); Golden Champion (Großbritannien, Niederlande); Biendonné (Europa); Muskateller (Mittelmeerländer); Italia (Europa); Thompson Seedless (USA); Rozaki/Regina Bianca (Europa); New Cross (Südafrika); Himrod Seedless (USA). *Slipskin*-Trauben (alle nordamerikanischer Herkunft). *Blaue Trauben* Concord; Van Buren; Sheridan; Catawba; Pierce. *Gelbe Trauben* Niagara.

Saison *Blaue, rotblaue Trauben* Spätsommer bis Winter. *Gelbe Trauben* Sommer bis Herbst.

Beim Einkauf beachten Pralle, makellose Früchte von gleichmäßiger Färbung, fest am Stiel haftend; gutes Aroma. *Blaue, rotblaue Trauben* Sollten keinen Grünstich haben.

Vorbereitung Unter fließendem lauwarmem Wasser gründlich waschen, da die Früchte mehrmals gegen Krankheiten und Schädlinge gespritzt wurden.

Menge 500 g ergeben 3–4 Portionen.

Nährstoffgehalt pro 100 g (roh). 306 kJ/73 kcal; 1 g Protein; kein Fett; 17 g Kohlenhydrate; kein Cholesterin; 3 mg Natrium.

Garzeiten Blanchieren: 5–10 Sekunden; mazerieren: 3–6 Stunden; pochieren oder in Sauce köcheln lassen: 3–5 Minuten.

Bemerkung Nicht ausgereifte Trauben schmecken stark sauer, überreife oder zu warm gelagerte schimmeln leicht; Trauben zerfallen leicht beim Garen.

Aufbewahrung In Plastikbeuteln im Kühlschrank 2 Wochen; entkernt und ungezuckert oder in Zucker-/Honigsirup eingelegt, tiefgefroren: 1 Jahr.

Typische Gerichte *Pollo con uvas* (mit Huhn, Oliven und Wein; Lateinamerika); mit braunem Zucker und saurer Sahne (USA); mit Perlhuhn (UdSSR); *canard à la vigneronne* (mit Ente, Karotten und Zwiebeln; Frankreich); *bavaroise aux raisins* (Bayerische Creme; Frankreich); mit Entenleber (Frankreich); *Sopa de uvas blancas malagrena* (Kaltschale; Spanien). – Weintrauben harmonieren auch gut mit: Käse, Kalbfleisch, Geflügel, Fisch, Avocado, Beerenobst, Walnüssen, Mandeln.

TRAUBEN ENTHÄUTEN UND ENTKERNEN

Als Bestandteil süßer oder pikanter Speisen sollten die Trauben entkernt ein. Werden sie heiß als Garnitur oder in einer Sauce serviert, empfiehlt es sich, die Sorten mit dicker, fester Schale zu enthäuten.

Trauben enthäuten Am Stengelansatz beginnend, die Schale mit einem Messer abziehen. Schwer zu häutende Trauben vorher 5–10 Sekunden in kochendem Wasser blanchieren.

Trauben entkernen Eine metallene Haarnadel über einer offenen Flamme sterilisieren. Die Stiele entfernen und die Haarnadel am Stengelansatz in die Weintraube einführen. Mit einer kurzen Drehbewegung die Kerne herausziehen. ODER: Die Kerne mit der Spitze eines Sparschälers herauskratzen.

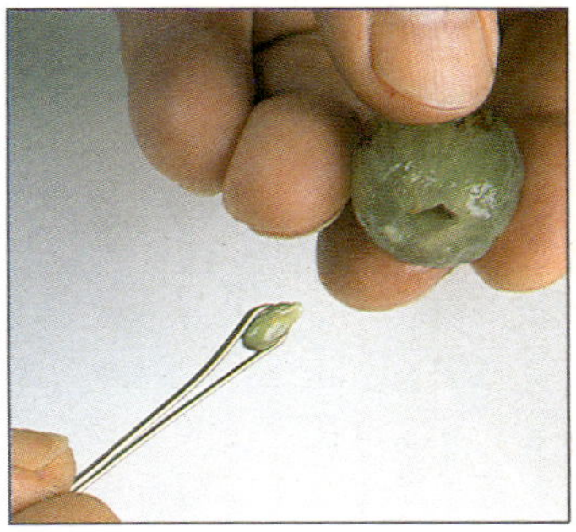

BEERENOBST

Erdbeere, Himbeere, Heidelbeere, Preiselbeere/Cranberry

Beerenobst kann man nach der Verwendung in der Küche in weiche Beeren, wie Erdbeeren und Himbeeren, und in feste Beeren, wie Johannisbeeren, Stachelbeeren und Preiselbeeren, unterteilen. Die weichen Beerenarten sind am besten für den Frischverzehr geeignet, haben aber den Nachteil, daß sie rasch verderben. Man sollte sie nur waschen, wenn sie sandig sind, denn durch das Waschen verlieren sie an Saft und Form, vor allem aber an Aroma. Feste Beeren werden fast immer in gegarter Form gegessen, oft auch püriert und vermischt mit anderen Zutaten, um dann als Dessert zubereitet oder konserviert zu werden. Die meisten Beeren gedeihen am besten in den kühleren Klimazonen des Nordens.

Rote Johannisbeere

Himbeere

Walderdbeere

Erdbeere

Heidelbeere

Schwarze Johannisbeere

Cranberry

Waldhimbeere

Weiße Johannisbeere

Gelbe Himbeere

Boysenbeere

Gelbe Stachelbeere

Rote Stachelbeere

Grüne Stachelbeere

Loganbeere

Holunderbeere

Kultur- und Waldbrombeere

Rauschbeere

Kapstachelbeere

Erdbeeren gibt es in unseren Breitengraden erst seit Mitte des 18. Jahrhunderts – als Produkt einer Kreuzung aus der kleinen nordamerikanischen Scharlach-Erdbeere und der saftreichen Chile-Erdbeere. Bei der Walderdbeere (franz. *fraise des bois*) handelt es sich um eine Wildart, die inzwischen auch erfolgreich kultiviert werden konnte und wegen ihres feinen Aromas sehr begehrt ist. Erdbeeren sollte man übrigens nicht nur mit den Augen kaufen, sondern auch mit der Nase, denn eine gute aromatische Erdbeere erkennt man an ihrem intensiven Duft. Außerdem sollte man darauf achten, daß der Kelch (die Blattrosette mit Stielansatz) – sowohl bei den Wildarten wie auch bei den Kultur-Erdbeersorten – unversehrt ist.

Zur Verwendung in kalten Saucen und Suppen oder als geschmackgebende Zutat werden Erdbeeren meist püriert. Da die Kerne (»Nüßchen«) so winzig sind, braucht man das Püree nicht durchzupassieren. Erdbeeren kann man gut mit einer aromatischen Flüssigkeit tränken, zum Beispiel mit Champagner, Orangensaft, Rotwein oder Likör. Ebenfalls köstlich schmecken die Früchte in einem Soufflé oder Gratin – beides Speisen, die eine sehr kurze Garzeit erfordern.

Himbeeren und Brombeeren sind, botanisch gesehen, Sammelsteinfrüchte, von denen jedes einzelne Segment einen harten Kern enthält. Die klassische Himbeere ist tiefrot, daneben gibt es auch schwarze, schwarzrote und gelbe Himbeeren. Schwarze Himbeeren unterscheiden sich von Brombeeren insofern, als sich das Fruchtfleisch der beerenartig erscheinenden Sammelfrucht leicht vom Zapfen (Blütenboden) ablöst. Himbeeren schmecken am besten leicht gezuckert mit einem Löffel Sahne. Darüber hinaus werden sie zu Obstsorten verarbeitet, ergeben eine ausgezeichnete Füllung – zum Beispiel bei der berühmten Linzer Torte aus Mandelteig – und werden gern zum Garnieren von Desserts verwendet. Pürierte Himbeeren bilden die Grundlage der *sauce Melba* (S. 66) und sind ein wichtiger Geschmacksträger in Mousses, Soufflés, Eiscremes und Sorbets. Wie Erdbeeren werden sie selten gegart, außer für Konfitüren und Gelees. Brombeeren hingegen gewinnen durch das Kochen; sie werden aromatischer und weicher. In Pies und Puddings passen sie gut zu Äpfeln und ergeben auch vorzügliche Marmeladen, Gelees und Sirupe. Das gleiche gilt für die bei uns selteneren Maulbeeren, die den Brombeeren ähneln. Zum Kochen werden die Früchte der schwarzen Maulbeere bevorzugt, da die Früchte der weißen Maulbeere weniger aromatisch sind und etwas fade schmecken.

Brombeeren und Himbeeren haben viele Verwandte. Eine davon ist die amerikanische Loganbeere, deren Früchte bis zur Vollreife überaus sauer und daher zum Frischverzehr weniger geeignet sind. Die saftreiche Boysenbeere mit den sehr großen, roten Früchten enthält nur wenige Samen und schmeckt säuerlich aromatisch. Die skandinavische Torf- oder Moltebeere sieht aus wie eine rote bis gelbe Himbeere und ist sehr wohlschmeckend. Die leicht verderblichen Früchte werden nur selten kultiviert.

Heidelbeeren (Blaubeeren), Rauschbeeren und Preiselbeeren gehören der Gattung *Vaccinium* an, die auf beiden Seiten des Atlantiks beheimatet ist. Die kleine Rausch- oder Trunkelbeere gehört zu den eurasischen Heidelbeeren und ist unter zahlreichen volkstümlichen Namen bekannt, unter anderem als Bick-, Drumpel-, Filz- oder Hundsbeere. Da Heidelbeeren roh manchmal etwas fade schmecken, werden sie vorwiegend für Saucen, Kuchen und Torten verwendet. Aus den süßen, nicht sehr aromatischen Rauschbeeren wird oft Likör hergestellt. Pürierte Beeren dienen als Basis für eine Sauce, die zu Wild gereicht wird. Heidelbeeren wie Rauschbeeren ergeben vorzügliche Marmeladen und Kaltschalen.

Die Preiselbeere ist in ganz Europa und Asien beheimatet. Sie wächst auf Heideböden, in Hochmooren und in Kiefernwäldern. Preiselbeeren haben einen herbsäuerlichen Geschmack und können nicht roh gegessen werden, wenn man sie jedoch zu Kompott, Marmelade oder Gelee verarbeitet, entfalten sie ihr volles Aroma. Die aus Nordamerika stammende Cranberry – früher eines der Grundnahrungsmittel der amerikanischen Indianer – wird bereits über 200 Jahre kultiviert. Bei uns ist sie auch als »Kulturpreiselbeere« bekannt. Sie ist größer als die Preiselbeere, doch ebenso sauer und hart und daher roh ungenießbar. Cranberries ergeben eine vorzügliche Sauce (S. 66) zu Truthahn, Ente und Wild.

Die schwarzen oder scharlachroten Holunderbeeren ähneln den Rauschbeeren und gelten wegen ihres hohen Vitamin-C-Gehalts als besonders gesunde Wildfrüchte. Roh können die bitteren, harten Früchte Vergiftungen bewirken. Sie werden meist zu Saft, Gelee, Mus oder Wein verarbeitet.

Johannisbeeren, ob schwarze, rote oder die selteneren weißen, gehören zu den beliebtesten Beerenfrüchten. Die roten Beeren sind ideal als Garnitur, wegen ihrer intensiven Säure – außer bei Überreife – aber zum Frischverzehr weniger geeignet. Will man sie roh essen, muß man sie kräftig zuckern. Ganz vorzüglich schmecken die Beeren mit einem Rauhreifüberzug aus Zucker (S. 474). Von der Rispe abgestreifte Beeren werden häufig als Verzierung für Desserts oder zum Aromatisieren von pikanten Fleisch- oder Geflügelgerichten verwendet. Fettem Fleisch und Wild, aber auch Cremespeisen kommt das herb-säuerliche Aroma der Beeren besonders zugute. (Weiße Johannisbeeren sind etwas milder im Geschmack, werden aber ähnlich verwendet.) Rotes Johannisbeergelee ist neben Aprikosenmarmelade eine der am häufigsten verwendeten Zutaten des Konditors, denn er braucht es zum Bestreichen von Tortenböden (S. 385).

Schwarzen Johannisbeeren fehlt der seidige Schimmer und das intensive Aroma der roten Johannisbeeren. Die schwarzen Beeren haben roh einen säuerlich-bitteren Geschmack, der aber beim Kochen verschwindet. Schwarze Johannisbeeren lassen sich gut zu Konfitüren und Gelees verarbeiten, denn sie enthalten besonders viel von dem pflanzlichen Gelierstoff Pektin. Industriell werden sie vorwiegend zu Sirup und Likör – berühmtestes Beispiel ist der Cassis aus Dijon – verwertet. Die schwarzen Beeren mit dem hohen Vitamin-C-Gehalt und dem typischen Aroma sind darüber hinaus eine beliebte Kuchen- und Dessertfrucht.

Eng verwandt mit der schwarzen Johannisbeere ist die Stachelbeere, eine meist kugelige oder ovale Frucht mit durchscheinender Schale. Nach der Fruchtfarbe unterscheidet man grüne (weiße), rote und gelbe Sorten. Die Franzosen bezeichnen die Stachelbeere als *groseille à maquereau* (Makrelenbeere) und bereiten aus den unreifen, säurereichen Früchten eine wohlschmeckende Beilage zu geräuchertem Fleisch und fettem Fisch. Im Norden Europas bevorzugt man stark gewürzte Stachelbeeren als Beilage und in Suppen.

Die Kapstachelbeere, auch *Physalis* oder Goldbeere genannt, ist eigentlich eine enge Verwandte des Tomatillo (S. 303) und der Erdkirsche oder Erdbeertomate und wie diese von einer papierartigen Hülle – dem Kelch – umschlossen. Die im vollreifen Zustand glatte, sattgelbe kirschgroße Frucht zählt mit zu den schönsten Früchten, insbesondere, wenn sie mit Fondant überzogen wird.

ZUR INFORMATION

Saison *Erdbeere* Ende Mai bis Anfang Juli. *Preiselbeere/Cranberry* Ende August bis September. *Alle anderen Beerenfrüchte* Sommer.

Beim Einkauf beachten Möglichst nur kleine Schälchen kaufen, da Beeren in großen Behältern durch ihr Eigengewicht zerdrückt werden. *Erdbeere* Gleichmäßige Färbung; feuchter, grüner Kelch. *Andere weiche Beerenfrüchte* Pralle Früchte, leuchtende bis kräftige Farbe; keine Faul- oder Druckstellen. *Feste Beerenfrüchte* Pralle, glänzende Früchte mit intensiver Färbung. *Kapstachelbeere* Unversehrter Kelch.

Vorbereitung *Alle* Schadhafte, faulige oder unreife (grüne) Beeren aussortieren; staubige oder sandige Beeren unmittelbar vor Gebrauch kurz in einem Sieb in eine Schüssel mit lauwarmem Wasser tauchen. *Erdbeere* Kelche entfernen. *Andere Beerenfrüchte* Stiele und Blütenansatz entfernen. *Kapstachelbeere* Eingetrockneten Kelch (als Dekoration) zurückschieben.

Mengen *Erdbeere* 650 g ergeben 500 ml Püree. *Himbeere* 1 kg ergibt 500 ml Püree. *Heidelbeere* 1 kg verkocht zu 750 ml. *Feste Beerenfrüchte* 500 g verkocht zu 750 ml.

Nährstoffgehalt pro 100 g (roh). *Alle* 1 g Protein; 1 g Fett; kein Cholesterin. *Erdbeere* 138 kJ/33 kcal; 7 g Kohlenhydrate; 2 mg Natrium. *Himbeere* 134 kJ/32 kcal; 6 g Kohlenhydrate; 1 mg Natrium. *Brombeere* 206 kJ/49 kcal; 9 g Kohlenhydrate; 2 mg Natrium. *Heidelbeere* 362 kJ/87 kcal; 20 g Kohlenhydrate; 1 mg Natrium. *Rote Johannisbeere* 158 kJ/38 kcal; 8 g Kohlenhydrate; 1 mg Natrium. *Stachelbeere* 195 kJ/47 kcal; 10 g Kohlenhydrate; 1 mg Natrium. *Preiselbeere/Cranberry* 125 kJ/30 kcal; 5 g Kohlenhydrate; 2 mg Natrium.

Garzeiten *Weiche Beerenfrüchte* Mazerieren: 1–3 Stunden. *Brombeere, Heidelbeere* Backen bei 175 °C/Gas Stufe 2–3: 10–15 Minuten; pochieren: 5–8 Minuten. *Feste Beerenfrüchte* Je nach Sorte. Backen bei 175 °C/Gas Stufe 2–3: 8–15 Minuten; pochieren: 5–15 Minuten.

Richtiger Gargrad *Alle Beerenfrüchte* So eben weich. *Preiselbeeren/Cranberries* Weiche Beeren platzen unter lautem Knall.

Bemerkung *Alle Beerenfrüchte* Im unreifen Zustand hart und sauer; Saft hinterläßt Flecken. *Weiche Beerenfrüchte* Büßen bei Kühlung oder Einfrieren an Aroma und Duft ein.

Aufbewahrung *Alle Beerenfrüchte* Alle schadhaften oder fauligen Beeren aussortieren. *Weiche Beerenfrüchte* Lose eingewickelt, im Kühlschrank 1–3 Tage. *Feste Beerenfrüchte* In perforierten Plastikbeuteln im Kühlschrank 3–5 Tage (*Preiselbeeren/Cranberries* bis zu 2 Wochen). *Alle Beerenfrüchte* Ungezukkert, gesüßt mit Zucker/Honig oder in Zucker-/Honigsirup eingelegt, tiefgefroren: 1 Jahr.

Typische Gerichte Rote Grütze (Beerenkaltschale; Skandinavien, Deutschland); *tarte à la cannelle* (Heidelbeertorte mit Zimt; Frankreich); Heidelbeerpfannkuchen (USA, Deutschland); Eiscreme von schwarzen Johannisbeeren (Norwegen); Johannisbeertorte (mit roten Johannisbeeren; Österreich); Moltebeerkompott mit Rehfleisch (Dänemark); Brombeeren mit Whisky und Speck (Schottland); *gooseberry fool* (Stachelbeeren mit Sahne; Großbritannien); Cranberry-Orangen-Relish (USA).

Sommerpudding

Für diesen saftigen Pudding kann man jede Beerenart verwenden.

6 Portionen
750 g Beeren, gemischt
70 g Zucker
(gegebenenfalls etwas mehr)
6–8 Scheiben altbackenes Weißbrot ohne Kruste
Puddingschüssel
(1,5 l Fassungsvermögen)

1 Die Beeren verlesen und waschen. Die tropfnassen Früchte mit dem Zucker in einem Topf vermischen und unter Rühren bei schwacher Hitze köcheln, bis die Beeren weich werden und Saft ziehen – je nach Beerenart 5–10 Minuten. Abkühlen lassen und eventuell nachzuckern.

2 Die Schüssel mit den Brotscheiben auslegen; paßgenau zurechtschneiden. Einige Beeren zum Garnieren zurückbehalten. Die Früchte mit genügend Saft zum Tränken der Brotscheiben in die Schüssel füllen; den restlichen Saft auffangen. Die Früchte mit den restlichen Brotscheiben belegen. Den Pudding mit einem Teller abdecken, mit einem Gewicht (500 g) beschweren und mindestens 1 bis höchstens 2 Tage in den Kühlschrank stellen. Kurz vor dem Servieren den Pudding aus der Form stürzen. Alle Stellen, wo der Saft das Brot nicht gefärbt hat, mit dem zurückbehaltenen Saft bepinseln.

Melonen

Melonen lassen sich in zwei Gruppen unterteilen: in die Zuckermelonen und in die Wassermelonen. Zuckermelonen haben eine hellbraune, grüne oder gelbe Schale und festes, bei Reife stark duftendes Fruchtfleisch. Je nach Gruppenzugehörigkeit ist die Schale entweder genetzt (hellbräunliche Korkleisten bilden auf der Oberfläche eine Netzstruktur), gerippt oder gefurcht. Wassermelonen haben eine hellgrün und dunkelgrün gemaserte Schale und rotes, rosafarbenes oder gelbliches, sehr wasserhaltiges Fruchtfleisch.

Die wohl bekannteste Zuckermelone ist die Kantalupe. In den Vereinigten Staaten bezeichnet man damit eine rundliche Netzmelone mit hellbrauner Schale, während die europäische Kantalupe eine eher rauhe, stark gerippte Außenschale aufweist. Beide haben aprikosenfarbenes, intensiv würziges Fruchtfleisch, das relativ fest und sehr süß ist. Die kleinere Charentais ist die feinste Sorte. Neuzüchtungen aus Israel sind die gefurchte Ogen-Melone und die fußballgroße Galia, beide mit aromatischem, grünem Fruchtfleisch.

Als Zuckermelonen werden auch die Wintermelonen bezeichnet, die wie Miniaturkürbisse aussehen und eine glatte, gefurchte Schale haben. Sie sind in der Regel länger haltbar als andere Melonensorten. Zu den bekanntesten dieser Gruppe zählen die Honigmelonen. Bei vollreifen Früchten wechselt die Fruchtfarbe von einem blassen Grün zu Honiggelb. Die Casaba wird ebenfalls zu den Wintermelonen gezählt. Sie ist recht groß und weißfleischig mit stark gerippter, goldgelber Schale. Die Ananas-Melone sieht aus wie eine gelb gemaserte Wassermelone und schmeckt sehr süß. Die neuerdings so beliebte Crenshaw ist eine Kreuzung aus persischen Casaba-Melonen. Sie hat eine gelb und grün gemaserte, mit flachen Rippen versehene Schale und pfirsichfarbenes Fruchtfleisch. Ihre großen Früchte können ein Gewicht von bis zu 4 kg erreichen.

Wassermelonen sind nur entfernt mit den Zuckermelonen verwandt. Zu den derzeit angebauten Sorten zählen die kleinen runden, die großen, fast kugelrunden mit glatter grüner Schale sowie die großen länglichen und gestreiften Melonen. Sie haben meist kirschrotes oder rosafarbenes Fruchtfleisch, während Neuzüchtungen innen auch cremefarben, blaßgelb oder gar leuchtend-orange sein können.

Den süßen, aromatischen Geschmack können nur voll ausgereifte Melonen entfalten. Als Durstlöscher werden sie an heißen Tagen eisgekühlt serviert. Die Kerne sind vorher zu entfernen. Während sich bei den Zuckermelonen die Kerne in einer Höhlung in der Mitte, also getrennt vom Fruchtfleisch befinden, sitzen sie bei den Wassermelonen direkt im Fruchtfleisch. Vor dem Servieren teilt man die Melonen längs in Segmente und entfernt die Kerne mit einem spitzen Messer aus dem Fruchtfleisch. Die Kerne der Zuckermelonen kann man mit einem Löffel herausschaben. Das Fruchtfleisch wird mit einem Kugelausstecher (S. 505) herausgelöst. Melonen lassen sich gut mit pikanten Zutaten kombinieren, zum Beispiel mit geräuchertem Fleisch und italienischem Schinken. Sehr erfrischend schmeckt auch eine Kaltschale aus Melonen.

ZUR INFORMATION

Saison *Zuckermelone* Sommer bis Winter. *Wassermelone* Sommer bis Anfang Herbst.

Beim Einkauf beachten *Zuckermelone* Größe ist kein Zeichen für Qualität, wenngleich die größeren Früchte in der Regel wohlschmekkender sind. Nur aromatisch duftende Früchte ohne Anzeichen von fauligem Geruch kaufen; feste Früchte ohne Druckstellen, Risse oder Schimmelansatz wählen; weichschalige Sorten müssen am Blütenansatz auf leichten Druck nachgeben. *Wassermelone* Dunkelgrüne, mattglänzende Früchte mit samtiger Schale wählen (weiße oder gelbliche Flecken entstehen durch das Aufliegen am Boden); kleine Wassermelonen leicht schütteln, denn lose Kerne sind ein Zeichen von Reife. Angeschnittene Früchte müssen saftiges Fruchtfleisch mit dunkelbraunen, glänzenden Kernen haben. Reife Melonen klingen hohl, wenn man auf die Frucht klopft.

Vorbereitung Nach dem Aufschneiden Kerne und grobfaseriges Fruchtfleisch entfernen.

Portionen *Zuckermelone* 250 bis 375 g. *Wassermelone* 500–750 g.

Nährstoffgehalt pro 100 g (roh). *Zuckermelone* 105 kJ/25 kcal; 1 g Protein; kein Fett; 6 g Kohlenhydrate; kein Cholesterin; 14 mg Natrium. *Wassermelone* 146 kJ/35 kcal; 1 g Protein; kein Fett; 8 g Kohlenhydrate; kein Cholesterin; 1 mg Natrium.

Garzeiten Mazerieren: 1–2 Stunden; Pickles (S. 490).

Bemerkung Unreif geerntete Melonen schmecken leicht pelzig und enthalten kaum Saft; überreife Früchte gären leicht.

Aufbewahrung *Zuckermelone, ganz* Bei Raumtemperatur 1–2 Tage. *Hälften, Spalten* Im Kühlschrank 3 Tage. *Stücke* Geschält, ungezuckert in Gefrierbeuteln oder in Zucker-/Honigsirup eingelegt, tiefgefroren: 1 Jahr. *Wassermelone, ganz* Bei Raumtemperatur 2–3 Tage. *Hälften, Spalten* Im Kühlschrank 1 Woche; nicht einfrieren.

Typische Gerichte Mit Schinken (Italien); in Likör (Frankreich); Torte (Frankreich); Küchlein mit Erdbeersauce (Frankreich); gefüllt mit Pfirsichen und Bananen (Spanien); getränkt mit Wodka (USA); Salat mit Kreuzkümmel und Chilischoten (Süden der USA); gefüllt mit Mangos und Trauben (Mittlerer Osten); Kaltschale (UdSSR). – Melonen harmonieren auch gut mit: Weichkäse, Walderdbeeren, Himbeeren, Blattsalaten, Huhn, Schinken und Ente.

Casaba

Ananas-Melone

Charentais

Ogen

Kantalupe

Rundliche Honigmelone

Crenshaw

Ovale Honigmelone

Galia

Wassermelone

Bananen

Zwergbanane (Goldbanane)

Rote Banane

Obstbanane

Reife und unreife Plante (Kochbanane)

Die bei uns wohl bekannteste Banane ist die Obstbanane, die nur in wenigen Sorten, aber unter diversen Namen in den Handel kommt. Bananen werden unreif und grün geerntet und reifen problemlos in Klimakammern nach. Das anfangs feste, stärkereiche und relativ fade schmeckende Fruchtfleisch wird mit der Reife weich und süß, während sich die Schale gelb färbt.

Weniger verbreitet in westlichen Küchen, dafür um so mehr in Afrika und in der Karibik, sind die Planten, die auch Koch-, Mehl- oder Gemüsebananen genannt werden und eine grüne Schale mit braunen Flecken haben. Kochbananen lassen sich schlecht schälen. Mit zunehmender Reife verfärben sich diese anfangs hellgrünen Bananen schwarz. Sie kommen in der Regel als einzelne »Finger« und nicht als »Hände« (Büschel mit 10–20 Früchten) in den Handel. Zum Rohverzehr sind sie nicht geeignet. Mittlerweile werden auch bei uns Obst- und Kochbananen mit dunkelroter oder rosafarbener Schale und leicht lachsfarbenem Fruchtfleisch angeboten.

Planten und auch einige rote Bananensorten sind die idealen Kochbananen. Statt dessen kann man jedoch auch unreife Obstbananen verwenden, wenngleich diese unter starker Hitzeeinwirkung schnell zerfallen. Gebackene oder sautierte Planten sind ein köstlicher Kartoffelersatz. In der Karibik werden diese Bananen mit Zitronen- oder Limettensaft beträufelt oder scharf gewürzt und anschließend mit Bohnen, Speck oder Schinken vermischt. Zum Pochieren sind sie ebenfalls geeignet. Die großen Bananenblätter können für vielerlei Zwecke genutzt werden, zum Beispiel zum Einwickeln von Fisch und Geflügel als schützende Hülle beim Grillen, Dämpfen und Backen.

Als Dessert kann man Bananen mit braunem Zucker bestreuen, mit Orangensaft beträufeln und backen und mit Rum flambieren (S. 449). Reife Bananen werden meist in pürierter Form an Kuchen und Kuchenbrote gegeben. Sie sind Basis von Getränken, pikanten oder süßen Füllungen und werden auch Knödelteigen beigegeben. Obstwie auch Kochbanenen lassen sich gut fritieren. Entweder verarbeitet man sie zu Bananen-Chips oder zieht sie vor dem Eintauchen in das heiße Fett durch einen Ausbackteig.

ZUR INFORMATION

Saison Das ganze Jahr über.

Beim Einkauf beachten *Obstbanane* Gelbe Schale mit kleinen braunen Flecken, aber ohne schwarze Stellen. *Plante* Pralle Finger; unansehnliche Schale ist in der Regel kein Zeichen für minderwertiges Fruchtfleisch.

Vorbereitung Schälen.

Portion 2 mittelgroße, reife Bananen ergeben 250 g Fruchtfleisch.

Nährstoffgehalt pro 100 g (roh). *Obstbanane* 341 kJ/81 kcal; 1 g Protein; kein Fett; 19 g Kohlenhydrate; kein Cholesterin; 1 mg Natrium. *Plante* 512 kJ/122 kcal; 1 g Protein; kein Fett; 23 g Kohlenhydrate; kein Cholesterin; 4 mg Natrium.

Garzeiten *Obstbananen* Je nach Reifegrad. Backen bei 190 °C/Gas Stufe 3: 15–20 Minuten; sautieren: 5–10 Minuten. *Planten* Geschält oder in der Schale backen bei 190 °C/ Gas Stufe 3: 40–50 Minuten; pochieren: 30 Minuten.

Richtiger Gargrad Weich, aber nicht matschig.

Bemerkung Angeschnittene Bananen verfärben sich.

Aufbewahrung Bananen reifen bei Raumtemperatur schnell nach. Im Gemüsefach des Kühlschranks 1–2 Tage (Schale von Obstbananen verfärbt sich schwarz, bedeutet aber keine Qualitätseinbuße); ungeschält oder geschält in Gefrierbeuteln, püriert, mit Zitronensaft beträufelt, tiefgefroren: 1 Jahr.

Typische Gerichte *Obstbananen Chicken Maryland* (mit Huhn; USA); in Scheiben geschnitten, mit Schlagsahne, Rum und Mandeln (Brasilien); *bananes Baronnet* (in Scheiben geschnitten, mit Zitronensaft, Sahne und Kirschwasser; Frankreich); mit Seezunge (Frankreich). *Planten* Chips (fritiert und gesalzen; USA); *platanos fritos* (in der Pfanne gebraten; Mexiko); pikanter Kuchen (Mexiko); Suppe (Puerto Rico); in Teig eingebacken (Guatemala); *tortillas* (Kuba). – Bananen harmonieren auch gut mit: Speck, Zwiebeln, Likör, Rum, Joghurt (Obstbananen); rotem Paprika, Chilischoten, Ingwer, saurer Sahne (Planten).

Foster-Bananen

Dieses köstliche Dessert stammt aus New Orleans. Benannt ist es nach einem Bürger, der sich in den fünfziger Jahren große Verdienste um die Stadt erworben hat. Für die Zubereitung am Tisch empfiehlt sich die Verwendung einer Flambierpfanne mit dem dazu passenden Rechaud.

4 Portionen
40 g Rosinen
75 ml heller oder dunkler Rum
60 g Butter
50 g brauner Zucker
4 reife Bananen, geschält und längs in Scheiben geschnittn
¼ TL gemahlener Zimt
1 l Vanille-Eiscreme
30 g Mandelblättchen, geröstet

1 Die Rosinen mit Rum tränken, bis sie sich vollgesogen haben. Die Butter in einer Pfanne zerlassen.

2 Den Zucker zugeben und langsam unter Rühren erhitzen, bis der Zucker sich aufgelöst hat (etwa 2 Minuten). Die Bananen zugeben und 3–5 Minuten braten, bis sie weich sind; zwischenzeitlich einmal wenden. Die Bananen mit Zimt bestreuen.

3 Den Rum und die Rosinen über die Bananen gießen und flambieren (S. 449); dabei die Bananenscheiben immer wieder mit der Sauce begießen, bis die Flammen verlöschen.

4 Die Bananenscheiben auf vier Dessertteller verteilen. Kugeln von Vanille-Eiscreme darauf anrichten. Mit der Sauce begießen, die Mandelblättchen darüberstreuen und sofort servieren.

TROPISCHE FRÜCHTE

Ananas, Mango, Papaya, Kiwi, Passionsfrucht, Guave

Die meisten tropischen Früchte werden ähnlich zubereitet und verwendet. Besonders gut schmecken sie in Salaten, entweder als Obstsalat oder in Kombination mit Meeresfrüchten, Fisch oder Geflügel. Der Umgang mit tropischen Früchten – das Schälen und Zerlegen – ist relativ einfach, wenn man einige Tricks kennt. Alle nachfolgend aufgeführten Früchte lassen sich gut pürieren, und die diversen Pürees dienen als Basis für Saucen, Sorbets und Eiscremes. Grüne, unreife Mangos und Papayas können auch als Gemüse zubereitet werden.

Die wohl bekannteste Frucht aus den Tropen ist die Ananas. Die spanischen Seefahrer nannten sie wegen der Ähnlichkeit mit einem dikken Pinienzapfen *piña,* woraus die Engländer *pineapple* ableiteten. Die Franzosen machten aus *nana memi* (köstliche Frucht), wie sie bei den Eingeborenen auf Guadeloupe hieß, Ananas. In Großbritannien wurde die Ananas erstmalig im 17. Jahrhundert, in Frankreich im 18. Jahrhundert in geheizten Gewächshäusern gezüchtet. Sie galt als Luxusfrucht, die an der Staude reifen muß.

Unter der schuppigen Fruchtschale der Ananas sitzen sogenannte »Augen«. Deshalb wird die Schale immer großzügig mit dem Messer abgeschnitten (S. 467). Anschließend kann man die Frucht in Scheiben schneiden und den harten Strunk in der Mitte ausstechen. Man kann die Ananas auch halbieren oder sie längs in Spalten schneiden, um anschließend das Fruchtfleisch mit einem Messer herauszulösen. Dann entfernt man den Strunk und schneidet das Fruchtfleisch in mundgerechte Stücke. Eine frische Ananas, voll ausgereift, ist schon für sich ein köstliches Dessert. Mit etwas Zucker und einem Schuß Rum oder Kirschwasser schmeckt sie noch besser. Man kann sie auch mit braunem Zucker bestreuen und sautieren oder grillen. Mit ihrem kräftigen, süßsäuerlichen Geschmack paßt sie ausgezeichnet zu pikanten Gerichten mit Huhn, Schweinefleisch und Schinken.

Die Mango, auch »Apfel der Tropen« genannt, ist die Steinfrucht des in vielen Sorten vorkommenden Mangobaumes, der heute in allen tropischen Gebieten angebaut wird, wenngleich Indien das Haupterzeugerland ist. Je nach Sorte und Herkunft variiert die Mango in Größe und Farbe, dennoch haben alle Früchte ein saftiges, goldgelbes bis orangefarbenes Fruchtfleisch, das leider manchmal sehr faserig ist. Die Früchte können ein Gewicht von bis zu 1,4 kg erreichen. Eine reife Mango schmeckt ausgezeichnet zu Räucherfleisch, Huhn und Truthahn. Außerdem ist sie eine köstliche Zutat in einem Gemüsesalat und natürlich die Basis unzähliger Desserts. Mangos mit faserigem Fruchtfleisch püriert man und streicht sie durch ein Sieb. Aus unreifen (grünen) Früchten wird das beliebte Mango-Chutney hergestellt.

Hinweis Bei manchen Menschen können Mangos ebenso wie der Kletternde Giftsumach – beide gehören zur Familie der Nierenbaumgewächse – allergische Hautreaktionen hervorrufen.

Die Papaya, auch Baummelone genannt, ist eine große, birnenförmige Frucht mit blaßgrüner bis orangefarbener Schale und einem kräftig orangeroten Fruchtfleisch. Ihre zentrale Fruchthöhle ist mit runden, schwarzen Samen gefüllt, die zwar eßbar sind, meist aber entfernt werden. Reife Papayas schmecken wie Melonen sehr gut mit etwas Limettensaft beträufelt. Sie lassen sich auch gut mit Kokosnuß und Limetten kombinieren. Unreife (grüne) Früchte werden zu Chutney und Konfitüre verarbeitet. Die Früchte und Blätter der Baummelone enthalten das eiweißspaltende Enzym Papain, das in der Küche als Zartmacher für zähes Fleisch verwendet wird.

Die Kiwi fand als dekorative Beilage Eingang in die moderne Küche. Sie ist in vier Sorten auf dem Markt, die länglich-ovale Form und die grünlich-braune, pelzige Schale ist jedoch allen gemeinsam. Kiwis schmecken wie eine Mischung aus Stachelbeere, Melone und Erdbeere und werden am besten roh gegessen – geschält und halbiert oder in Scheiben geschnitten, damit man die dekorativen schwarzen Samenkörner besser sieht. Da sich die Früchte nicht an der Luft verfärben, werden sie gern als Kuchenbelag und für Salate, aber auch als Beilage zu Käse verwendet. In der Zubereitung als *meringue Pawlowa* ist die Kiwi bekannt. Diese Dessert-Spezialität wurde einst von einem neuseeländischen Koch zu Ehren der großen russischen Ballerina Anna Pawlowa kreiert.

Die eiförmige bis runde Passionsfrucht, auch Granadilla oder Maracuja genannt, stammt ursprünglich aus Brasilien. Der Name Passionsfrucht geht zurück auf spanische Jesuiten, die als Missionare nach Südamerika kamen und dort in den verschiedenen Teilen der Blüte die Dornenkrone Christi, die Nägel vom Kreuz und die Apostel zu erkennen glaubten. Granadilla heißt soviel wie »kleiner Granatapfel«, denn die säuerlich-süße, wohlschmeckende Frucht ähnelt mit den vielen kleinen Kernen durchaus einem Granatapfel. Auf dem deutschen Markt werden purpurfarbene und gelbe Früchte angeboten. Die gelbe Passionsfrucht ist etwas größer und saurer und kräftiger im Geschmack. Mit zunehmender Reife trocknet die Schale ein. Zum Verzehr werden die Früchte in der Mitte durchgeschnitten und das saftige, mit vielen kleinen Kernen durchsetzte Fruchtfleisch ausgelöffelt. Man kann die Kerne auch über einen Salat streuen. Zur Verwendung in Saucen oder Desserts werden die Früchte meist püriert. Die stark duftende Frucht mit dem intensiven Aroma wird häufig zum Aromatisieren von alkoholischen Getränken verwendet.

Die ursprünglich aus Lateinamerika stammende Guave wird heute in allen tropischen und subtropischen Ländern kultiviert. Ihre Verwendung und Verarbeitung beschränkt sich im wesentlichen auf die Anbauländer. Guaven lassen sich in zwei Gruppen unterteilen. Es gibt die gewöhnliche Guave und die kleinere, rötlichere Erdbeer-Guave, die manchmal mit der Feijoa (Ananas-Guave, S. 472) verwechselt wird. Die gewöhnliche Guave ist etwas größer als ein Hühnerei und apfelbis birnenförmig. Die bei Vollreife gelbe Haut der Guave umschließt das je nach Sorte weiße, gelbe oder rote Fruchtfleisch, das von vielen kleinen Kernen durchsetzt ist. Es gibt aber auch Sorten, die nicht so kernig sind. Da Guaven roh etwas fade schmecken, werden sie meistens gekocht, püriert oder als Beilage zu pikanten Gerichten mit Hackfleisch, Frischkäse oder Yamswurzel gereicht.

ZUR INFORMATION

Saison *Ananas* Frühling. *Mango* Herbst bis Winter. *Papaya* Frühling bis Herbst. *Kiwi* Das ganze Jahr über. *Passionsfrucht* Frühling bis Herbst. *Guave* Das ganze Jahr über.

Beim Einkauf beachten *Ananas* Große, schwere Früchte von intensivem Duft; die inneren Blätter am Schopf müssen sich leicht lösen lassen; Fruchtfleisch muß auf Fingerdruck etwas nachgeben, darf aber keine Druckstellen aufweisen; Färbung der Schale ist dagegen kein Reifekriterium. *Mango* Stark duftende Frucht mit straffer Schale, ohne Druckstellen; Schale gibt auf leichten Fingerdruck nach. *Papaya* Beginnende bis kräftige gelborange Färbung; Schale gibt auf leichten Fingerdruck nach. *Kiwi* Pelzige Schale gibt auf leichten Fingerdruck nach; nur makellose Früchte ohne Druckstellen wählen. *Passionsfrucht* Trockene, verschrumpelte Schale; relativ schwer für ihre Größe. *Guave* Feste Frucht ohne dunkle Verfärbungen; Schale gibt auf leichten Fingerdruck nach.

Vorbereitung *Ananas* (rechts). *Mango* (S. 468). *Papaya* Je nach Reifegrad Schale mit den Fingern abziehen oder mit dem Messer schälen; Kerne entfernen. *Kiwi* Schale mit den Fingern abziehen oder mit dem Sparschäler schälen. *Passionsfrucht* Halbieren und Kerne sowie Fruchtfleisch aus der Schale löffeln. *Guave* Blütenansatz abschneiden, Frucht dünn schälen und in Scheiben schneiden.

Portionen *Ananas* 1 kg ergibt 5–6 Portionen. *Mango* 1 Frucht ergibt 1–2 Portionen. *Papaya* Je nach Größe ergibt 1 Frucht 1–2 Portionen. *Kiwi* 1 Frucht pro Person. *Passionsfrucht* 1–2 Früchte pro Person. *Guave* 1 Frucht pro Person.

Nährstoffgehalt pro 100 g. *Alle* Kein Fett; kein Cholesterin. *Ananas* 240 kJ/57 kcal; kein g Protein; 15 g Kohlenhydrate; 2 mg Natrium. *Mango* 234 kJ/56 kcal; 1 g Protein; 15 g Kohlenhydrate; 7 mg Natrium. *Papaya* 54 kJ/13 kcal; 1 g Protein; 5 g Kohlenhydrate; 3 mg Natrium. *Kiwi* 210 kJ/50 kcal; 1 g Protein; 13 g Kohlenhydrate; 4 mg Natrium. *Passionsfrucht* 278 kJ/66 kcal; 3 g Protein; 15 g Kohlenhydrate; 28 mg Natrium. *Guave (mit Sirup in Dosen)* 273 kJ/65 kcal; 1 g Protein; 16 g Kohlenhydrate; 7 mg Natrium.

Garzeiten *Ananas* Grillen: 5–7 Minuten; kandieren (S. 475); fritieren: 3–4 Minuten; mazerieren: 4–6 Stunden; pochieren: 5–8 Minuten; sautieren: 3–5 Minuten. *Mango, Papaya (reif)* Mazerieren: 1–2 Stunden. *Mango (unreif)* Backen: 30 Minuten in der Schale bei 190 °C/Gas Stufe 3; pochieren: 15–20 Minuten. *Papaya (unreife Fruchthälften)* Backen: 25–30 Minuten bei 190 °C/Gas Stufe 3; kochen: 15–35 Minuten bei schwacher Hitze; sautieren: 5–10 Minuten. *Guave* Backen: 25–30 Minuten bei 190 °C/Gas Stufe 3; pochieren: 15–20 Minuten.

Richtiger Gargrad *Alle* Weich und zart, aber nicht matschig. *Guave* Sehr weich.

Bemerkung *Ananas, Kiwi* Sehr druckempfindlich; enthalten ein eiweißspaltendes Enzym, daher nicht mit Gelatine zubereiten (S. 431). *Guave* Trotz hohen Pektin- und Säuregehalts wird Gelee oft nicht fest.

Aufbewahrung Früchte reifen bei Raumtemperatur nach. *Ananas* Im Plastikbeutel im Kühlschrank 3–4 Tage (Stücke besser lagerfähig als ganze Frucht); Stücke, gezuckert und im eigenen Saft oder in Zucker-/Honigsirup tiefgefroren: 1 Jahr. *Mango, Papaya, Kiwi, Guave* Im Kühlschrank 1 Woche; geschält oder Püree in Zucker-/Honigsirup tiefgefroren: 1 Jahr. *Passionsfrucht* Im Kühlschrank 2–3 Tage; ausgelöste Kerne mit Fruchtfleisch oder püriert, tiefgefroren: 1 Jahr.

Typische Gerichte *Ananas* Salat mit Kirschen (Skandinavien); Cremespeise (Norwegen); Sorbet (Frankreich); gestürzter Ananaskuchen (USA); *şiş kebab* (gebratene Spieße mit Rindfleisch und grüner Paprika, Variation eines türkischen *kebabs;* USA); mit Huhn und Linsen (Dominikanische Republik); Ananas-Farce (Füllung für Fleisch; Karibik). *Mango* Mango-Sahnecreme (Indien); Mangosauce (Karibik); Salat mit Limetten und Zwiebeln (Karibik); geschmort mit Rindfleisch (Hawaii); süßes Gebäck (Mittelamerika). *Papaya* Gefüllt mit Meeresfrüchten (Karibik); Salat mit Avocado (Karibik); mit Kalbskotelett (USA). *Kiwi* Sautiert, mit Rindfleisch (Australien); in heißer Vanillesauce (Frankreich). *Passionsfrucht* In Kürbiskonfitüre (Australien); Teekuchen (Australien); Soufflé (Frankreich); Salat mit Erdbeeren (Skandinavien). *Guave* Salat mit Fisch (Philippinen); mit Doppelrahm-Frischkäse (USA); Guavenpaste (Lateinamerika). – Tropische Früchte harmonieren auch mit: Bataten, Schinken, Schweinefleisch, Huhn, Mandeln, Schokolade (Ananas); saurer Sahne, Ahornsirup, Honig, Likören, Schokolade, Beerenfrüchten, Zitrusfrüchten (Mango, Papaya, Kiwi); Himbeeren, Honig, Bananen, Kokosnuß (Passionsfrucht); Sahne, Bataten, Schweinefleisch, Ente, Schinken (Guave).

ANANAS SCHÄLEN

Beim Schälen einer Ananas sollten auch gleich die »Augen« entfernt werden. Dazu schneidet man die Schale entweder ringsum ab oder schält die Frucht in einem dekorativen Spiralmuster. Zunächst müssen jedoch Blatt- und Strunkende abgeschnitten werden.

Methode 1

Die Ananas auf das abgeschnittene Strunkende stellen und mit einer Hand gut festhalten. Mit der anderen Hand die schuppige Schale von oben nach unten mit einem langen Messer in Streifen abschneiden. Die Frucht möglichst dick abschälen, damit auch die »Augen« entfernt werden.

Methode 2

1 Mit einem kleinen spitzen Messer an der schräg nach unten verlaufenden Linie der »Augen« entlangschneiden; dabei das Messer leicht schräg – im Winkel von 45 Grad – zur Mitte halten.

2 Von der anderen Seite ebenfalls an der Linie entlangschneiden; dabei das Messer wieder schräg – aber in entgegengesetzter Richtung – halten. Die beiden Schnitte sollten sich in der Mitte – unterhalb der »Augen« – treffen. Die Schalenstreifen mit den keilförmig herausgeschnittenen »Augen« abheben.

ANANAS IN RINGE SCHNEIDEN

Ananasringe sind ideal zum Flambieren (S. 449) und zum Garnieren von süßen wie auch von pikanten Speisen. Zuerst wird die Ananas nach obiger Anweisung geschält.

1 Die geschälte Ananas quer in gleichmäßig dicke Scheiben schneiden.

2 Mit einem Ausstechförmchen von etwa 3 cm Durchmesser die holzige Mitte ausstechen.

EINE GANZE ANANAS AUSHÖHLEN

Eine ausgehöhlte Ananas ergibt ein hübsches Behältnis für einen Obstsalat. Man füllt die Frucht randvoll und setzt als »Deckel« die zuvor abgeschnittene Blattkrone auf.

1 Zunächst die Blattkrone etwas unterhalb ihres Ansatzes abschneiden und diese als Deckel für die ausgehöhlte Frucht zurückbehalten.

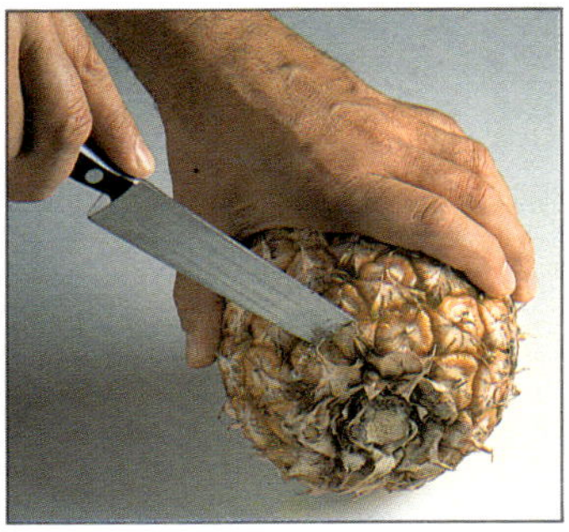

2 Ein Messer mit langer, dünner Klinge benutzen und damit die Frucht am Strunkende ringsum etwa 1,5 cm tief einschneiden; dabei aber nicht den Boden abschneiden.

3 Die Ananas auf die Seite legen. Die Messerspitze nahe der Schale in die gekappte Ananas einführen und das Fruchtfleisch ringsum – bis zum Strunkende – von der Schale lösen.

4 *Links:* Die Ananas umdrehen und das Fruchtfleisch in einem Stück entnehmen.

5 Mit einem langen, spitzen Messer die holzige Mitte kreisförmig herausschneiden. Das Fruchtfleisch in Ringe oder Stücke schneiden und zum Servieren zurück in die ausgehöhlte Frucht geben. Zur Dekoration den Blattschopf als Deckel aufsetzen.

EINE HALBIERTE ANANAS AUSHÖHLEN

Eine kleine ausgehöhlte Ananashälfte ergibt einen dekorativen Behälter für einen portionsweise angerichteten Nachtisch.

1 Die Ananas mit einem großen Messer längs – durch den Blattschopf hindurch – halbieren. Die seitliche Rundung begradigen, damit die Ananashälfte beim Servieren nicht umkippt.

2 Mit einem kleinen, scharfen Messer die harte Mitte aus der Ananashälfte herausschneiden.

3 Das Fruchtfleisch herauslösen, in Stücke schneiden und wieder in die Ananashälfte füllen.

EINE MANGO SCHÄLEN UND DAS FRUCHTFLEISCH LÖSEN

Das weiche, goldgelbe Fruchtfleisch der Mango ist sehr saftig, in der Mitte faserig und fest mit einem großen Steinkern verwachsen. Am besten schneidet man die Frucht längs bis zum harten Kern auf und dann das Fruchtfleisch in Würfeln aus der Schale heraus. Oder man schält die Mango und schneidet dann das saftige Fruchtfleisch in Scheiben vom langen, flachen Kern ab.

Methode 1

1 Die Mango waagerecht halten und längs – knapp über dem harten Kern – durchschneiden.

2 Auf der anderen Seite das Fruchtfleisch ebenfalls bis zum Kern abschneiden, so daß nur noch eine dünne Schicht Fruchtfleisch rund um den Steinkern stehenbleibt.

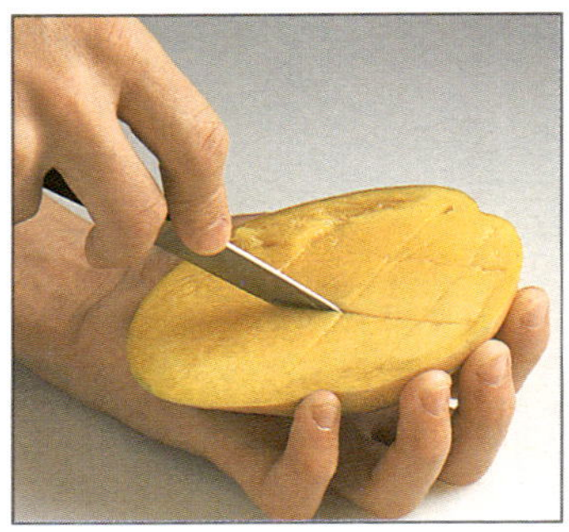

3 Das Fruchtfleisch gitterförmig bis zur Schale einritzen, die Schale dabei aber nicht durchschneiden. Mit der zweiten Hälfte ebenso verfahren.

4 Die Fruchthälfte mit beiden Händen umfassen und mit Daumen und Fingern die Schale in der Mitte hochdrücken, bis die Einschnitte im Fruchtfleisch sichtbar werden. Die Mangowürfel von der Schale lösen.

Methode 2

1 Die Mango dünn abschälen.

2 Das Fruchtfleisch bis zum harten Kern in Scheiben schneiden.

3 Von der anderen Seite beginnend, das Fruchtfleisch ebenfalls scheibchenweise abschneiden, anschließend das restliche Fruchtfleisch rund um den Kern in Stücken abschneiden.

Ananas en surprise

Unter der Haube aus Eiscreme und Baiser-Masse können sich tropische Früchte in jeder beliebigen Zusammenstellung verbergen. Für dieses Rezept wurde eine halbierte Ananas ausgehöhlt (S. 468).

4 Portionen

2 kleine Ananas, halbiert, ausgehöhlt und Fruchtfleisch in mundgerechte Stücke geschnitten
1 Mango oder Papaya, geschält, entkernt und in Scheiben geschnitten (linke Seite)
1 Karambole, in Scheiben geschnitten
4–6 Kumquats, in Scheiben geschnitten, oder 2 Kiwis, geschält und in Scheiben geschnitten
30–45 g Zucker
2–3 EL Rum
1 l Vanille-Eiscreme (S. 443)
Italienische Baiser-Masse (S. 437), aus 6 Eiweiß, 300 g Zucker, 175 ml Wasser und 1 TL Vanille-Essenz (oder Vanillezucker, S. 37) zubereitet

Spritzbeutel mit großer Sterntülle

1 Zubereitung des Obstsalates Die vorbereiteten Früchte mit Zucker und Rum in einer Schüssel mischen. Zugedeckt 1–2 Stunden im Kühlschrank durchziehen lassen. Den Obstsalat in die ausgehöhlten Ananashälften füllen und kühl stellen.

2 Die Italienische Baiser-Masse herstellen. Den Backofen auf 190 °C/ Gas Stufe 3 vorheizen. Die Früchtemischung in den Ananashälften zuerst mit Eiscreme, anschließend mit Baiser-Masse bestreichen; darauf achten, daß am Rand keine Lücken bleiben.

3 Die restliche Baiser-Masse in einen Spritzbeutel mit Sterntülle füllen und Rosetten dicht an dicht auf die mit Baiser-Masse versiegelten Ananashälften spritzen. Die Ananashälften im vorgeheizten Backofen 8–12 Minuten bräunen. Sofort servieren.

Avocado

Die botanisch zu den Lorbeergewächsen zählende Avocadobirne wird als Obst oder Gemüse verzehrt. Unter der ungenießbaren Schale verbirgt sich das nahrhafte, sahnig-milde Fruchtfleisch, das gut zu Zitrusfrüchten und Ananas, aber auch zu salzigen Lebensmitteln, wie Schinken und Anchovis, paßt. Geschält und in Scheiben geschnitten, schmeckt die Avocado auch gut in Salaten.

Avocados werden in Israel, Mexiko, Südamerika, Südostasien, Zentralafrika, Spanien und den USA angebaut. Es gibt drei Typen: den Guatemala-Typ mit dick- und narbenschaligen großen Früchten von ausgeprägtem Geschmack (diese Avocados werden steinhart und grün geerntet; mit zunehmender Reife färbt sich ihre Schale dunkelgrün bis fast schwarz); den westindischen Typ mit glatt-, aber zähschaligen, großen, eher rundlichen Früchten, die im Geschmack etwas milder sind; und den mexikanischen Typ dessen Früchte die typische cremige Konsistenz und den mild-sahnigen Geschmack aufweisen. Auch bei Vollreife bleibt ihre Schale glatt und grün. Cocktail-Avocacos werden die winzigen kernlosen Avocados aus Israel genannt. Sie sind so köstlich, daß man sie unbedingt probieren sollte. Avocados reifen erst nach dem Pflücken richtig aus. Sie kommen meist steinhart in den Handel. Eßreif und butterweich sind sie nur noch begrenzt haltbar. Deshalb kauft man am besten harte Früchte und läßt sie zu Hause nachreifen, oder kauft eßreife Früchte für die Verarbeitung am selben Tag.

Mit ihrem hohen Fettgehalt – es handelt sich hauptsächlich um mehrfach ungesättigte Fettsäuren – und den vielen Vitaminen und Mineralstoffen ist die Avocado eine der nahrhaftesten tropischen Früchte. Was die Frucht so beliebt macht, ist ihr leicht nußartiger Geschmack in Verbindung mit der butterweichen, cremigen Konsistenz des Fruchtfleisches. Die halbierten und entsteinten Früchte lassen sich gut füllen, zum Beispiel mit Huhn oder Meeresfrüchten. Suppen und gebackene Speisen werden durch ganz leicht gegarte Avocados noch gehaltvoller. Beim Garen müssen Avocados sehr schonend behandelt werden, große Hitze bekommt weder dem Aroma noch dem Aussehen der Früchte.

ZUR INFORMATION

Saison Das ganze Jahr über.

Beim Einkauf beachten Vollausgeformte, hartreife Frucht; Fruchtfleisch gibt auf leichten Fingerdruck nach; extrem weiche Früchte sind überreif; Schalenfarbe abhängig von der Sorte, nicht vom Reifegrad.

Vorbereitung Schälen und in Scheiben schneiden; halbieren und entkernen zum Servieren mit einem Dressing.

Portion 1 Avocadohälfte.

Nährstoffgehalt pro 100 g. 932 kJ/ 223 kcal; 2 g Protein; 24 g Fett; 4 g Kohlenhydrate; kein Cholesterin; 3 mg Natrium.

Garzeiten Avocados werden fast immer roh verzehrt; große Hitze schadet Aroma und Aussehen.

Bemerkung Bei überreifen oder gedrückten Früchten ist das Fruchtfleisch dunkel und streifig; Früchte stellenweise bitter; Avocadofleisch läuft bräunlich an, sobald es mit Sauerstoff in Berührung kommt; angeschnittene Früchte deshalb sofort mit Zitronensaft beträufeln. Früchte reifen bei Raumtemperatur nach.

Aufbewahrung Reife Früchte im Kühlschrank 2–3 Tage; zum Einfrieren schlecht geeignet.

Typische Gerichte Gefüllt mit Crab Meat (USA); mit Jakobsmuscheln und Minze (USA); eisgekühlte Suppe mit saurer Sahne (USA); *guacamole* (Avocadopüree mit Limettensaft, Chilischoten, Zwiebeln; Mexiko); Avocadosauce mit kaltem, pochiertem Fisch (Kuba); gewürfeltes Avocadofleisch mit Kirschwasser (Österreich); Avocado-Eiscreme (Großbritannien); mit Erdbeersauce (Großbritannien). – Avocado harmoniert auch gut mit: Guave, Feijoa, Zitrusfrüchten, Käse, Schinken, frischem Koriander, Huhn, bitteren Blattsalaten, grünen Salaten, roter Paprika, Karambole, Gurke, Kapstachelbeere.

EINE AVOCADO ENTSTEINEN

Bevor man eine Avocado zubereitet, muß sie in jedem Fall vorher halbiert und entsteint werden.

1 *Links:* Die Avocado rundherum längs bis zum Stein aufschneiden. Die Frucht in beide Hände nehmen und die birnenförmigen Hälften gegeneinanderdrehen.

2 *Unten:* Mit der Schneide eines schweren Messers in den Stein hacken und den Stein herausheben. Oder den Stein mit einem Löffel herauslösen.

EINE AVOCADO SCHÄLEN UND IN SCHEIBEN SCHNEIDEN

Zum Schneiden ein Messer aus rostfreiem Stahl verwenden.

1 *Links:* Die Schale mit den Fingern abziehen (eine reife Avocado läßt sich auf diese Weise mühelos schälen) oder mit einem scharfen Messer entfernen.

2 *Unten:* Die geschälte Avocado quer in Scheiben schneiden. Die Scheiben auf einer Servierplatte anrichten und sofort mit Zitronensaft beträufeln, damit sich das Fruchtfleisch nicht verfärbt.

Avocado-Grapefruit-Salat mit geräuchertem Lachs

Alle Grapefruit-Sorten sind geeignet, aber die rotfleischigen passen farblich am besten zu diesem Salat, der als Vorspeise oder als leichter Hauptgang serviert wird.

4 Portionen
2 rosa Grapefruit (mit unbehandelter Schale)
90 g Rauke oder andere bittere Blattsalate
125 ml Vinaigrette (S. 64), mit Limonensaft statt mit Essig oder Zitronensaft zubereitet
125 g geräucherter Lachs, in dünne Scheiben geschnitten
2 Avocados, geschält und längs in Scheiben geschnitten

1 Eine Grapefruit dünn schälen und die Schale in feine Julienne-Streifen schneiden (S. 460). Die Streifen 2 Minuten in kochendem Wasser blanchieren und dann absieben. Aus beiden Grapefruits die Filets herausschneiden (S. 460). Die Salatblätter waschen, trockentupfen und zu Chiffonade schneiden (S. 259). Die Vinaigrette anrühren.
2 Die Salatstreifen auf vier Serviertellern verteilen. Die Lachsscheiben in Streifen schneiden und auf dem Salat anrichten. Mit den Avocadoscheiben und den Grapefruitfilets garnieren. Die Vinaigrette darübergießen, mit Grapefruit-Julienne bestreuen und servieren.

Granatapfel und Kaki

In den Herbst- und Wintermonaten kommen zwei leuchtende Früchte in den Handel, deren Heimat Vorder- oder Ostasien ist. Eine davon ist der Granatapfel, auch Chinesischer Apfel genannt, der schon im antiken Griechenland wegen der großen Samenzahl als Symbol der Fruchtbarkeit galt. Die andere ist die Kaki, die auch als Japanische Persimone bezeichnet wird. Die in Japan zur Nationalfrucht erhobenen Kakis hängen noch am Baum, wenn dieser schon lange seine Blätter abgeworfen hat.

Granatäpfel sind apfelsinengroße, orangegelbe bis rötliche Früchte mit glatter, lederartiger Haut, gekrönt von einem harten Blütenkelch. In den durch harte, weiße Trennwände gebildeten Fruchtkammern sind zahlreiche Samenkörner mit blaßroter, saftig-süßer, aromatischer Samenhülle eingebettet. Samen und Samenhülle schmecken wegen des hohen Gerbsäuregehalts mitunter sehr bitter. Zum Verzehr schneidet man die Früchte auf, löffelt die Samen aus und saugt die geleeartigen Teile der Samenschale aus. Oder man rollt die Frucht zwischen den Handflächen hin und her, damit sich die Samen vom Fruchtfleisch lösen, bohrt die Frucht dann an und preßt den Saft heraus.

Die Samen sind eine hübsche Dekoration für heiße und kalte Gerichte. Besonders attraktiv wirken sie auf Mousse, Eiscreme und Obstsalat. Im Iran wird mit dem Saft aus Granatäpfeln eine Suppe zubereitet, während die Samen – mit Minze vermischt – einen erfrischenden Salat ergeben. Granatapfelsaft ist wie Zitronensaft eine gute Würze, jedoch viel aromatischer. Der französische Grenadine (Granatapfel-Sirup) ist Bestandteil vieler Cocktails.

Eine ebenfalls sehr auffällige Frucht ist die Kaki, die bis auf die vier kelchartigen grünen Blütenblätter am Stielansatz wie eine große orangefarbene bis rötliche Tomate aussieht. Unreif schmecken die Früchte pelzig und sehr herb. Erst bei Vollreife ist das geleeartige Fruchtfleisch süß und zart aromatisch. Neben der Kaki, die in Asien bereits seit über tausend Jahren – und mittlerweile auch in den Mittelmeerländern, in Kalifornien, Florida, Brasilien, Südafrika und Indien – kultiviert wird, gibt es noch die amerikanische Persimone, die als Wildobst aber nur von lokaler Bedeutung ist. Vorzügliche, samenhaltige Sorten sind: *hadriya, hyakume, okame, tsuru, fuyugaki,* die beste samenlose Sorte ist *tane nashi.* Eine samenlose Sorte wird in Israel angebaut und unter der Bezeichnung Scharonfrucht auf den Markt gebracht. Selbst harte Scharonfrüchte schmecken schon angenehm süß.

Reife Kakifrüchte werden entweder frisch gegessen oder an Mousses, Cremes und Puddings gegeben. Auch zum Garnieren von anderen Früchten oder Eiscremes werden sie gern verwendet. Wie die Melone und die Feige paßt die Kaki ausgezeichnet zu Frischkäse und geräuchertem Fleisch. Unreife Früchte werden mit Zitronensaft aromatisiert und an Obst- und Geflügelsalate gegeben.

ZUR INFORMATION

Saison *Granatapfel* August bis Dezember. *Kaki* November bis März.
Beim Einkauf beachten *Granatapfel* Große, relativ schwere, rote oder gelbe Früchte mit glatter, glänzender Schale. *Kaki* Bei Hochreife leuchtend-orangefarbene Früchte mit glattglänzender Schale und weichem Fruchtfleisch; Stiel und Blütenansatz müssen unversehrt sein.
Vorbereitung *Granatapfel* s. rechts. *Kaki* Am Blütenansatz einen Deckel abschneiden, Fruchtfleisch auslöffeln; festfleischige Früchte in Scheiben schneiden.
Portionen *Granatapfel* 1 Frucht. *Kaki* 1–2 Früchte.
Nährstoffgehalt pro 100 g. Kein Fett; kein Cholesterin. *Granatapfel* 145 kJ/35 kcal; 1 g Protein; 9 g Kohlenhydrate; 2 mg Natrium. *Kaki* 298 kJ/71 kcal; 1 g Protein; 17 g Kohlenhydrate; 4 mg Natrium.
Bemerkung *Granatapfel* Saft schmeckt bitter, wenn die ledrigen Trennwände mit ausgepreßt werden. *Kaki* Viele Kakisorten schmekken wegen ihres hohen Tanningehalts unreif sehr herb.
Aufbewahrung *Granatapfel, ganze Frucht* Im Kühlschrank 2 Wochen; *Kerne* Im Kühlschrank 2–3 Tage; tiefgefroren: 1 Jahr. *Kaki* Im Kühlschrank 2 Tage; *geschält oder ungeschält* In Gefrierbeuteln, gezukkert und mit Zitronensaft beträufelt, tiefgefroren: 1 Jahr.
Typische Gerichte *Granatapfel* Salat mit Minze (Libanon); Suppe mit Linsen, Zwiebeln, Spinat (Ägypten); Saft mit Geflügel und Walnüssen (Indien). *Kaki* Ingwercreme (Australien); Schweinefleisch mit Kaki-Dressing (Japan); gegrillte Früchte mit Zucker (USA); Kekse (USA).

EINEN GRANATAPFEL VORBEREITEN

Die süßen Kerne des Granatapfels müssen zum Verzehr aus den zähen, bitteren Fruchthöhlen herausgelöst werden. Will man nur den Saft verwenden, streicht man die Kerne durch ein Sieb.

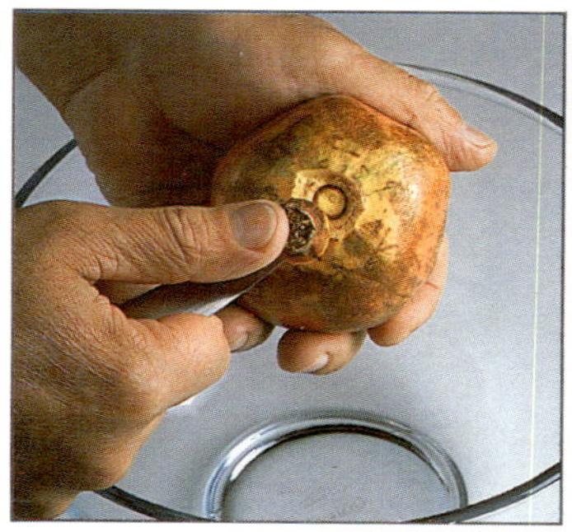

1 Mit der Messerspitze eines scharfen Messers den Blütenansatz entfernen.

2 Die Schale des Granatapfels viermal mit einem scharfen Messer einritzen, ohne dabei die saftigen Samen zu verletzen.

3 *Oben:* Die Frucht an den eingeritzten Linien in Hälften brechen. Jede Fruchthälfte noch einmal vorsichtig teilen.

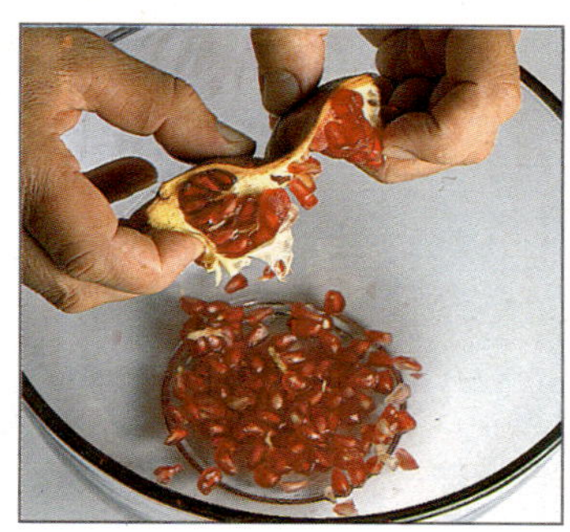

4 *Rechts:* Die harte Schale auseinanderbiegen, bis sich die Samen aus den Samenscheidewänden lösen und in eine bereitgestellte Schüssel fallen. Alle bitteren Häutchen aussortieren.

Exotische Früchte

In zunehmendem Maße werden auch bei uns exotische Früchte angeboten. Die meisten sind nur begrenzt lagerfähig.

Die in Südbrasilien beheimatete Feijoa oder Ananas-Guave ist eine kleine, ovale Frucht, die jetzt auch in Neuseeland, Australien und Kalifornien kultiviert wird. Die Feijoa ist mit der Guave verwandt und ähnelt dieser in Wuchs und Fruchtform. Die grasgrüne, glänzende Frucht ist nicht ganz so körnig wie die Guave und hat ein süß-aromatisches Fruchtfleisch mit weichen, kleinen, dunkelroten Kernchen, die in vier bis fünf Fruchtfächer eingebettet sind. Da die Schale mitunter bitter schmeckt, empfiehlt es sich, die Früchte zu schälen.

Die im nördlichen Südamerika von Peru bis Brasilien heimische und mittlerweile in Neuseeland kultivierte Tamarillo wird wegen ihres entfernt tomatenartigen Geschmacks auch Baumtomate genannt. Die gelbroten oder purpurroten Früchte aus der Familie der Nachtschattengewächse kommen meist mitsamt den langen, dünnen Stengeln in den Handel. Das goldgelbe (oder rote), saftige Fruchtfleisch ist bei vollreifen Früchten von schwarzen Samen durchsetzt. Die bittere Schale läßt sich leicht abziehen, wenn man die Früchte kurz blanchiert. Die Pepino oder Melonenbirne ist eine eiförmige Frucht mit grünlich-gelbem bis orangerotem Fruchtfleisch und glatter, bei Vollreife cremeweißer bis grünlicher Haut, die mit zarten lila Streifen durchzogen ist. Sie schmeckt wie eine säuerliche, aromatische Melone und wird auch ähnlich verwendet.

Die Cherimoya gehört zur artenreichen Pflanzengattung der Annonen. Die meist herzförmigen oder konischen Früchte haben eine dicke grüne, schuppenförmige Haut, die die zu einer Sammelbeere verwachsenen Einzelfrüchte umschließt. Die reifen Früchte haben trotz unterschiedlicher Süße ein saftiges, etwas körniges Fruchtfleisch, das eisgekühlt besonders erfrischend schmeckt.

Longane

Die Tamarinde oder Indische Dattel stammt ursprünglich aus dem tropischen Afrika. In Indien, dem Hauptanbaugebiet der Tamarinde, ißt man die Blätter und Blüten der Pflanze und verarbeitet die Früchte oder Schoten zu Chutney, Pickles und Saft. Die Samen werden zu Mehl vermahlen und zum Kuchenbacken verwendet.

Die ursprünglich in Mexiko heimische Feigenopuntie, deren Früchte als Kaktusfeigen oder Stachelbirnen bezeichnet werden, ist heute in allen trockenen Gebieten der Welt verbreitet. Das Fruchtfleisch der stacheligen Früchte schmeckt roh etwas fade. Deshalb wird es vorwiegend in Zukkerlösung gekocht und durchpassiert. Das Ergebnis ist ein köstliches orangerotes Püree.

Die aus den Tropen stammende Sapodilla, auch Breiapfel genannt, liefert neben den apfelgroßen Früchten auch einen in allen Pflanzenteilen enthaltenen Milchsaft (Chicle-Latex), der als konsistenzgebender Stoff im Kaugummi verwendet wird. Das Fruchtfleisch der Sapodilla ist bei Vollreife gelbbraun, weich und schmelzend und – je nach Sorte – von schwarzglänzenden Kernen durchsetzt.

Die weiße Sapote (nicht verwandt mit der Sapodilla) ist eine grapefruitgroße Frucht mit dünner, grüner oder gelber Schale und weichem, süßem Fruchtfleisch. Die große Sapote (Mamey Sapote) verbirgt unter ihrer unansehnlichen braunen Schale ein weiches, lachsfarbenes Fruchtfleisch.

Viele der hierzulande noch als Exoten bestaunten Früchte kommen aus Asien. Die schönste unter ihnen ist die ovale, fünfeckige Karambole, die auch Sternfrucht genannt wird. Unter ihrer wachsartigen, dikken Haut verbirgt sich ein saftiges Fruchtfleisch, das je nach Reifegrad knackig und sauer oder weich und süß ist. Wenn man die gelben Früchte quer aufschneidet, entstehen sternförmige Scheiben, die einem Obstsalat optisch eine attraktive Note verleihen und auch sonst gern als Garnierung verwendet werden.

Früchte aus der Familie der Seifenbaumgewächse – die hierzulande wohl bekanntesten sind die Litchis – haben allesamt eine harte, nicht eßbare Schale und ein saftiges, durchscheinendes Fruchtfleisch, das einen großen, glänzenden Kern umgibt. Die ursprünglich in Südchina beheimatete Litchi wird heute in subtropischen Gebieten kultiviert. Ihre geschuppte, anfangs rosafarbene, bei Vollreife spröde rotbraune Schale läßt sich leicht eindrücken, und man kann die Litchi dann wie ein gekochtes Ei pellen. Was übrig bleibt, ist das milchig-weiße, weiche wohlschmeckende Fruchtfleisch. Die pflaumengroßen Früchte schmecken sowohl pur als auch mit Sahne und Eiscreme. Die Longane, deren orangefarbene Schale sich nach dem Pflücken braun färbt, ähnelt der Litchi in vieler Hinsicht. Rambutan, die ebenfalls mit der Litchi verwandte Frucht des Rambutanbaumes, wird wegen ihrer mit Borsten besetzten Schale auch haarige Litchi genannt. Ihr weißes Fruchtfleisch schmeckt angenehm aromatisch.

Die eher unscheinbare Mangostane mit den vier plastischen, lederartigen Kelchblättern und der dicken Außenhaut zählt zu den wohlschmeckendsten tropischen Früchten aus dem asiatischen Raum. Am besten schmecken die Früchte roh und pur. Da die Frischfrucht nur in geringen Mengen aus Thailand und Malaysia eingeführt wird, ist sie bei uns noch immer eine Rarität. Zuweilen wird sie auch in Essig eingelegt angeboten. Die mit dicken Stacheln besetzte Durianfrucht ist eine der imposantesten Tropenfrüchte überhaupt (sie kann ein Gewicht von bis zu 3 kg erreichen) und berühmt-berüchtigt als »Stinkbombe«, weil sie bei Vollreife einen üblen, durchdringenden Kloakengeruch verströmt. Dessenungeachtet schmeckt das cremefarbene weiche Fruchtfleisch köstlich und gilt in Südostasien als besondere Delikatesse.

Neben all diesen Exoten gibt es noch einige andere Früchte, die ziemlich in Vergessenheit geraten sind. Die vereinzelt in alten Gärten anzutreffende Mispel ist eine dunkelbraune, nicht geschlossene Frucht mit besonders langen Blattkelchen. Das würzige Fruchtfleisch der gerbstoffreichen Früchte wird erst bei Überreife weich und ge-

Kaktusfeige

Cherimoya

Loquate

Litchi

Sapodilla

Karambole

Pepino

Feijoa

Mangostane

Tamarillo

Rambutan

nießbar. Deshalb läßt man die kleinen Apfelfrüchte auch meist am Baum hängen, bis sie – nach Frosteinwirkung – teigig geworden sind. Anschließend werden die Früchte zu Marmelade und Gelee verarbeitet. Die meist goldgelbe Loquate, auch Japanische Mispel genannt, hat ein saftiges orangefarbenes Fruchtfleisch, das zu Marmelade und Gelee verarbeitet oder in Konserven eingemacht wird.

Feigen und Datteln

Ursprünglich beheimatet in Kleinasien, werden Feigen und Datteln heute weltweit in warmen Klimazonen kultiviert. Die leicht verderblichen Früchte dieser alten Kulturpflanzen gelten frisch als besondere Delikatesse. Die bekannteste Feigensorte ist die bernsteinfarbene, in der Türkei beheimatete Smyrna-Feige, die von einer spezifischen Gallwespe bestäubt werden muß. Gängige Sorten sind auch die Calimyrna (eine Smyrna-Hybride), die bräunlich-violette Black Mission, die meist getrocknet wird, und die griechische Kadota mit gelbgrüner Schale, die gern zum Einkochen verwendet wird. Feigen kommen vorwiegend getrocknet in den Handel; sie schmecken dann sehr süße und sind leicht zäh.

Frische Feigen haben eine leicht verletzliche Schale und verderben schnell. Eßreife Früchte haben ein dunkelrotes, von vielen kleinen eßbaren Samen durchsetztes Fruchtfleisch, das saftig und süß schmeckt. Frische Feigen ißt man vorwiegend geschält. Die Schale läßt sich leicht abziehen. Feigen sollten stets bei Raumtemperatur serviert werden, niemals eisgekühlt, weil ihr süßes Aroma sonst abgeschwächt wird. Auch lange Garzeiten sind ihrem delikaten Aroma abträglich. Deshalb sollte man frische Feigen – am besten nicht ganz ausgereifte Früchte – möglichst nur kurz pochieren oder mit einem Schuß Likör im Ofen backen. Vor dem Garen sticht man die Früchte mit einer Nadel ein, damit das Aroma besser eindringen kann.

Israel ist heute das Haupterzeugerland für Datteln, die frischen Früchte der vielseitig verwendbaren Dattelpalme. Die meisten der im Handel erhältlichen Sorten sind pflaumengroß und saftig. Ihre Qualität wird nach der Süße der Frucht bemessen. Daneben gibt es Sorten, deren Früchte stärkehaltig und eher mehlig-trocken sind. Bei uns kommen diese Sorten hin und wieder zu Blöcken gepreßt in den Handel. Zu Weichnachten werden Datteln oft mit Frischkäse oder Marzipan gefüllt und als Konfekt gereicht.

ZUR INFORMATION

Saison *Feige* Juli bis November. *Dattel* Das ganze Jahr über.

Beim Einkauf beachten *Feige* Größe kein Qualitätsmerkmal; weiche, süß duftende Früchte mit fleckenloser, nicht klebriger Schale; schrumpfen bei Überreife. *Dattel* Pralle Früchte mit glänzender, leicht klebriger Haut und frischem Duft.

Vorbereitung Waschen, bei Bedarf schälen.

Portionen *Feige* 2–3 Früchte. *Dattel* 500 g ergeben 5–6 Portionen.

Nährstoffgehalt pro 100 g (roh). *Beide* Kein Fett, kein Cholestrin. *Feige, frisch* 253 kJ/60 kcal; 1 g Protein; 13 g Kohlenhydrate; 2 mg Natrium; *getrocknet* 1018 kJ/243 kcal; 4 g Protein, 64 g Kohlenhydrate; 37 mg Natrium. *Dattel, getrocknet* 1145 kJ/275 kcal; 2 g Protein; 74 g Kohlenhydrate; 18 mg Natrium.

Garzeiten *Feige* Backen bei 175 °C/Gas Stufe 2–3: 15–20 Minuten; pochieren: 10–12 Minuten. *Dattel* Backen bei 175 °C/Gas Stufe 2–3: 10–15 Minuten; pochieren: 15–20 Minuten; sautieren 3–5 Minuten.

Richtiger Gargrad Zart, aber noch fest.

Bemerkung *Feige* Bei Überreife mehlig und sauer; leicht verderblich. *Dattel* Kühllagerung bewirkt rasches Austrocknen der Früchte und Aromaverlust.

Aufbewahrung *Feige* Im Kühlschrank 2 Tage; gezuckert oder in Zucker-/Honigsirup tiefgefroren: 6 Monate. *Dattel* Im Kühlschrank 2 Wochen; tiefgefroren: 6 Monate.

Typische Gerichte *Feige* Soufflé (Frankreich); mit Himbeeren und Sahne (Großbritannien); gefüllt mit Schokolade (Italien); mit Ente in Portwein (USA). *Dattel* Gebraten (Indien); Kompott (Frankreich).

TROCKENFRÜCHTE

Das Trocknen von Obst ist eine der ältesten Konservierungsmethoden. In Europa und Nordamerika werden Trockenfrüchte heute vorwiegend als geschmacksgebende Zutat in Backwaren verwendet. Ebenso beliebt sind sie als Füllung.

Zu den gängigsten Trockenfrüchten zählen Rosinen von verschiedenen dunklen oder hellen Traubensorten – unter anderem von der saftigen Muskattraube –, Korinthen von kleinen, kernlosen Trauben und Trocken- oder Backpflaumen. Trockenäpfel, -pfirsiche, -birnen, -feigen und -aprikosen ergeben pochiert eine köstliche Beigabe zu Eiscreme und Vanillesauce oder eine Beilage zu fettem Fleisch. Im persischen Raum sind Trockenaprikosen und Backpflaumen häufig Bestandteil von Lammgerichten. Als kulinarische Neuheit kommen getrocknete Kirschen und Heidelbeeren aus den Vereinigten Staaten.

Größe, Farbe und Saftigkeit sind für die meisten Trockenfrüchte wichtige Gütekriterien. Farbintensive, relativ weiche, auf Fingerdruck nachgebende, ungeschwefelte Früchte sind deshalb zu bevorzugen. Stark eingetrocknete Rosinen und Korinthen läßt man 10–15 Minuten in heißem Wasser weichen und vor Gebrauch gut abtropfen. Aromatischer schmecken sie, wenn sie in Likör oder Branntwein mazeriert werden. Andere harte Trockenfrüchte weicht man in warmem Wasser oder Tee ein. Beim Pochieren von Trockenfrüchten wird der Zucker immer erst gegen Ende der Garzeit zugegeben, weil die Früchte sonst nicht genügend Flüssigkeit aufnehmen können.

ZUR INFORMATION

Typische Gerichte *Far breton* (Kuchen von puddingartiger Konsistenz mit Rosinen und Backpflaumen; Frankreich); Kaninchen mit Backpflaumen (Frankreich); Brot mit Trockenbirnen (Schweiz); *mince pie* (mit Mincemeat, überbacken mit Blätterteig; Großbritannien); gedünstet in Weißwein (Deutschland); Kompott mit Rotwein (Spanien); Feigen-Mandel-Torte (Portugal).

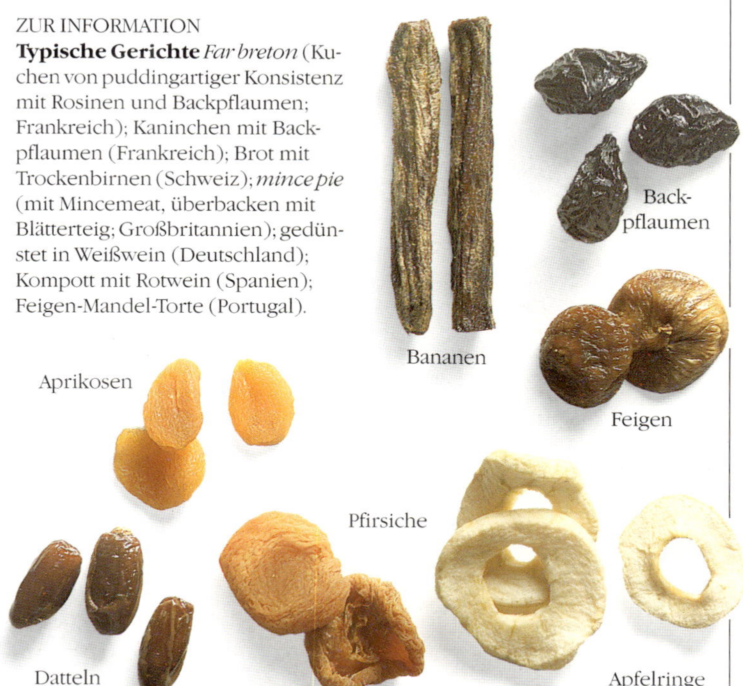

Früchte als Garnierung

Mit etwas Phantasie kann man den Farben- und Formenreichtum der Früchte für Verzierungen aller Art nutzen. Dünne Scheiben von Zitrusfrüchten, Kiwi oder Tamarillo sind eine einfache, aber effektvolle Garnierung für unzählige Gerichte. Die Dekoration sollte immer auf die Speise abgestimmt sein.

In Scheiben geschnittene Zitrusfrüchte sind besonders vielseitig zu verwenden und ergeben eine hübsche Garnierung, wenn sie mit einem Dekormesser oder Kannelierer (S. 505) bearbeitet werden. Man kann die Scheiben auch zu Spiralen drehen oder halbieren, vierteln oder wie einen Schmetterling zurechtschneiden und als Garnitur für Portionsgerichte verwenden oder damit den Rand eines Desserttellers dekorieren. Zitronen- und Limettenspalten sind eine beliebte Dekoration für pochierten oder gebratenen Fisch, für Gemüsegerichte, Kalbfleisch und Salate. Schneidet man eine Zitronenhälfte im Zickzackmuster ein, entstehen sogenannte »Wolfszähne«. Besonders hübsch sieht es aus, wenn man von einer Zitronenhälfte einen Schalenstreifen abschneidet und knotet. Zum Dekorieren von Desserts werden Orangen in den obengenannten Verzierungen bevorzugt. Alle Zitrusfrüchte ergeben ausgehöhlt einen attraktiven Behälter – ideal zum Füllen mit Sorbet oder eisgekühlten Früchten. In Körbchenform zurechtgeschnittene Zitrusfrüchte lassen sich gut mit Soufflé-Massen, kleinen Gemüsen oder kalten Saucen füllen. Eine elegante Präsentationsform für Obstsalate ist eine ausgehöhlte Melone (S. 464), vorzugsweise eine Wassermelone. Besonders hübsch sieht es aus, wenn man den Rand der Fruchtschale mit einem Messer dekorativ einkerbt.

JULIENNE VON ZITRUSFRÜCHTEN KANDIEREN

Zum Kandieren sind Orange, Zitrone, Limette und Grapefruit gleichermaßen geeignet. Die Schalenstreifen (S. 460) werden zunächst zwei Minuten in kochendem Wasser blanchiert und dann abgesiebt.

1 In einem kleinen Topf 30 g Zucker und 2 EL Wasser langsam erhitzen, bis der Zucker aufgelöst ist. Anschließend die blanchierten Julienne-Streifen von 2 Zitronen oder 1 Orange zugeben.

2 Bei schwacher Hitze 8–10 Minuten im Zuckersirup kochen, bis die Flüssigkeit vollkommen verdampft ist und die Schalenstreifen glasig aussehen. Im Schraubglas bleiben sie 2 Tage frisch.

FRÜCHTE ÜBERZUCKERN

Überzuckerte Früchte sind hübsche Verzierungen für kalte Desserts oder *petits fours* (S. 404), gezuckerte Blüten, Rosenblätter oder Minzeblätter nimmt man gern zum Garnieren von Minikuchen und Gebäck. Besonders edel wirken kleine Rispen von Johannisbeeren in einem Zuckermantel. Auch Kapstachelbeeren und Erdbeeren lassen sich gut überzuckern. Die überzuckerten Früchte sollten noch am Tag der Zubereitung verbraucht werden.

1 Die Früchte einzeln oder in Rispen verwenden; die Blätter oder Blüten teilen. Die Früchte, Blätter oder Blüten waschen und mit Küchenkrepp trockentupfen. 2 Eiweiß leicht schaumig schlagen.

2 Die Früchte, Blätter oder Blüten einzeln kurz in das Eiweiß tauchen und abtropfen lassen.

3 Die Früchte, Blätter oder Blüten vorsichtig in Zucker wälzen.

4 An einem trockenen Ort 1–2 Stunden auf ein Kuchengitter legen. Luftdicht verpackt bis zu 12 Stunden aufbewahren.

Kandierte Früchte

Wenn man Früchte in einer konzentrierten Zuckerlösung kocht, bis sie glasig werden, nennt man diesen Vorgang Kandieren oder Kristallisieren. Von besonderer Bedeutung ist hierbei der Zuckergehalt des Sirups, denn er richtet sich nach dem Reifegrad der Früchte und nach der Dauer der Behandlung. Das Kandieren von ganzen Früchten, wie Pflaumen, Kumquats oder Maronen *(marrons glacés)*, erfordert ein gewisses Können und muß schrittweise herbeigeführt werden, das heißt, die Früchte werden über mehrere Tage mit Zuckerlösungen steigender Konzentration behandelt. Sobald die Früchte ganz vom Sirup durchdrungen sind, ist die Zuckerkonzentration so hoch, daß die Früchte nach dem Trocknen bei Raumtemperatur wochenlang haltbar sind. Geschenkpackungen mit kandierten Früchten – eine gut kandierte Ware erkennt man am weißen, krustigen Zuckerüberzug – werden vor allem zu Weihnachten angeboten.

Kandierte Früchte kann man auch gut selbst herstellen. Besonders geeignet sind Fruchtschalen und -stücke von Zitrusfrüchten. Schalenstreifen von Zitrone, Orange und Grapefruit sind eine würzige Garnierung für Kuchen und kalte Desserts. Eingetaucht in Schokolade, wird daraus ein köstliches Konfekt (S. 427). Kandierte Julienne von Zitrusfrüchten verschönern nicht nur Mousses, kalte Desserts und Sorbets, auch festliche Desserts und edle Torten gewinnen durch Verzierungen aus den hauchfein geschnittenen Streifen. Dicke Orangen- und Zitronenscheiben – mit Schale – lassen sich ebenso gut kandieren wie Kirschen, Preiselbeeren und mundgerechte Stücke von Kumquat und Ananas. Diese kandierten Früchte schmecken gut zu Schweinefleisch und Wild und passen vorzüglich zu Desserts und *petits fours*.

Kandierte Früchte aus industrieller Herstellung werden größtenteils zum Backen verwendet. Kandierte Fruchtschalen, durchweg von Zitrusfrüchten stammend (Orangeat, Zitronat), sind in erster Linie Aromaträger, während rote Kirschen und grüne Blattstiele von Engelwurz gern wegen ihrer leuchtenden Farben verwendet werden. Kandierte Früchte dürfen nicht zäh und klebrig sein. Wenn möglich, sollte man ganze Früchte kaufen, da gewürfelte oder kleingeschnittene manchmal seifig oder fade schmecken oder zu trocken sind. Trockene oder stark krustige Früchte werden vor dem Zerkleinern in warmem Wasser eingeweicht und anschließend warm abgespült.

FRÜCHTE KANDIEREN

Das Kandieren von kleinen ganzen Früchten, wie Kirschen, Fruchtstücken oder Zitrusschalen-Julienne ist wesentlich einfacher als das Kandieren von großen Früchten.

1 Etwa 500 g Früchte (Orangen, Grapefruits oder Limetten) in 1 cm dicke Scheiben schneiden; Ananasscheiben halbieren oder in mundgerechte Stücke schneiden. In einer flachen Pfanne 1 kg Zucker mit 1 l Wasser erhitzen, bis der Zucker aufgelöst ist. Die Zuckerlösung so eben zum Kochen bringen.

2 *Oben:* Die Fruchtscheiben leicht überlappend auf einem Kuchengitter auslegen. Aus Bindfäden einen Tragegriff herstellen und das Gitter vorsichtig in den heißen Sirup tauchen. Die Früchte mit einem kreisrunden Pergamentpapier abdecken.

3 *Links:* Den Sirup kurz aufkochen und die Früchte 10–15 Minuten leise köcheln lassen. Die Pfanne von der Kochstelle nehmen und die Früchte zugedeckt im Sirup 24 Stunden bei Raumtemperatur auskühlen lassen. Die Früchte während dieser Zeit nicht berühren.

4 *Oben:* Das Kuchengitter mitsamt den Früchten vorsichtig aus dem Sirup heben und 30–60 Minuten abtropfen lassen. Anschließend die Fruchtstücke auf Küchenkrepp legen und 3–5 Stunden trocknen lassen; ihre Oberfläche sollte völlig trocken und hart sein.

NÜSSE

Was wir als Nüsse kaufen, ist botanisch gesehen Schalobst, wohlschmeckende, von einer harten Schale umgebene Frucht- oder Samenteile. Nur die Haselnuß ist eine echte Nuß. Mandel, Walnuß, Pistazie, Kokosnuß und Macadamianuß sind Steinfrüchte, die Paranuß ist eine Kapselfrucht und die Erdnuß eine Hülsenfrucht. Als Nüsse im handels- und lebensmittelrechtlichen Sinn gelten nur Hasel- und Walnüsse. Nüsse sind sehr nahrhaft und haben ausgeprägte Aromen. Mit Ausnahme der Erdnüsse handelt es sich durchweg um relativ teure Nahrungsmittel, doch selbst geringe Mengen sind schon eine wertvolle Bereicherung beim Kochen und Backen.

Geschmacklich variieren die einzelnen Nußarten beachtlich. Mandeln schmecken angenehm delikat und werden in der Küche auf sehr verschiedene Weise verwendet. Walnüsse hingegen sind etwas strenger im Geschmack. Somit beschränkt sich ihre Verwendung vorwiegend auf herzhafte Gerichte oder auf ebenfalls sehr geschmacksintensive Zutaten, wie Blauschimmelkäse oder Schokolade. Erdnuß- oder Cashewkerne haben ein ausgeprägtes Aroma, das sich mit vielen anderen Nahrungsmitteln verträgt. Geröstet sind sie eine beliebte Zutat in pikanten Gerichten. Pistazien sind nicht nur eine besonders hübsche, sondern auch schmackhafte Garnierung und vielseitig zu verwenden in pikanten Gerichten, süßen Füllungen und Saucen.

Alle Nüsse sind ölhaltig, aber Walnüsse, Haselnüsse und Mandeln haben einen besonders hohen Fettgehalt. Zum Backen müssen sie fein gemahlen und gründlich mit den übrigen Zutaten vermischt werden, damit sich das Fett nicht absetzt und die Mischung pappig wird. In geringen Mengen – als aromatisierende Zutat oder als knuspriges Beiwerk – sind die meisten Nüsse austauschbar, während sie in Backwaren nicht bedenkenlos durch eine beliebige Nußart ersetzt werden können. Maronen finden wegen ihrer mehligen Konsistenz nur begrenzt Verwendung.

Nüsse auswählen

Nüsse kommen ungeschält oder geschält und unterschiedlich verarbeitet in den Handel. Alle Nüsse schmecken am besten, wenn man sie direkt aus der Schale verzehrt. Um die Weihnachtszeit ist das Angebot an Nüssen in der Schale besonders reichhaltig. Zur Vorratshaltung eignen sich nur ungeschälte Nüsse. Als Faustregel gilt: je größer die Nuß, desto besser ihr Geschmack, wenngleich die kleinen Früchte von Wildarten besonders delikat schmecken. Nüsse in der Schale sollten für ihre Größe relativ schwer sein, und die Schale darf keine Risse oder Löcher aufweisen. Eine unansehnliche, zerkratzte Schale läßt auf Ware alter Ernte mit geschrumpften, ausgetrockneten Nußkernen schließen; Nüsse mit sichtbarem Schimmelbefall gänzlich meiden. Ungeschälte Nüsse werden im allgemeinen lose nach Gewicht verkauft, während geschälte Ware meist abgepackt in den Handel kommt – roh oder geröstet, als ganze Nußkerne, als Blättchen, Stifte, Splitter, grob zerkleinert oder feingemahlen. Lose Ware sollte angenehm frisch duften. Abgepackte ganze Nüsse ohne Schale sollten gleichmäßig groß und prall und von einheitlicher Ausfärbung sein.

Abgepackte Ware wird manchmal mit Konservierungs- und Farbstoffen behandelt und ist oft stark gesalzen. Ein beliebter Knabberartikel sind geröstete Nüsse, die manchmal ohne, größtenteil aber mit Öl geröstet werden. Gebrannte Mandeln, Haselnüsse oder Erdnüsse, hergestellt aus rohen oder gerösteten Samenkernen mit karamelisiertem Zuckerüberzug, im Honigmantel oder mit Schokoladenüberzug sind ebenfalls erhältlich.

Nüsse aufbewahren

Die meisten Nüsse sind sehr fetthaltig, können also leicht ranzig werden. Da Licht, Feuchtigkeit und Hitze ihre Lagerfähigkeit beeinträchtigen, halten sie sich am besten in ihrer Originalverpackung oder luftdicht verpackt im Kühlschrank oder im Gefrierfach. Bei kurzfristiger Lagerung tut es auch ein dunkler, kühler Ort. Nüsse in der Schale halten sich länger als geschälte Nüsse. Besonders leicht verderblich sind gehackte oder gemahlene Produkte. Vakuumverpackte Nüsse kann man bei Raumtemperatur lagern; angebrochene Ware stellt man in den Kühlschrank. Fade schmeckende oder weich gewordene Nüsse können durch Rösten aufbereitet werden. (Nähere Einzelheiten zur Lagerung der einzelnen Nußarten siehe unter der jeweiligen Rubrik ZUR INFORMATION.)

Mit Nüssen kochen

Gemahlene Nüsse, vor allem gemahlene Mandeln, sind eine wichtige Backzutat. Sie passen gut zu Schokolade, Kaffee und anderen Geschmacksträgern und werden auch gern zum Andicken von Saucen verwendet. Nußmehle kann man in Müslis mischen oder über Gratins, Bohnengerichte, Torten und Eisdesserts streuen. Ganze Nüsse, ob roh oder geröstet, sind eine hübsche Garnierung für Torten und Gebäck. Gehackte Nüsse gibt man in Kuchenteige, Baiser-Massen und Brotteige, streut sie über Salate oder vermengt sie mit sautiertem Gemüse. Nußöle (S. 103) werden gern für Salatsaucen verwendet.

NÜSSE SCHÄLEN UND ENTHÄUTEN

Erdnüsse lassen sich leicht von Hand schälen, während alle Nüsse, die von einer harten Schale umgeben sind – zum Beispiel Walnüsse – erst mit dem Nußknacker aufgebrochen werden müssen. Für Maronen wird eine andere Schältechnik angewandt (S. 481).

Nußkerne, wie zum Beispiel Mandeln, werden vor ihrer Verwendung oft blanchiert und gehäutet. Haselnüsse werden vor dem Backen und Kochen am besten geröstet, weil sie dadurch ihr volles Aroma entwickeln. Walnüsse und Pekannüsse lassen sich wegen ihrer unebenen Oberfläche schlecht häuten, deshalb entfernt man die dünne Haut meist nicht.

1 Mandeln und Pistazien blanchieren Die Nußkerne in kochendes Wasser geben. Nach 2–3 Minuten auf ein Sieb gießen, abschrekken und etwas abkühlen lassen.

2 Einen Mandelkern zwischen Daumen und Zeigefinger nehmen und aus der braunen Haut herausdrücken. Läßt sich die Haut schwer abziehen, die Mandelkerne noch einmal kurz überbrühen. Bei Pistazien gleich nach dem Blanchieren die glatte Haut mit den Fingern abstreifen.

1 Haselnüsse enthäuten Die Haselnüsse im Backofen oder unter dem Grill rösten (S. 477) und dann in ein grobes Tuch wickeln.

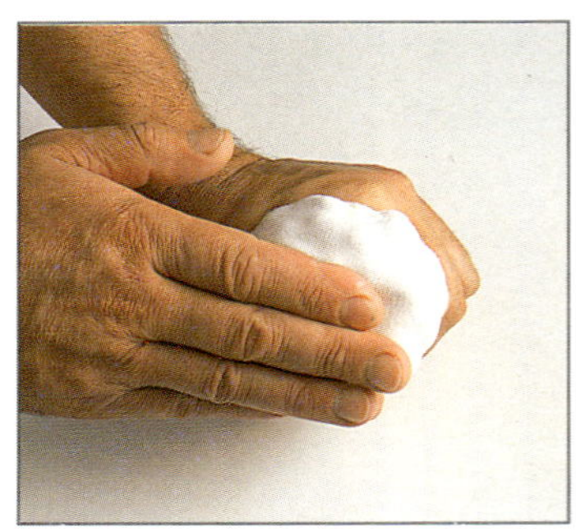

2 Die Nüsse im Tuch kräftig aneinanderreiben, damit sich das äußere bittere Häutchen löst. Hautreste von Hand entfernen.

NÜSSE RÖSTEN

Zum Kochen und Backen werden Nüsse oft im Backofen oder unter dem Grill geröstet, denn Rösten intensiviert den Nußgeschmack und sorgt für eine goldbraune Farbe.

Geschälte Nußkerne oder gehackte Nüsse im Backofen rösten (rechts) Die Nüsse in einer flachen Pfanne oder auf einem Backblech ausbreiten und je nach Größe 7–12 Minuten bei 175 °C Gas Stufe 2–3 im Backofen backen, bis die Nüsse leicht gebräunt sind. Pfanne oder Backblech gelegentlich rütteln. Anschließend abkühlen lassen.

Nüsse unter dem Grill rösten Die Nüsse in einer flachen Pfanne oder auf einem Backblech ausbreiten. Im Abstand von 15 cm unter den heißen Grill stellen und die Nüsse unter ständigem Wenden 3–5 Minuten rösten, bis sie goldbraun sind. **Hinweis** Nüsse verbrennen leicht. Deshalb sollte man sie während des Röstvorgangs im Auge behalten.

NUSSMILCH HERSTELLEN

Die vorwiegend aus Mandeln und Kokosnuß zubereitete Nußmilch wird zum Aromatisieren verwendet und ist auch beliebt als erfrischendes Getränk.

Ergibt 175 ml
250 ml heißes Wasser oder Milch (für Mandelmilch) oder Kokosmilch (für Kokosmilch)
100 g gemahlene Mandeln oder Kokosraspeln

1 Kokosraspeln oder gemahlene Mandeln in einen kleinen Topf geben und die Flüssigkeit zugießen. Zugedeckt bei schwacher Hitze 30 Minuten ziehen lassen. Die Mischung durch ein sauberes Tuch in eine Schüssel absieben.

2 *Oben:* Die Tuchenden zusammenfassen und möglichst viel Nußmilch durch Wringen herauspressen.

Nüsse hacken und mahlen

Entscheidend für das Gelingen eines Gerichts ist die Konsistenz der Nüsse, das heißt, ob sie grobgehackt oder feingemahlen verwendet werden. Nüsse hackt man am besten von Hand, denn nur so hat man den größtmöglichen Einfluß auf den gewünschten Feinheitsgrad; allerdings werden die Stücke nie ganz gleichmäßig. Als sehr praktisch erweist sich der Einsatz einer Küchenmaschine, einer Kaffeemühle oder einer Mandelmühle.

Von Hand hacken Mit einem großen Kochmesser oder einem Wiegemesser (S. 504) jeweils eine kleine Portion Nüsse (etwa 50 g) auf die gewünschte Größe zerkleinern.

In der Küchenmaschine hacken Unter Betätigung des Momentschalters die Nüsse portionsweise (zu etwa 50 g) in der Küchenmaschine auf die gewünschte Größe zerkleinern. **Hinweis** Den Schalter nicht zu lange betätigen, da die Nüsse sonst zu Mus werden.

Mahlen Zum Mahlen eine spezielle Mandelmühle, eine saubere Kaffeemühle oder eine Küchenmaschine verwenden. Die Nüsse immer nur portionsweise zu feinem Pulver vermahlen, damit möglichst wenig Öl austritt. Bei zu langer Bearbeitung werden die Nüsse zu Mus. Falls im Rezept vorgesehen, die Nüsse unter Zugabe von etwas Zucker oder Mehl in der Küchenmaschine mahlen.

NUSSPASTE HERSTELLEN

Nußpaste, eine streichfähige Masse aus gemahlenen Nüssen, ist ein beliebter Brotaufstrich und eignet sich gut zum Würzen von Saucen, Suppen und Eintöpfen. Neben Erdnüssen (Erdnußbutter) werden – insbesondere zum Verfeinern von Süßspeisen – auch Haselnüsse, Mandeln und Cashewnüsse zu Nußpaste verarbeitet. Kleine Mengen eines geschmacksneutralen Allzweck-Öls (S. 102) machen die Masse streichfähig, ohne den Geschmack zu beeinträchtigen.

1 125 g Nüsse in der Küchenmaschine oder im Mixer sehr fein mahlen.

2 1–2 EL Öl zugeben und 1–2 Minuten weitermahlen, bis eine glatte Paste entstanden ist.

3 Je nach Mahlgrad ist die Masse körnig oder glatt und cremig. Das Volumen der Nüsse hat sich um die Hälfte verringert.

Gesüßte Nußpaste herstellen

Unter Zusatz von Zucker kann man aus jeder beliebigen Nußart eine köstliche Nußpaste herstellen. (Zu empfehlen für Nüsse, die in der Küchenmaschine versehentlich zu Mus verarbeitet worden sind.) Eine Variante wird zu gleichen Teilen aus feingeriebenen Nüssen und Zukker zubereitet. In Frankreich heißt diese Paste *tant pour tant* (»so viel für so viel«). Die feine, cremige Paste wird gern zum Verfeinern von Teigmassen und Füllungen verwendet. Neben Mandeln verarbeitet man auch Haselnüsse und Walnüsse zu Nußpaste.

Eine zweite Version wird ausschließlich mit Mandeln hergestellt. Besser bekannt als Marzipan oder Mandelpaste, findet sie vor allem in der Pâtisserie vielseitige Verwendung: als hübsche Marzipanfiguren, als Füllung für Pralinen und Konfekt, beispielsweise *petits fours*, und als Überzug für festliche Torten.

Mandelpaste ist etwas schwieriger in der Herstellung als *tant pour tant*, da mit Läuterzucker gearbeitet wird. Der Nuß- und Zuckeranteil richtet sich nach der gewünschten Konsistenz der fertigen Paste. Bei einem höheren Mandelanteil ist die Masse weicher und besser formbar. Wird anteilig mehr Zucker verwendet, ist die Masse ideal zum Überziehen von Gebäck. Selbstgemachtes Marzipan wird nie so glatt und fein wie industriell hergestelltes (das durch Bearbeitung mit Walzmaschinen höchste Formbarkeit erreicht) und sollte daher nur als Decke oder zum Überziehen verwendet werden. (Zur Herstellung von Mandelpaste s. S. 478.)

Mandeln

Je nach Gehalt an Bittermandelöl unterscheidet man bittere und süße Mandeln. Bittermandeln werden zu Öl, Extrakt und Likören, wie Amaretto, verarbeitet. Süße Mandeln sind vielseitiger als alle anderen Nüsse und finden beim Kochen und Backen reichlich Verwendung. In manchen Teigmassen ersetzen sie Mehl und Stärke, so daß das fertige Gebäck sehr gehaltvoll, saftig und darüber hinaus besonders aromatisch ist. Grundzutaten der französischen Pâtisserie sind Baiser-Massen, Teigmassen und *petits fours* auf Mandelbasis. Italienische Biskuitkuchen verdanken ihre typische Konsistenz gemahlenen Mandeln. In Verbindung mit Karamel wird aus Mandeln Krokant oder Nougat (S. 419).

Süße Mandeln werden auch gern für pikante Gerichte verwendet. Mandeln, ob als ganze Kerne, geraspelt oder zu feinem Pulver vermahlen, passen ausgezeichnet zu Fisch und Huhn. Sie sind ebenfalls fester Bestandteil in indischen Currys. Mandelblättchen, in Butter goldbraun sautiert, sind eine wohlschmekkende Zutat zu Fischfilets. Bei uns nimmt man gemahlene Mandeln zum Aromatisieren und Andicken von Suppen oder zum Verfeinern von Pfannkuchen, die heiß mit Zukker und Zitronensaft serviert werden.

ZUR INFORMATION

Menge 1 kg Mandeln ergibt geschält 500 g Mandelkerne.
Nährstoffgehalt pro 100 g (roh). 2507 kJ/599 kcal; 19 g Protein; 54 g Fett; 20 g Kohlenhydrate; kein Cholesterin; 20 mg Natrium.
Bemerkung Abgepackte gemahlene Ware ist manchmal trocken und fade im Geschmack.
Aufbewahrung Luftdicht verschlossen. *Ungeschälte Mandeln* Kühl und trocken: 1 Jahr. *Geschälte Mandeln* Im Kühlschrank 6 Monate.
Typische Gerichte Gebackener Brie mit gerösteten Mandeln (USA); *amaretti* (Mandelgebäck; Italien); mit Schokolade und Zimt zu süßen Nudeln (Italien); Torte (Portugal); mit Languste, Huhn und Tomaten (Spanien); mit Huhn in Ei und Sherrysauce (Spanien); mit Kalbsschnitzel (Deutschland); Soufflé (Deutschland); Huhn mit Mandel-Farce (Ungarn); *shortbread* (kleine runde Kuchen aus Mandelmürbeteig; Großbritannien); Flammeri (Großbritannien); *bakewell tart* (mit Himbeermarmelade und Mandelcreme; Großbritannien); Plätzchen (UdSSR); Pudding (Vorderer Orient).

Mandelpaste (Marzipan)

Mandelpaste oder Marzipan wird gern zum Überziehen von festlichen Kuchen und Torten wie auch zum Füllen von Pralinen (S. 428) und Konfekt verwendet. Ausgeformte Mandelmasse ist eine beliebte Garnierung für Gebäck.

Ergibt 500 g
300 g Zucker
175 ml zuzüglich 2 EL Wasser
180 g feingemahlene Mandeln

1 Für den Läuterzucker Wasser und Zucker zum großen Ballen kochen (S. 415).
2 In der Zwischenzeit die gemahlenen Mandeln mit 2 EL Wasser im Mixer (mit Knethaken) oder im Mörser zu einer geschmeidigen Masse vermischen.
3 Den Läuterzucker so weit abkühlen lassen, daß keine Blasen mehr an die Oberfläche steigen, und – bei laufendem Mixer – über die gemahlenen Mandeln gießen und vermischen oder mit dem Stößel zu einer geschmeidigen Masse verarbeiten.
4 Kleine Portionen von der Mandelmasse abnehmen und mit den Händen jeweils gut durchkneten.
5 Die fertige Mandelpaste in einen luftdicht verschließbaren Behälter geben; sie läßt sich dann bis zu 2 Wochen aufbewahren.

Walnüsse und Pekannüsse

Walnüsse und Pekannüsse sind eng verwandt und lassen sich wegen ihrer mehr oder weniger gefurchten Oberfläche nur schwer häuten. Nur bei frischen Walnüssen, sogenannten Schälnüssen, wird die weiche, sehr bittere Haut zum Rohessen und Kochen abgezogen.

Der Walnußbaum ist von Südeuropa über Zentralasien bis China heimisch und wird auch in deutschen Weinbaugebieten kultiviert. Nur in Nordamerika heimisch ist die Schwarznuß, eine dunkelbraune Frucht mit tief gefurchten, dicken Steinschalen. Die stark ölhaltige Schwarznuß läßt sich gut in Keksen und Kuchen verbacken und wird in den Vereinigten Staaten zur Aromatisierung von Speiseeis verwendet. Die ebenfalls stark ölhaltige, mild-aromatische Butternuß, die Steinfrucht des amerikanischen Butternußbaums, wird in der Küche wie die gewöhnliche Walnuß verwendet.

Walnüsse sind eine wertvolle Backzutat für herzhafte Brote und Kuchen, oft in Verbindung mit Bananen. Walnußstücke schmecken gut in Salaten (S. 102). Gemahlene Walnüsse sind wesentlicher Bestandteil der türkischen *taratoor*-Sauce und der italienischen *salsa di noci* (Walnußsauce, S. 66), die zu Pasta gereicht wird. Das teure Walnußöl gibt Salaten einen intensiven Geschmack; es wird vor allem in Südfrankreich gern verwendet.

Die in den Vereinigten Staaten beheimateten und vor allem in den Südstaaten hochgeschätzten Pekannüsse sind walnußähnliche Früchte eines Hickory-Baumes. Sie werden zu köstlichen Pies – unter Zusatz von Melasse oder Sirup – verbacken und ergeben eine vorzügliche Eiscreme. Sie verfeinern Gemüsegerichte und Füllungen für Truthahn und Gans.

ZUR INFORMATION

Menge 1 kg Nüsse ergibt geschält 570 g Nußkerne.
Nährstoffgehalt pro 100 g (roh). *Gewöhnliche Walnuß* 2788 kJ/666 kcal; 15 g Protein; 62 g Fett; 16 g Kohlenhydrate; kein Cholesterin; 2 mg Natrium. *Pekannuß* 2885 kJ/687 kcal; 9 g Protein; 71 g Fett; 15 g Kohlenhydrate; kein Cholesterin; Spuren von Natrium.
Bemerkung Nußkerne sind unter Umständen sehr ölig; daher vor dem Mahlen probieren und die im Rezept angegebene Fettmenge entsprechend reduzieren; ältere Nußkerne schmecken manchmal bitter. *Pekannuß* Schale läßt sich schwer knakken, deshalb geschälte Nußkerne kaufen.
Aufbewahrung Luftdicht verschlossen; nie in der Nähe geruchsintensiver Lebensmittel. *Ungeschält* Kühl, luftig und trocken: 2–3 Monate. *Geschält* In luftdicht verschlossenem Behälter im Kühlschrank 6 Monate.
Typische Gerichte *Walnuß* Kalte Forelle in Walnußsauce (UdSSR); grün eingemachte Walnüsse (Mittlerer Osten); grüne Walnüsse, in Essig eingelegt (Großbritannien, Frankreich); *gâteau aux noix* (Walnußkuchen; Frankreich); süße Teigtaschen (Spanien); Kuchen mit kandierten Zitrusschalen (Italien); Kekse (Balkanländer) Paprikaschoten in Walnußsauce (Mexiko); Rosinen-Walnuß-Pie (USA); in Rote-Bete-Salat (USA); Kuchen (USA); Suppe mit Sahne und Hühnerbrühe (Mexiko). *Pekannuß* Mit Huhn (USA); *sandies* (Kekse; USA); Pekan-Pie (USA); Fleischkäse mit Pekannuß-Füllung (USA).

Haselnüsse

Haselnüsse schmecken angenehm mild und aromatisch und werden deshalb gern zum Verfeinern von Backwaren verwendet. Feingemahlen ersetzen Haselnußkerne zum Teil Mehl und Fett in Kuchen- und Plätzchenrezepten. Gemahlen werden die Nüsse auch zu Nußpaste verarbeitet und als Zutat für Süßigkeiten und Eiscreme verwendet. Die meisten Haselnußsorten werden in Europa und den Vereinigten Staaten (Oregon) kultiviert. Die paarweise oder zu dritt wachsenden Haselnüsse sind jeweils von einer blattartigen Hülle umgeben, die bei der Reife aufreißt. Die leicht bittere Außenhaut der geknackten Kerne läßt sich nur durch Rösten (S. 477) und anschließendes Abreiben mit einem Tuch entfernen. Gemahlene Haselnußkerne müssen zum Backen sorgfältig mit den anderen Zutaten vermischt werden. Das Öl darf sich nicht absetzen, denn sonst wird das Gebäck schwer.

Haselnüsse sind nicht nur eine wertvolle Backzutat; sie passen auch gut zu pikanten Gerichten mit Huhn und Wild. Gehackte Nußkerne kann man in Butter anrösten und an Fisch (zum Beispiel Forelle) oder Krustentiere (zum Beispiel Hummer) geben oder roh über Salate, Suppen und sommerliche Obstspeisen streuen. Haselnüsse harmonieren auch gut mit Pilzen und grünen Gemüsen wie Rosenkohl.

ZUR INFORMATION

Menge 1 kg Haselnüsse ergibt geschält 580 g Nußkerne.

Nährstoffgehalt pro 100 g (roh). 2755 kJ/656 kcal; 13 g Protein; 61 g Fett; 23 g Kohlenhydrate; kein Cholesterin; 2 mg Natrium.

Bemerkung Haselnußkerne werden bei Raumtemperatur relativ schnell ranzig.

Aufbewahrung Luftdicht verschlossen. *Ungeschält* Kühl und trokken: 1 Monat. *Geschält* Im Kühlschrank 3–4 Monate.

Typische Gerichte Torte (Ungarn); Kekse (Spanien); *croquets aux noisettes* (Plätzchen; Frankreich); *noisettines* (Törtchen; Frankreich); *pavé aux noisettes* (Torte mit Schokolade; Frankreich); Apfelstrudel (Österreich); Nußkipferln (Österreich); Linzer Torte (Österreich); Omelett (Deutschland); Kuchen mit Schokoladenfüllung (Vorderer Orient); Nußrolle (Biskuitrolle mit Haselnuß-Sahne-Füllung; USA); Baiser-Torte mit Himbeeren und Sahne (Großbritannien); Haselnuß-Kirsch-Salat (USA); karamelisierte Haselnüsse (USA).

Erdnüsse, Pistazien, Cashewnüsse, Paranüsse, Macadamianüsse

Bei manchen Nüssen denken wir in erster Linie an die Knabberartikel, die in großer Auswahl geröstet und gesalzen, aber auch mit Zucker oder Honig glasiert, auf dem Markt sind. Zum Kochen und Backen kommen indes nur die rohen Nußkerne in Frage.

Die mit Abstand beliebtesten Knabbernüsse sind die Erdnüsse. Genaugenommen handelt es sich bei den ursprünglich in Südamerika heimischen Erdnüssen nicht um Nüsse, sondern um die Früchte einer tropischen Hülsenfrucht. Die Blütenstiele dieser Pflanze krümmen sich nach dem Verblühen nach unten und führen die junge Frucht zum Reifen in die Erde. Aus den kleinfruchtigen Sorten wird vorwiegend Speiseöl (S. 102) gewonnen. Erdnüsse sind eine beliebte Zutat in Currygerichten, Gemüseeintöpfen und Saucen.

Die Pistazie, auch Pistazienmandel genannt, schätzt man vor allem wegen ihrer leuchtend-grünen Farbe. Die würzigen Samen werden als ganze Kerne, gehackt oder geraspelt in Pasteten und Wurst (Mortadella) sowie zum Garnieren von Torten und Konfekt verwendet. In pürierter Form sind sie Zutat in Dessert-Saucen und Eiscreme. Die in Zentralasien und im Mittelmeerraum heimische Steinfrucht ist von einer weißlich-hellbraunen Samenschale umschlossen, die beim Rösten aufspringt.

Die kleinen, nierenförmigen Cashewnüsse kommen vorwiegend aus Indien, Ostafrika und Brasilien auf unsere Märkte. Das wichtigste Importland sind die Vereinigten Staaten, doch auch in Europa stieg die Nachfrage in den letzten Jahren stetig. Die leicht süß und mandelartig schmeckenden Cashewnüsse sind fester Bestandteil in asiatischen Gerichten und passen zu jeder Art von pikanten Speisen und zu Desserts. Die Cashewnuß wächst unten aus dem fleischigen und ebenfalls eßbaren Cashewapfel heraus und hat zwei Schalen, eine dünne Außenschale und eine härtere Innenschale. Die harte Schale enthält eine stark ätzende Substanz, das sogenannte Cashew-Schalenöl. Aus diesem Grund werden die Nüsse bereits in den Ursprungsländern geschält und enthäutet. Da die Kerne durch längeres Kochen aufweichen, gibt man sie erst kurz vor dem Servieren an die Speisen.

Paranüsse und Macadamianüsse werden in der Küche ähnlich behandelt wie die obengenannten Nüsse. Die kalorienreichen, stark ölhaltigen Nüsse eignen sich vorzüglich für Füllmassen und zum Verbacken in Kuchen und Plätzchen, sind aber auch sehr beliebt als Knabbernüsse. Die Paranuß, auch Brasilnuß oder Amazonasmandel genannt, ist die Frucht des im Amazonasgebiet heimischen Paranußbaumes. Die in Australien beheimatete Macadamianuß – man nennt sie auch australische Haselnuß oder Queenslandnuß – wird heute auch auf Hawaii angebaut und von dort importiert.

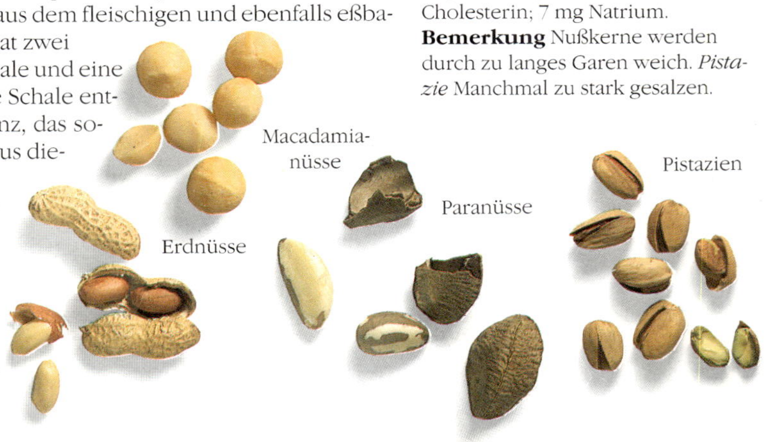

ZUR INFORMATION

Mengen *Erdnuß, Cashewnuß* 1 kg Nüsse ergibt geschält 700 g Nußkerne. *Pistazie* 1 kg Pistazien ergibt geschält 500 g Nußkerne. *Paranuß, Macadamianuß* 1 kg Nüsse ergibt geschält 500 g Nußkerne.

Nährstoffgehalt pro 100 g (roh). *Erdnuß* 2390 kJ/571 kcal; 26 g Protein; 48 g Fett; 16 g Kohlenhydrate; kein Cholesterin; 5 mg Natrium. *Pistazie* 2500 kJ/598 kcal; 21 g Protein; 52 g Fett; 19 g Kohlenhydrate; kein Cholesterin; kein Natrium. *Cashewnuß* 2380 kJ/569 kcal; 17 g Protein; 42 g Fett; 33 g Kohlenhydrate; kein Cholesterin; 15 mg Natrium. *Paranuß* 2796 kJ/668 kcal; 14 g Protein; 67 g Fett; 9 g Kohlenhydrate; kein Cholesterin; 2 mg Natrium. *Macadamianuß* 2902 kJ/691 kcal; 8 g Protein; 72 g Fett; 16 g Kohlenhydrate; kein Cholesterin; 7 mg Natrium.

Bemerkung Nußkerne werden durch zu langes Garen weich. *Pistazie* Manchmal zu stark gesalzen. *Paranuß, Macademianuß* Nußkerne gehen beim Knacken häufig zu Bruch.

Aufbewahrung Luftdicht verschlossen lagern. *Erdnuß in der Schale* Im Kühlschrank: 6 Monate. *Geschält* Im Kühlschrank: 3 Monate. *Pistazie in der Schale oder geschält* Im Kühlschrank: 3 Monate. *Cashew-Kerne* Im Kühlschrank: 6 Monate. *Paranuß in der Schale* Kühl und trokken: 2 Monate. *Geschält* Im Kühlschrank: 6 Monate. *Macadamia-Kerne* Im Kühlschrank: 2 Monate.

Typische Gerichte *Erdnuß* Erdnußbutter-Kekse (USA); Suppe mit Sherry (Karibik); gefärbter Reis (Mexiko); Huhn mit Garnelen in Sauce (Brasilien); scharf gewürzte Suppe (Afrika); Eintopfgericht (mit Rindfleisch und Tomaten; Afrika); Chutney (mit Ingwer, Joghurt, Koriander; Indien); Sauce mit Kokosnuß zu Rübstiel und Spinat (Asien). *Pistazie* Eiscreme (USA); Reissalat mit Korinthen und kleingeschnittenem Gemüse (USA); Pistazienkuchen (Frankreich); Törtchen (Vorderer Orient). *Cashewnuß* Nuß-Mousse (Brasilien); Konfekt (Indien). *Paranuß* Kuchen (Brasilien); mit Schokoladenüberzug (Großbritannien); in Salat mit Brunnenkresse und Orangen (USA). *Macadamianuß* Macadamia-Pie (Hawaii); mit Huhn (Hawaii).

Kokosnuß

Kokosnüsse sind wesentlich größer und fleischiger als andere Nußarten. Die reifen, fast fußballgroßen Steinfrüchte sind von einer dünnen, lederartigen Haut umgeben. Darunter befindet sich eine 4–6 cm dicke Faserschicht, die aber bereits im Erzeugerland entfernt und zu Besen, Matten und Seilen verarbeitet wird, so daß bei uns nur die Steinkerne auf den Markt kommen. Kokosnüsse sind innen hohl und mit einer Flüssigkeit, dem Kokoswasser (Kokosmilch), gefüllt, nicht zu verwechseln mit der Kokosmilch, für die man Kokosraspeln in heißer Milch oder Wasser ziehen läßt (S. 477). Die Früchte der in tropischen Regionen, meist in Küstennähe, kultivierten Kokospalmen werden häufig im unreifen Zustand, noch grün, geerntet. Dann ist das Fruchtfleisch noch weich und geleeartig und das Kokoswasser noch süß und klar. Bei uns kommen die Kokosnüsse voll ausgereift in den Handel: mit brauner Schale und relativ festem Samenfleisch und mittlerweile milchig-trübem Kokoswasser. Mit zunehmender Reife vermindert sich das Kokoswasser und wird geschmacklich schal.

Das Samenfleisch wird in der Regel gerieben oder geraspelt und als Streuauflage oder als Backzutat verwendet. In der asiatischen Küche verfeinert man damit pikante Gerichte und bereitet daraus unter Mitverwendung von anderen Zutaten eine erfrischende Würzpaste. Getrocknete Kokosraspeln sind eine beliebte Streuauflage. Vermischt mit Buttercreme, wird daraus eine Glasur zum Bestreichen und Überziehen von Gebäck. Frisches Kokoswasser wird häufig zum Aromatisieren von Erfrischungsgetränken und Cocktails verwendet, zum Beispiel für *piña colada.* Kokoscreme in Dosen ist meist stark gesüßt und sollte nicht anstelle von industriell konservierter, ungesüßter oder frisch zubereiteter Kokosmilch verwendet werden.

ZUR INFORMATION
Menge 1 Kokosnuß ergibt etwa 70 % verwertbares Samenfleisch.
Nährstoffgehalt pro 100 g (roh). *Frisch* 1431 kJ/342 kcal; 4 g Protein; 35 g Fett; 13 g Kohlenhydrate; kein Cholesterin; 35 mg Natrium. *Getrocknet (Raspeln)* 2536 kJ/606 kcal; 6 g Protein; 62 g Fett; 31 g Kohlenhydrate; kein Cholesterin; 28 mg Natrium.
Bemerkung Frisches Kokosnußfleisch läßt sich nur schwer aus der Schale lösen.
Aufbewahrung *Ungeöffnet* Bei Raumtemperatur 2–4 Monate. *Geöffnet* Im Kühlschrank 1 Woche.
Typische Gerichte Kokoscreme (Spanien); Kokosnußcreme-Pie (USA); Pudding (Hawaii); Suppe mit Huhn und Muskat (Brasilien); Huhn in Kokosmilch (Karibik); Creme mit Sherry (Mexiko); Kokosnuß-Kuchen mit Ingwer (Afrika).

Garnelen in Kokosnuß-Sauce

Dampfendheißer Reis ist die ideale Beigabe zu diesem pikant-würzigen Gericht, das in seinem Ursprungsland Indonesien *sambal goreng udang* heißt.

4 Portionen
500 g rohe Riesengarnelen
2 frische Chilischoten, entstielt, entkernt und feingehackt
1 große Zwiebel, feingehackt
Schale von 1 unbehandelten Zitrone
4–5 frische Basilikumblätter
1 TL gemahlene Kurkuma
1 kleines Stück frischer Ingwer, geschält und gehackt
250 ml Wasser
250 ml Kokosmilch (S. 477)
2 TL frischgepreßter Zitronensaft
1 TL Salz
1 Frühlingszwiebel, in feine Streifen geschnitten

1 Die Garnelen schälen (S. 160), unter kaltem Wasser abspülen und mit Küchenkrepp trockentupfen.
2 Chilischoten, Zwiebel und Zitronenschale in der Küchenmaschine oder im Mixer pürieren. Das Püree in eine Kasserolle geben, Basilikumblätter, Kurkuma, Ingwer und Wasser zugeben und gut verrühren. Die Mischung kurz aufkochen und anschließend bei schwacher Hitze 6–8 Minuten köcheln lassen, bis das Wasser fast verdampft ist.
3 Kokosmilch und Garnelen zugeben und alles unter Rühren 4–5 Minuten bei schwacher Hitze garen, bis die Garnelen fest und rosarot sind. (Die Sauce darf nicht sprudelnd kochen, weil sie sonst gerinnt.) Den Topf vom Herd nehmen, die Sauce mit Zitronensaft und Salz würzen; mit der Frühlingszwiebel bestreuen.

EINE FRISCHE KOKOSNUSS ÖFFNEN

Um an das süße Kernfleisch zu gelangen, muß man zuerst die harte Schale anbohren und das Kokoswasser ablaufen lassen.

1 Mit einer Ahle oder einem kleinen Schraubenzieher die drei unter dem »Bart« sitzenden weichen Keimporen – die »Augen« – durchbohren.

2 Das Kokoswasser abfließen lassen. Will man es weiterverwerten, siebt man es durch einen Kaffeefilter.

3 Die Kokosnuß auf ein Tuch legen. Mit einem Hammer im unteren Drittel, knapp über den »Augen«, auf die Schale der Kokosnuß klopfen; dabei die Frucht langsam drehen. Sobald ein leises Knacken ertönt, hat man die natürliche Bruchstelle der Frucht getroffen. Jetzt so lange weiterklopfen, bis die Kokosnuß in zwei Teile zerbricht (das dauert unter Umständen sehr lange). Dann die Kokosnuß mit dem Hammer zerkleinern.

4 Das Kernfleisch aus der Schale lösen und die braune Haut entfernen.

PINIENKERNE

Pinienkerne, auch Pignoli oder Zirbelnüsse genannt, sind die Samenkerne aus den Zapfen bestimmter Kiefernarten, unter anderem der in den Mittelmeerländern heimischen Pinie, der in den Alpen beheimateten Zirbelkiefer und der mexikanischen Nußkiefer.

Die kleinen, länglichen, elfenbeinfarbenen Samenkerne haben einen feinen, harzähnlichen Geschmack, der sich durch das Rösten erst richtig entfaltet. Die besonders in den Mittelmeerländern und im Nahen Osten geschätzten Pinienkerne sind eine beliebte Zutat in Füllungen für Geflügel und Weinblätter (S. 265), in Fleisch-, Wild- und Gemüsegerichten und schmecken auch gut in Suppen und Desserts. Sie sind ein wesentlicher Bestandteil des italienischen *pesto* (S. 17) und eine ausgezeichnete Garnierung für Cremetorten und Salate

Pinienkerne kommen in der Regel gebrüht und geschält in den Handel. Nach dem Rösten werden sie entweder gemahlen und an pikante Gerichte gegeben oder als ganze Kerne über Fleischgerichte und Salate, vor allem über Zubereitungen mit Käse, gestreut. Da die stark ölhaltigen Samenkerne schnell ranzig werden, bewahrt man sie am besten nicht länger als einen Monat im Kühlschrank auf.

EXOTISCHE NÜSSE

Die Exoten unter den Nüssen stammen größtenteils aus Afrika. Wohl am bekanntesten ist die Kolanuß, die die anregenden Wirkstoffe Theobromin und Coffein enthält. Geringe Mengen davon werden alkoholfreien Erfrischungsgetränken zugesetzt. Da die taubenei- bis kastaniengroßen Samen der Kolanuß recht bitter schmecken, sind sie in der westlichen Küche nicht sonderlich beliebt. Lediglich die Franzosen verwenden sie in geringen Mengen für Desserts.

Die kokosnußähnliche Cohunenuß ist in Zentralafrika heimisch und dient wegen ihres hohen Fettgehalts ausschließlich der Margarineherstellung. Ebenfalls stark ölhaltig ist die asiatische Kerzennuß, die Frucht des Lichtnußbaums, die angeblich wie eine Kerze herunterbrennt. Sie wird gemahlen an Saucen, Suppen und Currys gegeben. Da die unreifen und rohen Früchte sehr giftig sind, werden sie vor dem Verzehr stets geröstet.

Die Buchecker wurde früher zu Mehl und Öl verarbeitet, ist aber heute nicht mehr von Bedeutung. Zur großen Familie der Eßkastanien gehören neben den Kastanienarten Japans und Chinas die amerikanische Goldblatt-Kastanie. Die Früchte werden vor dem Verzehr gekocht oder geröstet. Die bei uns in Dosen erhältlichen Wasserkastanien (S. 303) aus China sind die Nußfrüchte einer Wasserpflanze, die nicht mit der Eßkastanie, sondern mit der Wassernuß verwandt sind.

Frische Kokosraspeln herstellen

Frisches Kokosnußfleisch wird immer gerieben oder geraspelt an süße oder pikante Speisen gegeben. Zum Feinreiben der Kokosnuß lohnt sich der Einsatz einer Küchenmaschine oder eines Mixers. Für gröbere Flocken raspelt man das Kernfleisch von Hand. Frische Kokosflocken ergeben die beste Kokosmilch, die ja ein unerläßlicher Bestandteil vieler indischer und indonesischer Gerichte ist. Für Desserts und Konfekt sind getrocknete Kokosraspeln in den verschiedenen Feinheitsgraden besser geeignet.

Kokosraspeln von Hand herstellen Die anhaftende braune Haut vom Kernfleisch abschneiden und die Kokosnuß mit einer groben Reibe zerkleinern.

Kokosraspeln maschinell herstellen Das Samenfleisch mit etwas Wasser in die Rührschüssel der Küchenmaschine oder in den Mixer geben und das Gerät so lange mit dem Momentschalter ein- und ausschalten, bis die gewünschte Konsistenz erreicht ist.

Marone (Eßkastanie)

Die Marone oder Eßkastanie, nicht zu verwechseln mit der Roßkastanie, ist eine angenehm süß schmeckende, stärkereiche Frucht. Während in den Fruchtknoten der wildwachsenden Kastanien zwei oder drei kleine Nüsse in einer sehr stacheligen Fruchthülle heranreifen, entwickelt sich bei den Maronen jeweils nur eine große Nuß. Frisch gesammelte Maronen läßt man meist ein paar Tage trocknen, damit ein Teil der Stärke verzuckert und die Nüsse noch süßer werden.

In Frankreich und Italien werden Maronen meist wie Gemüse behandelt. Glasierte Maronen werden oft mit Rosenkohl oder Rotkohl serviert, während pürierte Maronen als klassische Beilage zu Fleischgerichten oder als Füllung – oft vermengt mit Wurstbrät, Zwiebeln oder Sellerie – in Geflügel verwendet werden. Zu den berühmten Desserts auf Maronen-Basis gehören zweifelsohne die Süßspeise *mont blanc*, für die gesüßtes Maronenpüree und geschlagene Sahne auf süßem Sandteig angerichtet werden, und das Schokoladen-Kastanien-*pavé* (S. 425). Aus getrockneten Maronen wird in Italien eine köstliche Suppe gekocht oder lockeres Gebäck hergestellt.

Bei frischen Eßkastanien muß vor der Weiterverarbeitung die braune Außenschale und die innere hellgelbe Haut entfernt werden. Geschälte, vakuumverpackte Kastanien schmecken annähernd so gut wie frische. Ganze, ungesüßte Maronen in der Dose sind ein vollwertiger Ersatz für gekochte Frischware, wenngleich sie etwas fester sind.

ZUR INFORMATION

Menge 1 kg Maronen ergibt etwa 800 g geschälte Ware.

Nährstoffgehalt pro 100 g (roh). 1818 kJ/196 kcal; 3 g Protein; 2 g Fett; 42 g Kohlenhydrate; kein Cholesterin; 2 mg Natrium.

Garzeiten *Ungeschält* Auf der gewölbten Seite mit einem scharfen Messer einritzen und grillen oder rösten bei 200 °C/Gas Stufe 3–4: 15–20 Minuten. *Geschält* Schmoren bei 175 °C/Gas Stufe 2–3: 45–60 Minuten; bei schwacher Hitze kochen: 30–45 Minuten.

Richtiger Gargrad Sehr weich.

Bemerkung Gegarte Maronen zerfallen leicht; frische Maronen schimmeln leicht bei Raumtemperatur.

Aufbewahrung Luftdicht verschlossen. *Frisch, ungeschält* Bei Raumtemperatur 1 Woche; in Plastikbeuteln im Kühlschrank 1 Monat; tiefgefroren: 3 Monate.

MARONEN SCHÄLEN

Bei der Zubereitung von Maronen stehen drei verschiedene Schältechniken zur Auswahl. Eine jede ist zeitaufwendig, denn die Schale haftet fest an der Nuß.

Methode 1

Die braune Außenschale und die innere Haut mit einem scharfen Messer entfernen. Diese Methode ist bestens geeignet für Maronen, die nicht gekocht werden sollen.

Methode 2

Die Maronen mit einem scharfen Messer auf der gewölbten Seite kreuzweise einschneiden; anschließend rösten, bis die Schale zerspringt. Die abgekühlten Kastanien schälen. Bei dieser Methode werden die Maronen halbwegs gegart, trocknen aber etwas aus.

Methode 3

Rechts: Die Maronen in kochendes Wasser geben und aufkochen. Portionsweise abtropfen lassen und noch heiß schälen. Sobald sie abkühlen und das Schälen Schwierigkeiten bereitet, noch einmal kurz aufkochen.

5

Konservieren und Einfrieren

Das Konservieren von Lebensmitteln konnte sich dank der modernen Technik weltweit zu einem der wichtigsten Industriezweige ausweiten, doch viele der traditionellen Verfahren – über die Jahrhunderte zu höchster Vollkommenheit entwickelt – haben auch heute noch ihre Berechtigung im Haushalt. Man denke nur an das reichhaltige Früchteangebot im Sommer, das sich zu köstlichen Marmeladen und Essigfrüchten verarbeiten läßt. Zartes Frühgemüse ist ideal zum Einfrieren, und frisch gefangene Forellen laden ein zum Räuchern. Ein wesentlicher Vorzug des Einmachens zu Hause ist neben dem wirtschaftlichen Aspekt der unvergleichliche Geschmack.

Fäulnis und Verderb entgegenwirken

Beim Konservieren von Lebensmitteln – ganz gleich, nach welcher Methode – geht es darum, den natürlichen Verfall zu stoppen. Alle im Naturzustand belassenen Lebensmittel verderben schnell, sobald Schimmelpilze, Hefen und Bakterien aktiv werden. Besonders in feuchtwarmer Umgebung breiten sich Bakterien rasch aus und führen beim Verzehr der verdorbenen Lebensmittel zu Infektionen und Vergiftungen, wenn auch selten mit tödlichem Ausgang. Bestes Beispiel für krankheitserregende Mikroben sind die Salmonellen, die sich in zu warm gelagertem Fleisch vermehren und in unzureichend gegartem Fleisch nicht abgetötet werden. Nicht zu übersehen ist Schimmel, ein weißlicher, grauer oder grünlicher Belag, der auf feuchten oder faulenden Lebensmitteln entsteht. Während manche Schimmelpilze nützlich und erwünscht sind – zum Beispiel in Edelpilz- und Blauschimmelkäse – gibt es andere, die die Lebensmittel verderben und unangenehm bitter schmecken. Hefen bewirken die Fermentation von Lebensmitteln und siedeln sich bevorzugt auf der Schale von Obst an. Während sie beim Brotbacken und bei der Weinherstellung bewußt zur Gärung eingesetzt werden, sind sie bei den meisten anderen Lebensmitteln unerwünscht. Von Hefepilzen befallene Lebensmittel – erkennbar an kleinen Bläschen – schmecken unangenehm sauer.

Die meisten Mikroorganismen werden durch Hitze- oder Kälteeinwirkung abgetötet, aber auch Konservierungsmittel wie Alkohol, Essig, Salz und Zucker machen sie unwirksam. Wasserentzug – durch Trocknen und Räuchern – ist eine andere Möglichkeit, die Aktivität von Mikroorganismen zu hemmen. Von der Lebensmittelindustrie wird auch das Verfahren der Gefriertrocknung angewendet. Botulismus ist die gefährlichste Form von Lebensmittelvergiftung, hervorgerufen durch Botulinus-Bakterien, die auch ohne Sauerstoff überleben und nur durch extreme Hitze zerstört werden können. Diese lebensbedrohliche Vergiftung wird äußerst selten von Industriekonserven hervorgerufen. Sie wird vorwiegend durch selbsteingemachte, ungenügend erhitzte Lebensmittel verursacht.

Trocknen

Das Trocknen überschüssiger Sammel- und Erntevorräte ist die älteste aller Konservierungstechniken, und Trockenprodukte, wie Reis, Nüsse und Hülsenfrüchte, machen noch heute einen wichtigen Teil der modernen Ernährung aus. Die klassischen Trocknungsverfahren nutzen Sonne und Schatten, Lufttemperatur und Luftfeuchtigkeit, und sie erfordern höchstes Können bei der Durchführung. Trocknen die Lebensmittel zu langsam, werden die Mikroorganismen aktiv; trocknen sie zu rasch, bleibt das Trockengut innen feucht und verdirbt.

Die Trocknung erfolgt entweder im Freien an der frischen Luft oder in geschlossenen Räumen. Die Lebensmittel werden zum Trocknen in genügendem Abstand auf Gittern ausgebreitet, damit die Luft gut zirkulieren kann. Zum Schutz vor Insekten und Verunreinigungen aus der Luft kann man die Lebensmittel mit Gaze oder Musselin abdecken. Die Abdeckung darf das zu trocknende Gut jedoch nicht berühren. Das Trocknungsverfahren ist besonders geeignet für Früchte mit einem hohen Säure- und Zuckergehalt, zum Beispiel Äpfel, Aprikosen, Zitrusschalen, Pflaumen, Feigen und Datteln.

Das meiste Obst und Gemüse kann auch zu Hause im Backofen getrocknet werden. Umluftbacköfen bieten sich hierfür besonders an, da sie über einen eingebauten Ventilator verfügen. Man kann das Trockengut bei geringer Hitze vortrocknen und dann die Temperatur erhöhen. Bei Temperaturen über 60 °C werden Obst und Gemüse hart und büßen einen Großteil ihrer Nährstoffe ein. Bei zu schwacher Hitze wird das Trockengut leicht von Schimmelpilzen und Bakterien befallen und verdirbt. Die Gitter mit den Lebensmitteln werden im Abstand von etwa 8 cm in den Ofen geschoben. Bei konventionellen Herden bleibt die Backofentür immer einen Spalt offen, damit die feuchte Luft entweichen kann. Zusätzlich kann man noch einen Ventilator davorstellen, der Luft in den Backofen bläst. Die Küche selbst sollte während des gesamten Trocknungsprozesses gut gelüftet sein. Es empfiehlt sich, die einzelnen Gitter von Zeit zu Zeit umzustellen. Sobald kein Saft mehr austritt, wird das Trockengut ein- oder zweimal gewendet.

Für gelegentliches Trocknen ist ein Backofen völlig ausreichend. Wer jedoch regelmäßig von dieser Konservierungsmethode Gebrauch macht, sollte sich entweder im Handel einen elektrischen Dörrapparat kaufen, der Temperatur und Feuchtigkeit automatisch kontrolliert und wesentlich ökonomischer arbeitet. Man kann sich einen Trockenschrank auch selbst bauen oder anfertigen lassen. Während sich Obst und Gemüse sehr gut zu Hause trocknen lassen, sollte man die Trocknung von Fleisch, Geflügel und Fisch besser der Industrie überlassen. (Zum Trocknen von Küchenkräutern s. S. 14.)

Obst und Gemüse

Zum Trocknen verwendet man nur feste, reife Früchte. Melonen und Zitrusfrüchte sind weniger geeignet, da ihr aromatisches Fruchtfleisch hauptsächlich aus Wasser besteht und nach dem Trocknen fad schmeckt. Auch Brombeeren und Himbeeren sind wegen ihrer vielen Kerne zum Trocknen schlecht geeignet.

Die zu trocknenden Früchte werden gegebenenfalls geschält (Beerenobst bleibt ganz) und in relativ dünne Scheiben geschnitten. Je größer die Schnittfläche, desto mehr Feuchtigkeit kann verdunsten. Druckstellen werden herausgeschnitten. Alle Früchte, die sich an der Luft verfärben, werden in einer Lösung aus Ascorbinsäure (Vitamin-C-Pulver) und Wasser eingelegt. Für Äpfel rechnet man 1½ TL Säure auf 250 ml Wasser; Pfirsiche, Nektarinen und Birnen benötigen die Hälfte. Zur Farberhaltung kann auch eine Zucker-Honig-Lösung verwendet werden. Dazu löst man 200 g Zucker in 750 ml Wasser auf und gibt dann 250 ml Honig dazu. Das fertige Trockenobst erinnert an kandierte Früchte. Man läßt die Früchte nie länger als eine Stunde in der Zuckerlösung ziehen, weil sie sonst zuviel Feuchtigkeit aufnehmen und anschließend schlecht trocknen.

Wer es besonders süß mag, der kocht die Früchte ein paar Minuten in einer konzentrierten Zuckerlösung (S. 414) und läßt sie anschließend gut abtropfen. Die zu trocknenden Früchte werden dann auf der Unterlage ausgebreitet und – beim Trocknen an der Luft – gegen Insekten abgeschirmt. Die Abdeckung darf aber das Trockengut nicht berühren. Man trocknet die Früchte so lange, bis sie sich ledrig und biegsam anfühlen. Kühl und trocken gelagert hält sich das fertige Trockenobst sechs bis acht Monate.

Frucht-, Wurzel- und Knollengemüse lassen sich zwar generell besser trocknen als Blatt- oder Sprossengemüse, doch in erster Linie kommt es beim Trocknungsprozeß auf die Verwendung frischer, reifer, aber nie holziger oder überreifer Produkte an. Das jeweilige Gemüse wird zunächst in dünne, gleichmäßige Scheiben geschnitten. Alle festen Gemüsesorten sollten vor dem Trocknen kurz in Salzwasser blanchiert werden. Bei Tomaten, Paprikaschoten, Pilzen, Okraschoten, roten Beten und Zwiebeln entfällt das Überbrühen.

Je nach Struktur des Fruchtfleisches fühlt sich getrocknetes Gemüse ledrig-weich bis knusprig-trocken an. Die Dörrzeit ist abhängig von Konsistenz und Scheibenstärke. Mit zunehmender Dörrzeit und Lagerung verliert das Trockengemüse bei der Wiederaufnahme von Wasser seine zarte Konsistenz und sein würziges Aroma. Deshalb sind dünne Scheiben, die nur eine kurze Dörrzeit benötigen, immer vorzuziehen.

Aufbewahren und rehydratisieren

Getrocknete Lebensmittel müssen sofort verpackt werden, damit sie keine Feuchtigkeit aufnehmen. Am besten füllt man sie in Schraubgläser oder Plastikdosen und bewahrt diese kühl und trocken auf.

Bei gedörrtem Gemüse dauert die Wiederaufnahme von Wasser wesentlich länger als bei gedörrtem Obst, da ihm beim Trocknen mehr Feuchtigkeit entzogen wird. Das Trockengut wird so lange in Wasser eingeweicht, bis es sich ganz vollgesogen hat und rund und prall ist. Dieser als Rehydratisierung bezeichnete Vorgang dauert zwischen 15 Minuten und zwei Stunden.

Tomaten trocknen

Eiertomaten werden längs halbiert, entkernt und mit der Schnittfläche nach oben auf ein Gitter gelegt. Die einzelnen Hälften dürfen sich nicht berühren. Anschließend werden sie mit etwas Salz und Pfeffer bestreut und im Backofen getrocknet, bis sie sich ledrig anfühlen. Die getrockneten Tomaten werden in sterilisierte Gläser gefüllt. Als Würze kommt je eine geschälte Knoblauchzehe und etwas frisches Rosmarin oder Basilikum dazu. Anschließend werden die Gläser mit hochwertigem Olivenöl aufgefüllt und kühl und trokken gelagert. Die Tomaten schmekken am besten, wenn sie ein bis zwei Wochen durchgezogen sind. Das Einweichen entfällt.

Konservieren in Alkohol

Alkohol ist ein hervorragendes Konservierungsmittel und als solches besonders zum Haltbarmachen von Früchten geeignet. In Alkohol eingelegte Früchte sind fast unbegrenzt haltbar. Vor dem Verzehr sollten sie aber unbedingt ein paar Wochen durchziehen, damit sich die Aromen gut vermischen.

Zum Aromatisieren der Früchte werden in der Regel destillierte Alkoholika, wie Rum und diverse Branntweine (Armagnac, Weinbrand, *eau de vie* und Wodka) mit einem Mindestalkoholgehalt von 40 % Vol., verwendet.

Ganze Früchte werden gewaschen und so in Gläser gefüllt, daß noch gut eine Fingerbreite Platz bleibt. Anschließend werden die Gläser mit dem gesüßten Alkohol aufgefüllt, fest verschlossen und bis zur Verwendung kühl und dunkel gelagert. **Hinweis** Weiche Früchte verlieren bei längerer Lagerung zusehends ihre Form. Verfärbte Früchte deuten auf eine bereits eingesetzte Gärung hin.

Einen Rumtopf ansetzen

Wenn je nach Erntezeit anfallende rohe Früchte – entstielt, entkernt und zerkleinert – schichtweise in Alkohol eingelegt werden, dann heißt eine solche Zubereitung Rumtopf. Die Früchte müssen reif (nie überreif) und völlig makellos sein. Am besten eignen sich Erdbeeren, Sauerkirschen, Aprikosen, Pfirsiche, Pflaumen, Birnen und Ananas – allesamt Früchte, die besonders saftig und dennoch relativ fest sind. Sobald die einzelnen Obstsorten nach und nach im Laufe des Sommers anfallen, bereitet man etwa 500 g Früchte entsprechend vor (waschen, schälen, entkernen, zerkleinern), bestreut sie mit 100 g Zucker und läßt sie über Nacht stehen. Am nächsten Tag gibt man die durchgezogenen Früchte in einen irdenen, innen glasierten Topf oder in ein Glas mit den bereits zuvor eingelegten Früchten. Anschließend begießt man sie mit Rum oder Weinbrand (mindestens 54 % Vol.). Die Flüssigkeit sollte etwa fingerbreit über den Früchten stehen. Dann wird der Topf oder das Glas zugedeckt und an einem kühlen, trockenen Ort aufbewahrt. Nach dem letzten Einfüllen läßt man die Früchte noch ein paar Wochen bis zum Verzehr durchziehen.

Rumtopf mit verschiedenen Früchten in kontrastierenden Farben.

Mincemeat zubereiten

Das Haltbarmachen von Fleisch durch Zusatz von Alkohol war bereits im 15. Jahrhundert bekannt. Einem alten Rezept zufolge benötigte man an Zutaten »einen Hasen, einen Fasan, zwei Rebhühner, zwei Tauben und zwei Kaninchen, kräftig gewürzt und gut durchgebraten«. *Mincemeat*, die traditionelle englische Weihnachtsspeise mit Rosinen, Zucker und Zitrusschalen, kam jedoch erst im 17. Jahrhundert auf. Im Gegensatz zu früher enthalten viele *mincemeat*-Zubereitungen heute kein Fleisch mehr, sondern werden nur noch mit Rindertalg (S. 97) angereichert. Die klassische Version wird jedoch immer mit Fleisch (Rinderzunge, Rinderbrust oder Rumpsteak) zubereitet. Diese fleischhaltigen *mincemeat*-Rezepte haben vor allem in der nordamerikanischen Küche Tradition. Die Mischung aus Fleisch und Früchten wird durch einen kräftigen Schuß Alkohol konserviert und kann dann beim Durchziehen ihr herrliches Aroma entfalten.

Mincemeat

Weinbrand oder Sherry sind die beliebtesten Alkoholika zum Haltbarmachen von *mincemeat*. Neben der hier beschriebenen Zubereitung gibt es auch Varianten, die kein Fleisch enthalten und nur mit Rindertalg angereichert werden; die Alkoholmenge kann dann reduziert werden.

Mincemeat wird in England als Füllung in *mince pies* verbacken, die heiß mit geschlagener Sahne oder Rumbutter serviert werden.

Ergibt 2–2,5 kg

175 g Rumpsteak (nach Belieben)
350 g Rindertalg (S. 97), gehackt
375 g Rosinen
375 g Korinthen
375 g kandierte Zitrusschalen
375 g saure Äpfel, geschält, Kerngehäuse entfernt, feingehackt
150 g Zucker
Je ½ TL gemahlener Zimt, Muskat, Piment und Nelken
Salz und Pfeffer
175 ml Weinbrand
Saft und abgeriebene Schale von 2 unbehandelten Zitronen

1 Das Steak unter dem Grill völlig durchbraten. Den Fleischsaft abtropfen lassen und das abgekühlte Steak durch den Fleischwolf drehen.
2 Alle Zutaten in einer Schüssel verrühren und die Mischung zugedeckt mehrere Stunden durchziehen lassen.
3 Das *mincemeat* in sterilisierte Gläser füllen, fest verschließen und an einem kühlen, trockenen Ort bis zu 6 Wochen aufbewahren.

Konservieren mit Fett

Altbekannt ist eine Konservierungsmethode, bei der Fleisch, Fisch und Schaltiere nach dem Garen mit einer Fettschicht vor Luft geschützt werden, so daß ihnen bestimmte Fäulniserreger nichts anhaben können. Dieses Konservierungsverfahren eignet sich am besten für Fleischsorten, die einen natürlichen Überschuß an eigenem, wohlschmeckenden Fett haben, insbesondere Schweine-, Gänse- und Entenfleisch. Beim langsamen Schmoren im Backofen wird dem Fleisch Feuchtigkeit entzogen. Die Mikroorganismen sterben ab, und gleichzeitig wird das Fleisch durch das lange Garen bei geringer Hitze außerordentlich zart. Da Fett jedoch bei längerem Aufbewahren ranzig wird, ist das Verschließen mit Fett keine Methode für langfristige Konservierung. Die so haltbar gemachten Lebensmittel sollten daher nicht länger als vier Monate im Kühlschrank aufbewahrt werden.

Methoden der Konservierung mit Fett

Die als *confits* bezeichneten eingemachten Fleischstücke von Ente, Gans oder Schwein sind eine Spezialität aus dem Südwesten Frankreichs. Das in Stücke zerlegte Fleisch wird zunächst gesalzen (S. 488). Das Salz verhindert die Bildung von Fäulnisbakterien und entzieht dem Fleisch einen Teil der Flüssigkeit. Wenn die Fleischstücke gut durchgezogen sind, werden sie unter Zugabe von Fett bei milder Hitze im Backofen geschmort, bis das Fleisch buchstäblich von den Knochen fällt. Dann wird das Fleisch in Gläser oder Steinguttöpfe gefüllt, mit dem eigenen Bratfett begossen und versiegelt. *Confits* sind eine unerläßliche Zutat im französischen Bohneneintopf *cassoulet* oder in Suppen wie der *garbure* und schmecken auch vorzüglich in anderen Wintergerichten mit Linsen und Bohnen. Einen fertigen *confit* läßt man immer eine Zeitlang durchziehen, damit sich die Aromen gut entfalten. Verwendet man den *confit* nicht auf einmal, sollte man den angebrochenen Topf wieder mit flüssigem Fett verschließen.

Rillettes (S. 243) haben die Konsistenz von grober Pastete und werden von Schweine-, Gänse- oder Kaninchenfleisch zubereitet, das ähnlich wie der *confit* langsam und schonend in Fett gegart wird. Nach dem Garen wird das Fett durch ein Sieb gegossen und beiseite gestellt. Das Fleisch wird zerkleinert, in sterilisierte Gläser oder Steinguttöpfe gefüllt und mit Fett versiegelt. *Rillettes* halten sich im Kühlschrank bis zu zwei Monaten. Sobald die schützende Fettschicht angebrochen ist, muß das Fleisch innerhalb einer Woche verbraucht werden.

Eingemachtes Entenfleisch

Confit de canard

Die Entenstücke müssen ganz von Fett bedeckt sein, damit das Fleisch nicht mit der Luft in Berührung kommt. Ein Stück *confit* gehört in jeden *cassoulet* und darf auch in der französischen Gemüsesuppe *garbure* nicht fehlen. Man gibt den *confit* immer erst am Schluß zum Aromatisieren an die gegarten Hauptzutaten. Als *confit* kann Enten-, Gänse-, Schweine- oder Truthahnfleisch zubereitet werden.

4 Portionen

1 Ente (etwa 1,8 kg)
30–45 g grobes Salz
Pfeffer
2–3 Lorbeerblätter
2–3 Thymianzweige
1 kg zerlassenes Schweineschmalz oder Gänsefett (gegebenenfalls etwas mehr)

Große Terrine oder Steinguttopf

1 Die Ente in acht Stücke zerlegen (S. 176); das Rückgrat entfernen sowie Hals und Flügelspitzen abtrennen. Die Entenstücke mit Salz einreiben und in den Steinguttopf oder die Terrine legen. Mit Pfeffer und zerriebenen Lorbeerblättern bestreuen und die Thymianzweige zugeben. Die Entenstücke zugedeckt an einem kühlen Ort 6–12 Stunden stehenlassen und gelegentlich wenden.
2 Die gut durchgezogenen Entenstücke abreiben und mit der Hautseite nach oben in einen Bräter legen. Bei 150 °C/Gas Stufe 1 etwa 15–20 Minuten backen, bis das Fett austritt und die Bräunung einsetzt. Zerlassenes Schweineschmalz oder Gänsefett zugeben; die Entenstücke müssen völlig von Fett bedeckt sein. Den Bräter zudecken und alles etwa 2 Stunden schmoren lassen, bis das Fleisch sehr zart und weich ist und kein Fett mehr austritt.
3 Die Entenstücke aus dem Bräter nehmen. Das Fett durch ein Sieb gießen und vom Bratensaft abschöpfen. Den Steinguttopf mit Fett ausgießen und stehenlassen bis das Fett fest geworden ist. Die Entenstücke darauflegen und mit zerlassenem Fett begießen, bis sie völlig bedeckt sind. Den Topf abdecken und den Inhalt mindestens 1 Woche im Kühlschrank durchziehen lassen.
4 Den *confit* als Hauptgericht servieren: Die Entenstücke aus dem Topf nehmen und das Fett herunterschaben. Die Stücke 15–20 Minuten im Backofen bei 175 °C/Gas Stufe 2–3 knusprig-braun überbraten. In dem restlichen Fett Kartoffeln und Knoblauch fritieren und als Beilage zum *confit* reichen.

Eingemachte Shrimps

Die Shrimps werden mit Toast oder gebuttertem Vollkornbrot als Vorspeise gereicht.

8 Portionen

1 kg Shrimps, gekocht
¼ TL gemahlener Piment
¼ TL gemahlene Muskatnuß
1 Prise Cayennepfeffer
Salz und Pfeffer
350 g geklärte Butter (S. 99)

Steinguttopf

1 Die Shrimps schälen, in eine feuerfeste Form geben und mit den Gewürzen vermischen. Mit drei Viertel der Buttermenge begießen und zugedeckt 1 Stunde bei 150 °C/Gas Stufe 1 im Ofen backen.

2 Die Shrimps etwas abkühlen lassen. Mittelgroße Shrimps grob zerkleinern, kleine Shrimps ganz lassen. Die Shrimps in einen sterilisierten Steinguttopf füllen, die Oberfläche glattstreichen und mit der restlichen Butter versiegeln. Die Shrimps halten sich etwa 2 Wochen im Kühlschrank.

Räuchern

Während früher das Räuchern hauptsächlich der Konservierung von Lebensmitteln diente, will man heute damit in erster Linie den Geschmack verbessern. Nach alter Tradition werden Fleisch, Geflügel, Wild und Fisch vor dem eigentlichen Räuchern gesalzen. Früher wurde Fisch durch das Räuchern und Einsalzen so geschmacksintensiv, daß er vor der Zubereitung erst gewässert werden mußte. Dank der modernen Technik ist der Umgang mit Räucherwaren heute sehr viel einfacher geworden.

Das Räuchern von Lebensmitteln wird inzwischen vielerorts als Hobby betrieben. Besonders beliebt ist es bei Jägern und Anglern, die auf diesem Gebiet sehr experimentierfreudig sind. Alte Schuppen und ausgediente Öltonnen werden zu praktischen »Räucherkammern« umfunktioniert.

Durch das Verbrennen von aromatischen Hölzern kommen die unterschiedlichsten Räucheraromen zustande. Hartholzspäne von der Weißbuche erzeugen ein eher neutrales Räucheraroma. Anderes naturbelassenes Holz von Ahorn, Hickory, Wacholder, Esche oder Weide sind am besten geeignet. Aber auch Obsthölzer, wie Apfel und Kirsche, sowie Zweige von Rebstöcken schwelen gut. Birkenholz ist wegen seines hohen Teergehalts umstritten, und Nadelhölzer sind ungeeignet, denn das Harz beeinträchtigt sowohl den Geschmack als auch die Haltbarkeit der Räucherware.

Kalt- und heißräuchern

Beim Räuchern wird in Kalt- und Heißräuchern unterschieden. Während das Kalträuchern eine echte Konservierungsmethode ist, können die Lebensmittel beim Heißräuchern nur begrenzt haltbar gemacht werden. Beim Kalträuchern werden die Lebensmittel über längere Zeit einem dünnen Rauch von verschwelendem Holz bei Temperaturen von bis zu 30 °C ausgesetzt, so daß sie mehr trocknen als garen. Der Rauch enthält konservierende Stoffe, die Bakterien töten und somit verhindern, daß die in den Lebensmitteln enthaltenen Fette ranzig werden. Außerdem gibt der Rauch den Lebensmitteln ein würziges Aroma und eine goldgelbe bis braune Farbe. Die Nahrungsmittelindustrie bietet vor allem Geflügel, Fisch, Schinken, Wurst und Speck als Räucherware an.

Schaltiere, wie Miesmuscheln, Venusmuscheln und Austern, müssen speziell vorbereitet werden. Zuerst werden die Schalen entfernt und das Fleisch kurz gedämpft, damit es fest wird. Anschließend werden die Muscheln entweder eingesalzen oder in Lake eingelegt, dann kalt- und abschließend heißgeräuchert. Auch Nüsse, Eier und Käse erhalten durch Räuchern ein würziges Aroma.

Die durchschnittliche Haltbarkeit für kaltgeräucherte Lebensmittel richtet sich im wesentlichen nach der Räucherzeit. Das Kalträuchern von Schaltieren, Fisch und Fleisch ist jedoch für den Hobbykoch nicht ganz unproblematisch, da die für den Räuchervorgang entscheidenden Faktoren – Fett- und Feuchtigkeitsgehalt – zu Hause nur schwer zu beurteilen sind.

Beim Heißräuchern werden die Lebensmittel bei Temperaturen von 80 – 120 °C dem Rauch ausgesetzt. Da hierbei nur eine Teilgarung erfolgt, muß die Räucherware innerhalb weniger Tage verzehrt werden. Manche Räucherkammern enthalten Einsätze für Flüssigkeiten wie Bier, Wein oder Fruchtsaft, die ihr Aroma während der Heißräucherung auf die Lebensmittel übertragen. Durch zu intensive Heißräucherung schrumpfen die Lebensmittel und nehmen eine ungleichmäßige Farbe sowie einen sauren Geruch an.

Im Grunde genommen ist auch das Grillen über offener Glut oder am Spieß eine Form der Heißräucherung, denn die Lebensmittel werden durch die Hitze des Holzkohlefeuers gegart, und gleichzeitig gibt ihnen der Rauch ein würziges Aroma. Über dem Holzkohlefeuer gegarte Speisen schmecken am besten frisch vom Rost.

Fisch

Ganz gleich, ob man frischen Fisch auf die klassische Art in einem Rauchfang räuchert oder in einer speziellen Räuchervorrichtung – zuallererst muß er geschuppt, ausgenommen und gesäubert werden. Anschließend wird er eingesalzen oder in Lake eingelegt (S. 488). Das Salz entzieht dem Fisch überschüssiges Wasser und wirkt somit beim Räuchern als Konservierungsmittel, da es den Bakterien die lebensnotwendige Feuchtigkeit nimmt. Nach dem Einsalzen tupft man den Fisch gründlich trocken, befestigt ihn an einem Haken und läßt ihn etwa drei Stunden trocknen, bis sich auf der Oberfläche ein dünnes, hartes Häutchen gebildet hat. Die angetrocknete Oberfläche erleichtert ein gleichmäßiges Räuchern.

Fisch wird je nach Gewicht, Fett- und Wassergehalt unterschiedlich lange heißgeräuchert (bei etwa 80 °C). Fettreichere Fische lassen sich am besten räuchern. Damit der Fisch beim Räuchern nicht zu sehr austrocknet, bestreicht man ihn zwischendurch immer wieder mit Öl.

Fleisch und Geflügel

Beim Heißräuchern von Fleisch und Geflügel muß darauf geachtet werden, daß die Temperatur nicht zu hoch ist (maximal 120 °C). Bei zu hohen Temperaturen trocknet das Fleisch zu stark aus und gart nur an der Oberfläche, während es innen roh bleibt. Zähe Fleischstücke werden bedeutend zarter, wenn man sie vor dem Räuchern einsalzt oder in Lake einlegt (S. 488). Die Räucherzeit richtet sich nach dem Gewicht des Räuchergutes. Wichtig ist in diesem Zusammenhang auch, ob es zuvor eingesalzen wurde. Am besten macht man die Probe mit einem Fleischthermometer. Dazu steckt man die Spitze des Thermometers in das Fleisch und räuchert es so lange, bis es die gleiche Temperatur erreicht wie beim Garen in einem herkömmlichen Herd (Temperaturen für Geflügel, S. 180, für Fleisch, S. 199). Geflügel mit einem Gewicht von 1,5 kg und mehr eignet sich am besten zum Räuchern. Während fettes Geflügel durch Räuchern zarter und schmackhafter wird, gewinnt Wild und mageres Geflügel, wie Perlhuhn, wenn man es mit Speckscheiben bardiert (S. 188).

Zum Räuchern wird Geflügel am Brustbein entlang in Hälften geteilt (S. 175). Dann legt man die Hälften mit der Hautseite nach unten auf einen Rost. Heißgeräuchertes Geflügel kann direkt aus dem Rauchfang verzehrt werden. Oder man läßt es abkühlen und bewahrt es einige Tage im Kühlschrank auf. Kaltgeräuchertes Geflügel, wie es die Industrie anbietet, wird bei höchstens 30 °C geräuchert, bis es eine schöne gold- bis rotbraune Farbe angenommen hat. Ein mehrstündiges Kalträuchern unmittelbar vor dem Heißräuchern verleiht dem Fleisch ein noch intensiveres Räucheraroma.

Konservieren mit Salz

Beim Konservieren mit Salz wird zwischen Einsalzen (Trockensalzen, Trockenpökeln) und Einlegen in Lake unterschieden.

Trockensalzen

Bei dieser Konservierungsmethode werden die Lebensmittel mit Salz bestreut oder eingerieben. Das Salz wirkt wasserziehend und bildet mit dem Saft der Lebensmittel eine Lake. Das Einsalzen wird vorwiegend bei dünnen, flachen Lebensmitteln angewandt, die das Salz rasch und gleichmäßig eindringen lassen – zum Beispiel in Scheiben geschnittene Gemüse, Fischrogen oder kleine Fische, wie Anchovis und Heringe. Größere oder unregelmäßig geformte Stücke müssen entsprechend länger durchziehen, ein Umstand, der bestimmten Lebensmitteln jedoch zugute kommt. Unschöne Verfärbungen, Salzkristalle an der Oberfläche und eine zu weiche oder zu trockene Konsistenz deuten auf unsachgemäßes Einsalzen hin.

GRAVED LAX – SELBST ZUBEREITET

Der in grobem Salz und frischem Dill trockengebeizte *graved lax* ist eine skandinavische Spezialität. Zum Servieren schneidet man den Lachs schräg zur Faser in hauchdünne Scheiben und reicht die Lachsscheiben mit skandinavischer Senfsauce (S. 63).

1 Ein dickes Lachsfilet (etwa 350 g) auf der Innenseite mit 45 g grobem Salz, 30 g Zucker und 12 zerstoßenen schwarzen Pfefferkörnern bestreuen. Den Lachs mit einem dicken Bund Dill abdecken.

2 Ein zweites, gleich großes Lachsfilet mit der Hautseite nach oben umgekehrt – Kopfteil auf dem Schwanzteil – darauflegen.

3 Den Lachs mit einem Teller und Gewichten beschweren, lose mit Folie abdecken und 2 Tage in den Kühlschrank stellen. Den Lachs alle 12 Stunden wenden und mit der austretenden Flüssigkeit begießen. Die fertigen Lachshälften abtropfen lassen und Dill sowie Gewürze vorsichtig abschaben. *Graved lax* hält sich 1–2 Tage.

Sauerkraut

Zur Herstellung von Sauerkraut benötigt man pro 2,5 kg Weißkohl etwa 60 g grobes Salz und einen Eßlöffel Gewürze. Von festen Weißkohlköpfen die zähen äußeren Blätter entfernen und den Kohl bis auf den Strunk hobeln. Den gehobelten Kohl mit Salz und Gewürzen – zum Beispiel mit Kümmel, Wacholderbeeren oder schwarzen Pfefferkörnern – in einer großen Schüssel vermischen. Etwa fünf Minuten stehenlassen, dann in einen großen, sterilisierten Steinguttopf schichten und zwischendurch mit einem Holzstößel feststampften. Zwischen oberster Kohlschicht und Topfrand etwa 8 cm Raum lassen. Den Kohl mit einem Teller beschweren, den Topf mit einem Tuch abdekken und zur Aufbewahrung kühl stellen. Nach einer Woche das Tuch und den Teller abnehmen und den durch die Gärung entstandenen Schaum von Kohl und Topfrand restlos abschöpfen. Diesen Vorgang mindestens einen Monat lang täglich wiederholen, bis sich kein Schaum mehr bildet. Dann ist der Gärungsprozeß abgeschlossen, und das Sauerkraut ist fertig zum Verzehr. Das Sauerkraut in Gläser umfüllen und kühl stellen. Es kann so ein bis zwei Monate aufbewahrt werden. Werden die Gläser nach dem Abfüllen im kochenden Wasserbad sterilisiert, hält sich das Sauerkraut etwa ein Jahr.

In Lake einlegen

Das Einlegen in eine Salzlösung (Lake) entspricht dem Einsalzen, hat aber den Vorteil, daß der Konservierungsprozeß schneller abgeschlossen ist. Die Lebensmittel werden in eine Salzlösung eingelegt, bis sie ganz davon durchdrungen sind. Wie beim Einsalzen, das trokken erfolgt, erzielt man die besten Resultate mit frischen, gekühlten Lebensmitteln. Die Lake muß so konzentriert sein, daß sie den Lebensmitteln das Wasser entzieht. Bei einer 20prozentigen Salzlösung ist das der Fall. Den Salzgehalt kann man mit einer Salzwaage (S. 503) messen oder nach der althergebrachten Methode, bei der man so viel Salz an das Wasser gibt, bis ein frisches Ei auf der Salzlösung schwimmt.

Die Lake sollte mit Tafelwasser angesetzt werden, da Leitungswasser oft mit Chemikalien aufbereitet wird. Auf 1 l Wasser rechnet man 200 g Salz und 50 g Zucker (ein Viertel der Salzmenge).

Die idealen Behälter zum Einlegen sind Steingutgefäße. Glas- und Kunststoffgefäße können ebenfalls verwendet werden. Gefäße aus Holz und Metall sind ungeeignet, da diese Materialien mit dem Salz reagieren und sich nachteilig auf den Geschmack der eingelegten Lebensmittel auswirken.

Fisch in Lake einlegen Eine Salzlösung wie oben beschrieben ansetzen und die gut gekühlten Fische – ganz oder zerlegt – in die Lake legen. Die Marinierdauer richtet sich nach dem Fettgehalt und dem Gewicht der Fische, und die Umgebungstemperatur sollte 8–10 °C betragen. Am besten stellt man den eingelegten Fisch in das Gemüsefach des Kühlschranks. Während des ganzen Vorgangs ist darauf zu achten, daß die Fische gänzlich von der Lake bedeckt sind, und man sollte sie gelegentlich wenden, damit die Salzlösung gleichmäßig eindringen kann.

Wenn die Fische lange genug in der Lake gelegen haben, nimmt man sie heraus und wässert sie 30 Minuten in kaltem Wasser. Danach hängt man sie mindestens acht Stunden oder über Nacht zum Trocknen auf. Das Trocknen verhindert, daß das Fleisch streifig wird, wenn der Fisch anschließend noch geräuchert wird. In einer kühlen, trockenen Speisekammer hält sich eingelegter Fisch bis zu zwei Jahren.

Fleisch in Lake einlegen In Lake eingelegtes Fleisch stellt man für mehrere Tage in den Kühlschrank. Da Fleisch schnell verdirbt, ist es ratsam, sich streng an die Anweisungen der jeweiligen Rezepte – wie zum Beispiel für *corned beef* (rechte Seite) – zu halten. Zur Beschleunigung des Konservierungsprozesses kann die Lake mittels einer Injektionsnadel in das Fleisch eingespritzt werden, möglichst in Nähe des Knochens, weil das Fleisch dort am schnellsten verdirbt. Die Nadeln müssen vor Gebrauch unbedingt sterilisiert werden. Lufteinschlüsse sind ebenfalls zu vermeiden.

Corned beef

Angeschnittenes *corned beef* hält sich zugedeckt ein bis zwei Tage im Kühlschrank; ein nicht angeschnittenes Stück kann zwei bis drei Wochen im Kühlschrank aufbewahrt werden.

8 Portionen
2–2,5 kg Rinderbrust
4 l Wasser
500 g grobes Salz
400 g dunkelbrauner Rohrzucker
1 EL Wacholderbeeren
2 EL Pimentkörner
2 Lorbeerblätter
4 Knoblauchzehen, geschält

Steinguttopf

1 Die Rinderbrust mit einem feuchten Tuch abreiben und mit einer Fleischgabel mehrfach von allen Seiten einstechen. Das Fleisch in einen tiefen Steinguttopf legen.
2 Das Wasser mit Salz, Zucker und Gewürzen gründlich verrühren und die Lake über das Rindfleisch gießen.
3 Das Fleisch mit einem Gewicht beschweren, so daß es mindestens 5 cm von Lake bedeckt ist. Den Topf abdecken und in den Kühlschrank stellen. Nach etwa 10 Tagen die Lake abgießen, das Rindfleisch gründlich unter fließendem Wasser abspülen und in einen großen Topf mit kaltem Wasser legen. Zum Kochen bringen und anschließend 1 Stunde bei schwacher Hitze köcheln lassen.
4 Das Wasser abgießen und erneuern. Das Rindfleisch weiterkochen, bis es sehr weich und zart ist (zur Probe mit der Fleischgabel anstechen). Heiß mit geschmortem Kohl oder Sauerkraut (linke Seite) servieren oder kalt mit Kartoffelsalat und Chutney (unten) reichen.

Pickles, Chutneys und Relishes

Chutneys und Relishes sind Zubereitungen aus Früchten und Gemüsen – einzeln oder als Mischung –, die mit Essig und Gewürzen konserviert werden. Geschmacklich variieren sie von sauer bis süß, wobei die dunkleren, würzigeren Chutneys meist konzentrierter sind. Pickles – Gemüse und Früchte in Essig – ißt man entweder »pur« oder als würzige Beilage zu Gerichten mit Käse, Fleisch und Fisch. Grobes Chutney – meistens von Limetten oder Mango – wird gern zu Currygerichten gereicht. Relishes sind würzige Saucen aus pikant eingelegten Gemüse- und Fruchtstückchen. Das bekannteste Beispiel ist das englische Senfgemüse *piccalilli*.

Die für Pickles verwendeten Früchte und Gemüse sollten fest und zart sein. Kleine Früchte legt man am besten ganz ein. Besonders gut geeignet zum Einlegen sind Blumenkohlröschen, kleine Zwiebeln, rote Beten, Salat- und Gemüsegurken sowie gehobelter Kohl.

Essig ist ein wesentlicher Bestandteil der Pickles, denn er verlängert die Haltbarkeit der eingelegten Zutaten. Damit er seine konservierende Wirkung entfalten kann, muß der Essigsäuregehalt mindestens 5% betragen. Für helle Pickles verwendet man Weißweinessig. Cidre-Essig und Malzessig sorgen für ein kräftiges Aroma und eine dunklere Farbe.

Hinweis Als Pickles bezeichnet man zum Beispiel auch Dillgurken, die ohne Zusatz von Essig in Salzlake konserviert werden.

Vor dem Einlegen werden die verwendeten Zutaten zunächst gesalzen. Dies kann trocken erfolgen durch Bestreuen oder Einreiben oder durch Einlegen in eine Salzlösung. Da das Salz entwässernd wirkt, kann der Essigsud besser eindringen, und das Ergebnis sind feste, knackige Pickles. Grobes Salz ohne Zusätze ist zum Einlegen am besten geeignet. Jodiertes Speisesalz verleiht den Pickles einen leichten Jodgeschmack, während Speise- oder Tafelsalz aufgrund der Zusätze das Gemüse schwammig macht.

Zum Einlegen verwendet man am besten ganz belassene Gewürze, da gemahlene den Essigsud trüben. Die Gewürze werden entweder direkt an den Essig gegeben oder in Musselin oder Gaze eingebunden und nach dem Einlegen aus der Mischung entfernt. Klassische Gewürze zum Einlegen sind Piment, Nelken, schwarze Pfefferkörner, Senfkörner und Koriandersamen. Wenn im Rezept nicht anders angegeben, nimmt man gewöhnlichen weißen Zucker. Für dunkle Chutneys empfiehlt sich die Verwendung von dunkelbraunem Rohrzucker oder Melasse. Da hartes, kalkhaltiges Wasser die eingelegten Gemüse schrumpfen läßt, sollte nur mit Tafelwasser gearbeitet werden.

Arbeitsschritte beim Einlegen

Die geputzten Gemüse waschen und gut abtropfen lassen. Pro 500 g Gemüse eine Lake aus 60 g Salz und 500 ml Wasser ansetzen. Eine Salzlösung von dieser Konzentration ist ausreichend für feste Gemüse, die 24 Stunden in der Lake liegen sollen. Bei stark wasserhaltigem Gemüse, wie Gurken, reicht es, wenn man es mit Salz vermischt und ebenfalls 24 Stunden stehenläßt. Danach das Gemüse abwaschen und gut abtropfen lassen. In sterilisierte Gläser schichten und mit dem gewürzten Essig auffüllen.

Will man Pickles und Chutneys länger lagern, verwendet man am besten Gläser mit Schraubdeckel oder verschließt die Behälter mit einer dicken Schicht Paraffin (S. 491). Unlackierte Metallverschlüsse reagieren mit dem Essig und rosten mit der Zeit. Nach dem Abfüllen werden die Gläser beschriftet und an einem kühlen, trockenen Ort aufbewahrt. Pickles mit hochprozentigem Essig sollten mindestens einen Monat durchziehen, bevor sie verzehrt werden; man kann sie drei Monate aufbewahren. Für eine längerfristige Lagerung müssen alle Chutneys und Pickles im Wasserbad sterilisiert werden (S. 494). Sie halten sich dann bis zu einem Jahr.

MISSERFOLGE UND IHRE URSACHEN

1 Weiche oder glitschige Pickles Zu schwache Essiglösung; Lebensmittel unsachgemäß eingelegt.
2 Runzlige Pickles Essiglösung entweder zu salzig, zu sauer oder zu süß.
3 Starke Verfärbung Bei Verwendung von stark eisenhaltigem Wasser.
4 Pickles schwimmen obenauf Frisch geerntete Zutaten wurden vor dem Einlegen zu lange gelagert.

Apfel-Tomaten-Chutney

Chutneys werden oft auch mit Gemüse zubereitet, wie in diesem Rezept mit Tomaten und Zwiebeln.

Ergibt 2 l
2 kg saure Äpfel, geschält, Kerngehäuse entfernt, in feine Scheiben geschnitten
2 kg reife Tomaten, abgezogen, entkernt und grobgehackt
4 Zwiebeln, in Scheiben geschnitten
1,25 l Cidre-Essig
400 g dunkelbrauner Rohrzucker
30 g Salz
1 EL gemahlener Ingwer
2 TL Pfefferkörner

1 Alle Zutaten in einem großen Einmachtopf vermischen und zum Kochen bringen. Die Hitze reduzieren und die Apfel-Tomaten-Mischung unter häufigem Umrühren etwa 1½ Stunden köcheln lassen, bis die Masse eingedickt ist.
2 Die abgekühlte Masse in sterilisierte Gläser füllen und luftdicht verschließen.

Wassermelonen-Pickle

Ergibt 2 l

1 große Wassermelone
100 g Salz
625 ml Cidre-Essig
400 g Zucker
2 TL ganze Nelken
1 Zimtstange, in Stücke geschnitten

1 Die Wassermelone in 5 cm lange und 2,5 cm breite Stücke schneiden, die grüne Schale und die rosa Innenschicht entfernen. Die verbleibenden Randstücke sollten insgesamt etwa 1 kg wiegen. Die Schalenstücke in einen großen Topf geben, mit Wasser bedecken und 5 Minuten kochen, abgießen und mit kaltem Wasser abspülen.
2 Das Salz in 1,5 l kaltem Wasser auflösen und über die Stücke gießen. Bei Raumtemperatur 6 Stunden stehenlassen. Abgießen, frisches Wasser auffüllen und wieder abgießen. Diesen Vorgang dreimal wiederholen. Erneut frisches Wasser auffüllen und die Schalen in 45 Minuten weich kochen, dann abgießen.
3 In einem Einmachtopf Essig und Zucker mit 250 ml Wasser aufsetzen. Nelken und Zimtstange in ein Musselinsäckchen binden und zugeben. Die Flüssigkeit erhitzen – nicht kochen lassen –, bis sich der Zucker aufgelöst hat. Die abgetropften Schalenstücke zugeben und bei schwacher Hitze 40–45 Minuten köcheln, bis sie glasig sind.
4 Die Melonenstücke in sterilisierte Gläser füllen und die Garflüssigkeit darübergießen. Abkühlen lassen und luftdicht verschließen. Bis zum Verzehr 4 Wochen durchziehen lassen.

Mais-Paprika-Relish

Ergibt 1 l

8–12 frische Maiskolben oder
800 g Maiskörner aus der Dose
Je 1 rote und grüne Paprikaschote, geputzt und gewürfelt
1 Möhre, feingehackt
2 Zwiebeln, feingehackt
150 g Zucker
250 ml Cidre-Essig
250 ml Wasser
1 TL Salz
2 EL gelbe Senfkörner
1 TL Senfpulver
½ TL Selleriesamen

1 Bei Verwendung von frischem Mais die Kolben in 6–10 Minuten halbgar kochen und abgießen. Die Kolben abkühlen lassen und die Körner vom Kolben schneiden (S. 286), so daß etwa 800 g Mais übrigbleiben.
2 Alle Zutaten in einem Topf vermischen und zugedeckt bei schwacher Hitze 40–45 Minuten garen, bis der Mais und die übrigen Gemüse weich sind.
3 Das Relish in sterilisierte Gläser füllen, abkühlen lassen und verschließen. Bis zum Verzehr mindestens 4 Wochen durchziehen lassen.

Essiggurken

Ergibt 2 l

1 kg kleine Einlegegurken
250 g grobes Salz
120 g Perlzwiebeln, geschält
6 getrocknete Chilischoten
6 frische Thymianzweige
2 Lorbeerblätter
4 frische Estragonzweige
6 ganze Nelken
Weißweinessig

1 Die Gurken mit einem Küchentuch abreiben, um die kleinen Stacheln zu entfernen. Anschließend in einer Schüssel mit dem Salz vermischen und 24 Stunden stehenlassen.
2 Die Gurken abtropfen lassen, in eine Schüssel mit Wasser legen und zugedeckt 5 Minuten wässern, dann abgießen.
3 Die Gurken trockenreiben und abwechselnd mit den Perlzwiebeln und Gewürzen in zwei sterilisierte Gläser oder Steinguttöpfe von je 1 l Fassungsvermögen schichten.
4 Gurken, Zwiebeln und Gewürze mit dem Weinessig bedecken, luftdicht verschließen und kühl stellen. Die Gurken bis zum Verzehr 3–4 Wochen durchziehen lassen. Sie halten sich im Kühlschrank 3–6 Monate.

Konfitüren, Marmeladen und Gelees

Für die Zubereitung von Konfitüren, Marmeladen und Gelees werden zerkleinerte Früchte oder Fruchtsaft mit Zucker bis zum Gelierpunkt aufgekocht (S. 492). Früchte enthalten neben Fruchtsäure und Zucker das natürliche Geliermittel Pektin. Nur bei einem ausgewogenen Verhältnis von Pektin, Säure und Zucker kann das Einmachgut gelieren. Konfitüren werden aus zerkleinerten Früchten, auch aus Fruchtmischungen gekocht und können größere Fruchtstückchen oder ganze Früchte enthalten. Die Bezeichnung Marmelade umfaßt laut EG-Regelung nur noch die Erzeugnisse aus Zitrusfrüchten, und Gelee ist gelierter Fruchtsaft unter Zugabe von Zucker.

Obstsorten mit hohem Säuregehalt ergeben die besten Konfitüren, Marmeladen und Gelees. Vorzugsweise verwendet man nicht ganz ausgereifte Früchte, da sie besonders pektinreich sind. Zu empfehlen sind säuerliche Äpfel, rote und schwarze Johannisbeeren sowie Pflaumen. Die besten Marmeladen aus Zitrusfrüchten werden aus Pomeranzen gekocht, und Holzäpfel bieten sich an für Gelee.

Der Gelierstoff Pektin ist in den Schalen, Kernen und Trennhäuten der meisten Früchte enthalten. Da diese Substanz durch langes Kochen zerstört wird, kocht man Konfitüre, Marmelade und Gelee immer nur kurz und in nicht zu großen Mengen. Zu den pektinarmen Früchten zählen Süßkirschen, Pfirsiche, Erdbeeren und Birnen. Bei Früchten, die nicht genügend eigene Säure entwikkeln, oder bei pektinarmen Früchten muß der Säuregehalt durch die Zugabe von Zitronensaft ergänzt werden. Man rechnet auf 1,5 kg Früchte den Saft von einer Zitrone (zwei Eßlöffel). Als Alternative bietet sich industriell gewonnenes Pektin, flüssig oder in Pulverform, an.

Um Schimmelbildung und Fäulnis zu vermeiden, sollte das Einmachgut mindestens 60 % Zucker enthalten. Ein spezieller Gelierzucker wird im Handel angeboten – eine Mischung aus Kristallzucker, Apfelpektin und reiner Zitronensäure.

Zubehör zum Marmeladekochen

Zum Marmeladekochen benötigt man einen niedrigen Topf mit möglichst großem Durchmesser von etwa 9 l Fassungsvermögen. Als sehr praktisch erweist sich ein Zuckerthermometer (S. 503), das genau anzeigt, wann der Gelierpunkt (bei einer Temperatur von 105 °C) erreicht ist. Das Zuckerthermometer sollte immer griffbereit in einer Schüssel mit heißem Wasser stehen. Beim Messen darf der Kolben nicht direkt an den Topfboden gehalten werden, weil er sonst zerspringt. Zum Abfüllen von Marmelade und Gelee leistet ein Trichter gute Dienste. Zum Abtropfen von Obstbrei und zum Klären von Gelee verwendet man einen sogenannten Saftbeutel (rechte Seite). Ein grobes Geschirrtuch erfüllt den gleichen Zweck.

Gläser sterilisieren und verschließen

Um Schimmelbildung und Fäulnis zu verhindern, müssen die Behälter für das Einmachgut steril sein. Nur hitzebeständige Behälter sind geeignet. Die Gläser werden mit Geschirrspürmittel gereinigt, dann heiß ausgespült und anschließend zehn Minuten in Wasser ausgekocht. Zum Trocknen stellt man sie umgekehrt in den warmen Backofen. Gummiringe werden zum Sterilisieren in leise kochendes Wasser gelegt. Sie sind nur zum einmaligen Gebrauch bestimmt. Auch kunststoffbeschichtete Schraubdeckel sind gut zum Verschließen geeignet. Die Gläser werden immer bis 3 mm unter den Rand mit dem Einmachgut gefüllt. (Zum Verschließen mit Paraffin s. rechte Seite.)

Ein luftdichter Paraffinverschluß

Einen Block Paraffin oder ungefärbte, nicht parfümierte Haushaltskerzen in kleine Stücke brechen. Das Wachs bei sehr schwacher Hitze direkt im Topf oder im Wasserbad (S. 510) schmelzen und lauwarm als dünne Schicht über das Einmachgut gießen (das Einmachgut nur bis etwa 2 cm unter den Glasrand einfüllen). Das Wachs darf nicht zu heiß sein, weil es sonst beim Erkalten schrumpft. Alle Luftbläschen werden gleich aufgestochen, damit sie den luftdichten Verschluß später nicht sprengen. Sobald die erste Wachsschicht erstarrt ist, gießt man noch einmal so viel Wachs zu, bis die Schicht 3 mm dick ist. Beim Abkühlen und Festwerden wird die Wachsschicht glasig und sinkt in der Mitte etwas ein.

DEN PEKTINGEHALT PRÜFEN

Einen Eßlöffel gekochten, ungesüßten Fruchtsaft mit einem Eßlöffel Isopropylalkohol in einer Schale vermischen.

Die Flüssigkeit ein paar Minuten kreisend schwenken, bis die Klumpenbildung einsetzt. Den Finger in die Lösung tauchen: Ein hoher Pektingehalt wird durch eine dicke, feste Masse angezeigt; ein niedriger durch kleine, vereinzelte Klümpchen.
Hinweis Den Schaleninhalt nach dem Test wegwerfen, da der hierfür verwendete Alkohol giftig ist.

Konfitüren, Marmeladen und Gelees zubereiten

Die Früchte waschen, schälen, entkernen und entstielen und alle Druck- und Faulstellen herausschneiden. (Für Zitrusmarmeladen wählt man immer ungespritzte Früchte.) Anschließend die Früchte zerkleinern, kleine Beeren ganz lassen. Für eine Zitrusmarmelade mit Fruchtstückchen die Früchte unzerkleinert kochen und dann kleinschneiden und entkernen. Für eine feinere Zitrusmarmelade die Schale in feine Julienne schneiden (S. 460) und zu den zerkleinerten Früchten geben. Die Kerne in ein Stoffsäckchen einbinden und mitkochen lassen, da sie Pektin abgeben. Die Früchte mit der erforderlichen Flüssigkeitsmenge in einen Topf mit großem Durchmesser geben und zu einem dicken Brei kochen. Anschließend den Pektingehalt bestimmen. Für Gelee die gekochten Früchte in einen ausgekochten Saftbeutel aus grobem Stoff (rechts) füllen. Damit das Gelee schön klar bleibt, den Saft einfach austropfen lassen; auf keinen Fall durch das Gewebe pressen. Den abgetropften Saft auf seinen Pektingehalt prüfen.

Den Zucker und gegebenenfalls etwas Zitronensaft zugeben und dann die Mischung zum Kochen bringen. Sprudelnd kochen lassen, bis der Gelierpunkt (S. 492) erreicht ist. Den Topf von der Kochstelle nehmen und die Gelierprobe machen. Den Schaum abschöpfen und die Mischung zehn Minuten abkühlen lassen (das verhindert ein Absetzen der Fruchtstückchen auf dem Boden der Gläser). Das Kochgut in vorgewärmte, sterilisierte Gläser füllen. Als sehr praktisch erweisen sich hierbei eine Kelle und ein Einfülltrichter mit weiter Öffnung. Die abgefüllten Gläser sauber abwischen und luftdicht verschließen (zwischen Kochgut und Glasrand genügend Platz lassen). Die abgekühlten Gläser beschriften und kühl und trocken lagern. Bei der Aufbewahrung im Kühlschrank kristallisiert das Einmachgut.

SAFT GEWINNEN FÜR GELEE

Zur Herstellung von Gelee müssen die Früchte erst gekocht werden, damit sie genügend Fruchtsaft abgeben. Weiche Früchte, wie rote Johannisbeeren, ziehen bereits nach relativ kurzer Garzeit unter Zugabe von etwas Flüssigkeit viel Saft. Festere Früchte, wie Äpfel, erfordern längere Garzeiten, bevor sie ihren Saft abgeben.

1 Große, feste Früchte grob zerkleinern, Beeren und kleine Früchte ganz lassen. Äpfel und Birnen werden zum Aromatisieren und zur Pektingewinnung mitsamt der Schale und dem Kerngehäuse gekocht. Die Früchte mit Wasser bedecken und unter gelegentlichem Rühren bei schwacher Hitze kochen, bis sie sehr weich sind.

2 Den leicht abgekühlten Brei durch einen Saftbeutel (S. 506) in eine Schüssel tropfen lassen; nicht pressen oder wringen.
Hinweis Jedes Pressen würde das Gelee trüben.

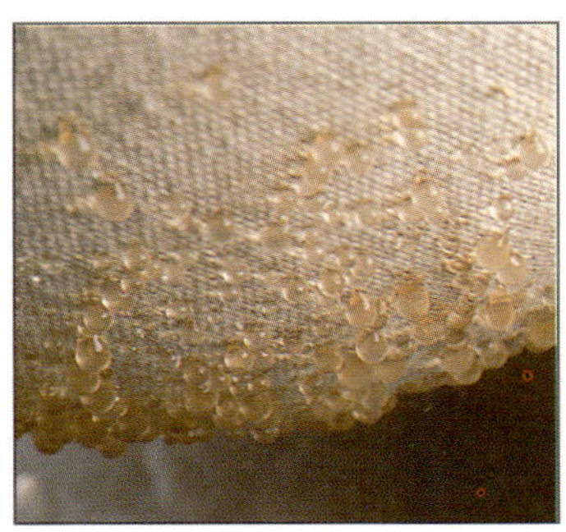

3 Den Saftbeutel über Nacht stehenlassen, damit der Saft langsam, aber stetig in die Schüssel tropfen kann.

DIE GELIERPROBE MACHEN

Die Früchte müssen bei großer Hitze möglichst kurz gekocht werden. Sobald sie weich sind, macht man die Gelierprobe.

1 Während des Kochvorgangs den an die Oberfläche gestiegenen Schaum mit einer Kelle abschöpfen, damit das Kochgut klar und glänzend bleibt.

2 Der Gelierpunkt ist erreicht, sobald das Zuckerthermometer 105 °C anzeigt. Bei dieser Temperatur fließt die Mischung in dicken Tropfen von dem eingetauchten Holzspatel.

3 Eine andere Möglichkeit, den Gelierpunkt festzustellen, ist die Tellerprobe: Den Topf von der Kochstelle nehmen, etwas Marmelade oder Gelee auf eine gekühlte Untertasse gießen und abkühlen lassen, bis die Mischung allmählich fest wird. Der Gelierpunkt ist erreicht, sobald die Marmelade Fältchen wirft, wenn man sie mit der Fingerspitze zusammenschiebt.

MISSERFOLGE UND IHRE URSACHEN

1 Verfärbung der Früchte Kochgut zu lange gekocht. Zur Verkürzung der Garzeit den Zucker vorher im Backofen erwärmen.
2 Ganze Früchte steigen an die Oberfläche Sirup zu flüssig und nicht lange genug gekocht. Gekochte Konfitüre oder Marmelade zu heiß in Gläser gefüllt.
3 Konfitüre oder Marmelade kristallisiert, gärt oder setzt Schimmel an Geräte nicht ordnungsgemäß sterilisiert (S. 490).
4 Konfitüre oder Marmelade gärt Zu kurze Kochzeit oder unausgewogenes Mengenverhältnis von Pektin, Säure und Zucker. Die Tellerprobe machen (s. Gelierprobe, links).
5 Konfitüre oder Marmelade kristallisiert im Kühlschrank Abgefüllte Gläser mit Konfitüre, Marmelade oder Gelee am besten kühl lagern, zum Beispiel in einer Speisekammer oder auf einem dunklen Kellerregal.

Mango-Konfitüre mit Ingwer

Ergibt 1 l
1 kg Mango, geschält und gewürfelt (S. 468)
60 ml Zitronensaft
1 TL abgeriebene Orangenschale
30 g kandierter Ingwer, feingehackt
1 kg Zucker

1 Die vorbereiteten Zutaten in einen großen Topf geben und in 12–15 Minuten bei schwacher Hitze zu einem dicken Fruchtbrei kochen. Gegebenenfalls etwas Wasser zugießen, um ein Ansetzen der Früchte zu verhindern. Den Zucker bei schwacher Hitze im Backofen erhitzen.
2 Den heißen Zucker unterrühren und die Mischung unter Rühren bis zum Gelierpunkt (links) kochen. Leicht abkühlen lassen, in sterilisierte Gläser (S. 490) füllen und luftdicht verschließen.

Limetten-Orangen-Marmelade

Ergibt 1,5 l
4 Limetten
2 Orangen
3 l Wasser
1 kg Zucker

1 Limetten und Orangen gründlich unter heißem Wasser abbürsten und Stiel- und Blütenansatz abschneiden. Die Früchte schälen und die zähe, weiße Innenhaut entfernen. Die Zitrusschalen in feine Streifen schneiden. Die Kerne in ein Stoffsäckchen geben. Die Früchte in Scheiben schneiden und mit den Schalenstreifen und dem Stoffsäckchen in einen großen Topf geben. Das Wasser zugießen, die Mischung zum Kochen bringen und 1 Stunde bei schwacher Hitze köcheln lassen.
2 Den Zucker im schwach geheizten Backofen erwärmen. Mit den Früchten vermischen und unter Rühren bei starker Hitze bis zum Gelierpunkt (links) kochen. Die Marmelade leicht abkühlen lassen und das Stoffsäckchen mit den Kernen herausnehmen. Anschließend die Marmelade in sterilisierte Gläser (S. 490) füllen und luftdicht verschließen.

Apfelgelee

Zur Herstellung von Apfelgelee möglichst aromatische, säuerliche Äpfel oder Holzäpfel verwenden und pro 1,5 kg Obst den Saft von einer Zitrone zugeben. Die Äpfel unter fließendem Wasser gut abbürsten – vor allem am Blütenansatz – und entstielen. Anschließend die Äpfel vierteln und, knapp mit Wasser bedeckt, in einem großen Topf zum Kochen bringen. Die Fruchtstückchen bei schwacher Hitze weich kochen, durch einen Saftbeutel ablaufen lassen und den Saft abmessen. Die Flüssigkeit zum Kochen bringen und pro 500 ml Saft 500 g vorgewärmten Zucker unterrühren. Die Mischung bis zum Gelierpunkt (links) kochen. Das Gelee leicht abkühlen lassen, in sterilisierte Gläser (S. 490) füllen und sofort verschließen. Zum Aromatisieren Kräuter oder Gewürze im Gelee mitkochen lassen.

Fruchtpürees und Fruchtpasten

Konservierte Fruchtpürees von unterschiedlicher Konsistenz galten in England lange Zeit als Delikatesse zum Fünf-Uhr-Tee. Sie wurden als Brotaufstrich oder als Füllung für *trifles* und Kuchen verwendet. Für Fruchtmuse und Fruchtpasten werden die Früchte zu Brei gekocht und dann mit Zucker haltbar gemacht.

Große Früchte werden gründlich gewaschen und grob zerkleinert. Das Schälen, Entstielen, Entsteinen oder Entkernen der Früchte ist überflüssig, da der Fruchtbrei nach dem Kochen durchpassiert wird. Man gibt die zerkleinerten Früchte in einen großen Einmachtopf und bedeckt sie knapp mit Wasser. Bei pektinarmen Früchten (S. 491) ist außerdem die Zugabe von Zitronensaft erforderlich. Anschließend kocht man die Früchte bei schwacher Hitze, bis sie zerfallen, und streicht sie dann durch ein feinmaschiges Sieb. Das passierte Fruchtmark wird ausgewogen und in einen sauberen Kochtopf umgefüllt. Ist eine feste Fruchtpaste erwünscht, läßt man das Fruchtmark zu einer dicken, zähen Masse einkochen. Für diese Zubereitung wird Fruchtmark und Zucker zu gleichen Teilen verwendet. Für ein streichfähiges Mus wird die Zuckermenge auf die Hälfte oder drei Viertel der Fruchtmasse reduziert. Man rührt so lange bei mäßiger Hitze, bis sich der Zucker aufgelöst hat, und läßt sie Masse dann bei schwacher Hitze etwa eine Stunde unter häufigem Rühren weiterköcheln.

Fruchtmus ist fertig, sobald alle Flüssigkeit verkocht und die Oberfläche glatt und cremig ist. Für eine schnittfeste Paste kocht man die Masse weiter, bis ein Holzlöffel, mit dem man über den Topfboden fährt, eine bleibende Spur hinterläßt.

Anschließend füllt man das Mus in vorgewärmte sterilisierte Gläser (S. 490). Solches Einmachgut ist nur begrenzt haltbar (im Höchstfall einige Wochen). Angebrochene Gläser sollten innerhalb von drei bis vier Tagen verbraucht werden. Feste Fruchtpasten kann man auch in hübsche Formen oder kleine Gläser füllen und zum Servieren stürzen. Die vorgewärmten Formen werden vor dem Füllen mit Pflanzenöl ausgepinselt.

Fruchtpasten von weicher Konsistenz sind gehaltvolle Zubereitungen mit Eiern und Butter. Als klassisch gilt die Herstellung mit Zitronen, die als *lemon curd* bezeichnet wird. Aber auch Orangen Limetten und Passionsfrüchte oder Fruchtmischungen ergeben delikate Pasten. Für *lemon curd* gibt man den Saft und die abgeriebene Schale von vier Zitronen zusammen mit 125 g Butter und 250 g Zucker in einen Topf und gart die Mischung bei schwacher Hitze im Wasserbad. Man rührt so lange, bis eine homogene Masse entstanden ist. Anschließend gibt man vier schaumig geschlagene Eier dazu und läßt die Masse unter Rühren eindicken. Die heiße Paste wird in sterilisierte Gläser (S. 490) gefüllt und luftdicht verschlossen. An einem kühlen Ort hält sich die Paste etwa einen Monat; im Kühlschrank bis zu drei Monaten. *Orange curd* wird mit drei Orangen und einer Zitrone nach dem gleichen Rezept zubereitet.

Apfelmus

Falläpfel aus dem Garten lassen sich zu köstlichem Mus verarbeiten.

3 kg Holzäpfel oder Kochäpfel
1 l Wasser
1 l Cidre oder Apfelsaft
Zucker
1 TL gemahlene Nelken
1 TL gemahlener Ingwer

1 Die Äpfel waschen und mitsamt der Schale und dem Kerngehäuse grob zerkleinern. Mit Wasser und Cidre bei schwacher Hitze zugedeckt weich kochen. Den Apfelbrei durch ein Sieb streichen. Das Fruchtmark auswiegen. Pro 500 g Fruchtmark 350 g Zucker abmessen und diesen im Backofen erwärmen.

2 Das Fruchtmark bei schwacher Hitze um ein Drittel eindicken lassen. Den Zucker und die Gewürze zugeben und bei schwacher Hitze unter Rühren zu einer glatten, cremigen Masse kochen. Das Apfelmus heiß in sterilisierte Gefäße (S. 490) füllen und verschließen.

Früchte einmachen

Das Einmachen oder Einkochen ist ein Verfahren, bei dem Lebensmittel durch Behandlung mit starker Hitze keimfrei gemacht und in einem Behälter – normalerweise einem Einmachglas – luftdicht verschlossen werden. Bei stark säurehaltigen Lebensmitteln, wie Obst und Tomaten, reicht es, wenn man das Einmachgut im einfachen Wasserbad (S. 494) sterilisiert, denn die Fäulnisbakterien werden dadurch unschädlich gemacht. Dazu füllt man die rohen oder gekochten Lebensmittel in Gläser (unten), stellt diese in einen Einmachtopf mit herausnehmbarem Einsatz und Thermometer oder in die Fettpfanne des Backofens und erhitzt sie auf 100 °C. **Hinweis** Diese Temperatur reicht nicht aus, um die gefährlichen Botulinus-Bakterien abzutöten, die eiweißhaltige Lebensmittel, wie Fleisch, Fisch, Geflügel, Bohnen und Erbsen, befallen können. Das Einkochen solcher Lebensmittel ist daher für den Hobbykoch nicht zu empfehlen.

Einmachgläser vorbereiten

Zum Einmachen sollten nur die speziell dafür vorgesehenen Einmachgläser mit Glasdeckel und Gummiring oder Vakuum-Schraubdeckel verwendet werden (auf beschädigte und verformte Deckel achten). Gummiringe sind nur zum einmaligen Gebrauch bestimmt. Alle Teile werden gründlich gesäubert und kochendheiß ausgespült. Wenn das Einmachgut heiß in die Gläser gefüllt wird, stellt man die Gläser vorher in den schwach geheizten Backofen oder in heißes Wasser. Bei Verwendung von Gläsern mit mehr als 1 l Fassungsvermögen besteht die Gefahr, daß das Einmachgut nicht ausreichend sterilisiert wird.

Früchte vorbereiten

Farbe, Aroma und Konsistenz der Früchte bleiben am besten erhalten, wenn das Einmachgut im Wasserbad sterilisiert wird (S. 494). Zum Einmachen verwendet man möglichst feste, soeben reife – keine überreifen – Früchte. Verschiedene Früchte erfordern eine unterschiedliche Vorbehandlung. Dazu gehört in erster Linie das Waschen und Zerkleinern. Aber auch Druckstellen müssen herausgeschnitten werden, weil sie unter Umständen den ganzen Glasinhalt verderben. Kleine Früchte, wie Heidelbeeren, Brombeeren, rote Johannisbeeren (oben), Zwetschgen und Stachelbeeren, werden sorgfältig von Stielen, Blättchen oder Rispen befreit. Das Zerkleinern entfällt. Bei großen Steinfrüchten, wie Pfirsichen und Aprikosen, ist es besser, wenn man sie halbiert und das faserige Fruchtfleisch rund um den Stein abschneidet, da es mit der Zeit hart wird. Ein rasches Einfüllen schützt die Früchte vor Verfärbung. Aprikosen, Pfirsichen und Nektarinen zieht man nach dem Blanchieren (S. 447) ab; Äpfel und Birnen kommen geschält, ohne Kerngehäuse und zerkleinert in die Gläser. Werden Äpfel und Birnen roh abgefüllt, legt man sie bis zum Einfüllen in gesäuertes Wasser (Wasser unter Zusatz von Zitronensaft), damit sie nicht braun und unansehnlich werden. Da Birnen relativ säurearme Früchte sind, empfiehlt sich vor dem Einkochen die Zugabe von Zitronensaft (pro 500 g Früchte 2 TL Zitronensaft).

Früchte können – je nach Sorte – roh, gekocht oder püriert abgefüllt werden. Grundsätzlich werden alle Gläser nur bis 2 cm unter den Rand gefüllt. Dann wird eine Zuckerlösung angegossen, die ebenfalls nicht höher stehen darf. Pro 500 g Früchte benötigt man 125 ml Sirup. Man kann die Früchte zwar auch in klarem Wasser einkochen, aber in der Regel wird etwas Zucker zugegeben. Farbe und Konsistenz werden auf diese Weise bewahrt. Die Süße der Zuckerlösung ist reine Geschmacksache. Bei einem Mengenverhältnis 2 : 1 erhält man einen Sirup von mittlerer Konzentration. Für einen schweren Sirup verwendet man Wasser und Zucker zu gleichen Teilen. Für einen noch schwereren Sirup kann man auch Fruchtsaft oder Wein statt Wasser nehmen und die Hälfte des Sirups durch einen milden Honig ersetzen. Gewürze, wie Nelken und Zimt, Rum, Branntwein oder abgeriebene Schale von Zitrusfrüchten, geben zusätzliches Aroma.

Für feste und faserreiche Früchte empfiehlt sich das Vorkochen in einer Zuckerlösung. Sie lassen sich danach besser in Gläser füllen. Außerdem kann man sie beim Vorkochen mit allerlei Gewürzen aromatisieren. Zur Farberhaltung reibt man geschälte Äpfel, Birnen, Pfirsiche, Nektarinen und Aprikosen mit Zitronensaft ein oder legt sie in gesäuertes Wasser – pro 250 ml Wasser nimmt man 1 TL Ascorbinsäure (Vitamin-C-Pulver). Die Früchte dürfen nicht länger als 20 Minuten im Wasser liegen, weil ihnen sonst ein Großteil der Nährstoffe entzogen wird.

Früchte einkochen

Das Einmachen der Früchte (einschließlich Tomaten) erfolgt im Wasserbad. Diese Konservierungsmethode ist auch für Konfitüren, Pickles und Relishes geeignet, die länger gelagert werden sollen. Die Einkochzeit richtet sich nach der Fruchtart, der Größe der verwendeten Behälter und der Einfüllmenge. Ideal ist ein Einmachtopf mit Drahteinsatz und Thermometer, aber praktisch kann man jeden beliebigen größeren Topf verwenden. Er muß allerdings so tief sein, daß die Gläser beim Einkochen mindestens 2,5 cm unter Wasser stehen. Bei Verwendung eines Einmachtopfes werden die Gläser dicht an dicht, aber ohne sich zu berühren, auf den Metalleinsatz des Topfes gestellt. Ist nur ein einfacher großer Topf zur Hand, legt man den Boden mit einem Tuch aus und wickelt jedes Glas zur Vorsicht in ein Tuch, damit die Gläser beim Kochen nicht aneinanderstoßen und beschädigt werden. Die Gläser sind fest zu verschließen; Schraubverschlüsse werden erst fest zugeschraubt und dann um eine Vierteldrehung gelockert. Anschließend gießt man heißes Wasser auf und bringt den Topfinhalt bei geschlossenem Deckel zur vorgeschriebenen Einmachtemperatur, die auf dem Thermometer abgelesen wird. Die angegebenen Einkochzeiten sollten genau eingehalten werden.

Den Verschluß prüfen

Nach dem Einkochen nimmt man die Gläser heiß aus dem Wasserbad und stellt sie zum Abkühlen auf ein Tuch oder ein Holzbrett. Dort läßt man sie 24 Stunden stehen. Bei Gläsern mit Schraubverschluß ist der Deckel – zum Zeichen, daß der Verschluß hält – gewöhnlich etwas nach innen gewölbt. Ist der Deckel glatt, drückt man ihn zur Probe mit dem Finger ein. Wenn er zurückspringt, ist das Glas nicht luftdicht verschlossen. Bei Gläsern, die mit Gummiringen abgedichtet werden, nimmt man die Klammern ab und hebt jedes Glas am Deckel hoch. Wenn sich beim Einkochen über dem Einmachgut ein luftleerer Raum gebildet hat, hält der Deckel und das Glas ist fest verschlossen. Um den Verschluß von Gläsern zu prüfen, deren Deckel mit Metallklammern befestigt werden, hält man die Gläser schräg, so daß der Inhalt den Deckel berührt. Aufsteigende Luftblasen deuten auf einen undichten Verschluß hin. In einem solchen Fall muß man die Gläser erneut einkochen oder sie zum baldigen Verzehr im Kühlschrank aufbewahren. Alle fest verschlossenen Gläser werden abgewaschen, beschriftet und anschließend kühl und dunkel bis zu einem Jahr gelagert.

Hinweis Alles Eingemachte, bei dem der Verschluß beschädigt oder der Deckel gewölbt ist, muß unverzüglich vernichtet werden, da es gefährliche Toxine enthalten kann.

ZUR INFORMATION

Einmachzeiten (für Einmachgläser von 1 l Fassungsvermögen) *Beerenfrüchte, Rosinen, Rhabarber* 15 Minuten im Wasserbad sterilisieren. *Pfirsiche* 30 Minuten im Wasserbad sterilisieren. *Birnen* 20 Minuten im Wasserbad sterilisieren. *Tomaten* 45 Minuten im Wasserbad sterilisieren.
Bemerkung Das Einmachgut kann beim Einkochen leicht übergaren.
Aufbewahrung Luftdicht verschlossene Gläser bis zu 1 Jahr kühl und dunkel lagern.
Anzeichen für undichte Verschlüsse Lockere Gummiringe; Gläser laufen aus; gewölbte Deckel; aufsteigende Luftblasen; trübe Flüssigkeit; Gärung; Schimmel; Verfärbung.

EINFRIEREN

Während Eis und Schnee in kalten Klimazonen schon immer zum Haltbarmachen von Lebensmitteln eingesetzt wurden, ist das Einfrieren heute eine Konservierungsmethode, die in jedem modernen Haushalt ganzjährig angewandt werden kann.

Kälte stoppt das Wachstum vom Mikroorganismen: Bei einer Temperatur von 4 °C sind frische Lebensmittel nur begrenzt haltbar (meist nur wenige Tage); bei −8 °C werden die Mikroorganismen in einen »Kälteschlaf« versetzt; und bei −18 °C werden sie abgetötet. Die meisten Gefriergeräte im Haushalt sind für Temperaturen unter −18 °C nicht ausgerüstet. Je öfter die Tür des Gefriergerätes geöffnet wird, desto eher steigt die Gefriertemperatur an und erreicht dann Durchschnittswerte von etwa −9 °C. Die Enzyme sind dann zwar weiterhin aktiv, aber der Qualitätsverlust ist in diesem Stadium minimal, so daß die tiefgefrorenen Lebensmittel unbeschadet bis zu einem Jahr überdauern.

Die Temperatur im Gefriergerät sollte laufend durch ein Gefrierthermometer (S. 503) überwacht werden. Außerdem sollte das Gerät ständig mindestens zu zwei Drittel gefüllt sein, damit die Temperatur nicht ansteigt. Innerhalb von 24 Stunden sollte nie mehr als 1 kg Gefriergut pro 30 cm^3 eingefroren werden. Für größere Mengen stellt man einige Zeit vorher die Schnellgefrierschaltung ein oder senkt die Temperatur noch unter −18 °C. Falls das Thermometer im Gefriergerät konstant −12 °C anzeigt, sollten alle tiefgefrorenen Lebensmittel innerhalb von zwei Monaten verbraucht werden.

Wichtig ist ein rasches Durchgefrieren der Lebensmittel, damit die Eiskristalle möglichst klein bleiben und kein Saft aus den Zellen austritt. Dauert das Herunterkühlen zu lange, bilden sich große Eiskristalle, die dann die empfindlichen Zellwände der Lebensmittel zerreißen und einen erheblichen Qualitätsverlust zur Folge haben.

Nur frische, erstklassige Produkte – frisches Obst und Gemüse, Fleisch und Fisch – garantieren bei längerer Lagerung im eigenen Gefriergerät eine gute Qualität. Gebratenes Fleisch und Geflügel sollte aus geschmacklichen Gründen immer in einer Sauce tiefgefroren werden, denn sie trocknen sonst zu stark aus. Kartoffeln und Hülsenfrüchte sind weniger gefriergeeignet, da sie durch das Einfrieren mehlig werden. Auch Sülzen und andere Zubereitungen mit Gelatine sind nicht zum Einfrieren geeignet, da das Gelee »bricht« und wäßrig wird. Im Zweifelsfall sollte man sich an die Gefrieranweisungen zu den einzelnen Lebensmitteln halten.

Hinweis Aufgetaute Ware darf nicht wieder eingefroren werden.

Gefriergut richtig verpacken

Da Kälte das Gefriergut austrocknet, müssen alle einzufrierenden Lebensmittel in feuchtigkeitsundurchlässige Materialien verpackt werden. Ideal sind fest verschließbare Behälter aus Kunststoff, imprägniertem oder gewachstem Karton oder Alufolie. Auch die Behälter industrieller Tiefkühlprodukte können wiederverwendet werden. Beim Einfüllen ist darauf zu achten, daß flüssiges Gefriergut genügend Platz hat, sich auszudehnen. Gefrierbeutel aus Polyäthylen (mindestens 0,05 mm stark) eignen sich besonders für Gemüse, Fleisch und »sperrige« Lebensmittel. Nach dem Einfüllen der Lebensmittel muß die Luft aus den Gefrierbeuteln herausgedrückt oder abgesaugt werden. Zum Verschließen nimmt man Clips oder gefrierfestes Klebeband. Gewöhnliche Klebebänder sind nicht gefriergeeignet, da sie sich mit der Zeit lockern. Zuletzt klebt man auf jede Verpackung ein Etikett mit Angaben über Inhalt, Menge und Datum.

Obst

Frisches Obst wird je nach Obstart und Verwendungszweck unterschiedlich eingefroren. Da die Früchte durch das Einfrieren weich werden, sollte man – außer für Püree – nur feste Früchte verwenden.

Für kleine Beerenfrüchte, wie Heidelbeeren oder Himbeeren, empfiehlt sich das Vorgefrieren auf einem Tablett, denn die Früchte behalten dadurch ihre Form. Da Erdbeeren leicht zusammenfallen, bestreut man sie vorher mit etwas Zucker. Dazu breitet man die Beeren flach auf einem Tablett aus, ohne daß sie sich berühren, und friert sie zwei bis vier Stunden vor. Anschließend verpackt man die gefrorenen Beeren in Gefrierbeutel oder -dosen und friert sie wieder ein. Es darf keine Luft mit eingefroren werden.

Füllt man die Früchte ohne Zugabe von Zucker in Gefrierbeutel, frieren sie zu einem Block zusammen. Diese Gefriermethode ist für Preiselbeeren, Heidelbeeren, Stachelbeeren, Feigen, Johannisbeeren und Rhabarber geeignet. Zartere Früchte ziehen beim Gefrieren Saft. Damit sie nicht allzusehr aufweichen, werden sie gezuckert (auf 5 Teile Früchte kommt 1 Teil Zucker). Beim Gefrieren verbindet sich der Zukker mit dem Saft zu einem leichten Sirup, und dieser bewirkt, daß die Früchte besser ihre Form behalten. Diese Methode wird vor allem bei saftreichen Früchten, wie Erdbeeren und Ananas, angewandt.

Früchte, die sich leicht verfärben – zum Beispiel Äpfel und Birnen –, friert man am besten in Zucker- oder Honigsirup ein. Für 500 ml Früchte kocht man 1 l Wasser und 600 g Zucker (oder 750 ml Wasser und 250 ml milden Honig) auf. Zum Säuern kann 1 TL Zitronensaft oder ½ TL Ascorbinsäure (Vitamin-C-Pulver) hinzugefügt werden. Sobald der Sirup erkaltet ist, füllt man ihn in Gefrierdosen und schneidet die Früchte hinein; die Fruchtstückchen sollten ganz von der Lösung bedeckt sein. Damit die Früchte nicht an die Oberfläche steigen, legt man vor dem Verschließen des Behälters ein Blatt zerknülltes Pergamentpapier obenauf. Statt Zucker- oder Honigsirup kann auch Tafelwasser oder ungesüßter Apfelsaft verwendet werden.

Pürierte Früchte kann man – je nach Verwendungszweck – mit oder ohne Zucker einfrieren.

Gemüse

Die meisten Gemüsearten sind im Gegensatz zu vielen Früchten säurearm und verderben schnell aufgrund der Aktivität von Enzymen. Um dies zu vermeiden, muß Gemüse, mit Ausnahme von Porree, Zwiebeln und grüner Paprika, vor dem Einfrieren blanchiert oder gekocht werden. Zarte Gemüse, wie Spinat und andere Blattgemüse, sowie Spargelspitzen, Blumenkohl- und Broccoliröschen werden am besten nur kurz gedämpft. Festeres Gemüse, wie grüne Bohnen, Möhren, Okraschoten und Mais, werden in reichlich Wasser blanchiert. Da wasserreiches Gemüse, wie Kürbis, durch das Blanchieren weich und schlaff wird, ist es besser, wenn man es vor dem Einfrieren kurz sautiert, eine Vorbehandlung, die im übrigen auch für viele andere Gemüsearten in Frage kommt.

Nach dem Blanchieren wird das Gemüse sofort in kaltem Wasser (am besten Eiswürfel zusetzen) abgeschreckt, um den Kochprozeß zu stoppen. Sobald es gut abgetropft und trockengetupft ist, kann man es in Gefrierbeutel, Schalen oder Plastikdosen füllen oder zuerst wie Beeren (oben) vorgefrieren. Gekochtes und püriertes Gemüse läßt sich gut tiefgefrieren, sollte aber erst nach dem Auftauen gewürzt und verfeinert werden. Tiefgefrorenes Gemüse kann man in der Regel unaufgetaut in etwas kochendem Wasser garen. Maiskolben hingegen müssen vor der Weiterverwendung ganz auftauen, sonst zerkochen die Körner, ehe der Kern getaut ist.

Auch Pilze lassen sich gut einfrieren, denn das Pilzaroma bleibt weitgehend erhalten. Besonders gefriergeeignet sind festfleischige Pilze, wie Trüffeln, Steinpilze und Pfifferlinge. Weniger geeignet sind Champignons und andere wasserreiche Pilzarten, da sie nach dem Auftauen weich und matschig werden. Pilze werden in der Regel ungewaschen – aber geputzt – eingefroren. Man kann die geputzten Pilze aber auch erst in Butter sautieren oder *à blanc* (S. 308) zubereiten.

Nudeln und Reis

Frisch zubereiteter Nudelteig läßt sich nach dem Ausformen gut einfrieren. Man läßt die Nudeln zunächst zwei bis drei Stunden an der Luft trocknen und füllt sie dann in Gefrierbeutel. Möglichst keine Luft mit einfrieren, denn Luftsauerstoff beeinträchtigt das Aroma und den Geschmack. Tiefgefrorene Nudeln und gefüllte Teigtaschen, wie Ravioli, sollten möglichst unaufgetaut gekocht werden. Auch Nudeln als Bestandteil von Fertiggerichten sind gut gefriergeeignet. Getreide- und Reisgerichte sind ebenfalls gefriergeeignet und brauchen vor dem Erwärmen nicht erst aufgetaut zu werden.

Fleisch

Die Qualität von tiefgefrorenem Fleisch wird danach beurteilt, wie schnell es durchgefroren ist und wieviel Fett es enthält. Da Konsistenz und Saftigkeit beim raschen Durchgefrieren weitestgehend erhalten bleiben, sind Portionsstücke besser gefriergeeignet als schwere Braten. Angesichts der Tatsache, daß Fett auch bei extremen Minustemperaturen allmählich ranzig wird, ist ein mageres Stück Rindfleisch länger haltbar als ein gut durchwachsenes Rippenstück. Die meist sehr fetthaltigen Wurstwaren sind weniger gefriergeeignet, und der hohe Salzgehalt in Räucherwaren, wie Speck und Schinken, verkürzt deren Lagerzeit im Gefriergerät auf ein Minimum.

Rind-, Lamm- und Rehfleisch kann man je nach Stückgröße unbesorgt bis zu einem Jahr im Gefriergerät lagern. Kalb- und Schweinefleisch hingegen büßen bereits nach acht Monaten an Qualität ein. Kaninchen und Hase werden wie Geflügel behandelt.

Hinweis Tiefgefrorenes Fleisch wird grundsätzlich im Kühlschrank – ausgepackt, aber abgedeckt – aufgetaut. Bei großen Fleischstücken beträgt die Auftauzeit bis zu fünf Stunden pro 500 g Fleisch.

Geflügel und Wildgeflügel

Die Beschaffenheit von Geflügel und Wildgeflügel verändert sich beim Gefrieren nur geringfügig, so daß Qualitätsverluste nicht zu befürchten sind. Allerdings verkürzt sich die Lagerdauer des Gefrierguts mit steigendem Fettgehalt. Magere Geflügelarten, wie Wachteln, lassen sich daher besser einfrieren als fettes Geflügel, wie Gans.

Hinweis Gefülltes Geflügel ist zum Tiefgefrieren im eigenen Gefriergerät nicht geeignet, da die Gefriertemperaturen nicht ausreichen, um alle Bakterien abzutöten.

Will man Geflügel im ganzen tiefgefrieren, schneidet man zuerst alles Fett rund um den Darmausgang ab und nimmt dann die Innereien heraus, um sie gesondert zu verpacken. Damit das Geflügel beim Gefrieren und später beim Braten in Form bleibt, wird es vorher dressiert, also mit Küchengarn in Form gebunden. Anschließend wird es in Folie oder Beutel verpackt und mit extrastarker Alufolie umwickelt. Zum Auftauen legt man tiefgefrorenes Geflügel am besten in den Kühlschrank. Die Auftauzeit beträgt etwa zwei Stunden pro 500 g Geflügelfleisch. Wildgeflügel kann man wie Hausgeflügel gerupft oder ungerupft tiefgefrieren, es sollte aber grundsätzlich vorher ausgenommen und gründlich gewaschen werden.

Milchprodukte

Viele Milchprodukte sind gefriergeeignet, auch wenn Geschmack und Konsistenz darunter etwas leiden. Butter läßt sich tiefgefroren am besten lagern. Auch Sahne, die mehr als 40 % Fett enthält, ist gefriergeeignet. Allerdings läßt sie sich nach dem Auftauen nicht mehr so gut schlagen und flockt mitunter aus. Fettarme Sahne läßt sich weniger gut einfrieren. Saure Sahne, Joghurt und Buttermilch zählen zu den Lebensmitteln, die das Einfrieren nicht vertragen und Flocken bilden.

Wird Käse eingefroren, verändert er seine Struktur und seinen Geschmack. Hartkäse wird krümelig. Geriebener Käse und Käse in Scheiben ist eher zum Tiefgefrieren zu empfehlen. Weichkäse und halbfester Schnittkäse büßen beim Tiefgefrieren ihre cremige Konsistenz ein und sind nach dem Auftauen nur noch zum Kochen zu verwenden. Auch Frischkäse verliert erheblich an Geschmack.

Eier

Eier kann man nicht in der Schale tiefgefrieren, sie würde nämlich platzen. Deshalb verwendet man nur die Eimasse oder Eiweiß und Eigelb gesondert. Damit das Eigelb nicht dick und zäh wird, gibt man etwas Salz oder Zucker dazu. Auf eine Eimasse aus sechs Eiern rechnet man ½ TL Salz oder Zucker. Die tiefgefrorene Eimasse kann zum Lokkern von pikanten oder süßen Speisen verwendet und nach Bedarf gewürzt werden. Eiweiß allein kann man mit oder ohne Salz bis zu drei Monaten tiefgefrieren. Manche Köche behaupten, daß Eiweiß sich nach dem Gefrieren und Auftauen besonders gut zum Schneeschlagen eignet. Ganze gekochte Eier sind nicht gefriergeeignet, weil das Eiweiß gummiartig wird. **Hinweis** Eier in Fertiggerichten, etwa Cremespeisen, werden nach dem Auftauen körnig.

Fonds und Suppen

Alle Fonds und Brühen – ob von Geflügel, Rindfleisch oder Fisch – lassen sich ohne Qualitätsverlust problemlos einfrieren, vorausgesetzt, sie werden vor dem Tiefgefrieren vorgekühlt und entfettet. Manche Köche frieren konzentrierte Brühe im Eiswürfelbehälter vor und füllen dann die hartgefrorenen Würfel in Gefrierbeutel, um sie bei Bedarf zu entnehmen. Dünnflüssige Suppen von ähnlicher Konsistenz wie klare Brühe oder Bouillon (S. 44) lassen sich am besten tiefgefrieren, während sämige Suppen oder Suppen mit Gemüse- oder Fleischstückchen beim Einfrieren ihre Struktur verändern. Püreesuppen werden schön cremig, wenn man sie nach dem Auftauen kurz in der Küchenmaschine oder im Mixer aufschlägt. Suppen, die mit Eigelb oder Sahne angereichert worden sind, flocken nach dem Einfrieren aus; daher fügt man diese Zutaten erst nach dem Auftauen hinzu. Auch Würzkräuter und andere Geschmacksträger werden am besten erst nachträglich dazugegeben.

Saucen

Mayonnaisen und emulgierte Saucen – zum Beispiel *sauce hollandaise* – entmischen sich beim Tiefgefrieren. Das gilt auch für Saucen mit einem hohen Sahne-, Milch- und Käseanteil. Gut gefriergeeignet sind allein die mit Mais- oder Reismehl gebundenen Saucen und Tomatensaucen.

Backwaren

Fertige Backwaren, wie Kuchen und Brote, kann man ohne großen Qualitätsverlust tiefgefrieren. Sie müssen allerdings gut verpackt werden, damit sie gegen Austrocknen und vor Fremdgerüchen geschützt sind. Auch Füllungen und manche Glasuren sind gefriergeeignet, wenngleich Fondant und Puderzuckerglasuren beim Gefrieren Risse bekommen. Füllungen mit Schlagsahne entmischen sich, und Überzugsmassen mit einem hohen Eiweißgehalt, wie Royal-Glasur, trocknen leicht aus. Verzierte Cremetorten und Kuchen werden unverpackt vorgefroren und dann verpackt und weitergefroren, damit die Dekoration nicht beschädigt wird.

Teige, wie Mürbeteig oder Blätterteig, kann man vor dem Einfrieren ausformen und bei Bedarf unaufgetaut backen. Man kann den Teig auch als Block einfrieren, muß ihn dann aber vor dem Ausrollen ganz auftauen lassen, weil sonst die Teigränder reißen. Rohe Hefeteige vertragen das Einfrieren weniger gut, da Kälte die Hefepilze abtötet und das Aufgehen des Teigs verhindert. Dünnflüssige Teige und Massen mit anderen Triebmitteln sind ebenfalls ungeeignet. Pfannkuchen aller Art lassen sich jedoch gut einfrieren.

Nüsse und Samen

Nüsse kann man in der Schale, als ganze Nußkerne, gehackt oder gemahlen einfrieren. Auch ölhaltige Samen, wie die Sesamsamen, lassen sich gut einfrieren. Ungeröstete Nüsse oder Samen kann man länger lagern als geröstete. Salz und Gewürze verkürzen die Lagerdauer. In der Regel können Nüsse unaufgetaut weiterverwendet werden. Eßkastanien werden am besten vor dem Einfrieren gekocht und püriert.

Küchenkräuter

Tiefgefrorene Küchenkräuter sind zwar zum Garnieren nicht mehr geeignet, weil sie nach dem Auftauen schlaff werden, aber dessenungeachtet bleibt ihr Aroma beim Gefrieren gut erhalten, besonders bei stark duftenden Kräutern wie Basilikum und Estragon, die zum Trocknen weniger gut geeignet sind. Zum Tiefgefrieren verpackt man die gewaschenen und trockengetupften Kräuter – im ganzen oder gehackt – in Gefrierbeutel und drückt dann die Luft heraus. Oder man schichtet ganze Kräuterzweiglein in kleine Gefrierdosen und schabt dann bei Bedarf die gewünschte Menge von dem hartgefrorenen Kräuterblock ab. Diese Methode empfiehlt sich besonders für Petersilie. Kräuterbutter (S. 99) und *pesto* (S. 17) sind ebenfalls gefriergeeignet.

Fische, Schal- und Krustentiere

Da Fische zu den besonders leicht verderblichen Nahrungsmitteln gehören, kommt zum Einfrieren nur fangfrischer Fisch in Frage. Für den Hausgebrauch eignen sich in erster Linie Süßwasserfische. Die einzufrierenden Fische müssen geschuppt, ausgenommen und gewaschen sein (nicht abgespültes Blut führt zu häßlichen Verfärbungen im Fleisch). Auch Fischsteaks und -filets lassen sich gut einfrieren. Taucht man sie vor dem Gefrieren 30 Sekunden in eine Lake aus 250 g Salz und 4 l Wasser, bleibt das Fleisch beim Auftauen schön fest. Die Auftauzeit für 500 g tiefgefrorenen Fisch dauert im Kühlschrank bis zu acht Stunden.

Schal- und Krustentiere werden vor dem Tiefgefrieren gedämpft, bis sie sich öffnen, und anschließend aus der Schale gelöst. Am besten friert man sie im eigenen Saft oder in Lake ein. Ganze Krabben und Hummer werden ebenfalls erst gekocht und dann ungeschält oder geschält tiefgefroren. Fische und Schaltiere sollten nicht länger als zwei Monate im Gefriergerät gelagert werden. Tiefgefrorener Fisch sollte möglichst im Kühlschrank auftauen.

FISCH GLASIEREN

Für eine etwas längere Lagerung im Gefriergerät empfiehlt es sich, den Fisch mit einer dünnen Eisschicht zu »versiegeln«.

Den küchenfertigen Fisch auf einem Tablett unverpackt 2–4 Stunden vorgefrieren (s. Obst, S. 495), dann mit Eiswasser begießen. Wenn sich eine dünne Eisschicht gebildet hat, den Vorgang wiederholen. Dann den Fisch sorgfältig verpacken. Kleine Fische oder Fischfilets in Gefrierdosen legen und mit Eiswasser glasieren.

MIKROWELLEN-KÜCHE

Die ersten Mikrowellengeräte wurden im Zweiten Weltkrieg entwickelt. Seit vielen Jahren sind sie auch bei uns auf dem Markt und erfreuen sich dank vielfältiger Einsatzmöglichkeiten zunehmender Beliebtheit. Trotz Hektik und Betriebsamkeit sind wir heute wesentlich anspruchsvoller, wenn es um unsere Ernährung geht, und achten verstärkt auf gesundes und geschmackvolles Essen. Das Mikrowellengerät trägt diesen neuen Lebens- und Eßgewohnheiten Rechnung.

Die Verbraucher standen der modernsten aller Gartechniken anfangs skeptisch gegenüber, verwechselten sie doch die Energie der elektromagnetischen Wellen häufig mit der Atomenergie – völlig zu Unrecht, wie man inzwischen weiß. Die modernen Mikrowellengeräte sind weitaus sicherer in der Handhabung als Fernsehgeräte. Seit Ende der siebziger Jahre werden Mikrowellengeräte strengen Sicherheitsprüfungen unterzogen und entsprechen den VDE-, DIN- und anderen internationalen Bestimmungen. Die Hersteller haben Vorkehrungen getroffen, damit die Mikrowellenenergie nur im Garraum wirkt. Beim Öffnen der Tür schaltet sich die Mikrowellenzufuhr automatisch ab. Dafür sorgen mindestens zwei unabhängig voneinander arbeitende Sicherheitsschalter, die den Stromkreis in diesem Fall unterbrechen.

Hinweis Bei Aufstellung oder Installation des Geräts sollte dem Umstand Rechnung getragen werden, daß sich die Tür nur von rechts öffnen läßt.

Sicherheitsvorkehrungen

In den Garraum eines eingeschalteten Mikrowellengeräts sollte man ebensowenig hineinschauen wie in eine brennende Glühbirne, da dies zu Schädigungen des Augenlichts führen kann. Das gilt besonders für Kinder, die ein Mikrowellengerät mindestens ebenso interessant finden wie einen Fernseher.

Die modernen Herzschrittmacher sind in der Regel so konzipiert, daß jegliche Art von Mikrowellen ihnen nichts anhaben können. Träger von Herzschrittmachern sollten gegebenenfalls ihren Arzt konsultieren, um sich zu vergewissern, ob ihr Gerät abgesichert ist.

Für den Fall, daß ein Tischgerät einmal zu Boden fällt oder die Tür nicht mehr richtig schließt, sollte man es unverzüglich von einem Fachmann überprüfen lassen.

Bei richtiger Benutzung ist ein Mikrowellenherd absolut sicher und vielseitig einsetzbar. Die nachfolgend genannten Vorsichtsmaßnahmen betreffen die Risiken, die beim Kochen generell auftauchen, und weniger das Gerät selbst.

Vorzüge und Grenzen der Mikrowelle

Wer sich entschließt, mit einem Mikrowellengerät zu arbeiten, muß wissen, wie ein solches Gerät funktioniert, welche Vorzüge es bietet und welche Grenzen es hat. Obwohl es viele Speisen gibt, die sich besser auf herkömmliche Art mit anderen Haushaltsgeräten zubereiten lassen, lohnt sich für bestimmte Gartechniken der Einsatz eines Mikrowellengeräts. Die Vorbereitung für die einzelnen Zutaten bleibt zwar gleich, aber die Garzeiten verkürzen sich in der Mikrowelle doch immens.

Da ein Gericht meist aus mehreren Teilen besteht, wäre es wenig sinnvoll, alles in der Mikrowelle zuzubereiten. Wer bereits langjährige Kocherfahrung mit dem normalen Gas- oder Elektroherd hat, für den bedeutet die Arbeit mit einem Mikrowellenherd allerdings eine erhebliche Umstellung, so wie früher jede andere arbeitstechnische Neuerung – ob Patentherd, Kühlschrank, Gefriergerät oder Küchenmaschine – die Menschen zum Umlernen zwang. Mit der Zeit lernt man jedoch die grundlegenden Funktionen des Mikrowellengeräts kennen und kann alles Nähere über Technik, Handhabung und Anwendungsmöglichkeiten – besonders Zeitwahl – in speziellen Mikrowellen-Kochbüchern nachlesen.

Befassen wir uns zunächst mit den Nachteilen des Mikrowellengeräts, damit wir schnell zu den Vorteilen übergehen können. Viele Speisen werden zwar rasch gar, erhalten jedoch keine knusprige Bräune. Deshalb brät man ganze Hähnchen, Steaks, Lamm- und Gänsekeulen am besten in einem herkömmlichen Backofen oder grillt sie im Freien. Um den Garprozeß zu beschleunigen, kann man die Fleischstücke blanchieren oder vorgaren oder tiefgefrorene Bratenstücke zuerst in der Mikrowelle auftauen. Auch Grillen und Sautieren gehören zu den Gartechniken, die besser mit herkömmlichen Geräten ausgeführt werden.

Was am wenigsten in der Mikrowelle gelingt, sind Brote (Ausnahme: gedämpfte Brote), doch angeblich erzielt man bessere Ergebnisse, wenn die Brote zum Erhitzen mit Papier umwickelt und dann ganz kurz gegart werden (s. Abdecken der Speisen). Das soll verhindern, daß das Mehl, insbesondere glutenreiches Mehl, Flüssigkeit aufnimmt und klitschig wird.

Das gleiche Problem tritt auch bei Kuchen und Gebäck auf. Beim Kuchenbacken sollte man sich daher auf Teigzubereitungen ohne Mehl beschränken oder nur solche Kuchen backen, bei denen (glutenarmes) Kuchenmehl und Stärke (Maisstärke, Kartoffelstärke, Reismehl oder Maronenmehl) durch andere Zutaten und Ingredienzen ersetzt werden können.

Da Eiweiß in der Mikrowelle schnell fest wird, ist es problematisch, lockere Soufflés oder Eiercremes herzustellen. Noch am ehesten gelingen Soufflés, wenn man sie mit reduzierter Leistung gart. Sie werden aber nie so luftig und locker wie im Backofen, und da die Zeitersparnis ebenfalls nicht erheblich ist, sollte man sie getrost im herkömmlichen Ofen backen. Eiercremes gelingen in der Mikrowelle am besten mit halber Leistung (s. Wahl und Bedienung eines Mikrowellengeräts).

Noch ein Hinweis zu Eiern: Eier in der Schale platzen im Mikrowellengerät, denn die Eimasse dehnt sich während des schnellen Garens stark aus und sprengt die Schale. Auch bei einem aufgeschlagenen Ei ist das Eigelb von einem dünnen Häutchen überzogen und muß angestochen werden, damit es nicht platzt. Man schlägt also das Ei auf und läßt es auf den mikrowellengeeigneten Teller gleiten. Dann sticht man das Eigelb mit der Spitze eines scharfen Messers oder einem Spießchen an zwei Stellen ein. Das Eigelb läuft nicht aus und behält auch beim Backen oder Pochieren seine Form.

Was bleibt also noch für die Mikrowelle übrig – so fragt man sich –, wenn alle bisher genannten Nahrungsmittel und Speisen dafür ungeeignet sind? Beginnen wir mit dem Gemüse. Nur in der Mikrowelle kann Gemüse so rasch und so gleichmäßig garen und dabei noch seine appetitliche Farbe behalten. Die kurzen Garzeiten schonen Vitamine und Nährstoffe und machen außerdem ein starkes Würzen überflüssig.

Auch Fisch läßt sich sehr gut in der Mikrowelle zubereiten. Wer dies einmal probiert hat, wird keine andere Gartechnik – ausgenommen das Grillen im Freien – mehr anwenden. Wenn man ein paar einfache Regeln beachtet (s. Garen im Mikrowellengerät), bleibt der Fisch saftig und gart trotzdem gleichmäßig. Vorbei sind dann die Zeiten der unhandlichen, mit Wasser gefüllten Töpfe und des Ärgers darüber, daß der Fisch, obwohl außen schon lange gar, innen noch roh ist.

Die Mikrowelle eignet sich hervorragend für Eintopfgerichte und Ragouts. Vor allem die Mahlzeiten mit Hühner-, Kalb- und Schweinefleisch werden schön saftig und erfordern nur kurze Garzeiten. Neben Obstdesserts lassen sich auch Konfitüren, Marmeladen, Chutneys und Relishes problemlos herstellen. Fonds benötigen in der Mikrowelle nur 20–40 Minuten und schmecken ebenso gut wie jene herkömmlichen, die sechs bis acht Stunden vor sich hin kochen.

Karamel und *duxelles* lassen sich in der Mikrowelle schnell und sicher zubereiten, denn ein Anbrennen ist ausgeschlossen. Polenta und Risotto – in der Zubereitung auf normalen Herden langwierig, da man sie ausdauernd rühren muß – werden in der Mikrowelle zu zeit- und arbeitssparenden Gerichten.

Die Zubereitung der klassischen gedämpften Puddings, die auf herkömmliche Art mehrere Stunden in Anspruch nimmt, verkürzt sich in der Mikrowelle auf knapp sechs Minuten, und das ohne Wasserbad. Auch Eiercremes und Pasteten benötigen in der Mikrowelle kein Wasserbad.

Als gesundheitlicher Aspekt wäre noch anzumerken, daß beim Kochen in der Mikrowelle eigentlich so gut wie kein Fett erforderlich ist, denn die Speisen können im Mikrowellengeschirr nicht ansetzen. Fett – zum Beispiel in Form von Butter oder hochwertigem Olivenöl – sollte immer nur als geschmackverbessernde Zutat verwendet werden.

Gerichte wie *coq au vin* oder *osso buco* lassen sich rationell und energiesparend auch als einzelne Portion zubereiten. Mit der Mikrowelle werden Garzeit und Menge überschaubar, und die Gerichte können direkt im Eßgeschirr garen. Kocht man nur für ein oder zwei Personen, hat die Gemüsebeilage meist noch Platz neben dem Hauptgericht.

Vegetarier werden feststellen, daß Trockenbohnen im Vergleich zu anderen Lebensmitteln immer noch recht lange Garzeiten erfordern, aber immerhin nur noch ein Viertel der herkömmlichen Zeit. Für einfachen gekochten Reis – ob weiß oder braun – lohnt sich der Einsatz der Mikrowelle kaum, wohl aber für Reisgerichte, wie Pilaws und Risottos. Auch Nudeln kocht man am besten auf der Herdplatte, die Nudelsaucen allerdings sind schneller und einfacher in der Mikrowelle zuzubereiten.

Das Kochwasser für dieses stärkehaltige Nahrungsmittel sollte immer rechtzeitig aufgesetzt werden, sonst passiert es, daß die in der Mikrowelle gegarten Beilagen früher fertig sind als die auf dem Herd gekochten Speisen. So erging es mir in der Anfangszeit, als ich noch nicht wußte, wie lange es dauert, um – wie es in Rezepten immer heißt – Wasser »zum Kochen zu bringen«. In den Mikrowellen-Rezepten ist diese Zeit berücksichtigt.

Diese kurze Einführung hat hoffentlich jeden davon überzeugt, wie lohnend das Garen in der Mikrowelle sein kann, selbst wenn dabei auf viele Dinge zu achten ist. Da dieses Kapitel nur einen groben Überblick geben kann, sollte man sich ein gutes Mikrowellen-Kochbuch mit vielen Rezeptvorschlägen anschaffen. Unter Berücksichtigung der Sachinformationen dieses Kapitels kann man die erprobten Rezepte dann beliebig abwandeln und neue zusammenstellen.

Wahl und Bedienung eines Mikrowellengeräts

Wer bereits ein Mikrowellengerät besitzt, oder wer sich zur Anschaffung eines solchen Geräts entschlossen hat, der sollte in etwa auch wissen, wie es funktioniert. Wichtig ist zunächst, mit welcher Leistung das Gerät ausgestattet ist.

Die Leistung wird in Watt gemessen. Hochleistungsgeräte arbeiten mit einer Leistung von 650–850 Watt; Geräte mit 500–650 Watt erbringen eine mittlere Leistung, und das Schlußlicht bilden die Geräte mit 400–500 Watt. Die leistungsschwächeren Geräte benötigen etwa die anderthalbfache Garzeit des Hochleistungsgeräts. Da diese einfache mathematische Formel jedoch nur begrenzt Gültigkeit hat, hält man sich am besten an die Umrechnungstabelle im Mikrowellen-Kochbuch, die Vergleichswerte für Mikrowellengeräte mit verschiedener Leistung angibt. Etwas komplizierter ist die Garzeitberechnung bei den Geräten mit mittlerer Leistung; dort liegen die Werte irgendwo dazwischen. Wenn möglich, sollte man sich ein Hochleistungsgerät zulegen, da Mikrowellen mit geringer Leistung größere Mengen Kochgut nicht gleichmäßig garen.

Mikrowellengeräte sind so konzipiert, daß sie auf 110 oder 220 Volt Betriebsspannung laufen. In Großbritannien und weiten Teilen Europas ist 220 Volt Standard; in den USA hingegen haben die meisten Haushalte Steckdosen mit 110 Volt. In Regionen mit 110-Volt-Anschlüssen sollte man auf Kombinationsgeräte (Mikrowelle mit Umluftbackofen, konventionellem Backofen oder Grilleinrichtung, oder Backofen) verzichten, es sei denn, das Gerät ist sehr klein und wird hauptsächlich zum Aufbacken und Auftauen benutzt. Ein Mikrowellen-Sologerät benötigt sehr wenig Strom und erwärmt sich nicht. Anders dagegen ein Kombinationsgerät, das einen wesentlich höheren Stromverbrauch hat und auch heißer wird. Bei 110-Volt-Anschlüssen – für die keine separate Leitung vorgesehen ist – kann es deshalb passieren, daß das Stromnetz beim Betrieb des Kombinationsgeräts überlastet ist und die Sicherung durchbrennt. 110 Volt Betriebsspannung reichen auch nicht für den kombinierten Betrieb, das heißt, wenn Backofen und Mikrowelle gleichzeitig eingeschaltet sind.

Doch selbst in einem 220-Volt-Gerät ist der kombinierte Betrieb nicht ganz unproblematisch. Das Kochgut wird im Umluftbackofen nicht nur gebräunt, sondern gleichzeitig auch gegart, aber in anderer Weise, als dies die Mikrowelle tut. Deshalb ist das kombinierte Garen komplizierter als die einzeln ausgeführten Garvorgänge. Diese Kombinationsgeräte sind zwar sehr beliebt, aber andererseits gibt es genügend andere Küchengeräte, die all das bewerkstelligen, was die Mikrowelle allein nicht schafft. Es bleiben trotzdem noch viele Einsatzmöglichkeiten für die Mikrowelle, so daß das Gerät optimal genutzt werden kann.

Der Garraum der Mikrowellengeräte besteht immer aus Metall – rostfreiem Edelstahl oder mit Email oder Kunststoff beschichtetem Stahl –, so daß infolge Reflexion die Mikrowellenenergie im Innenraum bleibt. In Kombinationsgeräten ist das Metall immer unbeschichtet. Das stört nicht weiter, außer vielleicht beim Schmelzen kleiner Mengen Schokolade oder Butter oder bei der Herstellung geringer Mengen Karamel. In einem solchen Fall verkürzt sich die Garzeit um 30 Sekunden bis zu einer Minute (die Zeit ist immer abhängig von der Menge des Garguts und der Größe des Geräts).

Unabhängig von der Größe des Mikrowellengeräts sollte man sich für ein Modell mit variabler Leistungswahl (die Leistungen sind von zum Beispiel 600 Watt = 100 % bis 60 Watt = 10 % regelbar) entscheiden. Das heißt, daß das Gerät sowohl mit voller Leistung arbeiten kann – was normalerweise beim Garen von Lebensmitteln der Fall ist –, aber auch mit halber Kraft (50 %) – etwa bei der Zubereitung von Eiercreme – oder nur zu 30%, zum Beispiel beim Auftauen von Fleisch. Wichtig ist in diesem Zusammenhang, daß ein Gerät mit geringerer Leistung ohnehin nur 60% der Leistung von Hochleistungsgeräten erreicht. Wer nicht genau weiß, welche Leistungsstufe welcher Einstellung auf dem Gerät entspricht, dem sei an dieser Stelle folgende Orientierungshilfe gegeben: Die höchste Einstellung entspricht 100%; die mittlere (oder Stufe 5) in der Regel 50%; die Auftaustufe (oder Stufe 3) etwa 30%. Ebenfalls von Bedeutung ist die Größe des Garraums. Bei einem großen Mikrowellengerät sollte das Innenraumvolumen mindestens 37 l betragen.

Mikrowellengeräte sind entweder mit einem mechanischen Zeitschalter oder einer elektronischen Zeitanzeige (Digitalanzeige) ausgestattet. Geräte mit Digitalanzeige sind immer vorzuziehen, da sie genauer arbeiten. Für die Zeitwahl werden die Minuten und Sekunden wie bei einer gewöhnlichen Uhr eingestellt, das heißt, bei einer Garzeit von 3½ Minuten stellt man das Gerät auf 3:30, bei 3 Minuten auf 3:00. Das Öffnen und Schließen der Tür, die Einstellung der Zeit und zusätzlicher Steuerungsvarianten sowie die Betätigung der Starttaste sind am besten in der Gebrauchsanweisung des Geräts nachzulesen, da allgemeingültige Bedienungsanleitungen wegen der von Hersteller zu Hersteller verschiedenen Geräte nicht möglich sind.

Manche Mikrowellengeräte sind mit einigen – überflüssigen – Extras ausgestattet. Dazu gehören Drehteller mit und ohne Heb-Senk-Bewegung, eingebaute Programme mit erprobten Einstelldaten, die meist sehr teuer und nutzlos sind, sowie eingebaute Feuchtigkeitssensoren und Temperaturfühler, die den Garprozeß eher beeinträchtigen als fördern.

Bei Inbetriebnahme des Mikrowellengeräts wird man feststellen, daß trotz des in vielen Geräten eingebauten Gebläses Essensgerüche im Garraum zurückbleiben. Diese Gerüche lassen sich leicht vertreiben, indem man eine in Scheiben geschnittene Gurke auf einem Teller verteilt und auf höchster Leistungsstufe fünf Minuten in der Mikrowelle gart. Die gekochten Gurkenscheiben kann man nachher pürieren und zu Suppe verarbeiten.

Das Mikrowellengerät ist einfach zu reinigen. Da sich der Garraum nicht erwärmt, brennen Fettspritzer oder Verschüttetes nicht an, so daß in der Regel ein feuchtes Auswischen genügt. In den meisten Geräten befindet sich am Boden eine lose oder fest eingelegte Glas- oder Keramikplatte, auf der normalerweise Geschirr abgestellt wird, die aber auch als Backblech benutzt werden kann. Bei Geräten, die mit einem Drehteller ausgestattet sind, liegt diese Platte auf der rotierenden Scheibe. Lose eingelegte Platten lassen sich mühelos im Spülbekken mit einer milden Seifenlösung reinigen. Da die Platten leicht zerbrechlich sind, empfiehlt sich eine vorsichtige Handhabung. Bei Verwendung eines Geschirrspülmittels muß immer gründlich mit klarem Wasser nachgespült werden, damit die Speisen später nicht den Geruch des Reinigungsmittels annehmen.

Garen im Mikrowellengerät

Entscheidend für ein gutes Garergebnis in der Mikrowelle sind die maximale Leistung des Geräts (gemessen in Watt), die eingestellte Garzeit sowie Menge, Größe, Zustand (gefroren, kühlschrankkalt oder raumwarm) und Art der Lebensmittel (Protein, Fett, Wasser, Zucker). Während diese Faktoren bereits beim herkömmlichen Kochen zusammenwirken, potenzieren sie sich in der Mikrowelle.

Anders als beim normalen Elektro- oder Gasherd gibt die Mikrowelle die Garungshitze ohne Zwischenträger direkt auf die rohen, gekochten oder gefrorenen Nahrungsmittel. Die Mikrowellen dringen in die Moleküle des Garguts ein und produzieren dort Reibungswärme. Das ist auch der Grund, warum das Gargut so schlecht bräunt. Da sich diese hochfrequenten Wellen rasch erschöpfen, dringen sie – wenn auch von allen Seiten – nur etwa 3,5 cm in das Gargut ein. Das heißt, daß das ideale Gargut für die Mikrowelle einen Durchmesser von etwa 7 cm haben sollte. Doch auch ein unzerteilter Fisch von 7–10 cm Stärke gart noch gleichmäßig. Es empfiehlt sich, die einzelnen Teile in geringem Abstand voneinander auf dem Kochgeschirr zu verteilen, denn für die Mikrowelle sind alle sich berührenden Lebensmittel ein kompaktes Stück.

Alle Nahrungsmittel in einer Flüssigkeit, zum Beispiel einem Eintopf, werden von der Mikrowellenenergie als zusammenhängende Masse erfaßt. Da Wasser und andere dünne Garflüssigkeiten relativ lange Erhitzungszeiten haben, kocht man viele Speisen, insbesondere Gemüse, am besten nur in sehr wenig Flüssigkeit. Bei der Zubereitung von Suppen, Saucen oder Eintopfgerichten ist es deshalb wesentlich rationeller, zuerst die festen Zutaten mit wenig oder ganz ohne Flüssigkeit vorzugaren und erst zum Ende des Kochvorgangs – wenn die Speise fast gar ist – die Flüssigkeit zuzugeben.

Die Mikrowellenenergie erfaßt auch Hohlräume in Nahrungsmitteln als Aufwärmobjekte. Deshalb sollte man Geflügel nie unzerteilt in der Mikrowelle garen, sondern immer gleich in Portionsstücke zerlegen.

In der Mikrowelle garen die Speisen von außen nach innen, ähnlich wie bei einem Tortenboden, bei dem immer zuerst die Ränder fest werden. Anders beim herkömmlichen Kochen auf der Herdplatte, wo immer die Topfmitte die heißeste Stelle ist. Da viele Speisen aus der Mikrowelle normalerweise auf der Herdplatte zubereitet werden, sollte man sich diesen Unterschied immer vor Augen führen.

Wie bereits erwähnt, funktioniert das Mikrowellengerät wie ein »Verstärker«. Die unterschiedliche Garzeit kommt stärker zum Tragen als in einem herkömmlichen Ofen. Gleich große Nahrungsmittel oder gleich große Stücke – zum Beispiel Medaillons – ordnet man zum Garen ringförmig am Rand des Kochgeschirrs an, ohne daß sie sich gegenseitig berühren. Sollen verschiedene Nahrungsmittel gleichzeitig in einem Kochgeschirr zubereitet werden, legt man das Gargut, das am längsten braucht (zum Beispiel das dunkle Fleisch von Huhn oder Schaltieren sowie Möhren und andere feste Gemüsearten) an den Rand des Geschirrs und die schneller garenden Lebensmittel (zum Beispiel das weiße Fleisch von Huhn und Fisch sowie weiche Gemüse, wie Paprikaschoten und Pilze) in die Mitte. Das Ergebnis ist ein herrlich saftiges, gleichmäßig gegartes Gericht.

Die Unterschiede in der Garzeit lassen sich auch anhand anderer Beispiele eindrucksvoll belegen. Zum Garen einer Hühnerbrust, ob ausgebeint oder nicht, teilt man das Brustfleisch am Brustbein entlang in Hälften und legt dann die beiden Teile mit der Knochenseite nach oben in das Kochgeschirr, so daß sich die Rippenenden gegenüberliegen und die dickeren Bruststücke den Rand bedecken. Auch Fischfilets garen schön gleichmäßig, wenn man sie mit dem dünneren Schwanzstück zur Mitte in ein rundes Kochgeschirr legt und die überstehende dickere Partie nach innen klappt.

Gemischtes Gemüse für Gerichte wie *Pasta primavera,* zu der eine Beilage aus gekochtem, kleingeschnittenem Gemüse in Sahnesauce (*primavera*-Sauce, S. 337) gehört, läßt sich problemlos in einem Geschirr garen. Dazu ordnet man die einzelnen Gemüsearten kreisförmig an, am Rand beginnend mit dem Gemüse, das die längste Garzeit erfordert. Ein einzelnes Fischfilet plaziert man hingegen in der Mitte des Geschirrs und schlägt das dünnere Ende unter, um so der oben beschriebenen Idealform am nächsten zu kommen.

Nicht ohne Grund komme ich immer wieder auf die kreisförmige Anordnung der Nahrungsmittel und auf die Idealform des Garguts zurück. Natürlich kann und soll man nicht alle Nahrungsmittel auf eine einheitliche, genormte Größe bringen, aber beim Garen in der Mikrowelle ist es allemal eine Überlegung wert.

Geschirr für die Mikrowelle

Mit runden und ovalen Formen erzielt man die besten Kochergebnisse. Rechteckige und quadratische Formen haben den Nachteil, daß in den Ecken eine leichte Konzentration der Mikrowellen auftreten kann, so daß die Speisen an diesen Stellen schneller überkochen. Es gibt Spezialkochgeschirr für Mikrowellengeräte, dessen Anschaffung sich zweifelsohne lohnt, besonders dann, wenn man ein Gerät mit größerem Fassungsvermögen besitzt und oft große Mengen gart. Für den Anfang ist jedoch das im Haushalt vorhandene Geschirr völlig ausreichend. Hierzu zählen alle ofenfesten Kochgeschirre aus Glas, Keramik, Porzellan und Steingut.

Allerdings muß man auch hier etwas differenzieren: Alle emaillierten Gefäße mit Metallkern sind ungeeignet. Auch Geschirre mit metallischem Dekor, wie Gold-, Silber- und Platinrand, sollten nicht verwendet werden, da sie sich verfärben. Ebenfalls ungeeignet sind Gefäße mit metallhaltiger Glasur, wie Kobaltblau oder Orangerot (deren Rohmischung Eisen enthält). Geschirre mit bleioxidhaltiger Glasur sollten wegen der gesundheitlichen Gefährdung generell nicht zum Kochen verwendet werden.

Daß Metallgeschirr (Kochtöpfe und Pfannen aus Edelstahl, Kupfer, Aluminium, Emaille und Guß) für die Mikrowelle ungeeignet ist, liegt auf der Hand: Die hochfrequenten Wellen können Metall nicht durchdringen und verhindern somit das Garen der Lebensmittel. Außerdem verursacht Metallgeschirr und Geschirr mit metallischem Dekor in der Mikrowelle elektrische Überschläge (Funkenbildung). Hier schaffen spezielle mikrowellenfeste Teile Abhilfe: Metallteile sind so aufgebracht, daß es nicht mehr zur Funkenbildung kommt. Es gibt auch Metallpfannen speziell für die Mikrowelle. Das Gericht wird darin zuerst auf der Herdplatte gebräunt und anschließend zum Fertiggaren in die Mikrowelle geschoben.

Zum Bräunen kleinerer Mengen wurde ein spezielles Bräunungsgeschirr entwickelt. Sein Boden ist so beschichtet, daß er beim Vorheizen in der Mikrowelle sehr heiß wird. Das mit wenig Fett eingelegte Gargut wird durch diese Hitze gebräunt und durch die gleichzeitig zugeschaltete Mikrowelle fertiggegart. (Zum Gebrauch von Alufolie in der Mikrowelle s. Abdecken der Speisen.) Noch ein paar warnende Hinweise am Rande: Das Kochgeschirr wird zwar in der Mikrowelle nicht direkt erhitzt, aber indirekt durch die Abwärme des Kochguts. Deshalb sollte man immer Topflappen bereithalten, wenn man die fertigen Speisen aus dem Gerät nimmt.

Angeschlagenes, geklebtes oder gesprungenes Geschirr darf in der Mikrowelle nicht mehr verwendet werden; ebensowenig sollte heißes Glas- oder Keramikgeschirr auf einer feuchten Arbeitsfläche oder einer kalten Marmorplatte abgestellt werden. Alle Flüssigkeiten, die einer heißen Masse zugegeben werden, sollten mindestens Raumtemperatur haben und stets langsam und in kleinen Mengen zugegossen werden, vor allem, wenn sich im heißen Gefäß eine stark fett- oder zuckerhaltige Speise befindet.

Lohnenswert ist die Anschaffung einer rechteckigen Glaskeramikform mit abgerundeten Ecken in den Maßen 34 × 26 × 7 cm. Eine solche Form hat gerade noch auf einem Drehteller Platz, und es lassen sich darin bequem zwei zerlegte Hähnchen unterbringen. Nützlich und auch für Kompaktgeräte geeignet ist eine ovale, 32 × 22 × 5,5 cm große Form aus ofenfestem Glas. Ebenfalls sehr praktisch ist eine gläserne Ringform. Sie eignet sich vorzüglich zum Garen von Fleischkäse und kleinen Früchten. Zum Garen von großen Mengen empfiehlt sich eine feuerfeste Kasserolle von 5 l Fassungsvermögen mit passendem Deckel.

Das meiste Eß- und Serviergeschirr – vorausgesetzt, es paßt vom Platz her in das Gerät – ist mikrowellengeeignet. Besonders bei der Zubereitung von nur ein oder zwei Portionen spart dieser Umstand Kochgeschirr und damit Abwasch und Zeit. Auch Becher, kleine Krüge und Gläser können, sofern sie nicht bis an den Rand gefüllt sind, in der Mikrowelle eingesetzt werden.

Bei Fertigprodukten, wie Saucen oder Babynahrung, die in mikrowellengeeigneten Gefäßen abgefüllt sind, nimmt man eine kleine Menge ab, damit der Gefäßinhalt beim Erwärmen oder Erhitzen nicht überschwappt. Danach wird gut umgerührt, um die Hitze gleichmäßig zu verteilen, und die Temperatur geprüft, bevor der Inhalt an Kleinkinder oder Haustiere verfüttert wird.

Viele Kunststoffgefäße können in der Mikrowelle verwendet werden; sie müssen jedoch ausdrücklich als »mikrowellengeeignet« oder »mikrowellenfest« gekennzeichnet sein. Besondere Vorsicht ist daher bei Kunststoffgefäßen geboten, die normalerweise nur zur Aufbewahrung von Speisen dienen und keinen speziellen Vermerk zur Mikrowellentauglichkeit enthalten. Bei zu starker Hitze sind diese Gefäße nicht formbeständig, schmelzen unter Umständen sogar und machen die Lebensmittel ungenießbar. Eine sichere Handhabung ist dann nicht mehr gewährleistet, denn aus instabil gewordenen Gefäßen schwappen Flüssigkeiten leicht über. Besonderes Augenmerk gilt den Deckeln von mikrowellengeeignetem Geschirr aus Kunststoff. Nicht selten tragen sie – kaum leserlich – den Vermerk »nicht mikrowellenfest«. In einem solchen Fall muß das Gargut anderweitig abgedeckt werden (s. Abdecken der Speisen).

Noch ein anderer Umstand ist recht unerfreulich bei den Kunststoffgefäßen. Einige Speisen können die Flächen verfärben und störende Flecken hinterlassen. Mikrowellengeschirr aus Kunststoff sollte in jedem Fall Temperaturen bis 200 °C/Gas Stufe 3–4 standhalten. Da im Mikrowellenbetrieb – besonders bei stark fetthaltigen Speisen und bei der Zubereitung von Karamel – noch höhere Temperaturen auftreten können, sind solche Gefäße nur begrenzt einsatzfähig. Zum Erhitzen von Speisen kann auch spülmaschinenfestes Kunststoffgeschirr verwendet werden.

Die Kochgefäße sollten in Größe und Form weitestgehend den im Rezept angegebenen Geschirren entsprechen (einen Tortenboden, der für eine Kuchenform mit 20 cm Durchmesser vorgesehen ist, backt man schließlich auch nicht in einer größeren oder kleineren Form und erwartet dann, daß er perfekt gelingt). Wenn hohe Gefäße verlangt werden, darf man diese also nicht durch flache ersetzen, weil dann der Gefäßinhalt schnell überkocht. Und Speisen, die ausdrücklich in einer Kasserolle zubereitet werden sollen, zeigen ein anderes Garverhalten, wenn sie in einer großen, flachen Form zubereitet werden. Wie bereits mehrfach erwähnt, werden Garzeit und Garergebnis in der Mikrowelle wesentlich von der Form und Anordnung der Speisen und von der Flüssigkeitsmenge bestimmt.

Abdecken der Speisen

Alle Speisen, die nicht austrocknen dürfen, müssen zugedeckt werden, denn ähnlich wie beim herkömmlichen Kochen können auch im Mikrowellenherd Probleme mit Hitzestau und starker Verdunstung auftreten. Während sich diese Dinge auf der Herdplatte relativ leicht durch Rühren oder Zugabe von Flüssigkeit regulieren lassen, kann man aufgrund der kurzen Garzeit und mangels Sicht in der Mikrowelle kaum Einfluß darauf nehmen. Also deckt man die Speisen ab, entweder mit dem zum Geschirr gehörenden Deckel oder mit einem Teller oder einer hitzebeständigen Folie (manche dieser Folien sind extrem starr und unelastisch, andere wiederum sind besonders dehnfähig).

Wie das Eß- und Kochgeschirr mit Folie abzudecken ist, darüber läßt sich streiten. Nach der herkömmlichen Methode legt man ein großes Stück mikrowellenfeste Klarsichtfolie über die Speise und drückt sie rundum fest, läßt aber eine kleine Öffnung am Rand, damit der

Dampf entweichen kann. Nach langem Ausprobieren bin ich jedoch zu dem Schluß gekommen, daß eine komplette Folienabdeckung besser ist. Die Folie sollte am Rand mindestens 2,5 cm überstehen. Dehnfähige Folie kann straff gezogen werden, weniger dehnfähige wird lokker am Geschirrand in Falten gelegt (vergleichsweise wie Abnäher beim Schneidern), damit der Dampf abziehen kann. Ich bevorzuge die hermetische Abdeckung und löse das Dampfproblem, indem ich gegen Ende der Garzeit die straff gespannte Folie mit einem scharfen Messer einritze.

Hinweis Der austretende Dampf ist sehr heiß, und bei Unvorsichtigkeit kommt es leicht zu Verbrühungen!

Nach dem Einritzen darf die Folie nicht sofort entfernt werden, denn sonst würde der Dampf in einem Schwall entweichen. Am besten beginnt man am Rand, indem man ein Stück Folie mit einer Zange oder mit Daumen und Messer seitlich am Kochgeschirr löst und leicht anhebt, damit der restliche Dampf entweichen kann. Anschließend kann die Folie komplett abgezogen werden. Eine zuverlässig haftende Folie bläht sich unter der Hitze der Speisen auf. Das ist nicht weiter gefährlich, sondern nur ein Zeichen für eine dichte Abdeckung. Nach dem Einstechen fällt die Blase in sich zusammen.

Selbst bei einer so dichten Abdeckung bereitet das Umrühren der Speisen während des Garens keinerlei Probleme. Man muß weder die Folie dazu abnehmen, noch das Geschirr aus der Mikrowelle nehmen. Es genügt, wenn man die Folie oben mit einem scharfen Messer einritzt, einen Holzlöffel in die Öffnung schiebt und das Gargut vorsichtig umrührt. Danach zieht man den Löffel wieder heraus und legt ein kleines Stück Folie auf die Öffnung. Die Folie haftet sofort und dichtet die Öffnung zuverlässig ab. Beim Weitergaren wird sich die Folie wieder aufblähen.

Die Innentemperatur von gegarten Lebensmitteln, zum Beispiel von Schweinefleisch, läßt sich schnell und einfach mit einem Fleisch- oder Mikrowellenthermometer überprüfen. Dazu steckt man das Thermometer – durch die Folie hindurch – möglichst in die Mitte oder in mehrere andere Stellen und wartet dann ein bis zwei Minuten, bis man die Temperatur ablesen kann. Ist das Fleisch noch nicht gar, verschließt man die Öffnung wieder mit einem Stück Folie und läßt es weitergaren. Bei Gemüse kann man die Garprobe auch mit einem scharfen Messer durchführen.

Neben den Geschirrdeckeln und der mikrowellenfesten Klarsichtfolie kann man zum Abdecken der Speisen auch Küchenkrepp und Alufolie verwenden. Papiertücher müssen jedoch mikrowellenfest oder -geeignet sein, das heißt, frei von Farbstoffen, Kunststoffen und Metallrückständen. Letztere sind häufig in dem aus alten Zeitungen aufbereiteten Recycling-Papier in Form von Druckerschwärze enthalten. Papier eignet sich am besten für loses und kurzzeitiges Abdecken spritzender Gerichte. Man kann es auch unter oder über fette Lebensmittel, wie etwa Speck, legen, damit es beim Garen überschüssiges Fett aufsaugt. Vorsicht beim Entfernen von Küchenkrepp: Falls es Feuchtigkeit – auch in Form von Dampf – absorbiert hat, ist es sehr heiß.

Auch Alufolie kann begrenzt zum Abdecken von Speisen eingesetzt werden. Sie darf aber nicht mit anderen metallischen Flächen – zum Beispiel mit den Wänden des Garraums oder einem Metallgitter – in Berührung kommen. Alufolie wird meist dazu verwendet, dünnere Teile von ungleichmäßig geformten Fleischstücken oder das Schwanzstück von Fischen abzudecken, damit sie nicht verkochen. Das »Abschirmen« empfiehlt sich auch für die empfindlichen Teile von Lebensmitteln, die aufgetaut werden (zum Beispiel der untere Teil der Lammkeule). Man legt die Folie immer nur lose auf, damit man sie während des Garens leicht entfernen kann.

Rezepte – passend für die Mikrowelle

Erprobte Rezepte aus einem Mikrowellen-Kochbuch helfen bei der Zusammenstellung neuer Gerichte und beim Variieren altbewährter Lieblingsspeisen. Wichtig ist dabei nur, daß die Mengen stimmen (man sollte sich angewöhnen, alle Zutaten abzuwiegen) und die Maße, die Geschirrgröße, das Verhältnis von Flüssigkeit und festen Zutaten und die Garzeiten berücksichtigt werden.

Will man zum Beispiel einen Hühnereintopf in der Mikrowelle zubereiten, hält man sich an die vorgegebenen Mengen Flüssigkeit und Gemüse eines Standardrezepts aus dem Mikrowellen-Kochbuch. Laut Rezept kann man die Geflügelhaut nach Belieben entfernen und das Sautieren des Hühnerfleisches weglassen, da beim Kochen mit Mikrowelle kein Fett notwendig ist. Soll nach Rezeptanweisung die Sauce bei herkömmlicher Zubereitung gleich zu Beginn oder am Ende der Garzeit angedickt werden, kann man sie beim Zubereiten in der Mikrowelle am Ende des Garvorgangs mit Maisstärke oder mit Eiern und Sahne binden.

In manchen Mikrowellen-Rezepten sind Nachgar- oder Ruhezeiten angegeben. Sie sind für eine Vielzahl von Fleisch- oder Geflügelgerichten zu empfehlen. Nach Beendigung der Garzeit läßt man zum Beispiel einen Braten noch ein paar Minuten im abgeschalteten Gerät »ruhen«. In dieser Zeit verteilt sich der Fleischsaft gleichmäßig und läuft beim Anschneiden nicht aus. Bei Fischgerichten ziehe ich es jedoch vor, die fertigen Speisen direkt aus der Mikrowelle zu servieren, und verzichte auf die oft empfohlene Nachgarzeit von zwei bis fünf Minuten.

Alle Speisen sollten grundsätzlich nicht zu lange gegart werden. Besser zu knapp gegart als übergart. Ein paar Minuten zugeben kann man dann immer noch.

Würzen in der Mikrowelle

Werden Speisen nach herkömmlichen Rezepten vorbereitet und anschließend in der Mikrowelle gegart, muß man damit rechnen, daß geschmackliche Veränderungen auftreten.

Geschmacksträger auf alkoholischer Basis, wie Rotwein und Sherry, aber auch Vanille und andere aromatische Essenzen verflüchtigen sich relativ schnell in der Mikrowelle. Deshalb müssen Weine und Spirituosen bei sonst gleichbleibender Flüssigkeitsmenge höher dosiert werden. Vanille-Essenz sollte, wenn möglich, durch eine ganze Vanilleschote ersetzt werden.

Viele Gewürze, die ihr Aroma in Wasser entfalten, verhalten sich in der Mikrowelle wie Aufgüsse und schmecken dann sehr streng. Deshalb sollten schwarzer Pfeffer und getrocknete Kräuter nur in geringen Mengen verwendet werden.

Auch die Salzmenge kann drastisch reduziert werden, da das Eigenaroma vieler Nahrungsmittel – insbesondere bei Gemüse – stark hervortritt. Wenn möglich, sollte man die Speisen erst am Ende der Garzeit salzen.

Frische Kräuter werden ebenfalls am besten erst zum Schluß zugegeben, andernfalls muß die normale Kräutermenge um die Hälfte erhöht werden.

Ein letztes Wort zum Thema Würzen betrifft den Knoblauch. Knoblauch ist bereits nach etwa sechs Minuten so weich und zart, wie es sonst nur bei langem Köcheln möglich ist. Das heißt zum Beispiel, daß Gerichte wie die spanische *sopa de ajo* (Knoblauchsuppe) in Minutenschnelle zubereitet sind. Bei anderen Gerichten hingegen muß die Knoblauchmenge erhöht oder die normale Menge erst zum Ende der Garzeit zugegeben werden, da sich der Knoblauchgeschmack sonst weitgehend verliert.

BARBARA KAFKA

Küchengeräte

In der Küche sind die unterschiedlichsten Arbeiten auszuführen, und entsprechend vielfältig sind auch die Werkzeuge. Bei der Anschaffung von Kochgeschirr und Küchengeräten zählt allein die Qualität – einige wenige hochwertige und praktische Werkzeuge machen sich auf die Dauer bezahlt. In diesem Kapitel geht es um die wichtigsten und nützlichsten Küchenutensilien, die größtenteils auch schon an anderer Stelle in diesem Buch vorgestellt worden sind.

Materialien für Kochgeschirr

Metall ist vor Glas und Kunststoff der meistverwendete Werkstoff für Kochgeschirr. Metall hat den Vorteil, daß es die Wärme gut leitet und speichert. Daneben spielen das Gewicht, die leichte Handhabung und Pflege sowie der Preis eine wichtige Rolle.

Kupfer garantiert die beste Wärmeübertragung. Dieser Werkstoff wird für Kochtöpfe, Sauteusen, Zuckerpfannen, Gratinpfannen, Kasserollen und anderes Koch- und Serviergeschirr verwendet. Die besten Kupferpfannen sind schwer, ihre Innenseite ist mit Edelstahl beschichtet. Früher wurde dafür auch Nickel und Zinn verwendet, das jedoch heute auf dem deutschen Markt nicht mehr zugelassen ist.

Aluminium ist von geringem Gewicht und ein guter Wärmeleiter. Es wird für Kochtöpfe, Kasserollen, Sauteusen, Bratpfannen und Suppentöpfe verwendet. Aluminiumgeschirr ist oft mit einer Edelstahl-, Nickel- oder einer speziellen Antihaftbeschichtung versehen, da das Material mit säurehaltigen Nahrungsmitteln reagiert und diesen einen metallischen Geschmack verleiht. Speziell entwickelte Aluminiumlegierungen verhindern, daß Säuren und Laugen das Material angreifen.

Gußeisen wird für feuerfeste Kasserollen, runde Backbleche und Bratpfannen verwendet. Das Material ist ideal für langwierige Gartechniken wie Schmoren und Backen, muß aber nach dem Gebrauch mit Salz gereinigt und anschließend leicht eingefettet werden (S. 89). Gußgeschirr ist sehr schwer und robust, kann aber beim Herunterfallen zerbrechen.

Emailliertes Gußeisen wird für Kasserollen, Kochtöpfe, Gratinpfannen, Terrinen und Bratpfannen verwendet. Eine dünne Glasschicht schützt das Gußeisen vor Rost und Säure. Geschirr aus diesem Material ist ideal für lange Garvorgänge.

Stahl wird für Bratpfannen, Omelett- und Crêpepfannen sowie für Fritiertöpfe und Woks verwendet. Geschirr aus Stahl hat die gleichen Eigenschaften wie Gußgeschirr und bedarf ebenfalls einer Behandlung mit Öl und Salz (S. 89). Rauh verzinntes Weißblech wird für eine Vielzahl von Back- und anderen Formen verwendet. In Europa ist Stahlgeschirr sehr beliebt für schnelles Kochen. Es ist sehr stabil und verzieht sich nicht bei hohen Temperaturen, hat aber den Nachteil, daß es rostet.

Edelstahl wird für Kochtöpfe, Kasserollen, Bratpfannen, Bratentöpfe sowie Schüsseln und anderes Zubehör verwendet. Im Gegensatz zu einfachem Stahl ist Edelstahl rostfrei und säurefest und somit sehr pflegeleicht, dafür aber kein besonders guter Wärmeleiter. Der Topfboden sollte entsprechend dick sein, damit kein Hitzestau auftritt. Für eine bessere Wärmeaufnahme und -verteilung sorgen bei modernen Edelstahl-Kochgeschirren superstarke Thermikböden mit aufgelöteten oder »preßgeschweißten« Aluminium- oder Kupferschichten.

Emaillierter Stahl Bei diesen preiswerten Geschirren ist der Stahl mit Emailleschicht überzogen, die jedoch schlagempfindlich ist und bei raschem Temperaturwechsel springt. Außerdem ist emaillierter Stahl kein besonders guter Wärmeleiter. Da die Speisen in dem dünnwandigen Kochgeschirr leicht ansetzen, eignet sich dieses Material nur zum Kochen und Pochieren.

Steingut (Irdenware), Keramik und Glas Diese Materialien sind zwar von Haus aus keine guten Wärmeleiter, können aber – sobald sie heiß sind – gut Wärme speichern und sind daher ideal zum Schmoren und für lange Kochzeiten bei schwacher Hitze. Das früher hauptsächlich auf der Herdplatte benutzte Geschirr wird heute vermehrt im Backofen eingesetzt. Feuerfestes Glas- und Keramikgeschirr verträgt – bei nicht zu hohen Temperaturen – auch direkte Hitze; Steingutgeschirr stellt man am besten auf einen Untersetzer, der aus einem wärmeverteilenden Material besteht. Die Ofentemperatur sollte bei den genannten Materialien um 14 °C niedriger liegen als bei Metallgeschirr. Steinzeug ist härter als glasierte Irdenware und hält auch höheren Temperaturen stand.

Antihaft-Beschichtung Bei dem besser unter dem Handelsnamen »Teflon« bekannten Kunststoff handelt es sich um eine Beschichtung aus Polytetrafluoräthylen, die ein Ansetzen der Speisen verhindert. Teflonbeschichtete Pfannen sind zwar leicht zu reinigen, aber die Beschichtung nutzt sich mit der Zeit ab. Zum Reinigen dürfen keine Scheuermittel und rauhen Gegenstände verwendet werden.

Meß- und Wiegegeräte

Beim Kochen und insbesondere beim Backen kommt es auf das genaue Abmessen der Zutaten an. Das auf dem nordamerikanischen Kontinent gültige Standardmaß für flüssige und feste Zutaten errechnet sich aus dem Volumen, während die europäische Meßmethode etwas genauer ist und Flüssigkeiten nach Volumen und Trockensubstanzen nach Gewicht berechnet.

Meßbecher und -löffel Das in England und Amerika übliche Küchenmaß ist die Tasse *(cup)*, ein meist gläsernes Meßgefäß mit 16 Maßeinteilungen, das insgesamt acht *fluid ounces* faßt. Das *cup*-Maß entspricht 235 ml, also einem knappen Viertelliter. Zum Abmessen von Trockensubstanzen empfiehlt sich ein Meßbecher oder verschiedene Meßlöffel. Flüssigkeiten schwappen nicht so leicht über, wenn über den Maßeinteilungen genügend Kopfraum bleibt.

Küchenwaagen Bei den Küchenwaagen unterscheidet man im wesentlichen zwischen Federwaagen und Hebel- oder Balkenwaagen. Federwaagen funktionieren nach dem Dehnungsprinzip, und bei häufiger Beanspruchung leiert die Feder natürlich aus. Hebelwaagen gibt es in unterschiedlicher Ausführung: Bei manchen wird der Gewichtsausgleich durch ein unveränderliches Gewicht bewirkt, das auf einem mit Teilung und Kerben versehenen Laufgewichtsbalken verschoben wird. Bei anderen erfolgt der Gewichtsausgleich durch ein an einem Winkelhebel befestigtes unveränderliches Neigungsgewicht. Bei zweiarmigen Balkenwaagen erfolgt der Gewichtsausgleich durch lose Gewichte. Die in verschiedenen Größen erhältliche Balkenwaage ist sehr stabil und wiegt die Zutaten präzise aus. Für die Küche empfiehlt sich ein Gerät mit einer Skala, die bis mindestens 2 kg reicht.

Gleicharmige Balkenwaage mit Waagschalen und Gewichten

Thermometer

Fleischthermometer Ein Fleischthermometer mißt die Innentemperatur von Fleisch und Geflügel während des Bratens. Dazu wird das Ende der Meßsonde genau in den Kern des Garguts eingestochen und verbleibt dort so lange, bis die gewünschte Temperatur – ablesbar auf der Skala – erreicht ist. Der Nachteil dabei ist, daß Saft aus dem Gargut austritt und daß der Metallfühler zusätzliche Wärme an den Kern abgibt und somit die Garzeit beeinträchtigt. Noch genauer arbeitet ein Thermometer, das nur für ein bis zwei Minuten in das Gargut eingestochen wird und bei dem die Innentemperatur sofort ablesbar ist. Es kann auch für Teigmischungen und Flüssigkeiten verwendet werden. Die meisten Geräte messen Temperaturen bis maximal 95 °C.

Ofenthermometer Ein solches Thermometer muß Temperaturen bis 260 °C aushalten. Bimetallthermometer mit einer Skalenanzeige sind stabiler als Thermometer, die mit Quecksilber arbeiten.

Fettthermometer Wird zum Fritieren verwendet. Am zweckmäßigsten sind die mit einer Quecksilbersäule und einer gut ablesbaren Skala ausgestatteten Geräte. Anstelle eines Fettthermometers kann auch ein Zuckerthermometer verwendet werden, das Temperaturen bis zu 200 °C und mehr mißt.

Milchthermometer Ein Spezialthermometer mit einer Skala bis 100 °C, das bei der Joghurt- oder Käseherstellung die Milchtemperatur exakt überprüft.

Zuckerthermometer Da es gerade beim Zuckerkochen auf höchste Genauigkeit ankommt, sollte das Thermometer vor der Benutzung geprüft werden, ob es in kochendem Wasser exakt 100 °C anzeigt. (Zum Gebrauch des Zuckerthermometers s. S. 414.)

Gefrierthermometer Für Gefriergeräte werden sowohl Quecksilberthermometer als auch Bimetallthermometer verwendet. Thermometer, die bis zu 5 °C anzeigen, sind auch für Kühlschränke geeignet.

Hydrometer oder Senkwaage Ein Gerät mit schwimmendem Glaskörper, der um so tiefer in die Flüssigkeit sinkt, je geringer deren Salz- oder Zuckergehalt ist. Für Salzlösungen wird eine **Salzwaage,** für Zuckerlösungen eine **Zuckerwaage** verwendet.

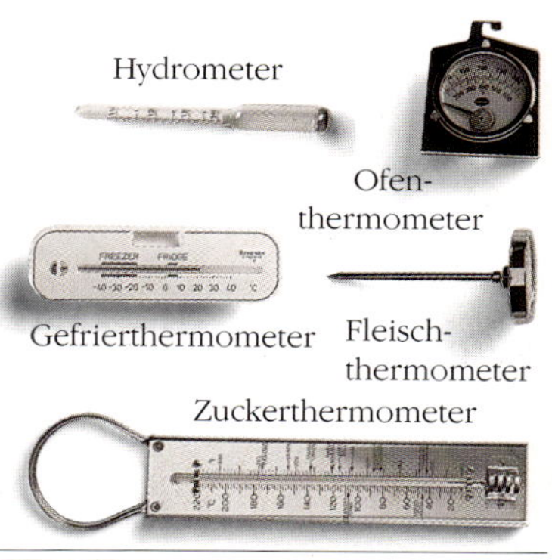

Löffel, Spatel, Schneebesen, Gabeln und Nadeln

Metallöffel Die besten Metallöffel haben eine ovale Form mit spitz zulaufendem Ende. Es gibt auch spezielle Gießlöffel mit einem seitlich angebrachten Griff zum einfacheren Ausgießen.

Holzlöffel Löffel mit nur leicht gewölbtem Blatt oder ganz ohne Höhlung (auch Holzspatel genannt) sind am besten zu handhaben. Da Holz keine Wärme leitet, sind Holzlöffel ideal zum Rühren von kochendheißen Speisen.

Palettmesser, Spatel oder Metallspatel Ein flexibles, aus einem Griff und einem Blatt bestehendes Werkzeug zum Auftragen und Glattstreichen von Glasuren und Cremes (S. 405) und zum Lösen und Umsetzen von Gebäck. Ein chinesischer Metallspatel wird zum Pfannenrühren im Wok verwendet. Nützlich im Umgang mit kalten Speisen sind Kunststoffspatel.

Bratenwender Ein spatelförmiges Metall- oder Kunststoffblatt mit langem Griff zum Wenden und Umsetzen von Bratgut.

Schöpfkelle Ein großer runder oder ovaler, tiefer Löffel mit langem Stiel zum Ausgießen von Flüssigkeit und zum Abschäumen von Fonds (S. 42) und Saucen; erhältlich in verschiedenen Größen und Qualitäten.

Schaumlöffel Ein siebartig durchlöcherter Schöpflöffel, mit dem Schaum von Flüssigkeiten abgeschöpft und feste Teile aus einer Flüssigkeit herausgehoben werden können.

Eis- oder Kugelportionierer Ein praktisches Gerät zum Portionieren von Eis und anderer formbarer Massen, erhältlich als flache Löffelschale oder als Halbkugel, meist versehen mit einem gefederten Blatt zum Lösen der Eiscreme. Der Griff mancher Portionierer ist mit Glyzerin gefüllt. Dieser leitet die Handwärme in die Schale und verhindert somit ein Anhaften der Eismasse.

Rühr- oder Schneebesen Der klassische Rührbesen für Saucen besteht ganz aus Metall und hat einen dicken Griff, der beim Rühren gut in der Hand liegt. 20–30 cm lange Rührbesen sind am handlichsten. Schneebesen zum Schlagen von Eischnee, Sahne, Cremes und leichten Saucen haben oft dünnere Drähte, damit sie mehr Luft einarbeiten können, und meist einen Handgriff aus Holz. Ein **Schneerad** ist mit zwei Griffen und zwei Schlagbesen ausgestattet. Schneeräder sind besonders geeignet zum Schlagen von Eiweiß.

Fleisch- oder Küchengabel Ein in der Küche häufig verwendetes Werkzeug zum Prüfen des Garzustands durch Anstechen und zum Auflegen und Wenden. Eine Tranchiergabel hat zwei oder drei längere Zinken.

Pralinengabel Ein Spezialwerkzeug der Konditoren zum Eintauchen von Konfekt in Schokolade oder Zucker. Pralinengabeln haben immer lange, dünne Zinken. Statt dessen können auch kleine Drahtschlaufen an einem langen Stiel verwendet werden.

Spieß Ein an einem Ende spitzer, dünner Stab aus Metall oder Holz, auf den mundgerechte Fleischstücke wie Kebabs und andere Lebensmittel zum Braten oder Grillen aufgereiht werden. Kleinere Spieße (auch Zahnstocher) nimmt man zum Verschließen von gefülltem Fleisch und Geflügel. Holzspießchen werden für die Garprobe bei Gebäck verwendet, während Metallspießchen den gleichen Zweck bei Braten und Terrinen erfüllen. In der asiatischen Küche werden dünnere Bambusspießchen verwendet.

Dressiernadel In verschiedenen Größen erhältlich. Mit einer großen Bindenadel wird rohes Geflügel nach dem Füllen zugenäht und dressiert.

Spickstab und Spicknadel Des Spickstab (franz. *lardoire*) ist kanneliert und hat eine scharfe Spitze sowie einen Holzgriff. Man benutzt ihn zum Einbringen von Speck- und Schinkenstreifen in große Schmorfleischstücke. Die mit einer Klammer versehene Spicknadel (franz. *piqué*) ist etwas kleiner und wird zum Einziehen feiner Speckstreifen in mageres Fleisch, vor allem Wild oder Fisch, verwendet.

Schneidewerkzeuge

Daß Schneidewerkzeuge zum Schälen, Putzen und Bearbeiten von Lebensmitteln wichtige Küchengeräte sind, erkennt man daran, daß Profiköche in der Regel ihr persönliches Messersortiment besitzen. Gute Messer müssen scharf sein und sollten immer nur entsprechend ihrem Verwendungszweck benutzt werden. Messergriffe aus hitzebeständigem Kunststoff oder einer ebensolchen Beschichtung sind optimal in der Handhabung, da sie nach dem Reinigen nicht aufreißen oder sich verziehen, wie es bei Holzgriffen oft der Fall ist. Ungünstig sind Messer, bei denen der Griff nicht fugenlos in die Klinge übergeht, denn in den Zwischenräumen setzen sich leicht Bakterien fest.

Messer

Messerklingen aus Flußstahl kann man feiner schärfen als Edelstahlklingen, doch im Gegensatz zu Edelstahl sind sie nicht säurefest und müssen nach dem Reinigen gründlich abgetrocknet werden, weil sie sonst rosten. Die teureren Ausführungen aus nichtrostendem Stahl vereinigen in sich die Vorzüge beider Materialien: Säure und Feuchtigkeit können ihnen nichts anhaben, und man kann sie auch von Hand rasiermesserscharf machen. Beim Messerkauf sollte man stabile Ausführungen bevorzugen, bei denen die Angel (die spitz zulaufende Verlängerung der Klinge) tief im Heft oder Griff steckt und mit Nieten fest mit dem Griff verbunden ist. Zum Schutz der Finger und zur Verstärkung der Klinge ist bei guten Messern die Klinge zum Ende hin verbreitert.

Qualitätsmesser müssen gut gepflegt werden. Am sichersten bewahrt man sie in einer Halterung an der Wand auf und zieht sie regelmäßig am Wetzstahl ab. Elektrische Messerschärfer sind sehr praktisch, nutzen aber die Klingen mit der Zeit ab. Das klassische Werkzeug zum regelmäßigen Nachschärfen ist der Wetzstahl, ein mit einem Griff versehener aufgerauhter Stab aus gehärtetem Stahl – auch in Keramik erhältlich –, der die Messer auf Schnitt hält.

Zum Schutz der Messerklinge benutzt man am besten ein Holzbrett, da gekachelte Arbeitsflächen oder Marmorplatten die Klinge auf Dauer stumpf werden lassen. Quer zur Faser geschnittenes Hartholz hält auch intensiver Bearbeitung stand, und wenn das Brett etwa 4 cm stark ist, kann es sich auch nicht verziehen. Leichtere Kunststoffbretter werden ebenfalls gern verwendet, da sie sich gut reinigen lassen.

Koch-Schlagmesser · Filiermesser · Ausbeinmesser · Gemüsemesser

Küchenbeil · Chinesisches Hackbeil · Wellenschliffmesser · Tranchiermesser · Plattiereisen

Gemüsemesser Ein kleines Messer mit 5–10 cm langer Klinge zum Schneiden und Putzen von Gemüse. Es gibt auch Ausführungen mit gebogener Spitze, sogenannte **Tourniermesser.**

Koch-Schlagmesser Ein schweres Messer mit breiter Klinge ist ideal zum Kleinschneiden und Plattieren. Die Klingenlänge schwankt zwischen 15 cm und 30 cm; am zweckmäßigsten und handlichsten ist eine Klingenlänge von 20 cm.

Tranchier- oder Schinkenmesser Ein Tranchiermesser mit langer, schmaler Klinge wird zum Aufschneiden von Braten verwendet. Messer mit einer abgeschrägten Schneide nimmt man zum Schinkenschneiden. Sie werden deshalb auch als Schinkenmesser bezeichnet. Schinkenmesser mit abgerundeter Spitze geben der langen Klinge mehr Stabilität.

Ausbeinmesser Die in Frankreich verwendeten Ausbeinmesser werden wie ein Dolch gehalten und haben eine starre, etwa 12 cm lange Klinge. Daneben gibt es die Version mit einer längeren, schmaleren Klinge, die je nach Ausführung starr oder flexibel ist. Wichtig ist eine feine Spitze, da in beiden Fällen nur mit der Spitze der Klinge gearbeitet wird.

Filier- oder Filetiermesser Ein Messer, das zum Zerteilen und Trennen von Fischfilets, von Haut und Gräten, aber auch zum Schneiden von Obst und Gemüse verwendet wird. Die flexible Klinge paßt sich gut dünnen Gräten an.

Fleischmesser Mit der extralangen, meist gebogenen Klinge dieses Messers werden parierte Fleischteile in Portionen geschnitten.

Wellenschliffmesser Zum Schneiden von Brot, Kuchen und Gebäck empfiehlt sich ein großes Messer mit Wellenschliff. Die scharfe Schneide durchtrennt auch harte Krusten problemlos und sauber. Kleinere Messer mit Wellenschliff sind ideal zum Schneiden von Tomaten und Zitrusfrüchten. Die Schneide muß regelmäßig nachgeschärft werden, hat aber eine hohe Lebensdauer. Ein großes Wellenmesser eignet sich hervorragend zum Verzieren von glatten Oberflächen (zum Beispiel Butter, Cremetorten oder Frischkäse).

Wiegemesser Das auch unter seinem italienischen Namen *mezzaluna* (Halbmond) bekannte Küchengerät besteht aus einer oder zwei parallel angeordneten, bogenförmigen Schneiden mit zwei an den Enden befestigten, nach oben stehenden Griffen und wird zum Zerkleinern von Kräutern und Nüssen verwendet. (Zum Gebrauch eines Wiegemessers s. S. 13).

Küchenbeil, Hackbeil oder Spalter Ein schweres Küchenwerkzeug, das zum Zerhacken von Knochen verwendet wird. Die rechteckig geformte breite Klinge ist schwerer als der Griff und wirkt sozusagen als Verstärker beim Hacken. Starke Knochen können auch mit der Knochensäge abgetrennt werden.

Chinesisches Hackbeil Ein Spalter mit breiter, rechteckiger Klinge in verschiedenen Größen. Chinesische Köche benutzen dieses Hackbeil für die unterschiedlichsten Arbeiten in der Küche – angefangen beim Parieren von Fleisch und Fisch bis zum Schneiden von Ingwer. Empfehlenswert ist ein Hackbeil mittlerer Größe.

Plattiereisen Ein Werkzeug, das zum Flach- und Breitklopfen von rohen Fleischscheiben (vorwiegend Koteletts) verwendet wird. Erhältlich als flacher, schwerer schaufelförmiger Klopfer und als schwere Metallscheibe mit senkrecht angebrachtem Griff.

Wetzstahl Ein aufgerauhter Stab, in der Regel aus gehärtetem Stahl, aber auch aus Keramik. Andere Messerschärfer – ebenso die elektrischen Modelle – mögen zwar praktischer sein, nutzen die Klinge aber schneller ab. (Zum Schärfen von Messern s. S. 207.)

Spezielle Schneidewerkzeuge

Für spezielle Arbeiten in der Küche gibt es auch spezielles Werkzeug. Hochwertige Schneidewerkzeuge sind immer aus pflegeleichtem Edelstahl gefertigt.

Austernbrecher Das zum Öffnen von Schaltieren – insbesondere Austern (S. 166) – verwendete Messer hat eine kurze, dicke, spitz zulaufende Klinge und ist meist mit einem Handschutz versehen.

Dekormesser, Riefenschneider oder Kannelierer Ein praktisches Werkzeug mit kurzer, flacher, U-förmig eingekerbter Klinge, die die Schale von Zitrusfrüchten in dünnen Streifen entfernt. Der Riefenschneider wird auch zum Verzieren von Gemüsen und Früchten verwendet.
Grapefruitmesser Ein kleines Wellenmesser mit gebogener, zweischneidiger Klinge zum Vorbereiten von Grapefruits und zum Aushöhlen von kleinen Früchten oder Gemüsen.
Küchenschere und Geflügelschere Diese Geräte werden zum Durchtrennen von Fischflossen oder Geflügelknochen verwendet und müssen dementsprechend stabil und robust sein. Küchen- und Fischscheren haben in der Regel gerade Klingen, Geflügelscheren gebogene. Asiatische Küchenscheren mit langen Griffen und kurzen Klingen werden zunehmend beliebter, da sie mindestens so funktionstüchtig sind wie die schwereren, etwas unhandlichen westlichen Modelle. Manche Küchenscheren können zum Reinigen zerlegt werden.
Reiben Reibewerkzeuge gibt es in den unterschiedlichsten Ausführungen: Reibeisen, Gitterreiben und standfeste Reiben. Gitterreiben bestehen aus einem mit vielen scharfkantigen Löchern oder Schlitzen versehenen, glatten oder gewölbten Blech und werden zum Zerkleinern von festem Gut verwendet. Die kleinste Version ist die gewölbte Muskatreibe. Reiben in Kastenform sind mit vier verschiedenen Reib- und Schneidflächen für festes Gut, Gemüse, Obst und Rohkost versehen. Ein Reib-Mouli ist ein Gerät mit einem Fülltrichter und auswechselbaren Reibetrommeln, die über eine Handkurbel gedreht werden. Diese Geräte sind vielseitig zu verwenden und leicht zu bedienen.
Gemüse- oder Kartoffelhobel Ein Küchengerät zum Hobeln von Gemüse, bestehend aus einem Holz- oder Metallrahmen. Beliebig einstellbare Klingen mit geraden und winkeligen Schneiden ermöglichen Scheiben mit glatten oder gefurchten Flächen (Waffel-Kartoffeln). Teurere Versionen sind mit einer Haltevorrichtung für das Gemüse ausgestattet. (Zum Gebrauch eines Gemüsehobels s. S. 296.)
Spar- oder Spargelschäler Die zweifach geschlitzte Klinge dieses kleinen, wie ein Messer zu handhabenden Küchengeräts ermöglicht ein gleichmäßiges dünnes Schälen von Gemüsen und Früchten. Sparschäler sind mit feststehenden und beweglichen Klingen erhältlich.
Melonen- oder Kugelausstecher Ein Küchengerät in verschiedenen Größen zum Ausstechen kugeliger oder ovaler Formen – glatt oder gerieft – aus Kartoffeln, Gemüsen (Gurken) und Früchten (Melonen). Kleine Kugelausstecher werden auch zum Aushöhlen von Gemüsen und Früchten verwendet.
Entkerner oder Apfelausstecher Ein Küchengerät mit kurzer walzenförmiger Klinge aus rostfreiem Stahl an einem Stiel mit Griff, das zum Ausstechen des Kerngehäuses von ganzen Äpfeln oder Birnen oder zum Aushöhlen von Kürbissen verwendet wird. Manche Entkerner schneiden die Früchte auch in Spalten.
Entsteiner Kleingeräte zum Entsteinen von Kirschen, Oliven und Pflaumen, die nach dem Scherenprinzip funktionieren. Eine kreisförmige Halterung nimmt die Frucht auf, und beim Zusammendrücken der Griffe wird die Frucht durchbohrt und der Stein herausgedrückt.

Küchenschere

Geflügelschere

Fischschupper

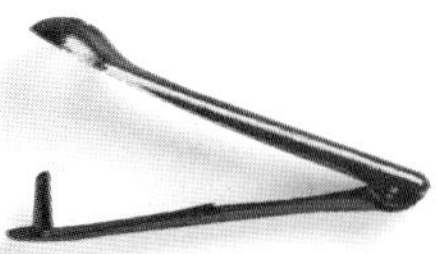
Entsteiner

Austernbrecher

Zesteur

Dekormesser

Kugelausstecher

Entkerner

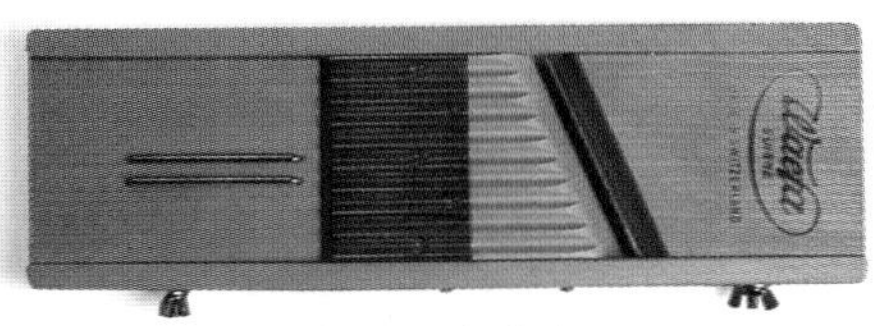
Gemüsehobel

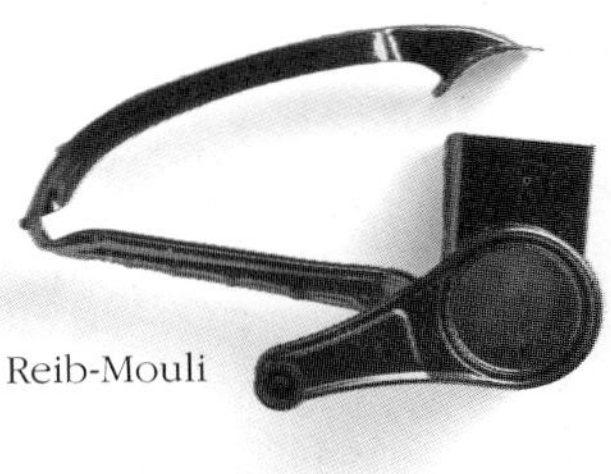
Reib-Mouli

Zesteur oder Julienne-Reißer Die kurze, flache Klinge dieses praktischen Küchenhelfers hat ein stumpfes, abgekantetes Ende und vier oder fünf Löcher.
Eierschneider Ein Kleingerät aus Aluminiumguß oder Kunststoff mit dünnen, parallel verlaufenden Schneidedrähten aus Stahl, die ein hartgekochtes Ei in gleichmäßig dicke Scheiben schneiden. Eine andere Ausführung schneidet das Ei in Spalten.
Fischschupper Ein mit Zähnen versehenes Gerät zum Entschuppen von Fischen. Die Schuppen werden abgekratzt, ohne daß die Haut dabei verletzt wird. Große Fischschupper sind meist herzförmig und haben einen robusten Holzgriff. Die Schuppen können notfalls auch mit dem Rücken eines stabilen Kochmessers entfernt werden.
Trüffel- und Geleeausstecher Diese kleinen Metallschneider schneiden Trüffelscheiben, hartgekochtes Eiweiß und anderes festes Gut in dekorative geometrische Formen. Zum Zerkleinern von Trüffeln kann man auch einen Miniaturhobel verwenden.

Schüsseln

Schüsseln sind in verschiedenen Größen und Materialien erhältlich und werden zum Mischen, Rühren, Schlagen, Anrichten und auch zum Auftragen von Speisen verwendet. Tiefe Schüsseln schützen Hefeteige beim Aufgehen vor Zugluft. Sehr praktisch, da standfest, sind Glas- und Keramikschüsseln; als feuerfeste Ausführungen sind sie auch im Wasserbad oder im Gefriergerät verwendbar. Zunehmend gefragt sind Edelstahlschüsseln, denn das Material ist hygienisch und pflegeleicht und leitet Wärme wie Kälte relativ gut.
Rühr- und Schlagschüsseln Schüsseln mit weiter Öffnung sind ideal zum Schlagen von Cremes, Saucen und Füllungen und zum vorsichtigen Unterheben von Zutaten. Die klassische Rührschüssel aus Keramik hat am Rand eine Griffmulde, so daß man das Gefäß beim Schlagen schräg halten kann. Ebenfalls erhältlich sind unzerbrechliche Melaminschüsseln, die an der Unterseite einen Gummiring eingearbeitet haben. Sie sind standfest und können nicht wegrutschen.
Kupferschüsseln Zum Schlagen für Eiweiß eignet sich am besten eine unbeschichtete Kupferschüssel mit rundem Boden. Die Schüsselgröße richtet sich nach der Menge des zu schlagenden Eiweiß. Für 6–8 Eiweiß benötigt man eine Schüssel von 30 cm Durchmesser und einen 40 cm langen Schneebesen. Damit die Schüssel beim Schlagen nicht wegrutscht, legt man ein feuchtes Tuch unter. Moderne Schlagschüsseln aus Edelstahl haben ebenfalls einen runden Boden und werden auf einen Ring aufgesetzt, damit sie genügend Halt haben.
Holzschüsseln Diese Schüsseln werden hauptsächlich zum Mischen und Anrichten von Salat verwendet. Nach Gebrauch sollten sie möglichst nur feucht ausgewischt werden. Zur Aromaverstärkung kann man die Schüssel mit einer Knoblauchzehe ausreiben.

Kupferschüssel

Abtropfgefäße, Mahlwerkzeuge, Fleischwolf und Passiergeräte

Die nachfolgenden Küchengeräte haben alle eine spezielle Funktion. Mal trennen sie feste von flüssigen Bestandteilen, mal mahlen, zerkleinern oder passieren sie Zutaten.

Durchschlag Ein grobmaschiges oder -löchriges schüsselförmiges Küchengerät zum Abtropfen von gewaschenen Zutaten oder Gargut. Am zweckmäßigsten sind Durchschläge aus stabilem Metall mit Füßen, so daß sie nicht umkippen.

Spitzsieb (franz. *chinois*) Ein Küchengerät aus gelochtem Metall oder feinmaschigem Draht. Ein gelochtes Spitzsieb funktioniert wie ein Durchschlag, nur mit dem Unterschied, daß die Flüssigkeit in einem stetigen Strahl abfließt. Das Sieb wird zum Absieben von feinen Suppen, Saucen und klaren Brühen verwendet.

Saftbeutel Ein fest gewobener Stoffsack zum Passieren ungebundener Flüssigkeiten, zum Beispiel bei der Geleezubereitung aus gekochten Früchten (Gelees müssen absolut klar sein). Der Beutel wird über einer Schüssel befestigt, so daß der Saft langsam austropfen kann. Statt dessen kann auch ein Küchentuch verwendet werden. (Zum Gebrauch eines Saftbeutels s. S. 491.)

Trommel- oder Holzrahmensieb und Stößel Das in Frankreich als *tamis* bezeichnete Sieb ist das klassische Gerät zum Passieren. Es besteht aus einem groben oder feinen Siebgeflecht – entweder aus Metall, Roßhaar oder Nylon – und wird von einem Holzrahmen zusammengehalten. Die zu pürierende Masse wird mit einem Holzstößel durch das Sieb gestrichen (S. 266). Für zarte Beerenfrüchte kann man auch eine Teigkarte oder einen Holzlöffel verwenden.

Passiergerät Ein unentbehrlicher Helfer zum Pürieren und Passieren von Lebensmitteln. Das rohe oder gekochte Nahrungsgut wird mit einem Metallschaber, der über eine leichtgängige Drehkurbel angetrieben wird, durch gelochte Siebe oder Metalleinsätze gepreßt (S. 266). Die meisten Geräte sind mit drei auswechselbaren Sieben unterschiedlicher Lochung ausgestattet.

Gewürzmühle Eine Gewürzmühle besitzt ein kleines handbetriebenes Mahlwerk zum Zerkleinern von Gewürzen. Die meisten Modelle werden mit der Hand gehalten, es gibt aber auch Ausführungen, die man an die Arbeitsplatte schraubt. Ersatzweise kann eine handbetriebene Kaffeemühle – dann allerdings ausschließlich für Gewürze – verwendet werden.

Mörser Ein dickwandiges, schalenförmiges Gefäß aus Marmor, Keramik oder Holz mit innen gerundetem Boden, in dem Gewürze, Kräuter (für *pesto*, S. 17) oder andere feste Substanzen mit Hilfe eines Stößels zu feinem Brei oder Pulver zerrieben werden. Zu empfehlen sind Mörser aus dem geschmacksneutralen Material Marmor. Die dazugehörigen Stößel sollten relativ schwer sein, damit sie das Zerstoßen oder Zerreiben der Substanzen erleichtern.

Fleischwolf Ein Gerät, das Fleisch, Fisch und Geflügel, aber auch Gemüse mit Hilfe eines sich drehenden Flügelmessers zerkleinert und durch eine Lochscheibe preßt. Der Zerkleinerungsgrad wird von der Größe der Lochscheibe bestimmt. Neben den handbetriebenen Modellen gibt es auch elektrische Zerkleinerungsmaschinen. In vielen Haushalten hat die Küchenmaschine, die das Fleisch mehr zermalmt als zerschneidet, den Fleischwolf verdrängt.

Trommelsieb mit Stößel

Passiergerät

Geräte für die Nudelherstellung

Spezielle Handgeräte aus Italien erleichtern die Nudelherstellung.

Nudelholz Ein walzenförmiges Küchengerät aus Holz in Überlänge ohne Griffe, mit dem auch große Teigplatten gleichmäßig und dünn ausgerollt werden können.

Ravioli-Blech Ein Metallblech mit eingestanzten gezackten Quadraten für gleichmäßig geformte Ravioli. Das meist mitgelieferte Mini-Nudelholz wird über die Förmchen gerollt, um die Ravioli voneinander zu trennen und die Ränder gut anzudrücken.

Nudelständer Holzgestell zum Trocknen frischer Nudeln.

Nudelmaschine Die besten Ergebnisse erzielt man mit einer handbetriebenen Maschine (S. 332). Diese knetet und rollt den Teig in sechs Stärken aus, während Schneidwalzen den Teig in die gewünschte Nudelform bringen. Nudelmaschinen mit speziellen Vorsteckwalzen können auch Spaghetti, Tagliatelle und Ravioli schneiden. Schneller und einfacher geht es mit elektrischen Nudelmaschinen, die den Teig mischen, kneten und anschließend durch auswechselbare Scheiben pressen. Maschinell hergestellter Nudelteig ist allerdings selten so glatt und geschmeidig.

Nudelmaschine

Küchenpapiere und Folien

Papiere finden in der Küche vielseitige Verwendung. Sie schützen Lebensmittel vor Beeinträchtigungen von außen, verhindern das Ansetzen in Geschirr und Backformen und dienen als dekorative Behälter für Pralinen und Gebäck.

Butterbrotpapier Ein spezielles Papier mit beidseitig wasserfester Beschichtung. Für extrem hohe Ofentemperaturen nicht geeignet.

Backpapier oder Backtrennpapier Ein imprägniertes Papier zum Auslegen von Kuchenformen und Backblechen, das ein Anbakken verhindert. Das Einfetten und Bemehlen ist überflüssig. Backtrennpapier kann mehrmals zum Backen verwendet werden und ist hitzebeständiger als einfaches Butterbrotpapier.

Pergamentpapier Ein fettundurchlässiges pergamentartiges Papier zum Auslegen von Backformen und zum Garen *en papillote* (S. 121).

Alufolie Eine hitzebeständige, dünne Folie aus Aluminium, die sich gut formen und falten läßt und auch die Wärme gut leitet. Wird zum Einschlagen und Abdecken von Backwaren im Ofen und zum Auslegen von Backformen verwendet.

Klarsichtfolie Eine dünne, gut haftende Folie, die hauptsächlich zum Frischhalten von Lebensmitteln verwendet wird. Manche Marken sind auch mikrowellengeeignet.

Bratfolie Eine Folie aus Plastik, die als Blatt, in Schlauchform oder als fertiger Beutel erhältlich ist. Bratfolie ist besonders geeignet für Geflügelbraten, weil das Fleisch saftig bleibt.

Papierschälchen Die kleinste Ausführung sind Pralinenkapseln für Pralinen und Konfekt, während größere Kapseln zum Auslegen von *muffin*- und Kuchenförmchen verwendet werden.

Backzubehör

Backgeräte aus Metall, insbesondere Backbleche, sollten möglichst selten gereinigt werden. Mit der Zeit setzen sie Patina an, so daß Kuchen und Gebäck sich meist lösen lassen, ohne zu zerbrechen.

Backblech Ein Kuchenblech, das in verschiedenen Ausführungen – je nach verwendetem Metall – erhältlich ist. Zu empfehlen sind schwere Bleche, die sich bei starker Hitze nicht verziehen. Das Blech sollte an allen vier Seiten 2,5 cm weniger messen als der Backofeninnenraum, damit Hitze und Luft gut zirkulieren können. Besonders beliebt sind zur Zeit Aluminium-Ausführungen mit Antihaft-Beschichtung. Von randlosen Blechen oder solchen mit flachem Rand läßt sich das Gebäck leichter herunternehmen. Für Gebäck, das nach dem Erkalten in Stücke geschnitten wird, kann auch eine Fettpfanne (mit höherem Rand) verwendet werden.

Arbeitsplatte Für viele Arbeiten wird ein Backbrett aus Holz benutzt. Zum Ausrollen von Mürbe- und Blätterteig verwendet man am besten eine glatte Marmor- oder Granitplatte, die 15 Minuten vor Gebrauch gut gekühlt wird. Dazu stellt man eine mit Eiswürfeln oder Eiswasser gefüllte Fettpfanne auf die Platte. Vor dem Ausrollen muß die Platte gründlich abgetrocknet werden.

Nudel- oder Rollholz Ein walzenförmiges Küchengerät – aus Holz oder mit einer Kunststoffbeschichtung – mit glatter Oberfläche zum Ausrollen von Teigmassen. Man unterscheidet die grifflosen französischen Rollhölzer von etwa 5 cm Durchmesser und die deutschen Rollhölzer von 7–8 cm Durchmesser, die sich um eine Achse drehen und an beiden Seiten einen Griff haben. Für große Teigmengen verwendet man am besten schwere Rollhölzer oder solche mit Griffen. Zum Ausrollen von Blätterteig empfiehlt sich – ausgenommen bei großer Hitze, wenn sich leicht Kondenswasser bildet – eine Glasrolle, die mit Eiswürfeln oder Eiswasser gefüllt wird.

Kuchengitter Ein rundes oder eckiges Metallgitter zum Abkühlen von Kuchen, Broten und Gebäck. Damit die Luft besser zirkulieren kann, sollte es Füße haben.

Teigmischer Ein im angelsächsischen Raum, bei uns jedoch kaum verwendetes Gerät aus U-förmig gebogenen Stahldrähten, die in einem Griff münden. Es wird bei der Teigherstellung dazu benutzt, Fett in trockene Zutaten hineinzuschneiden. Das Fett kann auch mit zwei großen Gabeln oder mit zwei Messern in das Mehl eingearbeitet werden.

Teigkarte (franz. *corne*) Ein flexibler Kunststoffschaber, mit dem man Teig schneiden, Teigreste vom Schüsselrand entfernen und Teig von der Arbeitsplatte aufnehmen kann. In gleicher Funktion kann man auch einen **Teigschaber** (mit Stiel) oder einen **Teigspatel** benutzen.

Mehlsieb Ein Einhandsieb zum klumpenfreien Durchsieben bei gleichzeitiger Luftlockerung von trockenen Backzutaten, wie Mehl und Puderzucker. Neben den Modellen mit einfachem Siebgeflecht gibt es auch die Ausführung als Rüttelsieb.

Streuer Eine kleine Dose mit gelochtem Deckel zum Ausstreuen von Puderzucker oder Kakao auf Kuchen und Gebäck.

Backpinsel Ein Pinsel mit weichen Borsten zum Bestreichen von Gebäck mit Eiweiß, Eigelb, zerlassener Butter, diversen Glasuren und Gelee. Breite Pinsel mit härteren Borsten werden zum Einfetten von Backformen benutzt. Backpinsel sind in unterschiedlichen Breiten und mit Natur- oder Synthetikborsten erhältlich.

Teigkneifer Ein pinzettenartiges Gerät mit gezacktem Rand, mit dem Gebäck und Pasteten vor dem Backen verziert werden.

Teigrädchen Ein kleines, mit einem Stiel verbundenes glattes oder gezacktes Rädchen, mit dem man schnell und problemlos ausgerollten Teig, auch Nudelteig, schneiden kann. Das größere **Pizzarad** wird zum Portionieren der fertig gebackenen Pizza verwendet.

Ausstechförmchen Neben runden, ovalen oder schiffchenförmigen Ausstechern sind auch solche mit Tiermotiven oder Ziffern erhältlich. Der glatte oder gezackte Rand muß absolut scharf und ebenmäßig sein, wenn der Teig sauber durchtrennt werden soll.

***Vol-au-vent*-Formen** Ein Satz leicht gewölbter Metallscheiben mit zentralem Griffloch. Die Scheiben dienen als Führung beim Schneiden der verschieden großen Teigplatten (s. auch S. 380).

Croissant-Schneider Eine kurze Holz- oder Kunststoffrolle mit diagonal angebrachten Klingen, die beim Rollen längliche Dreiecke aus der Teigplatte schneiden.

Spritzbeutel oder Dressiersack Ein spitzer Beutel aus meist wasserfestem, weichem Stoff (Leinen) oder Kunststoff in verschiedenen Größen zum Verzieren von Torten, Gebäck und Süßspeisen, zum Füllen von Pasteten und Teigwaren und zum Spritzen von Gebäck.

Spritztülle Eine kegelförmige Düse zum Formen von spritzfähiger Masse (zum Beispiel geschlagene Sahne, Creme, Brandteig oder Glasur) mittels Spritzbeutel. Verschiedene glatte oder gezackte Tüllen (Loch- oder Sterntüllen) aus Weißblech oder Plastik sind in großer Auswahl erhältlich. Die Tülle muß außerordentlich scharf sein, damit das Spritzmuster deutlich hervortritt. Zum Verzieren von Gebäck, vor allem mit Royal-Glasur, gibt es eine Reihe von kleinen Tüllen. Manche werden einfach in einen Spritzbeutel oder in eine selbstgemachte Spritztüte aus Papier (S. 407) hineingeschoben, andere werden auf ein Gewinde aufgeschraubt (S. 406, 408).

Gebäckspritze Ein zylinderförmiger Kunststoffbehälter mit auswechselbaren Scheiben zum Spritzen weicher Teigmassen.

Teigkarte

Teigrädchen

Backpinsel

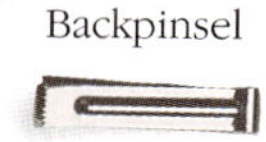
Teigkneifer

Streuer

Pizzarad

Mehlsieb

Ausstechförmchen

Spritzbeutel

Spritztüllen

Nudelholz

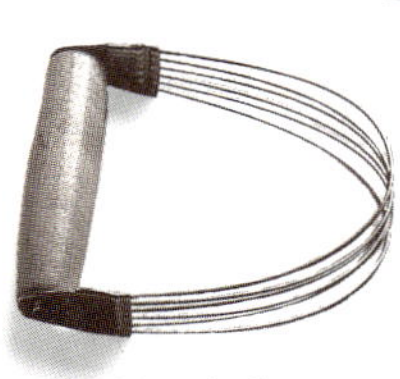
Teigmischer

Vol-au-vent-Formen

Formen zum Kochen und Backen

Die in der Küche unterschiedlich einsetzbaren Formen werden in vielen verschiedenen Materialien angeboten. Für Eiscremes und Gelatinespeisen bieten sich Metallformen an. Wenn man diese kurz in warmes Wasser hält, läßt sich der Inhalt leicht lösen. Für Schokolade hingegen nimmt man flexible Formen aus Kunststoff oder Gummi und drückt die Masse einfach aus der Form heraus (bei Erwärmung würde sie schmelzen). Gerichte, die im Kochgeschirr serviert werden, insbesondere Speisen mit langen Garzeiten, bereitet man am besten in feuerfesten Steingut-, Keramik- oder Glasformen zu.

Wichtig ist die Form der jeweiligen Gefäße. Hefebrote gehen in flachen Backformen zum Beispiel schlecht auf, während Feingebäck am besten auf einem Blech gelingt.

Eiscreme-Formen

Zum Einfrieren von Eismasse eignen sich Metallgefäße besonders gut, da sie die Kälte optimal leiten und zum Stürzen kurz in warmes Wasser getaucht werden können. Am zweckmäßigsten sind Formen mit fest schließendem Deckel, denn sie verhindern, daß sich während der Lagerung Eiskristalle bilden und die Oberfläche austrocknet. Gehaltvolle Eismassen füllt man möglichst in glattwandige Behälter, da sie sich besser stürzen lassen. Eiscreme-Formen sind entweder rund, quadratisch oder kastenförmig. Der Boden ist oft geprägt, so daß die gestürzte Eismasse ein erhaben ausgearbeitetes Muster aufweist. Sehr beliebt sind Eisformen mit Tiermotiven.

Bombenform Eine Halbkugelform aus Metall mit dazugehörigem Deckel für Eisbomben. Auch als runde oder quadratische Form mit gerundetem Boden erhältlich.

Formen für Süßspeisen

Desserts in hübscher Aufmachung verlangen entsprechend dekorative Formen. Doch leider lassen sich diese Formen wegen der reichhaltigen Verzierungen (Rillen und andere geometrische Muster) schlecht stürzen. Massen für hohe Formen müssen fester werden als solche für flache Formen, da sie sonst beim Stürzen zusammenfallen. Je lockerer die Masse, desto schlichter und flacher sollte die verwendete Form sein. Formen für Süßspeisen brauchen nicht aus schwerem Material gefertigt zu sein, da sie normalerweise nicht erhitzt werden. Allerdings können sich dünnwandige Formen leicht verbeulen oder verziehen.

Charlotten-Form Eine glattwandige, zylindrische, aber immer leicht konische Form mit flachen Henkeln, damit die Süßspeise leicht gestürzt werden kann. Eine Charlotten-Form kann man auch für Soufflés und Puddings oder für Aspike (S. 254) verwenden.

Form für Geleespeisen Eine dünne Metallform mit Rillen oder anderen Mustern für Aspik, Fruchtgelee oder Bayerische Creme. (Zum Stürzen von Gelatine-Desserts s. S. 430).

Dariol- oder Pastetenförmchen Eine kleinere Version der becherförmigen Baba-Form, die für *mousselines,* Aspike und Mousses verwendet wird.

Puddingform Fest verschließbare Form aus Weißblech oder Edelstahl für den klassischen gedämpfen Pudding, der im Wasserbad zubereitet wird. Erhältlich in schlichter, meist gerillter Ausführung oder in Phantasieformen. Puddingformen können auch für Aspik und Bayerische Creme verwendet werden.

***Cœur-à-la-crème*-Form** Eine in verschiedenen Größen erhältliche herzförmige Keramikform mit gelochtem Boden für die Zubereitung von *cœur à la crème* (S. 76). Überschüssige Flüssigkeit kann durch die Löcher abfließen.

Back- und Pastetenformen

Backformen reinigt man am besten, wenn sie noch warm sind, indem man sie mit Papier oder einem groben Tuch ausreibt.

Flan-Ring Eine flache Backform, in der Regel aus Metall, oft mit einem herausnehmbaren, randlosen Boden (Liftboden). In runder, seltener in eckiger Ausführung erhältlich.

Pie-Form Eine ovale feuerfeste Schüssel mit abgeschrägten Seiten und breitem Rand als Auflage für den Teigdeckel der englischen Schüsselpasteten (Pies).

Kuchenring Ein 2 cm hoher Metallring, der auf das Backblech gelegt und mit Teig (für Kuchenböden und Quiches) ausgekleidet wird. Bei uns im Handel sind auch etwa 8 cm breite, flexible Metallbänder zum Backen von Torten beliebigen Durchmessers.

Tortenbodenform Im Gegensatz zur Obstkuchenform eine Negativform: Der gestürzte gebackene Boden hat einen erhöhten Kuchenrand.

Obstkuchenform Eine Backform aus Metall oder feuerfestem Porzellan mit geriffeltem Rand. Porzellanformen sehen zwar sehr hübsch aus, bräunen den Teig aber nicht so gut wie Metall, und der fertige Boden läßt sich nur schwer aus der Form lösen.

Tortelett-Förmchen Obstkuchenformen in Miniaturausgabe, die rund, quadratisch, rautenförmig oder als Schiffchen in verschiedenen Größen und oft auch mit Liftboden erhältlich sind. In Tortelett-Förmchen werden die als Vorspeise oder zum Dessert gereichten Törtchen gebacken. Ganz kleine Förmchen braucht man für die Herstellung von Konfekt und *petits fours.*

Pastetenform, gerippt Diese meist ovale oder rechteckige Form besteht aus zwei gerippten Seitenteilen, die mit Klammern zusammengehalten werden. Sie hat keine Bodenplatte, sondern wird direkt auf das Backblech gestellt. Nach dem Backen werden die Klammern gelöst und die Seitenteile vorsichtig von der Pastete entfernt.

Hörnchenform Eine kegelförmige Metallform zum Formen von Blätterteighörnchen.

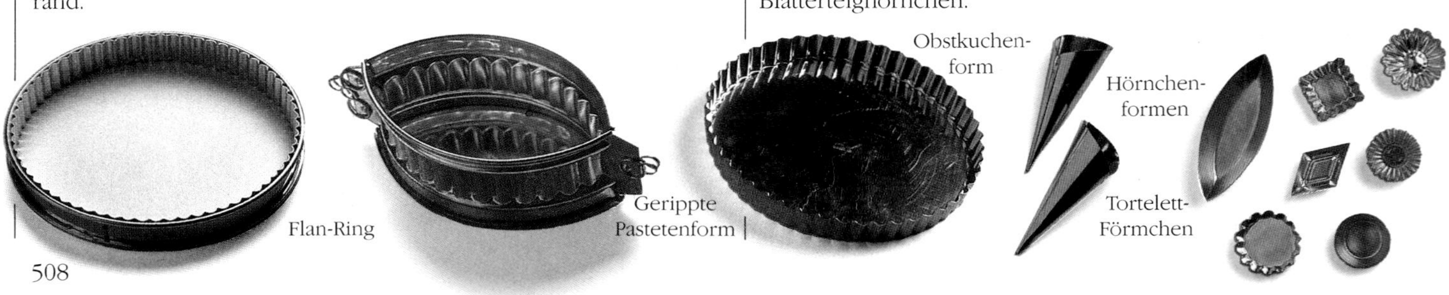

Kuchen- und Backformen

Am zweckmäßigsten sind Backformen aus Weiß- und Stahlblech sowie Aluminium. Glas- und Keramikformen sollten nur für rasch bräunendes Gargut verwendet werden.

Kuchenformen Formen für Biskuitkuchen haben einen relativ flachen, leicht abgeschrägten Rand. Torten werden in Formen mit geradem Rand gebacken. Hochwandige Formen sind für hohe Böden geeignet, die nach dem Backen durchgeschnitten und gefüllt werden. Die französische *moule à manqué* fällt zum Rand hin ab, so daß die Glasur am fertigen Kuchen herunterlaufen kann.

Springform Ein hoher Metallring mit Schnappverschluß und einem auswechselbaren, flachen Boden, aber auch mit einem zusätzlichen Einsatz für Kranzkuchen. Springformen werden für hohe Kuchen (zum Beispiel Früchtekuchen) verwendet, die nach dem Backen nicht gestürzt werden.

Kastenform Eine rechteckige Backform mit leicht abgeschrägten Seiten, die in vielen Größen erhältlich ist und in der Brote, Früchtekuchen, Sandkuchen und andere gehaltvolle Kuchen gebacken werden.

Savarin- oder Ringform Eine Kranzform mit abgerundetem Boden; der »Kranz« ist meist ebenso breit wie tief. Es gibt aber auch Formen, deren Boden in der Mitte nur leicht gewölbt ist, so daß der beim Backen aufgehende Teig in der Mitte zusammenstoßen kann. Ringformen werden für *savarin,* Reis-, Gemüse- und Fischringe sowie Aspik verwendet.

***Angel cake*-Form** Diese Ringform für den berühmten »Engelkuchen« (S. 397) ist auf dem Rand oft mit »Füßen« versehen, da man den Kuchen nach dem Backen zusammen mit der Form umdreht und auskühlen läßt. Bei uns ist diese Form kaum erhältlich.

Napfkuchen- oder Guglhupf-Form Eine hohe Kranzform mit einem »Schornstein« in der Mitte. Die klassische Guglhupfform besteht aus Keramik oder Steingut und hat eine gewellte Wandung. Für den traditionellen englischen Sandkuchen wird eine Form mit breiten Riefen und einem breiten »Schornstein« verwendet.

Backförmchen-Set Ein Blech mit becherförmigen Vertiefungen in verschiedenen Größen für kleine, runde Kuchen und Törtchen.

Madeleine-Formen Ein Blech, in das längliche, muschelförmige Vertiefungen eingestanzt sind. In den Formen werden die berühmten Madeleines gebacken.

Baba-Form Eine zylindrische, etwa 7,5–10 cm hohe Kuchenform aus Weiß- oder Stahlblech, in der die topfkuchenähnlichen Rum-*babas* gebacken werden. Auch geeignet für Fisch-*mousselines,* Pasteten und **Timbalen,** die nach dem Garen gestürzt werden.

Brioche-Form Eine sich nach oben öffnende Weißblechform mit breiten Riefen und flachem Boden, die für Brioches sowie Creme- und Gelatinespeisen verwendet wird.

Gußeiserne Formen Schwere Formen zum Backen von dünnflüssigen Teigen in unterschiedlichen Motiven.

Guglhupfform

Baba-Form (Becherform)

Brioche-Form

Madeleine-Form

Angel cake-Form

Elektrische Küchengeräte

Elektroküchengeräte sind unentbehrliche Helfer im Haushalt, denn sie ersetzen oder ergänzen manuelle Küchenarbeit zeit- und arbeitssparend.

Mixer und Rührgeräte Handrührgeräte sind ideal zum Quirlen, Schlagen, Rühren, Mixen, Kneten und Pürieren von kleinen Lebensmittelmengen. Standgeräte haben ein Rühr- und Knetwerk für einsteckbare Rühr-, Knet- und Schlagwerkzeuge und eine Schüssel, die angetrieben wird oder feststeht. Bei feststehender Schüssel führen die Werkzeuge außer der drehenden noch umlaufende Bewegungen aus. Für Hefeteig und feste Teigmassen sind leistungsstarke Geräte mit höherer Wattzahl erforderlich. Manche Geräte haben auch einen Hackwerkvorsatz.

Standmixer Ein solcher Mixer wird zum Pürieren von Nahrungsgut verwendet. Er hat einen Fuß aus Kunststoff oder Leichtmetall. Darin ist ein mehrflügeliger Messersatz angeordnet, der vom Motorblock angetrieben wird. Der Mixbecher selbst besteht aus hitzebeständigem, farblosem Hartglas und wird mittels Gewinde und Dichtung mit dem Fuß verschraubt. Festes Nahrungsgut muß zu Beginn mit etwas Flüssigkeit vermengt werden.

Küchenmaschine Gerät mit einem Reib- und Schnitzelwerk, das fast immer in Verbindung mit einer feststehenden Schüssel benutzt wird. Zu ihm gehören in der Regel zwei Schneide- und Raspelscheiben, jeweils grob und fein. Viele Maschinen sind mit einem sogenannten Momentschalter versehen, der den Antrieb nur für die Dauer der Betätigung einschaltet.

Fritiergerät oder Friteuse Das Elektrofritiergerät besteht aus einem Topf mit eingebauter Heizung und Thermostat. An einem Temperaturwähler kann die Temperatur des Fettbads stufenlos eingestellt werden. Zur Ausstattung gehören ein Fritierkorb, ein Fett- und Geruchsfilter, ein Sieb zur Fettreinigung und eine Siebhebemechanik.

Eismaschinen

Das System für die Eisherstellung ist bei allen Eismaschinen gleich: ständiges Rühren bei gleichzeitiger Kälteeinwirkung (unter 0 °C).

Handbetriebene Eismaschine Sie besteht aus einem größeren Behälter (Holzeimer) und einem kleineren Metalleinsatz mit Handkurbel. Die fest verschlossene Metalltrommel mit der eingefüllten Eis- oder Sorbet-Masse wird in den größeren Außenbehälter gestellt, die Zwischenräume werden mit Eiswürfeln und grobem Steinsalz – auf 1 l Eis etwa 100 g Salz – gefüllt. Salz und Eis dienen als Kühlung, halten die Temperatur lange unter dem Gefrierpukt und lassen die Eismasse in der Trommel während des Kurbelns gefrieren. Zuviel Salz läßt die Eismasse allerdings zu rasch gefrieren und macht das Eis körnig.

Handbetriebene Eismaschine mit Kühlflüssigkeit Bei den moderneren handbetriebenen Eismaschinen erübrigt sich die Zugabe von Eiswürfeln und Salz, denn die nötige Kälte wird durch eine Kühlflüssigkeit produziert. Diese Eismaschinen sind in verschiedenen Größen erhältlich. Am zweckmäßigsten sind die Modelle mit zwei Metallbehältern – einer für die Eiszubereitung und einer für die Lagerung. Diese Eismaschine liefert in relativ kurzer Zeit gute Ergebnisse, hat jedoch den Nachteil, daß immer nur kleine Eismengen hergestellt werden können und das Eis mitunter körnig gefriert.

Elektrisch betriebene Eismaschinen Das klassische Modell erinnert an eine handbetriebene Eismaschine, mit dem Unterschied, daß das Rührwerk über einen Elektromotor angetrieben wird. Die kleinere Ausführung, auch **Sorbetière** genannt, paßt in das Gefrierfach des Kühlschranks. Der Motor schaltet sich automatisch ab, sobald die Eismasse cremig gefroren ist.

Eismaschinen mit Kühlaggregat Diese Geräte mit eingebautem Kühlaggregat und automatisch abschaltendem Rührwerk sind zwar sehr teuer, fassen dafür aber große Mengen Eis und Sorbet.

Töpfe und Pfannen

Kochgeschirr, das auf der Herdplatte Verwendung findet, muß stabil und schwer sein. In Pfannen und Töpfen mit dünnem Boden brennt das Gargut schnell an, und leichtgewichtige Schmortöpfe und Kasserollen lassen sich nicht auf einer konstanten Temperatur halten. Kochgeschirr mit großer Garfläche ist ideal für kurze Gartechniken, wie das Sautieren oder Kurzbraten, während hohe, schlanke Töpfe das Gargut bei langen Kochzeiten vor zu starker Verdunstung schützen. Die Topf- oder Pfannengröße sollte dem jeweiligen Verwendungszweck angepaßt sein. Werden kleine Mengen in einem großen Geschirr gegart, brennt das Gargut leicht an; ist der Topf zu klein, kocht der Inhalt über.

Suppentopf Ein solcher Topf sollte immer höher als breit sein und zwei stabile Henkel haben. Durch die Höhe ist eine gleichmäßige Verdampfung der Flüssigkeit gegeben, und der relativ kleine Bodendurchmesser sorgt für eine gute Wärmeverteilung.

Koch- und Saucentopf Der ideale Topf für die Zubereitung von Saucen ist nach alter Tradition kupferbeschichtet, so daß der Inhalt auch bei langen Garzeiten nicht anbrennt. Für feine Buttersaucen empfiehlt sich ein leicht konischer Kupfertopf. In Edelstahltöpfen erzielt man ebenfalls sehr gute Ergebnisse.

Doppel- oder Turmtopf Ein aus zwei Teilen bestehendes Kochgeschirr, das aus verschiedenen Metallen, aber auch aus Glas gefertigt ist. Gläserne Turmtöpfe haben den Vorteil, daß die im unteren Topf kochende Wassermenge sichtbar ist und gegebenenfalls aufgefüllt werden kann. Der Turmtopf ist vielseitig einsetzbar, etwa zum Herstellen feiner Saucen oder zum Schmelzen von Schokolade.

Wasserbad (franz. *bain-marie*) Ein mit siedendem Wasser gefüllter Topf, zum Beispiel ein Bräter, groß genug, um kleinere Gefäße aufzunehmen. Im Wasserbad werden leicht gerinnende Saucen und Cremes schonend zubereitet, Speisen warm gehalten und empfindliche Substanzen zum Schmelzen gebracht.

Bratpfanne Pfannen sollten einen extrastarken Boden haben, der die Wärme gleichmäßig verteilt. Empfehlenswert sind Pfannen aus Kupfer oder Gußeisen, da diese Materialien besonders gute Wärmeleiter sind. Die traditionelle Bratpfanne besteht aus schwerem Gußeisen. Emaillierte Pfannen sind weniger geeignet, denn die Beschichtung ist schlagempfindlich und springt bei raschem Temperaturwechsel. Pfannen mit Antihaft-Beschichtung ermöglichen ein fettarmes Braten, doch die Beschichtung ist nicht kratzfest.

Fischpfanne Eine große, ovale Pfanne mit flachem Rand.

Omelettpfanne Eine Pfanne aus Aluminium, Gußeisen oder Stahl, bei der der Übergang vom Boden zu dem etwas steileren und höheren Rand gerundet ist. Zur gleichmäßigen Wärmeverteilung sollte die Omelettpfanne einen dicken Boden haben. Der Pfannenstiel sollte angewinkelt sein, damit sich das fertige Omelett leicht auf einen Teller rollen läßt (S. 90).

Crêpe-Pfanne Eine kleine flache Pfanne aus Stahl mit oder ohne Antihaft-Beschichtung. Sie sollte möglichst leicht sein, damit man die Crêpes gut hochwerfen und wenden kann (S. 367). Crêpe-Pfannen aus Stahl müssen vor der ersten Benutzung mit Öl und Salz vorbehandelt werden (S. 89) und dürfen anschließend nicht mehr mit Wasser in Berührung kommen.

Flambierpfanne Eine Pfanne aus Kupfer oder Chrom-Nickel-Stahl, in der Speisen am Tisch fertiggestellt und flambiert werden.

Schwenkkasserolle oder Sauteuse Ein Kochgeschirr aus beschichtetem Kupfer oder Edelstahl mit schwerem Boden und flachem Rand, damit der Dampf rasch entweichen kann. Die Ausführungen mit Kaltmetallgriff sind backofenfest.

Fritiertopf Der klassische Fritiertopf ist aus Stahl und hat zwei Griffe. Zur Ausstattung gehört immer ein Fritierzusatz – ein Sieb oder Korb, mit dem das Gargut in das heiße Fettbad eingetaucht und wieder herausgenommen wird. Der Topf sollte weiträumig sein, damit möglichst viel Gargut darin Platz hat, und so hoch, daß das siedende Fett etwa 5–7 cm darin steht und auch bei Zugabe des Fritierguts nicht überkocht. Elektrische Fritiergeräte sind ebenfalls erhältlich (S. 509).

Nestbacklöffel Eine Fritierform für Kartoffelkörbchen oder -nester (S. 297), bestehend aus zwei kleinen ineinanderpassenden Drahtkörben mit langem Stiel.

Fischkessel Ein längliches, schmales Kochgeschirr von gleicher Breite wie Tiefe, damit ganze Fische beim Garen nur knapp mit Flüssigkeit bedeckt sind. Der Fisch wird mit Hilfe des dazugehörigen Siebeinsatzes aus dem Sud gehoben.

Dämpfeinsatz Ein gelochter Behälter, der auf einen passenden Topf aufgesetzt wird, oder ein Siebeinsatz, der in einen Topf mit siedendem Wasser eingehängt wird und in dem die zu dämpfenden Lebensmittel liegen. Orientalische Dämpfeinsätze aus Bambus oder Metall sind stapelbar, so daß man gleich ein ganzes Menü auf einmal in einem Topf zubereiten kann.

Wok Ein chinesisches Kochgeschirr mit rundem Boden und Kuppeldeckel zum Pfannenrühren, Dämpfen, Schmoren und Fritieren. Als Zubehör wird oft ein Dämpfeinsatz, eine Fritierablage und ein spezieller Wender zum Pfannenrühren mitgeliefert.

Zuckerpfanne Eine Stielkasserolle aus Kupfer (franz. *poêlon*) mit geraden Seiten, einem Ausgießer und einem hohlen Kupfergriff. Der Topf wird nur zum Zuckerkochen und für Karamel verwendet und ist nicht beschichtet, da die Beschichtung bei den hohen Temperaturen schmelzen würde.

Backplatte (*griddle*) Eine schwere, runde, meist gußeiserne Platte zum Backen, etwa von Pfannkuchen, auf der Herdplatte. Die Platte ist mit einem ganz schmalen Rand versehen und hat einen herunterklappbaren Tragegriff. Sie ist bei uns kaum erhältlich.

Bratpfanne mit Grillbratfläche Eine gußeiserne Pfanne mit praktischem Schüttrand und vielen kleinen Vertiefungen, die beim Braten für einen Grilleffekt sorgen.

Fischkessel mit Einsatz und Deckel

Fischpfanne

Zuckerpfanne

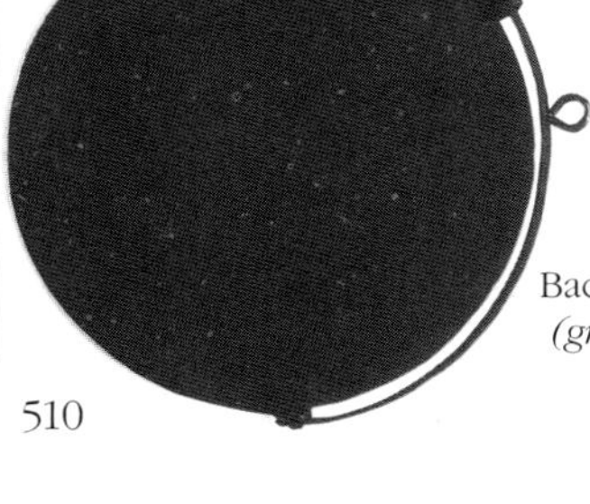

Backplatte (*griddle*)

Bratpfanne

Schwenkkasserolle

Doppeltopf

Spezielle Küchengeräte

Waffeleisen Ein Gerät zum Backen von Waffeln zwischen zwei, oft auch elektrisch beheizten Platten mit Waffelmuster. Die gußeiserne Backfläche ist in der Regel teflonbeschichtet. Als Waffelautomat ist das Waffeleisen mit stufenlos einstellbarem Thermostat ausgestattet. (Zum Gebrauch eines Waffeleisens s. S. 369.)

Spätzlepresse, -sieb, -schwab Geräte, mit deren Hilfe man leichter Spätzle herstellen kann. Der Teig wird portionsweise in den Teigbehälter gefüllt und direkt über dem kochenden Wasser durch den gelochten Boden gepreßt oder durch das Sieb gestrichen. Erfahrene Köche schaben den Spätzleteig in hauchdünnen Streifen vom nassen Holzbrett (Spätzlebrett) ins kochende Wasser.

Pizza-Backschaufel Eine langstielige, mit einem Griff versehene Backschaufel aus Holz oder Metall, mit der die Pizza in den Backofen oder auf den Teller befördert wird.

Pizza- oder Brotstein Eine runde Keramikplatte, die anstelle eines Backblechs zum Brot- und Pizzabacken verwendet wird. Die moderne Variante besteht aus Ziegeln oder Kacheln, die in eine Metallform eingelassen sind. Brote und Pizzen erhalten auf dieser Backfläche einen knusprigen Boden.

***Bagna-cauda*-Topf** Ein hohes glasiertes Steingutgeschirr für *bagna cauda* (S. 101). Der Topf wird auch oft mit einem dazu passenden Rechaud angeboten.

***Couscousière* oder *Couscous*-Topf** Ein Spezialtopf aus Aluminium oder Steingut für die Zubereitung der nordafrikanischen Spezialität *couscous* (S. 320). Im oberen Topf mit gelochtem Boden wird *couscous* mit dem Dampf der im unteren Topf garenden Fleisch- und Gemüsemischung gequollen.

Spargelkochtopf Ein hoher, schmaler Aluminiumtopf mit Einsatz, in dem die Spargelstangen stehend gegart und die Spargelspitzen nur gedämpft werden.

Ofengeschirr

Die meisten der im Backofen verwendeten Geschirre werden ohne Deckel angeboten, denn sie sollen das Gargut schließlich bräunen. Eine Ausnahme bilden die Kasserollen, die sowohl für den Ofen als auch für die Herdplatte geeignet sind, sowie diverse Tongefäße, die für längere Garzeiten im Backofen konzipiert sind. Keramikgeschirr wird gern zum Backen und Gratinieren verwendet und dient gleichzeitig auch zum Servieren. Emailliertes gußeisernes Geschirr ist robuster und daher langlebiger und fast ebenso formschön wie Töpfe aus Keramik.

Kasserolle Die modernen Kasserollen – schwere, robuste Kochgeschirre mit fest schließendem Deckel – haben den traditionellen Schmortopf abgelöst, der früher bei Herden für feste Brennstoffe ins Glutbett gestellt wurde, so daß die Wärme das Gargut von allen Seiten erreichte. Kasserollen werden zum Schmoren und Poëlieren (Dünsten mit anschließender Farbgebung) verwendet. Der fest schließende Deckel verhindert, daß beim Garen Wasserdampf entweicht. Daneben werden auch schwere Steingutausführungen, wie die provenzalische *daubière* (Schmortopf), angeboten, die bei direkter Wärmeübertragung nur unter Vorbehalt zu verwenden sind.

Marmite Ein traditioneller französischer Kochtopf, halbhoch bis hoch und geradwandig, der für Eintöpfe verwendet wird.

Ofenfester Bratentopf Ein flacher Bratentopf mit Deckel, der vornehmlich für Schmorfleisch und Braten verwendet wird. Schwere gußeiserne Töpfe sorgen für eine bessere Wärmeverteilung als leichte (meist emaillierte) Metallausführungen.

Bräter Eine länglich-ovale Pfanne mit hohem Rand und leicht gewölbtem Deckel zum Braten und Schmoren.

Ton- oder Römertopf Länglicher Bräter mit Deckel aus unglasiertem Ton zum Dünsten und Schmoren besonders von Fleisch und Geflügel. Der Tontopf muß vor jedem Gebrauch etwa 30 Minuten gewässert werden und wird anschließend mit dem eingelegten Gargut in den kalten Backofen gestellt.

Bratenpfanne Entweder die zur Ausstattung des Backofens gehörende rechteckige Fettpfanne aus Metall mit hohem Rand oder eine kleinere, eckige Pfanne – möglichst aus Edelstahl oder Aluminium – mit hohem Rand und dickem Boden. Ein spezielles Bratgitter sorgt für eine gleichmäßige Bräunung des Bratguts.

Gratin-Pfanne Eine runde oder ovale hitzebeständige, flache Form mit zwei Griffen und relativ niedrigem Rand, damit das Gargut besser bräunt. Gratin-Formen sind in Glas, Porzellan, Steingut oder emailliertem Gußeisen erhältlich und werden für Nudelgerichte, Puddings und flache Aufläufe verwendet. Schlichte gläserne Backformen erfüllen den gleichen Zweck.

Eierplatte Eine kleine runde Platte mit flachem Rand, in der Regel aus feuerfestem Porzellan oder Steingut, zum Zubereiten und Servieren von Spiegeleiern.

Pot de crème Ein kleiner Keramiktopf mit Deckel zum portionsweisen Zubereiten und Servieren von gehaltvollen Cremespeisen.

Soufflé-Form Eine runde, geradwandige Form, in der die Soufflémasse beim Garen aufgehen kann. Soufflé-Formen sind in den unterschiedlichsten Größen erhältlich. Bemessungsgrundlage ist das Fassungsvermögen, nicht der Durchmesser der Form. Die klassische Soufflé-Form hat einen gerieften Außenrand und besteht aus weißem glasiertem Porzellan. Der Boden ist stets unglasiert, damit die Ofenhitze rasch in das Material eindringen kann. Daneben gibt es Soufflé-Formen aus Glas oder Steingut. Ersatzweise kann für Soufflés auch eine geradwandige Charlotten-Form verwendet werden.

Auflaufförmchen Kleine feuerfeste Näpfchen, in der Regel aus Porzellan, die für kleine Portionsgerichte, wie zum Beispiel Eier *en cocottes* (S. 87) – oft in Verbindung mit einer Sauce –, und zum Stürzen von kalten und heißen Desserts verwendet werden.

Puddingförmchen Kleine Formen zum Zubereiten und Servieren von Cremes und Puddings. Die Formen ähneln den Auflaufförmchen, sind aber mehr gerundet und meist mit Ornamenten versehen.

Terrinen-Form Eine geradwandige Form aus Steingut, Porzellan oder emailliertem Gußeisen mit Deckel für Terrinen und Pasteten. Manche Deckel haben einen Dampfabzug. Diese kleine Öffnung ist ideal für die Garprobe mit einer Nadel oder einem Spieß. Neben langen, rechteckigen Formen sind auch hohe, ovale Gefäße erhältlich, die gleichzeitig als Kochgeschirr für Eintöpfe und Schmorgerichte verwendbar sind. Schmale Kastenformen haben jedoch den Vorteil, daß sich die fertigen Terrinen gut aufschneiden lassen. Beliebt sind »backbraune« Porzellanformen, die an die klassischen Krustenpasteten erinnern. Der Deckel ist oft mit dem Kopf eines Wildgeflügels verziert, der auf den Inhalt der Terrine schließen läßt.

Becherform Kleiner, runder Napf aus Porzellan, Keramik oder Metall, ähnlich einem Auflaufförmchen.

Glossar küchentechnischer Begriffe

Ablöschen (franz. *déglacer*) Durch Zugießen und Aufkochen von Wein, Brühe, Wasser oder Sahne wird der nach dem Braten verbliebene Bratensatz vom Pfannenboden unter ständigem Rühren gelöst. Zur Aromabereicherung wichtig bei der Saucenherstellung.

Abschäumen Die obenschwimmende Schicht (meist bestehend aus Schaum und Trübstoffen) nach dem ersten Aufkochen von Obst, Zucker, Fleisch- und Fischbrühe mit einem Metallöffel oder einer kleinen Kelle abschöpfen.

Abschrecken Das Abkühlen blanchierter (noch heißer) Nahrungsmittel unter fließendem kaltem Wasser oder durch Eintauchen in Eiswasser, um den Kochprozeß zu stoppen und die Farbe zu erhalten. Hauptsächlich angewandt auf Gemüse, Bries, gelegentlich auch auf Schaltiere.

Absengen Von gerupftem Geflügel über einer Gas- oder Spiritusflamme die letzten Flaumfedern entfernen.

Al dente Küchentechnischer Begriff aus dem Italienischen für Kochgut, das gar, aber noch bißfest ist; ursprünglich Bezeichnung für den Gargrad von Teigwaren, heute unter anderem auch auf Gemüse angewandt.

Anbraten Fleisch bei großer Hitze kurz braten (um dann die Zubereitung auf andere Weise fortzusetzen), damit sich die Poren schließen.

Antipasti Italienische Bezeichnung für Vorspeisen, die eine Auswahl von Wurstwaren, Fisch und Meeresfrüchten, Pilzen, Käse umfassen. Sie sind oft in Essig, Öl und Kräutern einglegt und werden nach Wunsch zusammengestellt. Eine typische gemischte Vorspeise enthält Salami, Schinken, marinierte Artischockenherzen, Anchovisfilets, Oliven, eingelegten Tintenfisch und Käse.

Aufgießen Kräuter, Gewürze und andere Geschmacks- und Aromastoffe mit heißer Flüssigkeit übergießen. Je nachdem, wie intensiv das Aroma sein soll, läßt man den Aufguß oder die Infusion zwei bis fünf Minuten ziehen. Die Flüssigkeit sollte sehr heiß sein, aber nicht kochen.

Anschwitzen In Scheiben geschnittene oder gehackte Zwiebeln und sonstiges Gemüse in Fett – ohne Flüssigkeit – bei geringer Hitze garen, ohne zu bräunen.

Barbecue (abgeleitet von indianisch *barbacao* = gebratenes Tier) Das Grillen im Freien auf einem einfachen Rost, meist über oder neben glühender Holzkohle. Aromatische Hölzer, wie Hickory oder Apfel, sorgen für zusätzliche Würze. Das Feuer sollte nur noch glühen, damit das Grillgut nicht anbrennt. Wie beim herkömmlichen Grillen wird die Hitze durch den Abstand des Grillguts zur Glut reguliert. Das Grillgut wird in der Regel zwischenzeitlich mit Öl oder Würzsauce begossen.

Begießen Während des Brat- oder Grillvorgangs werden Fleischstücke und Geflügel mit zerlassenem Fett beziehungsweise Flüssigkeit (Wein, Fond oder Wasser) beträufelt oder übergossen, damit das Fleisch saftig bleibt.

Bestäuben Die Oberfläche von Lebensmitteln mit einer feinen Auflage – in der Regel Mehl oder Puderzucker – bestreuen.

Binden Das Andicken oder Sämigmachen einer Speise mit Hilfe von Bindemitteln, um ihr die richtige Konsistenz, den richtigen Zusammenhalt zu geben. Bindemittel sind Eigelb, Sahne, Speisestärke, Mehl (Mehlbutter, Mehlschwitze).

Blanchieren (franz. *blanchir* = weiß machen, reinigen) Rohe Nahrungsmittel werden in kaltes, ungesalzenes Wasser eingelegt, zum Sieden gebracht, kurz gekocht und abgegossen. Manche Gemüsearten werden auch in sprudelndem Wasser kurz vorgegart (S. 260). Durch Blanchieren kann man ebenso unerwünschte Geruchs- und Geschmacksstoffe reduzieren (zum Beispiel bei stark gepökeltem Speck). Blanchieren dient der Farberhaltung von Blattgemüsen und Küchenkräutern, erleichtert das Häuten von Tomaten und Mandelkernen und entzieht Reis und Kartoffeln überschüssige Stärke.

Blankett oder **Blanquette** (abgeleitet von franz. *blanc* = weiß) Ragout aus weißem Fleisch (Lamm, Kalb, Kaninchen oder Huhn) in weißer Sauce mit Champignons und Zwiebeln. Das Fleisch wird, ohne es vorher anzubraten, in Fond geköchelt. Die Garflüssigkeit heller Ragouts muß stets sorgfältig reduziert werden, damit sie nicht fade schmecken.

Bollito misto (ital. = gemischtes Gekochtes) Spezialität aus Norditalien, bestehend aus *zampone* (gefülltem Schweinsfuß), Rindfleisch, Kalbfleisch, Huhn und Zunge.

Braisieren s. Schmoren.

Carpaccio Traditionelles bäuerliches Gericht aus dem italienischen Aostatal, das 1961 durch Harry's Bar in Venedig berühmt wurde. Es besteht aus hauchdünn geschnittenen Scheiben von rohem Rinderfilet und wird mit einer Sahnesauce serviert. Die gleiche Bezeichnung wird auch für das Anrichten in einer Marinade aus Olivenöl und Zitronensaft verwendet. Als Garnitur hierzu findet man Pinienkerne oder Champignons.

Cocido Deftiger spanischer Eintopf, auch *olla podrida* genannt. Enthält Kichererbsen, verschiedene Fleischsorten, Geflügel, *chorizo*, Gemüse, Kartoffeln, Knoblauch und andere Gewürze.

Concasser (franz.) Grob hacken; in der Regel angewandt auf Tomaten *(concassé de tomates* = gehackte Tomaten).

Confit (abgeleitet von franz. *confire* = einlegen) Fleisch, vor allem Ente oder Gans, wird in Stücke zerlegt, mit grobem Salz gepökelt und anschließend bei sehr schwacher Hitze im eigenen Fett gegart. Nachdem es abgekühlt ist, schichtet man das Fleisch in ein Steingutgefäß und füllt mit dem Fett auf, so daß es luftdicht verschlossen ist. An einem kühlen Ort kann man es so mehrere Monate aufbewahren. Zur weiteren Zubereitung das Fleisch aus dem Fett nehmen und in der Pfanne knusprig-braun braten.

Coulis (abgeleitet von franz. *couler* = fließen) Ein flüssiges Püree von glatter, cremiger oder grober Konsistenz, in der Regel von frischem oder gekochtem Obst oder Gemüse.

Crudités (franz.) Rohe Gemüse, in grobe Stücke beziehungsweise in Scheiben, Würfel oder Stifte geschnitten, zum Eintauchen in Sauce oder mit einem einfachen Dressing als Salat angemacht. *Crudités* sind in Frankreich ein beliebter – leichter – erster Gang eines Menüs.

Deglasieren s. Ablöschen.

Degraissieren s. Entfetten.

Dekoration Das Verzieren von fertigen Speisen. Im Unterschied zur Garnitur ist die Dekoration kein fester Bestandteil eines Gerichts. Eine Dekoration – zum Beispiel ein Kräuterzweig oder Fruchtstücke – sollte immer auf die Speise abgestimmt sein.

Dünsten Das Garen von Fisch, weißem Fleisch, Geflügel oder Gemüse im eigenen Saft, meist unter Zugabe von wenig Fett und Flüssigkeit bei mäßiger Temperatur. Wasser kann zugesetzt sein oder aus dem Gargut kommen. Besonders geeignet für aromatische Nahrungsmittel, die möglichst schonend gegart werden sollen; Nährstoffe und Vitamine bleiben weitgehend erhalten.

Einkochen oder **Reduzieren** Durch Einkochen konzentriert man das Aroma einer Kochflüssigkeit, zudem wird ihre Konsistenz dichter und sämig. Besonders wichtig ist dieser Vorgang für die Zubereitung feiner Fleisch- oder Fischsaucen.

Einschneiden oder **Ziselieren** Nahrungsmittel – zum Beispiel Steaks – mit der Messerspitze dekorativ mehr oder weniger tief einkerben. Bei Portionsfischen spricht man auch vom Ziselieren. Die Fische erhalten links und rechts in das dicke Rückenfleisch leichte Einschnitte, damit sie gleichmäßig garen und sich nicht verbiegen oder platzen.

Einweichen oder **Wässern** In warme oder kalte Flüssigkeit legen, um getrocknete Nahrungsmittel (Hülsenfrüchte, Pilze, Trockenobst) weich zu machen oder um bestimmte Stoffe herauszulösen (wässern). Bries zum Beispiel wird gewässert, damit es weiß wird.

Empanada Lateinamerikanische Vorspeise; besonders in Argentinien und Mexiko bekannte Teigtaschen, die mit einer Mischung aus Hackfleisch oder Krabben, Zwiebeln, Tomaten, Kräutern und Oliven gefüllt sind und im Ofen oder schwimmend in heißem Öl gebacken werden.

Emulsion Eine gleichmäßige, mehr oder weniger beständige Mischung von zwei ineinander nicht löslichen Flüssigkeiten, zum Beispiel Öl und Wasser.

Entfetten (franz. *dégraisser*) Das Entfernen von Fett, das während des Garprozesses herauskocht und sich absetzt. Wenn möglich, sollte die Flüssigkeit gekühlt werden, damit das Fett erstarrt. Andernfalls wird das Fett mit einem Metallöffel oder einer Kelle abgeschöpft und das noch verbliebene Fett mit saugfähigem Küchenkrepp abgenommen.

Entrée (franz. = Eingang) In Europa warme oder kalte Gerichte, die ein großes Menü eröffnen; im nordamerikanischen Raum die Bezeichnung für das Hauptgericht.

Frangipane Bezeichnung für verschiedene Produkte: 1. Füllcreme aus Mandeln und Eiern für Torten und Gebäck; 2. Mandelbackwerk.

Frikassee In der Regel ein Ragout von weißem zartem Fleisch (Huhn, Kalb oder Lamm) in heller Sauce (Frikassee auf alte Art); auf neue Art auch mit Fisch oder Gemüse in *sauce velouté*.

Fumet (franz. = Duft) Fischfond, aus Gräten und Abschnitten von weißen Edelfischen (Steinbutt, Seezunge) hergestellt. Außerdem läßt man Lauch, Zwiebeln und Kräuter mitköcheln. Für den Basis-Fond, der sich gut auf Vorrat zubereiten läßt, gibt man noch keinen Wein zu, weil er sonst einen bitteren Geschmack erzeugen könnte.

Galette (franz.) Flacher, runder Kuchen oder Keks ohne Füllung, der meist aus einfachem Teig mit viel Butter hergestellt und auf einem Blech goldbraun gebacken wird. In die bretonischen *galettes* aus Buchweizenmehl werden gegrillte Würstchen gewickelt.

Garnitur In der klassischen Küche versteht man unter einer Garnitur die typische Beilage, die man nicht einfach weglassen oder beliebig verändern kann, zum Beispiel Äpfel, Calvados und Sahne zu Schweinefleisch oder Huhn auf normannische Art. Garniert im Sinne von »verziert« wird nur das fertige Gericht; in dieser Bedeutung werden gefüllte Tomaten oder ein Bund Brunnenkresse manchmal auch als Garnitur bezeichnet.

Gastrique Karamelisierter Zucker, abgelöscht mit Essig und verwendet in würzigen, mit Früchten aromatisierten Saucen, zum Beispiel zu Ente mit Orangen.

Gerinnen Milch oder Sauce bilden feine Klümpchen oder Flocken und werden dadurch dickflüssig und klumpig. Der Ausdruck wird auf alle Mischungen angewandt, die ausflocken, zum Beispiel auf übergarte Eierspeisen.

Gesäuertes Wasser Wasser unter Zugabe von Säure wie Zitronensaft oder Essig; verhindert die Verfärbung von Nahrungsmitteln, insbesondere bei Obst und Gemüse. Auf 300 ml Wasser benötigt man 1 TL Säure.

Glace 1. Ungesalzene, stark eingekochte Fleischbrühe; dient zur Verbesserung von Saucen. Die Glace wird so lange eingekocht, bis sie geliert. Man unterscheidet Kalbs-, Hühner und Wild-Glace. 2. Glasur aus Zucker zum Auftragen auf Lebensmittel für Bräunung und Glanz.

Glasieren oder **Glacieren** Das Überziehen von Lebensmitteln mit dem eigenen, eingekochten Saft, unter Zugabe von Butter, mit Gelee oder Zuckerglasur.

Gluten oder **Kleber** Klebereiweiß beim Weizen, gebildet aus Gliadin und Glutenin. Bei der Teigzubereitung nehmen diese Eiweißarten Wasser auf, quellen und verbinden sich zu einer zähen, dehnbaren Masse, dem Kleber. Kräftiges Kneten des Teigs unterstützt die Ausbildung des Klebers.

Gratin (abgeleitet von franz. *gratiner* = gratinieren, überbacken) Ein Gericht, das bei starker Oberhitze im Ofen oder unter dem Grill überbacken und dabei gebräunt wird. Oft wird es zuvor mit Semmelbröseln oder geriebenem Käse bestreut, damit sich eine Kruste bildet. Flache Gratin-Pfannen ermöglichen ein Maximum an Kruste.

Karamelisieren Zuckersirup oder Zucker bis zum Karamel-Stadium kochen (S. 418). Unter Karamelisieren versteht man auch das Überbräunen von Zuckerglasuren, das Überglänzen von Nahrungsmitteln mit Butter und Zucker und das Einkochen von Fleischsaft zu brauner Bratensauce.

Karkasse Gerippe von Geflügel. Sie wird oft verwendet, um unter Zugabe von Würzzutaten einen Fond herzustellen, aus dem man die Sauce zubereitet.

Klären oder **Klarifizieren** Aus Flüssigkeiten alle trübenden Bestandteile entfernen. Für die Zubereitung von Kraftbrühen und Aspik wird rohes, feinverteiltes Eiweiß als Klärungsmittel verwendet, das die Trübstoffe an sich bindet und dann abgesiebt wird. Butter wird zum Klären zerlassen, abgeschäumt und dann vorsichtig vom Bodensatz abgegossen.

Kleber s. Gluten.

Köcheln Schonendes langsames Garen von Lebensmitteln in schwach siedender Flüssigkeit (s. auch Mijotieren).

Marengo Masthuhn oder Kalbfleisch, gegart in Weißwein, Olivenöl, Tomaten und Knoblauch, garniert mit Perlzwiebeln und Champignons.

Marinieren Einlegen von Fleisch, Fisch in eine Würzflüssigkeit (Marinade) aus Essig oder Zitronensaft, Öl, Kräutern und Gewürzen.

Mazerieren (franz. *macérer* = einweichen) Nahrungsmittel mit einer aromatischen Flüssigkeit (häufig Alkohol) tränken und gut durchziehen lassen.

Medaillon Kreisrunde oder ovale Scheibe vom Schweine- oder Kalbsfilet.

Mijotieren (franz. *mijoter*) Eine Speise bei ganz schwacher Hitze dünsten oder schmoren (s. auch Köcheln).

Mole (abgeleitet von aztekisch *mulli* = Sauce) Mexikanische Chilisauce. Die berühmteste – *mole poblano* – begleitet Truthahnfleisch oder Masthuhn in dem mexikanischen Nationalgericht *mole poblano de guajolote*. Sie enthält unter anderem vier verschiedene Chilisorten, diverse Gewürze, Mandeln, Sesam, Erdnüsse und – als ungewöhnliche Beigabe – Schokolade.

Noisette 1. Kleine, runde, etwa 2 cm dicke Fleischscheiben, die aus dem Karree oder dem Filet vom Lamm geschnitten, pariert und dann gebraten oder gegrillt werden. 2. Die Bezeichnung steht auch für Nußbutter – *beurre noisette* –, die zerlassen und zu nußbrauner Farbe weitererhitzt wird; außerdem für Speisen, die mit Haselnüssen aromatisiert sind.

Panade Bindemittel aus Brot, Mehl, Reis oder gekochten Kartoffeln für Füllungen aller Art sowie für Klöße, insbesondere für *quenelles*. Häufig aus Brandteig oder einfach nur aus getrockneten Semmelbröseln oder frisch geriebenen Weißbrotkrumen. Die Mischung, in der Fisch, Fleisch und Geflügel vor dem Braten gewendet werden, heißt ebenfalls Panade.

Papillote, en (franz. *papillote* = Lockenwickler) oder **Papierhülle, in der** Das Garen von Fleisch, Fisch oder Obst in einer Hülle aus geöltem oder gebuttertem Pergamentpapier auf dem Rost oder Backblech. Auch als Bezeichnung für eine dekorative Manschette für herausstechende Knochen bei Koteletts und für Geflügelkeulen.
Paprikás csirke Ungarische Bezeichnung für Paprikahuhn in einer dicken, rosafarbenen Sauce, gewürzt mit Paprikapulver und abgerundet mit saurer Sahne.
Parboil (engl. = halb kochen) In Deutschland nur im Zusammenhang mit Reis – *parboiled* Reis ist Reis, der vor dem Schälen mit Dampf und Druck behandelt wird. Die Vitamine wandern dabei aus der Silberhaut in das Korn, so daß sie beim Schleifen erhalten bleiben. Durch diese Behandlung wird das Reiskorn außerdem ergiebiger und kochfester.
Parieren (franz. *parer* = herrichten) Das gleichmäßige Zurechtschneiden von Fleischstücken oder Fischscheiben vor der Zubereitung. Dabei werden Haut, Sehnen und sichtbares Fett entfernt. Die Abschnitte kann man zur Herstellung eines Fonds verwenden.
Paupiettes (franz.) Kleine Rouladen oder Röllchen. Dünne Scheiben von Fleisch, Geflügel oder Fisch werden mit einer pikanten Füllmasse bestrichen und aufgerollt. In den Vereinigten Staaten heißt ein solches Fleischröllchen *bird* und in Großbritannien *olive*.
Pfannenrühren Gartechnik der chinesischen Küche. Alle Zutaten werden in etwa gleich große Stücke geschnitten und dann bei sehr großer Hitze in wenig Öl im Wok unter ständigem Rühren und Wenden gebraten.
Piroggen Russische Hefe- oder Mürbeteigpasteten, etwa handtellergroß, mit pikanter oder süßer Füllung.
Piroschki Die kleine Variante der Piroggen.
Pochieren Behutsame Garmethode in viel Flüssigkeit – meist Wasser – bei Temperaturen unterhalb des Siedepunktes. Besonders geeignet für zarte Lebensmittel, wie Fisch, Eier und Obst. Fisch sollte immer so kurz und schonend gegart werden wie möglich, weil er sonst geschmacklos, trocken und faserig wird.
Poëlieren (abgeleitet von franz. *poêle* = Pfanne) Garmethode für zarte Fleischstücke, die Dünsten und Braten kombiniert. Die Fleischstücke werden auf ein Gemüsebett gesetzt und mit wenig Flüssigkeit oder Butter bei zugedecktem Topf langsam gegart; die letzten 15 Minuten wird das Fleisch – offen – gebräunt.
Ragout Gut gewürztes Gericht aus Fleisch- oder Fischwürfeln, die zusammen mit Gemüse, Pilzen und Aromazutaten in reichlich Fond und Wein geköchelt werden.
Reduzieren s. Einkochen.
Sakuski oder **Zakouski** Russische Vorspeisentafel mit marinierten Pilzen, Radieschen in saurer Sahne, eingesalzenen und eingelegten Heringen und gefüllten Paprikaschoten. Die berühmtesten Vertreter von Sakuski sind *blinis* – dünne Buchweizenpfannkuchen, die mit zerlassener Butter, saurer Sahne und Kaviar gereicht werden.
Salsa (ital., span. = Sauce) Zum Beispiel die bekannte scharfe Sauce aus Mexiko – *salsa mexicana* –, die im wesentlichen aus weißen Zwiebeln, Tomaten, *serrano*-Chillies (kleinen dunkelgrünen scharfen Pfefferschoten), frischem Koriandergrün (*cilantro*), Olivenöl und Limonensaft besteht. In Mexiko steht die Bezeichnung *salsa* sowohl für »gebratene« wie für »ungekochte« Saucen, die als Beilage zu knusprig gebratenen *tortillas (totopos)* und zu gegrilltem Fleisch gereicht werden.
Sauté Eine Art Ragout, für das in gleich große Stücke geschnittenes Fleisch in Fett angebraten und anschließend in wenig Wein, Fond, Gemüse und Aromaten geschmort wird. Da die Zutaten im eigenen Saft garen, eignen sich für Sautés nur Fleisch und Innereien, die ohnehin zart sind und keine zusätzliche Flüssigkeit benötigen.
Sautieren (franz. *sauter* = schmoren) Rasches An- oder Garbraten von kleingeschnittenem Fleisch, Geflügel oder Gemüse in der Pfanne.
Savoury (engl.) Appetithäppchen, kleine, scharfgewürzte Speisen der anglo-amerikanischen Küche, die am Ende der Hauptmahlzeit statt Käse gereicht werden. Zu den typischen *savouries* zählen *angels on horseback* (»Engel zu Pferde«, mit Speckscheiben umwickelte Austern, auf Spießchen gesteckt und am Rost gebraten), *devils on horseback* (»Teufel zu Pferde«; wie »Engel zu Pferde«, aber sehr scharf mit Cayennepfeffer gewürzt) und *Scotch woodcock* (geröstetes Weißbrot mit Rührei und Anchovis).
Schmetterlingssteak Koteletts ohne Knochen, große Garnelen und dicke Scheiben Fischfilet aufschneiden, aber nicht ganz durchtrennen; aufklappen, wodurch die Flügelform eines Schmetterlings entsteht. Derart geschnittene Steaks benötigen eine kürzere Garzeit.
Schmoren (franz. *braiser*) Geflügel, Wild, Fleisch oder Gemüse im ganzen oder in großen Stücken in wenig siedender Flüssigkeit (Wein, Fond) im geschlossenen Topf unter Zugabe eines *mirepoix* (gewürfeltes Röstgemüse) garen. Das Fleisch wird oft zuerst in Fett gebräunt (angebraten) und dann im schwach geheizten Backofen oder bei schwacher Hitze auf dem Herd in der Schmorbrühe weitergegart. Schmoren ist eine Gartechnik, die insbesondere hartem, zähem Fleisch und älterem Geflügel zugute kommt und eine delikate Sauce ergibt.
Smørgåsbord (Schwedenplatte) Schwedisches Buffet mit allen nur erdenklichen kalten und warmen Delikatessen; traditionell mit eingelegten Heringen, Anchovis, Sardinen, geräucherten Fischen, Hummer, Krebsen, kalter gekochter Rinderbrust, Schinken, Roastbeef, Rentierkeule, Spanferkel in Gelee, Leber- und Wildpastete, vielerlei Käsearten, kalten Saucen, Grau-, Weiß-, Schwarz- und Knäckebrot.
Tablieren Verfahren, das vor allem bei der Herstellung von Fondant Anwendung findet. Man gießt die Zuckermasse auf eine befeuchtete Platte (Stein, Marmor oder auch ein Backblech) und bewegt die Masse mit einem Spatel oder Palettmesser verstreichend hin und her. Auf diese Weise kühlt sie schneller ab und bildet Lufteinschlüsse, was dazu führt, daß sie trübe wird und eine gewisse Geschmeidigkeit behält.
Tempura Japanische Fritiertechnik für Fisch, Meeresfrüchte, Fleisch, Geflügel oder Gemüse. Dabei werden die Zutaten zuerst durch leichten Eierteig gezogen und dann im heißen Öl schwimmend ausgebacken. Zum Eintauchen der fritierten Stücke wird Sojasauce in Portionsschalen gereicht.
Tournieren (franz. *tourner* = drehen) Mit einem kleinen Messer werden Gemüse auf die gleiche Größe und in dekorative Formen geschnitten. Dies ermöglicht präzisere Garzeiten; tournierte Gemüse wirken zudem sehr attraktiv.
Überglänzen s. Glasieren.
Vakuum-Verpackung Gekochte oder rohe Lebensmittel sind vakuumverpackt (auch beim Tiefgefrieren) länger haltbar, da Mikroorganismen mangels Luftsauerstoff keine Überlebenschance haben. Dazu werden die Nahrungsmittel in Plastikfolie eingeschweißt, aus denen die Luft abgesaugt wird.
Wässern s. Einweichen.
Zeste oder **Zitrusschale** Dünne Außenschale von Zitrusfrüchten, die das aromatische Zitrusöl enthält. Sie wird meist sehr dünn mit einem Sparschäler abgeschält oder mit einer Reibe von der bitteren, weißen Unterschale entfernt.
Ziselieren s. Einschneiden.

Maßeinheiten

Mengenangaben

1 gestrichener Standardeßlöffel (EL) = etwa 15 ml
1 gestrichener Standardteelöffel (TL) = etwa 5 ml

Ofentemperaturen Die in diesem Buch angegebenen Ofentemperaturen gelten für konventionelle Kochherde. Bei Heißluftöfen muß im allgemeinen die Ofentemperatur reduziert und die Backzeit verkürzt werden. Es empfiehlt sich, die entsprechenden Angaben in der Gebrauchsanleitung des Herstellers nachzuschlagen.

Register

Verweise auf Rezepte und ausführlichere Textstellen sind **halbfett** gesetzt.

H

T

U

V

W

Bibliographie

Dieser Kochführer stützt sich auf mehrere Hundert Bücher, größtenteils französische, deutsche, amerikanische und englische Originalausgaben. Klassische Nachschlagewerke von Auguste Escoffier, Gaston Lenôtre, Fannie Farmer, Prosper Montagne und Henri-Paul Pellaprat wurden ebenso berücksichtigt wie der *Larousse Gastronomique* und *The Joy of Cooking*. Wichtiges Informationsmaterial lieferten außerdem die *La Varenne-Rezeptsammlung*, Kochbücher von Anne Willan sowie die mehrbändige Time-Life-Buchreihe *Foods of the World (Die Kunst des Kochens)* und *Woman's Day Encyclopedia*. Die nachfolgende Bücherliste enthält außerdem einige Titel zu den jeweiligen Sachgebieten sowie eine Auswahl von Kochbüchern über die verschiedenen Landesküchen.

Warenkunde und Küchentechniken

ANDROUET, P.: *French Cheese.* New York 1973.
ASQUITH, PAMELA: *Truffles and Other Chocolate Confections.* New York 1984.
ATLAS, NAVA: *The Wholefood Catalog.* New York 1988.
BAILEY, JANET: *Keeping Food Fresh.* New York 1985.
BIRLE, HERBERT: *Die Sprache der Küche.* 2. Aufl., Weil der Stadt o. J.
BOCUSE, PAUL: *Die Neue Küche.* Düsseldorf und Wien 1977.
BRÄCKLE/KARCH/SCHINDLER: *Fleisch, Wurst und Schinken – verarbeitet und hausgemacht.* München 1985.
BÜSKENS, HEINRICH: *Fachlehre für Konditoren. Band 1:* Essen 1975. *Band 2:* Essen 1985.
CALIS, URSULA: *1 × 1 der Mikrowelle.* München 1987.
CASPAREK-TÜRKKAN, ERIKA: *Küchen-Lexikon für Feinschmecker.* München 1989.
COYLE, L. PATRICK: *The World Encyclopedia of Food.* New York 1982.
DASSLER, ERNST: *Warenkunde für den Fruchthandel.* Berlin 1969.
DELPLANQUE, A. / CLOTEAUX, S.: *Bases de la Charcuterie.* Paris 1982.
DEUTSCHE GESELLSCHAFT FÜR HAUSWIRTSCHAFT E.V., BAD GODESBERG (HRSG.): *Lebensmittelverarbeitung im Haushalt.* Stuttgart 1984.
DOWELL, PHILIP / BAILEY, ADRIAN: *Die Speisekammer.* München 1981.
DUCH, KARL: *Handlexikon der Kochkunst.* 13. Aufl., Linz/Donau 1989.
ELLIOT, ROSE: *Das internationale vegetarische Kochbuch.* München 1989.
FLETCHER, JANET: *Grain Gastronomy.* Kalifornien 1988.
GORYS, ERHARD: *dtv-Küchen-Lexikon.* 8. Aufl., München 1988.
HANNEMAN, H. J.: *Pâtisserie.* London 1971.
HARRISON, S. G. / MASEFIELD, G. B. / WALLIS, MICHAEL: *The Oxford Book of Food Plants.* London 1980.
HEALY, BRUCE / BUGAT, PAUL: *Mastering the Art of French Pastry.* New York 1984.
HERING, RICHARD: *Lexikon der Küche.* 18. Aufl., Gießen 1987.
HOLZAPFEL/SCHMIEDEL: *Rund um den Zucker.* Leipzig 1986.
HUPPING, CAROL: *Stocking Up.* Pennsylvania 1986.
JONES, EVAN: *The Book of Cheese.* New York 1980.
KAFKA, BARBARA: *Microwave Gourmet.* London 1989.
KEIM, HEINRICH: *Das Fachwissen des fortschrittlichen Fleischers.* Frankfurt/M. 1985.
KEIPERT, KONRAD: *Beerenobst.* Stuttgart 1981.
KLINGER / GRÜNER (HRSG.): *Der junge Koch.* Gießen 1984.
KOWALCHICK, CLAIRE / HYLTON, WILLIAM H. (HRSG.): *Rodale's Illustrated Encyclopedia of Herbs.* Pennsylvania 1987.
KRANZ, BRIGITTE: *Das große Buch der Früchte.* München 1981.
LÜCK, ERICH: *Dictionary of Food, Nutrition and Cookery.* Hamburg 1983.
McGEE, HAROLD: *On Food and Cooking. The Science and Lore of the Kitchen.* New York 1984.
MÖLLER, ERICH: *Küchen-Fachwörter.* Stuttgart 1983.
MOSIMANN, ANTON: *Cuisine de la mer.* Düsseldorf 1988.
McCLANE, A. J.: *The Encyclopedia of Fish Cookery.* New York 1977.
OECD: *Multilingual Dictionary of Fish and Fish Products.* Surrey 1977.
OWEN, MILLIE: *A Cook's Guide to Growing Herbs, Greens and Aromatics.* New York 1978.
PAULI, EUGEN: *Lehrbuch der Küche.* 10. Aufl., Zürich 1988.
PECK, PAULA: *The Art of Fine Baking.* New York 1961.
PETZOLD, HERBERT: *Apfelsorten.* Leipzig-Radebeul 1979.
– *Birnensorten.* Leipzig-Radebeul 1982.
PLAGEMANN, CATHERINE: *Fine Preserving.* Kalifornien 1986.

PLOTKIN, FRED: *The Authentic Pasta Book.* New York 1985.
REWE-ZENTRALE (HRSG.): *Gut eingekauft. Ein Wegweiser durch die Welt der Lebensmittel.* Köln o. J.
ROBERTSON, LAUREL / FLINDERS, CAROL / GODFREY, BRONWEN: *Laurel's Kitchen: A Handbook for Vegetarian Cookery and Nutrition.* Kalifornien 1976.
ROMER, ELIZABETH: *Italian Pizza and Savoury Breads.* London 1987.
SCHILD, EGON: *Der junge Konditor. Band 2:* Gießen 1986.
SCHNEIDER, ELIZABETH: *Uncommon Fruits and Vegetables: A Commonsense Guide.* New York 1986.
STOBART, TOM: *Lexikon der Gewürze.* 4. Aufl., Bonn 1983.
SYLVESTRE, J. / PLANCHE, J.: *Les Bases de la Cuisine.* Paris 1982.
TEUBNER EDITION: *Das große Buch vom Fisch.* Füssen 1987.
– *Das große Buch der Meeresfrüchte.* Füssen 1985.
– *Das große Buch der Pasteten.* Füssen 1980.
WILSON, C. ANNE: *The Book of Marmelade.* London 1985.

Landesküchen

ALBERINI, MASSIMO / MISTRETTA, GIORGIO: *Guida all' Italia Gastronomica.* Mailand 1984.
ANDERSON, JEAN: *The Food of Portugal.* London 1987.
BENGHIAT, SUZY: *Middle Eastern Cookery.* London 1984.
BONI, ADA: *Il Talismano della Felicita.* Rom 1965.
BRENNAN, JENNIFER: *The Original Thai Cookbook.* London 1984.
BRIZOVA, JOZA / KLIMENTOVA, MARYNA: *Tschechische Küche.* 5. Aufl., Prag 1987.
BUGIALLI, GUILIANO: *Die Kultur der Italienischen Küche.* Köln 1985.
CASAS, PENELOPE: *The Foods and Wines of Spain.* New York 1983.
CREWE, QUENTIN: *Speisen International.* Bern 1980.
DE ANDRADE, MARAGETTE: *Brazilian Cookery: Traditional and Modern.* Vermont 1965.
DEVI, YAMUNA: *Lord Krishna's Cuisine: The Art of Indian Vegetarian Cooking.* London 1987.
ELLISON, J. AUDREY: *The Great Scandinavian Cook Book.* New York 1967.
GOLDSTEIN, DARRA: *A Taste of Russia.* London 1983.
HAZELTON, NIKA: *Classic Scandinavian Cooking.* London 1958.
KENNEDY, DIANA: *The Cuisines of Mexico.* New York 1972.
KUO, IRENE: *The Key to Chinese Cooking.* New York 1978.
LANG, GEORGE: *The Cuisine of Hungary.* London 1985.
LANGSETH-CHRISTIANSEN, LILIAN: *Gourmet's Old Vienna.* New York 1964.
MIRODAN, VLADIMIR: *The Balkan Cookbook.* London 1987.
ORTIZ, ELIZABETH LAMBERT: *The Book of Latin American Cooking.* London 1985.
– *The Complete Book of Caribbean Cooking.* London 1987.
OWEB, SRI: *Indonesian Food and Cooking.* London 1980.
RODEN, CLAUDIA: *Die Küche des Vorderen Orients.* München 1982.
SAHNI, JULIE: *Das große indische Kochbuch.* München 1986.
SIMONDS, NINA: *Classic Chinese Cuisine.* Boston 1982.
TSUJI, SHIZUO / HATA, KOICHIRO / SAEKI, YOSHIKATSU: *Original japanische Küche.* München 1987.